Le Robert

MINI

Le plus complet des mini dictionnaires

Le Robert

direction éditoriale
Marie-Hélène Drivaud
rédaction
Bérengère Baucher, Laurence Laporte, Édouard Trouillez
à partir du texte rédigé par
Danièle Morvan, Françoise Gérardin
La conjugaison a été préparée par Annick Dehais
lecture-correction
Anne-Marie Lentaigne, Méryem Puill-Châtillon,
Muriel Zarka-Richard
documentation
Laurent Catach avec Annick Dehais
informatique éditoriale
Karol Goskrzynski avec Monique Hébrard,
Sébastien Pettoello, Claude Sellin
conception technique et maquette
Maud Dubourg avec Nadine Noyelle

Cet ouvrage a été composé
avec CALLIGRAM PAGINATION conçu par X-MEDIA
F75010 Paris (www.x-media.fr)

25, avenue Pierre-de-Coubertin, 75211 Paris Cedex 13

ISBN Mini 978-2-32101-052-4
ISBN Mini Plus 978-2-32101-053-1

Cet ouvrage est une œuvre collective au sens de l'article L. 113-2 du Code de la propriété intellectuelle. Publié par la société Dictionnaires Le Robert, représentée par Charles Bimbenet, directeur général.

Préface

par Alain Rey

Tout dictionnaire doit être conçu pour un type de public et une forme d'usage. La gamme des ouvrages *Le Robert* vise un accès plus facile aux richesses du français ; elle s'ouvre encore avec ce *Robert Mini*. Avec une nomenclature presque aussi riche que celle du *Robert de poche*, de vraies définitions et non pas de simples synonymes approximatifs, une analyse des sens et des emplois, des expressions courantes, voici un vrai dictionnaire du français actuel, complet et compact. Bénéficiant de l'expérience réussie du *Robert de poche* dans sa partie « langue française », établie par Danièle Morvan, il constitue la plus économique (dans tous les sens de cet adjectif) des descriptions, avec l'orthographe, la distinction des sens et des emplois (pour l'adjectif *bas*, 13 sens sont décrits ; pour *base*, 7).

Parmi l'ensemble impressionnant des informations rassemblées dans les dictionnaires *Le Robert*, nous avons choisi celles qui sont indispensables, y compris les pluriels à problème (pour *banal*, *banals* et *banaux*, selon le sens), des expressions (au mot *ban*, *être en rupture de ban*, *mettre au ban*, à côté du pluriel *les bans*...), les niveaux d'usage, comme « vieilli », « littéraire » ou « familier », les autres mots et sens étant normaux et courants. Les termes nouveaux ne sont pas négligés (par exemple *bancarisation*, *bancassurance* ou, dans un autre domaine, *biocarburant*), ni les usages de certaines communautés. Je choisis ces exemples dans la même tranche alphabétique, pour suggérer la richesse de l'ensemble, depuis A jusqu'à Z.

Le Robert Mini pourrait bien être le plus petit des vrais dictionnaires du français, le plus riche des « tout petits ». En tout cas, il constitue une base solide pour la connaissance et la maîtrise de la langue, sur laquelle est bâtie la richesse de plus grands édifices, du *Robert de poche* au *Petit Robert*, qui est en fait un « grand ». C'est la première marche de cet escalier célèbre qu'on appelait en latin le *Gradus ad Parnassum*, le premier degré de tout savoir sur notre bien commun, la langue française – savoir la lire et l'écrire, savoir la comprendre et la parler –, cette langue qu'il nous faut maintenir dans ses vertus, respecter et célébrer.

Tableau des signes conventionnels et abréviations

Ce tableau présente les abréviations utilisées dans le dictionnaire, ainsi que certains des signes conventionnels et symboles. Les termes qui ne sont pas abrégés dans le dictionnaire n'ont pas été repris dans cette liste.

Les informations sur l'usage

Dans le dictionnaire, le marquage d'un mot par un terme en caractères étroits (par exemple fam. « familier ») indique que le mot n'appartient pas à l'usage courant, mais à un usage socialement marqué ; en particulier, les noms de domaines (biol. par exemple) indiquent que le terme dont ils précèdent la définition appartient au vocabulaire des spécialistes de ce domaine. L'absence de tout marquage de cette nature indique que l'emploi du mot est normal dans la langue courante.

Les informations sur la langue

Les informations sur la langue (métalangue) sont présentées dans une typographie différente, par un caractère « bâton » ; cela concerne les informations grammaticales au sens large et les catégories grammaticales ainsi que les autres informations sur la langue (remarques, explicitation des sens, attitudes de discours...).

I., II. ...	numéros généraux correspondant à un regroupement de sens apparentés ou de formes semblables
1., 2. ...	numéros correspondant à un sens, et éventuellement à un emploi ou un type d'emploi (parfois regroupés sous **I., II. ...**)
■	signe de subdivision qui introduit les nuances de sens ou

	d'emploi à l'intérieur d'un sens, notamment un sens numéroté
–	signe de subdivision qui introduit les nuances déterminées par le contexte, les emplois ou expressions à l'intérieur d'un même sens ou d'une même valeur
-	signe de séparation qui isole les informations dont la mention ne s'inscrit pas dans l'analyse des sens du mot (remarques, présentation d'abréviations, etc.)
▷	signe de séparation qui introduit les sous-articles d'un article (forme pronominale d'un verbe transitif, participe passé à valeur d'adjectif...) ; cette subdivision est indépendante des divisions propres aux emplois décrits avant elle, et peut elle-même être analysée en **I., II. ...** , etc.
▶	signe de séparation qui introduit les sous-entrées d'un article (mots de la même famille, notamment des dérivés)
①	avant une entrée, signale qu'il s'agit d'une forme homographe d'une autre (ex. ① **boucher** et ② **boucher**)
*	placé avant un mot (notamment un mot commençant par un h), signale que ce mot se prononce sans liaison et sans élision
*	placé après un mot, signale qu'on trouvera une information à l'article consacré à ce mot
→	présente un mot de sens comparable, une expression, une locution de même sens, etc.
+	présente les constructions (ex. + subj., + adj.)
abrév.	abréviation
absolt	absolument (en construction absolue : sans le complément attendu)
abusivt	abusivement (emploi très critiquable, parfois faux sens ou solécisme)
adj.	adjectif
adjectivt	adjectivement
admin.	administratif
adv.	adverbe ; adverbial
alchim.	alchimie
alpin.	alpinisme
anat.	anatomie
anc.	ancien

anciennt	anciennement (présente un mot ou un sens qui désigne une chose du passé disparue)
angl.	anglais
anglic.	anglicisme
Antiq.	Antiquité
appos.	apposition ; apposé
archéol.	archéologie
archit.	architecture
art.	article
astrol.	astrologie
astron.	astronomie
autom.	automobile
auxil.	auxiliaire
av.	avant
biochim.	biochimie
biol.	biologie
bot.	botanique
cathol.	catholicisme ; catholique
cf.	confer (« comparez »)
chim.	chimie
chir.	chirurgie
chrét.	chrétien
cin.	cinéma
comm.	commerce
compar.	comparatif ; comparaison
compl.	complément
cond.	conditionnel
confus.	confusion
conj.	conjonction ; conjonctif
contr.	contraire
cour.	courant
cristal.	cristallographie
cuis.	cuisine
déf.	défini
dém.	démonstratif
didact.	didactique
dimin.	diminutif
dir.	direct (dans tr. dir. « transitif direct »)
dr.	droit
électr.	électricité
ellipt	elliptiquement
embryol.	embryologie
ex.	exemple
exagér.	exagération
expr.	expression
ext.	extension (par ext. : présente une acception ou une valeur plus large, plus étendue que celle qui vient d'être traitée ; s'oppose à spécialt)
f.	féminin
fam.	familier
fém.	féminin
fig.	figuré
fin.	finance

généralt	généralement
géogr.	géographie
géol.	géologie
géom.	géométrie
gramm.	grammaire ; grammatical
hist.	histoire
imp.	imparfait
impér.	impératif
impers.	impersonnel
imprim.	imprimerie
ind.	indirect (dans tr. ind. « transitif indirect »)
indéf.	indéfini
indic.	indicatif
indir.	indirect
inf.	infinitif
inform.	informatique
interj.	interjection ; interjectif
interrog.	interrogation ; interrogatif
intr.	intransitif
intrans.	intransitif ; intransitivement
invar.	invariable
iron.	ironique ; ironiquement
ital.	italien
J.-C.	Jésus-Christ
lang.	langage
ling.	linguistique
littér.	littéraire
loc.	locution
loc. adj.	locution adjective
loc. adv.	locution adverbiale
loc. conj.	locution conjonctive
loc. prép.	locution prépositive
loc. verb.	locution verbale
log.	logique
m.	masculin
maj.	majuscule
mar.	marine
masc.	masculin
math.	mathématique
mécan.	mécanique
méd.	médecine ; médical
météorol.	météorologie
milit.	militaire
minér.	minéralogie
mod.	moderne
mus.	musique
mythol.	mythologie ; mythologique
n.	nom
n. f.	nom féminin
n. m.	nom masculin
nat.	naturel (dans sc. nat. « sciences naturelles »)

off.	officielle (dans recomm. off. « recommandation officielle »)
opt.	optique
p. p.	participe passé
p. prés.	participe présent
pathol.	pathologie
péj.	péjoratif
pers.	personne ; personnel
philos.	philosophie
phonét.	phonétique
photogr.	photographie
phys.	physique
physiol.	physiologie
pl.	pluriel
plais.	plaisanterie ; plaisant
plur.	pluriel
poét.	poétique
polit.	politique
pop.	populaire
poss.	possessif
prép.	préposition ; prépositif
prés.	présent
pron.	pronom ; pronominal
pronom.	pronominal ; pronominalement
prov.	proverbe ; proverbial
psych.	psychiatrie ; psychologie ; psychanalyse
psychol.	psychologie
qqch.	quelque chose
qqn	quelqu'un
récipr.	réciproque
recomm.	recommandation (dans recomm. off. « recommandation officielle » ; terme conforme aux lois et décrets français sur la langue)
réfl.	réfléchi
région.	régional (mot ou emploi particulier au français parlé dans une ou plusieurs régions géographiques)
rel.	relatif
relig.	religion ; religieux
rem.	remarque
rhét.	rhétorique
rom.	romain (dans Antiq. rom. « Antiquité romaine »)
s.	siècle
sc.	science ; sciences ; scientifique
sc. nat.	sciences naturelles
scol.	scolaire
sing.	singulier
sociol.	sociologie
spécialt	spécialement (présente une acception ou une valeur plus étroite, moins étendue que celle qui vient d'être traitée ; s'oppose à par ext.)

statist.	statistique
subj.	subjonctif
subst.	substantif ; substantivement
superl.	superlatif
symb.	symbole
syn.	synonyme
techn.	technique
télécomm.	télécommunications
télév.	télévision
théol.	théologie
tr.	transitif
trans.	transitif ; transitivement
typogr.	typographie
v.	verbe
v. intr.	verbe intransitif
v. pron.	verbe pronominal
v. tr.	verbe transitif
var.	variante
vén.	vénerie
vétér.	vétérinaire
vulg.	vulgaire
vx	vieux (mot, sens ou emploi de l'ancienne langue, peu compréhensible de nos jours)
zool.	zoologie

Les conjugaisons

■ auxiliaires

avoir **1** ayant **2** eu **3** ai, as, a, avons, avez, ont **4** avais, avais, avait, avions, aviez, avaient **5** eus, eus, eut, eûmes, eûtes, eurent **6** aurai, auras, aura, aurons, aurez, auront **7** aurais, aurais, aurait, aurions, auriez, auraient **8** aie, aies, ait, ayons, ayez, aient **9** aie, ayons, ayez

être **1** étant **2** été **3** suis, es, est, sommes, êtes, sont **4** étais, étais, était, étions, étiez, étaient **5** fus, fus, fut, fûmes, fûtes, furent **6** serai, seras, sera, serons, serez, seront **7** serais, serais, serait, serions, seriez, seraient **8** sois, sois, soit, soyons, soyez, soient **9** sois, soyons, soyez

■ verbes réguliers en *-er*

parler **1** parlant **2** parlé **3** parle, parles, parle, parlons, parlez, parlent **4** parlais, parlais, parlait, parlions, parliez, parlaient **5** parlai, parlas, parla, parlâmes, parlâtes, parlèrent **6** parlerai, parleras, parlera, parlerons, parlerez, parleront **7** parlerais, parlerais, parlerait, parlerions, parleriez, parleraient **8** parle, parles, parle, parlions, parliez, parlent **9** parle, parlons, parlez

■ verbes irréguliers en *-er*

acheter **1** achetant **2** acheté **3** achète, achetons **4** achetais, achetions **5** achetai, achetâmes **6** achèterai, achèterons **7** achèterais, achèterions **8** achète, achetions **9** achète, achetons

aller **1** allant **2** allé **3** vais, vas, va, allons, allez, vont **4** allais, allions, allaient **5** allai, allâmes, allèrent **6** irai, irons, iront **7** irais, irions, iraient **8** aille, allions, aillent **9** va, allons

appeler **1** appelant **2** appelé **3** appelle, appelons **4** appelais, appelions **5** appelai, appelâmes **6** appellerai, appellerons **7** appellerais, appellerions **8** appelle, appelions **9** appelle, appelons

bouger **1** bougeant **2** bougé **3** bouge, bougeons **4** bougeais, bougions **5** bougeai, bougeâmes **6** bougerai, bougerons **7** bougerais, bougerions **8** bouge, bougions **9** bouge, bougeons

céder **1** cédant **2** cédé **3** cède, cédons **4** cédais, cédions **5** cédai, cédâmes **6** céderai, céderons ou cèderai, cèderons **7** céderais, céderions ou cèderais, cèderions **8** cède, cédions **9** cède, cédons

---

1 participe présent **2** participe passé **3** présent **4** imparfait **5** passé simple **6** futur **7** conditionnel présent **8** subjonctif présent **9** impératif

épier **1** épiant **2** épié **3** épie, épions **4** épiais, épiions **5** épiai, épiâmes **6** épierai, épierons **7** épierais, épierions **8** épie, épiions **9** épie, épions

geler **1** gelant **2** gelé **3** gèle, gelons **4** gelais, gelions **5** gelai, gelâmes **6** gèlerai, gèlerons **7** gèlerais, gèlerions **8** gèle, gelions **9** gèle, gelons

jeter **1** jetant **2** jeté **3** jette, jetons **4** jetais, jetions **5** jetai, jetâmes **6** jetterai, jetterons **7** jetterais, jetterions **8** jette, jetions **9** jette, jetons

noyer **1** noyant **2** noyé **3** noie, noyons **4** noyais, noyions **5** noyai, noyâmes **6** noierai, noierons **7** noierais, noierions **8** noie, noyions **9** noie, noyons

payer **1** payant **2** payé **3** paie ou paye, payons **4** payais, payions **5** payai, payâmes **6** paierai, paierons ou payerai, payerons **7** paierais, paierions ou payerais, payerions **8** paie ou paye, payions **9** paie ou paye, payons

placer **1** plaçant **2** placé **3** place, plaçons **4** plaçais, placions **5** plaçai, plaçâmes **6** placerai, placerons **7** placerais, placerions **8** place, placions **9** place, plaçons

prier **1** priant **2** prié **3** prie, prions **4** priais, priions **5** priai, priâmes **6** prierai, prierons **7** prierais, prierions **8** prie, priions **9** prie, prions

protéger **1** protégeant **2** protégé **3** protège, protégeons **4** protégeais, protégions **5** protégeai, protégeâmes **6** protégerai, protégerons ou protègerai, protègerons **7** protégerais, protégerions ou protègerais, protègerions **8** protège, protégions **9** protège, protégeons

■ verbes réguliers en *-ir*

finir **1** finissant **2** fini **3** finis, finis, finit, finissons, finissez, finissent **4** finissais, finissais, finissait, finissions, finissiez, finissaient **5** finis, finis, finit, finîmes, finîtes, finirent **6** finirai, finiras, finira, finirons, finirez, finiront **7** finirais, finirais, finirait, finirions, finiriez, finiraient **8** finisse, finisses, finisse, finissions, finissiez, finissent **9** finis, finissons, finissez

■ verbes irréguliers en *-ir* et *-oir*

acquérir **1** acquérant **2** acquis **3** acquiers, acquérons, acquièrent **4** acquérais, acquérions, acquéraient **5** acquis, acquîmes **6** acquerrai, acquerrons **7** acquerrais, acquerrions **8** acquière, acquérions **9** acquiers, acquérons

---

1 participe présent **2** participe passé **3** présent **4** imparfait **5** passé simple **6** futur **7** conditionnel présent **8** subjonctif présent **9** impératif

assaillir **1** assaillant **2** assailli **3** assaille, assaillons **4** assaillais, assaillions **5** assaillis, assaillîmes **6** assaillirai, assaillirons **7** assaillirais, assaillirions **8** assaille, assaillions **9** assaille, assaillons

asseoir **1** asseyant **2** assis **3** assieds, asseyons, asseyez, asseyent ou assois, assoyons, assoyez, assoient **4** asseyais, asseyions ou assoyais, assoyions **5** assis, assîmes, assirent **6** assiérai, assiérons ou assoirai, assoirons **7** assiérais, assiérions ou assoirais, assoirions **8** asseye, asseyions ou assoie, assoyions **9** assieds, asseyons ou assois, assoyons

bouillir **1** bouillant **2** bouilli **3** bous, bouillons **4** bouillais, bouillions **5** bouillis, bouillîmes **6** bouillirai, bouillirons **7** bouillirais, bouillirions **8** bouille, bouillions **9** bous, bouillons

courir **1** courant **2** couru **3** cours, courons **4** courais, courions **5** courus, courûmes **6** courrai, courrons **7** courrais, courrions **8** coure, courions **9** cours, courons

couvrir **1** couvrant **2** couvert **3** couvre, couvrons **4** couvrais, couvrions **5** couvris, couvrîmes **6** couvrirai, couvrirons **7** couvrirais, couvririons **8** couvre, couvrions **9** couvre, couvrons

cueillir **1** cueillant **2** cueilli **3** cueille, cueillons **4** cueillais, cueillions **5** cueillis, cueillîmes **6** cueillerai, cueillerons **7** cueillerais, cueillerions **8** cueille, cueillions **9** cueille, cueillons

devoir **1** devant **2** dû, due, dus, dues **3** dois, devons, doivent **4** devais, devions **5** dus, dûmes **6** devrai, devrons **7** devrais, devrions **8** doive, devions **9** dois, devons

dormir **1** dormant **2** dormi **3** dors, dormons **4** dormais, dormions **5** dormis, dormîmes, **6** dormirai, dormirons **7** dormirais, dormirions **8** dorme, dormions **9** dors, dormons

falloir **2** fallu **3** il faut **4** il fallait **5** il fallut **6** il faudra **7** il faudrait **8** il faille

fuir **1** fuyant **2** fui **3** fuis, fuyons, fuient **4** fuyais, fuyions **5** fuis, fuîmes **6** fuirai, fuirons **7** fuirais, fuirions **8** fuie, fuyions **9** fuis, fuyons

haïr **1** haïssant **2** haï **3** hais, haïssons **4** haïssais, haïssions **5** haïs, haïmes **6** haïrai, haïrons **7** haïrais, haïrions **8** haïsse, haïssions **9** hais, haïssons

mentir **1** mentant **2** menti **3** mens, mentons **4** mentais, mentions **5** mentis, mentîmes **6** mentirai, mentirons **7** mentirais, mentirions **8** mente, mentions **9** mens, mentons

---

1 participe présent **2** participe passé **3** présent **4** imparfait **5** passé simple **6** futur **7** conditionnel présent **8** subjonctif présent **9** impératif

mourir **1** mourant **2** mort **3** meurs, mourons, meurent **4** mourais, mourions **5** mourus, mourûmes **6** mourrai, mourrons **7** mourrais, mourrions **8** meure, mourions **9** meurs, mourons

mouvoir **1** mouvant **2** mû, mue, mus, mues **3** meus, mouvons **4** mouvais, mouvions **5** mus, mûmes **6** mouvrai, mouvrons **7** mouvrais, mouvrions **8** meuve, mouvions **9** meus, mouvons

offrir **1** offrant **2** offert **3** offre, offrons **4** offrais, offrions **5** offris, offrîmes **6** offrirai, offrirons **7** offrirais, offririons **8** offre, offrions **9** offre, offrons

partir **1** partant **2** parti **3** pars, partons **4** partais, partions **5** partis, partîmes **6** partirai, partirons **7** partirais, partirions **8** parte, partions **9** pars, partons

pleuvoir **1** pleuvant **2** plu **3** pleut, pleuvent **4** pleuvait, pleuvaient **5** plut, plurent **6** pleuvra, pleuvront **7** pleuvrait, pleuvraient **8** pleuve, pleuvent

pourvoir **1** pourvoyant **2** pourvu **3** pourvois, pourvoyons, pourvoient **4** pourvoyais, pourvoyions **5** pourvus, pourvûmes **6** pourvoirai, pourvoirons **7** pourvoirais, pourvoirions **8** pourvoie, pourvoyions **9** pourvois, pourvoyons

pouvoir **1** pouvant **2** pu **3** peux ou puis, peut, pouvons, peuvent **4** pouvais, pouvions **5** pus, pûmes **6** pourrai, pourrons **7** pourrais, pourrions **8** puisse, puissions

prévoir **1** prévoyant **2** prévu **3** prévois, prévoyons **4** prévoyais, prévoyions **5** prévis, prévîmes **6** prévoirai, prévoirons **7** prévoirais, prévoirions **8** prévoie, prévoyions **9** prévois, prévoyons

recevoir **1** recevant **2** reçu **3** reçois, reçois, reçoit, recevons, recevez, reçoivent **4** recevais, recevions **5** reçus, reçûmes **6** recevrai, recevrons **7** recevrais, recevrions **8** reçoive, recevions **9** reçois, recevons

savoir **1** sachant **2** su **3** sais, savons, savent **4** savais, savions **5** sus, sûmes **6** saurai, saurons **7** saurais, saurions **8** sache, sachions **9** sache, sachons

valoir **1** valant **2** valu **3** vaux, vaut, valons **4** valais, valions **5** valus, valûmes **6** vaudrai, vaudrons **7** vaudrais, vaudrions **8** vaille, valions **9** vaux, valons

voir **1** voyant **2** vu **3** vois, voyons, voient **4** voyais, voyions **5** vis, vîmes **6** verrai, verrons **7** verrais, verrions **8** voie, voyions **9** vois, voyons

---

1 participe présent **2** participe passé **3** présent **4** imparfait **5** passé simple **6** futur **7** conditionnel présent **8** subjonctif présent **9** impératif

vouloir **1** voulant **2** voulu **3** veux, veut, voulons, veulent **4** voulais, voulions **5** voulus, voulûmes **6** voudrai, voudrons **7** voudrais, voudrions **8** veuille, voulions **9** veux, voulons, voulez ou veuille, veuillez

servir **1** servant **2** servi **3** sers, servons **4** servais, servions **5** servis, servîmes **6** servirai, servirons **7** servirais, servirions **8** serve, servions **9** sers, servons

sortir **1** sortant **2** sorti **3** sors, sortons **4** sortais, sortions **5** sortis, sortîmes **6** sortirai, sortirons **7** sortirais, sortirions **8** sorte, sortions **9** sors, sortons

souffrir **1** souffrant **2** souffert **3** souffre, souffrons **4** souffrais, souffrions **5** souffris, souffrîmes **6** souffrirai, souffrirons **7** souffrirais, souffririons **8** souffre, souffrions **9** souffre, souffrons

tenir **1** tenant **2** tenu **3** tiens, tenons, tiennent **4** tenais, tenions **5** tins, tînmes **6** tiendrai, tiendrons **7** tiendrais, tiendrions **8** tienne, tenions **9** tiens, tenons

venir **1** venant **2** venu **3** viens, venons, viennent **4** venais, venions **5** vins, vînmes **6** viendrai, viendrons **7** viendrais, viendrions **8** vienne, venions **9** viens, venons

vêtir **1** vêtant **2** vêtu **3** vêts, vêtons **4** vêtais, vêtions **5** vêtis, vêtîmes **6** vêtirai, vêtirons **7** vêtirais, vêtirions **8** vête, vêtions **9** vêts, vêtons

■ verbes irréguliers en *-re*

absoudre **1** absolvant **2** absous, absoute, absous, absoutes **3** absous, absolvons **4** absolvais, absolvions **5** (inusité) **6** absoudrai, absoudrons **7** absoudrais, absoudrions **8** absolve, absolvions **9** absous, absolvons

atteindre **1** atteignant **2** atteint **3** atteins, atteignons **4** atteignais, atteignions **5** atteignis, atteignîmes **6** atteindrai, atteindrons **7** atteindrais, atteindrions **8** atteigne, atteignions **9** atteins, atteignons

battre **1** battant **2** battu **3** bats, bat, battons **4** battais, battions **5** battis, battîmes **6** battrai, battrons **7** battrais, battrions **8** batte, battions **9** bats, battons

boire **1** buvant **2** bu **3** bois, buvons, boivent **4** buvais, buvions **5** bus, bûmes **6** boirai, boirons **7** boirais, boirions **8** boive, buvions **9** bois, buvons

clore **1** closant **2** clos **3** clos, clos, clôt, closent **4** et **5** (inusité) **6** clorai, clorons **7** clorais, clorions **8** close, closions **9** clos

---

1 participe présent **2** participe passé **3** présent **4** imparfait **5** passé simple **6** futur **7** conditionnel présent **8** subjonctif présent **9** impératif

conclure **1** concluant **2** conclu **3** conclus, concluons **4** concluais, concluions **5** conclus, conclûmes **6** conclurai, conclurons **7** conclurais, conclurions **8** conclue, concluions **9** conclus, concluons

conduire **1** conduisant **2** conduit **3** conduis, conduisons **4** conduisais, conduisions **5** conduisis, conduisîmes **6** conduirai, conduirons **7** conduirais, conduirions **8** conduise, conduisions **9** conduis, conduisons

connaître **1** connaissant **2** connu **3** connais, connaît, connaissons **4** connaissais, connaissions **5** connus, connûmes **6** connaîtrai, connaîtrons **7** connaîtrais, connaîtrions **8** connaisse, connaissions **9** connais, connaissons

coudre **1** cousant **2** cousu **3** couds, cousons, cousez, cousent **4** cousais, cousions **5** cousis, cousîmes **6** coudrai, coudrons **7** coudrais, coudrions **8** couse, cousions **9** couds, cousons

craindre **1** craignant **2** craint **3** crains, craignons **4** craignais, craignions **5** craignis, craignîmes **6** craindrai, craindrons **7** craindrais, craindrions **8** craigne, craignions **9** crains, craignons

croire **1** croyant **2** cru **3** crois, croyons, croient **4** croyais, croyions **5** crus, crûmes **6** croirai, croirons **7** croirais, croirions **8** croie, croyions **9** crois, croyons

croître **1** croissant **2** crû, crue, crus, crues **3** croîs, croissons **4** croissais, croissions **5** crûs, crûmes **6** croîtrai, croîtrons **7** croîtrais, croîtrions **8** croisse, croissions **9** croîs, croissons

cuire **1** cuisant **2** cuit **3** cuis, cuisons **4** cuisais, cuisions **5** cuisis, cuisîmes **6** cuirai, cuirons **7** cuirais, cuirions **8** cuise, cuisions **9** cuis, cuisons

dire **1** disant **2** dit **3** dis, disons, **dites**, disent **4** disais, disions **5** dis, dîmes **6** dirai, dirons **7** dirais, dirions **8** dise, disions **9** dis, disons, **dites**

distraire **1** distrayant **2** distrait **3** distrais, distrayons **4** distrayais, distrayions **5** (inusité) **6** distrairai, distrairons **7** distrairais, distrairions **8** distraie, distrayions **9** distrais, distrayons

écrire **1** écrivant **2** écrit **3** écris, écrivons **4** écrivais, écrivions **5** écrivis, écrivîmes **6** écrirai, écrirons **7** écrirais, écririons **8** écrive, écrivions **9** écris, écrivons

---

1 participe présent **2** participe passé **3** présent **4** imparfait **5** passé simple **6** futur **7** conditionnel présent **8** subjonctif présent **9** impératif

faire **1** faisant **2** fait **3** fais, fais, fait, faisons, **faites**, font **4** faisais, faisions **5** fis, fîmes **6** ferai, ferons **7** ferais, ferions **8** fasse, fassions **9** fais, faisons, **faites**

inclure **1** incluant **2** inclus (différent de **conclure**) **3** inclus, incluons **4** incluais, incluions **5** inclus, inclûmes **6** inclurai, inclurons **7** inclurais, inclurions **8** inclue, incluions **9** inclus, incluons

joindre **1** joignant **2** joint **3** joins, joignons **4** joignais, joig**ni**ons **5** joignis, joignîmes **6** joindrai, joindrons **7** joindrais, joindrions **8** joigne, joig**ni**ons **9** joins, joignons

lire **1** lisant **2** lu **3** lis, lisons **4** lisais, lisions **5** lus, lûmes **6** lirai, lirons **7** lirais, lirions **8** lise, lisions **9** lis, lisons

luire **1** luisant **2** lui **3** luis, luisons **4** luisais, luisions **5** luisis, luisîmes **6** luirai, luirons **7** luirais, luirions **8** luise, luisions **9** luis, luisons

maudire **1** maudissant **2** maudit **3** maudis, maudissons **4** maudissais, maudissions **5** maudis, maudîmes **6** maudirai, maudirons **7** maudirais, maudirions **8** maudisse, maudissions **9** maudis, maudissons

mettre **1** mettant **2** mis **3** mets, mettons **4** mettais, mettions **5** mis, mîmes **6** mettrai, mettrons **7** mettrais, mettrions **8** mette, mettions **9** mets, mettons

moudre **1** moulant **2** moulu **3** mouds, moulons **4** moulais, moulions **5** moulus, moulûmes **6** moudrai, moudrons **7** moudrais, moudrions **8** moule, moulions **9** mouds, moulons

naître **1** naissant **2** né **3** nais, naît, naissons **4** naissais, naissions **5** naquis, naquîmes **6** naîtrai, naîtrons **7** naîtrais, naîtrions **8** naisse, naissions **9** nais, naissons

nuire **1** nuisant **2** nui **3** nuis, nuisons **4** nuisais, nuisions **5** nuisis, nuisîmes **6** nuirai, nuirons **7** nuirais, nuirions **8** nuise, nuisions **9** nuis, nuisons

peindre **1** peignant **2** peint **3** peins, peignons **4** peignais, peig**ni**ons **5** peignis, peignîmes **6** peindrai, peindrons **7** peindrais, peindrions **8** peigne, peig**ni**ons **9** peins, peignons

plaire **1** plaisant **2** plu **3** plais, plaît, plaisons **4** plaisais, plaisions **5** plus, plûmes **6** plairai, plairons **7** plairais, plairions **8** plaise, plaisions **9** plais, plaisons

---

1 participe présent **2** participe passé **3** présent **4** imparfait **5** passé simple **6** futur **7** conditionnel présent **8** subjonctif présent **9** impératif

prendre **1** prenant **2** pris **3** prends, prenons, prennent **4** prenais, prenions **5** pris, prîmes **6** prendrai, prendrons **7** prendrais, prendrions **8** prenne, prenions **9** prends, prenons

rendre **1** rendant **2** rendu **3** rends, rends, rend, rendons, rendez, rendent **4** rendais, rendions **5** rendis, rendîmes **6** rendrai, rendrons **7** rendrais, rendrions **8** rende, rendions **9** rends, rendons

résoudre **1** résolvant **2** résolu, résolue (plus rarement résous, oute) **3** résous, résout, résolvons **4** résolvais, résolvions **5** résolus, résolûmes **6** résoudrai, résoudrons **7** résoudrais, résoudrions **8** résolve, résolvions **9** résous, résolvons

rire **1** riant **2** ri **3** ris, rions **4** riais, riions **5** ris, rîmes **6** rirai, rirons **7** rirais, ririons **8** rie, riions **9** ris, rions

rompre **1** rompant **2** rompu **3** romps, rompons **4** rompais, rompions **5** rompis, rompîmes **6** romprai, romprons **7** romprais, romprions **8** rompe, rompions **9** romps, rompons

suffire **1** suffisant **2** suffi **3** suffis, suffisons **4** suffisais, suffisions **5** suffis, suffîmes **6** suffirai, suffirons **7** suffirais, suffirions **8** suffise, suffisions **9** suffis, suffisons

suivre **1** suivant **2** suivi **3** suis, suivons **4** suivais, suivions **5** suivis, suivîmes **6** suivrai, suivrons **7** suivrais, suivrions **8** suive, suivions **9** suis, suivons

taire **1** taisant **2** tu **3** tais, taisons **4** taisais, taisions **5** tus, tûmes **6** tairai, tairons **7** tairais, tairions **8** taise, taisions **9** tais, taisons

vaincre **1** vainquant **2** vaincu **3** vaincs, vainc, vainquons **4** vainquais, vainquions **5** vainquis, vainquîmes **6** vaincrai, vaincrons **7** vaincrais, vaincrions **8** vainque, vainquions **9** vaincs, vainquons

vivre **1** vivant **2** vécu **3** vis, vivons **4** vivais, vivions **5** vécus, vécûmes **6** vivrai, vivrons **7** vivrais, vivrions **8** vive, vivions **9** vis, vivons

---

1 participe présent **2** participe passé **3** présent **4** imparfait **5** passé simple **6** futur **7** conditionnel présent **8** subjonctif présent **9** impératif

Orthographe : les recommandations de 1990

L'orthographe du français a évolué au cours des siècles et de nouvelles recommandations ont été publiées au *Journal officiel* en 1990. Ces nouvelles façons d'écrire sont admises, sans être imposées ; elles coexistent avec les formes traditionnelles. Elles concernent plusieurs points, en particulier le tréma et les accents, le trait d'union et les mots composés, la conjugaison, les mots d'origine étrangère et des « anomalies ». Nous en présentons les grands principes.

Le tréma et les accents

Le tréma est ajouté ou déplacé sur la voyelle prononcée : ex. *aigüe, ambigüité, il argüe, cigüe, gageüre...*

L'accent est ajouté ou modifié sur certains mots pour les mettre en conformité avec leur prononciation ou avec les règles d'accentuation : ex. *abrègement, asséner, bésicles, évènement, sénior...*

L'accent circonflexe disparaît sur les lettres *i* et *u* : ex. *ainé, crument, gouter, connaitre, murier, il parait...* Il se maintient cependant dans plusieurs cas :

– dans les terminaisons du passé simple (première et deuxième personne du pluriel) et du subjonctif (troisième personne du singulier) : ex. *vous voulûtes, qu'elle finît, qu'il eût suivi...*

– quand il permet de distinguer deux mots : ex. *du* et *dû*, *jeune* et *jeûne*, *mur* et *mûr*, *sur* et *sûr...*

– dans les noms propres et leurs dérivés : ex. *Nîmes, nîmois...*

■ voir aussi **La conjugaison** et **Les mots d'origine étrangère**

Le trait d'union et les mots composés

Les numéraux composés, inférieurs ou supérieurs à *cent*, prennent un trait d'union : ex. *trente-et-un, cent-quarante-six, mille-trois-cents...*

Des mots savants, des mots bien implantés dans l'usage, des onomatopées évoluent vers la soudure ; le pluriel est alors régulier : ex. *apriori, autoécole, basketball, contrepied, faitout, hihan, millepatte, portemonnaie, sagefemme, tirebouchon, traintrain, weekend...*

Au pluriel, les mots à trait d'union composés d'un verbe et d'un nom ou d'une préposition et d'un nom suivent la règle des mots simples et seul le second élément porte la marque du pluriel : ex. *un abat-jour, des abat-jours ; un après-midi, des après-midis ; un compte-goutte, des compte-gouttes ; un sans-abri, des sans-abris ; un sèche-cheveu, des sèche-cheveux...*

■ voir aussi **Les mots d'origine étrangère**

Lorsque le second élément d'un mot composé prend une majuscule ou est précédé d'un article singulier, il ne porte pas la marque du pluriel : ex. *un prie-Dieu, des prie-Dieu ; un trompe-l'œil, des trompe-l'œil.*

La conjugaison

Les verbes se terminant en *-eler* et *-eter* se conjuguent comme *peler* et *acheter* : ex. *j'amoncèle, il chancèlera, il musèle, il volète...* (sauf *appeler, jeter* et leurs composés). Les noms en *-ement* dérivés de ces verbes suivent le même principe : ex. *amoncèlement, chancèlement...*

Au futur et au conditionnel, on emploie l'accent grave pour les verbes qui se conjuguent sur le modèle de *céder* : ex. *je cèderai, il libèrera, elle possèdera, ils tolèreraient...*

Dans le cas des inversions interrogatives, la première personne du singulier en *e* suivie du pronom sujet *je* porte un accent grave : ex. *aimè-je, puissè-je...*

Le participe passé de *laisser* suivi d'un infinitif est rendu invariable, sur le modèle de *faire* : ex. *elle s'est laissé séduire ; je les ai laissé partir ; la maison qu'elle a laissé saccager...*

Les mots d'origine étrangère

Les emprunts aux langues étrangères suivent dans la mesure du possible les règles qui s'appliquent aux mots français :

– par l'accent : ex. *allégro, artéfact, pénalty, pédigrée, révolver, sénior, sombréro, téquila...*

– par le pluriel : ex. *des barmans, des bodys, des box, des kibboutz, des lieds, des matchs, des maximums, des paparazzis, des raviolis, des sopranos, des stimulus...*

– par le choix de la graphie la plus simple, sans accent inutile ni signe étranger : ex. *acuponcture, allo, canyon, fiord, iglou...*

– par la francisation du suffixe des anglicismes en *-er* : ex. *mixeur, sprinteur...*

– par la soudure des mots composés : ex. *babyfoot, handball, harakiri, teeshirt, waterpolo...*

Les « anomalies »

Pour harmoniser la graphie avec la prononciation et pour régulariser des mots en accord avec leur étymologie ou avec une série similaire, il est recommandé d'écrire par ex. :

– *dentelière, frisoter, ognon...* ;

– *nénufar* (suppression du *ph* faussement étymologique)... ;

– *bonhommie* (famille de *homme*), *boursoufflure* (famille de *souffler*), *combattif* (famille de *battre*), *imbécilité* (famille de *imbécile*), *ventail* (famille de *vent*)... ;

– *absout* (comme *absoute*), *charriot* (comme *charrette*), *relai* (comme *balai, essai*)...

La graphie *-illier* est remplacée par *-iller* dans les mots *joailler, marguiller, ouillère, quincailler, serpillère.*

La graphie *-olle* est remplacée par *-ole* : ex. *corole, fumerole, girole...* Exceptions : *colle, folle, molle,* ainsi que leurs dérivés et leurs composés *(glycocolle, préencollé).*

Accord du

Auxiliaire AVOIR

	v. intr.	Nous avons ri (passé composé)
OBJET DIRECT		Il m'a prêté des outils Les outils qu'il m'a prêtés Vos outils, je vous les ai rendus Cette décision, c'est lui qui l'a prise On vous a reçue, madame L'impression qu'il m'a faite est excellente Une des personnes que j'ai vues Après l'avoir vue, j'ai changé d'avis Dès qu'il nous a eu quittés, j'ai dormi Combien as-tu écrit de pages ? Combien de pages as-tu écrites ? Quelle joie nous avons eue !
	impers.	La patience qu'il a fallu ; la chaleur qu'il a fait
	double objet	La récompense que j'avais espéré qu'on lui donnerait La secrétaire que j'avais prévenue que nous viendrions
OBJET INDIRECT		Ces histoires nous ont plu [à nous] On vous a écrit, madame
ELLIPSE DE *AVOIR*		Bien reçu ta longue lettre Vu la loi de 1994
VERBES DE MESURE	mesure	Les cinquante kilos qu'elle a pesé Les trente ans qu'il a vécu Les millions que cela a coûté
	objet	Les voitures qu'on a pesées Les horreurs qu'il a vécues Les efforts qu'il nous a coûtés
ATTRIBUT		Ce médicament les a rendus malades Il l'a traitée d'arriviste

participe passé

	v. d'opinion	On les a crus (ou cru) morts Il l'aurait souhaitée (ou souhaité) plus attentive Une maison qu'on aurait dite (ou dit) récente
INFINITIF IMMÉDIAT		On les a laissés partir On les a laissé emmener [par qqn] Les musiciens que j'ai entendus jouer La musique que j'ai entendu jouer [par qqn]
	faire (invar.)	Les paquets qu'il a fait partir Les paquets qu'il a fait expédier [par qqn]
	v. d'opinion	La lettre qu'il a dit, affirmé, nié avoir écrite Des tableaux qu'on avait cru, estimé, être des faux
	ellipse du v.	J'ai fait tous les efforts que j'ai pu [faire] Il a eu tous les honneurs qu'il a souhaité [avoir]
PRÉPOSITION ET INFINITIF		Les chemises que j'ai mis (ou mises) à sécher La difficulté que nous avons eu (ou eue) à surmonter La difficulté que nous avons eue à le convaincre
AVEC LE PRONOM *L'*		Elle était partie, comme je l'avais imaginé Elle était encore plus belle que je ne l'avais imaginé [cela], que je ne l'avais imaginée [elle]
EMPLOYÉ AVEC *EN*	**objet direct**	Des pays, j'en ai vu ; j'en ai vu des pays ! Des fautes, s'il en a commis
	quantité	J'ai donné des conseils plus que je n'en ai reçu (ou reçus) Des pays, j'en ai tant vu (ou vus) Des pages, combien en as-tu écrit (ou écrites) ?
	objet indirect	Il gardait les cadeaux qu'il en avait reçus [de sa femme]

Auxiliaire ÊTRE

VERBES NON PRONOMINAUX

v. intr.	Nous sommes partis
p. p. adj.	Nous sommes (on est) séparés et mécontents Nous lui sommes attachés et reconnaissants
passif	Elles ont été félicitées ; ayant été félicitées Bientôt nous sera confiée une mission
avec *ci-*	Veuillez trouver notre facture ci-jointe Ci-joint notre facture
ellipse du v.	Inventée ou pas, son histoire est crédible Sa mission terminée, il revint Fini (ou finis), les soucis ! [c'est fini ou ils sont finis] Sept ôté de dix [le nombre sept]
en préposition	Excepté les enfants (mais : les enfants exceptés) Passé six heures (mais : six heures passées)

VERBES PRONOMINAUX

ESSENTIELS		Elle s'est enfuie. Elles se sont tues. Elle s'y est mal prise. Ils se sont emparés de l'objet ; ils s'en sont emparés
ACCIDENTELS	objet direct réfl.	Elle s'est brûlée [brûler qqn] Elle s'est crue malade, elle s'est crue arrivée Elle s'est mise à chanter, à nous taquiner Autrefois s'est produite une chose analogue Ils se sont aperçus de leur erreur, ils s'en sont aperçus Elle s'est persuadée qu'on la trompait
	récipr.	Ils se sont rencontrés au théâtre On s'est bien connus, lui et moi

	passif	Ces modèles se sont bien vendus
	(impers.)	Il s'est vendu mille exemplaires du livre
	objet indirect réfl.	Elle s'est plu, déplu, complu dans cette situation [plaire à qqn]
		Elle s'est plu à les contredire
		Ils se sont cru (ou crus) obligés d'attendre
		Elle s'est brûlé la main
		Elle s'est permis certaines choses ; les choses qu'elle s'est permises
		Elles se sont donné des objectifs ; elles s'en sont donné
		Elle s'est imaginé qu'on la trompait
	récipr.	Ils se sont parlé et ils se sont plu
		Ils se sont succédé et ils se sont nui
		Ils se sont écrit des lettres ; les lettres qu'ils se sont écrites ; des lettres, ils s'en sont écrit
AVEC L'INFINITIF IMMÉDIAT	objet direct	Ils se sont laissés mourir [ils meurent]
		Ils se sont vus vieillir
	objet indirect	Ils se sont laissé convaincre, faire [on les convainc]
		Elles se sont vu infliger une amende
SE FAIRE	attribut	Elles se sont faites plus aimables
		Elles se sont fait belles [se faire beau : loc. verb.]
	récipr.	Ils se sont fait des farces
	réfl.	Elle s'est fait des idées ; les idées qu'elle s'est faites
	inf.	Nous nous sommes fait prendre, avoir
		Elle s'est fait raccompagner par Paul
		Ils se sont fait faire le même costume

A

a n. m. ▫ Première lettre, première voyelle de l'alphabet. – *De A à Z*, du commencement à la fin. *Prouver qqch. par a + b*, de façon certaine, indiscutable.

à prép. ▫ REM. Contraction de *à le* en *au*, de *à les* en *aux*. **I.** introduisant un objet (complément) indirect *Nuire à qqn*. **II.** rapports de direction **1.** Lieu de destination. *Aller à Lyon*. – DE... À... *Du Nord au Sud*. **2.** *(De... à...)* Progression dans une série. *Du premier au dernier*. – (temps) *J'irai de 4 à 6 (heures)*. ▪ (approximation) *Un groupe de quatre à dix personnes*. **3.** Jusqu'à (un extrême). *Courir à perdre haleine*. **4.** Destination, but. *Un verre à bière*. **5.** Attribution. *Salut à tous !* **III.** rapports de position **1.** Position dans un lieu. *Un séjour à la mer*. **2.** Activité, situation. *Se mettre au travail*. **3.** Position dans le temps. *Le train part à midi*. **4.** Appartenance. *Ceci est à moi*. **IV.** manière d'être ou d'agir **1.** Moyen, instrument. *Aller à pied*. **2.** Manière. *Acheter à crédit*. **3.** Prix. *Je vous le vends à dix francs*. **4.** Accompagnement. *Un pain aux raisins*. **5.** (avec des nombres) *Ils sont venus à dix*. – *Deux à deux*, deux à la fois.

abaisser v. tr. **1.** Faire descendre à un niveau plus bas. **2.** Diminuer la quantité de, faire baisser. ▷ v. pron. s'**abaisser** ▶ **abaissement** n. m.

abajoue n. f. ▫ Poche entre la joue et la mâchoire chez certains animaux.

abandon n. m. **1.** Action d'abandonner, de renoncer à (qqch.) ou de laisser (qqch., qqn). **2.** Fait de se laisser aller, de se détendre.

abandonner v. tr. **1.** Renoncer à, ne plus vouloir de (qqch.). **2.** Quitter, laisser définitivement (qqn envers qui on est lié). **3.** Quitter définitivement (un lieu). **4.** Renoncer à (une action difficile). ▷ v. pron. s'**abandonner** **1.** Se laisser aller (à un sentiment...). **2.** Se laisser aller, se détendre.

abaque n. m. **1.** Boulier. **2.** math. Graphique donnant la solution d'un calcul.

abasourdir v. tr. **1.** Assourdir, étourdir par un grand bruit. **2.** Étourdir de surprise. ▷ p. p. **abasourdi, ie** ▶ **abasourdissant, ante** adj.

abâtardir v. tr. ▫ littér. Faire perdre ses qualités à (qqn, qqch., une œuvre). ▶ **abâtardissement** n. m.

abat-jour n. m. invar. ▫ Réflecteur qui rabat la lumière d'une lampe.

abats n. m. pl. ▫ Parties comestibles d'animaux, autres que leur chair (cœur, foie...).

abattage n. m. **I.** Action d'abattre. **II.** *AVOIR DE L'ABATTAGE*, du brio, de l'entrain.

abattant n. m. ▫ Pièce d'un meuble qu'on peut lever ou abaisser.

abattement n. m. **I.** Diminution d'une somme à payer. **II. 1.** Grande diminution des forces physiques. **2.** Dépression morale.

abattis n. m. pl. **1.** Abats de volaille. **2.** fam. Les bras et les jambes (de qqn). – *Tu peux numéroter tes abattis !* (menace).

abattoir n. m. ▫ Lieu où l'on abat les animaux de boucherie.

abattre v. tr. **I. 1.** Faire tomber, jeter à bas. **2.** *Abattre qqn*, l'assassiner avec une arme à feu. ▪ Détruire (un avion) en vol. **3.** ABATTRE SON JEU : étaler ses cartes ; fig. dévoiler ses intentions. **II. 1.** Rendre (qqn) faible. **2.** Ôter l'énergie, l'espoir à (qqn). *Ne vous laissez pas abattre.* ▷ v. pron. **s'abattre** Tomber tout d'un coup. ▷ adj. **abattu, ue 1.** Très fatigué. **2.** Triste et découragé.

abbatial, ale, aux adj. ▫ D'une abbaye ; d'un abbé.

abbaye n. f. ▫ Monastère dirigé par un abbé ou une abbesse.

abbé n. m. **1.** Supérieur d'un monastère d'hommes. **2.** Titre donné à un prêtre séculier.

abbesse n. f. ▫ Supérieure d'une communauté monastique de religieuses.

abc n. m. invar. **1.** Petit livre pour apprendre l'alphabet. **2.** Rudiments (d'un art...).

abcès n. m. **1.** Amas de pus dans une cavité du corps. **2.** fig. *Crever, vider l'abcès,* extirper un mal.

abdiquer v. tr. **1.** sans compl. Renoncer au pouvoir suprême. **2.** Renoncer à (qqch.). ▶ **abdication** n. f.

abdomen n. m. ▫ Cavité qui renferme les organes de la digestion, les viscères, à la partie inférieure du tronc. ▶ **abdominal, ale, aux** adj.

abduction n. f. ▫ didact. Mouvement qui écarte de l'axe du corps.

abécédaire n. m. ▫ Livre pour apprendre l'alphabet.

abeille n. f. ▫ Insecte produisant la cire et le miel.

aber n. m. ▫ (en Bretagne) Vallée envahie par la mer.

aberrant, ante adj. ▫ Qui s'écarte de la règle, est contraire à la raison.

aberration n. f. ▫ Idée, conduite aberrante.

abêtir v. tr. ▫ Rendre bête, stupide. ▷ v. pron. **s'abêtir** ▷ adj. **abêti, ie** ▶ **abêtissement** n. m.

abhorrer v. tr. ▫ littér. Avoir en horreur.

abîme n. m. **I. 1.** Gouffre très profond. **2.** fig. Grande séparation. **3.** Situation désespérée. **II.** EN ABÎME. → **abyme.**

abîmer v. tr. ▫ Mettre en mauvais état. ▷ v. pron. **s'abîmer 1.** Se plonger (dans). **2.** Se détériorer.

abiotique adj. ▫ biol. Qui est indépendant des organismes vivants.

abject, ecte adj. ▫ Qui mérite le mépris, inspire un dégoût moral.

abjection n. f. ▫ Caractère de ce qui est abject, ignoble ; comportement, acte abject.

abjurer v. intr. ▫ Renoncer à sa religion. ▶ **abjuration** n. f.

ablatif n. m. ▫ gramm. Cas de la déclinaison latine, indiquant qu'un substantif sert de point de départ ou d'instrument à l'action.

ablation n. f. ▫ chir. Action d'enlever.

ablette n. f. ▫ Petit poisson d'eau douce.

ablutions n. f. pl. ▫ Lavage du corps.

abnégation n. f. ▫ Sacrifice de soi-même, de son intérêt.

aboiement n. m. ▫ Cri du chien et de quelques animaux.

aux **abois** loc. adj. ▫ Se dit d'une bête chassée entourée par les chiens. – fig. *Être aux abois,* dans une situation désespérée.

abolir v. tr. ▫ Annuler, supprimer. ▶ **abolition** n. f.

abolitionnisme n. m. ▫ Doctrine des partisans de l'abolition de qqch.

abominable adj. ▫ Qui inspire l'horreur. ▶ **abominablement** adv.

abomination n. f. ▫ Acte, chose abominable.

abominer v. tr. ▫ littér. Détester, haïr.

abondance n. f. ▫ Grande quantité (supérieure aux besoins). ▶ **abondant, ante** adj. ▶ **abondamment** adv.

abonder v. intr. **1.** Être en grande quantité. **2.** *ABONDER EN* : être plein de, riche en. **3.** *Abonder dans le sens de qqn*, être tout à fait de son avis.

abonnement n. m. ▫ Contrat par lequel on acquiert le bénéfice d'un service régulier.

abonner v. tr. ▫ Prendre un abonnement pour (qqn). ▷ v. pron. s'**abonner** ▷ adj. et n. **abonné, ée**

abord n. m. **I.** au plur. *Les abords d'un lieu*, ce qui l'entoure. **II. 1.** Action d'aborder qqn. – *AU PREMIER ABORD, DE PRIME ABORD* loc. adv. : dès la première rencontre ; tout de suite. **2.** *D'ABORD* loc. adv. : en premier lieu ; au préalable.

abordable adj. **1.** D'un prix raisonnable. **2.** (personnes) Que l'on peut aborder (II, 3).

abordage n. m. **1.** Manœuvre consistant à s'amarrer bord à bord avec un navire. **2.** Collision de deux navires.

aborder v. **I.** v. intr. Arriver au rivage. **II.** v. tr. **1.** Accoster ou heurter (un navire). **2.** Arriver à (un lieu inconnu, dangereux...). **3.** Aller près de (qqn qu'on ne connaît pas ou peu). **4.** fig. En venir à (un sujet...).

aborigène n. ▫ Autochtone dont les ancêtres sont à l'origine du peuplement.

abortif, ive adj. ▫ Qui fait avorter.

aboucher v. tr. **1.** pronom. *S'aboucher avec qqn*, se mettre en rapport avec lui. **2.** Faire communiquer (deux conduits). ▶ **abouchement** n. m.

abouler v. tr. ▫ argot Donner.

aboulie n. f. ▫ méd. Diminution pathologique de la volonté. ▶ **aboulique** adj. et n.

aboutir v. **I.** v. tr. ind. **1.** Arriver par un bout ; se terminer (dans). *Le couloir aboutit dans, à une chambre.* **2.** fig. *ABOUTIR À...* : conduire à..., en s'achevant dans. *Ce projet n'aboutira à rien.* **II.** v. intr. Avoir finalement un résultat. ▷ adj. **abouti, ie** ▶ **aboutissement** n. m.

aboutissants n. m. pl. ▫ *Les tenants et les aboutissants (d'une affaire)*, tout ce qui s'y rapporte.

aboyer v. intr. **1.** Pousser un aboiement. **2.** fig. (sujet personne) Crier (contre qqn).

abracadabrant, ante adj. ▫ Extraordinaire et incohérent.

abrasif, ive n. m. et adj. ▫ Matière qui use, polit (une surface dure).

abrasion n. f. ▫ Action d'user par frottement (*abraser* v. tr.).

abréaction n. f. ▫ psych. Brusque libération émotionnelle.

abrégé n. m. ▫ Discours, écrit réduit à l'essentiel. – *EN ABRÉGÉ* loc. adv. : en résumé, en passant sur les détails.

abréger v. tr. ▫ Diminuer, rendre plus court. ▶ **abrégement** n. m. – var. **abrègement.**

abreuver v. tr. **1.** Faire boire abondamment (un animal). **2.** Donner beaucoup (de qqch.) à (qqn). ▷ v. pron. s'**abreuver**

abreuvoir n. m. ▫ Lieu, récipient aménagé pour faire boire les animaux.

abréviation n. f. **1.** Action d'abréger un mot. **2.** Mot abrégé.

abri n. m. **1.** Endroit où l'on est protégé. **2.** Construction rudimentaire destinée à protéger. **3.** *À L'ABRI (DE)* loc. adv. et prép. : à couvert (de), hors d'atteinte (de).

abribus n. m. (n. déposé) ▫ Arrêt d'autobus équipé d'un abri.

abricot n. m. ▫ Fruit comestible à noyau. ▶ **abricotier** n. m.

abrité, ée adj. ▫ À l'abri des intempéries.

abriter v. tr. **1.** (sujet personne) Mettre à l'abri. **2.** (sujet chose) Protéger. **3.** (lieu) Recevoir (des occupants). ▷ v. pron. s'**abriter**

abroger v. tr. □ Déclarer nul (ce qui avait été établi, institué). ▶ **abrogation** n. f.

abrupt, upte adj. **1.** Dont la pente est quasi verticale. **2.** fig. (personnes) Brusque, direct. ▶ **abruptement** adv.

abruti, ie adj. **1.** *Abruti de, par...*, hébété. **2.** adj. et n. fam. Sans intelligence.

abrutir v. tr. **1.** Rendre stupide. **2.** Fatiguer l'esprit de (qqn). – pronom. *S'abrutir de travail.*

abrutissant, ante adj. □ Qui abrutit (2).

abrutissement n. m. □ Action d'abrutir.

A. B. S. ou **ABS** n. m. □ techn. Système qui empêche le blocage des roues d'un véhicule lors du freinage.

abscisse n. f. □ math. Coordonnée horizontale.

abscons, onse adj. □ didact. Difficile à comprendre.

absence n. f. **I. 1.** Fait de ne pas être dans un lieu. **2.** *EN L'ABSENCE DE*, lorsque (qqn) est absent ; à défaut de (qqn qui est absent). **II.** Fait de ne plus se rappeler qqch.

absent, ente adj. **I. 1.** adj. et n. Qui n'est pas là . **2.** (choses) *Être absent* : faire défaut, manquer. **II.** fig. Qui n'a pas l'esprit à ce qu'il devrait faire.

absentéisme n. m. □ Comportement d'une personne (*absentéiste* n.) qui est souvent absente alors qu'elle devrait être présente.

s'absenter v. pron. □ S'éloigner momentanément (d'un lieu).

abside n. f. □ Extrémité en demi-cercle d'une église, derrière le chœur.

absinthe n. f. **1.** Plante aromatique. **2.** Liqueur alcoolique toxique tirée de cette plante.

absolu, ue I. adj. **1.** Qui ne comporte ni restriction ni réserve. **2.** (personnes) Qui ne supporte ni la critique ni la contradiction. **3.** gramm. Sans complément. **II.** n. m. Ce qui existe indépendamment de toute condition ou de tout rapport avec autre chose.

absolument adv. **1.** D'une manière absolue. **2.** (avec un adj.) Tout à fait. **3.** gramm. *Verbe employé absolument*, sans complément.

absolution n. f. □ Effacement d'une faute par le pardon.

absolutisme n. m. □ Système de gouvernement où le pouvoir du souverain est absolu. ▶ **absolutiste** adj.

absorbant, ante adj. **1.** Qui absorbe les fluides, etc. **2.** fig. Qui occupe l'esprit.

absorber v. tr. **1.** Laisser pénétrer et retenir (un fluide...) dans sa substance. **2.** (êtres vivants) Boire, manger. **3.** fig. Faire disparaître en incorporant. **4.** Occuper (qqn) totalement. – pronom. *S'absorber dans son travail.*

absorption n. f. □ Action d'absorber.

absoudre v. tr. □ Pardonner à (qqn).

abstème adj. □ didact. Qui ne boit pas d'alcool.

s'**abstenir** v. pron. **1.** *S'abstenir de* (+ inf.), ne pas faire, volontairement. **2.** Ne pas agir. ▪ Ne pas voter.

abstention n. f. □ Fait de ne pas voter.

abstentionnisme n. m. □ Attitude de qqn qui ne vote pas. ▶ **abstentionniste** adj. et n.

abstinence n. f. **1.** Privation de certains aliments ou boissons. **2.** Continence sexuelle.

abstraction n. f. **1.** Fait de considérer à part une qualité, une relation, indépendamment des objets qu'on perçoit ou qu'on imagine. **2.** Idée abstraite. **3.** *FAIRE ABSTRACTION DE*, ne pas tenir compte de (qqch.). **4.** Art abstrait (4).

abstraire v. tr. □ didact. Considérer à part, par abstraction (un caractère, une qualité). ▷ v. pron. s'**abstraire** S'isoler mentalement du milieu extérieur.

abstrait, aite adj. **1.** Considéré par abstraction. **2.** Qui utilise l'abstraction. **3.** Qui est difficile à comprendre, par manque d'exemples concrets. **4.** *ART ABSTRAIT*, qui ne représente pas le monde visible, sensible. **-** *Peintre abstrait.* **5.** (n. m.) *DANS L'ABSTRAIT* loc. adv. : sans référence à la réalité concrète. ▶ **abstraitement** adv.

absurde 1. adj. (choses) Contraire à la raison, au bon sens, à la logique. ■ (personnes) Qui agit, parle sans bon sens. **2.** n. m. Ce qui est absurde ; ce qui est faux pour des raisons logiques. ▶ **absurdement** adv.

absurdité n. f. **1.** Caractère absurde. **2.** Chose absurde.

abus n. m. **1.** Action d'abuser (de qqch.) ; usage excessif. **2.** Usage mauvais (établi socialement).

abuser v. **1.** v. tr. ind. *ABUSER DE*, user mal, avec excès. **2.** v. tr. littér. Tromper (qqn). ▷ v. pron. s'**abuser** Se tromper. **-** *Si je ne m'abuse* : sauf erreur.

abusif, ive adj. □ Qui constitue un abus. ▶ **abusivement** adv.

abyme n. m. □ didact. *EN ABYME*, se dit d'une œuvre qui en contient une autre (récit dans le récit, etc.). **-** var. **en abîme.**

abyssal, ale, aux adj. **1.** Des abysses. **2.** Très profond.

abysse n. m. □ surtout au plur. Fosse sous-marine très profonde.

acabit n. m. □ péj. *De cet acabit ; du même acabit*, de cette nature ; de même nature.

acacia n. m. □ Arbre à branches épineuses, à fleurs en grappes (syn. *robinier, faux acacia*).

académicien, ienne n. □ Membre d'une Académie (spécialt de l'Académie française).

académie n. f. **1.** Société de gens de lettres, savants, artistes. *L'Académie des sciences.* **-** absolt *L'Académie* : l'Académie française. **2.** Circonscription universitaire.

académique adj. **1.** D'une Académie (1). **2.** en art, etc. Qui suit les règles conventionnelles, avec froideur ou prétention.

académisme n. m. □ en art, etc. Observation étroite des traditions ; classicisme étroit.

acadien, ienne adj. et n. □ De l'Acadie.

acajou n. m. **1.** Arbre tropical à bois rougeâtre, très dur ; ce bois. **2.** Couleur brun rougeâtre. **-** adj. invar. *Cheveux acajou.*

acanthe n. f. □ Plante à longues feuilles très découpées. **-** *Feuille d'acanthe* (ornement architectural).

a cappella loc. adv. et adj. □ Sans accompagnement instrumental.

acariâtre adj. □ D'un caractère désagréable, difficile.

acarien n. m. □ Arachnide souvent parasite et pathogène (ordre des *Acariens*).

accablant, ante adj. □ Qui accable.

accablement n. m. □ État d'une personne accablée.

accabler v. tr. **1.** Faire supporter à (qqn) une chose pénible. **2.** Faire subir à (qqn), par la parole.

accalmie n. f. □ Calme, après l'agitation.

accaparer v. tr. **1.** Prendre, retenir en entier. **2.** Retenir (qqn). ▶ **accaparement** n. m.

accapareur, euse n. □ Personne qui accapare (qqch., qqn).

accédant, ante n. ▫ *Accédant à la propriété* : personne qui devient propriétaire (d'un logement).

accéder v. tr. ind. ▫ *ACCÉDER À* **1.** Avoir accès à. **2.** fig. Parvenir à (un état...). – *Accéder à la propriété* : devenir propriétaire. **3.** Donner satisfaction à. *Accéder aux vœux de qqn.*

accélérateur n. m. **1.** Organe qui commande l'admission du mélange gazeux au moteur. **2.** phys. Appareil qui communique à des particules chargées des énergies très élevées.

accéléré n. m. ▫ au cinéma Procédé qui accélère les mouvements.

accélérer v. **1.** v. tr. Rendre plus rapide, augmenter le rythme de. **2.** v. intr. Augmenter la vitesse d'une voiture ; du moteur. ▶ **accélération** n. f.

accent n. m. **1.** Augmentation d'intensité de la voix sur une syllabe. **2.** Signe graphique qui sert (en français) à noter des différences dans la prononciation des voyelles ou à distinguer deux mots. **3.** Inflexions de la voix exprimant un sentiment. *Un accent plaintif.* **4.** Ensemble des caractères phonétiques qui s'écartent de la norme (dans une langue). *L'accent du Midi.* **5.** *METTRE L'ACCENT SUR* : insister sur.

accentuer v. tr. **1.** Élever ou intensifier la voix sur (un son). **2.** Mettre un accent (2) sur (une lettre). **3.** Augmenter, intensifier (qqch.). – pronom. Devenir plus net, plus fort. ▶ **accentuation** n. f.

acceptable adj. ▫ Qui peut convenir.

acceptation n. f. ▫ Fait d'accepter.

accepter v. **I.** v. tr. **1.** Recevoir, prendre volontiers. **2.** Donner son accord à. **3.** *Accepter qqn*, l'admettre. – pronom. *S'accepter tel qu'on est.* **II. 1.** v. tr. ind. *ACCEPTER DE* (+ inf.) : bien vouloir. **2.** v. tr. *ACCEPTER QUE* (+ subj.) : supporter.

acception n. f. ▫ Sens particulier (d'un mot).

accès n. m. **I. 1.** Possibilité d'aller dans (un lieu), d'approcher (qqn). **2.** Voie qui permet d'entrer. **3.** Possibilité de connaître, de participer à (qqch.). *L'accès à la culture.* **4.** inform. Recherche et obtention des informations. **II. 1.** Arrivée ou retour d'un phénomène pathologique. **2.** Émotion vive et passagère.

accessible adj. **1.** Où l'on peut accéder, entrer. **2.** (personnes) Que l'on peut approcher, rencontrer. ▶ **accessibilité** n. f.

accession n. f. ▫ Fait d'accéder (à un état, une situation).

accessit n. m. ▫ Distinction accordée à ceux qui, sans obtenir de prix, s'en approchent.

accessoire I. adj. et n. m. Qui vient avec ou après ce qui est principal, essentiel. **II.** n. m. **1.** Objet nécessaire à une représentation théâtrale, etc. **2.** Pièce non indispensable (d'un instrument...). – Élément associé à une toilette (sac, etc.).

accessoirement adv. ▫ D'une manière accessoire ; en plus d'une raison principale.

accessoiriste n. ▫ Personne qui dispose les accessoires au théâtre, au cinéma, etc.

accident n. m. **1.** Fait accessoire. – *PAR ACCIDENT* : par hasard. **2.** Événement imprévu et soudain qui entraîne des dégâts, met en danger. **3.** *Accident de terrain* : inégalité du terrain.

accidenté, ée adj. **1.** Qui présente des accidents (3). **2.** adj. et n. fam. Qui a subi un accident (2).

accidentel, elle adj. **1.** Qui est dû au hasard. **2.** *Mort accidentelle*, du fait d'un accident. ▶ **accidentellement** adv.

acclamation n. f. ▫ Cri collectif d'enthousiasme pour saluer qqn ou qqch.

acclamer v. tr. ◻ Saluer par des acclamations.

acclimatation n. f. ◻ Action d'acclimater (un animal, une plante...).

acclimatement n. m. ◻ Fait de s'habituer à un milieu différent.

acclimater v. tr. ◻ Habituer (un animal, une plante...) à un milieu différent. ▷ v. pron. s'**acclimater** **1.** *Plante qui s'acclimate mal.* **2.** (personnes) S'habituer à un nouveau pays, à de nouvelles habitudes.

accointances n. f. pl. ◻ *Avoir des accointances* (dans un milieu), y avoir des relations.

accolade n. f. **1.** Fait de mettre les bras autour du cou. **2.** Signe graphique à double courbure ({).

accoler v. tr. ◻ Réunir, rendre contigu.

accommodant, ante adj. ◻ Qui s'accommode facilement des personnes, des circonstances.

accommodation n. f. **1.** Fait d'accommoder ou de s'accommoder (1). **2.** physiol. Mise au point faite par l'œil, dans la fonction visuelle.

accommodement n. m. ◻ Accord ou compromis à l'amiable.

accommoder v. tr. **1.** Disposer ou modifier de manière à faire convenir (à). **2.** Préparer (des aliments). **3.** intrans. physiol. Effectuer l'accommodation (2). ▷ v. pron. s'**accommoder** **1.** *S'ACCOMMODER À* : s'adapter à. **2.** *S'ACCOMMODER DE* : accepter comme pouvant convenir.

accompagnateur, trice n. ◻ Personne qui accompagne.

accompagnement n. m. **1.** Ce qui est servi avec une viande, un poisson. **2.** Action de jouer une partie musicale de soutien à la partie principale ; cette partie.

accompagner v. tr. **1.** Se joindre à (qqn) pour aller où il va en même temps que lui. **2.** (sujet chose) S'ajouter à, aller avec. **3.** Exécuter l'accompagnement (2) de. ▷ v. pron. s'**accompagner** (de) (sujet chose) Être suivi (de), avoir pour conséquence.

accompli, ie adj. **1.** Parfait en son genre. **2.** Terminé. – *LE FAIT ACCOMPLI* : ce qui est fait, ce sur quoi on ne peut revenir.

accomplir v. tr. ◻ Faire (qqch.) jusqu'au bout. ▷ v. pron. s'**accomplir** **1.** (choses) Se réaliser, avoir lieu. **2.** (personnes) Se réaliser pleinement. ▶ **accomplissement** n. m.

acconier → **aconier**

accord n. m. **I. 1.** État qui résulte d'une communauté ou d'une conformité de pensées, de sentiments. **2.** *D'ACCORD. Être d'accord,* avoir la même opinion. **3.** Arrangement entre personnes qui se mettent d'accord. **4.** Autorisation. **II. 1.** mus. Association de plusieurs sons simultanés, selon les lois de l'harmonie. **2.** Action d'accorder un instrument. **3.** gramm. Correspondance entre des formes dont l'une est subordonnée à l'autre.

accordéon n. m. **1.** Instrument de musique à soufflet et à anches métalliques. ▶ **accordéoniste** n. **2.** *EN ACCORDÉON,* qui forme des plis parallèles.

accorder v. tr. **I. 1.** Consentir à donner, à laisser ou à permettre. **2.** Attribuer. **II. 1.** Régler (un, des instruments) selon le diapason. **2.** gramm. Donner à (un élément du discours) un aspect formel en rapport avec sa fonction ou avec la forme d'un élément dominant. – pronom. *Le verbe s'accorde avec son sujet.*

accordeur, euse n. ◻ Spécialiste qui accorde les pianos, les orgues, etc.

accort, accorte adj. ▫ vx ou littér. Gracieux.

accoster v. tr. **1.** Aborder (qqn) de façon cavalière. **2.** (bateau, engin spatial) Se mettre bord à bord avec (le quai, un autre bateau ou engin). ▶ **accostage** n. m.

accotement n. m. ▫ Espace aménagé entre la chaussée et le fossé.

s'**accoter** v. pron. ▫ S'appuyer d'un côté.

accotoir n. m. ▫ Appui (d'un siège) pour les bras, la tête.

accouchée n. f. ▫ Femme qui vient d'accoucher.

accouchement n. m. ▫ Fait d'accoucher ; sortie de l'enfant du corps de sa mère.

accoucher v. **I.** v. tr. ind. **1.** *ACCOUCHER DE* : mettre au monde. – sans compl. *Accoucher avant terme.* **2.** fig. Élaborer péniblement. **II.** v. tr. dir. Assister (une femme) dans l'accouchement. ▶ **accoucheur, euse** n.

s'**accouder** v. pron. ▫ S'appuyer sur le(s) coude(s).

accoudoir n. m. ▫ Appui pour s'accouder.

accoupler v. tr. **1.** techn. Joindre par deux. **2.** Procéder à l'union sexuelle de (deux animaux). ▷ v. pron. s'**accoupler** S'unir sexuellement. ▶ **accouplement** n. m.

accourir v. intr. ▫ Venir en courant, en se pressant.

accoutrer v. tr. ▫ Habiller ridiculement. ▷ v. pron. s'**accoutrer** ▶ **accoutrement** n. m.

accoutumance n. f. **1.** Fait de s'habituer. **2.** méd. Processus par lequel un organisme tolère de mieux en mieux un agent extérieur.

accoutumé, ée adj. **1.** Ordinaire, habituel. **2.** *À L'ACCOUTUMÉE* loc. adv. : d'ordinaire.

accoutumer v. tr. ▫ Faire prendre l'habitude (de). *Accoutumer qqn à qqch., à faire qqch.* ▷ v. pron. s'**accoutumer** (à)

accréditer v. tr. **1.** Donner à (qqn) l'autorité pour agir en qualité de. ▶ **accréditation** n. f. **2.** Rendre (qqch.) plausible.

accro adj. (invar. en genre) ▫ fam. **1.** Dépendant (d'une drogue). **2.** Passionné (par).

accroc n. m. **1.** Déchirure faite par ce qui accroche. **2.** Difficulté qui arrête.

accrochage n. m. **1.** Action d'accrocher. **2.** Léger choc entre deux véhicules. **3.** fam. Dispute légère.

accroche n. f. ▫ publicité Ce qui accroche l'attention.

accroche-cœur n. m. ▫ Mèche de cheveux en boucle, sur la tempe. *Des accroche-cœurs.*

accrocher v. **I.** v. tr. **1.** Retenir, arrêter par un crochet, une chose pointue. ▪ Heurter (un véhicule). **2.** Suspendre à un crochet, etc. – *Avoir le cœur bien accroché* : n'être pas facilement dégoûté. **3.** Retenir l'attention de (qqn). **II.** v. intr. **1.** Présenter des difficultés. **2.** *Ça a bien accroché avec lui*, le contact s'est bien établi. ▷ v. pron. s'**accrocher** **1.** Se tenir avec force ; ne pas céder. **2.** *S'accrocher avec qqn*, se disputer.

accrocheur, euse adj. et n. **1.** (personnes) Tenace. **2.** (choses) Qui attire l'attention.

accroire v. tr. ▫ littér. *En faire accroire à qqn*, lui mentir.

accroître v. tr. ▫ Rendre plus grand. ▷ v. pron. s'**accroître** Aller en augmentant. ▶ **accroissement** n. m.

s'**accroupir** v. pron. ▫ S'asseoir sur ses talons. ▶ **accroupissement** n. m.

accueil n. m. **1.** Manière de recevoir qqn, dont qqn accepte (une œuvre...). **2.** Lieu où l'on accueille des visiteurs.

accueillir v. tr. **1.** Se comporter d'une certaine manière avec (qqn qui se présente). **2.** Recevoir bien ou mal (qqch.). **3.** Donner l'hospitalité à. ▶ **accueillant, ante** adj.

acculer v. tr. ◻ Pousser dans un endroit, fig. dans une situation où tout recul est impossible.

acculturation n. f. ◻ didact. Processus par lequel qqn, un groupe humain assimile une culture étrangère à la sienne.

accumulateur n. m. ◻ Appareil qui restitue sous forme de courant l'énergie électrique fournie par une réaction chimique. *Batterie d'accumulateurs* (d'un véhicule). ▪ abrév. fam. **accus** n. m. pl.

accumulation n. f. **1.** Action d'accumuler. **2.** Stockage d'énergie électrique.

accumuler v. tr. ◻ Mettre ensemble en grand nombre. ▷ v. pron. s'**accumuler**

accus → **accumulateur**

accusateur, trice **1.** n. Personne qui accuse. **2.** adj. Qui constitue une accusation.

accusatif n. m. ◻ gramm. Cas marquant le complément d'objet (langues à déclinaisons).

accusation n. f. **1.** dr. Action en justice par laquelle on désigne comme coupable. **2.** Action de signaler (qqn) comme coupable ou (qqch.) comme répréhensible.

accusé, ée **1.** n. Personne à qui on impute un délit. **2.** n. m. *ACCUSÉ DE RÉCEPTION* : avis informant que qqch. a été reçu.

accuser v. tr. **I. 1.** Signaler ou présenter (qqn) comme coupable. **2.** Rendre responsable (d'un mal). **II.** Faire ressortir. – au p. p. *Des traits accusés.* ▪ fam. *Accuser le coup,* montrer qu'on est affecté.

acéphale adj. ◻ Sans tête.

acerbe adj. ◻ Intentionnellement blessant.

acéré, ée adj. ◻ Dur et tranchant.

acétate n. m. ◻ chim. Sel ou ester de l'acide acétique.

acétique adj. ◻ chim. *Acide acétique* : acide du vinaigre.

acétone n. f. ◻ chim. Liquide volatil, inflammable, d'odeur pénétrante.

acétylène n. m. ◻ Gaz produit par action de l'eau sur le carbure de calcium.

acétylsalicylique adj. ◻ chim. et pharm. *Acide acétylsalicylique* : aspirine.

achalandé, ée adj. **1.** rare Qui a de nombreux clients. **2.** cour. (mais critiqué) Bien approvisionné.

acharné, ée adj. ◻ Qui fait preuve d'acharnement.

acharnement n. m. ◻ Ardeur opiniâtre.

s'**acharner** v. pron. ◻ Poursuivre avec ténacité.

achat n. m. **1.** Action d'acheter. **2.** Ce qu'on a acheté.

acheminer v. tr. ◻ Diriger vers un lieu déterminé. ▷ v. pron. s'**acheminer** ▶ **acheminement** n. m.

acheter v. tr. **1.** Acquérir (un bien...) contre paiement. **2.** péj. Corrompre (qqn).

acheteur, euse n. ◻ Personne qui achète.

achevé, ée adj. ◻ littér. Parfait en son genre. – péj. *D'un ridicule achevé.*

achèvement n. m. **1.** Action d'achever (un ouvrage) ; fin. **2.** littér. Perfection.

achever v. tr. **1.** Finir en menant à bonne fin. **2.** Porter le coup de grâce à (qqn, un animal). ▪ fig. Abattre, anéantir. ▷ v. pron. s'**achever** (choses) Se terminer.

achoppement n. m. ◻ *Pierre d'achoppement* : obstacle, écueil.

achopper v. intr. **1.** littér. Buter du pied (contre un obstacle). **2.** fig. *Achopper à, sur un problème.*

acide I. adj. **1.** Qui est piquant au goût. **2.** fig. Acerbe, désagréable. **3.** chim. Propre aux acides. **II.** n. m. **1.** chim. Tout corps capable de libérer des ions hydrogène (H^+), qui donne un sel avec une base et dont le pH est inférieur à 7. **2.** argot fam. L. S. D.

acidifier v. tr. □ Rendre acide.

acidité n. f. **1.** Saveur acide. **2.** fig. Caractère mordant. **3.** chim. Qualité acide (I, 3).

acidulé, ée adj. □ Légèrement acide.

acier n. m. **1.** Alliage de fer et de carbone. ▶ **aciérie** n. f. **2.** appos. *Gris acier* (couleur). **3.** fig. *D'ACIER* : solide.

acmé n. f. □ didact. Apogée.

acné n. f. □ Maladie de la peau due à une inflammation des glandes sébacées.

acolyte n. □ péj. Compagnon, complice.

acompte n. m. **1.** Paiement partiel à valoir sur le montant d'une somme due. **2.** fig., fam. Petit avantage en attendant mieux.

aconier ou **acconier** n. m. □ mar. Professionnel chargé du transfert des marchandises, de leur entreposage.

aconit n. m. □ Plante vénéneuse à fleurs en forme de casque.

a contrario □ loc. adj. didact. Qui aboutit à des conséquences opposées. ■ loc. adv. Dans le cas contraire.

s'**acoquiner** v. pron. □ Se lier (à une personne peu recommandable).

à-côté n. m. **1.** Point, problème accessoire. **2.** Gain d'appoint. *Des à-côtés.*

à-coup n. m. □ Secousse. – *Par à-coups* : de façon irrégulière, intermittente.

acouphène n. m. □ méd. Sensation auditive anormale.

acousticien, ienne n. □ didact. Spécialiste de l'acoustique.

acoustique I. adj. Relatif au son. **II.** n. f. **1.** Partie de la physique qui traite des sons et des ondes sonores. **2.** Qualité (d'un local) quant à la propagation du son.

acquéreur n. m. □ Personne qui acquiert (un bien).

acquérir v. tr. **1.** Devenir propriétaire de (un bien, un droit), par achat, échange, succession. **2.** Parvenir à posséder (un avantage).

acquêt n. m. □ dr. Bien acquis par l'un des époux au cours de la vie conjugale, et qui fait partie des biens communs.

acquiescer v. tr. ind. □ *Acquiescer à qqch.*, donner son entier consentement à. ▶ **acquiescement** n. m.

acquis, ise I. adj. **1.** Qui a été acquis par l'individu. – biol. *Caractères acquis*, qui apparaissent par adaptation au milieu. **2.** Dont qqn peut disposer de façon définitive et sûre. **II.** n. m. **1.** Savoir acquis, expérience acquise. **2.** *Les acquis sociaux* : les avantages sociaux acquis.

acquisition n. f. **1.** Action d'acquérir. **2.** Bien acquis.

acquit n. m. **1.** Reconnaissance écrite d'un paiement. **2.** *PAR ACQUIT DE CONSCIENCE* : pour éviter d'avoir qqch. à se reprocher.

acquitter v. tr. **I.** Déclarer (par jugement) un accusé non coupable. **II.** Payer (ce qu'on doit). ▷ v. pron. s'**acquitter** *S'acquitter de* : se libérer de (une obligation). ▶ **acquittement** n. m.

acra n. m. □ Beignet de poisson ou de légumes. – var. **akra.**

acre n. f. □ Mesure agraire.

âcre adj. **1.** Irritant au goût ou à l'odorat. **2.** fig. Irritant, douloureux. ▶ **âcreté** n. f.

acrimonie n. f. □ Mauvaise humeur, aigreur. ▶ **acrimonieux, euse** adj.

acrobate n. □ Artiste exécutant des exercices d'équilibre et de gymnastique périlleux.

acrobatie n. f. **1.** Exercice d'acrobate. **2.** fig. Exercice difficile et virtuose. ▶ **acrobatique** adj.

acronyme n. m. □ Sigle* qui se prononce comme un mot ordinaire.

acropole n. f. □ Ville haute, souvent fortifiée, des anciennes cités grecques.

acrostiche n. m. □ Poème où les initiales de chaque vers, lues dans le sens vertical, composent un mot.

acrylique adj. **1.** *Acide acrylique :* acide gras de l'éthylène. **2.** Se dit de produits dérivés de cet acide. – n. m. Tissu de fibres acryliques.

① **acte** n. m. **I. 1.** Pièce écrite qui constate un fait, une convention, une obligation. **2.** au plur. Recueil de procès-verbaux, de communications. **II. 1.** Action humaine considérée dans son aspect objectif plutôt que subjectif. **2.** *FAIRE ACTE DE :* manifester, donner une preuve de.

② **acte** n. m. □ Chacune des grandes divisions d'une pièce de théâtre.

acteur, trice n. **1.** Artiste dont la profession est de jouer un rôle à la scène ou à l'écran. **2.** Personne qui prend une part active.

① **actif, ive** adj. **1.** Qui agit (personnes), implique une activité (choses). **2.** gramm. *Voix active d'un verbe,* qui exprime que le sujet est considéré comme agissant.

② **actif** n. m. **1.** Ensemble des biens ou droits constituant, avec les dettes, un patrimoine. **2.** fig. *AVOIR À SON ACTIF :* compter parmi ses succès.

actinie n. f. □ zool. Animal marin, polype à tentacules, aussi appelé *anémone de mer.*

① **action** n. f. **I. 1.** Ce que fait qqn et par quoi il réalise une intention ou une impulsion. **2.** Fait de produire un effet, manière d'agir sur qqn ou qqch. **3.** Combat, lutte. *L'action syndicale.* **II.** dr. Exercice d'un droit en justice. **III.** Suite d'événements constituant le sujet (d'une œuvre).

② **action** n. f. □ Titre cessible et négociable représentant une fraction du capital social de certaines sociétés.

actionnaire n. □ Propriétaire d'actions (②). ▶ **actionnariat** n. m.

actionner v. tr. □ Mettre en mouvement, faire fonctionner (un mécanisme).

activement adv. □ Avec ardeur.

activer v. tr. **1.** Rendre plus prompt (en augmentant l'activité). **2.** Rendre plus agissant. ▷ v. pron. s'**activer** S'affairer.

activisme n. m. □ Attitude politique qui préconise l'action, la propagande.

activité n. f. **1.** (choses) Faculté ou fait d'agir. **2.** Actes coordonnés et travaux humains. **3.** Situation de qqn qui exerce ses fonctions.

actuaire n. □ fin. Spécialiste de la statistique appliquée à la finance.

actualiser v. tr. □ Moderniser. ▶ **actualisation** n. f.

actualité n. f. **1.** Caractère de ce qui est actuel, contemporain. **2.** Ensemble des faits tout récents. **3.** *LES ACTUALITÉS,* informations, nouvelles du moment.

actuariel, elle adj. □ fin. Relatif aux méthodes des actuaires.

actuel, elle adj. **1.** philos. Qui existe, se passe au moment où l'on parle. **2.** Qui intéresse notre époque. ▶ **actuellement** adv.

acuité n. f. **1.** Caractère aigu, intense. **2.** Degré de sensibilité (d'un sens).

acupuncture n. f. □ Thérapeutique consistant à piquer des aiguilles en des points précis du corps. – var. **acuponcture.** ▶ **acupuncteur, trice** n. – var. **acuponcteur, trice**

adage n. m. □ Maxime populaire ancienne.

adagio adv. □ mus. Indication de mouvement lent. – n. m. Ce mouvement.

adamantin, ine adj. □ littér. Qui a la dureté ou l'éclat du diamant.

adaptable adj. □ Qui peut s'adapter, qu'on peut adapter. ▶ **adaptabilité** n. f.

adaptateur, trice 1. n. Auteur d'une adaptation (au cinéma...). 2. n. m. Dispositif pour adapter un appareil à un autre usage.

adaptation n. f. 1. Action d'adapter ou de s'adapter. 2. Transformation (d'une œuvre).

adapter v. tr. 1. *Adapter qqch. à qqch.*, réunir, appliquer après ajustement. 2. *Adapter* (qqn, qqch.) *à* (qqn, qqch.), approprier, harmoniser. 3. Faire l'adaptation (2) de. ▷ v. pron. s'**adapter** Se mettre en harmonie (avec le milieu...).

addenda n. m. invar. □ Ensemble de notes additionnelles à la fin d'un ouvrage.

addiction n. f. □ anglic. Dépendance extrême, entraînant une conduite compulsive, une perte de la liberté.

additif n. m. 1. Article additionnel. 2. Substance ajoutée à un produit.

addition n. f. 1. Action d'ajouter en incorporant. 2. Opération consistant à réunir des quantités en un seul nombre, en les ajoutant. 3. Note présentant le total des dépenses, au café, au restaurant.

additionnel, elle adj. □ Qui s'ajoute.

additionner v. tr. 1. Modifier, enrichir par addition d'un élément. 2. Faire l'addition (2) de. ▷ v. pron. s'**additionner** S'ajouter.

adducteur adj. m. et n. m. 1. *(Canal) adducteur* : canal d'adduction des eaux. 2. anat. *(Muscle) adducteur*, qui rapproche un membre de l'axe du corps.

adduction n. f. 1. Action de dériver les eaux d'un lieu pour les amener dans un autre. 2. didact. Mouvement qui rapproche de l'axe du corps.

adénoïde adj. □ méd. Qui a rapport au tissu ganglionnaire et à ses affections.

adénome n. m. □ méd. Tumeur bénigne qui se développe sur une glande.

adepte n. □ Fidèle (d'une religion), partisan (d'une doctrine).

adéquat, ate adj. □ Exactement proportionné à son objet, adapté à son but. ▶ **adéquatement** adv. ▶ **adéquation** n. f.

adhérence n. f. □ État d'une chose qui adhère à une autre.

adhérent, ente I. adj. Qui adhère à qqch. II. n. Personne qui adhère (à un parti...).

adhérer v. tr. ind. □ ADHÉRER À I. Tenir fortement à, par un contact étroit de sa surface. II. 1. Se déclarer partisan de. 2. S'inscrire (à un parti, etc.).

adhésif, ive adj. et n. m. □ Qui reste collé après application.

adhésion n. f. □ Action d'adhérer (II).

ad hoc loc. adj. invar. □ Destiné à un usage.

adiabatique adj. □ sc. Qui s'effectue sans échange de chaleur.

adieu I. interj. 1. Formule dont on se sert en prenant congé de qqn qu'on ne doit pas revoir de quelque temps ou qu'on ne doit plus revoir. 2. région. (Midi) Bonjour. – Au revoir. II. n. m. Fait de se séparer de qqn.

à-Dieu-va interj. □ À la grâce de Dieu. – var. **à-Dieu-vat ; adieu va.**

adipeux, euse adj. **1.** anat. Fait de graisse. **2.** cour. Très gras. ▶ **adiposité** n. f.

adjacent, ente adj. □ Qui se trouve dans le voisinage immédiat.

adjectif n. m. **1.** Mot qui accompagne un substantif avec lequel il s'accorde en genre et en nombre, et qui n'est pas un article. **2.** adj. Qui a une valeur d'adjectif. ▶ **adjectivement** adv.

adjoindre v. tr. **1.** Associer (une personne à une autre) pour aider ou contrôler. ▶ **adjoint, ointe** n. **2.** Joindre, ajouter (une chose à une autre).

adjonction n. f. □ Action d'adjoindre.

adjudant, ante n. □ (en France) Sous-officier.

adjudicataire n. □ dr. Bénéficiaire d'une adjudication.

adjudication n. f. □ dr. Acte par lequel on met des entrepreneurs en concurrence. – *Vente par adjudication,* aux enchères.

adjuger v. tr. **1.** Décerner. **2.** dr. Attribuer par adjudication.

adjuration n. f. □ Prière instante.

adjurer v. tr. □ Commander ou demander à (qqn) par une adjuration.

adjuvant n. m. □ Produit ajouté à un autre.

ad libitum loc. adv. □ À volonté.

admettre v. tr. **1.** Accepter de recevoir (qqn). – au p. p. *Candidat admis à l'oral.* **2.** Considérer comme acceptable par l'esprit. **3.** Accepter, permettre. **4.** Laisser entrer.

administrateur, trice n. □ Personne chargée de l'administration d'un bien. ■ Membre d'un conseil d'administration. ■ inform. Personne chargée de la gestion (d'un réseau...).

administratif, ive adj. □ Relatif à l'administration. ▶ **administrativement** adv.

administration n. f. **1.** Action de gérer un bien, un ensemble de biens. **2.** Fonction consistant à assurer l'application des lois et la marche des services publics. ■ Ensemble des services et agents chargés de cette fonction. ■ *(Une administration)* Service public.

administré, ée n. □ Personne soumise à une autorité administrative.

administrer v. tr. **I.** Gérer en faisant valoir, en défendant des intérêts. **II.** Faire prendre (un remède).

admirable adj. □ Digne d'admiration. ▶ **admirablement** adv.

admirateur, trice n. □ Personne qui admire.

admiratif, ive adj. □ Qui est en admiration. ▶ **admirativement** adv.

admiration n. f. □ Sentiment de joie et d'épanouissement devant ce qu'on juge beau ou grand.

admirer v. tr. □ Avoir de l'admiration pour.

admissible adj. **1.** Qu'on peut admettre. **2.** Admis à subir les épreuves définitives d'un examen. ▶ **admissibilité** n. f.

admission n. f. □ Action d'admettre ; fait d'être admis.

admonester v. tr. □ littér. Réprimander sévèrement. ▶ **admonestation** n. f. littér.

A. D. N. n. m. □ biol. Acide nucléique, constituant essentiel des chromosomes. – On écrit aussi **ADN.**

adobe n. m. □ Brique de terre séchée.

adolescence n. f. □ Âge entre la puberté et l'âge adulte. ▶ **adolescent, ente** n. – abrév. fam. **ado.**

adonis n. m. □ Jeune homme très beau.

s'adonner v. pron. □ S'appliquer ardemment (à une activité).

adoptant, ante adj. et n. ◻ Qui adopte légalement qqn.

adopter v. tr. **1.** Prendre légalement pour fils ou pour fille. **2.** Faire sien en choisissant. **3.** Approuver par un vote.

adoptif, ive adj. **1.** Qui est tel par adoption. **2.** D'adoption. *Patrie adoptive.*

adoption n. f. **1.** Action d'adopter. **2.** *D'ADOPTION* : qu'on reconnaît pour sien.

adorable adj. ◻ Très aimable. ■ Très joli, touchant, gracieux. ▶ **adorablement** adv.

adorateur, trice n. ◻ Personne qui adore.

adoration n. f. **1.** Culte rendu à un dieu. **2.** Amour fervent, culte passionné.

adorer v. tr. **1.** Rendre un culte à (un dieu, un symbole divin). **2.** Aimer (qqn) d'un amour ou d'une affection passionnée. – pronom. *Ils s'adorent.* **3.** fam. Avoir un goût très vif pour (qqch.).

adosser v. tr. ◻ Appuyer en mettant le dos, la face postérieure contre. ▷ v. pron. s'**adosser** (à)

adouber v. tr. ◻ hist. (au Moyen Âge) Armer (qqn) chevalier. ▶ **adoubement** n. m.

adoucir v. tr. **1.** Rendre plus doux, plus agréable aux sens. **2.** Soulager, apaiser. ▶ **adoucissement** n. m.

adoucissant, ante **1.** adj. Qui diminue l'irritation. **2.** n. m. Produit utilisé au rinçage pour assouplir le linge.

adoucisseur n. m. ◻ Appareil servant à rendre l'eau moins calcaire.

ad patres loc. adv. ◻ fam. *Envoyer qqn ad patres,* le tuer.

adrénaline n. f. ◻ méd. Hormone qui accélère le rythme cardiaque, dilate les bronches, etc.

adressage n. m. ◻ inform. Procédé définissant l'adresse d'une information.

① **adresse** n. f. **1.** Indication du domicile (de qqn). **2.** *À L'ADRESSE DE* : à l'intention de. **3.** Signe (mot...) sous lequel est classée une information.

② **adresse** n. f. **1.** Qualité physique de qqn qui fait les mouvements les mieux adaptés. **2.** Qualité de qqn qui sait s'y prendre pour obtenir un résultat.

adresser v. tr. **1.** Émettre (des paroles) en direction de qqn. **2.** Faire parvenir à qqn. **3.** Diriger (qqn) vers la personne qui convient. ▷ v. pron. s'**adresser** (à) **1.** Parler (à qqn) ; aller trouver (qqn). **2.** (sujet chose) Être destiné (à).

adret n. m. ◻ géogr. Versant exposé au soleil, en montagne (opposé à *ubac*).

adroit, oite adj. ◻ Qui fait preuve d'adresse. ▶ **adroitement** adv.

ADSL n. m. ◻ anglic., techn. Système permettant la transmission de données par le réseau téléphonique.

adsorber v. tr. ◻ sc. Retenir, fixer à la surface. ▶ **adsorption** n. f.

aduler v. tr. ◻ littér. Adorer. ▶ **adulation** n. f.

adulte **1.** adj. Qui est parvenu au terme de sa croissance. **2.** n. Homme, femme adulte.

adultère **1.** n. m. Fait d'avoir volontairement des rapports sexuels avec une personne autre que son conjoint. **2.** adj. Qui commet un adultère.

adultérin, ine adj. ◻ Né d'un adultère.

advenir v. intr. impers. ◻ Arriver, survenir.

adventice adj. ◻ Qui s'ajoute.

adverbe n. m. ◻ Mot invariable ajoutant une détermination à un verbe, un adjectif, un adverbe ou à une phrase entière.

adverbial, iale, iaux adj. ◻ Qui a fonction d'adverbe. ▶ **adverbialement** adv.

adversaire n. 1. Personne qui est opposée à une autre. 2. Personne hostile (à une doctrine...).

adverse adj. ▫ littér. Opposé.

adversité n. f. ▫ littér. Sort contraire ; situation de détresse.

aède n. m. ▫ Antiq. grecque Poète épique.

aérateur n. m. ▫ Appareil servant à aérer.

aérer v. tr. 1. Faire entrer de l'air dans (un lieu clos) ; exposer à l'air. 2. fig. Rendre moins dense, plus léger. ▷ v. pron. s'**aérer** Prendre l'air. ▷ adj. **aéré, ée** *Centre aéré,* qui propose aux enfants des activités de plein air. ▶ **aération** n. f.

aérien, ienne adj. I. 1. De l'air. 2. Qui est à l'air libre. II. De l'aviation.

aérobie adj. 1. (micro-organisme) Qui ne se développe qu'en présence d'air ou d'oxygène. 2. Qui a besoin de l'oxygène de l'air pour fonctionner.

aérobiologie n. f. ▫ Étude des micro-organismes en suspension dans l'atmosphère.

aérodrome n. m. ▫ Terrain pour le décollage et l'atterrissage des avions.

aérodynamique I. n. f. Partie de la physique qui étudie les mouvements des corps dans l'air. II. adj. Relatif à l'aérodynamique. ▪ Conforme aux lois de l'aérodynamique.

aérofrein n. m. ▫ Dispositif de freinage utilisant la résistance de l'air.

aérogare n. f. ▫ Bâtiments d'un aéroport destinés aux voyageurs et aux marchandises.

aéroglisseur n. m. ▫ Véhicule qui avance sur un coussin d'air.

aérographe n. m. ▫ Pulvérisateur à air comprimé.

aérolithe n. m. ▫ Météorite.

aéromodélisme n. m. ▫ Technique des modèles réduits d'avions.

aéronautique I. adj. Relatif à la navigation aérienne. II. n. f. Science de la navigation aérienne ; technique de la construction des appareils volants.

aéronaval, ale, als adj. ▫ Qui appartient à la fois à l'aviation et à la marine.

aéronef n. m. ▫ didact. Appareil capable de se déplacer dans l'air.

aérophagie n. f. ▫ Trouble dû à la pénétration d'air dans l'œsophage et l'estomac.

aéroplane n. m. ▫ vx Avion.

aéroport n. m. ▫ Ensemble d'installations nécessaires au trafic aérien.

aéroporté, ée adj. ▫ Transporté par air.

aérosol n. m. 1. phys. Suspension de particules dans un gaz. 2. Appareil qui pulvérise et disperse de telles particules.

aérospatial, ale, aux adj. ▫ Qui concerne à la fois l'aéronautique et l'astronautique.

aérostat n. m. ▫ Appareil dont la sustentation est due à un gaz plus léger que l'air.

aérotrain n. m. (n. déposé) ▫ Véhicule sur rail unique, circulant sur coussin d'air.

affable adj. ▫ Aimable et accueillant. ▶ **affabilité** n. f. → **amabilité, courtoisie.**

affabulation n. f. ▫ Récit inventé. ▶ **affabuler** v. intr.

affacturage n. m. ▫ techn. Gestion des créances d'une entreprise par un organisme extérieur.

affadir v. tr. ▫ Rendre fade. ▷ v. pron. s'**affadir** ▶ **affadissement** n. m.

affaiblir v. tr. ▫ Rendre moins fort. ▷ v. pron. s'**affaiblir** ▶ **affaiblissement** n. m.

affaire n. f. I. 1. Ce que qqn a à faire, ce qui l'occupe ou le concerne. 2. *AFFAIRE DE,* affaire où (qqch.) est en jeu.

3. Ensemble de faits créant une situation où divers intérêts sont aux prises. ▪ spécialt Scandale social, politique. **4.** Procès, objet d'un débat judiciaire. **5.** Marché conclu ou à conclure avec qqn. *Faire affaire avec qqn.* **6.** Entreprise commerciale ou industrielle. **II.** *AVOIR AFFAIRE À qqn*, avoir à traiter, à discuter avec lui. **III.** au plur. **1.** Ensemble des occupations et activités d'intérêt public. **2.** Situation matérielle, personnelle d'un particulier. **3.** Activités économiques (commerciales et financières). – *Homme, femme d'affaires.* **4.** Objets ou effets personnels.

s'**affairer** v. pron. ▫ Se montrer actif, empressé ; s'occuper activement. ▶ **affairé, ée** adj. ▶ **affairement** n. m.

affairiste n. ▫ Homme, femme d'affaires sans scrupule. ▶ **affairisme** n. m.

s'**affaisser** v. pron. ▫ Plier, baisser de niveau sous un poids ou une pression. ▶ **affaissement** n. m.

affaler v. tr. **1.** mar. Faire descendre (une voile...). **2.** *S'AFFALER* v. pron. Se laisser tomber.

affamer v. tr. ▫ Faire souffrir de la faim. ▷ p. p. et n. **affamé, ée**

affect n. m. ▫ psych. État affectif élémentaire.

① **affectation** n. f. ▫ Manque de naturel.

② **affectation** n. f. **1.** Destination (de qqch.) à un usage déterminé. **2.** Désignation (de qqn) à une fonction ; cette fonction.

① **affecter** v. tr. ▫ Prendre, adopter (une manière d'être qui n'est pas naturelle) de façon ostentatoire.

② **affecter** v. tr. **1.** Destiner, réserver à un usage ou à un usager déterminé. **2.** Procéder à l'affectation (②, 2) de (qqn).

③ **affecter** v. tr. ▫ Toucher par une impression pénible.

affectif, ive adj. ▫ Qui concerne les affects, les sentiments. ▶ **affectivement** adv. ▶ **affectivité** n. f.

affection n. f. **1.** Sentiment tendre. **2.** méd. Trouble organique ou fonctionnel.

affectionner v. tr. **1.** Avoir de l'affection pour (qqn). **2.** Avoir du goût pour (qqch.). ▷ adj. **affectionné, ée**

affectueux, euse adj. ▫ Qui montre de l'affection. ▶ **affectueusement** adv.

afférent, ente adj. ▫ didact. Qui se rapporte (à).

affermer v. tr. ▫ Louer à ferme (②). ▶ **affermage** n. m.

affermir v. tr. ▫ Rendre plus ferme. ▷ v. pron. s'**affermir** ▶ **affermissement** n. m.

afféterie n. f. ▫ littér. Affectation, préciosité.

affichage n. m. **1.** Action d'afficher. **2.** inform. Présentation de données (sur un écran).

affiche n. f. ▫ Feuille imprimée destinée à porter qqch. à la connaissance du public et placardée dans un lieu public. ▶ **affichette** n. f.

afficher v. tr. **1.** Faire connaître par voie d'affiches. **2.** sans compl. Poser des affiches. **3.** fig. Montrer publiquement, faire étalage de. – pronom. *S'afficher avec qqn*, se montrer en public avec qqn.

afficheur n. m. ▫ Personne qui pose ou fait poser des affiches.

affichiste n. ▫ Créateur d'affiches.

affidé, ée n. ▫ littér. Complice, acolyte.

d'**affilée** loc. adv. ▫ À la file.

affiler v. tr. ▫ Rendre très tranchant (un instrument).

s'affilier v. pron. ◻ Adhérer, s'inscrire (à une association...). ▷ adj. et n. **affilié, ée** ▶ **affiliation** n. f.

affinage n. m. ◻ Action d'affiner (1 et 2).

affine adj. ◻ math. Qui conserve invariantes les transformations (dans le plan...).

affinement n. m. ◻ Fait de s'affiner (3).

affiner v. tr. **1.** Purifier (un métal, le verre...). **2.** Achever la maturation (d'un fromage...). **3.** Rendre plus fin, plus délicat. – pronom. *Son goût s'est affiné.*

affinité n. f. ◻ Rapport de ressemblance ; harmonie de sentiments, etc.

affirmatif, ive **1.** adj. Qui affirme. ■ Qui constitue, exprime une affirmation. *Signe affirmatif.* **2.** n. f. *Répondre par l'affirmative,* répondre oui. **3.** adv. Oui. ▶ **affirmativement** adv.

affirmation n. f. **1.** Action d'affirmer un jugement ; jugement ainsi énoncé. **2.** Action de manifester (une qualité).

affirmer v. tr. **1.** Donner (une chose) pour vraie, énoncer (un jugement) comme vrai. **2.** Manifester de façon indiscutable. – pronom. *Son talent s'affirme.* ▷ p. p. **affirmé, ée**

affixe n. m. ◻ ling. Élément susceptible d'être incorporé à un mot.

affleurer v. intr. **1.** Apparaître à la surface (du sol...). **2.** fig. Émerger, transparaître. ▶ **affleurement** n. m.

afflictif, ive adj. ◻ dr. *Peine afflictive,* qui punit physiquement.

affliction n. f. ◻ littér. Peine profonde.

affliger v. tr. **1.** littér. Atteindre, frapper durement. **2.** Attrister profondément. – pronom. *S'affliger de qqch.* ▶ **affligeant, ante** adj.

affluence n. f. ◻ Réunion d'une foule de personnes qui vont au même endroit.

affluent n. m. ◻ Cours d'eau qui se jette dans un autre.

affluer v. intr. **1.** Couler en abondance vers. **2.** Arriver en grand nombre vers.

afflux n. m. ◻ Fait d'affluer.

affolant, ante adj. **1.** Qui affole, trouble énormément. **2.** fam. Très inquiétant.

affoler v. tr. ◻ Rendre comme fou. ▷ v. pron. **s'affoler** ▷ adj. **affolé, ée** ▶ **affolement** n. m.

affranchir v. tr. **I. 1.** Rendre libre (un esclave, un serf). ▶ **affranchi, ie** adj. et n. **2.** *S'AFFRANCHIR DE* v. pron. : se délivrer de (ce qui gêne). **3.** fam. Mettre au courant (en renseignant). **II.** Acquitter le port de (une lettre, un envoi) en y apposant des timbres, etc. ▶ **affranchissement** n. m.

affres n. f. pl. ◻ littér. Angoisse.

affréter v. tr. ◻ Prendre (un navire, un avion) en location. ▶ **affrètement** n. m.

affreusement adv. **1.** D'une manière affreuse. **2.** Extrêmement.

affreux, euse adj. **1.** Qui provoque une réaction d'effroi et de dégoût. **2.** Très laid. **3.** Tout à fait désagréable.

affriolant, ante adj. ◻ Qui excite l'intérêt, le désir.

affront n. m. ◻ Offense faite publiquement.

affronter v. tr. ◻ Aller hardiment au-devant de (un adversaire, un danger). ▷ v. pron. **s'affronter** ▶ **affrontement** n. m.

affubler v. tr. ◻ Habiller bizarrement.

affût n. m. **I.** Bâti servant à supporter une arme lourde. **II.** Endroit où l'on s'embusque pour attendre le gibier ; l'attente elle-même. – *Être À L'AFFÛT DE* : guetter l'occasion de saisir ou de faire.

affûter v. tr. ◻ Aiguiser (un outil tranchant). ▶ **affûtage** n. m.

aficionado n. m. ◻ Amateur passionné.

afin de loc. prép., **afin que** loc. conj. ◻ *AFIN DE* (+ inf.), *AFIN QUE* (+ subj.). Marquent l'intention, le but.

a fortiori loc. adv. ◻ À plus forte raison.

africain, aine adj. et n. □ De l'Afrique ; spécialt de l'Afrique subsaharienne.

africanisme n. m. □ Tournure, expression propre au français d'Afrique.

africaniste n. □ Spécialiste des langues et civilisations africaines.

afrikaans n. m. □ Parler néerlandais d'Afrique du Sud.

after-shave n. m. invar. □ anglic. Après-rasage.

agacement n. m. □ Énervement mêlé d'impatience.

agacer v. tr. **1.** Mettre dans un état d'agacement. **2.** Causer une légère irritation à. **3.** Provoquer par des agaceries. ▶ **agaçant, ante** adj.

agaceries n. f. pl. □ Mines ou paroles inspirées par une coquetterie provocante.

agapes n. f. pl. □ plais. Festin.

agaric n. m. □ Champignon à chapeau et à lamelles.

agate n. f. □ Pierre semi-précieuse.

agave n. m. □ Plante d'origine mexicaine.

âge n. m. **1.** Temps écoulé depuis qu'un être vivant est né, qu'une chose existe. **2.** Période de la vie. **3.** *L'âge* : la vieillesse. **4.** Grande période de l'histoire. **5.** *L'ÂGE D'OR* : époque prospère.

âgé, ée adj. **1.** Qui a tel âge. **2.** Qui est d'un âge avancé.

agence n. f. **1.** Organisme chargé de coordonner des moyens. **2.** Établissement commercial servant d'intermédiaire. ■ Succursale bancaire. **3.** Organisme qui centralise des informations.

agencer v. tr. □ Disposer en combinant (des éléments). ▶ **agencement** n. m.

agenda n. m. □ Carnet où l'on inscrit jour par jour ce que l'on doit faire.

s'agenouiller v. pron. □ Se mettre à genoux. ▶ **agenouillement** n. m.

agent n. m. **I.** didact. **1.** La personne ou l'entité qui agit. – gramm. *Complément d'agent* : complément d'un verbe passif. **2.** Force, corps, etc. intervenant dans la production de phénomènes. *Les agents atmosphériques.* **II. 1.** Personne chargée des intérêts d'un individu ou d'un groupe. **2.** Personne employée par un service public, une entreprise..., servant d'intermédiaire. ■ *AGENT (DE POLICE).* → **gardien** de la paix. ■ *Agent secret.* → **espion.**

agglomérat n. m. □ Ensemble d'éléments agglomérés.

agglomération n. f. **1.** Action d'agglomérer (des matières). **2.** Ville ou village.

aggloméré n. m. □ Matériau obtenu en agglomérant des matières diverses.

agglomérer v. tr. □ techn. Unir en un tout (diverses matières) à l'aide d'un liant.

agglutinant, ante adj. □ Propre à agglutiner.

agglutiner v. tr. □ Réunir pour former une masse compacte. ▷ v. pron. **s'agglutiner** ▶ **agglutination** n. f.

aggravant, ante adj. □ Qui rend plus grave.

aggraver v. tr. □ Rendre plus grave. – pronom. *L'état du malade s'aggrave.* ▶ **aggravation** n. f.

agile adj. **1.** Qui a de l'aisance et de la rapidité dans ses mouvements. **2.** fig. Prompt dans les opérations intellectuelles. ▶ **agilement** adv. ▶ **agilité** n. f.

agio n. m. □ Intérêt, commission.

agioteur, euse n. □ Personne qui spécule malhonnêtement sur les cours de la Bourse.

agir v. intr. **I. 1.** Faire qqch., avoir une activité qui transforme ce qui est. **2.** Se comporter dans l'action de telle manière. **3.** (sujet chose) Produire un effet sensible, exercer une influence.

II. *IL S'AGIT DE* v. pron. impers. **1.** Il est question de. – *S'agissant de :* à propos de. **2.** *Il s'agit de* (+ inf.) : ce qui importe est de.

agissant, ante adj. ▫ littér. Qui agit.

agissements n. m. pl. ▫ péj. Manœuvres.

agitateur, trice **1.** n. Personne qui crée ou entretient l'agitation politique ou sociale. **2.** n. m. techn. Ce qui sert à agiter, remuer.

agitation n. f. **1.** État de ce qui est agité. **2.** État d'une personne qui ne peut rester en repos. **3.** Mécontentement politique ou social.

agiter v. tr. **1.** Remuer vivement en divers sens, par des mouvements irréguliers. **2.** littér. (sujet chose) Troubler (qqn) en déterminant un état d'agitation. ▷ v. pron. s'**agiter** ▷ adj. **agité, ée**

agneau, agnelle n. **1.** Petit de la brebis. **2.** Sa viande. **3.** Sa fourrure.

agnosie n. f. ▫ méd. Trouble de la reconnaissance des objets.

agnostique n. ▫ Personne qui professe que l'absolu est inconnaissable ; sceptique en matière de métaphysique et de religion. ▶ **agnosticisme** n. m.

agonie n. f. ▫ Moments précédant la mort.

agonir v. tr. ▫ Injurier.

agoniser v. intr. ▫ Être à l'agonie. ▶ **agonisant, ante** adj. et n.

agora n. f. ▫ Grande place publique (dans la Grèce antique).

agoraphobie n. f. ▫ didact. Phobie des espaces libres et des lieux publics.

agrafe n. f. **1.** Attache formée d'un crochet qu'on passe dans une boucle. **2.** Fil métallique recourbé servant notamment à assembler des papiers. **3.** chir. Petite lame servant à fermer une plaie ou une incision.

agrafer v. tr. ▫ Attacher avec des agrafes. ▶ **agrafeuse** n. f.

agraire adj. ▫ Qui concerne les terres.

agrandir v. tr. **1.** Rendre plus grand, plus important. **2.** Faire paraître plus grand. ▷ v. pron. s'**agrandir**

agrandissement n. m. **1.** Action d'agrandir, fait de s'agrandir. **2.** Opération consistant à tirer d'un cliché une épreuve agrandie. – Photo ainsi obtenue.

agréable adj. ▫ Qui agrée, fait plaisir (à qqn). ▪ n. m. *Joindre l'utile à l'agréable.* ▶ **agréablement** adv.

agréer v. tr. **1.** v. tr. ind. littér. *AGRÉER À qqn*, être au gré de. **2.** v. tr. dir. Accueillir avec faveur.

agrégat n. m. ▫ Assemblage hétérogène de substances qui adhèrent.

agrégatif, ive n. ▫ Étudiant(e) préparant l'agrégation.

agrégation n. f. ▫ Admission sur concours au titre d'agrégé ; ce concours.

agrégé, ée n. ▫ Personne déclarée apte, après avoir été reçue à l'agrégation, à être titulaire d'un poste de professeur.

agréger v. tr. **1.** Unir en un tout (des particules solides). **2.** Adjoindre (qqn à un groupe).

agrément n. m. **I.** Permission, approbation. **II.** Plaisir. *Voyage d'agrément.*

agrémenter v. tr. ▫ Améliorer en ornant.

agrès n. m. pl. ▫ Appareils utilisés en gymnastique.

agresser v. tr. ▫ Commettre une agression sur. ▶ **agresseur, euse** n.

agressif, ive adj. **1.** Qui a tendance à attaquer. **2.** Qui agresse la sensibilité. ▶ **agressivement** adv. ▶ **agressivité** n. f.

agression n. f. ▫ Attaque violente.

agreste adj. ▫ littér. Champêtre.

agricole adj. ▫ Relatif à l'agriculture.

agriculture n. f. ▫ Culture du sol. ▶ **agriculteur, trice** n.

agripper v. tr. ▫ Saisir en serrant (pour s'accrocher). ▷ v. pron. **s'agripper** ▶ **agrippement** n. m.

agroalimentaire adj. et n. m. ▫ Relatif à la transformation par l'industrie alimentaire des produits agricoles. – var. **agro-alimentaire.**

agrocarburant n. m. ▫ Carburant obtenu à partir de matériaux organiques non fossiles.

agronomie n. f. ▫ Étude scientifique de l'agriculture (milieu naturel, techniques...). ▶ **agronome** n. ▶ **agronomique** adj.

agrumes n. m. pl. ▫ Nom collectif des oranges, citrons, pamplemousses, etc.

aguerrir v. tr. ▫ Habituer à des choses pénibles. ▷ v. pron. **s'aguerrir**

aux **aguets** loc. adv. ▫ En position de guetteur.

aguicher v. tr. ▫ Exciter par des manières provocantes. ▶ **aguicheur, euse** adj. et n. ▶ **aguichant, ante** adj.

***ah** interj. **1.** Marque un sentiment vif. **2.** (redoublé) Sert à transcrire le rire.

ahaner v. intr. ▫ Respirer bruyamment sous l'effort.

ahuri, ie adj. et n. ▫ Surpris au point de paraître stupide.

ahurir v. tr. ▫ Déconcerter complètement. ▶ **ahurissement** n. m.

ahurissant, ante adj. **1.** Qui ahurit. **2.** Scandaleux, excessif.

aï n. m. ▫ Paresseux* (mammifère).

① **aide** n. f. **1.** Action d'intervenir en faveur de qqn en joignant ses efforts aux siens. **2.** Secours financier. **3.** *À L'AIDE DE* loc. prép. : au moyen de.

② **aide** n. ▫ Personne qui en aide une autre dans une opération et travaille sous ses ordres.

aide-mémoire n. m. invar. ▫ Abrégé ne présentant que l'essentiel d'un sujet.

aider v. tr. **1.** v. tr. dir. Appuyer (qqn) en apportant son aide. **2.** v. tr. ind. *AIDER À* (qqch.) : faciliter. ▷ v. pron. **s'aider 1.** réfl. *S'aider de :* se servir de. **2.** récipr. S'entraider.

aïe interj. ▫ Exclamation de douleur.

aïeul, aïeule n. **1.** (plur. *aïeuls, aïeules*) vx Grand-père, grand-mère. **2.** au plur. *Les aïeux :* les ancêtres.

aigle I. n. m. **1.** Grand rapace diurne. **2.** fam. *Ce n'est pas un aigle*, il, elle n'est pas très intelligent(e). **II.** n. f. **1.** Femelle de l'aigle. **2.** Figure héraldique représentant un aigle.

aiglefin n. m. → **églefin**

aiglon n. m. ▫ Petit de l'aigle.

aigre adj. **1.** D'une acidité désagréable au goût ou à l'odorat. **2.** Plein d'aigreur (II).

aigre-doux, douce adj. **1.** Dont la saveur est à la fois acide et sucrée. **2.** Où l'aigreur perce sous la douceur.

aigrefin n. m. ▫ Escroc, voleur.

aigrelet, ette adj. ▫ Légèrement aigre.

aigrement adv. ▫ Avec aigreur.

aigrette n. f. **1.** Héron blanc aux plumes effilées. **2.** Faisceau de plumes.

aigreur n. f. **I. 1.** Saveur aigre. **2.** au plur. Sensation d'acidité. **II.** fig. Mauvaise humeur se traduisant par des paroles désagréables.

aigrir v. **I.** v. tr. **1.** Rendre aigre. **2.** Remplir d'aigreur. **II.** v. intr. Devenir aigre. ▷ v. pron. **s'aigrir** ▷ adj. **aigri, ie**

aigu, uë adj. **1.** Terminé en pointe ou en tranchant. – *Angle aigu*, plus petit que l'angle droit. **2.** En haut de l'échelle des sons. – n. m. *L'aigu*, les sons aigus. **3.** Intense et pénétrant. **4.** (maladie) À évolution rapide.

aigue-marine n. f. □ Pierre semi-précieuse, transparente et bleue. *Des aigues-marines.*

aiguière n. f. □ Récipient pour l'eau, muni d'une anse et d'un bec.

aiguillage n. m. **1.** Manœuvre des aiguilles (5) des voies ferrées. **2.** fig. Orientation.

aiguille n. f. **1.** Fine tige d'acier pointue à une extrémité et percée à l'autre d'un trou où passe le fil. **2.** *Aiguille à tricoter :* tige pour faire du tricot. **3.** méd. Tige effilée servant aux injections, aux piqûres. **4.** Tige qui sert à indiquer une mesure, etc. **5.** Portion de rail mobile servant à opérer les changements de voie. **6.** Sommet effilé d'une montagne. **7.** Feuille des conifères.

aiguiller v. tr. **1.** Diriger (un train) par un aiguillage. **2.** fig. Orienter.

aiguillette n. f. □ Tranche de filet (de canard). ■ Partie du romsteck.

aiguilleur, euse n. □ Personne chargée d'un poste d'aiguillage. – *Aiguilleur, aiguilleuse du ciel,* qui contrôle la navigation aérienne.

aiguillon n. m. □ Dard à venin de certains insectes.

aiguillonner v. tr. □ Stimuler.

aiguiser v. tr. **1.** Rendre tranchant ou pointu. **2.** Rendre plus vif, plus pénétrant. ▶ **aiguisage** n. m. (sens 1) ▶ **aiguisement** n. m. (sens 1 et 2).

aïkido n. m. □ Art martial.

ail n. m. □ Plante dont le bulbe (tête) à saveur piquante sert comme condiment. *Des aulx* ou *des ails.*

aile n. f. **I. 1.** Chacun des organes du vol chez les oiseaux, les chauves-souris, les insectes. **2.** Chacun des plans de sustentation (d'un avion). **3.** Chacun des châssis garnis de toile d'un moulin à vent. **II. 1.** Partie latérale d'un bâtiment. **2.** Partie latérale d'une armée. – sports Côtés de l'attaque d'une équipe (opposé à *centre*). **3.** Partie de la carrosserie couvrant les roues d'une voiture. **4.** *Ailes du nez :* moitiés inférieures des faces latérales du nez.

ailé, ée adj. □ Pourvu d'ailes.

aileron n. m. **1.** Extrémité de l'aile (d'un oiseau). **2.** Nageoire (de requin...). **3.** Volet articulé à l'arrière de l'aile d'un avion.

ailette n. f. **1.** Petite aile. **2.** Lame saillante.

ailier, ière n. □ football Chacun des avants situés à droite et à gauche du terrain.

ailler v. tr. □ Piquer ou frotter d'ail.

ailleurs adv. **1.** Dans un autre lieu (que celui où l'on est ou dont on parle). **2.** loc. adv. *D'AILLEURS :* du reste. – *PAR AILLEURS :* à un autre point de vue. **3.** fig. *Être ailleurs :* penser à autre chose, être distrait.

ailloli ou **aïoli** n. m. □ Mayonnaise à l'ail.

aimable adj. □ Qui cherche à faire plaisir. ▶ **aimablement** adv.

① **aimant, ante** adj. □ Affectueux, tendre.

② **aimant** n. m. □ Corps ou substance qui a la propriété d'attirer le fer. ▶ **aimanter** v. tr. ▶ **aimantation** n. f.

aimer v. tr. **I. 1.** Avoir un sentiment passionné qui pousse à respecter, à vouloir le bien de (qqn, une entité). **2.** Éprouver de l'affection, de l'amitié, de la sympathie pour (qqn). **3.** Éprouver de l'amour, de la passion pour (qqn). **II. 1.** Avoir du goût pour (qqch.). *Aimer la musique.* **2.** Trouver bon au goût. **3.** (+ inf.) Trouver agréable, être content de, se plaire à. – littér. *AIMER À. J'aime à croire que,* je veux croire que. ■ *AIMER MIEUX :* préférer. ▷ v. pron. s'**aimer** **1.** (réfl.) Se plaire, se trouver bien. **2.** (récipr.) Être mutuellement attachés par l'affection, l'amour.

aine n. f. ◻ Partie du corps entre le haut de la cuisse et le bas-ventre.

aîné, ée 1. adj. Qui est né le premier (par rapport aux autres enfants). – n. *L'aîné et le cadet.* 2. n. Personne plus âgée (qu'une autre).

aînesse n. f. ◻ hist. *DROIT D'AÎNESSE* : droit avantageant l'aîné dans une succession.

ainsi adv. 1. (manière) De cette façon. 2. (conclusion) *Ainsi rien n'a changé...* 3. (comparaison) De même. ▪ *Ainsi que* loc. conj. → **comme.**

① **air** n. m. 1. Fluide gazeux formant l'atmosphère, que respirent les êtres vivants, constitué essentiellement d'oxygène et d'azote. ▪ fam. *Il ne manque pas d'air !*, il a du culot. 2. *AIR CONDITIONNÉ*, amené à une température et un degré hygrométrique déterminés. 3. Espace au-dessus de la terre. 4. *EN L'AIR* loc. adv. *Regarder en l'air.* → en **haut.** – *Promesses en l'air*, pas sérieuses. 5. fig. Atmosphère, ambiance.

② **air** n. m. 1. Apparence d'une personne. 2. *AVOIR L'AIR* : paraître. *Elle avait l'air soucieuse* (ou *l'air soucieux*). – *Avoir l'air de* (+ inf.). → **sembler.**

③ **air** n. m. ◻ Mélodie d'une chanson, d'un morceau de musique.

airain n. m. ◻ vx ou littér. Bronze.

airbag n. m. ◻ anglic., techn. Coussin de sécurité, qui se gonfle en cas de choc dans un véhicule.

① **aire** n. f. 1. Surface plane. – *Aire d'atterrissage.* 2. géom. Portion limitée de surface ; sa mesure.

② **aire** n. f. ◻ didact. Nid (d'un rapace).

airelle n. f. ◻ Arbrisseau à baies ; cette baie.

aisance n. f. I. *CABINETS, LIEUX D'AISANCES* : cabinets, toilettes. II. 1. Situation de fortune qui assure une vie facile. 2. Facilité naturelle.

aise n. f. I. 1. *ÊTRE À L'AISE* : être bien, ne pas être gêné ; être content, détendu. – *Il en prend à son aise* : il ne se gêne pas. 2. au plur. *SES AISES* : son bien-être. II. adj. littér. *(Être) BIEN AISE DE* (+ inf.), très content de.

aisé, ée adj. 1. Qui vit dans l'aisance. 2. littér. Qui se fait sans peine.

aisément adv. ◻ Facilement.

aisselle n. f. ◻ Cavité qui se trouve sous la jonction du bras avec l'épaule.

aîtres ou **êtres** n. m. pl. ◻ littér. Disposition des parties (d'une habitation).

ajonc n. m. ◻ Arbrisseau épineux des landes atlantiques.

ajourer v. tr. ◻ Percer de jours (ornementaux). ▷ adj. **ajouré, ée**

ajourner v. tr. ◻ Renvoyer à une date indéterminée. ▶ **ajournement** n. m.

ajout n. m. ◻ Élément ajouté.

ajouter v. tr. ◻ Mettre en plus ou à côté. ▪ Dire en plus. ▷ v. pron. s'**ajouter**

ajusté, ée adj. ◻ Qui serre le corps.

ajustement n. m. ◻ Adaptation, mise en rapport.

ajuster v. tr. 1. Mettre aux dimensions convenables. 2. *AJUSTER À* : mettre en état d'être joint à. – pronom. *Couvercle qui s'ajuste mal au récipient.* 3. Mettre en conformité, adapter.

ajusteur, euse n. ◻ Ouvrier, ouvrière qui façonne des pièces mécaniques.

akra → **acra**

akvavit → **aquavit**

alacrité n. f. ◻ littér. Vivacité enjouée.

alaise ou **alèse** n. f. ◻ Tissu imperméable pour protéger un matelas.

alambic n. m. ◻ Appareil servant à la distillation.

alambiqué, ée adj. ▫ Exagérément compliqué et contourné.

alanguir v. tr. ▫ Rendre languissant. ▷ v. pron. s'**alanguir** ▷ adj. **alangui, ie** ▶ **alanguissement** n. m.

alarme n. f. **1.** Signal pour avertir d'un danger. ▪ Dispositif d'alarme. **2.** Vive inquiétude en présence d'un danger prévu.

alarmer v. tr. ▫ Inquiéter en faisant pressentir un danger. ▷ v. pron. s'**alarmer** ▶ **alarmant, ante** adj.

alarmiste adj. et n. ▫ Qui répand des bruits alarmants.

albanais, aise adj. et n. ▫ De l'Albanie. ▪ n. m. *L'albanais* (langue).

albâtre n. m. ▫ Minéral formé de gypse ou de calcite.

albatros n. m. ▫ Grand oiseau de mer.

albinisme n. m. ▫ Anomalie des albinos.

albinos adj. et n. ▫ Dépourvu de pigmentation (peau, système pileux, yeux).

album n. m. **1.** Cahier ou classeur destiné à recevoir des dessins, des photos, etc. **2.** Livre où prédominent les illustrations. **3.** Ensemble de morceaux de musique.

albumine n. f. ▫ biochim. Protéine naturelle présente dans le sérum, le lait, etc. ▶ **albumineux, euse** adj.

albuminurie n. f. ▫ pathol. Présence d'albumine dans l'urine. ▶ **albuminurique** adj. et n.

alcade n. ▫ Magistrat municipal, en Espagne.

alcali n. m. **1.** Nom générique des bases et sels basiques que donnent avec l'oxygène les métaux alcalins. **2.** comm. Ammoniaque.

alcalin, ine adj. ▫ Des alcalis (1). ▶ **alcalinité** n. f.

alcaloïde n. m. ▫ Substance organique d'origine végétale contenant au moins un atome d'azote.

alcane n. m. ▫ chim. Hydrocarbure saturé (appelé autrefois *paraffine*).

alcazar n. m. ▫ Palais arabe fortifié, en Espagne.

alchimie n. f. ▫ Science occulte basée sur des techniques chimiques secrètes et des spéculations mystiques. ▶ **alchimiste** n.

alcool n. m. **I. 1.** Liquide incolore et inflammable obtenu par distillation du vin et des jus sucrés fermentés. **2.** Eau-de-vie, spiritueux. **II.** chim. Corps organique possédant un groupement hydrogène-oxygène.

alcoolémie n. f. ▫ Taux d'alcool dans le sang.

alcoolique adj. **I. 1.** Qui contient de l'alcool. **2.** adj. et n. Qui boit trop d'alcool ; atteint d'alcoolisme. **II.** chim. Relatif aux alcools (II).

alcooliser v. tr. ▫ Additionner d'alcool.

alcoolisme n. m. ▫ Abus des boissons alcooliques, déterminant un ensemble de troubles ; ces troubles.

alcoolodépendance n. f. ▫ didact. Dépendance à l'alcool. ▷ **alcoolodépendant, ante** adj. et n.

alcoologie n. f. ▫ méd. Étude médicale de la consommation d'alcool par les humains.

alcootest n. m. (n. déposé) ▫ Appareil mesurant l'alcoolémie.

alcôve n. f. ▫ Enfoncement ménagé dans une chambre pour un lit.

aldéhyde n. m. ▫ chim. Corps formé en enlevant l'hydrogène d'un alcool.

al dente adv. ▫ *Pâtes cuites al dente,* peu cuites.

ale n. f. ▫ Bière anglaise blonde.

aléa n. m. ▫ littér. Événement imprévisible.

aléatoire adj. ▫ Lié au hasard.

alémanique adj. ▫ Propre à la Suisse de langue allemande.

alêne n. f. ▫ Poinçon pour le cuir. – var. **alène.**

alentour adv. ▫ littér. Tout autour.

alentours n. m. pl. ▫ Lieux voisins. ▪ *Aux alentours de :* vers, aux environs de.

① **alerte** adj. ▫ Vif et leste.

② **alerte** n. f. ▫ Signal prévenant d'un danger et appelant à prendre des mesures de sécurité.

alerter v. tr. ▫ Avertir d'un danger.

alésage n. m. **1.** Calibrage exact des trous (d'une pièce mécanique). **2.** Diamètre intérieur d'un cylindre. ▶ **aléser** v. tr.

alèse n. f. → **alaise**

alevin n. m. ▫ Jeune poisson.

aleviner v. tr. ▫ Peupler d'alevins.

alexandrin n. m. ▫ Vers de douze syllabes.

alezan, ane adj. et n. m. ▫ (cheval, mulet) Dont la robe est brun rougeâtre.

alfa n. m. ▫ Plante herbacée utilisée en vannerie, en papeterie.

algarade n. f. ▫ Violente dispute.

algèbre n. f. ▫ Ensemble d'opérations substituant des lettres aux valeurs numériques. ▶ **algébrique** adj. ▶ **algébriquement** adv.

algérien, enne adj. et n. ▫ D'Algérie.

algologie n. f. ▫ bot. Étude des algues et de leurs utilisations.

algorithme n. m. ▫ math. Ensemble des règles opératoires propres à un calcul ; suite de règles formelles. ▶ **algorithmique** adj.

alguazil n. m. ▫ hist. Agent de police ou de justice, en Espagne.

algue n. f. ▫ Plante aquatique à chlorophylle.

① **alias** adv. ▫ Autrement appelé.

② **alias** n. m. ▫ inform. Fichier virtuel créé pour permettre l'accès immédiat à un autre fichier.

alibi n. m. ▫ Moyen de défense tiré du fait qu'on était, au moment d'une infraction, dans un autre lieu.

alidade n. f. ▫ Instrument pour déterminer les directions, mesurer les angles.

aliénation n. f. **I. 1.** Fait de perdre (un droit, un bien naturel). **2.** État de l'individu qui, par suite des conditions extérieures, perd son humanité. **II.** Trouble mental grave.

aliéné, ée n. ▫ Personne atteinte d'aliénation mentale.

aliéner v. tr. ▫ Perdre (un droit, un bien naturel).

aliéniste n. ▫ anciennt Psychiatre.

alignement n. m. **1.** Fait d'aligner, d'être aligné. **2.** admin. Limite de la voie publique. **3.** fig. Fait d'aligner sa politique, sa conduite.

aligner v. tr. **1.** Ranger sur une ligne droite. **2.** Inscrire ou prononcer à la suite. **3.** fig. *Aligner sur,* rendre conforme à, calquer sur. ▷ v. pron. **s'aligner** ▷ adj. **aligné, ée**

aligot n. m. ▫ Plat de purée travaillée avec du fromage.

aligoté n. m. ▫ Cépage de Bourgogne. – Vin blanc qu'il produit.

aliment n. m. ▫ Substance susceptible de servir à la nutrition d'un être vivant.

alimentaire adj. **1.** Qui peut servir d'aliment. **2.** Relatif à l'alimentation.

alimentation n. f. **1.** Action ou manière d'alimenter, de s'alimenter. **2.** Commerce ou industrie des denrées alimentaires.

alimenter v. tr. **1.** Fournir en aliments. – pronom. → se **nourrir. 2.** Approvisionner en fournissant ce qu'il faut.

3. fig. Entretenir. *Alimenter la conversation.*

alinéa n. m. **1.** Renfoncement de la première ligne d'un paragraphe. **2.** Passage compris entre deux alinéas.

alisier n. m. ◻ Variété de sorbier.

aliter v. tr. ◻ Faire prendre le lit à (qqn). – pronom. *Il a dû s'aliter.* ▶ **alitement** n. m.

alizé n. m. ◻ Vent régulier soufflant toute l'année de l'est, sur la partie orientale du Pacifique et de l'Atlantique.

allaiter v. tr. ◻ Nourrir de son lait (un nourrisson, un petit) ; donner le sein à. ▶ **allaitement** n. m.

allant, ante n. m. ◻ littér. Ardeur, entrain.

allécher v. tr. ◻ Attirer par la promesse d'un plaisir. ▶ **alléchant, ante** adj.

allée n. f. **I.** *ALLÉES ET VENUES* : déplacement de personnes qui vont et viennent. **II.** Chemin bordé d'arbres.

allégation n. f. ◻ Ce qu'on allègue.

allégé, ée adj. ◻ (aliment) Dont on a réduit la teneur en lipides, en sucre.

allégeance n. f. ◻ hist. ou dr. Obligation de fidélité.

alléger v. tr. **1.** Rendre moins lourd, plus léger. **2.** (abstrait) Rendre moins pénible (une charge, une peine). ▶ **allégement** n. m. – var. **allègement.**

allégorie n. f. **1.** Suite d'éléments narratifs concrets symbolisant chacun une abstraction. **2.** Œuvre dont chaque élément évoque symboliquement les aspects d'une idée. ▶ **allégorique** adj.

allègre adj. ◻ Plein d'entrain, vif.

allégrement adv. **1.** Avec entrain. **2.** iron. Avec légèreté ou inconscience. – var. **allègrement.**

allégresse n. f. ◻ Joie très vive.

allégro ou **allegro** n. m. ◻ Morceau de musique exécuté dans un tempo assez rapide. – adv. *Jouer allegro.*

alléguer v. tr. ◻ Mettre en avant, invoquer.

alléluia interj. ◻ Cri d'allégresse (fréquent dans les psaumes).

allemand, ande adj. et n. ◻ De l'Allemagne. ▪ n. m. Langue germanique.

①**aller** v. intr. **I.** (mouvement) **1.** Se déplacer. – *Aller et venir* : marcher dans des directions indéterminées. **2.** Se rendre. *Aller à, en, chez... Je vais à mon travail.* – (+ inf.) *Allez donc le voir.* **II.** (sans déplacement) **1.** (progression dans l'action) *Ce garçon ira loin.* → **réussir.** **2.** *Y ALLER* (comportement...). *Vous y allez fort !,* vous exagérez. **3.** (+ inf.) Être sur le point de. *Il va arriver.* **4.** interj. pour exhorter *VA !, ALLONS !, ALLEZ !* **III.** (évolution, fonctionnement) **1.** Être dans tel état de santé. *Comment allez-vous ?* **2.** (sujet chose) Être porté dans tel état, tel stade d'une évolution. *Les affaires vont bien.* ▪ impers. *Il y va de notre vie,* notre vie est en jeu. ▪ *Laisser aller,* laisser évoluer sans intervenir. **3.** Être adapté, convenir à (qqn, qqch.). **4.** (auxiliaire d'aspect, suivi d'un p. prés.) *Son mal va en empirant.* **IV.** *S'EN ALLER* v. pron. **1.** Partir du lieu où l'on est. **2.** (choses) Disparaître. **3.** (+ inf.) Partir faire qqch. ▪ (auxiliaire de temps) *Je m'en vais tout vous raconter.*

②**aller** n. m. **1.** Trajet fait en allant à un endroit déterminé. **2.** Billet valable pour l'aller. **3.** *Match aller et match retour.*

allergie n. f. ◻ Modification des réactions d'un organisme à un agent pathogène, après une première atteinte par cet agent. ▶ **allergique** adj. ▶ **allergologie** n. f. ▶ **allergologue** n.

alliage n. m. **1.** Produit métallique obtenu en incorporant à un métal un ou plusieurs éléments. **2.** fig. Mélange.

alliance n. f. **I.** Union contractée par engagement mutuel. **II.** Anneau de mariage.

allié, ée **1.** adj. Uni par un traité d'alliance. *Pays alliés.* **2.** n. Personne qui apporte à une autre son appui, prend son parti.

allier v. tr. **1.** Combiner par un alliage. **2.** fig. Associer (des éléments dissemblables). **3.** *S'ALLIER À, AVEC,* s'unir par une alliance.

alligator n. m. □ Reptile voisin du crocodile.

allitération n. f. □ Répétition des consonnes dans une série de mots.

allô ou **allo** interj. □ Terme d'appel dans les communications téléphoniques.

allocataire n. □ Bénéficiaire d'une allocation.

allocation n. f. □ Fait d'allouer ; somme allouée.

allocution n. f. □ Discours adressé par une personnalité.

allogène adj. □ didact. Non autochtone.

allogreffe n. f. □ méd. Greffe provenant d'un autre individu.

allomorphe adj. □ sc. Qui se présente sous des formes très différentes.

allonge n. f. **1.** Pièce servant à allonger. **2.** Longueur de bras d'un boxeur.

allongé, ée adj. **1.** Étendu. **2.** *Café allongé,* auquel on ajoute de l'eau.

allongement n. m. □ Fait d'allonger, de s'allonger.

allonger v. **I.** v. tr. **1.** Rendre plus long. **2.** Rendre (une sauce...) plus liquide. **3.** Étendre (un membre). **4.** Étendre qqn (sur un lit, etc.). **II.** v. intr. Devenir plus long. ▷ v. pron. **s'allonger** **1.** Devenir plus long. **2.** S'étendre. **3.** fam. Avouer.

allopathie n. f. □ La médecine classique. ▶ **allopathe** n. ▶ **allopathique** adj.

allouer v. tr. **1.** Attribuer (une somme d'argent). **2.** Accorder (qqch. à qqn).

allumage n. m. **1.** Action d'allumer (un feu ; un éclairage). **2.** Inflammation du mélange gazeux d'un moteur.

allume-cigare n. m. □ Instrument à résistance électrique pour allumer les cigarettes, etc. *Des allume-cigares.*

allume-gaz n. m. invar. □ Instrument pour allumer le gaz (d'une cuisinière...).

allumer v. tr. **1.** Enflammer ; mettre le feu à. **2.** fam. Aguicher (qqn). **3.** Rendre lumineux en enflammant, ou par l'électricité. *Allumer une lampe.* – fam. *Allumer l'électricité.* **4.** Faire fonctionner (un appareil électrique). ▷ adj. **allumé, ée** **1.** *Lampe allumée.* **2.** fam. Agité et exalté.

allumette n. f. □ Brin (de bois, carton, etc.) imprégné à une extrémité d'un produit susceptible de s'enflammer par friction.

allumeur, euse **I.** n. m. Dispositif d'allumage (d'un moteur). **II.** n. f. Femme aguichante.

allure n. f. **1.** Vitesse de déplacement. **2.** Manière de se déplacer, de se tenir. – *Avoir de l'allure,* de la distinction. **3.** (choses) Apparence générale. ▷ adj. **alluré, ée** fam. Qui a de l'allure.

allusif, ive adj. □ Qui contient une allusion, procède par allusions. ▶ **allusivement** adv.

allusion n. f. □ Manière d'éveiller l'idée de qqch. sans en faire expressément mention. ■ Passage célèbre auquel on fait allusion.

alluvion n. f. □ au plur. Dépôts de sédiments d'un cours d'eau. ▶ **alluvial, ale, aux** adj.

almanach n. m. □ Annuaire, publication ayant pour base le calendrier.

aloès n. m. □ Plante grasse contenant un suc amer.

aloi n. m. **1.** didact. Titre légal (d'une monnaie). **2.** *De bon, de mauvais aloi* loc. adj. : de bonne, de mauvaise qualité.

alopécie n. f. ◻ méd. Chute temporaire des cheveux ou des poils.

alors adv. **I. 1.** À ce moment-là ; à cette époque-là. **2.** Dans ce cas. **II.** *ALORS QUE* loc. conj. (+ indic.) À un moment où au contraire.

alose n. f. ◻ Poisson voisin du hareng.

alouette n. f. ◻ Petit passereau des champs.

alourdir v. tr. ◻ Rendre lourd, pesant. ▶ **alourdissement** n. m.

aloyau n. m. ◻ Morceau de bœuf renfermant le filet, le romsteck et le contre-filet.

alpaga n. m. **1.** Mammifère d'Amérique du Sud, voisin du lama. **2.** Tissu de laine et de soie.

alpage n. m. ◻ Pâturage de haute montagne. – syn. **alpe** n. f.

alpaguer v. tr. ◻ argot Arrêter (qqn).

alpestre adj. ◻ Propre aux Alpes.

alpha n. m. ◻ Première lettre de l'alphabet grec.

alphabet n. m. **1.** Série des lettres, rangées dans un ordre traditionnel. **2.** Livre contenant les premiers éléments de la lecture.

alphabétique adj. **1.** De l'alphabet. **2.** Dans l'ordre alphabétique. ▶ **alphabétiquement** adv.

alphabétiser v. tr. ◻ Apprendre à lire et à écrire à (un groupe social qui ignore une écriture). ▶ **alphabétisation** n. f.

alphanumérique adj. ◻ Qui recourt à la fois à des lettres et à des chiffres.

alpin, ine adj. **1.** Des Alpes. **2.** D'alpinisme. – *Ski alpin* (descente et slalom).

alpinisme n. m. ◻ Sport des ascensions en montagne. ▶ **alpiniste** n.

alsacien, ienne adj. et n. ◻ De l'Alsace.

altération n. f. **I.** Changement en mal. **II.** Signe de musique modifiant la hauteur de la note (dièse, bémol, bécarre).

altercation n. f. ◻ Échange bref de propos vifs, de répliques désobligeantes.

alter ego n. m. invar. ◻ *Mon alter ego :* un autre moi-même, un ami inséparable.

altérer v. tr. **I. 1.** Changer en mal. **2.** Falsifier, fausser. **II.** Exciter la soif de (qqn).

altérité n. f. ◻ didact. Caractère de ce qui est autre.

altermondialiste adj. ◻ Qui s'oppose à la mondialisation libérale. ▶ **altermondialisme** n. m.

alternance n. f. **1.** Succession répétée d'éléments d'une série. **2.** Succession au pouvoir de deux tendances politiques.

alternant, ante adj. ◻ Qui alterne.

alternatif, ive adj. ◻ Qui présente une alternance. – *Courant alternatif,* dont l'intensité varie selon une sinusoïde.

alternative n. f. **1.** au plur. Phénomènes ou états opposés se succédant régulièrement. **2.** Situation dans laquelle il n'y a que deux partis possibles.

alternativement adv. ◻ En alternant.

alterne adj. ◻ didact. Qui présente une alternance d'ordre spatial.

alterner v. **1.** v. intr. Se succéder en alternance. **2.** v. tr. Faire succéder (les cultures) par alternance. ▷ adj. **alterné, ée**

altesse n. f. ◻ Titre d'honneur donné aux princes et princesses du sang.

altier, ière adj. ◻ Fier, hautain.

altimètre n. m. ◻ Appareil indiquant l'altitude.

altimétrie n. f. ◻ didact. Méthode de mesure des altitudes.

altiste n. ◻ Joueur, joueuse d'alto (2).

altitude n. f. **1.** Élévation verticale (d'un point, d'un lieu) par rapport au niveau de la mer. **2.** Grande altitude.

alto n. m. **1.** Voix de contralto. ▪ n. Chanteur (contre-ténor) ou chanteuse (contralto) qui a cette voix. **2.** Instrument de la famille des violons.

altruisme n. m. ▫ Disposition à se dévouer à autrui. ▶ **altruiste** adj. et n.

alumine n. f. ▫ Oxyde d'aluminium.

aluminium n. m. ▫ Élément (symb. Al), métal blanc, léger, bon conducteur de l'électricité. – abrév. fam. **alu.**

alun n. m. ▫ Sulfate double de potassium et d'aluminium.

alunir v. intr. ▫ Aborder sur la Lune. ▶ **alunissage** n. m.

alvéole n. m. (vieilli) ou f. **1.** Cellule de cire que fabrique l'abeille. **2.** anat. *Alvéoles pulmonaires :* culs-de-sac terminaux des ramifications des bronches. ▶ **alvéolaire** adj. **3.** Cavité ayant la forme d'une alvéole (1).

amabilité n. f. ▫ Qualité d'une personne aimable.

amadou n. m. ▫ Substance inflammable venant d'un champignon (l'*amadouvier*).

amadouer v. tr. ▫ Amener à ses fins ou apaiser (qqn) par des flatteries, des attentions adroites.

amaigrir v. tr. ▫ Rendre maigre, plus maigre. ▷ adj. **amaigri, ie** ▶ **amaigrissant, ante** adj. ▶ **amaigrissement** n. m.

amalgame n. m. **1.** Mélange servant à l'obturation des dents. **2.** Fait d'associer diverses idéologies, etc., pour les discréditer.

amalgamer v. tr. ▫ Unir dans un mélange.

aman n. m. ▫ (islam) Octroi de la vie sauve.

amande n. f. **1.** Fruit de l'amandier. ▪ appos. (invar.) *Vert amande :* vert clair. **2.** Graine d'un fruit à noyau.

amandier n. m. ▫ Arbre dont le fruit est l'amande.

amanite n. f. ▫ Champignon à lames dont certaines espèces sont vénéneuses ou même mortelles.

amant, ante n. ▫ Personne qui a des relations sexuelles avec une autre sans être mariée.

amarante n. f. ▫ Plante ornementale, aux nombreuses fleurs rouges en grappes.

amaretto n. m. ▫ Liqueur italienne à base d'amandes d'abricots.

amarrage n. m. ▫ Action, manière d'amarrer.

amarre n. f. ▫ Câble, cordage pour retenir un navire, un ballon à un point fixe.

amarrer v. tr. ▫ Maintenir, retenir avec des amarres.

amaryllis n. f. ▫ Plante bulbeuse, aux fleurs ornementales.

amas n. m. ▫ Réunion d'objets venus de divers côtés.

amasser v. tr. ▫ Réunir par additions successives.

amateur, trice n. **1.** Personne qui aime, recherche (certaines choses). **2.** Personne qui cultive un art, une science, pratique un sport pour son seul plaisir (et non par profession). **3.** péj. Personne qui exerce une activité de façon fantaisiste.

amateurisme n. m. **1.** Condition de l'amateur, en sport. **2.** péj. Caractère d'un travail d'amateur (3).

amazone n. f. ▫ Femme qui monte à cheval. – *Monter en amazone,* les deux jambes du même côté de la selle.

ambages n. f. pl. ▫ *Sans ambages* loc. adv. : sans détour, franchement.

ambassade n. f. ◻ Représentation permanente d'un État auprès d'un État étranger. – Personnel, locaux de cette représentation.

ambassadeur, drice n. 1. Représentant(e) permanent(e) d'un État auprès d'un État étranger. 2. Personne chargée d'une mission.

ambiance n. f. ◻ Atmosphère matérielle ou morale qui environne qqn, des personnes.

ambiant, ante adj. ◻ Qui entoure de tous côtés, constitue le milieu où on se trouve.

ambidextre adj. et n. ◻ Qui possède la même aisance des deux mains.

ambigu, uë adj. ◻ Qui présente deux ou plusieurs sens possibles. ■ Dont la nature est équivoque. ▶ **ambigument** adv. ▶ **ambiguïté** n. f.

ambitieux, euse 1. adj. et n. Qui a de l'ambition. 2. adj. Qui marque de l'ambition, ou péj. trop d'ambition. ▶ **ambitieusement** adv.

ambition n. f. 1. Désir ardent d'obtenir ce qui peut flatter l'amour-propre. 2. (sens affaibli) Désir, souhait.

ambitionner v. tr. ◻ Rechercher par ambition. – (avec *de* + inf.) Souhaiter vivement.

ambivalence n. f. ◻ Caractère de ce qui a deux composantes de sens contraire, ou de ce qui se présente sous deux aspects. ▶ **ambivalent, ente** adj.

amble n. m. ◻ Allure d'un cheval, etc., qui se déplace en levant en même temps les deux jambes du même côté.

amblyopie n. f. ◻ didact. Affaiblissement de la vue, sans lésion organique apparente. ▶ **amblyope** adj. et n.

ambre n. m. 1. *Ambre gris* : substance provenant des concrétions intestinales du cachalot ; parfum qui en est extrait. 2. *Ambre jaune* : résine fossilisée (transparente).

ambré, ée adj. 1. Parfumé à l'ambre gris. 2. Qui a un reflet jaune.

ambroisie n. f. ◻ Nourriture des dieux de l'Olympe, source d'immortalité.

ambulance n. f. ◻ Automobile aménagée pour le transport des malades ou des blessés. ▶ **ambulancier, ière** n.

ambulant, ante adj. ◻ Qui se déplace pour exercer son activité professionnelle.

ambulatoire adj. ◻ méd. 1. Qui concerne la marche. 2. *Traitement ambulatoire*, qui permet au malade de poursuivre ses activités normales.

âme n. f. I. 1. Principe spirituel de l'être humain. – *Rendre l'âme* : mourir. 2. Principe de la sensibilité et de la pensée. *Être musicien dans l'âme*, profondément. 3. Être vivant, personne. – *Ne pas trouver* ÂME QUI VIVE : ne trouver personne. II. mus. Pièce de bois qui réunit la table et le fond d'un instrument à cordes.

améliorer v. tr. ◻ Changer en mieux. ▷ v. pron. s'**améliorer** ▶ **amélioration** n. f.

amen interj. ◻ relig. chrét. Mot par lequel se terminent les prières (traduit par « ainsi soit-il »).

aménager v. tr. 1. Disposer et préparer méthodiquement en vue d'un usage déterminé. 2. Adapter pour rendre plus efficace. ▶ **aménagement** n. m.

amende n. f. 1. Peine pécuniaire. 2. *Faire amende honorable* : reconnaître ses torts.

amendement n. m. 1. agric. Opération visant à améliorer un sol. 2. polit. Modification proposée à un texte soumis à une assemblée délibérante. *Voter un amendement.*

amender v. tr. 1. agric. Rendre plus fertile (une terre). 2. polit. Modifier par amendement (2).

amène adj. ◻ littér. Agréable, avenant.

amenée n. f. ▫ Action d'amener (l'eau...).

amener v. tr. **1.** Mener à un endroit ou auprès d'une personne. **2.** fig. *Amener qqn à :* conduire, entraîner petit à petit à. **3.** Avoir pour suite assez proche. **4.** mar. Tirer à soi. ▷ v. pron. s'**amener** fam. Arriver, venir.

aménité n. f. ▫ Amabilité pleine de douceur.

aménorrhée n. f. ▫ méd. Absence de flux menstruel.

amenuiser v. tr. ▫ Rendre plus mince, moins important. ▷ v. pron. s'**amenuiser** ▶ **amenuisement** n. m.

① **amer, ère** adj. **1.** Qui produit au goût une sensation âpre, désagréable ou stimulante. **2.** fig. Qui engendre ou marque l'amertume. ▶ **amèrement** adv.

② **amer** n. m. ▫ mar. Objet, construction fixe servant de repère pour la navigation.

américain, aine 1. adj. De l'Amérique. **2.** adj. et n. Des États-Unis d'Amérique.

américaniser v. tr. ▫ Faire ressembler aux Américains des États-Unis. ▷ v. pron. s'**américaniser** ▶ **américanisation** n. f.

américanisme n. m. ▫ Idiotisme américain (en anglais). ▪ Emprunt à l'américain.

amérindien, ienne adj. et n. ▫ Des Indiens d'Amérique.

amerrir v. intr. ▫ Se poser à la surface de l'eau. ▶ **amerrissage** n. m.

amertume n. f. **1.** Saveur amère. **2.** fig. Sentiment de tristesse mêlée de rancœur.

améthyste n. f. ▫ Pierre fine violette.

ameublement n. m. **1.** Ensemble des meubles d'un logement. **2.** Industrie, commerce des meubles.

ameublir v. tr. ▫ Rendre meuble (le sol). ▶ **ameublissement** n. m.

ameuter v. tr. ▫ Attrouper dans une intention de manifestation hostile.

ami, ie I. n. **1.** Personne avec laquelle on est lié d'amitié. **2.** Amant, maîtresse ; amoureux(euse). **3.** Personne qui est bien disposée envers une autre ou une collectivité. **4.** FAUX AMI : mot qui, dans une langue étrangère, présente une similitude trompeuse avec un mot de sa propre langue. **II.** adj. **1.** Lié d'amitié. **2.** D'un ami.

amiable adj. ▫ Qui est fait par voie de conciliation. ▪ *À L'AMIABLE* loc. adv. : par voie de conciliation.

amiante n. m. ▫ Silicate se travaillant en fibres ; ces fibres, résistantes au feu.

amibe n. f. ▫ Protozoaire des eaux douces et salées, qui se déplace à l'aide de pseudopodes. ▶ **amibien, ienne** adj.

amibiase n. f. ▫ méd. Maladie parasitaire due à des amibes.

amical, ale, aux adj. **1.** Qui manifeste, traduit de l'amitié. ▶ **amicalement** adv. **2.** Se dit d'une rencontre sportive qui ne compte pas pour un championnat.

amidon n. m. ▫ Glucide emmagasiné par les végétaux, et qui fournit un empois.

amidonner v. tr. ▫ Empeser à l'amidon.

amincir v. tr. **1.** Rendre plus mince. **2.** Faire paraître plus mince. ▷ v. pron. s'**amincir** ▶ **amincissement** n. m. ▶ **amincissant, ante** adj.

amine n. f. ▫ biochim. Composé organique dérivé de l'ammoniac.

aminé, ée adj. ▫ *Acide aminé :* substance organique possédant les fonctions amine et acide, constituant essentiel des protéines.

amiral, ale, aux n. ▫ Officier du grade le plus élevé dans la marine.

amirauté n. f. ▫ Corps des amiraux. – Siège du commandement de la marine.

amitié n. f. **1.** Sentiment réciproque d'affection ou de sympathie. **2.** Marque d'affection.

ammoniac n. m. ▫ Combinaison gazeuse d'azote et d'hydrogène. ▶ **ammoniacal, ale, aux** adj.

ammoniaque n. f. ▫ Solution d'ammoniac.

ammonite n. f. ▫ Mollusque céphalopode fossile du secondaire.

amnésie n. f. ▫ Perte totale ou partielle de la mémoire. ▶ **amnésique** adj. et n.

amniocentèse n. f. ▫ Prélèvement, par ponction, de liquide amniotique.

amnios n. m. ▫ didact. Annexe embryonnaire enveloppant l'embryon de certains vertébrés. ▶ **amniotique** adj.

amnistie n. f. ▫ Acte du pouvoir législatif par lequel sont suspendues des sanctions. ▶ **amnistier** v. tr.

amocher v. tr. ▫ fam. Blesser. ▪ Abîmer.

amoindrir v. tr. ▫ Diminuer (la force, la valeur...) ; diminuer l'importance de (qqch.). ▷ v. pron. s'**amoindrir** ▶ **amoindrissement** n. m.

amok n. m. ▫ didact. Folie homicide observée chez les Malais.

amollir v. tr. ▫ Rendre mou. ▷ v. pron. s'**amollir** ▶ **amollissement** n. m.

amonceler v. tr. ▫ Accumuler. ▶ **amoncellement** n. m.

amont n. m. **1.** Partie d'un cours d'eau comprise entre un point et la source. **2.** fig. Ce qui vient avant (dans un processus).

amoral, ale, aux adj. ▫ Qui est étranger au domaine de la moralité.

amorce n. f. **I.** Produit jeté dans l'eau pour amorcer le poisson. **II. 1.** Petite masse de matière détonante. **2.** Ce qui amorce (3) qqch.

amorcer v. tr. **1.** Garnir d'une amorce. **2.** Mettre (une pompe) en état de fonctionner. **3.** fig. Entamer, ébaucher. ▶ **amorçage** n. m.

amorphe adj. ▫ Sans réaction, sans énergie.

amortir v. tr. **1.** Rendre moins violent, atténuer l'effet de. **2.** Éteindre (une dette) par remboursement. **3.** Constater la dépréciation comptable de (un bien). ▶ **amortissement** n. m.

amortisseur n. m. ▫ Dispositif qui amortit les chocs, les trépidations, etc.

amour n. m. **1.** Sentiment vif qui pousse à aimer (qqn). **2.** Inclination envers une personne, le plus souvent à caractère passionnel, fondée sur l'instinct sexuel. ▪ *FAIRE L'AMOUR* : avoir des relations sexuelles. **3.** Attachement désintéressé et profond à une valeur.

s'**amouracher** v. pron. ▫ péj. Tomber amoureux (de qqn).

amourette n. f. ▫ Amour passager.

amoureusement adv. ▫ Avec amour.

amoureux, euse adj. et n. **1.** Qui éprouve de l'amour. **2.** Qui a un goût très vif (pour qqch.).

amour-propre n. m. ▫ Sentiment vif qu'un être a de sa dignité et de sa valeur.

amovible adj. ▫ Qui peut être déplacé. ▶ **amovibilité** n. f.

ampélopsis n. m. ▫ Plante grimpante aussi appelée *vigne vierge*.

ampérage n. m. ▫ Intensité de courant électrique (emploi incorrect en sc.).

ampère n. m. ▫ Unité de mesure d'intensité du courant électrique (symb. A).

amphétamine n. f. ▫ Médicament employé comme excitant du système nerveux central.

amphibie adj. **1.** Capable de vivre à l'air ou dans l'eau. **2.** Qui peut être utilisé sur terre ou dans l'eau.

amphibien n. m. ▫ Animal amphibie qui subit une métamorphose.

amphibologie n. f. ▫ didact. Double sens présenté par une proposition. ▶ **amphibologique** adj.

amphigouri n. m. ▫ Discours embrouillé.

amphithéâtre n. m. **1.** Vaste édifice antique, à gradins étagés, occupé au centre par une arène. **2.** Salle de cours en gradins dans une université. – abrév. fam. **amphi.**

amphitryon n. m. ▫ littér. Hôte qui offre à dîner.

amphore n. f. ▫ Vase antique à deux anses, pansu, à pied étroit.

ampleur n. f. **1.** Largeur importante. **2.** Caractère de ce qui a une grande extension ou importance. ▶ **ample** adj. ▶ **amplement** adv.

amplificateur, trice 1. n. m. Élément d'une chaîne acoustique précédant les haut-parleurs. **2.** adj. Qui amplifie.

amplifier v. tr. **1.** Augmenter les dimensions, l'intensité de. **2.** Développer en ajoutant des détails. ▶ **amplification** n. f.

amplitude n. f. **1.** Grandeur, importance. **2.** sc. Différence entre les valeurs extrêmes d'une grandeur.

ampoule n. f. **I. 1.** Tube de verre effilé contenant une dose de médicament liquide. **2.** Globe de verre contenant un élément pouvant produire de la lumière. **II.** Cloque de la peau.

ampoulé, ée adj. ▫ (style...) Emphatique.

amputation n. f. ▫ Opération chirurgicale consistant à couper un membre, une partie saillante, etc.

amputer v. tr. **1.** Faire l'amputation de (un membre, etc.). – *Amputer qqn de*, lui enlever (tel membre). **2.** fig. Couper, retrancher. ▷ adj. et n. **amputé, ée**

amulette n. f. ▫ Petit objet porte-bonheur.

amure n. f. ▫ mar. Côté d'un bateau qui reçoit le vent.

amusant, ante adj. ▫ Qui amuse, est propre à distraire.

amuse-gueule n. m. ▫ fam. Petit sandwich, biscuit salé, etc., servi en apéritif. *Des amuse-gueule(s).* – syn. **amuse-bouche.**

amusement n. m. ▫ Distraction agréable.

amuser v. tr. ▫ Distraire agréablement ; faire rire ou sourire. ▷ v. pron. **s'amuser** ▷ adj. **amusé, ée**

amusette n. f. ▫ Passe-temps frivole.

amuseur, euse n. ▫ Personne qui amuse.

amygdale n. f. ▫ Chacun des deux organes lymphoïdes situés en arrière du pharynx.

amylacé, ée adj. ▫ De la nature de l'amidon.

an n. m. **1.** Espace de temps (12 mois consécutifs), utilisé pour mesurer la durée ou l'âge. – *BON AN, MAL AN*, en moyenne. **2.** Année en tant que point du temps. *Le jour, le premier de l'An, le Nouvel An* : le 1er janvier.

anabolisant n. m. ▫ Substance entraînant un accroissement du système musculaire.

anacarde n. m. ▫ Fruit d'un arbre tropical (l'*anacardier*).

anachorète n. ▫ didact. Religieux contemplatif solitaire.

anachronique adj. **1.** Entaché d'anachronisme (1). **2.** Qui est déplacé à son époque.

anachronisme n. m. 1. Confusion de dates. 2. Caractère de ce qui est anachronique (2) ; chose anachronique.

anacoluthe n. f. ◻ didact. Rupture dans la construction d'une phrase.

anaconda n. m. ◻ Grand serpent d'Amérique du Sud.

anaérobie adj. 1. Qui peut vivre sans air. 2. Capable de fonctionner sans air.

anaglyphe n. m. ◻ didact. Ouvrage sculpté en bas-relief.

anaglyptique adj. ◻ didact. Se dit d'une écriture en relief à l'usage des aveugles.

anagramme n. f. ◻ Mot obtenu par transposition de lettres.

anal, ale, aux adj. ◻ De l'anus. ▸ **analité** n. f.

analgésie n. f. ◻ Suppression de la douleur. ▸ **analgésique** adj. et n. m.

anallergique adj. ◻ pharm. Qui ne provoque pas d'allergie.

analogie n. f. ◻ Ressemblance établie par l'esprit entre deux ou plusieurs objets de pensée essentiellement différents. ▸ **analogique** adj.

analogue adj. ◻ Qui présente une analogie.

analphabète adj. et n. ◻ Qui n'a pas appris à lire et à écrire. ▸ **analphabétisme** n. m.

analyse n. f. 1. Opération intellectuelle consistant à décomposer un tout en ses éléments et à en établir les relations. – gramm. Division d'une phrase en mots, en propositions. ▪ Examen qui tente d'expliquer une situation, un sentiment, etc. 2. Séparation d'un composé pour identification ou dosage de ses composants. 3. Psychanalyse.

analyser v. tr. 1. Faire l'analyse de. 2. Psychanalyser. ▸ **analysable** adj.

analyste n. 1. Spécialiste d'un type d'analyse. 2. Psychanalyste.

analyste-programmeur, euse n. ◻ Spécialiste des problèmes d'analyse informatique et de programmation.

analytique adj. 1. Qui procède par analyse. 2. Qui constitue une analyse. 3. Psychanalytique.

anamnèse n. f. ◻ didact. Retour à la mémoire du passé vécu.

anamorphose n. f. ◻ Image déformée que donne un miroir courbe.

ananas n. m. ◻ Gros fruit à pulpe parfumée ; plante qui le porte.

anaphore n. f. ◻ didact. Répétition d'un mot en tête de plusieurs membres de phrase. – ling. Reprise d'un segment du discours.

anarchie n. f. ◻ Désordre résultant d'une absence ou d'une carence d'autorité. ▸ **anarchique** adj. ▸ **anarchiquement** adv.

anarchisant, ante adj. ◻ Qui a des sympathies pour l'anarchisme.

anarchisme n. m. ◻ Conception politique qui tend à supprimer l'État, à éliminer de la société tout pouvoir de contrainte.

anarchiste n. et adj. ◻ Partisan de l'anarchisme. – abrév. fam. **anar.**

anastomose n. f. ◻ anat. Communication entre deux vaisseaux, deux nerfs, etc.

anathème 1. n. m. relig. Excommunication. ▪ fig. Condamnation totale. 2. n. Personne frappée d'anathème. ▸ **anathématiser** v. tr.

anatife n. m. ◻ zool. Crustacé marin à pédoncule.

anatomie n. f. 1. Étude scientifique de la structure et de la forme des êtres organisés, ainsi que des rapports entre leurs organes. ▪ Ces formes ; le corps. 2. Structure de l'organisme ainsi étudié. ▸ **anatomique** adj. ▸ **anatomiste** n.

anatoxine n. f. ▫ didact. Toxine bactérienne traitée, aux propriétés immunisantes.

ancestral, ale, aux adj. **1.** Relatif aux ancêtres. **2.** Qui remonte très loin.

ancêtre n. m. **1.** Personne qui est à l'origine d'une famille. **2.** Précurseur lointain. **3.** au plur. Les êtres humains des siècles passés.

anche n. f. ▫ Languette vibrante du bec des instruments dits *à anche*.

anchois n. m. ▫ Petit poisson de mer, qu'on consomme surtout mariné et salé.

ancien, ienne adj. **1.** Qui existe depuis longtemps. **2.** Qui est du passé et n'existe plus. ▪ (devant le nom) Qui a été tel et ne l'est plus. *Ancien ministre.* **3.** Qui a existé il y a longtemps. **4.** Qui a un certain âge ou de l'ancienneté.

anciennement adv. ▫ Autrefois.

ancienneté n. f. **1.** Caractère de ce qui existe depuis longtemps. **2.** Temps passé dans une fonction.

ancillaire adj. ▫ littér. Qui a rapport aux servantes.

ancolie n. f. ▫ Plante ornementale dont les fleurs ont des pétales en éperon.

ancre n. f. ▫ Pièce d'acier suspendue à une chaîne, que l'on jette au fond de l'eau pour qu'elle s'y fixe et retienne le navire.

ancrer v. tr. **1.** Retenir en jetant l'ancre. **2.** fig. Enraciner, affermir. **3.** techn. Fixer solidement. ▶ **ancrage** n. m.

andain n. m. ▫ Rangée d'herbe fauchée.

andante adv. ▫ Indication d'un mouvement modéré, plus vif que l'adagio. – n. m. *L'andante d'une sonate.*

andouille n. f. **1.** Charcuterie faite de boyaux de porc ou de veau. **2.** fam. Imbécile.

andouiller n. m. ▫ Ramification des bois des cervidés.

andouillette n. f. ▫ Petite andouille fraîche.

androgène adj. ▫ méd. (hormone) Qui provoque l'apparition des caractères sexuels masculins.

androgyne adj. et n. ▫ (Personne) qui présente certains caractères du sexe opposé.

androïde adj. et n. ▫ Se dit d'un robot, etc. qui évoque l'homme.

andropause n. f. ▫ Cessation naturelle de la fonction sexuelle chez l'homme âgé.

âne n. m. **1.** Mammifère domestique, plus petit que le cheval, à longues oreilles. **2.** fig. Individu à l'esprit borné. **3.** *DOS D'ÂNE* : élévation ou bosse de terrain à deux versants opposés.

anéantir v. tr. **1.** Détruire totalement. **2.** Plonger dans un abattement total. – au p. p. *Être anéanti.* ▷ v. pron. s'**anéantir** ▶ **anéantissement** n. m.

anecdote n. f. ▫ Récit d'un détail historique, d'un fait curieux. ▶ **anecdotique** adj.

anémie n. f. ▫ Appauvrissement du sang.

anémier v. tr. ▫ Rendre anémique.

anémique adj. **1.** Atteint d'anémie. **2.** fig. Dépourvu de fermeté, de force.

anémomètre n. m. ▫ Instrument mesurant la vitesse du vent.

anémone n. f. **1.** Plante herbacée vivace, aux fleurs diversement colorées. **2.** *Anémone de mer.* → **actinie.**

ânerie n. f. ▫ Propos ou acte stupide.

anéroïde adj. ▫ didact. *Baromètre anéroïde,* formé d'une boîte où l'on a fait le vide.

ânesse n. f. ▫ Femelle de l'âne.

anesthésie n. f. ▫ Suppression de la sensibilité à la douleur. ▶ **anesthésier** v. tr.

anesthésique adj. et n. m. □ Se dit d'une substance qui provoque l'anesthésie.

anesthésiste n. □ Médecin spécialiste de l'anesthésie.

aneth n. m. □ Plante aromatique.

anévrisme n. m. □ méd. Poche résultant de l'altération de la paroi d'une artère.

anfractuosité n. f. □ Cavité profonde.

ange n. m. **1.** relig. chrét. Être spirituel, intermédiaire entre Dieu et l'homme, messager des volontés divines. **2.** Personne parfaite.

① **angélique** adj. **1.** Propre aux anges. **2.** Digne d'un ange.

② **angélique** n. f. □ Plante ombellifère aromatique ; sa tige, utilisée en pâtisserie.

angélisme n. m. □ Désir de pureté par refus des réalités.

angelot n. m. □ Petit ange.

angélus n. m. □ Prière qui se dit le matin, à midi et le soir.

angine n. f. **1.** Inflammation de la gorge. **2.** *Angine de poitrine* : douleurs dans la région du cœur accompagnées d'angoisse.

angiologie n. f. □ méd. Discipline qui étudie les vaisseaux.

angiome n. m. □ méd. Agglomération de vaisseaux formant une tumeur bénigne.

angiosperme n. f. □ Plante à ovules enclos et à graines enfermées dans des fruits.

anglais, aise adj. et n. **1.** adj. et n. De l'Angleterre ; abusivt de Grande-Bretagne. **2.** n. m. Langue germanique. **3.** *Filer à l'anglaise,* partir discrètement. – *Pommes de terre à l'anglaise,* cuites à la vapeur. **4.** n. f. Longue boucle de cheveux verticale roulée en spirale.

angle n. m. **1.** Coin saillant ou rentrant. **2.** géom. Figure formée par deux lignes ou deux plans qui se coupent, mesurée en degrés. **3.** *Sous un certain angle,* d'un certain point de vue.

anglicanisme n. m. □ Religion officielle de l'Angleterre. ▶ **anglican, ane** adj. et n.

angliciser v. tr. □ Rendre anglais d'aspect. ▷ v. pron. s'**angliciser**

anglicisme n. m. **1.** Tournure propre à la langue anglaise. **2.** Emprunt à la langue anglaise.

angliciste n. □ Spécialiste de la langue et de la civilisation anglaises.

anglo-arabe n. m. et adj. □ (cheval) Issu du croisement de pur-sang anglais et arabe.

anglo-normand, ande adj. □ Qui réunit des éléments anglais et normands.

anglophone adj. □ Où l'on parle anglais. ■ adj. et n. Qui parle anglais.

anglo-saxon, onne adj. □ Relatif aux peuples de civilisation britannique. – n. *Les Anglo-Saxons.*

angoisse n. f. □ Malaise psychique et physique, né du sentiment d'un danger. ■ philos. Inquiétude métaphysique.

angoisser v. tr. □ Inquiéter au point de faire naître l'angoisse. ▷ v. pron. s'**angoisser** ▷ adj. et n. **angoissé, ée** ▶ **angoissant, ante** adj.

angora adj. et n. **1.** Se dit d'animaux aux poils longs et soyeux. **2.** *Laine angora* ou n. m. *angora* : textile fait de ces poils.

angström n. m. □ phys. Unité de mesure de longueur de 1/10000 de micron. – var. vieilli **angstrœm.**

anguille n. f. □ Poisson d'eau douce de forme très allongée, à peau glissante.

angulaire adj. **1.** Qui forme un angle. **2.** Situé à un angle. **3.** fig. *Pierre angulaire* : élément essentiel.

anguleux, euse adj. ▫ Qui présente des angles, des arêtes vives.

anhydride n. m. ▫ chim. Corps qui, combiné avec l'eau, donne un acide.

anicroche n. f. ▫ Petite difficulté.

ânier, ière n. ▫ Personne qui mène un âne.

aniline n. f. ▫ chim. Produit dérivé du benzène.

① **animal, aux** n. m. **1.** Être vivant organisé, doué de sensibilité et de motilité. **2.** Être vivant non végétal et non humain.

② **animal, ale, aux** adj. **1.** Qui a rapport à l'animal. **2.** Qui, en l'homme, est propre à l'animal.

animalerie n. f. ▫ Élevage d'animaux.

animalier, ière **1.** n. m. Peintre, sculpteur d'animaux. **2.** adj. Qui concerne les animaux.

animalité n. f. **1.** Caractère propre à l'animal. **2.** Partie animale de l'homme.

animateur, trice n. **1.** Personne qui présente un spectacle, une émission. **2.** Personne qui anime certaines activités.

animation n. f. **1.** Caractère de ce qui est animé, plein de vie. **2.** Organisation d'activités collectives. **3.** Technique cinématographique permettant de donner l'impression du mouvement par une suite d'images fixes.

animé, ée adj. **1.** Doué de vie. ▪ Doué de mouvement. **2.** Plein de vie, de mouvement. **3.** Plein de vivacité, d'éclat.

animer v. tr. **1.** Douer de vie ou de mouvement. **2.** Être responsable de (une activité collective). **3.** (sujet chose) Donner de l'éclat, de la vivacité à. **4.** (sentiments) Inspirer, mener (qqn). ▷ v. pron. s'**animer**

animisme n. m. ▫ Attitude consistant à attribuer aux choses une âme analogue à l'âme humaine. ▶ **animiste** adj. et n.

animosité n. f. ▫ Sentiment de malveillance.

anis n. m. ▫ Plante aromatique. *Boisson à l'anis* (dite boisson *anisée*).

anisette n. f. ▫ Liqueur à l'anis.

ankylose n. f. ▫ Diminution ou impossibilité des mouvements d'une articulation naturellement mobile.

ankyloser v. tr. ▫ Paralyser par ankylose. ▷ v. pron. s'**ankyloser** Être atteint d'ankylose. ▪ fig. *Son esprit s'ankylose.*

ankylostome n. m. ▫ zool. Ver parasite de l'intestin grêle provoquant une anémie pernicieuse (l'*ankylostomiase* n. f.).

annales n. f. pl. ▫ Ouvrage rapportant les événements dans l'ordre chronologique, année par année.

anneau n. m. **1.** Cercle de matière dure qui sert à attacher ou à retenir. **2.** au plur. Agrès faits de cercles suspendus à un portique. **3.** Petit cercle que l'on met au doigt. **4.** zool. Chacun des segments d'un annélide.

année n. f. **1.** Temps d'une révolution de la Terre autour du Soleil. **2.** Période de douze mois qui se succèdent. **3.** Période de douze mois qui commence le 1er janvier (appelée *année civile*). **4.** Période d'activité (inférieure à une année), considérée d'année en année. *Année scolaire.*

année-lumière n. f. ▫ Unité astronomique, distance parcourue par la lumière en une année. *Des années-lumière.*

annelé, ée adj. ▫ Disposé en anneaux.

annélide n. m. ▫ zool. Animal à corps annelé, porteur de soies.

annexe I. adj. Qui est rattaché à qqch. de plus important, à l'objet principal. **II.** n. f. Bâtiment, organe ou document annexe.

annexer v. tr. **1.** Joindre (qqch.) à un objet principal. **2.** Faire passer sous sa dépendance. **3.** fig. *S'annexer qqn, qqch.*, se l'approprier.

annexion n. f. ▫ Action d'annexer.

annexionniste adj. ▫ Qui vise à l'annexion d'un territoire. ▶ **annexionnisme** n. m.

annihiler v. tr. ▫ Réduire à rien, rendre sans effet. ▶ **annihilation** n. f.

anniversaire n. m. ▫ Jour qui ramène le souvenir d'un événement arrivé à pareil jour une ou plusieurs années auparavant.

annonce n. f. **1.** Avis par lequel on fait savoir qqch. au public. **2.** Texte, publication qui annonce qqch. **3.** Ce qui annonce qqch.

annoncer v. tr. **1.** Faire savoir, connaître. **2.** Signaler (qqn) comme arrivant. *Huissier qui annonce les invités.* **3.** Indiquer comme devant prochainement se produire. ▷ v. pron. s'**annoncer** Se présenter comme un bon ou un mauvais début.

annonceur, euse n. ▫ Personne qui paie l'insertion d'une annonce dans un journal ou fait passer un message publicitaire.

annonciateur, trice **1.** n. Personne qui annonce (qqch.). **2.** adj. Qui présage (qqch.).

annoter v. tr. ▫ Accompagner (un texte) de commentaires. ▶ **annotation** n. f.

annuaire n. m. ▫ Recueil publié annuellement et qui contient des renseignements remis à jour tous les ans.

annualiser v. tr. ▫ Rendre annuel. ▶ **annualisation** n. f.

annuel, elle adj. **1.** Qui a lieu, revient chaque année. **2.** Qui dure un an.

annuellement adv. ▫ Par an, chaque année.

annuité n. f. **1.** Paiement annuel d'une partie du capital emprunté et des intérêts. **2.** Année de service.

annulaire n. m. ▫ Quatrième doigt à partir du pouce.

annuler v. tr. **1.** dr. Déclarer ou rendre nul, sans effet. **2.** Supprimer. ▷ v. pron. s'**annuler** *Ces deux forces s'annulent.* ▶ **annulation** n. f.

anoblir v. tr. ▫ Conférer un titre de noblesse à (qqn). ▶ **anoblissement** n. m.

anode n. f. ▫ Électrode d'entrée du courant, dans l'électrolyse.

anodin, ine adj. ▫ Sans importance, insignifiant.

anomalie n. f. **1.** didact. Écart par rapport à la normale, à la valeur théorique. **2.** Bizarrerie, singularité. ▶ **anomal, ale, aux** adj.

ânon n. m. ▫ Petit de l'âne.

ânonner v. tr. et intr. ▫ Lire, réciter d'une manière hésitante. ▶ **ânonnement** n. m.

anonymat n. m. ▫ État d'une personne, d'une chose anonyme.

anonyme adj. **1.** Dont on ignore le nom. **2.** Où l'auteur n'a pas laissé son nom, l'a caché. ▪ *Société anonyme*, dont les associés ne sont responsables qu'à hauteur de leurs apports. **3.** fig. Impersonnel, neutre.

anonymement adv. ▫ En gardant l'anonymat.

anonymographe n. ▫ Personne qui écrit des lettres anonymes.

anophèle n. m. ▫ Moustique dont la femelle transmet le paludisme.

anorak n. m. ▫ Veste imperméable à capuchon.

anorexie n. f. ▫ méd. Refus passif ou actif de s'alimenter. ▶ **anorexique** adj. et n.

anorgasmie n. f. ▫ didact. Absence d'orgasme.

anormal, ale, aux adj. **1.** Qui n'est pas normal, conforme aux règles ou aux lois reconnues. **2.** adj. et n. Dont l'état mental est différent, inférieur à la norme. ▶ **anormalement** adv.

anoure adj. et n. m. ▫ zool. Dépourvu de queue.

anse n. f. **1.** Poignée recourbée et saillante. **2.** Petite baie peu profonde.

antagonique adj. ▫ Qui est en antagonisme.

antagonisme n. m. ▫ État d'opposition (de deux forces, de deux principes).

antagoniste adj. et n. ▫ littér. Opposé, rival.

antalgique adj. et n. m. ▫ Qui calme la douleur.

d'**antan** loc. adj. ▫ littér. D'autrefois.

antarctique adj. ▫ Qui concerne le pôle Sud et les régions voisines. – n. m. *L'Antarctique :* le continent antarctique.

antécédent n. m. **1.** gramm. Mot représenté par le pronom qui le reprend. **2.** plur. Passé de qqn ; faits antérieurs à une maladie.

antéchrist n. m. ▫ théol. Ennemi du Christ selon l'Apocalypse.

antédiluvien, ienne adj. **1.** Antérieur au déluge. **2.** fig., fam. Très ancien, démodé.

antenne n. f. **1.** Appendice sensoriel à l'avant de la tête de certains arthropodes. **2.** Poste avancé en liaison avec un centre. **3.** Conducteur aérien destiné à diffuser ou à capter les ondes électromagnétiques. – *Être à l'antenne* (radio, télévision).

antépénultième adj. ▫ didact. Qui précède l'avant-dernier.

antéposer v. tr. ▫ ling. Placer devant.

antérieur, eure adj. **1.** Qui est avant, qui précède dans le temps. ▶ **antériorité** n. f. **2.** Qui est placé en avant, devant. ▶ **antérieurement** adv.

anthémis n. f. ▫ bot. Plante dont des espèces sont appelées *camomille.*

anthère n. f. ▫ bot. Partie terminale de l'étamine.

anthologie n. f. ▫ Recueil de morceaux choisis.

anthracite n. m. ▫ Charbon à combustion lente. ▪ adj. invar. Gris foncé.

anthrax n. m. ▫ Tumeur inflammatoire du tissu sous-cutané.

anthropocentrique adj. ▫ Qui fait de l'être humain l'élément central de l'univers. ▶ **anthropocentrisme** n. m.

anthropoïde adj. ▫ zool. Qui ressemble à l'être humain.

anthropologie n. f. ▫ Ensemble des sciences qui étudient l'être humain, les groupes humains. ▶ **anthropologique** adj. ▶ **anthropologue** n.

anthropométrie n. f. ▫ Technique de mensuration du corps humain.

anthropomorphe adj. ▫ didact. Qui a la forme, l'apparence d'un être humain.

anthropomorphisme n. m. **1.** Tendance à concevoir la divinité à l'image de l'être humain. **2.** Tendance à décrire, à se représenter la réalité en termes humains. ▶ **anthropomorphique** adj.

anthropophage adj. et n. ▫ (êtres humains) Qui mange de la chair humaine. ▶ **anthropophagie** n. f.

antiaérien, ienne adj. ▫ Qui s'oppose aux attaques aériennes.

antialcoolique adj. ▫ Qui combat l'alcoolisme.

antiallergique adj. et n. m. ▫ Qui prévient ou traite les allergies.

antiatomique adj. ▫ Qui s'oppose aux effets nocifs des radiations atomiques.

antibactérien, enne adj. ◻ méd. Se dit d'une substance active contre les bactéries.

antibiogramme n. m. ◻ méd. Analyse permettant de déterminer la sensibilité d'une bactérie à divers antibiotiques.

antibiotique 1. adj. Qui s'oppose à la vie de micro-organismes. 2. n. m. Médicament contre les infections microbiennes.

antibrouillard adj. ◻ *Phares antibrouillard(s),* pour temps de brouillard.

antibruit adj. invar. ◻ Qui protège du bruit.

antichambre n. f. ◻ Pièce d'attente à l'entrée d'un appartement, d'un bureau...

antichar adj. ◻ Qui s'oppose à l'action des blindés.

antichoc adj. ◻ Qui protège des chocs.

anticipation n. f. 1. Exécution anticipée (d'un acte). 2. Mouvement de la pensée qui imagine ou vit d'avance un événement.

anticiper v. I. v. tr. 1. Exécuter avant le temps déterminé. 2. Imaginer, éprouver à l'avance. II. v. intr. *N'anticipons pas :* ne devançons pas l'événement. ▷ adj. **anticipé, ée**

anticlérical, ale, aux adj. et n. ◻ Opposé à l'influence, à l'intervention du clergé dans la vie publique. ▶ **anticléricalisme** n. m.

anticlinal, aux n. m. ◻ géol. Pli convexe vers le haut.

anticoagulant, ante adj. et n. m. ◻ Qui empêche ou retarde la coagulation du sang.

anticolonialisme n. m. ◻ Opposition au colonialisme. ▶ **anticolonialiste** adj. et n.

anticommunisme n. m. ◻ Opposition au communisme. ▶ **anticommuniste** adj. et n.

anticonceptionnel, elle adj. ◻ Qui empêche la conception d'un enfant.

anticonformisme n. m. ◻ Attitude opposée au conformisme. ▶ **anticonformiste** adj. et n.

anticonstitutionnel, elle adj. ◻ Contraire à la Constitution. ▶ **anticonstitutionnellement** adv.

anticorps n. m. ◻ biol. Substance défensive engendrée par l'organisme pour neutraliser un antigène.

anticyclone n. m. ◻ Lieu de hautes pressions atmosphériques.

antidater v. tr. ◻ Affecter d'une date antérieure à la date réelle.

antidémocratique adj. ◻ Opposé à la démocratie.

antidépresseur n. m. ◻ Médicament destiné à combattre les états dépressifs.

antidiphtérique adj. ◻ Propre à combattre la diphtérie.

antidote n. m. ◻ Remède contre un poison.

antidouleur adj. invar. ◻ Qui combat, atténue la douleur.

antidrogue adj. invar. ◻ Destiné à lutter contre la drogue.

antienne n. f. ◻ Refrain liturgique repris par le chœur.

antiesclavagiste adj. et n. ◻ Opposé à l'esclavage, aux esclavagistes.

antifasciste adj. et n. ◻ Opposé au fascisme.

antifongique adj. ◻ didact. Qui combat les champignons microscopiques.

anti-g adj. invar. ◻ *Combinaison anti-g,* utilisée par les spationautes, les pilotes de chasse.

antigang adj. ◻ *Brigade antigang :* brigade d'intervention de la police.

antigel n. m. ▫ Produit qui abaisse le point de congélation de l'eau.

antigène n. m. ▫ biol. Substance qui peut engendrer des anticorps.

antigouvernemental, ale, aux adj. ▫ Qui est contre le gouvernement.

anti-héros → **héros**

antihistaminique adj. et n. m. ▫ méd. Qui combat les effets de l'histamine.

antillais, aise adj. et n. ▫ Des Antilles.

antilope n. f. ▫ Mammifère ruminant aux hautes pattes grêles.

antimatière n. f. ▫ Matière constituée d'antiparticules.

antimilitarisme n. m. ▫ Opposition au militarisme. ▶ **antimilitariste** adj. et n.

antimissile adj. ▫ Qui peut détruire les missiles.

antimite adj. et n. m. ▫ Qui protège contre les mites.

antimoine n. m. ▫ Corps simple (symb. Sb), solide blanc argenté, cassant.

antimondialisation n. f. ▫ Mouvement qui s'oppose à la mondialisation.

antinomie n. f. ▫ Opposition totale. ▶ **antinomique** adj.

antipape n. m. ▫ hist. Pape élu irrégulièrement, non reconnu par l'Église.

antiparasite adj. ▫ Qui s'oppose à la production et à la propagation des parasites.

antiparlementarisme n. m. ▫ Opposition au régime parlementaire.

antiparticule n. f. ▫ phys. Particule élémentaire associée à une autre particule de mêmes propriétés, leur contact conduisant à leur annihilation.

antipathie n. f. ▫ Aversion instinctive. ▶ **antipathique** adj.

antipelliculaire adj. ▫ Destiné à lutter contre les pellicules capillaires.

antiphonaire n. m. ▫ Recueil de chants liturgiques.

antiphrase n. f. ▫ Utilisation d'un mot, d'une expression dans un sens contraire au sens exact.

antipiratage adj. invar. ▫ Destiné à combattre le piratage sur Internet.

antipode n. m. ▫ Lieu de la terre diamétralement opposé à un autre.

antipoison adj. invar. ▫ Qui agit contre un poison.

antipollution adj. invar. ▫ Destiné à combattre la pollution.

antipyrétique adj. et n. m. ▫ méd. Qui combat la fièvre.

antiquaille n. f. ▫ Objet ancien sans valeur.

antiquaire n. ▫ Marchand d'objets d'art, d'ameublement et de décoration anciens.

antique adj. **1.** Très vieux. **2.** Qui appartient à l'Antiquité (1).

antiquité n. f. **1.** Les plus anciennes civilisations à écritures. ▪ (avec maj.) L'antiquité gréco-romaine. **2.** au plur. Monuments, œuvres d'art qui restent de l'Antiquité. ▪ Objets d'art, meubles anciens.

antirabique adj. ▫ Employé contre la rage.

antiraciste adj. et n. ▫ Opposé au racisme. ▶ **antiracisme** n. m.

antireflet adj. ▫ Qui diminue les reflets.

antirejet adj. invar. ▫ Qui s'oppose au rejet d'une greffe.

antireligieux, euse adj. ▫ Opposé à la religion.

antirides adj. ▫ Qui atténue les rides.

antirouille adj. invar. ▫ Qui protège contre la rouille.

antiscientifique adj. ▫ Contraire à l'esprit scientifique.

antisémitisme n. m. ▫ Racisme dirigé contre les Juifs. ▶ **antisémite** adj. et n.

antisepsie n. f. ▫ Méthodes destinées à prévenir ou à combattre l'infection en détruisant des microbes.

antiseptique adj. ▫ De l'antisepsie. – n. m. *Le formol est un antiseptique.*

antisismique adj. ▫ Conçu pour résister aux tremblements de terre.

antislash n. m. ▫ inform. Signe typographique de séparation par une barre oblique (\), en sens inverse de celle du slash*.

antisocial, ale, aux adj. **1.** Contraire à la société, à ses règles. **2.** Qui va contre les intérêts des travailleurs.

antispasmodique adj. ▫ méd. Destiné à empêcher les spasmes.

antisportif, ive adj. ▫ Contraire à l'esprit du sport.

antistatique adj. ▫ Qui empêche ou limite la formation de l'électricité statique.

antiterroriste adj. ▫ Qui lutte contre le terrorisme.

antitétanique adj. ▫ Qui combat le tétanos.

antithèse n. f. ▫ Opposition de deux pensées, de deux expressions que l'on rapproche dans le discours pour en faire ressortir le contraste. ▶ **antithétique** adj.

antitoxine n. f. ▫ Anticorps élaboré par l'organisme qui réagit contre les toxines.

antituberculeux, euse adj. ▫ Qui combat la tuberculose.

antitussif, ive adj. ▫ Qui combat la toux.

antiviral, ale, aux adj. ▫ méd. Se dit d'une substance active contre les virus.

antivirus n. m. **I.** Substance ou organisme qui combat les virus. **II.** inform. Logiciel qui détruit les virus informatiques.

antivol n. m. ▫ Dispositif de sécurité destiné à empêcher le vol. – adj. *Alarmes antivol(s).*

antonomase n. f. ▫ rhét. Désignation d'une personne par un nom ou une périphrase qui la caractérise, ou par le nom d'un personnage typique.

antonyme n. m. ▫ Mot qui, par le sens, s'oppose directement à un autre.

antre n. m. ▫ littér. Caverne, grotte (spécialt gîte d'une bête fauve).

anus n. m. ▫ Orifice du rectum.

anxiété n. f. ▫ État d'angoisse.

anxieux, euse adj. **1.** Qui s'accompagne d'anxiété. **2.** adj. et n. Qui éprouve de l'anxiété. ▶ **anxieusement** adv.

anxiogène adj. ▫ Qui produit l'anxiété.

anxiolytique adj. et n. m. ▫ méd. Qui combat l'anxiété.

aoriste n. m. ▫ ling. Temps du verbe grec qui correspond à un passé indéterminé.

aorte n. f. ▫ Artère qui naît au ventricule gauche du cœur. ▶ **aortique** adj.

août n. m. ▫ Huitième mois de l'année.

aoûtat n. m. ▫ Larve d'un insecte qui se loge sous la peau.

aoûtien, ienne n. ▫ Personne qui prend ses vacances en août.

apache adj. et n. ▫ De la tribu des Apaches. – n. *Un(e) Apache.*

apaiser v. tr. **1.** Amener (qqn) à des dispositions plus paisibles. **2.** Rendre (qqch.) moins violent. ▷ v. pron. **s'apaiser** ▶ **apaisant, ante** adj. ▶ **apaisement** n. m.

apanage n. m. **1.** hist. Partie du domaine royal accordée à un prince qui renonçait à la couronne. **2.** Bien exclusif, privilège.

aparté n. m. **1.** Parole que dit un acteur, et que le spectateur seul est censé entendre. **2.** Entretien particulier, dans une réunion.

apartheid n. m. ◻ Régime de ségrégation qui existait, en Afrique du Sud, entre Blancs et Noirs.

apathie n. f. ◻ Incapacité d'être ému ou de réagir. ▶ **apathique** adj. et n.

apatride n. et adj. ◻ Personne sans nationalité légale.

apercevoir v. tr. **1.** Distinguer plus ou moins nettement. **2.** Entrevoir. ▷ v. pron. s'**apercevoir** **1.** Prendre conscience (d'un fait). **2.** (récipr.) Se voir mutuellement.

aperçu n. m. **1.** Première idée que l'on peut avoir d'une chose vue rapidement. **2.** Exposé sommaire.

apéritif, ive **1.** adj. littér. Qui ouvre l'appétit. **2.** n. m. Boisson que l'on prend avant le repas. – abrév. fam. **apéro.**

apesanteur n. f. ◻ Absence de pesanteur.

à-peu-près n. m. invar. ◻ Approximation grossière.

apeurer v. tr. ◻ littér. Effrayer.

aphasie n. f. ◻ méd. Perte totale ou partielle de la capacité de parler ou de comprendre le langage. ▶ **aphasique** adj. et n.

aphélie n. m. ◻ astron. Point de l'orbite d'une planète situé à la plus grande distance du Soleil.

aphérèse n. f. ◻ ling. Chute d'un ou plusieurs phonèmes au début d'un mot.

aphone adj. ◻ Qui n'a provisoirement plus de voix. ▶ **aphonie** n. f.

aphorisme n. m. ◻ didact. Bref énoncé renfermant un précepte.

aphrodisiaque adj. et n. m. ◻ Se dit d'une substance réputée exciter le désir sexuel.

aphte n. m. ◻ Petite ulcération de la muqueuse de la bouche ou du pharynx.

aphteux, euse adj. ◻ De l'aphte. – *Fièvre aphteuse*, maladie éruptive des bovidés.

api n. m. ◻ *Pomme d'api* : petite pomme d'un rouge vif sur un côté.

à-pic n. m. ◻ Versant vertical. *Des à-pics.*

apical, ale, aux adj. ◻ didact. Du sommet, de la pointe (*apex* n. m.).

apicole adj. ◻ De l'apiculture.

apiculture n. f. ◻ Technique de l'élevage des abeilles pour obtenir le miel et la cire. ▶ **apiculteur, trice** n.

apitoyer v. tr. ◻ Toucher de pitié. ▷ v. pron. s'**apitoyer** ▶ **apitoiement** n. m.

aplanir v. tr. **1.** Rendre plan ou uni. **2.** fig. Lever (une difficulté...).

aplat n. m. ◻ peint. Surface de couleur uniforme.

aplatir v. tr. ◻ Rendre plat. ▷ v. pron. s'**aplatir** **1.** Devenir plus plat. **2.** fam. Tomber à plat ventre. **3.** fig. *S'aplatir devant qqn.* → **ramper.** ▷ adj. **aplati, ie** ▶ **aplatissement** n. m.

aplomb n. m. **1.** État d'équilibre d'un corps en position verticale. **2.** fig. Assurance, confiance en soi.

apnée n. f. ◻ Suspension momentanée de la respiration.

apocalypse n. f. ◻ Fin du monde.

apocalyptique adj. ◻ Qui évoque la fin du monde, de terribles catastrophes.

apocope n. f. ◻ ling. Chute d'un ou plusieurs phonèmes à la fin d'un mot.

apocryphe adj. ◻ D'authenticité douteuse.

apogée n. m. ◻ Point le plus élevé.

apolitique adj. ◻ Qui se tient en dehors de la lutte politique.

apollon n. m. ◻ plais. Homme d'une grande beauté.

apologie n. f. ◻ Discours, écrit visant à défendre, à justifier et par ext. à faire l'éloge de qqn, de qqch. ▶ **apologétique** adj. ▶ **apologiste** n.

apologue n. m. ◻ Petit récit moral.

aponévrose n. f. ▫ anat. Membrane fibreuse qui enveloppe un muscle.

apophtegme n. m. ▫ didact. Parole mémorable ayant une valeur de maxime.

apophyse n. f. ▫ Éminence à la surface d'un os.

apoplectique adj. ▫ Qui a ou annonce une prédisposition à l'apoplexie.

apoplexie n. f. ▫ Congestion cérébrale.

apostasie n. f. ▫ Reniement de la foi chrétienne. – fig. Abandon (d'une doctrine). ▶ **apostat, ate** n.

a posteriori **1.** loc. adj. invar. Postérieur à l'expérience. **2.** loc. adv. Postérieurement à l'expérience.

apostille n. f. ▫ Note en marge d'un texte.

apostolat n. m. ▫ Mission qui requiert du désintéressement.

apostolique adj. **1.** Relatif aux apôtres. **2.** Qui émane du Saint-Siège.

apostrophe n. f. **I.** Interpellation brusque. **II.** Signe (') qui marque l'élision d'une voyelle.

apostropher v. tr. ▫ Adresser brusquement la parole à (qqn).

apothéose n. f. **1.** Antiq. romaine Déification des empereurs, des héros après leur mort. **2.** fig. Épanouissement ; partie brillante.

apothicaire n. m. ▫ vx Pharmacien. ▪ fig. *Compte d'apothicaire,* long et compliqué.

apôtre n. m. **1.** Chacun des douze disciples que Jésus-Christ choisit pour prêcher l'Évangile. **2.** fig. Personne qui propage une doctrine.

apparaître v. intr. **1.** Devenir visible, distinct. **2.** Commencer d'exister. **3.** Se présenter à l'esprit (sous tel aspect). **4.** impers. *IL APPARAÎT QUE* (+ indic.) : il est manifeste que.

apparat n. m. ▫ Éclat solennel (d'une cérémonie). – *D'APPARAT* : de cérémonie.

appareil n. m. **I. 1.** *Dans le plus simple appareil* : tout nu. **2.** Ensemble d'organismes administratifs. *L'appareil d'un parti.* **3.** Ensemble des organes remplissant une même fonction. *L'appareil digestif.* **II. 1.** Assemblage de pièces ou d'organes réunis en un tout pour une fonction. **2.** Dispositif corrigeant les défauts fonctionnels du corps.

appareillage n. m. **I.** Ensemble d'appareils (II). **II.** Action d'appareiller (①).

① **appareiller** v. **I.** v. tr. mar. Préparer (un navire). **II.** v. intr. (bateau) Quitter le port.

② **appareiller** v. tr. ▫ Réunir (des choses semblables ou qui s'accordent).

③ **appareiller** v. tr. ▫ Munir d'un appareil (II, 2), d'une prothèse.

apparemment adv. ▫ Selon toute apparence.

apparence n. f. **1.** Ce qu'on voit (de qqch., qqn), manière dont qqch. se montre. **2.** Aspect extérieur, considéré comme différent de la réalité.

apparent, ente adj. **1.** Qui apparaît, se montre aux yeux. **2.** abstrait Évident, manifeste. **3.** Qui n'est pas tel qu'il paraît être.

apparenté, ée adj. **1.** *Être apparenté à qqn,* de la même famille que lui. **2.** Allié par apparentement. **3.** Qui ressemble (à).

apparentement n. m. ▫ Alliance électorale.

s'apparenter v. pron. ▫ *S'APPARENTER À* Avoir une ressemblance avec.

apparier v. tr. ▫ Unir par paire.

appariteur, trice n. ▫ Huissier, huissière.

apparition n. f. **I.** Action, fait d'apparaître. **II.** Manifestation (d'un être invisible, sous une forme visible).

appartement n. m. ▫ Partie d'une maison, d'un immeuble composée de plusieurs pièces qui servent d'habitation.

appartenance n. f. ▫ Fait d'appartenir (à une collectivité, un ensemble).

appartenir v. tr. ind. ▫ *APPARTENIR À* 1. Être à (qqn). 2. (sujet personne) Être entièrement soumis à (qqn). – pronom. *S'appartenir* : être libre. 3. (sujet chose) Être propre à (qqn). – impers. *Il appartient aux parents d'élever leurs enfants.* 4. Faire partie de (qqch.).

appas n. m. pl. ▫ vx Attraits.

appât n. m. 1. Produit qui sert à attirer des animaux pour les prendre. 2. fig. Ce qui pousse à faire qqch.

appâter v. tr. 1. Garnir d'un appât (1). 2. fig. Attirer (qqn) par une promesse, etc.

appauvrir v. tr. ▫ Rendre pauvre. ▷ v. pron. s'**appauvrir** ▶ **appauvrissement** n. m.

appeau n. m. ▫ Instrument avec lequel on imite le cri des oiseaux pour les attirer.

appel n. m. I. 1. Action d'appeler pour faire venir à soi, pour obtenir une réponse. 2. Action d'appeler des personnes par leur nom. 3. milit. Action d'appeler sous les drapeaux. 4. Discours ou écrit dans lequel on exhorte le public. *Appel à la révolte.* 5. fig. Incitation, invitation. *L'appel du large.* II. *FAIRE APPEL* : recourir à une juridiction supérieure en vue d'obtenir la modification d'un jugement. III. 1. *APPEL D'AIR* : tirage qui facilite la combustion. 2. sports Appui du pied sur le sol qui donne l'élan.

appelé, ée I. adj. 1. Nommé. 2. Qui est appelé (à). – *APPELÉ À* (+ inf.) : dans la nécessité de. II. n. Personne incorporée dans l'armée pour son service militaire.

appeler v. tr. I. 1. S'adresser à (qqn) pour l'inviter à venir, à répondre. 2. Joindre (qqn) par téléphone. 3. Inviter (qqn) à venir. 4. *EN APPELER À* : s'en remettre à. II. Donner un nom à (qqn ou qqch.). ▷ v. pron. s'**appeler** Avoir pour nom.

appellatif n. m. ▫ Mot permettant d'appeler qqn à qui l'on s'adresse.

appellation n. f. ▫ Action, façon d'appeler (II). ▪ Nom donné.

appendice n. m. 1. Partie qui prolonge une partie principale. 2. anat. Prolongement en doigt de gant du cæcum. 3. Supplément (notes, etc.) à la fin d'un livre.

appendicectomie n. f. ▫ chir. Ablation de l'appendice (2).

appendicite n. f. ▫ Inflammation de l'appendice (2).

appentis n. m. ▫ Petit bâtiment à toit à une seule pente, adossé à un mur.

il **appert** v. impers. ▫ dr. *Il appert que* (+ indic.) : il est évident que.

appesantir v. tr. ▫ littér. Rendre plus lourd ou moins agile. ▷ v. pron. s'**appesantir** *S'appesantir sur qqch.*, en parler longuement. ▶ **appesantissement** n. m.

appétence n. f. ▫ littér. Tendance portant qqn vers ce qui satisfait ses penchants, ses besoins.

appétissant, ante adj. ▫ Qui met en appétit ; qui attire.

appétit n. m. 1. Désir de nourriture, plaisir de manger. 2. Désir pressant (de qqch.).

applaudir v. 1. v. intr. Battre des mains en signe d'approbation, d'enthousiasme. 2. v. tr. ind. littér. *APPLAUDIR À qqch.* : donner son assentiment à. 3. v. tr. Saluer (qqn, qqch.) par des applaudissements. ▷ v. pron. s'**applaudir** (de)

applaudissement n. m. ▫ Battement des mains (d'approbation ou d'enthousiasme).

applicable adj. ▫ Qu'on peut appliquer (à).

applicateur, trice adj. ▫ Qui sert à appliquer (qqch.), à mettre en place.

application n. f. **I. 1.** Action d'appliquer (une chose sur une autre). **2.** Mise en pratique. **3.** inform. Logiciel. **II.** Action de s'appliquer ; qualité d'une personne appliquée.

applique n. f. ▫ Appareil d'éclairage fixé au mur.

appliquer v. tr. **1.** Mettre (une chose) sur une autre de manière à recouvrir, adhérer ou laisser une empreinte. **2.** fig. Faire servir, employer (pour un usage). ▷ v. pron. s'**appliquer** Apporter une attention soutenue (à qqch.), prendre soin (de faire qqch.). ▷ adj. **appliqué, ée I. 1.** Placé (sur, contre). **2.** Mis en pratique. **II.** Qui s'applique.

appoggiature n. f. ▫ mus. Note placée devant une note principale pour la mettre en valeur. – var. **appogiature.**

appoint n. m. **1.** Complément d'une somme en monnaie. **2.** fig. Ce qu'on ajoute à qqch. – *Chauffage* D'APPOINT.

appointements n. m. pl. ▫ Rétribution fixe attachée à un emploi régulier. ▶ **appointer** v. tr.

appontement n. m. ▫ Plate-forme le long de laquelle un navire vient s'amarrer.

apport n. m. **1.** Action d'apporter. **2.** Ce qu'on apporte.

apporter v. tr. **I. 1.** *Apporter qqch. à qqn,* porter (qqch.) au lieu où est qqn. **2.** Fournir pour sa part. **II. 1.** Manifester, mettre. **2.** Donner, fournir (un élément de connaissance). **3.** Fournir (ce qu'on a fait naître). **4.** (sujet chose) Être la cause de (qqch.).

apposer v. tr. ▫ dr. Poser, mettre.

apposition n. f. **1.** Action d'apposer. **2.** gramm. Procédé par lequel deux termes sont juxtaposés.

appréciable adj. **1.** Qui peut être évalué. **2.** Assez important. **3.** Digne d'estime.

appréciation n. f. **1.** Action d'apprécier, de déterminer la valeur (de qqch.). **2.** Fait de juger. ▪ Opinion.

apprécier v. tr. **1.** Déterminer le prix, la valeur de (qqch.). **2.** Déterminer approximativement, par les sens. **3.** Porter un jugement favorable sur ; aimer, goûter.

appréhender v. tr. **I. 1.** Saisir au corps. **2.** Saisir par l'esprit. **II.** Envisager (qqch.) avec crainte.

appréhension n. f. **I.** didact. Fait de saisir par l'esprit. **II.** Crainte vague, mal définie.

apprenant, ante n. ▫ Personne qui apprend (une langue).

apprendre v. tr. **I. 1.** Être informé de (qqch.). **2.** Chercher à acquérir (un ensemble de connaissances). **3.** *APPRENDRE À* (+ inf.) : se rendre capable de. *Apprendre à lire.* **II. 1.** *Apprendre qqch. à qqn,* porter à sa connaissance. **2.** Donner la connaissance, le savoir, la pratique de (qqch.). **3.** *Apprendre à qqn à* (+ inf.). *Il lui a appris à lire,* il lui a enseigné la lecture.

apprenti, ie n. **1.** Personne qui est en apprentissage. **2.** Débutant, novice.

apprentissage n. m. **1.** Fait d'apprendre un métier manuel ou technique. **2.** littér. Premiers essais.

apprêt n. m. **1.** techn. Opération que l'on fait subir aux matières premières avant de les travailler. **2.** Substance qui sert à apprêter (enduit...).

apprêté, ée adj. **1.** Enduit d'apprêt (2). **2.** Peu naturel.

apprêter v. tr. ▫ techn. Soumettre à un apprêt. ▷ v. pron. s'**apprêter 1.** Se préparer, se disposer (à). **2.** Préparer sa tenue.

apprivoiser v. tr. **1.** Rendre moins craintif ou moins dangereux (un animal). – au p. p. *Ours apprivoisé.* **2.** Rendre (qqn) plus sociable. ▷ v. pron. s'**apprivoiser** ▶ **apprivoisement** n. m.

approbateur, trice adj. ▫ Qui approuve.

approbatif, ive adj. ▫ Qui marque l'approbation.

approbation n. f. **1.** Fait d'approuver ; accord donné. **2.** Jugement favorable.

approchant, ante adj. ▫ Qui se rapproche de.

approche n. f. **1.** Fait d'approcher, de s'approcher. **2.** *D'APPROCHE* : par quoi on s'approche. **3.** au plur. Ce qui est près de. **4.** Manière d'aborder un sujet ; point de vue.

approcher v. **I.** v. tr. dir. **1.** Mettre près, plus près. **2.** Venir près, s'avancer auprès de (qqn). **II.** *APPROCHER DE* v. tr. ind. **1.** Venir près, plus près de (qqn, qqch.). **2.** Être près de, sur le point d'atteindre. **3.** intrans. Être imminent, proche. ▷ v. pron. s'**approcher** (de) ▷ adj. **approché, ée** Approximatif.

approfondir v. tr. **1.** Rendre plus profond. **2.** fig. Étudier à fond. ▷ adj. **approfondi, ie** ▶ **approfondissement** n. m.

approprier v. tr. ▫ didact. Rendre (qqch.) propre (à un usage). ▷ v. pron. s'**approprier** Faire sien ; s'attribuer la propriété de (qqch.). ▷ adj. **approprié, ée** ▶ **appropriation** n. f.

approuver v. tr. **1.** Donner son accord à (qqch.). – au p. p. (invar.) *Lu et approuvé.* **2.** Juger bon, trouver louable. – *Approuver qqn,* être de son opinion.

approvisionnement n. m. **1.** Action d'approvisionner. **2.** Ensemble de provisions.

approvisionner v. tr. ▫ Fournir en provisions. ▷ v. pron. s'**approvisionner**

approximatif, ive adj. **1.** Fait par approximation. **2.** Imprécis, vague. ▶ **approximativement** adv.

approximation n. f. **1.** Détermination approchée. **2.** Valeur approchée.

appui n. m. **I. 1.** Action d'appuyer, de s'appuyer sur qqch. **2.** *À L'APPUI DE* loc. prép. : pour appuyer, confirmer. – *Avec preuves à l'appui.* **II.** Soutien moral ou aide matérielle.

appuie-tête n. m. ▫ Dispositif destiné à soutenir la tête. *Des appuie-tête(s).*

appuyer v. **I.** v. tr. **1.** Soutenir ou faire soutenir, supporter. *Appuyer qqch. contre, à, sur qqch.* **2.** Soutenir, rendre plus sûr (qqch. d'abstrait). **3.** Fournir une protection, un soutien à. **4.** Appliquer, presser (une chose sur, contre une autre). **II.** v. intr. **1.** (sujet chose) Être soutenu ; être posé (sur). **2.** Peser plus ou moins fortement (sur). *Appuyez sur le bouton.* **3.** Mettre l'accent (sur) ; insister. ▷ v. pron. s'**appuyer 1.** S'aider, se servir comme d'un appui. **2.** fig. Compter (sur). ▷ adj. **appuyé, ée 1.** *Regard appuyé,* insistant. **2.** Exprimé avec insistance. *Plaisanterie appuyée.*

apraxie n. f. ▫ didact. Incapacité d'exécuter des mouvements adaptés à un but.

âpre adj. **1.** Qui a une rudesse désagréable. **2.** fig. Dur, pénible. **3.** *Âpre au gain* : avide. ▶ **âprement** adv.

après I. prép. **1.** (postériorité dans le temps) *Le printemps vient après l'hiver.* – *APRÈS QUE* loc. conj. (+ indic.) *Après qu'ils sont partis.* – *APRÈS COUP* loc. adv. : après l'événement. **2.** (postériorité dans l'espace) *Tournez après le pont.* – *Courir après qqn.* **3.** (mouvement de recherche) *Soupirer après qqch., qqn.* **4.** (subordination dans un ordre, une hiérarchie) *Venir après qqn.* **5.** *APRÈS TOUT* loc. adv. : en définitive. **6.** *D'APRÈS* loc. prép. : à l'imitation de ; en se référant à. **II.** adv. (temps) Plus tard.

→ **ensuite.** *L'année d'après.* ▪ (espace) → **derrière.** – *CI-APRÈS* loc. adv. : plus loin (dans un texte). ▪ *ET APRÈS ?* (exhortation ; indifférence ou défi).

après-demain adv. ▫ Au jour qui suivra demain.

après-guerre n. m. ▫ Période qui suit une guerre.

après-midi n. m. ou f. invar. ▫ Partie de la journée entre le déjeuner et le dîner.

après-rasage adj. invar. et n. m. ▫ Se dit d'une lotion calmant le feu du rasoir.

après-ski n. m. ▫ Botte que l'on chausse lorsqu'on ne skie pas, aux sports d'hiver.

après-vente adj. invar. ▫ *Service après-vente* (sigle *S. A. V.*) : services d'entretien assurés après la vente.

âpreté n. f. **1.** Rudesse désagréable de ce qui est âpre. **2.** fig. Caractère dur, pénible.

a priori **1.** loc. adv. et adj. invar. En partant de données antérieures à l'expérience (contr. *a posteriori*). – n. m. invar. Idée a priori. **2.** loc. adv. Au premier abord.

apriorisme n. m. ▫ didact. Idée a priori.

à-propos n. m. ▫ Ce qui vient à propos.

apsara n. f. ▫ Nymphe hindoue.

apte adj. ▫ *Apte à* : qui a des dispositions pour, qui peut (faire qqch.).

aptère adj. ▫ didact. Sans ailes.

aptitude n. f. **1.** Capacité, disposition naturelle (à). **2.** Compétence acquise et reconnue.

apurer v. tr. ▫ fin. Reconnaître (un compte) exact. ▶ **apurement** n. m.

aquaculture n. f. ▫ Élevage commercial d'espèces aquatiques. – var. **aquiculture.** ▶ **aquaculteur, trice** n. (var. **aqui-**).

aquafortiste n. ▫ Graveur à l'eau-forte.

aquarelle n. f. ▫ Peinture sur papier avec des couleurs délayées dans de l'eau. ▶ **aquarelliste** n.

aquariophilie n. f. ▫ Élevage en aquarium des poissons d'ornement.

aquarium n. m. ▫ Réservoir à parois de verre dans lequel on entretient des plantes et des animaux aquatiques.

aquatinte n. f. ▫ Eau-forte imitant le lavis.

aquatique adj. ▫ Qui croît, vit, se fait dans l'eau ou au bord de l'eau.

aquavit n. m. ▫ Eau-de-vie scandinave parfumée. – var. **akvavit.**

aqueduc n. m. ▫ Canal pour conduire l'eau ; ouvrage supportant ce canal.

aqueux, euse adj. ▫ sc. De l'eau.

aquiculture → **aquaculture**

aquilin adj. m. ▫ *Nez aquilin,* fin et busqué.

aquilon n. m. ▫ poét. Vent froid du nord.

aquoibonisme n. m. ▫ littér. Tendance au défaitisme et à l'abandon. ▶ **aquoiboniste** n. et adj.

ara n. m. ▫ Perroquet des tropiques.

arabe **1.** adj. et n. Des peuples originaires de l'Arabie qui se sont répandus avec l'islam autour du bassin méditerranéen. ▪ n. m. Langue sémitique. **2.** adj. Issu de la civilisation arabe. *Chiffres arabes* : les dix signes de la numération.

arabesque n. f. **1.** Ornement formé de lettres, de lignes, de feuillages entrelacés. **2.** Ligne sinueuse de forme élégante.

arabique adj. ▫ D'Arabie.

arabisant, ante n. ▫ Spécialiste de la langue, de la littérature arabes.

arabiser v. tr. ▫ Donner un caractère (culturel...) arabe à. ▶ **arabisation** n. f.

arable adj. ▫ Qui peut être labouré.

arabophone adj. et n. ▫ Qui parle arabe.

arachide n. f. ▫ Graine d'une plante tropicale ; cette plante.

arachnéen, enne adj. **1.** didact. Propre à l'araignée. **2.** littér. Qui a la légèreté de la toile d'araignée.

arachnide n. m. ▫ Arthropode sans pattes abdominales.

arack → **arak**

araignée n. f. **1.** Arachnide pourvu de crochets à venin et de glandes productrices de soie. **2.** *ARAIGNÉE DE MER* : crabe à longues pattes.

araire n. m. ▫ Charrue simple.

arak n. m. ▫ Alcool de riz ou de canne à sucre. – var. **arack.**

araméen, enne adj. ▫ hist. Des Sémites de Syrie, dans l'Antiquité.

araser v. tr. ▫ techn. Mettre à ras. ▶ **arasement** n. m.

aratoire adj. ▫ Qui sert à travailler la terre.

araucaria n. m. ▫ Conifère décoratif.

arbalète n. f. ▫ Ancienne arme de trait, arc d'acier monté sur un fût.

arbitraire adj. **1.** Qui n'est pas lié par l'observation de règles. **2.** Qui dépend du bon plaisir de qqn. ▶ **arbitrairement** adv.

① **arbitre** n. **1.** Personne prise pour juge dans un débat, une dispute. **2.** Personne désignée pour veiller à la régularité d'une épreuve sportive.

② **arbitre** n. m. ▫ vx Volonté. – mod. → **libre arbitre.**

arbitrer v. tr. **1.** Juger en qualité d'arbitre. *Arbitrer un litige.* **2.** Contrôler la régularité de (une épreuve sportive). ▶ **arbitrage** n. m.

arborer v. tr. ▫ Porter ostensiblement.

arborescent, ente adj. ▫ Qui a la forme ramifiée d'un arbre. ▶ **arborescence** n. f.

arboretum n. m. ▫ Plantation d'arbres d'essences variées.

arboricole adj. ▫ didact. **1.** Qui vit sur les arbres. **2.** Relatif à l'arboriculture.

arboriculture n. f. ▫ Culture des arbres. ▶ **arboriculteur, trice** n.

arborisation n. f. ▫ Dessin naturel ressemblant à des ramifications.

arbouse n. f. ▫ Fruit rouge et aigrelet d'un arbre méditerranéen (l'*arbousier* n. m.).

arbre n. m. **I.** Végétal dont la tige ligneuse se ramifie à partir d'une certaine hauteur au-dessus du sol. **II.** Axe qui reçoit ou transmet un mouvement de rotation. **III.** *ARBRE GÉNÉALOGIQUE* : figure ramifiée montrant la filiation des diverses branches d'une même famille.

arbrisseau n. m. ▫ Petit végétal ligneux ramifié dès la base.

arbuste n. m. ▫ Petit arbre. ▶ **arbustif, ive** adj.

arc n. m. **I.** Arme formée d'une tige souple que l'on courbe au moyen d'une corde attachée aux deux extrémités pour lancer des flèches. **II. 1.** math. Portion de courbe. **2.** Ce qui a la forme d'un arc. **3.** Courbe d'une voûte. ■ *ARC DE TRIOMPHE* : monument commémoratif.

arcade n. f. **1.** Ouverture en arc ; ensemble d'un arc et de ses montants. **2.** Ce qui a une forme arquée.

arcane n. m. ▫ littér. au plur. Mystère, secret. *Les arcanes de la politique.*

arc-boutant n. m. ▫ Arc qui soutient un mur de l'extérieur. *Des arcs-boutants.*

s'**arc-bouter** v. pron. ▫ Prendre appui pour exercer une poussée, un effort.

arceau n. m. **1.** Partie cintrée d'une voûte. **2.** Objet en forme de petite arche.

arc-en-ciel n. m. ▫ Phénomène météorologique lumineux, en arc, présentant les couleurs du spectre. *Des arcs-en-ciel.*

archaïque adj. **1.** Qui est très ancien. ■ Désuet. **2.** arts Antérieur aux époques classiques.

archaïsme n. m. **1.** Caractère archaïque. **2.** Mot, tour qui n'est plus en usage.

archal n. m. ▫ rare Laiton.

archange n. m. ▫ relig. cathol. Ange d'un ordre supérieur.

① **arche** n. f. ▫ *Arche (de Noé) :* vaisseau qui permit à Noé d'échapper aux eaux du Déluge.

② **arche** n. f. **1.** Voûte arquée qui s'appuie sur les culées, les piles d'un pont. **2.** Monument en forme d'arc, de grand portail.

archéologie n. f. ▫ Étude scientifique des civilisations disparues à partir de leurs vestiges. ▶ **archéologique** adj. ▶ **archéologue** n.

archéoptéryx n. m. ▫ Oiseau fossile du jurassique.

archer, ère n. ▫ Personne qui tire à l'arc.

archet n. m. ▫ Baguette qui sert à faire vibrer les cordes d'un instrument de musique.

archétype n. m. ▫ didact. Type primitif ou idéal ; modèle.

archevêché n. m. **1.** Circonscription d'un archevêque. **2.** Siège, palais archiépiscopal.

archevêque n. m. ▫ Évêque placé à la tête d'une province ecclésiastique.

archiduc, archiduchesse n. ▫ Titre des princes et princesses de l'ancienne maison d'Autriche.

archiépiscopal, ale, aux adj. ▫ Qui appartient à l'archevêque.

archimandrite n. m. ▫ Supérieur de certains monastères, dans l'Église grecque.

archipel n. m. ▫ Groupe d'îles.

architecte n. ▫ Personne dont le métier est de concevoir le plan d'un édifice et d'en diriger l'exécution.

architectonique adj. ▫ didact. Qui a rapport à la technique de l'architecture.

architecture n. f. **1.** Art de construire les édifices. **2.** Disposition (d'un édifice). **3.** fig. Structure. ▶ **architectural, ale, aux** adj.

architecturer v. tr. ▫ Construire avec rigueur.

architrave n. f. ▫ archit. Partie inférieure de l'entablement.

archiver v. tr. ▫ Classer (un document) dans les archives. ▶ **archivage** n. m.

archives n. f. pl. **1.** Collection de documents anciens. **2.** Lieu où les archives sont conservées.

archiviste n. ▫ Spécialiste préposé à la conservation des archives.

archonte n. m. ▫ Antiq. Magistrat qui gouvernait une cité grecque.

arçon n. m. ▫ L'une des deux parties arquées qui forment le corps de la selle.

arctique adj. ▫ Des régions polaires du nord.

ardemment adv. ▫ Avec ardeur.

ardent, ente adj. **1.** littér. Qui est en feu ; qui brûle. **2.** *CHAPELLE ARDENTE :* salle mortuaire éclairée de cierges. **3.** Qui a la couleur ou l'éclat du feu. **4.** Qui a de l'ardeur. **5.** (sentiments) Très vif ; violent.

ardeur n. f. ▫ Énergie pleine de vivacité.

ardillon n. m. ▫ Pointe de métal d'une boucle de courroie, de ceinture.

ardoise n. f. **1.** Pierre tendre et feuilletée qui sert à la couverture des maisons ; plaque de cette pierre. **2.** Plaque sur laquelle on écrit. **3.** fam. Compte de consommations prises à crédit.

ardu, ue adj. ▫ Très difficile.

are n. m. ▫ Unité de mesure agraire de surface (symb. a) valant cent mètres carrés.

arec n. m. ▫ Aréquier.

areligieux, euse adj. ▫ Sans religion.

arène n. f. **1.** Aire sablée d'un amphithéâtre, d'un cirque. **2.** au plur. Amphithéâtre romain. ▪ Cirque où se déroulent des corridas.

arénicole **1.** adj. Qui vit dans le sable. **2.** n. f. Ver annélide qui vit dans le sable.

aréole n. f. ▫ Cercle pigmenté qui entoure le mamelon du sein.

aréomètre n. m. ▫ Instrument pour mesurer la densité d'un liquide.

aréopage n. m. **1.** Antiq. Tribunal d'Athènes. **2.** fig. Assemblée de savants.

aréquier n. m. ▫ Palmier d'Asie équatoriale.

arête n. f. **1.** Tige du squelette des poissons osseux. **2.** Intersection de deux plans.

argent n. m. **I.** Élément (symb. Ag), métal blanc, très ductile et malléable. **II.** Monnaie métallique, papier-monnaie ; ce qui représente cette monnaie. *Somme d'argent.*

argentan n. m. ▫ Alliage de cuivre, zinc et nickel.

① **argenté, ée** adj. ▫ fam. Qui a de l'argent.

argenter v. tr. **1.** Recouvrir d'une feuille d'argent. **2.** fig. Donner la couleur de l'argent à. ▷ adj. ② **argenté, ée** *Métal argenté.*

argenterie n. f. ▫ Vaisselle, couverts, ustensiles d'argent ou de métal argenté.

argentier n. m. ▫ hist. *Le grand argentier :* le surintendant des finances.

argentifère adj. ▫ Qui contient de l'argent (I).

① **argentin, ine** adj. ▫ Qui résonne clair.

② **argentin, ine** adj. et n. ▫ D'Argentine.

argenture n. f. ▫ Application d'argent (I).

argile n. f. ▫ Roche terreuse, imperméable, plastique. ▶ **argileux, euse** adj.

argon n. m. ▫ Élément (symb. Ar), gaz incolore et inodore.

argonaute n. m. ▫ Mollusque céphalopode des mers chaudes.

argot n. m. ▫ Vocabulaire et habitudes de langage propres à un milieu fermé. ▶ **argotique** adj.

arguer v. **1.** v. tr. dir. littér. *Arguer qqch. de qqch.*, tirer argument, conséquence. **2.** v. tr. ind. *Arguer de qqch. :* mettre (qqch.) en avant, en tirer argument ou prétexte.

argument n. m. **1.** Preuve à l'appui ou à l'encontre d'une proposition. **2.** Exposé sommaire. *L'argument d'un film.*

argumentaire n. m. ▫ Documentation réunissant des arguments de vente.

argumenter v. intr. ▫ Présenter des arguments ; prouver par arguments. ▶ **argumentation** n. f.

Argus n. m. (marque déposée) ▫ Publication qui fournit des renseignements spécialisés.

argutie n. f. ▫ péj. (généralt au plur.) Raisonnement pointilleux, trop subtil.

aria n. f. ▫ mus. Mélodie chantée par une seule voix accompagnée.

aride adj. **1.** Sec, desséché ; qui ne porte aucun végétal. **2.** fig. Dépourvu d'attrait. ▶ **aridité** n. f.

ariette n. f. ▫ mus. Air léger.

aristocrate n. **1.** Partisan de l'aristocratie (1). **2.** Membre de l'aristocratie (2).

aristocratie n. f. **1.** Forme de gouvernement où le pouvoir appartient à la noblesse. **2.** La noblesse. **3.** Élite. ▶ **aristocratique** adj.

aristoloche n. f. □ Plante grimpante, aux fleurs jaunes à corolle tubulaire.

aristotélicien, ienne adj. □ didact. Relatif à Aristote, à sa philosophie.

aristotélisme n. m. □ didact. Doctrine, philosophie d'Aristote.

arithmétique I. adj. Relatif à l'arithmétique (II). **II.** n. f. Partie des mathématiques qui étudie les propriétés des nombres. ■ Art du calcul.

arlequin n. m. □ Personnage bouffon de la comédie italienne, au costume fait de pièces triangulaires.

arlésien, ienne adj. et n. □ D'Arles.

armada n. f. □ fam. Grande quantité.

armagnac n. m. □ Eau-de-vie de raisin.

armateur, trice n. □ Personne qui s'occupe de l'exploitation commerciale d'un navire.

armature n. f. **1.** Assemblage de pièces qui sert à maintenir les parties d'un ouvrage. **2.** fig. Ce qui sert à maintenir, à soutenir.

arme n. f. **I. 1.** Instrument ou dispositif servant à tuer, blesser ou réduire un ennemi. **2.** (au plur.) *Maître d'armes,* d'escrime. **II. 1.** Corps de l'armée (infanterie, artillerie...). **2.** *Faire ses premières armes :* débuter dans une carrière. **III.** fig. Ce qui peut agir contre un adversaire. **IV.** *ARMES :* signes héraldiques.

armée n. f. **1.** Ensemble des forces militaires d'un État. **2.** Grande unité militaire. **3.** fig. *Une armée de :* une grande quantité de.

armement n. m. **1.** Action d'armer. **2.** Ensemble d'armes.

armer v. tr. **I. 1.** Pourvoir d'armes. **2.** Garnir d'une armure, d'une armature. *Armer le béton.* **II.** mar. *Armer un navire,* l'équiper de ce qu'il faut pour prendre la mer. **III. 1.** Rendre (une arme à feu) prête à tirer. **2.** Tendre le ressort de (un mécanisme). ▷ v. pron. **s'armer** Se munir d'armes. – fig. *S'armer de patience.* ▷ p. p. **armé, ée 1.** Muni d'armes. **2.** fig. Pourvu de moyens d'action, de défense. **3.** Renforcé de métal.

armillaire adj. □ *Sphère armillaire :* globe formé de cercles figurant le ciel et les astres, selon l'ancienne astronomie.

armistice n. m. □ Convention conclue entre belligérants afin de suspendre les hostilités.

armoire n. f. □ Meuble de rangement fermé par des battants.

armoiries n. f. pl. □ Emblèmes qui distinguent une famille noble ou une collectivité.

armoise n. f. □ Plante aromatique médicinale.

armorial n. m. □ Recueil d'armoiries.

armorier v. tr. □ Orner d'armoiries.

armure n. f. **I.** Harnais protecteur que revêtait un guerrier. **II.** Mode d'entrecroisement des fils de chaîne et de trame.

armurerie n. f. □ Fabrication, commerce, dépôt d'armes. ▶ **armurier, ière** n.

A. R. N. n. m. □ biol. Acide nucléique, essentiel dans le transport du message génétique. – On écrit aussi **ARN.**

arnaque n. f. □ fam. Escroquerie ; tromperie. ▶ **arnaquer** v. tr. fam.

arnica n. f. **1.** Plante à fleurs jaunes, toxique. **2.** Teinture qui en est extraite.

arobase n. f. □ Caractère spécial (@), utilisé dans les adresses électroniques. – var. **arrobase.**

aromate n. m. □ Substance végétale odoriférante ; épice, condiment. ▶ **aromatique** adj.

aromatiser v. tr. □ Parfumer avec une substance aromatique.

arôme n. m. **1.** Odeur agréable qui émane de certaines substances. **2.** Additif destiné à parfumer les aliments.

aronde n. f. ▫ vx ou littér. Hirondelle.

arpège n. m. ▫ mus. Accord dont on égrène vivement les notes. ▶ **arpéger** v. tr.

arpent n. m. ▫ Ancienne mesure agraire.

arpentage n. m. ▫ Mesure de la superficie (d'un terrain) ; techniques de l'arpenteur.

arpenter v. tr. **1.** Mesurer la superficie de (un terrain). **2.** Parcourir à grands pas.

arpenteur, euse n. **1.** Professionnel(le) des techniques géométriques de mesure des surfaces et des relèvements de terrains. **2.** n. f. Chenille de la phalène.

arpette n. f. ▫ vieilli Jeune apprentie.

arpion n. m. ▫ fam. Pied.

arqué, ée adj. ▫ Courbé en arc.

arquebuse n. f. ▫ anciennt Arme à feu.

arquer v. tr. ▫ Courber en arc.

arrachage n. m. ▫ Action d'arracher.

à l'**arrache** loc. adv. ▫ fam. Très vite et avec effort, sans avoir préparé.

à l'**arraché** loc. adv. ▫ Par un effort violent.

arrachement n. m. **1.** Action d'arracher. **2.** fig. Affliction que cause une séparation.

d'**arrache-pied** loc. adv. ▫ Sans faiblir.

arracher v. tr. **1.** Enlever de terre (une plante qui y tient par ses racines). **2.** Détacher avec effort (qqch. qui tient ou adhère). **3.** Obtenir (qqch.) avec peine, malgré une résistance. ▷ v. pron. s'**arracher** *S'ARRACHER DE, À* : se détacher avec effort, peine ou regret de.

arracheur, euse n. **1.** Personne qui arrache. ▪ *Mentir comme un arracheur de dents,* effrontément. **2.** n. f. agric. Machine servant à arracher (des tubercules, etc.).

arraisonner v. tr. ▫ Arrêter et contrôler (un navire, un avion) pour vérifier son chargement, sa destination, etc. ▶ **arraisonnement** n. m.

arrangeant, ante adj. ▫ Conciliant.

arrangement n. m. **1.** Action de disposer dans un certain ordre. **2.** mus. Adaptation (d'une composition) à d'autres instruments. **3.** Convention tendant à régler une situation juridique.

arranger v. tr. **1.** Disposer de manière correcte ou qui agrée. **2.** Mettre sur pied, organiser. **3.** Améliorer l'aspect de (qqn, qqch.). **4.** Régler par un accord mutuel. **5.** (sujet chose) Être utile, pratique pour (qqn). ▷ v. pron. s'**arranger** **1.** Ajuster sa toilette, etc. **2.** (sujet chose) Aller mieux. **3.** Prendre ses dispositions. **4.** Se mettre d'accord. **5.** *S'ARRANGER DE qqch.*, s'en accommoder.

arrangeur, euse n. ▫ Personne qui écrit un arrangement (2), ou de la musique d'après un thème.

arrérages n. m. pl. ▫ Montant échu d'une rente, d'une pension.

arrestation n. f. ▫ Action d'arrêter (qqn) pour l'emprisonner.

arrêt n. m. **1.** Action, fait de s'arrêter ; état de ce qui n'est plus en mouvement. ▪ *SANS ARRÊT* loc. adv. : sans interruption. **2.** Endroit où doit s'arrêter un véhicule. **3.** dr. *Mandat d'arrêt :* ordre d'incarcération délivré par le juge d'instruction. – *Maison d'arrêt,* prison. **4.** Décision d'une cour souveraine ou d'une haute juridiction.

① **arrêté** n. m. ▫ Décision écrite d'une autorité.

② **arrêté, ée** adj. **1.** Convenu, décidé. **2.** (idées...) Inébranlable, irrévocable.

arrêter v. **I.** v. tr. **1.** Empêcher (qqn, qqch.) d'avancer, d'agir. **2.** Interrompre ou faire finir (un processus...). **3.** Faire prisonnier. **4.** fam. Prescrire un arrêt de travail à (qqn). **5.** Fixer par un choix. *Arrêter une décision.* **6.** Prendre un arrêté. **II.** v. intr. Cesser d'avancer, de parler, d'agir. ▷ v. pron. **s'arrêter** **1.** Interrompre sa marche ; ne pas aller plus loin. **2.** Ne plus fonctionner. **3.** S'interrompre ou finir. **4.** Cesser d'agir.

arrhes n. f. pl. ▫ Somme d'argent que l'on verse pour garantir un contrat, etc.

arriération n. f. ▫ *Arriération mentale :* état d'un sujet dont l'âge mental est inférieur à l'âge réel.

① **arrière I.** adv. **1.** interj. *Arrière ! :* allez-vous-en ! **2.** (après un nom) *Faire marche arrière* (fig. revenir sur une décision). **II. 1.** *EN ARRIÈRE* loc. adv. : vers le lieu, le côté situé derrière. **2.** *EN ARRIÈRE DE* loc. prép. → **derrière.**

② **arrière I.** n. m. **1.** Partie postérieure (de qqch.). **2.** Territoire en dehors de la zone des opérations militaires (opposé à *front*). ▪ fig. *Assurer ses arrières :* avoir une solution de rechange. **3.** Joueur placé derrière les autres. **II.** adj. invar. Qui est à l'arrière.

arriéré, ée I. 1. adj. péj. Qui appartient au passé, n'est pas moderne. **2.** adj. et n. En retard dans son développement mental. **II.** n. m. **1.** Dette échue et qui reste due. **2.** fig. Ce qui est en retard.

arrière-ban → **ban**

arrière-boutique n. f. ▫ Pièce de plain-pied située derrière une boutique.

arrière-cour n. f. ▫ Petite cour aménagée à l'arrière d'une maison.

arrière-garde n. f. **1.** Partie d'un corps d'armée qui ferme la marche. **2.** fig. *D'arrière-garde,* en retard dans une évolution.

arrière-gorge n. f. ▫ Fond de la gorge.

arrière-goût n. m. ▫ Goût qui reste dans la bouche après l'absorption.

arrière-grand-mère n. f. ▫ Mère du grand-père ou de la grand-mère.

arrière-grand-père n. m. ▫ Père du grand-père ou de la grand-mère.

arrière-grands-parents n. m. pl. ▫ Parents des grands-parents.

arrière-pays n. m. invar. ▫ Région située en arrière d'une région côtière.

arrière-pensée n. f. ▫ Pensée, intention que l'on dissimule.

arrière-petit-fils n. m., **arrière-petite-fille** n. f. ▫ Fils, fille du petit-fils, de la petite-fille.

arrière-petits-enfants n. m. pl. ▫ Enfants des petits-enfants.

arrière-plan n. m. ▫ Plan le plus éloigné de l'œil du spectateur.

arrière-saison n. f. ▫ Fin de l'automne.

arrière-salle n. f. ▫ Salle située derrière une autre.

arrière-train n. m. ▫ Partie postérieure du corps (d'un quadrupède).

arrimer v. tr. ▫ Caler ou fixer avec des liens. ▶ **arrimage** n. m.

arrivage n. m. ▫ Arrivée de marchandises ; ces marchandises.

arrivant, ante n. ▫ Personne qui arrive.

arrivé, ée 1. n. *Premier, dernier arrivé,* personne qui est arrivée la première, la dernière. **2.** adj. Qui a réussi (socialement, professionnellement).

arrivée n. f. **1.** Fait d'arriver ; moment où l'on arrive. **2.** Lieu où arrivent des voyageurs, etc.

arriver v. intr. **1.** Toucher au terme d'un trajet ; parvenir à destination. **2.** Approcher, venir vers qqn. **3.** Atteindre le niveau de, par la taille. **4.** Parvenir (à un état). – *Arriver à comprendre qqch.* **5.** Réussir (dans sa carrière...). **6.** *EN ARRIVER À* : en venir à. **7.** Venir, être sur le point d'être. *La nuit arrive.* **8.** Se produire. *Un accident est arrivé.* – impers. *Il est arrivé un accident.*

arriviste n. ▫ Personne qui veut réussir par n'importe quel moyen. ▶ **arrivisme** n. m.

arrobase n. f. → **arobase**

arrogance n. f. ▫ Insolence méprisante. ▶ **arrogant, ante** adj.

s'**arroger** v. pron. ▫ S'attribuer (un droit, une qualité) sans y avoir droit.

arrondi, ie 1. adj. À peu près rond. **2.** n. m. Contour arrondi.

arrondir v. tr. **1.** Donner une forme ronde, courbe à. **2.** Rendre plus important (sa fortune...). ▪ *Arrondir un total,* lui substituer le nombre rond inférieur ou supérieur. ▷ v. pron. **s'arrondir** Devenir rond.

arrondissement n. m. ▫ Division territoriale. ▪ Subdivision administrative dans certaines grandes villes.

arrosage n. m. ▫ Action d'arroser.

arroser v. tr. **1.** Mouiller en versant un liquide, de l'eau sur. **2.** Couler à travers. ▷ adj. **arrosé, ée**

arroseur, euse n. **I.** Personne qui arrose. **II.** n. f. Véhicule pour l'arrosage des rues.

arrosoir n. m. ▫ Récipient destiné à l'arrosage.

arsenal, aux n. m. **1.** Centre de construction, de réparation et d'armement des navires de guerre. **2.** Dépôt d'armes et de munitions.

arsenic n. m. ▫ Élément (symb. As), dont un composé est un poison violent.

arsouille n. ▫ vieilli Voyou.

art n. m. **I. 1.** Moyen d'obtenir un résultat (par l'effet d'aptitudes naturelles) ; ces aptitudes. *Il a l'art de plaire.* **2.** Ensemble de connaissances organisées et de règles d'action, dans un domaine particulier. – *Dans les règles de l'art,* en utilisant la manière la plus correcte de procéder. **II. 1.** Expression d'un idéal esthétique ; ensemble des activités humaines créatrices visant à cette expression. *Œuvre d'art.* **2.** Chacun des modes d'expression de la beauté. **3.** Création des œuvres d'art ; ensemble des œuvres propres à une époque, un lieu, un style.

artefact n. m. ▫ anglic., didact. Phénomène d'origine humaine, artificielle.

artère n. f. **1.** anat. Vaisseau qui, partant du cœur, distribue le sang au corps. ▶ **artériel, ielle** adj. **2.** fig. Rue importante.

artériosclérose n. f. ▫ Durcissement progressif des artères.

artérite n. f. ▫ méd. Affection artérielle d'origine inflammatoire.

artésien, ienne adj. ▫ De l'Artois. ▪ *PUITS ARTÉSIEN,* d'eau jaillissante.

arthrite n. f. ▫ Affection articulaire d'origine inflammatoire. ▶ **arthritique** adj. et n.

arthropode n. m. ▫ zool. Invertébré au corps formé de segments articulés.

arthrose n. f. ▫ méd. Affection des articulations due à une altération des cartilages.

artichaut n. m. ▫ Plante potagère à capitules comestibles. ▪ fam. *Cœur d'artichaut* : personne inconstante en amour.

article n. m. **I. 1.** Partie qui forme une division (d'un texte officiel...). **2.** *À L'ARTICLE DE LA MORT* : sur le point de mourir. **3.** Écrit formant un tout, mais faisant partie d'une publication. *Un article de revue.* – *Les articles d'un dictionnaire.* → **entrée. II. 1.** Objet de commerce. **2.** *FAIRE L'ARTICLE* : vanter sa marchandise. **III.** Mot qui, placé devant un nom, sert à le déterminer, tout en marquant le genre et le nombre.

articulaire adj. ▫ Des articulations.

articulation n. f. **I. 1.** anat. Ensemble des parties molles et dures par lesquelles s'unissent deux ou plusieurs os. **2.** mécan. Assemblage de plusieurs pièces mobiles. **3.** (abstrait) Manière dont un tout complexe est organisé. **II.** Action d'articuler (II) les sons d'une langue.

articulé, ée adj. **I.** Qui s'articule. **II.** Formé de sons reconnaissables. *Langage articulé.*

articuler v. tr. **I.** Assembler par une articulation. – pronom. fig. *Comment s'articulent les photos et le texte ?* **II.** Émettre, faire entendre les sons vocaux à l'aide de mouvements des lèvres et de la langue. – sans compl. Prononcer distinctement.

artifice n. m. **I.** Moyen habile, ingénieux. **II.** *FEU D'ARTIFICE* : explosifs à effet lumineux qu'on fait brûler en plein air.

artificiel, elle adj. **1.** Qui est le produit de l'activité humaine. **2.** Qui manque de naturel. ▶ **artificiellement** adv.

artificier, ière n. **1.** Personne qui fabrique ou tire des feux d'artifice. **2.** Spécialiste du désarmorçage des explosifs.

artificieux, euse adj. ▫ littér. Plein de ruse.

artillerie n. f. **1.** Matériel de guerre comprenant les canons, etc. **2.** Corps de l'armée chargé du service de ce matériel. ▶ **artilleur, euse** n.

artimon n. m. ▫ mar. Mât arrière d'un navire.

artisan, ane n. ▫ Personne qui exerce un métier manuel à son propre compte.

artisanal, ale, aux adj. **1.** Relatif à l'artisan. **2.** Qui n'est pas industrialisé. ▶ **artisanalement** adv.

artisanat n. m. **1.** Métier d'artisan. **2.** Ensemble des artisans.

artiste n. **1.** Personne qui se voue à l'expression du beau, pratique l'art (II). **2.** Professionnel qui interprète une œuvre musicale, théâtrale, etc.

artistement adv. ▫ Avec goût.

artistique adj. **1.** Qui a rapport à l'art, aux productions de l'art. **2.** Qui est fait avec art. ▶ **artistiquement** adv.

arum n. m. ▫ Plante dont l'inflorescence est entourée d'un cornet blanc.

aruspice n. m. ▫ Antiq. romaine Devin qui tirait des présages des entrailles des victimes. – var. anc. **haruspice.**

aryen, enne n. ▫ Type de la race blanche, selon les racistes. – adj. *Race aryenne.*

arythmie n. f. ▫ méd. Irrégularité du rythme cardiaque.

as n. m. **1.** Antiq. Unité monétaire romaine. **2.** Côté du dé à jouer, moitié de domino, carte à jouer portant un seul signe. ▪ fam. *Passer qqch. à l'as,* l'escamoter. **3.** Personne qui réussit excellemment dans une activité.

ascendance n. f. ▫ Ensemble des générations dont est issu qqn.

① **ascendant, ante** adj. ▫ Qui va en montant.

② **ascendant** n. m. **1.** astrol. Degré du zodiaque montant à l'horizon au moment de la naissance de qqn. **2.** Influence (sur qqn). **3.** Parent dont on descend.

ascenseur n. m. **1.** Appareil servant au transport vertical des personnes. ▪ fig. *Ascenseur social,* ce qui permet de progresser socialement. **2.** inform. Barre occupant le bord d'une fenêtre.

ascension n. f. **1.** (avec maj.) relig. chrét. Élévation miraculeuse de Jésus-Christ dans le ciel. **2.** Action de gravir (une montagne). ▶ **ascensionner** v. tr. **3.** Action de s'élever.

ascensionnel, elle adj. ▫ Qui tend à monter ou à faire monter dans les airs.

ascèse n. f. ▫ Privation voulue.

ascète n. **1.** Personne qui s'impose, par piété, des privations, des mortifications, etc. **2.** Personne qui mène une vie austère. ▶ **ascétique** adj. ▶ **ascétisme** n. m.

ASCII n. ▫ anglic., inform. *Code ASCII,* utilisé pour coder des données.

ascomycète n. m. ▫ bot. Champignon au thalle cloisonné.

ascorbique adj. ▫ chim. *Acide ascorbique,* acide de la vitamine C.

asepsie n. f. ▫ méd. Méthode préventive qui s'oppose aux maladies infectieuses.

aseptique adj. ▫ Exempt de tout germe infectieux. ▶ **aseptiquement** adv.

aseptiser v. tr. ▫ Rendre aseptique. ▷ adj. **aseptisé, ée**

asexué, ée adj. **1.** Qui n'a pas de sexe. **2.** fig. Qui ne semble pas appartenir à un sexe déterminé.

ashkénaze n. et adj. ▫ Juif d'Europe centrale.

ashram n. m. ▫ (en Inde) Lieu où des disciples se groupent autour d'un gourou.

asiatique adj. et n. ▫ De l'Asie.

asile n. m. **1.** *Droit d'asile,* accordé aux réfugiés. **2.** Lieu où l'on se met à l'abri, en sûreté. **3.** vieilli Hôpital psychiatrique.

asocial, ale, aux adj. et n. ▫ Qui n'est pas adapté à la vie sociale.

asparagus n. m. ▫ Plante ornementale au feuillage très fin.

aspect n. m. ▫ Manière dont qqn, qqch. se présente aux yeux, à l'esprit.

asperge n. f. **1.** Plante vivace à tige souterraine d'où naissent des tiges charnues comestibles ; une de ces tiges. **2.** fig., fam. Personne grande et maigre.

asperger v. tr. ▫ *Asperger de :* répandre (un liquide) sur, sous forme de gouttes, de jet. – pronom. *S'asperger de parfum.*

aspérité n. f. ▫ Partie saillante (d'une surface).

aspersion n. f. ▫ Action d'asperger.

asphalte n. m. ▫ Revêtement pour les chaussées, à base de goudron et de gravillons. ▪ Chaussée asphaltée.

asphalter v. tr. ▫ Revêtir d'asphalte. – au p. p. *Chaussée asphaltée.* ▶ **asphaltage** n. m.

asphodèle n. m. ▫ Plante vivace à grappes de grandes fleurs étoilées.

asphyxie n. f. **1.** État pathologique déterminé par le ralentissement ou l'arrêt de la respiration. **2.** fig. Arrêt du développement.

asphyxier v. tr. **1.** Causer l'asphyxie de. **2.** fig. Étouffer par une contrainte. ▷ v. pron. **s'asphyxier** ▷ adj. et n. **asphyxié, ée** ▶ **asphyxiant, ante** adj.

① **aspic** n. m. ▫ Vipère.

② **aspic** n. m. ▫ Plat froid en gelée.

aspirant, ante I. adj. Qui aspire (I). **II.** n. m. Élève officier qui n'est pas encore sous-lieutenant.

aspirateur n. m. ▫ Appareil qui aspire l'air, les liquides, et spécialt les poussières.

aspiration n. f. **I.** Action d'aspirer (I). **II.** Action de porter ses désirs (vers un idéal).

aspiré, ée adj. ▫ *H aspiré,* émis en soufflant de l'air, qui ne permet pas la liaison en français.

aspirer v. **I.** v. tr. **1.** Attirer (l'air) dans ses poumons. **2.** Attirer (qqch.) dans le nez, la bouche. **II.** v. tr. ind. *ASPIRER À* : porter ses désirs vers.

aspirine n. f. ▫ Acide acétylsalicylique, remède contre la douleur et la fièvre. ▪ Comprimé d'aspirine.

asque n. m. ou f. ▫ bot. Cellule allongée productrice de spores.

assagir v. tr. ▫ (sujet chose) Rendre plus sage, plus calme. ▷ v. pron. s'**assagir** ▶ **assagissement** n. m.

assaillant, ante adj. et n. ▫ Qui assaille.

assaillir v. tr. **1.** Attaquer brusquement. **2.** Accabler, harceler. *Assaillir qqn de questions.*

assainir v. tr. ▫ Rendre sain ou plus sain. ▪ fig. Stabiliser. ▶ **assainissement** n. m.

assaisonnement n. m. **1.** Action, manière d'assaisonner. **2.** Préparation qui sert à assaisonner.

assaisonner v. tr. ▫ Accommoder (un mets) avec des ingrédients qui en relèvent le goût.

assassin, ine I. n. m. Personne qui commet un meurtre avec préméditation. **II.** adj. **1.** littér. Qui tue. **2.** fig. Provocant.

assassinat n. m. ▫ Meurtre commis avec préméditation.

assassiner v. tr. **1.** Tuer par assassinat. **2.** fig. Causer un préjudice à ; détruire.

assaut n. m. **1.** Action d'assaillir. *Char d'assaut.* ▪ fig. *Prendre d'assaut* (un lieu), s'y précipiter nombreux. **2.** Compétition, lutte d'émulation.

assécher v. tr. **1.** Enlever l'eau, l'humidité de (un sol). **2.** Mettre à sec (un réservoir). ▶ **assèchement** n. m.

assemblage n. m. **1.** Action d'assembler (des éléments) pour former un tout. **2.** Réunion (d'éléments assemblés).

assemblée n. f. **1.** Personnes réunies en un même lieu pour un motif commun. **2.** Réunion des membres d'un corps constitué convoqués pour délibérer ; les membres de ce corps.

assembler v. tr. **1.** Mettre ensemble. **2.** Faire tenir ensemble (des éléments). ▷ v. pron. s'**assembler** Se réunir (groupe).

assembleur n. m. ▫ inform. Programme traduisant des instructions en langage machine.

assener ou **asséner** v. tr. **1.** Donner (un coup bien appliqué). **2.** Dire avec brutalité (qqch. à qqn).

assentiment n. m. ▫ Acte par lequel on acquiesce à une opinion, une proposition.

asseoir v. tr. **1.** Mettre (qqn) dans la posture d'appui sur le derrière. **2.** littér. Fonder sur une base solide ; rendre plus assuré. ▷ v. pron. s'**asseoir**

assermenté, ée adj. ▫ Qui a prêté serment.

assertion n. f. ▫ Proposition que l'on avance et soutient comme vraie.

asservir v. tr. **1.** Réduire à la servitude. **2.** Maîtriser, dompter. **3.** sc. Relier par un dispositif d'asservissement.

asservissement n. m. **1.** Action d'asservir ; état de ce qui est asservi. **2.** sc. Relation entre deux grandeurs physiques dont l'une impose ses variations à l'autre ; dispositif fondé sur cette relation.

assesseur n. ▫ Magistrat adjoint.

assez adv. **1.** En suffisance. **2.** *ASSEZ DE* (+ nom) : suffisamment de. – *EN AVOIR ASSEZ* : être fatigué (de). **3.** Moyennement.

assidu, ue adj. **1.** Qui est régulièrement présent là où il doit être. **2.** Soutenu, régulier. *Travail assidu.* ▶ **assidûment** adv.

assiduité n. f. **1.** Présence régulière en un lieu où l'on s'acquitte de ses obligations. **2.** Application.

assiéger v. tr. **1.** Mettre le siège devant, faire le siège de. **2.** Entourer ; tenir enfermé dans un lieu. **3.** Assaillir, obséder. ▷ adj. **assiégé, ée** ▶ **assiégeant, ante** n.

① **assiette** n. f. **1.** Équilibre du cavalier assis sur sa selle. **2.** *Ne pas être* DANS SON ASSIETTE : ne pas se sentir bien. **3.** *Assiette d'un impôt* : matière assujettie à l'impôt.

② **assiette** n. f. **1.** Pièce de vaisselle individuelle servant à contenir des aliments. **2.** Contenu d'une assiette.

assiettée n. f. ▫ Contenu d'une assiette.

assignat n. m. ▫ hist. Papier-monnaie émis en France sous la Révolution.

assigner v. tr. **1.** *ASSIGNER qqch. À qqn*, lui destiner ou donner qqch. **2.** dr. *Assigner qqn*, l'appeler à comparaître en justice. ▪ *Assigner qqn à résidence*, l'obliger à résider en un lieu déterminé. ▶ **assignation** n. f.

assimilation n. f. **I.** Acte de l'esprit qui assimile (I). **II. 1.** Processus par lequel les êtres organisés transforment en leur substance les matières qu'ils absorbent. **2.** Acte de l'esprit qui s'approprie les connaissances. **3.** Processus par lequel des hommes, des peuples s'assimilent.

assimiler v. tr. **I.** *ASSIMILER qqch., qqn À*, considérer comme semblable à. **II. 1.** physiol. Transformer par l'assimilation (II, 1). **2.** Faire sien, intégrer (des éléments) à sa vie intellectuelle. *Assimiler ce qu'on apprend.* **3.** Rendre semblable au reste d'une communauté. ▷ v. pron. s'**assimiler** Être assimilé. ▷ adj. **assimilé, ée** ▶ **assimilable** adj. ▶ **assimilateur, trice** adj.

assis, ise adj. **1.** Appuyé sur son séant. **2.** *Place assise*, où l'on peut s'asseoir. **3.** fig. Assuré, stable. *Une coutume bien assise.*

assise n. f. **1.** Rangée de pierres qu'on pose horizontalement pour construire un mur. **2.** fig. Base.

assises n. f. pl. **1.** COUR D'ASSISES, qui juge les crimes et certains délits. **2.** Réunion (d'un parti, etc.).

assistanat n. m. ▫ Fonction d'assistant.

assistance n. f. **I.** Personnes réunies pour assister à qqch. **II.** Secours donné ou reçu.

assistant, ante n. **I.** Personne qui assiste à qqch. **II.** Personne qui seconde qqn. ▪ *Assistant(e) social(e)* : fonctionnaire chargé(e) de missions sociales.

assisté, ée adj. **1.** Qui reçoit une aide. **2.** Pourvu d'un système pour amplifier ou répartir l'effort exercé par l'utilisateur. ▪ *Dessin assisté par ordinateur.*

assister v. **I.** v. tr. ind. *ASSISTER À qqch.*, être présent pour voir, entendre. **II.** v. tr. *ASSISTER QQN* **1.** Se tenir auprès de (qqn) pour le seconder. **2.** Aider, secourir.

associatif, ive adj. **1.** Qui procède par association. *Mémoire associative.* **2.** Qui concerne les associations (2).

association n. f. **1.** Action d'associer (qqn à qqch.). **2.** Groupement de personnes, en vue d'un but déterminé. **3.** Réunion, assemblage (de choses). *Association d'idées.*

associé, ée n. ▫ Personne unie à d'autres par une communauté d'intérêt.

associer v. tr. **1.** Mettre ensemble. **2.** Réunir (des personnes) par une communauté d'intérêt, de sentiment... **3.** *ASSOCIER qqn À qqch.*, faire participer à (une activité, etc.). ▷ v. pron. s'**associer**

assoiffer v. tr. ▫ Donner soif à (qqn). ▷ p. p. **assoiffé, ée**

assolement n. m. ▫ Culture par alternance.

assombrir v. tr. **1.** Rendre sombre. **2.** fig. Rendre triste, soucieux. ▷ v. pron. s'**assombrir** ▶ **assombrissement** n. m.

assommant, ante adj. ▫ fam. Qui ennuie.

assommer v. tr. **1.** Tuer ou étourdir par un coup violent sur la tête. **2.** Accabler d'ennui.

assommoir n. m. ▫ vx Cabaret populaire.

assomption n. f. **I.** (avec maj.) relig. cathol. Enlèvement miraculeux de la Sainte Vierge au ciel par les anges, célébré le 15 août. **II.** didact. Fait d'assumer.

assonance n. f. ▫ Répétition de la voyelle accentuée, à la fin de mots.

assorti, ie adj. **1.** Qui est en harmonie. **2.** *Assorti de* : accompagné de.

assortiment n. m. ▫ Assemblage complet de choses qui vont ensemble.

assortir v. tr. **1.** Mettre ensemble (des éléments qui se conviennent). **2.** *Assortir qqch. de,* accompagner de. ▷ v. pron. s'**assortir 1.** Être en harmonie. **2.** S'accompagner (de).

assoupir v. tr. ▫ Porter à un demi-sommeil. ▷ v. pron. s'**assoupir** ▶ **assoupissement** n. m.

assouplir v. tr. **1.** Rendre plus souple. **2.** (abstrait) Rendre plus malléable, maniable. ▶ **assouplissement** n. m.

assouplissant n. m. ▫ Produit destiné à assouplir le linge.

assourdir v. tr. **1.** Rendre comme sourd. **2.** Rendre moins sonore. ▶ **assourdissant, ante** adj. ▶ **assourdissement** n. m.

assouvir v. tr. **1.** littér. Calmer complètement (un appétit intense). **2.** fig. Satisfaire pleinement (un désir, etc.). ▶ **assouvissement** n. m.

assujettir v. tr. **1.** *ASSUJETTIR* (qqn) *À* : soumettre à. – au p. p. *Être assujetti à l'impôt.* ▪ pronom. *S'assujettir à une règle.* **2.** Rendre (qqch.) fixe, immobile, stable. ▶ **assujettissement** n. m.

assumer v. tr. **1.** Prendre à son compte ; se charger de. **2.** Accepter (une situation, ses conséquences). ▷ v. pron. s'**assumer** Se prendre en charge.

assurance n. f. **1.** Confiance en soi-même. **2.** Promesse ou garantie qui assure qqn de qqch. **3.** Contrat par lequel un assureur garantit à l'assuré le paiement d'une somme en cas de réalisation d'un risque déterminé.

assuré, ée I. adj. **1.** Certain. **2.** Qui a de l'assurance. **3.** Ferme, stable. **II.** n. Personne garantie par un contrat d'assurance.

assurément adv. ▫ Certainement.

assurer v. tr. **I. 1.** *ASSURER À qqn QUE,* lui garantir que. – absolt *C'est vrai, je vous assure.* **2.** *ASSURER qqn DE qqch.*, le prier de n'en pas douter. **II. 1.** Rendre sûr, durable. **2.** Faire qu'une chose fonctionne, ne s'arrête pas. **3.** Garantir par un contrat d'assurance. **4.** intrans. fam. Être à la hauteur. ▷ v. pron. s'**assurer 1.** *S'ASSURER DE, QUE, SI* : devenir sûr (de, que). **2.** *S'ASSURER CONTRE* : contracter une assurance contre.

assureur n. m. ▫ Personne, compagnie qui assure par contrat d'assurance.

aster n. m. ▫ bot. Plante à petites fleurs en forme d'étoile.

astérie n. f. ▫ zool. Étoile* de mer.

astérisque n. m. ▫ Signe en forme d'étoile (*).

astéroïde n. m. ▫ Petite planète ; météorite.

asthénie n. f. ▫ méd. Grande fatigue générale. ▶ **asthénique** adj. et n.

asthme n. m. ▫ Affection caractérisée par une gêne respiratoire et une suffocation intermittente. ▶ **asthmatique** adj. et n.

asti n. m. ▫ Vin blanc mousseux d'Italie.

asticot n. m. ▫ Larve de la mouche à viande.

asticoter v. tr. ▫ fam. Harceler (qqn).

astigmate adj. et n. ▫ Qui a un trouble de la vision dû à un défaut des milieux réfringents de l'œil (*astigmatisme* n. m.).

astiquer v. tr. ▫ Faire briller en frottant.

astragale n. m. **I.** Os de la rangée postérieure du tarse. **II.** archit. Moulure.

astrakan n. m. ▫ Fourrure d'agneau bouclée.

astral, ale, aux adj. ▫ astrol. Des astres.

astre n. m. ▫ Corps céleste naturel visible.

astreignant, ante adj. ▫ Qui constitue une contrainte.

astreindre v. tr. ▫ Obliger strictement (qqn à qqch.). – pronom. *S'astreindre à se lever tôt.*

astreinte n. f. ▫ Obligation stricte.

astringent, ente adj. ▫ Qui resserre les tissus vivants.

astrolabe n. m. ▫ anciennt Instrument pour mesurer la hauteur des astres sur l'horizon.

astrologie n. f. ▫ Art de prévoir le caractère et le destin des hommes par l'étude des influences supposées des astres. ▶ **astrologique** adj. ▶ **astrologue** n.

astronaute n. ▫ Personne qui se déplace dans un véhicule spatial.

astronautique n. f. ▫ Science qui étudie la navigation spatiale.

astronef n. m. ▫ Vaisseau spatial.

astronomie n. f. ▫ Science des astres, des corps célestes et de la structure de l'univers. ▶ **astronome** n.

astronomique adj. **1.** De l'astronomie. **2.** *Prix astronomique*, très élevé.

astroparticule n. f. ▫ astron., phys. **1.** Branche de l'astrophysique qui étudie les particules présentes dans l'espace. **2.** Particule constituant le rayonnement cosmique.

astrophysique n. f. ▫ Partie de l'astronomie qui étudie les astres, les milieux spatiaux du point de vue physique. ▶ **astrophysicien, ienne** n.

astuce n. f. **1.** Petite invention qui suppose de l'ingéniosité. **2.** Qualité d'une personne ingénieuse et inventive.

astucieux, ieuse adj. ▫ Qui a ou dénote une habileté fine. ▶ **astucieusement** adv.

asymétrie n. f. ▫ Absence de symétrie. ▶ **asymétrique** adj.

asymptomatique adj. ▫ Qui ne présente pas de symptômes de sa maladie.

asymptote n. f. ▫ math. Droite dont une courbe s'approche de plus en plus, sans jamais l'atteindre.

ataraxie n. f. ▫ didact. Tranquillité.

atavisme n. m. ▫ Hérédité physique ou psychologique. ▶ **atavique** adj.

ataxie n. f. ▫ méd. Trouble de la coordination des mouvements. ▶ **ataxique** adj. et n.

atchoum interj. ▫ Bruit produit par un éternuement.

atelier n. m. **1.** Lieu où des artisans, des ouvriers travaillent en commun. **2.** Lieu où travaille un artiste. ▪ Ensemble d'artistes travaillant avec un maître.

atermoyer v. intr. ▫ littér. Différer de délai en délai. ▶ **atermoiement** n. m.

athée adj. et n. ▫ Qui ne croit pas en Dieu. ▶ **athéisme** n. m.

athénée n. m. ▫ (en Belgique) Établissement public d'enseignement secondaire.

athérome n. m. ◻ méd. Lésion de la surface interne des artères.

athérosclérose n. f. ◻ méd. Affection associant athérome et artériosclérose.

athlète n. ◻ Personne qui pratique l'athlétisme. ▪ par ext. Personne bien musclée. ▶ **athlétique** adj.

athlétisme n. m. ◻ Ensemble de sports individuels pratiqués par des athlètes.

atlante n. m. ◻ archit. Figure d'homme soutenant un entablement.

atlantique adj. **1.** *L'océan Atlantique* et n. m. *l'Atlantique*, l'océan qui sépare l'Europe et l'Afrique de l'Amérique. **2.** Qui a rapport à l'Atlantique, aux pays qui le bordent.

atlas n. m. **I.** Recueil de cartes géographiques. **II.** anat. Première vertèbre cervicale.

atmosphère n. f. **1.** Couche gazeuse qui entoure le globe terrestre, un astre. **2.** Air qu'on respire dans un lieu. **3.** Milieu où l'on vit ; influence qu'il exerce. ▶ **atmosphérique** adj.

atoll n. m. ◻ Île en forme d'anneau constituée de récifs coralliens.

atome n. m. ◻ sc. Particule d'un élément chimique qui forme la plus petite quantité susceptible de se combiner.

atomicité n. f. ◻ chim. Nombre d'atomes constituant la molécule d'un corps.

atomique adj. **1.** Qui a rapport aux atomes. **2.** Qui concerne le noyau de l'atome et sa désintégration. *Bombe atomique.* **3.** Qui utilise les engins atomiques.

atomisé, ée adj. ◻ Qui a subi les effets de radiations atomiques.

atomiser v. tr. **I.** Détruire par un engin atomique. **II.** Réduire (un corps) en particules très ténues.

atomiseur n. m. ◻ Flacon qui atomise le liquide qu'il contient.

atonal, ale, aux adj. ◻ mus. Qui n'est pas organisé selon le système tonal.

atone adj. **I.** Qui manque de vitalité. **II.** phonét. Qui n'est pas accentué.

atonie n. f. ◻ Manque de vitalité.

atours n. m. pl. ◻ littér. Parure féminine.

atout n. m. **1.** aux cartes Couleur qui l'emporte sur les autres ; carte de cette couleur. **2.** fig. Moyen de réussir.

atrabilaire adj. et n. ◻ vieilli Bilieux.

âtre n. m. ◻ Partie dallée de la cheminée où l'on fait le feu.

atrium n. m. ◻ Cour intérieure de la maison romaine antique.

atroce adj. **1.** Horrible, très cruel. **2.** fam. Très désagréable. ▶ **atrocement** adv.

atrocité n. f. **1.** Caractère de ce qui est atroce. **2.** Action atroce. **3.** Propos blessant, calomnie.

atrophie n. f. ◻ Diminution de volume (d'un organe, d'un tissu).

s'**atrophier** v. pron. **1.** Dépérir par atrophie. **2.** fig. S'arrêter dans son développement. ▷ adj. **atrophié, ée**

atropine n. f. ◻ chim. Alcaloïde extrait de la belladone.

s'**attabler** v. pron. ◻ S'asseoir à table.

attachant, ante adj. ◻ Qui touche la sensibilité.

attache n. f. **1.** Endroit où qqch. est attaché. *Point d'attache d'un muscle.* **2.** Objet servant à attacher (agrafe, épingle...). **3.** au plur. Le poignet et la cheville. **4.** fig. au plur. Rapports qui lient une personne à qqn ou à qqch.

attaché, ée I. adj. **1.** Fixé, lié. **2.** *ATTACHÉ À* : associé, joint à. ▪ Lié par un sentiment d'amitié, une habitude, un goût. **II.** n. Personne attachée à un service.

attaché-case n. m. ◻ anglic. Porte-documents rigide. *Des attachés-cases.*

attachement n. m. ◻ Sentiment durable qui unit aux personnes ou aux choses.

attacher v. tr. **I. 1.** Faire tenir (à une chose) au moyen d'une attache, d'un lien. **2.** Joindre ou fermer par une attache. **3.** fig. Unir par un lien affectif ou de dépendance. **II.** Attribuer (une qualité à qqch.). *Attacher de l'importance à.* **III.** intrans. Adhérer, coller. ▷ v. pron. s'**attacher** **1.** Être attaché (à qqch. ; qqn). **2.** S'appliquer (à une chose).

attaquant, ante n. ▫ Personne qui attaque.

attaque n. f. **1.** Action d'attaquer, de commencer le combat. **2.** Acte de violence. *Attaque à main armée.* **3.** surtout plur. Parole qui critique durement. **4.** Accès brutal (d'une maladie). **5.** fam. *Être D'ATTAQUE*, en forme.

attaquer v. tr. **I. 1.** Commencer le combat. **2.** Se jeter sur (qqn) en maltraitant, tuant ou volant par force. **3.** dr. Intenter une action judiciaire contre. **4.** Émettre des jugements qui nuisent à (qqn ou qqch.). **5.** S'adresser avec vivacité à (qqn). **II.** Détruire la substance de (une matière). *La rouille attaque le fer.* **III.** Commencer. ▷ v. pron. s'**attaquer** (à) **1.** Diriger une attaque contre (qqn). **2.** Chercher à résoudre.

attardé, ée adj. **1.** Qui s'attarde. **2.** Qui est en retard dans son développement.

s'**attarder** v. pron. **1.** Se mettre en retard. **2.** fig. Ne pas progresser.

atteindre v. tr. **I. 1.** Parvenir à (un lieu, un état). **2.** Parvenir à toucher, à prendre (qqch.). **3.** Parvenir à (une grandeur, un niveau). *Ce sommet atteint 1000 mètres.* **II. 1.** Toucher au moyen d'une arme, d'un projectile. – (sujet chose) *La balle l'atteignit au genou.* **2.** Faire du mal à (qqn).

atteint, einte adj. ▫ Touché par un mal.

atteinte n. f. **1.** *HORS D'ATTEINTE :* qui ne peut être atteint. **2.** Dommage matériel ou moral. *Atteinte à la vie privée.*

attelage n. m. **1.** Action ou manière d'atteler. **2.** Ce qui sert à atteler. **3.** Bêtes attelées ensemble.

atteler v. tr. **1.** Attacher (une ou plusieurs bêtes) à une voiture, une charrue. **2.** *Atteler une voiture*, y atteler le cheval. **3.** pronom. *S'atteler à* (un travail), s'y mettre.

attelle n. f. ▫ Plaque destinée à maintenir immobile un membre fracturé.

attenant, ante adj. ▫ Qui tient, touche (à un terrain, etc.).

attendre v. tr. **I. 1.** Se tenir, rester en un lieu jusqu'à l'arrivée de (qqn, qqch.). **2.** (femmes) *Attendre un enfant :* être enceinte. **3.** Compter sur (qqn ou qqch.) ; prévoir (un événement). – *ATTENDRE qqch. DE qqn, qqch.*, espérer. **II.** *EN ATTENDANT* loc. adv. : jusqu'au moment attendu ; quoi qu'il en soit. ▷ v. pron. s'**attendre** *S'attendre à* (qqch.), escompter, prévoir.

attendrir v. tr. **I.** Rendre plus tendre. **II.** Rendre (qqn) plus sensible. – pronom. *S'attendrir sur qqn.* ▶ **attendrissant, ante** adj.

attendrissement n. m. ▫ Fait de s'attendrir.

attendrisseur n. m. ▫ Appareil de boucherie pour attendrir la viande.

① **attendu** **1.** prép. Étant donné. **2.** *ATTENDU QUE* loc. conj. (+ indic.) : étant donné que.

② **attendu** n. m. ▫ dr. *Les attendus d'un jugement :* les motifs.

attentat n. m. **1.** Tentative criminelle contre qqn, un groupe. **2.** Tentative criminelle contre qqch. – dr. anc. *Attentat à la pudeur.*

attentatoire adj. ▫ Qui porte atteinte (à).

attente n. f. **1.** Fait d'attendre ; temps pendant lequel on attend. **2.** Fait de compter sur qqch. ou qqn.

attenter v. tr. ind. ▫ *ATTENTER À* : faire une tentative criminelle contre.

attentif, ive adj. 1. Qui écoute, regarde, agit avec attention. 2. Qui marque de la prévenance.

attention n. f. 1. Concentration de l'activité mentale sur un objet. – *À l'attention de* : destiné à. ▪ *FAIRE ATTENTION À qqch., qqn,* l'observer, s'en occuper ; en avoir conscience. ▪ interj. *Attention !* 2. au plur. Soins attentifs.

attentionné, ée adj. ▫ Qui est plein d'attentions pour qqn.

attentisme n. m. ▫ Attitude politique consistant à attendre les événements pour agir. ▶ **attentiste** adj. et n.

attentivement adv. ▫ De manière attentive.

atténuant, ante adj. ▫ *Circonstances atténuantes,* qui atténuent la gravité d'une infraction.

atténuer v. tr. ▫ Rendre moins grave, moins violent. – pronom. *La douleur s'atténue.* ▶ **atténuation** n. f.

atterrage n. m. ▫ mar. 1. Espace marin proche de la terre. 2. Lieu où l'on peut aborder.

atterrer v. tr. ▫ Jeter dans l'abattement, la consternation. ▶ **atterrant, ante** adj.

atterrir v. intr. ▫ Se poser à terre, au sol. ▶ **atterrissage** n. m.

atterrissement n. m. ▫ dr. Terres apportées par la mer ou un cours d'eau.

attestation n. f. ▫ Ce qui atteste qqch.

attester v. tr. 1. Rendre témoignage de (qqch.). 2. Servir de témoignage.

attiédir v. tr. ▫ littér. Rendre tiède ; fig. moins vif. ▶ **attiédissement** n. m.

attifer v. tr. ▫ fam. Habiller d'une manière ridicule. ▷ v. pron. s'**attifer**

attiger v. intr. ▫ fam. Exagérer.

attique adj. ▫ Qui a rapport à l'Attique, à Athènes.

attirail, ails n. m. ▫ fam. Équipement compliqué.

attirance n. f. ▫ Force qui attire.

attirant, ante adj. ▫ Qui attire.

attirer v. tr. 1. Tirer, faire venir à soi par une action matérielle. 2. Inciter, inviter, déterminer (un être vivant) à venir. 3. Inspirer à (qqn) un sentiment qui l'incite à vouloir qqch., à se rapprocher de qqn. 4. *ATTIRER qqch. À, SUR qqn,* lui faire avoir (qqch. d'heureux ou de fâcheux).

attiser v. tr. 1. Aviver (un feu). 2. fig. Rendre plus vif.

attitré, ée adj. 1. Qui est chargé par un titre d'une fonction. 2. Habituel, préféré.

attitude n. f. 1. Manière de tenir son corps. 2. Disposition à l'égard de qqn ou qqch., provoquant un comportement.

attorney n. m. ▫ Homme d'affaires (Grande-Bretagne), homme de loi (États-Unis).

attouchement n. m. ▫ Action de toucher.

attractif, ive adj. ▫ Qui attire.

attraction n. f. I. Force qui attire. II. 1. Élément d'un spectacle de variétés. 2. au plur. Distractions populaires. *Parc d'attractions.*

attrait n. m. 1. Ce qui attire agréablement. 2. au plur. littér. *Les attraits d'une femme,* ce qui attire en elle.

attrapade n. f. ▫ fam. Réprimande.

attrape n. f. ▫ Objet destiné à tromper qqn pour s'amuser.

attrape-nigaud n. m. ▫ Ruse grossière. *Des attrape-nigauds.*

attraper v. tr. I. 1. Rejoindre (qqn, un animal) et s'en saisir. 2. Tromper par une ruse. 3. fam. Faire des reproches à. II. 1. Arriver à prendre, à saisir. 2. Subir (une chose fâcheuse).

attrayant, ante adj. ▫ Qui a de l'attrait.

attribuable adj. ◻ Qui peut être attribué.

attribuer v. tr. **1.** Allouer (qqch. à qqn). **2.** Considérer comme propre (à qqn, à qqch.). **3.** Mettre sur le compte de. ▷ v. pron. s'**attribuer**

attribut n. m. **1.** Ce qui est propre à un être, à une chose. **2.** Emblème, symbole d'une figure, d'un personnage. **3.** gramm. Terme relié au sujet ou au complément d'objet par un verbe d'état.

attribution n. f. **1.** Action d'attribuer. **2.** gramm. *Complément d'attribution*, désignant ce dans l'intérêt de quoi se fait l'action. **3.** au plur. Ce qui est attribué (pouvoir, fonction...).

attrister v. tr. ◻ Rendre triste. ▶ **attristant, ante** adj.

attrition n. f. **1.** didact. Usure (par frottement). **2.** relig. Contrition.

attrouper v. tr. ◻ Assembler en troupe, en groupe. ▷ v. pron. s'**attrouper** ▶ **attroupement** n. m.

atypique adj. ◻ Qui diffère d'un type.

au, aux → **à** et ① **le**

aubade n. f. ◻ Concert donné le matin, sous les fenêtres de qqn.

aubaine n. f. ◻ Avantage, profit inattendu.

① **aube** n. f. **I. 1.** Première lueur du soleil levant ; moment de cette lueur. **2.** fig., littér. Commencement. **II.** Vêtement (ecclésiastique...) de lin blanc.

② **aube** n. f. ◻ Palette (d'une roue hydraulique, d'une turbine).

aubépine n. f. ◻ Arbuste épineux à fleurs odorantes.

auberge n. f. **1.** Hôtel-restaurant d'apparence rustique. **2.** *Auberge de jeunesse* : centre d'accueil hébergeant les jeunes.

aubergine n. f. ◻ Plante à fruit oblong ; ce fruit.

aubergiste n. ◻ Personne qui tient une auberge.

aubette n. f. ◻ (Belgique) Abri public. – (France) Recomm. off. pour *abribus*.

aubier n. m. ◻ Partie tendre qui se forme chaque année entre le cœur et l'écorce d'un arbre.

auburn adj. invar. ◻ (cheveux) Châtain roux.

aucuba n. m. ◻ bot. Arbuste ornemental à feuilles persistantes.

aucun, une I. adj. **1.** littér. (positif) *Il l'aime plus qu'aucune autre*, que n'importe quelle autre. **2.** (négatif) *Ne... aucun, aucun... ne ; sans aucun*. → **pas** un, **nul.** *Sans aucun doute*. – Pluriel rare, sauf devant un nom sans sing. : *sans aucuns frais*. **II.** pron. **1.** (positif) *Aucun de*, quiconque parmi. – vx ou littér. D'AUCUNS : certains. **2.** (négatif ; avec *ne* ou *sans*) *Je n'en ai vu aucun*. – (en réponse) Pas un.

aucunement adv. ◻ Pas du tout.

audace n. f. **1.** Disposition qui porte à des actions difficiles, dangereuses, au mépris des obstacles. **2.** péj. Hardiesse insolente.

audacieux, ieuse adj. **1.** adj. et n. Qui a de l'audace (1). **2.** Qui dénote de l'audace (1). ▶ **audacieusement** adv.

au-delà n. m. ◻ Ce qui est au-delà de la mort (selon les religions...).

audible adj. ◻ Perceptible par l'oreille.

audience n. f. **1.** littér. Intérêt porté à qqch. par le public. **2.** Entretien accordé à qqn. **3.** dr. Séance d'un tribunal. **4.** Public touché par un média.

audimat n. m. invar. (n. déposé) ◻ Audimètre utilisé par les chaînes de télévision. ▪ L'audience elle-même. ▶ **audimatique** adj.

audimètre n. m. ◻ Appareil de mesure de l'audience des émissions de radio, de télévision.

audio adj. invar. □ Qui concerne l'enregistrement ou la transmission des sons.

audiodescription n. f. □ Commentaire enregistré décrivant les scènes d'un spectacle, d'un film à l'intention des déficients visuels.

audiogramme n. m. □ Représentation de l'acuité auditive (obtenue à partir d'un *audiomètre* n. m.).

audiolivre n. m. □ Édition sonore d'un livre.

audionumérique adj. □ Dont le son est enregistré sous forme de signaux numériques.

audioprothésiste n. □ Personne qui vend et adapte les appareils de prothèse auditive.

audiovisuel, elle 1. adj. Qui joint le son à l'image. 2. n. m. Les moyens de communication, d'apprentissage audiovisuels.

audit n. m. 1. Examen de la gestion, etc. d'une entreprise. 2. Personne qui pratique l'audit.

auditeur, trice n. □ Personne qui écoute.

auditif, ive adj. □ Qui se rapporte à l'ouïe.

audition n. f. 1. Perception des sons par l'ouïe. 2. Séance d'essai donnée par un artiste en vue de se faire engager.

auditionner v. 1. v. intr. (artiste) Passer une audition (2). 2. v. tr. Écouter (un artiste) qui donne une audition.

auditoire n. m. □ Ensemble d'auditeurs.

auditorium n. m. □ Salle aménagée pour les concerts, etc.

au fur et à mesure → au **fur et à mesure**

auge n. f. 1. Mangeoire (surtout du porc). 2. géogr. *Auge glaciaire :* vallée à fond plat.

augmentation n. f. 1. Action d'augmenter ; son résultat. 2. Accroissement d'appointements.

augmenter v. I. v. tr. 1. Rendre plus grand, plus considérable. 2. *Augmenter qqn,* lui donner un salaire plus important. II. v. intr. Devenir plus grand, plus considérable.

augure n. m. □ Ce qui semble présager qqch. ; signe par lequel on juge de l'avenir. ▶ **augural, ale, aux** adj.

augurer v. tr. □ littér. Présager.

auguste I. adj. littér. ou iron. Qui inspire de la vénération. II. n. m. Clown au maquillage violent et caricatural.

aujourd'hui adv. 1. En ce jour même. 2. Au temps où l'on est.

aulne ou **aune** n. m. □ Arbre d'Europe qui croît dans les lieux humides.

aumône n. f. □ vieilli Don fait aux pauvres.

aumônier n. m. □ Ecclésiastique chargé de la direction spirituelle dans un établissement, un corps. ▶ **aumônerie** n. f.

aumônière n. f. □ Petit sac de femme.

① **aune** n. f. □ Ancienne mesure de longueur (1,18 m). ▪ loc. adv. *À l'aune de :* en prenant pour référence.

② **aune** n. m. → **aulne**

auparavant adv. □ Avant tel événement, telle action (dans le temps).

auprès de loc. prép. 1. Tout près de. 2. En s'adressant à.

auquel pron. rel. → **lequel**

aura n. f. □ littér. Atmosphère qui entoure un être.

auréole n. f. 1. Cercle qui entoure les représentations de la tête de Jésus-Christ, de la Vierge et des saints. 2. fig. Gloire, prestige. 3. Trace circulaire laissée par une tache qui a été nettoyée.

auréoler v. tr. **1.** Entourer d'une auréole. **2.** fig. Donner de l'éclat, du prestige à.

auriculaire **1.** adj. Qui a rapport à l'oreille. **2.** n. m. Le petit doigt de la main.

auriculothérapie n. f. ▫ Traitement par stimulation de points du pavillon de l'oreille.

aurifère adj. ▫ Qui contient de l'or.

aurifier v. tr. ▫ Obturer (une dent) avec de l'or.

aurige n. m. ▫ Antiq. Conducteur de char, dans les courses.

aurique adj. ▫ mar. *Voile aurique,* en quadrilatère irrégulier.

aurochs n. m. ▫ Bœuf sauvage de grande taille dont la race est éteinte.

aurore n. f. **1.** Lueur brillante et rosée au moment où le soleil va se lever. **2.** Commencement.

ausculter v. tr. ▫ Écouter les bruits qui se produisent à l'intérieur de l'organisme. ▶ **auscultation** n. f.

auspices n. m. pl. ▫ Antiq. Présage tiré du comportement des oiseaux. – *Sous d'heureux, de fâcheux auspices.* → **présage.**

aussi **I.** adv. **1.** De la même manière. ▪ D'une manière si importante. **2.** Pareillement et de plus. *Non seulement... mais aussi.* **II.** conj. En conséquence de quoi.

aussitôt adv. **1.** Dans le moment même, au même instant. **2.** *AUSSITÔT QUE* loc. conj. : dès que.

austère adj. **1.** Qui se montre sévère pour soi. **2.** Dur, rigoureux. **3.** (choses) Sans ornement.

austérité n. f. **1.** Caractère de ce qui est austère. **2.** Gestion stricte de l'économie.

austral, ale adj. ▫ Qui est au sud du globe terrestre.

autan n. m. ▫ Vent orageux du sud.

autant adv. **1.** *AUTANT QUE :* en même quantité, au même degré, de la même façon. – *Autant que possible,* dans la mesure du possible. **2.** *AUTANT DE :* la même quantité, le même nombre de. – *Pour autant,* malgré cela. **3.** Une telle quantité, un tel nombre de. **4.** *AUTANT... AUTANT... Autant il est gentil avec elle, autant il est dur avec nous.* **5.** *D'AUTANT QUE* loc. conj. : vu que. – *D'AUTANT PLUS !* loc. adv. : à plus forte raison.

autarcie n. f. ▫ État d'un groupe, d'un pays qui se suffit à lui-même. ▶ **autarcique** adj.

autel n. m. **1.** Antiq. Tertre ou table pour les sacrifices offerts aux dieux. **2.** Table où l'on célèbre la messe.

auteur n. m. **1.** Personne qui est à l'origine (de qqch.). **2.** Personne qui écrit (un livre, les paroles d'une chanson), qui fait (une œuvre d'art). ▪ absolt Écrivain.

authentifier v. tr. **1.** dr. Rendre authentique. **2.** Reconnaître comme authentique. ▶ **authentification** n. f.

authentique adj. **1.** Qui est véritablement de l'auteur auquel on l'attribue. **2.** Dont la réalité, la vérité ne peut être contestée. **3.** Qui exprime une vérité profonde de l'individu. ▶ **authentiquement** adv. ▶ **authenticité** n. f.

autisme n. m. ▫ psych. Détachement de la réalité extérieure accompagné de repli sur soi-même. ▶ **autiste** adj. et n. ▶ **autistique** adj.

auto n. f. ▫ vieilli Voiture automobile.

auto-accusation n. f. ▫ Fait de s'accuser soi-même.

auto-allumage n. m. ▫ Allumage spontané anormal du mélange carburant dans un cylindre de moteur à explosion.

autobiographie n. f. ▫ Biographie de qqn faite par lui-même. ▶ **autobiographique** adj.

autobronzant, ante adj. ▫ Qui permet de bronzer sans exposition au soleil.

autobus n. m. ▫ Véhicule automobile pour le transport en commun des voyageurs, dans les villes.

autocar n. m. ▫ Véhicule automobile pour le transport collectif des personnes (hors des villes).

autocensure n. f. ▫ Censure sur soi-même.

autochtone adj. ▫ Qui est issu du sol où il habite.

autoclave n. m. ▫ Récipient hermétique résistant à des pressions élevées.

autocollant, ante adj. et n. m. ▫ Qui adhère sans être humecté.

autocrate n. m. ▫ Souverain dont la puissance n'est soumise à aucun contrôle. ▶ **autocratie** n. f. ▶ **autocratique** adj.

autocritique n. f. ▫ Critique de son propre comportement.

autocuiseur n. m. ▫ Appareil pour cuire les aliments sous pression.

autodafé n. m. **1.** Cérémonie où des hérétiques étaient condamnés au supplice du feu par l'Inquisition. **2.** Action de détruire par le feu.

autodéfense n. f. ▫ Fait de se défendre sans recourir aux institutions.

autodestruction n. f. ▫ Destruction de soi par soi-même.

autodétermination n. f. ▫ Choix du statut politique d'un pays par ses habitants.

s'**autodétruire** v. pron. ▫ Se détruire soi-même.

autodidacte adj. et n. ▫ Qui s'est instruit lui-même.

autodiscipline n. f. ▫ Discipline que s'impose soi-même un individu, un groupe.

auto-école n. f. ▫ École formant à la conduite automobile. *Des auto-écoles.*

autoentrepreneur, euse n. ▫ dr. Personne qui crée une entreprise pour elle-même (*autoentreprise* n. f.).

autofécondation n. f. ▫ bot. Fécondation par les propres organes de la plante.

autofinancement n. m. ▫ Financement d'une entreprise par ses propres capitaux.

autofocus adj. et n. m. ▫ (Appareil) équipé d'un système de mise au point automatique.

autogéré, ée adj. ▫ Géré par son personnel.

autogestion n. f. ▫ Gestion (d'une entreprise) par le personnel.

autographe **1.** adj. Qui est écrit de la propre main de qqn. **2.** n. m. Texte écrit à la main par une personne célèbre.

autogreffe n. f. ▫ méd. Greffe dans laquelle le greffon provient de l'individu lui-même.

autoguidé, ée adj. ▫ Qui se dirige lui-même.

autolyse n. f. ▫ biol. Destruction des tissus par leurs enzymes.

automate n. m. ▫ Appareil imitant l'être vivant.

automation n. f. ▫ anglic. Fonctionnement automatique d'un ensemble productif.

automatique adj. **1.** Qui s'accomplit sans la participation de la volonté. **2.** Qui fonctionne de lui-même. **3.** Qui s'accomplit avec une régularité déterminée. *Prélèvement automatique.* **4.** fam. Qui doit forcément se produire.

automatiquement adv. □ D'une manière automatique. ▪ fam. Forcément.

automatiser v. tr. □ Rendre automatique (2). ▶ **automatisation** n. f.

automatisme n. m. **1.** Accomplissement de mouvements, d'actes, sans participation de la volonté. – Acte, geste rendu automatique par l'habitude. **2.** Système automatique.

automédication n. f. □ Emploi de médicaments sans prescription médicale.

automitrailleuse n. f. □ Automobile blindée armée de mitrailleuses.

automne n. m. **1.** Saison qui succède à l'été et précède l'hiver. **2.** fig. *L'automne de la vie,* la vieillesse. ▶ **automnal, ale, aux** adj.

automobile I. adj. (véhicule) Mû par un moteur. **II. 1.** n. f. Véhicule automobile à au moins quatre roues, à l'exclusion des camions, autobus, autocars. **2.** adj. Relatif aux véhicules automobiles.

automobilisme n. m. □ Ce qui concerne l'automobile ; le sport automobile.

automobiliste n. □ Personne qui conduit une automobile.

automoteur, trice 1. adj. Qui se déplace à l'aide d'un moteur. **2.** n. f. Autorail.

automutilation n. f. □ Mutilation qu'on s'inflige à soi-même.

autonettoyant, ante adj. □ Qui réalise son nettoyage.

autonome adj. □ Qui ne dépend de personne.

autonomie n. f. **1.** Droit de se gouverner par ses propres lois. **2.** Faculté d'agir librement. **3.** Distance que peut parcourir un véhicule sans être ravitaillé.

autonomiste n. et adj. □ Partisan de l'autonomie politique.

autopalpation n. f. □ méd. Palpation par soi-même.

autopompe n. f. □ Camion automobile équipé d'une pompe à incendie.

autoportrait n. m. □ Portrait de qqn exécuté par lui-même.

s'**autoproclamer** v. pron. □ Se décerner (un titre, un statut) de sa propre autorité.

autopropulsé, ée adj. □ Qui est propulsé par ses propres moyens.

autopsie n. f. □ Examen d'un cadavre.

autoradio n. m. □ Poste de radio conçu pour fonctionner dans une automobile.

autorail n. m. □ Véhicule automoteur sur rails.

autorisation n. f. **1.** Action d'autoriser. **2.** Écrit par lequel on autorise.

autorisé, ée adj. **1.** Qui est permis. **2.** Qui a reçu une autorisation. **3.** Qui fait autorité.

autoriser v. tr. **1.** *AUTORISER qqn À* (+ inf.), lui permettre de. **2.** *AUTORISER qqch.*, rendre licite.

autoritaire adj. **1.** Qui aime l'autorité. **2.** Qui aime être obéi. ▶ **autoritairement** adv.

autoritarisme n. m. □ Caractère d'un régime, d'un gouvernement, d'une personne autoritaire. ▶ **autoritariste** adj. et n.

autorité n. f. **1.** Droit de commander. – *D'AUTORITÉ* loc. adv. : sans consulter personne. **2.** Les organes du pouvoir. – au plur. *LES AUTORITÉS* : les personnes qui exercent l'autorité. **3.** Capacité à se faire obéir. **4.** *FAIRE AUTORITÉ* : s'imposer comme incontestable. **5.** Personne qui fait autorité.

autoroute n. f. ▫ Large route à chaussées séparées, sans croisements. – par analogie *Les autoroutes de l'information* (réseaux informatiques). ▶ **autoroutier, ière** adj.

autosatisfaction n. f. ▫ Satisfaction de soi-même.

autos-couchettes adj. et n. m. ▫ Se dit d'un train de nuit pour des voyageurs et leur voiture. – var. **autocouchette.**

auto-stop n. m. ▫ Fait d'arrêter une voiture pour demander de se faire transporter gratuitement. ▶ **auto-stoppeur, euse** n.

autosuggestion n. f. ▫ Action de se suggestionner soi-même.

autotrophe adj. ▫ biol. Capable d'élaborer sa substance à partir d'éléments minéraux.

① **autour** adv. ▫ Dans l'espace qui environne qqn, qqch. – *AUTOUR DE* loc. prép.

② **autour** n. m. ▫ Rapace voisin de l'épervier.

autre I. adj. **1.** Qui n'est pas le même, qui est différent, distinct. – *L'autre jour*, dans le passé (proche). **2.** *AUTRE CHOSE* (sans art.) : qqch. de différent. **3.** loc. adv. *AUTRE PART* : ailleurs. – *D'AUTRE PART* : par ailleurs. **II.** adj. Différent ; différent de ce qu'il était. **III.** pron. **1.** *L'AUTRE, UN(E) AUTRE, LES AUTRES* : personne, chose différente. – *J'en ai vu d'autres* (choses étonnantes). *À d'autres !*, allez dire cela à des gens plus crédules. – *RIEN D'AUTRE* : rien de plus. **2.** *L'UN... L'AUTRE ; LES UNS... LES AUTRES. L'un et l'autre sont venus, est venu.*

autrefois adv. ▫ Dans un temps passé.

autrement adv. **1.** D'une manière différente. – *AUTREMENT DIT* : en d'autres termes. **2.** Dans un autre cas, dans le cas contraire.

autrichien, ienne adj. et n. ▫ De l'Autriche.

autruche n. f. ▫ Grand oiseau coureur. – *Faire l'autruche*, refuser de voir le danger.

autrui pron. ▫ Un autre, les autres hommes.

auvent n. m. ▫ Petit toit en saillie.

auxiliaire 1. adj. et n. Qui aide par son concours (sans être indispensable). **2.** n. Employé recruté à titre provisoire par l'Administration. **3.** *Verbe auxiliaire* ou n. m. *un auxiliaire*, verbe qui a la fonction de former les temps composés des verbes.

auxine n. f. ▫ biol. Hormone végétale.

s'avachir v. pron. **1.** Devenir mou, flasque. **2.** (personnes) Se laisser aller. ▪ S'affaler. ▷ adj. **avachi, ie** ▶ **avachissement** n. m.

① **aval** n. m. sing. **1.** Côté vers lequel descend un cours d'eau. **2.** fig. Ce qui vient après (dans un processus).

② **aval, als** n. m. ▫ Engagement de payer pour qqn, s'il ne peut le faire. – fig. *Donner son aval à qqch.*, son soutien.

avalanche n. f. **1.** Importante masse de neige qui se détache et dévale. **2.** fig. Grande quantité.

avaler v. tr. **1.** Faire descendre par le gosier. **2.** Supporter sans réagir. ▪ Croire ; accepter sans critique.

avaleur, euse n. ▫ Personne qui avale (qqch.).

avaliser v. tr. ▫ Donner son aval (②) à.

avance n. f. **1.** Espace parcouru avant qqn, distance qui en sépare. **2.** Anticipation sur un moment prévu. **3.** loc. adv. *À L'AVANCE* : avant le moment fixé. – *D'AVANCE, PAR AVANCE* : avant un moment (fixé ou quelconque). ▪ *EN AVANCE* loc. adj. : avant le temps fixé ; avancé dans son développement. **4.** Somme versée par anticipation. **5.** au plur. Démarches auprès de qqn pour nouer des relations.

avancé, ée adj. **1.** Qui est en avant. **2.** Dont une grande partie est écoulée (temps). ▪ Qui s'approche du terme. **3.** Qui est en avance (sur les autres). – *Opinions, idées avancées*, progressistes.

avancée n. f. **I.** Fait d'avancer. ▪ fig. Progrès important. **II.** Ce qui avance, forme saillie.

avancement n. m. **1.** État de ce qui avance. **2.** Fait de s'élever dans une hiérarchie.

avancer v. **I.** v. tr. **1.** Pousser, porter en avant. **2.** Mettre en avant, dans le discours. **3.** Faire arriver avant le temps prévu ou normal. **4.** Faire progresser (qqch.). ▪ *À quoi cela vous avancera-t-il ?*, quel avantage en aurez-vous ? **5.** Prêter (de l'argent). **II.** v. intr. **1.** Aller en avant. **2.** Être placé en avant, faire saillie. **3.** Avoir déjà fait beaucoup. **4.** Aller vers son achèvement. **5.** S'écouler (temps) ; approcher de sa fin. **6.** (pendules...) Être en avance. ▷ v. pron. s'**avancer** **1.** Aller en avant. **2.** Prendre de l'avance. **3.** fig. Émettre des idées peu sûres. **4.** (temps) S'écouler.

avanie n. f. ▫ Traitement humiliant.

① **avant** **I.** prép. **1.** (antériorité dans le temps) *Il est arrivé avant moi.* – AVANT DE (+ inf.) ; QUE (+ subj.). **2.** (antériorité dans l'espace) *La maison avant l'église.* **3.** (priorité dans un ordre) *Faire passer qqn avant les autres.* – AVANT TOUT loc. adv. → d'**abord, surtout.** **II.** adv. **1.** (temps) Plus tôt. *Le jour d'avant*, précédent. **2.** (espace) → **devant.** **3.** littér. Marque un éloignement du point de départ. *Je n'irai pas plus avant.* **III.** **1.** EN AVANT loc. adv. : vers le lieu, le côté qui est devant, devant soi. – fig. *Regarder en avant*, vers l'avenir. ▪ *Mettre qqch. en avant*, l'affirmer. **2.** EN AVANT DE loc. prép. → **devant.**

② **avant** **I.** n. **1.** n. m. Partie antérieure (de qqch.). **2.** n. m. *Aller de l'avant*, avancer (aussi fig.). **3.** sport Joueur, joueuse placé(e) devant les autres. **II.** adj. invar. Qui est à l'avant.

avantage n. m. **I.** Ce par quoi on est supérieur ; supériorité. – *La situation a tourné à son avantage*, à son profit. **II.** Ce qui est utile, profitable.

avantager v. tr. ▫ Accorder un avantage à (qqn) ; rendre supérieur.

avantageux, euse adj. **1.** Qui offre, procure un avantage. **2.** Qui est à l'avantage de qqn ; favorable, flatteur. ▶ **avantageusement** adv.

avant-bras n. m. invar. ▫ Partie du bras qui va du coude au poignet.

avant-centre n. m. ▫ Joueur placé au centre du terrain.

avant-coureur adj. m. ▫ Annonciateur.

avant-courrier, ière n. ▫ littér. Chose qui précède et annonce.

avant-dernier, ière adj. ▫ Qui est avant le dernier.

avant-garde n. f. **1.** Partie d'une armée qui marche en avant. **2.** Ensemble des mouvements qui jouent un rôle de précurseur. ▶ **avant-gardisme** n. m. ▶ **avant-gardiste** adj. et n.

avant-goût n. m. ▫ Sensation que procure l'idée d'un événement à venir.

avant-guerre n. m. ou f. ▫ Période qui a précédé une guerre.

avant-hier adv. ▫ Au jour qui a précédé hier.

avant-midi n. m. ou f. invar. ▫ (Belgique, Canada) Matin, matinée.

avant-poste n. m. ▫ milit. Poste avancé.

avant-première n. f. ▫ Réunion etc. pour présenter un spectacle, avant la présentation au public.

avant-projet n. m. ▫ Rédaction provisoire d'un projet.

avant-propos n. m. invar. ▫ Courte introduction.

avant-scène n. f. ▫ au théâtre Le devant de la scène. – Loge près de la scène.

avant-train n. m. ▫ Partie antérieure du corps d'un quadrupède.

avant-veille n. f. ▫ Jour qui précède la veille.

avare adj. **1.** adj. et n. Qui a de l'argent et refuse de le dépenser, quitte à se priver. **2.** littér. *AVARE DE*, qui ne prodigue pas.

avarice n. f. ▫ Comportement de l'avare.

avaricieux, ieuse adj. ▫ vx ou plais. Avare.

avarie n. f. ▫ Dommage survenu à un navire ou à sa cargaison. – par ext. Dommage survenu au cours d'un transport.

avarié, ée adj. **1.** Qui a subi une avarie. **2.** (choses périssables) Gâté, pourri.

avatar n. m. **1.** (religion hindouiste) Chacune des incarnations du dieu Vishnou. **2.** fig. Métamorphose. ▪ Personnage choisi par qqn (un joueur...) pour le représenter dans la réalité virtuelle. **3.** abusivt Mésaventure.

à vau-l'eau loc. adv. → **à vau-l'eau**

Ave ou **Ave Maria** n. m. invar. ▫ Prière à la Sainte Vierge.

avec prép. **I. 1.** En compagnie de. – En ayant, en portant (qqch.). – (association) *Être d'accord avec qqn.* **2.** (relations entre personnes) *Faire connaissance avec qqn.* **3.** (opposition) Contre. *Se battre avec qqn.* **II. 1.** En même temps que. **2.** (en tête de phrase) Étant donné la présence de. **3.** Garni de ; qui comporte. **III. 1.** À l'aide de, grâce à, au moyen de. **2.** (manière) *J'accepte avec plaisir.* **IV.** adv. fam. *Il faudra bien FAIRE AVEC*, s'en arranger.

aveline n. f. ▫ Noisette oblongue, fruit de l'*avelinier* (n. m.).

Ave Maria → **Ave**

aven n. m. ▫ Gouffre naturel creusé par les eaux dans un terrain calcaire.

avenant, ante I. adj. Qui plaît par son bon air, sa bonne grâce. **II. 1.** n. m. dr. Clause ajoutée à un contrat. **2.** *À L'AVENANT* loc. adv. : en accord, en rapport.

avènement n. m. **1.** Accession au trône. **2.** fig. Début du règne (de qqch.).

avenir n. m. **1.** Temps à venir. **2.** État, situation future (de qqn). – *D'AVENIR*, qui promet.

avent n. m. ▫ relig. cathol. Temps liturgique de préparation à la fête de Noël.

aventure n. f. **I.** vx Destin. ▪ *Dire la BONNE AVENTURE à qqn*, lui prédire son avenir. **II. 1.** Ce qui arrive d'imprévu ; ensemble d'événements qui concernent qqn. ▪ (en amour) Liaison passagère. **2.** Activité, expérience qui comporte du risque et de l'imprévu. **3.** loc. adv. *À L'AVENTURE* : au hasard.

aventurer v. tr. ▫ Exposer avec un certain risque. ▷ v. pron. **s'aventurer** ▷ adj. **aventuré, ée** → **risqué.**

aventureux, euse adj. **1.** Qui aime l'aventure. **2.** Plein d'aventures. **3.** Plein de risques. ▶ **aventureusement** adv.

aventurier, ière n. ▫ (parfois péj.) Personne qui cherche l'aventure.

aventurisme n. m. ▫ Tendance à prendre des décisions hâtives.

avenu, ue adj. ▫ *NUL ET NON AVENU* : inexistant, sans effet.

avenue n. f. **1.** Allée plantée d'arbres menant à une habitation. **2.** Large voie urbaine.

avéré, ée adj. ▫ Reconnu vrai.

s'avérer v. pron. ▫ Se révéler. – abusivt *S'avérer faux.*

avers n. m. ▫ Face avant (d'une pièce, d'une médaille).

averse n. f. ▫ Pluie soudaine et abondante.

aversion n. f. ▫ Vive répulsion.

averti, ie adj. □ Qui connaît, est au courant.

avertir v. tr. □ Informer (qqn) de qqch. afin qu'il y prenne garde.

avertissement n. m. **1.** Appel à la prudence. **2.** Petite préface. **3.** Réprimande. – Mesure disciplinaire.

avertisseur, euse **I.** n. m. Appareil destiné à avertir. **II.** adj. Qui avertit.

aveu n. m. **1.** Action d'avouer ; ce que l'on avoue. **2.** *DE L'AVEU DE* : au témoignage de.

aveuglant, ante adj. □ Qui éblouit.

aveugle **I.** adj. **1.** Qui est privé du sens de la vue. **2.** fig. Dont le jugement est incapable de rien discerner. **3.** Qui ne laisse pas passer le jour. **II.** n. **1.** Personne privée de la vue. **2.** loc. adv. *EN AVEUGLE* : sans discernement. ▪ *À L'AVEUGLE* : littér. sans voir ; fig. aveuglément.

aveuglement n. m. □ État de qqn dont le discernement est troublé.

aveuglément adv. □ Sans réflexion.

aveugler v. tr. **I.** **1.** Rendre aveugle. **2.** Gêner la vue, éblouir. **3.** fig. Priver du jugement. **II.** Boucher (une ouverture).

à **l'aveuglette** loc. adv. **1.** Sans y voir clair. **2.** fig. Au hasard, sans précaution.

aveulir v. tr. □ littér. Rendre veule.

aviaire adj. □ didact. Des oiseaux.

aviateur, trice n. □ Personne qui pilote un avion.

aviation n. f. **1.** Navigation aérienne par les engins plus lourds que l'air. **2.** Industrie de la fabrication des avions.

avicole adj. □ De l'aviculture.

aviculture n. f. □ Élevage des oiseaux, des volailles. ▶ **aviculteur, trice** n.

avidité n. f. □ Désir ardent, immodéré de qqch. ; vivacité avec laquelle on le satisfait. ▶ **avide** adj. ▶ **avidement** adv.

avilir v. tr. **1.** Rendre vil. **2.** Abaisser la valeur de. ▶ **avilissement** n. m. ▶ **avilissant, ante** adj.

aviné, ée adj. □ Qui a bu trop de vin.

avion n. m. □ Appareil capable de se déplacer en l'air, plus lourd que l'air, muni d'ailes et d'un organe propulseur.

aviron n. m. **1.** mar. Rame. **2.** cour. Sport du canotage.

avis n. m. **1.** Ce que l'on pense, ce que l'on exprime sur un sujet. **2.** Ce que l'on porte à la connaissance de qqn. ▪ Écrit qui avertit.

avisé, ée adj. □ Qui agit avec réflexion.

① **aviser** v. tr. **1.** Apercevoir inopinément. **2.** tr. ind. *AVISER À* : réfléchir, songer à (qqch.). ▷ v. pron. **s'aviser** **1.** Faire attention à qqch. que l'on n'avait pas remarqué. – S'apercevoir. **2.** *S'aviser de* (+ inf.) : être assez audacieux pour.

② **aviser** v. tr. □ littér. ou admin. Avertir (qqn de qqch.) par un avis.

aviso n. m. □ mar. Petit escorteur.

avitaminose n. f. □ Maladie déterminée par une carence en vitamines.

aviver v. tr. **1.** Rendre plus vif, plus éclatant. **2.** fig. Rendre plus fort. **3.** méd. Mettre (une plaie) à vif.

① **avocat, ate** n. **1.** Personne régulièrement inscrite à un barreau*, qui conseille en matière juridique, assiste ou représente ses clients en justice. **2.** *AVOCAT GÉNÉRAL*, qui supplée le procureur général. **3.** fig. Défenseur (d'une cause, d'une personne).

② **avocat** n. m. □ Fruit de l'*avocatier* (n. m.), à peau verte ou violette et à noyau.

avocette n. f. □ zool. Petit échassier au bec recourbé vers le haut.

avoine n. f. □ Céréale qui sert surtout à l'alimentation animale.

① **avoir** v. tr. **I. 1.** *Avoir qqch.*, posséder, disposer de. ▪ Bénéficier de. **2.** (relations de parenté, etc.) *Avoir des enfants. Avoir des amis.* **3.** Entrer en possession de. **4.** Mettre (un certain temps) à une action. **5.** fam. Tromper, vaincre (qqn). **II. 1.** Présenter en soi (une partie, un aspect de soi). **2.** Éprouver dans son corps, sa conscience. **3.** *EN AVOIR À, APRÈS* (fam.), *CONTRE qqn*, lui en vouloir. **III.** (verbe auxiliaire) **1.** *AVOIR À* (+ inf.) : être dans l'obligation de. **2.** Auxiliaire des temps composés pour les verbes transitifs, la plupart des intransitifs, les verbes *avoir (il a eu...)* et *être (il a été...). J'ai écrit. Il a fini.* **IV.** *IL Y A* : (telle chose) existe. – *Qu'est-ce qu'il y a ?* : que se passe-t-il ? – (+ adv. de temps) *Il y a longtemps.*

② **avoir** n. m. **1.** Ce que l'on possède. **2.** Partie d'un compte où l'on porte les sommes dues.

avoisiner v. tr. **1.** Être dans le voisinage, à proximité de (un lieu). **2.** fig. Être proche de, ressembler à. ▶ **avoisinant, ante** adj.

avortement n. m. **1.** Interruption d'une grossesse. **2.** fig. Échec (d'une entreprise, d'un projet).

avorter v. intr. **1.** Accoucher avant terme (naturellement ou par intervention) d'un fœtus ou d'un enfant mort. – trans. Faire subir un avortement à (une femme). **2.** fig. (projet...) Ne pas réussir.

avorteur, euse n. ▫ péj. Personne qui pratique un avortement illégal.

avorton n. m. ▫ Être chétif, mal conformé.

avouable adj. ▫ Qu'on peut avouer.

avoué n. m. ▫ Officier ministériel chargé de représenter les parties devant les cours d'appel.

avouer v. tr. **1.** Reconnaître (qu'une chose est ou n'est pas) ; reconnaître pour vrai (avec difficulté). **2.** Faire des aveux. ▷ v. pron. s'**avouer** (+ adj. ou p. p.) Reconnaître qu'on est. *S'avouer vaincu.*

avril n. m. ▫ Quatrième mois de l'année.

avulsion n. f. ▫ didact. Arrachement, extraction.

avunculaire adj. ▫ didact. Qui a rapport à un oncle ou à une tante.

axe n. m. **1.** Ligne idéale autour de laquelle s'effectue une rotation. **2.** math. Droite sur laquelle un sens a été défini. **3.** Pièce allongée qui sert à faire tourner un objet sur lui-même ou à assembler des pièces. **4.** Ligne qui passe par le centre, dans la plus grande dimension. ▪ Voie routière importante. **5.** fig. Direction générale.

axel n. m. ▫ sports Saut où un patineur tourne une fois et demie sur lui-même.

axer v. tr. ▫ Diriger, orienter selon un axe.

axial, iale, iaux adj. ▫ De l'axe, d'un axe.

axiome n. m. ▫ sc. Proposition considérée comme évidente, admise sans démonstration. ▶ **axiomatiser** v. tr. ▶ **axiomatique** adj.

axolotl n. m. ▫ zool. Larve d'un reptile (salamandre) du Mexique.

axone n. m. ▫ anat. Prolongement de la cellule nerveuse.

ayant ▫ Participe présent du verbe *avoir.*

ayant cause n. m. ▫ dr. Personne qui a acquis d'une autre un droit ou une obligation. *Les ayants cause.*

ayant droit n. m. ▫ Personne qui a des droits à qqch. *Les ayants droit.*

ayatollah n. m. ▫ Religieux musulman chiite d'un rang élevé.

aye-aye n. m. ▫ zool. Lémurien de Madagascar. *Des ayes-ayes.*

ayurvéda n. m. ▫ Médecine traditionnelle indienne. ▶ **ayurvédique** adj.

azalée n. f. ▫ Arbuste à fleurs colorées.

azimut n. m. **1.** astron. Angle formé par le plan vertical d'un astre et le plan méridien du point d'observation. **2.** *TOUS AZIMUTS :* dans toutes les directions.

azimuté, ée adj. □ fam. Un peu fou.

azotate n. m. □ chim., vx Nitrate.

azote n. m. □ chim. Corps simple (symb. N), gaz incolore, inodore, entrant dans la composition de l'atmosphère et des tissus vivants. ▶ **azoté, ée** adj.

AZT n. m. (n. déposé) □ Médicament utilisé dans le traitement du sida.

aztèque adj. et n. □ Relatif aux Aztèques.

azulejo n. m. □ Carreau de faïence émaillée, à dominante bleue.

azur n. m. □ littér. Couleur bleue du ciel, des flots. ▶ **azuré, ée** adj.

azuréen, enne adj. □ De la Côte d'Azur.

azurer v. tr. □ Colorer d'un bleu d'azur.

azyme adj. □ *Pain azyme,* pain sans levain.

B

b n. m. ▫ Deuxième lettre, première consonne de l'alphabet.

B. A. n. f. invar. ▫ Abréviation de *bonne action*.

① **baba** n. m. ▫ Gâteau léger à l'alcool.

② **baba** adj. invar. ▫ fam. Stupéfait.

③ **baba** n. ▫ Personne non violente, marginale, vivant parfois en communauté.

b. a.-ba n. m. ▫ Premiers rudiments.

babeurre n. m. ▫ Liquide blanc qui reste du lait après la préparation du beurre.

babil n. m. ▫ littér. Babillage.

babillard, arde I. adj. et n. littér. Qui parle beaucoup ; bavard. **II.** n. f. fam. Lettre (écrite à qqn).

babiller v. intr. ▫ Parler beaucoup d'une manière enfantine ou futile. ▶ **babillage** n. m.

babines n. f. pl. ▫ Lèvres pendantes (d'animaux).

babiole n. f. ▫ Chose de peu de valeur.

babiroussa n. m. ▫ Sanglier de Malaisie.

bâbord n. m. ▫ Côté gauche d'un navire, en se tournant vers l'avant.

babouche n. f. ▫ Pantoufle sans talon.

babouin n. m. ▫ Singe d'Afrique à museau allongé.

baby-boom n. m. ▫ anglic. Forte augmentation de la natalité. *Des baby-booms.*

baby-foot n. m. invar. ▫ anglic. Football de table.

baby-sitter n. ▫ anglic. Personne rémunérée pour garder de jeunes enfants en l'absence de leurs parents. *Des baby-sitters.* ▶ **baby-sitting** n. m.

① **bac** n. m. **I.** Bateau à fond plat servant à passer un cours d'eau. **II.** Grand récipient.

② **bac** n. m. ▫ fam. Baccalauréat.

baccalauréat n. m. ▫ Grade universitaire et examen qui terminent les études secondaires (en France).

baccara n. m. ▫ Jeu de cartes où le dix équivaut à zéro.

baccarat n. m. ▫ Cristal de la manufacture de Baccarat.

bacchanales n. f. pl. ▫ Antiq. Fêtes en l'honneur de Bacchus.

① **bacchante** n. f. ▫ Antiq. Prêtresse de Bacchus.

② **bacchante** ou **bacante** n. f. ▫ fam. Moustache.

bâche n. f. ▫ Pièce de toile imperméable qui sert à préserver qqch. des intempéries.

bachelier, ière n. ▫ Titulaire du baccalauréat.

bâcher v. tr. ▫ Couvrir d'une bâche.

bachi-bouzouk n. m. ▫ hist. Cavalier mercenaire de l'ancienne armée turque.

bachique adj. ▫ didact. De Bacchus, dieu romain du vin et de la vigne.

① **bachot** n. m. ▫ fam., vieilli Baccalauréat.

② **bachot** n. m. ▫ Petit bateau à fond plat.

bachoter v. intr. ▫ Préparer hâtivement et intensivement un examen. ▶ **bachotage** n. m.

bacille n. m. ▫ Bactérie en forme de bâtonnet. ▶ **bacillaire** adj.

bâcler v. tr. ▫ Expédier (un travail) sans soin. ▶ **bâclage** n. m.

bacon n. m. ▫ anglic. **1.** Lard fumé. **2.** Filet de porc fumé.

bactéricide adj. ▫ Qui tue les bactéries.

bactérie n. f. ▫ Micro-organisme unicellulaire considéré comme ni animal ni végétal. ▶ **bactérien, ienne** adj.

bactériologie n. f. ▫ Étude des bactéries. ▶ **bactériologique** adj. ▶ **bactériologiste** n.

badaboum interj. ▫ Onomatopée, bruit d'un corps qui roule avec fracas.

badaud, aude n. et adj. ▫ Personne qui s'attarde à regarder le spectacle de la rue.

baderne n. f. ▫ péj. Homme âgé et borné.

badge n. m. ▫ anglic. **1.** Insigne comportant des inscriptions. **2.** Dispositif à piste magnétique permettant l'accès à des locaux, etc.

badger v. intr. ▫ Utiliser un badge (2).

badgeuse n. f. ▫ Appareil capable de lire des badges (2).

badiane n. f. ▫ Arbuste d'Asie aux graines aromatiques *(anis étoilé)*.

badigeon n. m. ▫ Couleur en détrempe à base de chaux.

badigeonner v. tr. **1.** Enduire d'un badigeon. **2.** Enduire d'une préparation pharmaceutique. ▶ **badigeonnage** n. m.

badin, ine adj. ▫ littér. Qui aime à plaisanter.

badine n. f. ▫ Baguette mince et souple.

badiner v. intr. ▫ Plaisanter avec enjouement. ▶ **badinage** n. m.

badminton n. m. ▫ anglic. Jeu de volant apparenté au tennis.

baffe n. f. ▫ fam. Gifle.

baffle n. m. ▫ anglic. → ① **enceinte** (3).

bafouer v. tr. ▫ littér. Traiter avec un mépris outrageant.

bafouille n. f. ▫ fam. Lettre (écrite à qqn).

bafouiller v. intr. ▫ Parler d'une façon embarrassée. ▶ **bafouilleur, euse** n. et adj. ▶ **bafouillage** n. m.

bâfrer v. intr. ▫ fam. Manger avec excès. ▶ **bâfreur, euse** n.

bagage n. m. ▫ Ce que l'on emporte en voyage. – *Plier bagage* : partir.

bagagiste n. ▫ Employé chargé de la manutention des bagages.

bagarre n. f. ▫ Mêlée de gens qui se battent.

bagarrer v. ▫ fam. **1.** *SE BAGARRER* v. pron. Se battre. **2.** v. intr. fam. Lutter (pour). ▶ **bagarreur, euse** n. et adj.

bagatelle n. f. ▫ Chose sans importance.

bagel n. m. ▫ (cuisine yiddish) Petit pain en forme d'anneau.

bagnard n. m. ▫ Forçat d'un bagne.

bagne n. m. ▫ anciennt Établissement où se purgeait la peine des travaux forcés.

bagnole n. f. ▫ fam. Automobile.

bagout n. m. ▫ Disposition à parler beaucoup. – var. **bagou.**

bague n. f. **1.** Anneau que l'on met au doigt. **2.** Objet de forme annulaire.

baguenauder v. intr. ▫ fam. Flâner.

baguer v. tr. ▫ Garnir d'une bague, de bagues. ▶ **baguage** n. m.

baguette n. f. **1.** Petit bâton mince. **2.** Chacun des deux petits bâtons utilisés pour manger en Extrême-Orient. **3.** Pain long et mince.

bah interj. ▫ Exclamation d'indifférence.

bahut n. m. **1.** Buffet rustique large et bas. **2.** fam. Lycée, collège.

bai, baie adj. ▫ (chevaux) Dont la robe est d'un brun rouge.

① **baie** n. f. ▫ Petit golfe.

② **baie** n. f. ▫ Ouverture pratiquée dans un mur, etc.

③ **baie** n. f. ▫ Petit fruit charnu à pépins.

baignade n. f. **1.** Action de se baigner. **2.** Endroit où l'on peut se baigner.

baigner v. **I.** v. tr. **1.** Mettre et maintenir dans l'eau. **2.** (mer) Entourer, toucher (une côte). **II.** v. intr. Être plongé entièrement (dans un liquide ou fig. dans une ambiance). ▷ v. pron. se **baigner** Prendre un bain.

baigneur, euse n. **1.** n. Personne qui se baigne. **2.** n. m. Poupée figurant un bébé.

baignoire n. f. ▫ Grand récipient allongé, pour se baigner.

bail, plur. **baux** n. m. **1.** Contrat par lequel une personne laisse à une autre le droit de se servir d'une chose pendant un certain temps pour un certain prix. **2.** fam. *Ça fait un bail* : voilà bien longtemps.

bailler v. tr. ▫ *Vous me la baillez belle* : vous vous moquez de moi.

bâiller v. intr. **1.** Ouvrir involontairement la bouche en inspirant. **2.** (sujet chose) Être entrouvert. ▶ **bâillement** n. m.

bailleur, bailleresse n. **1.** dr. Personne qui donne à bail. **2.** *BAILLEUR DE FONDS* : personne qui fournit des fonds pour une entreprise déterminée.

bailli n. m. ▫ hist. Officier qui rendait la justice.

bâillon n. m. ▫ Ce que l'on met contre la bouche pour empêcher qqn de crier.

bâillonner v. tr. **1.** Mettre un bâillon à (qqn). **2.** fig. Réduire au silence. ▶ **bâillonnement** n. m.

bain n. m. **I. 1.** Action de plonger le corps dans l'eau ou un autre liquide. – *SALLE DE BAINS* : pièce pour la toilette. ▪ L'eau, le liquide dans lequel on se baigne. **2.** Action d'entrer dans l'eau pour le plaisir. **3.** *BAIN DE SOLEIL* : exposition volontaire au soleil. **4.** fig. *BAIN DE* : action de se plonger dans. *Bain de foule.* **II.** au plur. Établissement, endroit où l'on prend des bains.

bain-marie n. m. ▫ Liquide chaud dans lequel on met un récipient contenant ce que l'on veut faire chauffer. *Des bains-marie.*

baïonnette n. f. ▫ Arme pointue qui s'ajuste au canon d'un fusil.

baisemain n. m. ▫ Fait de baiser la main d'une dame.

① **baiser** v. tr. **I.** Donner un baiser à. **II.** fam. **1.** Faire l'amour à (qqn). – sans compl. *Il baise bien.* **2.** Duper, attraper.

② **baiser** n. m. ▫ Action de poser ses lèvres sur (qqn...), en signe d'affection, de respect.

baisse n. f. **1.** Fait de baisser de niveau. **2.** Diminution de prix, de valeur.

baisser v. **I.** v. tr. **1.** Mettre plus bas. **2.** Incliner (une partie du corps). **3.** Diminuer l'intensité de (un son...). **4.** Diminuer (un prix). **II.** v. intr. **1.** Diminuer de hauteur. **2.** Diminuer d'intensité. **3.** (personnes) Perdre sa vigueur. **4.** Diminuer de valeur, de prix. ▷ v. pron. se **baisser** Incliner le corps.

bajoue n. f. **1.** Partie latérale inférieure de la tête (d'animaux). **2.** Joue pendante (d'une personne).

bakchich n. m. ▫ Pot-de-vin.

bakélite n. f. ▫ Matière plastique obtenue en traitant le formol par le phénol.

bal n. m. **1.** Réunion où l'on danse. **2.** Lieu où se donnent des bals.

balade n. f. ▫ fam. Action de se promener.

balader v. tr. ▫ fam. **1.** Promener avec soi. **2.** intrans. *Envoyer balader,* rejeter. ▷ v. pron. se **balader** Se promener sans but précis.

baladeur, euse I. adj. *Avoir l'humeur baladeuse,* aimer se promener. ▪ fam. *Main baladeuse,* qui s'égare en caresses indiscrètes. **II.** n. m. Récepteur radio ou lecteur audio portatif, à écouteurs. **III.** n. f. Lampe électrique portative munie d'un long fil.

baladin n. m. ▫ littér. Comédien ambulant.

balafon n. m. ▫ Xylophone africain.

balafre n. f. ▫ Longue entaille faite au visage par une arme tranchante. ▪ Cicatrice de cette blessure. ▶ **balafrer** v. tr.

① **balai** n. m. ▫ Ustensile ménager formé d'un long manche et d'une brosse, servant à enlever la poussière, les détritus.

② **balai** n. m. ▫ fam. Année (d'âge).

balai-brosse n. m. ▫ Brosse de chiendent montée sur un manche à balai.

balalaïka n. f. ▫ Instrument de musique russe à cordes pincées.

balance n. f. **1.** Instrument qui sert à peser. **2.** Septième signe du zodiaque (23 septembre-22 octobre). **3.** Compte récapitulatif. *Balance de l'actif et du passif.*

balancé, ée adj. **1.** Équilibré, harmonieux. **2.** fam. (personnes) *Être bien balancé*, bien fait.

balancelle n. f. ▫ Fauteuil balançoire de jardin à plusieurs places.

balancement n. m. ▫ Mouvement alternatif et lent d'un corps, de part et d'autre de son centre d'équilibre.

balancer v. **I.** v. tr. **1.** Mouvoir lentement, tantôt d'un côté, tantôt d'un autre. **2.** fam. Se débarrasser de (qqch., qqn). ▪ Dénoncer. **3.** littér. Comparer. **II.** v. intr. littér. Être hésitant. ▷ v. pron. se **balancer 1.** Se mouvoir d'un côté et de l'autre. **2.** fam. *S'en balancer* : s'en moquer.

balancier n. m. ▫ Dispositif utilisé pour maintenir un équilibre, régulariser un mouvement.

balançoire n. f. ▫ Bascule ou nacelle suspendue sur laquelle on se balance.

balayer v. tr. **I. 1.** Pousser, enlever avec un balai (la poussière...). **2.** fig. Faire disparaître. **II. 1.** Nettoyer (un lieu) avec un balai. **2.** Passer sur (une surface). *Radar qui balaie une zone.* ▶ **balayage** n. m.

balayette n. f. ▫ Petit balai à manche court.

balayeur, euse 1. n. Personne qui balaie. **2.** n. f. Véhicule destiné au balayage des rues.

balayures n. f. pl. ▫ Ce que l'on amasse, enlève avec un balai.

balbutiement n. m. **1.** Action de balbutier. **2.** fig. au plur. Débuts maladroits.

balbutier v. **1.** v. intr. Articuler les mots d'une manière hésitante et imparfaite. **2.** v. tr. Dire en balbutiant.

balbuzard n. m. ▫ Rapace diurne des étangs.

balcon n. m. **1.** Plate-forme en saillie sur une façade. **2.** Galerie d'une salle de spectacle.

baldaquin n. m. ▫ Dais garni de rideaux, au-dessus d'un lit, etc.

baleine n. f. **I.** Grand mammifère cétacé, à bouche garnie de fanons. **II.** Lame ou tige flexible (d'acier, etc.).

baleineau n. m. ▫ Petit de la baleine.

baleinier, ière I. adj. Relatif à la pêche à la baleine. **II.** n. m. Navire de pêche à la baleine.

balèze adj. et n. ▫ fam. **1.** Grand et fort. **2.** Très calé (dans un domaine). – var. **balèse.**

balise n. f. ▫ Objet, dispositif destiné à guider un navigateur, un pilote ou à repérer un navire, un avion.

baliser v. **I.** v. tr. Jalonner de balises. ▶ **balisage** n. m. **II.** v. intr. fam. Avoir peur.

balistique I. adj. Relatif aux projectiles. **II.** n. f. Science du mouvement des projectiles.

baliveau n. m. ▫ Arbre réservé dans une coupe pour qu'il puisse croître en futaie.

baliverne n. f. ▫ Propos futile, sans intérêt.

balkanisation n. f. ▫ Morcellement d'un État.

ballade n. f. ▫ Poème d'un genre familier ou légendaire.

ballant, ante **1.** adj. Qui pend, oscille. **2.** n. m. Mouvement d'oscillation.

ballast n. m. **1.** Réservoir de plongée d'un sous-marin. **2.** Pierres concassées tassées sous les traverses d'une voie ferrée.

① **balle** n. f. **I. 1.** Petite sphère élastique dont on se sert pour divers jeux. **2.** au plur. fam. Franc ; euro. *Prête-moi cent balles.* **II.** Projectile métallique dont on charge les armes à feu. **III.** *Enfant de la balle :* artiste élevé dans le métier.

② **balle** n. f. ▫ Gros paquet de marchandises.

③ **balle** n. f. ▫ Enveloppe des graines de céréales. – var. **bale.**

baller v. intr. ▫ Être ballant (1).

ballerine n. f. **1.** Danseuse de ballet. **2.** Chaussure rappelant un chausson de danse.

ballet n. m. ▫ Spectacle de danse exécuté sur scène par plusieurs personnes.

① **ballon** n. m. **I. 1.** Grosse balle gonflée d'air dont on se sert pour jouer. **2.** Sphère de caoutchouc très mince gonflée de gaz. **II.** Aérostat. – *BALLON-SONDE,* utilisé en météorologie. **III. 1.** Verre à boire, à pied, de forme sphérique. **2.** Récipient, réservoir (de forme quelconque). ▪ Chauffe-eau électrique à réservoir.

② **ballon** n. m. ▫ Montagne des Vosges.

ballonné, ée adj. ▫ (ventre...) Gonflé.

ballonnement n. m. ▫ Gonflement de l'abdomen dû à des gaz intestinaux.

ballot n. m. ▫ Paquet (de marchandises, etc.).

ballotin n. m. ▫ Emballage de carton pour les confiseries.

ballottage n. m. ▫ (dans un scrutin majoritaire) Résultat négatif d'un premier tour, aucun des candidats n'ayant recueilli le nombre de voix nécessaire pour être élu.

ballotter v. **I.** v. tr. Faire aller dans un sens et dans l'autre. **II.** v. intr. Être agité en tous sens. ▶ **ballottement** n. m.

ballottine n. f. ▫ Mets de viande roulée.

ball-trap n. m. ▫ anglic. Appareil qui lance une cible simulant un oiseau en plein vol. *Des ball-traps.*

balluchon ou **baluchon** n. m. ▫ Petit paquet fait d'un carré d'étoffe noué aux quatre coins.

balnéaire adj. ▫ Relatif aux bains de mer.

balourd, ourde adj. et n. ▫ Maladroit et grossier. ▶ **balourdise** n. f.

balsa n. m. ▫ Bois très léger utilisé pour les maquettes.

balsamine n. f. ▫ Plante dont la capsule éclate dès qu'on la touche.

balsamique adj. ▫ Qui a des propriétés comparables à celles du baume. – *Vinaigre balsamique,* vieilli longuement dans une série de fûts.

balte adj. et n. ▫ De la mer Baltique ; des pays baltes (Lituanie, Lettonie, Estonie).

baluchon → **balluchon**

balustrade n. f. **1.** Rangée de balustres. **2.** Clôture à hauteur d'appui et à jour.

balustre n. m. ▫ Petite colonne renflée supportant un appui.

bambin n. m. ▫ Petit garçon.

bamboche n. f. ▫ fam. et vieilli Bombance, ripaille. ▶ **bambocher** v. intr.

bambou n. m. ▫ Plante à tige cylindrique ligneuse, à nœuds épais.

bamboula ▫ fam., vieilli Fête.

bambouseraie n. f. ▫ Plantation de bambous.

ban n. m. **1.** au plur. Proclamation solennelle d'un futur mariage. **2.** *Être en rupture de ban*, affranchi des contraintes de son état. – *Mettre* AU BAN DE (la société...), rejeter, dénoncer au mépris public.

banal, ale adj. **I.** (plur. *banaux*) hist. Appartenant à la circonscription d'un seigneur. **II.** (plur. *banals*) Commun, sans originalité. ▶ **banalement** adv.

banaliser v. tr. ▫ Rendre banal (II). ▶ **banalisation** n. f.

banalité n. f. **1.** Caractère banal. **2.** Propos, écrit banal.

banane n. f. **1.** Fruit oblong, à pulpe farineuse, à épaisse peau jaune. **2.** Grosse mèche roulée au-dessus du front. **3.** Sac formant ceinture.

bananeraie n. f. ▫ Plantation de bananiers.

bananier n. m. ▫ Plante arborescente dont le fruit est la banane.

banc n. m. **1.** Long siège pour plusieurs personnes, avec ou sans dossier. **2.** Grande quantité de poissons d'une espèce, se déplaçant ensemble.

bancaire adj. ▫ Qui a rapport aux banques.

bancal, ale, als adj. ▫ (meuble) Qui n'est pas d'aplomb.

bancarisation n. f. ▫ Fait, pour une population, de recourir aux services des banques.

bancassurance n. f. ▫ techn. Distribution d'assurances par les réseaux bancaires.

banco n. m. ▫ au jeu *Faire banco* : tenir l'enjeu contre la banque. ▪ interj. *Banco !* (défi).

bandage n. m. ▫ Bandes de tissu appliquées sur une partie du corps, pour un pansement, etc.

bandana n. m. ▫ Petit foulard carré, de coton imprimé.

① **bande** n. f. **1.** Pièce souple plus longue que large (qui sert à lier, maintenir, recouvrir, etc.). **2.** Partie étroite et allongée (de qqch.). **3.** BANDE DESSINÉE : suite de dessins qui racontent une histoire. – syn. **B. D., bédé.**

② **bande** n. f. **1.** Groupe (de malfaiteurs). **2.** Groupe de personnes (occasionnel ou non). **3.** Groupe d'animaux.

bandeau n. m. **1.** Bande qui sert à entourer le front, la tête. **2.** Morceau d'étoffe que l'on met sur les yeux de qqn pour l'empêcher de voir. **3.** Surface rectangulaire portant un message publicitaire.

bandelette n. f. ▫ Petite bande de tissu.

bander v. **I.** v. tr. **1.** Entourer d'une bande que l'on serre. **2.** Couvrir (les yeux) d'un bandeau. **3.** Tendre avec effort. **II.** v. intr. fam. Être en érection.

banderille n. f. ▫ Pique ornée de bandes multicolores que le torero (*banderillero* n. m.) plante sur le garrot du taureau.

banderole n. f. ▫ Longue bande de tissu portant une inscription.

bandit n. m. **1.** Malfaiteur. **2.** Homme sans scrupules.

banditisme n. m. ▫ Activités des bandits.

bandonéon n. m. ▫ Petit accordéon hexagonal.

bandoulière n. f. ▫ Bande, courroie passée sur l'épaule pour soutenir qqch.

bang interj. ▫ Bruit d'explosion.

banian n. m. ▫ Figuier aux racines aériennes.

banjo n. m. ▫ Instrument à cordes formé d'une membrane tendue sur un cercle de bois.

banlieue n. f. ▫ Ensemble des agglomérations qui entourent une grande ville.

banlieusard, arde n. ▫ Habitant de la banlieue.

banne n. f. ▫ Grand panier de vannerie.

bannière n. f. **1.** Étendard que l'on porte aux processions. **2.** Surface rectangulaire portant un message, une publicité, sur Internet.

bannir v. tr. **1.** Condamner (qqn) à quitter un pays. **2.** Écarter, supprimer. ▶ **banni, ie** adj. et n.

bannissement n. m. ▫ dr. Peine criminelle interdisant à qqn le séjour dans son pays.

banque n. f. **I. 1.** Commerce de l'argent et des titres, effets de commerce et valeurs de Bourse. **2.** Établissement où se fait ce commerce. **3.** jeu Somme destinée à payer ceux qui gagnent. **II. 1.** *Banque d'organes* : service qui recueille des organes pour les greffes. **2.** *Banque de données* : ensemble d'informations traitées informatiquement.

banqueroute n. f. ▫ Faillite délictueuse.

banquet n. m. ▫ Grand repas officiel.

banqueter v. intr. **1.** Participer à un banquet. **2.** Faire un bon repas.

banquette n. f. ▫ Siège à plusieurs places, avec ou sans dossier.

banquier, ière n. **1.** Personne qui fait le commerce de la banque. **2.** jeu Personne qui tient la banque.

banquise n. f. ▫ Immense amas de glaces flottantes.

baobab n. m. ▫ Arbre des tropiques, à tronc énorme.

baptême n. m. **1.** Sacrement destiné à faire qqn chrétien. **2.** *Baptême de l'air* : premier vol en avion.

baptiser v. tr. **1.** Administrer le baptême à (qqn). **2.** Donner un nom, une appellation à.

baptismal, ale, aux adj. ▫ littér. Du baptême.

baptistère n. m. ▫ Chapelle, édifice où l'on baptise (1).

baquet n. m. ▫ Récipient de bois.

① **bar** n. m. ▫ Poisson marin aussi appelé *loup*.

② **bar** n. m. **1.** Débit de boissons où l'on peut consommer debout à un comptoir. **2.** Comptoir (de bar...).

③ **bar** n. m. ▫ Unité de pression atmosphérique valant 10^5 pascals.

baragouin n. m. ▫ Langage inintelligible.

baragouiner v. tr. ▫ Parler mal (une langue). ▶ **baragouineur, euse** n.

baraka n. f. ▫ fam. Chance.

baraque n. f. **1.** Construction provisoire en planches. **2.** fam. Maison.

baraqué, ée adj. ▫ fam. Bien bâti ; costaud.

baraquement n. m. ▫ Ensemble de baraques (1).

baratin n. m. ▫ Discours abondant pour tromper, séduire. ▶ **baratiner** v. tr. ▶ **baratineur, euse** n. et adj.

baratte n. f. ▫ Appareil à battre le lait pour faire du beurre. ▶ **baratter** v. tr.

barbant, ante adj. ▫ fam. Ennuyeux.

barbaque n. f. ▫ fam. Viande.

barbare I. adj. et n. Étranger, pour les Grecs et les Romains. **II.** adj. **1.** Qui choque, est contraire à l'usage. **2.** littér. Cruel, sauvage.

barbarie n. f. **1.** littér. État d'un peuple considéré comme non civilisé. **2.** Cruauté, sauvagerie.

barbarisme n. m. ▫ Emploi de mots forgés ou déformés.

barbe n. f. **I. 1.** Poils du menton, des joues et de la lèvre supérieure. ▪ *BARBE À PAPA* : confiserie formée de filaments de sucre. **2.** Longs poils que certains animaux ont à la mâchoire. **3.** Pointe effilée de certains épis. **II.** interj. *La barbe !*, quel ennui !

barbeau n. m. ▫ Poisson d'eau douce à chair estimée.

barbecue n. m. ▫ Gril de plein air au charbon de bois.

barbelé, ée adj. ▫ Garni de pointes. *Fil de fer barbelé* ou n. m. *du barbelé.*

barber v. tr. ▫ fam. Ennuyer.

barbet, ette n. ▫ Chien d'arrêt à poil long.

barbiche n. f. ▫ Petite barbe (I, 1).

barbichette n. f. ▫ Petite barbiche.

barbier, ière n. ▫ Personne dont le métier consiste à raser ou à tailler la barbe.

barbillon n. m. ▫ Filament charnu aux bords de la bouche de certains poissons.

barbiturique n. m. ▫ Médicament hypnotique.

barboter v. **I.** v. intr. S'agiter, remuer dans l'eau, etc. **II.** v. tr. fam. Voler, prendre. ▶ **barbotage** n. m.

barboteuse n. f. ▫ Vêtement de jeune enfant, qui laisse nus les bras et les jambes.

barbouiller v. tr. **I. 1.** Couvrir d'une substance salissante. **2.** Peindre grossièrement. ▶ **barbouillage** n. m. **II.** *Barbouiller l'estomac,* donner la nausée.

barbouilleur, euse n. ▫ Personne qui barbouille. ▪ spécialt Mauvais peintre.

barbouze ▫ fam. **1.** n. f. Barbe. **2.** n. m. ou f. Agent secret.

barbu, ue adj. et n. ▫ Qui a de la barbe.

barbue n. f. ▫ Poisson voisin du turbot.

barcarolle n. f. ▫ Chanson des gondoliers vénitiens.

barcasse n. f. ▫ Grosse barque.

barda n. m. ▫ fam. **1.** Équipement du soldat. **2.** Chargement encombrant.

bardane n. f. ▫ Plante dont les capitules s'accrochent aux vêtements.

① **barde** n. m. ▫ hist. Poète celtique.

② **barde** n. f. ▫ Fine tranche de lard.

bardeau n. m. ▫ Petite planche épaisse.

① **barder** v. tr. **1.** Couvrir d'une armure. **2.** Entourer de bardes (②).

② **barder** v. impers. ▫ fam. Prendre une tournure violente. *Ça va barder !*

bardot n. m. ▫ Animal né de l'accouplement du cheval et de l'ânesse.

barefoot n. m. ▫ anglic. Sport de glisse comparable au ski nautique, qui se pratique les pieds nus sur l'eau.

barème n. m. ▫ Tableau de calculs. ▪ Répertoire de tarifs, etc.

barge n. f. ▫ Grand bateau à fond plat.

barigoule n. f. ▫ *Artichauts à la barigoule,* farcis et cuits dans l'huile d'olive.

baril n. m. ▫ Petit tonneau.

barillet n. m. **1.** Petit baril. **2.** Cylindre tournant où sont logées les cartouches (d'un revolver...).

bariolé, ée adj. ▫ À tons vifs et variés.

barioler v. tr. ▫ Peindre de diverses couleurs vives. ▶ **bariolage** n. m.

barjo adj. et n. ▫ fam. Fou.

barmaid n. f. ▫ anglic. Serveuse d'un bar.

barman n. m. ▫ anglic. Serveur d'un bar. *Des barmans* ou *des barmen.*

bar-mitsva n. f. invar. ▫ Cérémonie fêtant l'accès d'un jeune homme juif au statut d'adulte. – var. **bar-mitzvah.**

baromètre n. m. ▫ Instrument qui sert à mesurer la pression atmosphérique. ▶ **barométrique** adj.

baron, onne **1.** n. m. hist. Grand seigneur féodal. **2.** n. Possesseur du titre de noblesse entre celui de chevalier et celui de vicomte. **3.** n. m. fam. Personnage important.

baronnet n. m. ▫ en Angleterre Chevalier.

baronnie n. f. ▫ hist. Seigneurie d'un baron.

baroque adj. **1.** Bizarre, étrange. **2.** adj. et n. m. Se dit d'un style (spécialt, architectural) caractérisé par la liberté des formes et les ornements (XVIe au XVIIIe s.). – *Musique baroque.*

baroud n. m. □ argot milit. Combat. – *BAROUD D'HONNEUR* : dernier combat d'une guerre perdue, pour sauver l'honneur.

baroudeur, euse n. □ fam. Aventurier.

barouf n. m. □ fam. Grand bruit.

barque n. f. □ Petit bateau.

barquette n. f. **1.** Tartelette de forme allongée. **2.** Petit récipient rigide pour les denrées alimentaires.

barracuda n. m. □ Gros poisson carnivore des mers chaudes.

barrage n. m. **1.** Action de barrer (un passage). **2.** fig. Obstacle ; opposition. **3.** Ouvrage servant à retenir l'eau d'un cours d'eau.

barre n. f. **1.** Pièce longue et rigide. – fam. *Avoir un coup de barre* : se sentir soudain épuisé. **2.** Traverse horizontale (servant d'appui, etc.). **3.** Dispositif au moyen duquel on actionne le gouvernail d'un navire. **4.** Lieu où comparaissent les témoins, où plaident les avocats à l'audience. **5.** Trait droit.

barreau n. m. **1.** Barre servant de clôture ou de support. **2.** Espace réservé au banc des avocats, dans les salles d'audience. ■ Ordre des avocats.

① **barrer** v. tr. **1.** Fermer (une voie). **2.** Tenir la barre de (une embarcation). **3.** Raturer. ▷ adj. **barré, ée**

② **barrer** v. □ fam. **1.** *SE BARRER* v. pron. : partir, filer. **2.** *Être mal barré* : être mal parti.

barrette n. f. **1.** Ornement en forme de petite barre. **2.** Pince à cheveux à fermoir.

barreur, euse n. □ Personne qui tient la barre (3).

barricade n. f. □ Obstacle fait d'objets divers, dans un combat de rue.

barricader v. tr. **1.** Fermer par une barricade. **2.** Fermer solidement. ▷ v. pron. se **barricader** S'enfermer soigneusement.

barrière n. f. **1.** Assemblage de pièces de bois, etc. qui ferme un passage. **2.** fig. Obstacle.

barrique n. f. □ Tonneau de 200 litres.

barrir v. intr. □ (éléphant) Pousser son cri. ▶ **barrissement** n. m.

bartavelle n. f. □ Perdrix rouge du Midi.

barycentre n. m. □ sc. Centre de gravité.

baryte n. f. □ chim. Oxyde de baryum.

baryton n. m. □ Voix d'homme entre le ténor et la basse. – Chanteur qui a cette voix.

baryum n. m. □ Élément (symb. Ba), métal d'un blanc argenté.

barzoï n. m. □ Lévrier russe à poil long.

① **bas, basse** **I.** adj. **1.** Qui a peu de hauteur. **2.** *Faire MAIN BASSE sur qqch.*, s'en emparer. **3.** (intensité) → **faible. 4.** (prix) Peu élevé. **5.** (hiérarchie) → **inférieur. 6.** Moralement méprisable. **7.** (temporel) → **proche, récent.** *Le bas latin.* **II.** n. m. Partie inférieure (de qqch.). **III.** adv. **1.** À faible hauteur, à un niveau inférieur. ■ *Ça vole bas* : c'est médiocre, faible. ■ *METTRE BAS* : accoucher (animaux). – fam. *Bas les pattes !* : n'y touchez pas ! **2.** *Voir plus bas.* → ci-**dessous, infra. 3.** En dessous, dans l'échelle des sons. **4.** *À BAS* (exclamation hostile). *À bas le fascisme !* **5.** *EN BAS (DE)* : vers le bas (de).

② **bas** n. m. □ Vêtement féminin moulant qui couvre jusqu'au haut des cuisses.

basalte n. m. □ Roche volcanique noire. ▶ **basaltique** adj.

basane n. f. □ Peau de mouton tannée.

basané, ée adj. □ (peau, teint) Brun ; hâlé.

bas-bleu n. m. □ péj. Intellectuelle pédante.

bas-côté n. m. **1.** Nef latérale d'une église. **2.** Côté d'une voie, où l'on peut marcher.

bascule n. f. **1.** Pièce ou machine mobile sur un pivot, dont une extrémité se lève quand on abaisse l'autre. – *Fauteuil À BASCULE,* qui permet de se balancer. **2.** Appareil à plate-forme, pour peser les objets lourds.

basculer v. **1.** v. intr. Faire un mouvement de bascule. ▪ Se renverser, tomber. **2.** fig. Passer brusquement d'une situation à une autre. **3.** v. tr. Faire basculer. ▶ **basculement** n. m.

base n. f. **I. 1.** Partie inférieure sur laquelle une chose repose. ▪ Partie inférieure. *La base du crâne.* **2.** géom. Droite ou plan à partir de quoi on mesure perpendiculairement une hauteur. **3.** Point d'appui, de ravitaillement, etc. **II. 1.** Principal ingrédient (d'un mélange). **2.** *BASE DE DONNÉES :* ensemble structuré de données informatisées. **III.** Principe fondamental sur lequel repose un raisonnement, un système. – *Être À LA BASE de qqch.,* à l'origine. – *DE BASE,* fondamental. **IV.** Ensemble des militants (d'un parti, etc.).

base-ball n. m. □ Jeu de balle dérivé du cricket.

baser v. tr. □ abstrait Faire reposer sur (une base). – pronom. *Se baser sur :* se fonder sur.

bas-fond n. m. **1.** Partie du fond de la mer, d'un cours d'eau, peu profonde mais navigable. **2.** Terrain bas et enfoncé. **3.** fig. au plur. Couches misérables de la société.

basidiomycètes n. m. pl. □ Classe de champignons supérieurs.

basilic n. m. □ Plante aromatique employée comme condiment.

basilique n. f. □ Église chrétienne à nefs parallèles.

basique adj. □ De base, fondamental.

① **basket** ou **basket-ball** n. m. □ Jeu entre deux équipes de cinq joueurs qui doivent lancer un ballon dans le panier adverse. ▶ **basketteur, euse** n.

② **basket** n. f. □ Chaussure de sport haute et souple.

basmati n. m. □ Riz indien aux grains longs et fins.

basquaise n. f. □ *À la basquaise :* avec des tomates, des poivrons et du jambon cru.

① **basque** n. f. □ Partie rapportée d'une veste, qui descend sur les hanches.

② **basque** adj. et n. □ Du Pays basque.

bas-relief n. m. □ Ouvrage de sculpture en faible saillie sur un fond uni.

basse n. f. **1.** Voix d'homme la plus grave. ▪ Chanteur qui a cette voix. **2.** (jazz, rock) Contrebasse ; guitare basse.

basse-cour n. f. **1.** Cour de ferme réservée à l'élevage de la volaille et des petits animaux. **2.** L'ensemble de ces animaux.

bassement adv. □ De manière basse, vile.

bassesse n. f. **1.** Caractère bas, vil. **2.** Action basse ou servile.

basset n. m. □ Chien courant bas sur pattes.

bassin n. m. **I. 1.** Récipient portatif, souvent rond ou ovale. **2.** Construction destinée à recevoir de l'eau. **3.** Partie d'un port où les navires sont à flot. **II. 1.** Territoire arrosé (par un fleuve). **2.** Vaste dépression naturelle. **3.** Groupement de gisements. **III.** Ceinture osseuse qui forme la base du tronc.

bassine n. f. □ Bassin (I, 1) large et profond.

bassiner v. tr. ◻ fam. Ennuyer, importuner.

bassinet n. m. ◻ vx Petit bassin. - fam. *Cracher au bassinet* : donner de l'argent.

bassinoire n. f. ◻ Bassin rempli de braise qu'on passait dans un lit pour le chauffer.

bassiste n. ◻ (jazz) Contrebassiste. - (rock) Joueur, joueuse de guitare basse.

basson n. m. **1.** Instrument à vent en bois, à anche double. **2.** Musicien qui joue de cet instrument (syn. **bassoniste** n.).

basta interj. ◻ fam. Ça suffit !, assez !

bastide n. f. ◻ en Provence Maison de campagne.

bastille n. f. ◻ au Moyen Âge Ouvrage de fortification. - spécialt *La Bastille* (à Paris, qui servit de prison d'État).

bastingage n. m. ◻ Parapet d'un navire.

bastion n. m. **1.** Ouvrage de fortification en saillie. **2.** fig. Ce qui défend (une idéologie...).

baston n. m. ou f. ◻ argot Bagarre.

bastonnade n. f. ◻ Coups de bâton.

bastringue n. m. ◻ fam. Tapage, vacarme.

bas-ventre n. m. ◻ Partie inférieure du ventre. - par euphémisme Parties génitales.

bât n. m. ◻ Dispositif que l'on met sur le dos des bêtes de somme pour le transport de leur charge. - *C'est là que le bât blesse* : c'est là la difficulté.

bataclan n. m. ◻ fam. Attirail embarrassant. - *Et tout le bataclan* : et tout le reste.

bataille n. f. **1.** Combat entre deux armées. **2.** fig. Lutte. **3.** *EN BATAILLE* : de travers ; en désordre. **4.** Jeu de cartes très simple.

batailler v. intr. ◻ Se battre ; lutter. ▶ **batailleur, euse** adj. et n.

bataillon n. m. ◻ Unité militaire de l'infanterie groupant plusieurs compagnies.

bâtard, arde adj. et n. **1.** Né hors mariage. **2.** (chien) Qui n'est pas de race pure. **3.** *Pain bâtard* ou n. m. *un bâtard* : pain d'une demi-livre.

batardeau n. m. ◻ Digue provisoire.

bâtardise n. f. ◻ État de bâtard.

batave adj. et n. ◻ vx ou plais. Habitant des Pays-Bas.

batavia n. f. ◻ Laitue à feuilles ondulées.

bateau n. m. **1.** Construction flottante destinée à la navigation. - *BATEAU-MOUCHE* : bateau qui circule sur la Seine pour faire visiter Paris. *Des bateaux-mouches.* **2.** La navigation de plaisance. *Faire du bateau.* **3.** fam. *Mener qqn en bateau*, inventer une histoire pour le tromper. **4.** adj. invar. Banal, rebattu.

bateleur, euse n. ◻ vieilli Personne qui fait des tours d'adresse, dans les foires, etc.

batelier, ière n. ◻ Personne qui conduit un bateau, sur les rivières et canaux.

batellerie n. f. **1.** Industrie du transport fluvial. **2.** Ensemble des bateaux de rivière.

bâter v. tr. ◻ Mettre un bât à (un animal). ■ (au p. p.) fig. *ÂNE BÂTÉ* : ignorant.

bat-flanc n. m. invar. ◻ Cloison en bois, dans une écurie.

bathyscaphe n. m. ◻ Appareil habitable pour l'observation des profondeurs marines.

① **bâti** n. m. **1.** Assemblage de montants et de traverses. **2.** Couture provisoire à grands points.

② **bâti, ie** adj. **1.** Sur quoi est construit un bâtiment. **2.** (personnes) *Bien, mal bâti* : bien, mal fait.

batifoler v. intr. ◻ S'amuser, folâtrer.

batik n. m. ◻ Technique artisanale de décoration des tissus à base de dessins à la cire.

bâtiment n. m. **1.** Ensemble des industries et métiers qui concourent à la construction des édifices. **2.** Construction assez grande.

bâtir v. tr. ◻ Élever sur le sol, à l'aide de matériaux assemblés.

bâtisse n. f. ◻ Grand bâtiment (2).

bâtisseur, euse n. ◻ Personne qui bâtit.

batiste n. f. ◻ Toile de lin très fine.

bâton n. m. **1.** Long morceau de bois rond que l'on peut tenir à la main. **2.** *Parler À BÂTONS ROMPUS*, de manière peu suivie. **3.** Objet en forme de bâton.

bâtonner v. tr. ◻ Frapper avec un bâton.

bâtonnet n. m. ◻ Petit bâton.

bâtonnier, ière n. ◻ Avocat élu par ses confrères pour être le président de l'Ordre.

batracien n. m. ◻ vieilli → **amphibien.**

battage n. m. **I.** Action de battre (I, 3). **II.** fig. Publicité tapageuse.

① **battant** n. m. ◻ Partie d'un panneau double (porte...) mobile sur des gonds.

② **battant, ante** adj. ◻ *Pluie battante*, très violente. – *Le cœur battant* : avec émotion. – *Tambour battant* fig. : rapidement, rondement.

③ **battant, ante** n. ◻ Personne combative.

batte n. f. ◻ Instrument pour battre. ▪ (cricket, base-ball) Bâton pour renvoyer la balle.

battement n. m. **1.** Choc ou mouvement de ce qui bat. **2.** Mouvement alternatif de contraction et de dilatation du cœur. **3.** Intervalle de temps.

batterie n. f. **I.** Réunion de pièces d'artillerie. – *Dévoiler ses batteries*, ses intentions cachées. **II. 1.** *BATTERIE DE CUISINE* : ustensiles de métal servant à faire la cuisine. **2.** Ensemble d'éléments. ▪ Réunion de générateurs de courant électrique. ▪ *Élevage en batterie*, en grand nombre. **III.** Ensemble d'instruments à percussion. – Instrument à percussion complexe.

batteur, euse I. n. Personne qui joue de la batterie. **II.** n. m. Ustensile ménager pour battre, mêler.

batteuse n. f. ◻ Machine qui sert à égrener des céréales.

battoir n. m. ◻ Instrument qui sert à battre (les tapis...).

battre v. **I.** v. tr. dir. **1.** Frapper à plusieurs reprises (un être vivant). **2.** Avoir le dessus sur (un adversaire). **3.** Frapper (qqch.) avec un instrument. **4.** Remuer, agiter. – *Battre les cartes*, les mélanger. **II.** v. intr. **1.** Produire des mouvements répétés. *Battre des mains.* **2.** Être animé de mouvements répétés. *Son pouls bat vite.* ▷ v. pron. **se battre 1.** récipr. Lutter, se donner des coups. **2.** réfl. Combattre (qqn). ▷ adj. **battu, ue 1.** Qui a reçu des coups. **2.** Qui est vaincu. **3.** Frappé avec un instrument.

battue n. f. ◻ Action de battre les taillis, les bois pour en faire sortir le gibier.

baudet n. m. ◻ fam. Âne.

baudrier n. m. ◻ Bandoulière qui soutient une arme. ▪ Harnais d'alpiniste, etc.

baudroie n. f. ◻ Grand poisson de mer à grosse tête, à chair estimée (syn. *lotte*).

baudruche n. f. **1.** Pellicule provenant de l'intestin du bœuf ou du mouton. **2.** Fine pellicule de caoutchouc. ▪ Ballon de cette matière.

bauge n. f. ◻ Gîte fangeux (du porc...).

baume n. m. ◻ Préparation médicamenteuse calmante, qui facilite la cicatrisation.

bauxite n. f. ◻ Minerai d'aluminium.

bavard, arde adj. et n. ▫ Qui parle avec abondance.

bavarder v. intr. ▫ Parler beaucoup. ▶ **bavardage** n. m.

bavarois, oise 1. adj. et n. De Bavière. 2. *Bavarois(e)* n. m. et f. : entremets froid en gelée.

bavasser v. intr. ▫ fam. et péj. Bavarder.

bave n. f. 1. Salive qui s'écoule de la bouche, ou de la gueule de certains animaux. 2. Sécrétion visqueuse de certains mollusques.

baver v. intr. 1. Laisser couler de la bave. 2. fam. *EN BAVER* : peiner, souffrir. 3. Se répandre, couler.

bavette n. f. I. 1. Bavoir. 2. Partie inférieure de l'aloyau. II. fam. *Tailler une bavette* : bavarder (avec qqn).

baveux, euse adj. 1. Qui bave (1). 2. *Omelette baveuse*, peu cuite, moelleuse.

bavoir n. m. ▫ Pièce de lingerie qui protège la poitrine des bébés.

bavure n. f. 1. Trace d'encre sur un dessin, etc. – fam. *Sans bavure(s)* : impeccable. 2. Erreur fâcheuse.

bayadère n. f. ▫ Danseuse sacrée de l'Inde.

bayer v. intr. ▫ *Bayer aux corneilles* : rêvasser.

bayou n. m. ▫ (Louisiane) Eaux peu profondes à faible courant.

bazar n. m. 1. Marché public, en Orient. 2. Magasin où l'on vend toutes sortes d'objets. 3. fig., fam. Lieu en désordre.

bazarder v. tr. ▫ fam. Se débarrasser de (qqch.).

bazooka n. m. ▫ Lance-roquettes antichar.

B. C. B. G. adj. ▫ Bon chic* bon genre.

B. C. G. n. m. (n. déposé) ▫ Vaccin antituberculeux.

B. D. n. f. (abrév.) ▫ fam. Bande* dessinée. – var. **BD, bédé.**

beach-volley n. m. ▫ anglic. Volley-ball de plage.

béant, ante adj. ▫ littér. Grand ouvert. ▶ **béance** n. f.

béarnais, aise 1. adj. et n. Du Béarn. 2. *Sauce béarnaise* ou n. f. *béarnaise* : sauce épaisse au beurre et aux œufs.

béat, ate adj. ▫ Qui exprime une satisfaction tranquille. ▶ **béatement** adv.

béatification n. f. ▫ Acte pontifical par lequel une personne défunte est mise au rang des bienheureux. ▶ **béatifier** v. tr.

béatitude n. f. ▫ Bonheur parfait.

① **beau** (ou **bel** devant voyelle ou *h* muet et dans des locutions), **belle** adj. 1. Qui fait éprouver une émotion esthétique ; qui plaît à l'œil. 2. Qui fait naître un sentiment d'admiration ou de satisfaction. 3. iron. Mauvais, vilain. *C'est du beau travail !* 4. *AVOIR BEAU* (+ inf.) : s'efforcer en vain de. 5. *BEL ET BIEN* loc. adv. : véritablement. – *DE PLUS BELLE* : de nouveau et encore plus fort.

② **beau** n. m. I. Ce qui fait éprouver une émotion esthétique, un sentiment d'admiration. II. *Faire le beau*, se dresser sur ses pattes postérieures (chien).

beaucoup adv. 1. *Beaucoup de* : un grand nombre, une grande quantité, un haut degré de. 2. nominal De nombreuses choses, personnes. – *DE BEAUCOUP* : avec une grande différence. 3. avec un verbe En grande quantité ; intensément. 4. avec un compar. *C'est beaucoup mieux.*

beauf n. ▫ fam. 1. n. m. Beau-frère. 2. péj. Français moyen étroit d'esprit.

beau-fils n. m. 1. Fils que l'autre conjoint a eu précédemment. 2. Gendre.

beau-frère n. m. 1. Frère du conjoint, pour l'autre conjoint. 2. Mari de la sœur ou de la belle-sœur de qqn.

beaujolais n. m. ◻ Vin du Beaujolais (Massif central).

beau-père n. m. **1.** Père du conjoint, pour l'autre conjoint. **2.** Second mari de la mère, pour les enfants d'un premier lit.

beaupré n. m. ◻ mar. Mât d'avant, oblique.

beauté n. f. **1.** Caractère de ce qui est beau (I). **2.** Qualité d'une personne belle. **3.** Caractère de ce qui est moralement admirable.

beaux-arts n. m. pl. ◻ Arts qui ont pour objet la représentation du beau plastique.

beaux-parents n. m. pl. ◻ Le père et la mère du conjoint.

bébé n. m. **1.** Enfant en bas âge. **2.** Très jeune animal (avec un nom en appos.). *Des bébés phoques.*

bébé-éprouvette n. m. ◻ Bébé conçu par fécondation in vitro. *Des bébés-éprouvette.*

bébête ◻ fam. **1.** adj. Un peu bête. **2.** n. f. Petite bête.

be-bop n. m. ◻ Style de jazz développé au début des années 1940. *Des be-bops.*

bec n. m. **1.** Bouche cornée et saillante des oiseaux. **2.** fam. *Être le bec dans l'eau*, dans l'incertitude. ▪ *PRISE DE BEC* : dispute. **3.** Extrémité terminée en pointe.

bécane n. f. ◻ fam. **1.** Ordinateur. **2.** Cyclomoteur ou moto.

bécarre n. m. ◻ Signe de musique (♮) placé devant une note modifiée par un dièse ou un bémol, pour la rétablir dans un ton naturel.

bécasse n. f. ◻ Échassier migrateur, à chair très estimée.

bécassine n. f. ◻ Échassier migrateur de petite taille.

bec-de-cane n. m. ◻ Pêne d'une serrure qui rentre lorsqu'on manœuvre la poignée. – Cette poignée. *Des becs-de-cane.*

bec-de-lièvre n. m. ◻ Malformation congénitale, fissure de la lèvre supérieure. *Des becs-de-lièvre.*

béchamel n. f. ◻ Sauce blanche au lait.

bêche n. f. ◻ Outil de jardinage fait d'un fer plat adapté à un manche.

bêcher v. tr. ◻ Retourner (la terre) à la bêche.

bêcheur, euse n. ◻ Personne prétentieuse.

bécot n. m. ◻ fam. Baiser affectueux.

bécoter v. tr. ◻ fam. Donner des bécots. – pronom. S'embrasser. – var. **bécotter.**

becquée ou **béquée** n. f. ◻ Nourriture qu'un oiseau prend dans son bec.

becquerel n. m. ◻ phys. Unité de mesure d'activité radioactive (symb. Bq).

becquet n. m. → **béquet**

becquetance n. f. ◻ fam. Nourriture. – var. **bectance.**

becqueter v. tr. **1.** Piquer avec le bec. **2.** fam. Manger. – var. **becter**

bedaine n. f. ◻ fam. Gros ventre.

bédé n. f. → **B. D.**

bedeau n. m. ◻ Employé laïque d'une église.

bedon n. m. ◻ fam. Ventre rebondi.

bedonner v. intr. ◻ fam. Avoir du ventre. ▸ **bedonnant, ante** adj.

bédouin, ine n. ◻ Arabe nomade du désert.

bée adj. ◻ *BOUCHE BÉE* : la bouche ouverte (d'admiration...).

béer v. intr. ◻ littér. Ouvrir grand la bouche.

beffroi n. m. ◻ région. Tour, clocher.

bégaiement n. m. ◻ Trouble de la parole, répétition de syllabes et arrêt involontaire du débit.

bégayer v. intr. 1. Souffrir de bégaiement. 2. S'exprimer d'une manière maladroite. ▶ **bégayant, ante** adj.

bégonia n. m. ▫ Plante originaire d'Amérique tropicale, cultivée pour ses fleurs.

bègue adj. et n. ▫ Qui bégaie.

bégueule adj. et n. ▫ D'une pruderie affectée.

béguin n. m. I. anciennt Coiffe (d'abord, de béguine). II. Amour vif et passager.

béguinage n. m. ▫ Couvent de béguines.

béguine n. f. ▫ (en Belgique, aux Pays-Bas) Religieuse qui n'a pas prononcé de vœux perpétuels.

bégum n. f. ▫ Princesse indienne.

beige adj. ▫ D'un brun très clair.

beigne n. f. ▫ fam. Coup, gifle.

beignet n. m. ▫ Préparation de pâte frite enveloppant un aliment.

béké n. ▫ Créole né aux Antilles françaises.

bel adj. et adv. → ① **beau**

bel canto n. m. invar. ▫ L'art du chant, selon les traditions de l'opéra italien.

bêler v. intr. ▫ (mouton) Pousser son cri. ▶ **bêlant, ante** adj. ▶ **bêlement** n. m.

belette n. f. ▫ Petit mammifère carnassier, de couleur fauve.

belge adj. et n. ▫ De Belgique.

belgicisme n. m. ▫ ling. Particularité du français de Belgique.

bélier n. m. I. 1. Mâle non châtré de la brebis. 2. hist. Machine de guerre servant à enfoncer des murailles. II. Premier signe du zodiaque (21 mars-20 avril).

belladone n. f. ▫ Plante vénéneuse à baies noires, utilisée en médecine.

bellâtre n. m. ▫ Bel homme fat et niais.

belle n. f. I. Belle femme ou jeune fille. II. Partie qui doit départager deux joueurs à égalité. III. fam. *SE FAIRE LA BELLE* : s'évader.

belle-de-jour n. f. ▫ Liseron. *Des belles-de-jour.*

belle-de-nuit n. f. ▫ Plante à grandes fleurs qui s'ouvrent le soir. *Des belles-de-nuit.*

belle-famille n. f. ▫ Famille du conjoint.

belle-fille n. f. 1. Fille que l'autre conjoint a eue auparavant. 2. Épouse d'un enfant (II).

belle-mère n. f. 1. Mère du conjoint. 2. Seconde femme du père, pour les enfants d'un premier lit.

belles-lettres n. f. pl. ▫ vieilli La littérature.

belle-sœur n. f. 1. Sœur du conjoint, pour l'autre conjoint. 2. Femme du frère ou du beau-frère de qqn.

belliciste adj. et n. ▫ Qui pousse à la guerre. ▶ **bellicisme** n. m.

belligérant, ante adj. et n. m. ▫ (État) En guerre. ▶ **belligérance** n. f.

belliqueux, euse adj. 1. Qui aime la guerre, excite à la guerre. 2. Agressif.

belon n. m. ▫ Variété d'huître plate.

belote n. f. ▫ Jeu de cartes à combinaisons.

bélouga ou **béluga** n. m. ▫ Mammifère cétacé des eaux arctiques.

belvédère n. m. ▫ Construction en un lieu élevé, d'où la vue s'étend au loin.

bémol n. m. ▫ Signe musical (♭) baissant d'un demi-ton la note devant laquelle il est placé.

ben adv. 1. rural Bien. 2. fam. Eh bien.

bénédicité n. m. ▫ Prière catholique prononcée avant le repas.

bénédictin, ine n. I. Religieux, religieuse de l'ordre de saint Benoît. II. n. f. (n. déposé) Liqueur fabriquée à l'origine dans un couvent de bénédictins.

bénédiction n. f. **1.** Grâce accordée par Dieu. **2.** Action du prêtre qui bénit (qqn, qqch.). **3.** Approbation, protection... *Donner sa bénédiction à qqn.*

bénéfice n. m. **1.** littér. Avantage. – *AU BÉNÉFICE DE* : au profit de. **2.** Gain réalisé dans une opération, une entreprise.

bénéficiaire **1.** n. Personne qui bénéficie (d'un avantage...). **2.** adj. Relatif au bénéfice (2).

bénéficier v. ▫ *BÉNÉFICIER DE* v. tr. ind. : profiter de (un avantage).

bénéfique adj. ▫ Qui fait du bien.

benêt n. m. ▫ Homme, garçon niais.

bénévole adj. **1.** Qui fait qqch. sans obligation et gratuitement. – n. *Des bénévoles.* **2.** Fait gratuitement et sans obligation. ▶ **bénévolement** adv. ▶ **bénévolat** n. m.

bengali, ie **I.** n. m. Petit oiseau au plumage brun tacheté de couleurs vives. **II.** adj. et n. Du Bengale.

béni, ie adj. ▫ Qui a été béni (I, 1).

bénin, igne adj. ▫ Sans conséquence grave. ▶ **bénignité** n. f. littér. ou didact.

bénir v. tr. **I. 1.** (Dieu) Répandre sa bénédiction sur. **2.** Appeler la bénédiction de Dieu sur (qqn, qqch.). **II. 1.** Louer, glorifier (Dieu). **2.** Glorifier, remercier (qqn, qqch.).

bénit, ite adj. ▫ (choses) Qui a reçu la bénédiction rituelle du prêtre.

bénitier n. m. ▫ Vasque pour l'eau bénite. ▪ fam. *Grenouille de bénitier* : bigote.

benjamin, ine n. ▫ Le, la plus jeune.

benjoin n. m. ▫ Résine balsamique.

benne n. f. **1.** Caisse servant au transport de matériaux. **2.** Partie d'un camion qui peut basculer. – Le camion.

benoît, oîte adj. ▫ vieilli Doucereux. ▶ **benoîtement** adv.

benthique adj. ▫ didact. Relatif au fond des eaux.

bento n. m. ▫ Repas japonais transporté dans un coffret compartimenté. ▪ Ce coffret.

benzène n. m. ▫ Hydrocarbure extrait des goudrons de houille. ▶ **benzénique** adj.

benzine n. f. ▫ Benzol purifié, employé comme détachant.

benzol n. m. ▫ Mélange d'hydrocarbures.

béotien, enne n. et adj. **I.** hist. De Béotie. **II.** Inculte.

B. E. P. n. m. ▫ (en France) Brevet d'études professionnelles.

béquée n. f. → **becquée**

béquet ou **becquet** n. m. ▫ imprim. Petit papier écrit qu'on ajoute à une épreuve.

béquille n. f. **1.** Bâton surmonté d'une traverse sur laquelle on s'appuie pour marcher. **2.** Dispositif de soutien, de support.

berbère adj. et n. ▫ Du peuple autochtone d'Afrique du Nord.

bercail n. m. sing. ▫ plais. Foyer, pays (natal).

berceau n. m. **1.** Petit lit de bébé. **2.** Lieu d'origine. **3.** archit. Voûte en plein cintre.

bercer v. tr. **1.** Balancer dans un berceau. ▶ **bercement** n. m. **2.** littér. Leurrer, tromper.

berceuse n. f. ▫ Chanson, musique pour endormir un enfant.

béret n. m. ▫ Coiffure souple, ronde et plate.

bergamote n. f. ▫ Fruit acide (agrume) du *bergamotier.*

① **berge** n. f. ▫ Bord relevé (d'un cours d'eau, etc.).

② **berge** n. f. ▫ fam. Année (d'âge).

berger, ère n. **1.** Personne qui garde les moutons. **2.** n. m. Chien de berger.

bergère n. f. ▫ Fauteuil large, à coussin.

bergerie n. f. □ Lieu où l'on abrite les moutons.

bergeronnette n. f. □ Passereau à longue queue qui vit au bord de l'eau.

béribéri n. m. □ Maladie due au manque de vitamine B.

berline n. f. □ Automobile à quatre portes et quatre glaces latérales.

berlingot n. m. **1.** Bonbon aromatisé, en forme de tétraèdre. **2.** Emballage pour les liquides, de cette forme.

berlue n. f. □ *Avoir la berlue*, des visions.

berme n. f. □ Chemin laissé entre une levée et le bord d'un canal ou d'un fossé.

bermuda n. m. □ Short long (au genou).

bernache ou **bernacle** n. f. **1.** Petite oie sauvage. **2.** Anatife (crustacé marin).

bernard-l'hermite ou **bernard-l'ermite** n. m. invar. □ Crustacé qui loge dans une coquille vide de gastéropode.

en **berne** loc. adj. □ (pavillon) Hissé à mi-mât, en signe de deuil, de détresse.

berner v. tr. □ Tromper en ridiculisant.

bernicle ou **bernique** n. f. □ Patelle.

béryl n. m. □ Silicate d'aluminium et de béryllium.

béryllium n. m. □ Élément (symb. Be), métal gris, dur et léger.

besace n. f. □ Sac long, ouvert par le milieu et dont les extrémités forment deux poches.

bésef ou **bézef** adv. □ fam. Beaucoup.

besicles n. f. pl. □ vx ou plais. Lunettes. - var. **bésicles.**

besogne n. f. □ Travail imposé.

besogner v. intr. □ Travailler péniblement.

besogneux, euse adj. **1.** littér. Qui est dans le besoin. **2.** Qui travaille péniblement.

besoin n. m. **I. 1.** Exigence née de la nature ou de la vie sociale. - *Les besoins naturels*, la nécessité d'uriner, d'aller à la selle. **2.** *AVOIR BESOIN DE qqn, qqch. ; de* (+ inf.) ; *que* (+ subj.) : ressentir la nécessité de. ▪ *AU BESOIN* loc. adv. : en cas de nécessité. **II.** État de privation. *Être dans le besoin.*

① **bestiaire** n. m. □ Antiq. Gladiateur qui combattait les bêtes féroces.

② **bestiaire** n. m. □ Recueil de fables, de textes sur les animaux.

bestial, ale, aux adj. □ Qui tient de la bête, assimile à la bête. ▶ **bestialement** adv. ▶ **bestialité** n. f.

bestiaux n. m. pl. □ Ensemble des animaux de ferme.

bestiole n. f. □ Petite bête ; spécialt insecte.

best-seller n. m. □ anglic. Livre qui a obtenu un grand succès. *Des best-sellers.*

① **bêta** n. m. □ Deuxième lettre de l'alphabet grec.

② **bêta, asse** n. et adj. □ fam. Niais.

bétail n. m. sing. □ Ensemble des animaux élevés pour la production agricole.

bétaillère n. f. □ Véhicule servant à transporter le bétail.

bête I. n. f. **1.** Tout être animé, à l'exception de l'homme. - *Bête à bon Dieu* : coccinelle. **2.** *Chercher la petite bête*, être critique à l'excès. - *C'est sa bête noire*, il déteste cette personne, cette chose. **3.** Personne dominée par ses instincts. **II.** adj. Qui manque d'intelligence.

bétel n. m. □ Mélange de feuilles d'un poivrier exotique, de tabac, de noix d'arec, mâché dans les régions tropicales.

bêtement adv. □ D'une manière stupide. ▪ *Tout bêtement*, tout simplement.

bêtifier v. intr. □ Dire des bêtises. ▶ **bêtifiant, ante** adj.

bêtise n. f. **1.** Manque d'intelligence et de jugement. **2.** Action ou parole sotte ou maladroite. **3.** Action, parole, chose futile.

bêtisier n. m. □ → **sottisier.**

béton n. m. □ Matériau de construction, mélange de mortier et de gravier.

bétonner v. tr. □ Construire en béton. ▷ adj. **bétonné, ée**

bétonnière n. f. □ Machine à cuve tournante, pour faire le béton. – syn. **bétonneuse.**

bette ou **blette** n. f. □ Plante proche de la betterave, dont on mange les feuilles et les côtes.

betterave n. f. □ Plante cultivée à racine épaisse.

betteravier, ière **1.** adj. De la betterave. **2.** n. m. Producteur de betteraves sucrières.

beugler v. intr. □ (bovins) Pousser des cris. ▶ **beuglement** n. m.

beur n. □ fam. Personne née en France de parents immigrés maghrébins. – au fém. *Une beur* ou *beurette.*

beurre n. m. □ Corps gras alimentaire onctueux qu'on obtient en battant la crème du lait. ▪ fam. *Faire son beurre,* s'enrichir.

beurrer v. tr. □ Recouvrir de beurre. ▷ adj. **beurré, ée** **1.** *Tartine beurrée.* **2.** fam. Ivre.

beurrier n. m. □ Récipient pour le beurre.

beuverie n. f. □ Réunion où l'on s'enivre.

bévue n. f. □ Méprise, erreur grossière.

bey n. m. □ hist. Titre de souverains vassaux du sultan ou de hauts fonctionnaires turcs.

bézef adv. → **bésef**

biais n. m. **1.** Ligne oblique. ▪ *DE BIAIS, EN BIAIS* loc. adv. : obliquement, de travers. **2.** fig. Moyen détourné.

biaiser v. intr. □ User de moyens détournés.

bibelot n. m. □ Petit objet décoratif.

biberon n. m. □ Bouteille munie d'une tétine, pour nourrir un bébé.

biberonner v. intr. □ Boire (2).

① **bibi** n. m. □ fam. Petit chapeau de femme.

② **bibi** pron. □ fam. Moi.

bibine n. f. □ Mauvaise boisson.

bible n. f. **1.** (avec maj.) Recueil des textes de l'Ancien et du Nouveau Testament. **2.** Le livre lui-même. **3.** Ouvrage faisant autorité.

bibliobus n. m. □ Véhicule aménagé en bibliothèque de prêt.

bibliographie n. f. **1.** Liste des écrits relatifs à un sujet. **2.** Science des documents écrits. ▶ **bibliographe** n. ▶ **bibliographique** adj.

bibliophile n. □ Personne qui aime les livres rares, précieux. ▶ **bibliophilie** n. f.

bibliothécaire n. □ Personne préposée à une bibliothèque.

bibliothèque n. f. **1.** Meuble servant à ranger des livres. **2.** Salle, édifice où sont classés des livres.

biblique adj. □ Relatif à la Bible.

bicarbonate n. m. □ Carbonate acide. *Bicarbonate de soude* (de sodium).

bicentenaire **1.** adj. Qui a deux cents ans. **2.** n. m. Deux centième anniversaire.

bicéphale adj. □ Qui a deux têtes, ou fig. deux chefs.

biceps n. m. □ Muscle du bras qui gonfle quand on fléchit celui-ci.

biche n. f. □ Femelle du cerf.

bichon, onne n. □ Petit chien au nez court, au poil long et soyeux.

bichonner v. tr. **1.** Arranger avec soin et coquetterie. **2.** Être aux petits soins pour.

biclou n. m. ▫ fam. Bicyclette.

bicolore adj. ▫ Qui a deux couleurs.

biconcave adj. ▫ Qui a deux surfaces concaves (contr. *biconvexe* adj.).

bicoque n. f. ▫ Petite maison de médiocre apparence.

bicorne n. m. ▫ Chapeau à deux pointes.

bicross n. m. (n. déposé) ▫ Vélo tout-terrain sans suspension ni garde-boue.

bicyclette n. f. ▫ Véhicule à deux roues mû par un système de pédalier.

bidasse n. m. ▫ fam. Soldat.

bide n. m. ▫ fam. **I.** Ventre. **II.** Échec total.

bidet n. m. **1.** Petit cheval. **2.** Cuvette basse pour la toilette intime.

bidoche n. f. ▫ fam. Viande.

bidon n. m. **I. 1.** Récipient portatif pour les liquides. **2.** fam. Ventre. **II.** adj. invar. fam. Faux, simulé.

se **bidonner** v. pron. ▫ fam. Rire.

bidonville n. m. ▫ Agglomération de baraques où vit une population misérable, près d'une grande ville.

bidouiller v. tr. ▫ fam. Arranger (qqch.) en bricolant. ▶ **bidouillage** n. m. ▶ **bidouilleur, euse** n.

bidule n. m. ▫ fam. Objet quelconque.

bief n. m. **1.** Portion d'un cours d'eau entre deux chutes, entre deux écluses. **2.** Canal de dérivation des eaux.

bielle n. f. ▫ Tige rigide, articulée à ses extrémités et destinée à la transmission d'un mouvement.

① **bien I.** adv. **1.** D'une manière satisfaisante. **2.** D'une manière conforme à la raison ou à la morale. **3.** Avec force, intensité. *Écoutez bien.* ■ BIEN DE, DES : beaucoup de. **4.** (renforçant l'affirmation) *Nous le savons bien.* **5.** EH BIEN !, marque l'étonnement. **6.** BIEN QUE loc. conj. (+ subj. ou p. prés.) Quoique. **II.** adj. invar. **1.** Satisfaisant. **2.** Juste, moral. **3.** En bonne santé, en bonne forme. **4.** Convenable, distingué. **5.** À l'aise, content.

② **bien** n. m. **1.** Ce qui est avantageux, agréable, utile. **2.** Chose matérielle que l'on peut posséder. **3.** Ce qui possède une valeur morale. *Discerner le bien du mal.*

bien-aimé, ée 1. adj. Qui est très aimé. **2.** n. littér. Personne aimée d'amour.

bien-être n. m. invar. **1.** Sensation agréable procurée par l'absence de soucis. **2.** Situation d'aisance matérielle.

bienfaisance n. f. ▫ Action de faire du bien dans un intérêt social.

bienfaisant, ante adj. ▫ (choses) Qui fait du bien, apporte un soulagement.

bienfait n. m. ▫ Action bienfaisante.

bienfaiteur, trice n. ▫ Personne qui fait du bien.

bien-fondé n. m. sing. **1.** Conformité au droit. **2.** Conformité à la raison.

bien-fonds n. m. ▫ dr. Bien immeuble (terre, bâtiment). *Des biens-fonds.*

bienheureux, euse adj. et n. **1.** littér. Heureux. **2.** Personne béatifiée.

biennal, ale, aux 1. adj. Qui dure deux ans. ■ Qui a lieu tous les deux ans. **2.** n. f. Manifestation qui a lieu tous les deux ans.

bien-pensant, ante adj. et n. ▫ Dont les idées sont conformistes.

bienséance n. f. ▫ littér. Conduite sociale en accord avec les usages. ▶ **bienséant, ante** adj.

bientôt adv. ▫ Dans un proche futur.

bienveillance n. f. ▫ Disposition favorable envers qqn. ▶ **bienveillant, ante** adj.

bienvenu, ue 1. adj. Qui arrive à propos. **2.** n. Personne, chose accueillie avec plaisir.

bienvenue n. f. ▫ Heureuse arrivée de qqn. *Bienvenue à vous !*

① **bière** n. f. ▫ Boisson alcoolisée fermentée, à base d'orge germée et de houblon.

② **bière** n. f. ▫ Cercueil. *Mise en bière.*

biface n. m. ▫ didact. → **coup-de-poing** (2).

biffer v. tr. ▫ Rayer (ce qui est écrit).

bifide adj. ▫ sc. nat. Fendu en deux.

bifidus n. m. ▫ Bactérie utilisée dans l'industrie alimentaire comme ferment.

bifteck n. m. ▫ Tranche de bœuf grillée ou destinée à l'être.

bifurquer v. intr. **1.** Se diviser en deux (en fourche). **2.** Abandonner une voie pour une autre. ▶ **bifurcation** n. f.

bigame adj. et n. ▫ Qui a contracté un second mariage sans qu'il y ait dissolution du premier. ▶ **bigamie** n. f.

bigarré, ée adj. ▫ Qui a des couleurs variées.

bigarreau n. m. ▫ Cerise à chair ferme.

bigarrure n. f. ▫ Aspect bigarré.

big bang n. m. ▫ anglic. Explosion de matière ayant provoqué la formation de l'univers connu.

bigler v. ▫ fam. **1.** v. intr. Loucher. **2.** v. tr. Regarder du coin de l'œil.

bigleux, euse adj. et n. ▫ fam. **1.** Qui louche. **2.** Qui voit mal.

bigophone n. m. ▫ fam. Téléphone.

bigorneau n. m. ▫ Petit coquillage comestible.

bigot, ote adj. et n. ▫ Dévot à l'excès. ▶ **bigoterie** n. f.

bigoudi n. m. ▫ Rouleau autour duquel on enroule une mèche de cheveux pour la friser.

bigre interj. ▫ vieilli Exclamation de surprise.

bigrement adv. ▫ fam. Très.

biguine n. f. ▫ Danse des Antilles.

bijection n. f. ▫ math. Application qui établit entre deux ensembles une relation telle que tout élément de l'un soit l'image d'un seul élément de l'autre. ▶ **bijectif, ive** adj.

bijou n. m. ▫ Petit objet précieux par la matière ou le travail et servant à la parure.

bijouterie n. f. **1.** Fabrication, commerce des bijoux. **2.** Magasin où on vend des bijoux. ▶ **bijoutier, ière** n.

bikini n. m. (n. déposé) ▫ Maillot de bain deux-pièces.

bilan n. m. **1.** Tableau de la comptabilité (d'une entreprise). – *Déposer son bilan.* → **faillite. 2.** État, résultat global. **3.** *Bilan de santé :* ensemble d'examens médicaux systématiques.

bilatéral, ale, aux adj. **1.** Qui a deux côtés ; qui se rapporte à deux côtés. **2.** dr. Qui engage les parties l'une envers l'autre.

bilboquet n. m. ▫ Jouet formé d'un bâton sur lequel on doit enfiler une boule percée.

bile n. f. **1.** Liquide amer sécrété par le foie. **2.** *Se faire de la bile,* s'inquiéter. ▶ **biliaire** adj.

se **biler** v. pron. ▫ fam. S'inquiéter.

bileux, euse adj. ▫ fam. Soucieux.

bilieux, ieuse adj. **1.** Qui résulte d'un excès de bile. **2.** adj. et n. littér. Coléreux.

bilingue adj. **1.** Qui est en deux langues. **2.** Où l'on parle deux langues. **3.** adj. et n. Qui parle deux langues.

bilinguisme n. m. **1.** Caractère bilingue (2). **2.** Qualité de bilingue (3).

billard n. m. **1.** Jeu où l'on fait rouler sur une table spéciale des billes lancées au moyen d'un bâton (queue). **2.** Table sur laquelle on joue au billard.

① **bille** n. f. **1.** Boule avec laquelle on joue au billard. – fig. *Bille en tête,* directement, avec audace. – fam. *Toucher sa* *bille* : être compétent. **2.** Petite boule de verre, etc. servant à des jeux d'enfants. **3.** techn. Petite sphère métallique.

② **bille** n. f. ▫ Pièce de bois destinée à être débitée en planches.

billet n. m. **1.** littér. Courte lettre. – *Billet doux*, lettre d'amour. **2.** Promesse écrite, engagement de payer. **3.** *Billet (de banque)*, papier-monnaie. **4.** Petit imprimé donnant accès quelque part.

billetterie n. f. **1.** Distributeur automatique de billets (3). **2.** Lieu où sont délivrés des billets (4).

billevesée n. f. ▫ littér. Idée creuse.

billot n. m. **1.** Bloc de bois sur lequel on décapitait les condamnés. **2.** Masse de bois, etc. sur laquelle on fait un ouvrage.

bimbeloterie n. f. ▫ Fabrication, commerce de bibelots.

bimbo n. f. ▫ anglic. Jeune femme à la féminité provocante et stéréotypée.

bimensuel, elle adj. ▫ Qui a lieu, paraît deux fois par mois.

bimestriel, elle adj. ▫ Qui a lieu, paraît tous les deux mois.

bimoteur adj. et n. m. ▫ (Avion) à deux moteurs.

binaire adj. ▫ Composé de deux éléments.

biner v. tr. ▫ Remuer (la terre) pour l'ameublir, etc., avec un outil (*binette* n. f.), une machine (*bineuse* n. f.). ▶ **binage** n. m.

binette → **biner**

bingo interj. ▫ anglic. *Bingo !* : c'est gagné, c'est parfait.

biniou n. m. ▫ Cornemuse bretonne.

binocle n. m. ▫ Lunettes sans branches.

binoculaire adj. ▫ Relatif aux deux yeux.

binôme n. m. **1.** math. Somme algébrique de deux monômes (ex. $5x^3-2x$). **2.** Ensemble de deux (éléments, personnes).

bintje n. f. ▫ Pomme de terre à chair jaune.

bio adj. ▫ Biologique (3). *Produits bios*, sans substances chimiques artificielles.

biocarburant n. m. ▫ Carburant obtenu à partir de matières végétales ou animales.

biochimie n. f. ▫ Partie de la chimie qui traite de la matière vivante. ▶ **biochimique** adj. ▶ **biochimiste** n.

biodégradable adj. ▫ Susceptible d'être décomposé par des organismes vivants.

biodiversité n. f. ▫ biol. Diversité biologique.

biodynamie n. f. ▫ Agriculture basée sur le respect de l'équilibre et des rythmes de la nature. ▶ **biodynamique** adj.

bioéthique n. f. ▫ Étude des problèmes moraux que soulèvent les techniques biologiques, génétiques.

biogaz n. m. ▫ techn. Gaz produit par la fermentation de matières organiques.

biographie n. f. ▫ Ouvrage, texte qui relate la vie (d'une personne). ▶ **biographe** n. ▶ **biographique** adj.

biologie n. f. ▫ Science qui étudie la matière vivante et les êtres vivants. ▶ **biologiste** n.

biologique adj. **1.** Relatif à la biologie. **2.** Qui a rapport à la vie, aux organismes vivants. **3.** De la vie naturelle. *Culture biologique*.

biomasse n. f. ▫ biol. Masse de matière vivante rapportée à une surface ou un volume.

biométrie n. f. ▫ didact. Analyse des caractéristiques physiques uniques d'une personne. ▶ **biométrique** adj.

bionique n. f. ▫ Discipline qui applique à l'électronique des dispositifs imités du monde vivant.

biophysique n. f. ▫ Partie de la physique qui traite de la matière vivante.

biopsie n. f. ▫ Prélèvement d'un tissu vivant en vue d'un examen microscopique.

biorythme n. m. ▫ Rythme* biologique.

biosphère n. f. ▫ Ensemble des organismes vivants qui vivent sur la Terre.

biotechnologie n. f. ▫ anglic. Technique d'utilisation d'organismes vivants pour l'industrie. ▶ **biotechnologique** adj.

biothèque n. f. ▫ Établissement destiné à la conservation du matériel biologique.

biotique adj. ▫ biol. Qui concerne les organismes vivants.

biotope n. m. ▫ biol. Milieu biologique présentant des conditions de vie homogènes.

bip n. m. 1. Signal sonore. 2. fam. Dispositif émettant ce signal.

biparti, ie ou **bipartite** adj. ▫ Composé de deux groupes.

bipède adj. ▫ Qui marche sur deux pieds.

biplace adj. et n. m. ▫ (avion) Qui a deux places.

biplan n. m. ▫ Avion à deux plans de sustentation.

bipolaire adj. 1. Qui a deux pôles. 2. psych. *Trouble bipolaire* : psychose maniacodépressive*.

bipolarisation n. f. ▫ Regroupement en deux blocs des forces politiques d'un pays.

bique n. f. ▫ fam. Chèvre.

biquet, ette n. ▫ Chevreau.

biréacteur n. m. ▫ Avion à deux réacteurs.

① **bis, bise** adj. ▫ D'un gris tirant sur le brun. – *Pain bis*, contenant du son.

② **bis** 1. interj. et n. m. Cri du public pour demander la répétition d'un morceau, etc. 2. adv. Indique la répétition du numéro (sur une maison...).

bisaïeul, eule n. ▫ littér. Arrière-grand-père, arrière-grand-mère. *Des bisaïeuls.*

bisannuel, elle adj. 1. Qui a lieu tous les deux ans. 2. (plante) Qui vit deux ans.

bisbille n. f. ▫ fam. Querelle insignifiante.

biscornu, ue adj. 1. Qui a une forme irrégulière. 2. fam. Bizarre.

biscoteau ou **biscoto** n. m. ▫ fam. Biceps.

biscotte n. f. ▫ Tranche de pain de mie séchée au four industriellement.

biscuit n. m. I. Gâteau sec (galette, sablé...). II. Porcelaine blanche non émaillée, imitant le marbre.

biscuiterie n. f. ▫ Fabrication, industrie de gâteaux secs. – Fabrique de biscuits.

① **bise** n. f. ▫ Vent du nord sec et froid.

② **bise** n. f. ▫ fam. Baiser.

biseau n. m. 1. Bord taillé obliquement. 2. Outil acéré au tranchant ainsi taillé.

biseauter v. tr. 1. Tailler en biseau. 2. Marquer (des cartes à jouer) d'un signe sur la tranche, pour tricher. ▷ p. p. **biseauté, ée** ▶ **biseautage** n. m.

bisexué, ée adj. ▫ biol. Qui porte les organes des deux sexes.

bisexuel, elle adj. et n. ▫ À la fois hétérosexuel et homosexuel. ▶ **bisexualité** n. f.

bismuth n. m. ▫ Élément (symb. Bi), métal brillant, rougeâtre, très cassant.

bison n. m. ▫ Bœuf sauvage grand et massif, à cornes courtes et à bosse entre les épaules.

bisou n. m. ▫ fam. Bise, baiser.

bisphénol n. m. chim. ▫ *Bisphénol A* : composé organique de synthèse, suspecté d'être toxique.

bisque n. f. ▫ Potage au coulis de crustacés.

bisquer v. intr. ▫ fam. Éprouver du dépit.

bissecteur, trice ▫ géom. **1.** adj. Qui divise en deux secteurs. **2.** n. f. Droite qui coupe un angle en deux angles égaux.

bisser v. tr. **1.** Faire répéter par un bis (②, 1). **2.** Répéter à la demande du public.

bissextile adj. fém. ▫ *Année bissextile :* année de 366 jours qui revient tous les quatre ans.

bistouri n. m. ▫ Instrument de chirurgie à lame courte, qui sert à faire des incisions.

bistre n. m. et adj. invar. ▫ Brun noirâtre.

bistré, ée adj. ▫ D'un brun noirâtre.

bistrot ou **bistro** n. m. ▫ fam. Café, débit de boissons. ▶ **bistrotier, ière** n.

bit n. m. ▫ inform. Unité élémentaire d'information pouvant prendre deux valeurs distinctes, notées 0 et 1.

bitoniau n. m. ▫ fam. Petit objet, partie d'un mécanisme (bouton, etc.). – var. **bitoniot.**

① **bitte** ou **bite** n. f. ▫ fam. et vulg. Pénis.

② **bitte** n. f. ▫ Borne d'amarrage.

bitume n. m. ▫ Mélange d'hydrocarbures utilisé comme revêtement des chaussées. ▶ **bitumer** v. tr.

biture n. f. ▫ fam. *Prendre une biture :* s'enivrer. ▶ se **biturer** v. pron.

bivalve adj. ▫ Qui a deux valves. ▪ n. m. Mollusque bivalve.

bivouac n. m. ▫ Campement provisoire. ▶ **bivouaquer** v. intr.

bizarre adj. **1.** Qui est inhabituel ; qu'on s'explique mal. **2.** Fantasque, excentrique. ▶ **bizarrement** adv.

bizarrerie n. f. **1.** Caractère bizarre. **2.** Chose, action bizarre.

bizarroïde adj. ▫ fam. Bizarre.

bizness n. m. → **business**

bizut ou **bizuth** n. m. ▫ fam. Élève de première année.

bizutage n. m. ▫ Cérémonie d'initiation des bizuts, comportant des brimades. ▶ **bizuter** v. tr.

blabla n. m. sing. ▫ fam. Bavardage. ▶ **blablater** v. intr.

black n. ▫ anglic., fam. Personne noire.

blackbouler v. tr. **1.** Rejeter par un vote. **2.** fam. Refuser (spécialt à un examen).

black-jack n. m. ▫ anglic. Jeu de cartes d'origine américaine. *Des black-jacks.*

black-out n. m. invar. **1.** Obscurité totale commandée par la défense passive. **2.** fig. Silence gardé (sur une nouvelle, etc.).

blafard, arde adj. ▫ Pâle, sans éclat.

① **blague** n. f. ▫ Sac souple pour le tabac.

② **blague** n. f. **1.** Histoire inventée pour tromper. **2.** Farce ; plaisanterie.

blaguer v. intr. ▫ fam. Dire des blagues. ▶ **blagueur, euse** n. et adj.

blair n. m. ▫ fam. Nez.

blaireau n. m. **I.** Petit mammifère carnivore, au pelage foncé. **II.** Brosse pour faire mousser le savon à barbe. **III.** fam. Personnage insignifiant.

blairer v. tr. ▫ fam. *Je ne peux pas le blairer :* je le déteste.

blâme n. m. **1.** Jugement par lequel on blâme (1). **2.** Sanction disciplinaire.

blâmer v. tr. **1.** Former un jugement moral défavorable sur (qqn ou qqch.). **2.** Punir par un blâme (2). ▶ **blâmable** adj.

① **blanc, blanche I.** adj. **1.** D'une clarté neutre, sans couleur. **2.** D'une couleur pâle voisine du blanc. – *Vin blanc.* **3.** fig. Qui n'a pas les effets habituels. *Nuit blanche,* sans sommeil. **4.** Innocent ; non souillé. **II.** n. Personne appartenant au groupe ethnique caractérisé par une faible pigmentation de la peau. – adj. *Population blanche.*

②**blanc** n. m. **I. 1.** Couleur blanche. **2.** *Tirer à blanc,* avec des projectiles inoffensifs. **II. 1.** Partie blanche (de qqch.). *Blanc d'œuf.* **2.** Espace libre dans un écrit. **3.** Linge de maison. **4.** Vin blanc.

blanc-bec n. m. ▫ Jeune homme sans expérience et sûr de soi.

blanchâtre adj. ▫ Tirant sur le blanc.

blanche n. f. ▫ mus. Note valant deux noires.

blancheur n. f. ▫ Caractère de ce qui est blanc.

blanchir v. **I.** v. tr. **1.** Rendre blanc. **2.** Laver, nettoyer (le linge). ▶ **blanchissage** n. m. **3.** fig. Innocenter (qqn). ▪ Donner une existence légale à (des fonds d'origine frauduleuse). ▶ **blanchiment** n. m. **II.** v. intr. Devenir blanc. ▶ **blanchissement** n. m.

blanchisserie n. f. ▫ Établissement où l'on blanchit et repasse le linge.

blanchisseur, euse n. ▫ Personne dont le métier est de blanchir et repasser le linge.

blanquette n. f. **1.** Vin blanc mousseux. **2.** Ragoût de viande blanche.

blase ou **blaze** n. m. ▫ argot **1.** Nom. **2.** Nez.

blaser v. tr. ▫ littér. Atténuer les sensations de (qqn). ▷ adj. **blasé, ée** cour.

blason n. m. **1.** Ensemble des emblèmes d'une famille noble, d'une collectivité. **2.** Art des armoiries.

blasphème n. m. ▫ Parole qui outrage la divinité, le sacré. ▶ **blasphématoire** adj.

blasphémer v. intr. ▫ Proférer des blasphèmes. ▶ **blasphémateur, trice** n. et adj.

blatérer v. intr. ▫ (chameau, bélier) Crier.

blatte n. f. ▫ Insecte nocturne au corps aplati.

blazer n. m. ▫ Veste de sport.

blé n. m. **I. 1.** Céréale dont le grain sert à l'alimentation (farine...). **2.** Ce grain. **II.** fam. Argent.

bled n. m. ▫ fam. Lieu, village isolé.

blême adj. ▫ Blanc ; très pâle.

blêmir v. intr. ▫ Devenir blême.

blender n. m. ▫ anglic. Mixeur composé d'une base sur laquelle s'emboîte un bol haut.

blennorragie n. f. ▫ Inflammation des voies génitales et urinaires.

blessant, ante adj. ▫ Qui blesse, offense.

blesser v. tr. **1.** Occasionner une blessure à ; faire mal à. – pronom. *Se blesser en tombant.* **2.** Causer une impression pénible à. **3.** fig. Heurter les sentiments de (qqn). ▷ adj. et n. **blessé, ée**

blessure n. f. **1.** Lésion faite aux tissus vivants par un coup, la chaleur, etc. **2.** fig. Atteinte morale.

blet, blette adj. ▫ (fruits) Qui est trop mûr.

blette n. f. → **bette**

bleu, bleue I. adj. **1.** De la couleur du ciel pur. – *Bifteck bleu,* très saignant. **2.** *Peur bleue,* intense. **3.** *Sang bleu,* noble. **II.** n. m. **1.** La couleur bleue. **2.** Jeune recrue. **3.** Marque sur la peau, due à un coup. **4.** Fromage de vache à moisissures. **5.** Combinaison d'ouvrier.

bleuâtre adj. ▫ Qui tire sur le bleu.

bleuet n. m. ▫ Centaurée à fleur bleue.

bleuir v. **1.** v. tr. Rendre bleu. **2.** v. intr. Devenir bleu.

bleuté, ée adj. ▫ Qui a une nuance bleue.

blindage n. m. ▫ Protection (d'un abri...) par des plaques de métal ; ces plaques.

blinde n. f. ▫ loc. adv. fam. *À toute blinde :* à toute vitesse.

blinder v. tr. **1.** Protéger par un blindage. **2.** fig., fam. Endurcir, armer. ▷ adj. **blindé, ée**

bling-bling adj. invar. ▫ fam. De style ostentatoire et clinquant.

blinis n. m. ▫ Crêpe de sarrasin épaisse.

blister n. m. ▫ anglic. Emballage fait d'une coque de plastique transparent fixée sur du carton.

blizzard n. m. ▫ Vent accompagné de tourmentes de neige, dans le Grand Nord.

bloc n. m. **I. 1.** Masse solide et pesante constituée d'un seul morceau. **2.** Feuillets assemblés sur un seul côté. **3.** Éléments groupés en une masse homogène. **4.** Coalition (politique). – *Faire bloc* : s'unir. **5.** *EN BLOC* loc. adv. : en totalité, sans partage. **II.** *À BLOC* loc. adv. : en forçant, coinçant.

blocage n. m. **1.** Action de bloquer (II). **2.** Difficulté d'adaptation à une situation.

blockbuster n. m. ▫ anglic. Film à gros budget.

blockhaus n. m. ▫ Ouvrage militaire défensif, fortifié de béton.

blocus n. m. ▫ Investissement (d'une ville, d'un pays...) pour l'isoler.

blog n. m. ▫ anglic. Journal personnel, chronique sur Internet. ▶ **blogueur, euse** n.

blond, onde 1. adj. D'une couleur claire proche du jaune. ▪ adj. et n. Qui a les cheveux blonds. **2.** n. m. La couleur blonde.

blondasse adj. ▫ D'un vilain blond.

blondeur n. f. ▫ État de ce qui est blond.

blondinet, ette n. ▫ Enfant blond.

blondir v. intr. ▫ Devenir blond.

bloquer v. tr. **I.** Mettre en un bloc. **II. 1.** Empêcher de se mouvoir. **2.** Boucher, obstruer. **3.** Inhiber par un blocage (2).

se **blottir** v. pron. ▫ Se ramasser sur soi-même (pour se protéger, etc.).

blouse n. f. **1.** Vêtement de travail que l'on met sur les autres. **2.** Chemisier de femme.

① **blouser** v. tr. ▫ fam. Tromper (qqn).

② **blouser** v. intr. ▫ (vêtement) Bouffer (I). ▶ **blousant, ante** adj.

blouson n. m. ▫ Veste courte, sportive.

blue-jean n. m. ▫ anglic. vieilli → **jean.** *Des blue-jeans.*

blues n. m. **I.** Forme musicale élaborée par les Noirs des États-Unis. **II.** fam. Mélancolie, cafard.

bluff n. m. ▫ Attitude trompeuse destinée à impressionner.

bluffer v. ▫ fam. **1.** v. intr. Pratiquer le bluff. ▶ **bluffeur, euse** n. et adj. **2.** v. tr. Impressionner (qqn).

bluter v. tr. ▫ Tamiser (la farine) pour la séparer du son (avec un *blutoir* n. m.).

boa n. m. ▫ Gros serpent carnassier d'Amérique tropicale, qui étouffe ses proies.

boat people n. invar. ▫ anglic. Personne fuyant son pays sur un bateau.

bob n. m. ▫ anglic. Chapeau en toile.

bobard n. m. ▫ fam. Propos mensonger.

bobèche n. f. ▫ Disque destiné à recueillir la cire qui coule des chandeliers.

bobine n. f. **I.** Petit cylindre pour enrouler du fil, un film... **II.** fam. Figure, tête.

bobiner v. tr. ▫ Dévider (un fil, etc.) et l'enrouler sur une bobine. ▶ **bobinage** n. m.

bobinette n. f. ▫ vx Loquet en bois.

① **bobo** n. m. ▫ lang. enfantin Blessure.

② **bobo** n. ▫ anglic. Personne d'un milieu aisé et cultivé, qui se veut attachée à des valeurs à la fois authentiques et anticonformistes.

bobsleigh n. m. ▫ Traîneau très rapide, pour descendre des pistes de glace.

bo bun ou **bobun** n. m. ▫ Salade vietnamienne à base de vermicelle et de bœuf sauté.

bocage n. m. ▫ Paysage formé de prés clos par des talus plantés d'arbres. ▶ **bocager, ère** adj.

bocal, aux n. m. ▫ Récipient à col très court et à large ouverture.

bock n. m. ▫ Verre à bière (moitié d'un demi).

body n. m. ▫ anglic. Justaucorps. *Des bodys.*

body-building n. m. ▫ anglic. Culturisme.

bœuf, plur. **bœufs** n. m. **I. 1.** Mammifère ruminant domestique (bovin). **2.** Viande de bœuf ou de vache. **II.** mus. Improvisation collective.

bof interj. ▫ Exclamation d'indifférence.

bogie ou **boggie** n. m. ▫ anglic. Chariot articulé portant le châssis d'un wagon.

① **bogue** n. f. ▫ Enveloppe piquante de la châtaigne, du marron.

② **bogue** n. m. ▫ anglic., inform. Défaut d'un logiciel causant des anomalies de fonctionnement. – syn. **bug.** ▶ **bogué, ée** adj. *Logiciel bogué.*

bohème 1. adj. et n. Qui mène une vie fantasque, sans règles. **2.** n. f. *LA BOHÈME,* ensemble des bohèmes.

bohémien, ienne n. ▫ Tsigane nomade.

① **boire** v. tr. **1.** Avaler (un liquide). ▪ fig. *Boire les paroles de qqn,* les écouter avec admiration. **2.** sans compl. Prendre régulièrement des boissons alcoolisées avec excès. **3.** Absorber.

② **boire** n. m. ▫ *Le boire et le manger* : l'action de boire et de manger.

bois n. m. **I.** Espace de terrain couvert d'arbres. **II.** Matière ligneuse et compacte des arbres. **III. 1.** Instrument à vent, muni de trous, en bois. **2.** au plur. Cornes (des cervidés).

boisé, ée adj. ▫ Couvert de bois (I).

boiser v. tr. **1.** Garnir de charpentes en bois. ▶ **boisage** n. m. **2.** Planter d'arbres. ▶ **boisement** n. m.

boiserie n. f. ▫ Revêtement en bois.

boisseau n. m. ▫ Ancienne mesure de capacité pour les matières sèches. – *Mettre qqch. sous le boisseau,* tenir secret.

boisson n. f. **1.** Liquide qui se boit. **2.** Boisson alcoolique.

boîte n. f. **1.** Récipient de matière rigide, transportable, souvent muni d'un couvercle. – fam. *METTRE qqn EN BOÎTE,* se moquer de lui. **2.** *BOÎTE AUX LETTRES,* où l'on dépose le courrier. – *BOÎTE NOIRE,* contenant un dispositif d'enregistrement. **3.** *Boîte crânienne,* partie du crâne qui renferme le cerveau. **4.** fam. Lieu de travail ; lycée. **5.** *BOÎTE (DE NUIT)* : discothèque (2).

boiter v. intr. ▫ Marcher en inclinant le corps d'un côté plus que de l'autre, ou alternativement d'un côté et de l'autre.

boiteux, euse adj. **1.** Qui boite. – n. *Un boiteux.* **2.** (choses) Qui n'est pas d'aplomb. **3.** fig. Qui manque d'équilibre, de cohérence.

boîtier n. m. ▫ Boîte destinée à recevoir des objets, un mécanisme, etc.

boitiller v. intr. ▫ Boiter légèrement.

bol n. m. **I.** Pièce de vaisselle, récipient individuel hémisphérique. **II.** fam. Chance.

bolchevik n. ▫ hist. Partisan du bolchevisme.

bolchevisme n. m. ▫ hist. Doctrine léniniste du collectivisme marxiste.

bolduc n. m. ▫ Ruban plat servant à ficeler.

bolée n. f. ▫ Contenu (liquide) d'un bol.

boléro n. m. **1.** Danse espagnole à trois temps. **2.** Veste courte.

bolet n. m. ▫ Champignon charnu.

bolide n. m. ▫ Véhicule très rapide.

bolognais, aise adj. et n. □ De Bologne. ■ *Sauce bolognaise,* n. f. *bolognaise :* sauce à la viande et à la tomate.

bombance n. f. □ *Faire bombance :* faire un repas abondant.

bombarde n. f. **I.** (Moyen Âge) Machine de guerre. **II.** (en Bretagne) Instrument à anche.

bombarder v. tr. **1.** Attaquer en lançant des bombes, des obus, etc. **2.** *Bombarder de :* lancer des projectiles sur. – fig., fam. *Bombarder qqn de questions.* ▶ **bombardement** n. m.

bombardier n. m. □ Avion, aviateur chargé d'un bombardement.

bombe n. f. **1.** Projectile creux rempli d'explosif. – Tout appareil explosible. *Bombe à retardement.* **2.** fam. *Faire l'effet d'une bombe :* surprendre, scandaliser. **3.** Casquette de cavalier. **4.** Atomiseur de grande taille.

bombé, ée adj. □ Convexe.

bombement n. m. □ Fait d'être bombé.

bomber v. **I. 1.** v. tr. Rendre convexe. – *Bomber le torse* (fig. faire le fier). **2.** v. intr. Devenir convexe ; gonfler. **II.** Peindre, inscrire à la bombe (de peinture).

bombyx n. m. □ Papillon dont la larve tisse un cocon de soie.

① **bon, bonne** adj. □ REM. Le compar. de *bon* est *meilleur ; plus... bon* peut s'employer lorsque les deux mots ne se suivent pas. **I. 1.** Qui a les qualités qu'on attend. **2.** Qui est bien fait, mérite l'estime. **3.** Qui répond aux exigences de la morale. **4.** Agréable ; qui donne du plaisir. **5.** Qui convient ; opportun. **II. 1.** Qui veut du bien à autrui. **2.** (actions...) Qui témoigne de bonté. **III. 1.** Qui atteint largement la mesure exprimée. **2.** Intense. *Une bonne gifle.* **IV.** n. m. **1.** *AVOIR DU BON :* présenter des avantages. ■ *POUR DE BON* loc. adv. : réellement, véritablement. **2.** Personne bonne. **V. 1.** adv. *Sentir bon :* avoir une bonne odeur. – *Il fait bon :* le temps est agréable. – *Tenir bon :* ne pas céder. **2.** interj. *Bon !,* sert de ponctuation dans le discours.

② **bon** n. m. □ Écrit constatant le droit à une prestation, à une somme d'argent, etc.

bonapartisme n. m. □ Attachement aux Bonaparte ou à l'Empire. ▶ **bonapartiste** adj. et n.

bonasse adj. □ D'une bonté excessive.

bonbon n. m. □ Petite friandise faite de sirop aromatisé. – syn. fam. **bonbec.**

bonbonne n. f. □ Gros récipient à col étroit.

bonbonnière n. f. □ Boîte à bonbons.

bond n. m. **1.** Action de bondir. – fig. Progrès soudain et rapide. **2.** *Faire FAUX BOND à qqn,* ne pas faire ce qu'on a promis.

bondage n. m. □ anglic. Pratique sexuelle sadomasochiste dans laquelle l'un des partenaires est attaché.

bonde n. f. **1.** Ouverture de fond, destinée à vider l'eau d'un réservoir, d'une baignoire... **2.** Trou percé dans un tonneau.

bondé, ée adj. □ Qui contient le maximum de personnes.

bondieuserie n. f. □ péj. **1.** Bigoterie. **2.** Objet de piété de mauvais goût.

bondir v. intr. **1.** S'élever brusquement en l'air par un saut. – fig. *Cela me fait bondir* (d'indignation...). **2.** S'élancer précipitamment. ▶ **bondissant, ante** adj. ▶ **bondissement** n. m. → **bond.**

bon enfant adj. invar. □ Qui a une gentillesse simple et naïve.

bongo n. m. □ Instrument latino-américain constitué de deux petits tambours.

bonheur n. m. **1.** Chance. **2.** État de pleine satisfaction.

bonhomie n. f. ▫ Simplicité dans les manières, unie à la bonté du cœur.

bonhomme, plur. **bonshommes** n. m. **1.** fam. Homme, monsieur. **2.** (affectueux) Jeune garçon. **3.** Figure humaine dessinée ou façonnée grossièrement. **4.** *Aller son petit bonhomme de chemin* : poursuivre son action sans hâte, mais sûrement.

boni n. m. **1.** fin. Économie de dépense par rapport aux prévisions. **2.** Gratification (I).

boniche ou **bonniche** n. f. ▫ péj. Bonne (I).

bonification n. f. **I.** Action de bonifier. **II.** sports Avantage accordé à un concurrent, en fonction d'une performance.

bonifier v. tr. ▫ Rendre meilleur ; améliorer le rendement de (qqch.). ▷ v. pron. se **bonifier** S'améliorer.

boniment n. m. **1.** Propos destiné à attirer la clientèle. **2.** fam. Propos mensonger.

bonimenter v. intr. ▫ Faire du boniment. ▶ **bonimenteur, euse** n. et adj.

bonjour n. m. ▫ Souhait de bonne journée (adressé en arrivant, en rencontrant).

bonne n. f. **I.** vieilli Servante. **II.** fam. *AVOIR* (qqn) *À LA BONNE* : avoir de la sympathie pour lui.

bonne femme n. f. ▫ fam. Femme.

bonne-maman n. f. ▫ Grand-mère. *Des bonnes-mamans.*

bonnement adv. ▫ *TOUT BONNEMENT* : franchement ; tout simplement.

bonnet n. m. **1.** Coiffure souple sans bords. ▪ *Un gros bonnet,* un personnage influent. **2.** Chacune des deux poches d'un soutien-gorge.

bonneteau n. m. ▫ Jeu de trois cartes que le *bonneteur* mélange, le joueur devant deviner où se trouve une de ces cartes.

bonneterie n. f. ▫ Industrie, commerce de vêtements en tissu à mailles. – Ces articles (bas, lingerie, etc.).

bonnetier, ière n. **1.** Personne qui fabrique ou vend de la bonneterie. **2.** n. f. Petite armoire à une porte.

bonniche n. f. → **boniche**

bonobo n. m. ▫ Chimpanzé de la forêt congolaise.

bon-papa n. m. ▫ Grand-père. *Des bons-papas.*

bonsaï n. m. ▫ Arbre nain en pot.

bonsoir n. m. ▫ Salutation du soir (adressée en rencontrant ou en partant).

bonté n. f. ▫ Qualité morale qui porte à être bon (II, 1).

bonus n. m. **1.** Avantage consenti par un assureur à qqn qui n'a pas d'accidents. **2.** Supplément gratuit.

bon vivant, bonne-vivante adj. et n. ▫ Qui est d'humeur joviale.

bonze n. m. ▫ Prêtre bouddhiste.

bookmaker n. m. ▫ anglic. Personne qui prend les paris dans les courses de chevaux.

boom n. m. ▫ Hausse, croissance soudaine.

boomerang n. m. ▫ Arme de jet, pièce de bois dur courbée qui revient à son point de départ si le but est manqué.

boots n. f. pl. ▫ anglic. Bottes courtes.

boqueteau n. m. ▫ Petit bois.

borborygme n. m. ▫ Bruit dû à des gaz dans le tube digestif.

bord n. m. **I. 1.** mar. Extrémité supérieure des bordages, de chaque côté d'un navire. ▪ dans des loc. Le navire lui-même. *Monter à bord.* **2.** fig. *Être du bord de qqn,* de son parti. **II. 1.** Contour, limite (d'une surface). *Le bord de la route.* **2.** *ÊTRE AU BORD DE qqch.*, en être tout près. ▪ fam. *SUR LES BORDS* loc. adv. : légèrement.

bordages n. m. pl. ▫ mar. Planches épaisses ou tôles recouvrant la membrure d'un navire.

bordeaux n. m. **1.** Vin des vignobles de Gironde. **2.** n. m. et adj. Rouge foncé.

bordée n. f. **1.** Salve de l'artillerie du bord. – fig. *Une bordée d'injures.* **2.** Partie de l'équipage de service à bord. **3.** Route parcourue par un navire sans virer. ▪ fam. *Tirer une bordée,* aller de bar en bar.

bordel n. m. **1.** vulg. Maison de prostitution. **2.** fig., fam. Grand désordre.

bordélique adj. ▫ fam. Désordonné.

border v. tr. **1.** Occuper le bord de (qqch.). **2.** Plier le bord des draps, des couvertures sous le matelas (d'un lit).

bordereau n. m. ▫ Relevé des articles ou pièces d'un compte, d'un dossier, etc.

bordier, ière adj. ▫ Situé en bordure.

bordure n. f. ▫ Ce qui borde. – *En bordure (de) :* sur le bord (de).

bore n. m. ▫ chim. Corps simple (symb. B), métalloïde, voisin du carbone.

boréal, ale, aux adj. ▫ Qui est au nord du globe terrestre.

borgne adj. et n. ▫ Qui a perdu un œil ou ne voit que d'un œil.

bornage n. m. ▫ Opération consistant à délimiter deux propriétés par des bornes.

borne n. f. **1.** Pierre ou marque servant à délimiter un champ, une propriété. – *Borne kilométrique,* qui sert de repère le long d'une route. – *Borne d'incendie :* bouche d'incendie formant borne. **2.** fam. Kilomètre. **3.** Pôle d'un circuit électrique. **4.** au plur. fig. Limites. – *Sans bornes,* illimité.

borne-fontaine n. f. ▫ Fontaine en forme de borne.

borner v. tr. **1.** Délimiter (un terrain...). **2.** fig. Renfermer dans des limites précises. ▷ v. pron. se **borner** (à) Se limiter (à). ▷ adj. **borné, ée 1.** Qui a (qqch.) comme borne. **2.** Dont les capacités intellectuelles sont limitées.

bortsch n. m. ▫ Soupe à la betterave ou au chou, avec de la crème.

boson n. m. ▫ phys. Particule fondamentale. – *Boson de Higgs,* à l'origine de la matière.

bosquet n. m. ▫ Petit bois.

boss n. m. ▫ anglic., fam. Patron, chef.

bossa-nova n. f. ▫ Musique de danse brésilienne.

bosse n. f. **1.** Enflure due à un choc sur une région osseuse. **2.** Grosseur dorsale, difformité de la colonne vertébrale. **3.** Saillie à la surface d'un os. **4.** Protubérance naturelle sur le dos d'animaux. **5.** Partie renflée et arrondie.

bosseler v. tr. ▫ Déformer (qqch.) par des bosses. ▶ **bosselure** n. f.

bosser v. intr. et tr. ▫ fam. Travailler. ▶ **bosseur, euse** n. et adj.

bossu, ue adj. et n. ▫ Qui a une, des bosses (2).

bot adj. ▫ *Pied bot,* difforme.

botanique 1. adj. Relatif aux végétaux, à leur étude. **2.** n. f. Science des végétaux. ▶ **botaniste** n.

① **botte** n. f. ▫ Chaussure haute qui enferme le pied et la jambe. ▪ *Être à la botte de qqn,* lui obéir servilement.

② **botte** n. f. ▫ Assemblage de végétaux liés.

③ **botte** n. f. ▫ Coup d'épée, de fleuret.

botter v. tr. **1.** Chausser de bottes. **2.** fam. Donner un coup de pied à. **3.** fam. Plaire à (qqn).

bottier, ière n. ▫ Artisan qui fabrique des chaussures sur mesure.

bottillon n. m. ▫ Chaussure montante.

bottin n. m. ▫ Annuaire du téléphone.

bottine n. f. ▫ Chaussure montante fine.

botulisme n. m. ▫ Intoxication causée par les conserves avariées. ▶ **botulique** adj.

boubou n. m. ▫ Tunique ample africaine.

bouc n. m. **1.** Mâle de la chèvre. – *BOUC ÉMISSAIRE* : personne sur laquelle on fait retomber tous les torts. **2.** Barbiche.

boucan n. m. ▫ fam. Grand bruit.

boucaner v. tr. ▫ Faire sécher à la fumée (de la viande, etc.). ▶ **boucanage** n. m.

boucanier n. m. ▫ Aventurier, pirate.

bouchage n. m. ▫ Action de boucher.

boucharde n. f. ▫ techn. Marteau ou rouleau à aspérités. ▶ **boucharder** v. tr.

bouche n. f. **1.** Cavité située au bas du visage, communiquant avec l'appareil digestif et avec les voies respiratoires. ▪ Les lèvres et leur expression. – *Faire la fine bouche*, le difficile. ▪ *Une fine bouche* : un gourmet. ▪ *Le bouche à oreille* : ce qui se transmet directement, par la parole. **2.** Cavité buccale (d'animaux). **3.** Orifice arrondi (de qqch., d'une construction). *Bouche d'égout.*

bouché, ée adj. **1.** Fermé. **2.** fig. Obtus.

bouche-à-bouche n. m. invar. ▫ Respiration artificielle où l'on insuffle avec sa bouche de l'air dans celle de l'asphyxié.

bouchée n. f. **1.** Quantité d'aliment qu'on met dans la bouche en une seule fois. ▪ *Mettre les bouchées doubles* : aller plus vite. **2.** *BOUCHÉE À LA REINE* : croûte feuilletée garnie.

① **boucher** v. tr. **1.** Fermer (une ouverture, un récipient...). **2.** Obstruer (un passage...). **3.** fam. *En boucher un coin à qqn*, le rendre muet d'étonnement.

② **boucher, ère** n. ▫ Commerçant(e) qui prépare et vend la viande.

boucherie n. f. **1.** Commerce de la viande. ▪ Magasin du boucher. **2.** fig. Tuerie, carnage.

bouche-trou n. m. ▫ Ce qui ne sert qu'à combler une place vide. *Des bouche-trous.*

bouchon n. m. **1.** Pièce qui sert à boucher les bouteilles, flacons, etc. **2.** Flotteur de ligne de pêche. **3.** Embouteillage.

bouchonné, ée adj. ▫ *Vin bouchonné*, qui a un goût de bouchon.

bouchonner v. **1.** v. tr. Frotter vigoureusement (un cheval). **2.** v. intr. fam. Former un embouteillage.

bouchot n. m. ▫ Parc à moules, en bois.

bouclage n. m. ▫ Action de boucler (I).

boucle n. f. **1.** Anneau ou rectangle métallique muni d'une ou plusieurs pointes pour tendre une courroie, une ceinture. **2.** Objet en forme d'anneau. ▪ *Boucles d'oreilles* : bijoux qu'on fixe aux oreilles. **3.** Ligne courbe qui s'enroule. **4.** *En boucle*, répété plusieurs fois.

boucler v. **I.** v. tr. **1.** Attacher au moyen d'une boucle. **2.** (presse...) *Boucler un numéro* : rassembler les articles prêts à paraître. **3.** fam. Fermer (un passage...). – *La boucler*, se taire. **4.** Entourer (un lieu) par des troupes. **II.** v. intr. Avoir, prendre la forme de boucles. ▷ adj. **bouclé, ée**

bouclette n. f. ▫ Petite boucle.

bouclier n. m. ▫ Ancienne arme défensive, épaisse plaque portée pour se protéger. – *Levée de boucliers* : opposition collective.

bouddhisme n. m. ▫ Doctrine religieuse fondée en Inde, qui se répandit en Asie. ▶ **bouddhique** adj. ▶ **bouddhiste** adj. et n.

bouder v. intr. ▫ Montrer du mécontentement par une attitude maussade. ▶ **bouderie** n. f. ▶ **boudeur, euse** adj.

boudin n. m. **1.** Boyau rempli de sang et de graisse de porc assaisonnés. – fam. *S'en aller en eau de boudin,* échouer progressivement. **2.** Objet cylindrique. **3.** fam., péj. Fille petite et grosse.

boudiner v. tr. ▫ Serrer (qqn) dans des vêtements étroits. ▷ adj. **boudiné, ée**

boudoir n. m. **1.** Petit salon élégant de dame. **2.** Biscuit oblong recouvert de sucre.

boue n. f. **1.** Terre, poussière détrempée. – *Traîner qqn dans la boue,* l'accabler de propos infamants. **2.** Limon imprégné d'éléments minéraux.

bouée n. f. ▫ Corps flottant qui signale l'emplacement d'un mouillage, d'un écueil... ou délimite une passe. ▪ Anneau d'une matière insubmersible.

① **boueux, euse** adj. **1.** Plein de boue. **2.** Qui a la consistance, l'aspect de la boue.

② **boueux** n. m. ▫ fam. Éboueur.

bouffant, ante adj. ▫ Qui bouffe (I).

bouffarde n. f. ▫ fam. Grosse pipe.

① **bouffe** adj. ▫ *Opéra bouffe,* du genre lyrique léger.

② **bouffe** n. f. ▫ fam. Nourriture.

bouffée n. f. **1.** Souffle exhalé ou inspiré par intermittence par la bouche. **2.** Souffle d'air qui arrive. ▪ Sensation brusque. *Bouffée de chaleur.* **3.** fig. → **accès.** *Une bouffée de colère.*

bouffer v. **I.** v. intr. Gonfler, augmenter de volume. **II.** v. tr. fam. Manger.

bouffi, ie adj. ▫ Gonflé de manière disgracieuse. *Yeux bouffis.*

bouffir v. tr. ▫ Déformer par une enflure disgracieuse. ▶ **bouffissure** n. f.

bouffon, onne I. 1. n. m. anciennt Personnage chargé de divertir un prince. **2.** n. fam. Personne niaise, ridicule. **II.** adj. D'un comique grotesque.

bouffonnerie n. f. **1.** Caractère bouffon. **2.** Action ou parole bouffonne.

bougainvillée n. f. ▫ Arbrisseau grimpant à bractées ornementales. – syn. **bougainvillier** n. m.

bouge n. m. ▫ Café sordide.

bougeoir n. m. ▫ Chandelier bas, sans pied.

bougeotte n. f. ▫ fam. Manie de bouger, de voyager.

bouger v. **I.** v. intr. **1.** Faire un mouvement. ▪ Se déplacer ; partir. **2.** fam. Changer, évoluer. **II.** v. tr. fam. Remuer, déplacer.

bougie n. f. **1.** Appareil d'éclairage, mèche tressée enveloppée de cire, etc. **2.** Appareil d'allumage (d'un moteur à explosion).

bougnat n. m. ▫ fam. et vieilli Marchand de charbon.

bougon, onne adj. et n. ▫ fam. Qui a l'habitude de bougonner. – *Un air bougon.*

bougonner v. intr. ▫ fam. Exprimer pour soi seul, souvent entre les dents, son mécontentement. ▶ **bougonnement** n. m.

bougre, bougresse n. ▫ fam. Personne hardie. ▪ Individu. *Un bon bougre.*

bougrement adv. ▫ fam. et vieilli Très.

boui-boui n. m. ▫ fam. Restaurant médiocre.

bouillabaisse n. f. ▫ Plat provençal de poissons bouillis.

bouillant, ante adj. **1.** Qui bout. **2.** Très chaud, brûlant. **3.** fig. Ardent, emporté.

bouille n. f. ▫ fam. Figure, tête.

bouilleur, euse n. ▫ Distillateur, distillatrice.

bouillie n. f. **1.** Aliment fait de lait et de farine bouillis ensemble. **2.** Liquide pâteux.

bouillir v. intr. 1. (liquide) S'agiter en formant des bulles (ébullition). 2. Cuire dans un liquide qui bout. 3. fig. S'impatienter, s'emporter. ▷ adj. **bouilli, ie**

bouilloire n. f. ▫ Récipient à bec destiné à faire bouillir de l'eau.

bouillon n. m. 1. Bulles qui se forment au sein d'un liquide qui bout. 2. Liquide dans lequel ont bouilli des aliments.

bouillonner v. intr. 1. (liquide) Être agité en formant des bouillons. 2. fig. Être en effervescence. ▶ **bouillonnement** n. m.

bouillotte n. f. ▫ Récipient que l'on remplit d'eau bouillante pour se chauffer.

boulanger, ère n. ▫ Personne qui fait et vend du pain.

boulangerie n. f. 1. Fabrication et commerce du pain. 2. Magasin du boulanger.

boule n. f. 1. Objet sphérique. 2. *EN BOULE* : en forme de boule. – fig., fam. *Se mettre en boule*, en colère. 3. Corps plein sphérique que l'on fait rouler (jeux). 4. fam. Tête, crâne. – *Perdre la boule*, devenir fou. 5. fam. *Avoir les boules* : être en colère, ou anxieux.

bouleau n. m. ▫ Arbre des régions froides et tempérées, à écorce blanche.

bouledogue n. m. ▫ Petit dogue.

bouler v. intr. ▫ fig., fam. *Envoyer bouler qqn*, l'éconduire.

boulet n. m. 1. Projectile sphérique de métal dont on chargeait les canons. 2. Boule de métal qu'on attachait aux pieds des forçats.

boulette n. f. 1. Petite boule. 2. fam. Bévue, gaffe.

boulevard n. m. 1. Rue très large. 2. *Théâtre de boulevard*, d'un comique léger, traditionnel.

boulevardier, ière adj. ▫ Qui a l'esprit du théâtre de boulevard.

bouleversant, ante adj. ▫ Très émouvant.

bouleverser v. tr. 1. Mettre en grand désordre. 2. Apporter des changements brutaux dans. 3. Causer une émotion intense à (qqn). ▶ **bouleversement** n. m.

boulgour n. m. ▫ Blé dur concassé.

boulier n. m. ▫ Cadre à tringles portant des boules, qui sert à compter.

boulimie n. f. ▫ Faim excessive, pathologique. ▪ fig. *Une boulimie de lecture.* ▶ **boulimique** adj. et n.

boulingrin n. m. ▫ Parterre de gazon.

bouliste n. ▫ Personne qui joue aux boules.

boulocher v. intr. ▫ (lainage) Former, à l'usage, de petites boules pelucheuses (*bouloche* n. f.).

boulodrome n. m. ▫ Terrain aménagé pour le jeu de boules.

boulon n. m. ▫ Ensemble constitué par une vis et l'écrou qui s'y adapte.

boulonner v. 1. v. tr. Fixer par des boulons. ▶ **boulonnage** n. m. 2. v. intr. fam. Travailler.

① **boulot, otte** adj. et n. ▫ Gras et court.

② **boulot** n. m. ▫ fam. Travail, activité professionnelle.

boulotter v. intr. ▫ fam. Manger.

boum 1. interj. Bruit de ce qui tombe, explose. 2. (n. m.) *En plein boum* : en pleine activité. 3. n. f. Soirée ou après-midi dansante de jeunes gens.

bouquet n. m. 1. Groupe serré (d'arbres). 2. Assemblage de fleurs coupées. 3. fam. *C'est le bouquet* : c'est le comble. 4. Arôme (d'un vin...).

bouquetière n. f. ▫ Celle qui vend des bouquets de fleurs dans les lieux publics.

bouquetin n. m. ▫ Mammifère ruminant à longues cornes annelées.

bouquin n. m. ▫ fam. Livre, ouvrage.

bouquiner v. tr. et intr. ▫ Lire.

bouquiniste n. ▫ Vendeur de vieux livres.

bourbe n. f. ▫ Boue, dépôt au fond des eaux stagnantes. ▶ **bourbeux, euse** adj.

bourbier n. m. **1.** Lieu plein de bourbe. **2.** fig. Situation très embarrassante.

bourbon n. m. ▫ Whisky, à base de maïs, fabriqué aux États-Unis.

bourdaine n. f. ▫ Arbuste à écorce laxative.

bourde n. f. ▫ Faute grossière.

bourdon n. m. **1.** Insecte hyménoptère au corps lourd et velu. **2.** *Faux bourdon :* mâle de l'abeille. **3.** fam. *Avoir le bourdon :* être mélancolique.

bourdonnement n. m. **1.** Bruit sourd et continu du vol d'insectes. **2.** Murmure sourd, confus.

bourdonner v. intr. **1.** Faire entendre un bourdonnement. **2.** Percevoir un bruit confus (oreilles).

bourg n. m. ▫ Gros village.

bourgade n. f. ▫ Village.

bourgeois, oise n. et adj. **1.** Personne de la classe moyenne et dirigeante, qui ne travaille pas manuellement. ▪ adj. Propre à cette classe. **2.** adj. péj. Qui est d'un conformisme excessif. ▶ **bourgeoisement** adv.

bourgeoisie n. f. ▫ Ensemble des bourgeois.

bourgeon n. m. ▫ Excroissance sur la tige, la branche d'un arbre, contenant en germe les tiges, branches, feuilles, fleurs ou fruits.

bourgeonner v. intr. **1.** (arbres...) Pousser des bourgeons. **2.** fig. (visage...) Se couvrir de boutons. ▶ **bourgeonnement** n. m.

bourgmestre n. m. ▫ (Belgique, Suisse) Premier magistrat d'une commune.

bourgogne n. m. ▫ Vin de Bourgogne.

bourguignon, onne adj. et n. ▫ De Bourgogne. ▪ *Bœuf bourguignon,* au vin rouge.

bourlinguer v. intr. **1.** mar. (navire) Avancer péniblement, en roulant. **2.** fam. Voyager beaucoup. ▶ **bourlingueur, euse** n.

bourrache n. f. ▫ Plante à grandes fleurs bleues, employée en tisane.

bourrade n. f. ▫ Poussée donnée à qqn.

bourrage n. m. **1.** Action de bourrer. **2.** fam. *BOURRAGE DE CRÂNE :* propagande intensive.

bourrasque n. f. ▫ Coup de vent violent.

bourratif, ive adj. ▫ (aliment) Qui bourre.

① **bourre** n. f. ▫ Poils d'animaux ou déchets textiles utilisés pour rembourrer.

② **bourre** n. f. ▫ fam. *À LA BOURRE :* en retard.

bourré, ée adj. **1.** *Bourré de :* rempli de (qqch.). **2.** Bondé, comble. **3.** fam. Ivre.

bourreau n. m. ▫ Celui qui exécute la peine de mort.

bourrée n. f. ▫ Danse du folklore auvergnat.

bourrelé, ée adj. ▫ *Bourrelé de remords :* tourmenté par le remords.

bourrelet n. m. **1.** Bande de mousse, etc., qui sert à calfeutrer. **2.** Pli de chair, de graisse.

bourrelier, ière n. ▫ Artisan qui fait et vend des harnais, des sacs, etc.

bourrellerie n. f. ▫ Métier du bourrelier.

bourrer v. tr. **I. 1.** Remplir complètement en tassant. **2.** Gaver (qqn) de nourriture. ▪ intrans. fam. *Aliment qui bourre,* qui cale l'estomac. **3.** *BOURRER LE CRÂNE à qqn,* essayer de lui en faire accroire. **II.** *Bourrer qqn de coups,* le frapper à coups redoublés. ▷ v. pron. se **bourrer** fam. S'enivrer.

bourriche n. f. ▫ Panier sans anse.

bourrichon n. m. ▫ fam. *Se monter le bourrichon :* se faire des illusions.

bourricot n. m. ▫ Petit âne.

bourrin n. m. ▫ fam. Cheval.

bourrique n. f. **1.** Âne, ânesse. – *Faire tourner qqn en bourrique,* l'abrutir de taquineries, etc. **2.** fig., fam. Personne têtue.

bourru, ue adj. ▫ Brutal, rude.

① **bourse** n. f. **I. 1.** Petit sac arrondi destiné à contenir des pièces de monnaie. **2.** Pension accordée à un étudiant, etc. **II.** au plur. Enveloppe des testicules.

② **bourse** ou **Bourse** n. f. **1.** (avec maj.) Marché des valeurs mobilières ou des marchandises ; lieu où se fait ce marché. **2.** Lieu où l'on échange certaines marchandises. *Bourse aux livres.*

boursicoter v. intr. ▫ Faire des opérations en Bourse. ▶ **boursicotage** n. m. ▶ **boursicoteur, euse** n.

① **boursier, ière** n. et adj. ▫ Élève, étudiant qui a obtenu une bourse d'études.

② **boursier, ière** adj. ▫ De la Bourse.

boursoufler v. tr. ▫ Faire enfler, gonfler. ▷ adj. **boursouflé, ée** ▶ **boursouflure** n. f.

bousculer v. tr. **1.** Pousser, heurter brutalement. **2.** Modifier avec brusquerie. *Bousculer la tradition.* **3.** Faire se dépêcher (qqn). ▶ **bousculade** n. f.

bouse n. f. ▫ Excrément des bovins.

bouseux n. m. ▫ fam. et péj. Paysan.

bousier n. m. ▫ Scarabée vivant dans la bouse.

bousiller v. tr. ▫ Mal faire (un travail...). ▪ Rendre inutilisable. ▶ **bousillage** n. m.

boussole n. f. ▫ Appareil à cadran dont l'aiguille marque le nord.

bout n. m. **I. 1.** Partie qui termine (un objet) dans le sens de la longueur. **2.** Extrémité (d'un espace). – fig. *À tout bout de champ :* à tout propos. **3.** Fin d'une durée, de ce qui se termine, s'épuise. – *Au bout du compte,* finalement. – *ÊTRE À BOUT DE,* ne plus avoir de. – *Être à bout,* épuisé ou exaspéré. – *VENIR À BOUT d'un travail,* l'achever. **II. 1.** Partie, fragment. **2.** fam. *METTRE LES BOUTS :* partir.

boutade n. f. ▫ Trait d'esprit, plaisanterie.

boute-en-train n. invar. ▫ Personne enjouée.

bouteille n. f. **1.** Récipient à goulot étroit, pour les liquides. – *Prendre de la bouteille :* vieillir. **2.** Récipient métallique pour le gaz sous pression, etc.

bouter v. tr. ▫ vx Pousser, chasser.

boutique n. f. ▫ Petit local où un commerçant, un artisan exerce son activité.

boutiquier, ière n. ▫ péj. Marchand.

boutis n. m. ▫ Broderie effectuée sur deux étoffes superposées, le dessin étant mis en relief par un bourrage.

boutoir n. m. ▫ Extrémité du groin du porc, etc. – *Coup de boutoir :* vive attaque.

bouton n. m. **I.** Bourgeon. **II.** Petite tumeur cutanée. **III. 1.** Petite pièce cousue sur les vêtements pour les fermer. **2.** Partie saillante (d'un objet) servant à ouvrir, fermer... ▪ Petite commande (d'un appareil...) que l'on tourne ou pousse.

bouton-d'or n. m. ▫ Renoncule sauvage, à fleurs jaune doré. *Des boutons-d'or.*

boutonner v. tr. ▫ Fermer, attacher (un vêtement) au moyen de boutons. ▶ **boutonnage** n. m.

boutonneux, euse adj. ▫ Qui a des boutons (II) sur la peau.

boutonnière n. f. ▫ Petite fente faite à un vêtement pour y passer un bouton.

bouture n. f. ▫ Jeune pousse coupée et plantée pour former une nouvelle plante.

bouturer v. tr. ▫ Reproduire (une plante) par boutures. ▶ **bouturage** n. m.

bouvier, ière 1. n. Personne qui garde les bœufs. 2. n. m. Chien de bouvier.

bouvreuil n. m. ▫ Oiseau passereau au plumage rouge sur la poitrine.

bovidés n. m. pl. ▫ Famille de mammifères ongulés ruminants : bovins, ovins, chèvres, etc.

bovin, ine 1. adj. Du bœuf (espèce). 2. n. m. pl. Les bœufs, vaches, taureaux et veaux.

bowling n. m. ▫ anglic. Jeu de quilles sur piste. ▪ Salle où l'on y joue.

bow-window n. m. ▫ anglic. Fenêtre en saillie. *Des bow-windows.*

box n. m. ▫ anglic. 1. Stalle d'écurie pour un seul cheval. 2. Compartiment cloisonné. ▪ *Le box des accusés,* au tribunal. *Des boxes* ou *des box.*

boxe n. f. ▫ Sport de combat opposant deux adversaires qui se frappent à coups de poing.

① **boxer** v. 1. v. intr. Pratiquer la boxe. 2. v. tr. fam. Frapper (qqn) à coups de poing.

② **boxer** n. m. ▫ Chien de garde à poil ras.

boxeur, euse n. ▫ Personne pratiquant la boxe.

box-office n. m. ▫ anglic. (spectacles) Échelle de succès, d'après le montant des recettes.

boxon n. m. ▫ fam. Désordre ; chahut.

boy n. m. ▫ anglic. Domestique indigène, en Extrême-Orient, en Afrique, etc.

boyau n. m. 1. Intestin d'un animal (ou au plur., fam., de l'homme). 2. Mince corde faite avec l'intestin d'animaux.

boycott n. m. ▫ Cessation volontaire de tout échange avec un pays. ▶ **boycotter** v. tr.

boy-scout n. m. ▫ vieilli Scout. *Des boy-scouts.*

bracelet n. m. ▫ Bijou en forme d'anneau porté autour du poignet. ▪ Bande de cuir protégeant le poignet.

brachial, ale, aux adj. ▫ didact. Du bras.

braconner v. intr. ▫ Chasser (ou pêcher) sans permis, ou à une période, en un lieu, avec des engins interdits. ▶ **braconnage** n. m.

braconnier, ière n. ▫ Personne qui braconne.

bractée n. f. ▫ bot. Feuille qui accompagne la fleur.

brader v. tr. ▫ Vendre à bas prix.

braderie n. f. ▫ Foire publique d'objets usagés.

braguette n. f. ▫ Ouverture sur le devant (d'un pantalon...).

brahmane n. m. ▫ Membre de la caste sacerdotale, la première des castes traditionnelles de l'Inde.

brahmanisme n. m. ▫ Système social et religieux de l'Inde, caractérisé par la suprématie des brahmanes. ▶ **brahmanique** adj.

braies n. f. pl. ▫ anciennt Pantalon ample des Gaulois.

braillard, arde n. et adj. ▫ fam. Personne qui braille. – syn. **brailleur, euse.**

braille n. m. ▫ Système d'écriture (alphabet) en points saillants à l'usage des aveugles.

brailler v. intr. ▫ fam. Crier, parler ou chanter très fort. – (enfants) Pleurer bruyamment. ▶ **braillement** n. m.

braiment n. m. ▫ Cri de l'âne, du mulet.

brainstorming n. m. ▫ anglic. Recherche collective d'idées dans une réunion.

braire v. intr. 1. (âne) Pousser son cri. 2. fam. Crier ou pleurer bruyamment.

braise n. f. ▫ Bois réduit en charbons ardents.

braiser v. tr. ▫ Faire cuire à feu doux et à l'abri de l'air.

bramer v. intr. ▫ (cervidé) Pousser son cri. ▶ **brame** ou **bramement** n. m.

brancard n. m. ▫ Civière.

brancardier, ière n. ▫ Personne qui porte un brancard.

branchage n. m. **1.** Ensemble des branches (d'un arbre). **2.** au plur. Branches coupées.

branche n. f. **1.** Ramification latérale du tronc d'un arbre. **2.** Chacune des divisions (d'un organe, d'un appareil, d'un schéma, etc.), qui partent d'un axe ou d'un centre. **3.** fig. Division (d'un système complexe).

branché, ée adj. ▫ fam. À la mode ; au courant des dernières nouveautés.

branchement n. m. **1.** Action de brancher. **2.** Conduite, galerie, voie secondaire.

brancher v. tr. ▫ Rattacher (un circuit) à un circuit principal.

branchie n. f. ▫ Organe respiratoire des poissons, etc. ▶ **branchial, ale, aux** adj.

brandade n. f. ▫ Plat de morue émiettée.

brandebourg n. m. ▫ Passementerie, galon ornant une boutonnière.

brandir v. tr. **1.** Lever de façon menaçante (une arme). **2.** Agiter en élevant.

brandon n. m. **1.** Débris enflammé. **2.** *Brandon de discorde :* source de discorde.

brandy n. m. ▫ anglic. Eau-de-vie de raisins.

branlant, ante adj. ▫ Qui branle (II).

en **branle** loc. adv. **1.** En oscillation. **2.** *Mettre en branle :* donner une impulsion à.

branle-bas n. m. invar. **1.** *Branle-bas de combat :* préparation au combat, sur un navire. **2.** Agitation précédant l'action.

branler v. **I.** v. tr. *Branler la tête,* la remuer. ▶ **branlement** n. m. **II.** v. intr. Être instable, mal fixé. **III.** vulg. Masturber.

branleur, euse n. ▫ fam. Personne oisive.

braquage n. m. **I.** Action de braquer (II). **II.** Attaque à main armée.

braque n. m. ▫ Chien de chasse à poil ras.

braquemart n. m. ▫ fam. Pénis.

braquer v. **I.** v. tr. **1.** *Braquer sur :* tourner (une arme à feu...) dans la direction de. **2.** Attaquer à main armée. **3.** fig. *Braquer qqn contre,* l'amener à s'opposer à. **II.** v. intr. Faire tourner un véhicule (au maximum).

braquet n. m. ▫ Rapport entre le pignon et le plateau d'une bicyclette.

bras n. m. **1.** Segment du membre supérieur compris entre l'épaule et le coude. *Le bras et l'avant-bras.* ▪ cour. Membre supérieur, de l'épaule à la main. ▪ *Baisser les bras :* abandonner. – *Avoir le bras long,* de l'influence. **2.** Personne qui agit, travaille, combat. – *Le BRAS DROIT de qqn,* son adjoint. ▪ fam. *Un bras cassé :* une personne inefficace ou incompétente. **3.** *À BRAS* loc. adv. : à l'aide des seuls bras. ▪ *Se jeter sur qqn À BRAS RACCOURCIS,* avec violence. **4.** Partie mobile (d'un dispositif). – Pièce allongée. – Accoudoir (d'un siège). **5.** Division d'un cours d'eau. – *Bras de mer :* détroit, passage.

brasero n. m. ▫ Bassin de métal à pieds, rempli de charbons ardents.

brasier n. m. ▫ Matières, objets en complète combustion.

à **bras-le-corps** loc. adv. ▫ Avec les bras et par le milieu du corps. – fig. Énergiquement.

brassard n. m. **1.** Pièce d'armure qui couvrait le bras. **2.** Insigne porté au bras.

brasse n. f. ▫ Nage ventrale réalisée en pliant et détendant bras et jambes.

brassée n. f. ▫ Ce que les bras peuvent contenir, porter. *Brassée de fleurs.*

brasser v. tr. **1.** *Brasser la bière* : préparer le moût en faisant macérer le malt dans l'eau. **2.** Remuer. **3.** fig. Mélanger, mêler. **4.** Manier, traiter en quantité. ▶ **brassage** n. m.

brasserie n. f. **1.** Fabrique de bière. ▪ Industrie de la bière. **2.** Grand café-restaurant.

brasseur, euse n. ▫ Personne qui fabrique ou vend de la bière.

brassière n. f. **1.** Chemise de bébé qui se ferme dans le dos. **2.** Sorte de soutien-gorge qui s'enfile par la tête.

bravache n. m. et adj. ▫ Fanfaron.

bravade n. f. ▫ Action ou attitude de défi insolent.

brave adj. et n. **1.** Courageux au combat. **2.** Honnête et bon. ▶ **bravement** adv.

braver v. tr. **1.** Défier orgueilleusement. **2.** Oser ne pas respecter.

bravo interj. ▫ Exclamation pour approuver, acclamer.

bravoure n. f. **1.** Qualité d'une personne brave (1). **2.** *Morceau de bravoure* : passage (d'une œuvre) particulièrement brillant.

① **break** n. m. ▫ anglic. Fourgonnette à arrière vitré.

② **break** n. m. ▫ anglic. **1.** sports Écart entre deux adversaires. **2.** mus. Interruption du jeu, créant une attente. **3.** (critiqué) Pause.

breakfast n. m. ▫ anglic. Petit-déjeuner anglo-saxon.

brebis n. f. **1.** Femelle du mouton. **2.** *Brebis galeuse* : personne qu'on rejette.

brèche n. f. **1.** Ouverture dans un mur, une clôture. ▪ fig. *Être toujours sur la brèche*, en pleine activité. – *BATTRE EN BRÈCHE*, attaquer, ruiner (un argument, etc.). **2.** Petite entaille à un objet, etc.

bréchet n. m. ▫ Sternum saillant (oiseaux).

bredouille adj. ▫ *Rentrer bredouille*, sans avoir rien obtenu.

bredouiller v. **1.** v. intr. Parler vite et peu distinctement. **2.** v. tr. Dire en bredouillant. ▶ **bredouillement** n. m.

bref, brève I. adj. De peu de durée. **II.** adv. Pour résumer en peu de mots.

bréhaigne adj. f. ▫ (femelle) Stérile.

brelan n. m. ▫ Réunion de trois cartes de même valeur.

breloque n. f. ▫ Petit bijou de fantaisie qu'on suspend.

bretelle n. f. **1.** Courroie que l'on passe sur les épaules pour porter un fardeau. **2.** Bande qui retient aux épaules certains vêtements. **3.** Voie de raccordement. *Bretelle d'autoroute*.

breton, onne adj. et n. ▫ De Bretagne. ▪ n. m. *Le breton* (langue celtique).

bretonnant, ante adj. ▫ Qui parle breton.

bretzel n. m. ▫ Biscuit salé, au cumin.

breuvage n. m. ▫ littér. Boisson.

brève n. f. ▫ Information brièvement annoncée.

brevet n. m. ▫ Titre ou diplôme délivré par l'État, donnant certains droits. – spécialt (en France) Examen final du premier cycle de l'enseignement secondaire. ▪ *Brevet d'invention*, conférant un droit d'exploitation.

breveter v. tr. ▫ Protéger par un brevet. ▷ adj. **breveté, ée**

bréviaire n. m. ▫ Livre de prières du prêtre.

briard, arde adj. et n. ▫ De la Brie. – n. m. Berger à poils longs.

bribe n. f. ▫ Petit morceau, petite quantité.

bric-à-brac n. m. invar. ▫ Amas hétéroclite.

de **bric et de broc** loc. adv. ▫ Avec des éléments de toute provenance.

① **brick** n. m. ◻ Deux-mâts à voiles carrées.

② **brick** n. m. ◻ Beignet salé à pâte fine.

bricolage n. m. ◻ Action de bricoler ; travail de bricoleur. ▪ Travail rapide, improvisé.

bricole n. f. ◻ Petit objet. ▪ fam. *Il va lui arriver des bricoles,* des ennuis.

bricoler v. **I.** v. intr. Se livrer à des travaux manuels (réparations, etc.). **II.** v. tr. Installer, aménager en amateur et avec ingéniosité. ▪ Arranger, réparer tant bien que mal. ▶ **bricoleur, euse** adj. et n.

bride n. f. **1.** Pièce du harnais fixée à la tête du cheval pour le diriger. ▪ *À BRIDE ABATTUE* : très vite. **2.** Lien servant à retenir ou à relier.

bridé, ée adj. ◻ *Yeux bridés,* aux paupières étirées latéralement.

brider v. tr. **1.** Mettre la bride à (un cheval). ▪ Serrer avec une bride. **2.** fig. Contenir, réprimer, limiter.

① **bridge** n. m. ◻ Jeu de cartes qui se joue à deux contre deux. ▶ **bridger** v. intr.

② **bridge** n. m. ◻ Appareil de prothèse dentaire.

brie n. m. ◻ Fromage fermenté à pâte molle.

briefer v. tr. ◻ anglic. Informer par un briefing.

briefing n. m. ◻ anglic. Réunion d'information.

brièvement adv. ◻ En peu de mots.

brièveté n. f. ◻ Caractère bref.

brigade n. f. **1.** Unité militaire tactique. **2.** Équipe (de travailleurs).

brigadier n. m. ◻ Chef d'une brigade.

brigand n. m. ◻ vieilli **1.** Malfaiteur qui se livre au brigandage. **2.** Homme malhonnête.

brigandage n. m. ◻ Vol ou pillage commis à main armée, en bande.

brigue n. f. ◻ littér. Manœuvre, intrigue.

briguer v. tr. ◻ Chercher à obtenir (qqch.).

brillamment adv. ◻ De manière brillante.

brillance n. f. ◻ Caractère brillant.

brillant, ante I. adj. **1.** Qui brille (1). **2.** fig. Qui sort du commun, s'impose par sa qualité. ▪ spécialt Qui réussit avec éclat. **II.** n. m. **1.** Éclat, caractère brillant. **2.** Diamant taillé à facettes.

brillantine n. f. ◻ Cosmétique pour faire briller les cheveux. ▶ **brillantiner** v. tr.

briller v. tr. **1.** Émettre ou réfléchir une lumière vive. **2.** fig. Se distinguer avec éclat.

brimade n. f. ◻ Vexation.

brimer v. tr. ◻ Soumettre à des brimades.

brin n. m. **1.** Filament qui constitue un fil, une corde. **2.** Tige, jeune pousse (d'un végétal). **3.** fig. *Un brin de* : quantité infime de. – *UN BRIN* loc. adv. : un peu.

brindille n. f. ◻ Menue branche.

① **bringue** n. f. ◻ fam. et péj. *Une grande bringue,* une grande fille dégingandée.

② **bringue** n. f. ◻ fam. *Faire la bringue,* la fête.

bringuebaler v. **1.** v. tr. Secouer. **2.** v. intr. Osciller brusquement. – var. **brinquebaler.**

brio n. m. ◻ Virtuosité.

brioche n. f. **1.** Pâtisserie légère de pâte levée. **2.** fam. Ventre rebondi.

brioché, ée adj. ◻ Qui a le goût de brioche.

brique n. f. **1.** Matériau de construction fabriqué avec de la terre argileuse façonnée et séchée. ▪ adj. invar. D'un rouge brun. **2.** Emballage de forme rectangulaire utilisé pour les liquides.

briquer v. tr. ◻ Nettoyer en frottant.

briquet n. m. ◻ Petit appareil pouvant produire du feu à répétition.

briqueterie n. f. ▫ Fabrique de briques.

briquette n. f. ▫ Petite brique (combustible).

bris n. m. ▫ Action de briser, de se briser.

brisant n. m. ▫ Rocher sur lequel la mer se brise.

briscard n. m. ▫ Homme expérimenté. – var. **brisquard.**

brise n. f. ▫ Vent peu violent.

brisées n. f. pl. **1.** Branches que le veneur casse pour marquer la voie de la bête. **2.** *Marcher* SUR LES BRISÉES *de qqn*, entrer en concurrence avec lui sur son terrain.

brise-glace n. m. ▫ Navire à étrave renforcée pour briser la glace. *Des brise-glaces.*

brise-jet n. m. ▫ Embout adapté à un robinet pour diriger le jet. *Des brise-jets.*

brise-lames n. m. invar. ▫ Digue protégeant contre les vagues du large.

brisement n. m. ▫ Action de briser.

brise-mottes n. m. invar. ▫ Rouleau servant à écraser les mottes de terre.

briser v. tr. **1.** littér. Casser. ▪ fig. *Briser qqn.* → **abattre, anéantir. 2.** fig. Rendre inefficace ; interrompre, détruire. ▷ v. pron. se **briser 1.** Se casser. **2.** (mer) Déferler. ▷ adj. **brisé, ée 1.** Cassé. **2.** *Ligne brisée,* composée de segments formant des angles. – archit. *Arc brisé,* formant un angle au faîte. **3.** *Pâte brisée,* non feuilletée.

brise-tout n. invar. ▫ Personne maladroite qui casse tout ce qu'elle touche.

briseur, euse n. ▫ *Briseur, briseuse de grève :* personne qui ne fait pas la grève.

brisquard → **briscard**

bristol n. m. ▫ Papier satiné fort et blanc.

brisure n. f. ▫ Cassure, fêlure.

britannique adj. et n. ▫ De la Grande-Bretagne.

broc n. m. ▫ Récipient profond à anse, à bec évasé.

brocante n. f. ▫ Métier, commerce du brocanteur.

brocanteur, euse n. ▫ Personne qui fait commerce d'objets anciens, de curiosités.

① **brocard** n. m. ▫ vx Raillerie. ▶ **brocarder** v. tr.

② **brocard** n. m. ▫ Chevreuil d'un an.

brocart n. m. ▫ Riche tissu de soie broché.

broche n. f. **1.** Tige de fer qu'on passe au travers d'une viande à rôtir. ▪ chir. Tige fixant un os fracturé. **2.** Bijou à épingle et fermoir. **3.** au plur. Défenses du sanglier.

brocher v. tr. **1.** Relier sommairement, avec couverture de papier. **2.** Tisser en entremêlant des fils d'or, etc., avec des dessins en relief. ▷ adj. **broché, ée** ▶ **brochage** n. m.

brochet n. m. ▫ Long poisson d'eau douce.

brochette n. f. ▫ Petite broche (1) pour préparer des morceaux d'aliments ; ces morceaux.

brocheur, euse n. **1.** Ouvrier, ouvrière qui broche (des tissus, des livres). **2.** n. f. Machine pour le brochage des livres.

brochure n. f. **1.** Décor d'un tissu broché. **2.** Livret broché.

brocoli n. m. ▫ Petit chou-fleur vert.

brodequin n. m. ▫ Chaussure montante de marche.

broder v. **1.** v. tr. Orner de broderies. ▪ Exécuter en broderie. **2.** v. intr. fig. Amplifier ou exagérer à plaisir. ▷ adj. **brodé, ée**

broderie n. f. **1.** Ouvrage consistant en points recouvrant un motif dessiné sur un tissu. **2.** Technique, commerce du brodeur.

brodeur, euse n. 1. Ouvrier, ouvrière en broderie. 2. n. f. Métier, machine à broder.

broiement n. m. ▫ rare Broyage.

brome n. m. ▫ Élément (symb. Br), gaz suffocant très toxique.

bromure n. m. ▫ Composé du brome avec un corps simple. – *Bromure (de potassium)*, puissant sédatif.

bronche n. f. ▫ Chacun des deux conduits partant de la trachée et se ramifiant dans les poumons. ▶ **bronchique** adj.

broncher v. intr. ▫ Réagir.

bronchiole n. f. ▫ Ramification terminale des bronches.

bronchiolite n. f. ▫ méd. Inflammation des bronchioles.

bronchite n. f. ▫ Inflammation des bronches. ▶ **bronchitique** et **bronchiteux, euse** adj. et n.

bronchopneumonie n. f. ▫ Inflammation du poumon et des bronches.

bronchopulmonaire adj. ▫ Relatif aux bronches et aux poumons.

brontosaure n. m. ▫ Reptile fossile gigantesque de l'ère secondaire.

bronzage n. m. 1. techn. Action de bronzer (un métal). 2. Fait de bronzer (3) ; son résultat.

bronze n. m. ▫ Alliage de cuivre et d'étain.

bronzer v. 1. v. tr. techn. Recouvrir d'une couche de bronze ou imitant le bronze. 2. v. tr. (soleil...) Brunir (qqn). 3. v. intr. (peau...) Brunir. ▷ adj. **bronzé, ée**

brosse n. f. 1. Ustensile de nettoyage, filaments fixés sur une monture. 2. *Cheveux en brosse*, coupés court et droit. 3. Pinceau de peintre.

brosser v. tr. 1. Nettoyer, frotter avec une brosse. ▶ **brossage** n. m. 2. fig. Décrire à grands traits.

brosserie n. f. ▫ Fabrication, commerce des brosses et analogues (balais, etc.).

brou n. m. 1. bot. Péricarpe externe de divers fruits. 2. *BROU DE NOIX* : teinture brune faite avec le brou de la noix.

brouette n. f. ▫ Petit véhicule à une roue muni de deux bras, qui sert à transporter (*brouetter* v. tr.) des fardeaux.

brouettée n. f. ▫ Contenu d'une brouette.

brouhaha n. m. ▫ Bruit confus d'une foule.

brouillage n. m. ▫ Trouble introduit dans la réception des ondes de radio, etc.

brouillard n. m. ▫ Fines gouttelettes d'eau en suspension dans l'air, qui limitent la visibilité.

brouillasser v. impers. ▫ Faire du brouillard.

brouille n. f. ▫ Fâcherie.

brouiller v. tr. 1. Mêler en agitant, en dérangeant. 2. Troubler par brouillage. 3. fig. Rendre confus. 4. Désunir en provoquant une brouille. ▷ v. pron. se **brouiller** 1. Devenir trouble ou confus. 2. Cesser d'être ami(s). ▷ adj. **brouillé, ée** 1. Mêlé, mélangé. – *Œufs brouillés.* 2. fig. Confus, peu net.

① **brouillon, onne** adj. ▫ Qui brouille (3) tout, n'a pas de méthode.

② **brouillon** n. m. ▫ Première rédaction d'un écrit.

broussailles n. f. pl. ▫ Végétation touffue des terres incultes. ▶ **broussailleux, euse** adj.

brousse n. f. ▫ Végétation arbustive des pays tropicaux.

brouter v. tr. ▫ (animaux) Manger en arrachant sur place (l'herbe, etc.).

broutille n. f. ▫ Objet, élément sans valeur.

brownie n. m. ▫ anglic. Gâteau moelleux au chocolat et aux noix de pécan.

broyer v. tr. **1.** Réduire en parcelles très petites. ▪ *Broyer du noir :* être triste, déprimé. **2.** Écraser. ▶ **broyage** n. m.

broyeur, euse adj. ▫ Qui broie.

brrr interj. ▫ Exprime le frisson.

bru n. f. ▫ Belle-fille (2).

bruant n. m. ▫ Petit passereau des champs.

brucelles n. f. pl. ▫ Pince fine à ressort.

brucellose n. f. ▫ méd. Maladie infectieuse transmise à l'homme par les animaux domestiques.

brugnon n. m. ▫ Pêche à peau lisse.

bruine n. f. ▫ Petite pluie très fine et froide.

bruiner v. impers. ▫ Faire de la bruine. ▶ **bruineux, euse** adj.

bruire v. intr.. ▫ littér. Produire un bruit léger et confus. ▶ **bruissement** n. m.

bruit n. m. **1.** Sensation perçue par l'oreille. ▪ fig. *Faire grand bruit,* avoir un grand retentissement. **2.** Nouvelle répandue.

bruitage n. m. ▫ Reconstitution des bruits accompagnant l'action (au cinéma, etc.).

bruiteur, euse n. ▫ Spécialiste du bruitage.

brûlage n. m. ▫ Action de brûler.

brûlant, ante adj. ▫ Très ou trop chaud.

brûle-parfum n. m. ▫ Cassolette à parfums. *Des brûle-parfums.*

à **brûle-pourpoint** loc. adv. ▫ Sans préparation, brusquement.

brûler v. **I.** v. tr. **1.** Détruire par le feu. ▪ Consumer (de l'énergie). **2.** Altérer par l'action du feu, de la chaleur. **3.** Produire les mêmes effets qu'une brûlure. **4.** Passer sans s'arrêter à (un point d'arrêt prévu). **II.** v. intr. **1.** Se consumer par le feu. ▪ Être calciné. ▪ Se consumer en éclairant. **2.** Ressentir une sensation de brûlure. ▪ fig. *BRÛLER DE* (+ inf.) : être impatient de. **3.** (devinettes) Être tout près du but. ▷ v. pron. **se brûler** Subir une brûlure partielle. ▷ **brûlé, ée I.** p. p. **1.** Qui a brûlé, a été brûlé. **2.** fig. *Une tête brûlée :* un exalté. **II. 1.** n. m. Odeur, goût d'une chose qui brûle ou a brûlé. **2.** n. Personne atteinte de brûlures.

brûlerie n. f. **1.** Distillerie d'eau-de-vie. **2.** Atelier de torréfaction du café.

brûleur n. m. ▫ Appareil à combustion.

brûlis n. m. ▫ Défrichement par le feu. ▪ Terrain ainsi traité.

brûlot n. m. ▫ Article, écrit polémique.

brûlure n. f. **1.** Lésion produite sur une partie du corps par le feu, la chaleur ou une substance corrosive. **2.** Sensation d'irritation dans l'organisme.

brume n. f. ▫ Brouillard léger.

brumeux, euse adj. **1.** Chargé de brume. **2.** fig. Qui manque de clarté.

brun, brune 1. adj. De couleur sombre, entre le roux et le noir. ▪ Qui a les cheveux bruns. – n. *Une jolie brune.* **2.** n. m. Cette couleur.

brunâtre adj. ▫ Tirant sur le brun.

brunch n. m. ▫ anglic. Repas copieux pris dans la matinée. *Des brunch(e)s.*

à la **brune** loc. adv. ▫ littér. Au crépuscule.

brunet, ette n. ▫ Petit brun, petite brune.

brunir v. **I.** v. tr. **1.** techn. Polir (un métal). ▶ **brunissage** n. m. **2.** Rendre brun. **II.** v. intr. Devenir brun, prendre une teinte brune. ▶ **brunissement** n. m.

brushing n. m. ▫ anglic. Mise en plis à la brosse et au séchoir à main.

brusque adj. **1.** Qui agit avec rudesse et d'une manière soudaine. **2.** Qui est soudain. ▶ **brusquement** adv.

brusquer v. tr. **1.** Traiter de manière brusque. **2.** Précipiter (qqch. de lent, d'éloigné).

brusquerie n. f. **1.** Façons brusques envers autrui. **2.** Soudaineté, précipitation.

brut, brute adj. **1.** Qui est à l'état naturel, n'a pas encore été élaboré par l'homme. ▪ Qui résulte d'une première élaboration (avant d'autres transformations). **2.** Qui n'a subi aucune élaboration intellectuelle. ART BRUT, spontané, échappant aux normes. **3.** Évalué avant déduction des frais. *Salaire brut.* – *Poids brut,* poids total.

brutal, ale, aux adj. **1.** Qui est rude et grossier. **2.** Soudain et violent. ▶ **brutalement** adv.

brutaliser v. tr. ▫ Traiter de façon brutale.

brutalité n. f. **1.** Caractère d'une personne brutale. **2.** Caractère inattendu et violent.

brute n. f. ▫ Personne grossière ou brutale.

bruyant, ante adj. **1.** Qui fait beaucoup de bruit. **2.** Où il y a beaucoup de bruit. ▶ **bruyamment** adv.

bruyère n. f. **1.** Arbrisseau des landes à fleurs variant du blanc au pourpre. **2.** Racine de cette plante.

B. T. P. n. m. ▫ Secteur économique du bâtiment et des travaux publics. – var. **BTP.**

B. T. S. n. m. ▫ (en France) Brevet de technicien supérieur.

buanderie n. f. ▫ Local réservé à la lessive.

bubon n. m. ▫ Inflammation des ganglions lymphatiques. ▶ **bubonique** adj.

buccal, ale, aux adj. ▫ didact. De la bouche.

bûche n. f. ▫ Morceau de bois de chauffage. – *Bûche de Noël,* pâtisserie en forme de bûche.

① **bûcher** n. m. **1.** Local où l'on range le bois à brûler. **2.** Amas de bois sur lequel on brûlait les condamnés, etc.

② **bûcher** v. tr. et intr. ▫ fam. Travailler avec acharnement. ▶ **bûcheur, euse** n. et adj.

bûcheron, onne n. ▫ Personne dont le métier est d'abattre du bois. ▶ **bûcheronner** v. intr.

bûchette n. f. ▫ Petite bûche.

bucolique 1. n. f. Poème pastoral. **2.** adj. Relatif à la poésie pastorale. ▪ Qui a rapport à la vie de la campagne.

budget n. m. ▫ État prévisionnel et limitatif des recettes et dépenses (de l'État, d'une entreprise, d'une famille...). ▪ par ext. *Budget familial.* ▶ **budgétaire** adj.

budgétiser v. tr. ▫ Inscrire au budget.

buée n. f. ▫ Vapeur condensée en gouttes.

buffet n. m. **1.** Meuble servant à ranger la vaisselle. **2.** Table garnie de mets froids, de boissons à l'occasion d'une réception. **3.** Café-restaurant d'une gare. **4.** *Buffet d'orgue,* sa menuiserie.

buffle n. m. ▫ Mammifère ruminant, voisin du bœuf, aux longues cornes arquées (femelle : *bufflonne* ou *bufflesse* n. f.).

bug n. m. ▫ anglic. → ② **bogue.**

bugle n. m. ▫ Instrument à vent à pistons.

building n. m. ▫ anglic. Immeuble à nombreux étages.

buis n. m. ▫ Arbuste à feuilles persistantes vert foncé. ▪ Son bois.

buisson n. m. ▫ Touffe d'arbrisseaux sauvages. ▶ **buissonneux, euse** adj.

buissonner v. intr. ▫ Pousser en buisson.

buissonnier, ière adj. ▫ *Faire l'école buissonnière :* flâner au lieu d'aller en classe.

bulbaire adj. ▫ anat. D'un bulbe (2).

bulbe n. m. **1.** Organe de réserve souterrain, renflé, de certaines plantes. **2.** anat. Renflement arrondi. **3.** Coupole renflée au faîte en pointe.

bulbeux, euse adj. **1.** bot. Qui a un bulbe. **2.** En forme de bulbe.

bulgare adj. et n. □ De Bulgarie.

bulldozer n. m. □ anglic. Engin de terrassement à chenilles.

bulle n. f. **I. 1.** Petite sphère remplie d'air ou de gaz qui s'élève à la surface d'un liquide, etc. ▪ Sphère formée d'une pellicule remplie d'air. *Bulle de savon.* **2.** Espace où sont inscrites les paroles, dans une bande dessinée. **II.** Lettre du pape portant son sceau.

bulletin n. m. **1.** Information émanant d'une autorité. – *Bulletin d'information* (radio, télévision). ▪ Rapport contenant les notes d'un élève. **2.** Certificat ou récépissé. **3.** Papier que l'électeur dépose dans l'urne.

bull-terrier n. m. □ Chien ratier d'une race anglaise. *Des bull-terriers.*

bulot n. m. □ Gros mollusque gastéropode comestible.

bungalow n. m. **1.** Maison indienne basse entourée de vérandas. **2.** Petit pavillon en rez-de-chaussée.

bunker n. m. □ Casemate.

buraliste n. □ Personne préposée à un bureau de recette, de poste, etc. – Personne qui tient un bureau de tabac.

bure n. f. □ Grossière étoffe de laine brune.

bureau n. m. **I. 1.** Table sur laquelle on écrit ; meuble où l'on peut ranger des papiers, etc. **2.** Pièce où est installée cette table. **3.** inform. Plan de travail représenté par l'écran d'un ordinateur. **II. 1.** Lieu de travail du personnel (d'une administration, etc.). ▪ Établissement ouvert au public et où s'exerce un service. **2.** Personnel d'un bureau. **3.** Membres dirigeants d'une assemblée.

bureaucrate n. □ Fonctionnaire abusant de son pouvoir sur le public.

bureaucratie n. f. **1.** Pouvoir politique des bureaux. **2.** L'ensemble des fonctionnaires. ▶ **bureaucratique** adj.

bureaucratiser v. tr. □ Transformer par la mise en place d'une bureaucratie. ▶ **bureaucratisation** n. f.

bureautique n. f. (n. déposé) □ Techniques visant à automatiser les travaux de bureau.

burette n. f. □ Petit flacon à goulot étroit.

burin n. m. □ Ciseau d'acier qui sert à graver.

buriner v. tr. □ Graver au burin. ▷ adj. **buriné, ée 1.** Gravé au burin. **2.** fig. *Visage buriné,* marqué et énergique.

burka ou **burqa** n. f. □ Voile couvrant le corps entier, prescrit aux femmes dans certaines sociétés islamiques.

burlat n. f. □ Gros bigarreau rouge foncé.

burlesque 1. adj. D'un comique extravagant. **2.** n. m. Genre burlesque. ▪ Strip-tease humoristique.

burnous n. m. □ Grand manteau de laine à capuchon, au Maghreb.

bus n. m. □ Autobus.

busard n. m. □ Rapace diurne des marais.

① **buse** n. f. **1.** Rapace diurne, aux formes lourdes. **2.** fig., fam. Personne sotte, ignorante.

② **buse** n. f. □ Conduit, tuyau.

business n. m. □ anglic., fam. Travail ; affaires. – var. **bizness.**

businessman n. m. □ anglic. Homme d'affaires. *Des businessmans* ou *businessmen.*

busqué, ée adj. □ (nez) Qui présente une courbure convexe.

buste n. m. **1.** Partie supérieure du corps humain, de la tête à la ceinture. **2.** Sculpture représentant la tête et le haut du buste.

bustier n. m. ▫ Corsage sans bretelles qui moule le buste.

but n. m. **1.** Point visé, objectif. – *De but en blanc* : brusquement. **2.** sports Espace que doit franchir le ballon pour qu'un point soit marqué. ▪ Le point marqué. **3.** fig. Ce que l'on se propose d'atteindre.

butane n. m. ▫ Hydrocarbure saturé employé comme combustible.

butée n. f. **1.** Massif de maçonnerie destiné à supporter une poussée. **2.** Organe, pièce limitant un mouvement.

① **buter** v. intr. ▫ Heurter le pied (contre qqch.). – fig. *Buter sur, contre une difficulté.* ▷ v. pron. se **buter** S'entêter. ▷ adj. **buté, ée** Entêté, obstiné.

② **buter** v. tr. ▫ fam. Tuer.

buteur, euse n. ▫ Joueur, joueuse qui marque des buts.

butin n. m. **1.** Ce qu'on prend aux ennemis, pendant une guerre. **2.** Produit d'un vol.

butiner v. **1.** v. intr. (abeille) Visiter les fleurs pour y chercher la nourriture de la ruche. **2.** v. tr. *Les abeilles butinent les fleurs.* – fig. → **glaner.**

butô n. m. ▫ Spectacle issu de traditions japonaises réinterprétées, caractérisé par des corps peints en blanc et des mouvements très lents.

butoir n. m. **1.** Pièce ou dispositif servant à arrêter. **2.** fig. *Date butoir* : dernier délai.

butor n. m. **1.** Échassier aux formes lourdes. **2.** fig. Grossier personnage.

butte n. f. **1.** Petite éminence de terre. **2.** *ÊTRE EN BUTTE À* : être exposé à.

butter v. tr. ▫ Garnir (une plante) de terre qu'on élève autour du pied.

buvable adj. ▫ Qui peut se boire.

buvard n. m. ▫ Papier qui boit l'encre.

buvette n. f. ▫ Petit local ou comptoir où l'on sert à boire.

buveur, euse n. **1.** Personne qui aime boire des boissons alcoolisées. **2.** Personne qui est en train de boire.

buzz n. m. ▫ anglic. Vif retentissement, notamment sur Internet. ▶ **buzzer** v. intr.

bye-bye interj. ▫ anglic., fam. Au revoir.

byzantin, ine adj. **1.** De Byzance. **2.** Oiseux par excès de subtilité.

bzzz... interj. ▫ Onomatopée, bruit de sifflement continu.

C

c n. m. ▫ Troisième lettre, deuxième consonne de l'alphabet. ▫ REM. *C* cédille (*ç*) se prononce toujours [s] : *garçon.* ■ C, chiffre romain (cent).

① **ça** pron. dém. **1.** fam. Cela, ceci. **2.** (approbation) *C'est ça !* ■ (étonnement...) *Ça, alors !*

② **ça** n. m. ▫ psych. L'une des trois instances de la personnalité (selon Freud), ensemble des pulsions inconscientes.

çà adv. de lieu ▫ *ÇÀ ET LÀ* : de côté et d'autre.

cabale n. f. ▫ Entente secrète dirigée contre (qqn, qqch.).

cabalistique adj. ▫ Mystérieux, incompréhensible.

caban n. m. ▫ Manteau court en drap de laine.

cabane n. f. ▫ Petite habitation grossière.

cabanon n. m. ▫ Cabane de jardin.

cabaret n. m. **1.** vieilli Établissement où l'on sert des boissons. **2.** Établissement de spectacle où les clients peuvent souper, danser.

cabaretier, ière n. ▫ vieilli Personne qui tient un cabaret (1).

cabas n. m. ▫ Grand sac à provisions.

cabécou n. m. ▫ Petit fromage de chèvre.

cabestan n. m. ▫ Treuil à axe vertical.

cabillaud n. m. ▫ Morue fraîche.

cabine n. f. **1.** Petite chambre, sur un navire. **2.** Petit local à usage déterminé.

cabinet n. m. **I. 1.** Petite pièce située à l'écart. – *CABINET DE TOILETTE* : petite salle d'eau. **2.** Lieu d'exercice de professions libérales (médecin...). **3.** au plur. W.-C. **II. 1.** Le gouvernement. **2.** Service d'un ministère, d'une préfecture.

câblage n. m. **1.** Action de câbler. **2.** techn. Fils de montage d'un appareil électrique.

câble n. m. **1.** Faisceau de fils. – Gros cordage en acier. **2.** *Câble électrique*, fil conducteur protégé. ■ *(Télévision) par câble.* → **câblodistribution.**

câbler v. tr. **1.** Assembler (des fils) en un câble. **2.** Équiper de câbles.

câblier n. m. **1.** Fabricant de câbles. **2.** Navire qui pose des câbles sous-marins.

câblodistribution n. f. ▫ Diffusion par câbles d'émissions télévisées (syn. *le câble*).

câblo-opérateur n. m. ▫ Société exploitant un réseau de câblodistribution.

cabochard, arde adj. et n. ▫ fam. Entêté.

caboche n. f. ▫ fam. Tête.

cabochon n. m. ▫ Pierre précieuse ou pièce de cristal polie, non taillée en facettes.

cabosser v. tr. ▫ Faire des bosses à.

① **cabot** n. m. ▫ fam. Chien.

② **cabot** n. m. ▫ Cabotin.

caboter v. intr. ▫ Naviguer près des côtes. ▶ **cabotage** n. m.

caboteur n. m. ▫ Navire de cabotage.

cabotin, ine n. **1.** Mauvais acteur. **2.** Personne qui cherche à se faire remarquer. ▶ **cabotiner** v. intr.

caboulot n. m. ▫ fam., vieilli Café mal famé.

cabrer v. **I.** *SE CABRER* v. pron. **1.** Se dresser sur les pattes de derrière. **2.** fig. Se révolter. **II.** v. tr. Faire se dresser (un animal...). ▶ **cabrage** n. m.

cabri n. m. ▫ Chevreau.

cabriole n. f. **1.** Bond léger. **2.** Pirouette. ▶ **cabrioler** v. intr.

cabriolet n. m. ▫ Automobile décapotable.

caca n. m. **1.** fam. Excrément. ▪ Chose sans valeur. **2.** *CACA D'OIE* : jaune verdâtre.

cacahouète ou **cacahuète** n. f. ▫ Fruit de l'arachide.

cacao n. m. **1.** Graine du cacaoyer, qui sert à fabriquer le chocolat. **2.** Poudre de cette graine.

cacaoté, ée adj. ▫ Qui contient du cacao.

cacaoyer n. m. ▫ Arbre d'Amérique du Sud dont les fruits (appelés *cabosses*) contiennent le cacao. – syn. **cacaotier.**

cacarder v. intr. ▫ Crier (en parlant de l'oie).

cacatoès n. m. ▫ Perroquet à huppe colorée. – var. anc. **kakatoès.**

cacatois n. m. ▫ Petite voile carrée au-dessus du perroquet.

cachalot n. m. ▫ Mammifère marin (cétacé) à dents.

① **cache** n. f. ▫ région. Cachette.

② **cache** n. m. ▫ Papier destiné à cacher une partie d'une surface.

cache-cache n. m. invar. ▫ Jeu d'enfants où l'un des joueurs doit découvrir les autres qui sont cachés.

cache-col n. m. invar. ▫ Écharpe qui entoure le cou.

cachectique adj. ▫ méd. Relatif à la cachexie. ▪ adj. et n. Atteint de cachexie.

cachemire n. m. ▫ Tissu fin en poil de chèvre et laine. – var. (anglic.) **cashmere.**

cache-misère n. m. invar. ▫ Vêtement sous lequel on cache des habits usés.

cache-nez n. m. invar. ▫ Grosse écharpe couvrant le bas du visage.

cache-pot n. m. invar. ▫ Vase décoratif qui sert à cacher un pot de fleurs.

cache-prise n. m. invar. ▫ Dispositif de sécurité pour les prises de courant.

cacher v. tr. **1.** Empêcher d'être vu. **2.** (sujet chose) Empêcher de voir. **3.** Empêcher (qqch.) d'être su. ▷ v. pron. se **cacher 1.** Se soustraire à la vue. **2.** *SE CACHER DE qqn*, lui cacher ce que l'on fait ou dit. ▷ adj. **caché, ée**

cache-radiateur n. m. invar. ▫ Revêtement cachant un radiateur d'appartement.

cache-sexe n. m. invar. ▫ Très petit slip.

cachet n. m. **I. 1.** anciennt Cylindre pour imprimer une marque (sur de la cire). **2.** Marque apposée à l'aide d'un cachet, d'un tampon. **3.** fig. Originalité. *Avoir du cachet.* **4.** Rétribution d'un artiste. **II. 1.** Enveloppe de pain azyme contenant un médicament en poudre. **2.** abusivt Comprimé.

cache-tampon n. m. invar. ▫ Jeu où l'on cache un objet à découvrir.

cacheter v. tr. ▫ Fermer (une enveloppe). ▶ **cachetage** n. m.

cachette n. f. **1.** Endroit propice à (se) cacher. **2.** *EN CACHETTE* loc. adv. : en se cachant.

cachexie n. f. ▫ Amaigrissement et fatigue généralisée.

cachot n. m. ▫ Cellule obscure, dans une prison.

cachotterie n. f. ▫ Petit secret.

cachottier, ière adj. et n. ▫ Qui aime faire des cachotteries.

cachou n. m. **1.** Extrait d'un acacia ou de la noix d'arec. **2.** Pastille au cachou.

cacique n. m. ▫ Premier à un concours.

cacochyme adj. ▫ vx En mauvaise santé.

cacophonie n. f. ▫ Mélange discordant de voix, de sons.

cacou n. m. ▫ région. (sud de la France) Homme, jeune homme qui fait le fanfaron.

cactus n. m. **1.** Plante grasse à tige charnue. **2.** fam. Difficulté.

c.-à-d. ▫ C'est-à-dire.

cadastre n. m. ▫ Registre public où est relevée la surface des propriétés foncières. ▶ **cadastral, ale, aux** adj.

cadastrer v. tr. ▫ Inscrire au cadastre.

cadavre n. m. **I.** Corps mort. ▶ **cadavérique** adj. **II.** fam. Bouteille vidée.

① **caddie** n. m. ▫ golf Garçon qui porte le matériel du joueur.

② **caddie** n. m. (n. déposé) ▫ Petit chariot métallique.

cadeau n. m. ▫ Objet que l'on offre.

cadenas n. m. ▫ Serrure mobile, à arceau. ▷ v. tr. **cadenasser**

cadence n. f. **1.** Rythme de l'accentuation, en poésie ou en musique. **2.** *EN CADENCE* loc. adv. : d'une manière rythmée. **3.** Rythme (du travail, etc.).

cadencer v. tr. ▫ Donner une cadence à. ▷ adj. **cadencé, ée**

cadenette n. f. ▫ Petite tresse.

cadet, ette n. **1.** Personne qui, par ordre de naissance, vient après l'aîné. – adj. *Sœur cadette.* **2.** Personne moins âgée. **3.** *C'EST LE CADET DE MES SOUCIS* : je ne m'en soucie pas. **4.** Sportif, sportive entre les minimes et les juniors.

cadi n. m. ▫ Magistrat musulman.

cadmium n. m. ▫ Corps simple (symb. Cd), métal blanc utilisé en alliage.

cadran n. m. **1.** *CADRAN SOLAIRE* : surface indiquant l'heure par la position de l'ombre d'une tige. **2.** Cercle sur lequel se déplacent les aiguilles (d'une montre, etc.). **3.** Surface plane, divisée (d'un appareil).

cadre n. **I.** n. m. **1.** Bordure entourant une glace, un tableau. **2.** Châssis fixe. **II.** n. m. fig. **1.** Ce qui entoure un espace, une action. **2.** milit. Ensemble des officiers et sous-officiers. **III.** Personne qui a des fonctions d'encadrement, de direction.

cadrer v. **1.** v. intr. (abstrait) Aller bien (avec qqch.). **2.** v. tr. Mettre en place (l'image), en photo, etc. ▶ **cadrage** n. m.

cadreur, euse n. ▫ Personne qui utilise la caméra (recomm. off. pour *caméraman*).

caduc, uque adj. **1.** littér. Qui n'a plus cours. ▶ **caducité** n. f. littér. **2.** *Feuilles caduques,* qui tombent en hiver.

caducée n. m. ▫ Baguette entourée de deux serpents entrelacés (symbole du corps médical).

cæcum n. m. ▫ Première partie du gros intestin.

cafard, arde n. **I.** vieilli Personne qui dénonce les autres. **II.** n. m. Blatte. **III.** n. m. fam. *Avoir le cafard,* des idées noires.

cafarder v. intr. **I.** Faire le cafard (I). ▶ **cafardage** n. m. **II.** Avoir le cafard.

cafardeux, euse adj. ▫ Qui a le cafard (III). ▪ Qui donne le cafard.

① **café** n. m. **1.** Graine du caféier. – Ces graines torréfiées. **2.** Boisson obtenue par infusion de grains de café torréfiés et moulus.

② **café** n. m. ▫ Lieu public où l'on consomme des boissons.

café-concert n. m. ▫ anciennt Café où l'on écoutait de la musique. *Des cafés-concerts.*

caféier n. m. ▫ Arbuste tropical dont le fruit contient les grains de café.

caféine n. f. ▫ Alcaloïde du café, du thé.

caféisme n. m. ▫ Intoxication à la caféine.

cafetan ou **caftan** n. m. ▫ Vêtement oriental, ample et long.

cafeter → **cafter**

cafétéria ou **cafeteria** n. f. ▫ Lieu public où l'on sert du café, des boissons, des plats simples, etc.

café-théâtre n. m. ▫ Petite salle de spectacle. *Des cafés-théâtres.*

cafetier, ière n. ▫ vieilli Personne qui tient un café.

cafetière n. f. ▫ Récipient pour préparer le café.

cafouiller v. intr. ▫ fam. Agir de façon désordonnée ; fonctionner mal. ▶ **cafouillage** et **cafouillis** n. m. ▶ **cafouilleux, euse** adj.

caftan → **cafetan**

cafter v. tr. ▫ fam. Dénoncer. – var. **cafeter.**

cage n. f. **I.** Endroit clos (par des barreaux...) servant à enfermer des animaux vivants. **II. 1.** *Cage d'escalier,* où se trouve l'escalier. **2.** *Cage thoracique,* ensemble formé par les vertèbres, les côtes et le sternum.

cageot n. m. ▫ Emballage à claire-voie.

cagibi n. m. ▫ Petite pièce de rangement.

cagna n. f. ▫ argot milit. Abri militaire.

cagneux, euse adj. ▫ Qui a les genoux tournés en dedans.

cagnotte n. f. ▫ Caisse commune.

cagole n. f. ▫ région. (sud de la France) Jeune fille, jeune femme qui affiche une féminité provocante et vulgaire.

cagot, ote n. ▫ littér. Faux dévot ; hypocrite.

cagoule n. f. ▫ Passe-montagne.

cahier n. m. **1.** Feuilles de papier assemblées et munies d'une couverture. **2.** *CAHIER DES CHARGES :* liste des clauses et conditions pour l'exécution d'un contrat.

cahin-caha adv. ▫ fam. Tant bien que mal.

cahot n. m. ▫ Saut que fait un véhicule en roulant sur un terrain inégal. ▶ **cahoter** v. tr. et intr. ▶ **cahotement** n. m.

cahute n. f. ▫ Petite hutte.

caïd n. m. ▫ fam. Chef de bande.

caïeu ou **cayeu** n. m. ▫ bot. Bourgeon secondaire, sur un bulbe.

caillasse n. f. ▫ fam. Cailloux, pierraille.

caillasser v. tr. ▫ fam. Attaquer, endommager à coups de pierres.

caille n. f. ▫ Oiseau voisin de la perdrix.

caillebotis n. m. ▫ Lattes ou rondins servant de passage.

cailler v. **1.** v. tr. Faire prendre en caillots. – au p. p. *Lait caillé.* **2.** v. intr. fam. Avoir froid.

caillette n. f. ▫ Quatrième compartiment de l'estomac des ruminants.

caillot n. m. ▫ Masse de sang coagulé.

caillou n. m. ▫ Pierre de petite dimension.

caillouter v. tr. ▫ Garnir de cailloux. ▶ **cailloutage** n. m.

caillouteux, euse adj. ▫ Couvert de cailloux.

cailloutis n. m. ▫ Amas ou ouvrage de cailloux concassés.

caïman n. m. ▫ Crocodile d'Amérique.

caïque n. m. ▫ Embarcation légère et étroite.

cairn n. m. ▫ didact. Monticule, tumulus.

caisse n. f. **I. 1.** Grande boîte. **2.** techn. Carrosserie d'automobile. – fam. Voiture. **II.** mus. Instrument de la famille du tambour. **III. 1.** Coffre dans lequel on dépose de l'argent, des valeurs. **2.** Bureau, guichet où se font les paiements, les versements. **3.** Argent en caisse. **4.** *CAISSE D'ÉPARGNE :* établissement où l'on dépose de l'argent pour l'économiser.

caissette n. f. ▫ Petite caisse (I, 1).

caissier, ière n. ▫ Personne qui tient la caisse (III).

caisson n. m. **I.** Caisse métallique. **II.** archit. Compartiment creux d'un plafond.

cajoler v. tr. ▫ Avoir envers (qqn) des manières caressantes. ▶ **cajolerie** n. f. ▶ **cajoleur, euse** adj. et n.

cajou n. m. ▫ Fruit d'un arbre tropical.

cajun n. et adj. ▫ Acadien de Louisiane.

cake n. m. ▫ anglic. Gâteau garni de raisins secs, de fruits confits.

cal n. m. ▫ Durcissement de l'épiderme produit par frottement.

calamar → **calmar**

calame n. m. ▫ Antiq. Roseau pour écrire.

calamine n. f. ▫ Résidu de la combustion, dans un moteur à explosion. ▶ **calaminé, ée** adj.

calamité n. f. ▫ Grand malheur.

calamiteux, euse adj. ▫ littér. Désastreux.

calandre n. f. **1.** Machine pour lisser, lustrer les étoffes, glacer les papiers, etc. (*calandrer* v. tr.). **2.** Garniture de radiateur d'automobile.

calanque n. f. ▫ Crique, en Méditerranée.

calcaire I. adj. Qui contient du carbonate de calcium. **II.** n. m. Roche formée de carbonate de calcium.

calcédoine n. f. ▫ Pierre précieuse.

calcification n. f. ▫ Dépôt de sels calcaires dans les tissus organiques. ▶ **calcifié, ée** adj.

calciner v. tr. ▫ Brûler, griller. ▶ **calcination** n. f.

calcite n. f. ▫ Calcaire cristallisé.

calcium n. m. ▫ Élément (symb. Ca), métal blanc et mou.

① **calcul** n. m. ▫ Concrétion pierreuse qui se forme dans l'organisme.

② **calcul** n. m. **1.** Opération numérique. **2.** Appréciation, estimation. **3.** péj. *Agir par calcul*, d'une manière intéressée.

calculable adj. ▫ Qui peut se calculer.

calculateur, trice I. 1. n. Personne qui sait calculer. **2.** adj. et n. Habile à combiner des plans. **II.** n. m. Ordinateur de calcul. **III.** n. f. Machine à calculer.

calculer v. tr. **1.** Déterminer par le calcul. **2.** Apprécier, évaluer (qqch.).

calculette n. f. ▫ Petite machine à calculer.

caldarium n. m. ▫ Antiq. Étuve des bains romains.

① **cale** n. f. ▫ Espace entre le pont et le fond d'un navire.

② **cale** n. f. ▫ Ce que l'on place sous un objet pour lui donner de l'aplomb.

calé, ée adj. ▫ fam. **1.** (personnes) Savant, instruit. **2.** (choses) Difficile.

calebasse n. f. ▫ Fruit d'un arbre tropical (le *calebassier*).

calèche n. f. ▫ Voiture à cheval, découverte, à quatre roues.

caleçon n. m. **1.** Sous-vêtement masculin, culotte courte et légère. **2.** Pantalon de maille très collant, pour femmes.

calédonien, enne adj. et n. ▫ De Calédonie ou de Nouvelle-Calédonie.

calembour n. m. ▫ Jeu de mots.

calembredaine n. f. ▫ vieilli Propos extravagant.

calendaire adj. ▫ Du calendrier.

calendes n. f. pl. ▫ Antiq. Premier jour de chaque mois, chez les Romains. ▪ *Renvoyer qqch.* AUX CALENDES GRECQUES, à un temps qui ne viendra jamais.

calendrier n. m. **1.** Emploi du temps ; programme. **2.** Tableau présentant les mois et les jours d'une année.

cale-pied n. m. □ Petit butoir adapté à la pédale d'une bicyclette. *Des cale-pieds.*

calepin n. m. □ Petit carnet de poche.

① **caler** v. tr. **1.** Mettre d'aplomb au moyen d'une cale. **2.** fam. *Se caler l'estomac* : bien manger.

② **caler** v. intr. **I.** S'arrêter, s'immobiliser brusquement. **II.** (personnes) Céder, renoncer.

caleter ou **calter** v. intr. □ fam. S'en aller en courant.

calfat n. m. □ Ouvrier qui calfate.

calfater v. tr. □ Garnir d'étoupe goudronnée les interstices de la coque de (un navire).

calfeutrer v. tr. **1.** Boucher les fentes avec un bourrelet. ▶ **calfeutrage** n. m. **2.** *SE CALFEUTRER* v. pron. S'enfermer.

calibre n. m. **1.** Diamètre intérieur (d'un tube, d'un projectile, d'un fruit...). **2.** Instrument servant à mesurer un diamètre, etc.

calibrer v. tr. **1.** Donner le calibre convenable à. **2.** Mesurer le calibre de. ▪ Trier selon le calibre. ▶ **calibrage** n. m.

calibreur n. m. et **calibreuse** n. f. □ Appareil, machine pour calibrer.

① **calice** n. m. □ Vase sacré pour le vin de messe.

② **calice** n. m. □ Enveloppe de la fleur.

calicot n. m. □ Bande de tissu portant une inscription.

califat n. m. □ Territoire soumis à un calife.

calife n. m. □ Souverain musulman.

à **califourchon** loc. adv. □ Une jambe d'un côté, la deuxième de l'autre.

câlin, ine I. adj. Qui aime câliner, être câliné. **II.** n. m. Échange de caresses, de baisers.

câliner v. tr. □ Traiter avec tendresse. ▶ **câlinerie** n. f.

calisson n. m. □ Petit gâteau d'amandes.

calleux, euse adj. □ Dont la peau est durcie et épaissie.

call-girl n. f. □ anglic. Prostituée qu'on joint par téléphone. *Des call-girls.*

calligramme n. m. □ Poème dont le texte forme un dessin.

calligraphie n. f. □ Art de bien former les caractères d'écriture. ▶ **calligraphe** n. ▶ **calligraphier** v. tr.

callipyge adj. □ arts Qui a de belles fesses.

callosité n. f. □ Épaississement et durcissement de l'épiderme.

calmant, ante □ adj. et n. m. Qui calme la douleur ; qui apaise.

calmar n. m. □ Céphalopode comestible. – var. **calamar.**

① **calme** n. m. **1.** Absence d'agitation. **2.** Immobilité de l'atmosphère, de la mer.

② **calme** adj. □ Qui n'est pas troublé, agité. ▶ **calmement** adv.

calmer v. tr. □ Rendre calme ; apaiser. ▷ v. pron. se **calmer**

calomel n. m. □ Sel de mercure.

calomnie n. f. □ Accusation fausse. ▶ **calomnieux, euse** adj. ▶ **calomnier** v. tr. ▶ **calomniateur, trice** n.

calorie n. f. □ Unité de mesure de la valeur énergétique des aliments.

calorifère n. m. □ vieilli Appareil de chauffage domestique.

calorifique adj. □ Qui donne de la chaleur.

calorifuge adj. et n. m. □ Qui empêche la déperdition de la chaleur. ▶ **calorifuger** v. tr. ▶ **calorifugeage** n. m.

calorimétrie n. f. □ phys. Mesure des échanges de chaleur entre les corps.

calorique adj. □ Qui apporte des calories.

① **calot** n. m. ▫ Coiffure militaire sans bords.

② **calot** n. m. ▫ Grosse bille à jouer.

calotin n. m. ▫ fam. et péj. Ecclésiastique.

calotte n. f. **I. 1.** Petit bonnet qui couvre le sommet de la tête. **2.** péj. *La calotte :* le clergé. **II.** fig. **1.** Partie supérieure de la boîte crânienne. **2.** géogr. *Calotte glaciaire :* glacier qui recouvre tout le relief.

calque n. m. **1.** Copie, reproduction calquée. – *Papier-calque* ou *calque :* papier transparent pour calquer. **2.** fig. Imitation ; plagiat.

calquer v. tr. **1.** Copier un modèle sur une surface contre laquelle il est appliqué. **2.** fig. Imiter.

calter v. intr. → **caleter**

calumet n. m. ▫ Pipe de cérémonie des Indiens d'Amérique.

calvados n. m. ▫ Eau-de-vie de cidre.

calvaire n. m. **1.** Croix dressée commémorant la passion du Christ. – *Un calvaire :* représentation de la passion du Christ. **2.** fig. Épreuve longue et douloureuse.

calvinisme n. m. ▫ Doctrine de Calvin. ▶ **calviniste** adj. et n.

calvitie n. f. ▫ Absence totale ou partielle de cheveux.

camaïeu n. m. ▫ Peinture où l'on n'emploie qu'une couleur avec des tons différents.

camarade n. ▫ Personne qui a des liens de familiarité avec une autre. ▶ **camaraderie** n. f.

camard, arde adj. ▫ littér. Qui a le nez plat.

cambiste n. ▫ fin. Spécialiste des opérations de change (I, 2).

cambium n. m. ▫ bot. Tissu qui donne naissance au bois, au liège.

cambouis n. m. ▫ Graisse, huile noircie par l'usage.

cambrer v. tr. ▫ Courber en forme d'arc. ▷ v. pron. se **cambrer** Se redresser en creusant les reins. ▶ **cambré, ée** adj.

cambrien, enne adj. et n. m. ▫ géol. Se dit de la première période de l'ère primaire.

cambrioler v. tr. ▫ Dévaliser en pénétrant par effraction. ▶ **cambriolage** n. m. ▶ **cambrioleur, euse** n.

cambrousse n. f. ▫ fam. et péj. Campagne.

cambrure n. f. ▫ État de ce qui est cambré.

cambuse n. f. ▫ Magasin du bord, sur un bateau.

① **came** n. f. ▫ Pièce qui transmet le mouvement d'un mécanisme.

② **came** n. f. ▫ fam. **1.** Drogue. ▶ **camé, ée** adj. et n. **2.** Marchandise.

camée n. m. ▫ Pierre fine sculptée en relief.

caméléon n. m. ▫ Petit reptile doué de mimétisme.

camélia n. m. ▫ Arbrisseau à feuilles persistantes ; sa fleur.

camelot n. m. ▫ Marchand ambulant d'objets de pacotille.

camelote n. f. ▫ fam. Marchandise de mauvaise qualité.

camembert n. m. **1.** Fromage de vache, à croûte blanche. **2.** fig. Graphique circulaire divisé en secteurs.

se **camer** v. pron. ▫ fam. Se droguer.

caméra n. f. ▫ Appareil de prise de vues.

caméraman n. ▫ anglic. → **cadreur.** *Des caméramans.*

camérier n. m. ▫ Prélat attaché au service du pape.

camériste n. f. ▫ vx Femme de chambre.

caméscope n. m. (n. déposé) ▫ Caméra vidéo avec un magnétoscope intégré.

camion n. m. ▫ Gros véhicule automobile transportant des marchandises. ▶ **camionnette** n. f.

camionnage n. m. ▫ Transport par camion.

camionneur, euse n. **1.** Personne qui conduit un camion. **2.** Personne qui possède, gère une entreprise de transports par camion.

camisole n. f. ▫ CAMISOLE DE FORCE : chemise paralysant les mouvements. ▪ fig. *Camisole chimique* : traitement médicamenteux puissant utilisé pour calmer certains malades mentaux.

camomille n. f. **1.** Plante odorante, à fleurs. **2.** Tisane de fleurs de cette plante.

camoufler v. tr. ▫ Rendre méconnaissable ou invisible. ▶ **camouflage** n. m.

camouflet n. m. ▫ Vexation humiliante.

camp n. m. **I. 1.** Lieu où des troupes s'installent. **2.** Terrain où sont groupées des personnes. **3.** fig. *Lever le camp,* fam. *ficher, foutre le camp,* s'en aller. **II.** Groupe qui s'oppose à un autre.

campagnard, arde 1. adj. De la campagne. **2.** adj. et n. Qui vit à la campagne.

campagne n. f. **I.** Ensemble des terres cultivées, des lieux fertiles, hors des villes. **II. 1.** Manœuvres des troupes. **2.** Période d'activité, d'affaires. *Campagne électorale.*

campagnol n. m. ▫ Mammifère rongeur à queue courte.

campanaire adj. ▫ didact. Relatif aux cloches.

campanile n. m. ▫ Clocher isolé de l'église.

campanule n. f. ▫ Plante à clochettes.

campêche n. m. ▫ Arbre tropical à bois dur.

campement n. m. **1.** Action de camper. **2.** Lieu, installations où l'on campe.

camper v. **I.** v. intr. **1.** S'installer, être installé dans un camp. **2.** Faire du camping. **3.** S'installer provisoirement (quelque part). **II.** v. tr. Représenter avec vigueur (par l'écriture, etc.). ▷ v. pron. **se camper** Se tenir dans une posture hardie.

campeur, euse n. ▫ Personne qui pratique le camping.

camphre n. m. ▫ Substance aromatique provenant du *camphrier* ou *laurier du Japon.* ▶ **camphré, ée** adj.

camping n. m. **1.** Activité touristique consistant à vivre en plein air, sous une tente, dans une caravane... **2.** Terrain aménagé pour cette activité.

camping-car n. m. ▫ anglic. Camionnette aménagée pour le camping. *Des camping-cars.* – recomm. off. *autocaravane.*

camping-gaz n. m. invar. (n. déposé) ▫ Réchaud portatif.

campus n. m. ▫ Ensemble des bâtiments d'une université, hors d'une ville.

camus, use adj. ▫ littér. Camard.

canada n. f. ▫ Variété de pomme.

canadair n. m. (n. déposé) ▫ Avion équipé de réservoirs d'eau.

canadianisme n. m. ▫ Mot, tournure propre au français parlé au Canada.

canadien, ienne adj. et n. ▫ Du Canada.

canadienne n. f. ▫ (en France) **1.** Veste chaude, doublée. **2.** Petite tente de camping.

canaille n. f. **1.** Ensemble de gens méprisables. **2.** Personne malhonnête. **3.** adj. Fripon. *Un air canaille.*

canal, aux n. m. **I. 1.** Cours d'eau artificiel. **2.** Bras de mer. **II. 1.** Conduit permettant le passage d'un fluide.

2. Cavité allongée ou conduit de l'organisme. **III.** fig. **1.** Fréquence occupée par une chaîne de télévision. **2.** *Canal de distribution* : circuit de commercialisation.

canalisation n. f. ▫ Réseau de conduits distribuant l'eau, le gaz, ou de l'énergie.

canaliser v. tr. **1.** Rendre (un cours d'eau) navigable. **2.** fig. Diriger, concentrer, grouper.

canapé n. m. **1.** Long siège à dossier pour plusieurs personnes. **2.** Tranche de pain sur laquelle on dispose un mets.

canaque → **kanak**

canard n. m. **I.** Oiseau palmipède, au bec large. **II.** fam. Journal.

canarder v. tr. ▫ Tirer sur (qqn, qqch.) d'un lieu où l'on est à couvert.

① **canari** n. m. ▫ Serin jaune olivâtre.

② **canari** n. m. ▫ (Afrique) Récipient de terre cuite.

canasson n. m. ▫ fam. Cheval.

canasta n. f. ▫ Jeu de cartes qui consiste à réaliser des séries de 7 cartes.

① **cancan** n. m. ▫ Bavardage médisant. ▸ **cancaner** v. intr. ▸ **cancanier, ière** adj.

② **cancan** n. m. ▫ Danse excentrique, spectacle traditionnel du Montmartre de 1900.

cancer n. m. **I.** Quatrième signe du zodiaque (22 juin-22 juillet). **II. 1.** Tumeur maligne. **2.** fig. Ce qui ronge, détruit.

cancéreux, euse adj. **1.** Du cancer (II, 1). **2.** adj. et n. Atteint d'un cancer.

cancérigène adj. ▫ Qui cause ou peut causer le cancer.

cancérologie n. f. ▫ Étude, médecine du cancer. ▸ **cancérologue** n.

cancre n. m. ▫ fam. Élève paresseux et nul.

cancrelat n. m. ▫ Blatte d'Amérique.

candela n. f. ▫ Unité de mesure d'intensité lumineuse (symb. cd).

candélabre n. m. ▫ Chandelier à plusieurs branches.

candeur n. f. ▫ Qualité d'une personne pure et innocente.

candi adj. m. ▫ *Sucre candi*, épuré et cristallisé.

candida n. m. ▫ méd. Levure responsable d'une infection de la peau et des muqueuses (la *candidose* n. f.).

candidat, ate n. ▫ Personne qui postule une place, un poste, un titre. ▸ **candidature** n. f.

candide adj. ▫ Qui a de la candeur. ▸ **candidement** adv.

candomblé n. m. ▫ Culte pratiqué au Brésil.

cane n. f. ▫ Femelle du canard.

caner v. intr. ▫ fam. Mourir.

caneton n. m. ▫ Petit du canard.

① **canette** n. f. ▫ Jeune cane.

② **canette** ou **cannette** n. f. ▫ Bobine recevant le fil de trame ou du fil à coudre.

③ **canette** n. f. ▫ Bouteille de bière.

canevas n. m. **1.** Toile ajourée qui sert de support aux ouvrages de tapisserie. **2.** Ébauche (d'un ouvrage).

cangue n. f. ▫ anciennt Carcan pour le cou et les poignets.

caniche n. m. ▫ Chien à poil frisé.

canicule n. f. ▫ Grande chaleur de l'atmosphère. ▸ **caniculaire** adj.

canif n. m. ▫ Petit couteau à lames qui se replient dans le manche.

canin, ine adj. ▫ Relatif au chien.

canine n. f. ▫ Dent pointue.

canisse n. f. ▫ région. Canne utilisée pour faire des claies. – var. **cannisse.**

caniveau n. m. ▫ Bordure d'une rue, le long d'un trottoir, pour l'écoulement des eaux.

cannabis n. m. ▫ Chanvre indien.

cannage n. m. ▫ Action de canner (un siège). – Partie cannée.

canne n. f. **I.** Tige droite de certaines plantes. **II. 1.** Bâton sur lequel on s'appuie. **2.** *CANNE À PÊCHE* : gaule portant une ligne de pêche.

canneberge n. f. ▫ Airelle des marais.

cannelé, ée adj. ▫ Orné de cannelures.

cannelle n. f. ▫ Écorce aromatique d'un laurier (le *cannelier*).

cannelloni n. m. ▫ Pâte alimentaire en forme de tube, garnie d'une farce.

cannelure n. f. ▫ Sillon longitudinal.

canner v. tr. ▫ Garnir le fond, le dossier de (un siège) avec du jonc, du rotin.

cannette → ② **canette**

cannibale adj. et n. ▫ Anthropophage. ▶ **cannibalisme** n. m.

cannisse → **canisse**

canoë n. m. ▫ Embarcation légère, manœuvrée avec une pagaie simple. ▶ **canoéiste** n.

canoë-kayak n. m. ▫ Ensemble des sports de la navigation des canoës et des kayaks.

① **canon** n. m. **I. 1.** Pièce d'artillerie servant à lancer des projectiles lourds (obus). **2.** Tube (d'une arme à feu). **II.** fam. Verre de vin.

② **canon** n. m. **1.** Loi ecclésiastique. – adj. *Droit canon* : droit ecclésiastique. **2.** Ensemble des livres appartenant à la Bible. **3.** Règles déterminant un idéal (de beauté). **4.** Composition musicale à plusieurs voix répétant le même chant.

cañon ou **canyon** n. m. ▫ Gorge, vallée profonde.

canonique adj. **1.** didact. Conforme à un canon (②). **2.** fam. *Être d'un âge canonique*, respectable.

canoniser v. tr. ▫ Mettre au nombre des saints. ▶ **canonisation** n. f.

canonnade n. f. ▫ Tirs de canons.

canonner v. tr. ▫ Tirer au canon sur (un objectif). ▶ **canonnage** n. m.

canonnier, ière n. **1.** Militaire qui sert un canon. **2.** n. f. Navire armé de canons.

canope n. m. ▫ didact. Vase funéraire égyptien.

canopée n. f. ▫ géogr. Partie supérieure des arbres d'une forêt.

canot n. m. ▫ Petite embarcation sans pont. ▶ **canoter** v. intr. ▶ **canotage** n. m. ▶ **canoteur, euse** n. – syn. (vx) ① **canotier, ière.**

② **canotier** n. m. ▫ Chapeau de paille à fond et bords plats.

cantabile adj. et adv. ▫ mus. (d'un mouvement lent) Chantant.

cantal n. m. ▫ Fromage de lait de vache.

cantaloup n. m. ▫ Melon rugueux.

cantate n. f. ▫ Poème lyrique destiné à être mis en musique ; cette musique.

cantatrice n. f. ▫ Chanteuse d'opéra ou de chant classique.

cantharide n. f. ▫ Coléoptère vert doré.

cantilène n. f. ▫ Texte lyrique et épique, ou mélancolique.

cantine n. f. **1.** Restaurant d'une collectivité. **2.** Malle de voyage.

cantinière n. f. ▫ anciennt Gérante d'une cantine militaire.

cantique n. m. ▫ Chant d'action de grâces.

canton n. m. ▫ Division administrative. ▶ **cantonal, ale, aux** adj.

à la **cantonade** loc. adv. ▫ *Parler à la cantonade* : sans s'adresser à qqn de précis.

cantonner v. tr. **1.** Établir, faire séjourner (des troupes) en un lieu. **2.** Établir (qqn) d'autorité dans une situation. ▷ v. pron. se **cantonner** Se retirer (dans un lieu). – fig. Se limiter (à une activité...). ▶ **cantonnement** n. m.

cantonnier n. m. ▫ Ouvrier qui travaille à l'entretien des routes.

canular n. m. ▫ fam. Blague, farce.

canule n. f. ▫ Tube servant à introduire un liquide dans un conduit de l'organisme.

canut, canuse n. ▫ Ouvrier, ouvrière de l'industrie de la soie (à Lyon).

canyon → **cañon**

C. A. O. n. f. (sigle) ▫ Conception assistée par ordinateur.

caoutchouc n. m. **1.** Substance élastique, imperméable, provenant du latex. **2.** Vêtement caoutchouté. – Ruban élastique. **3.** Ficus à feuilles épaisses et brillantes.

caoutchouter v. tr. ▫ Enduire de caoutchouc.

caoutchouteux, euse adj. ▫ Qui a la consistance du caoutchouc.

cap n. m. **I.** *DE PIED EN CAP* : des pieds à la tête. **II. 1.** Pointe (de terre) qui s'avance dans la mer. **2.** Direction d'un navire.

C. A. P. n. m. ▫ (en France) Certificat d'aptitude professionnelle ; certificat d'aptitude pédagogique.

capable adj. **1.** *Capable de qqch.* : qui peut avoir (une qualité), faire (qqch.). **2.** absolt Qui a de l'habileté, de la compétence.

capacité n. f. **I.** Propriété de contenir une quantité de substance. **II.** Qualité d'une personne capable de comprendre, de faire (qqch.).

caparaçon n. m. ▫ Harnais d'ornement pour les chevaux. ▶ **caparaçonner** v. tr.

cape n. f. ▫ Vêtement de dessus, sans manches. – *Roman, film DE CAPE ET D'ÉPÉE*, aux héros chevaleresques.

capé, ée adj. ▫ sport Qui a remporté de nombreuses victoires.

capeline n. f. ▫ Large chapeau de femme.

C. A. P. E. S. ou **CAPES** n. m. ▫ (en France) Certificat d'aptitude au professorat de l'enseignement secondaire.

C. A. P. E. T. ou **CAPET** n. m. ▫ (en France) Certificat d'aptitude au professorat de l'enseignement technique.

capharnaüm n. m. ▫ fam. Lieu qui renferme beaucoup d'objets en désordre.

capillaire adj. **1.** adj. et n. m. Se dit des vaisseaux sanguins les plus fins. **2.** Relatif aux cheveux.

capillarité n. f. ▫ sc. Phénomènes qui se produisent à la surface des liquides.

en **capilotade** loc. adv. ▫ En piteux état.

capitaine n. m. **1.** Officier. **2.** Chef (d'une équipe sportive).

① **capital, ale, aux** adj. **1.** Qui est le plus important. **2.** *PEINE CAPITALE* : peine de mort.

② **capital, aux** n. m. **1.** Richesses possédées. **2.** écon. Richesse destinée à produire un revenu ou de nouveaux biens.

capitale n. f. **1.** Ville qui occupe le premier rang dans un État, etc. **2.** Majuscule.

capitaliser v. **1.** v. tr. Transformer en capital (②). **2.** v. intr. Amasser de l'argent. ▶ **capitalisation** n. f.

capitalisme n. m. ▫ Régime économique et social dans lequel les principaux capitaux, source de revenu, sont propriété privée. ▶ **capitaliste** n. et adj. ▶ **capitalistique** adj.

capiteux, euse adj. ▫ Qui monte à la tête.

capiton n. m. **1.** Bourre de soie ou de laine. **2.** Division d'un siège capitonné.

capitonner v. tr. ▫ Rembourrer en piquant d'espace en espace. ▶ **capitonnage** n. m.

capitulaire □ n. m. hist. Ordonnance des rois et empereurs francs.

capitule n. m. □ bot. Inflorescence formée de fleurs insérées les unes à côté des autres.

capituler v. intr. □ S'avouer vaincu. ▶ **capitulation** n. f.

capodastre n. m. □ mus. Accessoire que l'on adapte au manche d'une guitare, pour en modifier la tonalité.

capoeira n. f. □ Danse brésilienne associant acrobaties et mouvements de lutte.

caporal, ale, aux n. □ Militaire gradé du grade le moins élevé.

caporalisme n. m. □ Militarisme borné.

① **capot** n. m. □ Couverture métallique mobile protégeant un moteur.

② **capot** adj. invar. □ Battu (au jeu).

capote n. f. **1.** Grand manteau militaire. **2.** Couverture mobile de certains véhicules. **3.** fam. Préservatif masculin.

capoter v. intr. **1.** (bateau...) Se retourner. **2.** fig. Échouer. ▶ **capotage** n. m.

cappuccino n. m. □ Café noir serré nappé de crème mousseuse.

câpre n. f. □ Bouton à fleur du câprier.

caprice n. m. **1.** Envie subite et passagère. **2.** au plur. Changements fréquents.

capricieux, ieuse adj. **1.** adj. et n. Qui a des caprices. **2.** Dont la forme, le mouvement varie. ▶ **capricieusement** adv.

capricorne n. m. **1.** Animal fabuleux, chèvre et poisson. ■ Dixième signe du zodiaque (21 décembre-19 janvier). **2.** Grand coléoptère.

câprier n. m. □ Arbre épineux.

caprin, ine adj. □ didact. Relatif à la chèvre.

capsule n. f. **1.** anat. Membrane, cavité en forme de sac. **2.** Petite calotte de métal qui sert à fermer une bouteille. **3.** *Capsule spatiale*, petit engin spatial.

capsuler v. tr. □ Fermer, boucher avec une capsule.

capter v. tr. **1.** Chercher à obtenir (qqch. d'abstrait). **2.** Recueillir pour utiliser. **3.** Recevoir ou intercepter (une émission...).

capteur n. m. □ sc. Dispositif pour détecter, capter.

captieux, euse adj. □ littér. Qui cherche à tromper.

captif, ive adj. **1.** littér. adj. et n. Qui a été fait prisonnier au cours d'une guerre. **2.** (animaux) Privé de liberté. ▶ **captivité** n. f.

captiver v. tr. □ Attirer et fixer (l'attention). ▶ **captivant, ante** adj.

capture n. f. **1.** Action de capturer. **2.** Ce qui est pris. **3.** inform. Enregistrement d'une image affichée à l'écran.

capturer v. tr. □ S'emparer de (un être vivant).

capuce n. m. □ didact. Capuchon en pointe.

capuche n. f. □ Petit capuchon.

capuchon n. m. **1.** Large bonnet attaché à un vêtement. **2.** Bouchon fileté.

capucin, ine n. □ Religieux, religieuse d'une branche de l'ordre des franciscains.

capucine n. f. □ Plante à feuilles rondes et à fleurs orangées ou rouges ; cette fleur.

caque n. f. □ Barrique à harengs salés.

caquelon n. m. □ Poêlon.

caquet n. m. **1.** Cri de la poule qui pond. **2.** *Rabattre le caquet à qqn*, le faire taire.

caqueter v. intr. **1.** (poule) Glousser au moment de pondre. **2.** Bavarder de façon désagréable. ▶ **caquetage** n. m.

① **car** conj. □ Conjonction de coordination qui introduit une explication de la proposition qui précède.

② **car** n. m. ▫ Autocar.

carabe n. m. ▫ Coléoptère, à reflets métalliques.

carabin n. m. ▫ fam. Étudiant en médecine.

carabine n. f. ▫ Fusil léger à canon court.

carabiné, ée adj. ▫ fam. Fort, violent.

carabinier n. m. ▫ vx Soldat armé d'une carabine.

caraco n. m. ▫ Sous-vêtement féminin couvrant le buste.

caracoler v. intr. ▫ Faire des voltes.

caractère n. m. **I.** Signe gravé ou écrit, élément d'une écriture. **II. 1.** Trait distinctif propre à qqn, qqch. **2.** Originalité. **III. 1.** Ensemble des manières habituelles de sentir et de réagir de qqn. **2.** *Avoir du caractère* : être énergique.

caractériel, ielle adj. et n. ▫ Qui présente des troubles du caractère (III, 1).

caractériser v. tr. **1.** Indiquer avec précision les caractères distinctifs de. **2.** Constituer le, un caractère de. ▶ **caractérisation** n. f.

caractéristique 1. adj. Qui permet de caractériser, de distinguer. **2.** n. f. Ce qui sert à caractériser.

caractérologie n. f. ▫ Étude (psychologique) des types de caractères.

carafe n. f. **1.** Récipient de verre à base large et col étroit. **2.** fam. *Rester* EN CARAFE : être oublié, laissé de côté.

carafon n. m. ▫ Petite carafe.

caraïbe adj. et n. ▫ De la région des Caraïbes.

carambolage n. m. **1.** (billard) Coup dans lequel une bille en touche deux autres. **2.** Série de chocs désordonnés (entre véhicules). ▶ **caramboler** v.

carambole n. f. ▫ Fruit d'un arbre de l'Inde (le *carambolier*), aux côtes saillantes.

caramel n. m. **1.** Produit obtenu en faisant fondre du sucre. **2.** Bonbon au caramel. **3.** adj. invar. Roux clair.

caraméliser v. tr. **1.** Transformer (du sucre) en caramel. **2.** Enduire de caramel.

carapace n. f. **1.** Organe dur, qui protège le corps de certains animaux (tortues...). **2.** fig. Protection.

se **carapater** v. pron. ▫ fam. S'enfuir.

carat n. m. **1.** Chaque vingt-quatrième d'or fin contenu dans une quantité d'or. **2.** Unité de poids des pierres précieuses. **3.** fam. *Dernier carat* : dernière limite.

caravane n. f. **I. 1.** Groupe de voyageurs réunis pour franchir une région désertique. **2.** Groupe de personnes qui se déplacent. **II.** Remorque d'automobile servant de logement.

caravanier n. m. ▫ Conducteur d'une caravane (I, 1).

caravansérail n. m. ▫ (en Orient) Halte pour les caravanes (I, 1).

caravelle n. f. ▫ Ancien navire à voiles.

carbochimie n. f. ▫ techn. Chimie industrielle de la houille et de ses dérivés.

carbonaro n. m. ▫ hist. Membre de sociétés secrètes italiennes du XIXe siècle. *Des carbonari.*

carbonate n. m. ▫ chim. Sel ou ester de l'acide carbonique.

carbone n. m. ▫ Corps simple (symb. C), métalloïde qui se trouve dans tous les corps vivants.

carbonifère 1. adj. Qui contient du charbon. **2.** n. m. géol. Époque de la fin de l'ère primaire.

carbonique adj. ▫ *Gaz carbonique* : gaz incolore (CO_2), présent dans l'atmosphère, combinaison du carbone et de l'oxygène (syn. *dioxyde de carbone*).

carboniser v. tr. □ Transformer en charbon. ▶ **carbonisation** n. f.

carburant n. m. □ Combustible liquide qui, mélangé à l'air, s'utilise dans un moteur à explosion.

carburation n. f. □ Formation, dans un *carburateur* (n. m.), d'un mélange gazeux inflammable.

carbure n. m. □ Composé du carbone avec un autre corps simple.

carburer v. intr. **1.** Effectuer la carburation (moteur). **2.** fam. Aller, fonctionner.

carcan n. m. **1.** anciennt Collier de fer fixé à un poteau. **2.** fig. Ce qui entrave la liberté.

carcasse n. f. **1.** Ensemble d'ossements décharnés. **2.** Charpente.

carcéral, ale, aux adj. □ De la prison.

carcinogène adj. □ Cancérigène.

carcinologie n. f. □ didact. **1.** Étude des crustacés. **2.** Cancérologie.

carcinome n. m. □ Tumeur cancéreuse.

cardamome n. f. □ Plante d'Asie à graine aromatique. – Cette graine.

cardan n. m. □ Système de suspension conservant une position invariable au corps suspendu. ▪ Articulation transmettant un mouvement entre deux arbres d'axes liés (syn. *joint de cardan*).

carde n. f. □ Peigne, machine pour carder.

carder v. tr. □ Peigner, démêler (des fibres textiles). ▶ **cardage** n. m.

cardeur, euse 1. n. Personne qui carde la laine. **2.** n. f. Machine à carder.

cardia n. m. □ anat. Orifice supérieur de l'estomac.

cardiaque adj. et n. **1.** Du cœur. **2.** adj. et n. Atteint d'une maladie de cœur.

cardigan n. m. □ Veste de tricot à manches longues, boutonnée devant.

① **cardinal, ale, aux** adj. **1.** *Nombre cardinal*, désignant une quantité. **2.** *Points cardinaux*, nord, est, sud, ouest.

② **cardinal, aux** n. m. **1.** Prélat, électeur et conseiller du pape. **2.** Passereau au plumage rouge foncé.

cardiogramme n. m. □ méd. Enregistrement des mouvements du cœur (au moyen d'un *cardiographe* n. m.).

cardiologie n. f. □ Étude du cœur et de ses affections. ▶ **cardiologue** n.

cardiopathie n. f. □ méd. Maladie du cœur.

cardiovasculaire adj. □ méd. Relatif au cœur et aux vaisseaux sanguins.

cardon n. m. □ Plante potagère dont on mange la côte médiane *(carde)* des feuilles.

carême n. m. □ relig. chrét. Période de pénitence qui va du mercredi des Cendres à Pâques.

carénage n. m. **1.** Action de caréner. **2.** Lieu où l'on carène. **3.** Carrosserie carénée.

carence n. f. □ Absence ou insuffisance de qqch.

carène n. f. □ mar. Partie immergée de la coque (d'un navire).

caréner v. tr. **1.** Nettoyer la carène de (un navire). **2.** Donner un profil aérodynamique à (une carrosserie).

caressant, ante adj. □ Tendre, affectueux.

caresse n. f. □ Manifestation physique de tendresse.

caresser v. tr. **1.** Toucher en signe de tendresse. **2.** fig. Entretenir complaisamment (une idée...).

① **caret** n. m. □ techn. Dévidoir des cordiers.

② **caret** n. m. □ Tortue des mers chaudes.

car-ferry n. m. ◻ anglic. → **ferry-boat.** *Des car-ferries* (ou *-ys*). – abrév. **ferry.**

cargaison n. f. **1.** Marchandises chargées sur un navire, un avion, etc. **2.** fig., fam. Grande quantité.

cargo n. m. ◻ Navire destiné au transport des marchandises.

cariatide n. f. ◻ archit. Statue de femme soutenant une corniche sur sa tête.

caribou n. m. ◻ Renne du Canada.

caricatural, ale, aux adj. **1.** Qui tient de la caricature. **2.** Qui déforme en exagérant, en ridiculisant.

caricature n. f. **1.** Représentation qui tend à ridiculiser le modèle. **2.** Ce qui évoque (qqch.) sous une forme déplaisante ou ridicule. ▶ **caricaturer** v. tr.

caricaturiste n. ◻ Artiste en caricature.

carie n. f. ◻ Lésion qui détruit l'émail et l'ivoire de la dent. ▶ **carier** v. tr.

carillon n. m. **1.** Ensemble de cloches de différents tons. **2.** Sonnerie (d'une horloge).

carillonner v. intr. **1.** Sonner en carillon. **2.** fam. Sonner bruyamment (à une porte...).

cariste n. ◻ techn. Conducteur (trice) de chariot automoteur.

caritatif, ive adj. ◻ Qui aide les défavorisés.

carlin n. m. ◻ Petit chien au museau aplati.

carlingue n. f. ◻ Partie habitable (d'un avion).

carmagnole n. f. ◻ Ronde révolutionnaire.

carme n. m. ◻ Religieux du Carmel.

carmel n. m. ◻ Couvent de carmes, de carmélites.

carmélite n. f. ◻ Religieuse du Carmel.

carmin n. m. ◻ Colorant ou couleur rouge vif. ▪ adj. invar. *Étoffes carmin.*

carminé, ée adj. ◻ Rouge vif.

carnage n. m. ◻ Fait de tuer en nombre.

carnassier, ière adj. ◻ Qui se nourrit de chair crue.

carnassière n. f. ◻ Sac à gibier.

carnation n. f. ◻ Couleur, aspect de la chair d'une personne.

carnaval, als n. m. ◻ Divertissements publics (bals, défilés...) avant le carême. ▶ **carnavalesque** adj.

carne n. f. ◻ fam. **1.** Mauvaise viande. **2.** Mauvais cheval.

carné, ée adj. ◻ Composé de viande.

carnet n. m. **1.** Petit cahier de poche. **2.** Assemblage de feuillets, de timbres, etc. détachables.

carnier n. m. ◻ Petite carnassière.

carnivore adj. et n. ◻ Qui se nourrit de chair.

carolingien, ienne adj. ◻ De Charlemagne, de son époque, de sa dynastie.

caroncule n. f. ◻ anat. Petite excroissance charnue.

carotène n. m. ◻ Matière colorante jaune ou rouge que l'on trouve dans certains tissus végétaux et animaux.

carotide n. f. ◻ Chacune des deux artères qui vont du cœur à la tête.

carotte n. f. **I. 1.** Plante potagère à racine rouge orangé comestible. ▪ Cette racine. **2.** adj. invar. Roux. **II.** Échantillon cylindrique tiré du sol.

carotter v. tr. ◻ fam. Prendre (qqch.) par ruse. ▶ **carottage** n. m.

caroubier n. m. ◻ Arbre qui produit un fruit sucré, la *caroube*.

carpaccio n. m. ◻ Plat fait de fines tranches de bœuf cru.

① **carpe** n. f. ◻ Gros poisson d'eau douce à larges écailles.

② **carpe** n. m. ◻ anat. Double rangée de petits os qui soutiennent le poignet.

carpelle n. m. ◻ Chaque élément du pistil.

carpette n. f. ◻ Petit tapis.

carquois n. m. ◻ Étui à flèches.

carre n. f. **1.** Angle entre les faces d'un objet. **2.** Baguette bordant une semelle de ski.

carré, ée I. adj. **1.** Qui a quatre angles droits et quatre côtés égaux. – *Mètre carré* : unité de mesure de surface (symb. m^2). **2.** fig. Dont le caractère est nettement tranché. **II.** n. m. **1.** Quadrilatère à quatre angles droits et quatre côtés égaux. **2.** math. Produit d'un nombre par lui-même.

carreau n. m. **I. 1.** Pavé plat, de forme carrée. **2.** Sol pavé de carreaux. **3.** Plaque de verre pour les fenêtres, etc. **II. 1.** Dessin carré. **2.** (cartes à jouer) Série dont la marque est un losange rouge. **3.** *Se tenir À CARREAU,* sur ses gardes.

carrée n. f. ◻ fam. Chambre.

carrefour n. m. **1.** Endroit où se croisent plusieurs voies. **2.** Lieu de rencontre, d'échange.

carrelage n. m. **1.** Action de carreler. **2.** Pavage fait de carreaux.

carreler v. tr. ◻ Paver avec des carreaux. ▶ **carreleur, euse** n.

carrelet n. m. **1.** Poisson plat quadrangulaire (syn. *plie*). **2.** Filet de pêche carré.

carrément adv. **1.** Sans détours. **2.** Complètement.

se **carrer** v. pron. ◻ S'installer confortablement.

carrier n. m. ◻ Exploitant d'une carrière.

① **carrière** n. f. ◻ Profession qui présente des étapes, une progression.

② **carrière** n. f. ◻ Lieu d'où l'on extrait de la pierre à ciel ouvert.

carriériste adj. et n. ◻ péj. Qui cherche avant tout la réussite sociale, professionnelle. ▶ **carriérisme** n. m.

carriole n. f. ◻ Petite charrette.

carrossable adj. ◻ Où peuvent circuler des voitures.

carrosse n. m. ◻ Voiture à chevaux, de luxe, à quatre roues et couverte.

carrosser v. tr. ◻ Munir (un véhicule) d'une carrosserie. ▶ **carrossage** n. m.

carrosserie n. f. **1.** Industrie, commerce des carrossiers. **2.** Caisse d'un véhicule automobile.

carrossier, ière n. ◻ Spécialiste des carrosseries d'automobiles.

carrousel n. m. ◻ Parade équestre.

carrure n. f. **1.** Largeur du dos, d'une épaule à l'autre. **2.** fig. Force, valeur (de qqn).

cartable n. m. ◻ Sac d'écolier.

carte n. f. **I. 1.** Rectangle ou carré de papier, de carton. **2.** *CARTE (À JOUER)* : carton rectangulaire illustré, utilisé dans des jeux. **3.** Liste des plats, des consommations avec leur prix. **4.** Document personnel établissant certains droits. *Carte d'identité.* **5.** Pièce rectangulaire, en plastique, permettant des opérations automatiques (notamment financières). **II.** Représentation à échelle réduite (d'un terrain).

cartel n. m. ◻ Entente entre entreprises d'activités proches, groupements (politiques, syndicaux...).

carter n. m. ◻ Enveloppe de métal servant à protéger un mécanisme.

cartésien, ienne adj. **1.** Relatif à Descartes, à sa philosophie (*cartésianisme* n. m.). **2.** Logique, rationnel.

carthame n. m. ◻ bot. Plante appelée aussi *faux safran.*

cartilage n. m. ▫ Tissu animal résistant et souple qui recouvre l'extrémité des os, forme la charpente d'organes et le squelette des embryons. ▶ **cartilagineux, euse** adj.

cartographie n. f. ▫ Technique des cartes (II) et plans. ▶ **cartographe** n.

cartomancie n. f. ▫ Pratique consistant à prédire l'avenir par l'interprétation des cartes, des tarots. ▶ **cartomancien, ienne** n.

carton n. m. **1.** Feuille épaisse faite de pâte à papier. *Carton-pâte,* fait de vieux papiers. **2.** Boîte en carton fort. **3.** *CARTON À DESSIN,* grand dossier pour ranger des dessins.

cartonnage n. m. ▫ Fabrication d'objets en carton.

cartonner v. tr. ▫ Relier (un livre) en carton.

cartonnier n. m. ▫ Meuble de bureau à tiroirs en carton épais.

① **cartouche** n. f. **1.** Enveloppe contenant la charge d'une arme à feu. **2.** Petit étui cylindrique. **3.** Paquets de cigarettes emballés et vendus ensemble.

② **cartouche** n. m. ▫ Ornement en forme de carte à demi déroulée.

cartoucherie n. f. ▫ Fabrique de cartouches (①).

cartouchière n. f. ▫ Sac à cartouches (①).

caryotype n. m. ▫ biol. Arrangement des chromosomes d'une cellule.

① **cas** n. m. **I. 1.** Ce qui arrive. ▪ *EN CAS DE* loc. prép. : dans l'hypothèse de. **2.** *AU CAS OÙ* loc. conj. (+ cond.) : en admettant que. – *EN AUCUN CAS.* → **jamais.** – *EN TOUT CAS* loc. adv. : de toute façon. **3.** *FAIRE GRAND CAS DE,* accorder de l'importance à. **II. 1.** Situation envisagée par la loi pénale. **2.** *CAS DE CONSCIENCE :* difficulté sur un point de morale. **3.** État d'un sujet (du point de vue médical, etc.). ▪ *CAS SOCIAL :* personne dont la situation sociale est difficile.

② **cas** n. m. ▫ (langues à déclinaisons) Forme d'un mot correspondant à une fonction grammaticale dans la phrase.

casanier, ière adj. ▫ Qui aime rester chez soi.

casaque n. f. ▫ Veste des jockeys.

casbah n. f. ▫ Citadelle arabe ; son quartier.

cascade n. f. **1.** Chute d'eau. **2.** Acrobatie de cascadeur.

cascadeur, euse n. ▫ Artiste qui tourne les scènes acrobatiques d'un film.

case n. f. **I.** Habitation traditionnelle, en Afrique, etc. **II. 1.** Carré ou rectangle dessiné sur un damier, etc. **2.** Compartiment (d'un meuble...).

caséine n. f. ▫ Protéines du lait.

casemate n. f. ▫ Abri militaire enterré.

caser v. tr. **1.** Mettre à la place qu'il faut. **2.** fig., fam. Établir (qqn) dans une situation.

caserne n. f. ▫ Bâtiment destiné au logement des militaires.

casernement n. m. ▫ Locaux, constructions d'une caserne.

caseyeur n. m. ▫ Bateau équipé de casiers (3) pour la pêche aux crustacés.

cash adv. ▫ anglic., fam. *Payer cash,* comptant.

casher ou **kascher** adj. invar. ▫ Conforme aux rites juifs.

cashmere → **cachemire**

casier n. m. **1.** Ensemble de cases formant meuble. **2.** *CASIER JUDICIAIRE :* relevé des condamnations prononcées contre qqn. **3.** Nasse pour capturer les crustacés.

casino n. m. ▫ Établissement où les jeux d'argent sont autorisés.

casoar n. m. **1.** Grand oiseau coureur. **2.** Plumet de la coiffure des saint-cyriens.

casque n. m. **1.** Coiffure rigide qui protège la tête. **2.** Ensemble de deux écouteurs reliés par un serre-tête.

casqué, ée adj. ▫ Coiffé d'un casque.

casquer v. intr. ▫ fam. Payer.

casquette n. f. ▫ Coiffure ronde à visière.

cassable adj. ▫ Qui peut se casser.

cassant, ante adj. **1.** Qui se casse facilement. **2.** Dur et autoritaire.

cassate n. f. ▫ Glace aux fruits confits.

cassation n. f. ▫ Annulation (d'une décision) par une cour compétente.

① **casse** n. f. **1.** Action de casser. **2.** fam. Violence ; dégâts. **3.** *Mettre une voiture à la casse,* à la ferraille.

② **casse** n. m. ▫ argot Cambriolage.

cassé, ée adj. **1.** *Voix cassée,* rauque, voilée. **2.** *Col cassé,* à coins rabattus. **3.** *Blanc cassé,* mêlé d'une faible quantité d'une autre couleur.

casse-cou n. et adj. ▫ fam. Qui s'expose au danger sans réflexion. – au plur. *Casse-cou* ou *casse-cous.*

casse-croûte n. m. invar. ▫ fam. Repas léger rapide.

casse-gueule adj. invar. ▫ fam. Dangereux, risqué.

casse-noisettes n. m. invar. ▫ Pince pour casser des noisettes, des noix. – syn. **casse-noix.**

casse-pieds adj. et n. invar. ▫ fam. Insupportable, ennuyeux. – syn. (très fam.) **casse-couilles.**

casse-pipe n. m. invar. ▫ fam. Guerre.

casser v. **I.** v. tr. **1.** Mettre en morceaux, diviser (une chose rigide), par choc, coup, pression ; endommager (un appareil). ▪ *Se casser la tête :* s'acharner, se faire du souci. **2.** Rompre l'os de (un membre, etc.). – fig., fam. *Casser les pieds à qqn,* l'importuner. **3.** fam. *Ça ne casse rien :* ça n'a rien d'extraordinaire. **4.** fam. *À TOUT CASSER* loc. adv. : tout au plus. **5.** dr. Annuler (une décision). **6.** fig. *Casser les prix,* les baisser brusquement. **II.** v. intr. Se rompre, se briser. ▷ v. pron. se **casser** **1.** (passif) *Le verre se casse facilement.* **2.** fam. Se fatiguer. **3.** fam. S'en aller.

casserole n. f. ▫ Ustensile de cuisine de forme cylindrique, à manche.

casse-tête n. m. invar. ▫ Jeu d'assemblage ou travail complexe.

cassette n. f. **1.** anciennt Petit coffre. **2.** Petit boîtier contenant une bande magnétique pour l'enregistrement de sons, d'images, etc.

casseur, euse n. ▫ Personne qui endommage volontairement des biens.

① **cassis** n. m. ▫ Groseillier à baies noires. ▪ Son fruit. – Liqueur de ce fruit.

② **cassis** n. m. ▫ Rigole ou dépression en travers d'une route.

cassolette n. f. ▫ Petit récipient allant au four.

cassonade n. f. ▫ Sucre roux.

cassoulet n. m. ▫ Ragoût de viande et de haricots blancs.

cassure n. f. **1.** Endroit où qqch. a été cassé. **2.** fig. (abstrait) Coupure, rupture.

castagnettes n. f. pl. ▫ Petit instrument de musique fait de deux pièces de bois que l'on fait claquer l'une contre l'autre.

caste n. f. ▫ Classe sociale fermée.

castel n. m. ▫ Petit château.

caster v. tr. ▫ anglic. Faire passer un casting à (qqn).

castillan, ane adj. et n. ▫ De la Castille. ▪ n. m. Langue officielle de l'Espagne.

casting n. m. ▫ anglic. Sélection des acteurs, des personnes qui figurent dans un spectacle.

castor n. m. **1.** Mammifère rongeur amphibie, à queue plate. **2.** Sa fourrure.

castrat n. m. ▫ Chanteur castré qui conservait la voix de soprano.

castration n. f. ▫ Opération par laquelle on prive un individu de la faculté de se reproduire. ▶ **castrer** v. tr.

casuistique n. f. **1.** relig. Partie de la théologie qui s'occupe des cas de conscience. **2.** péj. Subtilité excessive. ▶ **casuiste** n.

casus belli n. m. invar. ▫ didact. Acte de nature à motiver une guerre.

catachrèse n. f. ▫ Figure de rhétorique détournant un mot de son sens.

cataclysme n. m. ▫ Grande catastrophe naturelle.

catacombe n. f. ▫ Cavité souterraine ayant servi de sépulture.

catadioptre n. m. ▫ Dispositif réfléchissant la lumière et rendant visible un obstacle (syn. *cataphote* ; nom déposé).

catafalque n. m. ▫ Estrade sur laquelle on place un cercueil.

catalan, ane adj. et n. ▫ De Catalogne. ▪ n. m. *Le catalan* (langue romane).

catalepsie n. f. ▫ méd. Suspension du mouvement volontaire des muscles. ▶ **cataleptique** adj. et n.

catalogue n. m. **1.** Liste méthodique accompagnée d'explications. **2.** Liste d'objets à vendre.

cataloguer v. tr. **1.** Classer par ordre. **2.** Classer en jugeant.

catalpa n. m. ▫ Arbre décoratif d'Amérique.

catalyse n. f. ▫ chim. Accélération ou ralentissement d'une réaction chimique sous l'effet d'une substance qui ne subit aucune transformation.

catalyser v. tr. **1.** chim. Agir comme catalyseur sur. **2.** fig. Déclencher, par sa présence.

catalyseur n. m. ▫ Substance, élément qui catalyse.

catamaran n. m. ▫ Bateau à deux coques.

cataplasme n. m. ▫ Bouillie médicinale que l'on applique sur une partie du corps.

catapulte n. f. **1.** Ancienne machine de guerre qui lançait de lourds projectiles. **2.** Dispositif de lancement des avions à bord d'un porte-avions.

catapulter v. tr. **1.** Lancer violemment. **2.** Promouvoir subitement (qqn). ▶ **catapultage** n. m.

cataracte n. f. **I.** Grande chute d'eau. **II.** Opacité du cristallin ou de sa membrane.

catarrhe n. m. ▫ méd. Inflammation des muqueuses. ▶ **catarrheux, euse** adj. et n.

catastrophe n. f. ▫ Malheur effroyable et brusque ; sinistre causant de nombreux morts.

catastrophé, ée adj. ▫ fam. Abattu, annihilé.

catastrophique adj. **1.** Qui a le caractère d'une catastrophe. **2.** fam. Désastreux.

catastrophisme n. m. ▫ Pessimisme excessif.

catch n. m. ▫ Lutte libre de caractère spectaculaire. ▶ **catcheur, euse** n.

catéchèse n. f. ▫ Instruction religieuse.

catéchiser v. tr. **1.** Instruire dans la religion chrétienne. **2.** fig. Endoctriner.

catéchisme n. m. ▫ Enseignement de la doctrine et de la morale chrétiennes.

catéchumène n. ▫ Personne qu'on instruit pour la préparer au baptême.

catégorie n. f. ▫ Classe dans laquelle on range des objets de même nature. ▪ *Catégories grammaticales*, qui classent les mots.

catégoriel, elle adj. ▫ Propre à une catégorie de travailleurs.

catégorique adj. ▫ Qui ne souffre pas de discussion. ▶ **catégoriquement** adv.

caténaire n. f. ▫ Dispositif soutenant le fil conducteur d'une voie de chemin de fer.

cathare adj. ▫ Des Cathares (secte hérétique du Moyen Âge).

catharsis n. f. ▫ didact. Apaisement des passions. ▶ **cathartique** adj.

cathédrale n. f. **1.** Église épiscopale d'un diocèse. **2.** appos. *Verre cathédrale,* translucide.

cathéter n. m. ▫ méd. Tige que l'on introduit dans un canal, un orifice.

cathode n. f. ▫ Électrode de sortie du courant, dans l'électrolyse. ▪ Source d'électrons, dans un tube *cathodique.*

catholicisme n. m. ▫ Religion chrétienne dans laquelle le pape exerce l'autorité.

catholique adj. ▫ adj. et n. **1.** Du catholicisme. **2.** fam. *Pas très catholique,* louche.

en **catimini** loc. adv. ▫ En cachette.

catin n. f. ▫ vieilli Prostituée.

catogan n. m. ▫ Nœud qui attache les cheveux sur la nuque. ▪ Cette coiffure.

cauchemar n. m. ▫ Rêve pénible. ▶ **cauchemardesque** adj. ▶ **cauchemarder** v. intr.

caudal, ale, aux adj. ▫ De la queue.

causal, ale, als adj. ▫ Qui concerne la cause.

causalité n. f. ▫ Rapport de la cause à son effet.

causant, ante adj. ▫ fam. Qui aime causer.

cause n. f. **I. 1.** Ce par quoi un événement arrive, une action se fait. – *À CAUSE DE* loc. prép. : par l'action, l'influence de. **2.** didact. Ce qui fait qu'une chose existe. **3.** littér. Ce pour quoi on fait qqch. – *Pour la bonne cause,* pour des motifs honorables. **II. 1.** dr. Affaire qui se plaide. ▪ *EN TOUT ÉTAT DE CAUSE* : de toute manière. ▪ *Être EN CAUSE,* être l'objet du débat, de l'affaire. **2.** Ensemble d'intérêts à soutenir. *Une cause juste.*

① **causer** v. tr. ▫ Être la cause de.

② **causer** v. intr. ▫ S'entretenir (avec qqn). ▶ **causeur, euse** adj. et n.

causerie n. f. ▫ Discours, conférence sans prétention.

causette n. f. ▫ fam. *Faire la causette, un brin de causette* : bavarder familièrement.

causeuse n. f. ▫ Canapé à deux places.

causse n. m. ▫ Plateau calcaire, dans le centre et le sud-ouest de la France.

caustique adj. **1.** Qui attaque, brûle les tissus vivants. **2.** fig. D'une moquerie mordante. ▶ **causticité** n. f.

cauteleux, euse adj. ▫ Hypocrite et habile.

cautère n. m. ▫ Instrument qui brûle les tissus, pour cicatriser. ▶ **cautériser** v. tr. ▶ **cautérisation** n. f.

caution n. f. **1.** Garantie d'un engagement. – Somme versée pour servir de garantie. **2.** *SUJET, SUJETTE À CAUTION* : sur qui, sur quoi l'on ne peut compter. **3.** Personne qui fournit une garantie.

cautionnement n. m. ▫ Somme d'argent servant de garantie.

cautionner v. tr. **1.** dr. Se rendre caution pour (qqn). **2.** Se porter garant de (une idée...).

cavalcade n. f. ▫ fam. Agitation, bousculade.

① **cavale** n. f. ▫ littér. Jument de race.

② **cavale** n. f. ▫ argot Évasion (de prison).

cavaler v. intr. ▫ fam. Courir ; fuir.

cavalerie n. f. ▫ Corps de troupes, à cheval à l'origine, aujourd'hui motorisées.

① **cavalier, ière** n. **I.** Personne qui est à cheval. **II.** Celui, celle avec qui l'on forme un couple dans un bal, etc. **III.** n. m. **1.** Pièce du jeu d'échecs. **2.** Clou en U.

② **cavalier, ière** adj. **I.** Destiné aux cavaliers. **II.** Désinvolte, sans égards. ▶ **cavalièrement** adv.

① **cave** n. f. **1.** Local souterrain, sous une habitation. **2.** Vins (conservés dans une cave).

② **cave** adj. ▫ *Veines caves,* grosses veines qui amènent le sang au cœur.

③ **cave** n. m. ▫ argot Niais, dupe.

caveau n. m. ▫ Construction souterraine servant de sépulture.

caveçon n. m. ▫ Mors (de cheval).

caverne n. f. ▫ Cavité naturelle creusée dans la roche. – *L'âge des cavernes :* la préhistoire.

caverneux, euse adj. ▫ *Voix caverneuse,* grave.

cavernicole adj. ▫ Qui vit dans l'obscurité.

caviar n. m. ▫ Œufs d'esturgeon.

caviarder v. tr. ▫ Supprimer (un passage) dans un texte.

caviste n. ▫ Personne chargée des soins de la cave, des vins.

cavité n. f. ▫ Espace vide à l'intérieur d'un corps solide.

C. B. n. f. ▫ anglic. Bande publique de fréquences radio.

CD n. m. ▫ anglic. Disque compact.

C. D. D. ou **CDD** n. m. ▫ Contrat (de travail) à durée déterminée.

C. D. I. ou **CDI** n. m. ▫ Contrat (de travail) à durée indéterminée.

CD-ROM n. m. ▫ anglic. Disque optique numérique à lecture seule. – var. **CD-Rom, cédérom.** – recomm. off. *disque optique compact.*

① **ce, cette, ces** adj. dém. (ce prend la forme *cet* devant voyelle ou *h* muet) ▫ Sert à montrer la personne ou la chose désignée par le nom, ou à indiquer un temps rapproché. – (renforcé par *-ci* et *-là,* après le nom) *Ce livre-ci. Cet homme-là.*

② **ce** pron. dém. (ç' devant les formes des verbes *être* et *avoir* commençant par *a,* c' devant celles qui commencent par *e*) **I.** Désignant la chose que la personne qui parle a dans l'esprit. **1.** *C'est fini. C'est une bonne idée que vous avez là. Ce sont eux* (mais *c'est vous*). *Pour ce faire.* – *Sur ce :* là-dessus. **2.** en phrase interrog. *Qui est-ce ?* **II.** suivi d'un pronom relatif *Ce que je crois.*

céans adv. ▫ vx *Le maître de céans :* le maître de maison.

ceci pron. dém. ▫ Désigne la chose la plus proche, ce qui va suivre.

cécité n. f. ▫ État d'une personne aveugle.

céder v. **I.** v. tr. Abandonner, laisser (qqch.) à qqn. **II.** v. tr. ind. **1.** *CÉDER À :* ne plus résister à. ▪ sans compl. Renoncer. **2.** Plier, se casser. **3.** (abstrait) Disparaître, cesser.

cédétiste adj. et n. ▫ De la Confédération française démocratique du travail (C. F. D. T.).

cedex n. m. ▫ Sigle de *courrier d'entreprise à distribution exceptionnelle.*

cédille n. f. ▫ Signe que l'on place sous la lettre c *(ç).*

cédrat n. m. ▫ Fruit (agrume) du *cédratier.*

cèdre n. m. ▫ Grand conifère à branches en étages.

cégétiste adj. et n. ▫ De la Confédération générale du travail (C. G. T.).

ceindre v. tr. ▫ Mettre autour du corps, de la tête.

ceinture n. f. **I. 1.** Bande servant à ajuster les vêtements à la taille ; partie d'un vêtement qui l'ajuste autour de la taille. **2.** Dispositif entourant la taille. *Ceinture de sécurité* (dans une voiture...). **II.** Taille (partie du corps). **III.** Élément qui entoure.

ceinturer v. tr. **1.** Entourer d'une ceinture, d'une enceinte. **2.** sports Prendre (qqn) par la taille, en le serrant.

ceinturon n. m. □ Grosse ceinture.

cela pron. dém. **1.** Désigne ce qui est plus éloigné, ce qui précède. **2.** Cette chose.

céladon 1. adj. invar. Vert pâle. **2.** n. m. Porcelaine chinoise de cette couleur.

célébrant n. m. □ Prêtre qui célèbre la messe.

célèbre adj. □ Très connu.

célébrer v. tr. **1.** Marquer (un événement) par une cérémonie. **2.** littér. Faire publiquement l'éloge de. ▶ **célébration** n. f.

célébrité n. f. **1.** Grande réputation. **2.** Personne célèbre.

celer v. tr. □ littér. Cacher.

céleri n. m. □ Plante dont on mange les côtes ou la racine.

célérité n. f. □ littér. Grande rapidité.

célesta n. m. □ Instrument de musique à percussion et à clavier.

céleste adj. □ Relatif au ciel.

célibat n. m. □ État d'une personne qui n'est pas mariée. ▶ **célibataire** adj. et n.

celle → **celui**

cellier n. m. □ Lieu aménagé pour y conserver du vin, des provisions.

cellophane n. f. (n. déposé) □ Feuille d'emballage transparente.

cellulaire adj. **1.** biol. De la cellule vivante. **2.** Qui présente des alvéoles, des pores. **3.** *Téléphone cellulaire,* téléphone mobile.

cellule n. f. **I.** Pièce utilisée pour isoler ou enfermer qqn. **II. 1.** Cavité, alvéole. **2.** biol. Élément fondamental de tous les organismes vivants. **3.** sc. Unité productrice d'énergie. **III.** abstrait Élément qu'on peut isoler, constitutif d'un ensemble.

cellulite n. f. □ Gonflement du tissu conjonctif sous-cutané.

celluloïd n. m. (n. déposé) □ Matière plastique flexible, inflammable.

cellulose n. f. □ Matière contenue dans la membrane des cellules végétales. ▶ **cellulosique** adj.

celtique adj. □ Des Celtes. – syn. **celte.** ▪ n. m. Langue indo-européenne.

celui, celle, ceux, celles pron. dém. □ Désigne la personne ou la chose dont il est question. ▶ **celui-ci, celle-ci, ceux-ci, celles-ci** et **celui-là, celle-là, ceux-là, celles-là** pron. dém.

cément n. m. **1.** techn. Substance qui, chauffée au contact d'un métal, lui fait acquérir de nouvelles propriétés. ▶ **cémentation** n. f. **2.** anat. Substance osseuse recouvrant l'ivoire à la racine des dents.

cénacle n. m. □ littér. Réunion d'intellectuels, etc.

cendre n. f. **1.** Poudre qui reste quand on a brûlé certaines matières organiques. **2.** Matière pulvérulente. *Cendres volcaniques.* **3.** *Les cendres des morts,* leurs restes.

cendré, ée adj. □ Qui a la couleur grisâtre de la cendre.

cendrée n. f. □ Revêtement de pistes d'athlétisme.

cendreux, euse adj. □ Qui contient de la cendre ; qui a l'aspect de la cendre.

cendrier n. m. □ Récipient destiné à recevoir les cendres de tabac.

Cène n. f. □ relig. chrét. Dernier repas de Jésus avec ses apôtres.

cénobite n. m. □ relig. Moine qui vivait en communauté.

cénotaphe n. m. □ Monument à la mémoire d'un mort (qui ne contient pas son corps).

cens n. m. □ hist. Montant de l'impôt nécessaire pour être électeur ou éligible.

censé, ée adj. □ (+ inf.) Supposé, réputé (être...). ▶ **censément** adv.

censeur n. m. **1.** littér. Personne qui contrôle, critique. **2.** Personne qui applique la censure.

censitaire adj. □ hist. *Suffrage censitaire*, réservé à ceux qui payaient le cens.

censure n. f. □ Examen des publications, des spectacles..., exigé par les pouvoirs publics avant d'autoriser leur diffusion.

censurer v. tr. □ Interdire (une publication, un spectacle...).

① **cent I. 1.** adj. numéral cardinal invar. (sauf s'il est précédé d'un nombre qui le multiplie et n'est pas suivi d'un autre adj. numéral : *deux cents*, mais *deux cent un*) Dix fois dix (100). **2.** adj. numéral ordinal invar. Centième. **II.** n. m. Le numéro, le nombre cent. – *Gagner des mille et des cents*, beaucoup d'argent. ▪ POUR CENT (précédé d'un numéral) : pour une quantité de cent unités. *Cinquante pour cent* (50%), la moitié.

② **cent** n. m. □ Centième du dollar.

③ **cent** n. m. □ Centième de l'euro.

centaine n. f. □ Groupe de cent unités, ou environ.

centaure n. m. □ Être imaginaire, moitié homme, moitié cheval.

centaurée n. f. □ Plante aux nombreuses espèces, dont le bleuet.

centenaire 1. adj. et n. Qui a au moins cent ans. **2.** n. m. Centième anniversaire.

centésimal, ale, aux adj. □ Divisé en cent.

centième 1. adj. et n. Qui a le numéro cent. **2.** adj. et n. m. Se dit d'une partie d'un tout divisé également en cent.

centigrade adj. □ Divisé en cent degrés.

centigramme n. m. □ Centième du gramme (symb. cg).

centilitre n. m. □ Centième du litre (symb. cl).

centime n. m. **1.** Centième du franc. **2.** *Centime d'euro*. → ③ **cent.**

centimètre n. m. **1.** Centième du mètre (symb. cm). **2.** Ruban gradué.

centon n. m. □ littér. Texte, morceau de musique fait de fragments empruntés.

centrage n. m. □ Action de centrer (qqch.).

① **central, ale, aux** adj. **1.** Qui est au centre, qui a rapport au centre. **2.** Qui constitue l'organe principal.

② **central** n. m. □ Lieu où aboutissent les éléments d'un réseau (téléphonique...).

centrale n. f. **1.** Usine productrice d'électricité. **2.** Groupement de syndicats. **3.** Organisme qui centralise. **4.** Prison.

centraliser v. tr. □ Réunir dans un même centre. ▶ **centralisation** n. f. ▶ **centralisateur, trice** adj. et n.

centralisme n. m. □ Système qui centralise (en politique, en économie).

centre n. m. **1.** Point situé à égale distance de tous les points d'un cercle, d'une sphère. **2.** Milieu approximatif. **3.** phys. CENTRE DE GRAVITÉ (d'un corps), point où s'applique la résultante des forces exercées par la pesanteur sur ce corps. ▪ *Centres nerveux*, constitués de substance grise et reliés par les nerfs aux organes. **4.** Lieu caractérisé par l'importance de ses activités. ▪ Organisme qui coordonne des activités.

5. abstrait Point principal, essentiel. **6.** Courant politique modéré.

centrer v. tr. **1.** Disposer au centre. **2.** abstrait *CENTRER SUR* : donner comme centre (d'intérêt...).

centrifuge adj. □ Qui tend à éloigner du centre.

centrifuger v. tr. □ Séparer par une rotation très rapide (des éléments de densité différente). ▶ **centrifugation** n. f. ▶ **centrifugeur** n. m. – syn. **centrifugeuse n. f.**

centripète adj. □ Qui tend à rapprocher du centre.

centriste adj. et n. □ Du centre politique.

centuple adj. et n. m. □ Cent fois plus grand. ▶ **centupler** v. tr. et intr.

centurion n. m. □ Antiq. romaine Officier qui commandait une unité de cent hommes (*centurie* n. f.).

cep n. m. □ Pied (de vigne).

cépage n. m. □ Variété de vigne cultivée.

cèpe n. m. □ Bolet brun.

cependant adv. □ Exprime une opposition, une restriction.

céphalée n. f. □ méd. Mal de tête.

céphalique adj. □ didact. De la tête.

céphalopode n. m. □ Mollusque marin à tentacules munis de ventouses.

céphalorachidien, ienne adj. □ méd. Qui concerne à la fois l'encéphale et le rachis.

céphalothorax n. m. □ Partie antérieure du corps de certains arthropodes, tête et thorax soudés.

céramide n. m. □ biochim. Molécule organique, élément de lipides de la membrane cellulaire.

céramique n. f. **1.** Technique et art du potier. **2.** Matière dont sont faits ces objets. **3.** Objet en céramique.

céramiste n. □ Artiste en céramique.

céraste n. m. □ zool. Vipère cornue.

cerbère n. m. □ Portier, gardien sévère.

cerceau n. m. □ Cercle (de bois, métal...).

cercle n. m. **I. 1.** Courbe plane fermée dont tous les points sont à égale distance d'un point (le centre). **2.** Objet ou disposition circulaire. **3.** Groupe de personnes réunies habituellement ; leur local. **II. 1.** Domaine qu'on embrasse, parcourt. **2.** *CERCLE VICIEUX* : situation dans laquelle on est enfermé.

cercler v. tr. □ Entourer, munir de cercles, de cerceaux... ▶ **cerclage** n. m.

cercueil n. m. □ Longue caisse dans laquelle on met un mort.

céréale n. f. **1.** Plante dont les grains servent de base à l'alimentation. **2.** au plur. Flocons de céréales. ▶ **céréalier, ière** adj.

cérébelleux, euse adj. □ anat. Du cervelet.

cérébral, ale, aux adj. □ Qui a rapport au cerveau.

cérébrospinal, ale, aux adj. □ méd. Relatif au cerveau et à la moelle épinière.

cérémonial, als n. m. □ Ensemble de règles observées lors d'une cérémonie.

cérémonie n. f. **1.** Actes accompagnant un culte religieux, un événement de la vie sociale. **2.** Politesse excessive, dans la vie privée.

cérémonieux, euse adj. □ Qui fait trop de cérémonies (2). ▶ **cérémonieusement** adv.

cerf n. m. □ Mammifère ruminant ; spécialt le mâle, aux longues cornes ramifiées.

cerfeuil n. m. □ Plante herbacée aromatique.

cerf-volant n. m. **I.** Coléoptère aux pinces dentelées. **II.** Armature tendue de papier ou de tissu, qui peut s'élever en l'air.

cerisaie n. f. ▫ Lieu planté de cerisiers.

cerise n. f. **1.** Petit fruit charnu à noyau produit par le cerisier. **2.** adj. invar. *Rouge cerise,* vif.

cerisier n. m. ▫ Arbre fruitier à fleurs blanches, qui produit la cerise ; son bois.

cerne n. m. **1.** Cercle bistre ou bleuâtre qui entoure parfois les yeux, une contusion... **2.** Chacun des cercles concentriques visibles sur le tronc coupé d'un arbre.

cerné, ée adj. ▫ Entouré d'un cerne (1).

cerneau n. m. ▫ Chair de la noix épluchée.

cerner v. tr. ▫ Entourer.

certain, aine I. adj. **1.** Qui est sans aucun doute. **2.** Qui ne peut manquer de se produire. **3.** Qui considère une chose pour vraie. **II.** adj. **1.** Imprécis, difficile à fixer. **2.** au plur. Quelques-uns parmi d'autres. **III.** pron. plur. *CERTAINS* : certaines personnes.

certainement adv. **1.** D'une manière certaine. **2.** Évidemment. **3.** Très probablement.

certes adv. ▫ littér. **1.** Certainement (2). **2.** (concession) *Certes, mais...*

certificat n. m. **1.** Écrit qui atteste un fait. **2.** Acte attestant la réussite à un examen ; cet examen.

certifier v. tr. ▫ Assurer qu'une chose est vraie.

certitude n. f. ▫ Caractère certain, indubitable ; ce qui est certain.

céruléen, éenne adj. ▫ littér. Bleu ciel.

cérumen n. m. ▫ Matière jaune sécrétée dans le conduit auditif externe.

céruse n. f. ▫ Colorant blanc très toxique.

cerveau n. m. **I.** Masse nerveuse contenue dans le crâne. **II. 1.** Le siège de la vie psychique et des facultés intellectuelles. **2.** fig. Organe de direction.

cervelas n. m. ▫ Gros saucisson cuit.

cervelet n. m. ▫ Partie postérieure et inférieure de l'encéphale.

cervelle n. f. **1.** Substance nerveuse constituant le cerveau. ▪ Cerveau comestible de certains animaux. **2.** Les facultés mentales.

cervical, ale, aux adj. **1.** Relatif au cou. **2.** Relatif au col (de l'utérus, etc.).

cervidé n. m. ▫ Mammifère ongulé dont le mâle porte des bois.

cervoise n. f. ▫ anciennt Bière d'orge, de blé.

ces → ① **ce**

C. E. S. n. m. ▫ (en France) Collège d'enseignement secondaire.

césar n. m. **1.** Titre d'empereur romain. **2.** Récompense cinématographique française.

césarienne n. f. ▫ Incision dans la paroi abdominale pour extraire l'enfant de l'utérus de la mère.

césarisme n. m. ▫ Gouvernement d'un dictateur s'appuyant sur le peuple.

césium n. m. ▫ Élément (symb. Cs), métal mou, jaune pâle.

cessant, ante adj. ▫ *Toute(s) affaire(s) cessante(s)* : en interrompant tout le reste, en priorité.

cessation n. f. ▫ Fait de prendre fin ou de mettre fin à qqch.

cesse n. f. **1.** Fait de cesser. *Sans cesse ni repos.* **2.** *SANS CESSE* loc. adv. : constamment.

cesser v. **1.** v. intr. Se terminer ou s'interrompre. **2.** v. tr. ind. *CESSER DE* (+ inf.) : s'arrêter de. **3.** v. tr. (sujet animé) littér. Faire finir. *Cesser le travail.*

cessez-le-feu n. m. invar. ▫ Arrêt officiel des combats.

cessible adj. ▫ dr. Qui peut être cédé.

cession n. f. ▫ Action de céder (un bien...).

cessionnaire n. ▫ dr. Bénéficiaire d'une cession.

c'est-à-dire loc. conj. ▫ Annonce une explication ou une qualification (abrév. *c.-à-d.*).

ceste n. m. ▫ Antiq. Courroie dont les pugilistes s'entouraient les mains.

césure n. f. ▫ Repos à l'intérieur d'un vers.

cet, cette → ① **ce**

cétacé n. m. ▫ Grand mammifère aquatique à nageoires antérieures et nageoire caudale horizontale.

cétoine n. f. ▫ Coléoptère vert doré.

cétone n. f. ▫ Corps chimique de constitution analogue à celle de l'acétone.

ceux → **celui**

cf. ▫ Indication invitant le lecteur à se référer à ce qui suit.

C. F. C. n. m. ▫ chim. Composé du chlore et du fluor (*chlorofluorocarbone* n. m.).

C. G. S. adj. ▫ *Système C. G. S.* : ancien système d'unités de mesure.

chablis n. m. ▫ Vin blanc sec de Chablis.

chabot n. m. ▫ Poisson à grosse tête.

chacal, als n. m. ▫ Mammifère carnivore voisin du renard.

chacun, une pron. indéf. **1.** Personne ou chose prise individuellement dans un ensemble. **2.** Toute personne.

chafouin, ine adj. ▫ Rusé, sournois.

① **chagrin, ine** adj. ▫ Triste, morose.

② **chagrin** n. m. ▫ État moralement douloureux. ▶ **chagriner** v. tr.

③ **chagrin** n. m. ▫ Cuir grenu utilisé en reliure.

chahut n. m. ▫ Agitation bruyante.

chahuter v. **I.** v. intr. Faire du chahut dans une classe. **II.** v. tr. Manifester contre (qqn) par un chahut.

chai n. m. ▫ Lieu en rez-de-chaussée où l'on garde les alcools, les vins en fûts.

chaîne n. f. **I. 1.** Suite d'anneaux entrelacés. **2.** Cette suite d'anneaux, pour attacher un animal ou une personne. **II. 1.** Ensemble des fils d'un tissu, suivant sa longueur. **2.** Suite d'accidents du relief. **3.** chim. Suite d'atomes de carbone. **4.** Ensemble d'appareils assurant la transmission de signaux. *Chaîne hi-fi.* ▪ Émetteurs et organisme diffusant un programme de radio, de télévision. **5.** Organisation de postes successifs de travail. **6.** Réseau d'entreprises. **7.** *Chaîne du froid* : moyens de conservation frigorifique des denrées périssables. **8.** *RÉACTION EN CHAÎNE* : série de phénomènes déclenchés les uns par les autres.

chaînette n. f. ▫ Petite chaîne.

chaînon n. m. **1.** Anneau d'une chaîne. **2.** Élément d'une suite.

chair n. f. **I. 1.** Substance molle du corps humain ou animal. **2.** Aspect de la peau. – *Avoir LA CHAIR DE POULE,* la peau qui se hérisse (de peur...). **II.** littér. Les instincts ; les sens. **III.** Partie comestible (de certains animaux, de fruits...). ▪ *CHAIR À SAUCISSE* : préparation de porc haché.

chaire n. f. **1.** Tribune du prédicateur. **2.** Poste de professeur de l'enseignement supérieur.

chaise n. f. **1.** Siège à dossier et sans bras pour une personne. **2.** *CHAISE LONGUE,* à inclinaison réglable, permettant de s'allonger.

chaisier, ière n. **1.** Personne qui fabrique des chaises. **2.** Loueur de chaises.

① **chaland** n. m. ▫ Bateau à fond plat.

② **chaland, ande** n. ▫ vx Client, cliente.

chalcographie n. f. ▫ arts Gravure sur métal.

châle n. m. ▫ Grande pièce d'étoffe que l'on drape sur les épaules.

chalet n. m. ▫ Maison de bois en montagne.

chaleur n. f. **I.** Température élevée de la matière. **II.** État des femelles des mammifères quand elles acceptent l'approche du mâle. **III.** fig. Animation, ardeur, passion.

chaleureux, euse adj. ▫ Qui manifeste de la chaleur (III). ▶ **chaleureusement** adv.

châlit n. m. ▫ Cadre de lit.

challenge n. m. ▫ anglic. **1.** Épreuve sportive dont le titre est remis en jeu. **2.** Situation où la difficulté stimule. – recomm. off. *chalenge.* ▶ **challengeur, euse** n. ou **challenger** n. m.

chaloir v. impers. ▫ vieilli *Peu me chaut :* peu m'importe.

chaloupe n. f. ▫ Grand canot.

chaloupé, ée adj. ▫ (démarche...) Balancé.

chalumeau n. m. ▫ Outil qui produit un jet de gaz enflammé.

chalut n. m. ▫ Filet en forme d'entonnoir, remorqué par un bateau.

chalutier n. m. **1.** Bateau de pêche au chalut. **2.** Marin qui sert sur un chalutier.

chamade n. f. ▫ *Battre la chamade* (cœur), très fort.

se **chamailler** v. pron. ▫ fam. Se quereller pour des raisons futiles. ▶ **chamaillerie** n. f. ▶ **chamailleur, euse** n. et adj.

chaman n. m. ou **chamane** n. ▫ Être capable d'interpréter les signes et de communiquer avec les esprits. ▶ **chamanisme** n. m.

chamarrer v. tr. ▫ Rehausser d'ornements aux couleurs éclatantes. ▷ adj. **chamarré, ée** ▶ **chamarrure** n. f.

chambard n. m. ▫ fam. Désordre ; chahut.

chambarder v. tr. ▫ Bouleverser ; changer brutalement. ▶ **chambardement** n. m.

chambellan n. m. ▫ hist. Gentilhomme chargé du service de la chambre d'un prince.

chambouler v. tr. ▫ fam. Bouleverser, mettre sens dessus dessous.

chambranle n. m. ▫ Encadrement d'une porte, d'une fenêtre, d'une cheminée.

chambray n. m. ▫ Toile d'un bleu doux, d'apparence délavée.

chambre n. f. **I. 1.** Pièce où l'on couche. **2.** Pièce spécialement aménagée. **II. 1.** Section d'un tribunal. **2.** Assemblée législative. **3.** Assemblée s'occupant des intérêts d'un corps. **III. 1.** *CHAMBRE NOIRE :* enceinte percée d'une ouverture, et fournissant une image. **2.** Enceinte (où se produit un phénomène). **3.** *CHAMBRE À AIR :* enveloppe de caoutchouc gonflée d'air, dans un pneumatique.

chambrée n. f. ▫ Personnes couchant dans une même pièce.

chambrer v. tr. **1.** Mettre (du vin) à la température de la pièce. **2.** Taquiner, se moquer de (qqn).

chambrette n. f. ▫ Petite chambre.

chambrière n. f. **1.** vx Femme de chambre. **2.** Long fouet de manège.

chameau n. m. **1.** Ruminant à une ou deux bosses, à pelage laineux ; spécialt chameau à deux bosses d'Asie. **2.** fig., fam. Personne méchante.

chamelier n. m. ▫ Personne qui conduit et soigne les chameaux, les dromadaires.

chamelle n. f. ▫ Femelle du chameau.

chamelon n. m. ▫ Petit du chameau.

chamois n. m. **1.** Ruminant qui vit dans les montagnes. **2.** adj. Jaune clair.

chamoisage n. m. ▫ Préparation d'une peau, pour la rendre très souple.

chamoisine n. f. ▫ Petit torchon duveteux.

champ n. m. **I. 1.** Étendue de terre propre à la culture. **2.** Terrain, espace. *Champ de courses. Champ de bataille.* – fig. *PRENDRE DU CHAMP*, du recul. **II.** fig. **1.** Domaine d'action. **2.** loc. adv. *SUR-LE-CHAMP.* → **aussitôt, immédiatement. III. 1.** Secteur couvert (par un instrument d'optique, etc.). **2.** *CHAMP OPÉRATOIRE* : zone dans laquelle une opération chirurgicale est pratiquée. **3.** phys. Zone où se manifeste un phénomène.

champagne n. m. ▫ Vin mousseux de Champagne. ▶ **champagniser** v. tr.

champêtre adj. ▫ littér. Des champs.

champi n. ▫ vx Enfant trouvé.

champignon n. m. **1.** Végétal sans feuilles, formé souvent d'un pied surmonté d'un chapeau. **2.** bot. au plur. Classe de végétaux comprenant les champignons (1), les moisissures, les levures...

champignonnière n. f. ▫ Lieu où l'on cultive des champignons (1).

champion, onne n. **1.** n. m. Défenseur (d'une cause). **2.** Sportif qui remporte un championnat. **3.** fig., fam. Personne remarquable.

championnat n. m. ▫ Épreuve sportive dont le vainqueur obtient un titre.

chance n. f. **I. 1.** Manière favorable ou défavorable dont un événement se produit. *Bonne chance !* ▪ *La chance* : le sort. **2.** Possibilité de se produire par hasard. *Calculer ses chances de succès.* **II.** *La chance* : la bonne chance.

chanceler v. intr. ▫ Vaciller sur sa base. ▶ **chancelant, ante** adj. ▶ **chancellement** n. m.

chancelier, ière n. **1.** Personne chargée de garder les sceaux. **2.** Premier ministre (Autriche, Allemagne).

chancelière n. f. ▫ Sac fourré pour tenir les pieds au chaud.

chancellerie n. f. **1.** Services d'un chancelier. **2.** (en France) Ministère de la Justice.

chanceux, euse adj. ▫ Qui a de la chance.

chancre n. m. ▫ Ulcération de la peau, d'une muqueuse.

chandail, ails n. m. ▫ Gros tricot de laine qu'on enfile par la tête.

Chandeleur n. f. ▫ Fête de la présentation de Jésus-Christ au Temple et de la purification de la Vierge (2 février).

chandelier n. m. ▫ Support destiné à recevoir des chandelles, cierges, bougies.

chandelle n. f. **1.** anciennt Appareil d'éclairage fait d'une mèche tressée enveloppée de suif. – *Devoir une fière chandelle à qqn*, lui être redevable d'un grand service rendu. – *En voir trente-six chandelles* : être étourdi par un coup. **2.** Montée verticale (d'un avion...).

① **chanfrein** n. m. ▫ Partie de la tête du cheval qui va du front aux naseaux.

② **chanfrein** n. m. ▫ techn. Biseau obtenu en abattant l'arête d'une pierre, etc.

change n. m. **I. 1.** *Gagner, perdre au change*, à l'échange. **2.** Échange de deux monnaies de pays différents. **II.** *DONNER LE CHANGE à qqn*, lui faire prendre une chose pour une autre. **III.** Couche-culotte jetable.

changeant, ante adj. ▫ Qui est sujet à changer.

changement n. m. **1.** Fait de changer. **2.** État de ce qui évolue, se modifie. **3.** Dispositif permettant de changer.

changer v. **I.** v. tr. **1.** Remplacer (qqch., qqn) par une chose, une personne (de même nature). **2.** *CHANGER qqch., qqn DE :* faire subir une modification quant à. *Changer qqch. de place.* **3.** *CHANGER qqch., qqn EN,* transformer. **II.** v. tr. ind. *CHANGER DE :* abandonner, quitter (une chose, une personne ; un état) pour un(e) autre du même genre. **III.** v. intr. Devenir autre, différent. ▷ v. pron. se **changer** Mettre d'autres vêtements.

changeur, euse n. **1.** Personne qui effectue des opérations de change. **2.** n. m. Machine, dispositif permettant de changer.

chanlatte n. f. ▫ techn. Latte mise au bas du versant d'un toit.

chanoine n. m. ▫ Dignitaire ecclésiastique.

chanson n. f. **I.** Texte mis en musique destiné à être chanté. **II.** Poème épique du Moyen Âge, divisé en strophes.

chansonnette n. f. ▫ Chanson populaire.

chansonnier, ière n. ▫ Auteur de sketchs.

① **chant** n. m. **1.** Émission de sons musicaux par la voix. **2.** Composition musicale. **3.** Poésie lyrique ou épique.

② **chant** n. m. ▫ Face étroite d'un objet.

chantage n. m. ▫ Action d'extorquer qqch. à qqn sous la menace d'une révélation compromettante.

chantant, ante adj. **1.** Qui chante. **2.** (voix...) Mélodieux.

chanter v. **I.** v. intr. **1.** Former avec la voix une suite de sons musicaux (chant). **2.** (oiseaux...) Crier. **3.** *FAIRE CHANTER qqn,* exercer un chantage sur lui. **II.** v. tr. **1.** Exécuter (un morceau de musique vocale). **2.** fam. *Que me chantes-tu là ?* → **dire, raconter. 3.** littér. Célébrer, exalter.

① **chanterelle** n. f. ▫ Corde la plus fine et la plus aiguë d'un instrument à cordes.

② **chanterelle** n. f. ▫ Champignon jaune à bords ondulés, appelé aussi *girolle.*

chanteur, euse ▫ n. Personne qui chante.

chantier n. m. **1.** Lieu où se fait un vaste travail collectif sur des matériaux. **2.** *Mettre* (un travail, etc.) *en chantier,* le commencer.

chantilly n. f. ▫ Crème fouettée sucrée.

chantonner v. ▫ Chanter à mi-voix. ▶ **chantonnement** n. m.

chantourner v. tr. ▫ techn. Découper suivant un profil donné.

chantre n. m. **1.** Chanteur dans un service religieux. **2.** littér. Personne qui célèbre (qqn, qqch.).

chanvre n. m. **1.** Plante dont la tige fournit un textile. ▪ Ce textile. **2.** *Chanvre indien,* qui produit le haschisch.

chaos n. m. ▫ Confusion, désordre grave. ▶ **chaotique** adj.

chaource n. m. ▫ Fromage de vache à pâte molle.

chaparder v. tr. ▫ fam. Dérober, voler (de petites choses). ▶ **chapardage** n. m. ▶ **chapardeur, euse** adj. et n.

chape n. f. ▫ Objet recouvrant qqch.

chapeau n. m. **I.** Coiffure de forme élaborée, souvent rigide. – *Coup de chapeau :* hommage rendu à qqn. **II. 1.** Partie supérieure d'un champignon. **2.** Partie qui protège. **3.** Texte court qui surmonte un article de journal.

chapeauter v. tr. **1.** Coiffer d'un chapeau. **2.** fig. Exercer un contrôle sur.

chapelain n. m. ▫ Prêtre d'une chapelle.

chapelet n. m. ▫ Objet formé de grains enfilés que l'on fait glisser entre ses doigts en récitant des prières ; ces prières.

chapelier, ière n. **1.** Personne qui fait ou vend des chapeaux. **2.** adj. Qui concerne les chapeaux.

chapelle n. f. **1.** Église n'ayant pas le titre de paroisse. **2.** Partie d'une église où se dresse un autel secondaire. **3.** fig. Groupe fermé.

chapellerie n. f. ▫ Industrie, commerce des chapeaux.

chapelure n. f. ▫ Pain séché émietté.

chaperon n. m. ▫ anciennt Personne qui accompagne et surveille (*chaperonner* v. tr.) une jeune femme.

chapiteau n. m. **1.** Partie élargie qui couronne une colonne. **2.** Tente (d'un cirque...).

chapitre n. m. **I. 1.** Chacune des parties d'un livre, d'un budget. **2.** fig. Sujet dont on parle. **II.** Assemblée délibérante de religieux. – *Avoir* VOIX AU CHAPITRE, le droit de donner son avis.

chapitrer v. tr. ▫ Sermonner (qqn).

chapka n. f. ▫ Coiffure de fourrure.

chapon n. m. ▫ Jeune coq châtré.

chaptaliser v. tr. ▫ Ajouter du sucre à (un moût) avant la fermentation.

chaque adj. indéf. sing. **1.** Qui fait partie d'un tout et qui est considéré à part. **2.** Chacun.

① **char** n. m. **1.** Antiq. Voiture à deux roues utilisée dans les combats, les jeux. **2.** Voiture décorée, pour les fêtes publiques. **3.** Engin blindé et armé, monté sur chenilles.

② **char** n. m. ▫ argot Bluff, blague. – fam. *Arrête ton char !* – var. **charre.**

charabia n. m. ▫ fam. Langage incompréhensible.

charade n. f. ▫ Jeu où l'on doit retrouver un mot par la définition de ses syllabes.

charançon n. m. ▫ Coléoptère nuisible.

charbon n. m. **I. 1.** Combustible solide, noir, d'origine végétale. **2.** (fam.) *Aller au charbon,* au travail. **II. 1.** Maladie infectieuse. **2.** Maladie cryptogamique des végétaux.

charbonnage n. m. ▫ Exploitation de la houille. ▪ au plur. Mines de houille.

charbonner v. tr. ▫ Noircir avec du charbon.

charbonneux, euse adj. **1.** Qui a l'aspect du charbon. **2.** Qui est noir de charbon.

charbonnier, ière I. 1. n. Personne qui vend du charbon. – *La foi du charbonnier :* la foi naïve de l'homme simple. **2.** n. m. Cargo pour le transport du charbon. **II.** adj. **1.** Relatif au charbon. **2.** *Mésange charbonnière,* à tête et cou noirs.

charcuter v. tr. ▫ fam. Opérer (qqn) maladroitement.

charcuterie n. f. **1.** Industrie et commerce de la viande de porc, des préparations à base de porc. **2.** Spécialité à base de viande de porc. **3.** Boutique de charcutier.

charcutier, ière n. ▫ Personne qui apprête et vend du porc, de la charcuterie, etc.

chardon n. m. ▫ Plante à feuilles et bractées épineuses.

chardonneret n. m. ▫ Oiseau chanteur au plumage coloré.

charentaise n. f. ▫ Pantoufle fourrée.

charge n. f. **I. 1.** Ce qui pèse sur (qqch., qqn). **2.** Quantité de poudre que l'on met dans une arme. **3.** Quantité d'électricité. **II.** abstrait **1.** Ce qui cause de l'embarras. **2.** Ce qui fait faire des dépenses. ▪ *Charges sociales,* versées par les employeurs. **3.** Fonction dont qqn a le soin. **4.** Responsabilité. **5.** Fait qui pèse sur un accusé. *Témoin À CHARGE*, qui accuse. **III.** Attaque rapide et violente.

chargement n. m. □ Action de charger (I). ■ Ce qui est chargé.

charger v. tr. **I. 1.** Mettre sur (qqn, un animal, un véhicule, un bâtiment...) des objets à transporter. **2.** Placer, disposer pour être porté. **3.** Mettre dans (une arme) ce qui est nécessaire au tir. ■ Munir (un appareil) de ce qui est nécessaire à son fonctionnement. **4.** Accumuler de l'électricité dans. **II.** abstrait **1.** *CHARGER qqch., qqn DE* : faire porter (une accusation ; une charge) sur. **2.** Revêtir qqn de (une responsabilité, etc.). **III.** Attaquer avec impétuosité. ▷ v. pron. se **charger** **1.** Prendre pour transporter. **2.** Assumer, endosser. ▷ **chargé, ée** **I.** p. p. et adj. **1.** *Bras chargés de paquets.* **2.** *Fusil chargé.* **3.** Alourdi, embarrassé. *Estomac chargé.* **II.** n. Personne chargée (de qqch.). *Chargée de mission.*

chargeur n. m. **1.** Entreprise de transports. **2.** Dispositif pour charger (une arme ; un appareil).

charia n. f. □ Loi islamique. – var. **sharia.**

chariot n. m. □ Voiture à quatre roues ou appareil pour le transport des fardeaux.

charisme n. m. □ Qualité d'une personnalité qui plaît, s'impose. ▶ **charismatique** adj.

charité n. f. □ Bienfait envers les pauvres. ▶ **charitable** adj. ▶ **charitablement** adv.

charivari n. m. □ Grand bruit, tumulte.

charlatan n. m. □ Imposteur qui exploite la crédulité publique. ▶ **charlatanesque** adj. ▶ **charlatanisme** n. m.

charleston n. m. □ Danse rapide (à la mode v. 1920-1925).

charlotte n. f. **I.** Entremets à base de fruits ou de crème et de biscuits. **II.** Ancienne coiffure de femme, froncée. ■ Bonnet à bord élastique. **III.** Pomme de terre ronde à chair jaune clair.

charmant, ante adj. □ Qui a un grand charme, qui plaît beaucoup.

① **charme** n. m. **1.** littér. Enchantement ; action magique. – fig. *Être sous le charme*, séduit. – *Se porter COMME UN CHARME*, très bien. **2.** Qualité de ce qui attire, plaît. **3.** *Faire du charme* : essayer de plaire.

② **charme** n. m. □ Arbre à bois blanc.

charmer v. tr. □ Plaire par son charme.

charmeur, euse n. □ Personne qui charme, séduit. – adj. *Un sourire charmeur.*

charmille n. f. □ Allée (de charmes...).

charnel, elle adj. □ Qui a trait aux choses de la chair. ▶ **charnellement** adv.

charnier n. m. □ Lieu où sont entassés des cadavres.

charnière n. f. **1.** Assemblage articulé de deux pièces métalliques réunies par un axe. **2.** fig. Point de jonction, de transition.

charnu, ue adj. □ Bien fourni de chair.

charognard n. m. □ Animal qui se nourrit de charognes (vautour, etc.).

charogne n. f. □ Cadavre en putréfaction.

charpente n. f. **1.** Assemblage de pièces de bois ou de métal soutenant une construction. **2.** Parties osseuses (du corps humain). **3.** Plan (d'un ouvrage).

charpenter v. tr. □ Organiser, construire. ▷ adj. **charpenté, ée** *Homme solidement charpenté.* → **bâti.**

charpentier, ière n. □ Personne qui fait des travaux de charpente.

charpie n. f. **1.** ancienn Fils tirés de vieilles toiles, servant à faire des pansements. **2.** *Réduire EN CHARPIE* : déchiqueter.

charretée n. f. ▫ Contenu d'une charrette.

charretier, ière n. ▫ Conducteur, conductrice de charrette. – *Jurer comme un charretier*, grossièrement.

charrette n. f. ▫ Voiture à deux roues servant à transporter des fardeaux.

charrier v. tr. **I.** (rivière...) Entraîner dans son cours. **II.** fam. Se moquer de (qqn). – intrans. Exagérer.

charroi n. m. ▫ Transport par chariot.

charron n. m. ▫ Fabricant de chariots.

charrue n. f. ▫ Instrument pour labourer.

charte n. f. **1.** hist. Constitution établie par un souverain. **2.** Lois fondamentales d'une organisation.

charter n. m. ▫ anglic. Avion affrété (recomm. off. *avion affrété* ou *nolisé*).

chartreuse n. f. **I.** Couvent de religieux de l'ordre de Saint-Bruno. **II.** (marque déposée) Liqueur aux herbes.

chas n. m. ▫ Trou (d'une aiguille).

chasse n. f. **I. 1.** Action de chasser. **2.** Terre réservée pour la chasse. **II.** Poursuite ; action de poursuivre. **III.** *CHASSE D'EAU* : dispositif pour nettoyer la cuvette des W.-C.

châsse n. f. ▫ Coffre où l'on garde les reliques d'un saint.

chassé-croisé n. m. ▫ Échange réciproque et simultané (de situation...). *Des chassés-croisés.*

chasselas n. m. ▫ Raisin de table blanc.

chasse-mouches n. m. invar. ▫ Petit instrument pour écarter les mouches.

chasse-neige n. m. invar. ▫ Engin pour ôter la neige.

chassepot n. m. ▫ hist. Fusil à aiguille.

chasser v. **I.** v. tr. **1.** Poursuivre (les animaux) pour les prendre ou les tuer. **2.** Mettre dehors ; faire sortir de force. **II.** v. intr. Déraper.

chasseresse n. f. ▫ littér. Femme qui chasse.

chasseur, euse n. ▫ le fém. ne s'emploie qu'au sens 1 → aussi **chasseresse 1.** Personne qui pratique la chasse. ■ fig. *Chasseur de têtes*, recruteur de cadres. **2.** n. m. Domestique en livrée. **3.** n. m. Membre de certains corps de troupes. *Chasseurs alpins.* **4.** n. m. Avion de combat léger et rapide.

chassie n. f. ▫ Matière gluante qui coule des yeux infectés. ▶ **chassieux, euse** adj.

châssis n. m. **1.** Cadre maintenant en place des planches, du tissu... **2.** Encadrement (d'une ouverture, d'un vitrage). **3.** Charpente, bâti (de machines, de véhicules).

chaste adj. **1.** Qui s'abstient des plaisirs sexuels. **2.** (actions...) Dénué d'érotisme. ▶ **chasteté** n. f. ▶ **chastement** adv.

chasuble n. f. **1.** Manteau sans manches que le prêtre revêt pour célébrer la messe. **2.** Vêtement qui a cette forme.

① **chat, chatte** n. **1.** Petit mammifère familier à poil doux, aux yeux oblongs, à oreilles triangulaires, aux griffes rétractiles. **2.** n. m. Personne qui poursuit les autres (à un jeu). **3.** Mammifère carnivore dont le chat (1) est le type.

② **chat** ou **tchat** n. m. ▫ anglic. Communication en temps réel sur Internet, par échange de messages écrits. ▶ **chatter** ou **tchat(t)er** v. intr.

châtaigne n. f. ▫ Fruit comestible du châtaignier.

châtaignier n. m. ▫ Arbre de grande taille, vivace, dont le fruit est la châtaigne. ▶ **châtaigneraie** n. f.

châtain adj. ▫ Brun clair. *Cheveux châtains.*

château n. m. **1.** CHÂTEAU (FORT) : demeure féodale fortifiée. **2.** Habitation seigneuriale ou royale. **3.** CHÂTEAU D'EAU : grand réservoir à eau.

chateaubriand ou **châteaubriant** n. m. ▫ Épaisse tranche de filet de bœuf grillé.

châtelain, aine n. ▫ Propriétaire d'un château.

chat-huant n. m. ▫ → **hulotte.**

châtier v. tr. ▫ littér. **1.** Infliger une peine à (qqn) pour corriger. **2.** Rendre (son style) plus correct et plus pur.

chatière n. f. ▫ Petite ouverture (passage pour les chats, trou d'aération...).

châtiment n. m. ▫ Peine, punition sévère.

chatoiement n. m. ▫ Reflet changeant.

① **chaton** n. m. ▫ Jeune chat.

② **chaton** n. m. ▫ Tête d'une bague où s'enchâsse une pierre.

③ **chaton** n. m. ▫ Assemblage de fleurs de certains arbres, épi duveteux.

chatouiller v. tr. ▫ Faire des attouchements légers et répétés sur la peau, qui provoquent le rire. ▷ n. m. **chatouillement** – syn. fam. **chatouille.**

chatouilleux, euse adj. **1.** Sensible au chatouillement. **2.** Qui se fâche aisément.

chatoyer v. intr. ▫ Changer de couleur, avoir des reflets selon le jeu de la lumière. ▷ adj. **chatoyant, ante**

châtrer v. tr. ▫ Rendre (un mâle) impropre à la reproduction en mutilant les testicules.

chatrou n. m. ▫ (Antilles) Poulpe (en cuisine). – var. **chatou.**

chatte n. f. → **chat**

chattemite n. f. ▫ vieilli *Faire la chattemite,* affecter la douceur, pour tromper.

chatter v. intr. → ② **chat.**

chatterie n. f. ▫ Caresse, câlinerie.

chatterton n. m. ▫ Ruban de toile isolant et très adhésif.

chat-tigre n. m. ▫ Chat sauvage. *Des chats-tigres.*

chaud, chaude I. adj. **1.** Qui est à une température plus élevée que celle du corps. **2.** Qui réchauffe ou garde la chaleur. **3.** fig. Animé, passionné. **4.** Qui évoque la chaleur. **II.** n. m. **1.** Chaleur. **2.** AU CHAUD : en conservant la chaleur. **3.** nominal *Il fait chaud.* **4.** À CHAUD loc. adv. : en chauffant. – *Opérer à chaud,* en pleine crise.

chaudement adv. **1.** De manière à conserver sa chaleur. **2.** Avec chaleur (III).

chaud-froid n. m. ▫ Plat de volaille ou de gibier cuit et servi froid. *Des chauds-froids.*

chaudière n. f. ▫ Récipient où l'on transforme de l'eau en vapeur, pour fournir de l'énergie thermique.

chaudrée n. f. ▫ région. Plat de poissons et de pommes de terre dans leur bouillon de cuisson.

chaudron n. m. ▫ Récipient métallique à anse mobile, qui va au feu.

chaudronnerie n. f. ▫ Industrie, commerce des récipients métalliques ; ces objets. ▶ **chaudronnier, ière** n. et adj.

chauffage n. m. **1.** Action de chauffer. **2.** Installations qui chauffent.

chauffagiste n. ▫ Spécialiste des installations de chauffage.

chauffant, ante adj. ▫ Qui chauffe.

chauffard, arde n. ▫ Mauvais conducteur.

chauffe n. f. ▫ Fait de chauffer.

chauffe-eau n. m. invar. ▫ Appareil producteur d'eau chaude.

chauffe-plats n. m. invar. ▫ Réchaud qui tient les plats au chaud pendant le repas.

chauffer v. **I.** v. tr. Rendre chaud. **II.** v. intr. **1.** Devenir chaud. **2.** Produire de la chaleur. ▷ v. pron. se **chauffer** **1.** S'exposer à la chaleur. **2.** Chauffer sa maison. **3.** S'échauffer.

chaufferette n. f. ▫ Petit appareil pour se chauffer les pieds, etc.

chaufferie n. f. ▫ Local où sont les chaudières.

chauffeur, euse n. **I.** Personne chargée de veiller sur une chaudière. **II.** Personne qui conduit un véhicule automobile.

chauffeuse n. f. ▫ Siège, fauteuil bas.

chauler v. tr. **1.** Traiter par la chaux. **2.** Blanchir à la chaux. ▶ **chaulage** n. m.

chaume n. m. **1.** Partie de la tige des céréales qui reste après la moisson. **2.** Paille qui couvre le toit des maisons.

chaumière n. f. ▫ Maison à toit de chaume.

chaussée n. f. ▫ Partie d'une voie où circulent les voitures.

chausse-pied n. m. ▫ Lame incurvée utilisée pour se chausser. *Des chausse-pieds.*

chausser v. tr. **I.** Mettre (des chaussures, des skis) à ses pieds. ▪ *Chausser du 40*, avoir cette pointure. ▪ pronom. *Se chausser.* **II.** Garnir de pneus (une voiture).

chausses n. f. pl. ▫ vx Culotte ou bas.

chausse-trape n. f. ▫ Piège. *Des chausse-trapes.*

chaussette n. f. ▫ Vêtement de maille qui couvre le pied et le bas de la jambe.

chausseur n. m. ▫ Marchand de chaussures.

chausson n. m. **1.** Chaussure souple. **2.** Pâtisserie fourrée de compote.

chaussure n. f. **1.** Partie du vêtement qui protège le pied. **2.** Industrie des chaussures.

chaut (peu me chaut) → **chaloir**

chauve adj. ▫ Qui n'a plus de cheveux.

chauve-souris n. f. ▫ Mammifère à ailes membraneuses. *Des chauves-souris.*

chauvin, ine adj. et n. ▫ D'un nationalisme partial. ▶ **chauvinisme** n. m.

chaux n. f. ▫ Oxyde de calcium (blanc), obtenu par calcination de calcaires.

chavirer v. **I.** v. intr. Se retourner (navire) ; se renverser. **II.** v. tr. Émouvoir, perturber.

chèche n. m. ▫ (au Maghreb) Longue écharpe.

chéchia n. f. ▫ Coiffure en forme de calotte portée dans certains pays d'Islam.

check-up n. m. invar. ▫ anglic. Bilan* de santé.

cheddar n. m. ▫ Fromage de vache à pâte dure.

cheeseburger n. m. ▫ anglic. Hamburger au fromage.

cheesecake n. m. ▫ anglic. Gâteau au fromage blanc.

chef n. m. **I.** *DE SON (PROPRE) CHEF* : de sa propre initiative. ▪ (dr.) *CHEF D'ACCUSATION*, point sur lequel elle se fonde. **II.** Personne qui est à la tête, qui dirige, commande, gouverne. ▪ appos. *Médecin-chef.* – (avec un n. fém.) *Infirmière-chef.*

chef-d'œuvre n. m. **1.** Œuvre capitale d'un compagnon (2). **2.** La meilleure œuvre (d'un créateur). *Des chefs-d'œuvre.*

chef-lieu n. m. ▫ en France Ville qui est le centre d'une circonscription administrative. *Des chefs-lieux.*

cheftaine n. f. □ Jeune fille, jeune femme responsable d'un groupe de scouts.

cheik n. m. □ Chef de tribu arabe.

chelem n. m. **1.** (cartes) Réunion, dans la même main, de toutes les levées. **2.** sports *Grand chelem* : série de victoires.

chelou, oue adj. □ fam. Douteux ; bizarre.

chemin n. m. **I. 1.** Bande déblayée assez étroite, en général non revêtue, qui suit les accidents du terrain. **2.** Distance, espace à parcourir d'un lieu à un autre. **3.** Direction, voie d'accès. **II.** abstrait Conduite à suivre pour atteindre un but.

chemin de fer n. m. □ Moyen de transport utilisant la voie ferrée.

chemineau n. m. □ vx Vagabond.

cheminée n. f. **1.** Construction comprenant un espace aménagé pour faire du feu et un tuyau d'évacuation. **2.** Partie supérieure du conduit qui évacue la fumée. **3.** *Cheminée d'un volcan*, par où passent les matières volcaniques.

cheminer v. intr. **1.** Faire du chemin. **2.** fig. (choses) Avancer lentement. ▶ **cheminement** n. m.

cheminot, ote n. □ Employé(e) des chemins de fer.

chemise n. f. **I. 1.** Vêtement couvrant le torse. ■ CHEMISE DE NUIT : vêtement de nuit. **2.** fam. *Être comme cul et chemise*, inséparables. **II.** Dossier léger pour classer des papiers.

chemiserie n. f. □ Industrie et commerce des chemises et sous-vêtements d'homme.

chemisette n. f. □ Chemise, blouse ou corsage à manches courtes.

chemisier, ière n. **I.** Personne qui fabrique ou vend des articles de chemiserie. **II.** n. m. Chemise de femme.

chenal, aux n. m. □ Passage navigable entre des obstacles.

chenapan n. m. □ vx ou plais. → **vaurien.**

chêne n. m. □ Grand arbre à feuilles lobées, aux fruits à cupules. – Son bois. ▶ **chênaie** n. f.

chéneau n. m. □ Conduit qui longe le toit et recueille les eaux de pluie.

chêne-liège n. m. □ Chêne à feuillage persistant, qui fournit le liège. *Des chênes-lièges.*

chenet n. m. □ Une des pièces jumelles sur lesquelles on pose les bûches, dans un foyer.

chènevis n. m. □ Graine de chanvre.

chenil n. m. □ Abri, élevage de chiens.

chenille n. f. **I.** Larve des papillons, à corps allongé formé d'anneaux. **II.** Dispositif articulé permettant à un véhicule de se déplacer sur tous les terrains.

chenillette n. f. □ Petit véhicule à chenilles.

chenu, ue adj. □ littér. Blanc (de vieillesse).

cheptel n. m. □ Ensemble des bestiaux.

chèque n. m. □ Écrit par lequel on donne l'ordre de remettre une somme à prélever sur un compte.

chéquier n. m. □ Carnet de chèques.

cher, chère adj. **I. 1.** Qui est aimé. **2.** (amitié, politesse...) *Cher Monsieur.* – n. *Mon cher, ma chère.* **3.** Précieux. *Son souvenir nous est cher.* **II.** D'un prix élevé. **III.** adv. À haut prix.

chercher v. tr. **1.** S'efforcer de découvrir, de trouver. **2.** CHERCHER À (+ inf.) : essayer de parvenir à. **3.** Venir prendre (qqn ou qqch.). *Aller chercher qqn à la gare.*

chercheur, euse **I.** n. **1.** Personne qui cherche (qqch.). *Chercheur d'or.* **2.** Personne qui se consacre à la recherche. **II.** adj. *Tête* chercheuse.*

chère n. f. ▫ littér. Nourriture. – *FAIRE BONNE CHÈRE* : bien manger.

chèrement adv. **1.** Affectueusement, tendrement. **2.** À haut prix.

chérir v. tr. **1.** Aimer tendrement. **2.** Être attaché à (qqch.). ▷ adj. et n. **chéri, ie**

cherry n. m. ▫ anglic. Liqueur de cerise.

cherté n. f. ▫ Prix élevé.

chérubin n. m. **1.** Ange. **2.** Bel enfant.

chétif, ive adj. ▫ De faible constitution.

chevaine → **chevesne**

cheval, aux n. m. **I. 1.** Grand mammifère (équidé) à crinière, domestiqué par l'homme. **2.** *À CHEVAL* : sur un cheval. ▪ À califourchon. – *Être à cheval sur qqch.*, y tenir rigoureusement. **3.** Équitation. **4.** *CHEVAL DE BATAILLE* : sujet favori. **II.** *CHEVAL D'ARÇONS* : appareil de gymnastique, gros cylindre rembourré sur pieds. **III.** *Cheval fiscal* (symb. CV) : unité de calcul de cylindrée d'un véhicule.

chevalement n. m. ▫ techn. Assemblage de poutres qui soutiennent une construction.

chevaleresque adj. ▫ Digne d'un chevalier (1).

chevalerie n. f. **1.** hist. Ordre militaire d'un caractère religieux, propre à la noblesse féodale. **2.** Distinction honorifique.

chevalet n. m. **1.** Support tenant un objet sur lequel on travaille. **2.** Pièce de bois soutenant les cordes, sur la table d'un instrument.

chevalier, ière n. **1.** n. m. (au Moyen Âge) Noble admis dans l'ordre de la chevalerie. **2.** Membre d'un ordre honorifique. **3.** n. f. Bague à chaton plat sur lequel sont gravées des initiales, etc.

chevalin, ine adj. ▫ Qui concerne le cheval.

chevauchée n. f. ▫ Promenade à cheval.

chevauchement n. m. ▫ Position de choses qui se chevauchent.

chevaucher v. **1.** v. intr. littér. Aller à cheval. **2.** v. tr. Être à cheval, à califourchon sur. ▷ v. pron. se **chevaucher** Se recouvrir en partie.

chevêche n. f. ▫ Petite chouette.

chevelu, ue adj. **1.** Garni de cheveux. **2.** Qui a de longs cheveux.

chevelure n. f. **1.** Ensemble des cheveux. **2.** Traînée lumineuse (d'une comète).

chevesne n. m. ▫ Poisson d'eau douce à dos brun. – var. **chevaine.**

chevet n. m. **I. 1.** Partie du lit où l'on pose la tête. **2.** *AU CHEVET de qqn*, auprès de son lit. **II.** Partie (d'une église) qui se trouve à la tête de la nef.

cheveu n. m. ▫ Poil qui recouvre le crâne humain.

chevillard n. m. ▫ Boucher en gros.

cheville n. f. **I.** Tige rigide servant à boucher un trou, assembler des pièces, tendre les cordes d'un instrument, suspendre la viande. ▪ *CHEVILLE OUVRIÈRE* : grosse cheville de l'avant-train d'une voiture ; fig. agent essentiel (d'un organisme...). **II.** Saillie des os de l'articulation du pied ; partie située entre le pied et la jambe.

cheviller v. tr. ▫ Joindre, assembler avec des chevilles.

cheviotte n. f. ▫ Laine de mouton d'Écosse.

chèvre n. f. **I. 1.** Mammifère ruminant, à cornes arquées, à pelage fourni. *Fromage de chèvre* ; n. m. *un chèvre.* **2.** *Ménager la chèvre et le chou*, deux camps, sans prendre parti. **II.** Appareil de levage.

chevreau n. m. **1.** Petit de la chèvre. **2.** Peau de chèvre ou de chevreau tannée.

chèvrefeuille n. m. ▫ Plante grimpante à fleurs jaunes très parfumées.

chevrette n. f. ▫ Jeune chèvre.

chevreuil n. m. ▫ Mammifère sauvage à robe fauve.

chevrier, ière n. ▫ Berger, bergère qui mène paître les chèvres.

chevron n. m. **1.** Pièce de bois sur laquelle on fixe des lattes qui supportent la toiture. **2.** Galon en V renversé.

chevronné, ée adj. ▫ Expérimenté.

chevroter v. intr. ▫ Parler, etc. d'une voix tremblante. ▶ **chevrotement** n. m. ▶ **chevrotant, ante** adj.

chevrotine n. f. ▫ Gros plomb de chasse.

chewing-gum n. m. ▫ anglic. Gomme à mâcher. *Des chewing-gums.*

chez prép. **1.** Au logis de (qqn). **2.** Dans la nation de. **3.** Dans l'esprit, les œuvres, etc. de (qqn).

chez-moi, chez-toi, chez-soi n. m. invar. ▫ Domicile personnel.

chiader v. tr. ▫ fam. Travailler (un examen) ; fignoler (un travail).

chialer v. intr. ▫ fam. Pleurer.

chiant, ante adj. ▫ fam. et vulg. Ennuyeux.

chianti n. m. ▫ Vin rouge du Chianti.

chiasse n. f. ▫ vulg. Colique, diarrhée.

chic I. n. m. **1.** *Avoir le chic pour* (+ inf.) : faire (qqch.) avec facilité. **2.** Élégance. *BON CHIC BON GENRE* loc. adj. : d'une élégance bourgeoise. – abrév. fam. **B. C. B. G. II.** adj. invar. Élégant. **III.** interj. fam. et vieilli Marque la satisfaction.

chicane n. f. **I.** Querelle de mauvaise foi. **II.** Passage en zigzag.

chicaner v. **1.** v. intr. Chercher querelle sur des riens. **2.** v. tr. Chercher querelle à (qqn). ▶ **chicanier, ière** adj. et n. – syn. **chicaneur, euse.**

chicano n. (invar. en genre) ▫ souvent péj. Mexicain(e) établi(e) aux États-Unis.

① **chiche** adj. ▫ *Pois chiche.* → **pois.**

② **chiche** adj. ▫ vieilli Avare. – mod., fig. *Il est chiche de compliments.* ▶ **chichement** adv.

③ **chiche** ▫ fam. **1.** interj. Exclamation de défi. **2.** (adj.) *Être CHICHE DE* (+ inf.) : être capable de.

chiche-kebab n. m. ▫ Brochette de mouton. *Des chiches-kebabs.* – var. **chiche-kébab.**

chichi n. m. ▫ Comportement maniéré. ▶ **chichiteux, euse** adj. et n. fam.

chicon n. m. ▫ (Belgique, Nord) Endive.

chicorée n. f. **1.** Plante herbacée qui se mange en salade. **2.** Racine torréfiée de la chicorée.

chicot n. m. ▫ Dent cassée.

chicotin n. m. ▫ Suc très amer d'un aloès.

chien n. m. **I. 1.** Mammifère domestique, issu du loup, dont de nombreuses races sont élevées. **2.** *Entre chien et loup* : au crépuscule. ▪ *Avoir un mal de chien*, rencontrer des difficultés. **3.** *Les CHIENS ÉCRASÉS* : les faits divers (dans un journal). **4.** péj. Personne méprisable. **II.** Pièce coudée d'une arme à feu qui guide le percuteur. ▪ fig. *Être couché EN CHIEN DE FUSIL*, les genoux repliés. **III.** Charme, allure.

chiendent n. m. ▫ Mauvaise herbe vivace, commune.

chienlit n. f. ▫ littér. Désordre (social).

chien-loup n. m. ▫ Berger allemand (chien).

chienne n. f. **1.** Femelle du chien. **2.** péj. (injure) Femme détestable ou lubrique.

chier v. intr. ▫ fam. et vulg. **1.** Déféquer. **2.** *Faire chier qqn*, l'embêter, l'importuner.

chiffe n. f. ▫ fam. *Chiffe molle* : personne d'un caractère faible.

chiffon n. m. ▫ Morceau de vieille étoffe.

chiffonner v. tr. **1.** Froisser, friper. **2.** fig. Contrarier. ▷ adj. **chiffonné, ée** **1.** Froissé. **2.** fig. (visage) Fatigué.

chiffonnier, ière n. ▫ Personne qui vend des objets de rebut.

chiffrable adj. ▫ Qu'on peut chiffrer.

chiffrage n. m. **1.** Évaluation en chiffres. **2.** Action de chiffrer (II) (syn. *chiffrement*).

chiffre n. m. **I. 1.** Chacun des caractères qui représentent les nombres. *Chiffres arabes, romains.* **2.** Nombre représenté par les chiffres. *Chiffre de la population.* **II.** Signe servant à coder des messages ; ensemble de ces signes.

chiffrer v. **I. 1.** v. tr. Noter à l'aide de chiffres. ▪ Évaluer en chiffres. **2.** v. intr. Atteindre un prix élevé. **II.** v. tr. Écrire (un message) en chiffre (II).

chiffreur, euse n. ▫ Personne qui chiffre des messages.

chignole n. f. ▫ Perceuse.

chignon n. m. **1.** Chevelure relevée et ramassée derrière ou sur la tête. **2.** fam. *Se crêper le chignon* : se battre.

chihuahua n. m. ▫ Très petit chien à poil ras.

chiite adj. et n. ▫ Du courant islamique des partisans d'Ali et de ses descendants. – var. **shiite.**

chimère n. f. **1.** Monstre imaginaire qui crache des flammes. **2.** Idée illusoire. ▶ **chimérique** adj.

chimie n. f. ▫ Science qui étudie les constituants de la matière et leurs interactions. ▶ **chimique** adj. ▶ **chimiquement** adv. ▶ **chimiste** n.

chimiothérapie n. f. ▫ méd. Traitement par des substances chimiques.

chimiquier n. m. ▫ Navire pour le transport des produits chimiques.

chimpanzé n. m. ▫ Grand singe anthropoïde arboricole.

chinchilla n. m. **1.** Petit mammifère rongeur. **2.** Sa fourrure gris clair.

chiné, ée adj. ▫ Fait de fils de couleurs alternées.

chiner v. tr. ▫ Chercher (des objets) chez les brocanteurs, etc.

chineur, euse n. ▫ fam. Brocanteur. ▪ Amateur qui aime chiner.

chinois, oise I. 1. adj. et n. De Chine. **2.** n. m. Ensemble des langues parlées en Chine. ▪ fig. *C'est du chinois,* c'est incompréhensible. **II.** n. m. Passoire conique fine.

chinoiserie n. f. **1.** Bibelot dans le goût chinois. **2.** Complication inutile.

chiot n. m. ▫ Jeune chien.

chiottes n. f. pl. ▫ fam. Cabinets, W.-C.

chiourme n. f. ▫ anciennt Forçats d'un bagne.

chiper v. tr. ▫ fam. Dérober, voler.

chipie n. f. ▫ Femme, fille désagréable.

chipolata n. f. ▫ Saucisse longue et mince.

chipoter v. intr. **1.** Manger par petits morceaux, sans plaisir. **2.** Discuter sur des vétilles. ▶ **chipoteur, euse** n. et adj.

chips n. f. pl. ▫ Pommes de terre frites en très fines rondelles croustillantes.

chique n. f. ▫ Morceau de tabac à mâcher. ▪ fam. *COUPER LA CHIQUE à qqn,* l'interrompre brutalement.

chiqué n. m. ▫ fam. Attitude prétentieuse.

chiquenaude n. f. ▫ Coup donné avec un doigt que l'on détend brusquement.

chiquer v. tr. ▫ Mâcher (du tabac).

chiromancie n. f. ▫ Divination d'après les lignes de la main. ▶ **chiromancien, ienne** n.

chiropraxie n. f. ▫ Thérapeutique par manipulation des vertèbres. ▶ **chiropracteur, trice** n.

chirurgie n. f. ▫ Partie de la médecine qui comporte une intervention manuelle et instrumentale. ▶ **chirurgical, ale, aux** adj. ▶ **chirurgien, ienne** n.

chistera n. f. ou m. ▫ Instrument d'osier, recourbé, qui sert à lancer la balle à la pelote basque.

chitine n. f. ▫ Substance organique (téguments des arthropodes, etc.).

chiure n. f. ▫ Excrément d'insectes.

chlamyde n. f. ▫ Antiq. Manteau court et fendu.

chlore n. m. ▫ Corps simple (symb. Cl), d'odeur suffocante. ▶ **chloré, ée** adj.

chlorhydrique adj. ▫ *Acide chlorhydrique* : solution du *gaz chlorhydrique* (chlorure d'hydrogène [HCl]) dans l'eau.

chlorique adj. ▫ chim. Du chlore.

chlorofluorocarbone n. m. → **C. F. C.**

chloroforme n. m. ▫ Liquide incolore, anesthésique. ▶ **chloroformer** v. tr.

chlorophylle n. f. ▫ Pigment vert des végétaux. ▶ **chlorophyllien, ienne** adj.

chlorose n. f. **1.** méd. Anémie due au manque de fer. ▶ **chlorotique** adj. et n. **2.** bot. Étiolement et jaunissement des végétaux.

chlorure n. m. **1.** Sel de l'acide chlorhydrique. *Chlorure de sodium* (sel marin). **2.** *Chlorures (décolorants)* : mélanges industriels utilisés pour le blanchiment, la désinfection, etc.

choc n. m. **1.** Entrée en contact de deux corps qui se rencontrent violemment. **2.** Rencontre violente (d'hommes). **3.** Émotion brutale. ▪ *Choc opératoire, anesthésique*.

chocolat n. m. **1.** Substance alimentaire à base de cacao. ▪ Friandise au chocolat. **2.** Boisson au cacao. **3.** n. m. et adj. invar. Brun foncé.

chocolaté, ée adj. ▫ Parfumé au chocolat.

chocolatier, ière **1.** n. Personne qui fabrique ou vend du chocolat. – adj. *Industrie chocolatière*. **2.** n. f. Récipient pour le chocolat (2).

choéphore n. ▫ Antiq. grecque Personne qui portait les offrandes aux morts.

chœur n. m. **I. 1.** Réunion de chanteurs qui exécutent un morceau ensemble. **2.** *EN CHŒUR* : ensemble. **II.** Partie d'une église où se trouve l'autel.

choir v. intr.. ▫ littér. Tomber.

choisi, ie adj. ▫ Excellent ; de qualité.

choisir v. tr. ▫ Prendre de préférence, faire choix de.

choix n. m. **1.** Action de choisir. **2.** Ensemble de choses parmi lesquelles on peut choisir. **3.** *DE CHOIX* : de prix, de qualité.

cholédoque adj. m. ▫ *Canal cholédoque*, qui conduit la bile au duodénum.

choléra n. m. ▫ Maladie intestinale épidémique. ▶ **cholérique** adj.

cholestérol n. m. ▫ Substance grasse présente dans l'organisme.

chômage n. m. ▫ Inactivité forcée due au manque d'emploi.

chômer v. intr. **1.** (au p. p.) *Jours chômés*, où l'on ne travaille pas. **2.** Ne pas avoir de travail, par manque d'emploi.

chômeur, euse n. ▫ Personne qui se trouve involontairement privée d'emploi.

chope n. f. ▫ Verre à anse, pour la bière.

choper v. tr. ▫ fam. **1.** Arrêter, prendre (qqn). **2.** Attraper. *Il a chopé un rhume*.

chopine n. f. ▫ fam. (rural) Bouteille (de vin).

choquant, ante adj. ▫ Qui choque (2).

choquer v. tr. **1.** Faire se heurter (des choses). **2.** Contrarier ou gêner en heurtant les goûts, les bienséances.

choral, ale I. (plur. *choraux*) adj. Qui a rapport aux chœurs. **II.** (plur. *chorals*) n. m. Chant religieux. **III.** n. f. Groupe qui interprète des chœurs.

chorée n. f. □ Contractions musculaires pathologiques.

chorégraphie n. f. □ Art de composer des ballets, d'en régler les figures et les pas. ▶ **chorégraphique** adj. ▶ **chorégraphe** n.

choriste n. □ Personne qui chante dans un chœur.

chorizo n. m. □ Saucisson espagnol pimenté.

choroïde n. f. □ anat. Membrane de l'œil.

chorus n. m. □ *FAIRE CHORUS* : approuver d'autres personnes.

chose n. f. **I. 1.** Réalité perçue ou concevable comme un objet unique. **2.** *Les choses* : le réel. **3.** spécialt Réalité matérielle non vivante. *Les êtres et les choses.* **II. 1.** *AUTRE* CHOSE.* **2.** *QUELQUE CHOSE* loc. indéf. masc. *Chercher quelque chose.* **3.** *PEU DE CHOSE* : un acte, un objet peu important. **III. 1.** n. m. → **machin, truc. 2.** (adj.) *Se sentir TOUT CHOSE* : éprouver un malaise difficile à analyser.

chott n. m. □ Lac salé, dans un désert.

chou n. m. **1.** Plante crucifère à variétés cultivées pour l'alimentation. **2.** fam. *Feuille de chou* : journal de peu de valeur. **3.** Pâtisserie légère.

chouan n. m. □ Insurgé royaliste de l'ouest de la France (Révolution). ▶ **chouannerie** n. f.

choucas n. m. □ Petite corneille noire.

chouchen n. m. □ Hydromel breton. - var. **chouchenn.**

chouchou, oute 1. n. fam. Favori, préféré. **2.** n. m. Ruban froncé, pour les cheveux.

chouchouter v. tr. □ Dorloter, gâter.

choucroute n. f. □ Plat de choux découpés en rubans, légèrement fermentés et que l'on fait cuire avec de la charcuterie.

① **chouette** n. f. □ Oiseau rapace nocturne.

② **chouette** □ fam. **1.** adj. Agréable. **2.** interj. → **chic.**

chou-fleur n. m. □ Chou dont on mange les fleurs qui forment une masse blanche. *Des choux-fleurs.*

chouïa n. m. □ fam. *Un chouïa* : un peu. - var. **chouya.**

chouquette n. f. □ Petit chou (3) décoré de grains de sucre.

chou-rave n. m. □ Chou cultivé pour sa racine. *Des choux-raves.*

choyer v. tr. □ Soigner avec tendresse.

chrême n. m. □ Huile consacrée.

chrestomathie n. f. □ didact. Anthologie de textes anciens ou classiques.

chrétien, ienne □ adj. et n. Du christianisme. - *Ère chrétienne,* qui commence à la naissance de Jésus-Christ.

chrétiennement adv. □ Conformément à la religion chrétienne.

chrétienté n. f. □ Ensemble des chrétiens.

christ n. m. **1.** (avec maj.) Nom donné à Jésus de Nazareth. **2.** Représentation du Christ sur la croix.

christiania n. m. □ Technique de virage en skis, les skis restant parallèles.

christianiser v. tr. □ Rendre chrétien. ▶ **christianisation** n. f.

christianisme n. m. □ Religion issue de la prédication de Jésus-Christ.

chromatique adj. **1.** mus. Qui procède par demi-tons. **2.** Relatif aux couleurs. **3.** biol. Du chromosome.

chromatisme n. m. **1.** Ensemble de couleurs. **2.** mus. Caractère chromatique.

chrome n. m. **1.** Corps simple (symb. Cr), métal gris, brillant, dur. **2.** Pièce métallique chromée.

chromer v. tr. ▫ Recouvrir (un métal) de chrome. – au p. p. *Acier chromé.*

chromo n. m. ▫ Image en couleur de mauvais goût.

chromolithographie n. f. ▫ Lithographie en couleur.

chromosome n. m. ▫ Élément du noyau cellulaire en nombre constant (23 paires chez l'être humain). *Les chromosomes sont le support des gènes.* ▶ **chromosomique** adj.

① **chronique** adj. ▫ (maladie) Qui dure longtemps, se développe lentement (opposé à *aigu*).

② **chronique** n. f. **1.** Recueil de faits historiques. **2.** Partie (d'un journal...) consacrée à un sujet particulier. ▶ **chroniquer** v. tr. et intr.

chroniqueur, euse 1. n. m. Auteur de chroniques historiques. **2.** n. Personne chargée d'une chronique (2).

chronobiologie n. f. ▫ biol. Étude des rythmes biologiques.

chronologie n. f. ▫ Succession des événements dans le temps. ▶ **chronologique** adj. ▶ **chronologiquement** adv.

chronomètre n. m. ▫ Montre de précision. – abrév. fam. **chrono.**

chronométrer v. tr. ▫ Mesurer avec un chronomètre. ▶ **chronométrage** n. m. ▶ **chronométreur, euse** n.

chronométrique adj. ▫ Relatif à la mesure exacte du temps.

chrysalide n. f. ▫ État intermédiaire par lequel passe la chenille avant de devenir papillon.

chrysanthème n. m. ▫ Plante ornementale qui fleurit en automne ; sa fleur.

chrysoprase n. f. ▫ Calcédoine verte.

C. H. U. n. m. (sigle) ▫ Centre hospitalier universitaire.

chuchoter v. intr. et tr. ▫ Parler, dire bas, indistinctement. ▶ **chuchotement** n. m.

chuinter v. intr. **1.** (choses) Produire un sifflement assourdi. **2.** Prononcer *s* et *z* comme *ch* et *j*. ▶ **chuintement** n. m. ▶ **chuintant, ante** adj.

chut interj. ▫ Se dit pour demander le silence.

chute n. f. **I. 1.** Fait de tomber. *Faire une chute dans un escalier.* ▪ (choses) *Chute de neige.* ▪ *CHUTE D'EAU,* entre deux parties consécutives d'un cours d'eau. **2.** Action de se détacher. *La chute des feuilles.* **3.** abstrait Fait d'échouer. *La chute d'un régime.* **4.** Diminution de valeur ou d'intensité. **II. 1.** Partie où une chose se termine, s'arrête. **2.** Reste inutilisé (tombé en coupant qqch.).

chuter v. intr. **1.** Subir un échec. **2.** fam. Tomber, choir. **3.** Diminuer brusquement.

chyle n. m. ▫ Produit de la digestion, contenu dans l'intestin grêle.

chypriote adj. et n. ▫ De Chypre.

① **ci** adv. **I. 1.** Ici. *Ci-inclus, incluse ; ci-joint, jointe.* ▪ *CI-GÎT.* → **gésir. 2.** (après un nom précédé de *ce, cette, ces, celui, celle*) *Ce livre-ci. Celle-ci.* **II.** loc. adv. *CI-DESSUS :* plus haut ; *CI-DESSOUS :* plus bas ; *CI-CONTRE :* en face. – *DE-CI DE-LÀ :* de côté et d'autre. – *PAR-CI PAR-LÀ :* en divers endroits.

② **ci** pron. dém. ▫ (employé avec *ça*) *Demander ci et ça.*

ciao interj. ▫ fam. Au revoir. – var. **tchao.**

cible n. f. **1.** But que l'on vise et contre lequel on tire. **2.** Objectif ou public visé.

ciboire n. m. ▫ Vase pour les hosties.

ciboule n. f. ▫ Variété d'ail.

ciboulette n. f. ▫ Plante à petits bulbes aux feuilles utilisées comme condiment.

ciboulot n. m. □ fam. Tête.

cicatrice n. f. **1.** Marque laissée par une plaie après la guérison. **2.** fig. Trace d'une souffrance morale. ▶ **cicatriciel, ielle** adj.

cicatriser v. tr. □ Faire guérir, se refermer (une plaie...). ▷ v. pron. **se cicatriser** ▶ **cicatrisation** n. f.

cicérone n. m. □ littér. Guide.

ciclosporine n. f. □ méd. Médicament immunodépresseur, utilisé lors des greffes, pour éviter les rejets. – var. **cyclosporine.**

cidre n. m. □ Boisson obtenue par la fermentation alcoolique du jus de pomme.

Cie □ Compagnie (2).

ciel, plur. **cieux** et **ciels** n. m. □ (plur. *ciels* : multiplicité ; *cieux* : collectif ou sens religieux) **I. 1.** Espace visible limité par l'horizon. ■ (qualifié ; plur. *des ciels*) *Ciel bleu ; nuageux.* – *Bleu ciel* : bleu clair. **2.** Apparence de l'espace extraterrestre, vu de la Terre ; voûte où semblent se mouvoir les astres. **II.** (plur. *cieux*) **1.** Séjour des bienheureux, des élus. **2.** La divinité, la providence. – interj. *Ciel !* (surprise désagréable). **III.** fig. (plur. *ciels*) **1.** *CIEL DE LIT* : baldaquin d'un lit. **2.** Voûte, plafond (d'une excavation).

cierge n. m. □ Longue chandelle de cire, en usage dans les églises.

cigale n. f. □ Insecte à quatre ailes membraneuses.

cigare n. m. □ Petit rouleau de feuilles de tabac. *Petit cigare* (*cigarillo* n. m.).

cigarette n. f. □ Petit rouleau de tabac haché et enveloppé dans un papier fin.

ci-gît → ① **ci ; gésir**

cigogne n. f. □ Oiseau échassier migrateur à longues pattes.

ciguë n. f. □ Plante toxique ; poison extrait de la variété appelée *grande ciguë.*

cil n. m. **1.** Chacun des poils garnissant le bord libre des paupières. **2.** biol. Filament fin du cytoplasme de certains organismes.

cilice n. m. □ Chemise, ceinture rugueuse portée par pénitence, par mortification.

cilié, ée adj. □ Muni de poils, de cils.

ciller v. intr. □ Battre des cils.

cimaise n. f. □ Moulure (d'une corniche...).

cime n. f. □ Extrémité pointue (d'un arbre, d'une montagne...).

ciment n. m. □ Matière calcaire qui, mélangée avec un liquide, forme une pâte durcissant à l'air ou dans l'eau.

cimenter v. tr. **1.** Enduire, lier avec du ciment. **2.** fig. Rendre plus ferme, solide.

cimenterie n. f. □ Fabrique de ciment.

cimeterre n. m. □ Sabre à lame large et recourbée.

cimetière n. m. □ Lieu où l'on enterre les morts.

cimier n. m. □ Ornement qui forme la partie supérieure d'un casque.

cinabre n. m. **1.** Sulfure de mercure naturel. **2.** littér. Sa couleur rouge.

ciné n. m. □ fam. Cinéma.

cinéaste n. □ Auteur, réalisateur de films.

ciné-club n. m. □ Club d'amateurs de cinéma. *Des ciné-clubs.*

cinéma n. m. **1.** Procédé permettant d'enregistrer et de projeter des vues animées. **2.** Salle de projections. **3.** Ensemble de films ; industrie cinématographique.

cinémascope n. m. (marque déposée) □ Cinéma sur écran large par anamorphose.

cinémathèque n. f. □ Endroit où l'on conserve les films de cinéma.

cinématique ◻ sc. **1.** n. f. Étude scientifique du mouvement. **2.** adj. Du mouvement.

cinématographe n. m. ◻ hist. Appareil des frères Lumière, reproduisant le mouvement par une suite de photographies. ▶ **cinématographique** adj.

cinéphile n. ◻ Amateur de cinéma.

cinéraire **1.** adj. Qui renferme les cendres d'un mort. **2.** n. f. Plante herbacée aux feuilles cendrées.

cinétique adj. ◻ Relatif au mouvement.

cinglé, ée adj. et n. ◻ fam. Un peu fou.

① **cingler** v. intr. ◻ (navire) Faire voile (dans une direction).

② **cingler** v. tr. **1.** Frapper avec un objet flexible. **2.** (vent, pluie, neige) Fouetter. ▶ **cinglant, ante** adj.

cinnamome n. m. ◻ Arbrisseau aromatique.

cinoche n. m. ◻ fam. Cinéma.

cinq **I.** adj. numéral invar. **1.** (cardinal) Quatre plus un (5). ▪ *Dans cinq minutes* : bientôt. – fam. *EN CINQ SEC* : très rapidement. **2.** (ordinal) Cinquième. **II.** n. m. invar. Le chiffre, le nombre, le numéro cinq. ▶ **cinquième** adj. et n. ▶ **cinquièmement** adv.

cinquantaine n. f. ◻ Nombre de cinquante ou environ.

cinquante **I.** adj. numéral invar. **1.** (cardinal) Dix fois cinq (50 ; L). **2.** (ordinal) Cinquantième. **II.** n. m. invar. Le nombre, le numéro cinquante. ▶ **cinquantième** adj. et n.

cinquantenaire n. m. ◻ Cinquantième anniversaire.

cintre n. m. **I. 1.** Courbure de la surface intérieure (d'un arc...). **2.** au théâtre Partie supérieure de la scène, où l'on remonte les décors. **II.** Barre à crochet, pour suspendre les vêtements.

cintrer v. tr. ◻ Rendre ajusté à la taille. ▷ adj. **cintré, ée** ▶ **cintrage** n. m.

cippe n. m. ◻ archéol. Petite stèle.

cirage n. m. **1.** Action de cirer. **2.** Produit pour lustrer le cuir.

circoncire v. tr. ◻ Exciser le prépuce de (un garçon). ▷ adj. m. **circoncis** ▶ **circoncision** n. f.

circonférence n. f. **1.** Périmètre d'un cercle. **2.** Pourtour.

circonflexe adj. ◻ *Accent circonflexe* : signe (ˆ) placé sur certaines voyelles.

circonlocution n. f. ◻ Manière de s'exprimer d'une façon indirecte.

circonscription n. f. ◻ Division légale (d'un territoire).

circonscrire v. tr. **1.** Décrire une ligne qui limite tout autour. **2.** fig. Enfermer dans des limites.

circonspect, ecte adj. ◻ Attentif et prudent. ▶ **circonspection** n. f.

circonstance n. f. **1.** Particularité qui accompagne un événement, une situation. **2.** Ce qui constitue le moment présent. ▪ *DE CIRCONSTANCE* : adapté à la situation.

circonstancié, ée adj. ◻ Qui comporte les circonstances, les détails (récit).

circonstanciel, ielle adj. ◻ D'une circonstance. – gramm. Qui apporte une détermination exprimant les circonstances.

circonvallation n. f. ◻ Tranchée fortifiée.

circonvenir v. tr. ◻ Agir sur (qqn) avec ruse pour obtenir ce que l'on souhaite.

circonvolution n. f. **1.** Enroulement autour d'un point central. **2.** anat. *Circonvolutions cérébrales*, replis sinueux du cortex.

circuit n. m. **I. 1.** Distance à parcourir pour faire le tour (d'un lieu). **2.** Parcours organisé. **3.** techn. Suite de conducteurs électriques. **4.** Ensemble de conduits pour les fluides. **II.** fig. Mouvement d'aller et retour (des biens...).

circulaire I. adj. **1.** Qui a ou rappelle la forme d'un cercle. **2.** Dont l'itinéraire ramène au point de départ. **II.** n. f. Lettre adressée à plusieurs personnes à la fois.

circulation n. f. **1.** Déplacement utilisant les voies de communication. **2.** Véhicules qui circulent. **3.** Mouvement des fluides. **4.** Mouvement (des biens, des produits).

circulatoire adj. ▫ Relatif à la circulation du sang.

circuler v. intr. **1.** Se déplacer sur les voies de communication. **2.** (fluides) Passer dans un circuit ; se renouveler. **3.** Passer de main en main. **4.** (information...) Se propager, se répandre.

cire n. f. **1.** Matière produite par les abeilles. **2.** Préparation à base de cire pour l'entretien du bois.

ciré, ée I. adj. **1.** Enduit de cire ou de cirage. **2.** *TOILE CIRÉE*, enduite d'un vernis. **II.** n. m. Imperméable de tissu plastifié.

cirer v. tr. **1.** Enduire de cire, d'encaustique. **2.** Enduire de cirage.

cireur, euse 1. n. Personne chargée de cirer. **2.** n. f. Appareil qui cire les parquets.

cireux, euse adj. ▫ Qui a la consistance, l'aspect de la cire.

ciron n. m. ▫ vx ou littér. Insecte minuscule.

cirque n. m. **I. 1.** hist. Amphithéâtre pour les jeux publics. **2.** Amphithéâtre naturel d'origine glaciaire. **II. 1.** Édifice ou tente où sont présentés des numéros d'équilibre, des scènes comiques, etc. **2.** Ce spectacle. **3.** fam. Activité désordonnée, agitation.

cirrhose n. f. ▫ Maladie du foie. ▶ **cirrhotique** adj. et n.

cirrus n. m. ▫ Nuage élevé, en flocons ou filaments.

cisaille n. f. ▫ Gros ciseaux.

cisailler v. tr. ▫ Couper aux cisailles.

ciseau n. m. **I.** Outil d'acier en biseau, qui sert à tailler. **II.** au plur. Instrument pour couper, formé de deux branches d'acier tranchantes croisées sur un pivot.

ciseler v. tr. ▫ Travailler (un ouvrage) avec un ciseau (I). ▷ adj. **ciselé, ée**

ciselure n. f. ▫ Ornement ciselé.

① **ciste** n. m. ▫ Arbrisseau aromatique.

② **ciste** n. f. ▫ Antiq. Corbeille portée dans les mystères, contenant les objets du culte.

cistercien, ienne adj. ▫ De l'ordre religieux de Cîteaux.

citadelle n. f. ▫ Forteresse qui commandait une ville.

citadin, ine ▫ adj. et n. De la ville.

citation n. f. **1.** Passage cité (d'un auteur, d'une personnalité). **2.** Mention honorable d'un militaire, etc. qui s'est distingué.

cité n. f. **I. 1.** Ville importante. ▪ Partie ancienne d'une ville. **2.** Groupe d'immeubles ayant une unité. **II.** *Avoir DROIT DE CITÉ*, faire partie de (qqch.).

citer v. tr. **1.** Rapporter (ce qu'a dit ou écrit qqn). **2.** Alléguer. **3.** Désigner comme digne d'attention. **4.** dr. Sommer (qqn) à comparaître en justice. **5.** Décerner une citation (2) à.

citerne n. f. **1.** Réservoir d'eau de pluie. **2.** Cuve contenant un liquide, un carburant.

cithare n. f. ▫ Instrument de musique à cordes tendues sur une caisse de résonance sans manche. ▶ **cithariste** n.

citoyen, enne I. n. Individu, du point de vue de ses droits politiques. **II.** adj. Qui fait preuve d'esprit civique ; conforme au sens civique. ▶ **citoyenneté** n. f.

citrate n. m. ▫ chim. Sel de l'acide citrique.

citrique adj. □ chim. *Acide citrique* : acide extrait de certains fruits.

citron n. m. 1. Fruit jaune du citronnier, agrume acide. 2. adj. invar. Jaune clair.

citronnade n. f. □ Boisson au citron.

citronnelle n. f. □ Plante contenant une essence à odeur de citron.

citronnier n. m. □ Arbre qui produit le citron (jaune ou vert). ■ Son bois.

citrouille n. f. □ Courge volumineuse d'un jaune orangé.

civet n. m. □ Ragoût (de lièvre, lapin, gibier) au vin rouge.

civette n. f. 1. Petit mammifère au pelage gris. 2. Parfum sécrété par cet animal.

civière n. f. □ Dispositif à bras pour transporter les malades, les blessés.

civil, ile adj. I. 1. Relatif à l'ensemble des citoyens. 2. dr. Relatif aux rapports entre les individus. 3. adj. et n. Qui n'est pas militaire. 4. Qui n'est pas religieux. II. vieilli Qui observe les usages.

civilement adv. I. 1. dr. En matière civile. 2. Sans cérémonie religieuse. II. Avec civilité.

civilisateur, trice adj. et n. □ Qui répand la civilisation.

civilisation n. f. □ Ensemble des caractères et acquisitions des sociétés humaines complexes.

civiliser v. tr. 1. Faire passer (une collectivité) à un état social plus complexe. 2. fam. Rendre plus poli. ▷ adj. et n. **civilisé, ée**

civilité n. f. □ vieilli ou littér. Politesse.

civique adj. □ Relatif au citoyen.

civisme n. m. □ Sens civique.

clabauder v. intr. □ littér. Crier, protester sans motif. ▶ **clabaudage** n. m.

clac □ Interjection imitant un bruit sec.

clafoutis n. m. □ Gâteau à base de lait, d'œufs et de fruits.

claie n. f. □ Treillage en bois, en fer...

clair, aire I. adj. 1. Qui a l'éclat du jour, reçoit beaucoup de lumière. 2. Faiblement coloré. 3. Peu serré. 4. Pur et transparent. 5. (sons) Net et pur. II. adj. abstrait 1. Facile à comprendre. 2. Manifeste, évident. III. n. m. 1. CLAIR DE LUNE : lumière que donne la Lune. 2. *Tirer* AU CLAIR : élucider. ■ LE PLUS CLAIR *de* : la plus grande partie de. IV. adv. D'une manière claire. ▶ **clairement** adv.

claire n. f. □ Bassin dans lequel se fait l'affinage des huîtres *(fines de claire)*.

clairet, ette adj. □ Un peu clair. *Vin clairet.*

clairette n. f. □ Cépage blanc du Midi.

claire-voie n. f. 1. Clôture à jour. 2. *À* CLAIRE-VOIE : qui présente des jours.

clairière n. f. □ Endroit dégarni d'arbres dans un bois, une forêt.

clair-obscur n. m. 1. peint. Opposition des lumières et des ombres. *Des clairs-obscurs.* 2. Lumière douce.

clairon n. m. 1. Instrument à vent sans piston ni clé. 2. Personne qui joue du clairon.

claironner v. 1. v. intr. Parler d'une voix aiguë et forte. 2. v. tr. fig. Annoncer avec éclat. ▶ **claironnant, ante** adj.

clairsemé, ée adj. □ Qui est peu serré.

clairvoyance n. f. □ Vue claire, lucide des choses. ▶ **clairvoyant, ante** adj.

clamer v. tr. □ Manifester par des cris.

clameur n. f. □ Ensemble de cris confus.

clamp n. m. □ anglic., chir. Pince occlusive à deux branches. ▶ **clamper** v. tr.

clampin n. m. □ fam. Traînard, fainéant.

clamser v. intr. □ fam. Mourir. – var. **clamecer**

clan n. m. 1. Tribu. 2. Groupe fermé de personnes. ▶ **clanique** adj.

clandestin, ine adj. □ Qui se fait en cachette et a un caractère illicite. – *Passager clandestin*, sans billet. – *Travailleur clandestin*, sans statut légal. ▶ **clandestinement** adv. ▶ **clandestinité** n. f.

clapet n. m. □ Soupape en forme de couvercle.

clapier n. m. □ Abri où on élève des lapins.

clapoter v. intr. □ (surface liquide) Être agité de petites vagues. ▶ **clapotement** et **clapotis** n. m.

clapper v. intr. □ Produire un bruit sec avec la langue. ▶ **clappement** n. m.

claquage n. m. □ Distension d'un ligament.

claquant, ante adj. □ fam. Qui fatigue.

claque n. f. **1.** Coup donné avec le plat de la main. **2.** fam. *EN AVOIR SA CLAQUE* : en avoir assez.

claquement n. m. □ Fait de claquer ; choc, bruit de ce qui claque.

claquemurer v. tr. □ Tenir enfermé. ▷ v. pron. se **claquemurer** Rester chez soi.

claquer v. **I.** v. intr. **1.** Produire un bruit sec et sonore. **2.** fam. Mourir. **II.** v. tr. **1.** Donner une claque à (qqn). **2.** Faire claquer. **3.** fam. Dépenser en gaspillant. **4.** fam. Fatiguer. **5.** *Se claquer un muscle* (→ **claquage**).

claquette n. f. **1.** Petit instrument articulé servant à donner un signal. – syn. (anglic.) **clap. 2.** au plur. Lames de métal fixées aux semelles qui permettent de marquer le rythme en dansant. ▪ Cette danse.

clarifier v. tr. □ Rendre plus pur, plus clair. ▶ **clarification** n. f.

clarine n. f. □ Clochette au cou du bétail.

clarinette n. f. □ Instrument de musique (bois) à anche simple. ▶ **clarinettiste** n.

clarisse n. f. □ Religieuse de l'ordre de Sainte-Claire.

clarté n. f. **I. 1.** Lumière ; caractère de ce qui est clair. **2.** Transparence. **II.** abstrait **1.** Qualité de ce qui est intelligible. **2.** au plur. littér. Notions.

clash n. m. □ anglic. Conflit violent.

classable adj. □ Qui peut être classé.

classe n. f. **I. 1.** Ensemble de personnes qui ont en commun une fonction, une idéologie et un niveau social. **2.** Ensemble d'individus ou d'objets qui ont des caractères communs. **3.** *Avoir de la classe*, de la distinction. **II. 1.** Ensemble d'élèves groupés selon un degré d'études. **2.** Enseignement donné. ▪ Salle de classe.

classement n. m. **1.** Action de classer. **2.** Place, dans une compétition.

classer v. tr. **1.** Diviser en classes, en catégories. **2.** Mettre dans un ordre, à son ordre.

classeur n. m. □ Dossier ou meuble qui sert à classer des papiers.

classicisme n. m. □ Caractères propres aux œuvres classiques.

classification n. f. □ Action de ranger par classes. ▶ **classifier** v. tr. et v. intr. ▶ **classificateur, trice** adj. et n.

classique adj. **I. 1.** Qui appartient à l'Antiquité gréco-latine. **2.** Relatif aux grands auteurs du XVIIe siècle. **3.** *MUSIQUE CLASSIQUE*, de la tradition occidentale. ▪ n. m. *Aimer le classique*. **4.** Conforme aux usages, aux habitudes. **II.** n. m. Auteur classique ; œuvre classique ou importante, reconnue.

classiquement adv. □ De manière classique.

claudiquer v. intr. □ Boiter. ▶ **claudication** n. f. littér.

clause n. f. ▫ Disposition particulière (d'un acte).

claustra n. m. ou f. ▫ Cloison légère, ajourée.

claustral, ale, aux adj. ▫ Relatif au cloître ou qui l'évoque.

claustrer v. tr. ▫ Enfermer, isoler (surtout pronom. et p. p.). ▶ **claustration** n. f. littér.

claustrophobie n. f. ▫ Angoisse d'être enfermé. ▶ **claustrophobe** adj. et n.

claveau n. m. ▫ archit. Pierre taillée en coin.

clavecin n. m. ▫ Instrument à claviers et à cordes pincées. ▶ **claveciniste** n.

clavette n. f. ▫ Petite cheville servant à immobiliser (un boulon, une cheville).

clavicule n. f. ▫ Os très allongé (partie antérieure de l'épaule). ▶ **claviculaire** adj.

clavier n. m. ▫ Ensemble des touches de certains instruments de musique sur lesquelles on appuie les doigts pour obtenir les sons. ▪ Ensemble des touches (d'un appareil), disposées sur plusieurs rangs.

claviste n. ▫ Personne qui saisit un texte sur ordinateur.

clayette n. f. ▫ Support à claire-voie.

clayonnage n. m. ▫ Assemblage de pieux et de branches, pour soutenir des terres.

clé ou **clef** n. f. **I.** Instrument de métal faisant fonctionner le mécanisme d'une serrure. **II. 1.** Outil servant à serrer ou à démonter des pièces. **2.** *CLEF* (ou *CLÉ*) *DE VOÛTE* : claveau central maintenant une voûte. **III. 1.** Signe de référence placé au début d'une portée musicale, et qui indique la hauteur des notes. *Clef de sol.* ▪ *À LA CLÉ* (ou *CLEF*) : avec, à la fin de l'opération. *Récompense à la clé.* **2.** Ce qui permet de comprendre (qqch.). **3.** appos. Qui commande l'accès. *Position-clé.*

clébard n. m. ▫ fam. Chien. – syn. **clebs.**

clématite n. f. ▫ Plante grimpante à fleurs.

clémence n. f. **1.** littér. Vertu qui consiste à pardonner. **2.** fig. Douceur (du climat...). ▶ **clément, ente** adj.

clémentine n. f. ▫ Mandarine à peau fine.

clenche n. f. ▫ Levier du loquet d'une porte.

clepsydre n. f. ▫ didact. Horloge à eau.

cleptomane → **kleptomane**

clerc n. m. **1.** Homme qui est entré dans l'état ecclésiastique **2.** Employé d'une étude d'officier public ou ministériel.

clergé n. m. ▫ Ensemble des ecclésiastiques.

clergyman n. m. ▫ Pasteur anglo-saxon. *Des clergymen* (ou *-mans*).

clérical, ale, aux ▫ adj. Relatif au clergé.

clic n. m. **I.** Bruit sec, bref. **II.** Action de presser le bouton de la souris d'un ordinateur.

cliché n. m. **1.** Image négative (d'une photo). ▪ Photographie. **2.** péj. Idée ou expression trop souvent utilisée.

client, ente n. **1.** Personne qui achète ou requiert des services moyennant rétribution. **2.** n. m. écon. Consommateur, importateur.

clientèle n. f. **1.** Protégés, partisans d'un homme politique. **2.** Ensemble de clients.

clientélisme n. m. ▫ (pour un politicien, un parti) Fait de chercher à élargir son influence en attribuant des privilèges. ▷ **clientéliste** adj. et n.

cligner v. **1.** v. tr. Fermer à demi ou fermer et ouvrir rapidement (les yeux). ▪ v. tr. ind. *CLIGNER DE L'ŒIL* (pour faire un signe). **2.** v. intr. (yeux, paupières) Se fermer et s'ouvrir. ▶ **clignement** n. m.

clignotant, ante I. adj. Qui clignote. II. n. m. (véhicules) Lumière intermittente, qui sert à indiquer la direction.

clignoter v. intr. 1. (yeux...) Cligner rapidement. 2. Éclairer et s'éteindre alternativement à brefs intervalles. ▶ **clignotement** n. m.

climat n. m. 1. Ensemble de circonstances atmosphériques et météorologiques. ▶ **climatique** adj. ▶ **climatologie** n. f. ▶ **climatologue** n. 2. fig. Atmosphère morale.

climatisation n. f. ◻ Techniques et appareils maintenant une atmosphère constante.

climatiser v. tr. ◻ Équiper de la climatisation. ▷ adj. **climatisé, ée** ▶ **climatiseur** n. m.

clin d'œil n. m. ◻ Mouvement rapide de la paupière. *Des clins d'œil, d'yeux.*

clinicien, ienne n. ◻ Médecin praticien.

clinique I. 1. adj. Qui concerne les manifestations observables de la maladie. ▶ **cliniquement** adv. 2. n. f. Enseignement médical donné au chevet des malades. II. n. f. Établissement de soins privé.

clinquant, ante I. adj. Qui brille d'un éclat trop voyant. II. n. m. Mauvaise imitation de pierreries, etc.

① **clip** n. m. ◻ anglic. Bijou qui se fixe par une pince. – var. **clips** n. m. ▶ **clipper** ou **clipser** v. tr.

② **clip** n. m. ◻ anglic. Court film vidéo promotionnel. – syn. **vidéoclip** n. m.

clique n. f. 1. Groupe de personnes peu estimables. 2. Ensemble des tambours et des clairons d'une musique militaire.

cliquer v. intr. ◻ anglic. Actionner le bouton d'une souris (d'ordinateur).

cliques n. f. pl. ◻ fam. *PRENDRE SES CLIQUES ET SES CLAQUES* : s'en aller en emportant ce que l'on possède.

cliquetis n. m. ◻ Série de bruits secs produits par des corps qui se choquent. ▶ **cliqueter** v. intr.

clitoridectomie n. f. ◻ didact. Ablation du clitoris.

clitoris n. m. ◻ Petit organe érectile de la vulve. ▶ **clitoridien, ienne** adj.

cliver v. tr. 1. Fendre (un minéral) dans le sens naturel de ses couches. 2. fig. Séparer par niveaux. ▶ **clivage** n. m.

cloaque n. m. I. 1. Lieu destiné à recevoir les immondices, les eaux usées. 2. Lieu malpropre. II. zool. Orifice des cavités urinaire, intestinale et génitale.

clochard, arde n. ◻ Personne socialement inadaptée, dans les villes. – abrév. fam. **clodo.**

① **cloche** n. f. 1. Instrument creux, évasé, en métal, dont on tire des vibrations retentissantes en en frappant les parois. 2. Objet creux qui recouvre, protège. 3. fam. *SE TAPER LA CLOCHE* : bien manger.

② **cloche** n. f. ◻ fam. Personne niaise et incapable.

à **cloche-pied** loc. adv. ◻ En tenant un pied en l'air et en sautant sur l'autre.

① **clocher** n. m. 1. Bâtiment élevé d'une église, où l'on place les cloches. 2. *Esprit de clocher* : chauvinisme.

② **clocher** v. intr. ◻ Être défectueux.

clocheton n. m. ◻ Petit clocher.

clochette n. f. 1. Petite cloche. 2. Fleur en forme de petite cloche.

cloison n. f. 1. Paroi qui limite les pièces (d'une maison...). 2. Ce qui divise l'intérieur (d'une cavité). 3. fig. Séparation. ▶ **cloisonner** v. tr. ▶ **cloisonnement** n. m.

cloître n. m. ◻ (dans un monastère...) Galerie à colonnes qui encadre une cour ou un jardin carré.

cloîtrer v. tr. 1. Enfermer comme religieux, religieuse dans un monastère. 2. fig. Mettre à l'écart (qqn).

clone n. m. ▫ biol. Individu provenant de la reproduction d'un individu unique. ▶ **cloner** v. tr. ▶ **clonage** n. m.

clope n. f. ▫ fam. Cigarette.

clopin-clopant loc. adv. ▫ En clopinant.

clopiner v. intr. ▫ Marcher avec peine, en traînant le pied.

cloporte n. m. ▫ Arthropode qui vit sous les pierres.

cloque n. f. 1. Poche cutanée pleine de sérosité. 2. Boursouflure (d'une surface). ▶ **cloquer** v. intr.

clore v. tr. 1. vx Fermer. 2. Terminer ; déclarer terminé. ▷ p. p. adj. ① **clos, ose**

② **clos** n. m. ▫ Terrain cultivé et clos.

clostridie n. f. ▫ biol. Bactérie anaérobie de la flore intestinale.

clôture n. f. 1. Ce qui sert à fermer un passage, à enclore un espace. 2. Action de déclarer la fin de qqch. ▶ **clôturer** v. tr.

clou n. m. ▫ Petite tige de métal pointue, souvent à tête, qui sert à fixer, assembler, suspendre.

clouer v. tr. 1. Fixer, assembler (avec des clous...). 2. fig. Immobiliser. 3. *CLOUER LE BEC à qqn*, le réduire au silence.

clouté, ée adj. 1. Garni de clous. 2. *PASSAGE CLOUTÉ* : passage pour piétons (autrefois limité par des clous).

clovisse n. f. ▫ région. Palourde.

clown n. m. 1. Comique de cirque. 2. Pitre. ▶ **clownerie** n. f. ▶ **clownesque** adj.

club n. m. I. 1. Société culturelle, sportive, politique... 2. Cercle où des habitués (membres) se retrouvent. II. Crosse de golf.

cluse n. f. ▫ Gorge perpendiculaire, dans une chaîne de montagnes.

clystère n. m. ▫ vx Lavement.

cnidaires n. m. pl. ▫ zool. Embranchement d'animaux comprenant les méduses, les coraux.

coach n. m. ▫ anglic. 1. Entraîneur (d'un sportif). 2. Personne qui conseille qqn.

coadjuteur n. m. ▫ Adjoint d'un prélat.

coaguler v. 1. v. tr. Transformer (un liquide organique) en masse solide. 2. v. intr. Se figer. ▶ **coagulation** n. f.

coaliser v. I. *SE COALISER* v. pron. 1. Former une coalition. 2. S'unir, s'entendre (contre qqn). II. v. tr. Unir (contre).

coalition n. f. ▫ Réunion (de puissances...) dans la poursuite d'un intérêt commun.

coaltar n. m. ▫ Goudron de houille. ▪ fam. *Être dans le coaltar*, ahuri.

coasser v. intr. ▫ (grenouille...) Pousser son cri. ▶ **coassement** n. m.

coauteur n. m. ▫ Personne qui a écrit un livre avec une autre.

cobalt n. m. ▫ Élément (symb. Co), métal dur, blanc à reflets.

cobaye n. m. ▫ Rongeur (syn. *cochon d'Inde*). ▪ fam. Sujet d'expérience.

cobra n. m. ▫ Serpent venimeux (syn. *serpent à lunettes*).

coca 1. n. m. ou f. Arbrisseau dont les feuilles contiennent des alcaloïdes. 2. n. f. Substance extraite de ces feuilles.

coca-cola n. m. invar. (marque amér.) ▫ Boisson à base de coca et de cola. – abrév. **coca.**

cocagne n. f. 1. *PAYS DE COCAGNE* : pays imaginaire où l'on a tout en abondance. 2. *MÂT DE COCAGNE*, au sommet duquel sont suspendus des objets à décrocher.

cocaïne n. f. ▫ Alcaloïde extrait du coca utilisé comme stupéfiant.

cocaïnomane n. ▫ Toxicomane qui use de cocaïne. ▶ **cocaïnomanie** n. f.

cocarde n. f. ▫ Insigne aux couleurs d'une nation.

cocardier, ière adj. ▫ Chauvin, militariste.

cocasse adj. ▫ fam. D'une étrangeté comique. ▶ **cocasserie** n. f. ▶ **cocassement** adv.

coccinelle n. f. ▫ Coléoptère au corps rouge tacheté de noir (syn. *bête à bon Dieu*).

coccyx n. m. ▫ Petit os situé au bas de la colonne vertébrale.

① **coche** n. f. ▫ Encoche ; entaille.

② **coche** n. m. **1.** anciennt Grande voiture à chevaux, pour le transport des voyageurs. **2.** fig. *MANQUER, RATER LE COCHE* : perdre l'occasion de faire une chose profitable.

cochenille n. f. ▫ Insecte dont on tirait une teinture rouge écarlate.

① **cocher** v. tr. ▫ Marquer d'un signe.

② **cocher** n. m. ▫ Celui qui conduit une voiture à cheval.

cochère adj. f. ▫ *PORTE COCHÈRE*, dont la taille permet l'entrée d'une voiture.

cochon I. n. m. **1.** Porc élevé pour l'alimentation. **2.** *COCHON D'INDE* : cobaye. **II. 1.** n. fam. *COCHON, COCHONNE* : personne malpropre ou grossière. **2.** adj. *Histoire cochonne*, licencieuse.

cochonnaille n. f. ▫ fam. Charcuterie.

cochonner v. tr. ▫ fam. Faire (qqch.) mal.

cochonnerie n. f. **1.** Chose mal faite, sans valeur. **2.** Acte obscène.

cochonnet n. m. ▫ Petite boule servant de but aux joueurs de boules.

cocker n. m. ▫ Chien de chasse à longues oreilles pendantes.

cockney n. et adj. ▫ Londonien au langage populaire.

cockpit n. m. ▫ aviat. Cabine de pilote.

cocktail n. m. **1.** Mélange de boissons. **2.** Réunion mondaine où l'on boit. **3.** *COCKTAIL MOLOTOV* : bouteille emplie d'un liquide inflammable.

① **coco** n. m. ▫ Fruit du cocotier, aussi appelé *noix de coco*.

② **coco** n. m. ▫ Individu bizarre.

③ **coco** n. ▫ fam. Communiste.

cocon n. m. ▫ Enveloppe formée d'un fil de soie enroulé, dont certaines chenilles s'entourent pour se transformer en chrysalide.

cocooning n. m. ▫ anglic. Situation de sécurité, de confort douillet.

cocorico n. m. ▫ Chant du coq. – var. **coquerico.**

cocotier n. m. ▫ Palmier au tronc élancé.

① **cocotte** n. f. ▫ (enfantin) Poule.

② **cocotte** n. f. ▫ Marmite en fonte.

cocu, e adj. et n. ▫ fam. Dont le conjoint est infidèle. ▶ **cocuage** n. m. fam. ▶ **cocufier** v. tr.

coda n. f. ▫ mus. Conclusion d'un morceau.

codage n. m. ▫ Action de coder.

code n. m. **1.** Ensemble de lois (et de dispositions légales). **2.** Décret ou loi réglant un domaine particulier. **3.** Ensemble de règles, de prescriptions. **4.** Système de symboles destinés à représenter une information. – *Code-barre(s)* : fines barres parallèles imprimées permettant l'identification d'un produit. ■ biol. *Code génétique* : mécanismes transmettant l'information génétique.

coder v. tr. ▫ Mettre en code (4).

codex n. m. ▫ Recueil officiel des médicaments.

codicille n. m. ▫ Acte ajouté à un testament pour le modifier.

codifier v. tr. **1.** Réunir (des dispositions légales) dans un code. **2.** Ériger en système organisé. ▶ **codification** n. f.

coédition n. f. ▫ Édition (d'un livre) par plusieurs éditeurs *(coéditeurs).*

coefficient n. m. **1.** Nombre multipliant une quantité. **2.** phys. Nombre caractérisant une propriété. *Coefficient de dilatation.*

cœlacanthe n. m. ▫ zool. Grand poisson osseux, très primitif.

cœlioscopie n. f. ▫ méd. Examen de la cavité abdominale par endoscopie.

coépouse n. f. ▫ Chacune des épouses d'un polygame.

coéquipier, ière n. ▫ Personne qui fait équipe avec d'autres.

coercitif, ive adj. ▫ didact. Qui exerce une contrainte (*coercition* n. f.).

cœur n. m. **I. 1.** Organe central de l'appareil circulatoire. **2.** Poitrine. **3.** *Avoir MAL AU CŒUR*, des nausées. **II. 1.** Ce qui a la forme d'un cœur. ▪ aux cartes Série dont la marque est un cœur. **2.** Partie centrale, point essentiel. **III. 1.** Siège des sensations et émotions ; du désir, de l'humeur ; des sentiments, des passions ; de l'amour. **2.** Bonté, sentiments altruistes. **3.** *PAR CŒUR* : de mémoire.

coexister v. intr. ▫ Exister ensemble, en même temps. ▶ **coexistence** n. f.

coffrage n. m. ▫ Dispositif qui moule et maintient le béton que l'on coule ; sa pose.

coffre n. m. **1.** Meuble en forme de caisse, à couvercle. **2.** Caisse où l'on range des choses précieuses. **3.** Espace de rangement, dans une voiture.

coffre-fort n. m. ▫ Coffre de sûreté, en acier. *Des coffres-forts.*

coffrer v. tr. **1.** fam. Emprisonner (qqn). **2.** techn. Munir d'un coffrage.

coffret n. m. ▫ Boîte ; emballage rigide.

cogiter v. intr. ▫ plais. Réfléchir. ▷ **cogitation** n. f.

cogito n. m. ▫ Base de la philosophie de Descartes : « je pense » (donc je suis).

cognac n. m. ▫ Eau-de-vie de Cognac.

cognassier n. m. ▫ Arbre qui produit les coings.

cognée n. f. ▫ Grosse hache.

cogner v. **I.** v. tr. dir. **1.** Heurter (qqch.). **2.** fam. Battre, rosser (qqn). **II.** v. tr. ind. Frapper fort, à coups répétés. **III.** v. intr. Frapper ; heurter.

cognitif, ive adj. ▫ didact. Qui concerne la connaissance rationnelle, la faculté, l'acte de connaître (la *cognition* n. f.).

cohabitation n. f. **1.** Fait d'habiter, de vivre ensemble. **2.** Coexistence d'un président et d'un gouvernement de tendances opposées. ▶ **cohabiter** v. intr.

cohérent, ente adj. ▫ Fait de parties liées et harmonisées. ▶ **cohérence** n. f.

cohésion n. f. ▫ Caractère d'un ensemble uni, harmonieux.

cohorte n. f. **1.** Antiq. Dixième partie de la légion romaine. **2.** fam. Groupe, troupe.

cohue n. f. ▫ Foule agitée ; bousculade.

coi, coite adj. ▫ *Se tenir coi*, silencieux.

coiffe n. f. ▫ Coiffure féminine traditionnelle.

coiffer v. tr. **1.** Couvrir la tête de (qqn). **2.** Arranger les cheveux de (qqn). – pronom. *Se coiffer.* **3.** Être à la tête de.

coiffeur, euse n. ▫ Personne qui fait métier de couper et soigner les cheveux.

coiffeuse n. f. ▫ Table munie d'un miroir.

coiffure n. f. **1.** vieilli Ce qui sert à couvrir ou orner la tête. **2.** Arrangement des cheveux. **3.** Métier de coiffeur.

coin n. m. **I.** Instrument triangulaire pour fendre ou assujettir. **II. 1.** Angle rentrant ou saillant. **2.** Petit espace. ▪ Endroit retiré.

coincer v. tr. **1.** Fixer en immobilisant. – pronom. *Se coincer* : cesser de fonctionner. **2.** fig., fam. Mettre (qqn) dans l'impossibilité d'agir. ▷ adj. **coincé, ée 1.** Bloqué, immobilisé. **2.** fam. Complexé, inhibé. ▶ **coincement** n. m.

coïncidence n. f. ▫ Événements arrivant ensemble par hasard.

coïncident, ente adj. ▫ didact. Qui coïncide.

coïncider v. intr. **1.** Se produire en même temps. **2.** Correspondre exactement, s'accorder.

coin-coin n. m. invar. ▫ Cri du canard.

coing n. m. ▫ Fruit du cognassier.

coït n. m. ▫ Accouplement du mâle avec la femelle. ▶ **coïter** v. intr.

coke n. m. ▫ Charbon issu de la carbonisation ou de la distillation de houilles grasses. ▶ **cokéfier** v. tr. ▶ **cokéfaction** n. f.

col n. m. **I. 1.** Partie étroite (d'un récipient). **2.** anat. Partie rétrécie. **II.** Passage entre deux sommets de montagne. **III.** Partie du vêtement qui entoure le cou.

cola ou **kola 1.** n. m. Arbre d'Afrique (appelé aussi *colatier* ou *kolatier*), qui produit la *noix de cola*. **2.** n. m. ou f. Produit stimulant extrait de cette noix.

colchique n. m. ▫ Plante des prés humides, vénéneuse.

col-de-cygne n. m. ▫ Tuyau, robinet à double courbe. *Des cols-de-cygne.*

coléoptère n. m. ▫ zool. Insecte à quatre ailes dont deux (les élytres) sont cornées.

colère n. f. **1.** Violent mécontentement accompagné d'agressivité. **2.** Accès, crise de colère. ▶ **coléreux, euse** et **colérique** adj. et n.

colibacille n. m. ▫ Bactérie intestinale qui peut devenir pathogène (*colibacillose* n. f.).

colibri n. m. ▫ Oiseau de très petite taille.

colifichet n. m. ▫ Objet, bijou de fantaisie.

colimaçon n. m. **1.** vieilli Escargot. **2.** *Escalier EN COLIMAÇON*, en hélice.

colin n. m. ▫ Poisson de mer à dos noir.

colin-maillard n. m. ▫ Jeu où un joueur, les yeux bandés, doit chercher les autres à tâtons.

colique n. f. ▫ Douleur au niveau des viscères abdominaux.

colis n. m. ▫ Paquet destiné à être expédié.

colite n. f. ▫ méd. Inflammation du côlon.

collaboratif, ive adj. ▫ Destiné à un travail en commun, sur Internet.

collaborer v. tr. ind. ▫ Travailler en commun (à qqch. ; avec qqn). ▶ **collaborateur, trice** n. ▶ **collaboration** n. f.

collage n. m. **1.** Action de coller. **2.** Œuvre faite d'éléments collés.

collagène n. m. ▫ biochim. Protéine fibreuse du tissu conjonctif.

collant, ante adj. **1.** Qui colle. **2.** Qui s'applique exactement sur une partie du corps. ▪ n. m. Vêtement réunissant culotte et bas. **3.** fam. (personnes) Ennuyeux, importun.

collapsus n. m. ▫ méd. **1.** Malaise soudain, intense, accompagné d'une chute de tension. **2.** Affaissement d'un organe.

collatéral, ale, aux adj. **1.** Qui est sur le côté. **2.** dr. *Parents collatéraux,* descendant d'un même ancêtre sans descendre les uns des autres. **3.** *Dommages collatéraux* : conséquences non maîtrisées d'une opération militaire.

collation n. f. ▫ Repas léger.

collationner v. tr. ▫ Comparer (des versions d'un texte). ▶ **collationnement** n. m.

colle n. f. **I.** Matière gluante adhésive. **II.** argot scol. Interrogation. – Question difficile. ▪ Consigne (punition).

collecte n. f. ▫ Action de recueillir des dons, des produits. ▶ **collecter** v. tr.

collecteur, trice 1. n. Personne qui fait une collecte. **2.** n. m. Dispositif qui recueille (des gaz, des liquides...). ▪ adj. Qui recueille.

collectif, ive I. adj. Qui concerne un ensemble. **II.** n. m. Équipe, groupe ayant un objectif commun. ▶ **collectivement** adv.

collection n. f. **1.** Réunion d'objets. **2.** Série de publications ayant une unité. **3.** Ensemble de modèles présentés en même temps.

collectionner v. tr. **1.** Réunir pour faire une collection (1). ▶ **collectionneur, euse** n. **2.** fig. Accumuler.

collectiviser v. tr. ▫ Mettre (les moyens de production) en possession de la collectivité. ▶ **collectivisation** n. f.

collectivisme n. m. ▫ Système fondé sur la propriété collective des moyens de production. ▶ **collectiviste** adj. et n.

collectivité n. f. **1.** Groupe de personnes. **2.** Circonscription administrative.

collector n. m. ▫ anglic. Objet produit en série qui devient un objet de collection.

collège n. m. **I.** Réunion de personnes ayant la même dignité, la même fonction. **II.** Établissement d'enseignement secondaire du premier cycle.

collégial, iale, iaux adj. **1.** D'un collège (I) de chanoines. **2.** Exercé par un collège, un groupe. ▶ **collégialité** n. f.

collégien, ienne n. ▫ Élève de collège (II).

collègue n. ▫ Personne qui exerce la même fonction qu'une autre.

coller v. **I.** v. tr. **1.** Joindre et faire adhérer (avec de la colle ou non). **2.** inform. Insérer (du texte...) dans un document. **3.** Appliquer étroitement (le corps... contre). **4.** fam. Donner ; mettre. *Il lui a collé une gifle.* **5.** fam. Infliger une colle (II) à. ▪ Refuser (qqn) à un examen. **II.** v. intr. **1.** Adhérer. ▪ Être gluant. **2.** fam. *Ça colle* : ça fonctionne. **III.** v. tr. ind. *COLLER À* : s'adapter étroitement à.

collerette n. f. ▫ Tour de cou plissé.

collet n. m. **I.** vx Col (d'un vêtement). ▪ *COLLET MONTÉ* : prude, austère. **II.** Nœud coulant pour prendre des animaux (au cou). **III.** Partie (d'une dent) entre la couronne et la gencive.

se **colleter** v. pron. ▫ Se battre, lutter.

colleur, euse 1. n. Personne qui colle (des affiches...). **2.** n. f. Appareil pour coller.

collier n. m. **1.** Objet passé autour du cou d'un animal pour l'attacher ou le harnacher. – *Donner un COUP DE COLLIER* : fournir un gros effort. **2.** Bijou, ornement porté autour du cou. **3.** Barbe courte et fine.

colliger v. tr. ▫ didact. Recueillir, réunir (des textes, des informations...).

collimateur n. m. ▫ Dispositif de visée (d'une arme...).

colline n. f. ▫ Élévation de terrain arrondie.

collision n. f. ▫ Choc de deux corps qui se rencontrent.

colloïdal, ale, aux adj. □ sc. Se dit de corps qui ressemblent à une gelée.

colloque n. m. □ Réunion de spécialistes.

collusion n. f. □ Entente secrète au préjudice d'un tiers.

collutoire n. m. □ Médicament liquide destiné à agir sur la cavité buccale.

collyre n. m. □ Médicament liquide qu'on instille dans l'œil.

colmater v. tr. □ Boucher, fermer. ▶ **colmatage** n. m.

colombage n. m. □ Mur à charpente apparente en bois.

colombe n. f. □ littér. Pigeon.

colombier n. m. □ littér. Pigeonnier.

colombo n. m. □ cuisine antillaise Mélange d'épices d'origine indienne ; plat préparé avec ce mélange.

colombophile adj. et n. □ Qui élève des pigeons voyageurs. ▶ **colombophilie** n. f.

colon n. m. □ Personne qui est allée peupler, exploiter une colonie ; habitant d'une colonie.

côlon n. m. □ Portion moyenne du gros intestin.

colonel, elle n. □ Officier supérieur qui commande un régiment, etc.

colonial, ale, aux □ adj. Relatif aux colonies (I, 1).

colonialisme n. m. □ Doctrine, système légitimant la colonisation. ▶ **colonialiste** adj. et n.

colonie n. f. **I. 1.** Établissement fondé dans un pays moins développé par une nation dominante ; ce pays, placé sous la dépendance du pays occupant. **2.** Population des colons d'une colonie. **II.** *COLONIE DE VACANCES* : groupe d'enfants réunis pour un séjour de vacances. **III. 1.** Personnes originaires d'un même lieu, qui en habitent un autre. **2.** Réunion d'animaux vivant en commun.

coloniser v. tr. □ Faire de (un pays) une colonie (I, 1) ; exploiter comme colonie. ▷ adj. et n. **colonisé, ée** ▶ **colonisation** n. f. ▶ **colonisateur, trice** adj. et n.

colonnade n. f. □ archit. File de colonnes.

colonne n. f. **I. 1.** Support vertical d'un édifice. **2.** Monument formé d'une colonne. **II. 1.** *COLONNE VERTÉBRALE*, axe articulé formé par les vertèbres. **2.** Masse verticale (d'un fluide). *Colonne d'air.* **3.** *COLONNE MONTANTE* : maçonnerie groupant les canalisations d'un immeuble. **4.** Section divisant verticalement une page. **5.** File (de personnes, etc.).

colonnette n. f. □ Petite colonne.

colopathie n. f. □ méd. Affection du côlon.

colophane n. f. □ Résine servant à frotter les crins des archets.

coloquinte n. f. □ Plante dont le fruit rond, amer donne un purgatif.

colorant, ante adj. et n. m. □ Qui colore.

colorature n. f. □ mus. **1.** Musique vocale très ornée. **2.** Chanteuse de ce style.

colorectal, ale, aux adj. □ méd. Qui concerne le côlon et le rectum.

colorer v. tr. □ Revêtir de couleur, donner une teinte à. ▶ **coloré, ée** adj. ▶ **coloration** n. f.

colorier v. tr. □ Appliquer des couleurs sur (une surface...). ▶ **coloriage** n. m.

coloris n. m. □ Couleur.

coloriser v. tr. □ Mettre en couleur électroniquement (un film en noir et blanc).

coloriste n. **1.** Peintre qui s'exprime surtout par la couleur. **2.** Spécialiste des couleurs.

colossal, ale, aux adj. □ Très grand ; très important.

colosse n. m. **1.** Statue d'une grandeur extraordinaire. **2.** Homme très fort.

colporter v. tr. **1.** Transporter avec soi (des marchandises) pour vendre. ▶ **colporteur, euse** n. **2.** Propager, répandre (une information) (souvent péj.). ▶ **colportage** n. m.

colt n. m. (marque déposée) ◻ Revolver ; pistolet automatique.

coltan n. m. ◻ Minerai composé de niobium et de tantale.

coltiner v. tr. **1.** Porter (un lourd fardeau). **2.** fam. SE COLTINER v. pron. : exécuter (un travail ingrat...). *Se coltiner la vaisselle.*

columbarium n. m. ◻ Édifice où l'on place les urnes funéraires.

colvert n. m. ◻ Canard sauvage.

colza n. m. ◻ Plante à fleurs jaunes cultivée comme fourrage, et pour ses graines.

coma n. m. ◻ Perte prolongée de la conscience et de la sensibilité. ▶ **comateux, euse** adj.

comater v. intr. ◻ fam. Somnoler.

combat n. m. **1.** Action d'adversaires armés, d'armées qui se battent. **2.** Lutte organisée. **3.** fig., littér. Lutte, opposition.

combatif, ive adj. ◻ Qui est porté au combat, à la lutte. ▶ **combativité** n. f.

combattant, ante **I.** n. Personne qui prend part à un combat. **II.** n. m. **1.** Poisson d'Extrême-Orient. **2.** Échassier migrateur.

combattre v. **I.** v. tr. **1.** Se battre contre. **2.** S'opposer à, lutter contre. **II.** v. tr. ind. Lutter (contre un danger...). – absolt *Combattre avec courage.*

combe n. f. ◻ région. Vallée profonde.

combien adv. **1.** Dans quelle mesure, à quel point. **2.** COMBIEN DE : quelle quantité, quel nombre de. – sans compl. *Combien vous dois-je ?*

combinaison n. f. **1.** Assemblage d'éléments dans un arrangement déterminé. **2.** souvent péj. Organisation précise de moyens en vue du succès d'une entreprise. **3.** Sous-vêtement féminin réunissant un haut et un jupon. ▪ Vêtement réunissant veste et pantalon.

combinard, arde adj. et n. ◻ péj. Qui utilise la combine.

combinat n. m. ◻ hist. (en U. R. S. S.) Unité industrielle groupant des industries connexes.

combinatoire **1.** adj. Relatif aux combinaisons (1). **2.** n. f. Analyse des combinaisons possibles.

combine n. f. ◻ fam. Combinaison (2) astucieuse et souvent déloyale.

combiné n. m. ◻ vieilli Partie mobile d'un téléphone fixe.

combiner v. tr. **1.** Réunir (des éléments) dans un arrangement déterminé. **2.** Organiser en vue d'un but précis.

① **comble** n. m. **I.** Le plus haut degré. **II.** **1.** *Le comble* ou *les combles* : volume compris entre le dernier étage et le toit. **2.** DE FOND EN COMBLE : de bas en haut ; complètement.

② **comble** adj. ◻ Rempli de monde.

combler v. tr. **1.** Remplir (un vide, un creux ; un manque). **2.** COMBLER *qqn* DE, lui donner (qqch.) à profusion. ▷ adj. **comblé, ée** ▶ **comblement** n. m.

combo n. m. ◻ anglic. **1.** Petit ensemble musical. **2.** techn. Petit moniteur de contrôle intégré.

comburant, ante adj. et n. m. ◻ Se dit d'un corps qui, se combinant avec un combustible, opère la combustion de celui-ci.

combustible **1.** adj. Qui a la propriété de brûler. **2.** n. m. Corps dont la combustion produit de l'énergie.

combustion n. f. ◻ Fait de brûler entièrement.

comédie n. f. **I.** Pièce de théâtre, film ayant pour but de divertir. ▪ *Comédie musicale* : spectacle chanté et dansé. **II.** Attitude insupportable, caprice.

comédien, enne n. ▫ Acteur (de théâtre, cinéma, télévision).

comédon n. m. ▫ Amas de matière sébacée qui bouche un pore de la peau.

comestible 1. adj. Qui peut servir d'aliment humain. **2.** n. m. pl. Denrées alimentaires.

comète n. f. **1.** Astre qui parcourt le système solaire, présentant un noyau brillant (tête) et une traînée gazeuse (chevelure et queue). **2.** *TIRER DES PLANS SUR LA COMÈTE* : faire des projets chimériques.

comice n. m. **I.** Antiq. romaine Assemblée du peuple. **II. 1.** *COMICE AGRICOLE* : réunion de cultivateurs. **2.** n. f. Poire fondante.

coming out n. m. ▫ anglic. critiqué Révélation publique par qqn de son homosexualité.

comique adj. **I. 1.** De la comédie. **2.** n. Acteur, auteur comique. **3.** n. m. Le genre comique. **II.** Qui provoque le rire.

comiquement adv. ▫ De manière risible.

comité n. m. ▫ Réunion de personnes choisies pour traiter certaines affaires.

commandant, ante n. **1.** Officier supérieur. **2.** Personne qui commande (un navire, un avion).

commande n. f. **I.** Ordre par lequel un client demande une marchandise ou un service. **II.** Organe capable de déclencher, arrêter, régler des mécanismes.

commandement n. m. **1.** Ordre bref, donné à voix haute. **2.** Règle de conduite édictée par une Église, etc. **3.** Pouvoir, droit de commander. ▪ Autorité militaire.

commander v. **I.** v. tr. **1.** Exercer son autorité sur (qqn). **2.** Donner l'ordre de (qqch.) ; diriger (une action). **3.** Demander à qqn par une commande (I). **II.** v. tr. ind. *COMMANDER À* Donner à (qqn) ordre de. **III.** v. intr. Exercer son autorité. **IV.** v. tr. (sujet et compl. n. de chose) Faire fonctionner.

commandeur, euse n. **1.** n. m. Chevalier d'un ordre (militaire...). **2.** Grade honorifique au-dessus de l'officier.

commandite n. f. ▫ Société formée d'associés *(commanditaires)* qui avancent des fonds à d'autres *(commandités* ou gérants), seuls responsables de la gestion.

commanditer v. tr. **1.** Fournir des fonds à (une société). **2.** Financer (qqn...).

commando n. m. ▫ Groupe de combat employé pour les opérations isolées.

comme I. conj. **1.** De la même manière que, au même degré que. ▪ *C'est TOUT COMME* : c'est la même chose. ▪ fam. *COMME TOUT.* → **extrêmement. 2.** Ainsi que. **3.** De la manière que. **4.** *COMME CELA,* fam. *COMME ÇA.* → **ainsi.** – fam. *Comme ci, comme ça,* ni bien ni mal. **5.** Tel (telle) que. **6.** En tant que, pour. **II.** conj. **1.** cause → **parce que, puisque. 2.** temps (simultanéité) → **alors** que, **tandis que. III.** adv. **1.** Marque l'intensité. *Comme c'est beau !* **2.** en subordonnée → **comment.** *Regardez comme il court !*

commedia dell'arte n. f. ▫ Comédie italienne dans laquelle les acteurs improvisaient.

commémorer v. tr. ▫ Rappeler par une cérémonie le souvenir de (qqn, un événement). ▶ **commémoration** n. f. ▶ **commémoratif, ive** adj.

commencement n. m. **1.** Ce qui vient, ce que l'on voit d'abord. **2.** au plur. Premiers développements, débuts.

commencer v. **I.** v. tr. **1.** Faire la première partie de (qqch.) ; faire exister (le premier temps d'une activité). **2.** Être au commencement de. **3.** v. tr. ind. *COMMENCER DE, À* (+ inf.) : être aux premiers instants de. **II.** v. intr. Entrer dans son commencement.

commensal, ale, aux n. ▫ didact. Personne qui mange à la même table qu'une autre.

commensurable adj. ▫ didact. (grandeur) Qui a une commune mesure avec une autre.

comment I. adv. interrogatif De quelle manière ; par quel moyen. **II.** n. m. invar. La manière. *Le pourquoi et le comment.* **III.** adv. exclamatif (étonnement, indignation) *Comment ! tu es encore ici ?*

commentaire n. m. ▫ Ensemble d'explications, de remarques à propos de qqch.

commenter v. tr. ▫ Faire des remarques, des observations sur (un fait...). ▶ **commentateur, trice** n.

commérage n. m. ▫ fam. Racontar.

commerçant, ante 1. n. Personne qui fait du commerce. **2.** adj. Qui a le sens du commerce. ▪ Où il y a de nombreux commerces.

commerce n. m. **I. 1.** Opération de vente, ou d'achat de marchandises. **2.** Les commerçants. **3.** Magasin de détail. **II.** littér. Relations avec autrui, dans la société.

commercer v. intr. ▫ Faire du commerce.

commercial, iale, iaux adj. **1.** Qui a rapport au commerce. **2.** péj. Conçu pour plaire au grand public. ▶ **commercialement** adv.

commercialiser v. tr. **1.** Faire de (qqch.) l'objet d'un commerce. **2.** Mettre en vente. ▶ **commercialisation** n. f.

commère n. f. ▫ Personne qui colporte toutes les nouvelles.

commettre v. tr. **1.** Accomplir, faire (une action blâmable ou regrettable). **2.** au p. p. *Avocat COMMIS D'OFFICE* (à la défense de qqn), désigné. ▷ v. pron. se **commettre** littér. Compromettre sa réputation, ses intérêts.

comminatoire adj. ▫ Destiné à intimider.

commis n. m. ▫ Agent subalterne, employé.

commisération n. f. ▫ Pitié, compassion.

commissaire n. **1.** Personne chargée de fonctions spéciales. **2.** *COMMISSAIRE (DE POLICE)*, fonctionnaire de police (supérieur à l'inspecteur).

commissaire-priseur, euse n. ▫ Officier ministériel chargé de l'estimation des objets mobiliers et de leur vente aux enchères. *Des commissaires-priseurs.*

commissariat n. m. **1.** Fonction de commissaire. **2.** Bureau d'un commissaire de police.

commission n. f. **I. 1.** Pourcentage qu'un intermédiaire perçoit pour sa rémunération. **2.** Message transmis pour qqn d'autre. ▪ au plur. Provisions pour l'usage quotidien. **II.** Réunion de personnes déléguées pour étudier un projet, préparer ou contrôler un travail.

commissionnaire n. ▫ Personne qui agit pour le compte d'une autre, dans une opération commerciale.

commissure n. f. ▫ Point de jonction (des lèvres, des paupières).

① **commode** adj. **1.** Adapté à l'usage qu'on en fait. **2.** Facile, simple. **3.** *PAS COMMODE* : bourru, sévère. ▶ **commodément** adv.

② **commode** n. f. ▫ Meuble de rangement à hauteur d'appui, muni de tiroirs.

commodité n. f. **1.** Qualité de ce qui est commode. **2.** au plur. Ce qui rend la vie plus confortable, plus agréable.

commotion n. f. **1.** Ébranlement violent (de l'organisme...) par un choc direct ou indirect. **2.** Violente émotion.

commotionner v. tr. ▫ (sujet chose) Frapper (qqn) d'une commotion.

commuer v. tr. ▫ dr. Changer (une peine) en une peine moindre.

commun, une adj. **I. 1.** Qui appartient, qui s'applique à plusieurs personnes ou choses. **2.** Du plus grand nombre. *Le bien commun.* ■ NOM COMMUN : nom de tous les individus de la même espèce, correspondant à un concept (opposé à *nom propre*). ■ (n. m.) *Le commun des mortels,* la majorité. **II. 1.** Ordinaire. ■ (n. m.) *Hors du commun,* extraordinaire. **2.** Qui se rencontre fréquemment. **III.** n. m. pl. Dépendances d'une propriété.

communal, ale, aux adj. ▫ D'une commune.

communard, arde n. et adj. ▫ hist. Partisan de la Commune de Paris, en 1871.

communautaire adj. ▫ D'une communauté.

communautarisme n. m. ▫ Tendance à favoriser sa communauté, au sein d'un ensemble plus vaste.

communauté n. f. **I.** Groupe de personnes qui vivent ensemble, ou ont des intérêts communs. ■ Groupe d'États. **II.** État, caractère de ce qui est commun.

commune n. f. **1.** La plus petite subdivision administrative du territoire français. **2.** hist. *La Commune de Paris,* la municipalité qui devint Gouvernement révolutionnaire (en 1789, en 1871).

communément adv. ▫ Suivant l'usage commun, ordinaire, habituel.

communiant, ante n. ▫ Personne qui communie (1).

communicant, ante adj. ▫ Qui communique (III).

communicateur, trice 1. adj. Qui met en communication. **2.** n. Personne habile en communication (I, 4).

communicatif, ive adj. **1.** Qui se communique facilement. **2.** (personnes) → **expansif, exubérant.**

communication n. f. **I. 1.** Fait de communiquer. **2.** Ce que l'on communique. **3.** Moyen technique par lequel on communique. **4.** Ensemble des techniques médiatiques d'information et de publicité. **II.** Ce qui permet de communiquer (III) dans l'espace.

communier v. intr. **1.** relig. chrét. Recevoir le sacrement de l'eucharistie. **2.** Être en accord.

communion n. f. **1.** relig. chrét. Fait de communier. **2.** Accord, union (des esprits...).

communiqué n. m. ▫ Avis au public.

communiquer v. **I.** v. tr. **1.** Faire connaître (qqch. à qqn). **2.** Faire partager. **3.** (sujet chose) Transmettre (qqch.). **II.** v. intr. **1.** Être, se mettre en relation. **2.** Exercer les techniques de communication (4). **III.** v. intr. (choses) Être en rapport avec, par un passage.

communisant, ante adj. et n. ▫ Qui sympathise avec les communistes.

communisme n. m. ▫ Système où les biens de production appartiennent à la communauté et qui tend à la disparition des classes sociales. ▶ **communiste** adj. et n.

commutateur n. m. ▫ Appareil permettant de modifier un circuit électrique.

commutation n. f. ▫ Substitution.

commuter v. intr. ▫ Modifier, changer par une commutation.

compact, acte adj. **1.** Qui est formé de parties serrées. **2.** (appareils) D'un faible encombrement relatif. ▶ **compacité** n. f. didact.

compacter v. tr. ▫ Faire réduire de volume en comprimant. ▶ **compactage** n. m.

compagne n. f. **1.** Camarade (femme). **2.** Épouse, concubine, maîtresse.

compagnie n. f. **1.** Présence auprès de qqn, fait d'être avec qqn. **2.** Association de personnes que rassemblent des statuts communs. ▪ Troupe de spectacle permanente. **3.** milit. Unité d'infanterie commandée par un capitaine. ▪ *Compagnies républicaines de sécurité*, forces chargées du maintien de l'ordre.

compagnon n. m. **1.** Camarade (homme). ▪ Époux, concubin, amant. **2.** Celui qui n'est plus apprenti et n'est pas maître, dans certains métiers.

compagnonnage n. m. ▫ Organisation d'ouvriers, d'artisans caractérisée par la formation professionnelle et la solidarité.

comparable adj. ▫ Qui peut être comparé.

comparaison n. f. ▫ Fait d'envisager ensemble (des objets de pensée) pour les comparer.

comparaître v. intr. ▫ dr. Se présenter par ordre.

comparatif, ive adj. et n. m. ▫ Qui contient ou établit une comparaison. ▶ **comparativement** adv.

comparatiste adj. ▫ didact. Relatif aux études comparées (*comparatisme* n. m.).

comparé, ée adj. ▫ Qui étudie les rapports entre des objets d'étude.

comparer v. tr. **1.** Examiner les rapports de ressemblance et de différence (entre des choses ou personnes). **2.** Mettre en parallèle.

comparse n. ▫ Personnage dont le rôle est insignifiant.

compartiment n. m. ▫ Division pratiquée dans un espace pour séparer.

compartimenter v. tr. **1.** Diviser en compartiments. **2.** Diviser en catégories. ▶ **compartimentage** n. m.

comparution n. f. ▫ Action de comparaître.

compas n. m. **1.** Instrument à deux branches mobiles, pour prendre des mesures ou tracer des cercles. **2.** Instrument de navigation.

compassé, ée adj. ▫ Affecté et guindé.

compassion n. f. ▫ Sentiment qui porte à plaindre autrui et à partager sa douleur.

compatible adj. ▫ Qui peut s'accorder avec autre chose. ▶ **compatibilité** n. f.

compatir v. tr. ind. ▫ COMPATIR À : avoir de la compassion pour. ▶ **compatissant, ante** adj.

compatriote n. ▫ Personne originaire du même pays qu'une autre.

compendieux, ieuse adj. ▫ Concis, laconique. ▶ **compendieusement** adv.

compensation n. f. **1.** Avantage qui compense (un désavantage). **2.** Action, fait de compenser.

compensé, ée adj. ▫ Équilibré. ▪ *Semelle compensée*, formant un bloc avec le talon.

compenser v. tr. ▫ Équilibrer (un effet, souvent négatif, par un autre). ▶ **compensateur, trice** et **compensatoire** adj.

compère n. m. ▫ Complice d'une supercherie.

compère-loriot n. m. ▫ Orgelet. *Des compères-loriots.*

compétence n. f. **1.** Connaissance approfondie et reconnue. **2.** dr. Aptitude légale. ▶ **compétent, ente** adj.

compétiteur, trice n. ▫ Personne en compétition.

compétitif, ive adj. □ Qui supporte la concurrence du marché. ▶ **compétitivité** n. f.

compétition n. f. 1. Recherche simultanée par des personnes d'un même résultat, d'un même avantage. 2. Épreuve sportive entre des concurrents.

compilateur, trice n. 1. didact. Personne qui réunit des documents. 2. péj. Plagiaire.

compilation n. f. 1. didact. Rassemblement de documents. 2. Enregistrement réunissant des morceaux à succès. – syn. fam. **compil** ou **compile** n. f.

compiler v. tr. □ Rassembler (des documents) pour former un recueil.

complainte n. f. □ Chanson populaire de caractère plaintif.

complaire v. tr. ind. 1. littér. *Complaire à qqn*, lui être agréable. 2. *SE COMPLAIRE (À, DANS)* v. pron. : trouver son plaisir à, dans.

complaisance n. f. □ Disposition à s'accommoder aux goûts, aux sentiments d'autrui pour lui plaire.

complaisant, ante adj. □ Qui a de la complaisance. ▪ péj. Trop indulgent. ▶ **complaisamment** adv.

complément n. m. 1. Ce qui s'ajoute ou doit s'ajouter à une chose pour qu'elle soit complète. 2. Mot ou proposition rattaché(e) à un(e) autre pour en compléter ou préciser le sens.

complémentaire adj. □ Qui apporte un complément. ▶ **complémentarité** n. f.

complémenter v. tr. □ Rendre complet par un complément. ▷ **complémentation** n. f.

complet, ète I. adj. 1. Auquel ne manque aucun des éléments qui doivent le constituer. 2. Tout à fait réalisé. *Obscurité complète.* 3. Qui n'a plus de place disponible. II. n. m. *AU (GRAND) COMPLET* : en entier. ▶ **complètement** adv.

compléter v. tr. 1. Rendre complet. 2. v. pron. (récipr.) Se parfaire en s'associant. – (passif) Être complété.

complétif, ive adj. et n. f. □ Se dit d'une proposition qui joue le rôle d'un complément.

complétude n. f. □ Caractère complet.

complexe I. adj. 1. Qui contient, réunit des éléments différents. 2. Difficile, compliqué. ▶ **complexité** n. f. II. n. m. Sentiment d'infériorité ; inhibition. III. n. m. Grand ensemble de bâtiments.

complexer v. tr. □ fam. Donner des complexes (II), un sentiment d'infériorité à (qqn). ▶ **complexé, ée** adj.

complexifier v. tr. □ Rendre complexe. ▶ **complexification** n. f.

complexion n. f. □ littér. Constitution, tempérament.

complication n. f. 1. Caractère de ce qui est compliqué. 2. Circonstances, phénomènes amenant des difficultés.

complice adj. 1. adj. et n. Qui participe avec qqn à une action répréhensible. 2. Qui favorise qqch.

complicité n. f. 1. Participation à un délit. 2. Entente profonde entre personnes.

compliment n. m. 1. Paroles louangeuses que l'on adresse à qqn pour le féliciter. 2. Paroles de politesse. ▶ **complimenter** v. tr. ▶ **complimenteur, euse** adj.

compliqué, ée adj. 1. Difficile à comprendre, à analyser. 2. Qui aime la complication.

compliquer v. tr. □ Rendre compliqué.

complot n. m. □ Projet concerté secrètement.

comploter v. **1.** v. tr. ind. *COMPLOTER DE* (+ inf.) : préparer par un complot. **2.** v. tr. dir. Préparer secrètement, à plusieurs. **3.** v. intr. Conspirer. ▶ **comploteur, euse** n.

componction n. f. ◻ Gravité affectée.

comportement n. m. ◻ Manière de se comporter. ▶ **comportemental, ale, aux** adj. didact.

comportementalisme n. m. ◻ didact. Psychologie du comportement. ▶ **comportementaliste** n. et adj.

comporter v. tr. **1.** Comprendre en soi ou être la condition de. **2.** *SE COMPORTER* v. pron. Se conduire, agir d'une certaine manière.

composant, ante adj. et n. m. ◻ Qui entre dans la composition de qqch.

composante n. f. ◻ Élément (d'un ensemble complexe).

composé, ée adj. **1.** Formé de plusieurs éléments. ▪ ling. *Mot composé*, formé de plusieurs mots ou d'un élément et d'un mot. ▪ *Temps composé*, formé d'un auxiliaire et du participe passé. **2.** n. m. Ensemble formé de parties différentes.

composées n. f. pl. ◻ bot. Famille de plantes dicotylédones aux fleurs groupées en capitules.

composer v. **I.** v. tr. **1.** Former par la réunion d'éléments. **2.** Élaborer, adopter (une apparence...). **3.** (sujet chose) Constituer en tant qu'élément. **II.** v. intr. **1.** S'accorder (avec qqn ou qqch.) en faisant des concessions. **2.** Faire une composition scolaire. ▷ v. pron. se **composer** (de) Être formé de.

composite adj. ◻ Formé d'éléments très différents.

compositeur, trice n. ◻ Personne qui compose (I, 1) des œuvres musicales.

composition n. f. **I.** Action ou manière de former un tout en assemblant des éléments ; disposition des éléments. **II. 1.** Action, manière de composer (une œuvre d'art) ; cette œuvre. **2.** *Composition française* : exercice scolaire de français. **III.** *Être de bonne composition*, accommodant.

compost n. m. ◻ Engrais obtenu par la fermentation de résidus organiques et minéraux. ▶ ① **composter** v. tr. ▶ **compostable** adj.

① **composteur** n. m. ◻ Bac où l'on dépose des matières organiques pour en faire du compost.

② **composteur** n. m. ◻ Appareil mécanique servant à perforer ou marquer (② *composter* v. tr.) des titres de transport, etc.

compote n. f. ◻ Fruits écrasés, cuits avec de l'eau et du sucre.

compotier n. m. ◻ Plat en forme de coupe.

compréhensible adj. ◻ Qui peut être compris.

compréhensif, ive adj. ◻ Qui comprend autrui.

compréhension n. f. **I.** Faculté de comprendre, de percevoir par l'esprit. **II.** Bienveillance qui permet de comprendre autrui.

comprendre v. tr. **I.** (sujet chose) Contenir en soi. **II. 1.** Avoir une idée de ; saisir le sens de. **2.** Se rendre compte de (qqch.). **3.** Avoir une attitude compréhensive envers (qqch., qqn). ▷ v. pron. se **comprendre**

comprenette n. f. ◻ fam. Intelligence.

compresse n. f. ◻ Morceau de linge fin que l'on applique sur une partie malade.

compresseur **1.** n. m. Appareil qui comprime un gaz. **2.** adj. m. *Rouleau* compresseur*.

compressible adj. ◻ Qui peut être comprimé. ▶ **compressibilité** n. f.

compression n. f. ◻ Action de comprimer.

comprimé, ée I. adj. Diminué de volume par pression. II. n. m. Pastille pharmaceutique (poudre comprimée).

comprimer v. tr. 1. Exercer une pression sur (qqch.) et en diminuer le volume. 2. Réduire (une dépense ; un effectif).

compris, ise adj. 1. Contenu dans qqch. 2. Dont le sens, les raisons, les idées sont saisis.

compromettre v. tr. 1. Mettre dans une situation critique (en exposant au jugement d'autrui). 2. Mettre en péril, nuire à. ▶ **compromettant, ante** adj.

compromis n. m. ◻ Arrangement dans lequel on se fait des concessions mutuelles.

compromission n. f. ◻ Action par laquelle qqn est compromis.

comptabiliser v. tr. ◻ Inscrire dans la comptabilité. ▪ fig. Compter. ▶ **comptabilisation** n. f.

comptabilité n. f. 1. Tenue des comptes ; comptes tenus selon les règles. 2. Service chargé d'établir les comptes.

comptable I. adj. 1. littér. Qui a des comptes à rendre. 2. De la comptabilité. II. n. Professionnel qui tient les comptes.

comptage n. m. ◻ Fait de compter.

comptant 1. adj. m. Que l'on peut compter immédiatement ; disponible. *Argent comptant,* payé immédiatement et en espèces. 2. n. m. *Au comptant :* en réglant d'un seul coup la somme due. 3. adv. *Payer, régler comptant,* au comptant.

compte n. m. 1. Action d'évaluer une quantité ; cette quantité. 2. Calcul des recettes et des dépenses. 3. Argent dû. ▪ fig. *RÉGLER SON COMPTE à qqn,* lui faire un mauvais parti. 4. *À BON COMPTE :* sans trop de dommage. 5. *EN FIN DE COMPTE :* après tout. – *Être LOIN DU COMPTE :* se tromper de beaucoup. 6. *Travailler à son compte :* être son propre patron. 7. *TENIR COMPTE DE :* prendre en considération. 8. Explication. *Demander, rendre des comptes.* – *RENDRE COMPTE de :* relater. – *SE RENDRE COMPTE.* → s'**apercevoir.**

compte-fils n. m. ◻ Forte loupe.

compte-gouttes n. m. invar. ◻ Petite pipette. – *Au compte-gouttes :* avec parcimonie.

compter v. I. v. tr. 1. Déterminer (une quantité) par le calcul. 2. Mesurer avec parcimonie. 3. Prévoir, évaluer (une quantité, une durée). 4. Comprendre dans un compte, un total. 5. Avoir l'intention de. 6. *COMPTER* (qqn, qqch.) *POUR :* considérer comme. ▪ *SANS COMPTER QUE :* sans considérer que. II. v. intr. 1. Calculer. 2. *COMPTER SUR :* s'appuyer sur. 3. Avoir de l'importance. 4. Être (parmi). *Compter parmi, au nombre de.* 5. *À COMPTER DE :* à partir de.

compte rendu n. m. ◻ Texte par lequel on rend compte, on expose. *Des comptes rendus.*

compte-tours n. m. invar. ◻ Appareil comptant les tours de l'arbre d'un moteur.

compteur n. m. ◻ Appareil servant à compter, à mesurer.

comptine n. f. ◻ Formule enfantine, chantée, parlée ou scandée.

comptoir n. m. ◻ Support long et étroit sur lequel le marchand reçoit l'argent, etc. – (cafés) → **bar, zinc.**

compulser v. tr. ◻ Consulter, feuilleter.

compulsion n. f. ▫ psych. Acte que le sujet est forcé d'accomplir sous peine d'angoisse, de culpabilité. ▶ **compulsif, ive** adj.

comput n. m. ▫ hist. ou relig. Calcul du calendrier des fêtes mobiles.

comte n. m. ▫ Titre de noblesse.

① **comté** n. m. **1.** Domaine qui conférait le titre de comte. **2.** Circonscription administrative, dans les pays anglo-saxons.

② **comté** n. m. ▫ Fromage de Franche-Comté. – var. **conté.**

comtesse n. f. ▫ Femme possédant un comté. – Femme d'un comte.

con, conne ▫ fam. et vulg. **I.** n. m. Sexe de la femme. **II.** n. et adj. Imbécile, idiot.

conard adj. et n. ▫ Très fam. Homme désagréable. – var. **connard.**

conasse n. f. ▫ très fam. Femme désagréable. – var. **connasse.**

concasser v. tr. ▫ Réduire (un solide) en petits fragments. ▶ **concassage** n. m.

concaténation n. f. ▫ didact. Enchaînement (de termes).

concave adj. ▫ Courbé en creux. ▶ **concavité** n. f.

concéder v. tr. **I.** Accorder (qqch.) à qqn comme une faveur. **II.** Céder sur (un point).

concentration n. f. **I. 1.** Réunion dans un même lieu. **2.** chim. Proportion d'un composant dans un mélange. **II.** Application de l'effort intellectuel sur un seul objet.

concentrationnaire adj. ▫ Relatif aux camps de concentration.

concentrer v. tr. **I. 1.** Réunir en un point (ce qui était dispersé). **2.** Augmenter la concentration (I, 2) de. **II.** Appliquer avec force sur un seul objet. ▷ v. pron. se **concentrer** ▷ adj. **concentré, ée I.** *Lait concentré.* – n. m. *Concentré de tomate.* **II.** Attentif.

concentrique adj. ▫ Qui a un même centre. ▶ **concentriquement** adv.

concept n. m. ▫ Représentation abstraite d'un objet ou d'un ensemble d'objets ayant des caractères communs.

concepteur, trice n. ▫ Personne chargée de trouver des idées nouvelles (publicité...).

conception n. f. **I.** Formation d'un nouvel être dans l'utérus maternel ; moment où un enfant est conçu. **II.** Action, manière de concevoir (II).

conceptualiser v. ▫ didact. **1.** v. intr. Élaborer des concepts. **2.** v. tr. Organiser en concepts. ▶ **conceptualisation** n. f.

conceptuel, elle, els adj. ▫ Du concept.

concernant prép. ▫ À propos, au sujet de.

concerner v. tr. **1.** Avoir rapport à, s'appliquer à. – *En ce qui concerne...* → **quant** à. **2.** passif et p. p. Être intéressé, touché (par qqch.).

concert n. m. **I.** Séance musicale. **II. 1.** *DE CONCERT* loc. adv. : en accord. **2.** *Un concert de louanges* : des louanges nombreuses.

concertant, ante adj. ▫ mus. Qui exécute une partie.

concertation n. f. ▫ Fait de se concerter.

concerter v. tr. ▫ Projeter ensemble, en discutant. ▷ v. pron. se **concerter** S'entendre pour agir de concert.

concertiste n. ▫ Musicien, instrumentiste qui donne des concerts.

concerto n. m. ▫ Composition de forme sonate, pour orchestre et instrumentiste.

concession n. f. **I.** Action de concéder (un droit, une terre, spécialt du domaine public) ; droit concédé. **II.** Fait d'abandonner à son adversaire un point de discussion.

concessionnaire n. **1.** Personne qui a obtenu une concession. – adj. *Société concessionnaire.* **2.** Intermédiaire qui a reçu un droit exclusif de vente dans une région.

concevable adj. □ Qu'on peut concevoir (II).

concevoir v. tr. **I.** Former (un enfant) dans son utérus. **II. 1.** Former (une idée, un concept). **2.** Créer par l'imagination.

conchier v. tr. □ fam. et vulg. Souiller d'excréments.

concierge n. □ Personne qui a la garde d'un immeuble, d'une maison importante.

conciergerie n. f. □ Logement de concierge (d'un château...). ▪ Réception d'un hôtel.

concile n. m. □ Assemblée d'évêques. ▶ **conciliaire** adj.

conciliable adj. □ Que l'on peut concilier.

conciliabule n. m. □ Conversation où l'on chuchote.

conciliation n. f. **1.** Action de concilier. **2.** Règlement amiable d'un conflit.

concilier v. tr. **1.** Faire aller ensemble, rendre harmonieux (ce qui était très différent, contraire). **2.** *SE CONCILIER qqn,* le disposer favorablement envers soi. ▶ **conciliant, ante** adj. ▶ **conciliateur, trice** n.

concis, ise adj. □ Qui s'exprime en peu de mots. ▶ **concision** n. f.

concitoyen, enne n. □ Citoyen du même État, d'une même ville (qu'un autre).

conclave n. m. □ Assemblée des cardinaux pour élire un nouveau pape.

concluant, ante adj. □ Qui apporte une preuve irréfutable.

conclure v. tr. **I.** v. tr. dir. **1.** Amener à sa fin par un accord. **2.** Terminer, achever. **3.** Tirer (une conséquence) de. **II.** v. tr. ind. *CONCLURE À* : tirer (une conclusion, un enseignement). *On conclut à l'assassinat.*

conclusion n. f. **1.** Fin, achèvement. ▪ Ce qui termine (un ouvrage...). **2.** Jugement qui suit un raisonnement.

concocter v. tr. □ plais. Élaborer.

concombre n. m. □ Plante rampante ; son fruit.

concomitant, ante adj. □ Qui coïncide avec (un autre fait).

concordance n. f. **1.** Fait d'être semblable. **2.** gramm. *Concordance des temps* : règle subordonnant le choix du temps du verbe dans certaines complétives à celui de la proposition complétée.

concordat n. m. □ Accord écrit (spécialt entre le pape et un État). ▶ **concordataire** adj.

concorde n. f. □ littér. Paix qui résulte de la bonne entente.

concorder v. intr. **1.** Être semblable ; correspondre au même contenu. **2.** Pouvoir s'accorder. ▶ **concordant, ante** adj.

concourir v. **I.** v. tr. ind. *CONCOURIR À* : tendre à (un but commun). **II.** v. intr. Entrer en compétition.

concours n. m. **I.** Fait d'aider, de participer. **II.** *CONCOURS DE CIRCONSTANCES* : rencontre de circonstances. **III.** Épreuve, compétition pour un nombre limité de places.

concret, ète I. adj. Qui peut être perçu par les sens ou imaginé ; qui correspond à un élément de la réalité. **II.** n. m. Qualité de ce qui est concret ; ensemble des choses concrètes. ▶ **concrètement** adv.

concrétion n. f. □ Agrégation en un corps solide ; ce corps.

concrétiser v. tr. ▫ Rendre concret (ce qui était abstrait). ▷ v. pron. se **concrétiser** ▶ **concrétisation** n. f.

conçu, ue ▫ Participe passé de *concevoir*.

concubinage n. m. ▫ État de personnes (*concubin, ine* n.) qui vivent en communauté sans être mariées.

concupiscence n. f. ▫ vieilli ou plais. Désir sexuel. ▶ **concupiscent, ente** adj.

concurremment adv. ▫ Conjointement.

concurrence n. f. **I.** Rapport entre producteurs, commerçants qui se disputent une clientèle. ▪ L'ensemble des concurrents. **II.** *JUSQU'À CONCURRENCE DE :* jusqu'à ce qu'une somme en égale une autre.

concurrencer v. tr. ▫ Être en rivalité avec, faire concurrence à (qqn, qqch.).

concurrent, ente n. **1.** Personne en rivalité avec d'autres. **2.** Fournisseur, commerçant en concurrence avec d'autres. – adj. *Entreprises concurrentes.*

concurrentiel, ielle adj. ▫ Où la concurrence s'exerce. ▪ *Prix concurrentiels.*

concussion n. f. ▫ Malversation d'un fonctionnaire. ▶ **concussionnaire** adj.

condamnable adj. ▫ Qui mérite d'être condamné.

condamné, ée adj. **1.** adj. et n. Que la justice a condamné. **2.** Qui n'a aucune chance de guérison. **3.** Obligé (à).

condamner v. tr. **I. 1.** Frapper (qqn) d'une peine par un jugement. **2.** Obliger (à une chose pénible). **3.** Interdire formellement. **4.** Blâmer avec rigueur. **II.** Faire en sorte qu'on n'utilise pas (un lieu, un passage). ▶ **condamnation** n. f.

condensateur n. m. ▫ Appareil accumulant de l'énergie électrique.

condensation n. f. ▫ Phénomène par lequel un gaz, une vapeur se condense.

condenser v. tr. **1.** Rendre (un fluide) plus dense. – pronom. *L'humidité se condense en buée.* **2.** fig. Ramasser (l'expression de la pensée). ▷ adj. **condensé, ée 1.** *Lait condensé.* **2.** *Texte condensé.*

condenseur n. m. ▫ techn. Appareil où se fait une condensation.

condescendance n. f. ▫ Supériorité bienveillante mêlée de mépris. ▶ **condescendant, ante** adj.

condescendre v. tr. ind. ▫ *CONDESCENDRE À :* daigner consentir à.

condiment n. m. ▫ Substance de saveur forte, pour relever le goût des aliments.

condisciple n. m. ▫ Compagnon d'études.

condition n. f. **I. 1.** Rang social. **2.** Situation où se trouve un être vivant (notamment l'être humain). **II. 1.** État, situation, fait dont l'existence est indispensable pour qu'un autre existe. – *SOUS CONDITION :* en respectant certaines conditions. ▪ *À CONDITION DE* loc. prép. ; *À CONDITION QUE* loc. conj. → **si ; moyennant, pourvu** que. **2.** au plur. Ensemble de faits dont dépend qqch. – *Dans ces conditions :* dans ce cas.

conditionné, ée adj. **1.** Soumis à des conditions. **2.** Qui a subi un conditionnement.

conditionnel, elle 1. adj. Qui dépend de certaines conditions. **2.** n. m. gramm. Mode du verbe exprimant un état, etc. subordonné à une condition.

conditionnellement adv. ▫ Sous condition.

conditionner v. tr. **1.** Préparer, traiter (un produit) selon des règles, avant de le proposer au public. **2.** Être la condition de. **3.** Déterminer le comportement de. ▶ **conditionnement** n. m.

condoléances n. f. pl. □ Expression de la part que l'on prend à la douleur de qqn.

condominium n. m. □ anglic. Souveraineté exercée par deux ou plusieurs États sur un même pays.

condor n. m. □ Grand vautour des Andes.

condottiere n. m. □ (au Moyen Âge) Chef de mercenaires, en Italie. *Des condottieres*, ou plur. ital. *condottieri*.

conducteur, trice **I.** n. **1.** Personne qui conduit (un véhicule). **2.** *Conducteur, conductrice de travaux* : technicien, technicienne qui dirige des travaux. **II.** adj. **1.** Qui conduit. *Idée conductrice*. **2.** adj. et n. m. Qui conduit l'électricité.

conduction n. f. □ Transmission de la chaleur, de l'électricité ; de l'influx nerveux.

conduire v. tr. **I.** **1.** Mener (un être animé) quelque part. **2.** Diriger (un véhicule). **3.** (choses) Faire passer, transmettre. **II.** **1.** Faire agir, mener en étant à la tête. **2.** Entraîner (à un sentiment...). ▷ v. pron. se **conduire** Se comporter.

conduit n. m. □ Canal étroit, tuyau.

conduite n. f. **I.** **1.** Action de conduire. **2.** Manière de se comporter. **II.** Canalisation.

condylome n. m. □ méd. Petite tumeur, sur la muqueuse génitale ou anale.

cône n. m. **1.** Figure engendrée par une droite passant par un point fixe (sommet) et dont la base est une courbe fermée. **2.** Objet qui a la forme d'un cône.

confection n. f. **1.** Préparation (d'un plat...). **2.** Industrie des vêtements qui ne sont pas faits sur mesure.

confectionner v. tr. □ Faire, préparer.

confédération n. f. **1.** Union d'États s'associant en gardant leur souveraineté. **2.** Groupement (d'associations, de fédérations). ▶ **confédéral, ale, aux** adj.

confédéré, ée n. □ Qui fait partie d'une confédération.

conférence n. f. **1.** Assemblée de personnes discutant d'un sujet important. **2.** Discours en public sur une question.

conférencier, ière n. □ Personne qui parle en public, qui fait des conférences (2).

conférer v. tr. □ Accorder (qqch. à qqn) en vertu d'un pouvoir qu'on a.

confesse n. f. □ *Aller à confesse*, se confesser.

confesser v. tr. **I.** **1.** Déclarer (ses péchés) à un prêtre. – pronom. *Se confesser*. **2.** Reconnaître pour vrai. **3.** littér. Proclamer (sa croyance). **II.** Entendre (qqn) en confession.

confesseur n. m. □ Prêtre qui confesse qqn.

confession n. f. **I.** **1.** Aveu de ses péchés à un prêtre. **2.** Déclaration que l'on fait (d'un acte blâmable). **II.** Religion, croyance.

confessionnal, aux n. m. □ Lieu fermé où le prêtre entend le fidèle en confession.

confessionnel, elle adj. □ D'une confession (II).

confetti n. m. □ Rondelle de papier coloré.

confiance n. f. **1.** Espérance ferme, assurance d'une personne qui se fie à qqn ou à qqch. **2.** Sentiment de sécurité.

confiant, ante adj. **1.** Qui a confiance (en qqn ou en qqch.). **2.** Qui a confiance en soi.

confidence n. f. □ Communication d'un secret.

confident, ente n. □ Personne qui reçoit les plus secrètes pensées de qqn.

confidentialité n. f. □ Maintien du secret d'informations.

confidentiel, ielle adj. **1.** Qui se dit, se fait sous le sceau du secret. **2.** Qui s'adresse à peu de gens. ▶ **confidentiellement** adv.

confier v. tr. **1.** Remettre (qqn, qqch...) aux soins de qqn dont on est sûr. **2.** Dire en secret. – pronom. (réfl.) Faire des confidences.

configuration n. f. **1.** didact. Forme extérieure (d'une chose). **2.** inform. Ensemble des éléments d'un système informatique.

configurer v. tr. ◻ didact. Donner une forme, une configuration à.

confiner v. tr. **1.** v. tr. ind. *Confiner à* : toucher aux limites de. **2.** v. tr. dir. Forcer à rester dans un espace limité (concret ; abstrait). ▷ v. pron. se **confiner** ▷ adj. **confiné, ée** ▶ **confinement** n. m.

confins n. m. pl. ◻ Parties (d'un territoire) situées à l'extrémité.

confire v. tr. ◻ Mettre (des aliments) dans un élément qui les conserve.

confirmation n. f. ◻ Ce qui rend une chose plus certaine.

confirmer v. tr. **1.** CONFIRMER *qqn* DANS : rendre plus ferme, plus assuré. **2.** Affirmer l'exactitude, l'existence de (qqch.). – pronom. *La nouvelle se confirme.*

confiserie n. f. **1.** Commerce, magasin, usine du confiseur. **2.** Produits à base de sucre.

confiseur, euse n. ◻ Personne qui fabrique, vend des sucreries.

confisquer v. tr. **1.** Prendre (ce qui appartient à qqn) par une mesure de punition. **2.** Prendre (qqch.) à son profit. ▶ **confiscation** n. f.

confit, ite I. adj. FRUITS CONFITS, préparés et conservés dans du sucre. **II.** n. m. Viande cuite et conservée dans sa graisse.

confiture n. f. ◻ Fruits frais qu'on a fait cuire dans du sucre pour les conserver.

conflagration n. f. ◻ Bouleversement de grande portée.

conflit n. m. **1.** Guerre ou opposition entre États. **2.** Rencontre d'éléments contraires, qui s'opposent. ▶ **conflictuel, elle** adj.

confluence n. f. **1.** Jonction de cours d'eau. **2.** fig. Convergence, rencontre.

confluent n. m. ◻ Endroit où deux cours d'eau se joignent.

confondant, ante adj. ◻ Très étonnant.

confondre v. tr. **I.** Réduire (qqn) au silence, en prouvant ses torts. **II.** Prendre une personne, une chose pour une autre. ▷ v. pron. se **confondre** **1.** littér. *Se confondre en excuses* : multiplier les excuses. **2.** Se mêler, s'unir.

conformation n. f. ◻ Disposition des différentes parties (d'un corps organisé).

conforme adj. **1.** Dont la forme est semblable (à celle d'un modèle). **2.** Qui convient. *Une vie conforme à ses goûts.*

conformément adv. ◻ D'après, selon.

conformer v. tr. ◻ littér. Rendre conforme (à qqch.). ▷ v. pron. se **conformer** (à) Devenir conforme (à). ▷ p. p. **conformé, ée** Qui a telle conformation.

conformisme n. m. ◻ Fait de se conformer aux normes, aux usages. ▶ **conformiste** adj. et n.

conformité n. f. ◻ Caractère de ce qui est conforme.

confort n. m. ◻ Ce qui contribue au bien-être, à la commodité matérielle.

confortable adj. **1.** Qui procure, présente du confort. **2.** (quantité) Assez important. ▶ **confortablement** adv.

conforter v. tr. ◻ Donner de la force à.

confraternel, elle adj. ◻ De confrère ou de consœur.

confrère n. m. ▫ Celui qui appartient à une société, à une compagnie, considéré par rapport aux autres membres.

confrérie n. f. ▫ Association.

confronter v. tr. **1.** Mettre en présence (des personnes) pour comparer leurs affirmations. **2.** Comparer. ▶ **confrontation** n. f.

confus, use adj. **I.** Qui est embarrassé par pudeur, par honte. **II.** Qui manque de clarté. *Une situation confuse.*

confusément adv. ▫ Indistinctement.

confusion n. f. **I.** Trouble d'une personne confuse (I). **II. 1.** État de ce qui est confus. **2.** Action de confondre (II).

confusionnel, elle adj. ▫ De la confusion mentale.

congé n. m. **1.** Permission de s'absenter, de quitter un service, un travail. **2.** *Donner son congé à qqn*, le renvoyer.

congédier v. tr. ▫ Renvoyer, licencier. ▶ **congédiement** n. m.

congélateur n. m. ▫ Appareil servant à congeler les aliments.

congeler v. tr. **1.** Faire passer (un liquide) à l'état solide par l'action du froid. **2.** Soumettre (un produit) au froid (–18 °C) pour conserver. ▶ **congélation** n. f.

congénère n. ▫ Animal qui appartient au même genre, à la même espèce. ▪ fam. (personnes) → **semblable.**

congénital, ale, aux adj. ▫ Présent à la naissance (sans être génétique).

congère n. f. ▫ Neige entassée par le vent.

congestion n. f. ▫ Afflux de sang dans une partie du corps. ▶ **congestif, ive** adj.

congestionner v. tr. ▫ Produire une congestion dans.

conglomérat n. m. **1.** Roche formée de fragments agglomérés. **2.** Concentration d'entreprises offrant des produits différents.

conglomérer v. tr. ▫ didact. Réunir en masse compacte.

congolais, aise 1. adj. et n. Du Congo. **2.** n. m. Gâteau à la noix de coco.

congratuler v. tr. ▫ Faire des compliments à. ▶ **congratulation** n. f.

congre n. m. ▫ Long poisson de mer au corps cylindrique, sans écailles (syn. *anguille de mer*).

congrégation n. f. ▫ Compagnie de prêtres, de religieux, de religieuses.

congrès n. m. ▫ Importante réunion d'échange d'idées, de connaissances. ▶ **congressiste** n.

congru, ue adj. ▫ *PORTION CONGRUE* : ressources à peine suffisantes pour subsister.

conifère n. m. ▫ Arbre résineux aux organes reproducteurs coniques et aux aiguilles souvent persistantes.

conique ▫ adj. En forme de cône.

conjecture n. f. ▫ Opinion fondée sur des probabilités. ▶ **conjectural, ale, aux** adj. ▶ **conjecturer** v. tr.

conjoint, ointe I. adj. Joint avec ; uni. **II.** n. Personne qui vit en couple.

conjointement adv. ▫ Ensemble.

conjonctif, ive adj. **1.** anat. *Tissu conjonctif*, qui occupe les intervalles entre les organes. **2.** gramm. *Locution conjonctive*, au rôle de conjonction.

conjonction n. f. **I.** Action de joindre. **II.** gramm. Mot qui sert à joindre deux mots ou groupes de mots.

conjonctive n. f. ▫ Membrane muqueuse qui joint le globe de l'œil aux paupières.

conjonctivite n. f. ▫ Inflammation de la conjonctive.

conjoncture n. f. ◻ Situation qui résulte d'une rencontre de circonstances. ▶ **conjoncturel, elle** adj.

conjugaison n. f. ◻ Ensemble des formes verbales.

conjugal, ale, aux adj. ◻ Relatif à l'union entre époux.

conjuguer v. tr. **I.** littér. Joindre ensemble. **II.** Donner la conjugaison de (un verbe).

conjuration n. f. ◻ Action secrète d'un groupe de personnes (*conjuré, ée* n.) (contre qqn ou qqch.).

conjurer v. tr. **I. 1.** Dissiper (une menace), écarter (un danger). **2.** Chasser (les démons...). **II.** littér. Adjurer, implorer.

connaissance n. f. **I. 1.** Fait ou manière de connaître. **2.** *Perdre connaissance.* → s'**évanouir. 3.** au plur. Ce que l'on sait, pour l'avoir appris. **II. 1.** *FAIRE CONNAISSANCE* : entrer en relation (avec qqn) la première fois. **2.** Personne que l'on connaît.

connaissement n. m. ◻ comm. Reçu de marchandises expédiées par mer.

connaisseur, euse n. et adj. ◻ Personne experte, compétente.

connaître v. tr. **I.** *CONNAÎTRE qqch.* **1.** Se faire une idée claire de. **2.** Avoir l'expérience de. **3.** Avoir présent à l'esprit ; pouvoir utiliser. – *SE CONNAÎTRE à, S'Y CONNAÎTRE en* (qqch.), être compétent. **4.** Éprouver. **II.** *CONNAÎTRE qqn* **1.** Être conscient de l'existence de (qqn). – Être capable de reconnaître. **2.** Avoir des relations sociales avec. – pronom. *Ils se sont connus en Italie.* **3.** Se faire une idée de la personnalité de (qqn). ▷ adj. **connu, ue** Notoire, célèbre.

connard, arde → **conard**

connecter v. tr. ◻ Unir par une connexion. ▷ v. pron. se **connecter** *Se connecter à Internet.*

connecteur n. m. ◻ Dispositif qui connecte.

connectique n. f. ◻ techn. Ensemble des techniques utilisées pour établir des liaisons électriques, informatiques...

connerie n. f. ◻ fam. **1.** Imbécillité, bêtise. **2.** Action, parole inepte, absurde.

connétable n. m. ◻ hist. (Ancien Régime) Chef suprême de l'armée.

connexe adj. ◻ Qui a des rapports étroits avec autre chose. ▶ **connexité** n. f.

connexion n. f. **1.** Liaison à un circuit électrique. **2.** Liaison d'un ordinateur avec un réseau.

connivence n. f. ◻ Accord tacite.

connotation n. f. ◻ ling. Effet de sens (d'un mot...) en rapport avec le contexte.

connoter v. tr. ◻ didact. Évoquer (une image, une idée).

connu, ue → **connaître**

conque n. f. ◻ Grand coquillage.

conquérant, ante n. **1.** Personne qui fait des conquêtes. – adj. *Nation conquérante.* **2.** adj. fam. *Un air conquérant*, un peu fat.

conquérir v. tr. ◻ Acquérir par les armes, soumettre par la force. ▪ Obtenir en luttant. ▷ p. p. **conquis, ise**

conquête n. f. **1.** Action de conquérir. ▪ fig. *La conquête de l'espace.* **2.** Ce qui est conquis. ▪ fam. Personne séduite, conquise.

conquistador n. m. ◻ Conquérant espagnol de l'Amérique. *Des conquistador(e)s.*

consacré, ée adj. ◻ Qui est de règle, normal dans une circonstance.

consacrer v. tr. **1.** Rendre sacré en dédiant à Dieu. **2.** *CONSACRER qqch. À*, destiner à, affecter. ▷ v. pron. se **consacrer**

consanguin, ine adj. 1. Parent du côté du père. 2. Qui a un ascendant commun. ▶ **consanguinité** n. f.

consciemment adv. ▫ D'une façon consciente.

conscience n. f. I. 1. Connaissance de sa propre activité psychique. 2. Connaissance immédiate, spontanée. II. 1. Faculté ou fait de porter des jugements de valeur sur ses propres actes. 2. *BONNE CONSCIENCE* : état de qqn qui estime n'avoir rien à se reprocher. – *Avoir MAUVAISE CONSCIENCE* (→ **culpabilité**). 3. *Conscience professionnelle* : soin dans son travail.

consciencieux, ieuse adj. 1. Qui fait son devoir avec soin. 2. Qui est fait avec soin. ▶ **consciencieusement** adv.

conscient, ente adj. 1. Qui a conscience (I) de soi. 2. Dont on a conscience (I).

conscrit, ite n. ▫ Soldat nouvellement recruté.

consécration n. f. I. Action de consacrer à Dieu. II. Action de rendre durable.

consécutif, ive adj. 1. au plur. Qui se suit dans le temps. 2. *CONSÉCUTIF À* : qui suit, résulte de. 3. gramm. Qui exprime une conséquence. ▶ **consécution** n. f. ▶ **consécutivement** adv.

conseil n. m. I. 1. Opinion donnée à qqn sur ce qu'il doit faire. 2. appos. *Avocat-conseil, ingénieur-conseil* (qui donnent des avis). II. Réunion de personnes qui délibèrent, donnent leur avis sur des affaires publiques ou privées. ■ *CONSEIL D'ADMINISTRATION* : réunion d'actionnaires (d'une société anonyme) pour gérer les affaires.

① **conseiller, ère** n. I. Personne qui donne des conseils. II. Membre d'un conseil.

② **conseiller** v. tr. 1. Indiquer à qqn (ce qu'il doit faire, ne pas faire). ■ v. tr. ind. *Conseiller à qqn de faire qqch.* 2. Guider (qqn) en lui indiquant ce qu'il doit faire. *Conseiller un ami.*

conseilleur, euse n. ▫ littér. Personne qui donne des conseils.

consensus n. m. ▫ Accord entre personnes. ▶ **consensuel, elle** adj.

consentement n. m. ▫ Acquiescement donné à un projet.

consentir v. tr. I. v. tr. ind. *CONSENTIR À*, accepter qu'une chose se fasse. II. v. tr. dir. Accorder (un avantage) à qqn.

conséquence n. f. 1. Suite qu'une action, un fait entraîne. 2. *EN CONSÉQUENCE* loc. adv. : comme il convient.

conséquent, ente adj. I. 1. Qui agit ou raisonne avec logique. 2. *PAR CONSÉQUENT* loc. adv. : comme suite logique. II. fam. (critiqué) Important, considérable.

conservateur, trice I. n. Personne qui a la charge de conserver des choses (précieuses...). II. adj. Qui veut préserver ce qui existe (l'ordre social, les valeurs traditionnelles...). III. n. m. 1. Produit pour la conservation des aliments. 2. Congélateur.

conservation n. f. 1. Action de conserver. 2. État de ce qui est conservé.

conservatisme n. m. ▫ Esprit conservateur.

① **conservatoire** adj. ▫ dr. Destiné à conserver.

② **conservatoire** n. m. ▫ École de musique. ■ École qui forme des comédiens.

conserve n. f. I. Aliment stérilisé et conservé dans un récipient hermétique. II. *DE CONSERVE* loc. adv. : ensemble ; en accord.

conserver v. tr. **1.** Maintenir en bon état. **2.** Ne pas laisser disparaître. **3.** Ne pas perdre, ne pas jeter, garder (avec soi). ▷ p. p. **conservé, ée** (spécialt) *Être bien conservé*, ne pas paraître son âge.

conserverie n. f. **1.** Usine de conserves alimentaires. **2.** Industrie des conserves.

conserveur, euse n. ▫ Industriel(le) de la conserverie.

considérable adj. ▫ Très important. ▶ **considérablement** adv.

considération n. f. **1.** Motif, raison que l'on considère pour agir. **2.** Fait de considérer, d'envisager. **3.** Estime que l'on porte à qqn.

considérer v. tr. **1.** Regarder attentivement. **2.** Envisager par un examen attentif, critique. – (au p. p.) *Tout bien considéré.* **3.** Faire cas de (qqn). **4.** CONSIDÉRER QUE (+ indic.). → **estimer, penser.** ▷ adj. **considéré, ée** *Il est très considéré*, très estimé.

consignation n. f. ▫ Fait de consigner.

consigne n. f. **I. 1.** Instruction stricte. **2.** Défense de sortir par punition. **II. 1.** Service de garde provisoire des bagages. **2.** Somme remboursable versée à qqn qui consigne un emballage.

consigner v. tr. **1.** Remettre en dépôt. **2.** Mentionner par écrit. **3.** Empêcher (qqn) de sortir. **4.** Mettre à la consigne (II, 1). **5.** Facturer (un emballage) en s'engageant à reprendre et à rembourser.

consistance n. f. **1.** Degré plus ou moins grand de solidité ou d'épaisseur (d'un corps). **2.** fig. État de ce qui est ferme, solide.

consistant, ante adj. **1.** Qui est ferme, épais. **2.** Qui nourrit. **3.** (abstrait) Ferme, solide.

consister v. tr. ind. ▫ Être constitué par. ▪ *CONSISTER EN, DANS* : se composer de. ▪ *CONSISTER À* (+ inf.).

consistoire n. m. **1.** Assemblée de cardinaux. **2.** Assemblée de ministres du culte protestants ou israélites. ▶ **consistorial, ale, aux** adj.

consœur n. f. ▫ Celle qui appartient à une société, à une compagnie, considérée par rapport aux autres membres.

console n. f. **1.** Table adossée contre un mur. **2.** Meuble qui porte les claviers, etc. (d'un orgue). **3.** Périphérique (écran et clavier) d'un ordinateur. ▪ Pupitre d'enregistrement sonore.

consoler v. tr. **1.** Soulager (qqn) dans son chagrin, sa douleur. **2.** Apporter un réconfort, une compensation à (une peine...). ▶ **consolant, ante** adj. ▶ **consolateur, trice** adj. et n. ▶ **consolation** n. f.

consolider v. tr. ▫ Rendre (qqch.) plus solide, plus stable. ▶ **consolidation** n. f.

consommateur, trice n. **1.** Personne qui consomme (des marchandises...). **2.** Personne qui consomme dans un café.

consommation n. f. **1.** Usage (de qqch.). **2.** Ce qu'un client consomme au café.

consommé, ée I. adj. littér. Parvenu à un degré élevé de perfection. **II.** n. m. Bouillon de viande concentré.

consommer v. tr. **1.** Amener (qqch.) à destruction en utilisant sa substance. **2.** intrans. Prendre une consommation au café. **3.** (sujet chose) User (du combustible, etc.).

consomption n. f. ▫ vieilli Amaigrissement et dépérissement, dans une longue maladie.

consonance n. f. **1.** Uniformité ou ressemblance du son final de mots. **2.** Succession, ensemble de sons. ▶ **consonant, ante** adj.

consonantique adj. □ Des consonnes.

consonne n. f. **1.** Phonème produit par le passage de l'air à travers la gorge, la bouche, formant obstacles. **2.** Lettre représentant une consonne.

consort 1. n. m. pl. *Un tel* ET CONSORTS, et ceux qui agissent avec lui ; (péj.) et les gens de même espèce. **2.** adj. m. PRINCE CONSORT : époux d'une reine, quand il ne règne pas.

consortium n. m. □ Groupement d'entreprises. *Des consortiums d'achat.*

conspirer v. intr. □ S'entendre secrètement contre qqn, qqch. ▶ **conspirateur, trice** n. ▶ **conspiration** n. f.

conspuer v. tr. □ Manifester bruyamment et en groupe contre (qqn).

constamment adv. □ D'une manière constante.

constance n. f. □ Persévérance, obstination. ▪ fam. Patience.

constant, ante 1. adj. littér. Qui a de la constance. **2.** n. f. Élément qui ne varie pas.

constat n. m. **1.** Procès-verbal décrivant un état de fait. **2.** Ce par quoi on constate (qqch.).

constater v. tr. □ Établir par expérience directe la réalité de. ▶ **constatable** adj. ▶ **constatation** n. f.

constellation n. f. □ Groupe d'étoiles.

consteller v. tr. □ Couvrir d'étoiles, de points brillants.

consterner v. tr. **1.** Jeter brusquement (qqn) dans un abattement profond. **2.** Attrister en étonnant. ▶ **consternant, ante** adj. ▶ **consternation** n. f.

constipation n. f. □ Difficulté dans l'évacuation des selles.

constiper v. tr. □ Causer la constipation de (qqn). ▷ adj. **constipé, ée** (fig.) fam. Anxieux, contraint, embarrassé.

constituant, ante adj. **1.** Qui entre dans la composition (de). **2.** *Assemblée constituante,* chargée d'établir une Constitution (II).

constituer v. tr. **1.** dr. Établir (qqn) dans une situation légale. – pronom. *Se constituer prisonnier.* **2.** dr. Créer (qqch.) à l'intention de qqn. **3.** (sujet chose) Concourir à former (un tout). **4.** Organiser, créer (une chose complexe). **5.** passif *Être bien constitué* : avoir une bonne constitution (I, 2).

constitutif, ive adj. □ Qui constitue.

constitution n. f. **I. 1.** Action, manière de constituer. **2.** Ensemble des caractères congénitaux (d'un individu). **II.** (souvent avec maj.) Textes fondamentaux qui déterminent la forme du gouvernement d'un pays.

constitutionnel, elle adj. □ Relatif ou conforme à la Constitution. ▶ **constitutionnalité** n. f. ▶ **constitutionnellement** adv.

constricteur adj. m. □ anat. Qui resserre.

constriction n. f. □ didact. Action de serrer, de resserrer. ▪ Fait de se resserrer.

constructeur, trice n. et adj. □ Qui construit.

constructible adj. □ Où l'on a le droit de construire.

constructif, ive adj. □ Qui aboutit à des résultats positifs.

construction n. f. **1.** Action de construire. ▪ Techniques qui permettent de construire. **2.** Ce qui est construit. **3.** gramm. Place relative des mots dans la phrase.

constructivisme n. m. ◻ Mouvement artistique basé sur des lignes et des plans assemblés, construits. ▷ **constructiviste** n. et adj.

construire v. tr. **1.** Bâtir suivant un plan déterminé. **2.** Faire exister (un système complexe). ▪ Tracer (une figure).

consubstantialité n. f. ◻ théol. chrét. Unité et identité de substance de la Trinité. ▶ **consubstantiel, ielle** adj.

consul, e n. **I.** n. m. hist. **1.** Antiq. romaine L'un des deux magistrats qui exerçaient l'autorité suprême. **2.** L'un des trois chefs suprêmes du Consulat (2). **II.** Agent chargé par un État de la défense des intérêts de ses nationaux dans un pays étranger. ▶ **consulaire** adj.

consulat n. m. **1.** Charge de consul. **2.** (avec maj.) Gouvernement des consuls (1799-1804), en France. **3.** Services d'un consul (II).

consultant, ante n. ◻ Personne qui donne des consultations.

consultatif, ive adj. ◻ Qui donne des avis.

consultation n. f. **1.** Action de prendre avis. **2.** Fait de recevoir des patients.

consulter v. **I.** v. tr. **1.** Demander avis, conseil à (qqn). **2.** Regarder (qqch.) pour y chercher des renseignements. **II.** v. intr. (médecin) Donner des consultations (2).

consumer v. tr. ◻ Détruire par le feu.

consumérisme n. m. ◻ anglic. **I.** Protection du consommateur. **II.** Mode de vie basé sur la consommation. ▶ **consumériste** adj. et n.

contact n. m. **1.** Position, état relatif de corps qui se touchent. – *Lentilles* DE CONTACT : verres correcteurs qui s'appliquent sur l'œil. **2.** *Contact électrique,* entre conducteurs, permettant le passage du courant. ▪ Dispositif d'allumage d'un moteur à explosion. **3.** Relation entre personnes.

contacter v. tr. ◻ (emploi critiqué) Entrer en contact (3) avec (qqn).

contactologie n. f. ◻ didact. Partie de l'ophtalmologie qui traite des lentilles de contact.

contagieux, euse adj. **1.** Qui se communique par contagion. **2.** Qui est un agent de contagion. **3.** fig. → **communicatif** (1).

contagion n. f. **1.** Transmission d'une maladie par contact. **2.** Imitation involontaire.

container → **conteneur**

contaminer v. tr. ◻ Transmettre une maladie à. ▪ Polluer. ▶ **contamination** n. f.

conte n. m. ◻ Récit de faits imaginaires destiné à distraire.

contemplatif, ive adj. ◻ Qui aime la contemplation.

contemplation n. f. ◻ Fait de s'absorber dans l'observation attentive (de qqn, qqch.).

contempler v. tr. ◻ Considérer, observer attentivement.

contemporain, aine adj. **1.** adj. et n. Qui est de la même époque. **2.** Du temps actuel. ▶ **contemporanéité** n. f. littér.

contempteur, trice n. ◻ littér. Personne qui méprise, dénigre (qqn, qqch.).

contenance n. f. **I.** Quantité qu'un récipient peut contenir. **II.** Manière de se tenir.

contenant n. m. ◻ Ce qui contient qqch.

conteneur n. m. ◻ Caisse pour le transport des marchandises. – syn. **container** anglic.

contenir v. tr. **1.** Avoir, comprendre en soi. **2.** Avoir une capacité de. **3.** Empêcher (des personnes) d'avancer. **4.** Empêcher (un sentiment...) de se manifester. ▷ v. pron. se **contenir** Se dominer, se retenir.

content, ente I. adj. 1. Satisfait. 2. Gai, joyeux. II. n. m. *AVOIR SON CONTENT DE qqch.*, être comblé.

contenter v. tr. ▫ Rendre (qqn) content en lui donnant ce qu'il désire. ▷ v. pron. se **contenter** (de) ▶ **contentement** n. m.

contentieux n. m. ▫ Ensemble de litiges. ▪ Service qui s'occupe des litiges.

contention n. f. ▫ Maintien, immobilisation d'organes accidentellement déplacés.

① **contenu, ue** adj. ▫ Que l'on retient. *Émotion contenue.*

② **contenu** n. m. 1. Ce qui est dans un contenant. 2. fig. Ce qui est exprimé (dans un texte...).

conter v. tr. ▫ Dire (un conte...).

contestable adj. ▫ Qui peut être contesté.

contestataire adj. et n. ▫ Qui conteste.

contestation n. f. 1. Fait de contester qqch. ; controverse. 2. Remise en cause de l'ordre établi.

sans **conteste** loc. adv. ▫ Sans discussion possible.

contester v. tr. ▫ Mettre en discussion (le droit, les prétentions de qqn).

conteur, euse n. ▫ Personne qui compose, dit ou écrit des contes.

contexte n. m. 1. Ensemble du texte qui entoure un élément de la langue (mot, phrase...). 2. Ensemble des circonstances en relation avec un fait.

contexture n. f. ▫ Manière dont se présentent les éléments d'un tout complexe.

contigu, uë adj. ▫ Qui touche (à qqch.). ▶ **contiguïté** n. f.

① **continent, ente** adj. ▫ Qui s'abstient du plaisir charnel. ▶ **continence** n. f.

② **continent** n. m. 1. Grande étendue de terre limitée par des océans. 2. *Le continent*, la terre, par rapport à une île. ▶ **continental, ale, aux** adj.

contingence n. f. 1. philos. Caractère de ce qui est contingent. 2. au plur. Ce qui peut changer, n'a pas une importance capitale.

contingent, ente I. adj. philos. Qui peut se produire ou non. II. n. m. 1. Effectif des appelés au service militaire pour une période. 2. Quantité de marchandises dont l'importation ou l'exportation est autorisée.

contingenter v. tr. ▫ Fixer un contingent (2) à ; limiter, restreindre. ▶ **contingentement** n. m.

continu, ue adj. ▫ Qui n'est pas interrompu. ▪ (n. m.) *EN CONTINU* : sans interruption.

continuateur, trice n. ▫ Personne qui continue ce qu'une autre a commencé.

continuation n. f. ▫ Action de continuer.

continuel, elle adj. ▫ Qui dure sans interruption ou se répète à intervalles rapprochés. ▶ **continuellement** adv.

continuer v. I. v. tr. 1. Faire ou maintenir plus longtemps. – tr. ind. (+ inf.) *Continuer à, de parler.* 2. Prolonger (qqch.) dans l'espace. II. v. intr. (sujet chose) 1. Ne pas s'arrêter. 2. S'étendre plus loin.

continuité n. f. ▫ Caractère de ce qui est continu.

continûment adv. ▫ De manière continue.

continuo n. m. ▫ mus. Basse continue.

continuum n. m. ▫ didact. Phénomène progressif dont on ne peut considérer une partie que par abstraction.

contondant, ante adj. ▫ didact. Qui meurtrit sans couper ni percer.

contorsion n. f. □ Attitude anormale par torsion des membres, du corps. ▶ se **contorsionner** v. pron.

contorsionniste n. □ Acrobate spécialisé(e) dans les contorsions.

contour n. m. □ Limite extérieure (d'un objet ; du corps).

contourné, ée adj. 1. Qui a un contour compliqué. 2. Affecté et compliqué.

contourner v. tr. □ Faire le tour, passer autour de. ▶ **contournement** n. m.

contraceptif, ive adj. et n. m. □ Qui empêche les rapports sexuels d'aboutir à la conception.

contraception n. f. □ Moyens employés pour rendre les rapports sexuels inféconds.

contractant, ante adj. et n. □ dr. Qui s'engage par contrat.

contracté, ée adj. 1. Tendu, crispé. 2. ling. Formé de deux éléments réunis.

① **contracter** v. tr. I. S'engager par contrat à faire, à respecter. II. 1. Prendre, acquérir (une habitude, un sentiment...). 2. Attraper (une maladie).

② **contracter** v. tr. □ Réduire dans sa longueur, son volume. ▷ v. pron. se **contracter**

contractile adj. □ Qui peut se contracter.

contraction n. f. □ Fait de (se) contracter.

contractuel, elle 1. adj. Stipulé par contrat. 2. n. Auxiliaire de police chargé de surveiller le stationnement.

contracture n. f. □ méd. Contraction musculaire.

contradicteur n. m. □ Personne qui contredit.

contradiction n. f. □ Action de contredire qqn, de se contredire.

contradictoire adj. □ Où il y a contradiction. ▶ **contradictoirement** adv.

contraindre v. tr. □ *Contraindre qqn à faire qqch.*, le lui imposer contre sa volonté. – au passif *Être contraint de* (+ inf.). ▷ adj. **contraint, ainte** Gêné, mal à l'aise. ▶ **contraignant, ante** adj.

contrainte n. f. 1. Violence exercée contre qqn ; entrave à la liberté d'action. 2. Règle, exigence.

contraire I. adj. 1. Qui présente la plus grande différence possible (en parlant de deux choses du même genre). 2. Qui, en s'opposant, gêne le cours de qqch. II. n. m. 1. Ce qui est opposé (logiquement). ■ Mot de sens contraire. 2. *AU CONTRAIRE* loc. adv. : d'une manière opposée. ▶ **contrairement** adv.

contralto n. m. □ La plus grave des voix de femme. ■ Femme qui a cette voix.

contrapuntique adj. □ mus. Du contrepoint.

contrariant, ante adj. 1. Qui est porté à contrarier. 2. (choses) Qui contrarie.

contrarier v. tr. 1. Avoir une action contraire, s'opposer à (qqch.). 2. Causer du dépit, du mécontentement à (qqn).

contrariété n. f. □ Déplaisir causé par ce qui contrarie.

contraste n. m. □ Opposition de deux choses dont l'une fait ressortir l'autre.

contraster v. intr. □ Être en contraste. ▶ **contrasté, ée** adj.

contrat n. m. 1. Convention par laquelle une ou plusieurs personnes s'obligent à donner, faire ou ne pas faire qqch. 2. Acte qui enregistre cette convention.

contravention n. f. □ dr. Infraction punie d'une amende. ■ Cette amende. ■ Procès-verbal de cette infraction.

contre I. prép. et adv. 1. Près de. *Pousser le lit contre le mur.* 2. À l'opposé de. – *PAR CONTRE* loc. adv. (critiqué) : en revanche. 3. En dépit de. 4. En opposition à. *Se battre contre qqn.* → **avec.**

5. Pour se protéger de. **6.** (proportion...) *Parier à cent contre un.* **7.** En échange de. **II.** n. m. **1.** *LE POUR* ET LE CONTRE.* **2.** Riposte, parade.

contre-allée n. f. ▫ Allée latérale. *Des contre-allées.*

contre-amiral, aux n. m. ▫ Officier général de la marine. *Des contre-amiraux.*

contre-attaque n. f. ▫ Riposte offensive à une attaque. *Des contre-attaques.* ▶ **contre-attaquer** v. tr.

contrebalancer v. tr. ▫ Compenser en étant égal à.

contrebande n. f. ▫ Introduction clandestine de marchandises dans un pays ; ces marchandises. ▶ **contrebandier, ière** n.

en **contrebas** loc. adv. ▫ À un niveau inférieur.

contrebasse n. f. **1.** Le plus grand et le plus grave des instruments à archet. **2.** Musicien qui joue de la contrebasse (syn. **contrebassiste** n.).

contrecarrer v. tr. ▫ S'opposer à.

contrechamp n. m. ▫ cin. Prise de vues dans le sens opposé à celui de la précédente.

contre-chant n. m. ▫ mus. Contrepoint sur les harmonies du thème.

à **contrecœur** loc. adv. ▫ Avec répugnance.

contrecoup n. m. ▫ Événement qui est la conséquence indirecte d'un autre.

contre-courant n. m. ▫ Courant contraire.

contre-culture n. f. ▫ Courant culturel opposé à la culture dominante.

contredanse n. f. ▫ fam. Contravention.

contredire v. tr. **1.** S'opposer à (qqn) en disant le contraire de ce qu'il dit. **2.** (choses) Aller à l'encontre de. ▷ v. pron. se **contredire** Dire successivement des choses contradictoires.

sans **contredit** loc. adv. ▫ Sans conteste.

contrée n. f. ▫ Étendue de pays.

contre-électromotrice adj. f. ▫ électr. *Force contre-électromotrice* (abrév. *f. c. e. m.* ou *f. c. é. m.*), qui s'oppose au courant direct.

contre-emploi n. m. ▫ Rôle qui ne correspond pas au style d'un acteur.

contre-enquête n. f. ▫ Enquête destinée à vérifier les résultats d'une autre. *Des contre-enquêtes.*

contre-épreuve n. f. ▫ Second essai pour vérifier. *Des contre-épreuves.*

contre-espionnage n. m. ▫ Organisme de surveillance des espions ; cette surveillance.

contre-exemple n. m. ▫ Exemple qui contredit une thèse. *Des contre-exemples.*

contre-expertise n. f. ▫ Expertise destinée à en contrôler une autre. *Des contre-expertises.*

contrefaçon n. f. ▫ Imitation frauduleuse.

contrefaire v. tr. **1.** Imiter pour tourner en dérision. **2.** Imiter frauduleusement. **3.** Feindre (un état...) ; changer l'apparence de (qqch.) pour tromper.

contrefait, aite adj. ▫ Difforme, mal bâti.

contre-feu n. m. ▫ Feu allumé pour arrêter un incendie en créant un espace vide. *Des contre-feux.*

se **contreficher** ou se **contrefiche** v. pron. ▫ fam. Se moquer complètement (de). – syn. (très fam.) **se contrefoutre.**

contre-filet n. m. ▫ Morceau de bœuf correspondant aux lombes.

contrefort n. m. **1.** Pilier, mur servant d'appui à un mur. **2.** Montagne latérale.

en **contrehaut** loc. adv. ▫ À un niveau supérieur.

contre-indication n. f. □ méd. Circonstance où il serait dangereux d'employer un traitement, un médicament. *Des contre-indications.* ▶ **contre-indiqué, ée** adj.

contre-interrogatoire n. m. □ Interrogatoire (d'un témoin...) par la partie adverse. *Des contre-interrogatoires.*

contre-jour n. m. □ Éclairage qui vient du côté opposé à celui d'où l'on regarde (*à contre-jour* loc. adv.).

contremaître, contremaîtresse n. □ Chef d'une équipe d'ouvriers.

contre-manifestation n. f. □ Manifestation pour faire échec à une autre. *Des contre-manifestations.*

contremarche n. f. □ Partie verticale de chaque marche d'un escalier.

contremarque n. f. □ Ticket donné à qqn qui sort momentanément d'une salle de spectacle.

contre-mesure n. f. □ Mesure contraire à une autre mesure.

contre-offensive n. f. □ Contre-attaque. *Des contre-offensives.*

contrepartie n. f. **1.** Avis contraire. **2.** Chose qui s'oppose à une autre en la complétant ou en l'équilibrant. – *En contrepartie* loc. adv. En compensation.

contre-performance n. f. □ Mauvais résultat (de qqn dont on attendait le succès). *Des contre-performances.*

contrepèterie n. f. □ Interversion des lettres ou des syllabes d'un ensemble de mots.

contre-pied n. m. □ Ce qui est opposé à (une opinion, un comportement).

contreplaqué n. m. □ Matériau fait de plaques de bois minces collées, à fibres opposées.

contre-plongée n. f. □ cin. Prise de vues faite de bas en haut. *Des contre-plongées.*

contrepoids n. m. □ Poids qui fait équilibre à un autre.

contrepoint n. m. □ mus. Art de composer en superposant des dessins mélodiques.

contrepoison n. m. □ Substance destinée à neutraliser l'effet d'un poison.

contre-porte n. f. □ Face intérieure d'une porte (de voiture, etc.), aménagée. *Des contre-portes.*

contre-pouvoir n. m. □ Pouvoir qui s'oppose ou fait équilibre à l'autorité établie. *Des contre-pouvoirs.*

contre-productif, ive adj. □ Qui produit l'effet inverse de l'effet recherché.

contre-proposition n. f. □ Proposition qu'on fait pour l'opposer à une autre. *Des contre-propositions.*

contre-publicité n. f. **1.** Action (publicité...) qui nuit à son objet. **2.** Publicité destinée à lutter contre une autre publicité. *Des contre-publicités.*

contrer v. tr. □ fam. S'opposer avec succès à.

Contre-Réforme n. f. □ hist. Mouvement catholique qui s'opposa à la Réforme.

contre-révolution n. f. □ Mouvement destiné à combattre une révolution. ▶ **contre-révolutionnaire** adj. et n.

contresens n. m. **I.** Interprétation contraire à la signification véritable. **II.** Sens, direction contraire.

contresigner v. tr. □ Apposer une deuxième signature (*contreseing* n. m.) à.

contretemps n. m. □ Événement, circonstance qui s'oppose à ce que l'on attendait.

contre-ténor n. m. □ → **haute-contre.**

contre-terrorisme n. m. □ Lutte contre le terrorisme.

contre-torpilleur n. m. □ → **destroyer.**

contre-ut n. m. invar. ▫ mus. Ut d'une octave au-dessus de l'ut supérieur d'un registre normal.

contre-valeur n. f. ▫ fin. Valeur échangée. *Des contre-valeurs.*

contrevenir v. tr. ind. ▫ *CONTREVENIR À* : agir contrairement à. ▶ **contrevenant, ante** n.

contrevent n. m. ▫ Volet extérieur en bois.

contrevérité ou **contre-vérité** n. f. ▫ Assertion visiblement contraire à la vérité. *Des contrevérités, des contre-vérités.*

contre-visite n. f. ▫ méd. Visite destinée à contrôler les résultats d'une autre. *Des contre-visites.*

contribuable n. ▫ Personne qui paie des impôts.

contribuer v. tr. ind. ▫ *CONTRIBUER À* : aider à l'exécution de (une œuvre) ; avoir part à (un résultat).

contribution n. f. **1.** Part que chacun donne pour une charge commune. **2.** souvent au plur. Impôts et taxes. – Administration chargée des impôts. **3.** Collaboration à une œuvre commune.

contrit, ite adj. ▫ Qui marque le repentir.

contrition n. f. ▫ littér. Remords, repentir.

contrôle n. m. **1.** Vérification. **2.** Devoir scolaire. **3.** Fait de maîtriser. **4.** *Contrôle des naissances* : maîtrise de la fécondité. ▶ **contrôler** v. tr. ▶ **contrôleur, euse** n.

contrordre n. m. ▫ Ordre qui annule un ordre précédent.

controverse n. f. ▫ Discussion, polémique. ▶ **controversé, ée** adj.

contumace n. f. ▫ dr. Refus de comparaître devant un tribunal. ■ *Être condamné PAR CONTUMACE*, sans être présent.

contusion n. f. ▫ Meurtrissure sans déchirure, due à un choc. ▶ **contusionner** v. tr.

conurbation n. f. ▫ Grand ensemble urbain.

convaincre v. tr. ▫ Amener (qqn) à reconnaître la vérité, la nécessité d'une proposition ou d'un fait. ▷ adj. **convaincu, ue** ▶ **convaincant, ante** adj.

convalescence n. f. ▫ Période de transition entre la fin d'une maladie et le retour à la santé. ▶ **convalescent, ente** adj. et n.

convecteur n. m. ▫ Appareil de chauffage où l'air est chauffé par convection.

convection n. f. ▫ phys. Transport de chaleur dans un fluide. – var. **convexion.**

convenable adj. **1.** littér. Qui convient. **2.** Suffisant, acceptable. **3.** Conforme à la bienséance. ▶ **convenablement** adv.

convenance n. f. **1.** Ce qui convient à qqn. **2.** au plur. Ce qui est en accord avec les usages.

convenir v. tr. ind. **I.** (auxiliaire *avoir*) **1.** *CONVENIR À* (qqch.) : être approprié à. **2.** *CONVENIR À* (qqn), être agréable ou utile à. **3.** impers. *IL CONVIENT (de..., que...)*, il est conforme aux usages, aux besoins, etc. **II.** (auxiliaire *être* [littér.] ou *avoir*) *CONVENIR DE* **1.** (sujet sing.) Reconnaître la vérité de. **2.** (sujet plur.) S'accorder sur. *Ils ont convenu* (littér. *sont convenus*) *d'une date.*

① **convention** n. f. **1.** Accord portant sur un fait. **2.** au plur. Ce qu'il est convenu de faire dans une société.

② **convention** n. f. ▫ Assemblée réunie pour établir ou modifier la constitution d'un État.

conventionné, ée adj. ▫ Régi par une convention.

conventionnel, elle adj. **1.** Qui résulte d'une convention. **2.** Conforme aux conventions (2). **3.** anglic. *Armement conventionnel*, non atomique. ▶ **conventionnellement** adv.

conventuel, elle adj. ▫ D'un couvent.

convenu, ue adj. **1.** Qui est le résultat d'un accord. **2.** péj. Conventionnel, artificiel.

converger v. intr. **1.** Se diriger (vers un point). **2.** fig. Tendre au même résultat ; aller en se rapprochant. ▶ **convergence** n. f. ▶ **convergent, ente** adj.

conversation n. f. ▫ Échange de propos.

conversationnel, elle adj. ▫ anglic. Qui permet de dialoguer avec un ordinateur.

converser v. intr. ▫ Parler avec (qqn, des personnes).

conversion n. f. **1.** Fait de se convertir (1). **2.** Fait de convertir (2).

convertible adj. **1.** fin. Qui peut être converti (2). **2.** (meubles) Transformable. *Canapé convertible* (en lit).

convertir v. tr. **1.** Amener (qqn) à adopter une croyance. – pronom. *Se convertir.* **2.** (compl. chose) Transformer, changer. *Convertir ses biens en espèces.* ▷ adj. et n. **converti, ie** Qui s'est converti.

convertisseur n. m. ▫ techn. Se dit d'appareils qui transforment.

convexe adj. ▫ Arrondi vers l'extérieur. ▶ **convexité** n. f.

convexion → **convection**

conviction n. f. **1.** Certitude fondée sur des preuves. **2.** Opinion ferme.

convier v. tr. ▫ Inviter (qqn) à (un repas, une réunion...).

convive n. ▫ Personne invitée à un repas.

convivial, ale, aux adj. ▫ anglic. **1.** Relatif aux rapports positifs entre personnes, dans la société. **2.** inform. D'emploi aisé. ▶ **convivialité** n. f.

convocation n. f. **1.** Action de convoquer. **2.** Feuille, lettre de convocation.

convoi n. m. ▫ Groupe de véhicules, de personnes se déplaçant.

convoiter v. tr. ▫ Désirer avec avidité. ▶ **convoitise** n. f.

convoler v. intr. ▫ plais. Se marier.

convolvulus n. m. ▫ bot. Liseron.

convoquer v. tr. **1.** Faire se réunir (un groupe). **2.** Faire venir (qqn) auprès de soi.

convoyer v. tr. ▫ Escorter ; transporter. ▷ **convoyeur, euse** n.

convulser v. tr. ▫ Tordre par des convulsions. ▷ v. pron. **se convulser**

convulsif, ive adj. ▫ méd. Caractérisé par des convulsions. ▶ **convulsivement** adv.

convulsion n. f. ▫ Contraction violente, involontaire des muscles.

convulsionner v. **I.** v. tr. méd. Donner des convulsions à. **II.** v. intr. Être pris de convulsions.

① **cookie** n. m. ▫ anglic. Biscuit sec contenant des éclats de chocolat.

② **cookie** n. m. ▫ anglic. Petit fichier déposé sur l'ordinateur d'un internaute lors d'une connexion.

cool adj. invar. ▫ anglic. fam. **1.** Calme, détendu. **2.** (intensif) Remarquable, très agréable.

coolie n. m. ▫ (en Orient) Porteur.

coopérant, ante n. ▫ Spécialiste envoyé au titre de la coopération (2) dans un pays.

coopératif, ive adj. **1.** Fondé sur la coopération (1). **2.** anglic. Qui aide volontiers.

coopération n. f. **1.** Fait de participer à une œuvre commune. **2.** Politique d'échanges entre États ; spécialt aide au développement de nations moins développées.

coopérative n. f. ◻ Entreprise où les droits de chaque associé (*coopérateur, trice* n.) sont égaux et où le profit est réparti.

coopérer v. intr. ◻ Agir, travailler conjointement (avec qqn).

cooptation n. f. ◻ Nomination d'un membre nouveau d'une assemblée par ceux qui en font partie. ▶ **coopter** v. tr.

coordinateur, trice adj. et n. ◻ Qui coordonne. – syn. **coordonnateur, trice.**

coordination n. f. **1.** Agencement logique des parties d'un tout en vue d'obtenir un résultat. **2.** gramm. Construction liant des mots ou des propositions.

coordonnée n. f. **1.** math. Chacun des éléments qui déterminent la position d'un point par rapport à un système de référence. **2.** au plur. fig., fam. Renseignements permettant de joindre qqn.

coordonner v. tr. ◻ Organiser (les parties d'un ensemble) pour former un tout efficace ou harmonieux. ▷ adj. **coordonné, ée**

copain, copine n. ◻ fam. Camarade.

coparent n. m. ◻ didact. Personne qui exerce l'autorité parentale avec une autre. ▶ **coparental, ale, aux** adj. ▶ **coparentalité** n. f.

copeau n. m. ◻ Éclat, mince ruban (de bois, etc.) détaché par un instrument tranchant.

copiage n. m. ◻ Action, fait de copier.

copie n. f. **I. 1.** Reproduction (d'un écrit). **2.** Devoir rédigé sur une feuille. – Cette feuille. **II.** Reproduction ou imitation (d'une œuvre d'art). **III.** Reproduction (d'un film de cinéma). – Double d'un enregistrement. – inform. *Copie de sauvegarde.*

copier v. tr. **1.** Reproduire (une œuvre). **2.** Imiter. **3.** inform. Effectuer une copie de.

copier-coller v. tr. (à l'inf.) ◻ inform. Copier puis insérer (des données) à un autre endroit. – n. m. invar. *Faire des copier-coller.*

copieur, euse I. n. Personne qui copie en fraude. **II.** n. m. Photocopieur.

copieux, euse adj. ◻ Abondant. ▶ **copieusement** adv.

copilote n. ◻ Pilote en second.

copinage n. m. ◻ fam., péj. Favoritisme.

copine n. f. → **copain**

copiner v. intr. ◻ fam. Avoir des relations de camaraderie. ▶ **copinerie** n. f. fam.

copiste n. ◻ ancient Professionnel qui copiait des manuscrits.

coppa n. f. ◻ Charcuterie italienne roulée.

copra ou **coprah** n. m. ◻ Amande de la noix de coco.

coproduction n. f. ◻ Production (d'un film...) par plusieurs producteurs (*coproducteurs*).

coprophage adj. ◻ didact. Qui se nourrit d'excréments.

copropriété n. f. ◻ Propriété de plusieurs personnes sur un bien. ▶ **copropriétaire** n.

copte adj. et n. ◻ Des chrétiens d'Égypte. ▪ n. m. Langue liturgique des Coptes.

copule n. f. ◻ didact. Mot qui relie le sujet au prédicat.

copuler v. intr. ◻ didact. S'unir charnellement. ▶ **copulation** n. f.

copyright n. m. ◻ Droit exclusif d'exploiter une œuvre (symb. ©).

① **coq** n. m. **I.** Mâle de la poule. **II.** Mâle d'autres espèces de gallinacés.

②**coq** n. m. ▫ Cuisinier, à bord d'un navire.

coq-à-l'âne n. m. invar. ▫ Passage sans transition d'un sujet à un autre.

coque n. f. **I. 1.** Enveloppe rigide (de certains fruits). **2.** Coquillage comestible. **3.** *ŒUF À LA COQUE,* cuit dans sa coquille et encore mou. **II.** Ensemble de la membrure et du revêtement extérieur (d'un navire).

coquelet n. m. ▫ cuis. Jeune coq.

coquelicot n. m. ▫ Petit pavot des champs à fleur rouge vif.

coqueluche n. f. ▫ Maladie contagieuse, caractérisée par une toux convulsive.

coquet, ette I. adj. et n. **1.** Qui cherche à plaire, à séduire. **2.** Qui a le goût de la toilette, de l'élégance. ▶ **coquettement** adv. **II.** adj. (somme...) Important.

coquetier n. m. ▫ Petite coupe dans laquelle on sert un œuf à la coque.

coquetterie n. f. ▫ Souci de plaire, de séduire. ▪ fam. *Avoir une coquetterie dans l'œil* : loucher légèrement.

coquillage n. m. **1.** Mollusque marin comestible à coquille. **2.** La coquille.

coquille n. f. **I.** Enveloppe calcaire dure qui recouvre le corps de la plupart des mollusques et d'autres animaux aquatiques. ▪ *COQUILLE SAINT-JACQUES* : mollusque marin. **II.** Enveloppe dure (des noix, etc.) ; enveloppe calcaire (des œufs d'oiseaux). **III.** imprim. Lettre substituée à une autre.

coquillette n. f. ▫ Pâte alimentaire en forme de petit tube courbe.

coquin, ine n. **1.** Personne espiègle. **2.** adj. Grivois, égrillard.

cor n. m. **I. 1.** Instrument à vent en métal, contourné en spirale et à extrémité évasée. **2.** *À COR ET À CRI* : en insistant bruyamment. **II. 1.** Petite excroissance dure du pied. **2.** au plur. Ramifications des bois du cerf.

corail, aux n. m. **1.** Animal marin des mers chaudes, qui sécrète un squelette calcaire. **2.** Matière calcaire qui forme les coraux. **3.** Partie rouge d'une coquille Saint-Jacques.

corailleur, euse n. ▫ Pêcheur de corail.

corallien, ienne adj. ▫ Formé de coraux.

coran n. m. ▫ Livre sacré des musulmans. ▶ **coranique** adj.

corbeau n. m. **1.** Grand oiseau à plumage noir ou gris. **2.** Auteur de lettres anonymes.

corbeille n. f. **I.** Panier léger. **II.** Mezzanine (théâtre).

corbillard n. m. ▫ Voiture mortuaire.

cordage n. m. **1.** Lien servant au gréement, à la manœuvre. **2.** Cordes d'une raquette.

corde n. f. **I. 1.** Réunion de brins d'une matière textile tordus ensemble. **2.** Trame d'une étoffe. **3.** (courses) *La corde* : l'intérieur de la piste. **4.** boxe *Les cordes,* qui limitent le ring. **II.** Boyau, crin, fil métallique tendu qui produit les sons sur certains instruments (dits *à cordes* ; ellipt *les cordes*). **III. 1.** *CORDES VOCALES* : replis du larynx produisant les sons de la voix. **2.** *Ce n'est pas DANS MES CORDES,* de ma compétence.

cordeau n. m. ▫ Corde tendue pour obtenir une ligne droite.

cordée n. f. ▫ Groupe d'alpinistes attachés ensemble.

cordelette n. f. ▫ Corde fine.

cordelier n. m. ▫ Religieux franciscain.

cordelière n. f. ▫ Corde tressée, à nœuds.

corder v. tr. **1.** Lier avec une corde. **2.** Garnir de cordes (une raquette de tennis).

cordial, iale, iaux adj. ▫ Chaleureux et sincère. ▶ **cordialement** adv. ▶ **cordialité** n. f.

cordier, ière n. ▫ Personne qui fabrique ou vend des cordes, des cordages.

cordillère n. f. ▫ Chaîne de montagnes.

cordon n. m. **I.** Petite corde. **II.** Ruban servant d'insigne (ordres honorifiques). **III. 1.** *Cordon ombilical*, rattachant l'embryon au placenta. **2.** Série (de choses ou de personnes). **3.** *Cordon littoral* : bande de terre émergée, près d'une côte.

cordon-bleu n. m. ▫ Cuisinier(ère) habile. *Des cordons-bleus.*

cordonnet n. m. ▫ Petit cordon (I).

cordonnier, ière n. ▫ Artisan qui répare, entretient les chaussures. ▶ **cordonnerie** n. f.

coreligionnaire n. ▫ Personne qui professe la même religion qu'une autre.

coriace adj. **1.** (viande...) Très dur. **2.** (personnes) Qui ne cède pas.

coriandre n. f. ▫ Plante au fruit aromatique.

coricide n. m. ▫ Préparation qu'on met sur les cors aux pieds, pour les détruire.

corindon n. m. ▫ Pierre précieuse très dure.

corinthien, ienne adj. et n. m. ▫ Se dit d'un ordre d'architecture grecque.

corium n. m. ▫ phys. Magma formé de combustible et de métaux fondus résultant de la fusion du cœur d'un réacteur nucléaire.

cormier n. m. ▫ Sorbier cultivé.

cormoran n. m. ▫ Oiseau palmipède au plumage sombre.

cornac n. m. ▫ Celui qui mène un éléphant.

cornaline n. f. ▫ Calcédoine rouge.

corne n. f. **I. 1.** Excroissance épidermique, dure et pointue, sur la tête de certains animaux. **2.** Appendice comparé à une corne. *Les cornes d'un escargot.* **3.** Corne d'animal évidée. ▪ Instrument sonore fait d'une corne. **4.** Angle saillant, coin. **II. 1.** Substance qui constitue les productions dures de l'épiderme (ongles, cornes, etc.). **2.** Callosité de la peau.

corné, ée adj. ▫ Qui a la consistance dure de la corne (II).

corned-beef n. m. invar. ▫ Viande de bœuf en conserve.

cornée n. f. ▫ Enveloppe antérieure et transparente de l'œil.

cornéen, enne adj. ▫ De la cornée. – *Lentilles cornéennes*, verres de contact.

corneille n. f. ▫ Oiseau à queue arrondie et plumage terne.

cornélien, ienne adj. ▫ Qui évoque les tragédies de Corneille.

cornemuse n. f. ▫ Instrument à vent fait d'un sac de cuir et de tuyaux percés de trous.

① **corner** v. tr. ▫ Plier en forme de corne (I, 4).

② **corner** n. m. ▫ anglic. Faute d'un footballeur qui envoie le ballon derrière la ligne de but de son équipe.

cornet n. m. **I.** Objet conique, en forme de corne. **II.** *CORNET (À PISTONS)* : instrument plus court que la trompette.

cornette n. f. ▫ Coiffure de certaines religieuses.

cornettiste n. ▫ Joueur, joueuse de cornet.

corn flakes n. m. pl. ▫ anglic. Flocons de maïs.

corniaud n. m. **1.** Chien bâtard. **2.** fam. Imbécile, sot.

corniche n. f. **1.** Ornement en saillie sur un mur, un meuble, etc. **2.** Saillie naturelle surplombant un escarpement.

cornichon n. m. **1.** Petit concombre conservé dans du vinaigre. **2.** fam. Niais.

cornier, ière adj. ▫ Qui est à l'angle.

cornière n. f. ▫ Pièce cornière, en équerre.

corniste n. ▫ Personne qui joue du cor.

cornouiller n. m. ▫ Arbre commun dans les haies, les bois.

cornu, ue adj. **1.** Qui a des cornes. **2.** Qui a la forme d'une corne.

cornue n. f. ▫ Récipient à col étroit, long et courbé.

corollaire n. m. ▫ didact. **1.** Proposition dérivant d'une autre. **2.** Conséquence, suite.

corolle n. f. ▫ Ensemble des pétales d'une fleur.

coron n. m. ▫ Ensemble d'habitations de mineurs.

coronaire adj. ▫ anat. *Artères coronaires*, qui irriguent le cœur. ▶ **coronarien, ienne** adj.

corossol n. m. ▫ Gros fruit tropical aussi appelé *anone*.

corozo n. m. ▫ Matière blanche tirée de la noix d'un palmier et dite *ivoire végétal*.

corporatif, ive adj. ▫ Des corporations.

corporation n. f. ▫ Ensemble des personnes qui exercent la même profession.

corporatisme n. m. ▫ Doctrine préconisant les groupements du type des corporations.

corporel, elle adj. ▫ Relatif au corps.

corps n. m. **I. 1.** Partie matérielle des êtres animés. **2.** Cadavre. **3.** Le tronc humain. **II.** Partie principale. – *Navire perdu* CORPS ET BIENS, le navire lui-même et les marchandises. **III. 1.** *Les corps célestes.* → **astre, satellite. 2.** Objet matériel caractérisé par ses propriétés physiques. **3.** Élément anatomique. **IV.** Épaisseur, consistance. – *FAIRE CORPS AVEC*, adhérer, ne faire qu'un. **V. 1.** Institution. **2.** Compagnie, groupe organisé. *Le corps enseignant.* **3.** Unité militaire.

corpulence n. f. ▫ Ampleur du corps humain.

corpulent, ente adj. ▫ De forte corpulence.

corpus n. m. ▫ didact. Ensemble limité de textes contenant de l'information.

corpuscule n. m. ▫ Petit organe. ▶ **corpusculaire** adj.

corral n. m. ▫ Enclos à bétail.

correct, ecte adj. **1.** Qui respecte les règles. *Syntaxe correcte.* **2.** Conforme aux usages ; à la morale. **3.** Acceptable, sans être remarquable. ▶ **correctement** adv.

correcteur, trice n. **1.** Personne qui corrige (un texte) en jugeant. **2.** Professionnel(le) qui corrige les épreuves d'imprimerie. **3.** n. m. inform. *Correcteur orthographique*, logiciel vérifiant l'orthographe des textes saisis.

correctif, ive I. adj. Qui a le pouvoir de corriger. **II.** n. m. Contrepartie qui atténue.

correction n. f. **I.** Action de corriger ; changement apporté pour améliorer. **II.** Châtiment corporel. **III.** Comportement correct (2).

correctionnel, elle adj. ▫ Relatif aux actes qualifiés de délits par la loi. *Tribunal correctionnel* ou n. f. *la correctionnelle.*

corrélat n. m. ▫ Terme d'une corrélation.

corrélation n. f. ▫ Lien logique, rapport réciproque. ▶ **corrélatif, ive** adj.

correspondance n. f. **I.** Rapport de conformité. **II. 1.** Relation par écrit entre deux personnes ; lettres échangées. **2.** Liaison entre deux moyens de transport.

correspondant, ante I. adj. Qui correspond à qqch. **II.** n. **1.** Personne avec qui l'on correspond (II). **2.** Journaliste qui transmet des nouvelles d'un lieu éloigné.

correspondre v. **I.** CORRESPONDRE À v. tr. ind. Être en rapport de conformité ou d'équivalence avec (qqch.), se rapporter à. **II.** v. intr. **1.** Avoir des relations par lettres, par e-mail, etc. (avec qqn). **2.** (sujet chose) Être en communication, en relation (avec).

corrida n. f. □ Course de taureaux.

corridor n. m. □ Passage couvert reliant plusieurs pièces d'un même étage.

corrigé n. m. □ Devoir donné comme modèle.

corriger v. tr. **I. 1.** Ramener à la règle (qqn ou qqch. qui s'en écarte). – pronom. *Se corriger d'un défaut.* **2.** Supprimer (les fautes, les erreurs...). **3.** Lire (un texte) en vue de donner une note, ou d'améliorer. **II.** Infliger un châtiment corporel à.

corroborer v. tr. □ Donner appui à (une opinion...).

corroder v. tr. □ Détruire lentement, progressivement.

corroi n. m. □ techn. Corroyage.

corrompre v. tr. **1.** littér. Altérer. **2.** Engager (qqn) par des dons, des promesses, etc. à agir contre son devoir. ▷ adj. **corrompu, ue**

corrosif, ive adj. **1.** Qui corrode. **2.** (abstrait) Qui attaque avec violence.

corrosion n. f. □ Action, fait de corroder.

corroyer v. tr. □ Apprêter (le cuir), l'assouplir. ▶ **corroyage** n. m. ▶ **corroyeur, euse** n.

corrupteur, trice 1. n. Personne qui corrompt. **2.** adj. littér. Qui corrompt.

corruption n. f. □ Action de corrompre ; fait de se laisser corrompre.

corsage n. m. □ Vêtement féminin qui recouvre le buste.

corsaire n. m. **1.** anciennt Capitaine d'un navire autorisé à attaquer les navires d'autres pays. **2.** Aventurier, pirate.

corse adj. et n. □ De la Corse. ■ n. m. Dialecte italien.

corsé, ée adj. **1.** Fort (au goût). **2.** Compliqué. **3.** Scabreux.

corselet n. m. □ Partie antérieure du thorax (insectes).

corser v. tr. **1.** Rendre plus fort (un aliment). **2.** Accroître l'intérêt de. – pronom. *L'affaire se corse,* se complique.

corset n. m. **1.** anciennt Gaine munie de baleines, serrant la taille et le ventre des femmes. **2.** Appareil orthopédique pour le tronc.

corseté, ée adj. □ Raide, guindé.

cortège n. m. □ Groupe organisé qui avance.

cortex n. m. □ physiol. Partie périphérique externe d'un organe ; spécialt, du cerveau. ▶ **cortical, ale, aux** adj.

cortisone n. f. □ Hormone du cortex des glandes surrénales.

corvéable adj. □ hist. Assujetti à la corvée. *Taillable* et corvéable à merci.*

corvée n. f. **1.** hist. Travail gratuit dû au seigneur. **2.** Obligation ou travail pénible et inévitable.

corvette n. f. □ Ancien navire d'escorte.

corvidé n. m. □ zool. Oiseau de la famille des corbeaux, corneilles, geais, pies, etc.

coryphée n. m. □ (théâtre antique) Chef de chœur.

coryza n. m. ▫ Inflammation de la muqueuse des fosses nasales (syn. *rhume de cerveau*).

cosaque n. m. ▫ Cavalier de l'armée russe.

cosinus n. m. ▫ math. Sinus* du complément d'un angle.

cosmétique n. m. ▫ Produit destiné aux soins de beauté.

cosmique adj. ▫ Du cosmos.

cosmogonie n. f. ▫ didact. Théorie expliquant la formation de l'univers. ▶ **cosmogonique** adj.

cosmographie n. f. ▫ Astronomie descriptive. ▶ **cosmographique** adj.

cosmologie n. f. ▫ Science des lois de l'univers. ▶ **cosmologique** adj.

cosmonaute n. ▫ Voyageur de l'espace.

cosmopolite adj. ▫ Qui comprend des personnes de tous les pays. ▶ **cosmopolitisme** n. m.

cosmos n. m. ▫ Espace extraterrestre.

① **cosse** n. f. ▫ fam. Paresse. ▶ **cossard, arde** n. et adj. fam.

② **cosse** n. f. ▫ Enveloppe qui renferme les graines de certaines légumineuses.

cossu, ue adj. ▫ Riche, aisé.

costal, ale, aux adj. ▫ anat. Des côtes.

costard n. m. ▫ fam. Costume d'homme.

costaud, aude adj. ▫ fam. **1.** Fort, robuste. – n. *Un gros costaud.* **2.** (choses) Solide.

costume n. m. **1.** Pièces d'habillement formant un ensemble. **2.** Vêtement d'homme composé d'une veste, d'un pantalon et parfois d'un gilet.

costumer v. tr. ▫ Revêtir d'un déguisement. – pronom. *Se costumer en Pierrot.* ▷ adj. **costumé, ée** Déguisé.

costumier, ière n. ▫ Personne qui fait, vend ou loue des costumes de scène.

cotation n. f. ▫ Action de coter.

cote n. f. **1.** Montant d'une cotisation, d'un impôt. ▪ fig. *COTE MAL TAILLÉE* : compromis. **2.** Constatation officielle des cours (d'une valeur, d'une monnaie). **3.** Appréciation. – fam. *Avoir la cote* : être estimé. **4.** Chiffre servant à classer, ou indiquant un niveau. ▪ *COTE D'ALERTE* : niveau au-delà duquel commence une inondation ; fig. point critique.

① **côte** n. f. **I. 1.** Os plat du thorax, courbe, qui s'articule sur la colonne vertébrale et le sternum. **2.** *CÔTE À CÔTE* : l'un à côté de l'autre. **II.** Partie saillante.

② **côte** n. f. ▫ Pente.

③ **côte** n. f. ▫ Rivage de la mer.

coté, ée adj. ▫ Qui a une cote (2 et 3).

côté n. m. **1.** Partie qui est à droite ou à gauche. **2.** Ligne ou surface qui constitue la limite (d'une chose). **3.** fig. Aspect. **4.** *De ce côté-ci ; de ce côté-là* : par ici, par là. – *DU CÔTÉ DE* : dans la direction de ; aux environs de. ▪ fig. *De mon côté* : pour ma part. ▪ *DE CÔTÉ* loc. adv. *Mettre de côté*, en réserve. **5.** *À CÔTÉ* loc. adv. : à une distance proche. – *À CÔTÉ DE* loc. prép. *Être à côté de la question*, en dehors.

coteau n. m. ▫ Petite colline ; son versant.

côtelé, ée adj. ▫ (tissu) À côtes (①, II).

côtelette n. f. ▫ Côte des animaux de boucherie de taille moyenne (mouton, porc).

coter v. tr. **1.** Marquer d'une cote, de cotes. **2.** Indiquer le cours de (une valeur...).

coterie n. f. ▫ péj. Réunion de personnes soutenant ensemble leurs intérêts.

côtes-du-Rhône n. m. invar. ▫ Vin des côtes du Rhône.

cothurne n. m. ▫ Chaussure montante à semelle épaisse (théâtre antique).

côtier, ière adj. ▫ Relatif aux côtes (③).

cotignac n. m. □ Confiture, pâte de coings.

cotillon n. m. □ au plur. Accessoires (confettis, etc.) utilisés dans une réunion festive.

cotiser v. 1. *SE COTISER* v. pron. : contribuer à réunir une somme en vue d'une dépense commune. 2. v. intr. (même sens) *Cotiser pour un cadeau.* ■ Verser une somme régulière (à un organisme...). ▶ **cotisant, ante** adj. et n. ▶ **cotisation** n. f.

coton n. m. 1. Filaments soyeux qui entourent les graines du cotonnier. ■ Fil de coton. ■ Tissu de coton. 2. *Coton hydrophile* (purifié). → **ouate.** 3. adj. invar. fam. Difficile.

cotonnade n. f. □ Étoffe de coton.

cotonneux, euse adj. □ Dont l'aspect évoque le coton, la ouate.

cotonnier, ière I. n. m. Arbrisseau aux graines entourées de poils soyeux. II. adj. Qui a rapport au coton.

coton-tige n. m. (n. déposé) □ Fin bâtonnet aux extrémités recouvertes de coton. *Des cotons-tiges.*

côtoyer v. tr. □ Vivre à côté, près de (qqn).

cotre n. m. □ Navire à voiles à un seul mât.

cottage n. m. □ anglic. Petite maison de campagne.

cotte n. f. □ anciennt *COTTE DE MAILLES* : armure à mailles métalliques.

cotylédon n. m. □ bot. Feuille ou lobe qui naît sur l'axe de l'embryon d'une plante.

cou n. m. 1. Partie du corps qui unit la tête au tronc. 2. Goulot (d'une bouteille).

couac n. m. □ Son faux et discordant.

couard, arde adj. □ littér. Qui est lâchement peureux. ▶ **couardise** n. f.

couchage n. m. 1. Action de (se) coucher. 2. *Sac de couchage*, qui sert au coucher.

couchant, ante I. adj. *Soleil couchant*, qui disparaît à l'horizon. II. n. m. Côté de l'horizon où le soleil se couche (opposé à *levant*).

couche n. f. I. 1. vx Lit. 2. Garniture absorbante dont on enveloppe les fesses des bébés. II. au plur. État de la femme qui accouche ; enfantement. III. 1. Substance étalée sur une surface. 2. Disposition en zones superposées. 3. Catégorie, classe.

① **coucher** v. I. v. tr. 1. Mettre (qqn) au lit, l'étendre. 2. Rapprocher de l'horizontale (ce qui est vertical). 3. Mettre par écrit. II. v. intr. 1. S'étendre pour se reposer, dormir. 2. Passer la nuit. *Coucher sous les ponts.* 3. *Coucher avec qqn*, avoir des relations sexuelles avec lui, elle. ▷ v. pron. se **coucher** I. 1. Se mettre au lit. 2. S'étendre. II. (Soleil, astre) Descendre vers l'horizon.

② **coucher** n. m. I. Action de se coucher. II. Moment où le Soleil descend et se cache sous l'horizon.

couche-tard n. et adj. invar. □ Qui se couche souvent tard.

couchette n. f. □ Lit sommaire.

coucheur, euse n. □ *MAUVAIS COUCHEUR* : personne de caractère difficile.

couci-couça loc. adv. □ fam. Ni bien ni mal.

coucou n. m. I. 1. Oiseau grimpeur dont la femelle pond ses œufs dans le nid d'autres oiseaux. 2. Pendule. II. Plante sauvage à fleurs jaunes. III. fam. Vieil avion. IV. interj. Cri de qqn qui annonce son arrivée, etc.

coude n. m. I. 1. Partie extérieure du bras, à l'endroit où il se plie. 2. Partie d'une manche qui recouvre le coude. II. Angle saillant. ■ Tuyauterie formant un angle.

coudé, ée adj. ◻ Qui a un coude (II).

coudée n. f. ◻ *Avoir les* COUDÉES FRANCHES, la liberté d'agir.

cou-de-pied n. m. ◻ Dessus du pied. *Des cous-de-pied.*

coudoyer v. tr. ◻ Être en contact avec. ▶ **coudoiement** n. m.

coudre v. tr. ◻ Assembler au moyen d'un fil et d'une aiguille.

coudrier n. m. ◻ Noisetier.

couenne n. f. ◻ Peau de porc.

① **couette** n. f. ◻ Édredon que l'on met dans une housse amovible.

② **couette** n. f. ◻ Touffe de cheveux retenue par un lien de chaque côté de la tête.

couffin n. m. ◻ Corbeille souple servant de berceau.

coufique adj. et n. m. ◻ Se dit d'une écriture arabe ornementale.

cougar n. f. ◻ anglic. Femme mûre qui recherche et séduit des hommes beaucoup plus jeunes.

couguar ou **cougouar** n. m. ◻ Puma.

couic interj. ◻ Onomatopée, cri étranglé.

couille n. f. ◻ fam. et vulg. **1.** Testicule. **2.** *Une couille :* une erreur, un ennui.

couillon n. m. et adj. ◻ très fam. Imbécile.

couillonnade n. f. ◻ très fam. Bêtise.

couillonner v. tr. ◻ très fam. Tromper.

couiner v. intr. ◻ fam. **1.** Pousser de petits cris. **2.** (choses) Grincer. ▶ **couinement** n. m.

coulage n. m. ◻ Action de couler (I).

coulant, ante adj. **1.** *Nœud coulant,* formant une boucle qui se resserre quand on tire. **2.** fam. Accommodant.

à la **coule** loc. adj. ◻ fam. et vieilli Au courant, averti.

coulée n. f. **1.** Écoulement. *Coulée de lave.* **2.** Matière en fusion que l'on coule (I, 2).

couler v. **I.** v. tr. **1.** Faire passer (un liquide) d'un lieu à un autre. **2.** Jeter (une matière en fusion) dans le moule. **3.** Passer. *Couler des jours heureux.* **II.** v. intr. **1.** (liquide) Se déplacer naturellement. **2.** S'en aller rapidement. **3.** *Couler de source :* être évident. **4.** Laisser échapper un liquide. **III. 1.** v. intr. S'enfoncer dans l'eau (objet flottant...). **2.** v. tr. Faire sombrer (un navire). ■ fig. Ruiner (qqn, une entreprise). ▷ v. pron. se **couler** Passer sans faire de bruit.

couleur n. f. **I. 1.** Qualité de la lumière renvoyée par la surface d'un objet, selon l'impression visuelle qu'elle produit ; propriété de produire une telle impression. *Les couleurs du spectre* (violet, indigo, bleu, vert, jaune, orangé, rouge). ■ *En voir* DE TOUTES LES COULEURS, subir des choses désagréables. **2.** au plur. Zones colorées d'un drapeau. **3.** Chacune des quatre marques, aux cartes (carreau, cœur, pique, trèfle). **4.** Teinte naturelle (de la peau humaine). **II.** Couleur du spectre (excluant le blanc, le noir, le gris). **III.** Substance colorante. **IV.** fig. Aspect que prennent les choses.

couleuvre n. f. **1.** Serpent non venimeux d'Europe. **2.** AVALER DES COULEUVRES : subir des affronts.

couleuvrine n. f. ◻ anciennt Long canon fin.

coulis I. adj. m. VENT COULIS : courant d'air. **II.** n. m. Sauce concentrée tamisée.

coulisse n. f. **I.** Support à rainure le long duquel une pièce peut glisser ; cette pièce. **II.** (surtout au plur.) **1.** Partie d'un théâtre située sur les côtés et en arrière de la scène. **2.** fig. Le côté secret.

coulisser v. **1.** v. intr. Glisser sur des coulisses. ▶ **coulissant, ante** adj. **2.** v. tr. Garnir de coulisses (I, 2).

couloir n. m. 1. Passage étroit et long pour aller d'une pièce à l'autre. 2. Passage étroit.

coulpe n. f. □ *BATTRE SA COULPE*, témoigner son repentir.

coulure n. f. □ Traînée de qqch. qui a coulé.

country n. f. ou m. invar. □ anglic. Musique américaine issue du folklore.

coup n. m. I. 1. Mouvement par lequel un corps matériel vient en heurter un autre. 2. Décharge (d'une arme à feu). 3. fig. Acte, action qui attaque, frappe qqn. – *TENIR LE COUP* : résister, supporter. II. 1. Mouvement (d'une partie du corps de l'homme ou d'un animal). 2. Mouvement (d'un objet, d'un instrument). 3. Bruit (d'un appareil sonore). 4. Action brusque ou violente (du temps...). 5. Fait de lancer (les dés) ; action d'un joueur (jeux de hasard, d'adresse...). 6. Quantité absorbée en une fois. III. 1. Action subite et hasardeuse. 2. fam. *Être DANS LE COUP*, participer à qqch. – *Être AUX CENT COUPS*, très inquiet. – *Faire les QUATRE CENTS COUPS* : se livrer à des excès. 3. Action rapide, faite en une fois. – *Sur le coup* : immédiatement. – *À coup sûr* : infailliblement. – *Tout d'un coup, tout à coup* : brusquement, soudain.

coupable adj. 1. adj. et n. Qui a commis une faute. 2. (actions...) Blâmable.

coupage n. m. □ Action de couper (III, 1) des liquides.

coupant, ante adj. 1. Qui coupe. 2. Autoritaire.

coup-de-poing n. m. □ Arme de main, masse métallique percée de trous pour les doigts. *Des coups-de-poing.*

① **coupe** n. f. 1. Verre à pied, plus large que profond. 2. Prix qui récompense le vainqueur d'une compétition sportive. – La compétition.

② **coupe** n. f. I. 1. Action de couper, de tailler. 2. Abattage des arbres en forêt ; étendue de forêt à abattre. 3. Manière dont on taille l'étoffe, le cuir... pour en assembler les pièces. II. 1. Contour, forme de ce qui est coupé ; endroit où qqch. a été coupé. 2. Dessin d'un objet supposé coupé par un plan. III. 1. Division d'un jeu de cartes en deux paquets. 2. *Être SOUS LA COUPE de qqn*, sous sa dépendance.

coupé n. m. □ Voiture à deux portes.

coupe-choux n. m. invar. □ Rasoir à longue lame.

coupe-circuit n. m. invar. □ Appareil qui interrompt un circuit électrique.

coupe-coupe n. m. invar. □ → **machette.**

coupée n. f. □ Ouverture d'un navire qui permet l'entrée ou la sortie du bord.

coupe-faim n. m. invar. □ Substance destinée à diminuer l'appétit.

coupe-feu n. m. invar. □ Espace libre ou obstacle destiné à interrompre la propagation d'un incendie.

coupe-file n. m. □ Carte, billet donnant un accès prioritaire. *Des coupe-files.*

coupe-gorge n. m. invar. □ Lieu dangereux, fréquenté par des malfaiteurs.

coupelle n. f. □ Petite coupe.

coupe-papier n. m. invar. □ Instrument, lame pour couper le papier.

couper v. tr. I. 1. Diviser (un corps solide) avec un instrument tranchant ; séparer en tranchant. *Couper du bois.* ■ Préparer des pièces de tissu à assembler. 2. Enlever une partie de (qqch.) avec un instrument tranchant. *Couper de l'herbe.* 3. intrans. Être tranchant. 4. Faire une entaille à la peau. – pronom. *Se couper en se rasant.* II. 1. Diviser en plusieurs parties. 2. Passer au travers de (qqch.). 3. Enlever (une partie d'un texte, etc.). 4. Interrompre. *Couper la* *parole à qqn.* **5.** Arrêter, barrer. **6.** Interrompre le passage de. *Couper l'eau.* **III. 1.** Mélanger à un autre liquide. *Couper son vin,* l'additionner d'eau. **2.** Diviser (un jeu de cartes) en deux. ▪ Jouer avec l'atout. **IV.** v. tr. ind. fam. COUPER À. → **éviter.** ▷ v. pron. se **couper** Se contredire ; se trahir.

couperet n. m. **1.** Couteau à lame large. **2.** Lame de guillotine.

couperose n. f. ▫ Inflammation chronique de la peau du visage, caractérisée par des taches rougeâtres. ▶ **couperosé, ée** adj.

coupeur, euse n. ▫ Personne qui coupe (qqch.).

coupe-vent n. m. invar. ▫ Blouson qui protège du vent.

couplage n. m. ▫ Fait de coupler ; assemblage (de pièces mécaniques, etc.).

couple n. m. **I.** Deux personnes unies par des relations sentimentales, physiques. – (animaux) Le mâle et la femelle. **II.** sc. Système de deux forces parallèles, égales et de sens contraire.

coupler v. tr. ▫ Assembler deux à deux.

couplet n. m. ▫ Chacune des parties d'une chanson séparées par le refrain.

coupole n. f. ▫ Voûte hémisphérique d'un dôme.

coupon n. m. **1.** Pièce d'étoffe. **2.** Partie détachable d'un document. *Coupon-réponse.*

coupure n. f. **I. 1.** Blessure faite par un instrument tranchant. **2.** abstrait Séparation nette, brutale. **3.** Suppression d'une partie (d'un ouvrage). **4.** Interruption (du gaz, de l'eau...). **II. 1.** *Coupures de journaux,* articles découpés. **2.** Billet de banque.

cour n. f. **I.** Espace découvert et clos, dépendant d'une habitation. **II. 1.** Résidence du souverain et de son entourage ; cet entourage. **2.** fig. *FAIRE LA COUR à qqn,* chercher à lui plaire. → **courtiser. III.** Tribunal.

courage n. m. **1.** Force morale ; fait d'agir malgré les difficultés, énergie dans l'action. **2.** Fait de ne pas avoir peur ; force devant le danger ou la souffrance.

courageux, euse adj. **1.** Qui a du courage. **2.** (acte...) Qui manifeste du courage. ▶ **courageusement** adv.

couramment adv. **1.** Avec aisance. **2.** D'une façon habituelle.

① **courant, ante** adj. **I. 1.** Qui court. **2.** *Eau courante,* distribuée par tuyaux. **3.** (temps, action) Qui s'écoule, se fait au moment où l'on parle. **II.** Qui a cours d'une manière habituelle.

② **courant** n. m. **1.** Mouvement de l'eau, d'un liquide. **2.** COURANT D'AIR : passage d'air froid. **3.** *Courant (électrique)* : déplacement d'électricité dans un conducteur. **4.** Déplacement orienté. – fig. *Les courants de l'opinion.* → **mouvement. 5.** *DANS LE COURANT DE la semaine,* pendant. **6.** *AU COURANT,* informé.

courante n. f. ▫ fam. Diarrhée.

courbatu, ue adj. ▫ littér. Extrêmement las.

courbature n. f. ▫ Sensation de fatigue douloureuse (effort prolongé, fièvre...).

courbaturer v. tr. ▫ Donner une courbature à. ▷ adj. **courbaturé, ée**

courbe adj. **I.** Qui change de direction sans former d'angles. **II.** n. f. Ligne courbe.

courber v. tr. **1.** Rendre courbe. **2.** Pencher en abaissant. ▷ v. pron. se **courber**

courbette n. f. ▫ Action de s'incliner exagérément, avec une politesse obséquieuse.

courbure n. f. ▫ Forme courbe.

coureur, euse n. **I.** **1.** Personne qui court. ▪ adj. *Oiseaux coureurs.* **2.** Athlète qui participe à une course. **II.** Personne constamment à la recherche d'aventures amoureuses.

courge n. f. **1.** Plante potagère. **2.** Fruit d'une variété de courge.

courgette n. f. ▫ Courge allongée (verte).

courir v. **I.** v. intr. **1.** Se déplacer en reposant alternativement le corps sur l'une puis l'autre jambe, et d'une allure, la course*, plus rapide que la marche. **2.** Aller vite. – *Courir après qqch.*, essayer de l'obtenir. **3.** Être répandu, passer de l'un à l'autre. *Le bruit court que...* **4.** (temps) Suivre son cours, passer. – *Par les temps qui courent* : actuellement. **II.** v. tr. **1.** Participer à (une épreuve de course). **2.** Aller au-devant de. – *Courir un danger*, y être exposé. **3.** Parcourir. **4.** Fréquenter assidûment.

courlis n. m. ▫ Oiseau échassier migrateur qui vit près de l'eau.

couronne n. f. **I.** **1.** Cercle que l'on met autour de la tête (parure, marque d'honneur, d'autorité). **2.** Royauté, souveraineté. **II.** Objet circulaire ; choses disposées en cercle. ▪ spécialt Partie visible d'une dent. – Capsule dont on recouvre une dent. **III.** Unité monétaire de quelques pays.

couronnement n. m. **I.** Cérémonie par laquelle on couronne un souverain. **II.** **1.** Ce qui termine et orne le sommet (d'un édifice...). **2.** abstrait Ce qui achève.

couronner v. tr. **I.** **1.** Coiffer (qqn) d'une couronne. ▪ Décerner un prix à (qqn, qqch.). **2.** Proclamer (qqn) souverain. **II.** abstrait Achever en complétant.

courre v. tr.. ▫ *CHASSE À COURRE*, avec des chiens et à cheval.

courriel n. m. ▫ Message électronique.

courrier n. m. **1.** Transport des lettres, journaux, etc. – *Courrier électronique* (par un réseau informatique, télématique). **2.** Ensemble des lettres, journaux, etc. reçus ou expédiés.

courroie n. f. ▫ Bande étroite d'une matière souple et résistante servant à lier, à attacher.

courroucer v. tr. ▫ littér. Mettre en colère. ▷ adj. **courroucé, ée**

courroux n. m. ▫ littér. Colère.

cours n. m. **I.** Écoulement continu. – fig. *Donner LIBRE COURS à*, ne plus contenir. ▪ *COURS D'EAU.* → **fleuve, rivière, ruisseau, torrent.** **II.** **1.** Suite continue dans le temps. ▪ *AU, EN COURS DE.* → **durant, pendant.** **2.** Enseignement sur une matière déterminée. ▪ Degré d'études. **III.** **1.** Prix auquel sont négociées des marchandises, des valeurs. **2.** *AVOIR COURS* : avoir valeur légale. – fig. Être reconnu, utilisé. **IV.** Avenue servant de promenade.

course n. f. **I.** **1.** Action de courir. **2.** Épreuve de vitesse. – au plur. Courses de chevaux. **II.** **1.** Action de parcourir un espace. **2.** au plur. Déplacement pour porter, aller chercher qqch. ▪ Achats.

courser v. tr. ▫ fam. Poursuivre (qqn).

coursier, ière n. ▫ Personne chargée des courses (II, 2) pour une entreprise, etc.

coursive n. f. ▫ Couloir étroit d'un navire.

① **court, courte** **I.** adj. **1.** Qui a peu de longueur. **2.** Qui a peu de durée. ▪ Peu développé. *Un court récit.* **3.** Qui est rapproché dans le temps. **II.** adv. **1.** De manière à rendre court. *Se couper les cheveux très court.* **2.** *TOURNER COURT* : ne pas aboutir. **3.** *Prendre qqn DE COURT*, à l'improviste. **4.** *À COURT DE. Être à court d'idées*, en manquer.

② **court** n. m. ▫ Terrain pour le tennis.

courtage n. m. **1.** Profession de courtier. **2.** Commission, rémunération de courtier.

court-bouillon n. m. ▫ Bouillon aromatisé dans lequel on fait cuire du poisson. *Des courts-bouillons.*

court-circuit n. m. ▫ Interruption du courant par fusion des plombs. *Des courts-circuits.*

court-circuiter v. tr. **1.** Mettre en court-circuit. **2.** fig., fam. Laisser de côté (un intermédiaire) pour atteindre un but.

courtepointe n. f. ▫ Couverture ouatée et piquée.

courtier, ière n. ▫ Agent qui met en rapport vendeurs et acheteurs pour des opérations de Bourse ou de commerce.

courtine n. f. ▫ Mur de fortification.

courtisan n. m. **1.** Homme qui fréquente la cour d'un souverain. **2.** fig. Personne qui cherche à plaire aux gens influents.

courtisane n. f. ▫ vieilli Femme entretenue.

courtiser v. tr. ▫ Faire la cour à (qqn).

courtois, oise adj. ▫ Qui est d'une politesse raffinée. ▶ **courtoisement** adv. ▶ **courtoisie** n. f.

court-vêtu, ue adj. ▫ Dont le vêtement est court. *Des femmes court-vêtues.*

couru, ue adj. **1.** Recherché. *Un spectacle très couru.* **2.** fam. *C'était couru,* prévu.

couscous n. m. ▫ Plat de semoule de blé, avec de la viande, des légumes et du bouillon.

① **cousin, ine** n. ▫ Enfant de l'oncle ou de la tante.

② **cousin** n. m. ▫ Moustique.

coussin n. m. ▫ Pièce souple rembourrée, servant à supporter une partie du corps.

coussinet n. m. **1.** Petit coussin. **2.** Partie charnue sous la patte (d'un chat, etc.).

cousu, ue adj. ▫ Joint par une couture. – *COUSU D'OR,* très riche.

coût n. m. ▫ Somme que coûte une chose.

coûtant adj. m. ▫ *PRIX COÛTANT* : prix qu'une chose a coûté.

couteau n. m. **1.** Instrument servant à couper, composé d'une lame et d'un manche. ▪ *Être à couteaux tirés,* en guerre ouverte. ▪ *Second couteau* : personnage de second plan. **2.** Petite truelle de peintre. **3.** Mollusque à coquille allongée.

coutelas n. m. ▫ Couteau à lame large.

coutellerie n. f. **1.** Fabrication des couteaux et instruments tranchants. ▪ Ces produits. **2.** Usine, atelier de cette industrie. ▶ **coutelier, ière** n. et adj.

coûter v. **I.** v. intr. et tr. ind. **1.** Nécessiter le paiement d'une somme pour être obtenu. *Les vingt euros que ce livre m'a coûté.* **2.** *COÛTER CHER* : entraîner des dépenses. **II.** fig. **1.** v. tr. Causer (une peine, un effort, une perte) à qqn. **2.** v. intr. et tr. ind. *COÛTER À* : être pénible, difficile pour. *Cet effort me coûte.* **3.** *COÛTE QUE COÛTE* loc. adv. : à n'importe quel prix.

coûteux, euse adj. ▫ Qui coûte cher. ▶ **coûteusement** adv.

coutil n. m. ▫ Toile croisée et serrée.

coutume n. f. **1.** Manière à laquelle la plupart se conforment, dans un groupe social. **2.** *Une fois n'est pas coutume* : on peut faire une exception. – *DE COUTUME* loc. adv. : d'habitude.

coutumier, ière adj. **1.** littér. Habituel, ordinaire. **2.** *Être COUTUMIER DU FAIT,* avoir déjà fait la même chose (répréhensible).

couture n. f. **I. 1.** Action de coudre. **2.** Confection professionnelle des vêtements. – *HAUTE COUTURE* (de vêtements uniques). **II. 1.** Assemblage réalisé avec du fil et une aiguille. **2.** *Examiner SOUS TOUTES LES COUTURES*, très attentivement. – *BATTRE À PLATE COUTURE*, complètement.

couturé, ée adj. ▫ Marqué de cicatrices.

couturier n. m. ▫ Personne qui dirige une maison de couture, crée des modèles.

couturière n. f. ▫ Celle qui coud, qui exécute des vêtements.

couvain n. m. ▫ Amas d'œufs (d'abeilles...).

couvaison n. f. ▫ Temps pendant lequel les oiseaux couvent leurs œufs.

couvée n. f. **1.** Œufs couvés par un oiseau. **2.** Petits qui viennent d'éclore.

couvent n. m. **1.** Maison dans laquelle des religieux(euses) vivent en commun. **2.** Pensionnat religieux de jeunes filles.

couver v. **I.** v. tr. **1.** (oiseaux) Se tenir sur des œufs pour les faire éclore. **2.** *Couver qqn*, l'entourer de soins attentifs. **3.** Préparer en secret. **4.** *Couver une maladie*, porter en soi les germes. **II.** (sujet chose) v. intr. Se préparer secrètement.

couvercle n. m. ▫ Pièce mobile s'adaptant à l'ouverture (d'un récipient) pour le fermer.

① **couvert** n. m. **I. 1.** *Le vivre et le couvert* : la nourriture et le logement. **2.** *À COUVERT (DE)* loc. prép. et adv. : dans un lieu où l'on est protégé. **3.** *SOUS COUVERT DE* : sous le prétexte de (qqch.). **II.** Ustensiles de table pour une personne ; spécialt, cuiller, fourchette et couteau.

② **couvert, erte** adj. **I. 1.** Qui a un vêtement. **2.** Qui a sur lui (qqch.). *Couvert de boue.* ▪ *Ciel couvert*, nuageux. **3.** *À MOTS COUVERTS* : en termes voilés. **II.** Protégé (par qqn).

couverture n. f. **I. 1.** Pièce de laine, etc. qu'on place sur les draps d'un lit. **2.** Ce qui recouvre un livre, un cahier. **II. 1.** Ce qui sert à couvrir (II), à protéger. *Couverture sociale*, protection des assurés sociaux. **2.** fig. Affaire dissimulant une activité secrète. **3.** Fait de couvrir (III, 2) (un événement).

couveuse n. f. **1.** Poule qui couve. **2.** Enceinte où l'on place les prématurés fragiles.

couvre-chef n. m. ▫ plais. Ce qui couvre la tête. *Des couvre-chefs.*

couvre-feu n. m. **1.** Signal indiquant l'heure de rentrer chez soi. *Des couvre-feux.* **2.** Interdiction de sortir.

couvre-lit n. m. ▫ Couverture légère servant de dessus de lit. *Des couvre-lits.*

couvreur, euse n. ▫ Professionnel(le) qui fait ou répare les toitures des maisons.

couvrir v. tr. **I. 1.** Garnir (un objet) en disposant qqch. dessus. **2.** Habiller chaudement. **3.** Parsemer d'une grande quantité de. ▪ fig. *On l'a couvert d'éloges.* – pronom. *Il s'est couvert de ridicule.* ▪ (choses) Être répandu sur. – pronom. *Le ciel se couvre* (de nuages). **II. 1.** Protéger par qqch. **2.** Abriter (qqn) par sa protection. **3.** Fournir une garantie. **III. 1.** Parcourir (une distance). **2.** Informer sur (un événement).

cover-girl n. f. ▫ anglic. vieilli Jeune femme qui pose pour des photographies de mode. *Des cover-girls.*

covoiturage n. m. ▫ Transport de plusieurs personnes sur le même trajet au moyen d'une voiture individuelle, en partageant les frais. ▶ **covoiturer** v. intr.

cow-boy n. m. □ anglic. Gardien de troupeaux à cheval (États-Unis).

coxal, ale, aux adj. □ didact. De la hanche.

coxalgie n. f. □ méd. Douleur de la hanche.

coyote n. m. □ Mammifère carnivore d'Amérique, voisin du chacal.

C. Q. F. D. □ Ce qu'il fallait démontrer.

crabe n. m. □ Crustacé marin à corps arrondi, à cinq paires de pattes. ■ *PANIER DE CRABES* : groupe d'individus cherchant à se nuire.

crac interj. □ Imite un bruit sec (choc...).

crachat n. m. □ Salive, mucosité rejetée par la bouche.

tout **craché** loc. adj. invar. □ Très ressemblant.

crachement n. m. **1.** Action de cracher. **2.** Projection (de gaz...). **3.** → **crachotement** (2).

cracher v. **I.** v. intr. **1.** Projeter de la salive, des mucosités par la bouche. **2.** fig., fam. *Cracher sur qqch., qqn*, exprimer un violent mépris. **3.** Émettre des crépitements. **II.** v. tr. **1.** Lancer (qqch.) de la bouche. **2.** fig. *Cracher des injures.* → **proférer. 3.** Émettre en lançant. *Volcan qui crache de la lave.*

cracheur, euse n. □ Personne qui crache.

crachin n. m. □ Pluie fine et serrée. ▶ **crachiner** v. impers.

crachoir n. m. □ Récipient dans lequel on peut cracher. – fam. *TENIR LE CRACHOIR* : parler sans arrêt.

crachoter v. intr. □ Émettre des crépitements. ▶ **crachotement** n. m.

① **crack** n. m. □ fam. Personne remarquable.

② **crack** n. m. □ Dérivé cristallisé de la cocaïne.

① **cracker** n. m. □ anglic. Petit biscuit salé croustillant.

② **cracker** n. m. □ anglic. Personne qui déjoue un système de protection informatique pour voler ou nuire.

cracra ; crade ; crado → **crasseux.**

craie n. f. **1.** Calcaire naturel. **2.** Bâton de craie pour écrire.

craindre v. **I.** v. tr. **1.** Envisager (qqn, qqch.) comme dangereux et en avoir peur. **2.** (plantes...) Être sensible à, ne pas supporter. **II.** v. intr. fam. *Ça craint* : c'est pénible, dangereux.

crainte n. f. □ Sentiment par lequel on craint (qqn ou qqch.).

craintif, ive adj. □ Qui est sujet à la crainte. ■ Qui manifeste de la crainte. ▶ **craintivement** adv.

cramer v. tr. et intr. □ fam. Brûler.

cramoisi, ie adj. □ Rouge foncé.

crampe n. f. □ Contraction douloureuse et passagère des muscles.

crampon n. m. □ Pièce de métal pour attacher, etc. (agrafe, crochet).

se **cramponner** v. pron. □ S'accrocher, se tenir fermement (à).

cran n. m. **I. 1.** Entaille faite à un corps dur et destinée à accrocher, à arrêter qqch. ■ fig. *Monter d'un cran* : passer à qqch. de supérieur. **2.** Ondulation (notamment des cheveux). **II. 1.** fam. Audace, courage. **2.** *Être À CRAN*, prêt à se fâcher.

① **crâne** n. m. **1.** Boîte osseuse renfermant le cerveau. **2.** Sommet de la tête. ▶ **crânien, ienne** adj.

② **crâne** adj. □ vieilli Courageux, décidé. ▶ **crânement** adv.

crâner v. intr. □ fam. Prendre un air vaniteux. ▶ **crâneur, euse** n. et adj.

cranter v. tr. □ Faire des crans à (qqch.).

crapahuter v. intr. □ fam. Marcher en terrain difficile.

crapaud n. m. **1.** Batracien au corps trapu, à peau verruqueuse. **2.** appos. *Fauteuil crapaud*, bas et large.

crapoteux → **crasseux**

crapule n. f. ▫ Individu malhonnête. ▶ **crapuleux, euse** adj. ▶ **crapuleusement** adv.

craquage n. m. ▫ Procédé de raffinage du pétrole.

craquant, ante adj. **1.** Qui craque. **2.** fam. Qui fait craquer (I, 4).

craque n. f. ▫ fam. Mensonge.

craqueler v. tr. ▫ Fendiller (une surface polie). ▶ **craquelure** n. f.

craquelin n. m. ▫ Biscuit dur et croquant.

craquement n. m. ▫ Bruit de ce qui craque.

craquer v. **I.** v. intr. **1.** Produire un bruit sec, bref. **2.** Céder, se déchirer brusquement. **3.** S'effondrer nerveusement. **4.** fam. Céder à une envie ; être séduit. **II.** v. tr. Allumer (une allumette) en la frottant.

craqueter v. intr. **1.** Produire des craquements. **2.** (cigogne...) Crier. ▶ **craquètement** ou **craquettement** n. m.

crash n. m. ▫ anglic. Atterrissage forcé, souvent brutal (d'un avion).

crasse I. adj. f. *Ignorance crasse*, totale. **II.** n. f. **1.** Couche de saleté. **2.** fam. Indélicatesse.

crasseux, euse adj. ▫ Couvert de crasse ; très sale. – syn. fam. **cracra, crade, crado, crapoteux, euse.**

crassier n. m. ▫ Amoncellement des scories de hauts fourneaux.

cratère n. m. **1.** Vase antique. **2.** Dépression d'un volcan par laquelle s'échappent des matières en fusion.

cravache n. f. ▫ Badine de cavalier.

cravacher v. **1.** v. tr. Frapper d'une cravache. **2.** v. intr. fam. Aller vite, travailler dur.

cravate n. f. ▫ Bande d'étoffe que l'on noue et qui passe sous le col de chemise.

cravater v. tr. **1.** Mettre une cravate à (qqn). **2.** fam. Prendre, attraper (qqn).

crawl n. m. ▫ anglic. Nage rapide avec un battement continu des jambes et une rotation des bras. ▶ **crawler** v. intr.

crayeux, euse adj. **1.** De la nature de la craie. **2.** De la couleur (blanche) de la craie.

crayon n. m. **1.** Petite baguette, souvent en bois, enfermant une longue mine. ■ par ext. *Crayon à bille.* **2.** Bâtonnet (de fard).

crayonné n. m. ▫ Esquisse d'une illustration.

crayonner v. tr. ▫ Dessiner, écrire au crayon. ▶ **crayonnage** n. m.

créance n. f. ▫ Droit en vertu duquel qqn peut exiger de l'argent de qqn d'autre.

créancier, ière n. ▫ Personne à qui de l'argent est dû.

créateur, trice I. 1. n. m. Puissance qui crée. **2.** n. Auteur, inventeur (de qqch.). ■ Personne qui conçoit et vend des vêtements sous sa marque. **II.** adj. Qui crée.

créatif, ive adj. ▫ Inventif, imaginatif.

création n. f. **1.** Action de créer. **2.** Ce qui est créé.

créativité n. f. ▫ Pouvoir de création.

créature n. f. ▫ Être qui a été créé.

crécelle n. f. **1.** Moulinet de bois produisant un bruit sec et aigu. **2.** fig. *Voix de crécelle*, aiguë, désagréable.

crécerelle n. f. ▫ Faucon à longue queue.

crèche n. f. **I. 1.** Mangeoire où Jésus fut placé à sa naissance. **2.** Représentation de la Nativité. **II.** Établissement qui reçoit dans la journée les enfants de moins de trois ans.

crécher v. intr. ▫ fam. Habiter, loger.

crédence n. f. ▫ Buffet à tablettes superposées.

crédible adj. ▫ Digne de confiance. ▶ **crédibilité** n. f.

crédit n. m. **I.** littér. Influence due à la confiance qu'inspire qqch., qqn. **II. 1.** *À CRÉDIT* : sans paiement immédiat. **2.** Opération par laquelle qqn met une somme d'argent à la disposition d'un autre ; cette somme. **3.** Partie d'un compte où sont inscrites les sommes remises.

créditer v. tr. ▫ Porter au crédit de (qqn ; son compte).

créditeur, trice n. ▫ Personne qui a des sommes à son crédit. – adj. *Solde créditeur.*

credo n. m. ▫ Principes sur quoi on fonde sa conduite.

crédule adj. ▫ Qui a une confiance naïve. ▶ **crédulité** n. f.

créer v. tr. **1.** Donner l'existence à ; faire, réaliser. **2.** Être la cause de.

crémaillère n. f. **1.** Tige de fer à crans d'une cheminée, pour suspendre une marmite. – *PENDRE LA CRÉMAILLÈRE* : célébrer une installation dans un nouveau logement. **2.** Pièce munie de crans.

crémation n. f. ▫ Action de brûler le corps d'un mort.

crématoire adj. ▫ *FOUR CRÉMATOIRE,* où l'on réduit les corps en cendres.

crématorium n. m. ▫ Lieu où l'on incinère les morts. – var. **crematorium.**

crème n. f. **I. 1.** Matière grasse du lait, dont on fait le beurre. **2.** Entremets composé de lait et d'œufs. **3.** Potage velouté. **4.** Liqueur épaisse. **5.** Préparation pour les soins de la peau. **II.** adj. invar. D'une couleur blanche légèrement teintée de jaune.

crémerie n. f. ▫ Magasin de crémier.

crémeux, euse adj. **1.** Qui contient beaucoup de crème (I, 1). **2.** Qui a la consistance, l'aspect de la crème.

crémier, ière n. ▫ Commerçant qui vend des produits laitiers, des œufs, etc.

crémone n. f. ▫ Espagnolette*.

créneau n. m. **I.** Ouverture pratiquée au sommet d'un rempart, pour la défense. – fig. *Monter au créneau* : s'engager dans une lutte. **II. 1.** Manœuvre pour se garer, en marche arrière. **2.** Temps disponible.

créneler v. tr. ▫ Munir de créneaux. – au p. p. *Mur crénelé.*

créole 1. n. et adj. Se dit d'une personne d'ascendance européenne née dans les colonies intertropicales (Antilles). ▪ Toute personne née dans ces anciennes colonies. **2.** n. m. Langue provenant du contact des langues de colonisation avec des langues indigènes.

créosote n. f. ▫ Liquide huileux extrait de goudrons, désinfectant.

① **crêpe** n. f. ▫ Fine galette d'une pâte faite de lait, de farine et d'œufs.

② **crêpe** n. m. **I.** Tissu léger de soie, de laine. ▪ Morceau de crêpe noir (signe de deuil). **II.** Caoutchouc séché.

crêper v. tr. ▫ Rebrousser, faire gonfler (les cheveux).

crêperie n. f. ▫ Lieu où l'on vend, où l'on consomme des crêpes.

crépi n. m. ▫ Couche de plâtre, de ciment dont on revêt un mur.

crêpier, ière I. n. Personne qui fait des crêpes pour les vendre. **II.** n. f. Appareil pour faire des crêpes.

crépine n. f. ▫ Membrane qui entoure les viscères de certains animaux.

crépinette n. f. ▫ Saucisse plate entourée de crépine.

crépir v. tr. ▫ Garnir d'un crépi. ▶ **crépissage** n. m.

crépiter v. intr. ▫ Faire entendre une succession de bruits secs. ▶ **crépitement** n. m. et **crépitation** n. f.

crépon n. m. ◻ Papier gaufré décoratif.

crépu, ue adj. ◻ (cheveux...) Très frisé.

crépuscule n. m. **1.** Lumière incertaine qui succède au coucher du soleil. **2.** fig., littér. Déclin, fin. ▶ **crépusculaire** adj.

crescendo ◻ mus. **1.** adv. En augmentant progressivement l'intensité sonore. ▪ *Aller crescendo*, en augmentant. **2.** n. m. Son d'intensité croissante.

cresson n. m. ◻ Plante herbacée à petites feuilles rondes comestibles (souvent cultivée dans des bassins : *cressonnière* n. f.).

crétacé, ée adj. et n. m. ◻ géol. Se dit d'une période de la fin du secondaire, correspondant à la formation des terrains à craie.

crête n. f. **1.** Excroissance charnue, rouge, sur la tête de certains gallinacés. **2.** Ligne de faîte.

crétin, ine n. **1.** méd. Personne atteinte de crétinisme (1). **2.** Personne stupide.

crétinerie n. f. ◻ Action de crétin.

crétinisme n. m. **1.** méd. Arriération mentale grave. **2.** Grande bêtise.

cretonne n. f. ◻ Toile de coton très forte.

creuser v. tr. **I. 1.** Rendre creux en enlevant de la matière. – *L'exercice m'a creusé (l'estomac)*, donné faim. – *Se creuser la tête* : faire un effort de réflexion. **2.** Donner une forme concave à. **3.** fig. → **approfondir. II.** Faire (qqch.) en enlevant de la matière. *Creuser un trou.* ▷ v. pron. se **creuser 1.** Devenir creux. **2.** (trou) Se former. ▶ **creusage** et **creusement** n. m.

creuset n. m. **1.** Récipient qui sert à faire fondre certaines substances. **2.** Lieu où diverses choses se mêlent.

creux, creuse I. adj. **1.** Qui est vide à l'intérieur. **2.** (texte...) Vide de sens. **3.** *Heures creuses*, de faible activité. **4.** Qui présente une concavité. **II.** n. m. **1.** Vide intérieur. – fam. *Avoir un creux* : avoir faim. **2.** Partie concave. – *Être dans le creux de la vague*, dans une période difficile.

crevaison n. f. ◻ Fait de crever (pneu...).

crevant, ante adj. ◻ fam. Qui exténue.

crevard, arde n. et adj. ◻ fam. **1.** Personne malingre. **2.** Personne avide.

crevasse n. f. **1.** Fente profonde à la surface (de qqch.). **2.** Petite fente de la peau (froid, etc.).

crevasser v. tr. ◻ Faire des crevasses à.

crève n. f. ◻ fam. *Attraper la crève*, attraper froid. – *Avoir la crève* (rhume, grippe).

crevé, ée adj. **1.** (animaux, plantes) Mort. **2.** fam. (personnes) Très fatigué.

crève-cœur n. m. ◻ Peine profonde mêlée de regret. *Des crève-cœurs.*

crève-la-faim n. invar. ◻ fam. Miséreux.

crever v. **I.** v. intr. **1.** S'ouvrir en éclatant, par excès de tension. **2.** (animaux, plantes ; (fam.) personnes) Mourir. **II.** v. tr. **1.** Faire éclater (une chose gonflée ou tendue). – au p. p. *Pneu crevé.* **2.** *Crever les yeux* : être évident. **3.** Exténuer (un animal ; fam. qqn) par un effort excessif.

crevette n. f. ◻ Petit crustacé marin très apprécié.

cri n. m. **1.** Son perçant émis par la voix. **2.** Paroles prononcées très fort, sur un ton aigu. ▪ fig., fam. *Le dernier cri*, la dernière mode. **3.** *Cri du cœur*, expression d'un sentiment sincère. **4.** Son émis par les animaux.

criailler v. intr. ◻ Crier, se plaindre sans cesse. ▶ **criaillerie** n. f.

criant, criante adj. ◻ Évident, flagrant.

criard, criarde adj. **I. 1.** Qui crie désagréablement. **2.** (son) Aigu et désagréable. **II.** (couleur) Qui choque la vue.

crible n. m. **1.** Instrument percé de trous, qui sert à trier des objets de grosseur inégale. **2.** *PASSER AU CRIBLE*, examiner avec soin.

cribler v. tr. **1.** Trier avec un crible. **2.** Percer de nombreux trous. ▪ *Être criblé de dettes*, en avoir beaucoup.

cric n. m. ▫ Appareil pour soulever à une faible hauteur des fardeaux très lourds.

cricket n. m. ▫ Sport d'équipe britannique, qui se pratique avec des battes.

criée n. f. ▫ Vente publique aux enchères.

crier v. **I.** v. intr. **1.** Produire un ou plusieurs cris. **2.** Parler fort, élever la voix. – *CRIER À* (qqch.), dénoncer ou proclamer. **3.** (choses) → **grincer. II.** v. tr. **1.** Dire d'une voix forte. ▪ Faire connaître avec force. **2.** *Crier famine*, se plaindre de la faim. – *Crier vengeance*, réclamer la vengeance.

crieur, euse n. **1.** Marchand ambulant qui annonce ce qu'il vend. **2.** *Crieur public*, qui faisait les proclamations publiques.

crime n. m. **1.** dr. Infraction grave, que les lois punissent d'une peine de réclusion ou de détention d'au moins dix ans. **2.** Assassinat, meurtre. **3.** Action blâmable.

criminalité n. f. ▫ Ensemble des actes criminels.

criminel, elle I. n. Personne coupable d'un crime ; assassin, meurtrier. **II.** adj. **1.** Qui constitue un crime. **2.** dr. Relatif aux crimes et à leur répression. **3.** fam. Très regrettable. ▸ **criminellement** adv.

criminologie n. f. ▫ Science de la criminalité. ▸ **criminologue** ou **criminologiste** n.

crin n. m. **1.** Poil long et rude qui pousse au cou et à la queue de certains animaux. **2.** *À TOUS CRINS* (ou *à tout crin*) : ardent, énergique.

crincrin n. m. ▫ fam. Mauvais violon.

crinière n. f. ▫ Ensemble des crins du cou (d'animaux).

crinoline n. f. ▫ ancienn^t Armature que l'on portait pour faire bouffer les jupes.

crique n. f. ▫ Petite baie.

criquet n. m. ▫ Insecte volant et sauteur, vorace.

crise n. f. **1.** Manifestation brutale ou aggravation brusque d'une maladie. **2.** Manifestation soudaine et violente (d'émotions). **3.** Phase grave dans une évolution.

crispant, ante adj. ▫ Qui crispe (2).

crispation n. f. **1.** Contraction brève des muscles. **2.** Mouvement d'agacement.

crisper v. tr. **1.** Contracter les muscles de. **2.** fam. Causer une vive irritation à (qqn). ▷ adj. **crispé, ée**

criss n. m. → **kriss**

crisser v. intr. ▫ Produire un bruit aigu de frottement. ▸ **crissement** n. m.

cristal, aux n. m. **I. 1.** Minéral naturel transparent et dur. **2.** Verre très limpide. **II.** sc. Forme géométrique définie prise par des substances minérales ou solidifiées. ▪ *Cristal liquide* (utilisé pour l'affichage électronique).

cristallerie n. f. ▫ Fabrication, fabrique d'objets en cristal (I, 2).

cristallin, ine I. adj. Clair, transparent comme le cristal. – (son) Pur et clair. **II.** n. m. Partie transparente de l'œil, en arrière de la pupille.

cristalliser v. **I. 1.** v. tr. Faire passer (un corps) à l'état de cristaux (II). **2.** v. intr. et pron. Passer à l'état de cristaux (II). **II.** fig., littér. **1.** v. tr. Rassembler (des éléments épars) en un tout cohérent. **2.** v. intr. (sentiments...) Se préciser. ▸ **cristallisation** n. f.

cristallographie n. f. ▫ Science qui étudie les cristaux. ▶ **cristallographique** adj. ▶ **cristallographe** n.

critère n. m. ▫ Ce qui sert de base à un jugement.

critérium n. m. ▫ sports Épreuve servant à classer des concurrents.

critiquable adj. ▫ Qui mérite d'être critiqué.

① **critique** adj. **1.** Qui a rapport à une crise (1) ; qui correspond à un seuil. *Phase critique d'une maladie.* **2.** Qui décide du sort de qqn ou de qqch.

② **critique I.** n. f. **1.** Examen en vue de porter un jugement. **2.** Art de juger les ouvrages d'art ou d'esprit. **3.** Action de critiquer (II) ; jugement défavorable. **II. 1.** n. Professionnel de la critique (I, 2). **2.** n. f. L'ensemble des critiques. **III.** adj. **1.** Qui décide de la valeur de qqch. **2.** Qui critique (II).

critiquer v. tr. **I.** Examiner (les ouvrages d'art ou d'esprit) par la critique. **II.** Émettre un jugement négatif sur.

croasser v. intr. ▫ (corbeau...) Pousser son cri. ▶ **croassement** n. m.

croate adj. et n. ▫ De la Croatie.

croc n. m. **1.** Bâton muni d'un crochet. **2.** Dent pointue de certains animaux.

croc-en-jambe n. m. ▫ Fait de déséquilibrer qqn en lui tirant une jambe à l'aide du pied. *Des crocs-en-jambe.*

croche n. f. ▫ Note de musique qui vaut la moitié d'une noire.

croche-pied n. m. ▫ Croc-en-jambe. *Des croche-pieds.* – syn. fam. **croche-patte.**

crochet n. m. **I. 1.** Pièce de métal recourbée. ▪ *Vivre aux crochets de qqn,* à ses dépens. **2.** Instrument à extrémité recourbée (pour le tricot, la dentelle). **II.** fig. **1.** Signe graphique, parenthèse à extrémités en angle droit : [ ]. **2.** Détour. **3.** boxe Coup de poing vers l'intérieur.

crocheter v. tr. ▫ Ouvrir (une serrure) avec un crochet. ▶ **crochetage** n. m.

crochu, ue adj. **1.** Recourbé en forme de crochet. **2.** *Avoir des* ATOMES CROCHUS *avec qqn,* des affinités.

crocodile n. m. ▫ Grand reptile à fortes mâchoires, à quatre courtes pattes, qui vit dans les fleuves des régions chaudes. – *Larmes de crocodile,* hypocrites.

crocus n. m. ▫ Plante à bulbe dont une espèce est le safran ; sa fleur.

croire v. **I.** v. tr. dir. **1.** Penser que (qqch.) est véritable. **2.** *Croire qqn,* penser que ce qu'il dit est vrai. **3.** *Ne pas en croire ses yeux,* s'étonner de ce qu'on voit. **4.** *CROIRE QUE,* considérer comme vraisemblable ou probable. **5.** (+ inf.) Sentir, éprouver comme vrai. **6.** (+ attribut) → **estimer, supposer.** – pronom. *Il se croit le plus malin.* **II.** v. tr. ind. **1.** *CROIRE À qqch.,* tenir pour réel ou possible. **2.** *CROIRE EN qqn, qqch.* : avoir confiance en. **3.** (avec *à, en*) Être persuadé de l'existence et de la valeur de (tel dogme, tel être religieux ou mythique). **III.** v. intr. Avoir la foi religieuse.

croisade n. f. **1.** hist. Expédition entreprise par les chrétiens coalisés pour délivrer les lieux saints qu'occupaient les musulmans. **2.** fig. Lutte d'opinion, campagne.

① **croisé** n. m. ▫ Celui qui participait à une croisade.

② **croisé, ée** adj. **I. 1.** Disposé en croix ; qui se croisent. – (vêtement) Dont les bords se croisent. **2.** *Rimes croisées,* qui alternent. **II.** Qui est le résultat d'un croisement.

croisée n. f. **1.** *La croisée des chemins,* l'endroit où ils se coupent. **2.** Châssis vitré d'une fenêtre ; la fenêtre.

croisement n. m. **I. 1.** Action de disposer en croix. **2.** Point où se coupent des voies. **II.** Hybridation, métissage.

croiser v. **I.** v. tr. **1.** Disposer (deux choses) l'une sur l'autre, en forme de croix. **2.** Passer au travers de. – Passer à côté de, en allant en sens contraire. **II.** v. tr. Faire un croisement (d'animaux, de plantes). **III.** v. intr. (navire) Aller et venir dans les mêmes parages. ▷ v. pron. se **croiser** **1.** Être ou se mettre en travers l'un de l'autre. **2.** Passer l'un près de l'autre en allant dans une direction différente.

croiseur n. m. ▫ Navire de guerre rapide.

croisière n. f. **1.** Voyage sur un navire de plaisance. **2.** *VITESSE DE CROISIÈRE* : allure moyenne.

croisillon n. m. **1.** Traverse d'une croix. ▪ archit. Moitié du transept d'une église. **2.** Barre qui partage un châssis de fenêtre.

croissance n. f. **1.** Fait de croître, de grandir. **2.** → **développement.**

① **croissant** n. m. **1.** Forme échancrée de la partie éclairée de la Lune. **2.** Forme analogue. **3.** Petite pâtisserie feuilletée (en forme de croissant).

② **croissant, ante** adj. ▫ Qui croît.

croître v. intr. **1.** Grandir progressivement. **2.** (choses) Devenir plus grand, plus nombreux.

croix n. f. **1.** Poteau muni d'une traverse sur lequel on attachait des condamnés ; spécialt celui où Jésus fut mis à mort. – fig. *Porter sa croix* : supporter ses épreuves avec résignation. **2.** Représentation de la croix de Jésus-Christ. **3.** Décoration, insigne d'un ordre honorifique. **4.** Marque formée par deux traits croisés.

cromlech n. m. ▫ archéol. Monument formé de menhirs placés en cercle.

cromorne n. m. ▫ mus. Instrument à vent ancien, en bois et à anche.

crooner n. m. ▫ anglic. Chanteur de charme.

① **croquant** n. m. ▫ hist. Paysan révolté.

② **croquant, ante** adj. ▫ Qui croque (I).

à la **croque au sel** loc. adv. ▫ Cru, avec du sel.

croque-madame n. m. invar. ▫ Croque-monsieur servi surmonté d'un œuf frit.

croquemitaine n. m. ▫ Personnage imaginaire évoqué pour effrayer les enfants.

croque-monsieur n. m. invar. ▫ Sandwich chaud fait de pain de mie grillé, au jambon et au fromage.

croque-mort ou **croquemort** n. m. ▫ fam. Employé des pompes funèbres. *Des croque(-)morts.*

croquenot n. m. ▫ fam. Gros soulier.

croquer v. **I.** v. intr. Faire un bruit sec (en parlant des choses que l'on broie avec les dents). **II.** v. tr. Broyer sous la dent (ce qui fait un bruit sec). **III.** v. tr. **1.** Prendre sur le vif en un dessin rapide. **2.** fam. *Jolie À CROQUER*, très jolie.

croquet n. m. ▫ Jeu consistant à faire passer des boules de bois sous des arceaux.

croquette n. f. **1.** Boulette de pâte, de hachis, frite dans l'huile. **2.** au plur. Aliment pour animaux, déshydraté, en boulettes.

croquignolet, ette adj. ▫ fam. Mignon.

croquis n. m. ▫ Dessin, esquisse rapide.

crosne n. m. ▫ Plante originaire du Japon, aux petits tubercules comestibles.

cross n. m. **1.** Course à pied en terrain varié. **2.** Cyclo-cross ; moto-cross.

crosse n. f. **1.** Bâton (d'évêque...) à extrémité recourbée. **2.** Bâton recourbé utilisé dans certains jeux pour pousser la balle. **3.** Partie postérieure (d'une arme à feu portative).

crosses n. f. pl. ▫ fam. *Chercher des crosses à qqn*, lui chercher querelle.

crotale n. m. □ Serpent venimeux dont la queue vibre avec bruit (serpent à sonnette).

crotte n. f. □ Excrément solide.

crotté, ée adj. □ vieilli Couvert de boue.

crottin n. m. **1.** Excrément (du cheval...). **2.** Petit fromage de chèvre.

croulant, ante adj. □ Qui menace ruine.

crouler v. intr. **1.** (édifice...) Tomber en s'affaissant. ■ fig. *La salle croule sous les rires.* **2.** fig. S'effondrer, échouer.

croupe n. f. □ Partie postérieure arrondie qui s'étend des hanches à la queue (du cheval, de l'âne...). ■ (personnes) fam. → **derrière, fesse(s).**

à **croupetons** loc. adv. □ En étant accroupi.

croupier, ière n. □ Employé(e) d'une maison de jeu qui tient le jeu, paie et encaisse.

croupière n. f. □ Longe de cuir qui passe sous la queue du cheval. - *TAILLER DES CROUPIÈRES à qqn,* lui créer des ennuis.

croupion n. m. □ Extrémité postérieure du corps (d'un oiseau).

croupir v. intr. **1.** (personnes) Demeurer longtemps (dans un état pénible...). **2.** Rester sans couler et se corrompre (liquide) ; rester dans l'eau stagnante. ▶ **croupissant, ante** adj.

croustade n. f. □ Croûte feuilletée garnie.

croustillant, ante adj. **1.** Qui croustille. **2.** Léger, grivois.

croustiller v. intr. □ Croquer sous la dent.

croûte n. f. **I. 1.** Partie extérieure du pain, durcie par la cuisson. **2.** fam. *Casser la croûte,* manger. - *Gagner sa croûte,* sa vie. **3.** Partie superficielle du fromage. **II. 1.** Couche superficielle durcie. ■ Plaque qui se forme sur une plaie. **2.** fam. Mauvais tableau.

croûton n. m. □ Extrémité d'un pain long. ■ Morceau de pain frit utilisé en cuisine.

croyable adj. □ (choses) Qui peut être cru.

croyance n. f. **1.** Action, fait de croire une chose vraisemblable ou possible. **2.** Ce que l'on croit.

croyant, ante adj. et n. □ Qui a une foi religieuse.

C. R. S. n. m. □ Agent des compagnies* républicaines de sécurité.

① **cru** n. m. **I.** Vignoble. - *Un grand cru.* → **vin. II.** DE SON CRU : de son invention.

② **cru, crue** adj. **1.** Qui n'est pas cuit. **2.** (lumière...) Que rien n'atténue. **3.** Exprimé sans ménagement. ■ adv. *Je vous le dis tout cru.* **4.** À CRU loc. adv. Sans selle.

cruauté n. f. **1.** Tendance à faire souffrir. **2.** Action cruelle.

cruche n. f. **1.** Récipient pansu, à bec et à anse. **2.** fam. Personne bête.

cruchon n. m. □ Petite cruche.

crucial, ale, aux adj. □ Fondamental, très important.

crucifère adj. et n. f. □ bot. (plante) Aux fleurs à pétales en croix.

crucifiement n. m. □ Supplice de la croix.

crucifier v. tr. □ Attacher (un condamné) sur la croix pour l'y faire mourir.

crucifix n. m. □ Croix sur laquelle est représenté Jésus crucifié.

crucifixion n. f. □ Crucifiement du Christ.

cruciforme adj. □ En forme de croix.

cruciverbiste n. □ Amateur de mots croisés.

crudité n. f. **I.** au plur. Légumes consommés crus. **II.** Caractère cru (②, 2 et 3).

crue n. f. ▫ Élévation du niveau d'un cours d'eau.

cruel, elle adj. **1.** Qui prend plaisir à faire, à voir souffrir. **2.** Qui témoigne de cruauté. **3.** (choses) Qui fait souffrir. ▶ **cruellement** adv.

crumble n. m. ▫ anglic. Pâtisserie à base de fruits et de pâte sablée émiettée.

crûment adv. ▫ De manière crue (②, 3).

crural, ale, aux adj. ▫ didact. De la cuisse.

crustacé n. m. ▫ Animal arthropode à carapace, dont les segments sont munis chacun d'une paire d'appendices.

cryoconservation n. f. ▫ biol. Conservation par le froid de tissus ou d'organismes vivants.

crypte n. f. ▫ Tombeau souterrain, dans certaines églises. ▪ Chapelle souterraine.

crypter v. tr. ▫ Coder (un message ; un signal) pour protéger son caractère secret.

cryptogame adj. et n. m. ▫ bot. (plante) Qui a les organes de la fructification peu apparents.

cryptogamique adj. ▫ Se dit de maladies des végétaux, dues à des champignons.

cryptogramme n. m. ▫ Ce qui est écrit en langage codé.

cryptographie n. f. ▫ Code graphique secret. ▶ **cryptographique** adj.

cube n. m. **1.** Solide à six faces carrées égales. **2.** appos. Se dit d'une mesure qui exprime le volume. *Mètre cube* (m^3). **3.** math. *Cube d'un nombre :* produit de trois fois ce nombre.

cuber v. **I.** v. tr. Évaluer en unités de volume. ▶ **cubage** n. m. **II.** v. intr. Avoir un volume de (+ nombre).

cubique adj. **1.** En forme de cube. **2.** *Racine cubique d'un nombre n :* nombre qui, élevé au cube, donne n.

cubisme n. m. ▫ Mouvement artistique qui se proposait de décomposer les formes en éléments géométriques. ▶ **cubiste** adj. et n.

cubitainer n. m. (n. déposé) ▫ Récipient cubique, pour les liquides.

cubitus n. m. ▫ Le plus gros des deux os de l'avant-bras. ▶ **cubital, ale, aux** adj.

cucul adj. invar. ▫ fam. Niais.

cucurbitacée n. f. ▫ Plante de la famille du concombre, de la courge, du melon, etc.

cueillette n. f. **1.** Action de cueillir. **2.** Ce qui est cueilli.

cueillir v. tr. **1.** Détacher (une partie d'un végétal) de la tige. **2.** littér. Prendre. *Cueillir un baiser.*

cuiller ou **cuillère** n. f. ▫ Ustensile formé d'un manche et d'une partie creuse, qui sert à porter à la bouche les aliments liquides ou peu consistants. ▪ *En deux coups de cuiller à pot,* très vite. – *Ne pas y aller avec le dos de la cuiller :* agir sans modération.

cuillerée n. f. ▫ Contenu d'une cuiller.

cuir n. m. **I. 1.** Peau des animaux tannée et préparée. **2.** *Le CUIR CHEVELU :* la peau du crâne. **II.** fam. Faute de langage, liaison incorrecte.

cuirasse n. f. **1.** Partie de l'armure qui recouvre le buste. – fig. *LE DÉFAUT DE LA CUIRASSE :* le point faible. **2.** Revêtement d'acier des navires.

cuirassé n. m. ▫ Grand navire de guerre.

cuirasser v. tr. □ Armer, revêtir d'une cuirasse. ▷ v. pron. se **cuirasser** 1. Se revêtir d'une cuirasse. 2. fig. S'endurcir.

cuirassier n. m. □ anciennt Soldat d'un régiment de grosse cavalerie.

cuire v. I. v. tr. 1. Rendre propre à l'alimentation par le feu, la chaleur 2. Transformer par l'action du feu. *Cuire une poterie.* II. v. intr. Devenir propre à l'alimentation par l'action du feu.

cuisant, ante adj. □ Qui provoque une douleur, une peine très vive.

cuisine n. f. I. Pièce d'une habitation dans laquelle on prépare les aliments. II. Préparation des aliments ; art de cette préparation. III. Aliments servis aux repas.

cuisiné, ée adj. □ Préparé par la cuisine (II).

cuisiner v. 1. v. intr. Faire la cuisine. 2. v. tr. Préparer (un mets). 3. v. tr. fig., fam. Interroger (qqn) pour obtenir des aveux.

cuisinette n. f. □ Partie de pièce servant de cuisine.

cuisinier, ière n. □ Personne qui a pour métier de faire la cuisine. ■ Personne qui sait faire la cuisine.

cuisinière n. f. □ Fourneau de cuisine servant à cuire les aliments.

cuissage n. m. □ hist. *DROIT DE CUISSAGE* : droit du seigneur féodal de passer la nuit des noces avec une nouvelle mariée.

cuissard, arde 1. n. m. Protection de la cuisse. 2. n. f. pl. Bottes montant jusqu'aux cuisses.

cuisse n. f. □ Partie du membre inférieur qui s'articule à la hanche et va jusqu'au genou. – (animaux) *Cuisse de poulet* (pilon), *de mouton* (gigot)...

cuisseau n. m. □ Partie du veau dépecé, du dessous de la queue au rognon.

cuisson n. f. 1. Action de cuire (I, 1) les aliments. 2. Préparation par le feu.

cuissot n. m. □ Cuisse (du gros gibier).

cuistot n. m. □ fam. Cuisinier professionnel.

cuistre n. m. et adj. □ littér. Pédant vaniteux et ridicule. ▶ **cuistrerie** n. f.

cuit, cuite adj. 1. Qui a subi la cuisson (1, 2). 2. fam. *Être cuit*, pris, vaincu. – *C'est du tout cuit*, c'est réussi d'avance.

cuite n. f. □ fam. *Prendre une cuite* : s'enivrer. ▶ se **cuiter** v. pron.

cuivre n. m. I. Élément (symb. Cu), métal rouge. II. au plur. 1. Ensemble d'objets en cuivre. 2. Ensemble des instruments à vent en cuivre.

cuivré, ée adj. □ De la couleur rougeâtre du cuivre.

cuivrer v. tr. 1. techn. Recouvrir de cuivre. 2. Donner une teinte de cuivre à.

cul n. m. 1. fam. Derrière, postérieur humain. ■ vulg. Anus. 2. *FAUX CUL* : anciennt tournure portée par les femmes. ■ mod. n. et adj. Hypocrite. 3. Fond de certains objets. – *Faire CUL SEC*, vider le verre d'un trait.

culasse n. f. 1. Extrémité postérieure du canon d'une arme à feu. 2. (moteur) Partie du cylindre où les gaz sont comprimés.

culbute n. f. 1. Tour qu'on fait en mettant la tête en bas et les jambes en haut, de façon à retomber de l'autre côté. 2. Chute à la renverse.

culbuter v. I. v. intr. Faire une culbute (2). II. v. tr. 1. Faire tomber (qqn). ■ vulg. Posséder sexuellement (qqn). 2. Bousculer, pousser.

culbuteur n. m. ▫ techn. **1.** Appareil qui sert à faire basculer un wagon pour le vider. **2.** (moteur à explosion) Levier oscillant servant à ouvrir et à fermer les soupapes.

cul-de-four n. m. ▫ Voûte formée d'une demi-coupole. *Des culs-de-four.*

cul-de-jatte n. et adj. ▫ Infirme qui n'a plus de jambes. *Des culs-de-jatte.*

cul-de-lampe n. m. ▫ Vignette à la fin d'un chapitre d'un livre. *Des culs-de-lampe.*

en **cul-de-poule** loc. adv. ▫ *Bouche en cul-de-poule,* qui s'arrondit en une moue.

cul-de-sac n. m. ▫ Rue sans issue. *Des culs-de-sac.*

culée n. f. ▫ Massif de maçonnerie destiné à contenir la poussée d'une voûte, etc.

culinaire adj. ▫ Qui a rapport à la cuisine.

culminant, ante adj. ▫ Qui atteint sa plus grande hauteur. ▪ *POINT CULMINANT,* qui domine. – fig. Apogée.

culminer v. intr. **1.** Atteindre la plus grande hauteur. **2.** fig., littér. Atteindre son apogée.

culot n. m. **1.** Partie inférieure (de certains objets). **2.** fam. Audace.

culotte n. f. **1.** anciennt Vêtement masculin de dessus qui couvre de la ceinture aux genoux. ▪ *Porter la culotte :* commander (dans un ménage). **2.** Sous-vêtement féminin qui couvre les fesses et le bas du ventre.

culotté, ée adj. ▫ fam. Qui a du culot (II).

① **culotter** v. tr. ▫ Noircir par l'usage. – au p. p. *Théière culottée.*

② **culotter** v. tr. ▫ Mettre une culotte à.

culpabiliser v. tr. ▫ Donner un sentiment de culpabilité à (qqn). ▶ **culpabilisation** n. f. ▶ **culpabilisant, ante** et **culpabilisateur, trice** adj.

culpabilité n. f. ▫ État d'une personne qui est coupable.

culte n. m. **1.** Hommage religieux. **2.** Pratiques réglées par une religion. **3.** Service religieux protestant. **4.** Admiration mêlée de vénération. ▪ en appos. Qui fait l'objet d'une très grande admiration. *Un film-culte.*

cul-terreux n. m. ▫ péj. et injurieux Paysan. *Des culs-terreux.*

cultivable adj. ▫ Qui peut être cultivé.

cultivateur, trice n. ▫ Personne qui cultive la terre, exploite une terre.

cultivé, ée adj. ▫ Qui a de la culture (II, 1).

cultiver v. tr. **I. 1.** Travailler (la terre) pour lui faire produire des végétaux. **2.** Soumettre (une plante) à divers soins. **II. 1.** Former par l'instruction. **2.** S'intéresser à (qqch.), s'y adonner. **3.** Entretenir (une relation avec qqn). ▷ v. pron. se **cultiver** Cultiver son esprit.

cultuel, elle adj. ▫ didact. Du culte.

culture n. f. **I. 1.** Action de cultiver (la terre). **2.** au plur. Terres cultivées. **3.** Action de cultiver (un végétal). **4.** biol. Méthode consistant à faire croître des micro-organismes, etc. pour les étudier. **II. 1.** Développement de l'esprit ; ensemble des connaissances acquises. **2.** Ensemble des aspects intellectuels, artistiques d'une civilisation. **3.** *CULTURE PHYSIQUE :* développement méthodique du corps.

culturel, elle adj. ▫ Relatif à la culture (II, 2). ▶ **culturellement** adv.

culturisme n. m. ▫ Culture physique destinée à développer certains muscles. ▶ **culturiste** adj. et n.

cumin n. m. ▫ Plante aromatique ; sa graine, utilisée comme assaisonnement.

cumul n. m. ▫ Action de cumuler.

cumulatif, ive adj. ▫ Qui s'ajoute, ajoute.

cumuler v. tr. ▫ Avoir à la fois (plusieurs activités, avantages ou caractères). ▶ **cumulable** adj.

cumulus n. m. **I.** Gros nuage de beau temps. **II.** Réservoir d'eau chaude.

cunéiforme adj. ▫ didact. Qui a la forme d'un coin. – *Écriture cunéiforme*, constituée de signes en forme de clous.

cunnilingus n. m. ▫ Pratique sexuelle, caresses buccales du sexe féminin. – syn. **cunnilinctus.**

cupide adj. ▫ Avide d'argent. ▶ **cupidement** adv. ▶ **cupidité** n. f.

cupule n. f. ▫ bot. Organe en forme de coupe qui enserre certains fruits.

curable adj. ▫ Qui peut être guéri.

curaçao n. m. ▫ Liqueur à base d'eau-de-vie et d'écorces d'oranges.

curage n. m. ▫ Action de curer.

curare n. m. ▫ Poison végétal paralysant.

curateur, trice n. ▫ dr. Personne qui a la charge (*curatelle* n. f.) d'assister une personne majeure incapable*.

curatif, ive adj. ▫ Relatif au traitement d'une maladie.

① **cure** n. f. **I. 1.** Traitement médical d'une certaine durée. ▪ Traitement dans une station thermale. **2.** Usage abondant (de qqch.) par hygiène, etc. *Une cure de grand air.* **II.** N'AVOIR CURE DE *qqch.*, ne pas s'en soucier.

② **cure** n. f. **1.** Fonction de curé. **2.** Résidence du curé.

curé n. m. ▫ Prêtre placé à la tête d'une paroisse.

cure-dent n. m. ▫ Petit bâtonnet pointu pour se curer les dents. *Des cure-dents.*

curée n. f. **1.** vén. Portion de la bête tuée donnée aux chiens. **2.** fig. Ruée, lutte âpre.

curer v. tr. ▫ Nettoyer (qqch.) en raclant.

curetage n. m. ▫ méd. Opération consistant à nettoyer une cavité avec une curette. ▶ **cureter** v. tr.

curette n. f. ▫ méd. Instrument chirurgical en forme de cuiller.

curie n. f. **1.** Antiq. romaine Subdivision de la tribu. **2.** Gouvernement du Saint-Siège.

curiethérapie n. f. ▫ méd. Emploi thérapeutique des éléments radioactifs.

curieux, euse adj. **I. 1.** Qui est désireux (de voir, de savoir). **2.** absolt Qui cherche à connaître ce qui ne le regarde pas. **3.** n. Personne qui s'intéresse à qqch. par curiosité. **II.** Qui attire et retient l'attention. ▶ **curieusement** adv.

curiosité n. f. **I. 1.** Tendance qui porte à apprendre des choses nouvelles ou cachées. **2.** Désir de savoir les secrets d'autrui. **II.** Chose curieuse (II).

curiste n. ▫ Patient en cure thermale.

curling n. m. ▫ anglic. Sport de glace consistant à lancer un lourd palet.

curriculum vitæ n. m. invar. ▫ Liste d'indications relatives à l'état civil, aux diplômes et aux activités (de qqn). – abrév. **C. V.**

curry n. m. ▫ Assaisonnement indien fait de piment et d'autres épices. ▪ Plat préparé au curry. – var. anc. **carry, cari.**

curseur n. m. **1.** Repère qui glisse dans une coulisse graduée. **2.** Repère mobile, sur un écran d'ordinateur, qui matérialise le point d'insertion des données.

cursif, ive adj. ▫ *Écriture cursive*, tracée rapidement. ▪ Rapide. *Lecture cursive.*

cursus n. m. ▫ Ensemble des études à poursuivre dans une matière donnée.

curviligne adj. ▫ Formé de lignes courbes.

custode n. f. **1.** relig. Boîte où le prêtre place l'hostie. **2.** techn. Panneau latéral arrière d'une carrosserie de voiture.

customiser v. tr. □ anglic. Adapter (un produit du commerce) en le personnalisant. ▶ **customisation** n. f.

cutané, ée adj. □ De la peau.

cuticule n. f. □ anat. Mince couche de peau.

cuti-réaction ou **cuti** n. f. □ Test médical pour déceler certaines maladies. *Des cuti-réactions. Des cutis.* ▪ fam. *Virer sa cuti :* changer radicalement sa façon de vivre, de penser ; spécialt changer d'orientation sexuelle.

cutter n. m. □ anglic. Instrument tranchant à lame coulissante.

cuve n. f. **1.** Grand récipient pour la fermentation du raisin. **2.** Grand récipient.

cuvée n. f. **1.** Quantité de vin qui se fait à la fois dans une cuve. **2.** Produit d'une vigne.

cuver v. **I.** v. intr. (vin) Séjourner dans la cuve. **II.** v. tr. *Cuver son vin :* dissiper son ivresse en dormant, etc.

cuvette n. f. **1.** Récipient portatif large et peu profond. ▪ Partie (d'un lavabo, des W.-C.) où coule l'eau. **2.** géogr. Dépression fermée.

C. V. n. m. □ → **curriculum vitæ.**

cyanhydrique adj. □ chim. *Acide cyanhydrique,* poison violent.

cyanose n. f. □ méd. Coloration bleue ou noirâtre de la peau. ▶ **cyanoser** v. tr.

cyanure n. m. □ chim. Sel de l'acide cyanhydrique. – *Cyanure (de potassium),* poison violent.

cybercafé n. m. □ Café qui met à la disposition de ses clients des ordinateurs connectés à Internet.

cybercriminalité n. f. □ Activités illégales effectuées par l'intermédiaire d'Internet.

cyberdépendance n. f. □ Dépendance à Internet.

cyberespace n. m. □ didact. Espace de communication créé par l'interconnexion mondiale des ordinateurs.

cybernétique n. f. □ Science des communications et de la régulation (êtres vivants, machines). ▪ adj. De la cybernétique. ▶ **cybernéticien, ienne** adj.

cyclable adj. □ Réservé aux cycles (②).

cyclamen n. m. □ Plante à fleurs roses.

① **cycle** n. m. **1.** Suite de phénomènes se renouvelant sans arrêt dans un ordre immuable. ▪ chez la femme *Cycle menstruel :* déroulement régulier des phénomènes physiologiques permettant la reproduction. **2.** Série d'œuvres à mêmes personnages. **3.** Division de l'enseignement regroupant plusieurs années d'études. ▶ **cyclique** adj.

② **cycle** n. m. □ Véhicule à deux roues, sans moteur ou avec un petit moteur.

cyclisme n. m. □ Pratique ou sport de la bicyclette.

cycliste **1.** adj. Qui concerne le cyclisme. **2.** n. Personne qui va à bicyclette.

cyclo-cross n. m. □ Épreuve de cyclisme en terrain accidenté.

cyclomoteur n. m. □ Bicyclette à moteur.

cyclone n. m. □ Tempête violente à vents tourbillonnants.

cyclope n. m. **1.** mythol. grecque Géant n'ayant qu'un œil au milieu du front. ▶ **cyclopéen, enne** adj. **2.** Petit crustacé d'eau douce à œil unique.

cyclosporine n. f. → **ciclosporine**

cyclothymie n. f. □ méd. Trouble psychique faisant alterner des périodes d'excitation et de dépression. ▶ **cyclothymique** adj. et n.

cyclotourisme n. m. □ Tourisme à bicyclette. ▶ **cyclotouriste** adj. et n.

cyclotron n. m. □ phys. Accélérateur circulaire de particules lourdes.

cygne n. m. 1. Grand palmipède à long cou flexible. 2. *CHANT DU CYGNE* : dernier chef-d'œuvre (de qqn).

cylindre n. m. 1. géom. Solide engendré par une droite tournant autour d'un axe (parallèle). 2. Rouleau exerçant une pression uniforme. 3. Enveloppe dans laquelle se meut le piston d'un moteur à explosion. ▶ **cylindrique** adj.

cylindrée n. f. ▫ Volume des cylindres (d'un moteur à explosion).

cymbale n. f. ▫ Disque de métal composant un instrument de musique à percussion.

cynégétique adj. ▫ didact. De la chasse.

cynique adj. et n. ▫ Qui exprime des opinions contraires à la morale reçue. ▶ **cyniquement** adv. ▶ **cynisme** n. m.

cynocéphale n. m. ▫ Singe à museau allongé.

cynodrome n. m. ▫ Piste aménagée pour les courses de lévriers.

cyphose n. f. ▫ méd. Déviation de la colonne vertébrale qui rend le dos convexe.

cyprès n. m. ▫ Arbre (conifère) à feuillage vert sombre.

cyprin n. m. ▫ Poisson de la famille de la carpe. – *Cyprin doré* : poisson rouge.

cyrillique adj. ▫ Se dit de l'alphabet slave.

cystite n. f. ▫ Inflammation de la vessie.

cytise n. m. ▫ Arbrisseau vivace aux fleurs en grappes jaunes.

cytologie n. f. ▫ Biologie de la cellule vivante. ▶ **cytologiste** ou **cytologue** n.

cytoplasme n. m. ▫ biol. Partie de la cellule qui entoure le noyau.

D

d n. m. **1.** Quatrième lettre, troisième consonne de l'alphabet. **2.** fam. *Le système D :* le système débrouille. **3.** *D :* cinq cents, en chiffres romains.

dactylo **1.** n. Personne dont la profession est de taper des textes. **2.** n. f. Dactylographie.

dactylographie n. f. ▫ Technique d'écriture mécanique, à la machine à écrire ou sur ordinateur. ▶ **dactylographier** v. tr. ▶ **dactylographique** adj.

dactylologie n. f. ▫ Langage gestuel à l'usage des sourds-muets.

① **dada** n. m. ▫ fam. **1.** (enfantin) Cheval. **2.** Sujet favori.

② **dada** n. m. et adj. invar. ▫ Mouvement artistique et littéraire révolutionnaire créé en 1916 (syn. **dadaïsme** n. m.).

dadais n. m. ▫ Garçon niais et gauche.

dague n. f. ▫ Épée courte.

daguerréotype n. m. ▫ Procédé primitif de la photographie.

dahlia n. m. ▫ Plante aux fleurs ornementales.

daigner v. tr. ▫ Consentir à (faire qqch.).

daim n. m. **1.** Cervidé aux andouillers en palette et à robe tachetée. **2.** Cuir suédé.

daine n. f. ▫ Femelle du daim.

dais n. m. ▫ Ouvrage (de bois, de tissu) qui s'étend au-dessus d'un autel, d'une chaire ou d'un lit.

dalaï-lama n. m. ▫ Souverain spirituel du Tibet. *Des dalaï-lamas.*

dallage n. m. ▫ Action de daller ; ensemble de dalles.

① **dalle** n. f. **1.** Plaque (de pierre, de béton, etc.), dont on pave le sol. **2.** fam. *Avoir la dalle :* avoir faim.

② que **dalle** loc. ▫ fam. Rien.

daller v. tr. ▫ Revêtir de dalles.

dalmatien, ienne n. ▫ Chien, chienne à robe blanche tachetée de sombre.

daltonien, ienne adj. et n. ▫ Atteint de daltonisme.

daltonisme n. m. ▫ Anomalie héréditaire de la vue (confusion de certaines couleurs).

dam n. m. ▫ littér. *AU GRAND DAM de qqn,* à son détriment.

damage n. m. ▫ techn. Action de damer (le sol).

damas n. m. ▫ Tissu dont les dessins brillants sur fond mat à l'endroit se retrouvent mats sur fond brillant à l'envers.

damasquiner v. tr. ▫ Incruster un filet d'or, d'argent formant un dessin.

damassé, ée adj. ▫ Tissé comme le damas.

① **dame** n. f. **I. 1.** hist. Femme de haute naissance. **2.** vieilli Femme mariée. **3.** Femme. **II.** *Jeu de dames,* qui se joue à deux avec des pions sur un damier. ■ cartes Carte où est figurée une reine. ■ échecs La reine.

② **dame** interj. ▫ fam. Assurément, pardi.

dame-jeanne n. f. ▫ Bonbonne. *Des dames-jeannes.*

damer v. tr. **I.** *DAMER LE PION à qqn,* l'emporter sur lui. **II.** techn. Tasser.

damier n. m. ▫ Surface divisée en cent carreaux tour à tour blancs et noirs.

damnation n. f. ▫ Condamnation aux peines de l'enfer.

damner v. tr. **1.** Condamner aux peines de l'enfer. **2.** Conduire à la damnation. ▷ adj. et n. **damné, ée**

damoiseau n. m. ▫ anciennt Jeune gentilhomme.

damoiselle n. f. ▫ anciennt Jeune fille noble.

dan n. m. ▫ Chacun des grades de la ceinture noire (arts martiaux).

dancing n. m. ▫ vieilli Établissement public où l'on danse.

se **dandiner** v. pron. ▫ Se balancer gauchement (debout). ▶ **dandinement** n. m.

dandy n. m. ▫ Homme très élégant (type social et moral du XIXe s.).

dandysme n. m. ▫ Attitude du dandy.

danger n. m. ▫ Ce qui menace la sûreté, l'existence de qqn ou de qqch.

dangereux, euse adj. **1.** Qui constitue ou présente un danger. **2.** Qui est capable de nuire. ▶ **dangereusement** adv.

danois, oise 1. adj. et n. Du Danemark. **2.** n. m. Grand chien de garde, à poil court.

dans prép. ▫ Préposition indiquant la situation d'une personne, d'une chose par rapport à ce qui la contient. **1.** (lieu) À l'intérieur de. **2.** (manière, situation) *Agir dans les règles.* **3.** (temps) Pendant. *Dans son enfance.* – (futur) *Dans un instant* : bientôt. **4.** DANS LES : environ. *Cela coûte dans les cent euros.*

dansant, ante adj. **1.** Qui danse. **2.** Qui fait danser. **3.** Où l'on danse.

danse n. f. **1.** Suite de mouvements rythmés du corps (le plus souvent au son d'une musique) ; art, technique qui règle ces mouvements. **2.** Musique sur laquelle on danse.

danser v. **I.** v. intr. Exécuter une danse. **II.** v. tr. Exécuter (une danse). *Danser la valse.*

danseur, euse n. **1.** Personne dont la profession est la danse. **2.** Personne qui danse.

dantesque adj. ▫ Qui a le caractère sombre et sublime de l'œuvre de Dante.

daphnie n. f. ▫ Petit crustacé d'eau douce.

dard n. m. **1.** Organe servant à piquer, à inoculer un venin. *Dard d'abeille.* **2.** Langue des serpents.

darder v. tr. ▫ Jeter, lancer.

dare-dare loc. adv. ▫ fam. En toute hâte.

darne n. f. ▫ Tranche de gros poisson.

darse n. f. ▫ Bassin à l'intérieur d'un port.

dartre n. f. ▫ Desquamation de l'épiderme, accompagnée de rougeurs.

darwinisme n. m. ▫ Théorie de l'évolution des espèces selon les lois de la sélection* naturelle.

datation n. f. ▫ Action de dater (qqch.).

datcha n. f. ▫ Maison de campagne russe.

date n. f. **1.** Indication du jour, du mois et de l'année où s'est produit un fait. **2.** Époque, moment où un événement s'est produit. ■ *FAIRE DATE* : marquer un moment important.

dater v. **I.** v. tr. **1.** Mettre la date sur. **2.** Déterminer la date de. *Dater un fossile.* **II.** v. intr. **1.** *DATER DE.* → **remonter** à. ■ loc. prép. *À dater de* : à partir de. **2.** Être démodé.

dateur, euse 1. adj. Qui sert à dater. **2.** n. m. Dispositif qui indique la date.

datif n. m. ▫ gramm. Cas marquant le complément d'attribution.

dation n. f. ▫ dr. Action de donner en paiement.

datte n. f. ▫ Fruit comestible du dattier.

dattier n. m. ▫ Palmier qui porte les dattes.

daube n. f. ▫ Manière de faire cuire certaines viandes à l'étouffée.

dauber v. tr. et intr. ▫ littér. Dénigrer.

① **dauphin** n. m. ▫ Cétacé carnivore dont la tête se prolonge en forme de bec.

② **dauphin** n. m. **1.** hist. *Le Dauphin* : le fils aîné du roi de France. **2.** Successeur choisi par une personnalité importante.

dauphine n. f. **1.** Femme du Dauphin. **2.** *Pommes dauphine* : boulettes de pommes de terre frites.

daurade ou **dorade** n. f. ▫ Poisson marin à reflets dorés.

davantage adv. **1.** Plus. *En vouloir davantage.* **2.** Plus longtemps.

davier n. m. ▫ Pince servant à l'extraction des dents.

dazibao n. m. ▫ (en Chine...) Journal mural, dans les lieux publics.

D. C. A. n. f. (sigle de *défense contre avions*) ▫ Défense antiaérienne.

D. D. T. n. m. ▫ Insecticide organique, toxique pour les animaux à sang chaud.

① **de, du** (pour *de le*), **des** (pour *de les*) prép. ▫ *de* s'élide en *d'* devant une voyelle ou un *h* muet **I.** après un v. ou un n. Préposition qui marque l'origine. *Sortir de chez soi. Être aimé de tous.* **II.** Marquant des relations d'appartenance, de détermination. *Le style de Céline. Les membres du jury.* **III.** (fonctions grammaticales) *Se souvenir de qqn. La pensée de la mort.* – *Traiter qqn de menteur.* – devant adj., pron., adv. (facultatif) *Avoir trois jours (de) libres.* (obligatoire) *Quoi de neuf ?*

② **de, du** (pour *de le*), **de la, des** (pour *de les*) art. partitif ▫ Article précédant les noms de choses qu'on ne peut compter. **1.** devant un nom concret *Boire du vin.* **2.** devant un nom abstrait *Jouer de la musique.*

③ **de** art. indéf. → ② **des**

① **dé** n. m. **1.** Petit cube dont chaque face est marquée de un à six points. **2.** Petit cube.

② **dé** n. m. ▫ *Dé (à coudre)* : étui rigide pour protéger le doigt qui pousse l'aiguille.

deal n. m. ▫ anglic., fam. Marché, arrangement.

① **dealer** n. m. ou **dealeur, euse** n. ▫ anglic. Revendeur, revendeuse de drogue.

② **dealer** v. tr. ▫ anglic., fam. Revendre (de la drogue).

déambulateur n. m. ▫ Cadre à pieds qui sert aux malades d'appui pour marcher.

déambulatoire n. m. ▫ didact. Galerie entourant le chœur d'une église.

déambuler v. intr. ▫ Marcher sans but précis. ▶ **déambulation** n. f.

débâcle n. f. **1.** Rupture subite de la couche de glace (d'un cours d'eau). **2.** fig. Fuite soudaine (d'une armée). – Effondrement soudain.

déballer v. tr. **1.** Sortir et étaler. **2.** fig., fam. Exposer sans retenue. ▶ **déballage** n. m.

débandade n. f. ▫ Fait de se disperser rapidement et en tous sens.

① **débander** v. **1.** v. tr. Ôter la bande de. **2.** v. intr. fam. Cesser d'être en érection.

② se **débander** v. pron. ▫ Se disperser.

débaptiser v. tr. ▫ Changer le nom de.

débarbouiller v. tr. ▫ Nettoyer la figure de (qqn). ▷ v. pron. se **débarbouiller**

débarcadère n. m. ▫ Lieu aménagé pour l'embarquement et le débarquement des navires.

débardeur, euse **1.** n. Personne qui décharge et charge un navire, une voiture. **2.** n. m. Tricot sans manches, très échancré.

débarquement n. m. **1.** Action de débarquer. **2.** Opération militaire consistant à débarquer en territoire ennemi.

débarquer v. **I.** v. tr. Faire sortir d'un navire, mettre à terre. **II.** v. intr. **1.** Quitter un navire, descendre à terre. **2.** fam. Arriver à l'improviste.

débarras n. m. **1.** fam. Délivrance de qui embarrassait. *Bon débarras !* **2.** Endroit où l'on remise les objets qui encombrent.

débarrasser v. tr. □ Dégager de ce qui embarrasse. ▷ v. pron. se **débarrasser** *Se débarrasser d'un objet inutile.* – *Se débarrasser de qqn,* l'éloigner ; le faire mourir.

débat n. m. **1.** Action de débattre une question. **2.** au plur. Discussion des assemblées politiques. – Phase d'un procès.

débattre v. tr. **1.** Examiner contradictoirement avec un ou plusieurs interlocuteurs. – tr. ind. *Débattre d'une affaire.* **2.** *SE DÉBATTRE* v. pron. Lutter, en faisant beaucoup d'efforts.

débauche n. f. **1.** Usage excessif des plaisirs sensuels. **2.** fig. Profusion.

débaucher v. tr. **I. 1.** Détourner (qqn) de ses occupations. **2.** Renvoyer (qqn) faute de travail. **II.** Entraîner (qqn) à l'inconduite. ▷ adj. et n. **débauché, ée**

débile 1. adj. littér. Qui manque de force physique. **2.** n. *Débile mental(e),* personne atteinte de débilité (2). **3.** adj. fam. Idiot.

débilité n. f. **1.** État d'une personne débile (1). **2.** *Débilité mentale :* déficience de l'intelligence.

débiliter v. tr. **1.** littér. Rendre débile (1), faible. **2.** fig. Démoraliser, déprimer. ▶ **débilitant, ante** adj.

débine n. f. □ fam. et vieilli Pauvreté.

①**débiner** v. tr. □ Dénigrer, médire de.

②se **débiner** v. pron. □ fam. Se sauver.

①**débit** n. m. **1.** Écoulement des marchandises par la vente au détail. – *Débit de boissons,* bar, café. **2.** Manière d'énoncer. **3.** Volume écoulé par unité de temps. ■ Quantité fournie par unité de temps.

②**débit** n. m. □ Compte des sommes dues.

débitant, ante n. □ Personne qui vend au détail.

①**débiter** v. tr. **I.** Découper en morceaux. **II. 1.** Écouler par la vente au détail. **2.** Réciter mécaniquement. **3.** Faire s'écouler (un volume...) en un temps donné.

②**débiter** v. tr. □ Porter au débit de (qqn).

débiteur, trice n. □ Personne qui doit qqch. à qqn. – adj. *Solde débiteur d'un compte* (dont le débit est supérieur au crédit).

déblai n. m. **1.** Action de déblayer. **2.** au plur. Terres, décombres déblayés.

déblatérer v. intr. □ Parler longuement et avec violence (contre qqn, qqch.). – trans. *Déblatérer des injures.*

déblayer v. tr. □ Débarrasser (un lieu) de ce qui encombre. ▶ **déblaiement** n. m.

débloquer v. **I.** v. tr. **1.** Remettre en marche. **2.** Remettre en circulation, en exercice. – Libérer. **II.** v. intr. fam. Déraisonner. ▷ v. pron. se **débloquer** Se dégager d'un blocage. ▶ **déblocage** n. m.

débobiner v. tr. □ Dérouler (ce qui était en bobine).

déboguer v. tr. □ Supprimer les bogues de (un programme).

déboire n. m. □ Événement fâcheux.

déboiser v. tr. □ Dégarnir (un terrain) de ses arbres. ▶ **déboisement** n. m.

déboîter v. **I.** v. tr. **1.** Faire sortir de ce qui emboîte. **2.** Sortir (un os) de l'articulation. **II.** v. intr. (véhicule) Sortir d'une file. ▶ **déboîtement** n. m.

débonder v. tr. ▫ Ouvrir en retirant la bonde.

débonnaire adj. ▫ D'une bonté douce.

débordant, ante adj. ▫ Qui déborde.

débordé, ée adj. ▫ Submergé ; dépassé.

débordement n. m. **1.** Action de déborder. **2.** fig. Excès.

déborder v. **I.** v. intr. **1.** Répandre une partie de son contenu liquide par-dessus bord. ▪ *DÉBORDER DE* : être rempli de. **2.** Se répandre par-dessus bord. **II.** v. tr. Dépasser (le bord), aller au-delà de.

débotté n. m. ▫ *Au débotté* : au moment où l'on arrive, sans préparation.

débouché n. m. **1.** Issue vers un lieu ouvert. **2.** Lieu où l'on vend un produit. **3.** fig. Perspective de carrière.

① **déboucher** v. tr. ▫ Débarrasser de ce qui bouche. ▶ **débouchage** n. m.

② **déboucher** v. intr. ▫ Passer d'un lieu resserré dans un lieu plus ouvert. ▪ fig. → **mener** à.

déboucler v. tr. **1.** Ouvrir la boucle de. **2.** Défaire les boucles (de cheveux).

débouler v. intr. **1.** Tomber en roulant. **2.** fam. Faire irruption.

déboulonner v. tr. **1.** Démonter (ce qui était boulonné). **2.** fam. Déposséder (qqn) de sa place, de son prestige. ▶ **déboulonnage** ou **déboulonnement** n. m.

débourrer v. tr. ▫ Ôter la bourre de.

débours n. m. ▫ Somme déboursée.

débourser v. tr. ▫ Tirer de son avoir (une certaine somme). ▶ **déboursement** n. m.

déboussoler v. tr. ▫ fam. Désorienter, déconcerter (qqn). ▷ adj. **déboussolé, ée**

debout adv. **1.** (choses) Verticalement. **2.** (personnes) Sur ses pieds. ▪ *Être debout dès l'aube*, levé. **3.** *TENIR DEBOUT* : être solide. – *NE PAS TENIR DEBOUT* : être malade, épuisé ou ivre ; (choses) être invraisemblable. **4.** mar. *VENT DEBOUT* : de face. – fig. *Être vent debout contre (qqn, qqch.)*, s'y opposer vivement.

débouter v. tr. ▫ dr. Rejeter par jugement ou arrêt la demande en justice de (qqn).

déboutonner v. tr. ▫ Ouvrir en dégageant les boutons de la boutonnière. ▷ v. pron. se **déboutonner** **1.** Déboutonner ses vêtements. **2.** fig. Se confier librement.

débraillé, ée adj. ▫ Dont les vêtements sont en désordre.

débrancher v. tr. ▫ Supprimer le branchement de (un appareil électrique).

débrayer v. **1.** v. tr. Interrompre la liaison entre un mécanisme et l'arbre moteur. **2.** v. intr. fam. Cesser le travail, se mettre en grève. ▶ **débrayage** n. m.

débrider v. tr. **1.** Ôter la bride à (un animal). **2.** Dégager de ce qui serre. ▷ adj. **débridé, ée** → **déchaîné.**

débriefer v. tr. ▫ anglic. **1.** Interroger (qqn) pour faire le point sur une opération. **2.** Faire le bilan de.

débriefing n. m. ▫ anglic. Réunion pour faire le bilan d'une opération.

débris n. m. ▫ Reste (d'un objet...).

débrouillard, arde adj. et n. ▫ fam. Qui sait se débrouiller. ▶ **débrouillardise** n. f.

débrouille n. f. ▫ fam. Art de se tirer d'affaire.

débrouiller v. tr. **1.** Démêler (ce qui est embrouillé). **2.** fig. Tirer de la confusion. ▷ v. pron. se **débrouiller** Se comporter habilement, se tirer d'affaire.

débroussailler v. tr. ▫ Débarrasser (un terrain) des broussailles. ▶ **débroussaillage** n. m. ▶ **débroussailleuse** n. f. (machine)

débusquer v. tr. **1.** Chasser (le gibier) du bois. **2.** fig. *Débusquer qqn,* le chasser de sa position.

début n. m. **1.** Commencement. **2.** *Les débuts de qqn,* ses premiers essais.

débuter v. intr. **1.** Faire ses premiers pas dans une activité. **2.** (choses) Commencer. *Le livre débute par une préface.* ▶ **débutant, ante** adj. et n.

déca n. m. ▫ fam. Café décaféiné.

deçà adv. ▫ *EN DEÇÀ (DE)* loc. prép. et adv. : de ce côté-ci (de). – fig. *Rester en deçà de la vérité,* ne pas l'atteindre.

décacheter v. tr. ▫ Ouvrir (ce qui est cacheté).

décade n. f. **1.** Durée de dix jours. **2.** (critiqué) Durée de dix ans.

décadence n. f. ▫ Acheminement vers la ruine. ▶ **décadent, ente** adj. et n.

décaèdre adj. et n. m. ▫ géom. (solide) Qui a dix faces.

décaféiné, ée adj. ▫ Dont on a enlevé la caféine. – n. m. Café décaféiné.

décagone n. m. ▫ géom. Polygone à dix côtés.

décalage n. m. **1.** Fait de décaler ; écart temporel ou spatial. **2.** fig. Défaut de concordance.

décalcifier v. tr. ▫ Priver d'une partie de son calcium. ▷ v. pron. se **décalcifier** ▶ **décalcification** n. f.

décalcomanie n. f. ▫ Procédé de transfert d'images colorées sur un support ; ces images.

décalé, ée adj. ▫ Qui n'est pas conforme au contexte, aux attentes.

décaler v. tr. ▫ Déplacer un peu de la position normale (dans l'espace ; dans le temps).

décalitre n. m. ▫ Mesure de dix litres.

décalogue n. m. ▫ relig. Les dix commandements reçus de Dieu par Moïse.

décalotter v. tr. ▫ Découvrir (le gland) en dégageant le prépuce.

décalquer v. tr. ▫ Reporter le calque de (un dessin, etc.) sur un support. ▶ **décalquage** et **décalque** n. m.

décamètre n. m. ▫ Mesure de dix mètres.

décamper v. intr. ▫ S'en aller en hâte.

décan n. m. ▫ Chacune des trois dizaines de degrés de chaque signe du zodiaque.

décanter v. ▫ Séparer (un liquide) des matières en suspension en les laissant se déposer. ▷ v. pron. se **décanter** Devenir plus clair (aussi fig.). ▶ **décantation** n. f.

décapant, ante adj. ▫ Qui décape. ▪ fig. → **corrosif.**

décaper v. tr. ▫ Débarrasser (une surface) des matières qui y adhèrent fortement. ▶ **décapage** n. m.

décapiter v. tr. ▫ Trancher la tête de (qqn). ▶ **décapitation** n. f.

décapode n. m. et adj. ▫ Crustacé à cinq paires de pattes.

décapotable adj. ▫ Qui peut être décapoté. *Voiture décapotable ;* n. f. *décapotable.*

décapoter v. tr. ▫ Enlever ou ouvrir la capote, le toit mobile de.

décapsuler v. tr. ▫ Ôter la capsule de. ▶ **décapsulage** n. m.

décapsuleur n. m. ▫ Ustensile pour ôter les capsules de bouteilles.

se **décarcasser** v. pron. ▫ fam. Se donner beaucoup de mal.

décasyllabe n. m. et adj. ▫ Vers qui a dix syllabes.

décathlon n. m. ▫ Ensemble de dix épreuves disputées par les mêmes athlètes. ▶ **décathlonien** n. m.

décatir v. tr. ▫ techn. Débarrasser (une étoffe) du lustre que lui ont donné les apprêts. ▷ v. pron. se **décatir** Perdre sa fraîcheur ; vieillir. ▷ adj. **décati, ie**

décéder v. intr. ▫ (personnes) Mourir. ▷ adj. **décédé, ée**

déceler v. tr. **1.** Découvrir (ce qui était celé, caché). – Détecter. **2.** (sujet chose) Laisser voir. ▶ **décelable** adj.

décélérer v. intr. ▫ Ralentir (véhicule ; conducteur). ▶ **décélération** n. f.

décembre n. m. ▫ Douzième et dernier mois de l'année.

décemment adv. **1.** D'une manière décente. **2.** Raisonnablement.

décence n. f. **1.** Respect des convenances. **2.** Discrétion, retenue.

décennal, ale, aux adj. **1.** Qui dure dix ans. **2.** Qui a lieu tous les dix ans.

décennie n. f. ▫ Période de dix ans.

décent, ente adj. **1.** Conforme à la décence. **2.** Acceptable.

décentraliser v. tr. ▫ Rendre plus autonome (ce qui dépend d'un pouvoir central). ▶ **décentralisation** n. f. ▶ **décentralisateur, trice** adj. et n.

décentrer v. tr. ▫ Déplacer le centre de. ▶ **décentrage** n. m.

déception n. f. **1.** Fait d'être déçu. **2.** Ce qui déçoit.

décerner v. tr. ▫ Accorder à qqn (une distinction...).

décès n. m. ▫ Mort (d'une personne).

décevant, ante adj. ▫ Qui déçoit.

décevoir v. tr. ▫ Tromper (qqn) dans ses espoirs, son attente.

déchaîner v. tr. ▫ Donner libre cours à (une force). ▷ v. pron. se **déchaîner** Se déclencher avec violence. – S'emporter (contre qqn, qqch.). ▷ adj. **déchaîné, ée** *Mer déchaînée.* → **démonté.** – *Un enfant déchaîné*, très excité. ▶ **déchaînement** n. m.

déchanter v. intr. ▫ Perdre ses illusions.

décharge n. f. **I.** Lieu où l'on jette les ordures, les décombres. **II. 1.** Libération d'une obligation, d'une dette. **2.** *À DÉCHARGE* : qui lève les charges pesant sur qqn. – *Il faut dire, à sa décharge...*, pour l'excuser. **III. 1.** Tir d'armes à feu. **2.** Brusque perte d'une charge électrique.

déchargement n. m. ▫ Fait de décharger.

décharger v. tr. **I. 1.** Débarrasser de sa charge. **2.** Enlever (un chargement). **3.** *Décharger une arme*, en enlever la charge. **4.** Diminuer la charge électrique de. **II.** fig. Débarrasser ou libérer (qqn) d'une charge.

décharné, ée adj. ▫ Très maigre.

déchausser v. tr. ▫ Enlever les chaussures de (qqn). ▷ v. pron. se **déchausser** **1.** Enlever ses chaussures. **2.** *Dent qui se déchausse*, qui bouge (*déchaussement* n. m.).

dèche n. f. ▫ fam. Manque d'argent.

déchéance n. f. **1.** Fait de déchoir. **2.** Perte d'un droit.

déchet n. m. ▫ Résidu inutilisable.

déchetterie n. f. (n. déposé) ▫ Lieu aménagé pour recueillir les déchets à recycler.

déchiffrer v. tr. **1.** Lire (ce qui est chiffré), traduire en clair. **2.** Parvenir à lire, à comprendre. **3.** *Déchiffrer de la musique*, la lire à première vue. ▶ **déchiffrement** (sens 1) et **déchiffrage** n. m.

déchiqueter v. tr. ▫ Déchirer en lambeaux. ▶ **déchiquetage** n. m.

déchirant, ante adj. ▫ Qui émeut vivement.

déchirement n. m. **1.** Action de déchirer ; son résultat. **2.** fig. Grande douleur morale.

déchirer v. tr. **1.** Séparer en morceaux par des tractions opposées. – *Se déchirer un muscle* (se rompre des fibres). **2.** Faire un accroc à. **3.** Rompre par un son éclatant. *Un cri déchira le silence.* **4.** fig. Causer une vive douleur à. **5.** Troubler par de tragiques divisions.

déchirure n. f. ▫ Fente faite en déchirant.

déchoir v.. **1.** v. intr. Tomber dans un état inférieur à celui où l'on était. **2.** v. tr. *Déchoir qqn de* (un droit...), l'en priver à titre de sanction.

déchu, ue adj. ▫ Qui n'a plus (une position supérieure). ▪ relig. Privé de l'état de grâce.

décibel n. m. ▫ Unité de puissance sonore.

décidé, ée adj. **1.** Qui n'hésite pas pour prendre un parti. **2.** Arrêté par décision.

décidément adv. ▫ En définitive.

décider v. **I.** v. tr. dir. **1.** Prendre la décision de. **2.** Amener (qqn à agir). *Je l'ai décidé à rester.* **II.** v. tr. ind. *DÉCIDER DE qqch.* : disposer en maître par son action ou son jugement. ▷ v. pron. se **décider 1.** Être décidé. *Ça s'est décidé hier.* **2.** *Se décider à* : prendre la décision de. **3.** *Se décider pour.* → **opter** pour.

décideur, euse n. ▫ Personne ayant le pouvoir de décision.

décigramme n. m. ▫ Dixième du gramme.

décilitre n. m. ▫ Dixième du litre.

décimal, ale, aux adj. ▫ Qui a pour base le nombre dix. – n. f. Chiffre placé après la virgule, dans un nombre décimal.

décimer v. tr. ▫ Faire périr un grand nombre de personnes de (un groupe).

décimètre n. m. ▫ Dixième partie d'un mètre. – Règle graduée.

décisif, ive adj. ▫ Qui conduit à un résultat définitif.

décision n. f. **1.** Jugement qui apporte une solution. **2.** Fin de la réflexion dans l'acte volontaire de faire ou ne pas faire (une chose). **3.** Qualité qui consiste à ne pas hésiter.

décisionnel, elle adj. ▫ didact. Relatif à la décision.

déclamatoire adj. ▫ Emphatique.

déclamer v. tr. ▫ Dire en rythmant ou avec emphase. ▶ **déclamation** n. f.

déclaratif, ive adj. **1.** Qui donne déclaration de qqch. **2.** gramm. *Verbe déclaratif,* qui énonce une simple communication.

déclaration n. f. ▫ Action de déclarer ; discours ou écrit par lequel on déclare.

déclarer v. tr. **1.** Faire connaître d'une façon claire ou officielle. **2.** Faire connaître (à une autorité) l'existence de. ▷ v. pron. se **déclarer 1.** Donner son avis. ▪ Se dire (tel). *Se déclarer satisfait.* ▪ Déclarer son amour. **2.** (danger, maladie...) Commencer à se manifester. ▷ adj. **déclaré, ée**

déclasser v. tr. **I.** Faire passer dans une catégorie inférieure. **II.** Déranger (des objets classés). ▷ adj. **déclassé, ée** ▶ **déclassement** n. m.

déclencher v. tr. **1.** Déterminer le fonctionnement de (un système) par un mécanisme. **2.** Déterminer brusquement (une action...). ▷ v. pron. se **déclencher** ▶ **déclenchement** n. m.

déclencheur n. m. □ Pièce qui déclenche un mécanisme.

déclic n. m. **1.** Mécanisme qui déclenche. – fam. *Avoir un déclic :* comprendre soudainement. **2.** Bruit sec de ce qui se déclenche.

déclin n. m. □ État de ce qui diminue.

déclinaison n. f. □ gramm. Ensemble des formes que prennent les noms, pronoms et adjectifs des langues à flexion, suivant les nombres, les genres et les cas.

décliner v. **I.** v. tr. **1.** Repousser (ce qui est proposé). **2.** gramm. Donner toutes ses désinences à. **3.** comm. Donner plusieurs formes à (un produit). **4.** Dire à la suite. **II.** v. intr. **1.** astron. Approcher de l'horizon (astre). **2.** Être dans son déclin.

déclive adj. □ Qui est en pente. ▶ **déclivité** n. f.

décloisonner v. tr. □ Ôter les cloisons (3) administratives, etc., pour faciliter la communication. ▶ **décloisonnement** n. m.

① **décocher** v. tr. **1.** Lancer par une brusque détente. **2.** fig. *Décocher une œillade, une méchanceté.*

② **décocher** v. tr. □ *Décocher une case,* enlever le signe qui figure dans cette case.

décoction n. f. □ Action de faire bouillir dans l'eau une substance pour en extraire les principes solubles ; liquide ainsi obtenu.

décoder v. tr. □ Analyser le contenu de (un message) selon un code. ▶ **décodage** n. m.

décodeur n. m. □ Dispositif de décodage.

décoiffer v. tr. **1.** Déranger la coiffure de (qqn). **2.** sans compl. fam. Surprendre. *Un slogan qui décoiffe.*

décoincer v. tr. **1.** Dégager (ce qui est coincé). **2.** fig., fam. Détendre (qqn).

décolérer v. intr. □ ‹
colère.

décollage n. m. □ Acti
(III).

décollation n. f. □ littér. L

décollement n. m. □ Action
(I) ; état de ce qui est décoll‹

décoller v. **I.** v. tr. dir. Détach‹
est collé). **II.** v. tr. ind. (avec *de*) ‹
aller, partir. **III.** v. intr. Quitte‹
(avion). ▪ fig. Prendre son essor.
décollé, ée *Oreilles décollées,*
s'écartent de la tête.

décolleter v. tr. □ Couper (un vêteme‹
de sorte qu'il dégage le cou et u‹
partie de la gorge, du dos. ▷ **décollet‹
ée** **1.** adj. *Robe décolletée.* **2.** n. m. Partie
laissée nue.

décolonisation n. f. □ Processus par lequel une colonie devient indépendante. ▶ **décoloniser** v. tr.

décolorer v. tr. □ Altérer, effacer la couleur de. – au p. p. *Cheveux décolorés.* ▷ v. pron. se **décolorer** Perdre sa couleur. ▶ **décoloration** n. f. ▶ **décolorant, ante** adj.

décombres n. m. pl. □ Amas de matériaux provenant d'un édifice détruit.

décommander v. tr. **1.** Annuler la commande de (une marchandise). **2.** Annuler (une invitation). – pronom. *Se décommander :* annuler un rendez-vous.

décompenser v. intr. **1.** méd. (organe, organisme) Ne plus parvenir à compenser les effets d'une maladie. **2.** psych. (personnes) S'effondrer nerveusement, après un choc, un stress. ▶ **décompensation** n. f.

décomplexer v. tr. □ fam. Libérer (qqn) de ses inhibitions, de ses complexes. ▷ adj. **décomplexé, ée**

n élé-
chimi-
ique).
its du
poser

élâcher

Action de

Faire cesser ou
ession de (un gaz).

. Ce qu'il y a à déduire
e qu'on paie. **2.** Décom-
une somme...) en ses élé-

pter v. tr. **1.** Déduire, soustraire.
compter, dénombrer.

concentrer v. tr. ▫ Diminuer la concentration de. ▶ **déconcentration** n. f.

déconcerter v. tr. ▫ Faire perdre contenance à (qqn) ; jeter dans l'incertitude. ▶ **déconcertant, ante** adj.

déconfit, ite adj. ▫ Penaud, dépité.

déconfiture n. f. **1.** fam. Échec, défaite morale. **2.** Ruine financière.

décongeler v. tr. ▫ Ramener à une température supérieure à 0 °C. ▶ **décongélation** n. f.

décongestionner v. tr. **1.** Faire cesser la congestion de. **2.** fig. Faciliter la circulation dans.

déconnecter v. tr. ▫ Supprimer la connexion électrique de.

déconner v. intr. ▫ fam. **1.** Dire, faire des absurdités, des bêtises. **2.** (choses) Mal fonctionner.

déconnexion n. f. ▫ Action de déconnecter ; son résultat.

déconseiller v. tr. ▫ Conseiller de ne pas faire.

déconsidérer v. tr. ▫ Priver (qqn) de l'estime d'autrui. ▶ **déconsidération** n. f.

décontaminer v. tr. ▫ Éliminer ou réduire les effets d'une contamination sur (qqn, qqch.). ▶ **décontamination** n. f.

décontenancer v. tr. ▫ Faire perdre contenance à.

décontracter v. tr. **1.** Faire cesser la contraction musculaire de. **2.** fam. Aider (qqn) à se détendre. ▷ v. pron. **se décontracter** ▷ adj. **décontracté, ée**

décontraction n. f. **1.** Relâchement du muscle. **2.** Détente du corps. **3.** fig. Aisance, désinvolture.

déconvenue n. f. ▫ Désappointement causé par un insuccès.

décor n. m. **1.** Ce qui sert à décorer (un édifice, un intérieur). **2.** Représentation figurée du lieu où se passe l'action (théâtre...). **3.** Cadre, environnement.

décorateur, trice n. ▫ Personne qui conçoit des décors, ou des travaux de décoration.

décoratif, ive adj. ▫ Destiné à décorer.

décoration n. f. **I. 1.** Action, art de décorer. **2.** Ce qui décore. **II.** Insigne d'un ordre honorifique.

décorer v. tr. **I.** Pourvoir d'accessoires destinés à embellir. **II.** Remettre à (qqn) une décoration (II).

décortiquer v. tr. **1.** Dépouiller de son écorce. **2.** fig. Analyser à fond. ▶ **décorticage** n. m.

décorum n. m. sing. ▫ Ensemble des règles de bienséance d'une société.

découcher v. intr. ▫ Coucher hors de chez soi.

découdre v. tr. **1.** Défaire (ce qui est cousu). **2.** *EN DÉCOUDRE* : se battre.

découler v. intr. ▫ S'ensuivre par développement naturel.

découpage n. m. **1.** Action de découper. **2.** Image à découper.

découpe n. f. **1.** Action de découper. **2.** Morceau d'étoffe rapporté (décoratif).

découper v. tr. **1.** Diviser en morceaux, en coupant ou en détachant. **2.** Couper régulièrement suivant un tracé. ▷ v. pron. se **découper** *Se découper sur*, se détacher nettement de. ▷ adj. **découpé, ée 1.** Qu'on a découpé. **2.** → **dentelé.** *Rivage découpé.*

découplé, ée adj. ▫ *BIEN DÉCOUPLÉ, ÉE* : qui a un corps bien bâti.

découpure n. f. ▫ État, forme de ce qui est découpé ; bord découpé.

découragement n. m. ▫ État d'une personne découragée.

décourager v. tr. **1.** Rendre (qqn) sans courage. **2.** *Décourager qqn de* (+ inf.), lui ôter l'envie de. ▷ v. pron. se **décourager** ▶ **décourageant, ante** adj.

décousu, ue adj. **1.** Dont la couture a été défaite. **2.** fig. Sans suite, incohérent.

à découvert loc. adv. **1.** Dans une position qui n'est pas protégée. **2.** *Compte bancaire à découvert*, dont le solde est débiteur.

① **découvert, erte** adj. ▫ Qui n'est pas couvert.

② **découvert** n. m. ▫ Montant d'une dette excédant les disponibilités de qqn.

découverte n. f. **1.** Action de découvrir ce qui était inconnu, caché. **2.** Ce qu'on a découvert.

découvreur, euse n. ▫ Personne qui découvre.

découvrir v. tr. **I. 1.** Dégarnir de ce qui couvre. **2.** Laisser voir, montrer. *Robe qui découvre le dos.* **II.** Arriver à connaître (ce qui était caché ou ignoré). ▷ v. pron. se **découvrir 1.** Ôter ce dont on est couvert. **2.** (temps) Devenir moins couvert. **3.** Apprendre à se connaître.

décrasser v. tr. ▫ Débarrasser de la crasse. ▶ **décrassage** n. m.

décrépir v. tr. ▫ Dégarnir du crépi.

décrépit, ite adj. **1.** Dans une extrême déchéance physique. **2.** Qui menace ruine.

décrépitude n. f. ▫ Déchéance, décadence.

decrescendo adv. ▫ mus. En diminuant l'intensité d'un son.

décret n. m. ▫ Décision écrite émanant du pouvoir exécutif.

décréter v. tr. **1.** Ordonner par un décret. **2.** Décider avec autorité.

décrier v. tr. ▫ littér. Attaquer, rabaisser dans sa réputation. ▷ adj. **décrié, ée**

décrire v. tr. **1.** Représenter dans son ensemble, par écrit ou oralement. **2.** Tracer ou suivre (une ligne).

décrisper v. tr. ▫ Détendre (les rapports sociaux, etc.). ▶ **décrispation** n. f.

décrochement n. m. ▫ État de ce qui est décroché. – Forme de ce qui est en retrait.

décrocher v. **I.** v. tr. **1.** Détacher (ce qui était accroché). **2.** fig., fam. Obtenir. *Décrocher un prix.* **3.** fig. Distancer. **II.** v. intr. fam. Renoncer à poursuivre un effort. ▶ **décrochage** n. m.

décroiser v. tr. ▫ Faire cesser d'être croisé.

décroître v. intr. ▫ Diminuer progressivement. ▶ **décroissance** n. f. ▶ **décroissant, ante** adj.

décrotter v. tr. ▫ Nettoyer de sa boue.

décrottoir n. m. ▫ Lame de fer ou petite grille servant à décrotter les chaussures.

décrue n. f. ▫ Baisse du niveau des eaux.

décrypter v. tr. **1.** Traduire en clair (un message chiffré). **2.** Restituer le sens de (qqch.). ▶ **décryptage** n. m.

déçu, ue adj. **1.** Qui n'est pas réalisé. **2.** Qui a éprouvé une déception.

déculottée n. f. ▫ fam. Défaite humiliante.

déculotter v. tr. ▫ Enlever la culotte, le pantalon de (qqn). ▷ v. pron. se **déculotter 1.** Enlever sa culotte, son pantalon. **2.** fig., fam. Se soumettre.

déculpabiliser v. tr. ▫ Ôter à (qqn) un sentiment de culpabilité. ▶ **déculpabilisation** n. f.

décuple adj. et n. m. ▫ Qui vaut dix fois (la quantité désignée).

décupler v. **1.** v. tr. Rendre dix fois plus grand. **2.** v. intr. Devenir dix fois plus grand.

dédaigner v. **1.** v. tr. dir. Considérer avec dédain. **2.** v. tr. ind. littér. *DÉDAIGNER DE* (+ inf.) : ne pas daigner.

dédaigneux, euse adj. ▫ Qui a ou exprime du dédain. ▶ **dédaigneusement** adv.

dédain n. m. ▫ Fait de dédaigner.

dédale n. m. **1.** Lieu où l'on risque de s'égarer à cause de la complication des détours. **2.** fig. Ensemble de choses embrouillées. ▶ **dédaléen, enne** adj.

dedans I. adv. **1.** À l'intérieur. ▪ *Rentrer dedans*, heurter. – *Il va lui rentrer dedans*, l'attaquer. **2.** *LÀ-DEDANS* : à l'intérieur de ce lieu. **II. 1.** n. m. *Le dedans*. → **intérieur. 2.** *AU(-)DEDANS* loc. adv. : à l'intérieur.

dédicace n. f. ▫ Hommage qu'un auteur fait de son œuvre à qqn (le ou la *dédicataire* n.). ▶ **dédicacer** v. tr.

dédier v. tr. **I. 1.** Mettre (un ouvrage) sous le patronage de qqn par une dédicace. **2.** littér. Consacrer, vouer. **II.** critiqué Affecter à un usage spécifique.

se **dédire** v. pron. ▫ Se rétracter.

dédit n. m. **1.** Action de se dédire. **2.** dr. Faculté de ne pas exécuter un engagement contre indemnité. ▪ Cette indemnité.

dédommager v. tr. **1.** Indemniser (qqn) d'un dommage subi. **2.** Donner une compensation à (qqn). ▶ **dédommagement** n. m.

dédouaner v. tr. **1.** Libérer (une marchandise) des droits de douane en les acquittant. **2.** fig. Relever (qqn) du discrédit dans lequel il était tombé. ▶ **dédouanement** n. m.

dédoubler v. tr. ▫ Partager en deux. ▷ v. pron. se **dédoubler** ▶ **dédoublement** n. m.

dédramatiser v. tr. ▫ Ôter à (qqch.) son caractère dramatique. ▶ **dédramatisation** n. f.

déductible adj. ▫ Que l'on peut déduire.

déduction n. f. **I.** Fait de déduire (I). **II.** Raisonnement par lequel on déduit, on conclut.

déduire v. tr. **I.** Retrancher (une somme) d'un total à payer. **II.** Conclure, trouver (qqch.) par un raisonnement.

déesse n. f. ▫ Divinité féminine.

de facto loc. adv. ▫ dr. De fait.

défaillance n. f. **1.** Diminution momentanée des forces physiques. **2.** Fonctionnement défectueux.

défaillir v. intr. **1.** Tomber en défaillance (1). **2.** S'affaiblir, décliner, diminuer. ▶ **défaillant, ante** adj.

défaire v. tr. **1.** Réduire à l'état antérieur ou à l'état d'éléments. **2.** Supprimer l'arrangement de (qqch.). ▷ v. pron. se **défaire 1.** Cesser d'être fait, arrangé. **2.** *Se défaire de* : se débarrasser de. ▷ adj. **défait, aite**

défaite n. f. **1.** Perte d'une bataille ; d'une guerre. **2.** Échec.

défaitisme n. m. ▫ Attitude de ceux qui préconisent l'abandon de la lutte. ▶ **défaitiste** adj. et n.

défalquer v. tr. ▫ Retrancher d'une somme. ▶ **défalcation** n. f.

se **défausser** v. pron. ▫ jeux Se débarrasser d'une carte. ▪ fig. Se décharger (d'une responsabilité...).

défaut n. m. **I. 1.** Absence de ce qui serait nécessaire ou désirable. ▪ *FAIRE DÉFAUT* : manquer. **2.** *À DÉFAUT DE* loc. prép. : faute de. **II.** Imperfection.

défaveur n. f. ▫ → **discrédit, disgrâce.**

défavorable adj. ▫ Qui n'est pas favorable. ▶ **défavorablement** adv.

défavoriser v. tr. ▫ Priver (qqn) d'un avantage. ▷ adj. **défavorisé, ée**

défécation n. f. ▫ didact. Expulsion des matières fécales.

défectif, ive adj. ▫ gramm. (verbe) Dont certaines formes de conjugaison sont inusitées.

défection n. f. **1.** Abandon (par qqn) d'une cause, d'un parti. **2.** Fait de ne pas venir là où l'on était attendu.

défectueux, euse adj. ▫ Qui présente des défauts. ▶ **défectuosité** n. f.

défendable adj. **1.** Qui peut être défendu (I). **2.** Qui peut se défendre (3).

défendeur, deresse n. ▫ dr. Personne contre laquelle est intentée une action.

défendre v. tr. **I. 1.** Protéger (qqn, qqch.) contre une attaque en se battant. ▪ *À SON CORPS DÉFENDANT* : malgré soi. **2.** fig. Soutenir (qqn, qqch.) contre des attaques. **II.** *DÉFENDRE qqch. À qqn ; DÉFENDRE À qqn DE* (+ inf.), interdire. ▷ v. pron. se **défendre 1.** Résister à une attaque. **2.** Se justifier. **3.** passif (choses) Être justifiable. **4.** *SE DÉFENDRE DE, CONTRE*, se protéger. **5.** *SE DÉFENDRE DE* (+ inf.). → s'**interdire.**

défenestrer v. tr. ▫ Précipiter d'une fenêtre. ▶ **défenestration** n. f.

① **défense** n. f. **I. 1.** Action de défendre (un lieu) contre des ennemis. **2.** fig. Action de défendre, de soutenir (qqn, qqch.). **3.** Fait de se défendre, de résister. **4.** Action de défendre qqn ou de se défendre contre une accusation. **II.** Fait de défendre (II), d'interdire.

② **défense** n. f. ▫ Longue dent saillante de certains mammifères (éléphant...).

défenseur n. **1.** Personne qui défend qqn ou qqch. contre des agresseurs. **2.** fig. Personne qui soutient une cause. **3.** Personne chargée de soutenir les intérêts d'une partie, devant le tribunal.

défensif, ive adj. ▫ Fait pour la défense.

défensive n. f. ▫ *Être SUR LA DÉFENSIVE*, prêt à répondre à toute attaque.

déféquer v. intr. ▫ didact. Expulser les matières fécales.

déférence n. f. ▫ Considération très respectueuse que l'on témoigne à qqn.

déférent, ente adj. **I.** anat. *Canal déférent* : canal excréteur des testicules. **II.** Qui a, témoigne de la déférence.

déférer v. tr. ▫ Porter (une affaire), traduire (un prévenu) devant l'autorité judiciaire compétente.

déferlant, ante I. adj. Qui déferle. **II.** n. f. **1.** Vague déferlante. **2.** fig. Essor massif et rapide.

déferler v. intr. ▫ Se briser en écume en roulant sur le rivage (vagues). – fig. Se répandre avec force. ▶ **déferlement** n. m.

déferrer v. tr. ▫ Ôter les fers de.

défi n. m. **1.** Fait de défier (①, 1) ; invitation au combat. **2.** Fait de provoquer qqn en le déclarant incapable de faire qqch. **3.** Refus de se soumettre.

défiance n. f. ▫ Sentiment d'une personne qui se défie. ▶ **défiant, ante** adj.

défibrillateur n. m. ▫ didact. Appareil servant à rétablir le rythme normal du cœur.

déficience n. f. ▫ Insuffisance organique ou mentale. ▶ **déficient, ente** adj. et n.

déficit n. m. **1.** Ce qui manque pour équilibrer les recettes avec les dépenses. **2.** Manque, insuffisance. ▶ **déficitaire** adj.

① **défier** v. tr. **1.** Inviter (qqn) à venir se mesurer comme adversaire. **2.** Mettre (qqn) au défi (de faire qqch.). **3.** (choses) Ne pas être menacé par. *Prix défiant toute concurrence.* **4.** fig. Refuser de se soumettre à.

② **se défier** v. pron. ▫ littér. Avoir peu de confiance en.

défigurer v. tr. **1.** Abîmer le visage de. **2.** fig. Dénaturer.

défilé n. m. **I.** Couloir naturel encaissé et étroit. **II.** Manœuvre des troupes qui défilent. ▪ Marche de personnes, etc. disposées en file.

① **défiler** v. intr. **1.** Marcher en file, en colonne. **2.** Se succéder sans interruption. **3.** (choses) Passer de manière continue. ▶ **défilement** n. m.

② **se défiler** v. pron. ▫ fam. Se dérober.

défini, ie adj. **1.** Déterminé. **2.** *ARTICLE DÉFINI*, qui se rapporte à un objet particulier, déterminé.

définir v. tr. ▫ Déterminer par une formule précise les caractères de. *Définir un mot*, en donner le, les sens. ▶ **définissable** adj.

définitif, ive adj. **1.** Qui est fixé une fois pour toutes. **2.** *EN DÉFINITIVE* loc. adv. : finalement. ▶ **définitivement** adv.

définition n. f. **1.** Opération par laquelle on détermine le contenu d'un concept. **2.** Formule qui donne le ou les sens d'un mot. **3.** Grandeur caractérisant le degré de finesse d'une image de télévision.

défiscaliser v. tr. ▫ Libérer de tout impôt. ▶ **défiscalisation** n. f.

déflagration n. f. ▫ Explosion.

déflation n. f. ▫ Freinage de l'inflation. ▶ **déflationniste** adj. et n.

déflecteur n. m. ▫ Petit volet orientable d'une vitre de portière d'automobile.

déflocage n. m. ▫ techn. Opération par laquelle on supprime des matières projetées par flocage.

défloraison n. f. ▫ bot. Chute des fleurs.

déflorer v. tr. **1.** Faire perdre sa virginité à (une fille). ▶ **défloration** n. f. **2.** fig. Enlever la fraîcheur de.

défoliant, ante adj. et n. ▫ (produit) Qui provoque la défoliation.

défoliation n. f. **1.** bot. Chute naturelle des feuilles. **2.** Destruction artificielle massive de la végétation au moyen de défoliants. ▶ **défolier** v. tr.

défonce n. f. ▫ fam. Perte de conscience ou délire, après l'absorption de drogue.

défoncer v. tr. **1.** Briser, abîmer par enfoncement. **2.** fam. (drogue) Provoquer chez (qqn) un état hallucinatoire. ▷ v. pron. se **défoncer** fam. **1.** Se droguer. **2.** Se donner à une activité avec intensité. ▷ adj. **défoncé, ée**

déforestation n. f. ▫ Action de détruire une forêt ; son résultat.

déformation n. f. **1.** Action de (se) déformer. **2.** fig. Altération, falsification.

déformer v. tr. **1.** Altérer la forme de. **2.** Altérer en changeant. ▷ v. pron. se **déformer** ▶ **déformant, ante** adj.

défouler v. tr. ▫ fam. (choses) Permettre, favoriser l'extériorisation des pulsions. ▷ v. pron. se **défouler** Se libérer des contraintes, des tensions. ▶ **défoulement** n. m.

défraîchir v. tr. ▫ Dépouiller de sa fraîcheur. ▷ v. pron. se **défraîchir** Perdre l'éclat du neuf. ▷ adj. **défraîchi, ie**

défrayer v. tr. **1.** Décharger (qqn) de ses frais. ▶ **défraiement** n. m. **2.** *Défrayer la chronique :* faire parler de soi.

défricher v. tr. ▫ Rendre propre à la culture (une terre en friche). – abstrait Préparer. ▶ **défrichage** et **défrichement** n. m. ▶ **défricheur, euse** n.

défriser v. tr. ▫ Défaire la frisure de. ▶ **défrisage** n. m.

défroisser v. tr. ▫ Remettre en état (ce qui est froissé). ▶ **défroissable** adj.

défroque n. f. ▫ Vieux vêtements qu'on abandonne. – Habillement bizarre.

défroqué, ée adj. ▫ Qui a abandonné l'état ecclésiastique.

défunt, unte adj. et n. ▫ littér. Qui est mort.

dégagement n. m. **1.** Action de (se) dégager. **2.** Espace libre.

dégager v. tr. **I. 1.** Libérer de ce qui retient. **2.** Rendre disponible. **3.** Laisser échapper (un fluide...). **4.** Isoler (un élément) d'un ensemble. **II. 1.** *Dégager (qqn) de,* soustraire à. **2.** Débarrasser de ce qui encombre. ▷ v. pron. se **dégager 1.** Libérer son corps (de ce qui le retient). ▪ fig. Se libérer (d'une obligation...). **2.** *Le ciel se dégage.* → s'**éclaircir. 3.** Sortir d'un corps. *Odeur qui se dégage.* **4.** Se faire jour. *La vérité se dégage peu à peu.* ▷ adj. **dégagé, ée**

dégaine n. f. ▫ fam. Allure ridicule, bizarre.

dégainer v. tr. ▫ Tirer (une arme) de son étui. – sans compl. Sortir un revolver pour se battre.

dégarnir v. tr. ▫ Dépouiller de ce qui garnit. ▷ v. pron. se **dégarnir** Perdre ses cheveux.

dégât n. m. ▫ Dommage dû à une cause violente.

dégel n. m. **1.** Fonte naturelle de la glace et de la neige. **2.** fig. Reprise de l'activité.

dégeler v. **I.** v. tr. **1.** Faire fondre (ce qui était gelé). **2.** Débloquer. **II.** v. intr. Cesser d'être gelé.

dégénérer v. intr. **1.** Perdre ses qualités (naturelles). **2.** *DÉGÉNÉRER EN :* se transformer en (ce qui est pire). ▷ adj. **dégénéré, ée** ▶ **dégénérescence** n. f.

dégingandé, ée adj. ▫ Qui est disproportionné dans sa haute taille.

dégivrer v. tr. ▫ Enlever le givre de. ▶ **dégivrage** n. m. ▶ **dégivreur** n. m. (appareil)

déglacer v. tr. ▫ cuis. Mouiller et chauffer les sucs de cuisson, pour faire une sauce.

déglinguer v. tr. ▫ fam. Détraquer.

déglutir v. tr. ▫ Avaler (la salive, les aliments). ▶ **déglutition** n. f.

dégobiller v. tr. et intr. ▫ fam. Vomir.

dégommer v. tr. ▫ fam. Destituer. ▶ **dégommage** n. m.

dégonfler v. tr. ▫ Faire cesser d'être gonflé. ▪ intrans. *Sa paupière a dégonflé.* ▷ v. pron. se **dégonfler 1.** *Pneu qui se dégonfle.* **2.** fam. Manquer de courage au moment d'agir. ▷ **dégonflé, ée 1.** adj. *Bouée dégonflée.* **2.** adj. et n. fam. → **lâche.** ▶ **dégonflage** et **dégonflement** n. m.

dégorger v. **I.** v. tr. **1.** Faire sortir de soi, déverser. **2.** Déboucher. **II.** v. intr. Rendre un liquide. *Faire dégorger des concombres,* leur faire rendre leur eau. ▶ **dégorgement** n. m.

dégoter v. tr. ▫ fam. Trouver. – var. **dégotter.**

dégouliner v. intr. ▫ Couler lentement. ▶ **dégoulinement** n. m. et **dégoulinade** n. f. fam.

dégoupiller v. tr. ▫ Ôter la goupille de.

dégourdir v. tr. **1.** Faire sortir de l'engourdissement. ▶ **dégourdissement** n. m. **2.** fig. Débarrasser (qqn) de sa gêne. ▷ v. pron. se **dégourdir** ▷ adj. **dégourdi, ie** → **débrouillard.**

dégoût n. m. **1.** Manque d'appétit entraînant de la répugnance. **2.** Aversion.

dégoûtant, ante adj. ◻ Qui inspire du dégoût. ▶ **dégoûtamment** adv.

dégoûter v. tr. **1.** Inspirer du dégoût à. **2.** *DÉGOÛTER DE* : ôter l'envie de. ▷ adj. **dégoûté, ée**

dégoutter v. intr. **1.** Couler goutte à goutte. **2.** *Dégoutter de* : laisser tomber goutte à goutte.

dégradant, ante adj. ◻ Qui abaisse moralement.

dégradation n. f. **1.** Destitution infamante. **2.** Fait de s'avilir. **3.** Détérioration (d'un site...).

dégradé n. m. **1.** Affaiblissement progressif (d'une couleur, d'une lumière). **2.** Coupe diminuant progressivement l'épaisseur des cheveux.

① **dégrader** v. tr. **1.** Destituer (qqn) d'une manière infamante de sa dignité, de son grade. **2.** Détériorer (un édifice...). ▷ v. pron. se **dégrader**

② **dégrader** v. tr. **1.** Affaiblir progressivement (un ton, une couleur). **2.** Couper (les cheveux) en dégradé.

dégrafer v. tr. ◻ Défaire, détacher (ce qui est agrafé). ▷ v. pron. se **dégrafer**

dégraisser v. tr. **1.** Enlever la graisse de. **2.** fam. *Dégraisser les effectifs d'une entreprise* (par des licenciements). ▶ **dégraissage** n. m.

degré n. m. **I. 1.** Niveau dans un ensemble hiérarchisé. **2.** État, dans une évolution. **3.** Niveau d'interprétation. *AU PREMIER DEGRÉ*, à la lettre. **II. 1.** Proximité relative dans la parenté. *Le père et le fils sont parents au premier degré.* **2.** gramm. *Degrés de comparaison.* → **comparatif, superlatif. 3.** math. *Équation du premier, du second degré,* dont l'inconnue est à la puissance 1, à la puissance 2. **III. 1.** La 360e partie du cercle (symb. °). **2.** Unité de mesure de la température. **3.** Proportion d'alcool. *Vin de 11 degrés.*

dégressif, ive adj. ◻ Qui va en diminuant. ▶ **dégressivité** n. f.

dégrever v. tr. ◻ Alléger la charge fiscale de. ▶ **dégrèvement** n. m.

dégriffé, ée adj. ◻ Vendu sans sa griffe d'origine.

dégringoler v. **1.** v. intr. Descendre précipitamment. **2.** v. tr. → **dévaler.** ▶ **dégringolade** n. f. fam. → **chute.**

dégripper v. tr. ◻ Faire cesser le grippage de (un mécanisme). ▶ **dégrippant** n. m. (produit)

dégriser v. tr. **1.** Tirer (qqn) de l'état d'ivresse. **2.** fig. Détruire l'exaltation de (qqn). ▶ **dégrisement** n. m.

dégrossir v. tr. **1.** Donner une première forme à (ce que l'on façonne). **2.** fam. Donner à (qqn) des rudiments de formation. ▶ **dégrossissage** n. m.

dégrouper v. tr. **1.** didact. Diviser en groupes. ▶ **dégroupement** n. m. **2.** télécomm. Ouvrir l'accès de (une ligne téléphonique) à plusieurs opérateurs. ▶ **dégroupage** n. m.

déguenillé, ée adj. ◻ Vêtu de guenilles.

déguerpir v. intr. ◻ S'enfuir.

dégueulasse adj. ◻ fam. Sale, répugnant. ▶ **dégueulasser** v. tr. fam. → **salir.**

dégueuler v. tr. ◻ fam. et vulg. Vomir. ▶ **dégueulis** n. m.

déguiser v. tr. **1.** Vêtir (qqn) de manière à rendre méconnaissable. – pronom. *Se déguiser en fée.* **2.** Modifier pour tromper. *Déguiser sa voix.* ▷ adj. **déguisé, ée** ▶ **déguisement** n. m.

déguster v. tr. **1.** Goûter (un vin) pour juger de la qualité. **2.** Savourer (qqch.). ▶ **dégustation** n. f.

se **déhancher** v. pron. **1.** Se balancer sur ses hanches en marchant. **2.** Faire reposer le poids du corps sur une hanche, en étant debout. ▷ adj. **déhanché, ée** ▶ **déhanchement** n. m.

déhiscent, ente adj. ◻ bot. Se dit des organes clos qui s'ouvrent d'eux-mêmes.

dehors adv. **I. 1.** À l'extérieur. **2.** *EN DEHORS DE* loc. prép. : hors de ; excepté. **II.** n. m. **1.** *Le dehors* : l'extérieur. **2.** *LES DEHORS* : l'aspect.

déicide ◻ relig. **1.** n. m. Meurtre de Dieu. **2.** n. et adj. Meurtrier de Dieu.

déifier v. tr. ◻ Considérer comme un dieu. ▶ **déification** n. f.

déisme n. m. ◻ Position de ceux qui admettent l'existence d'une divinité, sans accepter de religion. ▶ **déiste** n. et adj.

déjà adv. **1.** Dès maintenant. – Dès ce moment-là. **2.** Auparavant, avant.

déjanter v. **I.** v. tr. Faire sortir (un pneu) de la jante. **II.** v. intr. **1.** *Le pneu a déjanté.* **2.** fam. Devenir un peu fou. ▷ adj. **déjanté, ée** → **cinglé.**

déjection n. f. **1.** au plur. Excréments. **2.** Matières rejetées par les volcans.

① **déjeuner** v. intr. **1.** Prendre le petit-déjeuner. **2.** Prendre le repas du milieu de la journée.

② **déjeuner** n. m. ◻ Repas pris au milieu du jour.

déjouer v. tr. ◻ Faire échouer (les manœuvres de qqn).

se **déjuger** v. pron. ◻ Revenir sur un jugement exprimé.

de jure loc. adv. ◻ dr. Selon le droit.

delà prép. et adv. **1.** *PAR-DELÀ* loc. prép. : de l'autre côté de. **2.** *AU-DELÀ (DE)* ou *AU DELÀ (DE)* loc. adv. et prép. : plus loin (que).

délabrer v. tr. ◻ Mettre en mauvais état. ▷ v. pron. se **délabrer** ▷ adj. **délabré, ée** ▶ **délabrement** n. m.

délacer v. tr. ◻ Desserrer ou retirer (une chose lacée).

délai n. m. **1.** Temps accordé pour faire qqch. **2.** Temps à l'expiration duquel on sera tenu de faire qqch.

délaisser v. tr. **1.** Laisser (qqn) sans secours ou sans affection. **2.** Abandonner (une activité, etc.). ▷ adj. **délaissé, ée** ▶ **délaissement** n. m.

délassement n. m. **1.** Fait de se délasser. **2.** Ce qui délasse.

délasser v. tr. ◻ Tirer (qqn) de l'état de lassitude, de fatigue. ▷ v. pron. se **délasser** Se reposer en se distrayant. ▶ **délassant, ante** adj.

délateur, trice n. ◻ Personne qui dénonce pour des motifs méprisables.

délation n. f. ◻ Dénonciation inspirée par des motifs méprisables.

délavé, ée adj. ◻ Dont la couleur est, ou semble trop étendue d'eau.

délaver v. tr. ◻ Éclaircir avec un liquide (une couleur). ▷ **délavage** n. m.

délayer v. tr. **1.** Mélanger (une substance) à un liquide. **2.** fig. Exposer trop longuement. ▶ **délayage** n. m.

delco n. m. (marque déposée) ◻ Système d'allumage d'un moteur à explosion.

délectable adj. ◻ littér. Délicieux.

délectation n. f. ◻ Plaisir, délice.

se **délecter** v. pron. ◻ Prendre un plaisir intense et prolongé (à qqch.).

délégation n. f. **1.** Acte par lequel on délègue. **2.** Ensemble de délégués.

délégué, ée n. ◻ Personne chargée de représenter qqn, un groupe.

déléguer v. tr. **1.** Charger (qqn) d'une fonction, etc. en transmettant son pouvoir. **2.** Transmettre, confier (un pouvoir...).

délester v. tr. **1.** Décharger de son lest. **2.** Décongestionner (une route), par des déviations. ▶ **délestage** n. m.

délétère adj. ▫ Qui met la santé, la vie en danger. ▪ fig., littér. Nuisible.

délibérant, ante adj. ▫ Qui délibère.

délibératif, ive adj. ▫ Qui a qualité pour voter, décider dans une délibération.

délibération n. f. **1.** Action de délibérer avec d'autres personnes. **2.** Examen réfléchi.

délibérément adv. ▫ De manière délibérée.

délibérer v. intr. **1.** Discuter avec d'autres personnes en vue d'une décision à prendre. **2.** littér. → **réfléchir.** ▷ **délibéré, ée I.** adj. **1.** Qui a été délibéré. **2.** Assuré, décidé. **II.** n. m. dr. Délibération des magistrats.

délicat, ate adj. **1.** littér. Qui plaît par la qualité, la finesse. **2.** Que sa finesse rend sensible aux moindres influences extérieures. **3.** Que sa subtilité, sa complexité rendent difficile. *Question délicate.* **4.** Doué d'une grande sensibilité.

délicatement adv. ▫ Avec délicatesse.

délicatesse n. f. **1.** littér. Qualité de ce qui est fin, délicat (1). **2.** Finesse et précision dans l'exécution. **3.** Fragilité. **4.** Aptitude à sentir, à exprimer finement. **5.** Sensibilité morale.

délice I. n. f. pl. littér. *DÉLICES* : plaisir qui ravit. **II.** n. m. Plaisir vif et délicat.

délicieux, euse adj. ▫ Extrêmement agréable. ▶ **délicieusement** adv.

délictueux, euse adj. ▫ dr. Qui a le caractère d'un délit.

délié, ée adj. **1.** littér. Fin, mince. ▪ n. m. Partie déliée d'une lettre (opposé à *plein*). **2.** fig. → **subtil.**

délier v. tr. **1.** Défaire le nœud de. – fig. *Délier la langue de qqn*, le faire parler. **2.** fig. Libérer.

délimiter v. tr. ▫ Déterminer les limites de. ▶ **délimitation** n. f.

délinquance n. f. ▫ Ensemble des délits, considérés sur le plan social.

délinquant, ante n. et adj. ▫ Personne qui commet un délit.

déliquescence n. f. **1.** didact. Propriété qu'ont certains corps de se liquéfier par l'humidité de l'air. **2.** fig. Décadence. ▶ **déliquescent, ente** adj.

délirant, ante adj. **1.** didact. Qui présente les caractères du délire. **2.** fig. Qui manque de mesure, exubérant.

délire n. m. **1.** psych. Trouble psychique de qqn qui perçoit et dit des choses qui ne concordent pas avec la réalité. **2.** Enthousiasme exubérant.

délirer v. intr. ▫ Avoir le délire. ▪ fam. Déraisonner.

delirium tremens n. m. invar. ▫ didact. Délire (1) accompagné d'agitation, particulier aux alcooliques.

délit n. m. ▫ Fait prohibé ou dont la loi prévoit la sanction par une peine. – *FLAGRANT DÉLIT* : infraction en train de se commettre.

déliter v. tr. ▫ Diviser (une pierre) dans le sens des couches de stratification. ▷ v. pr. se **déliter** **1.** Se désagréger en absorbant l'humidité. **2.** fig. Perdre sa cohésion.

délivrance n. f. **1.** Action de délivrer. **2.** fig. Fin d'un tourment. **3.** méd. Fin de l'accouchement.

délivrer v. tr. **I. 1.** Rendre libre. **2.** *Délivrer qqn de.* → **débarrasser.** **II.** Remettre (qqch.) à qqn.

délocaliser v. tr. ▫ Déplacer (une activité située dans un centre) vers un lieu éloigné. ▶ **délocalisation** n. f.

déloger v. tr. ▫ Faire sortir (qqn) du lieu qu'il occupe.

déloyal, ale, aux adj. ▫ Qui n'est pas loyal. ▶ **déloyalement** adv.

déloyauté n. f. ▫ Manque de loyauté.

delta n. m. **I.** Quatrième lettre de l'alphabet grec. **II.** Dépôt d'alluvions émergeant à l'embouchure d'un fleuve et la divisant en bras ramifiés.

deltaplane n. m. ▫ Aile triangulaire utilisée pour le vol libre.

deltoïde n. m. ▫ anat. Muscle de l'épaule.

déluge n. m. **1.** Cataclysme consistant en précipitations submergeant la Terre, raconté dans la Bible. **2.** Pluie torrentielle.

déluré, ée adj. ▫ Qui a l'esprit vif et avisé. ▪ péj. → **effronté.**

démagnétiser v. tr. ▫ Supprimer le caractère magnétique de. ▶ **démagnétisation** n. f.

démagogie n. f. ▫ Politique par laquelle on flatte les masses pour gagner leur adhésion. ▶ **démagogique** adj. ▶ **démagogue** n. et adj.

démailler v. tr. ▫ Défaire en rompant les mailles. ▶ **démaillage** n. m.

demain adv. et n. m. **I.** Le jour suivant celui où s'exprime la personne qui parle. **1.** adv. *Je le verrai demain.* **2.** n. m. *Demain est jour férié.* – À DEMAIN : nous nous reverrons demain. **II.** adv. Dans un avenir plus ou moins proche.

démancher v. tr. **1.** Séparer de son manche. **2.** fam. Démettre, disloquer.

demande n. f. **1.** Action de demander. **2.** Question.

demander v. tr. **I. 1.** Faire connaître à qqn (ce qu'on désire obtenir de lui) ; exprimer (un souhait). ▪ *DEMANDER À ; DE* (+ inf.). **2.** Prier de donner, d'apporter (qqch.). **3.** Faire chercher (qqn). **4.** (sujet chose) Avoir pour condition de succès, de réalisation. **II.** Essayer de savoir (en interrogeant qqn). ▷ v. pron. se **demander** Se poser une question à soi-même. ▷ adj. **demandé, ée** Qui fait l'objet d'une forte demande.

demandeur n. **1.** *DEMANDEUR, EUSE* : personne qui demande qqch. **2.** dr. *DEMANDEUR, ERESSE* : personne qui a l'initiative du procès.

démangeaison n. f. **1.** Sensation d'irritation au niveau de la peau, qui incite à se gratter. **2.** fig., fam. Désir irrépressible.

démanger v. intr. **1.** Faire ressentir une démangeaison. **2.** fig. *La langue lui démange* : il a grande envie de parler. – trans. *Ça la démange de s'en aller.*

démanteler v. tr. **1.** Démolir les murailles, les fortifications de. **2.** fig. Abattre, désorganiser. ▶ **démantèlement** n. m.

démantibuler v. tr. ▫ fam. Démolir de manière à rendre inutilisable.

démaquillant, ante adj. et n. ▫ (produit) Qui sert à démaquiller.

démaquiller v. tr. ▫ Enlever le maquillage de. ▶ **démaquillage** n. m.

démarcation n. f. ▫ Action de limiter ; ce qui limite. *Ligne de démarcation* : frontière.

démarchage n. m. ▫ Activité commerciale qui consiste à solliciter la clientèle à son domicile. ▶ **démarcher** v. tr. ▶ **démarcheur, euse** n.

démarche n. f. **I. 1.** Manière de marcher. **2.** fig. Manière dont l'esprit progresse dans son activité. **II.** Tentative auprès de qqn pour réussir une entreprise.

démarquer v. tr. **1.** Priver de la marque indiquant le possesseur. **2.** fig. Plagier en dissimulant l'emprunt (▶ n. m. **démarcage** ou **démarquage**). **3.** Vendre moins cher (un article), notamment en lui enlevant sa marque d'origine (▶ n. f. **démarque**). ▷ v. pron. se **démarquer** *Se démarquer de qqn,* prendre ses distances par rapport à lui.

démarrer v. **I.** v. tr. **1.** mar. Larguer les amarres de. **2.** fam. Commencer. **II.** v. intr. **1.** mar. Partir (navire). **2.** Commencer à fonctionner, à rouler. ▪ fig. *Son affaire démarre.* ▶ **démarrage** n. m.

démarreur n. m. ▫ Appareil servant à mettre en marche un moteur.

démasquer v. tr. **1.** Enlever le masque de (qqn). **2.** fig. Faire connaître (qqn) pour ce qu'il est. *Démasquer un imposteur.*

dématérialiser v. tr. ▫ Rendre immatériel. ▶ **dématérialisation** n. f.

démêlé n. m. ▫ Conflit né d'une opposition entre deux parties.

démêler v. tr. **1.** Séparer (ce qui était emmêlé). ▶ **démêlage** n. m. **2.** fig. Débrouiller, éclaircir. ▶ **démêlement** n. m.

démêloir n. m. ▫ Peigne servant à démêler les cheveux.

démembrer v. tr. ▫ Diviser en parties (ce qui forme un tout). ▶ **démembrement** n. m.

déménager v. **I.** v. tr. Transporter (des objets) d'un logement à un autre. **II.** v. intr. Changer de logement. ▶ **déménagement** n. m.

déménageur, euse n. ▫ Personne dont le métier est de faire des déménagements.

démence n. f. ▫ Ensemble des troubles mentaux graves. ▪ psych. Déchéance irréversible des activités psychiques.

se **démener** v. pron. **1.** S'agiter violemment. **2.** fig. Se donner beaucoup de mal.

dément, ente **1.** adj. et n. Atteint de démence. **2.** adj. Déraisonnable. ▪ fam. Extraordinaire.

démenti n. m. ▫ Action de démentir ; ce qui dément qqch.

démentiel, ielle adj. **1.** De la démence. **2.** Absurde, fou.

démentir v. tr. **1.** Prétendre (qqch.) contraire à la vérité. **2.** (sujet chose) Aller à l'encontre de. ▷ v. pron. se **démentir** (choses) *Ne pas se démentir :* ne pas cesser de se manifester.

se **démerder** v. pron. ▫ fam. Se débrouiller. ▶ **démerde** n. f. → **débrouillardise.**

démériter v. intr. ▫ Agir de manière à encourir la désapprobation.

démesure n. f. ▫ Manque de mesure dans les sentiments, les attitudes.

démesuré, ée adj. ▫ Qui dépasse la mesure ordinaire. ▶ **démesurément** adv.

① **démettre** v. tr. ▫ Déplacer (un os, une articulation). ▷ adj. **démis, ise**

② **démettre** v. tr. ▫ Retirer (qqn) d'un poste, etc. ▷ v. pron. se **démettre** Quitter ses fonctions.

au **demeurant** loc. adv. ▫ littér. D'ailleurs ; tout bien considéré.

demeure n. f. **I.** **1.** *MISE EN DEMEURE :* sommation. – *METTRE qqn EN DEMEURE DE* (+ inf.). → **ordonner.** ▪ *Il y a PÉRIL EN LA DEMEURE :* il faut agir vite. **2.** *À DEMEURE* loc. adv. : en permanence. **II.** Maison (belle ou importante).

demeuré, ée adj. et n. ▫ fam. Intellectuellement retardé.

demeurer v. intr. **I.** (auxiliaire *être*) **1.** Rester. *Demeurer chez soi.* **2.** Continuer à être (dans une situation). **3.** (choses) Subsister. **II.** (auxiliaire *avoir*) Habiter, résider.

demi, ie I. adj. **1.** Qui est la moitié d'un tout (*demi* reste invar. et se rattache au nom qu'il qualifie par un trait d'union). **2.** *ET DEMI(E)* (après un nom) : et la moitié. **II.** adv. À moitié, pas entièrement. **III.** *À DEMI* loc. adv. : à moitié. **IV.** n. **1.** Moitié d'une unité. **2.** n. m. Verre de bière. **3.** n. f. *LA DEMIE* : la fin de la demi-heure. *Je pars à la demie.* **4.** n. sports Joueur, joueuse placé(e) entre les avants et les arrières.

demi-bouteille n. f. □ Bouteille d'environ 37 cl.

demi-cercle n. m. □ Moitié d'un cercle. ▶ **demi-circulaire** adj.

demi-dieu n. m. □ Personnage mythologique issu d'une mortelle et d'un dieu, d'une déesse et d'un mortel.

demi-douzaine n. f. □ Six. – Environ six.

demi-droite n. f. □ géom. Portion de droite limitée par un point appelé *origine.*

demi-finale n. f. □ Avant-dernière épreuve d'une compétition. ▶ **demi-finaliste** n.

demi-fond n. m. □ sports *Course de demi-fond,* de moyenne distance.

demi-frère n. m. □ Frère par le père ou la mère seulement.

demi-gros n. m. invar. □ Commerce intermédiaire entre le gros et le détail.

demi-heure n. f. □ Moitié d'une heure.

demi-jour n. m. □ Clarté faible. *Des demi-jour(s).*

demi-journée n. f. □ Moitié d'une journée.

démilitariser v. tr. □ Priver (une zone) de sa force militaire. ▶ **démilitarisation** n. f.

demi-litre n. m. □ Moitié d'un litre.

demi-lune n. f. □ Espace en demi-cercle.

demi-mal n. m. sing. □ Inconvénient moins grave que celui qu'on prévoyait.

demi-mesure n. f. □ Moyen insuffisant et provisoire.

demi-mot n. m. □ *À DEMI-MOT* loc. adv. : sans qu'il soit nécessaire de tout exprimer.

déminer v. tr. □ Débarrasser (un lieu) des mines ou engins explosifs. ▶ **déminage** n. m. ▶ **démineur, euse** n.

déminéraliser v. tr. **1.** méd. Faire perdre des sels minéraux à (l'organisme). **2.** Éliminer les sels minéraux de (l'eau). ▶ **déminéralisation** n. f.

demi-pension n. f. **1.** Pension partielle (un seul repas). **2.** Régime scolaire où l'élève déjeune sur place. ▶ **demi-pensionnaire** n.

demi-portion n. f. □ fam. et péj. Personne petite, insignifiante.

demi-queue adj. □ *Piano demi-queue,* plus court que le piano à queue. – n. m. *Des demi-queues.*

demi-saison n. f. □ L'automne ou le printemps.

demi-sel adj. invar. □ Qui n'est que légèrement salé.

demi-sœur n. f. □ Sœur par le père ou la mère seulement.

demi-sommeil n. m. □ État intermédiaire entre le sommeil et la veille.

demi-soupir n. m. □ mus. Silence dont la durée est égale à la moitié d'un soupir.

démission n. f. **1.** Acte par lequel on se démet d'une fonction. **2.** fig. Attitude de fuite devant les difficultés. ▶ **démissionnaire** adj.

démissionner v. intr. **1.** Donner sa démission. **2.** fam. Renoncer.

demi-tarif n. m. ▫ Tarif réduit de moitié. – adj. invar. *Places demi-tarif.* ▪ Billet à demi-tarif.

demi-teinte n. f. ▫ Teinte ni claire ni foncée. – fig. *En demi-teinte(s)* : tout en nuances.

demi-ton n. m. ▫ mus. Le plus petit intervalle entre deux degrés.

demi-tour n. m. **1.** Moitié d'un tour que l'on fait sur soi-même. **2.** *Faire demi-tour* : retourner sur ses pas.

démiurge n. m. **1.** philos. Créateur de l'univers. **2.** littér. Créateur d'un monde. ▶ **démiurgique** adj.

démobiliser v. tr. **1.** Rendre à la vie civile (des troupes mobilisées). **2.** fig. Priver (les militants...) de toute combativité. ▶ **démobilisateur, trice** adj. ▶ **démobilisation** n. f.

démocrate n. et adj. ▫ Partisan de la démocratie.

démocratie n. f. ▫ Forme de gouvernement dans laquelle la souveraineté appartient au peuple ; État ainsi gouverné.

démocratique adj. **1.** De la démocratie. **2.** Conforme à la démocratie. ▶ **démocratiquement** adv.

démocratiser v. tr. **1.** Introduire la démocratie dans. **2.** Rendre accessible à tous. ▶ **démocratisation** n. f.

se **démoder** v. pron. ▫ N'être plus à la mode. ▷ adj. **démodé, ée**

démographie n. f. ▫ Étude statistique des populations humaines. ▶ **démographique** adj. ▶ **démographe** n.

demoiselle n. f. **I. 1.** Femme célibataire. **2.** *DEMOISELLE D'HONNEUR*, qui accompagne la mariée. **II.** Libellule.

démolir v. tr. **1.** Défaire (une construction) en abattant élément par élément. **2.** Mettre (qqch.) en pièces, en mauvais état. **3.** fam. Frapper (qqn) avec violence. ▶ **démolissage** n. m.

démolisseur, euse n. **1.** Personne qui démolit un bâtiment. **2.** fig. Destructeur.

démolition n. f. **I. 1.** Action de démolir (une construction). **2.** fig. Destruction. **II.** au plur. Décombres, gravats.

démon n. m. **1.** relig. Ange déchu. – *LE DÉMON* : Satan. **2.** Personne méchante ou espiègle.

démonétiser v. tr. ▫ Retirer (une monnaie) de la circulation. ▶ **démonétisation** n. f.

démoniaque adj. ▫ Digne du démon.

démonstrateur, trice n. ▫ Personne qui parle d'un produit pour le faire vendre.

démonstratif, ive adj. **I. 1.** Qui démontre. **2.** gramm. Qui sert à montrer. *Pronom démonstratif.* **II.** Qui manifeste vivement ses sentiments.

démonstration n. f. **1.** Raisonnement par lequel on établit la vérité d'une proposition. **2.** Action de montrer par des expériences les principes d'une science, etc. **3.** Signes qui manifestent les intentions, les sentiments.

démontable adj. ▫ Qui peut être démonté (1).

démonte-pneu n. m. ▫ Levier destiné à déjanter un pneu. *Des démonte-pneus.*

démonter v. tr. **1.** Défaire (un tout) en séparant les éléments. ▶ **démontage** n. m. **2.** Étonner au point de faire perdre l'assurance. ▷ v. pron. se **démonter**

1. Perdre son sang-froid. 2. passif *Ce lit se démonte.* ▷ adj. **démonté, ée** 1. Qu'on a démonté. 2. *Mer démontée,* agitée par la tempête.

démontrer v. tr. 1. Établir la vérité de (qqch.) d'une manière rigoureuse. 2. (sujet chose) Fournir une preuve de. ▶ **démontrable** adj.

démoralisateur, trice adj. ▫ littér. Qui fait perdre courage.

démoraliser v. tr. ▫ Affaiblir le moral, le courage de (qqn). ▶ **démoralisant, ante** adj. ▶ **démoralisation** n. f.

démordre v. tr. ind. ▫ *DÉMORDRE DE :* renoncer à. *Il ne veut pas en démordre.*

démotiver v. tr. ▫ Faire perdre à (qqn) toute motivation. ▷ adj. **démotivé, ée**

démouler v. tr. ▫ Retirer (qqch.) du moule. ▶ **démoulage** n. m.

démultiplication n. f. ▫ Rapport de réduction de vitesse.

démultiplier v. tr. ▫ Réduire la vitesse de (un mouvement transmis).

démunir v. tr. ▫ Priver (qqn, qqch. d'une chose essentielle). ▷ v. pron. se **démunir** (de) ▷ adj. **démuni, ie**

démystifier v. tr. ▫ Détromper (les victimes d'une mystification). ▶ **démystification** n. f. ▶ **démystificateur, trice** n. et adj.

démythifier v. tr. ▫ didact. Supprimer en tant que mythe. ▶ **démythification** n. f.

dénatalité n. f. ▫ Diminution du nombre des naissances.

dénationaliser v. tr. ▫ Transférer au secteur privé. ▶ **dénationalisation** n. f.

dénaturer v. tr. 1. Altérer la nature de (qqch.). 2. abstrait Donner une fausse apparence à. ▷ adj. **dénaturé, ée**

dendrite n. f. ▫ anat. Prolongement ramifié du neurone.

dénégation n. f. ▫ Action de dénier (qqch.).

déneiger v. tr. ▫ Débarrasser (un lieu) de la neige. ▶ **déneigement** n. m.

déni n. m. 1. *Déni (de justice) :* refus de rendre justice à qqn. 2. psych. Refus de reconnaître une réalité traumatisante. – *Déni de grossesse.*

déniaiser v. tr. 1. Rendre (qqn) moins niais. 2. fam. Faire perdre sa virginité à (qqn).

dénicher v. tr. 1. Enlever (un oiseau) du nid. 2. Trouver à force de recherches.

denier n. m. 1. Ancienne monnaie française. 2. au plur. *DE SES DENIERS :* avec son propre argent. – *Les DENIERS PUBLICS :* les revenus de l'État.

dénier v. tr. 1. Refuser de reconnaître comme sien. 2. Refuser injustement d'accorder.

dénigrer v. tr. ▫ Dire du mal, nier les qualités de (qqn, qqch.). ▶ **dénigrement** n. m.

denim n. m. ▫ anglic. Toile servant à fabriquer les jeans.

dénivelé n. m. ▫ Différence de niveau, d'altitude. – syn. **dénivelée** et **dénivellation** n. f.

dénombrer v. tr. ▫ Faire le compte de ; énoncer en comptant. ▶ **dénombrable** adj. ▶ **dénombrement** n. m.

dénominateur n. m. ▫ math. Terme situé sous la barre de fraction, qui indique le diviseur. – *DÉNOMINATEUR COMMUN,* diviseur commun à plusieurs fractions ; fig. élément commun.

dénomination n. f. ▫ Nom affecté (à une chose, une notion).

dénommer v. tr. ▫ Donner un nom à.

dénoncer v. tr. 1. Annoncer la rupture de. *Dénoncer un contrat.* 2. Faire connaître (une chose répréhensible). ▪ Signaler (qqn) comme coupable. ▶ **dénonciation** n. f. ▶ **dénonciateur, trice** n. et adj.

dénoter v. tr. □ (sujet chose) Indiquer par une caractéristique.

dénouement n. m. **1.** Ce qui termine, dénoue une action au théâtre, au cinéma. **2.** Manière dont se dénoue une affaire difficile.

dénouer v. tr. **1.** Défaire (une chose nouée). **2.** fig. Démêler, résoudre (une difficulté, une intrigue). ▷ v. pron. se **dénouer**

dénoyauter v. tr. □ Séparer (un fruit) de son noyau. ▶ **dénoyautage** n. m.

denrée n. f. **1.** Produit servant à l'alimentation de l'homme ou du bétail. **2.** fig. *Une denrée rare* : une chose rare.

dense adj. **1.** Qui est compact, épais. – *Une foule dense*, nombreuse. **2.** Qui renferme beaucoup d'éléments en peu de place. **3.** Qui a une certaine densité (2).

densifier v. intr. et tr. □ Augmenter en densité. ▶ **densification** n. f.

densimètre n. m. □ techn. Instrument de mesure des densités des liquides. ▶ **densimétrie** n. f.

densité n. f. **1.** Qualité de ce qui est dense. ■ *Densité de population* : nombre d'habitants au km². **2.** phys. Rapport entre la masse d'un corps et celle d'un même volume d'eau (ou d'air, pour les gaz).

dent n. f. **I. 1.** Chacun des organes annexes de la bouche implantés sur le bord libre des deux maxillaires. *Dents de lait* (premières dents). *Dents de sagesse*, les quatre troisièmes molaires. **2.** fig. *Avoir une dent contre qqn*, du ressentiment. *Avoir la dent dure* : être sévère. – *Avoir les dents longues*, être ambitieux. *Se casser les dents* : échouer. **II.** Élément allongé et pointu. *Les dents d'un peigne*.

dentaire adj. □ Relatif aux dents.

denté, ée adj. □ Qui présente des saillies pointues.

dentelé, ée adj. □ Qui présente des pointes et des creux aigus.

dentelle n. f. □ Tissu fin à motifs ajourés.

dentellier, ière 1. n. f. Ouvrière ou machine qui fabrique de la dentelle. **2.** adj. De la dentelle.

dentelure n. f. □ Découpure dentelée.

dentier n. m. □ Prothèse dentaire.

dentifrice n. m. □ Pâte pour nettoyer les dents.

dentiste n. □ Spécialiste des soins dentaires.

dentisterie n. f. □ didact. Étude et pratique des soins dentaires.

dentition n. f. □ Ensemble des dents.

denture n. f. □ Ensemble des dents (d'une personne, d'un animal).

dénucléariser v. tr. □ didact. Diminuer ou interdire les armes nucléaires dans (un pays, une région). ▶ **dénucléarisation** n. f.

dénuder v. tr. □ Dépouiller (qqch.) de ce qui recouvre. ▷ v. pron. se **dénuder** Se déshabiller. ▷ adj. **dénudé, ée**

dénué, ée adj. □ *DÉNUÉ DE* : démuni de.

dénuement n. m. □ État de qqn qui est dénué du nécessaire.

se **dénuer** v. pron. □ littér. Se priver (de).

dénutrition n. f. □ didact. Ensemble des troubles dus à une alimentation déficitaire.

déodorant n. m. et adj. □ Désodorisant contre les odeurs corporelles.

déontologie n. f. □ didact. Ensemble des règles et devoirs régissant une profession. ▶ **déontologique** adj.

dépanner v. tr. **1.** Réparer (un mécanisme en panne). **2.** fig., fam. Tirer (qqn) d'embarras. ▶ **dépannage** n. m.

dépanneur, euse 1. n. Professionnel chargé de dépanner. ■ adj. Qui dépanne. 2. n. f. Voiture de dépannage.

dépaqueter v. tr. □ Défaire (un paquet) ; retirer (le contenu) d'un paquet. ▶ **dépaquetage** n. m.

dépareiller v. tr. □ Rendre incomplet (un ensemble de choses assorties). ▷ adj. **dépareillé, ée**

déparer v. tr. □ Nuire à la beauté, au bon effet de.

déparier v. tr. □ Séparer (deux choses qui forment une paire).

départ n. m. 1. Action de partir. ■ fig. *Prendre un bon départ dans la vie.* 2. Fait de quitter un lieu, une situation. 3. fig. *AU DÉPART* : au début. – *DE DÉPART* : initial.

départager v. tr. 1. Choisir entre (des opinions, des camps). 2. Faire cesser d'être à égalité.

département n. m. 1. Division administrative du territoire français dirigée par un préfet et administrée par un conseil général. 2. Branche spécialisée d'une administration. ▶ **départemental, ale, aux** adj.

départir v. tr. □ littér. Attribuer en partage. ▷ v. pron. se **départir** *Se départir de* : se séparer de ; abandonner (une attitude).

dépassement n. m. 1. Action de dépasser. 2. Fait de se dépasser.

dépasser v. tr. 1. Laisser derrière soi en allant plus vite. 2. Aller plus loin que. 3. Surpasser (qqn) dans un domaine. 4. *Cela me dépasse* : c'est trop difficile pour moi. ▷ v. pron. se **dépasser** Se surpasser. ▷ adj. **dépassé, ée** 1. Qui a été dépassé. 2. (choses) Qui n'a plus cours. 3. Qui ne peut plus maîtriser la situation.

dépassionner v. tr. □ Rendre moins passionné (un sujet...).

se **dépatouiller** v. pron. □ fam. Se débrouiller.

dépaver v. tr. □ Dégarnir de pavés. ▶ **dépavage** n. m.

dépayser v. tr. □ Changer agréablement le milieu, les habitudes de (qqn). ▶ **dépaysant, ante** adj. ▶ **dépaysement** n. m.

dépecer v. tr. 1. Mettre en pièces (un animal). 2. fig. Morceler. ▶ **dépeçage** n. m.

dépêche n. f. 1. Lettre concernant les affaires publiques. 2. Communication transmise par voie rapide.

dépêcher v. tr. □ Envoyer (qqn) en hâte. ▷ v. pron. se **dépêcher** Se hâter.

dépeigner v. tr. □ Déranger l'arrangement des cheveux de (qqn).

dépeindre v. tr. □ Décrire et représenter par le discours.

dépenaillé, ée adj. □ fam. En loques. – Dont la mise est très négligée.

dépénaliser v. tr. □ dr. Soustraire (une action) à la sanction du droit pénal. ▶ **dépénalisation** n. f.

dépendance n. f. 1. Rapport qui fait qu'une chose dépend d'une autre. 2. Terre, bâtiment dépendant d'un domaine. 3. Fait pour qqn de dépendre de qqn ou de qqch. ■ spécialt Asservissement à une drogue. ▶ **dépendant, ante** adj.

① **dépendre** v. tr. ind. □ *DÉPENDRE DE* 1. Ne pouvoir se réaliser sans l'action ou l'intervention de (qqn, qqch.). ■ impers. *Ça dépend* : peut-être. 2. Faire partie de (qqch.). 3. Être sous l'autorité de.

② **dépendre** v. tr. □ Retirer (ce qui est pendu).

dépens n. m. pl. 1. *AUX DÉPENS DE* (qqn). → à la **charge** de. ■ fig. → au **détriment** de. 2. dr. Frais judiciaires.

dépense n. f. **1.** Action de dépenser. – *Regarder à la dépense :* être économe. ▪ comptab. Sortie d'argent. **2.** fig. Emploi (de qqch.). *Dépense d'énergie.*

dépenser v. tr. **1.** Employer (de l'argent). **2.** Consommer (une quantité d'énergie). **3.** fig. Employer (ses efforts). ▷ v. pron. se **dépenser 1.** (passif) *Trente euros, cela se dépense vite.* **2.** Faire des efforts.

dépensier, ière adj. ▫ Qui aime dépenser (1).

déperdition n. f. ▫ Diminution, perte.

dépérir v. intr. **1.** S'affaiblir. **2.** S'acheminer vers la destruction. ▶ **dépérissement** n. m.

dépêtrer v. tr. ▫ Dégager de ce qui gêne les mouvements. ▪ fig. Dégager d'une difficulté. ▷ v. pron. se **dépêtrer** (de)

dépeupler v. tr. ▫ Dégarnir d'habitants. ▷ v. pron. se **dépeupler** ▷ adj. **dépeuplé, ée** ▶ **dépeuplement** n. m.

déphasé, ée adj. ▫ fam. Qui n'est pas en accord avec la réalité présente.

dépiauter v. tr. ▫ fam. **1.** Dépouiller (un animal) de sa peau. **2.** Débarrasser de ce qui recouvre.

dépiler v. tr. ▫ Provoquer la chute des poils de (qqn). ▶ **dépilatoire** adj.

dépister v. tr. **1.** Découvrir (le gibier) ou retrouver (qqn) en suivant sa piste. **2.** fig. Rechercher et découvrir (ce qui est peu apparent). ▶ **dépistage** n. m.

dépit n. m. **1.** Chagrin mêlé de colère, dû à une déception. **2.** *EN DÉPIT DE* loc. prép. : sans tenir compte de.

dépiter v. tr. ▫ Causer du dépit à (qqn). ▷ adj. **dépité, ée**

déplacement n. m. **1.** Action de (se) déplacer. **2.** Voyage professionnel.

déplacer v. tr. **1.** Changer (qqch.) de place. **2.** Faire changer (qqn) de poste, de pays... ▷ v. pron. se **déplacer** Changer de place. – Avancer, marcher. ▷ adj. **déplacé, ée 1.** Qu'on a déplacé. **2.** Inconvenant.

déplafonner v. tr. ▫ Supprimer le plafond de (un crédit, une cotisation). ▶ **déplafonnement** n. m.

déplaire v. tr. indir. ▫ *DÉPLAIRE À* **1.** Ne pas plaire à. **2.** *Ne vous en déplaise :* que cela vous plaise ou non. ▷ v. pron. se **déplaire** Ne pas se plaire (à soi ; là où l'on est).

déplaisant, ante adj. ▫ Qui contrarie, agace.

déplaisir n. m. ▫ Impression désagréable.

déplâtrer v. tr. ▫ Ôter le plâtre de. ▶ **déplâtrage** n. m.

déplétion n. f. ▫ didact. Diminution de la quantité (de qqch.).

dépliant, ante 1. n. m. Imprimé qui se déplie. **2.** adj. Qui se déplie.

déplier v. tr. ▫ Étendre (ce qui était plié). ▷ v. pron. se **déplier** ▶ **dépliage** n. m.

déplisser v. tr. ▫ Défaire les plis de. ▶ **déplissage** n. m.

déploiement n. m. **1.** Action de déployer. **2.** fig. Étalage, démonstration.

déplorable adj. **1.** Très regrettable. **2.** Très mauvais. ▶ **déplorablement** adv.

déplorer v. tr. **1.** S'affliger à propos de (qqch.). **2.** Regretter beaucoup.

déployer v. tr. **1.** Développer dans toute son extension. ▪ *RIRE À GORGE DÉPLOYÉE,* aux éclats. **2.** Disposer sur une grande étendue. – pronom. *Le cortège se déploie.* **3.** fig. Montrer dans toute son étendue. *Déployer toute son énergie.*

se **déplumer** v. pron. ▫ Perdre ses plumes. ▪ fam. Perdre ses cheveux.

dépoitraillé, ée adj. ▫ fam. Qui porte un vêtement largement ouvert sur la poitrine.

dépolir v. tr. ▫ Enlever le poli, l'éclat de. ▷ adj. **dépoli, ie** *Verre dépoli*, qui laisse passer la lumière mais non les images.

dépolitiser v. tr. ▫ Ôter tout caractère politique à. ▶ **dépolitisation** n. f.

dépolluer v. tr. ▫ Diminuer la pollution de (un lieu). ▶ **dépollution** n. f.

déportation n. f. ▫ Internement dans un camp de concentration à l'étranger.

déporté, ée n. ▫ Personne qui a subi la déportation.

déporter v. tr. **I.** Infliger la déportation à (qqn). **II.** Dévier de sa trajectoire.

déposant, ante n. **1.** dr. Personne qui fait une déposition en justice. **2.** Personne qui fait un dépôt d'argent.

déposer v. tr. **1.** Poser (ce que l'on portait). **2.** Laisser (qqn) quelque part, après l'y avoir conduit. **3.** (sujet chose) Laisser (un dépôt). – pronom. *La poussière se dépose sur les meubles.* **4.** Mettre (qqch.) en dépôt. ▪ Faire enregistrer. – au p. p. *Marque déposée.* ▪ dr. *Déposer une plainte en justice.* – *Déposer son bilan* : se déclarer en faillite.

dépositaire n. ▫ Personne à qui l'on confie un dépôt.

déposition n. f. ▫ Déclaration que fait la personne qui témoigne en justice.

dépositoire n. m. ▫ Lieu servant au dépôt des défunts.

déposséder v. tr. ▫ Priver (qqn) de la possession (d'une chose). ▶ **dépossession** n. f.

dépôt n. m. **1.** Action de déposer; spécialt de placer en lieu sûr. **2.** Ce qui est confié au dépositaire. **3.** Lieu où l'on dépose certaines choses. ▪ Prison où sont gardés les prisonniers de passage. **4.** Particules solides qui tombent au fond d'un liquide.

dépoter v. tr. **1.** techn. Transvaser (un liquide). **2.** Enlever (une plante) d'un pot pour la replanter. ▶ **dépotage** n. m. **3.** intrans. fam. Être efficace. *Ça dépote !*

dépotoir n. m. ▫ Lieu où l'on dépose des ordures.

dépôt-vente n. m. ▫ Magasin dans lequel des particuliers déposent ce qu'ils veulent vendre. *Des dépôts-ventes.*

dépouille n. f. **I. 1.** Peau enlevée à un animal. **2.** littér. Cadavre. **II.** au plur. Ce qu'on enlève à l'ennemi sur le champ de bataille.

dépouillement n. m. **1.** État d'une personne privée de tout. **2.** (choses) Fait d'être débarrassé du superflu. **3.** Examen minutieux.

dépouiller v. tr. **1.** Enlever la peau de (un animal). **2.** Dégarnir (qqn, qqch.) de ce qui couvre. **3.** Déposséder (qqn) en lui enlevant ce qu'il a. **4.** Analyser, examiner (un document). ▷ v. pron. se **dépouiller** (de) **1.** Ôter. ▪ Perdre. **2.** Se défaire (de), abandonner. ▷ adj. **dépouillé, ée** Sans ornement.

dépourvu, ue adj. **1.** *DÉPOURVU DE* : qui n'a pas de. **2.** *AU DÉPOURVU* loc. adv. : sans qu'on soit averti.

dépoussiérer v. tr. **1.** Débarrasser de sa poussière. **2.** fig. Rajeunir. ▶ **dépoussiérage** n. m.

dépraver v. tr. **1.** Amener (qqn) à désirer le mal. **2.** littér. Altérer. ▷ adj. et n. **dépravé, ée** ▶ **dépravation** n. f.

déprécier v. tr. **1.** Diminuer la valeur de. **2.** fig. Déconsidérer. ▷ v. pron. se **déprécier** ▶ **dépréciation** n. f. ▶ **dépréciatif, ive** adj.

déprédation n. f. ▫ Dommage matériel causé aux biens d'autrui, aux biens publics.

se **déprendre** v. pron. ▫ littér. (abstrait) Se dégager (de ce qui retient).

dépressif, ive adj. et n. ▫ Sujet à la dépression (II).

dépression n. f. **I.** **1.** Enfoncement, concavité. **2.** Baisse de la pression atmosphérique. ▶ **dépressionnaire** adj. **II.** État mental caractérisé par de la lassitude, du découragement, de l'anxiété.

dépressuriser v. tr. ▫ Faire perdre sa pressurisation à. ▶ **dépressurisation** n. f.

déprime n. f. ▫ fam. Dépression (II).

déprimer v. **I.** v. tr. **1.** Abaisser, incurver par une pression. **2.** Affaiblir, abattre (qqn). **II.** v. intr. fam. Être abattu, démoralisé. ▷ adj. **déprimé, ée** ▶ **déprimant, ante** adj.

déprogrammer v. tr. ▫ Supprimer d'un programme. ▶ **déprogrammation** n. f.

dépuceler v. tr. ▫ fam. Faire perdre sa virginité à (qqn). ▶ **dépucelage** n. m.

depuis prép. **I.** (temps) **1.** À partir de (un moment passé). – adv. *Nous ne l'avons plus vu depuis.* – DEPUIS QUE loc. conj. (+ indic.). **2.** Pendant la durée (passée) écoulée. *Depuis longtemps.* **II.** (espace) **1.** DEPUIS... JUSQU'À : de tel endroit à tel autre. **2.** (provenance) *Depuis la fenêtre, il observait la rue.*

dépuratif, ive adj. ▫ Qui purifie l'organisme.

dépurer v. tr. ▫ didact. Rendre plus pur. ▶ **dépuration** n. f.

députation n. f. **1.** Envoi de personnes chargées d'une mission ; ces personnes. **2.** Fonction de député.

député, ée n. **1.** Personne envoyée en mission. **2.** Personne élue à une chambre législative.

députer v. tr. ▫ Envoyer (qqn) comme député (1).

déqualifier v. tr. ▫ Employer (qqn) à un niveau de qualification inférieur au sien. ▶ **déqualification** n. f.

déraciner v. tr. **1.** Arracher (ce qui a des racines). **2.** fig. Arracher (qqn) de son milieu. ▶ **déracinement** n. m.

dérailler v. intr. **1.** (wagon, train) Sortir des rails. **2.** fig., fam. S'écarter du bon sens. ▶ **déraillement** n. m.

dérailleur n. m. ▫ Mécanisme qui fait changer de pignon à la chaîne d'une bicyclette.

déraison n. f. ▫ littér. Manque de raison.

déraisonnable adj. ▫ Qui n'est pas raisonnable. ▶ **déraisonnablement** adv.

déraisonner v. intr. ▫ littér. Tenir des propos dépourvus de raison.

dérangement n. m. **1.** Mise en désordre. **2.** Fait de déranger qqn. **3.** *EN DÉRANGEMENT* : qui ne fonctionne pas.

déranger v. tr. **1.** Déplacer, mettre en désordre. **2.** Troubler le fonctionnement de (qqch.). **3.** Gêner (qqn) dans ses occupations. ▷ v. pron. se **déranger** Modifier ses occupations.

déraper v. intr. **1.** Glisser latéralement sur le sol. **2.** fig. Effectuer un écart incontrôlé. ▶ **dérapage** n. m.

dératé n. m. ▫ *Courir comme un dératé,* très vite.

dératiser v. tr. ▫ Débarrasser (un lieu) des rats. ▶ **dératisation** n. f.

derby n. m. ▫ sports Rencontre entre deux équipes voisines.

derche n. m. ▫ argot Derrière.

derechef adv. ▫ littér. Encore une fois.

dérèglement n. m. ▫ Fait de se dérégler.

déréglementer v. tr. ▫ Soustraire à la réglementation. ▶ **déréglementation** n. f.

dérégler v. tr. ▫ Faire que (qqch.) ne soit plus réglé. – pronom. *Le mécanisme s'est déréglé.* ▷ adj. **déréglé, ée** **1.** *Pendule déréglée.* **2.** fig. Qui est hors de l'équilibre. *Vie déréglée.* **3.** Excessif, démesuré.

déréliction n. f. ▫ relig. État d'une personne qui se sent abandonnée.

déremboursement n. m. ▫ admin. (en France) Arrêt du remboursement (d'un médicament) par la Sécurité sociale. ▶ **dérembourser** v. tr.

déresponsabiliser v. tr. ▫ Ôter toute responsabilité à (qqn).

dérider v. tr. ▫ Rendre moins soucieux. ▷ v. pron. se **dérider** Cesser d'être tendu.

dérision n. f. ▫ Mépris qui incite à se moquer de (qqn, qqch.).

dérisoire adj. ▫ Très faible, insignifiant.

dérivatif n. m. ▫ Ce qui permet de se distraire de ses préoccupations.

dérivation n. f. **1.** Action de dériver (les eaux). **2.** ling. Formation de mots à partir d'une base et d'affixes*. **3.** électr. Communication entre deux points d'un circuit, au moyen d'un second conducteur.

dérive n. f. **I.** Déviation d'un navire, d'un avion, sous l'effet des vents ou des courants. ▪ fig. *La dérive d'un adolescent.* **II.** Dispositif qui empêche de dériver.

dérivé n. m. **1.** Mot qui provient d'une dérivation. **2.** Produit dérivé (d'un autre).

① **dériver** v. **I.** v.tr. Détourner (des eaux) de leur cours. **II.** v. tr. ind. *DÉRIVER DE :* avoir son origine dans. – au p. p. *Produit dérivé,* qui exploite la marque d'un autre produit.

② **dériver** v. intr. ▫ S'écarter de sa direction (navire...). – fig. *Une politique qui dérive.*

dériveur n. m. ▫ Voilier muni d'une dérive.

dermatologie n. f. ▫ Partie de la médecine qui a trait aux maladies de la peau. ▶ **dermatologique** adj. ▶ **dermatologue** n.

dermatose n. f. ▫ méd. Maladie de la peau.

derme n. m. ▫ Couche profonde de la peau. ▶ **dermique** adj.

dernier, ière adj. **I. 1.** adj. Qui vient après tous les autres. **2.** *EN DERNIER* loc. adv. : après tous les autres. **II. 1.** Le plus haut, le plus grand. *Au dernier degré.* **2.** Le plus bas, le pire... *C'est mon dernier prix.* **III.** Qui est le plus proche du moment présent. *L'an dernier.*

dernièrement adv. ▫ Ces derniers temps.

dernier-né, dernière-née n. ▫ Enfant qui, dans une famille, est né le dernier. *Les derniers-nés, les dernières-nées.*

dérobade n. f. ▫ Action de se dérober.

à la **dérobée** loc. adv. ▫ En cachette.

dérober v. tr. **1.** littér. Prendre furtivement (ce qui appartient à autrui). **2.** (sujet chose) Masquer, dissimuler. **3.** littér. Cacher ou éloigner. *Dérober son regard.* ▷ v. pron. se **dérober 1.** *SE DÉROBER À.* → se **soustraire** à. **2.** Éviter de répondre, d'agir. **3.** *Se dérober sous,* s'effondrer. ▷ adj. **dérobé, ée** *Escalier dérobé, porte dérobée,* qui permet de sortir ou d'entrer sans être vu.

dérogation n. f. **1.** Fait de déroger (à une loi...). **2.** Autorisation spéciale, dispense.

dérogatoire adj. ▫ Qui contient, qui constitue une dérogation.

déroger v. tr. ind. ▫ *DÉROGER À* **1.** dr. Ne pas observer, ne pas appliquer (une loi...). **2.** littér. Manquer à (sa situation sociale, ses principes).

dérouillée n. f. ▫ fam. Volée de coups.

dérouiller v. tr. ▫ fam. **1.** Exercer, dégourdir. *Se dérouiller les jambes.* **2.** Battre. ▪ intrans. Souffrir.

déroulé n. m. ▫ Succession des étapes (d'un processus).

dérouler v. tr. **1.** Défaire, étendre (ce qui était roulé). **2.** fig. Montrer, développer successivement. ▷ v. pron. se **dérouler 1.** *Store qui se déroule.* **2.** Avoir lieu (à tel endroit, à tel moment). ▶ **déroulement** n. m.

dérouleur n. m. ▫ Dispositif pour l'enroulement et le déroulement d'une bande.

déroute n. f. **1.** Fuite désordonnée de troupes. **2.** Échec, défaite.

dérouter v. tr. **1.** Faire changer d'itinéraire (un navire, un avion). **2.** fig. Déconcerter (qqn). ▶ **déroutant, ante** adj.

derrick n. m. ▫ anglic. Bâti métallique qui supporte le trépan servant à forer les puits de pétrole.

① **derrière I.** prép. **1.** En arrière, au dos de. *Derrière le mur.* **2.** À la suite de. *Marcher l'un derrière l'autre.* **II.** adv. **1.** Du côté opposé à la face ; en arrière. **2.** *PAR-DERRIÈRE* loc. adv. : par l'arrière.

② **derrière** n. m. **1.** La partie postérieure. **2.** Partie du corps qui comprend les fesses.

derviche n. m. ▫ Religieux musulman appartenant à une confrérie mystique. *Les derviches tourneurs* (turcs), qui tournent sur eux-mêmes (danse rituelle).

① **des** → ① et ② **de**

② **des** art. indéf. ▫ Pluriel de *un, une. Des livres.*

dès prép. **I.** (temps) **1.** Immédiatement, à partir de. **2.** *DÈS LORS* loc. adv. : dès ce moment ; fig. en conséquence. ▪ *DÈS LORS QUE* loc. conj. (+ indic.). **3.** *DÈS QUE* loc. conj. (+ indic.) : aussitôt que. **II.** (lieu) Depuis.

désabonner v. tr. ▫ Faire cesser d'être abonné. ▷ v. pron. se **désabonner** ▶ **désabonnement** n. m.

désabuser v. tr. ▫ littér. Tirer (qqn) de l'illusion qui l'abuse. ▷ adj. **désabusé, ée** cour. Qui a perdu ses illusions.

désaccord n. m. **1.** Fait de n'être pas d'accord. **2.** (choses) Fait de ne pas aller ensemble.

désaccorder v. tr. **1.** Détruire l'accord de (un instrument). **2.** Rompre l'harmonie de. ▷ adj. **désaccordé, ée**

désaccoutumer v. tr. ▫ littér. Faire perdre une habitude (à qqn). ▷ v. pron. se **désaccoutumer** ▶ **désaccoutumance** n. f.

désacraliser v. tr. ▫ didact. Retirer son caractère sacré à (qqch., qqn). ▶ **désacralisation** n. f.

désaffecter v. tr. ▫ Faire cesser, changer l'affectation de (un édifice). ▷ adj. **désaffecté, ée** ▶ **désaffectation** n. f.

désaffection n. f. ▫ Perte de l'attachement que l'on éprouvait.

désagréable adj. **1.** Qui se conduit de manière à blesser. **2.** (choses) Qui déplaît. ▶ **désagréablement** adv.

désagréger v. tr. ▫ Décomposer (qqch.) en séparant les parties liées. ▷ v. pron. se **désagréger** ▶ **désagrégation** n. f.

désagrément n. m. ▫ Déplaisir causé par qqch. de désagréable.

désaltérer v. tr. ▫ Apaiser la soif de. ▷ v. pron. se **désaltérer** → **boire.** ▶ **désaltérant, ante** adj.

désamianter v. tr. ▫ Débarrasser (un lieu) de l'amiante qu'il contient. ▶ **désamiantage** n. m.

désamorcer v. tr. **1.** Enlever l'amorce de. **2.** Interrompre le fonctionnement de (une pompe...). **3.** fig. Empêcher le déclenchement de. ▶ **désamorçage** n. m.

désamour n. m. ▫ littér. Fin de l'amour.

désappointer v. tr. ▫ Tromper (qqn) dans ses espérances. ▷ adj. **désappointé, ée** ▶ **désappointement** n. m.

désapprendre v. tr. ▫ littér. Oublier (ce qu'on a appris).

désapprobateur, trice adj. ▫ Qui marque la désapprobation.

désapprouver v. tr. ▫ Juger d'une manière défavorable. ▶ **désapprobation** n. f.

désarçonner v. tr. **1.** Mettre (qqn) hors des arçons. **2.** fig. Faire perdre son assurance à.

désarmant, ante adj. ▫ Qui enlève toute sévérité ou laisse sans défense.

désarmement n. m. ▫ Réduction ou suppression des armements.

désarmer v. tr. **I. 1.** Enlever ses armes à (qqn). **2.** Limiter ou supprimer les armements militaires de (un pays...). **II.** fig. **1.** Pousser à l'indulgence. **2.** intrans. Céder (sentiment hostile, violent).

désarroi n. m. ▫ Trouble moral, détresse.

désarticuler v. tr. ▫ Faire sortir (un os) de son articulation. ▶ **désarticulation** n. f.

désassortir v. tr. ▫ Priver (un ensemble de choses assorties) d'une partie de ses éléments. ▷ adj. **désassorti, ie**

désastre n. m. **1.** Malheur très grave. **2.** Échec entraînant de graves conséquences.

désastreux, euse adj. ▫ Malheureux ; fâcheux. ▶ **désastreusement** adv.

désavantage n. m. ▫ Condition d'infériorité ; élément négatif.

désavantager v. tr. ▫ Faire subir un désavantage à (qqn).

désavantageux, euse adj. ▫ Qui peut causer un désavantage. ▶ **désavantageusement** adv.

désaveu n. m. ▫ Fait de désavouer.

désavouer v. tr. **1.** Refuser de reconnaître pour sien. **2.** Blâmer.

désaxer v. tr. **1.** Faire sortir de l'axe. **2.** fig. Faire sortir (qqn) de l'état normal. ▷ adj. **désaxé, ée 1.** *Roue désaxée.* **2.** adj. et n. → **déséquilibré.**

desceller v. tr. ▫ Détacher, arracher (ce qui est scellé). ▶ **descellement** n. m.

descendance n. f. ▫ Ensemble des descendants de qqn.

descendant, ante I. n. Personne qui est issue d'un ancêtre. **II.** adj. Qui descend.

descendre v. **I.** v. intr. (auxiliaire *être*) **1.** Aller du haut vers le bas. ▪ (choses) S'étendre de haut en bas. *Robe qui descend à la cheville.* ▪ Diminuer de niveau. *La marée descend.* **2.** Aller vers le sud. **3.** Loger, au cours d'un voyage. **4.** *Descendre de* : cesser d'être sur, dans. **5.** *Descendre de* : tenir son origine, être issu de. **II.** v. tr. (auxiliaire *avoir*) **1.** Aller en bas, vers le bas de. **2.** Porter de haut en bas. **3.** fam. Tuer. **4.** *Descendre en flammes* : critiquer violemment.

descente n. f. **I. 1.** Action d'aller d'un lieu élevé vers un autre plus bas. **2.** Irruption soudaine. *Descente de police.* **3.** (choses) Déplacement de haut en bas. **II.** Action de porter en bas. **III. 1.** Chemin par lequel on descend. **2.** *DESCENTE DE LIT* : petit tapis placé le long du lit. **3.** fam. *Avoir une bonne descente* : boire beaucoup.

déscolarisé, ée adj. ▫ Dont la scolarité se trouve interrompue. ▶ **déscolarisation** n. f.

descriptif, ive adj. **1.** Qui décrit. **2.** n. m. Document qui décrit précisément qqch.

description n. f. **1.** Action de décrire. **2.** dans une œuvre littéraire Passage qui évoque la réalité concrète.

désembuer v. tr. ◻ Débarrasser (une vitre, etc.) de la buée. ▶ **désembuage** n. m.

désemparé, ée adj. ◻ Qui ne sait plus que faire.

désemparer v. intr. ◻ littér. *SANS DÉSEMPARER* : sans faiblir.

désemplir v. intr. ◻ *Ne pas désemplir* : être constamment plein.

désenchanter v. tr. ◻ Faire revenir (qqn) de ses illusions. ▷ adj. **désenchanté, ée** ▶ **désenchantement** n. m.

désenclaver v. tr. ◻ Rompre l'isolement de (une région...).

désencombrer v. tr. ◻ Faire cesser d'être encombré. ▶ **désencombrement** n. m.

désenfler v. intr. ◻ Cesser d'être enflé.

désenfumer v. tr. ◻ Chasser la fumée de (un lieu).

désengager v. tr. ◻ Libérer d'un engagement. ▷ v. pron. se **désengager** ▶ **désengagement** n. m.

désengorger v. tr. ◻ Faire cesser d'être engorgé.

désennuyer v. tr. ◻ Faire cesser l'ennui de (qqn). ▷ v. pron. se **désennuyer**

désensibiliser v. tr. ◻ méd. Diminuer la sensibilité à l'égard de certaines substances. ▶ **désensibilisation** n. f.

désépaissir v. tr. ◻ Rendre moins épais.

déséquilibre n. m. **1.** Absence d'équilibre. **2.** État psychique qui se manifeste par des difficultés d'adaptation.

déséquilibré, ée adj. et n. ◻ Qui n'a pas son équilibre mental.

déséquilibrer v. tr. **1.** Faire perdre l'équilibre à (qqch., qqn). **2.** Causer un déséquilibre chez (qqn).

① **désert, erte** adj. **1.** Sans habitants. **2.** Peu fréquenté.

② **désert** n. m. ◻ Zone aride et peu habitée.

déserter v. tr. **1.** Abandonner (un lieu où l'on doit être, etc.). **2.** sans compl. Quitter l'armée sans permission. ▶ **désertion** n. f.

déserteur n. m. ◻ Soldat qui a déserté.

se **désertifier** v. pron. **1.** Se transformer en désert. **2.** fig. Se dépeupler. ▶ **désertification** n. f.

désertique adj. **1.** Relatif au désert. **2.** Inhabité.

désescalade n. f. ◻ Retour au calme (domaine militaire, etc.).

désespérance n. f. ◻ littér. Désespoir.

désespérant, ante adj. ◻ Qui fait perdre espoir.

désespéré, ée I. adj. et n. Réduit au désespoir. **II.** adj. **1.** Qui exprime le désespoir. **2.** Dicté par le danger. *Tentative désespérée.* **3.** Qui ne laisse aucune espérance.

désespérément adv. **1.** Avec désespoir. **2.** Avec acharnement.

désespérer v. **I. 1.** v. tr. ind. (avec *de*) Perdre l'espoir en. **2.** v. intr. Cesser d'espérer. **II.** v. tr. Réduire au désespoir. ■ par exagér. Navrer. ▷ v. pron. se **désespérer**

désespoir n. m. **1.** Perte de tout espoir. **2.** Affliction extrême. **3.** par exagér. Ce qui cause une grande contrariété. **4.** *En désespoir de cause* loc. adv. : comme dernière tentative.

déshabillé n. m. ◻ Léger vêtement d'intérieur féminin.

déshabiller v. tr. ◻ Dépouiller (qqn) de ses vêtements. ▷ v. pron. se **déshabiller** ▶ **déshabillage** n. m.

déshabituer v. tr. ▫ Faire perdre une habitude à (qqn). ▷ v. pron. se **déshabituer**

désherbant, ante adj. et n. m. ▫ (produit) Qui détruit les mauvaises herbes.

désherber v. tr. ▫ Enlever les mauvaises herbes de. ▶ **désherbage** n. m.

déshérence n. f. ▫ dr. Absence d'héritiers.

déshériter v. tr. **1.** Priver (qqn) de l'héritage auquel il a droit. **2.** fig. Désavantager. ▷ adj. **déshérité, ée**

déshonneur n. m. ▫ Perte de l'honneur.

déshonorer v. tr. ▫ Porter atteinte à l'honneur de (qqn). ▷ v. pron. se **déshonorer** ▶ **déshonorant, ante** adj.

déshumaniser v. tr. ▫ Faire perdre le caractère humain à. ▷ adj. **déshumanisé, ée**

déshydratant, ante adj. ▫ Qui déshydrate.

déshydrater v. tr. ▫ Enlever l'eau de. ▷ v. pron. se **déshydrater** Perdre l'eau nécessaire à l'organisme. ▷ adj. **déshydraté, ée** ▶ **déshydratation** n. f

desiderata n. m. pl. ▫ Choses souhaitées.

design n. m. ▫ anglic. Esthétique industrielle appliquée à la recherche de formes nouvelles et adaptées à leur fonction. ▪ adj. invar. D'une esthétique fonctionnelle. ▶ **designer** n.

désignation n. f. **1.** Action de désigner ; appellation. **2.** Action de choisir (qqn).

désigner v. tr. **I. 1.** Indiquer de manière à faire distinguer, par un geste, un signe. **2.** Être le signe linguistique de. *Tout ce que désigne le mot «amour».* **II.** Choisir (qqn) pour une activité, un rôle...

désillusion n. f. ▫ Perte d'une illusion.

désillusionner v. tr. ▫ Faire perdre une illusion à.

désincarcération n. f. ▫ Dégagement d'une personne bloquée à l'intérieur d'un véhicule accidenté. ▶ **désincarcérer** v. tr.

désincarné, ée adj. ▫ Qui néglige les choses charnelles.

désindustrialiser v. tr. ▫ Réduire les activités industrielles de (un secteur économique, une région). ▶ **désindustrialisation** n. f.

désinence n. f. ▫ Élément variable qui s'ajoute au radical d'un mot.

désinfecter v. tr. ▫ Procéder à la désinfection de. ▶ **désinfectant, ante** adj. et n. m.

désinfection n. f. ▫ Destruction des germes infectieux.

désinformer v. tr. ▫ Informer de manière à cacher ou falsifier certains faits. ▶ **désinformation** n. f.

désinhiber v. tr. ▫ Lever l'inhibition de (qqn). ▶ **désinhibiteur, trice** adj. ▶ **désinhibition** n. f.

désinstaller v. tr. ▫ inform. Ôter (un logiciel) d'un ordinateur. ▶ **désinstallation** n. f.

désintégrer v. tr. **1.** phys. Transformer (la matière) en énergie. **2.** abstrait Détruire complètement. ▷ v. pron. se **désintégrer** ▶ **désintégration** n. f.

désintéressé, ée adj. ▫ Qui n'agit pas par intérêt personnel. – *Avis désintéressé.* ▶ **désintéressement** n. m.

se **désintéresser** v. pron. ▫ (avec *de*) Ne plus porter intérêt à.

désintérêt n. m. ▫ État de l'esprit qui se désintéresse de qqch.

désintoxiquer v. tr. ▫ Guérir (qqn) d'une intoxication, de l'habitude d'une drogue... ▷ v. pron. se **désintoxiquer** ▶ **désintoxication** n. f.

désinvolte adj. ▫ Qui fait montre d'une liberté un peu insolente. ▶ **désinvolture** n. f.

désir n. m. **1.** Tendance qui porte à vouloir obtenir qqch. **2.** Tendance consciente aux plaisirs sexuels.

désirable adj. **1.** Attrayant ; souhaitable. **2.** Qui inspire un désir charnel.

désirer v. tr. **1.** Tendre consciemment vers (ce que l'on aimerait posséder). **2.** *LAISSER À DÉSIRER* : être imparfait. **3.** *SE FAIRE DÉSIRER* : se faire attendre. **4.** Éprouver du désir (2) pour (qqn).

désireux, euse adj. ▫ *DÉSIREUX DE* (+ inf.) : qui a envie de.

se **désister** v. pron. ▫ Renoncer à une candidature. ▶ **désistement** n. m.

désobéir v. tr. ind. ▫ *DÉSOBÉIR À* **1.** Ne pas obéir à (qqn). **2.** (compl. chose) → **contrevenir.** ▶ **désobéissance** n. f. ▶ **désobéissant, ante** adj.

désobliger v. tr. ▫ littér. Indisposer (qqn) par des actions ou des paroles désagréables. ▶ **désobligeance** n. f. ▶ **désobligeant, ante** adj.

désodoriser v. tr. ▫ Débarrasser des mauvaises odeurs. ▶ **désodorisant, ante** adj. et n. m.

désœuvré, ée adj. ▫ Qui ne fait rien et ne cherche pas à s'occuper. ▶ **désœuvrement** n. m.

désolant, ante adj. **1.** littér. Qui désole. **2.** Contrariant.

désolation n. f. **1.** État de ce qui est désolé (1). **2.** Extrême affliction.

désoler v. tr. **1.** littér. Ruiner, dévaster. **2.** Causer une affliction extrême à (qqn). ▷ adj. **désolé, ée 1.** Désert et triste. **2.** Affligé, éploré. **3.** par exagér. *Être désolé* : regretter.

se **désolidariser** v. pron. ▫ Cesser d'être solidaire (de).

désopilant, ante adj. ▫ Qui fait rire.

désordonné, ée adj. **1.** Mal réglé, sans ordre. **2.** Qui manque d'ordre.

désordre n. m. **1.** Absence d'ordre. **2.** Trouble dans un fonctionnement. **3.** littér. Fait de ne pas respecter les règles, la morale. **4.** Absence d'ordre dans un groupe. **5.** au plur. Troubles sociaux.

désorganiser v. tr. ▫ Détruire l'organisation de. ▶ **désorganisation** n. f.

désorienter v. tr. **1.** Faire perdre la bonne direction à. **2.** Rendre hésitant sur le comportement à avoir. ▷ adj. **désorienté, ée**

désormais adv. ▫ À partir du moment actuel.

désosser v. tr. ▫ Ôter les os de.

désoxyribonucléique adj. ▫ biol. *Acide désoxyribonucléique.* → **A. D. N.**

desperado n. m. ▫ Hors-la-loi prêt à tout.

despote n. m. **1.** Souverain qui gouverne avec une autorité arbitraire et absolue. **2.** fig. *Ce directeur est un despote.* ▶ **despotique** adj. ▶ **despotisme** n. m.

se **desquamer** v. pron. ▫ (peau) Se détacher par petites lamelles (squames). ▶ **desquamation** n. f.

desquels, desquelles → **lequel**

dessaisir v. tr. ▫ *Dessaisir qqn de,* enlever son bien, ses responsabilités. ▷ v. pron. se **dessaisir** (de) Se défaire volontairement (de). ▶ **dessaisissement** n. m.

dessaler v. **I.** v. tr. **1.** Rendre moins salé. **2.** fam. Rendre plus déluré. **II.** v. intr. fam. Se renverser (bateau).

dessécher v. tr. ▫ Rendre sec. ▷ v. pron. se **dessécher** ▶ **dessèchement** n. m.

dessein n. m. ▫ Idée que l'on forme d'exécuter qqch. ▪ *À DESSEIN* : délibérément.

desseller v. tr. ▫ Ôter la selle de.

desserrer v. tr. ◻ Relâcher (ce qui était serré). ▶ **desserrage** n. m.

dessert n. m. ◻ Mets sucré servi à la fin du repas.

① **desserte** n. f. ◻ Fait de desservir (①).

② **desserte** n. f. ◻ Meuble où l'on pose les plats et couverts, après avoir desservi (②).

① **desservir** v. tr. **1.** Faire le service de (un lieu). **2.** Donner dans (un lieu).

② **desservir** v. tr. **I.** Débarrasser (une table) après un repas. **II.** Nuire à (qqn). – Faire obstacle à l'exécution de (qqch.).

dessiccation n. f. ◻ Élimination de l'humidité d'un corps.

dessiller v. tr. ◻ *Dessiller les yeux de, à qqn*, l'amener à connaître ce qu'il ignorait.

dessin n. m. **1.** Représentation ou suggestion des objets sur une surface, à l'aide de moyens graphiques. ▪ *DESSIN ANIMÉ* : film composé d'une suite de dessins. **2.** Art, technique du dessin. **3.** Contour, lignes.

dessinateur, trice n. ◻ Personne qui pratique le dessin.

dessiner v. tr. **1.** Représenter ou suggérer par le dessin. **2.** (sujet chose) Former (un dessin). ▷ v. pron. se **dessiner** Paraître avec un contour net. – fig. Prendre forme. ▷ adj. **dessiné, ée**

dessouder v. tr. ◻ Ôter la soudure de.

dessoûler v. ◻ fam. **1.** v. tr. Tirer (qqn) de l'ivresse. **2.** v. intr. Cesser d'être soûl.

① **dessous** adv. **I. 1.** À la face inférieure, dans la partie inférieure. **2.** loc. adv. *PAR-DESSOUS*. – *EN DESSOUS* : contre la face inférieure. – *CI-DESSOUS*. → **infra.** – *LÀ-DESSOUS* : sous cet objet. **II.** *PAR-DESSOUS* ; *DE DESSOUS* loc. prép. → **sous.**

② **dessous** n. m. **1.** Face inférieure (de qqch.) ; ce qui est sous, ou plus bas que qqch. **2.** *DESSOUS-DE-*..., nom de certains objets qui se placent sous qqch. *Un, des dessous-de-plat*. **3.** Ce qui est caché. **4.** au plur. Sous-vêtements féminins. **5.** *AU-DESSOUS* loc. adv. : en bas ; plus bas. ▪ *AU-DESSOUS DE* loc. prép. : plus bas que ; fig. inférieur à.

dessous-de-table n. m. invar. ◻ Somme d'argent versée secrètement, lors d'une transaction.

① **dessus** adv. **I. 1.** À la face supérieure. **2.** loc. adv. *PAR-DESSUS*. – *CI-DESSUS*. → **supra.** – *LÀ-DESSUS* : sur cela ; alors, sur ce. **II.** *PAR-DESSUS* loc. prép. – fig. *Par-dessus tout*. → **surtout.**

② **dessus** n. m. **1.** Face, partie supérieure (de qqch.). **2.** *DESSUS-DE-*..., nom de certains objets qui se placent sur qqch. *Un, des dessus-de-lit*. **3.** fig. *Avoir le dessus*. → **avantage. 4.** *AU-DESSUS* loc. adv. : en haut ; plus haut. ▪ *AU-DESSUS DE* loc. prép. : plus haut que ; fig. supérieur à.

déstabiliser v. tr. ◻ Rendre moins stable. ▶ **déstabilisation** n. f.

destin n. m. **1.** Puissance censée fixer de façon irrévocable le cours des événements. **2.** Ensemble des événements qui composent la vie d'un être humain. **3.** Ce qu'il adviendra (de qqch.).

destinataire n. ◻ Personne à qui s'adresse un envoi.

destination n. f. **1.** Ce pour quoi qqn, qqch. est fait. **2.** Lieu où l'on doit se rendre, où qqch. est adressé.

destinée n. f. **1.** Destin. **2.** littér. Vie, existence.

destiner v. tr. ◻ *DESTINER À* **1.** Fixer d'avance (pour être donné à qqn). – passif *Cette remarque vous est destinée*, vous concerne. **2.** Réserver (qqch.) pour un usage. **3.** Préparer (qqn) à une activité.

destituer v. tr. ◻ Priver (qqn) de sa fonction, de son emploi. ▶ **destitution** n. f.

destrier n. m. ▫ Cheval de bataille, au Moyen Âge.

destroyer n. m. ▫ mar. Bâtiment de guerre rapide.

destructeur, trice adj. et n. ▫ Qui détruit.

destructible adj. ▫ Qui peut être détruit.

destructif, ive adj. ▫ Qui peut détruire.

destruction n. f. ▫ Action de détruire.

déstructurer v. tr. ▫ didact. Faire disparaître la structure de. ▷ v. pron. se **déstructurer** ▶ **déstructuration** n. f.

désuet, ète adj. ▫ Sorti des habitudes, du goût moderne.

désuétude n. f. ▫ *TOMBER EN DÉSUÉTUDE* : n'être plus en usage.

désunion n. f. ▫ Désaccord, mésentente.

désunir v. tr. **1.** Séparer (des choses, des personnes unies). **2.** Jeter le désaccord entre. ▷ adj. **désuni, ie**

détachable adj. ▫ Qu'on peut détacher.

détachage n. m. ▫ Action de détacher (②).

détachant, ante adj. et n. m. ▫ (Produit) qui enlève les taches.

détaché, ée adj. **1.** Qui n'est plus attaché. ▪ *PIÈCES DÉTACHÉES*, servant au remplacement des pièces usagées d'un mécanisme. **2.** Froid, insensible, indifférent.

détachement n. m. **1.** État d'une personne détachée (2). **2.** Petit groupe de soldats affecté à un service spécial.

① **détacher** v. tr. **1.** Dégager (qqn, qqch.) qui était attaché. **2.** *Ne pouvoir détacher sa pensée de...* → **détourner. 3.** Faire partir (qqn) pour faire qqch. **4.** Ne pas lier. *Détacher nettement les syllabes.* ▷ v. pron. se **détacher 1.** Cesser d'être attaché. – Se séparer. **2.** Apparaître nettement sur un fond.

② **détacher** v. tr. ▫ Débarrasser des taches.

détacheur n. m. → **détachant.**

détail, ails n. m. **1.** Fait de vendre ou d'acheter des marchandises par petites quantités. **2.** Action de considérer qqch. dans ses éléments, ses particularités. **3.** Élément non essentiel d'un ensemble.

détaillant, ante n. ▫ Vendeur au détail.

détailler v. tr. **1.** Vendre au détail. **2.** littér. Exposer avec toutes ses particularités. **3.** Examiner en détail. ▷ adj. **détaillé, ée** Qui contient beaucoup de détails.

détaler v. intr. ▫ fam. S'en aller très vite.

détartrer v. tr. ▫ Débarrasser du tartre. ▶ **détartrage** n. m. ▶ **détartrant, ante** adj. et n. m.

détaxer v. tr. ▫ Réduire ou supprimer la taxe sur. ▶ **détaxation** et **détaxe** n. f.

détecter v. tr. ▫ Déceler l'existence de. ▶ **détection** n. f.

détecteur, trice 1. n. m. Appareil servant à détecter. **2.** adj. Qui détecte.

détective n. m. ▫ *DÉTECTIVE (PRIVÉ)* : personne chargée d'enquêtes policières privées.

déteindre v. **1.** v. tr. Faire perdre sa teinture à. **2.** v. intr. Perdre sa couleur. ▪ fig. *DÉTEINDRE SUR* : avoir de l'influence sur.

dételer v. **1.** v. tr. Détacher (une bête attelée). **2.** v. intr. fam. *Sans dételer* : sans s'arrêter.

détendre v. tr. **1.** Relâcher (ce qui était tendu). **2.** fig. Faire cesser l'état de tension de (qqn, qqch.). ▷ v. pron. se **détendre** ▷ adj. **détendu, ue**

détenir v. tr. **1.** Garder en sa possession. **2.** Retenir (qqn) en captivité.

détente n. f. **1.** Relâchement de ce qui est tendu. **2.** (armes à feu) Pièce qui sert à faire partir le coup. **3.** Relâchement d'une tension intellectuelle, nerveuse... ; état agréable qui en résulte.

détenteur, trice n. ▫ Personne qui détient qqch.

détention n. f. **1.** Fait de détenir (qqch.). **2.** Situation d'une personne détenue.

détenu, ue adj. ▫ Maintenu en captivité. – n. → **prisonnier.**

détergent, ente adj. et n. m. ▫ Qui nettoie en entraînant par dissolution les impuretés.

détériorer v. tr. ▫ Mettre (qqch.) en mauvais état. ▷ v. pron. se **détériorer** ▶ **détérioration** n. f.

déterminant, ante 1. adj. Qui détermine, qui décide d'une chose ou d'une action. **2.** n. m. gramm. Mot qui en détermine un autre.

déterminatif, ive adj. ▫ gramm. Qui détermine, précise le sens d'un mot.

détermination n. f. **1.** Action de déterminer. **2.** Résultat d'une décision. **3.** Attitude d'une personne qui agit sans hésitation.

déterminer v. tr. **1.** Indiquer, délimiter avec précision. **2.** Entraîner la décision de (qqn). **3.** (sujet chose) Être à l'origine de (un phénomène...). ▷ v. pron. se **déterminer** *Se déterminer à* : prendre la décision de. ▷ adj. **déterminé, ée 1.** Précisé, défini. **2.** (personnes) Décidé, résolu.

déterminisme n. m. ▫ Doctrine philosophique suivant laquelle les événements sont liés et déterminés par les événements antérieurs. ▶ **déterministe** adj. et n.

déterrer v. tr. ▫ Retirer de terre (ce qui s'y trouvait enfoui). ▷ p. p. **déterré, ée** – n. fam. *Une mine de déterré,* pâle.

détersif, ive adj. et n. m. ▫ → **détergent.**

détestable adj. ▫ Très désagréable ; très mauvais. ▶ **détestablement** adv.

détester v. tr. **1.** Avoir de l'aversion pour. **2.** Ne pas pouvoir endurer, supporter (qqch.). ▶ **détestation** n. f. littér.

détonant, ante adj. ▫ Qui peut détoner.

détonateur n. m. ▫ Dispositif qui fait détoner un explosif.

détonation n. f. ▫ Bruit soudain et violent de ce qui détone.

détoner v. intr. ▫ Exploser avec bruit.

détonner v. intr. **1.** mus. Sortir du ton ; chanter faux. **2.** fig. Ne pas être en harmonie avec le reste.

détour n. m. **1.** Tracé qui s'écarte du chemin direct. **2.** Action de parcourir un chemin plus long que le chemin direct ; ce chemin. **3.** fig. Moyen indirect de dire ou de faire qqch.

détourné, ée adj. **1.** Qui fait un détour. **2.** Qui n'est pas exprimé directement.

détournement n. m. **1.** Action de détourner (I, 1). **2.** Action de détourner (qqch.) à son profit. *Détournement de fonds.* **3.** *DÉTOURNEMENT DE MINEUR* : séduction (punie par la loi) d'une personne mineure par une personne majeure.

détourner v. tr. **I. 1.** Changer la direction de (qqch.). – *Détourner un avion,* en contraindre l'équipage à changer de destination. **2.** fig. Changer le cours de. *Détourner les soupçons.* **3.** Écarter (qqn) du chemin à suivre. **II.** Tourner d'un autre côté. **III.** Soustraire à son profit (ce qui a été confié).

détracteur, trice n. ▫ Personne qui cherche à rabaisser le mérite de qqn, la valeur de qqch.

détraquer v. tr. ▫ Déranger dans son mécanisme, dans son fonctionnement. ▷ adj. **détraqué, ée 1.** *Horloge détra-*

quée. **2.** fam. *Avoir le cerveau détraqué.* – n. → **déséquilibré.** ▶ **détraquement** n. m.

détrempe n. f. ▫ Couleur liée avec de la colle ou de la gomme ; œuvre utilisant ce procédé.

① **détremper** v. tr. ▫ Amollir ou délayer en mélangeant avec un liquide. – p. p. adj. *Terrain détrempé*, imbibé d'eau.

② **détremper** v. tr. ▫ techn. Faire perdre sa trempe à (l'acier).

détresse n. f. **1.** Sentiment d'abandon, d'impuissance que l'on éprouve dans une situation difficile. **2.** Situation périlleuse ou angoissante.

détriment n. m. ▫ *AU DÉTRIMENT DE* : au préjudice de.

détritique adj. ▫ géol. Formé de débris.

détritus n. m. ▫ Débris ; ordures, déchets.

détroit n. m. ▫ Bras de mer entre deux terres rapprochées.

détromper v. tr. ▫ Tirer (qqn) d'erreur. ▷ v. pron. se **détromper**

détrôner v. tr. **1.** Déposséder de la souveraineté. **2.** fig. Faire cesser la prééminence de.

détrousser v. tr. ▫ vx ou plais. Dépouiller, dévaliser (qqn).

détruire v. tr. **1.** Démolir (une construction). **2.** Altérer jusqu'à faire disparaître. *Détruire un document.* **3.** Supprimer (un être vivant) en ôtant la vie. **4.** fig. Défaire entièrement (ce qui est établi). ▷ v. pron. se **détruire**

dette n. f. **1.** Argent qu'une personne doit à une autre. **2.** fig. Devoir qu'impose une obligation contractée envers qqn.

deuil n. m. **1.** Douleur, affliction que l'on éprouve de la mort de qqn. **2.** Mort d'un proche. **3.** Signes extérieurs du deuil, consacrés par l'usage. *Être en deuil.* **4.** fam. *FAIRE SON DEUIL de qqch.*, se résigner à en être privé.

deus ex machina n. m. invar. ▫ (au théâtre) Personnage dont l'intervention apporte un dénouement inespéré.

D. E. U. S. T. n. m. ▫ (en France) Diplôme sanctionnant une formation scientifique ou professionnelle, obtenu en deux ans après le bac.

deux I. adj. numéral **1.** (cardinal) Un plus un. **2.** (ordinal) → **deuxième, second. II.** n. m. Le chiffre, le nombre, le numéro deux. – fam. *En moins de deux* : très vite.

deuxième adj. numéral ordinal et n. ▫ Qui succède au premier. ▶ **deuxièmement** adv.

deux-mâts n. m. ▫ Voilier à deux mâts.

deux-pièces n. m. **I.** Maillot de bain formé d'un slip et d'un soutien-gorge. **II.** Appartement de deux pièces.

deux-points n. m. ▫ Signe de ponctuation formé de deux points superposés (:).

deux-roues n. m. ▫ Véhicule à deux roues (bicyclette, moto...).

deux-temps n. m. ▫ Moteur à deux temps.

dévaler v. intr. et tr. ▫ Descendre rapidement.

dévaliser v. tr. ▫ Dépouiller (qqn) de tout ce qu'il a sur lui, avec lui.

dévaloriser v. tr. **1.** Diminuer la valeur de. **2.** fig. Déprécier. ▷ v. pron. se **dévaloriser** ▶ **dévalorisant, ante** adj. ▶ **dévalorisation** n. f.

dévaluer v. tr. **1.** Abaisser la valeur légale de (une monnaie). **2.** fig. Dévaloriser. ▶ **dévaluation** n. f.

devancer v. tr. **1.** Être devant (d'autres qui avancent). **2.** Être avant, quant au mérite. **3.** Arriver avant (qqn) dans le temps. **4.** Aller au-devant de. *Devancer* *une objection.* ▶ **devancement** n. m. ▶ **devancier, ière** n.

① **devant I.** prép. **1.** Du même côté que le visage d'une personne, que le côté visible d'une chose. **2.** À l'égard de, face à. **3.** Dans la direction qui est en face de qqn, qqch. ; à l'avant de. **II.** adv. Du côté du visage d'une personne, de la face d'une chose ; en avant. – *PAR-DEVANT* : du côté qui est devant.

② **devant** n. m. **1.** La partie qui est placée devant. ▪ *Prendre les devants* : devancer qqn ou qqch. dans l'action. **2.** *AU-DEVANT DE* loc. prép. : à la rencontre de.

devanture n. f. ▫ Façade, revêtement du devant d'une boutique.

dévaster v. tr. ▫ Ravager en détruisant systématiquement. ▶ **dévastation** n. f. ▶ **dévastateur, trice** adj. et n.

déveine n. f. ▫ fam. Malchance.

développement n. m. **I.** Action de développer (I). **II. 1.** Fait de se développer. **2.** Progrès, en extension ou en qualité. ▪ *DÉVELOPPEMENT DURABLE* : développement économique qui tend au respect de l'environnement. **3.** Suite, prolongement. **4.** Exposition détaillée (d'un sujet). **5.** comm. Phase de l'élaboration (d'un produit...).

développer v. tr. **I. 1.** Donner toute son étendue à. **2.** Faire apparaître les images de (une pellicule), au moyen de procédés chimiques. **II. 1.** Faire croître. **2.** Exposer en détail. ▷ v. pron. **se développer 1.** Se déployer. **2.** Croître, s'épanouir. **3.** Prendre de l'importance. ▷ adj. **développé, ée**

développeur, euse n. ▫ inform. Personne qui crée des logiciels.

① **devenir** v. intr. **1.** Passer d'un état à (un autre), commencer à être. **2.** Avoir un sort nouveau. *Qu'allons-nous devenir ?*

② **devenir** n. m. ▫ Passage d'un état à un autre.

déverbal, aux n. m. ▫ ling. Nom formé à partir du radical d'un verbe.

dévergondé, ée adj. et n. ▫ Qui ne respecte pas la morale sexuelle admise.

se **dévergonder** v. pron. ▫ Devenir dévergondé. ▶ **dévergondage** n. m.

déverrouiller v. tr. ▫ Ouvrir en tirant le verrou. ▶ **déverrouillage** n. m.

devers prép. ▫ *PAR-DEVERS* loc. prép. littér. En la possession de.

dévers n. m. ▫ Inclinaison, pente.

déverser v. tr. **1.** Faire couler (un liquide) d'un lieu dans un autre. – pronom. → s'**écouler. 2.** fig. Répandre en grandes quantités. ▶ **déversement** n. m.

déversoir n. m. ▫ Orifice par lequel s'écoule le trop-plein d'un canal, d'un réservoir.

dévêtir v. tr. ▫ Dépouiller (qqn) de ses vêtements. ▷ v. pron. **se dévêtir**

déviant, ante adj. ▫ Qui s'écarte de la norme sociale. ▶ **déviance** n. f.

déviation n. f. **I.** Changement de direction. **II.** Action de dévier (un véhicule) ; chemin que doivent prendre les véhicules déviés.

déviationnisme n. m. ▫ Attitude qui s'écarte de la doctrine, dans un parti. ▶ **déviationniste** n. et adj.

dévider v. tr. ▫ Mettre en écheveau (du fil). – Dérouler. *Dévider un cordage.*

dévidoir n. m. ▫ Instrument pour dévider.

dévier v. **1.** v. intr. Se détourner, être détourné de sa direction, de sa voie. ▪ *DÉVIER DE son chemin*, s'en écarter. **2.** v. tr. Écarter de la direction normale. *Dévier la circulation.*

devin, devineresse n. ▫ Personne qui prétend prédire l'avenir par la divination.

deviner v. tr. **1.** Parvenir à connaître par conjecture, intuition. **2.** Trouver la solution de (une énigme).

devinette n. f. ▫ Question dont il faut deviner la réponse.

devis n. m. ▫ État détaillé des travaux à exécuter avec l'estimation des prix.

dévisager v. tr. ▫ Regarder (qqn) avec insistance.

devise n. f. **I. 1.** Formule qui accompagne l'écu dans les armoiries. **2.** Paroles exprimant une pensée, un mot d'ordre. **II.** Valeur étrangère négociable dans un pays.

① **deviser** v. intr. ▫ littér. Converser, parler.

② **deviser** v. tr. ▫ Établir le devis de.

dévisser v. tr. ▫ Défaire (ce qui est vissé). ▶ **dévissage** n. m.

de visu loc. adv. ▫ Après l'avoir vu, pour l'avoir vu.

dévitaliser v. tr. ▫ Priver (une dent) de son tissu vital. ▶ **dévitalisation** n. f.

dévoiler v. tr. **1.** Enlever le voile de. **2.** fig. Révéler (ce qui était secret). ▷ v. pron. se **dévoiler** ▶ **dévoilement** n. m.

① **devoir** v. tr. **I.** *DEVOIR qqch. À qqn* **1.** Avoir à payer (une somme d'argent), à fournir (qqch.) à qqn. **2.** Être redevable (à qqn ou à qqch.) de ce qu'on possède. – passif (sujet chose) *Être dû à* : avoir pour cause. **II.** (+ inf.) **1.** Être dans l'obligation de (faire qqch.). **2.** (nécessité) *Cela devait arriver.* **3.** Avoir l'intention de. ▷ v. pron. se **devoir 1.** réfl. Être obligé de se consacrer (à). *Se devoir à ses enfants.* – *Se devoir de* (+ inf.). **2.** passif (impers.) *Comme il se doit* : comme il le faut ; fam. comme c'était prévu.

② **devoir** n. m. **1.** Obligation morale générale. **2.** Ce que l'on doit faire, défini par la morale, la loi, les circonstances... **3.** au plur. → **hommage, respect. 4.** Exercice scolaire qu'un professeur fait faire à ses élèves.

dévolu, ue 1. adj. Échu par droit. **2.** n. m. *JETER SON DÉVOLU SUR* : fixer son choix sur.

dévorant, ante adj. **1.** *Une faim dévorante,* qui pousse à manger beaucoup. **2.** Ardent, brûlant, dévastateur.

dévorer v. tr. **1.** Manger en déchirant avec les dents. **2.** Manger avidement. **3.** fig. Lire avec avidité. **4.** *Dévorer qqn, qqch. des yeux* : regarder avec avidité. **5.** Faire disparaître rapidement. **6.** Faire éprouver un trouble violent à (qqn). ▶ **dévoreur, euse** n.

dévot, ote adj. **1.** vieilli ou péj. Qui est attaché à une religion et à ses pratiques. ■ n. → **bigot. 2.** Qui a le caractère de la dévotion. ▶ **dévotement** adv.

dévotion n. f. **1.** Attachement fervent à une religion. **2.** Culte. *Dévotion à la Vierge.* **3.** fig. Adoration, vénération.

dévouement n. m. ▫ Disposition à se dévouer. – Action de se dévouer.

se **dévouer** v. pron. ▫ *Se dévouer à* : se consacrer entièrement à. – sans compl. Faire une chose pénible au profit d'une personne, d'une cause. ▷ adj. **dévoué, ée** → **fidèle ; serviable.**

dévoyer v. tr. ▫ littér. Pervertir (qqn). ▷ adj. et n. **dévoyé, ée**

dextérité n. f. ▫ Adresse, habileté.

dextre n. f. ▫ vx Main droite.

dey n. m. ▫ hist. Gouverneur (d'Alger).

DHEA n. f. ▫ biochim. Hormone naturelle synthétisée par les glandes surrénales.

diabète n. m. □ Maladie liée à un trouble de l'assimilation des glucides, avec présence de sucre dans le sang. ▶ **diabétique** adj. et n.

diable n. m. **I.** **1.** Personnage représentant le mal, dans la tradition populaire chrétienne. ▪ *Tirer le diable par la queue* : avoir peu pour vivre. **2.** AU DIABLE : très loin. – À LA DIABLE : sans soin. – DU DIABLE : extrême. – EN DIABLE : très, terriblement. **II.** fig. **1.** Enfant turbulent. **2.** *Un* PAUVRE DIABLE : un homme pitoyable. **III.** Petit chariot bas.

diablement adv. □ fam. Très.

diablerie n. f. □ Parole, action pleine de malice.

diablesse n. f. □ Diable femelle.

diablotin n. m. □ Petit diable ; lutin.

diabolique adj. □ Qui tient du diable. ▶ **diaboliquement** adv.

diaboliser v. tr. □ Présenter sous un jour défavorable.

diabolo n. m. **I.** Jouet fait d'une bobine que l'on lance et rattrape au moyen d'une ficelle. **II.** Limonade au sirop.

diachronie n. f. □ ling. Évolution des faits linguistiques dans le temps.

diaconat n. m. □ relig. Le second des ordres majeurs dans l'Église catholique, inférieur à la prêtrise.

diaconesse n. f. □ Religieuse protestante.

diacre n. m. □ Clerc qui a reçu le diaconat.

diacritique adj. □ ling. Se dit d'un signe graphique (point, accent...) que l'on adjoint à une lettre.

diadème n. m. **1.** Antiq. Bandeau orné, insigne du pouvoir monarchique. **2.** Bijou féminin qui ceint le haut du front.

diagnostic n. m. **1.** Détermination (d'une maladie) d'après ses symptômes. **2.** fig. Prévision, hypothèse.

diagnostique adj. □ méd. Qui permet de déterminer une maladie.

diagnostiquer v. tr. □ Connaître par un diagnostic.

diagonal, ale, aux adj. □ géom. Qui joint deux sommets d'une figure qui n'appartiennent pas au même côté.

diagonale n. f. **1.** Ligne diagonale. **2.** EN DIAGONALE loc. adv. : en biais, obliquement. – fig. *Lire en diagonale* : parcourir.

diagramme n. m. □ Représentation graphique des variations (d'un phénomène).

dialecte n. m. □ Forme régionale, nettement distincte, d'une langue. ▶ **dialectal, ale, aux** adj.

dialecticien, ienne n. □ Personne qui emploie les procédés de la dialectique.

dialectique **I.** n. f. **1.** Moyens mis en œuvre dans la discussion en vue de démontrer, réfuter. **2.** philos. Marche de la pensée reconnaissant le caractère inséparable des propositions contradictoires, que l'on peut unir dans une synthèse. **II.** adj. Qui opère par la dialectique (2).

dialectologie n. f. □ Étude des dialectes. ▶ **dialectologue** n.

dialogue n. m. **1.** Entretien entre deux personnes. ▪ Discussions entre deux groupes. **2.** Ensemble des paroles qu'échangent les personnages d'une pièce, d'un film...

dialoguer v. tr. □ Avoir un dialogue (avec qqn).

dialoguiste n. □ Auteur de dialogues (2).

dialyse n. f. □ méd. Méthode d'épuration du sang lors d'une insuffisance rénale.

diamant n. m. 1. Pierre précieuse, la plus brillante et la plus dure de toutes. 2. Pointe de lecture des disques micro-sillons.

diamantaire n. ▫ Personne qui taille ou vend des diamants.

diamantifère adj. ▫ Qui contient du diamant.

diamétral, ale, aux adj. ▫ Relatif au diamètre.

diamétralement adv. ▫ Selon le diamètre. ▪ fig. → **radicalement.**

diamètre n. m. ▫ Segment qui joint deux points (d'un cercle, d'une sphère) en passant par le centre.

diantre interj. ▫ vieilli Juron qui marque l'étonnement.

diapason n. m. 1. Son de référence utilisé pour l'accord des voix et des instruments. ▪ fig. *Être au diapason*, en harmonie avec (qqn, un groupe). 2. Petit instrument qui donne le la lorsqu'on le fait vibrer.

diaphane adj. 1. Qui laisse passer la lumière sans laisser distinguer les formes. 2. littér. Très pâle, délicat.

diaphragme n. m. 1. Muscle qui sépare le thorax de l'abdomen. 2. Contraceptif féminin (capuchon souple).

diaporama n. m. 1. Projection de diapositives. 2. Diffusion séquentielle d'images numériques.

diapositive n. f. ▫ Tirage photographique positif destiné à la projection.

diapré, ée adj. ▫ De couleur variée et changeante. ▶ **diaprure** n. f. littér.

diarrhée n. f. ▫ Évacuation de selles liquides. ▶ **diarrhéique** adj.

diaspora n. f. ▫ hist. Dispersion des Juifs exilés de leur pays.

diastole n. f. ▫ physiol. Mouvement de dilatation du cœur.

diatomée n. f. ▫ Algue unicellulaire.

diatonique adj. ▫ mus. Qui procède par tons et demi-tons.

diatribe n. f. ▫ Critique violente.

dichotomie n. f. ▫ didact. Division, opposition. ▶ **dichotomique** adj.

dicible adj. ▫ Qui peut être dit, exprimé.

dico → **dictionnaire**

dicotylédone adj. et n. f. ▫ (plante) Dont la graine a deux cotylédons.

dictaphone n. m. ▫ Magnétophone servant à la dictée du courrier.

dictateur n. m. ▫ Personne qui s'empare du pouvoir et l'exerce sans contrôle. ▶ **dictatorial, iale, iaux** adj.

dictature n. f. 1. Concentration de tous les pouvoirs entre les mains d'un individu, d'un parti... 2. fig. Pouvoir absolu.

dictée n. f. 1. Action de dicter. 2. Exercice consistant à transcrire correctement un texte lu à haute voix.

dicter v. tr. 1. Dire (qqch.) à haute voix en détachant les mots, pour que qqn les écrive. 2. Indiquer à l'avance à qqn (ce qu'il doit dire ou faire). 3. Stipuler et imposer. *Dicter ses conditions.*

diction n. f. ▫ Manière de dire, de réciter (un texte, des vers, etc.).

dictionnaire n. m. ▫ Recueil contenant des mots, des expressions d'une langue, présentés dans un ordre convenu, et qui donne des définitions, des informations sur eux. – *Dictionnaire bilingue*, qui donne la traduction des mots d'une langue dans une autre.

dicton n. m. ▫ Sentence passée en proverbe.

didacticiel n. m. ▫ inform. Logiciel à fonction pédagogique.

didactique adj. 1. Qui vise à instruire. 2. Qui appartient à la langue des sciences et des techniques. ▶ **didactisme** n. m.

didascalie n. f. ▫ didact. Indication de jeu, dans une œuvre théâtrale, un scénario.

didjeridoo n. m. ▫ Instrument à vent australien. – var. **didgeridoo.**

dièdre n. m. ▫ géom. Figure formée par deux demi-plans à arête commune.

diégèse n. f. ▫ didact. Espace et temps servant de cadre au récit (d'un film...).

diérèse n. f. ▫ phonét. Prononciation dissociant deux voyelles (ex. pli-er).

dièse n. m. ▫ mus. Signe (♯) élevant d'un demi-ton chromatique la note devant laquelle il est placé. ▶ **diéser** v. tr.

diesel n. m. **1.** Moteur à combustion interne, à allumage par compression. **2.** Véhicule à moteur Diesel.

dies irae n. m. invar. ▫ Chant de la messe des morts.

① **diète** n. f. **1.** méd. Régime alimentaire particulier. **2.** Privation de nourriture.

② **diète** n. f. ▫ hist. Assemblée politique (en Allemagne, Suède, Suisse...).

diététique 1. n. f. Science de l'hygiène alimentaire. **2.** adj. Relatif à la diététique ; préparé selon les règles de la diététique. ▶ **diététicien, ienne** n.

dieu n. m. **I.** (dans le monothéisme) **1.** Être éternel, unique, créateur et juge. – spécialt Le Dieu des chrétiens. **2.** interj. *Mon Dieu !* **II.** (dans le polythéisme) Être supérieur doué d'un pouvoir sur l'homme et d'attributs particuliers.

diffamation n. f. **1.** Action de diffamer. **2.** Écrit, parole qui diffame.

diffamer v. tr. ▫ Chercher à porter atteinte à la réputation, à l'honneur de (qqn). ▶ **diffamateur, trice** n. ▶ **diffamatoire** adj.

différé n. m. ▫ Fait de diffuser (une émission) après l'enregistrement.

différemment adv. ▫ D'une manière différente.

différence n. f. **1.** Caractère qui distingue une chose d'une autre, un être d'un autre. **2.** Écart entre deux quantités.

différencier v. tr. **1.** Rendre différent. **2.** Établir une différence entre. ▷ v. pron. se **différencier 1.** Être caractérisé par telle ou telle différence. **2.** Devenir différent. ▶ **différenciation** n. f.

différend n. m. ▫ Désaccord entre des personnes.

différent, ente adj. **1.** Qui diffère, présente une différence. **2.** au plur. (avant le nom) Plusieurs et distincts. *Par différents moyens.*

différentiel, elle ▫ didact. **I.** adj. Qui concerne les différences ; qui établit des différences. **II.** n. m. Combinaison d'engrenages qui permet une différence de vitesse de rotation.

différer v. **I.** v. tr. Remettre à un autre temps. **II.** v. intr. Être différent.

difficile adj. **1.** Qui n'est pas facile ; qui demande un effort. **2.** (personnes) Qui n'est pas facilement satisfait.

difficilement adv. ▫ Avec difficulté.

difficulté n. f. **1.** Caractère de ce qui est difficile ; ce qui rend qqch. difficile. **2.** Mal que l'on a à faire qqch. **3.** Chose difficile.

difficultueux, euse adj. ▫ littér. Difficile.

difforme adj. ▫ Qui n'a pas la forme et les proportions naturelles. ▶ **difformité** n. f.

diffraction n. f. ▫ phys. Déviation d'un rayonnement au voisinage d'un obstacle. ▶ **diffracter** v. tr.

diffus, use adj. ▫ Qui est répandu dans toutes les directions.

diffuser v. tr. **1.** Répandre dans toutes les directions. **2.** Transmettre par la radio, la télévision. **3.** fig. Répandre dans le public. **4.** Distribuer (un ouvrage de librairie).

diffuseur n. m. **1.** Appareil qui diffuse qqch. **2.** Entreprise qui diffuse des livres.

diffusion n. f. **1.** Action de diffuser. **2.** Fait de se répandre.

digérer v. tr. **1.** Faire la digestion de. **2.** fig. Mûrir par un travail intellectuel. **3.** fam. Supporter patiemment (qqch. de fâcheux).

digestible adj. □ Qui se digère facilement. – syn. (critiqué) **digeste** adj.

digestif, ive adj. **1.** Relatif à la digestion. **2.** n. m. Alcool, liqueur pris après le repas.

digestion n. f. □ Ensemble des transformations subies par les aliments dans le tube digestif.

digicode n. m. (marque déposée) □ anglic. Appareil à code alphanumérique commandant l'ouverture d'une porte.

① **digital, ale, aux** adj. □ Des doigts.

② **digital, ale, aux** adj. □ anglic. Numérique (1).

digitale n. f. □ Plante vénéneuse à fleurs en forme de doigtier.

digitaline n. f. □ Principe actif très toxique extrait de la digitale, utilisé en cardiologie.

digne adj. **I.** *DIGNE DE* **1.** Qui mérite (qqch.). **2.** Qui est en conformité avec (qqn ou qqch.). **II.** Qui a de la dignité. ▶ **dignement** adv.

dignitaire n. m. □ Personne revêtue d'une dignité (I).

dignité n. f. **I.** Fonction, titre ou charge qui donne à qqn un rang éminent. **II. 1.** Respect que mérite qqn, qqch. **2.** Respect de soi.

digression n. f. □ Développement oral ou écrit qui s'écarte du sujet.

digue n. f. □ Construction destinée à contenir les eaux.

diktat n. m. □ Chose imposée, décision unilatérale.

dilapider v. tr. □ Dépenser (des biens) de manière excessive et désordonnée. ▶ **dilapidation** n. f.

dilatable adj. □ Qui peut se dilater. ▶ **dilatabilité** n. f.

dilatateur, trice adj. □ anat. Qui dilate.

dilater v. tr. □ Augmenter le volume de (qqch.). ▷ v. pron. se **dilater** ▶ **dilatation** n. f.

dilatoire adj. □ dr. Qui tend à retarder par des délais, à prolonger un procès.

dilemme n. m. □ Alternative contenant deux propositions contradictoires entre lesquelles on doit choisir.

dilettante n. □ Personne qui s'occupe de qqch. pour le plaisir. ▶ **dilettantisme** n. m.

diligence n. f. **I. 1.** littér. Activité empressée. **2.** dr. *À la diligence de qqn*, sur sa demande. **II.** Voiture à chevaux qui servait au transport des voyageurs.

diligent, ente adj. □ littér. Qui montre de la diligence. ▶ **diligemment** adv.

diluant n. m. □ Liquide qui sert à diluer.

diluer v. tr. □ Délayer (une substance) dans un liquide. ▶ **dilution** n. f.

diluvien, ienne adj. **1.** Relatif au déluge (1). **2.** *Pluie diluvienne*, très abondante.

dimanche n. m. □ Septième jour de la semaine, qui succède au samedi.

dîme n. f. □ hist. Ancien impôt sur les récoltes, prélevé par l'Église.

dimension n. f. **I. 1.** Grandeur réelle, mesurable, qui détermine la portion d'espace occupée par un corps. **2.** Grandeur qui mesure (un objet). **3.** math. Nombre associé à un objet. **II.** fig. **1.** Importance. **2.** Aspect significatif (d'une chose). *La dimension politique d'un problème.*

diminué, ée adj. **1.** Rendu moins grand. **2.** (personnes) Amoindri, affaibli.

diminuer v. **I.** v. tr. **1.** Rendre plus petit. **2.** Rendre moins grand, moins fort. **3.** Réduire les mérites, la valeur de (qqn). **II.** v. intr. Devenir moins grand. ▶ **diminution** n. f.

diminutif, ive **1.** adj. Qui ajoute une idée de petitesse. **2.** n. m. Mot formé d'un radical et d'un suffixe diminutif.

dinanderie n. f. ▫ Ensemble des ustensiles de cuivre jaune.

dinar n. m. ▫ Unité monétaire de l'Algérie, de la Tunisie, de l'Irak, etc.

dînatoire adj. ▫ Qui sert de dîner.

dinde n. f. ▫ Femelle du dindon.

dindon n. m. **1.** Grand oiseau de basse-cour, dont la tête et le cou sont recouverts d'une membrane rouge violacé. **2.** *Être le dindon de la farce,* la dupe.

dindonneau n. m. ▫ Petit de la dinde.

① **dîner** v. intr. **1.** vx ou région. Prendre le repas du milieu du jour. **2.** Prendre le repas du soir.

② **dîner** n. m. **1.** vx ou région. Repas de la mi-journée. **2.** Repas du soir.

dînette n. f. **1.** Petit repas, vrai ou simulé, que les enfants s'amusent à faire entre eux. **2.** Service de table miniature (jouet).

dîneur, euse n. ▫ Personne qui dîne.

ding interj. ▫ Onomatopée évoquant un tintement.

dinghy n. m. ▫ anglic. Canot pneumatique. *Des dinghys* ou *des dinghies.*

① **dingo** n. m. ▫ Chien sauvage d'Australie.

② **dingo** adj. et n. ▫ fam. et vieilli Fou.

dingue ▫ fam. **1.** adj. et n. Fou. **2.** adj. Extraordinaire.

dinosaure n. m. ▫ Très grand reptile fossile de l'ère secondaire.

diocèse n. m. ▫ Circonscription d'un évêque ou d'un archevêque. ▶ **diocésain, aine** adj.

diode n. f. ▫ phys. Composant électronique utilisé pour transformer un courant alternatif en courant de sens constant.

dioptrie n. f. ▫ sc. Unité de convergence ou de divergence d'un système optique.

dioptrique n. f. ▫ didact. Partie de l'optique qui traite de la réfraction. – adj. *Le système dioptrique de l'œil.*

dioxine n. f. ▫ Sous-produit d'un dérivé du phénol, très toxique.

dioxyde n. m. ▫ chim. Oxyde contenant deux atomes d'oxygène.

diphtérie n. f. ▫ Maladie contagieuse due à un bacille, et provoquant des étouffements. ▶ **diphtérique** adj. et n.

diphtongue n. f. ▫ Voyelle qui change de timbre en cours d'émission.

diplodocus n. m. ▫ Dinosaure herbivore.

diplômant, ante adj. ▫ Qui permet d'obtenir un diplôme.

diplomate **1.** n. Personne chargée par un gouvernement de fonctions diplomatiques. **2.** adj. et n. fig. Qui sait mener une affaire avec tact.

diplomatie n. f. **1.** Partie de la politique qui concerne les relations entre États. ▪ Carrière diplomatique. **2.** fig. Habileté, tact dans la conduite d'une affaire.

diplomatique adj. **1.** Relatif à la diplomatie. **2.** fig. (actions...) → **adroit, habile.** ▶ **diplomatiquement** adv.

diplôme n. m. ▫ Acte qui confère et atteste un titre, un grade.

diplômé, ée adj. et n. ▫ Qui a obtenu un diplôme.

diplômer v. tr. □ Décerner un diplôme à (qqn).

diptère 1. n. m. Insecte à métamorphoses complètes, à deux ailes et à trompe (ex. la mouche). 2. adj. (insecte) Qui a deux ailes.

diptyque n. m. 1. Tableau formé de deux volets. 2. Œuvre en deux parties.

① **dire** v. tr. 1. Émettre (les sons, les éléments d'une langue). *Dire un mot.* 2. Exprimer (la pensée, les sentiments, les intentions) par la parole. ▪ *À vrai dire* : véritablement. – *CECI DIT* ou *CELA DIT* : malgré tout. ▪ *ON DIRAIT* : on croirait, il semble. 3. Exprimer par le langage (écrit ou oral). *Avoir des choses à dire.* 4. (sujet chose) Faire connaître, exprimer. *Son silence en dit long.* – *CELA ME DIT, NE ME DIT RIEN,* me tente, ne me tente pas. ▪ *VOULOIR DIRE.* → **signifier.**

② **dire** n. m. 1. Ce qu'une personne dit, rapporte. *AU DIRE DE* : d'après. 2. dr. Déclaration juridique.

direct, ecte I. adj. 1. Qui est en ligne droite. 2. fig. Sans détour. 3. Qui se fait sans intermédiaire. ▪ gramm. *Complément direct,* construit sans préposition. 4. Qui ne s'arrête pas. *Train direct.* II. n. m. 1. boxe Coup droit. 2. *EN DIRECT* : transmis au moment même.

directement adv. 1. En droite ligne. 2. Sans intermédiaire.

directeur, trice I. n. Personne qui dirige (une entreprise...). II. adj. Qui dirige. – fig. *L'idée directrice d'un ouvrage.*

directif, ive adj. 1. Qui décide seul du programme d'action d'un groupe. 2. Conduit de façon prédéterminée. *Entretien directif.* ▶ **directivité** n. f.

direction n. f. I. 1. Action de diriger (I). 2. Fonction de directeur ; équipe qui dirige. II. 1. Ligne suivant laquelle un corps se meut. 2. Voie à suivre pour aller à un endroit. 3. Ensemble des mécanismes qui permettent de guider les roues d'un véhicule.

directive n. f. □ Indication donnée par une autorité.

directoire n. m. 1. hist. *Le Directoire* : Conseil de cinq membres chargé du pouvoir exécutif de 1795 à 1799 ; le régime politique durant cette période. 2. Organe chargé de la gestion d'une société anonyme.

directorial, ale, aux adj. □ D'un directeur.

dirham n. m. □ Unité monétaire du Maroc.

dirigeable adj. et n. m. □ *(Ballon) dirigeable* : aérostat qu'on peut diriger.

dirigeant, ante 1. adj. Qui dirige. 2. n. Personne qui dirige.

diriger v. tr. I. 1. Conduire, mener (une entreprise, une opération, des affaires...) comme chef responsable. 2. Conduire l'activité de (qqn...). II. Guider (qqch.) dans une certaine direction. ▷ v. pron. se **diriger** *Se diriger vers.* → **aller.** ▪ fig. → s'**orienter.** ▷ adj. **dirigé, ée**

dirigisme n. m. □ Système dans lequel l'État assume la direction de l'économie. ▶ **dirigiste** adj. et n.

dirimant, ante adj. □ dr. *Empêchement dirimant,* qui annule un mariage.

discal, ale, aux adj. □ anat. Relatif à un disque intervertébral.

discernement n. m. □ Capacité de l'esprit à juger clairement et sainement.

discerner v. tr. 1. Percevoir (un objet) par rapport à ce qui l'entoure. 2. Se rendre compte de la nature de (qqch.) ; faire la distinction entre (des choses). ▶ **discernable** adj.

disciple n. 1. Personne qui reçoit l'enseignement d'un maître. 2. Personne qui adhère aux doctrines de qqn.

discipline n. f. 1. Règle de conduite ; obéissance à cette règle. 2. Branche de la connaissance, des études. ▶ **disciplinaire** adj.

discipliner v. tr. ▫ Accoutumer à la discipline. ▷ adj. **discipliné, ée** → **obéissant, soumis.**

disc-jockey n. m. ▫ anglic. Personne qui passe de la musique à la radio, dans une discothèque. – var. **disque-jockey**

disco n. m. ▫ anglic. Musique de danse inspirée du jazz et du rock.

discobole n. ▫ Athlète lanceur de disque.

discographie n. f. ▫ Répertoire de disques. ▶ **discographique** adj.

discontinu, ue adj. 1. Qui n'est pas continu. 2. Qui n'est pas continuel. ▶ **discontinuité** n. f.

discontinuer v. intr. ▫ *SANS DISCONTINUER* : sans arrêt.

disconvenir v. tr. ind. ▫ littér. *NE PAS DISCONVENIR DE qqch.*, ne pas le nier.

discordant, ante adj. ▫ Qui manque d'harmonie. – Qui sonne faux ; dissonant. ▶ **discordance** n. f.

discorde n. f. ▫ littér. Dissentiment durable entre personnes. – *Pomme de discorde* : sujet de division.

discothèque n. f. 1. Collection de disques. ▪ Organisme de prêt de disques. 2. Lieu de réunion où l'on peut danser.

discount n. m. ▫ anglic. 1. Rabais sur un prix. 2. Vente à bas prix.

discourir v. tr. ▫ péj. Parler sur un sujet en le développant longuement. ▶ **discoureur, euse** n. péj.

discours n. m. 1. Développement oratoire fait en public. 2. Expression verbale de la pensée. – *Les parties du discours* : les catégories grammaticales traditionnelles.

discourtois, oise adj. ▫ littér. Qui n'est pas courtois. ▶ **discourtoisie** n. f.

discrédit n. m. ▫ Perte du crédit, de l'estime, de la considération.

discréditer v. tr. ▫ Porter atteinte à la réputation de (qqn).

discret, ète adj. 1. Qui témoigne de retenue, se manifeste peu dans les relations sociales. ▪ (choses) *Tenue discrète.* – *Endroit discret*, retiré. 2. Qui garde les secrets. ▶ **discrètement** adv.

discrétion n. f. I. 1. Qualité d'une personne discrète. 2. Qualité consistant à savoir garder les secrets. II. *ÊTRE À LA DISCRÉTION DE qqn*, dépendre de lui. – *À DISCRÉTION* loc. adv. → à **volonté.**

discrétionnaire adj. ▫ Qui confère à qqn le pouvoir de décider.

discrimination n. f. 1. littér. Action de distinguer (les choses les unes des autres) avec précision. 2. Traitement inégal et défavorable appliqué à certaines personnes.

discriminatoire adj. ▫ Qui tend à créer une discrimination (2).

discriminer v. tr. ▫ littér. Faire la discrimination (1) entre. ▶ **discriminant, ante** adj. didact.

disculper v. tr. ▫ Prouver l'innocence de (qqn). ▷ v. pron. se **disculper** Se justifier, s'excuser. ▶ **disculpation** n. f.

discursif, ive adj. 1. Qui procède par raisonnements successifs. 2. ling. Relatif au discours.

discussion n. f. 1. Action de discuter, d'examiner (qqch.). 2. Fait de discuter (qqch.), de s'y opposer. 3. Échange d'arguments, de vues contradictoires.

discutable adj. **1.** Qu'on peut discuter, contester. **2.** Plutôt mauvais.

discutailler v. intr. ▫ péj. Discuter de façon oiseuse et interminable.

discuté, ée adj. ▫ Qui soulève des discussions.

discuter v. **I.** v. tr. **1.** Examiner (qqch.) par un débat, en étudiant le pour et le contre. **2.** Mettre en question, considérer comme peu fondé. **3.** Opposer des arguments à (une décision), refuser d'exécuter. *Discuter un ordre.* **II.** v. intr. Parler avec d'autres en échangeant des idées. *Discuter (de) politique.* ▷ v. pron. se **discuter** *Cela se discute,* on peut en faire l'objet d'une discussion.

disert, erte adj. ▫ littér. Qui parle avec facilité et élégance.

disette n. f. ▫ Manque de vivres.

diseur, diseuse n. **1.** *Diseur de :* personne qui dit habituellement (telles choses). **2.** *Diseur, diseuse de bonne aventure :* personne qui prédit l'avenir.

disgrâce n. f. ▫ Perte de la faveur d'une personne dont on dépend ; état qui en découle.

disgracié, ée adj. **1.** Qui est tombé en disgrâce. **2.** fig. Peu favorisé.

disgracieux, euse adj. ▫ Qui n'a aucune grâce. ▶ **disgracieusement** adv.

disharmonie n. f. ▫ littér. Absence d'harmonie.

disjoindre v. tr. **1.** Écarter les unes des autres (des parties jointes). **2.** fig. Séparer ; traiter isolément. ▷ adj. **disjoint, ointe**

disjoncter v. **I.** v. tr. Interrompre (le courant). **II.** v. intr. fam. **1.** Se mettre en position d'interruption du courant. **2.** Perdre le contact avec la réalité.

disjoncteur n. m. ▫ Interrupteur automatique de courant électrique.

disjonction n. f. ▫ didact. Action de disjoindre (des idées) ; son résultat.

disloquer v. tr. **1.** Déplacer violemment (les parties d'une articulation). **2.** Séparer les éléments de. ▷ v. pron. se **disloquer** ▷ adj. **disloqué, ée** ▶ **dislocation** n. f.

disparaître v. intr. **1.** Cesser d'être visible. **2.** S'en aller. **3.** Être introuvable. *Mes gants ont disparu.* **4.** Cesser d'être, d'exister. ▪ (personnes) → **mourir.**

disparate adj. ▫ Qui n'est pas en harmonie avec ce qui l'entoure. ▶ **disparité** n. f.

disparition n. f. **1.** Fait de n'être plus visible. **2.** Absence inexplicable. **3.** Fait de cesser d'exister.

disparu, ue adj. **1.** Qui a cessé d'être visible. **2.** Qui est parti ; introuvable. **3.** Qui a cessé d'exister. ▪ n. Mort, défunt.

dispatcher v. tr. ▫ anglic. Répartir, distribuer.

dispendieux, ieuse adj. ▫ Qui exige une grande dépense.

dispensaire n. m. ▫ Établissement où l'on donne des soins médicaux.

dispensateur, trice n. ▫ Personne qui dispense, qui distribue.

dispense n. f. ▫ Autorisation spéciale qui décharge d'une obligation.

dispenser v. tr. **I.** littér. Distribuer. **II.** *DISPENSER* (qqn) *DE* **1.** Libérer (qqn) de (une obligation). **2.** iron. *Dispensez-moi de vos réflexions.* → **épargner.**

disperser v. tr. **1.** Répartir çà et là, en divers endroits. – fig. *Disperser son attention,* ne pas la concentrer. **2.** Faire se séparer (des personnes). ▷ v. pron. se **disperser** **1.** *Les manifestants se dispersent.* **2.** S'occuper à des activités trop diverses. ▷ adj. **dispersé, ée** → **clairsemé.**

dispersion n. f. ▫ Action de (se) disperser ; état de ce qui est dispersé.

disponibilité n. f. ▫ État de ce qui est disponible, d'une personne disponible. ▪ au plur. Fonds dont on peut disposer.

disponible adj. **1.** Dont on peut disposer. **2.** Qui n'est lié ou engagé par rien ; qui peut disposer de son temps.

dispos, ose adj. ▫ En bonne disposition pour agir.

disposer v. **I.** v. tr. **1.** Arranger, mettre dans un certain ordre. **2.** *DISPOSER* (qqn) *À*, préparer (qqn) à (qqch.). **II.** v. tr. ind. *DISPOSER DE* **1.** Avoir la possession, l'usage de. **2.** *Disposer de qqn*, s'en servir comme on le veut. – sans compl. *Vous pouvez disposer* : partez. **III.** v. intr. Décider, décréter. ▷ v. pron. se **disposer** (à) Être sur le point (de) ; se préparer (à). ▷ adj. **disposé, ée 1.** Arrangé, placé. **2.** *Être disposé à* : être préparé à, avoir l'intention de. **3.** *Être bien, mal disposé*, de bonne, de mauvaise humeur.

dispositif n. m. **1.** Manière dont sont disposées les pièces d'un appareil ; le mécanisme lui-même. **2.** Ensemble de moyens disposés conformément à un plan.

disposition n. f. **I. 1.** Action de disposer, de mettre dans un certain ordre ; son résultat. **2.** au plur. Moyens, précautions par lesquels on se dispose à qqch. **II. 1.** *DISPOSITION À* (+ inf.) : tendance à. **2.** État d'esprit passager. ▪ au plur. (qualifié) Intentions envers qqn. **3.** Aptitude à faire qqch. **4.** Pouvoir de faire ce que l'on veut (de qqn, de qqch.). *Je mets ma voiture ; je me mets à votre disposition.* **5.** Clause d'un acte juridique.

disproportion n. f. ▫ Défaut de proportion, différence excessive.

disproportionné, ée adj. ▫ Qui n'est pas proportionné (à qqch.). – sans compl. → **démesuré.**

dispute n. f. ▫ Échange violent de paroles entre personnes qui s'opposent.

disputer v. **I.** v. tr. ind. littér. *DISPUTER DE*, rivaliser de. **II.** v. tr. **1.** Lutter pour la possession ou la conservation de (qqch.). ▪ *Disputer un combat* (en vue de la victoire). **2.** fam. Réprimander (qqn). ▷ v. pron. se **disputer 1.** → se **quereller.** **2.** *Le match s'est disputé hier.*

disquaire n. ▫ Marchand(e) de disques.

disqualifier v. tr. **1.** Exclure d'une épreuve, en raison d'une infraction au règlement. **2.** littér. Discréditer. ▷ v. pron. se **disqualifier** ▶ **disqualification** n. f.

disque n. m. **I. 1.** Palet que des athlètes lancent en pivotant sur eux-mêmes. **2.** Objet de forme ronde et plate. – anat. *Disque intervertébral*, séparant deux vertèbres. **II. 1.** Plaque circulaire sur laquelle sont enregistrés des sons. *Disque vinyle.* ▪ *Disque optique*, dont les informations peuvent être lues par un système optique (rayon laser). – *Disque compact* : disque optique destiné au grand public, permettant la reproduction de sons. – On emploie aussi *CD* et l'anglic. *compact-disc* (marque déposée). **2.** Support magnétique d'information.

disque-jockey → **disc-jockey**

disquette n. f. ▫ Petit disque (II, 2).

dissection n. f. ▫ Action de disséquer.

dissemblable adj. ▫ Se dit de personnes ou de choses qui ne sont pas semblables. ▶ **dissemblance** n. f.

disséminer v. tr. **1.** Répandre en de nombreux points assez écartés. **2.** Disperser. ▷ v. pron. se **disséminer** ▶ **dissémination** n. f.

dissension n. f. ▫ Division profonde de sentiments, d'intérêts, de convictions.

dissentiment n. m. ▫ Différence dans la manière de voir, qui crée des heurts.

disséquer v. tr. **1.** Diviser les parties de (un organisme) en vue de l'étudier. **2.** fig. Analyser minutieusement.

dissertation n. f. ▫ Exercice scolaire écrit sur des sujets littéraires, philosophiques, etc.

disserter v. intr. ▫ Faire un développement (sur un sujet).

dissidence n. f. ▫ Action ou état de ceux qui se séparent d'une communauté politique, etc. – Groupe de dissidents.

dissident, ente adj. et n. ▫ Qui est en dissidence, qui fait partie d'une dissidence.

dissimulateur, trice adj. et n. ▫ Qui dissimule (1).

dissimulation n. f. **1.** Action de dissimuler. **2.** péj. Hypocrisie.

dissimuler v. tr. **1.** Ne pas laisser paraître (ce qu'on pense, ce qu'on sait). **2.** Empêcher de voir (une chose concrète). ▪ Tenir secret. ▷ v. pron. se **dissimuler** Cacher sa présence. ▷ adj. **dissimulé, ée 1.** *Une joie non dissimulée.* **2.** (personnes) → **dissimulateur.**

dissipateur, trice adj. et n. ▫ Qui dissipe son bien.

dissipation n. f. **I. 1.** Fait de (se) dissiper (1). **2.** Action de dissiper en dépensant. **II.** Manque d'attention ; agitation.

dissipé, ée adj. ▫ Qui manque d'application.

dissiper v. tr. **I. 1.** Faire cesser, faire disparaître. – fig. *Dissiper un malentendu.* **2.** Dépenser follement. **II.** littér. *Dissiper qqn,* le détourner de ses occupations. ▷ v. pron. se **dissiper 1.** *La brume se dissipe.* **2.** Devenir dissipé.

dissocier v. tr. **1.** Séparer (des éléments qui étaient associés). **2.** Distinguer, séparer. ▶ **dissociation** n. f.

dissolu, ue adj. ▫ Qui vit dans la débauche. – *Mœurs dissolues.*

dissolution n. f. **I.** Décomposition, désagrégation. ▪ dr. Action de mettre fin légalement. *Dissolution d'une assemblée.* **II.** Passage à l'état de solution.

dissolvant, ante adj. et n. m. ▫ (Produit) qui dissout (1).

dissonance n. f. **1.** Réunion désagréable de sons. **2.** fig. Manque d'harmonie. ▶ **dissonant, ante** adj.

dissoner v. intr. ▫ Faire une dissonance.

dissoudre v. tr. **1.** Désagréger (un corps solide ou gazeux) au moyen d'un liquide dans lequel ses molécules se dispersent. – pronom. *Le sel se dissout dans l'eau.* **2.** Mettre légalement fin à (une association...).

dissuader v. tr. ▫ DISSUADER *qqn* DE, l'amener à renoncer à (faire qqch.).

dissuasif, ive adj. ▫ Propre à dissuader.

dissuasion n. f. ▫ Action de dissuader ; son résultat.

dissyllabique adj. ▫ Qui a deux syllabes. – syn. **dissyllabe.**

dissymétrie n. f. ▫ Défaut de symétrie. ▶ **dissymétrique** adj.

distance n. f. **1.** Longueur qui sépare une chose d'une autre. – *À DISTANCE* loc. adv. : de loin. **2.** Espace qui sépare deux personnes. **3.** Écart dans le temps.

distancer v. tr. ▫ Dépasser (ce qui avance). ▪ fig. → **surpasser.**

distanciation n. f. ▫ Recul, détachement pris par rapport à qqn, qqch.

se **distancier** v. pron. ▫ Mettre une distance (fig.) entre soi et qqn, qqch.

distant, ante adj. **1.** Qui est à une certaine distance. **2.** Qui reste sur la réserve.

distendre v. tr. ▫ Augmenter les dimensions de (qqch.) par la tension. ▷ v. pron. se **distendre** Être moins tendu, serré. ▶ **distension** n. f.

distillat n. m. ▫ sc. Produit d'une distillation.

distillateur, trice n. ▫ Fabricant(e) d'eau-de-vie.

distillation n. f. ▫ Procédé de purification par ébullition puis condensation de la vapeur dans un autre récipient.

distiller v. **I.** v. tr. **1.** Laisser couler goutte à goutte. – fig. *Distiller des informations.* **2.** Soumettre (qqch.) à la distillation. **II.** v. intr. Se séparer (d'un mélange) par distillation.

distillerie n. f. ▫ Lieu où l'on fabrique les produits de la distillation.

distinct, incte adj. **1.** Qui ne se confond pas avec qqch. d'analogue. **2.** Qui se perçoit nettement. ▶ **distinctement** adv.

distinctif, ive adj. ▫ Qui permet de distinguer.

distinction n. f. **1.** Action de distinguer, de reconnaître pour différent. **2.** Marque d'estime, d'honneur. **3.** Élégance, délicatesse et réserve dans la tenue et les manières.

distingué, ée adj. **1.** Qui a de la distinction (3). **2.** (dans des formules de politesse) Particulier, spécial.

distinguer v. tr. **1.** Permettre de reconnaître (une personne ou une chose d'une autre). **2.** Reconnaître (une personne ou une chose) pour distincte (d'une autre). **3.** Mettre (qqn) à part, en le remarquant comme supérieur. **4.** Percevoir d'une manière nette. ▷ v. pron. se **distinguer** **1.** Être ou se rendre distinct, différent. **2.** Se faire remarquer. **3.** Être perçu, discerné.

distinguo n. m. ▫ Distinction subtile.

distique n. m. ▫ Groupe de deux vers.

distordre v. tr. ▫ Déformer par une torsion.

distorsion n. f. **1.** méd. État d'une partie du corps qui se tourne d'un seul côté. **2.** Défaut d'un système qui déforme ce qu'il doit reproduire. **3.** fig. Déséquilibre entraînant une tension.

distraction n. f. **1.** Manque d'attention aux choses dont on devrait normalement s'occuper. **2.** Diversion apportée par une occupation propre à délasser l'esprit. – Cette occupation.

distraire v. tr. **1.** Détourner (qqn) de ce qui l'occupe. **2.** Faire passer le temps agréablement à (qqn). ▷ v. pron. se **distraire** S'amuser, se détendre.

distrait, aite adj. **1.** Absorbé par autre chose. **2.** Qui est sujet à la distraction. ▶ **distraitement** adv.

distrayant, ante adj. ▫ Avec quoi l'on peut se distraire.

distribuer v. tr. **1.** Donner à plusieurs personnes prises séparément (une partie de qqch.). **2.** Donner à diverses personnes, au hasard. **3.** (sujet chose) Répartir dans plusieurs endroits. **4.** Répartir d'une manière particulière. **5.** Assurer la distribution de (un produit...). ▷ p. p. **distribué, ée** *Appartement bien distribué.* → **agencé.**

distributeur, trice **1.** n. Personne qui distribue (qqch. ; spécialt un produit). **2.** n. m. Appareil servant à distribuer.

distributif, ive adj. **1.** Qui distribue. **2.** gramm. Qui désigne en particulier. *« Chaque » est un adjectif distributif.*

distribution n. f. **1.** Répartition à des personnes. **2.** Ensemble d'opérations qui mettent un produit à la disposition des acheteurs. **3.** Répartition à des endroits différents. **4.** Arrangement selon un certain ordre. **5.** Ensemble des interprètes (d'un film...).

district n. m. ▫ Subdivision administrative territoriale.

dit, dite adj. **1.** Surnommé. **2.** dr. (joint à l'article défini) *Ledit, ladite, lesdits, lesdites,* dont on vient de parler. **3.** Fixé, convenu.

dithyrambe n. m. ▫ littér. Éloge.

dithyrambique adj. ▫ Très élogieux.

diurèse n. f. ▫ méd. Excrétion de l'urine.

diurétique adj. et n. m. ▫ Qui augmente la sécrétion urinaire.

diurne adj. ▫ Qui se montre le jour ; du jour.

diva n. f. ▫ Cantatrice célèbre.

divaguer v. intr. ▫ Ne pas raisonner correctement. ▶ **divagation** n. f.

divan n. m. ▫ Siège sans dossier ni bras qui peut servir de lit.

dive adj. f. ▫ *La dive bouteille :* le vin.

divergence n. f. **1.** Situation de ce qui diverge (1). **2.** fig. Grande différence.

divergent, ente adj. **1.** Qui diverge (1). **2.** fig. Qui ne s'accorde pas.

diverger v. intr. **1.** Aller en s'écartant de plus en plus. **2.** fig. Être en désaccord.

divers, erse adj. ▫ au plur. **1.** Qui présentent des différences intrinsèques et qualitatives. **2.** FAITS DIVERS : incidents du jour. **3.** → **plusieurs.**

diversement adv. ▫ De plusieurs manières différentes.

diversifier v. tr. ▫ Rendre divers. ▷ v. pron. se **diversifier** ▶ **diversification** n. f.

diversion n. f. ▫ Ce qui détourne qqn d'une préoccupation.

diversité n. f. ▫ État de ce qui est divers.

divertir v. tr. ▫ Distraire en amusant. ▷ v. pron. se **divertir** Se distraire.

divertissant, ante adj. ▫ Qui divertit.

divertissement n. m. ▫ Action de (se) divertir ; moyen de se divertir.

dividende n. m. **1.** math. Nombre à diviser par un autre. **2.** Part des bénéfices attribuée à chaque actionnaire.

divin, ine adj. **1.** Qui appartient à Dieu, aux dieux. **2.** Dû à Dieu, à un dieu. **3.** Excellent, parfait.

divinateur, trice adj. ▫ Qui devine l'avenir.

divination n. f. ▫ Art de découvrir ce qui est caché par des moyens qui ne relèvent pas d'une connaissance naturelle.

divinatoire adj. ▫ Relatif à la divination.

divinement adv. ▫ D'une manière divine (3).

diviniser v. tr. **1.** Mettre au rang des dieux. **2.** Donner une valeur sacrée à (qqn, qqch.). ▶ **divinisation** n. f.

divinité n. f. **1.** Nature, essence divine. **2.** Être divin.

divis, ise adj. ▫ dr. Divisé.

diviser v. tr. **I. 1.** Séparer en plusieurs parties. – Calculer combien de fois une quantité est contenue dans une autre. *Diviser un nombre par six.* **2.** abstrait Séparer en éléments. **II.** Semer la discorde entre (des personnes). ▷ v. pron. se **diviser 1.** Se séparer en parties. **2.** Être en désaccord.

diviseur n. m. ▫ math. Nombre par lequel on en divise un autre.

divisible adj. ▫ Qui peut être divisé. ▶ **divisibilité** n. f.

division n. f. **1.** Action de diviser ; état de ce qui est divisé. ■ Opération par laquelle on divise une quantité par une autre, pour obtenir le quotient. **2.** Fait de se diviser. **3.** Partie d'un tout divisé. **4.** Grande unité militaire. ■ Réunion de services, de groupes... **5.** Opposition entre personnes.

divisionnaire adj. ▫ D'une division (4).

divorce n. m. ▫ Rupture légale du mariage civil.

divorcer v. intr. ▫ Se séparer par le divorce (de l'autre époux). ▷ adj. et n. **divorcé, ée**

divulguer v. tr. ▫ Porter à la connaissance du public. ▶ **divulgation** n. f. ▶ **divulgateur, trice** n.

dix I. adj. numéral **1.** (cardinal) Neuf plus un (10). **2.** (ordinal) Dixième. *Page dix. Charles X.* **II.** n. m. Le nombre, le numéro 10. ▶ **dixième** adj. et n. ▶ **dixièmement** adv.

dix-huit adj. numéral invar. ▫ (cardinal) Dix plus huit (18). – (ordinal) *Louis XVIII.* – n. m. invar. *Nous sommes le 18.* ▶ **dix-huitième** adj. et n.

dixit ▫ S'emploie devant ou après le nom de qqn dont on rapporte les paroles.

dix-neuf adj. numéral invar. ▫ (cardinal) Dix plus neuf (19). – (ordinal) *Page dix-neuf.* – n. m. invar. *Dix-neuf est un nombre premier.* ▶ **dix-neuvième** adj. et n.

dix-sept adj. numéral invar. ▫ (cardinal) Dix plus sept (17). – (ordinal) *Louis XVII.* – n. m. invar. *Neuf et huit, dix-sept.* ▶ **dix-septième** adj. et n.

dizain n. m. ▫ Pièce de poésie de dix vers.

dizaine n. f. **1.** Groupe de dix unités. **2.** Réunion de dix personnes, de dix choses ; quantité voisine de dix.

D. J. n. invar. ▫ anglic. **1.** Disc-jockey. **2.** Personne qui crée des effets musicaux en manipulant des disques en cours de lecture.

djebel n. m. ▫ Montagne en Afrique du Nord.

djellaba n. f. ▫ Longue robe portée au Maghreb.

djembé n. m. ▫ Tambour d'Afrique de l'Ouest.

djihad n. m. ▫ Guerre sainte menée pour propager ou défendre l'islam. – var. **jihad.**

djinn n. m. ▫ Génie (bon ou mauvais), dans le Coran, etc.

do n. m. invar. ▫ Premier son de la gamme naturelle.

doberman n. m. ▫ Chien de garde à poil ras.

docile adj. ▫ Qui obéit facilement. ▶ **docilement** adv. ▶ **docilité** n. f.

dock n. m. ▫ anglic. **1.** Bassin destiné au chargement et au déchargement des navires. **2.** Hangar situé en bordure de ce bassin.

docker n. m. ▫ anglic. Celui qui charge et décharge les navires.

docte adj. ▫ Érudit, savant. ▶ **doctement** adv.

docteur n. **1.** n. m. relig. Celui qui enseignait des points de doctrine. **2.** Personne promue au plus haut grade universitaire. *Docteur ès sciences.* ▪ spécialt Personne qui a le titre de docteur en médecine.

doctoral, ale, aux adj. **1.** didact. Des docteurs. **2.** péj. Solennel, pontifiant.

doctorant, ante n. ▫ Personne qui prépare un doctorat.

doctorat n. m. ▫ Grade de docteur (2).

doctoresse n. f. ▫ vieilli Femme médecin.

doctrinaire 1. n. Personne étroitement attachée à une doctrine. **2.** adj. Sentencieux.

doctrine n. f. ▫ Ensemble de notions par lesquelles on prétend fournir une interprétation des faits ou diriger l'action. ▶ **doctrinal, ale, aux** adj.

docu-fiction n. m. ▫ techn. Film de fiction intégrant des éléments didactiques (archives...) dans une histoire basée sur des faits réels.

document n. m. **1.** Écrit servant de preuve ou de renseignement. – par ext. *Document sonore.* **2.** inform. Fichier créé à partir d'un logiciel.

documentaire adj. **1.** Qui a le caractère d'un document, repose sur des documents. **2.** n. m. Film didactique présentant des faits authentiques. **3.** Relatif à la documentation.

documentaliste n. ▫ Personne qui collecte, gère et diffuse des documents.

documentariste n. ▫ Auteur de documentaires (2).

documentation n. f. **1.** Recherche de documents. **2.** Ensemble de documents. **3.** Activité de documentaliste.

documenter v. tr. **1.** Fournir des documents à (qqn). **2.** Appuyer (un travail) sur des documents. ▷ v. pron. se **documenter** → s'**informer.** ▷ adj. **documenté, ée**

dodécaphonique adj. ▫ mus. Qui utilise la série de douze sons de la gamme chromatique en dehors des modes et des tons. *Musique dodécaphonique* (*dodécaphonisme* n. m.).

dodeliner v. intr. ▫ Se balancer doucement. ▶ **dodelinement** n. m.

① **dodo** n. m. ▫ (enfantin) Fait de dormir.

② **dodo** n. m. ▫ Oiseau disparu d'Afrique australe (syn. *dronte* n. m.).

dodu, ue adj. ▫ Bien en chair.

doge n. m. ▫ Chef élu de l'ancienne république de Venise (ou de Gênes).

dogmatique adj. **1.** didact. Relatif au dogme. ▪ Qui admet certaines vérités ou principes. **2.** Qui exprime ses opinions d'une manière péremptoire.

dogmatisme n. m. **1.** Caractère d'une philosophie, d'une religion qui s'appuie sur un dogme. **2.** Caractère dogmatique (2).

dogme n. m. **1.** Point de doctrine présenté comme une vérité fondamentale, incontestable. ▪ Opinion émise comme une vérité indiscutable. **2.** *LE DOGME* : l'ensemble des dogmes.

dogue n. m. ▫ Chien de garde trapu, au museau écrasé.

doigt n. m. **I. 1.** Chacun des cinq prolongements qui terminent la main de l'homme. ▪ *Doigt de pied.* → **orteil. 2.** Extrémité articulée des pieds, des pattes de certains animaux. **II.** Mesure approximative, équivalant à un travers de doigt.

doigté n. m. **1.** Jeu des doigts dans l'exécution d'un morceau de musique. **2.** fig. → **savoir-faire.**

doigtier n. m. ▫ Fourreau servant à protéger un doigt.

doit n. m. ▫ comptab. Partie d'un compte établissant ce que qqn doit.

dojo n. m. ▫ sports Salle où l'on pratique les arts martiaux.

dol n. m. ▫ dr. Manœuvres frauduleuses destinées à tromper.

dolby n. m. (n. déposé) ▫ Procédé de réduction du bruit de fond (enregistrements sonores).

doléances n. f. pl. ▫ Plaintes.

dolent, ente adj. ▫ Qui cherche à se faire plaindre.

doline n. f. ▫ didact. Dépression fermée de forme circulaire (relief calcaire).

dollar n. m. ▫ Unité monétaire des États-Unis d'Amérique et de divers autres pays.

dolmen n. m. ▫ Monument mégalithique en forme de table gigantesque.

dolosif, ive adj. ▫ dr. Qui tient du dol.

dom n. m. **1.** Titre donné à certains religieux. **2.** Titre donné aux nobles espagnols et portugais.

D. O. M. n. m. invar. ▫ Département français d'outre-mer.

domaine n. m. **1.** Terre possédée par un propriétaire. **2.** *Tomber dans le DOMAINE PUBLIC,* cesser d'être la propriété des auteurs ou de leurs héritiers. **3.** fig. Ce qu'embrasse (un art, une science, un sujet...).

domanial, iale, iaux adj. □ Qui appartient à un domaine.

dôme n. m. □ Sommet arrondi de certains grands édifices.

domesticité n. f. □ Ensemble des domestiques.

domestique **I.** adj. **1.** Qui concerne la vie à la maison. **2.** (animaux) Qui vit auprès de l'homme. **II.** n. anciennt Employé(e) de maison.

domestiquer v. tr. **1.** Rendre domestique (une espèce ; un animal). **2.** Maîtriser (qqch.) pour utiliser. ▶ **domestication** n. f.

domicile n. m. □ Lieu ordinaire d'habitation. *Élire domicile* (quelque part), s'y fixer pour y habiter.

domiciliaire adj. □ dr. *Visite domiciliaire,* au domicile de qqn.

domicilier v. tr. □ Fixer un domicile à (qqn). – passif *Être domicilié à Lyon.*

dominant, ante adj. **1.** Qui exerce l'autorité, domine sur d'autres. **2.** Qui est le plus important, l'emporte parmi d'autres. **3.** Qui domine, surplombe.

dominante n. f. □ Ce qui est dominant (2), parmi plusieurs choses.

dominateur, trice adj. et n. □ Qui aime à dominer.

domination n. f. **1.** Action, fait de dominer ; autorité souveraine. **2.** Fait d'exercer une influence déterminante.

dominer v. **I.** v. tr. **1.** Avoir, tenir sous sa suprématie. **2.** fig. Être plus fort que. **3.** Avoir au-dessous de soi, dans l'espace environnant. **II.** v. intr. **1.** littér. Avoir la suprématie. **2.** Être le plus apparent, le plus important. ▷ v. pron. **se dominer** Se maîtriser.

dominicain, aine n. □ Religieux, religieuse de l'ordre fondé par saint Dominique.

dominical, ale, aux adj. □ Du dimanche.

dominion n. m. □ Ancienne colonie britannique.

domino n. m. □ *Les dominos :* jeu qui se joue avec des petites plaques dont le dessus est divisé en deux parties portant chacune de zéro à six points noirs.

dommage n. m. **1.** Préjudice subi par qqn. – *Dommages-intérêts* (ou *dommages et intérêts*) : indemnité due à qqn en réparation d'un préjudice. **2.** Dégâts matériels. **3.** Chose fâcheuse. *Quel dommage !*

dommageable adj. □ Qui cause du dommage.

domotique n. f. □ techn. Ensemble des techniques de gestion automatisée appliquées à l'habitation.

dompter v. tr. **1.** Réduire (un animal) à l'obéissance. **2.** Soumettre à son autorité.

dompteur, euse n. □ Personne qui dompte des animaux.

① **don** n. m. **1.** Action d'abandonner gratuitement à qqn la propriété ou la jouissance de qqch. ■ fig. *Le don de soi.* → **dévouement.** **2.** Ce qu'on abandonne à qqn. **3.** Disposition innée pour qqch.

② **don** n. m., **doña** n. f. □ Titre d'honneur des nobles d'Espagne.

donataire n. □ Bénéficiaire d'une donation.

donateur, trice n. □ Personne qui fait un don ou une donation.

donation n. f. □ Contrat par lequel le *donateur* abandonne un bien en faveur du *donataire.*

donc conj. **1.** Amenant la conséquence, la conclusion de ce qui précède. *Elle vient de partir, elle n'est donc pas bien loin.* ■ Pour revenir à un sujet, après une digression. *Je disais donc que...*

2. Exprimant la surprise. *Vous habitez donc là ?* ▪ Pour renforcer une injonction. *Taisez-vous donc !*

dondon n. f. ▫ fam. et péj. Grosse femme.

donjon n. m. ▫ Tour principale qui domine un château fort.

don Juan n. m. ▫ Séducteur sans scrupule. ▶ **donjuanesque** adj. ▶ **donjuanisme** n. m.

donnant, ante adj. ▫ *DONNANT(,) DONNANT* : en ne donnant qu'à la condition de recevoir en échange.

donne n. f. 1. Distribution des cartes, au jeu. 2. fig. Répartition (des chances, des forces).

donné, ée adj. 1. Qui a été donné. 2. *C'est donné* : c'est vendu bon marché. 3. Connu, déterminé. – *À un moment donné* : soudain. 4. *ÉTANT DONNÉ* loc. prép. → **vu.** *Étant donné* (ou littér. *donnée*) *l'heure, il faut partir.* – *ÉTANT DONNÉ QUE* loc. conj. (+ indic.) : puisque.

donnée n. f. 1. Ce qui est donné, connu dans l'énoncé d'un problème. 2. Élément qui sert de base à un raisonnement, à une recherche. 3. inform. Représentation d'une information, permettant un traitement automatique.

donner v. I. v. tr. 1. Mettre (qqch.) en la possession de qqn. *Donner de l'argent à qqn.* ▪ *DONNER qqch. POUR, CONTRE qqch.* : céder en échange d'autre chose. 2. Mettre à la disposition de qqn. *Donner un spectacle. Donner son avis.* ▪ *DONNER À* (+ inf.). Confier. *On m'a donné cela à faire.* 3. Être l'auteur, la cause de. *Donner l'alarme. Cela me donne envie de dormir.* – *Donner lieu, matière, sujet à,* provoquer. ▪ *DONNER POUR* : présenter comme étant. *Donner une chose pour certaine.* II. v. intr. *DONNER SUR* : être exposé, situé ; avoir vue, accès sur. ▷ v. pron. se **donner** 1. réfl. Faire don de soi-même. 2. passif Être donné ; avoir lieu, être représenté. 3. faux pron. *Se donner du mal.* 4. récipr. → **échanger.**

donneur, euse n. ▫ Personne qui donne (qqch.). *Un donneur de leçons.* – *Donneur de sang.*

don Quichotte n. m. ▫ Homme généreux et naïf qui se pose en redresseur de torts. ▶ **donquichottisme** n. m.

dont pron. ▫ Pronom relatif servant à relier une proposition correspondant à un complément introduit par *de.* 1. Exprimant le complément du verbe. *La pièce dont je sors. L'homme dont je parle.* 2. Exprimant le complément de l'adjectif. *Le malheur dont vous êtes responsable.* 3. Exprimant le complément de nom. *Un pays dont le climat est doux.*

donzelle n. f. ▫ Jeune fille prétentieuse.

dopant, ante adj. ▫ (produit) Qui dope.

dope n. f. ▫ anglic., fam. Drogue, stupéfiant.

doper v. tr. ▫ Administrer un stimulant à. ▷ v. pron. se **doper** Prendre un stimulant. ▶ **dopage** n. m.

doppler n. m. ▫ méd. Examen permettant de déceler des anomalies dans la circulation sanguine.

dorade n. f. → **daurade**

doré, ée adj. 1. Recouvert d'une mince couche d'or. 2. Qui a l'éclat, la couleur de l'or.

dorénavant adv. ▫ À partir du moment présent.

dorer v. tr. ▫ Revêtir (qqch.) d'une couche d'or.

doreur, euse n. ▫ Personne dont le métier est de dorer.

dorique adj. et n. m. ▫ Se dit du plus simple des trois ordres d'architecture grecque.

dorloter v. tr. ▫ Entourer de soins ; traiter délicatement (qqn).

dormant, ante adj. 1. Qui n'est agité par aucun mouvement. *Eau dormante.* 2. techn. Qui ne bouge pas. ▪ n. m. Partie fixe (d'un châssis, d'une porte...).

dormeur, euse n. 1. Personne qui dort ; qui aime dormir. 2. n. m. Tourteau (crabe).

dormir v. intr. 1. Être dans l'état de sommeil. – *Dormir debout*, avoir sommeil. *Une histoire à dormir debout*, invraisemblable. 2. fig. Être dans l'inactivité.

dorsal, ale, aux 1. adj. Du dos. 2. n. f. Crête d'une chaîne de montagnes. – Chaîne sous-marine.

dorsalgie n. f. ▫ méd. Douleur au dos.

dortoir n. m. 1. Grande salle où dorment les membres d'une communauté. 2. appos. Qui n'est habité que la nuit.

dorure n. f. 1. Mince couche d'or appliquée à un objet. 2. Ornement doré.

doryphore n. m. ▫ Insecte coléoptère parasite des pommes de terre.

dos n. m. I. 1. Partie du corps de l'homme qui s'étend des épaules jusqu'aux reins, de chaque côté de la colonne vertébrale. ▪ *AVOIR BON DOS* : supporter injustement une responsabilité ; servir de prétexte. – *Se mettre qqn À DOS*, s'en faire un ennemi. – *DE DOS* (opposé à *de face*). *Vu de dos.* – *DOS À DOS* (opposé à *face à face*). – *Mettre qqch. SUR LE DOS de qqn*, l'en accuser. – *Être toujours sur le dos de qqn*, surveiller ce qu'il fait. 2. Face supérieure du corps des animaux. II. 1. Partie supérieure et convexe. *Dos de la main.* 2. Partie d'un livre qui unit les deux plats. 3. Envers d'un papier écrit.

dos d'âne n. m. invar. → **âne**

dose n. f. 1. Quantité d'un médicament qui doit être administrée en une fois. 2. Quantité quelconque.

doser v. tr. 1. Déterminer la dose de (un médicament). 2. Déterminer la proportion des éléments (d'un mélange). ▷ adj. **dosé, ée** ▶ **dosage** n. m.

doseur n. m. ▫ Instrument donnant la mesure d'une dose.

dossard n. m. ▫ Carré d'étoffe que les concurrents d'une épreuve sportive portent sur le dos et qui indique leur numéro d'ordre.

dossier n. m. I. Partie d'un siège sur laquelle on appuie le dos. II. Ensemble des pièces relatives à une affaire ; chemise les contenant. ▪ Les informations du dossier.

dot n. f. ▫ Bien qu'une femme apporte en se mariant. ▶ **dotal, ale, aux** adj.

dotation n. f. 1. Revenus assignés à un établissement d'utilité publique. 2. Action de doter de matériel.

doter v. tr. 1. Pourvoir d'une dot. 2. Assigner un revenu à (un service, un établissement). 3. Fournir en équipement, en matériel. 4. fig. Pourvoir de certains avantages.

douairière n. f. ▫ péj. Vieille femme de la haute société.

douane n. f. 1. Administration chargée d'établir et de percevoir les droits imposés sur les marchandises, à la sortie ou à l'entrée d'un pays. 2. Siège de cette administration. 3. Droits de douane.

douanier, ière I. n. Membre du service actif de l'administration des douanes. II. adj. Relatif à la douane.

doublage n. m. 1. Action de doubler, de mettre en double. 2. Remplacement d'un acteur par une doublure (2). 3. Adaptation des dialogues (d'un film) dans une langue différente.

double I. adj. 1. Qui est répété deux fois, qui vaut deux fois (la chose désignée), ou qui est formé de deux choses identiques. **2.** Qui a deux aspects dont un est caché. *Phrase à double sens.* **3.** Pour deux personnes. **II.** n. m. **1.** Quantité qui équivaut à deux fois une autre. **2.** Chose semblable à une autre. **3.** Partie de tennis entre deux équipes de deux joueurs.

double-clic n. m. ▫ Succession très rapprochée de deux clics (sur la souris d'un ordinateur). ▶ **double-cliquer** v. intr.

① **doublement** adv. ▫ De deux manières.

② **doublement** n. m. ▫ Action de doubler.

doubler v. **I.** v. tr. **1.** Rendre double. **2.** Mettre (qqch.) en double. **3.** Garnir intérieurement de qqch. qui recouvre. **4.** Dépasser en contournant. **5.** Remplacer (un acteur). **6.** Faire le doublage (3) de. **II.** v. intr. Devenir double. ▷ v. pron. se **doubler** *Se doubler de* (fig.) : s'accompagner de. ▷ **doublé, ée I.** adj. **1.** Rendu ou devenu double. **2.** Garni d'une doublure. **3.** *DOUBLÉ DE* : qui est aussi. *Un ivrogne doublé d'un menteur.* **4.** Qui a subi le doublage (3). **II.** n. m. Deux réussites successives (sport, jeu).

doublet n. m. ▫ Chacun des deux mots de même origine, ayant le même étymon, et de forme et de signification différentes (ex. *frêle* et *fragile*).

doublon n. m. ▫ Ce qui doublonne.

doublonner v. intr. ▫ Faire double emploi.

doublure n. f. **1.** Étoffe, matière qui sert à doubler (I, 3). **2.** Personne qui remplace, en cas de besoin, un acteur, une actrice.

en **douce** loc. adv. → **doux**

douceâtre adj. ▫ D'une douceur fade.

doucement adv. **1.** Sans hâte, sans violence. **2.** Avec douceur, sans sévérité. **3.** fam. Médiocrement ; assez mal. **4.** Interjection pour calmer, modérer.

doucereux, euse adj. ▫ D'une douceur fade ou affectée. ▶ **doucereusement** adv.

doucettement adv. ▫ fam. Très doucement.

douceur n. f. **1.** Qualité de ce qui procure aux sens un plaisir délicat. **2.** Qualité de ce qui est sans rudesse, sans heurt. **3.** Impression douce, plaisir modéré et calme. **4.** Qualité morale qui porte à ne pas heurter autrui. **5.** Chose douce. ▪ Friandise.

douche n. f. **1.** Projection d'eau qui arrose le corps. ▪ *DOUCHE ÉCOSSAISE,* alternativement chaude et froide ; fig. paroles, événements désagréables qui en suivent d'autres agréables. **2.** Installation pour prendre des douches.

doucher v. tr. **1.** Arroser au moyen d'une douche. – pronom. *Se doucher à l'eau froide.* **2.** Rabattre l'exaltation de (qqn).

douchette n. f. **1.** Petit appareil analogue à une pomme de douche. **2.** techn. Appareil servant à la lecture des codes-barres.

① **doudou** n. f. ▫ (aux Antilles) Jeune femme ; compagne.

② **doudou** n. m. ▫ fam. Objet qu'un jeune enfant choisit pour « compagnon » (pour dormir...).

doudoune n. f. ▫ Veste en duvet.

doué, ée adj. **1.** *DOUÉ DE* : qui possède naturellement. **2.** Qui a un don, des dons.

douer v. tr. ▫ Pourvoir (qqn) de qualités.

douille n. f. ▫ Pièce cylindrique creuse (spécialt, d'une cartouche ; dans laquelle on fixe le culot d'une ampoule électrique).

douillet, ette adj. **1.** Délicatement moelleux. ▪ (lieu) Confortable et protecteur. **2.** (personnes) Trop sensible aux petites douleurs physiques. ▶ **douillettement** adv.

douleur n. f. ▫ Sensation physique ou émotion pénible.

douloureux, euse adj. **1.** Qui cause une douleur. **2.** Qui est le siège d'une douleur physique. **3.** Qui exprime la douleur. **4.** n. f. fam. *LA DOULOUREUSE* : la note à payer. ▶ **douloureusement** adv.

douma n. f. ▫ hist. Assemblée législative, dans la Russie tsariste.

doute n. m. **1.** État de l'esprit qui est incertain de la réalité d'un fait, de la vérité de paroles, de la conduite à adopter. – *METTRE qqch. EN DOUTE* : contester la valeur de. ▪ Position philosophique qui consiste à ne rien affirmer d'aucune chose. **2.** Jugement par lequel on doute de qqch. **3.** Manque de confiance en qqn. **4.** *SANS DOUTE* loc. adv. : selon toutes les apparences, mais sans certitude.

douter v. tr. ind. ▫ *DOUTER DE* **1.** Être dans l'incertitude de (la réalité d'un fait, la vérité d'une assertion). ▪ tr. dir. *DOUTER QUE* (+ subj.). **2.** Mettre en doute (des croyances reçues). **3.** Ne pas avoir confiance en. ▷ v. pron. se **douter** *SE DOUTER DE*. → **pressentir, soupçonner.** – *SE DOUTER QUE* (+ indic. ou cond.). → **supposer.**

douteusement adv. ▫ D'une manière douteuse, suspecte.

douteux, euse adj. **1.** Dont l'existence ou la réalisation n'est pas certaine. **2.** Dont la valeur n'est pas certaine. **3.** Dont la qualité est mise en cause. ▪ *Plaisanterie douteuse*, de mauvais goût. **4.** Suspect.

① **douve** n. f. **I.** Fossé autour d'un château. **II.** Planche servant à la fabrication des tonneaux.

② **douve** n. f. ▫ Ver parasite du foie.

doux, douce adj. **I. 1.** Qui a un goût faible ou sucré. ▪ Non salé. *Eau douce*. **2.** Agréable au toucher. **3.** Qui épargne les sensations violentes, désagréables. **4.** fig. Qui procure une jouissance calme et délicate. **5.** Qui n'a rien d'extrême, d'excessif. **6.** (personnes) Qui ne heurte, ne blesse personne. **II.** adv. **1.** *FILER DOUX* : obéir humblement. **2.** fam. *EN DOUCE* loc. adv. : avec discrétion.

doux-amer, douce-amère adj. ▫ littér. À la fois plaisant et amer.

douzaine n. f. **1.** Réunion de douze choses de même nature. **2.** Quantité d'environ douze.

douze adj. numéral invar. **1.** (cardinal) Dix plus deux (12). **2.** (ordinal) Douzième. **3.** n. m. invar. Le nombre, le numéro douze. ▶ **douzième** adj. et n. ▶ **douzièmement** adv.

doyen, enne n. **1.** Titre de dignité ecclésiastique ou universitaire. **2.** Le plus ancien des membres d'un corps. **3.** Personne la plus âgée.

doyenné n. m. ▫ Circonscription ecclésiastique ayant à sa tête un doyen.

drachme n. f. ▫ Ancienne unité monétaire de la Grèce.

draconien, ienne adj. ▫ Très sévère.

dragage n. m. ▫ Action de draguer (I).

dragée n. f. **1.** Amande ou noisette recouverte de sucre durci. **2.** Médicament recouvert de sucre. **3.** *TENIR LA DRAGÉE HAUTE à qqn*, lui tenir tête.

dragéifier v. tr. ▫ Présenter sous forme de dragée.

dragon n. m. **I.** Animal fabuleux représenté avec des ailes, des griffes et une queue de serpent. **II. 1.** hist. Soldat de cavalerie. **2.** Soldat d'une unité blindée.

dragonne n. f. ▫ Cordon de la poignée d'une épée. – Courroie attachée à un objet.

drag-queen n. f. ou m. ◻ anglic. Travesti masculin vêtu de manière exubérante. *Des drag-queens.*

dragué n. f. **I. 1.** Filet de pêche qui racle le fond. **2.** Engin pour curer les fonds des fleuves, etc. **II.** fam. Fait de draguer (II).

draguer v. tr. **I.** Curer, nettoyer le fond de (une rivière...) à la drague. **II.** fam. Faire la cour à (qqn).

dragueur, euse I. n. m. Bateau qui drague (I). **II.** n. fam. Personne qui drague (II).

drain n. m. **1.** Tuyau pour drainer les sols humides. **2.** méd. Tube destiné à favoriser l'écoulement des liquides.

drainer v. tr. **1.** Débarrasser (un terrain) de son excès d'eau. **2.** méd. *Drainer une plaie, un organe,* favoriser l'écoulement des liquides en plaçant un drain. **3.** fig. Faire affluer en attirant à soi. *Drainer des capitaux.* ▶ **drainage** n. m.

draisine n. f. ◻ Wagonnet léger.

drakkar n. m. ◻ hist. Navire des Vikings.

dramatique adj. **1.** Relatif aux ouvrages de théâtre. **2.** *Comédie dramatique,* qui tient du drame (1). **3.** Susceptible d'émouvoir le spectateur, au théâtre. **4.** fig. Très grave et dangereux ou pénible.

dramatiquement adv. ◻ D'une manière dramatique (4), tragique.

dramatiser v. tr. ◻ Accorder une gravité excessive à. ▶ **dramatisation** n. f.

dramaturge n. ◻ Auteur d'ouvrages destinés au théâtre.

dramaturgie n. f. ◻ didact. Art de la composition théâtrale.

drame n. m. **1.** Genre théâtral comportant des pièces dont l'action généralement tragique s'accompagne d'éléments réalistes, comiques ; pièce de théâtre appartenant à ce genre. ▪ Pièce d'un caractère grave. **2.** fig. Événement tragique, terrible.

drap n. m. **1.** Tissu de laine dont les fibres sont feutrées par le foulage. **2.** Pièce de toile rectangulaire servant à isoler le corps du matelas ou des couvertures. – *DANS DE BEAUX DRAPS :* dans une situation critique. ▪ *Drap de bain :* grande serviette éponge.

drapé n. m. ◻ Plis formés par un vêtement.

drapeau n. m. **1.** Étoffe attachée à une hampe et portant les couleurs, les emblèmes (d'une nation, d'un groupe...). **2.** Drapeau servant de signal.

draper v. tr. **1.** Habiller (qqn) de vêtements aux plis harmonieux. **2.** Disposer (une étoffe) en plis harmonieux. ▷ v. pron. se **draper**

① **draperie** n. f. **1.** Étoffe drapée. **2.** (arts) Représentation d'un drapé.

② **draperie** n. f. ◻ Industrie du drap.

drap-housse n. m. ◻ Drap aux coins cousus de manière à emboîter le matelas. *Des draps-housses.*

drapier, ière n. ◻ Personne qui fabrique ou vend le drap (1).

drastique adj. **1.** Qui exerce une action très énergique. **2.** → **draconien.**

dreadlocks n. f. pl. ◻ anglic. Petites tresses réalisées sur l'ensemble de la chevelure (coiffure des rastas).

dressage n. m. **1.** Action de dresser (①, 2). **2.** Action de dresser (un animal).

① **dresser** v. tr. **1.** Tenir droit et verticalement. **2.** Installer, ériger. **3.** littér. Disposer comme il le faut. **4.** Faire, établir avec soin ou dans la forme prescrite. *Dresser un procès-verbal.* **5.** fig. Mettre (qqn) en opposition (contre qqn). ▷ v. pron. se **dresser 1.** Se mettre droit. ▪ Être droit. **2.** fig. *Se dresser contre qqn.* → s'**opposer** à.

② **dresser** v. tr. **1.** Habituer (un animal) à faire docilement et régulièrement qqch. **2.** fam. Faire céder, plier (qqn).

dresseur, euse n. ▫ Personne qui dresse (des animaux).

dressing n. m. ▫ anglic. Petite pièce où l'on range les vêtements.

dressoir n. m. ▫ Buffet où l'on dresse, dispose de la vaisselle.

dreyfusard, arde adj. et n. ▫ hist. Partisan de Dreyfus (condamné injustement, dans une atmosphère d'antisémitisme).

DRH n. **1.** n. f. Direction des ressources humaines. **2.** Directeur, directrice des ressources humaines.

dribble n. m. ▫ anglic. Action de dribbler. – recomm. off. **drible.**

dribbler v. ▫ anglic. **1.** v. intr. Courir en poussant devant soi la balle sans en perdre le contrôle. **2.** v. tr. Éviter (un joueur) en dribblant. – recomm. off. *dribler.*

drille n. m. ▫ *Un* JOYEUX DRILLE : un homme jovial.

dring interj. ▫ Onomatopée, bruit de sonnette.

drisse n. f. ▫ mar. Cordage servant à hisser.

drogue n. f. **1.** Médicament confectionné par des non-spécialistes. **2.** Substance toxique, stupéfiant.

droguer v. tr. **1.** Faire prendre à (un malade) beaucoup de médicaments. **2.** Administrer une drogue, un somnifère à. ▷ v. pron. se **droguer 1.** Prendre de nombreux médicaments. **2.** Prendre de la drogue (2). ▷ adj. et n. **drogué, ée** → **toxicomane.**

droguerie n. f. ▫ Commerce des produits chimiques courants, des produits d'entretien ; magasin où on les vend. ▶ **droguiste** n.

① **droit, droite I.** adj. **1.** Qui est sans déviation, d'un bout à l'autre. ▪ Dont la direction est constante. **2.** Vertical. **3.** *Angle droit,* de 90°. **4.** fig. Qui ne s'écarte pas d'une norme, d'une règle morale. **II.** adv. **1.** Selon une ligne droite. **2.** fig. Par la voie la plus courte, la plus rapide.

② **droit, droite I.** adj. Qui est du côté opposé à celui du cœur de qqn. **II.** n. m. boxe Poing droit.

③ **droit** n. m. **I.** *UN DROIT, DES DROITS* **1.** Ce que chacun peut exiger, ce qui est permis, selon une règle morale, sociale. ▪ *DROITS DE L'HOMME,* définis notamment par la Constitution de 1789 et considérés comme droits naturels. ▪ *AVOIR LE DROIT DE* (+ inf.) ; *ÊTRE EN DROIT DE* (+ inf.). → **permission ; possibilité.** ▪ *AVOIR DROIT À* (+ n.). **2.** Ce qui est exigible ou permis par conformité à une loi, un règlement. **3.** Somme d'argent exigée. *Acquitter un droit.* **II.** *LE DROIT* **1.** Ce qui constitue le fondement des droits des hommes et des femmes vivant en société. – *À BON DROIT* loc. adv. : à juste titre. **2.** Règles juridiques en vigueur dans un État. ▪ *DE DROIT* : d'une manière légale. – *QUI DE DROIT* : personne habilitée à... **3.** La science juridique.

① **droite** n. f. ▫ Ligne dont l'image est celle d'un fil parfaitement tendu ; (géom.) notion de base de la géométrie élémentaire.

② **droite** n. f. **I. 1.** Le côté droit, la partie droite. **2.** Coup de la main droite. **II.** Représentants des partis conservateurs. – Fraction conservatrice de l'opinion publique.

droitier, ière adj. et n. ▫ Qui se sert mieux de la main droite que de la main gauche.

droiture n. f. ▫ Qualité d'une personne droite.

drolatique adj. ▫ littér. Qui a de la drôlerie.

① **drôle** adj. **I. 1.** Qui fait rire. **2.** (personnes) Qui sait faire rire. **II. 1.** Anormal, étonnant. **2.** *DRÔLE DE... Un drôle de type,* qui étonne. **3.** *DE DRÔLES :* des choses curieuses ou désagréables. *En faire voir de drôles à qqn.*

② **drôle, drôlesse** n. ▫ vx Coquin, coquine.

drôlement adv. **1.** Bizarrement. **2.** fam. → **rudement, sacrément.**

drôlerie n. f. **1.** Parole, action drôle. **2.** Caractère de ce qui est drôle.

dromadaire n. m. ▫ Mammifère voisin du chameau, à une seule bosse.

drone n. m. ▫ anglic., milit. Petit avion de reconnaissance, sans pilote.

droséra n. m. ▫ Plante carnivore des tourbières.

drosophile n. f. ▫ Insecte diptère, aussi appelé *mouche du vinaigre.*

dru, ue adj. ▫ Qui pousse vigoureusement et en épaisseur.

drugstore n. m. ▫ anglic. vieilli Ensemble formé d'un bar, d'un restaurant, de magasins divers.

druide n. m. ▫ Prêtre gaulois ou celte. ▶ **druidique** adj.

druidesse n. f. ▫ Prêtresse gauloise ou celte.

drupe n. f. ▫ bot. Fruit charnu à noyau (ex. pêche, cerise).

dry adj. invar. ▫ anglic. Sec (vin).

dryade n. f. ▫ mythol. Nymphe des forêts.

du 1. Article défini contracté. *Venir du Portugal.* → ① **de. 2.** Article partitif. *Manger du pain.* → ② **de.**

dû, due I. adj. **1.** Que l'on doit. **2.** *DÛ À :* causé par. **3.** dr. *Acte EN BONNE ET DUE FORME,* conforme à la loi. **II.** n. m. Ce qui est dû.

dual, ale, als adj. ▫ didact. Double et réciproque. ▪ Caractérisé par le dualisme.

dualisme n. m. ▫ didact. **1.** Doctrine ou système qui admet la coexistence de deux principes irréductibles. **2.** Coexistence de deux éléments différents. ▶ **dualiste** adj. et n.

dualité n. f. ▫ Caractère ou état de ce qui est double en soi.

dubitatif, ive adj. ▫ Qui exprime le doute. ▶ **dubitativement** adv.

duc n. m. **I. 1.** hist. Souverain d'un duché. **2.** Celui qui porte le titre de noblesse le plus élevé après celui de prince. **II.** Rapace nocturne. *Grand(-)duc.*

ducasse n. f. ▫ Fête publique (Belgique et nord de la France).

ducat n. m. ▫ Ancienne monnaie d'or.

duché n. m. ▫ Seigneurie, principauté à laquelle le titre de duc était attaché.

duchesse n. f. **1.** hist. Femme possédant un duché. **2.** Épouse d'un duc.

ductile adj. ▫ Qui peut être allongé, étiré sans se rompre. ▶ **ductilité** n. f.

duègne n. f. ▫ anciennt Femme chargée de veiller sur la conduite d'une jeune fille.

duel n. m. **1.** Combat entre deux personnes dont l'une exige la réparation d'une offense par les armes. ▶ **duelliste** n. **2.** fig. Compétition.

duettiste n. ▫ Interprète d'un duo.

duffel-coat ou **duffle-coat** n. m. ▫ anglic. Manteau trois-quarts à capuchon, en laine. *Des duffel-(duffle-)coats.*

dugong n. m. ▫ Mammifère qui vit dans l'océan Indien.

dulcinée n. f. ▫ plais. Femme aimée.

dûment adv. ▫ Selon les formes prescrites.

dumping n. m. ◻ anglic. Pratique qui consiste à casser les prix sur les marchés extérieurs.

dune n. f. ◻ Colline de sable fin formée par le vent.

dunette n. f. ◻ Superstructure élevée sur le pont arrière d'un navire.

duo n. m. **1.** Composition musicale pour deux voix ou deux instruments. **2.** fam. Couple.

duodécimal, ale, aux adj. ◻ arithm. Qui a pour base le nombre douze.

duodénum n. m. ◻ Partie initiale de l'intestin grêle. ▶ **duodénal, ale, aux** adj.

dupe **1.** n. f. Personne que l'on trompe facilement. **2.** adj. (seulement attribut) Que l'on abuse facilement.

duper v. tr. ◻ littér. Abuser, tromper (qqn). ▶ **duperie** n. f.

duplex n. m. **1.** Système de télécommunications qui permet des transmissions simultanées. **2.** Appartement sur deux étages.

duplicata n. m. ◻ Double d'une pièce ou d'un acte ayant même validité. *Des duplicata(s).*

duplicité n. f. ◻ Caractère d'une personne qui feint, qui a deux attitudes.

dupliquer v. tr. ◻ Faire une ou des copies de. ▶ **duplication** n. f.

duquel → **lequel**

dur, dure **I.** adj. **1.** Qui résiste à la pression, au toucher ; qui ne se laisse pas entamer facilement. **2.** Qui résiste ; qui ne cède pas facilement. ■ *DUR À* (+ n.) : résistant à. – (+ inf.) → **difficile.** ■ Difficile, qui résiste à l'effort intellectuel. **3.** Pénible à supporter. **4.** Qui manque de cœur, d'humanité, d'indulgence. **5.** Intransigeant. **II.** adv. Avec violence. ■ Avec intensité. **III.** n. **1.** n. m. Ce qui est dur. **2.** n. f. *À LA DURE* : de manière rude. **3.** n. Personne qui n'a peur de rien, ne recule devant rien (aussi : *dur, dure à cuire*).

durable adj. ◻ De nature à durer. ▶ **durablement** adv.

duralumin n. m. ◻ Alliage léger d'aluminium, cuivre, magnésium et manganèse.

durant prép. **1.** Pendant la durée de. *Durant la nuit.* **2.** (après le n., dans des loc.) *Parler une heure durant.*

durcir v. **I.** v. tr. **1.** Rendre dur, ferme. **2.** fig. Rendre plus ferme, plus intransigeant. **3.** Faire paraître dur, plus dur. **II.** v. intr. Devenir dur. ▷ v. pron. se **durcir** ▶ **durcissement** n. m.

durcisseur n. m. ◻ Produit qui, ajouté à un autre, provoque son durcissement.

durée n. f. **1.** Espace de temps qui s'écoule entre le début et la fin (d'un phénomène). **2.** Déroulement du temps qui passe.

durement adv. **1.** D'une manière pénible à supporter. **2.** Sans bonté, sans humanité.

dure-mère n. f. ◻ anat. La plus superficielle et la plus résistante des trois méninges.

durer v. intr. **1.** Avoir une durée de. *L'entretien a duré deux heures.* ■ absolt Durer longtemps. **2.** Résister contre les causes de destruction, d'usure.

dureté n. f. ◻ Propriété, caractère de ce qui est dur.

durillon n. m. ◻ Callosité qui se forme aux pieds, aux mains.

durit ou **durite** n. f. (n. déposé) ◻ Tuyau en caoutchouc traité pour les raccords de canalisations des moteurs à explosion.

D. U. T. n. m. ◻ (en France) Diplôme universitaire de technologie, obtenu en deux ans après le bac.

duvet n. m. **I. 1.** Petites plumes légères des oisillons et du ventre des oiseaux adultes. **2.** Sac de couchage bourré de duvet ou d'une matière analogue. **II.** Poils fins et doux (de certains animaux ou plantes ; chez l'être humain).

duveté, ée adj. ▫ Couvert de duvet. - syn. **duveteux, euse.**

DVD n. m. ▫ anglic. Disque optique numérique de très grande capacité.

dyade n. f. ▫ didact. Ensemble de deux éléments. ▶ **dyadique** adj.

dynamique I. adj. **1.** phys. Relatif à la notion de force. **2.** didact. Qui considère les choses dans leur mouvement, leur devenir. **3.** cour. Qui manifeste une grande vitalité. **II.** n. f. **1.** Partie de la mécanique qui étudie le mouvement et les forces. **2.** Ensemble de forces orientées vers un développement ; leur étude.

dynamiquement adv. ▫ Avec dynamisme.

dynamiser v. tr. ▫ Communiquer du dynamisme à. ▶ **dynamisation** n. f.

dynamisme n. m. ▫ Énergie, vitalité.

dynamite n. f. ▫ Substance explosive à base de nitroglycérine.

dynamiter v. tr. **1.** Faire sauter à la dynamite. **2.** fig. Détruire violemment. ▶ **dynamitage** n. m.

dynamo n. f. ▫ Machine transformant l'énergie mécanique en énergie électrique.

dynamomètre n. m. ▫ Instrument servant à mesurer l'intensité des forces.

dynastie n. f. ▫ Succession de souverains d'une même famille. ▶ **dynastique** adj.

dyne n. f. ▫ Ancienne unité de mesure de force, valant 10^{-5} newton.

dysenterie n. f. ▫ Maladie infectieuse provoquant des diarrhées graves. ▶ **dysentérique** adj. et n.

dysfonctionnement n. m. ▫ Trouble dans le fonctionnement.

dyslexie n. f. ▫ Trouble de la capacité à lire. ▶ **dyslexique** adj. et n.

dysorthographie n. f. ▫ didact. Trouble dans la maîtrise de l'orthographe.

dyspepsie n. f. ▫ Digestion difficile et douloureuse. ▶ **dyspeptique** adj. et n.

dyspnée n. f. ▫ méd. Difficulté respiratoire.

dystrophie n. f. ▫ méd. Trouble de la nutrition ou du développement (d'un organe...). ▶ **dystrophique** adj.

dytique n. m. ▫ zool. Insecte coléoptère carnassier, qui vit dans l'eau.

E

e n. m. □ Cinquième lettre, deuxième voyelle de l'alphabet. *É, è, ê.*

E. A. O. □ Sigle de *enseignement assisté par ordinateur.*

eau n. f. **I. 1.** Liquide naturel, inodore, incolore et transparent quand il est pur. – fig. *Mettre de l'eau dans son vin :* modérer ses prétentions. ▪ *PRENDRE L'EAU :* (vêtement) être perméable. **2.** au plur. Eaux minérales d'une station thermale. **3.** Étendue ou masse de ce liquide. *Tomber à l'eau* (fig. échouer). **4.** Solution aqueuse. **II.** Sécrétion liquide incolore du corps humain. *Avoir l'eau à la bouche,* saliver ; fig. être attiré par qqch. ▪ au plur. Liquide amniotique.

eau-de-vie n. f. □ Liquide alcoolique obtenu par distillation de jus fermenté des fruits ou de céréales, etc. *Des eaux-de-vie.*

eau-forte n. f. **1.** Acide dont les graveurs se servent pour attaquer le cuivre. **2.** Gravure obtenue par ce procédé.

ébahir v. tr. □ Frapper d'un grand étonnement. – au p. p. *Un air ébahi.* ▶ **ébahissement** n. m.

ébarber v. tr. □ Débarrasser des aspérités, des barbes. ▶ **ébarbage** n. m.

ébats n. m. pl. □ littér. Mouvements de qqn qui s'ébat. – *Ébats amoureux* (érotiques).

s'**ébattre** v. pron. □ littér. Se donner du mouvement pour s'amuser.

ébaubi, ie adj. □ vx Ébahi, ahuri.

ébauche n. f. □ Première forme, imparfaite, que l'on donne à une œuvre.

ébaucher v. tr. **1.** Donner la première forme à. **2.** Commencer sans aller jusqu'au bout.

ébauchoir n. m. □ Outil pour ébaucher.

s'**ébaudir** v. pron. □ vx Se réjouir. – var. **s'esbaudir.**

ébène n. f. □ Bois d'un arbre (l'*ébénier*), noir et dur.

ébénisterie n. f. □ Fabrication des meubles de luxe, ou décoratifs. ▶ **ébéniste** n.

éberlué, ée adj. □ Ébahi, stupéfait.

éblouir v. tr. **1.** Troubler (la vue ou qqn dans sa vision) par un éclat insoutenable. **2.** fig. Frapper d'admiration. ▶ **éblouissant, ante** adj.

éblouissement n. m. **1.** Fait d'éblouir, d'être ébloui. ▪ Trouble de la vue accompagné de vertige. **2.** Émerveillement.

ébonite n. f. □ Matière dure et noire, isolante.

e-book n. m. □ anglic. Livre* électronique. *Des e-books.*

éborgner v. tr. □ Rendre borgne.

éboueur, euse n. □ Personne chargée du ramassage des ordures.

ébouillanter v. tr. **1.** Passer à l'eau bouillante. **2.** Brûler avec de l'eau très chaude. ▷ v. pron. **s'ébouillanter**

éboulement n. m. □ Chute de terre, de rochers, constructions qui s'éboulent.

s'**ébouler** v. pron. □ Tomber par morceaux, en s'affaissant.

éboulis n. m. □ Amas de matériaux éboulés.

ébouriffer v. tr. **1.** Mettre (les cheveux) en désordre. – au p. p. *Être tout ébouriffé.* **2.** fig., fam. Surprendre au point de choquer. ▶ **ébouriffant, ante** adj.

ébrancher v. tr. □ Dépouiller (un arbre) de ses branches. ▶ **ébranchage** n. m.

ébranler v. tr. **1.** Faire trembler, vibrer par un choc. **2.** fig. Mettre en danger de crise. **3.** Rendre incertain. ▷ v. pron. s'**ébranler** Se mettre en marche. ▶ **ébranlement** n. m.

ébrécher v. tr. ◻ Endommager en entamant le bord de. ▶ **ébréchure** n. f.

ébriété n. f. ◻ (style admin.) Ivresse.

s'**ébrouer** v. pron. **1.** (cheval) Souffler bruyamment en secouant la tête. **2.** Souffler en s'agitant. ▶ **ébrouement** n. m.

ébruiter v. tr. ◻ Faire circuler (une nouvelle). ▷ v. pron. s'**ébruiter** ▶ **ébruitement** n. m.

ébullition n. f. ◻ État d'un liquide qui bout.

e-business n. m. → **e-commerce**

écaille n. f. **1.** Chacune des petites plaques qui recouvrent la peau (de poissons, de reptiles). **2.** Parcelle détachée de qqch. qui se desquame. **3.** Matière qui recouvre la carapace de grandes tortues.

① **écailler** v. tr. **1.** Enlever, racler les écailles de (un poisson). **2.** Ouvrir (une huître). **3.** Faire tomber en écailles (2). – pronom. *La peinture s'écaille.* ▶ **écaillage** et **écaillement** n. m.

② **écailler, ère** n. ◻ Personne qui ouvre et vend des huîtres.

écale n. f. ◻ bot. Enveloppe recouvrant la coque des noix, noisettes, amandes, etc.

écaler v. tr. ◻ Enlever l'écale de. – *Écaler des œufs*, en ôter la coquille.

écarlate **1.** n. f. Couleur rouge tirée de la cochenille. **2.** adj. Très rouge.

écarquiller v. tr. ◻ Ouvrir démesurément (les yeux). ▶ **écarquillement** n. m.

écart n. m. **1.** Distance qui sépare deux choses qu'on écarte ou qui s'écartent. **2.** Différence entre deux grandeurs ou valeurs. **3.** Action de s'écarter, de s'éloigner.

écarté, ée adj. **1.** Éloigné, isolé. **2.** au plur. Éloignés l'un de l'autre.

écarteler v. tr. **1.** anciennt Déchirer (un condamné) en faisant tirer ses membres par quatre chevaux. **2.** fig. (surtout passif et p. p.) → **tirailler.** ▶ **écartèlement** n. m.

écarter v. tr. **1.** Mettre (plusieurs choses ou des parties d'une chose) à distance les unes des autres. ▶ **écartement** n. m. **2.** Mettre à une certaine distance. ▪ Repousser. **3.** Éloigner d'une direction. ▷ v. pron. s'**écarter** Se disperser. ▪ S'éloigner (d'un lieu, d'une direction).

E. C. B. U. n. m. ◻ méd. Examen des urines.

ecchymose n. f. ◻ Tache produite par l'épanchement du sang sous la peau.

ecclésiastique **1.** adj. Relatif à une Église, à son clergé. **2.** n. m. Membre d'un clergé.

écervelé, ée adj. et n. ◻ Qui est sans jugement.

échafaud n. m. ◻ Plate-forme destinée à l'exécution des condamnés. ▪ Peine de mort par décapitation.

échafaudage n. m. ◻ Construction temporaire soutenue par une charpente (sur la façade d'un bâtiment à édifier, à réparer).

échafauder v. **1.** v. intr. Construire un échafaudage. **2.** v. tr. fig. Former par des combinaisons fragiles.

échalas n. m. ◻ Pieu soutenant un arbuste. – fig. Personne grande et maigre.

échalier n. m. **1.** Échelle rudimentaire. **2.** Clôture mobile.

échalote n. f. ◻ Variété d'ail dont les bulbes sont utilisés comme condiment.

échancrer v. tr. ◻ Creuser ou découper en creux. ▷ adj. **échancré, ée** *Corsage échancré.* ▶ **échancrure** n. f.

échange n. m. **1.** Opération par laquelle on échange ; fait de donner une chose contre une autre. **2.** Opération commerciale. **3.** Communication réciproque (de documents, etc.). **4.** *EN ÉCHANGE* loc. adv. → en **contrepartie.**

échanger v. tr. ▫ *Échanger qqch. contre,* laisser (qqch.) à qqn en recevant autre chose en contrepartie. – (sujet au plur.) Donner et recevoir (des choses équivalentes).

échangeur n. m. **1.** Appareil destiné à réchauffer ou refroidir un fluide au moyen d'un autre fluide. **2.** Intersection routière à plusieurs niveaux.

échangiste adj. et n. ▫ Qui pratique l'échange des partenaires sexuels entre couples. ▶ **échangisme** n. m.

échanson n. m. ▫ anciennt Officier d'une cour, qui servait à boire.

échantillon n. m. **1.** Petite quantité (d'une marchandise) qu'on montre pour donner une idée. **2.** Spécimen remarquable (d'une espèce, etc.). **3.** Fraction d'une population, choisie en vue d'un sondage. ▶ **échantillonner** v. tr. ▶ **échantillonnage** n. m.

échappatoire n. f. ▫ Moyen de se tirer d'embarras.

échappée n. f. ▫ Action d'échapper à des poursuivants. – Action menée par un coureur qui lâche le peloton.

échappement n. m. ▫ Dernier temps du cycle d'un moteur pendant lequel les gaz brûlés sont évacués.

échapper v. **I.** *ÉCHAPPER À* v. tr. ind. **1.** Cesser d'être prisonnier de (un lieu, qqn). – Se tirer de (un danger). **2.** Cesser d'appartenir à, de subir l'influence de. **3.** Être prononcé par inadvertance par (qqn). **4.** Éviter (qqn, qqch. de menaçant). **5.** (sujet chose) N'être pas touché, contrôlé, compris par. **II.** *ÉCHAPPER DE* v. tr. ind. (sujet chose) Cesser d'être tenu, retenu par. **III.** v. tr. *L'ÉCHAPPER BELLE,* échapper de justesse à un danger. ▷ v. pron. s'**échapper** (de) **1.** S'enfuir ; partir discrètement. **2.** (choses) Sortir.

écharde n. f. ▫ Petit fragment de bois qui a pénétré sous la peau.

écharpe n. f. **1.** Bande d'étoffe servant d'insigne. **2.** Bandage passé par-dessus une épaule, qui soutient l'avant-bras. ▪ *EN ÉCHARPE* loc. adv. : en bandoulière. **3.** Bande de tissu, de tricot portée autour du cou.

écharper v. tr. ▫ Massacrer.

échasse n. f. **1.** Chacun des deux bâtons munis d'un étrier pour le pied, pour se déplacer dans des terrains difficiles. **2.** Oiseau des marais, à longues pattes fines.

échassier n. m. ▫ Oiseau des marais à longues pattes fines (ex. la bécasse).

échauder v. tr. **1.** Passer à l'eau chaude. – Tremper dans l'eau bouillante. **2.** fig. *Être échaudé,* être victime d'une mésaventure.

échauffer v. tr. ▫ Rendre chaud par degrés. ▷ v. pron. s'**échauffer** **1.** Entraîner ses muscles avant l'effort. **2.** S'animer en parlant. ▶ **échauffement** n. m.

échauffourée n. f. ▫ Courte bagarre.

échauguette n. f. ▫ Guérite d'angle, pour surveiller.

èche ou **esche** n. f. ▫ Appât fixé à l'hameçon.

échéance n. f. ▫ Date à laquelle expire un délai. ▪ Obligations, paiement dont l'échéance tombe. ▪ fig. Date à laquelle un événement doit se produire.

échéancier n. m. ▫ Registre d'obligations inscrites à leur échéance. ▪ Ensemble de délais à respecter.

échéant, ante adj. **1.** dr. Qui arrive à échéance. **2.** *LE CAS ÉCHÉANT* loc. adv. : si l'occasion se présente.

échec n. m. **I.** *LES ÉCHECS* : jeu dans lequel deux joueurs font manœuvrer l'une contre l'autre deux séries de 16 pièces sur une tablette divisée en 64 cases. **II.** aux échecs Situation du roi ou de la reine qui se trouve battu. **III.** fig. Fait de ne pas réussir, de ne pas obtenir qqch.

échelle n. f. **1.** Objet formé de deux montants réunis par des barreaux transversaux servant de marches. **2.** Suite continue ou progressive. **3.** Rapport existant entre une longueur et sa représentation sur la carte ; proportion (d'un plan...). *Carte à grande échelle*, détaillée. ▪ Série de divisions (sur un instrument, etc.). ▪ fig. *À L'ÉCHELLE (DE)* : à la mesure (de).

échelon n. m. **1.** Traverse d'une échelle. **2.** fig. Ce par quoi on monte ou descend d'un rang à un autre. ▪ Position hiérarchique d'un fonctionnaire.

échelonner v. tr. **1.** Disposer (des choses) à distance les unes des autres, ou par degrés. **2.** Exécuter à intervalles réguliers. ▷ v. pron. s'**échelonner** ▶ **échelonnement** n. m.

écheniller v. tr. ▫ Débarrasser des chenilles. ▶ **échenillage** n. m.

écheveau n. m. **1.** Assemblage de fils. **2.** fig. Situation compliquée.

écheveler v. tr. ▫ Mettre en désordre les cheveux de (qqn). ▷ adj. **échevelé, ée** ▶ **échevellement** n. m.

échevin, ine n. ▫ Magistrat adjoint au bourgmestre (Belgique...). ▶ **échevinal, ale, aux** adj. ▶ **échevinat** n. m.

échidné n. m. ▫ zool. Mammifère australien, ovipare, hérissé de piquants.

échine n. f. ▫ Colonne vertébrale de l'homme et de certains animaux ; région correspondante du dos. – fig. *Plier l'échine*, se soumettre.

s'**échiner** v. pron. ▫ Se donner de la peine.

échinoderme n. m. ▫ Invertébré marin à symétrie radiale.

échiquier n. m. **1.** Tableau divisé en 64 cases sur lequel on joue aux échecs. **2.** fig. Terrain où s'opposent des intérêts.

écho n. m. **1.** Réflexion du son par un obstacle qui le répercute ; le son répété. **2.** fig. Ce qui est répété par qqn. – *Se faire l'écho d'une nouvelle.* → **propager.** ▪ *Les échos d'un journal*, nouvelles mondaines ou locales. **3.** Accueil et réaction favorable.

échographie n. f. ▫ Exploration médicale du corps, au moyen d'ultrasons ; image qui en résulte. ▶ **échographe** n. m. (appareil) ▶ **échographier** v. tr. ▶ **échographique** adj. ▶ **échographiste** n.

échoir v. intr. défectif ▫ littér. **1.** Être dévolu par le sort ou par un hasard. **2.** Arriver à échéance.

échoppe n. f. ▫ Petite boutique.

échotier, ière n. ▫ Journaliste chargé des échos.

échouer v. intr. **1.** (navire) Toucher le fond par accident et être arrêté dans sa marche. – Être poussé sur la côte. ▷ v. pron. s'**échouer** ▶ **échouage** n. m. **1.** Ne pas réussir (dans une entreprise...).

échu, ue adj. ▫ Arrivé à échéance.

écimer v. tr. ▫ Couper la cime de (un arbre, une plante). ▶ **écimage** n. m.

éclabousser v. tr. **1.** Couvrir d'un liquide salissant qu'on a fait rejaillir. **2.** fig. Salir par contrecoup. ▶ **éclaboussure** n. f.

① **éclair** n. m. **1.** Lumière intense et brève, provoquée par une décharge électrique pendant un orage. **2.** appos. (invar.) Très rapide. **3.** Lumière vive, de courte durée. **4.** Manifestation passagère.

②**éclair** n. m. □ Petit gâteau allongé, fourré d'une crème pâtissière.

éclairage n. m. **1.** Action, manière d'éclairer artificiellement. **2.** Distribution de la lumière. **3.** fig. Manière d'envisager.

éclairagiste n. □ (théâtre...) Personne qui s'occupe de l'éclairage.

éclaircie n. f. □ Endroit clair dans un ciel nuageux ; brève amélioration du temps.

éclaircir v. tr. **1.** Rendre plus clair. **2.** Rendre moins épais. **3.** fig. Rendre clair pour l'esprit. ▷ v. pron. s'**éclaircir** ▶ **éclaircissement** n. m.

éclairé, ée adj. □ Qui a de l'instruction, de l'esprit critique.

éclairer v. tr. **I.** Répandre de la lumière sur. ■ Pourvoir de la lumière nécessaire. ▶ **éclairement** n. m. **II.** fig. **1.** Mettre (qqn) en état de discerner le vrai du faux. **2.** Rendre intelligible. ▷ v. pron. s'**éclairer**

éclaireur, euse n. **1.** Soldat envoyé en reconnaissance. **2.** Membre de certaines associations scoutes.

éclat n. m. **I. 1.** Fragment d'un corps qui éclate, qu'on brise. **2.** Bruit violent et soudain. **II. 1.** Lumière vive. **2.** (couleurs) Vivacité et fraîcheur. **3.** Caractère de ce qui est magnifique. – D'ÉCLAT : remarquable. ▶ **éclatant, ante** adj.

éclater v. intr. **1.** Se rompre avec violence, en projetant des fragments, ou en s'ouvrant. **2.** Se diviser en plusieurs éléments. **3.** Retentir avec un bruit violent et soudain. – (personnes) *Éclater de rire. Éclater en sanglots.* **4.** (sujet chose) Se manifester brutalement. ▷ v. pron. s'**éclater** fam. Éprouver un violent plaisir (dans une activité). ▶ **éclatement** n. m.

éclectique adj. **1.** philos. Qui emprunte des éléments à plusieurs systèmes. **2.** Qui n'a pas de goût exclusif. ▶ **éclectiquement** adv. ▶ **éclectisme** n. m.

éclipse n. f. □ Disparition passagère d'un astre, masqué par un autre corps céleste.

éclipser v. tr. **1.** Provoquer l'éclipse de (un autre astre). **2.** Empêcher de plaire, en brillant soi-même davantage. ▷ v. pron. s'**éclipser** S'en aller à la dérobée.

écliptique n. m. □ Grand cercle d'intersection du plan de l'orbite terrestre avec la sphère céleste ; ce plan.

éclisse n. f. **1.** Éclat de bois. ■ Attelle. **2.** Pièce d'acier reliant les rails de chemin de fer.

éclopé, ée adj. et n. □ Qui marche péniblement (accident, blessure).

éclore v. intr. **1.** (œuf ; fleur) S'ouvrir. **2.** fig. Naître. ▶ **éclosion** n. f.

écluse n. f. □ Espace limité par des portes à vannes, destiné à retenir ou lâcher l'eau.

écluser v. tr. □ Faire passer (un bateau) par une écluse.

éclusier, ière n. □ Personne chargée de la manœuvre d'une écluse.

écobilan n. m. □ didact. Bilan des effets sur l'environnement (d'un objet fabriqué).

écobuer v. tr. □ Enlever les mottes, les racines de (une terre) et les brûler. ▶ **écobuage** n. m.

écœurer v. tr. **1.** Dégoûter au point de donner envie de vomir. **2.** fig. Dégoûter, en inspirant l'indignation. **3.** Décourager profondément. ▶ **écœurant, ante** adj. ▶ **écœurement** n. m.

écohabitat n. m. □ Habitat conçu pour un respect maximal de l'environnement.

écoinçon n. m. □ techn. Pièce en coin.

école n. f. **1.** Établissement dans lequel est donné un enseignement collectif (général ou spécialisé). ■ spécialt Établissement d'enseignement maternel et primaire. **2.** Source d'enseignement. – *Être à bonne école.* **3.** Ensemble de personnes qui se réclament d'un maître ou d'une doctrine.

écolier, ière n. ▫ Enfant qui fréquente l'école primaire, un collège.

écologie n. f. **1.** sc. Étude des milieux où vivent les êtres vivants et des rapports de ces êtres avec le milieu. **2.** cour. Doctrine visant à un meilleur équilibre entre l'homme et l'environnement. ▶ **écologique** adj. ▶ **écologiste** adj. et n.

e-commerce n. m. ▫ anglic. Commerce sur Internet. – syn. **e-business** n. m. anglic. ▶ **e-commerçant, ante** n.

éconduire v. tr. **1.** Repousser (un solliciteur). **2.** Renvoyer.

économat n. m. ▫ Fonction d'économe.

économe I. n. Personne chargée de l'administration, dans une communauté, un établissement. **II. 1.** adj. Qui dépense avec mesure. **2.** n. m. Éplucheégumes.

économétrie n. f. ▫ Étude statistique des données économiques. ▶ **économétrique** adj.

économie n. f. **I. 1.** Science des phénomènes concernant la production, la distribution et la consommation des richesses. **2.** Activité économique. **II. 1.** Ce que l'on épargne ou évite de dépenser. – fig. *Faire l'économie de,* éviter. **2.** au plur. Somme d'argent économisée.

économique adj. **I.** Qui concerne l'économie (I). **II.** (choses) Qui réduit la dépense. ▶ **économiquement** adv.

économiser v. tr. **1.** Dépenser, utiliser avec mesure. **2.** Mettre de côté en épargnant.

économiste n. ▫ Spécialiste d'économie (I).

écoparticipation n. f. ▫ Taxe payée par le consommateur sur un appareil électrique ou électronique, pour financer le recyclage du produit.

écopastille n. f. ▫ (en France) Dispositif de taxation des véhicules polluants.

écope n. f. ▫ Pelle pour écoper.

écoper v. **I.** v. tr. mar. Vider l'eau de (un bateau) avec l'écope. **II.** v. tr. ind. fam. *Écoper de :* recevoir (un coup, une punition...).

écorce n. f. **1.** Enveloppe d'un tronc d'arbre et de ses branches. **2.** Enveloppe coriace (de certains fruits). **3.** *Écorce terrestre,* partie superficielle du globe.

écorcer v. tr. ▫ Dépouiller de l'écorce.

écorché, ée n. ▫ Bête, personne écorchée. – fig. *Écorché vif, écorchée vive :* personne d'une sensibilité extrême.

écorcher v. tr. **1.** Dépouiller de sa peau (un corps). **2.** Blesser en entamant superficiellement la peau. ▶ **écorchement** n. m. ▶ **écorchure** n. f.

écorner v. tr. **1.** Casser, abîmer un angle de. **2.** fig. Entamer.

écossais, aise 1. adj. et n. De l'Écosse. **2.** adj. (tissu) À bandes de couleurs croisées.

écosser v. tr. ▫ Dépouiller de la cosse. ▶ **écossage** n. m.

écosystème n. m. ▫ Unité écologique de base, formée par le milieu et les organismes qui y vivent.

écot n. m. ▫ Quote-part d'un convive.

écotaxe n. f. ▫ Impôt sur les activités économiques polluantes.

écoulement n. m. ▫ Fait d'écouler, de s'écouler ; mouvement de ce qui s'écoule.

écouler v. **I.** *S'ÉCOULER* v. pron. **1.** (liquide) Couler hors d'un endroit. **2.** Se passer (temps). – au p. p. *Les années écoulées,* passées. **II.** v. tr. Vendre de façon continue jusqu'à épuisement.

écourter v. tr. ◻ Rendre plus court.

①**écoute** n. f. ◻ Action d'écouter (qqn). – *Être à l'écoute de qqn*, lui prêter attention.

②**écoute** n. f. ◻ Cordage servant à orienter une voile.

écouter v. tr. **1.** Prêter son attention à (des bruits, des paroles). **2.** Recevoir, accepter. ▷ v. pron. **s'écouter 1.** Entendre sa propre voix. **2.** Suivre son inspiration. **3.** Prêter une trop grande attention à sa personne.

écouteur n. m. ◻ Partie du récepteur téléphonique ou d'un casque qui sert à écouter.

écoutille n. f. ◻ Ouverture dans le pont d'un navire, pour accéder aux étages inférieurs.

écouvillon n. m. ◻ Brosse cylindrique pour nettoyer un objet creux.

écrabouiller v. tr. ◻ fam. Réduire en bouillie. ▶ **écrabouillage** et **écrabouillement** n. m.

écran n. m. **1.** Enveloppe ou paroi destinée à protéger de la chaleur, d'un rayonnement. **2.** Objet interposé qui dissimule ou protège. **3.** Surface sur laquelle se forme l'image d'un objet. **4.** *Le* PETIT ÉCRAN : la télévision.

écrasant, ante adj. ◻ Extrêmement lourd.

écrasé, ée adj. ◻ Très aplati.

écrasement n. m. ◻ Action d'écraser ; fait d'être écrasé.

écraser v. tr. **1.** Aplatir et déformer (un corps) par compression. **2.** Renverser et passer sur le corps de. **3.** Dominer par sa masse. ▪ fig. Dominer, humilier. **4.** Accabler. **5.** Vaincre (un ennemi...). **6.** inform. Détruire (un fichier) en le remplaçant par un autre. ▷ v. pron. **s'écraser 1.** S'aplatir, éclater en tombant. **2.** Se faire petit. **3.** fam. Ne rien dire.

écrémer v. tr. **1.** Dépouiller (le lait) de la crème. **2.** fig. Dépouiller (un ensemble) des meilleurs éléments. ▶ **écrémage** n. m.

écrêter v. tr. ◻ Ôter la crête de (qqch.). ▶ **écrêtement** n. m.

écrevisse n. f. ◻ Crustacé d'eau douce.

s'écrier v. pron. ◻ Dire d'une voix forte.

écrin n. m. ◻ Boîte ou coffret à bijoux.

écrire v. tr. **I. 1.** Tracer (des signes d'écriture). ▪ Orthographier. **2.** Noter par écrit. **3.** Rédiger (un message). **4.** Annoncer par lettre. **II. 1.** Composer (un ouvrage littéraire, une œuvre musicale, etc.). **2.** sans compl. Exprimer par l'écriture (littéraire). **III.** (passif et p. p.) *C'était écrit*, fixé d'avance.

①**écrit** n. m. **1.** Document écrit. **2.** Composition littéraire, etc. **3.** Épreuves écrites (d'un examen...).

②**écrit, ite** adj. **1.** Tracé par l'écriture. – Couvert de signes d'écriture. **2.** Exprimé par l'écriture.

écriteau n. m. ◻ Surface portant une inscription en grosses lettres.

écritoire n. f. ◻ Coffret contenant ce qu'il faut pour écrire.

écriture n. f. **1.** Système de signes graphiques, représentant le langage. **2.** Caractères adoptés dans un tel système. **3.** Manière personnelle dont qqn trace les caractères en écrivant ; ces caractères. **4.** Acte d'écrire (un texte, une œuvre) ; activité de l'écrivain. **5.** *Les Écritures*, les livres saints.

écrivailleur, euse n. ◻ péj. Homme ou femme de lettres médiocre. – syn. **écrivassier, ière ;** (du masc.) **écrivaillon** n. m. ▶ **écrivailler** ou **écrivasser** v. intr.

écrivain n. m. ◻ Personne qui écrit des ouvrages littéraires. – au fém. *une écrivaine*.

①**écrou** n. m. ◻ dr. Procès-verbal constatant l'emprisonnement de qqn.

②**écrou** n. m. □ Pièce percée d'un trou fileté pour le logement d'une vis.

écrouer v. tr. □ Incarcérer.

s'**écrouler** v. pron. **1.** Tomber soudainement de toute sa masse. **2.** fig. Subir une fin brutale. ▶ **écroulement** n. m.

écru, ue adj. **1.** Qui n'est pas blanchi (chanvre, soie, toile). **2.** De couleur beige.

ecstasy n. f. □ anglic. Stupéfiant hallucinogène dérivé de l'amphétamine. – abrév. fam. **ecsta** n. f.

ectoplasme n. m. □ (occultisme) Émanation visible du corps du médium.

①**écu** n. m. **1.** blason Bouclier. **2.** Ancienne monnaie française.

②**écu** ou **E. C. U.** n. m. □ anglic. Ancienne unité monétaire européenne (unité de compte).

écubier n. m. □ Ouverture à l'avant d'un navire, pour le passage des câbles ou des chaînes.

écueil n. m. **1.** Rocher, banc de sable à fleur d'eau. **2.** fig. Obstacle dangereux.

écuelle n. f. □ Assiette sans rebord.

éculé, ée adj. □ Usé, ressassé.

écumant, ante adj. **1.** Qui écume (I, 1). **2.** Qui bave. – syn. **écumeux, euse**

écume n. f. **I. 1.** Mousse blanchâtre qui se forme à la surface des liquides agités, chauffés ou en fermentation. **2.** Bave mousseuse (d'animaux ; de malades...). **II.** *ÉCUME (DE MER)* : silicate naturel de magnésium.

écumer v. **I.** v. intr. **1.** (mer) Se couvrir d'écume. **2.** Baver. **II.** v. tr. **1.** Débarrasser (qqch.) de son écume. **2.** Parcourir en pillant.

écumoire n. f. □ Ustensile servant à écumer.

écureuil n. m. □ Petit rongeur au pelage roux, à longue queue en panache.

écurie n. f. **1.** Bâtiment destiné à loger des chevaux. **2.** Ensemble des bêtes logées dans une écurie. ▪ Voitures de course, coureurs, cyclistes courant pour une même marque.

écusson n. m. **1.** Petit écu (①, 1). **2.** Plaque servant d'enseigne. **3.** Morceau d'étoffe cousu sur un vêtement.

écuyer, yère **1.** n. m. anciennt Gentilhomme qui était au service d'un chevalier. **2.** n. Personne qui fait des numéros d'équitation.

eczéma n. m. □ Affection cutanée. ▶ **eczémateux, euse** adj. et n.

édam n. m. □ Fromage de Hollande à croûte rouge.

edelweiss n. m. □ Plante alpine.

éden n. m. □ *L'Éden*, le Paradis. ▶ **édénique** adj.

édenté, ée adj. □ Qui a perdu ses dents.

édenter v. tr. □ Casser les dents de.

édicter v. tr. □ Établir par une loi, un règlement. ▶ **édiction** n. f.

édicule n. m. □ Petite construction édifiée sur la voie publique.

édifice n. m. □ Bâtiment important.

édifier v. tr. **I. 1.** Bâtir (un édifice, un ensemble architectural). **2.** abstrait Établir, créer (un vaste ensemble). **II. 1.** Porter (qqn) à la vertu, par l'exemple ou par le discours. **2.** iron. Mettre à même d'apprécier, de juger sans illusion. ▶ **édifiant, ante** adj. ▶ **édification** n. f.

édile n. m. **1.** Antiq. Magistrat romain. **2.** Magistrat municipal d'une grande ville. ▶ **édilité** n. f.

édit n. m. □ hist. (Ancien Régime) Acte législatif émanant du roi.

éditer v. tr. **I.** Publier et mettre en vente (un texte imprimé). **II.** anglic., inform. Présenter (des informations).

éditeur, trice n. □ Personne, société qui assure la publication d'ouvrages imprimés.

édition n. f. **I. 1.** Reproduction et diffusion (d'une œuvre) par un éditeur. **2.** Ensemble des exemplaires d'un ouvrage, d'un journal imprimés en une fois. **3.** Métier d'éditeur. **II.** Action d'éditer (un texte qu'on présente, etc.). ▪ Texte ainsi édité. **III.** anglic., inform. Matérialisation des informations traitées.

① **éditorial, aux** n. m. ▫ Article (de journal...) qui reflète une orientation générale. ▶ **éditorialiste** n.

② **éditorial, ale, aux** adj. ▫ Qui concerne l'activité d'édition.

édredon n. m. ▫ Couverture de duvet.

éducateur, trice n. ▫ Personne qui éduque. ▪ Personne spécialisée dans l'éducation de certains groupes (jeunes, handicapés...).

éducatif, ive adj. ▫ Qui a l'éducation pour but.

éducation n. f. **1.** Mise en œuvre des moyens propres à assurer la formation d'un être humain. ▪ *Éducation physique.* → **sport. 2.** Connaissance et pratique des usages de la société.

édulcorant n. m. ▫ Substance qui donne une saveur douce.

édulcorer v. tr. **1.** Adoucir par addition de sucre. **2.** fig. Rendre plus faible dans son expression.

éduquer v. tr. ▫ Former par l'éducation.

effacé, ée adj. **1.** Qui a disparu ou presque. **2.** Qui ne se fait pas voir.

effacer v. ▫ v. tr. **1.** Faire disparaître sans laisser de trace (ce qui était marqué, écrit). – (sujet chose) Rendre moins visible. **2.** Faire oublier. ▷ v. pron. **s'effacer 1.** (choses) Disparaître plus ou moins. **2.** (personnes) Se tenir de façon à paraître ou à gêner le moins possible. ▶ **effacement** n. m.

effarer v. tr. ▫ Provoquer un effroi mêlé de stupeur. ▷ adj. **effaré, ée** ▶ **effarant, ante** adj. ▶ **effarement** n. m.

effaroucher v. tr. **1.** Effrayer (un animal) de sorte qu'on le fait fuir. **2.** Mettre (qqn) dans un état de crainte. ▷ adj. **effarouché, ée** ▶ **effarouchement** n. m.

① **effectif, ive** adj. ▫ Qui se traduit par un effet réel.

② **effectif** n. m. **1.** milit. Nombre réglementaire des personnes qui constituent une formation militaire. **2.** Nombre des membres (d'un groupe).

effectivement adv. **1.** D'une manière effective. **2.** → en **effet.**

effectuer v. tr. ▫ Faire, exécuter (une opération).

efféminé, ée adj. ▫ Qui a certains des caractères qu'on prête aux femmes.

effervescence n. f. **1.** Bouillonnement produit par un dégagement de gaz. **2.** fig. Agitation, émotion vive. ▶ **effervescent, ente** adj.

effet n. m. **I. 1.** Ce qui est produit par une cause. **2.** *PRENDRE EFFET* : devenir applicable. – *EN EFFET* : s'emploie pour confirmer, ou pour introduire un argument. – *À CET EFFET* : en vue de cela. **3.** Impression produite (sur qqn). – *FAIRE DE L'EFFET* : produire une forte impression. – *FAIRE L'EFFET DE* : donner l'impression de. **4.** *Effets spéciaux*, trucages (cinéma...). **II.** *EFFET (DE COMMERCE)* : titre donnant droit au paiement d'une somme d'argent à une échéance. **III.** au plur. Le linge et les vêtements.

effeuiller v. tr. ▫ Dépouiller de ses feuilles, de ses pétales. ▶ **effeuillage** n. m.

effeuilleuse n. f. ▫ fam. Strip-teaseuse.

efficace adj. **1.** Qui produit l'effet qu'on en attend. **2.** (personnes) Dont la volonté produit son effet. ▶ **efficacement** adv.

efficacité n. f. ▫ Caractère de ce qui est efficace.

effigie n. f. **1.** Représentation d'une personne (en arts). **2.** Représentation du visage (de qqn), sur une monnaie, une médaille.

effilé, ée adj. ▫ Qui va en s'amincissant.

effiler v. tr. **I.** Défaire (un tissu) fil à fil. **II.** Rendre effilé. ▶ **effilage** n. m.

effilocher v. tr. ▫ Effiler (des tissus, des chiffons) pour réduire en bourre, en ouate. ▷ v. pron. s'**effilocher** ▷ adj. **effiloché, ée** Qui laisse échapper des fils. ▶ **effilochage** et **effilochement** n. m.

efflanqué, ée adj. ▫ (cheval) Trop maigre.

effleurer v. tr. **1.** Toucher légèrement. **2.** fig. Examiner superficiellement (un sujet). ▶ **effleurement** n. m.

efflorescence n. f. ▫ littér. Floraison (d'un art...).

effluent n. m. **1.** Cours d'eau issu d'un lac, d'un glacier. **2.** Eaux usées.

effluve n. m. ▫ littér. Émanation qui se dégage d'un corps.

effondré, ée adj. ▫ Très abattu (après un malheur).

s'**effondrer** v. pron. **1.** Tomber sous le poids ou faute d'appui. **2.** (personnes) Tomber comme une masse. ▶ **effondrement** n. m.

s'**efforcer** v. pron. ▫ *S'EFFORCER DE* (+ inf.) : employer toutes ses qualités en vue de (faire, etc.).

effort n. m. ▫ Activité d'une personne qui emploie ses forces pour vaincre une résistance.

effraction n. f. ▫ Bris de clôture ou de serrure.

effraie n. f. ▫ Chouette au plumage clair.

effranger v. tr. ▫ Effiler le bord (d'un tissu).

effrayant, ante adj. **1.** Qui inspire de la frayeur. **2.** fam. Extrême.

effrayer v. tr. **1.** Frapper de frayeur. **2.** Inquiéter.

effréné, ée adj. ▫ littér. Qui est sans retenue, sans mesure.

effriter v. tr. ▫ Réduire en poussière. ▷ v. pron. s'**effriter** ▶ **effritement** n. m.

effroi n. m. ▫ Grande frayeur.

effronté, ée adj. et n. ▫ Insolent. ▶ **effrontément** adv. ▶ **effronterie** n. f.

effroyable adj. **1.** Effrayant. **2.** Extrême. ▶ **effroyablement** adv.

effusion n. f. **1.** *EFFUSION DE SANG* : action de faire couler le sang (violemment). **2.** littér. Manifestation d'un sentiment.

s'**égailler** v. pron. ▫ Se disperser.

égal, ale, aux adj. et n. **1.** (personnes, choses) Qui est de même quantité, dimension, nature, qualité ou valeur. **2.** Qui ne crée pas de différence entre les personnes. **3.** (personnes) Qui est sur le même rang ; qui a les mêmes droits ou charges. ▪ n. Personne égale. – *Traiter d'égal à égal avec qqn.* – *SANS ÉGAL*, inégalable. – *À L'ÉGAL DE*, autant que. **4.** Qui est toujours le même ; qui ne varie pas. **5.** *Cela m'est égal*, indifférent.

également adv. **1.** D'une manière égale. **2.** De même, aussi.

égaler v. tr. **1.** Être égal à. **2.** Être égal en quantité à. **3.** Faire une performance égale à.

égaliser v. tr. **1.** Rendre égal. – Niveler (un terrain...). **2.** intrans. (sports) Obtenir le même nombre de points que l'adversaire. ▶ **égalisation** n. f.

égalitaire adj. ▫ Qui vise à l'égalité (2).

égalitarisme n. m. ▫ Doctrine ou système égalitaire. ▶ **égalitariste** adj. et n.

égalité n. f. **1.** Caractère de ce qui est égal. **2.** Rapport entre individus égaux. **3.** Qualité de ce qui est égal (4).

égard n. m. **1.** *EU ÉGARD À* : en tenant compte de. – *À L'ÉGARD DE* : envers (qqn). – *À CET ÉGARD* : sous ce rapport. – *À TOUS ÉGARDS* : sous tous les rapports. **2.** Considération d'ordre moral, respect. – au plur. Marques d'estime.

égaré, ée adj. **1.** Qui a perdu son chemin. ▪ Qui a été perdu. **2.** Qui est comme fou.

égarement n. m. ▫ Dérèglement mental.

égarer v. tr. **1.** Mettre (qqn) hors du bon chemin. – Perdre momentanément. **2.** Écarter (qqn) de la vérité, du bien. ▷ v. pron. s'**égarer** **1.** Se perdre. **2.** fig. Faire fausse route.

égayer v. tr. **1.** Amuser. **2.** (sujet chose) Rendre agréable, gai. ▷ v. pron. s'**égayer** S'amuser. ▶ **égaiement** ou **égayement** n. m.

égérie n. f. ▫ Inspiratrice (d'un artiste...). ▪ comm. Personnalité rémunérée par une marque pour être son image publicitaire.

égide n. f. ▫ littér. *SOUS L'ÉGIDE DE* : sous la protection de (une autorité, une loi).

églantier n. m. ▫ Rosier sauvage.

églantine n. f. ▫ Fleur de l'églantier.

églefin n. m. ▫ Poisson proche de la morue. – var. **aiglefin.**

église n. f. **I. 1.** *L'Église*, l'ensemble des chrétiens. **2.** absolt L'Église catholique. **II.** Édifice consacré au culte de la religion chrétienne.

églogue n. f. ▫ Poème pastoral.

ego n. m. ▫ philos. Sujet pensant. ▪ psych. Le moi.

égocentrisme n. m. ▫ Tendance à tout rapporter à soi. ▶ **égocentrique** et **égocentriste** adj. et n.

égoïne n. f. ▫ Petite scie à main.

égoïsme n. m. ▫ Attachement excessif à soi-même qui fait rechercher exclusivement son intérêt. ▶ **égoïste** adj. et n. ▶ **égoïstement** adv.

égorger v. tr. ▫ Tuer en coupant la gorge. ▶ **égorgement** n. m. ▶ **égorgeur, euse** n.

s'**égosiller** v. pron. ▫ Se fatiguer la gorge à crier.

égotisme n. m. ▫ littér. Disposition à parler de soi. ▶ **égotiste** adj. et n.

égout n. m. ▫ Canalisation souterraine pour l'écoulement des eaux usées.

égoutier, ière n. ▫ Personne qui travaille à l'entretien des égouts.

égoutter v. tr. ▫ Débarrasser (qqch.) d'un liquide qu'on fait écouler goutte à goutte. ▷ v. pron. s'**égoutter** ▶ **égouttage** et **égouttement** n. m.

égouttoir n. m. ▫ Ustensile pour égoutter.

égrapper v. tr. ▫ Détacher (les fruits) de la grappe. ▶ **égrappage** n. m.

égratigner v. tr. ▫ Déchirer superficiellement la peau. ▪ Entamer superficiellement (une matière quelconque).

égratignure n. f. ▫ Blessure superficielle. ▪ Rayure.

égrener v. tr. **1.** Dégarnir de ses grains (un épi, une cosse, une grappe). **2.** Présenter un à un, de façon détachée. ▷ v. pron. s'**égrener** Se présenter en une série d'éléments semblables et distincts. ▶ **égrenage** et **égrènement** n. m.

égrillard, arde adj. ▫ Qui se complaît dans des propos licencieux.

égrotant, ante adj. ▫ littér. Maladif.

égyptien, ienne adj. et n. ▫ De l'Égypte.

égyptologie n. f. ▫ Connaissance de l'ancienne Égypte. ▶ **égyptologue** n.

***eh** interj. ▫ Exclamation, variante de *hé*.

éhonté, ée adj. ▫ Qui commet sans honte des actes répréhensibles. ▶ **éhontément** adv.

eider n. m. ▫ Canard des pays du Nord.

éjaculer v. intr. ▫ Émettre le sperme. ▶ **éjaculation** n. f. ▶ **éjaculatoire** adj. (mécanisme)

éjectable adj. □ (siège) Qui peut être éjecté hors de l'avion, avec son occupant.

éjecter v. tr. □ Rejeter en dehors. ▶ **éjection** n. f. ▶ **éjecteur** n. m.

élaborer v. tr. □ Préparer mûrement, par un lent travail de l'esprit. ▷ adj. **élaboré, ée** ▶ **élaboration** n. f.

élæis → **éléis**

élaguer v. tr. 1. Dépouiller (un arbre) des branches superflues. 2. fig. Débarrasser des détails inutiles. ▶ **élagage** n. m.

① **élan** n. m. 1. Mouvement par lequel on s'élance. ▪ Mouvement d'une chose lancée. 2. fig. Mouvement subit, ardent.

② **élan** n. m. □ Grand cerf des pays du Nord.

élancé, ée adj. □ Mince et svelte.

élancement n. m. □ Douleur lancinante.

élancer v. □ v. tr. et tr. ind. Causer des élancements (à). ▷ v. pron. **s'élancer** Se lancer en avant avec vitesse.

élargir v. tr. 1. Rendre plus large. ▪ intrans. Devenir plus large. 2. fig. Rendre plus ample, plus général. ▶ **élargissement** n. m.

élasthanne n. m. □ Fibre synthétique élastique. – var. **élasthane.**

élasticité n. f. □ Propriété qu'ont certains corps de reprendre leur forme quand la force qui s'exerçait sur eux cesse d'agir.

élastique I. adj. 1. Qui a de l'élasticité. 2. Souple. **II.** n. m. Tissu souple contenant des fils de caoutchouc. – Ruban d'une matière élastique.

élastomère n. m. □ Polymère ayant des propriétés voisines de celles du caoutchouc.

eldorado n. m. □ Lieu merveilleux.

électeur, trice n. □ Personne qui a le droit de vote.

électif, ive adj. 1. Qui élit. 2. Désigné ou conféré par élection. ▶ **électivement** adv.

élection n. f. 1. *D'ÉLECTION* : qu'on a choisi. 2. Désignation (de qqn) par un vote.

électoral, ale, aux adj. □ Des élections. ▶ **électoralement** adv.

électoralisme n. m. □ Tendance à subordonner sa politique à la recherche des succès électoraux. ▶ **électoraliste** adj. et n.

électorat n. m. □ Ensemble des électeurs.

électricien, ienne n. □ Spécialiste des installations électriques.

électricité n. f. 1. Une des formes de l'énergie ; ensemble des phénomènes causés par une charge électrique. 2. Cette énergie dans ses usages domestiques, industriels, techniques.

électrifier v. tr. 1. Faire fonctionner par l'énergie électrique. 2. Pourvoir d'énergie électrique. ▶ **électrification** n. f.

électrique adj. 1. Propre ou relatif à l'électricité. 2. Qui utilise l'électricité. 3. fig. *Atmosphère électrique*, tendue. ▶ **électriquement** adv.

électriser v. tr. □ Communiquer à (un corps) des charges électriques. ▶ **électrisation** n. f.

électro ou **electro** n. f. □ Musique électronique.

électroacoustique n. f. □ Technique de production, d'enregistrement et de reproduction des sons par des moyens électriques. – adj. *Musique électroacoustique*.

électroaimant n. m. □ Dispositif produisant un champ magnétique par des bobines parcourues par un courant électrique.

électrocardiogramme n. m. ▫ Tracé obtenu par enregistrement des phénomènes électriques du cœur vivant (l'*électrocardiographie* n. f.).

électrochimie n. f. ▫ Étude des transformations réciproques de l'énergie électrique et de l'énergie chimique. ▶ **électrochimique** adj.

électrochoc n. m. ▫ méd. Traitement psychiatrique consistant à faire passer un courant à travers la boîte crânienne.

électrocuter v. tr. **1.** Tuer (qqn) par une décharge électrique. **2.** Commotionner par une décharge électrique. ▶ **électrocution** n. f.

électrode n. f. ▫ Conducteur par lequel le courant arrive ou sort.

électrodynamique I. n. f. Science qui traite de l'électricité dynamique. **II.** adj. Relatif à cette science.

électro-encéphalogramme n. m. ▫ méd. Tracé obtenu par enregistrement de l'activité électrique du cerveau (l'*électro-encéphalographie* n. f.).

électrogène adj. ▫ Qui produit de l'électricité.

électrolyse n. f. ▫ Décomposition chimique obtenue par le passage d'un courant électrique. ▶ **électrolyser** v. tr.

électrolyte n. m. ▫ chim. Corps décomposé par électrolyse. ▶ **électrolytique** adj.

électromagnétisme n. m. ▫ sc. Étude des relations entre électricité et magnétisme. ▶ **électromagnétique** adj.

électroménager adj. m. ▫ *Appareils électroménagers* : appareils électriques à usage domestique. – n. m. Ces appareils.

électromètre n. m. ▫ Appareil servant à mesurer les différences de potentiel. ▶ **électrométrie** n. f.

électromoteur, trice adj. ▫ Qui développe de l'électricité sous l'action d'un agent mécanique ou chimique.

électron n. m. ▫ phys. Particule chargée d'électricité négative, gravitant autour du noyau atomique.

électronicien, ienne n. ▫ Spécialiste de l'électronique.

électronique I. adj. **1.** Propre ou relatif aux électrons. **2.** Qui appartient à l'électronique (II). – Fait par des procédés électroniques. **II.** n. f. **1.** Partie de la physique étudiant les phénomènes où sont mis en jeu des électrons à l'état libre. **2.** Technique dérivant de cette science. ▶ **électroniquement** adv.

électronucléaire adj. ▫ Qui produit de l'électricité à partir de la fission nucléaire.

électronvolt n. m. ▫ phys. Unité d'énergie (symb. eV) utilisée en physique des particules et en électronique.

électrophone n. m. ▫ vieilli Appareil de reproduction sonore à partir de disques.

électrosensibilité n. f. ▫ didact. Sensibilité aux ondes électromagnétiques. ▶ **électrosensible** adj.

électrostatique adj. ▫ De l'électricité statique.

électrotechnique I. n. f. Étude des applications techniques de l'électricité. **II.** adj. Relatif à cette étude. ▶ **électrotechnicien, ienne** n.

électrum n. m. ▫ didact. Alliage d'or et d'argent.

électuaire n. m. ▫ didact. Préparation pharmaceutique molle.

élégance n. f. ▫ Qualité de ce qui est élégant.

élégant, ante adj. **1.** Qui a de la grâce et de la simplicité. **2.** Qui a de la délicatesse, du chic. ▶ **élégamment** adv.

élégie n. f. ▫ Poème exprimant une plainte. ▶ **élégiaque** adj.

éléis n. m. ▫ Palmier à huile. – var. **élæis.**

élément n. m. **I. 1.** Chacune des choses dont la combinaison, la réunion forme un tout. **2.** au plur. Premiers principes sur lesquels on fonde une science, une technique. **II. 1.** *Les quatre éléments :* terre, eau, air, feu. **2.** *LES ÉLÉMENTS :* ensemble des forces naturelles qui agitent la terre, la mer, l'atmosphère. **3.** Milieu où qqn est à l'aise. **4.** sc. Corps chimique simple.

élémentaire adj. **1.** Qui concerne les premiers éléments d'une science, etc. **2.** Très simple.

éléphant n. m. ▫ Très grand mammifère herbivore, au nez allongé en trompe et à défenses d'ivoire.

éléphanteau n. m. ▫ Jeune éléphant.

éléphantesque adj. ▫ Énorme.

éléphantiasis n. m. ▫ méd. Maladie de la peau, caractérisée par des œdèmes. ▶ **éléphantiasique** adj. et n.

élevage n. m. **1.** Action d'élever les animaux. **2.** Ensemble des animaux élevés ensemble.

élévateur, trice **1.** adj. (muscle) Qui élève, relève. **2.** n. m. Appareil de levage.

élévation n. f. **1.** Action d'élever ; position élevée. **2.** Fait de s'élever. **3.** Caractère élevé (de l'esprit).

élève n. **1.** Personne qui reçoit l'enseignement d'un maître. **2.** Enfant, adolescent qui reçoit l'enseignement donné dans une école, un collège, un lycée...

élevé, ée adj. **I. 1.** Situé à une certaine hauteur. **2.** Qui atteint une grande importance. **3.** littér. Supérieur moralement ou intellectuellement. **II.** *BIEN, MAL ÉLEVÉ, ÉE :* qui est poli, impoli.

élever v. tr. **I. 1.** Mettre ou porter plus haut. **2.** Faire monter à un niveau supérieur. **3.** Construire (en hauteur). **II.** fig. **1.** Porter à un rang supérieur. **2.** *Élever la voix,* parler plus haut. **3.** Rendre moralement ou intellectuellement supérieur. **III. 1.** Amener (un enfant) à son plein développement physique et moral. **2.** Faire l'élevage de (un animal). ▷ v. pron. **s'élever** **1.** Monter. **2.** Se dresser jusqu'à une certaine hauteur. **3.** *S'ÉLEVER CONTRE :* intervenir contre. **4.** (personnes) Arriver à un rang supérieur. **5.** (choses mesurables) Augmenter. – *S'élever à :* atteindre.

éleveur, euse n. ▫ Personne qui pratique l'élevage.

elfe n. m. ▫ (mythol. scandinave) Génie de l'air.

élider v. tr. ▫ Effacer (une voyelle) par l'élision. ▷ v. pron. **s'élider**

éligible adj. ▫ Qui est dans les conditions requises pour pouvoir être élu. ▶ **éligibilité** n. f.

élimer v. tr. ▫ User (un tissu) par le frottement. ▷ adj. **élimé, ée**

élimination n. f. **1.** Action d'éliminer. **2.** Fait d'être éliminé.

éliminatoire **1.** adj. Qui sert à éliminer (1). **2.** n. f. Épreuve sportive qui sélectionne les sujets les plus qualifiés.

éliminer v. tr. **1.** Écarter à la suite d'un choix, d'une sélection. **2.** Supprimer, faire disparaître. **3.** Évacuer (les déchets, toxines de l'organisme).

élingue n. f. ▫ mar. Cordage, câble utilisé pour soulever.

élire v. tr. **1.** vx Choisir. **2.** Nommer (qqn) à une fonction par suffrage.

élisabéthain, aine adj. ▫ Qui appartient au règne d'Élisabeth Ire (1533-1603).

élision n. f. ▫ Effacement d'une voyelle finale devant une voyelle ou un *h* muet.

élite n. f. **1.** Ensemble des personnes les plus remarquables d'un groupe. **2.** Personne qui occupe le premier rang. ▶ **élitaire** adj.

élitisme n. m. ▫ Fait de favoriser une élite aux dépens de la masse. ▶ **élitiste** adj.

élixir n. m. ▫ Boisson magique.

elle, elles pron. pers. f. ▫ Pronom personnel féminin de la troisième personne.

ellébore n. m. ▫ Herbe aux propriétés purgatives.

① **ellipse** n. f. ▫ Procédé d'omission d'un ou plusieurs mots dans une phrase. ▪ Art du raccourci, du sous-entendu.

② **ellipse** n. f. ▫ géom. Courbe plane fermée dont chaque point est tel que la somme de ses distances à deux points fixes est constante.

① **elliptique** adj. **1.** Qui présente une ellipse (①). **2.** Qui ne développe pas toute sa pensée. ▶ **elliptiquement** adv.

② **elliptique** adj. ▫ De l'ellipse (②).

élocution n. f. ▫ Manière de s'exprimer oralement. ▶ **élocutoire** adj.

éloge n. m. **1.** Discours pour célébrer qqn ou qqch. **2.** Jugement favorable (sur qqn).

élogieux, ieuse adj. ▫ Qui fait un éloge. ▶ **élogieusement** adv.

éloigné, ée adj. **1.** Qui est à une assez grande distance (dans l'espace ou dans le temps). **2.** Qui a des liens de parenté indirects avec qqn.

éloigner v. tr. **1.** Mettre ou faire aller loin (dans l'espace ou dans le temps). **2.** fig. Détourner. ▷ v. pron. s'**éloigner** ▶ **éloignement** n. m.

élongation n. f. ▫ Lésion produite par un étirement d'un muscle, d'un tendon.

éloquence n. f. **1.** Facilité pour bien s'exprimer. **2.** Art de toucher par le discours. **3.** Qualité de ce qui (sans parole) est éloquent (2).

éloquent, ente adj. **1.** Qui a de l'éloquence. **2.** Qui, sans discours, est expressif. ▶ **éloquemment** adv.

élu, ue adj. et n. **I. 1.** relig. Choisi par Dieu. **2.** n. Personne aimée. **II.** Désigné par élection.

élucider v. tr. ▫ Rendre clair (ce qui présente à l'esprit des difficultés). ▶ **élucidation** n. f.

élucubration n. f. ▫ péj. Œuvre ou théorie peu sensée.

éluder v. tr. ▫ Éviter avec adresse.

élusif, ive adj. ▫ Qui élude, esquive.

élyséen, enne adj. ▫ De l'Élysée.

élytre n. m. ▫ Aile dure des coléoptères.

émacié, ée adj. ▫ Très amaigri.

e-mail n. m. ▫ anglic. Courrier* électronique.

émail, aux n. m. **1.** Vernis vitreux fondu, puis solidifié. **2.** au plur. Ouvrages émaillés. **3.** Matériau émaillé. **4.** Substance qui recouvre l'ivoire de la couronne des dents.

émailler v. tr. ▫ Recouvrir d'émail. ▶ **émaillage** n. m. ▶ **émailleur, euse** n. ▶ **émaillerie** n. f.

émanation n. f. **1.** Ce qui émane (de qqn ou qqch.). **2.** Émission de particules ; odeur.

émancipation n. f. ▫ Action d'affranchir ou de s'affranchir d'une autorité, de servitudes.

émanciper v. tr. ▫ Affranchir, libérer (qqn). ▷ v. pron. s'**émanciper** ▶ **émancipateur, trice** adj.

émaner v. intr. **1.** Provenir comme de sa source naturelle. **2.** Provenir (d'une source physique, d'un corps).

émarger v. tr. ▫ Signer dans la marge (un compte, un état). ▪ sans compl. Toucher son traitement. ▶ **émargement** n. m.

émasculer v. tr. ▫ Priver (un mâle) des organes de la reproduction. ▶ **émasculation** n. f.

embâcle n. m. ▫ Obstruction d'un cours d'eau par un amas de glace.

emballage n. m. **1.** Action d'emballer. **2.** Ce qui sert à emballer.

emballement n. m. ▫ Fait de s'emballer.

emballer v. tr. **I.** Mettre (un objet, une marchandise) dans qqch. qui protège, sert au transport, à la présentation. **II.** fam. Enthousiasmer. ▷ v. pron. s'**emballer** **1.** (cheval) Prendre le mors aux dents. ▪ (moteur...) Prendre un régime trop rapide. **2.** (personnes) Céder à l'enthousiasme.

emballeur, euse n. ▫ Personne spécialisée dans l'emballage.

embarcadère n. m. ▫ Emplacement dans un port, etc. pour l'embarquement et le débarquement.

embarcation n. f. ▫ Petit bateau.

embardée n. f. ▫ Brusque changement de direction (d'un bateau, d'un véhicule).

embargo n. m. ▫ Interdiction de laisser partir les navires étrangers ou d'exporter des marchandises.

embarquement n. m. ▫ Action d'embarquer, de s'embarquer.

embarquer v. **I.** v. tr. **1.** Mettre, faire monter dans un navire. **2.** Charger (dans un véhicule). **II.** v. intr. Monter à bord d'un bateau. ▷ v. pron. s'**embarquer** **1.** Monter à bord d'un bateau. **2.** fig. S'engager (dans une affaire difficile).

embarras n. m. **I.** Encombrement des voies digestives. **II.** **1.** Situation difficile. **2.** Obstacle, gêne. **3.** *N'avoir que L'EMBARRAS DU CHOIX*, la seule difficulté est de choisir.

embarrasser v. tr. **1.** Gêner dans les mouvements ; encombrer. **2.** Gêner. **3.** Déconcerter. ▷ v. pron. s'**embarrasser** **1.** S'encombrer. **2.** Se soucier (de). ▷ adj. **embarrassé, ée** ▶ **embarrassant, ante** adj.

embastiller v. tr. ▫ hist. Emprisonner à la Bastille. ▶ **embastillement** n. m.

embauche n. f. ▫ Action d'embaucher. *Offre d'embauche.* – syn. **embauchage** n. m.

embaucher v. tr. ▫ Engager (qqn) en vue d'un travail.

embauchoir n. m. ▫ Ustensile qui se place dans les chaussures pour garder leur forme.

embaumer v. tr. **I.** Remplir (un cadavre) de substances qui permettent de le conserver. **II.** Remplir d'une odeur agréable. ▶ **embaumeur, euse** n. ▶ **embaumement** n. m.

embellie n. f. **1.** Accalmie (sur mer). **2.** Brève amélioration du temps.

embellir v. **I.** v. tr. Rendre beau ou plus beau. – Orner, décorer. **II.** v. intr. Devenir beau, plus beau. ▶ **embellissement** n. m.

emberlificoter v. tr. ▫ Embrouiller (qqn, notamment pour le tromper). – pronom. → s'**embrouiller.**

embêtant, ante adj. ▫ fam. Qui ennuie. ▪ Qui contrarie.

embêtement n. m. ▫ fam. Chose qui donne du souci.

embêter v. tr. ▫ fam. **1.** Ennuyer. **2.** Contrarier. – Importuner. ▷ v. pron. s'**embêter** S'ennuyer.

emblaver v. tr. ▫ agric. Ensemencer (une terre) en blé, ou toute autre céréale. ▶ **emblavure** n. f.

d'**emblée** loc. adv. ▫ Du premier coup.

emblème n. m. **1.** Figure symbolique. **2.** Attribut destiné à représenter une personne, un métier, etc. ▶ **emblématique** adj.

embobiner v. tr. ▫ fam. Tromper en embrouillant. – syn. **embobeliner.** ▶ **embobineur, euse** n.

emboîter v. tr. **1.** Faire entrer (une chose dans une autre). **2.** *EMBOÎTER LE PAS à qqn*, marcher juste derrière lui ; fig. l'imiter. ▷ v. pron. s'**emboîter** ▶ **emboîtage** et **emboîtement** n. m.

embolie n. f. ▫ méd. Obstruction d'un vaisseau sanguin par un corps étranger. ▶ **embolique** adj.

embonpoint n. m. ▫ État d'un corps un peu gras.

mal **embouché, ée** adj. ▫ Mal élevé.

emboucher v. tr. ▫ Mettre à sa bouche (un instrument à vent).

embouchure n. f. **I.** Bout ou trou d'un instrument à vent, qu'on met contre les lèvres. **II.** Ouverture par laquelle un cours d'eau se jette dans une mer, un lac.

embourber v. tr. ▫ Enfoncer dans un bourbier. ▷ v. pron. s'**embourber** ▶ **embourbement** n. m.

s'**embourgeoiser** v. pron. ▫ Prendre les habitudes de la bourgeoisie. ▶ **embourgeoisement** n. m.

embout n. m. ▫ Garniture qui se place au bout (d'une canne, d'un parapluie, etc.).

embouteillage n. m. ▫ Encombrement de la circulation.

embouteiller v. tr. **1.** Mettre en bouteilles. **2.** fig. Obstruer (une voie) en provoquant un encombrement.

emboutir v. tr. **1.** techn. Travailler (une plaque de métal) pour lui donner une forme. **2.** Enfoncer en heurtant violemment. ▶ **emboutissage** n. m.

embranchement n. m. **1.** Subdivision d'une voie en une ou plusieurs autres secondaires. **2.** Point de jonction de ces voies. **3.** sc. Chacune des grandes divisions du monde animal ou végétal.

embrancher v. tr. ▫ Raccorder (une voie...) à une ligne.

embraser v. tr. **1.** Incendier. **2.** Illuminer. **3.** fig. Emplir d'une passion ardente. ▷ v. pron. s'**embraser** ▶ **embrasement** n. m.

embrassade n. f. ▫ Geste de personnes qui s'embrassent amicalement.

embrasse n. f. ▫ Cordelière servant à retenir un rideau.

embrasser v. tr. **I. 1.** Serrer entre ses bras (par affection). **2.** fig., littér. Adopter (une opinion...). **3.** Appréhender par la pensée. **II.** Donner un, des baiser(s) à. – pronom. *S'embrasser sur la bouche.* ▶ **embrassement** n. m. littér.

embrasure n. f. ▫ Ouverture d'un mur qui reçoit une porte, une fenêtre.

embrayage n. m. ▫ Mécanisme permettant d'embrayer.

embrayer v. tr. ▫ Mettre en communication (une pièce mobile) avec l'arbre moteur. – sans compl. Mettre en communication un moteur et les mécanismes qu'il entraîne.

embrigader v. tr. ▫ péj. Rassembler sous une autorité, en vue d'une action. ▶ **embrigadement** n. m.

embringuer v. tr. ▫ fam. Engager de façon fâcheuse.

embrocation n. f. ▫ méd. **1.** Application d'un liquide calmant. **2.** Ce liquide.

embrocher v. tr. **1.** Enfiler (de la viande) sur une broche. **2.** fam. Transpercer (qqn) d'un coup d'épée. ▶ **embrochement** n. m.

embrouillamini n. m. ▫ fam. Confusion extrême.

embrouille n. f. ▫ fam. **1.** Action de tromper. **2.** Situation confuse.

embrouiller v. tr. **1.** Emmêler (des fils). **2.** fig. Rendre obscur (qqch.). **3.** Troubler (qqn) ; tromper. ▷ v. pron. s'**embrouiller** Se perdre (dans qqch.). ▷ adj. **embrouillé, ée**

embroussailler v. tr. ▫ Couvrir de broussailles. ▷ adj. **embroussaillé, ée** ▶ **embroussaillement** n. m.

embrumer v. tr. **1.** Couvrir de brume. **2.** fig. Mettre de la confusion dans (les idées...). **3.** Rendre triste. ▷ adj. **embrumé, ée**

embrun n. m. ▫ surtout plur. Gouttelettes formées par les vagues qui se brisent.

embryogenèse n. f. ▫ sc. Transformations de l'œuf et de l'embryon, depuis la fécondation jusqu'à l'éclosion ou la naissance. ▶ **embryogénique** adj.

embryologie n. f. ▫ Science du développement des organismes. ▶ **embryologique** adj. ▶ **embryologiste** n.

embryon n. m. **1.** Organisme en développement dans l'œuf des ovipares, et chez l'animal vivipare ou l'homme, avant d'être un fœtus. **2.** fig. Ce qui commence d'être. ▶ **embryonnaire** adj.

embu, ue adj. et n. m. ▫ peint. Se dit d'une zone imbibée d'huile, qui a un aspect mat.

embûche n. f. ▫ Difficulté ; traquenard.

embuer v. tr. ▫ Couvrir d'une buée.

embuscade n. f. ▫ Manœuvre par laquelle on dissimule une troupe pour attaquer.

embusquer v. tr. ▫ Mettre en embuscade. ▷ v. pron. s'**embusquer**

éméché, ée adj. ▫ fam. Un peu ivre.

émeraude n. f. **1.** Pierre précieuse verte. **2.** adj. invar. D'un vert qui rappelle celui de l'émeraude.

émergence n. f. ▫ Apparition soudaine (dans une suite d'événements, d'idées).

émerger v. intr. **1.** Sortir d'un milieu liquide de manière à apparaître à la surface. **2.** fig. Se manifester, apparaître. ▶ **émergent, ente** adj.

émeri n. m. ▫ Abrasif fait d'une roche réduite en poudre. – *Papier (d')émeri.*

émerillon n. m. ▫ Petit faucon.

émérite adj. ▫ Qui, par une longue pratique, a acquis une grande compétence. ▶ **éméritat** n. m.

émerveiller v. tr. ▫ Frapper d'admiration. – pronom. *S'émerveiller de qqch.* – au p. p. *Un regard émerveillé.* ▶ **émerveillement** n. m.

émétique adj. et n. m. ▫ Vomitif.

émetteur, trice **1.** n. Personne, organisme qui émet (des billets, des effets). **2.** n. m. Dispositif qui transmet des signaux par ondes électromagnétiques.

émettre v. tr. **1.** Mettre en circulation (des billets...). **2.** Faire sortir de soi (un son). – Exprimer (une opinion...). **3.** Envoyer sur ondes électromagnétiques.

émeu n. m. ▫ Oiseau coureur d'Australie.

émeute n. f. ▫ Soulèvement populaire. ▶ **émeutier, ière** n.

émietter v. tr. **1.** Réduire en miettes. **2.** Morceler à l'excès. ▶ **émiettement** n. m.

émigrant, ante n. ▫ Personne qui émigre.

émigration n. f. **1.** Fait d'émigrer. **2.** Ensemble des émigrés.

émigré, ée n. ▫ Personne qui s'est expatriée (pour des raisons politiques, économiques...). – adj. *Populations émigrées.*

émigrer v. intr. ▫ Quitter son pays pour aller s'établir dans un autre.

émincer v. tr. ▫ Couper en tranches minces (une viande...). ▶ **émincé, ée** adj. et n. m.

éminence n. f. **I.** Élévation de terrain. **II.** Titre honorifique des cardinaux.

éminent, ente adj. ▫ Remarquable, supérieur. ▶ **éminemment** adv.

émir n. m. ▫ Titre honorifique du monde musulman.

émirat n. m. ▫ Territoire d'un émir.

① **émissaire** n. ▫ Personne chargée d'une mission.

② **émissaire** adj. m. → **bouc** émissaire.

émissif, ive adj. ▫ phys. D'une émission (1). ▶ **émissivité** n. f.

émission n. f. **1.** phys. Production et rayonnement dans l'espace (d'ondes...). ▪ spécialt Transmission de signaux à l'aide d'ondes électromagnétiques. – *Émission télévisée.* **2.** Mise en circulation (de monnaies, etc.).

emmagasiner v. tr. **1.** Mettre en magasin. **2.** fig. Garder dans la mémoire. ▶ **emmagasinage** n. m.

emmailloter v. tr. ▫ Envelopper (un corps, un objet...). ▶ **emmaillotage** n. m.

emmancher v. tr. **1.** Ajuster sur un manche. **2.** fig., fam. (surtout pronom.) Engager (un processus...). ▶ **emmanchement** n. m.

emmanchure n. f. ▫ Chacune des ouvertures d'un vêtement, pour adapter une manche.

emmêler v. tr. **1.** Mêler ensemble, de manière désordonnée. – au p. p. *Cheveux emmêlés.* **2.** fig. Embrouiller. ▷ v. pron. s'**emmêler** ▶ **emmêlement** n. m.

emménager v. intr. ▫ S'installer dans un nouveau logement. ▶ **emménagement** n. m.

emmener v. tr. ▫ Mener avec soi (qqn, un animal) en allant d'un lieu à un autre, en partant.

emmenthal n. m. ▫ Fromage à pâte cuite, à grands trous.

emmerdant, ante adj. ▫ fam. Qui contrarie. – Qui ennuie.

emmerdement n. m. ▫ fam. **1.** Gros ennui. – syn. fam. **emmerde** n. f. **2.** Action d'emmerder ; fait d'être emmerdé.

emmerder v. tr. ▫ fam. **1.** (sujet personne) Importuner (qqn) ; (sujet chose) contrarier (qqn). – pronom. Se donner du mal. **2.** Ennuyer. ▷ v. pron. s'**emmerder** ▶ **emmerdeur, euse** n.

emmitoufler v. tr. ▫ Envelopper dans des vêtements chauds.

emmurer v. tr. ▫ Enfermer (qqn) dans un cachot muré. – (sujet chose) *L'éboulement les a emmurés.* ▶ **emmurement** n. m.

émoi n. m. ▫ littér. **1.** Agitation. **2.** Trouble ou émotion sensuelle.

émollient, ente adj. **1.** méd. Qui relâche les tissus. **2.** fig. Apaisant.

émoluments n. m. pl. ▫ Rétribution.

émonctoire n. m. ▫ didact. Organe d'excrétion.

émonder v. tr. ▫ Débarrasser (un arbre) des branches inutiles. ▶ **émondage** n. m.

émoticône ou **émoticon** n. m. ▫ anglic., inform. → **smiley.**

émotif, ive adj. et n. ▫ Qui est facilement ému. ▶ **émotivité** n. f.

émotion n. f. ▫ État affectif, plaisir ou douleur, nettement prononcé.

émotionnel, elle adj. ▫ Relatif à l'émotion.

émouchet n. m. ▫ Rapace diurne.

émoulu, ue adj. ▫ *FRAIS ÉMOULU de :* récemment sorti de (une école). – fém. *Frais* ou *fraîche émoulue.*

émousser v. tr. **1.** Rendre moins coupant. **2.** fig., littér. Rendre moins vif. ▷ v. pron. s'**émousser** ▷ adj. **émoussé, ée** ▶ **émoussement** n. m.

émoustiller v. tr. ▫ Mettre de bonne humeur en excitant. ▶ **émoustillant, ante** adj.

émouvant, ante adj. ▫ Qui émeut.

émouvoir v. tr. **1.** Agiter (qqn) par une émotion. **2.** Toucher en éveillant une sympathie profonde. ▷ v. pron. s'**émouvoir** **1.** Se troubler ; s'alarmer. **2.** Être touché.

empailler v. tr. **1.** Bourrer de paille (la peau d'animaux morts qu'on veut conserver). **2.** Entourer de paille pour protéger. ▶ **empaillage** n. m. ▶ **empailleur, euse** n.

s'**empaler** v. pron. ▫ Tomber sur un objet pointu qui traverse le corps. ▶ **empalement** n. m.

empan n. m. ▫ anciennt Mesure de longueur, espace maximum entre l'extrémité du pouce et du petit doigt.

empanaché, ée adj. ▫ Orné d'un panache.

empaqueter v. tr. ▫ Faire un paquet de (linge, etc.). ▶ **empaquetage** n. m.

s'**emparer** v. pron. ▫ S'EMPARER DE 1. Prendre violemment possession de. 2. Se rendre maître de.

empâter v. tr. 1. Rendre épais. 2. S'EMPÂTER v. pron. Épaissir, grossir. ▷ adj. **empâté, ée** ▶ **empâtement** n. m.

empathie n. f. ▫ didact. Capacité de se mettre à la place d'autrui. ▶ **empathique** adj.

empattement n. m. 1. Base plus large. 2. Distance entre les essieux d'une voiture.

empêchement n. m. ▫ Ce qui empêche d'agir.

empêcher v. tr. 1. *Empêcher qqch.*, faire en sorte que cela ne se produise pas. 2. *Empêcher qqn de faire qqch.*, faire en sorte qu'il ne puisse pas. ▷ v. pron. s'**empêcher** Se retenir de. ▷ adj. **empêché, ée** Retenu par des occupations.

empêcheur, euse n. ▫ *Empêcheur, empêcheuse de danser en rond.* → **rabat-joie.**

empeigne n. f. ▫ Dessus (d'une chaussure).

empennage n. m. 1. Ensemble des plumes qui empennent une flèche. - syn. **empenne** n. f. 2. Surfaces à l'arrière d'un avion, pour lui donner de la stabilité.

empenner v. tr. ▫ Garnir (une flèche) de plumes. ▷ adj. **empenné, ée**

empereur n. m. ▫ Souverain d'un empire.

emperler v. tr. ▫ Couvrir de gouttelettes.

empeser v. tr. ▫ Apprêter en amidonnant. ▷ adj. **empesé, ée** 1. *Col empesé.* 2. fig. → **guindé.** ▶ **empesage** n. m.

empester v. 1. v. tr. Infester de mauvaises odeurs. 2. v. intr. Sentir mauvais.

empêtrer v. tr. 1. Entraver (qqn ou les pieds, les jambes) dans qqch. 2. fig. Engager dans une situation difficile.

emphase n. f. ▫ Style déclamatoire.

emphatique adj. ▫ Plein d'emphase. ▶ **emphatiquement** adv.

emphysème n. m. ▫ méd. Gonflement dans le tissu cellulaire. ▶ **emphysémateux, euse** adj. et n.

emphytéotique adj. ▫ dr. *Bail emphytéotique*, de longue durée (18 à 99 ans).

empiècement n. m. ▫ Pièce rapportée qui constitue le haut d'un vêtement.

empierrer v. tr. ▫ Couvrir de pierres. ▶ **empierrement** n. m.

empiéter v. intr. 1. EMPIÉTER SUR (une propriété, un droit...), en prendre indûment et progressivement une partie. 2. (choses) Déborder sur. ▶ **empiétement** n. m. - var. **empiètement.**

s'**empiffrer** v. pron. ▫ fam. Manger avec excès.

empiler v. tr. 1. Mettre en pile. 2. Entasser (des êtres vivants) dans un petit espace. ▷ v. pron. s'**empiler** ▶ **empilement** et **empilage** n. m. ▶ **empilable.** adj.

empire n. m. 1. *Être* SOUS L'EMPIRE *de* : sous l'influence de. 2. Autorité d'un empereur ; États soumis à cette autorité. 3. Ensemble de territoires colonisés par une puissance.

empirer v. 1. v. intr. (situation, état) Devenir pire. 2. v. tr. Rendre pire.

empirique adj. ▫ Qui s'appuie sur l'expérience. ▶ **empiriquement** adv.

empirisme n. m. **1.** Méthode empirique. **2.** philos. Théorie d'après laquelle les connaissances viennent de l'expérience. ▶ **empiriste** n. et adj.

emplacement n. m. ▫ Lieu choisi (pour une construction...). ▪ Place occupée par qqch.

emplâtre n. m. ▫ Médicament externe adhérent.

emplette n. f. ▫ vieilli *Faire des emplettes*, des achats.

emplir v. tr. **1.** littér. Rendre plein. **2.** Occuper (un espace).

emploi n. m. **1.** Action ou manière d'employer (qqch.) ; ce à quoi sert (qqch.). – *MODE D'EMPLOI* : notice expliquant la manière de se servir d'un objet. – *EMPLOI DU TEMPS* : répartition dans le temps de tâches à effectuer. **2.** Ce à quoi s'applique une activité rétribuée.

employé, ée n. ▫ Salarié qui effectue un travail non manuel.

employer v. tr. **1.** Faire servir à une fin. **2.** Faire travailler (qqn) contre rémunération. ▷ v. pron. s'**employer** **1.** Être en usage. **2.** *S'EMPLOYER À.* → se **consacrer** à.

employeur, euse n. ▫ Personne, entreprise employant du personnel salarié.

emplumé, ée adj. ▫ Couvert de plumes.

empocher v. tr. ▫ Recevoir (de l'argent).

empoignade n. f. ▫ Altercation.

empoigne n. f. ▫ péj. *FOIRE D'EMPOIGNE* : affrontement d'intérêts.

empoigner v. tr. ▫ Prendre en serrant dans la main. – pronom. Se battre ; fig. se quereller.

empois n. m. ▫ Colle d'amidon.

empoisonnant, ante adj. ▫ fam. Très ennuyeux.

empoisonnement n. m. **1.** Grave intoxication. **2.** Meurtre par le poison. **3.** fam. Embêtement.

empoisonner v. tr. **1.** (sujet personne) Intoxiquer (qqn, un animal) en faisant absorber du poison. **2.** Infecter de poison. **3.** fam. Importuner (qqn). ▷ v. pron. s'**empoisonner** ▷ adj. **empoisonné, ée**

empoisonneur, euse n. **1.** Criminel(le) qui use du poison. **2.** Personne ennuyeuse.

empoissonner v. tr. ▫ Peupler de poissons. ▶ **empoissonnement** n. m.

emporté, ée adj. ▫ Qui s'emporte facilement.

emportement n. m. ▫ Violent mouvement de colère.

emporte-pièce n. m. invar. **1.** Outil pour découper et enlever des pièces. **2.** *À L'EMPORTE-PIÈCE* : sans nuances.

emporter v. tr. **1.** Prendre avec soi et porter hors d'un lieu (qqch., qqn). **2.** (sujet chose) Enlever avec rapidité, violence. ▪ (maladie) Faire mourir. **3.** (passion...) Entraîner, pousser. **4.** *L'EMPORTER* : avoir le dessus. ▷ v. pron. s'**emporter** Se laisser aller à la colère.

empoté, ée adj. ▫ fam. Maladroit, lent.

empoter v. tr. ▫ Mettre en pot. ▶ **empotage** ou **empotement** n. m.

empourprer v. tr. ▫ littér. Colorer de pourpre. ▪ pronom. Devenir cramoisi.

empreindre v. tr. ▫ Marquer par pression. ▷ p. p. **empreint, einte** (fig., littér.) Marqué (par).

empreinte n. f. **1.** Marque laissée par un corps qu'on presse sur une surface. ▪ *EMPREINTES DIGITALES* : traces laissées par les doigts. **2.** fig. Marque profonde.

empressé, ée adj. ▫ Très zélé.

s'**empresser** v. pron. **1.** Mettre du zèle à servir qqn ou à lui plaire. **2.** *S'EMPRESSER DE* (+ inf.) : se hâter de. ▶ **empressement** n. m.

emprise n. f. ▫ Domination intellectuelle ou morale.

emprisonner v. tr. ▫ Mettre en prison. ▶ **emprisonnement** n. m.

emprunt n. m. 1. Action d'obtenir une somme d'argent, à titre de prêt ; cet argent. 2. fig. Action d'emprunter (2) à un auteur ; ce qui est ainsi pris. 3. D'EMPRUNT loc. adj. : qui n'appartient pas en propre au sujet.

emprunté, ée adj. ▫ Qui manque de naturel.

emprunter v. tr. 1. Obtenir (de l'argent, un objet...) à titre de prêt. ▶ **emprunteur, euse** n. 2. fig. Prendre ailleurs et faire sien (un bien d'ordre intellectuel...). 3. Prendre (une voie).

empuantir v. tr. ▫ Gêner (qqn) par une odeur infecte. ▶ **empuantissement** n. m.

empyrée n. m. ▫ littér. Ciel, paradis.

ému, ue adj. ▫ Qui manifeste ou éprouve une émotion.

émulation n. f. I. Sentiment qui porte à égaler ou à surpasser qqn. II. anglic., inform. Action d'émuler.

émule n. ▫ Personne qui cherche à égaler ou à surpasser qqn dans qqch. de louable.

émuler v. tr. ▫ anglic., inform. Simuler, imiter le fonctionnement de (un programme...).

émulsifiant, ante adj. et n. m. ▫ (produit) Qui favorise et stabilise une émulsion.

émulsion n. f. ▫ Préparation liquide tenant en suspension, à l'état de particules très fines, un autre liquide. ▶ **émulsionner** v. tr.

① **en** prép. I. 1. Dans. *Monter en voiture.* – (abstrait) *Avoir qqch. en mémoire.* 2. (matière) *Un buste en marbre.* → **de.** 3. Pendant. *En hiver.* 4. (état, manière) *Être en danger.* 5. DE... EN... (progression) *De plus en plus.* ▪ (périodicité) *De temps en temps.* II. (formant des loc. adv.) *En général.* III. (devant un p. prés.) *L'appétit vient en mangeant.*

② **en** pron. et adv. I. (compl. d'un verbe) 1. Indique le lieu d'où l'on vient. *J'en viens.* – (cause) *Je n'en dors plus.* 2. (compl. d'un verbe construit avec *de*) *J'en veux.* II. De (cela). *J'en connais les avantages.* III. (compl. d'adj.) *Il en est bien capable.*

s'**enamourer** v. pron. ▫ vieilli ou plais. S'éprendre (de). – var. **s'énamourer.**

énarque n. ▫ Ancien(ne) élève de l'École nationale d'administration.

encablure n. f. ▫ mar. Mesure de longueur d'environ 200 m. – var. **encâblure.**

encadré n. m. ▫ Texte encadré.

encadrement n. m. 1. Action d'entourer d'un cadre ; ornement servant de cadre. 2. Action d'encadrer (du personnel...). ▪ Personnes qui encadrent.

encadrer v. tr. 1. Mettre dans un cadre. – fam. *Ne pas pouvoir encadrer qqn,* le détester. 2. Entourer à la manière d'un cadre. 3. Pourvoir de cadres (un personnel...) ; diriger pour le travail.

encadreur, euse n. ▫ Artisan qui exécute et pose des cadres.

encaisse n. f. ▫ Sommes, valeurs en caisse.

encaissé, ée adj. ▫ Resserré entre deux pentes.

encaissement n. m. 1. Action d'encaisser (de l'argent...). 2. État de ce qui est encaissé.

encaisser v. tr. 1. Toucher (de l'argent...). 2. fam. (surtout contexte négatif) Supporter.

encaisseur, euse n. ▫ Employé(e) qui va à domicile encaisser de l'argent.

à l'**encan** ▫ vieilli ou région. En vente aux enchères.

s'**encanailler** v. pron. ▫ Fréquenter des gens de mœurs douteuses. ▶ **encanaillement** n. m.

encapuchonner v. tr. ▫ Couvrir d'un capuchon. ▷ adj. **encapuchonné, ée**

encart n. m. ▫ Feuille volante ou petit cahier inséré dans une brochure.

encarter v. tr. ▫ Insérer (un encart).

en-cas n. m. invar. ▫ Repas léger.

encastrer v. tr. ▫ Insérer (dans qqch. qui est taillé à cet effet). ▷ v. pron. s'**encastrer** ▶ **encastrable** adj. ▶ **encastrement** n. m.

encaustique n. f. ▫ Préparation de cire et d'essence pour faire briller le bois. ▶ **encaustiquer** v. tr.

enceindre v. tr. ▫ Entourer d'une enceinte.

① **enceinte** n. f. **1.** Ce qui entoure un espace et en défend l'accès. **2.** Espace ainsi entouré. **3.** Ensemble de haut-parleurs.

② **enceinte** adj. ▫ En état de grossesse.

encens n. m. ▫ Résine aromatique, qui brûle en parfumant.

encenser v. tr. ▫ Honorer d'hommages excessifs, flatter.

encensoir n. m. ▫ Cassolette suspendue où on brûle l'encens.

encéphale n. m. ▫ anat. Ensemble des centres nerveux contenus dans le crâne.

encéphalite n. f. ▫ méd. Inflammation de l'encéphale.

encéphalogramme n. m. ▫ méd. Tracé obtenu par exploration radiographique de l'encéphale (*encéphalographie* n. f.).

encéphalopathie n. f. ▫ Affection du cerveau, d'origine toxique ou liée à une dégénérescence.

encercler v. tr. ▫ Entourer de toutes parts. ▶ **encerclement** n. m.

enchaînement n. m. **1.** Série de choses en rapport de dépendance. **2.** Rapport entre des éléments. **3.** Action d'enchaîner (II).

enchaîner v. **I.** v. tr. **1.** Attacher avec une chaîne. **2.** fig., littér. Asservir. **3.** Unir par des liens logiques. – pronom. *Idées qui s'enchaînent.* **II.** v. intr. Reprendre (un discours...).

enchantement n. m. **1.** Opération magique consistant à enchanter (1) ; son effet. **2.** État d'une personne enchantée (2), joie très vive. ▪ Sujet de joie.

enchanter v. tr. **1.** Soumettre à une action surnaturelle par magie. **2.** Ravir. ▷ adj. **enchanté, ée**

enchanteur, teresse I. n. Personne qui pratique des enchantements (1). **II.** adj. Qui enchante (2).

enchâsser v. tr. **1.** Mettre (une pierre) dans une monture. ▪ Fixer (dans un châssis...). **2.** fig. Insérer. ▶ **enchâssement** n. m.

enchère n. f. ▫ Offre d'une somme supérieure, dans une vente au plus offrant.

enchérir v. intr. ▫ Mettre une enchère. ▶ **enchérisseur, euse** n.

enchevêtrer v. tr. ▫ Engager l'une dans l'autre (des choses) de façon désordonnée ou complexe. ▷ v. pron. s'**enchevêtrer** ▶ **enchevêtrement** n. m.

enchifrené, ée adj. ▫ vieilli Enrhumé.

enclave n. f. ▫ Terrain, territoire entouré par un autre.

enclaver v. tr. **1.** Entourer en formant une enclave. **2.** Engager (une pièce dans une autre). ▷ adj. **enclavé, ée** ▶ **enclavement** n. m.

enclencher v. tr. **1.** Faire fonctionner (un mécanisme) en rendant les pièces solidaires. **2.** Engager (un processus). ▷ v. pron. s'**enclencher** ▶ **enclenchement** n. m.

enclin, ine adj. ▫ littér. Porté, par un penchant naturel (à) ; sujet (à).

enclore v. tr. ▫ littér. Entourer d'une clôture.

enclos n. m. **1.** Espace entouré d'une clôture. **2.** Clôture.

enclume n. f. ▫ Masse métallique sur laquelle on bat les métaux.

encoche n. f. ▫ Petite entaille.

encocher v. tr. ▫ Faire une encoche à.

encoder v. tr. ▫ didact. Produire selon un code. ▶ **encodage** n. m.

encoignure n. f. ▫ Angle intérieur de deux murs.

encoller v. tr. ▫ Enduire de colle, de gomme, etc. ▶ **encollage** n. m.

encolure n. f. **1.** Partie du corps (du cheval, etc.) qui s'étend entre la tête et le poitrail. **2.** Partie (du vêtement) où passe la tête.

encombrant, ante adj. ▫ Qui encombre.

sans **encombre** loc. adv. ▫ Sans incident.

encombrement n. m. **1.** État de ce qui est encombré (1). **2.** Amas de choses qui encombrent. **3.** Dimensions, volume (d'un objet).

encombrer v. tr. **1.** Remplir en s'entassant, en faisant obstacle. **2.** fig. Occuper à l'excès. ▷ v. pron. s'**encombrer** de Se charger de (qqn, qqch. de gênant).

à l'**encontre** ▫ littér. loc. prép. *À l'encontre de* : contre.

encorbellement n. m. ▫ archit. Construction en saillie sur un mur.

s'**encorder** v. pron. ▫ alpin. S'attacher avec une corde pour constituer une cordée.

encore adv. **1.** Marque la persistance d'une action ou d'un état au moment considéré. – *PAS ENCORE* : pas au moment présent. **2.** Marquant une idée de répétition ou de supplément. *J'en veux encore.* **3.** Introduisant une restriction. *Si encore il faisait un effort...*

encorné, ée adj. ▫ Qui a des cornes.

encorner v. tr. ▫ Blesser à coups de cornes.

encornet n. m. ▫ région. Calmar.

encouragement n. m. **1.** Action d'encourager. **2.** Acte, parole qui encourage.

encourager v. tr. **1.** Donner du courage à (qqn). – (avec *à* + inf.) → **inciter. 2.** Aider ou favoriser par une protection, des subventions... ▶ **encourageant, ante** adj.

encourir v. tr. ▫ littér. S'exposer à (qqch. de fâcheux).

encrasser v. tr. ▫ Couvrir d'un dépôt qui empêche le bon fonctionnement. ▷ v. pron. s'**encrasser** ▶ **encrassement** n. m.

encre n. f. **1.** Liquide coloré, utilisé pour écrire. ▪ fam. *Se faire un sang d'encre,* beaucoup de souci. **2.** Liquide noir émis par certains céphalopodes.

encrer v. tr. ▫ Enduire d'encre (typographique...). ▶ **encreur** adj. m. ▶ **encrage** n. m.

encrier n. m. ▫ Petit récipient pour l'encre.

encroûter v. tr. **1.** Couvrir d'une croûte. **2.** fig. Enfermer (qqn) dans des habitudes figées. ▶ **encroûtement** n. m.

enculer v. tr. ▫ vulg. Sodomiser. ▷ n. **enculé, ée** (terme injurieux).

encyclique n. f. ▫ Lettre du pape aux évêques.

encyclopédie n. f. ▫ Ouvrage où l'on expose les connaissances dans tous les domaines. – Ouvrage analogue qui traite d'un domaine. ▶ **encyclopédique** adj.

encyclopédiste n. ▫ Auteur d'une encyclopédie.

endémie n. f. ▫ méd. Présence habituelle d'une maladie dans une région donnée.

endémique adj. **1.** méd. Qui a un caractère d'endémie. **2.** fig. Qui sévit constamment.

endetter v. tr. ▫ Engager dans des dettes. ▷ v. pron. s'**endetter** ▶ **endettement** n. m.

endeuiller v. tr. ▫ Plonger dans le deuil, la tristesse.

endiablé, ée adj. ▫ D'une grande vivacité.

endiguer v. tr. **1.** Contenir au moyen de digues. **2.** fig. Retenir. ▶ **endiguement** n. m.

s'**endimancher** v. pron. ▫ S'habiller de manière plus soignée que d'habitude.

endive n. f. ▫ Pousse blanche d'une variété de chicorée.

endocarde n. m. ▫ anat. Tunique interne du cœur.

endocarpe n. m. ▫ Partie interne du fruit.

endocrine adj. f. ▫ Se dit des glandes dont les produits sont déversés dans le sang. ▶ **endocrinien, ienne** adj.

endocrinologie n. f. ▫ Discipline médicale qui traite des glandes endocrines. ▶ **endocrinologue** ou **endocrinologiste** n.

endoctriner v. tr. ▫ péj. Faire adhérer à une doctrine. ▶ **endoctrinement** n. m.

endogène adj. ▫ didact. Qui est dû à une cause interne.

endolorir v. tr. ▫ Rendre douloureux. ▷ adj. **endolori, ie** ▶ **endolorissement** n. m.

endomètre n. m. ▫ anat. Muqueuse de l'utérus.

endométriose n. f. ▫ méd. Affection caractérisée par la présence anormale d'endomètre.

endommager v. tr. ▫ Causer des dommages à (qqch.). ▶ **endommagement** n. m.

endormant, ante adj. ▫ Qui donne envie de dormir à force d'ennui.

endormi, ie adj. **1.** En train de dormir. ▪ Où tout semble en sommeil. **2.** Inerte.

endormir v. tr. **1.** Faire dormir. **2.** Donner envie de dormir à (qqn) par ennui. **3.** fig., littér. Calmer (une sensation, etc. pénible). ▷ v. pron. s'**endormir** **1.** Commencer à dormir. **2.** fig., littér. Perdre de sa vivacité. ▶ **endormissement** n. m.

endorphine n. f. ▫ sc. Substance sécrétée par l'hypophyse, qui lutte contre la douleur.

endos n. m. ▫ Mention au dos (d'une traite, etc.) pour ordonner son paiement.

endoscope n. m. ▫ méd. Instrument optique servant à l'examen des cavités profondes du corps (l'*endoscopie* n. f.).

endosser v. tr. **I. 1.** Mettre sur son dos (un vêtement). **2.** Assumer la responsabilité de. **II.** Mettre un endos sur (une traite, etc.). ▶ **endossement** n. m. ▶ **endossable** adj.

endroit n. m. **I. 1.** Partie déterminée d'un espace. *Un bel endroit.* **2.** Place déterminée, localisée (d'une chose, du corps). **II.** Côté destiné à être vu, dans un objet à deux faces. – *À L'ENDROIT* loc. adv. : du bon côté.

enduire v. tr. ▫ Recouvrir (une surface) d'une matière qui imprègne.

enduit n. m. ▫ Préparation qu'on applique sur une surface pour protéger. – Préparation préalable à la peinture.

endurance n. f. ▫ Aptitude à résister à la fatigue. ▶ **endurant, ante** adj.

endurci, ie adj. **1.** Devenu dur, insensible. **2.** Invétéré.

endurcir v. tr. ◻ Rendre (qqn) plus résistant. ▷ v. pron. s'**endurcir** ▶ **endurcissement** n. m.

endurer v. tr. ◻ Supporter (ce qui est dur).

enduro n. m. ◻ anglic. Épreuve d'endurance en moto.

énergétique **I.** adj. Relatif à l'énergie. **II.** n. f. Science de l'énergie.

énergie n. f. **I.** Force dans l'action. ▪ Vitalité physique. **II.** sc. **1.** Caractère d'un système capable de produire du travail. **2.** Énergie chimique potentielle de l'organisme vivant.

énergique adj. **1.** Actif. **2.** (personnes ; actions) Qui a ou marque de l'énergie. ▶ **énergiquement** adv.

énergisant, ante adj. et n. m. ◻ Se dit d'un produit qui stimule.

énergivore adj. ◻ Qui consomme beaucoup d'énergie.

énergumène n. ◻ Personne exaltée qui parle, gesticule avec excès.

énervant, ante adj. ◻ Agaçant.

énervé, ée adj. ◻ Qui est dans un état de nervosité inhabituel.

énerver v. tr. ◻ Provoquer de la nervosité. ▷ v. pron. s'**énerver** Devenir de plus en plus nerveux. ▶ **énervement** n. m.

enfance n. f. ◻ Première période de la vie humaine, de la naissance à l'adolescence.

enfant n. **I.** Être humain dans l'âge de l'enfance. **II.** **1.** Être humain à l'égard de sa filiation. – *Enfant naturel*, né hors mariage. **2.** Descendant.

enfanter v. tr. **1.** littér. Mettre au monde (un enfant). **2.** fig. Créer (une œuvre). ▶ **enfantement** n. m.

enfantillage n. m. ◻ Comportement puéril.

enfantin, ine adj. **1.** Qui est propre à l'enfance. **2.** Très facile. ▶ **enfantinement** adv.

enfariné, ée adj. ◻ Couvert de farine. – fam. *Venir le bec enfariné*, avec de naïves certitudes.

enfer n. m. **I.** **1.** relig. chrét. Lieu destiné au supplice des damnés. ▪ *D'ENFER* loc. adj. : qui évoque l'enfer ; fig. très intense ; fam. fabuleux. **2.** fig. Lieu, occasion de souffrance. **II.** *LES ENFERS* : lieu souterrain habité par les morts (mythol. et diverses religions).

enfermer v. tr. **1.** Mettre en un lieu d'où il est impossible de sortir. ▪ pronom. *S'ENFERMER.* Fermer sa porte pour s'isoler. **2.** Mettre (qqch.) dans un lieu clos. ▶ **enfermement** n. m.

s'**enferrer** v. pron. ◻ Se prendre à ses propres pièges.

enfiévrer v. tr. ◻ littér. Animer d'une vive ardeur.

enfilade n. f. ◻ Suite de choses en file.

enfiler v. tr. **1.** Passer un fil, un lien à l'intérieur de (un objet percé). **2.** Mettre (un vêtement). **3.** fam. *S'ENFILER qqch.*, l'avaler. ▶ **enfilage** n. m.

enfin adv. **1.** Au terme d'une longue attente. *Enfin seuls !* **2.** En dernier lieu (dans une succession). **3.** (pour rectifier) *Elle est blonde, enfin rousse.*

enflammer v. tr. **1.** Mettre en flammes. **2.** Mettre dans un état inflammatoire. **3.** Remplir d'ardeur. ▷ v. pron. s'**enflammer** **1.** Prendre feu. **2.** S'enthousiasmer. ▷ adj. **enflammé, ée**

enflé, ée adj. ◻ Atteint d'enflure.

enfler v. **I.** v. tr. **1.** Faire augmenter de volume. ▪ Provoquer l'enflure de (une partie du corps). **2.** fig. Exagérer. **II.** v. intr. Augmenter anormalement de volume.

enflure n. f. ◻ État d'une partie du corps qui enfle.

enfoiré, ée n. ◻ (injure) Imbécile.

enfoncé, ée adj. ◻ Qui rentre dans le visage, dans le corps.

enfoncement n. m. **1.** Action d'enfoncer ; fait de s'enfoncer. **2.** Partie située vers le fond ou en retrait.

enfoncer v. **I.** v. tr. **1.** Faire aller vers le fond, faire pénétrer profondément. ▪ *Enfoncer le clou :* recommencer une explication. **2.** fig. Entraîner (dans une situation comparable à un abîme). **3.** Briser (une porte, etc.) en poussant. – *Enfoncer une porte ouverte :* démontrer une évidence. **II.** v. intr. Aller vers le fond. ▷ v. pron. s'**enfoncer**

enfouir v. tr. **1.** Mettre en terre après avoir creusé le sol. **2.** *ENFOUIR SOUS, DANS qqch. :* enfoncer, cacher. ▶ **enfouissement** n. m.

enfourcher v. tr. ▫ Se mettre à califourchon sur (un cheval, une bicyclette).

enfourner v. tr. ▫ Mettre dans un four (du pain, un aliment, des poteries). ▶ **enfournement** ou **enfournage** n. m.

enfreindre v. tr. ▫ littér. Ne pas respecter (une loi...).

s'**enfuir** v. pron. ▫ S'éloigner en fuyant, ou en hâte.

enfumer v. tr. ▫ Remplir ou environner de fumée. ▶ **enfumage** n. m.

engageant, ante adj. ▫ Attirant, séduisant.

engagement n. m. **1.** Action de se lier par une promesse ou une convention. **2.** Contrat par lequel un individu s'engage à servir dans l'armée. ▪ Contrat par lequel qqn loue son service. **3.** Fait d'être engagé (II, 1). **4.** milit. Combat localisé. **5.** sports Coup d'envoi (d'un match...). **6.** Acte ou attitude d'une personne qui s'engage politiquement.

engager v. tr. **I. 1.** Mettre, donner (qqch.) en gage. **2.** Lier par une promesse ou une convention. **3.** Recruter (qqn) par engagement. **II. 1.** Faire entrer (dans qqch. qui retient ; dans un lieu resserré). **2.** Commencer, entamer. **III.** *ENGAGER qqn À,* tenter d'amener à. ▷ v. pron. s'**engager 1.** Se lier par une promesse, une convention. **2.** Contracter un engagement (2). **3.** Entrer, avancer (dans). **4.** (choses) Commencer. **5.** Se mettre au service d'une cause politique ou sociale. – au p. p. *Écrivain engagé.*

engeance n. f. ▫ Catégorie de personnes méprisables.

engelure n. f. ▫ Lésion, enflure, due au froid.

engendrer v. tr. **1.** littér. Donner la vie à (un enfant). **2.** Avoir pour effet (qqch.). ▶ **engendrement** n. m.

engin n. m. ▫ Appareil, instrument, machine. – (armes) Projectiles autopropulsés.

englober v. tr. **1.** *ENGLOBER (qqch.) dans :* faire entrer dans (un ensemble déjà existant). **2.** Réunir en un tout (des choses ou personnes).

engloutir v. tr. **1.** Avaler gloutonnement. **2.** (sujet chose) Faire disparaître en submergeant. ▶ **engloutissement** n. m.

engluer v. tr. **1.** Prendre dans une matière gluante. **2.** Enduire de glu, d'une matière gluante. ▶ **engluement** n. m.

engobe n. m. ▫ techn. Enduit appliqué sur la pâte céramique, avant cuisson. ▶ **engober** v. tr.

engoncer v. tr. ▫ (vêtement) Habiller en faisant paraître le cou enfoncé dans les épaules.

engorger v. tr. **1.** Obstruer (un conduit...). **2.** Obstruer (une voie de communication). ▶ **engorgement** n. m.

s'**engouer** v. pron. ▫ *S'engouer de :* se prendre d'une passion pour (qqn ou qqch.). ▶ **engouement** n. m.

engouffrer v. tr. 1. littér. Faire disparaître comme dans un gouffre. 2. fam. Manger avidement. ▷ v. pron. s'**engouffrer** Entrer précipitamment (dans).

engoulevent n. m. ▫ Oiseau passereau brun-roux.

engourdir v. tr. 1. Priver en grande partie (un membre, le corps) de sensibilité. 2. Mettre dans un état de moindre réaction. ▷ v. pron. s'**engourdir** ▷ adj. **engourdi, ie** ▶ **engourdissement** n. m.

engrais n. m. ▫ Substance que l'on mêle au sol pour le fertiliser.

engraisser v. I. v. tr. 1. Faire grossir (des animaux). 2. Enrichir (une terre) par de l'engrais. II. v. intr. Devenir gras, gros. ▶ **engraissement** et **engraissage** n. m.

engranger v. tr. 1. Mettre (une récolte) en grange. 2. fig., littér. Mettre en réserve. ▶ **engrangement** n. m.

engrenage n. m. 1. Système de roues dentées, de pignons qui s'engrènent. 2. fig. Enchaînement à caractère mécanique et irréversible.

① **engrener** v. tr. ▫ agric. Emplir de grain.

② **engrener** v. tr. ▫ Faire entrer (les dents d'une roue) dans les espaces correspondants d'une autre roue.

engrosser v. tr. ▫ vulg. Rendre (une femme) enceinte.

engueuler v. tr. ▫ fam. 1. Invectiver bruyamment. 2. Réprimander. ▶ **engueulade** n. f.

enguirlander v. tr. I. Orner de guirlandes. II. fam. Réprimander.

enhardir v. tr. ▫ Rendre hardi, plus hardi. ▷ v. pron. s'**enhardir**

énième adj. ▫ Qui occupe un rang non précisé (mais élevé).

énigmatique adj. 1. Qui tient de l'énigme. 2. (personnes) Mystérieux.

énigme n. f. 1. Jeu d'esprit où l'on donne à deviner une chose définie ou écrite en termes obscurs. 2. Mystère.

enivrant, ante adj. ▫ Qui remplit d'une sorte d'ivresse.

enivrer v. tr. 1. littér. Rendre ivre. – pronom. Se mettre en état d'ivresse. 2. fig. Remplir d'une sorte d'ivresse. ▶ **enivrement** n. m.

enjambée n. f. ▫ Grand pas.

enjambement n. m. ▫ Rejet vers le vers suivant d'un ou plusieurs mots nécessaires au sens du vers précédent.

enjamber v. tr. ▫ Franchir (un obstacle) en étendant la jambe.

enjeu n. m. 1. Argent mis en jeu au début d'une partie. 2. par ext. Ce que l'on peut gagner ou perdre.

enjoindre v. tr. ▫ littér. *Enjoindre à qqn de* (+ inf.), ordonner.

enjôler v. tr. ▫ littér. Abuser par de belles paroles.

enjôleur, euse adj. et n. ▫ Qui est habile à enjôler.

enjoliver v. tr. ▫ Orner de façon à rendre plus joli. ▶ **enjolivement** n. m.

enjoliveur n. m. ▫ Garniture métallique des roues de voiture.

enjolivure n. f. ▫ Ornement qui enjolive.

enjoué, ée adj. ▫ Qui a ou marque de l'enjouement.

enjouement n. m. ▫ littér. Disposition à la bonne humeur.

s'**enkyster** v. pron. ▫ méd. Former un kyste.

enlacer v. tr. 1. Entourer plusieurs fois en serrant. 2. Serrer (qqn) dans ses bras. ▷ v. pron. s'**enlacer** ▶ **enlacement** n. m. littér.

enlaidir v. 1. v. tr. Rendre laid, plus laid. 2. v. intr. Devenir laid. ▶ **enlaidissement** n. m.

enlevé, ée adj. ▫ Fait avec brio.

enlèvement n. m. □ Action d'enlever. – spécialt → **kidnappage.**

enlever v. tr. **I. 1.** Faire qu'une chose ne soit plus là où elle était. **2.** Priver (qqn) de. *Vous m'enlevez tout espoir.* **II. 1.** Prendre avec soi. **2.** S'emparer de. **3.** Prendre (qqn) avec soi, par force. ▷ v. pron. s'**enlever 1.** Se déplacer, se retirer. **2.** Disparaître.

enliser v. tr. □ Enfoncer en terrain mouvant. ▷ v. pron. s'**enliser** ▶ **enlisement** n. m.

enluminer v. tr. **1.** Orner d'enluminures. **2.** Colorer vivement.

enlumineur, euse n. □ Artiste spécialisé dans l'enluminure.

enluminure n. f. **1.** Miniature ornant d'anciens manuscrits. **2.** Art des enlumineurs.

enneigé, ée adj. □ Couvert de neige.

enneigement n. m. □ État d'une surface enneigée ; hauteur de la neige.

ennemi, ie n. **I. 1.** Personne qui est hostile et cherche à nuire (à qqn). ■ adj. *Des familles ennemies.* **2.** Personne qui a de l'aversion (pour qqch.). **II.** (au plur. ou sing. collectif) Ceux contre lesquels on est en guerre, leur nation ou leur armée.

ennoblir v. tr. □ Donner de la noblesse à (qqn, qqch.). ▶ **ennoblissement** n. m.

ennui n. m. **1.** Peine qu'on éprouve d'une contrariété ; cette contrariété. **2.** Impression de vide causée par le désœuvrement.

ennuyer v. tr. **1.** Causer de la contrariété à (qqn). **2.** Importuner (qqn). **3.** Remplir (qqn) d'ennui (2). ▷ v. pron. s'**ennuyer 1.** Éprouver de l'ennui (2). **2.** *S'ennuyer de qqn,* souffrir de son absence.

ennuyeux, euse adj. **1.** Qui cause de la contrariété. **2.** Qui ennuie (3). ▶ **ennuyeusement** adv.

énoncé n. m. **1.** Ensemble de formules exprimant (qqch.) de façon précise. **2.** ling. Segment de discours.

énoncer v. tr. □ Exprimer (ce qu'on veut dire) en termes nets.

énonciation n. f. □ Action, manière d'énoncer.

enorgueillir v. tr. □ littér. Rendre orgueilleux. ▷ v. pron. s'**enorgueillir** Tirer vanité (de qqch.).

énorme adj. **1.** Qui dépasse ce que l'on a l'habitude d'observer. **2.** Dont les dimensions sont considérables. ▶ **énormément** adv.

énormité n. f. **1.** Importance considérable. **2.** Très grosse faute ou maladresse.

s'**enquérir** v. pron. □ littér. *S'enquérir de :* s'informer de ; se renseigner.

enquête n. f. **1.** Recherche de la vérité par l'audition de témoins, l'accumulation d'informations. – Phase de l'instruction criminelle comportant les interrogatoires. **2.** Étude d'une question par le rassemblement des avis des intéressés.

enquêter v. intr. □ Faire une enquête. ▶ **enquêteur, euse** (ou **enquêtrice)** n.

enquiquiner v. tr. □ fam. Ennuyer. ▶ **enquiquinant, ante** adj. ▶ **enquiquineur, euse** n.

enraciner v. tr. **1.** Faire prendre racine à (un arbre, une plante). **2.** fig. Fixer (dans l'esprit, le cœur). ■ Établir de façon durable (dans un pays). ▷ adj. **enraciné, ée** ▶ **enracinement** n. m.

enrager v. intr. □ Éprouver un violent dépit. – *Faire enrager qqn,* l'exaspérer en le taquinant. ▷ adj. **enragé, ée** ▶ **enrageant, ante** adj.

enrayer v. tr. **1.** Empêcher accidentellement de fonctionner (une arme à feu, un mécanisme). **2.** fig Arrêter dans son cours (un mal...). ▷ v. pron. s'**enrayer** ▶ **enraiement** ou **enrayement** n. m.

enrégimenter v. tr. ◻ péj. Embrigader.

enregistrement n. m. **1.** dr. Transcription sur un registre public. – Administration chargée de ce service. ▪ Opération par laquelle on enregistre les bagages. **2.** Action ou manière d'enregistrer (2).

enregistrer v. tr. **1.** Inscrire sur un registre. – dr. Procéder à l'enregistrement de. ▪ Inscrire (les bagages qui ne restent pas avec le voyageur). **2.** Transcrire et fixer sur un support matériel (une information ; des sons, des images). ▶ **enregistreur, euse** adj. et n. m. (appareil) **3.** inform. Sauvegarder (des données).

enrhumer v. tr. ◻ Causer le rhume de (qqn). – pronom. Attraper un rhume.

enrichir v. tr. **1.** Rendre riche ou plus riche. **2.** fig. Rendre plus riche en ajoutant qqch. ▷ v. pron. s'**enrichir** ▷ adj. **enrichi, ie** ▶ **enrichissement** n. m.

enrichissant, ante adj. ◻ Qui enrichit l'esprit.

enrober v. tr. **1.** Entourer (un produit...) d'une couche protectrice. **2.** fig. Envelopper pour adoucir. ▶ **enrobage** et **enrobement** n. m.

enrôler v. tr. **1.** Inscrire sur les rôles (I) de l'armée ; amener à s'engager. **2.** fig. → **embrigader.** ▷ v. pron. s'**enrôler** ▶ **enrôlement** n. m.

enrouer v. tr. ◻ Rendre (la voix) rauque. ▷ v. pron. s'**enrouer** ▷ adj. **enroué, ée** ▶ **enrouement** n. m.

enroulement n. m. ◻ Ornement en spirale.

enrouler v. tr. ◻ Rouler (une chose) sur elle-même ou autour de qqch. ▷ v. pron. s'**enrouler** ▶ **enrouleur, euse** adj. et n. m.

enrubanner v. tr. ◻ Garnir de rubans.

ensabler v. tr. **1.** Enfoncer dans le sable. **2.** Remplir (un lieu naturel) de sable. ▷ v. pron. s'**ensabler** ▶ **ensablement** n. m.

ensacher v. tr. ◻ Mettre en sachet. ▶ **ensachage** n. m.

ensanglanter v. tr. ◻ Tacher, souiller de sang.

enseignant, ante adj. et n. ◻ Qui enseigne.

enseigne I. n. f. **1.** *À TELLE ENSEIGNE QUE* : si bien que. **2.** Panneau qui signale un établissement. – *Être logé À LA MÊME ENSEIGNE que qqn,* être dans la même situation désagréable. **II.** n. m. Officier de la marine de guerre.

enseignement n. m. **1.** Action d'enseigner. ▪ Profession des enseignants. **2.** littér. Leçon.

enseigner v. tr. **1.** Transmettre à un élève (des connaissances...). **2.** Apprendre à qqn (par l'exemple, etc.).

ensemble I. adv. L'un avec l'autre, les uns avec les autres. **II.** n. m. **1.** Unité tenant à l'harmonie des éléments, etc. **2.** Totalité d'éléments constituant un tout. – *DANS L'ENSEMBLE* loc. adv. : dans les grandes lignes. **3.** Groupe de plusieurs personnes ou choses réunies en un tout. *Ensemble vocal.* ▪ Pièces d'habillement assorties. ▪ math. Collection d'éléments ayant en commun certaines propriétés.

ensemencer v. tr. **1.** Pourvoir de semences (une terre). **2.** Peupler (une rivière) de poisson. ▶ **ensemencement** n. m.

enserrer v. tr. ◻ littér. (sujet chose) Entourer en serrant.

ensevelir v. tr. **1.** littér. Mettre (un mort) au tombeau. **2.** (sujet chose) Faire disparaître sous un amoncellement. ▶ **ensevelissement** n. m. littér.

ensiler v. tr. ◻ Mettre en silo. – var. **ensiloter.** ▶ **ensilage** n. m. – var. **ensilotage**

ensoleillement n. m. **1.** État d'un lieu ensoleillé. **2.** Temps pendant lequel un lieu est ensoleillé.

ensoleiller v. tr. **1.** Remplir de la lumière du soleil. **2.** fig., littér. → **illuminer.** ▷ adj. **ensoleillé, ée**

ensommeillé, ée adj. ▫ Mal réveillé, encore sous l'influence du sommeil.

ensorceler v. tr. **1.** Soumettre (qqn) à l'action d'un sortilège. **2.** fig. Captiver. ▶ **ensorcelant, ante** adj. ▶ **ensorcellement** n. m. ▶ **ensorceleur, euse** adj. et n.

ensuite adv. **1.** Après cela, plus tard. **2.** Derrière, en suivant. ▪ fig. En second lieu.

s'**ensuivre** v. pron. ▫ Survenir en tant qu'effet ou conséquence. – impers. *Il s'ensuit que* : il résulte que.

entablement n. m. ▫ archit. Saillie d'un mur, qui supporte la charpente.

entacher v. tr. **1.** littér. Marquer d'une tache morale. **2.** *(ÊTRE) ENTACHÉ, ÉE DE* : gâté par (un défaut).

entaille n. f. **1.** Coupure qui enlève une partie, laisse une marque ; cette marque. **2.** Incision profonde dans les chairs. ▶ **entailler** v. tr.

entame n. f. ▫ Premier morceau coupé (d'une chose à manger).

entamer v. tr. **I. 1.** Enlever en coupant une partie à (qqch. dont on n'a encore rien pris). **2.** Diminuer (un tout encore intact) en utilisant une partie. **II.** Commencer à faire (qqch.).

entartrer v. tr. ▫ Recouvrir de tartre. ▶ **entartrage** n. m.

entassement n. m. **1.** Action d'entasser, de s'entasser. **2.** Choses entassées.

entasser v. tr. **1.** Mettre (des choses) en tas. **2.** Réunir (des personnes) dans un espace trop étroit. **3.** Amasser.

entendement n. m. ▫ Ensemble des facultés intellectuelles.

entendeur n. m. ▫ *À BON ENTENDEUR, SALUT* : que celui qui comprend en profite.

entendre v. tr. **I.** littér. *ENTENDRE QUE* (+ subj.), *ENTENDRE* (+ inf.) : avoir l'intention de. **II. 1.** littér. Saisir par l'intelligence. **2.** (personnes) Vouloir dire. **III. 1.** Percevoir par le sens de l'ouïe. – *Il ne l'entend pas de cette oreille*, il n'est pas d'accord. **2.** absolt Percevoir (plus ou moins bien) par l'ouïe. ▷ v. pron. s'**entendre 1.** littér. Être compris. **2.** Être perçu par l'ouïe. **3.** Se mettre d'accord. ▪ Avoir des rapports (bons ou mauvais).

entendu, ue adj. **1.** Décidé après accord. – *Entendu !* → d'**accord.** ▪ *BIEN ENTENDU* loc. adv. → **évidemment. 2.** *Un air entendu*, complice.

entente n. f. **I.** vx Compréhension. **II.** Fait de s'entendre ; état qui en résulte. ▪ *(Bonne) entente*, relations amicales entre personnes.

enter v. tr. ▫ Greffer.

entériner v. tr. **1.** dr. Rendre définitif, valide (un acte). **2.** Admettre ou consacrer. ▶ **entérinement** n. m.

entérite n. f. ▫ Inflammation intestinale.

enterrement n. m. ▫ Action d'enterrer un mort. – Cérémonies qui s'y rattachent.

enterrer v. tr. **I. 1.** Déposer le corps de (qqn) dans la terre, dans une sépulture. **2.** fig. Abandonner (comme une chose finie). **II. 1.** Enfouir dans la terre. **2.** Recouvrir d'un amoncellement. **3.** pronom. fig. Se retirer (dans un lieu).

entêtant, ante adj. ▫ Qui entête.

en-tête n. m. ▫ Inscription en tête d'un texte, d'une lettre.

entêté, ée adj. ▫ Qui s'entête.

entêtement n. m. ▫ Fait de s'entêter. ▪ Caractère d'une personne têtue.

entêter v. **I.** v. tr. littér. Incommoder par des émanations qui montent à la tête. **II.** v. pron. *S'ENTÊTER À* (faire qqch.), *DANS* (une opinion, etc.) : s'obstiner.

enthousiasme n. m. **1.** Émotion vive portant à admirer. **2.** Émotion vive et joyeuse. ▶ **enthousiaste** adj. et n.

enthousiasmer v. tr. ▫ Remplir d'enthousiasme. – pronom. *S'enthousiasmer pour qqn, qqch.* ▶ **enthousiasmant, ante** adj.

s'enticher v. pron. ▫ *S'enticher de :* se prendre d'un goût extrême et irraisonné pour. ▶ **entichement** n. m. rare

entier, ière adj. **1.** Dans toute son étendue. – *EN ENTIER* loc. adv. : complètement. **2.** *Lait entier,* non écrémé. ▪ *Nombre entier,* composé d'unités. ▶ **entièrement** adv. ▶ **entièreté** n. f.

entité n. f. ▫ didact. Abstraction considérée comme une réalité.

entoiler v. tr. ▫ Fixer sur une toile. ▪ Renforcer d'une toile. ▶ **entoilage** n. m.

entomologie n. f. ▫ Partie de la zoologie qui traite des insectes. ▶ **entomologique** adj. ▶ **entomologiste** n.

① **entonner** v. tr. ▫ Verser dans un tonneau. ▶ **entonnage** n. m.

② **entonner** v. tr. ▫ Commencer à chanter.

entonnoir n. m. ▫ Instrument conique servant à verser un liquide dans un récipient étroit.

entorse n. f. **1.** Lésion douloureuse d'une articulation. **2.** fig. *Faire une entorse à,* ne pas respecter.

entortiller v. tr. **1.** Tortiller (qqch.), notamment autour d'un objet. **2.** fig. Persuader (qqn) par la ruse. **3.** Compliquer (des propos). ▷ v. pron. s'**entortiller** ▶ **entortillage** ou **entortillement** n. m.

entour n. m. ▫ au plur. littér. Environs (d'un lieu).

entourage n. m. ▫ Personnes qui vivent dans la familiarité (de qqn).

entourer v. tr. **1.** Garnir de qqch. qu'on met tout autour ; mettre autour de. **2.** (sujet chose) Être autour de (qqch., qqn). **3.** S'occuper de (qqn), soutenir. – passif et p. p. *Elle est très entourée.* ▷ v. pron. s'**entourer** Réunir, mettre autour de soi.

entourloupette n. f. ▫ fam. Mauvais tour joué à qqn. – syn. fam. **entourloupe** n. f.

entournure n. f. ▫ *Être gêné aux entournures,* mal à l'aise, en difficulté.

entracte n. m. ▫ Intervalle entre les parties d'un spectacle.

s'entraider v. pron. ▫ S'aider mutuellement. ▶ **entraide** n. f.

entrailles n. f. pl. **1.** Ensemble des organes de l'abdomen (hommes, animaux). **2.** fig. Partie profonde, intime (de qqch., de qqn).

entrain n. m. ▫ Vivacité et bonne humeur.

entraînant, ante adj. ▫ Qui donne de l'entrain.

entraînement n. m. **I.** Mouvement par lequel qqn se trouve déterminé à agir. **II.** Action d'entraîner (II) qqn, de s'entraîner.

entraîner v. tr. **I. 1.** Emmener de force avec soi. **2.** Mener (qqn) avec soi. **3.** fig. (sujet chose) Pousser (qqn) par un enchaînement. **4.** Avoir pour conséquence. **II. 1.** Préparer à une performance (sportive) au moyen d'exercices appropriés. **2.** → **former.** ▷ v. pron. s'**entraîner**

entraîneur, euse n. ▫ Personne qui entraîne (des chevaux ; des sportifs).

entraîneuse n. f. ▫ Jeune femme employée dans les bars pour engager les clients à consommer.

entrave n. f. ▫ Ce qui retient, gêne.

entraver v. tr. ▫ Empêcher de se faire, de se développer.

entre prép. **I. 1.** Dans l'espace qui sépare (des choses, des personnes). **2.** Dans le temps qui sépare (deux dates, deux époques...). **3.** fig. À égale distance de. **II. 1.** (En tirant d'un ensemble) → **parmi. 2.** suivi d'un pron. pers. En ne sortant pas d'un groupe. **III. 1.** (réciprocité) L'un l'autre, l'un à l'autre, avec l'autre. *Dialogue entre deux personnes.* **2.** (comparaison) *Il n'y a rien de commun entre lui et moi.*

entrebâiller v. tr. ▫ Ouvrir très peu (une porte...). ▷ adj. **entrebâillé, ée** ▶ **entrebâillement** n. m.

entrechat n. m. ▫ danse Saut pendant lequel les pieds passent rapidement l'un devant l'autre.

entrechoquer v. tr. ▫ Heurter l'un contre l'autre. ▷ v. pron. s'**entrechoquer** ▶ **entrechoquement** n. m.

entrecôte n. f. ▫ Morceau de viande de bœuf coupé entre les côtes.

entrecouper v. tr. ▫ Interrompre par intervalles.

entrecroiser v. tr. ▫ Croiser ensemble plusieurs fois. ▷ v. pron. s'**entrecroiser** ▶ **entrecroisement** n. m.

s'**entredéchirer** v. pron. ▫ Se détruire mutuellement.

entre-deux n. m. invar. ▫ État entre deux extrêmes.

entre-deux-guerres n. m. invar. ▫ Période entre deux guerres.

s'**entredévorer** v. pron. ▫ Se dévorer mutuellement.

entrée n. f. **I. 1.** Passage de l'extérieur à l'intérieur. → **arrivée. 2.** Possibilité d'entrer dans un lieu. ▪ Titre pour entrer. – *AVOIR SES ENTRÉES chez qqn*, y être reçu. **II. 1.** Ce qui donne accès ; endroit par où l'on entre. **2.** Pièce à l'entrée d'un appartement. **III.** *D'ENTRÉE DE JEU* loc. adv. : dès le commencement. **IV.** Plat qui est servi avant le plat principal.

sur ces **entrefaites** loc. adv. ▫ À ce moment.

entrefilet n. m. ▫ Court article de journal.

entregent n. m. ▫ Adresse à se conduire en société.

entrejambe n. m. ▫ Partie d'un pantalon, d'une culotte, entre les jambes.

entrelacer v. tr. ▫ Enlacer l'un dans l'autre. ▷ v. pron. s'**entrelacer** ▶ **entrelacement** n. m.

entrelacs n. m. ▫ Ornement composé de motifs entrelacés.

entrelarder v. tr. **1.** Piquer de lardons. **2.** fig. Parsemer.

entremêler v. tr. ▫ Mêler (des choses différentes). ▷ v. pron. s'**entremêler** ▶ **entremêlement** n. m.

entremets n. m. ▫ Préparation servie comme dessert (excluant la pâtisserie).

entremetteur, euse n. ▫ péj. Intermédiaire dans les intrigues amoureuses.

s'**entremettre** v. pron. ▫ Intervenir entre des personnes pour les rapprocher.

entremise n. f. ▫ Action d'une personne qui s'entremet. – *Par l'entremise de...* → **moyen.**

entrepont n. m. ▫ Espace entre deux ponts d'un navire.

entreposer v. tr. **1.** Déposer dans un entrepôt. ▶ **entreposage** n. m. **2.** Laisser en garde.

entrepôt n. m. ▫ Bâtiment servant de dépôt pour les marchandises.

entreprenant, ante adj. ▫ Qui entreprend avec audace.

entreprendre v. tr. **I.** Se mettre à faire (qqch.). **II.** Tâcher de convaincre, de séduire (qqn).

entrepreneur, euse n. **1.** Personne, société qui se charge d'un travail (spécialt, de travaux de construction) par un contrat d'entreprise (2). **2.** Personne qui dirige une entreprise pour son compte. ▶ **entrepreneurial, iale, iaux** adj. ▶ **entrepreneuriat** n. m.

entreprise n. f. **1.** Ce qu'on se propose d'entreprendre ; mise à exécution d'un projet. **2.** Organisation de production de biens ou de services à caractère commercial.

entrer v. intr. (auxiliaire *être*) et tr. (auxiliaire *avoir*) **I.** v. intr. **1.** (êtres vivants) Passer du dehors au dedans. **2.** Commencer à être dans (un lieu), à (un endroit). **3.** absolt Passer à l'intérieur, dedans. **II.** v. intr. (temporel) **1.** Commencer à être (dans une période). **2.** *ENTRER EN* : commencer à être dans (un état). **III.** v. intr. Être compris dans ; être un élément de. **IV.** v. tr. Faire entrer (qqch.).

entresol n. m. ▫ Étage entre le rez-de-chaussée et le premier étage.

entre-temps adv. ▫ Pendant ce temps.

entretenir v. tr. **I. 1.** Faire durer. – *Entretenir de bons rapports avec ses voisins.* **2.** Maintenir en bon état. **3.** Fournir ce qui est nécessaire à la subsistance de (qqn). – *Être entretenu*, vivre de la générosité de qqn, des autres. **II.** *ENTRETENIR qqn DE qqch.*, lui en parler. – pronom. Converser (avec qqn).

entretien n. m. **I.** Soins, réparations, dépenses qu'exige le maintien en bon état. **II.** Action d'échanger des paroles avec qqn.

entretoise n. f. ▫ Pièce qui sert à relier des poutres, etc.

s'**entretuer** v. pron. ▫ Se tuer mutuellement.

entrevoir v. tr. **1.** Voir à demi. **2.** Avoir une lueur soudaine de.

entrevue n. f. ▫ Rencontre concertée entre personnes qui ont à parler.

entrisme n. m. ▫ polit. Technique d'influence dans (un groupe ou parti) en utilisant des éléments qu'on y fait entrer.

entropie n. f. ▫ phys. Fonction exprimant le principe de la dégradation de l'énergie.

entrouvrir v. tr. ▫ Ouvrir à demi. ▷ v. pron. s'**entrouvrir** ▷ p. p. **entrouvert, erte**

entuber v. tr. ▫ fam. Duper, escroquer.

énucléation n. f. **1.** Extraction du noyau (d'un fruit). **2.** chir. Extirpation (d'une tumeur ; d'un organe). ▶ **énucléer** v. tr.

énumérer v. tr. ▫ Énoncer une à une (les parties d'un tout). ▶ **énumération** n. f. ▶ **énumératif, ive** adj.

énurésie n. f. ▫ méd. Émission involontaire d'urine.

envahir v. tr. **1.** Occuper (un territoire) par la force. **2.** Occuper (un espace) de manière abusive ou intense. **3.** (idée...) Occuper en entier. ▶ **envahissement** n. m.

envahissant, ante adj. **1.** (choses) Qui envahit. **2.** (personnes) Qui s'introduit dans l'intimité d'autrui.

envahisseur, euse **1.** n. Ennemi qui envahit. **2.** adj. Qui envahit.

envaser v. tr. **1.** Enfoncer dans la vase. **2.** Remplir de vase. ▷ v. pron. s'**envaser** ▶ **envasement** n. m.

enveloppant, ante adj. **1.** Qui enveloppe. **2.** abstrait Qui captive habilement.

enveloppe n. f. **1.** Chose qui enveloppe. **2.** Feuille de papier pliée et collée en forme de poche.

enveloppé, ée adj. ▫ Qui a un peu d'embonpoint.

envelopper v. tr. ▫ Couvrir, entourer complètement. ▶ **enveloppement** n. m.

envenimer v. tr. **1.** Infecter (une blessure). **2.** Rendre plus virulent. ▷ v. pron. s'**envenimer** ▶ **envenimement** n. m.

envergure n. f. **1.** Étendue des ailes déployées (d'un oiseau). ▪ La plus grande largeur (d'un avion). **2.** (personnes) Ouverture (de l'esprit). – (choses) Étendue.

① **envers** prép. **1.** À l'égard de (qqn, une chose morale). **2.** *ENVERS ET CONTRE TOUS* : en dépit de l'opposition générale.

② **envers** n. m. **I. 1.** Côté (d'une chose) opposé à celui qui est vu d'ordinaire. – fig. *L'envers du décor*, les aspects cachés d'une situation. **2.** Aspect opposé, mais inséparable. **II.** *À L'ENVERS* loc. adv. **1.** Du mauvais côté. **2.** Sens dessus dessous. **3.** *C'est le monde à l'envers !*, c'est aberrant.

à l'**envi** loc. adv. ▫ littér. En rivalisant.

enviable adj. ▫ Que l'on peut envier.

envie n. f. **1.** Désir de jouir d'un avantage, d'un plaisir égal à celui d'autrui. **2.** *ENVIE DE* : désir (d'avoir, de faire qqch.). **3.** *AVOIR ENVIE DE* (+ n. ou inf.) ; *AVOIR ENVIE QUE* (+ subj.). → **souhaiter, vouloir.**

envier v. tr. **1.** Éprouver de l'envie envers (qqn). **2.** Souhaiter pour soi-même (qqch.).

envieux, euse adj. ▫ Qui éprouve de l'envie. ▪ n. *Faire des envieux*, provoquer l'envie. ▶ **envieusement** adv.

environ I. adv. À peu près ; un peu plus, un peu moins (+ nom de nombre). **II.** n. m. → **environs.**

environnement n. m. **1.** Entourage (de qqn). **2.** Ensemble des conditions naturelles et culturelles qui agissent sur les êtres vivants et les activités humaines. ▶ **environnemental, ale, aux** adj.

environner v. tr. ▫ Être autour de, dans les environs de. ▶ **environnant, ante** adj.

environs n. m. pl. ▫ Les alentours (d'un lieu).

envisager v. tr. **1.** Considérer sous un certain aspect. **2.** Prendre en considération. **3.** Prévoir comme possible. **4.** *ENVISAGER DE* (+ inf.) : faire le projet de. ▶ **envisageable** adj.

envoi n. m. **1.** Action, fait d'envoyer. **2.** Ce qui est envoyé.

envol n. m. ▫ Action de s'envoler.

envolée n. f. **1.** Action de s'envoler. **2.** Élan de l'inspiration (dans le discours).

s'**envoler** v. pron. **1.** Prendre son vol. **2.** fam. Disparaître subitement. **3.** (temps...) Passer rapidement.

envoûter v. tr. **1.** Représenter (qqn) par une figurine pour lui faire subir l'effet magique de ce qui est fait à cette image. **2.** fig. Exercer sur (qqn) un attrait irrésistible. ▶ **envoûtement** n. m. ▶ **envoûtant, ante** adj.

envoyé, ée n. ▫ *ENVOYÉ(E) SPÉCIAL(E)*, journaliste envoyé(e) à l'occasion d'un événement.

envoyer v. tr. **I. 1.** Faire aller, partir (qqn quelque part). **2.** Faire aller (qqn) quelque part (afin de faire qqch.). **3.** Pousser, jeter (qqn quelque part). **II. 1.** Faire partir, faire parvenir (qqch. à qqn). **2.** Faire parvenir (qqch.) à, jusqu'à (qqn ou qqch.), par une impulsion matérielle.

envoyeur, euse n. ▫ Personne qui envoie (une lettre, un colis, etc.).

enzyme n. f. ou m. ▫ Substance organique qui catalyse une réaction chimique. ▶ **enzymatique** adj.

éocène n. m. ▫ géol. Période du début de l'ère tertiaire.

éolien, ienne 1. adj. Mû par le vent. **2.** n. f. Machine à capter l'énergie du vent.

éosine n. f. ▫ chim. Matière rouge utilisée notamment comme désinfectant.

épagneul, eule n. ▫ Chien de chasse, à poil soyeux et oreilles pendantes.

épais, épaisse adj. **1.** Qui est de grande dimension, en épaisseur (2). **2.** Dont la grosseur rend les formes lourdes. **3.** Dont les constituants sont nombreux et serrés. **4.** (liquide) Qui est peu fluide. ▪ (gaz, vapeur) Dense.

épaisseur n. f. **1.** Caractère de ce qui est épais, gros. **2.** Troisième dimension (d'un solide), les deux autres étant la longueur et la largeur. **3.** Caractère de ce qui est épais (I, 3).

épaissir v. **I.** v. tr. Rendre plus épais. **II.** v. intr. Devenir plus épais (syn. *s'épaissir* v. pron.). ▶ **épaississant, ante** adj. ▶ **épaississement** n. m.

épanchement n. m. **I.** méd. Accumulation dans les tissus d'un liquide organique. **II.** Action de s'épancher.

épancher v. tr. **I.** littér. Répandre. **II.** Communiquer avec confiance et sincérité. ▷ v. pron. s'**épancher**

épandre v. tr. ▫ Étendre en étalant (de l'engrais, etc.). ▶ **épandage** n. m.

épanouir v. tr. **1.** Ouvrir. **2.** fig. Détendre, en rendant joyeux. ▷ v. pron. s'**épanouir** **1.** Éclore (fleur). **2.** fig. Devenir radieux. **3.** Se développer librement dans toutes ses possibilités. ▷ adj. **épanoui, ie** ▶ **épanouissement** n. m. ▶ **épanouissant, ante** adj.

épargnant, ante n. ▫ Personne qui épargne (II, 2).

épargne n. f. **1.** Fait de dépenser moins que ce qu'on gagne. **2.** Ensemble des sommes mises en réserve ou employées à créer du capital. **3.** fig. Action d'épargner (II, 3).

épargner v. tr. **I. 1.** Laisser vivre. **2.** Traiter avec ménagement. **II. 1.** Dépenser avec mesure, de façon à garder une réserve. **2.** Économiser. **3.** Employer avec mesure. **4.** *ÉPARGNER qqch. À qqn*, ne pas imposer.

éparpiller v. tr. **1.** Laisser tomber çà et là. **2.** Disposer irrégulièrement. ▷ v. pron. s'**éparpiller** → se **disperser.** ▶ **éparpillement** n. m.

épars, arse adj. **1.** au plur. Placé dans des lieux séparés et au hasard. **2.** au sing. Dispersé.

épatant, ante adj. ▫ fam. et vieilli Qui provoque l'admiration. ▶ **épatamment** adv.

épate n. f. ▫ fam. Action d'épater.

épater v. tr. ▫ fam. Provoquer un étonnement admiratif chez (qqn). ▷ adj. **épaté, ée** **1.** Élargi à la base. **2.** fam. Très étonné.

épaulard n. m. ▫ Mammifère marin.

épaule n. f. **1.** Partie supérieure du bras à l'endroit où il s'attache au tronc. – *Avoir la tête sur les épaules*, être sensé. **2.** Partie de la jambe de devant qui se rattache au corps (d'un quadrupède).

épaulé-jeté n. m. ▫ (poids et haltères) Mouvement consistant à amener la barre au niveau des épaules, puis à la soulever à bout de bras. *Des épaulés-jetés.*

épaulement n. m. **1.** Mur de soutènement. **2.** Escarpement naturel.

épauler v. tr. **I.** *Épauler qqn*, l'aider, le soutenir. – pronom. S'entraider. **II.** Appuyer (qqch.) contre l'épaule.

épaulette n. f. **1.** Ornement militaire fait d'une patte placée sur l'épaule. **2.** Rembourrage cousu à l'épaule d'un vêtement.

épave n. f. ▫ Coque d'un navire naufragé ; objet abandonné en mer. ▪ Véhicule irréparable.

épeautre n. m. ▫ Blé dur.

épée n. f. ▫ Arme blanche faite d'une lame aiguë et droite.

épeire n. f. ▫ Araignée très commune.

épeler v. tr. ▫ Nommer successivement chacune des lettres de (un mot).

éperdu, ue adj. **1.** Qui a l'esprit troublé par une émotion violente. **2.** (sentiments) Très violent. **3.** Extrêmement rapide. ▶ **éperdument** adv.

éperlan n. m. ▫ Petit poisson marin.

éperon n. m. ▫ Pièce de métal fixée au talon du cavalier pour piquer les flancs du cheval.

éperonner v. tr. ▫ Piquer avec des éperons.

épervier n. m. ▫ Petit rapace diurne.

éphèbe n. m. **1.** (Grèce antique) Adolescent. **2.** iron. Très beau jeune homme.

éphélides n. f. pl. ▫ Taches de rousseur.

éphémère adj. ▫ Qui est de courte durée.

éphéméride n. f. **1.** Calendrier dont on détache chaque jour une feuille. **2.** au plur. Tables donnant pour chaque jour la position des astres.

épi n. m. **1.** Partie terminale de la tige de certaines graminées. **2.** Mèche de cheveux de direction contraire à celle des autres. **3.** *EN ÉPI* : selon une disposition oblique.

épice n. f. ▫ Substance aromatique ou piquante, pour l'assaisonnement des mets.

épicéa n. m. ▫ Conifère à tronc conique.

épicène adj. ▫ didact. **1.** (terme) Qui désigne aussi bien le mâle que la femelle. **2.** Dont la forme ne varie pas selon le genre.

épicentre n. m. ▫ Foyer apparent des ébranlements d'un tremblement de terre.

épicer v. tr. ▫ Assaisonner avec des épices. ▷ adj. **épicé, ée**

épicerie n. f. **1.** Vente de produits d'alimentation courante ; magasin où se fait cette vente. **2.** Produits d'alimentation qui se conservent. ▶ **épicier, ière** n.

épicurien, ienne **1.** adj. philos. Relatif à la doctrine d'Épicure (*épicurisme* n. m.). **2.** n. Personne qui ne songe qu'au plaisir.

épidémie n. f. ▫ Propagation d'une maladie infectieuse contagieuse qui frappe un grand nombre de sujets (personnes...). ▶ **épidémique** adj.

épidémiologie n. f. ▫ Étude des épidémies. ▶ **épidémiologique** adj. ▶ **épidémiologiste** n.

épiderme n. m. ▫ Couche superficielle de la peau.

épidermique adj. **1.** De l'épiderme. **2.** fig. (réaction...) Immédiat, instinctif.

épier v. tr. ▫ Observer attentivement et secrètement, guetter.

épierrer v. tr. ▫ Débarrasser (un lieu) des pierres. ▶ **épierrage** n. m.

épieu n. m. ▫ Gros bâton terminé par un fer.

épigastre n. m. ▫ anat. Creux de l'estomac.

épigone n. m. ▫ littér. Successeur.

épigramme n. f. ▫ Petit poème satirique.

épigraphe n. f. **1.** Inscription sur un édifice qui en indique la date, etc. **2.** Citation en tête d'un livre, d'un chapitre.

épigraphie n. f. ▫ didact. Étude scientifique des inscriptions. ▶ **épigraphique** adj. ▶ **épigraphiste** n.

épilateur n. m. ▫ Appareil qui sert à épiler.

épilation n. f. ▫ Action d'épiler.

épilatoire adj. ▫ Qui sert à épiler.

épilepsie n. f. ▫ Maladie caractérisée par des phénomènes convulsifs. ▶ **épileptique** adj. et n.

épiler v. tr. ▫ Arracher les poils de (une partie du corps).

épilobe n. m. ▫ bot. Plante à fleurs roses ou mauves.

épilogue n. m. 1. Partie qui termine (un ouvrage littéraire). 2. fig. Dénouement.

épiloguer v. tr. ind. □ *ÉPILOGUER SUR* : faire de longs commentaires sur.

épinard n. m. 1. Plante aux feuilles épaisses. 2. au plur. Feuilles comestibles de cette plante.

épine n. f. 1. Piquant (d'une plante). 2. *ÉPINE DORSALE* : saillie longitudinale que déterminent les vertèbres au milieu du dos.

épinette n. f. □ Instrument à clavier et cordes pincées.

épineux, euse adj. 1. Hérissé d'épines. 2. fig. Plein de difficultés.

épine-vinette n. f. □ Arbrisseau à baies rouges comestibles. *Des épines-vinettes.*

épingle n. f. 1. Petite tige de métal, pointue d'un bout, garnie d'une boule (tête) de l'autre, qui sert à attacher, fixer. – *Être tiré à quatre épingles* : être vêtu avec soin. – *Tirer son épingle du jeu,* se tirer adroitement d'une situation délicate. 2. Objet servant à attacher, à fixer. ▪ *Épingle à nourrice,* munie d'une fermeture.

épingler v. tr. 1. Attacher avec des épingles. 2. fig., fam. Arrêter (qqn). ▪ Critiquer ; sanctionner.

épinglette n. f. □ Insigne fixé au moyen d'une épingle.

épinière adj. f. □ *Moelle épinière.* → **moelle.**

épinoche n. f. □ Poisson portant des épines sur le dos.

Épiphanie n. f. □ Fête catholique qui commémore l'adoration des Rois mages.

épiphénomène n. m. □ didact. Phénomène accessoire.

épiphyse n. f. □ anat. Extrémité (d'un os long).

épique adj. 1. Relatif à l'épopée. 2. Qui a un caractère d'épopée.

épiscopal, ale, aux adj. □ D'un évêque.

épiscopat n. m. 1. Dignité, fonction d'évêque. 2. Ensemble des évêques.

épisiotomie n. f. □ Incision du périnée pratiquée lors de l'accouchement pour éviter les déchirures.

épisode n. m. 1. Division (d'un roman, d'un film...). 2. Fait accessoire.

épisodique adj. 1. littér. De l'épisode (1). 2. Qui a lieu irrégulièrement. ▶ **épisodiquement** adv.

épissure n. f. □ Jonction de deux cordages, etc. dont on entrelace les fils.

épistémologie n. f. □ didact. 1. Étude des sciences (de leur origine, leur valeur...). 2. Théorie de la connaissance. ▶ **épistémologique** adj. ▶ **épistémologue** ou **épistémologiste** n.

épistolaire adj. □ Qui a rapport à la correspondance par lettres.

épistolier, ière n. □ littér. Personne qui écrit des lettres.

épitaphe n. f. □ Inscription funéraire.

épithélium n. m. □ biol. Tissu formé de cellules juxtaposées. ▶ **épithélial, ale, aux** adj.

épithète n. f. et adj. □ gramm. Se dit d'un adjectif qualificatif qui n'est pas relié par un verbe, au nom qu'il détermine.

épitoge n. f. □ Bande d'étoffe fixée à l'épaule de la robe des magistrats, etc.

épître n. f. 1. au plur. Lettres des Apôtres. 2. littér. Lettre.

épizootie n. f. □ didact. Épidémie qui frappe les animaux. ▶ **épizootique** adj.

éploré, ée adj. □ littér. En pleurs.

éployer v. tr. □ littér. Étendre (les ailes).

épluche-légumes n. m. invar. □ Couteau à éplucher les légumes.

éplucher v. tr. 1. Nettoyer en enlevant les parties inutiles ou mauvaises. ▪ Enlever la peau de. 2. fig. Examiner avec soin. ▶ **épluchage** n. m. ▶ **éplucheur, euse** n.

épluchure n. f. ▫ Ce qu'on enlève en épluchant.

E. P. O. n. f. → **érythropoïétine.**

épointer v. tr. ▫ Émousser la pointe de.

éponge n. f. **I. 1.** Substance légère et poreuse, qui peut absorber les liquides ; objet fait de cette substance, utilisé pour nettoyer. **2.** *Passer l'éponge*, pardonner. – *Jeter l'éponge*, abandonner, renoncer. **II.** Animal marin dont le squelette fournit la matière appelée *éponge* (I, 1).

éponger v. tr. **1.** Étancher (un liquide) avec une éponge, un chiffon. **2.** Essuyer, sécher.

éponyme adj. ▫ didact. Qui donne son nom à.

épopée n. f. **1.** Long poème ou récit de style élevé, à la gloire d'un héros ou d'un fait. **2.** Suite d'événements de caractère héroïque.

époque n. f. **1.** Période historique déterminée par des événements importants ou caractérisée par un état de choses. **2.** D'ÉPOQUE : authentiquement ancien. **3.** Période marquée par un fait déterminé. – *À l'époque*, à ce moment-là (passé).

épouiller v. tr. ▫ Débarrasser (un être vivant) de ses poux. ▶ **épouillage** n. m.

s'**époumoner** v. pron. ▫ Parler, crier très fort. ▪ Se fatiguer (en parlant).

épousailles n. f. pl. ▫ vx ou plais. Noce.

épouser v. tr. **1.** Se marier avec. **2.** S'adapter exactement à (une forme...).

épousseter v. tr. ▫ Ôter la poussière. ▶ **époussetage** n. m.

époustoufler v. tr. ▫ fam. Jeter (qqn) dans la surprise admirative. ▶ **époustouflant, ante** adj.

épouvantable adj. **1.** Qui cause de l'épouvante. **2.** Très désagréable. **3.** Excessif. ▶ **épouvantablement** adv.

épouvantail n. m. ▫ Objet (mannequin, etc.) qu'on utilise pour effrayer les oiseaux.

épouvante n. f. **1.** Peur violente et soudaine. **2.** Vive inquiétude. ▶ **épouvanter** v. tr.

époux, ouse n. ▫ Personne unie à qqn par le mariage.

s'**éprendre** v. pron. ▫ S'ÉPRENDRE DE **1.** littér. Être entraîné (par un sentiment...). **2.** Tomber amoureux de (qqn).

épreuve n. f. **I. 1.** Ce qui permet de juger la valeur de (une idée, qqn, une œuvre...). – *Mettre à l'épreuve.* → **éprouver** (1). – À TOUTE ÉPREUVE : inébranlable. **2.** Acte imposé à qqn et destiné à lui conférer une qualité, une dignité, à le classer. *Les épreuves d'un examen.* **II.** Texte imprimé, tel qu'il sort de la composition. **III.** Malheur, difficulté qui atteint qqn.

épris, ise adj. **1.** *Épris de qqch.*, pris de passion pour. **2.** *Épris de qqn*, amoureux de (qqn).

éprouvant, ante adj. ▫ Qui éprouve (II, 1).

éprouver v. tr. **I. 1.** Essayer (qqch.) pour vérifier la valeur, la qualité. **2.** Ressentir (une sensation, un sentiment). **II. 1.** (sujet chose) Faire subir une épreuve (III), des souffrances à (qqn). **2.** Subir (qqch. de nuisible ou de désagréable).

éprouvette n. f. ▫ Tube fermé employé dans les expériences de laboratoire.

épuisant, ante adj. ▫ Qui épuise (II).

épuisé, ée adj. **1.** Qui n'est plus disponible pour la vente. **2.** À bout de forces.

épuisement n. m. **1.** Action d'épuiser (I). **2.** Grande faiblesse (physique ou morale).

épuiser v. tr. **I. 1.** Utiliser (qqch.) jusqu'à ce qu'il ne reste plus rien. **2.** fig. *Épuiser un sujet,* le traiter à fond. **II.** Réduire (qqn ; ses forces, sa santé) à un affaiblissement complet. ▪ Excéder, lasser.

épuisette n. f. ▫ Petit filet de pêche fixé à un manche.

épurateur n. m. ▫ Appareil servant à épurer (1).

épure n. f. **1.** Dessin au trait qui donne le plan d'une figure. **2.** fig. Schéma simplifié ; ébauche.

épurer v. tr. **1.** Rendre pur, plus pur. **2.** fig. Éliminer certains éléments de (un groupe). ▶ **épuration** n. f.

équanimité n. f. ▫ littér. Égalité d'humeur.

équarrir v. tr. **I.** Tailler pour rendre carré, régulier. **II.** Couper en quartiers (un animal mort).

équarrissage n. m. **I.** Action d'équarrir (I). **II.** Abattage et dépeçage d'animaux impropres à la consommation alimentaire, pour en retirer ce qui peut être utilisé.

équarrisseur, euse n. ▫ Personne dont le métier est d'équarrir les animaux.

équateur n. m. **1.** Grand cercle de la sphère terrestre, perpendiculaire à son axe de rotation. **2.** Régions comprises dans la zone équatoriale. ▶ **équatorial, ale, aux** adj.

équation n. f. ▫ math. Relation d'égalité qui n'est vérifiée que pour certaines valeurs de la variable.

équerre n. f. ▫ Instrument destiné à tracer des angles droits.

équestre adj. ▫ Relatif à l'équitation.

équeuter v. tr. ▫ Dépouiller (un fruit) de sa queue. ▶ **équeutage** n. m.

équidé n. m. ▫ Mammifère à pattes terminées par un seul doigt.

équidistant, ante adj. ▫ Qui est à égale distance (de points, etc. déterminés). ▶ **équidistance** n. f.

équilatéral, ale, aux adj. ▫ Dont les côtés sont égaux.

équilibre n. m. **I.** État de ce qui est soumis à des forces qui se compensent. ▪ spécialt Attitude ou position verticale stable. **II.** Juste proportion entre des choses opposées ou juste répartition des parties d'un ensemble ; état qui en résulte.

équilibré, ée adj. **1.** En état d'équilibre. **2.** Dont les qualités sont dans un rapport harmonieux.

équilibrer v. tr. **1.** Opposer une force à (une autre), de manière à créer l'équilibre. **2.** Rendre stable. **3.** Répartir harmonieusement. ▷ v. pron. s'**équilibrer** ▶ **équilibrage** n. m.

équilibriste n. ▫ Personne dont le métier est de faire des tours d'équilibre.

équille n. f. ▫ Poisson long et mince qui s'enfouit dans le sable.

équin, ine adj. ▫ didact. Relatif au cheval.

équinoxe n. m. ▫ L'une des deux périodes de l'année où le jour a une durée égale à celle de la nuit.

équipage n. m. ▫ Personnel assurant la manœuvre et le service sur un navire ou dans un avion.

équipe n. f. **1.** Groupe de personnes devant accomplir une tâche commune. **2.** Groupe de sportifs en nombre déterminé.

équipée n. f. **1.** Promenade. **2.** Aventure entreprise à la légère.

équipement n. m. ▫ Action d'équiper ; ce qui sert à équiper.

équiper v. tr. ▫ Pourvoir des choses nécessaires à une activité. ▷ v. pron. s'**équiper**

équipier, ière n. ◻ Membre d'une équipe sportive.

équitable adj. ◻ Conforme à l'équité. ▶ **équitablement** adv.

équitation n. f. ◻ Art de monter à cheval.

équité n. f. ◻ Vertu qui consiste à régler sa conduite sur le sentiment naturel du juste et de l'injuste.

équivalence n. f. ◻ Qualité de ce qui est équivalent.

équivalent, ente I. adj. **1.** Dont la quantité a la même valeur. **2.** Qui a la même valeur ou fonction. **II.** n. m. Ce qui équivaut, la chose équivalente.

équivaloir v. tr. ind. ◻ *ÉQUIVALOIR À* **1.** Avoir la même valeur en quantité que. **2.** Avoir la même valeur ou fonction que.

équivoque I. adj. **1.** Qui peut s'interpréter de plusieurs manières. **2.** Qui n'inspire pas confiance. **II.** n. f. Incertitude laissant le jugement hésitant. ▶ **équivoquement** adv.

érable n. m. ◻ Grand arbre dont le fruit est muni de deux ailes membraneuses.

érablière n. f. ◻ Plantation d'érables.

éradiquer v. tr. ◻ Arracher, extirper, supprimer. ▶ **éradication** n. f.

érafler v. tr. **1.** Entamer légèrement la peau de. **2.** par analogie Rayer. ▶ **éraflure** n. f.

érailler v. tr. **1.** Déchirer superficiellement. **2.** Rendre rauque (la voix). ▷ adj. **éraillé, ée** ▶ **éraillement** n. m.

éraillure n. f. ◻ Marque sur ce qui est éraillé.

ère n. f. **1.** Espace de temps de longue durée, qui commence à un point déterminé. **2.** Époque qui commence avec un nouvel ordre de choses.

érectile adj. ◻ Capable de se dresser.

érection n. f. **I.** littér. Action d'ériger. **II.** Fait, pour des tissus ou organes (spécialt le pénis), de se redresser en devenant durs et gonflés.

éreinter v. tr. **1.** Accabler de fatigue. ▶ **éreintant, ante** adj. **2.** fig. Critiquer (qqn, qqch.). ▶ **éreintement** n. m.

érémitique adj. ◻ didact. Propre aux ermites.

① **erg** n. m. ◻ Dunes désertiques.

② **erg** n. m. ◻ Ancienne unité de mesure d'énergie.

ergonomie n. f. ◻ didact. Étude des conditions de travail et des relations entre l'homme et la machine. ▶ **ergonomique** adj. ▶ **ergonome** n.

ergot n. m. ◻ (chez les gallinacés mâles) Pointe recourbée du tarse servant d'arme offensive. – fig. *Monter sur ses ergots* : prendre une attitude agressive.

ergoter v. intr. ◻ Trouver à redire sur des points de détail. ▶ **ergotage** n. m. ▶ **ergoteur, euse** n. et adj.

ergothérapie n. f. ◻ didact. Traitement de rééducation par le travail manuel. ▶ **ergothérapeute** n.

ériger v. tr. **1.** Placer (un monument) en station verticale. ▪ Construire. **2.** fig. *ÉRIGER qqn, qqch. EN* : donner à (qqn, qqch.) le caractère de. – pronom. *S'ÉRIGER EN.* → se **poser** en.

ermitage n. m. **1.** Habitation d'un ermite. **2.** Lieu solitaire.

ermite n. m. ◻ Religieux retiré dans un lieu désert. – *Vivre en ermite*, seul et coupé du monde.

éroder v. tr. ◻ didact. User par une action lente.

érogène adj. ◻ psych. Susceptible de provoquer une excitation sexuelle.

éros n. m. ◻ didact. Principe du désir.

érosion n. f. **1.** Usure et transformation de l'écorce terrestre. **2.** fig. Usure graduelle.

érotique adj. ▫ Qui a rapport à l'amour physique. ▶ **érotiquement** adv.

érotiser v. tr. ▫ Donner un caractère érotique à. ▶ **érotisation** n. f.

érotisme n. m. ▫ Caractère érotique.

erpétologie ou **herpétologie** n. f. ▫ didact. Étude des reptiles. ▶ **erpétologue** ou **herpétologue** n.

errance n. f. ▫ Action d'errer çà et là.

① **errant, ante** adj. ▫ Qui va de côté et d'autre.

② **errant, ante** adj. ▫ Qui voyage.

erratique adj. ▫ didact. Qui n'est pas fixe ; qui n'est pas régulier.

erratum n. m. ▫ Faute signalée dans un ouvrage imprimé.

errements n. m. pl. ▫ littér. Manière d'agir blâmable.

errer v. intr. **1.** Aller au hasard, à l'aventure. **2.** (choses) Se manifester çà et là.

erreur n. f. **I. 1.** Acte de l'esprit qui tient pour vrai ce qui est faux et inversement. **2.** État d'une personne qui se trompe. **3.** Assertion fausse. **4.** Action regrettable. **II. 1.** Chose fausse par rapport à une norme. **2.** Chose fausse, élément inexact, dans une opération particulière.

erroné, ée adj. ▫ Qui contient des erreurs ; faux. ▶ **erronément** adv.

ers n. m. ▫ agric. Plante herbacée annuelle.

ersatz n. m. ▫ Ce qui remplace (qqch., qqn) sans le valoir.

éructer v. **1.** v. intr. littér. Renvoyer par la bouche les gaz de l'estomac. ▶ **éructation** n. f. **2.** v. tr. fig. Proférer.

érudit, ite adj. et n. ▫ Qui a de l'érudition.

érudition n. f. ▫ Savoir approfondi.

éruptif, ive adj. **1.** méd. Qui s'accompagne d'éruption (1). **2.** Des éruptions (2).

éruption n. f. **1.** Apparition soudaine (de boutons, etc.) sur la peau. **2.** Jaillissement des matières volcaniques ; état d'un volcan qui émet ces matières.

érythème n. m. ▫ Rougeur superficielle de la peau.

érythropoïétine n. f. ▫ biochim. Hormone produite par le rein et le foie. – abrév. **E. P. O.** ou **EPO** n. f.

ès prép. ▫ *Docteur ès lettres*, en lettres.

E. S. B. ou **ESB** n. f. ▫ Encéphalopathie* spongiforme bovine.

esbroufe n. f. ▫ fam. Étalage de manières fanfaronnes.

escabeau n. m. ▫ Marchepied à quelques degrés.

escabèche n. f. ▫ Marinade de poissons.

escadre n. f. **1.** Force navale importante. **2.** *Escadre aérienne* : division d'avions.

escadrille n. f. ▫ Groupe d'avions de combat.

escadron n. m. ▫ Unité de cavalerie, de blindés, etc.

escalade n. f. **1.** Action d'escalader (1). **2.** Ascension (d'une montagne...). – *Faire de l'escalade* (sport). **3.** fig. Intensification (d'un phénomène).

escalader v. tr. **1.** Passer par-dessus (une clôture...). **2.** Faire l'ascension de.

escale n. f. **1.** Lieu d'arrêt, de ravitaillement (pour un navire, un avion). **2.** Fait de s'arrêter pour embarquer ou débarquer des passagers, du fret.

escalier n. m. ▫ Suite de degrés qui servent à monter et à descendre.

escalope n. f. ▫ Tranche mince (de viande blanche, de poisson).

escamoter v. tr. **1.** Faire disparaître (qqch.) par un tour de main. **2.** S'emparer de (qqch.) sans être vu. **3.** fig. Éviter habilement, de façon peu honnête. ▶ **escamotage** n. m.

escamoteur, euse n. ▫ Personne qui escamote (1 ou 2) qqch.

escampette n. f. ▫ *Prendre la* POUDRE D'ESCAMPETTE : s'enfuir.

escapade n. f. ▫ Fait d'échapper aux obligations, au quotidien.

escarbille n. f. ▫ Fragment incandescent qui s'échappe d'un foyer.

escarcelle n. f. **1.** anciennt Grande bourse suspendue à la ceinture. **2.** plais. Bourse.

escargot n. m. ▫ Mollusque gastéropode à coquille arrondie en spirale.

escarmouche n. f. **1.** Petit combat entre des soldats. **2.** fig. Petite dispute.

escarpé, ée adj. ▫ En pente raide.

escarpement n. m. ▫ Pente raide.

escarpin n. m. ▫ Chaussure fine qui laisse le cou-de-pied découvert.

escarpolette n. f. ▫ vieilli Balançoire.

escarre n. f. ▫ Croûte noirâtre formée sur la peau par la nécrose des tissus.

eschatologie n. f. ▫ théol. Étude des fins dernières de l'homme et du monde. ▶ **eschatologique** adj.

esche → **èche**

escient n. m. ▫ loc. adv. *À BON, À MAUVAIS ESCIENT* : avec, sans discernement.

s'**esclaffer** v. pron. ▫ Éclater de rire.

esclandre n. m. ▫ Éclat, scandale.

esclavage n. m. **1.** État, condition d'esclave. **2.** Soumission à une autorité tyrannique. **3.** Chose qui impose une contrainte.

esclavagiste adj. et n. ▫ Partisan de l'esclavage. ▶ **esclavagisme** n. m.

esclave **1.** n. Personne qui n'est pas libre, qui est sous la puissance absolue d'un maître. **2.** adj. et n. Qui se soumet (à qqn, à qqch.).

escogriffe n. m. ▫ Homme dégingandé.

escompte n. m. **1.** fin. Action d'escompter un effet de commerce. **2.** Réduction du montant d'une dette lorsqu'elle est payée avant son échéance.

escompter v. tr. **I.** Payer (un effet de commerce) avant l'échéance. **II.** S'attendre à (qqch.), et se comporter en conséquence.

escopette n. f. ▫ anciennt Arme à feu à bouche évasée.

escorte n. f. **1.** Action d'escorter (qqn, qqch.) pour protéger. ▪ Troupe chargée d'escorter. **2.** Cortège qui accompagne une personnalité.

escorter v. tr. ▫ Accompagner pour guider, protéger, faire honneur, etc.

escorteur n. m. ▫ Petit navire de guerre.

escouade n. f. ▫ Petite troupe.

escrime n. f. ▫ Exercice par lequel on apprend l'art de manier l'arme blanche. ▶ **escrimeur, euse** n.

s'**escrimer** v. pron. ▫ *S'ESCRIMER À* (+ inf.). → s'**évertuer** à.

escroc n. m. ▫ Personne qui escroque.

escroquer v. tr. **1.** Obtenir (qqch. de qqn) en trompant. **2.** *Escroquer qqn*, l'arnaquer.

escroquerie n. f. ▫ Fait d'escroquer.

escudo n. m. ▫ Ancienne unité monétaire du Portugal.

eskimo → **esquimau**

ésotérique adj. ▫ Incompréhensible pour qui ne fait pas partie des initiés.

ésotérisme n. m. ▫ Doctrine secrète (ex. alchimie, occultisme).

① **espace** n. m. **I. 1.** (espace physique) *L'ESPACE* : étendue qui ne fait pas obstacle au mouvement. **2.** Portion de ce milieu. **3.** Milieu géographique. – *ESPACE VERT* : espace planté d'arbres, entre des espaces construits. **4.** Étendue des airs. ▪ Le milieu extraterrestre. **II.** **1.** Système de référence d'une géométrie. **2.** Distance qui sépare deux objets. **3.** Étendue de temps.

② **espace** n. f. ▫ typogr. Blanc entre deux mots.

espacement n. m. ▫ Distance, écart.

espacer v. tr. **1.** Disposer (des choses) en laissant entre elles un intervalle. **2.** Séparer par un intervalle de temps. ▷ v. pron. **s'espacer** Devenir plus distant ; devenir plus rare. ▷ adj. **espacé, ée**

espadon n. m. ▫ Grand poisson à mâchoire en forme d'épée.

espadrille n. f. ▫ Chaussure de toile à semelle en corde.

espagnol, ole adj. et n. ▫ De l'Espagne. – n. m. *L'espagnol* (langue). → **castillan.**

espagnolette n. f. ▫ Ferrure à poignée tournante servant à fermer et à ouvrir une fenêtre.

espalier n. m. **1.** Mur le long duquel on plante des arbres fruitiers. **2.** Large échelle de gymnastique.

espar n. m. ▫ Longue pièce du gréement d'un navire.

espèce n. f. **I.** **1.** Nature propre à plusieurs personnes ou choses, qui permet de les considérer comme appartenant à une catégorie distincte. **2.** *UNE ESPÈCE DE* : personne ou chose qu'on ne peut définir précisément et qu'on assimile à une autre. **II.** **1.** Division du genre. **2.** Ensemble d'individus ayant en commun des caractères distinctifs et pouvant se croiser. *Espèces animales, végétales.* ▪ *L'ESPÈCE HUMAINE* : les humains. **III.** au plur. *EN ESPÈCES*, en argent liquide.

espérance n. f. ▫ Sentiment qui fait entrevoir comme probable la réalisation de ce que l'on désire.

espéranto n. m. ▫ Langue internationale créée par Zamenhof.

espérer v. **1.** v. tr. Considérer (ce qu'on désire) comme devant se réaliser. ▪ (appliqué au passé) *J'espère avoir bien fait.* ▪ (formule de souhait) *Espérons qu'il n'a rien entendu.* **2.** v. intr. Avoir confiance.

esperluette n. f. ▫ Signe représentant le mot *et* (&).

espiègle adj. ▫ Vif et malicieux. ▶ **espièglerie** n. f.

espion, onne n. **1.** Personne chargée d'épier qqn. **2.** Personne chargée de recueillir des renseignements secrets.

espionnage n. m. **1.** Action d'espionner. **2.** Activité des espions (2).

espionner v. tr. **1.** Surveiller secrètement. **2.** Faire de l'espionnage (2).

esplanade n. f. ▫ Terrain plat aménagé.

espoir n. m. **1.** Fait d'espérer, d'attendre (qqch.) avec confiance. ▪ Ce qu'on espère. **2.** Sentiment qui porte à espérer.

esprit n. m. **I.** relig. chrét. *SAINT-ESPRIT* ou *ESPRIT SAINT* : Dieu comme troisième personne de la Trinité, qui procède du Père et du Fils. **II.** *Reprendre ses esprits* : reprendre connaissance. **III.** **1.** Être immatériel. **2.** Être actif dans les mythes, les légendes. **3.** Âme d'un mort. **IV.** **1.** Le principe pensant en général. **2.** Principe de la vie psychique, affective et intellectuelle (chez qqn). **3.** Ensemble des façons d'agir habituelles. – *AVOIR L'ESPRIT À* : être d'humeur à. **4.** Principe de la vie intellectuelle. – *Dans mon esprit*, selon moi. ▪ La personne qui pense. **5.** Aptitude à l'intelligence. *Esprit de synthèse.* **6.** Ingéniosité dans la façon de concevoir qqch. **7.** Attitude, idée qui détermine (une action...). *Esprit de révolte.* **8.** Sens profond (d'un texte).

esquif n. m. ▫ littér. Embarcation légère.

esquille n. f. ▫ Petit fragment d'un os.

① **esquimau, aude** ou **eskimo** n. et adj. ▫ vieilli Inuit*.

② **esquimau** n. m. ▫ Glace enrobée de chocolat qu'on tient par un bâtonnet.

esquinter v. tr. ▫ fam. Abîmer (qqch.) ; blesser (qqn). ▷ adj. **esquinté, ée**

esquisse n. f. **1.** Première forme (d'un dessin, d'une statue...). **2.** Plan, notes indiquant l'essentiel (d'un travail...). **3.** Action d'esquisser (3).

esquisser v. tr. **1.** Représenter en esquisse (1). **2.** Fixer les grands traits de (une œuvre...). **3.** Commencer à faire.

esquive n. f. ▫ Action d'esquiver un coup.

esquiver v. tr. **1.** Éviter adroitement. ▪ fig. → **éluder. 2.** *S'ESQUIVER* v. pron. S'en aller en évitant d'être vu.

essai n. m. **I. 1.** Opération par laquelle on s'assure des qualités, des propriétés (de qqch.) ou de la manière d'utiliser. – *Mettre qqn à l'essai.* **2.** Action faite sans être sûr du résultat. **3.** (au rugby) Avantage obtenu quand un joueur pose le ballon derrière la ligne de but adverse. **II.** Ouvrage littéraire en prose.

essaim n. m. ▫ Groupe d'abeilles, d'insectes.

essaimer v. intr. ▫ (abeilles) Quitter la ruche en essaim pour aller s'établir ailleurs. ▪ fig. (collectivité) *Sa famille a essaimé dans toute l'Europe.* ▶ **essaimage** n. m.

essart n. m. ▫ agric. Terre essartée.

essarter v. tr. ▫ agric. Débroussailler (un terrain). ▶ **essartage** n. m.

essayage n. m. ▫ Action d'essayer (2).

essayer v. tr. **1.** Soumettre (une chose) à une ou des opérations pour voir si elle répond aux caractères qu'elle doit avoir. **2.** Mettre (un vêtement, etc.) pour voir s'il va. **3.** Utiliser (une chose) pour voir si elle convient. **4.** *ESSAYER DE* (+ inf.). → **chercher** à. ▷ v. pron. s'**essayer** (à) Faire l'essai de ses capacités pour (une activité).

essayeur, euse n. ▫ Personne qui fait essayer les vêtements aux clients.

essayiste n. ▫ Auteur d'essais littéraires.

esse n. f. ▫ Crochet en forme de S.

essence n. f. **I.** philos. **1.** Fond de l'être, nature des choses. **2.** Ce qui fait qu'une chose est ce qu'elle est. – *PAR ESSENCE.* → par **définition. II.** Espèce (d'un arbre). **III. 1.** Liquide volatil odorant qu'on extrait des végétaux. **2.** Produit liquide volatil, inflammable, de la distillation du pétrole (utilisé comme carburant).

essentialisme n. m. ▫ Philosophie pour laquelle l'essence (I) précède l'existence.

essentiel, elle I. adj. **1.** Qui appartient à l'essence. **2.** *ESSENTIEL À, POUR,* absolument nécessaire. **3.** Le plus important, très important. **II.** n. m. Ce qui est le plus important.

essentiellement adv. ▫ Avant tout, au plus haut point.

esseulé, ée adj. ▫ littér. Seul, délaissé.

essieu n. m. ▫ Pièce transversale d'un véhicule, entrant dans les moyeux des roues.

essor n. m. **1.** Élan d'un oiseau qui s'envole. **2.** fig. Développement important et fécond.

essorer v. tr. ▫ Débarrasser (une chose mouillée) d'une grande partie de l'eau qu'elle contient. ▶ **essorage** n. m. ▶ **essoreuse** n. f. (machine)

essoriller v. tr. ▫ Couper les oreilles.

essouffler v. tr. ▫ Mettre hors d'haleine. ▷ v. pron. s'**essouffler 1.** Avoir du mal à respirer. **2.** fig. Ne plus pouvoir suivre un rythme. ▶ **essoufflement** n. m.

essuie-glace n. m. ▫ Tige de métal munie d'une lame qui essuie le pare-brise d'un véhicule. *Des essuie-glaces.*

essuie-mains n. m. invar. ▫ Serviette pour s'essuyer les mains.

essuie-tout n. m. invar. ▫ Papier absorbant à usage domestique.

essuyer v. tr. **1.** Sécher (ce qui est mouillé) en frottant avec un linge sec, etc. **2.** Ôter la poussière de (qqch.) en frottant. ▪ Enlever (ce qui salit...). ▷ v. pron. s'**essuyer** ▶ **essuyage** n. m.

est n. m. **1.** Celui des quatre points cardinaux qui est au soleil levant. ▪ Lieu situé du côté de l'est. **2.** *L'Est* (en France) : l'Alsace et la Lorraine.

estacade n. f. ▫ Barrage, jetée de pieux.

estafette n. f. ▫ Militaire agent de liaison.

estafilade n. f. ▫ Entaille faite avec une arme tranchante.

estaminet n. m. ▫ Café populaire.

estampe n. f. ▫ Image imprimée par gravure ou par lithographie.

estamper v. tr. ▫ Imprimer en relief ou en creux sur (un support) une empreinte gravée. ▶ **estampage** n. m.

estampille n. f. ▫ Empreinte qui atteste l'authenticité, l'origine d'un produit, d'un document. ▶ **estampiller** v. tr. ▶ **estampillage** n. m.

estancia n. f. ▫ Grande exploitation agricole d'élevage, en Amérique latine.

ester v. intr. ▫ dr. *Ester en justice* : intenter un procès.

esthète adj. et n. ▫ Qui affecte le culte raffiné de la beauté formelle.

esthéticien, ienne n. ▫ Personne qui donne des soins de beauté.

esthétique I. n. f. **1.** Science du beau ; conception particulière du beau. **2.** Beauté. **II.** adj. **1.** Relatif à l'esthétique (I, 1). **2.** Qui a un caractère de beauté. **3.** *CHIRURGIE ESTHÉTIQUE*, qui change les formes du corps, du visage. ▶ **esthétiquement** adv.

estimable adj. ▫ Digne d'estime.

estimation n. f. **1.** Action d'estimer (I, 1). **2.** Action d'évaluer (une grandeur). ▶ **estimatif, ive** adj.

estime n. f. **1.** Sentiment favorable né de la bonne opinion qu'on a de la valeur (de qqn). **2.** Sentiment qui attache du prix (à qqch.).

estimer v. tr. **I. 1.** Déterminer le prix, la valeur de (qqch.). **2.** Calculer approximativement. **II. 1.** Avoir une opinion sur. **2.** Reconnaître la valeur de (qqn). ▷ v. pron. s'**estimer** (+ adj. attribut) Se considérer. *Estimons-nous heureux.* ▷ adj. **estimé, ée** Apprécié.

estival, ale, aux adj. ▫ Propre à l'été.

estivant, ante n. ▫ Vacancier qui passe l'été dans une station de villégiature.

estiver v. ▫ Se dit des troupeaux qui passent l'été dans des pâturages de montagne. ▶ **estivage** n. m.

estoc n. m. ▫ *D'ESTOC ET DE TAILLE*, avec la pointe et le tranchant de l'épée.

estocade n. f. ▫ Coup d'épée, dans la mise à mort du taureau.

estomac n. m. **I. 1.** Poche musculeuse, située dans la partie supérieure de la cavité abdominale. – *Avoir l'estomac dans les talons* : avoir faim. **2.** (animaux) Partie renflée du tube digestif, qui reçoit les aliments. **II.** Partie du torse située sous les côtes.

estomaquer v. tr. ▫ fam. Surprendre par qqch. de choquant.

estompe n. f. ▫ Petit rouleau servant à étendre la trace du crayon, etc. sur un dessin.

estomper v. tr. **1.** Ombrer avec l'estompe. **2.** Rendre moins net. ▷ v. pron. s'**estomper** ▶ **estompage** et **estompement** n. m.

estonien, enne adj. et n. ▫ De l'Estonie.

estoquer v. tr. ▫ Tuer par l'estocade.

estourbir v. tr. ▫ fam. Assommer.

estrade n. f. ▫ Plancher élevé au-dessus du sol.

estragon n. m. ▫ Plante aromatique.

estran n. m. ▫ Partie du littoral recouverte par la marée.

estrogène → **œstrogène**

estropier v. tr. **1.** Priver d'un ou de plusieurs membres. **2.** fig. Déformer ou tronquer (un mot, etc.). ▷ adj. et n. **estropié, ée**

estuaire n. m. ▫ Embouchure (d'un cours d'eau) dessinant un golfe évasé.

estudiantin, ine adj. ▫ Des étudiants.

esturgeon n. m. ▫ Grand poisson de mer. *Œufs d'esturgeon.* → **caviar.**

et conj. **I. 1.** reliant des parties de même nature *Deux et deux font quatre.* **2.** reliant deux parties de nature différente et de même fonction *Il chanta, et avec brio.* **3.** dans les nombres composés *Vingt et un.* **II.** (en début de phrase) → **alors.**

étable n. f. ▫ Bâtiment où on loge le bétail, les bovidés.

établi n. m. ▫ Table massive sur laquelle on dispose la pièce à travailler.

établir v. tr. **I.** Mettre, faire tenir (une chose) dans un lieu et d'une manière stable. **II.** fig. **1.** Mettre en vigueur, en application. – Fonder de manière stable. **2.** vieilli Pourvoir (qqn) d'une situation, d'un emploi. **3.** Fonder sur des arguments. – Faire apparaître comme vrai. **4.** Faire commencer (des relations). ▷ v. pron. **s'établir 1.** Se fixer (en un lieu). **2.** (+ attribut) Se poser en. **3.** Prendre naissance, s'instaurer. ▷ adj. **établi, ie** → **solide.**

établissement n. m. **I. 1.** Action d'établir. **2.** Fait d'établir (II, 3). **3.** Fait de s'établir (1). **II.** Ensemble des installations d'une entreprise ; cette entreprise. ▪ *Établissement scolaire.*

étage n. m. **I. 1.** Espace compris entre deux planchers successifs d'un édifice. **2.** Chacun des plans (d'une chose aux parties superposées). **II.** *DE BAS ÉTAGE* : de condition médiocre.

étager v. tr. ▫ Disposer par étages superposés. ▷ v. pron. **s'étager** ▶ **étagement** n. m.

étagère n. f. **1.** Planche fixée horizontalement. **2.** Meuble fait de montants supportant des tablettes horizontales.

① **étai** n. m. ▫ Pièce de charpente destinée à soutenir provisoirement.

② **étai** n. m. ▫ Câble d'un navire, soutenant un mât.

étaiement → **étayage**

étain n. m. ▫ Élément (symb. Sn), métal grisâtre, très malléable.

étal, étals ou rare **étaux** n. m. ▫ Table où l'on expose les marchandises dans les marchés.

étalage n. m. **1.** Lieu où l'on expose des marchandises ; marchandises exposées. **2.** fig. Action d'exposer avec ostentation. – *FAIRE ÉTALAGE DE.* → **exhiber.**

étalagiste n. ▫ Personne dont le métier est de disposer les étalages des magasins.

étale adj. ▫ *Mer étale,* qui ne monte ni ne descend.

étalement n. m. ▫ Action d'étaler.

étaler v. tr. **I. 1.** Exposer (des marchandises à vendre). **2.** Disposer sur une grande surface, notamment pour montrer. **3.** Étendre en couche fine. **II.** abstrait **1.** Montrer avec prétention. **2.** Montrer, exposer. **III.** Répartir dans le temps. ▷ v. pron. **s'étaler 1.** (passif) *Peinture qui s'étale bien.* **2.** S'étendre (dans le temps). **3.** fam. (personnes) Prendre de la place. **4.** fam. Tomber.

① **étalon** n. m. ▫ Cheval destiné à la reproduction.

② **étalon** n. m. **1.** Modèle légal de mesure. **2.** fig. → **modèle, référence.** **3.** écon. Métal fondant la valeur d'une monnaie.

étalonner v. tr. **1.** Vérifier (une mesure) par comparaison avec un étalon. **2.** Graduer (un instrument) conformément à l'étalon. ▶ **étalonnage** et **étalonnement** n. m.

étamer v. tr. **1.** Recouvrir (un métal) d'une couche d'étain. **2.** Recouvrir (une face d'une glace) de tain*. ▶ **étamage** n. m. ▶ **étameur, euse** n.

① **étamine** n. f. ▫ Étoffe légère.

② **étamine** n. f. ▫ Organe sexuel mâle des plantes à fleurs.

étampe n. f. ▫ Outil pour étamper.

étamper v. tr. ▫ techn. Imprimer une marque sur (une surface dure). ▶ **étampage** n. m.

étanche adj. ▫ Qui ne laisse pas passer les fluides, ne fuit pas. ▶ **étanchéité** n. f.

étancher v. tr. **1.** Arrêter (un liquide) dans son écoulement. **2.** *Étancher sa soif,* l'apaiser en buvant. ▶ **étanchement** n. m.

étançon n. m. ▫ Grosse pièce de bois de soutien.

étang n. m. ▫ Étendue d'eau moins vaste qu'un lac.

étape n. f. **1.** Lieu où l'on s'arrête au cours d'un déplacement, d'un voyage. – fig. *Brûler les étapes :* aller plus vite que prévu. **2.** Distance pour arriver à une étape (1). **3.** fig. Période, degré. *Par étapes.*

état n. m. **I. 1.** Manière d'être physique, intellectuelle, morale (d'une personne). ▪ *Être dans tous ses états,* très agité. – *ÉTAT D'ESPRIT :* disposition d'esprit. – *ÉTAT D'ÂME :* disposition des sentiments. ▪ *EN ÉTAT DE, HORS D'ÉTAT DE* (+ inf.) : capable ou non de. **2.** Manière d'être (d'une chose). – *En bon, en mauvais état. En état de marche.* – *EN TOUT ÉTAT DE CAUSE :* dans tous les cas. **3.** sc. Manière d'être (d'un corps). *État solide, liquide, gazeux.* **4.** *FAIRE ÉTAT DE :* tenir compte de ; mettre en avant. **II. 1.** littér. Fonction sociale. – *Il est architecte DE SON ÉTAT,* c'est son métier. **2.** *ÉTAT CIVIL :* mode de constatation des principaux faits relatifs à l'état des personnes (naissance, mariage, décès...) ; service chargé de constater ces faits. **III.** (avec une maj.) **1.** Autorité souveraine s'exerçant sur un peuple et un territoire déterminés. – *HOMME, FEMME D'ÉTAT :* personne qui a un rôle très important dans l'État. – *COUP D'ÉTAT.* → **putsch. 2.** Ensemble des services généraux d'une nation ; pouvoir central.

étatique adj. ▫ Qui concerne l'État.

étatiser v. tr. ▫ Transformer en propriété d'État ; faire gérer par l'État. ▶ **étatisation** n. f.

étatisme n. m. ▫ Doctrine préconisant l'extension du rôle de l'État dans la vie économique et sociale. ▶ **étatiste** adj. et n.

état-major n. m. **1.** Corps d'officiers d'où sont transmis les ordres. *Des états-majors.* **2.** Ensemble des dirigeants (d'un groupe...).

étau n. m. **1.** Presse servant à serrer l'objet que l'on veut travailler. **2.** fig. *Être pris dans un étau,* dans une situation pénible.

étayer v. tr. **1.** Soutenir à l'aide d'étais (①). ▶ **étayage** ou **étaiement** n. m. **2.** fig. *Étayer une démonstration.*

et cætera ou **et cetera** loc. ▫ Et le reste. – abrév. graphique **etc.**

① **été** ▫ Participe passé (invar.) de *être.*

② **été** n. m. ▫ Saison qui, dans l'hémisphère Nord, commence au solstice d'été et s'achève à l'équinoxe d'automne.

éteignoir n. m. ▫ Ustensile creux qu'on pose sur une bougie, etc. pour l'éteindre.

éteindre v. tr. ▫ Faire cesser de brûler. ▪ Faire cesser d'éclairer. ▪ Faire cesser de fonctionner (un appareil). ▷ v. pron. s'**éteindre** 1. Cesser de brûler ; cesser d'éclairer. 2. fig. Disparaître, finir. – (personnes) Mourir. ▷ adj. **éteint, einte**

étendage n. m. ▫ Action d'étendre pour faire sécher.

étendard n. m. 1. Enseigne, drapeau. 2. fig. Symbole (d'une cause...).

étendoir n. m. ▫ Cordes à linge, séchoir.

étendre v. tr. 1. Déployer (un membre, une partie du corps) dans sa longueur. 2. Placer à plat ou dans sa grande dimension (ce qui était plié). 3. Coucher (qqn) de tout son long. 4. Faire couvrir une surface plus grande à. ▷ v. pron. s'**étendre** 1. Augmenter en surface ou en longueur. 2. (personnes) → s'**allonger,** se **coucher.** 3. (sujet chose) Occuper un certain espace. ▷ adj. **étendu, ue** 1. Qu'on a étendu ou qui s'est étendu. 2. Qui a une grande étendue.

étendue n. f. 1. Espace perceptible, visible ; espace occupé par qqch. 2. Espace de temps. 3. fig. Importance, développement.

éternel, elle adj. I. 1. Qui n'a pas eu de commencement et n'aura pas de fin. 2. Qui est de tous les temps ou qui doit durer toujours. – relig. *La vie éternelle,* après la mort. 3. Qui dure très longtemps. II. (avant le nom) 1. Qui ne semble pas devoir finir. 2. Qui se trouve continuellement associé à qqch., à qqn.

éternellement adv. 1. De tout temps. 2. Sans cesse.

éterniser v. tr. 1. littér. Rendre éternel. 2. Prolonger indéfiniment. ▷ v. pron. s'**éterniser** 1. Se perpétuer, se prolonger. 2. fam. S'attarder trop longtemps.

éternité n. f. I. 1. Durée qui n'a ni commencement ni fin. 2. Temps qui semble extrêmement long. II. Caractère de ce qui est éternel.

éternuement n. m. ▫ Expulsion brusque d'air par le nez et la bouche, provoquée par l'irritation des muqueuses nasales.

éternuer v. intr. ▫ Faire un éternuement.

étêter v. tr. ▫ Couper la tête de (un arbre...). ▶ **étêtage** ou **étêtement** n. m.

éthane n. m. ▫ Hydrocarbure saturé.

éthanol n. m. ▫ Alcool éthylique*.

① **éther** n. m. ▫ littér. L'air le plus pur.

② **éther** n. m. ▫ Oxyde d'éthyle, liquide d'une odeur forte, très volatil.

éthéré, ée adj. 1. Qui est de la nature de l'éther (①). 2. → **aérien, léger.**

éthéromane adj. et n. ▫ Toxicomane qui se drogue à l'éther (②).

éthique I. n. f. Ensemble des conceptions morales. II. adj. 1. Qui concerne la morale. 2. Qui intègre des critères moraux.

ethnie n. f. ▫ Ensemble de personnes que rapprochent des caractères de civilisation, notamment la langue et la culture.

ethnique adj. 1. Relatif à une ethnie. 2. Qui représente une tradition non occidentale.

ethnocentrisme n. m. ▫ didact. Tendance à privilégier son groupe ethnique. ▶ **ethnocentrique** adj.

ethnographie n. f. ▫ Étude descriptive des groupes humains (ethnies). ▶ **ethnographique** adj. ▶ **ethnographe** n.

ethnologie n. f. ▫ Étude théorique des groupes humains. ▶ **ethnologique** adj. ▶ **ethnologue** n.

éthologie n. f. ▫ Étude des comportements animaux. ▶ **éthologique** adj. ▶ **éthologiste** n.

éthyle n. m. ▫ chim. Radical formé de carbone et d'hydrogène.

éthylène n. m. ▫ Hydrocarbure gazeux incolore.

éthylique adj. ▫ Dû à l'ingestion exagérée d'alcool.

éthylisme n. m. ▫ méd. Alcoolisme.

éthylomètre n. m. ▫ techn. Appareil qui sert à mesurer le taux d'alcool dans le sang.

éthylotest n. m. ▫ Appareil servant à mesurer le taux d'alcool dans l'air expiré.

étiage n. m. ▫ Le plus bas niveau des eaux.

étincelant, ante adj. **1.** littér. Qui étincelle. **2.** fig. → **brillant.**

étinceler v. intr. **1.** Briller, produire un éclat vif. **2.** littér. (abstrait) Avoir de l'éclat. ▶ **étincellement** n. m.

étincelle n. f. **1.** Parcelle incandescente qui se détache d'un corps qui brûle, ou qui jaillit au contact de deux corps. **2.** (personnes) *Faire des étincelles*, être brillant.

étioler v. tr. ▫ Affaiblir, atrophier. ▷ v. pron. s'**étioler** ▶ **étiolement** n. m.

étiologie n. f. ▫ méd. Étude des causes des maladies.

étique adj. ▫ littér. D'une extrême maigreur.

étiqueter v. tr. **1.** Marquer d'une étiquette. ▶ **étiqueteuse** n. f. (machine) **2.** fig. Classer (qqn) d'après son origine, ses opinions, etc. ▶ **étiquetage** n. m.

étiquette n. f. **I. 1.** Petit morceau de papier, de carton, fixé à un objet (pour en indiquer la nature, le prix, le possesseur...). **2.** fig. Ce qui classe qqn (dans un parti, une école, etc.). **II.** Ordre de préséances.

étirer v. tr. ▫ Allonger ou étendre par traction. ▷ v. pron. s'**étirer** **1.** Étendre ses membres. **2.** S'étendre dans le temps. ▶ **étirage** et **étirement** n. m.

étoffe n. f. **I.** Tissu dont on fait des habits, des garnitures d'ameublement. **II.** Ce qui constitue la nature, les qualités (de qqn ou qqch.).

étoffer v. tr. ▫ Rendre plus abondant, plus riche. ▷ v. pron. s'**étoffer**

étoile n. f. **I. 1.** Tout astre visible, excepté le Soleil et la Lune ; point brillant dans le ciel, la nuit. – *À la belle étoile* : en plein air, la nuit. **2.** astron. Astre producteur et émetteur d'énergie. **II. 1.** Objet, ornement disposé en rayons (représentation traditionnelle des étoiles). **2.** *ÉTOILE DE MER* : échinoderme marin en forme d'étoile à cinq branches. **III.** Personne qui a une très grande réputation (dans le monde du spectacle). – appos. *Danseur, danseuse étoile.*

étoiler v. tr. **1.** Parsemer d'étoiles. **2.** Former une étoile (II) sur. **3.** Fêler en forme d'étoile. ▷ adj. **étoilé, ée** ▶ **étoilement** n. m.

étole n. f. **1.** Bande d'étoffe que l'évêque, le prêtre et le diacre portent au cou. **2.** Écharpe rappelant la forme de l'étole.

étonnant, ante adj. **1.** Qui surprend par qqch. d'extraordinaire. **2.** Qui frappe par un caractère remarquable, réussi. ▶ **étonnamment** adv.

étonnement n. m. ▫ Surprise causée par qqch. d'extraordinaire, d'inattendu.

étonner v. tr. ▫ Causer de la surprise à (qqn). ▷ v. pron. s'**étonner** ▷ adj. **étonné, ée**

étouffant, ante adj. ▫ Qui fait qu'on étouffe.

étouffe-chrétien n. m. ▫ plais. Aliment difficile à avaler.

à l'étouffée loc. adj. et adv. ▫ Se dit d'aliments cuits dans un récipient clos, à la vapeur.

étouffement n. m. **1.** Action d'étouffer (un être vivant). **2.** Difficulté à respirer.

étouffer v. **I.** v. tr. **1.** Asphyxier (qqn) en empêchant de respirer. **2.** (sujet chose) Gêner (qqn) en rendant la respiration difficile. **3.** Empêcher de se développer. **II.** v. intr. Respirer avec peine ; ne plus pouvoir respirer. ■ Avoir très chaud. ▷ v. pron. s'**étouffer** Perdre la respiration. ■ Mourir par asphyxie.

étouffoir n. m. ◻ Lieu où l'on étouffe.

étoupe n. f. ◻ Partie grossière de la filasse.

étourderie n. f. **1.** Acte d'étourdi. **2.** Caractère d'une personne étourdie.

étourdi, ie adj. et n. ◻ Qui agit sans réflexion, sans attention. – Qui oublie facilement. ▶ **étourdiment** adv.

étourdir v. tr. **1.** Faire perdre à demi connaissance à (qqn). **2.** Fatiguer par le bruit, les paroles. ▷ v. pron. s'**étourdir** Perdre la claire conscience de soi-même.

étourdissant, ante adj. **I.** Qui étourdit par son bruit. **II.** Qui fait sensation.

étourdissement n. m. **1.** Trouble caractérisé par une sensation de tournoiement. **2.** Action de s'étourdir.

étourneau n. m. ◻ Petit oiseau moucheté de taches blanches.

étrange adj. ◻ Inhabituel ; qui étonne. ▶ **étrangement** adv.

étranger, ère **I.** adj. **1.** Qui est d'une autre nation. **2.** Relatif aux rapports avec les autres nations. **3.** Qui n'appartient pas à un groupe (familial, social). **4.** (choses) *ÉTRANGER À* (qqn) : qui n'est pas naturel à (qqn). – Qui n'est pas familier de (qqn). **5.** (choses) Qui ne fait pas partie (de) ; qui n'a aucun rapport (avec). **II.** n. **1.** Personne dont la nationalité n'est pas celle d'un pays donné. **2.** Personne qui ne fait pas partie d'un groupe ; personne inconnue. **3.** n. m. Pays étranger.

étrangeté n. f. **1.** Caractère étrange. **2.** littér. Chose étrange.

étrangler v. tr. **1.** Priver de respiration par une forte compression du cou. – pronom. → s'**étouffer.** **2.** Gêner la respiration de (qqn). – au p. p. *Voix étranglée* (par l'émotion). **3.** (sujet chose) Resserrer, comprimer. ▶ **étranglement** n. m.

étrangleur, euse adj. et n. ◻ Qui étrangle.

étrave n. f. ◻ Pièce saillante qui forme la proue d'un navire.

① **être** v. intr. **I.** **1.** Avoir une réalité. **2.** impers. (surtout littér.) *IL EST, EST-IL, IL N'EST PAS...* : il y a, y a-t-il, etc. ■ (moment dans le temps) *Il est midi.* **II.** verbe reliant l'attribut au sujet *La Terre est ronde.* – *Il est tout pour moi.* → **représenter.** **III.** (+ prép. ou adv.) **1.** (état) *Être bien, être mal* (relativement au confort, à la santé). → **aller.** **2.** (lieu) *Je suis chez des amis.* → **demeurer.** **3.** (au passé + compl. de lieu ou inf.) Aller. *J'y ai été.* **4.** (temps) *Quel jour sommes-nous ?* **5.** *ÊTRE À.* *Ceci est à moi,* m'appartient. ■ *ÊTRE DE* : venir, provenir de. **IV.** *C'EST, CE SERA, C'ÉTAIT...* **1.** Présentant une personne, une chose ; rappelant ce dont il a été question. **2.** Annonçant ce qui suit (mise en relief). **V.** verbe auxiliaire **1.** passif des v. tr. *Être aimé.* **2.** temps composés de v. intr. *Nous étions partis.* **3.** temps composés des v. pron. *Ils se sont aimés, plu.*

② **être** n. m. **I.** Fait d'être, qualité de ce qui est. **II.** **1.** Ce qui est vivant et animé. **2.** Être humain.

étreindre v. tr. **1.** Entourer en serrant étroitement de ses bras. **2.** (sentiments) → **oppresser.**

étreinte n. f. ◻ Action d'étreindre.

étrenne n. f. ◻ surtout au plur. Présent ou gratification offert à l'occasion du premier jour de l'année.

étrenner v. tr. ◻ Être le premier à employer. – Utiliser pour la première fois.

êtres n. m. pl. → **aîtres**

étrier n. m. ◻ Anneau qui pend de chaque côté de la selle et soutient le pied du cavalier. – *Avoir le pied à l'étrier* fig. : être bien placé pour réussir.

étrille n. f. **I.** Instrument pour nettoyer certains animaux (cheval, etc.). **II.** Crabe à la chair très appréciée.

étriller v. tr. **1.** Frotter (un animal) avec une étrille. **2.** Malmener violemment.

étriper v. tr. ◻ Ôter les tripes à (un animal). ▷ v. pron. s'**étriper** Se battre. ▶ **étripage** n. m.

étriqué, ée adj. **1.** (vêtement) Qui est trop étroit. **2.** fig. *Un esprit étriqué,* étroit, mesquin.

étriquer v. tr. ◻ Rendre étriqué.

étroit, oite adj. **1.** Qui a peu de largeur. **2.** (espace) Petit. **3.** fig. *Esprit étroit.* → **mesquin. 4.** Qui tient serré. ▪ fig. Qui unit de près. **5.** *À L'ÉTROIT* loc. adv. : dans un espace trop petit. ▶ **étroitesse** n. f.

étroitement adv. **1.** Par un lien étroit. **2.** De près. **3.** Rigoureusement.

étron n. m. ◻ Excrément (de l'homme et de certains animaux).

étrusque adj. ◻ De l'Étrurie, ancienne région de l'Italie. – n. *Les Étrusques.*

étude n. f. **I. 1.** Effort méthodique de l'esprit pour acquérir des connaissances. ▪ au plur. Série ordonnée de travaux et d'exercices nécessaires à l'instruction. *Études primaires, secondaires, supérieures.* **2.** Examen. *Projet de loi à l'étude.* **II. 1.** Ouvrage littéraire étudiant un sujet. **2.** Dessin, peinture constituant un essai. **III. 1.** Cabinet de travail. **2.** Local où travaille un notaire, etc.

étudiant, ante **1.** n. Personne qui fait des études supérieures. **2.** adj. Propre aux étudiants.

étudier v. tr. **1.** Chercher à acquérir la connaissance de. **2.** Chercher à comprendre par un examen. **3.** Examiner afin de décider. ▷ v. pron. s'**étudier** **1.** Se prendre pour objet d'étude. **2.** (récipr.) S'observer l'un l'autre. ▷ adj. **étudié, ée** **1.** Médité et préparé. **2.** Qui n'est pas spontané.

étui n. m. ◻ Enveloppe, boîte adaptée à ce qu'elle doit contenir.

étuve n. f. ◻ Endroit clos chauffé pour provoquer la sudation. – Lieu où il fait très chaud.

à l'**étuvée** loc. adj. et adv. ◻ → à l'**étouffée.**

étuver v. tr. ◻ Cuire à l'étuvée.

étymologie n. f. **1.** Science de l'origine des mots. **2.** Origine (d'un mot). ▶ **étymologique** adj. ▶ **étymologiquement** adv. ▶ **étymologiste** n.

étymon n. m. ◻ Mot, racine qui donne l'étymologie (2) d'un autre mot.

eu, eue ◻ Participe passé de *avoir.*

eucalyptus n. m. ◻ Arbre à feuilles odorantes.

eucaryote adj. ◻ biol. À cellules à noyau structuré.

eucharistie n. f. ◻ Sacrement essentiel du christianisme qui perpétue le sacrifice du Christ. ▶ **eucharistique** adj.

euclidien, ienne adj. ◻ Relatif à Euclide. – *Géométrie euclidienne,* qui repose sur le postulat d'Euclide sur les parallèles.

eugénique **I.** n. f. Théorie des méthodes censées améliorer l'espèce humaine, fondée sur la génétique. **II.** adj. Relatif à l'eugénique. ▶ **eugénisme** n. m. ▶ **eugéniste** adj. et n.

***euh** interj. ◻ Marque l'embarras, le doute.

eunuque n. m. ◻ Homme châtré qui gardait les harems.

euphémisme n. m. □ Expression atténuée d'une notion dont l'expression directe aurait quelque chose de déplaisant. ▶ **euphémique** adj.

euphonie n. f. □ Harmonie de sons agréablement combinés. ▶ **euphonique** adj. ▶ **euphoniquement** adv.

euphorbe n. f. □ Plante à suc laiteux.

euphorie n. f. □ Sentiment de bien-être. ▶ **euphorique** adj. et n. m.

euphorisant, ante adj. et n. m. □ Qui suscite l'euphorie.

eurasien, enne adj. et n. 1. D'Eurasie. 2. Métis d'Européen(ne) et d'Asiatique.

eurêka interj. □ S'emploie lorsqu'on trouve subitement une solution.

euro n. m. □ Monnaie unique européenne. – *La zone euro,* où l'euro a cours.

eurodéputé, ée n. □ Député(e) au Parlement européen.

eurodevise n. f. □ Avoir convertible déposé en Europe hors du pays émetteur.

euromissile n. m. □ Missile nucléaire basé en Europe.

euro-obligation n. f. □ fin. 1. Obligation libellée dans une monnaie autre que celle du pays dans lequel elle est émise. 2. Obligation émise par l'ensemble des pays de la zone euro.

européaniser v. tr. □ Donner un caractère européen à. ▷ v. pron. s'**européaniser** ▶ **européanisation** n. f.

européen, éenne adj. et n. □ De l'Europe.

euthanasie n. f. □ Usage de procédés qui permettent de hâter ou de provoquer la mort de malades incurables. ▶ **euthanasique** adj.

eux pron. pers. (3e pers. masc. plur.) □ Pronom compl. après une préposition, pluriel de *lui. C'est à eux de parler.* ▪ (sujet) *Eux sauront.*

évacuer v. tr. 1. Expulser de l'organisme. 2. Faire sortir (un liquide) d'un lieu. 3. Cesser d'occuper militairement (un lieu). 4. Faire partir (des personnes) en masse, hors d'un lieu dangereux, etc. ▶ **évacuation** n. f.

s'**évader** v. pron. □ S'échapper (d'un lieu où l'on était retenu). ▪ au p. p. *Prisonnier évadé.* – n. *Un(e) évadé(e).*

évaluation n. f. 1. Action d'évaluer. 2. Valeur, quantité évaluée.

évaluer v. tr. 1. Porter un jugement sur la valeur, le prix de. ▪ Déterminer (une quantité) par le calcul. 2. Fixer approximativement.

évanescent, ente adj. 1. littér. Qui disparaît graduellement. 2. (personnes, comportements) Insaisissable. ▶ **évanescence** n. f. littér.

évangélique adj. 1. Relatif ou conforme à l'Évangile. 2. De la religion protestante, fondée sur les Évangiles.

évangéliser v. tr. □ Prêcher l'Évangile à. ▶ **évangélisation** n. f. ▶ **évangélisateur, trice** adj. et n.

évangéliste n. m. 1. Auteur de l'un des Évangiles. 2. Prédicateur itinérant de l'Église réformée.

évangile n. m. □ (avec maj.) 1. Enseignement de Jésus-Christ. 2. Chacun des livres de la Bible où la vie et la doctrine de Jésus-Christ ont été consignées. – PAROLE D'ÉVANGILE : chose sûre.

s'**évanouir** v. pron. 1. Disparaître sans laisser de traces. 2. Perdre connaissance. ▷ p. p. **évanoui, ie** ▶ **évanouissement** n. m.

évaporateur n. m. 1. Appareil de dessiccation. 2. Appareil qui produit du froid.

évaporé, ée adj. □ Étourdi, léger.

s'**évaporer** v. pron. 1. Se transformer lentement en vapeur. 2. fig., fam. Disparaître brusquement. ▶ **évaporation** n. f.

évaser v. tr. ▫ Élargir (qqch.) à l'orifice, à l'extrémité. ▷ v. pron. s'**évaser** ▷ adj. **évasé, ée** Qui va en s'élargissant. ▶ **évasement** n. m.

évasif, ive adj. ▫ Qui cherche à éluder ; imprécis. ▶ **évasivement** adv.

évasion n. f. 1. Action de s'évader. 2. Fuite (de valeurs).

évêché n. m. 1. Juridiction d'un évêque. 2. Palais épiscopal.

éveil n. m. 1. Action d'éveiller. – *Être* EN ÉVEIL, sur ses gardes. 2. (facultés...) Action de se révéler, de se manifester.

éveillé, ée adj. 1. Qui ne dort pas. 2. (personnes) Plein de vie.

éveiller v. tr. 1. littér. Tirer du sommeil. 2. Rendre effectif, manifester (une disposition, etc.). 3. Faire naître, apparaître (un sentiment...). ▷ v. pron. s'**éveiller** 1. Sortir du sommeil. 2. (sentiments...) Naître, se manifester.

événement ou **évènement** n. m. ▫ Ce qui arrive et a de l'importance pour les humains. – *Un heureux événement* : une naissance.

événementiel, elle ou **évènementiel, elle** adj. ▫ Qui constitue un événement. ▪ n. m. *L'événementiel* : secteur d'activité créé autour des événements de communication.

évent n. m. ▫ Narines des cétacés.

éventail n. m. 1. Instrument portatif qu'on agite pour produire un courant d'air. 2. Ensemble de choses diverses d'une même catégorie.

éventailliste n. ▫ Fabricant(e) d'éventails.

éventaire n. m. ▫ Étalage en plein air, sur la voie publique, sur un marché.

éventé, ée adj. 1. Altéré par l'air. 2. Découvert, connu.

éventer v. tr. I. Rafraîchir (qqn) en agitant l'air. II. Rendre public, faire connaître. ▷ v. pron. s'**éventer** 1. *S'éventer avec un journal.* 2. S'altérer au contact de l'air.

éventrer v. tr. 1. Déchirer en ouvrant le ventre. 2. Fendre largement (un objet). – Défoncer (qqch.). ▶ **éventration** n. f. ▶ **éventrement** n. m.

éventreur n. m. ▫ Meurtrier qui éventre.

éventualité n. f. 1. Caractère de ce qui est éventuel. 2. Circonstance, événement pouvant survenir.

éventuel, elle adj. ▫ Qui peut ou non se produire. – (personnes) *Son successeur éventuel.* ▶ **éventuellement** adv.

évêque n. m. ▫ Dignitaire le plus élevé de la prêtrise chrétienne.

éversion n. f. ▫ méd. Renversement (d'un organe).

s'évertuer v. pron. ▫ *S'évertuer à* : s'efforcer de.

éviction n. f. ▫ Action d'évincer.

évidemment adv. 1. littér. De manière évidente. 2. Assurément.

évidence n. f. 1. Caractère de ce qui s'impose à l'esprit avec certitude. ▪ Chose évidente. 2. *À l'évidence ; de toute évidence* loc. adv. → **sûrement.**

évident, ente adj. ▫ Qui a un caractère d'évidence.

évider v. tr. ▫ Creuser en enlevant une partie de la matière. ▶ **évidage** ou **évidement** n. m.

évier n. m. ▫ Bassin d'une cuisine muni d'une alimentation en eau et d'une vidange (servant à la vaisselle, etc.).

évincer v. tr. ▫ Déposséder (qqn) d'une affaire, etc.

éviscérer v. tr. ▫ Enlever les viscères de. ▶ **éviscération** n. f.

évitable adj. ▫ Qui peut être évité.

évitement n. m. ▫ Action d'éviter. ▪ *Voie d'évitement,* où l'on gare les trains.

éviter v. tr. **1.** Faire en sorte de ne pas heurter en rencontrant (qqn, qqch.). **2.** Faire en sorte de ne pas rencontrer (qqn). – pronom. *Ils s'évitent depuis des mois.* **3.** Écarter (ce qui menace). **4.** *ÉVITER DE* (+ inf.). → s'**abstenir.** **5.** *ÉVITER qqch. À qqn.* → **épargner.**

évocateur, trice adj. **1.** Qui peut évoquer (1). **2.** Qui évoque (2 et 3).

évocation n. f. **1.** Action d'évoquer (les esprits...) par la magie. ▶ **évocatoire** adj. **2.** Action de rappeler, de rendre présent à l'esprit.

évolué, ée adj. ▫ Qui a subi une évolution.

évoluer v. intr. **1.** Changer de position par des mouvements réglés. **2.** Passer par une série de transformations.

évolutif, ive adj. ▫ Qui peut évoluer (2).

évolution n. f. **1.** Suite de transformations dans un même sens ; transformation graduelle. **2.** Transformation progressive d'une espèce vivante.

évolutionnisme n. m. ▫ Théorie biologique qui défend l'idée d'évolution. ▶ **évolutionniste** adj. et n.

évoquer v. tr. **1.** Appeler, faire apparaître par la magie. **2.** Rappeler à la mémoire. *Évoquer qqn, son souvenir.* **3.** (sujet chose) Faire penser à.

ex- ▫ (+ nom, joint par un trait d'union) Antérieurement. *Son ex-mari ;* abrév. fam. *son ex.*

exacerber v. tr. **1.** Porter (un mal) à son paroxysme. **2.** Rendre plus violent. ▷ adj. **exacerbé, ée** ▶ **exacerbation** n. f.

exact, exacte adj. **1.** Entièrement conforme à la réalité, à la vérité. **2.** (après le nom) Égal à la grandeur mesurée. – *Sciences exactes,* constituées par des propositions déterminées quantitativement. **3.** (personnes) Qui arrive à l'heure convenue.

exactement adv. ▫ D'une manière exacte. ▪ (en réponse) Tout à fait.

exaction n. f. ▫ didact. **1.** Action d'exiger plus qu'il n'est dû. **2.** au plur. Mauvais traitements.

exactitude n. f. ▫ Caractère de ce qui est exact ; qualité d'une personne exacte.

ex æquo loc. adv. ▫ À égalité.

exagération n. f. **1.** Action d'exagérer. **2.** Propos exagéré. **3.** Caractère exagéré.

exagéré, ée adj. ▫ Qui exagère. ▶ **exagérément** adv.

exagérer v. tr. **1.** Présenter (qqch.) comme plus important qu'il n'est. **2.** Accentuer en donnant un caractère (taille, intensité, etc.) qui dépasse la normale. **3.** sans compl. En prendre trop à son aise.

exaltation n. f. **1.** littér. Fait d'exalter (1). **2.** Grande excitation de l'esprit.

exalter v. tr. **1.** littér. Rendre plus fort, plus intense. **2.** Élever (qqn) au-dessus de l'état d'esprit ordinaire. ▷ **exalté, ée** **1.** adj. *Imagination exaltée.* **2.** adj. et n. Qui est enthousiaste. ▶ **exaltant, ante** adj.

examen n. m. **1.** Action d'examiner (1). **2.** Épreuve que subit un candidat.

examinateur, trice n. ▫ Personne qui fait passer un examen (2).

examiner v. tr. **1.** Considérer avec attention. **2.** Regarder très attentivement. **3.** Faire subir un examen (2), une épreuve à (qqn).

exaspération n. f. ▫ État de violente irritation.

exaspérer v. tr. ▫ Irriter (qqn) excessivement. ▷ adj. **exaspéré, ée** Très irrité. ▶ **exaspérant, ante** adj.

exaucer v. tr. ▫ (en parlant de Dieu...) Satisfaire (qqn) en accordant ce qu'il demande. ▶ **exaucement** n. m.

ex cathedra loc. adv. ▫ plais. D'un ton doctoral, dogmatique.

excavation n. f. 1. Action de creuser le sol (*excaver* v. tr.). 2. Creux d'un terrain. ▶ **excavatrice** n. f. ou **excavateur** n. m. (machine)

excédant, ante adj. ▫ Qui excède (II).

excédent n. m. ▫ Ce qui est en plus du nombre fixé. – *En excédent* : en plus. ▶ **excédentaire** adj.

excéder v. tr. I. *EXCÉDER qqch.* Dépasser en nombre, en quantité. – Dépasser en durée. II. *EXCÉDER qqn.* Fatiguer en irritant. – au p. p. *Un air excédé.*

excellemment adv. ▫ Parfaitement.

excellence n. f. 1. littér. Caractère de ce qui est excellent. 2. (avec maj.) Titre honorifique donné aux ambassadeurs, ministres, évêques. 3. loc. adv. *PAR EXCELLENCE* : au plus haut point.

excellent, ente adj. ▫ Très bon.

exceller v. intr. ▫ Être supérieur, excellent. – *EXCELLER À* (+ n. ou inf.).

excentrer v. tr. ▫ techn. Déplacer le centre de ; mettre loin du centre. ▷ adj. **excentré, ée** Qui est loin du centre.

excentricité n. f. I. sc. Position, caractère excentrique (I). II. 1. Manière excentrique (II) d'être, de penser. 2. Acte excentrique.

excentrique adj. I. 1. Qui s'éloigne d'un centre, d'un axe de référence. 2. Éloigné du centre. II. adj. et n. Dont l'apparence, le comportement s'écarte (volontairement) des habitudes sociales. ▶ **excentriquement** adv.

excepté prép. ▫ (placé devant le nom) À l'exception de.

excepter v. tr. ▫ Ne pas comprendre dans (un ensemble). *Tous, sans excepter aucun.* – au p. p. *Tout le journal, la publicité exceptée.*

exception n. f. 1. Action d'excepter. – *À L'EXCEPTION DE* loc. prép. → **sauf.** 2. Ce qui est en dehors de la norme, du commun.

exceptionnel, elle adj. 1. Qui constitue une exception (1). 2. Qui est hors de l'ordinaire, spécialt par ses qualités. ▶ **exceptionnellement** adv.

excès n. m. 1. Ce qui dépasse une quantité. 2. Trop grande quantité ; dépassement de la mesure normale ou permise.

excessif, ive adj. 1. Qui dépasse la mesure souhaitable ou permise ; trop important. 2. (personnes) Incapable de modération. ▶ **excessivement** adv.

exciper v. tr. ind. ▫ littér. *EXCIPER DE* : faire état de (qqch.) pour sa défense.

excipient n. m. ▫ Substance qui sert à incorporer les principes actifs d'un médicament.

exciser v. tr. ▫ Enlever par excision.

excision n. f. ▫ Ablation d'une partie (d'organe, de tissu). ▪ spécialt Ablation rituelle du clitoris ou du prépuce.

excitable adj. I. Nerveux. II. physiol. Qui répond à l'excitation (II). ▶ **excitabilité** n. f.

excitant, ante adj. I. Qui provoque le désir sexuel. II. Qui excite, stimule l'organisme. – n. m. *Prendre un excitant.*

excitateur, trice n. ▫ littér. Personne qui excite (I).

excitation n. f. I. 1. État d'une personne excitée. 2. Action d'exciter (à). II. 1. physiol. Modification liée à un stimulus, pouvant déclencher une réponse dans un tissu ou un organe. 2. phys. Accroissement d'énergie.

excité, ée adj. et n. ▫ Qui est énervé, agité.

exciter v. tr. I. 1. Faire naître, provoquer (une réaction). 2. Accroître (une sensation, un sentiment...). 3. *EXCITER À* (+ n. ou inf.) : pousser fortement à (qqch. de difficile ou violent). ▪ Éveiller le désir sexuel de (qqn). II. Déclencher l'activité de (un système excitable) par une excitation (II). ▷ v. pron. s'**exciter** Se mettre en colère.

exclamation n. f. ▫ Fait de s'exclamer ; paroles, cris par lesquels on s'exclame. – *Point d'exclamation*, signe de ponctuation (!). ▶ **exclamatif, ive** adj.

s'**exclamer** v. pron. ▫ Proférer des paroles, des cris de joie, de surprise, etc.

exclu, ue adj. **1.** Renvoyé, refusé. ▪ Victime d'exclusion (sociale). – n. *Les exclus.* **2.** (choses) Qu'on refuse d'envisager. – Non compté.

exclure v. tr. **1.** Renvoyer (qqn) d'un endroit où il était admis, ou refuser d'admettre. **2.** Ne pas admettre, ne pas employer (qqch.). **3.** Refuser d'envisager.

exclusif, ive adj. **1.** Qui exclut tout partage. *Droits exclusifs,* qui appartiennent à une seule personne. **2.** Qui est produit, vendu par une seule firme. **3.** Qui exclut tout élément étranger. ▶ **exclusivement** adv.

exclusion n. f. ▫ Action d'exclure (qqch. ou qqn). ▪ Situation de personnes mises à l'écart.

exclusive n. f. ▫ Décision d'exclure.

exclusivité n. f. **1.** Propriété exclusive ; droit exclusif (de vendre, de publier...). – *EN EXCLUSIVITÉ* : d'une manière exclusive. **2.** Produit vendu, exploité par une seule firme. **3.** presse Information donnée en exclusivité.

excommunier v. tr. ▫ Retrancher (qqn) de la communion de l'Église catholique. ▷ adj. et n. **excommunié, ée** ▶ **excommunication** n. f.

excrément n. m. ▫ souvent au plur. Matière évacuée du corps par les voies naturelles ; spécialt matières fécales. ▶ **excrémentiel, ielle** adj.

excrétion n. f. ▫ physiol. Action par laquelle les déchets de l'organisme sont rejetés au-dehors. ▶ **excréter** v. tr. ▶ **excréteur, trice** adj.

excroissance n. f. ▫ Petite tumeur bénigne de la peau.

excursion n. f. ▫ Action d'explorer, de visiter une région. ▶ **excursionner** v. intr. ▶ **excursionniste** n.

excusable adj. ▫ Qui peut être excusé.

excuse n. f. **1.** Raison alléguée pour se défendre ou défendre autrui, d'une accusation, d'un reproche. **2.** Regret que l'on témoigne à qqn de l'avoir offensé. **3.** Motif allégué pour se dispenser de qqch.

excuser v. tr. **1.** (sujet chose) Servir d'excuse à (qqn, qqch.). **2.** Décharger d'un reproche, disculper d'une faute. **3.** Dispenser (qqn) d'une obligation. **4.** (formules de politesse) *Excusez-moi...,* je regrette (de vous gêner, de refuser, etc.). ▷ v. pron. s'**excuser** Exprimer ses regrets (de qqch.).

exécrer v. tr. **1.** littér. Haïr (qqn) au plus haut point. **2.** Avoir de l'aversion pour (qqch.). ▶ **exécration** n. f. littér. ▶ **exécrable** adj.

exécutable adj. ▫ Qui peut être exécuté.

exécutant, ante n. **1.** Personne qui exécute (un ordre, une tâche...). **2.** Interprète d'un ensemble musical.

exécuter v. tr. **I.** *EXÉCUTER qqch.* **1.** Mener à accomplissement (un projet ; un ordre). **2.** Interpréter, jouer (une œuvre musicale). **II.** *EXÉCUTER qqn.* **1.** Faire mourir (qqn) conformément à une décision de justice. **2.** Faire mourir sans jugement. ▷ v. pron. s'**exécuter** Se décider à faire une chose pénible.

exécuteur, trice n. **I.** *EXÉCUTEUR, TRICE TESTAMENTAIRE* : personne chargée de l'exécution d'un testament. **II.** n. m. Personne qui exécute un condamné.

exécutif, ive adj. ▫ Relatif à la mise en œuvre des lois. *Pouvoir exécutif*, le gouvernement. – n. m. *L'EXÉCUTIF* : le pouvoir exécutif.

exécution n. f. **I.** Action d'exécuter (qqch.). – *Mettre à exécution* : commencer à exécuter (ce qui a été prévu, décidé...). **II.** Mise à mort (d'un condamné).

exécutoire adj. ▫ dr. Qui peut et doit être mis à exécution.

exégèse n. f. ▫ didact. Interprétation d'un texte difficile. ▶ **exégète** n.

① **exemplaire** n. m. ▫ Chacun des objets reproduisant un type commun.

② **exemplaire** adj. ▫ Qui peut servir d'exemple, de leçon. ▶ **exemplairement** adv. ▶ **exemplarité** n. f.

exemple n. m. **I. 1.** Action, manière d'être qu'on peut imiter. **2.** Personne dont les actes sont dignes d'être imités. **3.** Châtiment censé servir de leçon (pour les autres). **II. 1.** Chose semblable à celle dont il s'agit. **2.** Cas particulier qui entre dans une catégorie. **3.** *PAR EXEMPLE* loc. adv. : pour illustrer par un cas.

exemplifier v. tr. ▫ didact. Illustrer d'exemples. ▶ **exemplification** n. f.

exempt, empte ▫ adj. **1.** *EXEMPT DE*, qui n'est pas obligé d'accomplir (une charge...). – (choses) *Colis exempt de port.* **2.** Préservé (d'un mal, etc.).

exempter v. tr. ▫ Rendre exempt (d'une charge...). ▶ **exemption** n. f.

exercer v. tr. **1.** Soumettre à une activité régulière. **2.** Soumettre (qqn) à un entraînement. **3.** Faire agir (un moyen, une disposition). **4.** Pratiquer (un métier). ▷ v. pron. **s'exercer 1.** Avoir une activité réglée pour acquérir la pratique. **2.** (choses) Se manifester. ▷ adj. **exercé, ée** Devenu habile à force de s'exercer ou d'être exercé.

exercice n. m. **I. 1.** littér. Action ou façon de s'exercer. **2.** Fait d'exercer son corps par l'activité physique. **3.** Activité réglée destinée à exercer qqn dans un domaine particulier. **II. 1.** Action d'exercer (3) en employant. **2.** Fait d'exercer (une fonction, un métier). – *EN EXERCICE* : en activité.

exérèse n. f. ▫ méd. Ablation, extraction.

exergue n. m. ▫ Inscription, dans une œuvre d'art ou en tête d'un texte.

exfiltrer v. tr. ▫ Assurer le rapatriement de (un agent secret...). ▶ **exfiltration** n. f.

exfoliant, ante adj. ▫ Qui exfolie (la peau).

exfolier v. tr. ▫ Détacher par feuilles, par lamelles. ▶ **exfoliation** n. f.

exhalaison n. f. ▫ Ce qui s'exhale.

exhalation n. f. ▫ Action d'exhaler. – physiol. Rejet de l'air.

exhaler v. tr. **1.** Répandre au-dehors (une chose volatile). **2.** fig., littér. Exprimer (un sentiment). ▷ v. pron. s'**exhaler** → **émaner.**

exhausser v. tr. ▫ Rendre plus élevé (un bâtiment). ▶ **exhaussement** n. m.

exhaustif, ive adj. ▫ Qui traite complètement un sujet ; complet. ▶ **exhaustivement** adv. ▶ **exhaustivité** n. f.

exhiber v. tr. **1.** Montrer à une autorité. **2.** péj. Montrer avec ostentation ou impudeur. ▷ v. pron. s'**exhiber** péj. Se montrer en public. ▶ **exhibition** n. f.

exhibitionnisme n. m. ▫ psych. Obsession qui pousse qqn à exhiber ses organes génitaux. ▪ par ext. Goût de se montrer nu. ▶ **exhibitionniste** n. et adj.

exhortation n. f. ▫ Paroles pour exhorter.

exhorter v. tr. ▫ *EXHORTER qqn À* (+ n. ou inf.) : s'efforcer par des discours persuasifs de lui faire faire qqch.

exhumer v. tr. **1.** Retirer (un cadavre) de la sépulture. **2.** Déterrer (une chose enfouie). **3.** fig. Tirer de l'oubli. ▶ **exhumation** n. f. littér.

exigeant, ante adj. **1.** Qui est habitué à exiger beaucoup. **2.** (sentiment, activité...) Qui a besoin de beaucoup pour s'exercer.

exigence n. f. **1.** Ce qui est réclamé comme nécessaire. **2.** Caractère d'une personne exigeante.

exiger v. tr. **1.** Demander (ce que l'on pense avoir le droit ou la force d'obtenir). **2.** (sujet chose) Rendre obligatoire.

exigible adj. ▫ Qu'on peut exiger. ▶ **exigibilité** n. f.

exigu, uë adj. ▫ (espace...) D'une dimension insuffisante. ▶ **exiguïté** n. f.

exil n. m. **1.** Expulsion de qqn hors de sa patrie, avec défense d'y rentrer ; situation de la personne expulsée. **2.** littér. Séjour hors d'un lieu, loin de qqn qu'on regrette.

exiler v. tr. **1.** Envoyer (qqn) en exil. **2.** Éloigner (qqn) d'un lieu. ▷ v. pron. **s'exiler** S'installer loin de son pays. ▷ adj. et n. **exilé, ée**

existant, ante adj. ▫ Qui existe actuellement.

existence n. f. **1.** Fait d'exister. **2.** Vie, considérée dans sa durée, son contenu. **3.** Mode de vie.

existentialisme n. m. ▫ philos. Doctrine selon laquelle l'être humain est libre et responsable de son existence. ▶ **existentialiste** adj. et n.

existentiel, ielle adj. ▫ didact. De l'existence en tant que réalité vécue.

exister v. intr. **1.** Avoir une réalité. – impers. *IL EXISTE...* : il y a... **2.** (sujet personne) Vivre. **3.** (sens fort) Avoir de l'importance.

ex-libris n. m. invar. ▫ Vignette apposée sur un livre pour en indiquer le propriétaire.

ex nihilo adv. et adj. invar. ▫ didact. En partant de rien.

exocet n. m. **1.** Poisson volant. **2.** invar. (marque déposée) Missile autoguidé.

exocrine adj. f. ▫ Se dit d'une glande qui déverse sa sécrétion à la surface de la peau ou d'une muqueuse.

exode n. m. ▫ Émigration en masse.

exogène adj. ▫ didact. Qui provient de l'extérieur, se produit à l'extérieur.

exonérer v. tr. ▫ Décharger (qqn de qqch. à payer). ▶ **exonération** n. f.

exoplanète n. f. ▫ astron. Planète hors du système solaire.

exorbitant, ante adj. ▫ Qui dépasse la juste mesure ; excessif.

exorbité, ée adj. ▫ *Yeux exorbités,* qui sortent de l'orbite ; grand ouverts (de peur, etc.).

exorciser v. tr. ▫ Délivrer (un possédé) de ses démons, à l'aide de formules et de cérémonies. ▶ **exorcisme** n. m. ▶ **exorciste** n.

exorde n. m. ▫ Première partie (d'un discours).

exotique adj. ▫ Qui (notamment dans la perception occidentale) est perçu comme lointain ; qui vient de pays lointains.

exotisme n. m. ▫ Caractère de ce qui est exotique.

expansé, ée adj. ▫ techn. Qui a subi une expansion (1).

expansible adj. ▫ Qui est susceptible d'expansion. ▶ **expansibilité** n. f.

expansif, ive adj. ▫ Qui s'exprime avec effusion. ▶ **expansivité** n. f.

expansion n. f. **1.** Développement (d'un corps) en volume. **2.** Action de se développer.

expansionnisme n. m. ▫ Politique d'expansion (2) d'un pays. ▶ **expansionniste** n. et adj.

expatrier v. tr. ▫ Obliger (qqn) à quitter sa patrie. ▷ v. pron. s'**expatrier** ▷ adj. et n. **expatrié, ée**

expectative n. f. ▫ Attente prudente.

expectorer v. tr. ▫ Rejeter (les mucosités des voies respiratoires). ▶ **expectoration** n. f. ▶ **expectorant, ante** adj. et n. m.

expédient n. m. **1.** Moyen pour se tirer d'une difficulté. **2.** péj. *Vivre d'expédients,* de moyens peu honnêtes.

expédier v. tr. **I. 1.** Faire (qqch.) rapidement. **2.** En finir au plus vite avec (qqn) pour s'en débarrasser. **II. 1.** Faire partir pour une destination. **2.** fam. Envoyer (qqn) au loin.

expéditeur, trice n. ▫ Personne qui expédie.

expéditif, ive adj. **1.** Qui expédie les affaires. **2.** (choses) Qui permet d'expédier les affaires. ▪ péj. → **sommaire.** ▶ **expéditivement** adv.

expédition n. f. **I.** Action d'expédier (I). **II. 1.** Action d'expédier (II). **2.** Opération militaire exigeant un déplacement de troupes. **3.** Voyage d'exploration.

expéditionnaire 1. n. Employé(e) chargé(e) des expéditions (II, 1). **2.** adj. Envoyé en expédition militaire.

expérience n. f. **I. 1.** Événement vécu ou pratique prolongée de qqch., apportant un enseignement. **2.** absolt Connaissance acquise par des situations vécues. **II. 1.** Fait de provoquer un phénomène dans l'intention de l'étudier, de contrôler une hypothèse. **2.** Essai, tentative.

expérimental, ale, aux adj. **1.** Fondé sur l'expérience scientifique. **2.** Qui constitue une expérience ; fait, construit pour une expérience. ▶ **expérimentalement** adv.

expérimentation n. f. ▫ Action d'expérimenter.

expérimenter v. tr. **I.** Connaître par l'expérience. ▷ adj. **expérimenté, ée** ▶ **expérimentateur, trice** n. **I.** Pratiquer des expériences (II).

expert, erte I. adj. Qui a acquis une grande habileté par l'expérience, par la pratique. **II.** n. m. Personne choisie pour ses connaissances et chargée de faire des constatations, appréciations.

expert-comptable, experte-comptable n. ▫ Personne faisant profession d'organiser, vérifier les comptabilités.

expertise n. f. **I.** Étude par un expert. **II.** Compétence d'un expert.

expertiser v. tr. ▫ Soumettre à une expertise.

expiation n. f. ▫ Souffrance imposée ou acceptée à la suite d'une faute.

expiatoire adj. ▫ Destiné à une expiation.

expier v. tr. ▫ Réparer par une expiation.

expiration n. f. **I.** Action d'expirer (I). **II.** Moment où (qqch.) se termine.

expirer v. **I.** v. tr. Expulser des poumons (l'air inspiré). **II.** v. intr. **1.** littér. Rendre le dernier soupir. **2.** Arriver à son terme. ▶ **expirant, ante** adj.

explétif, ive adj. et n. m. ▫ Qui est dans une phrase sans être nécessaire au sens.

explicable adj. ▫ (choses) Qui peut s'expliquer.

explicatif, ive adj. ▫ (choses) Qui explique.

explication n. f. **1.** Développement destiné à éclaircir le sens de qqch. **2.** Ce qui rend compte (d'un fait). **3.** Discussion dans laquelle on s'explique (3).

explicite adj. **1.** dr. Exprimé, formulé. **2.** Clair et précis dans l'énoncé. **3.** Qui s'exprime avec clarté. ▶ **explicitement** adv.

expliciter v. tr. **1.** Énoncer formellement. **2.** Rendre clair et précis. ▶ **explicitation** n. f.

expliquer v. tr. **1.** Faire comprendre en développant. **2.** Rendre clair. ▪ Donner les indications (pour faire qqch.). **3.** (sujet chose) Être la cause, la raison visible de. ▷ v. pron. s'**expliquer 1.** Faire connaître sa pensée. **2.** Justifier un fait, une opinion. **3.** récipr. Avoir une discussion, faire une mise au point. **4.** Comprendre la cause de (qqch.). **5.** passif Être rendu intelligible.

exploit n. m. ▫ Action remarquable.

exploitable adj. ▫ Qui peut être exploité.

exploitant, ante n. ▫ Personne (ou société) qui gère une exploitation.

exploitation n. f. **1.** Action d'exploiter, de faire valoir (une chose). ▪ inform. *Système d'exploitation* : programme qui gère le fonctionnement d'un ordinateur. **2.** Bien exploité ; lieu où se fait la mise en valeur de ce bien. **3.** Action d'abuser (de qqn) à son profit.

exploiter v. tr. **1.** Faire valoir (une chose) ; tirer parti de. **2.** Se servir de (qqn) en n'ayant en vue que le profit. ▶ **exploiteur, euse** n.

explorateur, trice n. ▫ Personne qui explore un pays lointain, peu connu.

exploration n. f. **1.** Action d'explorer (un lieu). **2.** abstrait → **approfondissement.**

exploratoire adj. ▫ Destiné à explorer.

explorer v. tr. **1.** Parcourir (un endroit mal connu) en l'étudiant avec soin. - Parcourir (un lieu) en observant. **2.** abstrait Faire des recherches sur (qqch.).

exploser v. intr. **1.** Faire explosion. **2.** fig. → **éclater. 3.** Se développer largement.

explosible adj. ▫ didact. → **explosif** (1).

explosif, ive I. adj. **1.** Qui peut faire explosion. **2.** fig. *Situation explosive*, tendue. **II.** n. m. Composé ou mélange susceptible d'explosion. ▶ **explosivité** n. f.

explosion n. f. **1.** Fait de se rompre brutalement en projetant des fragments. **2.** MOTEUR À EXPLOSION, qui emprunte son énergie à l'expansion d'un gaz. **3.** fig. Manifestation soudaine et violente (de). **4.** Expansion soudaine et spectaculaire.

exponentiel, ielle adj. ▫ Qui augmente de manière continue et rapide. ▶ **exponentiellement** adv.

export n. m. ▫ Exportation.

exportation n. f. **1.** Action d'exporter (des produits). **2.** Ce qui est exporté.

exporter v. tr. **1.** Envoyer et vendre hors d'un pays (ses produits). **2.** fig. Transporter à l'étranger (une mode, etc.). ▶ **exportable** adj. ▶ **exportateur, trice** adj. et n.

exposant n. m. **1.** Personne dont les œuvres, les produits sont présentés dans une exposition (2). **2.** math. Expression exprimant la puissance à laquelle une quantité est élevée.

exposé n. m. ▫ Développement par lequel on expose (des faits, des idées).

exposer v. tr. **I. 1.** Disposer de manière à mettre en vue. **2.** Placer (des œuvres d'art...) dans un lieu de présentation publique. **3.** Présenter en ordre (un ensemble de faits, d'idées). **4.** EXPOSER *qqch.* À : disposer dans la direction de. **II.** EXPOSER *qqn* À, mettre dans une situation dangereuse. ▷ v. pron. s'**exposer 1.** Se soumettre à l'action de. **2.** Se mettre dans la situation de subir. - sans compl. Se mettre en danger.

exposition n. f. **1.** Action d'exposer, de mettre en vue. **2.** Présentation publique de produits, d'œuvres d'art ; objets exposés. **3.** Action d'expliquer. **4.** Situation par rapport à une direction donnée.

① **exprès, esse** adj. **1.** dr. Qui exprime formellement la volonté de qqn. ▶ **expressément** adv. **2.** (invar.) *Lettre exprès, colis exprès* (ou n. m. *un exprès*), remis immédiatement au destinataire.

② **exprès** adv. ▫ Intentionnellement ; à dessein. – *FAIRE EXPRÈS.*

① **express** adj. ▫ Qui assure un service rapide.

② **express** adj. ▫ *Café express* (ou n. m. *un express*). → **expresso.**

expressif, ive adj. **1.** Qui exprime bien ce qu'on veut exprimer. **2.** Qui a beaucoup de vivacité. ▶ **expressivité** n. f.

expression n. f. **I. 1.** Fait d'exprimer par le langage. – *Liberté d'expression*, d'exprimer ses opinions. **2.** Manière de s'exprimer. – spécialt Groupe de mots faisant partie de la langue. **3.** *Réduire qqch. à sa plus simple expression*, à la forme la plus simple. **4.** Fait d'exprimer (les émotions, les sentiments...) par le comportement. **II.** Ce par quoi qqn ou qqch. s'exprime, se manifeste.

expressionnisme n. m. ▫ Forme d'art où prime l'intensité de l'expression. ▶ **expressionniste** adj. et n.

expresso n. m. ▫ Café express à l'italienne.

exprimer v. tr. **1.** Faire connaître par le langage. **2.** Rendre sensible par le moyen de l'art. **3.** Rendre sensible par le comportement. ▷ v. pron. **s'exprimer 1.** Manifester sa pensée, ses sentiments. **2.** Se manifester librement. ▶ **exprimable** adj.

exproprier v. tr. ▫ Déposséder légalement (qqn) d'un bien. ▶ **expropriation** n. f.

expulser v. tr. **I. 1.** Chasser (qqn) du lieu où il était établi. **2.** Faire sortir (qqn) avec violence. **II.** Évacuer (qqch.) de l'organisme. ▶ **expulsion** n. f.

expurger v. tr. ▫ Abréger (un texte) en éliminant ce qui est contraire à une morale, à un dogme. ▶ **expurgation** n. f.

exquis, ise adj. ▫ Particulièrement délicat ou agréable. ▶ **exquisément** adv. littér.

exsangue adj. **1.** méd. Qui a perdu beaucoup de sang. **2.** Très pâle. **3.** fig., littér. Vidé de sa force.

exsuder v. tr. ▫ didact. Émettre par suintement. ▶ **exsudation** n. f.

extase n. f. **1.** État dans lequel qqn se trouve comme transporté hors du monde sensible. **2.** Exaltation, admiration extrême. ▶ **extatique** adj. littér.

s'**extasier** v. pron. ▫ Manifester son admiration. ▷ adj. **extasié, ée**

extenseur 1. adj. m. Qui sert à étendre. **2.** n. m. Appareil pour les exercices d'extension musculaire.

extensible adj. ▫ Qui peut s'étendre. ▶ **extensibilité** n. f.

extensif, ive adj. **1.** *CULTURE EXTENSIVE*, sur de grandes surfaces (avec un rendement assez faible). **2.** Qui marque une extension (3) plus grande. ▶ **extensivité** n. f.

extension n. f. **1.** Action de donner à qqch. une plus grande dimension ; fait de s'étendre. **2.** Mouvement par lequel on étend un membre. **3.** fig. Action de donner à qqch. une portée plus générale.

exténuer v. tr. ▫ Rendre faible par épuisement des forces. – au p. p. *Un air exténué.* ▶ **exténuant, ante** adj. ▶ **exténuation** n. f. littér.

① **extérieur, eure** adj. **I. 1.** *EXTÉRIEUR À* : qui est situé dans l'espace hors de (qqch.). **2.** (sans compl.) Qui est dehors ou loin du centre. ▪ Qui concerne les pays étrangers. **II.** Que l'on peut voir du dehors.

②**extérieur** n. m. **I.** Partie de l'espace en dehors de qqch. **II. 1.** Partie (de qqch.) en contact avec l'espace qui l'environne. **2.** littér. Apparence (de qqn, qqch.).

extérieurement adv. **1.** À l'extérieur. **2.** En apparence.

extérioriser v. tr. ▫ Donner une réalité extérieure à (ce qui n'existait que dans la conscience). ▷ v. pron. s'**extérioriser** ▶ **extériorisation** n. f.

extériorité n. f. ▫ didact. Caractère de ce qui est extérieur.

exterminer v. tr. ▫ Faire périr en nombre et jusqu'au dernier. ▶ **extermination** n. f. ▶ **exterminateur, trice** adj. et n. littér.

externaliser v. tr. ▫ Confier (une activité relative à une entreprise) à une entreprise extérieure. ▶ **externalisation** n. f.

externat n. m. **1.** École où l'on ne reçoit que des élèves externes. **2.** Fonction, statut d'externe (II).

externe I. adj. Qui est situé en dehors, est tourné vers l'extérieur. *À usage externe,* à ne pas avaler. **II.** n. **1.** Élève qui suit les cours d'une école, mais n'y vit pas en pension. **2.** Étudiant(e) en médecine, qui assiste les internes dans les hôpitaux.

exterritorialité n. f. ▫ Privilège par lequel les agents diplomatiques ne sont pas soumis à la juridiction du pays où ils exercent leurs fonctions.

extincteur n. m. ▫ Appareil capable d'éteindre un foyer d'incendie.

extinction n. f. **1.** Action d'éteindre. **2.** Fait de perdre son existence ou son efficacité.

extirper v. tr. **1.** Arracher (une plante) avec ses racines. **2.** fam. Faire sortir avec difficulté. ▶ **extirpation** n. f.

extorquer v. tr. ▫ Obtenir (qqch.) sans le consentement du détenteur. ▶ **extorsion** n. f.

①**extra** n. **1.** n. m. Chose ajoutée à ce qui est habituel. **2.** Employé supplémentaire engagé pour peu de temps.

②**extra** adj. invar. ▫ De qualité supérieure. ▪ fam. Très bien.

extraconjugal, ale, aux adj. ▫ Qui a lieu en dehors du mariage.

extracorporel, elle adj. ▫ Qui existe ou se fait à l'extérieur du corps.

extracteur n. m. ▫ Appareil d'extraction (I).

extractible adj. ▫ Qui peut être extrait.

extractif, ive adj. ▫ Relatif à l'extraction.

extraction n. f. **I.** Action d'extraire*. **II.** vieilli Origine, lignage.

extrader v. tr. ▫ Livrer par extradition.

extradition n. f. ▫ Procédure permettant à un État de se faire livrer par un autre État un individu poursuivi.

extra-fin, fine adj. **1.** Très fin, très petit. **2.** (aliments, confiserie) Supérieur.

extra-fort, forte I. adj. Très fort. **II.** n. m. Ruban dont on garnit les ourlets, etc.

extraire v. tr. **I. 1.** Tirer (une chose) du lieu dans lequel elle se trouve enfouie ou enfoncée. **2.** Tirer (un passage) d'un livre, d'un écrit. **3.** Faire sortir (qqn) avec difficulté d'un lieu étroit. **II.** Séparer (une substance) du corps dont elle fait partie.

extrait n. m. **1.** Substance extraite par une opération chimique. **2.** Passage tiré d'un texte. – par ext. *Des extraits d'un film.* **3.** Copie conforme (d'un acte officiel).

extralucide adj. ▫ *Voyante extralucide,* réputée voir et prédire l'avenir.

extra-muros adv. et adj. ▫ Hors de la ville.

extraordinaire adj. **1.** Qui n'est pas selon l'usage ordinaire. **2.** Rare, singulier. **3.** Remarquable dans son genre. ▶ **extraordinairement** adv.

extrapoler v. intr. ▫ didact. Appliquer une chose connue à un autre domaine pour en déduire qqch. ▶ **extrapolation** n. f.

extrasensoriel, ielle adj. ▫ psych. Qui ne se fait pas par les sens.

extrasolaire adj. ▫ astron. Extérieur au système solaire.

extraterrestre 1. adj. Extérieur à la Terre. **2.** n. Habitant d'une autre planète que la Terre (dans un contexte d'anticipation).

extra-utérin, ine adj. ▫ méd. *Grossesse extra-utérine,* qui se fait hors de la cavité utérine.

extravagant, ante adj. **1.** Bizarre et déraisonnable. **2.** (personnes) Très excentrique. ▶ **extravagance** n. f. ▶ **extravaguer** v. intr. littér.

extraverti, ie adj. ▫ Qui est tourné vers le monde extérieur. – syn. **extroverti, ie.**

extrême I. adj. **1.** Qui est tout à fait au bout, qui termine (un espace, une durée). **2.** littér. Qui est au plus haut point ou à un très haut degré. **3.** (après le nom) Qui est le plus éloigné de la moyenne, du juste milieu. **II.** n. m. **1.** (surtout plur.) Situation extrême. **2.** *Les extrêmes :* les deux limites extrêmes d'une chose. – au sing. *Passer d'un extrême à l'autre.* ▶ **extrêmement** adv.

extrême-onction n. f. ▫ relig. cathol. Sacrement destiné aux fidèles en péril de mort.

extrême-oriental, ale, aux adj. et n. ▫ De l'Extrême-Orient.

in **extremis** → **in extremis**

extrémiste adj. et n. ▫ Partisan d'une doctrine, jusqu'à ses limites extrêmes ; qui a des opinions extrêmes. ▶ **extrémisme** n. m.

extrémité n. f. **1.** Partie extrême, qui termine une chose. **2.** au plur. Les pieds et les mains. **3.** Situation désespérée. **4.** Décision, action extrême.

extrinsèque adj. ▫ didact. Qui n'appartient pas à l'essence de qqch.

extroverti, ie → **extraverti**

extrusion n. f. ▫ techn. Fabrication de produits par écoulement de matières liquides. ▶ **extruder** v. tr.

exubérance n. f. **1.** Surabondance. **2.** Vitalité irrépressible. ▶ **exubérant, ante** adj.

exulter v. intr. ▫ Être transporté d'une joie extrême. ▶ **exultation** n. f.

exutoire n. m. ▫ littér. Ce qui permet de se soulager (d'un besoin, d'une envie).

ex-voto n. m. invar. ▫ Objet symbolique placé dans une église en accomplissement d'un vœu ou en remerciement.

F

f n. m. □ Sixième lettre et quatrième consonne de l'alphabet.

fa n. m. invar. □ Note de musique, quatrième degré de la gamme de do.

fable n. f. **1.** Petit récit destiné à illustrer un précepte. **2.** littér. Mensonge élaboré.

fabliau n. m. □ Petit récit en vers de huit syllabes (XIIIe et XIVe s.).

fabricant, ante n. □ Personne qui fabrique des produits commerciaux.

fabrication n. f. □ Art ou action de fabriquer.

fabrique n. f. □ Établissement industriel de moyenne importance produisant des objets finis.

fabriquer v. tr. **1.** Faire (un objet) grâce à un travail exécuté sur une matière. **2.** fam. Faire. **3.** Élaborer (pour tromper).

fabuler v. intr. □ Présenter comme réels des faits imaginés. ▶ **fabulation** n. f. ▶ **fabulateur, trice** adj. et n.

fabuleux, euse adj. **1.** littér. Qui appartient à la fable, au merveilleux. **2.** Incroyable mais vrai. ▶ **fabuleusement** adv.

fabuliste n. □ Auteur de fables.

fac n. f. □ fam. Faculté ou université.

façade n. f. **1.** Face antérieure (d'un bâtiment) où s'ouvre l'entrée principale. **2.** fig. Apparence (qui trompe).

face n. f. **1.** Partie antérieure de la tête humaine. ■ *PERDRE LA FACE* : perdre toute considération. *SAUVER LA FACE* : sauvegarder sa dignité. **2.** (médaille...) Côté qui porte une figure. **3.** Chacun des côtés (d'une chose). **4.** fig. Aspect sous lequel une chose se présente.

face-à-face n. m. invar. □ Débat confrontant des personnalités.

face-à-main n. m. □ Binocle à manche, tenu à la main. *Des faces-à-main.*

facétie n. f. □ Plaisanterie burlesque.

facétieux, euse adj. □ Qui aime à dire ou à faire des facéties.

facette n. f. **1.** Une des petites faces (d'un corps qui en a beaucoup). **2.** fig. Chacun des aspects (d'une chose).

fâché, ée adj. □ Mécontent, en colère.

fâcher v. tr. □ Mettre (qqn) dans un état d'irritation. ▷ v. pron. se **fâcher** Se mettre en colère. ■ *Se fâcher avec qqn.* → se **brouiller.**

fâcherie n. f. □ Brouille, désaccord.

fâcheux, euse adj. **1.** Qui est cause de déplaisir ou de souffrance. **2.** Qui porte préjudice. ▶ **fâcheusement** adv.

facho adj. et n. □ fam. Fasciste (2).

facial, ale, aux adj. □ De la face.

faciès n. m. □ didact. Aspect, expression du visage.

facile adj. **1.** Qui s'accomplit, s'obtient sans effort. **2.** péj. Qui semble avoir été fait sans effort. **3.** Accommodant, tolérant.

facilement adv. □ Sans effort.

facilité n. f. **1.** Qualité de ce qui se fait sans peine. **2.** au plur. Moyen qui permet d'obtenir qqch. sans effort.

faciliter v. tr. □ Rendre moins difficile.

façon n. f. **1.** Manière dont une chose est faite. **2.** *FAÇON DE* (+ inf.) : manière d'agir. **3.** *DE... FAÇON* : de (telle) manière. – *De toute façon*, en tout cas. – *DE FAÇON*

À, QUE : pour (que). **4.** *À LA FAÇON DE.* → **comme. 5.** au plur. Manières particulières (de qqn). → **cérémonie.** ▪ *SANS FAÇON* loc. adj. et adv. : simple ; simplement.

faconde n. f. ▫ littér. Élocution facile, abondante.

façonner v. tr. **1.** Travailler (une matière...). **2.** Fabriquer (un ouvrage). ▸ **façonnage** n. m.

façonnier, ière n. et adj. ▫ Artisan, ouvrier.

fac-similé n. m. ▫ Reproduction à l'identique. *Des fac-similés.*

① **facteur, trice** n. **1.** techn. Fabricant (d'instruments). **2.** Personne qui distribue le courrier envoyé par la poste.

② **facteur** n. m. **1.** math. Chacun des éléments constitutifs d'un produit. **2.** Élément contribuant à un résultat.

factice adj. ▫ Qui est faux, imité.

factieux, euse 1. adj. Qui exerce contre le pouvoir établi une opposition violente. **2.** n. → **agitateur, insurgé.**

faction n. f. **I.** Groupe se livrant à une activité factieuse. **II.** Service d'un soldat qui surveille les abords d'un poste.

factionnaire n. ▫ Soldat en faction.

factitif, ive adj. ▫ gramm. *Emploi factitif,* dans lequel le sujet est la cause de l'action, sans agir lui-même (ex. elle *fait construire* une maison).

factoriel, ielle adj. ▫ Relatif à un facteur (②). ▪ n. f. math. Produit des nombres entiers inférieurs ou égaux à (un nombre donné).

factoriser v. tr. ▫ math. Écrire (une expression, un nombre) sous la forme d'un produit de facteurs. ▸ **factorisation** n. f.

factotum n. m. ▫ littér. Personne qui s'occupe de tout (dans une maison, auprès de qqn).

factuel, elle adj. ▫ Qui est de l'ordre du fait.

factum n. m. ▫ littér. Pamphlet.

facturation n. f. **1.** Action d'établir une facture (②). **2.** Service où ce travail s'effectue.

① **facture** n. f. ▫ Manière dont est faite, réalisée (une œuvre).

② **facture** n. f. ▫ Liste détaillée de marchandises vendues, de services exécutés. – Note d'une somme à payer.

facturer v. tr. ▫ Compter (une marchandise) sur une facture.

facturette n. f. ▫ Reçu de paiement par carte bancaire.

facturier, ière n. ▫ Personne chargée d'établir les factures.

facultatif, ive adj. ▫ Qu'on peut faire, employer, suivre ou non. ▸ **facultativement** adv.

faculté n. f. **I. 1.** Possibilité naturelle ou légale (de faire qqch.). **2.** Aptitude, capacité. **II.** Corps des professeurs chargés d'une même discipline dans une université ; partie de l'université où se donne cet enseignement.

fada adj. et n. ▫ fam. Un peu fou.

fadaise n. f. ▫ Propos sot ou insignifiant.

fadasse adj. ▫ fam. Trop fade.

fade adj. **1.** Qui manque de saveur. **2.** fig. Sans intérêt.

fadeur n. f. ▫ Caractère de ce qui est fade.

fado n. m. ▫ Chanson portugaise, mélancolique et nostalgique.

fagot n. m. ▫ Faisceau de petit bois, de branchages.

fagoter v. tr. ▫ Habiller mal, sans goût.

faiblard, arde adj. ▫ fam. Un peu faible.

faible I. adj. **1.** Qui manque de force physique ou morale. **2.** Qui manque de capacités (facultés intellectuelles). **3.** Sans force, sans valeur. **4.** Qui a peu d'intensité. **5.** Peu considérable. **II.** n. **1.** Personne sans force physique ou morale. **2.** n. m. Goût, penchant.

faiblement adv. **1.** D'une manière faible. **2.** À un faible degré.

faiblesse n. f. **1.** Manque de force. **2.** Incapacité à se défendre, à résister. **3.** Défaut, point faible. **4.** Manque d'intensité, d'importance.

faiblir v. intr. ▫ Devenir faible.

faïence n. f. ▫ Poterie de terre recouverte de vernis ou d'émail.

faïencerie n. f. ▫ Fabrique de faïence.

faille n. f. **1.** Fracture de l'écorce terrestre. **2.** fig. Point faible, défaut.

failli, ie n. et adj. ▫ dr. Se dit d'un commerçant qui a fait faillite.

faillible adj. ▫ Qui peut se tromper.

faillir v. intr.. **1.** littér. *FAILLIR À* : manquer à, négliger. **2.** (+ inf.) Indique que l'action était sur le point de se produire. *J'ai failli tomber.*

faillite n. f. ▫ Situation d'une entreprise qui ne peut pas payer ses dettes.

faim n. f. **1.** Sensation qui accompagne le besoin de manger. **2.** fig. Aspiration ardente.

faîne ou **faine** n. f. ▫ Fruit du hêtre.

fainéant, ante adj. et n. ▫ Qui ne veut rien faire. ▶ **fainéanter** v. intr. ▶ **fainéantise** n. f. → **paresse ; inaction.**

faire v. tr. **I. 1.** Produire hors de soi. *Faire un outil. Faire une loi. Faire un enfant. Faire des bénéfices.* **2.** Constituer. *Deux et deux font quatre.* – (personnes) *Elle fera une excellente avocate.* **3.** Effectuer (un mouvement, une opération, un travail) ; s'occuper à (qqch.). **4.** Exercer (une activité suivie). **5.** Accomplir, exécuter (un acte, une action). *Faire une erreur.* **6.** Être la cause de, l'agent de. *Faites-moi plaisir.* **7.** Parcourir (un trajet, une distance). **8.** Exprimer, par la parole ou par le geste. **9.** Avoir pour mesure, pour valeur. **10.** Arranger, disposer (qqch.) comme il convient. *Faire sa chambre.* **11.** Transformer en. *Vous en avez fait un enfant heureux.* **12.** Disposer (de), mettre en un endroit. *Qu'avez-vous fait de mon stylo ?* **13.** Avoir, remplir le rôle de. *Faire l'imbécile.* **14.** Donner l'impression d'être. *Elle fait vieux, elle fait vieille.* **15.** (+ inf.) Être cause que. *Faire tomber un objet.* **16.** Pour exprimer les conditions de l'atmosphère ou du milieu. *Il fait beau.* **17.** (employé comme substitut d'autres verbes) *On n'agit point comme vous faites.* **II.** *SE FAIRE.* **1.** Se former. *Fromage qui se fait.* **2.** (+ adj.) → **devenir.** *Produit qui se fait rare.* **3.** Devenir volontairement. *Elle s'est fait belle.* **4.** *SE FAIRE À* : s'habituer à. **5.** Se procurer. *Se faire des amis.* **6.** Former en soi. *Se faire du souci.*

faire-part n. m. invar. ▫ Lettre imprimée qui annonce une nouvelle ayant trait à la vie civile.

faire-valoir n. m. invar. ▫ Personne qui met en valeur qqn.

fair-play n. m. invar. ▫ anglic. Acceptation loyale des règles. – adj. invar. Beau joueur.

faisable adj. ▫ Qui peut être fait. ▶ **faisabilité** n. f.

faisan, ane n. ▫ Oiseau gallinacé à plumage coloré, dont la chair est estimée.

faisander v. tr. ▫ Soumettre (le gibier) à un début de décomposition, pour faire acquérir du fumet. ▷ adj. **faisandé, ée 1.** *Viande faisandée.* **2.** fig. → **corrompu, malsain.**

faisanderie n. f. ▫ Élevage de faisans.

faisceau n. m. **1.** Assemblage (de choses de forme allongée liées ensemble). – par analogie *Faisceau lumineux.* **2.** fig. Ensemble (d'éléments abstraits assemblés).

faiseur, euse n. **1.** Personne qui fait, fabrique (qqch.). **2.** n. m. péj. Personne qui cherche à se faire valoir.

faisselle n. f. ▫ Récipient percé de trous, pour faire égoutter le fromage. ▪ Fromage frais ainsi égoutté.

① **fait, faite** adj. **1.** Qui présente tel aspect. *Être bien fait.* **2.** Qui est arrivé à son plein développement. **3.** Fabriqué, composé, exécuté.

② **fait** n. m. **1.** Action de faire (qqch.). **2.** Ce qui est arrivé, a eu lieu. **3.** Ce qui existe réellement. ▪ loc. adv. *PAR LE FAIT, DE FAIT, EN FAIT* : en réalité.

faîtage n. m. **1.** Arête supérieure d'un comble. **2.** par ext. Toiture.

faîte n. m. ▫ Partie haute (de qqch. d'élevé).

fait-tout (invar.) ou **faitout** n. m. ▫ Grande marmite.

faix n. m. ▫ littér. Lourd fardeau.

fakir n. m. **1.** didact. Ascète. **2.** cour. Professionnel présentant des numéros d'insensibilité à la douleur, d'hypnose, etc.

falaise n. f. ▫ Escarpement rocheux créé par le travail des eaux.

falbalas n. m. pl. ▫ Ornements excessifs.

fallacieux, euse adj. ▫ littér. Trompeur ; illusoire.

falloir v. impers. **1.** *IL S'EN FAUT (DE)*, il manque. **2.** Être l'objet d'un besoin ou d'une obligation. – *IL FAUT* (+ inf.). *Il faut l'avertir tout de suite.* ▪ *IL FAUT QUE* (+ subj.). *Il faut qu'il vienne.*

falot, ote adj. ▫ Terne, sans personnalité.

falsifier v. tr. ▫ Altérer pour tromper. ▶ **falsification** n. f. ▶ **falsificateur, trice** n.

falzar n. m. ▫ fam. Pantalon.

famé, ée adj. ▫ *MAL FAMÉ, ÉE* (lieu) : qui a mauvaise réputation.

famélique adj. ▫ littér. Qui ne mange pas à sa faim, qui est maigre.

fameux, euse adj. **1.** Qui a une grande réputation. **2.** (après le nom) Très bon. ▶ **fameusement** adv.

familial, ale, aux adj. ▫ Relatif à la famille.

familiariser v. tr. ▫ Rendre familier (avec). ▷ v. pron. se **familiariser** **1.** Devenir familier (avec qqn). **2.** *Se familiariser avec* (qqch.), se le rendre familier par la pratique.

familiarité n. f. **1.** Relations familières. **2.** Manière familière de se comporter. **3.** au plur. péj. Façons trop libres.

familier, ière **I.** n. m. Personne qui est considérée comme un membre de la famille. ▪ Personne qui fréquente (un lieu). **II.** adj. **1.** Qui est bien connu. **2.** péj. Trop désinvolte. **3.** (mot) Qu'on emploie dans la conversation courante. ▶ **familièrement** adv.

famille n. f. **1.** L'ensemble des personnes apparentées vivant sous le même toit et, spécialt, les parents et les enfants. **2.** L'ensemble des personnes liées entre elles par le mariage ou par la filiation. **3.** *Famille de langues, de mots*, ayant la même origine. **4.** Division de la classification des animaux et des végétaux, qui regroupe des genres.

famine n. f. ▫ Manque d'aliments par lequel une population souffre de la faim.

fan n. et adj. ▫ anglic. Admirateur, admiratrice enthousiaste.

fana adj. et n. ▫ fam. Amateur passionné (de qqn, de qqch.).

fanal, aux n. m. ▫ Grosse lanterne (signal).

fanatique adj. **1.** Animé d'une foi absolue. **2.** Qui a une passion intense pour qqn, qqch. ▶ **fanatiquement** adv.

fanatiser v. tr. ▫ Rendre fanatique.

fanatisme n. m. ▫ Comportement de fanatique.

fan-club n. m. ▫ anglic. Association d'admirateurs.

fandango n. m. ▫ Danse espagnole.

fane n. f. ▫ Tiges et feuilles de certaines plantes.

① **faner** v. tr. ▫ Retourner (un végétal fauché) pour faire sécher. ▶ **faneur, euse** n.

② **faner** v. tr. **1.** Faire perdre à (une plante) sa fraîcheur. **2.** littér. Altérer dans sa fraîcheur, son éclat. ▷ v. pron. **se faner** ▷ adj. **fané, ée**

fanfare n. f. ▫ Orchestre de cuivres.

fanfaron, onne adj. et n. ▫ Vantard.

fanfaronnade n. f. ▫ Propos ou acte de fanfaron.

fanfaronner v. intr. ▫ Faire des fanfaronnades.

fanfreluche n. f. ▫ (souvent péj.) Ornement du vêtement ou de l'ameublement.

fange n. f. ▫ littér. **1.** Boue liquide. **2.** fig. Ce qui souille moralement.

fangeux, euse adj. ▫ Plein de fange.

fanion n. m. ▫ Petit drapeau.

fanon n. m. **1.** Repli de la peau qui pend sous le cou de certains animaux. **2.** Chacune des lames cornées qui garnissent la bouche de certains cétacés.

fantaisie n. f. **1.** Imagination ; originalité amusante. **2.** Désir, goût passager.

fantaisiste I. adj. **1.** Qui agit à sa guise. **2.** (choses) Qui est sans fondement. **3.** Original. **II.** n. Personne qui agit par caprice.

fantasia n. f. ▫ Divertissement équestre de cavaliers arabes.

fantasmagorie n. f. ▫ Vision fantastique, surnaturelle. ▶ **fantasmagorique** adj.

fantasmatique adj. ▫ Relatif aux fantasmes.

fantasme ou (vieilli) **phantasme** n. m. ▫ Production de l'imaginaire par laquelle on cherche à s'échapper de la réalité.

fantasmer v. intr. ▫ Avoir des fantasmes.

fantasque adj. ▫ Dont on ne peut prévoir le comportement ; extravagant.

fantassin n. m. ▫ Soldat d'infanterie.

fantastique adj. **1.** Qui semble surnaturel. **2.** Où dominent des éléments surnaturels. **3.** Étonnant, extravagant. ▶ **fantastiquement** adv.

fantoche n. m. ▫ Personne sans consistance ni volonté.

fantomatique adj. ▫ Semblable à un fantôme.

fantôme n. m. **1.** Apparition surnaturelle d'une personne morte. **2.** appos. Qui a peu de réalité.

faon n. m. ▫ Petit du cerf, du daim ou du chevreuil.

FAQ n. f. ▫ Foire* aux questions (sur Internet...).

far n. m. ▫ Flan breton cuit au four.

faramineux, euse adj. ▫ fam. Qui étonne par son importance. – var. **pharamineux, euse.**

farandole n. f. ▫ Danse exécutée par une file de danseurs.

faraud, aude n. et adj. ▫ vieilli Personne qui cherche à se faire valoir.

① **farce** n. f. ▫ Hachis d'aliments servant à farcir.

② **farce** n. f. **1.** Pièce comique. **2.** Tour qu'on joue à qqn.

farceur, euse adj. et n. ▫ Qui fait des farces, ou qui raconte des histoires pour mystifier.

farci, ie adj. ▫ Rempli de farce (①).

farcir v. tr. **1.** Remplir de farce (①). **2.** fam. *SE FARCIR* (qqch.) : supporter.

fard n. m. **1.** Produit qu'on applique sur le visage pour en changer l'aspect. **2.** fig. *SANS FARD* : sans artifice. **3.** *Piquer un fard*, rougir brusquement.

fardeau n. m. **1.** Chose pesante. **2.** fig. Chose pénible.

farder v. tr. **1.** Mettre du fard à. – pronom. *Se farder discrètement.* **2.** fig. Déguiser (qqch.).

farfadet n. m. ▫ Lutin d'une grâce vive et légère.

farfelu, ue adj. ▫ fam. Un peu fou, bizarre.

farfouiller v. intr. ▫ fam. Fouiller en bouleversant tout.

faribole n. f. ▫ Propos vain et frivole.

farine n. f. ▫ Poudre obtenue par la mouture de grains de céréales. ▪ *Rouler qqn dans la farine*, le tromper.

farineux, euse adj. **1.** Qui contient de la farine. **2.** Qui donne en bouche l'impression de la farine.

farniente n. m. ▫ Douce oisiveté.

farouche adj. **1.** (animaux) Qui n'est pas apprivoisé. **2.** (personnes) Qui redoute le contact des autres. **3.** Qui exprime l'hostilité. ▶ **farouchement** adv.

farsi n. m. ▫ Langue parlée en Iran, en Afghanistan.

fart n. m. ▫ Produit dont on enduit la semelle des skis pour améliorer la glisse. ▶ **farter** v. tr.

fascicule n. m. ▫ Petit cahier imprimé.

fascinant, ante adj. ▫ Qui fascine, charme.

fascination n. f. **1.** Action de fasciner (1). **2.** Vive influence, irrésistible séduction.

fascine n. f. ▫ Fagot serré.

fasciner v. tr. **1.** Maîtriser par la seule force du regard. **2.** Éblouir, captiver.

fascisme n. m. **1.** Système politique totalitaire que Mussolini établit en Italie en 1922. **2.** par ext. Attitude politique réactionnaire et autoritaire.

fasciste n. **1.** Partisan du fascisme. – adj. *Régime fasciste.* **2.** Personne réactionnaire. – adj. *Idées fascistes.*

faseyer v. intr. ▫ mar. (voile) Battre au vent.

① **faste** n. m. ▫ Déploiement de magnificence.

② **faste** adj. ▫ *Jour faste*, heureux, favorable.

fast-food n. m. ▫ anglic. Établissement de restauration rapide. *Des fast-foods.*

fastidieux, euse adj. ▫ Qui rebute en provoquant l'ennui. ▶ **fastidieusement** adv.

fastoche adj. ▫ fam. Facile.

fastueux, euse adj. ▫ Qui marque le faste. ▶ **fastueusement** adv.

fat adj. m. ▫ Qui montre sa prétention de façon déplaisante. – n. m. *Quel fat !*

fatal, ale, als adj. **1.** Fixé par le destin, qui doit arriver inévitablement. **2.** Qui donne la mort. *Un coup fatal.* **3.** *Femme fatale*, qui séduit et perd les hommes.

fatalement adv. ▫ D'une manière fatale, inévitable.

fatalisme n. m. ▫ Doctrine selon laquelle on ne peut modifier le cours des événements. ▶ **fataliste** n. et adj.

fatalité n. f. **1.** Caractère de ce qui est fatal (1). **2.** Hasard malheureux.

fatidique adj. ▫ Qui marque une intervention du destin.

fatigant, ante adj. **1.** Qui cause de la fatigue. **2.** Qui lasse.

fatigue n. f. ▫ Affaiblissement dû à un effort excessif ; sensation pénible qui l'accompagne.

fatigué, ée adj. ▫ Qui ressent de la fatigue.

fatiguer v. **I.** v. tr. **1.** Causer de la fatigue à. **2.** Rebuter par l'ennui. **II.** v. intr. Se donner de la fatigue. ▷ v. pron. se **fatiguer**

fatras n. m. ▫ Ensemble confus, hétéroclite.

fatrasie n. f. ▫ Pièce satirique du Moyen Âge.

fatuité n. f. ▫ Satisfaction de soi qui s'étale d'une manière ridicule.

fatwa n. f. ▫ (dans l'islam) Consultation juridique sur un point de religion ; décision qui en résulte.

faubourg n. m. **1.** hist. Partie d'une ville qui déborde son enceinte. **2.** Quartier populaire périphérique.

faubourien, ienne adj. ▫ Qui appartient aux faubourgs.

fauche n. f. ▫ fam. Vol.

fauché, ée adj. et n. ▫ fam. Sans argent.

faucher v. tr. **I. 1.** Couper avec une faux, une faucheuse. ▶ **fauchage** n. m. **2.** Faire tomber. **II.** fam. Voler.

faucheur, euse I. n. Personne qui fauche. ▪ fig. *La Faucheuse* : la Mort. **II.** n. f. Machine agricole pour faucher.

faucheux n. m. ▫ Animal voisin de l'araignée, à pattes longues et fines.

faucille n. f. ▫ Petite faux pour couper l'herbe.

faucon n. m. ▫ Oiseau rapace au bec crochu.

fauconneau n. m. ▫ Jeune faucon.

fauconnerie n. f. ▫ Art de dresser les oiseaux de proie.

faufiler v. tr. ▫ Coudre à grands points pour maintenir (les parties d'un ouvrage). ▷ v. pron. se **faufiler** Passer adroitement.

① **faune** n. m. ▫ Divinité champêtre, à l'image du dieu grec Pan. ▶ **faunesque** adj.

② **faune** n. f. ▫ Ensemble des animaux (d'une région, d'un milieu). ▶ **faunique** ou **faunistique** adj.

faussaire n. ▫ Personne qui fait un faux*.

fausse couche n. f. ▫ Interruption accidentelle de la grossesse.

faussement adv. **1.** D'une manière fausse, inexacte. **2.** D'une manière affectée.

fausser v. tr. **1.** Rendre faux. **2.** Faire perdre sa justesse à. **3.** Déformer par une pression excessive. **4.** *FAUSSER COMPAGNIE À qqn*, le quitter brusquement.

fausset n. m. ▫ *Voix de fausset*, aiguë.

fausseté n. f. **1.** Caractère d'une chose fausse. **2.** Hypocrisie.

faute n. f. **1.** Fait de manquer. *SANS FAUTE* : à coup sûr. **2.** Manquement à une règle. *Faute d'orthographe.* – *Prendre qqn en faute.* **3.** Responsabilité d'une action. *C'est (de) sa faute.*

fauter v. intr. ▫ vieilli (jeune fille) Se laisser séduire.

fauteuil n. m. ▫ Siège à dossier et à bras, pour une personne.

fauteur, trice n. ▫ Personne qui cherche à provoquer (qqch. de blâmable). *Fauteur de troubles.*

fautif, ive adj. **1.** Qui est en faute. – n. *C'est lui le fautif.* **2.** Qui renferme des fautes. ▶ **fautivement** adv.

fauve I. adj. D'un jaune tirant sur le roux. **II.** n. m. **1.** Grand mammifère féroce (félin). **2.** Peintre appartenant au fauvisme.

fauvette n. f. ▫ Petit oiseau au plumage fauve.

fauvisme n. m. ▫ arts Mouvement pictural français du début du XXe siècle, fondé sur l'utilisation de couleurs pures juxtaposées.

①**faux, fausse** **I.** adj. **1.** Qui n'est pas vrai. **2.** Qui n'est pas réellement ce qu'il paraît être. *Fausses perles.* **3.** Hypocrite. **4.** Qui n'est pas fondé. *Fausse alerte.* **5.** Inexact. *Un calcul faux.* **II.** n. m. **1.** Ce qui est faux. *Le vrai et le faux.* **2.** Objet contrefait ou document falsifié.

②**faux** n. f. ▫ Instrument formé d'une lame arquée fixée au bout d'un long manche.

faux-filet n. m. ▫ Morceau de bœuf à rôtir.

faux-fuyant n. m. ▫ Moyen détourné par lequel on évite de s'expliquer, de se décider.

faux-monnayeur n. m. ▫ Personne qui fabrique de la fausse monnaie.

faux-semblant n. m. ▫ littér. Apparence trompeuse.

faux sens n. m. ▫ Erreur de compréhension portant sur le sens d'un mot.

favela n. f. ▫ Bidonville, au Brésil.

faveur n. f. **1.** Considération (de qqn, du public). **2.** Avantage que l'on tire de la préférence de qqn. **3.** Décision indulgente. **4.** *EN FAVEUR DE :* au bénéfice de.

favorable adj. **1.** Qui est animé d'une disposition bienveillante (à l'égard de qqn). **2.** Qui est à l'avantage de qqn ou de qqch. ▶ **favorablement** adv.

favori, ite **I.** adj. **1.** Qui plaît particulièrement. **2.** Qui est considéré comme le gagnant probable. **II.** **1.** n. Personne qui a la faveur, la préférence (de qqn, du public...). **2.** n. m. Concurrent considéré comme devant gagner une compétition. **III.** n. m. pl. Touffe de poils qu'un homme laisse pousser sur la joue.

favoriser v. tr. **1.** Agir en faveur de. **2.** Contribuer au succès de (qqch.). ▶ **favorisé, ée** adj.

favoritisme n. m. ▫ Attribution d'avantages par faveur.

fax n. m. ▫ anglic. **1.** Télécopie. **2.** Télécopieur. **3.** Document transmis par fax. ▶ **faxer** v. tr.

fayot, ote n. ▫ fam. **1.** n. m. Haricot blanc. **2.** Personne qui fait du zèle (*fayoter* v. intr.) pour se faire bien voir.

féal, ale, aux **1.** adj. vx Fidèle à la foi jurée. **2.** n. m. littér. Partisan, ami dévoué.

fébrifuge adj. ▫ Qui combat la fièvre.

fébrile adj. **1.** Fiévreux. **2.** Qui manifeste une grande agitation. ▶ **fébrilement** adv.

fébrilité n. f. ▫ État fébrile, état d'excitation intense.

fécal, ale, aux adj. ▫ Des excréments humains. *Matières fécales.*

fèces n. f. pl. ▫ didact. Excréments solides des humains.

fécond, onde adj. ▫ Qui produit beaucoup.

fécondation n. f. ▫ Action de féconder (1 et 2).

féconder v. tr. **1.** Transformer en embryon. **2.** Rendre (une femelle) pleine. **3.** Rendre fertile.

fécondité n. f. ▫ État de ce qui est fécond.

fécule n. f. ▫ Substance composée d'amidon, extraite de tubercules.

féculent, ente adj. ▫ Qui est riche en fécule. – n. m. *Les pois sont des féculents.*

fedayin n. m. ▫ Combattant palestinien menant des opérations de guérilla.

fédéral, ale, aux adj. **1.** Se dit d'un État composé de collectivités politiques autonomes. **2.** Relatif à une fédération (2).

fédéralisme n. m. ▫ Système politique d'un État fédéral. ▶ **fédéraliste** adj. et n.

fédération n. f. **1.** Union de plusieurs États en un État fédéral. **2.** Association de sociétés, de syndicats, etc.

fédéré, ée 1. adj. Qui fait partie d'une fédération. 2. n. m. hist. Insurgé de la Commune de Paris, en 1871.

fédérer v. tr. □ Réunir en une fédération. ▷ v. pron. se **fédérer**

fée n. f. □ Être imaginaire féminin au pouvoir surnaturel.

feeling n. m. □ anglic. 1. Expressivité musicale (en jazz). 2. fam. Intuition.

féerie n. f. □ Spectacle splendide, merveilleux.

féerique adj. □ Magnifique, extraordinaire.

feignant, ante n. et adj. □ fam. Paresseux.

feindre v. tr. 1. Simuler (un sentiment que l'on n'a pas). 2. *FEINDRE DE* : faire semblant de.

feinte n. f. 1. Coup simulé par lequel on trompe l'adversaire. 2. fam. Piège ; ruse. ▶ **feinter** v.

feldspath n. m. □ Minéral à structure en lamelles, à éclat vitreux.

fêlé, ée adj. 1. Qui a une fêlure. 2. fam. Un peu fou.

fêler v. tr. □ Fendre (un objet cassant) sans que les parties se séparent.

félibre n. m. □ Écrivain de langue d'oc.

félibrige n. m. □ École littéraire provençale (XIXe s.).

félicitation n. f. □ au plur. 1. Compliments. 2. Chaleureuse approbation (de la conduite, etc. de qqn).

félicité n. f. □ littér. Bonheur.

féliciter v. tr. 1. Assurer (qqn) de la part qu'on prend à ce qui lui arrive d'heureux. 2. Complimenter (qqn). ▷ v. pron. se **féliciter** (de) 1. S'estimer content (de). 2. S'approuver soi-même.

félin, ine adj. 1. Qui appartient au genre chat. – n. m. *UN FÉLIN*. 2. Qui a des mouvements souples et gracieux.

fellaga ou **fellagha** n. m. □ Combattant pour l'Algérie indépendante (1954-1962).

fellah n. m. □ Paysan (Égypte, etc.).

fellation n. f. □ Pratique sexuelle, caresses buccales du sexe masculin.

félon, onne adj. et n. □ hist. ou littér. Traître. ▶ **félonie** n. f.

felouque n. f. □ Petit bateau de la Méditerranée, à voile ou à rames.

fêlure n. f. □ Fente d'une chose fêlée.

femelle I. n. f. Animal du sexe qui reproduit l'espèce en étant fécondé par le mâle. II. adj. 1. (animaux, plantes) Qui appartient au sexe des femelles. 2. Se dit de pièces destinées à en recevoir une autre, appelée *mâle*. *Prise femelle*.

féminin, ine adj. 1. De la femme ; propre à la femme. 2. Qui appartient au sexe féminin. 3. Qui a de la féminité. 4. Qui a rapport aux femmes. 5. Qui est composé de femmes. 6. gramm. Qui appartient au genre marqué (opposé à *masculin*). – n. m. *Féminin singulier*. ▪ *Rime féminine*, terminée par un e muet.

féminiser v. tr. 1. Donner un caractère féminin à. 2. Augmenter la proportion de femmes dans une profession, etc. 3. gramm. Faire du genre féminin ; donner un féminin à. ▶ **féminisation** n. f.

féminisme n. m. □ Doctrine qui préconise l'égalité entre l'homme et la femme. ▶ **féministe** adj. et n.

féminité n. f. □ Caractère féminin ; ensemble des caractères correspondant à une image de la femme.

femme n. f. I. Être humain du sexe capable de concevoir les enfants. 1. Être humain adulte de sexe féminin. 2. collectif *LA FEMME* : l'ensemble des femmes. II. Épouse. – *Prendre femme*, se marier.

femmelette n. f. ▫ péj. et fam. Homme sans énergie.

fémur n. m. ▫ Os long qui constitue le squelette de la cuisse. ▶ **fémoral, ale, aux** adj.

fenaison n. f. ▫ Coupe et récolte des foins.

fendiller v. tr. ▫ Faire des fentes à. ▷ v. pron. se **fendiller** ▶ **fendillement** n. m.

fendre v. tr. **1.** Diviser (un corps solide), le plus souvent dans le sens de la longueur. *Fendre du bois.* **2.** fig. *Fendre le cœur, l'âme* (à qqn), faire éprouver du chagrin, etc. **3.** S'ouvrir un chemin à travers. ▷ v. pron. se **fendre 1.** Se couvrir de fentes. **2.** fam. *Se fendre de,* se décider à offrir. ▷ adj. **fendu, ue 1.** Qui présente une fente. **2.** Ouvert en longueur.

fenêtre n. f. **1.** Ouverture (faite dans un mur) pour laisser pénétrer l'air et la lumière ; le dispositif qui la ferme. **2.** inform. Zone rectangulaire (d'un écran), constituant l'espace de travail. **3.** techn. Intervalle de temps à l'intérieur duquel une opération se fait. *Fenêtre de lancement* (d'une fusée).

feng shui n. m. invar. ▫ Art de vivre par la recherche d'une harmonie avec l'environnement.

fenil n. m. ▫ Grenier à foin.

fennec n. m. ▫ Mammifère carnivore, à grandes oreilles pointues, aussi appelé *renard des sables.*

fenouil n. m. ▫ Plante à goût anisé.

fente n. f. **I. 1.** Ouverture étroite et longue (à la surface d'un solide). – anat. Séparation étroite. *Fente vulvaire.* **2.** Ouverture étroite et allongée (dans l'épaisseur d'une matière). **II.** Action de fendre. *Bois de fente.*

féodal, ale, aux I. adj. Qui appartient à un fief, qui concerne la féodalité. **II.** n. m. Grand seigneur féodal.

féodalisme n. m. ▫ Caractère féodal.

féodalité n. f. ▫ Forme d'organisation politique, économique et sociale du Moyen Âge.

fer n. m. **I. 1.** Métal blanc grisâtre (symb. Fe), très commun. – *Âge du fer,* vers l'an 1000 av. J.-C. ■ *Croire dur comme fer à qqch.,* en être convaincu. **2.** fig. *DE FER,* inflexible. **II. 1.** Partie en fer ou métallique (d'un instrument, d'une arme). – fig. *Le fer de lance,* l'avant-garde. **2.** Objet en fer, en métal. *Fers de relieur.* – *FER À REPASSER* et absolt *FER. Fer à vapeur.* **3.** Épée, fleuret. **4.** *FER À CHEVAL :* pièce de métal qui sert à garnir les sabots des chevaux. **5.** au plur. *LES FERS :* ce qui sert à enchaîner un prisonnier.

fer-blanc n. m. ▫ Tôle de fer recouverte d'étain.

ferblantier, ière n. ▫ Personne qui fabrique ou vend des objets en fer-blanc.

féria n. f. ▫ Fête comportant des courses de taureaux.

férié, ée adj. ▫ (jour) Où il y a cessation de travail.

férir v. tr. ▫ *SANS COUP FÉRIR,* sans rencontrer la moindre résistance.

ferler v. tr. ▫ mar. Serrer (une voile) pli par pli contre un espar.

fermage n. m. ▫ Exploitation agricole par ferme (→ ② **ferme,** I, 1).

① **ferme I.** adj. **1.** Qui n'est ni mou, ni dur. **2.** Qui se tient, qui a de l'assurance. – *DE PIED FERME :* sans bouger ; fig. sans crainte. **3.** Qui ne se laisse pas influencer, qui montre une calme autorité. **4.** Qui ne change pas. *Prix fermes et définitifs.* **II.** adv. **1.** Avec force, vigueur. **2.** Beaucoup, intensément.

② **ferme** n. f. **I. 1.** Louage d'une exploitation agricole à qqn. *Donner une terre À FERME.* **2.** hist. (Ancien Régime) Système de perception des impôts indirects.

II. Exploitation agricole ; bâtiments de l'exploitation agricole ; maison de paysans.

fermement adv. ▫ D'une manière ferme.

ferment n. m. **1.** Substance qui en fait fermenter une autre. **2.** fig. Ce qui fait naître (un sentiment, un changement...).

fermentation n. f. **1.** Transformation (d'une substance organique) sous l'influence d'enzymes produites par des micro-organismes. **2.** fig. Agitation fiévreuse (des esprits).

fermenté, ée adj. ▫ Qui a subi une fermentation.

fermenter v. intr. **1.** Être en fermentation. **2.** fig. (esprits) S'échauffer.

fermentescible adj. ▫ didact. Qui peut entrer en fermentation.

fermer v. **I.** v. tr. **1.** Appliquer les éléments mobiles de (une ouverture) de manière à boucher le passage entre l'intérieur et l'extérieur. **2.** Priver de communication avec l'extérieur, par la mise en place d'un élément mobile. **3.** Rapprocher, réunir (des éléments mobiles) ; disposer en rapprochant les éléments. **4.** Rendre infranchissable. **5.** fam. Arrêter par un mécanisme. **6.** abstrait Rendre inaccessible. **7.** Mettre une fin à. **II.** v. intr. **1.** Être fermé. **2.** Pouvoir être fermé. ▷ v. pron. **se fermer** ▷ adj. **fermé, ée 1.** Qui ne communique pas avec l'extérieur. **2.** Qu'on a fermé. **3.** Où l'on s'introduit difficilement. *Un milieu fermé.* **4.** *Courbe fermée,* qui limite une surface. **5.** Peu expansif. **6.** *Fermé à,* inaccessible, insensible à.

fermeté n. f. **1.** État de ce qui est ferme. **2.** État de ce qui est assuré, décidé. **3.** Qualité d'une personne ferme, déterminée.

fermeture n. f. **I.** Dispositif servant à fermer. **II.** Action de fermer ; état de ce qui est fermé.

fermier, ière n. **1.** Personne, propriétaire ou non, qui exploite un domaine agricole. ■ hist. Personne qui recouvrait les impôts. **2.** en fonction d'adj. Produit dans une ferme, de manière artisanale.

fermoir n. m. ▫ Attache ou dispositif destiné à tenir fermé.

féroce adj. **1.** (animaux) Qui est cruel par instinct. **2.** (personnes) Cruel et brutal. **3.** Très dur, impitoyable. *Une ironie féroce.* ▶ **férocement** adv. ▶ **férocité** n. f.

ferraille n. f. ▫ Déchets de fer, d'acier.

ferrailler v. intr. ▫ Se battre au sabre ou à l'épée.

① **ferrailleur** n. m. ▫ péj. Celui qui aime à ferrailler, à se battre à l'épée.

② **ferrailleur, euse** n. ▫ Marchand(e) de ferraille.

ferré, ée adj. **1.** De fer ; garni de fer. **2.** Qui a des fers. **3.** fig. *Être ferré sur, en* (tel domaine), calé, fort.

ferrer v. tr. **1.** Garnir de fer. **2.** Munir de fers. **3.** Engager le fer d'un hameçon dans les chairs de (un poisson).

ferret n. m. ▫ Pièce (de fer, etc.) au bout d'un lacet, d'une aiguillette.

ferreux, euse adj. ▫ Qui contient du fer.

ferromagnétisme n. m. ▫ phys. Propriété de certains corps fortement magnétiques.

ferronnerie n. f. **1.** Travail artistique du fer. **2.** Objets, ornements en fer.

ferronnier, ière n. ▫ Personne qui fabrique ou vend des objets en fer.

ferroviaire adj. ▫ Relatif aux chemins de fer.

ferrugineux, euse adj. ▫ Qui contient du fer.

ferrure n. f. ▫ Garniture de fer, de métal.

ferry n. m. → **car-ferry ; ferry-boat**

ferry-boat n. m. ▫ anglic. Navire conçu pour le transport des trains, des véhicules. *Des ferry-boats.* – abrév. **ferry.**

fertile adj. **1.** (sol, terre) Qui produit beaucoup de végétation utile. **2.** fig. Inventif ; riche (en).

fertilisant, ante adj. ▫ Qui fertilise. – n. m. Produit fertilisant.

fertiliser v. tr. **1.** Rendre fertile (une terre). **2.** fig. Rendre capable de produire. ▶ **fertilisation** n. f.

fertilité n. f. ▫ Qualité d'un sol fertile.

féru, ue adj. ▫ Qui est pris d'un vif intérêt.

férule n. f. ▫ *Être sous la férule de qqn*, dans l'obligation de lui obéir.

fervent, ente adj. **1.** Qui a de la ferveur. **2.** Où il entre de la ferveur.

ferveur n. f. ▫ Ardeur vive et enthousiaste.

fesse n. f. ▫ Chacune des deux masses charnues à la partie postérieure du bassin, dans l'espèce humaine et chez certains mammifères.

fessée n. f. ▫ Tape(s) donnée(s) sur les fesses.

fesse-mathieu n. m. ▫ vx Usurier ; avare.

fesser v. tr. ▫ Battre sur les fesses.

① **fessier** n. m. ▫ fam. Les deux fesses.

② **fessier, ière** adj. ▫ Relatif aux fesses.

fessu, ue adj. ▫ fam. Qui a de grosses fesses.

festif, ive adj. ▫ didact. De la fête.

festin n. m. ▫ Repas somptueux, excellent.

festival, als n. m. **1.** Grande manifestation musicale. ▪ par ext. *Festival de cinéma.* **2.** fig. Démonstration remarquable.

festivalier, ière adj. et n. ▫ Qui fréquente les festivals.

festivité n. f. ▫ Fête, réjouissance.

fest-noz n. m. ▫ région. Fête bretonne traditionnelle, bal breton. *Des fest-noz* ou (plur. breton) *festou-noz.*

feston n. m. **1.** Guirlande de fleurs et de feuilles liées. **2.** Bordure, ornement dentelé.

festonner v. tr. ▫ Orner de festons.

festoyer v. intr. ▫ Participer à un festin.

feta n. f. ▫ Fromage de brebis grec.

fêtard, arde n. ▫ fam. Personne qui aime faire la fête.

fête n. f. **1.** Solennité religieuse célébrée certains jours de l'année. **2.** Jour de la fête du saint dont qqn porte le nom. **3.** Réjouissance publique et périodique (civile) en mémoire d'un événement. **4.** Réjouissances organisées occasionnellement.

fêter v. tr. **1.** Marquer par une fête. **2.** Accueillir chaleureusement.

fétiche n. m. **1.** Objet de culte des civilisations animistes. **2.** Objet auquel on attribue un pouvoir bénéfique.

féticheur n. m. ▫ Prêtre des religions animistes.

fétichisme n. m. **1.** Culte des fétiches. **2.** Perversion sexuelle centrée sur des objets normalement dénués d'érotisme. ▶ **fétichiste** adj. et n.

fétide adj. ▫ Qui a une odeur très désagréable. ▶ **fétidité** n. f.

fétu n. m. ▫ Brin de paille.

① **feu** n. m. **I. 1.** Combustion dégageant de la chaleur et de la lumière. **2.** Matières rassemblées et allumées (pour produire de la chaleur, etc.). – prov. *Il n'y a pas de fumée sans feu*, pas d'effet sans cause. **3.** Source de chaleur pour la cuisson des aliments, etc. – *COUP DE FEU* : moment de grande activité. **II. 1.** *ARME À FEU* : arme lançant un projectile par l'explosion d'une matière fulminante. ▪ fig. *FAIRE LONG*

FEU : échouer. – *NE PAS FAIRE LONG FEU* : ne pas durer. **2.** Tir d'armes à feu. **3.** fam. Pistolet, revolver. **III. 1.** Source de lumière. *Les feux de la ville.* **2.** Signal lumineux. ■ *Feu tricolore,* réglant la circulation. **3.** fig. *N'Y VOIR QUE DU FEU,* ne rien y voir ; par ext. n'y rien comprendre. **IV. 1.** Sensation de chaleur intense, de brûlure. *Avoir les joues EN FEU.* **2.** Ardeur (des sentiments). – *Être TOUT FEU TOUT FLAMME,* ardent, passionné.

②**feu, feue** adj. □ littér. Qui est mort depuis peu de temps. *Feu son père. Feu la reine ; la feue reine.*

feudataire n. □ hist. Titulaire d'un fief.

feuillage n. m. **1.** Ensemble des feuilles (d'un arbre...). **2.** Rameaux coupés.

feuillaison n. f. □ Renouvellement annuel des feuilles.

feuille n. f. **1.** Partie des végétaux par laquelle ils respirent. **2.** Morceau de papier rectangulaire. ■ (documents) *Feuille de paye. Feuille de soins.* **3.** Plaque mince (d'une matière). **4.** fam. Oreille.

feuillée n. f. **I.** littér. Abri que forme le feuillage des arbres. **II.** au plur. Tranchée servant de latrines.

feuillet n. m. **I.** Feuille de papier utilisée sur ses deux faces. **II.** anat. Troisième poche de l'estomac des ruminants.

feuilleté, ée adj. **1.** Qui présente des feuilles, des lames superposées. **2.** *Pâte feuilletée,* faite de fines feuilles superposées.

feuilleter v. tr. □ Tourner les pages de (un livre...), en regardant rapidement.

feuilleton n. m. □ Histoire fragmentée en épisodes (journal, télévision, radio). ■ *ROMAN-FEUILLETON,* qui paraît par fragments dans un journal.

feuilletoniste n. □ Personne qui écrit des feuilletons ou des romans-feuilletons*.

feuillu, ue adj. **1.** Qui a beaucoup de feuilles. **2.** Qui porte des feuilles. *Arbre feuillu* ; n. m. *un feuillu,* à feuilles caduques.

feulement n. m. □ Cri du tigre.

feuler v. intr. □ (tigre) Pousser son cri. – (chat) Grogner.

feutre n. m. **1.** Étoffe non tissée obtenue en agglutinant du poil ou de la laine. **2.** Chapeau de feutre. ■ Stylo à pointe en feutre ou en nylon.

feutré, ée adj. **1.** Fait, garni de feutre. **2.** Peu sonore.

feutrer v. **I.** v. tr. **1.** techn. Mettre en feutre (du poil, de la laine). ■ Garnir de feutre. **2.** Amortir (un bruit). **II.** *SE FEUTRER* v. pron. ou *FEUTRER* v. intr. Prendre l'aspect du feutre. ▶ **feutrage** n. m.

feutrine n. f. □ Feutre mince.

fève n. f. **1.** Plante légumineuse. – Graine de cette plante. **2.** Figurine que l'on met dans la galette de la fête des Rois.

février n. m. □ Second mois de l'année, qui a vingt-huit jours dans les années ordinaires et vingt-neuf dans les années bissextiles.

fez n. m. □ Calotte de laine.

fi interj. **1.** vx Interjection exprimant le dédain. **2.** *FAIRE FI DE* : dédaigner, mépriser.

fiable adj. □ En qui ou en quoi on peut avoir toute confiance, auquel on peut se fier. ▶ **fiabilité** n. f.

fiacre n. m. □ anciennt Voiture à cheval.

fiançailles n. f. pl. □ Promesse de mariage.

fiancé, ée n. □ Personne fiancée.

fiancer v. tr. □ Engager par une promesse de mariage. ▷ v. pron. se **fiancer**

fiasco n. m. **1.** Défaillance d'ordre sexuel (chez l'homme). **2.** Échec complet.

fiasque n. f. ◻ Bouteille à col long et à large panse garnie de paille.

fibre n. f. **I. 1.** Chacun des filaments qui, groupés en faisceaux, constituent certaines substances. **2.** *Fibre textile,* substance filamenteuse susceptible d'être tissée. ▪ *Fibre de verre* (isolation thermique). ▪ *Fibre optique,* filament conducteur de lumière. **II.** fig., littér. Disposition à ressentir certaines émotions.

fibreux, euse adj. ◻ Qui a des fibres.

fibrille n. f. ◻ Petite fibre.

fibrine n. f. ◻ biol. Protéine du plasma sanguin qui contribue à la coagulation.

fibrociment n. m. ◻ Matériau de construction fait de ciment renforcé de fibres.

fibrome n. m. ◻ Tumeur bénigne formée de tissu fibreux. ▶ **fibromateux, euse** adj.

fibroscope n. m. ◻ méd. Endoscope souple comportant des fibres optiques.

fibroscopie n. f. ◻ méd. Exploration au fibroscope.

fibula n. f. ◻ anat. Péroné. ▶ **fibulaire** adj.

fibule n. f. ◻ Antiq. Agrafe, épingle.

ficelage n. m. ◻ Action de ficeler.

ficeler v. tr. ◻ Attacher, lier avec de la ficelle. ▷ adj. **ficelé, ée** *Un travail bien ficelé,* bien fait.

ficelle n. f. ◻ Corde mince. – fig. *Tirer sur la ficelle :* exagérer. *Tirer les ficelles,* faire agir les autres.

① **fiche** n. f. **I.** Cheville, tige de bois ou de métal destinée à être fichée, enfoncée. **II.** Feuille cartonnée.

② **fiche** v. tr. → ② **ficher**

① **ficher** v. tr. ◻ Faire pénétrer et fixer par la pointe.

② **ficher** ou **fiche** v. tr. ◻ fam. (équivalent moins fam. de *foutre**) **1.** Faire. **2.** Donner. **3.** Mettre. **4.** *Se fiche dedans,* se tromper. – *Fiche le camp,* partir. **5.** *SE FICHER DE* v. pron. : se moquer de.

③ **ficher** v. tr. ◻ Mettre sur une fiche.

fichier n. m. **1.** Réunion de fiches. – inform. Ensemble structuré d'informations. *Fichier de données.* **2.** Meuble, etc. contenant des fiches.

fichtre interj. ◻ fam., vieilli Interjection qui exprime l'étonnement, l'admiration.

① **fichu, ue** adj. ◻ fam. (équivalent moins fam. de *foutu**) **1.** Mauvais. **2.** Dans un mauvais état. **3.** *BIEN, MAL FICHU :* bien, mal bâti, fait. – (moins fam.) *MAL FICHU :* un peu malade, souffrant. ▪ *Fichu de :* capable de.

② **fichu** n. m. ◻ Pièce d'étoffe triangulaire dont les femmes se couvrent la tête.

fictif, ive adj. **1.** Créé par l'imagination. **2.** Supposé par convention. ▶ **fictivement** adv.

fiction n. f. **1.** Fait imaginé. **2.** Création de l'imagination, en littérature.

ficus n. m. ◻ Plante d'appartement, d'origine tropicale.

fidèle I. adj. **1.** Qui ne manque pas à la foi donnée, aux engagements pris. **2.** Dont les sentiments ne changent pas. **3.** Qui n'a de relations amoureuses qu'avec la personne à laquelle il (elle) a donné sa foi. **4.** Qui ne s'écarte pas de la vérité. **II.** n. Personne unie à une religion par la foi.

fidèlement adv. ◻ D'une manière fidèle.

fidélité n. f. **1.** Qualité d'une personne fidèle. **2.** Constance dans les sentiments, les relations. **3.** Conformité à la vérité, à un modèle. **4.** *HAUTE-FIDÉLITÉ :* technique visant à obtenir une restitution très exacte du son enregistré.

fiduciaire adj. ▫ écon. Se dit de valeurs fictives, fondées sur la confiance en celui qui les émet.

fief n. m. ▫ Au Moyen Âge, Domaine concédé par le seigneur à son vassal, en contrepartie de certains services.

fieffé, ée adj. ▫ Qui possède au plus haut degré un défaut, un vice.

fiel n. m. **1.** Bile. **2.** fig., littér. Amertume méchante.

fielleux, euse adj. ▫ Plein de fiel (2).

fiente n. f. ▫ Excrément d'oiseau, de certains animaux. ▶ **fienter** v. intr.

se **fier** v. pron. ▫ Accorder sa confiance (à qqn, à qqch.).

fier, fière adj. **1.** Hautain, méprisant. – n. *Faire le fier.* **2.** FIER DE : qui a de la satisfaction de (qqn, qqch.). ▶ **fièrement** adv.

fier-à-bras n. m. ▫ vieilli Fanfaron.

fierté n. f. **1.** Attitude arrogante. **2.** Fait d'être fier de qqn, de qqch.

fiesta n. f. ▫ fam. Partie de plaisir, fête.

fièvre n. f. **1.** Élévation anormale de la température du corps. **2.** fig. Vive agitation, état passionné.

fiévreux, euse adj. **1.** Qui a ou dénote la fièvre. **2.** Agité, hâtif, inquiet. ▶ **fiévreusement** adv.

fifre n. m. **1.** Petite flûte en bois. **2.** Joueur de fifre.

fifrelin n. m. ▫ vieilli Chose sans valeur.

fifty-fifty loc. adv. ▫ anglic., fam. Moitié-moitié.

figement n. m. ▫ Fait de (se) figer.

figer v. tr. **1.** Coaguler (le sang). **2.** Solidifier (un liquide gras) par le froid. **3.** Rendre immobile, fixer dans une certaine attitude. ▷ v. pron. se **figer** **1.** Se coaguler. **2.** Se solidifier. **3.** S'immobiliser. ▷ adj. **figé, ée** *Expression figée,* dont on ne peut changer aucun des termes.

fignoler v. tr. ▫ fam. Exécuter avec un soin minutieux jusque dans les détails. – au p. p. *Travail fignolé.* ▶ **fignolage** n. m.

figue n. f. **1.** Fruit du figuier. **2.** *Figue de Barbarie* : fruit comestible de l'oponce. **3.** MI-FIGUE, MI-RAISIN : qui exprime un mélange de satisfaction et de mécontentement.

figuier n. m. **1.** Arbre méditerranéen qui donne les figues. **2.** *Figuier de Barbarie* : oponce.

figurant, ante n. ▫ Personnage de théâtre, de cinéma, remplissant un rôle secondaire.

figuratif, ive adj. ▫ Qui représente la forme de qqch. – *Art figuratif.*

figuration n. f. **1.** Fait de figurer, de représenter (qqch.), notamment par des moyens graphiques. ▪ LA FIGURATION : la peinture figurative. **2.** Fait de figurer, dans un spectacle. ▪ Ensemble des figurants.

figure n. f. **I. 1.** vx Forme, aspect. – mod. *Ne plus avoir figure humaine* : être si mal en point que l'apparence humaine n'est plus reconnaissable. **2.** FIGURE DE PROUE : buste à la proue des anciens navires ; fig. personnalité de premier plan. **3.** *Faire figure de* : paraître, passer pour. **4.** Personnalité marquante. **5.** Représentation des objets géométriques ; ensemble de points constituant ces objets. ▪ Chemin suivi par un danseur, un patineur, suivant une ligne déterminée. **II. 1.** Apparence momentanée de la face humaine, exprimant une attitude, des sentiments. **2.** Partie antérieure de la tête humaine. **III.** *Figure de style, de rhétorique* et absolt *figure* : mode d'expression de certaines formes de pensée dans le discours ; transfert de sens.

figuré, ée adj. ▫ *Sens figuré* (d'un mot), qui résulte d'une figure* de style. *Sens propre et sens figuré.*

figurer v. **I.** v. tr. Représenter sous une forme visible. **II.** v. intr. **1.** Jouer un rôle de figurant. **2.** Se trouver (quelque part). ▷ v. pron. se **figurer** → s'**imaginer,** se **représenter.**

figurine n. f. ◻ Statuette.

fil n. m. **I. 1.** Brin long et fin des matières textiles. – *DROIT FIL* : sens des fils d'un tissu ; fig. ligne de pensée, orientation. **2.** Brin de matière souple, servant à tenir, à attacher. ▪ *FIL À PLOMB* : masse de plomb fixée à un fil, qui donne la verticale. **3.** Morceau d'une matière qui s'étire en brins longs et minces. **4.** Matière métallique étirée en un long brin mince. **5.** Conducteur électrique, fil métallique entouré d'une gaine isolante. – fam. *COUP DE FIL,* coup de téléphone. **6.** Matière produite et filée par quelques animaux (araignée, ver à soie). **7.** Fibre de certaines matières ; sens des fibres. **8.** Filament durci de certains légumes. **II.** fig. **1.** Sens dans lequel un cours d'eau coule. **2.** Cours, enchaînement. **III.** Partie coupante (d'une lame). – *Être sur le fil du rasoir,* dans une situation instable, dangereuse.

fil-à-fil n. m. invar. ◻ Tissu de laine ou de coton, en fils de deux couleurs alternées.

filage n. m. ◻ Action de filer (un textile) à la main.

filament n. m. **1.** Production organique longue et fine comme un fil. **2.** Fil conducteur très fin (ampoules électriques).

filamenteux, euse adj. ◻ Qui a des filaments (1).

filandière n. f. ◻ littér. Femme qui file à la main.

filandre n. f. ◻ didact. **1.** Fibre coriace. **2.** Fil d'araignée qui vole dans l'air.

filandreux, euse adj. **1.** Rempli de filandres. **2.** fig. Confus.

filant, ante adj. **1.** Qui coule en s'allongeant. **2.** *Pouls filant,* très faible.

filasse n. f. **1.** Matière textile végétale non encore filée. **2.** appos. *Cheveux blond filasse,* et adj. invar. *cheveux filasse,* d'un blond fade, sans éclat.

filature n. f. **I. 1.** Opérations industrielles qui transforment les matières textiles en fils à tisser. **2.** Usine où est fabriqué le fil. **II.** Action de filer, de suivre (qqn).

file n. f. ◻ Suite (de personnes, de choses) en rang et l'un derrière l'autre. ▪ *EN DOUBLE FILE* : à côté d'une première file de voitures.

filer v. **I.** v. tr. **1.** Transformer en fil (une matière textile). ▪ *Filer du verre,* l'étirer en fil. **2.** (ver à soie, araignée) Faire en sécrétant son fil. **3.** Dérouler de façon égale et continue. mar. *Filer les amarres.* – *Navire qui file trente nœuds,* qui a une vitesse de trente nœuds. **4.** Marcher derrière (qqn), suivre pour surveiller. **5.** fam. Donner. **II.** v. intr. **1.** (liquide, matière) Former des fils. **2.** Se dérouler, se dévider. **3.** Aller droit devant soi, très vite. **4.** fam. S'en aller très vite.

① **filet** n. m. **1.** Ce qui ressemble à un fil fin. – Saillie en hélice (d'une vis...). **2.** Écoulement fin et continu. *Un filet d'eau.* – fig. *Un filet de voix.*

② **filet** n. m. **1.** Morceau de viande le long de l'épine dorsale (de quelques animaux). **2.** Morceau de chair, de part et d'autre de l'arête (d'un poisson).

③ **filet** n. m. **1.** Réseau à larges mailles servant à capturer des animaux. **2.** Réseau de mailles (pour envelopper, tenir, retenir). ▪ en sports Réseau au-dessus duquel la balle doit passer.

filetage n. m. **1.** Action de fileter. **2.** Ensemble des filets (d'une vis, etc.).

fileter v. tr. ◻ Pratiquer un filet, des filets (①, 1) dans.

fileur, euse I. n. Personne qui file (du textile). **II.** adj. (animal) Qui sécrète un fil.

fileyeur n. m. □ pêche Bateau équipé pour la pêche au filet.

filial, ale, aux adj. □ Qui émane d'un enfant à l'égard de ses parents.

filiale n. f. □ Société jouissant d'une personnalité juridique mais dirigée ou contrôlée par la société mère.

filialiser v. tr. □ écon. Transformer (une entreprise) en filiale. - Découper (une entreprise) en filiales. ▶ **filialisation** n. f.

filiation n. f. **1.** Lien de parenté unissant l'enfant à son père, à sa mère. **2.** fig. Succession, enchaînement.

filière n. f. **1.** mar. Filin servant de garde-corps. **2.** Instrument destiné à produire des fils, à pratiquer des filets (①). **3.** Succession d'étapes avant un résultat.

filiforme adj. □ Mince, fin comme un fil.

filigrane n. m. **1.** Ouvrage de fils de métal (or...). **2.** Dessin qui se voit par transparence dans l'épaisseur d'un papier.

filigrané, ée adj. **1.** Façonné en filigrane (1). **2.** Qui présente un filigrane (2).

filin n. m. □ mar. Cordage.

fille n. f. **I.** (opposé à *fils*) Personne du sexe féminin, par rapport à ses parents. **II. 1.** (opposé à *garçon*) Enfant du sexe féminin. **2.** *PETITE FILLE* : enfant du sexe féminin jusqu'à l'âge nubile. - *JEUNE FILLE* : fille nubile ou femme jeune non mariée. **3.** Jeune fille ; jeune femme.

① **fillette** n. f. □ Petite fille.

② **fillette** n. f. □ Petite bouteille de vin.

filleul, eule n. □ Personne par rapport à ses parrain et marraine.

film n. m. **I. 1.** Pellicule photographique ou cinématographique. **2.** Œuvre cinématographique. **II.** anglic., techn. Couche très mince (d'une matière).

filmage n. m. □ Action de filmer.

filmer v. tr. **I.** Enregistrer un film cinématographique. **II.** Couvrir d'un film (II).

filmographie n. f. □ didact. Liste des films (d'un auteur, d'un acteur, d'un genre...).

filocher v. intr. □ fam. Aller vite, filer*.

filon n. m. **1.** Masse allongée (de minéraux solides, dans le sol). **2.** fam. Moyen de s'enrichir.

filou n. m. □ Escroc, voleur.

filouter v. tr. □ vieilli Voler adroitement (qqch. ; qqn). ▶ **filouterie** n. f.

fils n. m. **I. 1.** (opposé à *fille*) Personne du sexe masculin, par rapport à ses parents. **2.** Descendant du sexe masculin. **II.** Enfant du sexe masculin.

filtrage n. m. □ Action de filtrer.

filtrat n. m. □ didact. Liquide filtré.

filtre n. m. **1.** Dispositif à travers lequel on fait passer un liquide pour le débarrasser des particules solides qui s'y trouvent. **2.** Appareil servant à débarrasser un fluide ou un aérosol de ses impuretés. **3.** sc. Dispositif modifiant certaines oscillations. **4.** Bout poreux (d'une cigarette).

filtrer v. **I.** v. tr. **1.** Faire passer à travers un filtre. **2.** fig. *Filtrer la lumière.* → **tamiser. 3.** Soumettre à un contrôle, un tri. **II.** v. intr. **1.** S'écouler lentement. **2.** (lumière) Passer faiblement.

① **fin** n. f. **I. 1.** Moment, instant auquel s'arrête (un phénomène, une période, une action). **2.** Point auquel s'arrête qqch. dont on fait usage. **3.** Derniers éléments (d'une durée), dernière partie (d'une action, d'un ouvrage). **4.** Disparition (d'un être, d'un phénomène, d'un sentiment). *Mettre fin à ses jours*, se suicider. **5.** Cessation par achèvement. **II. 1.** souvent au plur. Chose qu'on veut réaliser. *En venir à ses fins.* – *À TOUTES FINS UTILES*, pour servir le cas échéant. **2.** Terme auquel tend un être ou une chose. **3.** dr. But juridiquement poursuivi. – cour. *FIN DE NON-RECEVOIR* : refus.

②**fin, fine** adj. **I. 1.** Extrême ; qui est au bout. – *Le fin mot de l'histoire*, le dernier mot, celui qui donne la clé. **2.** adv. Tout à fait. *Elle est fin prête.* **II. 1.** Qui est d'une très grande pureté. **2.** Qui est de la meilleure qualité. – *Eau-de-vie fine* et n. f. *fine* : eau-de-vie naturelle de qualité supérieure. ▪ (n. m.) *Le fin du fin*, ce qu'il y a de mieux dans le genre. **3.** D'une grande acuité. **4.** Qui marque de la subtilité. **5.** (personnes) Qui excelle dans une activité réclamant du discernement. **6.** Qui a une habileté proche de la ruse. **III. 1.** Dont les éléments sont très petits. *Sel fin.* **2.** Délié, mince. **3.** Qui est très mince ou aigu (par oppos. à *épais*). **4.** Difficile à percevoir. *Une fine nuance.*

final, ale, als ou (rare) **aux** adj. ▫ Qui est à la fin, qui sert de fin.

①**finale** n. f. **1.** Son ou syllabe qui termine (un mot...). **2.** Dernière épreuve qui désigne le vainqueur.

②**finale** n. m. ▫ Dernière partie (d'un opéra, d'une symphonie...).

finalement adv. ▫ À la fin ; en définitive.

finaliser v. tr. **1.** didact. Donner une fin, un but à. **2.** anglic. Mettre au point de manière détaillée (un projet...). ▶ **finalisation** n. f.

finaliste n. ▫ Concurrent(e), équipe en compétition pour une finale.

finalité n. f. ▫ Fait de tendre à un but.

finance n. f. **1.** *MOYENNANT FINANCE*, contre de l'argent. **2.** au plur. Activité de l'État dans le domaine de l'argent. **3.** Grandes affaires d'argent ; activité bancaire, boursière.

financer v. tr. ▫ Soutenir financièrement, procurer des capitaux à (une entreprise). ▶ **financement** n. m.

financier, ière I. n. Personne qui fait de la finance (3). **II.** adj. **1.** Relatif à l'argent. **2.** Relatif aux finances publiques. **3.** Relatif à la finance (3).

financièrement adv. ▫ En matière de finances ; au point de vue financier.

finasser v. intr. ▫ Agir avec une finesse excessive. ▶ **finasserie** n. f.

finaud, aude adj. et n. ▫ Qui cache de la finesse sous un air simple.

fine n. f. → ②**fin** (II, 2)

fine de claire n. f. → **claire**

finement adv. ▫ Avec finesse, d'une manière fine.

finesse n. f. **1.** Qualité de ce qui est délicat, bien exécuté. **2.** (sens) Grande acuité. **3.** Aptitude à discerner des choses subtiles. **4.** Adresse, habileté. **5.** Extrême délicatesse (de matière...). **6.** surtout au plur. Plan, action marquant la ruse. ▪ Chose difficile à saisir.

finette n. f. ▫ Étoffe de coton pelucheux.

finir v. **I.** v. tr. **1.** Conduire (une occupation) à son terme. **2.** Mener (une période) à son terme. **3.** Mener (une quantité) à épuisement. **4.** Mettre un terme à. **II.** v. intr. **1.** Arriver à son terme dans le temps. **2.** Avoir telle fin. **3.** Arriver à son terme dans l'espace. **4.** *FINIR PAR* (+ inf.) : arriver à (tel résultat). **III.** *EN FINIR* **1.** (personnes) Mettre fin à une chose longue, désagréable. – *En finir avec qqn*, se débarrasser de lui. **2.** avec une négation Arriver à son terme. *Cela n'en finit plus.* ▷ adj. **fini, ie 1.** Qui a été mené à son terme. **2.** Dont la finition est bonne. – n. m. *Le fini*, la qualité de ce qui est soigné. **3.** Qui est arrivé à son terme.

4. Qui a des limites. – n. m. *Le fini et l'infini.*

finish n. m. ▫ anglic., sports Aptitude à finir (dans une course...).

finissage n. m. ▫ Action de finir.

finissant, ante adj. ▫ En train de finir.

finisseur, euse n. **1.** Personne chargée des travaux de finissage, de finition. **2.** Sportif qui finit bien une épreuve.

finition n. f. **1.** Opération ou ensemble d'opérations qui termine la fabrication. **2.** Caractère de ce qui est plus ou moins bien fini. **3.** au plur. Les derniers travaux.

finitude n. f. ▫ didact. Fait d'être fini, borné.

finlandais, aise adj. ▫ De Finlande. – n. *Les Finlandais.*

finnois, oise adj. ▫ Du peuple de langue non indo-européenne qui vit en Finlande. – n. m. *Le finnois,* cette langue.

finno-ougrien, ienne adj. ▫ didact. Se dit d'un groupe de langues comprenant le finnois, le lapon, l'estonien, le hongrois et des langues de Sibérie.

fiole n. f. **1.** Petite bouteille de verre à col étroit. **2.** fig., fam. Tête.

fiord → **fjord**

fioriture n. f. ▫ Ornement complexe.

fioul → **fuel**

firmament n. m. ▫ poét. Voûte céleste.

firme n. f. ▫ Entreprise industrielle ou commerciale.

fisc n. m. ▫ Administrations qui s'occupent des impôts.

fiscal, ale, aux adj. ▫ Qui se rapporte au fisc, à l'impôt. ▶ **fiscalement** adv.

fiscaliser v. tr. **1.** Soumettre à l'impôt. **2.** Financer par l'impôt. ▶ **fiscalisation** n. f.

fiscalité n. f. ▫ Système fiscal.

fissible adj. ▫ phys., vieilli → **fissile** (2).

fissile adj. ▫ sc. **1.** Qui tend à se fendre. **2.** Susceptible de subir la fission.

fission n. f. ▫ phys. Rupture d'un noyau atomique.

fissure n. f. ▫ Fente fine.

fissurer v. tr. ▫ Diviser par fissures. ▷ v. pron. se **fissurer**

fiston n. m. ▫ fam. Fils.

fistule n. f. ▫ Canal qui se forme pour donner passage à un liquide physiologique ou pathologique. ▶ **fistuleux, euse** adj.

fitness n. m. ▫ anglic. Exercices destinés à donner une bonne forme physique.

F. I. V. n. f. (sigle) ▫ Fécondation in vitro, où l'ovule prélevé est fécondé en laboratoire.

fixateur, trice **I.** adj. Qui fixe. **II.** n. m. **1.** Vaporisateur projetant un fixatif. **2.** Substance qui fixe une image photographique, une préparation de cellules, etc.

fixatif n. m. ▫ peint. Vernis fixateur.

fixation n. f. **1.** Action de fixer. **2.** Attache. **3.** psych. Attachement intense à qqn, qqch.

① **fixe** adj. **1.** Qui ne bouge pas, ne change pas de position ; qui reste en l'état. **2.** Réglé d'une façon précise et définitive. **3.** *IDÉE FIXE* : idée dominante, dont l'esprit ne peut se détacher. **4.** Assuré, régulier. – n. m. *Fixe mensuel.*

② **fixe** n. m. ▫ anglic., argot de la drogue Injection d'un stupéfiant.

fixement adv. ▫ D'un regard fixe.

fixer v. tr. **I. 1.** Établir de façon durable à une place déterminée. ▪ pronom. (personnes) S'installer durablement. **2.** *Fixer du regard,* regarder avec insistance. **3.** abstrait *Fixer son attention sur qqch.* **II. 1.** Rendre stable et immobile (ce qui évolue, change). **2.** Faire qu'une personne ne soit plus dans l'indécision ou l'incertitude. **III.** Régler d'une façon déterminée, définitive. *Fixer une règle.*

fixette n. f. ▫ fam. **1.** Fixation (3) sur qqch., qqn. **2.** Injection d'une drogue.

fixisme n. m. ▫ hist. des sc. Doctrine de la fixité des espèces.

fixité n. f. **1.** État de ce qui est fixe. **2.** didact. Caractère de ce qui est stable, fixé.

fjord ou **fiord** n. m. ▫ Ancienne vallée glaciaire s'enfonçant profondément dans l'intérieur des terres.

flac interj. ▫ Onomatopée, bruit de chute.

flacon n. m. ▫ Petit récipient de verre, fermé par un bouchon.

fla-fla n. m. ▫ fam. Recherche de l'effet. – var. **flafla.**

flagada adj. ▫ fam. Sans force, fatigué.

flagelle n. m. ▫ biol. Filament mobile, organe locomoteur de certains protozoaires, du spermatozoïde.

flagellé, ée adj. ▫ biol. Muni d'un flagelle.

flageller v. tr. ▫ Battre de coups de fouet. ▶ **flagellation** n. f.

flageoler v. intr. ▫ (jambes) Trembler de faiblesse, de fatigue, de peur. ▶ **flageolant, ante** adj.

① **flageolet** n. m. ▫ Flûte à bec, généralement percée de six trous.

② **flageolet** n. m. ▫ Haricot nain très estimé, qui se mange en grains.

flagorner v. tr. ▫ littér. Flatter bassement. ▶ **flagornerie** n. f. ▶ **flagorneur, euse** n. et adj.

flagrant, ante adj. **1.** Qui est commis sous les yeux de la personne qui le constate. **2.** Qui paraît évident.

flair n. m. **1.** Faculté de discerner par l'odeur. **2.** fig. Aptitude à deviner.

flairer v. tr. **1.** (animaux) Discerner ou chercher par l'odeur. **2.** fig. Discerner (qqch.) par intuition.

flamand, ande **1.** adj. et n. De la Flandre. **2.** n. m. Ensemble des parlers néerlandais de Belgique.

flamant n. m. ▫ Oiseau échassier au plumage généralement rose.

flambage n. m. ▫ Action de flamber (qqch.).

flambant, ante adj. **1.** Qui flambe. **2.** fam. Superbe. – FLAMBANT NEUF : tout neuf.

flambé, ée adj. **1.** Passé à la flamme. **2.** Arrosé d'alcool auquel on met le feu.

flambeau n. m. **1.** Mèche enduite de cire, de résine pour éclairer. **2.** Candélabre.

flambée n. f. **1.** Feu vif et assez bref. **2.** fig. Explosion (d'un sentiment violent, d'une action). ▪ Brusque hausse.

flamber v. **I.** v. intr. **1.** Brûler avec flammes et production de lumière. **2.** Produire une vive lumière. **3.** Augmenter très rapidement. **II.** v. tr. **1.** Passer à la flamme. **2.** Arroser (un mets) d'alcool que l'on brûle. **3.** fig. Dépenser de manière immodérée. – intrans. fam. Jouer gros jeu (▶ n. **flambeur, euse**).

flamboyant, ante **I.** adj. **1.** Qui flamboie. **2.** GOTHIQUE FLAMBOYANT (XVe siècle), aux ornements ondulés. **II.** n. m. Arbre tropical, à fleurs rouge vif.

flamboyer v. intr. **1.** Jeter par intervalles des flammes ou des reflets éclatants de lumière. **2.** Briller, étinceler. ▶ **flamboiement** n. m.

flamenco n. m. ▫ Genre musical traditionnel andalou, qui associe le chant et la danse.

flamingant, ante adj. **1.** Qui parle flamand ; où l'on parle flamand. **2.** adj. et n. Partisan de la limitation de l'influence française en Flandre belge.

flamme n. f. **I. 1.** Production lumineuse et mobile de gaz en combustion. **2.** Éclat (du regard...). **3.** Animation, passion. **II. 1.** Pavillon long et étroit. **2.** Marque postale allongée.

flammé, ée adj. □ Qui présente des taches en forme de flamme.

flammèche n. f. □ Parcelle enflammée qui se détache d'un brasier, d'un foyer.

flammekueche n. f. □ région. (Alsace) Préparation de pâte fine cuite au four. – var. **flammeküche.**

flan n. m. **1.** Crème à base de lait, d'œufs, de farine cuite au four. **2.** fam. *En rester* COMME DEUX RONDS DE FLAN : être stupéfait. – *C'est du flan*, de la blague.

flanc n. m. **1.** Partie latérale du corps. – fam. *Tirer au flanc* : paresser. **2.** littér. (choses) Partie latérale. **3.** Côté droit ou gauche (d'une armée). ■ fig. *PRÊTER LE FLANC* : donner prise (à).

flancher v. intr. □ fam. Céder, faiblir.

flanchet n. m. □ Morceau de bœuf, de veau, entre la poitrine et la tranche grasse.

flandrin, ine 1. adj. et n. De la Flandre. **2.** n. m. Homme grand, d'allure gauche.

flanelle n. f. □ Tissu de laine pelucheux.

flâner v. intr. **1.** Se promener sans hâte. **2.** Être dans l'inaction. ▶ **flânerie** n. f. ▶ **flâneur, euse** n. et adj.

① **flanquer** v. tr. **1.** Être sur le côté, sur le flanc de. – au p. p. *Château flanqué de tours.* **2.** Accompagner ; escorter.

② **flanquer** v. tr. □ fam. **1.** Lancer, jeter brutalement ou brusquement. **2.** Provoquer brutalement.

flapi, ie adj. □ fam. Épuisé, éreinté.

flaque n. f. □ Petite nappe de liquide.

flash n. m. □ anglic. **1.** Lampe à émission de lumière brève et intense, pour prendre des photos ; cette lumière. **2.** Séquence de courte durée ; courte nouvelle (presse).

flash-back n. m. invar. □ anglic. Retour en arrière, dans un film, un récit.

flash-ball n. m. □ anglic. Arme à feu défensive, utilisant des balles de caoutchouc durci. *Des flash-balls.*

flasher v. □ anglic. **I.** v. intr. Produire un éclair (flash). **II.** v. tr. **1.** Photographier au flash. **2.** Enregistrer l'image de (un véhicule) au moyen d'un appareil (radar...).

flasque adj. □ Qui manque de fermeté.

flatter v. tr. **I.** Louer excessivement ou faussement (qqn), pour séduire. **II.** (sujet chose) **1.** Faire concevoir de la fierté à. *Cet honneur me flatte.* **2.** Faire paraître plus beau que la réalité. *Ce portrait la flatte.* ▷ v. pron. se **flatter** (de) **1.** (+ inf.) Se croire assuré de. **2.** (+ n. ou inf.) Tirer orgueil, vanité de.

flatterie n. f. □ Action, fait de flatter.

flatteur, euse n. et adj. □ Qui flatte. ▶ **flatteusement** adv.

flatulence n. f. □ Accumulation de gaz dans les intestins.

flatulent, ente adj. □ Qui s'accompagne de flatulence.

flatuosité n. f. □ Gaz accumulé dans les intestins.

① **fléau** n. m. **1.** Instrument à battre les céréales, composé de deux bâtons liés bout à bout. **2.** Pièce rigide (d'une balance), mobile verticalement.

② **fléau** n. m. □ Calamité qui s'abat sur un peuple.

flèche n. f. **1.** Arme de jet consistant en une tige munie d'une pointe à une extrémité et d'un empennage à l'autre. **2.** Signe figurant une flèche, servant à indiquer une direction. **3.** Toit pyramidal ou conique d'un clocher, d'une tour.

flécher v. tr. □ Indiquer par des flèches. ▶ **fléchage** n. m.

fléchette n. f. ▫ Petite flèche.

fléchir v. **I.** v. tr. **1.** Faire plier progressivement sous un effort, une pression. **2.** fig. Faire céder peu à peu (qqn). **II.** v. intr. **1.** Plier, se courber peu à peu sous un effort, une pression. **2.** fig. Céder ; perdre de sa force.

fléchissement n. m. **1.** Action de fléchir ; état d'un corps qui fléchit. **2.** fig. Fait de céder, de faiblir.

flegmatique adj. ▫ Calme, peu émotif.

flegmatiquement adv. ▫ Avec flegme.

flegme n. m. ▫ Caractère, comportement calme, non émotif.

flegmon → **phlegmon**

flemmard, arde adj. et n. ▫ fam. Paresseux.

flemmarder v. intr. ▫ fam. Paresser.

flemme n. f. ▫ fam. Grande paresse.

flétan n. m. ▫ Grand poisson plat des mers froides.

flétrir v. tr. ▫ Faire perdre son éclat, sa fraîcheur.

flétrissure n. f. ▫ État d'une plante flétrie.

fleur n. f. **1.** Production délicate, souvent odorante, des plantes à graines, qui porte les organes reproducteurs. **2.** Plante qui porte des fleurs. *Pot de fleurs.* **3.** Reproduction, imitation de cette partie du végétal. **4.** fam. *COMME UNE FLEUR* : très facilement. **5.** *À LA, DANS LA FLEUR DE* : au moment le plus beau de. **6.** Ce qu'il y a de meilleur. **7.** *À FLEUR DE* loc. prép. : presque au niveau de, et sur le même plan (→ **affleurer, effleurer**). – *Sensibilité à fleur de peau,* qui réagit à la plus petite excitation. **8.** Côté du poil (d'une peau tannée).

fleurdelisé, ée adj. ▫ Orné, décoré de fleurs de lis. – n. m. franç. du Canada Drapeau du Québec.

fleurer v. tr. ▫ littér. Répandre une odeur agréable de.

fleuret n. m. **1.** Épée à lame de section carrée, pour s'exercer. **2.** Sport du fleuret.

fleurette n. f. **1.** Petite fleur. **2.** appos. *Crème fleurette* : crème très fluide.

fleuri, ie adj. **1.** En fleur, couvert de fleurs. **2.** Garni, orné de fleurs. **3.** Très orné, précieux. *Un style fleuri.*

fleurir v. **I.** v. intr. **1.** (plantes) Produire des fleurs, être en fleur. **2.** fig. S'épanouir ; être dans tout son éclat (imparfait *fleurissait* ou littér. *florissait*). **II.** v. tr. Orner de fleurs.

fleuriste n. ▫ Personne qui vend des fleurs.

fleuron n. m. ▫ *Le plus beau fleuron de* (une collection) : l'élément le plus précieux.

fleuve n. m. **1.** Cours d'eau qui se jette dans la mer. **2.** Ce qui coule. *Un fleuve de sang.* ▪ appos. *Roman-fleuve* : roman très long.

flexible adj. **1.** Qui fléchit facilement, se laisse plier. **2.** fig. Qui s'accommode aux circonstances. *Caractère flexible.* – *Horaire flexible.* ▶ **flexibilité** n. f.

flexion n. f. ▫ Mouvement par lequel une chose fléchit ; état de ce qui est fléchi (opposé à *extension*).

flibustier n. m. ▫ anciennt Pirate.

flic n. ▫ fam. Agent de police ; policier.

flingue n. m. ▫ fam. Arme à feu.

flinguer v. tr. ▫ fam. Tirer sur (qqn) avec une arme à feu.

① **flipper** n. m. ▫ anglic. Billard électrique.

② **flipper** v. intr. ▫ anglic., fam. Être subitement déprimé ; être angoissé.

fliquer v. tr. ▫ fam. Surveiller (qqn).

flirt n. m. ▫ anglic. **1.** Relation amoureuse plus ou moins chaste. **2.** Personne avec laquelle on flirte.

flirter v. intr. ▫ anglic. Avoir un flirt (avec qqn). ▪ fig. *Flirter avec :* se rapprocher de (notamment en politique).

floc interj. ▫ Onomatopée, chute dans l'eau.

flocage n. m. ▫ techn. Collage de fibres courtes, qui donne un aspect velouté.

flocon n. m. **1.** Petite touffe (de laine, de soie, etc.). **2.** Petite masse peu dense (de neige...). **3.** Petite lamelle (de céréales).

floconneux, euse adj. ▫ En flocons.

floculation n. f. ▫ chim. Rassemblement en flocons des particules d'une solution colloïdale.

flonflons n. m. pl. ▫ Accords bruyants de certains morceaux de musique populaire.

flop n. m. ▫ fam. Échec. *Le film a fait un flop.*

flopée n. f. ▫ fam. Grande quantité.

floqué, ée adj. ▫ techn. Traité par flocage.

floraison n. f. ▫ Épanouissement des fleurs.

floral, ale, aux adj. ▫ De la fleur.

floralies n. f. pl. ▫ Exposition de fleurs.

flore n. f. **1.** Ensemble des plantes (d'une région...). **2.** biol. Ensemble des micro-organismes vivant dans les tissus, les organes.

faire **florès** loc. verbale ▫ littér. Obtenir des succès.

floriculture n. f. ▫ Branche de l'horticulture qui s'occupe des fleurs.

florilège n. m. ▫ Recueil de pièces choisies.

florin n. m. ▫ Ancienne unité monétaire des Pays-Bas.

florissant, ante adj. ▫ En plein épanouissement.

flot n. m. **1.** au plur. Eaux en mouvement ; la mer. **2.** Ce qui est ondoyant, se déroule en vagues. *Un flot de rubans.* **3.** Grande quantité de liquide versé, répandu. *Des flots de larmes.*

flottable adj. **1.** techn. (cours d'eau) Sur lequel on peut faire flotter du bois. **2.** Qui peut flotter. ▶ **flottabilité** n. f.

flottage n. m. ▫ Transport de bois flotté.

flottaison n. f. ▫ Intersection avec le plan de l'eau de la surface d'un navire.

flottant, ante adj. ▫ Qui flotte.

① **flotte** n. f. **1.** Réunion de navires naviguant ensemble. **2.** Forces navales d'un pays. ▪ par analogie *Flotte aérienne.*

② **flotte** n. f. ▫ fam. Eau. – Pluie.

flottement n. m. **1.** Mouvement d'ondulation. **2.** fig. État incertain ; fluctuation.

① **flotter** v. **I.** v. intr. **1.** Être porté sur un liquide. **2.** Être en suspension dans l'air. **3.** Bouger, remuer au gré du vent ou d'un mouvement. ▪ Être libre, ample (vêtement). **II.** v. tr. Lâcher (du bois) dans un cours d'eau pour qu'il soit transporté. – au p. p. *Bois flotté.*

② **flotter** v. impers. ▫ fam. Pleuvoir.

flotteur n. m. ▫ Objet capable de flotter à la surface de l'eau.

flottille n. f. ▫ Flotte de petits bâtiments.

flou, floue adj. **1.** De contours peu nets. *Photo floue.* – n. m. *Flou artistique.* **2.** fig. Incertain, indécis.

flouer v. tr. ▫ Voler, tromper (qqn).

flouter v. tr. ▫ techn. Rendre volontairement flou, par altération de la netteté de l'image.

flouze n. m. ▫ fam. Argent. – var. **flouse.**

fluctuant, ante adj. ▫ Qui varie.

fluctuation n. f. ▫ surtout au plur. Variations successives en sens contraire.

fluctuer v. intr. ▫ Être fluctuant.

fluet, ette adj. ▫ (personnes...) Mince et frêle.

fluide I. adj. 1. Qui n'est ni solide ni épais, qui coule aisément. 2. fig. Coulant, limpide. *Un style fluide.* 3. (circulation) Qui se fait aisément. II. n. m. Tout corps qui épouse la forme de son contenant (les liquides, les gaz) (opposé à *solide*).

fluidifier v. tr. ◻ didact. Rendre fluide.

fluidité n. f. ◻ État de ce qui est fluide.

fluo adj. ◻ fam. Fluorescent.

fluor n. m. ◻ Corps simple (symb. F), gaz toxique jaune verdâtre.

fluoré, ée adj. ◻ Qui contient du fluor.

fluorescence n. f. ◻ Propriété de certains corps d'émettre de la lumière sous l'influence d'un rayonnement.

fluorescent, ente adj. ◻ Relatif à la fluorescence ; doué de fluorescence.

flûte n. f. I. 1. Instrument à vent formé d'un tube percé de plusieurs trous. 2. Verre à pied, haut et étroit. II. interj. Interjection marquant la déception.

flûté, ée adj. ◻ Proche du son de la flûte.

flûtiste n. ◻ Musicien qui joue de la flûte.

fluvial, ale, aux adj. ◻ Relatif aux fleuves, aux rivières.

flux n. m. 1. Écoulement. 2. Marée montante (opposé à *reflux*).

fluxion n. f. 1. méd. Congestion. 2. Gonflement inflammatoire des gencives ou des joues.

flyer n. m. ◻ anglic. Tract, petit prospectus.

foc n. m. ◻ Voile triangulaire à l'avant d'un bateau.

focal, ale, aux adj. ◻ Qui concerne le foyer, les foyers d'un instrument d'optique.

focaliser v. tr. 1. Concentrer (un rayonnement) en un point. 2. fig. Concentrer, rassembler. ▷ v. pron. se **focaliser** ▶ **focalisation** n. f.

focus n. m. ◻ photogr. Mise au point.

foehn n. m. ◻ Vent chaud des Alpes.

fœtal, ale, aux adj. ◻ Du fœtus.

fœtus n. m. ◻ Produit de la conception encore renfermé dans l'utérus, lorsqu'il n'est plus à l'état d'embryon* et présente les caractères de l'espèce.

fofolle → **foufou**

foi n. f. 1. Garantie résultant d'une promesse. ▪ FAIRE FOI (sujet chose) : porter témoignage. *Le cachet de la poste faisant foi.* 2. BONNE FOI : qualité d'une personne qui parle, agit avec une intention droite, sans ruse. – MAUVAISE FOI : déloyauté, duplicité. 3. Confiance absolue que l'on met (en qqn, en qqch.). 4. Fait de croire en un dieu, en un dogme.

foie n. m. ◻ Organe situé dans la partie supérieure droite de l'abdomen, qui filtre et renouvelle le sang.

foin n. m. 1. Herbe des prairies fauchée et séchée pour la nourriture du bétail. 2. *Rhume des foins* (coryza). 3. Poils soyeux du fond de l'artichaut.

foire n. f. 1. Grand marché public qui a lieu à des dates et en un lieu fixes. 2. Grande manifestation commerciale périodique. 3. *Foire aux questions (FAQ)* : rubrique rassemblant les principales questions posées sur un sujet et leur réponse.

foirer v. intr. ◻ fam. Mal fonctionner ; échouer lamentablement.

foireux, euse adj. ◻ fam. Qui échoue ; raté.

fois n. f. ◻ Cas, occasion où un fait se produit, se reproduit.

foison n. f. ◻ À FOISON : en grande quantité.

foisonner v. intr. ◻ Être en grande abondance, à foison. ▶ **foisonnant, ante** adj. ▶ **foisonnement** n. m.

fol, folle → **fou**

folâtre adj. ◻ Qui aime la plaisanterie.

folâtrer v. intr. ▫ Jouer ou s'agiter de façon folâtre.

foliacé, ée adj. ▫ didact. En forme de feuille.

foliation n. f. ▫ didact. Disposition ; développement des feuilles.

folichon, onne adj. ▫ fam. *PAS FOLICHON* : pas réjouissant.

folie n. f. **1.** Trouble mental ; égarement de l'esprit. **2.** Manque de jugement ; absence de raison. **3.** Idée, parole, action, dépense déraisonnable.

folié, ée adj. ▫ bot. Garni de feuilles.

folio n. m. ▫ Chiffre qui numérote chaque page d'un livre. ▶ **folioter** v. tr.

foliole n. f. ▫ bot. Chacune des feuilles qui forment une feuille composée.

folk n. m. et adj. ▫ anglic. Musique traditionnelle modernisée. – adj. *Groupes folks* ou *folk* (invar.).

folklore n. m. ▫ anglic. Ensemble des traditions, des usages et de l'art populaires (d'un pays...).

folklorique adj. **1.** Relatif au folklore. **2.** fam. Pittoresque, mais sans sérieux.

folle → **fou**

follement adv. ▫ D'une manière folle, excessive.

follet, ette adj. **1.** Qui a quelque chose de capricieux, d'irrégulier. **2.** *FEU FOLLET* : flamme due à une exhalaison de gaz qui brûle spontanément.

follicule n. m. ▫ anat. Petit sac membraneux. ▶ **folliculaire** adj.

fomenter v. tr. ▫ Susciter (qqch. de néfaste). ▶ **fomentateur, trice** ou **fomenteur, euse** n.

foncé, ée adj. ▫ D'une nuance sombre.

foncer v. **I. 1.** v. tr. Rendre (une teinte) plus sombre. **2.** v. intr. Devenir plus foncé. **II.** v. intr. **1.** Se jeter impétueusement (sur, dans). **2.** fam. Aller très vite et tout droit.

fonceur, euse n. ▫ Personne qui fonce, qui va de l'avant. – adj. *Tempérament fonceur.*

foncier, ière adj. **1.** Qui constitue, est relatif à un bien-fonds. **2.** Qui est au fond du caractère de qqn. ▶ **foncièrement** adv.

fonction n. f. **1.** Ce que doit accomplir une personne dans son travail, son emploi. **2.** Action particulière (d'une chose dans un ensemble). **3.** Ensemble des propriétés actives concourant à un but, chez l'être vivant. **4.** math. Correspondance qui à tout élément d'un ensemble associe au plus un élément d'un autre ensemble.

fonctionnaire n. ▫ Personne qui a un emploi permanent dans une administration publique.

fonctionnalité n. f. **1.** Caractère de ce qui est fonctionnel. **2.** Fonction potentielle.

fonctionnel, elle adj. **1.** didact. Relatif aux fonctions (2 et 3). **2.** cour. (choses) Qui est adapté à sa fonction. *Meuble fonctionnel.*

fonctionner v. intr. ▫ (organe, mécanisme...) Accomplir une fonction, être en état de marche. ▶ **fonctionnement** n. m.

fond n. m. **I.** Partie la plus basse de qqch. de creux, de profond (contr. *dessus ; surface*). **1.** Paroi ou partie inférieure (d'un récipient, d'un contenant). **2.** Substance contenue au fond, près du fond. **3.** Sol où reposent des eaux. **4.** fig. Point le plus bas. *Toucher le fond du désespoir.* **5.** Intérieur de la mine. *Mineur de fond.* **II.** (Partie la plus reculée) **1.** Partie (d'un lieu) opposée à l'entrée (contr. *bord, entrée*). **2.** Partie (d'un organe) opposée à l'orifice. **III.** (Partie qui sert d'appui) **1.** Ce qui supporte un édifice. **2.** Ce que l'on voit, etc. en arrière-plan. **IV.** (abstrait) **1.** (pensées, sentiments) *Le fond de son* cœur. **2.** Réalité profonde. *Aller au fond des choses.* **3.** Élément essentiel, permanent. *Un fond d'honnêteté.* **4.** Ce qui appartient au contenu (d'une œuvre...). *Le fond et la forme.* **5.** Qualités physiques de résistance. *Course de fond, de demi-fond,* disputée sur une longue distance (opposé à *vitesse, sprint*).

fondamental, ale, aux adj. **1.** Qui a un caractère essentiel et déterminant. **2.** Qui se manifeste avant toute chose et à fond. ▶ **fondamentalement** adv. → **essentiellement.**

fondamentalisme n. m. ▫ Tendance religieuse conservatrice.

fondamentaliste adj. ▫ Du fondamentalisme religieux.

fondant, ante adj. ▫ Qui fond (II, 1 et 2 ; spécialt dans la bouche).

fondateur, trice n. ▫ Personne qui fonde (qqch.). – adj. *Membres fondateurs.*

fondation n. f. **1.** (au plur.) Travaux et ouvrages destinés à assurer la stabilité d'une construction à la base. **2.** Action de fonder (une ville, une institution...). **3.** Œuvre qui recueille des dons ou des legs.

fondé, ée de pouvoir n. ▫ Personne chargée d'agir au nom d'une autre, d'une société.

fondement n. m. **1.** Fait justificatif. **2.** Point de départ (d'un système d'idées).

fonder v. tr. **1.** Prendre l'initiative d'établir, d'édifier. **2.** *FONDER* (qqch.) *SUR* : établir sur (une base déterminée). **3.** Constituer le fondement de. ▪ au p. p. *Un reproche fondé.*

fonderie n. f. ▫ Usine où l'on fond le minerai, où l'on coule le métal en fusion.

① **fondeur** n. m. ▫ Personne qui travaille dans une fonderie.

② **fondeur, euse** n. ▫ Personne qui fait du ski de fond.

fondre v. **I.** v. tr. **1.** Rendre liquide par l'action de la chaleur. **2.** Fabriquer avec une matière fondue. **3.** fig. Combiner intimement de manière à former un tout. **II.** v. intr. **1.** (solide) Passer à l'état liquide par l'effet de la chaleur. ▪ fig. S'attendrir. **2.** Se dissoudre dans un liquide. – *Cela fond dans la bouche* (→ **fondant**). **3.** fig. Diminuer rapidement. **III.** v. intr. *FONDRE SUR* : s'abattre avec violence sur. ▷ v. pron. se **fondre** S'unir en un tout.

fondrière n. f. ▫ Trou, dans un chemin.

fonds n. m. **I. 1.** Bien immeuble. **2.** *FONDS (DE COMMERCE)* : ensemble des biens mobiliers et des droits appartenant à un commerçant ou un industriel. **II.** (souvent au plur.) **1.** Capital. **2.** Organisme de financement. *Le Fonds monétaire international* (F. M. I.). **3.** Argent comptant. **III.** Ressources (en œuvres, documents...).

fondu, ue I. adj. **1.** Amené à l'état liquide. **2.** (couleur, ton) Mélangé, dégradé. **II.** n. m. cin. *Fondu enchaîné,* dans lequel une image se substitue à une autre.

fondue n. f. **1.** *Fondue (savoyarde)* : mets à base de fromage fondu, dans lequel on trempe du pain. **2.** *Fondue bourguignonne* : plat composé de morceaux de viande crue que l'on trempe dans l'huile bouillante.

fongicide adj. et n. ▫ didact. Qui détruit les champignons parasites.

fongique adj. ▫ didact. Relatif aux champignons.

fontaine n. f. ▫ Construction d'où sortent des eaux amenées par canalisation.

fontanelle n. f. ▫ Espace membraneux entre les os du crâne des nouveau-nés.

fonte n. f. **I.** **1.** Fait de fondre, de se liquéfier. **2.** Fabrication par fusion et moulage d'un métal. **II.** Alliage de fer et de carbone obtenu dans les hauts fourneaux.

fonts n. m. pl. ▫ *FONTS BAPTISMAUX* : bassin sur un socle, destiné à l'eau du baptême.

football n. m. ▫ Sport opposant deux équipes de onze joueurs, où il faut faire pénétrer un ballon rond dans les buts adverses sans utiliser les mains (au Canada, on dit *soccer*). – abrév. fam. **foot.** ▪ *Football américain* (sport voisin du rugby ; au Canada, on dit *football*). ▶ **footballistique** adj.

footballeur, euse n. ▫ Joueur, joueuse de football.

footing n. m. ▫ anglic. Promenade hygiénique rapide, à pied.

for n. m. ▫ *En, dans mon (son...) FOR INTÉRIEUR* : au fond de soi-même.

forage n. m. ▫ Action de forer.

forain, aine **1.** adj. Qui a son activité sur les marchés et les foires. ▪ *FÊTE FORAINE*, groupant des entrepreneurs forains. **2.** n. Personne qui organise des distractions dans les foires et fêtes foraines.

forban n. m. **1.** Pirate. **2.** littér. Individu sans scrupules.

forçage n. m. ▫ Culture des plantes avant la saison (en châssis, serres...).

forçat n. m. ▫ anciennt Bagnard ; galérien.

force n. f. **I.** au sens individuel **1.** Puissance d'action physique. *Ne plus avoir la force de marcher.* ▪ au plur. Énergie personnelle. *De toutes ses forces* : le plus fort possible. **2.** Capacité de l'esprit ; possibilités intellectuelles et morales. *Force de caractère. Ils sont de la même force en chimie.* **II.** au sens collectif **1.** Pouvoir, puissance. *Force de frappe* : ensemble des moyens militaires modernes (missiles, armes nucléaires). **2.** au plur. Ensemble des armées. *Les forces de l'ordre* : la police. **III.** (choses) **1.** Résistance (d'un objet). **2.** Intensité ou pouvoir d'action ; caractère de ce qui est fort. **IV.** sc. Cause capable de déformer un corps, ou d'en modifier le mouvement. ▪ cour. Courant électrique ; spécialt courant triphasé. **V.** **1.** Contrainte, violence. *Recourir à la force.* **2.** (choses) Caractère irrésistible. *Cas de force majeure* : événement imprévisible et inévitable.

forcé, ée adj. **1.** Qui est imposé par la force des hommes ou des choses. **2.** Qui s'écarte du naturel.

forcement n. m. ▫ Action de forcer (I, 1).

forcément adv. ▫ D'une manière nécessaire, inévitable.

forcené, ée **I.** adj. Qui dépasse la mesure. **II.** n. Personne en proie à une crise furieuse.

forceps n. m. ▫ Pince qui sert à faciliter l'expulsion, lors de certains accouchements.

forcer v. **I.** v. tr. **1.** Faire céder (qqch.) par force. **2.** Faire céder (qqn) par la force ou la contrainte. **3.** Obtenir, par un effet personnel. *Forcer l'admiration.* **4.** Imposer un effort excessif à. **5.** Altérer, déformer par une interprétation abusive. **II.** v. intr. Fournir un grand effort. ▷ v. pron. se **forcer** → se **contraindre.**

forces n. f. pl. ▫ techn. Grands ciseaux.

forcing n. m. ▫ anglic. Attaque sportive soutenue. – fig., fam. Attaque à outrance.

forcir v. intr. ▫ Devenir plus fort ou plus gros.

forclore v. tr. ▫ didact. Exclure, rejeter. ▶ **forclusion** n. f.

forer v. tr. 1. Percer un trou dans (une matière dure) par des moyens mécaniques. 2. Former (un trou) en creusant mécaniquement.

foresterie n. f. ▫ Exploitation des forêts.

forestier, ière I. n. Personne qui exerce une charge dans une forêt publique. II. adj. Qui est couvert de forêts ; qui appartient à la forêt.

foret n. m. ▫ Instrument servant à forer.

forêt n. f. 1. Vaste étendue de terrain couverte d'arbres ; ensemble de ces arbres. 2. fig. Ensemble très dense (d'objets hauts et serrés).

foreur, euse n. 1. Spécialiste du forage. 2. n. f. Machine servant à forer.

① **forfait** n. m. ▫ littér. Crime énorme.

② **forfait** n. m. ▫ Convention fixant par avance le prix d'un travail, etc. ▶ **forfaitaire** adj.

③ **forfait** n. m. ▫ Indemnité que doit payer le propriétaire d'un cheval engagé dans une course, s'il ne le fait pas courir. – fig. *Déclarer forfait* : abandonner, renoncer.

forfaiture n. f. ▫ dr. Crime d'un fonctionnaire qui commet de graves infractions aux devoirs de sa charge.

forfanterie n. f. ▫ Vantardise impudente.

forge n. f. 1. Atelier où l'on travaille les métaux au feu et au marteau. 2. Installation où l'on façonne par traitement mécanique les métaux et alliages.

forgeage n. m. ▫ Action de forger.

forger v. tr. 1. Travailler (un métal, un alliage) pour lui donner une forme. – au p. p. *FER FORGÉ*. 2. Façonner (un objet de métal) à la forge. 3. fig. Élaborer, inventer.

forgeron, onne n. ▫ Personne qui travaille le fer au marteau, au feu de la forge.

① se **formaliser** v. pron. ▫ Être choqué (d'un manquement au savoir-vivre, etc.).

② **formaliser** v. tr. ▫ didact. Donner à (un ensemble de connaissances) des caractères formels. ▶ **formalisation** n. f.

formalisme n. m. 1. littér. Attachement aux formes, aux formalités, dans la vie sociale. 2. dr. Système dans lequel la validité des actes est soumise à l'observation de formalités. 3. en art Tendance à rechercher la beauté formelle. ▶ **formaliste** adj. et n.

formalité n. f. 1. Opération prescrite par la loi, la règle et sans laquelle un acte n'est pas légal, valide. 2. Acte que l'on doit accomplir, mais qui ne présente pas de difficulté. *Une simple formalité.*

format n. m. 1. Dimension caractéristique d'un imprimé, d'une feuille de papier, d'un objet. 2. inform. Organisation des données d'un support d'information.

formater v. tr. ▫ anglic., inform. Préparer (un support). ▶ **formatage** n. m.

formateur, trice I. n. Personne qui forme, éduque. II. adj. Qui forme.

formation n. f. I. Action de former, de se former ; manière dont une chose est formée. II. (Ce qui est formé) 1. Couche de terrain d'origine définie. *Formations sédimentaires.* 2. Disposition d'une troupe. *Formation en carré.* 3. Groupement (de personnes). *Formation politique.* III. 1. Éducation. *La formation du goût.* 2. Ensemble de connaissances (dans un métier...) ; leur acquisition. *Formation professionnelle.*

forme n. f. I. 1. Ensemble des contours (d'un objet, d'un être), en fonction de ses parties. *Forme allongée.* 2. Être ou objet confusément aperçu. *Une forme imprécise au loin.* 3. Apparence extérieure (d'un objet, d'un être) ; modèle à reproduire. **4.** *Les formes* : les contours du corps humain. **5.** Contour considéré d'un point de vue esthétique. *Beauté des formes* (→ **plastique**). **II. 1.** Manière dont une notion, un phénomène se présente. *Les différentes formes de la vie.* **2.** Variante grammaticale ; aspect sous lequel se présente un mot, un énoncé. **3.** Manière dont (une pensée, une idée) s'exprime. **III. 1.** Manière de procéder, d'agir selon les règles. **2.** Aspect d'un acte juridique. **IV.** Condition physique (d'un sportif, etc.). – absolt Bonne condition physique et morale. *Être en forme.* **V.** didact. (Principe interne d'unité) Ce qui règle l'exercice de la pensée. *Forme d'un raisonnement.* **VI.** Ce qui sert à donner une forme déterminée à un produit manufacturé.

formel, elle adj. **I.** Dont la précision et la netteté excluent tout malentendu. *Refus formel.* – *Il a été formel.* **II. 1.** Qui privilégie la forme par rapport au contenu. **2.** Relatif à la forme (d'une œuvre...). *Beauté formelle.* ▶ **formellement** adv.

former v. tr. **I. 1.** Faire naître dans son esprit. *Former un projet.* **2.** Créer (un ensemble, une chose complexe). **3.** (sujet chose) Être la cause de. *Dépôts qui forment des sédiments.* **II. 1.** Façonner en donnant une forme déterminée. *Bien former ses lettres.* **2.** Développer, exercer (une aptitude ; l'esprit de qqn). *Former son goût.* **III. 1.** Constituer en tant qu'élément. **2.** Prendre la forme de. *La route forme des courbes.* ▷ v. pron. se **former** **1.** Acquérir une forme. **2.** S'instruire, se cultiver. ▷ p. p. adj. **formé, ée**

formica n. m. (n. déposé) ▫ Matériau stratifié recouvert d'une résine dure.

formidable adj. **1.** Dont la taille, la force, la puissance est très grande. **2.** fam. Excellent. ▶ **formidablement** adv.

formique adj. ▫ *Acide formique* : liquide corrosif présent dans l'organisme des fourmis, les orties, etc. – *Aldéhyde formique.* → aussi **formol.**

formol n. m. ▫ Solution d'aldéhyde formique, employée comme antiseptique.

formulaire n. m. ▫ Imprimé portant une série de questions auxquelles on répond.

formulation n. f. ▫ Action de formuler ; manière dont qqch. est formulé.

formule n. f. **I. 1.** dr. Modèle selon lequel un acte doit être rédigé. **2.** Paroles rituelles prononcées dans certaines circonstances. **3.** Expression dont la coutume commande l'emploi dans certaines circonstances. **II. 1.** Expression concise et générale, souvent symbolique, définissant une relation ou une opération. **2.** Solution type (d'un problème) ; manière de procéder. **3.** Expression concise, nette et frappante (d'une idée). **4.** Imprimé destiné à recevoir un texte court.

formuler v. tr. **1.** didact. Rédiger en formule ; faire d'après une formule. **2.** Énoncer avec précision et netteté. **3.** Exprimer (par des mots).

forniquer v. intr. ▫ relig. Avoir des relations sexuelles coupables. ▶ **fornication** n. f.

fors prép. ▫ vx Excepté, sauf.

forsythia n. m. ▫ bot. Arbuste décoratif à fleurs jaunes.

① **fort, forte** adj. **I. 1.** (personnes) Qui a de la force physique. **2.** Considérable par les dimensions. – (euphémisme pour *gros*) → **corpulent. 3.** Qui a une grande force intellectuelle, de grandes connaissances. **II. 1.** (choses) Qui résiste. *Papier fort.* **2.** (dans des expr.) Fortifié. *Une place forte. Un château fort.* → ③ **fort** (I). **3.** (sur le plan moral) Capable de résister au monde extérieur ou à soi-même. **III. 1.** (mouvement, effort physique) Intense. *Un coup très fort.* – Qui dépasse la normale. *Une forte fièvre.* **2.** Dont l'intensité a une grande action sur les sens. **3.** (abstrait) Intense. *Faire une forte impression sur qqn.* **4.** Difficile à croire ou à supporter par son caractère excessif. **5.** (personnes) Qui a un grand pouvoir d'action, de l'influence. ▪ *SE FAIRE FORT DE* (*fort* invar.) : se dire capable de. **6.** Qui a la force (II) et n'hésite pas à l'employer. **7.** Qui agit efficacement, produit des effets importants.

②**fort** adv. **I. 1.** Avec de la force physique, en fournissant un effort. **2.** Avec intensité. **II.** littér. → **beaucoup.** *J'en doute fort.*

③**fort** n. m. **I.** Ouvrage fortifié. **II.** Ce en quoi qqn est fort, excelle. *Le courage n'est pas son fort.*

forte adv. ▫ mus. Fort.

fortement adv. **1.** Avec force. **2.** Très.

forteresse n. f. ▫ Lieu fortifié pour défendre une ville, etc.

fortiche adj. et n. ▫ fam. Fort ; habile, malin.

fortifiant, ante adj. ▫ Qui fortifie. – n. m. → **remontant.**

fortification n. f. **1.** Action de fortifier. **2.** souvent plur. Ouvrages fortifiés destinés à la défense d'une position, d'une place.

fortifier v. tr. **I.** Rendre fort, vigoureux ; donner plus de force à. **II.** Munir d'ouvrages de défense. – au p. p. *Ville fortifiée.*

fortin n. m. ▫ Petit fort (③, I).

a **fortiori** → **a fortiori**

fortissimo adv. ▫ mus. Très fort.

fortran n. m. ▫ inform. Langage informatique évolué, pour le calcul scientifique.

fortuit, uite adj. ▫ Qui arrive par hasard, de manière imprévue. ▶ **fortuitement** adv.

fortune n. f. **I.** (dans des expr.) Événement ou suite d'événements considérés dans ce qu'ils ont d'heureux ou de malheureux. *Bonne, mauvaise fortune.* – *DE FORTUNE* : improvisé pour parer au plus pressé. *Une installation de fortune.* ▪ *À LA FORTUNE DU POT* : sans préparatifs ni façons. **II.** Ensemble important des biens, des richesses (de qqn).

fortuné, ée adj. **1.** vx Heureux. **2.** Qui a de la fortune (II).

forum n. m. **1.** Antiq. Place où se discutaient les affaires publiques à Rome. **2.** Réunion-débat.

fosse n. f. **1.** Trou creusé dans le sol et aménagé. ▪ *Fosse d'orchestre* : espace devant la scène, en contrebas. **2.** Trou creusé en terre pour l'inhumation des morts. **3.** Cavité naturelle. *Fosses nasales.*

fossé n. m. **1.** Fosse creusée en long dans le sol. **2.** fig. Coupure. *Le fossé des générations.*

fossette n. f. ▫ Petit creux dans une partie charnue (joues, menton, etc.).

fossile I. n. m. Débris, empreinte d'espèces disparues, conservés dans les dépôts sédimentaires. – adj. *Espèce fossile.* **II.** adj. fig. Archaïque. ▪ n. m. Personne aux idées archaïques.

fossiliser v. tr. ▫ Rendre fossile ; amener à l'état de fossile. ▷ v. pron. se **fossiliser** ▷ p. p. **fossilisé, ée** ▶ **fossilisation** n. f.

fossoyeur, euse n. ▫ Personne qui creuse les fosses dans un cimetière.

①**fou (ou fol), folle I.** n. **1.** Personne atteinte de troubles, de désordres mentaux (ne s'emploie plus en psychiatrie). **2.** Personne qui se comporte d'une manière extravagante. **3.** Personne d'une gaieté exubérante. *Faire le fou.* **II.** adj. (*fol* devant un n. sing. commençant par une voyelle ou un *h* aspiré : *fol espoir, fol hasard ;* sinon par archaïsme) **1.** cour. Atteint de désordres mentaux. **2.** Qui est hors de soi. *Être fou de joie.* **3.** *FOU DE :* qui a un goût extrême pour. **4.** Qui agit, se comporte d'une façon peu sensée. *FOU RIRE :* rire que l'on ne peut réprimer. ▪ Contraire à la raison. *Idée folle.* **5.** (après le n.) → **énorme, prodigieux.** *Il y avait un monde fou.* **III.** n. m. **1.** ancienn Bouffon (d'un roi...). **2.** Pièce du jeu d'échecs qui se déplace en diagonale.

② **fou** n. m. ▫ Oiseau marin palmipède plongeur. *Fou de Bassan.*

fouailler v. tr. ▫ littér. **1.** Frapper de coups de fouet. **2.** fig. Stimuler ou attaquer.

foucade n. f. ▫ littér. Caprice.

① **foudre I.** n. f. **1.** Décharge électrique qui se produit par temps d'orage, avec un éclair et une détonation. **2.** *COUP DE FOUDRE :* manifestation subite de l'amour. **3.** au plur. Condamnation, reproches. **II.** n. m. vieilli *Un foudre de guerre :* un grand capitaine.

② **foudre** n. m. ▫ techn. Grand tonneau.

foudroyer v. tr. **1.** Frapper, tuer par la foudre (ou par une décharge électrique). **2.** Tuer, anéantir avec soudaineté. ▶ **foudroyant, ante** adj.

fouet n. m. **I. 1.** Instrument formé d'une lanière de cuir ou d'une cordelette au bout d'un manche. **2.** *DE PLEIN FOUET* loc. adv. : de face et violemment. **II.** Ustensile servant à battre les sauces, etc.

fouetter v. tr. **1.** Frapper avec un fouet. **2.** (sujet chose) Frapper comme avec un fouet. **3.** Battre vivement. – au p. p. *Crème fouettée.*

foufou, fofolle adj. ▫ fam. Un peu fou, folle.

foufoune n. f. ▫ fam. Sexe de la femme.

fougère n. f. ▫ Plante cryptogame à tige rampante souterraine, à grandes feuilles très découpées.

fougue n. f. ▫ Ardeur impétueuse.

fougueux, euse adj. ▫ Qui a de la fougue. ▶ **fougueusement** adv.

fouille n. f. **1.** Excavation pratiquée dans la terre. **2.** Action d'explorer en vue de découvrir qqch. de caché.

fouiller v. **I.** v. tr. **1.** Creuser (un sol, un emplacement). **2.** Explorer avec soin. *Fouiller un appartement.* – par ext. *Fouiller qqn.* **3.** Travailler les détails de. – au p. p. *Étude très fouillée.* **II.** v. intr. Explorer en déplaçant tout ce qui peut cacher ce que l'on cherche. – fig. *Fouiller dans son passé.*

fouillis n. m. ▫ fam. Entassement d'objets disparates réunis pêle-mêle.

fouine n. f. ▫ Petit mammifère carnivore à corps mince et museau allongé.

fouiner v. intr. ▫ fam. Fouiller indiscrètement. ▶ **fouineur, euse** adj. et n.

fouir v. tr. ▫ (animaux dits *fouisseurs*) Creuser (la terre, le sol).

foulage n. m. ▫ techn. Action de fouler (1).

foulard n. m. ▫ Écharpe ou carré de tissu.

foule n. f. **1.** Multitude de personnes rassemblées en un lieu. **2.** *UNE FOULE DE :* un grand nombre de.

foulée n. f. ▫ Appui que le cheval prend sur le sol à chaque temps de sa course. ▪ Enjambée de l'athlète en course. ▪ fig. *DANS LA FOULÉE :* sur son élan.

fouler v. tr. **1.** Presser (qqch.) en appuyant à plusieurs reprises, avec les mains, les pieds, un outil. **2.** littér. Presser (le sol) en marchant dessus. **3.** Blesser en donnant une foulure. *Se fouler la cheville.*

foulon n. m. ▫ techn. *TERRE À FOULON* : argile utilisée pour le dégraissage du drap avant foulage.

foulque n. f. ▫ Oiseau échassier au plumage noir, voisin de la poule d'eau.

foulure n. f. ▫ Légère entorse.

① **four** n. m. **I. 1.** Partie fermée d'une cuisinière ou appareil où l'on peut faire cuire les aliments. **2.** Appareil dans lequel on soumet des matières à une chaleur intense. **II.** *Petit four* : petit gâteau.

② **four** n. m. ▫ (spectacle) Échec complet.

fourbe adj. ▫ Qui trompe ou agit mal en se cachant, en feignant. – n. *Un fourbe.* ▸ **fourberie** n. f.

fourbi n. m. ▫ fam. **1.** Les affaires, les effets que possède qqn. **2.** Choses en désordre.

fourbir v. tr. ▫ Nettoyer (un objet de métal) de façon à rendre brillant.

fourbu, ue adj. ▫ Harassé, épuisé.

fourche n. f. **1.** Instrument agricole à long manche muni de deux dents ou plus. **2.** Disposition en forme de fourche.

fourcher v. intr. ▫ *La langue lui a fourché*, il a dit un mot au lieu d'un autre.

fourchette n. f. **I. 1.** Ustensile de table, à dents, dont on se sert pour piquer les aliments et les porter à la bouche. **2.** techn. Pièce en forme de fourchette. **II.** Écart entre deux valeurs extrêmes.

fourchu, ue adj. ▫ Qui a la forme, l'aspect d'une fourche ; qui fait une fourche.

fourgon n. m. **1.** Long véhicule couvert pour le transport de bagages, d'animaux, etc. **2.** Wagon servant au transport des bagages.

fourgonner v. intr. ▫ Fouiller (dans qqch.) en dérangeant tout.

fourgonnette n. f. ▫ Petite camionnette.

fourguer v. tr. ▫ fam. Placer (une mauvaise marchandise).

fourme n. f. ▫ Fromage de lait de vache à pâte ferme, chauffée et pressée.

fourmi n. f. **1.** Petit insecte hyménoptère. **2.** *Avoir des fourmis*, des picotements. **3.** *Un travail de fourmi*, accompli obstinément.

fourmilier n. m. ▫ Mammifère à langue visqueuse qui se nourrit de fourmis et de termites.

fourmilière n. f. **1.** Colonie de fourmis. **2.** fig. Lieu où s'agite une multitude de personnes.

fourmilion ou **fourmi-lion** n. m. ▫ Insecte dont la larve se nourrit de fourmis.

fourmillement n. m. **1.** Agitation désordonnée et continuelle d'une multitude d'êtres. **2.** Sensation comparable à celle de fourmis courant sur la peau.

fourmiller v. intr. **1.** S'agiter en grand nombre. **2.** Être le siège d'un picotement.

fournaise n. f. **1.** Feu ardent. **2.** Endroit très chaud, surchauffé.

fourneau n. m. **1.** Four dans lequel on soumet à un feu violent des substances à fondre, à calciner. – *HAUT FOURNEAU*, destiné à fondre le minerai de fer. **2.** Petite cuisinière à bois, à charbon... **3.** Partie évasée (d'une pipe) où brûle le tabac.

fournée n. f. **1.** Quantité de pain que l'on fait cuire à la fois dans un four. **2.** fig. Ensemble, groupe de personnes.

fournil n. m. ▫ Local où est placé le four du boulanger et se pétrit la pâte.

fourniment n. m. ▫ Ensemble des objets composant l'équipement (du soldat, etc.).

fournir v. tr. **I.** v. tr. dir. **1.** *Fournir qqn en qqch.*, pourvoir de ce qui est nécessaire. – pronom. → se **ravitailler,** se **servir. 2.** *Fournir qqch. à qqn,* le lui faire avoir. **3.** Produire. *Fournir un effort.* **II.** v. tr. ind. vieilli *FOURNIR À* : contribuer à. ▷ adj. **fourni, ie** Approvisionné, pourvu.

fournisseur, euse n. ▫ Personne qui fournit des marchandises.

fourniture n. f. **1.** Action de fournir. **2.** Ce qu'on fournit, ce qu'on livre (surtout plur.).

fourrage n. m. ▫ Plantes servant à la nourriture du bétail.

① **fourrager, ère** adj. ▫ Qui fournit du fourrage. *Betterave fourragère.*

② **fourrager** v. **1.** v. intr. Chercher en mettant du désordre. **2.** v. tr. Mettre en désordre en manipulant.

fourragère n. f. **I.** Champ consacré à la production du fourrage. **II.** Ornement, insigne formé d'une tresse agrafée à l'épaule.

① **fourré** n. m. ▫ Massif épais et touffu de végétaux de taille moyenne.

② **fourré, ée** adj. **1.** Doublé de fourrure. **2.** Dont on a garni l'intérieur. *Bonbons fourrés.* **3.** *COUP FOURRÉ* : coup en traître.

fourreau n. m. **1.** Enveloppe allongée, destinée à recevoir une chose de même forme. **2.** Robe très moulante.

fourrer v. tr. **I. 1.** Doubler de fourrure. **2.** Garnir l'intérieur de (une confiserie...). **II. 1.** Faire entrer, mettre (dans une chose creuse). *Fourrer ses mains dans ses poches.* **2.** Faire entrer brutalement ou sans ordre. *Fourrer des objets dans un sac.* ▷ v. pron. se **fourrer** (personnes) Se mettre, se placer (quelque part). – *Se fourrer dans une mauvaise affaire.*

fourre-tout n. m. invar. ▫ fam. Endroit, sac où l'on met toutes sortes de choses.

fourreur n. m. ▫ Personne qui confectionne et vend des vêtements de fourrure.

fourrière n. f. ▫ Lieu de dépôt d'animaux, de voitures, saisis et retenus par la police.

fourrure n. f. **1.** Peau d'animal munie de son poil, préparée pour servir de vêtement, etc. **2.** Pelage épais.

fourvoyer v. tr. ▫ littér. **1.** Détourner du bon chemin. **2.** fig. Tromper, égarer. ▷ v. pron. se **fourvoyer** Faire fausse route, se tromper. ▶ **fourvoiement** n. m.

foutaise n. f. ▫ fam. Chose sans intérêt.

foutoir n. m. ▫ fam. Grand désordre.

① **foutre** v. tr. **I.** vx, vulg. Posséder sexuellement. – mod., fig., fam. *Va te faire foutre !* **II.** fam. **1.** Faire. *Qu'est-ce que ça peut me foutre ?* **2.** Donner (avec violence). *Foutre une baffe à qqn.* – Mettre. – *Foutre le camp,* s'en aller. ▷ v. pron. se **foutre** fam. **1.** Se mettre. *Se foutre par terre.* ▪ Se donner. *Se foutre un coup.* **2.** Se moquer.

② **foutre** interj. ▫ vulg. → **fichtre.**

foutriquet n. m. ▫ fam. Personnage insignifiant, incapable.

foutu, ue adj. **1.** (avant le n.) Mauvais. **2.** (après le n.) Perdu, ruiné. **3.** Dans tel ou tel état.

fox-terrier ou **fox** n. m. ▫ Chien terrier à poils lisses et durs, blancs avec des taches fauves ou noires. *Des fox-terriers.*

fox-trot n. m. invar. ▫ Danse d'origine américaine, d'allure saccadée.

foyer n. m. **I. 1.** Espace aménagé dans une maison pour y faire du feu. **2.** *Foyer d'incendie,* brasier d'où se propage l'incendie. **3.** Partie fermée (d'un appareil de chauffage). **II. 1.** Lieu où habite la famille. – La famille. *Fonder un foyer.* **2.** Lieu de réunion, d'asile. **III. 1.** Point d'où rayonne la chaleur, la lumière.

– Point où convergent des rayons lumineux. **2.** Point par rapport auquel se définit une courbe. **3.** Lieu d'origine (d'un phénomène). – *Foyer d'infection.*

frac n. m. ▫ Habit d'homme, noir et à basques.

fracas n. m. ▫ Bruit violent.

fracassant, ante adj. **1.** Très bruyant. **2.** fig. Qui fait sensation.

fracasser v. tr. ▫ Mettre en pièces, briser avec violence. ▷ v. pron. se **fracasser**

fractal, ale, als adj. ▫ math. Se dit d'une figure (une *fractale* n. f.) dont le motif se trouve indéfiniment répété à des échelles de plus en plus fines.

fraction n. f. **1.** Nombre rationnel (représenté par un dénominateur et un numérateur). **2.** Partie d'une totalité. *Une fraction de seconde.*

fractionnaire adj. ▫ Qui est sous forme de fraction.

fractionner v. tr. ▫ Diviser (une totalité) en parties, en fractions. – pronom. Se scinder. ▶ **fractionnement** n. m.

fracture n. f. **1.** Rupture d'un os. **2.** Cassure (de l'écorce terrestre...). **3.** fig. Rupture, cassure (d'un équilibre...). *Fracture sociale.*

fracturer v. tr. **1.** Blesser par une fracture. **2.** Briser (qqch.) avec effort.

fragile adj. **1.** Qui se casse facilement. **2.** (personnes) De constitution faible. ▪ Qui manque de résistance psychique. **3.** Facile à ébranler, précaire.

fragiliser v. tr. ▫ Rendre plus fragile.

fragilité n. f. **1.** Manque de solidité. **2.** Faiblesse de constitution. – Manque de résistance psychique.

fragment n. m. **1.** Morceau d'une chose qui a été cassée. **2.** Partie (d'une œuvre...).

fragmentaire adj. ▫ À l'état de fragments.

fragmenter v. tr. ▫ Partager en fragments. ▶ **fragmentation.** n. f.

fragrance n. f. ▫ littér. Odeur agréable.

frai n. m. **1.** Ponte des œufs (poissons). **2.** Œufs (de batraciens, de poissons).

à la **fraîche** loc. adv. ▫ À l'heure où il fait frais (matin ou soir).

fraîchement adv. **1.** Depuis très peu de temps. **2.** Avec une froideur marquée.

fraîcheur n. f. **I. 1.** Propriété de ce qui est frais (①, I, 1). **2.** Température fraîche. **II. 1.** Qualité d'un produit frais, non altéré. **2.** Qualité de ce qui a un aspect sain, vigoureux, éclatant.

fraîchir v. intr. ▫ Devenir frais, ou plus frais. – mar. *Le vent fraîchit.*

① **frais, fraîche** adj. **I. 1.** Un peu froid. – adv. *Il fait frais ce matin.* – n. m. *Prendre le frais,* respirer l'air frais du dehors. **2.** fig. Sans chaleur, sans cordialité. **II. 1.** Qui vient d'arriver, de se produire, d'être fait. *De fraîche date,* récent. – *Peinture fraîche,* pas encore séchée. – adv. → **fraîchement** (1). **2.** Qui est tout nouvellement produit, n'a rien perdu de ses qualités naturelles. *Du pain frais.* **3.** Qui a ou garde des qualités d'éclat, de vitalité, de jeunesse.

② **frais** n. m. pl. ▫ Dépenses occasionnées par une opération. ▪ *FAUX FRAIS* : dépense supplémentaire accidentelle.

① **fraise** n. f. **1.** Fruit du fraisier. **2.** fam. *Sucrer les fraises,* être agité d'un tremblement (malades...).

② **fraise** n. f. **1.** techn. Outil pour usiner le bois, le métal. **2.** Roulette de dentiste.

③ **fraise** n. f. **I.** Membrane qui enveloppe les intestins du veau, etc. **II.** Grand col blanc, plissé et empesé, porté au XVIe siècle.

fraiser v. tr. ▫ techn. Évaser l'orifice de (un trou). – Usiner (un matériau) à l'aide d'une fraise. ▶ **fraisage** n. m. techn.

fraiseur, euse n. □ techn. **1.** Ouvrier, ouvrière qualifié(e) qui exécute des travaux de fraisage. **2.** n. f. Machine-outil servant à fraiser les métaux.

fraisier n. m. **I.** Plante qui produit les fraises. **II.** Génoise à la crème et aux fraises.

framboise n. f. **1.** Fruit du framboisier. **2.** Liqueur, eau-de-vie de framboise.

framboisier n. m. □ Arbrisseau qui produit les framboises.

① **franc, franque** n. et adj. □ hist. Membre de peuplades germaniques qui envahirent la Gaule.

② **franc, franche** adj. **I. 1.** Sans entrave, ni obligation. – *CORPS FRANCS* (troupes). – *COUP FRANC* (football, etc.) : coup tiré sans opposition de l'adversaire, pour sanctionner une faute. **2.** Exempt de charges, taxes. **II.** Qui s'exprime ou se présente ouvertement, sans artifice. ▪ *Jouer FRANC JEU* : agir loyalement.

③ **franc** n. m. **1.** Ancienne unité monétaire de la France (avant l'euro). **2.** *Franc (belge), franc (luxembourgeois)* : ancienne unité monétaire de la Belgique, du Luxembourg (avant l'euro). *Franc suisse* : unité monétaire de la Suisse.

français, aise adj. et n. **1.** adj. Qui appartient, est relatif à la France et à ses habitants. – n. *Un Français, une Française.* **2.** n. m. Langue romane. ▪ adj. *La grammaire française.*

franchement adv. **1.** Sans hésitation. **2.** Sans équivoque ; indiscutablement. **3.** Sans détour, sans dissimulation.

franchir v. tr. **1.** Passer par-dessus (un obstacle), en sautant, en grimpant. – fig. Surmonter, vaincre (une difficulté). **2.** Aller au-delà de (une limite). **3.** Traverser (un passage).

franchise n. f. **I. 1.** *Franchise (d'assurance),* partie des dommages non garantie par l'assureur. ▪ Exemption (d'une taxe). **2.** *Commerce en franchise,* dont l'exploitant est lié par contrat à une marque et à ses produits. **II.** Qualité d'une personne franche.

franchissement n. m. □ Fait de franchir.

franchouillard, arde adj. □ péj. Caractéristique des défauts du Français moyen.

francique n. m. □ ling. **1.** Langue germanique des Francs. **2.** Dialecte allemand.

franciscain, aine n. □ Religieux(euse) de l'ordre fondé par saint François d'Assise.

franciser v. tr. □ Donner une forme française à (un mot). ▸ **francisation** n. f.

francisque n. f. **1.** Hache de guerre des Francs. **2.** Emblème du maréchal Pétain.

franc-maçon, onne n. □ Membre de la franc-maçonnerie. *Les francs-maçons.* – adj. *Association franc-maçonne.*

franc-maçonnerie n. f. **1.** Association internationale de nature initiatique et ésotérique. **2.** péj. → **coterie.**

franc-maçonnique adj. → **maçonnique**

franco adv. **1.** Sans frais de transport. **2.** fam. Carrément.

franco-français, aise adj. **1.** Qui concerne les Français. **2.** Propre au français de France.

francophone adj. **1.** Qui parle habituellement le français. – n. *Les francophones d'Afrique.* **2.** De la francophonie.

francophonie n. f. □ Ensemble des peuples francophones.

franc-parler n. m. sing. □ Liberté de dire ce qu'on pense.

franc-tireur n. m. □ Combattant qui n'appartient pas à une armée régulière.

frange n. f. **1.** Bande de tissu d'où pendent des fils, servant d'ornement. **2.** Cheveux coupés couvrant le front. **3.** Contour, bordure. **4.** Limite imprécise entre deux états, deux notions.

franger v. tr. □ Garnir, orner de franges.

frangin, ine n. □ fam. Frère, sœur.

frangipane n. f. □ Crème aux amandes.

franglais n. m. □ Usage du français où l'anglicisme est excessif.

à la bonne **franquette** loc. adv. □ Sans façon, sans cérémonie.

franquisme n. m. □ hist. Doctrine du régime autoritaire du général Franco (en Espagne). ▶ **franquiste** adj. et n.

frappant, ante adj. □ Qui frappe, fait une vive impression.

① **frappe** n. f. □ fam. Voyou. – var. **frape.**

② **frappe** n. f. **1.** Action, manière de taper sur un clavier. *Faute de frappe.* **2.** Opération militaire.

frapper v. **I.** v. tr. dir. **1.** Toucher rudement en portant un ou plusieurs coups. **2.** Marquer (qqch.) d'une empreinte par une pression. **3.** *Frapper du vin,* le refroidir avec de la glace. **4.** Donner, porter (un coup). **5.** (sujet chose) Atteindre d'un mal. **6.** Affecter d'une impression vive et soudaine. – passif *Être frappé de stupeur.* **II.** v. tr. ind. Donner un coup, des coups. **III.** *SE FRAPPER* v. pron. S'inquiéter, se faire du souci.

frappeur, euse adj. □ Qui frappe. – *Esprit frappeur* (séances de spiritisme).

frasque n. f. □ Écart de conduite.

fraternel, elle adj. □ Qui concerne les relations entre frères, entre frères et sœurs ou entre des êtres qui se traitent en frères. ▶ **fraternellement** adv.

fraterniser v. intr. □ Faire acte de fraternité, de sympathie ou de solidarité. ▶ **fraternisation** n. f.

fraternité n. f. **1.** Lien existant entre personnes considérées comme membres de la famille humaine ; sentiment de ce lien. **2.** Lien particulier établissant des rapports fraternels.

fratricide n. et adj. **I.** n. m. Meurtre d'un frère, d'une sœur. **II. 1.** n. Personne qui tue son frère ou sa sœur. **2.** adj. Qui conduit les humains à s'entretuer. *Guerre fratricide.*

fratrie n. f. □ Ensemble des frères et sœurs d'une même famille.

fraude n. f. □ Tromperie ou falsification punie par la loi.

frauder v. **1.** v. tr. Commettre une fraude au détriment de. **2.** v. intr. Être coupable de fraude. ▶ **fraudeur, euse** n.

frauduleux, euse adj. □ Entaché de fraude. ▶ **frauduleusement** adv.

frayer v. **I.** v. tr. Tracer ou ouvrir (un chemin) au milieu d'obstacles. **II.** v. intr. **1.** Se dit de la femelle du poisson qui dépose ses œufs, et du mâle qui les féconde. **2.** (personnes) Avoir des relations familières et suivies (avec qqn).

frayeur n. f. □ Peur très vive.

fredaine n. f. □ vieilli Écart de conduite sans gravité.

fredonner v. tr. □ Chanter (un air) à mi-voix. ▶ **fredonnement** n. m.

freesia n. m. □ Plante aux fleurs très odorantes de couleurs vives.

freezer n. m. □ anglic. Compartiment à glace (d'un réfrigérateur).

frégate n. f. **I. 1.** Ancien bateau de guerre à trois mâts. **2.** Bâtiment de combat. **II.** Oiseau de mer.

frein n. m. **1.** Morceau de la bride qui entre dans la bouche du cheval et permet de l'arrêter. ▪ fig. *Ronger son frein,* contenir difficilement son impatience. **2.** Dispositif servant à ralentir, à arrêter le mouvement d'un ensemble mécanique. **3.** fig. Ce qui entrave un développement.

freiner v. **I.** v. tr. Ralentir (qqn, qqch.). **II.** v. intr. Ralentir, arrêter la marche d'une machine au moyen de freins. ▶ **freinage** n. m.

frelater v. tr. □ Altérer la pureté de. ▷ adj. **frelaté, ée 1.** *Vin frelaté.* **2.** fig. Qui n'est pas pur.

frêle adj. **1.** Dont l'aspect ténu donne une impression de fragilité. **2.** (personnes) Délicat, fragile.

frelon n. m. □ Grosse guêpe à corselet noir.

freluquet n. m. □ vieilli Jeune homme frivole et prétentieux.

frémir v. intr. **1.** (liquide) Être sur le point de bouillir. **2.** (personnes) Être agité d'un tremblement. ▶ **frémissant, ante** adj.

frémissement n. m. □ Action de frémir (1 et 2) ; tremblement léger. ▪ Léger changement positif (en politique, économie).

frêne n. m. □ Arbre à bois clair et dur.

frénésie n. f. **1.** État d'exaltation violente qui met hors de soi. **2.** Ardeur extrême.

frénétique adj. □ Qui marque de la frénésie, est poussé jusqu'à la frénésie. ▶ **frénétiquement** adv.

fréquemment adv. □ D'une manière fréquente.

fréquence n. f. **1.** Caractère de ce qui se reproduit à intervalles rapprochés. **2.** sc. Nombre de périodes ou de cycles complets de variations qui se succèdent en une seconde (spécialt pour le son).

fréquent, ente adj. **1.** Qui se produit souvent. **2.** Dont on voit de nombreux exemples.

fréquentatif, ive adj. □ ling. Qui marque la fréquence, la répétition de l'action (verbe).

fréquentation n. f. **1.** Action de fréquenter (un lieu, qqn). **2.** Personne qu'on fréquente.

fréquenter v. tr. **1.** Aller souvent, habituellement dans (un lieu). **2.** Avoir des relations habituelles (avec qqn). ▷ v. pron. récipr. se **fréquenter** ▷ adj. **fréquenté, ée** Où il y a habituellement du monde. – *Lieu mal fréquenté.*

fréquentiel, elle adj. □ didact. De la fréquence (2).

frère n. m. **1.** Celui qui est né des mêmes parents que qqn, ou du même père ou de la même mère. *Ils sont frère et sœur.* **2.** Homme, considéré comme membre de la famille humaine. ▪ Fidèle d'une même religion. – Appellation des membres d'ordres religieux.

frérot n. m. □ fam. Petit frère.

fresque n. f. **1.** Peinture murale qui utilise des couleurs à l'eau. **2.** Vaste composition littéraire.

fressure n. f. □ Ensemble des gros viscères d'un animal.

fret n. m. **1.** Prix du transport des marchandises ; leur transport. **2.** Chargement (d'un navire ; d'un avion, d'un camion).

fréter v. tr. **1.** Donner en location (un navire). ▪ Armer (un navire), mettre en état de prendre la mer. **2.** → **affréter.**

frétiller v. intr. □ S'agiter par petits mouvements rapides. ▶ **frétillant, ante** adj. ▶ **frétillement** n. m.

fretin n. m. **1.** Petits poissons. **2.** *Fretin, menu fretin* : ce qu'on considère comme négligeable ou insignifiant.

frette n. f. □ techn. Cercle métallique servant de renfort. ▶ **fretter** v. tr.

freudien, ienne adj. □ Propre ou relatif à Freud. ▪ n. Partisan de Freud, de sa psychanalyse.

freudisme n. m. ▫ Ensemble des théories et méthodes de Freud et de ses disciples.

freux n. m. ▫ Corneille à bec étroit.

friable adj. ▫ Qui peut facilement se réduire en menus fragments, en poudre.

friand, ande **I.** adj. Qui recherche (qqch.). *Être friand de compliments.* **II.** n. m. Petit pâté feuilleté à la viande. ▪ Petit gâteau à la pâte d'amandes.

friandise n. f. ▫ Petite pièce de confiserie ou de pâtisserie.

fric n. m. sing. ▫ fam. Argent (II).

fricandeau n. m. ▫ Morceau de poisson, de viande cuit dans son jus.

fricassée n. f. ▫ Ragoût de poulet ou de lapin cuit à la casserole.

fric-frac n. m. ▫ fam. et vieilli Effraction.

friche n. f. **1.** Terre non cultivée. **2.** *EN FRICHE* : inculte, à l'abandon.

frichti n. m. ▫ fam. Repas que l'on cuisine.

fricot n. m. ▫ fam. et vieilli Mets grossièrement cuisiné.

fricoter v. tr. et intr. ▫ fam. Trafiquer.

friction n. f. **I. 1.** techn. Résistance au mouvement, entre deux surfaces en contact. **2.** fig. Désaccord entre personnes. **II.** Fait de frotter vigoureusement une partie du corps.

frictionner v. tr. ▫ Administrer une friction (II) à. ▷ v. pron. se **frictionner**

frigidaire n. m. invar. (n. déposé) ▫ Réfrigérateur.

frigide adj. ▫ Qui n'éprouve pas le plaisir sexuel. ▶ **frigidité** n. f.

frigo n. m. ▫ fam. Réfrigérateur.

frigorifier v. tr. ▫ Soumettre au froid pour conserver.

frigorifique adj. ▫ Qui sert à produire le froid.

frigoriste n. ▫ techn. Spécialiste des installations frigorifiques.

frileux, euse adj. **1.** Qui craint le froid, y est très sensible. **2.** fig. Craintif, apeuré. ▶ **frileusement** adv. ▶ **frilosité** n. f.

frimas n. m. ▫ poét. (surtout plur.) Brouillard givrant. – *Les frimas* : l'hiver.

frime n. f. ▫ fam. Apparence trompeuse ; comportement trompeur. ▶ **frimer** v. intr. ▶ **frimeur, euse** n.

frimousse n. f. ▫ Visage agréable (d'enfant...).

fringale n. f. ▫ Faim violente et pressante.

fringant, ante adj. **1.** (chevaux) Très vif. **2.** (personnes) Vif et élégant.

fringuer v. tr. ▫ fam. Habiller. ▷ v. pron. se **fringuer**

fringues n. f. pl. ▫ fam. Vêtements.

fripe n. f. ▫ (surtout plur.) Vieux vêtement.

friper v. tr. ▫ Défraîchir en froissant.

friperie n. f. **1.** Vieux habits, linge usagé. **2.** Commerce, boutique de fripier.

fripier, ière n. ▫ Personne qui revend d'occasion des habits, du linge.

fripon, onne n. et adj. **1.** vieilli Personne malhonnête. **2.** Personne espiègle. **3.** adj. Malin et provocant. ▶ **friponnerie** n. f.

fripouille n. f. ▫ Personne malhonnête.

friqué, ée adj. ▫ fam. Riche.

frire v. **1.** v. tr. Faire cuire (qqch.) en plongeant dans un corps gras bouillant. **2.** v. intr. Cuire dans la friture.

① **frise** n. f. **1.** archit. Partie de l'entablement entre l'architrave et la corniche. **2.** Ornement en forme de bande continue.

② cheval de **frise** n. m. ▫ Pièce de bois ou de fer hérissée de pointes.

friselis n. m. ◻ littér. Faible frémissement.

friser v. **I.** v. tr. **1.** Mettre en boucles. **2.** Passer au ras de, effleurer. **3.** Approcher de très près. **II.** v. intr. Être ou devenir frisé. ▶ **frisé, ée** adj.

① **frisette** n. f. ◻ Boucle de cheveux frisés.

② **frisette** n. f. ◻ Ensemble de planches fines de sapin ou de pin.

frison, onne adj. ◻ De la Frise. – n. m. Langue germanique.

frisotter v. **1.** v. tr. Friser en petites boucles serrées. **2.** v. intr. Friser (II) en ondulations serrées. ▶ **frisottant, ante** adj. ▶ **frisottement** n. m.

frisottis n. m. ◻ Petite mèche frisottée.

frisquet, ette adj. ◻ Un peu froid.

frisson n. m. **1.** Tremblement irrégulier, accompagné d'une sensation de froid. **2.** Frémissement qui accompagne une émotion.

frissonnement n. m. ◻ littér. Léger frisson.

frissonner v. intr. **1.** Être agité de frissons. **2.** Être saisi d'un léger tremblement. ▶ **frissonnant, ante** adj.

frisure n. f. **1.** Façon de friser ; état des cheveux frisés. **2.** Boucle.

frit, frite adj. ◻ Cuit dans la friture.

frite n. f. **1.** Petit morceau allongé de pomme de terre frite. **2.** fam. *Avoir la frite* : se sentir en forme.

se **friter** ou se **fritter** v. pron. ◻ fam. Avoir une violente dispute (avec qqn).

friterie n. f. ◻ Échoppe de marchand de frites.

friteuse n. f. ◻ Récipient destiné aux fritures.

friture n. f. **I. 1.** Action, manière de frire un aliment. **2.** Matière grasse servant à frire. **3.** Aliment frit. **II.** Grésillement parasite.

frivole adj. **1.** (choses) Qui a peu de sérieux, d'importance. **2.** (personnes) Qui ne s'occupe que de choses futiles. **3.** Inconstant en amour.

frivolité n. f. **1.** Caractère d'une personne, d'une action frivole. **2.** Chose frivole.

froc n. m. **I.** vieilli Habit de moine. **II.** fam. Pantalon.

froid, froide I. adj. (opposé à *chaud*) **1.** Qui est à une température sensiblement plus basse que celle du corps humain. *Un vent froid.* – *Couleurs froides*, qui ont peu d'éclat. **2.** Qui s'est refroidi. *Le moteur est froid.* **II.** adj. **1.** Qui ne s'anime ou ne s'émeut pas facilement. **2.** Dont la réserve marque de l'indifférence ou de l'hostilité (opposé à *chaleureux*). – *Cela me laisse froid*, indifférent. **3.** *Guerre froide* : tension internationale sans conflit déclaré. **III.** *À FROID* loc. adv. : sans mettre au feu, sans chauffer. – *Opérer à froid*, en dehors d'une crise aiguë. **IV.** n. m. (opposé à *chaleur*) **1.** État de la matière, spécialt de l'atmosphère quand elle est froide. – *N'avoir pas froid aux yeux* : être audacieux, décidé. **2.** Sensation comparable à celle donnée par le froid. – *JETER UN FROID* : provoquer une gêne. ■ Absence d'émotion, de chaleur humaine. – *Ils sont* EN FROID, brouillés, fâchés.

froidement adv. **1.** Avec réserve. **2.** Calmement. **3.** Avec insensibilité.

froideur n. f. **1.** Absence relative d'émotivité, de sensualité. **2.** Indifférence marquée.

froidure n. f. ◻ Grand froid de l'hiver.

froissement n. m. ◻ Action de froisser ; son résultat. ■ Bruit de ce qui est froissé.

froisser v. tr. **I. 1.** Meurtrir par une pression violente. **2.** Comprimer, en écrasant. **3.** Faire prendre des faux plis à (une étoffe). **II.** fig. Blesser légèrement (qqn) dans son amour-propre. ▷ v. pron. se **froisser**

frôlement n. m. ▫ Léger et rapide contact d'un objet qui se déplace le long d'un autre.

frôler v. tr. **1.** Toucher légèrement en passant. **2.** Passer très près de, en touchant presque. – fig. *Frôler le ridicule.*

fromage n. m. **1.** Aliment obtenu par la coagulation du lait, suivie ou non de cuisson, de fermentation ; masse moulée de cet aliment. **2.** Situation avantageuse. **3.** *FROMAGE DE TÊTE* : pâté de tête de porc en gelée.

① **fromager, ère** **1.** adj. Relatif au fromage. **2.** n. Fabricant ou marchand de fromages.

② **fromager** n. m. ▫ Grand arbre tropical, dont les fruits fournissent le kapok.

fromagerie n. f. ▫ Local où l'on fabrique et où l'on vend en gros des fromages. – Industrie, commerce des fromages.

froment n. m. ▫ Blé. – Grains de blé.

fronce n. f. ▫ Pli court et serré donné à une étoffe en y passant un fil.

froncer v. tr. **1.** Plisser, rider en contractant, en resserrant. *Froncer les sourcils.* ▶ **froncement** n. m. **2.** Plisser (une étoffe) en formant des fronces.

frondaison n. f. ▫ Feuillage (des arbres).

① **fronde** n. f. ▫ bot. Feuille des plantes sans cotylédons.

② **fronde** n. f. **1.** Arme de jet, poche de cuir contenant un projectile (balle ou pierre). **2.** Lance-pierres à élastique.

③ **fronde** n. f. ▫ *Un esprit de fronde, un vent de fronde,* de révolte.

fronder v. tr. ▫ littér. Attaquer ou railler (ce qui est entouré de respect).

frondeur, euse n. ▫ Personne qui critique l'autorité, etc. – adj. *Un esprit frondeur.*

front n. m. **I. 1.** Partie supérieure du visage entre les sourcils et la racine des cheveux, s'étendant d'une tempe à l'autre. ■ Partie antérieure et supérieure de la tête (d'animaux). **2.** *Avoir le front de,* l'audace, la prétention de. **II. 1.** Face antérieure, d'une certaine étendue. – *FRONT DE MER* : avenue en bordure de la mer. **2.** Ligne des positions occupées face à l'ennemi. ■ Zone des batailles (s'oppose à *l'arrière*). **3.** Union politique étroite entre des partis, etc. **4.** techn. Face, plan vertical. – météorol. Ligne entre des masses d'air. **5.** *DE FRONT* loc. adv. : par-devant. – fig. Directement. ■ Sur la même ligne, côte à côte. – fig. *Mener de front plusieurs affaires.*

frontal, ale, aux ▫ adj. anat. Du front.

frontalier, ière n. ▫ Habitant d'une région frontière. – adj. *Ville frontalière.*

frontière n. f. **1.** Limite d'un territoire, ou séparant deux États. ■ Région près d'une frontière. – appos. *Des villes frontière(s).* **2.** fig. Limite, séparation.

frontispice n. m. **1.** Grand titre d'un ouvrage. **2.** Gravure placée face au titre.

fronton n. m. **1.** Couronnement vertical d'un édifice. **2.** Mur de pelote basque.

frottement n. m. **1.** Action de frotter. **2.** sc. Force qui s'oppose au glissement. **3.** fig. Difficulté.

frotter v. **I.** v. tr. **1.** Exercer une pression accompagnée de mouvement. **2.** Rendre plus propre en frottant. **II.** v. intr. Produire un frottement. ▷ v. pron. se **frotter** **1.** Frotter son corps. **2.** S'enduire (de). **3.** *Se frotter à qqn,* se mesurer à lui.

frottis n. m. **1.** peint. Mince couche de couleur. **2.** Préparation en couche mince d'une substance organique.

frottoir n. m. □ Objet pour frotter.

froufrou ou **frou-frou** n. m. □ Bruit léger de frôlement, de froissement.

froufrouter v. intr. □ Produire un froufrou. ▶ **froufroutant, ante** adj.

frousse n. f. □ fam. Peur. ▶ adj. et n. fam. **froussard, arde**

fructifier v. intr. **1.** Produire, donner des récoltes. **2.** Produire des bénéfices. *Faire fructifier un capital.* ▶ **fructification** n. f.

fructueux, euse adj. □ Qui donne des résultats avantageux.

frugal, ale, aux adj. **1.** Qui consiste en aliments simples et peu abondants. **2.** Austère, simple. ▶ **frugalité** n. f.

frugivore adj. □ Qui se nourrit de fruits.

fruit n. m. **1.** Production des plantes qui apparaît après la fleur. **2.** Résultat avantageux. *Le fruit de l'expérience.* **3.** *FRUITS DE MER* : coquillages comestibles, oursins, crustacés.

fruité, ée adj. □ Au goût de fruit frais.

fruiterie n. f. □ Commerce de fruits.

fruitier, ière I. adj. Qui donne des fruits comestibles. **II. 1.** n. m. Lieu planté d'arbres fruitiers. ▪ Local où l'on garde les fruits. **2.** n. Personne qui tient une fruiterie.

fruitière n. f. □ région. Fromagerie.

frusques n. f. pl. □ fam. Vieux habits ; habits.

fruste adj. □ (personnes) Mal dégrossi.

frustrant, ante adj. □ Qui frustre (2).

frustrer v. tr. **1.** Priver (qqn) d'un bien, d'un avantage sur lequel il comptait. **2.** Priver (qqn) d'une satisfaction. – au p. p. *Être, se sentir frustré.* ▶ **frustration** n. f.

fuchsia n. m. **1.** Arbrisseau aux fleurs pourpres, roses, en clochettes. **2.** *Fuchsia, rose fuchsia* (couleur).

fucus n. m. □ bot. Algue brune.

fuel ou **fioul** n. m. □ anglic. Mazout.

fugace adj. □ Qui disparaît vite, dure très peu. ▶ **fugacité** n. f.

fugitif, ive adj. **1.** Qui s'enfuit, qui s'est échappé. – n. → **évadé, fuyard. 2.** Qui passe et disparaît rapidement. ▶ **fugitivement** adv.

fugue n. f. **I.** Action, fait de s'enfuir du lieu où l'on vit habituellement. **II.** Composition musicale basée sur des imitations successives d'un thème.

fugué, ée adj. □ mus. De la forme semblable ou comparable à celle de la fugue.

fuguer v. intr. □ Faire une fugue (I). ▶ **fugueur, euse** adj. et n.

führer n. m. □ Titre de Hitler.

fuir v. **I.** v. intr. **1.** S'éloigner en toute hâte, partir pour échapper à une difficulté. **2.** (temps) Passer rapidement. **3.** (liquide) S'échapper. **4.** Présenter une issue, une fente par où s'échappe ce qui est contenu. **II.** v. tr. Chercher à éviter.

fuite n. f. **I.** (êtres vivants) **1.** Action de fuir. **2.** Action de se dérober (à un devoir...). **II.** (choses) **1.** Action de s'éloigner. *Fuite des capitaux* (à l'étranger). **2.** Écoulement par une issue étroite ou cachée. *Fuite de gaz.* ▪ Cette issue. **3.** Disparition de documents secrets ; divulgation d'informations destinées à demeurer secrètes.

fuiter v. intr. □ fam. **1.** Fuir, se sauver. **2.** Faire l'objet d'une fuite (II, 3).

fulgurant, ante adj. **1.** Qui jette une lueur vive et rapide. **2.** Qui frappe vivement et soudainement l'esprit. **3.** Très vif, très fort et rapide. *Des progrès fulgurants.*

fulgurer v. intr. □ littér. Briller vivement.

fuligineux, euse adj. ▫ Qui concerne la suie ; qui rappelle la suie ; qui en a la couleur noirâtre.

full-contact n. m. ▫ anglic. Sport de combat à mains nues, aussi appelé *boxe américaine*.

fullerène n. m. ▫ chim. Molécule stable formée d'atomes de carbone (60 et plus).

fulminant, ante adj. **1.** chim. Qui peut détoner par l'effet de la chaleur ou d'un choc. **2.** Qui est en colère et menaçant.

fulminer v. **I.** v. intr. **1.** chim. Faire explosion. **2.** Éclater en menaces, en reproches. **II.** v. tr. littér. Formuler avec véhémence. ▶ **fulmination** n. f.

① **fumage** n. m. ▫ Action de fumer (des aliments). – syn. **fumaison** n. f.

② **fumage** n. m. ▫ Action de fumer (②).

fumant, ante adj. **1.** Qui émet de la fumée. **2.** Qui émet (ou semble émettre) de la vapeur. *Soupe fumante.* **3.** fam. *Un coup fumant,* très bien réussi.

fumé, ée adj. **1.** Préparé par fumage (①). **2.** Obscurci comme par de la fumée.

fume-cigarette n. m. ▫ Petit tube au bout duquel on met une cigarette pour la fumer.

fumée n. f. **1.** Produit gazeux, plus ou moins coloré, qui se dégage d'un feu, etc. **2.** Vapeur qui se dégage d'une surface liquide plus chaude que l'air. **3.** au plur. Vapeurs qui sont supposées monter au cerveau, brouiller les idées. *Les fumées de l'ivresse.*

① **fumer** v. **I.** v. intr. **1.** Dégager de la fumée (1). **2.** Exhaler de la vapeur. **II.** v. tr. Exposer, soumettre à l'action de la fumée. **III.** v. tr. Faire brûler (du tabac, etc.) en aspirant la fumée par la bouche. – absolt *Défense de fumer.*

② **fumer** v. tr. ▫ Répandre du fumier sur (une terre).

fumerie n. f. ▫ Lieu où l'on fume l'opium.

fumerolle n. f. ▫ Émanation de gaz qui s'échappe d'un volcan.

fumeron n. m. ▫ Morceau de charbon de bois fumant.

fumet n. m. **1.** Odeur agréable et pénétrante d'un plat. **2.** Odeur animale puissante.

fumeterre n. f. ▫ Plante à feuilles très découpées et à fleurs roses.

fumeur, euse n. ▫ Personne qui a l'habitude de fumer (III).

fumeux, euse adj. **1.** Qui répand de la fumée. **2.** Qui manque de clarté, de netteté.

fumier n. m. **1.** Mélange des litières et des excréments des animaux d'élevage, utilisé comme engrais. **2.** fam. (très injurieux) Personne méprisable.

fumigation n. f. ▫ méd. Soin par des vapeurs médicamenteuses.

fumigène adj. ▫ Qui produit de la fumée. – n. m. *Des fumigènes.*

① **fumiste** n. ▫ Personne qui installe ou répare les cheminées et appareils de chauffage.

② **fumiste** adj. et n. ▫ fam. Qui ne fait rien sérieusement, sur qui on ne peut compter. ▶ **fumisterie** n. f.

fumoir n. m. ▫ Local pour les fumeurs.

fumure n. f. ▫ Amélioration des terres par le fumier, par un fertilisant.

fun n. m. invar. ▫ anglic. Amusement, plaisir. ▪ adj. invar. *Elles sont fun !*

funambule n. ▫ Personne qui marche, danse sur la corde raide.

funambulesque adj. **1.** Du funambule. **2.** fig. Bizarre, extravagant.

funboard n. m. ▫ anglic. Planche à voile très courte. – Sport pratiqué avec cette planche.

funèbre adj. **1.** Qui a rapport aux funérailles. **2.** Qui évoque la mort.

funérailles n. f. pl. □ Ensemble des cérémonies accomplies pour rendre les derniers devoirs à un mort.

funéraire adj. □ Qui concerne le souvenir, la commémoration des morts.

funérarium n. m. □ Établissement qui reçoit le corps des personnes décédées (syn. *chambre funéraire*).

funeste adj. □ Qui porte avec soi le malheur et la désolation.

funiculaire n. m. □ Chemin de fer tiré par des câbles (sur une voie en forte pente).

furax adj. □ fam. Furieux.

furet n. m. □ Petit mammifère carnivore, au pelage blanc et aux yeux rouges.

au **fur et à mesure** loc. adv. □ En même temps et proportionnellement.

fureter v. intr. □ Chercher, s'introduire partout avec curiosité.

fureteur, euse n. □ Personne curieuse qui cherche partout. – adj. *Des yeux fureteurs.*

fureur n. f. **I. 1.** Colère sans mesure. **2.** (choses) Caractère d'extrême violence. **II. 1.** littér. Passion irrésistible. *La fureur de vivre.* **2.** FAIRE FUREUR : avoir grand succès.

furibard, arde adj. □ fam. Furibond.

furibond, onde adj. □ Qui ressent ou annonce une grande fureur.

furie n. f. **1.** Fureur brutale. **2.** Femme haineuse, méchante, coléreuse.

furieux, euse adj. **1.** En proie à la fureur (I, 1), au délire. *Un fou furieux.* **2.** En proie à une folle colère. **3.** (choses) Fort et violent. *Vent furieux.* ▶ **furieusement** adv.

furoncle n. m. □ Abcès fermé dû à un staphylocoque.

furonculose n. f. □ Éruption de furoncles.

furtif, ive adj. **1.** Qui se fait à la dérobée, qui passe presque inaperçu. *Regard, sourire furtif.* ▶ **furtivement** adv. **2.** *Avion furtif,* impossible à déceler au radar.

fusain n. m. **1.** Arbrisseau à feuilles sombres et luisantes et à fruits rouges. **2.** Charbon à dessiner (fait avec le bois du fusain). **3.** Dessin exécuté au fusain.

fusant, ante adj. □ Qui fuse.

fuseau n. m. **1.** Petite toupie allongée qui sert à tordre puis à enrouler le fil, lorsqu'on file à la quenouille. – Petite bobine de fil à broder. **2.** Pantalon étroit à sous-pieds. **3.** FUSEAU HORAIRE : chacun des 24 fuseaux imaginaires à la surface de la Terre, d'un pôle à l'autre, servant à fixer l'heure locale légale.

fusée n. f. **1.** Pièce de feu d'artifice propulsée par de la poudre et qui éclate en dégageant une vive lumière colorée. **2.** Engin propulsé par un moteur anaérobie à réaction *(moteur-fusée).* ■ Véhicule spatial.

fuselage n. m. □ Corps d'un avion.

fuselé, ée adj. □ En forme de fuseau.

fuser v. intr. **1.** (explosifs) Brûler sans détoner. **2.** Jaillir comme une fusée. *Les rires fusaient.*

fusible I. adj. didact. Qui peut fondre sous l'effet de la chaleur. ▶ **fusibilité** n. f. **II.** n. m. Petit fil d'un alliage fusible qu'on interpose dans un circuit électrique pour protéger une installation.

fusiforme adj. □ En forme de fuseau.

fusil n. m. **1.** Tige d'acier munie d'un manche, sur laquelle on aiguise les couteaux. **2.** Arme à feu portative à long canon. – fam. *Coup de fusil,* addition très élevée, dans un hôtel, etc.

fusilier n. m. □ Soldat armé d'un fusil.

fusillade n. f. **1.** Combat à coups de fusil. **2.** Action de fusiller pour exécuter.

fusiller v. tr. □ Tuer (un condamné) par une décharge de coups de fusil. ▷ adj. et n. **fusillé, ée** Mis à mort par fusillade.

fusil-mitrailleur n. m. □ Arme collective automatique à chargeur.

fusion n. f. **I. 1.** Passage d'un corps solide à l'état liquide sous l'action de la chaleur. **2.** État d'une matière liquéfiée par la chaleur. **3.** *Fusion nucléaire*, dans laquelle deux noyaux atomiques légers s'unissent et libèrent de l'énergie. **II.** fig. Union intime. ▪ *Fusion d'entreprises.*

fusionnel, elle adj. □ De la fusion (entre personnes).

fusionner v. **1.** v. tr. Unir par fusion (des collectivités). **2.** v. intr. S'unir par fusion.

fustanelle n. f. □ Court jupon masculin, tuyauté, du costume national grec.

fustiger v. tr. □ littér. Blâmer violemment.

fût n. m. **I. 1.** Tronc d'arbre dans sa partie droite et dépourvue de branches. **2.** Tige d'une colonne entre la base et le chapiteau. **3.** techn. Monture de bois (d'une arme...). **II.** Tonneau.

futaie n. f. □ Forêt de grands arbres aux fûts dégagés.

futaille n. f. **1.** → **fût** (II). **2.** (collectif) Tonneaux, fûts.

futal n. m. □ fam. Pantalon. *Des futals.*

futé, ée adj. □ Qui est plein de finesse, de malice.

futile adj. **1.** Qui est dépourvu d'intérêt, de sérieux. **2.** (personnes) Qui ne se préoccupe que de choses sans importance. ▶ **futilement** adv. ▶ **futilité** n. f.

futon n. m. □ Matelas de coton de faible épaisseur, de style japonais.

futur, ure I. adj. **1.** Qui appartient à l'avenir. **2.** (avant le nom) Qui sera tel dans l'avenir. **II.** n. m. **1.** Partie du temps qui vient après le présent. **2.** Ensemble des formes d'un verbe qui expriment qu'une action, un état sont placés dans un moment de l'avenir.

futurisme n. m. □ Mouvement esthétique moderniste né en Italie au début du XXe siècle.

futuriste 1. adj. et n. Partisan du futurisme. **2.** adj. Qui évoque l'état futur de l'humanité tel qu'on peut l'imaginer.

futurologie n. f. □ didact. Recherches concernant les évolutions futures. ▶ **futurologue** n.

fuyant, ante adj. **1.** Qui se dérobe. *Regard fuyant.* **2.** en art Qui paraît s'éloigner. *Perspective fuyante.* **3.** Dont les lignes s'incurvent vers l'arrière. *Front fuyant.*

fuyard, arde n. □ Personne qui s'enfuit.

G

g n. m. **1.** Septième lettre, cinquième consonne de l'alphabet. **2.** *g* : symbole du *gramme*.

gabardine n. f. **1.** Tissu serré de laine ou de coton. **2.** Imperméable.

gabarit n. m. **1.** Modèle en grandeur réelle qui sert à vérifier une forme ou des dimensions. **2.** Type ; stature.

gabarre n. f. **1.** Embarcation plate. **2.** Grand filet de pêche. – var. **gabare.**

gabbro n. m. ▫ Roche éruptive grenue.

gabegie n. f. ▫ Désordre ; gaspillage.

gabelle n. f. ▫ hist. Impôt sur le sel (sous l'Ancien Régime).

gabelou n. m. ▫ hist. Commis de la gabelle.

gabier n. m. ▫ Matelot chargé de l'entretien de la voilure.

gabion n. m. **1.** milit. Cylindre rempli de terre (protection). **2.** Abri de chasse.

gable ou **gâble** n. m. ▫ Pignon décoratif.

gâchage n. m. ▫ Action de gâcher.

gâche n. f. ▫ Pièce d'une serrure dans laquelle s'engage le pêne*.

gâcher v. tr. **1.** Délayer (du mortier, du plâtre) avec de l'eau. **2.** Perdre, compromettre (qqch.) par manque de soin.

gâchette n. f. ▫ Pièce immobilisant le percuteur d'une arme à feu.

gâcheur, euse n. ▫ Personne qui gâche.

gâchis n. m. ▫ Amas de choses abîmées. ▪ fig. Désordre, gaspillage.

gadget n. m. ▫ anglic. Objet amusant et nouveau, plus ou moins futile.

gadin n. m. ▫ fam. Chute (d'une personne).

gadoue n. f. ▫ Terre détrempée.

gaélique 1. adj. Des populations celtes du nord de l'Écosse. **2.** n. m. Groupe de dialectes celtiques.

① **gaffe** n. f. ▫ Perche munie d'un croc.

② **gaffe** n. f. ▫ fam. **1.** *FAIRE GAFFE* : faire attention. **2.** Maladresse.

gag n. m. ▫ anglic. Brève action comique.

gaga adj. et n. ▫ fam. Gâteux.

gage n. m. **I. 1.** Bien qui garantit le paiement d'une dette. **2.** (jeux) Action que le perdant doit exécuter. **3.** fig. Preuve. **II.** au plur. **1.** Salaire d'un domestique. **2.** *TUEUR À GAGES*, payé pour assassiner.

gager v. tr. **1.** littér. *GAGER QUE* (+ indic.) : supposer que. **2.** fin. Garantir par un gage.

gageure n. f. ▫ littér. Projet, opinion qui semble relever d'un défi, d'un pari.

gagnant, ante ▫ adj. et n. Qui gagne.

gagne-pain n. m. invar. ▫ Ce qui permet de gagner sa vie.

gagne-petit n. m. invar. ▫ Personne dont le métier rapporte peu.

gagner v. tr. **I. 1.** S'assurer (un profit matériel). *Gagner sa vie, le gros lot.* **2.** Obtenir (un avantage). *Gagner du temps.* **3.** intrans. *GAGNER À* (+ inf.) : retirer des avantages. **II. 1.** Remporter (un enjeu, un prix, une compétition). *Gagner un match.* **2.** *GAGNER DU TERRAIN sur qqn*, s'en rapprocher ou s'en éloigner. **3.** intrans. S'étendre. *L'obscurité gagne.* **III.** Atteindre (une position). *Gagner la sortie.*

gagneur, euse n. ▫ Personne aspirant à réussir.

gai, gaie adj. **I. 1.** Joyeux. **2.** (choses) Où règne la gaieté. ▶ **gaiement** adv. **II.** anglic. adj. et n. Homosexuel.

gaieté n. f. ▫ État d'esprit d'une personne de bonne humeur. – *De gaieté de cœur* : volontiers.

①**gaillard, arde** **I.** adj. **1.** Plein de vie. **2.** Grivois. **II.** n. m. Homme plein de vigueur. ▶ **gaillardement** adv.

②**gaillard** n. m. ▫ mar. Superstructure sur le pont avant d'un navire.

gaillardise n. f. ▫ Gaieté un peu osée.

gain n. m. **1.** Action de gagner. – *Obtenir* GAIN DE CAUSE, ce qu'on voulait. **2.** Ce qu'on gagne ; avantage obtenu.

gaine n. f. **1.** Enveloppe ayant la forme de ce qu'elle protège. **2.** Sous-vêtement féminin élastique enserrant le bassin.

gainer v. tr. **1.** Mettre une gaine à. **2.** Mouler comme une gaine.

gala n. m. ▫ Grande fête.

galactique adj. ▫ D'une galaxie.

galamment adv. ▫ Avec galanterie.

galant, ante adj. ▫ (homme) Qui cherche à plaire aux femmes ; attentionné.

galanterie n. f. ▫ Courtoisie auprès des femmes.

galantine n. f. ▫ Charcuterie à base de viande ou de volaille, servie en gelée.

galapiat n. m. ▫ fam. Vaurien.

galaxie n. f. **1.** (avec maj.) La Voie lactée, galaxie (2) où se trouve le Soleil. **2.** Vaste amas d'étoiles.

galbe n. m. ▫ Contour harmonieux (d'un objet ; d'un corps, d'un visage). ▶ **galbé, ée** adj.

gale n. f. ▫ Maladie contagieuse de la peau caractérisée par des démangeaisons.

galéjade n. f. ▫ Blague.

galène n. f. ▫ Sulfate naturel de plomb.

galère n. f. **1.** Autrefois, grand navire à rames et à voiles. **2.** au plur. Peine des hommes condamnés à ramer sur les galères. **3.** fig., fam. Situation difficile.

galérer v. intr. ▫ fam. Être dans une situation pénible.

galerie n. f. **1.** Lieu de passage couvert, plus long que large. **2.** Lieu où sont exposées des œuvres d'art. **3.** Passage souterrain.

galérien n. m. ▫ Homme condamné à ramer sur les galères.

galet n. m. ▫ Caillou poli par l'eau.

galetas n. m. ▫ Logement sordide.

galette n. f. ▫ Gâteau plat et rond. ▪ Crêpe de sarrasin ou de maïs.

galeux, euse adj. et n. ▫ Atteint de la gale.

galicien, ienne adj. et n. **I.** De la Galice (Espagne). – n. m. Langue parlée en Galice. **II.** De la Galicie (Pologne).

galimatias n. m. ▫ Discours confus.

galion n. m. ▫ Ancien navire de commerce.

galiote n. f. ▫ mar. anc. Petite galère.

galipette n. f. ▫ fam. Cabriole, culbute.

galle n. f. ▫ Tumeur d'un végétal due à des parasites.

gallican, ane adj. ▫ Qui concerne l'Église catholique de France. ▪ adj. et n. Partisan des libertés de cette Église. ▶ **gallicanisme** n. m.

gallicisme n. m. ▫ Construction, emploi propre à la langue française.

gallinacé n. m. ▫ Oiseau de la famille de la poule et du coq.

gallium n. m. ▫ Métal proche de l'aluminium (symb. Ga).

gallois, oise adj. et n. ▫ Du pays de Galles. ▪ n. m. *Le gallois* (langue celtique).

gallon n. m. ▫ Mesure de capacité anglo-saxonne.

gallo-romain, aine adj. et n. ▫ De la civilisation née en Gaule au Ier s. av. J.-C. – n. *Les Gallo-Romains*.

gallo-roman n. m. ▫ Langue romane parlée en Gaule avant le roman.

galoche n. f. ▫ Chaussure grossière. ▪ fig., fam. *Menton en galoche*, relevé.

galon n. m. ▫ Ruban épais ; spécialt signe distinctif des grades dans l'armée.

galonner v. tr. ▫ Orner de galons. ▷ adj. **galonné, ée**

galop n. m. **1.** Allure la plus rapide du cheval. **2.** *GALOP D'ESSAI* : entraînement, essai.

galopade n. f. ▫ Course précipitée.

galopant, ante adj. ▫ Qui croît très vite.

galoper v. intr. **1.** Aller au galop. **2.** Courir vite.

galopin n. m. ▫ Enfant espiègle, effronté.

galoubet n. m. ▫ Flûte provençale.

galuchat n. m. ▫ Peau de certains poissons utilisée en maroquinerie.

galurin n. m. ▫ fam. Chapeau. – syn. **galure.**

galvanique adj. ▫ sc. Relatif aux courants électriques continus de basse tension.

galvaniser v. tr. **1.** sc. Électriser au moyen d'une pile. **2.** fig. Animer d'une énergie soudaine. **3.** techn. Recouvrir (un métal) d'une couche d'un autre métal par électrolyse. ▶ **galvanisation** n. f.

galvanisme n. m. ▫ sc. Phénomènes électriques des muscles et des nerfs.

galvanomètre n. m. ▫ phys. Instrument mesurant de faibles intensités de courant électrique.

galvauder v. tr. ▫ Compromettre par un mauvais usage.

gambade n. f. ▫ Bond joyeux et spontané.

gambader v. intr. ▫ Faire des gambades.

gambas n. f. pl. ▫ Grosses crevettes.

gamberger v. intr. ▫ argot fam. Réfléchir. ▶ **gamberge** n. f.

gambette n. f. ▫ fam. Jambe.

gambiller v. intr. ▫ fam. Danser.

gambiste n. ▫ Personne qui joue de la viole* de gambe.

gambit n. m. ▫ aux échecs Sacrifice d'un pion.

gamelan n. m. ▫ Orchestre traditionnel indonésien.

gamelle n. f. ▫ Récipient individuel pour la nourriture.

gamète n. m. ▫ Cellule reproductrice sexuée qui contient un chromosome de chaque paire.

gamin, ine I. n. Enfant. **II.** adj. Jeune et espiègle. ▶ **gaminerie** n. f. → **enfantillage.**

gamma n. m. invar. ▫ Troisième lettre de l'alphabet grec.

gammaglobuline n. f. ▫ biol. Fraction du sérum sanguin contenant des anticorps.

gamme n. f. **1.** mus. Suite montante ou descendante de notes* comprises dans une octave. **2.** *HAUT DE GAMME, BAS DE GAMME*, produits les plus chers, les moins chers d'une série.

gammée adj. f. ▫ *CROIX GAMMÉE*, aux branches en forme de gamma.

ganache n. f. ▫ Crème à base de chocolat et de crème fraîche.

gandin n. m. ▫ vx Jeune homme élégant.

gandoura n. f. ▫ Tunique sans manches du Maghreb.

gang n. m. ▫ anglic. Bande organisée de malfaiteurs.

ganglion n. m. ▫ Renflement sur le trajet d'un vaisseau lymphatique ou d'un nerf. ▶ **ganglionnaire** adj.

gangrène n. f. ▫ Putréfaction des tissus vivants. ▶ **gangreneux, euse** adj.

gangrener v. tr. **1.** Attaquer par la gangrène. **2.** fig. Empoisonner. ▷ adj. **gangrené, ée**

gangster n. m. ▫ anglic. Crapule, malfaiteur.

gangue n. f. ▫ Matière sans valeur qui entoure un minerai, une pierre précieuse à l'état naturel.

ganse n. f. ▫ Cordonnet, ruban.

ganser v. tr. ▫ Garnir d'une ganse.

gant n. m. **1.** Pièce qui couvre la main. *Une paire de gants. Gant de boxe.* – *Gant de toilette.* **2.** *Retourner qqn comme un gant,* le faire changer d'avis. – *Aller comme un gant à qqn,* lui convenir parfaitement. – *Prendre des gants :* agir avec ménagement.

gantelet n. m. ▫ Morceau de cuir pour protéger la main.

ganter v. tr. ▫ Mettre des gants à (qqn).

gantier, ière n. ▫ Personne qui fait ou vend des gants. ▶ **ganterie** n. f.

garage n. m. **1.** Abri destiné aux véhicules. **2.** Entreprise d'entretien et de réparation des automobiles.

garagiste n. ▫ Personne qui tient un garage (2).

garance adj. invar. ▫ Rouge vif.

garant, ante n. **1.** *Être, se porter garant de :* répondre de. **2.** n. m. Garantie (2).

garantie n. f. **1.** Engagement par lequel un contractant assure à qqn la qualité d'un objet vendu ou la jouissance d'une chose, d'un droit. **2.** Ce qui garantit.

garantir v. tr. **1.** Assurer sous sa responsabilité (qqch.) à qqn. **2.** Assurer de la qualité. – au p. p. *Appareil garanti un an.* **3.** Affirmer, certifier. **4.** dr. Assurer (qqn) par une garantie.

garbure n. f. ▫ Soupe épaisse du sud-ouest de la France.

garce n. f. ▫ fam. Femme désagréable.

garçon n. m. **1.** Enfant du sexe masculin. **2.** Jeune homme. **3.** Serveur.

garçonnet n. m. ▫ Petit garçon.

garçonnier, ière adj. ▫ Qui, chez une fille, rappelle les allures d'un garçon.

garçonnière n. f. ▫ Petit appartement pour un homme seul.

① **garde** n. f. **1.** Action de protéger, veiller sur. – *Être* DE GARDE, chargé de rester à un poste. **2.** Fait de surveiller, de garder (qqn). – dr. *GARDE À VUE :* mesure judiciaire par laquelle la police retient qqn pendant un délai légal. **3.** Position de défense (en escrime...). *En garde !* **4.** *Mettre qqn* EN GARDE, l'avertir. *Mise en garde :* avertissement. ■ *Être SUR SES GARDES,* vigilant. **5.** *PRENDRE GARDE :* faire attention. **6.** Ensemble des soldats en armes qui exercent une surveillance. **7.** Service de garde. *La garde de nuit.*

② **garde** n. **1.** Personne qui garde (qqch., un lieu). – *Le garde des Sceaux :* le ministre de la Justice. – *GARDE CHAMPÊTRE,* préposé(e) à la garde des propriétés rurales. **2.** Personne qui veille sur une personnalité. – *Garde du corps,* qui suit qqn pour le protéger. **3.** Personne qui garde un malade, un enfant.

gardé, ée adj. ▫ *CHASSE GARDÉE,* réservée.

garde-à-vous n. m. invar. ▫ Position immobile du soldat.

garde-barrière n. ▫ Personne qui surveille un passage à niveau. *Des gardes-barrières.*

garde-boue n. m. invar. ▫ Pièce qui recouvre le dessus d'une roue d'un véhicule pour éviter les éclaboussures.

garde-chasse n. ▫ Personne préposée à la garde du gibier. *Des gardes-chasse(s).*

garde-chiourme n. ▫ Personne assurant une surveillance brutale. *Des gardes-chiourme.*

garde-côte n. m. ▫ Bateau chargé de la surveillance des côtes. *Des garde-côtes.*

garde-fou n. m. □ Parapet. *Des garde-fous.* – syn. **garde-corps** n. m. invar.

garde-magasin n. □ Militaire en charge de la surveillance des magasins d'un corps de troupe. *Des gardes-magasins.*

garde-malade n. □ Personne qui soigne les malades. *Des gardes-malades.*

garde-manger n. m. invar. □ Petite armoire dans laquelle on conserve des aliments.

garde-meuble n. m. □ Lieu où l'on entrepose des meubles. *Des garde-meubles.*

gardénal n. m. □ Nom d'un calmant.

gardénia n. m. □ Arbuste exotique.

garden-party n. f. □ anglic., vieilli Réception mondaine donnée dans un jardin. *Des garden-partys* ou *garden-parties.*

garde-pêche n. **1.** Personne chargée de faire observer les règlements sur la pêche. *Des gardes-pêche.* **2.** (invar.) Navire qui assure le même service.

garder v. tr. **I. 1.** Prendre soin de. *Garder des enfants.* **2.** Surveiller. *Garder un prisonnier.* **3.** littér. Protéger (qqn de qqch.). – (souhait) *Dieu m'en garde !* **II. 1.** Conserver pour soi, sur soi. **2.** Ne pas quitter (un lieu). *Garder le lit.* **3.** Retenir avec soi. **4.** Continuer à avoir. *Garder sa liberté.* – *TOUTES PROPORTIONS GARDÉES* : en tenant compte des différences. **III.** Mettre de côté, en réserve. ▷ v. pron. **se garder** *Se garder de* (+ n.). → se **méfier.** – *Se garder de* (+ inf.) : s'abstenir de.

garderie n. f. □ Lieu où l'on garde de jeunes enfants.

garde-robe n. f. **1.** Armoire où l'on range les vêtements. **2.** Ensemble des vêtements d'une personne. *Des garde-robes.*

gardeur, euse n. □ Personne qui garde (des animaux).

gardian n. m. □ Gardien d'un troupeau de gros bétail, en Camargue.

gardien, ienne n. □ Personne chargée de garder. – *GARDIEN(NE) DE BUT* : joueur, joueuse chargé(e) de défendre le but.

gardiennage n. m. □ Service du gardien.

gardon n. m. □ Petit poisson d'eau douce.

① **gare** n. f. □ Bâtiments et installations établis aux stations des lignes de chemin de fer. ■ *Gare routière,* pour les cars. – *Gare de fret,* dans un aéroport.

② **gare** interj. □ Exclamation pour avertir d'un danger.

garenne n. f. □ Bois où les lapins vivent à l'état sauvage. – *Lapin de garenne.*

garer v. tr. □ Ranger un véhicule dans un lieu abrité. ▷ v. pron. **se garer 1.** Garer son véhicule. **2.** Se ranger pour laisser passer. **3.** *SE GARER DE qqch.,* faire en sorte d'éviter.

gargantuesque adj. □ Digne de Gargantua, personnage de Rabelais. *Repas gargantuesque.*

se **gargariser** v. pron. □ Se rincer la gorge avec un liquide.

gargarisme n. m. □ Médicament pour se gargariser.

gargote n. f. □ Restaurant à bon marché.

gargouille n. f. □ Gouttière sculptée.

gargouillement n. m. □ Bruit analogue à celui de l'eau tombant d'une gargouille. – Ce bruit, dans l'organisme. – syn. fam. **gargouillis.** ▶ **gargouiller** v. intr.

garnement n. m. □ Garçon turbulent.

garni n. m. □ vx → **meublé.**

garnir v. tr. **1.** Pourvoir d'éléments destinés à protéger ou à renforcer. **2.** (sujet chose) Orner.

garnison n. f. □ Corps de troupes installé dans une ville.

garnissage n. m. □ Action de garnir.

garniture n. f. **1.** Ce qui sert à garnir, à protéger, à renforcer. **2.** Ce qui accompagne (un plat).

garrigue n. f. ▫ Terrain acide et calcaire de la région méditerranéenne ; végétation broussailleuse de ce terrain.

garriguette n. f. ▫ Petite fraise cultivée. – var. **gariguette.**

① **garrot** n. m. ▫ Partie du corps des quadrupèdes située au-dessus de l'épaule.

② **garrot** n. m. ▫ Lien servant à comprimer les vaisseaux pour arrêter une hémorragie.

garrotter v. tr. ▫ Attacher très solidement.

gars n. m. ▫ fam. Garçon, homme.

gascon, onne adj. et n. ▫ De Gascogne.

gaspacho n. m. ▫ Potage froid à base de tomates.

gaspiller v. tr. ▫ Dépenser, consommer inutilement. ▶ **gaspillage** n. m. ▶ **gaspilleur, euse** adj. et n.

gastéropode n. m. ▫ Mollusque au large pied charnu qui lui sert à ramper.

gastralgie n. f. ▫ méd. Douleur à l'estomac. ▶ **gastralgique** adj.

gastrique adj. ▫ De l'estomac.

gastrite n. f. ▫ méd. Inflammation de l'estomac.

gastroentérite n. f. ▫ Inflammation de l'estomac et de l'intestin.

gastroentérologie n. f. ▫ Médecine du tube digestif. ▶ **gastroentérologique** adj. ▶ **gastroentérologue** n.

gastronome n. ▫ Amateur, amatrice de bonne chère.

gastronomie n. f. ▫ Art de la bonne chère. ▶ **gastronomique** adj.

gastroplastie n. f. ▫ méd. Réduction chirurgicale du volume de l'estomac.

gâteau n. m. **I.** Pâtisserie à base de farine, de beurre et d'œufs, le plus souvent sucrée. *Gâteaux secs.* – fam. *C'est du gâteau,* c'est tout simple. **II.** appos. (invar.) fam. Qui gâte les enfants. *Une tata gâteau.*

gâter v. tr. **I. 1.** Laisser pourrir. **2.** Abîmer. **3.** Nuire à ; gâcher. **II.** Combler (qqn) d'attentions, de cadeaux. ▷ v. pron. se **gâter 1.** Pourrir. **2.** Se détériorer. ▷ adj. **gâté, ée**

gâterie n. f. ▫ Petit cadeau (friandise).

gâte-sauce n. ▫ Marmiton. *Des gâte-sauces.*

gâteux, euse adj. et n. **1.** Dont les facultés intellectuelles sont amoindries par l'âge. **2.** Qui devient stupide sous l'effet d'un sentiment d'adoration.

gâtisme n. m. ▫ État d'une personne gâteuse (1 et 2).

gauche I. adj. **1.** Qui est de travers. **2.** (personnes) Maladroit. ▶ **gauchement** adv. **II. 1.** adj. Situé du côté du cœur de qqn. *Main gauche.* **2.** n. f. Le côté gauche. ▪ *À GAUCHE* loc. adv. : du côté gauche – *Mettre de l'argent à gauche,* de côté. **III.** n. f. Personnes qui professent des idées politiques progressistes.

gaucher, ère adj. et n. ▫ Qui se sert ordinairement de la main gauche.

gaucherie n. f. ▫ Maladresse.

gauchir v. **I.** v. intr. (choses planes) Se déformer. **II.** v. tr. Altérer, fausser. ▶ **gauchissement** n. m.

gauchisant, ante adj. et n. ▫ Dont les idées se rapprochent de celles de la gauche.

gauchisme n. m. ▫ Courant politique d'extrême gauche. ▶ **gauchiste** adj. et n.

gaucho n. m. ▫ Gardien de troupeaux de la pampa.

gaudriole n. f. ▫ fam. Plaisanterie un peu leste.

gaufrage n. m. **1.** Action de gaufrer. **2.** Ornement gaufré.

gaufre n. f. ▫ Gâteau léger cuit entre deux plaques quadrillées.

gaufrer v. tr. ▫ Imprimer des motifs en relief ou en creux sur (qqch.).

gaufrette n. f. ▫ Petite gaufre sèche.

gaufrier n. m. ▫ Moule à gaufres.

gaule n. f. ▫ Longue perche. ▪ Canne à pêche.

gauler v. tr. ▫ Faire tomber (des fruits) avec une gaule. ▶ **gaulage** n. m.

gaullisme n. m. ▫ Courant se réclamant du général de Gaulle. ▶ **gaulliste** adj. et n.

gaulois, oise I. adj. et n. De Gaule. – n. m. *Le gaulois* (langue celtique). ▪ par ext. Français. **II.** adj. D'une gaieté leste.

gauloiserie n. f. ▫ Propos licencieux.

se **gausser** v. pron. ▫ littér. Se moquer.

gave n. m. ▫ Torrent des Pyrénées.

gaver v. tr. **1.** Faire manger (les volailles) de force pour les engraisser. **2.** *Gaver qqn de*, lui faire manger trop de. ▷ v. pron. se **gaver** Manger trop (de). ▶ **gavage** n. m.

gavial, als n. m. ▫ Animal voisin du crocodile.

gavotte n. f. ▫ Ancienne danse à deux temps.

gavroche n. m. ▫ Gamin de Paris, spirituel et moqueur. – adj. *Un air gavroche.*

gay adj. et n. ▫ anglic. Homosexuel. – forme francisée *gai.*

gaz n. m. **1.** Tout corps à l'état de fluide expansible et compressible (état gazeux). – *Gaz rares.* ▪ *Avoir des gaz.* → **flatuosité. 2.** Produit gazeux, naturel ou manufacturé, utilisé comme combustible, etc. – fam. *Il y a de l'eau dans le gaz* : l'atmosphère est à la querelle.

gaze n. f. ▫ Tissu léger de soie ou de coton.

gazéifier v. tr. **1.** Faire passer à l'état de gaz. **2.** Faire dissoudre du gaz carbonique dans. – au p. p. *Boisson gazéifiée.* ▶ **gazéification** n. f.

gazelle n. f. ▫ Mammifère à longues pattes fines.

① **gazer** v. tr. ▫ vx Couvrir d'une gaze.

② **gazer** v. **I.** v. tr. Intoxiquer (qqn) avec un gaz. **II.** v. intr. fam. *Ça gaze* : ça va bien.

gazette n. f. ▫ vx ou plais. Journal, revue.

gazeux, euse adj. **1.** Relatif au gaz. **2.** Pétillant. *Eau gazeuse.*

gazinière n. f. (marque déposée) ▫ Cuisinière à gaz.

gazoduc n. m. ▫ Canalisation qui alimente en gaz sur de très longues distances.

gazogène n. m. ▫ techn. Appareil transformant un combustible en gaz.

gazole n. m. ▫ Produit pétrolier utilisé comme carburant. – syn. (anglic.) **gas-oil.**

gazomètre n. m. ▫ Réservoir de gaz.

gazon n. m. ▫ Herbe courte et fine.

gazouiller v. intr. ▫ Produire un bruit léger et doux, en parlant d'un oiseau, d'un nourrisson. ▶ **gazouillement** et **gazouillis** n. m.

geai n. m. ▫ Passereau à plumage bigarré.

géant, ante I. adj. et n. Dont la taille dépasse anormalement la moyenne. **II.** n. Génie, personne remarquable.

gecko n. m. ▫ Lézard des régions chaudes.

geek n. ▫ anglic., fam. Passionné d'informatique.

géhenne n. f. ▫ (dans la Bible) Enfer.

geignard, arde adj. ▫ fam. Qui se lamente.

geindre v. intr. ▫ Gémir ; se lamenter.

geisha n. f. ▫ Hôtesse japonaise qui divertit les hommes.

gel n. m. **I. 1.** Temps de gelée. **2.** Congélation des eaux. **3.** fig. Arrêt, blocage. **II.** Produit translucide à base d'eau ou d'huile.

gélatine n. f. □ Substance extraite, sous forme de gelée, de certains tissus animaux. ▶ **gélatineux, euse** adj.

gelée n. f. **I.** Abaissement de la température au-dessous de zéro. **II. 1.** Suc de substance animale coagulé. **2.** Jus de fruits cuit au sucre et coagulé.

geler v. **I.** v. tr. **1.** Transformer en glace. **2.** fig. Arrêter, bloquer. **II.** v. intr. **1.** Se transformer en glace. **2.** Souffrir du froid. **III.** impers. *Il a gelé cette nuit.* ▷ adj. **gelé, ée**

gélifiant n. m. □ Additif destiné à donner la consistance d'un gel.

gélifier v. tr. □ Transformer en gel (II).

gélinotte n. f. □ Oiseau voisin de la perdrix.

gélule n. f. □ Capsule en gélatine qui contient un médicament en poudre.

gelure n. f. □ Lésion grave de la peau causée par le froid.

Gémeaux n. m. plur. □ Troisième signe du zodiaque (21 mai-21 juin).

gémellaire adj. □ Relatif aux jumeaux.

géminé, ée adj. □ Disposé par paires.

gémir v. intr. □ Exprimer sa souffrance d'une voix plaintive et inarticulée. ▶ **gémissant, ante** adj. ▶ **gémissement** n. m.

gemme 1. n. f. Pierre précieuse. **2.** adj. *Sel gemme,* extrait des mines.

gemmer v. tr. □ techn. Inciser l'écorce de (un pin) pour recueillir la résine.

gemmologie n. f. □ Étude des gemmes (1).

gémonies n. f. pl. □ *VOUER qqn AUX GÉMONIES,* l'accabler de mépris.

gênant, ante adj. □ Qui gêne.

gencive n. f. □ Muqueuse qui recouvre la base des dents.

gendarme n. m. □ Militaire de la gendarmerie.

se **gendarmer** v. pron. □ Protester vivement.

gendarmerie n. f. **1.** Corps militaire, chargé de maintenir l'ordre et la sécurité publics. **2.** Caserne des gendarmes.

gendre n. m. □ Mari de son enfant, pour les parents de celui-ci.

gène n. m. □ biol. Unité du chromosome, grâce à laquelle se transmet un caractère héréditaire.

gêne n. f. **1.** Trouble physique ; impression de malaise. **2.** *Être dans la gêne,* manquer d'argent.

généalogie n. f. □ Liste des ancêtres de (qqn). ▶ **généalogique** adj. ▶ **généalogiste** n.

génépi n. m. □ Plante des montagnes. ▪ Liqueur faite avec cette plante.

gêner v. tr. **1.** Mettre (qqn) mal à l'aise, physiquement. **2.** Entraver (une action). **3.** Mettre dans une situation embarrassante. ▷ v. pron. se **gêner** S'imposer une contrainte physique ou morale. ▷ adj. **gêné, ée 1.** Qui a de la gêne. **2.** (personnes) Dans une situation financière difficile.

① **général, ale, aux** adj. **1.** Qui se rapporte à un ensemble de cas ou d'individus. – *En règle générale,* dans la plupart des cas. **2.** Qui concerne, réunit la totalité des membres d'un groupe. *Grève générale.* ▶ **généralement** adv.

② **général, ale, aux** n. **1.** n. m. Celui qui commande une armée. **2.** Personne qui est à la tête d'un ordre religieux. **3.** Officier, officière commandant une grande unité dans les armées de terre et de l'air. **4.** n. m. hist. Directeur d'une administration. **5.** n. f. vieilli Femme d'un général.

généraliser v. tr. **1.** Appliquer à l'ensemble ou à la majorité des individus. **2.** Tirer une conclusion générale d'un cas limité. ▶ **généralisation** n. f.

généralissime n. m. □ Général en chef.

généraliste adj. 1. adj. et n. Qui pratique la médecine* générale. 2. Qui n'est pas spécialisé. – *Télévision généraliste.*

généralité I. n. f. Caractère de ce qui est général (1). II. n. f. plur. Propos vagues et inconsistants.

générateur, trice adj. 1. Qui génère. 2. n. m. Appareil, dispositif qui produit qqch.

génératif, ive adj. □ ling. *Grammaire générative* : description systématique des lois de production des phrases d'une langue.

génération n. f. 1. vx Reproduction (I) des êtres. 2. Ensemble des êtres qui descendent de qqn à chacun des degrés de filiation. 3. Espace de temps d'une trentaine d'années. 4. Ensemble des individus qui sont dans la même tranche d'âge. ▶ **générationnel, elle** adj.

génératrice n. f. □ Machine produisant de l'énergie électrique.

générer v. tr. □ Engendrer, produire.

généreux, euse adj. 1. Désintéressé, dévoué. 2. Qui donne sans compter. 3. Abondant, riche. ▶ **généreusement** adv.

générique I. adj. 1. didact. Du genre (II, 1). 2. pharm. *Médicament générique*, dont la formule est dans le domaine public. II. n. m. Partie (d'un film...) où sont indiqués les noms de ceux qui y ont participé.

générosité n. f. □ Caractère d'une personne, d'une action généreuse.

genèse n. f. □ Manière dont qqch. se développe.

génésique adj. □ vx ou didact. De la génération (1).

genêt n. m. □ Arbrisseau sauvage.

généticien, ienne n. □ Spécialiste de la génétique.

génétique 1. adj. Relatif aux gènes, à l'hérédité. 2. n. f. Science de l'hérédité. ▶ **génétiquement** adv.

gêneur, euse n. □ Personne qui gêne.

genévrier n. m. □ Arbuste à feuilles piquantes, aux baies violettes.

génial, ale, aux adj. 1. (personnes) Qui a du génie. 2. fam. Extraordinaire. ▶ **génialement** adv.

génie n. m. 1. Personnage surnaturel. 2. *LE GÉNIE DE* (qqch.), les caractères distinctifs qui fondent son originalité. *Le génie d'un peuple.* 3. Aptitude supérieure qui rend qqn capable de créations extraordinaires. 4. Personne qui a du génie.

genièvre n. m. 1. Genévrier. – Son fruit. 2. Eau-de-vie de genièvre.

génique adj. □ biol. Relatif aux gènes. – *Thérapie génique*, par intervention sur les gènes.

génisse n. f. □ Jeune vache qui n'a pas encore eu de veau.

génital, ale, aux adj. □ Qui se rapporte à la reproduction sexuée des animaux et des hommes. *Organes génitaux.*

géniteur, trice □ n. Père, mère.

génitif n. m. □ gramm. Cas qui exprime la dépendance ou l'appartenance.

génocide n. m. □ Extermination d'un groupe humain. ▶ **génocidaire** adj.

génois, oise adj. et n. □ De Gênes. ▪ *GÉNOISE* n. f. (pâtisserie légère).

génome n. m. □ biol. Ensemble des gènes (d'une espèce, d'un individu). ▶ **génomique** adj.

génothérapie n. f. □ biol. Thérapie génique.

génotype n. m. □ biol. Patrimoine héréditaire, dépendant de l'ensemble des gènes.

genou n. m. 1. Partie du corps humain où la jambe s'articule avec la cuisse. ▪ fam. *Être sur les genoux*, très fatigué.

– *C'est à se mettre à genoux* : c'est admirable. **2.** (quadrupèdes) Articulation du membre antérieur.

genouillère n. f. □ Ce qu'on met sur le genou pour le protéger.

genre n. m. **I.** *Le genre humain* : l'espèce humaine. **II. 1.** didact. Idée générale d'un groupe d'êtres ou d'objets présentant des caractères communs. **2.** sc. nat. Subdivision de la famille. **3.** Catégorie d'œuvres (définie par la tradition). **III.** Catégorie grammaticale suivant laquelle un nom est dit masculin, féminin ou neutre. **IV. 1.** *Genre de vie*, habitudes de vie. **2.** Façons de s'habiller, de se comporter. **3.** *Se donner un genre* : affecter certaines manières.

gens n. m. pl. et f. pl. l'adj. placé avant *gens* se met au fém. ; ce qui suit reste au masc. **1.** Personnes, en nombre indéterminé. – *Les gens* : les humains. **2.** GENS DE (et activité). *Gens de loi, gens de lettres.*

gent n. f. □ littér. ou plais. Espèce.

gentiane n. f. **1.** Plante à suc amer. **2.** Boisson à base de gentiane.

① **gentil** n. m. □ Nom que les juifs et les chrétiens donnaient aux personnes étrangères à leur religion.

② **gentil, ille** adj. □ Qui plaît par sa grâce, sa douceur. ■ (enfants) Sage.

gentilé n. m. □ didact. Dénomination des habitants d'un lieu.

gentilhomme n. m. □ vieilli Homme d'origine noble. *Des gentilshommes.*

gentilhommière n. f. □ Petit château à la campagne.

gentillesse n. f. **1.** Qualité d'une personne gentille. **2.** Action, parole aimable.

gentillet, ette adj. □ Assez gentil.

gentiment adv. □ D'une manière gentille.

gentleman n. m. □ anglic. Homme bien élevé. *Des gentlemen* ou (francisé) *gentlemans.*

génuflexion n. f. □ Action de fléchir le ou les genoux (signe de respect, etc.).

géode n. f. □ Pierre creuse, tapissée de cristaux à l'intérieur.

géodésie n. f. □ Science qui étudie la forme et les dimensions de la Terre.

géographie n. f. **1.** Science qui a pour objet la description de l'aspect du globe terrestre. **2.** La réalité étudiée par cette science. ▶ **géographe** n. ▶ **géographique** adj.

geôle n. f. □ littér. Cachot, prison. ▶ **geôlier, ière** n. littér. → **gardien.**

géolocalisation n. f. □ Localisation précise à la surface de la Terre (d'objets, de personnes).

géologie n. f. □ Science qui étudie la structure et l'évolution de l'écorce terrestre. ▶ **géologique** adj. ▶ **géologue** n.

géomagnétisme n. m. □ Magnétisme terrestre. ▶ **géomagnétique** adj.

géomancie n. f. □ didact. Art divinatoire.

géomètre n. □ Professionnel(le) qui relève des plans de terrains.

géométrie n. f. □ Partie des mathématiques qui a pour objet l'étude des figures dans l'espace.

géométrique adj. **1.** De la géométrie. **2.** Simple et régulier. ▶ **géométriquement** adv.

géomorphologie n. f. □ Étude de la forme et de l'évolution du relief terrestre. ▶ **géomorphologue** n.

géophysique n. f. □ Étude des propriétés physiques du globe terrestre. – adj. *Études géophysiques.* ▶ **géophysicien, ienne** n.

géopolitique n. f. □ Étude des rapports entre les données de la géographie et la politique. – adj. *Théories géopolitiques.* ▶ **géopoliticien, ienne** n.

géosciences n. f. pl. ▫ didact. Ensemble des disciplines scientifiques étudiant la Terre.

géostationnaire adj. ▫ *Satellite géostationnaire*, qui semble immobile vu de la Terre.

géostratégie n. f. ▫ didact. Ensemble des facteurs stratégiques en relation avec la réalité géographique. ▶ **géostratégique** adj.

géothermie n. f. ▫ Étude de la chaleur des profondeurs de la Terre. ▶ **géothermique** adj.

géranium n. m. ▫ Plante ornementale, à fleurs en ombelles.

gérant, ante n. ▫ Personne qui gère pour le compte d'autrui. ▶ **gérance** n. f. Fonction de gérant.

gerbe n. f. **1.** Botte de céréales coupées. **2.** Botte de fleurs coupées.

gerber v. **I.** v. tr. Mettre en gerbes. **II.** v. intr. fam. Vomir.

gerbier n. m. ▫ Grand tas de gerbes.

gerboise n. f. ▫ Petit rongeur.

gercer v. tr. ▫ (froid...) Crevasser l'épiderme. – au p. p. *Lèvres gercées.*

gerçure n. f. ▫ Petite fissure de l'épiderme.

gérer v. tr. **1.** Administrer (ses propres affaires ou celles d'un autre). **2.** Faire face à.

gerfaut n. m. ▫ Faucon à plumage gris.

gériatrie n. f. ▫ Médecine de la vieillesse. ▶ **gériatre** n. ▶ **gériatrique** adj.

① **germain, aine** adj. ▫ *COUSINS GERMAINS* : cousins ayant une grand-mère ou un grand-père commun.

② **germain, aine** adj. et n. ▫ hist. De la Germanie.

germanique adj. **1.** Qui a rapport à la Germanie. – *Langues germaniques* : allemand, anglais, néerlandais, langues scandinaves... **2.** De l'Allemagne.

germaniser v. tr. ▫ Rendre germanique. ▶ **germanisation** n. f.

germanisme n. m. ▫ Tournure propre à la langue allemande. ▪ Emprunt à l'allemand.

germaniste n. ▫ Spécialiste de la langue et de la culture allemandes.

germanium n. m. ▫ Élément (symb. Ge), métal utilisé en électronique.

germe n. m. **1.** Forme initiale d'un être vivant (terme non sc.). **2.** biol. Micro-organisme capable d'engendrer une maladie. **3.** fig. Principe, élément de développement (de qqch.).

germer v. intr. ▫ Commencer à se développer.

germinal n. m. ▫ Septième mois du calendrier républicain (21-22 mars au 18-19 avril).

germination n. f. ▫ Phénomènes par lesquels une graine se développe et donne une plante. ▶ **germinatif, ive** adj.

germon n. m. ▫ Thon blanc.

gérondif n. m. ▫ en français Participe présent généralement précédé de *en*.

gérontocratie n. f. ▫ didact. Gouvernement de vieillards.

gérontologie n. f. ▫ Étude des phénomènes de vieillissement de l'organisme humain. ▶ **gérontologue** n. ▶ **gérontologique** adj.

gésier n. m. ▫ Troisième poche digestive des oiseaux.

gésine n. f. ▫ vx *EN GÉSINE* : en train d'accoucher (femme).

gésir v. intr. défectif ▫ littér. Être couché, sans mouvement. ▪ *CI-GÎT, ICI-GÎT* : ici repose (formule d'épitaphe).

gesse n. f. ▫ Plante légumineuse.

gestation n. f. ▫ État d'une femelle vivipare qui porte son petit, jusqu'à la naissance.

① **geste** n. m. **1.** Mouvement du corps (surtout des bras, des mains, de la tête), visant à exprimer, à exécuter qqch. **2.** fig. *Faire un geste*, une bonne action.

② **geste** n. f. ▫ Poèmes épiques du Moyen Âge.

gesticuler v. intr. ▫ Faire beaucoup de gestes. ▶ **gesticulation** n. f.

gestion n. f. ▫ Action de gérer.

gestionnaire 1. adj. Qui concerne la gestion. **2.** n. Gérant(e).

gestuel, elle adj. ▫ didact. Du geste. ▪ n. f. Ensemble de gestes.

gewurztraminer n. m. ▫ Vin blanc d'Alsace, très fruité.

geyser n. m. ▫ Source d'eau chaude.

ghetto n. m. ▫ Quartier où une communauté vit à l'écart.

ghettoïser v. tr. ▫ Transformer (un lieu) en ghetto. ▶ **ghettoïsation** n. f.

gibbon n. m. ▫ Singe d'Asie.

gibbosité n. f. ▫ littér. Bosse.

gibecière n. f. ▫ Sac où le chasseur met son gibier. ▪ Sac en bandoulière.

gibelotte n. f. ▫ Fricassée au vin blanc.

giberne n. f. ▫ anciennt Cartouchière.

gibet n. m. ▫ Potence.

gibier n. m. ▫ Animaux comestibles que l'on prend à la chasse.

giboulée n. f. ▫ Grosse averse.

giboyeux, euse adj. ▫ Riche en gibier.

gibus n. m. ▫ Chapeau haut-de-forme à ressorts (syn. *chapeau claque*).

gicler v. intr. ▫ (liquide) Jaillir avec force. ▶ **giclée** n. f. ▶ **giclement** n. m.

gicleur n. m. ▫ Tube du carburateur servant à doser l'arrivée d'essence.

gifle n. f. ▫ Coup donné de la main sur la joue de qqn.

gifler v. tr. ▫ Frapper d'une gifle.

gigantesque adj. ▫ Qui dépasse de beaucoup la taille ordinaire, la commune mesure.

gigantisme n. m. ▫ Développement excessif de la taille (de qqn, de qqch.).

gigogne adj. ▫ Se dit d'objets qui s'emboîtent les uns dans les autres.

gigolo n. m. ▫ fam. Jeune amant entretenu par une personne plus âgée.

gigot n. m. ▫ Cuisse de mouton, d'agneau, coupée pour être mangée.

gigoter v. intr. ▫ fam. Agiter son corps.

① **gigue** n. f. ▫ Cuisse de chevreuil.

② **gigue** n. f. ▫ Danse très rythmée.

gilet n. m. **1.** Vêtement court sans manches. **2.** Tricot à manches longues fermé devant.

gin n. m. ▫ Eau-de-vie au genièvre.

gingembre n. m. ▫ Plante tropicale.

gingival, ale, aux adj. ▫ Des gencives.

gingivite n. f. ▫ Inflammation des gencives.

ginseng n. m. ▫ Plante d'Asie dont la racine possède des qualités toniques.

a **giorno** loc. adv. ▫ Comme par la lumière du jour.

girafe n. f. ▫ Grand mammifère, à cou très long.

girandole n. f. **1.** Gerbe tournoyante de feu d'artifice. **2.** Candélabre.

giration n. f. ▫ Mouvement circulaire.

giratoire adj. ▫ (mouvement) Circulaire. – *Sens giratoire* (autour d'un rond-point).

girl n. f. ▫ anglic. Danseuse de music-hall faisant partie d'une troupe.

girofle n. m. ▫ CLOU DE GIROFLE : bouton des fleurs d'un arbre exotique (le *giroflier*).

giroflée n. f. ▫ Plante à fleurs odorantes.

girolle n. f. ▫ → ② **chanterelle.**

giron n. m. **1.** vx Partie du corps allant de la ceinture aux genoux, chez une personne assise. **2.** fig. *Dans le giron de*, au sein de.

girond, onde adj. ◻ fam. (personnes) Bien fait et un peu rond.

girouette n. f. ◻ Plaque mobile autour d'un axe vertical, qui indique la direction du vent.

gisant n. m. ◻ Statue funéraire représentant le défunt étendu.

gisement n. m. ◻ Masse de minerai.

gît → gésir

gitan, ane n. et adj. ◻ Tsigane.

gîte I. n. m. **1.** littér. Lieu où l'on loge. – cour. *Gîte rural.* **2.** Lieu où s'abrite le gibier. **3.** Partie inférieure de la cuisse du bœuf (en boucherie). **II.** n. f. (navire) *Donner de la gîte :* s'incliner sur un bord.

gîter v. intr. **I.** littér. Avoir son gîte (I, 1 et 2). **II.** (navire) Donner de la gîte.

giton n. m. ◻ littér. Jeune homme entretenu par un amant.

givrage n. m. ◻ Formation de givre.

givrant, ante adj. ◻ Qui produit du givre.

givre n. m. ◻ Très fine couche de glace qui se forme par temps brumeux. ▷ v. tr. **givrer** Couvrir de givre.

givré, ée adj. **1.** Couvert de givre. **2.** fam. Fou.

glabre adj. ◻ Dépourvu de poils.

glaçage n. m. ◻ Action de glacer (II).

glaçant, ante adj. ◻ Qui glace (fig.).

glace n. f. **I. 1.** Eau congelée. ■ *Rester de glace,* imperturbable. – *Rompre la glace :* dissiper la gêne. **2.** Crème glacée ou sorbet. **II. 1.** Plaque de verre transparente. **2.** Vitre (d'une voiture...). **3.** Miroir.

glacer v. tr. **I. 1.** rare Transformer (un liquide) en glace. **2.** Causer une vive sensation de froid à. **3.** fig. Paralyser, décourager. **II. 1.** Garnir d'un enduit brillant. **2.** Couvrir de sucre. ▷ adj. **glacé, ée**

glaciaire adj. ◻ Des glaciers.

glacial, ale, als ou (rare) **aux** adj. ◻ Qui est très froid.

glaciation n. f. ◻ géol. Période glaciaire, caractérisée par l'extension des glaciers.

① **glacier** n. m. ◻ Champ de glace éternelle qui s'écoule très lentement.

② **glacier** n. m. ◻ Personne qui prépare ou vend des glaces (I, 2).

glacière n. f. ◻ Coffre isotherme refroidi par de la glace.

glaciologie n. f. ◻ Étude des glaciers (①). ▶ **glaciologue** n.

① **glacis** n. m. ◻ Talus incliné.

② **glacis** n. m. ◻ peint. Vernis coloré.

glaçon n. m. ◻ Morceau de glace.

gladiateur n. m. ◻ Homme qui combattait dans les jeux du cirque.

glaïeul n. m. ◻ Plante à grandes fleurs.

glaire n. f. ◻ Liquide visqueux sécrété par les muqueuses. ▶ **glaireux, euse** adj.

glaise n. f. ◻ Terre grasse imperméable. – adj. *Terre glaise.* ▶ **glaiseux, euse** adj.

glaive n. m. ◻ anciennt Épée à deux tranchants.

glamour n. m. ◻ anglic. Charme sophistiqué et sensuel.

gland n. m. **1.** Fruit du chêne. **2.** Extrémité de la verge.

glande n. f. ◻ Organe dont la fonction est de produire une sécrétion.

glander v. intr. ◻ fam. Ne rien faire. – syn. **glandouiller.**

glandulaire adj. ◻ Des glandes ; d'une glande.

glaner v. tr. ◻ Ramasser dans les champs (les épis), après la moisson. ▶ **glaneur, euse** n.

glapir v. intr. ◻ (animaux) Pousser un cri bref et aigu. *Le renard glapit.* ▶ **glapissement** n. m.

glas n. m. ▫ Sonnerie de cloches pour annoncer un décès ou un enterrement. – fig. SONNER LE GLAS DE *qqch.*, en annoncer la fin.

glatir v. intr. ▫ Crier (aigle).

glaucome n. m. ▫ Maladie des yeux.

glauque adj. **1.** D'un vert qui tire sur le bleu. **2.** fig. Triste, lugubre, sordide.

glèbe n. f. ▫ littér. Terre cultivée.

glissade n. f. ▫ Action de glisser.

glissant, ante adj. ▫ Qui fait glisser.

glisse n. f. ▫ Aptitude à glisser. ▪ *Sports de glisse.*

glissement n. m. **1.** Action de glisser. **2.** fig. Changement progressif.

glisser v. **I.** v. intr. **1.** Se déplacer d'un mouvement continu, sur une surface lisse. **2.** Perdre l'équilibre, tomber. **II.** v. tr. Introduire adroitement ou furtivement (qqch.). ▷ v. pron. se **glisser** → se **faufiler.**

glissière n. f. ▫ Pièce métallique à rainure dans laquelle glisse une autre pièce. ▪ *Glissière de sécurité :* bordure de protection, le long d'une route.

glissoire n. f. ▫ Étendue de glace où l'on peut glisser.

global, ale, aux adj. ▫ Qui s'applique à un ensemble. ▶ **globalement** adv.

globalisation n. f. ▫ anglic. Mondialisation*.

globalité n. f. ▫ didact. Caractère global.

globe n. m. **1.** Boule, sphère. **2.** *Le globe terrestre :* la Terre. **3.** Sphère ou demi-sphère creuse (de verre...).

globe-trotteur, euse n. ▫ Voyageur, voyageuse qui parcourt la terre. *Des globe-trotteurs.* – var. au masc. **globe-trotter.**

globulaire adj. **1.** Qui a la forme d'un globe. **2.** Relatif aux globules du sang.

globule n. m. ▫ Cellule en suspension dans un liquide organique. *Globules sanguins.*

globuleux, euse adj. ▫ *Œil globuleux,* dont le globe est saillant.

gloire n. f. **1.** Grande renommée répandue dans un très vaste public. **2.** Personne célèbre.

gloria n. m. invar. ▫ Hymne à la gloire de Dieu.

glorieux, euse adj. **1.** (choses) Qui procure de la gloire. **2.** Qui s'est acquis de la gloire. ▶ **glorieusement** adv.

glorifier v. tr. ▫ Rendre hommage à (Dieu). ▷ v. pron. se **glorifier** (de) → se **flatter** de. ▶ **glorification** n. f.

gloriole n. f. ▫ Vanité futile.

glose n. f. ▫ Note explicative.

gloser v. tr. **1.** Expliquer par une glose. **2.** *Gloser sur* (qqn, qqch.), critiquer.

gloss n. m. ▫ anglic. Brillant à lèvres.

glossaire n. m. ▫ Lexique expliquant des mots mal connus.

glotte n. f. ▫ Partie du larynx.

glouglou n. m. **1.** fam. Bruit d'un liquide qui coule. **2.** Cri de la dinde, du dindon. ▶ **glouglouter** v. intr.

glousser v. intr. **1.** Crier (poule...). **2.** (personnes) Rire en poussant de petits cris. ▶ **gloussement** n. m.

glouton, onne adj. et n. ▫ Qui mange avidement. ▶ **gloutonnement** adv. ▶ **gloutonnerie** n. f.

glu n. f. ▫ Colle végétale.

gluant, ante adj. ▫ Visqueux et collant.

glucide n. m. ▫ sc. Composant de la matière vivante formé de carbone, d'hydrogène et d'oxygène. ▶ **glucidique** adj.

glucose n. m. ▫ Sucre très répandu dans la nature, source d'énergie de l'organisme.

glutamate n. m. ▫ Sel d'un acide aminé.

gluten n. m. ▫ Matière visqueuse des farines de céréales. ▶ **glutineux, euse** adj.

glycémie n. f. ▫ méd. Teneur du sang en glucose. ▶ **glycémique** adj.

glycérine n. f. ▫ Liquide sucré extrait de corps gras.

glycine n. f. ▫ Arbre grimpant, à grappes de fleurs mauves.

gnangnan adj. invar. ▫ fam. Sans énergie ; mièvre.

gneiss n. m. ▫ Roche composée de feldspath, de quartz, de mica.

gnocchi n. m. ▫ Boulette de pâte pochée.

gnognote ou **gnognotte** n. f. ▫ fam. *C'est de la gnognote,* c'est négligeable.

gnôle ou **gniole** n. f. ▫ fam. Eau-de-vie, alcool.

gnome n. m. ▫ Petit personnage de contes, laid et difforme.

gnomon n. m. ▫ didact. Tige d'un cadran solaire.

gnon n. m. ▫ Coup. – Marque de coup.

gnose n. f. ▫ didact. Philosophie prétendant à la connaissance des choses divines. ▶ **gnostique** adj. et n.

gnou n. m. ▫ Antilope d'Afrique.

① **go** n. m. ▫ Jeu de stratégie.

② tout de **go** loc. adv. ▫ fam. Directement.

goal n. ▫ anglic. Gardien(ne) de but.

gobelet n. m. ▫ Récipient pour boire, sans pied.

gobe-mouches n. m. invar. ▫ Passereau (se nourrissant d'insectes). – var. **gobe-mouche** n. m. *Des gobe-mouches.*

gober v. tr. **1.** Avaler sans mâcher. **2.** fig., fam. Croire sans examen.

se **goberger** v. pron. ▫ Faire bombance.

godasse n. f. ▫ fam. Chaussure.

godelureau n. m. ▫ péj. Jeune élégant.

godemiché n. m. ▫ Phallus artificiel.

goder v. intr. ▫ Faire des faux plis.

godet n. m. **I. 1.** Petit récipient sans pied ni anse. **2.** fam. Verre. **II.** Faux pli ou large pli (d'un vêtement...).

godiche adj. et n. ▫ fam. Benêt, maladroit.

godille n. f. **1.** Aviron d'arrière. **2.** ski Enchaînement de virages courts. ▶ **godiller** v. intr.

godillot n. m. **1.** Chaussure militaire. **2.** fam. Gros soulier.

godron n. m. **1.** Ornement ovoïde. **2.** anciennt Gros pli rond et empesé.

goéland n. m. ▫ Oiseau de mer à tête blanche.

goélette n. f. ▫ Bateau léger à deux mâts.

goémon n. m. ▫ Algues marines.

goémonier, ière **1.** n. Ramasseur, ramasseuse de goémon. **2.** adj. Relatif à la récolte du goémon.

① à **gogo** loc. adv. ▫ fam. À volonté.

② **gogo** n. m. ▫ fam. Personne crédule.

goguenard, arde adj. ▫ Narquois.

goguette n. f. ▫ fam. *EN GOGUETTE :* légèrement ivre ; d'humeur festive ; en promenade.

goinfre n. ▫ Personne qui mange avec excès et salement. ▶ se **goinfrer** v. pron. ▶ **goinfrerie** n. f.

goitre n. m. ▫ Tumeur de la thyroïde, qui déforme le cou. ▶ **goitreux, euse** adj. et n.

golden n. f. invar. ▫ Pomme jaune à chair juteuse.

golem n. m. ▫ Être artificiel animé par un verset biblique.

golf n. m. **1.** Sport consistant à envoyer une balle dans des trous disposés le long d'un parcours. **2.** Terrain de ce parcours. **3.** *Golf miniature,* jeu de jardin ou de salon.

golfe n. m. ▫ Vaste échancrure du littoral.

golfeur, euse n. ◻ Joueur, joueuse de golf.

gombo n. m. ◻ Plante potagère tropicale.

gomina n. f. ◻ Pommade pour les cheveux.

gommage n. m. ◻ Action de gommer.

gomme n. f. 1. Substance visqueuse qui suinte de l'écorce de certains arbres. 2. Petit bloc de caoutchouc ou de plastique servant à effacer. 3. Substance caoutchoutée des pneus. ▪ fam. *METTRE LA GOMME* : accélérer.

gommer v. tr. I. Enduire de gomme, pour coller. – au p. p. *Papier gommé*. II. Effacer avec une gomme. – fig. *Gommer un souvenir*.

gommette n. f. ◻ Petit morceau de papier gommé.

gommeux n. m. ◻ vieilli Jeune homme d'une élégance ridicule.

gommier n. m. ◻ Arbre fournissant de la gomme.

gonade n. f. ◻ Organe qui produit les gamètes.

gond n. m. 1. Pièce autour de laquelle pivote le battant d'une porte ou d'une fenêtre. 2. *SORTIR DE SES GONDS* : se mettre en colère.

gondole n. f. ◻ Barque vénitienne à un seul aviron, longue et plate.

gondoler v. intr. ◻ Se bomber anormalement.

gondolier, ière n. ◻ Batelier, batelière d'une gondole.

gonflable adj. ◻ Qui se gonfle.

gonflant, ante adj. 1. Qui gonfle. – n. m. *Le gonflant des cheveux*. 2. fam. Irritant.

gonfler v. ◻ v. tr. 1. Distendre en remplissant d'air, de gaz. ▶ **gonflage** n. m. 2. Faire augmenter de volume. ▶ **gonflement** n. m. 3. fam. Ennuyer. ▷ v. pron. se **gonfler** Augmenter de volume. ▷ adj. **gonflé, ée** (spécialt) fam. Courageux ; audacieux.

gonfleur n. m. ◻ Appareil pour gonfler.

gong n. m. ◻ Plateau de métal sur lequel on frappe pour qu'il résonne.

goniomètre n. m. ◻ Instrument servant à mesurer les angles.

gonocoque n. m. ◻ Microbe de la blennorragie.

gore ◻ anglic. 1. adj. invar. Se dit des films d'épouvante, où beaucoup de sang est versé. 2. n. m. Ce genre de films.

goret n. m. ◻ Jeune cochon.

gorfou n. m. ◻ Manchot des mers australes.

gorge n. f. I. 1. Partie antérieure du cou. 2. Cavité intérieure du cou (larynx, pharynx). 3. *FAIRE DES GORGES CHAUDES de qqch.*, se moquer. II. fig. Vallée étroite et encaissée.

gorge-de-pigeon adj. invar. ◻ D'une couleur à reflets changeants.

gorgée n. f. ◻ Quantité de liquide qu'on avale en une seule fois.

gorger v. tr. ◻ Remplir (qqn) de nourriture avec excès. ▷ v. pron. se **gorger** (de)

gorgonzola n. m. ◻ Fromage italien à moisissures.

gorille n. m. ◻ Grand singe anthropoïde d'Afrique.

gosier n. m. ◻ Arrière-gorge et pharynx.

gospel n. m. ◻ anglic. Chant sacré des Noirs américains.

gosse n. ◻ fam. 1. Enfant. 2. *Un beau gosse*, un homme jeune et beau.

gothique adj. 1. adj. et n. Se dit du style répandu en Europe du XIIe au XVIe siècle, entre le style roman et le style Renaissance. 2. Se dit d'un style à tendance macabre, parfois satanique.

gotique n. m. ◻ ling. Langue germanique qui était parlée par les Goths.

gouache n. f. ◻ Peinture à l'eau. ▪ Tableau peint par ce procédé.

gouaille n. f. ▫ Attitude insolente et railleuse. – syn. **gouaillerie.**

gouailler v. intr. ▫ littér. Dire des railleries. ▶ **gouailleur, euse** adj.

goualante n. f. ▫ Chanson populaire.

gouape n. f. ▫ argot Voyou.

gouda n. m. ▫ Fromage de Hollande.

goudron n. m. ▫ Produit visqueux obtenu par distillation de matières végétales ou minérales. ▶ **goudronner** v. tr.

gouffre n. m. **1.** Trou vertical, très profond et très large. **2.** Ce qui engloutit de l'argent.

gouge n. f. ▫ techn. Outil servant à creuser. ▶ **gouger** v. tr.

gougère n. f. ▫ Pâtisserie au fromage.

gouine n. f. ▫ fam. (injurieux) Homosexuelle.

goujat n. m. ▫ Homme grossier, indélicat. ▶ **goujaterie** n. f.

① **goujon** n. m. ▫ Cheville d'assemblage.

② **goujon** n. m. ▫ Petit poisson d'eau douce.

goulag n. m. ▫ hist. Camp de travail (en U. R. S. S.).

goulash ou **goulache** n. m. ou f. ▫ Ragoût de bœuf au paprika.

goule n. f. ▫ Vampire femelle.

goulée n. f. ▫ fam. Grande gorgée.

goulet n. m. ▫ Entrée étroite (d'une rade...).

gouleyant, ante adj. ▫ (vin) Frais et léger.

goulot n. m. ▫ Col étroit d'un récipient.

goulu, ue adj. et n. ▫ Qui mange avec avidité. ▶ **goulûment** adv.

goupil n. m. ▫ vx Renard.

goupille n. f. ▫ Cheville, broche métallique.

goupiller v. tr. **1.** Fixer avec des goupilles. **2.** fam. Arranger, combiner.

goupillon n. m. ▫ Longue brosse cylindrique pour nettoyer les objets creux.

gourbi n. m. ▫ fam. Habitation sale.

gourd, gourde adj. ▫ Engourdi par le froid.

gourde n. f. **I.** Bouteille ou bidon pour transporter de la boisson. **II.** Personne niaise et maladroite.

gourdin n. m. ▫ Gros bâton.

se **gourer** v. pron. ▫ fam. Se tromper.

gourgandine n. f. ▫ vx Femme facile.

gourmand, ande adj. et n. ▫ Qui aime la bonne nourriture, mange par plaisir.

gourmander v. tr. ▫ littér. Réprimander.

gourmandise n. f. **1.** Goût de la nourriture. **2.** Friandise.

gourme n. f. **1.** Maladie de peau. **2.** Maladie du cheval. **3.** fig. *JETER SA GOURME* : faire ses premières frasques.

gourmé, ée adj. ▫ Compassé, guindé.

gourmet n. m. ▫ Personne raffinée en matière de boire et de manger.

gourmette n. f. ▫ Bracelet à mailles de métal.

gourou n. m. ▫ Maître spirituel, dans la religion brahmanique.

gousse n. f. **1.** Fruit des légumineuses s'ouvrant par deux fentes. **2.** *Gousse d'ail*, chacun des éléments de la tête d'ail.

gousset n. m. ▫ Petite poche de gilet, de pantalon...

goût n. m. **1.** Sens grâce auquel l'homme et les animaux perçoivent les saveurs. **2.** Saveur. **3.** *GOÛT DE, POUR qqch.* : penchant. **4.** *Avoir du goût, bon goût* : avoir un jugement sûr en matière esthétique.

① **goûter** v. **I.** v. tr. **1.** Connaître par le goût. **2.** littér. Trouver à son goût. **II.** v. tr. ind. **1.** *GOÛTER À* : boire ou manger un peu de (une chose). **2.** *GOÛTER DE* : boire ou manger pour la première fois.

III. v. intr. Faire une collation, entre le déjeuner et le dîner.

②**goûter** n. m. ▫ Collation de l'après-midi.

①**goutte** n. f. **1.** Très petite quantité de liquide de forme arrondie. **2.** Très petite quantité de boisson. **3.** au plur. Médicament administré en gouttes.

②**goutte** adv. ▫ vx *NE... GOUTTE* : ne... pas.

③**goutte** n. f. ▫ Inflammation douloureuse des articulations. ▶ **goutteux, euse** adj.

goutte-à-goutte n. m. invar. ▫ Appareil médical permettant une perfusion lente et régulière.

gouttelette n. f. ▫ Petite goutte.

goutter v. intr. ▫ Couler goutte à goutte.

gouttière n. f. **1.** Canal fixé au bord d'un toit, pour l'écoulement des eaux de pluie. **2.** Appareil qui sert à immobiliser un membre fracturé.

gouvernable adj. ▫ Qui peut être gouverné.

gouvernail n. m. ▫ Plan qui sert à diriger un bateau, un avion...

gouvernant n. m. ▫ au plur. Personnes qui exercent le pouvoir politique.

gouvernante n. f. ▫ vieilli Femme à qui on confie l'éducation d'enfants.

gouverne n. f. **I.** Dispositif qui sert à diriger un engin aérien (avion, etc.). **II.** *POUR MA (TA...) GOUVERNE* : pour servir de règle.

gouvernement n. m. **1.** anciennt Action de diriger, d'administrer. **2.** mod. Pouvoir exécutif suprême ; organes qui l'exercent. *Le gouvernement français* (chef de l'État ; ministres). ▶ **gouvernemental, ale, aux** adj.

gouverner v. tr. **I.** Exercer le pouvoir politique, et spécialt le pouvoir exécutif. **II.** Diriger (une embarcation, un navire).

gouverneur, euse n. **1.** n. m. hist. Haut fonctionnaire royal. **2.** Personne qui est à la tête d'une région, d'une institution...

goy n. ▫ Non Juif, pour les Israélites. *Des goyim* (plur. hébreu) ou *des goys.*

goyave n. f. ▫ Fruit d'un arbre d'Amérique tropicale (le *goyavier,* n. m.).

G. P. L. ou **GPL** ▫ Gaz de pétrole liquéfié.

G. P. S. ou **GPS** ▫ anglic., techn. Système de localisation par satellite.

grabat n. m. ▫ Lit misérable.

grabataire adj. et n. ▫ Malade qui ne peut quitter son lit.

grabuge n. m. ▫ fam. Dispute, désordre.

grâce n. f. **I. 1.** Faveur. *TROUVER GRÂCE auprès de qqn, aux yeux de qqn,* lui plaire. – *DE GRÂCE* : je vous en prie. **2.** relig. Aide de Dieu qui rend l'homme capable de parvenir au salut. **II. 1.** Pardon, remise de peine. **2.** *COUP DE GRÂCE,* qui achève qqn (qui est blessé, qui souffre). **III.** loc. prép. *GRÂCE À qqn, qqch.* : à l'aide, au moyen de. **IV.** Charme, agrément.

gracier v. tr. ▫ Faire grâce (II) à (qqn).

gracieux, ieuse adj. **I.** Qui a de la grâce. **II.** Qui est accordé bénévolement. ▶ **gracieusement** adv.

gracile adj. ▫ Mince et délicat.

gradation n. f. ▫ Progression par degrés.

grade n. m. **1.** Degré d'une hiérarchie (surtout militaire). **2.** fam. *En prendre pour son grade* : se faire réprimander.

gradé, ée adj. et n. ▫ Qui a un grade inférieur à celui d'officier.

gradient n. m. ▫ sc. Taux de variation (d'une grandeur).

gradin n. m. ▫ Chacun des étages d'un amphithéâtre.

graduation n. f. ▫ Action de graduer (2).

graduel, elle adj. ▫ Qui va par degrés. ▶ **graduellement** adv.

graduer v. tr. **1.** Augmenter de manière graduelle. **2.** Diviser en degrés. ▷ p. p. **gradué, ée**

graff n. m. ▫ Fresque murale réalisée à la bombe. ▶ **graffeur, euse** n.

graffiti n. m. ▫ Inscription, dessin tracé sur un mur. *Des graffiti(s).* ▶ **graffiter** v. tr.

graillon n. m. ▫ péj. Odeur de graisse brûlée, de mauvaise cuisine.

graillonner v. intr. ▫ fam. Tousser en crachant.

grain n. m. **I. 1.** Fruit comestible ou semence des graminées*. **2.** Fruit, petite graine arrondie. *Grain de raisin.* **3.** *GRAIN DE BEAUTÉ* : nævus brun. **4.** Aspect d'une surface qui a plus ou moins d'aspérités. **II. 1.** Coup de vent. **2.** *VEILLER AU GRAIN* : être vigilant.

graine n. f. **1.** Partie des plantes qui assure leur reproduction. **2.** fig. *En prendre de la graine* : tirer une leçon (de qqch.).

graineterie n. f. ▫ Commerce du grainetier.

grainetier, ière n. ▫ Personne qui vend des grains, des graines...

graisse n. f. **1.** Substance onctueuse répandue chez l'homme et les animaux. **2.** Corps gras. *Graisses végétales, animales.*

graisser v. tr. **1.** Enduire d'un corps gras. ▶ **graissage** n. m. **2.** fig. *GRAISSER LA PATTE à qqn,* le soudoyer.

graisseur, euse **1.** n. m. Appareil qui opère le graissage. **2.** n. Ouvrier(ère) qui opère le graissage.

graisseux, euse adj. **1.** De la nature de la graisse. **2.** Taché de graisse.

graminée n. f. ▫ Plante à fleurs minuscules.

grammage n. m. ▫ techn. Poids de l'unité de surface (du papier, etc.), en grammes.

grammaire n. f. **1.** Ensemble des règles à suivre pour parler et écrire correctement une langue. **2.** Livre, manuel de grammaire. ▶ **grammairien, ienne** n.

grammatical, ale, aux adj. **1.** Relatif à la grammaire. **2.** Conforme aux règles de la grammaire.

gramme n. m. ▫ Unité de masse valant un millième de kilogramme (symb. g).

gramophone n. m. ▫ anciennt Phonographe à disques, à plateau et pavillon.

grand, grande adj. **I.** dans l'ordre physique **1.** Dont les dimensions dépassent la moyenne. **2.** Qui atteint toute sa taille. – *Les grandes personnes* : les adultes. – n. *Les grands,* les aînés. **3.** Très abondant ou très important. **II.** dans l'ordre qualitatif **1.** Important. *Un grand jour.* **2.** Supérieur en raison de ses talents, de ses qualités, etc. *Un grand homme.*

grand-angle n. m. ▫ Objectif photographique couvrant un large champ. *Des grands-angles.*

grand-chose ▫ pron. indéf. *Cela ne vaut PAS GRAND-CHOSE,* cela vaut peu de chose.

grand-duc n. m. **1.** Titre de princes souverains (fém. *grande-duchesse*). **2.** fam. *Faire la tournée des grands-ducs,* la tournée des restaurants, des cabarets.

grand-duché n. m. ▫ Pays gouverné par un grand-duc, une grande-duchesse.

grandement adv. **1.** Beaucoup. **2.** Dans de grandes proportions.

grande surface n. f. ▫ Grand magasin en libre service.

grandeur n. f. **1.** Caractère de ce qui est grand, important. **2.** Importance sociale, politique ; élévation, noblesse. *Grandeur d'âme.* **3.** sc. Ce qui est susceptible de mesure.

grand-guignolesque adj. ▫ D'une outrance ridicule.

grandiloquence n. f. ▫ péj. Forme d'expression affectée. ▶ **grandiloquent, ente** adj. → **pompeux.**

grandiose adj. ▫ (choses) Qui impressionne par sa grandeur.

grandir v. **I.** v. intr. Devenir plus grand, plus intense. **II.** v. tr. Rendre ou faire paraître plus grand.

grandissant, ante adj. ▫ Qui va croissant.

grand-mère n. f. ▫ Mère du père ou de la mère de qqn. *Des grands-mères* (ou vx *grand-mères*).

grand-oncle n. m. ▫ Frère du grand-père ou de la grand-mère. *Des grands-oncles.*

grand-père n. m. ▫ Père du père ou de la mère de qqn. *Des grands-pères.*

grands-parents n. m. pl. ▫ Le grand-père et la grand-mère.

grand-tante n. f. ▫ Sœur du grand-père ou de la grand-mère. *Des grands-tantes.*

grange n. f. ▫ Bâtiment agricole pour abriter la récolte.

granit ou **granite** n. m. ▫ Roche formée de cristaux de feldspath, de quartz, de mica, etc. ▶ **graniteux** et **granitique** adj.

granité, ée adj. ▫ Qui présente des grains.

granivore adj. ▫ Qui se nourrit de grains.

granny smith n. f. invar. ▫ anglic. Pomme verte à chair acidulée.

granulation n. f. ▫ Masse granuleuse.

granule n. m. ▫ Petite pilule.

granulé n. m. ▫ Médicament présenté sous forme de petits grains.

granuleux, euse adj. ▫ Formé de petits grains.

granulome n. m. ▫ méd. Tumeur inflammatoire.

grapefruit ou **grape-fruit** n. m. ▫ anglic. Pomélo. *Des grape(-)fruits.*

graphe n. m. ▫ math. Représentation graphique d'une fonction.

graphème n. m. ▫ ling. Lettre ou groupe de lettres correspondant à un phonème.

graphie n. f. ▫ Manière dont un mot est écrit.

graphiose n. f. ▫ arbor. Maladie parasitaire des ormes.

graphique 1. adj. Qui représente ou suggère qqch. par des lignes, des figures. **2.** n. m. Représentation des variations d'un phénomène, à l'aide d'une ligne. ▶ **graphiquement** adv.

graphisme n. m. **1.** Manière de former les lettres. **2.** Manière de dessiner.

graphiste n. ▫ Spécialiste en arts graphiques.

graphite n. m. ▫ Carbone cristallisé, gris-noir.

graphologie n. f. ▫ Étude du graphisme (1) de qqn en relation avec sa personnalité. ▶ **graphologue** n.

grappe n. f. ▫ Assemblage de fleurs ou de fruits étagés sur un axe commun.

grappiller v. tr. **1.** Prendre de-ci, de-là (des fruits, des fleurs). **2.** fig. Recueillir au hasard. ▶ **grappillage** n. m.

grappin n. m. **1.** mar. Petite ancre. – Instrument muni de crochets. **2.** fig. *METTRE LE GRAPPIN SUR qqn*, l'accaparer.

gras, grasse adj. **I. 1.** Formé de graisse ; qui contient de la graisse. – n. m. *Le gras*, la partie grasse de la viande. **2.** Enduit, sali de graisse. **II.** par analogie Important par le volume, l'épaisseur. ▪ *Plantes grasses*, à feuilles épaisses et charnues. ▶ **grassement** adv. Abondamment.

gras-double n. m. ▫ Membrane comestible de l'estomac du bœuf. *Des gras-doubles.*

grasseyer v. intr. et tr. □ Prononcer les *r* sans les rouler. ▶ **grasseyement** n. m.

grassouillet, ette adj. □ Gras et potelé.

gratifiant, ante adj. □ Qui gratifie (II).

gratification n. f. □ Somme donnée à qqn en sus.

gratifier v. tr. **I.** Pourvoir libéralement (qqn) d'un avantage. **II.** anglic. Valoriser (qqn).

gratin n. m. □ Plat cuit au four après avoir été saupoudré de chapelure ou de fromage râpé ; croûte dorée qui en résulte.

gratiner v. **1.** v. intr. Se couvrir de gratin. **2.** v. tr. Faire cuire au gratin. ▶ **gratiné, ée** adj.

gratis adv. □ fam. Gratuitement.

gratitude n. f. □ Reconnaissance d'un bienfait.

gratos adv. □ fam. Gratuitement. ■ adj. Gratuit.

gratouiller ou **grattouiller** v. tr. □ Gratter légèrement.

grattage n. m. □ Action de gratter.

gratte n. f. □ fam. **I.** Petit profit. **II.** Guitare. **III.** techn. ou région. Grattoir.

gratte-ciel n. m. □ Immeuble très haut. *Des gratte-ciel(s).*

gratte-cul n. m. □ fam. Fruit de l'églantier. *Des gratte-cul(s).*

grattement n. m. □ Bruit de ce qui gratte.

gratte-papier n. □ péj. Employé(e) de bureau. *Des gratte-papier(s).*

gratter v. tr. **1.** Frotter (une surface) avec les ongles ou qqch. de dur. **2.** fam. Faire éprouver une démangeaison à (qqn). **3.** Enlever en grattant. ▷ v. pron. **se gratter** Gratter l'endroit qui démange. ▶ **grattoir** n. m.

grattons n. m. plur. □ Morceaux de graisse (de porc, d'oie...) salés et frits.

gratuit, uite adj. **1.** Que l'on donne sans faire payer ; dont on profite sans payer. **2.** Qui n'a pas de fondement, de motif apparent. ▶ **gratuité** n. f. ▶ **gratuitement** adv.

grau n. m. □ région. Chenal entre un cours d'eau, un étang et la mer.

gravats n. m. pl. □ Débris provenant d'une démolition.

grave adj. **I. 1.** Qui agit avec réserve et dignité. **2.** (choses) Qui a de l'importance. **3.** Susceptible de suites dangereuses. **II. 1.** (son) Qui occupe le bas du registre musical. **2.** *Accent grave,* en français, signe (`) servant à noter le timbre de l'*e* ouvert.

graveleux, euse adj. □ fig., littér. Très licencieux.

gravelle n. f. □ vx Maladie qui provoque des calculs dans le rein.

gravement adv. **1.** Avec gravité. **2.** D'une manière importante ou dangereuse. *Être gravement blessé.*

graver v. tr. **1.** Tracer en creux (un dessin, etc.) sur une matière dure. **2.** fig. Rendre durable (dans l'esprit...).

graveur, euse n. □ Professionnel(le) de la gravure.

gravide adj. □ méd. Qui contient un embryon.

gravier n. m. □ Ensemble de petits cailloux servant de revêtement.

gravillon n. m. □ Fin gravier. *Du gravillon.*

gravimétrie n. f. □ phys. Mesure de l'intensité de la pesanteur. ▶ **gravimétrique** adj.

gravir v. tr. □ Monter avec effort.

gravitation n. f. □ Phénomène par lequel les corps s'attirent avec une force proportionnelle à leurs masses et inversement proportionnelle au carré de leur distance. ▶ **gravitationnel, elle, els** adj.

gravité n. f. **I. 1.** Qualité d'une personne grave. **2.** Caractère de ce qui a de l'importance, de ce qui est dangereux. **II.** Pesanteur.

graviter v. intr. ▫ *Graviter autour* : tourner autour (d'un centre d'attraction).

gravure n. f. **1.** Art de graver une surface dure pour obtenir une œuvre graphique (spécialt pour reproduire une œuvre). **2.** Reproduction ainsi obtenue (estampe, lithographie...).

gré n. m. **1.** Ce qui plaît. *AU GRÉ DE* : selon le goût de. – *BON GRÉ, MAL GRÉ* : en se résignant. **2.** *SAVOIR GRÉ à qqn*, avoir de la reconnaissance pour qqn.

grèbe n. m. ▫ Oiseau palmipède à plumage argenté.

grec, grecque 1. adj. et n. De Grèce. **2.** n. m. La langue grecque.

gréco-latin, ine adj. ▫ Qui concerne à la fois les civilisations grecque et latine.

gréco-romain, aine adj. ▫ Commun aux civilisations grecque et romaine antiques.

grecque n. f. ▫ Ornement fait de lignes brisées qui reviennent sur elles-mêmes.

gredin, ine n. ▫ vieilli → **bandit, coquin.**

gréement n. m. ▫ Ensemble du matériel nécessaire à la manœuvre des voiliers.

green n. m. ▫ anglic. Espace d'un terrain de golf couvert de gazon.

gréer v. tr. ▫ Garnir de gréement.

① **greffe** n. m. ▫ Bureau où l'on garde les minutes des actes de procédure.

② **greffe** n. f. **1.** Opération par laquelle on implante un greffon végétal. **2.** Opération par laquelle une portion d'un organisme est implantée sur une autre partie du corps ou sur un autre organisme.

greffer v. tr. **1.** Soumettre à l'opération de la greffe. **2.** pronom. fig. *SE GREFFER SUR*, s'ajouter à. ▷ **greffage** n. m.

greffier, ière n. ▫ Officier du greffe.

greffon n. m. ▫ Partie d'une plante, de l'organisme, utilisée afin d'être greffée.

grégaire adj. ▫ Qui vit par troupeaux.

grège adj. ▫ *Soie grège*, brute (de couleur beige).

grégorien, ienne adj. ▫ *Chant grégorien* et n. m. *le grégorien* : le plain-chant.

① **grêle** adj. **1.** Très long et très fin. **2.** *L'INTESTIN GRÊLE* : portion la plus étroite de l'intestin.

② **grêle** n. f. ▫ Précipitation faite de grains de glace. ▶ **grêler** v. impers.

grêlé, ée adj. ▫ Marqué par de petites cicatrices.

grêlon n. m. ▫ Grain de glace de la grêle.

grelot n. m. ▫ Sonnette constituée d'une boule de métal creuse contenant un morceau de métal.

grelotter v. intr. ▫ Trembler (de froid, de peur...). ▶ **grelottant, ante** adj.

grenade n. f. **I.** Fruit du grenadier à la pulpe rouge. **II.** Projectile explosif qui se lance à la main ou au fusil.

① **grenadier** n. m. ▫ Arbrisseau à fleurs rouges, qui produit les grenades.

② **grenadier** n. m. ▫ vx Soldat chargé de lancer des grenades ; soldat d'élite.

grenadine n. f. ▫ Sirop sucré, rouge.

grenaille n. f. **1.** Métal réduit en grains. **2.** Pommes de terre de petit calibre.

grenat n. m. **1.** Pierre précieuse, souvent rouge. **2.** adj. invar. Rouge sombre.

grenier n. m. **1.** Partie d'une ferme où l'on conserve le grain et le fourrage. **2.** Étage supérieur d'une maison, sous les combles.

grenouille n. f. ▫ Batracien nageur et sauteur.

grenouiller v. intr. ▫ fam. Magouiller. ▶ **grenouillage** n. m.

grenouillère n. f. ▫ Combinaison de bébé recouvrant les pieds.

grenu, ue adj. ▫ Qui présente des grains.

grès n. m. ▫ Roche dure formée de sable aux grains unis par un ciment. ▶ **gréseux, euse** adj.

grésil n. m. ▫ Grêle fine, blanche et dure.

grésiller v. intr. ▫ Produire un crépitement rapide. ▶ **grésillement** n. m.

gressin n. m. ▫ Petite flûte de pain séché.

① **grève** n. f. ▫ Terrain formé de graviers, au bord de l'eau.

② **grève** n. f. **1.** Cessation volontaire et collective du travail décidée par des travailleurs. **2.** *Grève de la faim*, refus de manger, en manière de protestation.

grever v. tr. ▫ Frapper de charges excessives.

gréviste n. ▫ Personne qui fait grève.

gribiche adj. ▫ *Sauce gribiche* : vinaigrette mêlée d'œuf dur et de condiments.

gribouillage n. m. ▫ Dessin, écriture informe. – syn. **gribouillis** n. m.

gribouille n. ▫ Personne naïve qui se jette dans les ennuis.

gribouiller v. intr. ▫ Faire des gribouillages.

grief n. m. ▫ Motif de plainte. *Avoir des griefs contre qqn.*

grièvement adv. ▫ Gravement.

griffe n. f. **1.** Ongle pointu et crochu de certains animaux. **2.** Marque au nom d'un fabricant, apposée sur ses produits.

griffer v. tr. ▫ Égratigner d'un coup de griffe ou d'ongle.

① **griffon** n. m. ▫ Animal fabuleux.

② **griffon** n. m. ▫ Chien à poils longs.

griffonner v. tr. ▫ Écrire (qqch.) d'une manière confuse, peu lisible. ▶ **griffonnage** n. m.

griffu, ue adj. ▫ Armé de griffes.

griffure n. f. ▫ Égratignure provoquée par un coup de griffe.

grignoter v. **I.** v. intr. Manger très peu. **II.** v. tr. Détruire peu à peu. ▶ **grignotement** et **grignotage** n. m.

grigou n. m. ▫ fam. Homme avare.

grigri → **gris-gris**

gril n. m. ▫ Grille ou plaque de cuisson pour cuire à feu vif.

grillade n. f. ▫ Viande grillée.

grillage n. m. ▫ Clôture, etc. en treillis de fil de fer.

grillager v. tr. ▫ Munir d'un grillage.

grille n. f. **1.** Clôture formée de barreaux entrecroisés ou parallèles. **2.** Surface quadrillée. – *Grille de mots croisés.*

grille-pain n. m. invar. ▫ Appareil servant à griller des tranches de pain.

griller v. tr. **1.** Faire cuire sur le gril. **2.** Chauffer à l'excès. **3.** Mettre hors d'usage par un courant trop intense. **4.** Dépasser, supplanter (qqn).

grillon n. m. ▫ Insecte sauteur noir.

grimace n. f. ▫ Contorsion inconsciente ou volontaire du visage. – *Soupe à la grimace* : accueil hostile. ▶ **grimaçant, ante** adj. ▶ **grimacer** v. intr.

grimacier, ière adj. ▫ Qui a l'habitude de faire des grimaces.

grimage n. m. ▫ Maquillage de théâtre.

grimer v. tr. ▫ Maquiller pour le théâtre, le cinéma, etc. ▷ v. pron. se **grimer**

grimoire n. m. ▫ Écrit illisible ou incompréhensible.

grimpant, ante adj. ▫ (plante) Qui s'élève le long d'un support.

grimpée n. f. ▫ Ascension rude et pénible.

grimper v. **I.** v. intr. **1.** Monter en s'aidant des mains et des pieds. **2.** (plantes) Monter. **3.** Accéder à un lieu élevé. **4.** S'élever en pente raide. **5.** fam. Augmenter rapidement. **II.** v. tr. Gravir.

grimpette n. f. ▫ fam. Chemin court qui monte raide. – Ascension.

grimpeur, euse n. ▫ Alpiniste. – Coureur, coureuse qui excelle à monter les côtes.

grinçant, ante adj. **1.** Qui grince. **2.** fig. Acerbe.

grincer v. intr. ▫ (choses) Produire un son aigu, désagréable. ▶ **grincement** n. m.

grincheux, euse adj. et n. ▫ Qui est revêche, acariâtre.

gringalet n. m. ▫ péj. Homme chétif.

gringue n. m. ▫ fam. *Faire du gringue à qqn,* lui faire la cour.

griot n. m. ▫ en Afrique noire Poète musicien.

griotte n. f. ▫ Cerise à queue courte.

grippe n. f. **I. 1.** Maladie infectieuse, contagieuse, caractérisée par de la fièvre, un abattement général et des symptômes tels que rhume, bronchite, etc. **2.** Maladie infectieuse des animaux. **II.** *PRENDRE EN GRIPPE* : avoir une aversion contre (qqn, qqch.). ▶ **grippal, ale, aux** et ① **grippé, ée** adj.

gripper v. tr. et intr. ▫ Coincer, arrêter par manque de lubrifiant. ▶ ② **grippé, ée** adj. ▶ **grippage** n. m.

grippe-sou adj. et n. ▫ Qui est avare. – *Des grippe-sous.*

gris, grise I. adj. **1.** D'une teinte intermédiaire entre le blanc et le noir. **2.** Légèrement ivre. **II.** n. m. Couleur grise.

grisaille n. f. ▫ Teinte grise d'un paysage.

grisant, ante adj. ▫ Qui grise (2).

grisâtre adj. ▫ Qui tire sur le gris.

grisé n. m. ▫ Teinte grise obtenue par des hachures ou par un pointillé.

griser v. tr. **1.** Rendre un peu ivre. **2.** Mettre dans un état d'excitation comparable aux premières impressions de l'ivresse. ▷ v. pron. se **griser 1.** S'enivrer. **2.** S'exalter (de). ▶ **griserie** n. f. Excitation.

grisette n. f. ▫ vx Jeune ouvrière coquette.

gris-gris ou **grigri** n. m. ▫ Amulette.

grisonner v. intr. ▫ (poil) Devenir gris. ▶ **grisonnant, ante** adj. ▶ **grisonnement** n. m.

grisou n. m. ▫ Gaz qui se dégage des mines de houille et explose au contact de l'air *(coup de grisou).*

grive n. f. ▫ Passereau au plumage brunâtre.

grivèlerie n. f. ▫ dr. Délit qui consiste à consommer sans payer, dans un café, etc.

grivoiserie n. f. ▫ Action ou propos licencieux. ▶ **grivois, oise** adj.

grizzli ou **grizzly** n. m. ▫ Ours des montagnes Rocheuses.

grœnendael n. m. ▫ Chien de berger.

grog n. m. ▫ Boisson faite d'eau chaude sucrée, de rhum et de citron.

groggy adj. invar. ▫ anglic. fam. Assommé (par les coups, la fatigue, l'ivresse).

grognard n. m. ▫ Soldat de la vieille garde, sous Napoléon Ier.

grogner v. intr. **1.** (chien...) Émettre un grondement. **2.** Manifester son mécontentement par de sourdes protestations. ▶ **grogne** n. f. ▶ **grognement** n. m.

grognon, onne adj. et n. ▫ Qui a l'habitude de grogner (2) ; maussade.

groin n. m. ▫ Museau du porc, du sanglier.

grolle ou **grole** n. f. ▫ fam. Chaussure.

grommeler v. intr. et tr. ▫ Murmurer entre ses dents. ▶ **grommellement** n. m.

gronder v. **I.** v. intr. **1.** Produire un bruit sourd et menaçant. ▶ **grondant, ante** adj. ▶ **grondement** n. m. **2.** fig. Être menaçant, près d'éclater. **II.** v. tr. Réprimander.

gronderie n. f. ◻ Réprimande.

grondeur, euse adj. ◻ Qui gronde.

grondin n. m. ◻ Poisson de mer.

groom n. m. ◻ Employé en livrée, dans les hôtels, cercles, etc.

groove n. m. ◻ anglic., mus. Qualité rythmique.

gros, grosse I. adj. **1.** Qui, dans son genre, dépasse la mesure ordinaire. *Une grosse vague.* **2.** Qui est temporairement gros. ▪ *Avoir le cœur gros,* du chagrin. **3.** Abondant, important. **4.** Qui manque de raffinement. – *GROS MOT* : mot grossier*. **5.** Exagéré. *C'est un peu gros.* **II.** adv. *EN GROS* loc. adv. : en grandes dimensions ; en grande quantité ; dans les grandes lignes. **III.** n. **1.** Personne grosse. **2.** *Commerce de gros,* en grandes quantités (opposé à *détail*).

groseille n. f. ◻ Fruit du groseillier, petite baie acide rouge ou blanche, en grappes.

groseillier n. m. ◻ Arbuste cultivé pour ses fruits, les groseilles.

gros-grain n. m. ◻ Large ruban à côtes, résistant. *Des gros-grains.*

grosse n. f. **1.** dr. Copie exécutoire d'un acte. **2.** comm. Douze douzaines.

grossesse n. f. ◻ État d'une femme enceinte.

grosseur n. f. **1.** Dimension, volume important. **2.** Enflure.

grossier, ière adj. **1.** De mauvaise qualité ; rudimentaire. **2.** Peu raffiné. **3.** Qui est contraire aux bienséances ; impoli. *Mot grossier.* **4.** Qui manque d'éducation. ▶ **grossièrement** adv.

grossièreté n. f. **1.** Caractère de ce qui est grossier. **2.** Ignorance ou mépris des bonnes manières. **3.** Mot, propos grossier.

grossir v. **I.** v. intr. **1.** (personnes) Devenir gros, plus gros. **2.** Augmenter. **II.** v. tr. **1.** Faire paraître gros, plus gros. **2.** Rendre plus nombreux. **3.** Amplifier. ▶ **grossissement** n. m.

grossissant, ante adj. ◻ Qui grossit (II, 1).

grossiste n. ◻ Marchand(e) en gros.

grosso modo loc. adv. ◻ En gros, sans entrer dans le détail.

grotesque adj. ◻ Risible ; bizarre. ▶ **grotesquement** adv.

grotte n. f. ◻ Cavité naturelle de grande taille.

grouiller v. intr. **1.** Remuer, s'agiter en masse confuse. ▶ **grouillant, ante** adj. ▶ **grouillement** n. m. **2.** *SE GROUILLER* v. pron. fam. Se dépêcher.

grouillot n. m. ◻ Garçon de course.

① **groupage** n. m. ◻ Action de réunir des colis ayant une même destination.

② **groupage** n. m. ◻ méd. Détermination du groupe sanguin.

groupe n. m. **1.** Réunion de plusieurs personnes dans un même lieu. **2.** Ensemble de personnes ayant qqch. en commun. **3.** Ensemble (de choses) ayant une cohérence. *GROUPES SANGUINS,* permettant la classification des individus selon la composition de leur sang. – *Les trois groupes des verbes français* (selon leur conjugaison).

groupement n. m. ◻ Réunion importante (de personnes ou de choses).

grouper v. tr. ◻ Mettre ensemble. ▷ v. pron. se **grouper**

groupie n. ◻ anglic. Jeune admirateur ou (surtout) admiratrice d'une célébrité.

groupuscule n. m. ◻ péj. Petit groupe.

grouse n. f. ◻ anglic. Lagopède d'Écosse.

gruau n. m. ▫ Fine fleur de froment.

grue n. f. **I.** Oiseau échassier migrateur. – *FAIRE LE PIED DE GRUE* : attendre longtemps debout. **II.** Machine de levage et de manutention.

gruger v. tr. **1.** littér. Duper. **2.** absolt, fam. Tricher.

grume n. f. ▫ *Bois de grume*, encore couvert de l'écorce.

grumeau n. m. ▫ Petite masse coagulée (dans un liquide, une pâte...). ▶ **grumeleux, euse** adj. ▶ se **grumeler** v. pron.

grunge adj. invar. ▫ anglic. Qualifie un style vestimentaire négligé.

grutier, ière n. ▫ Conducteur, conductrice de grue (II).

gruyère n. m. ▫ Fromage à pâte cuite et formant des trous.

G. S. M. ou **GSM** n. m. ▫ télécomm. Norme de téléphonie mobile (en Europe).

guacamole n. m. ▫ Préparation à base d'avocat.

guano n. m. ▫ Engrais à base d'excréments d'oiseaux de mer.

gué n. m. ▫ Endroit d'une rivière où l'on peut traverser à pied (*à gué* loc. adv.).

guelte n. f. ▫ vieilli Pourcentage touché par un vendeur.

guenille n. f. ▫ Vêtement déchiré.

guenon n. f. ▫ Femelle du singe.

guépard n. m. ▫ Félin au pelage tacheté de noir, très rapide.

guêpe n. f. ▫ Insecte dont la femelle porte un aiguillon venimeux.

guêpier n. m. **1.** Nid de guêpes. **2.** fig. Piège.

guêpière n. f. ▫ Corset très serré.

guère adv. ▫ *NE... GUÈRE* **1.** Pas beaucoup, pas très. **2.** Pas longtemps. – Pas souvent.

guéret n. m. ▫ Terre labourée et non ensemencée.

guéridon n. m. ▫ Petite table ronde à pied central.

guérilla n. f. ▫ Guerre de coups de main.

guérillero, guérillera n. ▫ Personne qui se bat dans une guérilla.

guérir v. **1.** v. tr. Délivrer d'un mal physique ou moral. **2.** v. intr. Recouvrer la santé. ▷ v. pron. se **guérir** ▷ adj. **guéri, ie** ▶ **guérison** n. f. ▶ **guérissable** adj.

guérisseur, euse n. ▫ Personne qui soigne les malades par des procédés non reconnus par la médecine.

guérite n. f. ▫ Abri d'une sentinelle.

guerre n. f. **1.** Lutte armée entre groupes sociaux, entre États. – prov. *À la guerre comme à la guerre* : il faut accepter les inconvénients qu'imposent les circonstances. ▪ *Guerre sainte*, menée au nom d'une foi. ▪ *GUERRE CIVILE*, au sein d'un même État. **2.** Lutte n'allant pas jusqu'au conflit armé. – *Guerre froide* : état de tension prolongée.

guerrier, ière I. n. anciennt Personne dont le métier était de faire la guerre. **II.** adj. **1.** Relatif à la guerre. **2.** Qui aime la guerre.

guerroyer v. intr. ▫ littér. Faire la guerre.

guet n. m. ▫ Action de guetter.

guet-apens n. m. ▫ Embuscade, piège. *Des guets-apens.*

guêtre n. f. ▫ Enveloppe qui couvre le haut de la chaussure et le bas de la jambe.

guetter v. tr. **1.** Épier. ▶ **guetteur, euse** n. **2.** Attendre avec impatience. **3.** (sujet chose) Menacer.

gueulante n. f. ▫ fam. Explosion de colère.

① **gueulard** n. m. ▫ Ouverture supérieure (d'un haut fourneau, d'une chaudière).

② **gueulard, arde** adj. et n. ▫ fam. Qui a l'habitude de parler haut et fort.

gueule n. f. **I.** Bouche (d'animaux, surtout carnassiers). **II.** fam. Bouche humaine. – *Une grande gueule* : qqn qui parle avec autorité, ou qui est plus fort en paroles qu'en actes. – *Avoir la gueule de bois* : avoir la bouche empâtée après avoir trop bu. **III.** fam. Figure, visage. – *Faire la gueule* : bouder.

gueule-de-loup n. f. ◻ Plante ornementale. *Des gueules-de-loup.*

gueuler v. intr. ◻ fam. **1.** Chanter, crier, parler très fort. **2.** Protester bruyamment. ▶ **gueulement** n. m.

gueules n. m. pl. ◻ blason Couleur rouge.

gueuleton n. m. ◻ fam. Repas copieux et délicieux. ▶ **gueuletonner** v. intr. fam. Festoyer.

gueuse n. f. ◻ techn. Masse de métal fondu.

gueux, euse n. ◻ vx Personne qui vit d'aumônes.

① **gui** n. m. ◻ Plante parasite de certains arbres.

② **gui** n. m. ◻ mar. Forte vergue.

guibolle n. f. ◻ fam. Jambe. – var. **guibole.**

guiche n. f. ◻ Accroche-cœur.

guichet n. m. **1.** Petite ouverture d'une porte, d'un mur. **2.** Comptoir permettant au public de communiquer avec les employés d'un bureau. ▪ *Guichet automatique.*

guichetier, ière n. ◻ Personne préposée à un guichet.

guidage n. m. ◻ Action de guider.

guide n. **I.** n. **1.** Personne qui accompagne pour montrer le chemin. **2.** Personne qui conduit qqn dans la vie. **3.** n. m. Ouvrage contenant des renseignements utiles. **II.** n. f. Lanière de cuir qui sert à diriger un cheval de trait.

guider v. tr. **1.** Accompagner (qqn) en montrant le chemin ; diriger. **2.** fig. Aider (qqn) à choisir. ▷ v. pron. se **guider** (sur) Se diriger (d'après un repère).

guidon n. m. ◻ Tube de métal qui commande la direction d'une bicyclette, d'une motocyclette.

① **guigne** n. f. ◻ Petite cerise à chair ferme et sucrée.

② **guigne** n. f. ◻ fam. Malchance.

guigner v. tr. **1.** Regarder à la dérobée. **2.** fig. Convoiter.

guignol n. m. **1.** Marionnette de la tradition lyonnaise. **2.** Personne comique ou ridicule. **3.** Théâtre de marionnettes.

guignolet n. m. ◻ Liqueur de cerises.

guilde n. f. ◻ Association commerciale.

guili-guili interj. ◻ fam. *Faire guili-guili à qqn,* le chatouiller. – n. m. *Faire des guili-guili(s).*

guilledou n. m. ◻ fam. *COURIR LE GUILLEDOU* : chercher des aventures galantes.

guillemet n. m. ◻ Signe typographique double (« ... ») servant à mettre en valeur un ou plusieurs mots.

guilleret, ette adj. ◻ Gai et insouciant.

guillocher v. tr. ◻ Orner de traits gravés.

guillotine n. f. ◻ (en France) Instrument de supplice qui servait à décapiter les condamnés à mort. ▶ **guillotiner** v. tr.

guimauve n. f. **1.** Plante à haute tige. *Guimauve rose* : rose trémière. **2.** *(Pâte de) guimauve* : confiserie molle et sucrée. **3.** fig. Niaiserie sentimentale.

guimbarde n. f. ◻ Vieille voiture délabrée.

guimpe n. f. **1.** Toile qui encadre le visage des religieuses. **2.** Corsage ou plastron léger.

guincher v. intr. ◻ fam. Danser.

guindé, ée adj. ◻ Compassé, contraint.

guindeau n. m. ◻ mar. Treuil qui sert à manœuvrer les ancres.

guinder v. tr. **1.** mar. Hisser (un mât). **2.** littér. Donner une allure raide.

de **guingois** loc. adv. ◻ fam. De travers.

guinguette n. f. ◻ anciennt Café populaire où l'on danse, souvent en plein air.

guiper v. tr. ◻ techn. Gainer d'un isolant.

guipure n. f. ◻ Dentelle à mailles larges.

guirlande n. f. ◻ Cordon décoratif.

guise n. f. **I.** *À SA GUISE* loc. adv. : selon sa volonté. **II.** *EN GUISE DE* loc. prép. : pour tenir lieu de.

guitare n. f. ◻ Instrument à cordes qu'on pince avec les doigts. ▶ **guitariste** n.

guitoune n. f. ◻ fam. Tente.

gus n. m. ◻ fam. Individu.

gustatif, ive adj. ◻ Qui a rapport au goût.

gutta-percha n. f. ◻ Gomme tirée du latex.

guttural, ale, aux adj. ◻ Du gosier. – *Une voix gutturale*, rauque.

gymkhana n. m. ◻ Course d'obstacles.

gymnase n. m. ◻ Établissement pour la pratique de la gymnastique.

gymnaste n. ◻ Athlète qui pratique la gymnastique.

gymnastique n. f. ◻ Art d'assouplir et de fortifier le corps par des exercices ; ces exercices.

gymnique adj. ◻ didact. De gymnastique.

gymnosperme n. f. ◻ bot. Plante à ovule nu porté par une feuille fertile.

gymnote n. m. ◻ zool. Poisson d'eau douce.

gynécée n. m. ◻ Antiq. Appartement réservé aux femmes.

gynécologie n. f. ◻ Discipline médicale qui étudie l'appareil génital de la femme. ▶ **gynécologique** adj. ▶ **gynécologue** n.

gypaète n. m. ◻ zool. Rapace se nourrissant de charognes.

gypse n. m. ◻ Roche sédimentaire (aussi appelée *pierre à plâtre*).

gyrocompas n. m. ◻ techn. Compas utilisant un gyroscope électrique.

gyrophare n. m. ◻ Phare rotatif de certains véhicules prioritaires.

gyroscope n. m. ◻ Appareil qui fournit une direction constante. ▶ **gyroscopique** adj.

H

***h** n. m. ◻ Huitième lettre, sixième consonne de l'alphabet. – Le *h* dit *aspiré* interdit la liaison et l'élision *(un héros, le héros)* ; cf. dans ce dictionnaire les mots précédés de *. Le *h muet* rend la liaison et l'élision obligatoires *(un homme, l'homme)*.

***ha** interj. **1.** Exprime la surprise, le soulagement. **2.** (redoublé) Exprime le rire.

habeas corpus n. m. ◻ dr. Institution assurant le respect de la liberté individuelle (en Angleterre, au XVIIe siècle).

habile adj. **1.** Qui exécute (qqch.) avec adresse et compétence. **2.** Fait avec adresse et intelligence. ▶ **habilement** adv.

habileté n. f. ◻ Qualité de qqn d'habile, de ce qui est habile.

habiliter v. tr. ◻ Rendre légalement apte à. ▶ **habilitation** n. f.

habillage n. m. **1.** Action d'habiller. **2.** Ce qui protège (qqch.).

habillement n. m. **1.** Action de (se) pourvoir d'habits. **2.** Ensemble des habits. **3.** Ensemble des professions du vêtement.

habiller v. tr. **1.** Couvrir (qqn) de vêtements, d'habits. – *HABILLER EN* (+ n.). → **costumer, déguiser.** ■ Fournir (qqn) en vêtements. ■ (sujet vêtement) *Un rien l'habille.* **2.** Couvrir, recouvrir (qqch.). ▷ v. pron. s'**habiller** Mettre des habits. ▷ adj. **habillé, ée** **1.** Couvert de vêtements. **2.** Dans une tenue élégante. – par ext. *Robe habillée.*

habilleur, euse n. ◻ Personne qui aide les acteurs, les mannequins à s'habiller.

habit n. m. **1.** au plur. *LES HABITS* : l'ensemble des pièces qui composent l'habillement. **2.** Vêtement propre à une fonction, à une circonstance. ■ *PRENDRE L'HABIT* : devenir prêtre, moine. – prov. *L'habit ne fait pas le moine* : on ne doit pas juger les gens sur leur aspect.

habitable adj. ◻ Où l'on peut habiter, vivre, se tenir. ▶ **habitabilité** n. f.

habitacle n. m. **1.** Poste de pilotage (d'un avion...). **2.** Intérieur d'une voiture.

habitant, ante n. ◻ Personne qui réside habituellement en un lieu. – (collectif) *Loger chez l'habitant*, chez les gens du pays.

habitat n. m. **1.** Milieu propre à la vie d'une espèce animale ou végétale. **2.** Mode d'organisation et de peuplement par l'homme du milieu où il vit.

habitation n. f. ◻ Lieu où l'on habite.

habiter v. **I.** v. intr. Avoir sa demeure. *Habiter à la campagne.* **II.** v. tr. **1.** Demeurer dans. *Habiter un studio.* **2.** fig. (sujet chose) *La passion qui l'habite.* → **animer.** ▷ adj. **habité, ée** Qui a des habitants.

habitude n. f. **1.** Manière usuelle d'agir, de se comporter (de qqn). ■ (collectif) *L'HABITUDE* : l'ensemble des habitudes de qqn. **2.** Usage d'une collectivité, d'un lieu. **3.** Fait d'être accoutumé, par la répétition (à qqn, qqch.). **4.** *D'HABITUDE* loc. adv. : de manière courante. – *COMME D'HABITUDE* : comme toujours.

habitué, ée n. ◻ Personne qui fréquente habituellement un lieu.

habituel, elle adj. **1.** Passé à l'état d'habitude. **2.** Constant ; fréquent. ▶ **habituellement** adv.

habituer v. tr. ▫ *HABITUER À* **1.** Faire prendre à (qqn, un animal) l'habitude de. **2.** passif *ÊTRE HABITUÉ À* : avoir l'habitude de. ▷ v. pron. s'**habituer** à Prendre l'habitude de.

***hâbleur, euse** n. et adj. ▫ Personne qui parle beaucoup, en exagérant, en se vantant. ▶ ***hâblerie** n. f.

***hache** n. f. ▫ Instrument à lame tranchante, servant à fendre.

***hacher** v. tr. ▫ Couper en petits morceaux avec un instrument tranchant. ▷ adj. ***haché, ée** **1.** *Viande hachée* ; n. m. *du haché.* **2.** fig. Entrecoupé, interrompu (langage). *Style haché.*

***hachette** n. f. ▫ Petite hache.

***hachis** n. m. ▫ Préparation d'aliments hachés très fin.

***hachisch** → **haschisch**

***hachoir** n. m. ▫ Large couteau ou appareil servant à hacher.

***hachure** n. f. ▫ Traits parallèles ou croisés figurant les ombres d'un dessin, etc.

***hachurer** v. tr. ▫ Couvrir de hachures.

hacienda n. f. ▫ Grande exploitation rurale, en Amérique latine.

***hacker** n. ▫ anglic. Passionné(e) d'informatique qui s'infiltre dans un réseau protégé.

***haddock** n. m. ▫ Églefin fumé.

***hadith** n. m. ▫ didact. Recueil des actes et paroles de Mahomet.

***hadji** n. m. ▫ Musulman qui a fait le pèlerinage de La Mecque.

hadron n. m. ▫ phys. Particule élémentaire lourde.

hagard, arde adj. ▫ Qui a une expression égarée et farouche.

hagiographie n. f. ▫ didact. **1.** Rédaction des vies des saints. **2.** Biographie excessivement élogieuse. ▶ **hagiographique** adj.

***haie** n. f. **1.** Clôture végétale. ▪ *COURSE DE HAIES,* où l'on franchit des barrières. **2.** File de personnes formée pour laisser le passage à qqn, un cortège.

***haïk** n. m. ▫ Pièce d'étoffe drapée sur les vêtements (vêtement féminin musulman).

***haïku** n. m. ▫ Poème classique japonais de dix-sept syllabes réparties en trois vers.

***haillon** n. m. ▫ Vieux morceau d'étoffe servant de vêtement.

***haillonneux, euse** adj. ▫ En haillons.

***haine** n. f. ▫ Sentiment violent qui pousse à vouloir du mal à qqn.

***haineux, euse** adj. **1.** Porté à la haine. **2.** Qui marque la haine. *Regard haineux.* **3.** Inspiré par la haine. ▶ ***haineusement** adv.

***haïr** v. tr. ▫ Avoir en haine ; détester.

***haïssable** adj. ▫ Qui mérite d'être haï.

***halage** n. m. ▫ Action de haler un bateau.

***halal** adj. invar. ▫ (viande) Conforme au rite musulman. ▪ Où l'on prépare de la viande halal. – var. **hallal.**

***halbran** n. m. ▫ Jeune canard sauvage.

***hâle** n. m. ▫ Couleur brune que prend la peau à l'air et au soleil.

haleine n. f. **1.** Mélange gazeux qui sort des poumons pendant l'expiration. **2.** La respiration (inspiration et expiration). **3.** Intervalle entre deux inspirations. – *TENIR qqn EN HALEINE,* maintenir dans un état d'attente.

***haler** v. tr. **1.** Tirer à soi, spécialt à l'aide d'un cordage. **2.** Remorquer (un bateau) à l'aide d'un câble tiré du rivage.

***hâler** v. tr. ▫ (air, soleil) Rendre (le teint...) brun. ▷ adj. ***hâlé, ée**

***haletant, ante** adj. **1.** Qui halète. **2.** Qui tient en haleine. *Intrigue haletante.*

***haleter** v. intr. □ Respirer à un rythme précipité. ▶ ***halètement** n. m.

***haleur, euse** n. □ Personne qui hale les bateaux le long des cours d'eau.

halieutique adj. □ didact. De la pêche.

***hall** n. m. □ anglic. **1.** Grande salle servant d'entrée, d'accès. **2.** Vaste local.

hallali n. m. □ chasse Cri ou sonnerie de cor annonçant que l'animal est aux abois.

***halle** n. f. □ Vaste emplacement couvert où se tient un marché, un commerce de gros.

***hallebarde** n. f. □ anciennt Arme d'hast à fers latéraux. ▪ fam. *Il pleut, il tombe des hallebardes* : il pleut à verse.

***hallebardier** n. m. □ anciennt Homme d'armes portant la hallebarde.

***hallier** n. m. □ Groupe de buissons serrés.

halloween n. f. □ En Amérique du Nord, fête (31 octobre) où les enfants, déguisés, quêtent des friandises.

hallucinant, ante adj. □ Qui a une grande puissance d'évocation. ▪ Extraordinaire.

hallucination n. f. □ Perception de faits, d'objets, de sensations sans rapport avec le réel. ▶ **hallucinatoire** adj.

halluciné, ée adj. □ Qui a des hallucinations. – *Un air halluciné.*

halluciner v. tr. □ Rendre halluciné.

hallucinogène adj. et n. m. □ Qui donne des hallucinations.

***halo** n. m. □ Auréole lumineuse diffuse.

halogène n. m. **1.** chim. Se dit des cinq éléments analogues au chlore (fluor, chlore, brome, iode, astate). **2.** *Lampe (à) halogène,* qui contient un halogène.

***halte** n. f. **1.** Temps d'arrêt consacré au repos, au cours d'une marche. **2.** Lieu où l'on fait halte.

haltère n. m. □ Instrument de gymnastique fait de deux masses de métal réunies par une tige. ▪ *POIDS ET HALTÈRES* : sport consistant à soulever des haltères (syn. *haltérophilie*). ▶ **haltérophile** n.

***halva** n. m. □ Confiserie au sésame.

***hamac** n. m. □ Rectangle de toile ou de filet suspendu, utilisé comme lit.

hamamélis n. m. □ Arbuste dont l'écorce et les feuilles servent en pharmacie.

***hamburger** n. m. □ anglic. Bifteck haché (servi dans un pain rond).

***hameau** n. m. □ Petit groupe de maisons.

hameçon n. m. □ Crochet pointu qu'on met au bout d'une ligne et qu'on garnit d'un appât, pour pêcher.

***hammam** n. m. □ Établissement de bains de vapeur.

① ***hampe** n. f. **1.** Long manche de bois. **2.** bot. Tige portant une ou des fleurs. **3.** Trait vertical d'une lettre. *La hampe du p.*

② ***hampe** n. f. □ Partie supérieure et latérale du ventre du bœuf.

***hamster** n. m. □ Petit rongeur roux et blanc.

***han** interj. □ Onomatopée traduisant le cri de qqn qui fait un effort.

***hanap** n. m. □ (Moyen Âge) Grand vase en métal.

***hanche** n. f. □ Chacune des deux régions du corps formant saillie sous la taille.

***handball** n. m. □ Sport d'équipe qui se joue à la main avec un ballon rond. ▶ ***handballeur, euse** n.

***handicap** n. m. **1.** Épreuve sportive où l'on impose aux meilleurs certains désavantages. **2.** Déficience physique ou mentale. **3.** fig. Désavantage.

***handicapant, ante** adj. □ Qui handicape.

***handicapé, ée** adj. et n. ▫ Qui présente un handicap.

***handicaper** v. tr. ▫ Défavoriser, désavantager.

***handisport** adj. ▫ Relatif au sport pratiqué par les handicapés physiques.

***hangar** n. m. ▫ Construction abritant du gros matériel, des marchandises. – Garage pour avions.

***hanneton** n. m. ▫ Coléoptère ordinairement roux, au vol lourd et bruyant.

***hanse** n. f. ▫ hist. Association de marchands, au Moyen Âge.

***hanter** v. tr. **1.** littér. Fréquenter (un lieu) d'une manière habituelle. **2.** (esprits...) Fréquenter (un lieu). – au p. p. *Maison hantée.* **3.** fig. Obséder (qqn).

***hantise** n. f. ▫ Tourment constant.

hapax n. m. ▫ ling. Mot, emploi dont on ne connaît qu'un exemple.

haploïde adj. ▫ biol. Dont chaque paire de chromosomes est dédoublée.

***happening** n. m. ▫ anglic. Spectacle où priment l'imprévu et la spontanéité.

***happer** v. tr. ▫ Saisir, attraper brusquement et avec violence.

haptique adj. ▫ didact. Qui concerne le sens du toucher.

haptonomie n. f. ▫ Communication avec le fœtus par toucher du ventre de la mère.

***haquenée** n. f. ▫ vx Cheval ou jument d'allure douce.

***haquet** n. m. ▫ Charrette étroite.

***hara-kiri** n. m. ▫ Suicide par éventration, très honorable, au Japon. *Des hara-kiris.*

***harangue** n. f. ▫ Discours solennel. ▶ ***haranguer** v. tr. ▶ ***harangueur, euse** n.

***haras** n. m. ▫ Établissement destiné à la reproduction et à l'élevage des chevaux.

***harasser** v. tr. ▫ Accabler de fatigue. ▶ ***harassé, ée** adj. ▶ ***harassant, ante** adj. ▶ ***harassement** n. m.

***harceler** v. tr. ▫ Soumettre sans répit à de petites attaques. ▶ ***harcèlement** n. m. ▶ ***harceleur, euse** adj.

***harde** n. f. ▫ Troupe de bêtes sauvages.

***hardes** n. f. pl. ▫ péj. Vêtements pauvres.

***hardi, ie** adj. ▫ Qui ose ; audacieux, intrépide.

***hardiesse** n. f. ▫ littér. Qualité d'une personne, d'une action hardie.

***hardiment** adv. ▫ Avec hardiesse.

hard rock n. m. ▫ anglic. Rock d'un style simple et énergique, né dans les années 1970. – var. **hard-rock.**

***hardware** n. m. ▫ anglic., inform. Matériel*.

***harem** n. m. ▫ Appartement réservé aux femmes (dans l'Islam).

***hareng** n. m. ▫ Poisson de mer vivant en bancs.

***harengère** n. f. ▫ Femme grossière.

***haret** adj. m. ▫ *Chat haret* ou n. m. *haret* : chat domestique retourné à l'état sauvage.

***hargne** n. f. ▫ Mauvaise humeur. ▪ Ténacité rageuse. ▶ ***hargneux, euse** adj. ▶ ***hargneusement** adv.

***haricot** n. m. **1.** Plante légumineuse. **2.** au plur. Gousses de cette plante qui se mangent vertes *(haricots verts)*, ou contenant les graines. – Ces graines. **3.** fig., fam. *C'est la fin des haricots*, la fin de tout.

***haridelle** n. f. ▫ Mauvais cheval.

***harissa** n. f. ou m. ▫ Poudre ou purée de piments utilisée comme condiment.

***harki** n. m. ▫ Militaire indigène d'Afrique du Nord qui servait aux côtés des Français.

harmattan n. m. ▫ Alizé chaud et sec qui souffle sur l'Afrique occidentale.

harmonica n. m. ▫ Instrument de musique en forme de petite boîte plate, dont on fait vibrer les anches par le souffle.

harmonie n. f. **1.** Combinaison de sons agréables à l'oreille. **2.** mus. Science des accords. **3.** Orchestre de bois, de cuivres et de percussions. **4.** Rapports entre les parties d'un tout, qui font qu'elles concourent à un effet d'ensemble. **5.** Accord entre personnes.

harmonieux, euse adj. **1.** Agréable à l'oreille. **2.** Qui est en harmonie. ▶ **harmonieusement** adv.

harmonique adj. ▫ Relatif à l'harmonie (2).

harmoniser v. tr. **1.** Mettre en harmonie. **2.** mus. Combiner (une mélodie) avec d'autres parties, des accords. ▷ v. pron. s'**harmoniser** ▶ **harmonisation** n. f.

harmoniste n. ▫ Musicien qui accorde de l'importance à l'harmonie (2).

harmonium n. m. ▫ Instrument à clavier et à soufflerie.

***harnacher** v. tr. **1.** Mettre le harnais à (un animal). **2.** Habiller (qqn) de manière incommode. ▶ ***harnachement** n. m.

***harnais** n. m. **1.** Équipement d'un animal de selle ou de trait. **2.** Système de sangles pour s'attacher.

***haro** n. m. ▫ *Crier haro sur le baudet* : condamner publiquement qqn, qqch.

***harpe** n. f. ▫ Grand instrument à cordes pincées, à cadre souvent triangulaire.

***harpie** n. f. **1.** mythol. Monstre à corps de vautour et à tête de femme. **2.** fig. Femme méchante, acariâtre.

***harpiste** n. ▫ Personne qui joue de la harpe.

***harpon** n. m. ▫ Instrument relié à une ligne, pour prendre les gros poissons, les cétacés, etc.

***harponner** v. tr. **1.** Accrocher avec un harpon. **2.** fig., fam. Arrêter, saisir brutalement. ▶ ***harponnage** ou (rare) ***harponnement** n. m.

haruspice → **aruspice**

***hasard** n. m. **1.** Événement fortuit ; concours de circonstances inattendu et inexplicable. **2.** Cause attribuée à des événements apparemment inexplicables. **3.** *AU HASARD* loc. adv. : n'importe où ; n'importe comment. ▪ *À TOUT HASARD* loc. adv. : en prévision de tout ce qui pourrait arriver. ▪ *PAR HASARD* loc. adv. → **accidentellement, fortuitement.** **4.** *JEU DE HASARD,* où le calcul, l'habileté n'ont aucune part (dés, loterie...).

***hasarder** v. tr. ▫ Entreprendre, dire (qqch.) en courant le risque d'échouer ou de déplaire. ▷ v. pron. se **hasarder** → s'**aventurer.**

***hasardeux, euse** adj. ▫ Périlleux.

***haschisch** n. m. ▫ Chanvre indien, fournissant une drogue ; cette drogue. – var. **hachisch.**

***hase** n. f. ▫ Femelle du lièvre.

***hassidisme** n. m. ▫ Courant religieux juif (dont les fidèles s'appellent des *hassidim* n. m. pl.).

hast n. m. ▫ anciennt *Arme d'hast* : arme au fer monté sur une longue hampe.

***hâte** n. f. ▫ Grande promptitude. – *Avoir hâte de* (+ inf.) : être pressé, impatient de.

***hâter** v. tr. **1.** littér. Faire arriver plus vite. *Hâter son départ.* **2.** Faire évoluer plus vite ; rendre plus rapide. *Hâter le pas.* ▷ v. pron. se **hâter** Se dépêcher.

***hâtif, ive** adj. ▫ Qui est fait trop vite. ▶ ***hâtivement** adv.

***hauban** n. m. ▫ Câble de consolidation.

***haubaner** v. tr. ▫ Consolider par des haubans. ▸ ***haubanage** n. m.

***haubert** n. m. ▫ (au Moyen Âge) Chemise de mailles à manches et à capuchon.

***hausse** n. f. ▫ Augmentation.

***haussement** n. m. ▫ *Haussement d'épaules* : mouvement par lequel on élève les épaules en signe de dédain, d'irritation, etc.

***hausser** v. tr. **1.** Donner plus de hauteur à. **2.** Mettre à un niveau plus élevé. – pronom. *Se hausser sur la pointe des pieds.* ▪ *Hausser les prix.* → **augmenter.** **3.** Donner plus d'ampleur, d'intensité à.

① ***haut, *haute** adj. ▫ (opposé à *bas*) **I. 1.** D'une dimension déterminée ou supérieure à la moyenne, dans le sens vertical. **2.** Dans sa position la plus élevée. *Le soleil est haut dans le ciel.* – *Avoir* LA HAUTE MAIN *dans, sur qqch.*, en avoir le contrôle. **3.** Situé au-dessus. – *Le haut Rhin, la haute Égypte* (région proche de la source ou éloignée de la mer). **4.** dans le temps (avant le nom) → **ancien, reculé.** *Le haut Moyen Âge.* **5.** en intensité → **fort, grand.** *Haute fréquence.* – *Lire à voix haute.* **II.** abstrait (avant le nom) **1.** (dans l'ordre de la puissance) → **important.** *La haute société* ; n. f. fam. *la haute.* **2.** (dans l'échelle des valeurs) → **éminent, supérieur.** *Haute intelligence.* **3.** Très grand. *Tenir qqn en haute estime.*

② ***haut I.** n. m. **1.** Dimension verticale déterminée, de la base au sommet. **2.** Position déterminée sur la verticale. **3.** Partie, région haute d'une chose. **4.** *Avoir* DES HAUTS ET DES BAS, des alternances de bon et de mauvais état. **II.** adv. **1.** En un point élevé sur la verticale. **2.** (adj. à valeur adverbiale) En position haute. *HAUT LES MAINS !* : sommation faite à qqn de lever les mains ouvertes. – *HAUT LA MAIN* : avec brio, en surmontant les obstacles. **3.** En un point reculé dans le temps. **4.** À haute voix, d'une voix forte. **5.** À un haut degré. **III.** loc. adv. **1.** *DE HAUT* : d'un lieu élevé. – fig. *Le prendre de haut*, réagir avec arrogance. **2.** *EN HAUT (DE)* : dans la région haute (de) ; en direction du haut (de).

***hautain, aine** adj. ▫ Fier et dédaigneux.

***hautbois** n. m. ▫ Instrument de musique à vent, à anche double. ▸ ***hautboïste** n.

***haut-de-chausses** n. m. ▫ anciennt Partie du vêtement masculin allant de la ceinture aux genoux. *Des hauts-de-chausses.*

***haut-de-forme** n. m. ▫ Chapeau d'homme haut et cylindrique. *Des hauts-de-forme.*

***haute-contre 1.** n. f. Voix d'homme plus aiguë que celle du ténor. **2.** n. m. Chanteur qui a cette voix. *Des hautes-contre.*

***haute-fidélité** n. f. → **fidélité**

***hautement** adv. ▫ À un degré supérieur.

***hauteur** n. f. **1.** Dimension dans le sens vertical, de la base au sommet. **2.** Position déterminée sur la verticale. **3.** *À LA HAUTEUR DE* loc. prép. : au niveau de (aussi fig.). **4.** Terrain, lieu élevé. **5.** péj. Attitude de qqn qui regarde les autres avec mépris.

***haut-fond** n. m. ▫ Sommet sous-marin recouvert de peu d'eau. *Des hauts-fonds.*

***haut fourneau** n. m. ▫ Four à cuve pour fondre le minerai de fer. *Des hauts fourneaux.*

***haut-le-cœur** n. m. invar. ▫ Soulèvement de l'estomac.

***haut-le-corps** n. m. invar. ▫ Mouvement brusque et involontaire du buste vers le haut.

***haut-parleur** n. m. □ Appareil qui transforme en ondes sonores les courants électriques. *Des haut-parleurs.*

***haut-relief** n. m. □ Sculpture présentant un relief très saillant sans se détacher du fond. *Des hauts-reliefs.*

***hauturier, ière** adj. □ De la haute mer*.

***havane 1.** n. m. Tabac de La Havane. – Cigare de ce tabac. **2.** adj. invar. Marron clair.

***hâve** adj. □ littér. Amaigri et pâli.

***haver** v. tr. □ techn. Entailler (le charbon) dans une mine. ▶ **havage** n. m.

***havre** n. m. **1.** vx Petit port. **2.** fig., littér. Abri, refuge.

***havresac** n. m. □ anciennt Sac qui contenait l'équipement du fantassin.

***hayon** n. m. □ Partie mobile tenant lieu de porte à l'arrière d'un véhicule.

***hé** interj. □ Sert à interpeller.

***heaume** n. m. □ (au Moyen Âge) Casque enveloppant toute la tête.

hebdomadaire 1. adj. Qui s'effectue en une semaine. – Qui se fait chaque semaine. **2.** n. m. Publication qui paraît chaque semaine. ▶ **hebdomadairement** adv.

héberger v. tr. **1.** Loger (qqn) chez soi. **2.** Accueillir, recevoir sur son sol. ▶ **hébergement** n. m.

hébéter v. tr. □ Rendre obtus, stupide. ▶ **hébété, ée** adj.

hébétude n. f. □ littér. État d'une personne hébétée.

hébraïque adj. □ Qui concerne la langue ou la civilisation des Hébreux.

hébreu I. 1. n. Membre du peuple sémitique dont la Bible retrace l'histoire. **2.** n. m. Langue sémitique des Hébreux autrefois, des Israéliens aujourd'hui. – fig. *C'est de l'hébreu,* c'est inintelligible. **II.** adj. m. Se dit du peuple, de la langue des Hébreux.

hécatombe n. f. □ Massacre, carnage.

hectare n. m. □ Mesure de superficie équivalant à cent ares (symb. ha).

hectolitre n. m. □ Cent litres (symb. hl).

hectomètre n. m. □ Cent mètres (symb. hm).

hectopascal n. m. □ météorol. Cent pascals (symb. hPa).

hédonisme n. m. □ philos. Doctrine qui prend pour principe de la morale la recherche du plaisir. ▶ **hédoniste** n. et adj.

hégémonie n. f. □ Suprématie d'un État sur d'autres. ▶ **hégémonique** adj.

hégire n. f. □ Ère des musulmans (qui commence en l'an 622 de l'ère chrétienne).

***hein** interj. □ fam. **1.** Pour faire répéter ou interrompre qqn. **2.** Renforce une phrase interrogative ou exclamative.

hélas interj. □ Interjection de plainte.

***héler** v. tr. □ Appeler de loin.

hélianthe n. m. □ Plante d'origine exotique, à grands capitules jaunes.

hélice n. f. **1.** math. Courbe engendrée par une droite oblique s'enroulant sur un cylindre. **2.** Appareil de propulsion, de traction ou de sustentation constitué de plusieurs pales solidaires d'un arbre.

héliciculture n. f. □ Élevage des escargots.

hélicoïdal, ale, aux adj. □ En forme d'hélice (1).

hélicon n. m. □ Tuba contrebasse circulaire que l'on fait reposer sur une épaule.

hélicoptère n. m. □ Aéronef muni d'une ou de plusieurs hélices horizontales, et qui décolle à la verticale.

héliogravure n. f. □ Procédé de photogravure en creux.

héliomarin, ine adj. □ méd. Qui utilise l'action du soleil et de l'air marin.

héliothérapie n. f. □ Traitement par la lumière et la chaleur solaires.

héliotrope n. m. ▫ Plante à fleurs odorantes.

héliport n. m. ▫ Aéroport pour hélicoptères.

héliporté, ée adj. ▫ Transporté par hélicoptère.

hélium n. m. ▫ Élément (symb. He), gaz rare le plus léger, ininflammable.

hélix n. m. **1.** Ourlet du pavillon de l'oreille. **2.** zool. Escargot.

hellène adj. et n. ▫ De la Grèce.

hellénique adj. ▫ Des Hellènes.

hellénisme n. m. **1.** Construction ou emploi propre à la langue grecque. **2.** Civilisation grecque.

helléniste n. ▫ Spécialiste de philologie, de littérature grecques.

hellénistique adj. ▫ De la civilisation de langue grecque, après la mort d'Alexandre et jusqu'à la conquête romaine.

helminthe n. m. ▫ Ver parasite.

helminthiase n. f. ▫ méd. Affection causée par les helminthes.

helminthologie n. f. ▫ zool. Étude des vers.

helvétique adj. ▫ De la Suisse.

helvétisme n. m. ▫ ling. Mot, tournure propre au français de la Suisse romande.

hématie n. f. ▫ Globule rouge du sang.

hématite n. f. ▫ Minerai de fer rougeâtre.

hématocrite n. m. ▫ biol. Rapport du volume des hématies au volume sanguin.

hématologie n. f. ▫ didact. Étude du sang. ▶ **hématologue** n. – var. **hématologiste.**

hématome n. m. ▫ Accumulation de sang dans un tissu (surtout tissu cutané), due à des lésions vasculaires.

hématose n. f. ▫ physiol. Échanges gazeux qui se produisent lors de la respiration.

hématozoaire n. m. ▫ zool. Parasite (protozoaire) vivant dans le sang.

hématurie n. f. ▫ méd. Présence anormale de sang dans l'urine.

hémicycle n. m. ▫ Construction, gradins en demi-cercle.

hémione n. m. ▫ zool. Équidé d'Asie.

hémiplégie n. f. ▫ Paralysie d'une moitié du corps. ▶ **hémiplégique** adj. et n.

hémiptère n. m. ▫ Insecte suceur.

hémisphère n. m. **1.** Moitié d'une sphère. **2.** Moitié du globe terrestre. **3.** *Hémisphères cérébraux* : les deux moitiés latérales du cerveau. ▶ **hémisphérique** adj.

hémistiche n. m. ▫ Moitié d'un vers, marquée par une césure.

hémoculture n. f. ▫ didact. Ensemencement d'un milieu de culture avec du sang pour y rechercher des microbes.

hémoglobine n. f. ▫ Protéine qui donne au sang sa couleur rouge.

hémogramme n. m. ▫ méd. Étude quantitative et qualitative des globules du sang.

hémolyse n. f. ▫ Destruction des hématies.

hémophilie n. f. ▫ Maladie héréditaire qui se traduit par une incapacité du sang à coaguler. ▶ **hémophile** adj. et n.

hémoptysie n. f. ▫ méd. Crachement de sang provenant des voies respiratoires. ▶ **hémoptysique** adj. et n.

hémorragie n. f. **1.** Fuite de sang hors d'un vaisseau sanguin. **2.** Perte, fuite. ▶ **hémorragique** adj.

hémorroïde n. f. ▫ Varice qui se forme à l'anus et au rectum. ▶ **hémorroïdaire** adj. et n. ▶ **hémorroïdal, ale, aux** adj.

hémostase n. f. ▫ méd. Arrêt d'une hémorragie.

hémostatique adj. ▫ Propre à arrêter les hémorragies.

***henné** n. m. ▫ Poudre jaune ou rouge d'origine végétale utilisée pour teindre.

***hennin** n. m. ▫ anciennt Coiffure féminine, conique et haute, du Moyen Âge.

***hennissement** n. m. ▫ Cri du cheval. ▶ ***hennir** v. intr.

***hep** interj. ▫ Cri pour appeler.

héparine n. f. ▫ Substance acide anticoagulante, abondante dans le foie.

hépatique adj. **1.** Qui a rapport au foie. **2.** adj. et n. Qui souffre du foie.

hépatite n. f. ▫ Inflammation du foie.

heptathlon n. m. ▫ Discipline de l'athlétisme qui regroupe sept épreuves.

héraldique 1. adj. Relatif au blason. **2.** n. f. Art des armoiries.

héraldiste n. ▫ Spécialiste du blason.

***héraut** n. m. ▫ (au Moyen Âge) Officier qui transmettait les messages, faisait les proclamations solennelles, etc.

herbacé, ée adj. ▫ bot. De la nature de l'herbe.

herbage n. m. ▫ Prairie naturelle.

herbe n. f. **1.** bot. Végétal non ligneux, dont les parties aériennes meurent chaque année. ▪ *Fines herbes ; herbes de Provence,* herbes aromatiques. **2.** Plante herbacée, graminée sauvage. – *MAUVAISE HERBE :* herbe qui nuit aux cultures. **3.** sing. collectif Végétation naturelle de plantes herbacées peu élevées. *Déjeuner sur l'herbe.* **4.** fam. Haschisch. **5.** *EN HERBE,* se dit des céréales qui, au début de leur croissance, sont vertes et molles. – *Un cinéaste en herbe.* → **apprenti, futur.**

herbeux, euse adj. ▫ Où il y a de l'herbe.

herbicide adj. ▫ Qui détruit les mauvaises herbes. – n. m. → **défoliant, désherbant.**

herbier n. m. ▫ Collection de plantes séchées conservées entre des feuillets.

herbivore adj. ▫ Qui se nourrit exclusivement de végétaux.

herboriser v. intr. ▫ Recueillir des plantes dans la nature pour les étudier ou les utiliser. ▶ **herborisation** n. f.

herboriste n. ▫ Personne qui vend des plantes médicinales. ▶ **herboristerie** n. f.

herbu, ue adj. ▫ Où l'herbe foisonne.

hercule n. m. ▫ Homme d'une très grande force physique.

herculéen, éenne adj. ▫ Digne d'Hercule.

hercynien, ienne adj. ▫ géol. Se dit de plissements datant du carbonifère.

***hère** n. m. ▫ *PAUVRE HÈRE :* homme pauvre, misérable.

héréditaire adj. **1.** Relatif à l'hérédité (I). **2.** Qui se transmet des parents aux descendants. ▶ **héréditairement** adv.

hérédité n. f. **I.** Transmission par voie de succession. **II. 1.** Transmission des caractères d'un être vivant à ses descendants. **2.** Ensemble des caractères hérités des parents, des ascendants.

hérésiarque n. m. ▫ relig. Auteur d'une hérésie ; chef d'une secte hérétique.

hérésie n. f. **1.** Doctrine, opinion émise au sein de l'Église catholique et condamnée par elle. **2.** Idée, théorie, pratique qui heurte les opinions communément admises.

hérétique adj. ▫ Qui soutient une hérésie (1). – n. *Un hérétique.*

***hérissement** n. m. ▫ Disposition de choses hérissées.

***hérisser** v. tr. **1.** (animal) Dresser (ses poils, ses plumes...). **2.** *HÉRISSER qqch. DE,* garnir, munir de choses pointues. – au p. p. *Parcours hérissé d'obstacles.* **3.** Disposer défavorablement (qqn) en inspirant de la colère, de l'aversion.

▷ v. pron. se **hérisser** 1. (poils, plumes...) Se dresser. 2. S'irriter.

***hérisson** n. m. ▫ Petit mammifère au corps recouvert de piquants.

héritage n. m. 1. Patrimoine transmis par succession. 2. fig. Ce qui est transmis comme par succession. *Héritage culturel.* → **patrimoine.**

hériter v. 1. *HÉRITER DE* v. tr. ind. Devenir propriétaire de (qqch.), titulaire de (un droit) par voie de succession. 2. v. tr. dir. Recevoir (un bien, un titre) par voie de succession. ▶ **hérité, ée** adj.

héritier, ière n. 1. Personne qui doit recevoir ou qui reçoit des biens en héritage. 2. fig. → **continuateur, successeur.**

hermaphrodisme n. m. ▫ biol. Caractère d'un organisme capable d'élaborer des gamètes de l'un et de l'autre sexe.

hermaphrodite I. n. m. Être humain possédant à la fois ovaire(s) et testicule(s). II. adj. Doté de caractères mâles et femelles.

herméneutique n. f. ▫ didact. Interprétation des textes, des symboles.

hermétique adj. I. didact. Relatif à l'hermétisme (1). II. 1. Qui ferme parfaitement. 2. Impénétrable, difficile ou impossible à comprendre.

hermétiquement adv. ▫ Par une fermeture hermétique.

hermétisme n. m. ▫ didact. 1. Ensemble des doctrines ésotériques de l'alchimie. 2. Caractère incompréhensible, obscur.

hermine n. f. ▫ Mammifère carnivore ; sa fourrure.

herminette n. f. ▫ Hachette à fer recourbé.

***herniaire** adj. ▫ méd. D'une hernie.

***hernie** n. f. 1. Tumeur molle formée par un organe totalement ou partiellement sorti de sa cavité naturelle. 2. Gonflement localisé d'une chambre à air.

héroïcomique adj. ▫ Qui tient du genre héroïque et du comique.

① **héroïne** n. f. 1. Femme qui fait preuve de vertus exceptionnelles. 2. Principal personnage féminin (d'une œuvre...).

② **héroïne** n. f. ▫ Médicament et stupéfiant dérivé de la morphine.

héroïnomane n. et adj. ▫ Toxicomane qui se drogue à l'héroïne.

héroïque adj. 1. Qui a trait aux héros anciens, à leurs exploits. – *Temps héroïques* : époque très reculée. 2. Qui est digne d'un héros. 3. Qui fait preuve d'héroïsme. ▶ **héroïquement** adv.

héroïsme n. m. ▫ Courage des héros.

***héron** n. m. ▫ Grand oiseau échassier à long cou grêle et à très long bec.

***héros** n. m. 1. Personnage légendaire auquel on prête un courage et des exploits remarquables. 2. Homme digne de gloire par son courage, son génie, etc. 3. Personnage principal (d'une œuvre, etc.).

herpès n. m. ▫ Affection cutanée d'origine virale. ▶ **herpétique** adj.

herpétologie → **erpétologie**

herpétologue → **erpétologue**

***herse** n. f. 1. Instrument à dents pour briser les mottes de terre. 2. Grille mobile armée de fortes pointes, à l'entrée d'un château fort.

***hertz** n. m. ▫ phys. Unité de mesure de fréquence (symb. Hz).

***hertzien, ienne** adj. ▫ Se dit d'ondes électromagnétiques.

hésitant, ante adj. ▫ Qui hésite.

hésitation n. f. ▫ Fait d'hésiter. ▪ Attitude qui traduit de l'indécision, de l'embarras.

hésiter v. intr. 1. Être dans un état d'incertitude, d'irrésolution. 2. Marquer de l'indécision.

hétaïre n. f. □ Antiq. grecque Prostituée d'un rang social élevé.

hétérochromosome n. m. □ biol. Chromosome qui détermine le sexe.

hétéroclite adj. □ Composé d'éléments variés.

hétérodoxe adj. **1.** relig. Qui s'écarte du dogme. **2.** didact. Qui n'est pas conformiste. ▶ **hétérodoxie** n. f.

hétérogamie n. f. □ biol. Reproduction sexuée par deux gamètes de morphologie différente.

hétérogène adj. □ Composé d'éléments de nature différente ; qui n'a pas d'unité. ▶ **hétérogénéité** n. f.

hétérogreffe n. f. □ méd. Greffe entre individus d'espèces différentes.

hétérosexuel, elle adj. et n. □ Qui éprouve une attirance sexuelle pour les individus du sexe opposé. – abrév. fam. **hétéro.** ▶ **hétérosexualité** n. f.

hétérozygote adj. □ biol. Se dit d'une cellule ou d'un individu qui possède deux gènes différents (récessif et dominant) sur chaque chromosome de la même paire.

***hêtraie** n. f. □ Lieu planté de hêtres.

***hêtre** n. m. □ Grand arbre forestier à écorce lisse gris clair. ▪ Son bois.

***heu** interj. □ Marque l'embarras, la gêne.

heur n. m. □ *N'avoir pas l'heur de :* n'avoir pas la chance de.

heure n. f. **1.** Espace de temps égal à la vingt-quatrième partie du jour. *L'heure est subdivisée en 60 minutes.* **2.** Point précis du jour, chiffré sur la base des 24 divisions du jour (symb. h). *Le train de 20 h 50.* – *Heure locale, légale,* déterminée pour chaque pays. ▪ *À L'HEURE :* exact, ponctuel. **3.** Moment de la journée, selon son emploi ou l'aspect sous lequel il est considéré. *Les heures de pointe.* ▪ *À la première heure :* de très bon matin. ▪ *À LA BONNE HEURE* loc. adv. : à propos ; par ext. c'est parfait. **4.** spécialt Moment où l'on récite les différentes parties du bréviaire. ▪ *Livre d'heures, heures :* recueil de prières. **5.** Moment de la vie. – *Sa dernière heure, son heure est venue :* il va bientôt mourir. ▪ absolt *L'HEURE :* le moment présent. *L'heure est grave.* → **circonstance. 6.** *À TOUTE HEURE :* à tout moment de la journée. – *POUR L'HEURE :* pour le moment. ▪ *TOUT À L'HEURE :* dans un moment. ▪ *DE BONNE HEURE :* à une heure matinale, ou en avance.

heureusement adv. **1.** D'une manière heureuse ; avec succès. **2.** Par bonheur.

heureux, euse adj. **I. 1.** Qui bénéficie d'une chance favorable. *Être heureux en amour.* **2.** Favorable. ▪ impers. *C'est heureux pour vous :* c'est une chance pour vous. **3.** Qui semble marquer une disposition favorable de la nature. **4.** Bien trouvé. **II. 1.** Qui jouit du bonheur. ▪ n. *Faire un heureux :* faire le bonheur de qqn. **2.** Qui exprime le bonheur. **3.** Marqué par le bonheur. *Bonne et heureuse année !*

heuristique □ didact. **1.** adj. Qui sert à la découverte. **2.** n. f. Partie de la science qui a pour objet la découverte des faits.

***heurt** n. m. **1.** Action de heurter ; son résultat. **2.** Opposition, choc résultant d'un désaccord.

***heurter** v. **I.** v. tr. dir. **1.** Toucher rudement, en entrant brusquement en contact avec. **2.** Contrecarrer (qqn) d'une façon qui choque et provoque une résistance. **II.** v. tr. ind. *HEURTER À :* frapper avec intention à. *Heurter à la porte.* ▷ v. pron. se ***heurter 1.** (réfl.) Se cogner. – fig. *Se heurter à un refus.* **2.** (récipr.) *Ils se sont heurtés de plein fouet.* ▪ fig. Entrer en conflit. ▷ adj. ***heurté, ée** Fait de contrastes trop appuyés.

***heurtoir** n. m. □ Marteau dont on se sert pour frapper à la porte d'une maison.

hévéa n. m. ◻ Grand arbre originaire de la Guyane, cultivé pour son latex.

hexaèdre n. m. ◻ Polyèdre à six faces.

hexagone n. m. **1.** Polygone à six côtés. **2.** *L'Hexagone* : la France métropolitaine. ▶ **hexagonal, ale, aux** adj.

hexamètre adj. et n. m. ◻ Se dit d'un vers qui a six pieds ou six syllabes.

hexapode adj. ◻ zool. Qui a six pattes.

***hi** interj. ◻ Onomatopée qui, répétée, figure le rire et, parfois, les pleurs.

(*)hiatus n. m. **1.** Rencontre de deux voyelles prononcées, à l'intérieur d'un mot, ou entre deux mots. **2.** fig. Coupure, discontinuité.

hibernal, ale, aux adj. ◻ didact. Relatif à l'hibernation.

hibernation n. f. ◻ État d'engourdissement où sont certains mammifères pendant l'hiver.

hiberner v. intr. ◻ Passer l'hiver en hibernation. ▶ **hibernant, ante** adj.

hibiscus n. m. ◻ Arbre tropical à grandes fleurs de couleurs vives.

***hibou** n. m. ◻ Oiseau rapace nocturne.

***hic** n. m. ◻ fam. Point difficile, délicat.

hidalgo n. m. ◻ Noble espagnol.

***hideur** n. f. ◻ littér. Caractère de ce qui est hideux ; laideur extrême.

***hideux, euse** adj. **1.** D'une laideur repoussante, horrible. **2.** Moralement ignoble ; répugnant. ▶ ***hideusement** adv.

***hidjab** ou **hijab** n. m. ◻ Voile qui couvre les cheveux, les oreilles et le cou, prescrit aux femmes dans certaines communautés musulmanes.

***hie** n. f. ◻ techn. Lourde masse servant à enfoncer (des pavés, etc.).

hiémal, ale, aux adj. ◻ didact. De l'hiver.

hier adv. **1.** Le jour qui précède immédiatement celui où l'on est. **2.** Dans un passé récent, à une date récente.

***hiérarchie** n. f. ◻ Organisation d'un ensemble, d'un groupe en une série où chaque élément est supérieur au suivant. ▶ ***hiérarchique** adj. ▶ ***hiérarchiquement** adv.

***hiérarchiser** v. tr. ◻ Organiser selon une hiérarchie. ▶ ***hiérarchisation** n. f.

***hiérarque** n. m. ◻ Personnage important dans une hiérarchie.

***hiératique** adj. ◻ littér. Qui semble réglé par un rite, un cérémonial, une tradition.

***hiératisme** n. m. ◻ Caractère hiératique.

***hiéroglyphe** n. m. **1.** Caractère, signe des plus anciennes écritures égyptiennes. **2.** fig. au plur. Écriture difficile à déchiffrer. ▶ ***hiéroglyphique** adj.

***hiérophante** n. m. ◻ Antiq. grecque Prêtre des mystères d'Éleusis.

***hi-fi** n. f. invar. et adj. invar. ◻ anglic. Haute-fidélité.

***hi-han** interj. ◻ Onomatopée évoquant le cri de l'âne. – n. m. invar. → **braiment.**

hijab → **hidjab**

hilarant, ante adj. ◻ Qui fait rire.

hilare adj. ◻ Très gai, très content.

hilarité n. f. ◻ Brusque accès de gaieté ; explosion de rires.

***hile** n. m. ◻ anat. Point d'insertion des vaisseaux et des conduits excréteurs sur un organe.

(*)hindi n. m. ◻ Langue indo-européenne dérivée du sanskrit (syn. *hindoustani* n. m.).

hindou, oue adj. et n. ◻ De l'Inde et de la civilisation brahmanique. ■ n. Indien(ne) adepte de l'hindouisme.

hindouisme n. m. ◻ Religion brahmanique pratiquée en Inde. ▶ **hindouiste** adj. et n.

***hip-hop** n. m. ◻ anglic. Mouvement culturel et artistique, né aux États-Unis.

***hippie** ou ***hippy** n. et adj. ◻ anglic. Adepte d'un mouvement des années 1970, refusant la société de consommation et prônant liberté des mœurs et non-violence.

hippisme n. m. ◻ Sports pratiqués à cheval. ▶ **hippique** adj.

hippocampe n. m. ◻ Petit poisson de mer dont la tête rappelle celle d'un cheval.

hippocratique adj. ◻ D'Hippocrate.

hippodrome n. m. ◻ Terrain de sport hippique.

hippogriffe n. m. ◻ Monstre ailé moitié cheval, moitié griffon.

hippologie n. f. ◻ didact. Étude du cheval.

hippomobile adj. ◻ Tiré par des chevaux.

hippophagique adj. ◻ Où l'on vend de la viande de cheval.

hippopotame n. m. ◻ Gros mammifère amphibie, aux membres trapus à quatre doigts.

hirondelle n. f. **1.** Oiseau migrateur noir et blanc, aux ailes fines, à la queue fourchue. **2.** *Hirondelle de mer.* → **sterne.**

hirsute adj. ◻ Qui a le poil, le cheveu très fourni et en désordre.

hispanique adj. ◻ Qui a trait à l'Espagne.

hispanisant, ante n. ◻ Spécialiste de l'Espagne, de l'espagnol. – syn. **hispaniste.**

hispanisme n. m. ◻ ling. Construction ou emploi propre à la langue espagnole.

hispano-américain, aine **1.** adj. Qui a rapport à l'Amérique et à l'Espagne. **2.** adj. et n. De l'Amérique où l'on parle espagnol.

hispanophone adj. et n. ◻ Qui parle espagnol. ▪ Où l'on parle espagnol.

***hisser** v. tr. **1.** Élever au moyen d'une manœuvre, d'un cordage. **2.** Tirer en haut et avec effort. **3.** interj. *OH ! HISSE !* (pour accompagner un effort collectif). ▷ v. pron. se **hisser** S'élever avec effort.

histamine n. f. ◻ Amine présente dans la plupart des tissus animaux. ▶ **histaminique** adj.

histogénèse n. f. ◻ didact. Formation des divers tissus de l'embryon.

histoire n. f. **I. 1.** Connaissance et récit des événements du passé. – *LA PETITE HISTOIRE* : les anecdotes qui se rattachent à une période historique. **2.** Étude scientifique d'une évolution. *L'histoire d'un mot.* **3.** Science et méthode permettant d'acquérir et de transmettre la connaissance du passé. **4.** La vérité historique. *Mélanger l'histoire et la fiction.* **5.** La partie du passé de l'humanité connue par des écrits. **II. 1.** Récit d'actions, d'événements (réels ou imaginaires). *Une histoire vraie.* **2.** Histoire inventée, invraisemblable ou destinée à tromper. **3.** Succession d'événements malencontreux. *Se fourrer dans une sale histoire.*

histologie n. f. ◻ Partie de la biologie qui traite des tissus vivants. ▶ **histologique** adj.

historicité n. f. ◻ didact. Caractère de ce qui est historique.

historié, ée adj. ◻ Décoré de scènes à personnages.

historien, ienne n. ◻ Spécialiste de l'histoire.

historiette n. f. ◻ Récit d'événements de peu d'importance.

historiographe n. ◻ Écrivain chargé d'écrire l'histoire de son temps.

historiographie n. f. ◻ didact. **1.** Travail de l'historiographe. **2.** Ouvrages, documents relatifs à une période.

historique adj. **1.** Qui a rapport à l'histoire. **2.** Réel, vrai. **3.** Qui est ou mérite d'être conservé par l'histoire. – *Monument historique,* présentant un intérêt au regard de l'histoire. **4.** n. m. Exposé chronologique de faits. ▶ **historiquement** adv.

histrion n. m. ▫ littér. et péj. Comédien.

hitlérien, ienne adj. ▫ Qui a rapport à Hitler. – n. et adj. Partisan d'Hitler.

hitlérisme n. m. ▫ Doctrine d'Hitler.

***hit-parade** n. m. ▫ anglic. Palmarès des meilleures ventes musicales. *Des hit-parades.* – recomm. off. *palmarès.*

***hittite** adj. et n. ▫ D'un peuple de l'Antiquité, les Hittites. – n. m. *Le hittite* (langue indo-européenne).

***H. I. V.** n. m. ▫ anglic. → **V. I. H.**

hiver n. m. ▫ La plus froide des quatre saisons de l'année, qui suit l'automne.

hivernage n. m. **1.** Temps de la mauvaise saison que les navires passent à l'abri ; cet abri. **2.** Séjour du bétail à l'étable, l'hiver. **3.** Saison des pluies, sous les tropiques.

hivernal, ale, aux adj. ▫ Propre à l'hiver.

hivernant, ante n. ▫ Personne qui séjourne dans un lieu pendant l'hiver.

hiverner v. **1.** v. intr. Passer l'hiver à l'abri (navires...) ou dans un lieu tempéré (animaux). **2.** v. tr. *Hiverner les bestiaux.*

***H. L. M.** n. m. ou n. f. (sigle de *habitation à loyer modéré*) ▫ Grand immeuble construit par une collectivité pour des locataires qui ont de petits revenus.

***ho** interj. ▫ Cri pour appeler.

***hoax** n. m. ▫ anglic. Information fausse, périmée ou invérifiable propagée par Internet. *Des hoax* ou *des hoaxes.*

***hobby** n. m. ▫ anglic. Passe-temps favori. *Des hobbys* ou *des hobbies.*

***hobereau** n. m. ▫ Gentilhomme campagnard de petite noblesse.

***hochequeue** n. m. ▫ Bergeronnette.

***hocher** v. tr. ▫ *HOCHER LA TÊTE,* la secouer (de haut en bas ou de droite à gauche). ▶ ***hochement** n. m.

***hochet** n. m. ▫ Jouet de bébé qui fait du bruit quand on le secoue.

***hockey** n. m. ▫ anglic. Sport d'équipe qui consiste à envoyer une balle dans un but au moyen d'une crosse. *Hockey sur gazon, sur glace.* ▶ ***hockeyeur, euse** n.

hoir n. m. ▫ vx Héritier.

hoirie n. f. ▫ vx Héritage.

***holà** **1.** interj. Sert à appeler ou à modérer. **2.** n. m. *METTRE LE HOLÀ À* (qqch.), y mettre fin.

***holding** n. m. ou f. ▫ anglic. Société qui détient des participations financières dans d'autres sociétés et les contrôle.

***hold-up** n. m. invar. ▫ anglic. Vol à main armée dans un lieu public.

***hollandais, aise** adj. et n. ▫ De Hollande ; abusivt des Pays-Bas. ▪ n. m. *Le hollandais* (langue). → **néerlandais.**

***hollande** n. m. **1.** Fromage de Hollande à pâte dure. **2.** Papier de luxe.

holocauste n. m. **1.** Sacrifice religieux où la victime était brûlée, chez les Hébreux. **2.** *L'Holocauste :* le génocide des Juifs par les nazis. → **shoah.**

holographie n. f. ▫ Procédé photographique qui donne une image en relief (*hologramme* n. m.) en utilisant les interférences de deux faisceaux laser.

holothurie n. f. ▫ Animal marin au corps mou et allongé.

***homard** n. m. ▫ Grand crustacé marin décapode, aux pattes avant armées de grosses pinces.

***home** n. m. ▫ anglic. **1.** Le foyer, le logis. **2.** *HOME D'ENFANTS :* centre d'accueil, foyer pour enfants.

homélie n. f. ▫ Discours simple prononcé au cours de la messe.

homéopathe n. ▫ Médecin qui pratique l'homéopathie.

homéopathie n. f. □ Méthode thérapeutique qui consiste à administrer à doses infinitésimales des remèdes qui, à doses plus élevées, produiraient des symptômes semblables à ceux de la maladie à combattre. ▶ **homéopathique** adj.

homéostasie n. f. □ physiol. Réglage des constantes physiologiques d'un organisme.

homérique adj. **1.** Qui a rapport à Homère. **2.** Qui a un caractère épique.

① **homicide** adj. □ Qui cause la mort d'une ou de nombreuses personnes.

② **homicide** n. m. □ Action de tuer un être humain.

hominiens n. m. pl. □ sc. Sous-ordre de primates auquel appartient l'espèce humaine.

hommage n. m. □ Témoignage de courtoisie ou de respect. – au plur. (formule de politesse) *Mes hommages, Madame.*

hommasse adj. □ péj. (femme) Qui évoque un homme par la carrure, les manières.

homme n. m. **1.** L'être humain, en général. *Les hommes* ou (collectif) *l'homme.* → **humanité.** *Les droits de l'homme.* **2.** Être humain mâle et adulte. *Les hommes et les femmes.* **3.** L'homme, considéré en tant qu'adulte responsable, courageux, fort. *Parole d'homme !* **4.** Individu considéré comme dépendant d'une autorité. *Équipage de six hommes.* – *COMME UN SEUL HOMME* : avec un ensemble parfait. **5.** *JEUNE HOMME.* Homme jeune ; spécialt homme jeune célibataire.

homme-grenouille n. m. □ Plongeur muni d'un scaphandre autonome, qui travaille sous l'eau. *Des hommes-grenouilles.*

homme-orchestre n. m. **1.** Musicien qui joue simultanément de plusieurs instruments. **2.** Personne qui a des fonctions diverses. *Des hommes-orchestres.*

homme-sandwich n. m. □ Homme qui porte sur lui des panneaux publicitaires. *Des hommes-sandwichs.*

homogène adj. □ Formé d'éléments de même nature ou répartis de façon uniforme, qui a une grande unité. ▶ **homogénéité** n. f.

homogénéiser v. tr. □ Rendre homogène. ▶ **homogénéisation** n. f.

homographe adj. et n. m. □ ling. Se dit des mots qui ont même orthographe.

homologie n. f. □ État d'éléments homologues. ▶ **homologique** adj.

homologue adj. □ Équivalent. – n. *Le ministre a salué son homologue allemand.*

homologuer v. tr. □ Reconnaître, enregistrer officiellement. ▶ **homologation** n. f.

homoncule n. m. □ Petit être à forme humaine, que les alchimistes disaient fabriquer. – var. **homuncule.**

homonyme adj. et n. m. □ Se dit des mots de prononciation identique (→ **homophone**) et de sens différents, qu'ils soient de même orthographe (→ **homographe**) ou non.

***homoparental, ale, aux** adj. □ *Famille homoparentale,* où au moins un des parents est homosexuel. ▶ **homoparentalité** n. f.

homophobe adj. et n. □ Qui manifeste de l'hostilité à l'égard des homosexuels. ▶ **homophobie** n. f.

homophone adj. et n. m. □ Se dit de mots de même prononciation.

homosexuel, elle adj. et n. □ Qui éprouve une attirance sexuelle pour les individus de son propre sexe. – abrév. fam. **homo.** ▶ **homosexualité** n. f.

homothétie n. f. ▫ géom. Transformation qui fait correspondre à tout point de l'espace un autre point dans un rapport constant, par rapport à un point fixe.

homozygote adj. ▫ biol. Se dit d'une cellule ou d'un individu qui possède deux gènes identiques sur chaque chromosome de la même paire.

***hongre** adj. ▫ (cheval) Châtré.

***hongrois, oise** adj. et n. ▫ De Hongrie. ▪ n. m. *Le hongrois* (langue).

honnête adj. 1. Qui se conforme aux lois de la probité, du devoir ; qui respecte le bien d'autrui. 2. (choses) Moral. *Intention honnête.* 3. Satisfaisant.

honnêtement adv. 1. Selon le devoir, la vertu, la probité. 2. Franchement. *Honnêtement, qu'en penses-tu ?*

honnêteté n. f. ▫ Qualité d'une personne honnête ou de ce qui est honnête.

honneur n. m. **I.** 1. Fait de mériter la considération, l'estime (d'autrui et de soi-même) sur le plan moral et selon les valeurs de la société. – *Donner sa* PAROLE D'HONNEUR : jurer. 2. Sentiment qui pousse à obtenir ou préserver l'estime d'autrui ou de soi-même. **II.** 1. Considération qui s'attache au mérite, à la vertu, aux talents. – *Travailler pour l'honneur,* de façon désintéressée. ▪ CHAMP D'HONNEUR : champ de bataille. 2. Traitement spécial destiné à honorer qqn. – *À toi l'honneur !,* à toi de commencer. ▪ EN L'HONNEUR DE..., en vue de célébrer. – *À qui ai-je l'honneur* (de parler) ? 3. D'HONNEUR (qui rend ou confère un honneur). *La Légion d'honneur.* – *Président d'honneur.* → **honoraire.** 4. FAIRE HONNEUR À *qqn,* lui valoir de la considération. 5. VOTRE HONNEUR : traduction d'un titre usité en Grande-Bretagne et dans l'ancienne Russie. **III.** au plur. 1. Témoignages d'honneur. 2. Ce qui confère éclat ou supériorité dans la société. 3. Cartes les plus hautes, à certains jeux.

***honnir** v. tr. ▫ vieilli ou littér. Vouer à la haine et au mépris publics de façon à couvrir de honte. – (au p. p.) (souvent iron.) *Honni soit qui mal y pense !,* honte à qui y voit du mal (devise en français de l'ordre de la Jarretière, en Angleterre).

honorabilité n. f. ▫ Qualité d'une personne honorable.

honorable adj. **I.** 1. Qui mérite d'être honoré, estimé. 2. Qui honore. 3. Qui sauvegarde l'honneur. **II.** (sens affaibli) Satisfaisant. *Un résultat très honorable.*

honorablement adv. ▫ D'une manière respectable, convenable.

honoraire adj. ▫ Qui, ayant cessé d'exercer une fonction, en a le titre honorifique. *Président honoraire.*

honoraires n. m. pl. ▫ Rétribution des personnes exerçant une profession libérale.

honorer v. tr. 1. Faire honneur à (qqn). *Ces scrupules vous honorent.* 2. Rendre honneur à, traiter avec respect. ▷ v. pron. **s'honorer** *S'honorer de :* tirer fierté de. ▷ adj. **honoré, ée** Respecté, flatté.

honorifique adj. ▫ Qui confère des honneurs. – *À titre honorifique.*

honoris causa loc. adj. ▫ *Docteur honoris causa* (d'une université), à titre honorifique.

***honte** n. f. 1. Déshonneur humiliant. ▪ *C'est une honte !,* c'est une chose honteuse. 2. Sentiment pénible d'infériorité ou d'humiliation devant autrui. – AVOIR HONTE : éprouver de la honte. 3. FAIRE HONTE À *qqn,* être pour lui un sujet de honte.

***honteusement** adv. ▫ D'une manière honteuse ; avec honte.

***honteux, euse** adj. 1. Qui cause de la honte. ▪ Dont on a honte. *Pensée honteuse.* 2. Qui éprouve un sentiment de honte.

***hooligan** ou ***houligan** n. m. ▫ Voyou qui exerce la violence, notamment lors de rencontres sportives.

***hop** interj. ▫ Interjection pour stimuler, ou évoquer une action brusque.

hôpital, aux n. m. ▫ Établissement public qui reçoit ou traite les malades, les blessés et les femmes en couches.

hoplite n. m. ▫ (Antiq. grecque) Fantassin lourdement armé.

***hoquet** n. m. ▫ Contraction spasmodique du diaphragme.

***hoqueter** v. intr. ▫ Avoir le hoquet.

horaire **I.** adj. **1.** Qui correspond à une durée d'une heure. **2.** Qui a lieu toutes les heures. **II.** n. m. **1.** Relevé des heures de départ, etc. (transports), d'activité. **2.** Emploi du temps.

***horde** n. f. ▫ Troupe, groupe de personnes.

***horion** n. m. ▫ littér. Coup violent.

horizon n. m. **1.** Limite circulaire de la vue, pour un observateur. – *Ligne d'horizon,* qui semble séparer le ciel de la terre (ou de la mer). **2.** fig. Domaine qui s'ouvre à la pensée, à l'activité. – *Tour d'horizon :* examen (d'une question).

horizontal, ale, aux **I.** adj. Perpendiculaire à la direction de la pesanteur, à la verticale. **II.** n. f. Position horizontale. ▶ **horizontalement** adv. ▶ **horizontalité** n. f.

horloge n. f. **1.** Grand appareil qui indique l'heure. **2.** fig. *Horloge interne* ou *biologique :* mécanismes réglant la répartition dans le temps de l'activité de l'organisme.

horloger, ère **1.** n. Personne qui s'occupe d'horlogerie. **2.** adj. Relatif à l'horlogerie.

horlogerie n. f. **1.** Industrie, commerce des instruments de mesure du temps. **2.** Magasin d'horloger.

***hormis** prép. ▫ littér. Excepté.

hormone n. f. ▫ Substance élaborée par une glande endocrine ou un tissu. ▶ **hormonal, ale, aux** adj.

***hornblende** n. f. ▫ Silicate de fer, d'aluminium et de magnésium.

horodaté, ée adj. ▫ Qui mentionne l'heure à laquelle un document a été établi.

horodateur, trice **1.** adj. Qui imprime la date et l'heure. **2.** n. m. Appareil horodateur.

horoscope n. m. ▫ Étude astrologique de la destinée de qqn, effectuée d'après sa naissance.

horreur n. f. **I.** (sens subjectif) **1.** Impression violente causée par une chose qui fait peur ou qui répugne. **2.** Sentiment très défavorable qu'une chose inspire. **II.** (sens objectif) Ce qui inspire un sentiment d'horreur.

horrible adj. **1.** Qui fait horreur. *Une mort horrible.* **2.** Très mauvais ; désagréable.

horriblement adv. **1.** D'une manière horrible. **2.** Extrêmement.

horrifier v. tr. ▫ Remplir d'horreur. ▶ **horrifiant, ante** adj.

horrifique adj. ▫ vx Qui cause de l'horreur.

horripilation n. f. **1.** Érection des poils (frisson). **2.** Agacement, exaspération.

horripiler v. tr. ▫ Agacer fortement (qqn). ▶ **horripilant, ante** adj.

***hors** prép. **I.** En dehors de, à l'extérieur de, au-delà de. *Hors saison.* **II.** HORS DE loc. prép. **1.** À l'extérieur de. **2.** *Être hors d'affaire,* tiré d'affaire. – *Hors de prix :* très cher.

***horsain** n. m. ▫ (Normandie) Étranger.

***hors-bord** n. m. invar. ▫ Canot propulsé par un moteur placé en dehors de la coque.

***hors-d'œuvre** n. m. invar. ▫ Plat servi au début du repas.

***hors-jeu** n. m. invar. ▫ (sports d'équipe) Faute d'un joueur dont la position sur le terrain est interdite par les règles. ▪ adj. invar. (sans trait d'union) *Joueur hors jeu.*

***hors-la-loi** n. invar. ▫ Personne qui vit en marge des lois.

***hors-piste** n. m. invar. ▫ Ski pratiqué en dehors des pistes balisées.

***hors service** adj. invar. ▫ Qui n'est pas ou plus en service. – abrév. **H. S.** adj. invar.

hors-sol adj. invar. ▫ *Culture hors-sol,* sans terre.

***hors-texte** n. m. invar. ▫ Illustration imprimée à part, intercalée dans un livre.

hortensia n. m. ▫ Arbrisseau ornemental aux fleurs groupées en boules ; ces fleurs.

horticole adj. ▫ Relatif à l'horticulture.

horticulture n. f. ▫ Culture des plantes d'ornement ; culture maraîchère. ▶ **horticulteur, trice** n.

hortillonnage n. m. ▫ (en Picardie) Marais où l'on cultive des légumes.

hosanna n. m. ▫ Chant, cri de joie.

hospice n. m. ▫ Établissement où l'on accueille les personnes âgées démunies.

hospitalier, ière adj. **I.** Relatif aux hôpitaux. **II.** Qui pratique, où l'on pratique l'hospitalité.

hospitaliser v. tr. ▫ Faire entrer, admettre (qqn) dans un hôpital. ▶ **hospitalisation** n. f.

hospitalité n. f. ▫ Fait de recevoir qqn chez soi.

hospitalo-universitaire adj. ▫ Hospitalier et universitaire.

hostellerie n. f. ▫ Hôtellerie.

hostie n. f. ▫ Petite rondelle de pain azyme que le prêtre consacre pendant la messe.

hostile adj. **1.** Qui manifeste de l'agressivité, se conduit en ennemi. **2.** Qui caractérise un ennemi. ▶ **hostilement** adv.

hostilité n. f. **1.** au plur. Ensemble des opérations de guerre. **2.** Disposition hostile.

hosto n. m. ▫ fam. Hôpital.

***hot-dog** n. m. ▫ anglic. Saucisse servie chaude dans du pain. *Des hot-dogs.*

hôte, hôtesse n. **I.** *UN HÔTE, UNE HÔTESSE* **1.** Personne qui reçoit qqn. **2.** n. m. biol. Organisme animal ou végétal qui héberge un parasite. **II.** *UN HÔTE, UNE HÔTE.* Personne qui est reçue chez qqn. ▪ *CHAMBRE D'HÔTE,* louée au voyageur par un particulier.

hôtel n. m. **1.** Maison meublée où on loge et où l'on trouve les commodités du service, pour un prix journalier. **2.** *MAÎTRE D'HÔTEL* : personne qui dirige le service de table dans un restaurant. **3.** Grand édifice destiné à un établissement public. – *HÔTEL DE VILLE.* → **mairie.**

hôtel-Dieu n. m. ▫ anciennt Hôpital principal. *Des hôtels-Dieu.*

hôtelier, ière I. n. Personne qui tient un hôtel, une hôtellerie, une auberge. **II.** adj. Relatif aux hôtels, à l'hôtellerie (II).

hôtellerie n. f. **I.** Hôtel ou restaurant rustique, souvent luxueux. **II.** Métier d'hôtelier ; industrie hôtelière.

hôtesse n. f. **1.** *HÔTESSE (DE L'AIR)* : femme chargée de veiller au confort et à la sécurité des passagers d'un avion. **2.** Femme chargée de l'accueil de visiteurs, de clients.

***hot-line** n. f. ▫ anglic. Service d'assistance téléphonique. – var. **hot line, hotline.**

***hotte** n. f. **1.** Grand panier qu'on porte sur le dos. **2.** Construction se raccordant au bas d'un tuyau de cheminée, etc.

***hottentot, ote** adj. ▫ Des Hottentots.

***hou** interj. **1.** Sert à railler ou à faire peur. **2.** (redoublé) Sert à appeler.

***houblon** n. m. ▫ Plante grimpante dont les fleurs servent à aromatiser la bière.

***houblonnière** n. f. ▫ Champ de houblon.

***houe** n. f. ▫ Pioche à lame large.

***houille** n. f. **1.** Combustible minéral de formation sédimentaire, noir, à facettes brillantes, à forte teneur en carbone. **2.** *HOUILLE BLANCHE* : énergie hydraulique.

***houiller, ère** adj. ▫ Relatif à la houille.

***houillère** n. f. ▫ Mine de houille.

***houle** n. f. ▫ Mouvement d'ondulation qui agite la mer sans faire déferler les vagues.

***houlette** n. f. ▫ *Sous la houlette de qqn*, sous sa conduite.

***houleux, euse** adj. **1.** Agité par la houle. **2.** fig. Agité, mouvementé.

***houligan** n. m. → **hooligan**

***houppe** n. f. ▫ Touffe de brins (de fil...), de cheveux. ▶ ***houppette** n. f.

***houppelande** n. f. ▫ anciennt Long vêtement de dessus, chaud et très ample.

***hourdis** n. m. ▫ Maçonnerie légère garnissant un colombage.

***houri** n. f. ▫ Beauté céleste du paradis d'Allah.

***hourra** n. m. ▫ Cri de joie, d'acclamation. – interj. *Hip, hip, hip, hourra !*

***hourvari** n. m. ▫ littér. Grand tumulte.

***house music** ou **house** n. f. ▫ anglic. Musique associant la pop et le disco à la manipulation électronique du son.

***houspiller** v. tr. ▫ Réprimander (qqn).

***housse** n. f. ▫ Enveloppe souple qui protège certains objets.

***houx** n. m. ▫ Arbre ou arbuste à feuilles bordées de piquants, à baies rouge vif.

hovercraft n. m. ▫ anglic. → **aéroglisseur.**

H. S. adj. → **hors service**

***HTML** n. m. invar. ▫ anglic., inform. Langage de balisage utilisé pour la création de pages web.

***huard** ou ***huart** n. m. ▫ Plongeon (oiseau).

***hublot** n. m. ▫ Petite fenêtre étanche, dans un bateau, un avion.

***huche** n. f. ▫ Grand coffre de bois rectangulaire.

***hue** interj. ▫ Cri pour faire avancer un cheval. – *Tirer à hue et à dia*, aller dans des directions contraires.

***huée** n. f. ▫ Cri collectif de réprobation.

***huer** v. tr. ▫ Pousser des cris contre (qqn).

***huguenot, ote** n. ▫ Surnom (péjoratif à l'origine) donné par les catholiques aux calvinistes, en France, du XVIe au XVIIIe siècle. – adj. *Parti huguenot.*

huile n. f. **1.** Liquide gras d'origine végétale, animale ou minérale. **2.** *Peinture à l'huile*, dont les pigments sont liés avec de l'huile (de lin, etc.). **3.** fam. Personnage important.

huiler v. tr. ▫ Frotter avec de l'huile. ▶ **huilage** n. m.

huilerie n. f. ▫ Fabrique d'huiles végétales.

huileux, euse adj. **1.** Qui contient de l'huile. **2.** Qui évoque l'huile.

① **huilier** n. m. ▫ Ustensile composé de deux flacons pour l'huile et le vinaigre.

② **huilier, ière** adj. ▫ Qui a rapport à la fabrication des huiles.

***huis** n. m. ▫ *À HUIS CLOS* : toutes portes fermées. ▪ *HUIS CLOS* n. m. *Tribunal qui ordonne le huis clos.*

huisserie n. f. ▫ techn. Bâti formant l'encadrement d'une baie.

huissier n. m. **1.** Employé préposé au service de certaines assemblées. **2.** *Huissier (de justice)*, officier ministériel chargé de signifier les actes de procédure et de mettre à exécution les décisions de justice.

***huit I.** adj. numéral invar. **1.** (cardinal) Sept plus un (8). **2.** (ordinal) Huitième. **II.** n. m. invar. Le chiffre, le nombre, le numéro huit. ▶ ***huitième** adj. et n. ▶ ***huitièmement** adv.

***huitaine** n. f. ▫ Ensemble de huit (ou d'environ huit) éléments de même sorte.

huître n. f. ▫ Mollusque bivalve, à coquille rugueuse.

***hulotte** n. f. ▫ Grande chouette au plumage brun (syn. *chat-huant*).

***hululer** ou **ululer** v. intr. ▫ Crier (oiseaux de nuit). ▶ ***hululement** ou **ululement** n. m.

***hum** interj. ▫ Exprime le doute, la réticence. ▪ Note une petite toux.

humain, aine I. adj. **1.** De l'homme (1), propre à l'homme. *La condition humaine. – Un être humain.* → **individu, personne. 2.** Qui est compréhensif et compatissant. **II.** n. m. Être humain. *Les humains.*

humainement adv. **1.** En tant qu'être humain. **2.** Avec humanité (1).

humaniser v. tr. ▫ Rendre plus humain. ▷ v. pron. s'**humaniser** ▶ **humanisation** n. f.

humanisme n. m. ▫ philos. Théorie, doctrine centrée sur la personne humaine. ▶ **humaniste** n.

humanitaire adj. ▫ Qui agit pour sauver des vies humaines.

humanitarisme n. m. ▫ didact. (souvent péj.) Conceptions humanitaires (jugées utopiques, etc.). ▶ **humanitariste** adj. et n.

humanité n. f. **1.** Sentiment de bienveillance, de compassion envers autrui. **2.** Le genre humain, en général.

humanoïde 1. adj. Qui rappelle l'homme (1). **2.** n. (lang. de la science-fiction) Être vivant ou robot d'apparence humaine.

humble adj. **1.** Qui s'abaisse volontiers, par modestie ou par déférence. **2.** D'une condition sociale modeste. ▶ **humblement** adv.

humecter v. tr. ▫ Rendre humide. ▶ **humectage** n. m.

***humer** v. tr. ▫ Aspirer par le nez (spécialt pour sentir).

humérus n. m. ▫ Os long du bras, de l'épaule au coude. ▶ **huméral, ale, aux** adj.

humeur n. f. ▫ Ensemble des tendances dominantes qui forment le tempérament de qqn. ▪ BONNE HUMEUR : disposition à la gaieté, à l'optimisme. ▪ MAUVAISE HUMEUR : disposition à la tristesse, à la colère.

humide adj. ▫ Imprégné d'eau, de liquide.

humidificateur n. m. ▫ Appareil utilisé pour accroître le degré d'humidité de l'air.

humidifier v. tr. ▫ Rendre humide. ▶ **humidification** n. f.

humidité n. f. ▫ Caractère de ce qui est humide ; eau imprégnant un corps, un lieu.

humiliation n. f. **1.** Action d'humilier, fait d'être humilié ; sentiment qui en découle. **2.** Ce qui humilie.

humilier v. tr. ▫ Rabaisser d'une manière insultante. ▶ **humiliant, ante** adj.

humilité n. f. ▫ Sentiment de sa propre insuffisance qui pousse à réprimer son orgueil.

humoral, ale, aux adj. ▫ Relatif aux liquides organiques.

humoriste n. ◻ Écrivain, artiste, dessinateur satirique ou comique.

humoristique adj. ◻ Plein d'humour.

humour n. m. ◻ Forme d'esprit qui consiste à dégager les aspects plaisants et insolites de la réalité, avec détachement.

humus n. m. ◻ Terre provenant de la décomposition des végétaux.

***hune** n. f. ◻ Plate-forme arrondie fixée au mât d'un navire.

***huppe** n. f. **1.** Touffe de plumes sur la tête de certains oiseaux. **2.** Oiseau passereau qui porte une huppe.

***huppé, ée** adj. **1.** Qui porte une huppe. **2.** fam. Riche.

***hure** n. f. **1.** Tête du sanglier, du cochon, et de poissons à tête allongée. **2.** Charcuterie à base de morceaux de hure de porc.

***hurlant, ante** adj. ◻ Qui hurle.

***hurlement** n. m. **1.** Cri aigu et prolongé de certains animaux (loup, chien). **2.** (personnes) *Hurlement de rage, de terreur.*

***hurler** v. **I.** v. intr. **1.** (animaux) Pousser des hurlements. **2.** (personnes) Pousser des cris prolongés et violents. **II.** v. tr. Exprimer, dire en hurlant.

***hurleur, euse** adj. ◻ Qui hurle.

hurluberlu n. m. ◻ Personne extravagante.

***huron, onne** n. ◻ Membre d'un peuple amérindien du Canada.

***hurricane** n. m. ◻ anglic. Cyclone, en Amérique centrale.

***husky** n. m. ◻ anglic. Chien de traîneau. *Des huskys* ou *des huskies.*

***hussard** n. m. ◻ ancienn Soldat de cavalerie légère.

***hussarde** n. f. ◻ *À la hussarde* : brutalement, sans retenue ni délicatesse.

***hutte** n. f. ◻ Abri rudimentaire.

hyacinthe n. f. ◻ Pierre fine jaune (zircon).

hyalin, ine adj. ◻ Qui a la transparence du verre.

hybridation n. f. ◻ biol. Croisement entre variétés d'une même espèce, entre espèces.

hybride adj. et n. m. **1.** Issu du croisement de variétés ou d'espèces différentes. – n. m. *Le mulet est un hybride.* **2.** Composé d'éléments de nature, style, etc. différents.

hydrate n. m. ◻ Composé contenant une ou plusieurs molécules d'eau.

hydrater v. tr. **1.** chim. Combiner avec de l'eau. **2.** Introduire de l'eau dans (les tissus, l'organisme). ▶ **hydratation** n. f. ▶ **hydratant, ante** adj.

hydraulique **I.** adj. Qui utilise l'énergie de l'eau. **II.** n. f. Science, technique des liquides en mouvement (▶ **hydraulicien, ienne** n.).

hydravion n. m. ◻ Avion conçu pour décoller et se poser à la surface de l'eau.

hydre n. f. ◻ mythol. *L'hydre de Lerne* : serpent à sept têtes qui repoussaient sitôt coupées.

hydrique adj. ◻ didact. De l'eau.

hydroalcoolique adj. ◻ (liquide) Qui contient de l'eau, de l'alcool et un agent antibactérien.

hydrocarbure n. m. ◻ Composé contenant seulement du carbone et de l'hydrogène.

hydrocéphale adj. et n. ◻ Atteint d'un épanchement de sérosité à l'intérieur du cerveau (*hydrocéphalie* n. f.).

hydrocution n. f. ◻ Syncope due au contact brutal du corps avec l'eau froide, et pouvant entraîner la mort par noyade.

hydrodynamique n. f. ◻ Partie de la mécanique des fluides qui traite des liquides.

hydroélectricité ou **hydro-électricité** n. f. ▫ Électricité produite par l'énergie hydraulique. ▶ **hydro(-)électrique** adj.

hydrofoil n. m. ▫ anglic. Navire rapide à coque munie d'ailerons portants (les foils*). – recomm. off. *hydroptère.*

hydrofuge adj. ▫ didact. Qui préserve de l'eau, de l'humidité.

hydrogène n. m. ▫ Corps simple le plus léger (symb. H), gaz inflammable, incolore et inodore. – *Bombe à hydrogène* ou *bombe H.*

hydrogéner v. tr. ▫ Combiner avec de l'hydrogène. ▶ **hydrogénation** n. f.

hydroglisseur n. m. ▫ Bateau à fond plat mû par une hélice aérienne ou un réacteur.

hydrographie n. f. ▫ didact. **1.** Étude des océans, des mers, des lacs et des cours d'eau. **2.** Ensemble des cours d'eau et des lacs d'une région. ▶ **hydrographe** n.

hydrolat n. m. ▫ pharm. Eau chargée, par distillation, de principes végétaux volatils.

hydrologie n. f. ▫ didact. Étude des eaux, de leurs propriétés. ▶ **hydrologue** n.

hydrolyse n. f. ▫ chim. Décomposition chimique d'un corps par fixation d'eau.

hydromel n. m. ▫ Boisson faite d'eau et de miel.

hydrophile adj. ▫ (choses) Qui absorbe l'eau, les liquides.

hydrophobe adj. ▫ didact. **1.** Qui a une peur morbide de l'eau. ▶ **hydrophobie** n. f. **2.** Que l'eau ne mouille pas.

hydropisie n. f. ▫ méd. Épanchement de sérosité dans une partie du corps. ▶ **hydropique** adj. et n.

hydrosphère n. f. ▫ géogr. L'élément liquide de la Terre.

hydrostatique ▫ sc. **1.** n. f. Partie de la mécanique qui étudie l'équilibre des liquides. **2.** adj. Relatif à l'hydrostatique.

hydrothérapie n. f. ▫ méd. Emploi thérapeutique de l'eau. ▶ **hydrothérapique** adj.

hydroxyde n. m. ▫ chim. Composé formé par l'union d'un métal avec un ou plusieurs hydroxyles.

hydroxyle n. m. ▫ chim. Radical monovalent –OH.

(*)hyène n. f. ▫ Mammifère carnassier d'Afrique et d'Asie, se nourrissant surtout de charognes. *L'hyène* ou *la hyène.*

hygiaphone n. m. ▫ Plaque transparente perforée équipant un guichet.

hygiène n. f. ▫ Principes et pratiques tendant à préserver, à améliorer la santé. ▪ Ensemble des soins visant à la propreté du corps.

hygiénique adj. ▫ Relatif à l'hygiène.

hygiéniste n. ▫ Spécialiste de l'hygiène.

hygromètre n. m. ▫ Instrument pour mesurer le degré d'humidité de l'air.

hygrométrie n. f. ▫ Mesure du degré d'humidité de l'atmosphère ; cette humidité. ▶ **hygrométrique** adj.

① **hymen** n. m. ▫ vx Mariage.

② **hymen** n. m. ▫ anat. Membrane qui obstrue partiellement l'orifice vaginal, chez une femme vierge.

hyménée n. m. ▫ vx Hymen, noces.

hyménoptère n. m. ▫ Insecte à quatre ailes membraneuses transparentes.

hymne **1.** n. m. ou f. (dans la tradition chrét.) Chant à la gloire de Dieu. **2.** n. m. Chant, poème exprimant la joie, l'enthousiasme, célébrant qqn, qqch.

hyoïde adj. ▫ anat. *Os hyoïde* : os en forme de fer à cheval situé au-dessus du larynx.

***hype** adj. invar. ▫ anglic. À l'avant-garde de la mode.

hyperbole n. f. ▫ Figure de style qui consiste à exagérer l'expression pour mettre en relief une idée. ▶ **hyperbolique** adj.

hyperboréen, enne adj. ▫ didact. ou littér. De l'extrême Nord.

hyperglycémie n. f. ▫ méd. Excès de sucre dans le sang.

hyperlien n. m. ▫ inform. Lien hypertexte*.

hypermarché n. m. ▫ Magasin à libre service de surface supérieure à 2 500 m^2.

hypermédia n. m. ▫ inform. Ensemble des liaisons hypertextes* appliquées à des données multimédias. – adj. *Des liens hypermédias.*

hypermétropie n. f. ▫ Défaut de la vision qui fait que l'image se forme en arrière de la rétine. ▶ **hypermétrope** adj. et n.

hypernerveux, euse adj. et n. ▫ Qui est d'une nervosité excessive, pathologique.

hyperréalisme n. m. ▫ Courant artistique caractérisé par un rendu minutieux de la réalité. ▶ **hyperréaliste** adj. et n.

hypersécrétion n. f. ▫ physiol. Sécrétion excessive (d'une glande).

hypersensible adj. et n. ▫ Qui est d'une sensibilité extrême. ▶ **hypersensibilité** n. f.

hypertension n. f. ▫ Tension artérielle supérieure à la normale. ▶ **hypertendu, ue** adj. et n.

hypertexte n. m. ▫ Fonction qui, dans un ensemble de documents informatiques, permet de définir des renvois directs entre des éléments. – adj. *Un lien hypertexte* (hyperlien). ▶ **hypertextuel, elle** adj.

hypertrophie n. f. **1.** physiol. Augmentation de volume (d'un organe) avec ou sans altération. **2.** fig. Développement excessif. ▶ **hypertrophique** adj.

hypertrophier v. tr. ▫ Produire l'hypertrophie de. ▷ adj. **hypertrophié, ée**

hypnagogique adj. ▫ didact. Qui précède immédiatement le sommeil.

hypnose n. f. ▫ État voisin du sommeil, provoqué par des manœuvres de suggestion, ou des moyens chimiques.

hypnotique adj. ▫ Qui a rapport à l'hypnose, à l'hypnotisme.

hypnotiser v. tr. **1.** Mettre (qqn) sous hypnose. **2.** fig. Fasciner ou obséder (qqn).

hypnotiseur n. m. ▫ Personne qui hypnotise.

hypnotisme n. m. **1.** Ensemble des procédés mis en œuvre pour provoquer un état d'hypnose. **2.** Science qui traite des phénomènes hypnotiques.

hypoallergénique adj. ▫ pharm. Qui minimise les risques d'allergie.

hypocagne → **hypokhâgne**

hypocalorique adj. ▫ Qui comporte peu de calories.

hypocondrie n. f. ▫ Anxiété habituelle et excessive à propos de sa santé. ▶ **hypocondriaque** adj. et n.

hypocoristique adj. ▫ ling. Qui exprime une intention affectueuse (mot).

hypocrisie n. f. **1.** Fait de déguiser son caractère, d'exprimer des opinions ou sentiments qu'on n'a pas. **2.** Caractère de ce qui est hypocrite.

hypocrite I. n. Personne qui fait preuve d'hypocrisie. **II.** adj. Qui a de l'hypocrisie. ▶ **hypocritement** adv.

hypodermique adj. ▫ Qui concerne le tissu sous-cutané (ou *hypoderme* n. m.).

hypogée n. m. ▫ Sépulture souterraine.

hypoglosse adj. et n. m. ▫ anat. Se dit du nerf crânien qui innerve les muscles de la langue.

hypoglycémie n. f. ▫ méd. Insuffisance du taux de glucose du sang.

hypokhâgne ou **hypocagne** n. f. ▫ fam. Classe de préparation à l'École normale supérieure (lettres).

hypophyse n. f. ▫ Glande endocrine située à la base du crâne. ▶ **hypophysaire** adj.

hyposodé, ée adj. ▫ didact. Qui comporte peu de sel ajouté.

hypostase n. f. ▫ didact. Substance distincte.

hypostyle adj. ▫ archéol. Dont le plafond est soutenu par des colonnes.

hypotaupe n. f. ▫ fam. Classe de mathématiques supérieures.

hypotenseur adj. m. et n. m. ▫ méd. Se dit d'un médicament qui fait baisser la tension artérielle.

hypotension n. f. ▫ Tension artérielle inférieure à la normale. ▶ **hypotendu, ue** adj. et n.

hypoténuse n. f. ▫ Le côté opposé à l'angle droit, dans un triangle rectangle.

hypothalamus n. m. ▫ anat. Partie du cerveau, située sous le thalamus*.

hypothèque n. f. ▫ Droit accordé à un créancier sur un bien immeuble en garantie d'une dette (sans que le propriétaire en soit dépossédé). ▶ **hypothécaire** adj.

hypothéquer v. tr. ▫ Grever d'une hypothèque. – au p. p. *Maison hypothéquée.* ▪ fig. *Hypothéquer l'avenir.*

hypothèse n. f. **I.** sc. Proposition admise comme donnée d'un problème ou pour la démonstration d'un théorème. **II.** Conjecture concernant l'explication ou la possibilité d'un événement.

hypothétique adj. **1.** sc. Qui est de la nature de l'hypothèse. **2.** Qui n'est pas certain. ▶ **hypothétiquement** adv.

hysope n. f. ▫ Arbrisseau méditerranéen à feuilles persistantes et à fleurs bleues.

hystérectomie n. f. ▫ méd. Ablation de l'utérus.

hystérie n. f. **1.** psych. Névrose caractérisée par une tendance aux manifestations émotives spectaculaires. **2.** cour. Excitation intense. ▶ **hystérique** adj. et n.

hystérotomie n. f. ▫ méd. Incision de l'utérus.

I

i n. m. ▫ Neuvième lettre, troisième voyelle de l'alphabet. ■ *I* : un (en chiffres romains).

iambe n. m. ▫ didact. **1.** Pied composé d'une syllabe brève et d'une longue. **2.** Pièce de vers satiriques. – var. **ïambe.** ▶ **iambique** adj.

iatrogène adj. ▫ didact. Causé par un acte médical.

ibérique adj. ▫ De l'Espagne et du Portugal.

ibidem adv. ▫ didact. Dans le même ouvrage, déjà cité (abrév. *ibid.*).

ibis n. m. ▫ Échassier à bec long et arqué.

iceberg n. m. ▫ Masse de glace flottante, détachée de la banquise.

icelui, icelle, plur. **iceux, icelles** pron. et adj. dém. ▫ archaïsme Celui-ci, celle-ci.

ichtyologie n. f. ▫ Partie de la zoologie qui traite des poissons. ▶ **ichtyologiste** n.

ichtyosaure n. m. ▫ Grand reptile marin fossile.

ici adv. **1.** Dans le lieu où se trouve celui qui parle. *Il fait frais ici.* – À cet endroit. *Assieds-toi ici.* **2.** *Jusqu'ici* : jusqu'à présent. *D'ici peu* : dans peu de temps.

① **icône** n. f. **1.** Peinture religieuse exécutée sur un panneau de bois. **2.** fig. Personne qui symbolise un courant.

② **icône** n. f. ▫ inform. Pictogramme qui représente un fichier, un logiciel, etc.

iconoclaste n. et adj. **1.** Qui interdit ou détruit les images saintes. ▶ **iconoclasme** n. m. **2.** fig. Hostile aux traditions.

iconographie n. f. **1.** Étude des représentations figurées d'un sujet. **2.** Ensemble d'illustrations. ▶ **iconographique** adj. ▶ **iconographe** n.

iconologie n. f. ▫ didact. Étude des images. ▶ **iconologiste** ou **iconologue** n.

iconostase n. f. ▫ Cloison décorée d'images, dans les églises orthodoxes.

ictère n. m. ▫ méd. Coloration jaune de la peau due à la présence de pigments biliaires.

idéal, ale, als ou **aux I.** adj. **1.** Qui est conçu dans l'esprit sans pouvoir être perçu par les sens. **2.** Parfait en son genre. ▶ **idéalement** adv. **II.** n. m. **1.** Modèle absolu. **2.** Ce qui donnerait une satisfaction parfaite.

idéaliser v. tr. ▫ Revêtir d'un caractère idéal. ▶ **idéalisation** n. f.

idéalisme n. m. ▫ Attitude d'esprit qui pousse à faire une large place à l'idéal. ▶ **idéaliste** adj. et n.

idéalité n. f. ▫ didact. **1.** Caractère de ce qui est idéal. **2.** Être, objet idéal.

idée n. f. **1.** Représentation intellectuelle. **2.** Vue élémentaire, approximative. **3.** Conception imaginaire fausse ou irréalisable. *Se faire des idées.* **4.** Vue originale, dans le domaine de la connaissance, de la création. *C'est une bonne idée.* **5.** Façon particulière de se représenter le réel. – *Idée reçue* : opinion courante.

idem adv. ▫ Le même (être...).

identifiable adj. ▫ Qui peut être identifié.

identifiant n. m. ▫ inform. Nom servant à identifier l'utilisateur d'un service.

identifier v. tr. **1.** Considérer comme identique. **2.** Reconnaître. *Identifier qqn.* **3.** Reconnaître comme appartenant à une catégorie. ▷ v. pron. s'**identifier** ▶ **identification** n. f.

identique adj. ▫ Tout à fait semblable. ▶ **identiquement** adv.

identitaire adj. ▫ Relatif à l'identité.

identité n. f. **1.** Caractère de deux choses identiques. **2.** Caractère de ce qui demeure identique à soi-même. **3.** Ce qui permet de reconnaître une personne parmi toutes les autres.

idéogramme n. m. ▫ Signe graphique qui représente le sens d'un mot et non les sons. ▶ **idéographique** adj.

idéologie n. f. ▫ Ensemble des idées propres à qqn, une époque, une société. ▶ **idéologique** adj. ▶ **idéologiquement** adv.

idéologue n. ▫ Personne qui professe une idéologie.

ides n. f. pl. ▫ (calendrier romain) Division du mois tombant vers son milieu.

idiolecte n. m. ▫ ling. Emploi particulier d'une langue par une personne.

idiome n. m. ▫ ling. Langue, envisagée comme ensemble des moyens d'expression propres à une communauté. ▶ **idiomatique** adj.

idiosyncrasie n. f. ▫ didact. Tempérament personnel.

idiot, idiote adj. ▫ Qui manque d'intelligence. – n. *Un idiot.* ▶ **idiotement** adv.

idiotie n. f. **1.** Manque d'intelligence. **2.** Action, parole idiote.

idiotisme n. m. ▫ ling. Forme, locution propre à une seule langue, intraduisible.

idoine adj. ▫ vx ou plais. Adéquat, approprié.

idolâtre adj. **1.** Qui rend un culte aux idoles. **2.** littér. Qui voue une adoration (à qqn, à qqch.). ▶ **idolâtrer** v. tr. littér. ▶ **idolâtrie** n. f.

idole n. f. **1.** Représentation d'une divinité. **2.** Célébrité adulée du public.

idylle n. f. **1.** Petit poème à sujet pastoral et amoureux. **2.** Aventure amoureuse naïve et tendre. ▶ **idyllique** adj.

if n. m. ▫ Conifère à fruits rouges.

igloo n. m. ▫ Abri des Inuits, construit avec des blocs de glace. – var. **iglou.**

igname n. f. ▫ Plante tropicale à gros tubercules farineux ; ce tubercule.

ignare adj. et n. ▫ Totalement ignorant.

igné, ée adj. **1.** littér. Qui est de feu. **2.** sc. Produit par le feu.

ignifuge adj. ▫ Qui rend ininflammable.

ignifuger v. tr. ▫ Rendre ininflammable.

ignition n. f. ▫ didact. État de ce qui est en feu.

ignoble adj. **1.** Vil, moralement bas. **2.** Très laid ou sale ; très mauvais. ▶ **ignoblement** adv.

ignominie n. f. ▫ littér. **1.** Déshonneur extrême. **2.** Action ignoble.

ignominieux, euse adj. ▫ littér. Qui cause de l'ignominie. ▶ **ignominieusement** adv.

ignorance n. f. **1.** Fait de ne pas connaître qqch. **2.** Manque d'instruction, de savoir.

ignorant, ante adj. **1.** Qui n'a pas la connaissance de (une chose). **2.** adj. et n. Qui manque d'instruction, de savoir.

ignorer v. tr. **1.** Ne pas connaître, ne pas savoir. **2.** Traiter (qqn) comme si sa personne ne méritait aucune considération. ▶ **ignoré, ée** adj.

iguane n. m. ▫ Grand lézard d'Amérique tropicale.

iguanodon n. m. ▫ Reptile fossile du crétacé.

ikebana n. m. ▫ Art floral japonais.

il, ils pron. pers. m. **1.** Pronom personnel masculin de la troisième personne, faisant fonction de sujet. **2.** Sert à introduire les verbes impersonnels. *Il pleut.*

ilang-ilang n. m. ▫ Arbre oriental cultivé pour ses fleurs. – var. **ylang-ylang.**

île n. f. ▫ Étendue de terre entourée d'eau.

iléon n. m. ▫ Partie de l'intestin grêle qui précède le gros intestin.

iliaque adj. ▫ *Os iliaque* : os de la hanche.

îlien, îlienne adj. et n. ▫ Qui habite une île.

ilion n. m. ▫ anat. Partie supérieure de l'os iliaque.

illégal, ale, aux adj. ▫ Contraire à la loi. ▶ **illégalement** adv. ▶ **illégalité** n. f.

illégitime adj. **1.** (enfant) Né hors du mariage. **2.** Qui n'est pas fondé. ▶ **illégitimité** n. f.

illettré, ée adj. et n. ▫ Qui est incapable de lire et d'écrire. ▶ **illettrisme** n. m.

illicite adj. ▫ Qui n'est pas licite.

illico adv. ▫ fam. Sur-le-champ. – *Illico presto* (même sens).

illimité, ée adj. ▫ Qui n'a pas de limites.

illisible adj. ▫ Très difficile à lire.

illogique adj. ▫ Qui n'est pas logique. ▶ **illogiquement** adv. ▶ **illogisme** n. m.

illumination n. f. **1.** Action de baigner de lumière. **2.** au plur. Ensemble de lumières en vue d'une fête. **3.** Inspiration subite.

illuminé, ée 1. n. péj. Visionnaire. **2.** adj. Éclairé de nombreuses lumières.

illuminer v. tr. **1.** Éclairer d'une vive lumière. **2.** Mettre un éclat lumineux sur. – pronom. *Son visage s'illumina.*

illusion n. f. **1.** Interprétation fausse de ce que l'on perçoit. **2.** Croyance erronée qui trompe par son caractère séduisant.

illusionner v. tr. ▫ Tromper par une illusion. ▷ v. pron. **s'illusionner**

illusionnisme n. m. ▫ Art de créer l'illusion par des trucages, etc. ▶ **illusionniste** n.

illusoire adj. ▫ Qui peut faire illusion, mais ne repose sur rien de réel.

illustrateur, trice n. ▫ Artiste spécialisé dans l'illustration (2).

illustration n. f. **1.** Action d'illustrer. **2.** Figure illustrant un texte.

illustre adj. ▫ Qui est très connu.

illustré, ée 1. adj. Orné d'illustrations. **2.** n. m. Périodique illustré.

illustrer v. tr. **1.** vx ou littér. Rendre célèbre. – pronom. *S'illustrer par son talent.* **2.** Rendre plus clair (par des exemples...). **3.** Orner d'images.

îlot n. m. **1.** Très petite île. **2.** Petit espace isolé. **3.** Groupe de maisons.

ilote n. **1.** Antiq. Habitant de Laconie esclave des Spartiates. **2.** littér. Personne asservie.

image n. f. **1.** sc. Reproduction (d'un objet) par l'intermédiaire d'un système optique. **2.** Représentation (d'un objet) par les arts graphiques ou plastiques. **3.** Expression de l'abstrait par le concret, dans le langage. **4.** Produit de l'imagination.

imagé, ée adj. ▫ (style) Orné d'images.

imagerie n. f. **1.** Ensemble d'images caractéristique d'un genre, d'une époque. **2.** Technique permettant d'obtenir des images grâce à des rayonnements.

imaginable adj. ▫ Que l'on peut imaginer.

imaginaire I. adj. Qui n'existe que dans l'imagination. **II.** n. m. Domaine de l'imagination.

imaginatif, ive adj. et n. ▫ Qui a l'imagination fertile.

imagination n. f. **1.** Faculté que possède l'esprit d'imaginer (1). **2.** Faculté de former des idées nouvelles.

imaginer v. tr. **1.** Se représenter dans l'esprit. **2.** Inventer. ▷ v. pron. **s'imaginer** **1.** Se représenter, concevoir. **2.** Croire à tort. ▷ adj. **imaginé, ée**

imam n. m. ▫ Chef religieux musulman.

imbattable adj. ▫ Qui ne peut être battu.

imbécile adj. et n. ▫ Qui manifeste de la bêtise. ▶ **imbécilement** adv.

imbécillité n. f. ▫ Manque d'intelligence. ▪ Acte, parole imbécile.

imberbe adj. ▫ Sans barbe.

imbiber v. tr. ▫ Imprégner d'un liquide.

s'imbriquer v. pron. **1.** Se chevaucher. **2.** fig. Être étroitement lié. ▶ **imbriqué, ée** adj. ▶ **imbrication** n. f.

imbroglio n. m. ▫ Situation confuse, embrouillée.

imbu, ue adj. ▫ Imprégné (de sentiments, d'idées...). – péj. *Être imbu de soi-même* : se croire supérieur aux autres.

imbuvable adj. **1.** Qui n'est pas buvable. **2.** fam. (personnes) Insupportable.

imitable adj. ▫ Qui peut être imité.

imitateur, trice n. **1.** Artiste qui imite des personnages connus. **2.** Personne qui imite une œuvre.

imitatif, ive adj. ▫ Qui imite.

imitation n. f. **1.** Action de reproduire volontairement (une apparence, un geste, un acte). **2.** Reproduction (d'un objet, etc.) qui imite l'original ; objet imité.

imiter v. tr. **1.** Faire comme (qqn, un animal). **2.** Prendre pour modèle ; reproduire.

immaculé, ée adj. **1.** relig. Qui est sans péché. **2.** (choses) Sans une tache.

immanent, ente adj. ▫ philos. Qui est contenu dans la nature d'un être. ▶ **immanence** n. f.

immangeable adj. ▫ Qui n'est pas bon à manger ; très mauvais.

immanquable adj. ▫ Qui ne peut manquer d'arriver. ▶ **immanquablement** adv.

immatériel, elle adj. ▫ Qui n'est pas formé de matière.

immatriculer v. tr. ▫ Inscrire sur un registre public. ▶ **immatriculation** n. f.

immature adj. ▫ Qui manque de maturité intellectuelle, affective.

immédiat, ate adj. **1.** Qui précède ou suit sans intermédiaire. **2.** Qui a lieu tout de suite. – (n. m.) *Dans l'immédiat* : pour le moment. ▶ **immédiatement** adv.

immémorial, ale, aux adj. ▫ Qui remonte à une époque très ancienne.

immense adj. ▫ Très considérable (par l'étendue, la force, l'importance...). ▶ **immensément** adv.

immensité n. f. **1.** Étendue très vaste. **2.** Grandeur considérable (de qqch.).

immerger v. tr. ▫ Plonger (qqch., qqn dans un liquide). ▷ v. pron. **s'immerger** (fig.) *S'immerger dans un milieu.* ▶ **immersion** n. f.

immérité, ée adj. ▫ Qui n'est pas mérité.

immettable adj. ▫ (vêtement) Que l'on ne peut pas mettre.

immeuble I. adj. dr. Qui ne peut être déplacé. **II.** n. m. Grand bâtiment urbain à plusieurs étages.

immigrant, ante n. ▫ Personne qui immigre dans un pays.

immigration n. f. ▫ Fait d'immigrer dans un pays.

immigré, ée adj. et n. ▫ Qui s'est établi dans un pays étranger.

immigrer v. intr. ▫ Entrer dans un pays étranger pour s'y établir.

imminent, ente adj. ▫ Qui va se produire dans très peu de temps. ▶ **imminence** n. f.

s'immiscer v. pron. □ Intervenir indûment (dans une affaire). ▶ **immixtion** n. f.

immobile adj. □ Qui ne se déplace pas.

immobilier, ière adj. **1.** dr. Qui est composé de biens immeubles. **2.** Qui concerne des immeubles. ■ n. m. Commerce d'immeubles, de maisons, etc.

immobiliser v. tr. □ Rendre immobile, maintenir dans l'immobilité ou l'inactivité. ▷ v. pron. **s'immobiliser** ▶ **immobilisation** n. f.

immobilisme n. m. □ Disposition à refuser le mouvement ou le progrès. ▶ **immobiliste** adj. et n.

immobilité n. f. □ État de ce qui est immobile.

immodéré, ée adj. □ Qui n'est pas modéré. ▶ **immodérément** adv.

immodeste adj. □ vieilli Qui manque à la pudeur. ▶ **immodestie** n. f.

immoler v. tr. □ Tuer en sacrifice. ▷ v. pron. **s'immoler** ▶ **immolation** n. f.

immonde adj. **1.** D'une saleté ou d'une laideur qui soulève le dégoût. **2.** Très immoral, révoltant.

immondices n. f. pl. □ Déchets, détritus.

immoral, ale, aux adj. □ Contraire aux principes de la morale établie. ▶ **immoralité** n. f.

immoralisme n. m. □ Doctrine qui propose des règles d'action différentes de celles qu'admet la morale courante. ▶ **immoraliste** adj. et n.

immortaliser v. tr. □ Rendre immortel dans la mémoire des hommes.

immortalité n. f. **1.** Qualité, état de ce qui est immortel. **2.** littér. État de ce qui survit dans la mémoire des hommes.

immortel, elle adj. **1.** Qui n'est pas sujet à la mort. **2.** Qui survit dans la mémoire des hommes.

immortelle n. f. □ Plante dont la fleur desséchée présente une collerette colorée.

immotivé, ée adj. □ Qui n'a pas de motif.

immuable adj. □ Qui ne change guère, dure longtemps. ▶ **immuabilité** n. f. ▶ **immuablement** adv.

immuniser v. tr. □ Rendre réfractaire à une maladie. ▶ **immunisant, ante** adj. ▶ **immunisation** n. f.

immunitaire adj. □ méd. De l'immunité (2).

immunité n. f. **1.** Prérogative accordée par la loi à une catégorie de personnes. **2.** Propriété (d'un organisme) de résister à une cause de maladie.

immunodéficience n. f. □ méd. Déficience immunitaire. ▶ **immunodéficitaire** adj. et n.

immunodépresseur adj. m. et n. m. □ biol. Se dit d'une substance capable de diminuer les réactions immunitaires de l'organisme. – syn. **immunosuppresseur** adj. m. et n. m.

immunodéprimé, ée adj. □ méd. Qui n'a pas des réactions immunitaires normales.

immunologie n. f. □ Étude des phénomènes d'immunité (2). ▶ **immunologique** adj. ▶ **immunologiste** n.

immunothérapie n. f. □ méd. Traitement pour provoquer ou augmenter l'immunité (2).

impact n. m. **1.** Collision, heurt. **2.** fig. Effet produit.

impair, aire I. adj. Se dit d'un nombre entier qui n'est pas divisible par deux. **II.** n. m. Maladresse choquante.

impala n. m. □ Petite antilope des savanes.

impalpable adj. □ Imperceptible au toucher.

imparable adj. □ Qu'on ne peut éviter.

impardonnable adj. ▫ Qui ne mérite pas de pardon.

imparfait, aite I. adj. Qui présente des défauts. ▶ **imparfaitement** adv. II. n. m. Temps du verbe ayant pour fonction d'énoncer une action en voie d'accomplissement dans le passé.

impartial, ale, aux adj. ▫ Qui est sans parti pris. ▶ **impartialement** adv. ▶ **impartialité** n. f.

impartir v. tr.. 1. littér. Donner en partage. 2. dr. Accorder.

impasse n. f. 1. Rue sans issue. 2. fig. Situation sans issue.

impassible adj. ▫ Qui n'éprouve ou ne trahit aucune émotion. ▶ **impassiblement** adv. ▶ **impassibilité** n. f.

impatience n. f. ▫ Manque de patience.

impatient, ente adj. 1. Qui manque de patience. 2. Pressé (de). ▶ **impatiemment** adv.

impatienter v. tr. ▫ Faire perdre patience à. ▷ v. pron. s'**impatienter**

impavide adj. ▫ littér. Qui n'éprouve ou ne montre aucune crainte. ▶ **impavidité** n. f.

impayable adj. ▫ fam. Bizarre et comique.

impayé, ée adj. ▫ Qui n'a pas été payé. ▪ n. m. Effet de commerce impayé.

impeccable adj. ▫ Sans défaut, parfait. ▶ **impeccablement** adv.

impécunieux, ieuse adj. ▫ littér. Qui manque d'argent. ▶ **impécuniosité** n. f.

impédance n. f. ▫ électr. Grandeur qui est, pour les courants alternatifs, l'équivalent de la résistance pour les courants continus.

impedimenta n. m. pl. ▫ littér. Ce qui entrave l'activité.

impénétrable adj. 1. Où l'on ne peut pénétrer. 2. Difficile à connaître, à expliquer. ▶ **impénétrabilité** n. f.

impénitent, ente adj. 1. relig. Qui ne se repent pas de ses péchés. 2. Qui persiste dans une habitude.

impensable adj. ▫ Difficile à concevoir.

impératif, ive I. n. m. 1. gramm. Mode qui exprime le commandement et la défense. 2. Prescription d'ordre moral, etc. II. adj. Qui exprime, impose un ordre. ▶ **impérativement** adv.

impératrice n. f. 1. Épouse d'un empereur. 2. Souveraine d'un empire.

imperceptible adj. 1. Impossible ou difficile à percevoir par les sens. 2. Difficile à apprécier par l'esprit. ▶ **imperceptiblement** adv.

imperfectif, ive adj. ▫ gramm. *Verbe imperfectif*, qui exprime la durée.

imperfection n. f. 1. État de ce qui est imparfait. 2. Défaut.

impérial, ale, aux adj. ▫ D'un empereur, d'un empire.

impériale n. f. ▫ Étage supérieur de véhicules publics.

impérialisme n. m. ▫ Politique d'un État visant à réduire d'autres États sous sa dépendance. ▶ **impérialiste** adj. et n.

impérieux, euse adj. 1. Qui commande d'une façon qui n'admet ni résistance ni réplique. 2. (choses) Qui force à céder. ▶ **impérieusement** adv.

impérissable adj. ▫ (choses) Qui ne peut périr.

impéritie n. f. ▫ littér. Manque d'habileté.

imperméabiliser v. tr. ▫ Rendre imperméable.

imperméable adj. ▫ Qui ne se laisse pas traverser par un liquide. ▪ n. m. Vêtement de pluie en tissu imperméabilisé. ▶ **imperméabilité** n. f.

impersonnel, elle adj. 1. gramm. Qui exprime une action sans sujet réel ou déterminé. 2. didact. Qui n'appartient pas, ne s'adresse pas à une personne.

3. Qui n'a aucune particularité. ▶ **impersonnalité** n. f. ▶ **impersonnellement** adv.

impertinence n. f. **1.** Conduite impertinente. **2.** Parole, action impertinente.

impertinent, ente adj. et n. ▫ Qui montre de l'irrévérence.

imperturbable adj. ▫ Que rien ne peut troubler. ▶ **imperturbablement** adv.

impétigo n. m. ▫ méd. Maladie de la peau caractérisée par la formation de vésicules.

impétrant, ante n. ▫ admin. Personne qui a obtenu qqch. (titre, etc.) d'une autorité.

impétueux, euse adj. **1.** littér. Violent et rapide. **2.** (personnes) Ardent, fougueux. ▶ **impétueusement** adv. ▶ **impétuosité** n. f.

impie adj. et n. ▫ Qui a ou marque le mépris de la religion. ▶ **impiété** n. f.

impitoyable adj. ▫ Sans pitié. ▶ **impitoyablement** adv.

implacable adj. **1.** Qui est sans pitié. **2.** À quoi l'on ne peut se soustraire. ▶ **implacablement** adv.

implant n. m. ▫ méd. Comprimé ou objet introduit sous la peau ou dans un tissu organique.

implanter v. tr. ▫ Introduire et faire se développer d'une manière durable. ▷ v. pron. s'**implanter** ▶ **implantation** n. f.

implémenter v. tr. ▫ inform. Réaliser la phase finale d'élaboration de (un système), permettant la mise en fonction. ▶ **implémentation** n. f.

implication n. f. **1.** Action d'impliquer qqn. **2.** au plur. Conséquences.

implicite adj. ▫ Qui est contenu dans une proposition, un fait, sans être exprimé. ▶ **implicitement** adv.

impliquer v. tr. **1.** Engager (dans une affaire fâcheuse). **2.** (sujet chose) Entraîner (qqch.) comme conséquence. **3.** Engager (dans un processus...). – pronom. → s'**investir.**

implorer v. tr. **1.** Supplier (qqn) d'une manière humble. **2.** Demander avec insistance. ▶ **implorant, ante** adj. ▶ **imploration** n. f.

imploser v. intr. ▫ Faire implosion.

implosion n. f. ▫ Irruption brutale d'un fluide dans un milieu de pression beaucoup plus faible que la pression extérieure.

impluvium n. m. ▫ Antiq. romaine Bassin creusé pour les eaux de pluie.

impoli, ie adj. ▫ Qui manque à la politesse. ▶ **impoliment** adv.

impolitesse n. f. **1.** Manque de politesse. **2.** Manifestation d'impolitesse.

impondérable adj. ▫ Dont l'action ne peut être appréciée ni prévue. – n. m. *Les impondérables de la vie.*

impopulaire adj. ▫ Qui est mal vu (dans un groupe). ▶ **impopularité** n. f.

importance n. f. **1.** Caractère de ce qui est important. **2.** Autorité que confèrent un rang social élevé, des responsabilités.

important, ante adj. **I.** (choses) **1.** Qui a de grandes conséquences, beaucoup d'intérêt. – n. m. Ce qui importe. **2.** Considérable. **II.** (personnes) Qui a de l'importance (2).

importateur, trice n. ▫ Personne qui importe (①) des produits. – adj. *Pays importateur.*

① **importer** v. tr. **1.** Introduire sur le territoire national (des produits en provenance de pays étrangers). ▶ **importation** n. f. **2.** Introduire (qqch. ; une coutume) dans un pays.

② **importer** v.. **1.** v. tr. ind. (choses) *IMPORTER À qqn :* avoir de l'importance pour qqn. **2.** v. intr. Avoir de l'importance. **3.** v. impers. *Il importe de réfléchir, que nous réfléchissions.* **4.** *N'IMPORTE QUI, QUOI* loc. pron. indéf. : une personne, une chose quelconque. – *N'IMPORTE QUEL, QUELLE* (chose, personne) loc. adj. indéf. *Acheter à n'importe quel prix.* – *N'IMPORTE COMMENT, OÙ, QUAND* loc. adv. : d'une manière, dans un endroit, à un moment quelconque.

import-export n. m. ▫ Commerce de produits importés et exportés.

importun, une adj. 1. Qui gêne par sa présence ou sa conduite. – n. *Éviter un importun.* 2. (choses) Gênant.

importuner v. tr. ▫ Ennuyer en étant importun.

imposable adj. ▫ Assujetti à l'impôt.

imposant, ante adj. 1. Qui impose le respect. 2. Qui impressionne par l'importance, la quantité.

imposer v. tr. I. 1. Faire payer obligatoirement. 2. Assujettir (qqn) à l'impôt. 3. Prescrire ou faire subir (qqch.) à qqn. 4. Faire accepter (qqn) par force, etc. II. tr. ind. *EN IMPOSER À qqn,* faire une forte impression sur lui. ▷ v. pron. s'**imposer** 1. (sujet chose) Être obligatoire. 2. (personnes) Se faire admettre (par sa valeur...). ▷ adj. **imposé, ée** 1. Obligatoire. 2. Soumis à l'impôt.

imposition n. f. ▫ Impôt, contribution.

impossibilité n. f. 1. Caractère de ce qui est impossible. 2. Chose impossible.

impossible I. adj. 1. Qui ne peut se produire, être réalisé. ▪ impers. *Il est impossible de* (+ inf.) ; *que* (+ subj.). 2. Très difficile, très pénible (à faire, imaginer...). 3. (personnes) Insupportable. II. n. m. Ce qui n'est pas possible. *Vouloir l'impossible.*

imposte n. f. ▫ Partie supérieure (d'une porte, d'une fenêtre).

imposteur n. m. ▫ Personne qui trompe autrui en usurpant une qualité.

imposture n. f. ▫ Tromperie d'un imposteur.

impôt n. m. ▫ Prélèvement que l'État opère sur les ressources des particuliers pour subvenir aux charges publiques.

impotent, ente adj. et n. ▫ Qui ne peut pas se déplacer, ou se déplace très difficilement. ▶ **impotence** n. f.

impraticable adj. 1. littér. Que l'on ne peut mettre en pratique. 2. Où l'on passe très difficilement.

imprécateur, trice n. ▫ littér. Personne qui profère des imprécations.

imprécation n. f. ▫ littér. Souhait de malheur contre qqn. ▶ **imprécatoire** adj. littér.

imprécis, ise adj. ▫ Qui n'est pas précis, manque de netteté.

imprécision n. f. ▫ Manque de précision.

imprédictible adj. ▫ didact. Que l'on ne peut prédire.

imprégner v. tr. 1. Pénétrer (un corps) de liquide dans toutes ses parties. 2. fig. Influencer profondément. ▶ **imprégnation** n. f.

imprenable adj. 1. Qui ne peut être pris. 2. *Vue imprenable,* qui ne peut être masquée par des constructions.

impréparation n. f. ▫ Manque de préparation.

imprésario n. ▫ Personne qui s'occupe des engagements d'un artiste.

imprescriptible adj. ▫ Qui ne peut pas être enlevé après un délai.

impression n. f. I. 1. Procédé de reproduction par pression d'une surface sur une autre. 2. Reproduction d'un texte par l'imprimerie. II. 1. Effet qu'une cause produit sur qqn. 2. Connaissance immédiate et vague. – *Avoir l'impression de... ; que...* → **croire, imaginer.**

impressionnable adj. ▫ Facile à impressionner.

impressionner v. tr. **I.** Affecter (qqn) d'une vive impression. ▶ **impressionnant, ante** adj. **II.** Laisser une image (sur une pellicule photographique).

impressionniste adj. et n. ▫ Se dit de peintres qui, à la fin du XIXe siècle, s'efforcèrent d'exprimer les impressions que les objets et la lumière suscitent. ▶ **impressionnisme** n. m.

imprévisible adj. ▫ Qui ne peut être prévu.

imprévoyant, ante adj. ▫ Qui manque de prévoyance. ▶ **imprévoyance** n. f.

imprévu, ue adj. ▫ Qui n'a pas été prévu. – n. m. *Aimer l'imprévu.*

imprimante n. f. ▫ Périphérique d'ordinateur qui imprime sur papier des textes ou des éléments graphiques.

imprimatur n. m. invar. ▫ didact. Autorisation d'imprimer.

imprimé n. m. **1.** Tissu orné de motifs. **2.** Feuille imprimée.

imprimer v. tr. **I.** Communiquer, transmettre (un mouvement...). **II. 1.** Reproduire par pression d'une surface sur une autre. **2.** Reproduire par la technique de l'imprimerie.

imprimerie n. f. **1.** Ensemble des techniques permettant la reproduction d'un texte par impression de caractères mobiles ou report sur plaques. **2.** Établissement où l'on imprime (des livres, des journaux...).

imprimeur n. m. **1.** Propriétaire d'une imprimerie. **2.** Personne travaillant dans une imprimerie.

improbable adj. **1.** Qui n'est pas probable. **2.** Étonnant, insolite. ▶ **improbabilité** n. f.

improbation n. f. ▫ littér. Action de désapprouver, de condamner.

improductif, ive adj. ▫ Qui ne produit, ne rapporte rien. ▶ **improductivité** n. f.

impromptu, ue I. n. m. Petite pièce (de vers, de musique...). **II.** adj. Improvisé. **III.** adv. À l'improviste, sans préparation.

impropre adj. ▫ Qui ne convient pas, n'est pas adapté. ▶ **improprement** adv.

impropriété n. f. ▫ Caractère de ce qui est impropre. ▪ Emploi impropre d'un mot.

improvisation n. f. **1.** Action d'improviser. **2.** Ce qui est improvisé.

improviser v. tr. ▫ Faire sur-le-champ et sans préparation. ▶ **improvisateur, trice** n.

à l'**improviste** loc. adv. ▫ D'une manière imprévue.

imprudence n. f. **1.** Manque de prudence. **2.** Action imprudente.

imprudent, ente adj. ▫ Qui manque de prudence. ▶ **imprudemment** adv.

impubère adj. et n. ▫ littér. Qui n'a pas atteint la puberté. ▶ **impuberté** n. f.

impubliable adj. ▫ Qu'on ne peut pas publier.

impudence n. f. ▫ littér. **1.** Effronterie choquante. **2.** Action, parole choquante.

impudent, ente adj. ▫ littér. Qui montre de l'impudence. ▶ **impudemment** adv.

impudeur n. f. ▫ Absence de pudeur, de retenue.

impudique adj. ▫ Qui outrage la pudeur. ▶ **impudiquement** adv. ▶ **impudicité** n. f. vieilli

impuissance n. f. **1.** Manque de moyens suffisants pour faire qqch. **2.** (pour l'homme) Incapacité d'accomplir l'acte sexuel normal et complet.

impuissant, ante 1. adj. Qui n'a pas de moyens suffisants pour faire qqch. **2.** adj. et n. m. (homme) Qui souffre d'impuissance (2).

impulsif, ive adj. et n. ▫ Qui agit sous l'impulsion de mouvements spontanés ou plus forts que sa volonté. ▶ **impulsivement** adv. ▶ **impulsivité** n. f.

impulsion n. f. **1.** Action de pousser ; ce qui pousse. **2.** fig. Fait d'inciter ; ce qui anime. **3.** Tendance spontanée qui pousse à agir.

impunément adv. **1.** Sans subir de punition. **2.** Sans dommage pour soi.

impuni, ie adj. ▫ Qui n'est pas puni.

impunité n. f. ▫ Absence de punition.

impur, ure adj. **1.** Corrompu par des éléments étrangers. **2.** littér. Mauvais (moralement).

impureté n. f. **1.** Caractère impur. **2.** Élément qui altère qqch.

imputable adj. ▫ Qui peut ou doit être imputé.

imputer v. tr. **I.** *IMPUTER À qqn* : attribuer à qqn (une chose blâmable). **II.** Appliquer (une somme) à un compte déterminé. ▶ **imputation** n. f.

imputrescible adj. ▫ Qui ne peut pourrir. ▶ **imputrescibilité** n. f.

inabordable adj. **1.** littér. Difficile à approcher. **2.** D'un prix très élevé.

inaccentué, ée adj. ▫ Qui ne porte pas d'accent (1).

inacceptable adj. ▫ Que l'on ne peut, que l'on ne doit pas accepter.

inaccessible adj. **1.** Dont l'accès est impossible. **2.** (personnes) D'un abord difficile. ▶ **inaccessibilité** n. f.

inaccoutumé, ée adj. ▫ Qui n'a pas coutume de se produire.

inachevé, ée adj. ▫ Qui n'est pas achevé.

inachèvement n. m. ▫ État de ce qui n'est pas achevé.

inactif, ive adj. **1.** Qui est sans activité. ▪ Qui n'a pas d'activité professionnelle régulière. – n. *Les inactifs.* **2.** (choses) Qui est sans efficacité.

inaction n. f. ▫ Absence de toute action.

inactiver v. tr. ▫ biol. Rendre inactif. ▶ **inactivation** n. f.

inactivité n. f. ▫ Absence d'activité.

inadaptation n. f. ▫ Défaut d'adaptation (à qqch.).

inadapté, ée adj. ▫ Qui n'est pas adapté (à qqch.).

inadéquat, ate adj. ▫ Qui n'est pas adéquat. ▶ **inadéquation** n. f.

inadmissible adj. ▫ Qu'on ne peut admettre.

inadvertance n. f. ▫ *PAR INADVERTANCE* loc. adv. : par mégarde.

inaliénable adj. **1.** Qui ne peut être cédé. **2.** Qui ne peut être enlevé.

inaltérable adj. ▫ Qui ne peut être altéré. ▶ **inaltérabilité** n. f.

inaltéré, ée adj. ▫ Qui n'a subi aucune altération.

inamical, ale, aux adj. ▫ Qui n'est pas amical.

inamovible adj. **1.** dr. Qui n'est pas amovible (1). **2.** plais. Qu'on ne peut déplacer ; qui ne change pas. ▶ **inamovibilité** n. f.

inanimé, ée adj. **1.** Qui, par essence, est sans vie. **2.** Mort ou sans connaissance.

inanité n. f. ▫ littér. Caractère de ce qui est inutile, vain.

inanition n. f. ▫ Épuisement par défaut de nourriture.

inaperçu, ue adj. ▫ *Passer inaperçu,* ne pas être remarqué.

inappétence n. f. ▫ Absence d'appétit.

inapplicable adj. ▫ Qui ne peut être appliqué.

inappréciable adj. ▫ Qu'on ne saurait trop estimer ; de grande valeur.

inapproprié, ée adj. ▫ Qui n'est pas approprié.

inapte adj. ▫ Qui n'est pas apte (à qqch.). ▶ **inaptitude** n. f.

inarticulé, ée adj. ▫ Non articulé (son).

inassouvi, ie adj. ◻ littér. Qui n'est pas assouvi. ▶ **inassouvissement** n. m.

inattaquable adj. ◻ Qu'on ne peut attaquer ou mettre en cause avec succès.

inattendu, ue adj. ◻ À quoi on ne s'attendait pas.

inattentif, ive adj. ◻ Qui ne prête pas attention.

inattention n. f. ◻ Manque d'attention.

inaudible adj. ◻ Qu'on ne peut entendre.

inaugural, ale, aux adj. ◻ Qui a rapport à une inauguration.

inauguration n. f. ◻ Cérémonie par laquelle on inaugure (1).

inaugurer v. tr. **1.** Ouvrir au public pour la première fois. **2.** Utiliser, mettre en pratique pour la première fois.

inauthentique adj. ◻ Qui n'est pas authentique. ▶ **inauthenticité** n. f.

inavouable adj. ◻ Qui n'est pas avouable.

inavoué, ée adj. ◻ Qui n'est pas avoué.

inca adj. et n. ◻ D'un ancien peuple du Pérou, les Incas.

incalculable adj. ◻ Impossible ou difficile à calculer ou à apprécier.

incandescent, ente adj. ◻ Rendu lumineux par une chaleur intense. ▶ **incandescence** n. f.

incantation n. f. ◻ Emploi de paroles magiques pour opérer un charme, un sortilège ; ces paroles. ▶ **incantatoire** adj.

incapable adj. **1.** Qui n'est pas capable de. **2.** Qui n'a pas l'aptitude, la capacité nécessaire. – n. *Un, une incapable.*

incapacité n. f. **1.** État d'une personne incapable (de faire qqch.). **2.** État d'une personne qu'une blessure, une maladie a rendue incapable de travailler. **3.** dr. Absence de l'aptitude à jouir d'un droit.

incarcérer v. tr. ◻ Mettre en prison. ▶ **incarcération** n. f.

incarnat, ate adj. ◻ D'un rouge clair, vif.

incarnation n. f. ◻ Ce qui incarne (qqch. d'abstrait).

② **incarné, ée** adj. ◻ *Ongle incarné,* qui a pénétré dans la chair.

incarner v. tr. **1.** Représenter en soi (une chose abstraite). **2.** Représenter (un personnage) dans un spectacle. ▷ v. pron. s'**incarner** (être spirituel) Revêtir une forme humaine ou animale. ▷ adj. ① **incarné, ée** → **personnifié.**

incartade n. f. ◻ Léger écart de conduite.

incassable adj. ◻ Qui ne se casse pas.

incendiaire I. n. Personne qui allume un incendie. **II.** adj. Propre à causer un incendie.

incendie n. m. ◻ Grand feu qui se propage en causant des dégâts.

incendier v. tr. **1.** Mettre en feu. **2.** fam. Accabler de reproches.

incertain, aine adj. **1.** Qui n'est pas fixé d'avance, certain, assuré. **2.** (personnes) Qui manque de certitude ; qui est dans le doute.

incertitude n. f. **1.** État d'une personne incertaine. **2.** Chose imprévisible.

incessamment adv. ◻ Très prochainement.

incessant, ante adj. ◻ Qui ne cesse pas.

incessible adj. ◻ dr. Qui ne peut être cédé.

inceste n. m. ◻ Relations sexuelles entre proches parents. ▶ **incestueux, euse** adj.

inchangé, ée adj. ◻ Qui n'a pas changé.

inchoatif, ive adj. ◻ ling. Qui sert à exprimer une progression.

incidemment adv. ◻ D'une manière incidente.

incidence n. f. **1.** phys. Rencontre d'un rayon et d'une surface. **2.** littér. Conséquence.

① **incident** n. m. ▫ Petite difficulté imprévue.

② **incident, ente** adj. **1.** Qui est accessoire, non essentiel. **2.** phys. *Rayon incident* (à une surface), qui la rencontre. **3.** adj. et n. f. gramm. Se dit d'une proposition qui introduit dans une phrase un énoncé accessoire.

incinérateur n. m. ▫ Dispositif pour incinérer.

incinérer v. tr. ▫ Réduire en cendres. ▶ **incinération** n. f.

incipit n. m. invar. ▫ didact. Premiers mots (d'un livre...).

incise n. f. ▫ gramm. Courte proposition insérée dans une phrase.

inciser v. tr. ▫ Fendre avec un instrument tranchant.

incisif, ive adj. ▫ Mordant dans l'expression.

incision n. f. ▫ Coupure, fente faite en incisant.

incisive n. f. ▫ Dent de devant, aplatie et tranchante.

incitatif, ive adj. ▫ Qui incite à faire qqch.

inciter v. tr. ▫ Entraîner, pousser (qqn à faire qqch.). ▶ **incitation** n. f.

incivil, ile adj. ▫ littér. Impoli.

incivilité n. f. ▫ littér. Impolitesse.

inclassable adj. ▫ Qu'on ne peut classer, définir.

inclément, ente adj. ▫ littér. Dur, rigoureux. ▶ **inclémence** n. f.

inclinaison n. f. **1.** État de ce qui est incliné. **2.** Position penchée.

inclination n. f. **1.** Action d'incliner (la tête ou le corps). **2.** fig. Mouvement affectif spontané.

incliner v. tr. ▫ Rendre oblique (ce qui est droit). ▷ v. pron. **s'incliner 1.** Se courber, se pencher. **2.** S'avouer vaincu.

inclure v. tr. **1.** Mettre (qqch.) dans un ensemble. **2.** Comporter, impliquer. ▶ **inclusion** n. f.

inclus, use adj. ▫ Contenu, compris (dans).

inclusif, ive adj. ▫ Qui inclut (qqch.) en soi.

inclusivement adv. ▫ En incluant.

incoercible adj. ▫ littér. Qu'on ne peut contenir, réprimer.

incognito adv. ▫ En faisant en sorte de ne pas être reconnu.

incohérent, ente adj. **1.** Qui n'est pas cohérent. **2.** Qui est sans unité. ▶ **incohérence** n. f.

incollable adj. **I.** fam. Qui répond correctement à toutes les questions. **II.** Qui ne colle pas.

incolore adj. ▫ Qui n'est pas coloré.

incomber v. tr. ind. ▫ *INCOMBER À* : peser sur (qqn), être imposé à (qqn).

incombustible adj. ▫ Qui ne brûle pas. ▶ **incombustibilité** n. f.

incommensurable adj. ▫ Très grand, très important. ▶ **incommensurablement** adv.

incommode adj. **1.** Peu pratique à l'usage. **2.** littér. Désagréable, qui gêne. ▶ **incommodément** adv. ▶ **incommodité** n. f.

incommoder v. tr. ▫ Causer une gêne physique à (qqn). ▶ **incommodant, ante** adj.

incommunicable adj. **1.** Dont on ne peut faire part à personne. **2.** au plur. Qui ne peuvent être mis en communication. ▶ **incommunicabilité** n. f.

incomparable adj. **1.** au plur. Qui ne peuvent être mis en comparaison. **2.** Sans pareil. ▶ **incomparablement** adv.

incompatible adj. ▫ Qui ne peut coexister, être associé (avec autre chose). ▶ **incompatibilité** n. f.

incompétent, ente adj. ▫ Qui n'est pas compétent. ▶ **incompétence** n. f.

incomplet, ète adj. ▫ Qui n'est pas complet. ▶ **incomplètement** adv.

incompréhensible adj. ▫ Impossible ou difficile à comprendre. ▶ **incompréhensibilité** n. f.

incompréhensif, ive adj. ▫ (personnes) Qui ne comprend pas autrui.

incompréhension n. f. ▫ Incapacité de comprendre qqn ou qqch.

incompressible adj. ▫ Qui n'est pas compressible. ▶ **incompressibilité** n. f.

incompris, ise adj. et n. ▫ Qui n'est pas compris, apprécié.

inconcevable adj. 1. Dont l'esprit humain ne peut se former aucune représentation. 2. Impossible ou difficile à croire. ▶ **inconcevablement** adv.

inconciliable adj. ▫ Qui n'est pas conciliable.

inconditionnel, elle 1. adj. Qui ne dépend d'aucune condition. 2. adj. et n. Partisan sans réserve. ▶ **inconditionnellement** adv.

inconduite n. f. ▫ Mauvaise conduite sur le plan moral.

inconfort n. m. ▫ Manque de confort.

inconfortable adj. ▫ Qui n'est pas confortable. ▶ **inconfortablement** adv.

incongru, ue adj. ▫ Contraire aux usages.

incongruité n. f. ▫ Action ou parole incongrue.

inconnaissable adj. ▫ Qui ne peut être connu.

inconnu, ue adj. I. 1. Dont on ignore l'existence ou la nature. – n. m. *La soif de l'inconnu.* 2. Qu'on n'a encore jamais ressenti. II. (personnes) 1. Dont on ignore l'identité. – n. *Un inconnu l'a abordé.* 2. Qui n'est pas célèbre.

inconnue n. f. ▫ math. Quantité inconnue.

inconsciemment adv. ▫ De façon inconsciente, sans s'en rendre compte.

inconscience n. f. 1. Privation de la conscience. 2. Absence de jugement.

inconscient, ente I. adj. 1. À qui la conscience fait défaut. 2. Qui n'a pas conscience (de qqch.). – n. *C'est un inconscient.* 3. (choses) Qui échappe à la conscience. II. n. m. Ce qui échappe entièrement à la conscience.

inconséquence n. f. 1. Manque de réflexion. 2. Action, parole inconséquente.

inconséquent, ente adj. ▫ littér. 1. (choses) Dont on n'a pas calculé les conséquences. 2. (personnes) Qui ne calcule pas les conséquences de ses actes.

inconsidéré, ée adj. ▫ Qui témoigne d'un manque de réflexion. ▶ **inconsidérément** adv.

inconsistant, ante adj. 1. Qui manque de consistance morale. 2. Sans intérêt, sans profondeur. ▶ **inconsistance** n. f.

inconsolable adj. ▫ Qu'on ne peut consoler.

inconsolé, ée adj. ▫ Qui n'est pas consolé.

inconstant, ante adj. ▫ Qui n'est pas constant, change facilement. ▶ **inconstance** n. f.

inconstitutionnel, elle adj. ▫ Qui n'est pas en accord avec la Constitution. ▶ **inconstitutionnalité** n. f.

inconstructible adj. ▫ Où l'on ne peut construire.

incontestable adj. 1. Que l'on ne peut contester. 2. Indiscutable. ▶ **incontestablement** adv.

incontesté, ée adj. ▫ Qui n'est pas contesté.

incontinence n. f. ▫ méd. Émission involontaire d'urine ou de matières fécales.

incontinent, ente adj. ▫ méd. Atteint d'incontinence.

incontournable adj. ▫ Que l'on ne peut éviter.

incontrôlable adj. ▫ Que l'on ne peut plus contrôler.

incontrôlé, ée adj. **1.** Qui n'est pas contrôlé. **2.** Qui échappe à toute autorité.

inconvenant, ante adj. ▫ Qui est contraire aux convenances. ▶ **inconvenance** n. f.

inconvénient n. m. **1.** Conséquence fâcheuse. **2.** Désavantage inhérent à une chose qui, par ailleurs, peut être bonne.

inconvertible adj. ▫ Qu'on ne peut convertir (2).

incorporel, elle adj. **1.** Qui n'a pas de corps, n'est pas matériel. **2.** dr. *Biens incorporels* : les droits, sauf le droit de propriété.

incorporer v. tr. **1.** Unir (une matière à une autre). **2.** Faire entrer comme partie dans un tout. ▶ **incorporation** n. f.

incorrect, ecte adj. **1.** Qui n'est pas correct ; fautif. **2.** Contraire aux bienséances. ▶ **incorrectement** adv.

incorrection n. f. **1.** Expression incorrecte (1). **2.** Caractère de ce qui est incorrect (2). ▪ Parole ou action incorrecte.

incorrigible adj. **1.** Qui persévère dans ses erreurs. **2.** (erreurs, défauts) Qui persiste chez qqn. ▶ **incorrigiblement** adv.

incorruptible adj. **1.** Qui ne s'altère pas. **2.** (personnes) Qui ne se laisse pas corrompre. ▶ **incorruptibilité** n. f.

incrédule adj. ▫ Qui se laisse difficilement persuader. – (choses) Qui marque un doute. ▶ **incrédulité** n. f.

incréé, ée adj. ▫ relig. Qui existe sans avoir été créé.

increvable adj. **1.** Qui ne peut être crevé. **2.** fig., fam. Qui n'est jamais fatigué.

incriminer v. tr. ▫ Mettre (qqn, qqch.) en cause ; accuser (qqn). ▶ **incrimination** n. f.

incroyable adj. **1.** Qu'il est impossible ou très difficile de croire. **2.** Étonnant, peu ordinaire. ▶ **incroyablement** adv.

incroyant, ante adj. et n. ▫ Qui refuse la foi religieuse.

incruste n. f. ▫ fam. Fait de s'incruster (chez qqn...).

incruster v. tr. **1.** Orner (un objet) en insérant des fragments d'une autre matière. **2.** (sujet chose) Couvrir d'un dépôt. **3.** télév. Insérer (une image) dans une autre. ▷ v. pron. **s'incruster** **1.** Adhérer fortement. **2.** fig., fam. *S'incruster chez qqn*, ne plus en partir. ▶ **incrustation** n. f.

incubateur n. m. ▫ → **couveuse** (2).

incubation n. f. **1.** Action de couver des œufs. **2.** Temps qui s'écoule entre la contagion et l'apparition des symptômes d'une maladie.

incube n. m. ▫ relig. Démon censé abuser d'une femme pendant son sommeil.

inculper v. tr. ▫ Imputer à (qqn) une infraction sanctionnée pénalement. ▷ adj. et n. **inculpé, ée** ▶ **inculpation** n. f.

inculquer v. tr. ▫ Faire entrer (qqch.) dans l'esprit d'une façon durable.

inculte adj. **1.** (sol) Qui n'est pas cultivé. **2.** (personnes) Sans culture intellectuelle.

inculture n. f. ▫ Absence de savoir.

incunable n. m. ▫ Ouvrage imprimé antérieur à 1500.

incurable adj. ▫ Qui ne peut être guéri.

incurie n. f. ▫ Manque de soin, d'organisation.

incuriosité n. f. ▫ Absence de curiosité.

incursion n. f. **1.** Entrée d'envahisseurs en pays ennemi. **2.** fig. Fait de pénétrer dans un domaine qui n'est pas le sien.

incurver v. tr. □ Rendre courbe. ▶ **incurvation** n. f.

indécence n. f. **1.** Caractère impudique. **2.** Action, parole indécente.

indécent, ente adj. **1.** Contraire à la décence. **2.** Qui choque par sa démesure. ▶ **indécemment** adv.

indéchiffrable adj. □ Qui ne peut être déchiffré. ■ Incompréhensible.

indécis, ise **1.** adj. Qui n'est pas décidé. **2.** adj. et n. Qui a du mal à se décider.

indécision n. f. □ Hésitation, incertitude.

indécrottable adj. □ fam. Qu'on ne peut débarrasser de ses manières grossières.

indéfectible adj. □ littér. Qui ne peut cesser d'être.

indéfendable adj. □ Trop mauvais pour être défendu.

indéfini, ie adj. **1.** Qui n'est pas défini. **2.** gramm. Qui sert à présenter un concept sous son aspect le plus général. *Pronoms indéfinis.*

indéfiniment adv. □ → **perpétuellement.**

indéfinissable adj. **1.** Qu'on ne peut définir. **2.** Dont on ne saurait préciser la nature.

indéfrisable n. f. □ vieilli Frisure artificielle.

indéhiscent, ente adj. □ (fruit) Qui ne s'ouvre pas spontanément, à l'époque de la maturité.

indélébile adj. □ Qui ne peut s'effacer.

indélicat, ate adj. □ Qui manque de délicatesse morale.

indélicatesse n. f. **1.** Défaut d'une personne indélicate. **2.** Procédé, acte indélicat.

indémaillable adj. □ (tissu) Dont les mailles ne peuvent se défaire.

indemne adj. □ Qui n'a éprouvé aucun dommage.

indemniser v. tr. □ Dédommager (qqn) de ses pertes, de ses frais, etc. ▶ **indemnisation** n. f.

indemnité n. f. □ Somme versée en réparation d'un dommage ou en compensation de frais.

indémodable adj. □ Qui ne peut se démoder.

indémontrable adj. □ Qui ne peut être démontré.

indéniable adj. □ Qu'on ne peut nier ou réfuter. ▶ **indéniablement** adv.

indépendamment adv. □ *INDÉPENDAMMENT DE* loc. prép. **1.** En faisant abstraction de. **2.** En plus de.

indépendance n. f. **1.** Caractère indépendant. **2.** Situation d'une collectivité qui n'est pas soumise à une autre.

indépendant, ante adj. **1.** Qui ne dépend pas (de qqn, de qqch.). **2.** Qui ne veut être soumis à personne. **3.** Qui jouit de l'indépendance politique. **4.** *INDÉPENDANT DE :* qui n'a pas de rapport avec (qqch.).

indépendantiste adj. et n. □ Partisan de l'autonomie politique. ▶ **indépendantisme** n. m.

indéracinable adj. □ Qu'on ne peut arracher de l'esprit.

indescriptible adj. □ Si fort qu'on ne peut le décrire.

indésirable adj. **1.** Qui n'est pas désiré, souhaité. **2.** Qu'on ne désire pas accueillir.

indestructible adj. □ Qui ne peut être détruit, (abstrait) altéré.

indétectable adj. □ Qu'on ne peut détecter.

indétermination n. f. **1.** Caractère de ce qui n'est pas défini ou connu avec précision. **2.** État d'une personne qui hésite.

indéterminé, ée adj. □ Qui n'est pas déterminé, fixé.

indéterminisme n. m. ▫ philos. Théorie selon laquelle les phénomènes ne sont pas soumis à une détermination causale stricte. ▶ **indéterministe** adj. et n.

index n. m. **1.** Doigt de la main le plus proche du pouce. **2.** Table alphabétique (de sujets, de noms cités). **3.** *Mettre à l'index.* → **exclure, proscrire.**

indexer v. tr. **1.** Lier les variations de (une valeur) à celles d'un indice (II, 2) déterminé. **2.** Attribuer à (un document) une marque distinctive. ▶ **indexation** n. f.

indicateur, trice I. n. Personne qui renseigne la police. **II.** adj. Qui fournit une indication. – n. m. *Indicateur de vitesse.*

indicatif, ive I. adj. Qui indique. *À titre indicatif.* **II.** n. m. **1.** Mode verbal convenant à l'énoncé de la réalité. **2.** Fragment musical qui annonce une émission.

indication n. f. **1.** Ce qui indique qqch. **2.** méd. Cas où un traitement est indiqué.

indice n. m. **I.** Signe apparent qui indique qqch. avec probabilité. **II. 1.** math. Indication qui caractérise un signe. **2.** Nombre qui exprime un rapport. ▶ **indiciel** adj.

indicible adj. ▫ Qu'on ne peut exprimer.

indien, ienne adj. et n. **I.** De l'Inde, État fédéral d'Asie. **II.** Des autochtones d'Amérique.

indienne n. f. ▫ Toile de coton peinte ou imprimée.

indifféremment adv. ▫ Sans faire de différence.

indifférence n. f. ▫ État d'une personne indifférente (II).

indifférencié, ée adj. ▫ Qui n'est pas différencié.

indifférent, ente adj. **I. 1.** Sans intérêt, sans importance. **2.** Qui ne fait pas de différence (pour qqn). **II.** Qui n'est pas intéressé, ému.

indifférer v. tr. ind. ▫ fam. Être indifférent (surtout 3ᵉ pers. ; avec pronom compl.).

indigène adj. et n. ▫ Né dans le pays dont il est question.

indigent, ente adj. et n. ▫ Qui manque des choses nécessaires à la vie. ▶ **indigence** n. f.

indigeste adj. ▫ Difficile à digérer, fig. à assimiler.

indigestion n. f. **1.** Indisposition due à une mauvaise digestion. **2.** fig. Dégoût.

indignation n. f. ▫ Sentiment de colère que soulève ce qui heurte le sentiment de la justice.

indigne adj. **1.** Qui n'est pas digne de (qqch.). **2.** Qui n'est pas à la hauteur de (qqn). **3.** Très condamnable. ▶ **indignement** adv.

indigner v. tr. ▫ Remplir d'indignation. ▷ v. pron. **s'indigner** ▷ adj. **indigné, ée**

indignité n. f. **1.** Caractère indigne. **2.** Action, conduite indigne.

indigo n. m. et adj. invar. ▫ Bleu violacé très sombre.

indiquer v. tr. **1.** Faire voir d'une manière précise. **2.** Faire connaître (à qqn). ▷ adj. **indiqué, ée 1.** Déterminé, fixé. **2.** Adéquat, opportun.

indirect, ecte adj. **1.** Qui n'est pas direct, qui fait des détours. **2.** Qui comporte des intermédiaires. ▪ gramm. *Complément indirect,* construit avec une préposition. ▶ **indirectement** adv.

indiscernable adj. ▫ Qui ne peut être discerné.

indiscipline n. f. ▫ Manque de discipline.

indiscipliné, ée adj. ▫ Qui n'est pas discipliné.

indiscret, ète adj. 1. Qui manque de discrétion. 2. Qui ne sait pas garder un secret. ▶ **indiscrètement** adv.

indiscrétion n. f. 1. Manque de discrétion. 2. Fait de révéler un secret.

indiscutable adj. ▫ Qui s'impose par son évidence. ▶ **indiscutablement** adv.

indispensable adj. ▫ Dont on ne peut se passer. ▶ **indispensablement** adv.

indisponible adj. ▫ Qui n'est pas disponible. ▶ **indisponibilité** n. f.

indisposé, ée adj. 1. Légèrement souffrant. 2. (femme) Qui a ses règles.

indisposer v. tr. 1. Altérer légèrement la santé de (qqn). 2. Déplaire à (qqn). ▶ **indisposition** n. f.

indissociable adj. ▫ Qu'on ne peut dissocier.

indissoluble adj. ▫ (abstrait) Qui ne peut être dissous, désuni. ▶ **indissolublement** adv. ▶ **indissolubilité** n. f.

indistinct, incte adj. ▫ Qui n'est pas distinct. ▶ **indistinctement** adv.

individu n. m. 1. Corps organisé vivant d'une existence propre. 2. Être humain, particulier.

individualiser v. tr. 1. Différencier par des caractères individuels. 2. Rendre individuel. ▷ v. pron. **s'individualiser** ▶ **individualisation** n. f.

individualisme n. m. ▫ Théorie ou attitude qui privilégie les droits de l'individu. ▶ **individualiste** adj. et n.

individualité n. f. 1. Caractères par lesquels qqn ou qqch. diffère des autres. 2. Individu, considéré dans ce qui le différencie des autres.

individuel, elle adj. 1. Propre à un individu. 2. Qui concerne une seule personne. ▶ **individuellement** adv.

indivis, ise adj. ▫ dr. Sur lequel plusieurs personnes ont un droit et qui n'est pas divisé entre elles. ▶ **indivision** n. f.

indivisible adj. ▫ Qui n'est pas divisible. ▶ **indivisibilité** n. f.

indocile adj. ▫ littér. Qui n'est pas docile. ▶ **indocilité** n. f.

indo-européen, éenne adj. ▫ Se dit de langues d'Europe et d'Asie qui ont une origine commune.

indolent, ente adj. ▫ littér. Qui évite de faire des efforts. ▶ **indolemment** adv. ▶ **indolence** n. f.

indolore adj. ▫ Non douloureux.

indomptable adj. 1. Qu'on ne peut dompter. 2. littér. Qu'on ne peut pas soumettre.

indu, ue adj. 1. *À une heure indue*, très tard. 2. Qui n'est pas fondé.

indubitable adj. ▫ littér. Dont on ne peut douter. ▶ **indubitablement** adv.

inductance n. f. ▫ phys. Quotient du flux d'induction créé par un courant (dans un circuit) par l'intensité de ce courant.

inducteur, trice 1. adj. Qui produit l'induction (II). 2. n. m. Aimant produisant un champ inducteur.

inductif, ive adj. I. Qui procède par induction (I). II. phys. De l'induction (II).

induction n. f. I. Opération mentale qui consiste à remonter du particulier au général. II. phys. Transmission d'énergie électrique ou magnétique par l'intermédiaire d'un aimant ou d'un courant.

induire v. tr. 1. *Induire qqn en erreur*, le tromper. 2. Trouver par l'induction.

induit, ite adj. ▫ phys. *Courant induit*, produit par induction (II). ▪ n. m. Organe dans lequel prennent naissance les forces électromotrices produites par un inducteur.

indulgent, ente adj. ▫ Qui pardonne facilement. ▶ **indulgence** n. f.

indûment adv. ▫ D'une manière indue.

induration n. f. ▫ méd. Durcissement d'un tissu organique.

industrialiser v. tr. **1.** Exploiter industriellement. **2.** Équiper d'industries. ▶ **industrialisation** n. f.

industrie n. f. **1.** Ensemble des activités ayant pour objet l'exploitation des richesses minérales et des sources d'énergie, la transformation des matières premières en produits fabriqués. **2.** Secteur industriel.

industriel, elle I. adj. **1.** Qui a rapport à l'industrie (1). **2.** Produit par l'industrie. **3.** Où l'industrie est développée. **II.** n. Chef d'un établissement industriel. ▶ **industriellement** adv.

industrieux, euse adj. ▫ littér. Qui montre de l'habileté.

inébranlable adj. **1.** Qu'on ne peut ébranler. **2.** Qu'on ne peut faire changer d'opinion.

inédit, ite adj. **1.** Qui n'a pas été édité. **2.** Nouveau.

ineffable adj. ▫ littér. Qui ne peut être exprimé par des paroles.

ineffaçable adj. ▫ Qui ne peut être effacé.

inefficace adj. ▫ Qui n'est pas efficace. ▶ **inefficacement** adv. ▶ **inefficacité** n. f.

inégal, ale, aux adj. **1.** au plur. De quantités, natures ou qualités différentes. **2.** Dont les éléments ne sont pas égaux. **3.** Irrégulier. ▶ **inégalement** adv.

inégalable adj. ▫ Qui ne peut être égalé.

inégalé, ée adj. ▫ Qui n'est pas égalé.

inégalitaire adj. ▫ Caractérisé par des inégalités sociales.

inégalité n. f. **1.** Absence d'égalité (entre humains). **2.** Rapport entre deux quantités inégales. **3.** Défaut de régularité.

inélégant, ante adj. **1.** Qui n'est pas élégant. **2.** Incorrect. ▶ **inélégance** n. f.

inéligible adj. ▫ Qui ne peut pas être élu. ▶ **inéligibilité** n. f.

inéluctable adj. ▫ Qu'on ne peut empêcher, éviter. ▶ **inéluctablement** adv.

inénarrable adj. ▫ Bizarre et comique.

inepte adj. ▫ Tout à fait stupide.

ineptie n. f. **1.** Caractère de ce qui est inepte. **2.** Action, parole inepte.

inépuisable adj. **1.** Qu'on ne peut épuiser. **2.** → **intarissable** (2).

inéquation n. f. ▫ math. Inégalité conditionnelle dépendant de variables.

inerte adj. **1.** Qui n'a ni activité ni mouvement propre. **2.** Sans réaction.

inertie n. f. **1.** sc. Propriété qu'ont les corps de ne pouvoir d'eux-mêmes changer l'état de repos ou de mouvement où ils se trouvent. – *FORCE D'INERTIE* : résistance au mouvement. **2.** cour. Manque d'énergie.

inespéré, ée adj. ▫ Que l'on n'espérait pas.

inesthétique adj. ▫ Sans beauté.

inestimable adj. ▫ Dont la valeur dépasse toute estimation.

inévitable adj. ▫ Qu'on ne peut éviter. ▶ **inévitablement** adv.

inexact, acte adj. **1.** Qui n'est pas exact. ▶ **inexactement** adv. **2.** Qui manque de ponctualité.

inexactitude n. f. **1.** Manque d'exactitude. **2.** Erreur. **3.** Manque de ponctualité.

inexcusable adj. ▫ Qu'il est impossible d'excuser.

inexistant, ante adj. **1.** Qui n'existe pas. **2.** Sans valeur, sans efficacité. ▶ **inexistence** n. f.

inexorable adj. ▫ littér. À quoi l'on ne peut se soustraire. ▶ **inexorablement** adv.

inexpérience n. f. ▫ Manque d'expérience.

inexpérimenté, ée adj. ▫ Sans expérience.

inexpiable adj. ▫ littér. **1.** Qui ne peut être expié. **2.** Que rien ne peut faire cesser.

inexplicable adj. ▫ Impossible ou difficile à (s')expliquer. ▶ **inexplicablement** adv.

inexpliqué, ée adj. ▫ Non expliqué.

inexploitable adj. ▫ Qu'on ne peut exploiter ou utiliser.

inexploité, ée adj. ▫ Qui n'est pas exploité.

inexploré, ée adj. ▫ Qui n'a pas été exploré.

inexpressif, ive adj. ▫ Qui n'est pas expressif.

inexprimable adj. ▫ Qu'il est impossible d'exprimer.

inexprimé, ée adj. ▫ Non exprimé.

inexpugnable adj. ▫ littér. Qui résiste aux attaques.

in extenso loc. adv. et adj. invar. ▫ Dans toute sa longueur.

inextinguible adj. ▫ littér. Qu'il est impossible d'apaiser, d'arrêter.

in extremis loc. adv. et adj. invar. ▫ Au dernier moment.

inextricable adj. ▫ Qu'on ne peut démêler. ▶ **inextricablement** adv.

infaillible adj. **1.** Qui ne peut manquer de réussir. **2.** Qui ne peut pas se tromper. ▶ **infailliblement** adv. ▶ **infaillibilité** n. f.

infaisable adj. ▫ Qui ne peut être fait. ▶ **infaisabilité** n. f.

infamant, ante adj. ▫ littér. Qui entache l'honneur, la réputation.

infâme adj. **1.** Détestable, odieux. **2.** Répugnant.

infamie n. f. ▫ littér. **1.** Caractère infâme. **2.** Action, parole infâme.

infant, ante n. ▫ Titre donné aux enfants puînés des rois d'Espagne et du Portugal.

infanterie n. f. **1.** anciennt Ensemble des soldats qui combattaient à pied. **2.** Arme chargée de la conquête et de l'occupation du terrain.

infanticide I. n. m. Meurtre d'un enfant. **II.** adj. et n. Qui tue volontairement un enfant.

infantile adj. **1.** Relatif à la première enfance. **2.** péj. Puéril.

infantiliser v. tr. ▫ Rendre infantile (2).

infantilisme n. m. ▫ Caractère infantile (2).

infarctus n. m. ▫ méd. Altération d'un organe par obstruction de l'artère qui assure son irrigation.

infatigable adj. ▫ Qui ne se fatigue pas facilement. ▶ **infatigablement** adv.

infatuation n. f. ▫ littér. Satisfaction excessive de soi.

infatuer v. tr. ▫ littér. Inspirer à (qqn) un engouement excessif. − pronom. *S'infatuer de ses qualités, de soi.* ▷ adj. **infatué, ée**

infécond, onde adj. ▫ didact. **1.** Qui n'est pas fécond. **2.** Qui ne produit rien. ▶ **infécondité** n. f.

infect, ecte adj. **1.** Répugnant. **2.** Très mauvais dans son genre.

infecter v. tr. ▫ Transmettre (à l'organisme) des germes pathogènes. ▷ v. pron. s'**infecter**

infectieux, euse adj. ▫ Qui communique l'infection. ▪ Qui s'accompagne d'infection.

infectiologie n. f. ▫ didact. Discipline médicale qui étudie les maladies infectieuses. ▶ **infectiologue** n.

infection n. f. ▫ Entrée dans l'organisme de germes pathogènes.

inféoder v. tr. **1.** au Moyen Âge Donner (une terre) en fief. **2.** Soumettre (à une autorité). ▷ v. pron. s'**inféoder** ▶ **inféodation** n. f.

inférence n. f. ◻ Opération logique par laquelle on admet une proposition en vertu de sa liaison avec d'autres propositions déjà tenues pour vraies.

inférer v. tr. ◻ Établir par inférence.

inférieur, eure I. adj. 1. Qui est au-dessous, plus bas. 2. Qui a une valeur moins grande ; qui occupe une place au-dessous. 3. Plus petit. II. n. Personne de position sociale inférieure.

inférioriser v. tr. ◻ Rendre inférieur. ▶ **infériorisation** n. f.

infériorité n. f. ◻ État de ce qui est inférieur.

infernal, ale, aux adj. 1. littér. Des enfers, de l'enfer. 2. Insupportable, terrible.

infertile adj. ◻ littér. Qui n'est pas fertile. ▶ **infertilité** n. f.

infester v. tr. ◻ (êtres nuisibles) Envahir.

infibulation n. f. ◻ didact. Opération par laquelle on suture les petites lèvres de la vulve afin d'empêcher les relations sexuelles.

infidèle I. adj. et n. hist. Qui n'a pas la religion considérée comme vraie. II. adj. 1. Changeant dans ses sentiments. 2. Qui manque à l'exactitude.

infidélité n. f. ◻ Manque de fidélité ; acte qui en résulte.

infiltration n. f. 1. Fait de s'infiltrer. ▪ Pénétration accidentelle d'eau. 2. Pénétration de personnes étrangères (dans un pays, un milieu...).

infiltrer v. tr. 1. (liquide...) Pénétrer peu à peu (un corps). ▪ Faire entrer (un liquide) dans un corps. 2. Introduire qqn dans (un groupe). ▷ v. pron. s'**infiltrer**

infime adj. ◻ Tout petit ; peu important.

infini, ie I. adj. 1. En quoi on ne peut observer ni concevoir aucune limite. – (dans le temps) Qui n'a pas de fin. 2. Très considérable. II. n. m. Ce qui est ou qui semble infini.

infiniment adv. 1. D'une manière infinie. 2. Beaucoup, extrêmement.

infinité n. f. ◻ Très grande quantité.

infinitésimal, ale, aux adj. ◻ Extrêmement petit.

infinitif, ive I. n. m. Forme nominale du verbe exprimant l'idée de l'action ou de l'état d'une façon abstraite et indéterminée. II. adj. *Proposition infinitive,* dont le verbe est à l'infinitif.

infirme adj. et n. ◻ Atteint d'une infirmité.

infirmer v. tr. 1. Affaiblir (qqch.) dans son autorité. 2. dr. Annuler (un jugement).

infirmerie n. f. ◻ Local destiné aux soins des malades.

infirmier, ière n. ◻ Personne qui, par profession, soigne des malades et s'en occupe.

infirmité n. f. ◻ État d'un individu ne jouissant pas pleinement d'une de ses fonctions.

inflammable adj. ◻ Qui a la propriété de s'enflammer facilement. ▶ **inflammabilité** n. f.

inflammation n. f. ◻ Réactions qui se font au point de l'organisme irrité par un agent pathogène. ▶ **inflammatoire** adj.

inflation n. f. ◻ Accroissement excessif des instruments de paiement, entraînant une hausse des prix. ▶ **inflationniste** adj.

infléchir v. tr. 1. Fléchir de manière à former une courbe. 2. fig. Modifier la direction, l'orientation de. ▷ v. pron. s'**infléchir** ▶ **infléchissement** n. m.

inflexible adj. ◻ Que rien ne peut fléchir ni émouvoir. ▶ **inflexiblement** adv. ▶ **inflexibilité** n. f.

inflexion n. f. 1. Mouvement par lequel qqch. s'infléchit. 2. Changement subit d'accent ou de ton (dans la voix).

infliger v. tr. ◻ Faire subir (qqch. à qqn).

inflorescence n. f. ▫ Mode de groupement des fleurs d'une plante.

influençable adj. ▫ Qui se laisse influencer.

influence n. f. **1.** Action exercée sur (qqn ou qqch.). **2.** Action morale, intellectuelle...

influencer v. tr. ▫ Soumettre à son influence.

influent, ente adj. ▫ Qui a de l'influence.

influer v. intr. ▫ Exercer une action qui modifie.

influx n. m. ▫ *Influx nerveux :* phénomène par lequel se transmet l'excitation dans les centres nerveux.

info n. f. ▫ fam. Information.

infographie n. f. ▫ Ensemble des techniques informatiques liées à la création et au traitement des images. ▶ **infographique** adj. ▶ **infographiste** n.

in-folio adj. invar. ▫ (format) Dont la feuille d'impression est pliée en deux. – n. m. invar. Livre de ce format.

informateur, trice n. ▫ Personne qui donne des informations (spécialt à la police).

informaticien, ienne n. ▫ Spécialiste d'informatique.

informatif, ive adj. ▫ Qui apporte de l'information.

information n. f. **I. 1.** Renseignement (sur qqn, sur qqch.). **2.** Action d'informer, de s'informer. **3.** Renseignement qu'on porte à la connaissance du public. **II.** sc. Ce qui peut être transmis par un signal selon un code commun.

informatique n. f. **1.** Théorie et traitement de l'information (II), par des programmes mis en œuvre sur ordinateurs. **2.** adj. De l'informatique. ▶ **informatiquement** adv.

informatiser v. tr. ▫ Traiter par les moyens de l'informatique. ▶ **informatisation** n. f.

informe adj. **1.** Qui n'a pas de forme propre. **2.** Dont la forme n'est pas achevée. **3.** Laid, disgracieux.

informé, ée **1.** adj. Qui sait ce qu'il faut savoir. **2.** n. m. *Jusqu'à plus ample informé :* avant d'en savoir plus.

informel, elle adj. ▫ Qui n'est pas organisé de manière officielle.

informer v. tr. ▫ Transmettre des connaissances, des renseignements à (qqn). ▷ v. pron. **s'informer** S'enquérir en vue de se mettre au courant.

infortune n. f. ▫ littér. Malheur. ▶ **infortuné, ée** adj.

infra adv. ▫ Sert à renvoyer à un passage qui se trouve après, dans un texte.

infraction n. f. ▫ Violation (d'un engagement, d'une règle, d'une loi).

infranchissable adj. ▫ Qu'on ne peut franchir.

infrarouge adj. et n. m. ▫ Se dit des radiations invisibles qui sont en deçà du rouge, dans le spectre solaire.

infrason n. m. ▫ Vibration inaudible, de fréquence très basse.

infrastructure n. f. **1.** Parties inférieures (d'une construction). **2.** Ensemble d'installations, d'équipements techniques.

infroissable adj. ▫ Qui ne se froisse pas.

infructueux, euse adj. ▫ Sans résultat. ▶ **infructueusement** adv.

infus, use adj. ▫ *Avoir* LA SCIENCE INFUSE *:* être savant sans avoir étudié.

infuser v. tr. ▫ Laisser tremper (une substance) dans un liquide afin qu'il se charge des principes qu'elle contient.

infusion n. f. ▫ Tisane de plantes.

ingambe adj. ▫ vx ou plais. Qui a un usage normal de ses jambes.

s'**ingénier** v. pron. ▫ *S'INGÉNIER À* (+ inf.) : mobiliser les ressources de son esprit pour.

ingénierie n. f. **1.** Étude globale d'un projet industriel. **2.** Discipline d'applications scientifiques.

ingénieur n. m. ▫ Personne qui a reçu une formation scientifique et technique la rendant apte à diriger certains travaux.

ingénieux, euse adj. **1.** Qui a l'esprit inventif. **2.** (choses) Qui marque beaucoup d'invention. ▶ **ingénieusement** adv. ▶ **ingéniosité** n. f.

ingénu, ue adj. et n. ▫ Qui a une sincérité innocente et naïve. ▶ **ingénument** adv. ▶ **ingénuité** n. f.

ingérable adj. ▫ Qu'on ne peut gérer.

① s'**ingérer** v. pron. ▫ Intervenir sans être requis ou sans en avoir le droit. ▶ **ingérence** n. f.

② **ingérer** v. tr. ▫ didact. Introduire par la bouche (dans les voies digestives). ▶ **ingestion** n. f.

ingrat, ate adj. **1.** Qui n'a aucune reconnaissance. **2.** (choses) Qui ne dédommage guère de la peine qu'il donne. **3.** *L'âge ingrat,* la puberté. ▶ **ingratitude** n. f.

ingrédient n. m. ▫ Élément qui entre dans la composition (d'une préparation, d'un mélange).

inguérissable adj. ▫ → **incurable.**

inguinal, ale, aux adj. ▫ didact. De l'aine.

ingurgiter v. tr. ▫ Avaler avidement.

inhabile adj. ▫ littér. Qui manque d'habileté. ▶ **inhabileté** n. f.

inhabitable adj. ▫ Qui n'est pas habitable.

inhabité, ée adj. ▫ Qui n'est pas habité.

inhabituel, elle adj. ▫ Qui n'est pas habituel.

inhaler v. tr. ▫ Absorber par les voies respiratoires. ▶ **inhalation** n. f.

inhérent, ente adj. ▫ Qui appartient essentiellement (à).

inhiber v. tr. **1.** (sujet chose) Empêcher (qqn) d'agir, de manifester ses sentiments, ses opinions. **2.** didact. Réduire ou empêcher (un processus). ▷ adj. **inhibé, ée**

inhibiteur, trice adj. ▫ Qui inhibe.

inhibition n. f. **1.** Fait d'être inhibé. **2.** Action d'inhiber (2).

inhospitalier, ière adj. ▫ Peu accueillant.

inhumain, aine adj. **1.** Qui manque d'humanité. **2.** Qui n'a rien d'humain. ▶ **inhumainement** adv. ▶ **inhumanité** n. f.

inhumer v. tr. ▫ Mettre en terre (un mort), avec les cérémonies d'usage. ▶ **inhumation** n. f.

inimaginable adj. **1.** Qu'on ne peut imaginer. **2.** Très important, intense.

inimitable adj. ▫ Qui ne peut être imité.

inimitié n. f. ▫ littér. Sentiment hostile (envers qqn).

ininflammable adj. ▫ Qui n'est pas inflammable.

inintelligent, ente adj. ▫ Qui n'est pas intelligent. ▶ **inintelligence** n. f.

inintelligible adj. ▫ Qu'on ne peut comprendre. ▶ **inintelligiblement** adv. ▶ **inintelligibilité** n. f.

inintéressant, ante adj. ▫ Sans intérêt.

ininterrompu, ue adj. ▫ Qui n'est pas interrompu.

inique adj. ▫ littér. Qui manque gravement à l'équité.

iniquité n. f. ▫ littér. Injustice extrême. ▪ Acte, chose inique.

initial, ale, aux adj. **1.** Qui est au commencement (de qqch.). **2.** Qui commence (qqch.). ▪ n. f. Première lettre (d'un nom propre).

initialement adv. ▫ Au commencement.

initiateur, trice n. ▫ Personne qui initie (qqn), qui propose (qqch.) le premier.

initiation n. f. ▫ Action d'initier. ▶ **initiatique** adj.

initiative n. f. **1.** Action d'une personne qui entreprend (qqch.) en étant la première. **2.** Qualité d'une personne disposée à entreprendre, à oser.

initié, ée n. ▫ Personne qui a été initiée.

initier v. tr. **1.** Admettre (qqn) à la connaissance de savoirs secrets. **2.** Introduire à une connaissance. **3.** anglic. Prendre l'initiative de (qqch.).

injectable adj. ▫ Qu'on doit injecter.

injecté, ée adj. ▫ *Yeux injectés de sang*, colorés par l'afflux du sang.

injecter v. tr. ▫ Introduire (un liquide, un gaz) dans un organisme, un matériau.

injecteur n. m. ▫ techn. Dispositif assurant l'alimentation forcée d'une machine.

injection n. f. **1.** Action d'injecter. **2.** Piqûre. **3.** *Moteur à injection*, alimenté en carburant par un injecteur.

injonction n. f. ▫ Ordre exprès, formel.

injouable adj. ▫ Qui ne peut être joué.

injure n. f. ▫ Parole offensante. ▶ **injurier** v. tr.

injurieux, euse adj. ▫ Qui constitue une injure.

injuste adj. **1.** Qui agit contre la justice ou l'équité. **2.** Qui est contraire à la justice. ▶ **injustement** adv.

injustice n. f. **1.** Manque de justice. **2.** Acte injuste.

injustifiable adj. ▫ Qu'on ne peut justifier.

injustifié, ée adj. ▫ Qui n'est pas justifié.

inlandsis n. m. ▫ géogr. Glacier continental (régions polaires).

inlassable adj. ▫ Qui ne se lasse pas. ▶ **inlassablement** adv.

inné, ée adj. ▫ Que l'on a dès la naissance.

innerver v. tr. ▫ Fournir de nerfs (un organe). ▶ **innervation** n. f.

innocemment adv. ▫ Avec innocence.

innocence n. f. **1.** État d'une personne qui ignore le mal. **2.** État d'une personne qui n'est pas coupable (de qqch.).

innocent, ente adj. **1.** Qui ignore le mal. **2.** Trop naïf. – n. Simple d'esprit. **3.** (action) Qui n'est pas blâmable. **4.** Qui n'est pas coupable. – n. *On a condamné un innocent.*

innocenter v. tr. ▫ Déclarer non coupable.

innocuité n. f. ▫ didact. Qualité de ce qui n'est pas nuisible.

innombrable adj. ▫ Très nombreux.

innommable adj. ▫ Méprisable, ignoble.

innovant, ante adj. ▫ Qui constitue une innovation.

innovateur, trice adj. et n. ▫ Qui innove.

innovation n. f. ▫ Fait d'innover ; chose nouvelle.

innover v. intr. ▫ Introduire du nouveau (dans un domaine).

inoccupé, ée adj. **1.** (lieu) Où il n'y a personne. **2.** (personnes) Désœuvré, oisif.

inoculer v. tr. ▫ Introduire dans l'organisme (les germes d'une maladie). ▶ **inoculation** n. f.

inodore adj. ▫ Sans odeur.

inoffensif, ive adj. ▫ Incapable de nuire.

inondable adj. ▫ Susceptible d'être inondé.

inondation n. f. **1.** Débordement d'eaux qui inondent une région. **2.** Grande quantité d'eau qui se répand.

inonder v. tr. **1.** Couvrir d'eaux qui débordent. **2.** Mouiller abondamment. **3.** fig. Envahir massivement. ▷ adj. **inondé, ée**

inopérable adj. ▫ Qui ne peut être opéré.

inopérant, ante adj. ▫ Sans effet.

inopiné, ée adj. ▫ Qui se produit alors qu'on ne s'y attendait pas. ▶ **inopinément** adv.

inopportun, une adj. ▫ Qui n'est pas opportun. ▶ **inopportunément** adv. ▶ **inopportunité** n. f.

inorganique adj. ▫ sc. Qui n'a pas l'organisation d'un être vivant.

inorganisation n. f. ▫ Absence, manque d'organisation.

inorganisé, ée adj. **1.** Qui manque d'organisation. **2.** Qui n'appartient pas à une organisation (syndicale, politique...).

inoubliable adj. ▫ Que l'on ne peut oublier.

inouï, ïe adj. ▫ Extraordinaire, incroyable.

inox n. m. ▫ Acier inoxydable.

inoxydable adj. ▫ Qui ne s'oxyde pas.

in petto loc. adv. ▫ littér. À part soi.

inqualifiable adj. ▫ Qu'on ne peut qualifier (assez sévèrement).

inquiet, ète adj. **1.** Agité par l'inquiétude. **2.** Empreint d'inquiétude.

inquiétant, ante adj. ▫ Qui inquiète (2).

inquiéter v. tr. **1.** Poursuivre, menacer (qqn). **2.** Remplir (qqn) d'inquiétude. ▷ v. pron. s'**inquiéter** Commencer à être inquiet. – *S'inquiéter de*, se préoccuper de.

inquiétude n. f. ▫ État pénible déterminé par l'attente d'un événement, d'une souffrance que l'on craint.

inquisiteur, trice **1.** n. m. hist. Juge du tribunal de l'Inquisition. **2.** adj. Qui interroge indiscrètement ou de façon autoritaire.

inquisition n. f. **1.** hist. *L'Inquisition* : juridiction ecclésiastique d'exception (XIIIe-XVIe s.). **2.** littér. Enquête arbitraire et vexatoire. ▶ **inquisitorial, ale, aux** adj.

inracontable adj. ▫ Impossible à raconter. – syn. **irracontable.**

insaisissable adj. **1.** Qu'on ne peut saisir, attraper. **2.** Qui échappe aux sens.

insalubre adj. ▫ Qui n'est pas salubre. ▶ **insalubrité** n. f.

insane adj. ▫ vx ou littér. Qui est contraire au bon sens.

insanité n. f. ▫ Action ou parole insensée.

insatiable adj. ▫ Qui ne peut être satisfait.

insatisfait, aite adj. ▫ Qui n'est pas satisfait. ▶ **insatisfaction** n. f.

inscription n. f. **1.** Ensemble de caractères écrits ou gravés. **2.** Action d'inscrire (qqn, qqch.) sur un registre.

inscrire v. tr. **1.** Écrire, graver (sur une matière dure). **2.** Écrire (ce qui ne doit pas être oublié). ▪ pronom. Inscrire ou faire inscrire son nom. ▪ *S'INSCRIRE EN FAUX contre*, opposer un démenti à. **3.** Placer dans un cadre plus général. – pronom. *Ce projet s'inscrit dans un plan de réformes.*

insécable adj. ▫ Qui ne peut être coupé.

insecte n. m. ▫ Petit animal invertébré à six pattes, le plus souvent ailé, respirant par des trachées et subissant des métamorphoses.

insecticide adj. et n. m. ▫ Qui tue les insectes.

insectivore adj. et n. m. ▫ Qui se nourrit d'insectes.

insécurité n. f. ▫ Manque de sécurité.

insémination n. f. ▫ *Insémination artificielle*, introduction de sperme dans les voies génitales femelles sans accouplement.

inséminer v. tr. ▫ Féconder par insémination artificielle.

insensé, ée adj. **1.** Contraire au bon sens. **2.** Extraordinaire.

insensibiliser v. tr. ▫ Rendre insensible (1). ▶ **insensibilisation** n. f.

insensible adj. **1.** Qui n'a pas de sensibilité physique. **2.** Qui n'a pas ou a peu d'émotions. **3.** Qu'on ne sent pas, qui est à peine sensible. ▶ **insensiblement** adv. ▶ **insensibilité** n. f.

inséparable adj. **1.** Que l'on ne peut considérer isolément. **2.** Qui est toujours avec (qqn).

insérer v. tr. **1.** Introduire (une chose) dans une autre de façon à incorporer. **2.** Faire entrer (un texte) dans. ▷ v. pron. **s'insérer** Trouver sa place (dans un ensemble ; un groupe). ▶ **insertion** n. f.

insermenté adj. m. ▫ hist. Se dit des prêtres qui refusèrent de prêter serment à la Constitution civile du clergé, en 1790.

insidieux, euse adj. **1.** Qui a le caractère d'un piège. **2.** Dont l'apparence bénigne masque la gravité. ▶ **insidieusement** adv.

① **insigne** adj. ▫ littér. Qui s'impose à l'attention.

② **insigne** n. m. ▫ Marque extérieure et distinctive d'une dignité, d'un grade.

insignifiant, ante adj. **1.** Qui ne présente aucun intérêt. **2.** Qui n'est pas important. ▶ **insignifiance** n. f.

insinuant, ante adj. ▫ Qui cherche à réussir par la ruse.

insinuation n. f. ▫ Ce que l'on fait comprendre sans le dire.

insinuer v. tr. ▫ Donner à entendre (qqch.) sans dire expressément. ▷ v. pron. **s'insinuer 1.** Pénétrer en se glissant. **2.** S'introduire habilement (auprès de qqn).

insipide adj. **1.** Sans saveur. **2.** fig. Sans intérêt. ▶ **insipidité** n. f.

insistance n. f. ▫ Action d'insister.

insistant, ante adj. ▫ Qui insiste.

insister v. intr. **1.** S'arrêter avec force sur un point particulier. **2.** Persévérer à demander (qqch.).

insociable adj. ▫ Qui n'est pas sociable. ▶ **insociabilité** n. f.

insolation n. f. **1.** didact. Exposition à la lumière. **2.** Troubles provoqués par l'exposition prolongée au soleil.

insolence n. f. ▫ Manque de respect injurieux.

insolent, ente adj. **1.** Dont le manque de respect est offensant. – n. *Un(e) insolent(e).* **2.** Extraordinaire au point de choquer. ▶ **insolemment** adv.

insoler v. tr. ▫ Exposer à la lumière.

insolite adj. ▫ Qui surprend par son caractère inhabituel.

insoluble adj. **1.** Qu'on ne peut résoudre. **2.** Qui ne peut se dissoudre. ▶ **insolubilité** n. f.

insolvable adj. ▫ Qui est hors d'état de payer ses dettes. ▶ **insolvabilité** n. f.

insomnie n. f. ▫ Difficulté à s'endormir ou à dormir suffisamment. ▶ **insomniaque** adj. et n.

insondable adj. **1.** Dont on ne peut atteindre le fond. **2.** fig. Difficile à comprendre.

insonore adj. ▫ Qui amortit les sons.

insonoriser v. tr. ▫ Rendre plus silencieux en isolant. ▶ **insonorisation** n. f.

insortable adj. ▫ Qui n'est pas sortable.

insouciance n. f. ▫ État ou caractère d'une personne insouciante.

insouciant, ante adj. ▫ Qui est sans souci.

insoucieux, euse adj. ▫ littér. Insouciant.

insoumis, ise adj. et n. ▫ Qui refuse de se soumettre.

insoumission n. f. ▫ Caractère, état d'une personne insoumise.

insoupçonnable adj. ▫ À l'abri du soupçon.

insoupçonné, ée adj. ▫ Dont l'existence n'est pas soupçonnée.

insoutenable adj. **1.** Qu'on ne peut soutenir, défendre. **2.** Qu'on ne peut supporter.

inspecter v. tr. **1.** Examiner (ce dont on a la surveillance). **2.** Examiner avec attention.

inspecteur, trice n. ▫ Personne chargée de surveiller, de contrôler. ▪ spécialt *INSPECTEUR (DE POLICE)* : agent chargé de tâches de direction et d'encadrement.

inspection n. f. **1.** Examen attentif dans un but de contrôle, de surveillance. **2.** Ensemble d'inspecteurs.

inspirateur, trice n. ▫ Personne qui inspire (qqn ; une entreprise...).

inspiration n. f. **I. 1.** Souffle créateur qui anime les artistes, les chercheurs. **2.** Idée spontanée et soudaine. **II.** Fait d'inspirer (II).

inspiré, ée adj. **1.** Animé par l'inspiration. **2.** *Bien, mal inspiré,* qui a une bonne, une mauvaise idée.

inspirer v. **I.** v. tr. **1.** Donner l'inspiration (I, 1) à. **2.** Être la cause de (un sentiment) chez qqn. **3.** *S'INSPIRER DE* v. pron. Prendre des idées à. **II.** v. intr. Faire entrer l'air dans ses poumons.

instable adj. **1.** Qui n'est pas stable. **2.** Qui change constamment d'état affectif. – n. *Un(e) instable.* ▶ **instabilité** n. f.

installateur, trice n. ▫ Personne qui s'occupe d'installations.

installation n. f. **1.** Action d'installer qqn, de s'installer dans un logement. **2.** Action d'installer (2) (qqch.). **3.** Ce qui est installé en vue d'un usage déterminé.

installer v. tr. **1.** Mettre (qqn) dans la demeure ou l'endroit qui lui est destiné. **2.** Disposer, établir (qqch.) dans un lieu désigné. **3.** fig. Établir durablement. ▷ v. pron. **s'installer**

instamment adv. ▫ D'une manière instante, avec force.

instance n. f. **I.** Sollicitation pressante. **II. 1.** dr. Poursuite en justice. – *Tribunal d'instance,* jugeant les contraventions. *Tribunal de grande instance* (délits). ▪ *EN INSTANCE (DE)* : en cours (de). **2.** Juridiction.

① **instant, ante** adj. ▫ littér. Très pressant.

② **instant** n. m. ▫ Durée très courte que la conscience saisit comme un tout.

instantané, ée adj. **1.** Qui se produit soudainement. **2.** Qui se dissout immédiatement. ▶ **instantanéité** n. f. ▶ **instantanément** adv.

à l'**instar** de loc. prép. ▫ littér. À la manière de.

instaurer v. tr. ▫ Établir pour la première fois. ▶ **instauration** n. f.

instigateur, trice n. ▫ Personne qui incite à faire qqch.

instigation n. f. ▫ *À l'instigation de qqn,* sur ses conseils.

instiller v. tr. ▫ Verser goutte à goutte. ▶ **instillation** n. f.

instinct n. m. **1.** Tendance innée et puissante, commune à tous les individus d'une même espèce. **2.** (chez l'être humain) L'intuition, le sentiment.

instinctif, ive adj. **1.** Qui naît de l'instinct. **2.** En qui domine la spontanéité de l'instinct. ▶ **instinctivement** adv.

instituer v. tr. ▫ Établir de manière durable.

institut n. m. **1.** Corps constitué de savants, d'artistes, d'écrivains. **2.** Établissement où l'on donne des soins.

instituteur, trice n. ▫ (anciennt, en France) Personne qui enseigne dans une école primaire (terme off. *professeur des écoles*).

institution n. f. **1.** Action d'instituer. **2.** *Les institutions*, ensemble des organisations sociales établies par la loi ou la coutume. **3.** Établissement d'enseignement privé.

institutionnaliser v. tr. ▫ Donner à (qqch.) le caractère d'une institution. ▶ **institutionnalisation** n. f.

institutionnel, elle adj. ▫ Des institutions.

instructeur n. m. **1.** Militaire qui forme les recrues. **2.** dr. Personne qui instruit (2) une affaire.

instructif, ive adj. ▫ (choses) Qui instruit.

instruction n. f. **I. 1.** Action de former l'esprit (de la jeunesse). **2.** Savoir d'une personne instruite. **II.** au plur. Explications ; ordres ; mode d'emploi. **III.** dr. Action d'instruire (2) une cause.

instruire v. tr. **1.** Dispenser un enseignement à (un élève). **2.** dr. Mettre (une cause) en état d'être jugée. ▷ v. pron. **s'instruire** Enrichir ses connaissances.

instruit, ite adj. ▫ Qui a des connaissances étendues.

instrument n. m. ▫ Objet fabriqué servant à exécuter qqch. ▶ **instrumental, ale, aux** adj.

instrumentaliser v. tr. ▫ Manipuler, utiliser à des fins détournées. ▶ **instrumentalisation** n. f.

instrumentalisme n. m. ▫ philos. Doctrine selon laquelle la théorie est un outil pour l'action. ▶ **instrumentaliste** adj. et n.

instrumentation n. f. ▫ mus. Orchestration en fonction des qualités des instruments.

instrumenter v. intr. ▫ dr. Dresser un contrat, un procès-verbal.

instrumentiste n. ▫ Musicien qui joue d'un instrument.

à l'**insu** de loc. prép. ▫ Sans que la chose soit sue de (qqn).

insubmersible adj. ▫ Qui ne peut être submergé, coulé.

insubordination n. f. ▫ Refus de se soumettre.

insubordonné, ée adj. ▫ Qui refuse de se soumettre.

insuccès n. m. ▫ Fait d'échouer.

insuffisance n. f. **1.** Caractère, état de ce qui ne suffit pas. **2.** au plur. Défaut, lacune. **3.** méd. Déficience (d'un organe).

insuffisant, ante adj. ▫ Qui ne suffit pas. ▶ **insuffisamment** adv.

insuffler v. tr. **1.** Inspirer (un sentiment). **2.** méd. Faire pénétrer (de l'air...) dans une cavité de l'organisme. ▶ **insufflation** n. f. méd.

insulaire adj. et n. ▫ D'une île ; qui habite une île. ▶ **insularité** n. f.

insuline n. f. ▫ Hormone sécrétée par le pancréas. ▶ **insulinique** adj.

insulte n. f. ▫ Acte ou parole qui outrage.

insulter v. tr. ▫ Attaquer (qqn) par des insultes. ▶ **insultant, ante** adj.

insupportable adj. **1.** Qu'on ne peut supporter, endurer. **2.** Particulièrement désagréable ou agaçant.

insupporter v. tr. ▫ Déplaire à (qqn).

insurgé, ée adj. et n. ▫ Qui s'est insurgé, soulevé.

s'**insurger** v. pron. **1.** Se soulever (contre l'autorité). **2.** Protester vivement.

insurmontable adj. ▫ Qu'on ne peut surmonter.

insurrection n. f. ▫ Soulèvement qui vise à renverser le pouvoir établi. ▶ **insurrectionnel, elle** adj.

intact, acte adj. **1.** Qui n'a pas subi de dommage. **2.** Qui n'a souffert aucune atteinte.

intaille n. f. ▫ Pierre fine gravée en creux.

intangible adj. ▫ littér. Que l'on doit maintenir intact.

intarissable adj. **1.** Qui coule sans arrêt. **2.** Qui n'épuise pas ce qu'il a à dire. ▶ **intarissablement** adv.

intégral, ale, aux adj. ▫ Qui n'est l'objet d'aucune diminution. ▪ n. f. Édition intégrale. ▶ **intégralement** adv.

intégralité n. f. ▫ État d'une chose complète.

intégrant, ante adj. ▫ *Partie intégrante,* sans laquelle un ensemble ne serait pas complet.

intégration n. f. **1.** Incorporation (d'éléments) à un système. **2.** Assimilation (d'un individu) à une communauté.

intégrationniste adj. et n. ▫ Favorable à l'intégration. ▶ **intégrationnisme** n. m.

intègre adj. ▫ D'une honnêteté absolue.

intégrer v. tr. ▫ Faire entrer dans un ensemble en tant que partie intégrante. ▷ v. pron. **s'intégrer** ▷ adj. **intégré, ée**

intégrisme n. m. ▫ Attitude qui consiste à refuser toute évolution d'une doctrine. ▶ **intégriste** adj. et n.

intégrité n. f. **I.** État d'une chose qui demeure entière. **II.** Honnêteté absolue.

intellect n. m. ▫ L'esprit, dans son fonctionnement intellectuel.

intellectualiser v. tr. ▫ Revêtir d'un caractère intellectuel. ▶ **intellectualisation** n. f.

intellectualisme n. m. ▫ Tendance à tout subordonner à la vie intellectuelle. ▶ **intellectualiste** adj. et n.

intellectuel, elle **1.** adj. Qui se rapporte à l'intelligence. **2.** adj. et n. Qui a un goût prononcé pour les choses de l'esprit. ▪ Qui se consacre aux activités de l'esprit.

intellectuellement adv. ▫ Sous le rapport de l'intelligence.

intelligemment adv. ▫ D'une manière intelligente.

intelligence n. f. **I. 1.** Faculté de connaître, de comprendre. **2.** Ensemble des fonctions mentales ayant pour objet la connaissance rationnelle. **II. 1.** au plur. Complicités secrètes. **2.** *EN bonne, mauvaise INTELLIGENCE* : en s'entendant bien, mal.

intelligent, ente adj. **1.** Qui a la faculté de connaître et de comprendre. **2.** Qui comprend vite et bien. **3.** Qui dénote de l'intelligence.

intelligentsia n. f. ▫ Le groupe des intellectuels (dans une société, un pays).

intelligible adj. **1.** Qui est aisé à comprendre. **2.** (voix) Qui peut être distinctement entendu. ▶ **intelligiblement** adv. ▶ **intelligibilité** n. f.

intempérant, ante adj. ▫ littér. Qui manque de modération dans les plaisirs de la table et les plaisirs sexuels. ▶ **intempérance** n. f.

intempéries n. f. pl. ▫ Rigueurs du climat.

intempestif, ive adj. ▫ Qui se fait ou se manifeste à contretemps. ▶ **intempestivement** adv.

intemporel, elle adj. ▫ Qui, par sa nature, est étranger au temps. ▶ **intemporellement** adv.

intenable adj. **1.** Que l'on ne peut tenir ou soutenir. **2.** Insupportable, indocile.

intendance n. f. **1.** hist. Charge, circonscription des intendants (1). **2.** Service chargé du ravitaillement et de l'entretien (dans une armée, une collectivité).

intendant, ante n. **1.** n. m. hist. Agent du pouvoir royal dans une province. **2.** Personne chargée de l'intendance (2).

intense adj. ▫ (choses) Qui agit avec force, est à un haut degré. ▶ **intensément** adv.

intensif, ive adj. ▫ Qui est l'objet d'un effort intense. ▶ **intensivement** adv.

intensifier v. tr. ▫ Rendre plus intense. ▷ v. pron. s'**intensifier** ▶ **intensification** n. f.

intensité n. f. **1.** Degré d'activité, de force ou de puissance. ▪ *Intensité d'un courant électrique*, quantité d'électricité traversant un conducteur par unité de temps. **2.** Caractère de ce qui est intense.

intenter v. tr. ▫ Entreprendre contre qqn (une action en justice).

intention n. f. ▫ Fait de se proposer un certain but. – *À L'INTENTION de qqn*, pour lui.

intentionné, ée adj. ▫ *Bien, mal intentionné :* qui a de bonnes, de mauvaises intentions.

intentionnel, elle adj. ▫ Qui est fait exprès. ▶ **intentionnellement** adv.

interactif, ive adj. ▫ Qui permet une interaction. – Qui permet un échange aisé entre l'utilisateur d'un ordinateur et la machine. ▶ **interactivité** n. f.

interaction n. f. ▫ Réaction réciproque.

interallié, ée adj. ▫ Qui concerne des nations alliées.

interbancaire adj. ▫ Qui relève des relations entre les banques.

intercalaire adj. ▫ Qui peut s'intercaler, être inséré. *Feuillet intercalaire.* – n. m. *Un intercalaire.*

intercaler v. tr. ▫ Mettre (une chose) entre deux autres.

intercéder v. intr. ▫ User de son influence (en faveur de qqn). ▶ **intercession** n. f. littér. ▶ **intercesseur** n. m. littér.

intercepter v. tr. **1.** Prendre au passage et par surprise (ce qui est destiné à qqn). **2.** Arrêter (une action). ▶ **interception** n. f.

interchangeable adj. ▫ Se dit de choses, de personnes qui peuvent être mises à la place les unes des autres.

interclasse n. m. ▫ Court intervalle entre deux heures de classe.

interclasser v. tr. ▫ Classer (les éléments de plusieurs séries) en une série unique. ▶ **interclassement** n. m.

intercommunal, ale, aux adj. ▫ Qui concerne plusieurs communes.

intercommunication n. f. ▫ Communication réciproque.

interconnecter v. tr. ▫ Relier entre eux (des réseaux...). ▶ **interconnexion** n. f.

intercontinental, ale, aux adj. ▫ Qui concerne les relations entre continents.

intercostal, ale, aux adj. ▫ Qui est situé entre deux côtes.

interdépendance n. f. ▫ Dépendance réciproque. ▶ **interdépendant, ante** adj.

interdiction n. f. **1.** Action d'interdire (qqch.). **2.** Action d'interdire (à qqn) l'exercice de ses fonctions.

interdire v. tr. **1.** Défendre (qqch. à qqn). **2.** (sujet chose) Empêcher. **3.** Frapper d'interdiction (2).

interdisciplinaire adj. ▫ Qui concerne plusieurs disciplines. ▶ **interdisciplinarité** n. f.

① **interdit, ite** adj. **I. 1.** Non autorisé. **2.** Frappé d'interdiction (2). **II.** Très étonné.

② **interdit** n. m. ▫ Interdiction émanant d'un groupe social.

intéressant, ante adj. **1.** Qui captive l'esprit. **2.** Avantageux.

intéressé, ée adj. **I.** Qui a un rôle (dans qqch.). – n. *Le principal intéressé.* **II.** Qui recherche avant tout son intérêt matériel. ▪ Inspiré par la recherche d'un avantage personnel.

intéressement n. m. ▫ Action d'associer (qqn) aux bénéfices d'une entreprise.

intéresser v. tr. **1.** Éveiller et retenir l'attention de (qqn). **2.** Toucher (qqn), tenir à cœur à (qqn). ▷ v. pron. **s'intéresser** (à) Prendre intérêt (à).

intérêt n. m. **I. 1.** Somme qui rémunère un créancier pour l'usage de son argent par un débiteur. **2.** Ce qui importe, ce qui convient (à qqn, un groupe). **3.** Recherche d'un avantage personnel. **II. 1.** État de l'esprit qui prend part à ce qu'il trouve digne d'attention. **2.** Qualité de ce qui est intéressant.

interface n. f. **1.** sc. Limite entre deux états (de la matière). **2.** inform. Dispositif qui permet la communication entre deux éléments d'un système.

interférence n. f. **1.** phys. Rencontre d'ondes de même nature. **2.** Conjonction de faits.

interférer v. intr. **1.** phys. Produire des interférences. **2.** (actions) Se gêner.

intergalactique adj. ▫ Situé entre des galaxies.

intérieur, eure I. adj. **1.** Qui est au-dedans, tourné vers le dedans. **2.** Qui concerne un pays, son territoire. **3.** Qui concerne la vie psychologique. **II.** n. m. **1.** Espace compris entre les limites (d'une chose). **2.** Habitation, considérée dans son aménagement. – *Femme, homme d'intérieur,* qui se plaît à tenir sa maison. **3.** Espace compris entre les frontières d'un pays.

intérieurement adv. **1.** Au-dedans. **2.** Dans l'esprit, dans le cœur.

intérim n. m. ▫ Temps pendant lequel une fonction est exercée par qqn d'autre que le titulaire. – Activité de travail temporaire.

intérimaire adj. ▫ Relatif à un intérim ; qui assure l'intérim. – n. *Un(e) intérimaire.*

intérioriser v. tr. ▫ Ramener à la vie intérieure.

intériorité n. f. ▫ Caractère intérieur.

interjection n. f. ▫ Mot employé seul pour traduire une attitude affective.

interligne n. m. ▫ Espace entre deux lignes.

interligner v. tr. **1.** Écrire dans les interlignes. **2.** Séparer par des interlignes.

interlocuteur, trice n. **1.** Personne qui parle avec une autre. **2.** Personne avec laquelle on engage une négociation.

interlope adj. **1.** Illégal. **2.** D'apparence suspecte.

interloquer v. tr. ▫ Rendre (qqn) interdit (II), décontenancé. ▷ adj. **interloqué, ée**

interlude n. m. **1.** Petit intermède (1). **2.** Courte pièce musicale exécutée entre deux autres.

intermède n. m. **1.** Divertissement entre les parties d'un spectacle. **2.** Ce qui interrompt momentanément une activité.

intermédiaire I. adj. Qui forme une transition ou assure une communication. **II. 1.** n. m. Terme, état intermédiaire. **2.** n. Personne qui met en relation deux personnes ou deux groupes.

intermezzo n. m. ▫ Intermède musical.

interminable adj. ▫ Qui n'a pas ou ne semble pas avoir de fin. ▶ **interminablement** adv.

interministériel, elle adj. ▫ Commun à plusieurs ministères.

intermittence n. f. ▫ Caractère intermittent. – *Par intermittence,* irrégulièrement.

intermittent, ente adj. ▫ Qui s'arrête et reprend par intervalles. ▪ Dont l'activité est intermittente. – n. *Les intermittents du spectacle.*

internat n. m. **1.** École où vivent des internes. **2.** État d'élève interne. ▪ Fonction d'interne des hôpitaux, obtenue sur concours ; ce concours.

international, ale, aux adj. **1.** Qui a lieu entre plusieurs nations. **2.** n. f. *L'Internationale :* groupement international de partis ouvriers.

internationaliser v. tr. ▫ Rendre international. ▶ **internationalisation** n. f.

internationalisme n. m. ▫ Doctrine préconisant l'union internationale. ▶ **internationaliste** adj. et n.

internaute n. ▫ Utilisateur, utilisatrice d'Internet.

① **interne I.** adj. **1.** Qui est situé en dedans, est tourné vers l'intérieur. **2.** Qui appartient au dedans. **II.** n. **1.** Élève qui vit dans l'établissement scolaire qu'il (elle) fréquente. **2.** Étudiant(e) en médecine reçu(e) au concours de l'internat, qui exerce des fonctions hospitalières.

② **interne** adj. ▫ *Médecine interne :* médecine générale.

interner v. tr. ▫ Enfermer dans un hôpital psychiatrique. ▶ **internement** n. m.

Internet n. m. ▫ Réseau informatique mondial, réunissant des réseaux secondaires utilisant le même protocole de communication.

interpellateur, trice n. ▫ Personne qui interpelle.

interpellation n. f. ▫ Action d'interpeller. ▪ polit. Demande d'explications adressée au gouvernement par un membre du Parlement.

interpeller v. tr. **1.** Adresser la parole brusquement à (qqn). **2.** Questionner (un suspect) sur son identité. **3.** Susciter de l'intérêt chez (qqn).

interphone n. m. ▫ Appareil de communication téléphonique intérieure.

interplanétaire adj. ▫ Qui est, qui a lieu entre les planètes.

interpoler v. tr. **1.** Introduire dans un texte (des passages n'appartenant pas à l'original). **2.** sc. Intercaler dans une série de valeurs connues (des valeurs intermédiaires). ▶ **interpolation** n. f.

interposer v. tr. ▫ Poser entre deux choses. ▷ v. pron. **s'interposer** *S'interposer dans une dispute,* intervenir pour y mettre fin. ▷ adj. **interposé, ée** *Par personnes interposées :* avec des intermédiaires. ▶ **interposition** n. f.

interprète n. **1.** Personne qui donne oralement l'équivalent en une autre langue de ce qui est dit. **2.** Personne qui fait connaître les volontés de qqn. **3.** Acteur ou musicien qui interprète (2).

interpréter v. tr. **1.** Expliquer, donner un sens à. **2.** Jouer (une œuvre). ▶ **interprétation** n. f.

interprofession n. f. ▫ Organisation d'acteurs économiques d'une même filière.

interprofessionnel, elle adj. ▫ Commun à plusieurs professions.

interracial, ale, aux adj. ▫ Qui se fait entre personnes de races différentes.

interrègne n. m. ▫ Intervalle pendant lequel un État est sans chef.

interrogateur, trice 1. n. → **examinateur. 2.** adj. Qui contient une interrogation.

interrogatif, ive adj. **1.** Qui exprime l'interrogation. **2.** gramm. Qui sert à interroger. – n. f. Proposition interrogative.

interrogation n. f. 1. Action d'interroger (qqn). – Ensemble de questions que l'on pose à un élève. 2. Type de phrase qui sert à poser une question.

interrogatoire n. m. □ Questions posées pour savoir la vérité dans une affaire juridique.

interroger v. tr. 1. Questionner (qqn) avec l'idée qu'il doit une réponse. 2. Examiner avec attention (qqch.) pour y trouver une réponse.

interrompre v. tr. 1. Rompre (qqch.) dans sa continuité. 2. Empêcher (qqn) de continuer ce qu'il fait. 3. Couper la parole à (qqn). ▷ v. pron. **s'interrompre** S'arrêter (de faire qqch.).

interrupteur n. m. □ Dispositif pour interrompre et rétablir le passage du courant électrique dans un circuit.

interruption n. f. □ Action d'interrompre ; état de ce qui est interrompu.

intersection n. f. □ Rencontre (de lignes, de surfaces, de volumes qui se coupent).

intersidéral, ale, aux adj. □ Situé entre les astres.

interstellaire adj. □ Situé entre les étoiles.

interstice n. m. □ Très petit espace vide (entre les parties de qqch.).

intertropical, ale, aux adj. □ géogr. Qui est situé entre les tropiques.

interurbain, aine adj. □ Qui assure les communications entre des villes.

intervalle n. m. 1. Distance d'un objet à un autre. 2. mus. Écart entre deux sons. 3. Espace de temps qui sépare deux faits.

intervenant, ante n. □ Personne qui prend la parole au cours d'une discussion.

intervenir v. intr. 1. Se produire au cours d'une affaire, d'une discussion. 2. Prendre part à une action.

intervention n. f. 1. Action d'intervenir. 2. Acte chirurgical.

interventionnisme n. m. 1. Doctrine qui préconise l'intervention de l'État dans le domaine économique. 2. Politique d'intervention d'un État dans un conflit. ▶ **interventionniste** adj. et n.

intervertébral, ale, aux adj. □ Qui se trouve entre deux vertèbres.

intervertir v. tr. □ Déplacer (des éléments) en renversant l'ordre. ▶ **interversion** n. f.

interview n. f. □ anglic. Entrevue au cours de laquelle un journaliste interroge qqn. ▶ **interviewer** v. tr.

intestat adj. et n. □ Qui n'a pas fait de testament.

① **intestin, ine** adj. □ Qui se passe à l'intérieur d'un groupe social.

② **intestin** n. m. □ Partie du tube digestif qui fait suite à l'estomac. ▶ **intestinal, ale, aux** adj.

intifada n. f. □ polit. Lutte menée par les Palestiniens dans les territoires occupés par Israël.

intime adj. 1. littér. Qui correspond à l'essence (d'un être conscient). 2. Qui lie étroitement. ■ (personnes) Très lié, uni. – n. *Des intimes.* 3. Qui est privé et généralement tenu caché aux autres. ▶ **intimement** adv.

intimer v. tr. □ Signifier (qqch. à qqn) avec autorité.

intimidant, ante adj. □ Qui intimide (2).

intimidation n. f. □ Action d'intimider (1).

intimider v. tr. 1. Remplir (qqn) de peur, en imposant sa force, son autorité. 2. Remplir (involontairement) de timidité, de gêne.

intimiste adj. et n. □ (peintre, écrivain) Qui prend pour sujet des scènes, des sentiments délicats, intimes. ▶ **intimisme** n. m.

intimité n. f. **1.** Relations étroites et familières. **2.** Vie privée.

intitulé n. m. ▫ Titre (d'un livre, etc.).

intituler v. tr. ▫ Donner un titre à (un livre, etc.). ▷ v. pron. s'**intituler** Avoir pour titre.

intolérable adj. **1.** Qu'on ne peut supporter. **2.** → **inadmissible.**

intolérance n. f. **1.** Tendance à condamner ce qui déplaît dans la conduite d'autrui. **2.** méd. Inaptitude (d'un organisme) à tolérer un agent extérieur.

intolérant, ante adj. ▫ Qui fait preuve d'intolérance.

intonation n. f. ▫ Ton que l'on prend en parlant, en lisant.

intouchable adj. **1.** Qu'on ne doit pas toucher. – n. *Un(e) intouchable* (en Inde). → **paria. 2.** fig. Qui ne peut être l'objet d'aucun blâme.

intoxiquer v. tr. ▫ Affecter (un être vivant) de troubles plus ou moins graves par l'effet de substances toxiques. ▶ **intoxication** n. f.

intradermique adj. ▫ Qui se fait dans l'épaisseur du derme.

intraduisible adj. ▫ Qu'il est impossible de traduire.

intraitable adj. ▫ Qui refuse de céder.

intra-muros adv. et adj. ▫ À l'intérieur (de la ville).

intramusculaire adj. ▫ Qui se fait dans l'épaisseur d'un muscle.

intranet n. m. ▫ Réseau informatique interne (dans une entreprise...), utilisant les protocoles d'Internet.

intransigeant, ante adj. ▫ Qui n'admet aucun compromis. ▶ **intransigeance** n. f.

intransitif, ive adj. ▫ (verbe) Qui n'admet aucun complément d'objet. ▶ **intransitivement** adv.

intransportable adj. ▫ Qui n'est pas transportable.

intra-utérin, ine adj. ▫ Qui a lieu, se situe dans l'utérus.

intraveineux, euse adj. ▫ Qui se fait à l'intérieur des veines.

intrépide adj. ▫ Qui ne craint pas le danger. ▶ **intrépidement** adv. ▶ **intrépidité** n. f.

intrication n. f. ▫ didact. État de ce qui est entremêlé.

intrigant, ante adj. et n. ▫ Qui recourt à l'intrigue (1) pour parvenir à ses fins.

intrigue n. f. **1.** Ensemble de manœuvres secrètes et compliquées. **2.** Ensemble des événements principaux (d'un récit, d'un film...).

intriguer v. **I.** v. tr. Exciter la curiosité de (qqn). **II.** v. intr. Mener une intrigue (1).

intrinsèque adj. ▫ Qui est intérieur et propre (à ce dont il s'agit). ▶ **intrinsèquement** adv.

introducteur, trice n. ▫ Personne qui introduit (qqn, qqch.).

introductif, ive adj. ▫ Qui sert à introduire.

introduction n. f. **1.** Action d'introduire, de faire entrer. **2.** Préface explicative. ▪ Entrée en matière.

introduire v. tr. **1.** Faire admettre (qqn) dans un groupe. **2.** Faire adopter (qqch.). **3.** (concret) Faire entrer (qqch.). ▷ v. pron. s'**introduire** ▷ adj. **introduit, ite** Qui a ses entrées, est reçu.

intromission n. f. ▫ didact. Action d'introduire, de mettre (qqch. dans qqch.).

introniser v. tr. **1.** Installer sur le trône, la chaire (un roi, un pape). **2.** Introduire (qqch.) de manière officielle. ▶ **intronisation** n. f.

introspection n. f. ▫ littér. Analyse de qqn par lui-même.

introuvable adj. ▫ Qu'on ne peut trouver.

introversion n. f. ▫ psych. Orientation de l'énergie psychique sur le sujet lui-même.

introverti, ie adj. et n. ▫ psych. Porté à l'introversion.

intrus, use n. ▫ Personne qui s'introduit quelque part sans y être invitée.

intrusion n. f. ▫ Fait de s'introduire sans en avoir le droit (dans un groupe, etc.).

intubation n. f. ▫ méd. Introduction d'un tube (dans la trachée...) pour permettre le passage de l'air. ▶ **intuber** v. tr.

intuitif, ive adj. **1.** Qui est le résultat d'une intuition. **2.** Qui fait preuve d'intuition. – n. *Un intuitif.* **3.** Dont l'utilisation ne demande pas de connaissances techniques. ▶ **intuitivement** adv.

intuition n. f. **1.** Forme de connaissance immédiate qui ne recourt pas au raisonnement. **2.** Sentiment de ce qu'on ne peut vérifier.

intumescence n. f. ▫ didact. Enflure, tuméfaction.

inuit adj. et n. ▫ Des ethnies vivant à l'extrême nord de l'Amérique.

inusable adj. ▫ Qui ne peut s'user.

inusité, ée adj. ▫ Que personne n'emploie ou presque.

inutile adj. **1.** Qui n'est pas utile. **2.** (personnes) Qui ne rend pas de services. ▶ **inutilement** adv. ▶ **inutilité** n. f.

inutilisable adj. ▫ Qui ne peut être utilisé.

inutilisé, ée adj. ▫ Qui n'est pas utilisé.

invagination n. f. ▫ didact. Fait de se retourner vers l'intérieur (organe, etc.).

invaincu, ue adj. ▫ Qui n'a pas été vaincu.

invalidant, ante adj. ▫ Qui invalide (II).

invalide I. adj. dr. Qui n'est pas valable. **II.** adj. et n. Qui n'est pas en état de mener une vie active, du fait de ses infirmités.

invalider v. tr. **I.** dr. Rendre non valable. ▶ **invalidation** n. f. **II.** Rendre invalide (II).

invalidité n. f. **I.** dr. Défaut de validité entraînant la nullité. **II.** État d'invalide (II).

invariable adj. ▫ Qui ne varie pas. – (mot) Qui ne comporte pas de modifications dans sa forme. ▶ **invariabilité** n. f. ▶ **invariablement** adv.

invariant, ante ▫ sc. (grandeur) Qui ne varie pas, qui se conserve.

invasif, ive adj. ▫ méd. **1.** (examen, traitement) Qui peut altérer l'organisme. **2.** (tumeur) Qui se propage dans l'organisme.

invasion n. f. **1.** Pénétration massive (de forces armées sur le territoire d'un autre État). **2.** Action de se répandre dangereusement.

invective n. f. ▫ Parole violente (contre qqn ou qqch.).

invectiver v. **1.** v. intr. Lancer des invectives. **2.** v. tr. Couvrir (qqn) d'invectives.

invendable adj. ▫ Qui n'est pas vendable.

invendu, ue adj. et n. m. ▫ Qui n'a pas été vendu.

inventaire n. m. **1.** Opération qui consiste à recenser l'actif et le passif (d'une entreprise, etc.). **2.** Revue minutieuse et détaillée.

inventer v. tr. **1.** Créer ou découvrir (qqch. de nouveau). **2.** Trouver, imaginer pour un usage particulier.

inventeur, trice n. ▫ Personne qui invente, qui a inventé.

inventif, ive adj. **1.** Qui a le don d'inventer. **2.** Ingénieux, astucieux.

invention n. f. **1.** Action d'inventer. ▪ Chose inventée. **2.** Action d'imaginer (un moyen), d'inventer (une histoire).

inventivité n. f. ▫ Capacité d'inventer.

inventorier v. tr. ▫ Faire l'inventaire de.

invérifiable adj. ▫ Qui ne peut être vérifié.

inverse I. adj. (direction...) Qui est exactement opposé, contraire. **II.** n. m. *L'inverse*, la chose inverse.

inversement adv. ▫ D'une manière inverse.

inverser v. tr. **1.** Changer (la position, l'ordre de). **2.** Renverser le sens de (un mouvement, etc.).

inversion n. f. **1.** Déplacement (d'un mot) par rapport à l'ordre habituel de la construction. **2.** Changement de sens (d'un mouvement, etc.).

invertébré, ée adj. et n. m. ▫ (animal) Qui ne possède pas de colonne vertébrale.

inverti, ie n. ▫ vieilli Homosexuel(elle).

investigation n. f. ▫ Recherche suivie, systématique.

investir v. tr. **1.** Mettre (qqn) en possession (d'un pouvoir, d'un droit). **2.** Encercler (un objectif militaire). **3.** Placer (des capitaux) dans une entreprise. ▷ v. pron. s'**investir** Mettre son énergie (dans une activité).

investissement n. m. **1.** Action d'investir des capitaux dans une entreprise ; ces capitaux. **2.** Fait de s'investir.

investisseur, euse n. ▫ Personne ou collectivité qui investit des capitaux.

investiture n. f. ▫ Acte par lequel un parti désigne un candidat à une élection.

invétéré, ée adj. **1.** Fortifié et rendu immuable par la durée. **2.** (personnes) Qui a depuis longtemps (un caractère, un vice) et ne change pas.

invincible adj. ▫ Qui ne peut être vaincu. ▶ **invincibilité** n. f.

inviolable adj. ▫ Qu'il n'est pas permis de violer, d'enfreindre.

invisible adj. **1.** Qui n'est pas visible. ▪ fig. Imperceptible. **2.** (personnes) Qu'on ne peut rencontrer. ▶ **invisibilité** n. f.

invitation n. f. ▫ Action d'inviter ; son résultat.

invite n. f. ▫ Invitation discrète.

invité, ée n. ▫ Personne invitée (1).

inviter v. tr. **1.** Prier (qqn) de se trouver à un endroit. **2.** Engager (qqn) de façon courtoise mais nette (à faire qqch.). ▪ (sujet chose) Inciter (à).

in vitro loc. adv. ▫ En milieu artificiel. *Fécondation in vitro.* – S'oppose à IN VIVO loc. adv. « dans l'organisme vivant ».

invivable adj. ▫ Très difficile à supporter.

involontaire adj. **1.** Qui échappe au contrôle de la volonté. **2.** Qui agit ou se trouve dans une situation, sans le vouloir. ▶ **involontairement** adv.

invoquer v. tr. **1.** Appeler à l'aide par des prières. **2.** Avoir recours à (qqch.).

invraisemblable adj. **1.** Qui n'est pas vraisemblable. **2.** Très étonnant.

invraisemblance n. f. **1.** Défaut de vraisemblance. **2.** Chose invraisemblable.

invulnérable adj. ▫ Qui n'est pas vulnérable. ▶ **invulnérabilité** n. f.

iode n. m. ▫ Corps simple (symb. I) présent dans l'eau de mer, qui répand des vapeurs violettes quand on le chauffe.

iodé, ée adj. ▫ Qui contient de l'iode.

iodure n. m. ▫ Nom de composés de l'iode.

ion n. m. ▫ Atome ou molécule ayant gagné ou perdu un ou plusieurs électrons.

① **ionique** adj. et n. m. ▫ Se dit d'un style d'architecture grecque caractérisé par un chapiteau orné de deux volutes latérales.

② **ionique** adj. ▫ sc. Relatif aux ions.

ioniser v. tr. ▫ sc. Modifier en créant des ions. ▶ **ionisation** n. f.

ionosphère n. f. ▫ Couche supérieure ionisée de l'atmosphère.

iota n. m. invar. ▫ Neuvième lettre de l'alphabet grec. – *Sans changer d'un iota,* sans rien changer.

ipéca n. m. ▫ Racine à propriétés vomitives d'un arbrisseau du Brésil.

ipso facto adv. ▫ Par voie de conséquence.

irascible adj. ▫ littér. Qui s'irrite, s'emporte facilement. ▶ **irascibilité** n. f.

ire n. f. ▫ vx Colère.

iridium n. m. ▫ Corps simple (symb. Ir), métal blanc dur et cassant.

iris n. m. **1.** Plante à grandes fleurs ornementales. **2.** Membrane de l'œil, présentant un orifice (pupille) en son centre.

iriser v. tr. ▫ Colorer des couleurs du spectre, de manière changeante. ▷ adj. **irisé, ée** ▶ **irisation** n. f.

irlandais, aise adj. et n. ▫ D'Irlande.

I. R. M. (sigle de *imagerie par résonance magnétique*) ▫ méd. Technique permettant d'obtenir des images à partir de la résonance magnétique nucléaire.

ironie n. f. ▫ Manière de se moquer (de qqn ou de qqch.) en disant le contraire de ce qu'on veut exprimer. ▪ *IRONIE DU SORT,* intention de moquerie méchante qu'on prête au sort.

ironique adj. ▫ Qui use d'ironie ; où entre de l'ironie. ▶ **ironiquement** adv.

ironiser v. intr. ▫ Employer l'ironie.

iroquois, oise adj. et n. ▫ Des Iroquois, Indiens d'Amérique du Nord.

irracontable → **inracontable**

irradier v. **1.** v. intr. (lumière, douleur...) Se propager en rayonnant. **2.** v. tr. Exposer (un organisme, etc.) à des radiations. ▷ adj. **irradié, ée** ▶ **irradiation** n. f.

irraisonné, ée adj. ▫ Non raisonné.

irrationnel, elle adj. ▫ Qui n'est pas rationnel, n'est pas du domaine de la raison.

irréalisable adj. ▫ Qui ne peut se réaliser.

irréalisme n. m. ▫ Manque de sens des réalités. ▶ **irréaliste** adj.

irréalité n. f. ▫ Caractère irréel.

irrecevable adj. ▫ Qui ne peut être admis.

irrécupérable adj. ▫ Qui ne peut être récupéré.

irrécusable adj. ▫ Qui ne peut être récusé, contesté.

irrédentisme n. m. ▫ polit. Mouvement nationaliste italien né à la fin du XIXe s. ▶ **irrédentiste** adj. et n.

irréductible adj. ▫ Qui ne peut être réduit ; dont on ne peut venir à bout. ▶ **irréductibilité** n. f.

irréel, elle adj. **1.** Qui n'est pas réel. **2.** Qui ne semble pas du domaine de la réalité.

irréfléchi, ie adj. ▫ Qui agit ou se fait sans réflexion.

irréflexion n. f. ▫ Manque de réflexion.

irréfragable adj. ▫ didact. (preuve...) Qu'on ne peut récuser.

irréfutable adj. ▫ Qui ne peut être réfuté. ▶ **irréfutablement** adv.

irrégularité n. f. **1.** Caractère, aspect irrégulier. **2.** Chose ou action irrégulière.

irrégulier, ière adj. **1.** Qui n'est pas régulier. **2.** Qui n'est pas conforme à la règle. **3.** Qui n'est pas constamment égal à soi-même. ▶ **irrégulièrement** adv.

irréligieux, euse adj. ▫ Qui n'a pas de croyance religieuse ; qui s'oppose à la religion.

irréligion n. f. ▫ littér. Absence de religion.

irrémédiable adj. ▫ À quoi on ne peut remédier. ▶ **irrémédiablement** adv.

irrémissible adj. ▫ littér. (crime, faute) Impardonnable.

irremplaçable adj. ▫ Qui ne peut être remplacé (par qqch. ou qqn).

irréparable adj. **1.** Qui ne peut être réparé. **2.** fig. → **irrémédiable.**

irrépressible adj. ◻ littér. Qu'on ne peut réprimer, contenir.

irréprochable adj. ◻ À qui, à quoi on ne peut faire aucun reproche.

irrésistible adj. ◻ À quoi, à qui on ne peut résister. ▶ **irrésistiblement** adv.

irrésolu, ue adj. ◻ littér. Qui a du mal à se déterminer. ▶ **irrésolution** n. f.

irrespect n. m. ◻ Manque de respect.

irrespectueux, euse adj. ◻ Qui n'est pas respectueux.

irrespirable adj. ◻ Qui est pénible ou dangereux à respirer.

irresponsable adj. **1.** dr. Qui n'a pas à répondre de ses actes. **2.** Qui agit à la légère. ▶ **irresponsabilité** n. f.

irrétrécissable adj. ◻ Qui ne peut rétrécir.

irrévérence n. f. ◻ littér. Manque de respect.

irrévérencieux, euse adj. ◻ littér. Qui fait preuve d'irrévérence.

irréversible adj. ◻ Qui ne peut se faire que dans un seul sens, sans pouvoir être arrêté. ▶ **irréversibilité** n. f.

irrévocable adj. ◻ Qui ne peut être révoqué, repris. ▶ **irrévocablement** adv. ▶ **irrévocabilité** n. f.

irriguer v. tr. ◻ Arroser par arrosage artificiel et méthodique. – fig. *Les vaisseaux qui irriguent le cœur.* ▶ **irrigation** n. f.

irritable adj. ◻ Qui se met facilement en colère. ▶ **irritabilité** n. f.

irritant, ante adj. ◻ Qui irrite (1 et 2).

irritation n. f. **1.** État d'une personne irritée. **2.** Inflammation légère.

irriter v. tr. **1.** Mettre en colère. **2.** Rendre douloureux en déterminant une irritation (2).

irruption n. f. ◻ Entrée de force ou de façon inattendue.

isard n. m. ◻ Chamois des Pyrénées.

isba n. f. ◻ Petite maison de bois de paysans russes.

ischion n. m. ◻ anat. Partie inférieure et postérieure de l'os iliaque.

islam n. m. **1.** Religion prêchée par Mahomet et fondée sur le Coran. **2.** (avec maj.) L'ensemble des peuples musulmans. ▶ **islamique** adj.

islamiser v. tr. ◻ Convertir, intégrer à l'islam. ▶ **islamisation** n. f.

islamisme n. m. ◻ Propagande, action en faveur de l'islam. ▶ **islamiste** adj. et n.

islandais, aise adj. et n. ◻ D'Islande.

ISO n. m. invar. ◻ Système international de normalisation.

isobare adj. ◻ D'égale pression atmosphérique.

isocèle adj. ◻ (triangle) À deux côtés égaux.

isolant, ante adj. et n. m. ◻ Qui isole, est mauvais conducteur de l'électricité, de la chaleur ou du son.

isolateur, trice adj. et n. m. ◻ → **isolant.**

isolation n. f. ◻ Action d'isoler (une pièce...) ; son résultat.

isolationnisme n. m. ◻ Politique d'isolement (2). ▶ **isolationniste** adj. et n.

isolé, ée adj. **1.** Séparé de l'ensemble auquel il (elle) appartient. **2.** Éloigné de toute habitation. **3.** Protégé par un isolant.

isolement n. m. **1.** État d'une chose, d'une personne isolée. **2.** État d'un pays sans relation avec les autres.

isolément adv. ◻ Séparément.

isoler v. tr. **1.** Séparer (qqch.) des objets environnants. ▪ Protéger avec un isolant. **2.** Éloigner (qqn) des autres humains. **3.** abstrait Considérer à part.

isoloir n. m. ◻ Cabine où l'électeur s'isole pour préparer son bulletin de vote.

isomère adj. et n. m. ▫ chim. Se dit de composés ayant la même formule d'ensemble, mais des propriétés différentes. ▶ **isomérie** n. f.

isomorphe adj. ▫ chim. Qui a la même forme cristalline. ▶ **isomorphisme** n. m.

isotherme adj. **1.** Qui a la même température. **2.** Isolé thermiquement.

isotope n. m. ▫ Chacun des éléments de même numéro atomique, mais de masses atomiques différentes.

israélien, ienne adj. et n. ▫ D'Israël.

israélite adj. et n. ▫ vieilli ou péj. Juif.

issu, ue adj. ▫ Qui est né (de qqn), qui provient (de qqch.).

issue n. f. **1.** Passage offrant la possibilité de sortir. **2.** fig. Moyen de se dégager d'une situation difficile. **3.** *À L'ISSUE DE :* à la fin de.

isthme n. m. **1.** Bande de terre resserrée entre deux mers. **2.** anat. Partie rétrécie (d'un organe). ▶ **isthmique** adj.

italien, ienne adj. et n. ▫ De l'Italie.

italique adj. ▫ (lettre, caractère) Incliné vers la droite. – n. m. *Mot en italique.*

① **item** adv. ▫ comm. De même.

② **item** n. m. ▫ anglic., sc. Élément, unité (d'un ensemble).

itératif, ive adj. ▫ didact. Qui est répété plusieurs fois.

itinéraire n. m. ▫ Chemin à suivre ou suivi pour aller d'un lieu à un autre.

itinérant, ante adj. ▫ Qui se déplace, dans son activité.

itou adv. ▫ fam. et vieilli Aussi, de même.

IUFM n. m. ▫ Institut universitaire de formation des maîtres (qui forme les enseignants).

I. U. T. n. m. ▫ Institut universitaire de technologie.

I. V. G. n. f. (sigle de *interruption volontaire de grossesse*) ▫ Avortement provoqué volontaire et légal.

ivoire n. m. **1.** Matière blanche résistante qui constitue les défenses de l'éléphant. **2.** Partie dure des dents, revêtue d'émail à la couronne.

ivraie n. f. ▫ Plante herbacée, nuisible aux céréales. – *Séparer le bon grain de l'ivraie,* le bien du mal.

ivre adj. **1.** Qui est sous l'effet de l'alcool. **2.** Transporté hors de soi (par une émotion violente).

ivresse n. f. **1.** État d'une personne ivre. **2.** État d'exaltation.

ivrogne adj. et n. ▫ Qui a l'habitude de s'enivrer. ▶ **ivrognerie** n. f.

J

j n. m. ▫ Dixième lettre, septième consonne de l'alphabet.

jabot n. m. **1.** Poche de l'œsophage des oiseaux. **2.** Ornement (de dentelle...) du col d'une chemise, qui s'étale sur la poitrine.

jaboter v. intr. ▫ fam., vieilli Bavarder.

jacaranda n. m. ▫ Arbre d'Amérique tropicale à bois recherché.

jacasser v. intr. **1.** (pie) Pousser son cri. **2.** Parler beaucoup et d'une voix criarde. ▶ **jacassement** n. m. (syn. JACASSERIE n. f.) ▶ **jacasseur, euse** adj. et n.

jachère n. f. ▫ État d'une terre qu'on laisse temporairement reposer ; cette terre.

jacinthe n. f. ▫ Plante à bulbe, à fleurs en grappe colorée et parfumée.

jackpot n. m. ▫ Combinaison gagnante qui déclenche un mécanisme envoyant au joueur l'argent accumulé dans une machine à sous ; cet argent.

jacobin, ine 1. n. m. vx Dominicain. **2.** n. m. hist. Membre de la société révolutionnaire des Jacobins. ▪ n. fig. Républicain intransigeant, partisan d'un État centralisé. – adj. *Politique jacobine.*

jacquard n. m. ▫ Tricot à dessins géométriques multicolores. – adj. invar. *Pulls jacquard.*

jacquemart n. m. → **jaquemart**

jacquerie n. f. ▫ hist. Révolte paysanne.

jacquet n. m. ▫ Jeu voisin du trictrac.

jacquier n. m. → **jaquier**

①**jactance** n. f. ▫ littér. Arrogance, vanité.

②**jactance** n. f. ▫ fam. Bavardage ; bagout.

jacter v. intr. ▫ fam. Parler, bavarder.

jaculatoire adj. ▫ relig. *Oraison jaculatoire :* prière courte et fervente.

jacuzzi n. m. (n. déposé) ▫ anglic. Bassin ou baignoire muni(e) d'un dispositif qui provoque des remous dans l'eau.

jade n. m. **1.** Pierre fine très dure, d'un vert plus ou moins foncé. **2.** Objet en jade.

jadis adv. ▫ Dans le temps passé.

jaguar n. m. ▫ Félin d'Amérique du Sud à pelage fauve tacheté de noir.

jaillir v. intr. **1.** (liquide...) Sortir, s'élancer en un jet subit et puissant. **2.** Apparaître, se manifester soudainement. ▶ **jaillissant, ante** adj. ▶ **jaillissement** n. m.

jais n. m. ▫ Lignite dure, d'un noir luisant.

jalon n. m. **1.** Tige qu'on plante en terre pour prendre un alignement, déterminer une direction. **2.** fig. Ce qui sert à situer, diriger.

jalonner v. **I.** v. intr. Planter des jalons. **II.** v. tr. **1.** Marquer la direction, les limites de (qqch.) au moyen de jalons, de repères. **2.** (sujet chose) Marquer en se suivant (comme des jalons). ▶ **jalonnement** n. m.

jalousement adv. ▫ Avec jalousie.

jalouser v. tr. ▫ Être jaloux (2) de.

①**jalousie** n. f. **1.** Sentiment hostile éprouvé en voyant autrui jouir d'un avantage. **2.** Sentiment douloureux que font naître un amour inquiet, le désir de possession de la personne aimée, la crainte de son infidélité.

②**jalousie** n. f. ▫ Volet à lames orientables.

jaloux, ouse adj. **1.** littér. *JALOUX DE qqch.*, très attaché à. **2.** Qui éprouve de la jalousie. – n. *Sa réussite fait des jaloux.*

jamais adv. de temps **I.** sens positif En un temps quelconque, un jour. **II.** sens négatif **1.** (avec *ne*) En aucun temps, à aucun moment. **2.** (sans *ne*) À aucun moment.

jambage n. m. ▫ Trait vertical des lettres *m, n* et *u*. – Trait vertical du *p*, du *q*.

jambe n. f. **1.** anat. Partie de chacun des membres inférieurs de l'homme, du genou au pied. ▪ cour. Le membre inférieur tout entier. ▪ fam. *Traiter qqn par-dessus la jambe*, de façon désinvolte. **2.** *Jambe de bois*, adaptée au moignon d'un amputé. → **pilon. 3.** Patte des quadrupèdes.

jambier, ière adj. ▫ anat. Relatif à la jambe.

jambière n. f. ▫ Pièce qui enveloppe et protège la jambe.

jambon n. m. ▫ Cuisse (ou épaule) de porc préparée pour être conservée.

jambonneau n. m. ▫ Petit jambon fait avec la partie inférieure de la jambe du porc.

jamboree n. m. ▫ anglic. Réunion internationale de scouts.

jam-session n. f. ▫ anglic. Réunion de musiciens de jazz qui improvisent. *Des jam-sessions.*

janissaire n. m. ▫ hist. Soldat d'élite de l'infanterie ottomane.

jansénisme n. m. ▫ Doctrine de Jansénius. ▪ par ext. Morale rigoriste. ▶ **janséniste** adj. et n.

jante n. f. ▫ Cercle qui constitue la périphérie d'une roue de véhicule.

janvier n. m. ▫ Premier mois de l'année.

japon n. m. ▫ Papier de couleur ivoire.

japonais, aise adj. et n. ▫ Du Japon. ▪ n. m. *Le japonais* (langue).

japonaiserie n. f. ▫ Objet d'art, bibelot de style japonais.

japonisant, ante n. ▫ Spécialiste de la langue et de la civilisation japonaises.

japper v. intr. ▫ Pousser des aboiements aigus et clairs. ▶ **jappement** n. m.

jaque n. m. ▫ Fruit du jaquier.

jaquemart ou **jacquemart** n. m. ▫ Automate muni d'un marteau, qui frappe les heures d'une horloge monumentale.

①**jaquette** n. f. ▫ Vêtement masculin de cérémonie à pans descendant aux genoux.

②**jaquette** n. f. **1.** Chemise protégeant la couverture (d'un livre...). **2.** Couronne dentaire.

jaquier ou **jacquier** n. m. ▫ Arbre des régions tropicales, voisin de l'arbre à pain.

jardin n. m. **1.** Terrain où l'on cultive des végétaux utiles ou d'agrément. – *C'est une pierre dans son jardin*, une attaque voilée. **2.** *JARDIN D'ENFANTS* : établissement pour enfants d'âge préscolaire. **3.** fig. *Jardin secret* : domaine des sentiments, des pensées les plus intimes.

jardiner v. intr. ▫ Cultiver, entretenir un jardin en amateur. ▶ **jardinage** n. m.

jardinet n. m. ▫ Petit jardin.

jardinier, ière I. 1. n. Personne qui cultive les jardins. **2.** n. f. *Jardinière d'enfants* : éducatrice d'un jardin* d'enfants. **II.** adj. Relatif aux jardins.

jardinière n. f. **I.** Bac dans lequel on fait pousser des plantes. **II.** Mélange de légumes cuits.

jargon n. m. **1.** Langage déformé, fait d'éléments disparates. **2.** Façon de s'exprimer propre à un groupe, une activité. ▶ **jargonner** v. intr.

jarre n. f. ▫ Grand récipient de forme ovoïde.

jarret n. m. **1.** Région postérieure du genou humain. **2.** Endroit analogue, chez les ongulés. ▪ Partie inférieure de la noix et de l'épaule.

jarretelle n. f. ▫ Bande élastique d'un porte-jarretelles, terminée par une attache.

jarretière n. f. ▫ Cordon, bande élastique destinée à fixer les bas en les entourant.

jars n. m. ▫ Mâle de l'oie.

jaser v. intr. **1.** Parler avec indiscrétion, ou de manière médisante. **2.** → **gazouiller.** ▶ **jaseur, euse** adj. et n.

jasmin n. m. ▫ Arbuste vivace à fleurs jaunes ou blanches très odorantes. – Ces fleurs ; leur parfum.

jaspe n. m. **1.** Roche siliceuse. **2.** Objet d'art en jaspe. ▶ **jaspé, ée** adj.

jaspiner v. ▫ fam. Parler, bavarder.

jaspure n. f. ▫ Aspect de ce qui est jaspé.

jatte n. f. ▫ Récipient de forme arrondie, très évasé, sans rebord ni anse.

jauge n. f. **1.** Capacité que doit avoir un récipient déterminé. – mar. Capacité d'un navire en tonneaux. **2.** Instrument étalonné qui sert à mesurer la contenance d'un récipient ou le niveau de son contenu.

jauger v. **I.** v. tr. **1.** Mesurer avec une jauge. **2.** fig. Apprécier, évaluer. **II.** v. intr. **1.** Avoir un tirant d'eau de. **2.** (navire) Avoir une jauge de. ▶ **jaugeage** n. m.

jaunâtre adj. ▫ Qui tire sur le jaune.

jaune **I.** adj. Qui est d'une couleur placée dans le spectre entre le vert et l'orangé. – *Le métal jaune :* l'or. **II.** n. m. **1.** La couleur jaune. **2.** Matière colorante jaune. **3.** Partie jaune (de qqch.). *Jaune d'œuf.* **III.** n. Personne qui refuse de prendre part à une grève. **IV.** adv. *Rire jaune,* d'un rire forcé.

jaunir v. **I.** v. tr. Rendre jaune ; colorer de jaune. **II.** v. intr. Devenir jaune. ▶ **jaunissement** n. m.

jaunisse n. f. ▫ Ictère.

java n. f. **1.** Danse à trois temps, assez rapide. – Musique de cette danse. **2.** fam. *Faire la java :* faire la fête.

①**javanais, aise** adj. et n. ▫ De l'île de Java. ▪ n. m. Groupe de langues indonésiennes.

②**javanais** n. m. ▫ Argot qui intercale dans les mots les syllabes *va* ou *av.*

eau de **Javel** n. f. ▫ Mélange de dérivés du chlore en solution aqueuse.

javeline n. f. ▫ Javelot léger (arme de jet).

javelle n. f. ▫ Brassée de céréales qu'on laisse sur place avant de les mettre en gerbe.

javelliser v. tr. ▫ Stériliser au moyen d'eau de Javel. ▶ **javellisation** n. f.

javelot n. m. ▫ Instrument de lancer en forme de lance.

jazz n. m. ▫ Musique issue de la musique profane des Noirs des États-Unis. ▶ **jazzy** adj. invar.

jazzman n. m. ▫ anglic. Musicien de jazz. *Des jazzmans* ou *jazzmen.*

je pron. pers. ▫ Pronom personnel sujet de la première personne du singulier des deux genres. *Je parle. J'entends.*

jean n. m. **1.** Pantalon de toile très solide. *Un jean* ou *un jeans.* **2.** Toile servant notamment à confectionner ces pantalons.

jean-foutre n. m. invar. ▫ fam. Individu incapable.

①**jeannette** n. f. ▫ Petite planche à repasser.

②**jeannette** n. f. ▫ Petite fille appartenant au scoutisme catholique.

jeep n. f. ▫ Automobile tout-terrain à quatre roues motrices.

jéjunum n. m. ▫ anat. Deuxième partie de l'intestin grêle.

je-m'en-fichisme n. m. ◻ fam. Attitude indifférente envers ce qui devrait intéresser ou préoccuper. On dit aussi *je-m'en-foutisme*. ▶ **je-m'en-fichiste** adj. et n. On dit aussi *je-m'en-foutiste*.

je-ne-sais-quoi n. m. invar. ◻ Chose qu'on ne peut définir ou exprimer.

jérémiade n. f. ◻ fam. Plainte sans fin.

jerez n. m. → **xérès**

jerk n. m. ◻ anglic. Danse dans laquelle tout le corps est agité de secousses rythmées.

jéroboam n. m. ◻ Bouteille contenant trois litres.

jerrycan n. m. ◻ anglic. Bidon d'environ 20 litres.

jersey n. m. ◻ Tissu très souple à mailles toujours semblables sur une même face. – *Point de jersey* (au tricot).

jésuite **I.** n. m. Membre de la Compagnie de Jésus. **II.** n. et adj. péj. Personne qui recourt à des astuces hypocrites.

jésuitique adj. ◻ péj. **1.** Propre aux jésuites. **2.** Hypocrite.

jésuitisme n. m. ◻ péj. **1.** Système moral reproché aux jésuites. **2.** Hypocrisie.

jésus **I.** interj. Marquant la surprise, etc. *Jésus !* **II.** n. m. Représentation de Jésus enfant. **III.** n. m. Gros saucisson court.

① **jet** n. m. **I. 1.** Action de jeter ; trajectoire d'une chose lancée. **2.** *D'un seul jet* : d'un coup. – *Premier jet* : première expression d'une œuvre. **II. 1.** Mouvement par lequel une chose jaillit avec force. **2.** Rayons qui jaillissent.

② **jet** n. m. ◻ anglic. Avion à réaction.

jetable adj. ◻ Destiné à être remplacé.

① **jeté** n. m. **1.** danse Saut lancé par une jambe et reçu par l'autre. **2.** Tissu que l'on étend sur un meuble en guise d'ornement.

② **jeté, ée** adj. ◻ fam. Fou, cinglé.

jetée n. f. ◻ Chaussée qui s'avance dans l'eau.

jeter v. tr. **I. 1.** Envoyer en lançant. **2.** Disposer dans l'espace, d'un point à un autre. *Jeter une passerelle sur un fossé.* ▪ Établir, poser. *Jeter les bases d'une société.* **3.** Abandonner. *Vieux papiers bons à jeter.* **4.** Déposer, mettre avec vivacité ou sans soin. – fig. *Jeter une idée sur le papier,* noter rapidement. **II. 1.** Diriger (une partie du corps). **2.** Faire sortir de soi. *Jeter un cri.* **III.** Pousser, diriger avec force. *Jeter qqn dehors*, le mettre à la porte. ▷ v. pron. **se jeter 1.** Sauter, se laisser tomber ; se précipiter. **2.** (cours d'eau) Déverser ses eaux.

jeteur, euse n. ◻ *Jeteur, jeteuse de sort* : sorcier, sorcière qui jette un sort.

jeton n. m. **1.** Pièce plate représentant une valeur, servant de marque, etc. **2.** fam. *FAUX JETON* : hypocrite. **3.** fam. *Avoir les jetons* : avoir peur.

jet-set n. f. ou m. ◻ anglic. Ensemble des personnalités de la vie mondaine internationale. – syn. (anglic.) **jet-society** n. f.

jet-ski n. m. ◻ anglic. Petite embarcation à moteur se pilotant debout ; sport ainsi pratiqué.

jeu n. m. **I.** Activité physique ou mentale dont le but essentiel est le plaisir qu'elle procure. – *JEU DE MOTS* : allusion plaisante fondée sur l'équivoque de mots qui ont une ressemblance phonétique. **II. 1.** Cette activité, organisée par des règles définissant un succès et un échec, un gain et une perte. **2.** au plur. Compétitions sportives. **3.** *LE JEU* : les jeux où l'on risque de l'argent. ▪ Argent joué, mise. **4.** Partie qui se joue. ▪ fig. *Entrer en jeu.* → **intervenir.** – *Être EN JEU*, en cause, en question. **III. 1.** Instruments du jeu. *Jeu de 52 cartes.* **2.** Assemblage de cartes qu'un joueur a en main. **3.** Série complète d'objets de même nature et d'emploi analogue. **IV. 1.** Manière dont on joue. – fig. *JOUER DOUBLE JEU* : agir de deux façons différentes pour tromper. **2.** Façon de jouer d'un instrument, etc. **3.** Manière de jouer un rôle. – *VIEUX JEU* : démodé, archaïque. **V.** Mouvement aisé, régulier d'un mécanisme ; espace libre ou défaut de serrage.

jeudi n. m. ◻ Quatrième jour de la semaine. – fam. *La semaine des quatre jeudis* : jamais.

à **jeun** loc. adv. ◻ Sans avoir mangé.

jeune I. adj. **1.** Peu avancé en âge. **2.** Nouveau, récent. **3.** Qui a les caractères de la jeunesse. **4.** Qui convient à la jeunesse. – adv. *S'habiller jeune.* **5.** Qui est nouveau (dans un état...). *Jeunes mariés.* **II.** n. Personne jeune. *Les jeunes.*

jeûne n. m. ◻ Privation volontaire de toute nourriture.

jeûner v. intr. ◻ Se priver de nourriture ou en être privé. ▶ **jeûneur, euse** n.

jeunesse n. f. **I. 1.** Temps de la vie entre l'enfance et la maturité. **2.** Fait d'être jeune. ▪ Ensemble de caractères attribués à la jeunesse. *Jeunesse de cœur.* **II. 1.** Les personnes jeunes. **2.** au plur. Mouvement de jeunes gens.

jeunet, ette adj. ◻ fam. Bien jeune.

jeunisme n. m. ◻ Culte des valeurs associées à la jeunesse.

jeunot, otte adj. ◻ fam. Jeune.

jihad n. m. → **djihad**

jingle n. m. ◻ anglic. Court motif sonore répétitif. – recomm. off. *sonal.*

jiu-jitsu n. m. ◻ Technique japonaise de combat sans armes. – var. **ju-jitsu.**

joaillerie n. f. **1.** Art de monter les pierres précieuses ou fines pour en faire des joyaux. **2.** Métier, commerce, atelier du joaillier. ▶ **joaillier, ière** n.

job n. m. ◻ anglic., fam. Travail rémunéré.

jobard, arde adj. et n. ◻ Crédule jusqu'à la bêtise. ▶ **jobarderie** ou **jobardise** n. f.

jockey n. m. ◻ Personne dont le métier est de monter les chevaux dans les courses.

jocrisse n. m. ◻ vx Benêt, nigaud.

jodhpur n. m. ◻ anglic. Pantalon de cheval serrant la jambe du genou au pied.

jogging n. m. ◻ anglic. **1.** Course à pied faite par exercice. **2.** Survêtement.

joie n. f. ◻ Émotion agréable et profonde, sentiment exaltant ressenti par toute la conscience. ▪ au plur. *Les joies de la vie.*

joindre v. **I.** v. tr. **1.** Mettre (des choses) ensemble, de façon qu'elles se touchent ou tiennent ensemble. – fig. *Joindre les deux bouts* : équilibrer son budget. **2.** (sujet chose) Mettre en communication. **3.** Mettre ensemble. *Joignons nos efforts.* **4.** *JOINDRE À* : mettre avec. – *Joindre l'utile à l'agréable.* **5.** Entrer en communication avec (qqn). ▶ **joignable** adj. **II.** v. intr. Se toucher sans laisser d'interstice. ▷ v. pron. **se joindre** *SE JOINDRE À* : se mettre avec, s'associer à.

① **joint, jointe** adj. **1.** Qui est, qui a été joint. **2.** *CI-JOINT, CI-JOINTE* : joint ici même. *Les documents ci-joints.* – (invar. avant le nom) *Ci-joint la copie.*

② **joint** n. m. **1.** Espace qui subsiste entre des éléments joints. **2.** Articulation entre deux pièces. **3.** Garniture assurant l'étanchéité.

③ **joint** n. m. ◻ anglic., fam. Cigarette de haschisch.

jointif, ive adj. ◻ techn. Qui est joint, qui est en contact par les bords.

jointoyer v. tr. ◻ techn. Remplir les joints de (une maçonnerie) avec du mortier.

jointure n. f. ◻ Endroit où les os, deux parties, deux choses se joignent.

① **jojo** adj. invar. ◻ fam. Joli, agréable.

② affreux **jojo** n. m. ▫ fam. Enfant, jeune homme insupportable.

jojoba n. m. ▫ Arbuste des déserts américains dont on tire une huile utilisée en pharmacie.

joker n. m. ▫ Carte à jouer à laquelle on est libre d'attribuer une valeur.

joli, ie adj. 1. Très agréable à voir, à entendre. 2. fam. Assez réussi ou important. *Un joli succès.* ▶ **joliesse** n. f.

joliment adv. 1. D'une manière jolie, agréable. 2. Très, beaucoup.

jonc n. m. 1. Plante des terrains humides, à hautes tiges droites et flexibles ; sa tige. 2. Canne, badine (de jonc, etc.). 3. Bague, bracelet de grosseur uniforme.

jonchée n. f. ▫ littér. Amas (de branchages, de fleurs, etc.) jonchant le sol.

joncher v. tr. 1. Parsemer (un lieu) de branchages, de fleurs, etc. 2. (le sujet désigne les choses éparses) → **couvrir.**

jonchet n. m. ▫ Chacun des bâtonnets jetés en tas que l'on joue à retirer, avec un crochet, sans faire bouger les autres.

jonction n. f. ▫ Action de joindre, de se joindre ; fait d'être joint. ▪ Endroit où des choses se joignent.

jongler v. intr. ▫ Lancer en l'air plusieurs objets qu'on reçoit et relance alternativement. ▶ **jonglerie** n. f. ▶ **jongleur, euse** n.

jonque n. f. ▫ Voilier d'Extrême-Orient.

jonquille n. f. ▫ Narcisse à fleurs jaunes et odorantes.

① **jota** n. f. ▫ Danse aragonaise.

② **jota** n. f. ▫ Consonne gutturale, notée *j*, du castillan (langue).

jouabilité n. f. ▫ inform. Qualité de maniabilité, d'ergonomie (d'un logiciel de jeu).

jouable adj. ▫ Qui peut être joué ou tenté.

joual n. m. ▫ Français populaire canadien.

joubarbe n. f. ▫ Plante grasse à feuilles charnues en rosettes, à fleurs roses.

joue n. f. ▫ Partie latérale de la face s'étendant entre le nez et l'oreille, du dessous de l'œil au menton. ▪ *Mettre EN JOUE*, viser avec un fusil, pour tirer.

jouer v. I. v. intr. 1. Se livrer au jeu. 2. Se comporter dans un jeu (de telle manière). 3. Agir à son tour, lors d'une partie. 4. Pratiquer les jeux d'argent. 5. Se servir d'un instrument de musique. 6. Exercer l'activité d'acteur. 7. (sujet chose) Exercer librement son action. 8. Intervenir ; entrer, être en jeu. II. v. intr. (+ prép.) 1. *JOUER AVEC*, s'amuser avec. *Jouer avec une poupée.* – Manier, pour s'amuser ou distraitement. – fig. Exposer imprudemment. 2. *JOUER À* (un jeu déterminé). 3. *JOUER SUR.* – *Jouer sur les mots.* 4. *JOUER DE qqch.* : se servir avec plus ou moins d'adresse de. ▪ Exploiter, tirer parti de. III. v. tr. 1. Faire (une partie). – *Jouer un cheval*, miser sur lui. 2. Risquer au jeu. 3. Tromper en ridiculisant. *Il vous a joué.* 4. Interpréter avec un instrument de musique. 5. Représenter ou interpréter sur scène ou à l'écran. ▷ v. pron. se **jouer** 1. *SE JOUER DE* : se moquer de. 2. passif *Ce jeu se joue à six.*

jouet n. m. 1. Objet dont les enfants se servent pour jouer. 2. *Être le jouet de* : être entièrement gouverné par.

joueur, euse n. 1. Personne qui joue à un jeu, à des jeux d'argent. ▪ adj. Qui aime jouer. 2. *BEAU JOUEUR* : personne qui s'incline devant la victoire de l'adversaire. *MAUVAIS JOUEUR*, qui accepte mal sa défaite. 3. Personne qui joue d'un instrument. *Joueur de flûte.*

joufflu, ue adj. ▫ Qui a de grosses joues.

joug n. m. 1. Pièce de bois qu'on met sur la tête des bœufs pour les atteler. 2. fig. Contrainte matérielle ou morale.

jouir v. tr. ind. □ *JOUIR DE* **I. 1.** Tirer plaisir, agrément, profit de (qqch.). **2.** absolt Éprouver le plaisir sexuel. **II.** Avoir la possession de (qqch. ; un droit).

jouissance n. f. **1.** Plaisir que l'on goûte pleinement. – spécialt Plaisir sexuel. **2.** Action de se servir d'une chose.

jouisseur, euse n. □ Personne qui ne songe qu'aux plaisirs matériels.

jouissif, ive adj. □ fam. Qui réjouit.

joujou n. m. □ lang. enfantin **1.** *FAIRE JOUJOU* : jouer. **2.** vieilli Jouet. *Des joujoux.*

joule n. m. □ Unité de mesure (symb. J) de travail, d'énergie et de quantité de chaleur.

jour n. m. **I. 1.** Clarté que le Soleil répand sur la Terre. – fig. *Au grand jour* : aux yeux de tous. **2.** *DONNER LE JOUR à un enfant,* le mettre au monde. *VOIR LE JOUR* : naître. – *SE FAIRE JOUR* : apparaître, se montrer. **II.** Ouverture qui laisse passer le jour. **III. 1.** Espace de temps entre le lever et le coucher du soleil. **2.** Espace de temps qui s'écoule pendant une rotation de la Terre sur elle-même (24 heures). ■ *DU JOUR* : du jour même. – *DU JOUR AU LENDEMAIN* : sans transition. – *À JOUR* : en tenant compte des données du jour. **3.** Durée d'un jour. – *Vivre AU JOUR LE JOUR,* sans se préoccuper de l'avenir. **4.** Époque. – *Le goût DU JOUR,* de l'époque. – *DE NOS JOURS* loc. adv., actuellement. **5.** au plur. *LES JOURS,* la vie. – *Vieux jours,* la vieillesse.

journal, aux n. m. **I.** comm. Registre de comptes. **II. 1.** Récit quotidien des événements ; écrit portant ce récit. – *Journal de bord* (sur un navire). **2.** Publication périodique. ■ Publication quotidienne consacrée à l'actualité. ■ L'administration d'un journal. **3.** Bulletin quotidien d'information.

journalier, ière 1. adj. Qui se fait chaque jour. **2.** n. Ouvrier, ouvrière agricole payé(e) à la journée.

journaliste n. □ Personne qui collabore à la rédaction d'un journal (II, 2 ou 3). ▶ **journalisme** n. m.

journalistique adj. □ Propre aux journaux.

journée n. f. □ Espace de temps qui s'écoule du lever au coucher du soleil.

journellement adv. □ Chaque jour.

joute n. f. **1.** anciennt Combat singulier à la lance et à cheval. **2.** fig. Lutte. *Joute oratoire.* ▶ **jouter** v. intr.

jouvence n. f. □ *Fontaine de jouvence,* dont les eaux, selon la légende, redonnaient la jeunesse.

jouvenceau, elle n. □ vx Adolescent(e).

jouxter v. tr. □ vx ou littér. Avoisiner.

jovial, ale, aux adj. □ Plein de gaieté franche et communicative. ▶ **jovialité** n. f.

joyau n. m. **1.** Bijou de grande valeur. **2.** fig. Chose rare et belle, de grande valeur.

joyeuseté n. f. □ littér. Caractère joyeux. ■ Propos, action qui amuse.

joyeux, euse adj. **1.** Qui éprouve de la joie, manifeste sa joie. **2.** Qui exprime la joie. **3.** Qui apporte la joie. *Joyeux Noël !* ▶ **joyeusement** adv.

joystick n. m. □ anglic. Manette de commande des jeux vidéo.

jubé n. m. □ Tribune élevée entre la nef et le chœur, dans certaines églises.

jubilé n. m. □ Fête célébrée à l'occasion du cinquantenaire d'un événement.

jubiler v. intr. □ Se réjouir vivement. ▶ **jubilation** n. f. ▶ **jubilatoire** adj.

jucher v. **1.** v. intr. Se percher en un lieu élevé pour dormir (oiseaux). **2.** v. tr. Placer très haut. – pronom. Se percher.

juchoir n. m. □ Perchoir de basse-cour.

judaïsme n. m. ▫ Religion, communauté des Juifs. ▶ **judaïque** adj.

judas n. m. **I.** Traître. **II.** Petite ouverture pratiquée dans un mur, une porte, etc. pour voir sans être vu.

judéo-chrétien, ienne adj. ▫ Commun au judaïsme et au christianisme.

judiciaire adj. **1.** Relatif à la justice. **2.** Qui se fait en justice. ▶ **judiciairement** adv. ▶ **judiciariser** v. tr. *Judiciariser la vie politique.*

judicieux, euse adj. **1.** Qui a le jugement bon, sain. **2.** Qui résulte d'un bon jugement. ▶ **judicieusement** adv.

judo n. m. ▫ Sport de combat d'origine japonaise. ▶ **judoka** n.

juge n. **1.** Magistrat chargé de rendre la justice. **2.** Personne appelée à se prononcer comme arbitre. **3.** Personne appelée à donner une opinion.

jugé n. m. ▫ *AU JUGÉ* loc. adv. : d'une manière approximative. – syn. **au juger.**

jugement n. m. **1.** Action de juger ; décision en justice. **2.** Opinion exprimée sur qqn ou qqch. **3.** Faculté de l'esprit permettant de bien juger des choses.

jugeote n. f. ▫ fam. Jugement (3), bon sens.

juger v. tr. **1.** Soumettre (une cause, qqn) à la décision de sa juridiction. **2.** Prendre nettement position sur (une question). **3.** Émettre un jugement, une opinion sur (qqn, qqch.). – trans. indir. *Il est difficile d'en juger.* **4.** Considérer comme. *Si vous le jugez bon.* – pronom. *Se juger perdu.* **5.** v. tr. ind. Imaginer. *Jugez de ma surprise.*

jugulaire n. f. **1.** adj. anat. De la gorge. **2.** n. f. Attache qui maintient une coiffure d'uniforme en passant sous le menton.

juguler v. tr. ▫ Arrêter le développement de (qqch.).

juif, juive n. et adj. **1.** n. Personne descendant du peuple sémite monothéiste qui vivait en Palestine. **2.** adj. Relatif à la communauté des Juifs.

juillet n. m. ▫ Septième mois de l'année, de trente et un jours.

juin n. m. ▫ Sixième mois de l'année, de trente jours.

ju-jitsu n. m. → **jiu-jitsu**

jujube n. m. **1.** Fruit d'un arbre épineux (le *jujubier*). **2.** Pâte extraite de ce fruit.

juke-box n. m. invar. ▫ anglic. Machine faisant passer automatiquement le disque demandé.

jules n. m. ▫ fam. Amant, amoureux, mari.

julien, ienne adj. ▫ *Calendrier julien,* réformé par Jules César.

julienne n. f. ▫ Préparation de légumes coupés en bâtonnets.

jumeau, elle **1.** adj. et n. Se dit d'enfants nés d'un même accouchement. **2.** adj. Se dit de choses semblables.

jumeler v. tr. **1.** Ajuster ensemble (deux choses semblables). **2.** Associer (deux villes) afin de susciter entre elles des échanges.

jumelle n. f. ▫ Instrument portatif à deux lunettes. – au plur. *Des jumelles de spectacle.*

jument n. f. ▫ Femelle du cheval.

jumping n. m. ▫ anglic. Saut d'obstacles à cheval.

jungle n. f. **1.** Savane touffue des pays de mousson. **2.** fig. Milieu humain où règne la loi du plus fort.

junior adj. et n. ▫ anglic. **1.** Jeune, cadet. **2.** sports Se dit d'une catégorie intermédiaire entre les seniors et les cadets.

junte n. f. ▫ Groupe de militaires qui se saisissent du pouvoir politique.

jupe n. f. ▫ Vêtement féminin qui descend de la ceinture à la jambe.

jupe-culotte n. f. ▫ Vêtement féminin, culotte ample qui a l'aspect d'une jupe.

jupette n. f. □ Jupe très courte.

jupon n. m. □ Jupe de dessous.

jurassien, ienne adj. et n. □ Du Jura.

jurassique adj. et n. m. □ géol. Se dit de la partie centrale de l'ère secondaire.

juré, ée **I.** adj. *ENNEMI JURÉ* : ennemi déclaré et acharné. **II.** n. Personne appelée par tirage au sort à faire partie d'un jury (1).

jurement n. m. □ vieilli Blasphème ; juron.

jurer v. **I.** v. tr. **1.** Promettre (qqch.) solennellement. – pronom. *Elle s'est juré de ne rien dévoiler.* **2.** Affirmer solennellement. *Je vous jure que ce n'est pas moi.* **3.** *JURER DE* (qqch.), affirmer de façon catégorique. **II.** v. intr. **1.** Faire un serment. **2.** Dire des jurons. **3.** (sujet chose) Produire une discordance.

juridiction n. f. **1.** Pouvoir de juger ; étendue de ce pouvoir. **2.** Tribunal ; ensemble de tribunaux.

juridique adj. **1.** Qui se fait, s'exerce en justice, devant la justice. **2.** Qui a rapport au droit. ▶ **juridiquement** adv.

jurisconsulte n. m. □ Juriste consultant.

jurisprudence n. f. □ Ensemble des décisions des juridictions, en tant qu'elles constituent une source de droit.

juriste n. □ Spécialiste du droit.

juron n. m. □ Terme grossier ou familier, dont on se sert pour jurer.

jury n. m. **1.** Commission de jurés. **2.** Ensemble d'examinateurs.

jus n. m. **1.** Liquide contenu dans une substance végétale. **2.** Liquide rendu par une substance animale. **3.** fam. Café noir. **4.** fam. Courant électrique. – *Court-jus* : court-circuit.

jusant n. m. □ Marée descendante.

jusqu'au-boutiste n. □ Personne qui va jusqu'au bout de ses idées. ▶ **jusqu'au-boutisme** n. m.

jusque □ Marque le terme final, la limite que l'on ne dépasse pas. **I.** prép. et adv. **1.** *JUSQU'À. Aller jusqu'au terminus. Il est allé jusqu'à nous insulter. J'ai dormi jusqu'à midi. Tous, jusqu'à lui.* **2.** (suivi d'une prép. autre que *à*) *C'est fermé jusqu'en mars.* **3.** (suivi d'un adv.) *Jusqu'alors, jusqu'à présent.* **II.** conj. *JUSQU'À CE QUE* (+ subj.) : jusqu'au moment où. – *JUSQU'À TANT QUE* (même sens).

jusquiame n. f. □ Plante à fleurs jaunes rayées de pourpre, à propriétés toxiques.

justaucorps n. m. □ Maillot collant qui couvre le tronc.

juste **I.** adj. **1.** Qui se comporte, agit conformément à la justice, à l'équité. **2.** (choses) Conforme à la justice, au droit, à l'équité. **3.** (devant le nom) → **fondé, légitime.** *Une juste colère.* – *À juste titre* : à bon droit. **II.** adj. **1.** Qui a de la justesse, qui convient bien ; qui fonctionne avec précision. **2.** Conforme à la vérité, à la raison, au bon sens. **3.** Qui est trop ajusté. ▪ Qui suffit à peine. – fam. (personnes) *Être un peu juste* : manquer d'argent. **III.** adv. **1.** Avec justesse, exactitude ; comme il convient. **2.** Exactement, précisément. **3.** D'une manière trop stricte, insuffisante. **4.** loc. adv. *AU JUSTE.* → **exactement, précisément.**

justement adv. **I.** **1.** rare Conformément à la justice. **2.** À bon droit, avec raison. **3.** Avec justesse, pertinence. **II.** adv. de phrase → **précisément.** *C'est justement ce qu'il fallait faire.*

justesse n. f. **1.** Qualité qui rend une chose parfaitement, exactement adaptée. **2.** Qualité qui permet d'exécuter très exactement une chose. **3.** loc. adv. *DE JUSTESSE* : de peu.

justice n. f. **1.** Juste appréciation, reconnaissance et respect des droits et du mérite de chacun. **2.** Principe moral de conformité au droit. **3.** Pouvoir de faire régner le droit ; exercice de ce pouvoir. – *Rendre la justice.* → **juger.** ▪ Reconnaissance du droit, du bon droit. *Obtenir justice.* – *RENDRE JUSTICE À qqn,* lui reconnaître son droit ; par ext. ses mérites. – *SE FAIRE JUSTICE* : en parlant d'un coupable, se tuer. **4.** Organisation du pouvoir judiciaire ; ensemble des organes chargés d'administrer la justice.

justiciable adj. ▫ Qui relève de certains juges, de leur juridiction. – n. *Les justiciables.*

justicier, ière n. **1.** Personne qui fait régner la justice. **2.** Personne qui venge les innocents, etc.

justifiable adj. ▫ Qui peut être justifié, expliqué.

justificateur, trice adj. ▫ Qui justifie.

justificatif, ive adj. ▫ Qui sert à justifier, à prouver. – n. m. *Produire des justificatifs.*

justification n. f. ▫ Action de justifier, de se justifier.

justifier v. tr. **1.** Innocenter (qqn). **2.** (sujet chose) Rendre (qqch.) légitime. **3.** Faire admettre ou s'efforcer de faire reconnaître (qqch.) comme juste, légitime. **4.** (sujet chose) Confirmer après coup. *Les faits ont justifié ses espoirs.* **5.** v. tr. ind. dr. *Justifier de son identité,* la prouver. ▷ v. pron. se **justifier** **1.** réfl. Prouver son innocence. **2.** passif Être fondé sur de bonnes raisons.

jute n. m. **1.** Plante cultivée pour la fibre textile de ses tiges. **2.** Cette fibre.

juter v. intr. ▫ Rendre du jus.

① **juteux, euse** adj. **1.** Qui a beaucoup de jus. **2.** fam. Qui rapporte beaucoup.

② **juteux** n. m. ▫ argot Adjudant.

juvénile adj. ▫ Propre à la jeunesse.

juxtalinéaire adj. ▫ didact. *Traduction juxtalinéaire,* où texte et traduction se répondent ligne à ligne dans deux colonnes.

juxtaposer v. tr. ▫ Poser, mettre côte à côte. ▶ **juxtaposition** n. f.

K

k n. m. **1.** Onzième lettre, huitième consonne de l'alphabet. **2.** *k* : symbole de *kilo-*.

kabbale n. f. ▫ Tradition juive donnant une interprétation allégorique de l'Ancien Testament. – var. (vx) **cabale.** ▶ **kabbalistique** adj.

kabig n. m. ▫ Manteau court à capuche.

kabuki n. m. ▫ Genre théâtral japonais.

kabyle adj. et n. ▫ De Kabylie. ■ n. m. Ensemble des parlers berbères de Kabylie.

kaddish n. m. ▫ Prière juive pour les morts.

kafkaïen, ïenne adj. ▫ Qui rappelle l'atmosphère absurde des romans de Kafka.

kaiser n. m. ▫ *Le Kaiser* : l'empereur d'Allemagne (de 1870 à 1918).

kakémono n. m. ▫ Peinture japonaise, se roulant autour d'un bâton.

① **kaki** adj. invar. et n. m. invar. ▫ Se dit d'une couleur jaunâtre tirant sur le brun.

② **kaki** n. m. ▫ Arbre aux fruits d'un jaune orangé. – Fruit de cet arbre.

kalanchoé n. m. ▫ bot. Plante à fleurs tubulaires disposées en grappes.

kaléidoscope n. m. ▫ Tube contenant un jeu de miroirs produisant d'infinies combinaisons d'images.

kamikaze n. ▫ Auteur d'un attentat suicide.

kana n. m. ▫ Signe syllabique japonais.

kanak, kanake ou **canaque** n. et adj. ▫ Autochtone de Nouvelle-Calédonie.

kangourou n. m. ▫ Grand marsupial australien herbivore.

kanji n. m. ▫ Caractère chinois de l'écriture japonaise.

kantien, ienne adj. ▫ philos. Qui a rapport à la philosophie de Kant.

kantisme n. m. ▫ philos. Doctrine de Kant.

kaolin n. m. ▫ Argile blanche, utilisée pour faire la porcelaine.

kapok n. m. ▫ Fibre végétale faite du duvet qui recouvre les graines de certains arbres exotiques (notamment le *kapokier*).

karaoké n. m. ▫ Divertissement où l'on chante des airs à succès à l'aide d'un appareil qui fait défiler les paroles sur un écran et fournit l'accompagnement musical.

karaté n. m. ▫ Sport de combat japonais. ▶ **karatéka** n.

karité n. m. ▫ Arbre d'Afrique qui fournit une matière grasse, le *beurre de karité*.

karma n. m. ▫ Dogme central de l'hindouisme, selon lequel la destinée d'un être est déterminée par ses actions passées, ses vies antérieures.

karst n. m. ▫ géogr. Phénomènes de corrosion du calcaire. ▶ **karstique** adj.

kart n. m. ▫ anglic. Petit véhicule automobile de compétition, sans carrosserie, ni boîte de vitesses, ni suspension. ▶ **karting** n. m. anglic.

kascher adj. invar. → **casher**

kathakali n. m. ▫ didact. Théâtre sacré de l'Inde.

kayak n. m. ▫ Embarcation manœuvrée avec une pagaie double. ▶ **kayakiste** n.

keffieh n. m. □ Coiffure des Bédouins, carré de tissu plié et retenu par un lien.

kelvin n. m. □ Unité de mesure de température (symb. K).

kendo n. m. □ Art martial japonais pratiqué avec un sabre de bambou.

képhir ou **kéfir** n. m. □ Boisson gazeuse et acidulée, obtenue par fermentation de petit-lait* avec une levure *(grains de képhir)*.

képi n. m. □ Coiffure militaire rigide munie d'une visière.

kératine n. f. □ Protéine présente dans les productions épidermiques.

kératite n. f. □ méd. Inflammation de la cornée.

kératose n. f. □ méd. Épaississement de la couche cornée de l'épiderme.

kermès n. m. **1.** Cochenille parasite de certains chênes. **2.** Chêne des garrigues méditerranéennes.

kermesse n. f. □ Fête de bienfaisance.

kérosène n. m. □ Produit pétrolier liquide.

ketchup n. m. □ anglic. Sauce à la tomate.

kevlar n. m. (n. déposé) □ techn. Résine très résistante.

khâgne n. f. □ fam. Classe préparatoire à l'École normale supérieure (lettres). ▶ **khâgneux, euse** n.

khalife ; khalifat → **calife ; califat**

khamsin n. m. □ Vent de sable, en Égypte.

khan n. m. □ Titre des souverains mongols, des chefs tartares, etc.

khat → **qat**

khédive n. m. □ Titre du vice-roi d'Égypte entre 1867 et 1914.

khmer, ère adj. et n. □ De la population du Cambodge. ■ n. m. *Le khmer* (langue).

khôl ou **kohol** n. m. □ Fard sombre pour les yeux.

kibboutz n. m. □ Ferme collective, en Israël. *Des kibboutz* ou (hébreu) *kibboutzim*.

kick n. m. □ anglic. Dispositif de mise en marche d'un moteur de motocyclette à l'aide du pied.

kidnapper v. tr. □ Enlever (qqn), en général pour obtenir une rançon. ▶ **kidnappage** n. m. – syn. (anglic.) **kidnapping.**

kif n. m. □ Haschisch mélangé à du tabac.

kifer ou **kiffer** v. □ fam. **1.** v. intr. Prendre du plaisir. **2.** v. tr. Apprécier, aimer bien.

kif-kif adj. invar. □ fam. Pareil.

kiki n. m. □ fam. Gorge, gosier.

kil n. m. □ pop. Litre (de vin).

kilim n. m. □ Tapis d'Orient tissé.

kilo n. m. (abrév.) □ Kilogramme.

kilo- Élément qui signifie « mille, mille fois ».

kiloeuro n. m. □ Unité de compte correspondant à mille euros (symb. kE ou k€).

kilogramme n. m. □ Unité de mesure valant mille grammes (symb. kg).

kilométrage n. m. □ Mesure, distance en kilomètres.

kilomètre n. m. □ Unité de distance qui vaut mille mètres (symb. km). ▶ **kilométrique** adj.

kilowatt n. m. □ Ancienne unité de puissance valant 1 000 watts (symb. kW).

kilowattheure n. m. □ Unité de travail, travail accompli en une heure par un moteur d'une puissance de 1000 watts (symb. kWh).

kilt n. m. □ Jupe courte et plissée du costume écossais.

kimono n. m. ▫ Tunique japonaise à manches, croisée, à large ceinture.

kinésithérapie n. f. ▫ Traitement des affections osseuses, musculaires, articulaires par des mouvements combinés à des massages. ▶ **kinésithérapeute** n. – abrév. fam. **kiné.**

kinesthésie n. f. ▫ didact. Perception des déplacements des parties du corps.

kinkajou n. m. ▫ Mammifère arboricole d'Amérique tropicale.

kiosque n. m. **1.** Pavillon de jardin ouvert. **2.** Édicule où l'on vend des journaux, des fleurs, etc.

kippa n. f. ▫ Calotte des juifs pratiquants.

kir n. m. ▫ Apéritif composé de vin blanc et de liqueur de cassis.

kirsch n. m. ▫ Eau-de-vie de cerise.

kit n. m. ▫ anglic. Ensemble des éléments d'un objet vendu prêt à être monté.

kitchenette n. f. ▫ anglic. → **cuisinette.**

kite-surf n. m. ▫ anglic. Sport nautique où le surfeur est entraîné par un cerf-volant.

kitsch adj. invar. et n. m. invar. ▫ Volontairement démodé et de mauvais goût.

① **kiwi** n. m. ▫ Oiseau coureur de Nouvelle-Zélande.

② **kiwi** n. m. ▫ Fruit oblong, à pulpe verte, d'un arbuste originaire de Chine.

klaxon n. m. (n. déposé) ▫ Avertisseur sonore. – recomm. off. *avertisseur.* ▶ **klaxonner** v.

kleptomane ou **cleptomane** adj. et n. ▫ Qui a une propension pathologique à commettre des vols (*kleptomanie* ou *cleptomanie* n. f.).

knickers n. m. pl. ▫ Pantalon court serré sous le genou.

knock-out ▫ anglic. – abrév. **K.-O. 1.** n. m. invar. Mise hors de combat d'un boxeur. **2.** adj. invar. *Boxeur knock-out.* ▪ fam. Épuisé.

knout n. m. ▫ Fouet de cuir.

K.-O. ▫ → **knock-out.**

koala n. m. ▫ Marsupial grimpeur australien.

kob ou **cob** n. m. ▫ Grande antilope.

kobold n. m. ▫ Esprit familier, dans les contes allemands.

kohol → **khôl**

koinè n. f. ▫ ling. Langue véhiculaire*.

kola → **cola**

kolkhoze n. m. ▫ hist. Exploitation agricole collective, en U. R. S. S.

kopeck n. m. ▫ Monnaie russe valant le centième du rouble.

korê n. f. ▫ didact. Statue de jeune fille de l'art grec archaïque.

korrigan, ane n. ▫ Esprit des traditions populaires bretonnes.

koto n. m. ▫ Cithare japonaise.

kouglof n. m. ▫ Gâteau alsacien.

koulak n. m. ▫ hist. Riche paysan russe.

koulibiac n. m. ▫ Pâté de poisson russe.

kouros n. m. ▫ didact. Statue de jeune homme de l'art grec archaïque.

krach n. m. ▫ Effondrement des cours de la Bourse.

kraft n. m. ▫ Papier d'emballage résistant.

krak n. m. ▫ hist. Château fort établi au XIIe siècle par les croisés, en Syrie.

kraken n. m. ▫ Monstre marin fabuleux des légendes scandinaves.

krill n. m. ▫ Plancton des mers froides.

kriss n. m. ▫ Poignard malais. – var. **criss.**

krypton n. m. ▫ Élément (symb. Kr), un des gaz rares de l'atmosphère.

kss kss interj. ▫ Onomatopée moqueuse.

kummel n. m. ▫ Alcool parfumé au cumin.

kumquat n. m. ▫ Très petite orange. – Arbuste qui la produit.

kung-fu n. m. ▫ Art martial chinois.

kurde adj. et n. ▫ Du Kurdistan. ▪ n. m. *Le kurde* (langue).

kuru n. m. ▫ méd. Maladie du système nerveux central.

kvas ou **kwas** n. m. ▫ Boisson russe alcoolisée.

kwashiorkor n. m. ▫ méd. Syndrome de dénutrition infantile extrême.

kyrielle n. f. ▫ Longue suite (de paroles...).

kyste n. m. ▫ Cavité pathologique contenant souvent un liquide. ▶ **kystique** adj.

L

l n. m. □ Douzième lettre, neuvième consonne de l'alphabet. ■ *l*, symbole du litre. ■ *L*, chiffre romain (50).

① **la** → ① **le**

② **la** → ② **le**

③ **la** n. m. invar. □ Sixième note de la gamme. – fig. *Donner le la*, le ton.

là **I.** adv. de lieu et de temps **1.** Dans un lieu autre que celui où l'on est. *Si ce n'est pas ici, c'est là.* ■ Dans le lieu où l'on est. *Je reste là.* **2.** À ce moment. **3.** Dans, en cela. **4.** *C'EST LÀ QUE* : dans ce lieu ; alors. – *LÀ OÙ* : à l'endroit où. **5.** (renforçant un pron. ou un adj. dém.) *C'est là le problème. Ce jour-là.* **6.** *DE LÀ* : en partant de cet endroit ; fig. en se fondant sur ce fait. – *D'ici là...*, entre le moment présent et un moment postérieur. – *PAR LÀ* : par cet endroit. **7.** *LÀ-BAS* : à une distance assez grande. – *LÀ-DEDANS* : dans ce lieu ; fig. dans cela. – *LÀ-HAUT* : dans ce lieu au-dessus. **II.** interj. Pour exhorter, apaiser, rassurer.

label n. m. □ anglic. Marque sur un produit (pour en garantir l'origine, la qualité).

labeur n. m. □ Travail pénible et soutenu.

labial, ale, aux adj. □ anat. Relatif aux lèvres.

labié, ée adj. □ bot. Se dit des fleurs, des plantes dont la corolle présente deux lobes en lèvres.

labile adj. □ didact. Précaire, changeant.

laborantin, ine n. □ Aide de laboratoire.

laboratoire n. m. □ Local aménagé pour faire des expériences, des analyses biologiques, des recherches, etc.

laborieusement adv. □ Avec peine.

laborieux, euse adj. **1.** littér. Qui coûte beaucoup de peine, de travail. **2.** Qui travaille beaucoup.

labour n. m. **1.** Action de labourer. **2.** Terre labourée.

labourage n. m. □ Action de labourer.

labourer v. tr. □ Ouvrir et retourner (la terre) avec un instrument aratoire.

laboureur n. m. □ Personne qui laboure.

labrador n. m. □ Grand chien à poil ras.

labre n. m. □ Poisson marin comestible.

labyrinthe n. m. **I.** Réseau compliqué de chemins, etc. dont on a peine à sortir. **II.** anat. Ensemble des cavités de l'oreille interne.

lac n. m. □ Grande nappe naturelle d'eau à l'intérieur des terres.

lacer v. tr. □ Attacher avec un lacet. ▶ **laçage** n. m.

lacérer v. tr. □ Mettre en lambeaux, en pièces. ▶ **lacération** n. f.

lacet n. m. **1.** Cordon étroit, qu'on passe dans des œillets pour serrer, attacher. **2.** Succession d'angles aigus. *Virage en lacet.*

lâchage n. m. □ Action de lâcher.

lâche adj. **I.** Qui n'est pas tendu, pas serré. **II.** **1.** adj. et n. Qui manque de vigueur morale, de courage. ■ Qui est brutal ou cruel sans risque. **2.** Qui porte la marque de la lâcheté. ▶ **lâchement** adv.

① **lâcher** v. **I.** v. tr. **1.** Cesser de tenir. **2.** Cesser de retenir, laisser aller. ■ fam. *Lâcher le morceau,* tout avouer.

3. Émettre brusquement (des paroles, etc.). **4.** Distancer (un concurrent) dans une course. **5.** fam. Abandonner brusquement (qqn). **II.** v. intr. (sujet chose) Se rompre, se détacher brusquement. *Le nœud a lâché.*

② **lâcher** n. m. ◻ Action de lâcher.

lâcheté n. f. **1.** Manque de bravoure, de courage. **2.** Action, manière d'agir d'un lâche.

lâcheur, euse n. ◻ fam. Personne qui abandonne sans scrupule (qqn, un groupe).

lacis n. m. ◻ Réseau (de fils, etc.).

laconique adj. ◻ Qui s'exprime en peu de mots. ▶ **laconiquement** adv.

laconisme n. m. ◻ littér. Manière de s'exprimer en peu de mots.

lacryma-christi n. m. invar. ◻ Vin provenant de vignes du Vésuve.

lacrymal, ale, aux adj. ◻ Qui a rapport aux larmes.

lacrymogène adj. ◻ Qui fait pleurer, par une action chimique.

lacs n. m. ◻ littér. Nœud coulant.

lactation n. f. ◻ Sécrétion du lait, chez la femme et les femelles des mammifères.

lacté, ée adj. **I.** Qui a rapport au lait. **II.** *VOIE LACTÉE* : bande blanchâtre qu'on voit dans le ciel pendant les nuits claires.

lactique adj. ◻ *Acide lactique,* qui existe dans le lait aigri. – *Ferment lactique,* transformant le sucre du lait en acide lactique.

lacune n. f. ◻ Interruption fâcheuse dans un texte, un enchaînement de faits ou d'idées. ▶ **lacunaire** adj.

lacustre adj. ◻ Qui se trouve, vit auprès d'un lac, dans un lac.

lad n. m. ◻ anglic. Garçon d'écurie.

ladre n. et adj. ◻ littér. Avare. ▶ **ladrerie** n. f.

lady n. f. ◻ Titre donné aux femmes des lords.

lagon n. m. ◻ Petit lac d'eau salée entre la terre et un récif corallien.

lagopède n. m. ◻ Oiseau gallinacé des montagnes neigeuses d'Europe.

laguiole, région. [lajɔl] n. m. **I.** Fromage au lait de vache, fabriqué dans l'Aubrac. **II.** Couteau de la coutellerie de Laguiole.

lagune n. f. ◻ Étendue d'eau de mer retenue par un cordon littoral.

① **lai** n. m. ◻ (au Moyen Âge) Poème lyrique.

② **lai, laie** adj. ◻ *Frère lai* : frère servant, dans un couvent.

laïc → **laïque**

laïciser v. tr. **1.** Rendre laïque. **2.** Organiser suivant les principes de la laïcité (2). ▶ **laïcisation** n. f.

laïcité n. f. **1.** Caractère laïque. **2.** (en France) Principe de séparation de la société civile et de la société religieuse.

laid, laide adj. **1.** Qui produit une impression désagréable en heurtant le sens esthétique. **2.** Qui inspire le mépris moral. ▶ **laidement** adv. ▶ **laideur** n. f.

laideron n. m. ◻ Jeune fille laide.

① **laie** n. f. ◻ Femelle du sanglier.

② **laie** n. f. ◻ techn. Layon.

lainage n. m. ◻ Étoffe, vêtement de laine.

laine n. f. **1.** Matière souple provenant du poil de l'épiderme des moutons (et de quelques mammifères). ▪ fam. *Une (petite) laine,* un vêtement de laine. **2.** Produit fibreux utilisé comme la laine (isolant, textile).

laineux, euse adj. **1.** Garni de laine. **2.** De l'apparence de la laine.

lainier, ière adj. ◻ Relatif à la laine.

laïque adj., **laïc, laïque** n. **1.** Qui ne fait pas partie du clergé. **2.** Indépendant des religions. *Enseignement laïque.*

lais n. m. ◻ au plur. Terrains que les eaux découvrent en se retirant.

laisse n. f. ◻ Lien avec lequel on attache un chien, un animal pour le mener.

laissé(e)-pour-compte adj. ◻ Dont personne ne veut. ■ n. *Les laissés-pour-compte de la société.*

laisser v. tr. **I. 1.** (semi-auxiliaire ; + inf.) Ne pas empêcher de. *Laisser faire qqn.* – *Laisser voir son trouble,* le montrer. – *Laisser faire, laisser dire :* ne pas se préoccuper de ce que disent, font les autres. ■ pron. *SE LAISSER* (+ inf.) : ne pas s'empêcher de. *Se laisser aller.* **2.** Maintenir (qqn, qqch.) dans un état, un lieu, une situation. *Cela me laisse indifférent.* **3.** *Laisser* (qqn, qqch.) *à qqn,* maintenir avec ; ne pas priver de. **II. 1.** Ne pas prendre. **2.** Ne pas supprimer. **3.** *LAISSER À :* ne pas prendre pour soi (afin qu'un autre prenne). ■ *LAISSER À PENSER, À JUGER :* laisser (à qqn) le soin de penser, de juger par soi-même. **III. 1.** Se séparer de (qqn, qqch.). **2.** Abandonner (qqch. de soi). – (choses) *Liquide qui laisse un dépôt.* **3.** Remettre (qqch. à qqn). **4.** Vendre à un prix avantageux.

laisser-aller n. m. invar. ◻ Absence de contrainte, de soin.

laissez-passer n. m. invar. ◻ Pièce autorisant qqn à circuler librement.

lait n. m. **I.** Liquide blanc, opaque, très nutritif, sécrété par les glandes mammaires des femmes, des femelles de mammifères. – *Frères, sœurs de lait,* qui ont eu la même nourrice. ■ *PETIT-LAIT :* ce qui reste du lait caillé en fromage. **II. 1.** Suc blanchâtre (de végétaux). **2.** Préparation laiteuse.

laitage n. m. ◻ Aliment à base de lait.

laitance n. f. ◻ Liquide laiteux constitué par le sperme des poissons. – syn. **laite.**

laiterie n. f. ◻ Lieu où s'effectuent la collecte et le traitement du lait. ■ Industrie laitière.

laiteux, euse adj. ◻ Qui a l'aspect, la couleur du lait.

① **laitier, ière I.** n. Personne qui vend ou livre du lait. **II.** adj. **1.** *Vache laitière,* élevée pour son lait. **2.** Relatif au lait.

② **laitier** n. m. ◻ Masse d'impuretés qui se forme à la surface des métaux en fusion.

laiton n. m. ◻ Alliage de cuivre et de zinc.

laitue n. f. ◻ Salade à feuilles tendres.

laïus n. m. ◻ fam. Allocution. ▶ **laïusser** v. intr.

① **lama** n. m. ◻ Mammifère ongulé qui vit dans les montagnes d'Amérique du Sud.

② **lama** n. m. ◻ Moine du lamaïsme. ▶ **lamaserie** n. f.

lamaïsme n. m. ◻ Forme de bouddhisme (Tibet, Mongolie). ▶ **lamaïste** adj. et n.

lamantin n. m. ◻ Gros mammifère marin.

lambda 1. n. m. Onzième lettre de l'alphabet grec. **2.** adj. fam. Moyen, quelconque.

lambeau n. m. ◻ Morceau arraché ; fragment.

lambin, ine n. et adj. ◻ fam. Lent, indolent. ▶ **lambiner** v. intr.

lambourde n. f. ◻ techn. Poutrelle supportant un parquet.

lambrequin n. m. ◻ Bordure à festons.

lambris n. m. ◻ Revêtement (en bois...) de murs, de plafonds. ▶ **lambrisser** v. tr.

①**lame** n. f. 1. Bande plate et mince d'une matière dure. 2. Fer (d'un instrument, d'un outil tranchant). ■ *Une fine lame*, un bon escrimeur.

②**lame** n. f. ▫ Ondulation de la mer sous l'action du vent.

lamé, ée adj. ▫ (tissu) Où entre un fil entouré de métal. – n. m. *Une robe de lamé.*

lamellaire adj. ▫ sc. Dont la structure est faite de lamelles.

lamelle n. f. ▫ Petite lame très mince.

lamellibranche n. m. ▫ zool. Bivalve.

lamentable adj. ▫ Très mauvais. ▶ **lamentablement** adv.

lamentation n. f. ▫ Suite de paroles exprimant le regret, la récrimination.

se **lamenter** v. pron. ▫ Se plaindre.

lamento n. m. ▫ mus. Air plaintif.

laminer v. tr. 1. Amincir (une masse métallique) en feuilles, en lames, par une forte pression. 2. fig. Diminuer (qqch.) jusqu'à l'anéantissement. ▶ **laminage** n. m.

laminoir n. m. ▫ Machine pour laminer.

lampadaire n. m. ▫ Appareil d'éclairage électrique monté sur un haut support.

lampant, ante adj. ▫ *Pétrole lampant*, raffiné pour l'éclairage.

lamparo n. m. ▫ région. Source de lumière pour attirer le poisson.

lampe n. f. 1. Appareil d'éclairage par l'électricité. 2. Récipient dont le combustible produit de la chaleur. 3. Tube électronique.

lampée n. f. ▫ fam. Grande gorgée.

lamper v. tr. ▫ fam. Boire d'un trait.

lampion n. m. ▫ Lanterne* vénitienne.

lampiste n. 1. Personne qui entretient les lampes. 2. Subalterne modeste.

lampisterie n. f. ▫ Entrepôt de lampes (gares...).

lamproie n. f. ▫ Poisson au corps cylindrique et allongé.

lampyre n. m. ▫ zool. Ver luisant.

lance n. f. I. Arme à longue hampe terminée par un fer pointu. II. Pièce servant à diriger un jet d'eau.

lancée n. f. ▫ Élan de ce qui est lancé.

lance-flammes n. m. invar. ▫ Engin de combat projetant des liquides enflammés.

lance-fusées n. m. invar. ▫ Dispositif de lancement de projectiles autopropulsés.

lance-grenades n. m. invar. ▫ Engin servant à lancer des grenades.

lancement n. m. ▫ Action de lancer.

lance-missiles n. m. invar. ▫ Engin servant à lancer des missiles.

lancéolé, ée adj. ▫ En fer de lance.

lance-pierres n. m. invar. ▫ Petite fronde.

①**lancer** v. tr. 1. Envoyer loin de soi dans une direction déterminée. 2. Faire sortir de soi, avec force. ■ Faire mouvoir avec rapidité (une partie du corps). 3. Envoyer sans ménagement (des paroles...) à l'adresse de qqn. 4. Faire partir vite et avec force. 5. Pousser (qqn, qqch.) en mettant en valeur. *Lancer un artiste ; une mode.*

②**lancer** n. m. ▫ Épreuve d'athlétisme consistant à lancer un poids, un disque, un javelot ou un marteau.

lance-roquettes n. m. invar. ▫ Dispositif pour le lancement des roquettes.

lance-torpilles n. m. invar. ▫ Dispositif pour le lancement des torpilles.

lancette n. f. 1. Petit instrument de chirurgie. 2. archit. Arc brisé aigu (en fer de lance).

lanceur, euse n. **1.** Personne qui lance (qqch.). **2.** n. m. Fusée chargée d'envoyer un satellite, un missile, etc. dans l'espace.

lancier n. m. □ vx Soldat armé d'une lance.

lanciner v. tr. □ littér. **1.** (douleur) Donner des élancements douloureux à. **2.** Tourmenter de façon qui obsède. ▶ **lancinant, ante** adj.

land, plur. **länder** n. m. □ État fédéré de l'Allemagne.

landau n. m. **1.** ancien Voiture à cheval. **2.** Voiture d'enfant.

lande n. f. □ Étendue de terre où croissent l'ajonc, la bruyère, le genêt, etc.

landgrave n. m. □ hist. Titre de princes souverains allemands.

langage n. m. **I. 1.** Fonction d'expression de la pensée et de communication entre les humains, mise en œuvre par la parole ou par l'écriture. **2.** Tout système de signes permettant la communication. **II.** Façon de s'exprimer propre à un groupe ou à un individu. *Langage littéraire.* ▶ **langagier, ière** adj.

lange n. m. □ Carré (de laine...) dont on emmaillotait un bébé (*langer* v. tr.).

langoureux, euse adj. □ Qui manifeste de la langueur (2). ▶ **langoureusement** adv.

langouste n. f. □ Grand crustacé marin, sans pinces.

langoustier n. m. □ Bateau équipé pour la pêche à la langouste.

langoustine n. f. □ Petit crustacé marin très estimé, aux longues pinces.

langue n. f. **I. 1.** Organe charnu, musculeux, allongé et mobile, placé dans la bouche. **2.** (Organe de la parole) *Avoir la langue bien pendue*, être bavard. *Donner sa langue au chat* : avouer son ignorance. ■ *Mauvaise langue ; langue de vipère* : personne médisante. **3.** Objet en forme de langue. ■ *LANGUE-DE-CHAT* : petit gâteau sec. *Des langues-de-chat.* **II. 1.** Système d'expression et de communication, commun à un groupe social. **2.** Langage spécial à certains domaines ou à certains milieux. – *LA LANGUE VERTE* : l'argot. **3.** *LANGUE DE BOIS* : discours figé, stéréotypé. **4.** fig. Mode d'expression. *La langue des signes* (autres que ceux du langage).

languette n. f. □ Petite langue (I, 3).

langueur n. f. **1.** Mélancolie douce et rêveuse. **2.** Manque d'activité, d'énergie.

languide adj. □ littér. Languissant.

languir v. intr. □ Manquer d'activité, d'énergie, de vigueur. ▶ **languissant, ante** adj.

lanière n. f. □ Étroite bande (de cuir, etc.).

lanoline n. f. □ Matière grasse utilisée dans la préparation des pommades.

lansquenet n. m. □ hist. Mercenaire allemand (XVe-XVIe s.).

lanterne n. f. **I. 1.** Boîte à parois ajourées, contenant une source de lumière. *Lanterne vénitienne*, en papier de couleur. ■ au plur. Feux de position (d'une automobile). **2.** Appareil de projection. **II.** archit. Dôme vitré.

lanterner v. intr. □ Perdre son temps.

lanternon n. m. □ Petite lanterne. – syn. **lanterneau.**

lapalissade n. f. □ Affirmation évidente.

laper v. tr. □ (animal) Boire à petits coups de langue. ▶ **lapement** n. m.

lapereau n. m. □ Jeune lapin.

lapidaire adj. **1.** didact. Relatif aux pierres. **2.** littér. Concis et vigoureux.

lapider v. tr. □ Tuer à coups de pierres. ▶ **lapidation** n. f.

lapilli n. m. pl. ◻ Petites pierres projetées par les volcans en éruption.

lapin n. m. **I. 1.** Petit mammifère rongeur à grandes oreilles ; sa chair comestible ; sa fourrure. **2.** fam. *CHAUD LAPIN* : homme porté sur les plaisirs sexuels. **II.** fam. *POSER UN LAPIN à qqn* : ne pas venir à un rendez-vous.

lapine n. f. ◻ Femelle du lapin.

lapis-lazuli n. m. ◻ Pierre d'un bleu d'azur ou d'outremer. *Des lapis-lazulis.*

lapon, one ou **onne** adj. et n. ◻ De Laponie. – n. *Les Lapons.* ▪ n. m. *Le lapon* : langue finno-ougrienne parlée en Laponie.

laps n. m. ◻ *LAPS DE TEMPS* : espace de temps.

lapsus n. m. ◻ Emploi involontaire d'un mot pour un autre.

laquais n. m. ◻ ancienn Valet en livrée.

laque n. **I.** n. f. **1.** Matière résineuse d'un rouge brun extraite d'arbres d'Extrême-Orient. **2.** Peinture brillante. **3.** Vernis chimique. **4.** Produit que l'on vaporise sur les cheveux pour les fixer. **II. 1.** n. m. ou f. Vernis préparé avec la laque (I, 1). **2.** n. m. Objet d'art laqué (1).

laquer v. tr. **1.** Enduire de laque. **2.** Vaporiser de la laque (I, 4) sur. ▷ adj. **laqué, ée 1.** *Bibelot laqué.* **2.** *Cheveux laqués.* **3.** *Canard laqué*, badigeonné d'une sauce aigre-douce spéciale pendant la cuisson. ▶ **laquage** n. m.

larbin n. m. **1.** fam. et péj. Domestique. **2.** fig. Individu servile.

larcin n. m. ◻ littér. Petit vol.

lard n. m. ◻ Graisse ferme en couche épaisse dans le tissu sous-cutané du porc.

larder v. tr. **I.** Garnir (une pièce de viande) de lard, de lardons. **II.** fig. Piquer à plusieurs reprises. *Larder qqn de coups de couteau.*

lardon n. m. **I.** Morceau de lard. **II.** fam. Petit enfant.

lare n. m. ◻ chez les Romains Esprit tutélaire protégeant la maison. – adj. *Les dieux lares.*

largable adj. ◻ Qui peut être largué (2).

largage n. m. ◻ Action de larguer.

large I. adj. **1.** Qui a une étendue supérieure à la moyenne dans le sens de la largeur. **2.** fig. Qui a une grande extension ou importance. *Dans une large mesure.* **3.** Qui n'est pas borné. *Avoir les idées larges.* **II.** n. m. **1.** Largeur. **2.** La haute mer. **III.** adv. D'une manière ample ; par excès.

largement adv. **1.** Sur une grande largeur, un large espace. ▪ Abondamment. **2.** Sans compter.

largesse n. f. **1.** Générosité. **2.** Don généreux.

largeur n. f. **1.** La plus petite dimension d'une surface (opposé à *longueur*), la dimension moyenne d'un volume (opposé à *longueur* et *hauteur*) ; son étendue. **2.** fig. Caractère de ce qui n'est pas borné, restreint.

largo adv. ◻ mus. Avec un mouvement majestueux. ▪ n. m. Mouvement joué largo.

larguer v. tr. **1.** Lâcher ou détacher (un cordage). **2.** Lâcher, laisser tomber. **3.** fig., fam. Se débarrasser de. **4.** fig. (passif) *Être largué* : ne plus suivre.

larme n. f. **1.** Goutte de liquide salé qui humecte l'œil, et s'en écoule sous l'effet d'une douleur, d'une émotion. **2.** fam. Très petite quantité (de boisson).

larmier n. m. ◻ Angle interne de l'œil.

larmoiement n. m. **1.** Écoulement continuel de larmes. **2.** Plainte geignarde.

larmoyer v. intr. **1.** Être atteint de larmoiement. **2.** fig. Se lamenter. ▶ **larmoyant, ante** adj.

larron n. m. ▫ vx Voleur. – *Le troisième larron* : la personne qui profite du conflit de deux autres.

larsen n. m. ▫ Oscillations parasites (sifflement), dans la diffusion du son par haut-parleurs.

larvaire adj. **1.** Propre aux larves. **2.** fig. À l'état d'ébauche.

larve n. f. ▫ Forme embryonnaire (des animaux à métamorphoses), à vie libre hors de l'œuf.

larvé, ée adj. **1.** (maladie) Aux symptômes atténués. **2.** Qui n'éclate pas, n'éclot pas.

laryngite n. f. ▫ Inflammation du larynx.

larynx n. m. ▫ Partie supérieure du canal respiratoire, entre le pharynx et la trachée, où se trouvent les cordes vocales. ▶ **laryngé, ée** adj. ▶ **laryngologie** n. f. ▶ **laryngologue** ou **laryngologiste** n.

① **las, lasse** adj. ▫ Qui éprouve une sensation de fatigue générale et vague.

② **las** interj. ▫ vx Hélas.

lasagne n. f. ▫ souvent au plur. Pâtes en forme de large ruban.

lascar n. m. ▫ fam. Homme hardi et rusé, qui fait le malin.

lascif, ive adj. **1.** littér. Enclin aux plaisirs amoureux. **2.** Très sensuel. ▶ **lascivement** adv. ▶ **lascivité** n. f.

laser n. m. ▫ phys. Générateur d'ondes lumineuses, émettant des faisceaux très puissants et très fins.

lasser v. tr. ▫ Fatiguer en ennuyant. ▷ v. pron. se **lasser** (de) Devenir las (de). ▶ **lassant, ante** adj.

lassi n. m. ▫ Boisson indienne à base de yaourt.

lassitude n. f. ▫ État d'une personne lasse, grand abattement.

lasso n. m. ▫ Longue corde à nœud coulant.

lastex n. m. (n. déposé) ▫ Fil de latex recouvert de fibres textiles.

lasure n. f. ▫ techn. Produit qui protège le bois en laissant les veines apparentes. ▶ **lasurer** v. tr.

latent, ente adj. ▫ Qui reste caché, ne se manifeste pas. ▶ **latence** n. f.

latéral, ale, aux adj. ▫ Du côté ; situé sur le côté. ▶ **latéralement** adv.

latéralisé, ée adj. ▫ didact. Dont la latéralité est (bien ou mal) établie.

latéralité n. f. ▫ didact. Prépondérance droite ou gauche dans l'utilisation d'organes pairs.

latérite n. f. ▫ Roche rouge riche en fer et en alumine. ▪ Sol fait de cette roche.

latex n. m. ▫ Liquide visqueux, d'aspect laiteux, sécrété par certains végétaux.

latin, ine I. adj. **1.** Du Latium ; de la Rome antique. ▪ De la langue latine. **2.** D'origine latine. *Langues latines.* ▪ Où l'on parle des langues latines. *Amérique latine.* – n. *Les Latins.* **II.** n. m. La langue latine. *Latin classique.* – *Y perdre son latin* : n'y rien comprendre.

latinisme n. m. ▫ Construction ou emploi propre à la langue latine ; emprunt au latin.

latiniste n. ▫ Spécialiste de la langue ou de la littérature latine. – Étudiant de latin.

latinité n. f. ▫ La civilisation latine.

latino n. et adj. ▫ Latino-américain (dans un contexte nord-américain). – adj. *La musique latino.*

latino-américain, aine adj. et n. ▫ De l'Amérique latine.

latitude n. f. **1.** Distance angulaire d'un point de la Terre à l'équateur. **2.** Région.

latrines n. f. pl. ▫ W.-C.

latte n. f. ◻ Longue pièce de bois étroite.

latter v. tr. ◻ Garnir de lattes.

lattis n. m. ◻ Ouvrage en lattes.

laudanum n. m. ◻ Teinture alcoolique d'opium.

laudatif, ive adj. **1.** Qui contient un éloge. **2.** Qui fait un éloge. – syn. (littér.) **laudateur, trice** adj. (et n.).

lauréat, ate n. ◻ Personne qui a remporté un prix dans un concours.

laurier n. m. **I.** Arbre à feuilles allongées, luisantes, persistantes et aromatiques ; ses feuilles. – *Être couvert de lauriers*, de gloire. **II.** LAURIER(-)ROSE : arbuste ornemental (toxique) à grandes fleurs roses ou blanches. *Des lauriers(-)roses.*

lause ou **lauze** n. f. ◻ Pierre plate et fine.

L. A. V. n. m. ◻ anglic. Virus du sida. – var. **LAV.**

lavable adj. ◻ Qui peut être lavé.

lavabo n. m. **1.** Dispositif de toilette à hauteur de table, avec cuvette, robinets d'eau courante et vidange. **2.** (au plur.) Toilettes (publiques).

lavage n. m. ◻ Action de laver.

lavallière n. f. ◻ Cravate souple.

lavande n. f. **1.** Arbrisseau vivace aux fleurs bleues en épi, très odorantes. ▪ Feuilles et fleurs séchées de cette plante. **2.** Eau, essence de lavande. **3.** appos. (invar.) *Bleu lavande* : bleu mauve, assez clair.

lavandière n. f. **1.** Femme qui lave le linge à la main. **2.** Bergeronnette.

lavandin n. m. ◻ Lavande hybride.

lavasse n. f. ◻ fam. Boisson, soupe trop étendue d'eau.

lave n. f. ◻ Matière en fusion qui se répand hors d'un volcan.

lave-glace n. m. ◻ Appareil qui envoie un jet de liquide sur le pare-brise d'un véhicule. *Des lave-glaces.*

lave-linge n. m. invar. ◻ Machine à laver le linge.

lavement n. m. ◻ Injection d'un liquide dans le gros intestin, par l'anus.

laver v. tr. **I. 1.** Nettoyer avec de l'eau, un liquide. – *Se laver les mains de qqch.*, décliner toute responsabilité. **2.** SE LAVER v. pron. (passif) *La soie se lave à l'eau froide.* – (réfl.) Faire sa toilette. **3.** fig. *Laver qqn d'un soupçon.* → **disculper. II.** Enlever au moyen d'un liquide. *Laver une tache.*

laverie n. f. ◻ *Laverie (automatique)* : blanchisserie en libre-service.

lavette n. f. **I.** Morceau de linge pour nettoyer. **II.** fig., fam. Personne veule, lâche.

laveur, euse ◻ n. Personne qui lave.

lave-vaisselle n. m. invar. ◻ Machine à laver la vaisselle.

lavis n. m. ◻ Passage de couleurs étendues d'eau sur un dessin. ▪ Dessin ainsi obtenu.

lavoir n. m. ◻ Lieu où on lave le linge à la main.

laxatif, ive adj. et n. m. ◻ Qui aide à évacuer les selles.

laxisme n. m. ◻ Tendance excessive à la conciliation, à la tolérance. ▶ **laxiste** adj. et n.

layette n. f. ◻ Linge, habits du nouveau-né.

layon n. m. ◻ Sentier (rectiligne) en forêt.

lazaret n. m. ◻ Établissement où s'effectue le contrôle sanitaire des voyageurs susceptibles de maladies contagieuses.

lazzi n. m. ◻ (surtout au plur.) Plaisanterie, moquerie bouffonne. *Des lazzi(s).*

① **le, la, les** art. déf. ▫ *Le* et *la* se réduisent à *l'* devant une voyelle ou un *h* muet : *l'école, l'habit.* – *De + le, les* devient *du, des ; à + le, les* devient *au, aux* **I.** (devant un nom) *Le soleil. Le Japon.* **II.** (devant un adj. lorsque le nom n'est pas répété) *Quelle main, la droite ou la gauche ?* **III.** (avec le superl.) *C'est le plus beau.*

② **le, la, les** pron. pers. ▫ Pronom personnel objet ou attribut de la 3ᵉ personne. – *Le, la* sont élidés en *l'* devant une voyelle ou un *h* muet, sauf après un impér. *(faites-le entrer)*

lé n. m. ▫ Largeur d'une étoffe, d'une bande de papier peint.

leader n. m. ▫ anglic. **1.** Chef, porte-parole. **2.** Concurrent qui est en tête.

leasing n. m. ▫ anglic. Location avec option d'achat. – recomm. off. *crédit-bail.*

lèche n. f. ▫ fam. *Faire de la lèche à qqn,* le flatter servilement.

lèche-bottes n. et adj. invar. ▫ fam. Flatteur servile. – syn. (très fam.) **lèche-cul.**

lèchefrite n. f. ▫ Ustensile placé sous une broche pour recevoir la graisse et le jus.

lécher v. tr. **1.** Passer la langue sur (qqch.). **2.** fam. *Lécher les bottes* (vulg. *le cul*) *à qqn,* le flatter bassement. ▪ (au p. p.) *OURS MAL LÉCHÉ* : individu grossier. **3.** fig. Finir, polir avec soin. ▶ **léchage** n. m.

lécheur, euse n. ▫ péj. Flatteur.

lèche-vitrine(s) n. m. ▫ *Faire du lèche-vitrines* : flâner en regardant les vitrines.

lécithine n. f. ▫ biochim. Lipide des tissus végétaux et animaux.

leçon n. f. **1.** Ce qu'un élève doit apprendre. **2.** Enseignement donné par un professeur. **3.** Conseils, règles de conduite. **4.** Enseignement, morale à tirer de qqch.

lecteur, trice n. **1.** Personne qui lit. **2.** Assistant étranger, dans l'enseignement supérieur des langues vivantes. **3.** n. m. Dispositif de lecture (II).

lecture n. f. **I. 1.** Action de lire. **2.** Livre, ouvrage lu. **3.** Déchiffrage (d'un système graphique). **4.** Délibération d'une assemblée législative sur un projet de loi. **II. 1.** Première phase de la reproduction des sons enregistrés. *Tête de lecture.* **2.** Reconnaissance d'informations par une unité de traitement. *Lecture optique.*

ledit, ladite → **dit**

légal, ale, aux adj. ▫ Qui a valeur de loi, résulte de la loi, est conforme à la loi. ▶ **légalement** adv.

légaliser v. tr. **1.** Certifier authentique. **2.** Rendre légal. ▶ **légalisation** n. f.

légalité n. f. **1.** Caractère légal. **2.** Ce qui est légal.

légat n. m. ▫ Ambassadeur du Saint-Siège.

légataire n. ▫ Bénéficiaire d'un legs.

légation n. f. ▫ Représentation diplomatique (sans ambassade).

legato adv. ▫ mus. D'une manière liée, sans détacher les notes.

légendaire adj. **1.** Qui a rapport aux légendes. **2.** Qui est entré dans la légende.

légende n. f. **I. 1.** Récit populaire traditionnel. **2.** Faits réels, déformés ou amplifiés. **II. 1.** Texte qui accompagne et explique une image. **2.** (plans, cartes) Liste explicative de signes conventionnels.

légender v. tr. ▫ Accompagner d'une légende (II).

léger, ère adj. **I. 1.** Qui a peu de poids. ▪ De faible densité. **2.** Qui est peu chargé. – fig. *Le cœur léger* : sans inquiétude. **3.** Qui se meut avec aisance et rapidité. **II.** Qui a peu de matière, de substance. **III.** Peu sensible ; peu important. **IV. 1.** Qui a peu de profondeur, de sérieux. **2.** *À LA LÉGÈRE* loc. adv. : sans réfléchir ; avec insouciance.

légèrement adv. **1.** D'une manière légère. **2.** Un peu, à peine. **3.** À la légère.

légèreté n. f. ▫ Caractère léger.

légiférer v. intr. ▫ Faire des lois.

légion n. f. **I. 1.** Antiq. romaine Corps d'armée composé d'infanterie et de cavalerie. **2.** *LÉGION (ÉTRANGÈRE)* : en France, Corps composé de volontaires (étrangers). **II.** *LÉGION D'HONNEUR* : ordre national français (et décoration). **III.** littér. Grande quantité. – *ÊTRE LÉGION* : être très nombreux.

légionelle n. f. ▫ biol. Bactérie responsable de la légionellose.

légionellose n. f. ▫ méd. Maladie pulmonaire grave, due à la légionelle.

légionnaire n. m. **1.** hist. Soldat d'une légion romaine. **2.** Soldat de la Légion étrangère. **3.** n. dr. Membre de la Légion d'honneur.

législateur, trice ▫ n. Personne, pouvoir qui fait les lois.

législatif, ive adj. **1.** Qui légifère. – n. m. *Le législatif et l'exécutif.* **2.** Qui concerne l'Assemblée législative. *Élections législatives,* élections des députés. **3.** Qui a le caractère d'une loi. *Acte législatif.*

législation n. f. ▫ Ensemble des lois, dans un pays, un domaine déterminé.

législature n. f. ▫ Période d'exercice d'une assemblée législative.

légiste n. ▫ Spécialiste des lois. ▪ adj. *Médecin légiste,* chargé d'expertises en matière légale.

légitime adj. **1.** Qui est consacré par la loi ou reconnu conforme au droit. **2.** Conforme à la justice, à l'équité. **3.** Justifié (par le bon droit, la raison, le bon sens). ▶ **légitimement** adv. ▶ **légitimité** n. f.

légitimer v. tr. **1.** Rendre légitime (1). **2.** Faire admettre comme juste ou excusable. ▶ **légitimation** n. f.

légitimiste n. et adj. ▫ hist. Partisan d'une dynastie considérée comme seule légitime.

legs n. m. ▫ Don par testament.

léguer v. tr. **1.** Donner par disposition testamentaire. **2.** fig. Transmettre.

légume I. n. m. Plante potagère dont certaines parties peuvent entrer dans l'alimentation humaine. **II.** n. f. fam. *Une GROSSE LÉGUME* : un personnage important.

légumier, ière I. adj. Relatif aux légumes. **II.** n. m. Plat à légumes.

légumineuse n. f. ▫ Plante dont le fruit est une gousse.

leitmotiv n. m. **1.** mus. Motif musical répété. **2.** fig. Phrase, formule qui revient à plusieurs reprises.

lemme n. m. ▫ didact. Proposition intermédiaire (d'un raisonnement).

lemming n. m. ▫ Rongeur des régions boréales.

lémurien n. m. ▫ Primate tropical.

lendemain n. m. **1.** Jour qui suit immédiatement celui dont il est question. **2.** L'avenir.

lénifier v. tr. ▫ méd. ou littér. Calmer, apaiser. ▶ **lénifiant, ante** et **lénitif, ive** adj.

léninisme n. m. ▫ Doctrine marxiste de Lénine. ▶ **léniniste** adj. et n.

lent, lente adj. **1.** Qui manque de rapidité. **2.** Qui met du temps à agir, à s'accomplir. ▶ **lentement** adv.

lente n. f. ▫ Œuf de pou.

lenteur n. f. **1.** Manque de rapidité. **2.** au plur. Actions, décisions lentes.

lenticulaire adj. □ didact. Qui a la forme d'une lentille. – syn. **lentiforme.**

lentigo n. m. □ méd. Petite tache de la peau, pigmentée et ronde.

lentille n. f. **I. 1.** Plante aux gousses plates. **2.** Graine comestible de cette plante, en forme de disque bombé. **3.** *LENTILLE D'EAU* : plante flottante à petites feuilles rondes. **II.** Disque transparent à surface courbe, utilisé en optique.

lentisque n. m. □ Arbuste méditerranéen.

lento adv. □ mus. Avec lenteur.

léonin, ine adj. **1.** littér. Du lion. **2.** *CONTRAT LÉONIN*, qui attribue tous les avantages à qqn.

léopard n. m. □ Panthère d'Afrique.

lépidoptère n. m. □ Nom savant du papillon.

lépiote n. f. □ Champignon dont une espèce (la *coulemelle*) est appréciée.

lépisme n. m. □ zool. Insecte aptère au corps effilé gris argenté (syn. *poisson d'argent*).

lèpre n. f. **1.** Maladie infectieuse et contagieuse. **2.** fig. Mal qui s'étend et gagne.

lépreux, euse adj. **1.** De la lèpre. ■ adj. et n. Atteint de la lèpre. **2.** Qui a une surface pelée.

léproserie n. f. □ Hôpital pour lépreux.

lepton n. m. □ phys. Particule élémentaire légère.

lequel, laquelle, lesquels, lesquelles pron. □ avec les prép. *à* et *de*, *lequel* se contracte en *auquel* et *duquel* **I.** pron. rel. **1.** (sujet) littér. Qui. **2.** (compl. indir.) *La personne à laquelle vous venez de parler.* **3.** adj. rel. (littér.) *Vous serez peut-être là, auquel cas je viendrai.* **II.** pron. interrog. *Lequel préférez-vous ?*

lérot n. m. □ Petit rongeur hibernant.

① **les** → ① **le**

② **les** → ② **le**

lesbien, ienne 1. adj. De l'homosexualité féminine. **2.** n. f. et adj. Homosexuelle. ▶ **lesbianisme** n. m. didact.

lèse-majesté n. f. □ hist. *Crime de lèse-majesté*, atteinte à la majesté du souverain.

léser v. tr. **1.** Causer du tort à (qqn ; ses intérêts). – au p. p. *Se sentir lésé.* **2.** méd. Blesser (un organe).

lésine n. f. □ littér. Avarice sordide.

lésiner v. intr. □ Épargner avec avarice.

lésion n. f. □ Changement grave (dans un organe) dû à une maladie, un accident.

lessive n. f. **1.** Produit qui sert à nettoyer. **2.** Action de laver le linge.

lessiver v. tr. □ Nettoyer, laver avec une solution détergente. ▷ adj. **lessivé, ée** (fig., fam.) Épuisé, très fatigué. ▶ **lessivable** adj. ▶ **lessivage** n. m.

lessiveuse n. f. □ Récipient en métal pour faire bouillir et laver le linge.

lessiviel, elle adj. □ Relatif à la lessive (1).

lest n. m. □ Poids dont on charge un navire, un aérostat pour en assurer la stabilité. – fig. *Lâcher du lest*, faire des concessions.

leste adj. **1.** Qui a de l'agilité dans ses mouvements. – *Avoir la main leste*, être prompt à frapper. **2.** (langage) Trop libre. ▶ **lestement** adv.

lester v. tr. □ Garnir, charger de lest. ▶ **lestage** n. m.

létal, ale, aux adj. □ méd. Mortel.

léthargie n. f. **1.** Sommeil très profond et prolongé. **2.** fig. Engourdissement complet. ▶ **léthargique** adj.

letton, one ou **onne** adj. et n. □ De Lettonie. – n. *Les Lettons.* ■ n. m. *Le letton* : langue du groupe balte. – syn. **lette** n. m.

lettre n. f. **I. 1.** Signe de l'écriture. *Les 26 lettres de l'alphabet* (français). **2.** Caractère typographique représentant une lettre. **3.** fig., littér. Le sens strict des mots, la forme. – *À LA LETTRE, AU PIED DE LA LETTRE* : au sens propre ; rigoureusement. **II.** Écrit que l'on adresse à qqn pour lui communiquer qqch. **III.** *LETTRES* n. f. pl. **1.** La culture littéraire. *Homme, femme DE LETTRES,* écrivain. **2.** Enseignement de la littérature, de la philosophie, de l'histoire, des langues.

lettré, ée adj. et n. ◻ Qui a des lettres*.

lettrine n. f. ◻ Lettre qui commence un chapitre, un paragraphe.

leucémie n. f. ◻ Maladie caractérisée par la prolifération des globules blancs dans le sang. ▶ **leucémique** adj. et n.

leucocyte n. m. ◻ Globule blanc du sang. ▶ **leucocytaire** adj.

① **leur** pron. pers. invar. ◻ (compl.) À eux, à elles. *Je le leur dirai.*

② **leur,** plur. **leurs 1.** adj. Qui est (sont) à eux, à elles. **2.** *LE LEUR, LA LEUR, LES LEURS* pron. poss. Celui, celle (ceux, celles) qui est (sont) à eux, à elles. ■ *Les leurs :* leurs parents, leurs amis, etc.

leurre n. m. **1.** Ce qui trompe. **2.** Appât factice pour le poisson.

leurrer v. tr. ◻ Attirer par de fausses espérances. ▷ v. pron. se **leurrer** → **s'illusionner.**

levage n. m. ◻ Action de lever, soulever.

levain n. m. ◻ Pâte de farine qu'on a laissée fermenter ou qu'on a mélangée à de la levure.

levant 1. adj. m. *Soleil levant,* qui se lève. **2.** n. m. Côté de l'horizon où le soleil se lève. **3.** n. m. vieilli *Le Levant,* les régions de la Méditerranée orientale.

levantin, ine adj. et n. ◻ vieilli Du Levant (3).

levé n. m. ◻ Action d'établir (un plan...).

levée n. f. **1.** Remblai (de terre, de pierres...). **2.** Action d'enlever, de retirer. **3.** Action de mettre fin à. *La levée d'un siège.* **4.** Action de lever, de ramasser (le courrier, etc.).

① **lever** v. **I.** v. tr. **1.** Faire mouvoir de bas en haut. **2.** Mettre plus haut, soulever (une partie du corps). – (au p. p.) *Au pied levé :* sans préparation. ■ Diriger vers le haut. **3.** Relever, soulever. **4.** Faire sortir de son gîte (un animal). **5.** Rendre (qqch.) vertical. **6.** Établir (un plan, une carte). **7.** *LEVER LE CAMP* : replier les tentes ; fig. s'en aller. **8.** Faire cesser. **9.** Remonter pour prendre. ■ Ramasser. – *Lever des troupes.* → **recruter. II.** v. intr. **1.** (plantes) Commencer à sortir de terre. **2.** (pâte) Se gonfler par la fermentation. ▷ v. pron. se **lever 1.** Se mettre debout. **2.** Sortir de son lit. **3.** (astre...) Apparaître à l'horizon. **4.** (vent) Commencer à souffler.

② **lever** n. m. **1.** Moment où un astre paraît. **2.** Action de se lever (2). **3.** *Lever du rideau :* début d'un spectacle.

levier n. m. **1.** Corps solide, mobile autour d'un point d'appui, permettant de multiplier une force. **2.** Organe de commande (d'une machine...). **3.** fig. Moyen d'action.

lévitation n. f. ◻ Élévation (de qqn, de qqch.) au-dessus du sol, sans aide.

levraut n. m. ◻ Jeune lièvre.

lèvre n. f. **I.** Chacune des deux parties charnues qui bordent extérieurement la bouche. – *Approuver du bout des lèvres,* sans conviction. **II.** au plur. Bords saillants (d'un organe, etc.). – *Les grandes, les petites lèvres* (de la vulve).

levrette n. f. **1.** Femelle du lévrier. **2.** Petit lévrier d'Italie.

lévrier n. m. ◻ Chien à jambes hautes et au corps allongé.

levure n. f. 1. Ferment végétal. 2. sc. Champignon unicellulaire qui produit la levure (1).

lexical, ale, aux adj. □ Du lexique (2).

se **lexicaliser** v. pron. □ ling. Devenir une unité du lexique.

lexicographe n. □ Personne qui fait un dictionnaire de la langue.

lexicographie n. f. □ Recensement et étude des mots d'une langue. ▶ **lexicographique** adj.

lexicologie n. f. □ Science des mots, de leurs fonctions, de leurs relations dans la langue. ▶ **lexicologique** adj. ▶ **lexicologue** n.

lexique n. m. 1. Dictionnaire succinct (d'un domaine...). 2. Ensemble des mots (d'une langue, employés par qqn, un groupe).

lézard n. m. 1. Petit reptile à longue queue effilée, au corps allongé et recouvert d'écailles. 2. Peau traitée de cet animal.

lézarde n. f. □ Crevasse étroite et irrégulière, dans un ouvrage de maçonnerie.

① **lézarder** v. intr. □ fam. Se chauffer au soleil ; rester sans rien faire.

② **lézarder** v. tr. □ Fendre par une ou des lézardes. ▶ **lézardé, ée** adj.

liaison n. f. I. (choses) 1. Ce qui lie, relie des éléments. 2. Prononciation de la dernière consonne d'un mot unie à la première voyelle du mot suivant. II. (personnes) 1. *Avoir une liaison avec qqn*, une relation amoureuse. 2. Communication (des ordres), transmission (des nouvelles). 3. Communication entre deux lieux.

liane n. f. □ Plante grimpante des forêts tropicales.

liant, liante □ adj. Qui se lie facilement avec autrui.

liard n. m. □ Ancienne monnaie française.

liasse n. f. □ Ensemble de papiers superposés.

libanais, aise adj. et n. □ Du Liban.

libation n. f. □ *Faire des libations*, boire abondamment (du vin, de l'alcool).

libelle n. m. □ littér. Court écrit satirique ou diffamatoire.

libellé n. m. □ Termes dans lesquels un texte est rédigé.

libeller v. tr. 1. Rédiger dans les formes. 2. Exposer, formuler par écrit.

libellule n. f. □ Insecte aux quatre ailes transparentes, qui vit près de l'eau.

liber n. m. □ Partie (d'un arbre) entre l'écorce et le bois.

libérable adj. □ Qui peut être libéré.

libéral, ale, aux adj. I. littér. Qui donne facilement. II. 1. *PROFESSIONS LIBÉRALES*, exercées librement. 2. adj. et n. Favorable aux libertés individuelles, en politique. 3. Partisan du libéralisme (2).

libéralement adv. □ Avec générosité.

libéraliser v. tr. □ Rendre plus libéral (un régime, une économie). ▶ **libéralisation** n. f.

libéralisme n. m. 1. Doctrine des libéraux, partisans des libertés individuelles. 2. Doctrine selon laquelle la liberté économique, le libre jeu de l'entreprise ne doivent pas être entravés. 3. Respect de l'indépendance, des opinions d'autrui.

libéralité n. f. □ littér. 1. Disposition à donner généreusement. 2. Don généreux.

libérateur, trice 1. n. Personne qui libère. 2. adj. Qui libère.

libération n. f. 1. Action de libérer (1). 2. Délivrance (d'un pays, d'un peuple).

libératoire adj. □ dr. Qui libère d'une obligation, d'une dette.

libérer v. tr. **1.** Mettre (qqn) en liberté. **2.** Délivrer de ce qui lie, gêne, retient. **3.** Délivrer d'un asservissement. **4.** *Libérer sa conscience* (en avouant). ▪ Laisser se manifester. *Libérer ses instincts.* **5.** sc. Dégager (une substance, une énergie).

libertaire adj. et n. ▫ Qui n'admet aucune limitation de la liberté.

liberté n. f. **I. 1.** Situation d'une personne qui n'est pas sous la dépendance de qqn, ou qui n'est pas enfermée. **2.** Possibilité, pouvoir d'agir sans contrainte. *Agir en toute liberté.* **II. 1.** Pouvoir d'agir, dans une société organisée, selon sa propre détermination, dans la limite de règles. **2.** Pouvoir que la loi reconnaît aux individus. *Liberté de la presse.* **3.** (État) Indépendance nationale.

libertin, ine adj. et n. **1.** hist. Qui rejette la contrainte. **2.** littér. Qui est déréglé dans ses mœurs.

libertinage n. m. **1.** hist. Indépendance d'esprit du libertin (1). **2.** Licence des mœurs.

libidineux, euse adj. ▫ littér. ou plais. Qui recherche constamment le plaisir sexuel.

libido n. f. **1.** Recherche instinctive du plaisir et, spécialt, du plaisir sexuel. **2.** psych. Énergie qui sous-tend les instincts de vie et, en particulier, les instincts sexuels.

libraire n. ▫ Commerçant qui vend des livres.

librairie n. f. **1.** Commerce, profession des libraires. **2.** Magasin où l'on vend des livres.

libre adj. **I. 1.** Qui n'est pas privé de sa liberté. **2.** Qui a le pouvoir de décider, d'agir par soi-même. **3.** Qui n'est pas retenu (par une obligation...). **4.** (choses) Qui s'accomplit librement, sans contrainte. **5.** Qui ne se contraint pas. **6.** Qui transgresse les convenances. **II. 1.** Qui n'est pas soumis à une autorité arbitraire. **2.** Dont le libre exercice est reconnu, garanti par la loi. **III.** (choses) **1.** Autorisé, permis. *Accès libre.* **2.** Qui n'est pas attaché, retenu ou serré. *Avoir les mains libres.* **3.** Qui n'est pas occupé, ne présente pas d'obstacle. – *Temps libre,* que l'on peut employer à sa guise. **4.** Dont la forme n'est pas imposée. ▶ **librement** adv.

libre arbitre n. m. ▫ philos. Volonté libre.

libre-échange n. m. sing. ▫ Système dans lequel les échanges commerciaux entre États sont libres.

libre penseur, euse n. ▫ Personne qui pense librement.

libre-service n. m. **1.** Service assuré par le client lui-même. **2.** Magasin où l'on se sert soi-même. *Des libres-services.*

librettiste n. ▫ Auteur d'un livret (II).

① **lice** n. f. ▫ ancienn Palissade, enclos ; champ clos pour les tournois. – *Entrer en lice,* dans une compétition.

② **lice** ou **lisse** n. f. ▫ techn. Pièce d'un métier à tisser qui maintient les fils de chaîne.

③ **lice** n. f. ▫ Chienne de chasse.

licence n. f. **I.** Liberté que prend un écrivain avec les règles (de la grammaire, etc.). *Licence poétique.* **II. 1.** Grade universitaire intermédiaire entre le baccalauréat et le master. **2.** Autorisation d'exercer une activité réglementée.

① **licencié, ée** n. ▫ Titulaire d'une licence (II, 1 et 2).

licencier v. tr. ▫ Priver (qqn) de son emploi. ▶ ② **licencié, ée** adj. et n. ▶ **licenciement** n. m.

licencieux, euse adj. ▫ littér. Qui manque de pudeur, de décence.

lichen n. m. ▫ Végétal formé de l'association d'un champignon et d'une algue.

lichette n. f. ▫ fam. Petite tranche (d'un aliment).

licite adj. ▫ Qui est permis par la loi.

licorne n. f. ▫ Animal fabuleux, cheval (ou cerf) avec une corne unique au front.

licou ou (vx) **licol** n. m. ▫ Pièce de harnais qu'on met au cou des animaux attelés.

licteur n. m. ▫ Antiq. romaine Garde portant un faisceau, qui escortait les hauts magistrats.

lido n. m. ▫ géogr. Lagune derrière un cordon littoral.

lie n. f. **1.** Dépôt qui se forme au fond des récipients contenant des boissons fermentées. – adj. invar. *LIE(-)DE(-)VIN* : rouge violacé. **2.** fig., littér. Ce qu'il y a de plus vil.

lied n. m. ▫ Mélodie populaire allemande. *Des lieds* ou *lieder* (plur. allemand).

liège n. m. ▫ Matériau léger, imperméable et élastique, fourni par l'écorce de certains arbres.

liégeois, oise adj. et n. ▫ De Liège. – *Café, chocolat liégeois* (dessert).

lien n. m. **1.** Chose flexible et allongée servant à lier. **2.** abstrait Ce qui relie, unit (des choses). *Lien logique.* ▪ inform. Relation établie entre des informations. **3.** Ce qui unit des personnes. **4.** fig. Ce qui retient, enchaîne.

lier v. tr. **I.** (compl. chose) **1.** Entourer, serrer avec un lien. **2.** Assembler, joindre. **3.** Joindre, unir à l'aide d'une substance. – *Lier une sauce,* l'épaissir. **4.** abstrait Unir par un rapport logique, fonctionnel. **5.** Faire naître (un lien). – *AVOIR PARTIE LIÉE (avec qqn),* être d'accord pour une affaire. **II.** (compl. personne) **1.** Attacher, enchaîner. **2.** Imposer une obligation (juridique, morale...) à. – passif *Être lié par un serment.* **3.** Unir par des relations d'affection, de goût... – au p. p. *Ils sont très liés,* très amis.

lierre n. m. ▫ Arbrisseau rampant et grimpant, à feuilles luisantes toujours vertes.

liesse n. f. ▫ littér. Joie collective.

① **lieu** n. m. **I. 1.** Portion déterminée de l'espace. *La date et le lieu d'un événement.* **2.** *EN HAUT LIEU* : auprès de personnes haut placées. **3.** *LIEU PUBLIC* : lieu qui admet le public ou auquel le public peut accéder. **II.** plur. à valeur de sing. **1.** Endroit précis où un fait s'est passé. *J'étais sur les lieux.* **2.** Appartement, maison, propriété. *État des lieux.* **3.** *Lieux d'aisances.* → **cabinet(s). III. 1.** Espace ou temps déterminé. – *En premier lieu,* d'abord. ▪ *LIEU COMMUN* : banalité. **2.** *AVOIR LIEU* : se passer. **3.** *AU LIEU DE* loc. prép. : à la place de. **4.** *TENIR LIEU DE.* → **remplacer, servir** de. ▪ *AVOIR LIEU DE* (+ inf.), avoir des raisons de. – *Il y a lieu de,* il convient de. ▪ *DONNER LIEU À* (+ n.) : fournir l'occasion de.

② **lieu** n. m. ▫ Poisson de la famille du merlan. *Des lieus.* – *Lieu noir.* → **colin.**

lieu-dit ou **lieudit** n. m. ▫ Lieu de la campagne qui porte un nom traditionnel. *Des lieux-dits ; des lieudits.*

lieue n. f. **1.** Ancienne mesure de distance (environ 4 km). **2.** fig. *Être à cent, à mille lieues de* (+ inf.), très loin de. **3.** *Lieue marine* : 5 555 m.

lieuse n. f. ▫ Machine pour lier les gerbes.

lieutenant n. m. **1.** Adjoint (d'un chef). **2.** Officier de grade immédiatement inférieur à celui de capitaine. **3.** *Lieutenant de vaisseau*, officier de marine dont le grade correspond à celui de capitaine.

lieutenant-colonel n. m. □ Officier de grade immédiatement inférieur à celui de colonel.

lièvre n. m. **1.** Mammifère rongeur, voisin du lapin, et qui vit en liberté. ■ Sa chair comestible. **2.** *Soulever un lièvre*, une question embarrassante.

lifter v. tr. □ anglic., sports Donner à (une balle) un effet (*lift* n. m.) qui l'accélère quand elle rebondit. – au p. p. *Balle liftée*.

liftier, ière n. □ anglic. Personne qui manœuvre un ascenseur.

lifting n. m. □ anglic. Opération de chirurgie esthétique visant à remonter et tendre la peau du visage. – recomm. off. *lissage*.

ligament n. m. □ Faisceau de tissu fibreux unissant les éléments d'une articulation.

ligature n. f. **1.** Opération consistant à serrer, fixer avec un lien. **2.** Lien permettant cette opération. ▶ **ligaturer** v. tr.

lige adj. □ *HOMME LIGE*, dévoué (à qqn, un groupe).

light adj. invar. □ anglic. Qui est allégé et notamment sucré avec des édulcorants ; qui contient (en principe) moins de produits nocifs pour la santé.

lignage n. m. □ didact. Les descendants d'un ancêtre commun.

ligne n. f. **I. 1.** Trait continu allongé, sans épaisseur. **2.** Trait réel ou imaginaire qui sépare deux choses. **3.** Chacun des traits qui sillonnent la paume de la main. **4.** Effet produit par une combinaison de lignes (silhouette, dessin). – *Garder la ligne*, rester mince. **5.** fig. Élément, point. **II. 1.** Direction. – fig. *Ligne de conduite ; ligne politique*. **2.** Tracé idéal dans une direction déterminée. **3.** Trajet emprunté par un service de transport. **III. 1.** Fil portant un hameçon pour la pêche. **2.** Fils, câbles transportant l'énergie électrique. **3.** *EN LIGNE* loc. adj. Qualifie un matériel informatique connecté à un réseau, à Internet. **IV. 1.** Suite alignée (de choses, de personnes). **2.** Série alignée d'ouvrages ou de positions (militaires). ■ fig. *SUR TOUTE LA LIGNE* : tout à fait, complètement. **3.** Suite de caractères disposés sur une ligne horizontale. **4.** *Entrer EN LIGNE DE COMPTE* : avoir de l'importance. **5.** Suite des degrés de parenté.

ligné, ée adj. □ Marqué de lignes.

lignée n. f. **1.** Ensemble des descendants (d'une personne). **2.** fig. Filiation spirituelle.

ligneux, euse adj. □ De la nature du bois.

se **lignifier** v. pron. □ Se changer en bois.

lignite n. m. □ Charbon naturel fossile.

ligoter v. tr. **1.** Attacher, lier (qqn) en privant de l'usage des bras et des jambes. **2.** fig. Priver (qqn) de son indépendance.

ligue n. f. **1.** Alliance entre États. **2.** Association pour défendre des intérêts.

liguer v. tr. **1.** Unir dans une ligue. **2.** Associer dans un mouvement, une action. ▷ v. pron. se **liguer**

ligueur, euse n. □ Membre d'une ligue.

lilas n. m. **1.** Arbuste ornemental aux fleurs en grappes très parfumées. – Ces fleurs. **2.** adj. et n. m. Violet rosé.

liliacée n. f. □ bot. Plante d'une famille comprenant le lis, la tulipe, l'ail, etc.

lilliputien, ienne adj. □ Très petit.

limace n. f. 1. Mollusque gastéropode terrestre, sans coquille. 2. fig., fam. Personne lente et molle.

limaçon n. m. 1. Escargot. 2. anat. Conduit en spirale, partie de l'oreille interne.

limaille n. f. ▫ Parcelles de métal.

limande n. f. ▫ Poisson de mer ovale et plat, comestible.

limbe n. m. 1. Partie graduée, en arc de cercle (d'instruments). 2. bot. Partie large (d'une corolle) ; partie plate (d'une feuille).

limbes n. m. pl. ▫ théol. cathol. Séjour des âmes des justes morts avant la Rédemption, des enfants morts sans baptême.

① **lime** n. f. ▫ Outil de métal garni d'aspérités servant à user par frottement. ▶ **limer** v. tr.

② **lime** n. f. ou m. ▫ Citron vert.

limier n. m. 1. Grand chien de chasse. 2. fig. Policier, détective.

liminaire adj. ▫ didact. Placé en tête, au début.

limitatif, ive adj. ▫ Qui fixe des limites.

limitation n. f. ▫ Action de limiter.

limite n. f. 1. Ligne qui sépare deux terrains ou territoires contigus. 2. Partie extrême où se termine une étendue. 3. Terme extrême dans le temps (commencement ou fin). *Limite d'âge.* 4. fig. Point qu'on ne peut dépasser. – *Dans une certaine limite.* → **mesure.** – *À LA LIMITE* : à l'extrême. ▪ au plur. Possibilités extrêmes. *Connaître ses limites.* ▪ adj. *Cas limite.* → **extrême.** *Vitesse limite.* → **maximum.**

limiter v. tr. 1. Constituer la limite de. 2. Renfermer dans des limites. ▷ v. pron. **se limiter** 1. (réfl.) S'imposer des limites. 2. (passif) Avoir pour limites. ▷ adj. **limité, ée** Qui a des limites.

limitrophe adj. ▫ Qui est aux frontières.

limnée n. f. ▫ Gastéropode d'eau douce.

limoger v. tr. ▫ Frapper (une personne haut placée) d'une mesure de disgrâce. ▶ **limogeage** n. m.

limon n. m. ▫ Terre ou fines particules, spécialt entraînées par les eaux et déposées sur le lit et les rives des fleuves. ▶ **limoneux, euse** adj.

limonade n. f. 1. Boisson gazeuse sucrée et acidulée. 2. comm. Activité de cafetier.

limonadier, ière n. ▫ Fabricant de boissons gazéifiées.

limonaire n. m. ▫ Orgue de Barbarie.

limousine n. f. ▫ Voiture longue, à six glaces latérales.

limpide adj. 1. (liquide) Dont rien ne trouble la transparence. 2. fig. Parfaitement clair, intelligible. ▶ **limpidité** n. f.

lin n. m. 1. Herbe à fleurs bleues, à graines oléagineuses. 2. Tissu de lin.

linceul n. m. ▫ Pièce de toile dans laquelle on ensevelit un mort.

linéaire adj. 1. Qui a rapport aux lignes. 2. fig. Qui suit l'ordre du temps. *Récit linéaire.* ▶ **linéairement** adv. ▶ **linéarité** n. f.

linéament n. m. ▫ littér. Ligne élémentaire. *Les linéaments d'un visage.*

lingam n. m. ▫ didact. Symbole phallique du dieu Shiva.

linge n. m. 1. Ensemble des pièces de tissu servant aux besoins domestiques. 2. Sous-vêtements. 3. Pièce de linge (1).

lingère n. f. ▫ Femme chargée de l'entretien du linge, dans une collectivité.

lingerie n. f. **1.** Fabrication et commerce du linge. **2.** Local pour le linge. **3.** Linge de corps (surtout pour femmes).

lingot n. m. ◻ Masse de métal coulé.

linguiste n. ◻ Spécialiste du langage, des langues.

linguistique **I.** n. f. Science qui a la langue (II) pour objet. **II.** adj. **1.** Relatif à la linguistique. **2.** Qui concerne la langue. ▶ **linguistiquement** adv.

liniment n. m. ◻ Liquide gras qui contient un médicament, pour frictionner la peau.

linoléum n. m. ◻ Revêtement de sol fait d'une forte toile imperméabilisée.

linon n. m. ◻ Tissu fin de lin ou de coton.

linotte n. f. **1.** Petit passereau. **2.** *TÊTE DE LINOTTE* : personne écervelée, étourdie.

linotype n. f. (marque déposée) ◻ imprim. (ancienn') Machine à composer fondant d'un seul bloc la ligne. ▶ **linotypiste** n.

linteau n. m. ◻ Pièce horizontale qui forme la partie supérieure d'une ouverture.

lion, lionne n. **I.** Grand mammifère carnivore, à pelage fauve, à crinière (chez le mâle), vivant en Afrique et en Asie. **II.** n. m. Cinquième signe du zodiaque (23 juillet-22 août).

lionceau n. m. ◻ Petit du lion.

lipide n. m. ◻ Corps gras. ▶ **lipidique** adj.

lipogramme n. m. ◻ didact. Texte d'où une lettre est bannie.

liposome n. m. ◻ Vésicule formée de lipides, renfermant une substance active.

liposuccion n. f. ◻ méd. Traitement par aspiration de graisse.

lippe n. f. ◻ littér. Lèvre inférieure épaisse et proéminente. ▶ **lippu, ue** adj.

liquéfier v. tr. **1.** Faire passer à l'état liquide. – pronom. *L'hélium se liquéfie difficilement.* – au p. p. *Gaz liquéfié.* **2.** (personnes) *SE LIQUÉFIER* v. pron. : perdre toute énergie. ▶ **liquéfiable** adj. ▶ **liquéfaction** n. f.

liquette n. f. ◻ fam. Chemise.

liqueur n. f. ◻ Boisson sucrée aromatisée, à base d'alcool ou d'eau-de-vie.

liquidation n. f. **1.** Action de calculer le montant de sommes à régler ; règlement de ces sommes. *Liquidation d'une succession.* **2.** Vente au rabais.

① **liquide** **I.** adj. Qui coule ou tend à couler. **II.** n. m. **1.** Corps à l'état liquide. **2.** Aliment liquide.

② **liquide** adj. ◻ *Argent liquide* (et n. m. *liquide*), disponible, en espèces.

liquider v. tr. **1.** Soumettre à une liquidation (1). **2.** Vendre, au rabais. **3.** fig., fam. En finir avec (qqch.). **4.** Se débarrasser de (qqn) (en tuant...).

liquidité n. f. ◻ au plur. Sommes disponibles.

liquoreux, euse adj. ◻ Qui rappelle la liqueur.

① **lire** v. tr. **I. 1.** Suivre des yeux en identifiant (des caractères, une écriture). – absolt *Savoir lire et écrire.* **2.** Prendre connaissance du contenu de (un texte) par la lecture. – absolt *Aimer lire.* **II.** fig. **1.** Déchiffrer (ce qui est caché). **2.** Discerner par un signe.

② **lire** n. f. ◻ Unité monétaire italienne (avant l'euro).

lis ou **lys** n. m. **1.** Plante vivace, à feuilles allongées et pointues, à grandes fleurs blanches ; sa fleur. **2.** *FLEUR DE LYS, DE LIS* : figure héraldique, fleur de lis schématisée.

liseré ou **liséré** n. m. ◻ Ruban étroit.

liseron n. m. ◻ Plante grimpante, à fleurs.

liseur, euse n. ▫ Personne qui aime lire.

liseuse n. f. **1.** Veste d'intérieur féminine chaude et légère. **2.** Petite lampe pour la lecture. **3.** Boîtier plat à écran pour livres* électroniques.

lisible adj. **1.** Qui est aisé à lire, à déchiffrer. ▶ **lisiblement** adv. ▶ **lisibilité** n. f. **2.** Digne d'être lu.

lisier n. m. ▫ agric. Mélange liquide d'excréments d'animaux (engrais).

lisière n. f. **1.** Bordure d'une pièce d'étoffe. **2.** Partie extrême (d'un terrain, d'une région).

lissage n. m. ▫ Action de lisser. – → **lifting.**

① **lisse** adj. ▫ Sans aspérités au toucher.

② **lisse** n. f. **1.** Membrure longitudinale de la coque d'un navire. **2.** Garde-fou.

③ **lisse** n. f. → ② **lice**

lisser v. tr. ▫ Rendre lisse.

listage n. m. ▫ Document produit par une imprimante (recomm. off. pour *listing*).

liste n. f. **1.** Suite de mots, de signes, généralement inscrits les uns au-dessous des autres. **2.** *LISTE CIVILE* : somme allouée annuellement à un chef d'État.

listel n. m. ▫ Petite moulure plate.

lister v. tr. ▫ Mettre sous forme de liste.

listériose n. f. ▫ biol. Maladie due à l'infection par une bactérie (la *listeria* n. f.).

listing n. m. ▫ anglic. → **listage.**

lit n. m. **I. 1.** Meuble destiné au coucher ; literie sur laquelle on s'étend. **2.** *Enfants du premier lit,* d'un premier mariage. **3.** Couche où l'on peut s'étendre, dormir. *Lit de feuillage.* **II.** Matière répandue en couche. **III.** Creux du sol (dans lequel coule un cours d'eau).

litanie n. f. **1.** au plur. Prières liturgiques à formules brèves. **2.** Répétition ennuyeuse et monotone (de plaintes, de demandes).

litchi n. m. ▫ Fruit à chair blanche d'un arbuste d'Extrême-Orient.

liteau n. m. **1.** Baguette de bois (support). **2.** Raie de couleur (du linge de maison) parallèle à la lisière.

literie n. f. ▫ Ensemble des objets qui recouvrent le sommier ; matériel de couchage.

litham n. m. ▫ Voile couvrant la partie inférieure du visage.

lithium n. m. ▫ Élément (symb. Li), métal alcalin, le plus léger des solides.

lithographie n. f. **1.** Reproduction par impression sur une pierre calcaire. **2.** Estampe obtenue par ce procédé. ▶ **lithographier** v. tr. ▶ **lithographique** adj. ▶ **lithographe** n.

litière n. f. ▫ Paille, fourrage répandu sur le sol pour que les animaux puissent s'y coucher. ▪ Gravier absorbant où les chats font leurs besoins.

litige n. m. **1.** Contestation donnant matière à procès. *Arbitrer un litige.* **2.** Contestation, différend. ▶ **litigieux, ieuse** adj.

litote n. f. ▫ Figure de rhétorique qui consiste à atténuer l'expression de sa pensée.

litre n. m. **1.** Unité de mesure de capacité équivalant à 1 décimètre cube (symb. l ou L). **2.** Récipient (bouteille...) contenant un litre.

litron n. m. ▫ fam. Litre de vin.

littéraire adj. **1.** Qui a rapport à la littérature. ▪ Qui répond aux exigences esthétiques de la littérature. ▶ **littérairement** adv. **2.** Doué pour les lettres. – n. *Un, une littéraire.*

littéral, ale, aux adj. **1.** Qui utilise les lettres. **2.** Qui suit un texte lettre à lettre, mot à mot. **3.** Qui s'en tient, est pris à la lettre. *Sens littéral d'un mot.* ▶ **littéralement** adv.

littérarité n. f. ▫ didact. Caractère d'un texte considéré comme littéraire.

littérateur n. m. ▫ souvent péj. Écrivain.

littérature n. f. **I. 1.** Œuvres écrites qui ont une valeur littéraire. **2.** Le travail de l'écrivain. **3.** Ce qu'on trouve dans les œuvres littéraires (par opposition au réel). **II.** Ensemble des ouvrages publiés (sur une question).

littoral, ale, aux **1.** adj. Relatif à la zone de contact entre la terre et la mer. **2.** n. m. La zone littorale.

lituanien, enne adj. et n. ▫ De Lituanie. – n. *Les Lituaniens.* ▪ n. m. *Le lituanien* : langue du groupe balte.

liturgie n. f. ▫ relig. chrét. Culte public et officiel (dans une Église). ▶ **liturgique** adj.

livarot n. m. ▫ Fromage rond, fermenté, à pâte molle.

livide adj. ▫ D'une pâleur terne. ▶ **lividité** n. f.

living-room ou (abrév.) **living** n. m. ▫ anglic. Salle de séjour. *Des living-rooms ; des livings.*

livrable adj. ▫ Qui peut ou doit être livré.

livraison n. f. ▫ Remise matérielle (d'un objet) à celui auquel l'objet est dû.

①**livre** n. m. **I. 1.** Assemblage d'un nombre assez grand de pages (à l'exclusion des périodiques). ▪ *LE LIVRE* : l'imprimerie et ses produits. **2.** Texte imprimé sous forme de livre (1). *Écrire, lire un livre.* – *À livre ouvert,* couramment. **3.** *Livre sonore.* → **audiolivre.** – *Livre électronique, numérique* : texte numérisé lu sur un écran ; boîtier portable pour la lecture d'éditions numérisées. → **liseuse, tablette. II. 1.** Grande division (d'un ouvrage long). **2.** Cahier, registre.

②**livre** n. f. **I.** Un demi-kilogramme. **II. 1.** Ancienne monnaie française. **2.** *Livre (sterling)* : unité monétaire britannique (symb. £). ▪ *Livre irlandaise* (avant l'euro). *Livre égyptienne, turque.*

livrée n. f. **1.** Uniforme de certains serviteurs d'une même maison. **2.** Pelage, plumage (d'un animal).

livrer v. **I.** v. tr. **1.** Mettre (qqn) au pouvoir de (qqn, une entité). **2.** littér. Soumettre à l'action destructrice de. **3.** Confier à qqn. *Il a livré son secret.* **4.** Remettre au destinataire (ce qui a été commandé, payé). **II. 1.** Engager, commencer. *Livrer bataille.* **2.** *LIVRER PASSAGE À* : laisser passer. ▷ v. pron. **se livrer** (à) **1.** Se mettre au pouvoir de. **2.** absolt Se confier. *Cœur qui se livre.* **3.** Se laisser aller à (un sentiment, etc.). *Se livrer à des excès.* ▪ Exercer (une activité).

livresque adj. ▫ péj. Qui vient des livres, est purement théorique.

livret n. m. **I.** Petit registre. **II.** Texte sur lequel s'écrit la musique (d'une œuvre lyrique).

livreur, euse n. ▫ Personne qui livre (I, 4) des marchandises.

lob n. m. ▫ anglic. (tennis) Coup haut. ▶ **lober** v. tr.

lobby n. m. ▫ anglic. Groupe de pression*. *Des lobbies* ou *des lobbys.* ▶ **lobbying** n. m. anglic. *Faire du lobbying.*

lobe n. m. **1.** Partie arrondie et saillante (d'un organe). **2.** *Lobe de l'oreille,* prolongement arrondi et charnu du pavillon. **3.** bot. Partie arrondie (des feuilles, des pétales).

lobé, ée adj. ▫ Qui présente des lobes.

lobectomie n. f. ▫ chir. Opération par laquelle on enlève un lobe (du poumon...).

lobotomie n. f. ▫ chir. Section de fibres nerveuses à l'intérieur du cerveau.

local, ale, aux I. adj. **1.** Qui concerne, est particulier à un lieu, une région. **2.** Qui n'affecte qu'une partie du corps. ▶ **localement** adv. **II.** n. m. Partie d'un bâtiment, à usage déterminé.

localiser v. tr. **1.** Repérer précisément. **2.** Circonscrire, renfermer dans des limites. ▶ **localisable** adj. ▶ **localisation** n. f.

localité n. f. ▫ Petite ville, village.

locataire n. ▫ Personne qui prend à bail un logement.

① **locatif, ive** adj. ▫ dr. Qui concerne la location ou le locataire.

② **locatif, ive** adj. ▫ gramm. Qui marque le lieu.

location n. f. **1.** Action de donner ou de prendre à loyer (un logement...). – *Location-vente.* → anglic. **leasing. 2.** Action de retenir à l'avance (une place).

① **loch** n. m. ▫ Appareil pour mesurer la vitesse d'un navire.

② **loch** n. m. ▫ (en Écosse) Lac qui occupe le fond d'une vallée.

loche n. f. **1.** Petit poisson d'eau douce à chair comestible. **2.** Limace grise.

lock-out n. m. invar. ▫ anglic. Fermeture temporaire d'une entreprise décidée par la direction (répression d'une grève, etc.). ▶ **lock-outer** v. tr.

locomotion n. f. **1.** Action de se mouvoir. *Muscles de la locomotion.* **2.** Action de se déplacer. *Moyens de locomotion.* ▶ **locomoteur, trice** adj.

locomotive n. f. **1.** Engin, véhicule de traction pour remorquer les trains. **2.** fig. Personne, chose qui entraîne, fait agir.

locorégional, ale, aux adj. ▫ méd. *Anesthésie locorégionale,* anesthésie locale.

locuteur n. m. ▫ ling. Personne qui emploie le langage, qui parle.

locution n. f. ▫ Groupe de mots figé ou relativement stable ayant la même fonction qu'un mot.

loden n. m. ▫ Tissu de laine épais et imperméable. – Manteau de loden.

lœss n. m. ▫ Limon très fin et fertile.

lof n. m. ▫ mar. Côté d'un navire qui reçoit le vent.

loft n. m. ▫ anglic. Local commercial ou industriel aménagé en habitation.

logarithme n. m. ▫ math. Exposant à affecter à un nombre (la base) pour en obtenir un autre. – abrév. fam. **log** n. m. *Calculs de logs.* ▶ **logarithmique** adj.

loge n. f. **I. 1.** Logement de concierge, de portier. **2.** Pièce où les comédiens se préparent et se reposent. **3.** (théâtre...) Compartiment contenant plusieurs sièges. **II.** Association de francs-maçons.

logeable adj. **1.** Où l'on peut habiter. **2.** Où l'on peut ranger des objets.

logement n. m. **1.** Action de (se) loger. **2.** Local à usage d'habitation.

loger v. **I.** v. intr. Habiter dans un endroit. **II.** v. tr. **1.** Établir dans une maison. *Je peux vous loger pour la nuit.* – pronom. *Avoir du mal à se loger.* **2.** Faire pénétrer. *Loger une balle dans la cible.*

logeur, euse n. ▫ Personne qui loue des chambres meublées.

loggia n. f. ▫ Balcon couvert.

logiciel n. m. ▫ inform. Programme relatif au traitement de l'information (remplace l'anglic. *software*).

logicien, ienne n. ▫ Spécialiste de la logique.

① **logique** n. f. **I. 1.** Étude scientifique des normes de la vérité. **2.** Livre, traité de logique. **II. 1.** Manière de raisonner. **2.** Enchaînement cohérent d'idées, manière de raisonner juste.

② **logique** adj. **1.** Conforme aux règles, aux lois de la logique. **2.** Conforme au bon sens. **3.** fam. Normal, explicable. **4.** Qui raisonne bien, avec cohérence. **5.** Qui se rapporte à l'intelligence, à l'entendement. *Processus logiques.*

logiquement adv. ▫ Conformément à la logique, d'une façon logique.

logis n. m. ▫ littér. Endroit où on loge.

logistique n. f. **1.** milit. Techniques de transport, ravitaillement et logement des troupes. **2.** Moyens et méthodes d'organisation. **3.** adj. *Soutien logistique* (sens 1 et 2).

logithèque n. f. ▫ Collection de logiciels.

logo n. m. → **logotype**

logomachie n. f. ▫ didact. Discours creux.

logorrhée n. f. ▫ didact. Flux de paroles. ▶ **logorrhéique** adj.

logos n. m. ▫ didact. Langage en tant qu'instrument de la raison.

logotype n. m. ▫ Symbole graphique d'une marque (abrév. *logo*).

loi n. f. **I. 1.** Règle obligatoire établie par l'autorité souveraine. ▪ Disposition prise par le pouvoir législatif. – *LOI-CADRE*, servant de cadre à des textes d'application. **2.** *LA LOI* : l'ensemble des règles juridiques. – *Homme de loi*, juriste, magistrat. **3.** Commandement que l'on donne. – *FAIRE LA LOI* : commander. **4.** (au plur.) Règles, conventions établies dans les rapports sociaux. *Les lois de l'honneur.* **II.** Règle dictée à l'être humain par sa conscience, sa raison. **III.** Formule générale énonçant une corrélation entre des phénomènes.

loin I. adv. **1.** À une grande distance. **2.** Dans un temps éloigné. **II.** n. m. **1.** *IL Y A LOIN*, une grande distance, fig. une grande différence. **2.** *AU LOIN* loc. adv. : dans un lieu éloigné. **3.** *DE LOIN* loc. adv. : d'un lieu éloigné. – *Revenir de loin*, d'une situation très grave. ▪ De beaucoup. **4.** *DE LOIN EN LOIN* loc. adv. : par intervalles ; de temps en temps. **III.** *LOIN DE* loc. prép. **1.** À une grande distance (dans l'espace ou dans le temps). – *Loin de moi la pensée de...*, j'écarte cette pensée. – *LOIN DE LÀ* : bien au contraire. **2.** *ÊTRE LOIN DE* (+ inf.). *Il était loin de s'attendre à cela*, il ne s'y attendait pas du tout. **IV.** *D'AUSSI LOIN QUE, DU PLUS LOIN QUE* loc. conj. : d'une grande distance (espace ou temps).

lointain, aine I. adj. **1.** Qui est à une grande distance dans l'espace ou dans le temps. **2.** Qui n'est pas proche, direct. **II.** n. m. Plan (spécialt dans un tableau) situé dans l'éloignement.

loir n. m. ▫ Petit rongeur hibernant.

loisible adj. ▫ *Il lui est loisible de* (+ inf.), il lui est permis, possible de.

loisir n. m. **I. 1.** Temps dont on dispose pour faire commodément qqch. *Je n'ai guère le loisir de vous écrire.* **2.** au plur. Temps libre ; distractions, pendant ce temps libre. **II.** *(TOUT) À LOISIR* loc. adv. : en prenant son temps, à son aise.

lokoum → **loukoum**

lolita n. f. ▫ fam. Très jeune fille qui suscite le désir par l'image d'une féminité précoce.

lolo n. m. **1.** lang. enfantin Lait. **2.** fam. Sein.

lombes n. m. pl. ▫ Régions postérieures de l'abdomen, situées de part et d'autre de la colonne vertébrale. ▶ **lombaire** adj.

lombric n. m. □ Ver de terre.

long, longue I. adj. 1. Qui a une étendue supérieure à la moyenne dans le sens de la longueur. ■ Qui couvre une grande étendue, s'étend sur une grande distance. *Longues enjambées.* 2. Dont la grande dimension (longueur) est importante. *Manches longues.* 3. *LONG DE* (telle grandeur). *Texte long d'une page.* II. adj. 1. Qui a une durée très étendue. 2. Qui remonte loin dans le temps ou éloigné dans l'avenir. – *DE LONGUE DATE* : depuis longtemps. – *À LA LONGUE* loc. adv. : avec le temps. III. n. m. 1. Longueur. *Tomber DE TOUT SON LONG,* allongé par terre. – *EN LONG ET EN LARGE,* dans tous les sens ; fig. sous tous les aspects. – *(TOUT) AU LONG* : complètement. 2. *AU LONG DE, LE LONG DE, TOUT DU LONG DE* loc. prép. : en suivant sur toute la longueur de ; (temps) durant. IV. adv. 1. Beaucoup. 2. Avec un vêtement long.

longanime adj. □ littér. D'une grande patience (tolérante...). ▶ **longanimité** n. f.

long-courrier adj. m. et n. m. □ (navire ; avion) Qui fait de longs parcours. *Des long-courriers.*

① **longe** n. f. □ (veau...) Moitié de l'échine.

② **longe** n. f. □ Corde qui sert à attacher, à mener un cheval, un animal.

longer v. tr. 1. Aller le long de (qqch.). 2. (sujet chose) Être, s'étendre le long de.

longeron n. m. □ Poutre transversale.

longévité n. f. □ Longue durée de vie.

longiligne adj. □ Mince et élancé.

longitude n. f. □ Distance angulaire à un méridien d'origine.

longitudinal, ale, aux adj. □ Qui est dans le sens de la longueur.

longtemps I. adv. Pendant un long espace de temps. II. n. m. 1. *AVANT LONGTEMPS,* bientôt. 2. *Il y a, voici longtemps.* → **autrefois.**

longuement adv. □ Pendant un long temps, avec longueur et continuité.

longuet, ette adj. □ fam. Un peu trop long.

longueur n. f. I. 1. Dimension d'une chose dans le sens de sa plus grande étendue ; cette étendue. 2. en sport Unité servant à évaluer la distance séparant des concurrents. II. 1. Espace de temps. – *À LONGUEUR DE* loc. prép. : pendant toute la durée de. 2. Longue durée. III. 1. Étendue, durée (d'une œuvre...). 2. (surtout au plur.) Passage trop long.

longue-vue n. f. □ Lunette d'approche.

loofa ; loofah → **luffa**

look n. m. □ anglic. Allure, apparence.

looping n. m. □ anglic. Acrobatie aérienne.

lope n. f. □ argot 1. Homosexuel. 2. Homme lâche. – dimin. **lopette** n. f.

lopin n. m. □ Petit morceau (de terrain).

loquace adj. □ Qui parle volontiers. ▶ **loquacité** n. f. littér.

loque n. f. 1. surtout au plur. Vêtement usé et déchiré. 2. fig. Personne sans énergie.

loquet n. m. □ Fermeture de porte à tige mobile.

loqueteux, euse adj. □ Vêtu de loques.

lord n. m. □ Titre de noblesse britannique.

lordose n. f. □ méd. Déformation de la colonne vertébrale.

lorgner v. tr. 1. Observer de façon particulière (avec insistance, de côté...). 2. fig. Convoiter (qqch.).

lorgnette n. f. ◻ Petite lunette (II, 2). – *Voir par le* PETIT BOUT DE LA LORGNETTE : ne voir qu'un aspect secondaire des choses.

lorgnon n. m. ◻ Ensemble de deux lentilles et de leur monture sans branches.

loriot n. m. ◻ Petit passereau au plumage jaune et noir.

lors adv. **1.** *LORS DE* loc. prép. : au moment de, à l'époque de. **2.** loc. conj. *DÈS LORS QUE* : du moment que ; puisque.

lorsque conj. de temps ◻ (le *e* s'élide en général devant les voyelles) Au moment où, quand.

losange n. m. ◻ Parallélogramme à côtés égaux.

lot n. m. **1.** Partie (d'un tout que l'on partage entre des personnes). **2.** Ensemble (de marchandises). **3.** Ce qu'on gagne dans une loterie.

loterie n. f. ◻ Jeu où des lots sont attribués à des gagnants désignés par le sort.

lotion n. f. ◻ Liquide utilisé pour rafraîchir le corps, le soigner. ▶ **lotionner** v. tr.

lotir v. tr. **1.** Partager, répartir par lots. **2.** Mettre (qqn) en possession d'un lot. ▪ fig. au p. p. *Être BIEN, MAL LOTI*, favorisé, défavorisé par le sort.

lotissement n. m. **1.** Action de lotir (1). **2.** Habitations construites sur un terrain loti.

lotisseur, euse n. ◻ Personne qui lotit (1).

loto n. m. **1.** Jeu où l'on doit remplir une carte portant des numéros tirés au hasard. **2.** (en France) Jeu public à numéros gagnants tirés au sort.

lotte n. f. ◻ Baudroie.

lotus n. m. ◻ Nénuphar blanc ou bleu.

① **louable** adj. ◻ Digne d'être loué (①).

② **louable** adj. ◻ Qu'on peut louer (②).

louage n. m. ◻ dr. Action de louer (②).

louange n. f. **1.** littér. Action de louer (①). **2.** au plur. Témoignage d'admiration ou de grande estime. ▶ **louanger** v. tr. ▶ **louangeur, euse** adj. et n.

loubard n. m. ◻ fam. Jeune citadin asocial.

① **louche** adj. ◻ Qui n'est pas clair, pas honnête.

② **louche** n. f. ◻ Grande cuillère à long manche pour servir le potage.

loucher v. intr. **1.** Être atteint de strabisme. **2.** fig., fam. *Loucher sur, vers*, convoiter.

① **louer** v. tr. ◻ Déclarer (qqn, qqch.) digne d'admiration ou de grande estime. ▷ v. pron. se **louer** Se féliciter.

② **louer** v. tr. **I.** Donner (qqch.) en location. **II.** Prendre en location, à bail. ▪ Réserver, retenir en payant.

loueur, euse n. ◻ Personne qui fait métier de donner en location.

loufiat n. m. ◻ fam. Garçon de café.

loufoque adj. ◻ fam. Fou ; extravagant. – syn. **louf ; louftingue.** ▶ **loufoquerie** n. f.

louis n. m. **1.** Ancienne monnaie d'or, à l'effigie du roi de France. **2.** Pièce d'or française de vingt francs.

loukoum n. m. ◻ Pâte aromatisée sucrée orientale. – var. **lokoum.**

loulou n. m. **I.** Petit chien au museau pointu, à long poil. **II.** fam. **1.** Terme d'affection (fém. *louloute*). **2.** Mauvais garçon.

loup n. m. **I. 1.** Mammifère carnivore sauvage, qui ressemble à un grand chien. ▪ fig. *Un jeune loup*, un jeune arriviste. **2.** fam. *LOUP DE MER* : vieux marin expérimenté. **3.** Bar (poisson). **II.** Masque noir couvrant le haut du visage.

loup-cervier n. m. ◻ Lynx d'Europe.

① **loupe** n. f. ◻ Nœud (d'un arbre).

② **loupe** n. f. ▫ Lentille convexe et grossissante.

louper v. tr. ▫ fam. **1.** Ne pas réussir. **2.** Laisser échapper. ▪ *Il n'en loupe pas une*, il fait toutes les sottises. **3.** intrans. *Ça n'a pas loupé*, ça devait arriver.

loup-garou n. m. ▫ Personnage légendaire, homme-loup errant la nuit dans la campagne. *Des loups-garous.*

loupiot, iotte n. ▫ fam. Enfant.

loupiote n. f. ▫ fam. Petite lampe, lumière.

lourd, lourde adj. **I. 1.** Difficile à déplacer, en raison de son poids. ▪ Qui gêne par une impression de pesanteur. **2.** Difficile à supporter. **3.** Qui donne une impression de lourdeur, de pesanteur, sur les sens. **4.** adv. Beaucoup. **II.** (personnes) Maladroit, qui manque de finesse, embarrassé.

lourdaud, aude n. et adj. ▫ Lourd, maladroit (au moral et au physique).

lourde n. f. ▫ fam. Porte.

lourdement adv. **1.** De tout son poids. **2.** Maladroitement ; grossièrement.

lourder v. tr. ▫ fam. Mettre à la porte.

lourdeur n. f. **I. 1.** Caractère de ce qui est lourd. **2.** Caractère massif. **II.** Manque de finesse, de délicatesse. ▪ Gaucherie, maladresse.

loustic n. m. ▫ Farceur. ▪ fam., péj. Homme.

loutre n. f. ▫ Petit carnivore à pelage brun et à pattes palmées ; sa fourrure.

louve n. f. ▫ Femelle du loup.

louveteau n. m. **1.** Petit du loup et de la louve. **2.** Scout de moins de douze ans.

louveterie n. f. ▫ vx ou admin. Chasse aux loups et aux grands animaux nuisibles.

louvoyer v. intr. **1.** mar. Naviguer en zigzag. **2.** Prendre des détours pour atteindre un but. ▶ **louvoiement** n. m.

lover v. tr. **1.** mar. Ramasser en rond. **2.** *SE LOVER* v. pron. S'enrouler sur soi-même.

loyal, ale, aux adj. ▫ Qui obéit aux lois de l'honneur et de la probité. ▶ **loyalement** adv.

loyalisme n. m. ▫ Fidélité à une cause.

loyauté n. f. ▫ Caractère loyal.

loyer n. m. ▫ Prix d'une location.

L. S. D. n. m. ▫ Substance hallucinogène, dite aussi (argot fam.) *acide*.

lubie n. f. ▫ Idée, envie capricieuse.

lubrifier v. tr. ▫ Enduire d'une matière qui atténue les frottements, facilite le fonctionnement. ▶ **lubrifiant, ante** adj. et n. m. ▶ **lubrification** n. f.

lubrique adj. ▫ Qui a un fort penchant pour la luxure. ▶ **lubricité** n. f.

lucane n. m. ▫ Cerf-volant (insecte).

lucarne n. f. ▫ Petite fenêtre.

lucide adj. **1.** Qui perçoit, comprend, exprime les choses avec perspicacité. **2.** Clairvoyant sur soi-même. ▶ **lucidement** adv. ▶ **lucidité** n. f.

luciole n. f. ▫ Insecte lumineux.

lucite n. f. ▫ méd. Lésion cutanée causée par un excès de radiations lumineuses.

lucratif, ive adj. ▫ Qui procure des profits.

lucre n. m. ▫ littér. et péj. Gain recherché avec avidité.

ludion n. m. ▫ Dispositif placé dans un bocal, qui bouge quand la pression varie.

ludique adj. ▫ didact. Relatif au jeu.

luette n. f. ▫ Prolongement vertical du bord postérieur du voile du palais.

lueur n. f. **1.** Lumière faible ou éphémère. **2.** Expression vive et momentanée (du regard).

luffa n. m. ◻ Plante grimpante originaire d'Afrique et d'Asie. – Son fruit (éponge végétale). – var. **loofa ; loofah.**

luge n. f. ◻ Petit traîneau à patins relevés.

lugubre adj. ◻ Sinistre ; d'une profonde tristesse. ▶ **lugubrement** adv.

lui pron. pers. ◻ Pronom personnel de la troisième personne du singulier. **I.** (aux deux genres) Représentant un nom de personne ou d'animal (plur. *leur*). *Il lui parle. Je lui ai serré la main :* j'ai serré sa main. **II.** (masculin : plur. *eux*) *Elle est moins raisonnable que lui. C'est lui qui... Je n'aime que lui. Des idées bien à lui. J'ai confiance en lui.*

luire v. intr. **1.** Émettre ou refléter de la lumière. ▶ **luisant, ante** adj. **2.** fig., littér. Apparaître comme une lueur.

lumbago n. m. ◻ Douleur des lombes.

lumen n. m. ◻ Unité de mesure des flux lumineux (symb. lm).

lumière n. f. **I. 1.** Ce par quoi les choses sont éclairées. **2.** Source de lumière, point lumineux. **3.** sc. Rayonnement émis par les corps incandescents ou luminescents. *Vitesse de la lumière* (environ 300 000 km/s). **II.** fig. **1.** Ce qui éclaire l'esprit. – *Faire la lumière sur qqch.* **2.** au plur. L'intelligence ou le savoir. **3.** Personne d'une grande intelligence.

lumignon n. m. ◻ Lampe faible.

luminaire n. m. ◻ Appareil d'éclairage.

luminescent, ente adj. ◻ Qui émet de la lumière à froid. ▶ **luminescence** n. f.

lumineux, euse adj. **I. 1.** Qui émet ou réfléchit la lumière. **2.** Clair, radieux. **3.** De la nature de la lumière (visible). *Rayon lumineux.* **II.** Clair, lucide. ▶ **lumineusement** adv. (sens II).

luminosité n. f. **1.** Qualité de ce qui est lumineux. **2.** sc. Puissance lumineuse.

lump n. m. ◻ Poisson nordique.

lunaire adj. **1.** Qui appartient ou a rapport à la lune. **2.** Qui évoque la lune.

lunaison n. f. ◻ Mois lunaire (environ 29 jours).

lunatique adj. ◻ D'humeur changeante.

lunch n. m. ◻ anglic. Repas léger servi en buffet. *Des lunch(e)s.*

lundi n. m. ◻ Premier jour de la semaine.

lune n. f. **1.** Satellite de la Terre, recevant sa lumière du Soleil. **2.** *Être* DANS LA LUNE, très distrait. – *Demander, promettre la lune,* l'impossible. – LUNE DE MIEL : les premiers temps de l'amour.

luné, ée adj. ◻ *BIEN, MAL LUNÉ :* dans une disposition d'esprit bonne, mauvaise.

lunetier, ière n. ◻ Fabricant, marchand de lunettes (II). – adj. *Industrie lunetière.*

lunette n. f. **I. 1.** Vitre arrière (d'une automobile). **2.** Ouverture du siège d'aisances. **II. 1.** au plur. Paire de verres (lentilles) enchâssés dans une monture munie de deux branches, et servant à corriger la vue. **2.** au sing. Instrument d'optique grossissant.

lunetterie n. f. ◻ Métier du lunetier.

lunule n. f. ◻ Tache blanche en demi-lune, à la base de l'ongle.

lupanar n. m. ◻ Maison de prostitution.

lupin n. m. ◻ Plante herbacée à fleurs.

lupus n. m. ◻ Maladie de la peau caractérisée par des nodules (*lupome* n. m.).

lurette n. f. ◻ *Il y a* BELLE LURETTE : il y a longtemps.

luron, onne n. ◻ *Joyeux luron,* bon vivant.

lusitanien, ienne adj. et n. ◻ Portugais.

lustral, ale, aux adj. ◻ littér. Qui purifie.

① **lustre** n. m. ◻ littér. Cinq années. – *Il y a des lustres,* il y a longtemps.

② **lustre** n. m. **I.** Éclat (d'un objet brillant ou poli). **II.** Appareil d'éclairage à plusieurs lampes, suspendu au plafond.

lustrer v. tr. ▫ Rendre brillant, luisant, spécialt par le frottement, l'usure. ▶ **lustrage** n. m.

lustrine n. f. ▫ Tissu de coton glacé.

lut n. m. ▫ techn. Enduit servant à boucher, à protéger du feu. ▶ **luter** v. tr.

luth n. m. ▫ Instrument à cordes pincées, ovale. ▪ poét. Symbole de la poésie.

lutherie n. f. ▫ Fabrication des instruments à cordes. ▶ **luthier** n. m.

luthérien, ienne adj. ▫ De Luther, de sa doctrine. – n. Protestant luthérien.

lutin n. m. ▫ Petit démon espiègle.

lutiner v. tr. ▫ Taquiner (une femme) de manière érotique.

lutrin n. m. ▫ Pupitre pour poser un livre.

lutte n. f. **1.** Combat corps à corps de deux adversaires. **2.** Opposition violente entre deux adversaires (individus, groupes). – (marxisme) *La lutte des classes* (sociales). **3.** *Lutte contre, pour...*, action énergique. **4.** Antagonisme entre forces contraires. *La lutte du bien et du mal.* **5.** *DE HAUTE LUTTE* loc. adv. : avec grand effort.

lutter v. intr. **1.** Combattre à la lutte (1). **2.** S'opposer dans une lutte (2). **3.** Mener une action énergique (contre ou pour qqch.).

lutteur, euse n. ▫ Athlète qui pratique la lutte.

luxation n. f. ▫ Déplacement anormal des surfaces d'une articulation.

luxe n. m. **1.** Mode de vie caractérisé par de grandes dépenses consacrées au superflu. **2.** Caractère coûteux, somptueux (d'un bien...). – *Produits de luxe.* **3.** Bien ou plaisir (relativement) coûteux. **4.** *UN LUXE DE*, abondance ou profusion de.

luxembourgeois, oise adj. et n. ▫ Du Luxembourg. – n. *Les Luxembourgeois.* ▪ n. m. Dialecte germanique, langue du Luxembourg (avec le français et l'allemand).

luxer v. tr. ▫ Provoquer la luxation de.

luxueux, euse adj. ▫ Qui se signale par son luxe. ▶ **luxueusement** adv.

luxure n. f. ▫ littér. Goût immodéré, recherche des plaisirs sexuels. ▶ **luxurieux, euse** adj.

luxuriant, ante adj. ▫ Qui se développe avec une remarquable abondance. ▶ **luxuriance** n. f.

luzerne n. f. ▫ Plante fourragère à petites fleurs violettes.

lycanthrope n. m. ▫ didact. Loup-garou.

lycaon n. m. ▫ Mammifère carnivore d'Afrique tenant du loup et de l'hyène.

lycée n. m. ▫ Établissement public d'enseignement secondaire (seconde à terminale).

lycéen, enne **1.** n. Élève d'un lycée. **2.** adj. De lycéens. *Organisations lycéennes.*

lycopode n. m. ▫ bot. Plante à tige grêle dont les spores renferment une poudre inflammable.

lymphatique adj. **I.** Relatif à la lymphe. **II.** Apathique, lent (▶ n. m. **lymphatisme**).

lymphe n. f. ▫ Liquide organique incolore ou ambré.

lymphocyte n. m. ▫ Petit leucocyte à gros noyau.

lymphoïde adj. ▫ didact. Qui se rapporte à la lymphe, aux lymphocytes.

lymphome n. m. ▫ méd. Prolifération cancéreuse du tissu lymphoïde.

lyncher v. tr. ▫ anglic. Exécuter (qqn) sans jugement et par une décision collective. ▶ **lynchage** n. m.

lynx n. m. ▫ Mammifère carnivore, fort et agile, aux oreilles pointues.

lyophiliser v. tr. ▫ Déshydrater par dessiccation. – au p. p. *Café lyophilisé.*

lyre n. f. ▫ Instrument antique à cordes pincées. ▪ poét. Symbole de la poésie.

lyrique adj. **I. 1.** (poésie...) Qui exprime des sentiments intimes au moyen de rythmes et d'images propres à émouvoir. **2.** Plein d'un enthousiasme passionné. **II.** Destiné à être mis en musique et chanté. – *Artiste lyrique* (chanteur).

lyriquement adv. ▫ littér. Avec lyrisme.

lyrisme n. m. **1.** Poésie, genre lyrique. **2.** Manière passionnée, poétique de sentir.

lys → **lis**

lyse n. f. ▫ sc. Destruction d'éléments organiques par des agents physiques, chimiques ou biologiques. ▶ **lyser** v. tr. ▶ **lytique** adj.

M

m n. m. **I. 1.** Treizième lettre, dixième consonne de l'alphabet. **2.** *M.*, abrév. de *Monsieur ; MM.*, de *Messieurs*. **II.** *m*, symb. de *mètre*. **III.** *M*, chiffre romain (1 000).

ma → **mon**

maboul, e n. et adj. ▫ fam. Fou.

macabre adj. ▫ Qui évoque la mort.

macadam n. m. ▫ Revêtement de pierre concassée et de sable agglomérés.

macadamia n. m. ▫ Arbre originaire d'Australie aux noix comestibles.

macaque n. m. ▫ Singe d'Asie.

macareux n. m. ▫ Oiseau palmipède des mers septentrionales.

macaron n. m. **1.** Gâteau sec, rond, à la pâte d'amandes. **2.** Natte de cheveux roulée sur l'oreille. **3.** fam. Insigne rond.

macaroni n. m. ▫ Pâte alimentaire en forme de tube.

macaronique adj. ▫ didact. *Poésie macaronique*, poésie burlesque mêlée de latin (XVIe-XVIIe s.).

macchabée n. m. ▫ fam. Cadavre.

macédoine n. f. ▫ Mélange de légumes ou de fruits.

macérer v. **1.** v. tr. Mettre à tremper. **2.** v. intr. Tremper longtemps. ▶ **macération** n. f.

macfarlane n. m. ▫ anciennt Cape à grand collet.

Mach n. (nom propre) ▫ *Nombre de Mach*, rapport d'une vitesse à celle du son. – ellipt *Voler à Mach 2.*

mâche n. f. ▫ Plante à petites feuilles allongées.

mâchefer n. m. ▫ Déchets solides de la combustion de la houille.

mâcher v. tr. ▫ Broyer avec les dents. ▶ **mâcheur, euse** n.

machette n. f. ▫ Grand coutelas.

machiavélique adj. ▫ Rusé et perfide. ▶ **machiavélisme** n. m.

mâchicoulis n. m. ▫ Balcon au sommet d'une muraille, percé d'ouvertures.

machin n. m. ▫ fam. Chose (quelconque).

machinal, ale, aux adj. ▫ Qui est fait sans intervention de la volonté. ▶ **machinalement** adv.

machination n. f. ▫ Ensemble de manœuvres secrètes déloyales.

machine n. f. **1.** Objet fabriqué qui transforme l'énergie pour produire un travail. – *MACHINE-OUTIL :* machine portant un outil amovible. ▪ spécialt Machine électronique. *Langage machine.* **2.** *Les machines* (assurant la propulsion d'un navire). – *Faire machine arrière*, reculer. **3.** Ensemble complexe qui fonctionne de façon implacable.

machiner v. tr. ▫ Organiser (des machinations).

machinerie n. f. **1.** Ensemble des machines concourant à un but commun. **2.** Salle des machines d'un navire.

machinisme n. m. ▫ hist. Emploi généralisé des machines.

machiniste n. **1.** théâtre, cinéma Personne qui s'occupe des changements de décor. **2.** Conducteur (d'un véhicule de transport en commun).

macho n. m. ▫ Homme qui prétend faire sentir aux femmes sa supériorité de mâle. ▶ **machiste** adj. et n. ▶ **machisme** n. m.

mâchoire n. f. **1.** Chacun des deux arcs osseux dans lesquels sont implantées les dents. **2.** Pièce mécanique qui peut serrer, tenir.

mâchonner v. tr. ▫ Mâcher lentement, longuement. ▶ **mâchonnement** n. m.

mâchouiller v. tr. ▫ fam. Mâchonner.

mackintosh n. m. ▫ anciennt Imperméable.

① **macle** n. f. **I.** blason Losange. **II.** Minéral à inclusions symétriques, en losanges.

② **macle** n. f. ▫ Plante aquatique à fleurs blanches.

maçon, onne n. **I.** Personne qui bâtit les maisons. **II.** → **franc-maçon.**

maçonner v. tr. ▫ Construire en maçonnerie.

maçonnerie n. f. **I. 1.** Édification du gros œuvre et revêtement. **2.** Construction faite d'éléments assemblés et joints. **II.** Franc-maçonnerie.

maçonnique adj. ▫ Relatif à la franc-maçonnerie.

macoute adj. m. et n. m. ▫ hist. *Tonton macoute* ou *macoute :* membre de la milice créée par F. Duvalier en Haïti.

macramé n. m. ▫ Ouvrage de fils tressés et noués.

macreuse n. f. **I.** Oiseau palmipède migrateur. **II.** Viande maigre sur l'os de l'épaule du bœuf.

macrobiotique n. f. ▫ Régime alimentaire végétarien.

macrocéphale adj. ▫ didact. À grosse tête.

macrocosme n. m. ▫ littér. Le cosmos, l'univers. ▶ **macrocosmique** adj.

macromolécule n. f. ▫ sc. Très grosse molécule à groupements d'atomes répétés. ▶ **macromoléculaire** adj.

macroscopique adj. ▫ didact. Qui se voit à l'œil nu.

macule n. f. ▫ didact. Tache.

maculer v. tr. ▫ littér. Couvrir, souiller de taches.

madame n. f. ▫ Titre donné à une femme qui est ou a été mariée. – Au plur. *mesdames.*

made in loc. adj. invar. ▫ anglic. Fabriqué en (tel pays).

madeleine n. f. ▫ Petit gâteau sucré de forme arrondie.

mademoiselle n. f. ▫ Titre donné aux jeunes filles et aux femmes célibataires. – Au plur. *mesdemoiselles.*

madère n. m. ▫ Vin de Madère.

madérisé, ée adj. ▫ (vin) Qui a pris une saveur anormalement sucrée.

madone n. f. ▫ Représentation de la Vierge.

madras n. m. ▫ Étoffe de soie et coton, de couleurs vives.

madré, ée adj. ▫ Malin, rusé.

madrépore n. m. ▫ Corail des mers chaudes. ▶ **madréporique** adj.

madrier n. m. ▫ Planche très épaisse.

madrigal, aux n. m. ▫ Courte pièce de vers galants.

maelström n. m. ▫ Courant marin formant un tourbillon. – var. **malstrom.**

maestria n. f. ▫ Maîtrise, facilité dans l'exécution (d'une œuvre).

maestro n. m. ▫ Compositeur, chef d'orchestre célèbre.

maffia ou **mafia** n. f. ▫ Association secrète servant des intérêts privés par des moyens illicites. ▶ **maf(f)ieux, euse** adj. et n.

magasin n. m. **I. 1.** Endroit où l'on garde des marchandises. **2.** Partie creuse (d'un appareil) destinée à être chargée. **II.** Local où l'on vend des marchandises.

magasinage n. m. □ (Canada) Fait d'aller dans les magasins (*magasiner* v. intr.) faire des achats.

magasinier, ière n. □ Personne qui garde les marchandises en magasin (I, 1).

magazine n. m. **1.** Publication périodique, généralement illustrée. **2.** Émission périodique d'actualité (radio, télévision).

magdalénien, ienne adj. □ didact. D'une période de la préhistoire.

mage n. m. **1.** Prêtre, astrologue, dans la Babylone antique, en Assyrie. ▪ *Les (trois) Rois mages,* qui rendent hommage à l'enfant Jésus. **2.** Personne qui pratique la magie.

maghrébin, ine adj. et n. □ Du Maghreb.

magicien, ienne n. □ Personne qui pratique la magie.

magie n. f. **1.** Art de produire des phénomènes inexplicables. **2.** fig. Impression forte, inexplicable.

magique adj. **1.** De la magie. **2.** fig. Qui produit des effets extraordinaires. ▶ **magiquement** adv.

magistère n. m. **1.** didact. Autorité absolue. **2.** Diplôme universitaire de formation professionnelle supérieure.

magistral, ale, aux adj. **1.** D'un maître. **2.** Qui fait preuve de maîtrise. ▶ **magistralement** adv.

magistrat n. m. □ Fonctionnaire public de l'ordre judiciaire.

magistrature n. f. **1.** Fonction, charge de magistrat. **2.** Corps des magistrats.

magma n. m. **1.** géol. Masse minérale profonde qui peut s'épancher en lave. ▶ **magmatique** adj. **2.** fig. Mélange confus.

magnanerie n. f. □ Local où se pratique l'élevage des vers à soie.

magnanime adj. □ Qui pardonne les injures, est bienveillant envers les faibles. ▶ **magnanimité** n. f.

magnat n. m. □ Puissant capitaliste.

se **magner** v. pron. □ fam. Se dépêcher.

magnésie n. f. **1.** chim. Poudre blanche d'oxyde de magnésium. **2.** Sulfate de magnésie (purgatif).

magnésium n. m. □ Corps simple, métal léger, blanc argenté et malléable.

magnet n. m. □ anglic. Petit objet décoratif monté sur un aimant.

magnétique adj. **1.** Qui a rapport au magnétisme. **2.** Qui fascine, envoûte.

magnétiser v. tr. **1.** Rendre magnétique. **2.** Soumettre (un être vivant) à l'action du magnétisme. ▶ **magnétisation** n. f.

magnétiseur, euse n. □ Personne qui pratique le magnétisme (2).

magnétisme n. m. **1.** phys. Étude des propriétés des aimants et des phénomènes qui s'y rattachent. **2.** Force occulte (fluide*) dont disposeraient les êtres. **3.** fig. Charme, fascination.

magnéto n. f. □ Génératrice de courant électrique continu utilisant un aimant.

magnétophone n. m. □ Appareil d'enregistrement et de reproduction des sons sur une bande magnétisée.

magnétoscope n. m. □ Appareil permettant l'enregistrement des images et du son sur bande magnétique.

magnificat n. m. □ relig. cathol. Cantique de la Vierge Marie.

magnificence n. f. □ Beauté magnifique.

magnifier v. tr. ▫ littér. Célébrer, glorifier.

magnifique adj. ▫ Très beau. ▶ **magnifiquement** adv.

magnitude n. f. ▫ astron. Grandeur qui caractérise l'éclat des astres visibles.

magnolia n. m. ▫ Arbre à feuilles luisantes, à grandes fleurs blanches, très odorantes.

magnum n. m. ▫ Bouteille d'un litre et demi.

① **magot** n. m. ▫ Figurine trapue de l'Extrême-Orient.

② **magot** n. m. ▫ Somme d'argent cachée.

magouille n. f. ▫ fam. Manœuvre malhonnête.

magouiller v. intr. ▫ Se livrer à des magouilles. ▶ **magouillage** n. m. ▶ **magouilleur, euse** n. et adj.

magret n. m. ▫ Filet de canard, d'oie.

magyar, are adj. et n. ▫ Hongrois.

maharajah ou **maharadjah** n. m. ▫ Prince hindou.

mahatma n. m. ▫ Chef spirituel (en Inde).

mahdi n. m. ▫ Envoyé d'Allah.

mah-jong n. m. ▫ Jeu chinois voisin des dominos. *Des mah-jongs.*

mahous ; mahousse → **maous**

mai n. m. ▫ Cinquième mois de l'année.

maie n. f. ▫ Coffre à pain.

maïeutique n. f. ▫ philos. Méthode d'« accouchement » des pensées confuses, par le dialogue (Socrate).

maigre adj. **1.** Dont le corps a peu de graisse ; qui pèse relativement peu. **2.** Qui n'a pas de graisse (opposé à *gras*). *Viande maigre.* **3.** Peu épais. **4.** Peu abondant ; de peu d'importance. ▶ **maigrement** adv. (sens 4).

maigreur n. f. **1.** État d'un être vivant maigre. **2.** Caractère de ce qui est peu abondant.

maigriot, otte adj. ▫ Un peu trop maigre. – syn. **maigrelet, ette ; maigrichon, onne.**

maigrir v. **I.** v. intr. Devenir maigre. **II.** v. tr. Faire paraître maigre.

① **mail** n. m. **I.** Maillet pour un jeu. **II.** Allée bordée d'arbres. *Des mails.*

② **mail** n. m. ▫ anglic. Courrier électronique.

mailing n. m. ▫ anglic. Prospection par courrier auprès d'une clientèle. – recomm. off. → **publipostage.**

① **maille** n. f. **1.** Chacune des boucles dont l'entrelacement forme un tissu, un tricot. **2.** Trou formé par chaque maille. **3.** Anneau de métal.

② **maille** n. f. ▫ (au Moyen Âge) Un demi-denier. ▪ *AVOIR MAILLE À PARTIR* (« partager ») *avec qqn*, avoir une dispute.

③ **maille** n. f. ▫ fam. (collectif) Argent.

maillechort n. m. ▫ Alliage inaltérable de cuivre, de zinc et de nickel.

mailler v. **I.** v. tr. Faire avec des mailles. **II.** v. intr. (filet) Retenir le poisson.

maillet n. m. ▫ Outil fait d'une masse dure emmanchée en son milieu, pour frapper, enfoncer.

mailloche n. f. **1.** Gros maillet de bois. **2.** Baguette terminée par une boule, pour la percussion.

maillon n. m. ▫ Anneau (d'une chaîne).

maillot n. m. **1.** Vêtement souple porté à même la peau. **2.** Vêtement collant qui couvre le haut du corps. **3.** *MAILLOT (DE BAIN)*, costume de bain collant.

main n. f. **I. 1.** Partie du corps humain, à l'extrémité du bras, munie de cinq doigts. **2.** (La main qui prend, qui possède) – *(...) À MAIN :* qui se tient, se manipule avec la main. ▪ *METTRE LA MAIN sur* *qqn, qqch.*, le trouver. – LA MAIN DANS LE SAC, en flagrant délit. ▪ EN MAIN. *Preuve en main* : en montrant une preuve. ▪ SOUS LA MAIN : à disposition. **3.** (La main qui frappe) fam. *Ne pas y aller de main morte* : agir avec brutalité ou vigueur. ▪ *Homme de main* (tueur à gages...). **4.** (La main qui donne, reçoit) *Remettre qqch.* EN MAIN(S) PROPRE(S), au destinataire en personne. – DE PREMIÈRE MAIN : directement, de la source. **5.** (La main qui travaille, agit) *Faire* DES PIEDS ET DES MAINS : multiplier les efforts (en vue d'un résultat). – *Donner un* COUP DE MAIN *à qqn*, l'aider. ▪ *Se faire la main* : apprendre. **6.** L'initiative, au jeu. **II.** (objets) **1.** *Main de justice* : sceptre terminé par une main. **2.** *Main de Fatma*, amulette arabe. **3.** MAIN COURANTE : rampe fixée au mur. ▪ Registre d'opérations commerciales, d'événements... **III.** (personnes) PETITE MAIN : ouvrière débutante.

mainate n. m. ▫ Passereau noir au bec rouge, parleur.

main-d'œuvre n. f. **1.** Travail de l'ouvrier sur un ouvrage. **2.** Ensemble des salariés, des ouvriers. *Des mains-d'œuvre.*

main-forte n. f. ▫ DONNER, PRÊTER MAIN-FORTE *à qqn*, lui venir en aide.

mainlevée n. f. ▫ dr. Acte qui lève les effets d'une saisie, d'une hypothèque.

mainmise n. f. ▫ Action de s'emparer ; prise de possession, domination.

mainmorte n. f. ▫ dr. *Biens de mainmorte*, biens des collectivités qui survivent à leurs membres.

maint, mainte adj. ▫ (dans des loc.) Nombreux. – au sing. *En mainte occasion.*

maintenance n. f. ▫ Opérations d'entretien d'un matériel technique.

maintenant adv. ▫ Dans le temps actuel, au moment présent. – (+ futur) À partir du moment présent.

maintenir v. tr. **1.** Conserver dans le même état ; faire ou laisser durer. **2.** Affirmer avec constance, fermeté. **3.** Tenir dans une même position, empêcher de bouger. ▷ v. pron. **se maintenir** Rester dans le même état.

maintien n. m. **1.** Action de faire durer. **2.** Manière de se tenir en société.

maire n. ▫ Premier officier municipal.

mairie n. f. ▫ Administration municipale. – Bâtiment où elle se trouve.

mais I. conj. **1.** (introduisant une idée contraire) *Je n'en veux pas un, mais deux.* ▪ (restriction, correction, précision) *C'est beau, mais c'est cher.* ▪ (objection) *Oui, mais...* **2.** (transition ; en tête de phrase) *Mais c'est tout naturel.* **II.** adv. (renforçant un mot exprimé) *Mais bien sûr.* **III.** exclam. Marque la surprise, la menace, l'indignation.

maïs n. m. ▫ Céréale cultivée pour ses grains comestibles. ▪ Les grains.

maison n. f. **I. 1.** Bâtiment d'habitation ; spécialt bâtiment conçu pour un seul ou quelques foyers. **2.** Habitation, logement. – À LA MAISON : chez soi. **II.** (+ adj. ; + *de* et nom) Bâtiment, édifice pour (un usage spécial). *Maison d'arrêt. Maison de retraite...* **III.** Entreprise commerciale. **IV.** appos. invar. **1.** Qui a été fait à la maison, sur place. *Tarte maison.* **2.** fam. Particulièrement réussi, soigné. *Une bagarre maison.* **3.** Particulier à une entreprise. *L'esprit maison.*

maisonnée n. f. ▫ Les habitants d'une maison.

maisonnette n. f. ▫ Petite maison.

maître, maîtresse n. **I. 1.** Personne qui a pouvoir et autorité (sur qqn) pour se faire obéir ; personne qui dirige. **2.** Possesseur (d'un animal domestique). **3.** ÊTRE SON MAÎTRE : être libre et indépendant. – ÊTRE MAÎTRE, MAÎTRESSE DE SOI : avoir de l'empire sur soi-même.

4. Personne qui possède une chose, en dispose. 5. anciennt *Maître, maîtresse d'école.* → **instituteur, professeur.** 6. n. m. Artisan qui dirige le travail et enseigne aux apprentis. ■ *ÊTRE, PASSER MAÎTRE EN, DANS* : devenir particulièrement adroit à. 7. n. m. Peintre, sculpteur qui dirigeait un atelier. 8. n. m. Personne dont on est le disciple. **II.** (Titre) n. m. Appellatif des gens de loi (avocat, huissier, notaire), pour un professeur éminent, un artiste, un écrivain célèbre. *Maître X, avocate à la cour.* **III.** *MAÎTRE, MAÎTRESSE* appos. ou adj. 1. Qui a les qualités d'un chef. *Une maîtresse femme.* 2. (choses) Le plus important, la plus importante.

maître chanteur n. m. □ Personne qui exerce un chantage*.

maître-chien n. m. □ Personne responsable d'un chien de surveillance.

maîtresse n. f. **I.** Féminin de *maître**. **II.** Femme qui a des relations sexuelles durables avec un homme, en dehors du mariage.

maîtrisable adj. □ Qui peut être maîtrisé.

maîtrise n. f. **I.** 1. *MAÎTRISE DE SOI* : qualité d'une personne qui sait se dominer. 2. Contrôle militaire. **II.** 1. École de chant, chœur d'église. 2. *AGENT DE MAÎTRISE,* technicien, cadre subalterne. 3. Diplôme universitaire du second cycle. 4. Fait de connaître à fond (un sujet, une langue).

maîtriser v. tr. 1. Se rendre maître de. 2. Dominer (une passion, une émotion, un réflexe). – pronom. → se **contrôler,** se **dominer.** 3. Dominer (ce que l'on fait, ce dont on se sert).

majesté n. f. 1. Grandeur suprême. 2. Titre donné aux souverains héréditaires.

majestueux, euse adj. □ Qui a de la majesté. ▶ **majestueusement** adv.

① **majeur, eure** **I.** adj. compar. 1. Plus grand, plus important. 2. Très grand, très important. **II.** n. m. Le plus grand doigt de la main.

② **majeur, eure** adj. et n. □ Qui a atteint, dépassé l'âge de la majorité légale.

majolique n. f. □ Faïence italienne.

major **I.** adj. Supérieur par le rang (dans quelques composés). *Infirmière-major.* **II.** n. m. 1. Chef de bataillon. 2. Candidat reçu premier au concours (d'une grande école).

majordome n. m. □ Maître d'hôtel.

majorer v. tr. □ Porter à un chiffre plus élevé. ▶ **majoration** n. f.

majorette n. f. □ Jeune fille en uniforme militaire de fantaisie.

majoritaire adj. 1. (système électoral) Dans lequel la majorité l'emporte. *Scrutin majoritaire* (opposé à *proportionnel*). 2. Qui fait partie d'une majorité ; qui détient la majorité. ▶ **majoritairement** adv.

① **majorité** n. f. 1. Groupement de voix qui l'emporte par le nombre, dans un vote. 2. Parti, fraction qui réunit la majorité des suffrages. 3. Le plus grand nombre.

② **majorité** n. f. □ dr. Âge légal (dix-huit ans en France) à partir duquel une personne devient pleinement capable ou responsable.

majuscule adj. et n. f. □ *(Lettre) majuscule,* plus grande que la minuscule et d'une forme différente (début de phrases, noms propres).

maki n. m. □ Lémurien de Madagascar.

① **mal, male** adj. **I.** vx Mauvais. – *Bon gré, mal gré. Bon an, mal an.* **II.** 1. Contraire à un principe moral, à une obligation. 2. *PAS MAL* loc. adj. : plutôt bien.

② **mal** adv. ▫ (opposé à *bien*). **I. 1.** D'une manière contraire à l'intérêt ou au plaisir de qqn. **2.** Avec malaise, douleur. *Se sentir mal* : éprouver un malaise. *SE TROUVER MAL* : s'évanouir. **3.** D'une façon défavorable, avec malveillance. **II. 1.** Autrement qu'il ne convient. **2.** Insuffisamment. **3.** Difficilement, avec effort. **III. 1.** *PAS MAL* (+ négation) loc. adv. : assez bien. **2.** *PAS MAL* (sans négation) loc. adv. : assez, beaucoup (opposé à *peu*).

③ **mal, maux** n. m. **I. 1.** Ce qui cause de la douleur, de la peine, du malheur. **2.** Souffrance, malaise physique. – *AVOIR MAL.* → **souffrir.** – *FAIRE MAL* : causer de la douleur. **3.** Maladie. *Prendre mal, du mal* (spécialt prendre froid). **4.** Souffrance morale. *Le mal du pays.* → **nostalgie.** – *Être EN MAL DE* (+ nom), souffrir de l'absence, du défaut de (qqch.). **5.** Difficulté, peine. **6.** Choses mauvaises exprimées. *Dire du mal de qqn.* **II.** *LE MAL.* Ce qui est contraire à la morale, au bien. – *Sans penser à mal* : sans intentions mauvaises.

malabar n. m. ▫ fam. Homme très fort.

malachite n. f. ▫ Pierre d'un beau vert diapré.

malacologie n. f. ▫ didact. Étude des mollusques.

malade adj. et n. ▫ Qui souffre de troubles ; qui est en mauvaise santé. ▪ *MALADE MENTAL.* → **aliéné, fou.**

maladie n. f. **I.** Altération, trouble de l'organisme. **II.** fig. **1.** Ce qui trouble, épuise. **2.** Manie (II).

maladif, ive adj. **1.** Qui est souvent malade. **2.** De la maladie. *Pâleur maladive.* **3.** Excessif et irrépressible. *Peur maladive.* ▶ **maladivement** adv.

maladrerie n. f. ▫ vx Léproserie.

maladresse n. f. **1.** Manque d'adresse ; de tact. **2.** Action maladroite.

maladroit, oite **1.** adj. et n. Qui manque d'adresse, n'est pas adroit. **2.** adj. Qui dénote de la maladresse. ▶ **maladroitement** adv.

malaga n. m. ▫ Vin liquoreux espagnol.

mal-aimé, ée adj. ▫ Qui n'est pas assez aimé. – n. *Des mal-aimés.*

malaise n. m. **1.** Sensation pénible d'un trouble physiologique. **2.** Sentiment pénible et irraisonné. **3.** Mécontentement social inexprimé.

malaisé, ée adj. ▫ littér. Qui ne se fait pas facilement. ▶ **malaisément** adv.

malandrin n. m. ▫ vieilli ou littér. Voleur ou vagabond dangereux.

malappris, ise n. ▫ Personne sans éducation.

malaria n. f. ▫ Paludisme.

malaxer v. tr. **1.** Pétrir pour rendre plus homogène. **2.** Remuer ensemble pour mélanger. ▶ **malaxage** n. m.

malaxeur n. m. ▫ Appareil servant à malaxer.

malbouffe n. f. ▫ fam. et péj. Nourriture de qualité médiocre, produite industriellement.

malchance n. f. ▫ Mauvaise chance (1). – *Jouer de malchance*, accumuler les ennuis. ▶ **malchanceux, euse** adj. et n.

malcommode adj. ▫ Peu pratique.

maldonne n. f. **1.** Mauvaise donne (aux cartes). **2.** fig. Erreur, malentendu.

mâle I. n. m. Individu du sexe doué du pouvoir de fécondation. *Le mâle et la femelle.* **II.** adj. **1.** Du sexe masculin. **2.** Se dit d'une pièce de mécanisme qui s'insère dans une autre, dite *femelle. Prise (de courant) mâle.*

malédiction n. f. **1.** Condamnation au malheur. **2.** Malheur auquel on semble voué par le sort.

maléfice n. m. ▫ Opération magique visant à nuire.

maléfique adj. ▫ Néfaste et occulte.

malencontreux, euse adj. ◻ Qui se produit mal à propos. ▶ **malencontreusement** adv.

mal en point → ① **point**

malentendant, ante adj. et n. ◻ Qui a des troubles de l'audition.

malentendu n. m. ◻ Méprise entre personnes qui croyaient se comprendre.

malfaçon n. f. ◻ Défaut dans un ouvrage mal exécuté.

malfaisant, ante adj. ◻ Qui fait ou cherche à faire du mal à autrui. ▶ **malfaisance** n. f.

malfaiteur n. m. ◻ Personne qui commet des méfaits*, des actes criminels.

mal famé, ée adj. → **famé**

malformation n. f. ◻ Anomalie, vice de conformation congénitale.

malfrat n. m. ◻ fam. Malfaiteur.

malgache adj. et n. ◻ De Madagascar. ▪ n. m. Langue parlée à Madagascar.

malgré prép. **I. 1.** Contre le gré de (qqn), en dépit de son opposition. **2.** En dépit de (qqch.). – *MALGRÉ TOUT* : quoi qu'il arrive ; quand même. **II.** *MALGRÉ QUE* loc. conj. (+ subj.). (critiqué) Bien que.

malhabile adj. ◻ Qui manque d'habileté.

malheur n. m. **1.** Événement qui affecte péniblement (qqn). ▪ Désagrément, inconvénient. ▪ fam. *Faire un malheur*, un éclat ; fig. remporter un triomphe. **2.** *Le malheur*, situation, condition pénible. **3.** Malchance. – *Avoir le malheur de* (+ inf.). – *Par malheur*. ▪ *DE MALHEUR* : qui porte malheur. – fam. → **maudit.** *Quelle pluie de malheur !* **4.** *MALHEUR À*. → **malédiction.** *Malheur aux vaincus !*

malheureusement adv. ◻ Par malheur.

malheureux, euse adj. **I. 1.** Qui est accablé de malheurs. ▪ n. Personne qui est dans le malheur, spécialt indigent. **2.** n. Personne qui inspire une pitié méprisante. **3.** Qui n'est pas heureux. *Être malheureux comme les pierres.* ▪ Mal à l'aise. **4.** (choses) Qui cause du malheur. – *Avoir un mot malheureux*, qui offense ou peine. **II.** Qui a de la malchance ; qui ne réussit pas. **III.** (avant le nom) Qui mérite peu d'attention ; sans importance.

malhonnête adj. **I.** Qui n'est pas honnête. **II.** *Intentions, propositions malhonnêtes*, contraires à la pudeur. ▶ **malhonnêtement** adv.

malhonnêteté n. f. ◻ Caractère d'une personne malhonnête.

malice n. f. **1.** Plaisir pris en s'amusant aux dépens d'autrui. **2.** vx Méchanceté. – *SANS MALICE*.

malicieux, euse adj. ◻ Qui s'amuse, rit volontiers aux dépens d'autrui. ▶ **malicieusement** adv.

malignité n. f. **1.** Caractère d'une personne qui cherche à nuire de façon dissimulée. **2.** méd. Tendance à s'aggraver (tumeur...).

malin, maligne adj. **I. 1.** vx Mauvais, méchant. – *Prendre un malin plaisir à* (+ inf.). **2.** Se dit d'une maladie grave, d'une tumeur, pouvant se généraliser et entraîner la mort. **II. 1.** Qui a de la ruse et de la finesse. – n. *FAIRE LE MALIN* : vouloir faire de l'esprit. **2.** fam. *C'est malin !* → **fin, intelligent.** ▪ *Ce n'est pas bien malin*, pas difficile.

malingre adj. ◻ D'une constitution faible.

malintentionné, ée adj. ◻ Qui a de mauvaises intentions.

malle n. f. **1.** Bagage de grande dimension. – fam. *Se faire la malle* : s'enfuir. **2.** Coffre d'une automobile.

malléable adj. 1. Qui a la propriété de s'aplatir et de s'étendre. 2. (personnes) Qui se laisse manier, influencer. ▶ **malléabilité** n. f.

malléole n. f. ▫ anat. Saillie osseuse de la cheville. ▶ **malléolaire** adj.

mallette n. f. ▫ Petite valise.

malmener v. tr. ▫ Traiter (qqn) rudement.

malnutrition n. f. ▫ Alimentation mal équilibrée ou mal adaptée.

malodorant, ante adj. ▫ Qui a une mauvaise odeur.

malotru, ue n. ▫ Personne grossière.

malpoli, ie adj. et n. ▫ pop. Mal élevé, grossier.

malpropre adj. 1. Sale. ▶ **malproprement** adv. ▶ **malpropreté** n. f. 2. Qui manque d'honnêteté, de délicatesse. – n. *Se faire renvoyer comme un malpropre,* sans ménagement.

malsain, aine adj. 1. Qui n'est pas normal, manifeste de la perversité. 2. Qui engendre la maladie. ▪ fig. Pernicieux, qui corrompt l'esprit.

malséant, ante adj. ▫ littér. Contraire à la bienséance.

malsonnant, ante adj. ▫ littér. Inconvenant (paroles).

malt n. m. ▫ Orge germée artificiellement et séchée.

maltais, aise 1. adj. et n. De Malte. ▪ n. m. *Le maltais,* dialecte arabe de Malte. 2. adj. et n. f. *(Orange) maltaise,* juteuse et sucrée.

malté, ée adj. ▫ Mêlé de malt.

malthusianisme n. m. ▫ Limitation des naissances.

malthusien, ienne adj. ▫ Du malthusianisme. – adj. et n. Partisan du malthusianisme.

maltraitance n. f. ▫ Mauvais traitements répétés sur (qqn, notamment un enfant). ▶ **maltraitant, ante** adj.

maltraiter v. tr. ▫ Traiter avec brutalité.

malus n. m. ▫ Majoration d'une prime d'assurance automobile.

malveillance n. f. 1. Tendance à vouloir du mal à autrui. 2. Acte criminel.

malveillant, ante adj. ▫ Qui a de la malveillance.

malvenu, ue adj. ▫ littér. Qui n'est pas fondé à, n'a pas le droit de (faire telle chose). *Vous êtes malvenu de, à vous plaindre.*

malversation n. f. ▫ Faute grave, détournement de fonds, dans l'exercice d'une charge.

malvoisie n. m. ou f. ▫ Vin grec liquoreux.

malvoyant, ante adj. et n. ▫ Dont l'acuité visuelle est très diminuée.

maman n. f. ▫ fam. Mère.

mamelle n. f. ▫ Organe des femelles des mammifères, sécrétant le lait.

mamelon n. m. I. Bout du sein. II. fig. Sommet arrondi (colline).

mamelonné, ée adj. ▫ Formé de collines arrondies.

mamelouk ou **mameluk** n. m. ▫ hist. Cavalier égyptien.

mamie n. f. ▫ lang. enfantin Grand-mère.

mammaire adj. ▫ Relatif aux mamelles.

mammifère n. m. ▫ Animal vertébré, à température constante, respirant par des poumons, à système nerveux central développé.

mammographie n. f. ▫ méd. Radiographie du sein.

mammouth n. m. ▫ Très grand éléphant fossile du quaternaire.

mamours n. m. pl. ▫ fam. Démonstrations de tendresse.

manade n. f. ▫ En Provence, Troupeau (de taureaux, de chevaux).

management n. m. ▫ anglic. Techniques d'organisation et de gestion des entreprises.

manager n. m. ▫ anglic. **1.** Organisateur de spectacles, concerts, etc. **2.** Dirigeant d'une entreprise.

manant n. m. **1.** hist. (au Moyen Âge) Roturier assujetti à la justice seigneuriale. **2.** vx Paysan.

① **manche** n. f. **I.** Partie du vêtement qui entoure le bras. – fam. *C'est une autre paire de manches,* c'est tout à fait différent. **II.** Chacune des deux parties liées d'un jeu.

② **manche** n. m. **1.** Partie allongée (d'un outil, d'un instrument) par laquelle on le tient. ▪ fig. *Être, se mettre du côté du manche,* du côté du plus fort. **2.** Partie (d'un instrument de musique), le long de laquelle sont tendues les cordes.

③ **manche** n. m. et adj. ▫ Maladroit.

④ **manche** n. f. ▫ *FAIRE LA MANCHE :* faire la quête, mendier.

manchette n. f. **1.** Poignet à revers d'une chemise. **2.** Titre de journal en gros caractères.

manchon n. m. **1.** Fourreau cylindrique pour protéger les mains du froid. **2.** techn. Pièce cylindrique (pour assembler ; isoler).

manchot, ote I. adj. **1.** adj. et n. Privé d'une main, d'un bras ou des deux. **2.** fam. Maladroit. **II.** n. m. Oiseau marin palmipède des régions antarctiques à moignons d'ailes.

mandala n. m. ▫ didact. Dans le bouddhisme, Représentation symbolique de l'univers.

mandarin n. m. **1.** hist. Haut fonctionnaire lettré, dans l'Empire chinois. **2.** fig. Personne d'un grand savoir, et très puissante. **3.** Forme du chinois (pékinois).

mandarinal, ale, aux adj. **1.** Des mandarins chinois. **2.** Du mandarinat.

mandarinat n. m. ▫ Corps social prétendant s'ériger en élite et exerçant une autorité intellectuelle.

mandarine n. f. ▫ Petit agrume à la peau orange, sucré. ▶ **mandarinier** n. m.

mandat n. m. **1.** dr. Acte par lequel une personne donne à une autre (le *mandataire*) le pouvoir de faire qqch. en son nom. **2.** Mission conférée par élection. ▪ Durée de cette mission (syn. *mandature* n. f.). **3.** *Mandat (postal) :* titre remis par la Poste, contre une somme versée ; somme versée au destinataire. **4.** Ordre écrit émanant de la justice.

mandater v. tr. ▫ Investir (qqn) d'un mandat (1).

mandchou, oue adj. et n. ▫ De Mandchourie. ▪ n. m. *Le mandchou* (langue).

mander v. tr. ▫ vx ou littér. Faire venir (qqn).

mandibule n. f. **1.** sc. Maxillaire inférieur. – fam. (au plur.) Mâchoires. **2.** zool. Partie du bec des oiseaux, des pièces buccales des arthropodes (sauf les arachnides).

mandoline n. f. ▫ Instrument à cordes pincées, à caisse de résonance bombée.

mandragore n. f. ▫ Plante dont la racine fourchue évoque une forme humaine.

mandrill n. m. ▫ Singe au museau rouge.

mandrin n. m. ▫ Outil cylindrique pour forer. ▪ Pièce cylindrique de fixation.

manécanterie n. f. ▫ École de chant choral (sacré) pour garçons.

manège n. m. **I. 1.** Lieu où l'on monte les chevaux. **2.** Plate-forme circulaire tournante garnie de montures (attraction foraine). **II.** Comportement rusé.

mânes n. m. pl. □ (dans la religion romaine) Âmes des morts.

manette n. f. □ Clé, levier, poignée de commande.

manga n. m. □ Bande dessinée japonaise.

manganèse n. m. □ Métal gris clair, dur et cassant.

mangeable adj. □ Tout juste bon à manger.

mangeaille n. f. □ fam. Nourriture abondante et médiocre.

mangeoire n. f. □ Auge pour animaux domestiques.

① **manger** v. tr. **1.** Avaler pour se nourrir. ▪ sans compl. dir. S'alimenter, se nourrir. – Prendre un repas. **2.** Ronger. *Laine mangée par les mites, aux mites.* **3.** fig. *Manger ses mots,* les prononcer indistinctement. **4.** Consommer, dépenser.

② **manger** n. m. □ fam. Nourriture, repas.

mange-tout n. m. invar. □ Pois, haricots dont on mange la cosse avec la graine. – adj. invar. *Haricot, pois mange-tout.*

mangeur, euse n. **1.** Personne qui mange (beaucoup, peu). *Un gros mangeur.* **2.** *Mangeur de... :* personne, animal qui mange (qqch.).

mangouste n. f. □ Petit mammifère carnivore, prédateur des serpents.

mangrove n. f. □ géogr. Forêt impénétrable des littoraux tropicaux.

mangue n. f. □ Fruit d'un arbre tropical (le *manguier*), à chair jaune.

maniable adj. □ Qu'on manie ou manœuvre facilement. ▶ **maniabilité** n. f.

maniacodépressif, ive adj. □ psych. *Psychose maniacodépressive,* faisant alterner la manie (I, 1) et la dépression. ▪ adj. et n. Qui est atteint de cette psychose.

maniaque adj. **I.** psych. **1.** adj. et n. Qui a une idée fixe ou une manie (I, 1). **2.** De la manie (I). **II.** cour. **1.** Qui a une manie (II). **2.** adj. et n. Exagérément attaché à ses manies. ▶ **maniaquerie** n. f.

manichéisme n. m. □ didact. Conception du bien et du mal comme deux forces égales et antagonistes. ▶ **manichéen, enne** adj.

manie n. f. **I.** psych. **1.** Maladie mentale caractérisée par de l'exaltation euphorique, de l'incohérence. **2.** Idée fixe pathologique. **II.** cour. **1.** Goût excessif, déraisonnable (pour qqch.). **2.** Habitude bizarre et tyrannique, souvent agaçante ou ridicule.

maniement n. m. **1.** Action ou façon de manier, d'utiliser manuellement. **2.** fig. Action, manière d'employer ; de diriger.

① **manier** v. tr. **1.** Avoir en main, entre les mains tout en déplaçant, en remuant. **2.** Utiliser en ayant en main. **3.** fig. Mener à son gré (qqn). **4.** fig. Employer plus ou moins habilement. *Savoir manier l'ironie.*

② **se manier** v. pron.. □ fam. Se remuer, se dépêcher.

manière n. f. **I. 1.** Façon de faire, de procéder, de se produire. – *De cette manière :* ainsi. *À la manière de :* comme. *De manière à* (+ inf.) : afin de. *De manière que* (+ subj.) : de telle sorte que. **2.** *Complément, adverbe de manière,* qui indique comment se fait qqch. **II.** au plur. Comportement considéré dans son effet sur autrui. ▪ *FAIRE DES MANIÈRES :* être maniéré.

maniéré, ée adj. □ péj. Qui montre de l'affectation, manque de naturel.

maniérisme n. m. □ Raffinement et mise en évidence de l'artifice dans les arts. ▶ **maniériste** adj. et n.

manieur, euse n. □ *Manieur, euse de :* personne qui manie (qqch.).

manifestant, ante n. ▫ Personne qui participe à une manifestation.

manifestation n. f. **I.** Action ou manière de (se) manifester. **II. 1.** Événement organisé pour attirer un large public. **2.** Réunion, marche publique organisée pour manifester une opinion ou une volonté. – abrév. fam. **manif** n. f.

① **manifeste** adj. ▫ Dont l'existence ou la nature est évidente. ▶ **manifestement** adv.

② **manifeste** n. m. ▫ Déclaration écrite et publique par laquelle un groupe expose son programme.

manifester v. **I.** v. tr. **1.** Exprimer clairement. *Manifester sa sympathie (à qqn).* **2.** Faire ou laisser apparaître clairement. **II.** v. intr. Participer à une manifestation (II, 2). ▷ v. pron. se **manifester** Se révéler clairement. – Donner de ses nouvelles.

manigance n. f. ▫ Manœuvre secrète et suspecte, sans grande portée. ▶ **manigancer** v. tr.

① **manille** n. f. ▫ Jeu de cartes où les plus fortes sont le dix *(manille)*, puis l'as *(manillon* n. m.).

② **manille** n. f. ▫ Étrier métallique arrondi (fixation).

manioc n. m. ▫ Racine d'un arbrisseau tropical ; sa fécule.

manipulation n. f. **1.** Action, manière de manipuler. ▪ *Manipulations génétiques.* **2.** fig. Manœuvre pour manipuler (4) qqn. ▪ fam. Plan, manœuvre.

manipuler v. tr. **1.** Manier avec soin (expériences, etc.). **2.** Manier et transporter. **3.** fig. Modifier de façon malhonnête. **4.** fig. Amener habilement (qqn) à faire ce qu'on veut. ▶ **manipulateur, trice** n.

manitou n. m. **1.** Grand esprit (Amérindiens). **2.** fam. Personnage important et puissant.

manivelle n. f. ▫ Levier coudé, manœuvré à la main pour imprimer un mouvement de rotation.

① **manne** n. f. ▫ Nourriture miraculeuse envoyée aux Hébreux dans le désert.

② **manne** n. f. ▫ vieilli Grand panier d'osier.

mannequin n. m. **1.** Forme humaine utilisée pour la confection, la présentation de modèles de vêtements. **2.** Personne dont le métier est de porter et de présenter les modèles des couturiers.

manœuvrable adj. ▫ Apte à être manœuvré. ▶ **manœuvrabilité** n. f.

① **manœuvre** n. f. **I. 1.** Actions destinées à régler le mouvement d'un bateau, d'un véhicule ; à faire fonctionner un appareil, une machine. **2.** Exercice militaire. **II.** fig. Moyen pour atteindre un but. **III.** surtout au plur. Cordage du gréement d'un navire.

② **manœuvre** n. m. ▫ Ouvrier peu qualifié exécutant de gros travaux.

manœuvrer v. **I.** v. intr. **1.** Effectuer une manœuvre. **2.** (militaires) Faire l'exercice. **3.** fig. Employer des moyens adroits. **II.** v. tr. **1.** Faire fonctionner. **2.** fig. Faire agir (qqn) habilement.

manœuvrier, ière n. ▫ Personne qui manœuvre habilement.

manoir n. m. ▫ Petit château ancien à la campagne.

manomètre n. m. ▫ sc. Appareil pour mesurer la pression. ▶ **manométrique** adj.

manouche n. ▫ Gitan nomade.

manquant, ante adj. et n. ▫ Qui manque, est en moins.

① **manque** n. m. **1.** Fait de manquer, absence ou grave insuffisance. ▪ *ÉTAT DE MANQUE*, de privation (drogue, alcool). – *Être en manque.* ■ PAR MANQUE DE loc. prép. : faute de. **2.** au plur. littér. → **insuffisance, lacune.** **3.** MANQUE À GAGNER (fig. occasion manquée de faire une affaire profitable).

② **manque** adj. ▫ fam. À LA MANQUE : raté, défectueux, mauvais.

manquement n. m. ▫ Fait de manquer à un devoir. *Un manquement à la discipline.*

manquer v. **I.** v. intr. **1.** Ne pas être, lorsqu'il le faudrait. *Si l'eau venait à manquer.* – (impers.) loc. *Il ne manquait plus que cela !*, c'est le comble. **2.** MANQUER À qqn. *Le temps me manque.* – impers. *Il me manque cinq euros.* ■ *Son frère lui manque,* il souffre de son absence. **3.** (sujet chose) Échouer, rater. **II.** v. tr. ind. **1.** MANQUER DE : ne pas avoir. *Elle manque d'amis.* – *Manquer d'humour.* ■ *La sauce manque de sel.* **2.** MANQUER À qqch. : ne pas se conformer à (qqch. qu'on doit observer). **3.** NE PAS MANQUER DE (+ inf.) : faire. **4.** semi-auxiliaire (+ inf. ; + *de* et inf.) Être tout près de, sur le point de. **III.** v. tr. dir. **1.** Ne pas réussir. *Manquer son coup.* **2.** Ne pas atteindre. *Manquer la cible.* **3.** Ne pas rencontrer (qqn qu'on voulait voir). ■ *Manquer son train,* arriver après son départ. **4.** Laisser échapper (qqch. de profitable). **5.** S'abstenir d'assister, d'être présent à. ▷ adj. **manqué, ée** Qui n'est pas réussi.

mansarde n. f. **1.** Toit brisé à quatre pans. **2.** Chambre dans un comble, dont un mur est en pente. ▶ **mansardé, ée** adj.

mansuétude n. f. ▫ littér. Disposition à pardonner généreusement.

① **mante** n. f. ▫ *Mante (religieuse)* : insecte carnassier à fortes pattes antérieures.

② **mante** n. f. ▫ ancienn Manteau de femme ample et sans manches.

manteau n. m. **I.** Vêtement à manches qui se porte par-dessus les autres vêtements. **II.** *Manteau de cheminée,* partie en saillie au-dessus du foyer.

mantille n. f. ▫ Écharpe de dentelle.

mantra n. m. ▫ didact. Formule sacrée hindouiste, bouddhiste.

manucure n. ▫ Personne chargée des soins esthétiques des mains, des ongles. ▶ **manucurer** v. tr.

① **manuel, elle** **I.** adj. **1.** Qui se fait avec la main ; nécessite une activité physique. *Travail manuel.* **2.** Qui fait appel à l'intervention humaine. ▶ **manuellement** adv. **II.** n. Personne disposée à l'activité manuelle.

② **manuel** n. m. ▫ Ouvrage présentant les notions d'une science, d'une technique.

manufacture n. f. ▫ Établissement industriel.

manufacturer v. tr. ▫ Transformer (une matière première). – au p. p. *Produits manufacturés.*

manu militari loc. adv. ▫ En employant la force armée, la force publique.

manuscrit, ite **I.** adj. Écrit à la main. **II.** n. m. **1.** Texte, ouvrage écrit ou copié à la main. **2.** Œuvre originale manuscrite ou dactylographiée.

manutention n. f. ▫ Déplacement de marchandises (emmagasinage, expédition, vente...). ▶ **manutentionner** v. tr. ▶ **manutentionnaire** n.

Mao n. appos. ▫ COL MAO, col droit semblable à celui des vestes chinoises.

maoïsme n. m. ▫ Mouvement gauchiste se réclamant de la politique de Mao Zedong. ▶ **maoïste** adj. et n.

maous, ousse adj. ▫ fam. Gros, énorme. – var. **mahous.**

mappemonde n. f. ▫ Carte plane représentant le globe terrestre.

maquer v. tr. ▫ fam. Mettre ensemble, marier.

① **maquereau** n. m. ▫ Poisson de mer comestible au dos vert et bleu.

② **maquereau, elle** n. ▫ fam. et vulg. Personne qui vit de la prostitution.

maquette n. f. **1.** Modèle réduit. **2.** Projet (d'un imprimé).

maquettiste n. ▫ Spécialiste qui conçoit, exécute des maquettes.

maquignon n. m. **1.** Marchand de chevaux. **2.** fig. Homme d'affaires ou entremetteur malhonnête.

maquignonnage n. m. ▫ Manœuvres, transactions frauduleuses.

maquillage n. m. **1.** Action, manière de (se) maquiller, d'être maquillé. **2.** Produits servant à se maquiller. **3.** Modification frauduleuse de l'aspect (d'une chose).

maquiller v. tr. **1.** Modifier (le visage) par des procédés et produits appropriés. – pronom. *Se maquiller.* **2.** Modifier de façon trompeuse l'apparence de (qqch.). ▶ **maquilleur, euse** n.

maquis n. m. **I.** Végétation méditerranéenne d'arbrisseaux touffus. **II.** Lieu peu accessible où se regroupent les résistants à une occupation étrangère.

maquisard n. m. ▫ Résistant d'un maquis.

① **mara** n. m. ▫ zool. Petit rongeur de Patagonie ou des pampas.

② **mara** n. f. ▫ *MARA DES BOIS* : fraise cultivée, petite, d'un rouge foncé, très parfumée.

marabout n. m. **I. 1.** Pieux ermite, saint de l'islam ; son tombeau. **2.** Sorcier d'Afrique (d'où *marabouter* v. tr. « envoûter » ; *maraboutage* n. m.). **II.** Grand échassier d'Afrique.

maraîcher, ère n. ▫ Cultivateur de légumes. – adj. *Production maraîchère.*

marais n. m. **1.** Nappe d'eau stagnante où pousse la végétation. **2.** *MARAIS SALANT* : bassin où l'on extrait le sel de mer.

marasme n. m. **1.** Accablement, apathie profonde. **2.** fig. Situation stagnante.

marasquin n. m. ▫ Liqueur parfumée avec une cerise acide (la *marasque*).

marathon n. m. ▫ Course à pied de grand fond (42,195 km).

marâtre n. f. **1.** vx Belle-mère* (2). **2.** Mauvaise mère.

maraud, aude n. ▫ vx Misérable, vaurien.

maraude n. f. **1.** Vols commis en maraudant. **2.** *Taxi en maraude* (→ **marauder** (2)).

marauder v. intr. **1.** Voler des produits dans les jardins et les fermes. **2.** Circuler à vide, à la recherche de clients (taxi). ▶ **maraudage** n. m. ▶ **maraudeur, euse** n.

marbre n. m. **1.** Roche calcaire, souvent veinée, qu'on peut polir. **2.** Statue de marbre.

marbrer v. tr. **1.** Marquer (une surface) de veines, de taches pour donner l'apparence du marbre. **2.** Marquer (la peau) de marbrures. ▷ p. p. **marbré, ée**

marbrier n. m. **1.** Ouvrier qui traite le marbre. **2.** Fabricant, marchand d'ouvrages en marbre. ▶ **marbrerie** n. f.

marbrière n. f. ▫ Carrière de marbre.

marbrure n. f. **1.** Imitation des veines et taches du marbre. **2.** Marques sur la peau.

marc n. m. **1.** Résidu des fruits pressés. **2.** Eau-de-vie de marc de raisin. **3.** Résidu (d'une substance infusée).

marcassin n. m. ▫ Petit sanglier.

marcel n. m. ▫ fam. Débardeur (maillot de corps).

marchand, ande I. n. Commerçant. II. adj. Commercial.

marchander v. tr. □ Essayer d'acheter à meilleur marché, en discutant avec le vendeur. ▶ **marchandage** n. m.

marchandisage n. m. □ comm. Ensemble des techniques de présentation des marchandises. - syn. (anglic.) **merchandising.**

marchandise n. f. □ Objet destiné à la vente.

① **marche** n. f. I. Surface plane sur laquelle on pose le pied pour passer d'un plan horizontal à un autre. II. 1. Action de marcher, suite de pas. 2. Mouvement, manifestation de personnes en marche. 3. Musique rythmée pouvant régler la marche. 4. (choses) Déplacement continu dans une direction. 5. Fonctionnement. 6. *EN MARCHE* loc. adv. : en train d'avancer.

② **marche** n. f. □ surtout plur. hist. Région frontière (d'un État).

marché n. m. I. 1. Réunion périodique de marchands. 2. Opérations commerciales, financières dans une zone ; cette zone. - *MARCHÉ NOIR* : marché clandestin, parallèle. 3. Débouché pour un produit. II. 1. Accord portant sur la fourniture de marchandises, de valeurs ou de services. - *Par-dessus le marché*, en plus. 2. *BON MARCHÉ* adj. invar. : pas cher.

marchepied n. m. □ Degré(s) aidant à monter dans une voiture.

marcher v. intr. 1. Se déplacer par mouvements et appuis successifs des jambes et des pieds, sans interrompre le contact avec le sol. 2. Fonctionner. 3. Produire l'effet souhaité. 4. Poser le, les pieds. *Marcher dans une flaque d'eau.* 5. fam. Donner son adhésion à qqch. - *Faire marcher qqn*, le tromper.

marcheur, euse 1. n. Personne qui marche (bien ou mal). 2. adj. *Oiseaux marcheurs*, qui marchent (et volent difficilement).

marcotte n. f. □ Tige, branche qui a pris racine, ou qui peut produire un rejeton.

mardi n. m. □ Deuxième jour de la semaine.

mare n. f. 1. Petite nappe d'eau peu profonde. 2. *Mare de :* grande quantité de (liquide répandu).

marécage n. m. □ Lieu inculte et humide. ▶ **marécageux, euse** adj.

maréchal, aux n. m. □ Officier général qui a la dignité la plus élevée dans la hiérarchie militaire. ▶ **maréchalat** n. m.

maréchal des logis n. m. □ Sous-officier de cavalerie ou d'artillerie.

maréchal-ferrant n. m. □ Artisan qui ferre les chevaux. *Des maréchaux-ferrants.*

maréchaussée n. f. □ plais. Gendarmerie.

marée n. f. I. 1. Mouvement journalier d'oscillation de la mer. 2. *MARÉE NOIRE :* mazout polluant l'eau de mer. 3. fig. → **flot.** *Une marée humaine.* II. Poissons, fruits de mer frais.

marelle n. f. □ Jeu d'enfants qui consiste à pousser à cloche-pied un palet dans des cases numérotées.

marémotrice adj. f. □ *Usine marémotrice*, où la marée produit de l'électricité.

marengo n. appos. □ *Poulet, veau marengo*, préparé avec tomates, champignons, vin blanc.

mareyeur, euse n. □ Grossiste qui achète et expédie les produits de la pêche.

margarine n. f. □ Corps gras alimentaire.

marge n. f. **1.** Espace blanc autour d'un texte. **2.** fig. Intervalle d'espace ou de temps. **3.** *Marge (bénéficiaire)* : différence entre prix de vente et coût. **4.** *EN MARGE DE* : en dehors de, et en rapport.

margelle n. f. ◻ Rebord de pierre (d'un puits, du bassin d'une fontaine).

marginal, ale, aux adj. **1.** didact. Qui est mis dans la marge. **2.** Secondaire. **3.** adj. et n. Qui vit en marge de la société. ▶ **marginalité** n. f.

marginaliser v. tr. ◻ Mettre à l'écart.

marginalisme n. m. ◻ écon. Théorie selon laquelle la valeur d'échange est déterminée par celle de la dernière unité disponible d'un produit. ▶ **marginaliste** adj. et n.

margoulette n. f. ◻ fam. Tête, face.

margoulin n. m. ◻ péj. Individu peu scrupuleux.

margrave n. m. ◻ hist. Prince souverain (Allemagne). ▶ **margraviat** n. m.

marguerite n. f. ◻ Fleur des prés, blanche à cœur jaune.

mari n. m. ◻ Homme marié.

mariage n. m. **I. 1.** Union légitime de deux personnes. **2.** Cérémonie du mariage. **II.** fig. Alliance, union.

marié, ée adj. et n. **1.** Uni(s) par le mariage. **2.** n. Personne dont on célèbre le mariage.

marier v. tr. **1.** Unir deux personnes en célébrant le mariage. ▪ Donner en mariage. **2.** fig. Allier, unir. ▷ v. pron. **se marier**

marigot n. m. ◻ Bras mort d'un fleuve (tropiques).

marijuana n. f. ◻ Stupéfiant tiré du chanvre indien.

marimba n. m. ◻ Xylophone africain.

① **marin, ine** adj. **1.** De la mer. **2.** Relatif à la navigation sur mer.

② **marin** n. m. **1.** Navigateur. **2.** Personne dont la profession est de naviguer sur la mer.

marina n. f. ◻ anglic. Ensemble touristique côtier comportant un port de plaisance.

marinade n. f. ◻ Liquide dans lequel on fait mariner le poisson, la viande.

① **marine I.** n. f. **1.** Ce qui concerne la navigation sur mer. **2.** Navires d'une nation ou d'une catégorie. **II.** adj. invar. *(BLEU) MARINE* : bleu foncé. **III.** n. f. Peinture ayant la mer pour sujet.

② **marine** n. m. ◻ Soldat de l'infanterie de marine américaine ou anglaise.

mariner v. **1.** v. tr. Tremper dans une marinade. ▪ intrans. *La viande marine.* **2.** v. intr. fam. (sujet personne) Rester longtemps et désagréablement.

maringouin n. m. ◻ (Tropiques ; Canada) Moustique.

marinier, ière n. ◻ Personne qui navigue sur les rivières.

marinière n. f. **I.** *(À LA) MARINIÈRE* : à la manière des pêcheurs, des marins. *Moules (à la) marinière.* **II.** Blouse sans ouverture sur le devant.

mariolle ou **mariol** adj. et n. ◻ fam. Malin.

marionnette n. f. ◻ Figurine actionnée à la main par une personne cachée. ▶ **marionnettiste** n.

marital, ale, aux adj. ◻ Du mari ; du couple marié. ▶ **maritalement** adv.

maritime adj. ◻ Relatif à la mer, à la navigation.

maritorne n. f. ◻ Femme laide et sale.

marivauder v. intr. ◻ Échanger des propos galants et recherchés. ▶ **marivaudage** n. m.

marjolaine n. f. ◻ Plante aromatique méditerranéenne (syn. *origan*).

mark n. m. ◻ Unité monétaire de l'Allemagne, de la Finlande (avant l'euro).

marketing n. m. ▫ anglic. Techniques de stratégie commerciale. – recomm. off. *mercatique* n. f.

marlin n. m. ▫ Grand poisson des mers chaudes.

marmaille n. f. ▫ fam. Groupe nombreux de jeunes enfants.

marmelade n. f. ▫ Fruits écrasés et cuits avec du sucre.

marmite n. f. ▫ Récipient pour faire bouillir l'eau, cuire des aliments.

marmiton n. m. ▫ Jeune aide-cuisinier.

marmonner v. tr. ▫ Dire, murmurer entre ses dents. ▶ **marmonnement** n. m.

marmoréen, éenne adj. ▫ littér. Qui a l'apparence du marbre.

marmot n. m. **1.** fam. Jeune enfant. **2.** *Croquer le marmot*, attendre longtemps.

marmotte n. f. ▫ Mammifère rongeur, hibernant. ▪ Sa fourrure.

marmotter v. tr. ▫ Marmonner. ▶ **marmottement** n. m

marmouset n. m. ▫ vx Figurine grotesque.

marne n. f. ▫ Mélange naturel d'argile et de calcaire. ▶ **marneux, euse** adj.

marner v. intr. **1.** Amender (la terre) avec de la marne. **2.** fig., fam. Travailler dur.

marocain, aine adj. et n. ▫ Du Maroc.

maronner v. intr. ▫ région. Maugréer.

maroquin n. m. ▫ Peau de chèvre ou de mouton, tannée et teinte.

maroquinerie n. f. ▫ Industrie et commerce des cuirs fins pour articles de luxe. ▶ **maroquinier, ière** n.

marotte n. f. ▫ Idée fixe, manie.

maroufler v. tr. ▫ Appliquer (un papier, une toile peinte) sur une surface avec de la colle forte. ▶ **marouflage** n. m.

marquage n. m. **1.** Opération par laquelle on marque (I, 1) des animaux, etc. **2.** sports Action de marquer (I, 7) un joueur.

marquant, ante adj. ▫ Qui laisse une trace, un souvenir.

marque n. f. **I. 1.** Signe matériel, empreinte sur une chose, permettant de distinguer. **2.** sports Trait, repère, dispositif pour régler certains mouvements. **3.** Signe attestant un contrôle. **4.** *Marque de fabrique*. → **étiquette, label** (anglic.). *Produits de marque*, qui portent une marque connue. ▪ Entreprise qui fabrique ces produits. **II. 1.** Trace naturelle dont l'origine est reconnaissable. **2.** Objet qui sert à faire reconnaître, à retrouver. **3.** Insigne. **4.** fig. Manifestation reconnaissable. **III.** sports Décompte des points.

marquer v. **I.** v. tr. **1.** Distinguer, rendre reconnaissable par une marque (I). **2.** fam. Écrire, noter. **3.** (sujet chose) Former, laisser une trace, une marque sur (qqch.). **4.** Indiquer, signaler. **5.** *Marquer les points*, les enregistrer. – *MARQUER LE COUP* : réagir. – sports Réussir. *Marquer un but, un essai.* **6.** Rendre sensible. *Marquer la mesure.* **7.** sports Surveiller (un joueur) en le serrant. **II.** v. tr. fig. Faire connaître. **III.** v. intr. **1.** Faire une impression forte. **2.** Laisser une trace, une marque. ▷ adj. **marqué, ée** *Visage marqué*, aux traits tirés, ou ridé. ▪ Qui se reconnaît facilement.

marqueté, ée adj. ▫ Décoré en marqueterie.

marqueterie n. f. ▫ Assemblage décoratif de pièces (bois précieux, écaille, ivoire) sur un fond de menuiserie.

marqueur, euse I. n. Personne qui appose des marques ; qui compte les points. **II.** n. m. **1.** Crayon feutre. **2.** sc. Élément qu'on peut repérer.

marquis, ise n. ▫ Noble qui prend rang avant le comte, la comtesse.

marquise n. f. ▫ Auvent vitré.

marraine n. f. ▫ Femme qui tient (ou a tenu) un enfant à son baptême.

marrant, ante adj. ▫ fam. **1.** Amusant. **2.** Bizarre.

marre adv. ▫ fam. *EN AVOIR MARRE* : en avoir assez.

se **marrer** v. pron. ▫ fam. S'amuser, rire.

marri, ie adj. ▫ vx ou littér. Triste, fâché.

① **marron** n. m. **I. 1.** Fruit comestible du châtaignier cultivé. – *Tirer les marrons du feu*, se donner de la peine pour autrui. **2.** *Marron d'Inde* ou *marron*, graine non comestible du marronnier d'Inde. **3.** adj. invar. et n. m. Brun foncé. **II.** fam. Coup de poing.

② **marron, onne** adj. **1.** anciennt *ESCLAVE MARRON*, qui s'était enfui pour vivre en liberté. **2.** Qui se livre à l'exercice illégal d'une profession.

marronnier n. m. **1.** Châtaignier cultivé. **2.** *Marronnier (d'Inde)* : grand arbre d'ornement à fleurs blanches ou roses. **3.** Sujet d'information rebattu.

mars n. m. ▫ Troisième mois de l'année.

marseillais, aise **1.** adj. et n. De Marseille. **2.** n. f. L'hymne national français.

marsouin n. m. ▫ Mammifère cétacé des mers froides.

marsupiaux n. m. pl. ▫ Ordre de mammifères vivipares, dont la femelle porte une poche ventrale, qui renferme les mamelles. – sing. *Le kangourou est un marsupial.*

marte → **martre**

marteau n. m. **I. 1.** Masse métallique fixée à un manche. **2.** Machine-outil agissant par percussion. – *Marteau pneumatique.* **3.** appos. *REQUIN MARTEAU*, dont la tête présente deux prolongements latéraux. **4.** Osselet de l'oreille moyenne. **5.** Sphère métallique, à poignée, que les athlètes lancent. **II.** adj. fam. Fou, cinglé.

martel n. m. ▫ vx Marteau. ▪ *Se mettre martel en tête* : se faire du souci.

martelage n. m. ▫ Action de marteler (1).

martèlement ou **martellement** n. m. ▫ Choc du marteau. ▪ Bruit répété.

marteler v. tr. **1.** Frapper, forger à coups de marteau. **2.** Frapper fort et à coups répétés sur (qqch.). **3.** Articuler avec force.

martial, ale, aux adj. **1.** Relatif à la guerre ; militaire. **2.** *Arts martiaux*, sports de combat d'origine japonaise.

martien, ienne **1.** adj. De la planète Mars. **2.** n. Habitant (fictif) de la planète Mars.

① **martinet** n. m. ▫ Oiseau passereau, à longues ailes.

② **martinet** n. m. ▫ Petit fouet.

martingale n. f. **I.** Bande horizontale dans le dos d'un vêtement, à la taille. **II.** au jeu Combinaison basée sur les probabilités.

martin-pêcheur n. m. ▫ Petit oiseau à long bec, qui se nourrit de poissons.

martre n. f. ▫ Mammifère carnivore au corps allongé. – Sa fourrure. – var. **marte.**

martyr, yre n. **1.** Personne qui meurt ou souffre pour une cause. **2.** Personne que les autres maltraitent, martyrisent. – appos. *Enfant martyr.*

martyre n. m. **1.** La mort, les tourments des martyrs. **2.** Grande souffrance.

martyriser v. tr. ▫ Faire souffrir beaucoup.

martyrologe n. m. ▫ Liste de martyrs.

marxisme n. m. ▫ Doctrine de Karl Marx, Friedrich Engels et leurs continuateurs. ▶ **marxiste** adj. et n.

mas n. m. ▫ Ferme (en Provence).

mascara n. m. □ Fard pour les cils.

mascarade n. f. **1.** Divertissement masqué. **2.** fig. Mise en scène trompeuse.

mascaret n. m. □ Longue vague déferlante à la rencontre du flux et du reflux.

mascarpone n. m. □ Fromage italien, crème de gorgonzola.

mascotte n. f. □ Animal, personne ou objet porte-bonheur.

masculin, ine adj. **I.** Relatif à l'homme, au mâle. **II.** adj. et n. m. gramm. Se dit d'un genre des noms (et adjectifs) qui s'applique à l'origine aux êtres mâles.

maskinongé n. m. □ (Canada) Grand brochet.

masochisme n. m. □ Comportement d'une personne qui trouve du plaisir à souffrir (s'oppose à *sadisme*). ▶ **masochiste** adj. et n.

masquage n. m. □ Action de masquer.

masque n. m. **I. 1.** Objet dont on couvre le visage humain pour le transformer. **2.** fig. Dehors trompeur. **3.** Aspect du visage. **II. 1.** Empreinte prise sur le visage d'un mort. **2.** Appareil qui sert à protéger le visage. **3.** Couche appliquée sur le visage pour traiter l'épiderme.

masquer v. tr. **1.** Couvrir d'un masque (I, 1). **2.** Déguiser sous une fausse apparence ; cacher. ▷ adj. **masqué, ée** *Bandits masqués.* – *BAL MASQUÉ,* avec masques.

massacrant, ante adj. □ *HUMEUR MASSACRANTE,* très mauvaise.

massacre n. m. **1.** Action de massacrer. **2.** fig. Mise à mal. ▪ Travail très mal exécuté.

massacrer v. tr. **1.** Tuer avec sauvagerie et en masse. **2.** Mettre en mauvais état. ▪ Faire très mal (un travail!). ▶ **massacreur, euse** n.

① **masse** n. f. **I. 1.** Quantité relativement grande ; volume important. **2.** Réunion de nombreux éléments distincts. **3.** Multitude de personnes. – *LES MASSES.* → **peuple. II. 1.** Quantité de matière (d'un corps). **2.** Conducteur électrique commun auquel sont reliés les points de même potentiel d'un circuit. – fig. *Être à la masse,* un peu fou.

② **masse** n. f. □ Gros maillet.

massepain n. m. □ Pâtisserie d'amandes pilées, sucre et blancs d'œufs.

① **masser** v. tr. □ Rassembler en une masse, en masses. ▷ v. pron. se **masser**

② **masser** v. tr. □ Frotter, presser, pétrir (des parties du corps), dans une intention thérapeutique. ▶ **massage** n. m.

masséter n. m. □ anat. Muscle élévateur du maxillaire inférieur.

masseur, euse n. □ Professionnel du massage. *Masseur kinésithérapeute.*

massicot n. m. □ techn. Machine à rogner le papier. ▶ **massicoter** v. tr.

① **massif, ive** adj. **1.** Dont la masse occupe tout le volume. *Bijou d'or massif.* **2.** Qui semble une masse épaisse ou compacte. **3.** Qui est fait, donné en masse.

② **massif** n. m. **1.** Groupe compact (d'arbres, de fleurs). **2.** Ensemble montagneux.

massivement adv. **1.** D'une manière massive. **2.** En grand nombre.

massue n. f. **1.** Bâton à grosse tête noueuse, servant d'arme. **2.** appos. *Des ARGUMENTS MASSUE,* qui laissent sans réplique.

mastaba n. m. □ archéol. Tombeau égyptien en pyramide tronquée.

master n. m. □ anglic. Grade universitaire entre la licence et le doctorat.

mastère n. m. ▫ Diplôme sanctionnant une année de formation supérieure spécialisée.

mastic n. m. **1.** Mélange pâteux et adhésif durcissant à l'air. **2.** adj. invar. D'une couleur gris-beige clair.

masticateur, trice adj. ▫ Qui sert à mâcher.

masticatoire adj. ▫ didact. Qui sert à la mastication.

① **mastiquer** v. tr. ▫ Joindre ou boucher avec du mastic.

② **mastiquer** v. tr. ▫ Mâcher longuement. ▶ **mastication** n. f.

mastoc adj. invar. ▫ péj. Massif et sans grâce.

mastocyte n. m. ▫ biol. Cellule du tissu conjonctif, qui participe aux réactions immunitaires.

mastodonte n. m. **1.** Grand animal fossile. **2.** Personne énorme ; objet gigantesque.

mastoïdite n. f. ▫ Inflammation de la muqueuse de la partie postérieure de l'os temporal (*mastoïde* n. f.).

mastroquet n. m. ▫ vx Café populaire.

masturber v. tr. ▫ Procurer à (qqn) le plaisir par des contacts manuels. ▷ v. pron. se **masturber** ▶ **masturbation** n. f.

m'as-tu-vu n. invar. et adj. invar. ▫ Prétentieux.

masure n. f. ▫ Petite habitation misérable.

① **mat, mate** adj. **1.** Qui n'est pas brillant. **2.** *Teint mat,* assez foncé et peu coloré. **3.** (sons) Qui a peu de résonance.

② **mat** adj. invar. et n. m. ▫ Se dit, aux échecs, du roi qui peut être pris et sera pris si on le déplace.

mât n. m. ▫ Long poteau, spécialement sur le pont d'un navire pour porter les voiles et leur gréement (voiliers), ou les installations radioélectriques, etc.

matador n. m. ▫ Torero chargé de la mise à mort du taureau.

matamore n. m. ▫ Faux brave, fanfaron.

match n. m. ▫ Compétition entre concurrents ou équipes. *Des match(e)s.*

matcha n. m. ▫ Thé vert japonais finement moulu, utilisé notamment comme arôme dans des desserts.

maté n. m. ▫ Feuilles séchées et torréfiées de houx ; leur infusion.

matelas n. m. **1.** Pièce de literie, long et large coussin rembourré. **2.** Épaisse couche.

matelasser v. tr. ▫ Doubler de tissu ouaté. ▶ **matelassage** n. m.

matelot n. m. ▫ Homme d'équipage d'un navire.

matelote n. f. ▫ Plat de poissons en morceaux, avec du vin rouge et des oignons.

① **mater** v. tr. ▫ Rendre docile ; réprimer.

② **mater** v. tr. ▫ fam. Regarder.

mâter v. tr. ▫ mar. Pourvoir de mâts.

matérialiser v. tr. ▫ Représenter sous forme matérielle. ▷ v. pron. se **matérialiser** ▶ **matérialisation** n. f.

matérialisme n. m. **I.** philos. Doctrine d'après laquelle il n'existe d'autre substance que la matière. **II.** Recherche des jouissances, des biens matériels. ▷ **matérialiste** adj. et n.

matérialité n. f. ▫ Caractère matériel.

matériau n. m. ▫ Matière servant à construire, à fabriquer.

matériaux n. m. pl. **1.** Matières nécessaires à la construction. *Matériaux de construction.* **2.** fig. Éléments constitutifs d'un tout, d'une œuvre.

matériel, elle I. adj. **1.** didact. De la nature de la matière, constitué par de la matière. **2.** De nature concrète, physique. **3.** Qui concerne les aspects extérieurs, concrets. **4.** Relatif aux biens tangibles. **II.** n. m. **1.** Ensemble des objets, instruments, machines utilisés ensemble. **2.** inform. Éléments concrets des machines informatiques.

matériellement adv. **1.** Concrètement, physiquement. **2.** En fait, effectivement.

maternel, elle adj. **1.** De la mère. **2.** Qui a le comportement, joue le rôle d'une mère (▶ adv. **maternellement**). ▪ *(ÉCOLE) MATERNELLE,* établissement d'enseignement primaire (deux à six ans). **3.** Par la mère (filiation). **4.** *Langue maternelle,* la première langue apprise par un enfant.

materner v. tr. ▫ Traiter (qqn) de façon maternelle. ▶ **maternage** n. m.

maternité n. f. **I.** État, qualité de mère. **II.** Établissement ou service hospitalier réservé aux femmes qui accouchent.

mathématicien, ienne n. ▫ Spécialiste, chercheur en mathématiques.

mathématique I. adj. **1.** Des mathématiques. **2.** fam. Absolument certain. **II.** n. f. *LES MATHÉMATIQUES ;* fam. *LES MATHS ;* didact. *LA MATHÉMATIQUE :* sciences ayant pour objet la quantité et l'ordre.

mathématiquement adv. **1.** Selon les méthodes des mathématiques. **2.** Exactement, rigoureusement.

matheux, euse adj. et n. ▫ fam. Qui étudie les maths ; fort en maths.

maths n. f. pl. ▫ → **mathématique.**

matière n. f. **I. 1.** didact. Substance qui constitue les corps. **2.** *MATIÈRE PREMIÈRE :* substance non encore transformée. ▪ *MATIÈRES GRASSES :* graisses alimentaires. **3.** fam. *MATIÈRE GRISE :* le cerveau ; l'intelligence. **II.** fig. **1.** Contenu, sujet (d'un ouvrage). – *ENTRÉE EN MATIÈRE :* commencement. **2.** Domaine d'études scolaires, d'enseignement. **3.** Ce sur quoi s'exerce ou peut s'exercer l'activité humaine. – *EN MATIÈRE DE* loc. prép. : dans le domaine, sous le rapport de. **4.** *Donner MATIÈRE À...,* donner lieu à.

matin n. m. **1.** Début du jour. – *De bon matin :* très tôt. **2.** La première partie de la journée qui se termine à midi. – *Tous les lundis matin.* **3.** Temps entre minuit et midi.

mâtin n. m. ▫ Grand et gros chien.

matinal, ale, aux adj. **1.** Du matin. **2.** (personnes) Qui s'éveille, se lève tôt.

mâtiné, ée adj. ▫ *MÂTINÉ DE :* mêlé de.

matinée n. f. **1.** La partie de la journée qui va du lever du soleil à midi. – *Faire la GRASSE MATINÉE :* se lever tard. **2.** Spectacle qui a lieu l'après-midi.

matines n. f. pl. ▫ relig. cathol. Office nocturne.

matité n. f. ▫ Caractère de ce qui est mat.

matois, oise adj. ▫ littér. Rusé sous des dehors de bonhomie.

maton, onne n. ▫ argot Gardien(ne) de prison.

matos n. m. ▫ fam. Matériel, équipement pour une activité.

matou n. m. ▫ Chat domestique mâle.

matraque n. f. ▫ Arme contondante assez courte.

matraquer v. tr. **1.** Frapper à coups de matraque. **2.** Infliger (un message publicitaire...) d'une manière répétée. ▶ **matraquage** n. m.

matras n. m. ▫ chim. Récipient au col étroit et long.

matriarcat n. m. ▫ didact. Régime juridique ou social où la mère est le chef de la famille. ▶ **matriarcal, ale, aux** adj.

matrice n. f. **I.** vx Utérus. **II.** Moule qui, après avoir reçu une empreinte en creux et en relief, peut la reproduire.

III. sc. Tableau rectangulaire de nombres.

matriciel, ielle adj. ◻ sc. Où interviennent les matrices (III).

matricule n. **1.** n. f. Liste où sont inscrits des noms avec un numéro. **2.** n. m. Numéro d'inscription.

matrimonial, ale, aux adj. ◻ Qui a rapport au mariage.

matrone n. f. ◻ péj. Grosse femme d'âge mûr.

maturation n. f. ◻ Fait de mûrir.

mâture n. f. ◻ Les mâts (d'un navire).

maturité n. f. **I. 1.** État d'un fruit mûr. **2.** fig. Plein développement. **3.** L'âge mûr. ▶ **mature** adj. **II.** (Suisse) Examen de fin d'études secondaires.

maudire v. tr. ◻ Vouer au malheur.

maudit, ite adj. **1.** Condamné, repoussé. **2.** (avant le nom) Mauvais.

maugréer v. intr. ◻ Protester à mi-voix avec mauvaise humeur.

maure adj. et n. **1.** hist. De la Mauritanie romaine. – (au Moyen Âge) Arabe, sarrasin. – var. **more. 2.** Du Sahara occidental.

mauresque n. et adj. ◻ vx Arabe, musulman (style d'architecture).

mausolée n. m. ◻ Grand monument funéraire.

maussade adj. ◻ Triste et désagréable. ▶ **maussaderie** n. f.

mauvais, aise adj. **I. 1.** Qui présente un défaut, une imperfection essentielle ; qui a une valeur faible ou nulle. – Qui ne fonctionne pas correctement. **2.** n. m. *Il y a du bon et du mauvais.* **3.** (personnes) Qui ne remplit pas correctement son rôle. **4.** Qui est mal choisi, ne convient pas. **II. 1.** Qui annonce du malheur. **2.** Qui est cause de mal, de malheur, d'ennuis. **3.** Désagréable aux sens. **4.** Peu accommodant. **III. 1.** Contraire à la morale. **2.** Qui fait ou aime faire le mal. – *Une mauvaise langue* (qui calomnie). – *Donner le mauvais exemple.* **3.** Qui dénote de la méchanceté, de la malveillance. **IV.** adv. *Sentir mauvais* (fig. prendre une mauvaise tournure).

mauve I. n. f. Plante à fleurs roses ou violettes. **II.** adj. et n. m. Violet pâle.

mauviette n. f. ◻ Personne chétive, maladive.

maxillaire n. m. ◻ Os des mâchoires.

maximal, ale, aux adj. ◻ Qui constitue un maximum.

maxime n. f. ◻ Formule énonçant une règle de conduite.

maximum 1. n. m. Valeur la plus grande atteinte par une quantité variable. *Les maximums* ou *les maxima.* ▪ *Au maximum,* au plus. **2.** adj. Qui constitue un maximum. – au plur. *Des prix maximums* ou *maxima.*

maya adj. ◻ Des Mayas (Indiens).

mayonnaise n. f. ◻ Sauce froide à base d'huile, d'œufs et d'assaisonnements. – *La mayonnaise prend* (fig. la chose prend tournure). – appos. invar. *Des œufs mayonnaise.*

mazagran n. m. ◻ Verre à pied en porcelaine.

mazdéisme n. m. ◻ Religion de l'Iran antique.

mazette interj. ◻ région. Exclamation d'étonnement, d'admiration.

mazout n. m. ◻ Résidu de la distillation du pétrole, combustible épais, brun. ▷ adj. **mazouté, ée** Souillé par le mazout répandu.

mazurka n. f. ◻ Danse à trois temps d'origine polonaise ; sa musique.

MBA ou **M. B. A.** n. m. ◻ anglic. Diplôme d'études supérieures, sanctionnant une formation consacrée aux affaires.

me pron. pers. □ (s'élide en *m'* devant voyelle ou *h* muet) Pronom personnel complément de la première personne du singulier. **1.** compl. d'objet dir. (représente la personne qui parle, qui écrit) *On m'a vu. – Je me suis préparé. – Me voici de retour.* **2.** compl. d'objet indir. À moi.

mea-culpa n. m. invar. □ Aveu (d'une faute).

méandre n. m. **1.** Sinuosité (d'un cours d'eau). **2.** fig. *Les méandres d'un récit.*

méat n. m. □ Canal, orifice (d'un canal anatomique).

mec n. m. □ fam. Homme, individu.

mécanicien, ienne n. □ Professionnel(le) qui monte, entretient, répare les machines. ▶ **mécano** n. m. fam.

mécanique I. adj. **1.** Exécuté ou mû par un mécanisme ; qui utilise des machines. **2.** Qui concerne les machines et moteurs. **3.** Machinal. **4.** sc. Qui consiste en mouvements, est produit par un mouvement. **II.** n. f. **1.** Partie des mathématiques et de la physique qui étudie le mouvement et l'équilibre des corps. **2.** Science de la construction et du fonctionnement des machines. **3.** Mécanisme. ▪ fam. *Rouler les* (ou *des*) *mécaniques*, les épaules.

mécaniquement adv. □ D'une manière mécanique (I, 1 et 3).

mécaniser v. tr. □ Rendre mécanique (par l'utilisation de machines). ▶ **mécanisation** n. f.

mécanisme n. m. **1.** Combinaison, agencement de pièces, d'organes. **2.** Fonctionnement.

mécanographie n. f. □ Emploi de mécanismes pour des calculs, tris, classements documentaires. ▶ **mécanographique** adj.

mécène n. m. **1.** Personne riche qui aide les écrivains, les artistes. **2.** Personne, entreprise qui soutient financièrement une activité culturelle, sportive. ▶ **mécénat** n. m.

méchamment adv. **1.** Avec méchanceté. **2.** fam. Fortement, beaucoup.

méchanceté n. f. **1.** Caractère, comportement d'une personne méchante. **2.** Parole ou action méchante.

méchant, ante adj. **1.** adj. et n. Qui fait délibérément du mal ou cherche à en faire. **2.** (enfants) Qui se conduit mal. **3.** (animaux) Qui attaque. **4.** fam. *Ce n'est pas bien méchant*, ni grave ni important. **5.** (avant le nom) Dangereux ou désagréable. *Une méchante histoire.*

① **mèche** n. f. **I. 1.** Cordon de fils imprégné de combustible. **2.** Cordon qui transmet le feu. ▪ fig. *Vendre la mèche* : trahir le secret. **II.** Tige, foret d'acier. **III.** Groupe de cheveux distincts dans la chevelure.

② **mèche** n. invar. □ fam. *Être de mèche avec qqn*, être d'accord en secret.

méchoui n. m. **1.** Mouton rôti à la broche. **2.** Repas collectif où l'on sert ce plat.

mécompte n. m. □ Erreur de prévision ; faux espoir.

méconnaissable adj. □ Qu'on ne peut reconnaître.

méconnaître v. tr. □ Ne pas apprécier à sa juste valeur. ▶ **méconnaissance** n. f. ▶ **méconnu, ue** adj.

mécontent, ente adj. et n. □ Qui n'est pas content, pas satisfait. ▶ **mécontenter** v. tr.

mécontentement n. m. □ Sentiment pénible d'insatisfaction.

mécréant, ante adj. et n. □ littér. ou plais. Qui n'a aucune religion.

médaille n. f. **1.** Pièce de métal frappée ou fondue en souvenir de qqn, d'un événement. **2.** Décoration. *La médaille militaire.*

médaillé, ée adj. et n. ◻ Qui a reçu une médaille (2).

médaillon n. m. **1.** Bijou circulaire. **2.** Tranche mince et ronde (de viande).

médecin n. m. ◻ Docteur en médecine.

médecine n. f. **1.** Techniques pour la conservation et le rétablissement de la santé ; art de prévenir et de soigner les maladies. **2.** Profession du médecin.

médersa n. f. ◻ Établissement d'enseignement religieux musulman.

média n. m. ◻ anglic. *Les médias,* techniques, supports, organismes de diffusion de l'information.

médian, ane adj. ◻ Situé, placé au milieu.

médiane n. f. **1.** géom. Segment de droite joignant un sommet d'un triangle au milieu du côté opposé. **2.** statist. Valeur centrale.

médiat, ate adj. ◻ didact. Qui se fait par intermédiaire.

médiateur, trice **1.** n. Personne qui s'entremet pour faciliter un accord. **2.** n. m. Ce qui sert d'intermédiaire.

médiathèque n. f. ◻ Collection de données de différents médias.

médiation n. f. ◻ Entremise destinée à mettre d'accord.

médiatique adj. **1.** Des médias. **2.** Qui exerce une influence par les médias.

médiatiser v. tr. ◻ Diffuser largement par les médias. ▶ **médiatisation** n. f.

médiator n. m. ◻ Lamelle utilisée pour jouer d'instruments à cordes.

médiatrice n. f. ◻ géom. Lieu géométrique des points équidistants de deux points.

médical, ale, aux adj. ◻ Qui concerne la médecine. ▶ **médicalement** adv.

médicaliser v. tr. ◻ Développer l'action médicale. ▶ **médicalisation** n. f.

médicament n. m. ◻ Substance préparée pour servir de remède. ▶ **médicamenteux, euse** adj.

médication n. f. ◻ Emploi thérapeutique de médicaments.

médicinal, ale, aux adj. ◻ Qui a des propriétés curatives.

médicolégal, ale, aux adj. ◻ De la médecine légale.

médicosocial, ale, aux adj. ◻ De la médecine sociale, du travail.

médiéval, ale, aux adj. ◻ Du Moyen Âge.

médiéviste n. ◻ didact. Spécialiste du Moyen Âge.

médina n. f. ◻ Partie musulmane d'une ville (Afrique du Nord).

médiocre adj. **1.** Qui est au-dessous de la moyenne, insuffisant ; assez mauvais. ▶ **médiocrement** adv. **2.** (personnes) adj. et n. Qui ne dépasse pas ou même n'atteint pas la moyenne. ▶ **médiocrité** n. f.

médire v. intr. ◻ Dire du mal. *Médire de, sur qqn.*

médisance n. f. **1.** Action de médire. **2.** Propos d'une personne qui médit.

médisant, ante adj. et n. ◻ Qui médit.

méditatif, ive adj. et n. ◻ Qui est porté à la méditation.

méditation n. f. ◻ Réflexion approfondie ; recueillement.

méditer v. **I.** v. tr. Examiner longuement (qqch.). **II.** v. intr. Penser longuement (sur un sujet).

méditerranéen, enne adj. et n. ◻ De la Méditerranée, de ses rivages.

① **médium** n. m. ◻ Registre des sons entre le grave et l'aigu.

② **médium** n. m. ▫ Personne réputée avoir le don de communiquer avec les esprits. ▶ **médiumnique** adj.

médius n. m. ▫ Doigt du milieu de la main.

médullaire adj. ▫ Qui a rapport à la moelle épinière ou à la moelle des os.

méduse n. f. (nom mythol.) ▫ Animal marin d'apparence gélatineuse.

méduser v. tr. ▫ Frapper de stupeur.

meeting n. m. ▫ anglic. Réunion publique.

méfait n. m. **1.** Action mauvaise. **2.** Résultat pernicieux.

se **méfier** v. pron. **1.** *SE MÉFIER DE* : ne pas se fier à (qqn). **2.** Être sur ses gardes. ▶ **méfiance** n. f. ▶ **méfiant, ante** adj.

mégahertz n. m. ▫ sc. Unité valant 1 million de hertz (symb. MHz).

mégalithe n. m. ▫ didact. Grand monument de pierre brute. ▶ **mégalithique** adj.

mégalomanie n. f. ▫ méd. Comportement pathologique caractérisé par le désir excessif de gloire, de puissance. ▶ **mégalomane** adj. et n.

mégalopole n. f. ▫ didact. Très grande agglomération urbaine.

mégaoctet n. m. ▫ inform. Unité de capacité de mémoire valant 2^{20} octets (symb. Mo).

mégaphone n. m. ▫ Porte-voix.

par **mégarde** loc. adv. ▫ Par inattention.

mégatonne n. f. ▫ Unité de puissance destructrice (1 million de tonnes de T. N. T.).

mégawatt n. m. ▫ techn. Unité valant 1 million de watts (symb. MW).

mégère n. f. ▫ Femme méchante.

mégisserie n. f. ▫ Industrie et commerce des cuirs de ganterie et pelleterie. ▶ **mégissier** n. m.

mégot n. m. ▫ fam. Bout de cigarette ou de cigare en partie fumé(e).

mégoter v. tr. ▫ fam. Lésiner.

méhari n. m. ▫ Dromadaire d'Arabie. *Des méharis* ou *des méhara*.

meilleur, eure adj. **I.** Comparatif de *bon*. **1.** Qui l'emporte (en bonté, qualité, agrément). **2.** adv. *Il fait meilleur*, le temps est meilleur. **II.** *LE MEILLEUR, LA MEILLEURE*. Superlatif de *bon*. **1.** *C'est la meilleure émission du programme.* **2.** (sans nom) *Que le meilleur gagne !* – *Pour le meilleur et pour le pire* : pour toutes les circonstances de la vie. ■ au fém. La chose, l'histoire la plus remarquable.

méiose n. f. ▫ biol. Division de la cellule en deux étapes, avec réduction de moitié du nombre de chromosomes.

méjuger v. tr. **1.** v. tr. ind. *MÉJUGER DE* : estimer trop peu. **2.** v. tr. dir. Juger mal.

mél n. m. ▫ Courrier électronique.

mélancolie n. f. ▫ État d'asthénie dépressive.

mélancolique adj. **1.** Qui manifeste de la mélancolie. **2.** Qui engendre la mélancolie. ▶ **mélancoliquement** adv.

mélange n. m. **1.** Action de (se) mêler. **2.** Union de choses différentes.

mélanger v. tr. **1.** Unir (des choses différentes) de manière à former un tout. – pronom. *Les deux liquides se mélangent bien.* **2.** fam. Mettre ensemble (des choses) sans ordre et sans unité. ▷ adj. **mélangé, ée**

mélangeur, euse n. ▫ Appareil servant à mélanger.

mélanine n. f. ▫ biol. Pigment brun foncé (peau, cheveux, iris de l'œil).

mélanome n. m. ▫ méd. Tumeur constituée de cellules capables de produire de la mélanine.

mélasse n. f. ▫ Résidu sirupeux de la cristallisation du sucre.

Melba adj. invar. □ *Pêches, fraises Melba*, servies avec de la glace et de la crème Chantilly.

mêlécasse n. m. □ fam. *Voix de mêlécasse*, rauque, cassée.

mêlée n. f. **1.** Combattants au corps à corps. **2.** Phase du jeu de rugby, où des joueurs sont groupés autour du ballon.

mêler v. tr. **1.** Unir, mettre ensemble (plusieurs choses différentes). **2.** Mettre en désordre. **3.** *Mêler* (qqch.) *à, avec*, ajouter, mettre ensemble et confondre. **4.** *Mêler* (qqn) *à* : faire participer à. ▷ v. pron. se **mêler** **1.** Être mêlé, mis ensemble ; se joindre. – *Se mêler à, avec* : s'unir. **2.** *SE MÊLER DE* : s'occuper de (qqch.), quand on ne le devrait pas. ▷ adj. **mêlé, ée** **1.** Qui forme un mélange. **2.** *Mêlé de* : mélangé à (qqch.).

mélèze n. m. □ Conifère à cônes dressés.

méli-mélo n. m. □ fam. Mélange confus. *Des mélis-mélos* ou (invar.) *des méli-mélo.*

mélisse n. f. □ Plante herbacée et aromatique.

mélo n. m. □ fam. Mélodrame.

mélodie n. f. □ Suite de sons reconnaissable et agréable. ▶ **mélodique** adj.

mélodieux, euse adj. □ (son, musique) Agréable à l'oreille.

mélodrame n. m. □ Drame populaire que caractérisent l'outrance des caractères, l'invraisemblance de l'intrigue. ▶ **mélodramatique** adj.

mélomane adj. et n. □ Qui connaît et aime la musique.

melon n. m. **1.** Gros fruit rond à chair juteuse et sucrée. **2.** *(Chapeau) melon*, chapeau de forme ronde et bombée.

mélopée n. f. □ Chant, mélodie monotone et mélancolique.

melting-pot n. m. □ anglic. Brassage de population.

membrane n. f. **1.** Tissu animal ou végétal formant enveloppe, cloison. ▶ **membraneux, euse** adj. **2.** phys., techn. Mince cloison.

membre n. m. **I. 1.** Chacune des quatre parties appariées du corps humain qui s'attachent au tronc. – Chacune des quatre parties articulées qui s'attachent au corps des tétrapodes. **2.** *Membre (viril).* → **pénis.** **II. 1.** Personne qui fait partie (d'un groupe). **2.** Groupe, pays qui fait partie (d'une union). **III. 1.** Fragment (d'énoncé). **2.** Chacune des deux parties d'une équation ou d'une inégalité.

membrure n. f. □ techn. Poutres transversales attachées à la quille d'un navire.

même **I.** adj. indéf. **1.** (devant le nom) Identique ou semblable. *Être du même avis.* **2.** (après le nom ou le pronom) *Ce sont les mots mêmes qu'il a prononcés.* – *Moi-même, elle-même, lui-même...* **II.** pron. indéf. *Le, la, les même(s).* **III.** adv. **1.** Marquant un renchérissement, une gradation. *Je ne m'en souviens même plus.* **2.** Exactement, précisément. – *À MÊME* : directement sur (qqch.). **3.** loc. adv. *DE MÊME* : de la même façon. – *TOUT DE MÊME* : néanmoins, pourtant. – *QUAND MÊME* : malgré tout. **4.** loc. conj. *DE MÊME QUE* : ainsi que, comme. – *MÊME SI* (introduit une propos. concessive). **5.** *À MÊME DE* loc. prép. : en état, en mesure de.

mémé n. f. □ fam. **1.** Grand-mère. **2.** Femme ni jeune ni élégante.

mémento n. m. □ Agenda.

mémère n. f. □ fam. → **mémé** (2).

① **mémoire** n. f. **I. 1.** Faculté de conserver et de rappeler des choses passées et ce qui s'y trouve associé. – *DE MÉMOIRE* loc. adv. : sans autre aide. **2.** inform. Dispositif permettant de recueillir et de conserver des informations ; le support de ces informations.

II. 1. *La mémoire de,* le souvenir (de qqch., de qqn). **2.** Souvenir qu'une personne laisse d'elle à la postérité. **3.** *POUR MÉMOIRE* : à titre de rappel, d'indication.

② **mémoire** n. m. **I.** Exposé ; dissertation. **II.** au plur. Relation écrite des événements dont une personne a été témoin.

mémorable adj. ▫ Dont le souvenir est durable, mérite de l'être.

mémorandum n. m. **1.** Note diplomatique. **2.** Recueil de notes.

mémorial, iaux n. m. ▫ Monument commémoratif.

mémorialiste n. ▫ Auteur de mémoires historiques.

mémoriser v. tr. ▫ didact. **1.** Fixer dans sa mémoire. **2.** inform. Mettre en mémoire. ▶ **mémorisation** n. f.

menaçant, ante adj. ▫ Qui exprime, qui constitue une menace.

menace n. f. **1.** Annonce d'un mal, d'une violence. **2.** Signe par lequel se manifeste ce qu'on doit craindre.

menacer v. tr. **1.** Chercher à intimider par des menaces. **2.** (sujet chose) Mettre en danger. ▪ Laisser craindre (un mal).

ménage n. m. **1.** Les choses domestiques ; travaux d'entretien et de propreté. **2.** Couple constituant une communauté domestique.

ménagement n. m. ▫ Mesure, réserve dans le comportement envers qqn.

① **ménager, ère** adj. ▫ Qui a rapport aux soins du ménage ; qui provient de la maison.

② **ménager** v. tr. **I. 1.** Employer (un bien) avec mesure, économie. **2.** Dire avec mesure. **3.** Employer ou traiter (un être vivant) avec le souci d'épargner. **II. 1.** Disposer, régler. **2.** S'arranger pour réserver, laisser. **3.** Installer, pratiquer. ▷ v. pron. se **ménager** Avoir soin de sa santé.

ménagère n. f. **1.** Femme qui tient une maison, s'occupe du ménage. **2.** Service de couverts de table.

ménagerie n. f. ▫ Lieu où sont rassemblés des animaux rares.

mendiant, ante n. ▫ Personne sans ressources qui mendie pour vivre.

mendicité n. f. **1.** Condition de mendiant. **2.** Action de mendier.

mendier v. **1.** v. intr. Demander l'aumône, la charité. **2.** v. tr. Solliciter (qqch.) à titre d'aumône.

mendigot, ote n. ▫ fam. et péj. Mendiant.

meneau n. m. ▫ archéol., techn. Montant qui divise la baie (d'une fenêtre).

menées n. f. pl. ▫ Agissements secrets dans un dessein nuisible.

mener v. tr. **I. 1.** *MENER À, EN, DANS ; MENER* (+ inf.) : conduire en accompagnant ou en commandant. **2.** Être en tête de (un cortège, une file). **3.** Diriger. – *Les idées qui mènent le monde.* **II.** Faire aller en contrôlant. – *MENER À... Mener qqch. à terme.* **III.** (sujet chose) **1.** Transporter. **2.** Permettre d'aller (quelque part). *Où mène cette route ?*

ménestrel n. m. ▫ (au Moyen Âge) Musicien et chanteur ambulant.

ménétrier n. m. ▫ anciennt Violoniste de village.

meneur, euse n. **1.** Personne qui mène, conduit. **2.** *Meneur de jeu,* animateur.

menhir n. m. ▫ Monument mégalithique vertical.

menin, menine n. ▫ hist. Jeune noble d'une maison princière d'Espagne.

méninge n. f. **1.** anat. Membrane entourant le cerveau, la moelle épinière. ▶ **méningé, ée** adj. **2.** fam. au plur. Le cerveau, l'esprit.

méningite n. f. ▫ Inflammation aiguë ou chronique des méninges (1).

ménisque n. m. ▫ anat. Cloison cartilagineuse entre deux surfaces articulaires mobiles.

ménopause n. f. ▫ Cessation des règles et de la fonction ovarienne.

menotte n. f. **1.** au plur. Bracelets métalliques réunis par une chaîne, qui se fixent aux poignets. **2.** Petite main.

mensonge n. m. ▫ Assertion sciemment contraire à la vérité. ▶ **mensonger, ère** adj.

menstruation n. f. ▫ Fonction physiologique caractérisée par les règles, de la puberté à la ménopause.

menstruel, elle adj. ▫ Des règles.

menstrues n. f. pl. ▫ vx Règles*.

mensualiser v. tr. **1.** Rendre mensuel (un paiement). **2.** Payer (qqn) au mois. ▶ **mensualisation** n. f.

mensualité n. f. ▫ Somme payée ou perçue mensuellement.

mensuel, elle adj. **1.** Qui a lieu, se fait tous les mois. **2.** Payé chaque mois. ▶ **mensuellement** adv.

mensuration n. f. ▫ Détermination et mesure des dimensions caractéristiques du corps humain ; ces mesures.

mental, ale, aux adj. **1.** Qui se fait dans l'esprit seulement. **2.** Qui a rapport aux fonctions intellectuelles. **3.** n. m. *LE MENTAL*, l'état d'esprit.

mentalement adv. **1.** Par la pensée. **2.** Du point de vue mental (2).

mentalité n. f. **1.** Ensemble de croyances et habitudes d'esprit collectives. **2.** État d'esprit.

menterie n. f. ▫ vx ou région. Mensonge.

menteur, euse adj. et n. ▫ Qui ment.

menthe n. f. **1.** Plante très aromatique, qui croît dans les lieux humides. **2.** Essence de menthe.

menthol n. m. ▫ Alcool de menthe poivrée. ▶ **mentholé, ée** adj.

mention n. f. **1.** Action de nommer, de citer. **2.** Appréciation favorable (jury d'examen). *Mention bien.*

mentionner v. tr. ▫ Faire mention de.

mentir v. intr. ▫ Faire un mensonge, nier ou taire ce qu'on devrait dire.

menton n. m. ▫ Partie saillante du visage ; avancée du maxillaire inférieur.

mentonnet n. m. ▫ techn. Pièce saillante (d'un mécanisme).

mentonnière n. f. **1.** Jugulaire. **2.** Plaquette d'un violon, appui du menton.

mentor n. m. ▫ littér. Guide, conseiller expérimenté.

① **menu, ue** adj. ▫ littér. **1.** Petit, fin. **2.** Qui a peu d'importance, de valeur. – n. m. *PAR LE MENU* loc. adv. : en détail.

② **menu** n. m. **1.** Liste des mets d'un repas. **2.** Liste d'opérations proposées sur l'écran d'un ordinateur.

menuet n. m. ▫ Ancienne danse à trois temps.

menuiserie n. f. **1.** Travail du bois pour la fabrication des meubles, la décoration. **2.** Bois ainsi travaillé. **3.** *Menuiserie métallique*, fabrication de portes et fenêtres en métal.

menuisier n. m. ▫ Artisan, ouvrier qui travaille le bois équarri en planches.

méphitique adj. ▫ Qui sent mauvais et est toxique.

méplat n. m. ▫ Partie plate, plane (du visage, d'une forme).

se **méprendre** v. pron. ▫ littér. Se tromper en prenant une personne, une chose pour une autre.

mépris n. m. **1.** *AU MÉPRIS DE* loc. prép. : en dépit de. **2.** Sentiment par lequel on méprise (2) (qqn).

méprisable adj. ▫ Qui mérite le mépris.

méprisant, ante adj. □ Qui a, montre, exprime du mépris (2).

méprise n. f. □ Erreur d'une personne qui se méprend.

mépriser v. tr. **1.** Estimer indigne d'attention ou d'intérêt. **2.** Considérer (qqn) comme indigne d'estime.

mer n. f. **1.** Vaste étendue d'eau salée. **2.** *Une mer*, partie de la mer, délimitée.

mercanti n. m. □ Commerçant malhonnête.

mercantile adj. □ Qui ne considère que le profit.

mercantilisme n. m. □ hist. Doctrine économique fondée sur le profit monétaire de l'État.

mercatique n. f. → **marketing**

mercenaire n. m. □ Soldat à la solde d'un gouvernement étranger.

mercerie n. f. □ Marchandises servant aux travaux de couture ; commerce de mercier.

merchandising n. m. → **marchandisage**

merci I. n. f. *À LA MERCI DE* loc. prép. : dans la dépendance absolue de (qqn, qqch.). – *DIEU MERCI* loc. adv. : grâce à Dieu. – *SANS MERCI* : impitoyable. **II. 1.** n. m. Remerciement. **2.** interj. *Merci beaucoup.*

mercier, ière n. □ Marchand(e) d'articles de mercerie.

mercredi n. m. □ Troisième jour de la semaine*.

mercure n. m. (nom mythol.) □ Métal blanc argenté, liquide à la température ordinaire (symb. Hg).

mercurochrome n. m. (n. déposé) □ Composé chimique rouge vif, antiseptique externe.

merde □ fam. **I.** n. f. **1.** Matière fécale. **2.** fig. Être ou chose méprisable. ▪ Situation mauvaise et confuse. **II.** interj. Exclamation de colère, d'impatience, de mépris, parfois d'admiration.

merdeux, euse adj. □ fam. **1.** Sali d'excréments. **2.** Mauvais. – n. Gamin(e), blanc-bec.

merdier n. m. □ fam. Grand désordre.

merdique adj. □ fam. Mauvais, sans valeur.

merdoyer v. intr. □ fam. S'embrouiller maladroitement.

mère n. f. **I. 1.** Femme qui a mis au monde un ou plusieurs enfants. ▪ par ext. *Mère adoptive.* **2.** Femelle qui a un ou plusieurs petits. **3.** Religieuse (supérieure d'un couvent, etc.). **II.** Origine, source.

mère-grand n. f. □ vx Grand-mère. *Des mères-grand.*

merguez n. f. □ Saucisse pimentée.

méridien, ienne I. adj. *Plan méridien*, plan défini par l'axe de rotation de la Terre et la verticale du lieu. **II.** n. m. Demi-cercle joignant les pôles. *Méridiens et parallèles.*

méridienne n. f. □ Canapé à deux chevets.

méridional, ale, aux adj. et n. □ Qui est au sud ; qui est du Midi, du Sud (d'un pays). *Les Méridionaux.*

meringue n. f. □ Gâteau très léger fait de blancs d'œufs battus et de sucre. ▶ **meringué, ée** adj.

mérinos n. m. **1.** Mouton à toison épaisse ; sa laine. **2.** fam. *Laisser pisser le mérinos*, laisser aller les choses.

merise n. f. □ Petite cerise sauvage.

merisier n. m. □ Cerisier sauvage ; son bois.

méristème n. m. □ bot. Tissu jeune qui engendre les autres tissus végétaux.

méritant, ante adj. □ souvent iron. Qui a du mérite (I).

mérite n. m. **I.** Ce qui rend digne d'estime, d'éloges. **II. 1.** Ensemble de qualités particulièrement estimables. **2.** Avantage (de qqch.).

mériter v. tr. **1.** Être en droit d'obtenir (un avantage) ou exposé à subir (un inconvénient). **2.** Être digne d'avoir à ses côtés, dans sa vie.

méritoire adj. ▫ (choses) Digne d'éloge.

merlan n. m. ▫ Poisson de mer comestible, à chair légère.

merle n. m. ▫ Oiseau passereau au plumage généralement noir chez le mâle.

merlin n. m. ▫ Masse pour assommer les bœufs.

merlu n. m. ▫ région. Colin (poisson).

merluche n. f. ▫ Morue séchée.

mérou n. m. ▫ Grand poisson des côtes de la Méditerranée.

mérovingien, ienne adj. ▫ Des Mérovingiens (rois des Francs).

merveille n. f. **1.** Chose qui cause une intense admiration. **2.** *À MERVEILLE* loc. adv. : parfaitement.

merveilleux, euse I. adj. **1.** littér. Qui étonne par son caractère inexplicable, surnaturel. **2.** Très admirable. ▶ **merveilleusement** adv. **II.** n. m. L'inexplicable, le surnaturel (dans une œuvre).

mes adj. poss. → **mon**

mésalliance n. f. ▫ Mariage avec une personne jugée socialement inférieure.

mésallier v. tr. ▫ Marier (qqn) par mésalliance. ▷ v. pron. se **mésallier** ▷ adj. **mésallié, ée**

mésange n. f. ▫ Petit oiseau au corps rond.

mésaventure n. f. ▫ Aventure fâcheuse.

mescal ou **mezcal** n. m. ▫ Alcool tiré de l'agave.

mescaline n. f. ▫ Alcaloïde hallucinogène.

mesclun n. m. ▫ Mélange de salades.

mesdames, mesdemoiselles n. f. ▫ Pluriel de *madame, mademoiselle.*

mésentente n. f. ▫ Mauvaise entente.

mésentère n. m. ▫ anat. Repli du péritoine qui enveloppe l'intestin.

mésestimer v. tr. ▫ littér. Ne pas apprécier à sa juste valeur.

mésintelligence n. f. ▫ littér. Défaut d'accord.

mésolithique n. m. et adj. ▫ didact. Se dit de la période qui suit le paléolithique.

méson n. m. ▫ phys. Particule de masse intermédiaire entre celle de l'électron et celles du proton et du neutron.

mésosphère n. f. ▫ sc. Couche de l'atmosphère terrestre, après la stratosphère.

mésozoïque n. m. ▫ géol. Ère secondaire.

mesquin, ine adj. **1.** Qui manque de générosité. **2.** Qui témoigne de petitesse morale. ▶ **mesquinerie** n. f.

mess n. m. ▫ Lieu où les officiers ou les sous-officiers d'une unité prennent leurs repas.

message n. m. **1.** Charge de dire, de transmettre (qqch.). **2.** Information, paroles transmises.

messager, ère n. **1.** Personne chargée de transmettre une nouvelle, un objet. **2.** biol. *A. R. N. messager* : forme de l'acide ribonucléique transportant l'information génétique.

messagerie n. f. **1.** Service de transports de colis et de voyageurs. **2.** *Messageries de presse* : organismes de distribution de la presse. **3.** *Messagerie électronique* : transmission télématique de messages.

messe n. f. □ Célébration rituelle du culte catholique. – *Faire des* MESSES BASSES : parler en aparté.

messidor n. m. □ Dixième mois du calendrier révolutionnaire (19-20 juin au 19-20 juillet).

Messie n. m. □ relig. Libérateur désigné et envoyé par Dieu.

messieurs n. m. □ Pluriel de *monsieur*.

messire n. m. □ anciennt Dénomination des personnes de qualité.

mesurable adj. □ Qui peut être mesuré.

mesure n. f. **I. 1.** Détermination (de grandeurs) par comparaison avec une grandeur constante de même espèce. **2.** Grandeur ainsi déterminée. **3.** Valeur, capacité appréciée ou estimée. **4.** DANS LA MESURE DE..., OÙ... : dans la proportion de, où ; pour autant que. À MESURE : progressivement. **II. 1.** Quantité, unité de comparaison pour mesurer. **2.** Récipient de capacité connue. **3.** COMMUNE MESURE (en phrase négative) : rapport. **4.** Appréciation par un étalon. **III. 1.** Quantité, dimension normale, souhaitable. **2.** Modération dans le comportement. **3.** Manière d'agir proportionnée à un but ; acte officiel. **4.** Division de la durée musicale en parties égales. – EN MESURE loc. adv. : en suivant la mesure. **5.** ÊTRE EN MESURE DE : avoir la possibilité de.

mesurer v. tr. **I. 1.** Évaluer (une longueur, une surface, un volume) par une comparaison. **2.** Déterminer la valeur de (une grandeur mesurable) par l'observation ou le calcul. **3.** fig. Juger par comparaison. **4.** intrans. Avoir pour mesure. **II.** fig. **1.** Donner, régler avec mesure. **2.** Employer avec modération. ▷ v. pron. se **mesurer** *Se mesurer avec, à qqn*, avoir une épreuve de force avec qqn. ▷ adj. **mesuré, ée 1.** Évalué par la mesure. **2.** Qui montre de la mesure (III, 2).

mésuser v. tr. □ littér. Faire mauvais usage (de).

métabolisme n. m. □ physiol. Transformations chimiques et biologiques dans l'organisme.

métacarpe n. m. □ anat. Ensemble des os de la main. ▶ **métacarpien, ienne** adj.

métadonnée n. f. □ inform. Donnée formelle normalisée et structurée utilisée pour décrire et traiter les ressources numériques.

métairie n. f. □ Domaine agricole exploité par métayage*. ■ Ses bâtiments.

métal, aux n. m. □ Corps simple, doué d'un éclat particulier, bon conducteur de la chaleur et de l'électricité, et formant, avec l'oxygène, des oxydes basiques.

métalangage n. m. □ didact. Langage qui décrit un autre langage.

métalangue n. f. □ didact. Langue naturelle qui parle du langage.

métallique adj. **1.** Fait de métal. **2.** Du métal. **3.** (son) Qui semble venir d'un corps fait de métal.

métalliser v. tr. □ techn. **1.** Couvrir d'une couche de métal. **2.** Donner un éclat métallique à. ▶ **métallisation** n. f.

métallo n. m. □ fam. Métallurgiste.

métallographie n. f. □ sc. Étude de la structure et des propriétés des métaux.

métalloïde n. m. □ chim. Corps simple qui a certaines propriétés des métaux et des propriétés opposées (syn. *non-métal*).

métallurgie n. f. □ Industries, techniques de fabrication et mise en œuvre des métaux. ▶ **métallurgique** adj.

métallurgiste n. m. □ Ouvrier, industriel qui travaille dans la métallurgie.

métalogique adj. ▫ didact. Qui étudie les valeurs de vérité en logique.

métamorphique adj. ▫ didact. Se dit d'une roche qui a été modifiée par la chaleur et la pression. ▶ **métamorphisme** n. m.

métamorphose n. f. **1.** Changement qui rend méconnaissable. **2.** Changement total survenant dans l'organisme (de batraciens, d'insectes), dans son développement vers la forme adulte.

métamorphoser v. tr. **1.** Modifier par métamorphose (1 et 2). **2.** fig. Changer complètement (qqn, qqch.). ▷ v. pron. se **métamorphoser**

métaphore n. f. ▫ Changement de sens par substitution analogique. ▶ **métaphorique** adj. ▶ **métaphoriquement** adv.

métaphysicien, ienne n. ▫ Philosophe qui s'occupe de métaphysique.

métaphysique I. n. f. **1.** Recherche rationnelle sur l'être, les principes premiers de la connaissance. **2.** Réflexion abstraite. **II.** adj. Qui relève de la métaphysique.

métastase n. f. ▫ méd. Foyer secondaire éloigné d'un foyer initial.

métatarse n. m. ▫ anat. Os du pied entre le talon et les orteils.

métayage n. m. ▫ Louage d'un domaine agricole pour une partie du produit cultivé.

métayer, ère n. ▫ Personne qui fait valoir par métayage.

métazoaire n. m. ▫ zool. Organisme animal formé de plusieurs cellules.

méteil n. m. ▫ Mélange de seigle et de blé.

métempsychose n. f. ▫ didact. Doctrine pour laquelle une âme se réincarne en plusieurs corps. – var. **métempsycose.**

météo (abrév.) **1.** n. f. Météorologie. – Informations météorologiques. **2.** adj. invar. Météorologique.

météore n. m. ▫ Corps céleste traversant l'atmosphère. ▶ **météorique** adj.

météorisme n. m. ▫ méd. Gonflement de l'abdomen par des gaz.

météorite n. m. ou f. ▫ Fragment de corps céleste qui traverse l'atmosphère.

météorologie n. f. ▫ Service, informations de précision du temps. ▶ **météorologique** adj. ▶ **météorologiste** n.

métèque n. m. ▫ (terme xénophobe) Étranger dont l'aspect physique, les allures sont jugés déplaisants.

méthadone n. f. ▫ méd. Substance de synthèse, voisine de la morphine.

méthane n. m. ▫ Carbure d'hydrogène.

méthanier n. m. ▫ Cargo destiné à transporter du gaz (méthane) liquéfié.

méthanisation n. f. ▫ techn. Transformation (de matières organiques) en méthane. ▶ **méthaniser** v. tr.

méthanol n. m. ▫ Alcool méthylique.

méthode n. f. **1.** sc. Démarche de l'esprit pour découvrir et démontrer la vérité. **2.** Démarches raisonnées, suivies pour parvenir à un but. **3.** Principes (d'une technique, d'un art). **4.** Moyen.

méthodique adj. **1.** Fait selon une méthode. **2.** Qui agit, raisonne avec méthode. ▶ **méthodiquement** adv.

méthodiste adj. et n. ▫ D'un mouvement religieux protestant. ▶ **méthodisme** n. m.

méthodologie n. f. ▫ didact. Étude des méthodes scientifiques, techniques. ▶ **méthodologique** adj.

méthyle n. m. ▫ chim. Radical monovalent CH_3. ▶ **méthylique** adj. *Alcool méthylique.*

méthylène n. m. **1.** Alcool méthylique impur. **2.** chim. Dérivé du méthane. – cour. *Bleu de méthylène,* colorant et antiseptique.

méticuleux, euse adj. ◻ Soigneux et très attentif aux détails. ▶ **méticuleusement** adv. ▶ **méticulosité** n. f.

métier n. m. **I. 1.** Travail dont on peut tirer des moyens d'existence. **2.** Habileté technique que confère l'expérience d'un métier. **II.** Machine servant à travailler les textiles.

métis, isse I. adj. **1.** adj. et n. Issu d'un métissage. **2.** Hybride. **II.** n. m. Toile de coton et de lin.

métissage n. m. **1.** Croisement de races, de variétés. **2.** fig. *Le métissage des cultures.* ▶ **métisser** v. tr.

métonymie n. f. ◻ didact. Figure par laquelle on exprime un concept au moyen d'un terme désignant un autre concept qui lui est uni par une relation nécessaire. ▶ **métonymique** adj.

métope n. f. ◻ archéol. Intervalle entre deux triglyphes.

métrage n. m. **1.** Action de mesurer au mètre. **2.** Longueur de tissu vendu au mètre. **3.** *Le métrage d'un film,* sa longueur.

mètre n. m. **I.** Élément de mesure des vers grecs et latins. **II. 1.** Unité principale de longueur, base du système métrique (symb. m). ▪ *Mètre carré,* unité de superficie (symb. m²). *Mètre cube,* unité de volume (symb. m³). **2.** Étalon du mètre. – Règle ou ruban gradué en centimètres.

métrer v. tr. ◻ Mesurer au mètre. ▶ **métreur, euse** n.

① **métrique** n. f. ◻ Étude de la versification .

② **métrique** adj. ◻ Qui a rapport au mètre, unité de mesure.

métrite n. f. ◻ Inflammation de l'utérus.

métro n. m. ◻ Chemin de fer électrique, souvent souterrain, d'une grande ville.

métronome n. m. ◻ mus. Petit instrument marquant la mesure.

métropole n. f. **I.** Ville principale. **II.** État considéré par rapport aux colonies, aux territoires extérieurs.

① **métropolitain, aine 1.** adj. D'une métropole. **2.** n. Personne originaire de la métropole (II).

② **métropolitain** n. m. ◻ admin. → **métro.**

métropolite n. m. ◻ Archevêque de l'Église orthodoxe.

mets n. m. ◻ littér. Aliment préparé servi dans un repas.

mettable adj. ◻ (vêtements) Qu'on peut mettre.

metteur, euse n. ◻ (fém. rare) *METTEUR EN SCÈNE :* responsable de la mise* en scène. – *METTEUR EN ONDES* (radio).

mettre v. tr. **I. 1.** Faire passer (une chose) dans un endroit, à une place (où elle n'était pas). **2.** Placer (un être vivant) à un endroit. **3.** Placer (un vêtement, un ornement, etc.) sur qqn, sur soi. **4.** Ajouter en adaptant. **5.** Disposer ; installer. **6.** fig. Ajouter, apporter (un élément moral, affectif). **7.** *METTRE* (un certain temps, de l'argent) *À :* dépenser, employer. **8.** Provoquer, faire naître. **9.** Écrire. **10.** (compl. personne) Occuper, affecter. **II. 1.** (avec un adv.) Placer dans une position nouvelle (sans déplacement ni modification d'état). – sans compl. *METTRE BAS,* accoucher (femelles d'animaux). **2.** Placer, disposer dans une position. **III. 1.** (concret) *METTRE EN :* transformer en. **2.** (abstrait) *Mettre en présence. Mettre au point, en œuvre ; en mouvement, en scène, en vente* (→ **mise** (en)). **3.** Faire fonctionner. ▷ v. pron. **se mettre 1.** réfl. Venir occuper un lieu, une situation. **2.** passif Avoir pour place habituelle. **3.** Devenir. – récipr. *Elles se sont mises d'accord.* **4.** réfl. Prendre une position, un état, une apparence. – *N'avoir rien à se mettre* (pour s'habiller). **5.** *SE METTRE À* (+ nom ; + inf.) : commencer à (faire). ▷ **mis, mise** → **mis.**

meuble I. 1. adj. (terre) Qui se remue, se laboure facilement. **2.** adj. et n. m. dr. Se dit d'un bien qui peut être déplacé. **II.** n. m. Objet mobile servant à l'aménagement de l'habitation, des locaux.

meubler v. tr. **1.** Garnir de meubles (II). **2.** Constituer le mobilier de. **3.** fig. Remplir ou orner. ▷ v. pron. se **meubler** Acquérir des meubles. ▷ adj. **meublé, ée** – n. m. *Un meublé :* logement loué meublé.

meuf n. f. ▫ fam. Femme, amie, épouse.

meugler v. intr. ▫ Beugler. ▶ **meuglement** n. m.

meuh interj. ▫ Onomatopée évoquant le meuglement des bovidés.

meule n. f. **I. 1.** Cylindre plat et massif, servant à broyer, à moudre. **2.** Disque en matière abrasive pour user, aiguiser, polir. **3.** Grand fromage en forme de disque épais. **II.** Gros tas de foin, de gerbes.

meuler v. tr. ▫ Passer, dégrossir, affûter à la meule.

meulière adj. f. et n. f. ▫ *(Pierre) meulière :* pierre à surface rugueuse.

meunerie n. f. ▫ Industrie de la farine.

meunier, ière n. **1.** Personne qui exploite un moulin à céréales, qui fabrique de la farine. **2.** appos. invar. Frit dans la farine.

meurette n. f. ▫ Sauce au vin rouge.

meurtre n. m. ▫ Fait de tuer volontairement un être humain.

meurtrier, ière I. n. Personne qui a commis un ou des meurtres. **II.** adj. Qui concerne la mort de nombreuses personnes.

meurtrière n. f. ▫ Fente verticale pratiquée dans un mur pour tirer.

meurtrir v. tr. **1.** Blesser en laissant une marque sur la peau. **2.** (surtout p. p.) Endommager (un fruit, un légume). **3.** fig., littér. Déchirer (le cœur...).

meurtrissure n. f. ▫ Marque sur la peau, sur des fruits, etc. meurtris.

meute n. f. **1.** Troupe de chiens dressés pour la chasse à courre. **2.** Bande de poursuivants acharnés.

mévente n. f. ▫ Insuffisance des ventes.

mexicain, aine adj. et n. ▫ Du Mexique.

mezcal → **mescal**

mézigue pron. ▫ argot Moi.

mezzanine n. f. **1.** Étage entre l'orchestre et le premier balcon (d'un théâtre, etc.). **2.** Petite plate-forme dans une pièce haute de plafond.

mezze n. m. ▫ Assortiment de hors-d'œuvre à l'orientale.

mezzo n. **1.** n. m. Voix de femme, entre soprano et contralto (aussi *mezzo-soprano*). **2.** n. f. La chanteuse.

mi n. m. ▫ Troisième note de la gamme d'ut.

mi- 1. (formant un nom composé) Le milieu de. **2.** (loc. adv.) *À MI- :* à la moitié de. **3.** (formant un adj. composé) *Yeux mi-clos.*

miam-miam interj. ▫ fam. Exclamation de plaisir à manger.

miaou interj. et n. m. ▫ Cri du chat.

miasme n. m. ▫ Émanation à laquelle on attribuait les maladies infectieuses.

miauler v. intr. **1.** (chats, certains félins) Pousser son cri. **2.** Faire un bruit analogue. ▶ **miaulement** n. m.

mi-bas n. m. invar. □ Chaussette montante.

mica n. m. □ Minerai constituant des roches volcaniques et métamorphiques.

mi-carême n. f. □ Jeudi de la troisième semaine de carême.

micelle n. f. □ sc. Particule en suspension dans une solution colloïdale.

miche n. f. **1.** Pain rond. **2.** fam. Fesse.

miché n. m. □ argot Client d'une prostituée. – syn. **micheton.**

micheline n. f. □ anciennt Automotrice sur pneus.

à **mi-chemin** loc. adv. □ Au milieu du chemin.

mi-clos, ose adj. □ littér. À moitié fermé.

micmac n. m. □ fam. Agissements compliqués et suspects.

micocoulier n. m. □ Arbre du genre orme.

à **mi-corps** loc. adv. □ Au milieu du corps, jusqu'à la taille.

à **mi-course** loc. adv. □ Au milieu du parcours.

micro n. (abrév.) **1.** n. m. Microphone. **2.** n. m. Micro-ordinateur. **3.** n. f. Micro-informatique.

microbe n. m. **1.** Micro-organisme pathogène. ▶ **microbien, ienne** adj. **2.** fam. Personne chétive, petite.

microbiologie n. f. □ Science des micro-organismes.

microchirurgie n. f. □ Chirurgie des structures vivantes microscopiques.

microclimat n. m. □ Conditions climatiques d'une petite zone.

microcosme n. m. □ littér. Abrégé, image réduite du monde.

microcrédit n. m. □ Prêt d'un faible montant accordé à des personnes démunies.

microentreprise n. f. □ Entreprise de très petite taille.

microfibre n. f. □ Fibre textile synthétique extrêmement fine.

microfilm n. m. □ Photographie de très petit format sur film.

micrographie n. f. □ didact. Étude microscopique des matériaux. ▶ **micrographique** adj.

micro-informatique n. f. □ Informatique des micro-ordinateurs.

micron n. m. □ Unité de longueur (symb. µ : lettre *mu*) égale à un millionième de mètre.

micro-onde n. f. □ Onde électromagnétique de très petite longueur. *Four à micro-ondes.*

micro-ordinateur n. m. □ Ordinateur de format réduit. *Des micro-ordinateurs.*

micro-organisme n. m. □ didact. Organisme microscopique. *Des micro-organismes.*

microphone n. m. □ Appareil qui amplifie les ondes sonores.

microphotographie n. f. □ Photographie à fort coefficient de réduction.

microphysique n. f. □ Physique de l'atome, des particules.

micropilule n. f. □ Pilule contraceptive ne contenant que des progestatifs.

microprocesseur n. m. □ Très petit circuit intégré *(microcircuit)*, unité de traitement de l'information.

microscope n. m. □ Instrument d'optique qui permet de voir des objets invisibles à l'œil nu.

microscopique adj. □ Visible seulement au microscope. ▪ Très petit, minuscule.

microsillon n. m. □ anciennt Disque «noir» (vinyle).

micro-trottoir n. m. ▫ Enquête faite dans la rue, auprès de passants, par la radio ou la télévision.

miction n. f. ▫ méd. Action d'uriner.

midi n. m. **I. 1.** Milieu du jour. **2.** Douzième heure (après et avant minuit). **II. 1.** Sud, exposition au sud. **2.** Région qui est au sud.

midinette n. f. ▫ Jeune fille de la ville, sentimentale ou frivole.

mie n. f. ▫ Partie molle du pain.

miel n. m. ▫ Substance sirupeuse et sucrée élaborée par les abeilles.

mielleux, euse adj. **1.** De miel. **2.** Qui a une douceur affectée.

mien, mienne I. adj. poss. de la 1re pers. du sing. À moi. **II.** pron. poss. Ce qui est à moi. **III.** n. m. pl. *LES MIENS* : mes parents, mes amis...

miette n. f. **1.** Petit morceau (de pain, de gâteau...). **2.** Petit fragment.

mieux adv. ▫ Comparatif de *bien*. **I.** D'une manière meilleure. *Il réussit mieux que son frère.* **II.** *LE MIEUX* **1.** De la meilleure façon. **2.** *AU MIEUX* : dans le meilleur des cas. **3.** *POUR LE MIEUX* : le mieux possible, très bien. **III.** adj. attribut **1.** (personnes) En meilleure situation, état. **2.** (choses) Préférable, d'une plus grande qualité. **IV.** nominal **1.** (sans article) Quelque chose de mieux. *Faute de mieux.* **2.** n. m. *LE MIEUX.* prov. *Le mieux est l'ennemi du bien.* – *Un mieux*, une amélioration.

mieux-être n. m. invar. ▫ État plus heureux.

mièvre adj. ▫ D'une grâce fade. ▶ **mièvrerie** n. f.

mignard, arde adj. ▫ vx Mignon.

mignardise n. f. **1.** Délicatesse, grâce affectée. **2.** Petit œillet odorant.

mignon, onne I. adj. **1.** Qui a de la grâce et de l'agrément. **2.** Aimable, gentil. **II.** n. Personne mignonne.

migraine n. f. ▫ Mal de tête. ▶ **migraineux, euse** adj. et n.

migrant, ante adj. et n. ▫ Qui participe à une migration.

migrateur, trice adj. et n. m. ▫ (animaux) Qui émigre.

migration n. f. **1.** Déplacement de populations qui passent d'un pays dans un autre. **2.** Déplacement saisonnier d'animaux. ▶ **migratoire** adj.

migrer v. intr. ▫ Émigrer.

mihrab n. m. ▫ didact. Niche orientée vers la Mecque aménagée dans le mur d'une mosquée.

à mi-jambe loc. adv. ▫ Au niveau du milieu de la jambe. – var. **à mi-jambes.**

mijaurée n. f. ▫ péj. Femme, jeune fille aux manières affectées.

mijoter v. tr. **I.** Faire cuire ou bouillir lentement, avec soin. **II.** intrans. Cuire lentement.

mikado n. m. **I.** Empereur du Japon. **II.** Jeu d'adresse, jonchet.

mil n. m. ▫ Céréale à petits grains cultivée en Afrique.

milan n. m. ▫ Rapace diurne.

mildiou n. m. ▫ Maladie de plantes causée par des champignons minuscules.

mile n. m. ▫ Mesure anglo-saxonne de longueur (1609 m).

milice n. f. ▫ Formation paramilitaire non officielle. ▶ **milicien, ienne** n.

milieu n. m. **I. 1.** Partie à égale distance des extrémités. **2.** Ce qui est placé entre d'autres. **3.** Période entre le commencement et la fin. **II.** Ce qui est éloigné des extrêmes, des excès ; position, état intermédiaire. **III. 1.** Ensemble des objets matériels, des circonstances physiques qui entourent et influencent un organisme vivant. **2.** Entourage, groupe social. **3.** *Le milieu*, groupe social vivant du vol, de la prostitution.

militaire **I.** adj. De la force armée. ▶ **militairement** adv. **II.** n. m. Personne qui fait partie des forces armées.

militant, ante adj. et n. ▫ Qui combat dans les luttes idéologiques. ▶ **militantisme** n. m.

militariser v. tr. ▫ Organiser d'une façon militaire ; pourvoir d'une force armée. ▶ **militarisation** n. f.

militarisme n. m. ▫ Exaltation des valeurs militaires. ▶ **militariste** adj. et n.

militer v. intr. **1.** (sujet chose) *MILITER POUR, CONTRE...* : constituer un argument (pour, contre). **2.** (personnes) Agir, lutter pour ou contre (une cause).

① **mille** **I.** adj. numéral invar. **1.** (cardinal) Dix fois cent (1000). **2.** Un grand nombre. **3.** (ordinal) Millième. – (dans une date ; parfois écrit *mil*) *L'an deux mille quinze.* **II.** n. m. invar. **1.** Le nombre mille. – *POUR MILLE* (précédé d'un numéral). *Natalité de 15 pour mille (15 ‰).* **2.** Millier. – fam. *Des mille et des cents* : beaucoup d'argent.

② **mille** n. m. **1.** Ancienne mesure de longueur. **2.** *Mille marin* (1 852 m).

millefeuille n. m. ▫ Gâteau à pâte feuilletée.

millénaire adj. et n. m. ▫ Qui a mille ans (ou plus).

mille-pattes n. m. invar. ▫ Myriapode à quarante-deux pattes.

millepertuis n. m. ▫ Plante dont la feuille est criblée de petits pores.

millésime n. m. ▫ Date d'une monnaie, d'un timbre-poste, d'un vin.

millésimé, ée adj. ▫ Qui porte un millésime.

millet n. m. ▫ Graminée cultivée pour les grains ou comme fourrage.

milliard n. m. ▫ Nombre ou somme de mille millions. ▶ **milliardième** adj. et n.

milliardaire adj. et n. ▫ Qui possède un milliard d'une monnaie.

millibar n. m. ▫ anciennt Millième de bar.

millième **1.** adj. numéral ordinal Qui occupe le rang indiqué par le nombre mille. – n. *Le, la millième.* **2.** adj. et n. m. Se dit d'une des parties d'un tout divisé en mille.

millier n. m. ▫ Nombre, quantité d'environ mille.

milligramme n. m. ▫ Millième partie du gramme (symb. mg).

millimètre n. m. ▫ Millième partie du mètre (symb. mm). ▶ **millimétré, ée** adj.

million n. m. ▫ Nombre ou somme valant mille fois mille.

millionième **1.** adj. numéral ordinal Qui occupe le rang marqué par le nombre de un million. – n. *Le, la millionième.* **2.** adj. et n. m. Se dit d'une partie d'un tout divisé en un million.

millionnaire adj. et n. ▫ Qui possède un ou plusieurs millions d'une monnaie.

mi-lourd n. m. et adj. ▫ Sportif entre les poids moyens et les lourds.

mime **I.** n. Acteur qui s'exprime par les attitudes et les gestes, sans paroles. **II.** n. m. Spectacle sans paroles. ▶ **mimer** v. tr.

mimétisme n. m. **1.** (animaux, plantes) Propriété de se rendre semblables par l'apparence au milieu environnant ou à une autre espèce. **2.** Imitation involontaire.

mimique n. f. ▫ Expression du visage.

mimodrame n. m. ▫ didact. Mime (II).

mimolette n. f. ▫ Fromage de Hollande à pâte orangée.

mimosa n. m. ▫ Acacia à fleurs jaunes en petites boules ; ces fleurs.

minable adj. et n. ▫ fam. Très médiocre.

minaret n. m. ▫ Tour d'une mosquée.

minauder v. intr. ▫ Prendre des manières affectées. ▶ **minauderie** n. f. ▶ **minaudier, ière** adj.

minaudière n. f. ▫ Petit sac du soir.

minbar n. m. ▫ didact. Chaire d'une mosquée.

mince adj. **I. 1.** Qui a peu d'épaisseur ; fin. **2.** Qui donne une impression de finesse. **3.** fig. Sans importance. **II.** interj. fam. Exclamation de surprise.

minceur n. f. ▫ Caractère de ce qui est mince.

mincir v. intr. ▫ Devenir plus mince.

① **mine** n. f. **1.** Aspect extérieur, apparence. – *FAIRE MINE DE* (+ inf.) : paraître disposé à. **2.** Aspect du visage, selon la santé, l'humeur. **3.** au plur. Attitudes, gestes (affectés).

② **mine** n. f. **I.** Petit bâton d'une matière laissant une trace. **II. 1.** Terrain d'où l'on peut extraire un métal, du charbon. **2.** fig. Réserve, source importante. **III.** Engin explosif.

miner v. tr. **I.** Creuser, attaquer ; affaiblir par une action progressive. **II.** Garnir de mines explosives.

minerai n. m. ▫ Minéral qui contient des substances qu'on peut extraire.

minéral, ale, aux I. adj. **1.** Constitué de matière inorganique. **2.** Relatif aux corps minéraux. **3.** *EAU MINÉRALE*, contenant naturellement des matières minérales. **II.** n. m. Élément ou composé naturel inorganique, constituant de l'écorce terrestre.

minéralier n. m. ▫ Cargo pour le transport des minerais.

minéralogie n. f. ▫ Science des minéraux, matériaux de l'écorce terrestre. ▶ **minéralogiste** n.

minéralogique adj. **I.** De la minéralogie. **II.** *Numéro minéralogique* : numéro d'immatriculation d'un véhicule.

minerve n. f. ▫ Appareil orthopédique pour maintenir la tête.

minestrone n. m. ▫ Soupe au riz et aux légumes.

minet, ette n. **1.** Petit chat. **2.** Jeune homme, jeune fille à la mode.

① **mineur, eure** adj. ▫ D'importance, d'intérêt secondaire (choses, personnes).

② **mineur, eure** adj. et n. ▫ Qui n'a pas atteint l'âge de la majorité.

③ **mineur** n. m. ▫ Ouvrier d'une mine, spécialt de houille.

mini adj. invar. ▫ Très court.

miniature n. f. **1.** Peinture fine de petits sujets. ▶ **miniaturé, ée** adj. **2.** *EN MINIATURE* : en réduction.

miniaturiser v. tr. ▫ Donner à (un objet, un mécanisme) les plus petites dimensions possibles. ▶ **miniaturisation** n. f.

miniaturiste n. ▫ Peintre de miniatures.

minibar n. m. ▫ Réfrigérateur de petite dimension.

minibus n. m. ▫ Petit autobus.

minidosé, ée adj. ▫ (médicament) Faiblement dosé (en principes actifs).

minier, ière adj. ▫ Relatif aux mines (②).

minijupe n. f. ▫ Jupe très courte.

minimal, ale, aux adj. ▫ Qui constitue un minimum.

minimaliste adj. ▫ Réduit, simplifié au strict minimum. ▶ **minimalisme** n. m.

minime 1. adj. Très petit, peu important. **2.** n. Jeune sportif (entre les benjamins et les cadets).

minimiser v. tr. ▫ Réduire l'importance de (qqch.).

minimum 1. n. m. Valeur la plus petite atteinte par une variable. *Des minimums* ou *des minima*. – *AU MINIMUM* : pour le moins. **2.** adj. Qui constitue un minimum. – au plur. *Des prix minimums* ou *minima*.

mini-ordinateur n. m. ▫ Ordinateur de taille moyenne.

minipilule n. f. ▫ Pilule contraceptive faiblement dosée en hormones.

ministère n. m. **I. 1.** Administration, services dépendant d'un ministre. **2.** Fonction de ministre. **II.** *MINISTÈRE PUBLIC* : magistrats qui défendent les intérêts de la société. **III.** relig. Charge de ministre (II).

ministériel, elle adj. ▫ Relatif au ministère ou au ministre.

ministre n. **I.** Agent supérieur du pouvoir exécutif. *Le Premier ministre* : le chef du gouvernement. **II.** n. m. *Ministre du culte* : prêtre. – Pasteur protestant.

minium n. m. ▫ Peinture rouge préservant le fer de la rouille.

minois n. m. ▫ Jeune visage.

minorer v. tr. ▫ Diminuer l'importance, la valeur de (qqch.).

minorité n. f. **I.** État d'une personne qui n'a pas atteint la majorité légale. **II. 1.** Groupement (de voix) inférieur en nombre (vote). ■ Parti, groupe qui n'a pas la majorité des suffrages. **2.** Le plus petit nombre de. **3.** Groupe englobé dans une collectivité plus importante. ▶ **minoritaire** adj.

minoterie n. f. ▫ Établissement transformant les grains en farine. ▶ **minotier, ière** n.

minou n. m. ▫ fam. Petit chat.

minuit n. m. ▫ Heure du milieu de la nuit, la douzième après midi (24 heures ou 0 heure).

minus n. m. ▫ fam. Individu incapable ou peu intelligent.

minuscule 1. n. f. Lettre courante, plus petite que la majuscule. **2.** adj. Très petit.

① **minute** n. f. **1.** Soixantième partie de l'heure (symb. min ou mn). **2.** Court instant. – *À LA MINUTE* : tout de suite. **3.** Unité d'angle ; soixantième partie d'un degré (symb. ').

② **minute** n. f. ▫ dr. Original (d'un acte).

minuter v. tr. ▫ Organiser selon un horaire précis. ▶ **minutage** n. m.

minuterie n. f. ▫ Appareil électrique réglé pour fonctionner pendant quelques minutes. – syn. **minuteur** n. m.

minutie n. f. ▫ Application minutieuse.

minutieux, euse adj. **1.** Qui s'attache, s'arrête aux détails. **2.** (choses) Soigneux et précis. ▶ **minutieusement** adv.

mioche n. ▫ fam. Enfant.

mirabelle n. f. ▫ Petite prune ronde et jaune. ▶ **mirabellier** n. m.

miracle n. m. **1.** Fait extraordinaire qu'on suppose surnaturel. **2.** Chose étonnante et inattendue.

miraculer v. tr. ▫ rare Guérir par un miracle. ▷ adj. et n. **miraculé, ée**

miraculeux, euse adj. **1.** Résultant d'un miracle (1). **2.** Inattendu et heureux. ▶ **miraculeusement** adv.

mirador n. m. ▫ Construction surélevée de surveillance ou d'observation.

mirage n. m. **1.** Phénomène optique, illusion d'une nappe d'eau à l'horizon. **2.** fig. Apparence séduisante et trompeuse.

mire n. f. **1.** *LIGNE DE MIRE*, ligne droite imaginaire déterminée par l'œil du tireur. – fig. *POINT DE MIRE* : centre d'intérêt. **2.** Signal fixe déterminant une direction. **3.** Image fixe de télévision.

mirer v. **I.** v. tr. Examiner (un œuf) à contre-jour pour vérifier sa fraîcheur. **II.** *SE MIRER* v. pron. littér. Se regarder, se refléter.

mirifique adj. ▫ plais. Merveilleux.

mirliton n. m. ▫ Tube creux dans lequel on chantonne un air. – *Vers de mirliton*, mauvaise poésie.

mirobolant, ante adj. ▫ fam. Incroyablement magnifique.

miroir n. m. ▫ Surface polie qui sert à réfléchir la lumière, à refléter les images.

miroiter v. intr. **1.** Réfléchir la lumière en produisant des reflets scintillants. **2.** fig. *FAIRE MIROITER* : proposer de manière à séduire. ▶ **miroitant, ante** adj. ▶ **miroitement** n. m.

miroiterie n. f. ▫ Commerce, industrie des miroirs et des glaces. ▶ **miroitier, ière** n.

miroton n. m. ▫ Bœuf bouilli aux oignons.

MIRV n. m. ▫ anglic., milit. Dernier étage d'un missile à têtes multiples, formé des têtes nucléaires.

mis, mise adj. ▫ Vêtu, habillé.

misaine n. f. ▫ Voile basse du mât de l'avant (d'un navire).

misanthrope adj. et n. ▫ Qui fuit le genre humain, qui aime la solitude. ▶ **misanthropie** n. f. ▶ **misanthropique** adj.

miscible adj. ▫ sc. Qui peut se mêler à une autre substance en un mélange homogène.

mise n. f. **I. 1.** (avec *en*) Action de mettre (quelque part). ▪ *MISE EN SCÈNE* : organisation de la représentation : décors, places, mouvements, jeu des acteurs. **2.** *La mise sur pied d'un programme.* ▪ (avec *en, à*) *Mise au net. Mise à prix.* **II. 1.** Investissement, risque (d'argent). **2.** *DE MISE* : qui a cours, est reçu. **3.** Manière d'être habillé.

miser v. tr. ▫ Déposer, mettre (un enjeu). *Miser cinq euros.* – *Miser sur un cheval.*

misérabiliste adj. ▫ arts Qui montre la misère sociale. ▶ **misérabilisme** n. m.

misérable adj. et n. **1.** Qui inspire la pitié ; qui est dans le malheur, la misère. **2.** Sans valeur, sans mérite. **3.** Méprisable.

misérablement adv. **1.** Pitoyablement, tristement. **2.** Dans l'extrême pauvreté.

misère n. f. ▫ Extrême pauvreté. ▶ **miséreux, euse** adj. et n.

miserere n. m. invar. ▫ relig. Psaume par lequel le croyant implore la pitié de Dieu.

miséricorde n. f. **1.** Pitié par laquelle on pardonne. ▶ **miséricordieux, ieuse** adj. **2.** interj. Exclamation de surprise et de douleur.

miso n. m. ▫ Pâte de soja fermentée.

misogyne adj. et n. ▫ Qui hait ou méprise les femmes. ▶ **misogynie** n. f.

miss n. f. ▫ Reine de beauté élue.

missel n. m. ▫ Livre de messe.

missile n. m. ▫ Engin de destruction autopropulsé et téléguidé.

mission n. f. **1.** Charge de faire qqch. **2.** Charge de propager une religion. ▪ Groupe chargé de cette propagation. **3.** Action, but auquel qqn semble destiné.

missionnaire adj. et n. ▫ Qui a la mission de propager sa religion, son idéal.

missive n. f. ▫ littér. Lettre.

mistigri n. m. ▫ (jeux) Valet de trèfle.

miston, onne n. ▫ région. Gamin.

mistral n. m. ▫ Vent violent qui souffle vers la mer (vallée du Rhône, Méditerranée).

mitage n. m. ▫ géogr. Éparpillement des constructions, des habitations.

mitaine n. f. ▫ Gant qui laisse à nu les deux dernières phalanges des doigts.

mitan n. m. ▫ vx ou région. Milieu, centre.

mitard n. m. ▫ argot Cachot.

① **mite** n. f. □ Petit papillon blanchâtre (teigne) dont la larve ronge les étoffes.

② **mite** n. f. □ Chassie (de l'œil).

mi-temps n. f. invar. **1.** Temps de repos au milieu d'un match. ▪ Chacune des deux moitiés du temps réglementaire (dans un match). **2.** *Travail À MI-TEMPS* ; n. m. *un mi-temps*, pendant la moitié de la durée normale du travail.

se **miter** v. pron. □ Être attaqué, rongé par les mites. ▷ adj. **mité, ée**

miteux, euse adj. □ D'apparence misérable.

mithridatiser v. tr. □ didact. Immuniser en accoutumant au poison.

mitigé, ée adj. **1.** Moins strict. **2.** Mêlé. *Des réactions mitigées.*

mitochondrie n. f. □ biol. Granule du cytoplasme.

mitonner v. **I.** v. intr. Cuire longtemps à petit feu. **II.** v. tr. Préparer soigneusement, longuement.

mitose n. f. □ biol. Division de la cellule où chaque chromosome se dédouble.

mitoyen, enne adj. □ Entre deux choses, commun aux deux. ▶ **mitoyenneté** n. f.

mitraille n. f. **1.** Décharge d'artillerie, de balles. **2.** fam. Petite monnaie.

mitrailler v. tr. **1.** Prendre pour objectif d'un tir de mitrailleuse. **2.** fam. Photographier ou filmer sans arrêt. ▶ **mitraillage** n. m.

mitraillette n. f. □ Arme portative à tir automatique (syn. *pistolet-mitrailleur*).

mitrailleur **1.** n. m. Servant d'une mitrailleuse. **2.** adj. m. (arme) Qui peut tirer par rafales.

mitrailleuse n. f. □ Arme automatique lourde, sur support, à tir rapide.

mitral, ale, aux adj. **1.** anat. En forme de mitre. *Valvule mitrale du cœur.* **2.** méd. De la valvule mitrale.

mitre n. f. □ Coiffure portée par les évêques.

mitron n. m. □ Garçon boulanger.

à **mi-voix** loc. adv. □ À voix basse.

mixage n. m. □ anglic. Regroupement du son sur une même bande.

mixer v. tr. □ anglic. **1.** Procéder au mixage de. **2.** Passer au mixeur.

mixeur ou **mixer** n. m. □ anglic. Appareil électrique servant à mélanger, à battre des aliments.

mixité n. f. □ Caractère mixte (2).

mixte adj. **1.** didact. Formé de plusieurs éléments de nature différente. **2.** Qui comprend des personnes des deux sexes.

mixtion n. f. □ didact. Action de mélanger.

mixture n. f. **1.** Mélange de substances chimiques, pharmaceutiques. **2.** péj. Mélange comestible compliqué.

Mlle □ Abréviation de *mademoiselle.*

Mme □ Abréviation de *madame.*

MMS n. m. □ techn., anglic. Technique et service d'envoi de messages multimédias à partir d'un téléphone mobile.

mnémonique adj. □ didact De la mémoire.

mnémotechnique adj. □ Capable d'aider la mémoire par des procédés d'association mentale.

mobile I. adj. **1.** Dont on peut changer la place ou la position ; qui se déplace ou peut se déplacer. **2.** Dont la date, la valeur peut être modifiée. **3.** Dont l'apparence change sans cesse. **II.** n. m. **1.** sc. Corps qui se déplace, considéré dans son mouvement. **2.** Ce qui incite à agir.

mobilier, ière I. adj. Qui concerne les biens meubles. **II.** n. m. Ensemble des meubles d'une habitation, d'un local.

mobilisateur, trice adj. □ Qui mobilise.

mobilisation n. f. ▫ Fait de mobiliser.

mobiliser v. tr. **1.** Mettre sur le pied de guerre (une armée). ▪ Affecter (qqn) à l'armée. **2.** Faire appel à (un groupe) pour une action collective. **3.** Faire appel à, mettre en jeu (des facultés intellectuelles ou morales). ▶ **mobilisable** adj.

mobilité n. f. ▫ Caractère de ce qui peut se mouvoir, changer de place ; de ce qui change rapidement.

mobylette n. f. (marque déposée) ▫ Cyclomoteur de cette marque.

mocassin n. m. ▫ Chaussure basse sans attaches.

moche adj. ▫ fam. Laid. ▶ **mocheté** n. f.

modal, ale, aux adj. ▫ didact. Qui a rapport aux modes (②).

modaliser v. tr. ▫ didact. Différencier selon des modes, des modalités.

modalité n. f. ▫ Forme particulière (d'un acte, d'un fait, d'une pensée, d'un objet).

① **mode** n. f. **1.** Manière collective de faire. *Les modes de l'époque.* **2.** Goûts collectifs, manières passagères de vivre, de sentir qui sont appréciés socialement. ▪ spécialt Habitudes collectives et passagères d'habillement.

② **mode** n. m. **1.** philos. Manière d'être (d'une substance). **2.** mus. Disposition particulière de la gamme. **3.** ling. Caractère des formes verbales exprimant l'attitude du sujet. **4.** cour. *Mode de...*, façon, manière. *Mode d'existence.* – *Mode d'emploi*, manière d'utiliser (un appareil...).

modelage n. m. ▫ Action de modeler (une substance plastique) ; son résultat.

modèle n. m. **I. 1.** Ce qu'on doit imiter. – adj. *Des employés modèles.* **2.** Personne ou objet dont l'artiste reproduit l'image. **3.** *MODÈLE DE :* représentant d'une catégorie. **II. 1.** Catégorie, classe définie. **2.** Type selon lequel des objets semblables peuvent être reproduits. **3.** Objet de même forme. – *MODÈLE RÉDUIT* (d'un véhicule, etc.).

modelé n. m. ▫ arts Relief des formes.

modeler v. tr. **1.** Façonner (un objet) en donnant une forme à une substance molle. ▪ Pétrir (une substance plastique) pour lui imposer une forme. **2.** Conférer une certaine forme à (qqch.).

modélisme n. m. ▫ Conception et construction des modèles réduits.

modéliste n. **1.** Personne qui fait ou dessine les modèles, dans la couture. **2.** Personne qui fabrique des modèles réduits.

modem n. m. ▫ inform. Appareil de traitement à distance de l'information.

modénature n. f. ▫ archit. Profil d'un ensemble de moulures.

modérateur, trice 1. n. Personne, chose qui concilie les partis opposés. ▪ adj. *Ticket modérateur :* frais laissés à la charge du malade par la Sécurité sociale (en France). **2.** n. m. Corps qui, dans une pile atomique, permet de régler une réaction en chaîne.

modération n. f. **1.** Comportement éloigné de tout excès. **2.** Action de modérer.

moderato adv. ▫ mus. Mouvement modéré.

modéré, ée adj. **1.** Qui fait preuve de mesure ; assez faible. **2.** adj. et n. Qui professe des opinions politiques éloignées des extrêmes. ▶ **modérément** adv.

modérer v. tr. ▫ Diminuer l'intensité de (un phénomène, un sentiment), réduire à une juste mesure (ce qui est excessif).

moderne adj. **I. 1.** Actuel, contemporain ou récent. **2.** Qui bénéficie des progrès récents. **3.** (personnes) Qui tient compte de l'évolution récente. **II.** *His-*

toire moderne ; les Temps modernes, de la fin du Moyen Âge à la Révolution française.

moderniser v. tr. ▫ Rendre (plus) moderne. ▶ **modernisation** n. f.

modernisme n. m. ▫ Goût de ce qui est moderne. ▶ **moderniste** adj.

modernité n. f. ▫ Caractère de ce qui est moderne.

modern style n. m. et adj. invar. ▫ anglic. Tendance artistique du début du XXe siècle (syn. *style nouille, art nouveau*).

modeste adj. **I.** **1.** Simple, sans faste. **2.** Peu important. **II.** (personnes) Qui a une opinion modérée de son mérite. ▶ **modestement** adv. ▶ **modestie** n. f.

modicité n. f. ▫ Caractère modique.

modifiable adj. ▫ Qui peut être modifié.

modificateur, trice adj. ▫ Qui a la propriété de modifier.

modificatif, ive adj. ▫ Qui modifie.

modifier v. tr. ▫ Changer sans altérer la nature. ▷ v. pron. se **modifier** ▶ **modification** n. f.

modillon n. m. ▫ archit. Ornement placé sous une corniche, un support.

modique adj. ▫ Peu considérable. ▶ **modiquement** adv.

modiste n. ▫ Fabricant, marchand de chapeaux de femme.

modulateur n. m. ▫ Appareil qui module un courant, une onde.

modulation n. f. **1.** Changement de ton, de hauteur, etc. dans l'émission d'un son. **2.** mus. Passage d'une tonalité à une autre. **3.** Variation d'une onde.

module n. m. ▫ Unité constitutive d'un ensemble. ▪ Élément d'un engin spatial. ▶ **modulaire** adj.

moduler v. tr. **1.** Effectuer des modulations (2). **2.** Adapter (qqch.) à des cas particuliers.

modus vivendi n. m. invar. ▫ Transaction mettant d'accord deux parties.

moelle n. f. **I.** Substance molle et grasse de l'intérieur des os. **II.** *MOELLE ÉPINIÈRE* : cordon nerveux de l'épine dorsale.

moelleux, euse adj. **1.** Qui a de la douceur et de la mollesse au toucher. **2.** Agréable, doux au goût. **3.** Qui a une sonorité pleine et douce.

moellon n. m. ▫ Pierre de construction maniable.

mœurs n. f. pl. **I.** Habitudes relatives à la pratique du bien et du mal. **II.** Habitudes de vie, coutumes (d'un peuple, d'un groupe). – (animaux) *Les mœurs des abeilles.*

mogette ou **mojette** n. f. ▫ région. (ouest de la France) Haricot blanc.

mohair n. m. ▫ Poil de la chèvre angora. – appos. *Laine mohair.* ▪ Étoffe de mohair.

moi **I.** Pronom personnel de la première personne du singulier (→ aussi **me**) représentant la personne qui s'exprime. **1.** (compl. d'objet) *Regarde-moi.* **2.** (sujet) « *Qui est là ? – Moi.* » – *Moi, je...* **3.** (coordonné) *Mon frère et moi.* **4.** (compar.) *Plus, moins que moi.* **5.** (attribut) *C'est moi.* **6.** (précédé d'une prép.) *Pour moi. Selon moi, d'après moi.* **7.** (renforcé) loc. *MOI-MÊME.* – *MOI SEUL.* – *MOI AUSSI. MOI NON PLUS.* **II.** n. m. invar. *LE MOI* : ce qui constitue la personnalité d'un être humain.

moignon n. m. **1.** Extrémité d'un membre amputé. **2.** Membre rudimentaire.

moindre adj. compar. **I.** compar. Plus petit, plus faible. **II.** superl. *LE MOINDRE* : le moins important.

moindrement adv. ▫ littér. *Pas le moindrement* : pas du tout.

moine n. m. ▫ Religieux vivant à l'écart du monde, en communauté.

moineau n. m. ▫ Petit passereau à livrée brune, striée de noir.

moins adv. **I.** (compar. de *peu*) Plus faiblement, d'une manière moins importante (s'oppose à *plus*). *Il travaille moins.* – *Plus ou moins* : à peu près. **II. 1.** *LE, LA MOINS* (superl. de *peu*). – *PAS LE MOINS DU MONDE* : pas du tout. **2.** *AU MOINS. Si, au moins, il était venu !* – *DU MOINS* : en tout cas. **III.** nominal **1.** Une quantité, une chose moindre. *Ni plus ni moins* : exactement autant. **2.** *À MOINS DE, QUE* : sauf si. **IV.** n. m. **1.** *LE MOINS* : la plus petite quantité, la moindre chose. **2.** *Le signe moins* (–) : le signe de la soustraction. **V.** adj. attribut *C'est MOINS QUE RIEN* : c'est insignifiant. **VI.** prép. **1.** En enlevant, en ôtant. *Six moins quatre.* – *Deux heures moins dix.* **2.** (introduisant un nombre négatif) *Il fait moins dix (degrés).*

moire n. f. ▫ Apprêt de tissus par écrasement irrégulier du grain. – Tissu moiré.

moiré, ée adj. **1.** Qui a reçu l'apprêt de la moire. **2.** fig., littér. Chatoyant. ▶ **moirure** n. f.

mois n. m. **1.** Chacune des douze divisions de l'année. **2.** Rétribution d'un mois de travail.

moïse n. m. ▫ Corbeille capitonnée qui sert de berceau.

moisir v. **I.** v. intr. **1.** Se couvrir de moisissures. **2.** fig., fam. Rester longtemps dans la même situation. **II.** v. tr. Couvrir de moisissure. ▷ adj. **moisi, ie** *Fruit moisi.* – n. m. *Ça sent le moisi.*

moisissure n. f. ▫ Petits champignons formant une mousse sur une substance corrompue.

moisson n. f. **1.** Récolte des céréales parvenues à maturité. – Ces céréales. ▶ **moissonner** v. tr. **2.** Grande quantité.

moissonneur, euse 1. n. Personne qui fait la moisson. **2.** n. f. Machine agricole qui moissonne. ▶ **moissonneuse-batteuse** n. f.

moite adj. ▫ Légèrement humide. ▶ **moiteur** n. f.

moitié n. f. **1.** L'une des deux parties égales d'un tout. **2.** *À MOITIÉ* : à demi.

mojette → **mogette**

moka n. m. **1.** Café d'Arabie. **2.** Gâteau fourré d'une crème au café.

mol → **mou**

① **molaire** n. f. ▫ Dent broyeuse de la partie postérieure de la mâchoire.

② **molaire** adj. ▫ chim. De la mole.

① **mole** n. f. ▫ chim. Unité de quantité de matière.

② **mole** n. m. ▫ cuis. Sauce mexicaine au piment.

môle n. m. ▫ Construction en maçonnerie, destinée à protéger l'entrée d'un port.

molécule n. f. ▫ chim. La plus petite partie d'un corps susceptible d'exister à l'état isolé en gardant les caractères de ce corps. – Assemblage stable d'atomes. ▶ **moléculaire** adj.

moleskine n. f. ▫ Toile revêtue d'un enduit imitant le cuir.

molester v. tr. ▫ Maltraiter physiquement.

molette n. f. ▫ Roulette mobile. ▶ **moleté, ée** adj.

mollah n. m. ▫ Chef religieux islamique.

mollard n. m. ▫ fam. et vulg. Crachat.

mollasse adj. ▫ Mou ; sans énergie.

mollasson, onne n. ▫ fam. Personne molle.

mollement adv. **1.** Sans énergie. **2.** Avec douceur et abandon.

mollesse n. f. **1.** Caractère de ce qui est mou. **2.** Paresse ; manque d'énergie.

① **mollet** adj. m. ▫ *Œuf mollet,* à peine cuit dans sa coquille.

② **mollet** n. m. ▫ Partie charnue de la jambe, entre le jarret et la cheville.

molletière n. f. ▫ Jambière qui s'arrête en haut du mollet. ▪ adj. *BANDE MOLLETIÈRE.*

molleton n. m. ▫ Tissu moelleux. ▶ **molletonné, ée** adj.

mollir v. intr. **1.** Perdre sa force. **2.** fig. Céder. ▪ fam. Flancher.

mollo adv. ▫ fam. Doucement.

mollusque n. m. **1.** Animal invertébré au corps mou. **2.** fig., fam. Personne molle.

molosse n. m. ▫ littér. Gros chien.

molybdène n. m. ▫ Élément, métal blanc, dur, peu fusible.

môme ▫ fam. **1.** n. et adj. Enfant. **2.** n. f. Jeune fille.

① **moment** n. m. **1.** Espace de temps limité. **2.** Circonstance, temps. *De bons moments.* **3.** Point de la durée (en rapport avec un événement).

② **moment** n. m. ▫ sc. Produit de forces, de vecteurs...

momentané, ée adj. ▫ Qui ne dure qu'un moment. ▶ **momentanément** adv.

momie n. f. ▫ Cadavre desséché et embaumé.

momifier v. **1.** v. tr. Transformer en momie. **2.** *SE MOMIFIER* v. pron. Se figer, se scléroser. ▶ **momification** n. f.

mon, ma, mes adj. poss. ▫ (1re pers. du sing.) Qui est à moi, qui m'appartient, est relatif à ma personne. *Mon livre, ma voiture. Mes voisins.*

monacal, ale, aux adj. ▫ Relatif aux moines.

monarchie n. f. ▫ Régime politique dans lequel le chef de l'État est un monarque. ▪ Cet État. ▶ **monarchique** adj.

monarchiste n. et adj. ▫ Partisan de la monarchie. ▶ **monarchisme** n. m.

monarque n. m. ▫ Souverain personnel héréditaire.

monastère n. m. ▫ Établissement où vivent des religieux.

monastique adj. ▫ Qui concerne les communautés de moines.

monceau n. m. ▫ Élévation formée d'une grande quantité d'objets entassés.

mondain, aine adj. **1.** Relatif à la société des gens du monde (III, 2). ▪ adj. et n. Qui aime leurs habitudes.

mondanité **1.** n. f. Caractère de ce qui est mondain. **2.** n. f. pl. Habitudes, plaisirs des gens du monde (III, 2).

monde n. m. **I. 1.** L'ensemble de tout ce qui existe. **2.** Ensemble de choses, domaine à part. *Le monde végétal.* **II. 1.** La planète Terre. **2.** *Venir au monde* : naître. **3.** L'humanité. – *POUR RIEN AU MONDE* : en aucun cas. **III. 1.** relig. La vie profane. **2.** La vie en société, dans ses aspects de luxe, de divertissement ; les mondains. **3.** Milieu, groupe social. **IV. 1.** *LE MONDE, DU MONDE* : les gens, des gens. *J'entends du monde.* – Beaucoup de personnes. *Cela attire du monde.* **2.** *TOUT LE MONDE* : chacun.

monder v. tr. ▫ Décortiquer, nettoyer. – au p. p. *Orge mondé.*

mondial, ale, aux adj. ▫ Relatif à la terre entière. ▶ **mondialement** adv.

mondialisation n. f. ▫ Fait d'exister, de se répandre dans le monde entier.

mondialiser v. tr. ▫ Rendre mondial.

mondialisme n. m. ▫ Unité, perspective mondiale.

monégasque adj. et n. ▫ De Monaco.

monétaire adj. ▫ Relatif à la monnaie.

monétique n. f. ▫ Moyens bancaires électroniques.

mongol, ole adj. et n. □ De Mongolie. ▪ n. m. *Le mongol* (langue).

mongolisme n. m. □ Maladie congénitale (trisomie* 21). ▶ **mongolien, ienne** adj. et n.

① **moniteur, trice** n. □ Personne qui encadre les activités des jeunes, un sport. ▶ **monitorat** n. m.

② **moniteur** n. m. **1.** inform. Programme de contrôle. **2.** méd. Appareil électronique de surveillance. **3.** Écran d'un ordinateur.

monitoring n. m. □ anglic., méd. Surveillance à l'aide d'un moniteur (②, 2). – recomm. off. *monitorage* n. m.

monnaie n. f. **1.** Pièces de métal servant d'unité de valeur. **2.** Instrument de mesure et de conservation de la valeur, moyen d'échange des biens. ▪ fig. *C'est monnaie courante* : c'est courant, banal. **3.** Ensemble de pièces, de billets de faible valeur. ▪ Subdivision de la valeur d'une pièce, d'un billet ; différence entre un billet, une pièce et une somme moindre.

monnayer v. tr. **1.** Convertir en monnaie. **2.** Tirer de l'argent de (qqch.). ▶ **monnayable** adj.

monnayeur n. m. **1.** Personne qui fabrique les monnaies. **2.** Appareil rendant la monnaie.

monochrome adj. □ didact. D'une seule couleur.

monocle n. m. □ Petit verre optique tenant dans une arcade sourcilière.

monoclonal, ale, aux adj. □ biol. Qui appartient à un même clone cellulaire.

monocoque n. m. □ Bateau à une coque.

monocorde adj. □ Qui est sur une seule note, n'a qu'un son.

monocorps n. m. → **monospace**

monocotylédone n. f. □ bot. Plante qui n'a qu'un seul cotylédon.

monoculture n. f. □ agric. Culture d'une seule plante, d'un seul produit.

monocyte n. m. □ biol. Grand leucocyte mononucléaire.

monogamie n. f. □ Régime juridique où un homme, une femme ne peut avoir plusieurs conjoints en même temps. ▶ **monogame** adj.

monogramme n. m. □ Chiffre composé de lettres d'un nom entrelacées.

monographie n. f. □ Étude détaillée sur un sujet précis.

monoï n. m. invar. □ Huile de fleurs de tiaré et de noix de coco.

monolingue adj. □ En une seule langue. ▶ **monolinguisme** n. m.

monolithe n. m. □ Monument d'un seul bloc de pierre.

monolithique adj. **1.** D'un seul bloc de pierre. **2.** fig. Qui forme un ensemble rigide.

monologue n. m. **1.** Scène à un personnage qui parle seul. **2.** Long discours d'une seule personne. ▶ **monologuer** v. intr.

monôme n. m. □ math. Expression algébrique à un seul terme.

monomère adj. et n. m. □ chim. Se dit d'un composé constitué de molécules simples, et capable de former des polymères.

monomoteur n. m. □ techn. Avion à un seul moteur.

mononucléaire adj. □ biol. (cellule) Qui n'a qu'un seul noyau.

mononucléose n. f. □ méd. Maladie d'origine virale avec augmentation du nombre des monocytes.

monoparental, ale, aux adj. □ sociol. *Famille monoparentale*, où un seul des parents élève les enfants.

monoplace adj. □ (véhicule) À une place.

monoplan n. m. ▫ Avion qui n'a qu'un seul plan de sustentation.

monopole n. m. **1.** Situation où une entreprise est seule à vendre un produit. **2.** Possession exclusive.

monopoliser v. tr. **1.** Exercer un monopole sur. **2.** fig. Accaparer. ▶ **monopolisation** n. f.

monorail adj. et n. m. ▫ techn. (train) Qui n'a qu'un seul rail.

monoski n. m. ▫ Ski unique ; ce sport.

monospace n. m. ▫ Automobile spacieuse dont la carrosserie semble d'un seul corps. – syn. **monocorps** n. m.

monosyllabe adj. et n. m. ▫ Se dit d'un mot d'une syllabe. ▶ **monosyllabique** adj.

monothéiste adj. et n. ▫ Qui croit en un dieu unique. ▶ **monothéisme** n. m.

monotone adj. **1.** Dont le ton est unique ou peu varié. **2.** fig. Qui lasse par son uniformité. ▶ **monotonie** n. f.

monovalent, ente adj. ▫ chim. Dont la valence est égale à un.

monoxyde n. m. ▫ chim. Oxyde contenant un seul atome d'oxygène dans sa molécule.

monseigneur, plur. **messeigneurs** n. m. ▫ Titre donné à des prélats, des princes.

monsieur, plur. **messieurs** n. m. **1.** Titre donné à un homme. **2.** Homme. *Un vieux monsieur.*

monstre I. n. m. **1.** Être, animal fantastique et terrible. – Animal réel gigantesque ou effrayant. **2.** Organisme anormal. **3.** fig. Personne effrayante de méchanceté. **4.** *MONSTRE SACRÉ* : comédien célèbre. **II.** adj. fam. Extraordinaire.

monstrueux, euse adj. **1.** De monstre. – Qui rappelle les monstres. **2.** D'une taille prodigieuse, excessive. **3.** Qui choque la raison, la morale. ▶ **monstrueusement** adv.

monstruosité n. f. **1.** Anomalie congénitale grave. **2.** Caractère de ce qui est monstrueux. ▪ Chose monstrueuse.

mont n. m. ▫ vx ou dans des loc. Montagne. *PAR MONTS ET PAR VAUX* : à travers tout le pays. *Promettre MONTS ET MERVEILLES*, des avantages considérables.

montage n. m. **1.** Opération par laquelle on assemble les pièces (d'un objet complexe) pour qu'il fonctionne. **2.** Assemblage d'images des plans (d'un film).

montagnard, arde adj. et n. ▫ Qui vit dans les montagnes ; relatif à la montagne.

montagne n. f. **1.** Importante élévation de terrain. **2.** Région de haute altitude. **3.** *MONTAGNES RUSSES* : attraction foraine, suite de montées et de descentes.

montagneux, euse adj. ▫ Où il y a des montagnes ; formé de montagnes.

montant, ante I. adj. **1.** Qui monte, se meut de bas en haut. **2.** Qui s'étend vers le haut. **II.** n. m. **1.** Pièce verticale. *Les montants d'une fenêtre.* **2.** Chiffre auquel s'élève un compte.

mont-de-piété n. m. ▫ Établissement de prêt sur gage. *Des monts-de-piété.*

monte n. f. **1.** Accouplement des équidés et bovidés. **2.** Fait, manière de monter un cheval.

monte-charge n. m. invar. ▫ Ascenseur pour marchandises.

montée n. f. **1.** Action de monter, de se hisser. **2.** Pente.

monter v. **I.** v. intr. (auxiliaire *être* ou *avoir*) **1.** Se déplacer dans un mouvement vers un lieu plus haut. *Monter à, sur une échelle.* ▪ *Monter à cheval.* – *Monter en voiture.* **2.** fam. Se déplacer du sud vers le nord. **3.** fig. Progresser (socialement, moralement...). **II.** v. intr. (auxiliaire *être* ou *avoir*) (choses) **1.** S'élever dans l'espace. **2.** S'élever en pente. ▪ S'étendre (jusqu'à une certaine hauteur). **3.** Gagner en hauteur. **4.** (sons) Aller du grave à l'aigu, du faible au fort. **5.** (prix) Aller en augmentant. **III.** v. tr. (auxiliaire *avoir*) **1.** Parcourir en s'élevant. ▪ Se mettre, être sur (un animal). **2.** (quadrupèdes) Couvrir (la femelle). **3.** Porter, mettre (qqch.) en haut. ▪ Mettre à un niveau plus élevé. ▪ fig. *MONTER LA TÊTE à qqn, MONTER qqn*, l'exciter contre qqn. **IV.** v. tr. (auxiliaire *avoir*) **1.** Mettre en état de fonctionner en assemblant les parties. – *Monter un film.* → **montage** (2). **2.** *Monter une pièce de théâtre*, mettre en scène. – *Monter une affaire*, l'organiser. **3.** Fournir de ce qui est nécessaire. **4.** Fixer. ▷ v. pron. se **monter** S'élever à un certain total. ▷ adj. **monté, ée** En colère.

monteur, euse n. **1.** Personne qui monte des appareils, des machines. **2.** Spécialiste chargé du montage des films.

montgolfière n. f. ▫ Aérostat, enveloppe remplie d'air chauffé.

monticule n. m. **1.** Bosse de terrain. **2.** Tas.

montre n. f. **I.** *FAIRE MONTRE DE* : faire preuve de. **II.** Petite boîte d'horlogerie à cadran (montrant l'heure). ▪ *Course contre la montre*, où le classement s'effectue d'après le temps.

montrer v. tr. **I.** **1.** Faire voir. **2.** (sujet chose) Laisser voir. **II.** **1.** Faire imaginer, décrire. **2.** Faire constater, mettre en évidence. – (sujet chose) Révéler. **3.** Faire connaître volontairement par sa conduite. **4.** Laisser paraître. **5.** Expliquer. ▷ v. pron. se **montrer** **1.** Se faire voir. **2.** *Se montrer* (+ attribut), être effectivement.

montreur, euse n. ▫ Personne qui montre en public (une curiosité).

montueux, euse adj. ▫ vieilli Qui présente des élévations de terrain.

① **monture** n. f. ▫ Bête sur laquelle on monte.

② **monture** n. f. ▫ Partie (d'un objet) qui sert à fixer l'élément principal.

monument n. m. **1.** Ouvrage destiné à perpétuer un souvenir. **2.** Édifice remarquable.

monumental, ale, aux adj. **1.** Qui a un caractère de monument. **2.** fam. Énorme.

se **moquer** v. pron. ▫ *SE MOQUER (DE)* **1.** Tourner (qqn) en ridicule. **2.** Ne pas s'intéresser à (qqn, qqch.). **3.** Tromper (qqn) avec désinvolture.

moquerie n. f. **1.** Action, habitude de se moquer. **2.** Action, parole moqueuse.

moquette n. f. ▫ Tapis couvrant toute la surface d'une pièce.

moqueur, euse adj. ▫ Qui se moque.

moraine n. f. ▫ Amas de débris de roches entraînés par un glacier.

① **moral, ale, aux** adj. **I.** **1.** Qui concerne les mœurs, les règles sociales. **2.** philos. De la morale (I, 1). **3.** Conforme aux mœurs, à la morale (I, 2). **II.** Relatif à l'esprit, à la pensée.

② **moral** n. m. ▫ Disposition temporaire à affronter les difficultés.

morale n. f. **I.** **1.** philos. Théorie de l'action humaine soumise au devoir et ayant pour but le bien. **2.** Ensemble de règles de conduite. **II.** **1.** *FAIRE LA MORALE à qqn*, lui faire une leçon de morale. **2.** Moralité. *La morale d'une fable.*

moralement adv. **1.** Conformément à une règle de conduite. **2.** Sur le plan spirituel.

moraliser v. tr. ▫ Rendre (plus) moral, meilleur. ▶ **moralisateur, trice** adj. et n. ▶ **moralisation** n. f.

moraliste n. ▫ Auteur de réflexions sur les mœurs, la nature et la condition humaines.

moralité n. f. **1.** Caractère moral, valeur éthique. **2.** Attitude, conduite ou valeur morale. **3.** Enseignement moral (d'un événement, d'un récit).

morasse n. f. ▫ imprim. Dernière épreuve (d'un journal).

moratoire n. m. ▫ dr. Suspension des actions en justice, des obligations de paiement. – syn. vieilli **moratorium.**

morbide adj. **1.** didact. Relatif à la maladie. **2.** Dépravé ; malsain. ▶ **morbidité** n. f.

morbier n. m. ▫ Fromage de vache à pâte pressée.

morbleu interj. ▫ vx Juron (pour *mort Dieu*).

morceau n. m. **1.** Partie séparée ou distincte (d'un solide). – fam. *Manger, casser, lâcher le morceau* : avouer, parler. **2.** Fragment, partie (d'une œuvre littéraire). **3.** Œuvre musicale.

morceler v. tr. **1.** Diviser en morceaux. **2.** Partager (un terrain) en parties. ▶ **morcellement** n. m.

mordacité n. f. ▫ littér. Causticité.

mordant, ante I. adj. **1.** Qui mord ; donne une impression de morsure. **2.** fig. Qui attaque et blesse. **II.** n. m. Énergie dans l'attaque ; vivacité.

mordicus adv. ▫ fam. Sans démordre.

mordiller v. tr. ▫ Mordre légèrement et à plusieurs reprises.

mordoré, ée adj. et n. m. ▫ Brun doré.

mordre v. **I.** v. tr. **1.** Saisir et serrer avec les dents. **2.** Blesser au moyen d'un bec, d'un crochet, d'un suçoir. **3.** fig. Entamer. *L'acide mord le métal.* **II. 1.** v. tr. ind. *MORDRE À* : saisir avec les dents. **2.** v. intr. *MORDRE DANS*, enfoncer les dents. **3.** *MORDRE SUR*, avoir prise sur, attaquer. ■ Empiéter sur (qqch.).

mordu, ue adj. **1.** Qui a subi une morsure. **2.** Amoureux. ■ n. fam. *MORDU, UE DE* : passionné(e) de.

morfil n. m. ▫ techn. Barbes métalliques au tranchant d'une lame affûtée.

morfler v. intr. ▫ fam. Souffrir, être endommagé.

se **morfondre** v. pron. ▫ Être triste par ennui.

morganatique adj. ▫ Se dit de l'union entre un prince et une femme de condition inférieure.

① **morgue** n. f. ▫ Contenance hautaine et méprisante.

② **morgue** n. f. ▫ Lieu, salle où sont déposés les morts. – syn. **chambre mortuaire.**

moribond, onde adj. et n. ▫ Qui est près de mourir.

moricaud, aude n. ▫ péj. et raciste Personne de couleur ou basanée.

morigéner v. tr. ▫ littér. Réprimander (qqn) au nom de la morale.

morille n. f. ▫ Champignon comestible au chapeau criblé d'alvéoles.

morion n. m. ▫ anciennt Casque léger, à bords relevés en pointe.

mormon, one n. et adj. ▫ Membre d'une secte américaine d'inspiration chrétienne.

① **morne** adj. ▫ Triste et maussade.

② **morne** n. m. ▫ (aux Antilles) Petite montagne isolée, arrondie.

morose adj. ▫ D'une humeur triste, que rien ne peut égayer. ▶ **morosité** n. f.

morphème n. m. ▫ ling. Forme minimum douée de sens (mot ou élément).

morphine n. f. ▫ Substance opiacée, soporifique et calmante.

morphinomane adj. et n. ▫ Qui s'intoxique à la morphine.

morphologie n. f. 1. Forme, apparence extérieure (d'un organisme). 2. ling. Étude de la formation des mots. ▶ **morphologique** adj.

morphopsychologie n. f. □ didact. Étude des correspondances entre la psychologie et les types physiques, chez l'être humain.

morpion n. m. 1. fam. Pou du pubis. 2. fam. Gamin.

mors n. m. 1. Levier qui passe dans la bouche du cheval et sert à le diriger. 2. *Prendre* LE MORS AUX DENTS : s'emballer.

① **morse** n. m. □ Grand mammifère amphibie des régions arctiques.

② **morse** n. m. □ (radiotélégraphie) Code de signaux utilisant des combinaisons de points et de traits. – appos. *Alphabet morse.*

morsure n. f. □ Blessure faite en mordant.

① **mort** n. f. 1. Cessation de la vie. ■ À MORT loc. adv. : d'une façon qui entraîne la mort. *Être blessé à mort.* – Intensément. *En vouloir à mort à qqn.* 2. Destruction (d'une chose).

② **mort, morte** I. adj. 1. Qui a cessé de vivre. 2. Qui semble avoir perdu la vie. 3. (choses) Sans activité. ■ *Langue morte.* 4. fam. Hors d'usage. II. n. 1. Dépouille mortelle d'un être humain. 2. Être humain dans la mémoire des hommes ou supposé être dans l'au-delà. 3. Personne tuée.

mortadelle n. f. □ Très gros saucisson de porc et de bœuf.

mortaise n. f. □ Entaille recevant une autre pièce ou sa partie saillante (tenon).

mortalité n. f. □ *Taux de mortalité*, rapport entre le nombre des décès et le chiffre de la population.

mort-aux-rats n. f. sing. □ Poison pour détruire les rongeurs.

mortel, elle I. adj. 1. Qui doit mourir. ■ (choses) Sujet à disparaître. 2. Qui cause la mort. – *Ennemi mortel*, qui cherche la mort de son ennemi. 3. fig. D'une intensité dangereuse et pénible. ■ fam. Extrêmement ennuyeux. 4. fam. (intensif) Extraordinaire ; qui plaît beaucoup. II. n. Être humain. ▶ **mortellement** adv.

morte-saison n. f. □ Période d'activité réduite.

mortier n. m. I. Mélange de chaux éteinte (ou de ciment) et de sable. II. Récipient où l'on broie (au pilon). III. 1. Pièce d'artillerie portative à tir courbe. 2. Toque (de certains dignitaires ou magistrats).

mortifier v. tr. 1. Faire souffrir (qqn) dans son amour-propre. 2. SE MORTIFIER v. pron. relig. S'imposer des souffrances pour racheter ses fautes. ▶ **mortifiant, ante** adj. ▶ **mortification** n. f.

mort-né, mort-née adj. □ Mort(e) en venant au monde. Au plur. *mort-nés, mort-nées.*

mortuaire adj. □ Relatif aux morts.

morue n. f. 1. Grand poisson des mers froides. 2. injurieux Prostituée.

morula n. f. □ embryol. Premier stade de l'embryon.

morutier n. m. □ Homme, bateau faisant la pêche à la morue.

morve n. f. 1. vétér. Grave maladie contagieuse des chevaux. 2. cour. Liquide visqueux qui s'écoule du nez.

morveux, euse 1. adj. Qui a de la morve (2) au nez. 2. n. fam. injure Gamin.

① **mosaïque** n. f. 1. Assemblage décoratif (figures et couleurs) de petites pièces rapportées (pierre, marbre). 2. fig. Ensemble d'éléments divers juxtaposés.

② **mosaïque** adj. □ De Moïse.

mosaïste n. □ Artiste en mosaïques.

mosquée n. f. □ Sanctuaire consacré au culte musulman.

mot n. m. **1.** Groupe de sons (de lettres) correspondant à un sens qu'on peut isoler, dans le langage. – *Les grands mots,* les mots emphatiques. *Gros mot :* mot grossier. – *Mot pour mot,* textuellement. *Mot à mot,* littéralement. **2.** Phrase, parole. *En un mot :* en une courte phrase. *Avoir le dernier mot,* ne plus avoir de contradicteur. **3.** Court message. **4.** Parole, énoncé, phrase exprimant une pensée de façon concise et frappante. – *Le mot de la fin,* l'expression qui résume la situation.

motard n. m. □ Motocycliste.

motel n. m. □ Hôtel pour automobilistes.

motet n. m. □ Chant d'église à plusieurs voix.

moteur, trice I. 1. n. m. didact. Personne qui incite à agir. ■ (choses) Cause agissante. **2.** adj. Qui donne le mouvement. **II.** n. m. **1.** Appareil servant à transformer une énergie en énergie mécanique. *Moteur à combustion interne* (dit *moteur à explosion*). **2.** Moteur à explosion. **3.** inform. *Moteur de recherche :* logiciel permettant de chercher des informations sur Internet.

motif n. m. **1.** Mobile d'ordre intellectuel, raison d'agir. **2.** Sujet d'une peinture. **3.** Ornement décoratif répété.

motilité n. f. □ didact. Faculté du mouvement.

motion n. f. □ Proposition faite dans une assemblée délibérante par un de ses membres.

motivation n. f. **1.** Ce qui motive un acte. **2.** Ce qui pousse à agir.

motiver v. tr. **1.** Justifier par des motifs. **2.** (choses) Être, fournir le motif de (qqch.). **3.** Créer chez (qqn) des motifs d'action. ▷ adj. **motivé, ée** (personnes) Qui a des motivations pour faire qqch.

moto n. f. □ Véhicule à deux roues, à moteur de plus de 125 cm³ (motocyclette).

moto-cross n. m. invar. □ Course de motos sur parcours accidenté.

motoculteur n. m. □ Petit engin de jardinage motorisé, à deux roues.

motocyclette n. f. □ vieilli Moto. ▶ **motocycliste** n.

motomarine n. f. □ (Canada) Petit engin à moteur, pour se déplacer sur l'eau.

motoneige n. f. □ (Canada) Petit véhicule à moteur qui permet de se déplacer sur la neige.

motoriser v. tr. □ Munir de véhicules à moteur, de moteurs. ▷ adj. **motorisé, ée** ▶ **motorisation** n. f.

motoriste n. □ techn. Spécialiste, constructeur de moteurs.

motrice n. f. □ Voiture à moteur qui en entraîne d'autres.

motricité n. f. □ physiol. Fonctions qui assurent les mouvements.

mots croisés n. m. pl. □ Mots qui se recoupent sur une grille. – Exercice consistant à reconstituer cette grille, en s'aidant de courtes suggestions.

motte n. f. **1.** Morceau de terre compacte. **2.** *Motte de beurre,* masse de beurre.

motus interj. □ Demande de silence.

mou ou **mol** devant voyelle ou *h* muet, **molle I.** adj. **1.** Qui cède facilement à la pression, au toucher. **2.** Qui plie, se déforme facilement. **3.** Qui manque d'énergie, de vitalité. – Faible. **4.** (style, exécution d'une œuvre) Qui manque de fermeté. **II.** adv. fam. Doucement, sans violence. **III.** n. m. **1.** fam. Homme faible. **2.** (corde, fil) *Avoir du mou*, n'être pas assez tendu. **3.** Poumon des animaux de boucherie. **4.** fam. *Bourrer le mou à qqn*, lui mentir.

mouais interj. ▫ fam. Exprime un accord réservé.

moucharabieh n. m. ▫ Balcon en saillie muni d'un grillage.

mouchard, arde n. **1.** fam. Indicateur de police. ▪ Délateur. **2.** n. m. Appareil de contrôle.

moucharder v. tr. ▫ fam. Faire le mouchard.

mouche n. f. **I. 1.** Insecte ailé (diptère), aux formes ramassées. ▪ *Pattes de mouches*, écriture très petite. – *Prendre la mouche* : s'emporter. **2.** FINE MOUCHE : personne habile et rusée. **3.** appos. BATEAU*-MOUCHE. ▪ (invar.) POIDS MOUCHE, catégorie de boxeurs (48-51 kilos). **II. 1.** FAIRE MOUCHE : toucher le centre de la cible. **2.** Touffe de poils sous la lèvre inférieure.

moucher v. tr. **I. 1.** Débarrasser (le nez) de ses mucosités en soufflant. **2.** pronom. Moucher son nez. – *Ne pas se moucher du coude* : se prendre pour quelqu'un d'important. **II.** fam. Réprimander (qqn) durement.

moucheron n. m. ▫ Insecte volant de petite taille.

moucheter v. tr. ▫ Parsemer de petites marques. ▶ **moucheture** n. f.

mouchoir n. m. ▫ Morceau de linge, de papier qui sert à se moucher.

moudjahid n. m. ▫ Combattant d'une armée islamique. *Des moudjahidin(e)*.

moudre v. tr. ▫ Broyer (des grains) avec une meule.

moue n. f. ▫ Grimace faite en avançant, en resserrant les lèvres.

mouette n. f. ▫ Oiseau de mer, palmipède.

mouffette n. f. ▫ Petit mammifère carnivore d'Amérique.

moufle n. f. ▫ Gant fourré sans séparation pour les doigts sauf pour le pouce.

mouflet, ette n. ▫ fam. Petit enfant.

mouflon n. m. ▫ Mammifère ruminant ongulé.

moufter ou **moufeter** v. intr. ▫ fam. Broncher, protester.

mouillage n. m. ▫ Action de mouiller.

mouiller v. tr. **1.** Imbiber, mettre en contact avec un liquide. **2.** Étendre d'eau (un liquide). **3.** mar. Mettre à l'eau. – absolt Jeter l'ancre, s'arrêter (navire). **4.** impers. région. *Il, ça mouille* : il pleut. ▷ v. pron. se **mouiller 1.** S'imbiber d'eau ; entrer dans l'eau. **2.** fam. Se compromettre.

mouillette n. f. ▫ Petit morceau de pain long et mince qu'on trempe.

mouilleur n. m. **1.** Appareil employé pour mouiller. **2.** *Mouilleur de mines* (navire).

mouillure n. f. **1.** Action de mouiller. – État de ce qui est mouillé. **2.** Trace d'humidité.

mouise n. f. ▫ fam. Misère, pauvreté.

moujik n. m. ▫ Paysan russe.

moujingue n. m. ▫ fam. Enfant.

moukère n. f. ▫ fam. et sexiste Femme.

moulage n. m. **1.** Action de mouler. **2.** Objet, ouvrage obtenu au moyen d'un moule.

moulant, ante adj. ▫ Qui moule (3) le corps.

① **moule** n. f. ▫ Mollusque comestible, aux valves oblongues d'un bleu ardoise.

② **moule** n. m. **1.** Corps creux dans lequel on verse une substance liquide ou pâteuse qui, solidifiée, conserve la forme. **2.** Objet plein sur lequel on applique une substance souple pour qu'elle en prenne la forme. **3.** fig. Forme imposée de l'extérieur.

mouler v. tr. **1.** Obtenir (un objet) grâce à un moule (1) creux. **2.** Reproduire (un objet, un modèle plein) avec un moule (2). ▪ (sujet chose) Épouser étroitement les contours de.

moulin n. m. **1.** Machine pour moudre le grain des céréales ; bâtiment qui abrite ces machines. – *Se battre contre des moulins à vent*, des ennemis imaginaires. **2.** Installation, appareil pour broyer, écraser, moudre. – fig. *MOULIN À PAROLES* : personne trop bavarde. **3.** (religion bouddhiste) *MOULIN À PRIÈRES* : cylindre que l'on fait tourner en répétant une formule sacrée. **4.** fam. Moteur.

mouliner v. tr. ▫ fam. Écraser, passer au moulin à légumes (*moulinette* n. f.).

moulinet n. m. **I.** Objet ou appareil qui fonctionne par rotation. **II.** Mouvement de rotation rapide (avec un bâton, une épée, les bras) pour écarter l'adversaire.

moult adv. ▫ vx ou plais. Beaucoup.

moulu, ue adj. **1.** Réduit en poudre. **2.** fig. Brisé (de fatigue).

moulure n. f. ▫ Ornement allongé à profil constant (saillant ou creux). ▶ **moulurer** v. tr.

moumoute n. f. ▫ fam. **1.** Perruque. **2.** Veste en peau de mouton.

mourant, ante adj. **1.** adj. et n. Qui se meurt ; qui va mourir. **2.** fig. *Regard mourant.*

mourir v. intr. **1.** Cesser de vivre. **2.** fig. Souffrir, dépérir. **3.** (sujet chose) Cesser progressivement d'être. **4.** *SE MOURIR* v. pron. littér. Être sur le point de mourir.

mouroir n. m. ▫ péj. Lieu où l'on dispense un minimum de soins à des personnes en fin de vie.

mouron n. m. **1.** Plante à fleurs rouges, bleues ou blanches. **2.** fam. *Se faire du mouron*, du souci.

mousmé n. f. ▫ vieilli Jeune Japonaise.

mousquet n. m. ▫ Ancienne arme à feu.

mousquetaire n. m. ▫ hist. Cavalier armé d'un mousquet.

mousqueton n. m. **1.** Fusil à canon court. **2.** Boucle métallique.

moussaillon n. m. ▫ fam. Petit mousse.

moussant, ante adj. ▫ Qui mousse.

① **mousse** n. f. **I.** Plante rase et douce, sans fleurs, formant tapis. **II. 1.** Bulles à la surface d'un liquide. **2.** Entremets ou dessert à base de blancs d'œufs. ▪ Pâté léger et mousseux. **3.** Matière spongieuse. ▪ *Point mousse* (au tricot).

② **mousse** adj. ▫ vx ou techn. Qui n'est pas aigu ou tranchant.

③ **mousse** n. m. ▫ Jeune apprenti marin.

mousseline n. f. **1.** Tissu fin, souple et transparent. **2.** appos. *Pommes mousseline* : pommes de terre en purée.

mousser v. intr. **1.** Produire de la mousse (①, II, 1). **2.** fam., fig. *FAIRE MOUSSER* : mettre exagérément en valeur.

mousseron n. m. ▫ Champignon comestible.

mousseux, euse adj. **1.** Qui produit de la mousse. – n. m. Vin mousseux qui n'est pas du champagne. **2.** fig. D'un aspect léger, vaporeux.

mousson n. f. **1.** Vent tropical qui souffle alternativement pendant six mois de la mer vers la terre et de la terre vers la mer. **2.** Renversement de la mousson.

moussu, ue adj. ▫ Couvert de mousse (①, I).

moustache n. f. **1.** Poils sur la lèvre supérieure de l'homme. **2.** Longs poils tactiles à la lèvre supérieure (carnivores, rongeurs).

moustachu, ue adj. et n. ▫ Qui a de la moustache.

moustiquaire n. f. ▫ Rideau très fin, toile métallique servant à se protéger des insectes.

moustique n. m. **1.** Insecte diptère dont la femelle pique la peau pour aspirer le sang. **2.** fig., fam. Enfant, personne minuscule.

moût n. m. **1.** Jus de raisin avant la fermentation alcoolique. **2.** Suc végétal préparé pour la fermentation alcoolique.

moutard n. m. ▫ fam. Petit garçon.

moutarde n. f. **1.** Plante crucifère à fleurs jaunes. **2.** Condiment préparé avec des graines de moutarde, du vinaigre. **3.** appos. invar. De couleur jaune verdâtre.

moutardier n. m. **1.** vieilli Fabricant de moutarde. **2.** Récipient à moutarde (2).

mouton n. m. **I. 1.** Mammifère ruminant domestiqué, à toison laineuse et frisée. fig. *Revenons à nos moutons*, à notre sujet. **2.** Fourrure, peau de mouton. **3.** Chair, viande de mouton et d'agneau. **II.** fig. **1.** Personne qui se laisse mener passivement. **2.** Compagnon de cellule chargé de rapporter. **3.** (souvent au plur.) Petite vague surmontée d'écume. – Petit nuage blanc. – Flocon de poussière.

moutonner v. intr. ▫ Se couvrir de moutons (II, 3). ▷ adj. **moutonné, ée** ▶ **moutonnement** n. m.

moutonnier, ière adj. ▫ Qui suit, imite les autres sans discernement.

mouture n. f. **1.** Réduction en farine des grains de céréales. **2.** fig. Reprise (d'un sujet) sous une forme différente.

mouvant, ante adj. ▫ Qui n'est pas stable, qui s'écroule, s'enfonce.

mouvement n. m. **I. 1.** Changement de position dans l'espace. **2.** Changement de position ou déplacement du corps, d'une partie du corps. – *Faux mouvement* : mouvement mal adapté. ■ *LE MOUVEMENT* : la motilité. **3.** Déplacement en masse. *Mouvements de population ; de troupes.* **4.** *EN MOUVEMENT* : qui se déplace, bouge. **II. 1.** (récit, œuvre d'art) Ce qui traduit le mouvement, donne l'impression de la vie. **2.** Degré de rapidité, en musique. ■ Partie d'une œuvre musicale d'un mouvement précis. **3.** Ligne, courbe. **III.** Mécanisme créant un mouvement régulier. **IV.** fig. **1.** Changement, modification. ■ *Un bon mouvement* : une action généreuse. **2.** Action collective (spontanée ou dirigée) tendant à produire un changement social. – Organisation qui mène cette action. **3.** Changement quantitatif.

mouvementé, ée adj. ▫ Qui a du mouvement (II, 1), de l'action. – Qui présente des péripéties.

mouvoir v. tr. ▫ Mettre en mouvement. – au p. p. *Machine mue par l'électricité.* ▷ v. pron. se **mouvoir** Être en mouvement.

MOX n. m. ▫ Combustible formé d'uranium enrichi et de plutonium, utilisé dans l'industrie nucléaire.

① **moyen, enne** adj. **I. 1.** Qui se trouve entre deux choses. *Le cours moyen d'un fleuve.* – *MOYEN TERME* : parti intermédiaire. – Entre ancien et moderne. **2.** Qui tient le milieu entre deux extrêmes. *Poids moyen.* **3.** Du type le plus courant. **4.** Qui n'est ni bon, ni mauvais. **II.** Qui correspond à une moyenne.

②**moyen** n. m. **1.** Ce qui sert pour arriver à un résultat, à une fin. ■ *IL Y A MOYEN ; IL N'Y A PAS MOYEN DE :* il est possible, impossible de. ■ *AU MOYEN DE :* à l'aide de. **2.** au plur. Aptitudes, capacités. **3.** au plur. Ressources pécuniaires.

Moyen Âge n. m. ▫ Période de l'histoire du Ve au XVe s.

moyenâgeux, euse adj. ▫ Qui évoque le Moyen Âge.

moyen-courrier n. m. ▫ Avion de transport sur moyennes distances. *Des moyen-courriers.*

moyennant prép. ▫ Au moyen de, à la condition de.

moyenne n. f. **1.** *Moyenne (arithmétique) :* quotient de la somme de plusieurs nombres par leur nombre. – *La moyenne :* la moitié des points qu'on peut obtenir. ■ Vitesse moyenne. **2.** Type, courant également éloigné des extrêmes.

moyennement adv. ▫ D'une manière moyenne, ni peu ni beaucoup.

moyeu n. m. ▫ Partie centrale d'une roue, que traverse l'essieu.

mozarabe ▫ n. et adj. hist. Espagnol chrétien arabisé.

mozzarella n. f. ▫ Fromage italien de lait de bufflonne ou de vache.

M. S. T. n. f. ▫ Maladie sexuellement transmissible.

M. T. S. n. m. ▫ appos. *Système M. T. S.* (mètre, tonne, seconde), ancien système d'unités.

mû, mue ▫ Participe passé du v. *mouvoir.*

mucilage n. m. ▫ pharm. Substance végétale visqueuse. ▶ **mucilagineux, euse** adj.

mucolytique adj. ▫ pharm. Qui fluidifie les sécrétions des voies respiratoires supérieures.

mucosité n. f. ▫ Amas de substance épaisse et filante (mucus) qui tapisse les muqueuses.

mucoviscidose n. f. ▫ méd. Maladie congénitale grave, causée par la viscosité excessive des sécrétions.

mucus n. m. ▫ Substance visqueuse sécrétée par les glandes muqueuses.

mue n. f. **1.** Changement qui affecte la carapace, la peau, le plumage, le poil, etc. de certains animaux ; son époque. **2.** Dépouille (d'un animal qui a mué). **3.** Changement dans le timbre de la voix humaine au moment de la puberté (garçons).

muer v. **I.** v. intr. Subir la mue (1 ou 3). **II.** v. tr. littér. *(SE) MUER EN :* (se) transformer en.

muesli n. m. ▫ Mélange de céréales, flocons d'avoine, fruits.

muet, ette adj. **I. 1.** adj. et n. Privé de la parole. **2.** Silencieux, incapable de parler. **II. 1.** Qui ne s'exprime pas. *Douleur muette.* **2.** Qui ne contient aucune précision. **3.** Qui ne produit aucun son. **4.** Qui ne se fait pas entendre dans la prononciation. **5.** Sans inscription ou indication.

muezzin n. m. ▫ Fonctionnaire religieux musulman chargé d'appeler les fidèles à la prière.

muffin n. m. ▫ Petit pain rond cuit dans un moule.

mufle n. m. **I.** Extrémité du museau (de mammifères). **II.** Individu mal élevé. ▶ **muflerie** n. f.

mufti n. m. ▫ Interprète du droit canonique musulman.

mug n. m. ▫ anglic. Chope pour les boissons chaudes.

muge n. m. ▫ Poisson appelé aussi *mulet*.*

mugir v. intr. ▫ (bovidés) Beugler, meugler. ▶ **mugissement** n. m.

muguet n. m. **I.** Plante aux petites clochettes blanches en grappes. **II.** méd. Inflammation des muqueuses.

muid n. m. ◻ ancienn Mesure de capacité.

mulâtre adj. et n. ◻ Né de l'union d'un Blanc avec une Noire ou d'un Noir avec une Blanche. *Une mulâtre.*

mulâtresse n. f. ◻ vieilli Femme mulâtre.

① **mule** n. f. ◻ Pantoufle laissant le talon découvert.

② **mule** n. f. ◻ Hybride femelle de l'âne et de la jument (ou du cheval et de l'ânesse).

① **mulet** n. m. ◻ Hybride mâle de l'âne et de la jument ou du cheval et de l'ânesse, toujours infécond.

② **mulet** n. m. ◻ Poisson de mer.

muleta n. f. ◻ Pièce d'étoffe rouge dont le matador se sert pour provoquer et diriger le taureau.

muletier, ière 1. n. m. Conducteur de mulets, de mules. 2. adj. *Chemin muletier,* étroit et escarpé.

mulot n. m. ◻ Petit mammifère rongeur, appelé aussi *rat des champs.*

multicolore adj. ◻ Qui présente des couleurs variées.

multicoque n. m. ◻ Bateau comportant plusieurs coques.

multicritère ou **multicritères** adj. ◻ techn. Qui utilise plusieurs critères.

multifonction ou **multifonctions** adj. ◻ (choses) Qui remplit plusieurs fonctions.

multiforme adj. ◻ Qui se présente sous des formes variées.

multijoueur ou **multijoueurs** adj. ◻ Qualifie la fonction qui permet de jouer à plusieurs, sur un jeu vidéo.

multilatéral, ale, aux adj. ◻ Qui concerne plusieurs parties contractantes.

multimédia **I.** adj. Qui utilise plusieurs médias. **II.** n. m. Technique de communication intégrant sur un même support des moyens audiovisuels et informatiques.

multimillionnaire adj. et n. ◻ Qui a plusieurs millions.

multinational, ale, aux 1. adj. Qui concerne plusieurs pays. 2. n. f. *Une multinationale* : une firme qui a des activités dans plusieurs pays.

multipare adj. et n. f. ◻ didact. 1. (femelle) Qui donne naissance à plusieurs petits. 2. (femme) Qui a déjà enfanté plusieurs fois.

multiple adj. 1. Composé de plusieurs éléments. 2. adj. et n. *MULTIPLE DE* : qui contient plusieurs fois exactement un nombre. 3. (avec un nom au plur.) Nombreux.

multiplex adj. ◻ techn. Qui permet d'établir plusieurs communications au moyen d'une seule transmission.

multiplexe n. m. ◻ Ensemble comprenant plusieurs salles de cinéma (dit *multisalle* ou *multisalles*).

multiplicande n. m. ◻ Premier facteur (d'une multiplication).

multiplicateur, trice adj. ◻ Qui multiplie, sert à multiplier. – n. m. Second facteur (d'une multiplication).

multiplicatif, ive adj. ◻ Qui multiplie.

multiplication n. f. 1. Augmentation en nombre. 2. Opération donnant à partir de deux nombres a et b un troisième nombre (le produit) égal à la somme de b termes égaux à a (signe : ×).

multiplicité n. f. ◻ Grand nombre.

multiplier v. tr. 1. Augmenter le nombre, la quantité de. 2. Faire la multiplication de. ▷ v. pron. se **multiplier** S'accroître, proliférer.

multipoint ou **multipoints** adj. ▫ techn. (serrure) Qui comporte plusieurs pênes actionnés simultanément.

multipropriété n. f. ▫ Régime de propriété collective répartie par périodes.

multirécidiviste adj. et n. ▫ dr. Qui commet plusieurs récidives.

multirisque adj. ▫ (assurance) Qui couvre plusieurs risques.

multitude n. f. ▫ Grande quantité. *Une multitude de visiteurs entra* (ou *entrèrent*).

municipal, ale, aux adj. ▫ Relatif à une commune, à son administration.

municipalité n. f. **1.** Corps municipal. **2.** Circonscription ainsi administrée.

munificent, ente adj. ▫ littér. Généreux avec somptuosité. ▶ **munificence** n. f.

munir v. tr. ▫ *MUNIR (qqn, qqch.) DE* : pourvoir, garnir de (ce qu'il faut). ▷ v. pron. se **munir** (de) → **prendre.**

munition n. f. ▫ au plur. Explosifs et projectiles nécessaires pour les armes à feu.

muqueuse n. f. ▫ Membrane qui tapisse les cavités de l'organisme.

muqueux, euse adj. **1.** Qui a le caractère du mucus. **2.** Qui sécrète du mucus.

mur n. m. **1.** Ouvrage de maçonnerie qui sert à enclore, à séparer ou à supporter une poussée. ▪ *Mettre qqn au pied du mur*, l'acculer. **2.** Face intérieure des murs, des cloisons. **3.** fig. Ce qui sépare, forme obstacle. **4.** *LE MUR DU SON* : choc sonore lorsqu'un engin atteint la vitesse du son.

mûr, mûre adj. **1.** (fruit, graine) Qui a atteint son plein développement. **2.** (abcès, furoncle) Qui est près de percer. **3.** fig. *Le projet est mûr*, prêt à être réalisé. **4.** *L'âge mûr.* → **adulte.** – *Esprit mûr* (→ **maturité**).

muraille n. f. ▫ Étendue de murs épais.

mural, ale, aux adj. ▫ Appliqué, fixé sur un mur.

mûre n. f. **1.** Fruit du mûrier. **2.** Fruit noir de la ronce des haies.

mûrement adv. ▫ Avec beaucoup de concentration et de temps.

murène n. f. ▫ Poisson long et mince, sans écailles, à fortes dents.

murer v. tr. **1.** Entourer de murs. **2.** Fermer, clore en maçonnerie. **3.** Enfermer (qqn) en bouchant les issues. ▷ v. pron. se **murer** S'enfermer, s'isoler.

muret n. m. ▫ Petit mur.

murex n. m. ▫ zool. Mollusque gastéropode à coquille hérissée d'épines (on en tirait la pourpre).

mûrier n. m. ▫ Arbre dont le fruit est la mûre (1).

mûrir v. **I.** v. tr. **1.** Rendre mûr. **2.** fig. Mener (une chose) à point. **3.** Donner de la maturité d'esprit à (qqn). **II.** v. intr. **1.** Devenir mûr. **2.** fig. (sujet chose) Atteindre son plein développement. **3.** Acquérir de la maturité. ▶ **mûrissant, ante** adj.

murmure n. m. **1.** Bruit sourd, léger et continu de voix humaines. **2.** Commentaire, critique à mi-voix.

murmurer v. **I.** v. intr. (personnes) Faire entendre un murmure. **II.** v. tr. Dire, prononcer à mi-voix.

musagète adj. ▫ didact. (Antiq.) Surnom d'Apollon « conducteur des Muses ».

musaraigne n. f. ▫ Petit mammifère insectivore, de la taille d'une souris.

musarder v. intr. ▫ Perdre son temps à des riens. ▶ **musardise** n. f.

musc n. m. ▫ Substance brune très odorante, sécrétée par les glandes abdominales de mammifères.

muscade adj. f. et n. f. □ *(Noix) muscade* : graine du fruit d'un arbre exotique (le *muscadier*), épice.

muscadet n. m. □ Vin blanc sec.

muscadin n. m. □ vx Jeune fat.

muscat, ate adj. et n. m. **1.** *(Raisin) muscat*, à odeur de musc. **2.** *(Vin) muscat* : vin de liqueur, fait de raisins muscats.

muscle n. m. □ Structure organique formée de fibres contractiles assurant le mouvement.

musclé, ée adj. **1.** Qui a des muscles puissants. **2.** fig., fam. Qui utilise la force.

muscler v. tr. □ Pourvoir de muscles développés, puissants.

musculaire adj. □ Relatif aux muscles.

musculation n. f. □ Développement des muscles.

musculature n. f. □ Ensemble des muscles.

musculeux, euse adj. □ Aux muscles développés, forts.

muse n. f. **1.** (avec maj.) Chacune des neuf déesses mythologiques des arts libéraux. **2.** Inspiratrice (d'un écrivain, d'un artiste).

museau n. m. □ Partie antérieure de la face (mammifères, poissons).

musée n. m. □ Établissement dans lequel sont rassemblées et présentées des collections d'objets. ▶ **muséal, ale, aux** n.

museler v. tr. **1.** Emprisonner le museau de (un animal). **2.** fig. Empêcher de s'exprimer.

muselière n. f. □ Appareil pour museler.

muséographie n. f. □ didact. Technique de la conception des musées. ▶ **muséographique** adj.

muséologie n. f. □ didact. Science des musées d'art. ▶ **muséologique** adj.

muser v. intr. □ littér. Perdre son temps à des bagatelles.

musette n. f. **I. 1.** Cornemuse à soufflet. **2.** n. m. BAL-MUSETTE : bal populaire. **II.** Sac de toile, qui se porte souvent en bandoulière.

muséum n. m. □ Musée consacré aux sciences naturelles.

musical, ale, aux adj. **1.** De la musique. ■ Où il y a de la musique. **2.** Qui a les caractères de la musique. ▶ **musicalement** adv.

musicalité n. f. □ Qualité de ce qui est musical, harmonieux.

music-hall n. m. □ anglic. Spectacle de variétés ; théâtre où il se produit. *Des music-halls.*

musicien, ienne n. □ Professionnel qui compose, exécute, dirige de la musique.

musicologie n. f. □ didact. Théorie, histoire de la musique. ▶ **musicologue** n. ▶ **musicologique** adj.

musique n. f. **I. 1.** Art de combiner des sons d'après des règles, d'organiser une durée avec des éléments sonores ; production de cet art. **2.** Œuvre musicale écrite. **3.** Ensemble de musiciens. **4.** fam. *Connaître la musique*, savoir comment s'y prendre. **II.** Sons, harmonie rappelant la musique.

musqué, ée adj. □ Parfumé au musc, qui sent le musc.

must n. m. □ anglic., fam. **1.** Ce qu'il faut savoir, faire, avoir... pour être à la mode. **2.** *Le must*, le mieux.

mustang n. m. □ Cheval à demi sauvage des prairies d'Amérique.

musulman, ane adj. □ De l'islam. – adj. et n. Qui professe l'islam.

mutant, ante adj. □ biol. **1.** Qui présente, qui a subi une mutation (II). **2.** adj. et n. Qui résulte d'une mutation.

mutation n. f. **I. 1.** Changement, évolution. **2.** Affectation à un autre poste. **3.** dr. Transmission d'un droit de propriété ou d'usufruit. **II.** biol. Variation brusque d'un caractère héréditaire par changement des gènes.

mutationnisme n. m. ▫ biol. Théorie d'après laquelle l'évolution* se fait de manière discontinue, par mutations.

muter v. **1.** v. tr. Affecter (qqn) à un autre poste, à un autre emploi. **2.** v. intr. Subir une mutation (II).

mutilant, ante adj. ▫ méd. Qui peut produire une mutilation.

mutilation n. f. **1.** Ablation ou détérioration (d'un membre, etc.). **2.** Action de mutiler (2 et 3). *Mutilation de statues.*

mutiler v. tr. **1.** Altérer (un être vivant) dans son intégrité. **2.** Détériorer, endommager. **3.** Altérer (un texte) en retranchant une partie importante. ▷ n. et adj. **mutilé, ée**

mutin, ine I. n. m. Personne qui se révolte avec violence. ▶ **se mutiner** v. pron. ▶ **mutinerie** n. f. **II.** littér. adj. D'humeur taquine.

mutisme n. m. ▫ Refus de parler.

mutité n. f. ▫ Impossibilité de parler.

mutualisme n. m. ▫ Doctrine basée sur la mutualité. ▶ **mutualiste** adj. et n.

mutualité n. f. ▫ Prévoyance volontaire par assurance réciproque.

mutuel, elle adj. **1.** Qui implique un rapport double et simultané, un échange. ▶ **mutuellement** adv. **2.** n. f. *Une mutuelle,* société de mutualité.

myalgie n. f. ▫ méd. Douleur musculaire.

mycélium n. m. ▫ bot. Filaments provenant des spores des champignons.

mycénien, ienne adj. et n. ▫ De Mycènes.

mycologie n. f. ▫ didact. Étude des champignons.

mycose n. f. ▫ méd. Affection cutanée due à des champignons.

mye n. f. ▫ zool. Mollusque bivalve à très long siphon.

mygale n. f. ▫ Grande araignée velue.

myocarde n. m. ▫ Muscle qui constitue la moyenne partie de la paroi du cœur.

myopathie n. f. ▫ méd. Atrophie progressive des muscles. ▶ **myopathe** n. et adj.

myope adj. et n. ▫ Qui ne voit distinctement que les objets rapprochés. ▶ **myopie** n. f.

myosotis n. m. ▫ Plante à petites fleurs bleues.

myriade n. f. ▫ Quantité immense.

myriapode n. m. ▫ zool. Arthropode à nombreuses pattes.

myrrhe n. f. ▫ Gomme résine aromatique fournie par un arbuste (le *balsamier*).

myrte n. m. ▫ Arbrisseau à petites fleurs blanches odorantes.

myrtille n. f. ▫ Baie noire comestible.

mystagogue n. m. ▫ didact. Initiateur aux mystères sacrés. ▶ **mystagogie** n. f.

① **mystère** n. m. **I.** Dogme inaccessible à la raison. **II. 1.** Ce qui est (ou est cru) inexplicable. **2.** Ce qui est caché ou difficile à comprendre.

② **mystère** n. m. ▫ littér. du Moyen Âge Pièce de théâtre religieux. – var. **mistère.**

mystérieux, euse adj. **1.** Qui est incompréhensible ou évoque la présence de forces cachées. **2.** Caché, secret. **3.** Qui cache, tient secret. ▶ **mystérieusement** adv.

mysticisme n. m. **1.** Croyances et pratiques mystiques (1). **2.** Croyance spiritualiste intuitive et sentimentale.

mystificateur, trice adj. et n. ▫ Qui mystifie.

mystification n. f. **1.** Acte ou propos destiné à mystifier. **2.** Tromperie collective.

mystifier v. tr. **1.** Tromper (qqn) en abusant de sa crédulité et pour se moquer. **2.** Tromper collectivement. ▶ **mystifiant, ante** adj.

mystique **I.** adj. **1.** Qui concerne l'union entre l'être humain et la divinité. **2.** adj. et n. Prédisposé au mysticisme. **3.** Qui a un caractère exalté, intuitif. **II.** n. f. **1.** Pratiques mystiques. **2.** Croyance absolue (en une valeur suprême).

mythe n. m. **1.** Récit imaginaire et symbolique qui met en scène des êtres représentant des énergies, des aspects de la condition humaine. **2.** Chose imaginaire. **3.** Représentation idéalisée. **4.** Image symbolique.

mythifier v. tr. □ didact. Instaurer en tant que mythe.

mythique adj. **1.** Du mythe. **2.** Imaginaire. **3.** Très célèbre.

mythologie n. f. **1.** Ensemble des mythes (1) et légendes (d'une civilisation, d'une religion). **2.** Science des mythes (1). ▶ **mythologique** adj.

mythomanie n. f. □ Tendance pathologique à la fabulation, à la simulation par le mensonge. ▶ **mythomane** adj. et n.

mytiliculture n. f. □ didact. Élevage des moules. ▶ **mytiliculteur, trice** n.

myxœdème n. m. □ méd. Troubles de l'insuffisance thyroïdienne. ▶ **myxœdémateux, euse** adj. et n.

myxomatose n. f. □ didact. Grave maladie infectieuse et contagieuse du lapin.

N

n n. m. □ Quatorzième lettre, onzième consonne de l'alphabet.

na interj. □ fam. Renforce une affirmation ou une négation. *C'est bien fait, na !*

nabab n. m. 1. hist. (Inde) Grand dignitaire. 2. Personnage très riche.

nabi n. m. □ Nom adopté par un groupe de peintres en 1888.

nabot, ote n. □ péj. Nain.

nacelle n. f. 1. Panier fixé sous un aérostat, pour les passagers. 2. Dispositif suspendu permettant d'effectuer des travaux dans des lieux difficiles d'accès. 3. Partie d'un landau ou d'une poussette destinée à coucher ou asseoir le bébé.

nacho n. m. □ Chips de maïs triangulaire.

nacre n. f. □ Substance irisée de l'intérieur de la coquille de certains mollusques.

nacré, ée adj. □ Qui a l'aspect de la nacre.

nadir n. m. □ didact. Point à la verticale de l'observateur, vers le bas.

nævus n. m. □ Tache naturelle (brune ou rose) sur la peau. *Des nævus* ou *des nævi.*

nage n. f. 1. Action, manière de nager. 2. *Être* EN NAGE, en sueur.

nageoire n. f. □ Organe propulseur des poissons, etc.

nager v. intr. 1. Se mouvoir sur ou dans l'eau par des mouvements appropriés. 2. Être immergé dans un liquide (trop) abondant.

nageur, euse n. □ Personne qui nage.

naguère adv. □ littér. Il y a peu, récemment.

naïade n. f. □ mythol. Nymphe des sources.

naïf, naïve adj. et n. □ Confiant et simple par ignorance.

nain, naine n. 1. Personne d'une taille anormalement petite. 2. Personnage légendaire de taille minuscule.

naissance n. f. 1. Commencement de la vie hors de l'organisme maternel. 2. fig. Commencement, apparition.

naissant, ante adj. □ Qui commence à apparaître, à se développer.

naître v. intr. 1. Venir au monde, sortir de l'organisme maternel. 2. fig. Commencer à exister.

naïvement adv. □ D'une manière naïve.

naïveté n. f. □ Simplicité, ingénuité.

naja n. m. □ zool. Cobra.

nana n. f. □ fam. Jeune fille, jeune femme.

nandrolone n. f. □ pharm. Stéroïde anabolisant.

nanisme n. m. □ Petitesse anormale de la taille.

nantir v. tr. □ Mettre (qqn) en possession de qqch. ▷ adj. **nanti, ie** Riche. – n. péj. *Les nantis.*

nantissement n. m. □ Garantie que le débiteur remet à un créancier.

napalm n. m. □ Essence solidifiée.

naphtaline n. f. □ Antimite fait d'un dérivé du goudron de houille.

naphte n. m. □ Produit distillé du pétrole, utilisé comme combustible.

napoléon n. m. □ Ancienne pièce d'or à l'effigie de Napoléon.

napoléonien, ienne adj. ▫ Qui a rapport à Napoléon Ier ou à Napoléon III.

nappe n. f. **I.** Linge pour couvrir la table du repas. **II.** fig. Vaste couche.

napper v. tr. ▫ Recouvrir d'une couche de sauce, etc. ▶ **nappage** n. m.

napperon n. m. ▫ Petit linge décoratif.

narcisse n. m. ▫ Plante bulbeuse à fleurs très odorantes.

narcissisme n. m. ▫ Admiration de soi-même. ▶ **narcissique** adj.

narcose n. f. ▫ méd. Sommeil artificiel.

narcotique adj. et n. m. ▫ (substance) Qui endort.

narcotrafiquant, ante n. ▫ Gros trafiquant de drogue.

narguer v. tr. ▫ Braver avec mépris.

narguilé ou **narghilé** n. m. ▫ Pipe orientale, à long tuyau communiquant avec un flacon d'eau aromatisée.

narine n. f. ▫ Chacun des deux orifices du nez.

narquois, oise adj. ▫ Moqueur et malicieux. ▶ **narquoisement** adv.

narrateur, trice n. ▫ Personne qui raconte.

narratif, ive adj. ▫ Propre à la narration.

narration n. f. ▫ Récit écrit et détaillé d'une suite de faits.

narrer v. tr. ▫ littér. Raconter.

narthex n. m. ▫ Vestibule d'une église.

narval, als n. m. ▫ Grand cétacé dont le mâle possède une longue défense.

nasal, ale, aux adj. ▫ Du nez.

nase ou **naze** adj. ▫ fam. Abîmé ; fatigué.

naseau n. m. ▫ Narine (de certains mammifères).

nasillard, arde adj. ▫ Qui nasille.

nasiller v. intr. ▫ Parler du nez. ▶ **nasillement** n. m.

nasse n. f. ▫ Panier de pêche à goulet.

natal, ale, als adj. **1.** Où l'on est né. **2.** Relatif à la naissance.

natalité n. f. ▫ Rapport entre le nombre des naissances et le chiffre de la population.

natation n. f. ▫ Exercice, sport de la nage.

natatoire adj. ▫ didact. Qui sert à la nage.

natif, ive adj. et n. ▫ *NATIF DE* : qui est né à.

nation n. f. **1.** Groupe humain caractérisé par la conscience de son unité. **2.** Communauté politique établie sur un territoire.

national, ale, aux adj. ▫ Relatif à une nation.

nationalisation n. f. ▫ Transfert à la collectivité nationale de la propriété de moyens de production. ▶ **nationaliser** v. tr.

nationalisme n. m. ▫ Exaltation du sentiment national. ▶ **nationaliste** adj. et n.

nationalité n. f. **1.** Groupe humain qui a ou revendique une existence en tant que nation. **2.** Fait d'être membre d'une nation.

national-socialisme n. m. ▫ Doctrine de Hitler. ▶ **national-socialiste** adj. et n. (invar. en genre)

nativité n. f. ▫ relig. Naissance (Christ ; saints). – *La Nativité* : Noël.

natte n. f. **1.** Pièce d'un tissu de brins végétaux entrelacés. **2.** Tresse plate.

natter v. tr. ▫ Tresser.

naturaliser v. tr. **1.** Conférer la nationalité d'un pays à (qqn). **2.** Donner à (un animal mort, etc.) l'apparence de la nature vivante. ▷ adj. **naturalisé, ée** ▶ **naturalisation** n. f.

naturalisme n. m. ▫ arts Représentation réaliste de la nature.

naturaliste I. n. 1. Spécialiste des sciences naturelles. 2. Taxidermiste. II. adj. et n. Du naturalisme.

nature n. f. I. 1. Ce qui caractérise un être, une chose concrète ou abstraite. 2. Principe actif qui anime, organise l'ensemble de ce qui existe. 3. Tout ce qui existe dans l'univers hors de l'être humain et de son action. 4. *EN NATURE :* en objets réels et non en argent. II. adj. invar. 1. Préparé simplement ; au naturel. 2. fam. (personnes) Naturel, spontané.

naturel, elle I. adj. 1. Qui appartient à la nature ; relatif à la nature. 2. Qui correspond à l'ordre habituel. 3. Relatif aux fonctions de la vie. 4. Qui est inné. 5. Qui n'a pas été modifié. 6. Qui traduit la nature d'un individu. II. n. m. 1. Ensemble des caractères qu'un individu possède en naissant. 2. Aisance du comportement.

naturellement adv. 1. De par sa nature. 2. Par un enchaînement logique. – fam. Bien sûr. 3. Avec naturel.

nature morte n. f. □ Peinture qui représente des objets ou des êtres inanimés.

naturisme n. m. □ Doctrine prônant le retour à la nature (nudisme...). ▶ **naturiste** n. et adj.

naturopathie n. f. □ méd. Traitement par des moyens naturels. ▶ **naturopathe** n.

naufrage n. m. 1. Perte accidentelle d'un navire. 2. fig. Ruine totale.

naufragé, ée adj. et n. □ Qui a fait naufrage.

nauséabond, onde adj. □ (odeur...) Qui cause des nausées, écœure.

nausée n. f. □ Envie de vomir.

nauséeux, euse adj. 1. Qui provoque des nausées. 2. Qui souffre de nausées.

nautile n. m. □ zool. Mollusque céphalopode à coquille cloisonnée.

nautique adj. □ Relatif à la navigation ou aux sports de l'eau.

naval, ale, als adj. 1. Qui concerne les navires. 2. Relatif à la marine militaire.

navarin n. m. □ Mouton en ragoût.

navet n. m. 1. Plante cultivée pour ses racines comestibles ; cette racine. 2. fam. Mauvais film.

navette n. f. 1. Instrument de tissage qui se déplace entre les fils de chaîne selon un mouvement alternatif. 2. Véhicule assurant des liaisons fréquentes entre deux lieux proches.

navigable adj. □ Où l'on peut naviguer.

navigant, ante adj. □ mar., aviat. Qui navigue.

navigateur, trice I. n. 1. Personne qui fait des voyages sur mer. 2. Personne qui règle la direction à suivre (navire, avion). II. n. m. Logiciel conçu pour naviguer sur Internet.

navigation n. f. 1. Fait de naviguer. 2. Trafic maritime. 3. Circulation aérienne ou spatiale.

naviguer v. intr. 1. Se déplacer sur l'eau ; à bord d'un bateau. 2. Se déplacer dans un réseau au moyen des liens hypertextes*.

navire n. m. □ Bateau de fort tonnage destiné aux transports sur mer.

navrer v. tr. 1. Affliger profondément. 2. *ÊTRE NAVRÉ DE,* contrarié par. ▶ **navrant, ante** adj.

naze adj. → **nase**

nazi, ie adj. et n. □ Du parti national-socialiste de Hitler.

nazisme n. m. □ Mouvement, régime nazi.

N. B. → **nota bene**

N. B. C. adj. invar. □ milit. Relatif aux armes nucléaires, biologiques ou chimiques.

ne (ou **n'** devant voyelle ou *h* muet) adv. 1. Exprime la négation. *Il n'a pas d'enfant. Elle ne voyage jamais.* – *Je n'ai aucune nouvelle.* – *Je n'ose l'affirmer.* – *N'ayez crainte ! Il n'empêche* que...* 2. *ne* explétif. – après des verbes exprimant la crainte, l'impossibilité *Je crains qu'il ne se fâche. Pour éviter qu'il ne se blesse.* – après un compar. d'inégalité : *Mieux que je ne ferais.*

né, née adj. 1. Venu au monde. 2. en appos. Par un don naturel. *Un orateur-né.*

néanmoins adv. et conj. ▫ Malgré ce qui vient d'être dit.

néant n. m. 1. Rien. 2. Ce qui n'est pas encore ou n'existe plus.

nébuleuse n. f. 1. Amas de gaz et de poussières interstellaires. 2. fig. Amas diffus.

nébuleux, euse adj. 1. Obscurci par les nuages ou le brouillard. 2. fig. Vague, confus. ▶ **nébulosité** n. f.

nébuliser v. tr. ▫ techn. Disperser (un liquide) en très fines gouttelettes. ▶ **nébulisation** n. f. ▶ **nébuliseur** n. m.

nécessaire I. adj. 1. Se dit d'une condition, d'un moyen dont la présence ou l'action rend seule possible un but ou un effet. 2. Dont on ne peut se passer. **II.** n. m. 1. Bien dont on ne peut se passer. 2. Ce qu'il faut faire et qui suffit. 3. Boîte, étui renfermant des ustensiles.

nécessairement adv. 1. Par une obligation imposée. 2. Inévitablement.

nécessité n. f. 1. Caractère nécessaire. 2. Besoin impérieux.

nécessiter v. tr. ▫ (sujet chose) Rendre nécessaire.

nécessiteux, euse adj. et n. ▫ vieilli Pauvre.

nec plus ultra n. m. invar. ▫ Ce qu'il y a de mieux.

nécrologie n. f. 1. Notice biographique consacrée à une personne morte récemment. 2. Liste ou avis de décès. ▶ **nécrologique** adj.

nécromancie n. f. ▫ Divination par l'évocation des morts. ▶ **nécromancien, ienne** n.

nécropole n. f. ▫ Antiq. Vaste cimetière.

nécrose n. f. ▫ Mort d'un tissu vivant.

nécroser v. tr. ▫ Provoquer la nécrose de. ▷ v. pron. se **nécroser**

nectaire n. m. ▫ bot. Élément (des plantes) qui sécrète le nectar (2).

nectar n. m. 1. mythol. Breuvage des dieux antiques. 2. Liquide sucré que sécrètent les nectaires.

nectarine n. f. ▫ Pêche à peau lisse.

néerlandais, aise adj. et n. ▫ Des Pays-Bas.

nef n. f. ▫ Partie (d'une église) entre le portail et le chœur.

néfaste adj. ▫ Qui cause du mal.

nèfle n. f. ▫ Fruit du néflier.

néflier n. m. ▫ Arbre des régions tempérées.

négatif, ive adj. 1. Qui exprime un refus. 2. Qui correspond à une absence. 3. Qui a des effets nuisibles. 4. Se dit d'une image photographique sur laquelle les parties lumineuses des objets correspondent à des taches sombres. – n. m. *Un négatif.*

négation n. f. 1. Acte de l'esprit qui consiste à nier, à rejeter. 2. Ce qui va à l'encontre (de qqch.).

négationnisme n. m. ▫ Idéologie consistant à nier l'existence des camps d'extermination nazis. ▶ **négationniste** n. et adj.

négativement adv. ▫ De façon négative.

négativité n. f. ▫ Caractère négatif.

négligé n. m. ▫ État d'une personne vêtue sans recherche.

négligeable adj. ▫ Qui peut être négligé.

négligemment adv. **1.** Sans soin. **2.** Avec indifférence.

négligence n. f. **1.** Attitude de qqn dont l'esprit ne s'applique pas à ce qu'il fait. **2.** Faute due au manque de soin. ▶ **négligent, ente** adj.

négliger v. tr. **1.** Ne pas accorder d'importance, de soin à. – pronom. *Se négliger* : ne pas avoir soin de soi. **2.** Porter peu d'attention à (qqn). **3.** Ne pas tenir compte de (qqch.). ▷ adj. **négligé, ée**

négoce n. m. ▫ vieilli Commerce.

négociable adj. ▫ Qui peut être négocié.

négociant, ante n. ▫ Commerçant en gros.

négociateur, trice n. ▫ Personne chargée de négocier (une affaire ; un accord).

négociation n. f. **1.** Achat, vente (d'un effet de commerce). **2.** Discussions pour parvenir à un accord.

négocier v. **I.** v. intr. Mener une négociation (2). **II.** v. tr. **1.** Établir, régler (un accord). **2.** Transmettre à un tiers (un effet de commerce).

nègre, négresse I. n. **1.** vieilli et péj. Personne de couleur noire. **2.** n. m. Auteur payé par une personne pour écrire les ouvrages qu'elle signe de son nom. **II.** adj. (fém. *nègre*) vieilli et péj. Relatif aux Noirs.

négrier, ière ▫ hist. **1.** adj. De la traite des Noirs. **2.** n. m. Marchand d'esclaves noirs.

négrillon, onne n. ▫ vieilli et péj. Enfant noir.

négritude n. f. ▫ littér. Caractères culturels des Noirs.

negro-spiritual n. m. ▫ Chant chrétien des Noirs des États-Unis. *Des negro-spirituals.*

négus n. m. ▫ Souverain éthiopien.

neige n. f. **1.** Eau congelée qui tombe en flocons blancs. **2.** *Blancs d'œufs* EN NEIGE, battus en mousse ferme.

neiger v. impers. ▫ (neige) Tomber.

neigeux, euse adj. ▫ Couvert de neige.

nem n. m. ▫ Petite crêpe de riz fourrée et frite.

néné n. m. ▫ fam. Sein de femme.

① **nénette** n. f. ▫ fam. Tête.

② **nénette** n. f. ▫ fam. Jeune femme.

nenni adv. de négation ▫ vx Non.

nénuphar n. m. ▫ Plante aquatique à grandes feuilles rondes. – var. **nénufar.**

néoclassicisme n. m. ▫ Forme d'art qui imite l'art classique. ▶ **néoclassique** adj.

néocolonialisme n. m. ▫ Système de domination économique imposée à d'anciennes colonies. ▶ **néocolonialiste** adj. et n.

néolibéralisme n. m. ▫ Forme de libéralisme qui admet une intervention limitée de l'État. ▶ **néolibéral, ale, aux** adj. et n.

néolithique adj. ▫ Relatif à l'âge de la pierre polie. – n. m. *Le néolithique.*

néologie n. f. ▫ didact. Création de mots nouveaux. ▶ **néologique** adj.

néologisme n. m. ▫ Mot nouveau.

néon n. m. **1.** Gaz de la série des gaz rares. **2.** Éclairage par tube fluorescent.

néonatal, ale, als adj. ▫ Du nouveau-né.

néophyte n. ▫ Adepte récent d'une doctrine, d'un parti...

néoplasme n. m. ▫ méd. Tumeur cancéreuse.

néoréalisme n. m. ▫ Théorie artistique renouvelant le réalisme. ▶ **néoréaliste** adj. et n.

néorural, ale, aux adj. et n. ▫ Qui quitte la ville pour vivre en milieu rural.

néphrétique adj. ▫ méd. Relatif au rein.

néphrite n. f. ▫ méd. Inflammation du rein.

néphrologie n. f. ▫ Étude de la physiologie et des pathologies du rein. ▶ **néphrologue** n.

népotisme n. m. ▫ didact. Abus qu'une personne fait de son influence en faveur de ses proches.

néréide n. f. ▫ zool. Ver marin des fonds vaseux.

nerf n. m. **1.** Filament qui relie un centre nerveux à un organe. **2.** *LES NERFS* : ce qui supporte les excitations, les tensions. – *CRISE DE NERFS* : cris, pleurs, gestes désordonnés. **3.** Énergie. *Allons, du nerf !*

nerveusement adv. ▫ D'une manière nerveuse.

nerveux, euse adj. **1.** Relatif au nerf, aux nerfs (1). *Cellule nerveuse* : neurone. *SYSTÈME NERVEUX*, qui commande les fonctions vitales, les facultés intellectuelles et affectives. **2.** Qui concerne les nerfs, l'émotivité. **3.** Émotif et agité. – n. *C'est un nerveux.* **4.** Qui a du nerf, de l'énergie.

nervi n. m. ▫ Homme de main, tueur.

nervosité n. f. ▫ État d'excitation nerveuse.

nervure n. f. ▫ Fine saillie (d'une feuille de plante).

n'est-ce pas adv. interrog. ▫ Formule requérant l'adhésion. *Tu m'aimes, n'est-ce pas ?*

① **net, nette** **I.** adj. **1.** Que rien ne ternit ou ne salit. **2.** Débarrassé (de ce qui salit, encombre). – *EN AVOIR LE CŒUR NET*, en être assuré. **3.** Dont on a déduit tout élément étranger. – *NET DE* : exempt de. **4.** Clair, précis ; distinct. **II.** adv. Sur place ; tout d'un coup.

② **net** n. m. ▫ anglic. *Le Net* : Internet.

nettement adv. ▫ Avec netteté.

netteté n. f. ▫ Caractère de ce qui est net.

nettoyer v. tr. **1.** Rendre net, propre. **2.** fam. Vider (un lieu) de son contenu. ▶ **nettoyant, ante** adj. et n. m. ▶ **nettoiement** (opérations) et **nettoyage** n. m. (action).

nettoyeur, euse n. ▫ Personne qui nettoie.

① **neuf** **I.** adj. numéral invar. **1.** (cardinal) Huit plus un (9). **2.** (ordinal) Neuvième. **II.** n. m. invar. Le chiffre, le nombre, le numéro neuf.

② **neuf, neuve** **I.** adj. **1.** Qui vient d'être fait et n'a pas encore servi. – *Flambant neuf* : en très bon état. **2.** Nouveau, original. **II.** n. m. sing. **1.** Ce qui est neuf. **2.** *À NEUF* : de manière à rendre l'état ou l'apparence du neuf.

neuneu adj. ▫ fam. Niais, un peu bête.

neurasthénie n. f. ▫ État durable d'abattement et de tristesse. ▶ **neurasthénique** adj. et n.

neurobiologie n. f. ▫ Étude du fonctionnement des cellules et des tissus nerveux. ▶ **neurobiologiste** n.

neuroleptique adj. et n. m. ▫ (médicament) Qui exerce une action calmante sur le système nerveux.

neurologie n. f. ▫ Discipline qui étudie le système nerveux et ses maladies. ▶ **neurologique** adj. ▶ **neurologue** n.

neuromédiateur n. m. ▫ physiol. Médiateur chimique assurant la transmission de l'influx nerveux. – syn. **neurotransmetteur** n. m.

neurone n. m. ▫ biol. Cellule nerveuse.

neuropsychiatrie n. f. ▫ Discipline englobant la psychiatrie et la neurologie. ▶ **neuropsychiatre** n.

neurovégétatif, ive adj. ▫ physiol. *Système neurovégétatif*, qui contrôle les fonctions involontaires : circulation, excrétion, etc.

neutraliser v. tr. ▫ Empêcher d'agir, rendre inoffensif. ▶ **neutralisation** n. f.

neutralisme n. m. □ (pays) Indépendance vis-à-vis de puissances antagonistes. ▶ **neutraliste** adj. et n.

neutralité n. f. □ État d'une personne, d'une nation neutre.

neutre adj. **1.** Qui ne participe pas à un conflit. **2.** Qui s'abstient de prendre parti. **3.** D'une catégorie grammaticale où ne se manifestent pas les formes du masculin et du féminin. **4.** chim. Qui n'est ni acide, ni basique. – phys. Qui n'a pas de charge électrique. **5.** Dépourvu de passion.

neutrino n. m. □ Particule élémentaire neutre, de masse infime.

neutron n. m. □ Particule élémentaire, neutre, constitutive du noyau atomique.

neuvaine n. f. □ cathol. Série de prières poursuivie pendant neuf jours.

neuvième 1. adj. et n. Qui suit le huitième. **2.** n. m. Se dit d'une partie d'un tout divisé également en neuf. ▶ **neuvièmement** adv.

névé n. m. □ Amas de neige durcie.

neveu n. m. □ Fils du frère ou de la sœur.

névralgie n. f. □ Douleur vive ressentie sur le trajet d'un nerf.

névralgique adj. **1.** De la névralgie. **2.** fig. *POINT NÉVRALGIQUE* : endroit le plus sensible.

névrite n. f. □ Inflammation d'un nerf.

névr(o)- → **neur(o)-**

névropathe adj. et n. □ vieilli Névrosé.

névrose n. f. □ Affection caractérisée par des troubles nerveux sans cause anatomique. ▶ **névrotique** adj.

névrosé, ée adj. et n. □ Qui souffre d'une névrose.

newton n. m. □ sc. Unité de mesure de force (symb. N).

nez n. m. **I. 1.** Partie saillante du visage, entre le front et la lèvre supérieure, et qui abrite l'organe de l'odorat. **2.** fig. *À vue de nez* : à première estimation. – *Cela lui pend au nez* : cela va lui arriver. ■ fam. *Les doigts dans le nez* : sans difficulté. **3.** Face, visage. *Mettre le nez à la fenêtre.* – *Piquer du nez* (en s'endormant). ■ fig. *Passer sous le nez*, échapper (à qqn). **4.** (Organe de l'odorat) fam. *Avoir qqn dans le nez*, le détester. – *Avoir du nez, le nez creux* : de la perspicacité. **II.** Partie saillante située à l'avant (de qqch.).

ni conj. □ Conjonction niant *et* et *ou*. *Je n'ai pas de cigarettes ni de feu.* ■ (sans *ne*) *Du thé sans sucre ni lait.*

niable adj. □ Qui peut être nié.

niais, niaise adj. et n. □ Dont la simplicité va jusqu'à la bêtise. ▶ **niaisement** adv.

niaiserie n. f. **1.** Caractère niais. **2.** Action, parole niaise.

① **niche** n. f. **1.** Abri pour un chien. **2.** Enfoncement dans un mur, etc.

② **niche** n. f. □ vieilli Tour, farce.

nichée n. f. □ Couvée (2) qui est au nid.

nicher v. intr. □ (oiseau) Faire son nid. ▷ v. pron. **se nicher** Se blottir, se cacher.

nichon n. m. □ fam. Sein de femme.

nickel n. m. **1.** Élément (symb. Ni), métal blanc argenté, ductile. **2.** adj. invar. fam. Très propre ; parfait. ▶ **nickeler** v. tr. – au p. p. *Acier nickelé.*

nicotine n. f. □ Alcaloïde du tabac.

nid n. m. **1.** Abri que les oiseaux se construisent pour y pondre et élever leurs petits. ■ (insectes) *Nid de guêpes* (guêpier). **2.** fig. Logis intime.

nidation n. f. □ biol. Implantation de l'œuf fécondé des mammifères dans l'utérus.

nid-de-poule n. m. □ Petite dépression dans une chaussée. *Des nids-de-poule.*

nidifier v. intr. □ didact. (oiseau) Faire son nid. ▶ **nidification** n. f.

nièce n. f. □ Fille du frère ou de la sœur.

① **nielle** n. m. □ techn. Incrustation décorative d'émail noir dans un métal.

② **nielle** n. f. □ Maladie des céréales.

nier v. tr. □ Rejeter (une proposition) ; déclarer faux.

nigaud, aude adj. et n. □ Qui se conduit d'une manière niaise.

night-club n. m. □ anglic. Boîte de nuit. *Des night-clubs.*

nihilisme n. m. □ Idéologie qui rejette toute croyance, qui refuse toute contrainte sociale. ▶ **nihiliste** adj. et n.

nimbe n. m. □ Zone lumineuse qui entoure la tête des représentations de Dieu, des anges, des saints.

nimber v. tr. □ Orner d'un nimbe.

nimbus n. m. □ Gros nuage gris.

n'importe (qui, quel...) → ② **importer**

niobium n. m. □ chim. Corps simple (symb. Nb), métal blanc brillant.

nipper v. tr. □ fam. et vieilli Habiller.

nippes n. f. pl. □ fam. et vieilli Vêtements.

nippon, one ou **onne** adj. et n. □ Japonais(e).

nique n. f. □ *FAIRE LA NIQUE à qqn*, le braver ; lui faire un signe de mépris.

niquer v. tr. □ fam. et vulg. **1.** Posséder sexuellement. **2.** Détériorer.

nirvana n. m. **1.** (bouddhisme) Extinction du désir humain, entraînant la fin du cycle des réincarnations. **2.** État de sérénité complète.

nitrate n. m. □ Sel de l'acide nitrique.

nitré, ée adj. □ chim. Qui contient le radical NO_2.

nitrique adj. □ *Acide nitrique :* acide (HNO_3) dérivé de l'azote, très corrosif.

nitroglycérine n. f. □ Nitrate triple de glycérine, explosif puissant.

nival, ale, aux adj. □ didact. De la neige.

niveau n. m. **1.** Instrument qui sert à vérifier l'horizontalité. **2.** Degré d'élévation, par rapport à un plan horizontal. **3.** Étage d'un bâtiment. **4.** fig. Degré comparatif (selon un jugement...).

niveler v. tr. **1.** Rendre plan, uni. **2.** fig. Mettre au même niveau (4), rendre égal.

niveleuse n. f. □ Engin de terrassement, pour niveler.

nivellement n. m. **1.** techn. Mesure des hauteurs relatives. **2.** Action de niveler.

nô n. m. □ Drame lyrique japonais de caractère traditionnel.

nobiliaire adj. □ Propre à la noblesse.

noble I. adj. **1.** littér. Dont les qualités morales sont grandes. **2.** Qui commande le respect par sa distinction, son autorité naturelle. **3.** Considéré comme supérieur. **II.** adj. et n. Qui appartient à une classe privilégiée.

noblement adv. □ Avec noblesse (I).

noblesse n. f. **1.** Grandeur des qualités morales. **2.** Caractère noble. **3.** Classe sociale des nobles.

nobliau n. m. □ péj. Noble de petite noblesse. *Des nobliaux.*

noce n. f. **1.** *LES NOCES :* le mariage. **2.** Fête pour un mariage. **3.** fam. *Faire la noce :* mener une vie de débauche.

noceur, euse adj. et n. □ fam. Qui aime faire la noce (3).

nocif, ive adj. □ (choses) Qui peut nuire. ▶ **nocivité** n. f.

noctambule adj. et n. □ Qui se promène ou se divertit la nuit.

noctuelle n. f. □ Papillon de nuit.

nocturne I. adj. **1.** Propre à la nuit. **2.** (animaux) Qui veille, chasse, etc. pendant la nuit. **II.** n. m. Morceau de piano mélancolique. **III.** n. f. Ouverture en soirée de magasins, d'expositions.

nodosité n. f. □ méd. Formation pathologique arrondie et dure.

nodule n. m. **1.** anat. Nodosité. **2.** géol. Concrétion.

noël n. m. **1.** Fête commémorant la naissance du Christ (25 décembre). – *LE PÈRE NOËL,* personnage censé déposer des cadeaux. **2.** fam. Cadeau offert à Noël.

nœud n. m. **I. 1.** Enlacement d'une chose flexible ou entrelacement de deux choses flexibles. **2.** mar. Unité de vitesse correspondant à 1 mille marin à l'heure. **3.** Ruban noué. **II.** fig. **1.** Point essentiel (d'une difficulté). **2.** (concret) Endroit où se croisent des grandes voies de communication.

noir, noire I. adj. **1.** Se dit de l'aspect d'une surface ne réfléchissant aucune lumière. **2.** Sombre. **II.** adj. (abstrait) **1.** Assombri par la mélancolie. **2.** Marqué par le mal. **3.** Non légal. **III.** n. m. **1.** Couleur noire. **2.** L'obscurité. **IV.** n. et adj. Personne appartenant à un groupe humain caractérisé par une peau très pigmentée.

noirâtre adj. ▫ D'une couleur tirant sur le noir.

noiraud, aude adj. et n. ▫ Noir de teint.

noirceur n. f. **1.** littér. Couleur, caractère de ce qui est noir. **2.** fig., littér. Méchanceté.

noircir v. **I.** v. intr. Devenir noir ou plus foncé. **II.** v. tr. **1.** Colorer de noir. **2.** Dépeindre d'une manière pessimiste. ▶ **noircissement** n. m. (concret)

noire n. f. **1.** Femme noire (IV). **2.** mus. Note à corps noir et à queue simple.

noise n. f. ▫ *CHERCHER DES NOISES à qqn,* lui chercher querelle.

noisetier n. m. ▫ Arbrisseau qui produit la noisette.

noisette n. f. **1.** Fruit du noisetier, petite coque contenant une amande comestible. ▪ fig. *Une noisette de beurre.* **2.** adj. invar. Brun clair.

noix n. f. **1.** Fruit du noyer, contenant une amande comestible formée de quatre quartiers. ▪ fig. *Une noix de beurre.* **2.** par analogie *Noix de coco. Noix muscade.* **3.** fam. *À LA NOIX* : sans valeur.

noliser v. tr. ▫ Affréter (un bateau, un avion).

nom n. m. **I. 1.** Mot servant à désigner une personne. **2.** Notoriété. *Se faire un nom.* **3.** Désignation individuelle (d'un animal, d'un lieu, d'un objet). **II.** Mot servant à désigner les êtres, les choses d'une même catégorie.

nomade adj. et n. ▫ Qui n'a pas d'habitation fixe.

nomadiser v. intr. ▫ Vivre en nomade.

nomadisme n. m. ▫ Vie des nomades.

no man's land n. m. invar. ▫ anglic. Zone comprise entre les premières lignes de deux armées ennemies.

nombre n. m. **1.** Symbole caractérisant une unité ou une collection d'unités considérée comme une somme. **2.** Nombre concret. *Nombre d'habitants.* **3.** *Le nombre,* grand nombre. – *EN NOMBRE* : en grande quantité. **4.** Catégorie grammaticale du singulier et du pluriel.

nombreux, euse adj. **1.** Formé d'un grand nombre d'éléments. **2.** En grand nombre.

nombril n. m. ▫ Cicatrice arrondie sur le ventre, à l'endroit où le cordon ombilical a été sectionné.

nombrilisme n. m. ▫ fam. Égocentrisme. ▶ **nombriliste** adj. et n.

nomenclature n. f. ▫ Ensemble de termes méthodiquement classés.

nomenklatura n. f. ▫ hist. Privilégiés du pouvoir, du temps du régime soviétique.

nominal, ale, aux adj. **1.** Relatif au nom. **2.** gramm. Qui a la fonction d'un nom. ▶ **nominalement** adv.

① **nominatif** n. m. ▫ gramm. Cas d'un mot sujet ou attribut.

② **nominatif, ive** adj. ▫ Qui contient le nom, les noms (1). ▶ **nominativement** adv.

nomination n. f. ▫ Action de nommer (qqn) à une fonction, etc. ; fait d'être nommé.

nommément adv. ▫ En désignant (qqn) par son nom.

nommer v. tr. **I. 1.** Donner un nom à (qqn, qqch.). **2.** Mentionner (qqn, qqch.) en disant ou en écrivant son nom. **II.** Désigner, choisir (qqn) pour une fonction. ▷ v. pron. se **nommer** Avoir pour nom. ▷ adj. **nommé, ée** *À POINT NOMMÉ* : au moment voulu.

non adv. de négation **I. 1.** Réponse négative, refus. *Non, n'insistez pas.* **2.** Qui n'est pas. *Un risque non négligeable.* **II.** n. m. invar. Refus. *Un non catégorique.*

nonagénaire adj. et n. ▫ Qui a entre quatre-vingt-dix et quatre-vingt-dix-neuf ans.

non-agression n. f. ▫ Fait de ne pas recourir à l'agression (contre un pays).

non-alignement n. m. ▫ (pays, État) Fait de ne pas se conformer à une politique commune. ▶ **non-aligné, ée** adj. et n.

nonante adj. numéral cardinal invar. ▫ (Belgique, Suisse) Quatre-vingt-dix. ▶ **nonantième** adj. et n.

non-assistance n. f. ▫ dr. Délit qui consiste à ne pas secourir volontairement.

nonce n. m. ▫ Ambassadeur du Vatican.

nonchalance n. f. ▫ Lenteur, mollesse indifférente.

nonchalant, ante adj. ▫ Qui manque d'activité, d'ardeur, par indifférence. ▶ **nonchalamment** adv.

non-conformiste adj. et n. ▫ Qui ne se conforme pas aux usages établis. ▶ **non-conformisme** n. m.

non-dit n. m. ▫ Ce qui n'est pas dit.

non-droit n. m. ▫ *Zone de non-droit,* où la légalité n'est pas respectée.

non-lieu n. m. ▫ dr. Décision par laquelle un juge déclare qu'il n'y a pas lieu de poursuivre en justice. *Des non-lieux.*

nonne n. f. ▫ vx ou plais. Religieuse.

nonobstant prép. et adv. ▫ vx ou dr. Sans être empêché par ; cependant.

non-recevoir → ① **fin** (II, 3) de non-recevoir

non-retour n. m. ▫ *POINT DE NON-RETOUR* : moment où il n'est plus possible de revenir en arrière.

non-sens n. m. invar. ▫ Ce qui est dépourvu de sens.

non-violence n. f. ▫ Doctrine qui exclut toute action violente en politique. ▶ **non-violent, ente** adj. et n.

non-voyant, ante n. ▫ Aveugle.

nopal n. m. ▫ Cactus à fruits comestibles (figues de Barbarie).

nord I. n. m. **1.** Celui des quatre points cardinaux correspondant à la direction de l'Étoile polaire. – fig. *Perdre le nord* : s'affoler. **2.** Partie (d'un ensemble) la plus proche du nord. **II.** adj. invar. Qui se trouve au nord.

nord-est n. m. invar. ▫ Point situé à égale distance entre le nord et l'est.

nordique adj. et n. ▫ Des pays du nord de l'Europe.

nordiste n. m. et adj. ▫ Partisan des États du Nord, lors de la guerre de Sécession aux États-Unis.

nord-ouest n. m. invar. ▫ Point à égale distance entre le nord et l'ouest.

noria n. f. ▫ Machine hydraulique à godets, qui sert à élever l'eau, à irriguer.

normal, ale, aux adj. **1.** Conforme au type le plus fréquent ; qui se produit selon l'habitude. **2.** *L'École normale* *supérieure*, formant des professeurs, des chercheurs. **3.** n. f. *LA NORMALE* : la moyenne.

normalement adv. **1.** De manière normale. **2.** En temps normal.

normalien, ienne n. ▫ Élève de l'École normale supérieure.

normaliser v. tr. **1.** Soumettre à des normes (3). **2.** Faire devenir ou redevenir normal. ▶ **normalisation** n. f.

normalité n. f. ▫ Caractère normal.

normand, ande adj. et n. ▫ De Normandie.

normatif, ive adj. ▫ didact. Qui établit des règles.

norme n. f. **1.** État habituel, conforme à la majorité des cas. **2.** Critères définissant un produit, un procédé.

noroît n. m. ▫ mar. Vent du nord-ouest.

norvégien, ienne adj. et n. ▫ De Norvège.

nosocomial, ale, aux adj. ▫ didact. Contracté en milieu hospitalier.

nosologie n. f. ▫ Discipline qui classifie les maladies.

nostalgie n. f. ▫ Regret mélancolique. ▶ **nostalgique** adj.

nota bene ou **nota** n. m. invar. ▫ Note, remarque. – abrév. **N. B.**

notabilité n. f. ▫ Notable (2).

notable **1.** adj. Qui est digne d'être noté, remarqué. ▶ **notablement** adv. **2.** n. Personne de rang social élevé et qui a du pouvoir.

notaire n. ▫ Officier public chargé d'établir les actes et contrats à caractère authentique. ▶ **notarial, iale, iaux** adj.

notamment adv. ▫ En remarquant parmi d'autres.

notariat n. m. **1.** Fonction de notaire. **2.** Corps des notaires.

notarié, ée adj. ▫ Fait par un notaire.

notation n. f. **1.** Action, manière de noter ; système de symboles. **2.** Ce qui est noté.

note n. f. **1.** *Note (de musique)* : signe caractérisant un son ; le son lui-même. **2.** Information se rapportant à un texte et figurant à côté de ce texte. **3.** Brève communication écrite. **4.** Indication recueillie par écrit. **5.** Détail d'un compte. **6.** Appréciation chiffrée donnée selon un barème.

noter v. tr. **1.** Marquer d'un signe ou écrire. **2.** Prêter attention à (qqch.). **3.** Apprécier par une note (6) chiffrée.

notice n. f. ▫ Bref exposé écrit.

notifier v. tr. ▫ Faire connaître expressément. ▶ **notification** n. f.

notion n. f. **1.** au plur. Connaissance élémentaire. **2.** Connaissance intuitive, assez imprécise (de qqch.). **3.** Objet général de connaissance. ▶ **notionnel, elle** adj.

notoire adj. **1.** Qui est connu par un grand nombre de personnes. **2.** (personnes) Reconnu comme tel. ▶ **notoirement** adv.

notoriété n. f. **1.** Caractère de ce qui est notoire (1). **2.** Célébrité, renom.

notre, plur. **nos** adj. poss. ▫ Qui est à nous, nous appartient.

nôtre pron. poss. **1.** *LE NÔTRE, LA NÔTRE, LES NÔTRES* : l'être ou l'objet qui est en rapport de possession, de parenté, d'intérêt, etc., avec celui qui parle et une ou plusieurs autres personnes. **2.** n. *Les nôtres* : parents, amis, etc.

notule n. f. ▫ didact. Petite annotation.

nouba n. f. ▫ fam. Fête.

nouer v. tr. **I. 1.** Unir en faisant un nœud. **2.** Serrer en faisant un ou des nœuds. **II.** fig. **1.** Serrer comme par un nœud. *L'émotion lui nouait la gorge.* **2.** Établir (un lien moral). ▷ adj. **noué, ée** (fig.) *Gorge nouée.* – (personnes) Contracté, angoissé.

noueux, euse adj. ▫ Aux articulations saillantes.

nougat n. m. ▫ Confiserie à base d'amandes et de sucre ou de miel.

nougatine n. f. ▫ Nougat brun et dur.

nouille n. f. **1.** au plur. Pâtes* alimentaires, plates. **2.** fig., fam. Personne molle et niaise. **3.** *Style nouille* : style décoratif 1900.

nounou n. f. ▫ lang. enfantin Nourrice.

nounours n. m. ▫ lang. enfantin Ours en peluche.

nourrice n. f. ▫ Femme qui, par profession, garde et élève des enfants en bas âge.

nourricier, ière adj. ▫ Qui fournit, procure la nourriture.

nourrir v. tr. **1.** Entretenir, faire vivre (qqn, un animal) en lui donnant à manger. **2.** sans compl. Constituer un aliment pour l'organisme. **3.** littér. Entretenir (qqch.). ▷ v. pron. **se nourrir** Absorber (des aliments). ▷ adj. **nourri, ie 1.** Alimenté. **2.** fig. *Conversation nourrie.* → **dense.**

nourrissant, ante adj. ▫ Qui nourrit.

nourrisson n. m. ▫ Enfant qui n'a pas atteint l'âge du sevrage.

nourriture n. f. **1.** Ce qui entretient la vie d'un organisme en lui procurant des substances à assimiler ; ces substances. **2.** fig., littér. *Nourritures intellectuelles.*

nous pron. pers. **1.** Pronom personnel de la première personne du pluriel (représente la personne qui parle et une ou plusieurs autres). **2.** Employé pour *je* (plur. de majesté ou de modestie).

nouveau ou **nouvel** (devant voyelle ou *h* muet), **nouvelle** adj. **I. 1.** Qui apparaît pour la première fois. – n. m. *Il y a du nouveau.* **2.** Qui est depuis peu de temps ce qu'il est. *Des nouveaux venus.* **3.** n. Personne qui vient d'arriver (dans une collectivité). **4.** Qui tire de son caractère récent une valeur d'invention. **II.** Qui apparaît après un autre qu'il remplace. *Le nouvel an. Sa nouvelle voiture.* **III.** loc. adv. **1.** *DE NOUVEAU* : pour la seconde fois. **2.** *À NOUVEAU* : une nouvelle fois.

nouveau-né, nouveau-née adj. et n. ▫ Qui vient de naître.

nouveauté n. f. **1.** Caractère de ce qui est nouveau. **2.** Ce qui est nouveau.

① **nouvelle** n. f. **1.** Premier avis qu'on donne ou qu'on reçoit (d'un événement récent) ; cet événement. **2.** au plur. Renseignements sur qqn qu'on n'a pas vu depuis quelque temps.

② **nouvelle** n. f. ▫ Court récit écrit.

nouvellement adv. ▫ Depuis peu de temps.

nouvelliste n. ▫ Auteur de nouvelles (②).

nova, plur. **novæ** n. f. ▫ astron. Étoile qui présente brusquement un éclat très vif.

novateur, trice adj. et n. ▫ Qui innove.

novélisation n. f. ▫ Transformation (d'un film, d'un scénario) en roman.

novembre n. m. ▫ Onzième mois de l'année.

novice 1. n. relig. Personne qui passe un temps d'épreuve (*noviciat* n. m.) dans un couvent, avant de prononcer des vœux définitifs. **2.** adj. et n. Qui est inexpérimenté.

noyade n. f. ▫ Fait de (se) noyer.

noyau n. m. **1.** Partie dure renfermant l'amande de certains fruits. **2.** géol. Partie centrale du globe terrestre. **3.** biol. Partie centrale de la cellule. **4.** phys. Partie centrale de l'atome. **5.** Groupe humain, considéré quant à sa permanence. – *NOYAU DUR*, partie la plus solide d'un groupe.

noyautage n. m. ▫ Introduction, dans un milieu, de propagandistes isolés chargés de le désorganiser. ▶ **noyauter** v. tr.

① **noyer** v. tr. **1.** Tuer par asphyxie en immergeant dans un liquide. **2.** Recouvrir de liquide. **3.** Faire disparaître dans un ensemble vaste ou confus. ▷ v. pron. se **noyer** **1.** Mourir asphyxié par noyade. **2.** fig. Se perdre. ▷ **noyé, ée** **1.** n. Personne morte noyée. **2.** adj. fig. *Être noyé,* dépassé par une difficulté.

② **noyer** n. m. **1.** Arbre de grande taille, dont le fruit est la noix. **2.** Son bois.

nu, nue **I.** adj. **1.** Qui n'est couvert d'aucun vêtement. ■ *À L'ŒIL NU :* sans instrument d'optique. – *À MAINS NUES,* sans arme. **2.** Dépourvu d'ornement. **3.** *À NU* loc. adv. : à découvert. **II.** n. m. Représentation du corps humain nu.

nuage n. m. **1.** Amas de vapeur d'eau condensée en fines gouttelettes en suspension dans l'atmosphère. – *Être dans les nuages,* distrait. **2.** par analogie *Un nuage de poussière.*

nuageux, euse adj. ▫ Couvert de nuages.

nuance n. f. **1.** Chacun des degrés par lesquels peut passer une même couleur. **2.** Faible différence.

nuancer v. tr. ▫ Exprimer en tenant compte des nuances. ▶ **nuancé, ée** adj.

nuancier n. m. ▫ Présentoir de coloris.

nubile adj. ▫ Apte à la reproduction. ▶ **nubilité** n. f.

nucléaire adj. **1.** phys. Relatif au noyau de l'atome. – *Énergie nucléaire* (fournie par une *réaction nucléaire*) ; n. m. *le nucléaire.* **2.** Qui utilise l'énergie nucléaire.

nucléariser v. tr. ▫ Pourvoir de l'énergie nucléaire. ▶ **nucléarisation** n. f.

nucléique adj. ▫ biol. *Acides nucléiques :* constituants fondamentaux du noyau de la cellule, porteurs de l'information génétique.

nudisme n. m. ▫ Pratique de la vie au grand air dans un état de complète nudité. ▶ **nudiste** adj. et n.

nudité n. f. ▫ État d'une personne, d'une chose nue.

nue n. f. ▫ *PORTER AUX NUES :* louer avec enthousiasme. – *TOMBER DES NUES :* être très surpris.

nuée n. f. **1.** littér. Gros nuage. **2.** fig. Groupe compact.

nue-propriété n. f. ▫ dr. Propriété d'un bien sur lequel une autre personne a un droit d'usufruit. *Des nues-propriétés.*

nugget n. m. ▫ anglic. Croquette panée et frite.

nuire v. tr. ind. ▫ *NUIRE À* **1.** Faire du tort, du mal à (qqn). **2.** (sujet chose) Constituer un danger pour.

nuisance n. f. ▫ Ce qui nuit à la qualité de la vie.

nuisette n. f. ▫ Chemise de nuit courte et légère.

nuisible adj. ▫ Qui nuit (à qqn, à qqch.).

nuit n. f. **1.** Obscurité qui enveloppe quotidiennement une partie de la Terre du fait de sa rotation. – *La nuit des temps,* une époque très ancienne. **2.** Espace de temps qui s'écoule depuis le coucher jusqu'au lever du soleil. – *Nuit blanche,* sans sommeil.

nuitamment adv. ▫ littér. Pendant la nuit.

nul, nulle **I.** **1.** adj. indéf. littér. Pas un. *Nul homme n'en sera exempté.* **2.** pron. indéf. sing. (sujet) Pas une personne. *Nul n'est censé ignorer la loi.* **II.** adj. **1.** Qui est sans existence ou sans effet. **2.** Sans valeur. – n. *C'est un nul.* **3.** fam. Sans intérêt.

nullard, arde adj. et n. ▫ fam. Tout à fait nul.

nullement adv. ▫ Pas du tout.

nullité n. f. **1.** Caractère de ce qui est nul, sans valeur. **2.** Personne nulle.

numéraire n. m. ▫ Monnaie ayant cours légal.

numéral, ale, aux adj. ▫ Qui désigne, représente un nombre (arithmétique).

numérateur n. m. ▫ Nombre supérieur d'une fraction.

numération n. f. **1.** Système permettant de nommer les nombres. **2.** Action de compter.

numérique adj. **1.** Représenté par un, des nombres. **2.** Qui concerne les nombres. **3.** Évalué en nombre. ▶ **numériquement** adv. **4.** Qui est codé sous forme de nombres. ■ n. m. *Le numérique :* l'ensemble des techniques utilisant des signaux numériques.

numériser v. tr. ▫ techn. Coder sous forme numérique (syn. [anglic.] *digitaliser*). *Numériser des images, des sons.* ▶ **numérisation** n. f.

numéro n. m. **1.** Nombre attribué à une chose pour la classer. **2.** Partie d'un périodique qui paraît en une seule fois. **3.** Division du programme d'un spectacle.

numérologie n. f. ▫ Étude divinatoire basée sur les nombres. ▶ **numérologue** n.

numérotage n. m. ▫ Action de numéroter.

numérotation n. f. **1.** → **numérotage.** **2.** Ordre des numéros.

numéroter v. tr. ▫ Marquer, affecter d'un numéro.

numerus clausus n. m. ▫ Nombre limité de personnes admises à une fonction, un grade, etc.

numismatique n. f. ▫ didact. Connaissance des médailles et monnaies. ▶ **numismate** n.

nunuche adj. et n. f. ▫ Un peu niais, simplet.

nuoc-mam n. m. ▫ Sauce de poisson macéré dans la saumure (cuisine vietnamienne).

nu-pieds n. m. pl. ▫ Sandales légères.

nuptial, ale, aux adj. **1.** Relatif aux noces, à la célébration du mariage. **2.** zool. Relatif à l'accouplement.

nuptialité n. f. ▫ didact. Nombre relatif des mariages dans une population.

nuque n. f. ▫ Partie postérieure du cou, au-dessous de l'occiput.

nurse n. f. ▫ vieilli Domestique qui s'occupe des enfants.

nursery n. f. ▫ anglic., vieilli Pièce réservée aux jeunes enfants.

nutritif, ive adj. **1.** Qui nourrit. **2.** didact. Relatif à la nutrition.

nutrition n. f. ▫ Transformation et utilisation des aliments dans l'organisme. ▶ **nutritionnel, elle** adj.

nutritionniste n. ▫ Spécialiste des problèmes de nutrition.

nyctalope adj. ▫ didact. Qui voit la nuit.

nylon n. m. (n. déposé) ▫ Fibre synthétique (polyamide).

nymphe n. f. **1.** mythol. Divinité féminine d'un rang inférieur. **2.** zool. Deuxième stade de la métamorphose des insectes, après la larve.

nymphéa n. m. ▫ Nénuphar blanc.

nymphette n. f. ▫ Très jeune fille au physique attrayant.

nymphomanie n. f. ▫ Exagération des désirs sexuels chez la femme. ▶ **nymphomane** n. f. et adj. f.

O

o n. m. ▫ Quinzième lettre, quatrième voyelle de l'alphabet.

ô interj. ▫ Interjection pour invoquer.

oasis n. f. ▫ Endroit d'un désert qui a un point d'eau.

obédience n. f. ▫ Obéissance (notamment en religion).

obéir v. tr. ind. ▫ *OBÉIR À* **1.** Se soumettre à (qqn) en se conformant à ce qu'il ordonne ou défend. **2.** Se plier à. **3.** (sujet chose) Être soumis à.

obéissance n. f. ▫ Fait, action d'obéir. ▶ **obéissant, ante** adj.

obélisque n. m. ▫ Monument en forme d'aiguille quadrangulaire, à pointe pyramidale.

obérer v. tr. ▫ littér. Accabler de dettes.

obèse adj. et n. ▫ (personnes) Anormalement gros. ▶ **obésité** n. f.

obi n. f. ▫ Ceinture japonaise.

objecter v. tr. ▫ Opposer (une objection) pour réfuter une opinion. – *Objecter que* (+ indic.). ▶ **objection** n. f.

objecteur n. m. ▫ *OBJECTEUR DE CONSCIENCE* : celui qui refuse d'accomplir ses obligations militaires, par refus de tuer.

① **objectif, ive** adj. **1.** philos. Qui existe hors de l'esprit. **2.** (personnes) Sans préjugés ; impartial. ▶ **objectivement** adv. ▶ **objectivité** n. f.

② **objectif** n. m. **I.** Système optique formant une image photographique des objets. **II.** But précis d'une action.

objet n. m. **I.** concret Chose solide ayant unité et indépendance. **II.** abstrait **1.** Sujet, matière qui se présente à la pensée. *L'objet de ses réflexions.* **2.** Ce vers quoi tendent les désirs, l'action, etc. *L'objet de nos vœux.* **3.** *FAIRE, ÊTRE L'OBJET DE* : subir. **4.** *COMPLÉMENT D'OBJET* (d'un verbe), désignant ce sur quoi porte l'action marquée par le verbe.

objurgation n. f. ▫ surtout au plur. littér. Prière pressante (surtout pour dissuader).

oblat, ate n. ▫ Personne qui s'est agrégée à un monastère, sans prononcer les vœux.

obligataire ▫ dr., fin. **1.** n. Titulaire d'une obligation (1). **2.** adj. Relatif aux obligations.

obligation n. f. **1.** dr. Ce qui contraint qqn à faire ou ne pas faire qqch. ▪ fin. Titre représentant un emprunt. **2.** Lien, devoir moral ou social. **3.** *Être dans l'obligation de* (+ inf.) : être obligé de.

obligatoire adj. ▫ Inévitable, nécessaire. ▶ **obligatoirement** adv.

obligé, ée adj. **I.** (personnes) **1.** Lié par une obligation. **2.** Reconnaissant (d'un service reçu). **II.** Qui résulte d'une nécessité. *Conséquence obligée.*

obligeant, ante adj. ▫ Qui aime rendre service. ▶ **obligeamment** adv. ▶ **obligeance** n. f.

obliger v. tr. **1.** Contraindre (qqn) par une obligation (morale, légale). **2.** Mettre (qqn) dans la nécessité de faire qqch. **3.** Attacher (qqn) en rendant service.

oblique adj. et n. f. ▫ Qui n'est pas perpendiculaire (à une ligne, à un plan) et, notamment, qui n'est ni vertical ni horizontal. ▶ **obliquer** v. intr. ▶ **obliquement** adv. ▶ **obliquité** n. f.

oblitérer v. tr. ▫ Annuler (un timbre) par un cachet qui le rend impropre à servir une seconde fois. ▶ **oblitération** n. f.

oblong, oblongue adj. ▫ Qui est plus long que large.

obnubiler v. tr. ▫ Obséder.

obole n. f. ▫ Modeste don en argent.

obscène adj. ▫ Qui offense délibérément la pudeur.

obscénité n. f. **1.** Caractère de ce qui est obscène. **2.** Parole obscène.

obscur, ure adj. **I. 1.** Privé (momentanément ou habituellement) de lumière. **2.** Peu lumineux. **II.** fig. Difficile à comprendre, à expliquer ; confus.

obscurantisme n. m. ▫ Attitude de ceux qui s'opposent à la diffusion de l'instruction, de la culture. ▶ **obscurantiste** adj. et n.

obscurcir v. tr. **I.** Priver de lumière ; rendre sombre. **II.** fig. Rendre obscur (II). ▷ v. pron. s'**obscurcir** ▶ **obscurcissement** n. m.

obscurément adv. ▫ D'une manière vague.

obscurité n. f. **I.** Absence de lumière, de clarté. **II.** fig. **1.** Défaut d'intelligibilité. **2.** Passage, point obscur (II, 1).

obséder v. tr. ▫ Tourmenter de manière incessante. ▷ adj. **obsédé, ée** ▶ **obsédant** adj.

obsèques n. f. pl. ▫ Cérémonie et convoi funèbres.

obséquieux, ieuse adj. ▫ Excessivement poli, par servilité ou hypocrisie. ▶ **obséquieusement** adv. ▶ **obséquiosité** n. f.

observable adj. ▫ Qui peut être observé.

observance n. f. ▫ Action de pratiquer (une règle religieuse).

observation n. f. **I.** Action d'observer (I) ce qui est prescrit. **II. 1.** Action d'observer (II, 1). ▶ **observateur, trice** adj. et n. **2.** Remarque (spécialt reproche) adressée à qqn. **3.** Surveillance attentive.

observatoire n. m. **1.** Établissement destiné aux observations (astronomiques...). **2.** Lieu favorable à l'observation.

observer v. tr. **I.** Se conformer à (une prescription). ▪ *Observer le silence.* → **garder. II. 1.** Considérer avec attention, afin de connaître, d'étudier. **2.** Surveiller. **3.** Constater.

obsession n. f. ▫ Idée, image, mot qui obsède, s'impose à l'esprit. ▶ **obsessionnel, elle** adj.

obsidienne n. f. ▫ Roche éruptive sombre.

obsolète adj. ▫ Dépassé, périmé.

obstacle n. m. **1.** Ce qui gêne, s'oppose au passage. **2.** fig. Ce qui s'oppose à l'action, à l'obtention d'un résultat.

obstétrique n. f. ▫ Partie de la médecine relative à la grossesse et à l'accouchement. ▶ **obstétrical, ale, aux** adj. ▶ **obstétricien, ienne** n.

obstiné, ée adj. ▫ Qui s'attache avec énergie et durablement à une manière d'agir, à une idée. ▶ **obstinément** adv.

s'**obstiner** v. pron. ▫ Persister dans une idée. ▶ **obstination** n. f.

obstruction n. f. 1. méd. Obstacle à la circulation (dans un conduit de l'organisme). 2. Pratique qui consiste à entraver les débats (dans un groupe). ▶ **obstructionnisme** n. m. ▶ **obstructionniste** adj. et n.

obstruer v. tr. ▫ Boucher en faisant obstacle.

obtempérer v. tr. ind. ▫ admin. *OBTEMPÉRER À* : obéir à (un ordre).

obtenir v. tr. 1. Parvenir à se faire accorder ou donner (ce qu'on veut). 2. Atteindre (un résultat), produire (qqch.).

obtention n. f. ▫ Fait d'obtenir.

obturateur, trice 1. adj. Qui sert à obturer. 2. n. m. Dispositif servant à obturer.

obturer v. tr. ▫ Boucher (une ouverture, un trou). ▶ **obturation** n. f.

obtus, use adj. I. géom. *Angle obtus*, plus grand qu'un angle droit. II. fig. Qui manque de finesse.

obus n. m. ▫ Projectile d'artillerie creux et rempli d'explosif.

obusier n. m. ▫ Canon court.

obvier v. tr. ind. ▫ littér. *OBVIER À* : parer à.

oc particule affirmative ▫ *LANGUE D'OC* : ensemble des dialectes du sud de la France, où l'on disait *oc* pour « oui ».

ocarina n. m. ▫ Petite flûte ovoïde.

occasion n. f. 1. Circonstance qui vient à propos. – *À L'OCCASION* loc. adv. : quand, si l'occasion se présente. 2. Marché avantageux pour l'acheteur ; objet de ce marché. ▪ *D'OCCASION* : qui n'est pas neuf. 3. Cause, raison. *Occasion de dispute*. – *À L'OCCASION DE* loc. prép. → **pour.**

occasionnel, elle adj. ▫ Qui résulte d'une occasion. ▶ **occasionnellement** adv.

occasionner v. tr. ▫ Être l'occasion, la cause de (qqch. de fâcheux).

occident n. m. 1. poét. L'ouest, le couchant. 2. (avec maj.) Région située vers l'ouest, par rapport à un lieu donné.

occidental, ale, aux 1. adj. Qui est à l'ouest. 2. adj. et n. Qui est de l'Occident.

occidentaliser v. tr. ▫ Modifier selon les habitudes de l'Occident. – pronom. *S'occidentaliser.* ▶ **occidentalisation** n. f.

occiput n. m. ▫ Partie postérieure et inférieure de la tête. ▶ **occipital, ale, aux** adj.

occire v. tr. ▫ vx ou plais. Tuer.

occitan, ane adj. ▫ Relatif aux parlers romans de langue d'oc*. – n. *Les Occitans.* ▪ n. m. *L'occitan* : langue romane parlée essentiellement dans le sud de la France.

occlure v. tr. ▫ chir. Pratiquer l'occlusion de.

occlusif, ive adj. ▫ méd. Qui produit une occlusion.

occlusion n. f. ▫ Fermeture (d'un conduit du corps). *Occlusion intestinale.*

occulte adj. 1. Caché et inconnu par nature. 2. Qui garde le secret. 3. *SCIENCES OCCULTES* : doctrines et pratiques secrètes non reconnues par la science, la religion.

occulter v. tr. 1. Cacher ou rendre peu visible (une source lumineuse). 2. fig. Dissimuler. ▶ **occultation** n. f.

occultisme n. m. ▫ Ensemble des sciences occultes. ▶ **occultiste** n. et adj.

occupant, ante 1. n. Personne qui habite un lieu, qui est dans un véhicule. 2. adj. Qui occupe (1) un pays. – n. m. *L'occupant.*

occupation n. f. **1.** Ce à quoi on consacre son activité, son temps. **2.** Action d'occuper (1). **3.** Fait d'habiter (un lieu).

occuper v. tr. **1.** Prendre possession de (un lieu). – spécialt *Occuper un pays* (militairement). **2.** Remplir (un espace). **3.** Habiter (un lieu). ■ Tenir (une place, un rang). **4.** *OCCUPER* (qqn) *À*, l'employer à. ▷ v. pron. **s'occuper** (de) Employer son temps (pour). ▷ adj. **occupé, ée 1.** Dont on a pris possession. **2.** Qui a beaucoup à faire.

occurrence n. f. **1.** *EN L'OCCURRENCE* : dans le cas présent. **2.** ling. Apparition (d'une unité linguistique) dans le discours.

océan n. m. ▫ Vaste étendue d'eau salée qui couvre une grande partie de la surface du globe.

océanique adj. **1.** De l'océan. **2.** *Climat océanique*, qui subit l'influence de l'océan.

océanographie n. f. ▫ Étude scientifique des mers et océans. ▶ **océanographique** adj. ▶ **océanographe** n.

océanologie n. f. ▫ Activités scientifiques et techniques relatives au milieu marin. ▶ **océanologique** adj. ▶ **océanologue** n.

ocelle n. m. ▫ didact. Tache arrondie sur un plumage, une aile d'insecte. ▶ **ocellé, ée** adj.

ocelot n. m. ▫ Grand chat sauvage à pelage roux tacheté de brun.

ocre 1. n. f. Colorant minéral jaune-brun ou rouge. **2.** n. m. Couleur d'un brun jaune. – adj. invar. *Fards ocre.* ▶ **ocrer** v. tr. ▶ **ocré, ocrée** et **ocreux, euse** adj.

octaèdre n. m. ▫ Polyèdre à huit faces.

octane n. m. ▫ chim. Hydrocarbure saturé présent dans l'essence de pétrole.

octant n. m. ▫ mar. Ancien instrument de mesure.

octante adj. numéral cardinal invar. ▫ vx ou région. Quatre-vingts.

octave n. f. ▫ mus. Intervalle de huit degrés de l'échelle diatonique.

octet n. m. ▫ inform. Base de huit bits.

octobre n. m. ▫ Dixième mois de l'année.

octogénaire adj. et n. ▫ Qui a de quatre-vingts à quatre-vingt-neuf ans.

octogone n. m. ▫ Polygone à huit côtés. ▶ **octogonal, ale, aux** adj.

octopode adj. ▫ zool. Qui a huit pieds ou huit tentacules. – n. m. pl. *Les Octopodes* (sous-ordre de mollusques).

octosyllabe adj. et n. m. ▫ Se dit d'un vers qui a huit syllabes. ▶ **octosyllabique** adj.

octroi n. m. **1.** littér. Action d'octroyer. **2.** anciennt Droits d'entrée (en ville) de marchandises. – Administration chargée de cette taxe.

octroyer v. tr. ▫ Accorder. – pronom. *S'octroyer un répit.*

octuor n. m. ▫ Ensemble de huit musiciens.

oculaire ▫ adj. **1.** De l'œil. **2.** *Témoin oculaire*, qui a vu de ses propres yeux.

oculiste n. ▫ Médecin spécialiste des troubles de la vision.

ocytocine n. f. ▫ biol. Hormone qui provoque les contractions de l'utérus lors de l'accouchement.

odalisque n. f. ▫ hist. Esclave servant un harem.

ode n. f. ▫ didact. ou hist. Poème lyrique.

odeur n. f. ▫ Émanation perçue par les organes de l'odorat. ▪ fig. *Ne pas être en odeur de sainteté auprès de qqn*, en être mal vu.

odieux, euse adj. **1.** Qui excite l'indignation. **2.** Très désagréable. ▶ **odieusement** adv.

odontologie n. f. ▫ didact. Étude des dents.

odorant, ante adj. ▫ Qui exhale une odeur.

odorat n. m. ▫ Sens qui permet de percevoir les odeurs.

odoriférant, ante adj. ▫ Qui répand une odeur agréable.

odyssée n. f. ▫ Long voyage aventureux.

œcuménique adj. ▫ relig. **1.** Universel. **2.** Relatif à l'œcuménisme.

œcuménisme n. m. ▫ Mouvement favorable à la réunion de toutes les Églises chrétiennes en une seule.

œdème n. m. ▫ Gonflement pathologique. ▶ **œdémateux, euse** adj.

œdipe n. m. (nom mythol.) ▫ psych. Complexe* d'Œdipe. ▶ **œdipien, ienne** adj.

œil, plur. **yeux** n. m. **I. 1.** Organe de la vue. – *Faire les gros yeux à qqn*, regarder d'un air sévère. *Les yeux fermés*, en toute confiance. *Sortir par les yeux à qqn*, être écœurant par la répétition. **2.** Regard. *Chercher des yeux*. **3.** abstrait Jugement. *Voir qqch. d'un bon œil*, d'une manière favorable. *Un œil critique*. – *Aux yeux de qqn*, selon son appréciation. **4.** *Tourner de l'œil*, s'évanouir. – fam. *Entre quatre-z-yeux*, en tête à tête. – *Œil pour œil, dent pour dent*, expression de la loi du talion*. ▪ fam. *À L'ŒIL* : gratuitement. **II.** Ouverture, trou.

œil-de-bœuf n. m. ▫ Fenêtre, lucarne ronde ou ovale. *Des œils-de-bœuf*.

œil-de-perdrix n. m. ▫ Cor entre les doigts de pied. *Des œils-de-perdrix*.

œillade n. f. ▫ Regard furtif.

œillère n. f. **1.** Plaque empêchant le cheval de voir sur le côté. **2.** fig. *AVOIR DES ŒILLÈRES* : être borné.

œillet n. m. **I.** Trou servant à passer un lacet, etc. **II.** Plante aux fleurs très odorantes ; ces fleurs.

œilleton n. m. ▫ Viseur circulaire.

œillette n. f. ▫ Pavot cultivé pour ses graines.

œnologie n. f. ▫ Techniques de fabrication et de conservation des vins. ▶ **œnologique** adj. ▶ **œnologue** n.

œsophage n. m. ▫ Partie du tube digestif qui va du pharynx à l'estomac. ▶ **œsophagien, ienne** adj. ▶ **œsophagite** n. f.

œstrogène n. m. ▫ physiol. Hormone qui provoque l'œstrus*. – var. **estrogène.** ▶ **œstrogénique** adj.

œstrus n. m. ▫ physiol. Phénomènes liés à l'ovulation. ▶ **œstral, ale, aux** adj.

œuf, plur. **œufs** n. m. **1.** Corps dur et arrondi que produisent les femelles des oiseaux, qui contient le germe de l'embryon. **2.** spécialt Œuf de poule. ▪ *Marcher sur des œufs*, avec précaution. – *Mettre tous ses œufs dans le même panier*, tous ses moyens dans une seule entreprise. ▪ Objet, confiserie en forme d'œuf. **3.** Produit des femelles ovipares (poissons, reptiles...). **4.** biol. Première cellule d'un être vivant à reproduction sexuée.

œuvre I. n. f. **1.** Travail. *Être à l'œuvre*. – *METTRE EN ŒUVRE* : employer de façon ordonnée. ▶ **œuvrer** v. intr. littér. **2.** *Bonnes œuvres*, actions charitables. **3.** Création intellectuelle, littéraire, artistique (de qqn). – *ŒUVRE D'ART*, manifestant une volonté esthétique. **II.** n. m. littér. Ensemble des œuvres d'un artiste.

off adj. invar. ▫ anglic. **1.** cin., télév. Qui n'est pas sur l'écran, qui est hors du champ. **2.** (spectacle...) En marge d'un programme officiel.

offensant, ante adj. ▫ Qui offense.

offense n. f. **1.** Parole ou action qui attaque l'honneur, la dignité. **2.** relig. Péché. **3.** dr. Outrage envers un chef d'État.

offenser v. tr. **1.** Blesser (qqn) dans sa dignité. **2.** littér. Manquer à (une règle). ▷ v. pron. s'**offenser** → s'**offusquer.** ▷ adj. et n. **offensé, ée** ▶ **offenseur** n. m.

offensif, ive adj. ▫ Qui attaque.

offensive n. f. ▫ Attaque, campagne.

offertoire n. m. ▫ Partie de la messe, rites et prières de bénédiction du pain et du vin.

office n. m. **I. 1.** Rôle, fonction. *Faire office de* : tenir lieu de. **2.** Fonction publique conférée à vie. **3.** *D'OFFICE* : sans l'avoir demandé. **4.** Agence, bureau. **II.** Pièce où se prépare le service de la table. **III. 1.** Prières de l'Église réparties aux heures de la journée. **2.** Cérémonie du culte.

officialiser v. tr. ▫ Rendre officiel. ▶ **officialisation** n. f.

officiant, ante n. ▫ Personne qui célèbre l'office (III).

officiel, elle adj. **I.** (choses) **1.** Qui émane d'une autorité constituée (gouvernement...). **2.** Organisé par les autorités. *Fête officielle.* **3.** Annoncé, déclaré à tous. **II.** adj. et n. m. Qui a une fonction officielle. ▶ **officiellement** adv.

① **officier, ière** n. **1.** Militaire ou marin d'un grade égal ou supérieur à celui de sous-lieutenant. **2.** Titulaire d'un grade dans un ordre honorifique. **3.** admin. *Officier public, ministériel* (huissier, notaire...). – *Officier de police judiciaire.*

② **officier** v. intr. ▫ Célébrer l'office divin, présider une cérémonie sacrée.

officieux, euse adj. ▫ Communiqué non officiel. ▶ **officieusement** adv.

officine n. f. ▫ Lieu où un pharmacien entrepose, prépare et vend les médicaments. ▶ **officinal, ale, aux** adj.

offrande n. f. ▫ Don (spécialt religieux).

offrant n. m. ▫ *Le PLUS OFFRANT* : l'acheteur qui offre le plus haut prix.

offre n. f. **1.** Action d'offrir ; ce que l'on offre. **2.** Quantité de produits, de services sur le marché.

offrir v. tr. **1.** Donner en cadeau. **2.** Proposer, présenter (qqch.) à qqn. **3.** Proposer (une somme) en contrepartie de qqch. ▷ v. pron. s'**offrir** S'accorder (qqch.).

offset n. m. invar. ▫ anglic., imprim. Impression par report.

offshore I. adj. invar. Hors du territoire d'origine. **II.** n. m. **1.** Installation de forage pétrolier sous-marin. **2.** Sport nautique de bateaux à moteur de très grande puissance.

offusquer v. tr. ▫ Indisposer, choquer. ▷ v. pron. s'**offusquer** Se froisser.

ogive n. f. ▫ Arc diagonal sous une voûte gothique, qui en marque l'arête. ▶ **ogival, ale, aux** adj.

OGM ou **O. G. M.** n. m. ▫ « Organisme génétiquement modifié », dont le génome a été modifié.

ogre, ogresse n. ▫ Géant des contes de fées, se nourrissant de chair humaine.

oh interj. ▫ Interjection de surprise, d'admiration.

ohé interj. ▫ Interjection pour appeler.

ohm n. m. □ Unité de mesure de résistance électrique (symb. Ω).

oie n. f. **1.** Oiseau palmipède, au long cou. – Femelle de cette espèce. **2.** fig. *Oie blanche*, jeune fille niaise.

oignon n. m. **I. 1.** Plante potagère vivace, à bulbe ; ce bulbe (utilisé en cuisine). ▪ *Aux petits oignons* : très bien. **2.** Bulbe (de plantes d'ornement). **II.** Durillon de l'orteil.

oïl particule affirmative □ *LANGUE D'OÏL* : ensemble des dialectes des régions où l'on disait *oïl* pour « oui ».

oindre v. tr. □ Toucher (le corps) avec les saintes huiles.

oiseau n. m. □ Animal (vertébré à sang chaud) au corps recouvert de plumes, dont les membres antérieurs sont des ailes et qui a un bec.

oiseau-lyre n. m. □ Oiseau à queue en forme de lyre.

oiseau-mouche n. m. □ Colibri.

oiseleur n. m. □ Personne qui prend des petits oiseaux.

oiselier, ière n. □ Personne qui élève et vend des oiseaux. ▶ **oisellerie** n. f.

oiseux, euse adj. □ Inutile et vain.

oisif, ive adj. et n. □ Qui n'exerce pas de profession, qui a beaucoup de loisir. ▶ **oisivement** adv. ▶ **oisiveté** n. f.

oisillon n. m. □ Jeune oiseau.

oison n. m. □ Petit de l'oie.

O. K. adv. □ anglic., fam. D'accord. – adj. invar. *C'est O. K.* : ça va.

okapi n. m. □ Mammifère de la famille des girafes.

okoumé n. m. □ Arbre d'Afrique équatoriale ; bois de cet arbre.

ola n. f. □ Manifestation d'enthousiasme du public, dans un stade, les bras levés puis baissés progressivement figurant la propagation d'une vague.

olé ou **ollé** interj. □ Exclamation espagnole pour encourager.

oléagineux, euse adj. et n. m. □ (végétal) Qui contient de l'huile.

oléoduc n. m. □ Conduite de pétrole.

olfactif, ive adj. □ didact. Relatif à l'odorat. ▶ **olfactivement** adv.

olfaction n. f. □ didact. Odorat.

olibrius n. m. □ fam. et péj. Individu étrange, bizarre.

olifant n. m. □ anciennt Cor d'ivoire.

oligarchie n. f. □ Régime dans lequel la souveraineté appartient à une classe restreinte. – Ce groupe. ▶ **oligarchique** adj.

oligoélément n. m. □ physiol. Élément chimique présent dans l'organisme, indispensable au métabolisme.

olivâtre adj. □ Qui tire sur le vert olive.

olive n. f. **1.** Petit fruit comestible, oblong et verdâtre. **2.** adj. invar. D'un vert brun.

olivette n. f. **I.** Plantation d'oliviers (syn. *oliveraie* n. f.). **II.** Petite tomate oblongue.

olivier n. m. □ Arbre dont le fruit est l'olive.

olympiade n. f. **1.** Période de quatre ans entre deux Jeux olympiques. **2.** (au plur.) Jeux olympiques.

olympien, ienne adj. **1.** Relatif à l'Olympe. **2.** Noble, majestueux.

olympique adj. □ *Jeux olympiques* : rencontres sportives internationales qui ont lieu tous les quatre ans ; qui concerne ces Jeux.

ombelle n. f. □ Petites fleurs groupées.

ombellifère n. f. □ Plante à fleurs en ombelles.

ombilic n. m. □ anat. Nombril. ▶ **ombilical, ale, aux** adj.

omble n. m. □ Poisson voisin du saumon.

ombrage n. m. **I.** littér. Ensemble de branches et de feuilles qui donnent de l'ombre ; cette ombre. ▶ **ombrager** v. tr. **II.** *PORTER OMBRAGE À qqn*, l'éclipser.

ombrageux, euse adj. **1.** (cheval) Qui s'effraie facilement. **2.** (personnes) Susceptible, méfiant.

ombre n. f. **1.** Zone sombre créée par un corps opaque qui intercepte les rayons lumineux ; absence de lumière (surtout celle du Soleil) dans une telle zone. ▪ *Faire de l'ombre à qqn*, l'éclipser. **2.** peint. Représentation d'une zone sombre. – *Il y a une ombre au tableau*, la situation comporte un élément inquiétant. ▪ *Ombre à paupières* : fard à paupières. ▶ **ombrer** v. tr. ▶ **ombreux, euse** adj.

ombrelle n. f. □ Petit parasol portatif.

oméga n. m. invar. □ Dernière lettre de l'alphabet grec.

omelette n. f. □ Œufs battus et cuits à la poêle.

omerta n. f. □ Loi du silence (maffia, etc.).

omettre v. tr. □ S'abstenir ou négliger de faire ou de mentionner. ▶ **omission** n. f.

omnibus n. m. □ Train qui dessert toutes les stations.

omnipotent, ente adj. □ littér. Tout-puissant. ▶ **omnipotence** n. f.

omnipraticien, ienne n. □ didact. Médecin généraliste*.

omniprésent, ente adj. □ littér. Qui est partout, ou toujours. ▶ **omniprésence** n. f.

omniscient, ente adj. □ littér. Qui sait tout. ▶ **omniscience** n. f.

omnisports adj. □ Où l'on peut pratiquer tous les sports.

omnium n. m. □ Compétition cycliste sur piste.

omnivore adj. □ Qui se nourrit d'aliments d'origine animale et végétale.

omoplate n. f. □ Os plat de l'épaule.

on pron. indéf. □ Pronom personnel indéfini de la 3e personne, invariable, toujours sujet. **I.** (marquant l'indétermination) **1.** Les gens. *On dit que* : le bruit court que. **2.** Une personne quelconque. **II.** (personnes déterminées) **1.** Tu, vous. **2.** Je, nous.

onagre n. m. □ Grand âne sauvage.

onanisme n. m. □ didact. Masturbation.

once n. f. □ Mesure de poids anglo-saxonne, 1/16 de livre (symb. oz).

oncle n. m. □ Frère ou beau-frère du père ou de la mère.

oncogène adj. □ didact. Cancérigène.

oncologie n. f. □ didact. Cancérologie. ▶ **oncologue** n.

onction n. f. □ Rite qui consiste à oindre.

onctueux, euse adj. □ De consistance douce et moelleuse. ▶ **onctuosité** n. f.

onde n. f. **I.** littér. L'eau dans la nature (mer, lac, rivière...). **II.** sc. Déformation, vibration qui se propage. – fam. ***Être sur** la même longueur d'onde*, se comprendre. ▪ *LES ONDES* : la radiodiffusion.

ondée n. f. □ Pluie soudaine et courte.

ondine n. f. □ Déesse des eaux nordique.

on-dit n. m. invar. □ Rumeur, racontar.

ondoyer v. intr. □ littér. Se mouvoir en s'élevant et s'abaissant alternativement. ▶ **ondoyant, ante** adj. ▶ **ondoiement** n. m.

ondulation n. f. 1. Mouvement alternatif de ce qui s'élève et s'abaisse en donnant l'impression d'un déplacement. 2. Forme sinueuse. 3. Action de friser les cheveux.

onduler v. 1. v. intr. Avoir un mouvement d'ondulation ; présenter des ondulations. 2. v. tr. Friser (des cheveux). ▷ adj. **ondulé, ée** ▶ **ondulant, ante ; onduleux, euse** et **ondulatoire** adj.

onéreux, euse adj. ▫ Qui impose des dépenses.

O. N. G. n. f. (sigle de *organisation non gouvernementale*) ▫ Organisme privé qui se consacre à l'action humanitaire.

ongle n. m. 1. Partie cornée à l'extrémité des doigts (mains, pieds). 2. Griffe.

onglée n. f. ▫ Engourdissement douloureux de l'extrémité des doigts, dû au froid.

onglet n. m. I. Entaille à la surface d'un objet permettant de tirer avec l'ongle. II. inform. Élément d'une fenêtre sur lequel on peut cliquer pour faire apparaître une page. III. Morceau de bœuf à griller.

onguent n. m. ▫ Pommade que l'on applique sur la peau.

ongulé, ée adj. ▫ (animaux) Dont les pieds sont terminés par des sabots. – n. m. pl. *L'ordre des Ongulés.*

onirique adj. ▫ Relatif aux rêves.

onomastique ▫ didact. n. f. Étude des noms propres.

onomatopée n. f. ▫ Mot qui évoque par le son la chose dénommée.

ontologie n. f. ▫ Partie de la philosophie qui traite de l'être. ▶ **ontologique** adj.

onychophagie n. f. ▫ méd. Habitude de se ronger les ongles.

onyx n. m. ▫ Agate à zones concentriques de diverses couleurs.

onze I. adj. numéral invar. 1. (cardinal) Dix plus un (11). *Onze cents* (syn. *mille cent*). 2. (ordinal) Onzième. II. n. m. invar. Le nombre, le numéro 11. ▶ **onzième** adj. et n. ▶ **onzièmement** adv.

O. P. A. n. f. ▫ fin. (Bourse) Offre publique d'achat de parts d'une société.

opacifier v. tr. ▫ Rendre opaque.

opacité n. f. ▫ Caractère opaque.

opale n. f. ▫ Pierre fine à reflets irisés. ▶ **opalin, ine** adj.

opaline n. f. ▫ Substance vitreuse dont on fait des vases, etc.

opaque adj. 1. Qui s'oppose au passage de la lumière. 2. Très sombre. ▪ fig. Difficile à comprendre.

open adj. invar. et n. m. ▫ anglic. sports Se dit d'une compétition ouverte aux professionnels et aux amateurs.

opéra n. m. 1. Ouvrage dramatique mis en musique. 2. Théâtre où l'on joue des opéras.

opérable adj. ▫ Qui peut être opéré (2).

opéra-comique n. m. ▫ Drame lyrique.

opérateur, trice n. 1. Personne qui exécute des opérations techniques. 2. *Opérateur (de prise de vues)* : cadreur. 3. n. m. Entreprise exploitant un réseau de télécommunications.

opération n. f. 1. Action qui produit un effet. 2. Acte ou série d'actes (matériels ou intellectuels) pour obtenir un résultat. 3. math. Processus qui, à partir d'éléments connus, permet d'en engendrer un nouveau (addition, soustraction, etc.). 4. Acte chirurgical. 5. Manœuvres militaires. 6. Affaire commerciale ou financière.

opérationnel, elle adj. 1. Relatif aux opérations militaires. 2. Prêt à être mis en service.

opératoire adj. 1. Relatif aux opérations chirurgicales. 2. Qui concerne une opération (2).

opercule n. m. ▫ Ce qui forme couvercle.

opérer v. tr. 1. Accomplir par une suite ordonnée d'actes. 2. Soumettre à une opération chirurgicale.

opérette n. f. ▫ Opéra-comique léger.

ophicléide n. m. ▫ Gros instrument de musique à vent.

ophidiens n. m. pl. ▫ zool. Serpents.

ophtalmie n. f. ▫ Maladie des yeux.

ophtalmologie n. f. ▫ Étude et médecine de l'œil. ▶ **ophtalmologique** adj. ▶ **ophtalmologiste** ou **ophtalmologue** n.

opiacé, ée adj. ▫ Qui contient de l'opium.

opimes adj. f. pl. ▫ Antiq. romaine DÉPOUILLES OPIMES : dépouilles d'un général ennemi.

opiner v. 1. v. tr. ind. littér. *Opiner à* : consentir à. 2. v. intr. *Opiner du bonnet* : manifester son approbation.

opiniâtre adj. ▫ Tenace dans ses idées, ses résolutions. ▶ **opiniâtrement** adv. ▶ **opiniâtreté** n. f.

opinion n. f. I. 1. Manière de penser, de juger. 2. Idée ou ensemble des idées que l'on a, dans un domaine. II. 1. Jugement collectif. *L'opinion publique.* 2. Attitudes d'esprit dominantes dans une société.

opium n. m. ▫ Suc du fruit d'un pavot, utilisé comme stupéfiant.

oponce n. m. ▫ Cactus à raquettes. – syn. **opuntia** n. m.

opossum n. m. ▫ Sarigue à pelage noir, blanc et gris. – Sa fourrure.

oppidum n. m. ▫ didact. Ville fortifiée (d'époque romaine).

opportun, une adj. ▫ Qui vient à propos. ▶ **opportunément** adv. ▶ **opportunité** n. f.

opportunisme n. m. ▫ Politique qui consiste à tirer parti des circonstances. ▶ **opportuniste** adj. et n.

opposant, ante adj. et n. ▫ Qui s'oppose (à une autorité...). *Les opposants au régime.*

opposer v. tr. 1. Objecter. 2. Mettre en face, face à face pour le combat. 3. Placer pour faire obstacle. – (abstrait) *Opposer un refus à qqn.* 4. Comparer ; présenter comme contraire. ▷ v. pron. s'**opposer** (à) 1. Faire obstacle (à). 2. Résister (à), lutter (contre). 3. Faire contraste. ▷ **opposé, ée** I. adj. 1. Se dit de choses orientées dos à dos. 2. Aussi différent que possible. 3. Qui s'oppose (à), se dresse (contre). II. n. m. 1. Côté, sens opposé. 2. abstrait Ce qui est opposé. ▶ **opposable** adj.

à l'**opposite** (de) loc. ▫ Dans un sens, du côté opposé (à).

opposition n. f. I. Rapport de personnes ou de choses opposées. II. 1. Action de s'opposer en mettant obstacle, en résistant. 2. FAIRE OPPOSITION *à un chèque*, empêcher qu'il soit débité. 3. Personnes qui s'opposent (à un gouvernement, etc.).

oppresser v. tr. 1. Gêner (qqn) dans ses fonctions respiratoires. 2. fig. Gêner en angoissant. ▶ **oppressant, ante** adj. ▶ **oppression** n. f.

oppresseur n. m. ▫ Personne, groupe qui opprime. – adj. m. *Régime oppresseur.* ▶ **oppressif, ive** adj.

opprimer v. tr. ▫ Soumettre à une autorité excessive et injuste, persécuter. ▷ adj. et n. **opprimé, ée**

opprobre n. m. ▫ littér. Honte publique.

opter v. intr. ▫ Faire un choix (entre plusieurs choses).

opticien, ienne n. ▫ Personne qui fabrique, vend des instruments d'optique.

optimal, ale, aux adj. ▫ Optimum (2).

optimiser v. tr. ▫ anglic. Donner les meilleures conditions de fonctionnement à. ▶ **optimisation** n. f.

optimisme n. m. **1.** Tournure d'esprit qui dispose à prendre les choses du bon côté. **2.** Confiance dans l'issue d'une situation. ▶ **optimiste** adj. et n.

optimum 1. n. m. État le plus favorable (pour atteindre un but...). *Des optimums* ou *des optima.* **2.** adj. Qui est le plus favorable. *Température optimum* ou *optima.*

option n. f. **1.** Possibilité, action de choisir ; son résultat. **2.** Accessoire (d'un produit) qu'on peut choisir. **3.** dr. Promesse de vente.

optionnel, elle adj. ▫ Qu'on peut choisir.

optique I. adj. **1.** Relatif à la vision. **2.** Relatif à l'optique (II). **3.** Qui fonctionne par l'optique (II) et l'électronique. **II.** n. f. **1.** Science qui étudie la lumière et la vision. ■ Commerce, fabrication, industrie des instruments d'optique. **2.** fig. Manière de voir.

optométrie n. f. ▫ Étude de la vision oculaire et mesure de son acuité.

opulent, ente adj. **1.** Qui est très riche. **2.** fig. (formes) Qui a de l'ampleur. ▶ **opulence** n. f.

opuntia n. m. → **oponce**

opus n. m. ▫ Indication désignant un morceau de musique dans une œuvre.

opuscule n. m. ▫ Petit ouvrage, petit livre.

① **or** n. m. **I.** Élément (symb. Au), métal précieux inaltérable et inoxydable. – *Or jaune, blanc ; rouge, gris.* ■ (monnaie) *Étalon or.* **II.** fig. Chose précieuse. *Un cœur* D'OR. *Un mari* EN OR. ■ *ÂGE D'OR* : temps heureux (d'une civilisation, d'un art...).

② **or** conj. ▫ Marque un moment d'une durée, d'un raisonnement.

oracle n. m. ▫ Antiq. Réponse qu'une divinité donnait à ceux qui la consultaient. – Cette divinité.

orage n. m. **1.** Perturbation atmosphérique violente caractérisée par des phénomènes électriques (éclairs, tonnerre). **2.** fig. Trouble qui éclate ou menace d'éclater. ▶ **orageux, euse** adj.

oraison n. f. ▫ *ORAISON FUNÈBRE* : discours prononcé lors des obsèques d'un personnage illustre.

oral, ale, aux adj. **1.** (opposé à *écrit*) Qui se fait, se transmet par la parole. ■ n. m. Épreuve orale (d'un examen). **2.** De la bouche. ▶ **oralement** adv. ▶ **oralité** n. f.

orange n. f. **1.** Fruit de l'oranger. **2.** adj. invar. et n. m. Se dit de la couleur de l'orange. ▶ **orangé, ée** adj. ▶ **oranger** n. m.

orangeade n. f. ▫ Boisson à l'orange.

orangeraie n. f. ▫ Plantation d'orangers.

orangerie n. f. ▫ Lieu où l'on cultive des orangers.

orang-outan ou **orang-outang** n. m. ▫ Grand singe d'Asie. *Des orangs-outan(g)s.*

orant, ante n. ▫ arts Personnage représenté en prière.

orateur, trice n. 1. Personne qui prononce des discours. 2. Personne éloquente.

①**oratoire** adj. ▫ Qui concerne l'éloquence.

②**oratoire** n. m. ▫ Petite chapelle.

oratorio n. m. ▫ Drame lyrique sur un sujet en général religieux.

orbe adj. ▫ techn. *Mur orbe*, sans aucune ouverture.

orbital, ale, aux adj. ▫ De l'orbite (II). – *Station orbitale* (engin spatial).

orbite n. f. **I.** Cavité osseuse dans laquelle se trouve l'œil. **II.** Trajectoire courbe (d'un corps céleste) ayant pour foyer un autre corps céleste.

orchestre n. m. **I.** (théâtre) Espace compris entre le public et la scène. ▪ Places, public du rez-de-chaussée. **II.** Groupe d'instrumentistes exécutant de la musique polyphonique. ▶ **orchestral, ale, aux** adj. ▶ **orchestralement** adv.

orchestrer v. tr. 1. Composer (une partition) en combinant les parties instrumentales. 2. fig. Organiser en vue de donner le maximum de retentissement. ▶ **orchestration** n. f.

orchidée n. f. ▫ Plante aux fleurs recherchées pour leur beauté.

orchite n. f. ▫ méd. Inflammation du testicule.

ordalie n. f. ▫ (au Moyen Âge) Jugement de Dieu sous forme d'épreuves.

ordinaire I. adj. 1. Conforme à l'ordre normal, habituel des choses. ▶ **ordinairement** adv. 2. Dont la qualité ne dépasse pas le niveau moyen courant. **II.** n. m. 1. Ce qui n'a rien d'exceptionnel. 2. Ce que l'on mange habituellement. **III.** *D'ORDINAIRE ; À L'ORDINAIRE* loc. adv. : de façon habituelle.

ordinal, ale, aux adj. ▫ Qui marque l'ordre, le rang. *Nombre ordinal.* – gramm. *Adjectif numéral ordinal.*

ordinateur n. m. ▫ Machine électronique de traitement de l'information, exécutant des programmes.

ordination n. f. ▫ Acte administrant le sacrement de l'ordre (spécialt la prêtrise).

ordonnance n. f. **I.** didact. Mise en ordre ; disposition selon un ordre. **II.** 1. Texte législatif émanant de l'exécutif. 2. Prescriptions d'un médecin.

ordonnancement n. m. ▫ didact. Façon dont une chose est ordonnée.

ordonnancier n. m. ▫ Bloc spécial sur lequel un praticien rédige ses ordonnances.

ordonnée n. f. ▫ math. Coordonnée* verticale d'un point.

ordonner v. tr. **I.** Disposer, mettre dans un certain ordre. – pronom. *Le cortège s'ordonnait peu à peu.* ▶ **ordonnateur, trice** n. **II.** Élever (qqn) à l'un des ordres (II, 5) de l'Église. **III.** Prescrire par un ordre. ▷ adj. **ordonné, ée**

ordre n. m. **I.** 1. Disposition, succession régulière. *Ordre alphabétique.* – *ORDRE DU JOUR* : sujets dont une assemblée doit délibérer. 2. Disposition qui semble la meilleure possible. 3. Qualité d'une personne qui a une bonne organisation ; spécialt qui range les choses. 4. Principe de causalité du monde. – *C'est dans l'ordre des choses* : c'est normal. 5. Organisation sociale. *L'ordre établi.* – *Les forces de l'ordre.* → **armée, police.** 6. Norme, conformité à une règle. *Rappeler qqn à l'ordre.* → **réprimander. II.** 1. (choses abstraites) Espèce. *Dans le même ordre d'idées.* 2. Système architectural antique ayant une unité de style. 3. bot., zool. Division intermédiaire entre la classe et la famille. **4.** Groupe de personnes soumises à des règles professionnelles, morales. *L'ordre des médecins.* **5.** L'un des degrés de la hiérarchie cléricale catholique. – *Entrer dans les ordres :* se faire moine, prêtre ou religieuse. **III. 1.** Acte (déclaration) par lequel une autorité manifeste sa volonté. – *Être AUX ORDRES de qqn.* → **obéir.** – *JUSQU'À NOUVEL ORDRE :* jusqu'à ce qu'un ordre, un fait nouveau intervienne. **2.** Décision de faire une opération commerciale.

ordure n. f. **1.** Matière qui souille et répugne. **2.** au plur. Choses dont on se débarrasse. **3.** Propos, écrit obscène.

ordurier, ière adj. ▫ Obscène, sale.

oréade n. f. ▫ mythol. grecque Nymphe des montagnes et des bois.

orée n. f. ▫ Bordure (d'un bois...).

oreillard n. m. ▫ Petite chauve-souris.

oreille n. f. **1.** Chacun des deux organes constituant l'appareil auditif. **2.** Ouïe. *Avoir l'oreille fine.* – *Avoir de l'oreille :* être apte à saisir les sons musicaux. **3.** Pavillon de l'oreille. – fig. *Se faire tirer l'oreille :* se faire prier. – *Dormir sur ses deux oreilles :* ne pas s'inquiéter. ▪ (animaux) *Les longues oreilles du lièvre.*

oreiller n. m. ▫ Pièce de literie pour poser la tête, coussin.

oreillette n. f. **I.** Objet qui protège les oreilles ou se met dans l'oreille. **II.** Chacune des deux cavités supérieures du cœur.

oreillons n. m. pl. ▫ Maladie infectieuse contagieuse, inflammation dans l'oreille.

ores adv. ▫ *D'ORES ET DÉJÀ :* dès maintenant.

orfèvre n. ▫ Personne qui fait ou vend des objets en métaux précieux. ▶ **orfèvrerie** n. f.

orfraie n. f. ▫ Aigle à queue blanche.

organdi n. m. ▫ Mousseline de coton.

organe n. m. **I. 1.** Voix (d'un chanteur...). **2.** Voix autorisée d'un porte-parole. **II. 1.** Partie d'un être vivant (organisme) remplissant une fonction. **2.** Institution, organisme. *Organes gouvernementaux.* **3.** Mécanisme. *Organes de commande.*

organigramme n. m. ▫ Schéma de la structure d'un ensemble complexe.

organique adj. **1.** Relatif aux organes. **2.** Propre aux êtres organisés. **3.** Qui provient de tissus vivants. ▶ **organiquement** adv.

organisateur, trice n. ▫ Personne qui organise. – adj. *Esprit organisateur.*

organisation n. f. **1.** Action, manière d'organiser ; son résultat. **2.** Groupement ayant un but déterminé.

organisé, ée adj. **1.** biol. Qui est de la nature d'un organisme vivant. **2.** Qui se fait suivant un ordre déterminé. ▪ (personnes) Ordonné. **3.** Qui appartient à une organisation.

organiser v. tr. **1.** Doter d'une structure déterminée. **2.** Soumettre à une façon déterminée de fonctionner. – pronom. *Savoir s'organiser.* **3.** Préparer (une action) selon un plan.

organiseur n. m. **1.** Agenda à accessoires variés. **2.** Agenda électronique.

organisme n. m. **I. 1.** Ensemble des organes qui constituent un être vivant. – spécialt Le corps humain. **2.** Être vivant organisé. **II.** Ensemble (social) organisé.

organiste n. ▫ Instrumentiste qui joue de l'orgue.

organite n. m. ▫ biol. Élément cellulaire différencié.

organologie n. f. ▫ didact. Étude des instruments de musique. ▶ **organologue** n.

organsin n. m. ▫ techn. Fil de soie torse.

orgasme n. m. ▫ Apogée du plaisir sexuel. ▶ **orgasmique** adj.

orge n. f. **1.** Céréale à épis munis de longues barbes. **2.** Grain de cette céréale.

orgeat n. m. ▫ *Sirop d'orgeat,* préparé avec une émulsion d'amandes douces.

orgelet n. m. ▫ Furoncle sur la paupière.

orgie n. f. **1.** Partie de débauche. ▪ Repas copieux et arrosé. **2.** *ORGIE DE :* usage excessif de. ▶ **orgiaque** adj. littér.

orgue n. m. (souvent fém. au plur.) **1.** Grand instrument à vent composé de nombreux tuyaux que l'on fait résonner par l'intermédiaire de claviers, en y introduisant de l'air au moyen d'une soufflerie. ▪ *Orgue de Barbarie* (à manivelle). **2.** mus. *POINT D'ORGUE :* temps d'arrêt qui suspend la mesure.

orgueil n. m. **1.** Opinion très avantageuse que qqn a de sa propre valeur. **2.** *L'ORGUEIL DE :* la satisfaction d'amour-propre que donne (qqn, qqch.). – Ce qui motive cette fierté. ▶ **orgueilleux, euse** adj. ▶ **orgueilleusement** adv.

orient n. m. **1.** poét. L'est, le levant. **2.** (avec maj.) Région située vers l'est, par rapport à un lieu donné. ▪ spécialt L'Asie, certains pays méditerranéens ou de l'Europe centrale. ▶ **oriental, ale, aux** adj. et n.

orientaliste n. ▫ Spécialiste des civilisations de l'Orient. ▶ **orientalisme** n. m.

orientation n. f. **1.** Détermination des points cardinaux d'un lieu (pour se repérer...). **2.** Fait d'orienter (3). **3.** Fait d'être orienté d'une certaine façon.

orienter v. tr. **1.** Disposer par rapport aux points cardinaux, à une direction, à un objet. **2.** Indiquer à (qqn) la direction à prendre. **3.** fig. Guider. ▷ v. pron. **s'orienter 1.** *S'orienter vers :* se tourner, se diriger vers (une direction). **2.** Déterminer sa position. ▷ p. p. **orienté, ée 1.** *Maison orientée au sud.* **2.** fig. Qui n'est pas objectif. ▶ **orientable** adj.

orifice n. m. **1.** Ouverture, trou. **2.** anat. Ouverture de certains organes.

oriflamme n. f. ▫ Bannière d'apparat.

origami n. m. ▫ didact. Papier plié japonais.

origan n. m. ▫ Marjolaine (plante).

originaire adj. **1.** *Originaire de :* qui vient de (tel lieu). **2.** didact. → **originel.** ▶ **originairement** adv.

① **original, aux** n. m. **1.** Ouvrage humain dont il est fait des reproductions. **2.** Personne réelle, objet naturel représentés par l'art.

② **original, ale, aux** adj. **1.** Qui est l'origine des reproductions. – *Édition originale :* première édition d'un texte inédit. – *Film en version originale* (non doublée). **2.** Qui est unique. **3.** Bizarre, peu normal. – n. *C'est un original.* ▶ **originalement** adv. (sens 2 et 3).

originalité n. f. **1.** Caractère de ce qui est original (2). **2.** Étrangeté, excentricité.

origine n. f. **I. 1.** Ancêtres ou milieu humain primitif auquel remonte la généalogie d'un individu, d'un groupe. ▶ **originel, elle** adj. **2.** Époque, milieu d'où vient qqch. **3.** Point de départ. **II. 1.** Première apparition ou manifestation. – *À L'ORIGINE* loc. adv. : au début. – *D'ORIGINE* loc. adj. : qui date du début. **2.** Ce qui explique l'apparition ou la formation (d'un fait). ▶ **originellement** adv.

orignal, aux n. m. ▫ Élan (②) du Canada.

oripeaux n. m. pl. ▫ Vêtements voyants.

O. R. L. → **oto-rhino-laryngologie**

orléaniste n. □ hist. Personne qui soutenait les droits de la famille d'Orléans au trône de France.

orlon n. m. (n. déposé) □ Fibre textile synthétique.

orme n. m. **1.** Grand arbre à feuilles dentelées. **2.** Bois de cet arbre.

① **ormeau** n. m. □ Petit orme, jeune orme.

② **ormeau** n. m. □ Mollusque marin comestible.

ornemaniste n. □ arts Spécialiste du dessin ou de l'exécution de motifs décoratifs.

ornement n. m. **1.** rare Action d'orner. – cour. *Plantes d'ornement*, décoratives. **2.** Ce qui orne. **3.** Motif accessoire (d'une composition artistique). ▶ **ornemental, ale, aux** adj. ▶ **ornementation** n. f. ▶ **ornementer** v. tr.

orner v. tr. □ Embellir (une chose).

ornière n. f. □ Trace que les roues creusent dans les chemins.

ornithologie n. f. □ Étude des oiseaux. ▶ **ornithologique** adj. ▶ **ornithologue** n. – syn. **ornithologiste.**

ornithomancie n. f. □ Divination par le vol ou le chant des oiseaux. ▶ **ornithomancien, ienne** n.

ornithorynque n. m. □ Mammifère amphibie et ovipare.

orographie n. f. □ Étude des montagnes. ▶ **orographique** adj.

oronge n. f. □ Amanite (champignon). *Fausse oronge* : amanite tue-mouche.

orpailleur, euse n. □ Chercheur(euse) d'or.

orphelin, ine adj. et n. □ Qui a perdu ses parents, ou l'un des deux.

orphelinat n. m. □ Établissement qui élève des orphelins.

orphéon n. m. □ Fanfare.

orphisme n. m. □ Antiq. Doctrine religieuse s'inspirant de la pensée d'Orphée. ▶ **orphique** adj.

orpiment n. m. □ techn. Sulfure naturel d'arsenic.

orque n. f. □ Épaulard (cétacé).

orteil n. m. □ Doigt de pied.

orthèse n. f. □ didact. Appareillage destiné à corriger la déficience fonctionnelle d'un organe.

orthodontie n. f. □ didact. Traitement des anomalies de position des dents. ▶ **orthodontiste** n.

orthodoxe adj. **1.** Conforme au dogme d'une religion. **2.** Conforme à une doctrine. **3.** Se dit des Églises chrétiennes des rites d'Orient séparées de Rome au XIe siècle. – n. *Les orthodoxes grecs.*

orthodoxie n. f. **1.** Doctrines considérées comme vraies par la fraction dominante d'une Église et enseignées officiellement. **2.** Caractère orthodoxe (2).

orthogonal, ale, aux adj. □ géom. Qui forme un angle droit, se fait à angle droit.

orthographe n. f. **1.** Manière d'écrire un mot qui est considérée comme la seule correcte. – Façon d'écrire, avec ou sans fautes. **2.** Manière dont un mot est écrit. ▶ **orthographique** adj. ▶ **orthographier** v. tr.

orthopédie n. f. □ Médecine du squelette, des muscles et des tendons. ▶ **orthopédique** adj. ▶ **orthopédiste** n.

orthophonie n. f. □ Rééducation de la parole. ▶ **orthophoniste** n.

orthoptère n. m. □ zool. Insecte dont les ailes postérieures ont des plis droits.

orthoptie n. f. □ Traitement des défauts de la vision binoculaire. – syn. **orthoptique.**

ortie n. f. ▫ Plante dont le contact provoque une sensation de brûlure.

ortolan n. m. ▫ Petit oiseau à chair très estimée.

orvet n. m. ▫ Reptile saurien ressemblant à un serpent.

os n. m. **1.** Chacune des pièces rigides qui forment le squelette. – *Faire de vieux os* : vivre longtemps. **2.** *LES OS* : restes d'un être vivant, après sa mort.

O. S. n. ▫ Ouvrier(ère) spécialisé(e).

oscar n. m. ▫ Récompense artistique, etc. ▶ **oscariser** v. tr. ▶ **oscarisé, ée** adj.

oscillant, ante adj. ▫ Qui oscille.

osciller v. intr. **1.** Aller de part et d'autre d'une position moyenne par un mouvement de va-et-vient. **2.** fig. Hésiter. ▶ **oscillation** n. f. ▶ **oscillatoire** adj.

osé, ée adj. **1.** Qui est fait avec audace. **2.** Qui risque de choquer les bienséances.

oseille n. f. **1.** Plante à feuilles comestibles. **2.** fam. Argent.

oser v. tr. **1.** (+ inf.) Avoir l'audace de. **2.** absolt Se montrer audacieux.

oseraie n. f. ▫ Terrain planté d'osiers.

osier n. m. **1.** Petit saule aux rameaux flexibles. **2.** Rameau d'osier (en vannerie).

osmose n. f. **1.** sc. Phénomène de diffusion (entre deux liquides ou solutions). ▶ **osmotique** adj. **2.** fig. Influence réciproque.

ossature n. f. **1.** Ensemble des os du corps. **2.** fig. Charpente.

osselet n. m. **1.** rare Petit os. **2.** au plur. Jeu d'adresse consistant à lancer et rattraper de petits objets.

ossements n. m. pl. ▫ Os desséchés de cadavres d'hommes ou d'animaux.

osseux, euse adj. **1.** De l'os, des os. **2.** Qui a des os. **3.** Aux os saillants.

ossifier v. tr. ▫ Transformer en tissu osseux. ▶ **ossification** n. f.

osso buco n. m. invar. ▫ Jarret de veau avec l'os à moelle (plat italien).

ossuaire n. m. ▫ Lieu où sont conservés des ossements humains.

ostensible adj. ▫ littér. Qui est fait sans se cacher ou pour être remarqué. ▶ **ostensiblement** adv.

ostensoir n. m. ▫ Pièce d'orfèvrerie destinée à exposer l'hostie.

ostentation n. f. ▫ Mise en valeur excessive d'un avantage. ▶ **ostentatoire** adj. littér.

ostéodensitométrie n. f. ▫ méd. Évaluation de la densité des os.

ostéopathe n. ▫ Personne qui soigne par manipulation des os.

ostéopathie n. f. ▫ méd. **I.** Affection osseuse. **II.** Thérapeutique de l'ostéopathe.

ostéoporose n. f. ▫ méd. Raréfaction du tissu osseux.

ostracisme n. m. ▫ Hostilité d'une collectivité qui rejette l'un de ses membres.

ostréiculture n. f. ▫ Élevage des huîtres. ▶ **ostréiculteur, trice** n.

ostrogoth, othe n. **1.** hist. Habitant de la partie est des territoires des Goths. **2.** n. m. Personnage extravagant. – var. **ostrogot, ote.**

otage n. m. ▫ Personne livrée ou reçue comme garantie, ou qu'on détient pour obtenir ce qu'on exige.

otarie n. f. ▫ Mammifère marin, voisin du phoque.

ôter v. tr. ▫ Enlever, retirer.

otite n. f. ▫ Inflammation de l'oreille.

oto-rhino-laryngologie n. f. □ Médecine de l'oreille, du nez et de la gorge. – abrév. fam. **O. R. L.** ▶ **oto-rhino-laryngologiste** n. – abrév. fam. **otorhino** et **O. R. L.**

① **ottoman, ane** adj. et n. □ hist. Turc.

② **ottoman** n. m. □ Étoffe de soie à côtes.

ou conj. □ Conjonction qui joint des termes ou propositions analogues, en séparant les idées exprimées. **1.** Autrement dit. *La coccinelle, ou bête à bon Dieu.* **2.** (indifférence) *Donnez-moi le rouge ou (bien) le noir.* **3.** (approximation) *Ils étaient cinq ou six.* **4.** (alternative) *C'est l'un ou l'autre* (si c'est l'un, ce n'est pas l'autre).

où I. pron. **1.** Dans un lieu (indiqué ou suggéré par l'antécédent). **2.** (état, situation) *Dans l'état où il est.* **3.** (temps) *Au moment où il arriva.* **II.** adv. **1.** Là où, à l'endroit où. **2.** (temporel) *Où j'ai été surpris, ce fut quand...* **3.** D'OÙ (conséquence). *D'où il résulte que* (+ indic.). – (sans verbe) *D'où mon étonnement...* **III.** adv. interrog. En quel endroit ?

① **ouah** interj. □ Évoque les aboiements d'un chien.

② **ouah** interj. □ Exprime la joie, l'admiration.

ouailles n. f. pl. □ Les chrétiens, par rapport au prêtre.

ouais interj. □ fam. (iron. ou sceptique) Oui.

ouate n. f. **1.** Laine, soie ou coton préparé pour doubler, pour rembourrer. *De l'ouate* ou *de la ouate.* ▶ **ouater** v. tr. **2.** Coton (pour l'hygiène).

ouatine n. f. □ Étoffe molletonnée servant à doubler des vêtements (*ouatiner* v. tr.).

oubli n. m. **1.** Défaillance de la mémoire ; fait d'oublier. **2.** Étourderie.

oublier v. tr. **1.** Ne pas retrouver le souvenir de (qqch., qqn). **2.** Ne plus savoir pratiquer (des connaissances, une technique). **3.** Cesser de penser à (ce qui tourmente). **4.** Ne pas avoir à l'esprit (ce qui devrait le tenir en éveil). **5.** Négliger (qqn) en ne s'occupant pas de lui. **6.** Pardonner. ▷ v. pron. **s'oublier** **1.** (passif) Être oublié. **2.** Ne pas penser à soi. **3.** Manquer aux convenances.

oubliette n. f. □ anciennt Cachot pour les personnes condamnées à la prison perpétuelle.

oublieux, euse adj. □ *Oublieux de :* qui néglige de se souvenir de.

oud n. m. □ Instrument à cordes pincées utilisé dans la musique arabe classique.

oued n. m. □ Rivière d'Afrique du Nord, du Proche-Orient.

ouest n. m. **1.** Celui des quatre points cardinaux qui est au couchant. ▪ Lieu situé du côté de l'ouest. **2.** Région située vers l'ouest. ▪ (avec maj.) polit. L'Europe de l'Ouest et l'Amérique du Nord.

ouf interj. □ Exclamation de soulagement.

oui particule d'affirmation invar. **I.** Adverbe équivalant à une proposition affirmative. **1.** (réponse positive à une question) *As-tu faim ? – Oui.* **2.** (interrogatif) *Ah oui ?*, vraiment ? **3.** (compl. direct) *Il dit oui*, il est d'accord. **II.** n. m. invar. Approbation.

ouï-dire n. m. invar. □ Ce qu'on connaît pour l'avoir entendu dire.

ouïe n. f. **I.** Celui des cinq sens qui permet la perception des sons. – fam., plais. *Je suis tout ouïe :* j'écoute. **II.** au plur. Orifices externes de l'appareil branchial des poissons, sur les côtés de la tête.

ouille interj. □ Exclamation de douleur.

ouin interj. □ (souvent répété) Évoque des pleurs, des sanglots.

ouïr v. tr.. □ vx Entendre, écouter. – mod. *J'ai ouï dire que...* (→ **ouï-dire**). ■ dr. *Ouïr un témoin.*

ouistiti n. m. □ Petit singe.

oukase ou **ukase** n. m. **1.** hist. (Russie) Édit du tsar. **2.** Décision arbitraire.

ouléma → **uléma**

ouolof → **wolof**

ouragan n. m. □ Très forte tempête.

ourdir v. tr. □ littér. Régler, combiner (une intrigue).

ourlet n. m. □ Repli d'étoffe cousu, terminant un bord. ▶ **ourler** v. tr.

ours n. m. **1.** Grand mammifère carnivore au pelage épais, aux membres griffus, au museau allongé. **2.** fig. Homme insociable.

ourse n. f. **1.** Femelle de l'ours. **2.** *La Petite, la Grande Ourse* (syn. *Petit, Grand Chariot*), constellations.

oursin n. m. □ Animal marin muni de piquants.

ourson, onne n. □ Jeune ours, jeune ourse.

***ouste** ou ***oust** interj. □ fam. Interjection pour chasser ou presser qqn.

out adv. □ anglic., tennis Hors des limites du court. – adj. invar. *Balle out.*

outarde n. f. □ Échassier au corps massif.

outil n. m. **1.** Objet fabriqué qui sert à agir sur la matière, à faire un travail. **2.** Ce qui permet de faire (un travail).

outiller v. tr. □ Munir des outils nécessaires à un travail, une production. ▷ v. pron. s'**outiller** ▶ **outillage** n. m.

outing n. m. □ anglic. critiqué Révélation publique forcée de l'homosexualité de qqn.

outrage n. m. **1.** Offense ou injure très grave (de parole ou de fait). **2.** dr. Délit par lequel on ne respecte pas un personnage officiel dans ses fonctions. ▶ **outrageant, ante** adj. ▶ **outrager** v. tr.

outrageusement adv. □ Excessivement.

outrance n. f. **1.** Chose ou action outrée. **2.** *À OUTRANCE* loc. adv. : avec excès. ▶ **outrancier, ière** adj.

① **outre** n. f. □ Peau d'animal cousue en forme de sac et servant de récipient.

② **outre** prép. et adv. **1.** (dans des expr. adv.) Au-delà de. *Outre-Manche.* **2.** adv. *PASSER OUTRE* : aller au-delà, plus loin. – *PASSER OUTRE À qqch.* : ne pas tenir compte de (une objection...). **3.** prép. En plus de. – *OUTRE QUE* (+ indic.) : sans parler du fait que. **4.** *EN OUTRE* loc. adv. : en plus.

outré, ée adj. □ Qui va au-delà de la mesure normale.

outrecuidance n. f. □ littér. **1.** Confiance excessive en soi. **2.** Impertinence. ▶ **outrecuidant, ante** adj.

outremer adj. invar. et n. m. □ Qui est d'un bleu intense.

outre-mer adv. □ Au-delà des mers, par rapport à une métropole.

outrepasser v. tr. □ Aller au-delà de (ce qui est permis...).

outrer v. tr. **1.** littér. Exagérer. **2.** (temps composés et p. p.) Indigner (qqn).

outsider n. m. □ anglic. Concurrent qui n'est pas parmi les favoris.

ouvert, erte adj. **I. 1.** Disposé de manière à laisser le passage. **2.** (local) Où l'on peut entrer. **3.** Dont les parties sont écartées. **4.** Percé, troué, incisé... **5.** Commencé. **II.** abstrait **1.** Communicatif et franc. **2.** Qui s'ouvre facilement aux idées nouvelles.

ouvertement adv. ▫ D'une manière ouverte (II).

ouverture n. f. **I. 1.** Action d'ouvrir ; état de ce qui est ouvert. **2.** abstrait *Ouverture d'esprit,* qualité de l'esprit ouvert. **3.** Fait d'être commencé. **II.** Morceau de musique par lequel débute un opéra, un ouvrage lyrique. **III.** Espace libre par lequel s'établit la communication entre l'extérieur et l'intérieur.

ouvrable adj. m. ▫ Se dit des jours de la semaine qui ne sont pas fériés.

ouvrage n. m. **1.** Actions coordonnées par lesquelles on met qqch. en œuvre. **2.** Objet produit par le travail d'un artisan, etc. – *OUVRAGES D'ART :* constructions (ponts...) pour l'établissement d'une voie. **3.** Texte scientifique, technique ou littéraire.

ouvragé, ée adj. ▫ Finement travaillé.

ouvrant, ante adj. ▫ Qui s'ouvre.

ouvré, ée adj. **1.** Qui résulte d'un ouvrage (1). – *Produits ouvrés,* manufacturés. **2.** *Jour ouvré,* où l'on travaille.

ouvre-boîte n. m. ▫ Instrument coupant servant à ouvrir les boîtes de conserve. *Des ouvre-boîtes.*

ouvre-bouteille n. m. ▫ Instrument pour ouvrir les bouteilles capsulées. *Des ouvre-bouteilles.*

ouvreur, euse n. ▫ Personne qui place les spectateurs, dans une salle de spectacle.

ouvrier, ière I. n. Personne qui exerce un métier manuel ou mécanique moyennant un salaire. **II.** adj. Des ouvriers, du prolétariat industriel. **III.** n. f. (insectes sociaux) Individu stérile qui assure la construction ou la défense.

ouvrir v. **I.** v. tr. **1.** Écarter les éléments mobiles de (une ouverture) de manière à mettre en communication l'extérieur et l'intérieur. **2.** Rendre accessible l'intérieur de. **3.** Mettre dans une position qui assure la communication ou le contact avec l'extérieur. – fam. *Ouvrir le gaz,* faire fonctionner. **4.** Écarter, séparer (des éléments mobiles) ; disposer en écartant les éléments. *Ouvrir les bras. Ouvrir un livre.* **5.** Former (une ouverture) en creusant, en trouant. **6.** Créer ou permettre d'utiliser (un moyen d'accès). *Ouvrir un chemin.* **7.** Commencer. *Ouvrir les hostilités.* **8.** Créer, fonder (un établissement). **II.** v. intr. **1.** Être ouvert. **2.** *OUVRIR SUR,* donner accès sur (syn. *s'ouvrir sur*). ▷ v. pron. **s'ouvrir 1.** Devenir ouvert. **2.** *S'OUVRIR SUR :* donner accès sur (syn. *ouvrir sur*). **3.** *S'OUVRIR À,* se laisser pénétrer par (une idée...). ▪ *S'ouvrir à qqn.* → se **confier.**

ouvroir n. m. ▫ Lieu réservé aux ouvrages de couture, etc., dans une communauté.

ovaire n. m. ▫ Glande génitale femelle qui produit l'ovule et des hormones. ▶ **ovarien, ienne** adj.

ovale 1. adj. Qui a la forme d'une courbe fermée et allongée. **2.** n. m. Forme ovale.

ovation n. f. ▫ Acclamations publiques. ▶ **ovationner** v. tr.

overdose n. f. ▫ anglic. Dose excessive d'une drogue.

ovidé n. m. ▫ zool. Mammifère ruminant du type du mouton.

ovin, ine adj. ▫ Relatif au mouton, au bélier, à la brebis. – n. m. pl. *Les ovins.*

ovipare adj. et n. m. ▫ Se dit des animaux qui pondent des œufs (3).

ovni n. m. ▫ Objet volant non identifié.

ovoïde adj. ▫ En forme d'œuf. ▶ **ovoïdal, ale, aux** adj.

ovulation n. f. ▫ Libération de l'ovule. ▶ **ovulatoire** adj.

ovule n. m. **1.** Gamète femelle élaboré par l'ovaire. ▶ **ovulaire** adj. **2.** Préparation pharmaceutique ovoïde se plaçant dans le vagin.

oxford n. m. ▫ Tissu de coton à fils de deux couleurs.

oxhydrique adj. ▫ Se dit d'un mélange d'oxygène et d'hydrogène.

oxyde n. m. ▫ Composé résultant de la combinaison d'un corps avec l'oxygène.

oxyder v. tr. **1.** Faire passer à l'état d'oxyde. **2.** Altérer (un métal) par l'action de l'air. – pronom. → **rouiller.** ▶ **oxydable** adj. ▶ **oxydation** n. f.

oxygène n. m. ▫ Élément (symb. O), gaz qui constitue environ 1/5 de l'air atmosphérique.

oxygéner v. tr. **1.** Ajouter de l'oxygène à (une substance), par dissolution. – (au p. p.) *EAU OXYGÉNÉE* : solution antiseptique et décolorante. **2.** fam. *S'oxygéner (les poumons)* : respirer de l'air pur. ▶ **oxygénation** n. f.

oxyure n. m. ▫ Ver parasite des intestins.

oyat n. m. ▫ Plante utilisée pour fixer le sable des dunes.

ozone n. m. ▫ Gaz (symb. O_3) bleu et odorant. Couche d'ozone de l'atmosphère (*ozonosphère* n. f.).

P

p n. m. □ Seizième lettre, douzième consonne de l'alphabet.

pacage n. m. □ Terrain où l'on fait paître les bestiaux.

pacemaker n. m. □ anglic. Stimulateur* cardiaque.

pacha n. m. **1.** hist. Gouverneur d'une province ottomane. **2.** fam. *Une vie de pacha,* fastueuse.

pachyderme n. m. □ Éléphant. ▶ **pachydermique** adj.

pacificateur, trice adj. et n. □ Qui pacifie.

pacifier v. tr. □ Ramener à l'état de paix (un pays, un peuple en rébellion). ▶ **pacification** n. f.

pacifique adj. **1.** Qui aspire à la paix. **2.** Qui n'a pas la guerre pour objectif. **3.** Qui se passe dans le calme. ▶ **pacifiquement** adv.

pacifiste n. et adj. □ Partisan de la paix entre les nations. ▶ **pacifisme** n. m.

pack n. m. □ anglic. Emballage réunissant plusieurs produits identiques.

packaging n. m. □ anglic. Technique de l'emballage publicitaire.

pacotille n. f. □ Marchandises de mauvaise qualité. – *DE PACOTILLE* : sans valeur.

pacs n. m. □ « Pacte civil de solidarité », conclu par deux personnes pour régler leur vie commune. ▶ se **pacser** v. pron.

pacte n. m. **1.** Accord formel. **2.** Convention entre États.

pactiser v. intr. **1.** Conclure un pacte (avec qqn). **2.** Agir de connivence (avec).

pactole n. m. □ fam. Grosse somme d'argent.

paddock n. m. **1.** Enceinte où les chevaux sont promenés avant une course. **2.** fam. Lit.

paddy n. m. □ Riz non décortiqué.

paella n. f. □ Plat espagnol à base de riz, viandes, fruits de mer.

① **paf** interj. □ Bruit de coup.

② **paf** adj. invar. □ fam. Ivre.

pagaie n. f. □ Aviron sans appui.

pagaille n. f. □ fam. **1.** Grand désordre. **2.** *EN PAGAILLE* : beaucoup.

paganisme n. m. □ Religion des païens.

pagayer v. intr. □ Ramer à l'aide d'une pagaie. ▶ **pagayeur, euse** n.

① **page** n. f. **1.** Chacun des deux côtés d'une feuille de papier. – *Être À LA PAGE* : à la dernière mode. **2.** Texte d'une page. ▪ inform. *Page-écran* : informations affichées sur un écran. **3.** Feuille.

② **page** n. m. □ anciennt Jeune noble placé auprès d'un seigneur, d'une dame.

paginer v. tr. □ Disposer (un livre, etc.) en pages numérotées. ▶ **pagination** n. f.

pagne n. m. □ Vêtement attaché à la ceinture, couvrant le bas-ventre.

pagode n. f. □ Temple des pays d'Extrême-Orient.

paie → **paye**

paiement ou **payement** n. m. □ Action de payer.

païen, ïenne adj. et n. **1.** D'une ancienne religion polythéiste. **2.** Sans religion.

paillard, arde adj. □ D'un érotisme gai et vulgaire. ▶ **paillardise** n. f.

paillasse n. f. **1.** Enveloppe (garnie de paille, etc.) qui sert de matelas. **2.** Plan de travail.

paillasson n. m. ▫ Natte rugueuse pour s'essuyer les pieds.

paille n. f. **1.** Ensemble des tiges des céréales sans le grain. – *Sur la paille*, dans la misère. **2.** Petite tige pleine ou creuse.

pailler v. tr. ▫ Garnir de paille. ▷ adj. **paillé, ée**

pailleter v. tr. ▫ Orner de paillettes (1). ▷ adj. **pailleté, ée**

paillette n. f. **1.** Lamelle brillante servant d'ornement. **2.** Parcelle d'or.

paillon n. m. ▫ Enveloppe de paille pour les bouteilles.

paillote n. f. ▫ Hutte de paille.

pain n. m. ▫ Aliment fait de farine, d'eau, de sel et de levain ou de levure, pétri, levé et cuit au four.

① **pair** n. m. **I. 1.** Personne qui a la même situation ou fonction (élevée). **2.** (Royaume-Uni) Membre de la Chambre des lords. **II. 1.** *HORS PAIR* : sans égal. – *ALLER DE PAIR*, ensemble. **2.** *AU PAIR* : en échangeant un travail contre logement et nourriture.

② **pair, paire** adj. ▫ Se dit d'un nombre entier naturel divisible par deux.

paire n. f. **1.** Réunion (de deux choses, de deux personnes semblables). **2.** Objet composé de deux parties semblables.

pairie n. f. ▫ Titre de pair (I, 2).

paisible adj. **1.** Qui demeure en paix, ne s'agite pas. **2.** (choses) Calme. ▶ **paisiblement** adv.

paître v. intr.. **1.** (animaux) Manger l'herbe sur pied. **2.** fam. *ENVOYER PAÎTRE qqn*, le rejeter.

paix n. f. **I. 1.** Rapports sans violence. **2.** Absence de troubles ; tranquillité. **II. 1.** Absence de guerre. **2.** Accord terminant l'état de guerre.

pal, plur. **pals** n. m. ▫ Pieu aiguisé par un bout.

palabre n. f. ou m. ▫ Discussion oiseuse. ▶ **palabrer** v. intr. ▶ **palabreur** n. m.

palace n. m. ▫ Hôtel de grand luxe.

paladin n. m. ▫ Chevalier généreux.

① **palais** n. m. **1.** Somptueuse résidence. **2.** *Palais de justice*, tribunal.

② **palais** n. m. **1.** Partie supérieure interne de la bouche. **2.** Organe du goût.

palan n. m. ▫ Appareil pour déplacer de très lourdes charges.

palanquin n. m. ▫ Chaise ou lit porté.

pale n. f. **1.** Partie d'un aviron, d'une roue à aubes qui pénètre dans l'eau. **2.** Partie d'une hélice qui agit en tournant.

pâle adj. **1.** (teint) Blanc, très peu coloré. **2.** Qui a peu d'éclat.

palefrenier n. m. ▫ Employé chargé du soin des chevaux.

palefroi n. m. ▫ (au Moyen Âge) Cheval de promenade, de parade.

paléographie n. f. ▫ Science des écritures anciennes. ▶ **paléographique** adj. ▶ **paléographe** n.

paléolithique adj. ▫ Relatif à l'âge de la pierre taillée. – n. m. *Le paléolithique*.

paléontologie n. f. ▫ Science des êtres vivants ayant existé sur la Terre aux temps géologiques. ▶ **paléontologique** adj. ▶ **paléontologue** n.

paleron n. m. ▫ Morceau du bœuf, près de l'omoplate.

palestre n. f. ▫ Antiq. Lieu où l'on s'entraînait à la lutte, à la gymnastique.

palet n. m. ▫ Objet plat et rond à lancer (jeu).

paletot n. m. ▫ Vêtement de dessus, assez court, boutonné.

palette n. f. **I.** Plaque mince sur laquelle un peintre mélange ses couleurs. **II.** Pièce de viande de mouton, de porc, près de l'omoplate. **III.** Plateau de manutention.

palétuvier n. m. □ Grand arbre tropical à racines aériennes.

pâleur n. f. □ Aspect pâle (1).

pâlichon, onne adj. □ fam. Un peu pâle.

palier n. m. **1.** Plate-forme entre deux volées d'un escalier. **2.** fig. Phase intermédiaire de stabilité.

palière adj. f. □ (porte) Qui ouvre sur le palier.

palimpseste n. m. □ didact. Écriture effacée recouverte d'une autre.

palindrome n. m. □ didact. Suite de lettres qui peut se lire dans les deux sens.

palinodie n. f. □ littér. Changement d'opinions.

pâlir v. intr. □ Devenir pâle.

palissade n. f. □ Clôture de planches.

palissandre n. m. □ Bois dur tropical.

palladium n. m. □ Élément (symb. Pd), métal léger, blanc, dur.

palliatif n. m. □ Mesure d'effet passager.

pallier v. tr. □ Compenser (un manque). □ REM. *Pallier à* est incorrect.

palmarès n. m. □ Liste des lauréats, des récompenses.

palme n. f. **1.** Feuille de palmier. **2.** *Huile de palme*, de palmier. **3.** Symbole de victoire. **4.** Nageoire qui se fixe au pied.

palmé, ée adj. □ Dont les doigts sont réunis par une membrane.

palmer n. m. □ Instrument mesurant les épaisseurs.

palmeraie n. f. □ Plantation de palmiers.

palmier n. m. □ Grand arbre des régions chaudes, à tige simple et à grandes feuilles.

palmipède adj. et n. □ (oiseaux) Dont les pieds sont palmés.

palmiste n. m. □ Fruit du palmier à huile.

palombe n. f. □ Pigeon ramier.

palonnier n. m. □ Commande du gouvernail de direction d'un avion.

pâlot, otte adj. □ Un peu pâle.

palourde n. f. □ Mollusque comestible bivalve.

palpable adj. **1.** Dont on peut s'assurer par le toucher. **2.** Vérifiable.

palper v. tr. □ Examiner en tâtant avec la main. ▶ **palpation** n. f.

palpeur n. m. □ Dispositif opérant par contact pour mesurer.

palpitant, ante adj. **1.** Qui palpite. **2.** Qui excite l'émotion.

palpiter v. intr. **1.** Être agité de frémissements. **2.** (cœur) Battre très fort. ▶ **palpitation** n. f.

paluche n. f. □ fam. Main.

paludisme n. m. □ Maladie infectieuse tropicale. ▶ **paludéen, éenne** adj. et n.

palynologie n. f. □ didact. Étude des pollens actuels et fossiles. ▶ **palynologue** n.

se **pâmer** v. pron. □ Ressentir une émotion très agréable.

pâmoison n. f. □ littér. Fait de se pâmer.

pampa n. f. □ Plaine d'Amérique du Sud.

pamphlet n. m. □ Texte court et violent contre qqn. ▶ **pamphlétaire** adj. et n.

pamplemousse n. m. □ Gros agrume jaune, ou rose, légèrement amer.

pamplemoussier n. m. □ Arbre à pamplemousses.

pampre n. m. □ Branche de vigne avec ses feuilles et ses grappes.

① **pan** n. m. **1.** Partie flottante (d'un vêtement). **2.** Partie (d'un mur).

② **pan** interj. □ Bruit sec, coup de feu.

panacée n. f. ◻ Remède universel ; fig. formule pour résoudre tous les problèmes.

panache n. m. **1.** Faisceau de plumes flottantes. **2.** fig. Allure spectaculaire.

panaché, ée adj. **1.** Qui présente des couleurs variées. **2.** Composé d'éléments différents. **3.** n. m. Mélange de bière et de limonade.

panacher v. tr. **1.** Orner de couleurs variées. **2.** Composer d'éléments divers. ▶ **panachage** n. m.

panade n. f. ◻ fam. Misère.

panard n. m. ◻ fam. Pied.

panaris n. m. ◻ Infection aiguë d'un doigt.

pancake n. m. ◻ anglic. Petite crêpe épaisse. *Des pancakes.*

pancarte n. f. ◻ Écriteau qui donne une information.

pancrace n. m. ◻ Antiq. Lutte, pugilat.

pancréas n. m. ◻ Glande de l'appareil digestif. ▶ **pancréatique** adj.

panda n. m. ◻ Mammifère d'Asie, évoquant un petit ours noir et blanc.

pandémie n. f. ◻ méd. Épidémie qui atteint un grand nombre de personnes.

pandémonium n. m. ◻ littér. Lieu où règne un désordre infernal.

pandit n. m. ◻ Sage brahmane.

panégyrique n. m. ◻ Discours à la louange de qqn. ▶ **panégyriste** n.

panel n. m. ◻ Échantillon de personnes.

paner v. tr. ◻ Couvrir de panure. ▷ adj. **pané, ée**

panettone n. m. ◻ Gâteau brioché italien, garni de raisins secs.

pangolin n. m. ◻ Mammifère édenté d'Asie et d'Afrique, au corps couvert d'écailles.

panier n. m. **1.** Réceptacle de vannerie pour les marchandises. **2.** PANIER PERCÉ : personne dépensière. **3.** au basket-ball Filet ouvert fixé à un panneau de bois.

panière n. f. ◻ Grande corbeille à anses.

panifier v. tr. ◻ Transformer en pain. ▶ **panifiable** adj. ▶ **panification** n. f.

panini n. m. ◻ Sandwich chaud italien.

panique 1. adj. Qui trouble violemment l'esprit. **2.** n. f. Terreur collective.

paniquer v. **1.** v. tr. fam. Affoler. **2.** v. intr. Être pris de panique.

pannacotta ou **panna cotta** n. f. ◻ Entremets italien à base de crème fraîche gélifiée.

① **panne** n. f. ◻ Arrêt de fonctionnement accidentel.

② **panne** n. f. ◻ Graisse du cochon.

panneau n. m. **1.** Partie d'une construction, surface délimitée. **2.** Support d'inscriptions. **3.** *Tomber dans le panneau*, dans le piège.

panonceau n. m. ◻ Enseigne, plaque.

panoplie n. f. **1.** Déguisement. **2.** fig. Équipement.

panorama n. m. **1.** Vaste paysage à contempler de tous côtés. **2.** fig. Vue d'ensemble.

panoramique I. adj. Qui permet d'embrasser l'ensemble d'un paysage. **II.** n. m. cin. Mouvement de balayage par la caméra.

panse n. f. ◻ Premier compartiment de l'estomac des ruminants.

pansement n. m. ◻ Compresse servant à protéger une plaie.

panser v. tr. **1.** Donner à (un cheval) des soins de propreté. ▶ **pansage** n. m. **2.** Soigner en appliquant un pansement.

pansu, ue adj. ◻ Renflé.

pantagruélique adj. ◻ Digne d'un très gros mangeur.

pantalon n. m. ▫ Culotte longue descendant jusqu'aux chevilles.

pantalonnade n. f. **1.** Farce. **2.** Démonstration hypocrite.

pantelant, ante adj. ▫ Qui respire avec peine.

panthéisme n. m. ▫ Culte de la nature divinisée. ▶ **panthéiste** adj. et n.

panthéon n. m. **1.** Les dieux d'une religion polythéiste. **2.** Monument à la mémoire des grands hommes.

panthère n. f. ▫ Grand mammifère carnassier d'Afrique et d'Asie, au pelage noir ou jaune moucheté.

pantin n. m. ▫ Jouet d'apparence humaine.

pantois, oise adj. ▫ Dont le souffle est coupé par l'émotion.

pantomime n. f. ▫ Spectacle de mime.

pantouflard, arde adj. et n. ▫ fam. Casanier.

pantoufle n. f. ▫ Chaussure d'intérieur.

panure n. f. ▫ Mélange d'œuf battu et de chapelure.

paon, fém. rare **paonne** n. ▫ Oiseau dont le mâle porte une longue queue ocellée qu'il redresse et déploie.

papa n. m. ▫ surtout lang. enfantin Père.

papauté n. f. ▫ Gouvernement ecclésiastique par un pape.

papaye n. f. ▫ Fruit du *papayer* (n. m.), de forme allongée, à chair rouge orangé.

pape n. m. ▫ Chef suprême de l'Église catholique romaine. ▶ **papal, ale, aux** adj.

① **papelard, arde** adj. ▫ littér. Faux, doucereux. ▶ **papelardise** n. f.

② **papelard** n. m. ▫ fam. Morceau de papier.

paperasse n. f. ▫ Papiers encombrants. ▶ **paperasserie** n. f. ▶ **paperassier, ière** adj.

papeterie n. f. **1.** Fabrique de papier. **2.** Magasin de fournitures de bureau, d'école. ▶ **papetier, ière** n.

papi ou **papy** n. m. ▫ lang. enfantin Grand-père.

papier n. m. **1.** Matière fabriquée avec des fibres réduites en pâte, formant une feuille mince (pour écrire, essuyer...). ▪ *Papier peint*, pour tapisser. **2.** Écrit officiel, document. – au plur. *Papiers (d'identité)*. **3.** *Être dans les petits papiers de qqn*, jouir de sa faveur.

papille n. f. ▫ Petite éminence d'une muqueuse, spécialt de la langue.

papillomavirus n. m. ▫ biol. Virus responsable d'affections de la peau, des muqueuses.

papillome n. m. ▫ méd. Tumeur bénigne de la peau ou d'une muqueuse.

papillon n. m. **1.** Insecte à quatre ailes, après métamorphose de la chenille. **2.** *Nœud papillon* : nœud de cravate plat.

papillonner v. intr. ▫ Aller d'une chose à l'autre sans s'arrêter. ▶ **papillonnant, ante** adj. ▶ **papillonnement** n. m.

papillote n. f. ▫ Feuille enveloppant des aliments cuits au four.

papilloter v. intr. **1.** Scintiller. **2.** Être sans cesse en mouvement (yeux, paupières). ▶ **papillotant, ante** adj. ▶ **papillotement** n. m.

papiste n. ▫ hist. Partisan de la papauté.

papoter v. intr. ▫ Bavarder. ▶ **papotage** n. m. ▶ **papoteur, euse** n.

papouille n. f. ▫ fam. Petite caresse.

paprika n. m. ▫ Piment en poudre.

papy → **papi**

papy-boom n. m. ▫ fam. Forte augmentation de la proportion de personnes âgées.

papyrus n. m. **1.** Plante des bords du Nil. **2.** Feuille à écrire faite de sa tige.

Pâque n. f. □ Fête juive qui commémore le départ d'Égypte des Hébreux.

paquebot n. m. □ Grand navire de transport de passagers.

pâquerette n. f. □ Petite fleur blanche.

Pâques n. m. □ Fête chrétienne commémorant la résurrection du Christ.

paquet n. m. 1. Assemblage de choses attachées ensemble ; objet emballé. 2. Masse. *Des paquets de neige.* 3. fam. *Mettre le paquet* : employer les grands moyens.

paquetage n. m. □ Effets d'un soldat pliés de manière réglementaire.

par prép. I. 1. À travers. *Regarder par la fenêtre.* ■ Sur. *Être assis par terre.* 2. Durant, pendant. 3. (emploi distributif) *Plusieurs fois par jour.* II. 1. Au moyen de. 2. À cause de.

parabellum n. m. invar. □ Pistolet automatique de guerre.

① **parabole** n. f. □ Récit allégorique des livres saints.

② **parabole** n. f. 1. Courbe dont chacun des points est situé à égale distance d'un point fixe et d'une droite fixe. 2. Antenne (de télévision) en forme de parabole. ▶ **parabolique** adj.

paracentèse n. f. □ chir. Ponction pour retirer du liquide en excédent.

paracétamol n. m. □ Médicament antalgique et antipyrétique.

parachever v. tr. □ Conduire au point le plus proche de la perfection. ▶ **parachèvement** n. m.

parachute n. m. □ Équipement capable de se déployer en l'air, et ralentissant la descente (saut d'un avion, etc.).

parachuter v. tr. 1. Lâcher d'un avion avec un parachute. 2. fam. Nommer, envoyer (qqn) à l'improviste. ▶ **parachutage** n. m.

parachutiste n. □ Personne qui pratique le saut en parachute. ▶ **parachutisme** n. m.

① **parade** n. f. 1. Cérémonie militaire où les troupes défilent. 2. *Parade (de foire, de cirque)* : exhibition. 3. (animaux) Comportement préludant au rapprochement sexuel.

② **parade** n. f. □ Action de parer (②).

parader v. intr. □ Se montrer en se donnant un air avantageux.

paradis n. m. 1. relig. Lieu où les élus jouissent de la béatitude éternelle. 2. fig. Lieu enchanteur. ▶ **paradisiaque** adj.

paradisier n. m. □ Oiseau de la Nouvelle-Guinée, aux jolies couleurs.

paradoxal, ale, aux adj. 1. Du paradoxe. ▶ **paradoxalement** adv. 2. *Sommeil paradoxal*, phase d'intense activité cérébrale (rêves).

paradoxe n. m. □ Opinion qui va à l'encontre de l'opinion commune.

paraffine n. f. □ Substance solide blanche, tirée du pétrole. ▶ **paraffiné, ée** adj.

parages n. m. pl. 1. Espace maritime proche (d'une terre). 2. *DANS LES PARAGES* : dans les environs.

paragraphe n. m. □ Division d'un écrit en prose, où l'on passe à la ligne.

paraître v. intr. 1. Devenir visible. 2. (imprimé) Rendre disponible pour le public. 3. (personnes) Se faire remarquer. 4. Sembler, avoir l'air. 5. impers. *IL PARAÎT QUE* : le bruit court que.

parallaxe n. f. □ Angle de deux axes optiques visant un même objet.

parallèle 1. adj. et n. f. géom. Se dit de lignes qui ne se rencontrent jamais. 2. n. m. Cercle imaginaire de la sphère terrestre, parallèle à l'équateur. 3. adj. Qui affecte un même objet en même temps. 4. n. m. Comparaison suivie. ▶ **parallèlement** adv.

parallélépipède n. m. □ Hexaèdre dont les faces sont des parallélogrammes parallèles deux à deux.

parallélisme n. m. **1.** État de lignes parallèles. **2.** Ressemblance suivie.

parallélogramme n. m. □ Quadrilatère dont les côtés sont parallèles deux à deux.

paralympique adj. □ *Jeux paralympiques :* compétition similaire aux Jeux olympiques, pour des athlètes handicapés.

paralyser v. tr. **1.** Frapper de paralysie. **2.** fig. Rendre incapable d'agir, de fonctionner. ▷ adj. et n. **paralysé, ée** ▶ **paralysant, ante** adj.

paralysie n. f. **1.** Privation de la capacité de mouvement. **2.** fig. Impossibilité d'agir. ▶ **paralytique** adj. et n.

paramécie n. f. □ Protozoaire porteur de cils vibratiles.

paramédical, ale, aux adj. □ Des activités annexes de la médecine.

paramètre n. m. **1.** math. Variable dont dépendent les coefficients de certaines expressions. **2.** fig. Élément variable.

paramétrer v. tr. □ Déterminer les paramètres de (qqch.).

paramilitaire adj. □ Organisé comme une armée.

parangon n. m. □ littér. Modèle, exemple.

paranoïa n. f. □ Délire de persécution pouvant déboucher sur la maladie mentale. ▶ **paranoïaque** adj. et n. – abrév. **parano.**

paranormal, ale, aux adj. □ Qui n'est pas explicable par les lois naturelles.

parapente n. m. □ Parachute rectangulaire pour s'élancer d'un sommet ; ce sport.

parapet n. m. □ Mur à hauteur d'appui.

parapharmacie n. f. □ Ensemble des produits à usage non thérapeutique vendus en pharmacie. ▶ **parapharmaceutique** adj.

paraphe n. m. **1.** Trait ajouté à une signature. **2.** Signature abrégée. – var. **parafe.** ▶ **parapher** v. tr. – var. **parafer.**

parapheur n. m. □ Classeur pour les documents présentés à la signature.

paraphrase n. f. □ Reprise (d'un texte) sous une forme plus développée. ▶ **paraphraser** v. tr.

paraplégie n. f. □ Paralysie des membres inférieurs. ▶ **paraplégique** adj. et n.

parapluie n. m. □ Étoffe tendue sur une armature pliante à manche, abri contre la pluie.

parapsychique adj. □ didact. Se dit des phénomènes psychiques inexpliqués.

parapsychologie n. f. □ Étude des phénomènes parapsychiques. ▶ **parapsychologique** adj.

parascolaire adj. □ En marge des activités strictement scolaires.

parasismique adj. □ Conçu pour résister aux secousses sismiques.

parasite I. n. (péj.) Personne qui vit aux dépens des autres. **II. 1.** n. m. Être vivant en association durable avec un autre dont il se nourrit. – adj. *Plante parasite.* **2.** adj. Superflu et gênant. ▶ **parasitaire** adj. **III.** n. m. pl. Perturbations radioélectriques.

parasiter v. tr. **1.** Vivre en parasite (II) avec (un être vivant). **2.** Perturber par des parasites (III).

parasitisme n. m. □ État de parasite.

parasol n. m. □ Grande ombrelle.

paratonnerre n. m. □ Appareil qui préserve les bâtiments des effets de la foudre.

paravent n. m. □ Panneaux verticaux mobiles, pour isoler.

parbleu interj. ▫ vx Exclamation d'assentiment.

parc n. m. **1.** Étendue de terrain entretenu, entièrement clos. **2.** Zone rurale soumise à des réglementations. **3.** *Parc de stationnement.* → anglic. **parking. 4.** Ensemble de véhicules.

parcelle n. f. **1.** Très petit morceau. **2.** Portion de terrain. ▶ **parcellaire** adj.

parce que loc. conj. ▫ Exprime la cause.

parchemin n. m. ▫ Peau d'animal préparée pour l'écriture.

parcheminé, ée adj. ▫ Qui a l'aspect du parchemin.

parcimonie n. f. ▫ Économie extrême. ▶ **parcimonieux, euse** adj. ▶ **parcimonieusement** adv.

par-ci par-là → ① **ci**

parcmètre n. m. ▫ Compteur de stationnement payant.

parcourir v. tr. **1.** Aller dans toutes les parties de (un lieu). **2.** Accomplir (un trajet). **3.** Lire rapidement.

parcours n. m. ▫ Chemin pour aller d'un point à un autre.

pardessus n. m. ▫ Manteau d'homme.

pardi interj. ▫ fam. Exclamation renforçant une déclaration.

pardon n. m. **1.** Fait de pardonner. **2.** *(Je vous demande) pardon,* formule d'excuse. ▪ *Pardon ?,* pouvez-vous répéter ?

pardonner v. tr. **1.** Renoncer à punir, à se venger. *Pardonner une injure.* – *Pardonner à qqn.* **2.** Juger avec indulgence. ▶ **pardonnable** adj.

pare-balles adj. invar. ▫ Qui protège des balles.

pare-brise n. m. invar. ▫ Vitre avant (d'un véhicule).

pare-chocs n. m. invar. ▫ Garniture (d'un véhicule) pour amortir les chocs.

pare-feu n. m. ▫ Protection contre le feu.

pareil, eille I. adj. **1.** Semblable. **2.** De cette sorte. **II. 1.** n. Personne de même sorte. – *SANS PAREIL(LE)* : sans égal(e). **2.** n. f. *RENDRE LA PAREILLE* : faire subir (à qqn) un traitement analogue à celui qu'on a reçu. ▶ **pareillement** adv.

parement n. m. **1.** techn. Face extérieure (d'un mur) revêtue de pierres de taille. **2.** Revers (col, manches).

parenchyme n. m. ▫ bot. Tissu cellulaire spongieux des végétaux.

parent, ente I. n. **1.** au plur. Le père et la mère. ▶ **parental, ale, aux** adj. **2.** Personne de la famille. **II.** adj. **1.** Avec qui on a un lien de parenté. **2.** fig. (choses) Apparenté.

parentalité n. f. ▫ didact. Qualité, statut de parent.

parenté n. f. **1.** Rapport entre personnes parentes. **2.** Ensemble des parents (2). **3.** fig. Rapport d'analogie.

parenthèse n. f. **1.** Insertion, dans une phrase, d'un élément accessoire. **2.** Signe placé avant, après la parenthèse : ().

paréo n. m. ▫ Pagne de Tahiti.

① **parer** v. tr. **1.** Vêtir (qqn) avec recherche. **2.** fig. Attribuer (une qualité). ▷ v. pron. se **parer**

② **parer** v. tr. **1.** *Parer un coup,* l'éviter. **2.** v. tr. ind. *PARER À* : faire face à.

pare-soleil n. m. invar. ▫ Écran (1).

paresse n. f. ▫ Fait d'éviter l'effort.

paresser v. intr. ▫ Se laisser aller à la paresse.

paresseux, euse 1. adj. Qui montre de la paresse. ▶ **paresseusement** adv. **2.** n. m. Mammifère à mouvements lents, qui vit dans les arbres.

parfaire v. tr. ▫ Conduire à la perfection.

parfait, aite I. adj. **1.** Sans défaut. **2.** Vrai, complet. *Un parfait idiot.* **II.** n. m. Entremets glacé à la crème.

parfaitement adv. **1.** D'une manière parfaite. **2.** Oui, certainement.

parfois adv. ▫ À certains moments, dans certains cas.

parfum n. m. **1.** Odeur agréable. **2.** Goût. **3.** Substance aromatique. **4.** fam. *Être* AU PARFUM, informé.

parfumer v. tr. **1.** Imprégner de parfum. **2.** Aromatiser.

parfumerie n. f. **1.** Fabrication des parfums et des produits de beauté. **2.** Boutique de parfumerie.

parfumeur, euse n. ▫ Fabricant(e) ou marchand(e) de parfums.

pari n. m. **1.** Convention par laquelle des personnes s'engagent à verser une somme à celle qui aura raison. **2.** Jeu où le gain dépend du résultat de courses, d'épreuves.

paria n. m. **1.** en Inde Personne hors caste. **2.** fig. Personne exclue.

parier v. tr. **1.** Engager (un enjeu) dans un pari. **2.** Affirmer ; être sûr.

pariétal, ale, aux adj. ▫ didact. (peintures) Fait sur une paroi de roche.

parieur, euse n. ▫ Personne qui parie (1).

parigot, otte adj. et n. ▫ fam. Parisien.

parisien, ienne adj. et n. ▫ De Paris.

paritaire adj. ▫ Où les représentants des parties sont en nombre égal.

parité n. f. **1.** écon. Égalité de la valeur d'échange des monnaies. **2.** Égalité de répartition.

parjure ▫ littér. **1.** n. m. Violation de serment. **2.** n. et adj. Auteur de parjure. ▶ **se parjurer** v. pron.

parka n. m. ou f. ▫ Court manteau imperméable.

parking n. m. ▫ anglic. Parc de stationnement pour les automobiles.

parkinson n. m. ▫ méd. Affection neurologique avec tremblements et raideur musculaire. ▶ **parkinsonien, ienne** adj. et n.

parlant, ante adj. **1.** Qui enregistre et reproduit la parole. **2.** Éloquent, clair.

parlé, ée adj. ▫ Qui se réalise par la parole.

parlement n. m. ▫ Assemblée ou chambres qui détiennent le pouvoir législatif.

① **parlementaire** **1.** adj. Du Parlement. **2.** n. Membre du Parlement.

② **parlementaire** n. ▫ Personne chargée de parlementer avec l'ennemi.

parlementarisme n. m. ▫ Régime parlementaire (①). ▶ **parlementariste** adj.

parlementer v. intr. **1.** Entrer en pourparlers avec l'ennemi. **2.** Discuter.

① **parler** v. **I.** v. intr. **1.** S'exprimer par la parole. **2.** Révéler ce qu'on tenait caché. **3.** (sujet chose) Être éloquent. **II.** v. tr. ind. **1.** *Parlez-moi de vous, de vos projets.* **2.** PARLER À *qqn*, lui adresser la parole. **III.** v. tr. dir. **1.** Pouvoir s'exprimer au moyen de (telle langue). **2.** Aborder (un sujet).

② **parler** n. m. ▫ Dialecte, patois.

parleur n. m. ▫ péj. *BEAU PARLEUR* : celui qui aime à faire de belles phrases.

parloir n. m. ▫ Local d'une communauté, d'une prison où les visiteurs sont admis.

parlote ou **parlotte** n. f. ▫ Échange de paroles insignifiantes.

parme adj. invar. ▫ Mauve.

parmesan n. m. ▫ Fromage italien à pâte dure.

parmi prép. **1.** Au milieu de. **2.** Dans un ensemble.

parodie n. f. ▫ Imitation burlesque (d'une œuvre sérieuse). ▶ **parodique** adj.

parodier v. tr. ▫ Imiter (une œuvre, un auteur).

paroi n. f. **1.** Séparation intérieure. **2.** Roc, terrain à pic.

paroisse n. f. ▫ Circonscription d'un curé, d'un pasteur. ▶ **paroissial, iale, iaux** adj.

paroissien, ienne n. ▫ Personne qui dépend d'une paroisse.

parole n. f. **I. 1.** Élément du langage articulé. **2.** au plur. Texte (d'une chanson). **3.** Pensée exprimée en quelques mots. **4.** Promesse. **II.** Faculté, fait de parler.

parolier, ière n. ▫ Auteur de paroles (I, 2).

paronyme adj. et n. m. ▫ didact. Presque homonymes. ▶ **paronymie** n. f.

paroxysme n. m. ▫ Le plus haut degré (sensation, phénomène). ▶ **paroxysmal, ale, aux ; paroxysmique** et **paroxystique** adj.

parpaing n. m. ▫ Bloc (pierre, etc.) formant l'épaisseur d'une paroi.

parquer v. tr. **1.** Mettre (des animaux) dans un parc. **2.** Enfermer. **3.** Ranger (une voiture) dans un parc de stationnement.

parquet n. m. **I.** Magistrats chargés de requérir l'application de la loi. **II.** Assemblage de bois garnissant le sol d'une pièce. ▶ **parqueter** v. tr. *Parqueter une pièce.*

parrain n. m. **1.** Celui qui tient un enfant sur les fonts baptismaux. **2.** Responsable d'un nouveau membre (cercle, club). **3.** Chef maffieux.

parrainage n. m. **1.** Fonction, qualité de parrain (1 et 2) ou de marraine. **2.** Soutien moral ou financier.

parrainer v. tr. ▫ Accorder son parrainage (2) à.

parricide 1. n. m. Meurtre du père ou de la mère. **2.** n. Auteur d'un parricide.

parsemer v. tr. **1.** Répartir par endroits. **2.** Être répandu çà et là sur.

part n. f. **I. 1.** Ce qu'une personne possède en propre. ▪ *PRENDRE PART À* : jouer un rôle dans. – S'associer à. **2.** *FAIRE PART DE qqch. À qqn,* faire connaître. **3.** Partie attribuée à qqn ou consacrée à qqch. **II. 1.** *DE LA PART DE (qqn)* : au nom de (qqn). – *D'UNE PART... D'AUTRE PART,* en comparant. – *DE PART ET D'AUTRE* : des deux côtés. – *DE PART EN PART.* → à **travers. 2.** *NULLE PART* : en aucun lieu. – *AUTRE PART* : dans un autre lieu. – *QUELQUE PART* : en un lieu indéterminé. **3.** *À PART* loc. adv. : à l'écart. – loc. prép. Excepté. *À part lui.* – adjectivt Séparé d'un ensemble. *Une place à part.*

partage n. m. ▫ Action de partager ; division en parts.

partager v. tr. **1.** Diviser (un ensemble) en éléments. **2.** Avoir avec, en même temps que d'autres. **3.** au passif Être divisé entre des sentiments contradictoires. ▷ v. pron. se **partager**

partance n. f. ▫ *EN PARTANCE (pour)* : qui va partir.

① **partant, ante 1.** n. Personne, cheval au départ d'une course. **2.** adj. D'accord (pour), disposé (à). *Je ne suis pas partant.*

② **partant** conj. ▫ littér. Ainsi, donc.

partenaire n. **1.** Personne associée à une autre (jeu, sport, danse, etc.). **2.** Personne avec qui on a des relations sexuelles. **3.** Allié économique ou commercial.

partenariat n. m. ▫ Système associant des partenaires (3). ▶ **partenarial, iale, iaux** adj.

parterre n. m. **I.** Plantation décorative de fleurs. **II.** Partie du rez-de-chaussée d'une salle de théâtre, derrière l'orchestre.

parthénogenèse n. f. ◻ biol. Reproduction sans fécondation, dans une espèce sexuée.

① **parti** n. m. **I.** *PRENDRE LE PARTI DE* : se décider à. – *PRENDRE PARTI* : prendre position. – *PARTI PRIS* : opinion préconçue. **II.** *TIRER PARTI DE* : exploiter, utiliser.

② **parti** n. m. ◻ Organisation politique.

partial, ale, aux adj. ◻ Qui prend parti sans souci de justice ni de vérité. ▶ **partialement** adv. ▶ **partialité** n. f.

participant, ante adj. et n. ◻ Qui participe à qqch.

participatif, ive adj. ◻ Relatif à une participation.

participation n. f. ◻ Action, fait de participer.

participe n. m. ◻ Forme dérivée du verbe, qui « participe » de l'adjectif. *Participe présent ; passé.*

participer v. tr. ind. **I.** *PARTICIPER À* **1.** Prendre part à (qqch.). **2.** Avoir part à (qqch.). **II.** littér. *PARTICIPER DE* : tenir à la fois de.

particulariser v. tr. ◻ Différencier par des traits particuliers. ▶ **particularisation** n. f.

particularisme n. m. ◻ Attitude d'un groupe qui veut conserver ses usages particuliers. ▶ **particulariste** adj. et n.

particularité n. f. ◻ Caractère particulier.

particule n. f. **1.** Infime quantité (d'un corps). ▪ sc. Constituant élémentaire (de la matière, de l'énergie). **2.** Préposition précédant un nom de famille.

particulier, ière **I.** adj. **1.** Qui appartient en propre (à qqn, qqch. ou à une catégorie). **2.** Qui ne concerne qu'un individu. **3.** Qui présente des caractères hors du commun. – *EN PARTICULIER* loc. adv. : spécialement, surtout. **4.** Qui concerne un cas précis. – n. m. *Aller du général au particulier.* **II.** n. Personne privée.

particulièrement adv. ◻ D'une manière particulière (I, 3 et 4).

partie n. f. **1.** Élément (d'un tout). ▪ *FAIRE PARTIE DE* : compter parmi. **2.** dr. Personne physique ou morale qui participe à un procès. ▪ *PRENDRE qqn À PARTIE* : s'en prendre à lui. **3.** Durée (d'un jeu) à l'issue de laquelle sont désignés gagnants et perdants. **4.** Divertissement à plusieurs.

partiel, elle adj. ◻ Qui ne concerne qu'une partie. ▶ **partiellement** adv.

partir v. intr. **1.** Se mettre en mouvement pour quitter un lieu. **2.** Se mettre à progresser, à marcher. **3.** Disparaître. *La tache est partie.* **4.** *PARTIR DE* : venir, provenir de. **5.** *À PARTIR DE* loc. prép. : en prenant pour point de départ.

partisan, ane adj. et n. ◻ Qui prend parti pour une doctrine.

partitif, ive adj. ◻ gramm. *ARTICLE PARTITIF*, qui détermine une partie non mesurable.

partition n. f. ◻ Notation d'une composition musicale.

partout adv. ◻ En tous lieux.

parturition n. f. ◻ méd. Accouchement.

paru, ue ◻ P. p. du verbe *paraître*.

parure n. f. ◻ Ensemble assorti de bijoux.

parution n. f. ◻ Moment de la publication (d'un livre, d'un article).

parvenir v. tr. ind. ◻ *PARVENIR À* **1.** Arriver jusqu'à. **2.** Arriver à (un résultat).

parvenu, ue n. ◻ péj. Personne qui s'est élevée à une condition supérieure sans en acquérir les manières.

parvis n. m. ◻ Place située devant (une église, etc.).

① **pas** n. m. **1.** Action de faire passer l'appui du corps d'un pied à l'autre, dans la marche. ■ *FAUX PAS* : fait de trébucher ; fig. écart de conduite. **2.** Trace laissée par un pied. **3.** fig. Chaque temps d'une progression. **4.** Façon de marcher. – *Aller AU PAS,* sans courir. *Mettre qqn au pas,* le forcer à obéir. **5.** *Prendre le pas sur qqn,* le précéder. *Céder le pas à qqn,* le laisser passer devant. ■ *Se tirer d'un MAUVAIS PAS,* d'une situation périlleuse. **6.** *LE PAS DE LA PORTE* : le seuil. **7.** Tours d'une rainure en spirale.

② **pas** adv. de négation **I.** *NE...PAS, NE PAS* (négation du verbe). *Je ne parle pas.* **II. 1.** ellipt *Pas de chance !* **2.** (devant un adj. ou un participe) *Un garçon pas bête.* **3.** (avec adv.) *Absolument pas.* **III.** (sans *ne*) fam. *Pleure pas !*

① **pascal, ale, als** ou **aux** adj. ▫ Relatif à la Pâque, à Pâques.

② **pascal** n. m. ▫ inform. Langage de programmation évolué.

③ **pascal, als** n. m. ▫ Unité de mesure de pression (symb. Pa).

pashmina n. m. ▫ Tissu en poils de chèvre. – Pièce de ce tissu.

paso doble n. m. invar. ▫ Danse marchée.

passable adj. ▫ Qui convient à peu près. ▶ **passablement** adv.

passade n. f. ▫ Brève liaison amoureuse. – fig. Engouement passager.

passage n. m. **1.** Action, fait de passer. **2.** Endroit par où l'on passe. ■ *PASSAGE À NIVEAU* : croisement d'une voie ferrée et d'une route. **3.** Fragment (d'un texte).

passager, ère I. n. Personne transportée. **II.** adj. Dont la durée est brève. ▶ **passagèrement** adv.

passant, ante I. n. Personne qui passe. **II.** n. m. Anneau, pièce cousue pour maintenir une courroie, une ceinture en place. **III.** adj. Où passent beaucoup de personnes, de véhicules.

passation n. f. ▫ Transmission (de pouvoirs).

① **passe** n. f. **1.** *MOT DE PASSE* : formule convenue. **2.** *MAISON DE PASSE,* de prostitution. **3.** sports Action de passer la balle. **4.** *ÊTRE EN PASSE DE,* sur le point de. ■ *DANS UNE MAUVAISE PASSE,* dans une période d'ennuis.

② **passe** n. m. → **passe-partout**

① **passé** n. m. **1.** Ce qui a été, ce qui s'est passé. **2.** gramm. Temps révolu où se situe l'action verbale.

② **passé, ée I.** adj. Qui est écoulé. *Huit heures passées.* **II.** *PASSÉ* prép. Après. *Passé l'église.*

③ **passé, ée** ▫ Éteint, fané.

passe-droit n. m. ▫ Faveur accordée contre le règlement. *Des passe-droits.*

passéisme n. m. ▫ didact. Goût excessif du passé. ▶ **passéiste** adj. et n.

passementerie n. f. ▫ Ouvrages de fil (franges, galons...) ; leur commerce.

passe-montagne n. m. ▫ Coiffure de tricot ne découvrant qu'une partie du visage. *Des passe-montagnes.*

passe-partout 1. n. m. invar. Clé servant à ouvrir plusieurs serrures. – abrév. **passe. 2.** adj. invar. Qui convient partout.

passe-passe n. m. invar. ▫ *TOUR DE PASSE-PASSE* : tour d'adresse.

passe-plat n. m. ▫ Guichet pour passer les plats, les assiettes. *Des passe-plats.*

passepoil n. m. ▫ Bordure de tissu entre deux pièces cousues.

passeport n. m. ▫ Pièce certifiant l'identité, pour se rendre à l'étranger.

passer v. **I.** v. intr. (auxiliaire *être* ; parfois *avoir*) **1.** Se déplacer d'un mouvement continu. *Le train est passé.* **2.** Être projeté, diffusé. **3.** Être accepté, admis.

II. v. intr. **1.** Aller. *Passons à table.* **2.** *PASSER À* : en venir à. **3.** Devenir. *Il est passé maître dans cet art.* **III.** v. intr. **1.** S'écouler (temps). **2.** Cesser d'être. *La douleur va passer.* **3.** (couleur) Perdre son intensité. **IV.** (auxiliaire *avoir*) *PASSER POUR* : être considéré comme. **V.** v. tr. **1.** Traverser. *Passer la frontière.* **2.** *Passer un examen,* en subir les épreuves. **3.** Employer (un temps). *Passer la soirée chez qqn.* **4.** Abandonner. *Passer une ligne.* **5.** Permettre. *Ses parents lui passent tout.* **VI.** v. tr. **1.** Faire mouvoir, aller. *Passer l'aspirateur.* **2.** Projeter, diffuser. *Passer un film.* **3.** Mettre rapidement (un vêtement). **4.** Donner. *Passe-moi le sel.* **5.** Établir. *Passer un contrat.* ▷ v. pron. se **passer** **1.** Prendre fin. **2.** Se produire. **3.** *SE PASSER DE* : vivre sans.

passereau n. m. ▫ Oiseau d'un ordre comprenant l'hirondelle, le moineau, etc.

passerelle n. f. **1.** Pont étroit. **2.** Plan incliné par lequel on accède à un navire, un avion.

passe-temps n. m. invar. ▫ Ce qui fait passer agréablement le temps.

passeur, euse n. ▫ Personne qui fait passer une rivière, une frontière.

passible adj. ▫ *PASSIBLE DE* : qui doit subir (une peine).

passif, ive **1.** adj. Qui subit, n'agit pas. **2.** adj. et n. m. Se dit des formes verbales présentant l'action comme subie par le sujet. **3.** n. m. Ensemble des dettes.

passiflore n. f. ▫ Plante à larges fleurs étoilées.

passim adv. ▫ Çà et là (dans un ouvrage).

passion n. f. **1.** Amour intense. **2.** Vive inclination vers un objet. *La passion du jeu.* **3.** Affectivité violente. **4.** *Fruit de la passion,* de la passiflore.

passionnant, ante adj. ▫ Qui passionne.

passionné, ée adj. et n. ▫ Animé, rempli de passion. ▶ **passionnément** adv.

passionnel, elle adj. ▫ Inspiré par la passion (1).

passionner v. tr. **1.** Éveiller un très vif intérêt. **2.** Empreindre de passion (3). ▷ v. pron. se **passionner**

passivement adv. ▫ De manière passive.

passivité n. f. ▫ État, caractère passif.

passoire n. f. ▫ Récipient percé de trous, pour égoutter.

pastel n. m. **1.** Pâte colorée en bâtonnets. **2.** appos. (invar.) *Des tons pastel,* doux et clairs. **3.** Œuvre au pastel.

pastelliste n. ▫ Peintre de pastels.

pastèque n. f. ▫ Gros fruit à peau verte, à chair rouge, juteuse.

pasteur n. m. ▫ Ministre protestant.

pasteuriser v. tr. ▫ Stériliser en chauffant pour détruire les germes. ▶ **pasteurisation** n. f

pastiche n. m. ▫ Imitation d'un style. ▶ **pasticher** v. tr. ▶ **pasticheur, euse** n.

pastilla n. f. ▫ Plat marocain, pâte feuilletée chaude fourrée de viande, raisins et amandes.

pastille n. f. **1.** Petit morceau d'une pâte pharmaceutique ou d'une préparation de confiserie. **2.** Petit disque dessiné.

pastis n. m. ▫ Boisson alcoolisée à l'anis.

pastoral, ale, aux ▫ littér. **1.** adj. Relatif aux mœurs champêtres. **2.** n. f. Ouvrage évoquant des bergers.

patachon n. m. ▫ *Mener une VIE DE PATACHON,* agitée, consacrée aux plaisirs.

pataphysique n. f. ▫ Science fictive «des solutions imaginaires» (Alfred Jarry).

patapouf n. m. ▫ fam. Gros enfant.

pataquès n. m. **1.** Faute grossière de langage. **2.** Situation embrouillée.

patate n. f. ▫ fam. Pomme de terre.

patati patata ▫ fam. Évoque un long bavardage.

patatras interj. ▫ Bruit de chute.

pataud, aude adj. et n. ▫ Lent et lourd dans son comportement.

pataugas n. m. (marque déposée) ▫ Chaussure de marche montante en toile.

pataugeoire n. f. ▫ Bassin de piscine peu profond.

patauger v. intr. **1.** Marcher sur un sol détrempé, dans la boue. **2.** fig. Se perdre dans des difficultés.

patch n. m. ▫ anglic. Pastille adhésive imprégnée d'une substance qui se diffuse à travers la peau.

patchouli n. m. ▫ Parfum extrait d'une plante tropicale.

patchwork n. m. ▫ anglic. Ouvrage de couture rassemblant des carrés de couleurs différentes.

pâte n. f. **1.** Préparation molle, à base de farine délayée, consommée après cuisson. *Pâte à pain.* **2.** Préparation à base de blé dur. **3.** Préparation, mélange mou.

pâté n. m. **1.** *PÂTÉ (EN CROÛTE)* : préparation (de viande, etc.) cuite dans une pâte. **2.** Hachis de viandes épicées cuit. **3.** *PÂTÉ DE MAISONS* : ensemble de maisons formant bloc.

pâtée n. f. ▫ Mélange d'aliments pour animaux domestiques.

① **patelin, ine** adj. ▫ littér. Doucereux.

② **patelin** n. m. ▫ fam. Village, campagne.

patelle n. f. ▫ Mollusque à forme conique.

patène n. f. ▫ Petite assiette pour présenter l'hostie.

patenôtre n. f. ▫ iron. Prière.

patent, ente adj. ▫ littér. Évident, manifeste.

patente n. f. **1.** hist. Écrit public émanant du roi. **2.** Impôt direct annuel (commerçants, artisans).

patenté, ée adj. **1.** dr. Soumis à la patente. **2.** fam. Connu (comme tel).

Pater n. m. invar. ▫ Prière du Notre Père.

patère n. f. ▫ Pièce fixée à un mur, pour suspendre les vêtements.

paternalisme n. m. ▫ Tendance à imposer une domination sous couvert de protection. ▶ **paternaliste** adj.

paterne adj. ▫ littér. D'une bonté affectée.

paternel, elle adj. ▫ Du père. ▶ **paternellement** adv.

paternité n. f. **1.** État, qualité de père. **2.** Fait d'être l'auteur (de qqch.).

pâteux, euse adj. ▫ Qui a la consistance de la pâte.

pathétique adj. ▫ Qui suscite une émotion intense. ▶ **pathétiquement** adv.

pathologie n. f. ▫ Étude des causes et des symptômes des maladies. ▪ Maladie.

pathologique adj. ▫ De la maladie.

pathos n. m. ▫ péj. Ton pathétique.

patibulaire adj. ▫ Qui semble appartenir à un criminel.

patiemment adv. ▫ Avec patience.

patience n. f. **1.** Aptitude à persévérer sans se décourager. **2.** Qualité d'une personne qui sait attendre calmement.

patient, ente I. adj. Qui a, manifeste de la patience. **II.** n. Malade, opéré.

patientèle n. f. ▫ Ensemble des patients.

patienter v. intr. ▫ Attendre (avec patience).

patin n. m. **1.** Tissu de protection sur lequel on pose le pied. **2.** *PATIN (À GLACE) :* lame fixée à la chaussure, pour glisser sur la glace. – *PATIN (À ROULETTES) :* dispositif sur roulettes fixé à la chaussure. **3.** Organe mobile qui se serre contre la jante d'une roue.

patinage n. m. ▫ Sport du patin (2).

patine n. f. ▫ Dépôt, couleur dus au temps.

① **patiner** v. intr. **1.** Glisser avec des patins (2). ▶ **patineur, euse** n. **2.** (roue) Glisser sans tourner.

② **patiner** v. tr. ▫ Couvrir de patine.

patinette n. f. ▫ Plate-forme sur deux roues munie d'un guidon, que l'on fait avancer en se poussant d'un pied.

patinoire n. f. ▫ Piste de patin (2).

patio n. m. ▫ Cour intérieure d'une maison.

pâtir v. intr. ▫ *PÂTIR DE :* souffrir de.

pâtisserie n. f. **1.** Gâteau. **2.** Fabrication, vente de gâteaux frais. ▪ Magasin de pâtisserie.

pâtissier, ière **1.** n. Personne qui fait, vend de la pâtisserie. **2.** adj. *Crème pâtissière,* pour pâtisseries.

patois n. m. ▫ Dialecte rural.

patoisant, ante adj. et n. ▫ Qui parle patois.

patraque adj. ▫ fam. Un peu malade.

pâtre n. m. ▫ Celui qui fait paître le bétail.

patriarcal, ale, aux adj. ▫ Du patriarche ; du patriarcat.

patriarcat n. m. ▫ sociol. Organisation sociale fondée sur la parenté par les mâles.

patriarche n. m. ▫ Vieillard qui mène une vie simple et paisible, entouré d'une nombreuse famille.

patricien, ienne adj. et n. ▫ Antiq. De la classe supérieure des citoyens romains.

patrie n. f. **1.** Communauté sociale et politique à laquelle qqn appartient. **2.** Lieu où qqn est né.

patrimoine n. m. **1.** Biens hérités des parents. ▶ **patrimonial, iale, iaux** adj. **2.** Ce qui est transmis par les ancêtres.

patriote adj. et n. ▫ Qui aime sa patrie.

patriotisme n. m. ▫ Amour de la patrie. ▶ **patriotique** adj.

① **patron, onne** n. **1.** Saint, sainte dont on porte le nom, qu'un groupe a pour protecteur, à qui est dédiée une église, etc. **2.** Personne qui commande à des employés.

② **patron** n. m. ▫ Modèle pour tailler un vêtement.

patronage n. m. ▫ Appui donné par un personnage puissant, un organisme.

patronal, ale, aux adj. **1.** D'un saint patron. **2.** Du patronat.

patronat n. m. ▫ Ensemble des chefs d'entreprise.

patronner v. tr. ▫ Donner sa protection à.

patronnesse adj. f. ▫ iron. *DAME PATRONNESSE,* qui fait des œuvres de bienfaisance.

patronyme n. m. ▫ Nom de famille. ▶ **patronymique** adj.

patrouille n. f. ▫ Ronde de surveillance.

patrouiller v. intr. ▫ Faire une patrouille.

patrouilleur n. m. **1.** Soldat qui patrouille. **2.** Avion, navire de surveillance.

patte n. f. **I. 1.** Membre qui supporte le corps, sert à la marche. **2.** fam. Jambe. **3.** fam. Main. **4.** *Montrer patte blanche,* présenter des garanties pour être admis. **II. 1.** au plur. Poils qui poussent devant l'oreille. **2.** Languette.

patte-d'oie n. f. **1.** Carrefour. **2.** Rides au coin de l'œil. *Des pattes-d'oie.*

pattemouille n. f. □ Linge humide pour repasser les vêtements.

pâturage n. m. □ Lieu couvert d'herbe pour le bétail.

pâture n. f. **1.** Ce qui sert à la nourriture des animaux. **2.** fig. Ce qui nourrit.

paturon n. m. □ Partie du bas de la jambe du cheval.

paulownia n. m. □ Grand arbre à fleurs bleues ou mauves.

paume n. f. □ Intérieur de la main.

paumelle n. f. □ techn. Charnière de métal fixant le gond.

paumer v. tr. □ fam. Perdre. ▷ v. pron. se **paumer** ▷ adj. **paumé, ée**

paupérisation n. f. □ écon. Appauvrissement.

paupière n. f. □ Membrane qui recouvre et protège l'œil.

paupiette n. f. □ Tranche de viande roulée et farcie.

pause n. f. □ Interruption momentanée.

pauvre I. adj. **1.** Qui n'a pas (assez) d'argent. **2.** (choses) Qui a l'apparence de la pauvreté. **3.** Qui fournit ou produit trop peu. **4.** (avant le nom) Qui inspire de la pitié. **5.** Lamentable. *Un pauvre type.* **II.** n. Personne sans ressources.

pauvrement adv. □ D'une manière pauvre.

pauvret, ette n. et adj. □ Pauvre petit(e).

pauvreté n. f. **1.** État d'une personne qui manque de moyens matériels. **2.** Aspect misérable. **3.** Insuffisance matérielle ou morale.

pavage n. m. **1.** Fait de paver. **2.** Revêtement d'un sol.

pavane n. f. □ Ancienne danse solennelle.

se **pavaner** v. pron. □ Avoir une attitude pleine de vanité.

pavé n. m. **I. 1.** Bloc pour revêtir le sol. **2.** Partie d'une voie publique ainsi revêtue. **II. 1.** Pièce de viande épaisse. **2.** fam. Gros livre.

pavement n. m. □ Sol pavé.

paver v. tr. □ Revêtir (un sol) de blocs assemblés. ▶ **paveur, euse** n.

pavillon n. m. **1.** Petit bâtiment isolé. **2.** Partie visible de l'oreille. **3.** Drapeau.

pavillonnaire adj. □ Formé de pavillons (1).

pavois n. m. **1.** *Hisser qqn SUR LE PAVOIS,* le glorifier. **2.** mar. Ensemble des pavillons d'un navire.

pavoiser v. tr. □ Orner de drapeaux (une rue, etc.), pour une fête. ■ v. intr. fig., fam. *Il n'y a pas de quoi pavoiser,* être fier.

pavot n. m. □ Plante dont les graines fournissent l'opium.

payable adj. □ Qui doit être payé.

payant, ante adj. **1.** Qui paie. **2.** Qu'il faut payer.

paye ou **paie** n. f. **1.** Rémunération. **2.** fam. *Ça fait une paye,* il y a longtemps.

payement → **paiement**

payer v. tr. **I.** avec compl. dir. **1.** *Payer qqn,* lui remettre ce qui lui est dû. **2.** *Payer qqch. :* s'acquitter par un versement de (ce que l'on doit). **3.** fam. Offrir. **4.** fig. *Il me le paiera !,* je l'en punirai. **II.** sans compl. dir. **1.** Verser de l'argent. **2.** Expier. **3.** Rapporter. *Le crime ne paie pas.* ▷ v. pron. se **payer**

payeur, euse n. □ Personne qui paie.

① **pays** n. m. **1.** Territoire d'une nation. **2.** Région. **3.** Petite ville ; village. **4.** *VOIR DU PAYS :* voyager.

② **pays, payse** n. □ plais. Personne du même pays (2 et 3).

paysage n. m. **1.** Partie de la nature présentée à un observateur. **2.** fig. Aspect général.

paysagiste n. 1. Peintre de paysages. 2. Personne qui élabore des plans d'espaces verts.

paysan, anne 1. n. Homme, femme vivant à la campagne du travail de la terre. 2. adj. Des paysans. ▶ **paysannerie** n. f. ou **paysannat** n. m.

① **P. C.** n. m. ▫ Poste de commandement.

② **P. C.** n. m. ▫ anglic. Ordinateur personnel.

P. D. F. n. m. invar. ▫ anglic. Fichier informatique créé dans un format qui conserve la mise en forme des documents.

P.-D. G. n. m. ▫ fam. Président-directeur général. – var. **pédégé.**

péage n. m. ▫ Droit que l'on paye pour emprunter une voie de communication. – L'endroit où se perçoit le péage.

peau n. f. 1. Enveloppe extérieure du corps des vertébrés, derme et épiderme. 2. L'épiderme humain. 3. Enveloppe extérieure (des fruits).

peaufiner v. tr. ▫ Soigner (un travail). ▶ **peaufinage** n. m.

Peau-Rouge n. ▫ vieilli Indien d'Amérique du Nord.

peausserie n. f. ▫ Commerce, travail des peaux, des cuirs.

pécan n. m. ▫ *Noix de pécan* : fruit du *pacanier.*

pécari n. m. ▫ Cochon sauvage d'Amérique.

peccadille n. f. ▫ littér. Faute bénigne.

pechblende n. f. ▫ Minerai d'uranium.

① **pêche** n. f. 1. Fruit du pêcher. 2. fam. *Avoir la pêche,* être en forme.

② **pêche** n. f. 1. Action de pêcher (②). 2. Poissons, fruits de mer pêchés.

péché n. m. ▫ relig. Acte conscient qui enfreint la loi divine.

pécher v. intr. 1. Commettre un péché. 2. *Pécher par,* avoir pour défaut.

① **pêcher** n. m. ▫ Arbre cultivé pour ses fruits, les pêches.

② **pêcher** v. tr. ▫ Prendre ou chercher à prendre dans l'eau (du poisson, etc.).

pêcherie n. f. ▫ Lieu, entreprise de pêche.

pécheur, pécheresse n. ▫ Personne dans l'état de péché.

pêcheur, pêcheuse n. ▫ Personne qui pratique la pêche.

pécore n. f. ▫ vieilli Sotte prétentieuse.

pecorino n. m. ▫ Fromage italien.

pectine n. f. ▫ Substance végétale mucilagineuse.

pectoral, ale, aux adj. 1. De la poitrine. *Muscles pectoraux ;* n. m. pl. *les pectoraux.* 2. Qui soigne la poitrine.

pécule n. m. ▫ Somme d'argent économisée.

pécuniaire adj. 1. Relatif à l'argent. 2. En argent. ▶ **pécuniairement** adv.

pédagogie n. f. ▫ Science, pratique de l'éducation. ▶ **pédagogique** adj. ▶ **pédagogiquement** adv.

pédagogue n. 1. Personne qui a le sens de l'enseignement. 2. Spécialiste de la pédagogie.

pédale n. f. ▫ Dispositif de commande ou de transmission qui s'actionne avec le pied.

pédaler v. intr. ▫ Actionner les pédales ; rouler à bicyclette.

pédalier n. m. ▫ Système de propulsion par pédales.

pédalo n. m. (marque déposée) ▫ Petite embarcation actionnée par pédales.

pédant, ante adj. et n. ▫ Qui étale son érudition. ▶ **pédantisme** n. m. ou **pédanterie** n. f.

pédégé n. m. → **P.-D. G.**

pédégère n. f. ▫ fam. Femme qui exerce la fonction de P.-D. G.

pédéraste n. m. ▫ Homosexuel (spécialt par pédérastie (1)). – abrév. fam. **pédé.**

pédérastie n. f. **1.** Pratique homosexuelle entre un homme et un jeune garçon. **2.** Homosexualité masculine.

pédestre adj. ▫ Qui se fait à pied. ▶ **pédestrement** adv.

pédiatrie n. f. ▫ Médecine des enfants. ▶ **pédiatre** n. ▶ **pédiatrique** adj.

pédicule n. m. ▫ bot. Support allongé et grêle (d'un végétal).

pédicure n. ▫ Spécialiste des soins des pieds. ▶ **pédicurie** n. f.

pedigree n. m. ▫ Généalogie (d'un animal de race pure).

pédologie n. f. ▫ Science des sols. ▶ **pédologue** n.

pédoncule n. m. ▫ bot. Axe portant les fleurs. ▶ **pédonculé, ée** adj.

pédophile adj. et n. ▫ Qui ressent une attirance sexuelle pour les enfants. ▶ **pédophilie** n. f.

pègre n. f. ▫ Monde de voleurs, d'escrocs.

peigne n. m. ▫ Instrument à dents fines et serrées pour démêler la chevelure.

peigne-cul n. m. ▫ vulg. Personne grossière, inculte.

peigner v. tr. ▫ Démêler (les cheveux) avec un peigne. ▷ v. pron. se **peigner**

peignoir n. m. **1.** Vêtement en tissu éponge que l'on met en sortant du bain. **2.** Vêtement d'intérieur.

peinard, arde adj. ▫ fam. Paisible. ▶ **peinardement** adv.

peindre v. tr. **1.** Couvrir avec de la peinture. **2.** Représenter par l'art pictural.

peine n. f. **1.** Sanction appliquée à titre de punition* ou de réparation. ▪ *SOUS PEINE DE* loc. prép. : en encourant la peine de. **2.** Souffrance morale. **3.** Activité qui fatigue. – *Ce n'est pas la peine* : ça ne sert à rien. **4.** Difficulté qui gêne (pour faire qqch.). **5.** *À PEINE* loc. adv. Presque pas, très peu. – Tout au plus. *À peine huit jours.*

peiner v. **1.** v. intr. Se donner du mal. **2.** v. tr. Attrister (qqn).

peintre n. **1.** Personne qui applique de la peinture. **2.** Artiste qui fait de la peinture.

peinture n. f. **1.** Opération qui consiste à couvrir de couleur une surface. **2.** Représentation sur une surface plane au moyen de couleurs. **3.** Tableau. **4.** Couleur préparée pour peindre.

peinturlurer v. tr. ▫ fam. Peindre avec des couleurs criardes.

péjoratif, ive adj. ▫ (mot...) Qui déprécie. ▶ **péjorativement** adv.

pékin n. m. ▫ fam. et péj. Individu.

pékinois n. m. ▫ Petit chien à face aplatie.

PEL n. m. ▫ Plan épargne logement.

pelade n. f. ▫ Maladie qui fait tomber par places les poils et les cheveux.

pelage n. m. ▫ Ensemble des poils (d'un mammifère).

pélagique adj. ▫ didact. De la haute mer.

pélargonium n. m. ▫ Plante ornementale improprement appelée *géranium.*

pelé, ée adj. **1.** Qui a perdu ses poils, ses cheveux. **2.** Dépourvu de végétation.

pêle-mêle ▫ adv. Dans le désordre.

peler v. **1.** v. tr. Dépouiller (un fruit) de sa peau. **2.** v. intr. Perdre des lambeaux d'épiderme.

pèlerin n. m. ▫ Personne qui fait un pèlerinage.

pèlerinage n. m. **1.** Voyage à un lieu saint. **2.** Voyage fait pour rendre hommage.

pèlerine n. f. ▫ Manteau sans manches.

pélican n. m. ▫ Oiseau palmipède au bec crochu muni d'une poche.

pelisse n. f. ▫ Manteau doublé.

pelle n. f. **1.** Outil composé d'une plaque mince ajustée à un manche. – fig. *À LA PELLE* : en abondance. **2.** fam. Baiser profond.

pelletée n. f. ▫ Contenu d'une pelle.

pelleter v. tr. ▫ Déplacer avec une pelle. ▶ **pelletage** n. m.

pelleterie n. f. ▫ Préparation, commerce des fourrures. ▶ **pelletier, ière** n.

pelleteuse n. f. ▫ Pelle mécanique.

pellicule n. f. **1.** Petite écaille qui se détache du cuir chevelu. **2.** Couche fine. **3.** Support d'une couche sensible (photo, cinéma). ▶ **pelliculaire** adj.

pellucide adj. ▫ didact. Translucide.

pelote n. f. **I. 1.** Boule formée de fil enroulé. **2.** Coussinet à épingles. **II.** *PELOTE (BASQUE)* : sport où les joueurs *(pelotaris)* envoient la balle rebondir contre un fronton.

peloter v. tr. ▫ fam. Toucher sensuellement. ▶ **pelotage** n. m. ▶ **peloteur, euse** n.

peloton n. m. **1.** Groupe de soldats. **2.** Groupe compact (de coureurs).

se **pelotonner** v. pron. ▫ Se ramasser en boule.

pelouse n. f. ▫ Terrain couvert d'une herbe serrée.

peluche n. f. **1.** Tissu à poils plus longs que le velours. **2.** Animal en peluche (jouet).

pelucher v. intr. ▫ Former de petits amas de fibres. ▶ **pelucheux, euse** adj.

pelure n. f. ▫ Peau (d'un fruit, d'un légume pelé).

pelvis n. m. ▫ anat. Bassin. ▶ **pelvien, enne** adj.

pemmican n. m. ▫ Viande séchée.

pénal, ale, aux adj. ▫ Relatif aux peines, aux délits. ▶ **pénalement** adv.

pénalisation n. f. ▫ Désavantage infligé au joueur d'un match qui a fait une faute.

pénaliser v. tr. **1.** Infliger une pénalisation à. **2.** Infliger une peine à. **3.** Désavantager. ▶ **pénalisant, ante** adj.

pénaliste n. ▫ Spécialiste du droit pénal.

pénalité n. f. **1.** Peine, sanction. **2.** Pénalisation.

penalty n. m. ▫ anglic. (football) Sanction d'une faute dans la surface de réparation. *Des penaltys* ou *des penalties*.

pénard → **peinard**

pénates n. m. pl. ▫ fam. Demeure.

penaud, aude adj. ▫ Honteux ; déconcerté.

penchant n. m. ▫ Inclination naturelle.

pencher v. **I.** v. intr. **1.** Être ou devenir oblique. **2.** S'abaisser. **3.** *PENCHER POUR* : être porté à choisir (qqch., qqn). **II.** v. tr. Faire aller vers le bas. ▷ v. pron. **se pencher** **1.** S'incliner. **2.** fig. *SE PENCHER SUR* : s'occuper de.

pendable adj. ▫ *TOUR PENDABLE*, mauvais tour.

pendaison n. f. **1.** Action de pendre qqn. **2.** Fait de suspendre qqch.

① **pendant, ante** adj. ▫ Qui pend.

② **pendant** n. m. ▫ Chacun des objets formant une paire.

③ **pendant** prép. **1.** Dans le temps de. **2.** *PENDANT QUE* loc. conj. Tandis que.

pendeloque n. f. ▫ Bijou, ornement suspendu.

pendentif n. m. ▫ Bijou suspendu.

penderie n. f. ▫ Placard où l'on suspend des vêtements.

pendiller v. intr. ▫ Être suspendu en se balançant.

pendouiller v. intr. ▫ fam. Pendre mollement.

pendre v. **I.** v. intr. **1.** Être fixé par le haut. **2.** Descendre plus bas qu'il ne faudrait. **II.** v. tr. **1.** Fixer (qqch.) par le haut. **2.** Mettre à mort (qqn) en suspendant par le cou. ▷ v. pron. se **pendre 1.** Se tuer par pendaison. **2.** Se tenir en laissant pendre son corps.

pendu, ue n. □ Personne pendue.

① **pendule** n. m. □ Masse oscillante suspendue par un fil tendu. ▶ **pendulaire** adj.

② **pendule** n. f. □ Petite horloge.

pendulette n. f. □ Petite pendule.

pêne n. m. □ Pièce mobile d'une serrure.

pénéplaine n. f. □ Région à très faible relief.

pénétrable adj. □ Où il est possible de pénétrer.

pénétrant, ante adj. **1.** Qui transperce les vêtements. **2.** Qui procure une sensation puissante. **3.** Perspicace.

pénétrante n. f. □ Grande voie allant vers un centre.

pénétration n. f. **1.** Mouvement de ce qui pénètre. **2.** Facilité à comprendre.

pénétré, ée adj. □ Rempli (d'un sentiment, d'une conviction).

pénétrer v. **I.** v. intr. **1.** (sujet chose) Entrer en passant à travers ce qui fait obstacle. **2.** Entrer. *Pénétrer dans une maison.* **II.** v. tr. **1.** (sujet chose) Entrer profondément dans. **2.** Comprendre à fond.

pénible adj. **1.** Qui se fait avec fatigue. **2.** Qui cause de la douleur. **3.** (personnes) fam. Difficile à supporter. ▶ **péniblement** adv.

péniche n. f. □ Bateau fluvial, à fond plat.

pénicilline n. f. □ Antibiotique utilisé dans le traitement d'infections.

pénil n. m. □ anat. Saillie au-dessus du sexe de la femme.

péninsule n. f. □ Grande presqu'île. ▶ **péninsulaire** adj.

pénis n. m. □ Organe sexuel de l'homme.

pénitence n. f. **1.** Remords d'avoir offensé Dieu. **2.** Châtiment, punition.

pénitencier n. m. □ Prison ; bagne.

pénitent, ente n. □ Personne qui confesse ses péchés.

pénitentiaire adj. □ Qui concerne les prisons, les détenus.

① **penne** n. f. □ Grande plume (d'oiseaux).

② **penne** n. f. pl. □ Pâtes coupées en biseau et striées.

penné, ée adj. □ bot. *Feuille pennée :* feuille composée à folioles symétriques.

penny, plur. **pence** n. m. □ Monnaie anglaise, centième de la livre.

pénombre n. f. □ Lumière faible.

pensable adj. □ (en tournure négative) Que l'on peut admettre, imaginer.

pensant, ante adj. □ Qui a la faculté de penser.

pense-bête n. m. □ Note rappelant ce que l'on doit faire. *Des pense-bêtes.*

① **pensée** n. f. **I. 1.** L'esprit. **2.** Activité psychique. **3.** *LA PENSÉE DE qqn,* sa réflexion. **II. 1.** Représentations, dans la conscience. ▪ au plur. Réflexions. **2.** Expression brève d'une idée. **III.** *LA PENSÉE DE (qqn, qqch.) :* le fait de penser à.

② **pensée** n. f. □ Plante aux fleurs très colorées.

penser v. **I.** v. intr. Exercer une activité cérébrale. **II.** v. tr. ind. *PENSER À :* appliquer sa réflexion. ▪ Prévoir. *J'ai pensé à tout.* **III.** v. tr. **1.** Avoir pour conviction. **2.** Avoir l'idée de. **3.** (+ inf.) Avoir l'intention de.

penseur n. m. □ Personne qui a des pensées neuves.

pensif, ive adj. ▫ Absorbé dans ses pensées.

pension n. f. **I.** Allocation périodique. **II. 1.** *Être en pension,* nourri et logé. **2.** PENSION DE FAMILLE : hôtel simple. **3.** Établissement scolaire assurant hébergement et nourriture.

pensionnaire n. **1.** Personne qui prend pension chez qqn, dans un hôtel. **2.** Interne (dans une école).

pensionnat n. m. ▫ Pension (II, 3) privée.

pensionner v. tr. ▫ Pourvoir (qqn) d'une pension. ▷ adj. et n. **pensionné, ée**

pensivement adv. ▫ D'une manière pensive.

pensum n. m. ▫ vieilli Travail ennuyeux.

pentagone n. m. ▫ géom. Polygone qui a cinq côtés. ▶ **pentagonal, ale, aux** adj.

pentathlon n. m. ▫ Ensemble de cinq épreuves sportives. ▶ **pentathlonien, ienne** n.

pente n. f. **1.** Inclinaison par rapport à l'horizontale. **2.** Surface inclinée.

Pentecôte n. f. **1.** Fête chrétienne, le septième dimanche après Pâques. **2.** Fête juive, sept semaines après la Pâque (2ᵉ jour).

penthotal n. m. ▫ Barbiturique appelé *sérum* de vérité.*

pentu, ue adj. ▫ En pente.

penture n. f. ▫ Ferrure décorative.

pénultième ▫ didact. **1.** adj. Avant-dernier. **2.** n. f. Avant-dernière syllabe.

pénurie n. f. ▫ Manque de ce qui est nécessaire.

people ▫ anglic. **1.** adj. invar. Qui concerne les vedettes. **2.** n. invar. (au plur.) Ces vedettes.

pépé n. m. **1.** lang. enfantin Grand-père. **2.** fam. Homme âgé.

pépée n. f. ▫ fam. Femme, jeune fille.

pépère ▫ fam. **I.** n. m. **1.** lang. enfantin Grand-père. **2.** Gros homme paisible. **II.** adj. Tranquille.

pépètes n. f. pl. ▫ fam. Argent.

pépette n. f. ▫ fam. Jeune fille, petite fille.

pépie n. f. ▫ fam. Grande soif.

pépier v. intr. ▫ (oiseaux) Pousser de petits cris. ▶ **pépiement** n. m.

① **pépin** n. m. **1.** Graine de certains fruits. **2.** fam. Ennui, difficulté.

② **pépin** n. m. ▫ fam. Parapluie.

pépinière n. f. ▫ Terrain où l'on fait pousser de jeunes arbres. ▶ **pépiniériste** n.

pépite n. f. ▫ Morceau d'or natif.

péplum n. m. ▫ Film à grand spectacle sur l'Antiquité.

pepsine n. f. ▫ Enzyme du suc gastrique.

peptide n. m. ▫ biochim. Protide formé par un nombre restreint d'acides aminés.

péquenaud, aude n. ▫ fam. et péj. Paysan. – var. **péquenot** n. m.

percale n. f. ▫ Tissu de coton, fin et serré.

perçant, ante adj. **1.** Qui voit au loin. **2.** (son) Aigu et fort.

perce n. f. ▫ *Mettre en perce :* percer (un tonneau) pour tirer du vin.

percée n. f. **1.** Ouverture. **2.** fig. Progrès.

percement n. m. ▫ Action de percer.

perce-neige n. m. ou f. ▫ Plante à fleurs blanches de fin d'hiver. *Des perce-neige(s).*

perce-oreille n. m. ▫ Insecte dont l'abdomen porte une sorte de pince. *Des perce-oreilles.*

percepteur, trice n. ▫ Comptable chargé de la perception des impôts.

perceptible adj. ▫ Qui peut être perçu, compris.

perception n. f. **I.** Réunion de sensations en images mentales. ▶ **perceptif, ive** adj. **II. 1.** Recouvrement des impôts directs. **2.** Bureau de percepteur.

percer v. **I.** v. tr. **1.** Faire un trou dans. **2.** Pratiquer (une ouverture). **II.** v. intr. **1.** Se montrer. **2.** Acquérir la notoriété. ▷ adj. **percé, ée**

perceuse n. f. ▫ Machine-outil perçant des trous.

percevable adj. ▫ Qui peut être perçu.

percevoir v. tr. **1.** Parvenir à connaître. **2.** Recevoir (une somme d'argent).

① **perche** n. f. ▫ Poisson d'eau douce.

② **perche** n. f. ▫ Grande tige de bois, de métal. ▪ *SAUT À LA PERCHE* (en hauteur).

percher v. **I.** v. intr. (oiseaux) Se mettre sur une branche, un perchoir. **II.** v. tr. fam. Placer à un endroit élevé. ▷ v. pron. se **percher** ▷ p. p. **perché, ée**

percheron, onne n. m. ▫ Grand cheval de trait.

perchiste n. ▫ Sauteur à la perche.

perchoir n. m. ▫ Endroit où viennent se percher les oiseaux.

perclus, use adj. ▫ Qui a de la peine à se mouvoir.

percolateur n. m. ▫ Appareil à vapeur qui sert à faire du café.

percolation n. f. ▫ didact. Passage d'une substance par une matière absorbante.

perçu, ue ▫ Participe passé de *percevoir.*

percussion n. f. ▫ Action de frapper. ▶ **percussionniste** n.

percutané, ée adj. ▫ méd. Qui se fait à travers la peau.

percutant, ante adj. **1.** Qui donne un choc. **2.** fig. Qui frappe par sa netteté.

percuter v. tr. ▫ Frapper, heurter.

percuteur n. m. ▫ (arme) Pièce métallique qui frappe l'amorce.

perdant, ante adj. et n. ▫ Qui perd.

perdition n. f. **1.** iron. *Lieu de perdition,* de débauche. **2.** *EN PERDITION,* en danger de naufrage.

perdre v. tr. **I. 1.** Ne plus avoir. **2.** Être séparé de (qqn) par la mort. **3.** Égarer. **4.** Ne plus pouvoir suivre, contrôler. *Perdre son chemin.* **5.** Ne pas profiter de (qqch.). *Perdre son temps.* **6.** Ne pas obtenir ou ne pas garder (un avantage). **II. 1.** Priver de sa réputation, de sa situation. *Son ambition le perdra.* **2.** Mettre hors du bon chemin. ▷ v. pron. se **perdre 1.** Cesser d'être. *Les traditions se perdent.* **2.** S'égarer.

perdreau n. m. ▫ Perdrix de l'année.

perdrix n. f. ▫ Oiseau au plumage roux ou gris cendré, gibier apprécié.

perdu, ue adj. **1.** Dont on n'a plus la possession. **2.** Égaré. **3.** Condamné. **4.** Désemparé.

perdurer v. intr. ▫ littér. Se perpétuer.

père n. m. **1.** Homme qui a donné naissance à des enfants. **2.** (animaux) Parent mâle. **3.** fig. → **créateur, inventeur. 4.** (titre) Religieux.

pérégrinations n. f. pl. ▫ Déplacements incessants en de nombreux endroits.

péremption n. f. ▫ *Date de péremption,* où un produit est périmé.

péremptoire adj. ▫ Qui refuse toute objection. ▶ **péremptoirement** adv.

pérenne adj. ▫ Qui dure longtemps. ▶ **pérenniser** v. tr. ▶ **pérennisation** n. f.

pérennité n. f. ▫ État, caractère de ce qui dure toujours.

péréquation n. f. ▫ Répartition égalitaire de charges ou de moyens.

perestroïka n. f. ▫ Politique libérale, dans l'ex-U. R. S. S.

perfectible adj. ▫ Susceptible d'être amélioré. ▶ **perfectibilité** n. f.

perfectif, ive adj. ◻ gramm. *Verbe perfectif*, qui suppose un aboutissement, un terme.

perfection n. f. **1.** État, qualité de ce qui est parfait. **2.** Personne ou chose parfaite.

perfectionner v. tr. ◻ Rendre meilleur. ▷ v. pron. se **perfectionner** ▷ adj. **perfectionné, ée** ▶ **perfectionnement** n. m.

perfectionniste adj. et n. ◻ Qui cherche la perfection. ▶ **perfectionnisme** n. m.

perfecto n. m. ◻ (n. de marque) Blouson court en cuir.

perfide adj. ◻ littér. Qui trahit la confiance. ▶ **perfidement** adv. ▶ **perfidie** n. f.

perforateur, trice 1. adj. Qui perfore. **2.** n. f. Machine à perforer.

perforation n. f. **1.** Action de perforer. **2.** Endroit perforé.

perforer v. tr. ◻ Traverser en faisant un ou plusieurs petits trous. ▷ adj. **perforé, ée**

performance n. f. **1.** Résultat obtenu dans une compétition. **2.** Résultat le meilleur. **3.** fig. Exploit, prouesse. **4.** Œuvre artistique conçue comme une action en train de se faire.

performant, ante adj. ◻ Capable de hautes performances.

performeur, euse n. **1.** Sportif qui réalise une performance. **2.** Artiste auteur d'une performance (4).

perfusion n. f. ◻ méd. Injection lente et continue (de sérum). ▶ **perfuser** v. tr.

pergola n. f. ◻ Petite construction de jardin, support de plantes grimpantes.

péricarde n. m. ◻ anat. Membrane qui enveloppe le cœur.

péricarpe n. m. ◻ bot. Enveloppe des graines.

péricliter v. intr. ◻ Aller à sa ruine.

péridural, ale, aux adj. et n. f. ◻ méd. *(Anesthésie) péridurale*, du bassin.

périgée n. m. ◻ astron. Point d'une orbite le plus proche de la Terre.

péril n. m. ◻ littér. Situation où l'on court de grands risques.

périlleux, euse adj. **1.** littér. Où il y a du danger. **2.** SAUT PÉRILLEUX, où le corps fait un tour complet sur lui-même.

périmé, ée adj. **1.** Qui n'est plus valide. **2.** Que l'on ne peut plus consommer.

se **périmer** v. pron. ◻ Être annulé après l'expiration d'un délai.

périmètre n. m. **1.** Ligne qui délimite le contour d'une figure plane. **2.** Zone délimitée.

périnatal, ale, als adj. ◻ méd. Qui précède et suit immédiatement la naissance.

périnée n. m. ◻ Ensemble des tissus qui forment le plancher du petit bassin.

période n. f. ◻ Espace de temps. ▪ Division historique du temps.

périodique adj. **1.** Qui se reproduit à des intervalles réguliers. **2.** Qui paraît régulièrement. – n. m. *Un périodique*. ▶ **périodiquement** adv. ▶ **périodicité** n. f.

périoste n. m. ◻ anat. Membrane qui enveloppe les os.

péripatéticienne n. f. ◻ littér. Prostituée.

péripétie n. f. ◻ Événement imprévu.

périphérie n. f. **1.** Pourtour. **2.** Quartiers éloignés du centre.

périphérique adj. ◻ Situé à la périphérie.

périphrase n. f. ◻ Expression développée d'une notion.

périple n. m. ◻ Grand voyage.

périr v. intr. ◻ littér. Mourir.

périscolaire adj. ◻ Complémentaire de l'enseignement scolaire.

périscope n. m. ◻ Instrument d'optique permettant de voir par-dessus un obstacle.

périssable adj. ▫ Qui n'est pas durable.

périssoire n. f. ▫ Embarcation plate, longue et étroite.

péristyle n. m. ▫ didact. Colonnade autour d'un édifice, d'une cour.

péritel adj. invar. (marque déposée) ▫ *Prise péritel*, permettant de brancher certains appareils sur un téléviseur.

péritoine n. m. ▫ Membrane qui tapisse l'abdomen.

péritonite n. f. ▫ Inflammation du péritoine.

perle n. f. **1.** Petite concrétion de nacre sécrétée par certains mollusques. **2.** Petite boule percée d'un trou. **3.** Personne de grand mérite. **4.** Erreur grossière.

perlé, ée adj. **1.** En forme de perle. **2.** Aux reflets nacrés.

perler v. intr. ▫ Former de petites gouttes.

perlier, ière adj. ▫ Qui a rapport aux perles.

perlingual, ale, aux adj. ▫ pharm. Placé sous la langue.

permanence n. f. **1.** Caractère de ce qui est durable. **2.** Service assurant un fonctionnement ininterrompu ; son local. **3.** *EN PERMANENCE* loc. adv. : sans interruption.

permanent, ente adj. **1.** Qui dure sans discontinuer ni changer. **2.** n. f. Traitement des cheveux pour les onduler durablement.

permanganate n. m. ▫ Sel dérivé du manganèse.

perméable adj. **1.** Qui se laisse traverser par un fluide. **2.** fig. Qui se laisse atteindre par (qqch.). ▶ **perméabilité** n. f.

permettre v. tr. ▫ Laisser faire (qqch.), ne pas empêcher. ▷ v. pron. se **permettre** S'accorder (qqch.).

permis n. m. ▫ Autorisation officielle écrite.

permissif, ive adj. ▫ Qui permet trop facilement. ▶ **permissivité** n. f.

permission n. f. **1.** Action de permettre ; son résultat. **2.** Congé accordé à un militaire.

permissionnaire ▫ n. m. Soldat en permission.

permuter v. **1.** v. tr. Mettre une chose à la place d'une autre (et réciproquement). **2.** v. intr. Échanger sa place. ▶ **permutation** n. f.

pernicieux, euse adj. ▫ littér. Nuisible. ▶ **pernicieusement** adv.

péroné n. m. ▫ Os long de la jambe.

péronnelle n. f. ▫ fam. et vieilli Femme sotte et bavarde.

péroraison n. f. ▫ didact. Conclusion d'un discours.

pérorer v. intr. ▫ Discourir avec emphase.

peroxyde n. m. ▫ chim. Oxyde contenant le maximum d'oxygène.

peroxydé, ée adj. ▫ (cheveux) Décoloré à l'eau oxygénée.

perpendiculaire adj. et n. f. ▫ (droite) Qui fait un angle droit avec. ▶ **perpendiculairement** adv.

à **perpète** loc. adv. ▫ fam. **1.** À perpétuité. **2.** Très loin.

perpétrer v. tr. ▫ Commettre (un acte criminel). ▶ **perpétration** n. f.

perpétuel, elle adj. ▫ Qui dure toujours. ▶ **perpétuellement** adv.

perpétuer v. tr. ▫ Faire durer. ▷ v. pron. se **perpétuer** ▶ **perpétuation** n. f.

perpétuité n. f. ▫ *À PERPÉTUITÉ* loc. adv. : à vie.

perplexe adj. ▫ Qui hésite, ne sait que faire. ▶ **perplexité** n. f.

perquisition n. f. ▫ Fouille policière d'un domicile. ▶ **perquisitionner** v. intr.

perron n. m. ▫ Petit escalier extérieur et plate-forme devant une maison.

perroquet n. m. ▫ Oiseau au plumage coloré, capable d'imiter la parole humaine.

perruche n. f. ▫ Petit oiseau grimpeur, au plumage coloré, à longue queue.

perruque n. f. ▫ Coiffure de faux cheveux.

perruquier n. m. ▫ Fabricant de perruques.

pers adj. m. ▫ D'une couleur où le bleu domine (yeux).

persan, ane adj. et n. ▫ De Perse. – *Chat persan,* à longs poils soyeux.

persécuter v. tr. ▫ Tourmenter par des traitements injustes et cruels. ▶ **persécuteur, trice** n.

persécution n. f. ▫ Traitement injuste et cruel.

persévérer v. intr. ▫ Continuer de faire ce qu'on a résolu. ▶ **persévérant, ante** adj. ▶ **persévérance** n. f.

persienne n. f. ▫ Volet muni de vantaux à claire-voie.

persifler v. tr. ▫ littér. Tourner (qqn) en ridicule. ▶ **persifleur, euse** adj. et n. ▶ **persiflage** n. m.

persil n. m. ▫ Plante potagère aromatique.

persillade n. f. ▫ Assaisonnement à base de persil haché.

persillé, ée adj. ▫ Accompagné de persil.

persistant, ante adj. ▫ Qui persiste. ▶ **persistance** n. f.

persister v. intr. **1.** Continuer sans céder. **2.** Durer malgré tout.

perso adj. invar. ▫ fam. Personnel.

persona grata n. f. invar. ▫ Représentant d'un État agréé par un autre État (opposé à *persona non grata,* indésirable).

personnage n. m. **1.** Personne importante. **2.** Personne qui figure dans une œuvre. **3.** Personne, dans son comportement.

personnaliser v. tr. ▫ Donner un caractère personnel à.

personnalité n. f. **1.** Ce qui différencie une personne. – Force de caractère. **2.** Personne en vue.

① **personne** n. f. **1.** Individu de l'espèce humaine. ▪ EN PERSONNE : soi-même. **2.** gramm. Indication du rôle que tient la personne qui est en cause dans l'énoncé.

② **personne** pron. indéf. **1.** → **quiconque. 2.** Aucun être humain.

personnel, elle I. adj. **1.** Qui concerne une personne. **2.** gramm. Qui marque ou exprime la personne grammaticale. **II.** n. m. Personnes employées dans une entreprise.

personnellement adv. **1.** En personne. **2.** Quant à soi.

personnifier v. tr. **1.** Représenter sous les traits d'une personne. **2.** Réaliser dans sa personne (un caractère). ▷ adj. **personnifié, ée** ▶ **personnification** n. f.

perspective n. f. **1.** arts Technique de représentation de l'espace en fonction de lignes de fuite. **2.** Événements probables. **3.** Manière de considérer qqch.

perspicace adj. ▫ Doué d'un esprit pénétrant. ▶ **perspicacité** n. f.

persuader v. tr. ▫ Amener (qqn) à croire, à faire.

persuasion n. f. ▫ Action de persuader ; fait d'être persuadé. ▶ **persuasif, ive** adj.

perte n. f. **1.** Fait de perdre (qqn). **2.** Fait d'être privé de ce qu'on avait. **3.** Fait d'égarer qqch. **4.** EN PURE PERTE loc. adv. : inutilement. **5.** Déperdition. **6.** Fait d'être vaincu. **7.** Fait de se perdre. *Courir à sa perte.*

pertinemment adv. 1. littér. De manière pertinente. 2. *Savoir pertinemment*, être informé exactement.

pertinent, ente adj. ▫ Qui convient exactement, dénote du bon sens. ▶ **pertinence** n. f.

perturbateur, trice adj. et n. ▫ Qui perturbe.

perturbation n. f. ▫ Irrégularité provoquée dans un fonctionnement.

perturber v. tr. 1. Empêcher (qqch.) de fonctionner normalement. 2. Troubler (qqn).

pervenche n. f. ▫ Plante à fleurs bleu-mauve.

pervers, erse adj. 1. littér. Qui se plaît à faire le mal. 2. adj. et n. Qui témoigne de perversion. 3. *Effet pervers* : conséquence pernicieuse.

perversion n. f. 1. littér. Action de pervertir (1). 2. Déviation des instincts.

perversité n. f. 1. littér. Goût pour le mal. 2. Perversion (2).

pervertir v. tr. 1. Faire changer (qqn) en mal. 2. Détourner (qqch.) de son sens ou de ses buts. ▶ **pervertissement** n. m.

pesage n. m. 1. Mesure des poids. 2. Action de peser les jockeys.

pesant, ante adj. 1. Qui pèse lourd. 2. fig. Pénible à supporter. ▶ **pesamment** adv.

pesanteur n. f. 1. Force qui entraîne les corps vers le centre de la Terre. 2. Caractère pesant.

pèse-bébé n. m. ▫ Balance pour nourrisson. *Des pèse-bébés.*

pesée n. f. 1. Détermination du poids (de qqch.). 2. Pression sur qqch. ou qqn.

pèse-lettre n. m. ▫ Balance pour les lettres. *Des pèse-lettres.*

pèse-personne n. m. ▫ Balance plate.

peser v. I. v. tr. 1. Déterminer le poids de. 2. Examiner avec attention. II. v. intr. 1. Avoir comme poids. 2. *PESER SUR, CONTRE.* → **appuyer.** III. v. intr. 1. *PESER À qqn*, être pénible. 2. *PESER SUR* : accabler.

peseta n. f. ▫ Ancienne unité monétaire de l'Espagne.

peso n. m. ▫ Unité monétaire de plusieurs pays d'Amérique latine.

pessimisme n. m. ▫ Disposition d'esprit qui porte à prendre les choses du mauvais côté. ▶ **pessimiste** adj. et n.

peste n. f. 1. Grave maladie infectieuse, épidémique et contagieuse. 2. fig. Personne, chose nuisible.

pester v. intr. ▫ Manifester son mécontentement.

pesticide adj. et n. m. ▫ (produit) Qui protège les cultures contre les parasites.

pestiféré, ée adj. et n. ▫ Atteint de la peste.

pestilence n. f. ▫ littér. Odeur infecte. ▶ **pestilentiel, ielle** adj.

pesto n. m. ▫ Sauce italienne au basilic.

pet n. m. ▫ fam. Gaz intestinal qui s'échappe de l'anus avec bruit.

pétale n. m. ▫ Chacune des pièces composant la corolle d'une fleur.

pétanque n. f. ▫ Jeu de boules.

pétant, ante adj. ▫ fam. Exact (heure).

pétarade n. f. ▫ Suite de détonations.

pétarader v. intr. ▫ Faire entendre une pétarade. ▶ **pétaradant, ante** adj.

pétard n. m. 1. Petite charge d'explosif dans une enveloppe. - fig. *Pétard mouillé* : révélation sans effet. 2. fam. *En pétard*, en colère. 3. fam. Cigarette de haschisch.

pétaudière n. f. ▫ Lieu de confusion.

pet-de-nonne n. m. ▫ Beignet soufflé. *Des pets-de-nonne.*

péter v. ▫ fam. **I.** v. intr. **1.** Faire un pet. **2.** Se casser. **II.** v. tr. **1.** *Péter le feu* : déborder de vitalité. **2.** Casser. ▷ adj. **pété, ée** fam. **1.** Cassé. **2.** (personnes) Ivre.

pète-sec adj. et n. invar. ▫ fam. Au ton hargneux et cassant.

péteux, euse n. ▫ fam. Personne insignifiante et prétentieuse.

pétiller v. intr. **1.** Éclater avec de petits bruits secs et répétés. **2.** Produire des bulles en bruissant. **3.** littér. Briller. ▶ **pétillant, ante** adj. ▶ **pétillement** n. m.

pétiole n. m. ▫ Partie rétrécie de certaines feuilles vers la tige.

petiot, ote adj. ▫ fam. Petit.

petit, ite I. adj. **1.** Dont la taille, les dimensions, sont inférieures à la moyenne. **2.** Qui n'a pas atteint la taille adulte. **3.** Dont l'importance, l'intensité est faible. **4.** Qui a peu de valeur. **II.** n. **1.** Être humain pas encore adulte. **2.** Rejeton (d'un animal). **III.** adv. *PETIT À PETIT* : peu à peu.

petit-beurre n. m. ▫ Gâteau sec rectangulaire, au beurre. *Des petits-beurre.*

petit-bourgeois, petite-bourgeoise adj. et n. ▫ De la partie la moins aisée de la bourgeoisie réputée conformiste et mesquine.

① **petit(-)déjeuner** n. m. ▫ Repas du matin. ▶ ② **petit-déjeuner** v. intr.

petitement adv. **1.** *Être logé petitement*, à l'étroit. **2.** fig. De manière mesquine.

petitesse n. f. **1.** Caractère de ce qui est de petite dimension. **2.** fig. Caractère mesquin.

petit-fils, petite-fille n. ▫ Fils, fille d'un fils ou d'une fille.

petit(-)four n. m. ▫ Petit gâteau.

petit-gris n. m. **1.** Écureuil de Russie. **2.** Petit escargot brun.

pétition n. f. ▫ Demande, plainte collective que l'on fait parvenir à qqn. ▶ **pétitionner** v. intr. ▶ **pétitionnaire** n.

petit-neveu, petite-nièce n. ▫ Fils, fille d'un neveu ou d'une nièce.

petit(-)pois n. m. → **pois**

petits-enfants n. m. pl. ▫ Les enfants d'un fils ou d'une fille.

petit-suisse n. m. ▫ Fromage frais en forme de petit cylindre.

pétoche n. f. ▫ fam. Peur. ▶ **pétochard, arde** adj. et n.

pétoire n. f. ▫ fam. Mauvais fusil.

peton n. m. ▫ fam. Petit pied.

pétoncle n. m. ▫ Coquillage comestible.

pétrel n. m. ▫ Oiseau marin très vorace.

pétrifier v. tr. **1.** Changer en pierre. ▶ **pétrifiant, ante** adj. ▶ **pétrification** n. f. **2.** fig. Immobiliser (qqn) par une émotion violente.

pétrin n. m. **1.** Dispositif où on pétrit le pain. **2.** fam. Situation embarrassante.

pétrir v. tr. **1.** Remuer fortement (une pâte). ▶ **pétrissage** n. m. **2.** fig. Donner une forme à. **3.** *ÊTRE PÉTRI, IE DE* : formé(e), fait(e) avec.

pétrochimie n. f. ▫ Industrie des dérivés du pétrole. ▶ **pétrochimique** adj. ▶ **pétrochimiste** n.

pétrodollars n. m. pl. ▫ fin. Devises en dollars provenant de la vente du pétrole.

pétrographie n. f. ▫ Science des roches.

pétrole n. m. ▫ Huile minérale naturelle combustible (hydrocarbure) utilisée comme source d'énergie.

pétrolette n. f. ▫ Petite moto, vélomoteur.

pétrolier, ière I. n. m. **1.** Navire-citerne pour le pétrole. **2.** Industriel du pétrole. **II.** adj. Relatif au pétrole.

pétrolifère adj. ▫ Qui fournit du pétrole.

pétulant, ante adj. ▫ Qui manifeste une ardeur exubérante. ▶ **pétulance** n. f.

pétunia n. m. ▫ Plante ornementale à fleurs violettes, roses, blanches.

peu adv. **I.** (nominal) Faible quantité. *Un peu de sel.* – *PEU À PEU* : par petites étapes. ▪ Peu de temps. *Depuis peu.* ▪ Un petit nombre (des personnes, des choses). *Bien peu l'ont su.* **II. 1.** En petite quantité. – Pas très. *Ils sont peu nombreux. Peu souvent.* – *POUR PEU QUE* (+ subj.) loc. conj. : pourvu que. **2.** *UN PEU* : dans une faible mesure. *Il va un (petit) peu mieux.*

peuchère interj. ▫ (sud-est) Exclamation de commisération.

peuh interj. ▫ Exprime le mépris, le dédain.

peuplade n. f. ▫ Petit groupement humain.

peuple n. m. **1.** Ensemble d'êtres humains formant une communauté culturelle. **2.** Ensemble des personnes d'une nation. **3.** Foule, multitude.

peuplement n. m. **1.** Action de peupler. **2.** État d'un territoire peuplé.

peupler v. tr. **I.** Pourvoir d'habitants. **II. 1.** Habiter (un pays...). **2.** Être présent en grand nombre dans. ▷ v. pron. se **peupler** ▷ adj. **peuplé, ée**

peupleraie n. f. ▫ Plantation de peupliers.

peuplier n. m. ▫ Arbre élancé, à petites feuilles.

peur n. f. ▫ Émotion qui accompagne la prise de conscience d'un danger. – *DE PEUR QUE, PAR PEUR QUE* (+ subj.) loc. conj.

peureux, euse adj. et n. ▫ Qui a facilement peur. ▶ **peureusement** adv.

peut-être adv. ▫ Éventuellement (possibilité).

peyotl n. m. ▫ Cactus du Mexique dont on extrait la mescaline.

pèze n. m. sing. ▫ fam. Argent.

pff(t) interj. ▫ Exprime le mépris.

pH n. m. invar. ▫ Potentiel d'hydrogène, unité de mesure d'acidité.

phacochère n. m. ▫ Mammifère ongulé d'Afrique, voisin du sanglier.

phagocyte n. m. ▫ biol. Cellule capable de détruire les microbes en les digérant (*phagocytose* n. f.).

phagocyter v. tr. **1.** Détruire par phagocytose. **2.** fig. Absorber et détruire.

① **phalange** n. f. ▫ littér. Armée.

② **phalange** n. f. ▫ Chacun des os longs qui soutiennent les doigts et les orteils.

phalanstère n. m. ▫ didact. Groupe qui vit en communauté.

phalène n. f. ou m. ▫ Grand papillon nocturne ou crépusculaire.

phallocrate adj. et n. ▫ Qui considère les femmes comme inférieures. ▶ **phallocratie** n. f.

phallus n. m. ▫ Pénis en érection. ▶ **phallique** adj.

phantasme → **fantasme**

pharaon n. m. ▫ Ancien souverain égyptien. ▶ **pharaonien, ienne** adj.

pharaonique adj. **1.** Des pharaons. **2.** Somptueux.

phare n. m. **1.** Tour munie à son sommet d'un feu qui guide les navires. appos. fig. *Un secteur phare.* **2.** Projecteur placé à l'avant d'un véhicule.

pharisien, ienne n. **1.** Antiq. Membre d'une secte puritaine d'Israël. **2.** littér., péj. Hypocrite.

pharmacie n. f. **1.** Science des médicaments. **2.** Magasin où l'on vend des médicaments. ▶ **pharmaceutique** adj.

pharmacien, enne n. ▫ Personne qui exerce la pharmacie.

pharmacologie n. f. □ Étude des médicaments.

pharmacopée n. f. □ Ensemble ou liste de médicaments.

pharyngite n. f. □ Inflammation du pharynx.

pharynx n. m. □ Cavité où aboutissent les conduits digestifs et respiratoires. ▶ **pharyngien, ienne** adj.

phase n. f. □ Chacun des états successifs (d'une chose en évolution). – *EN PHASE* : en variant de la même façon.

phasme n. m. □ Insecte allongé, qui imite la forme des tiges qui l'entourent.

phénicien, enne adj. et n. □ hist. De la Phénicie.

phéniqué, ée adj. □ Qui contient du phénol.

phénix n. m. □ mythol. Oiseau unique, qui était censé renaître de ses cendres.

phénol n. m. □ chim. Série de composés organiques dérivés du benzène.

phénoménal, ale, aux adj. **1.** philos. Du phénomène. **2.** Qui sort de l'ordinaire.

phénomène n. m. **1.** philos. Fait naturel complexe. **2.** Événement anormal ou surprenant. **3.** fam. Individu original.

phénoménologie n. f. □ didact. Philosophie (du phénomène (1)), qui écarte toute interprétation abstraite. ▶ **phénoménologique** adj.

phénotype n. m. □ biol. Caractères individuels correspondant à une réalisation du génotype* (d'un individu), en fonction du milieu.

phéromone n. f. □ physiol. Substance chimique sécrétée par un organisme, qui provoque chez un congénère une réaction spécifique.

philanthrope n. □ Personne généreuse et désintéressée. ▶ **philanthropie** n. f. ▶ **philanthropique** adj.

philatélie n. f. □ Art de collectionner les timbres-poste. ▶ **philatélique** adj. ▶ **philatéliste** n.

philharmonique adj. □ Se dit de certains orchestres classiques.

philistin n. m. □ littér. Personne de goût vulgaire.

philo n. f. □ fam. Philosophie.

philodendron n. m. □ Plante grimpante à feuilles très découpées.

philologie n. f. □ Étude historique des langues par l'analyse des textes. ▶ **philologique** adj. ▶ **philologue** n.

philosophale adj. f. □ alchim. *PIERRE PHILOSOPHALE* : substance capable de transmuer les métaux en or.

philosophe I. n. Spécialiste de philosophie. **II.** adj. Qui montre de la sagesse.

philosopher v. intr. □ Raisonner (sur des problèmes abstraits).

philosophie n. f. **1.** Vision systématique et générale du monde. **2.** Ensemble de conceptions philosophiques. **3.** Détachement.

philosophique adj. **1.** Relatif à la philosophie (1), à des problèmes de philosophie. **2.** Sage. ▶ **philosophiquement** adv.

philtre n. m □ Breuvage magique censé inspirer l'amour.

phimosis n. m. □ méd. Étroitesse pathologique du prépuce.

phlébite n. f. □ Inflammation d'une veine.

phlébologie n. f. □ didact. Discipline médicale qui étudie les veines et leurs maladies. ▶ **phlébologue** n.

phlegmon n. m. □ méd. Inflammation purulente du tissu conjonctif.

phlox n. m. □ Plante herbacée à fleurs de couleurs variées.

phobie n. f. □ Peur, angoisse devant certains objets, actes ou situations. ▶ **phobique** adj. et n.

phonème n. m. ▫ didact. Élément sonore du langage parlé, en tant qu'unité distinctive.

phonétique 1. adj. Qui a rapport aux sons du langage. ▶ **phonétiquement** adv. 2. n. f. Étude des sons de la parole. ▶ **phonéticien, ienne** n.

phonographe ou (abrév.) **phono** n. m. ▫ ancienn^t Appareil reproduisant mécaniquement les sons enregistrés.

phonologie n. f. ▫ didact. Science qui étudie les phonèmes (d'une langue). ▶ **phonologique** adj. ▶ **phonologue** n.

phoque n. m. ▫ Mammifère marin des eaux froides, aux membres antérieurs courts et palmés.

phosphate n. m. ▫ chim. Sel des acides phosphoriques. - *Phosphate (de calcium)*, engrais.

phosphore n. m. ▫ Élément (symb. P), très toxique et inflammable. ▶ **phosphorique** adj.

phosphorescent, ente adj. ▫ Qui émet de la lumière après en avoir reçu. ▶ **phosphorescence** n. f.

photo n. f. ▫ → **photographie.**

photocomposer v. tr. ▫ imprim. Composer (un texte) par procédé photographique des caractères. ▶ **photocomposition** n. f.

photocopier v. tr. ▫ Reproduire (un document) par photographie. ▶ **photocopie** n. f.

photocopieur n. m. et **photocopieuse** n. f. ▫ Machine à photocopier.

photoélectrique adj. ▫ Qui émet des électrons sous l'influence de la lumière.

photogénique adj. ▫ Dont l'image photographique est agréable.

photographe n. 1. Personne qui prend des photographies. 2. Professionnel qui développe, tire les clichés photographiques.

photographie ou (abrév.) **photo** n. f. 1. Technique donnant l'image durable des objets, par l'action de la lumière sur une surface sensible. 2. Image ainsi obtenue. ▶ **photographique** adj. ▶ **photographiquement** adv.

photographier v. tr. ▫ Obtenir l'image de (qqn, qqch.) par la photographie.

photogravure n. f. ▫ Impression par procédés photographique et chimique. ▶ **photograveur, euse** n.

photomaton n. m. (n. déposé) ▫ Appareil qui tire automatiquement des photos d'identité.

photométrie n. f. ▫ didact. Mesure de l'intensité des rayonnements. ▶ **photométrique** adj. ▶ **photomètre** n. m.

photon n. m. ▫ sc. Corpuscule de la lumière, quantum du champ électromagnétique.

photophore n. m. 1. Lampe portative à réflecteur. 2. Coupe décorative lumineuse.

photopile n. f. ▫ Dispositif convertissant l'énergie lumineuse en courant électrique.

photosensible adj. ▫ Sensible aux rayonnements lumineux.

photosynthèse n. f. ▫ bot. Élaboration des matières organiques sous l'action de la lumière.

phrase n. f. 1. Assemblage d'éléments du langage capable de représenter un énoncé. 2. Succession ordonnée de périodes musicales.

phrasé n. m. ▫ mus. Manière de phraser.

phraséologie n. f. ▫ didact. Ensemble des locutions, termes et expressions figés (d'une langue...).

phraser v. tr. ▫ Délimiter ou ponctuer (les périodes musicales) par l'exécution.

phraseur, euse n. ▫ Bavard prétentieux.

phréatique adj. ▫ *Nappe phréatique* : nappe d'eau souterraine qui alimente les sources, des puits.

phrygien, enne adj. et n. ▫ BONNET PHRYGIEN, porté par les révolutionnaires de 1789.

phtisie n. f. ▫ vx Tuberculose pulmonaire. ▶ **phtisique** adj. et n.

phtisiologie n. f. ▫ Médecine de la tuberculose pulmonaire. ▶ **phtisiologue** n.

phylloxéra n. m. **1.** Puceron parasite de la vigne. **2.** Maladie de la vigne.

physicien, ienne n. ▫ Spécialiste de la physique.

physiologie n. f. ▫ Science qui étudie les fonctions et les propriétés des organes et des tissus des êtres vivants ; ces fonctions. ▶ **physiologique** adj. ▶ **physiologiquement** adv. ▶ **physiologiste** n.

physionomie n. f. **1.** Ensemble des traits du visage. **2.** Aspect particulier (d'une chose).

physionomiste adj. ▫ Qui reconnaît les personnes déjà rencontrées.

physiothérapie n. f. ▫ méd. Méthode thérapeutique qui utilise les agents naturels.

① **physique** **I.** adj. **1.** Qui se rapporte à la nature. **2.** Qui concerne le corps humain. **II.** n. m. **1.** Ce qui est physique dans l'être humain. **2.** Aspect général (de qqn). ▶ **physiquement** adv.

② **physique** n. f. ▫ Science des propriétés générales de la matière, des lois des phénomènes matériels.

phytothérapie n. f. ▫ Traitement des maladies par les plantes ou leurs extraits.

pi n. m. ▫ Symbole (π) qui représente le rapport de la circonférence d'un cercle à son diamètre (3,14...).

piaf n. m. ▫ fam. Moineau.

piaffer v. intr. **1.** Se dit d'un cheval qui frappe la terre des pieds de devant. **2.** (personnes) Frapper du pied. ▶ **piaffement** n. m.

piailler v. intr. ▫ fam. **1.** (oiseaux) Pousser de petits cris aigus. **2.** (enfant) Pleurer. ▶ **piaillement** n. m. ▶ **piailleur, euse** n. et adj.

pian n. m. ▫ Maladie tropicale endémique.

pianissimo adv. ▫ mus. Très doucement.

pianiste n. ▫ Personne qui joue du piano.

① **piano** n. m. ▫ Instrument de musique à clavier, dont les cordes sont frappées par des marteaux.

② **piano** adv. ▫ mus. Doucement.

piano-forte n. m. ▫ Piano du XVIIIe et du début du XIXe siècle.

pianoter v. intr. **1.** Jouer un peu du piano. **2.** Tapoter (sur qqch.) avec les doigts. ▶ **pianotage** n. m.

piastre n. f. ▫ Monnaie de Syrie, Égypte, Liban...

piaule n. f. ▫ fam. Chambre, logement.

P. I. B. n. m. ▫ Produit* intérieur brut.

① **pic** n. m. ▫ Oiseau grimpeur qui frappe de son bec l'écorce des arbres.

② **pic** n. m. ▫ Pioche à fer(s) pointu(s).

③ **pic** **1.** n. m. Montagne à pointe aiguë ; cette cime. **2.** À PIC loc. adv. : verticalement. ▪ fig. À point nommé. **3.** Intensité maximale.

picador n. m. ▫ Cavalier qui pique le taureau (corridas).

picaresque adj. ▫ *Roman picaresque*, d'aventuriers (Espagne, XVIIe et XVIIIe s.).

piccolo n. m. ▫ Petite flûte.

pichenette n. f. ▫ Chiquenaude*.

pichet n. m. ▫ Petite cruche à bec.

pickles n. m. pl. ◻ anglic. Petits légumes macérés dans du vinaigre.

pickpocket n. m. ◻ anglic. Voleur à la tire.

pick-up n. m. invar. ◻ anglic. **I.** vieilli Tourne-disque. **II.** Camionnette à plateau.

picoler v. intr. ◻ fam. Boire de l'alcool avec excès. ▶ **picoleur, euse** n.

picorer v. intr. **1.** (oiseaux) Chercher sa nourriture avec le bec. **2.** (personnes) Manger peu.

picot n. m. ◻ Petite dent bordant une dentelle.

picoter v. tr. **1.** Picorer. **2.** Irriter. ▶ **picotement** n. m.

picotin n. m. ◻ Avoine d'un cheval.

picrate n. m. **1.** chim. Sel de l'acide picrique. **2.** fam. Mauvais vin rouge.

picrique adj. ◻ *ACIDE PICRIQUE* : dérivé nitré du phénol, toxique.

pictogramme n. m. ◻ didact. Dessin figuratif schématique. ▶ **pictographique** adj.

pictural, ale, aux adj. ◻ Qui a rapport ou appartient à la peinture.

① **pie** n. f. **1.** Oiseau au plumage noir et blanc. **2.** Personne bavarde.

② **pie** adj. f. ◻ *Œuvre pie*, de piété.

pièce n. f. **1.** Partie détachée (d'un tout). – *Mettre EN PIÈCES* : casser, déchirer. **2.** Chaque élément (d'un ensemble). **3.** Chaque unité d'habitation. **4.** *PIÈCE (DE MONNAIE)* : petit disque de métal servant de valeur d'échange. **5.** Écrit servant à établir un droit. **6.** Ouvrage littéraire ou musical. *PIÈCE (DE THÉÂTRE)* : ouvrage dramatique. **7.** *PIÈCE MONTÉE* : grand ouvrage de pâtisserie.

piécette n. f. ◻ Petite pièce de monnaie.

pied n. m. **I. 1.** Extrémité inférieure du corps humain articulée à la jambe. *Doigt de pied* : orteil. **2.** fig. *Casser les pieds (de, à qqn)*, l'ennuyer. – *Ça lui fera les pieds*, ça lui donnera une leçon. – *S'être levé du pied gauche*, être de mauvaise humeur. – *Faire des pieds et des mains pour* (+ inf.), se démener pour. – *De pied ferme*, avec détermination. – *Au pied levé*, sans préparation. **3.** *Mettre sur pied* : créer. ■ *À PIED* : en marchant. – *Il a été mis à pied*, licencié. ■ *EN PIED* : représenté debout. **4.** *Avoir pied*, pouvoir se tenir debout en ayant la tête hors de l'eau. *Perdre pied*, ne plus avoir pied ; fig. se troubler. – *Lâcher pied*, céder, reculer. **II. 1.** Partie (d'un objet) qui touche le sol. – *Être au pied du mur*, dans l'obligation d'agir. *Être à pied d'œuvre*, en situation d'agir. **2.** Plant (d'un végétal cultivé). **3.** Partie (d'un objet) servant de support. *Un verre à pied*. **III. 1.** Ancienne unité de mesure de longueur. **2.** Unité internationale d'altitude. **IV.** poésie (sauf en français : syllabe). Groupe de syllabes accentué.

pied-à-terre n. m. invar. ◻ Logement occupé occasionnellement.

pied-de-biche n. m. ◻ techn. Levier, pièce à tête fendue. *Des pieds-de-biche*.

pied de nez n. m. ◻ Geste de dérision (les doigts écartés, le pouce sur son nez). – fig. Bravade. *Des pieds de nez*.

pied-de-poule n. m. et adj. invar. ◻ Tissu dont le dessin forme un damier. *Des pieds-de-poule*.

piédestal, aux n. m. ◻ Support élevé.

pied-noir n. ◻ Français d'Algérie.

piège n. m. **1.** Engin pour prendre les animaux. **2.** fig. Danger caché.

piéger v. tr. ◻ Prendre au piège. ▷ adj. **piégé, ée**

pie-grièche n. f. ◻ Passereau à bec crochu.

piercing n. m. ◻ anglic. Fait de percer une partie du corps pour y placer un ornement ; cet ornement.

pierraille n. f. ▫ Étendue de pierres.

pierre n. f. **1.** Matière minérale solide, dure. ■ *Une pierre,* fragment rocheux. **2.** *PIERRE (PRÉCIEUSE) :* minéral ou cristal précieux.

pierreries n. f. pl. ▫ Pierres précieuses taillées.

pierreux, euse adj. **1.** Couvert de pierres. **2.** Qui ressemble à de la pierre.

pierrot n. m. ▫ Personnage de pantomime à face ronde et blanche.

pietà n. f. invar. ▫ Représentation de la Vierge avec le corps du Christ mort.

piétaille n. f. ▫ plais. *La piétaille :* les subalternes.

piété n. f. ▫ Attachement fervent à la religion.

piétiner v. **I.** v. intr. **1.** S'agiter sur place en frappant les pieds contre le sol. **2.** fig. Ne faire aucun progrès. **II.** v. tr. **1.** Fouler aux pieds. **2.** fig. Ne pas respecter. ▶ **piétinement** n. m.

piéton, onne 1. n. m. Personne qui circule à pied. **2.** adj. *Rue piétonne.*

piétonnier, ière adj. ▫ Réservé aux piétons.

piètre adj. ▫ Très médiocre. ▶ **piètrement** adv.

① **pieu** n. m. ▫ Pièce de bois fichée en terre.

② **pieu** n. m. ▫ fam. Lit. *Se mettre au pieu* (*se pieuter* v. pron.).

pieuvre n. f. ▫ Grand poulpe.

pieux, pieuse adj. ▫ Animé par des sentiments de piété. ▶ **pieusement** adv.

pif n. m. ▫ fam. Nez.

pifer ou **piffer** v. tr. ▫ (à l'infinitif négatif) fam. Supporter.

au **pifomètre** loc. adv. ▫ fam. Au flair.

pige n. f. **1.** Rémunération à la quantité de texte. **2.** fam. Année.

pigeon n. m. **1.** Oiseau au bec grêle, aux ailes courtes. **2.** fam. Dupe.

pigeonnant, ante adj. ▫ Se dit d'une poitrine haute et ronde.

pigeonne n. f. ▫ Femelle du pigeon.

pigeonneau n. m. ▫ Jeune pigeon.

pigeonner v. tr. ▫ fam. Duper.

pigeonnier n. m. ▫ Petit bâtiment où l'on peut élever des pigeons.

piger v. tr. ▫ fam. Comprendre.

pigiste n. ▫ Personne payée à la pige (1).

pigment n. m. **1.** Substance chimique donnant aux tissus organiques leur coloration. ▶ **pigmenté, ée** adj. **2.** Substance colorante.

pigmentation n. f. ▫ Couleur due à un pigment (1).

① **pignon** n. m. ▫ Partie haute et triangulaire d'un mur. – *Avoir PIGNON SUR RUE :* être honorablement connu.

② **pignon** n. m. ▫ Roue dentée.

③ **pignon** n. m. **1.** Graine comestible du pin pignon. **2.** *Pin pignon,* pin parasol.

pignouf n. m. ▫ fam. et péj. Goujat.

pilaf n. m. ▫ Riz au gras, servi épicé.

pilage n. m. ▫ Action de piler (①).

pilaire adj. ▫ méd. Relatif aux cheveux, aux poils.

pilastre n. m. ▫ Pilier engagé dans un mur, un support ; colonne plate.

① **pile** n. f. **I. 1.** Pilier soutenant les arches d'un pont. **2.** Amas d'objets entassés. **II.** Appareil transformant de l'énergie chimique en énergie électrique.

② **pile I.** n. f. *PILE OU FACE :* revers ou face (d'une monnaie). **II.** adv. *S'arrêter pile,* net. *Ça tombe pile,* exactement.

① **piler** v. tr. ▫ Réduire en fragments par des coups répétés.

② **piler** v. intr. ▫ fam. Freiner brutalement.

pileux, euse adj. ▫ Qui a rapport aux poils.

pilier n. m. **1.** Support vertical, dans une construction. **2.** fig. Personne ou chose qui assure la stabilité.

pili-pili n. m. invar. ▫ Piment rouge.

pillard, arde adj. et n. ▫ Qui pille (1).

piller v. tr. **1.** Dépouiller violemment (un lieu) des biens qu'on trouve. **2.** fig. Emprunter par plagiat. ▶ **pilleur, euse** n. ▶ **pillage** n. m.

pilon n. m. **1.** Instrument cylindrique servant à piler. **2.** Partie inférieure de la cuisse (d'une volaille).

pilonner v. tr. **1.** Écraser avec un pilon (1). **2.** Bombarder. ▶ **pilonnage** n. m.

pilori n. m. ▫ *Mettre, clouer qqn* AU PILORI, le signaler au mépris public.

pilosité n. f. ▫ Ensemble des poils.

pilote n. m. **1.** Personne qui conduit (un navire, un appareil volant, une voiture de course). **2.** fig. appos. Expérimental. *École pilote.*

piloter v. tr. ▫ Conduire en qualité de pilote. ▶ **pilotage** n. m.

pilotis n. m. ▫ Ensemble de pieux enfoncés en terre (constructions sur l'eau, etc.).

pilou n. m. ▫ Tissu de coton pelucheux.

pilule n. f. **1.** Médicament à avaler. **2.** *Pilule (contraceptive)* : contraceptif oral féminin.

pilulier n. m. ▫ Boîte à pilules.

pilum n. m. ▫ Antiq. romaine Javelot.

pimbêche n. f. ▫ Femme prétentieuse.

piment n. m. **1.** Plante dont les fruits servent de légume ou de condiment ; son fruit. **2.** fig. Ce qui donne du piquant. ▶ **pimenter** v. tr.

pimpant, ante adj. ▫ Frais et élégant.

pin n. m. ▫ Conifère à aiguilles persistantes.

pinacle n. m. **1.** littér. Sommet d'un édifice. **2.** fig. *Porter qqn* AU PINACLE, louanger.

pinacothèque n. f. ▫ Musée de peinture.

pinailler v. intr. ▫ fam. Ergoter. ▶ **pinaillage** n. m. ▶ **pinailleur, euse** n.

pinard n. m. ▫ fam. Vin.

pinasse n. f. ▫ région. Bateau à fond plat.

pince n. f. **1.** Instrument composé de deux leviers articulés, pour saisir, serrer. **2.** Partie antérieure des grosses pattes (de crustacés).

pincé, ée adj. **I.** → **pincer.** – mus. *Cordes pincées* (guitare, luth...). **II.** fig. Contraint, prétentieux.

pinceau n. m. ▫ Faisceau de poils fixé à un manche, pour peindre, encoller, etc.

pincée n. f. ▫ Quantité que l'on peut prendre entre les doigts.

pincement n. m. **1.** Action de pincer. **2.** Brève douleur.

pince-monseigneur n. f. ▫ Levier pour forcer une porte. *Des pinces-monseigneur.*

pince-nez n. m. invar. ▫ Lorgnon.

pincer v. tr. **1.** Serrer entre les extrémités des doigts, entre les branches d'un instrument. **2.** Serrer fortement. **3.** fam. Arrêter (un malfaiteur) ; prendre en faute.

pince-sans-rire adj. et n. invar. ▫ Qui pratique l'ironie à froid.

pincette n. f. **1.** Petite pince. **2.** plur. Longue pince pour attiser le feu.

pinçon n. m. ▫ Marque sur la peau pincée.

pineau n. m. ▫ Liqueur des Charentes.

pinède n. f. ▫ Forêt de pins.

pingouin n. m. ▫ Gros palmipède des régions arctiques, blanc et noir.

ping-pong n. m. ▫ Tennis de table.

pingre n. et adj. ▫ littér. Avare mesquin. ▶ **pingrerie** n. f.

pinot n. m. ▫ Cépage (Champagne, Bourgogne...).

pin-pon interj. ▫ Bruit des avertisseurs des pompiers (en France).

pin's n. m. ▫ anglic. Petit insigne décoratif.

pinson n. m. ▫ Passereau à plumage bleu et noir, bon chanteur.

pintade n. f. ▫ Gallinacé au plumage sombre semé de taches claires.

pintadeau n. m. ▫ Petit de la pintade.

pinte n. f. ▫ Mesure de capacité anglo-saxonne (0,568 l).

se **pinter** v. pron. ▫ fam. S'enivrer.

pin-up n. f. invar. ▫ anglic. Jolie fille attirante.

pinyin n. m. ▫ Transcription du chinois en alphabet romain.

pioche n. f. ▫ Outil, fer emmanché à deux pointes opposées.

piocher v. **I.** v. tr. Creuser, remuer avec une pioche. ▶ **piochage** n. m. **II.** v. intr. Fouiller (dans un tas) pour saisir qqch.

piolet n. m. ▫ Bâton d'alpiniste à bout ferré et petit fer de pioche.

① **pion** n. m. ▫ échecs Chacune des huit pièces autres que les figures. – Pièce du jeu de dames, etc.

② **pion, pionne** n. ▫ fam. Surveillant(e).

pioncer v. intr. ▫ fam. Dormir.

pionnier, ière n. **1.** Colon défricheur. **2.** fig. Personne qui fraye le chemin.

pipe n. f. **1.** Tuyau pour fumer, terminé par un petit fourneau qu'on bourre de tabac. **2.** fam. *Par* TÊTE DE PIPE : par personne.

pipeau n. m. ▫ Petite flûte à bec.

pipelette n. f. ▫ Personne bavarde.

pipeline n. m. ▫ anglic. Tuyau transportant pétrole, gaz naturel...

piper v. **1.** v. intr. *Ne pas piper,* ne pas réagir (en paroles). **2.** v. tr. *Piper des dés,* les truquer.

piperade n. f. ▫ Œufs battus aux tomates et poivrons (plat basque).

pipette n. f. ▫ Petit tube pour prélever un échantillon de liquide.

pipi n. m. ▫ fam. Urine.

pipistrelle n. f. ▫ Petite chauve-souris commune.

piquage n. m. ▫ Action de piquer.

① **piquant, ante** adj. **1.** Qui présente des pointes acérées. **2.** Qui pique. **3.** Qui stimule l'intérêt. – n. m. *Le piquant de l'aventure.*

② **piquant** n. m. ▫ Excroissance dure et acérée (des végétaux et animaux).

① **pique 1.** n. f. Arme formée d'un long manche et d'un fer. **2.** n. m. (aux cartes) Une des couleurs, avec un fer noir.

② **pique** n. f. ▫ Parole blessante.

① **piqué** n. m. ▫ Tissu à piqûres.

② **piqué** n. m. ▫ Descente quasi verticale d'un avion.

pique-assiette n. invar. ▫ Personne qui se fait inviter pour manger.

pique-nique n. m. ▫ Repas en plein air, dans la nature. *Des pique-niques.* ▶ **pique-niquer** v. intr. ▶ **pique-niqueur, euse** n.

piquer v. **I.** v. tr. **1.** Percer avec une pointe. **2.** Faire une piqûre à (qqn). **3.** (insectes, serpents) Enfoncer un aiguillon, un crochet à venin dans la peau de. **4.** Enfoncer par la pointe. **5.** Parsemer de petits trous. ▪ fam. *Ce n'est pas piqué des hannetons* (ou *des vers*), c'est remarquable. **6.** Donner la sensation d'une pointe. *La fumée pique les yeux.* **7.** Faire une vive impression sur. *Son attitude a piqué ma curiosité.* – *PIQUER* (qqn) *AU VIF* : irriter son amour-propre. **II.** v. tr. fig. **1.** fam. Attraper, prendre (qqn). – Voler. **2.** fam. Déclencher subitement (une action). – *Piquer une crise.* **III.** v. intr. Tomber, descendre brusquement. ▷ v. pron. se **piquer 1.** Se blesser avec une pointe. **2.** Se faire une piqûre. **3.** *SE PIQUER DE.* Prétendre avoir (une qualité).

piquet n. m. **1.** Petit pieu. **2.** *Piquet de grève :* grévistes en surveillance.

piqueter v. tr. ▫ Parsemer de taches.

① **piquette** n. f. ▫ Vin acide.

② **piquette** n. f. ▫ fam. Raclée.

piqueur, euse adj. ▫ Qui pique. *Insectes piqueurs.*

piqûre n. f. **1.** Petite blessure faite par ce qui pique. **2.** Introduction d'une aiguille dans une partie du corps.

piranha n. m. ▫ Poisson carnassier de rivière (Amérique du Sud).

pirate n. m. **I. 1.** Aventurier pilleur de navires. **2.** *Pirate de l'air,* qui détourne un avion ou menace les passagers pour un chantage. **3.** Personne qui s'introduit illégalement dans un système informatique. ▶ **piraterie** n. f. **II.** adj. Clandestin, illicite.

pirater v. tr. ▫ Reproduire (une œuvre) illégalement. ▶ **piratage** n. m.

pire adj. **I.** Plus mauvais. **II.** *LE PIRE, LA PIRE, LES PIRES* **1.** adj. Le plus mauvais. **2.** n. m. Ce qu'il y a de plus mauvais.

piriforme adj. ▫ En forme de poire.

pirogue n. f. ▫ Longue barque étroite et plate. ▶ **piroguier** n. m.

pirojki n. m. ▫ Friand (russe).

pirouette n. f. **1.** Tour ou demi-tour qu'on fait sur soi-même. ▶ **pirouetter** v. intr. **2.** fig. Changement d'opinion.

① **pis** n. m. ▫ Mamelle (d'une bête laitière).

② **pis** **1.** adv. Plus mal. *TANT PIS :* cela ne fait rien. *Aller de mal en pis,* empirer. **2.** adj. littér. Plus mauvais. **3.** n. m. *Dire PIS QUE PENDRE de qqn,* répandre sur lui les pires médisances.

pis-aller n. m. invar. ▫ Ce à quoi on a recours faute de mieux.

pisciculture n. f. ▫ Élevage des poissons. ▶ **pisciculteur, trice** n.

piscine n. f. ▫ Bassin de natation, installations qui l'entourent.

piscivore adj. ▫ Qui se nourrit de poissons.

pisé n. m. ▫ Maçonnerie en terre argileuse.

pissaladière n. f. ▫ Tarte provençale.

pisse n. f. ▫ vulg. Urine.

pisse-froid n. invar. ▫ fam. Personne sinistre.

pissenlit n. m. ▫ Plante à feuilles longues et dentées.

pisser v. ▫ fam. **1.** v. intr. Uriner. **2.** v. tr. Évacuer avec l'urine. *Pisser du sang.*

pisseux, euse adj. ▫ fam. **1.** Imprégné d'urine. **2.** D'une couleur passée, jaunie.

pisse-vinaigre n. invar. ▫ Personne morose.

pissotière n. f. ▫ fam. Urinoir public.

pistache n. f. ▫ Fruit du pistachier ; sa graine.

pistachier n. m. ▫ Arbre résineux des régions chaudes.

piste n. f. **1.** Trace que laisse un animal sur le sol. – fig. Ce qui guide. **2.** Terrain aménagé pour les épreuves d'athlétisme. **3.** Emplacement circulaire. **4.** Route non revêtue. **5.** Voie aménagée pour les avions. **6.** Surface magnétique pour enregistrement.

pister v. tr. ▫ Suivre la piste de ; épier.

pistil n. m. ▫ Organe femelle des plantes à fleurs.

pistole n. f. ▫ Ancienne monnaie d'or.

pistolet n. m. **1.** Arme à feu courte et portative. **2.** Pulvérisateur.

pistolet-mitrailleur n. m. ▫ Arme automatique individuelle.

piston n. m. **I. 1.** Pièce qui se déplace dans un tube et transmet une pression. **2.** mus. Pièce mobile (trompettes, etc.). **II.** fig., fam. Appui, recommandation (▶ **pistonner** v. tr.).

pistou n. m. ▫ Préparation à base de basilic et d'ail.

pita n. f. ou m. ▫ Pain sans levain en forme de galette.

pitance n. f. ▫ péj. Nourriture.

pitbull n. m. ▫ anglic. Chien d'attaque, croisement de bouledogue et de terrier.

pitchoun, oune n. ▫ (Provence) Petit enfant.

pitchpin n. m. ▫ Bois de pins d'Amérique du Nord.

piteux, euse adj. **1.** Qui suscite une pitié mêlée de mépris. **2.** Médiocre, nul. ▶ **piteusement** adv.

pithécanthrope n. m. ▫ Mammifère primate fossile.

pithiviers n. m. ▫ Gâteau à la frangipane.

pitié n. f. ▫ Sympathie née des souffrances d'autrui.

piton n. m. **1.** Clou, vis dont la tête forme un anneau ou un crochet. **2.** Éminence en forme de pointe.

pitonner v. intr. ▫ alpin. Enfoncer des pitons. ▶ **pitonnage** n. m.

pitoyable adj. ▫ Qui inspire une pitié méprisante. ▶ **pitoyablement** adv.

pitre n. m. ▫ Personne qui fait rire par des plaisanteries forcées. ▶ **pitrerie** n. f.

pittoresque adj. **1.** Qui charme par un aspect original. **2.** Qui dépeint d'une manière imagée.

pivert n. m. ▫ Oiseau grimpeur qui frappe sur les troncs avec son bec.

pivoine n. f. ▫ Plante à bulbe à larges fleurs rouges, roses, blanches.

pivot n. m. **1.** Cône ou pointe terminant un axe vertical fixe. **2.** fig. Ce sur quoi repose et tourne qqch.

pivoter v. intr. ▫ Tourner sur un pivot, comme sur un pivot. ▶ **pivotant, ante** adj.

pixel n. m. ▫ Chaque point d'une image numérique.

pizza n. f. ▫ Pâte à pain en tarte fine garnie de tomates, fromage, olives, etc.

pizzeria n. f. ▫ Restaurant de pizzas.

pizzicato n. m. ▫ Pincement des cordes (d'un instrument à archet). *Des pizzicati* ou *pizzicatos.*

P. J. n. f. ▫ Police judiciaire.

placage n. m. ▫ Application sur une matière d'une matière plus précieuse.

placard n. m. **1.** Écrit affiché pour avis au public. **2.** Grande annonce publicitaire. **3.** Enfoncement ou meuble fermé constituant une armoire fixe.

placarder v. tr. ▫ Afficher par placard.

place n. f. **I. 1.** Espace découvert, entouré de constructions. **2.** *PLACE FORTE.* → **forteresse. 3.** Ville où se font des opérations de banque, de commerce. **II. 1.** Endroit, position qu'une personne occupe. ▪ spécialt Siège qu'occupe ou peut occuper une personne. **2.** Espace libre. **III.** fig. **1.** Fait d'être admis ; situation. **2.** Position, rang dans une hiérarchie. **3.** Emploi. *Perdre sa place.*

placé, ée adj. ▫ avec un adv. Qui est dans telle situation. *Personnage haut placé.*

placebo n. m. ▫ Remède qui rassure, indépendamment de ses effets.

placement n. m. ▫ Action, fait de placer de l'argent.

placenta n. m. ▫ Organe servant aux échanges sanguins de l'embryon avec la mère. ▶ **placentaire** adj.

① **placer** v. tr. **1.** Mettre à une place. **2.** Procurer un emploi à (qqn). **3.** fig. Mettre (qqch. d'abstrait) dans une situation, une époque. **4.** Dire, dans une conversation. *Il n'a pas pu placer un mot.* **5.** Employer (un capital) afin d'en tirer un revenu. ▷ v. pron. se **placer 1.** Se mettre à une place. **2.** Prendre un emploi.

② **placer** n. m. ▫ anglic. Gisement d'or, de pierres précieuses.

placet n. m. ▫ hist. Écrit sollicitant une faveur.

placeur, euse n. ▫ Personne qui place (des spectateurs ; des employés).

placide adj. ▫ Doux et calme. ▶ **placidement** adv. ▶ **placidité** n. f.

placier, ière n. ▫ Représentant qui place des marchandises.

plafond n. m. **1.** Surface horizontale en haut d'une pièce d'habitation. **2.** fig. Limite supérieure.

plafonner v. **I.** v. tr. Garnir d'un plafond. ▶ **plafonnage** n. m. **II.** v. intr. Atteindre un plafond (2). ▶ **plafonnement** n. m.

plafonnier n. m. ▫ Appareil d'éclairage fixé au plafond sans être suspendu.

plage n. f. **1.** Endroit plat et bas d'un rivage. **2.** Espace plat derrière le pare-brise ou devant la vitre arrière d'une voiture. **3.** Laps de temps.

plagier v. tr. ▫ Copier (un auteur) en s'attribuant indûment une partie de l'œuvre. ▶ **plagiaire** n. ▶ **plagiat** n. m.

plagiste n. ▫ Personne qui exploite une plage (1) payante.

① **plaid** n. m. ▫ Couverture en lainage écossais.

② **plaid** n. m. ▫ Tribunal féodal.

plaider v. **I.** v. intr. Défendre une cause devant les juges. ▪ fig. *PLAIDER POUR, EN FAVEUR DE* : défendre. **II.** v. tr. Défendre en justice. ▶ **plaideur, euse** n.

plaidoirie n. f. ▫ Exposition des faits d'un procès (par l'avocat d'une partie).

plaidoyer n. m. ▫ Défense passionnée.

plaie n. f. ▫ Ouverture dans les chairs.

plaignant, ante adj. et n. ▫ Qui dépose une plainte en justice.

plain-chant n. m. ▫ Musique vocale à une voix de la liturgie romaine.

plaindre v. tr. ▫ Considérer (qqn) avec un sentiment de pitié. ▷ v. pron. se **plaindre** Exprimer sa peine ou son mécontentement.

plaine n. f. ▫ Vaste étendue de pays plat.

de **plain-pied** loc. adv. ▫ Au même niveau.

plainte n. f. **I. 1.** Expression vocale de la douleur. **2.** Expression d'un mécontentement. **II.** Dénonciation en justice.

plaintif, ive adj. ▫ Qui exprime une plainte douce. ▶ **plaintivement** adv.

plaire v. tr. ind. **I. 1.** Éveiller le désir de qqn. **2.** Être agréable à. **II.** impers. **1.** *Faites ce qui vous plaît*, ce que vous voudrez. **2.** *S'IL TE PLAÎT, S'IL VOUS PLAÎT* : formule de politesse. **3.** littér. au subj. *Plaise, plût au ciel que...* : je voudrais que... ▷ v. pron. se **plaire** (p. p. invar.) **1.** Se plaire l'un à l'autre. **2.** *SE PLAIRE À* : prendre plaisir à. **3.** Trouver du plaisir. *Il se plaît beaucoup à la campagne.*

plaisamment adv. ▫ De façon plaisante.

de **plaisance** loc. adj. invar. ▫ (navigation, bateau) Pour l'agrément.

plaisancier, ière n. ▫ Personne qui pratique la navigation de plaisance.

plaisant, ante I. adj. Qui procure du plaisir. **II.** n. m. *MAUVAIS PLAISANT* : personne qui fait des plaisanteries de mauvais goût.

plaisanter v. intr. **1.** Dire des choses destinées à faire rire. **2.** Dire qqch. sans penser être pris au sérieux.

plaisanterie n. f. **1.** Propos destinés à faire rire. **2.** Propos ou actes visant à se moquer.

plaisantin n. m. ▫ Personne qui aime plaisanter. ▪ péj. Personne peu sérieuse.

plaisir n. m. **1.** Sensation ou émotion agréable ; ce qui donne cette sensation. **2.** *Le plaisir*, les sensations érotiques agréables.

① **plan, plane** adj. ▫ Sans inégalité, ni courbure (surface).

② **plan** n. m. **1.** Surface plane. **2.** géom. Surface contenant entièrement toute droite joignant deux de ses points. **3.** Chacune des surfaces perpendiculaires à la direction du regard. **4.** Image définie par l'éloignement de l'objectif et la dimension de l'objet.

③ **plan** n. m. **1.** Représentation (d'une construction, etc.). **2.** Carte à grande échelle. **3.** Projet élaboré. **4.** Disposition des parties (d'une œuvre, d'une rédaction). **5.** Détail de l'exécution d'un projet. **6.** fam. *EN PLAN* : sans s'en occuper. *Tous les projets sont restés en plan.*

planant, ante adj. ▫ fam. Qui fait planer (2).

planche n. f. **1.** Pièce de bois plane, plus longue que large. **2.** *LES PLANCHES* : le plancher de la scène ; fig. le théâtre. **3.** Feuille ornée d'une gravure. **4.** sports *Planche de surf.* – *PLANCHE À VOILE*, munie d'un mât et d'une voile (▶ n. **planchiste**).

planchéier v. tr. ▫ Garnir d'un plancher.

① **plancher** n. m. **1.** Plate-forme horizontale au rez-de-chaussée, ou séparation entre deux étages. **2.** Sol de bois. **3.** fig. Limite inférieure.

② **plancher** v. intr. ▫ fam. *Plancher sur qqch.* : travailler à qqch.

plancton n. m. ▫ Organismes microscopiques vivant en suspension dans l'eau de mer.

planer v. intr. **1.** Se soutenir en l'air. **2.** fam. Être dans un état de rêverie agréable. **3.** Constituer une présence menaçante. *Un danger plane.*

planétaire adj. **1.** Relatif aux planètes. **2.** Relatif à toute la planète Terre.

planétarium n. m. ▫ Représentation des corps célestes sur une voûte.

planète n. f. ▫ Corps céleste qui tourne autour d'une étoile.

planeur n. m. ▫ Aéronef sans moteur.

planeuse n. f. ▫ techn. Machine à aplanir.

planifier v. tr. ▫ Organiser suivant un plan (③). ▶ **planificateur, trice** adj. et n. ▶ **planification** n. f.

planisphère n. m. ▫ Carte de l'ensemble du globe terrestre.

planning n. m. ▫ anglic. **1.** Plan d'activité. **2.** *Planning familial* : contrôle des naissances.

planque n. f. ▫ fam. **1.** Cachette. **2.** fig. Place où le travail est facile.

planquer v. tr. ▫ fam. Cacher. ▷ v. pron. se **planquer** ▷ adj. et n. **planqué, ée**

plant n. m. ▫ Végétal au début de sa croissance.

① **plantain** n. m. ▫ Herbe dont la semence sert à nourrir les oiseaux.

② **plantain** n. m. ▫ Bananier dont le fruit se mange cuit.

plantaire adj. ▫ De la plante des pieds.

plantation n. f. **1.** Action, manière de planter. **2.** Ensemble de végétaux plantés (surtout plur.). **3.** Exploitation agricole de produits tropicaux.

① **plante** n. f. ▫ Végétal à racine, tige, feuilles de petite taille. *Plantes grasses*, les cactus.

② **plante** n. f. ▫ Face inférieure (du pied).

planter v. tr. **1.** Mettre en terre. **2.** Placer debout, droit. *Planter sa tente.* **3.** *PLANTER LÀ qqn, qqch.*, l'abandonner brusquement. ▷ v. pron. se **planter** **1.** (passif) Être planté. **2.** fam. Avoir un accident. ▪ fig. Échouer.

planteur, euse **I.** n. Agriculteur qui exploite une plantation (3). **II.** n. m. Punch aux jus de fruits.

plantigrade adj. ▫ zool. Qui marche sur la plante des pieds.

plantoir n. m. ▫ Outil de jardinage taillé en pointe.

planton n. m. ▫ Garde, sentinelle sans armes.

plantureux, euse adj. 1. Très abondant. 2. *Femme plantureuse,* bien en chair. ▶ **plantureusement** adv.

plaque n. f. 1. Feuille rigide, plate et peu épaisse. 2. Couche peu épaisse. 3. *PLAQUE TOURNANTE* : plate-forme tournante ; fig. lieu d'échanges. 4. géol. Fraction de l'écorce terrestre.

plaqué n. m. ▫ Métal recouvert d'un autre.

plaquer v. tr. I. 1. Appliquer (une plaque) sur qqch. 2. Mettre (qqch.) à plat. 3. Appuyer fort. II. fam. Abandonner. III. Couvrir d'une couche plate (de métal, de bois...). ▶ **plaquage** n. m.

plaquette n. f. 1. Petite plaque. 2. Petit livre mince. 3. anat. Cellule du sang, sans noyau.

plasma n. m. I. *Plasma (sanguin),* partie liquide du sang. II. phys. Fluide constitué de particules ionisées, globalement neutre, et correspondant à un quatrième état de la nature (avec les états solide, liquide et gazeux).

plastic n. m. ▫ Masse d'explosif malléable.

plastifier v. tr ▫ Couvrir de matière plastique.

plastique adj. I. 1. Qui donne une forme. 2. Relatif aux arts qui élaborent des formes. 3. Beau de forme (▶ adv. **plastiquement**). ▪ n. f. Beauté des formes du corps. II. adj. 1. Flexible, malléable (▶ n. f. **plasticité**). 2. *Matière plastique* ou n. m. *du plastique* : mélange contenant une matière susceptible d'être moulée.

plastiquer v. tr. ▫ Faire exploser au plastic. ▶ **plastiquage** n. m. ▶ **plastiqueur, euse** n.

plastron n. m. ▫ Partie (d'un vêtement) qui recouvre la poitrine.

plastronner v. intr. ▫ Parader, poser.

① **plat, plate** adj. et n. m. I. adj. 1. Qui présente une surface plane. 2. Dont le fond est plat ou peu profond. 3. De peu d'épaisseur. 4. Qui n'est pas haut. 5. *À PLAT* loc. adv. : horizontalement ; dégonflé. 6. fig. Sans caractère. II. n. m. La partie plate (de qqch.).

② **plat** n. m. 1. Pièce de vaisselle plus grande que l'assiette. – *Des œufs au plat, sur le plat,* cuits sans les brouiller. 2. Mets d'un repas.

platane n. m. ▫ Arbre élevé, à large frondaison, à écorce lisse.

plate n. f. ▫ Embarcation à fond plat.

plateau n. m. 1. Support plat servant à poser et à transporter. 2. Étendue de pays assez plate et surélevée. 3. Installations de prise de vues en studio.

plate-bande n. f. ▫ Bande de terre cultivée, dans un jardin.

platée n. f. ▫ Contenu d'un plat.

plate-forme n. f. 1. Surface plane, horizontale, surélevée. *Des plates-formes.* 2. Installation de forage sur les gisements pétroliers en mer. 3. inform. Système destiné au stockage et au partage de contenus.

platement adv. ▫ D'une manière plate, banale.

① **platine** n. f. ▫ Support plat. ▪ Lecteur d'une chaîne de reproduction sonore.

② **platine** n. m. ▫ Élément (symb. Pt), métal précieux, d'un blanc grisâtre.

① **platiné, ée** adj. ▫ D'un blond presque blanc.

② **platiné, ée** adj. ▫ autom. *VIS PLATINÉES* : pièces de contact pour l'allumage.

platitude n. f. 1. Caractère de ce qui est plat, sans originalité. 2. Banalité.

platonicien, ienne adj. ▫ De la philosophie de Platon (*platonisme* n. m.).

platonique adj. ▫ Purement idéal. ▶ **platoniquement** adv.

plâtras n. m. ▫ Débris de plâtres.

plâtre n. m. **1.** Poudre blanche obtenue par cuisson et broyage du gypse. – Pâte de plâtre gâché. **2.** Appareil pour maintenir un organe immobile.

plâtrer v. tr. **1.** Couvrir de plâtre. **2.** Mettre (un membre fracturé) dans un plâtre. ▶ **plâtrage** n. m.

plâtrerie n. f. ▫ Travail du plâtrier.

plâtreux, euse adj. **1.** Couvert de plâtre. **2.** D'une blancheur de plâtre.

plâtrier, ière I. n. Ouvrier, ouvrière qui utilise le plâtre. **II.** n. f. **1.** Carrière de gypse. **2.** Four à plâtre ; usine de plâtre.

plausible adj. ▫ Qui semble devoir être admis.

play-back n. m. invar. ▫ anglic. Interprétation sur un enregistrement antérieur.

play-boy n. m. ▫ anglic. Jeune homme élégant et riche. *Des play-boys.*

plèbe n. f. **1.** hist. Ordre du peuple romain. **2.** péj. Le bas peuple. ▶ **plébéien, ienne** n. et adj.

plébiscite n. m. ▫ Vote direct du corps électoral sur un projet présenté par le pouvoir. ▶ **plébiscitaire** adj.

plébisciter v. tr. **1.** Voter, désigner par plébiscite. **2.** Choisir à une majorité écrasante.

plectre n. m. ▫ mus. Instrument pour gratter les cordes.

pléiade n. f. ▫ Groupe de personnes remarquables.

plein, pleine adj. **I. 1.** Qui contient toute la quantité possible. **2.** (femelle d'animal) En gestation. **3.** (temps) Complet, occupé. **II. 1.** Dont la matière occupe tout le volume. **2.** Qui est entier, à son maximum. – *Pleine mer :* le large. ▪ Intégral. *Les pleins pouvoirs.* **3.** loc. adv. *À PLEIN, EN PLEIN.* → **pleinement.** ▪ *EN PLEIN(E) :* au milieu de. *Se réveiller en pleine nuit.* ▪ fam. Exactement. *En plein milieu.* **III.** *PLEIN DE :* qui a beaucoup de. ▷ n. m. **plein 1.** État de ce qui est plein. ▪ *BATTRE SON PLEIN* (plur. *leur plein*) : être à son maximum. ▪ *Faire le plein de,* emplir un réservoir. **2.** Trait épais, dans l'écriture. ▷ prép. **plein 1.** En grande quantité dans. **2.** fam. *PLEIN DE* loc. prép. → **beaucoup.** ▪ *TOUT PLEIN.* → **très.**

pleinement adv. ▫ Entièrement.

plein-emploi ou **plein emploi** n. m. sing. ▫ Emploi de la totalité des travailleurs.

pléistocène n. m. ▫ géol. Période de l'apparition de l'homme.

plénière adj. f. ▫ Où siègent tous les membres.

plénipotentiaire n. m. ▫ Agent diplomatique qui a pleins pouvoirs.

plénitude n. f. ▫ littér. Ampleur, épanouissement.

pléonasme n. m. ▫ Terme, expression qui répète ce qui vient d'être énoncé. ▶ **pléonastique** adj.

plésiosaure n. m. ▫ paléont. Grand reptile saurien fossile de l'ère secondaire.

pléthore n. f. ▫ littér. Abondance, excès. ▶ **pléthorique** adj.

pleural, ale, aux adj. ▫ anat. De la plèvre.

pleurard, arde adj. ▫ Qui pleure, geint à tout propos.

pleurer v. intr. **1.** Répandre des larmes. **2.** fig. *PLEURER SUR :* s'affliger. **3.** trans. littér. Regretter, se lamenter sur.

pleurésie n. f. ▫ Inflammation de la plèvre. ▶ **pleurétique** adj. et n.

pleureur adj. m. ▫ *SAULE PLEUREUR,* dont les branches retombent vers le sol.

pleureuse n. f. ▫ Femme payée pour pleurer aux funérailles.

pleurnicher v. intr. ▫ fam. Se plaindre, geindre. ▶ **pleurnicherie** n. f. ▶ **pleurnicheur, euse** ou **pleurnichard, arde** n. et adj.

pleurote n. m. ◻ Champignon dont le pied s'insère sur le côté du chapeau.

pleurs n. m. pl. ◻ Larmes, plaintes.

pleutre adj. et n. ◻ littér. Peureux.

pleuviner v. impers. ◻ Bruiner.

pleuvoir v. **I.** v. impers. *Il pleut :* la pluie tombe. **II.** v. intr. S'abattre comme une pluie. *Les coups pleuvaient.*

pleuvoter v. impers. ◻ Pleuvoir légèrement. – syn. **pleuvasser**

plèvre n. f. ◻ Membrane enveloppant le poumon.

plexiglas n. m. (n. déposé) ◻ Plastique transparent imitant le verre.

plexus n. m. ◻ Réseau de nerfs ou de vaisseaux. *Plexus solaire* (à l'estomac).

pli n. m. **I. 1.** Partie d'une matière souple rabattue sur elle-même. **2.** Mouvement (de terrain). **3.** Marque qui reste à ce qui a été plié. – fam. *Cela ne fait pas un pli :* pas de difficulté. **4.** *MISE EN PLIS :* mise en forme des cheveux. **5.** *PRENDRE UN (LE) PLI :* acquérir une habitude. **II. 1.** Lettre. **2.** Levée, aux cartes.

pliable adj. ◻ Qui plie sans casser.

pliage n. m. **1.** Action, manière de plier. **2.** Fait de plier et replier du papier pour obtenir une forme.

pliant, ante adj. ◻ Articulé de manière à pouvoir se plier.

plie n. f. ◻ Carrelet (poisson).

plier v. **I.** v. tr. **1.** Rabattre (une chose souple) sur elle-même. **2.** Courber (une chose flexible). **3.** Replier (des parties articulées). **4.** Forcer à s'adapter. – v. pron. *Se plier aux circonstances.* **II.** v. intr. **1.** Se courber, fléchir. **2.** Céder, faiblir.

plinthe n. f. ◻ Bande plate de menuiserie au bas d'une cloison.

plissage n. m. ◻ Action de former des plis.

plissé, ée 1. adj. Qui forme des plis. **2.** n. m. Ensemble, aspect des plis.

plissement n. m. **1.** Action de (se) plisser. **2.** Plis des couches géologiques.

plisser v. tr. **1.** Couvrir, marquer de plis. **2.** Contracter les muscles de. – *Plisser les yeux.*

pliure n. f. **1.** Endroit où une partie se replie. **2.** Marque d'un pli.

ploc interj. ◻ Bruit de chute dans l'eau.

ploiement n. m. ◻ littér. Action de ployer ; fait d'être ployé.

plomb n. m. **I.** Élément (symb. Pb), métal lourd d'un gris bleuâtre, facile à travailler. ▪ fig. *DE PLOMB :* lourd. *Sommeil de plomb.* **II. 1.** Masse de plomb (pour sonder ; lester). **2.** Grain sphérique garnissant une cartouche. **3.** Fusible. **III.** techn. *À PLOMB* loc. adv. : verticalement.

plombage n. m. ◻ Amalgame pour obturation (d'une dent).

plomber v. tr. **1.** Garnir de plomb. **2.** pronom. Devenir livide (teint...). **3.** Obturer (une dent).

plomberie n. f. **1.** Pose des conduites et des appareils de distribution d'eau, de gaz. **2.** Ces conduites et installations.

plombier, ière n. ◻ Personne qui exécute des travaux de plomberie.

plombières n. f. ◻ Glace à la vanille garnie de fruits confits.

plonge n. f. ◻ fam. Vaisselle (restaurants).

plongeant, ante adj. ◻ Dirigé vers le bas.

plongée n. f. **1.** Action de plonger et de séjourner sous l'eau. **2.** Vue plongeante.

plongeoir n. m. ◻ Dispositif au-dessus de l'eau pour plonger.

plongeon n. m. ◻ Fait, manière de plonger.

plonger v. **I.** v. tr. **1.** Faire entrer dans un liquide. **2.** Mettre, enfoncer (le corps, une partie du corps) dans une chose creuse, molle... **3.** Placer brusquement (dans une situation). - pronom. *Se plonger dans un livre.* **II.** v. intr. **1.** Descendre au fond de l'eau. **2.** Se jeter dans l'eau la tête et les bras en avant. **3.** Se jeter ou s'enfoncer (dans, sur, vers...).

plongeur, euse n. **1.** Personne qui plonge sous l'eau. **2.** Personne chargée de la plonge.

plot n. m. **1.** Pièce métallique permettant d'établir un contact électrique. **2.** Élévation au bord d'une piscine pour plonger.

plouc n. et adj. ▫ péj. (injurieux) Personne qui a des manières grossières.

plouf interj. ▫ Bruit de chute dans l'eau.

ploutocrate n. m. ▫ Personne très riche et politiquement influente. ▶ **ploutocratie** n. f.

ployer v. **I.** v. tr. littér. Plier, tordre en abaissant. **II.** v. intr. Plier.

pluie n. f. ▫ Eau qui tombe en gouttes des nuages sur la terre. ▪ *Faire la pluie et le beau temps,* être très influent. *Parler de la pluie et du beau temps,* dire des banalités.

plumage n. m. ▫ Ensemble des plumes d'un oiseau.

plumard n. m. ▫ fam. Lit.

plume n. f. **1.** Appendice formé d'un axe (tube) et de barbes latérales, sur la peau des oiseaux. ▪ fam. *Voler dans les plumes à qqn,* l'attaquer. **2.** Plume dont le tube taillé servait à écrire. **3.** Petite lame pointue de métal, adaptée à un *porte-plume* ou à un stylo, et qui sert à écrire.

plumeau n. m. ▫ Touffe de plumes sur un manche, pour épousseter.

plumer v. tr. **1.** Dépouiller (un oiseau) de ses plumes. **2.** fam. Dépouiller (qqn).

plumet n. m. ▫ Touffe de plumes.

plumetis n. m. ▫ Étoffe légère brodée.

plumier n. m. ▫ Boîte pour ranger les porte-plumes.

plumitif n. m. ▫ péj. Mauvais écrivain.

la **plupart** n. f. **1.** *LA PLUPART DE* : la plus grande part de ; le plus grand nombre de. **2.** pron. indéf. *LA PLUPART* : le plus grand nombre. *La plupart s'en vont ;* littér. *s'en va.*

plural, ale, aux adj. ▫ didact. Qui contient plusieurs unités. *Vote plural,* où certains votants ont plusieurs voix.

pluralisme n. m. ▫ Reconnaissance de plusieurs opinions, partis. ▶ **pluraliste** adj.

pluralité n. f. ▫ Le fait d'exister en grand nombre.

pluridisciplinaire adj. ▫ Qui concerne plusieurs disciplines.

pluriel n. m. ▫ Catégorie grammaticale des mots variables accordés, quand ils concernent plusieurs êtres ou notions.

① **plus I.** adv. Comparatif de supériorité. **1.** Modifie un verbe, un adjectif, un adverbe. *Je t'aime plus.* → **davantage. 2.** *PLUS... QUE. Il est plus bête que méchant.* → **plutôt. II.** nominal **1.** Une chose plus grande, plus importante. **2.** *PLUS DE* : davantage. **3.** *DE PLUS* : encore. *Une fois de plus.* ▪ *EN PLUS.* → **aussi, avec.** - *En plus de* loc. prép. → **outre. III.** conj. de coordination En ajoutant. *Deux plus trois font cinq.* **IV.** *LE, LA, LES PLUS* **1.** adverbial *Ce qui frappe le plus.* - *Un avenir DES PLUS incertains.* **2.** nominal *LE PLUS DE* : la plus grande quantité de. **V.** n. m. Avantage.

② **plus** adv. de négation **1.** *PAS PLUS QUE. Pas plus haut que...* **2.** *NON PLUS* (remplace *aussi,* en proposition négative). *Tu n'attends pas ? Moi non plus.* **3.** *NE... PLUS* : désormais... ne pas. *Il n'y en a plus.*

plusieurs 1. adj. Plus d'un. **2.** pron. indéf. pl. Un certain nombre.

plus-que-parfait n. m. ▫ Temps composé du passé (auxiliaire à l'imparfait).

plus-value n. f. ▫ Augmentation de valeur.

plutonium n. m. ▫ Élément radioactif produit à partir de l'uranium.

plutôt adv. **1.** De préférence. **2.** Passablement, assez.

pluvial, ale, aux adj. ▫ De la pluie.

pluvier n. m. ▫ Échassier migrateur.

pluvieux, euse adj. ▫ Où il pleut.

pluviomètre n. m. ▫ Instrument qui sert à mesurer la quantité de pluie tombée.

pluviométrie n. f. ▫ Mesure de la quantité d'eau tombée. ▶ **pluviométrique** adj.

pluviosité n. f. **1.** Caractère pluvieux. **2.** Régime des pluies.

P. L. V. n. f. ▫ Publicité sur les lieux de vente.

P. M. A. n. f. ▫ Procréation médicalement assistée.

P. M. E. n. f. ▫ Petite ou moyenne entreprise.

P. M. I. n. f. ▫ Petite ou moyenne entreprise industrielle.

P. M. U. n. m. ▫ Pari mutuel urbain (courses de chevaux).

P. N. B. n. m. ▫ Produit* national brut.

pneu n. m. ▫ Bandage en caoutchouc (d'une roue), tube circulaire contenant de l'air.

pneumatique adj. **1.** Qui fonctionne à l'air comprimé. **2.** Qui se gonfle à l'air comprimé.

pneumocoque n. m. ▫ Bactérie responsable d'infections respiratoires.

pneumologie n. f. ▫ Étude du poumon et de ses maladies. ▶ **pneumologue** n.

pneumonie n. f. ▫ Inflammation aiguë du poumon.

pneumopathie n. f. ▫ méd. Affection pulmonaire.

pneumothorax n. m. ▫ méd. Présence d'air dans le thorax.

pochade n. f. ▫ Œuvre écrite rapidement. ▪ Croquis rapide.

pochard, arde n. ▫ fam. Ivrogne.

poche n. f. **1.** Pièce cousue dans ou sur un vêtement pour les objets qu'on porte sur soi. ▪ *DE POCHE* : de dimensions restreintes. *Livre de poche.* – *Argent de poche,* destiné aux petites dépenses. **2.** Déformation de ce qui est détendu, relâché. *Poches sous les yeux.* **3.** Cavité de l'organisme.

pocher v. tr. ▫ Plonger dans un liquide très chaud.

pochetron, onne ou **pochtron, onne** n. ▫ fam. Ivrogne.

pochette n. f. **1.** Petite enveloppe (d'étoffe, de papier...). – *POCHETTE-SURPRISE* : cornet de papier dont on ignore le contenu. **2.** Petit mouchoir d'ornement.

pochoir n. m. ▫ Feuille à motif découpé formant des réserves à colorier.

pochon n. m. ▫ région. Sac, sachet.

podcast n. m. ▫ anglic. Émission de radio ou de télévision que l'on peut télécharger. ▶ **podcaster** v. tr.

podium n. m. **1.** Plate-forme pour les vainqueurs (sports). **2.** Plancher surélevé.

podologie n. f. ▫ Étude, soins du pied. ▶ **podologue** n.

podzol n. m. ▫ géogr. Sol acide des climats froids.

① **poêle** n. m. ▫ Appareil de chauffage clos.

② **poêle** n. f. ▫ Ustensile de cuisine en métal, plat, à bords bas.

③ **poêle** n. m. ▫ Étoffe noire sur le cercueil.

poêlée n. f. ▫ Contenu d'une poêle.

poêler v. tr. □ Cuire à la poêle.

poêlon n. m. □ Casserole épaisse à manche creux.

poème n. m. □ Ouvrage de poésie.

poésie n. f. **1.** Art du langage, agissant par le rythme, l'harmonie et l'image. **2.** Poème. **3.** Caractère poétique.

poète n. □ Écrivain qui fait de la poésie.

poétesse n. f. □ Femme poète.

① **poétique** adj. **1.** Relatif à la poésie. **2.** Empreint d'une sensibilité lyrique. ▶ **poétiquement** adv.

② **poétique** n. f. □ Théorie de la création littéraire. ▶ **poéticien, ienne** n.

poétiser v. tr. □ Rendre poétique (①, 2).

pognon n. m. □ fam. Argent.

pogrom n. m. □ hist. Massacre des juifs par une population différente.

poids n. m. **I.** sc. Force exercée par un corps matériel, proportionnelle à la masse* de ce corps et à l'intensité de la pesanteur ; cour. masse. **II. 1.** Corps matériel pesant. **2.** Masse déterminée servant à peser. **3.** sports Masse de métal à soulever, lancer. **III.** fig. **1.** Charge pénible. *Le poids des ans.* ▪ *POIDS MORT* : chose, personne inutile, qui gêne. **2.** Force, influence (de qqch.).

poids lourd n. m. □ Véhicule automobile de fort tonnage.

poignant, ante adj. □ Qui cause une impression vive et pénible.

poignard n. m. □ Couteau à lame aiguë. ▶ **poignarder** v. tr.

poigne n. f. **1.** La force du poing, de la main. **2.** fig. Énergie, fermeté.

poignée n. f. **1.** Quantité (d'une chose) que peut contenir une main fermée. **2.** Petit nombre. **3.** Partie (d'un objet) disposée pour être tenue. **4.** *POIGNÉE DE MAIN* : geste par lequel on serre la main.

poignet n. m. **1.** Articulation qui réunit l'avant-bras à la main. **2.** Extrémité de la manche.

poil n. m. □ Production filiforme sur la peau de certains animaux et de l'être humain. ▪ *Reprendre du poil de la bête,* se ressaisir. ▪ fam. *À POIL* : tout nu. – *De bon, de mauvais poil* : de bonne, de mauvaise humeur.

se **poiler** v. tr. □ fam. Rire aux éclats. ▶ **poilant, ante** adj.

poilu, ue adj. □ Qui a des poils très apparents.

poinçon n. m. **1.** Instrument métallique terminé en pointe, pour percer. **2.** Tige terminée par une face gravée ; sa marque.

poinçonner v. tr. **1.** Marquer d'un poinçon (2). **2.** Perforer avec une pince. ▶ **poinçonnage** n. m. ▶ **poinçonneur, euse** n.

poindre v. □ littér. **I.** v. tr. Blesser, faire souffrir. **II.** v. intr. Apparaître. *L'aube point.*

poing n. m. □ Main fermée.

① **point** n. m. **I. 1.** Endroit, lieu. **2.** *METTRE AU POINT* : régler (un mécanisme), élaborer (un procédé). **II. 1.** *À POINT, À POINT NOMMÉ* : au moment opportun. **2.** *SUR LE POINT DE* : au moment de. **III. 1.** Tache, image aux contours imperceptibles. **2.** Unité attribuée (dans une note, aux jeux, en sports). **IV. 1.** Signe (.) servant à marquer la fin d'un énoncé. **2.** Signe qui surmonte les lettres i et j minuscules. **V.** *À POINT, AU POINT* : dans l'état, la situation. *AU POINT QUE, À TEL POINT QUE* loc. conj. : tellement que. – *À POINT* : dans l'état convenable. – *MAL EN POINT* : en mauvais état. **VI.** Question ; élément. – *Point commun,* caractère commun. – *En tout point,* absolument.

② **point** n. m. **1.** Longueur de fil entre deux piqûres. **2.** Manière d'exécuter une suite de points. **3.** *POINT DE CÔTÉ,* douleur au côté.

③ **point** adv. □ littér. ou région. → **pas.** *Ne... point...* : ne... pas...

point de vue n. m. **1.** Endroit d'où l'on a une vue pittoresque. **2.** Manière dont une question peut être considérée.

pointe n. f. **I. 1.** Extrémité allongée et fine (d'un objet servant à piquer, percer). **2.** Extrémité plus fine. *Pointes d'asperges.* **3.** Partie extrême. ■ fig. *Être à la pointe du progrès.* **4.** LA POINTE DES PIEDS : l'extrémité. **II.** Petite quantité (d'une chose piquante ou forte). *Une pointe d'ail.* – *Une pointe d'ironie.* **III.** Maximum. *Vitesse de pointe.* – HEURES DE POINTE (énergie, transports).

pointé, ée adj. ◻ *Zéro pointé,* éliminatoire.

① **pointer** v. tr. **I. 1.** Marquer d'un point, d'un signe. **2.** intrans. Enregistrer ses heures de présence. **II. 1.** Diriger. *Pointer son index vers qqn.* **2.** Braquer (une arme). **3.** Attirer l'attention sur. *Pointer un risque.* ▶ **pointage** n. m.

② **pointer** v. tr. **I. 1.** Dresser en pointe. **2.** intrans. S'élever en pointe. **II.** Sortir. ▷ v. pron. se **pointer** fam. Arriver.

pointeur n. m. ◻ inform. Dispositif servant à repérer la position d'un élément dans une liste.

pointeuse n. f. ◻ Machine à pointer (①, I, 2).

pointillé n. m. ◻ Trait formé de petits points. – fig. *En pointillé,* par allusions.

pointilleux, euse adj. ◻ D'une exigence minutieuse.

pointillisme n. m. ◻ Peinture par petites touches de couleurs pures. ▶ **pointilliste** n. et adj.

point mort n. m. ◻ Position d'un embrayage lorsqu'aucune vitesse n'est enclenchée.

pointu, ue adj. **1.** Qui se termine en pointe(s). **2.** À la pointe du progrès.

pointure n. f. ◻ Dimension (des chaussures, des chapeaux, des gants).

poire n. f. ◻ Fruit du poirier, charnu, à pépins, allongé et ventru.

poiré n. m. ◻ Cidre de poire.

poireau n. m. ◻ Variété d'ail à bulbe peu développé ; son pied comestible.

poireauter v. intr. ◻ fam. Attendre.

poirier n. m. **1.** Arbre cultivé pour ses fruits, les poires. **2.** *Faire le poirier,* se tenir en équilibre sur les mains et la tête.

pois n. m. **1.** Plante potagère cultivée pour ses graines. **2.** Le fruit ; chacune des graines rondes qu'il renferme. **3.** POIS DE SENTEUR : plante à fleurs odorantes. **4.** Petit disque, pastille (sur une étoffe).

poison n. m. ◻ Substance capable d'incommoder ou de tuer.

poissard, arde adj. ◻ littér. Qui emploie des mots orduriers.

poisse n. f. ◻ fam. Malchance.

poisser v. tr. ◻ Salir avec une matière gluante.

poisseux, euse adj. ◻ Gluant, collant.

poisson n. m. **1.** Animal aquatique vertébré, muni de nageoires et de branchies. **2.** au plur. Douzième signe du zodiaque (19 février-20 mars).

poissonnerie n. f. ◻ Magasin de poissonnier.

poissonneux, euse adj. ◻ Qui contient de nombreux poissons.

poissonnier, ière n. ◻ Personne qui fait le commerce des poissons.

poitrail, ails n. m. ◻ Devant du corps du cheval.

poitrine n. f. **1.** Partie du corps humain qui s'étend des épaules à l'abdomen. **2.** Seins (de femme).

poivrade n. f. ◻ Préparation au poivre.

poivre n. m. ◻ Épice à saveur piquante.

poivrer v. tr. ◻ Assaisonner de poivre.

poivrier n. m. **1.** Arbrisseau des régions tropicales, produisant le poivre. **2.** Moulin à poivre.

poivrière n. f. ▫ Guérite de forme conique, à l'angle d'un bastion.

poivron n. m. ▫ Fruit du piment* doux.

poivrot, ote n. ▫ fam. Ivrogne.

poix n. f. ▫ Matière visqueuse à base de résine ou de goudron de bois.

poker n. m. ▫ Jeu de cartes basé sur des combinaisons.

polaire adj. **I. 1.** Des pôles (terrestres, célestes). **2.** Des régions arctiques et antarctiques. **II.** Relatif à un pôle (4 à 6).

polar n. m. ▫ fam. Roman ou film policier.

polarisation n. f. ▫ sc. Réorganisation simplifiée (d'un corps, d'une lumière) sous l'effet d'un champ électromagnétique ou d'un filtre.

polariser v. tr. **1.** Soumettre à la polarisation. **2.** fig. Attirer, concentrer en un point.

polaroïd n. m. (n. déposé) ▫ Appareil de prise de vues permettant le tirage des photos.

polder n. m. ▫ Marais littoral endigué et asséché.

pôle n. m. **1.** Extrémité de l'axe de rotation de la Terre. **2.** Région géographique près d'un pôle. **3.** *Pôle céleste* (de la sphère céleste). **4.** Point de l'aimant correspondant au pôle Nord ou Sud. **5.** Chacune des deux extrémités d'un circuit électrique. **6.** fig. L'un de deux points principaux et opposés.

polémique 1. adj. Critique et agressif. **2.** n. f. Débat vif ou agressif. ▶ **polémiquer** v. intr. ▶ **polémiste** n.

polenta n. f. ▫ Galette de farine de maïs, de châtaignes.

① **poli, ie** adj. ▫ Conforme aux règles de la politesse.

② **poli, ie** adj. ▫ Lisse et brillant.

① **police** n. f. ▫ Institution assurant le maintien de l'ordre public et la répression des infractions.

② **police** n. f. **I.** Contrat signé avec une compagnie d'assurances. **II.** typogr. Assortiment des signes d'un même type.

policer v. tr. ▫ littér. Adoucir les mœurs. ▷ p. p. **policé, ée**

polichinelle n. m. ▫ Personnage à double bosse de la comédie italienne. – *Secret de polichinelle,* connu de tous.

policier, ière adj. et n. **I.** adj. **1.** De la police. **2.** (littérature, cinéma) Qui concerne les activités criminelles et leur découverte. **II.** n. Membre d'un service de police.

policlinique n. f. ▫ Établissement de soins sans hospitalisation.

poliment adv. ▫ D'une manière polie.

poliomyélite ou (abrév.) **polio** n. f. ▫ Maladie par lésion de la moelle épinière. ▶ **poliomyélitique** adj. et n.

polir v. tr. ▫ Rendre lisse par frottement. ▶ **polissage** n. m.

polissoir n. m. ▫ Instrument pour polir.

polisson, onne 1. n. Enfant espiègle, désobéissant. **2.** adj. (choses) Un peu grivois. ▶ **polissonnerie** n. f.

politesse n. f. **1.** Règles du comportement, du langage appréciées en société. **2.** Action, parole exigée par les bons usages.

politicien, ienne 1. n. Personne qui exerce une action politique. **2.** adj. péj. Purement politique.

① **politique I.** adj. Relatif à l'organisation, à l'exercice du pouvoir dans une société organisée. **II.** n. m. **1.** littér. Homme ou femme de gouvernement. **2.** Ce qui est politique.

② **politique** n. f. **1.** Manière de gouverner un État, de mener les relations avec les autres États. **2.** Ensemble des affaires publiques. **3.** Manière de conduire une affaire.

politiquement adv. **1.** En ce qui concerne le pouvoir politique. **2.** *Politiquement correct* loc. adj. : qui respecte une idée de société moralisée.

politiser v. tr. ◻ Donner un caractère politique à. ▶ **politisation** n. f.

politologue n. ◻ Spécialiste de la vie politique. ▶ **politologie** n. f.

polka n. f. ◻ Danse à l'allure vive et très rythmée ; sa musique.

pollen n. m. ◻ Poussière produite par les étamines, qui féconde les fleurs femelles.

polliniser v. tr. ◻ Féconder (le pistil de fleurs) par du pollen. ▶ **pollinisation** n. f.

polluant, ante adj. et n. m. ◻ Qui pollue. ▪ n. m. Produit provoquant une pollution.

polluer v. tr. ◻ Salir en rendant malsain, dangereux. ▷ adj. **pollué, ée** ▶ **pollueur, euse** n.

pollution n. f. ◻ Action de polluer ; fait d'être pollué.

① **polo** n. m. ◻ Sport où des cavaliers poussent une boule de bois avec un maillet.

② **polo** n. m. ◻ Chemise de sport en tricot.

polochon n. m. ◻ fam. Traversin.

polonais, aise adj. et n. ◻ De Pologne.

polonaise n. f. ◻ Danse marchée, qui était la danse nationale de la Pologne. – Sa musique.

poltron, onne adj. et n. ◻ Peureux. ▶ **poltronnerie** n. f.

polyamide n. m. ◻ Constituant de matières plastiques.

polyandre adj. ◻ didact. Qui a plusieurs maris. ▶ **polyandrie** n. f.

polychrome adj. ◻ De plusieurs couleurs. ▶ **polychromie** n. f.

polyclinique n. f. ◻ Clinique où se donnent toutes sortes de soins.

polycopie n. f. ◻ Reproduction graphique par report, encrage et tirage. ▶ **polycopier** v. tr. ▶ **polycopié, ée** adj. et n. m.

polyculture n. f. ◻ Culture simultanée de différents produits sur une même terre.

polyèdre n. m. ◻ géom. Solide limité par des polygones plans. ▶ **polyédrique** adj.

polyester n. m. ◻ Ester à poids moléculaire élevé.

polyéthylène n. m. ◻ Polymère de l'éthylène.

polygame n. ◻ Homme marié à plusieurs femmes, femme mariée à plusieurs hommes à la fois. ▶ **polygamie** n. f.

polyglotte adj. et n. ◻ Qui parle plusieurs langues.

polygonal, ale, aux adj. ◻ Qui a plusieurs angles et plusieurs côtés.

polygone n. m. ◻ Figure plane fermée par des segments de droite.

polymère n. m. ◻ Grosse molécule formée par l'enchaînement de monomères*. ▶ **polymériser** v. tr.

polymérisation n. f. ◻ Union de plusieurs molécules d'un composé.

polymorphe adj. ◻ didact. Qui peut se présenter sous des formes différentes.

polynôme n. m. ◻ Somme algébrique de monômes.

polynucléaire adj. et n. m. ◻ biol. (cellule) Qui possède plusieurs noyaux.

polype n. m. ◻ pathol. Tumeur fibreuse ou muqueuse.

polyphonie n. f. ◻ mus. Combinaison de plusieurs voix ou parties mélodiques. ▶ **polyphonique** adj.

polysémie n. f. ◻ ling. Fait d'avoir plusieurs sens. ▶ **polysémique** adj.

polystyrène n. m. ◻ Matière plastique.

polytechnicien, ienne n. ▫ Élève de Polytechnique.

polytechnique adj. et n. f. ▫ *École polytechnique* : grande école scientifique française.

polythéisme n. m. ▫ Religion à plusieurs dieux. ▶ **polythéiste** n. et adj.

polytransfusé, ée adj. et n. ▫ méd. Qui a subi plusieurs transfusions sanguines.

polyuréthane n. m. ▫ Résine de condensation de polyesters.

polyvalent, ente adj. ▫ Qui a plusieurs fonctions différentes. ▶ **polyvalence** n. f.

pomélo n. m. ▫ Gros agrume à chair rosée.

pommade n. f. ▫ Substance grasse à mettre sur la peau (médicament, etc.).

pommader v. tr. ▫ Enduire de pommade.

① **pomme** n. f. **I. 1.** Fruit du pommier, rond, à pulpe ferme et juteuse. **2.** fam. *Tomber dans les pommes*, s'évanouir. **3.** *POMME D'ADAM* : saillie à la partie antérieure du cou (des hommes). **II.** *Pomme d'arrosoir, de douche*, partie arrondie percée de petits trous.

② **pomme** n. f. ▫ Pomme de terre.

pommé, ée adj. ▫ (plantes) Arrondi.

pommeau n. m. ▫ Tête arrondie d'une poignée.

pomme de terre n. f. ▫ Tubercule comestible.

pommelé, ée adj. **1.** Couvert de petits nuages ronds. **2.** (robe du cheval) Couvert de taches rondes.

pommette n. f. ▫ Partie haute de la joue.

pommier n. m. ▫ Arbre dont le fruit est la pomme.

① **pompe** n. f. **1.** *En grande pompe*, avec faste. **2.** *POMPES FUNÈBRES* : entreprise spécialisée dans l'organisation des obsèques.

② **pompe** n. f. **1.** Appareil destiné à déplacer un fluide, en l'aspirant ou en le refoulant. **2.** fam. Traction des bras. **3.** fam. Chaussure.

pomper v. tr. **1.** Déplacer, aspirer à l'aide d'une pompe*. **2.** Absorber (un liquide). ▶ **pompage** n. m.

pompette adj. ▫ fam. Un peu ivre.

pompeux, euse adj. ▫ Solennel. ▶ **pompeusement** adv.

① **pompier** n. m. ▫ Sapeur-pompier chargé de combattre incendies et sinistres. – *Fumer comme un pompier*, beaucoup.

② **pompier, ière** adj. ▫ Emphatique et prétentieux.

pompiste n. ▫ Personne qui distribue de l'essence (dans une station-service).

pompon n. m. **1.** Touffe de laine servant d'ornement. **2.** *C'est le pompon !*, le comble.

pomponner v. tr. ▫ Parer, orner avec soin. ▷ v. pron. se **pomponner**

ponce n. f. ▫ *PIERRE PONCE* : roche volcanique poreuse, légère et très dure.

ponceau adj. invar. ▫ Rouge foncé.

poncer v. tr. ▫ Décaper, polir au moyen d'une matière abrasive. ▶ **ponçage** n. m. ▶ **ponceuse** n. f. (machine).

poncho n. m. ▫ Pièce d'étoffe percée d'un trou pour la tête.

poncif n. m. ▫ Expression littéraire ou artistique sans originalité.

ponction n. f. **1.** chir. Percement d'une cavité pour en retirer le liquide. **2.** fig. Prélèvement (d'argent, etc.). ▶ **ponctionner** v. tr.

ponctualité n. f. ▫ Qualité d'une personne ponctuelle (1).

ponctuation n. f. ▫ Système de signes servant à indiquer les divisions d'un texte. *Signes de ponctuation* (parenthèse, point, virgule...).

ponctuel, elle adj. **1.** Qui respecte les horaires, est toujours à l'heure. **2.** Qui ne concerne qu'un élément. ▶ **ponctuellement** adv.

ponctuer v. tr. **1.** Diviser (un texte) au moyen de la ponctuation. **2.** Marquer par (un cri, un geste répétés...).

pondaison n. f. ▫ (oiseaux) Saison de la ponte.

pondérable adj. ▫ Qui peut être pesé.

pondéral, ale, aux adj. ▫ didact. Relatif au poids.

pondération n. f. **1.** Fait de pondérer. **2.** Calme, mesure dans les jugements.

pondéré, ée adj. ▫ Calme, équilibré.

pondérer v. tr. ▫ littér. Équilibrer (les forces ; les pouvoirs politiques).

pondeur, euse adj. ▫ Qui pond des œufs.

pondre v. tr. ▫ (femelle ovipare) Déposer, faire (ses œufs).

poney n. m. ▫ Cheval d'une race petite.

pongé n. m. ▫ Taffetas de soie léger.

pongiste n. ▫ Joueur, joueuse de ping-pong.

pont n. m. **1.** Construction, ouvrage reliant deux points séparés par un cours d'eau, un obstacle... **2.** Ensemble des bordages recouvrant entièrement la coque d'un navire. **3.** Jour(s) où l'on ne travaille pas entre deux jours fériés. **4.** *PONT AÉRIEN* : liaison aérienne continue.

pontage n. m. ▫ chir. Dérivation de veines (ou artères).

① **ponte** n. f. **1.** Action de pondre. **2.** Les œufs pondus en une fois.

② **ponte** n. m. ▫ fam. Grand personnage.

ponter v. tr. ▫ Munir d'un pont (un navire).

pontife n. m. ▫ Haut dignitaire catholique. *Le souverain pontife* : le pape.

pontifical, ale, aux adj. ▫ Relatif au pape.

pontificat n. m. ▫ Règne (d'un pape).

pontifier v. intr. ▫ Manifester prétention et emphase. ▶ **pontifiant, ante** adj.

pont-l'évêque n. m. invar. ▫ Fromage de vache à pâte molle.

pont-levis n. m. ▫ Pont mobile au-dessus du fossé d'un château fort.

ponton n. m. ▫ Plate-forme flottante.

pontonnier n. m. ▫ Soldat chargé des ponts militaires mobiles.

pool n. m. ▫ anglic. Groupe d'associés ou de travailleurs.

pop adj. invar. ▫ anglic. *Musique pop* ou n. f. *la pop*, musique populaire issue du rock.

pop'art n. m. ▫ École de peinture inspirée par la culture de masse.

pop-corn n. m. invar. ▫ anglic. Grains de maïs soufflés.

pope n. m. ▫ Prêtre de l'Église orthodoxe.

popeline n. f. ▫ Tissu de coton serré, ou de laine et soie.

poplité, ée adj. ▫ anat. De la partie postérieure du genou.

popote ▫ fam. **I.** n. f. Soupe ; cuisine. **II.** adj. invar. Trop occupé par les travaux du foyer.

popotin n. m. ▫ fam. Fesses, derrière.

populace n. f. ▫ péj. Bas peuple. ▶ **populacier, ière** adj.

populaire adj. **1.** Qui émane du peuple. – hist. *Front populaire*, union des forces de gauche (en France, en 1936). **2.** Propre au peuple. **3.** Qui plaît au plus grand nombre. ▶ **populairement** adv.

populariser v. tr. ▫ Faire connaître parmi le peuple, le grand nombre. ▶ **popularisation** n. f.

popularité n. f. ▫ Fait d'être connu et aimé du plus grand nombre.

population n. f. **1.** Personnes qui habitent un espace. **2.** Ensemble des personnes d'une catégorie.

populeux, euse adj. □ Très peuplé.

populisme n. m. □ École littéraire qui dépeint la vie des gens du peuple. ▶ **populiste** n. et adj.

populo n. m. □ fam. Peuple ; foule.

porc n. m. **1.** Mammifère domestique au corps épais dont la tête est terminée par un groin. **2.** Viande de cet animal.

porcelaine n. f. **1.** Substance translucide, imperméable (kaolin). **2.** Objet en porcelaine. ▶ **porcelainier, ière** n. et adj.

porcelet n. m. □ Jeune porc.

porc-épic n. m. □ Mammifère rongeur au corps recouvert de piquants.

porche n. m. □ Construction en saillie devant une porte d'entrée.

porcher, ère n. □ Personne qui s'occupe des porcs.

porcherie n. f. **1.** Bâtiment où l'on élève les porcs. **2.** fig. Local très sale.

porcin, ine adj. □ Relatif au porc.

pore n. m. **1.** Minuscule orifice de la peau par où sortent la sueur, le sébum. **2.** Interstice, trou d'une matière poreuse.

poreux, euse adj. □ Qui présente de nombreux petits trous.

porno 1. adj. Pornographique. **2.** n. m. Pornographie.

pornographie n. f. □ Représentation publique de choses obscènes. ▶ **pornographique** adj.

porphyre n. m □ Roche volcanique à grands cristaux de feldspath.

porridge n. m. □ anglic. Bouillie de flocons d'avoine.

① **port** n. m. **1.** Abri naturel ou artificiel aménagé pour recevoir les navires. **2.** Ville qui possède un port.

② **port** n. m. **1.** Fait de porter sur soi. **2.** Manière naturelle de se tenir. **3.** Prix du transport (d'une lettre...).

portable adj. **1.** (vêtement) Qu'on peut porter. **2.** Transportable. – *Téléphone portable,* sans fil et sans support. ■ n. m. Ordinateur, téléphone portable.

portage n. m. **1.** Transport à dos d'homme. **2.** Distribution des journaux à domicile.

portail, ails n. m. **1.** Grande porte, parfois de caractère monumental. **2.** inform. Page d'un site Internet regroupant de nombreux services.

portant, ante I. adj. **1.** Dont la fonction est de porter, de soutenir. **2.** *BIEN, MAL PORTANT,* en bonne, en mauvaise santé. **II.** n. m. **1.** Montant de soutien, au théâtre. **2.** Présentoir pour suspendre des vêtements.

portatif, ive adj. □ Qui peut être transporté facilement.

① **porte** n. f. **I.** Ouverture aménagée dans l'enceinte d'une ville. ■ Lieu où se trouvait une porte d'enceinte. **II. 1.** Ouverture aménagée pour permettre le passage. ■ *Faire du PORTE À PORTE* (pour vendre, quêter...). **2.** Panneau mobile permettant d'obturer la porte (II, 1).

② **porte** adj. f. □ *VEINE PORTE,* qui ramène le sang au foie.

porte-à-faux n. m. invar. **1.** Construction hors d'aplomb. **2.** *En porte-à-faux :* qui n'est pas d'aplomb ; fig. en déséquilibre.

porte-avions n. m. invar. □ Navire sur lequel les avions peuvent atterrir.

porte-bagages n. m. invar. □ Dispositif pour recevoir les bagages.

porte-bébé n. m. □ Sac muni d'un harnais, pour transporter un bébé. *Des porte-bébés.*

porte-billets n. m. invar. □ Petit portefeuille pour les billets de banque.

porte-bonheur n. m. invar. ▫ Objet que l'on considère comme porteur de chance.

porte-bouteilles n. m. invar. ▫ Casier ou panier à bouteilles.

porte-cartes n. m. invar. ▫ Portefeuille pour les papiers d'identité, etc.

porte-cigarettes n. m. invar. ▫ Étui à cigarettes.

porte-clés n. m. invar. ▫ Anneau ou étui pour porter des clés.

porte-couteau n. m. ▫ Ustensile de table pour poser le couteau. *Des porte-couteaux.*

porte-documents n. m. invar. ▫ Serviette plate.

porte-drapeau n. m. **1.** Porteur du drapeau. *Des porte-drapeaux.* **2.** fig. Chef reconnu.

portée n. f. **I. 1.** Ensemble des petits qu'une femelle de mammifère met bas en une seule fois. **2.** mus. Les cinq lignes horizontales et parallèles qui portent la notation musicale. **II. 1.** Distance à laquelle peut être lancé un projectile. **2.** *À (LA) PORTÉE (DE)* : à la distance accessible (par). ■ fig. *À (LA) PORTÉE, HORS DE (LA) PORTÉE DE* : accessible ou non. **3.** Effet, importance.

portefaix n. m. ▫ anciennt Porteur de fardeaux.

porte-fenêtre n. f. ▫ Fenêtre qui descend jusqu'au sol et fait office de porte. *Des portes-fenêtres.*

portefeuille n. m. **1.** Étui pliant, muni de poches où l'on range billets de banque, papiers, etc. **2.** Ensemble des valeurs détenues par qqn. **3.** Titre, fonction de ministre.

porte-hélicoptères n. m. invar. ▫ Navire à pont d'envol pour les hélicoptères.

porte-jarretelles n. m. invar. ▫ Sous-vêtement féminin à quatre jarretelles.

portemanteau n. m. ▫ Support pour suspendre les vêtements.

portement n. m. ▫ *Portement de croix* : scène où le Christ porte sa croix.

portemine n. m. ▫ Instrument dans lequel on place des mines de crayon.

porte-monnaie n. m. invar. ▫ Petit sac souple où l'on met de la monnaie.

porte-parapluies n. m. invar. ▫ Ustensile pour recevoir les parapluies.

porte-parole n. m. invar. ▫ Personne qui s'exprime au nom d'un groupe.

porte-plume n. m. ▫ Tige au bout de laquelle on place une plume à écrire.

porter v. tr. **I. 1.** Soutenir (ce qui pèse). **2.** fig. Supporter. **3.** Produire en soi (un petit, un rejeton). **4.** Avoir en soi, dans l'esprit, le cœur. **5.** Avoir sur soi. **II. 1.** Prendre pour déplacer, emporter. **2.** *PORTER qqn À* : pousser, inciter, entraîner à. – *ÊTRE PORTÉ À* (+ inf.) : être naturellement poussé à. – *ÊTRE PORTÉ SUR qqch.*, avoir un goût marqué pour. **III.** v. tr. ind. **1.** *PORTER SUR* : peser, appuyer sur (qqch.). ■ Avoir pour objet. *Le débat portait sur les salaires.* **2.** absolt (tir) Avoir une portée. **3.** Toucher le but. *Une voix qui porte*, qui s'entend loin. ▷ v. pron. se **porter** **1.** *Se porter bien, mal* : être en bonne, en mauvaise santé. **2.** Se présenter (à, comme). *Se porter garant.*

porte-savon n. m. ▫ Support pour un savon. *Des porte-savons.*

porte-serviettes n. m. invar. ▫ Support pour les serviettes de toilette.

porteur, euse n. et adj. **1.** Personne chargée de remettre des messages à leurs destinataires. **2.** Personne dont le métier est de porter les bagages. **3.** Personne qui détient (des papiers, titres). ■ dr. comm. *Les petits porteurs* : les petits actionnaires. **4.** *Porteur sain* : sujet cliniquement sain qui porte des germes pathogènes. **5.** adj. Qui porte.

Mur porteur. ■ Qui entraîne par son développement. **6.** adj. *MÈRE PORTEUSE,* qui, ayant reçu un embryon, mène la grossesse à terme pour le compte de la mère légale.

porte-voix n. m. invar. ▫ Tube pour amplifier la voix.

portfolio n. m. ▫ Série de photographies (dans un coffret...).

portier, ière n. ▫ Personne qui garde une porte.

portière n. f. ▫ Porte de voiture.

portillon n. m. ▫ Porte à battant plus ou moins bas.

portion n. f. **1.** Part (de nourriture) de qqn. **2.** (argent...) *Portion d'héritage.*

portique n. m. **1.** Galerie ouverte à une ou deux rangées de colonnes. **2.** Barre horizontale soutenue par deux poteaux verticaux, où on accroche des agrès. **3.** *Portique de détection,* placé à l'entrée d'un lieu public.

porto n. m. ▫ Vin de liqueur portugais.

portrait n. m. **1.** Représentation graphique, photographique (d'une personne). **2.** Description orale ou écrite (de qqn).

portraitiste n. ▫ Peintre, etc. de portraits.

portrait-robot n. m. ▫ Portrait d'un individu recherché par la police, par combinaison d'éléments choisis. *Des portraits-robots.*

portraiturer v. tr. ▫ Faire le portrait de.

portuaire adj. ▫ D'un port.

portugais, aise **1.** adj. et n. Du Portugal. **2.** n. f. Huître commune.

portulan n. m. ▫ ancienn^t Carte marine des premiers navigateurs.

pose n. f. **1.** Action de poser, mise en place. **2.** Attitude du corps.

posé, ée adj. ▫ Calme, pondéré. ▶ **posément** adv.

poser v. **I.** v. tr. **1.** Mettre (une chose) en un endroit. **2.** Écrire (un chiffre) dans une opération. **3.** Formuler (une question, un problème). **II.** v. intr. **1.** Se tenir immobile dans une attitude. **2.** Prendre des attitudes pour se faire remarquer. ▷ v. pron. se **poser** **1.** Se placer, s'arrêter doucement (quelque part). **2.** *Se poser en :* prétendre jouer le rôle de.

poseur, euse **I.** n. Personne chargée de la pose (d'un objet). **II.** adj. et n. Qui prend une attitude affectée.

positif, ive adj. et n. m. **1.** philos. Fondé sur les faits, l'expérience. **2.** Qui a un caractère de certitude. **3.** Concret, effectif. **4.** Qui donne la préférence aux faits, à la réalité concrète. **5.** Qui affirme qqch. – Qui affirme du bien de qqn, de qqch. **6.** méd. *Réaction positive,* effective, qui se produit. **7.** *Nombre positif,* plus grand que zéro.

position n. f. **1.** Manière dont une chose, une personne est placée, située. – Lieu. – sports Place (dans une course...). **2.** Attitude corporelle. **3.** fig. Ensemble des circonstances où l'on se trouve. **4.** Idées que qqn soutient.

positionner v. tr. **1.** techn. Mettre, placer dans une position déterminée. **2.** comm. Situer quant au marché. ▶ **positionnement** n. m.

positivement adv. **1.** D'une manière certaine, sûre. **2.** Affirmativement.

positivisme n. m. ▫ Doctrine selon laquelle les sciences positives (1) fondent la philosophie. ▶ **positiviste** adj. et n.

positon n. m. ▫ phys. Particule de même masse et de charge électrique opposée à celle de l'électron.

posologie n. f. ▫ Indication du dosage, de la fréquence de prise (d'un médicament).

possédant, ante adj. et n. ▫ Qui possède des biens, des capitaux.

possédé, ée adj. et n. ▫ Dominé par une puissance occulte.

posséder v. tr. **1.** Avoir (qqch.) à sa disposition ; avoir parmi ses biens. **2.** fig. Avoir en propre (une chose abstraite). **3.** fam. Tromper, duper.

possesseur n. m. ▫ Personne qui possède (qqch.).

possessif, ive **1.** gramm. Qui marque une relation d'appartenance. **2.** psych. D'appropriation. ▶ **possessivité** n. f.

possession n. f. **I. 1.** Fait, action de posséder. **2.** psych. Forme de délire dans lequel le malade se croit habité par un démon. **II. 1.** Chose possédée par qqn. **2.** hist. Dépendance coloniale.

possibilité n. f. **1.** Caractère de ce qui peut se réaliser. **2.** Chose possible. **3.** Capacité (de faire).

possible I. adj. **1.** Qui peut se réaliser, être réalisé ; qui peut être. – impers. *Il est possible que* (+ subj.) : il se peut que. **2.** Éventuel. **3.** fam. Acceptable, convenable ; supportable. **II.** n. m. Ce qui est possible. *Dans la mesure du possible* : autant qu'on le peut. – *AU POSSIBLE* loc. adv. → **extrêmement.**

possiblement adv. ▫ Peut-être ; vraisemblablement.

post n. m. ▫ anglic. Message sur un forum, un blog.

postage n. m. ▫ Action de poster (①).

postal, ale, aux adj. ▫ Qui concerne la poste.

postcure n. f. ▫ Période qui suit une cure.

postdater v. tr. ▫ Dater postérieurement à la date réelle.

post-doctoral, ale, aux adj. ▫ Qui concerne la période suivant l'admission au grade de docteur. – abrév. fam. **postdoc.**

① **poste** n. f. **1.** Administration chargée du service de la correspondance. **2.** Bureau de poste.

② **poste** n. m. **1.** Lieu où un soldat, une troupe est disposée par ordre. **2.** *POSTE (DE POLICE)* : corps de garde d'un commissariat de police. **3.** Emploi auquel on est nommé. **4.** Emplacement affecté à un usage. *Poste de pilotage.* **5.** Appareil récepteur (radio, télévision).

posté, ée adj. ▫ *Travail posté,* par équipes qui se relaient.

① **poster** v. tr. **1.** Mettre à la poste. **2.** Envoyer (un message) sur Internet.

② **poster** v. tr. ▫ Placer (des soldats ; qqn) à un poste. ▷ v. pron. se **poster**

③ **poster** n. m. ▫ anglic. Affiche décorative.

postérieur, eure I. adj. **1.** Qui vient après, dans le temps. ▶ **postérieurement** adv. **2.** didact. Qui est derrière, dans l'espace. **II.** n. m. fam. Derrière, fesses.

postériorité n. f. ▫ Caractère de ce qui est postérieur à qqch. (dans le temps).

postérité n. f. **1.** littér. Suite de personnes d'une même origine. **2.** Générations à venir.

postface n. f. ▫ Commentaire à la fin d'un livre.

posthume adj. **1.** Né après la mort de son père. **2.** (œuvre) Qui a vu le jour après la mort de son auteur.

postiche adj. ▫ Artificiel (cheveux...). ▪ n. m. Mèche que l'on adapte à sa coiffure.

postier, ière n. ▫ Employé(e) de la poste.

postillon n. m. ▫ Goutte de salive projetée en parlant.

postillonner v. intr. ▫ Envoyer des postillons.

post-it n. m. invar. (marque déposée) ▫ Petit rectangle de papier à la marge autocollante.

postmoderne adj. ▫ arts Qui rejette le style moderne et se caractérise par l'éclectisme.

postnatal, ale, als adj. ▫ didact. Qui suit immédiatement la naissance.

postopératoire adj. ▫ méd. Qui se produit ou se fait après une opération.

postpartum n. m. invar. ▫ didact. Période qui suit l'accouchement.

postproduction n. f. ▫ cin. Phase de la production (d'un film) postérieure à la fin du tournage.

post-scriptum n. m. invar. ▫ Complément au bas d'une lettre, après la signature (abrév. **P.-S.).**

postsynchroniser v. tr. ▫ Remplacer la bande son ou ajouter une bande son à (un film). ▶ **postsynchronisation** n. f.

post-traumatique adj. ▫ méd. Qui fait suite à un traumatisme.

postulant, ante n. ▫ Candidat.

postulat n. m. ▫ didact. Proposition nécessaire qui ne peut être démontrée.

postuler v. tr. **1.** Demander (un emploi, une place). ▪ trans. indir. *Postuler à, pour un emploi.* **2.** didact. Poser comme postulat.

posture n. f. **1.** Attitude particulière du corps. **2.** fig. Situation.

pot n. m. **1.** Récipient pour les liquides et les aliments. ▪ *Découvrir le* POT AUX ROSES, le secret d'une affaire. **2.** Contenu d'un pot. – fam. *Boire, prendre un pot,* une consommation. **3.** POT D'ÉCHAPPEMENT : tuyau pour les gaz brûlés. – fam. *Plein pot :* à toute vitesse ; plein tarif. **4.** L'enjeu, dans certains jeux d'argent. **5.** fam. Chance, veine.

potable adj. **1.** Qui peut être bu sans danger. **2.** fam. Acceptable.

potache n. m. ▫ fam. Collégien, lycéen.

potage n. m. ▫ Bouillon où l'on a fait cuire des aliments solides.

potager, ère adj. **1.** (plantes) Dont certaines parties peuvent être utilisées dans l'alimentation humaine. **2.** Où l'on cultive des plantes potagères. *Jardin potager* et n. m. *un potager.*

potasse n. f. ▫ Hydroxyde de potassium.

potasser v. tr. ▫ fam. Étudier.

potassium n. m. ▫ Métal alcalin (symb. K).

pot-au-feu n. m. invar. ▫ Plat de viande de bœuf bouillie avec des légumes.

pot-de-vin n. m. ▫ Cadeau caché pour obtenir un avantage. *Des pots-de-vin.*

pote n. ▫ fam. Copain, copine.

poteau n. m. ▫ Pièce de bois, de métal, verticale.

potée n. f. ▫ Plat de viande bouillie et de légumes.

potelé, ée adj. ▫ De formes rondes et pleines.

potence n. f. ▫ Instrument de supplice fait d'un poteau et d'une traverse en équerre.

potentat n. m. **1.** Souverain absolu d'un grand État. **2.** Homme qui possède un pouvoir excessif.

potentiel, elle I. adj. didact. Qui existe en puissance. **II.** n. m. **1.** phys. Grandeur caractérisant l'état électrique d'un circuit. **2.** Capacité d'action, de production. ▶ **potentialité** n. f. ▶ **potentiellement** adv.

potentille n. f. ▫ Herbe à fleurs jaunes ou blanches.

potentiomètre n. m. ▫ électr. Rhéostat.

poterie n. f. **1.** Fabrication des objets en terre cuite. **2.** Objet ainsi fabriqué. **3.** Atelier de poterie.

poterne n. f. ▫ Porte dérobée dans une muraille d'enceinte.

potiche n. f. **1.** Grand vase de porcelaine. **2.** fig. Personne reléguée à un rôle décoratif.

potier, ière n. ▫ Personne qui fabrique des poteries.

potimarron n. m. ▫ Courge orange dont le goût évoque le potiron et la châtaigne.

potin n. m. ▫ Bavardage, commérage.

potion n. f. ▫ Médicament liquide.

potiron n. m. ▫ Courge plus grosse que la citrouille.

pot-pourri n. m. **1.** vx Mélange hétéroclite. *Des pots-pourris.* **2.** mus. Pièce faite de thèmes empruntés. **3.** Mélange odorant à base de pétales séchés.

potron-minet n. m. ▫ littér. L'aube.

pou n. m. ▫ Insecte parasite de l'homme. ▪ fam. *Chercher des poux dans la tête de qqn, à qqn,* le chicaner.

pouah interj. ▫ fam. Exclamation de dégoût.

poubelle n. f. ▫ Récipient destiné aux ordures ménagères.

pouce n. m. **1.** Le premier doigt de la main, opposable aux autres doigts. **2.** Le gros orteil.

poudre n. f. **1.** Substance formée de très petites particules. – *Jeter de la poudre aux yeux,* chercher à éblouir. **2.** Poudre utilisée comme fard. **3.** Mélange explosif. – *Mettre le* FEU AUX POUDRES : déclencher un événement violent.

poudrer v. tr. ▫ Couvrir de poudre. ▷ v. pron. se **poudrer** ▶ **poudrage** n. m.

poudreux, euse adj. ▫ *Neige poudreuse* ou n. f. *de la poudreuse* : neige fraîche et molle.

poudrier n. m. ▫ Récipient à poudre (2).

poudrière n. f. **1.** Magasin à explosifs. **2.** fig. Situation explosive.

poudroyer v. intr. ▫ littér. Avoir une apparence de poudre brillante. ▶ **poudroiement** n. m.

pouf I. interj. Bruit sourd de chute. **II.** n. m. Gros coussin capitonné.

pouffer v. intr. ▫ Éclater de rire malgré soi.

pouffiasse ou **poufiasse** n. f. ▫ vulg. (injure) Femme, fille vulgaire.

pouilleux, euse adj. **1.** Couvert de poux. **2.** Miséreux. ▪ (choses) Misérable et sale.

poulailler n. m. **I.** Abri où on élève des volailles. **II.** fam. Galerie supérieure d'un théâtre.

poulain n. m. **1.** Petit du cheval. **2.** Débutant prometteur.

poularde n. f. ▫ Jeune poule engraissée.

poulbot n. m. ▫ Enfant pauvre de Montmartre.

① **poule** n. f. **1.** Femelle du coq, oiseau de basse-cour. **2.** *La poule aux œufs d'or,* la source d'un profit important. – *MÈRE POULE,* qui « couve » ses enfants. – *POULE MOUILLÉE* : poltron. **3.** Femelle de gallinacés. ▪ *POULE D'EAU* : petit échassier.

② **poule** n. f. ▫ sports Groupe d'équipes destinées à se rencontrer.

poulet n. m. **1.** Jeune poule ou jeune coq destiné à l'alimentation. **2.** fam. Policier.

poulette n. f. **1.** Jeune poule. **2.** fam. Jeune fille, jeune femme.

pouliche n. f. ▫ Jeune jument.

poulie n. f. ▫ Roue qui porte sur sa jante une corde (transmettant un mouvement).

pouliner v. intr. ▫ (jument) Mettre bas.

poulinière adj. f. et n. f. ▫ (jument) Destinée à la reproduction.

poulpe n. m. ▫ Mollusque à longs tentacules.

pouls n. m. ▫ Battement des artères produit par le sang projeté du cœur.

poumon n. m. □ Chacun des deux viscères placés dans la cage thoracique, organes de la respiration.

poupe n. f. □ Arrière (d'un navire). – fig. *Avoir le vent en poupe*, être poussé vers le succès.

poupée n. f. □ Figurine humaine servant de jouet.

poupin, ine adj. □ Qui a les traits d'une poupée.

poupon n. m. □ Bébé.

pouponner v. intr. □ Dorloter des bébés.

pouponnière n. f. □ Établissement où l'on garde les bébés.

pour prép. **I. 1.** En échange de. *Vendre qqch. pour telle somme.* **2.** (équivalence) → **comme.** *Avoir la liberté pour principe.* **3.** En prenant la place de. *Payer pour qqn,* à sa place. **4.** En ce qui concerne (qqch.). *Il fait froid pour la saison.* **5.** En ce qui concerne (qqn). **II. 1.** En allant vers. *Partir pour le Japon.* **2.** Dans (tel temps). *C'est pour ce soir.* **3.** Destiné à (qqn, qqch.). *Film pour adultes.* **4.** En faveur de. *ÊTRE POUR qqn, qqch.*, en être partisan. ▪ n. m. *LE POUR ET LE CONTRE.* **5.** *POUR* (+ inf.) : afin de pouvoir. *Pour quoi faire ?* **6.** *POUR QUE* loc. conj. (+ subj.) : afin que. **III. 1.** En ayant pour résultat (qqch.). *Pour son malheur, il a cédé.* ▪ (+ inf.) Afin de. **2.** *POUR QUE* (avec une subordonnée de conséquence). *Assez, trop... pour que...* **IV.** À cause de. *Il a été puni pour ses mensonges.* **V.** (opposition, concession) littér. **1.** *POUR... QUE. Pour intelligent qu'il soit...* → **aussi. 2.** *Pour être riches, ils n'en sont pas plus heureux,* bien qu'ils soient riches.

pourboire n. m. □ Gratification en argent, remise à titre de supplément.

pourceau n. m. □ littér. Porc.

pourcentage n. m. **1.** Taux calculé sur un capital de cent. **2.** Proportion pour cent.

pourchasser v. tr. □ Poursuivre, rechercher avec obstination.

pourfendre v. tr. □ littér. ou plais. Attaquer violemment. ▶ **pourfendeur, euse** n.

se **pourlécher** v. pron. □ Se passer la langue sur les lèvres.

pourparlers n. m. plur. □ Conversations pour arriver à un accord.

pourpoint n. m. □ anciennt Partie du vêtement d'homme qui couvrait le torse.

pourpre n. m. et adj. □ Couleur rouge foncé, tirant sur le violet.

pourpré, ée adj. □ littér. Coloré de pourpre.

pourquoi I. adv. et conj. **1.** *Pourquoi ? :* pour quelle raison. **2.** *C'est pourquoi...,* c'est pour cela que. **II.** n. m. invar. Cause, motif, raison.

pourri, ie adj. **1.** Altéré par la décomposition. **2.** fig. (personnes) Moralement corrompu.

pourrir v. **I.** v. intr. **1.** Se décomposer. **2.** fig. Se dégrader. **II.** v. tr. **1.** Corrompre en faisant pourrir. **2.** Gâter extrêmement (un enfant). ▶ **pourrissant, ante** adj. ▶ **pourrissement** n. m.

pourriture n. f. **1.** Décomposition des tissus organiques ; état de ce qui est pourri. **2.** Ce qui est pourri. **3.** (injure) Personne ignoble.

poursuite n. f. **1.** Action de poursuivre (qqn, qqch.). **2.** Acte juridique dirigé contre qqn.

poursuivant, ante n. □ Personne qui poursuit (I, 1) qqn.

poursuivre v. tr. **I. 1.** Suivre pour atteindre (ce qui fuit). *Poursuivre des fugitifs.* **2.** Tenter d'atteindre (qqn qui se dérobe). **3.** Chercher à obtenir (qqch.). **4.** (sujet chose) Hanter, obséder. **5.** Agir en justice contre (qqn). **II.** Continuer sans relâche. – pronom. *La réunion se poursuivit jusqu'à l'aube.*

pourtant adv. ▫ (opposant deux notions pour mieux les relier) → **cependant, mais, néanmoins, toutefois.** *C'est pourtant simple.*

pourtour n. m. **1.** Ligne formant le tour. **2.** Partie qui forme les bords (d'un lieu).

pourvoi n. m. ▫ dr. *Pourvoi en cassation,* demande de révision par un tribunal de cassation.

pourvoir v. tr. **I.** v. tr. ind. *POURVOIR À qqch. :* fournir le nécessaire pour. **II.** v. tr. dir. **1.** Mettre (qqn) en possession (de ce qui est nécessaire). **2.** Munir (une chose). **3.** passif et p. p. *ÊTRE POURVU, UE :* avoir, posséder. ▷ v. pron. se **pourvoir** **1.** *SE POURVOIR DE qqch. :* se munir. **2.** dr. Recourir à une juridiction supérieure.

pourvoyeur, euse n. ▫ Personne qui fournit, procure (qqch.).

pourvu que loc. conj. ▫ (+ subj.) Du moment que, à condition de, si. ▪ (souhait) *Pourvu qu'on y arrive !*

pousse n. f. **1.** Développement de ce qui pousse. **2.** Bourgeon naissant, germe.

pousse-café n. m. invar. ▫ Verre d'alcool (pris après le café).

poussée n. f. **1.** Action d'une force. **2.** fig. Manifestation subite. *Poussée de fièvre.*

pousse-pousse n. m. ▫ Voiture à deux roues tirée à bras d'homme (Chine ; anciennt).

pousser v. **I.** v. tr. **1.** Soumettre (qqch., qqn) à une pression de manière à mouvoir dans une direction. **2.** *POUSSER qqn À :* inciter à. – *POUSSER (qqn) À BOUT,* l'exaspérer. **3.** Faire avancer (qqch.). **4.** fig. Faire aller jusqu'à un certain degré. **II.** v. intr. **1.** Croître, se développer. **2.** fam. Exagérer. ▷ v. pron. se **pousser** S'écarter pour laisser passer.

poussette n. f. ▫ Petite voiture d'enfant.

poussier n. m. ▫ Poussière de charbon.

poussière n. f. **1.** Terre desséchée réduite en particules très fines. **2.** Fins débris en suspension dans l'air et qui se déposent.

poussiéreux, euse adj. ▫ Couvert de poussière.

poussif, ive adj. ▫ Qui respire difficilement. ▶ **poussivement** adv.

poussin n. m. ▫ Petit de la poule, nouvellement sorti de l'œuf.

poussoir n. m. ▫ Bouton qui déclenche un mécanisme.

poutre n. f. **1.** Élément de construction allongé servant de support. **2.** sports Longue pièce de bois surélevée, en gymnastique.

poutrelle n. f. ▫ Petite poutre.

① **pouvoir** v. tr. **1.** Avoir la possibilité de (faire qqch.). **2.** Avoir le droit, la permission de (faire qqch.). **3.** (sujet chose) Risquer de se produire. **4.** impers. *IL PEUT, IL POURRA...* → **peut-être.**

② **pouvoir** n. m. **1.** Fait de pouvoir, de disposer de moyens qui permettent une action. **2.** Capacité légale (de faire une chose). **3.** Propriété physique (d'une substance). *Pouvoir calorifique.* **4.** Possibilité d'agir sur qqn, qqch. **5.** Situation d'un dirigeant ; puissance politique. **6.** Organes, hommes qui exercent le pouvoir. – au plur. *Les pouvoirs publics,* les autorités.

pouzzolane n. f. ▫ Roche volcanique légère et poreuse.

P. Q. n. m. ▫ fam. Papier hygiénique.

practice n. m. ▫ anglic. Terrain d'entraînement, au golf.

pragmatique adj. ▫ Adapté à l'action concrète, qui concerne la pratique.

pragmatisme n. m. ▫ Souci de l'efficacité pratique.

praire n. f. ▫ Mollusque comestible, coquillage vivant dans le sable.

prairie n. f. ▫ Terrain couvert d'herbe pour le bétail.

praline n. f. ▫ Amande rissolée dans du sucre.

praliné, ée adj. ▫ Mélangé de pralines pilées.

praticable **I.** adj. **1.** Où l'on peut passer sans difficulté. **2.** Que l'on peut mettre à exécution. **II.** n. m. théâtre Décor où l'on peut se mouvoir.

praticien, ienne n. ▫ Médecin qui exerce.

pratiquant, ante adj. et n. ▫ Qui observe les pratiques d'une religion.

① **pratique** n. f. **1.** Activités volontaires visant des résultats concrets. **2.** Manière concrète d'exercer une activité. *La pratique d'un art.* – *EN PRATIQUE* : en fait. *Mettre en pratique* : appliquer, exécuter. **3.** Manière habituelle d'agir.

② **pratique** adj. **1.** Qui concerne la réalité matérielle, utilitaire. **2.** (choses, actions) Ingénieux et efficace.

pratiquement adv. **1.** Dans la pratique. **2.** Quasiment, pour ainsi dire.

pratiquer v. tr. **1.** Mettre en application. **2.** Exercer (un métier, une activité...). **3.** Employer (un moyen, un procédé) d'une manière habituelle. **4.** Exécuter (une opération manuelle) selon les règles. **5.** Ménager (une ouverture, un abri).

pré n. m. **1.** Terrain produisant de l'herbe pour la nourriture du bétail. **2.** *Le pré carré* (de qqn), domaine réservé.

préadolescent, ente n. ▫ Jeune garçon, jeune fille qui a l'âge situé entre l'enfance et l'adolescence (la *préadolescence* n. f.).

préalable adj. et n. m. **1.** Qui doit précéder (qqch.). **2.** n. m. Conditions d'une négociation. **3.** *AU PRÉALABLE* loc. adv. → d'**abord, auparavant.** ▶ **préalablement** adv.

préambule n. m. ▫ Avant-propos, préface.

préau n. m. ▫ Partie couverte d'une cour d'école.

préavis n. m. ▫ Avertissement préalable.

prébende n. f. ▫ Revenu fixe accordé à un ecclésiastique. ▶ **prébendier** n. m.

précaire adj. ▫ Dont l'avenir, la stabilité ne sont pas assurés. ▶ **précarité** n. f.

précambrien, enne adj. ▫ géol. Se dit des terrains les plus anciens, sans fossiles.

précariser v. tr. ▫ Rendre précaire. ▷ v. pron. se **précariser** ▶ **précarisation** n. f.

précaution n. f. ▫ Disposition prise pour éviter un mal ou en atténuer l'effet.

se **précautionner** v. pron. ▫ littér. Prendre ses précautions (contre).

précautionneux, euse adj. ▫ Qui prend des précautions. ▶ **précautionneusement** adv.

précédemment adv. ▫ Antérieurement, auparavant.

précédent, ente **I.** adj. Qui précède (dans le temps ou l'espace). **II.** n. m. **1.** Fait antérieur qui sert de modèle. **2.** *SANS PRÉCÉDENT* : inouï, jamais vu.

précéder v. tr. **I.** Être, exister, se produire avant. **II.** (personnes) **1.** Aller devant ; arriver avant. **2.** abstrait Devancer (qqn).

précepte n. m. ▫ Formule qui exprime un enseignement, une règle.

précepteur, trice n. ▫ Personne chargée de l'éducation d'un enfant à domicile. ▶ **préceptorat** n. m.

préchauffer v. tr. ◻ Chauffer préalablement.

prêche n. m. ◻ Discours religieux.

prêcher v. **I.** v. tr. **1.** Enseigner (la révélation religieuse). **2.** Conseiller (qqch.). **II.** v. intr. Prononcer un sermon. **III.** v. tr. *PRÊCHER qqn*, lui enseigner la parole de Dieu. ▪ fam. Essayer de convaincre.

prêcheur, euse n. ◻ péj. Personne qui aime à faire la morale.

prêchi-prêcha n. m. invar. ◻ fam. Radotage moralisateur.

précieusement adv. ◻ Comme il convient pour un objet précieux.

précieux, euse adj. **I. 1.** D'une grande valeur. **2.** Particulièrement utile (à qqn). **II.** n. (au XVIIe siècle) Personne défendant un idéal esthétique raffiné, un langage recherché.

préciosité n. f. ◻ Caractère recherché du langage, du style.

précipice n. m. ◻ Anfractuosité profonde, aux flancs abrupts.

précipitamment adv. ◻ Avec précipitation.

① **précipitation** n. f. ◻ Hâte excessive.

② **précipitation** n. f. ◻ *Précipitations (atmosphériques)* : chute de l'eau (pluie, grêle...).

① **précipité, ée** adj. ◻ Hâtif.

② **précipité** n. m. ◻ Dépôt qui se forme dans un liquide sous l'effet d'une réaction.

précipiter v. tr. **1.** littér. Faire tomber dans un lieu bas ou profond. **2.** Pousser, entraîner avec violence. **3.** Faire aller plus vite. ▷ v. pron. se **précipiter 1.** Se jeter de haut. **2.** S'élancer brusquement. **3.** (sujet chose) Prendre un rythme accéléré.

① **précis, ise** adj. **1.** Déterminé avec exactitude. **2.** Effectué de façon sûre. **3.** Qui agit avec précision.

② **précis** n. m. ◻ Petit manuel.

précisément adv. **1.** D'une façon précise. **2.** Juste, justement.

préciser v. tr. **1.** Exprimer, présenter de façon plus précise. **2.** pronom. Devenir plus net.

précision n. f. **1.** Caractère précis. **2.** Façon précise d'agir. **3.** au plur. Ce qui permet une information sûre, sans ambiguïté.

précoce adj. **1.** (végétaux) Mûr avant le temps normal. **2.** Qui survient, se fait plus tôt que d'habitude. **3.** (personnes) En avance dans son développement. ▶ **précocement** adv. ▶ **précocité** n. f.

précolombien, ienne adj. ◻ Relatif à l'Amérique avant la venue des Européens.

préconçu, ue adj. ◻ Élaboré sans jugement critique ni expérience.

préconiser v. tr. ◻ Recommander vivement. ▶ **préconisation** n. f.

précontraint, ainte adj. ◻ *BÉTON PRÉCONTRAINT*, soumis à une compression préalable afin d'en augmenter la résistance.

précurseur 1. n. m. Personne dont la doctrine, les œuvres en préparent une autre. **2.** adj. m. Annonciateur.

prédateur, trice adj. et n. m. ◻ (animal) Qui se nourrit de proies.

prédécesseur n. m. ◻ Personne qui a précédé (qqn) dans une fonction.

prédestination n. f. ◻ littér. Détermination préalable d'événements.

prédestiné, ée adj. ◻ *PRÉDESTINÉ À* : voué à (un destin). ▶ **prédestiner** v. tr.

prédéterminer v. tr. ◻ Déterminer d'avance. ▶ **prédétermination** n. f.

prédicat n. m. ◻ didact. Ce qui, dans un énoncé, est affirmé à propos d'un autre terme, le thème.

prédicateur n. m. ◻ relig. Celui qui prêche.

prédication n. f. ◻ Action de prêcher.

prédiction n. f. 1. Action de prédire. 2. Ce qui est prédit.

prédilection n. f. ▫ Préférence marquée. – *DE PRÉDILECTION* loc. adj. : préféré.

prédire v. tr. ▫ Annoncer (un événement) comme devant se produire.

prédisposer v. tr. ▫ Mettre dans une disposition favorable.

prédisposition n. f. ▫ Tendance naturelle (de qqn) à (un type d'activité).

prédominer v. intr. ▫ (choses) Être le plus important. ▶ **prédominance** n. f. ▶ **prédominant, ante** adj.

prééminence n. f. ▫ Supériorité absolue. ▶ **prééminent, ente** adj.

préemption n. f. ▫ dr. Action, droit d'acheter avant un autre.

préétabli, ie adj. ▫ Établi à l'avance.

préexister v. intr. ▫ Exister antérieurement (à qqch.). ▶ **préexistant, ante** adj. ▶ **préexistence** n. f.

préfabriqué, ée adj. et n. m. ▫ Se dit d'éléments de construction fabriqués en série et assemblés ultérieurement. ▶ **préfabrication** n. f.

préface n. f. ▫ Texte placé en tête d'un livre et qui sert à le présenter au lecteur. ▶ **préfacer** v. tr. ▶ **préfacier, ière** n.

préfecture n. f. 1. Charge de préfet. – Services du préfet ; local où ils sont installés. 2. Ville où siège cette administration. – Circonscription administrée par le préfet. 3. *PRÉFECTURE DE POLICE* : à Paris, services de direction de la police. ▶ **préfectoral, ale, aux** adj.

préférable adj. ▫ Qui mérite d'être préféré, choisi. ▶ **préférablement** adv.

préféré, ée adj. et n. ▫ Le plus aimé.

préférence n. f. ▫ Jugement par lequel on place une personne, une chose au-dessus des autres. – *DE PRÉFÉRENCE* loc. adv. : → **plutôt**.

préférentiel, ielle adj. ▫ Qui établit une préférence. ▶ **préférentiellement** adv.

préférer v. tr. ▫ Considérer comme meilleur, supérieur (parmi plusieurs). – (+ inf.) Aimer mieux.

préfet n. m. ▫ en France Fonctionnaire représentant le pouvoir exécutif central à la tête d'une préfecture.

préfète n. f. 1. Femme d'un préfet. 2. Femme préfet.

préfigurer v. tr. ▫ Présenter par avance tous les caractères de (qqch. à venir). ▶ **préfiguration** n. f.

préfixe n. m. ▫ Élément de formation de mots, placé devant un radical.

préfixer v. tr. ▫ Joindre (un élément) comme préfixe. ▶ **préfixation** n. f.

prégnant, ante adj. ▫ psych. Qui s'impose à l'esprit, à la perception.

préhensile adj. ▫ didact. Qui peut servir à prendre, à saisir.

préhension n. f. ▫ didact. Faculté de saisir avec un organe dit *préhenseur* (adj. m.).

préhistoire n. f. ▫ Événements concernant l'humanité avant l'apparition de l'écriture. ▶ **préhistorique** adj.

préjudice n. m. ▫ Perte d'un bien, d'un avantage par le fait d'autrui.

préjudiciable adj. ▫ Qui porte, peut porter préjudice (à qqn, à qqch.).

préjugé n. m. ▫ Opinion préconçue.

préjuger v. tr. ind. ▫ littér. ou dr. *PRÉJUGER DE* : porter un jugement prématuré sur.

se **prélasser** v. pron. ▫ Se reposer nonchalamment.

prélat n. m. ▫ Haut dignitaire catholique.

prélavage n. m. ▫ Lavage préliminaire.

prèle ou **prêle** n. f. ▫ Plante à épis des lieux humides.

prélèvement n. m. ▫ Action de prélever ; quantité qu'on prélève.

prélever v. tr. □ Prendre (une partie d'un ensemble).

préliminaire I. adj. Qui précède, prépare. II. n. m. plur. 1. Négociations préalables. 2. Ce qui prépare un acte, un événement.

prélude n. m. 1. Pièce musicale de forme libre (qui sert d'introduction). 2. fig. Ce qui précède (qqch.).

préluder v. tr. ind. □ PRÉLUDER À : annoncer.

prématuré, ée adj. 1. Entrepris, fait trop tôt. 2. Qui arrive avant le temps normal. 3. adj. et n. (enfant) Né avant terme.

prématurément adv. □ Avant le temps habituel ou convenable.

préméditation n. f. □ Dessein réfléchi d'accomplir une action.

préméditer v. tr. □ Décider, préparer avec calcul.

prémices n. f. pl. □ littér. Commencement, début.

premier, ière 1. adj. et n. Qui vient avant les autres, dans un ordre. 2. adj. math. *Nombre premier,* divisible uniquement par 1 et par lui-même. 3. n. *JEUNE PREMIER* : comédien qui joue les premiers rôles d'amoureux. 4. *EN PREMIER* loc. adv. : d'abord.

première n. f. 1. Première représentation, projection. 2. Classe qui précède les classes terminales. 3. Première vitesse d'une automobile.

premièrement adv. □ D'abord, en premier lieu.

premier-né, première-née adj. et n. □ Se dit du premier enfant.

prémisse n. f. 1. log. Chacune des deux propositions initiales d'un syllogisme. 2. Commencement d'une démonstration.

prémolaire n. f. □ Dent située entre la canine et les grosses molaires.

prémonition n. f. □ Pressentiment d'un événement futur. ▶ **prémonitoire** adj.

prémunir v. tr. □ littér. Protéger (qqn), mettre en garde (qqn contre qqch.).

prenant, ante adj. 1. *Les parties prenantes,* les personnes concernées. 2. Qui captive en émouvant. 3. Qui accapare.

prénatal, ale, als adj. □ Qui précède la naissance.

prendre v. I. v. tr. 1. Mettre dans sa main. 2. Mettre avec soi, emporter. 3. fig. Aborder. *Prenons cet exemple.* – PRENDRE BIEN, MAL *qqch.*, l'accepter ou en souffrir. 4. Faire sien (une chose abstraite). *Il a pris un surnom.* 5. Évaluer, définir (pour connaître). *Prendre sa température.* 6. Inscrire ou reproduire. *Prendre des notes, une photo.* 7. S'adjoindre (une personne). *Elle l'a prise comme assistante.* 8. PRENDRE POUR : croire qu'une personne, une chose est (autre ou autrement). 9. Absorber, manger ou boire. *Prendre un verre.* II. v. tr. 1. Agir de façon à avoir, à posséder (qqch., qqn). 2. Demander, exiger. – *Ce travail me prendra une heure.* 3. PRENDRE *qqn* (et compl. de manière). → **surprendre.** *On l'a pris en flagrant délit.* 4. (sensation, sentiment) Saisir (qqn), faire sentir à (qqn). ■ fam. *Qu'est-ce qui vous prend ?* (se dit d'une attitude inattendue). – impers. *Il me prend l'envie d'aller le voir.* III. v. tr. 1. Se mettre à utiliser, à avoir (sans appropriation). *Prendre le deuil.* – *Prendre une décision.* 2. Faire usage de (un véhicule). *Prendre l'avion.* 3. S'engager dans. *Prendre un virage.* ■ Emprunter. *Prendre un raccourci.* IV. v. intr. 1. (substances) Durcir, épaissir. *La mayonnaise a pris.* 2. (végétaux) Continuer sa croissance. *La bouture a pris.* 3. *Le feu va prendre,* se mettre à brûler. 4. Produire son effet. 5. Être cru, accepté. *Ça ne prend pas !* ▷ v. pron. se **prendre** 1. Se laisser attraper. **2.** *S'EN PRENDRE À. Il ne pourra s'en prendre qu'à lui-même.* **3.** *SE PRENDRE DE* : se mettre à avoir. *Se prendre d'amitié pour qqn.* **4.** *S'Y PRENDRE* : agir d'une certaine manière.

preneur, euse n. **1.** dr. Personne qui prend à bail, à ferme ; qui achète qqch. **2.** *Preneur de son* (→ **prise** de son).

prénom n. m. ▫ Nom personnel qui précède le nom de famille.

prénommer v. tr. ▫ Appeler d'un prénom. ▷ v. pron. se **prénommer**.

prénuptial, ale, aux adj. ▫ Qui précède le mariage.

préoccupant, ante adj. ▫ Qui préoccupe.

préoccupation n. f. ▫ Inquiétude qui occupe l'esprit.

préoccuper v. tr. **1.** Inquiéter fortement. **2.** Occuper exclusivement (l'esprit, l'attention). ▷ v. pron. se **préoccuper** S'occuper (de qqch.) avec inquiétude. ▷ adj. **préoccupé, ée**

préopératoire adj. ▫ Qui précède une intervention chirurgicale.

préparateur, trice n. **1.** Assistant d'un chercheur. **2.** *Préparateur en pharmacie*, qui assiste un pharmacien.

préparatifs n. m. pl. ▫ Dispositions prises pour préparer qqch.

préparation n. f. **1.** Action de préparer. **2.** Chose préparée.

préparatoire adj. ▫ Qui prépare (qqch., qqn). – *Cours préparatoire*, premier cours de l'enseignement primaire élémentaire. *Classes préparatoires aux grandes écoles.*

préparer v. tr. **I. 1.** Mettre en état de fonctionner ou de servir. **2.** Faire tout ce qu'il faut pour (qqch.). **3.** Rendre possible ou probable. **II.** Rendre (qqn) capable de, prêt à, par une action concertée. – Mettre dans les dispositions d'esprit requises. ▷ v. pron. se **préparer 1.** (réfl.) Se mettre en état, en mesure de faire (qqch.). **2.** (passif) Être préparé. **3.** Être près de se produire.

prépondérant, ante adj. ▫ Qui a plus de poids, qui l'emporte en influence. ▶ **prépondérance** n. f.

préposé, ée n. ▫ Personne qui accomplit une fonction déterminée.

préposer v. tr. ▫ *Préposer qqn à...*, le charger d'assurer (un service, une fonction).

prépositif, ive adj. ▫ ling. À rôle de préposition.

préposition n. f. ▫ Mot invariable, servant à introduire un complément.

prépresse n. m. ▫ techn. Activités éditoriales précédant le traitement par l'imprimerie.

prépuce n. m. ▫ Repli de peau qui entoure le gland de la verge.

préraphaélite n. et adj. ▫ arts Se dit de peintres anglais (fin XIXe s.) qui s'inspiraient de la peinture italienne d'avant Raphaël.

prérégler v. tr. ▫ techn. Régler à l'avance.

prérequis n. m. ▫ Conditions à remplir (pour une formation, etc.).

préretraite n. f. ▫ Retraite anticipée. ▶ **préretraité, ée** adj. et n.

prérogative n. f. ▫ Avantage ou droit attaché à une fonction, un état, etc.

près adv. **I. 1.** À une distance considérée comme petite. **2.** loc. adv. *DE PRÈS.* (dans l'espace) *Regarder de trop près.* ▪ (dans le temps) *Deux événements qui se suivent de près.* **3.** loc. prép. *PRÈS DE.* → **proche.** *Près d'ici.* ▪ Un peu moins de. *Il en manque près de la moitié.* ▪ Sur le point de. *Il était près d'arriver.* **II. 1.** *À PEU PRÈS*, presque, environ. *Il y a à peu près vingt minutes.* **2.** *À PEU DE CHOSE(S) PRÈS.* → **presque.**

présage n. m. **1.** Signe d'après lequel on pense pouvoir prévoir l'avenir. **2.** Ce qui annonce (un événement à venir).

présager v. tr. **1.** littér. Être le présage de. ▪ cour. Faire présumer, supposer. **2.** littér. (sujet personne) Prévoir.

pré-salé n. m. ▫ Mouton engraissé dans des pâturages côtiers.

presbyte adj. et n. ▫ Atteint de presbytie.

presbytère n. m. ▫ Habitation du curé, du pasteur dans une paroisse.

presbytérien, ienne n. et adj. ▫ Adepte d'une secte protestante calviniste.

presbytie n. f. ▫ Vision trouble des objets rapprochés.

prescience n. f. ▫ littér. Faculté ou action de prévoir.

préscolaire adj. ▫ Relatif à la période qui précède celle de la scolarité obligatoire.

prescripteur, trice n. **1.** Personne qui prescrit. **2.** Personne qui influe sur le choix de produits.

prescription n. f. **1.** dr. Délai prévu par la loi, passé lequel la justice ne peut plus être saisie. **2.** Ordre expressément formulé.

prescrire v. tr. ▫ Ordonner ou recommander expressément. ▷ adj. **prescrit, ite**

préséance n. f. ▫ Droit de précéder (qqn) dans une hiérarchie protocolaire.

présélection n. f. ▫ Réglage préalable et sélection automatique. ▶ **présélectionner** v. tr.

présence n. f. **1.** Fait d'être physiquement quelque part, auprès de qqn. **2.** Fait qu'une chose soit dans le lieu où l'on est ou dont on parle. **3.** Caractère actuel, influent (de qqn, de qqch.).

① **présent, ente** adj. **I. 1.** Qui est dans le lieu où se trouve la personne qui parle, ou dont on parle. **2.** (choses) *Métal présent dans un minerai.* **3.** fig. *Présent à l'esprit, à la mémoire.* **II. 1.** Qui existe au moment où l'on parle ou dont on parle. **2.** Dont il est actuellement question. **3.** Qui est au présent (②, I, 2).

② **présent** n. m. **I. 1.** Partie du temps qui correspond à l'expérience immédiate. **2.** gramm. Temps du verbe qui correspond à l'expression du temps de la communication ou qui exprime un fait intemporel. **II.** *À PRÉSENT* loc. adv. → **maintenant.** – *À PRÉSENT QUE* loc. conj. : maintenant que.

③ **présent** n. m. ▫ littér. Cadeau.

présentable adj. ▫ Qui est digne d'être montré.

présentateur, trice n. ▫ Personne qui présente un spectacle, une émission.

présentation n. f. **1.** Action de présenter (qqn qqch.). **2.** Apparence d'une personne. **3.** Manière dont une chose est présentée.

présentement adv. ▫ région. À l'époque où l'on est.

présenter v. tr. **1.** Amener (une personne) en présence de qqn et la faire connaître. **2.** Mettre (qqch.) à la portée, sous les yeux de qqn. **3.** Faire connaître au public par une manifestation. *Présenter une émission.* **4.** Exprimer, faire l'exposé de... *Présenter ses condoléances.* **5.** Montrer, définir comme... *Présenter les choses telles qu'elles sont.* **6.** Manifester, avoir. *Présenter un symptôme.* ▷ v. pron. se **présenter 1.** Paraître (devant qqn). **2.** Se faire connaître à qqn. **3.** Venir se proposer à l'appréciation de qqn. – Subir les épreuves (d'un examen, d'un concours). **4.** (sujet chose) Apparaître, venir. *L'occasion ne s'est pas présentée.* **5.** Être disposé d'une certaine manière.

présentoir n. m. ▫ Dispositif pour présenter des marchandises.

préservatif n. m. ▫ Enveloppe protectrice souple dont on recouvre la verge (contraceptif, etc.).

préserver v. tr. ▫ Mettre à l'abri ou sauver (d'un mal). ▶ **préservation** n. f.

présidence n. f. **1.** Fonction de président ; sa durée. **2.** Action de présider.

président, ente n. **1.** Personne qui dirige (une réunion, un groupement organisé). – *Président-directeur général d'une société* (P.-D. G.). **2.** Le chef de l'État (dans une république). ▶ **présidentiel, ielle** adj.

présider v. tr. **1.** Diriger à titre de président. **2.** Occuper la place d'honneur dans (une manifestation).

présocratique adj. et n. m. ▫ didact. Se dit des philosophes grecs antérieurs à Socrate.

présomptif, ive adj. ▫ dr. *Héritier présomptif,* vraisemblable.

présomption n. f. ▫ Fait de présumer ; opinion fondée sur la vraisemblance.

présomptueux, euse adj. ▫ Qui a une opinion trop avantageuse de soi. ▶ **présomptueusement** adv.

presque adv. ▫ À peu près ; pas tout à fait.

presqu'île n. f. ▫ Partie saillante d'une côte, rattachée à la terre par un isthme.

pressage n. m. ▫ Opération par laquelle on fabrique en pressant.

pressant, ante adj. **1.** Qui sollicite avec insistance. **2.** Qui incite à agir sans délai.

press-book n. m. ▫ anglic. Gros cahier de photos et documents (de presse ou pour la presse). *Des press-books.*

presse n. f. **I. 1.** Mécanisme destiné à exercer une pression sur un solide. **2.** spécialt Machine destinée à l'impression typographique. – *Mettre* SOUS PRESSE : imprimer. **II. 1.** Fait d'imprimer ; impression de textes. **2.** *La presse :* publications périodiques ; organismes qui s'y rattachent. – *Avoir bonne presse :* avoir des commentaires flatteurs.

pressé, ée adj. **1.** Qui montre de la hâte, se presse. **2.** Urgent, pressant. – n. m. *Parer au plus pressé.*

presse-citron n. m. ▫ Ustensile servant à presser certains fruits pour en extraire le jus. *Des presse-citrons.*

pressentiment n. m. ▫ Connaissance intuitive d'un événement qui ne peut être connu par le raisonnement.

pressentir v. tr. **1.** Prévoir vaguement. **2.** Proposer à (qqn) des responsabilités.

presse-papiers n. m. invar. ▫ Objet lourd qu'on pose sur les papiers pour les maintenir.

presse-purée n. m. invar. ▫ Ustensile qui réduit les légumes en purée.

presser v. tr. **I. 1.** Serrer (qqch.) de manière à extraire un liquide. – au p. p. *Orange pressée,* le jus. **2.** Serrer pour comprimer, marquer une empreinte. **3.** Exercer une poussée sur. *Pressez le bouton.* **II.** fig. **1.** Pousser vivement (qqn) à faire qqch. **2.** Faire que (qqn) se hâte. **3.** PRESSER *qqn* DE... : harceler. **4.** intrans. Être urgent ; ne laisser aucun délai. ▷ v. pron. se **presser 1.** S'appuyer fortement. **2.** Être ou se disposer en foule compacte. **3.** Se hâter.

pressing n. m. ▫ anglic. Repassage à la vapeur ; établissement de pressing.

pression n. f. **I. 1.** Force qui agit sur une surface précise ; mesure de cette force. – SOUS PRESSION, dont la vapeur est à une pression suffisante pour la marche. **2.** Action de presser ; force (de ce qui presse). **3.** *Bière (à la) pression,* mise sous pression et tirée directement. **4.** fig. Action persistante qui tend à contraindre. **II.** n. f. Petit bouton métallique en deux parties qui se referme par pression (syn. *bouton-pression*).

pressoir n. m. □ Machine servant à presser (certains fruits ou graines).

pressurer v. tr. **1.** Presser (des fruits, des graines) pour en extraire un liquide. **2.** fig. Tirer de (qqn, qqch.) tout ce qu'on peut. ▶ **pressurage** n. m.

pressuriser v. tr. □ Maintenir (un avion) à une pression d'air normale. ▷ adj. **pressurisé, ée** ▶ **pressurisation** n. f.

prestance n. f. □ Aspect imposant (d'une personne).

prestataire n. m. **1.** Personne qui bénéficie d'une prestation. **2.** *Prestataire de services* : fournisseur de services.

prestation n. f. **1.** dr. Ce qui doit être fourni ou accompli en vertu d'une obligation. **2.** Allocation versée au titre d'une législation sociale. **3.** Performance publique.

preste adj. □ littér. Prompt et agile. ▶ **prestement** adv. ▶ **prestesse** n. f.

prestidigitateur, trice n. □ Personne qui produit des illusions de magie.

prestidigitation n. f. □ Technique, art du prestidigitateur.

prestige n. m. □ Attrait de ce qui impose l'admiration. ▶ **prestigieux, euse** adj.

prestissimo adv. □ mus. Très vite.

presto adv. **1.** mus. Vite. **2.** fam. Rapidement.

présumer v. tr. **1.** v. tr. Donner comme probable. **2.** v. tr. ind. PRÉSUMER DE. Avoir trop bonne opinion de, compter trop sur.

présupposer v. tr. □ littér. (sujet chose) Supposer préalablement. – au p. p. subst. *Un présupposé*, ce qui est supposé et non exprimé.

présupposition n. f. □ littér. Supposition préalable, non formulée.

présure n. f. □ Substance qui fait cailler le lait.

① **prêt, prête** adj. **1.** Qui est en état (de faire qqch.) grâce à une préparation. ■ PRÊT(E) À (+ inf.) : disposé(e) à. **2.** (choses) Mis en état (pour une utilisation).

② **prêt** n. m. □ Action de prêter qqch. ; ce qui est prêté. – spécialt Argent prêté.

prêt-à-porter n. m. □ Vêtements de confection.

prêté n. m. □ *Un prêté pour un rendu*, un échange de bons ou de mauvais procédés.

prétendant, ante n. **1.** Personne qui prétend au trône. **2.** Personne qui souhaite en épouser une autre.

prétendre v. tr. **1.** Avoir la ferme intention de. *Je prétends être obéi.* **2.** Oser donner pour certain.

prétendu, ue adj. □ Qui passe à tort pour ce qu'il n'est pas.

prétendument adv. □ Faussement.

prête-nom n. m. □ Personne qui assume des responsabilités à la place de qqn. *Des prête-noms.*

prétentieux, euse adj. □ Qui est trop satisfait de ses mérites. – n. *Un prétentieux.* ■ Qui dénote de la prétention. ▶ **prétentieusement** adv.

prétention n. f. **1.** souvent au plur. Exigence fondée sur un droit ou un privilège. **2.** Haute idée que l'on se fait de ses propres capacités. **3.** *Sans prétention*, simple.

prêter v. tr. **1.** Mettre (qqch.) à la disposition de qqn pour un temps déterminé. – v. pron. SE PRÊTER À : consentir à ; (sujet chose) pouvoir s'adapter à. **2.** Attribuer (un caractère, un acte) à qqn. *On lui prête des propos...* **3.** v. tr. ind. PRÊTER À : donner matière à. *Sa prétention prête à rire.*

prétérit n. m. □ Forme temporelle du passé dans certaines langues.

préteur n. m. ▫ Antiq. Juge romain ; gouverneur de province.

prêteur, euse n. ▫ Personne qui prête de l'argent.

prétexte n. m. **1.** Raison donnée pour dissimuler le véritable motif d'une action. – *SOUS... PRÉTEXTE*, pour (telle) raison. **2.** Ce qui permet de faire qqch. ; occasion.

prétexter v. tr. ▫ Alléguer, prendre pour prétexte.

prétoire n. m. **I.** Antiq. Tribunal où le préteur rendait la justice. **II.** littér. Salle d'audience d'un tribunal.

prêtre n. m. **1.** Membre du clergé catholique. **2.** Ministre d'une religion.

prêtresse n. f. ▫ Antiq. Femme ou jeune fille attachée à un culte.

prêtrise n. f. ▫ Dignité de prêtre (1).

preuve n. f. ▫ Ce qui sert à établir qu'une chose est vraie. ▪ *Une preuve d'amour.* → **marque.** – *FAIRE PREUVE DE.* → **montrer.** – *Faire ses preuves*, montrer ses capacités.

preux adj. m. ▫ vx Brave, vaillant.

prévaloir v. intr. **1.** littér. (sujet chose) L'emporter. **2.** v. pron. *SE PRÉVALOIR DE qqch.*, le faire valoir pour en tirer avantage.

prévarication n. f. ▫ dr. Grave manquement d'un fonctionnaire aux devoirs de sa charge. ▶ **prévaricateur, trice** adj. et n.

prévenance n. f. ▫ Disposition prévenante ; action, parole qui en témoigne.

prévenant, ante adj. ▫ Qui est plein d'attentions délicates.

prévenir v. tr. **1.** Aller au-devant de (un besoin, un désir) pour le satisfaire. **2.** Empêcher, éviter qqch. en prenant les devants. **3.** Avertir, mettre au courant (qqn) d'une chose à venir.

préventif, ive adj. ▫ Qui tend à empêcher (une chose fâcheuse) de se produire. ▶ **préventivement** adv.

prévention n. f. ▫ Ensemble de mesures préventives contre des risques.

prévenu, ue n. ▫ Personne citée devant un tribunal pour répondre d'un délit.

prévisible adj. ▫ Qui peut être prévu.

prévision n. f. **1.** Action de prévoir. – loc. prép. *EN PRÉVISION DE* : en pensant que telle chose arrivera. **2.** Opinion quant aux choses futures. ▶ **prévisionnel, elle** adj.

prévoir v. tr. **1.** Imaginer à l'avance comme probable (un événement futur). **2.** Organiser d'avance.

prévôt n. m. **1.** hist. Officier, magistrat, sous l'Ancien Régime. **2.** Officier de gendarmerie aux armées. ▶ **prévôté** n. f.

prévoyant, ante adj. ▫ Qui prévoit avec perspicacité. ▶ **prévoyance** n. f.

prie-Dieu n. m. invar. ▫ Siège bas sur lequel on s'agenouille pour prier.

prier v. **I. 1.** v. intr. Faire des prières*. **2.** v. tr. S'adresser à (Dieu, un être surnaturel) par la prière. **II.** v. tr. **1.** Demander (à qqn) avec humilité ou déférence. **2.** Demander avec fermeté à (qqn).

prière n. f. **1.** Mouvement intérieur tendant à une communication avec Dieu. ▪ Formule à cet effet. **2.** Demande instante. – *PRIÈRE DE*, vous êtes priés de.

prieur, eure n. ▫ Supérieur(e) de couvent.

prieuré n. m. ▫ Couvent dirigé par un(e) prieur(e) ; église de ce couvent.

prima donna n. f. invar. ▫ Première chanteuse d'un opéra.

primaire adj. **I. 1.** Du premier degré, en commençant. – *Enseignement primaire* et n. m. *le primaire,* du premier degré. – *Élection primaire* et n. f. *une primaire :* élection pour désigner les candidats. **2.** péj. Simpliste et borné. **II. 1.** Qui est, qui vient en premier. *Couleurs primaires,* bleu, jaune, rouge. – *Ère primaire* et n. m. *le Primaire,* période de formation des terrains où se rencontrent les plus anciens fossiles. **2.** écon. *Secteur primaire ;* n. m. *le primaire :* domaine des activités productrices de matières non transformées.

primal, ale, aux adj. ▫ psych. *Thérapie primale,* qui se propose de faire revivre au patient ce qui est à l'origine de sa névrose.

primate n. m. ▫ didact. Animal (grand singe, homme) à cerveau développé, dentition complète, main préhensile.

primauté n. f. ▫ Caractère de ce qu'on met au premier rang.

① **prime** adj. **1.** Premier. *Dans sa prime jeunesse.* **2.** math. Affecté d'un seul accent. *Le point A prime (A').*

② **prime** n. f. **1.** Somme que l'assuré doit payer à l'assureur. **2.** Argent alloué à titre de récompense. **3.** Objet remis à titre gratuit à un acheteur. – *EN PRIME :* en plus.

① **primer** v. intr. ▫ (sujet chose) L'emporter. – trans. *La force prime le droit.*

② **primer** v. tr. ▫ Récompenser par un prix. ▷ p. p. **primé, ée**

primesautier, ière adj. ▫ littér. Spontané.

prime time n. m. ▫ anglic. Partie des programmes de télévision correspondant au début de la soirée, heure de la plus grande écoute.

primeur n. f. **I.** littér. Caractère de ce qui est tout nouveau. *Avoir la primeur de qqch.,* être le premier à l'avoir. **II.** au plur. Premiers fruits, premiers légumes récoltés.

primevère n. f. ▫ Plante à fleurs colorées qui fleurit au début du printemps.

primitif, ive adj. et n. **I.** adj. **1.** Qui est à son origine ou près de son origine. **2.** Qui est le plus ancien ou à l'origine. **3.** Se dit (à tort) des groupes humains, dont les formes sociales et les techniques sont différentes de celles des sociétés industrielles. – *L'art primitif.* **II.** n. m. Peintre antérieur à la Renaissance.

primitivement adv. ▫ À l'origine.

primo adv. ▫ En premier lieu.

primodélinquant, ante n. ▫ dr. Personne qui commet un premier délit.

primo-infection n. f. ▫ Première infection. *Des primo-infections.*

primordial, ale, aux adj. ▫ De première importance.

prince n. m. **1.** Souverain régnant sur une principauté. **2.** Titre des membres de la famille royale, en France. **3.** *Être BON PRINCE :* faire preuve de tolérance.

prince de galles n. m. invar. ▫ Tissu de laine, à lignes fines croisées.

princeps adj. ▫ didact. *Édition princeps :* première édition (d'un ouvrage ancien).

princesse n. f. ▫ Fille ou femme d'un prince, fille d'un souverain. ▪ fig. *Aux frais de la princesse,* de l'État, d'une collectivité.

princier, ière adj. **1.** De prince, de princesse. **2.** fig. Somptueux. ▶ **princièrement** adv.

principal, ale, aux adj. et n. **I. 1.** Qui est le plus important. **2.** gramm. adj. et n. f. (proposition) Dont les autres propositions dépendent. **II. 1.** n. m. Ce qu'il y a de plus important. **2.** n. Directeur (d'un collège).

principalement adv. ▫ Avant les autres choses, par-dessus tout.

principauté n. f. ▫ Petit État indépendant dont le souverain est prince ou princesse.

principe n. m. **I.** didact. Cause première active. **II. 1.** Proposition fondamentale. **2.** au plur. Connaissances de base. **III. 1.** Règle d'action constituant un modèle ou un but. **2.** au plur. Les règles morales (d'une personne, d'un groupe). **IV.** *PAR PRINCIPE* : par une décision a priori. – *EN PRINCIPE* : théoriquement.

printanier, ière adj. ▫ Du printemps.

printemps n. m. ▫ La saison qui va du 20 ou 21 mars au 21 ou 22 juin dans l'hémisphère nord.

prion n. m. ▫ biol. Protéine infectieuse.

prioriser v. tr. **1.** Donner la priorité à. **2.** Définir les priorités de. ▶ **priorisation** n. f.

prioritaire adj. ▫ Qui a la priorité. ▶ **prioritairement** adv.

priorité n. f. **1.** Caractère de ce qui vient, passe en premier. *En priorité* : d'abord. **2.** Droit de passer le premier.

pris, prise adj. **1.** Occupé. **2.** *PRIS DE* : subitement affecté de. *Être pris de fièvre.*

prise n. f. **I. 1.** Manière de saisir et d'immobiliser l'adversaire. *Prise de judo.* ▪ *ÊTRE AUX PRISES AVEC* : être en lutte contre. – *LÂCHER PRISE* : abandonner. **2.** Endroit, moyen par lequel une chose peut être tenue. ▪ fig. *DONNER PRISE À* : s'exposer à. – *AVOIR PRISE SUR* : avoir un moyen d'agir sur. **3.** Action de s'emparer. **4.** Ce qui est pris. **II. 1.** *PRISE DE VUE(S)* : tournage d'un plan. ▪ *PRISE DE SON* : enregistrement. **2.** *PRISE DE SANG* : prélèvement de sang pour une analyse. **3.** *PRISE DE COURANT ; PRISE (ÉLECTRIQUE)* : dispositif de contact électrique. **4.** Quantité absorbée en une fois. **III.** fig. Action, fait de se mettre à avoir. *Prise de contact.* **IV.** Fait de durcir. *Ciment à prise rapide.*

① **priser** v. tr. ▫ littér. Donner du prix à.

② **priser** v. tr. ▫ Aspirer (du tabac) par le nez.

prismatique adj. ▫ Du prisme. – Qui a la forme d'un prisme.

prisme n. m. **1.** Polyèdre à deux bases parallèles et dont les faces sont des parallélogrammes. **2.** Prisme en matière transparente qui a la propriété de dévier et de décomposer la lumière.

prison n. f. ▫ Établissement clos aménagé pour recevoir des délinquants ou des prévenus privés de liberté.

prisonnier, ière I. n. **1.** Personne tombée aux mains de l'ennemi et retenue. **2.** Personne détenue dans une prison. **II.** adj. Enfermé ou maintenu sans liberté d'action.

privatif, ive adj. **1.** Dont on a la jouissance exclusive mais non la propriété. **2.** dr. Qui entraîne la privation de.

privation n. f. **1.** Action de priver. **2.** surtout plur. Fait d'être privé de choses nécessaires.

privatiser v. tr. ▫ Transférer au secteur privé. ▷ p. p. **privatisé, ée** ▶ **privatisation** n. f.

privauté n. f. ▫ littér. Familiarité excessive.

privé, ée adj. **1.** Où le public n'est pas admis. **2.** Individuel, particulier ; personnel. **3.** Qui n'a aucune part aux affaires publiques. **4.** Qui ne dépend pas de l'État. *Le secteur privé* ou n. m. fam. *le privé.*

priver v. tr. ▫ Empêcher (qqn) de jouir d'un bien, d'un avantage. ▷ v. pron. se **priver** (de) Renoncer volontairement (à).

privilège n. m. ◻ Droit, avantage, faveur que donne qqch.

privilégié, ée adj. ◻ Qui bénéficie de privilèges.

privilégier v. tr. ◻ Doter d'un privilège ; accorder une importance particulière à (qqn, qqch.).

prix n. m. **1.** Rapport d'échange entre un bien ou un service et la monnaie. ■ *HORS DE PRIX* : extrêmement coûteux. **2.** fig. Ce qu'il en coûte pour obtenir qqch. – Valeur. *Donner du prix à qqch.* – *À TOUT PRIX* : quoi qu'il puisse en coûter. **3.** Récompense honorifique décernée.

pro adj. et n. ◻ fam. Professionnel.

probabilité n. f. **1.** Caractère de ce qui est probable. **2.** Grandeur évaluant le nombre de chances qu'a un phénomène de se produire. **3.** surtout au plur. Indice qui laisse à penser qu'une chose est probable.

probable adj. **1.** Qui peut être ; plutôt vrai que faux. **2.** Qui peut être prévu raisonnablement. ▶ **probablement** adv.

probant, ante adj. ◻ (choses) Qui prouve.

probation n. f. ◻ didact. Temps de mise à l'épreuve.

probatoire adj. ◻ didact. Qui permet de vérifier le niveau d'un candidat.

probe adj. ◻ littér. Honnête, intègre. ▶ **probité** n. f.

problématique I. adj. Qui pose un problème. **II.** n. f. Ensemble des problèmes qui se posent sur un sujet.

problème n. m. **1.** Question à résoudre qui prête à discussion, en science. **2.** Difficulté qu'il faut résoudre pour obtenir un résultat ; situation instable ou dangereuse exigeant une décision.

procédé n. m. **1.** surtout au plur. Façon d'agir à l'égard d'autrui. **2.** Méthode pour parvenir à un résultat.

procéder v. **I.** v. intr. **1.** littér. *PROCÉDER DE* : tenir de, tirer son origine de. **2.** Agir (de telle manière). **II.** v. tr. ind. *PROCÉDER À* : faire, exécuter.

procédure n. f. **1.** Manière de procéder juridiquement ; série de formalités. **2.** Branche du droit qui détermine ou étudie les règles d'organisation judiciaire.

procédurier, ière adj. et n. ◻ péj. Enclin à la procédure.

procès n. m. **1.** ling. Action, état qu'exprime un verbe. **2.** Litige soumis à une juridiction. **3.** fig. Critique.

processeur n. m. ◻ inform. Système qui interprète et exécute les instructions.

procession n. f. ◻ Défilé religieux qui s'effectue en chantant et en priant.

processus n. m. **1.** didact. Ensemble actif de phénomènes, organisé dans le temps. **2.** Suite ordonnée d'opérations.

procès-verbal, aux n. m. **1.** Acte d'une autorité compétente qui constate un fait à conséquences juridiques. – spécialt Contravention (abrév. fam. **P.-V.**). **2.** Relation officielle de ce qui a été dit ou fait.

prochain, aine I. adj. Très rapproché (dans l'espace ou dans le temps). **II.** n. m. Être humain considéré comme un semblable.

prochainement adv. ◻ Dans un proche avenir.

proche I. adv. *DE PROCHE EN PROCHE* : en avançant par degrés. **II.** adj. **1.** Voisin. *La ville est toute proche.* **2.** Qui va bientôt arriver. ■ Récent. **3.** Peu différent. **4.** Dont les liens sont étroits. *Un ami proche.* – n. *LES PROCHES* : les parents (au sens large).

proclamer v. tr. **1.** Reconnaître par un acte officiel. **2.** Déclarer auprès d'un vaste public. ▶ **proclamation** n. f.

procrastination n. f. ◻ littér. Tendance à remettre au lendemain.

procréation n. f. ◻ littér. Action de procréer. ▶ **procréatif, ive** adj.

procréer v. tr. ◻ littér. (espèce humaine) Engendrer. ▶ **procréateur, trice** adj. et n.

procurateur n. m. ◻ Antiq. Intendant des domaines impériaux (provinces romaines).

procuration n. f. ◻ Document par lequel on autorise autrui à agir à sa place.

procurer v. tr. **1.** Obtenir (qqch.) pour qqn. – pronom. *SE PROCURER.* **2.** (sujet chose) Être la cause ou l'occasion de.

procureur n. m. ◻ *PROCUREUR DE LA RÉPUBLIQUE* : représentant du ministère public près du tribunal de grande instance. – *Procureur général* (près la Cour de cassation, la Cour des comptes et les cours d'appel).

prodigalité n. f. ◻ littér. **1.** Générosité. **2.** Dépense excessive.

prodige n. m. **1.** Événement magique ou surnaturel. **2.** Acte extraordinaire. **3.** Personne extraordinaire.

prodigieux, ieuse adj. ◻ Extraordinaire. ▶ **prodigieusement** adv.

prodigue adj. ◻ Qui fait des dépenses excessives.

prodiguer v. tr. ◻ Accorder, distribuer généreusement. ▷ v. pron. se **prodiguer** Se dépenser.

pro domo loc. adj. ◻ *Plaidoyer pro domo* : pour sa propre cause.

prodrome n. m. **1.** littér. Ce qui annonce un événement. **2.** méd. Symptôme avant-coureur d'une maladie.

producteur, trice **1.** adj. Qui produit qqch. **2.** n. Personne qui produit des biens. **3.** n. Personne, société qui assure le financement d'un film, d'un spectacle, d'une émission.

productif, ive adj. ◻ Qui produit, crée. – Qui est d'un bon rapport.

production n. f. **1.** Action de provoquer (un phénomène) ; manière de se produire. **2.** Fait de créer ou de transformer des biens. – Ce qui est produit. **3.** Fait de produire (un film, un spectacle, une émission...). – Le film produit.

productivité n. f. **1.** Caractère productif. **2.** Rapport du produit aux facteurs de production.

produire v. tr. **I. 1.** Causer, provoquer. *Produire une forte impression sur qqn.* **2.** Former naturellement. *Cet arbre produit de beaux fruits.* **3.** Faire exister, par une activité économique. **4.** Assurer la réalisation matérielle de (un film, une émission, un spectacle). **II.** dr. Présenter (un document). ▷ v. pron. se **produire** **1.** Paraître en public au cours d'une représentation. **2.** Survenir, avoir lieu.

produit n. m. **I. 1.** Nombre, résultat d'une multiplication. **2.** *Produit intérieur brut (P. I. B.)* : valeurs réalisées en un an par un pays, à l'intérieur de ses frontières. *Produit national brut (P. N. B.)* : somme du P. I. B. et des valeurs créées à l'étranger. **II. 1.** Ce qui résulte d'un processus naturel, d'une opération humaine. **2.** Production de l'agriculture ou de l'industrie.

proéminent, ente adj. ◻ Qui dépasse en relief ce qui l'entoure, forme une avancée. ▶ **proéminence** n. f.

prof n. ◻ fam. Professeur.

profanateur, trice adj. et n. ◻ littér. Qui profane.

profane **1.** adj. littér. Étranger à la religion. **2.** adj. et n. Qui n'est pas initié à qqch.

profaner v. tr. ◻ Violer le caractère sacré de (un objet, un lieu). ▶ **profanation** n. f.

proférer v. tr. ◻ Articuler à voix haute.

professer v. tr. ◻ littér. Déclarer hautement avoir (un sentiment, une croyance).

professeur n. m. □ Personne qui enseigne une discipline.

profession n. f. **1.** Occupation dont on peut tirer ses moyens d'existence. **2.** Métier qui a un certain prestige.

professionnaliser v. tr. **1.** Donner à (une activité) le caractère d'une profession. **2.** Rendre (qqn) professionnel. ▷ v. pron. se **professionnaliser** ▶ **professionnalisation** n. f.

professionnalisme n. m. □ Caractère professionnel.

professionnel, elle adj. et n. **I. 1.** Relatif à la profession. **2.** De profession. *Sportif professionnel.* **II.** n. Personne de métier.

professionnellement adv. **1.** De façon professionnelle. **2.** Du point de vue de la profession.

professoral, ale, aux adj. □ Propre aux professeurs.

professorat n. m. □ Situation de professeur.

profil n. m. **1.** Aspect du visage vu par un de ses côtés. **2.** (visage, corps) DE PROFIL : en étant vu par le côté. **3.** Représentation dont le contour se détache. ▪ didact. Coupe perpendiculaire. **4.** fig. Ensemble d'aptitudes, de caractéristiques personnelles.

profilé, ée adj. □ techn. Auquel on a donné un contour déterminé.

profiler v. tr. **1.** (sujet chose) Présenter les contours de (qqch.) avec netteté. **2.** techn. Établir le profil de. ▷ v. pron. se **profiler** Se montrer en silhouette, avec des contours précis. – fig. *Des ennuis se profilent à l'horizon.* ▶ **profilage** n. m.

① **profileur** n. m. □ techn. Instrument qui sert à profiler (une voie...).

② **profileur, euse** n. □ didact. Professionnel qui dresse le profil psychologique d'un criminel.

profit n. m. **1.** Augmentation des biens, amélioration de situation qui résulte d'une activité. ▪ METTRE À PROFIT : utiliser. ▪ AU PROFIT DE *qqn, qqch.*, au bénéfice de. **2.** Gain, avantage financier.

profitable adj. □ Qui apporte un profit, un avantage.

profiter v. tr. ind. **1.** PROFITER DE : tirer avantage de. – PROFITER DE QQCH. POUR : prendre prétexte de. – PROFITER DE QQN, l'exploiter. **2.** PROFITER À *qqn, qqch.*, être utile à.

profiterole n. f. □ Petit chou fourré de glace et nappé de chocolat chaud.

profiteur, euse n. □ péj. Personne qui tire des profits immoraux de qqch., de qqn.

profond, onde adj. **I. 1.** Dont le fond est loin des bords. **2.** Très marqué. *Des rides profondes.* **II.** fig. Qui évoque la profondeur. *Un regard profond.* – *Un sommeil profond.* **III.** abstrait **1.** Qui va au fond des choses. *Un esprit profond.* **2.** Intérieur. *Nos tendances profondes.* – *La France profonde.* **3.** Très grand, extrême. *Un ennui profond.* ▶ **profondément** adv.

profondeur n. f. **I.** concret **1.** Caractère de ce qui est profond (I). **2.** Dimension verticale. **II.** Suggestion d'un espace à trois dimensions sur une surface. **III.** fig. **1.** Qualité de ce qui va au fond des choses, au-delà des apparences. **2.** Caractère de ce qui est durable, intense.

pro forma loc. adj. invar. □ *Facture pro forma*, anticipée.

profus, use adj. □ littér. Qui se répand en abondance. ▶ **profusément** adv.

profusion n. f. □ Grande abondance.

progéniture n. f. □ littér. Descendance.

progestatif, ive adj. et n. m. □ biol. (substance) Qui favorise les processus de la grossesse.

progestérone n. f. □ biol. Hormone sexuelle femelle sécrétée après l'ovulation.

progiciel n. m. □ inform. Ensemble de programmes informatiques.

prognathe adj. □ didact. Qui a le maxillaire inférieur proéminent. ▶ **prognathisme** n. m.

programmable adj. □ Que l'on peut programmer.

programmateur, trice 1. n. Personne chargée de la programmation (1). 2. n. m. Système qui commande le déroulement d'une série d'opérations.

programmation n. f. 1. Organisation des programmes (cinéma, radio, télévision). 2. Élaboration d'un programme (4).

programme n. m. 1. Description des parties d'une cérémonie, d'un spectacle. 2. Matières enseignées dans un cycle d'études. 3. Suite d'actions à accomplir pour arriver à un résultat. 4. Suite ordonnée d'opérations. ▪ inform. Suite d'instructions destinées à être exécutées par un ordinateur.

programmer v. tr. 1. Inclure dans un programme (1). 2. Élaborer un programme (4). 3. fam. Prévoir et organiser.

programmeur, euse n. □ Spécialiste qui établit le programme d'un ordinateur.

progrès n. m. 1. Fait de se répandre. 2. Passage à un degré supérieur. 3. Amélioration. ▪ *LE PROGRÈS* : l'évolution de la civilisation vers un terme idéal.

progresser v. intr. 1. Se développer, être en progrès. ▪ Faire des progrès (3). 2. Avancer, gagner du terrain.

progressif, ive adj. □ Qui s'effectue d'une manière régulière et continue. ▶ **progressivement** adv. ▶ **progressivité** n. f.

progression n. f. 1. Avance élaborée, organisée. 2. Développement par degrés, régulier et continu.

progressiste adj. et n. □ Partisan du progrès politique, social. ▶ **progressisme** n. m.

prohiber v. tr. □ Interdire par une mesure légale. ▷ adj. **prohibé, ée**

prohibitif, ive adj. 1. dr. Qui défend, interdit légalement. 2. (prix) Trop élevé, excessif.

prohibition n. f. □ Interdiction légale. – absolt *LA PROHIBITION* (de l'alcool, de 1919 à 1933, aux États-Unis).

proie n. f. 1. Être vivant dont un animal s'empare pour le dévorer. 2. *EN PROIE À* : tourmenté par (un mal, un sentiment).

projecteur n. m. 1. Appareil qui projette des rayons lumineux. 2. Appareil projetant des images sur un écran.

projectile n. m. □ Objet lancé avec force contre qqn, qqch.

projection n. f. 1. Action de projeter, de lancer en avant. 2. Action de projeter (une image, un film) sur un écran.

projectionniste n. □ Technicien(ne) chargé(e) de la projection des films.

projet n. m. 1. Image d'une situation, d'un état que l'on souhaite atteindre. 2. Brouillon, ébauche. – *EN PROJET* : à l'étude.

projeter v. tr. I. 1. Jeter en avant et avec force. 2. Envoyer sur une surface (des rayons lumineux, une image). II. Former l'idée de (ce que l'on veut faire). ▶ **projeteur, euse** n.

prolapsus n. m. □ méd. Descente (d'un organe).

prolégomènes n. m. pl. □ didact. Principes préliminaires.

prolepse n. f. □ didact. Figure de rhétorique par laquelle on va au-devant des objections.

prolétaire n. ▫ Ouvrier, paysan, employé qui ne vit que de son salaire. – spécialt Travailleur manuel de la grande industrie. ▶ **prolétarien, ienne** adj.

prolétariat n. m. ▫ Classe sociale des prolétaires.

prolétariser v. tr. ▫ Réduire à la condition de prolétaire. ▶ **prolétarisation** n. f.

proliférer v. intr. ▫ Se multiplier en abondance, rapidement. ▪ fig. → **foisonner.** ▶ **prolifération** n. f.

prolifique adj. **1.** Qui se multiplie rapidement. **2.** fig. Qui produit beaucoup. ▶ **prolificité** n. f.

prolixe adj. ▫ Qui est trop long (écrivain ; texte). ▶ **prolixité** n. f.

prologue n. m. ▫ Texte introductif.

prolongateur n. m. ▫ Rallonge électrique.

prolongation n. f. **1.** Action de prolonger dans le temps ; temps prolongé. **2.** sports Chacune des deux périodes supplémentaires qui prolongent un match pour départager deux équipes à égalité.

prolongement n. m. **1.** Action de prolonger dans l'espace. **2.** Ce qui prolonge la partie principale (d'une chose). **3.** Ce par quoi une situation se prolonge.

prolonger v. tr. **1.** Faire durer plus longtemps. – pronom. Durer plus longtemps que prévu. **2.** Faire aller plus loin. **3.** Être le prolongement de. ▷ adj. **prolongé, ée**

promenade n. f. **1.** Action de se promener. **2.** Lieu aménagé pour les promeneurs.

promener v. tr. **1.** Faire aller dans plusieurs endroits, pour le plaisir. **2.** Déplacer, faire aller et venir (qqch.). *Promener son regard sur...* ▷ v. pron. se **promener** Aller, marcher pour le plaisir.

promeneur, euse n. ▫ Personne qui se promène à pied.

promenoir n. m. **1.** Lieu destiné à la promenade (couvent, prison...). **2.** Partie d'une salle de spectacle où les spectateurs sont debout.

promesse n. f. **1.** Ce que l'on s'engage à faire. **2.** Ce qui donne à espérer d'heureuses suites.

prometteur, euse adj. ▫ Plein de promesses (2).

promettre v. tr. **1.** S'engager envers qqn à faire qqch. **2.** Affirmer, assurer. **3.** S'engager envers qqn à donner (qqch.). **4.** (sujet chose) Annoncer. ▪ Faire espérer. ▷ v. pron. se **promettre** *Se promettre de :* faire le projet de.

promis, ise adj. **1.** Qui a été promis. **2.** *PROMIS À :* destiné à, voué à.

promiscuité n. f. ▫ Situation qui oblige des personnes à vivre côte à côte, trop près.

promontoire n. m. ▫ Pointe de terre élevée, en saillie dans la mer.

promoteur, trice n. ▫ *Promoteur (immobilier),* qui assure la construction d'immeubles.

promotion n. f. **1.** Fait de parvenir à un grade supérieur. **2.** Ensemble des candidats admis la même année. **3.** Action de promouvoir (2). – *En promotion,* vendu moins cher que la normale.

promotionnel, elle adj. ▫ Qui favorise l'expansion des ventes.

promouvoir v. tr.. **1.** Élever à un grade supérieur. **2.** Encourager, provoquer l'essor de (qqch.).

prompt, prompte adj. **1.** littér. Qui agit sans tarder. **2.** Qui se produit en peu de temps. ▶ **promptement** adv. ▶ **promptitude** n. f.

prompteur n. m. ▫ anglic. Appareil qui fait défiler au-dessus d'une caméra de télévision un texte à lire.

promulguer v. tr. ▫ Décréter (une loi) valable et exécutoire. ▶ **promulgation** n. f.

pronation n. f. ▫ didact. Mouvement de rotation interne de la main et de l'avant-bras (muscles *pronateurs*).

prôner v. tr. ▫ Recommander avec insistance.

pronom n. m. ▫ gramm. Mot qui a les fonctions du nom et qui représente ou remplace un nom.

pronominal, ale, aux adj. **1.** Relatif au pronom. **2.** *Verbe pronominal*, précédé d'un pronom personnel réfléchi. ▶ **pronominalement** adv.

prononcé, ée adj. ▫ Très perceptible.

prononcer v. tr. **1.** Faire connaître (une décision). **2.** Dire (un mot, une phrase). **3.** Articuler d'une certaine manière (les sons du langage). **4.** Dire ou lire publiquement (un texte). ▷ v. pron. **se prononcer** Se décider, se déterminer. ▶ **prononçable** adj.

prononciation n. f. ▫ Manière dont les sons du langage sont articulés.

pronostic n. m. **1.** Jugement porté sur la durée et l'issue d'une maladie. **2.** Conjecture, hypothèse. – spécialt *Le pronostic des courses* (de chevaux).

pronostiquer v. tr. ▫ Donner un pronostic sur (ce qui doit arriver). ▶ **pronostiqueur, euse** n.

propagande n. f. ▫ Action exercée sur l'opinion pour l'amener à avoir certaines idées. ▶ **propagandiste** n.

propagateur, trice n. ▫ Personne qui propage (une religion, une opinion).

propager v. tr. ▫ Répandre, diffuser (des idées, des paroles, etc.). ▷ v. pron. **se propager 1.** Se multiplier par reproduction. **2.** Se répandre. ▶ **propagation** n. f.

propane n. m. ▫ Hydrocarbure gazeux vendu comme combustible.

propédeutique adj. ▫ didact. Qui prépare (à des études, etc.).

propension n. f. ▫ *Propension à*, tendance naturelle à.

propergol n. m. ▫ chim. Substance utilisée pour la propulsion des fusées.

prophète, prophétesse n. **1.** Personne inspirée par la divinité, qui révèle des vérités cachées. **2.** fig. Personne qui prédit l'avenir.

prophétie n. f. ▫ Prédiction. ▶ **prophétique** adj.

prophétiser v. tr. ▫ Prédire, annoncer (ce qui va arriver).

prophylaxie n. f. ▫ Ensemble des mesures à prendre pour prévenir les maladies. ▶ **prophylactique** adj.

propice adj. ▫ *Propice à...*, qui se prête tout particulièrement à. ▪ Opportun, favorable.

proportion n. f. **1.** Rapport entre les éléments d'un ensemble ; équilibre des surfaces, des masses, des dimensions. **2.** Rapport. ▪ *EN PROPORTION* : suivant la même proportion. **3.** au plur. Dimensions (par référence implicite à une échelle, une mesure).

proportionné, ée adj. **1.** *Proportionné à*, qui a un rapport normal avec. **2.** *BIEN PROPORTIONNÉ* : qui a de belles proportions (1).

proportionnel, elle adj. **1.** Qui a une proportion (bonne, égale, constante). **2.** Qui est en rapport avec (qqch.), varie dans le même sens. ▶ **proportionnellement** adv. ▶ **proportionnalité** n. f.

proportionner v. tr. ▫ Rendre (une chose) proportionnelle (à une autre).

propos n. m. **I. 1.** littér. Ce qu'on se fixe pour but. **2.** *À PROPOS DE* : au sujet de. ▪ *À PROPOS* loc. adv. : quand, où il faut. **II.** Paroles dites au sujet de qqn, qqch., mots échangés.

proposer v. tr. **I.** *PROPOSER qqch. À qqn.* **1.** Faire connaître, soumettre à qqn. **2.** *Proposer à qqn de* (+ inf.) : demander de prendre part à. **3.** Demander à qqn d'accepter. **4.** Donner (un sujet, un thème). **II.** *PROPOSER qqn* : désigner (qqn) comme candidat. ▷ v. pron. **se proposer 1.** Former le projet (de faire). **2.** Poser sa candidature.

proposition n. f. **1.** Action de proposer (I) ; ce qui est proposé. **2.** log. Assertion considérée dans son contenu. **3.** gramm. Phrase simple ou élément d'une phrase complexe.

propre adj. **I. 1.** Qui appartient d'une manière exclusive ou particulière à qqn, qqch. – *NOM PROPRE,* qui s'applique à une chose unique (personne, lieu...). – *SENS PROPRE.* → **littéral.** ▪ *PROPRE À...,* particulier à. **2.** (renforce le possessif). *Ce sont ses propres mots,* exactement ceux qu'il a employés. **3.** Qui convient particulièrement. **4.** n. m. *Avoir un bien EN PROPRE,* à soi. ▪ *LE PROPRE DE :* la qualité distinctive. **II. 1.** (choses) Non sali. ▪ (personnes) Qui se lave souvent. **2.** Qui salit, pollue peu. *Industries propres.* **3.** fig. Honnête, dont la réputation est sans tache.

proprement adv. **I. 1.** D'une manière particulière à qqn ou à qqch. ; en propre. **2.** littér. Au sens propre du mot. **II. 1.** D'une manière soigneuse. **2.** Correctement.

propret, ette adj. ▫ Bien propre (II, 1).

propreté n. f. ▫ État, qualité d'une personne, d'une chose propre.

propriétaire n. **1.** Personne qui possède (qqch.) en propriété. **2.** Personne qui loue un logement à qqn.

propriété n. f. **1.** Fait de posséder en propre ; droit de jouir et de disposer de biens. **2.** Terre, construction ainsi possédée. **3.** Qualité propre.

propulser v. tr. **1.** Faire avancer par une poussée. **2.** Projeter au loin, avec violence.

propulseur n. m. ▫ Engin de propulsion.

propulsion n. f. ▫ Production d'une énergie qui assure le déplacement d'un mobile, le fonctionnement d'un moteur.

au prorata (de) loc. prép. ▫ Proportionnellement à.

proroger v. tr. ▫ Renvoyer à une date ultérieure. ▶ **prorogation** n. f.

prosaïque adj. ▫ Qui manque d'idéal, de noblesse ; sans poésie. ▶ **prosaïquement** adv. ▶ **prosaïsme** n. m.

prosateur n. m. ▫ Auteur qui écrit en prose.

proscrire v. tr. ▫ Interdire formellement (qqch.). ▶ **proscription** n. f.

proscrit, ite adj. ▫ Interdit.

prose n. f. ▫ Forme ordinaire du discours ; manière de s'exprimer qui n'est pas soumise aux règles de la versification.

prosélyte n. **1.** Nouveau converti à une religion. **2.** fig. *Les prosélytes d'une idée, d'un parti.*

prosélytisme n. m. ▫ Zèle déployé pour recruter des adeptes.

prosodie n. f. ▫ didact. Durée, mélodie et rythme des sons d'un poème ; règles les concernant. ▶ **prosodique** adj.

prospecter v. tr. **1.** Examiner (un terrain) pour rechercher les richesses naturelles. **2.** Étudier les possibilités de (un marché, une clientèle). ▶ **prospecteur, trice** n. ▶ **prospection** n. f.

prospectif, ive adj. ▫ Qui concerne l'avenir, la prévision. ▶ **prospective** n. f.

prospectus n. m. ▫ Imprimé publicitaire.

prospère adj. ▫ Qui est dans un état de prospérité.

prospérer v. intr. ◻ Devenir prospère.

prospérité n. f. ◻ État d'abondance ; heureux développement (d'une production, d'une entreprise).

prostate n. f. ◻ Glande de l'appareil génital masculin, située sous la vessie. ▶ **prostatique** adj.

prostatite n. f. ◻ méd. Inflammation de la prostate.

se **prosterner** v. pron. ◻ S'incliner très bas dans une attitude d'extrême respect. ▶ **prosternation** n. f. ▶ **prosternement** n. m.

prostitué, ée n. ◻ Personne qui se livre à la prostitution.

prostituer v. tr. 1. Livrer (qqn) à la prostitution. 2. littér. Avilir. ▷ v. pron. se **prostituer**

prostitution n. f. ◻ Fait de livrer son corps aux plaisirs sexuels d'autrui pour de l'argent.

prostration n. f. ◻ État d'extrême abattement.

prostré, ée adj. ◻ Qui est dans un état de prostration.

protagoniste n. m. ◻ Personne qui joue le premier rôle dans une affaire.

protéagineux, euse adj. et n. m. ◻ (végétal) Qui contient une grande proportion de protéines.

protecteur, trice I. n. Personne qui protège (qqn, qqch.). II. adj. Qui remplit un rôle de protection.

protection n. f. 1. Action de protéger ; le fait d'être protégé. 2. Personne ou chose qui protège.

protectionnisme n. m. ◻ Politique qui vise à protéger l'économie nationale contre la concurrence étrangère. ▶ **protectionniste** adj. et n.

protectorat n. m. ◻ hist. Régime dans lequel un État contrôlait un État « protégé » qui gardait une autonomie politique intérieure.

protégé, ée 1. adj. Mis à l'abri, préservé. 2. n. Personne protégée (par qqn).

protège-cahier n. m. ◻ Couverture de cahier en matière souple.

protège-dents n. m. invar. ◻ Appareil pour protéger les dents (boxeurs).

protéger v. tr. 1. Aider (qqn) de manière à mettre à l'abri du danger. 2. Défendre contre toute atteinte. 3. (sujet chose) Couvrir de manière à mettre à l'abri. 4. Aider (qqn) en facilitant sa réussite. 5. Favoriser le développement de (une activité).

protège-slip n. m. ◻ Protection féminine qui se fixe au fond du slip.

protéiforme adj. ◻ Qui peut prendre de multiples formes.

protéine n. f. ◻ Molécule complexe d'acides aminés, constituant essentiel des matières organiques et des êtres vivants.

protestant, ante n. et adj. ◻ Chrétien appartenant à la religion réformée.

protestantisme n. m. ◻ La religion chrétienne réformée qui s'est détachée du catholicisme au XVIe s.

protestataire adj. et n. ◻ littér. Qui proteste.

protestation n. f. ◻ Déclaration par laquelle on s'élève contre ce qu'on déclare injuste.

protester v. I. v. tr. ind. littér. *PROTESTER DE* : donner l'assurance formelle de. *Protester de son innocence.* II. v. intr. Déclarer formellement son opposition.

protêt n. m. ◻ dr. Acte par lequel le bénéficiaire d'un chèque fait constater qu'il n'a pas été payé.

prothèse n. f. 1. Remplacement d'organes par des appareils artificiels. 2. Appareil de prothèse. ▶ **prothétique** adj.

prothésiste n. ▫ Fabricant de prothèses.

protide n. m. ▫ biochim. vieilli Acide aminé.

protiste n. m. ▫ biol. Organisme vivant unicellulaire.

protocole n. m. **1.** Document portant les résolutions d'une assemblée. **2.** Recueil de règles à observer en matière d'étiquette. **3.** sc. Description précise des conditions et du déroulement d'une expérience. ▶ **protocolaire** adj.

protohistoire n. f. ▫ didact. Période de transition entre la préhistoire et l'histoire. ▶ **protohistorique** adj.

proton n. m. ▫ Particule élémentaire de charge positive, qui, avec le neutron, constitue le noyau des atomes.

protoplasme n. m. ▫ biol. Substance qui constitue l'essentiel de la cellule vivante. ▶ **protoplasmique** adj.

prototype n. m. **1.** littér. Modèle original. **2.** Premier exemplaire d'un modèle de série.

protozoaire n. m. ▫ Protiste* sans chlorophylle.

protubérance n. f. ▫ Saillie en forme de bosse. ▶ **protubérant, ante** adj.

prou loc. adv. ▫ littér. *PEU OU PROU*, plus ou moins.

proue n. f. ▫ Avant d'un navire.

prouesse n. f. ▫ littér. Acte de courage, d'héroïsme ; action d'éclat.

prout interj. et n. m. ▫ fam. Onomatopée, bruit de pet.

prouver v. tr. **1.** Faire reconnaître (qqch.) comme vrai, par des preuves. **2.** (sujet chose) Servir de preuve, être (le) signe de.

provenance n. f. ▫ Endroit d'où vient ou provient une chose.

provençal, ale, aux adj. et n. ▫ De la Provence.

provenir v. intr. ▫ (sujet chose) Venir (de) ; avoir son origine dans.

proverbe n. m. ▫ Formule exprimant une vérité d'expérience ou un conseil de sagesse pratique.

proverbial, ale, aux adj. **1.** Qui tient du proverbe. **2.** Connu et frappant. ▶ **proverbialement** adv.

providence n. f. **1.** relig. (avec maj.) Dieu gouvernant la création. **2.** fig. Heureux hasard.

providentiel, elle adj. ▫ Qui arrive grâce à un heureux hasard. ▶ **providentiellement** adv.

province n. f. **1.** Région avec ses coutumes et ses traditions particulières. **2.** *LA PROVINCE* : en France, l'ensemble du pays, à l'exclusion de la capitale. ▶ **provincial, ale, aux** adj.

proviseur n. ▫ Directeur de lycée.

provision n. f. **1.** Réunion de choses utiles ou nécessaires. **2.** au plur. Achat de choses nécessaires à la vie courante. **3.** Somme déposée chez un banquier pour assurer le paiement d'un titre. ▶ **provisionnel, elle** adj.

provisoire adj. ▫ Qui existe, se fait en attendant autre chose. ▶ **provisoirement** adv.

provocant, ante adj. ▫ Qui provoque.

provocateur, trice n. ▫ Personne qui provoque, incite à la violence.

provocation n. f. **1.** Incitation. ▪ absolt Défi. **2.** Action, parole qui provoque.

provoquer v. tr. **I. 1.** Inciter (qqn) à une action, à la violence. **2.** Exciter le désir de (qqn) par son attitude. **II.** Être la cause de (qqch.).

proxénète n. ▫ Personne qui tire des revenus de la prostitution d'autrui. ▶ **proxénétisme** n. m.

proximité n. f. **1.** Situation d'une chose proche. **2.** *À PROXIMITÉ* loc. adv. : tout près. – *À PROXIMITÉ DE* loc. prép. : près de.

proxy n. m. ▫ inform. Serveur relais qui accélère l'accès aux données.

prude adj. ▫ D'une pudeur affectée. ▶ **pruderie** n. f.

prudence n. f. ▫ Attitude d'une personne qui s'applique à éviter des erreurs.

prudent, ente adj. **1.** Qui a de la prudence, agit avec prudence. **2.** (choses) *Une réaction prudente,* de prudence. ▶ **prudemment** adv.

prud'homme n. m. ▫ Membre élu d'un *conseil des prud'hommes,* chargé de juger les litiges entre salariés et employeurs. ▶ **prud'homal, ale, aux** adj.

pruine n. f. ▫ Fine pellicule à la surface de certains fruits.

prune I. n. f. **1.** Fruit de forme ronde ou allongée, à peau fine, jaune, verte ou bleutée. **2.** fam. *POUR DES PRUNES :* pour rien. **II.** adj. invar. Violet foncé.

pruneau n. m. ▫ Prune séchée.

① **prunelle** n. f. ▫ Petite prune bleu ardoise, âcre.

② **prunelle** n. f. ▫ Pupille de l'œil.

prunellier n. m. ▫ Prunier sauvage qui produit les prunelles.

prunier n. m. ▫ Arbre qui produit les prunes.

prunus n. m. ▫ Prunier ornemental à feuilles pourpres.

prurigineux, euse adj. ▫ didact. Qui cause un prurit.

prurit n. m. ▫ Démangeaison liée à une affection cutanée ou générale.

P.-S. n. m. (abrév.) ▫ Post-scriptum.

psalmiste n. m. ▫ didact. Auteur de psaumes.

psalmodier v. **1.** v. intr. Dire ou chanter les psaumes. **2.** v. tr. Réciter d'une façon monotone.

psaume n. m. ▫ Poème religieux servant de prière ou de chant liturgique.

psautier n. m. ▫ didact. Recueil de psaumes.

pseudonyme n. m. ▫ Nom choisi par une personne pour remplacer le sien.

pseudopode n. m. ▫ Prolongement rétractile de certains protozoaires.

psittacisme n. m. ▫ didact. Répétition mécanique de phrases.

psoriasis n. m. ▫ méd. Maladie de peau, plaques rouges à croûtes blanchâtres.

psy n. (abrév.) ▫ Psychanalyste, psychologue, etc.

psychanalyse n. f. ▫ Méthode de psychologie clinique, investigation des processus psychiques profonds, de l'inconscient. ▶ **psychanalyste** n. ▶ **psychanalytique** adj.

psychanalyser v. tr. ▫ Traiter, analyser par la psychanalyse.

psyché n. f. ▫ Grande glace mobile.

psychédélique adj. ▫ psych. De l'état provoqué par l'absorption d'hallucinogènes. – cour. Qui évoque cet état. ▶ **psychédélisme** n. m.

psychiatrie n. f. ▫ Partie de la médecine qui étudie et traite les maladies mentales. ▶ **psychiatrique** adj. ▶ **psychiatre** n.

psychique adj. ▫ Qui concerne l'esprit, la pensée.

psychisme n. m. ▫ La vie psychique.

psychodrame n. m. ▫ Psychothérapie de groupe, mise en scène de situations conflictuelles. ▪ Situation qui évoque ce genre de mise en scène.

psychologie n. f. **1.** Étude scientifique des phénomènes de l'esprit. **2.** Connaissance spontanée des sentiments d'autrui. **3.** Ensemble d'idées, d'états d'esprit caractéristiques d'une collectivité. ▶ **psychologique** adj. ▶ **psychologiquement** adv.

psychologue 1. n. Spécialiste de la psychologie. 2. adj. Qui a de la psychologie (2).

psychomoteur, trice adj. ▫ didact. Qui concerne les fonctions motrices et psychiques.

psychomotricien, ienne n. ▫ didact. Personne qui soigne les troubles psychomoteurs.

psychomotricité n. f. ▫ didact. Intégration des fonctions motrices et psychiques par le système nerveux.

psychopathe n. ▫ vieilli Personne présentant un déséquilibre psychique.

psychopathologie n. f. ▫ didact. Étude des troubles mentaux. ▶ **psychopathologique** adj.

psychorigide adj. ▫ Qui est incapable de s'adapter aux changements. ▶ **psychorigidité** n. f.

psychose n. f. 1. Maladie mentale qui provoque des troubles de la personnalité. 2. Obsession, idée fixe.

psychosomatique adj. ▫ Qui concerne les maladies physiques liées à des causes psychiques.

psychoter v. intr. ▫ fam. Avoir peur, paniquer.

psychothérapie n. f. ▫ didact. Thérapeutique des troubles psychiques ou somatiques par des procédés psychiques. ▶ **psychothérapique** adj. ▶ **psychothérapeute** n.

psychotique adj. et n. ▫ didact. (personne) Atteint d'une psychose.

psychotrope adj. et n. m. ▫ (substance) Qui agit chimiquement sur le psychisme.

ptérodactyle 1. adj. Qui a les doigts reliés par une membrane. 2. n. m. Reptile volant du jurassique.

ptose n. f. ▫ méd. Descente (d'un organe) par relâchement des soutiens.

puant, ante adj. 1. Qui pue. 2. fig. Odieux de prétention.

puanteur n. f. ▫ Odeur infecte.

① **pub** n. m. ▫ (pays anglo-saxons) Établissement public où l'on sert des boissons alcoolisées.

② **pub** n. f. ▫ fam. Publicité.

pubalgie n. f. ▫ méd. Inflammation des tendons au niveau de la symphyse pubienne.

pubère adj. ▫ Qui a atteint l'âge de la puberté.

puberté n. f. ▫ Passage de l'enfance à l'adolescence ; modifications physiologiques et psychologiques à cette époque.

pubis n. m. ▫ Renflement triangulaire à la partie inférieure du bas-ventre. ▶ **pubien, ienne** adj.

public, ique I. adj. 1. Qui concerne le peuple, la nation, l'État. 2. Accessible à tous. 3. Qui a lieu en présence de témoins. 4. Qui concerne la fonction qu'on remplit dans la société. 5. Connu de tous. II. n. m. 1. Les gens, la masse de la population. 2. Ensemble des personnes que touche une œuvre, un spectacle. 3. *EN PUBLIC* loc. adv. : en présence d'un certain nombre de personnes.

publication n. f. ▫ Action de publier ; son résultat. ▪ Écrit publié.

publiciste n. ▫ abusivt Publicitaire.

publicitaire adj. 1. Qui sert à la publicité, a un caractère de publicité. 2. Qui s'occupe de publicité. ▪ n. Agent de publicité.

publicité n. f. I. 1. Fait d'exercer une action psychologique sur le public à des fins commerciales. 2. Message publicitaire. II. littér. Caractère de ce qui est public.

publier v. tr. 1. Faire paraître (un texte). 2. Faire connaître au public.

publipostage n. m. ▫ Prospection, vente par correspondance.

publiquement adv. ▫ En public.

puce n. f. **1.** Insecte sauteur, parasite de l'homme et d'animaux. **2.** fam. *Mettre la puce à l'oreille à qqn*, éveiller ses soupçons. – *Marché aux puces*, brocante. **3.** Petite pastille d'un matériau semi-conducteur sur laquelle se trouve un microprocesseur.

puceau n. m. ▫ fam. Garçon, homme vierge.

pucelage n. m. ▫ fam. Virginité.

pucelle n. f. ▫ fam. Fille vierge.

puceron n. m. ▫ Petit insecte parasite des plantes.

pudding n. m. ▫ Gâteau à base de farine, d'œufs, de raisins secs.

pudeur n. f. **1.** Sentiment de gêne vis-à-vis de la nudité, de la sexualité. **2.** Retenue dans l'expression des sentiments.

pudibond, onde adj. ▫ Qui a une pudeur exagérée. ▶ **pudibonderie** n. f.

pudique adj. ▫ Qui montre de la pudeur. ▶ **pudiquement** adv. ▶ **pudicité** n. f. littér.

puer v. **1.** v. intr. Sentir très mauvais. **2.** v. tr. Répandre une très mauvaise odeur de.

puériculture n. f. ▫ Méthodes propres à assurer la croissance et l'épanouissement du nouveau-né et de l'enfant. ▶ **puériculteur, trice** n.

puéril, ile adj. ▫ péj. Indigne d'un adulte quant au sérieux. ▶ **puérilement** adv. ▶ **puérilité** n. f.

puerpéral, ale, aux adj. ▫ méd. Relatif à la période qui suit l'accouchement.

pugilat n. m. ▫ Bagarre à coups de poing.

pugiliste n. m. ▫ littér. Boxeur ; lutteur.

pugnace adj. ▫ littér. Combatif. ▶ **pugnacité** n. f.

puîné, ée adj. et n. ▫ vieilli Qui est né après un frère ou une sœur.

puis adv. ▫ littér. Après cela, dans le temps ou dans l'espace.

puisard n. m. ▫ Puits en pierres sèches pour absorber les résidus liquides.

puisatier n. m. ▫ Personne qui creuse des puits.

puiser v. tr. **1.** Prendre dans une masse liquide. ▶ **puisage** n. m. **2.** fig. Emprunter, prendre.

puisque conj. ▫ (cause) Dès l'instant où... ; étant donné que...

puissamment adv. ▫ Avec force, intensité.

puissance n. f. **I. 1.** Situation, état d'une personne, d'un groupe qui a une grande action. **2.** Caractère de ce qui produit de grands effets. **3.** sc. Quantité d'énergie fournie par unité de temps. **4.** Pouvoir d'action ; intensité. **5.** math. Produit de plusieurs facteurs égaux, le nombre de facteurs étant indiqué par l'exposant. **II. 1.** Groupe qui a un grand pouvoir de fait dans la société. **2.** État souverain. **III.** *EN PUISSANCE* loc. adj. → **potentiel, virtuel.**

puissant, ante adj. **1.** Qui a un grand pouvoir, de la puissance. – n. *Les puissants.* **2.** Qui est très actif. **3.** Qui a de la force physique.

puits n. m. **1.** Cavité circulaire, profonde et étroite, pratiquée dans le sol pour atteindre une nappe d'eau. **2.** Excavation pour l'exploitation d'un gisement. *Puits de pétrole.*

pull-over ou (abrév.) **pull** n. m. ▫ Tricot à manches, qu'on enfile par la tête. *Des pull-overs ; des pulls.*

pulluler v. intr. **1.** Se reproduire en grand nombre et très vite. **2.** Abonder, foisonner. ▶ **pullulation** n. f. ▶ **pullulement** n. m.

pulmonaire adj. ▫ Du poumon.

pulpe n. f. **1.** Partie charnue. *La pulpe des doigts.* **2.** Partie juteuse (de fruits). **3.** Résidu pâteux de végétaux écrasés.

pulpeux, euse adj. ▫ Fait de pulpe ; qui a le moelleux de la pulpe. ▪ fig. Qui a des formes attirantes.

pulsation n. f. ▫ Battement (du cœur, des artères).

pulsé adj. m. ▫ *Air pulsé,* soufflé.

pulsion n. f. ▫ psych. Force psychique qui fait tendre vers un but. ▶ **pulsionnel, elle** adj.

pulvérisateur n. m. ▫ Appareil servant à projeter une poudre, un liquide pulvérisé.

pulvérisation n. f. **1.** Action de pulvériser. **2.** Prise de médicament en aérosol.

pulvériser v. tr. **1.** Réduire (un solide) en poudre. **2.** Projeter (un liquide sous pression) en fines gouttelettes.

pulvérulent, ente adj. ▫ Qui a la consistance de la poudre.

puma n. m. ▫ Félin d'Amérique à pelage fauve.

punaise n. f. **1.** Petit insecte à corps aplati et d'odeur infecte. **2.** Petit clou à large tête ronde, à pointe courte.

punaiser v. tr. ▫ Fixer à l'aide de punaises.

① **punch** n. m. ▫ Boisson alcoolisée à base de rhum, de sirop de canne.

② **punch** n. m. ▫ Efficacité, dynamisme.

punching-ball n. m. ▫ anglic. Ballon pour l'entraînement des boxeurs.

punique adj. ▫ hist. *Les guerres puniques,* menées par Rome contre Carthage.

punir v. tr. **1.** Frapper (qqn) d'une sanction pour une faute. **2.** Sanctionner (une faute) par une punition. ▶ **punissable** adj. ▶ **punisseur, euse** adj. et n.

punitif, ive adj. ▫ Destiné à punir.

punition n. f. ▫ Action de punir ; ce que l'on fait subir à l'auteur d'une faute.

punk n. et adj. ▫ anglic. Adepte d'un mouvement regroupant des jeunes qui affichent des signes provocateurs par dérision envers l'ordre social.

① **pupille** n. ▫ Orphelin(e) mineur(e) en tutelle.

② **pupille** n. f. ▫ Zone centrale de l'iris de l'œil.

pupitre n. m. **1.** Petit meuble incliné sur pied, où l'on pose un livre, du papier. **2.** Tableau de commandes (d'un système électronique).

pupitreur, euse n. ▫ Technicien chargé du pupitre (2) d'un ordinateur.

pur, pure adj. **I. 1.** Sans élément étranger. **2.** Qui ne renferme aucun élément mauvais. **II. 1.** Sans mélange. **2.** Complètement tel. *C'est de la pure méchanceté.* **3.** Sans défaut d'ordre moral, sans corruption. **4.** Sans défaut esthétique.

purée n. f. ▫ Légumes cuits et écrasés. – absolt Purée de pommes de terre. ▪ *PURÉE DE POIS* fig. : brouillard très épais.

purement adv. ▫ Intégralement, exclusivement.

pureté n. f. **1.** État de ce qui est pur. **2.** Absence de souillure morale. **3.** Absence de défaut esthétique.

purgatif, ive adj. et n. m. ▫ Qui purge.

purgation n. f. ▫ Action de purger ; purge.

purgatoire n. m. **1.** cathol. Lieu où les âmes se purifient avant d'accéder au paradis. **2.** fig. Lieu ou temps d'épreuve.

purge n. f. **1.** Action de purger ; remède purgatif. **2.** Évacuation d'un liquide, d'un gaz d'une conduite. **3.** fig. Élimination autoritaire, violente.

purger v. tr. **1.** Débarrasser (le système digestif). **2.** Débarrasser (d'une chose mauvaise, d'êtres dangereux). **3.** Subir (une condamnation, une peine).

purgeur n. m. □ Robinet ou dispositif automatique de purge (2).

purificateur, trice 1. adj. Qui purifie. **2.** n. m. *Purificateur d'air* (appareil).

purification n. f. **1.** Action de (se) purifier. **2.** fig. Élimination d'éléments hétérogènes.

purificatoire adj. □ littér. Propre à la purification (1).

purifier v. tr. **1.** Débarrasser (une substance) de ses impuretés. **2.** littér. Rendre pur, débarrasser de la corruption morale. – pronom. *Se purifier* (relig.).

purin n. m. □ Fumier liquide.

purine n. f. □ biochim. Substance azotée à deux chaînes fermées. ▶ **purique** adj.

purisme n. m. □ Souci de pureté, de conformité à un type idéal. ▶ **puriste** adj. et n.

puritain, aine n. **1.** hist. Membre d'une secte protestante. **2.** Personne d'une pureté morale scrupuleuse. ▶ **puritanisme** n. m.

purpura n. m. □ méd. Affection caractérisée par des taches cutanées.

purpurin, ine adj. □ littér. Pourpre.

pur-sang n. m. invar. □ Cheval de course, de race pure.

purulent, ente adj. □ Qui contient ou produit du pus. ▶ **purulence** n. f.

pus n. m. □ Production pathologique infectée, liquide blanchâtre ou jaunâtre.

pusillanime adj. □ littér. Qui craint le risque. ▶ **pusillanimité** n. f.

pustule n. f. □ Petite tumeur purulente sur la peau. ▶ **pustuleux, euse** adj.

putain n. f. □ péj., vulg. Prostituée.

putatif, ive adj. □ dr. *Enfant, père putatif,* personne supposée être l'enfant, le père.

pute n. f. □ fam. et péj. Prostituée.

putois n. m. □ Petit mammifère carnivore, à odeur nauséabonde.

putréfaction n. f. □ Décomposition bactérienne des matières organiques.

putréfier v. tr. □ Faire tomber en putréfaction. – pronom. Pourrir.

putrescible adj. □ Qui peut se putréfier.

putride adj. **1.** En putréfaction. **2.** Qui résulte de la putréfaction.

putsch n. m. □ Soulèvement d'un groupe politique armé, pour prendre le pouvoir. ▶ **putschiste** n. et adj.

puy n. m. □ Montagne, en Auvergne.

puzzle n. m. □ Jeu de patience, éléments à assembler pour reconstituer une image.

P.-V. n. m. □ Procès-verbal.

pygmée n. □ Individu de très petite taille appartenant à certaines ethnies d'Afrique et d'Insulinde.

pyjama n. m. □ Vêtement de nuit.

pylône n. m. □ Structure élevée, métallique ou en béton armé, servant de support à des câbles, des antennes, etc.

pylore n. m. □ anat. Orifice faisant communiquer l'estomac avec le duodénum.

pyorrhée n. f. □ pathol. Écoulement de pus.

pyramide n. f. **1.** Grand monument à base carrée et à faces triangulaires. **2.** Polyèdre qui a pour base un polygone et pour faces des triangles possédant un sommet commun. ▶ **pyramidal, ale, aux** adj.

pyrex n. m. (n. déposé) □ Verre très résistant pouvant aller au feu.

pyrite n. f. □ Sulfure naturel de fer.

pyrogravure n. f. □ Décoration du bois par gravure à l'aide d'une pointe métallique incandescente. ▶ **pyrograveur, euse** n.

pyrolyse n. f. □ sc. Décomposition chimique sous l'action de la chaleur.

pyromane n. □ Incendiaire obéissant à une impulsion obsédante (*pyromanie*, n. f.).

pyrotechnie n. f. □ Fabrication et utilisation des feux d'artifice. ▶ **pyrotechnique** adj.

pythie n. f. □ didact. Prêtresse de l'oracle d'Apollon à Delphes.

python n. m. □ Grand serpent des forêts tropicales qui broie sa proie entre ses anneaux.

pythonisse n. f. □ littér. Prophétesse.

Q

q n. m. □ Dix-septième lettre, treizième consonne de l'alphabet.

qat ou **khat** n. m. □ Arbuste dont les feuilles sont utilisées comme drogue hallucinatoire.

QCM n. m. invar. □ Questionnaire à choix multiple.

Q. G. n. m. invar. □ fam. Quartier* général.

Q. I. n. m. invar. □ fam. Quotient* intellectuel.

quad n. m. □ anglic. Véhicule tout-terrain découvert, à quatre roues.

quadragénaire adj. et n. □ Qui a entre quarante et quarante-neuf ans.

quadrangulaire adj. □ Qui a quatre angles.

quadrant n. m. □ math. Quart de cercle.

quadrature n. f. □ Construction d'un carré d'une aire donnée. *La quadrature du cercle est impossible.*

quadriennal, ale, aux adj. **1.** De quatre ans. **2.** Qui revient tous les quatre ans.

quadrige n. m. □ Char à quatre chevaux.

quadrilatère n. m. □ Polygone à quatre côtés.

quadrille n. m. □ Danse à la mode au XIXe siècle.

quadriller v. tr. **1.** Couvrir de lignes perpendiculaires entrecroisées. **2.** Diviser (un territoire) pour occuper, surveiller. ▶ **quadrillage** n. m.

quadrimoteur n. m. □ Avion muni de quatre moteurs.

quadriréacteur n. m. □ Avion muni de quatre réacteurs.

quadrumane adj. et n. □ Se dit d'un animal à quatre membres terminés par des mains.

quadrupède adj. et n. □ Qui a quatre pattes.

quadruple adj. et n. m. □ Répété quatre fois, qui vaut quatre fois plus. ▶ **quadrupler** v. tr. et intr.

quadruplés, ées n. pl. □ Les quatre enfants issus d'une même grossesse.

quai n. m. **1.** Mur, chaussée où accostent les bateaux. **2.** Plate-forme longeant la voie, dans une gare.

quaker, quakeresse n. □ Membre d'un mouvement religieux protestant fondé au XVIIe siècle.

qualifiable adj. □ Qui peut être qualifié.

qualifiant, ante adj. □ Qui donne une qualification professionnelle.

qualificatif, ive 1. adj. Qui exprime une qualité. **2.** n. m. Mot (adjectif) qui qualifie.

qualification n. f. **1.** Action, fait de qualifier. **2.** *Qualification professionnelle* : formation qui qualifie (3) pour un emploi.

qualifié, ée adj. **1.** *Ouvrier qualifié*, ayant une qualification (2). **2.** dr. *Vol qualifié*, criminel.

qualifier v. tr. **1.** Caractériser par un mot, une expression. **2.** Faire que (un concurrent) soit admis à des épreuves. – pronom. *Se qualifier pour la finale.* **3.** Rendre apte à.

qualitatif, ive adj. □ Relatif à la qualité. ▶ **qualitativement** adv.

qualité n. f. **I. 1.** (choses) Manière d'être caractéristique. ▪ Ce qui donne une certaine valeur. – *DE QUALITÉ*, excellent.

2. Caractère moral positif. **II.** Condition, situation sociale, civile... (d'une personne).

quand I. conj. **1.** Au moment où. **2.** Chaque fois que, toutes les fois que. **3.** *QUAND (BIEN) MÊME* (+ cond.) : en admettant que. **4.** *QUAND MÊME* loc. adv. : cependant. – fam. Tout de même. **II.** adv. À quel moment ?

quanta → **quantum**

quant à loc. prép. ▫ Pour ce qui est de, relativement à.

quant-à-soi n. m. sing. ▫ Réserve, retenue un peu fière.

quantième n. m. ▫ didact. Chiffre du jour du mois.

quantifier v. tr. ▫ Attribuer une grandeur mesurable à (qqch.). ▶ **quantifiable** adj.

quantile n. m. ▫ statist. Nombre qui divise une suite ordonnée de valeurs en parties d'égale étendue.

quantique adj. ▫ phys. Des quanta.

quantitatif, ive adj. ▫ Relatif à la quantité. ▶ **quantitativement** adv.

quantité n. f. **1.** Nombre (de choses, de personnes) ; mesure qui sert à évaluer. **2.** Grand nombre. **3.** Caractère de ce qui peut être mesuré.

quantum, plur. **quanta** n. m. ▫ phys. La plus petite quantité. *Théorie des quanta* (l'énergie se manifeste par petites quantités discontinues : particules).

quarantaine n. f. **I. 1.** Nombre d'environ quarante. **2.** Âge d'environ quarante ans. **II.** Isolement imposé en cas de risques contagieux.

quarante I. adj. numéral invar. **1.** (cardinal) Quatre fois dix (40). **2.** (ordinal) Quarantième. **II.** n. m. invar. Le nombre, le numéro quarante. ▶ **quarantième** adj. et n.

quark n. m. ▫ phys. Particule fondamentale électrisée.

① **quart, quarte** adj. ▫ vx Quatrième.

② **quart** n. m. **I.** Division en quatre parties égales. – Quart d'une livre (125 g). – *Au quart de tour* (d'un moteur) : fig. immédiatement. ▪ *QUART D'HEURE* : quinze minutes. **II.** Service de quatre heures (d'un équipage).

quarte n. f. ▫ mus. Intervalle de quatre degrés dans la gamme diatonique.

quarté n. m. ▫ Pari mutuel sur quatre chevaux (courses).

① **quarteron** n. m. ▫ péj. Petit groupe.

② **quarteron, onne** n. ▫ Fils, fille de blanc (blanche) et de mulâtre.

quartette n. m. ▫ Ensemble de quatre musiciens de jazz.

quartier n. m. **I. 1.** Portion d'environ un quart. **2.** Phase de la Lune. **II. 1.** Partie d'une ville. **2.** (dans des loc.) Cantonnement. *QUARTIER GÉNÉRAL* (Q. G.) : bureaux du commandant. ▪ *QUARTIER LIBRE* : liberté pour sortir. **3.** *Ne pas faire de quartier* : ne pas épargner.

quartier-maître n. m. ▫ Marin du premier grade au-dessus de celui du matelot.

quart-monde n. m. ▫ Partie la plus défavorisée de la population.

quartz n. m. ▫ Silice naturelle cristallisée.

quasar n. m. ▫ Source céleste d'ondes hertziennes *(radiosource)*.

① **quasi** adv. ▫ région. ou littér. Presque. – *Quasi-totalité.*

② **quasi** n. m. ▫ Haut de la cuisse (veau).

quasiment adv. ▫ vieilli ou région. Quasi, à peu près.

quaternaire adj. **1.** Formé de quatre éléments. **2.** *Ère quaternaire* ou n. m. *le quaternaire* : ère géologique la plus récente.

quatorze I. adj. numéral invar. **1.** (cardinal) Dix plus quatre (14). **2.** (ordinal) Quatorzième. **II.** n. m. invar. Le nombre, le numéro quatorze. ▶ **quatorzième** adj. et n. ▶ **quatorzièmement** adv.

quatrain n. m. ▫ Strophe de quatre vers.

quatre **I.** adj. numéral invar. **1.** (cardinal) Trois plus un (4). ▪ *Se mettre en quatre* : se donner beaucoup de mal. **2.** (ordinal) Quatrième. **II.** n. m. invar. Le nombre, le numéro quatre.

quatre-cent-vingt-et-un n. m. invar. ▫ Jeu de dés où quatre-deux-un est la combinaison la plus forte.

quatre-heures n. m. invar. ▫ fam. Goûter.

quatre-quarts n. m. invar. ▫ Gâteau où entrent à poids égal du beurre, de la farine, du sucre et des œufs.

quatre-quatre n. m. ou f. invar. ▫ Automobile à quatre roues motrices.

quatre-vingt ▫ (prend un *s* final lorsqu'il n'est pas suivi d'un autre adj. numéral) **I.** adj. numéral **1.** (cardinal) Huit fois dix (80). – *QUATRE-VINGT-DIX* : neuf fois dix (90). **2.** (ordinal) Quatre-vingtième. **II.** n. m. Le nombre, le numéro ainsi désigné. ▶ **quatre-vingtième** adj. et n.

quatrième adj. et n. ▫ Ordinal de *quatre*. ▶ **quatrièmement** adv.

quatuor n. m. **1.** Œuvre musicale écrite pour quatre instruments ou quatre voix. **2.** Groupe de quatre musiciens ou chanteurs.

① **que** conj. **1.** avant une subordonnée complétive (à l'indic. ou au subj.) *Je crois qu'il est là. C'est dommage qu'il soit absent.* **2.** avant une proposition circonstancielle *Il avait à peine fini qu'il s'en allait. Il reste au lit, non qu'il soit malade...* ▪ *NE... QUE... NE...* : sans que, avant que. *Il ne se passe pas une semaine qu'il ne vienne.* **3.** substitut d'un autre mot *(quand, si, comme...) Quand il arriva et qu'elle le vit.* **4.** introduit le second terme d'une compar. *Autant, plus, moins que...* **5.** *NE... QUE...* → **seulement.** *Je n'aime que toi.* **6.** (ordre, souhait... ; + subj.) *Qu'il entre !*

② **que** adv. interrog. ou exclam. ▫ *Que m'importe ? Que c'est beau !*

③ **que** pron. **I.** Pronom relatif désignant une personne ou une chose. (objet direct) *Celle que j'aime.* ▪ (compl. indir. ou circonstanciel) *Depuis dix ans que nous habitons ici.* ▪ (attribut) *L'ami que vous êtes.* **II.** Pronom interrogatif désignant une chose. **1.** (objet direct) Quelle chose ? *Que faire ? Qu'y a-t-il ?* ▪ (interrog. indir.) → **quoi.** *Il ne savait plus que dire.* **2.** (attribut) *Que deviens-tu ?* ▪ *QU'EST-CE QUE..., QUI... ?*

québécisme n. m. ▫ ling. Fait de langue propre au français du Québec.

québécois, oise adj. et n. ▫ Du Québec.

quel, quelle adj. **I.** Adjectif interrogatif portant sur la nature, l'identité (de qqch., qqn). **1.** interrog. dir. (attribut) *Quelle est donc cette jeune fille ?* – (épithète) *Quelle jeune fille ?* **2.** interrog. indir. *Il ne savait pas quelle route prendre.* **3.** exclam. *Quelle idée !* **II.** pron. interrog. Lequel, qui. *Des deux, quel est le meilleur ?* **III.** adjectif relatif ; avec le verbe *être* au subj. *Quel, quelle qu'il, elle soit...* (correspond à : dans tous les cas).

quelconque adj. **1.** adj. indéf. N'importe lequel. *Un quelconque individu.* – sc. Qui n'a pas de propriété particulière. *Triangle quelconque.* **2.** adj. qualificatif Sans qualité ou valeur particulière.

quelque **I.** adj. et adv. littér. *QUELQUE... QUE* (concessif) → **aussi, pour, si.** *Quelque difficile que ce soit.* **II.** adj. indéf. **1.** littér. Un, certain. *Il sera allé voir quelque ami.* ▪ Un peu de. *Depuis quelque temps.* **2.** *QUELQUES* : un certain nombre de. **3.** adv. Environ. *Un livre de quelque vingt euros.*

quelque chose ; quelque part → **chose ; part**

quelquefois adv. **1.** Un certain nombre de fois. **2.** Parfois.

quelqu'un, une, plur. **quelques-uns, unes** pron. indéf. **I.** au sing. **1.** Une personne (indéterminée). **2.** Personne remarquable. **II.** au plur. *Quelques-uns de* (ou *des*), un petit nombre indéterminé.

quémander v. tr. ▫ Demander humblement et avec insistance. ▶ **quémandeur, euse** n.

qu'en-dira-t-on n. m. sing. ▫ Commentaires malveillants.

quenelle n. f. ▫ Rouleau de pâte légère où est incorporé un fin hachis.

quenotte n. f. ▫ fam. Petite dent (d'enfant).

quenouille n. f. ▫ Petit bâton garni en haut d'une matière textile que l'on filait en la dévidant.

querelle n. f. ▫ Vif désaccord.

quereller v. tr. **1.** littér. Adresser des reproches à (qqn). **2.** *SE QUERELLER* v. pron. Avoir une querelle. ▶ **querelleur, euse** adj.

quérir v. tr.. ▫ vx Chercher.

questeur n. m. **1.** Antiq. romaine Magistrat qui assistait les consuls. **2.** mod. Membre du bureau (*questure* n. f.) chargé des dépenses, de la sécurité, dans une assemblée politique.

question n. f. **1.** Demande pour apprendre qqch. **2.** Sujet qui implique des difficultés. ▪ impers. *Il est question de...*, il s'agit de... ▪ *EN QUESTION*, dont il s'agit. **3.** ancienn Torture pour arracher des aveux.

questionnaire n. m. ▫ Liste de questions.

questionner v. tr. ▫ Poser des questions à (qqn). ▶ **questionnement** n. m.

quétaine adj. ▫ (Canada) De mauvais goût, sans style, sans allure.

quête n. f. **I.** vx Recherche. ▪ mod. *EN QUÊTE DE.* **II.** Action de recueillir de l'argent pour des œuvres.

quêter v. **I.** v. tr. Demander, chercher comme un don, une faveur. **II.** v. intr. Faire la quête (II). ▶ **quêteur, euse** n.

quetsche n. f. ▫ Prune violette.

quetzal n. m. **1.** Oiseau des forêts d'Amérique centrale. **2.** Unité monétaire du Guatemala. *Des quetzals.*

queue n. f. **I. 1.** Appendice poilu qui prolonge la colonne vertébrale de mammifères. – *À LA QUEUE LEU LEU* loc. adv. : l'un derrière l'autre. **2.** Extrémité postérieure allongée du corps (poissons, reptiles, etc.). **3.** Plumes du croupion (d'un oiseau). **4.** *QUEUE-DE-PIE* : basques. – *QUEUE DE CHEVAL* : mèche de cheveux attachée à l'arrière de la tête. ▪ fam. *Pas la queue d'un, d'une* : pas un(e) seul(e). **5.** Tige (d'une fleur, d'une feuille) ; attache (d'un fruit). **6.** vulg. Membre viril. **II. 1.** Partie terminale, prolongement. **2.** Manche. ▪ *Queue de billard* : long bâton arrondi qui sert à pousser les billes. **III. 1.** Derniers rangs, dernières personnes (d'un groupe). **2.** File de personnes qui attendent leur tour. **3.** Arrière (d'un train...). **4.** Fin. – *Sans queue ni tête*, incohérent.

queux n. m. ▫ vx *MAÎTRE QUEUX* : cuisinier.

qui pron. **I.** Pronom relatif. **1.** (sujet ; avec antécédent) *La rue qui monte.* ▪ (sans antécédent exprimé) Celui qui. *Qui va lentement va sûrement.* – Ce qui. *Voilà qui doit être agréable.* **2.** (compl.) Celui, celle que. *Qui vous savez*, la personne qu'on ne veut pas nommer. – (compl. indir.) *L'homme à qui j'ai parlé, de qui je parle, pour qui je vote.* **II.** Pronom interrogatif. **1.** (interrog. dir.) Quelle personne. *Qui sont-ils ?* – (interrog. indir.) *Dis-moi qui tu fréquentes, et je te dirai qui tu es.* **2.** *QUI QUE* (+ subj.). *Qui que ce soit*, n'importe qui.

quiche n. f. ▫ Tarte salée.

quichua n. m. ▫ Langue amérindienne. – var. **quechua.**

quiconque 1. pron. rel. Toute personne qui. 2. pron. indéf. N'importe qui.

quidam n. m. ◻ plais. Un certain individu.

quiet, quiète adj. ◻ vx Paisible, tranquille. ▶ **quiétude** n. f. littér.

quignon n. m. ◻ Gros croûton (de pain).

① **quille** n. f. **I.** 1. Jeu où on renverse avec une boule des rouleaux de bois dressés ; ce rouleau. 2. fam. Jambe. **II.** argot milit. Fin du service militaire.

② **quille** n. f. ◻ Pièce en longueur, sous un bateau.

quincaillerie n. f. 1. Ustensiles en métal. 2. Industrie, commerce de ces objets. ▶ **quincaillier, ière** n.

quinconce n. m. ◻ *EN QUINCONCE*, quatre aux quatre angles, le cinquième au centre.

quinine n. f. ◻ Alcaloïde extrait de l'écorce de quinquina, remède contre le paludisme.

quinolone n. f. ◻ méd. Médicament voisin des antibiotiques, produit par synthèse.

quinquagénaire adj. et n. ◻ Qui a entre cinquante et cinquante-neuf ans.

quinquennal, ale, aux adj. ◻ De cinq ans. ▶ **quinquennat** n. m.

quinquet n. m. 1. Lampe à huile. 2. fam. Œil.

quinquina n. m. ◻ Écorce amère aux propriétés toniques et fébrifuges.

quintal, aux n. m. ◻ Unité de mesure de masse valant cent kilogrammes (symb. q).

① **quinte** n. f. 1. mus. Intervalle de cinq degrés dans la gamme diatonique. 2. Suite de cinq cartes d'une couleur.

② **quinte** n. f. ◻ Accès de toux.

quinté n. m. ◻ Pari mutuel sur cinq chevaux (courses).

quintessence n. f. ◻ L'essentiel et le plus pur de qqch.

quintette n. m. 1. Œuvre musicale pour cinq instruments ou cinq voix. 2. Orchestre de jazz de cinq musiciens.

quintuple adj. et n. m. ◻ Répété cinq fois, qui vaut cinq fois plus. ▶ **quintupler** v. tr. et intr.

quintuplés, ées n. pl. ◻ Les cinq enfants issus d'une même grossesse.

quinzaine n. f. 1. Nombre de quinze ou environ. 2. Deux semaines.

quinze **I.** adj. numéral invar. 1. (cardinal) Quatorze plus un (15). 2. (ordinal) Quinzième. **II.** n. m. invar. Le nombre, le numéro ainsi désigné. ▶ **quinzième** adj. et n. ▶ **quinzièmement** adv.

quipou ou **quipu** n. m. ◻ Faisceau de cordelettes dont les nœuds équivalaient à l'écriture, chez les Incas.

quiproquo n. m. ◻ Malentendu où l'on prend une personne, une chose pour une autre.

quittance n. f. ◻ Attestation écrite de remboursement.

quitte adj. 1. Libéré d'une obligation, d'une dette ; débarrassé d'une situation désagréable. 2. *QUITTE À* (+ inf.) : au risque de. 3. *Jouer à QUITTE OU DOUBLE*, de manière à annuler ou doubler les résultats.

quitter v. tr. **I.** 1. Laisser (qqn) pour un moment ou pour très longtemps. – pronom. *Ils se sont quittés bons amis.* 2. *Ne pas quitter qqn des yeux*, le regarder longuement. ■ *Ne quittez pas !* (au téléphone). **II.** Abandonner (un lieu, une activité).

quitus n. m. ◻ dr. Reconnaissance d'une gestion conforme aux obligations.

qui-vive n. m. invar. ◻ *Être SUR LE QUI-VIVE*, sur ses gardes.

quiz n. m. ◻ anglic. Jeu par questions et réponses.

quoi pron. **I.** Pronom relatif désignant une chose (précédé d'une préposition). 1. *Voilà de quoi il s'agit.* – *Sans quoi ;*

faute de quoi. → **autrement, sinon.** *Comme quoi... :* ce qui montre que... **2.** *De quoi vivre,* ce qu'il faut pour. – *Je vous remercie.* – *Il n'y a pas de quoi.* **II.** Pronom interrogatif. **1.** Quelle chose. (interrog. indir.) *Je saurai à quoi m'en tenir.* – (interrog. dir.) *À quoi penses-tu ?* **2.** interj. Comment. *Quoi ? Qu'est-ce que c'est ?* **3.** QUOI QUE (loc. concessive). *Quoi qu'il arrive. Quoi que ce soit :* n'importe quoi. *Quoi qu'il en soit :* de toute façon.

quoique conj. □ (+ subj.) Bien que (et opposition, concession).

quolibet n. m. □ littér. Propos moqueur.

quorum n. m. □ dr. Nombre minimum de membres présents pour délibérer.

quota n. m. □ admin. Contingent ou pourcentage déterminé.

quote-part n. f. □ Part qui revient à chacun. *Des quotes-parts.*

quotidien, enne I. adj. De chaque jour. **II.** n. m. Journal qui paraît chaque jour. ▶ **quotidiennement** adv.

quotient n. m. **1.** math. Résultat d'une division. **2.** *Quotient intellectuel :* mesure par des tests du rapport de l'âge mental à l'âge réel (Q. I.).

quotité n. f. □ dr. Montant d'une quote-part.

QWERTY adj. invar. □ *Clavier QWERTY.* → **clavier.**

R

r n. m. □ Dix-huitième lettre, quatorzième consonne de l'alphabet.

rab n. m. (abrév.) □ fam. Rabiot.

rabâcher v. □ v. intr. Répéter continuellement, d'une manière fastidieuse. – trans. *Rabâcher une histoire.* ▶ **rabâchage** n. m. ▶ **rabâcheur, euse** n.

rabais n. m. □ Diminution sur un prix.

rabaisser v. tr. **1.** Ramener à un état ou à un degré inférieur. **2.** Mettre au-dessous de sa valeur réelle.

rabane n. f. □ Tissu de raphia.

rabat n. m. □ Partie qui peut se replier.

rabat-joie n. et adj. invar. □ Qui trouble la joie des autres.

rabattage n. m. □ Action de rabattre (le gibier).

rabatteur, euse n. **1.** Personne chargée de rabattre le gibier. **2.** péj. Personne qui fournit des clients à qqn.

rabattre v. tr. **I. 1.** Diminuer en retranchant (une partie d'une somme). **2.** Amener à un niveau plus bas, faire retomber. **II.** Ramener par force dans une certaine direction. ▷ v. pron. **se rabattre 1.** Aller brusquement sur le côté. **2.** *Se rabattre sur* (qqn, qqch.), accepter, faute de mieux.

rabbin n. m. □ Chef religieux d'une communauté juive. – var. **rabbi.** ▶ **rabbinique** adj.

rabelaisien, ienne adj. □ Qui rappelle la verve de Rabelais.

rabibocher v. tr. □ fam. Réconcilier. – pronom. *Ils se sont rabibochés.* ▶ **rabibochage** n. m.

rabiot n. m. □ fam. Supplément.

rabioter v. intr. et tr. □ fam. Faire de petits profits supplémentaires.

rabique adj. □ didact. Relatif à la rage (②).

râble n. m. □ Partie charnue du dos (lapin, lièvre).

râblé, ée adj. □ (personnes) Trapu et vigoureux.

rabot n. m. □ Outil servant à enlever les inégalités du bois.

raboter v. tr. □ Aplanir au rabot. ▶ **rabotage** n. m.

raboteux, euse adj. □ Dont la surface présente des inégalités.

se **rabougrir** v. pron. □ Être arrêté dans son développement. ▪ Se ratatiner. ▶ **rabougri, ie** adj. ▶ **rabougrissement** n. m.

rabrouer v. tr. □ Traiter (qqn) avec rudesse. ▶ **rabrouement** n. m.

racaille n. f. □ péj. Ensemble d'individus louches.

raccommodage n. m. □ Action, manière de raccommoder.

raccommodement n. m. □ fam. Réconciliation.

raccommoder v. tr. **1.** Réparer à l'aiguille (du linge, un vêtement). ▶ **raccommodeur, euse** n. **2.** fam. Réconcilier. – pronom. → se **réconcilier.**

raccompagner v. tr. □ Accompagner (qqn qui s'en va).

raccord n. m. □ Liaison entre deux choses, deux parties. ▪ Pièce qui raccorde.

raccordement n. m. □ Action, manière de raccorder ; raccord.

raccorder v. tr. **1.** Relier par un raccord. **2.** Former un raccord.

raccourci n. m. **1.** Ce qui est exprimé de façon ramassée, résumée. **2.** Chemin plus court que le chemin ordinaire. **3.** inform. *Raccourci clavier* : combinaison de touches permettant d'activer une commande.

raccourcir v. **1.** v. tr. Rendre plus court. **2.** v. intr. Devenir plus court. ▶ **raccourcissement** n. m.

raccroc n. m. ▫ PAR RACCROC : par un hasard heureux.

raccrochage n. m. ▫ Action de raccrocher.

raccrocher v. tr. ▫ Remettre en accrochant. – absolt Interrompre une communication téléphonique. ▷ v. pron. se **raccrocher** Se retenir (à).

race n. f. **I.** Catégorie de personnes. *La race des héros.* **II.** Dans une espèce animale, ensemble d'individus réunissant les mêmes caractères héréditaires. **III.** Ensemble d'êtres humains qui ont en commun la couleur naturelle de la peau.

racé, ée adj. ▫ (personnes) Qui a une distinction, une élégance naturelles.

rachat n. m. ▫ Action de racheter.

racheter v. tr. **I.** Acheter de nouveau. ▪ Acheter (à qqn qui a acheté). **II.** **1.** Sauver par la rédemption. **2.** (compl. chose) Faire oublier ou pardonner. ▷ v. pron. se **racheter** Retrouver dignité, estime.

rachis n. m. ▫ anat. Colonne vertébrale ; épine dorsale. ▶ **rachidien, ienne** adj.

rachitisme n. m. ▫ Maladie de la croissance qui se manifeste par des déformations du squelette. ▪ Développement incomplet. ▶ **rachitique** adj. et n.

racial, iale, iaux adj. ▫ Relatif à la race.

racine n. f. **I.** **1.** Partie des végétaux par laquelle ils se fixent au sol et se nourrissent. **2.** fig., littér. Source, origine. **II.** Partie par laquelle un organe est implanté. **III.** **1.** math. *Racine carrée, cubique d'un nombre,* nombre dont le carré, le cube est égal à ce nombre. **2.** ling. Élément irréductible d'un mot.

racisme n. m. **1.** Théorie selon laquelle certaines races (III) seraient supérieures aux autres. **2.** Discrimination, hostilité envers un groupe humain. ▶ **raciste** adj. et n.

racket n. m. ▫ anglic. Extorsion d'argent ou d'objets, par chantage, intimidation ou terreur. ▶ **racketter** v. tr. ▶ **racketteur, euse** n.

raclée n. f. ▫ fam. **1.** Volée de coups. **2.** fig. Défaite complète.

racler v. tr. **1.** Frotter rudement (une surface). **2.** Enlever (qqch.) en frottant. ▶ **raclement** n. m.

raclette n. f. **1.** Petit racloir. **2.** Plat de fromage chauffé dont on racle la partie molle.

racloir n. m. ▫ Outil servant à racler.

raclure n. f. ▫ Déchet de ce qui a été raclé.

racoler v. tr. ▫ péj. **1.** Attirer, recruter. **2.** (prostitué[e]) Accoster (qqn). ▶ **racolage** n. m.

racoleur, euse adj. ▫ péj. Qui cherche à retenir l'intérêt.

racontar n. m. ▫ (surtout au plur.) Propos médisant ou sans fondement.

raconter v. tr. **1.** Exposer par un récit. **2.** Dire à la légère ou de mauvaise foi.

racornir v. tr. ▫ Rendre dur comme de la corne. ▷ adj. **racorni, ie**

radar n. m. ▫ Système de détection qui émet des ondes radioélectriques et en reçoit l'écho.

rade n. f. **1.** Grand bassin ayant une issue vers la mer. **2.** fam. EN RADE : à l'abandon.

radeau n. m. ▫ Plate-forme de bois allant sur l'eau.

radial, ale, aux adj. **I.** Du radius (os). **II.** Relatif au rayon ; disposé selon un rayon.

radian n. m. ▫ Unité de mesure d'angle (symb. rad).

radiant, ante adj. ▫ Qui se propage par radiation ; qui émet des radiations.

radiateur n. m. **1.** Appareil de chauffage. **2.** Organe de refroidissement des moteurs à explosion.

① **radiation** n. f. ▫ Action de radier.

② **radiation** n. f. ▫ Énergie émise et propagée sous forme d'ondes.

radical, ale, aux I. adj. Qui tient à l'essence, au principe (d'une chose, d'un être) ou qui agit sur eux. **II.** adj. et n. Partisan de réformes politiques. **III.** n. m. **1.** Forme prise par la racine* d'un mot. **2.** chim. Groupement d'atomes qui conserve son identité.

radicalement adv. ▫ D'une manière radicale (I).

radicaliser v. tr. ▫ Rendre radical. ▶ **radicalisation** n. f.

radicelle n. f. ▫ bot. Racine secondaire.

radier v. tr. ▫ Faire disparaître (d'une liste...).

radiesthésie n. f. ▫ Détection grâce à des «radiations» qu'émettraient certains corps. ▶ **radiesthésiste** n.

radieux, euse adj. **1.** Qui rayonne, brille d'un grand éclat. **2.** fig. Rayonnant de bonheur.

radin, ine adj. ▫ fam. Avare. ▶ **radinisme** n. m. ou **radinerie** n. f.

radiner v. intr. ▫ fam. Arriver, venir. – pronom. *Se radiner* (même sens).

① **radio** n. f. (abrév.) **I. 1.** Radiodiffusion*. **2.** Station émettrice d'émissions radiophoniques. **3.** Poste récepteur de radio. **II.** Radiotélégraphie. **III.** Radioscopie, radiographie.

② **radio** n. (abrév.) ▫ Spécialiste de radiotélégraphie.

radioactivité n. f. ▫ Propriété qu'ont certains noyaux atomiques de se transformer en émettant des rayonnements. ▶ **radioactif, ive** adj.

radiobalise n. f. ▫ techn. Émetteur de signaux radioélectriques, pour le guidage ou la localisation.

radiocassette n. f. ▫ Récepteur de radio avec lecteur de cassettes.

radiodiffusion n. f. ▫ Émission et transmission, par ondes hertziennes, de programmes variés. ▶ **radiodiffuser** v. tr.

radioélectrique adj. ▫ *Ondes radioélectriques.* → **hertzien.**

radioélément n. m. ▫ sc. Élément radioactif.

radiographie n. f. ▫ Enregistrement photographique de la structure d'un corps traversé par des rayons X. ▶ **radiographier** v. tr. ▶ **radiographique** adj.

radioguidage n. m. ▫ Guidage à l'aide d'ondes radioélectriques.

radiologie n. f. ▫ Utilisation (surtout médicale) des rayonnements, rayons X, etc. ▶ **radiologue** n.

radiophonique adj. ▫ De la radiodiffusion.

radioscopie n. f. ▫ Examen de l'image que forme un corps traversé par des rayons X.

radiotélégraphie n. f. ▫ Télégraphie sans fil, par ondes hertziennes.

radiotéléphone n. m. ▫ Téléphone utilisant les ondes radioélectriques.

radiotélescope n. m. ▫ Instrument qui analyse les ondes émises par les corps célestes.

radiotélévisé, ée adj. ▫ Qui est à la fois radiodiffusé et télévisé.

radiothérapie n. f. ▫ méd. Application thérapeutique des rayonnements.

radiotoxique adj. ▫ didact. Qui émet des rayonnements radioactifs toxiques pour les organismes vivants. ▶ **radiotoxicité** n. f.

radis n. m. **1.** Plante potagère à racine comestible. **2.** fam. *N'avoir plus un radis*, plus un sou.

radium n. m. ▫ Élément chimique (symb. Ra), très radioactif.

radius n. m. ▫ anat. Os situé à la partie externe de l'avant-bras.

radoter v. intr. **1.** Tenir des propos décousus et peu sensés. **2.** Rabâcher. ▶ **radotage** n. m. ▶ **radoteur, euse** n.

radoub n. m. ▫ Entretien, réparation de la coque d'un navire. ▶ **radouber** v. tr.

radoucir v. tr. ▫ Rendre plus doux. ▷ v. pron. se **radoucir** ▶ **radoucissement** n. m.

rafale n. f. **1.** Coup de vent soudain et brutal. **2.** Succession rapide de coups.

raffermir v. tr. ▫ Rendre plus ferme. ▶ **raffermissement** n. m.

raffinage n. m. ▫ Opérations pour obtenir un corps pur ou un mélange défini.

raffinement n. m. **1.** Caractère de ce qui est raffiné (2). **2.** Acte qui dénote une grande recherche.

raffiner v. tr. **I.** Procéder au raffinage de. **II. 1.** littér. Rendre plus subtil. **2.** intrans. Rechercher la délicatesse ou la subtilité. ▷ adj. **raffiné, ée 1.** Traité par raffinage. **2.** Très délicat, subtil.

raffinerie n. f. ▫ Usine où s'effectue le raffinage.

raffoler v. tr. ind. ▫ *RAFFOLER DE* : avoir un goût très vif pour.

raffut n. m. ▫ fam. Tapage, vacarme.

rafiot n. m. ▫ Mauvais bateau.

rafistoler v. tr. ▫ Réparer grossièrement. ▶ **rafistolage** n. m.

① **rafle** n. f. ▫ Arrestation massive, à l'improviste.

② **rafle** n. f. ▫ Ensemble des pédoncules d'une grappe.

rafler v. tr. ▫ fam. Prendre et emporter.

rafraîchir v. **I.** v. tr. **1.** Rendre frais. ▪ pronom. *Se rafraîchir*, boire un rafraîchissement. **2.** *Rafraîchir la mémoire à qqn*, lui rappeler un souvenir oublié. **II.** v. intr. Devenir plus frais. ▷ adj. **rafraîchi, ie** ▶ **rafraîchissant, ante** adj.

rafraîchissement n. m. **1.** Action, fait de rafraîchir. **2.** Boisson fraîche.

raft n. m. ▫ anglic. Embarcation gonflable pour la descente des rapides (sport du *rafting* n. m.)

raga n. m. ou f. ▫ didact. Structure mélodique de la musique savante indienne.

ragaillardir v. tr. ▫ Rendre de la vitalité, de l'entrain à (qqn).

① **rage** n. f. **1.** Mouvement de colère. **2.** Envie violente et passionnée (de...). **3.** (sujet chose) *FAIRE RAGE* : se déchaîner. **4.** *Rage de dents* : mal de dents violent.

② **rage** n. f. ▫ Maladie mortelle transmise par la morsure de certains animaux.

rager v. intr. ▫ fam. Enrager. ▶ **rageant, ante** adj. → **exaspérant.**

rageur, euse adj. **1.** Sujet à la colère. **2.** Qui dénote la colère. ▶ **rageusement** adv.

raglan n. m. ▫ Pardessus ample, à emmanchures en biais. – adj. invar. *Manches raglan.*

ragnagnas n. f. pl. ▫ fam. Les règles (d'une femme).

ragondin n. m. ▫ Mammifère rongeur.

ragot n. m. ▫ fam. Bavardage malveillant.

ragoût n. m. ▫ Plat de viande et de légumes en sauce.

ragoûtant, ante adj. ▫ (avec une négation...) Appétissant.

ragtime n. m. ▫ Musique de danse syncopée des Noirs américains.

rai n. m. ▫ littér. Rayon (de lumière).

raï n. m. ▫ Musique populaire originaire d'Algérie.

raid n. m. ▫ Opération militaire très rapide en territoire ennemi.

raide adj. **I. 1.** Qui ne se laisse pas plier, manque de souplesse. **2.** Tendu au maximum. **3.** Très incliné par rapport au plan horizontal. **4.** fam. Difficile à accepter, à croire. *C'est un peu raide.* **II.** adv. *RAIDE MORT* : mort soudainement. ▶ **raideur** n. f.

raider n. m. ▫ anglic. Acheteur de titres en Bourse pour prendre le contrôle de sociétés.

raidillon n. m. ▫ Chemin en pente raide.

raidir v. tr. ▫ Faire devenir raide ; priver de souplesse. ▷ v. pron. **se raidir** Devenir raide. – Tendre ses forces. ▶ **raidissement** n. m.

① **raie** n. f. **1.** Ligne droite, bande mince et longue. **2.** Ligne de séparation entre les cheveux.

② **raie** n. f. ▫ Poisson cartilagineux au corps aplati en losange.

raifort n. m. ▫ Plante vivace qui a une racine au goût piquant ; cette racine utilisée comme condiment.

rail n. m. **1.** Chacune des deux barres d'acier parallèles constituant une voie ferrée. **2.** *Le rail* : le transport par voie ferrée.

railler v. tr. ▫ littér. Ridiculiser, se moquer de. ▶ **railleur, euse** adj. ▶ **raillerie** n. f.

rainette n. f. ▫ Petite grenouille arboricole.

rainure n. f. ▫ Entaille faite en long.

raisin n. m. ▫ Fruit de la vigne, ensemble de baies (grains) réunies en grappes sur la rafle*.

raisiné n. m. ▫ Confiture de jus de raisin.

raison n. f. **I. 1.** La faculté qui permet à l'être humain de connaître, juger et agir conformément à des principes, et spécialt de bien juger et d'appliquer ce jugement à l'action. **2.** Fonctionnement mental normal. *Perdre la raison*, devenir fou. **3.** Ce qui est raisonnable. **4.** *AVOIR RAISON* : être dans le vrai, ne pas se tromper. – *DONNER RAISON à qqn*, juger qu'il a raison. **II. 1.** Ce qui permet d'expliquer (l'apparition d'un fait ; un acte...). ■ *EN RAISON DE.* → à **cause** de. – *SE FAIRE UNE RAISON* : se résigner. **2.** Motif légitime qui justifie (qqch.) en expliquant. ■ *À PLUS FORTE RAISON* : avec des raisons encore meilleures. **3.** au plur. Arguments destinés à prouver. **4.** *AVOIR RAISON DE* (qqn, qqch.) : vaincre la résistance de. **III.** *RAISON SOCIALE* : nom, désignation (d'une société). **IV.** sc. Proportion, rapport.

raisonnable adj. **1.** Doué de raison (I). **2.** Qui pense et agit selon la raison (I, 2). – (choses) Conforme à la raison. **3.** Qui consent des conditions modérées. ■ Qui correspond à la mesure normale. ▶ **raisonnablement** adv.

raisonnant, ante adj. ▫ Qui raisonne.

raisonné, ée adj. **1.** Soutenu par des raisons (II). **2.** didact. Qui explique par des raisonnements.

raisonnement n. m. **1.** Activité de la raison (I). **2.** Fait de raisonner en vue de parvenir à une conclusion.

raisonner v. **I.** v. intr. **1.** Faire usage de sa raison. **2.** Employer des arguments. **3.** Enchaîner les parties d'un raisonnement. **II.** v. tr. Chercher à amener (qqn) à une attitude raisonnable.

raisonneur, euse n. ▫ Personne qui discute, raisonne, réplique.

rajah n. m. ▫ Prince hindou. – var. **radjah.**

rajeunir v. **I.** v. tr. **1.** Rendre une certaine jeunesse à (qqn). **2.** Attribuer un âge moins avancé à (qqn). **3.** (sujet chose) Faire paraître (qqn) plus jeune. **4.** Moderniser. **5.** Abaisser l'âge de (un groupe) en incluant des personnes plus jeunes. **II.** v. intr. Reprendre les apparences de la jeunesse. ▶ **rajeunissement** n. m.

rajouter v. tr. **1.** Ajouter de nouveau ; en plus. **2.** fam. *EN RAJOUTER.* → **exagérer.** ▶ **rajout** n. m.

rajuster v. tr. **1.** Remettre (qqch.) en bonne place. *Rajuster sa tenue* ; pronom. *se rajuster.* **2.** *Rajuster les salaires.* → **réajuster.** ▶ **rajustement** n. m.

raki n. m. □ Eau-de-vie parfumée à l'anis.

① **râle** n. m. □ méd. Altération du bruit respiratoire.

② **râle** n. m. □ Petit échassier migrateur.

ralenti n. m. **1.** Régime le plus bas d'un moteur. **2.** Procédé cinématographique qui fait paraître les mouvements plus lents.

ralentir v. **I.** v. tr. Rendre plus lent (un mouvement ; un processus...). **II.** v. intr. Aller moins vite. ▶ **ralentissement** n. m.

ralentisseur n. m. □ Dispositif qui sert à ralentir. ▪ Petit dos d'âne.

râler v. intr. **I.** Faire entendre un râle. **II.** fam. Manifester sa mauvaise humeur. ▶ **râleur, euse** n. et adj.

ralliement n. m. □ Fait de rallier (une troupe), de se rallier. ▪ *Point de ralliement,* lieu convenu pour se retrouver. – *Signe de ralliement* (pour se reconnaître).

rallier v. tr. **1.** Regrouper (des personnes dispersées). **2.** fig. Unir pour une cause commune. **3.** Rejoindre (un parti, etc.). – pronom. *Se rallier à,* adhérer à.

rallonge n. f. **1.** Ce qui est ajouté pour rallonger. **2.** Prolongateur électrique.

rallonger v. tr. □ Rendre plus long. ▶ **rallongement** n. m.

rallumer v. tr. □ Allumer de nouveau. ▶ **rallumage** n. m.

rallye n. m. □ Course automobile où les concurrents doivent rallier un lieu.

RAM n. f. invar. □ inform. Mémoire* vive.

ramadan n. m. □ Mois pendant lequel les musulmans doivent s'astreindre à l'abstinence entre le lever et le coucher du soleil.

ramage n. m. **I.** *Tissu à ramages,* décoré de rameaux fleuris. **II.** Chant des oiseaux.

ramassage n. m. **1.** Action de ramasser. **2.** *Ramassage scolaire* : transport quotidien des écoliers.

ramassé, ée adj. □ Resserré en une masse.

ramasse-miettes n. m. invar. □ Ustensile pour ramasser les miettes sur la table.

ramasser v. tr. **I. 1.** Resserrer en une masse ; tenir serré. – pronom. Se mettre en masse, en boule. **2.** Réunir (des choses éparses). **3.** fam. *RAMASSER qqn,* l'arrêter (police, etc.). **II. 1.** Prendre par terre. **2.** pronom. fam. *Se ramasser* : tomber ; fig. échouer.

ramasseur, euse n. □ Personne qui ramasse.

ramassis n. m. □ péj. Réunion (de choses ou de gens de peu de valeur).

rambarde n. f. □ Dispositif pour empêcher de tomber.

ramdam n. m. □ fam. Tapage.

① **rame** n. f. □ Pièce de bois aplatie à une extrémité, pour propulser et diriger une embarcation.

② **rame** n. f. □ Branche fichée en terre pour guider une plante grimpante.

③ **rame** n. f. □ File de wagons attelés.

rameau n. m. □ Petite branche.

① **ramée** n. f. ▫ littér. Les branches à feuilles d'un arbre.

② **ramée** n. f. ▫ fam. *Ne pas en fiche une ramée* (ou *une rame*) : ne rien faire.

ramener v. tr. **1.** Amener de nouveau (qqn). **2.** Faire revenir. *Ramenez la voiture chez moi.* **3.** Faire revenir (à un état, à un sujet). **4.** fig. Faire renaître, rétablir. **5.** Amener (qqn), apporter (qqch.) avec soi, en revenant. **6.** fam. *Ramener sa fraise* : arriver, venir ; fig. manifester de la prétention. – pronom. *Se ramener* : venir. **7.** Conduire à un état plus simple. – pronom. *Se ramener à* : se réduire à, consister seulement en.

ramequin n. m. ▫ Récipient individuel pour la cuisine.

① **ramer** v. intr. **1.** Manœuvrer les rames. **2.** fam. Faire des efforts.

② **ramer** v. tr. ▫ Soutenir (une plante) avec une rame (②).

ramette n. f. ▫ Ensemble de cinq cents feuilles de papier.

rameur, euse n. ▫ Personne qui rame.

rameuter v. tr. ▫ péj. Regrouper.

rameux, euse adj. ▫ bot. Qui a de nombreux rameaux.

rami n. m. ▫ Jeu de cartes où l'on réunit des combinaisons de cartes qu'on étale.

ramier n. m. ▫ Gros pigeon sauvage.

ramification n. f. **1.** Division en plusieurs rameaux. **2.** fig. Groupement secondaire.

se **ramifier** v. pron. ▫ Se diviser en plusieurs branches ; avoir des ramifications.

ramille n. f. ▫ Très petite branche.

ramolli, ie adj. ▫ Devenu mou. ■ fam. *Cerveau ramolli*, faible, sans idées.

ramollir v. tr. ▫ Rendre mou ou moins dur. ▷ v. pron. se **ramollir**

ramollissement n. m. ▫ Fait de se ramollir. – *Ramollissement cérébral* (lésion).

ramollo adj. ▫ fam. Ramolli ; faible.

ramoner v. tr. ▫ Nettoyer en raclant pour débarrasser de la suie (les cheminées, les tuyaux). ▶ **ramonage** n. m. ▶ **ramoneur** n. m.

rampant, ante adj. **1.** Qui rampe. **2.** adj. et n. fam. Qui reste à terre (aviation).

rampe n. f. **I. 1.** Plan incliné. **2.** Partie en pente. **II. 1.** Balustrade à hauteur d'appui. **2.** Rangée de lumières au bord d'une scène de théâtre.

ramper v. intr. **1.** Progresser sur le ventre. **2.** (plantes) Se développer au sol, ou s'accrocher. **3.** fig. et péj. Être soumis.

ramure n. f. **1.** littér. Branches, rameaux. **2.** Bois des cervidés.

rancard ou **rencard** n. m. ▫ fam. Rendez-vous.

rancarder ou **rencarder** v. tr. ▫ argot Renseigner.

rancart n. m. ▫ fam. *Mettre au rancart* : jeter, se débarrasser de.

rance adj. ▫ (corps gras) Qui a pris une odeur forte et un goût âcre. ▶ **rancir** v. intr. ▶ **rancissement** n. m.

ranch n. m. ▫ Ferme de la prairie, aux États-Unis. *Des ranchs* ou *ranches*.

rancœur n. f. ▫ littér. Ressentiment tenace.

rançon n. f. **1.** Prix que l'on exige pour délivrer qqn qu'on tient captif. **2.** fig. *La rançon de* (un avantage, un plaisir). → **contrepartie.**

rançonner v. tr. ▫ Exiger de (qqn) une somme d'argent sous la contrainte.

rancune n. f. ▫ Souvenir hostile, tenace et avec un désir de vengeance. ▶ **rancunier, ière** adj.

randomisation n. f. ▫ anglic., statist. Méthode pour supprimer les variables non étudiées. ▶ **randomiser** v. tr.

randonnée n. f. ▫ Longue promenade. ▶ **randonneur, euse** n.

rang n. m. **I. 1.** Suite (de personnes, de choses) disposées sur une même ligne, en largeur. **2.** *Être, se mettre SUR LES RANGS* : entrer en concurrence avec d'autres. **3.** *LE RANG* : l'ensemble des hommes de troupe. **II. 1.** Situation dans une série, une hiérarchie. **2.** Place (de qqn) dans la société.

rangée n. f. ▫ Rang (I, 1).

rangement n. m. ▫ Action de ranger.

① **ranger** v. tr. **1.** Disposer à sa place, avec ordre. ▪ Mettre de l'ordre dans (un lieu). **2.** Mettre au nombre de. **3.** Mettre de côté pour laisser le passage. ▷ v. pron. se **ranger 1.** Se mettre de côté. **2.** *Se ranger du côté de qqn*, prendre son parti. – *Se ranger à l'avis de qqn.* **3.** Adopter une conduite plus raisonnable. → s'**assagir.** ▷ adj. **rangé, ée** Qui a adopté un genre de vie plus régulier.

② **ranger** n. m. **I.** Garde dans un parc national (États-Unis). **II.** Brodequin à tige montante.

ranimer v. tr. **1.** Rendre la conscience, le mouvement à. **2.** Redonner de l'énergie à.

rantanplan interj. ▫ Onomatopée, roulement du tambour. – var. **rataplan.**

rap n. m. ▫ anglic. Musique rythmée sur des paroles scandées.

rapace n. m. ▫ Oiseau carnivore, aux doigts armés de serres, au bec puissant.

rapacité n. f. ▫ Avidité brutale.

rapatrier v. tr. **1.** Assurer le retour de (qqn) sur le territoire du pays auquel il appartient par sa nationalité. ▶ **rapatrié, ée** adj. et n. **2.** écon. *Rapatrier des capitaux.* ▶ **rapatriement** n. m.

râpe n. f. **1.** Lime à grosses entailles. **2.** Ustensile de cuisine qui sert à râper.

① **râpé, ée** adj. **1.** Qu'on a râpé (1). *Gruyère râpé.* **2.** (tissu) Usé par le frottement.

② **râpé** adj. ▫ fam. *C'est râpé*, se dit à l'occasion d'un contretemps, d'un espoir déçu.

râper v. tr. **1.** Réduire en poudre grossière, en filaments. **2.** Travailler à la râpe (1).

rapetasser v. tr. ▫ fam. Réparer grossièrement. ▶ **rapetassage** n. m.

rapetisser v. **I.** v. tr. Rendre ou faire paraître plus petit. **II.** v. intr. Devenir plus petit. ▶ **rapetissement** n. m.

râpeux, euse adj. **1.** Hérissé d'aspérités. **2.** Qui râpe la gorge.

raphia n. m. ▫ Palmier à très longues feuilles. – Fibre de ces feuilles.

rapiat adj. et n. ▫ fam. Avare.

rapide I. adj. **1.** (cours d'eau) Qui coule avec une grande vitesse. **2.** Qui peut se mouvoir à une vitesse élevée. **3.** Qui exécute, qui comprend, qui agit vite. **4.** Qui s'accomplit en peu de temps. **5.** *Voie* (de circulation) *rapide.* **II.** n. m. Partie d'un cours d'eau où le courant est rapide et tourbillonnant.

rapidement adv. ▫ À une grande vitesse, en un temps bref. – syn. fam. **rapido.**

rapidité n. f. ▫ Caractère rapide.

rapiécer v. tr. ▫ Raccommoder en mettant une pièce. ▶ **rapiéçage** n. m.

rapière n. f. ▫ anciennt Épée longue et effilée.

rapine n. f. ▫ littér. Vol, pillage.

raplapla adj. invar. ▫ fam. **1.** Sans force. **2.** Aplati.

rappel n. m. **1.** Action d'appeler pour faire revenir. **2.** *RAPPEL À* : action de faire revenir qqn à. **3.** Fait de rappeler à la mémoire. **4.** Répétition qui renvoie à une même chose. – *Injection de rappel.* **5.** alpin. Descente au moyen d'une corde.

rappeler v. tr. **I. 1.** Appeler pour faire revenir. **2.** fig. *RAPPELER qqn À*, le faire revenir à. **3.** Appeler (qqn) de nouveau. **II. 1.** Faire revenir (qqch.) vers soi. **2.** Faire revenir à la mémoire. ▷ v. pron. se **rappeler 1.** Rappeler (un souvenir) à sa mémoire ; avoir présent à l'esprit. ◻ REM. On dit *se rappeler qqch.*, et *se souvenir de qqch.* **2.** *SE RAPPELER À*, faire souvenir de soi.

rapper v. intr. ◻ Chanter du rap. ▶ **rappeur, euse** n.

rappliquer v. intr. ◻ fam. Arriver.

rapport n. m. **I. 1.** Action de rapporter (ce qu'on a vu, entendu) ; compte rendu. **2.** Fait de procurer un profit. **II. 1.** Lien entre plusieurs objets. **2.** Relation de ressemblance. **3.** sc. Quotient de deux grandeurs de même espèce. **4.** *PAR RAPPORT À* : en ce qui concerne. – Par comparaison avec. ■ *Sous tous (les) rapports* : à tous égards. **III. 1.** surtout au plur. Relation entre personnes. – absolt Relations sexuelles. ■ *Se mettre EN RAPPORT avec qqn*, le contacter. **2.** Façon d'appréhender qqch.

rapporter v. tr. **I. 1.** Apporter (une chose qui avait été déplacée) à l'endroit initial, ou à une personne. **2.** Apporter (qqch.) en revenant. **3.** Produire comme gain, bénéfice. **4.** Venir dire, répéter (ce qu'on a appris, entendu). **II.** *RAPPORTER* (qqch.) *À* : rattacher par une relation. **III.** dr. → **abroger, annuler.** ▷ v. pron. se **rapporter 1.** Avoir rapport (à), être en relation (avec). **2.** *S'EN RAPPORTER À qqn*, lui faire confiance.

rapporteur, euse 1. adj. et n. Qui rapporte (I, 4) ce qu'il faudrait taire. **2.** n. m. Personne qui rend compte, qui rédige un rapport. **3.** n. m. Instrument pour mesurer ou tracer les angles.

rapprendre v. tr. → **réapprendre**

rapproché, ée adj. ◻ Proche.

rapprochement n. m. ◻ Action de (se) rapprocher.

rapprocher v. tr. **1.** Rendre plus proche. – fig. pronom. *Se rapprocher du but.* **2.** Faire approcher (d'un moment, d'un état à venir). **3.** fig. Disposer (des personnes) à des rapports amicaux ; réconcilier. **4.** abstrait Rattacher, associer. – pronom. Présenter une analogie avec, ressembler à.

rapsode ; rapsodie → **rhapsode ; rhapsodie**

rapt n. m. ◻ Kidnappage.

raquer v. ◻ fam. Payer.

raquette n. f. **1.** Instrument ovale adapté à un manche, et permettant de lancer une balle, un volant. **2.** Large semelle ovale pour marcher sur la neige.

rare adj. **1.** Qui ne se rencontre pas souvent, dont il existe peu d'exemplaires. – au plur. (avant le nom) *De rares exceptions.* **2.** Peu fréquent. – impers. *Il est rare de* (+ inf.) ; *que* (+ subj.). **3.** Qui sort de l'ordinaire. **4.** Peu abondant, peu fourni. ▶ **rarement** adv.

raréfier v. tr. ◻ Rendre rare, moins dense, moins fréquent. ▷ adj. **raréfié, ée** *Gaz raréfié*, sous une très faible pression. ▶ **raréfaction** n. f.

rareté n. f. ◻ Qualité de ce qui est rare.

rarissime adj. ◻ Extrêmement rare.

① **ras, rase** adj. **1.** Coupé tout contre la peau ; très court. ■ adv. *Herbe tondue ras.* **2.** *EN RASE CAMPAGNE* : en terrain découvert. **3.** Rempli jusqu'au bord sans dépasser. – *À RAS BORD(S).* **4.** *À RAS DE, AU RAS DE* loc. prép. : au plus près de la surface de, et au même niveau. ■ *À RAS* loc. adv. *Coupé à ras.*

② **ras** n. m. ◻ Chef éthiopien.

R. A. S. interj. (sigle de *rien à signaler*) ◻ fam. Tout est normal, tout va bien.

rasade n. f. ◻ Quantité de boisson servie à ras bords.

rasage n. m. ▫ Action de (se) raser.

rasant, ante adj. **1.** Qui rase, passe tout près. **2.** fam. Qui ennuie.

rascasse n. f. ▫ Poisson comestible à grosse tête hérissée d'épines.

rase-mottes n. m. ▫ *Vol en rase-mottes,* très près du sol.

raser v. tr. **I. 1.** Couper (le poil) au ras de la peau. ▪ *Raser qqn* (sa barbe). – pronom. *Se raser.* **2.** fam. Ennuyer. **II.** Abattre à ras de terre. **III.** Passer très près de.

raseur, euse n. et adj. ▫ fam. Qui ennuie.

rasoir I. n. m. Instrument servant à raser les poils. **II.** adj. invar. fam. Ennuyeux.

rassasier v. tr. ▫ Satisfaire entièrement la faim de (qqn). ▶ **rassasiement** n. m.

rassemblement n. m. **1.** Action de rassembler. **2.** Fait de se rassembler ; groupe ainsi formé. **3.** Parti politique qui groupe diverses tendances.

rassembler v. tr. **1.** Réunir, mettre ensemble. – pronom. *Se rassembler.* **2.** *Rassembler ses esprits :* reprendre son sang-froid. ▶ **rassembleur, euse** n.

rasseoir v. tr. ▫ Asseoir de nouveau.

rasséréner v. tr. ▫ Ramener au calme, à la sérénité.

rassir v. intr. ▫ Devenir rassis.

rassis, ise adj. ▫ Qui n'est plus frais. *Une brioche rassise* ou fam. *rassie.*

rassortiment ; rassortir → **réassortiment ; réassortir**

rassurer v. tr. ▫ Rendre la confiance, la tranquillité d'esprit à (qqn). – au p. p. *Je n'étais pas rassuré,* j'avais peur. ▶ **rassurant, ante** adj.

rasta ou **rastafari** n. ▫ Adepte du retour culturel à l'Afrique et de la musique reggae.

rat n. m. **1.** Petit mammifère rongeur, à museau pointu et à très longue queue. – *Être fait comme un rat :* être pris au piège. **2.** fig. *Rat de bibliothèque,* personne qui passe son temps dans les livres. ▪ *PETIT RAT (de l'Opéra) :* jeune élève de la classe de danse de l'Opéra.

ratafia n. m. ▫ Liqueur à base d'eau-de-vie et de sucre.

ratage n. m. ▫ Échec.

rataplan interj. → **rantanplan**

ratatiner v. tr. ▫ Rapetisser, réduire la taille en déformant. – pronom. *Se ratatiner.* ▷ adj. **ratatiné, ée 1.** Rapetissé et déformé. **2.** fig., fam. Démoli, hors d'usage.

ratatouille n. f. ▫ Plat de légumes cuits à l'huile.

① **rate** n. f. ▫ Rat femelle.

② **rate** n. f. ▫ Organe lymphoïde situé sous la partie gauche du diaphragme.

raté, ée I. n. m. Bruit anormal, dans un moteur à explosion. **II.** n. Personne qui a raté sa vie.

râteau n. m. ▫ Outil fait d'une traverse munie de dents et d'un long manche.

râteler v. tr. ▫ Ramasser avec un râteau.

râtelier n. m. **1.** Barreaux parallèles inclinés contre un mur recevant le fourrage du bétail. ▪ fig. *Manger à tous les râteliers :* tirer profit de toutes les situations. **2.** fam. et vieilli Dentier.

rater v. **I.** v. intr. **1.** (coup d'arme à feu) Ne pas partir. **2.** Échouer. **II.** v. tr. **1.** Ne pas atteindre (ce qu'on visait). – *Rater son train.* **2.** fig. Ne pas profiter de. – iron. *Il n'en rate pas une :* il fait toutes les bêtises. **3.** Ne pas réussir. – au p. p. *C'est raté !*

ratiboiser v. tr. ▫ fam. **1.** Prendre, voler. **2.** Ruiner (qqn).

ratier n. m. ▫ Chien qui chasse les rats.

ratière n. f. ▫ Piège à rats.

ratifier v. tr. ◻ Approuver ou confirmer par un acte authentique. ▶ **ratification** n. f.

ratine n. f. ◻ Tissu de laine épais et cardé.

ratio n. m. ◻ écon. Rapport de deux grandeurs variables.

ratiociner v. intr. ◻ littér. Se perdre en raisonnements subtils et interminables. ▶ **ratiocination** n. f.

ration n. f. **1.** Quantité (d'aliments) qui revient à qqn, un animal pendant une journée. **2.** (souvent iron.) Quantité.

rationaliser v. tr. **1.** Rendre rationnel. **2.** Organiser avec méthode, bon sens. ▶ **rationalisation** n. f.

rationalisme n. m. ◻ philos. Doctrine selon laquelle toute connaissance certaine vient de la raison. ▶ **rationaliste** adj. et n.

rationalité n. f. ◻ philos. Caractère de ce qui est rationnel.

rationnel, elle adj. **I. 1.** De la raison. **2.** Conforme à la raison, au bon sens. **II.** math. *Nombre rationnel,* qui peut être mis sous la forme d'un rapport entre deux entiers. ▶ **rationnellement** adv.

rationner v. tr. **1.** Distribuer des rations limitées de (qqch.). **2.** Imposer une ration à (qqn), restreindre sa consommation. – pronom. *Se rationner.* ▶ **rationnement** n. m.

ratisser v. tr. **1.** Nettoyer (le sol...) à l'aide d'un râteau. – *Ratisser des feuilles mortes.* **2.** Fouiller méthodiquement (un lieu). ▶ **ratissage** n. m.

raton n. m. **1.** Jeune rat. **2.** *RATON LAVEUR :* mammifère carnivore qui lave ses aliments avant de les absorber.

ratonnade n. f. ◻ hist. Expédition punitive organisée contre des Maghrébins.

rattacher v. tr. **1.** Attacher de nouveau ou ensemble. **2.** fig. Faire dépendre (de qqch.), relier (à qqch.). – pronom. *Tout ce qui se rattache à la question.* ▶ **rattachement** n. m.

ratte n. f. ◻ Petite pomme de terre oblongue. – var. **rate.**

rattrapage n. m. ◻ *Classe de rattrapage,* pour des élèves retardés dans leurs études.

rattraper v. tr. **1.** Attraper de nouveau. **2.** Attraper (ce qui allait tomber, s'en aller). **3.** fig. Réparer (une erreur...). **4.** S'activer pour compenser (une perte de temps). **5.** Rejoindre (qqn ou qqch. qui a de l'avance). ▷ v. pron. **se rattraper 1.** Se raccrocher (à). **2.** Agir pour pallier une insuffisance, réparer une maladresse. ▶ **rattrapable** adj.

rature n. f. ◻ Trait tiré pour annuler ou remplacer ce qui est écrit. ▶ **raturer** v. tr. ▶ **raturage** n. m.

rauque adj. ◻ (voix) Qui produit des sons voilés ou gutturaux. ▶ **raucité** n. f. littér.

ravage n. m. ◻ surtout au plur. **1.** Dégâts importants. **2.** Effet néfaste (de qqch.).

ravager v. tr. ◻ Faire des ravages dans. ▷ adj. **ravagé, ée 1.** Endommagé ; marqué, flétri (par le temps, etc.). **2.** fam. Fou, cinglé. ▶ **ravageur, euse** adj.

ravaler v. tr. **I. 1.** Nettoyer, refaire le parement de (un mur, etc.). ▶ **ravalement** n. m. **2.** fig., littér. Déprécier. **II.** Avaler de nouveau.

ravauder v. tr. ◻ vieilli Raccommoder à l'aiguille. ▶ **ravaudage** n. m.

① **rave** n. f. ◻ Plante potagère à racine comestible.

② **rave** n. f. ◻ Fête de grande ampleur, dédiée à la danse et à la musique techno. ▶ **raveur, euse** n.

ravi, ie adj. ◻ Très content, heureux.

ravier n. m. ◻ Petit plat creux et oblong.

ravigote n. f. ◻ Vinaigrette très relevée.

ravigoter v. tr. ◻ fam. Redonner de la force à (qqn). ▶ **ravigotant, ante** adj.

ravin n. m. ◻ Vallée étroite et escarpée.

ravine n. f. ▫ Lit creusé par un torrent.

raviner v. tr. **1.** (eaux de ruissellement) Creuser (le sol) de sillons. **2.** fig. Marquer de rides profondes. ▶ **ravinement** n. m.

ravioli n. m. ▫ Petit carré de pâte farci.

ravir v. tr. **1.** littér. Prendre, enlever de force. **2.** Plaire beaucoup à. – *À RAVIR* loc. adv. : à merveille.

se **raviser** v. pron. ▫ Changer d'avis.

ravissant, ante adj. ▫ Qui plaît beaucoup.

ravissement n. m. ▫ Enchantement.

ravisseur, euse n. ▫ Personne qui a commis un rapt.

ravitaillement n. m. ▫ Action de (se) ravitailler. ▪ Ce qui ravitaille.

ravitailler v. tr. ▫ Fournir en vivres ; en carburant. ▷ v. pron. se **ravitailler**

ravitailleur n. m. ▫ Personne ou engin qui ravitaille.

raviver v. tr. ▫ Rendre plus vif.

ravoir v. tr. **1.** Avoir de nouveau (qqch.). **2.** fam. Remettre en bon état de propreté.

rayé, ée adj. **1.** Qui porte des rayures. **2.** Supprimé (d'une liste).

rayer v. tr. **1.** Marquer de raies, en entamant la surface. **2.** Tracer un trait sur (un mot, un nom) pour l'annuler.

① **rayon** n. m. **I. 1.** Trace de lumière en ligne ou en bande. **2.** opt. Trajet d'une radiation. **3.** au plur. Radiations. **II. 1.** Pièce reliant le moyeu (d'une roue) à la jante. **2.** Segment joignant un point (d'un cercle, d'une sphère) à son centre. *RAYON D'ACTION* (d'un navire, d'un avion) : fig. zone d'activité.

② **rayon** n. m. **1.** Gâteau de cire fait par les abeilles. **2.** Tablette de rangement. **3.** Partie d'un magasin affectée à un type de marchandises. ▪ fam. *En connaître un rayon* : être compétent.

rayonnage n. m. ▫ Rayons assemblés (meuble de rangement).

rayonnant, ante adj. **1.** Disposé en rayons (II). **2.** Qui émet des rayons lumineux. **3.** Qui rayonne (I, 3).

rayonne n. f. ▫ Fibre textile artificielle.

rayonnement n. m. ▫ Fait de rayonner. ▪ Ensemble de radiations.

rayonner v. intr. **I. 1.** Émettre des rayons lumineux. **2.** Se propager par rayonnement. **3.** fig. Émettre un éclat, une influence heureuse. **II. 1.** Être disposé en rayons. **2.** Se manifester dans toutes les directions. **3.** (sujet personne) Se déplacer dans un certain rayon (à partir d'un lieu).

rayure n. f. **1.** Bande, ligne qui se détache. **2.** Éraflure ou rainure.

raz n. m. **1.** mar. Courant marin violent, dans un passage étroit. **2.** *RAZ DE MARÉE* : vague isolée et très haute, d'origine sismique ou volcanique. – fig. Bouleversement irrésistible.

razzia n. f. ▫ Brusque attaque pour emporter un butin. ▶ **razzier** v. tr.

ré n. m. invar. ▫ Deuxième note de la gamme d'ut.

réa n. m. ▫ Roue, poulie à gorge.

réabonner v. tr. ▫ Abonner de nouveau. ▶ **réabonnement** n. m.

réac adj. et n. ▫ fam. Réactionnaire.

réaccoutumer v. tr. ▫ littér. Réhabituer.

réacteur n. m. **1.** Moteur à réaction. **2.** *Réacteur nucléaire*, où se produisent des réactions nucléaires.

réactif n. m. ▫ chim. Substance qui prend part à une réaction chimique.

réaction n. f. **I.** sc. **1.** Force qu'un corps agissant sur un autre détermine en retour chez celui-ci. – *Avion à réaction* (par éjection de gaz). **2.** chim. Action réciproque de substances, avec des transformations chimiques. **II. 1.** Réponse à une action par une action contraire. **2.** Comportement (de qqn) face à une action extérieure. **III.** Politique qui s'oppose aux changements, retourne au passé.

réactionnaire adj. et n. ▫ De la réaction (III), qui va contre le progrès.

réactionnel, elle adj. ▫ didact. Relatif à une réaction (I et II).

réactiver v. tr. ▫ Rendre à nouveau actif.

réadapter v. tr. ▫ Adapter de nouveau. ▶ **réadaptation** n. f.

réaffirmer v. tr. ▫ Affirmer de nouveau.

réagir v. intr. **I.** Avoir une réaction, des réactions. **II. 1.** *RÉAGIR SUR* : agir en retour ou réciproquement sur. **2.** *RÉAGIR CONTRE*, s'opposer par une action contraire. **3.** tr. ind. *RÉAGIR (À)*, répondre à.

réajuster v. tr. ▫ Adapter à de nouvelles conditions. ▶ **réajustement** n. m.

réal n. m. ▫ Unité monétaire du Brésil.

réalisable adj. ▫ Possible, faisable.

réalisateur, trice n. ▫ Personne qui dirige une réalisation (2).

réalisation n. f. **1.** Action, fait de rendre réel, effectif. ▪ Chose réalisée. **2.** Ensemble des opérations nécessaires à la création (d'un film...).

réaliser v. tr. **1.** Faire passer à l'état de réalité (ce qui n'existait que dans l'esprit). – pronom. *Son rêve s'est réalisé.* **2.** dr. Faire. *Réaliser une vente.* **3.** Être le réalisateur de (un film...). **4.** Transformer en argent. **5.** (critiqué) Se faire une idée nette de.

réalisme n. m. **1.** Conception selon laquelle l'art doit évoquer la réalité telle qu'elle est. **2.** Attitude d'une personne qui tient compte de la réalité. ▶ **réaliste** adj.

réalité n. f. **1.** Caractère de ce qui est réel. **2.** Ce qui existe. – *EN RÉALITÉ*. → **réellement. 3.** Chose réelle. – *Prendre ses désirs pour des réalités*, se faire des illusions.

reality show n. m. ▫ anglic. Émission de télévision qui présente des faits vécus.

réanimer v. tr. ▫ Rétablir les fonctions vitales de (qqn). ▶ **réanimation** n. f.

réapparaître v. intr. ▫ Apparaître, paraître de nouveau. *La lune a réapparu, est réapparue.* ▶ **réapparition** n. f.

réapprendre v. tr. ▫ Apprendre de nouveau. – var. (moins cour.) **rapprendre.**

réarmer v. tr. ▫ Armer de nouveau. ▶ **réarmement** n. m.

réassortir v. tr. ▫ Reconstituer un assortiment, un stock de (qqch.). – var. (vieilli) **rassortir.** ▶ **réassortiment** (var. [vieilli] **rassortiment)** ou **réassort** n. m.

rébarbatif, ive adj. ▫ Difficile et ennuyeux.

rebâtir v. tr. ▫ Bâtir de nouveau.

rebattre v. tr. ▫ *REBATTRE LES OREILLES à qqn de qqch.*, lui en parler continuellement. ▷ adj. **rebattu, ue** *Thème rebattu.* → **éculé.**

rebelle adj. **1.** adj. et n. Qui rejette l'autorité légitime. **2.** *REBELLE À* : réfractaire à (qqch.). **3.** (choses) Qui résiste. ▷ v. pron. se **rebeller** → s'**insurger.**

rébellion n. f. ▫ Action de se rebeller.

se **rebiffer** v. pron. ▫ fam. Réagir en protestant.

rebiquer v. intr. ▫ fam. Se retrousser en faisant un angle (mèche de cheveux, etc.).

reblochon n. m. ▫ Fromage de vache à pâte grasse.

reboiser v. tr. ▫ Planter d'arbres (un lieu déboisé). ▶ **reboisement** n. m.

rebondi, ie adj. ▫ De forme arrondie. – (formes humaines) → **rond.** *Joues rebondies.*

rebondir v. intr. **1.** Faire des bonds après avoir heurté un obstacle. ▶ **rebond** n. m. **2.** fig. Reprendre après un temps d'arrêt. ▶ **rebondissement** n. m.

rebord n. m. ▫ Bord en saillie.

reboucher v. tr. □ Boucher de nouveau.

rebours n. m. □ *À REBOURS* **1.** loc. adv. Dans le sens contraire au sens habituel. **2.** (adj.) *COMPTE À REBOURS* : vérification successive de toutes les opérations de lancement (fusée, etc.).

rebouteux, euse n. □ fam. Guérisseur.

reboutonner v. tr. □ Boutonner de nouveau (un vêtement).

à **rebrousse-poil** loc. adv. □ *Prendre qqn à rebrousse-poil*, de telle sorte qu'il se rebiffe.

rebrousser v. tr. **1.** Relever (les cheveux, le poil) dans un sens contraire à la direction naturelle. **2.** *Rebrousser chemin* : s'en retourner en sens opposé.

rebuffade n. f. □ littér. Refus brutal.

rébus n. m. □ Suite de dessins, de chiffres, de lettres évoquant par le son une phrase.

rebut n. m. □ Ce qu'on a rejeté, ce qui est bon à rejeter.

rebuter v. tr. □ Dégoûter (qqn), inspirer de la répugnance à (qqn). ▶ **rebutant, ante** adj.

récalcitrant, ante adj. et n. □ Qui résiste avec entêtement.

recaler v. tr. □ fam. Refuser (qqn) à un examen. ▶ **recalé, ée** adj. et n.

récapituler v. tr. □ Reprendre en énumérant les points principaux. ▶ **récapitulation** n. f. ▶ **récapitulatif, ive** adj.

recaser v. tr. □ fam. Caser de nouveau.

recel n. m. □ Fait de détenir sciemment des choses volées par un autre.

receler v. tr. **1.** (sujet chose) Contenir en soi (une chose cachée, secrète). **2.** Détenir, garder par un recel*. – var. **recéler** ▶ **receleur, euse** n. – var. **recéleur, euse.**

récemment adv. □ À une époque récente.

recenser v. tr. □ Dénombrer en détail (notamment, une population). ▶ **recensement** n. m.

recension n. f. □ didact. Examen critique (d'un texte).

récent, ente adj. □ Qui s'est produit ou qui existe depuis peu de temps.

récépissé n. m. □ Écrit par lequel on reconnaît avoir reçu des objets, etc.

réceptacle n. m. □ Contenant qui reçoit son contenu de diverses provenances.

récepteur, trice I. n. m. Appareil qui reçoit des signaux véhiculés par des ondes. **II.** adj. Qui reçoit (des ondes).

réceptif, ive adj. **1.** Susceptible de recevoir des impressions. **2.** méd. Sensible (à l'action d'agents pathogènes). ▶ **réceptivité** n. f.

réception n. f. **1.** Action de recevoir. **2.** Manière dont le corps se reçoit, après un saut. **3.** Local où sont reçus des clients, des usagers. **4.** Réunion mondaine (chez qqn).

réceptionner v. tr. □ Recevoir (une livraison).

réceptionniste n. □ Personne chargée de l'accueil, de la réception (de clients...).

récessif, ive adj. □ biol. *Gène récessif*, qui ne produit son effet que s'il existe sur les deux chromosomes de la paire.

récession n. f. □ Fort ralentissement de l'activité économique.

recette n. f. **I. 1.** Total des sommes d'argent reçues. **2.** Bureau d'un receveur des impôts. **II.** Procédé pour cuisiner (un plat).

recevable adj. □ Qui peut être reçu, accepté.

receveur, euse n. **1.** Comptable public qui effectue les recettes publiques. **2.** Employé préposé à la recette (transports). **3.** méd. Personne qui est transfusée, reçoit une greffe.

recevoir v. tr. **I. 1.** Être mis en possession de (qqch.). *Recevoir une lettre.* **2.** Être atteint par (ce que l'on subit, éprouve). ▪ (sujet chose) Être l'objet de. *Le projet a reçu des modifications.* **II. 1.** Faire entrer (qqn qui se présente). ▪ absolt Accueillir habituellement des invités ; des clients. **2.** Laisser entrer (qqn) à certaines conditions. *Être reçu à un examen*, admis. ▷ v. pron. réfl. se **recevoir** Retomber d'une certaine façon, après un saut.

de **rechange** loc. adj. ▫ Destiné à remplacer, qui peut remplacer.

réchapper v. tr. ind. ▫ Échapper (à ce qui menace).

recharge n. f. **1.** Action de recharger. **2.** Ce qui permet de recharger.

recharger v. tr. **1.** Charger de nouveau. **2.** Approvisionner de nouveau. ▶ **rechargeable** adj.

réchaud n. m. ▫ Ustensile de cuisson portatif.

réchauffement n. m. ▫ Action de se réchauffer.

réchauffer v. tr. ▫ Chauffer (ce qui s'est refroidi). ▷ v. pron. se **réchauffer** **1.** Redonner de la chaleur à son corps. **2.** Devenir plus chaud. ▷ adj. **réchauffé, ée**

rêche adj. ▫ Râpeux au toucher.

recherche n. f. **I. 1.** Effort pour trouver, obtenir. **2.** Effort de l'esprit vers (la connaissance). – Travaux faits pour trouver des connaissances nouvelles. **II.** Raffinement.

recherché, ée adj. **1.** Que l'on cherche à avoir, à fréquenter. **2.** Qui témoigne de recherche (II).

rechercher v. tr. **1.** Chercher à découvrir, à retrouver (qqch. ; qqn). **2.** Chercher à connaître, à découvrir. **3.** Tenter d'obtenir, d'avoir.

rechigner v. tr. ind. ▫ *RECHIGNER À* : témoigner de la mauvaise volonté pour.

rechute n. f. ▫ Nouvel accès (d'une maladie qui était en voie de guérison). ▶ **rechuter** v. intr.

récidive n. f. **1.** Réapparition (d'une maladie qui était guérie). **2.** Fait de commettre la même faute ou infraction.

récidiver v. intr. **1.** (maladie) Réapparaître, recommencer. **2.** Se rendre coupable de récidive (2). ▶ **récidiviste** n.

récif n. m. ▫ Rochers à fleur d'eau, dans la mer.

récipiendaire n. ▫ littér. Personne qui vient de recevoir (un diplôme, une décoration...), d'être reçue (dans une assemblée...).

récipient n. m. ▫ Ustensile creux qui sert à contenir des substances.

réciproque **1.** adj. Qui implique un échange de même nature. ▪ gramm. *Verbe pronominal réciproque* (ex. ils se battent). **2.** n. f. *Il aime Lise, mais la réciproque n'est pas vraie.* ▶ **réciprocité** n. f. ▶ **réciproquement** adv.

récit n. m. ▫ Relation orale ou écrite (de faits).

récital n. m. ▫ Séance musicale consacrée à un seul artiste.

récitant, ante n. ▫ Personne qui récite, déclame.

récitatif n. m. ▫ mus. Chant qui se rapproche des inflexions de la parole.

réciter v. tr. ▫ Dire à haute voix (ce qu'on sait par cœur). ▶ **récitation** n. f.

réclamation n. f. ▫ Action de réclamer.

réclame n. f. ▫ vieilli Publicité. ▪ *Articles EN RÉCLAME*, en vente à prix réduit.

réclamer v. tr. **1.** Demander (comme une chose indispensable) en insistant. – *Réclamer qqn*, sa présence. **2.** Demander comme dû, comme juste.

▷ v. pron. se **réclamer** de Invoquer en sa faveur.

reclasser v. tr. **1.** Classer de nouveau. **2.** Affecter (qqn) à une nouvelle activité. ▶ **reclassement** n. m.

reclus, use n. ▫ littér. Personne qui vit retirée du monde.

réclusion n. f. **1.** État d'une personne recluse. **2.** Privation de liberté.

recoiffer v. tr. ▫ Coiffer de nouveau.

recoin n. m. ▫ Endroit caché, retiré.

récoler v. tr. ▫ dr. Procéder à la vérification de (un inventaire...). ▶ **récolement** n. m.

recoller v. tr. ▫ Coller de nouveau ; réparer en collant.

récolte n. f. ▫ Action de recueillir (les produits de la terre) ; les produits recueillis.

récolter v. tr. ▫ Faire la récolte de.

recommandable adj. ▫ Digne d'être recommandé.

recommandation n. f. **1.** Action de recommander (qqn). **2.** Action de conseiller (qqch.) avec insistance.

recommander v. tr. **1.** Demander pour (qqn) la protection, l'aide de qqn. **2.** Vanter les avantages de. **3.** Soumettre (un envoi postal) à une taxe spéciale qui garantit sa remise en mains propres. – au p. p. *Lettre recommandée.* ▷ v. pron. se **recommander** *Se recommander de qqn*, invoquer son appui.

recommencer v. **I.** v. tr. **1.** Commencer de nouveau (ce qu'on avait interrompu, abandonné). **2.** Faire de nouveau depuis le début. **II.** v. intr. Se produire de nouveau. ▶ **recommencement** n. m.

récompense n. f. ▫ Bien matériel ou moral donné ou reçu pour une bonne action, des mérites.

récompenser v. tr. ▫ Gratifier (qqn) d'une récompense.

recomposé, ée adj. ▫ *Famille recomposée*, dans laquelle des enfants sont issus d'une union antérieure de l'un des parents.

recompter v. tr. ▫ Compter de nouveau.

réconcilier v. tr. **1.** Remettre en accord (des personnes brouillées). ▪ pronom. *Se réconcilier avec qqn.* **2.** Concilier (ce qui est opposé). ▶ **réconciliation** n. f.

reconduction n. f. ▫ Acte par lequel on reconduit (un bail...).

reconduire v. tr. **1.** Accompagner (qqn qui s'en va) à son domicile. **2.** dr., admin. Renouveler ou proroger (un contrat, etc.). ▶ **reconduite** n. f.

réconfort n. m. ▫ Ce qui redonne du courage, de l'espoir.

réconforter v. tr. ▫ Donner, redonner du courage, de l'énergie, des forces à (qqn). ▶ **réconfortant, ante** adj.

reconnaissable adj. ▫ Qui peut être facilement reconnu, distingué.

reconnaissance n. f. **I. 1.** Fait de reconnaître (I). **2.** Fait de se reconnaître. **II. 1.** Examen (d'un lieu). **2.** Action de reconnaître juridiquement. **III.** Fait de reconnaître (un bienfait reçu).

reconnaissant, ante adj. ▫ Qui ressent, témoigne de la reconnaissance (III).

reconnaître v. tr. **I. 1.** Identifier (qqn, qqch.) par la mémoire. **2.** Identifier (qqch., qqn) au moyen d'un caractère ou en tant qu'appartenant à une catégorie. **II. 1.** Admettre. **2.** Constater. **3.** Chercher à connaître. *Reconnaître le terrain.* ▷ v. pron. se **reconnaître 1.** réfl. Retrouver son image. ▪ Identifier les lieux où l'on se trouve. **2.** récipr. *Ils se sont reconnus tout de suite.* **3.** passif Être reconnu ou reconnaissable. ▷ adj. **reconnu, ue** Admis pour vrai ou important.

reconquérir v. tr. ▫ Reprendre par une conquête. ▶ **reconquête** n. f.

reconsidérer v. tr. ▫ Considérer de nouveau (une question...).

reconstituant, ante adj. ▫ Propre à redonner des forces à (l'organisme).

reconstituer v. tr. **1.** Constituer, former de nouveau. **2.** Rétablir dans sa forme, dans son état d'origine (une chose disparue). **3.** Rétablir dans son état antérieur (et normal). ▶ **reconstitution** n. f. *Une reconstitution historique.*

reconstruire v. tr. **1.** Construire de nouveau (ce qui était démoli). **2.** Refaire ; reconstituer (2). ▶ **reconstruction** n. f.

reconversion n. f. **1.** Adaptation à des conditions nouvelles. **2.** Affectation (de qqn) à un nouvel emploi.

reconvertir v. tr. ▫ Procéder à la reconversion de. – pronom. *Se reconvertir.*

recopier v. tr. ▫ Copier (un texte déjà écrit). – Mettre au propre. ▶ **recopiage** n. m.

record n. m. **1.** Exploit sportif supérieur. *Détenteur, détentrice d'un record* (par anglic. *recordman, recordwoman*). **2.** Résultat supérieur dans le même domaine. **3.** adj. Jamais atteint. *Production record.*

recors n. m. ▫ anciennt Adjoint d'huissier.

recoucher v. tr. ▫ Coucher de nouveau. – pronom. *Se recoucher.*

recoudre v. tr. ▫ Coudre (ce qui est décousu).

recoupement n. m. ▫ Rencontre de renseignements de sources différentes, pour établir un fait.

recouper v. tr. **1.** Couper de nouveau. **2.** Coïncider avec, en confirmant. – pronom. *Leurs déclarations se recoupent.*

recourber v. tr. ▫ Rendre courbe.

recourir v. **I.** v. intr. et tr. Courir à nouveau. **II.** *RECOURIR À* v. tr. ind. **1.** Demander une aide à (qqn). **2.** Mettre en œuvre (un moyen).

recours n. m. **1.** Action de recourir (à qqn, qqch.). – *AVOIR RECOURS À* (qqn, qqch.), faire appel à. **2.** Ce à quoi on recourt, dernier moyen efficace.

recouvrer v. tr. **1.** littér. Rentrer en possession de. *Recouvrer la santé.* **2.** Recevoir le paiement de (une somme due). ▶ ① **recouvrement** n. m.

recouvrir v. tr. **I. 1.** Couvrir de nouveau. **2.** Mettre un nouveau revêtement à (un siège...). **II. 1.** Couvrir entièrement. **2.** abstrait S'appliquer à, correspondre à. *Notion qui recouvre plusieurs idées.* ▶ ② **recouvrement** n. m.

recracher v. tr. ▫ Rejeter de la bouche.

récréatif, ive adj. ▫ Qui récrée, distrait.

récréation n. f. ▫ Temps de délassement.

recréer v. tr. **1.** Créer de nouveau. **2.** Reconstituer. **3.** Réinventer. ▶ **recréation** n. f.

récréer v. tr. ▫ littér. Délasser (qqn) par une occupation agréable.

se **récrier** v. pron. ▫ littér. S'exclamer sous l'effet d'une vive émotion.

récriminer v. intr. ▫ Manifester son mécontentement avec amertume et âpreté. ▶ **récrimination** n. f. (surtout au plur.).

récrire ou **réécrire** v. tr. ▫ Écrire, rédiger de nouveau.

se **recroqueviller** v. pron. ▫ Se ramasser sur soi-même.

recru, ue adj. ▫ littér. *Recru (de fatigue).* → **éreinté, fourbu.**

recrudescence n. f. **1.** Aggravation (d'une maladie) après une amélioration. **2.** Réapparition sous une forme plus intense. ▶ **recrudescent, ente** adj.

recrue n. f. **1.** Soldat qui vient d'être recruté. **2.** *Nouvelle recrue :* personne qui vient s'ajouter (à un groupe).

recruter v. tr. ▫ Amener (qqn) à faire partie d'un groupe. ▶ **recrutement** n. m.

recruteur, euse n. ▫ Personne chargée de recruter. – appos. *Agent recruteur.*

recta adv. ▫ fam. Exactement.

rectal, ale, aux adj. ▫ didact. Du rectum.

rectangle 1. adj. Dont un angle au moins est droit. *Triangle rectangle.* **2.** n. m. Quadrilatère dont les quatre angles sont droits.

rectangulaire adj. ▫ Qui a la forme d'un rectangle.

recteur, trice n. ▫ Universitaire qui est à la tête d'une académie.

rectificatif, ive adj. et n. m. ▫ Se dit d'un texte destiné à rectifier (une chose inexacte).

rectifier v. tr. **1.** Rendre droit. **2.** Modifier (qqch.) pour rendre conforme ou plus exact. **3.** Faire disparaître (une erreur...) en corrigeant. ▶ **rectifiable** adj. ▶ **rectification** n. f.

rectiligne adj. ▫ En ligne droite.

rectitude n. f. ▫ littér. Qualité de ce qui est juste, exact.

recto n. m. ▫ Première page d'un feuillet.

rectorat n. m. ▫ Charge, bureaux d'un recteur (1).

rectum n. m. ▫ anat. Portion terminale du gros intestin, qui aboutit à l'anus.

① **reçu, ue** adj. → **recevoir**

② **reçu** n. m. ▫ Écrit par lequel on reconnaît avoir reçu qqch.

recueil n. m. ▫ Ouvrage réunissant des écrits, des documents.

recueillir v. tr. **I. 1.** Collecter, réunir. *Recueillir des fonds.* – *Recueillir des témoignages.* **2.** Recevoir (par héritage, etc.). **3.** Rassembler, réunir (des éléments dispersés). **II.** Prendre avec, chez soi pour protéger. ▷ v. pron. **se recueillir** S'isoler du monde extérieur. ▶ **recueillement** n. m.

recuire v. tr. ▫ Cuire de nouveau.

recuit n. m. ▫ techn. Opération thermique destinée à améliorer (un métal, etc.).

recul n. m. **1.** Action de reculer, mouvement ou pas en arrière. **2.** Position éloignée permettant une appréciation meilleure.

reculade n. f. ▫ littér. et péj. Fait de reculer, de céder.

reculé, ée adj. **1.** Lointain et difficile d'accès. **2.** Ancien.

reculer v. **I.** v. intr. **1.** Aller, faire mouvement en arrière. **2.** fig. (sujet chose) Perdre du terrain. **3.** fig. Se dérober (devant une difficulté). **II.** v. tr. **1.** Porter en arrière. – pronom. *Se reculer pour mieux voir.* **2.** Reporter à plus tard.

à **reculons** loc. adv. ▫ En reculant. ▪ fig. En sens inverse du progrès.

récupérer v. tr. **1.** Rentrer en possession de (ce qu'on avait perdu, dépensé). **2.** Recueillir (ce qui serait perdu ou inutilisé). ▪ fig. (polit.) Détourner pour utiliser. **3.** Intégrer (qqn) en le reclassant. **4.** Fournir (un temps de travail) ou bénéficier de (un temps de repos) en remplacement. ▶ **récupérable** adj. ▶ **récupérateur, trice** n. ▶ **récupération** n. f.

récurer v. tr. ▫ Nettoyer en frottant. ▶ **récurage** n. m.

récurrence n. f. ▫ didact. Retour, répétition. ▶ **récurrent, ente** adj.

récuser v. tr. **1.** dr. Refuser d'accepter (qqn) comme juge, arbitre, témoin... **2.** Refuser, rejeter. **3.** *SE RÉCUSER* v. pron. Affirmer son incompétence (sur une question). ▶ **récusable** adj. ▶ **récusation** n. f.

recyclage n. m. **1.** Formation professionnelle complémentaire. **2.** Fait d'utiliser des déchets dans le cycle de production.

recycler v. tr. ◻ Effectuer un recyclage. – pronom. *Se recycler en vue d'une reconversion.* – au p. p. *Papier recyclé.* ▶ **recyclable** adj.

rédacteur, trice n. ◻ Personne qui assure la rédaction d'un texte. – *Rédacteur en chef.*

rédaction n. f. **1.** Action ou manière de rédiger (un texte). **2.** Ensemble des rédacteurs (d'un journal, d'une œuvre collective) ; locaux où ils travaillent. **3.** Devoir de français.

rédactionnel, elle adj. ◻ Relatif à la rédaction (d'un texte).

reddition n. f. ◻ Fait de se rendre, de capituler.

redemander v. tr. **1.** Demander de nouveau. **2.** Demander de rendre.

rédempteur, trice ◻ adj. Qui rachète (moralement). – n. m. *Le Rédempteur* : Jésus-Christ.

rédemption n. f. ◻ Fait de (se) racheter (au sens moral).

redéploiement n. m. ◻ Réorganisation (militaire, économique).

redescendre v. **I.** v. intr. Descendre de nouveau ; descendre après être monté. **II.** v. tr. *Redescendre un meuble.*

redevable adj. ◻ Qui est ou demeure débiteur envers qqn.

redevance n. f. ◻ Somme qui doit être payée à échéances déterminées.

redevenir v. intr. ◻ Devenir de nouveau.

redevoir v. tr. ◻ dr. Devoir encore.

rédhibitoire adj. ◻ Qui constitue un défaut, un empêchement absolu.

rediffuser v. tr. ◻ Diffuser de nouveau (une émission). ▶ **rediffusion** n. f.

rédiger v. tr. ◻ Écrire (un texte).

rédimer v. tr. ◻ relig. Racheter ; sauver.

redingote n. f. ◻ Manteau ajusté à la taille.

redire v. tr. **I. 1.** Dire (qqch.) de nouveau, plusieurs fois. **2.** Dire (ce qu'un autre a déjà dit). **II.** (tr. ind.) *Avoir, trouver* À REDIRE À *qqch.*, à critiquer.

redistribuer v. tr. ◻ Distribuer, répartir une nouvelle fois et autrement. ▶ **redistribution** n. f.

redite n. f. ◻ Chose répétée inutilement.

redondance n. f. ◻ Abondance excessive dans le discours. ▶ **redondant, ante** adj.

redonner v. tr. ◻ Donner de nouveau ; rendre.

redoublant, ante n. ◻ Élève qui redouble.

redoublé, ée adj. ◻ *À coups redoublés,* violents et précipités.

redoublement n. m. ◻ Fait de redoubler.

redoubler v. **I.** v. tr. **1.** Rendre double ou plus fort. **2.** Recommencer une année d'études dans (une classe). **II.** v. tr. ind. REDOUBLER DE : apporter, montrer encore plus de. **III.** v. intr. (sujet chose) Recommencer en augmentant.

redouter v. tr. ◻ Craindre. – *Redouter de* (+ inf.), *que* (+ subj.). ▶ **redoutable** adj.

redoux n. m. ◻ Radoucissement de la température (lorsqu'il fait froid).

à la **redresse** loc. adj. ◻ fam. Qui se fait respecter par la force.

redressement n. m. ◻ Action de (se) redresser.

redresser v. tr. **1.** Remettre dans une position droite ou verticale. **2.** Hausser l'avant de (un avion). ■ Remettre droit les roues de (un véhicule). **3.** Rendre droit, plan. ■ fig. *Redresser la situation.* ▷ v. pron. se **redresser** Se remettre droit, debout.

redresseur, euse 1. n. *REDRESSEUR, EUSE DE TORTS* : justicier(ière). 2. adj. techn. Qui redresse.

réducteur, trice adj. ▫ Qui réduit, limite, simplifie.

réductible adj. ▫ Qui peut être réduit.

réduction n. f. I. Opération consistant à réduire (I) à.... II. 1. Action de réduire en quantité. – *Réduction de 10%.* 2. *EN RÉDUCTION* loc. adv. : en plus petit.

réduire v. tr. I. 1. méd. Remettre en place (un os, un organe déplacé). – *Réduire une fracture.* 2. *RÉDUIRE qqch. À*, ramener à ses éléments, à un état plus simple. 3. *RÉDUIRE qqch. EN* : mettre (en petites parties). – pronom. *Se réduire en poudre.* 4. Soumettre. 5. Faire épaissir, concentrer. II. Diminuer en quantité. ▪ Reproduire à un format inférieur.

① **réduit, ite** adj. 1. Rendu plus petit. – Reproduit à petite échelle. 2. Diminué de prix.

② **réduit** n. m. ▫ Local exigu, sombre et pauvre.

réécrire → récrire

réécriture n. f. ▫ Action de réécrire (un texte) pour l'améliorer ou l'adapter.

rééditer v. tr. ▫ Donner une nouvelle édition de. ▸ **réédition** n. f.

rééduquer v. tr. ▫ Refaire l'éducation de (une fonction, un organe). – *Rééduquer un accidenté.* ▸ **rééducation** n. f.

réel, elle I. adj. 1. Qui existe en fait. 2. Qui est bien conforme à sa définition. ▪ (avant le nom) Sensible, notable. 3. math. *Nombre réel*, d'un ensemble comprenant les nombres entiers, rationnels et irrationnels. II. n. m. La réalité. ▸ **réellement** adv.

réélire v. tr. ▫ Élire de nouveau (qqn). ▸ **réélection** n. f.

réemployer ou **remployer** v. tr. ▫ Employer de nouveau. ▸ **réemploi** ou **remploi** n. m.

réemprunter → remprunter

réengager → rengager

réentendre v. tr. ▫ Entendre de nouveau.

rééquilibrer v. tr. ▫ Redonner un équilibre à (ce qui l'avait perdu). ▸ **rééquilibrage** n. m.

réessayer v. tr. ▫ Essayer de nouveau.

réévaluation n. f. 1. Nouvelle évaluation. 2. Augmentation de la parité de (une monnaie).

réévaluer v. tr. 1. Évaluer de nouveau. 2. Procéder à la réévaluation (2) de.

réexaminer v. tr. ▫ Procéder à un nouvel examen de. ▸ **réexamen** n. m.

réexpédier v. tr. ▫ Expédier à une nouvelle destination. – Renvoyer (une chose) d'où elle vient. ▸ **réexpédition** n. f.

refaire v. tr. 1. Faire de nouveau. 2. Changer complètement. 3. Remettre en état. – *Se refaire une santé.* ▷ v. pron. se **refaire** 1. Rétablir sa situation financière. 2. *On ne se refait pas !*, on ne peut se faire autre qu'on est.

réfection n. f. ▫ Action de refaire (3).

réfectoire n. m. ▫ Salle à manger (d'une communauté).

référé n. m. ▫ dr. Procédure d'urgence pour régler provisoirement un litige.

référence n. f. 1. Action ou moyen de se référer, de situer par rapport à. 2. Fait de se référer (à un texte, une autorité, etc.). *Ouvrages de référence*, à consulter. ▪ Information consultée. 3. au plur. Attestation servant de garantie.

référencer v. tr. ▫ Attribuer une référence à.

référendum n. m. ▫ Vote par lequel les citoyens peuvent approuver ou rejeter une mesure proposée. ▸ **référendaire** adj.

référent n. m. ▫ admin. Personne qui sert d'interlocuteur (auprès d'un organisme).

référer v. **1.** v. pron. *SE RÉFÉRER À* : recourir, se reporter à, comme à une autorité. – (sujet chose) Se rapporter à. **2.** v. tr. ind. *EN RÉFÉRER À qqn*, lui soumettre un cas.

refermer v. tr. ◻ Fermer (ce qu'on avait ouvert ou ce qui s'était ouvert).

refiler v. tr. ◻ fam. Remettre, donner (qqch. dont on veut se débarrasser).

réfléchir v. **I.** v. tr. Renvoyer (les ondes) par réflexion. *Miroir qui réfléchit une image.* – pronom. → se **refléter.** ▶ **réfléchissant, ante** adj. **II. 1.** v. intr. Faire usage de la réflexion. **2.** v. tr. ind. *RÉFLÉCHIR SUR un problème, À qqch.* ▷ adj. **réfléchi, ie 1.** gramm. *Verbe pronominal réfléchi*, qui indique que l'action du sujet fait retour à lui-même (ex. je me lave). **2.** Caractérisé par la réflexion (II). – *Tout bien réfléchi. C'est tout réfléchi* (ma décision est prise).

réflecteur n. m. ◻ Dispositif destiné à réfléchir (la lumière, les ondes...).

reflet n. m. **1.** Lumière réfléchie. **2.** Image réfléchie. **3.** fig. Image, écho.

refléter v. tr. **1.** Réfléchir (la lumière) en produisant des reflets. – pronom. *Se refléter dans..., sur...* **2.** fig. Être, présenter un reflet de.

refleurir v. intr. ◻ Fleurir de nouveau.

reflex adj. et n. m. ◻ photogr. Se dit d'un appareil qui montre l'image par un miroir.

réflexe n. m. ◻ Réaction automatique à une stimulation. – adj. *Mouvement réflexe.*

réflexion n. f. **I.** Changement de direction des ondes (lumineuses, sonores, etc.) qui rencontrent un corps. **II. 1.** Retour de la pensée sur elle-même. – *À LA RÉFLEXION* : quand on y réfléchit bien. **2.** Pensée exprimée. ▪ Remarque adressée à qqn (spécialt, désobligeante).

refluer v. intr. ◻ Se mettre à couler, à aller en sens contraire.

reflux n. m. **1.** Mouvement des eaux marines qui refluent. **2.** Mouvement en arrière.

refonder v. tr. ◻ Fonder une nouvelle fois, sur de nouvelles bases. ▶ **refondation** n. f.

refondre v. tr. ◻ Remanier pour améliorer (un ouvrage). ▶ **refonte** n. f.

reforestation n. f. ◻ Reboisement.

réformateur, trice 1. n. Personne qui veut réformer. **2.** adj. Qui réforme.

réforme n. f. **1.** Changement qu'on apporte afin d'obtenir de meilleurs résultats. **2.** hist. *LA RÉFORME* : mouvement religieux du XVIe siècle, qui fonda le protestantisme.

réformé, ée adj. **I.** hist. Issu de la Réforme (2). **II.** adj. et n. m. milit. Reconnu inapte au service. *Soldat réformé.*

reformer v. tr. ◻ Former de nouveau, refaire (ce qui était défait).

réformer v. tr. **I.** Changer en mieux (une institution...). **II.** milit. Classer comme inapte au service.

réformisme n. m. ◻ Politique qui préconise des réformes. ▶ **réformiste** n. et adj.

refoulé, ée 1. adj. et n. m. psych. Qui a fait l'objet du refoulement (2). **2.** adj. et n. fam. Qui a refoulé ses instincts (notamment sexuels).

refoulement n. m. **1.** Action de refouler (2). **2.** psych. Mécanisme inconscient par lequel la conscience rejette un désir. – cour. Refus des pulsions sexuelles.

refouler v. tr. **1.** Faire refluer (un liquide). **2.** Repousser (des personnes). **3.** Faire rentrer en soi (ce qui veut s'extérioriser).

réfractaire adj. **I.** adj. et n. (personnes) *RÉFRACTAIRE À* : qui résiste à. ▪ fig. *Être réfractaire à l'algèbre.* **II.** (choses) Qui résiste à de très hautes températures.

réfraction n. f. ▫ Déviation d'une onde (lumineuse, etc.) qui traverse deux milieux où la vitesse de propagation est différente. ▶ **réfracter** v. tr.

refrain n. m. **1.** Suite de mots répétée à la fin de chaque couplet d'une chanson. **2.** fig. Paroles, idées répétées.

refréner v. tr. ▫ Réprimer par une contrainte. – var. **réfréner.**

réfrigérateur n. m. ▫ Appareil qui produit du froid pour conserver les aliments.

réfrigéré, ée adj. ▫ Qui est réfrigéré. ▪ fam. (personnes) Qui a très froid.

réfrigérer v. tr. **1.** Refroidir artificiellement. ▶ **réfrigération** n. f. **2.** fig., fam. Mettre (qqn) mal à l'aise par un comportement froid. ▶ **réfrigérant, ante** adj.

réfringent, ente adj. ▫ Qui produit la réfraction.

refroidir v. **I.** v. tr. **1.** Rendre plus froid ou moins chaud. **2.** fig. Diminuer l'ardeur de. **II.** v. intr. Devenir plus froid, moins chaud.

refroidissement n. m. **1.** Abaissement de la température. **2.** Malaise (grippe, rhume...) dû au froid.

refuge n. m. **1.** Lieu où l'on se réfugie. ▪ (adj.) *Une valeur refuge*, sûre. **2.** Abri de haute montagne.

réfugié, ée adj. et n. ▫ Qui a dû fuir son pays.

se **réfugier** v. pron. ▫ Se retirer (en un lieu) pour s'y mettre à l'abri. ▪ fig. *Se réfugier dans le sommeil.*

refus n. m. ▫ Action, fait de refuser.

refuser v. tr. **1.** Ne pas accorder. **2.** Ne pas accepter. **3.** Ne pas laisser entrer. – Ne pas recevoir à un examen. ▷ v. pron. se **refuser 1.** (passif) *Une telle offre ne se refuse pas.* **2.** *SE REFUSER À* : ne pas consentir à.

réfuter v. tr. ▫ Repousser (un raisonnement) en prouvant sa fausseté. ▶ **réfutation** n. f.

regagner v. tr. **1.** Retrouver (ce qu'on avait perdu). **2.** Retourner à.

① **regain** n. m. ▫ Herbe qui repousse dans une prairie après la première coupe.

② **regain** n. m. ▫ Retour, reprise.

régal n. m. ▫ Nourriture délicieuse. ▪ fig. *Un régal pour l'esprit.*

à la **régalade** loc. adv. ▫ *Boire À LA RÉGALADE*, en versant dans la bouche sans que le récipient touche les lèvres.

régaler v. tr. ▫ Offrir un bon repas à (qqn). ▷ v. pron. se **régaler** Manger avec plaisir.

regard n. m. **1.** Action de regarder ; expression des yeux. **2.** *AU REGARD DE* loc. prép. : en ce qui concerne. **3.** Ouverture (dans un conduit, une cave...).

regardable adj. ▫ Supportable à regarder.

regardant, ante adj. ▫ Très économe.

regarder v. tr. **I. 1.** Faire en sorte de voir (qqn, qqch.). **2.** absolt Observer. **3.** Envisager, considérer (de telle ou telle façon). **4.** (sujet chose) Avoir rapport à. *Ça ne vous regarde pas.* **II.** v. tr. ind. *REGARDER À* (qqch.) : considérer attentivement, tenir compte de.

régate n. f. ▫ Course de bateaux. ▶ **régatier, ière** n. ▶ **régater** v. intr.

régence n. f. ▫ Gouvernement d'une monarchie par un régent. *Style Régence*, de l'époque de la régence du duc d'Orléans (1715-1723).

régénérer v. tr. **1.** Reconstituer (un tissu vivant). **2.** Renouveler en redonnant les qualités perdues. ▶ **régénération** n. f. ▶ **régénérateur, trice** adj.

régent, ente n. ▫ Personne qui exerce le pouvoir politique (régence) pendant la minorité ou l'absence d'un souverain.

régenter v. tr. ▫ Diriger avec une autorité excessive ou injustifiée.

reggae n. m. ▫ Musique des Noirs de la Jamaïque.

régicide 1. n. Assassin d'un roi. 2. n. m. Meurtre d'un roi.

régie n. f. 1. Entreprise confiée par l'État à un établissement qui le représente. 2. Organisation matérielle (d'un spectacle, d'une émission).

regimber v. intr. ▫ Résister en refusant.

① **régime** n. m. 1. Organisation politique, économique, sociale (d'un État). 2. Dispositions qui organisent une institution. 3. Conduite à suivre en matière d'hygiène. 4. Manière dont se produisent certains phénomènes physiques. – *Le régime d'un moteur. À plein régime* (fig. avec le maximum d'intensité). ▪ géogr. Conditions d'un phénomène (météorologique, hydrographique).

② **régime** n. m. ▫ Ensemble de fruits en grappe.

régiment n. m. ▫ Corps de troupe placé sous la direction d'un colonel. ▪ *Le régiment :* l'armée.

région n. f. 1. Territoire possédant des caractères particuliers. ▪ Unité territoriale administrative. 2. Étendue de pays (autour d'une ville). *La région de Pau.* 3. Zone d'un organe. *La région lombaire.*

régional, ale, aux adj. ▫ Relatif à une région. ▶ **régionalement** adv.

régionaliser v. tr. ▫ Décentraliser par région. ▶ **régionalisation** n. f.

régionalisme n. m. 1. Tendance à favoriser les caractères régionaux. 2. ling. Fait de langue propre à une région.

régionaliste 1. adj. et n. Partisan du régionalisme. 2. adj. Qui illustre une région. *Écrivain régionaliste.*

régir v. tr. ▫ Déterminer, régler.

régisseur, euse n. 1. Personne qui gère (une propriété). 2. Personne qui assure la régie (d'un spectacle, d'une émission).

registre n. m. I. 1. Cahier sur lequel on note ce dont on veut garder le souvenir. 2. inform. Petite mémoire. II. 1. Étendue de l'échelle musicale (d'une voix, d'un instrument). 2. fig. Tonalité propre (d'une œuvre, du discours).

réglable adj. ▫ Qu'on peut régler.

réglage n. m. ▫ Fait, manière de régler.

règle n. f. I. Instrument allongé qui sert à tirer des traits, à mesurer une longueur. II. 1. Indication, prescription de ce qui doit être fait. *Selon les règles, dans les règles,* comme il se doit. ▪ *EN RÈGLE* loc. adj. : conforme aux usages ; aux prescriptions légales. 2. Discipline religieuse (d'un ordre). 3. Procédé arithmétique. III. au plur. Écoulement sanguin périodique chez la femme.

réglé, ée adj. I. 1. Soumis à des règles. 2. (jeune fille) Qui a eu ses premières règles. II. → **régler.**

règlement n. m. I. 1. Action, fait de régler (une affaire). 2. Action de régler (un compte). II. 1. Décision administrative. 2. Ensemble de règles de fonctionnement.

réglementaire adj. ▫ Conforme à un règlement. ▶ **réglementairement** adv.

réglementer v. tr. ▫ Assujettir à un règlement ; organiser selon un règlement. ▶ **réglementation** n. f.

régler v. tr. I. Couvrir (du papier...) de lignes droites parallèles. II. 1. *Régler sa conduite sur qqn,* prendre qqn pour modèle. 2. Fixer, définitivement ou exactement. 3. Mettre au point le fonctionnement de. – au p. p. *Carburateur* *mal réglé.* **III.** **1.** Résoudre, terminer. – au p. p. *C'est une affaire réglée.* **2.** Payer.

règles n. f. pl. → **règle** (III)

réglisse n. f. ▫ Plante à racine brune, comestible.

réglo adj. invar. ▫ fam. Régulier, honnête.

régnant, ante adj. ▫ Qui règne.

règne n. m. **I.** **1.** Exercice du pouvoir souverain. **2.** fig. Influence prédominante. **II.** anciennt *Règne minéral, végétal, animal,* les trois grandes divisions de la nature.

régner v. intr. **1.** Exercer le pouvoir monarchique. **2.** Exercer un pouvoir absolu. ▪ (sujet chose) Avoir une influence prédominante. **3.** (sujet chose) Exister, s'être établi (quelque part).

regonfler v. tr. ▫ Gonfler (qqch.) de nouveau. ▪ fam. Redonner du courage à (qqn).

regorger v. tr. ind. ▫ Abonder (de).

régression n. f. ▫ Évolution qui ramène à un degré moindre, à un stade antérieur. ▶ **régressif, ive** adj. ▶ **régresser** v. intr.

regret n. m. **I.** Peine causée par la perte d'un bien. **II.** **1.** Mécontentement ou chagrin (d'une situation passée). **2.** Déplaisir. – *À REGRET* loc. adv. : contre son désir.

regretter v. tr. **I.** Éprouver le désir douloureux de (ce qu'on n'a plus). ▪ Ressentir péniblement l'absence ou la mort de (qqn). **II.** **1.** Être mécontent de (une action, une situation passée). **2.** Être mécontent de (ce qui contrarie un désir). ▶ **regrettable** adj. → **fâcheux.**

regrouper v. tr. **1.** Grouper de nouveau (ce qui s'était dispersé). **2.** Réunir (des éléments dispersés). ▶ **regroupement** n. m.

régulariser v. tr. **1.** Rendre conforme aux lois ; à la règle. **2.** Rendre régulier (ce qui est inégal, intermittent). ▶ **régularisation** n. f.

régularité n. f. **1.** Caractère régulier. **2.** Conformité aux règles, aux lois.

régulateur, trice **I.** adj. Qui règle, qui régularise. **II.** n. m. Système maintenant la régularité d'un fonctionnement.

régulation n. f. ▫ Fait d'assurer le fonctionnement correct, régulier.

régulier, ière adj. **I.** (choses) **1.** Qui est conforme aux règles, aux lois, aux règlements. *Verbes réguliers,* qui suivent les règles de la conjugaison. **2.** Qui présente un caractère de symétrie, d'ordre, d'harmonie. **3.** Qui se renouvelle à intervalles égaux. ▪ Qui est habituel. ▪ Qui ne change pas. **II.** (personnes) **1.** Qui appartient à un ordre religieux. **2.** *Armée régulière,* contrôlée par le pouvoir central. **3.** Qui agit sans changer de rythme, de niveau. **4.** fam. Qui respecte les règles. *Régulier en affaires.* → fam. **réglo.**

régulièrement adv. ▫ D'une manière régulière.

régurgiter v. tr. ▫ didact. Faire revenir de l'estomac. ▶ **régurgitation** n. f.

réhabiliter v. tr. **1.** Rétablir dans l'estime, dans la considération. **2.** Remettre en bon état pour l'habitation. ▶ **réhabilitation** n. f.

réhabituer v. tr. ▫ Faire reprendre une habitude perdue à (qqn).

rehausser v. tr. **1.** Hausser davantage. **2.** fig. Faire valoir davantage. **3.** peint. Donner plus de relief à.

rehaut n. m. ▫ peint. Touche claire qui accuse les lumières, rehausse (3).

réhydrater v. tr. ▫ Hydrater de nouveau. ▶ **réhydratation** n. f.

réimprimer v. tr. ▫ Imprimer de nouveau. ▶ **réimpression** n. f.

rein n. m. **1.** au plur. Partie inférieure du dos. **2.** Chacun des deux organes qui élaborent l'urine.

se **réincarner** v. pron. ▫ relig. S'incarner dans un nouveau corps. ▶ **réincarnation** n. f.

reine n. f. **1.** Épouse d'un roi. **2.** Souveraine d'un royaume. ▪ fig. *Reine de beauté.* **3.** jeux Pièce du jeu d'échecs. – (aux cartes) → **dame. 4.** Femelle féconde (d'abeille...), unique dans la colonie.

reine-claude n. f. ▫ Prune verte parfumée. *Des reines-claudes.*

reine-marguerite n. f. ▫ Plante aux fleurs blanches, roses ou mauves ; ces fleurs. *Des reines-marguerites.*

reinette n. f. ▫ Pomme très parfumée.

réinscriptible adj. ▫ techn. Qualifie un support de stockage sur lequel de nouvelles données peuvent être enregistrées.

réinsérer v. tr. ▫ Réadapter à la vie sociale. – pronom. *Se réinsérer.* ▶ **réinsertion** n. f.

réinstaller v. tr. ▫ Installer de nouveau. ▶ **réinstallation** n. f.

réintégrer v. tr. **1.** Revenir dans (un lieu). **2.** Rétablir. ▶ **réintégration** n. f.

réintroduire v. tr. ▫ Introduire de nouveau. ▶ **réintroduction** n. f.

réinventer v. tr. ▫ Inventer de nouveau.

réitérer v. tr. ▫ Faire de nouveau ou plusieurs fois. ▶ **réitération** n. f.

rejaillir v. intr. **1.** (liquide) Jaillir en étant renvoyé. **2.** fig. *REJAILLIR SUR qqn* : retomber, se reporter sur. ▶ **rejaillissement** n. m.

rejet n. m. **I.** Nouvelle pousse (d'une plante). **II. 1.** Action de rejeter. ▪ Attitude de refus. **2.** Intolérance de l'organisme (à une greffe).

rejeter v. tr. **I. 1.** Jeter en sens inverse (ce qu'on a reçu ou pris). ▪ Évacuer, expulser. **2.** fig. Faire retomber (sur un autre). **3.** Porter ou mettre ailleurs avec force. **II. 1.** Écarter, refuser (qqch.). **2.** Écarter (qqn) en repoussant.

rejeton n. m. **1.** Rejet (I). **2.** fam. Enfant ; fils.

rejoindre v. tr. **1.** Aller retrouver (qqn ; un groupe). ▪ Regagner (un lieu). **2.** (sujet chose) Venir en contact avec.

réjouir v. tr. ▫ Rendre joyeux, faire plaisir à. ▷ v. pron. se **réjouir** ▶ **réjouissant, ante** adj.

réjouissance n. f. ▫ Joie collective. ▪ au plur. → **fête.**

relâche I. n. m. ou f. **1.** loc. adv. *SANS RELÂCHE* : sans répit. **2.** Fermeture momentanée (d'une salle de spectacle). **II.** n. f. mar. Action de relâcher (II).

relâcher v. **I.** v. tr. **1.** Rendre moins tendu ou moins serré. **2.** fig. Faire ou laisser perdre sa force ; détendre. **3.** Remettre (qqn) en liberté. **II.** v. intr. mar. Faire escale. ▷ v. pron. se **relâcher** Devenir moins serré ; fig. moins rigoureux. ▷ adj. **relâché, ée** ▶ **relâchement** n. m.

relais n. m. **1.** *Prendre le relais de.* → **relayer ; relève. 2.** *(Course de) relais* : épreuve disputée entre équipes qui se relaient. **3.** Intermédiaire (entre personnes ou choses). **4.** sc., techn. Dispositif pour retransmettre un signal radioélectrique.

relancer v. **I.** v. tr. **1.** Lancer (une chose reçue). **2.** Remettre en marche. **3.** Poursuivre (qqn) avec insistance, pour obtenir qqch. de lui. **II.** v. intr. jeux Augmenter l'enjeu. ▶ **relance** n. f.

relaps, apse adj. ▫ relig. Retombé dans une hérésie, après l'avoir abjurée.

relater v. tr. ▫ littér. Raconter d'une manière précise et détaillée.

relatif, ive adj. **I. 1.** Qui présente une relation avec ; au plur. qui ont une relation mutuelle. **2.** Qui n'est ni absolu, ni indépendant. **3.** Incomplet, imparfait. **4.** *RELATIF À* : se rapportant à, concernant. **II.** gramm. Qui établit une relation entre un nom ou un pronom et une subordonnée. *Pronoms, adjectifs relatifs.* – *Proposition relative* et n. f. *une relative,* introduite par un pronom relatif.

relation n. f. **I.** didact. Fait de relater ; récit. **II. 1.** Rapport de dépendance. **2.** Lien de dépendance ou d'influence réciproque (entre personnes ; groupes, États) ; au plur. fait de se fréquenter. ▪ *Avoir des relations* : connaître des gens influents. **3.** Personne avec qui on a des relations. **4.** *RELATIONS PUBLIQUES* : techniques d'information et de promotion. ▶ **relationnel, elle** adj.

relativement adv. **1.** Par une relation. **2.** D'une manière relative.

relativiser v. tr. ▫ Faire perdre son caractère absolu à (qqch.), en le mettant en relation avec qqch. d'autre.

relativité n. f. **I.** Caractère de ce qui est relatif (I). **II.** *Théorie de la relativité,* exprimant le rapport des lois physiques avec le mouvement.

relax ou **relax, axe** adj. ▫ fam. **1.** Qui favorise la détente. **2.** À l'aise, détendu.

relaxation n. f. **I.** didact. Diminution ou suppression d'une tension. **II.** anglic. Détente par des procédés psychologiques actifs. – cour. Repos, détente.

relaxe n. f. ▫ dr. Décision de relaxer (①).

① **relaxer** v. tr. ▫ dr. Déclarer (un prévenu) non coupable (tribunal).

② **relaxer** v. **1.** *SE RELAXER* v. pron. Se détendre, se décontracter. **2.** v. tr. Détendre (qqn...).

relayer v. tr. ▫ Remplacer (qqn) dans une activité en prenant sa suite. ▷ v. pron. se **relayer**

relecture n. f. ▫ Action de relire.

reléguer v. tr. ▫ Envoyer, placer (qqn, qqch.) en un lieu écarté ou médiocre. ▶ **relégation** n. f.

relent n. m. ▫ (souvent au plur.) **1.** Mauvaise odeur qui persiste. **2.** fig. Soupçon.

relève n. f. **1.** Remplacement (de qqn, d'une équipe), dans une action collective. *Prendre la relève.* **2.** Personnes qui assurent ce remplacement.

relevé n. m. ▫ Action de relever, de noter ; ce qu'on a noté.

relèvement n. m. **1.** Redressement. **2.** Action de relever (II), de hausser.

relever v. tr. **I. 1.** Remettre debout ; fig. en bon état. **2.** Ramasser, collecter. **3.** Faire remarquer. ▪ Noter par écrit ou par un croquis. **II. 1.** Diriger, orienter vers le haut (une partie du corps, d'un vêtement). **2.** Donner plus de hauteur à ; fig. élever le chiffre de. **3.** fig. Augmenter la valeur de. **4.** Donner plus de goût, de relief, de l'attrait à. **III.** *Relever qqn,* assurer sa relève, le libérer de (une obligation). **IV.** v. tr. ind. *RELEVER DE* **1.** Dépendre de (une autorité). **2.** Être du ressort, du domaine de. **V.** v. intr. *RELEVER DE* : se rétablir, se remettre de. ▷ v. pron. se **relever 1.** Reprendre la position verticale. ▪ fig. *Se relever d'un échec.* **2.** Se diriger vers le haut. ▷ adj. **relevé, ée 1.** Dirigé, ramené vers le haut. **2.** Épicé, piquant. *Sauce relevée.* ▶ **releveur, euse** adj. et n.

relief n. m. **I.** au plur. Restes (d'un repas). **II. 1.** Ce qui fait saillie. **2.** Caractère (d'une image) donnant l'impression d'une profondeur. **3.** Forme de la surface terrestre. **4.** *Mettre en relief,* en évidence.

relier v. tr. **I. 1.** Lier ensemble. **2.** Mettre en communication avec. **3.** fig. Mettre en rapport. **II.** Attacher ensemble (des feuillets) avec une couverture rigide. – au p. p. *Livre relié et livre broché.* ▶ **relieur, euse** n.

religieusement adv. **1.** Avec religion. **2.** Avec attention.

religieux, euse I. adj. **1.** Qui concerne la religion. **2.** Qui croit en une religion. **3.** fig. Qui présente les caractères du sentiment ou du comportement religieux. **II.** n. Personne qui a prononcé des vœux dans un ordre. **III.** n. f. Pâtisserie faite de deux choux superposés.

religion n. f. **1.** Croyance en un principe supérieur dont dépend la destinée humaine. **2.** Croyance, conviction religieuse.

religiosité n. f. ◻ Inclination sentimentale vers la religion.

reliquaire n. m. ◻ Coffret renfermant des reliques.

reliquat n. m. ◻ Ce qui reste.

relique n. f. **1.** Reste d'un saint auquel on rend un culte. **2.** Objet du passé auquel on attache du prix.

relire v. tr. **1.** Lire de nouveau (ce qu'on a déjà lu). **2.** Lire en vue de corriger.

reliure n. f. **1.** Action ou art de relier (un livre). **2.** Couverture d'un livre relié.

reloger v. tr. ◻ Procurer un nouveau logement à (qqn). ▶ **relogement** n. m.

relooker v. tr. ◻ anglic., fam. Donner une nouvelle apparence, un nouveau look à.

relouer v. tr. ◻ Louer (②) de nouveau.

reluire v. intr. ◻ Luire en réfléchissant la lumière, en produisant des reflets.

reluisant, ante adj. **1.** Qui reluit. **2.** fig. *Un avenir peu reluisant*, peu brillant.

reluquer v. tr. ◻ fam. Regarder du coin de l'œil, avec convoitise.

remâcher v. tr. ◻ Revenir sans cesse en esprit sur.

remailler → **remmailler**

remake n. m. ◻ anglic. Nouvelle version (d'un film, d'une œuvre littéraire).

rémanence n. f. ◻ sc. Persistance d'un phénomène après disparition de sa cause. ▶ **rémanent, ente** adj.

remanier v. tr. **1.** Modifier (un texte). **2.** Modifier la composition de. ▶ **remaniement** n. m.

se **remarier** v. pron. ◻ Se marier à nouveau. ▶ **remariage** n. m.

remarquable adj. ◻ Digne d'être remarqué. ▶ **remarquablement** adv.

remarque n. f. **1.** Action de remarquer (qqch.). **2.** Observation.

remarquer v. tr. **1.** Avoir la vue, l'attention frappée par (qqch.). – pronom. (passif) *Cela ne se remarque pas.* **2.** Distinguer particulièrement (qqn, qqch. parmi d'autres). ■ (plutôt péj.) *SE FAIRE REMARQUER :* attirer l'attention sur soi. ▷ adj. **remarqué, ée** *Une absence remarquée.*

remastériser v. tr. ◻ anglic. Refaire en studio un enregistrement original de. – au p. p. *Un disque remastérisé.*

remballer v. tr. ◻ Emballer de nouveau. ▶ **remballage** n. m.

rembarquer v. **1.** v. tr. Embarquer (ce qu'on avait débarqué). **2.** *Se rembarquer* v. pron. ; *rembarquer* v. intr. : s'embarquer de nouveau. ▶ **rembarquement** n. m.

rembarrer v. tr. ◻ Repousser brutalement (qqn).

remblai n. m. ◻ Fait de rapporter des terres (pour combler, faire une levée) ; ces terres.

remblayer v. tr. ◻ Faire des travaux de remblai sur. ▶ **remblayage** n. m.

rembobiner v. tr. ◻ Bobiner, enrouler de nouveau. ▶ **rembobinage** n. m.

remboîter v. tr. ◻ Remettre en place (ce qui était déboîté). ▶ **remboîtement** n. m.

rembourrer v. tr. ◻ Garnir de bourre. ▷ adj. **rembourré, ée** ▶ **rembourrage** n. m.

rembourser v. tr. **1.** Rendre à qqn (ce qu'il a déboursé). **2.** Rendre à (qqn) ce qu'il a déboursé. ▶ **remboursable** adj. ▶ **remboursement** n. m.

se **rembrunir** v. pron. ▫ Prendre un air sombre, chagrin.

remède n. m. **1.** Substance employée au traitement d'une maladie. **2.** fig. Ce qui peut diminuer, guérir une souffrance morale.

remédier v. tr. ind. ▫ *REMÉDIER À* : apporter un remède (2) à.

remembrer v. tr. ▫ Rassembler (des parcelles de terre). ▶ **remembrement** n. m.

remémorer v. tr. ▫ littér. Remettre en mémoire. ▷ v. pron. se **remémorer**

remercier v. tr. **1.** Dire merci, témoigner de la reconnaissance à (qqn). ▶ **remerciement** n. m. **2.** Renvoyer, licencier (qqn).

réméré n. m. ▫ dr. Rachat possible de son bien par le vendeur.

remettre v. tr. **I. 1.** Mettre à sa place antérieure. – fig. *Remettre qqn à sa place*, le rabrouer. **2.** fig. *Remettre en mémoire* : rappeler (une chose oubliée). **3.** Mettre de nouveau sur soi. **4.** Rétablir. **5.** Mettre plus de. – fam. *EN REMETTRE* : exagérer. **6.** Replacer (dans la position antérieure). – *Remettre qqn sur pied.* → **guérir. 7.** *REMETTRE À, EN. Remettre à neuf ; en état.* **II. 1.** Mettre en la possession ou au pouvoir de qqn. **2.** Faire grâce de (une obligation). **III.** Renvoyer (qqch.) à plus tard. – (au p. p.) *Ce n'est que partie remise* : ce sera pour une autre fois. **IV.** fam. *REMETTRE ÇA* : recommencer. ▷ v. pron. se **remettre I. 1.** Se mettre à nouveau. **2.** *SE REMETTRE À* (+ n. ou inf.). → **recommencer** à. **3.** *SE REMETTRE (DE)* : revenir à un état meilleur. **4.** *Se remettre avec qqn, se remettre ensemble* : vivre de nouveau ensemble. **II.** *S'EN REMETTRE À qqn*, lui faire confiance.

rémige n. f. ▫ Grande plume rigide de l'aile (des oiseaux).

remilitariser v. tr. ▫ Militariser de nouveau.

réminiscence n. f. ▫ littér. Souvenir imprécis.

remis, ise ▫ Participe passé de *remettre*.

remise n. f. **I.** Action de remettre. **1.** *REMISE EN, À* (correspond à : *mise* en, à*). **2.** Action de mettre en la possession de (qqn). **3.** Renonciation (à une créance). **4.** Réduction, diminution. **II.** Local où l'on range des voitures, des objets.

remiser v. tr. ▫ Ranger à l'écart.

rémission n. f. **1.** Action de pardonner. **2.** Diminution momentanée (d'un mal).

rémittent, ente adj. ▫ méd. (maladie...) Qui présente des périodes d'accalmie.

remix n. m. ▫ anglic. Nouveau mixage (d'une chanson...).

remmailler v. tr. ▫ Réparer en remontant les mailles. ▶ **remmaillage** n. m. ▶ **remmailleuse** n. f.

remmener v. tr. ▫ Emmener (qqn) au lieu d'où on l'a amené.

remodeler v. tr. ▫ Transformer en améliorant la forme de (qqch.). ▶ **remodelage** n. m.

remontage n. m. ▫ Action de remonter.

remontant, ante adj. et n. m. ▫ Qui remonte (II, 5).

remontée n. f. **1.** Action de remonter. **2.** Dispositif servant à remonter les skieurs.

remonte-pente n. m. ▫ Câble pour hisser les skieurs en haut d'une pente. *Des remonte-pentes.*

remonter v. **I.** v. intr. **1.** Monter de nouveau. **2.** Aller vers le haut (route), en amont (fleuve). – fig. Aller vers l'origine. **3.** *REMONTER À* : avoir son origine à (une époque passée). **II.** v. tr. **1.** Parcourir de nouveau vers le haut. **2.** Parcourir vers l'amont (un cours d'eau). **3.** Monter (qqch.) de nouveau. **4.** Tendre le ressort de (un mécanisme). **5.** fig. Raffermir. *Remonter le moral de qqn.* – par ext. Redonner de la force à (qqn). **6.** Monter (ce qui était démonté).

remontoir n. m. ▫ Dispositif pour remonter un mécanisme.

remontrance n. f. ▫ surtout au plur. Critique motivée et raisonnée.

remontrer v. tr. **I.** *EN REMONTRER À* (qqn), se montrer supérieur à lui ; lui donner des leçons. **II.** Montrer de nouveau.

rémora n. m. ▫ Poisson qui se fixe à de gros poissons.

remords n. m. ▫ Sentiment pénible, honteux, par conscience d'avoir mal agi.

remorque n. f. **1.** Action de remorquer. *Prendre un bateau EN REMORQUE.* **2.** fig. *Être À LA REMORQUE* : rester en arrière. **3.** Câble de remorque. **4.** Véhicule sans moteur, destiné à être tiré par un autre.

remorquer v. tr. **1.** Tirer (un navire) au moyen d'un câble. **2.** Tirer (un véhicule). ▶ **remorquage** n. m.

remorqueur n. m. ▫ Navire muni de dispositifs de remorquage.

rémoulade n. f. ▫ Mayonnaise à la moutarde, à l'ail.

rémouleur n. m. ▫ Artisan qui aiguise les instruments tranchants.

remous n. m. **1.** Tourbillon dans l'eau, un fluide. **2.** fig. Agitation.

rempailler v. tr. ▫ Garnir (un siège) d'une nouvelle paille. ▶ **rempaillage** n. m. ▶ **rempailleur, euse** n.

rempart n. m. **1.** Forte muraille d'une enceinte. **2.** littér. Ce qui sert de défense, de protection.

rempiler v. **1.** v. tr. Empiler de nouveau. **2.** v. intr. fam. Se rengager.

remplaçable adj. ▫ Qui peut être remplacé.

remplaçant, ante n. ▫ Personne qui en remplace momentanément une autre.

remplacement n. m. ▫ Action, fait de remplacer qqn, qqch.

remplacer v. tr. **1.** Mettre (qqn, qqch.) à la place de (qqn, qqch.). **2.** Être mis, se mettre à la place de (qqch., qqn). **3.** Tenir lieu de.

rempli, ie adj. ▫ Plein. – Occupé dans sa durée.

remplir v. tr. **I. 1.** *Remplir de* : rendre plein, utiliser entièrement (un espace disponible). – pronom. *La salle s'est remplie.* ■ Couvrir entièrement. **2.** Compléter (les espaces en blanc). **II.** Rendre plein par sa présence. ■ fig. Occuper entièrement. **III. 1.** Exercer, accomplir (une fonction...). **2.** *Remplir des conditions.* → **satisfaire** à.

remplissage n. m. **1.** Fait de (se) remplir. **2.** péj. Ce qui allonge un texte inutilement.

remploi ; remployer → **réemploi ; réemployer**

se **remplumer** v. pron. **1.** (oiseaux) Se couvrir de nouvelles plumes. **2.** fam. Reprendre du poids.

rempocher v. tr. ▫ Remettre dans sa poche.

rempoissonner v. tr. ▫ Repeupler de poissons. ▶ **rempoissonnement** n. m.

remporter v. tr. **I.** Emporter (ce qu'on avait apporté). **II.** Gagner.

rempoter v. tr. ▫ Changer (une plante) de pot. ▶ **rempotage** n. m.

remprunter ou **réemprunter** v. tr. ▫ Emprunter de nouveau.

remuant, ante adj. ▫ Qui remue beaucoup.

remue-ménage n. m. invar. ▫ Mouvements, déplacements bruyants et désordonnés.

remuer v. **I.** v. tr. **1.** Faire changer de position. **2.** Déplacer dans ses parties. – *Remuer ciel et terre* : faire appel à tous les moyens. **3.** fig. Bouleverser (qqn). – au p. p. *Il semble très remué.* **II.** v. intr. **1.** Bouger. **2.** fig. Commencer à agir. ▷ v. pron. se **remuer** Se mouvoir. – fig. Se dépenser. ▶ **remuement** n. m.

remugle n. m. ▫ littér. Odeur désagréable de renfermé.

rémunérateur, trice adj. ▫ Qui paie bien, procure des bénéfices.

rémunérer v. tr. ▫ Payer (un service, un travail ; qqn). ▶ **rémunération** n. f.

renâcler v. intr. **1.** (animaux) Renifler en signe de mécontentement. **2.** fig. Témoigner de la répugnance (devant une contrainte).

renaissance n. f. ▫ Nouvel essor. ▶ **renaissant, ante** adj.

renaître v. intr. **1.** Naître de nouveau. **2.** Recommencer à vivre, à croître.

rénal, ale, aux adj. ▫ Relatif au rein ou à sa région.

renard n. m. **1.** Mammifère carnivore à la tête triangulaire et effilée ; sa fourrure. **2.** fig. Personne rusée, subtile.

renarde n. f. ▫ Renard femelle.

renardeau n. m. ▫ Petit du renard.

renardière n. f. ▫ Terrier du renard.

rencard ; rencarder → **rancard ; rancarder**

renchérir v. intr. **1.** Devenir plus cher. **2.** fig. RENCHÉRIR SUR *qqn, qqch.*, aller encore plus loin, en action ou en paroles. ▶ **renchérissement** n. m.

se **rencogner** v. pron. ▫ → se **blottir.**

rencontre n. f. **1.** Fait, pour deux personnes, de se trouver en contact. – *Aller* À LA RENCONTRE DE : au-devant de. **2.** Combat, match. – Discussion.

rencontrer v. tr. **1.** Se trouver en présence de (qqn). – Être opposé en compétition à (un adversaire). ▪ Faire la connaissance de. **2.** Se trouver près de, en présence de (qqch.). ▷ v. pron. se **rencontrer 1.** Se trouver en même temps au même endroit. **2.** (sujet chose) Entrer en contact. **3.** (passif) Se trouver, exister.

rendement n. m. **1.** Produit de la terre, par rapport à la surface. ▪ Production relative (par rapport au matériel, au capital, au travail, etc.). **2.** Produit, gain. – Efficacité.

rendez-vous n. m. **1.** Rencontre convenue entre des personnes. **2.** Lieu de rencontre.

rendormir v. ▫ Endormir de nouveau. – pronom. *Se rendormir.*

rendre v. tr. **I. 1.** Donner en retour (ce qui est dû) ; restituer. ▪ Donner (sans idée de restitution). *Rendre service à qqn.* **2.** Rapporter au vendeur (ce qu'on a acheté). **3.** Redonner. **4.** Donner en retour (en échange de ce qu'on a reçu). *Rendre un baiser.* **5.** intrans. Produire, rapporter. **II. 1.** Laisser échapper (ce qu'on ne peut garder, retenir). – spécialt Vomir. **2.** Faire entendre (un son). **3.** Céder, livrer. **III.** Faire devenir. **IV.** Exprimer (par le langage, en traduisant ; par un moyen plastique ou graphique). – au p. p. *Détail bien rendu.* ▷ v. pron. se **rendre 1.** *Se rendre à* : céder à. ▪ absolt Se livrer. **2.** Se transporter, aller. *Se rendre à son travail.* **3.** (+ attribut) Devenir par son propre fait. *Vous allez vous rendre malade.* ▷ adj. ① **rendu, ue** Arrivé à sa destination. *Nous voilà rendus.*

② **rendu** n. m. ▫ arts Exécution restituant l'impression donnée par la réalité.

rêne n. f. ▫ Chacune des courroies fixées aux harnais, et servant à diriger l'animal.

renégat, ate n. ▫ Personne qui a renié sa religion. ▪ Personne qui a trahi.

renfermé, ée 1. adj. Qui ne montre pas ses sentiments. 2. n. m. Mauvaise odeur d'un lieu mal aéré.

renfermer v. tr. 1. Tenir caché (un sentiment). 2. (sujet chose) Tenir contenu.

renfler v. tr. ▫ rare Rendre convexe, bombé. ▷ v. pron. se **renfler** ▷ adj. **renflé, ée** ▶ **renflement** n. m.

renflouer v. tr. 1. Remettre (un navire) à flot. 2. fig. Sauver (qqn, une entreprise) de difficultés financières. ▶ **renflouage** et **renflouement** n. m.

renfoncement n. m. ▫ Recoin, partie en retrait.

renfoncer v. tr. ▫ Enfoncer plus avant.

renforcer v. tr. ▫ Rendre plus fort. ▶ **renforcement** n. m.

renfort n. m. 1. Effectifs et matériel destinés à renforcer une armée. ▪ fig. Supplément (de personnes). 2. *À GRAND RENFORT DE* : par une grande quantité de.

se **renfrogner** v. pron. ▫ Témoigner son mécontentement par une expression contractée du visage. ▷ adj. **renfrogné, ée**

rengager v. tr. ▫ Engager de nouveau. ▪ *SE RENGAGER* v. pron. ou *RENGAGER* v. intr. : reprendre du service (dans l'armée).

rengaine n. f. 1. Formule répétée à tout propos. 2. Chanson ressassée.

rengainer v. tr. 1. Remettre dans la gaine, l'étui. 2. fig., fam. Retenir (ce qu'on allait manifester, exprimer).

se **rengorger** v. pron. 1. (oiseaux) Gonfler la gorge. 2. (personnes) Prendre une attitude vaniteuse.

renier v. tr. 1. Déclarer faussement qu'on ne connaît pas (qqn). 2. Renoncer à (ce qui inspire la fidélité). ▶ **reniement** n. m.

renifler v. 1. v. intr. Aspirer bruyamment par le nez. 2. v. tr. Aspirer par le nez, sentir (qqch.). ▶ **reniflement** n. m.

renne n. m. ▫ Mammifère ruminant aux bois aplatis, qui vit dans les régions froides du Nord.

renom n. m. ▫ Opinion favorable et largement répandue. ▶ **renommé, ée** adj.

renommée n. f. ▫ Fait d'être largement connu et, spécialt, favorablement connu.

renoncement n. m. ▫ Fait de renoncer (à qqch.) au profit d'une valeur morale.

renoncer v. tr. ind. ▫ *RENONCER À* 1. Abandonner un droit sur (qqch.). ▪ Abandonner l'idée de. 2. Abandonner volontairement (un bien, une habitude...). ▶ **renonciation** n. f.

renoncule n. f. ▫ Plante herbacée, à fleurs jaunes, blanches ou rouges.

renouer v. I. v. tr. 1. Refaire un nœud à. 2. fig. Rétablir après une interruption. II. v. intr. *RENOUER AVEC* : reprendre des relations avec.

renouveau n. m. ▫ Nouvel épanouissement.

renouveler v. tr. 1. Remplacer par une chose nouvelle et semblable (ce qui a servi, est altéré...). ▪ Remplacer une partie des membres de (un groupe). 2. Changer (qqch.) en donnant une forme nouvelle. 3. Donner une validité nouvelle à (ce qui expire). 4. Faire de nouveau. ▷ v. pron. se **renouveler** 1. Être remplacé. 2. (personnes) Se montrer inventif. 3. Se reproduire. ▶ **renouvelable** adj. ▶ **renouvellement** n. m.

rénover v. tr. 1. Améliorer en donnant une forme nouvelle. 2. Remettre à neuf. ▶ **rénovateur, trice** adj. et n. ▶ **rénovation** n. f.

renseignement n. m. 1. Ce par quoi on renseigne (qqn), on se renseigne. 2. *Les renseignements*, service de renseignements.

renseigner v. tr. ▫ Éclairer, informer sur un point précis. – pronom. *Se renseigner.*

rentable adj. 1. Qui produit un bénéfice. 2. fam. Qui donne des résultats. ▶ **rentabilité** n. f. ▶ **rentabiliser** v. tr.

rente n. f. 1. Revenu périodique d'un bien, d'un capital. – *Vivre de ses rentes* (sans travailler). 2. Somme d'argent qu'une personne donne périodiquement à une autre. 3. Emprunt de l'État.

rentier, ière n. ▫ Personne qui vit de ses rentes.

rentrant, ante adj. ▫ *ANGLE RENTRANT*, de plus de 180° (opposé à *saillant*).

rentrée n. f. I. 1. Fait de rentrer. 2. Reprise des activités après une interruption. 3. Retour (d'un artiste) à la scène. – *Préparer sa rentrée politique.* II. (choses) 1. Mise à l'abri. 2. *Rentrée (d'argent).* → **recette.**

rentrer v. I. v. intr. (auxiliaire *être*) 1. Entrer de nouveau. 2. Revenir (chez soi). 3. Reprendre ses activités, ses fonctions. 4. Entrer. – (argent) Être perçu. II. v. tr. (auxiliaire *avoir*) 1. Mettre ou remettre à l'intérieur, dedans. *Rentrer les foins.* – *Rentrer le ventre*, le faire plat. 2. Dissimuler, faire disparaître. – au p. p. *Colère rentrée.*

renversant, ante adj. ▫ Qui renverse, étonne beaucoup.

renverse n. f. ▫ *À LA RENVERSE* loc. adv. : sur le dos.

renversé, ée adj. 1. Mis à l'envers. 2. Stupéfait.

renversement n. m. ▫ Fait de renverser.

renverser v. tr. 1. Mettre de façon que la partie supérieure devienne inférieure. 2. Disposer ou faire mouvoir en sens inverse. 3. Étonner beaucoup (qqn). 4. Faire tomber à la renverse (qqn), faire tomber (qqch.), répandre (un liquide). 5. fig. Faire tomber. 6. Incliner en arrière. *Renverser la tête.* ▷ v. pron. se **renverser**

renvoi n. m. I. 1. Action, fait de renvoyer. 2. Fait d'envoyer à une autorité. 3. Indication invitant le lecteur à se reporter (à un passage). 4. Ajournement. II. Éructation.

renvoyer v. tr. 1. Faire retourner (qqn) là où il était. – Faire repartir, partir (qqn dont on ne souhaite plus la présence). 2. Faire reporter (qqch.) à qqn. 3. Relancer. ▪ (sujet chose) Réfléchir, répercuter (la lumière, le son...). 4. Adresser (qqn) à une autorité plus compétente. ▪ Faire se reporter. 5. Ajourner.

réoccuper v. tr. ▫ Occuper de nouveau. ▶ **réoccupation** n. f.

réorganiser v. tr. ▫ Organiser de nouveau, autrement. ▶ **réorganisation** n. f.

réouverture n. f. ▫ Fait de rouvrir.

repaire n. m. ▫ Refuge (de bêtes sauvages ; d'individus dangereux).

repaître v. tr. ▫ littér. Nourrir, rassasier. ▷ v. pron. se **repaître**

répandre v. tr. I. 1. Faire tomber (un liquide) ; disperser, étaler (des objets). 2. (sujet chose) Produire et envoyer autour de soi (de la lumière, etc.). II. 1. Faire régner (un sentiment). ▪ Diffuser, propager. 2. Rendre public. *Répandre une rumeur.* ▷ v. pron. se **répandre** 1. Couler ; s'étaler. 2. Se propager. 3. *SE RÉPANDRE EN* : exprimer ses sentiments par une abondance de.

répandu, ue adj. ▫ (opinions...) Commun à un grand nombre de personnes.

réparable adj. ▫ Qu'on peut réparer.

reparaître v. intr. ▫ Paraître, se manifester de nouveau.

réparateur, trice 1. n. Artisan qui répare des objets. 2. adj. Qui reconstitue.

réparation n. f. 1. Opération, travail qui consiste à réparer. 2. Action de réparer (une faute, etc.). – *Demander* *réparation* (d'une offense). ■ Dédommagement.

réparer v. tr. **1.** Remettre en bon état. **2.** Corriger (une faute, etc.).

reparler v. tr. ind. ◻ Parler de nouveau.

① **repartir** v. intr. ◻ littér. Répliquer, répondre. ▶ **repartie** n. f. → **réplique, riposte.**

② **repartir** v. intr. **1.** Partir (après un temps d'arrêt). **2.** fig. Recommencer. – (sujet chose) Reprendre. **3.** Partir (pour l'endroit d'où l'on vient).

répartir v. tr. **1.** Partager selon des conventions précises. **2.** Disposer dans un espace. **3.** Étaler dans le temps. **4.** Classer. ▶ **répartition** n. f.

repas n. m. ◻ Action de se nourrir, répétée quotidiennement à heures réglées.

repasser v. **I.** v. intr. Passer de nouveau, revenir **II.** v. tr. **1.** Passer de nouveau. **2.** Apprendre en revenant sur le même sujet. *Repasser ses leçons.* **III. 1.** Affiler, aiguiser (une lame). **2.** Rendre lisse et net (du linge, du tissu, etc.). *Fer à repasser.* ▶ **repassage** n. m. ▶ **repasseuse** n. f.

repêcher v. tr. **1.** Retirer de l'eau (ce qui y est tombé). **2.** fam. Recevoir (un candidat...) après une épreuve supplémentaire. ▶ **repêchage** n. m.

repeindre v. tr. ◻ Peindre de nouveau.

repeint n. m. ◻ arts Partie (d'un tableau) qui a été repeinte.

repenser v. tr. **1.** (tr. ind.) *Repenser à :* penser de nouveau à, réfléchir encore à (qqch.). **2.** Reconsidérer.

① se **repentir** v. pron. ◻ Regretter vivement d'avoir fait ou dit (qqch.). ▶ **repentant, ante** adj. ▷ adj. **repenti, ie**

② **repentir** n. m. ◻ Vif regret (d'une faute ; d'un acte).

repérage n. m. ◻ Opération par laquelle on repère (qqch.). – (cinéma...) Recherche des lieux de tournage.

répercussion n. f. **1.** Fait d'être répercuté. **2.** fig. Conséquence indirecte.

répercuter v. tr. **1.** Renvoyer (un son, une onde). **2.** fam. (critiqué) Transmettre. ▷ v. pron. se **répercuter**

repère n. m. **1.** Marque qui sert à retrouver. **2.** POINT DE REPÈRE, REPÈRE : objet ou endroit choisi pour s'orienter, se retrouver. **3.** math. Éléments définissant un système de coordonnées.

repérer v. tr. **1.** Marquer, situer grâce à des repères. **2.** fam. Remarquer (qqch. ; qqn). – *Se faire repérer.* ▷ v. pron. se **repérer** Reconnaître où l'on est.

répertoire n. m. **1.** Inventaire (liste, recueil...) où les matières sont classées. – Carnet permettant de classer. **2.** Liste des pièces qui forment le fonds d'un théâtre. – *Le répertoire d'un artiste.*

répertorier v. tr. **1.** Inscrire dans un répertoire. **2.** Faire le répertoire de.

répéter v. tr. **1.** Dire de nouveau. **2.** Exprimer, dire (ce qu'un autre a dit). **3.** Recommencer (une action...). **4.** Redire ou refaire pour apprendre. *Répéter un rôle.* ▷ v. pron. se **répéter 1.** Se reproduire. **2.** Redire les mêmes choses. ▷ p. p. adj. **répété, ée**

répétiteur, trice n. ◻ Personne qui fait travailler un élève.

répétitif, ive adj. ◻ Qui se répète d'une manière monotone. ▶ **répétitivité** n. f.

répétition n. f. **1.** Fait d'être répété (1). **2.** Fait de répéter (3). **3.** Séance de travail pour mettre au point (spectacle, musique). **4.** Leçon particulière.

repeupler v. tr. **1.** (êtres humains) Peupler de nouveau. **2.** Garnir de nouveau (un lieu) d'espèces animales ou végétales. ▶ **repeuplement** n. m.

repiquer v. tr. **1.** Mettre en terre (de jeunes plants). **2.** Copier par un nouvel enregistrement. **3.** v. tr. ind. fam. REPIQUER À : revenir à, recommencer. ▶ **repiquage** n. m.

répit n. m. ◻ *SANS RÉPIT* : sans arrêt, sans cesse.

replacer v. tr. ◻ Remettre en place.

replanter v. tr. ◻ Planter de nouveau.

replâtrer v. tr. **1.** Plâtrer de nouveau ; reboucher avec du plâtre. **2.** fig. Réparer sommairement. ▶ **replâtrage** n. m.

replet, ète adj. ◻ Qui a de l'embonpoint.

réplétion n. f. ◻ didact. État d'un organe (humain) rempli, surchargé.

repli n. m. **I. 1.** Pli qui se répète (d'une étoffe...). – Pli profond. *Les replis de l'intestin.* **2.** fig. Partie dissimulée, secrète. **II.** Action, fait de se replier.

réplication n. f. ◻ biol. Reproduction par copie du matériel génétique.

replier v. tr. **1.** Plier de nouveau. **2.** Ramener en pliant (ce qui a été déployé). ▪ pronom. *Se replier sur soi-même,* rentrer en soi-même. **3.** Faire reculer en bon ordre (une troupe). – pronom. *Se replier.*

réplique n. f. **I. 1.** Riposte ; objection. **2.** Élément d'un dialogue, qu'un acteur doit dire. **II.** arts Œuvre semblable à un original.

répliquer v. tr. **1.** v. tr. ind. *Répliquer à,* répondre vivement en s'opposant. **2.** *RÉPLIQUER* (qqch.) *À qqn,* répondre par une réplique.

replonger v. ◻ Plonger de nouveau. – pronom. (fig.) *Se replonger dans sa lecture.*

répondant, ante n. ◻ Garant (pour qqn). ▪ fam. *Avoir du répondant,* de l'argent ; de la repartie.

répondeur n. m. ◻ Appareil relié à un poste téléphonique et qui délivre un message enregistré.

répondre v. tr. ind. **I. 1.** *RÉPONDRE À qqn* : faire connaître sa pensée en retour. – *Répondre à une question.* **2.** Réagir (à un appel). **3.** *RÉPONDRE* (qqch.) *À qqn, À qqch.* : dire, écrire en réponse. **II. 1.** *RÉPONDRE À.* (sujet chose) Être en accord avec. ▪ Réagir (par...). **2.** (personnes) *RÉPONDRE DE* : s'engager en faveur de ; se porter garant de.

répons n. m. ◻ mus. Chant liturgique d'un soliste, répété par le chœur.

réponse n. f. **1.** Action de répondre. **2.** Solution apportée (à une question) par le raisonnement. **3.** Réfutation. **4.** Réaction à un appel. **5.** Réaction à une stimulation.

report n. m. **1.** Fait de renvoyer à plus tard. **2.** Fait de reporter ailleurs ; de reporter un total.

reportage n. m. **1.** Article, émission où un, une journaliste relate une enquête. **2.** Métier de reporter (②) ; genre journalistique qui s'y rapporte.

① **reporter** v. tr. **I.** Porter (une chose) à l'endroit où elle se trouvait. **II. 1.** Renvoyer à plus tard. **2.** Écrire ailleurs (notamment, un total). **3.** *REPORTER SUR* : appliquer à (un autre objet). ▷ v. pron. se **reporter** (à) Se référer à.

② **reporter** n. m. ou **reporteur, trice** n. ◻ Journaliste qui fait des reportages.

repos n. m. **1.** Fait de se reposer ; temps pendant lequel on se repose. **2.** Arrêt du mouvement, de l'activité.

reposant, ante adj. ◻ Qui repose.

reposé, ée adj. ◻ Qui s'est reposé. ▪ *À TÊTE REPOSÉE* loc. adv. : en prenant le temps de réfléchir.

① **reposer** v. **I.** v. intr. **1.** (d'un mort) Être enterré. *Ici repose...* **2.** *REPOSER SUR* : être établi sur (un support) ; être fondé sur. **II.** v. tr. **1.** Mettre dans une position qui délasse. **2.** Délasser. *Cette pénombre repose la vue.* – sans compl. *Ça repose.* ▷ v. pron. se **reposer** **1.** Se délasser. **2.** *SE REPOSER SUR qqn,* lui faire confiance.

②**reposer** v. tr. □ Poser de nouveau. – pronom. *Le problème se repose.*

reposoir n. m. □ Support sur lequel on dépose le saint sacrement.

repoussant, ante adj. □ Qui inspire de la répulsion.

①**repousser** v. tr. **1.** Pousser (qqn) en arrière, faire reculer. **2.** Pousser (qqch.) en arrière ou en sens contraire. **3.** Refuser d'accepter, de céder à.

②**repousser** v. intr. □ Pousser de nouveau. *L'herbe repousse.*

repoussoir n. m. □ Chose ou personne qui en fait valoir une autre par contraste. – fam. Personne laide.

répréhensible adj. □ (actions) Qui mérite d'être blâmé, repris (II).

reprendre v. **I.** v. tr. **1.** Prendre de nouveau (ce qu'on n'a plus). – *Reprendre ses esprits.* **2.** Prendre à nouveau (ce qu'on avait donné ou vendu). **3.** *REPRENDRE DE* (qqch.), en prendre une seconde fois. **4.** *On ne m'y reprendra plus,* je ne me laisserai plus tromper. **5.** Recommencer après une interruption. **6.** Retoucher pour améliorer. **7.** *Reprendre une entreprise,* la racheter pour en continuer l'activité. **8.** Redire, répéter. **II.** v. tr. littér. Critiquer (qqn), blâmer, condamner (qqch.) par des remarques. **III.** v. intr. **1.** Retrouver de la vigueur. **2.** Recommencer. *La pluie reprit de plus belle.* ▷ v. pron. se **reprendre** Se ressaisir. ■ *S'y reprendre à plusieurs fois (pour faire qqch.).* – *Se reprendre à espérer* : recommencer à espérer.

repreneur n. m. □ Personne, entreprise qui reprend (I, 7) une entreprise.

représailles n. f. pl. □ Riposte à un mauvais procédé, à un acte illicite.

représentant, ante n. **1.** Personne qui représente qqn, un groupe, un État, agit en son nom. **2.** Personne qui visite la clientèle pour une entreprise.

représentatif, ive adj. **1.** Qui représente (I, 5) bien. **2.** Relatif à la représentation (II) (d'un groupe). ▶ **représentativité** n. f.

représentation n. f. **I. 1.** Fait de représenter (I, 1) ; image, signe qui représente. **2.** Fait de représenter (une pièce...). **II. 1.** Fait de représenter (qqn ; un groupe). – Ceux qui représentent le peuple. **2.** Métier de représentant (de commerce).

représenter v. tr. **I. 1.** Présenter à l'esprit, rendre sensible (un objet, une chose abstraite) par autre chose, par un signe. ■ Évoquer par un procédé graphique, plastique. **2.** Évoquer à l'esprit, par le langage. **3.** Montrer (un spectacle) à un public. **4.** Rendre présent à l'esprit, à la conscience (ce qui n'est pas perçu). **5.** Être un exemple de. *Il représente le talent.* – (choses équivalentes) *Cela représente beaucoup pour lui.* **II. 1.** Agir pour (qqn ; un groupe). **2.** Être le représentant de (une entreprise). **III.** Présenter de nouveau. ■ pronom. *Se représenter à un examen.* – *Si l'occasion se représente.*

répressif, ive adj. □ Qui réprime.

répression n. f. **1.** Action de réprimer (2). **2.** Fait d'arrêter (une révolte) par la violence.

réprimande n. f. □ Blâme adressé avec sévérité (à un inférieur). ▶ **réprimander** v. tr.

réprimer v. tr. **1.** Empêcher (un sentiment, une tendance) de se développer, de s'exprimer. **2.** Empêcher par la force (une chose jugée dangereuse pour la société).

reprint n. m. □ anglic. Réédition photographique (d'un ouvrage).

repris, ise → **reprendre**

repris de justice n. m. □ Personne qui a déjà été condamnée.

reprise n. f. **I. 1.** Action de reprendre (I, 5) après une interruption. ■ Partie d'une action. *À maintes reprises* : plusieurs fois. **2.** (moteur...) Passage rapide à un régime supérieur. **3.** Raccommodage d'un tissu. **4.** Somme versée pour succéder au locataire d'un appartement. **II.** Fait de prendre un nouvel essor.

repriser v. tr. ▫ Raccommoder.

réprobation n. f. ▫ Fait de réprouver ; désapprobation. ▶ **réprobateur, trice** adj.

reproche n. m. ▫ Blâme formulé pour inspirer la honte ou le regret.

reprocher v. tr. ▫ *Reprocher* (qqch.) *à qqn*, lui faire observer avec reproche.

reproducteur, trice adj. ▫ Qui sert à la reproduction (animale, végétale).

reproduction n. f. **I.** Fonction par laquelle les êtres vivants se reproduisent. **II.** Action de reproduire, de copier. – Image obtenue à partir d'un original.

reproduire v. tr. **1.** Répéter, rendre fidèlement (qqch.). **2.** Copier (un modèle). ■ (sujet chose) Constituer une image, une réplique de. **3.** Perpétuer, répéter. ▷ v. pron. se **reproduire 1.** Produire des êtres vivants de son espèce. **2.** Se produire de nouveau.

réprouver v. tr. ▫ Rejeter en condamnant (qqch., qqn). ▶ **réprouvé, ée** n.

reps n. m. ▫ Tissu d'ameublement en grosse toile.

reptation n. f. ▫ Locomotion dans laquelle le corps progresse sur sa face ventrale.

reptile n. m. ▫ Vertébré, généralement ovipare, à peau couverte d'écailles. *Reptiles fossiles.*

repu, ue adj. **1.** Qui a mangé à satiété. **2.** fig. Assouvi.

républicain, aine 1. adj. et n. Partisan de la république. **2.** adj. De la république.

république n. f. **1.** Forme de gouvernement où le chef de l'État n'est pas seul à détenir le pouvoir qui n'est pas héréditaire. **2.** État ainsi gouverné.

répudier v. tr. **1.** (dans certaines civilisations) Renvoyer (son épouse) en rompant légalement le mariage. **2.** littér. Rejeter, renier (un sentiment, une idée). ▶ **répudiation** n. f.

répugnance n. f. ▫ Sensation de dégoût.

répugnant, ante adj. ▫ Qui inspire de la répugnance.

répugner v. tr. ind. ▫ *RÉPUGNER À* **1.** littér. Éprouver de la répugnance pour (qqch.). **2.** Inspirer de la répugnance à (qqn) ; faire horreur.

répulsif, ive 1. adj. Qui repousse (①). **2.** n. m. Produit qui repousse (des animaux indésirables).

répulsion n. f. ▫ Répugnance (physique ou morale).

réputation n. f. **1.** Fait d'être honorablement connu. **2.** Fait d'être connu (honorablement ou non).

réputé, ée adj. ▫ Qui a la réputation de ; qui a une grande réputation.

requérir v. tr. **1.** dr. Réclamer au nom de la loi. **2.** littér. (sujet chose) Demander, réclamer. *Cela requiert de la patience.* ▷ adj. **requis, ise** Exigé. *Avoir l'âge requis.*

requête n. f. ▫ Demande instante.

requiem n. m. invar. **1.** Prière catholique pour les morts. **2.** Partie de la messe des morts mise en musique.

requin n. m. **1.** Poisson au corps fuselé, très puissant et très vorace. **2.** fig. Personne impitoyable en affaires.

requinquer v. tr. ▫ fam. Redonner des forces, de l'entrain à.

requis, ise → **requérir**

réquisition n. f. ▫ Opération par laquelle l'Administration exige qqch. (bien, service).

réquisitionner v. tr. **1.** Prendre, utiliser par réquisition. **2.** fam. Utiliser (qqn) d'autorité.

réquisitoire n. m. ▫ dr. Discours de l'accusation.

R. E. R. n. m. ▫ Sigle de *réseau express régional* (région parisienne).

rescapé, ée n. ▫ Personne réchappée d'un accident.

à la **rescousse** loc. adv. ▫ Au secours, à l'aide.

réseau n. m. **1.** Ensemble de lignes, de bandes, etc., entrelacées. **2.** Ensemble de voies, de moyens de communication. *Réseau routier ; téléphonique.* **3.** Organisation clandestine. ■ *RÉSEAU SOCIAL :* groupe de personnes liées par des goûts, des intérêts communs. **4.** Ensemble d'ordinateurs connectés.

résection n. f. ▫ chir. Opération chirurgicale qui consiste à couper, à retrancher (*réséquer* v. tr.).

réséda n. m. ▫ Plante aux fleurs odorantes disposées en grappe.

réservation n. f. ▫ Fait de réserver (3).

réserve n. f. **I.** Ce qu'on réserve (2) ; élément qu'on n'accepte pas (au moment). ■ *SOUS RÉSERVE (DE) :* sous condition ; à condition (de). **II.** Qualité qui consiste à se garder de tout excès. **III. 1.** Quantité accumulée pour en disposer plus tard. – Quantité non encore exploitée (d'un minéral). **2.** milit. *Les réserves :* troupe gardée disponible. – *La réserve* (s'oppose à *armée active*). *Officier de réserve.* **IV. 1.** Territoire où la nature est protégée. **2.** (Amérique du Nord) Territoire réservé aux Indiens. **3.** Local où l'on garde à part (des objets).

réservé, ée adj. **I.** Qui a été réservé. **II.** Qui fait preuve de réserve (II).

réserver v. tr. **1.** Destiner exclusivement ou spécialement (à qqn, un groupe). **2.** S'abstenir d'utiliser immédiatement (qqch.), en vue d'une occasion plus favorable. **3.** Mettre de côté, faire mettre à part (ce qu'on veut trouver disponible). ▷ v. pron. **se réserver 1.** S'abstenir d'agir (pour conserver une possibilité). **2.** Réserver pour soi-même.

réserviste n. ▫ Membre d'une armée de réserve.

réservoir n. m. ▫ Bassin, récipient où un liquide peut s'accumuler.

résidence n. f. **1.** Fait de résider en un lieu ; ce lieu. **2.** Habitation (confortable) où l'on réside. – *Résidence secondaire,* maison de vacances.

résident, ente n. ▫ Personne qui réside (en un lieu, spécialt dans un autre pays que son pays d'origine).

résidentiel, elle adj. ▫ De la résidence (surtout des beaux quartiers).

résider v. intr. **1.** (personnes) Être établi d'une manière habituelle (dans un lieu). **2.** (sujet chose) Avoir son siège, son principe (en, dans).

résidu n. m. **1.** péj. Reste sans valeur. **2.** Ce qui reste après une opération physique ou chimique. ▶ **résiduel, elle** adj.

résigner v. tr. **1.** littér. Abandonner (une fonction). *Résigner sa charge.* **2.** pronom. *Se résigner à :* accepter (une chose pénible). – absolt Se soumettre. ▷ adj. **résigné, ée** ▶ **résignation** n. f.

résilience n. f. ▫ psychol. Capacité à vivre et se développer, en surmontant les chocs, les traumatismes.

résilier v. tr. ▫ Dissoudre (un contrat). ▶ **résiliation** n. f.

résille n. f. ▫ Tissu de larges mailles (spécialt, pour les cheveux). – appos. *Bas résille.*

résine n. f. **1.** Substance visqueuse qui suinte de certains végétaux. **2.** Composé constituant des matières plastiques.

résineux, euse adj. **1.** Qui produit de la résine (1). – n. m. *Les principaux résineux sont des conifères.* **2.** Propre à la résine (1).

résistance n. f. **I. 1.** Fait de résister, d'opposer une force (à une autre); cette force. **2.** électr. *Résistance (électrique),* rapport entre la tension et l'intensité du courant. **3.** Endurance physique. **4.** *PLAT DE RÉSISTANCE,* plat principal d'un repas. **II.** Fait de résister (II).

résistant, ante adj. **1.** Qui résiste à une force contraire ; à l'effort, à l'usure. **2.** (êtres vivants) Endurant, robuste. **3.** n. Personne qui appartenait à la Résistance pendant la Seconde Guerre mondiale.

résister v. tr. ind. ◻ *RÉSISTER À* **I. 1.** (sujet chose) Ne pas céder, ne pas s'altérer sous l'effet de. **2.** (êtres vivants) Ne pas être altéré par (ce qui menace l'organisme). **3.** (choses) Se maintenir, survivre. **II. 1.** Faire effort contre l'usage de la force. **2.** S'opposer à (qqch., qqn qui contrarie les désirs, menace la liberté). **3.** S'opposer à (ce qui plaît, tente).

résistivité n. f. ◻ électr. Résistance spécifique d'une substance.

résolu, ue adj. ◻ Décidé, déterminé. ▶ **résolument** adv.

résolution n. f. **I. 1.** didact. Transformation (d'une substance qui se résout). **2.** Opération par laquelle l'esprit résout (une difficulté). **II.** Décision volontaire.

résonance n. f. **1.** Augmentation de la durée ou de l'intensité des vibrations. **2.** fig., littér. Effet de ce qui se répercute (dans l'esprit...). **3.** sc. Augmentation de l'amplitude d'une oscillation.

résonateur n. m. ◻ Appareil, milieu où peut se produire un phénomène de résonance.

résonner v. intr. **1.** Produire un son accompagné de résonances. **2.** (sons) Retentir avec des résonances. **3.** (lieux) S'emplir d'échos.

résorber v. tr. ◻ Faire disparaître par une action interne. – pronom. *Se résorber.*

résorption n. f. ◻ méd. Disparition (d'un produit pathologique repris par la circulation sanguine ou lymphatique).

résoudre v. tr. **1.** (p. p. *résous, oute*) Transformer en ses éléments. **2.** (p. p. *résolu, ue*) Découvrir la solution de. ▷ v. pron. se **résoudre** à Se décider à. – passif *Il est résolu à partir.*

respect n. m. **1.** Sentiment qui porte à accorder à qqn de la considération en raison de la valeur qu'on lui reconnaît. **2.** au plur. Témoignage de respect. *Mes respects.* **3.** Fait de respecter (2).

respectable adj. **1.** Digne de respect. **2.** Assez important (quantité). ▶ **respectabilité** n. f.

respecter v. tr. **1.** Considérer avec respect (1). **2.** Ne pas porter atteinte à. ▷ v. pron. se **respecter** – *QUI SE RESPECTE* loc. adj. fam. : digne de son nom, de sa réputation.

respectif, ive adj. ◻ Qui concerne chaque chose, chaque personne (parmi plusieurs). ▶ **respectivement** adv.

respectueux, euse adj. ◻ Qui éprouve ou témoigne du respect. ▶ **respectueusement** adv.

respirable adj. ◻ Que l'on peut respirer.

respiration n. f. ◻ Fait de respirer ; manière de respirer.

respiratoire adj. **1.** Qui permet la respiration. **2.** De la respiration.

respirer v. **I.** v. intr. **1.** Absorber l'air dans la cage thoracique, puis l'en rejeter. **2.** Avoir un moment de calme, de répit. **II.** v. tr. Aspirer (respiration). **III.** v. tr. Dégager une impression de.

resplendir v. intr. ◻ littér. Briller d'un vif éclat. ▶ **resplendissant, ante** adj.

responsabiliser v. tr. ◻ Donner à (qqn) le sens des responsabilités.

responsabilité n. f. **1.** Fait d'être responsable. **2.** Obligation de réparer le dommage que l'on a causé par sa faute.

responsable adj. **1.** Qui doit répondre de ses actes ou de ceux d'autrui. ▪ Qui est la cause volontaire (de qqch.). – n. fam. *Qui est le responsable de cette farce ?* **2.** Chargé de. *Le ministre responsable de la justice.* – n. *Responsable syndical.* **3.** Raisonnable, réfléchi.

resquiller v. **1.** v. intr. Entrer sans payer (spectacles, transports). **2.** v. tr. Obtenir (qqch.) sans y avoir droit. ▶ **resquille** n. f. ▶ **resquilleur, euse** n.

ressac n. m. ◻ Retour brutal des vagues sur elles-mêmes.

se **ressaisir** v. pron. ◻ Redevenir calme et maître de soi.

ressasser v. tr. ◻ Revenir sur, répéter de façon lassante.

ressaut n. m. ◻ Saillie.

ressemblance n. f. ◻ Rapport entre des objets, des personnes présentant des éléments identiques apparents. – au plur. Traits communs. *Ressemblances et différences.* ▶ **ressemblant, ante** adj.

ressembler v. tr. ind. ◻ *RESSEMBLER À* **1.** Avoir de la ressemblance, des traits physiques ou moraux communs. – pronom. *Ils se ressemblent.* **2.** Avoir de la ressemblance avec (un modèle).

ressemeler v. tr. ◻ Garnir de semelles neuves. ▶ **ressemelage** n. m.

ressentiment n. m. ◻ Fait de se souvenir avec rancune.

ressentir v. tr. **1.** Être pleinement conscient de (un état affectif). **2.** Éprouver (une sensation physique). ▷ v. pron. se **ressentir** de Continuer à éprouver les effets de (une maladie, un mal).

resserre n. f. ◻ Local où l'on range des objets.

resserrer v. tr. **1.** Réduire (qqch.) en contractant, en rapprochant les éléments. **2.** Rapprocher de nouveau ou davantage en serrant. ▷ v. pron. se **resserrer** ▶ **resserrement** n. m.

resservir v. **1.** v. tr. Servir de nouveau (qqch. ; qqn). **2.** v. intr. Être encore utilisable.

① **ressort** n. m. **1.** Pièce qui produit un mouvement en utilisant ses propriétés élastiques. **2.** fig., littér. Énergie, force cachée. ▪ *Avoir du ressort.*

② **ressort** n. m. **1.** *EN DERNIER RESSORT* : sans possibilité de recours ; finalement. **2.** Compétence.

① **ressortir** v. **I.** v. intr. (auxiliaire *être*) **1.** Sortir (d'un lieu) peu après être entré. **2.** Paraître avec plus de relief, être saillant. **3.** impers. Apparaître comme conséquence. **II.** v. tr. (auxiliaire *avoir*) Sortir (qqch.) de nouveau.

② **ressortir** v. tr. ind. ◻ dr. *RESSORTIR À* : être du ressort, de la compétence de (une juridiction).

ressortissant, ante n. ◻ Personne qui, dans un pays, relève de l'autorité d'un autre pays.

ressource n. f. **I.** Ce qui peut améliorer une situation. **II.** au plur. **1.** Moyens dont dispose qqn, une collectivité. – *Les ressources humaines* : le personnel. **2.** Moyens intellectuels et possibilités d'action.

se **ressourcer** v. pron. ◻ Trouver des forces en revenant à ses racines.

ressusciter v. **I.** v. intr. Revenir à la vie, à la santé. **II.** v. tr. **1.** Ramener de la mort à la vie. **2.** Guérir (qqn) d'une grave maladie. **3.** fig. Faire revivre en esprit. – Faire renaître. *Ressusciter un art.*

① **restant, ante** adj. ▫ Qui reste (d'un ensemble).

② **restant** n. m. ▫ Ce qui reste.

restaurant n. m. ▫ Établissement où l'on sert des repas moyennant paiement.

① **restaurateur, trice** n. ▫ Spécialiste de la restauration des œuvres d'art.

② **restaurateur, trice** n. ▫ Personne qui tient un restaurant.

① **restauration** n. f. **1.** Action de restaurer (1). **2.** Action de restaurer une œuvre d'art.

② **restauration** n. f. ▫ Activité de restaurateur.

restaurer v. tr. **1.** littér. Rétablir en son état ancien ou en sa forme première (qqch. d'abstrait). **2.** Redonner son aspect premier à (une œuvre d'art, un monument).

se **restaurer** v. pron. ▫ Manger.

reste n. m. **1.** Ce qui subsiste de (un tout dont une partie a été supprimée). – *Partir SANS DEMANDER SON RESTE,* sans insister. ▪ *Être, demeurer EN RESTE,* être le débiteur, l'obligé (de qqn). ▪ *DU RESTE :* d'ailleurs, au surplus. **2.** Élément restant d'un tout. *Les restes d'une cité antique. Les restes de qqn,* son cadavre. **3.** (dans un calcul) Élément restant d'une quantité, après soustraction ou division. **4.** péj. *Les restes,* ce qu'on a laissé, négligé (spécialt, de nourriture).

rester v. intr. **I. 1.** Continuer d'être dans un lieu. **2.** Continuer d'être (dans une position, une situation, un état). **3.** Subsister à travers le temps. **4.** *RESTER À qqn :* continuer d'appartenir à qqn. **5.** *EN RESTER À :* s'arrêter, être arrêté à. – *EN RESTER LÀ :* ne pas continuer. **II.** (éléments d'un tout) Être encore présent (après élimination des autres éléments). – impers. *Il reste du pain.*

restituer v. tr. **1.** Rendre. *Restituer un objet volé.* **2.** Reconstituer. ▶ **restitution** n. f.

resto n. m. → **restaurant**

restoroute n. m. ▫ Restaurant situé au bord d'une autoroute.

restreindre v. tr. ▫ Ramener dans des limites plus étroites. ▷ v. pron. **se restreindre** Restreindre ses dépenses. ▷ adj. **restreint, einte** Limité.

restrictif, ive adj. ▫ Qui restreint.

restriction n. f. **1.** Ce qui restreint le développement, la portée de qqch. – *SANS RESTRICTION* loc. adv. : entièrement. **2.** Fait de rendre, de devenir moindre. **3.** au plur. Mesures pour réduire la consommation.

restructurer v. tr. ▫ Donner une nouvelle structure à. ▶ **restructuration** n. f.

resucée n. f. ▫ fam. **1.** Nouvelle quantité (bue). **2.** fig. Répétition.

résultante n. f. ▫ Conséquence, résultat de l'action de plusieurs facteurs.

résultat n. m. **1.** Ce qui arrive et est produit par une cause. **2.** sc. Dernière phase d'une opération ; solution. **3.** Admission ou échec (à un examen...) ; issue (d'une compétition...).

résulter v. intr.. ▫ *RÉSULTER DE* **1.** Être le résultat de. **2.** impers. (avec *que* + indic.) *Il en a, il en est résulté que...*

résumé n. m. ▫ Abrégé, condensé.

résumer v. tr. **1.** Abréger. – Présenter brièvement. – pronom. *Résumons-nous.* **2.** *Se résumer à :* se limiter à.

résurgence n. f. **1.** didact. Eaux souterraines qui ressortent à la surface. **2.** fig. Fait de resurgir.

resurgir v. intr. ▫ Surgir, apparaître brusquement de nouveau.

résurrection n. f. **1.** Retour de la mort à la vie. **2.** Fait de ressusciter (le passé). **3.** Retour à l'activité ; nouvel essor.

retable n. m. □ Partie postérieure décorée d'un autel ; l'œuvre.

rétablir v. tr. **I. 1.** Établir de nouveau (ce qui a été oublié, altéré). **2.** Remettre (qqn dans une situation, un état). **3.** Faire exister ou fonctionner de nouveau. **II.** Remettre (qqn) en bonne santé. – pronom. *Elle s'est rétablie.*

rétablissement n. m. **1.** Action de (se) rétablir. **2.** Mouvement de gymnastique, traction des bras.

rétamer v. tr. **1.** Étamer de nouveau (un ustensile). ▶ **rétameur, euse** n. **2.** fig., fam. Démolir, esquinter. ▷ adj. **rétamé, ée** ▶ **rétamage** n. m.

retape n. f. □ fam. Racolage.

retaper v. tr. **1.** Réparer, arranger sommairement. **2.** Remettre en bonne santé. – pronom. *Il a besoin de se retaper.*

retard n. m. **1.** Fait d'arriver après le moment fixé, attendu ; temps de retard. **2.** Fait d'agir trop tard, de n'avoir pas encore fait ce que l'on aurait dû faire. **3.** Différence en moins entre l'heure marquée et l'heure réelle. **4.** Action de retarder (I, 2). **5.** Fait d'être moins avancé dans un développement.

retardataire adj. **1.** adj. et n. Qui arrive, est en retard. **2.** Qui est en retard sur son époque.

retardé, ée adj. □ Qui a du retard (5).

à **retardement** loc. adj. □ *Engin, bombe à retardement,* muni d'un dispositif qui diffère la déflagration.

retarder v. **I.** v. tr. **1.** Faire arriver en retard. ■ Faire aller plus lentement. **2.** Faire se produire plus tard. **II.** v. intr. **1.** (montre, etc.) Marquer une heure moins avancée que l'heure réelle. **2.** Avoir des idées, des goûts du passé. ■ Découvrir qqch. longtemps après les autres.

retenir v. tr. **I. 1.** Garder pour soi, en vue d'un usage futur. **2.** Réserver (ce qu'on veut trouver disponible). **3.** Conserver dans sa mémoire. **4.** Prendre en considération pour en tirer parti. **5.** Faire une retenue (arithmétique). **II. 1.** Faire rester (qqn). **2.** Susciter l'intérêt de. **3.** Maintenir (qqch.) en place. **4.** (sujet chose) Ne pas laisser passer. **5.** (sujet personne) S'empêcher d'émettre. **6.** Maintenir, tirer en arrière. **7.** Empêcher (qqn) d'agir. ▷ v. pron. se **retenir 1.** Faire effort pour ne pas tomber. **2.** Attendre pour céder (à un désir, un besoin).

rétention n. f. **1.** Fait de retenir pour soi. **2.** Fait de ne pas évacuer de l'organisme.

retentir v. intr. **1.** littér. Être rempli par un bruit. **2.** (son) Se faire entendre avec force. **3.** *Retentir sur :* avoir des répercussions sur.

retentissant, ante adj. **1.** Qui retentit (2). **2.** Qui a un retentissement.

retentissement n. m. □ Fait de susciter les réactions du public.

retenue n. f. **I. 1.** Prélèvement sur une rémunération. **2.** Chiffre qu'on réserve pour l'ajouter à la colonne suivante, dans une opération. **II. 1.** Fait de retenir en dehors des heures de cours. **2.** Fait de retenir (l'eau) ; barrage. **III.** littér. Fait de se contenir.

rétiaire n. m. □ Gladiateur romain armé d'un filet, d'un trident et d'un poignard.

réticence n. f. □ Témoignage de réserve.

réticent, ente adj. □ Qui manifeste de la réserve.

réticule n. m. □ sc. Système de fils croisés d'un instrument d'optique.

réticulé, ée adj. □ sc. En forme de réseau.

rétif, ive adj. 1. Qui s'arrête, refuse d'avancer. 2. Difficile à persuader.

rétine n. f. □ Membrane interne de l'œil. ▶ **rétinien, ienne** adj.

retirage n. m. □ Nouveau tirage (d'un livre, etc.).

retiré, ée adj. 1. (personnes) Qui s'est retiré (du monde, des affaires...). 2. (choses) Éloigné, situé dans un lieu isolé.

retirer v. tr. I. 1. *Retirer de* : faire sortir (qqn, qqch.) de. 2. Reculer. 3. Enlever (ce qui couvre). 4. *Retirer* (qqch.) *à* (qqn) : enlever, priver de. 5. Cesser de présenter. II. Tirer de nouveau. *Retirer une photo.* ▷ v. pron. se **retirer** 1. Partir, s'éloigner. 2. (fluides) Refluer. *La mer se retire.*

retombée n. f. 1. Mouvement de ce qui retombe. 2. Choses qui retombent. *Retombées radioactives.* 3. (souvent au plur.) Conséquence.

retomber v. intr. 1. Tomber de nouveau. – Toucher terre après s'être élevé. 2. Tomber de nouveau (dans une situation mauvaise, dans un état négatif). 3. Pendre librement. *Ses cheveux retombent sur ses épaules.* 4. Cesser d'agir. *Sa colère est retombée.* 5. (sujet chose abstraite) Être rejeté (sur).

retoquer v. tr. □ Refuser, faire échouer (une initiative...).

retordre v. tr. □ Assembler (des fils) en tordant.

rétorquer v. tr. □ littér. Retourner contre qqn (un argument).

retors, orse adj. 1. Retordu. 2. fig. Plein de ruse, d'une habileté tortueuse.

rétorsion n. f. □ Fait d'agir par représailles.

retouche n. f. 1. Action de retoucher (un travail...). 2. Adaptation d'un vêtement de confection.

retoucher v. tr. 1. Reprendre (un travail, une œuvre) en corrigeant. 2. Faire des retouches (2) à (un vêtement). ▶ **retoucheur, euse** n.

retour n. m. I. 1. Fait de repartir pour l'endroit d'où l'on est venu. 2. Parcours, temps pour revenir au point de départ. 3. Moment où l'on revient. 4. Mouvement de ce qui retourne. 5. Action de retourner (I, 6). II. Mouvement inverse d'un précédent. *RETOUR DE BÂTON*, réaction imprévue en sens opposé. – *RETOUR DE MANIVELLE* (mouvement brutal de la manivelle en sens inverse) : fig. contrecoup ; changement brutal. III. abstrait Fait de revenir. 1. *RETOUR À* (un état antérieur). *Le retour au calme.* 2. *ÊTRE SUR LE RETOUR*, commencer à prendre de l'âge, vieillir. 3. *Retour en arrière*, fait de remonter à un point antérieur d'une narration. 4. *Par un juste retour des choses* : par un juste retournement de la situation. 5. *SANS RETOUR* : de façon irréversible. ■ *EN RETOUR* : en échange, en compensation.

retournement n. m. □ Changement brusque et complet.

retourner v. I. v. tr. 1. Tourner à l'envers. – *Savoir DE QUOI IL RETOURNE*, de quoi il s'agit. 2. Mettre la face intérieure à l'extérieur. – Changer complètement. *Retourner la situation.* 3. Bouleverser (qqn). 4. Modifier par la permutation des éléments. *Retourner un mot* (→ **verlan**). 5. Diriger dans le sens opposé. 6. Renvoyer. 7. Tourner de nouveau. ■ Examiner longuement (une idée, etc.). II. v. intr. 1. Aller au lieu d'où l'on est venu. 2. Aller de nouveau. 3. *RETOURNER À* : retrouver (un état initial, un stade antérieur). 4. (sujet chose) Être restitué (à son possesseur). ▷ v. pron. se **retourner** 1. Changer de position en se tournant. 2. Tourner la tête en arrière (pour regarder). 3. *SE RETOURNER CONTRE* : combattre (qqn, qqch. dont on avait pris le parti); devenir nuisible. **4.** fam. S'adapter aux circonstances.

retracer v. tr. ▫ Raconter de manière à faire revivre.

① **rétracter** v. tr. ▫ littér. Nier, retirer (ce qu'on avait dit). – pronom. *Se rétracter.* ▶ **rétractation** n. f.

② **rétracter** v. tr. ▫ Contracter (un organe...) en rétrécissant.

rétraction n. f. ▫ Réaction par laquelle certains animaux, certains organes se rétractent. ▪ Contraction. ▶ **rétractile** adj.

retrait n. m. **I.** Fait de se retirer. **II.** Action de retirer.

retraite n. f. **I. 1.** *Retraite aux flambeaux :* défilé avec flambeaux, lampions. **2.** Recul délibéré et méthodique (d'une armée). **II. 1.** Période passée dans la prière et le recueillement. **2.** Cessation du travail (du fait de l'âge). ▪ Pension de retraité. **3.** littér. Lieu où l'on se retire.

retraité, ée adj. et n. ▫ Qui est à la retraite (II, 2).

retraiter v. tr. ▫ techn. Traiter pour une nouvelle utilisation. ▶ **retraitement** n. m.

retranchement n. m. ▫ Position fortifiée pour protéger les défenseurs. – fig. *Forcer, pousser qqn dans ses derniers retranchements,* l'attaquer violemment.

retrancher v. tr. **1.** Enlever d'un tout. **2.** *SE RETRANCHER* v. pron. Se protéger par des retranchements.

retransmettre v. tr. **1.** Transmettre de nouveau, à d'autres. **2.** Diffuser (dans une émission). ▶ **retransmission** n. f.

rétrécir v. **I.** v. tr. Rendre plus étroit. **II.** v. intr. Devenir plus étroit, plus court. ▷ v. pron. se **rétrécir** ▷ adj. **rétréci, ie** ▶ **rétrécissement** n. m.

se **retremper** v. pron. ▫ *Se retremper dans,* se replonger dans (un milieu).

rétribuer v. tr. **1.** Donner de l'argent en contrepartie de. **2.** Payer (qqn). ▶ **rétribution** n. f.

① **rétro** adj. invar. ▫ Qui imite un style démodé assez récent.

② **rétro** n. m. → **rétroviseur**

rétroactif, ive adj. ▫ Qui exerce une action sur le passé. ▶ **rétroactivement** adv. ▶ **rétroactivité** n. f.

rétroaction n. f. ▫ Effet rétroactif.

rétrocéder v. tr. **1.** Céder à qqn (ce qu'on avait reçu de lui). **2.** Vendre à un tiers (ce qui vient d'être acheté). ▶ **rétrocession** n. f.

rétrocommission n. f. ▫ Somme d'argent dont une partie est reversée de manière occulte par l'intermédiaire, après la conclusion d'un marché.

rétrofusée n. f. ▫ Fusée servant au freinage ou au recul (d'un engin spatial).

rétrogradation n. f. ▫ Sanction, mesure qui fait reculer dans la hiérarchie, dans un classement.

rétrograde adj. ▫ Qui s'oppose à l'évolution, au progrès.

rétrograder v. **I.** v. intr. **1.** Aller contre le progrès. **2.** Passer à la vitesse inférieure, en conduisant un véhicule. **II.** v. tr. Faire reculer (qqn) dans une hiérarchie, un classement.

rétroprojecteur n. m. ▫ Projecteur de démonstration (qui projette vers l'arrière).

rétrospectif, ive adj. **1.** Qui concerne le passé. **2.** (sentiment) Qui s'applique à des faits passés. ▶ **rétrospectivement** adv.

rétrospective n. f. ▫ Exposition qui présente l'évolution d'un artiste.

retroussé, ée adj. ▫ Qui est remonté, relevé.

retrousser v. tr. ▫ Replier vers le haut et vers l'extérieur.

retrouvailles n. f. pl. ▫ Fait, pour des personnes séparées, de se retrouver.

retrouver v. tr. **I. 1.** Voir se présenter de nouveau. **2.** Découvrir de nouveau (ce qui a été oublié). **3.** Trouver (qqn) de nouveau (quelque part). **4.** Trouver quelque part (ce qui existe déjà ailleurs). **II.** Trouver (une personne disparue), avoir de nouveau (un état perdu). **III.** Être de nouveau en présence de (qqn, qqch. dont on était séparé). ▷ v. pron. se **retrouver 1.** récipr. Être de nouveau ensemble. **2.** réfl. Retrouver son chemin. **3.** réfl. Se trouver soudainement (dans une situation).

rétrovirus n. m. ▫ Virus dont la famille comprend celui du sida. ▶ **rétroviral, ale, aux** adj.

rétroviseur n. m. ▫ Miroir qui permet au conducteur d'un véhicule de voir derrière lui. – abrév. **rétro.**

rets n. m. ▫ vx Filet (pour la chasse).

réunifier v. tr. ▫ Rétablir l'unité de. ▶ **réunification** n. f.

réunion n. f. **1.** Fait de réunir, de rassembler (des choses éparses). **2.** Fait de réunir des personnes ; ces personnes.

réunir v. tr. **1.** Avoir en soi (des éléments d'origines diverses). **2.** Mettre ensemble. – pronom. Former une réunion (2).

réussir v. **I.** v. intr. **1.** (sujet chose) Avoir une heureuse issue, un bon résultat. **2.** (personnes) Obtenir de bons résultats, le succès. ▪ (tr. ind.) RÉUSSIR À. *Réussir à un examen, à faire qqch.* **II.** v. tr. Exécuter, faire avec succès. ▷ adj. **réussi, ie**

réussite n. f. **I. 1.** Succès (de qqch.). **2.** Fait d'avoir réussi. **II.** Jeu de cartes auquel on joue seul.

réutiliser v. tr. ▫ Utiliser de nouveau. ▶ **réutilisable** adj. ▶ **réutilisation** n. f.

revaloir v. tr.. ▫ Rendre la pareille à qqn ; se venger. *Je vous revaudrai ça.*

revaloriser v. tr. **1.** Rendre sa valeur à. **2.** Donner une plus grande importance à. ▶ **revalorisation** n. f.

revanchard, arde adj. et n. ▫ péj. Qui veut prendre une revanche (militaire).

revanche n. f. **1.** Fait de reprendre l'avantage (sur qqn). ▪ Partie, match qui donne une nouvelle chance de gagner. **2.** *À CHARGE DE REVANCHE* : à condition qu'on rendra la pareille. **3.** *EN REVANCHE* loc. adv. : inversement.

rêvasser v. intr. ▫ S'abandonner à une rêverie. ▶ **rêvasserie** n. f.

rêve n. m. **1.** Suite de phénomènes psychiques, pendant le sommeil. **2.** Construction de l'imagination à l'état de veille.

rêvé, ée adj. **1.** Qui existe en rêve, dans un rêve. **2.** Qui convient tout à fait.

revêche adj. ▫ Acariâtre, hargneux.

① **réveil** n. m. **1.** Passage du sommeil à l'état de veille. **2.** fig. Fait de reprendre une activité.

② **réveil** n. m. ▫ Réveille-matin.

réveille-matin n. m. invar. ▫ Pendule à sonnerie réglable (syn. ② *réveil*).

réveiller v. tr. **1.** Tirer (qqn, un animal) du sommeil. **2.** Ramener à l'activité. ▷ v. pron. se **réveiller 1.** Sortir du sommeil. **2.** Reprendre de la vigueur.

réveillon n. m. ▫ Repas de fête de la nuit de Noël *ou* de la nuit du 31 décembre. ▶ **réveillonner** v. intr.

révélateur, trice I. n. m. Solution qui rend visible l'image, en photo. **II.** adj. Qui révèle (qqch.).

révélation n. f. **1.** Fait de révéler (ce qui était secret), d'être révélé. **2.** Ce qui apparaît brusquement comme une connaissance nouvelle. **3.** Personne qui se fait connaître brusquement.

révéler v. tr. **1.** Faire connaître (ce qui était inconnu, secret). **2.** Faire connaître (par un signe). ▷ v. pron. se **révéler** Se manifester. ▷ adj. **révélé, ée**

revenant, ante n. ◻ Âme d'un mort supposée revenir de l'autre monde.

revendeur, euse n. ◻ Personne qui vend après avoir acheté.

revendiquer v. tr. **1.** Réclamer (ce à quoi on a droit ou ce à quoi on estime avoir droit). **2.** Assumer la responsabilité de (spécialt, d'un acte criminel). ▶ **revendication** n. f. ▶ **revendicatif, ive** adj.

revendre v. tr. ◻ Vendre ce qu'on a acheté.

revenez-y n. m. invar. ◻ fam. *Un goût de revenez-y,* très agréable.

revenir v. intr. **I. 1.** Venir de nouveau (là où on était déjà venu). ■ (chose) Apparaître ou se manifester de nouveau. **2.** Reprendre (ce qu'on avait laissé). *Revenir sur un sujet.* **3.** (chose abstraite) Se présenter de nouveau (après être sorti de l'esprit). *Ça me revient !* **4.** *REVENIR À SOI :* reprendre conscience. **5.** (chose) Devoir être donné ; appartenir. *Cet argent me revient.* **6.** Plaire. *Sa tête ne me revient pas.* **7.** Équivaloir. *Cela revient au même.* **8.** Coûter au total (à qqn). **II.** *REVENIR SUR.* Examiner à nouveau. – Annuler. **III.** *FAIRE REVENIR* (un aliment) : passer dans un corps gras chaud.

revenu n. m. ◻ Somme qui revient (I, 5) à qqn.

rêver v. **I.** v. intr. **1.** Laisser aller son imagination. – tr. ind. *RÊVER À :* penser vaguement à. **2.** Faire des rêves (1). – tr. ind. *RÊVER DE :* voir, entendre en rêve. **II.** v. tr. **1.** littér. Imaginer, désirer idéalement. **2.** Former en dormant (une image...). *Rêver que* (+ indic.).

réverbère n. m. ◻ Appareil destiné à l'éclairage de la voie publique.

réverbérer v. tr. ◻ Renvoyer (la lumière, la chaleur, le son). ▶ **réverbération** n. f.

reverdir v. intr. ◻ Retrouver sa verdure.

révérence n. f. **I.** littér. Grand respect. **II.** Salut cérémonieux, inclination du buste en pliant les genoux.

révérencieux, ieuse adj. ◻ littér. Respectueux.

révérend, ende 1. adj. Épithète honorifique devant *père* et *mère* (en parlant de religieux). **2.** n. m. Pasteur anglican.

révérer v. tr. ◻ littér. Traiter avec un grand respect.

rêverie n. f. **1.** Activité d'imagination dirigée par l'affectivité. **2.** péj. Idée chimérique.

revers n. m. **I. 1.** Côté opposé à l'endroit. – fig. *Le revers de la médaille :* les inconvénients (de ce qui a des avantages). **2.** Partie repliée d'un vêtement. **3.** Geste par lequel on écarte, on frappe, etc., avec le dos de la main en avant. **II.** fig. Événement inattendu, qui change une situation en mal.

reverser v. tr. **1.** Verser de nouveau. **2.** Reporter.

réversible adj. **1.** Qui peut se reproduire en sens inverse. **2.** Qui peut se porter à l'envers comme à l'endroit (vêtement).

revêtement n. m. ◻ Élément qui recouvre une surface, pour la protéger, la consolider.

revêtir v. tr. **I. 1.** Couvrir (qqn, soi-même) d'un vêtement. **2.** Investir. *Revêtir qqn d'une dignité.* **3.** Mettre un revêtement. **II.** fig. Avoir, prendre (un aspect).

rêveur, euse adj. et n. ◻ Qui se laisse aller à la rêverie. ▶ **rêveusement** adv.

revigorer v. tr. ◻ Redonner de la vigueur à (qqn). ▶ **revigorant, ante** adj.

revirement n. m. ◻ Changement brusque et complet.

réviser v. tr. **1.** Modifier par une révision de. **2.** Vérifier le bon état de (qqch.). **3.** Revoir (ce qu'on a appris).

réviseur, euse n. □ Personne qui révise, revoit.

révision n. f. □ Action de réviser.

révisionnisme n. m. **1.** Position qui remet en question une doctrine politique. **2.** «Révision» de l'histoire par négation (du génocide des Juifs, etc.). ▶ **révisionniste** n. et adj.

revisiter v. tr. **1.** Visiter de nouveau. **2.** Interpréter d'une manière nouvelle.

revivre v. **I.** v. intr. **1.** Retrouver ses forces, son énergie. **2.** (choses) Renaître. **II.** v. tr. Vivre ou ressentir de nouveau (qqch.).

révocable adj. □ Qui peut être révoqué.

révocation n. f. □ Action de révoquer.

revoici prép. □ fam. Voici de nouveau.

revoilà prép. □ fam. Voilà de nouveau.

revoir v. tr. **I. 1.** Être de nouveau en présence de (qqn). ▪ *AU REVOIR*, se dit lorsque l'on se sépare. – n. m. invar. *Des au revoir*. **2.** Retourner dans (un lieu qu'on avait quitté). **3.** Regarder de nouveau ; assister de nouveau à (un spectacle). **II.** Examiner de nouveau pour corriger, pour se remettre en mémoire. – au p. p. *Édition revue et corrigée*.

révoltant, ante adj. □ Qui révolte, indigne.

révolte n. f. **1.** Action violente par laquelle un groupe tente de détruire l'autorité politique, la règle sociale. **2.** Attitude de refus et d'hostilité.

révolté, ée adj. □ Qui est en révolte.

révolter v. tr. □ Soulever (qqn) d'indignation, remplir de réprobation. ▷ v. pron. se **révolter** Se soulever contre une autorité.

révolu, ue adj. □ (espace de temps) Écoulé, terminé.

révolution n. f. **I.** sc. **1.** Retour périodique d'un astre à un point de son orbite. **2.** Rotation complète d'un corps mobile autour de son axe. **II. 1.** Changement très important dans la société. **2.** Renversement du régime constitutionnel accompagné de grands changements sociaux.

révolutionnaire adj. **1.** Relatif à une révolution (II, 2). – **adj.** et **n.** Partisan de la révolution. **2.** Qui apporte des changements radicaux.

révolutionner v. tr. **1.** Agiter violemment. **2.** Transformer radicalement.

revolver n. m. □ Arme à feu courte et portative.

révoquer v. tr. **1.** Destituer (un fonctionnaire, un magistrat...). **2.** Annuler (un acte juridique).

à la **revoyure** loc. interj. □ fam. Au revoir.

revue n. f. **I. 1.** Examen détaillé. **2.** Cérémonie militaire de présentation des troupes. **II.** Spectacle de variétés ou de music-hall. **III.** Publication périodique.

révulsé, ée adj. □ (visage...) Qui a une expression bouleversée.

révulser v. tr. □ Bouleverser (qqn), indigner.

révulsion n. f. □ Procédé thérapeutique provoquant un afflux de sang afin de dégager un organe atteint de congestion ou d'inflammation. ▶ **révulsif, ive** adj.

rez-de-chaussée n. m. invar. □ Partie inférieure d'un édifice dont le plancher est au niveau du sol.

rez-de-jardin n. m. invar. □ Partie de plain-pied avec un jardin.

rhabdomancie n. f. □ Radiesthésie pratiquée avec une baguette. ▶ **rhabdomancien, ienne** n.

rhabiller v. tr. □ Habiller de nouveau. ▪ pronom. *Se rhabiller*.

rhapsode n. m. □ Chanteur-poète de la Grèce antique qui allait de ville en ville.

rhapsodie n. f. ▫ Pièce instrumentale de composition très libre.

rhénan, ane adj. ▫ Du Rhin.

rhéostat n. m. ▫ Résistance variable réglant l'intensité d'un courant électrique.

rhésus n. m. **I.** zool. Singe du genre macaque. **II.** méd. Facteur d'un système de groupes sanguins (symb. Rh).

rhéteur n. m. ▫ Orateur, écrivain qui use de rhétorique.

rhétorique I. n. f. **1.** Art de bien parler. **2.** péj. Éloquence purement formelle. **II.** adj. De la rhétorique. ▶ **rhétoricien, ienne** n.

rhinocéros n. m. ▫ Mammifère à la peau épaisse et rugueuse, qui porte une ou deux cornes sur le nez.

rhinopharynx n. m. ▫ Partie supérieure du pharynx. ▶ **rhinopharyngite** n. f.

rhizome n. m. ▫ Tige souterraine, qui porte des racines et des tiges aériennes.

rhodanien, ienne adj. ▫ Du Rhône.

rhododendron n. m. ▫ Arbuste à feuilles persistantes, aux fleurs colorées.

rhodoïd n. m. ▫ Matière plastique translucide.

rhubarbe n. f. ▫ Plante à larges feuilles portées par de gros pétioles comestibles.

rhum n. m. ▫ Eau-de-vie de canne à sucre.

rhumatisant, ante adj. et n. ▫ Atteint de rhumatisme.

rhumatisme n. m. ▫ Affection douloureuse des articulations, des muscles. ▶ **rhumatismal, ale, aux** adj.

rhumatologie n. f. ▫ méd. Médecine des affections rhumatismales. ▶ **rhumatologue** n.

rhume n. m. ▫ Inflammation des muqueuses respiratoires.

rhumerie n. f. ▫ Distillerie de rhum.

rhythm and blues n. m. invar. ▫ anglic. Musique populaire des États-Unis.

ria n. f. ▫ géogr. Vallée fluviale envahie par la mer.

riant, ante adj. **1.** Qui exprime la gaieté. **2.** Gai, agréable.

R. I. B. n. m. invar. ▫ Relevé d'identité bancaire.

ribambelle n. f. ▫ Longue suite (de personnes ou de choses en grand nombre).

ribonucléique adj. ▫ biol. *Acide ribonucléique.* → **A. R. N.**

ribose n. m. ▫ chim. Sucre (ose*), constituant des acides nucléiques.

ribosome n. m. ▫ biol. Organite du cytoplasme de la cellule, actif dans la synthèse des protéines.

ricaner v. intr. ▫ Rire à demi de façon méprisante ou stupide. ▶ **ricanement** n. m. ▶ **ricaneur, euse** n. et adj.

richard, arde n. ▫ fam. et péj. Riche.

riche adj. **I.** adj. et n. Qui a de la fortune, possède des richesses. **II.** (choses) **1.** Qui suppose la richesse, semble coûteux. **2.** *RICHE EN, DE* : qui possède beaucoup de. **3.** Qui peut beaucoup produire. – fam. *Une riche idée,* excellente. ▶ **richement** adv.

richelieu n. m. ▫ Chaussure basse lacée.

richesse n. f. **I. 1.** Possession de grands biens. **2.** Qualité de ce qui est coûteux. **3.** Qualité de ce qui a en abondance les éléments requis. **II.** *LES RICHESSES* **1.** Les possessions matérielles. **2.** Ressources (d'un pays, d'une collectivité). **3.** Objets de valeur. ▪ Biens d'ordre intellectuel, esthétique.

richissime adj. ▫ Extrêmement riche.

ricin n. m. ▫ Plante à graines oléagineuses. – *Huile de ricin* (purgatif, lubrifiant).

ricochet n. m. ▫ Rebond d'une pierre lancée obliquement sur la surface de l'eau. ▶ **ricocher** v. intr.

ricotta n. f. ▫ Fromage frais italien.

ric-rac adv. ▫ fam. Exactement ; tout juste.

rictus n. m. ▫ Contraction de la bouche, en sourire grimaçant.

ride n. f. **1.** Petit pli de la peau. **2.** Légère ondulation ; pli, sillon. ▶ **ridé, ée** adj.

rideau n. m. **1.** Pièce d'étoffe mobile (pour tamiser la lumière, etc.). **2.** Grande draperie (ou toile peinte) qui sépare la scène de la salle, au théâtre. **3.** Chose capable d'arrêter la vue, de faire écran.

ridelle n. f. ▫ Châssis latéral (charrette, camion).

rider v. tr. **1.** Marquer, sillonner de rides. **2.** Marquer d'ondulations, de plis.

ridicule I. adj. **1.** Qui fait rire, se moquer ; laid, bête. **2.** Insignifiant. **II.** n. m. **1.** *TOURNER EN RIDICULE* : rendre ridicule. **2.** Ce qui rend ridicule. ▶ **ridiculement** adv. ▶ **ridiculiser** v. tr.

ridule n. f. ▫ Ride très fine.

rien pron. indéf. et n. m. **I.** nominal indéfini **1.** Quelque chose (en contexte négatif). *Rester sans rien faire.* **2.** (avec *ne*) Aucune chose, nulle chose. – *Comme si de rien n'était* : comme si rien ne s'était passé. **3.** loc. adv. *EN RIEN* (positif) : en quoi que ce soit. *Sans gêner en rien son action.* – *NE... EN RIEN* : d'aucune manière, pas du tout. **4.** (sans *ne*) Nulle chose. *Rien à faire* : la chose est impossible. ▪ *Deux, trois fois rien* : une chose insignifiante. **5.** (après une prép.) *POUR RIEN* : inutilement ou sans raison. – Sans payer ou à bas prix. ▪ (après un nom) *DE RIEN DU TOUT* : sans valeur, sans importance. **II.** n. m. **1.** *UN RIEN* : peu de chose. ▪ *UN RIEN DE* : un peu de. **2.** *UN RIEN* loc. adv. : un peu, légèrement. *C'est un rien trop grand.*

rieur, rieuse 1. n. Personne en train de rire. **2.** adj. Qui s'amuse, exprime la gaieté.

rififi n. m. ▫ argot Bagarre.

rigide adj. **1.** concret Qui ne se déforme pas. **2.** Qui se refuse aux concessions. ▪ Sans souplesse. ▶ **rigidité** n. f.

rigolade n. f. ▫ fam. **1.** Amusement. **2.** Chose ridicule ou sans importance.

rigolard, arde adj. ▫ fam. Gai.

rigole n. f. ▫ Petit conduit pour l'écoulement des eaux.

rigoler v. intr. ▫ fam. **1.** Rire, s'amuser. **2.** Plaisanter. *Là, on ne rigole plus.*

rigolo, ote ▫ fam. **I.** adj. **1.** adj. et n. Qui amuse, fait rire. **2.** Curieux, étrange. **II.** n. Personne à qui l'on ne peut pas faire confiance.

rigorisme n. m. ▫ Respect strict des principes. ▶ **rigoriste** n. et adj.

rigoureusement adv. **1.** D'une manière rigoureuse (1 ou 2). **2.** Absolument, totalement.

rigoureux, euse adj. **1.** Qui fait preuve de rigueur (1). **2.** Dur à supporter. **3.** D'une exactitude inflexible. ▪ Mené avec précision.

rigueur n. f. **1.** Sévérité, dureté extrême. – *TENIR RIGUEUR à qqn (de...)*, lui garder rancune (de...). **2.** Exactitude, logique inflexible. **3.** *DE RIGUEUR* loc. adj. : imposé. **4.** loc. adv. *À LA RIGUEUR* : en cas de nécessité.

rikiki adj. invar. → **riquiqui**

rillettes n. f. pl. ▫ Viande hachée et cuite dans la graisse.

rimailler v. intr. ▫ péj. Faire de mauvais vers. ▶ **rimailleur, euse** n.

rime n. f. **1.** Disposition de sons identiques à la finale de mots placés à la fin de deux ou plusieurs vers. **2.** *SANS RIME NI RAISON* : d'une manière incompréhensible, absurde.

rimer v. intr. **1.** Faire des vers. **2.** Constituer une rime. ▷ adj. **rimé, ée**

rimeur, euse n. ▫ Poète médiocre.

rimmel n. m. (n. déposé) ▫ Fard pour les cils.

rinçage n. m. ▫ Action de rincer.

rinceau n. m. ▫ Ornement architectural en forme d'arabesque végétale.

rince-doigts n. m. invar. ▫ Petit récipient pour se laver les doigts à table.

rincer v. tr. **1.** Nettoyer à l'eau (un récipient). **2.** Passer à l'eau (ce qui a été lavé). **3.** fam. *SE RINCER L'ŒIL* : regarder avec plaisir.

rinçure n. f. ▫ Eau qui a servi à rincer.

ring n. m. ▫ Estrade de boxe, de lutte entourée de cordes.

ringard, arde ▫ fam. **I.** n. Personne démodée. **II.** adj. Démodé ; médiocre.

ripaille n. f. ▫ fam. Repas où l'on mange beaucoup et bien. ▶ **ripailler** v. intr.

riper v. intr. ▫ Glisser de côté, déraper.

ripolin n. m. ▫ Peinture laquée brillante. ▶ **ripoliner** v. tr.

riposte n. f. **1.** Réponse vive, instantanée. **2.** Vive réaction de défense.

riposter v. intr. **1.** Adresser une riposte. – trans. *Riposter que.* **2.** Répondre par une attaque (à une attaque).

ripou adj. ▫ fam. Corrompu. – n. m. Policier vénal.

riquiqui adj. invar. ▫ fam. Petit ; mesquin.

① **rire** v. intr. **1.** Exprimer la gaieté par un mouvement de la bouche, accompagné d'expirations saccadées. **2.** S'amuser. **3.** Plaisanter. **4.** *RIRE DE* : se moquer de (qqn, qqch.).

② **rire** n. m. ▫ Fait de rire.

① **ris** n. m. ▫ mar. Partie d'une voile qu'on peut replier pour diminuer sa surface.

② **ris** n. m. ▫ Thymus comestible (veau, agneau).

① **risée** n. f. ▫ Moquerie.

② **risée** n. f. ▫ mar. Rafale de vent.

risette n. f. ▫ Sourire (surtout des enfants).

risible adj. ▫ Un peu ridicule.

risotto n. m. ▫ Riz préparé à l'italienne.

risque n. m. **1.** Danger prévisible. **2.** dr. Éventualité d'un dommage. **3.** Fait de s'exposer à un danger (pour obtenir un avantage).

risqué, ée adj. ▫ Dangereux.

risquer v. tr. **1.** Exposer. *Risquer sa vie.* **2.** Tenter (ce qui comporte des risques). **3.** S'exposer à (un danger, un inconvénient). – *Vous risquez de tomber. Vous risquez qu'il s'en aperçoive.* ▷ v. pron. **se risquer 1.** S'exposer, avec la conscience du risque. **2.** *SE RISQUER À* (+ inf.), se hasarder à.

risque-tout n. invar. et adj. invar. ▫ Qui pousse l'audace jusqu'à l'imprudence.

rissole n. f. ▫ Petit pâté frit.

rissoler v. tr. ▫ Exposer à une température élevée (une viande, des légumes, etc.) de manière à dorer.

ristourne n. f. **1.** Remise accordée à un client. **2.** Commission versée à un intermédiaire. ▶ **ristourner** v. tr.

rite n. m. **1.** Cérémonies d'une religion. **2.** fig. Pratique réglée, invariable.

ritournelle n. f. ▫ Air à couplets répétés.

rituel, elle I. adj. D'un rite. **II.** n. m. Ensemble d'habitudes, de règles. ▶ **rituellement** adv.

rivage n. m. ▫ Terre qui borde une mer.

rival, ale, aux I. n. Personne qui dispute à autrui ce qu'un seul peut obtenir. **II.** adj. Opposé (à qqn ou à qqch.) pour disputer un avantage (sans violence).

rivaliser v. intr. ▫ Être en concurrence, chercher à égaler.

rivalité n. f. ▫ Situation de rival.

rive n. f. ▫ Bande qui borde un cours d'eau, un lac.

river v. tr. **I.** **1.** Attacher solidement au moyen de pièces de métal. **2.** fig. *Être rivé (à son travail...)*, ne pas le quitter. **II.** **1.** Rabattre l'extrémité de (un clou, une pointe...) sur la pièce traversée. – fig. *River son clou à qqn*, le réduire au silence. **2.** Fixer par des rivets.

riverain, aine n. **1.** Personne qui habite le long d'un cours d'eau, d'un lac. **2.** fig. *Les riverains d'une rue, d'une route.*

rivet n. m. ▫ Tige munie d'une tête et dont l'autre extrémité est aplatie au moment de l'assemblage. ▶ **riveter** v. tr.

rivière n. f. **1.** Cours d'eau naturel qui se jette dans un autre cours d'eau. **2.** *RIVIÈRE DE DIAMANTS* : collier de diamants.

rixe n. f. ▫ Querelle violente.

riz n. m. **1.** Céréale *(Graminées)* riche en amidon. **2.** Grain de cette plante, préparé pour la consommation.

rizière n. f. ▫ Terrain (souvent inondé) où l'on cultive le riz ; plantation de riz.

R. M. I. n. m. (sigle de *revenu minimum d'insertion*) ▫ (en France) Revenu garanti aux personnes démunies. ▶ **RMIste** ou **RMiste** n. – var. **érémiste.**

RNIS ou **R. N. I. S.** ▫ Réseau numérique permettant d'échanger des informations.

road movie n. m. ▫ anglic. Film dont la narration implique un long trajet, un voyage par la route. *Des road movies.*

robe n. f. **I.** **1.** Vêtement féminin de dessus, d'un seul tenant. **2.** Vêtement long et ample. *Robe de juge, d'avocat.* **3.** *ROBE DE CHAMBRE* : vêtement d'intérieur. **II.** Pelage (cheval, fauves...).

robinet n. m. ▫ Appareil servant à régler le passage d'un fluide dans un tuyau.

robinetterie n. f. **1.** Industrie, commerce des robinets. **2.** Ensemble de robinets.

robinier n. m. ▫ Arbre épineux à fleurs blanches en grappes (syn. *faux acacia*).

roboratif, ive adj. ▫ littér. Qui revigore.

robot n. m. **1.** Machine à l'aspect humain. **2.** Mécanisme automatique complexe. – Appareil ménager à usages variés.

robotique n. f. ▫ Technique des robots (2).

robotiser v. tr. **1.** Équiper de robots (2). **2.** Transformer (qqn) en robot (1).

robuste adj. ▫ Fort et résistant. ▶ **robustesse** n. f.

roc n. m. ▫ Matière rocheuse et dure.

rocade n. f. ▫ Route de dérivation.

rocaille n. f. **1.** Pierres qui jonchent le sol ; terrain plein de pierres. **2.** Décoration de cailloux, coquillages, etc. (jardins).

rocailleux, euse adj. **1.** Plein de pierres. **2.** fig. Dur et heurté. – *Une voix rocailleuse.*

rocambolesque adj. ▫ Plein de péripéties extraordinaires.

roche n. f. **1.** sc. Assemblage de minéraux. **2.** *LA ROCHE* : la pierre (surtout dure).

rocher n. m. **1.** Grande masse de roche. ▪ Paroi rocheuse. **2.** anat. Partie massive de l'os temporal. **3.** Confiserie en forme de rocher.

rocheux, euse adj. **1.** Couvert, formé de rochers. **2.** Formé de roche.

rock ou **rock and roll** n. m. ▫ anglic. Musique populaire à rythme marqué, issue du blues, du jazz. – Danse sur cette musique. ▪ adj. invar. *Chanteur rock.* ▶ **rockeur, euse** n.

rocking-chair n. m. ▫ Fauteuil à bascule. *Des rocking-chairs.*

rococo **1.** n. m. Style décoratif baroque du XVIIIe siècle. – adj. invar. *L'art rococo.* **2.** adj. invar. Démodé, vieillot.

rodéo n. m. ▫ (en Amérique du Nord) Fête comportant des épreuves où l'on doit maîtriser des bêtes (chevaux, taureaux) que l'on monte.

roder v. tr. **1.** Faire fonctionner (un moteur neuf) avec précaution. **2.** fig., fam. Mettre au point (une chose nouvelle) par des essais. ▷ p. p. **rodé, ée**
▶ **rodage** n. m.

rôder v. intr. ▫ Errer avec des intentions suspectes. ▶ **rôdeur, euse** n.

rodomont n. m. ▫ littér. Fanfaron.
▶ **rodomontade** n. f.

rogatoire adj. ▫ dr. Relatif à une demande.

rogaton n. m. ▫ fam. (surtout au plur.) Bribe de nourriture ; reste d'un repas.

rogne n. f. ▫ fam. Colère, mauvaise humeur.

rogner v. tr. **1.** Couper, rectifier les contours ou prélever. **2.** fig. Diminuer d'une petite quantité.

rognon n. m. ▫ Rein (d'un animal), destiné à la cuisine.

rognure n. f. **1.** surtout au plur. Ce que l'on enlève quand on rogne qqch. **2.** Déchet.

rogomme n. m. ▫ *Voix de rogomme*, enrouée, éraillée.

rogue adj. ▫ littér. Arrogant.

roi n. m. **1.** Souverain de certains États, accédant au pouvoir par voie héréditaire. **2.** Chef, représentant éminent. **3.** Pièce la plus importante du jeu d'échecs. **–** Carte à jouer figurant un roi.

roitelet n. m. **I.** Roi d'un petit pays. **II.** Petit passereau.

rôle n. m. **I.** dr. admin. Registre, liste. ■ *À TOUR DE RÔLE* loc. adv. : chacun à son tour. **II. 1.** Partie d'un texte que doit dire sur scène un acteur ; personnage qu'il représente. **2.** Conduite sociale. **–** *Jeu de rôles*, impliquant des rôles sociaux ou symboliques. **3.** Influence, fonction (dans un ensemble).

roller n. m. ▫ anglic. Patin à roulettes en ligne fixées sur une chaussure rigide. **–** Sport pratiqué avec ces patins.

rollmops n. m. ▫ Filet de hareng mariné dans du vinaigre.

① **rom** n. et adj. ▫ Membre d'un peuple nomade originaire de l'Inde, apparu en Europe centrale au XIVe siècle. ■ n. m. Langue de ce peuple. **–** syn. **romani** n. m.

② **ROM** n. f. invar. ▫ inform. Mémoire non modifiable.

romain, aine adj. **1.** adj. et n. De l'ancienne Rome et son empire. **–** *Un travail de Romain* : une œuvre longue et difficile. **2.** typogr. *Caractère romain*, à hampes verticales. **3.** De Rome (ville ; siège de la papauté).

① **romaine** n. f. ▫ Laitue à feuilles allongées et croquantes.

② **romaine** adj. f. et n. f. ▫ *(Balance) romaine*, formée d'un fléau à bras inégaux.

① **roman** n. m. **I.** ling. Langue issue du latin oral, qui a abouti au français. **II.** Œuvre d'imagination en prose qui présente des personnages donnés comme réels.

② **roman, ane** adj. **I. 1.** *La langue romane* : le roman (①, I) de Gaule. **2.** *Les langues romanes*, issues du latin populaire. **II.** Relatif à l'art médiéval d'Europe occidentale, avant le gothique. **–** n. m. Art, style roman.

romance n. f. ▫ Chanson sentimentale.

romancer v. tr. ▫ Présenter en donnant les caractères du roman.

romanche n. m. ▫ Langue romane des Grisons (Suisse).

romancier, ière n. ▫ Auteur de romans.

romand, ande adj. ▫ Où l'on parle le français (en Suisse).

romanesque adj. 1. Qui offre les caractères traditionnels du roman. 2. Imaginatif et sentimental.

romani → **rom**

romanichel, elle n. ▫ péj. Tsigane nomade.

romaniste n. ▫ didact. Spécialiste des langues romanes.

roman-photo n. m. ▫ Récit sous forme d'une série de photos. – syn. **photoroman.**

romantique adj. 1. Du romantisme (1). – n. *Les classiques et les romantiques.* 2. D'une sensibilité idéaliste, rêveuse.

romantisme n. m. 1. Mouvement littéraire et artistique en réaction contre le classicisme et le rationalisme (début XIXe s.). 2. Caractère, esprit romantique (2).

romarin n. m. ▫ Arbuste aromatique.

rombière n. f. ▫ péj. Femme d'âge mûr, ennuyeuse, prétentieuse, ridicule.

rompre v. I. v. tr. 1. littér. Casser. – *Applaudir à tout rompre,* très fort. 2. Défaire (un arrangement, un ordre). – ROMPRE LES RANGS, les quitter. 3. Cesser, interrompre, mettre fin à. II. v. intr. Renoncer à des relations d'amitié, d'amour (avec qqn).

rompu, ue adj. 1. Cassé. 2. Très fatigué. 3. littér. ROMPU À : très exercé à.

romsteck n. m. ▫ Partie de l'aloyau.

ronce n. f. 1. Arbuste épineux aux fruits comestibles. ▶ **ronceraie** n. f. 2. Nœuds, veines de certains bois.

ronchon, onne n. ▫ fam. Personne qui ronchonne. – adj. *Elle est ronchonne* (ou invar. *ronchon*). ▶ **ronchonner** v. intr. fam. ▶ **ronchonnement** n. m. ▶ **ronchonneur, euse** n.

roncier n. m. ▫ Buisson de ronces.

rond, ronde I. adj. 1. En forme de cercle ou de sphère. 2. En arc de cercle. ▪ Charnu, rebondi. – (personnes) Gros et court. 3. (quantité ; nombre) Entier ; spécialt qui se termine par un zéro. 4. Qui agit sans détours. 5. fam. Ivre. 6. adv. TOURNER ROND, d'une manière régulière. II. n. m. 1. Figure circulaire. ▪ EN ROND loc. adv. : en cercle. 2. Objet matériel de forme ronde. ▪ fam. Sou. 3. *Faire des* RONDS DE JAMBE, des politesses exagérées.

rond-de-cuir n. m. ▫ péj. Employé de bureau.

ronde n. f. 1. À LA RONDE : alentour. 2. Visite de surveillance. 3. Danse où plusieurs personnes forment un cercle et tournent. 4. Écriture à jambages courbes. 5. Note de musique valant deux blanches.

rondeau n. m. ▫ Poème à forme fixe, sur deux rimes avec des vers répétés.

ronde-bosse n. f. ▫ Sculpture en relief, détachée du fond.

rondelet, ette adj. 1. Qui a des formes arrondies. 2. *Une somme rondelette,* assez importante.

rondelle n. f. 1. Pièce ronde, peu épaisse, généralement évidée. 2. Petite tranche ronde.

rondement adv. 1. Avec efficacité. 2. D'une manière franche et directe.

rondeur n. f. 1. Forme ronde (d'une partie du corps). 2. Caractère rond (I, 4).

rondin n. m. ▫ Morceau de bois cylindrique.

rondo n. m. ▫ mus. Pièce brillante à couplets et refrain.

rondouillard, arde adj. ▫ fam. Grassouillet.

rond-point n. m. ▫ Place circulaire d'où rayonnent plusieurs avenues. *Des ronds-points.*

ronflant, ante adj. ▫ péj. Grandiloquent, plein d'emphase.

ronfler v. intr. ▫ Faire, en respirant pendant le sommeil, un fort bruit du nez. ▶ **ronflement** n. m. ▶ **ronfleur, euse** n.

ronger v. tr. 1. User en coupant avec les dents (incisives) par petits morceaux. – (vers, insectes) Attaquer, détruire. 2. (sujet chose) Attaquer, détruire peu à peu (qqch.). – fam. *Se ronger les sangs*, se faire du souci.

rongeur, euse 1. adj. Qui ronge. 2. n. m. Mammifère à incisives tranchantes.

ronron n. m. 1. fam. Ronflement sourd et continu. ▪ fig. Routine. 2. Petit grondement régulier du chat. ▶ **ronronner** v. intr. ▶ **ronronnement** n. m.

roquefort n. m. ▫ Fromage de lait de brebis, à moisissures.

roquer v. intr. ▫ échecs Intervertir le roi et une tour.

roquet n. m. 1. Petit chien hargneux. 2. fig. Personne hargneuse.

① **roquette** n. f. ▫ Fusée militaire.

② **roquette** n. f. ▫ Plante dont on mange les feuilles en salade.

rorqual n. m. ▫ Mammifère marin.

rosace n. f. 1. Figure faite de courbes inscrites dans un cercle. 2. Grand vitrail d'église, circulaire.

rosacée n. f. ▫ bot. Plante à feuilles dentées, à étamines nombreuses.

rosaire n. m. ▫ Grand chapelet.

rosâtre adj. ▫ D'un rose peu franc.

rosbif n. m. ▫ Morceau de bœuf à rôtir.

① **rose** n. f. I. 1. Fleur du rosier. – *EAU DE ROSE* : essence de roses. fig. *Un roman à l'eau de rose*, mièvre. ▪ fam. *Envoyer qqn SUR LES ROSES*, le rembarrer. 2. *Bois de rose* : bois de couleur rosée. II. 1. *ROSE DES VENTS* : étoile sur le cadran d'une boussole, etc. 2. *ROSE DE SABLE, DES SABLES* : cristallisation de gypse.

② **rose** adj. et n. m. ▫ D'un rouge très pâle. – *Voir la vie, l'avenir... EN ROSE*, avec optimisme.

rosé, ée adj. ▫ Légèrement teinté de rose. – *Vin rosé* et n. m. *du rosé*.

roseau n. m. ▫ Plante aquatique à tige droite et lisse.

rosée n. f. ▫ Vapeur d'eau qui se condense et se dépose en fines gouttelettes.

roséole n. f. ▫ Éruption de taches rosées.

roseraie n. f. ▫ Plantation de rosiers.

rosette n. f. 1. Nœud à boucles d'un ruban. 2. Insigne d'officier, dans certains ordres. 3. Saucisson.

roseval n. f. ▫ Pomme de terre à la peau rose et à la pulpe rosée. *Des rosevals*.

rosier n. m. ▫ Arbrisseau épineux portant les roses. ▶ **rosiériste** n. → **horticulteur.**

rosière n. f. ▫ anciennt Jeune fille vertueuse qui recevait une couronne de roses.

rosir v. ▫ Devenir, rendre rose.

rosse n. f. I. Mauvais cheval. II. fig. Personne méchante (aussi adj.).

rosser v. tr. ▫ Battre violemment. ▶ **rossée** n. f.

rosserie n. f. ▫ Parole ou action rosse.

rossignol n. m. I. Passereau, au chant harmonieux. II. Instrument pour crocheter les portes.

röstis n. m. pl. ▫ (Suisse) Plat de pommes de terre râpées et rissolées. – var. **rœstis.**

rostre n. m. 1. Antiq. romaine Éperon de navire. 2. zool. Prolongement pointu, vers l'avant du corps (crustacés ; insectes...).

rot n. m. ▫ fam. Renvoi de gaz de l'estomac par la bouche.

rôt n. m. ▫ littér. Rôti.

rotatif, ive adj. ▫ Qui agit par rotation.

rotation n. f. 1. didact. Mouvement d'un corps autour d'un axe (matériel ou non). 2. Fait d'alterner ; fréquence de mouvements.

rotative n. f. ▫ Presse à imprimer continue.

rotatoire adj. ▫ Caractérisé par une rotation.

roter v. intr. ▫ fam. Faire des rots.

rôti n. m. ▫ Morceau de viande cuit à feu vif.

rôtie n. f. ▫ Tranche de pain grillé.

rotin n. m. ▫ Tige d'un palmier (le *rotang* n. m.).

rôtir v. **1.** v. tr. Faire cuire (de la viande) à feu vif. – au p. p. *Poulet rôti.* ▪ fig. pronom. *Se rôtir au soleil.* **2.** v. intr. Cuire à feu vif. ▶ **rôtissoire** n. f.

rôtisserie n. f. **1.** Boutique de rôtisseur. **2.** Restaurant de viandes rôties.

rôtisseur, euse n. ▫ Personne qui prépare et vend des viandes rôties.

rotonde n. f. ▫ Édifice circulaire.

rotondité n. f. ▫ Caractère de ce qui est rond, sphérique.

rotor n. m. ▫ Partie mobile d'un mécanisme rotatif.

rottweiler n. m. ▫ Chien de taille moyenne, très puissant.

rotule n. f. ▫ Os plat, à la partie antérieure du genou. ▶ **rotulien, ienne** adj.

roturier, ière adj. et n. ▫ Qui n'est pas noble. ▶ **roture** n. f.

rouage n. m. **1.** Chacune des pièces d'un mécanisme. **2.** fig. Partie essentielle (d'un ensemble qui fonctionne).

roublard, arde adj. et n. ▫ fam. Qui fait preuve d'astuce et de ruse. ▶ **roublardise** n. f.

rouble n. m. ▫ Unité monétaire de la Russie.

roucouler v. intr. **1.** (pigeon, tourterelle) Faire entendre son cri. **2.** Tenir des propos tendres. ▶ **roucoulement** n. m.

roudoudou n. m. ▫ Pâte sucrée moulée dans une coquille.

roue n. f. **1.** Disque tournant sur un axe, utilisé comme organe de déplacement ou de transmission. **2.** Supplice qui consistait à attacher le condamné sur une roue et à lui rompre les membres. **3.** GRANDE ROUE : manège en forme de roue dressée. **4.** FAIRE LA ROUE. Tourner latéralement sur soi-même, sur les mains et sur les pieds. – (oiseaux) Déployer en rond les plumes de la queue. **5.** Disque, cylindre.

roué, ée ▫ littér. **1.** n. Supplicié par la roue (2). **2.** adj. et n. Rusé et sans scrupules. ▶ **rouerie** n. f.

rouelle n. f. ▫ Partie de la cuisse de veau coupée en rond.

roue-pelle n. f. ▫ Excavatrice comportant une roue à godets. *Des roues-pelles.*

rouer v. tr. **1.** Supplicier sur la roue (2). **2.** *Rouer qqn de coups,* battre.

rouet n. m. ▫ anciennt Machine à roue servant à filer (chanvre, laine, lin, etc.).

rouf n. m. ▫ mar. Petite construction élevée sur le pont d'un navire.

rouflaquettes n. f. pl. ▫ fam. Favoris courts.

rouge adj. et n. **I.** adj. **1.** Qui est de la couleur du sang, du rubis, etc. ▪ VIN ROUGE, fait avec des raisins ayant leur peau. **2.** Porté à l'incandescence. **3.** (personnes) Dont la peau est ou devient rouge, par l'afflux du sang. **II.** n. m. **1.** Couleur rouge. **2.** Colorant ; pigment rouge. ▪ Fard rouge. **3.** Couleur du métal incandescent. **4.** Teinte rouge que prend la peau du visage. **5.** Couleur des signaux d'interdiction.

rougeâtre adj. ▫ Légèrement rouge.

rougeaud, aude adj. ▫ Qui a le teint rouge.

rouge-gorge n. m. ▫ Passereau à gorge et poitrine d'un roux vif.

rougeole n. f. ▫ Maladie infectieuse caractérisée par une éruption de taches rouges sur la peau. ▶ **rougeoleux, euse** adj. et n.

rougeoyer v. intr. ▫ Prendre une teinte rougeâtre. ▶ **rougeoiement** n. m. ▶ **rougeoyant, ante** adj.

rouget n. m. ▫ Poisson de mer de couleur rouge.

rougeur n. f. **1.** Coloration rouge du visage. **2.** Tache rouge sur la peau.

rougir v. **I.** v. intr. **1.** Devenir rouge. **2.** Éprouver de la confusion. **II.** v. tr. **1.** Rendre rouge. **2.** Chauffer (un métal) au rouge. ▶ **rougissant, ante** adj. ▶ **rougissement** n. m.

rouille n. f. **1.** Produit rougeâtre de la corrosion du fer (oxygénation). ▪ adj. invar. D'un rouge brun. **2.** Maladie des végétaux. **3.** Ailloli relevé de piment rouge.

rouiller v. **I.** v. intr. Se couvrir de rouille. **II.** v. tr. **1.** Couvrir de rouille. **2.** fig. Rendre moins alerte (le corps, l'esprit) par manque d'exercice. – pronom. *Se rouiller ; être rouillé.*

rouir v. tr. ▫ techn. Isoler les fibres textiles (lin, chanvre) par macération.

roulade n. f. ▫ Mouvement qui consiste à s'enrouler sur soi-même.

roulant, ante adj. **1.** Qui roule. **2.** Qui glisse sur des rouleaux pour transporter, déplacer. *Tapis roulant.* **3.** *Feu roulant,* tir continu ; fig. suite ininterrompue.

roulé, ée adj. **1.** Enroulé. **2.** *R roulé* (→ **rouler** (I, 5)). **3.** fam. (personnes) *BIEN ROULÉ* : bien fait.

rouleau n. m. **I. 1.** Bande enroulée de forme cylindrique. – *Être au bout du rouleau,* à bout de forces. **2.** Chose enroulée, objets roulés. **3.** Grosse vague qui se brise. **4.** Saut en hauteur où le corps roule au-dessus de la barre. **II.** Cylindre que l'on fait rouler ou destiné à recevoir ce qui s'enroule.

roulé-boulé n. m. ▫ Culbute par laquelle on tombe en se roulant en boule.

roulement n. m. **1.** Action, fait de rouler (II). – Mécanisme destiné à diminuer les frottements. **2.** Bruit de ce qui roule. **3.** Mouvement de ce qui tourne. **4.** (argent) Fait de circuler. **5.** Alternance de personnes qui se relaient.

rouler v. **I.** v. tr. **1.** Déplacer (un corps arrondi) en le faisant tourner sur lui-même. **2.** Déplacer (un objet muni de roues, de roulettes). **3.** Mettre en rouleau. **4.** Imprimer un balancement à. **5.** *Rouler les r,* les faire vibrer. **6.** fam. Tromper. **II.** v. intr. **1.** Avancer en tournant sur soi-même. **2.** Tomber et tourner sur soi-même. **3.** Avancer au moyen de roues, de roulettes. – (personnes) Avancer dans un véhicule à roues. **4.** (conversation...) *ROULER SUR* : avoir pour sujet. ▷ v. pron. se **rouler** **1.** Rouler son corps allongé. **2.** S'envelopper (dans).

roulette n. f. **1.** Petite roue. **2.** Instrument à roue dentée. **3.** Jeu de hasard où une boule dans une cuvette tournante détermine un numéro gagnant.

roulis n. m. ▫ Oscillation transversale d'un bateau.

roulotte n. f. ▫ Voiture aménagée où vivent des nomades.

roumain, aine adj. et n. ▫ De Roumanie.

round n. m. ▫ Reprise (d'un combat de boxe).

① **roupie** n. f. ▫ fam. *De la roupie de sansonnet :* une chose insignifiante.

② **roupie** n. f. ▫ Unité monétaire de l'Inde, du Pakistan, du Népal, etc.

roupiller v. intr. ▫ fam. Dormir.

roupillon n. m. ▫ fam. Petit somme.

rouquin, ine adj. et n. ▫ fam. Qui a les cheveux roux.

rouscailler v. intr. ▫ fam. Rouspéter.

rouspéter v. intr. ▫ fam. Protester, réclamer (contre qqch.). ▶ **rouspétance** n. f. ▶ **rouspéteur, euse** n.

roussâtre adj. ▫ Qui tire sur le roux.

roussette n. f. **1.** Squale de petite taille (syn. *chien de mer*). **2.** Grande chauve-souris.

rousseur n. f. ▫ Couleur rousse. – *TACHE DE ROUSSEUR* : tache rousse de la peau.

roussi n. m. ▫ Odeur d'une chose qui a légèrement brûlé. – *Sentir le roussi*, mal tourner, se gâter.

roussir v. ▫ Devenir ; rendre roux, roussâtre.

routard, arde n. ▫ Personne qui voyage librement et à peu de frais.

route n. f. **1.** Voie de communication terrestre importante. ▪ *La route*, les communications automobiles. **2.** Chemin suivi ou à suivre dans une direction déterminée. **3.** *EN ROUTE*. *Mettre en route*, en marche.

router v. tr. **1.** techn. Grouper (des imprimés) selon leur destination. ▶ **routage** n. m. **2.** mar. Fixer la route, l'itinéraire de (un navire). **3.** inform. Acheminer des données au sein d'un réseau.

① **routier, ière** **1.** adj. Relatif aux routes. **2.** n. m. Conducteur de poids lourds. ▪ Restaurant fréquenté par les routiers.

② **routier** n. m. ▫ *Vieux routier*, homme expérimenté.

routine n. f. **1.** Habitude devenue mécanique ; préjugés répétitifs, empêchant le progrès. **2.** anglic. (non péj.) *De routine* : courant, habituel. ▶ **routinier, ière** adj.

rouvrir v. **I.** v. tr. Ouvrir de nouveau. **II.** v. intr. Être de nouveau ouvert.

roux, rousse adj. et n. **1.** D'une couleur entre l'orangé et le rouge. **2.** Dont les cheveux sont roux.

royal, ale, aux adj. **1.** Du roi. **2.** Digne d'un roi. ▶ **royalement** adv.

royaliste n. et adj. ▫ Partisan du roi, du régime monarchique. ▶ **royalisme** n. m.

royalties n. f. pl. ▫ anglic. Redevance versée au propriétaire d'un brevet, à un auteur ; à un pays producteur de pétrole.

royaume n. m. ▫ État, territoire gouverné par un roi, une reine.

royauté n. f. ▫ Dignité, pouvoir de roi.

R. S. A. n. m. (sigle de *revenu de solidarité active*) ▫ (en France) Revenu garanti aux chômeurs qui retrouvent un travail (complément de revenu).

R. T. T. n. f. ▫ (en France) Réduction (légale) du temps de travail. – Congé pris à ce titre.

ru n. m. ▫ région. Petit ruisseau.

ruade n. f. ▫ Mouvement des chevaux, ânes..., qui lancent en arrière leurs membres postérieurs.

ruban n. m. **1.** Étroite bande de tissu. **2.** Bande d'une matière flexible.

rubéole n. f. ▫ Maladie éruptive contagieuse.

rubicond, onde adj. ▫ (visage) Très rouge.

rubis n. m. **1.** Pierre précieuse rouge. **2.** *Payer RUBIS SUR L'ONGLE* : payer comptant et en totalité.

rubrique n. f. **1.** Titre indiquant la matière d'un article de presse. **2.** Article de journal sur un sujet déterminé.

ruche n. f. **1.** Abri aménagé pour un essaim d'abeilles ; l'essaim. **2.** fig. Lieu où règne une activité incessante.

ruché n. m. ▫ Bande d'étoffe plissée.

rucher n. m. ▫ Emplacement de ruches ; ensemble de ruches.

rude adj. 1. Simple et grossier. 2. littér. Dur, sévère. – Redoutable. 3. (choses) Pénible. 4. Dur au toucher, à l'ouïe. ▶ **rudesse** n. f.

rudement adv. 1. De façon brutale. 2. Avec dureté. 3. fam. Beaucoup.

rudiment n. m. 1. au plur. Notions élémentaires ; ébauche (d'un système). 2. Ébauche ou reste (d'un organe). ▶ **rudimentaire** adj.

rudologie n. f. ▫ didact. Étude des déchets, de leur élimination.

rudoyer v. tr. ▫ Traiter rudement.

rue n. f. 1. Voie d'importance moyenne, bordée de maisons, dans une agglomération. 2. *L'homme de la rue*, le premier venu.

ruée n. f. ▫ Mouvement rapide de personnes dans une direction.

ruelle n. f. ▫ Petite rue étroite.

ruer v. I. *SE RUER* v. pron. S'élancer avec violence. II. v. intr. Lancer des ruades. – fig. *Ruer dans les brancards* : regimber, résister.

ruffian ou **rufian** n. m. ▫ Aventurier.

rugby n. m. ▫ Sport d'équipe qui se joue avec un ballon ovale. ▶ **rugbyman** n. m.

rugir v. intr. 1. (lion, fauves) Pousser des rugissements. 2. (personnes) Pousser des cris. 3. Produire un bruit sourd et puissant.

rugissement n. m. 1. Cri du lion et de certains fauves (tigres, panthères, etc.). 2. Cri rauque. 3. (choses) Grondement sourd et puissant.

rugueux, euse adj. ▫ Dont la surface présente de petites aspérités, et qui est rude au toucher. ▶ **rugosité** n. f.

ruine n. f. I. (surtout plur.) Débris d'un édifice ancien ou écroulé. II. 1. Écroulement d'un édifice. 2. Destruction, perte. 3. Perte de la fortune.

ruiner v. tr. 1. Endommager gravement. 2. Causer la ruine, la perte de. 3. Faire perdre la fortune à ; faire trop dépenser. – pronom. *Se ruiner en médicaments.* ▷ p. p. **ruiné, ée**

ruineux, euse adj. ▫ Qui amène la ruine, des dépenses excessives.

ruisseau n. m. 1. Petit cours d'eau. 2. Caniveau.

ruisseler v. intr. 1. Couler sans arrêt en formant un courant d'eau. 2. *RUISSELER DE* : être couvert de (un liquide qui ruisselle). ▶ **ruisselant, ante** adj.

ruisselet n. m. ▫ Petit ruisseau.

ruissellement n. m. ▫ Fait de ruisseler.

rumba n. f. ▫ Danse d'origine cubaine ; musique de cette danse.

rumeur n. f. 1. Bruit, nouvelle de source incontrôlée qui se répand. 2. Bruit confus (de voix, etc.).

ruminant n. m. ▫ Mammifère ongulé qui rumine.

ruminer v. tr. 1. (ruminants) Mâcher de nouveau (des aliments revenus de l'estomac), avant de les avaler. 2. (personnes) Tourner et retourner lentement dans son esprit. ▶ **rumination** n. f.

rumsteck n. m. → **romsteck**

rune n. f. ▫ didact. Caractère de l'ancien alphabet des langues germaniques. ▶ **runique** adj.

rupestre adj. ▫ didact. 1. Qui vit dans les rochers. 2. *Art rupestre*, exécuté sur une paroi rocheuse.

rupin, ine adj. et n. ▫ fam. Riche.

rupteur n. m. ▫ techn. Dispositif qui interrompt un courant électrique.

rupture n. f. 1. Fait de se casser, de se rompre. 2. Cessation brusque. 3. Brouille.

rural, ale, aux adj. 1. Qui concerne la vie dans les campagnes. 2. n. m. pl. *Les ruraux*.

ruse n. f. 1. Procédé habile pour tromper. 2. Art de dissimuler, de tromper.

ruser v. intr. ▫ Agir avec ruse. ▷ adj. **rusé, ée**

rush n. m. ▫ anglic. 1. Afflux brusque d'un grand nombre de personnes. 2. au plur. (cinéma) Épreuves de tournage (avant montage).

russe adj. et n. ▫ De Russie. – n. *Les Russes.* ▪ n. m. Langue slave parlée notamment en Russie.

russule n. f. ▫ Champignon à lamelles.

rustaud, aude adj. ▫ Qui a des manières grossières et maladroites.

rustine n. f. ▫ Rondelle de caoutchouc qui sert à réparer une chambre à air.

rustique adj. 1. littér. De la campagne. 2. péj. Très simple et peu raffiné. ▶ **rusticité** n. f.

rustre n. m. ▫ Homme grossier.

rut n. m. ▫ Période d'activité sexuelle des mammifères.

rutabaga n. m. ▫ Plante à tige renflée, à chair jaune.

rutilant, ante adj. ▫ Qui brille d'un vif éclat. ▶ **rutiler** v. intr.

rythme n. m. 1. Mouvement du discours poétique, de la phrase, qui résulte de son agencement, de la répartition des accents. 2. Répartition des sons musicaux dans le temps. 3. Mouvement périodique, régulier. 4. Allure à laquelle se déroule un processus.

rythmer v. tr. 1. Soumettre à un rythme. 2. Souligner le rythme de. ▷ adj. **rythmé, ée**

rythmique adj. 1. Soumis à un rythme régulier. 2. Relatif au rythme. ▪ n. f. Étude des rythmes dans la langue. ▶ **rythmiquement** adv.

S

s n. m. **1.** Dix-neuvième lettre, quinzième consonne de l'alphabet. *L's* ou *le s.* **2.** Forme sinueuse du s.

sa → ① **son (adj. poss.)**

sabayon n. m. ▫ Crème mousseuse aromatisée de vin.

sabbat n. m. **1.** Repos que les juifs pratiquants doivent observer le samedi. – var. **shabbat** n. m. **2.** Assemblée de sorciers.

sabbatique adj. **1.** Du sabbat (1). **2.** *Année sabbatique,* congé d'un an.

sabir n. m. **1.** Mélange d'arabe, de français, d'espagnol, d'italien. **2.** péj. Jargon.

sable n. m. **1.** Ensemble de petits grains minéraux séparés. **2.** adj. invar. Beige très clair.

sablé, ée n. m. ▫ Petit gâteau sec à pâte friable.

sabler v. tr. **1.** Couvrir de sable. **2.** techn. Couler dans un moule de sable. **3.** *Sabler le champagne,* le boire. **4.** techn. Décaper à la sableuse. ▶ **sablage** n. m.

sableur, euse I. n. Ouvrier, ouvrière qui sable (2 et 4). **II.** n. f. Machine qui projette un jet de sable.

sableux, euse adj. ▫ Qui contient du sable.

sablier n. m. ▫ Instrument pour mesurer le temps par écoulement de sable.

sablière n. f. ▫ Carrière de sable.

sablonneux, euse adj. ▫ Naturellement couvert ou constitué de sable.

sabord n. m. ▫ Ouverture pour les canons (vaisseaux de guerre).

saborder v. tr. **1.** Couler volontairement (un navire). **2.** fig. Sacrifier (une activité, une entreprise). ▷ v. pron. **se saborder** ▶ **sabordage** n. m.

sabot n. m. **1.** Chaussure faite d'une pièce de bois évidée. **2.** Enveloppe cornée qui entoure l'extrémité des doigts chez les ongulés.

saboter v. tr. **1.** Faire vite et mal. **2.** Détériorer ou détruire. ▶ **sabotage** n. m. ▶ **saboteur, euse** n.

sabotier, ière n. ▫ Personne qui fabrique, qui vend des sabots.

sabre n. m. ▫ Arme blanche, à lame courbe à simple tranchant.

sabrer v. tr. **I.** Frapper à coups de sabre. ▶ **sabreur** n. m. **II.** fig. Couper dans (un texte).

① **sac** n. m. **I. 1.** Contenant souple, ouvert par le haut. ▪ *Sac de couchage* (fait de duvet). – *Sac à dos. Sac à main.* **2.** *Mettre dans le même sac* : considérer aussi mal. *Prendre qqn la main dans le sac,* sur le fait. – fam. VIDER SON SAC : avouer. **II.** didact. Cavité de l'organisme.

② **sac** n. m. ▫ Pillage (d'une ville, d'une région). – *Mettre à sac* : piller.

saccade n. f. ▫ Mouvement brusque et irrégulier. ▶ **saccadé, ée** adj.

saccager v. tr. **1.** Mettre à sac. **2.** Mettre en désordre. ▶ **saccage** n. m. ▶ **saccageur, euse** n.

saccharine n. f. ▫ Succédané du sucre.

saccharose n. m. ▫ didact. Sucre alimentaire.

sacerdoce n. m. **1.** Dignité ou fonction de prêtre. ▶ **sacerdotal, ale, aux** adj. **2.** fig. Fonction qui exige du dévouement.

sachem n. m. ▫ Chef, conseiller (Amérindiens).

sachet n. m. ▫ Petit sac ; poche.

sacoche n. f. ▫ Sac de cuir ou de toile forte.

sacquer ou **saquer** v. tr. ▫ fam. **1.** Renvoyer, congédier ; noter sévèrement. **2.** *Ne pas pouvoir sacquer qqn,* le détester.

sacral, ale, aux adj. ▫ didact. Du sacré.

sacraliser v. tr. ▫ didact. Attribuer un caractère sacré à. ▶ **sacralisation** n. f.

sacramentel, elle adj. ▫ didact. Des sacrements.

sacre n. m. **1.** Cérémonie par laquelle l'Église consacre un souverain, un évêque. **2.** fig. Consécration solennelle.

① **sacré, ée** adj. **I. 1.** adj. et n. m. Qui appartient à un domaine interdit et inviolable et fait l'objet d'une vénération religieuse. *Le sacré et le profane.* **2.** Digne d'un respect absolu. **II.** fam. (avant le n. ; valeur intensive) *C'est un sacré menteur.* ▶ **sacrément** adv. fam. → **très.**

② **sacré, ée** adj. ▫ anat. Du sacrum.

Sacré-Cœur n. m. ▫ Cœur de Jésus-Christ.

sacrement n. m. ▫ Rite sacré institué par Jésus-Christ, pour produire ou augmenter la grâce dans les âmes.

sacrer v. tr. ▫ Consacrer (qqn) par un sacre.

sacrificateur, trice n. ▫ Prêtre, prêtresse préposé(e) aux sacrifices.

sacrifice n. m. **1.** Offrande rituelle à la divinité. **2.** Renoncement ou privation volontaire. ▶ **sacrificiel, ielle** adj.

sacrifier v. tr. **1.** Offrir en sacrifice (1). ▪ intrans. SACRIFIER À. – fig. *Sacrifier à la mode,* s'y conformer. **2.** Abandonner ou négliger (qqch., qqn). ▷ v. pron. se **sacrifier** → se **dévouer.**

sacrilège I. n. m. Profanation de ce qui est sacré. **II.** n. Personne qui a commis un sacrilège. – adj. *Un attentat sacrilège.*

sacripant n. m. ▫ fam. Chenapan.

sacristain, aine n. ▫ Préposé(e) à la sacristie, à l'entretien de l'église.

sacristie n. f. ▫ Annexe d'une église où sont déposés les objets du culte.

sacro-saint, sacro-sainte adj. ▫ Trop respecté. *Ses sacro-saints principes.*

sacrum n. m. ▫ Os formé par la réunion de cinq vertèbres, à la partie inférieure de la colonne vertébrale.

sadisme n. m. **1.** psych. Perversion sexuelle dans laquelle le plaisir ne peut être obtenu qu'en faisant souffrir. **2.** cour. Goût de faire souffrir. ▶ **sadique** adj. et n. ▶ **sadiquement** adv.

sadomasochisme n. m. ▫ psych. Perversion sexuelle qui associe sadisme et masochisme. ▶ **sadomasochiste** adj. et n.

safari n. m. ▫ Expédition de chasse, en Afrique. – *SAFARI-PHOTO* : excursion pour voir, photographier des animaux sauvages.

① **safran** n. m. **1.** Crocus à stigmates orangés. **2.** Condiment en poudre provenant de ces stigmates. **3.** Couleur jaune orangé.

② **safran** n. m. ▫ Pièce principale d'un gouvernail de navire.

saga n. f. ▫ Histoire d'une famille racontée sur plusieurs générations.

sagacité n. f. ▫ Pénétration faite d'intuition, de finesse. ▶ **sagace** adj.

sagaie n. f. ▫ Lance, javelot.

sage adj. **1.** littér. adj. et n. m. Qui a du savoir, est juste, peut être imité. **2.** Réfléchi et modéré. ▪ (choses) Mesuré. **3.** Calme et docile (enfants).

sage-femme n. f. ▫ Femme qui veille à la grossesse et à l'accouchement des femmes.

sagement adv. ▫ D'une manière sage.

sagesse n. f. **1.** Philosophie, conduite du sage (1). **2.** Modération et prudence dans la conduite. ▪ (choses) Mesure. **3.** Docilité (enfants).

Sagittaire n. m. ▫ Neuvième signe du zodiaque (22 novembre-20 décembre).

sagittal, ale, aux adj. ▫ didact. **1.** En forme de flèche. **2.** *Plan sagittal :* plan vertical perpendiculaire au plan vu de face.

sagouin, ouine ▫ n. Personne, enfant malpropre.

saharien, ienne adj. et n. ▫ Du Sahara.

saharienne n. f. ▫ Veste de toile.

sahraoui, ie adj. et n. ▫ Du Sahara occidental.

saï n. m. ▫ Sapajou.

saïga n. m. ▫ Petite antilope.

saignant, ante adj. **1.** Qui dégoutte de sang. **2.** (viande) Peu cuit.

saignée n. f. **1.** Évacuation provoquée de sang. **2.** Pli entre le bras et l'avant-bras.

saignement n. m. ▫ Écoulement de sang.

saigner v. **I.** v. intr. Perdre du sang. **II.** v. tr. **1.** Faire une saignée à (qqn). **2.** Égorger (un animal). **3.** fig. Épuiser (qqn) en lui retirant ses ressources. – pronom. *Se saigner aux quatre veines :* donner tout ce qu'on a.

saillant, ante adj. **1.** Qui avance, dépasse. – *Angle saillant.* **2.** fig. Qu'on remarque.

saillie n. f. **I.** Accouplement des animaux domestiques. **II.** Partie qui dépasse l'alignement.

saillir v. **I.** v. tr. (animaux mâles) Couvrir (la femelle). **II.** v. intr. Avancer en formant une saillie (II).

sain, saine adj. **1.** Qui est en bonne santé. **2.** Considéré comme bon et normal. **3.** fig. Qui ne présente aucune anomalie. ▶ **sainement** adv.

saindoux n. m. ▫ Graisse de porc fondue.

sainfoin n. m. ▫ Plante à fleurs rouges (fourrage).

saint, sainte **I.** n. **1.** cathol. Personne qui est après sa mort l'objet d'un culte public. **2.** (autres religions) *Les saints de l'islam.* **3.** Personne d'une vertu, d'une patience exemplaires. **4.** n. m. *Le Saint des Saints,* l'endroit le plus secret et le plus important. **II.** adj. **1.** (devant le nom du saint, de la sainte) *Saint Paul.* **2.** Qui mène une vie irréprochable. **3.** Qui a un caractère sacré. ▶ **saintement** adv.

saint-bernard n. m. ▫ Grand chien de montagne dressé à porter secours aux voyageurs égarés. *Des saint-bernard(s).*

saint-cyrien n. m. ▫ Élève de l'École militaire de Saint-Cyr.

sainte nitouche n. f. ▫ Personne qui affecte l'innocence.

sainteté n. f. ▫ Caractère d'une personne ou d'une chose sainte.

saint-frusquin n. m. ▫ fam. (en fin d'énumération) *...et tout le saint-frusquin :* et tout le reste.

à la **saint-glinglin** loc. adv. ▫ fam. À une date indéfiniment reportée.

saint-honoré n. m. ▫ Gâteau à la crème Chantilly garni de petits choux.

Saint-Siège n. m. ▫ Papauté.

saisi, ie adj. ▫ dr. Qui fait l'objet d'une saisie (1).

saisie n. f. **1.** Procédure par laquelle des biens sont remis à la justice, à l'autorité. **2.** inform. Enregistrement de données.

saisine n. f. ▫ dr. Prérogative de saisir (I, 7).

saisir v. tr. **I.** **1.** Prendre dans sa main (qqch.) avec force ou rapidité. **2.** *Saisir qqn, un animal,* le retenir. **3.** Se mettre promptement en mesure d'utiliser.

4. Parvenir à percevoir. 5. (sensations, émotions, etc.) S'emparer brusquement des sens, de l'esprit de (qqn). 6. Exposer à un feu vif (ce qu'on fait cuire). 7. Procéder à la saisie (1) de, pour faire respecter un droit. – *Saisir qqn*, saisir ses biens. 8. Effectuer la saisie (2) de. II. dr. Porter devant (une juridiction). ▷ v. pron. se **saisir** (de) Mettre en sa possession.

saisissant, ante adj. ▫ Qui surprend.

saisissement n. m. ▫ Effet soudain d'une sensation ou d'une émotion.

saison n. f. 1. Époque de l'année caractérisée par son climat et par l'état de la végétation. 2. Époque de l'année. *Saison théâtrale.* ▪ absolt Époque où les vacanciers affluent.

saisonnalité n. f. ▫ Caractère saisonnier (d'un phénomène).

saisonnier, ière adj. ▫ Propre à une saison ; qui ne dure qu'une saison.

saké n. m. ▫ Alcool de riz japonais.

salace adj. ▫ Obscène. *Propos salaces.* ▶ **salacité** n. f.

salade n. f. 1. Feuilles d'herbes potagères crues, assaisonnées. 2. Plante cultivée dont on fait la salade. 3. Plat froid assaisonné d'une vinaigrette. 4. *Salade de fruits* : fruits coupés et mélangés. 5. fig., fam. Mélange confus. 6. fig., fam. *Vendre sa salade* : chercher à convaincre. – au plur. Histoires, mensonges.

saladier n. m. ▫ Récipient à salade.

salafisme n. m. ▫ relig. Doctrine prônant le retour aux valeurs fondamentales de l'islam. ▶ **salafiste** adj. et n.

salaire n. m. ▫ Somme d'argent payable régulièrement par l'employeur à la personne qu'il emploie.

salaison n. f. 1. Fait de saler (un produit alimentaire) pour conserver. 2. Ce produit.

salamalecs n. m. pl. ▫ fam. Politesses exagérées.

salamandre n. f. ▫ Petit batracien noir taché de jaune.

salami n. m. ▫ Gros saucisson sec.

salangane n. f. ▫ zool. Oiseau d'Asie dont le nid est comestible.

salant adj. m. ▫ Qui produit du sel.

salarial, ale, aux adj. ▫ Du salaire.

salariat n. m. 1. Condition de salarié. 2. Ensemble des salariés.

salarier v. tr. ▫ Rétribuer par un salaire. ▷ adj. et n. **salarié, ée**

salaud n. m. et adj. m. ▫ fam. Homme méprisable, moralement répugnant.

sale adj. I. Qui n'est pas propre. II. fig. 1. *Argent sale*, issu d'activités condamnées par la loi. 2. fam. Grivois. *Histoires sales.* 3. (avant le nom) Très désagréable. *Une sale histoire.* ▪ Méprisable.

① **salé, ée** adj. I. 1. Qui contient naturellement du sel. 2. Assaisonné ou conservé avec du sel. II. fam. Excessif. *La note est salée !*

② **salé** n. m. ▫ Porc salé. – *PETIT SALÉ* : poitrine de porc (peu salée).

salement adv. 1. D'une manière sale. 2. péj. Très.

saler v. tr. 1. Assaisonner avec du sel. 2. Imprégner de sel ou plonger dans la saumure. 3. Recouvrir de sel.

saleté n. f. 1. Caractère de ce qui est sale. 2. Ce qui est sale, salit. 3. fig. Chose immorale. 4. fam. Chose sans valeur.

salicaire n. f. ▫ Plante à grands épis de fleurs rouges.

salicorne n. f. ▫ Plante des terrains salés.

salicylique adj. ▫ *Acide salicylique* : antiseptique dont dérive l'aspirine.

salière n. f. ▫ Récipient pour saler.

saligaud n. m. ▫ fam. Salaud.

salin, ine adj. 1. Qui contient du sel. 2. chim. Relatif à un sel.

saline n. f. **1.** Entreprise de production du sel. **2.** Marais salant.

salinité n. f. ▫ Teneur en sel.

salique adj. ▫ hist. *Loi salique* (des Francs *Saliens*), qui excluait les femmes de la succession.

salir v. tr. **1.** Rendre sale. **2.** fig. Avilir. ▷ v. pron. se **salir** ▶ **salissant, ante** adj. ▶ **salissure** n. f.

salive n. f. ▫ Liquide produit par les glandes salivaires dans la bouche. ▶ **salivaire** adj. ▶ **saliver** v. intr. ▶ **salivation** n. f.

salle n. f. **1.** Pièce d'habitation. *Salle à manger, de bains, d'eau, de séjour.* **2.** Vaste local, dans un édifice public. **3.** Le public (d'une salle).

salmigondis n. m. ▫ Mélange disparate.

salmis n. m. ▫ Gibier rôti en sauce.

salmonellose n. f. ▫ Maladie infectieuse due à des bactéries (*salmonelle* n. f.).

salmonidé n. m. ▫ Poisson osseux à deux nageoires dorsales.

saloir n. m. ▫ Récipient, local destiné aux salaisons.

salon n. m. **1.** Pièce de réception (dans un logement privé). – Mobilier de salon. **2.** Salle (d'un établissement ouvert au public). *Salon de coiffure.* **3.** Manifestation commerciale, exposition.

saloon n. m. ▫ anglic. Bar (au Far West).

salopard n. m. ▫ fam. Salaud.

salope n. f. ▫ fam. Femme méprisable.

saloper v. tr. ▫ fam. **1.** Faire très mal (un travail). **2.** Salir énormément.

saloperie n. f. ▫ fam. Saleté (2 à 4).

salopette n. f. ▫ Pantalon à bretelles et à plastron.

salpêtre n. m. ▫ Couche de nitrates pulvérulente.

salpingite n. f. ▫ méd. Inflammation d'une trompe de l'utérus.

salsa n. f. ▫ Musique afro-cubaine au rythme marqué.

salsepareille n. f. ▫ Arbuste épineux à racine dépurative.

salsifis n. m. ▫ Plante potagère à longue racine comestible ; cette racine.

saltimbanque n. ▫ Personne qui fait des tours d'adresse en public.

salubre adj. ▫ (air, climat, milieu) Qui a une action favorable sur l'organisme.

salubrité n. f. **1.** Caractère salubre. **2.** Hygiène préservant des maladies.

saluer v. tr. **1.** Adresser un salut (II, 2). **2.** Manifester du respect à (qqch.) par des pratiques réglées. **3.** Accueillir par des manifestations extérieures.

salure n. f. ▫ didact. Teneur en sel.

salut n. m. **I. 1.** Fait d'être sauvé, de garder ou de recouvrer un état heureux, prospère. **2.** *L'ARMÉE DU SALUT*, association religieuse philanthropique (▶ n. **salutiste**). **II. 1.** Formule par laquelle on souhaite à qqn, santé, prospérité ; on accueille ou on dit adieu. **2.** Démonstration de civilité qu'on fait en rencontrant qqn. ▪ Geste de salut.

salutaire adj. ▫ Qui a une action favorable.

salutation n. f. ▫ Manière de saluer exagérée.

salvateur, trice adj. ▫ littér. Qui sauve.

salve n. f. **1.** Décharge d'armes à feu ; coups de canon. **2.** fig. *Une salve d'applaudissements.*

samare n. f. ▫ bot. Fruit sec à péricarpe prolongé en aile membraneuse.

samba n. f. ▫ Danse brésilienne à deux temps ; sa musique.

samedi n. m. ▫ Sixième jour de la semaine.

samizdat n. m. ▫ hist. (en U. R. S. S.) Diffusion clandestine d'ouvrages interdits.

samouraï n. m. ▫ Guerrier japonais de la société féodale.

samoussa ou **samosa** n. m. ▫ Petit pâté garni de hachis et frit (cuisine indienne, créole...).

samovar n. m. ▫ Bouilloire à thé russe.

sampan n. m. ▫ Petite embarcation (Chine).

sample n. m. ▫ anglic. Échantillon d'un morceau de musique existant, retouché sur ordinateur.

SAMU n. m. invar. (sigle de *service d'aide médicale d'urgence*) ▫ (en France) Service hospitalier disposant d'unités mobiles.

sanatorium n. m. ▫ Maison de soins des tuberculeux pulmonaires. – abrév. **sana.**

sanctificateur, trice adj. et n. ▫ relig. Qui sanctifie.

sanctifier v. tr. **1.** Rendre saint. **2.** Révérer comme saint. ▶ **sanctifiant, ante** adj. ▶ **sanctification** n. f.

sanction n. f. **I.** Approbation, confirmation. **II.** Peine établie par une autorité pour réprimer un acte.

sanctionner v. tr. **1.** Confirmer, entériner. – au p. p. *Études sanctionnées par un diplôme.* **2.** Punir par une sanction (II).

sanctuaire n. m. ▫ Édifice, lieu saint.

sandale n. f. ▫ Chaussure légère à cordons ou à lanières. ▶ **sandalette** n. f.

sandow n. m. (n. déposé) ▫ Câble élastique.

sandre n. m. ▫ Poisson de rivière voisin de la perche.

sandwich n. m. ▫ Aliments froids entre deux tranches de pain. *Des sandwichs* ou *des sandwiches.*

sang n. m. **1.** Liquide rouge qui circule dans les vaisseaux, à travers l'organisme. – *Mon sang n'a fait qu'un tour,* j'ai été bouleversé. ▪ *Avoir du sang sur les mains,* avoir commis un crime. **2.** Principe de vie. *Avoir le sang chaud :* être irascible, ou impétueux. – *Se faire du* MAUVAIS SANG, du souci. **3.** *BON SANG !,* juron familier. **4.** (Idée d'hérédité, de parenté) *Les liens du sang.*

sang-froid n. m. ▫ Maîtrise de soi.

sanglant, ante adj. **1.** En sang, couvert de sang. **2.** Qui fait couler le sang.

sangle n. f. ▫ Bande large et plate qu'on tend pour maintenir ou serrer qqch.

sangler v. tr. ▫ Serrer (une sangle, etc.).

sanglier n. m. ▫ Porc sauvage.

sanglot n. m. ▫ Respiration saccadée et bruyante, dans les crises de larmes. ▶ **sangloter** v. intr.

sang-mêlé n. invar. ▫ vieilli Métis.

sangria n. f. ▫ Vin à l'orange.

sangsue n. f. ▫ Ver annélide muni de deux ventouses, qui suce le sang.

sanguin, ine adj. ▫ Du sang.

sanguinaire adj. ▫ Qui aime tuer.

sanguine n. f. **1.** Hématite rouge (mine de crayon). ▪ Dessin à la sanguine. **2.** Orange à la pulpe rouge sang.

sanguinolent, ente adj. ▫ Couvert, teinté de sang.

sanhédrin n. m. ▫ hist. Tribunal religieux et civil de la Palestine antique.

sanie n. f. ▫ vx ou littér. Pus mêlé de sang.

sanitaire adj. **1.** Relatif à la santé publique et à l'hygiène. **2.** Se dit des appareils et installations qui distribuent et évacuent l'eau dans les habitations. – n. m. pl. *Les sanitaires.*

sans prép. **1.** Qui n'a pas (de). ▪ *Sans toi, j'étais mort !,* si tu n'avais pas été là. **2.** loc. conj. *SANS QUE* (+ subj.). **3.** adv. fam. *Comment faire sans ?*

sans-abri n. invar. ▫ Personne qui n'a pas de logement.

sans-cœur n. invar. ▫ fam. Personne insensible à la souffrance d'autrui.

sanscrit, ite → **sanskrit, ite**

sans-culotte n. m. ▫ hist. Révolutionnaire.

sans-faute n. m. invar. ▫ Prestation parfaite.

sans-gêne 1. adj. invar. et n. invar. D'une familiarité excessive. 2. n. m. invar. Attitude d'une personne qui ne se gêne pas pour les autres.

sans-grade n. m. ▫ Simple soldat. ▪ fig. Subalterne.

sanskrit, ite ou **sanscrit, ite** n. m. ▫ Langue classique de la civilisation brahmanique de l'Inde.

sans-le-sou n. invar. ▫ fam. Personne sans argent.

sans-logis n. ▫ Sans-abri.

sansonnet n. m. ▫ Étourneau.

sans-papiers n. ▫ Personne qui ne possède pas les documents d'identité requis dans le pays dans lequel elle se trouve.

sans-souci adj. invar. ▫ Insouciant.

santal, als n. m. ▫ Arbre exotique qui fournit une essence balsamique. – Ce parfum.

santé n. f. 1. Bon état physiologique d'un être vivant. 2. Fonctionnement de l'organisme. 3. État sanitaire d'une société.

santiag n. f. ▫ Botte de cuir à piqûres décoratives, à bout effilé.

santon n. m. ▫ Figurine des crèches provençales.

saoul, saoule ; saouler → **soûl ; soûler**

sapajou n. m. ▫ Petit singe d'Amérique.

① **saper** v. tr. 1. Détruire les assises de (une construction) pour faire écrouler. 2. fig. → **ébranler, miner.** ▶ ① **sape** n. f.

② se **saper** v. pron. ▫ fam. S'habiller. ▷ p. p. **sapé, ée** ▶ ② **sape** n. f. fam. → **fringues.**

saperlipopette interj. ▫ vx Juron familier exprimant le dépit. – var. **saperlotte.**

① **sapeur** n. m. ▫ Soldat du génie employé à la sape et à d'autres travaux.

② **sapeur** n. m. ▫ (Afrique) Homme qui s'habille avec élégance et souci de paraître.

sapeur-pompier n. m. ▫ admin. Pompier.

saphique adj. ▫ littér. De l'homosexualité féminine. ▶ **saphisme** n. m.

saphir n. m. ▫ Pierre précieuse bleue.

sapide adj. ▫ didact. Qui a de la saveur. ▶ **sapidité** n. f.

sapin n. m. 1. Conifère à feuilles (aiguilles) persistantes. – *Sapin de Noël* (en réalité épicéa), décoré. 2. Bois de cet arbre. ▶ **sapinière** n. f.

saponaire n. f. ▫ Plante à fleurs roses et odorantes, qui contient une substance moussante.

saponifier v. tr. ▫ chim. Transformer en savon. ▶ **saponification** n. f.

sapotille n. f. ▫ Grosse baie, fruit du *sapotillier* (n. m. ; arbre d'Amérique centrale).

sapristi interj. ▫ Juron familier exprimant l'étonnement ou l'exaspération.

saquer v. tr. → **sacquer**

sarabande n. f. ▫ Danse d'origine espagnole, au rythme vif.

sarbacane n. f. ▫ Tube creux servant à lancer de petits projectiles, par le souffle.

sarcasme n. m. ▫ Dérision ; raillerie. ▶ **sarcastique** adj. ▶ **sarcastiquement** adv.

sarcelle n. f. ▫ Oiseau palmipède, plus petit que le canard.

sarcler v. tr. 1. Arracher en extirpant les racines. 2. Débarrasser des herbes nuisibles. ▶ **sarclage** n. m. ▶ **sarcloir** n. m.

sarcome n. m. ▫ méd. Tumeur maligne. ▶ **sarcomateux, euse** adj.

sarcophage n. m. ▫ Cercueil de pierre.

sarcopte n. m. ▫ Acarien de la gale (1).

sardane n. f. □ Danse catalane.

sardine n. f. **1.** Petit poisson de mer. **2.** Piquet de tente.

sardinerie n. f. □ Conserverie de sardines.

sardinier, ière I. adj. Relatif à la pêche, à la conserve des sardines. – n. m. *Un sardinier* (bateau). **II.** n. Pêcheur, conserveur de sardines.

sardonique adj. □ D'une moquerie amère, méchante. ▶ **sardoniquement** adv.

sargasse n. f. □ Algue brune, très répandue au nord-est des Antilles *(mer des Sargasses)*.

sari n. m. □ en Inde Vêtement traditionnel féminin fait d'une longue étoffe drapée.

sarigue n. f. □ Petit marsupial, à longue queue préhensile.

sarin n. m. □ chim. Gaz de combat extrêmement toxique.

S. A. R. L. n. f. □ Société à responsabilité (des associés) limitée (au montant de leurs apports).

sarment n. m. **1.** Rameau de vigne devenu ligneux. **2.** Tige de plante grimpante.

sarouel n. m. □ Pantalon flottant à large fond. – var. **saroual.**

① **sarrasin, ine** n. □ au Moyen Âge Musulman d'Orient, d'Afrique ou d'Espagne. – adj. *Les invasions sarrasines.*

② **sarrasin** n. m. □ Céréale *(blé noir)*.

sarrau n. m. □ Blouse de travail en toile.

sarriette ou **sariette** n. f. □ Plante à feuilles aromatiques.

sas n. m. **1.** Tamis cerclé de bois. **2.** Bassin entre les deux portes d'une écluse. **3.** Pièce étanche qui permet le passage. ▶ **sasser** v. tr.

sashimi n. m. □ Plat japonais de poisson cru en tranches.

sassafras n. m. □ Arbre aromatique voisin du laurier.

satan n. m. □ vx Diable.

satané, ée adj. □ Maudit (au sens faible). *Une satanée pluie.*

satanique adj. **1.** De Satan. **2.** Diabolique, infernal.

satelliser v. tr. □ Transformer en satellite (I ou III). – au p. p. *Fusée satellisée.*

satellite n. m. **I. 1.** Corps céleste gravitant autour d'une planète. **2.** Engin placé en orbite autour d'un astre. **II.** Bâtiment annexe relié à un centre. **III.** fig. Personne ou nation sous la dépendance d'une autre.

satiété n. f. □ loc. adv. *À SATIÉTÉ* : au point d'être totalement satisfait.

satin n. m. □ Étoffe lisse et lustrée sur l'endroit. ▶ **satiné, ée** adj.

satiner v. tr. □ Lustrer pour donner l'apparence du satin.

satinette n. f. □ Étoffe satinée.

satire n. f. □ Écrit, discours pamphlétaire, critique. ▶ **satirique** adj. ▶ **satiriste** n.

satisfaction n. f. **1.** Fait de satisfaire, d'accorder à (qqn). **2.** Sentiment de bien-être, plaisir qui résulte d'un accomplissement.

satisfaire v. tr. **I. 1.** Donner à (qqn) ce qu'il demande. ▪ pronom. *Il se satisfait de peu.* **2.** Contenter (un besoin, un désir). **II.** v. tr. ind. *SATISFAIRE À* : remplir (une exigence).

satisfaisant, ante adj. □ Qui correspond à ce qu'on peut attendre.

satisfait, aite adj. **1.** Qui a ce qu'il veut. **2.** *Besoin satisfait* : assouvi, réalisé.

satisfecit n. m. invar. □ littér. Approbation.

satrape n. m. **1.** hist. Gouverneur d'une province (dite *satrapie* n. f.), dans l'ancien Empire perse. **2.** fig., littér. Homme puissant.

saturateur n. m. ▫ Dispositif qui humidifie l'air par évaporation.

saturé, ée adj. **1.** sc. (solution) Qui renferme la quantité maximale d'une substance dissoute. **2.** Qui ne peut contenir plus. **3.** fig. *Être saturé de qqch.*, en avoir assez.

saturer v. tr. ▫ Remplir complètement ; rendre saturé. ▶ **saturation** n. f.

saturnales n. f. pl. ▫ Antiq. rom. Fêtes célébrées en l'honneur de Saturne.

saturnien, ienne adj. ▫ didact. De Saturne.

saturnisme n. m. ▫ méd. Intoxication par les sels de plomb. ▶ **saturnin, ine** adj.

satyre n. m. **1.** mythol. grecque Divinité à corps humain, à cornes et à pieds de bouc. **2.** fig. Homme lubrique.

satyriasis n. m. ▫ didact. Désirs sexuels excessifs (homme).

sauce n. f. **1.** Préparation liquide ou onctueuse pour accommoder un mets. **2.** fam. Averse, forte pluie (syn. **saucée** n. f.).

saucer v. tr. **1.** Essuyer en enlevant la sauce (pour la manger). **2.** fam. *Se faire saucer, être saucé* : recevoir la pluie.

saucier n. m. ▫ Cuisinier spécialisé dans la préparation des sauces.

saucière n. f. ▫ Récipient à sauces.

saucisse n. f. ▫ Préparation de viande maigre hachée et de gras *(chair à saucisse)* entourée d'un boyau.

saucisson n. m. ▫ Préparation de charcuterie cuite dans un boyau. ▶ **saucissonné, ée** adj. → **boudiné.**

saucissonner v. ▫ fam. **1.** v. intr. Manger un repas froid sur le pouce. **2.** v. tr. Diviser, répartir en tranches.

① **sauf** prép. **1.** À l'exclusion de. ▪ À moins de. *Sauf erreur.* **2.** SAUF QUE (+ indic.) : avec cette réserve que.

② **sauf, sauve** adj. ▫ Indemne, sauvé.

sauf-conduit n. m. ▫ Document qui permet d'aller quelque part. *Des sauf-conduits.*

sauge n. f. ▫ Plante aromatique.

saugrenu, ue adj. ▫ Bizarre et ridicule.

saule n. m. ▫ Arbre qui croît dans les lieux humides. ▶ **saulaie** n. f.

saumâtre adj. **1.** De goût amer et salé. **2.** fig. Amer, désagréable.

saumon n. m. **1.** Gros poisson de mer migrateur à chair rose, qui remonte les fleuves au moment du frai. **2.** adj. invar. D'un rose tendre orangé.

saumoné, ée adj. ▫ *Truite saumonée*, qui a la chair rose.

saumure n. f. ▫ Préparation liquide salée (pour la conservation des aliments).

sauna n. m. ▫ Bain de vapeur sèche.

saunier n. m. ▫ Exploitant, ouvrier des salines.

saupiquet n. m. ▫ Sauce vinaigrée.

saupoudrer v. tr. **1.** Éparpiller une substance pulvérulente sur. **2.** fig. Parsemer. ▶ **saupoudrage** n. m.

saur adj. m. ▫ *Hareng saur*, fumé.

saurien n. m. ▫ Reptile à pattes, à espèces vivantes ou fossiles.

saut n. m. **1.** Mouvement par lequel un homme, un animal s'élève au-dessus du sol ou se projette à distance. **2.** Mouvement, déplacement brusque (pour changer de position). **3.** *Faire un saut* (quelque part), y passer rapidement. **4.** (choses) Bond. ▪ Chute (d'eau).

saute n. f. ▫ Brusque changement. *Saute d'humeur.*

sauté, ée 1. adj. Cuit à feu vif et en remuant. **2.** n. m. Aliment sauté dans un corps gras.

saute-mouton n. m. ▫ Jeu où l'on saute par-dessus un autre joueur courbé.

sauter v. **I.** v. intr. **1.** Faire un saut. **2.** Monter, descendre, se lever... vivement. *Sauter dans un taxi.* ■ Se jeter, se précipiter. **3.** (sujet chose) *SAUTER AUX YEUX* (fig. être ou devenir évident). **4.** fig. Aller, passer rapidement (d'une chose à une autre). **5.** (sujet chose) Être déplacé, projeté brusquement. *La chaîne du vélo a sauté.* **6.** Exploser. ■ fam. (personnes) Être renvoyé soudain. **7.** *FAIRE SAUTER* (un aliment), le cuire à feu vif. **II.** v. tr. **1.** Franchir par un saut. – *SAUTER LE PAS* : se décider. **2.** Passer sans s'y arrêter. **3.** fam. Avoir des relations sexuelles avec (qqn).

sauterelle n. f. ▫ Insecte sauteur à grandes pattes postérieures repliées.

sauterie n. f. ▫ vieilli Réunion dansante.

sauteur, euse I. n. Athlète spécialiste du saut. ■ n. m. Cheval dressé pour le saut. **II.** adj. (animaux) Qui avance en sautant.

sauteuse n. f. ▫ Casserole pour faire sauter les aliments.

sautiller v. intr. ▫ Faire de petits sauts successifs. ▶ **sautillement** n. m. ▶ **sautillant, ante** adj.

sautoir n. m. ▫ Chaîne ou long collier.

sauvage adj. et n. **I. 1.** (animaux) Qui vit en liberté dans la nature ; non domestiqué. **2.** péj. adj. et n. (êtres humains) Primitif (s'oppose à *civilisé*). **3.** (végétaux) Qui pousse et se développe naturellement. **4.** (lieux) Que la présence humaine n'a pas marqué. **5.** Spontané. *Une grève sauvage.* – *Camping sauvage.* **II. 1.** adj. et n. Qui fuit toute relation avec les hommes. **2.** D'une nature rude, brutale. **3.** Inhumain, barbare.

sauvagement adv. ▫ D'une manière brutale, barbare, féroce.

sauvageon, onne 1. n. m. Arbre non greffé. **2.** n. Enfant farouche.

sauvagerie n. f. ▫ Caractère d'une personne sauvage (II, 1 et 3).

sauvagine n. f. ▫ chasse Oiseaux sauvages des zones aquatiques.

sauvegarde n. f. **1.** Protection et garantie (de la personne, des droits) assurées par une institution. **2.** Protection, défense. *La sauvegarde du patrimoine culturel.* **3.** inform. Copie de sécurité. ▶ **sauvegarder** v. tr.

sauve-qui-peut n. m. invar. ▫ Fuite générale et désordonnée.

sauver v. tr. **1.** Faire échapper à un grave danger. ■ *SAUVER DE* : soustraire à, tirer de. *Sauver qqn de la misère.* **2.** Empêcher la perte de (qqch.). – fam. *SAUVER LES MEUBLES* : sauver l'indispensable. **3.** Faire accepter, rendre passable (qqch. de médiocre). ▷ v. pron. **se sauver** S'enfuir.

sauvetage n. m. ▫ Action de sauver.

sauveteur, euse n. ▫ Personne qui sauve qqn ; opère un sauvetage.

à la sauvette loc. adv. **1.** *Vendre à la sauvette,* en fraude sur la voie publique. **2.** péj. À la hâte, secrètement.

sauveur, euse n. ▫ Personne qui sauve (qqn, une collectivité).

sauvignon n. m. ▫ Cépage blanc ; vin de ce cépage.

savamment adv. ▫ D'une manière savante.

savane n. f. ▫ Vaste prairie des régions tropicales, pauvre en arbres.

savant, ante I. adj. **1.** Qui sait beaucoup, en matière d'érudition ou de science. **2.** Qui est très habile (dans un art, une spécialité). **3.** Où il y a une grande habileté. **II.** n. m. Chercheur scientifique important. *Marie Curie fut un grand savant.*

savarin n. m. ▫ Gâteau en forme de couronne, imbibé de sirop alcoolisé.

savate n. f. **1.** Vieille chaussure ou pantoufle. – *Traîner la savate* : vivre misérablement. **2.** Sport de combat où l'on porte des coups de pied à l'adversaire.

savetier n. m. ▫ vx Cordonnier.

saveur n. f. **1.** Qualité perçue par le sens du goût. **2.** fig. Qualité de ce qui est agréable, plaisant.

① **savoir** v. tr. **I. 1.** Avoir présent à l'esprit (qqch. que l'on identifie) ; connaître. **2.** Être conscient de. – pronom. (suivi d'un attribut) *Il se sait aimé.* **3.** Avoir dans l'esprit (des connaissances rationnelles). *Savoir qqch., savoir que* (+ ind.). **4.** Avoir présent à l'esprit, de manière à pouvoir répéter. **II.** (souligne une affirmation) *Il est gentil, tu sais.* ▪ *À SAVOIR* loc. conj. : c'est-à-dire. ▪ *QUE JE SACHE* : autant que je puisse savoir. **III.** (+ inf.) **1.** Être capable de, par un apprentissage. **2.** Avoir la possibilité de.

② **savoir** n. m. ▫ Connaissances.

savoir-faire n. m. invar. ▫ Habileté à résoudre les problèmes pratiques.

savoir-vivre n. m. invar. ▫ Qualité de politesse et de tact.

savon n. m. **1.** Produit de dégraissage et de lavage, obtenu par l'action d'un alcali sur un corps gras. **2.** fam. *Passer un savon à qqn,* le réprimander.

savonner v. tr. ▫ Laver avec du savon. ▶ **savonnage** n. m.

savonnerie n. f. ▫ Usine de savon.

savonnette n. f. ▫ Petit savon de toilette.

savonneux, euse adj. ▫ Qui contient du savon.

savourer v. tr. **1.** Manger, boire avec lenteur et attention. **2.** fig. Se délecter de.

savoureux, euse adj. **1.** Qui a une saveur agréable, délicate. **2.** fig. Plaisant. ▶ **savoureusement** adv.

saxifrage n. f. ▫ Plante herbacée qui pousse dans les fissures des murs et des rochers.

saxon, onne adj. et n. ▫ De la Saxe.

saxophone n. m. ▫ Instrument à vent à anche simple et à clefs. – abrév. **saxo.** ▶ **saxophoniste** n.

saynète n. f. ▫ Courte pièce comique avec peu de personnages.

sbire n. m. ▫ péj. Homme de main.

scabieuse n. f. ▫ Plante herbacée à fleurs mauves, dépurative.

scabreux, euse adj. ▫ De nature à choquer la décence.

scalaire adj. ▫ math. *Grandeur scalaire,* définie par sa mesure.

scalène adj. ▫ géom. *Triangle scalène,* dont les trois côtés sont de longueurs inégales.

scalp n. m. **1.** Action de scalper. **2.** Trophée constitué par la peau du crâne avec sa chevelure.

scalpel n. m. ▫ Petit couteau à manche plat pour inciser et disséquer (chirurgie).

scalper v. tr. ▫ Dépouiller (qqn) du cuir chevelu par incision de la peau.

scampi n. m. pl. ▫ Langoustines ou grosses crevettes frites, en beignets.

scandale n. m. **1.** Effet fâcheux produit dans le public par des actes ou des propos condamnables. **2.** Désordre, esclandre. **3.** Affaire publique où des personnalités sont compromises. **4.** Fait immoral, révoltant.

scandaleux, euse adj. **1.** Qui cause du scandale (1). **2.** Qui constitue un scandale (4). ▶ **scandaleusement** adv.

scandaliser v. tr. ▫ Apparaître comme un scandale à.

scander v. tr. **1.** Analyser (un vers) en ses éléments métriques. **2.** Prononcer en rythmant.

scandinave adj. et n. ▫ De Scandinavie.

① **scanner** n. m. ▫ anglic. **1.** méd. Appareil d'examen composé d'un système de tomographie et d'un ordinateur. – syn. **tomodensitomètre. 2.** inform.

Appareil électronique destiné à numériser des textes, des images. ▶ ② **scanner** v. tr.

scanographie n. f. ▫ méd. Technique du scanner. – Image obtenue par scanner.

scansion n. f. ▫ didact. Action, manière de scander (un vers).

scaphandre n. m. ▫ Équipement de plongée individuel. – par analogie *Scaphandre de cosmonaute.*

scaphandrier n. m. ▫ Plongeur muni d'un scaphandre.

① **scapulaire** n. m. ▫ relig. cathol. Objet de dévotion composé de deux petits morceaux d'étoffe tenus par des cordons.

② **scapulaire** adj. ▫ anat. De l'épaule.

scarabée n. m. ▫ Insecte coléoptère.

scarifier v. tr. ▫ méd. Inciser superficiellement (la peau, les muqueuses). ▶ **scarification** n. f.

scarlatine n. f. ▫ Maladie contagieuse avec éruption de plaques rouges.

scarole n. f. ▫ Salade de chicorée.

scatologie n. f. ▫ Écrit ou propos grossier, où il est question d'excréments. ▶ **scatologique** adj.

sceau n. m. ▫ Cachet officiel.

scélérat, ate n. ▫ littér. Criminel. – adj. littér. (choses) Infâme. ▶ **scélératesse** n. f.

scellé n. m. ▫ (surtout au plur.) Bande portant des cachets revêtus d'un sceau officiel.

sceller v. tr. **I. 1.** Marquer ; fermer au moyen d'un sceau. **2.** fig. Confirmer solennellement. *Sceller un pacte.* **II. 1.** Fermer hermétiquement. **2.** Fixer (avec du ciment, etc.). ▶ **scellement** n. m.

scénario n. m. **1.** Description détaillée de l'action d'un film. ▪ Texte (d'une bande dessinée). **2.** fig. Déroulement (d'un processus) selon un plan.

scénariste n. ▫ Auteur de scénarios.

scène n. f. **I. 1.** Emplacement d'un théâtre où les acteurs paraissent. – METTRE EN SCÈNE : représenter au théâtre, au cinéma, à la télévision. **2.** *La scène* : le théâtre, l'art dramatique. **3.** L'action. *La scène se passe à Londres.* **II. 1.** Division d'un acte, dans une pièce de théâtre. **2.** Action partielle ayant une unité, dans une œuvre (livre, film...). **3.** Action représentée en peinture. **4.** Action, événement dont on se trouve témoin. **5.** Dispute bruyante.

scénique adj. ▫ De la scène, du théâtre.

scénographie n. f. ▫ didact. Art et technique de l'espace théâtral. ▶ **scénographe** n.

scepticisme n. m. ▫ Refus d'admettre une chose sans examen critique. ▶ **sceptique** adj. et n.

sceptre n. m. ▫ Bâton de commandement, signe d'autorité du souverain.

schah ou **shah** n. m. ▫ Souverain de la Perse, puis de l'Iran.

scheik n. m. → **cheik**

schelem n. m. → **chelem**

schéma n. m. **1.** Représentation simplifiée et fonctionnelle. **2.** Description, représentation mentale réduite aux traits essentiels. ▶ **schématique** adj. ▶ **schématiquement** adv.

schématiser v. tr. ▫ Présenter de façon schématique. ▶ **schématisation** n. f.

scherzo n. m. ▫ Morceau musical vif et gai.

schilling n. m. ▫ Unité monétaire de l'Autriche (avant l'euro).

schisme n. m. **1.** Séparation des fidèles d'une religion, sous des autorités différentes. **2.** Scission (d'un parti...). ▶ **schismatique** adj. et n.

schiste n. m. ▫ Roche à structure feuilletée. ▶ **schisteux, euse** adj.

schizophrénie n. f. □ Psychose caractérisée par une grave division de la personnalité et la perte du contact avec la réalité. ▶ **schizophrène** adj. et n. – abrév. **schizo.** ▶ **schizophrénique** adj.

schlass adj. □ fam. Ivre.

schlinguer v. intr. □ fam. Sentir mauvais.

schmilblick n. m. □ fam. *Faire avancer le schmilblick* : faire progresser les choses.

schnaps n. m. □ Eau-de-vie de pomme de terre ou de grain.

schnock n. □ fam. Imbécile. – var. **schnoque, chnoque.**

schtroumpf n. m. □ fam. Truc, machin. – Personne quelconque.

schuss n. m. □ Descente à skis en suivant la plus grande pente. – adv. *Descendre (tout) schuss.*

sciage n. m. □ Action, manière de scier.

sciatique 1. adj. anat. Du bassin, de la hanche. **2.** n. f. Douleur le long du nerf sciatique.

scie n. f. **1.** Outil ou machine à lame servant à couper des matières dures. **2.** *POISSON-SCIE* ou *SCIE* : poisson dont le museau s'allonge en une lame portant deux rangées de dents. **3.** Rengaine.

sciemment adv. □ En connaissance de cause, volontairement.

science n. f. **I.** vieilli Connaissances générales (de qqn). **II. 1.** Ensemble de connaissances d'une valeur universelle, portant sur les faits et relations vérifiables, selon des méthodes déterminées (observation, expérience ; hypothèses et déduction). ▪ absolt *LES SCIENCES*, celles où le calcul, la déduction, l'observation ont une grande part. **2.** *LA SCIENCE* : ensemble des travaux et des résultats des sciences.

science-fiction n. f. □ Genre littéraire et artistique qui évoque un état futur du monde. – abrév. **S.-F.**

scientifique I. adj. **1.** De la, des sciences. **2.** Conforme aux exigences de la science. **II.** n. Spécialiste d'une science.

scientifiquement adv. □ D'une manière scientifique.

scientisme n. m. □ Attitude philosophique consistant à considérer que la connaissance ne peut être atteinte que par la science. ▶ **scientiste** adj. et n.

scier v. tr. **1.** Couper avec une scie, une tronçonneuse. **2.** fam. Stupéfier. ▶ **scieur** n. m.

scierie n. f. □ Usine où on débite du bois à la scie.

scinder v. tr. □ Diviser (qqch. ; un groupe). ▷ v. pron. se **scinder**

scintigraphie n. f. □ méd. Méthode d'exploration (d'un organe) par injection d'une substance radioactive.

scintillation n. f. **1.** Modification rapide et répétée de la lumière des étoiles. **2.** Lumière qui scintille.

scintiller v. intr. **1.** (astres) Briller d'un éclat caractérisé par la scintillation. **2.** Briller d'un éclat intermittent. ▶ **scintillant, ante** adj. ▶ **scintillement** n. m.

scion n. m. □ Jeune branche (d'arbre) droite et flexible.

scission n. f. □ Action de (se) scinder.

scissiparité n. f. □ biol. Reproduction par division de l'organisme. ▶ **scissipare** adj.

scissure n. f. □ anat. Sillon à la surface d'organes (cerveau, poumon...).

sciure n. f. □ Déchets en poussière d'une matière qu'on scie.

sclérose n. f. **1.** méd. Durcissement pathologique (d'un organe, d'un tissu). **2.** fig. Paralysie.

se **scléroser** v. pron. **1.** méd. (organes, tissus) Être atteint de sclérose. **2.** fig. Se figer, ne plus évoluer. ▷ adj. **sclérosé, ée**

sclérotique n. f. ▫ anat. Membrane fibreuse (blanc de l'œil) entourant le globe oculaire.

scolaire adj. **1.** Des écoles, de l'enseignement. **2.** péj. Livresque, peu original.

scolariser v. tr. ▫ Soumettre à un enseignement scolaire régulier. – au p. p. *Enfants scolarisés.* ▶ **scolarisation** n. f.

scolarité n. f. ▫ Études scolaires régulières ; leur durée.

scolastique ▫ didact. **I.** n. f. Philosophie et théologie enseignées au Moyen Âge par l'Université. **II.** adj. De la scolastique.

scoliose n. f. ▫ Déviation latérale de la colonne vertébrale.

① **scolopendre** n. f. ▫ Fougère à feuilles entières qui croît dans les lieux humides.

② **scolopendre** n. f. ▫ Mille-pattes.

scone n. m. ▫ anglic. Petit cake rond.

sconse n. m. ▫ Fourrure de la mouffette, noire à bandes blanches. – var. **skunks.**

scoop n. m. ▫ anglic. Nouvelle importante en exclusivité.

scooter n. m. ▫ Moto légère, à plancher.

scopie n. f. ▫ fam. Radioscopie.

scorbut n. m. ▫ Maladie due à l'insuffisance de vitamine C. ▶ **scorbutique** adj. et n.

score n. m. ▫ Résultat chiffré (élection, compétition).

scorie n. f. ▫ rare au sing. Résidu solide (fusion de minerais ; combustion de houille...).

scorpion n. m. **1.** Petit arachnide dont la queue porte un aiguillon crochu et venimeux. **2.** Huitième signe du zodiaque (23 octobre-21 novembre).

① **scotch** n. m. ▫ Whisky écossais.

② **scotch** n. m. (n. déposé) ▫ Ruban adhésif transparent (de cette marque). ▶ **scotcher** v. tr.

scotch-terrier n. m. ▫ Chien terrier à poils durs.

scout, scoute **1.** n. m. Jeune qui fait partie d'une organisation de scoutisme. **2.** adj. Du scoutisme.

scoutisme n. m. ▫ Mouvement éducatif complétant la formation de l'enfant par des activités collectives et de plein air.

scrabble n. m. (marque déposée) ▫ anglic. Jeu de société où l'on doit combiner des lettres pour faire des mots.

scratch n. m. ▫ anglic. Création de sons par l'action des doigts sur un disque vinyle en cours d'écoute. – syn. **scratching** n. m. (anglic.).

scribe n. m. **1.** Antiq. Fonctionnaire sachant écrire. *Les scribes égyptiens.* **2.** Antiq. juive Docteur de la Loi.

scribouillard, arde n. ▫ péj. Employé(e) aux écritures.

script n. m. **I.** Écriture à la main proche des caractères d'imprimerie. **II.** Découpage technique et dialogues (d'un film, etc.).

scripte n. ▫ Personne chargée de noter les détails de chaque prise de vues (d'un film, etc.).

scriptural, ale, aux adj. ▫ *Monnaie scripturale,* qui circule par simple jeu d'écriture.

scrofule n. f. ▫ Lésion de tuberculose cutanée, ganglionnaire ou osseuse. ▶ **scrofuleux, euse** adj. et n.

scrotum n. m. ▫ anat. Enveloppe des testicules.

scrupule n. m. ▫ Incertitude, inquiétude de conscience sur un point de morale.

scrupuleux, euse adj. **1.** Qui a beaucoup de scrupules. **2.** Qui respecte strictement les règles, les prescriptions. ▶ **scrupuleusement** adv.

scrutateur, trice I. adj. littér. Qui scrute. II. n. Personne qui participe au dépouillement d'un scrutin.

scruter v. tr. □ Examiner avec soin pour découvrir.

scrutin n. m. 1. Vote au moyen de bulletins. 2. Opérations électorales ; type d'élections.

sculpter v. tr. 1. Produire (une œuvre d'art) par la sculpture. 2. Façonner (une matière dure) par la sculpture. ▶ **sculpteur, trice** n.

sculptural, ale, aux adj. 1. didact. Relatif à la sculpture. 2. Qui a la beauté formelle des sculptures classiques.

sculpture n. f. 1. Représentation, production d'un objet dans l'espace, au moyen d'une matière à laquelle on impose une forme. 2. Œuvre sculptée.

S. D. F. n. □ Personne «sans domicile fixe», sans ressources.

se pron. pers. (*s'* devant voyelle ou *h* muet) □ Soi, à soi (3e personne). *Il se soigne.* – impers. *Cela ne se fait pas.*

séance n. f. 1. Réunion de membres siégeant. – *SÉANCE TENANTE* (fig. immédiatement). 2. Durée déterminée consacrée à une occupation. 3. Temps d'un spectacle.

① **séant** n. m. □ *Se dresser, se mettre SUR SON SÉANT* : s'asseoir, se dresser.

② **séant, ante** adj. □ littér. Qui sied.

seau n. m. □ Récipient cylindrique muni d'une anse.

sébacé, ée adj. □ didact. Relatif au sébum.

sébile n. f. □ Petite coupe de bois (pour mendier).

séborrhée n. f. □ Sécrétion excessive de sébum. ▶ **séborrhéique** adj.

sébum n. m. □ Sécrétion grasse des glandes sébacées.

sec, sèche adj. I. 1. Qui n'est pas ou est peu imprégné de liquide. – Sans pluie. *Un temps sec.* 2. Déshydraté, séché. *Légumes secs.* 3. Sans accompagnement. 4. (parties du corps) Qui a peu de sécrétions. 5. (personnes) Maigre. 6. Qui manque de moelleux ou de douceur. *Coup sec,* rapide et bref. II. 1. Qui manque de sensibilité, de gentillesse. 2. (style...) Sans ornements ; sans charme. 3. fam. *Rester sec,* ne savoir que répondre. III. n. m. 1. Endroit sec. *Mettre qqch. au sec.* 2. *À SEC* loc. adj. : sans eau. *Rivière à sec.* – fam. Sans argent. IV. adv. 1. *Boire sec,* beaucoup. 2. Rudement et rapidement. 3. fam. *AUSSI SEC* loc. adv. : sans hésiter.

sécable adj. □ didact. Qui peut être coupé.

sécant, ante adj. □ géom. Qui coupe (une ligne, un plan, etc.). – n. f. Droite sécante.

sécateur n. m. □ Gros ciseaux à ressort.

sécession n. f. □ Séparation d'une partie de la population d'un État pour former un État distinct ou se réunir à un autre. ▶ **sécessionniste** adj. et n.

séchage n. m. □ Action de (faire) sécher.

séchant, ante adj. □ Qui effectue un séchage.

sèche n. f. □ fam. Cigarette.

sèche-cheveux n. m. invar. □ Petit séchoir à cheveux électrique.

sèche-linge n. m. invar. □ Appareil, machine qui sert à sécher le linge.

sèchement adv. □ D'une manière sèche, sans douceur.

sécher v. I. v. tr. 1. Rendre sec. *Se sécher les cheveux.* – pronom. → s'**essuyer.** 2. Absorber ou faire s'évaporer (un liquide). *Sécher ses larmes.* 3. fam. Manquer volontairement et sans être excusé. II. v. intr. 1. Devenir sec. 2. S'évaporer. 3. fam. Rester sec (II, 3).

sécheresse n. f. 1. État de ce qui est sec. 2. Temps sec.

séchoir n. m. 1. Lieu, dispositif aménagé pour le séchage. 2. Appareil servant à faire sécher des matières humides.

second, onde I. adj. 1. Qui suit le premier. → **deuxième.** 2. Qui vient après le plus important ou le meilleur. *Billet de seconde (classe).* ■ n. *Le second d'une course.* 3. Qui constitue une nouvelle forme de qqch. d'unique. 4. Qui dérive d'une chose primitive. ■ *État second,* état anormal, bizarre. II. 1. n. m. Personne qui aide qqn. 2. n. f. Classe qui précède la première.

secondaire adj. 1. Qui vient au second rang, est de moindre importance. 2. Qui constitue un second ordre. *L'enseignement secondaire* ou n. m. *le secondaire. L'ère secondaire* ou n. m. *le secondaire,* ère géologique (syn. *mésozoïque*). 3. écon. *Secteur secondaire :* activités productrices de matières transformées.

secondairement adv. ▫ D'une manière secondaire, accessoire.

seconde n. f. 1. Soixantième partie de la minute (symb. s). ■ Temps très bref. 2. Unité d'angle égale au 1/60 de la minute (symb. ″).

secondement adv. ▫ En second lieu.

seconder v. tr. ▫ Aider (qqn) en tant que second.

secouer v. tr. 1. Remuer avec force, dans un sens puis dans l'autre. 2. Remuer à plusieurs reprises (une partie du corps). 3. Se débarrasser de (qqch.) par des secousses. 4. Ébranler. 5. fam. Forcer (qqn) à agir. – pronom. *Allons, secoue-toi !*

secourable adj. ▫ littér. Qui secourt. – *Prêter, tendre une MAIN SECOURABLE à qqn.*

secourir v. tr. ▫ Aider (qqn) à se tirer d'un danger.

secourisme n. m. ▫ Méthode de sauvetage et d'aide aux victimes d'accidents. ▶ **secouriste** n.

secours n. m. 1. Concours extérieur qui aide à sortir d'une situation difficile. – *Au secours !,* appel à l'aide. 2. Aide matérielle ou financière. 3. Moyens pour porter assistance. 4. Soins que l'on donne à un malade, à un blessé dans un état critique. 5. Utilité. *N'être d'aucun secours.* 6. (choses) *DE SECOURS :* destiné à servir en cas de nécessité.

secousse n. f. 1. Mouvement brusque (de ce qui est secoué). – *Secousse sismique.* 2. fig. Choc psychologique.

① **secret, ète** adj. 1. Qui n'est connu que de peu de personnes ; qui est ou doit être caché au public. 2. Difficile à trouver. 3. Qui ne se manifeste pas. 4. (personnes) Qui ne se confie pas.

② **secret** n. m. 1. Ensemble de connaissances, d'informations réservées à quelques-uns et qu'on ne doit pas révéler. 2. *Être DANS LE SECRET,* dans la connaissance réservée à quelques-uns. 3. Moyen connu seulement de quelques personnes. 4. Discrétion, silence sur une chose secrète. *Secret professionnel.* ▶ **secrètement** adv.

secrétaire I. n. 1. *Secrétaire d'État,* membre du gouvernement sous l'autorité d'un ministre ; (aux États-Unis) ministre des Affaires étrangères. 2. Personne qui s'occupe de l'organisation et du fonctionnement (d'un organisme). 3. Personne dont le métier est d'assurer la rédaction du courrier, de préparer des dossiers (pour qqn). II. n. m. Meuble à tiroirs et à tablette mobile destiné à ranger des papiers.

secrétariat n. m. 1. Fonction de secrétaire. 2. Service dirigé par un(e) secrétaire. 3. Métier de secrétaire (I, 3).

sécréter v. tr. ▫ Produire par sécrétion.

sécrétion n. f. **1.** Production d'une substance organique par un tissu. **2.** Substance ainsi produite.

sectaire n. □ Personne intolérante, d'esprit étroit. – adj. *Esprit sectaire.* ▶ **sectarisme** n. m.

sectateur, trice n. □ vx Adepte, partisan.

secte n. f. **1.** Groupe religieux organisé (à l'intérieur d'une foi). **2.** Communauté mystique sous l'influence de maîtres, de gourous. **3.** péj. Coterie, clan.

secteur n. m. **1.** géom. Partie (d'un plan) limitée par deux demi-droites. **2.** Division artificielle d'un territoire, d'un réseau. ▪ (Réseau électrique) *Panne de secteur.* **3.** écon. Ensemble d'activités et d'entreprises de la même catégorie. **4.** Domaine ; partie.

section n. f. **I. 1.** Forme d'une chose coupée transversalement. **2.** Dessin en coupe. **II.** didact. Action de couper. *La section d'un tendon.* **III. 1.** Élément, partie, division (d'un groupe). *Section syndicale.* **2.** Partie (d'un ensemble).

sectionner v. tr. **1.** Diviser (un ensemble) en sections (III). **2.** Couper net. ▶ **sectionnement** n. m.

sectoriel, ielle adj. □ D'un secteur (3).

sectoriser v. tr. □ Répartir par secteurs. ▶ **sectorisation** n. f.

séculaire adj. □ Qui existe depuis un siècle, plusieurs siècles.

séculier, ière adj. □ Qui vit dans le siècle (II). *Le clergé séculier.* ▶ **séculariser** v. tr.

secundo adv. □ En second lieu.

sécuriser v. tr. □ Apporter, donner une impression de sécurité à (qqn). ▶ **sécurisant, ante** adj.

sécuritaire adj. □ De la sécurité publique. ▪ Qui favorise la recherche de sécurité.

sécurité n. f. **1.** Absence réelle de danger. *Être en sécurité.* – (collectif) *Forces de sécurité* (police, armée). **2.** *Sécurité sociale,* (en France) organisation qui garantit les individus contre certains risques (risques sociaux). **3.** Protection contre les accidents. *Sécurité routière.* – *Ceinture de sécurité* (pour automobilistes).

sédatif, ive adj. et n. m. □ Calmant.

sédentaire adj. **1.** Qui se passe, s'exerce dans un même lieu. **2.** adj. et n. Dont l'habitat est fixe. ▶ **sédentariser** v. tr.

sédiment n. m. **1.** méd. Dépôt de matières dans un liquide organique. **2.** Dépôt naturel, terrain dû à l'action d'agents externes (eau, vent, etc.). ▶ **sédimentaire** adj.

sédimentation n. f. □ Formation de sédiment. – *Vitesse de sédimentation* (des hématies).

séditieux, euse adj. □ littér. **1.** Qui prend part à une sédition. **2.** Qui provoque une sédition. *Écrits séditieux.*

sédition n. f. □ littér. Révolte concertée contre l'autorité publique.

séducteur, trice n. □ Personne qui séduit, qui fait habituellement des conquêtes. – adj. *Sourire séducteur.*

séduction n. f. **1.** Action de séduire, d'entraîner. **2.** Moyen de séduire ; charme.

séduire v. tr. **1.** Amener (qqn) à des relations sexuelles. **2.** Convaincre, conquérir (qqn), en employant tous les moyens de plaire. **3.** (sujet chose) Attirer de façon irrésistible. ▶ **séduisant, ante** adj.

séfarade n. et adj. □ Juif des pays méditerranéens (hors Israël).

segment n. m. **1.** math. Portion (d'une figure géométrique). **2.** Partie distincte (d'un organe). **3.** Pièce mécanique subdivisée. ▶ **segmenter** v. tr.

segmentation n. f. **1.** Division en segments. **2.** biol. Premières divisions de l'œuf fécondé.

ségrégation n. f. ◻ Séparation imposée d'un groupe social d'avec les autres. ▶ **ségrégationniste** adj. et n.

seiche n. f. ◻ Mollusque marin (céphalopode) à coquille interne.

séide n. m. ◻ littér. Homme de main fanatique.

seigle n. m. ◻ Céréale dont les grains produisent une farine brune.

seigneur n. m. **1.** hist. Maître féodal. **2.** Titre honorifique donné aux grands personnages (hommes). **3.** relig. *Le Seigneur* : Dieu.

seigneurial, ale, aux adj. **1.** hist. Du seigneur. **2.** littér. Digne d'un seigneur.

seigneurie n. f. **1.** hist. Pouvoir, droits, terre d'un seigneur. **2.** *Votre, Sa Seigneurie* (titre).

sein n. m. **I.** littér. **1.** Partie du corps féminin où l'enfant est conçu, porté. **2.** Partie intérieure (d'une chose). *Le sein de la terre.* – cour. *Au sein de* : dans, parmi. **II.** Mamelle féminine.

seine ou **senne** n. f. ◻ Filet de pêche en demi-cercle.

seing n. m. ◻ dr. *SEING PRIVÉ* : signature d'un acte non notarié.

séisme n. m. ◻ Tremblement* de terre.

seitan n. m. ◻ Préparation alimentaire à base de farine de blé complète, dont on ne conserve que le gluten.

seize I. adj. numéral invar. **1.** (cardinal) Dix plus six (16). **2.** (ordinal) Seizième. **II.** n. m. invar. Le chiffre, le nombre, le numéro seize. ▶ **seizième** adj. et n. ▶ **seizièmement** adv.

séjour n. m. **1.** Fait de séjourner, de demeurer en un lieu. **2.** Temps de séjour. **3.** *(SALLE DE) SÉJOUR* : pièce principale.

séjourner v. tr. ◻ Habiter (dans un lieu) sans y être fixé.

sel n. m. **1.** Chlorure de sodium qui sert à l'assaisonnement et à la conservation des aliments. **2.** fig. Ce qui donne du piquant, de l'intérêt. **3.** *Sels (anglais)*, que l'on faisait respirer aux personnes évanouies.

sélecteur n. m. ◻ Appareil ou dispositif permettant une sélection. – Pédale de changement de vitesse (moto).

sélection n. f. **1.** Choix (de ce qui convient le mieux ; des meilleurs éléments). **2.** Choix d'animaux reproducteurs. **3.** *Sélection naturelle*, théorie de Darwin selon laquelle l'élimination naturelle des individus les plus faibles perfectionne l'espèce. **4.** Ce qui est choisi. *Une sélection de films.* ▶ **sélectif, ive** adj. ▶ **sélectionner** v. tr. ▶ **sélectionneur, euse** n.

sélectivité n. f. ◻ radio Qualité d'un récepteur qui sépare bien les ondes de fréquences voisines.

sélénium n. m. ◻ Corps simple (symb. Se), utilisé dans les cellules photoélectriques.

self-made-man n. m. ◻ anglic. Homme qui ne doit sa réussite qu'à lui-même. *Des self-made-men* (ou *-mans*).

self-service n. m. ◻ anglic. Libre-service. – abrév. fam. **self.**

① **selle** n. f. **1.** Siège du cavalier placé sur le dos du cheval. **2.** Petit siège de cuir adapté à un cycle. **3.** Partie de la croupe (du mouton, etc.).

② **selle** n. f. **1.** *ALLER À LA SELLE* : expulser les matières fécales. **2.** *Les selles*, les matières fécales.

seller v. tr. ◻ Munir (un cheval) d'une selle.

sellerie n. f. **1.** Ensemble de selles, de harnais. **2.** Métier de sellier.

sellette n. f. ◻ *Être SUR LA SELLETTE* : être interrogé ou jugé.

sellier n. m. ◻ Fabricant, marchand de selles, de harnais.

selon prép. **1.** En se conformant à. **2.** Si l'on se rapporte à ; d'après.

semailles n. f. pl. **1.** Action de semer. **2.** Grain que l'on sème.

semaine n. f. ▫ Cycle de sept jours. – L'ensemble des jours ouvrables.

semainier n. m. ▫ Agenda divisé selon les jours de la semaine.

sémantique ▫ didact. **1.** n. f. Étude du sens, de la signification dans le langage. **2.** adj. Qui concerne le sens. *Analyse sémantique.* ▶ **sémantiquement** adv.

sémaphore n. m. ▫ Système de signaux optiques.

semblable I. adj. **1.** Qui ressemble (à). **2.** au plur. Qui se ressemblent entre eux. *Triangles semblables,* dont les angles sont égaux deux à deux. **II.** n. Être, personne de même espèce.

semblant n. m. **1.** littér. *Un semblant de,* quelque chose qui n'a que l'apparence de. **2.** *FAIRE SEMBLANT DE* (+ inf.) : se donner l'apparence de, faire comme si. – absolt Simuler.

sembler v. intr. **1.** Paraître (tel) pour qqn. **2.** impers. Il paraît, on dirait.

semelle n. f. **1.** Pièce constituant la partie inférieure de la chaussure. **2.** Pièce découpée que l'on place à l'intérieur d'une chaussure. **3.** techn. Pièce plate servant d'appui.

semence n. f. **1.** Graines qu'on sème. **2.** Sperme. **3.** Clou court à tête plate.

semer v. tr. **1.** Répandre en surface ou mettre en terre (des semences). **2.** Répandre. **3.** fam. *Semer qqn,* le laisser sur place, le devancer.

semestre n. m. **1.** Moitié d'une année (six mois). **2.** Somme payée tous les six mois. ▶ **semestriel, ielle** adj.

semeur, euse n. **1.** Personne qui sème (1). **2.** Propagateur. *Un semeur de discorde.*

semi-automatique adj. ▫ En partie automatique.

semi-circulaire adj. ▫ En demi-cercle.

semi-conducteur ▫ n. m. Corps non métallique qui conduit imparfaitement l'électricité.

semi-conserve n. f. ▫ techn. Conserve partiellement stérilisée.

semi-consonne n. f. ▫ Voyelle en fonction de consonne.

semi-fini, ie adj. ▫ (produit) Qui a subi une transformation et doit en subir d'autres avant d'être commercialisé.

sémillant, ante adj. ▫ littér. D'une vivacité, d'un entrain plaisants.

séminaire n. m. **1.** Établissement religieux où étudient les jeunes clercs. **2.** Groupe de travail.

séminal, ale, aux adj. ▫ Relatif au sperme.

séminariste n. m. ▫ Élève d'un séminaire (1).

sémiologie n. f. ▫ didact. **1.** méd. Étude des signes des maladies. **2.** Science qui étudie les systèmes de signes. ▶ **sémiologique** adj.

sémiotique ▫ didact. **1.** n. f. Théorie générale des systèmes de signes. **2.** adj. De la sémiotique.

semi-précieux, euse adj. ▫ Se dit d'une substance de valeur inférieure à celle d'une substance dite « précieuse ».

semi-remorque 1. n. f. Remorque d'un camion, dont le train avant n'a pas de roues. **2.** n. m. Camion à semi-remorque.

semis n. m. **1.** Action, manière de semer. **2.** Terrain ensemencé.

sémite n. ▫ Personne d'un groupe ethnique originaire d'Asie occidentale.

sémitique adj. ▫ D'un groupe de langues d'Asie occidentale et d'Afrique.

semoir n. m. ▫ Machine agricole, dispositif qui sert à semer le grain.

semonce n. f. **1.** Ordre donné à un navire de montrer ses couleurs, de s'arrêter. **2.** Avertissement sous forme de reproches.

semoule n. f. ▫ Farine granulée. ▪ appos. *Sucre semoule*, en poudre.

sempiternel, elle adj. ▫ Continuel et lassant. ▶ **sempiternellement** adv.

sénat n. m. ▫ Assemblée législative élue au suffrage indirect ou représentant des collectivités. ▶ **sénateur, trice** n. ▶ **sénatorial, ale, aux** adj.

sénatus-consulte n. m. ▫ hist. Décret d'un sénat.

sénéchal, aux n. m. ▫ hist. Officier du roi.

séneçon n. m. ▫ Plante herbacée ou arborescente.

sénescence n. f. ▫ didact. Vieillissement de l'organisme.

senestre adj. ▫ vx Gauche.

sénevé n. m. ▫ Moutarde sauvage.

sénile adj. ▫ De vieillard.

sénilité n. f. ▫ État pathologique caractéristique de la vieillesse avancée.

senior n. **1.** anglic. Sportif de la catégorie adulte. **2.** adj. et n. américanisme Vieux, aîné.

senne n. f. → **seine**

① **sens** n. m. **I. 1.** Faculté d'éprouver les impressions, correspondant à un organe récepteur spécifique. *Les cinq sens.* – *Le sixième sens*, l'intuition. – *TOMBER SOUS LE SENS* : être évident. **2.** *LE SENS DE...* : faculté de connaître intuitivement. *Avoir le sens de l'humour.* **II. 1.** *BON SENS* : capacité de bien juger, sans passion. **2.** *SENS COMMUN* : manière de juger commune et raisonnable. **III. 1.** Idée que représente un signe. *Le sens d'un mot.* **2.** Idée générale (concept) à laquelle correspond un mot, une expression. *Sens propre, figuré.*

② **sens** n. m. **1.** Direction ; position dans l'espace (plan, volume). **2.** Mouvement orienté. **3.** fig. Direction que prend une activité.

sensation n. f. **1.** Impression perçue directement par les organes des sens. **2.** État qui résulte d'impressions reçues. **3.** *FAIRE SENSATION*, faire une forte impression.

sensationnel, elle adj. **1.** Qui fait sensation. **2.** Exceptionnel.

sensé, ée adj. ▫ Qui a du bon sens.

sensibiliser v. tr. **1.** Rendre sensible à l'action de la lumière (une émulsion photographique). **2.** Rendre sensible (l'organisme) à une agression (par allergie, etc.). **3.** Rendre (qqn ; un groupe) sensible à. ▶ **sensibilisation** n. f.

sensibilité n. f. **1.** physiol. Propriété (d'un être vivant, d'un organe) de réagir d'une façon adéquate aux modifications du milieu. **2.** Propriété de l'être humain sensible (I, 3). **3.** (choses) Caractère sensible (I, 4).

sensible adj. **I. 1.** Capable de sensation et de perception. **2.** Susceptible de douleur. **3.** Apte à ressentir fortement les impressions. **4.** (objets) Qui réagit à de faibles variations. **II. 1.** Qui peut être perçu par les sens. **2.** Assez important pour être perçu. **3.** anglic. Que l'on doit traiter avec précaution.

sensiblement adv. **1.** À peu près. **2.** Notablement.

sensiblerie n. f. ▫ Sensibilité (2) exagérée.

sensitif, ive adj. ▫ Qui transmet les sensations.

sensitive n. f. ▫ Mimosa dont les feuilles se rétractent au contact.

sensoriel, elle adj. ▫ Qui concerne les organes des sens.

sensualisme n. m. ▫ philos. Doctrine d'après laquelle les connaissances viennent des sensations. ▶ **sensualiste** adj.

sensualité n. f. **1.** Tempérament d'une personne sensuelle (2). **2.** Caractère sensuel.

sensuel, elle adj. **1.** Propre aux sens. **2.** (personnes) Porté à rechercher et à goûter tout ce qui flatte les sens (spécialt en amour). **3.** Qui annonce la sensualité. ▶ **sensuellement** adv.

sent-bon n. m. sing. ▫ fam. Parfum.

sente n. f. ▫ région. Sentier.

sentence n. f. **1.** Décision d'un juge, d'un arbitre. **2.** Maxime.

sentencieux, euse adj. ▫ Solennel et affecté. ▶ **sentencieusement** adv.

senteur n. f. ▫ littér. Odeur (agréable).

senti, ie adj. ▫ *BIEN SENTI* : exprimé avec force et conviction.

sentier n. m. ▫ Chemin étroit. – fig. *Les SENTIERS BATTUS* : les usages communs.

sentiment n. m. **I. 1.** Connaissance comportant des éléments affectifs et intuitifs. **2.** littér. Avis, opinion. *J'ai le sentiment que...* **II.** État affectif complexe, stable et durable. – spécialt Amour. – (formules de politesse) *Sentiments distingués.*

sentimental, ale, aux adj. **1.** Qui concerne la vie affective et, spécialt, l'amour. **2.** Qui provient de causes subjectives et affectives. **3.** (personnes) adj. et n. Qui donne de l'importance aux sentiments et les manifeste. ▶ **sentimentalement** adv.

sentimentalité n. f. ▫ Caractère sentimental (3).

sentine n. f. ▫ mar. Fond de cale où s'amassent les eaux.

sentinelle n. f. **1.** Soldat qui fait le guet. **2.** appos. Qui permet de témoigner d'un processus.

sentir v. tr. **I. 1.** Connaître, pouvoir réagir à (un fait, une qualité...) par des sensations. **2.** Avoir la sensation de (une odeur). *Sentir un parfum ; une fleur.* – fam. *Ne pas pouvoir sentir qqn,* le détester. **3.** Avoir conscience de ; avoir l'intuition de. **4.** Apprécier. **5.** Éprouver. **6.** *FAIRE SENTIR,* faire éprouver. **II. 1.** Dégager, répandre une odeur de. – absolt Sentir mauvais. *Il sent des pieds.* **2.** fig. Évoquer. ▷ v. pron. se **sentir** **1.** Éprouver une sensation, une impression. – (+ inf.) Avoir conscience de. *Elle s'est sentie tomber.* **2.** *Ne plus se sentir de* (*joie,* etc.) : être transporté de.

seoir v. intr.. ▫ littér. Convenir. – impers. *Comme il sied.*

sépale n. m. ▫ Foliole du calice (d'une fleur).

séparable adj. ▫ Qui peut être séparé.

séparation n. f. **1.** Action de (se) séparer ; fait d'être séparé. **2.** Ce qui sépare (mur, cloison, haie...).

séparatiste adj. et n. ▫ Qui réclame une séparation politique. ▶ **séparatisme** n. m.

séparer v. tr. **1.** Faire cesser d'être ensemble. **2.** Distinguer, traiter à part. ▷ v. pron. se **séparer** **1.** *SE SÉPARER DE* : cesser d'être avec, d'être ensemble. ▪ Ne plus garder avec soi. *Il ne se sépare jamais de sa canne.* **2.** Se diviser. *Le chemin se sépare en deux.* ▷ adj. **séparé, ée** ▶ **séparément** adv.

sépia n. f. **1.** zool. Liquide noirâtre sécrété par la seiche. **2.** Colorant brun foncé. ▪ Dessin, lavis à la sépia.

sept I. adj. numéral invar. **1.** (cardinal) Six plus un (7). **2.** (ordinal) Septième. **II.** n. m. invar. Le chiffre, le nombre, le numéro sept.

septante adj. numéral cardinal ▫ (Belgique, Suisse) Soixante-dix.

septembre n. m. ▫ Neuvième mois.

septennat n. m. ▫ Durée de sept ans (d'une fonction).

septentrion n. m. ▫ vx Le nord. ▶ **septentrional, ale, aux** adj.

septicémie n. f. ▫ Maladie due à des germes dans le sang.

septième 1. adj. numéral ordinal Dont le numéro, le rang est sept (7e). – *Le septième art* : le cinéma. – n. *Le, la septième.* 2. n. m. *Un septième* (fraction). ▶ **septièmement** adv.

septique adj. 1. méd. Qui produit l'infection ou l'accompagne. 2. *Fosse septique,* fosse d'aisances.

septuagénaire adj. et n. ▫ Qui a entre soixante-dix et soixante-dix-neuf ans.

septuple adj. et n. m. ▫ Qui vaut sept fois (une quantité).

sépulcral, ale, aux adj. ▫ Funèbre.

sépulcre n. m. ▫ littér. Tombeau.

sépulture n. f. ▫ Lieu où est déposé le corps d'un défunt.

séquelle n. f. ▫ surtout au plur. Lésion ou trouble qui persiste.

séquence n. f. 1. didact. Suite ordonnée. 2. cin. Succession de plans formant une scène. ▶ **séquentiel, ielle** adj.

séquestre n. m. ▫ dr. Dépôt (d'une chose litigieuse) entre les mains d'un tiers.

séquestrer v. tr. ▫ Enfermer et isoler (qqn). ▶ **séquestration** n. f.

sequin n. m. ▫ hist. Monnaie d'or de Venise.

séquoia n. m ▫ Très grand conifère de Californie.

sérac n. m. ▫ Bloc de glace entouré de crevasses, dans un glacier.

sérail n. m. 1. hist. Palais du sultan turc ; le harem de ce palais. 2. fig. Milieu fermé, influent.

séraphin n. m. ▫ relig. chrét. Ange supérieur. ▶ **séraphique** adj.

serein, eine adj. ▫ Calme, paisible. ▶ **sereinement** adv.

sérénade n. f. 1. Concert nocturne sous les fenêtres d'une femme courtisée. 2. mus. Composition pour instruments.

sérendipité n. f. ▫ anglic., didact. Capacité à faire par hasard une découverte inattendue.

sérénissime adj. ▫ vx Titre honorifique.

sérénité n. f. ▫ État, caractère serein.

séreux, euse adj. ▫ Qui produit ou renferme du sérum.

serf, serve n. ▫ hist. (féodalité) Paysan sans liberté personnelle, attaché à une terre.

serge n. f. ▫ Étoffe à côtes obliques.

sergent n. m. ▫ Sous-officier inférieur.

séricículture n. f. ▫ Élevage des vers à soie. ▶ **séricículteur, trice** n.

série n. f. 1. Suite déterminée et limitée. – mus. Suite de douze demi-tons de la gamme. – *Série (télévisée)* : cycle de téléfilms ayant une unité narrative. 2. Petit groupe (d'un classement). – *Film de série B,* à petit budget. 3. Ensemble d'objets fabriqués identiques. *Voiture de série.* – fig. HORS SÉRIE : exceptionnel.

sériel, elle adj. ▫ didact. Qui forme une série. ▪ *Musique sérielle,* fondée sur la série. → **dodécaphonique.**

sérier v. tr. ▫ Disposer par séries (1 et 2).

sérieusement adv. 1. Avec réflexion et application. 2. Réellement. 3. Fortement.

sérieux, euse I. adj. 1. Qui considère les choses importantes. 2. Sans gaieté. 3. Sur qui (ou sur quoi) l'on peut compter. 4. Qui ne prend pas de libertés avec la morale sexuelle. 5. Qui mérite considération. ▪ Qui inspire de l'inquiétude. II. n. m. 1. État d'une personne qui ne plaisante pas. 2. Qualité d'une personne appliquée. 3. PRENDRE (qqch., qqn) *AU SÉRIEUX*, en considération.

sérigraphie n. f. ▫ techn. Impression à l'aide d'un écran de tissu.

serin n. m. ▫ Petit passereau chanteur au plumage jaune.

seriner v. tr. ▫ Répéter inlassablement (qqch. à qqn) en ennuyant.

seringat n. m. ▫ Arbrisseau à fleurs blanches odorantes. – var. **seringa.**

seringue n. f. ▫ Petite pompe munie d'une aiguille pour injecter ou prélever des liquides dans l'organisme.

sérique adj. ▫ Relatif à un sérum.

serment n. m. ▫ Affirmation ou promesse solennelle faite en invoquant la morale, un être sacré.

sermon n. m. **1.** Discours prononcé en chaire par un prédicateur. **2.** péj. Discours moralisateur.

sermonner v. tr. ▫ Adresser des remontrances à (qqn). ▶ **sermonneur, euse** n.

séroconversion n. f. ▫ méd. Changement d'état, de séronégatif à séropositif (ou, plus rarement, l'inverse).

sérodiagnostic n. m. ▫ méd. Diagnostic de maladies infectieuses par recherche d'anticorps spécifiques dans le sérum.

sérologie n. f. ▫ sc. Étude des sérums.

séronégatif, ive adj. et n. ▫ Qui présente un sérodiagnostic négatif (spécialt, pour le virus du sida). ▶ **séronégativité** n. f.

séropositif, ive adj. et n. ▫ Qui présente un sérodiagnostic positif (spécialt pour le virus du sida). – abrév. fam. **séropo.** ▶ **séropositivité** n. f.

sérosité n. f. ▫ Liquide sécrété par les membranes séreuses.

serpe n. f. ▫ Outil formé d'une large lame tranchante en croissant.

serpent n. m. **1.** Reptile à corps cylindrique très allongé, sans membres apparents. **2.** *Serpent de mer* : monstre marin mythique ; fig. thème rebattu.

serpenter v. intr. ▫ Aller ou être disposé suivant une ligne sinueuse.

serpentin n. m. **1.** Tuyau en spirale ou à plusieurs coudes. **2.** Petit rouleau de papier coloré.

serpette n. f. ▫ Petite serpe.

serpillière n. f. ▫ Pièce de toile pour laver les sols.

serpolet n. m. ▫ Plante odoriférante.

serrage n. m. ▫ Action de serrer.

① **serre** n. f. ▫ surtout plur. Griffe ou ongle des rapaces.

② **serre** n. f. ▫ Construction vitrée où l'on met des plantes à l'abri. – *Effet de serre* : réchauffement de l'atmosphère terrestre.

serré, ée adj. **1.** Comprimé, contracté. **2.** Ajusté. **3.** au plur. Placés l'un tout contre l'autre. **4.** Dont les éléments sont très rapprochés. **5.** fig. *Une discussion serrée*, difficile, acharnée.

serre-livres n. m. invar. ▫ Objet servant à maintenir des livres debout.

serrement n. m. ▫ Action de serrer, fait d'être serré.

serrer v. tr. **1.** Saisir ou maintenir vigoureusement, de manière à comprimer. **2.** région. Ranger. **3.** (sensation) Faire peser une sorte de pression sur (la gorge, le cœur). **4.** Rapprocher (des choses, des personnes). **5.** Contracter (le poing ; les mâchoires...). **6.** Rendre plus étroit. **7.** Faire mouvoir de manière à rapprocher, à fermer. **8.** Rester, passer tout près de. ▪ intrans. *Serrez à droite* (en conduisant). ▷ v. pron. **se serrer**

serre-tête n. m. ▫ Bandeau, demi-cercle qui maintient les cheveux. *Des serre-tête(s).*

serrure n. f. ▫ Dispositif fixe de fermeture (d'une porte...) comportant un mécanisme manœuvré par une clé, etc.

serrurerie n. f. **1.** Métier de serrurier. **2.** Ferronnerie.

serrurier n. m. ▫ Artisan qui fait, vend des serrures, des clés.

sertir v. tr. ▫ Enchâsser (une pierre précieuse). – au p. p. *SERTI DE* : incrusté de. ▸ **sertissage** n. m. ▸ **sertisseur, euse** n.

sérum n. m. **1.** *Sérum sanguin*, partie liquide du plasma. **2.** Préparation à base d'un sérum sanguin contenant un anticorps spécifique, utilisée comme vaccin.

servage n. m. ▫ Condition du serf.

servant n. m. **1.** Personne qui aide le prêtre pendant la messe. **2.** Soldat chargé d'approvisionner une pièce d'artillerie.

servante n. f. ▫ vieilli Fille, femme employée comme domestique.

serveur, euse n. **1.** Personne qui sert les clients (café, restaurant). **2.** n. m. inform. Système permettant la consultation directe d'une banque de données.

serviable adj. ▫ Prêt à rendre service. ▸ **serviabilité** n. f.

service n. m. **I. 1.** Ensemble des devoirs envers l'État, la société. **2.** Travail particulier que l'on doit accomplir. *Être de service*. **3.** Travail de la personne chargée de servir des clients. **4.** Action, manière de servir des convives, de servir les plats à table. ▪ Ensemble de repas servis à la fois (restaurant, cantine...). ▪ Assortiment de vaisselle ou de linge pour la table. **II. 1.** *AU SERVICE* : à la disposition de (qqn). **2.** Ce que l'on fait pour qqn. – *Rendre service à qqn*, lui être utile. **3.** au plur. Ce qu'on fait pour qqn contre rémunération. **4.** écon. Activité qui présente une valeur économique (sans être ni produire un bien). *Société de services*. **III. 1.** Ensemble d'opérations par lesquelles on fait fonctionner (qqch.). **2.** Coup par lequel on sert la balle (au tennis, etc.). **3.** Expédition, distribution. **4.** *Mettre qqch. EN SERVICE* : en usage. **IV. 1.** Fonction d'utilité commune, publique *(SERVICE PUBLIC)* ; activité organisée qui la remplit. **2.** Organisation, organe chargé d'une fonction précise.

serviette n. f. **1.** Pièce de linge. **2.** Sac rectangulaire à compartiments.

servile adj. **1.** didact. Propre aux esclaves et aux serfs. **2.** littér. Bassement soumis. ▸ **servilement** adv. ▸ **servilité** n. f.

servir v. tr. **I.** *SERVIR qqn.* **1.** S'acquitter d'obligations, de tâches envers (une personne, une entité à laquelle on obéit). *Il a bien servi son pays.* ▪ *Servir qqn à table.* – *Servir un client*, lui fournir ce qu'il demande. **2.** Aider, appuyer (qqn). – (sujet chose) *Sa discrétion l'a servi.* → **aider. II.** *SERVIR qqch.* **1.** Mettre à la disposition de qqn. – Mettre (la balle) en jeu (tennis, etc.) ; distribuer (les cartes). **2.** Mettre (une chose) en état de se dérouler ou de fonctionner. **III.** v. tr. ind. **1.** *SERVIR À.* Être utile à (qqn). ▪ Être utilisé pour (qqch.). *À quoi sert cet outil ?* **2.** *SERVIR DE.* Être utilisé comme, tenir lieu de. *Cela te servira de leçon.* ▷ v. pron. se **servir 1.** Prendre ce dont on a besoin. **2.** *SE SERVIR DE qqch.*, l'utiliser. – *Se servir de qqn*, l'exploiter.

serviteur n. m. ▫ littér. Celui qui sert (qqn, une institution). *Un serviteur de l'État.*

servitude n. f. **1.** Dépendance totale d'une personne ou d'une nation soumise à une autre. **2.** Ce qui crée ou peut créer un état de dépendance. **3.** dr. Charge liée à un immeuble, un terrain. *Servitude de passage.*

servocommande n. f. ▫ techn. Mécanisme automatique, qui fonctionne par amplification d'une force.

servofrein n. m. ▫ techn. Servocommande de freinage.

servomécanisme n. m. ▫ techn. Mécanisme automatique capable d'accomplir une tâche complexe.

ses adj. poss. → ① **son**

sésame n. m. **I.** Plante oléagineuse ; sa graine. **II.** Mot, formule qui fait accéder à qqch., obtenir qqch.

session n. f. ▫ Période pendant laquelle une assemblée, un jury peut siéger.

sesterce n. m. ▫ Ancienne monnaie romaine.

set n. m. ▫ anglic. **I.** Manche d'un match (tennis, etc.). **II.** *Set de table,* napperons d'un service de table ; abusivt un de ces napperons.

setier n. m. ▫ anciennt Mesure pour les grains (entre 150 et 300 litres).

setter n. m. ▫ Chien de chasse à poils longs.

seuil n. m. **1.** Partie inférieure de l'ouverture d'une porte ; entrée d'une maison. **2.** Limite. *Seuil critique.*

seul, seule adj. **I. 1.** Qui se trouve sans compagnie, séparé des autres. **2.** Qui a peu de relations avec d'autres personnes. **3.** Unique. **II. 1.** Qui n'est pas accompagné. **2.** Un (et pas plus). **III.** valeur d'adv. **1.** Seulement. *Seuls comptent les faits.* **2.** Sans aide. *Je vais le faire (tout) seul.* **IV.** n. *UN, UNE SEUL(E)* : une seule personne, une seule chose. – *LE, LA SEUL(E)* : la seule personne.

seulement adv. **1.** Sans rien d'autre. **2.** (souhait) *Si seulement :* si encore, si au moins. **3.** (en tête de proposition) Mais.

seulet, ette adj. ▫ vx Seul.

sève n. f. ▫ Liquide nutritif qui circule dans les plantes.

sévère adj. **1.** Exigeant, critique ; qui punit. *Être sévère avec, envers qqn.* **2.** Très rigoureux. **3.** Très grave, très difficile. ▶ **sévèrement** adv. ▶ **sévérité** n. f.

sévices n. m. pl. ▫ Mauvais traitements corporels par qui exerce une autorité sur la victime.

sévir v. intr. ▫ Exercer la répression avec rigueur.

sevrer v. tr. ▫ Cesser progressivement d'alimenter en lait (un enfant ; un jeune animal). ▪ Priver progressivement d'alcool, de drogue en désintoxiquant. ▶ **sevrage** n. m.

sexagénaire adj. et n. ▫ Qui a entre soixante et soixante-neuf ans.

sex-appeal n. m. ▫ anglic. vieilli Charme, attrait sensuel (d'une personne).

sexe n. m. **I. 1.** Conformation qui distingue l'homme de la femme. **2.** Qualité d'homme ou de femme. **3.** *Le sexe :* la sexualité (2). **4.** Parties sexuelles. **II.** biol. Caractères et fonctions qui distinguent le mâle de la femelle.

sexisme n. m. ▫ Discrimination fondée sur le sexe (à l'égard des femmes). ▶ **sexiste** n. et adj.

sexologie n. f. ▫ didact. Étude de la sexualité des êtres humains. ▶ **sexologue** n.

sex-shop n. m. ▫ anglic. Magasin d'articles érotiques ou pornographiques.

sex-symbol n. m. ▫ anglic. Vedette symbolisant un idéal de charme sensuel.

sextant n. m. ▫ Instrument qui permet de mesurer la hauteur des astres.

sex-toy n. m. ▫ (anglic.) Objet, instrument destiné à procurer du plaisir sexuel.

sextuor n. m. **1.** Composition musicale à six parties. **2.** Orchestre de six instruments.

sextuple adj. et n. m. ▫ Qui vaut six fois (une quantité donnée).

sexualité n. f. **1.** biol. Caractère de ce qui est sexué, caractères propres à chaque sexe. **2.** Comportements liés à l'instinct sexuel.

sexué, ée adj. ▫ biol. **1.** Qui a un sexe. **2.** Qui se fait par la conjonction des sexes.

sexuel, elle adj. **1.** Relatif au sexe. **2.** De la sexualité. ▶ **sexuellement** adv.

sexy adj. invar. ▫ anglic. Sexuellement attirant, qui excite le désir.

seyant, ante adj. ▫ Qui va bien, flatte la personne qui le porte.

S.-F. n. f. → **science-fiction**

sfumato n. m. ▫ peint. Modelé vaporeux.

shabbat → **sabbat**

shah n. m. → **schah**

shaker n. m. ▫ anglic. Double timbale qu'on secoue pour la préparation des cocktails.

shako n. m. ▫ Coiffure militaire d'apparat, rigide, à visière. – var. **schako.**

shampooing ou **shampoing** n. m. **1.** Lavage des cheveux et du cuir chevelu. ▪ Produit pour ce lavage. **2.** *Shampooing à moquette.* ▶ **shampouiner** v. tr. ▶ **shampouineur, euse** n.

shantung n. m. ▫ Tissu de soie. – var. **chantoung.**

sharia n. f. → **charia**

shérif n. m. **1.** (en Angleterre) Magistrat d'un comté qui applique la loi. **2.** (aux États-Unis) Officier de police élu, à la tête d'un comté.

sherpa n. m. ▫ Guide de haute montagne (Népal).

sherry n. m. ▫ anglic. Xérès.

shetland n. m. ▫ Tissu de laine d'Écosse.

shiatsu n. m. ▫ Massage de relaxation par pression des doigts sur des points du corps.

shiite → **chiite**

shilling n. m. ▫ Ancienne monnaie britannique (1/20 de livre).

shintoïsme n. m. ▫ didact. Religion japonaise.

shit n. m. ▫ anglic., fam. Haschisch.

shoah n. f. ▫ hist. Massacre des Juifs par les nazis (1939-1945).

shogun n. m. ▫ hist. Général en chef des armées, au Japon (XIIe au XIXe siècle).

shooter v. ▫ anglic. **I.** v. intr. Tirer au but, dégager au pied. **II.** v. tr. fam. Injecter un stupéfiant à (qqn). ▷ v. pron. se **shooter**

shopping n. m. ▫ anglic. Le fait d'aller de magasin en magasin pour regarder, faire des achats.

short n. m. ▫ Culotte courte.

show n. m. ▫ anglic. Spectacle centré sur une vedette.

show-business n. m. ▫ anglic. Industrie, métier du spectacle. – abrév. fam. **show-biz.**

shunt n. m. ▫ anglic. **1.** électr. Résistance en dérivation. **2.** méd. Déviation de la circulation sanguine. ▶ **shunter** v. tr.

① **si** conj. *s'*devant *il, ils* **I. 1.** Introduit une condition, une supposition. – (souhait, regret) *Si seulement, si au moins...* **2.** *SI CE N'EST...* → **sinon.** *SI CE N'EST QUE...* : sauf que... **3.** n. m. invar. Hypothèse, supposition. **II. 1.** Marque un lien logique. *S'il revient, c'est qu'il t'aime.* **2.** (introduisant une complétive, une interrogative indirecte) *Tu me diras si c'est lui.* **3.** (exclamatif) *Regarde si c'est beau !* → **combien.**

② **si** adv. ▫ S'emploie pour «oui», en réponse à une phrase négative.

③ **si** adv. **1.** À un tel degré. **2.** *SI BIEN QUE* loc. conj. : de sorte que. **3.** adv. de compar. (avec *que*) Au même degré (que) ; aussi (que).

④ **si** n. m. invar. ▫ Septième note de la gamme d'ut.

siamois, oise adj. **I.** *Chat siamois* et n. m. *un siamois* : chat à poil ras et aux yeux bleus. **II.** *Frères siamois, sœurs siamoises,* jumeaux, jumelles rattaché(e)s l'un(e) à l'autre.

sibérien, enne adj. ▫ De Sibérie. – fig. *Un froid sibérien,* extrême.

sibylle n. f. ▫ Antiq. Devineresse.

sibyllin, ine adj. ▫ littér. Dont le sens est caché.

sic adv. ▫ (entre parenthèses après un mot, une expression) En citant textuellement.

sicav n. f. invar. (sigle de *société d'investissement à capital variable*) ▫ Portefeuille de valeurs mobilières détenu collectivement. – Une de ces valeurs ; action.

siccatif, ive adj. et n. m. ▫ Qui fait sécher.

sida n. m. (sigle de *syndrome d'immunodéficience acquise* [ou *immunodéficitaire acquis*]) ▫ Maladie caractérisée par une chute brutale des défenses immunitaires de l'organisme. ▶ **sidéen, enne** adj. et n.

side-car n. m. ▫ anglic. Habitacle à une roue et pour un passager, monté sur le côté d'une moto.

sidéral, ale, aux adj. ▫ didact. Qui a rapport aux astres, aux étoiles.

sidérer v. tr. ▫ Frapper de stupeur. ▶ **sidérant, ante** adj.

sidérurgie n. f. ▫ Métallurgie du fer, de la fonte, de l'acier. ▶ **sidérurgique** adj. ▶ **sidérurgiste** n.

siècle n. m. **I. 1.** Période de cent ans dont le début est déterminé par rapport à une ère. **2.** Période de cent années environ. ▪ Époque où l'on vit. **3.** Durée de cent années. **4.** au plur. Très longue période. **II.** relig. *Le siècle,* le monde temporel.

siège n. m. **I. 1.** Lieu où se trouve la résidence principale (d'une autorité, d'une société...). **2.** Lieu où se produit (un phénomène). **II.** Opérations militaires pour prendre une ville, une place forte. **III. 1.** Objet fabriqué pour qu'on puisse s'y asseoir. **2.** Fonction d'un membre d'une assemblée. **IV.** Partie du corps humain sur laquelle on s'assied. *Bain de siège.*

siéger v. intr. **1.** Être en séance. **2.** Occuper une fonction. **3.** Avoir son siège (I) à tel endroit.

sien, sienne I. adj. poss. de la 3e pers. du sing. littér. À soi. *Un sien ami.* **II.** pron. Ce qui est à soi. *Je préfère le sien.* **III.** n. **1.** *Y mettre du sien,* de la bonne volonté. ▪ fam. *FAIRE DES SIENNES,* des sottises. **2.** *Les siens,* sa famille, ses amis ; ses partisans.

sierra n. f. ▫ Montagne à relief allongé.

sieste n. f. ▫ Repos d'après midi.

sieur n. m. ▫ dr. ou péj. Monsieur.

sifflant, ante adj. ▫ Qui s'accompagne d'un sifflement.

sifflement n. m. ▫ Son émis en sifflant.

siffler v. **I.** v. intr. **1.** Émettre un son aigu en faisant échapper l'air par une ouverture étroite (bouche, sifflet...). **2.** Produire un son analogue. **3.** *Avoir les oreilles qui sifflent* : éprouver une sensation de sifflement. **II.** v. tr. **1.** Moduler (un air) en sifflant. **2.** Appeler ou signaler en sifflant. **3.** Désapprouver bruyamment. **4.** fam. Boire d'un trait.

sifflet n. m. **1.** Petit instrument formé d'un tuyau court à ouverture en biseau, servant à émettre un son aigu. **2.** Sifflement. – Fait de siffler pour désapprouver. **3.** fam. *COUPER LE SIFFLET à qqn,* lui couper la parole.

siffleur, euse adj. ▫ Qui siffle.

siffloter v. intr. ▫ Siffler négligemment en modulant un air. – trans. *Siffloter un air.* ▶ **sifflotement** n. m.

sigillaire adj. ▫ didact. Muni d'un sceau. ▪ Relatif aux sceaux.

sigisbée n. m. ▫ vx ou iron. Chevalier servant.

sigle n. m. ▫ Suite d'initiales servant d'abréviation.

signal, aux n. m. **1.** Signe convenu (geste, son...) pour indiquer un moment, déclencher qqch. **2.** Signe transmettant une information.

signalé, ée adj. ▫ (devant le nom) Remarquable.

signalement n. m. ▫ Description physique (d'une personne recherchée).

signaler v. tr. **1.** Annoncer par un signal. **2.** Faire remarquer ou connaître (qqch.). **3.** *SE SIGNALER* v. pron. Se faire remarquer.

signalétique adj. et n. f. ▫ Qui donne un signalement.

signaliser v. tr. ▫ Munir d'un ensemble de signaux coordonnés. ▶ **signalisation** n. f.

signataire n. ▫ Personne, autorité qui a signé un acte, etc.

signature n. f. **1.** Inscription qu'une personne fait de son nom pour certifier, engager sa responsabilité. **2.** Action de signer (un écrit, un acte).

signe n. m. **I. 1.** Chose perçue qui permet de conclure à l'existence ou à la vérité (d'une autre chose). **2.** Élément ou caractère qui permet de distinguer, de reconnaître. **II. 1.** Mouvement ou geste destiné à communiquer. **2.** Représentation matérielle simple, conventionnelle (de qqch.). **3.** didact. Objet perceptible qui renvoie à une chose qu'il évoque. **4.** astrol. Figure de l'une des douze constellations du zodiaque.

① **signer** v. tr. ▫ Revêtir de sa signature.

② **se signer** v. pron. ▫ Faire le signe de croix.

signet n. m. ▫ Ruban, bande pour marquer un endroit d'un livre.

signifiant, ante **1.** adj. Qui signifie. **2.** n. m. ling. Partie matérielle du signe.

significatif, ive adj. ▫ Qui signifie, exprime ou renseigne clairement.

signification n. f. **1.** Ce que signifie (une chose, un fait, un mot). **2.** dr. Action de signifier.

signifié n. m. ▫ ling. Contenu du signe.

signifier v. tr. **1.** (sujet chose) Avoir pour sens, être le signe de. **2.** (sujet personne) Faire connaître par des signes clairs. ▪ dr. Faire savoir.

sikh, sikhe n. et adj. ▫ Membre d'une communauté religieuse de l'Inde.

silence n. m. **I. 1.** Fait de ne pas parler ; absence de parole. **2.** Fait de ne pas exprimer, de ne pas divulguer. **II. 1.** Absence de bruit. **2.** mus. Interruption du son ; signe qui l'indique.

silencieux, euse adj. **I. 1.** Qui garde le silence. ▪ Qui ne s'accompagne pas de paroles. **2.** Qui se fait, fonctionne sans bruit. ▪ Où le silence et le calme règnent. **II.** n. m. Dispositif qui étouffe le bruit. ▶ **silencieusement** adv.

silex n. m. ▫ Roche siliceuse.

silhouette n. f. **1.** Forme qui se profile sur un fond plus clair. – Dessin aux contours schématiques. **2.** Allure ou ligne générale (d'une personne).

silhouetter v. tr. ▫ Représenter en silhouette.

silicate n. m. ▫ Minéral, combinaison de silice avec un oxyde métallique.

silice n. f. ▫ Oxyde de silicium, très dur. ▶ **siliceux, euse** adj.

silicium n. m. ▫ Corps simple (symb. Si), métalloïde du groupe du carbone.

silicone n. f. ▫ Dérivé du silicium.

silicose n. f. ▫ Maladie pulmonaire (des mineurs...) due à la silice.

sillage n. m. □ Trace qu'un bateau laisse derrière lui à la surface de l'eau.

sillon n. m. 1. Tranchée ouverte dans la terre par la charrue. 2. Fente, ride.

sillonner v. tr. 1. Creuser en faisant des sillons, des fentes. 2. Traverser d'un bout à l'autre ; parcourir en tous sens.

silo n. m. □ Réservoir où l'on entrepose les produits agricoles.

silure n. m. □ Poisson à longs barbillons, aussi appelé *poisson-chat*.

silvaner ou **sylvaner** n. m. □ Cépage blanc cultivé en Alsace, en Allemagne... ; vin de ce cépage.

simagrée n. f. □ (surtout au plur.) Comportement affecté.

simien n. m. □ Primate du sous-ordre comprenant les singes (et anthropoïdes).

simiesque adj. □ littér. Qui tient du singe.

similaire adj. □ À peu près semblable. ▶ **similarité** n. f.

similicuir n. m. □ Matière plastique imitant le cuir.

similigravure n. f. □ Photogravure en demi-teinte.

similitude n. f. □ Relation entre choses semblables.

simoun n. m. □ Vent chaud et sec du désert.

simple adj. **I.** (personnes) 1. Qui agit selon ses sentiments, sans calcul. 2. Sans prétention. 3. De condition modeste. 4. Qui a peu de finesse, se laisse facilement tromper. ■ adj. et n. SIMPLE D'ESPRIT, arriéré mental. **II.** (choses) 1. Qui n'est pas composé de parties. – n. m. *Varier du simple au double*. 2. (avant le nom) Qui est uniquement (ce que le substantif implique). 3. Qui est formé d'un petit nombre d'éléments. 4. Facile à comprendre, à utiliser. 5. Qui comporte peu d'ornements. **III.** n. m. 1. (au plur.) Plante médicinale. 2. Partie de tennis, de tennis de table entre deux adversaires.

simplement adv. 1. Avec simplicité. 2. Seulement.

simplet, ette adj. □ Trop simple ; naïf.

simplicité n. f. □ Caractère d'une personne simple, de ce qui est simple.

simplifier v. tr. □ Rendre plus simple (II). ▶ **simplification** n. f.

simpliste adj. □ Qui simplifie outre mesure.

simulacre n. m. □ littér. Ce qui n'a que l'apparence (de ce qu'il prétend être).

simulateur, trice 1. n. Personne qui simule (1). 2. n. m. Appareil qui simule (3) un fonctionnement.

simulation n. f. 1. Action de simuler. 2. techn. Représentation simulée (par simulateur).

simuler v. tr. 1. Imiter l'apparence de. 2. (sujet chose) Avoir l'apparence de. 3. techn. Représenter artificiellement (un fonctionnement ; un processus).

simultané, ée adj. □ Qui a lieu au même moment. ▶ **simultanéité** n. f. ▶ **simultanément** adv.

sinanthrope n. m. □ Grand primate fossile (hominien).

sinapisme n. m. □ Traitement révulsif par cataplasme (dit *sinapisé*, adj.) à la farine de moutarde.

sincère adj. 1. Disposé à reconnaître la vérité et à faire connaître ce qu'il pense. 2. Véritable, authentique ; réellement pensé ou senti. ▶ **sincèrement** adv. ▶ **sincérité** n. f.

sinécure n. f. □ Charge ou emploi où l'on est rétribué sans avoir rien à faire.

sine die loc. adv. □ Sans fixer de date pour une autre séance.

sine qua non loc. adj. invar. □ Indispensable.

singe n. m. 1. Mammifère (primate) à face nue, au cerveau développé, aux membres préhensiles. 2. *Payer en MONNAIE DE SINGE,* par de belles paroles.

singer v. tr. ▫ Imiter maladroitement ou en caricature.

singerie n. f. I. 1. au plur. Grimace, attitude comique. 2. fig. Imitation maladroite ou caricaturale. II. Ménagerie de singes.

singulariser v. tr. ▫ Distinguer des autres par qqch. de peu courant. ▷ v. pron. se **singulariser**

singularité n. f. ▫ Particularité.

singulier, ière I. adj. 1. *Combat singulier,* entre une personne et un seul adversaire. 2. Digne d'être remarqué. II. n. m. Catégorie grammaticale qui exprime l'unité.

singulièrement adv. 1. Particulièrement. 2. Beaucoup, très.

siniser v. tr. ▫ didact. Répandre la civilisation chinoise dans (un pays).

① **sinistre** adj. 1. Qui fait craindre un malheur. ▪ Menaçant, inquiétant ; effrayant. 2. Triste et ennuyeux.

② **sinistre** n. m. 1. Événement catastrophique naturel. 2. Dommages ou pertes subis par un assuré. ▶ **sinistré, ée** adj. et n.

sinologie n. f. ▫ didact. Études sur la Chine. ▶ **sinologue** n.

sinon conj. 1. En dehors de ; si ce n'est. 2. À défaut de. 3. Si la supposition (énoncée) ne se réalise pas.

sinoque adj. ▫ fam. Fou.

sinueux, euse adj. ▫ Qui présente des courbes irrégulières. ▶ **sinuosité** n. f.

① **sinus** n. m. 1. Cavité de certains os de la face. 2. Renflement de vaisseaux sanguins.

② **sinus** n. m. ▫ *Sinus d'un angle :* rapport entre la longueur d'une perpendiculaire menée d'un côté de l'angle sur l'autre côté, et celle de l'hypoténuse du triangle rectangle ainsi formé.

sinusite n. f. ▫ Inflammation des sinus de la face.

sinusoïde n. f. ▫ math. Courbe des variations du sinus (ou du cosinus) d'un angle. ▶ **sinusoïdal, ale, aux** adj.

sionisme n. m. ▫ Mouvement favorable à un État juif en Palestine. ▶ **sioniste** adj. et n.

sioux n. et adj. 1. Membre d'une ethnie amérindienne de guerriers. 2. Très rusé.

siphon n. m. 1. Tube courbé ou appareil permettant de faire communiquer deux liquides. 2. Bouteille remplie d'une boisson gazeuse sous pression et munie d'un bouchon à levier.

siphonné, ée adj. ▫ fam. Fou.

siphonner v. tr. ▫ Transvaser, vider à l'aide d'un siphon.

sire n. m. 1. *Un triste sire :* un individu peu recommandable. 2. Titre donné à un souverain.

sirène n. f. I. mythol. Être fabuleux, à tête et torse de femme avec un corps d'oiseau ou une queue de poisson. II. Puissant appareil sonore (alarme, signal).

sirocco n. m. ▫ Vent de sud-est chaud et sec.

sirop n. m. ▫ Solution de sucre dans de l'eau, du jus de fruit...

siroter v. tr. ▫ fam. Boire à petits coups.

sirupeux, euse adj. 1. De la consistance du sirop. 2. fig., péj. *Musique sirupeuse.*

sis, sise adj. ▫ dr. ou littér. Situé.

sisal, als n. m. ▫ Fibre de feuille d'agave.

sismique adj. ▫ Relatif aux séismes.

sismographe n. m. ▫ Appareil qui enregistre les mesures des séismes.

sistre n. m. ▫ Instrument de musique à percussion.

sitar n. m. ▫ Instrument de musique à cordes pincées (en Inde).

sitcom n. f. ▫ anglic., télév. Comédie de situation en brefs épisodes.

site n. m. **I. 1.** Paysage (du point de vue de l'esthétique, du pittoresque). **2.** Configuration d'un lieu (en rapport avec son utilisation). *Site archéologique.* **II.** anglic. Serveur de données accessible par Internet.

sit-in n. m. invar. ▫ anglic. Manifestation non-violente consistant à s'asseoir en groupes sur la voie publique.

sitôt adv. **1.** adv. de temps Aussitôt. **2.** *SITÔT QUE* loc. conj. (+ indic.) : aussitôt que, dès que.

situation n. f. **1.** Fait d'être dans un lieu ; place occupée dans un espace. **2.** Circonstances dans lesquelles une personne se trouve. ▪ (pays, collectivité) *La situation est grave.* **3.** Emploi, poste rémunérateur stable. **4.** Ensemble des relations qui unissent une personne, un groupe à son milieu.

situationnisme n. m. ▫ Mouvement de contestation radical des années 60. ▶ **situationniste** adj. et n.

situer v. tr. **1.** Placer en un lieu. **2.** Mettre à une certaine place. ▷ v. pron. se **situer 1.** passif Se trouver. – Avoir lieu. **2.** réfl. (personnes) Préciser sa position (sens propre et figuré).

six I. adj. numéral **1.** (cardinal) Cinq plus un (6). **2.** (ordinal) Sixième. *Page six.* **II.** n. m. Le chiffre, le nombre, le numéro six. ▶ **sixième** adj. et n. ▶ **sixièmement** adv.

à la **six-quatre-deux** loc. adv. ▫ fam. À la hâte ; sans soin.

sixte n. f. ▫ mus. Sixième degré de la gamme diatonique. – Intervalle de six degrés.

skaï n. m. (n. déposé) ▫ Tissu enduit de matière synthétique, imitant le cuir.

skate-board n. m. ▫ anglic. Planche à roulettes. – abrév. fam. **skate.**

sketch n. m. ▫ anglic. Courte scène, comique et enlevée, pour un petit nombre d'acteurs. *Des sketch(e)s.*

ski n. m. **1.** Longue lame relevée à l'avant, placée sous le pied pour glisser sur la neige. **2.** *Le ski :* la locomotion, le sport en skis. **3.** *SKI NAUTIQUE :* sport où l'on glisse sur l'eau.

skier v. intr. ▫ Faire du ski. ▶ **skiable** adj. (piste) ▶ **skieur, euse** n.

skiff n. m. ▫ Bateau de sport très long, effilé, pour un seul rameur.

skinhead n. ▫ anglic. Jeune à crâne rasé qui prône la violence. – abrév. fam. **skin.**

skipper n. m. ▫ anglic. **1.** Chef de bord d'un yacht de croisière. **2.** Barreur d'un voilier de régates.

skunks n. m. → **sconse**

slalom n. m. ▫ Descente sinueuse à skis où l'on passe entre des piquets. ▪ fig. *Faire du slalom entre les voitures* (moto, vélo...). ▶ **slalomer** v. intr. ▶ **slalomeur, euse** n.

slam n. m. ▫ anglic. Poésie, narration scandée librement, de manière rythmée. ▶ **slameur, euse** n.

slash n. m. ▫ anglic., inform. Barre oblique (/), qui marque une séparation.

slave adj. et n. ▫ Se dit des peuples d'Europe centrale et orientale dont les langues sont apparentées.

slim n. m. ▫ anglic. Pantalon très moulant. – appos. *Un jean slim.*

slip n. m. ▫ Culotte échancrée sur les cuisses (sous-vêtement ou maillot de bain).

slogan n. m. ▫ Formule concise et frappante (publicité, propagande).

sloop n. m. ▫ Voilier à un seul mât.

slovaque adj. et n. ▫ De la Slovaquie. ▪ n. m. Langue slave parlée en Slovaquie.

slovène adj. et n. ▫ De la Slovénie. ▪ n. m. Langue slave parlée en Slovénie.

slow n. m. ▫ anglic. Danse lente à pas glissés ; sa musique.

smala n. f. **1.** Réunion de tentes abritant la famille, le personnel d'un chef arabe. **2.** fam. Famille ou suite nombreuse.

smartphone n. m. ▫ anglic. Téléphone mobile possédant des fonctions d'assistant personnel, conçu pour avoir des utilisations variées.

smash n. m. ▫ anglic. (tennis, volley-ball...) Coup qui rabat violemment une balle haute. *Des smash(e)s.*

S. M. I. C. n. m. ▫ Salaire minimum interprofessionnel «de croissance». ▶ **smicard, arde** n.

smiley n. m. ▫ anglic., inform. Suite de caractères alphanumériques qui évoque un visage stylisé traduisant un sentiment.

smocks n. m. pl. ▫ anglic. Fronces décoratives, brodées.

smoking n. m. ▫ Tenue de soirée pour hommes.

SMS ou **S. M. S.** n. m. ▫ anglic. Message écrit échangé entre téléphones portables.

snack-bar ou **snack** n. m. ▫ anglic. Café-restaurant où l'on sert rapidement des plats simples. *Des snack-bars ; des snacks.*

snif ou **sniff** interj. ▫ Onomatopée, bruit de reniflement.

sniffer v. tr. ▫ anglic. Priser (un stupéfiant).

snob n. ▫ Personne qui admire et imite sans discernement les manières, les goûts, les modes des milieux dits distingués. – adj. *Des manières snob(s).* ▶ **snobisme** n. m.

snober v. tr. **1.** Traiter (qqn) de haut. **2.** Impressionner.

snow-board n. m. ▫ anglic. Sport de glisse qui se pratique sur la neige, debout sur une planche.

soap-opéra n. m. ▫ anglic. Série télévisée populaire. – abrév. fam. **soap** n. m.

sobre adj. **1.** Qui mange, boit (spécialt, de l'alcool) avec modération. **2.** Simple, classique. ▶ **sobrement** adv.

sobriété n. f. **1.** Comportement d'une personne sobre. **2.** Modération, réserve. **3.** (choses) Simplicité.

sobriquet n. m. ▫ Surnom familier.

soc n. m. ▫ Lame de la charrue.

sociable adj. **1.** didact. Capable de vivre en société. **2.** Capable de relations humaines faciles. ▶ **sociabilité** n. f.

social, ale, aux adj. **1.** Relatif à un groupe d'humains. ▪ *Animaux sociaux,* qui vivent en société. **2.** Propre à la société constituée. **3.** Qui se rapporte à l'amélioration de la condition des moins favorisés. **4.** Relatif à une société civile ou commerciale.

social-démocrate adj. et n. ▫ Socialiste réformiste. ▶ **social-démocratie** n. f.

socialement adv. ▫ Quant aux rapports sociaux.

socialiser v. tr. **1.** didact. Susciter les rapports sociaux entre (des individus). **2.** Gérer ou diriger au nom de la société entière. ▶ **socialisation** n. f.

socialisme n. m. ▫ Attitude politique et sociale qui entend faire prévaloir l'intérêt général sur les intérêts particuliers, par une organisation concertée. ▶ **socialiste** adj. et n.

sociétaire adj. et n. ▫ Qui fait partie d'une société (d'acteurs).

société n. f. **I. 1.** *JEUX DE SOCIÉTÉ,* qui se jouent à plusieurs. **2.** Compagnie habituelle. *Se plaire dans la société des femmes.* **II. 1.** État des êtres vivants qui vivent en groupes organisés. **2.** Ensemble des personnes entre lesquelles existent des rapports durables et organisés ; milieu humain. **III. 1.** Organisation fondée pour un travail commun ou une action commune. **2.** Groupement contractuel constitué par les apports d'associés.

socioculturel, elle adj. □ Qui concerne les structures sociales et leurs cultures.

sociologie n. f. □ Étude scientifique des faits sociaux. ▶ **sociologue** n.

sociologique adj. □ De la sociologie.

socioprofessionnel, elle adj. □ didact. Se dit des catégories classant une population selon l'activité professionnelle.

socle n. m. □ Base (d'une construction, d'un objet).

socque n. m. □ Chaussure à semelle de bois.

socquette n. f. □ Chaussette basse.

socratique adj. □ didact. De Socrate.

soda n. m. □ Boisson gazeuse aromatisée.

sodé, ée adj. □ chim. Qui contient de la soude ou du sodium.

sodium n. m. □ Corps simple (symb. Na), métal alcalin mou qui brûle à l'air et réagit violemment avec l'eau. ▶ **sodique** adj. chim.

sodomie n. f. □ Pratique du coït anal. ▶ **sodomiser** v. tr. ▶ **sodomite** n. m. vieilli

sœur n. f. **1.** Personne de sexe féminin, considérée par rapport aux autres enfants des mêmes parents. **2.** Titre de religieuses. *Ma sœur.* – BONNE SŒUR : religieuse. ▶ **sœurette** n. f. (terme d'affection).

sofa n. m. □ Lit de repos.

software n. m. □ anglic. Logiciel.

soi pron. pers. réfl. (de la 3e pers.) **I.** (personnes) (sujet indéterminé) *Avoir confiance en soi.* **II.** (choses) *Cela va de soi* : c'est naturel, évident. – *EN SOI* : de par sa nature propre. **III.** *SOI-MÊME. Être soi-même.* **IV.** n. m. invar. La personnalité de chacun.

soi-disant **1.** adj. invar. Qui se dit, qui prétend être (tel). **2.** adv. Prétendument.

soie n. f. **I. 1.** Substance filiforme sécrétée par des larves (*vers à soie* → **bombyx**). – Tissu de soie. **2.** *PAPIER DE SOIE* : papier fin, translucide et brillant. **II.** Poil long et rude (porc, sanglier).

soierie n. f. **1.** Tissu de soie. **2.** Industrie et commerce de la soie.

soif n. f. **1.** Sensation correspondant à un besoin de l'organisme en eau. – fig. *Rester sur sa soif* : n'être pas satisfait. **2.** fig. Désir.

soiffard, arde adj. et n. □ fam. Toujours prêt à boire (de l'alcool).

soignant, ante adj. □ Chargé des soins.

soigner v. tr. **1.** S'occuper du bien-être et du contentement de (qqn), du bon état de (qqch.). **2.** Apporter du soin à (ce que l'on fait). **3.** S'occuper de rétablir la santé de (qqn). ■ S'occuper de guérir (un mal). ▷ adj. **soigné, ée** Dont on prend soin ; fait avec soin. ▷ v. pron. **se soigner 1.** S'occuper de son bien-être, de son apparence physique. **2.** Faire ce qu'il faut pour guérir. **3.** passif (maladie) Pouvoir être soigné.

soigneur n. m. □ Celui qui prend soin de (un sportif, un boxeur).

soigneux, euse adj. **1.** *Soigneux de* (qqch.) : qui prend soin de. **2.** Qui apporte du soin à ce qu'il fait. **3.** Fait avec soin, avec méthode. ▶ **soigneusement** adv.

soin n. m. **1.** *AVOIR, PRENDRE SOIN DE* (+ inf.) : s'occuper de. **2.** *AVOIR, PRENDRE SOIN DE* (qqn, qqch.) : soigner (1). **3.** Travail confié. - *Aux bons soins de M. X* (lettre). - *Être* AUX PETITS SOINS *pour qqn* : être très attentionné. **4.** Actions par lesquelles on conserve ou rétablit la santé. **5.** Manière appliquée, exacte, scrupuleuse (de faire qqch.). **6.** Ordre et propreté ; aspect soigné.

soir n. m. ▫ Les dernières heures du jour et les premières de la nuit.

soirée n. f. **1.** Temps compris entre le déclin du jour et le moment où l'on s'endort. **2.** Réunion, spectacle après le repas du soir.

soit I. conj. **1.** *SOIT... SOIT...* (alternative). → **ou.** - *SOIT QUE... SOIT QUE...* (+ subj.). **2.** *SOIT* : étant donné. - À savoir, c'est-à-dire. **II.** *SOIT* adv. d'affirmation. Bon ; admettons.

soixantaine n. f. **1.** Nombre de soixante ou environ. **2.** Âge de soixante ans.

soixante I. adj. numéral invar. **1.** (cardinal) Six fois dix (60). - *Soixante-dix* (70). **2.** (ordinal) Soixantième. **II.** n. m. invar. Le nombre, le numéro soixante. ▶ **soixantième** adj. et n.

soixante-huitard, arde adj. et n. ▫ fam. Des événements de Mai 1968.

soja n. m. ▫ Plante légumineuse d'Extrême-Orient, aux graines comestibles.

① **sol** n. m. **1.** Partie superficielle de l'écorce terrestre. **2.** Territoire. **3.** Terrain. **4.** Surface plane constituant la limite inférieure d'une construction, d'un local.

② **sol** n. m. invar. ▫ Cinquième degré de la gamme de do ; signe qui le représente.

solaire adj. **1.** Du Soleil. **2.** Qui fonctionne grâce au soleil. **3.** Qui protège du soleil. **4.** De forme rayonnante.

solanacée n. f. ▫ bot. Plante dicotylédone.

solarium n. m. ▫ Lieu aménagé pour les bains de soleil.

soldat n. m. **1.** Homme qui sert dans une armée. **2.** Militaire non gradé. - appos. *Une femme soldat* (fam. *soldate,* n. f.).

soldatesque n. f. ▫ péj. Ensemble de soldats brutaux, indisciplinés.

① **solde** n. f. **1.** Rémunération des militaires. **2.** péj. *À LA SOLDE DE* (qqn), payé, acheté par qqn.

② **solde** n. m. **1.** Différence entre le crédit et le débit, dans un compte. - absolt *Le solde* : ce qui reste à payer. **2.** *EN SOLDE* : vendu au rabais. ▪ au plur. *SOLDES* : articles vendus en solde.

solder v. tr. **1.** Arrêter, clore (un compte). - Acquitter (une dette...). **2.** pronom. *SE SOLDER PAR* : faire apparaître à la clôture un solde de. - fig. Aboutir en définitive à. **3.** Mettre, vendre (qqch.) en solde. ▷ adj. **soldé, ée** ▶ **soldeur, euse** n.

① **sole** n. f. ▫ zool. Partie cornée formant le dessous du sabot.

② **sole** n. f. ▫ Poisson de mer plat et ovale.

solécisme n. m. ▫ Emploi syntaxique fautif.

soleil n. m. **1.** Astre qui donne lumière et chaleur à la Terre, et rythme la vie à sa surface ; étoile de la Galaxie. **2.** Lumière de cet astre ; temps ensoleillé. - *COUP DE SOLEIL* : insolation. ▪ Endroit exposé aux rayons du soleil. **3.** Fleur de tournesol.

solennel, elle adj. **1.** Célébré par des cérémonies publiques. **2.** Accompagné de formalités qui donnent de l'importance. **3.** (souvent péj.) Qui a une gravité propre aux grandes occasions. ▶ **solennellement** adv.

solennité n. f. **1.** Fête solennelle. **2.** Caractère solennel.

solénoïde n. m. ▫ Fil conducteur enroulé qui crée un champ magnétique sur son axe quand il est parcouru par un courant.

solfatare n. f. ▫ Terrain qui dégage des fumerolles.

solfège n. m. ▫ Étude des principes élémentaires de la musique et de sa notation.

solfier v. tr. ▫ Chanter (un morceau de musique) en nommant les notes.

solidaire adj. 1. (personnes) Lié par une responsabilité et des intérêts communs. 2. (choses) En dépendance réciproque. ▶ **solidairement** adv.

solidariser v. tr. ▫ Rendre solidaire. ▷ v. pron. se **solidariser**

solidarité n. f. ▫ Fait d'être solidaire ; obligation d'assistance mutuelle. ▪ Sentiment humanitaire qui pousse à assister autrui.

solide adj. **I.** 1. Qui a de la consistance. – n. m. *Les solides* : les corps solides. 2. n. m. géom. Figure à trois dimensions. **II.** 1. Qui résiste aux efforts, à l'usure. 2. fig. Sur quoi l'on peut s'appuyer, compter. 3. Qui a une santé à toute épreuve. – Équilibré, sérieux. 4. fam. Important, intense. ▶ **solidement** adv.

solidifier v. tr. ▫ Donner une consistance solide à (une substance). ▶ **solidification** n. f.

solidité n. f. ▫ Caractère de ce qui est solide (II, 1 et 2).

soliloque n. m. ▫ Monologue. ▶ **soliloquer** v. intr.

soliste n. ▫ Musicien qui joue en solo.

solitaire **I.** adj. 1. Qui vit seul. 2. Qui se passe, s'accomplit dans la solitude. 3. (lieu) Où l'on est seul. **II.** n. Personne qui vit, agit seule. **III.** n. m. 1. Sanglier mâle sans compagnie. 2. Diamant monté seul.

solitairement adv. ▫ Dans la solitude.

solitude n. f. ▫ Situation d'une personne qui est seule.

solive n. f. ▫ Pièce de charpente qui soutient le plancher.

solliciter v. tr. **I.** 1. Chercher à éveiller (l'attention, la curiosité). 2. Agir sur (qqn) en attirant l'attention. 3. Faire appel à, prier (qqn) de façon pressante en vue d'obtenir qqch. **II.** *Solliciter qqch. (de qqn)*, le lui demander dans les formes. ▶ **sollicitation** n. f.

solliciteur, euse n. ▫ Personne qui sollicite qqch.

sollicitude n. f. ▫ Attention soutenue et affectueuse.

solo n. m. 1. Morceau joué ou chanté par un seul interprète. *Des solos* ou *des soli.* 2. *(Spectacle) solo* : recomm. off. pour l'anglic. *one man show.* 3. *En solo* : en solitaire.

solstice n. m. ▫ Chacune des deux époques où le Soleil atteint son plus grand éloignement de l'équateur.

soluble adj. 1. Qui peut se dissoudre (dans un liquide). 2. Qui peut être résolu. ▶ **solubiliser** v. tr. ▶ **solubilité** n. f.

soluté n. m. ▫ Remède liquide contenant une substance en solution.

solution n. f. **I.** 1. Opération mentale par laquelle on surmonte une difficulté, on résout un problème. 2. Actes qui peuvent résoudre une difficulté. 3. Manière dont une situation compliquée se dénoue. **II.** 1. *SOLUTION DE CONTINUITÉ* : interruption. 2. Action de (se) dissoudre dans un liquide. 3. Mélange homogène ; liquide contenant un solide dissous.

solutionner v. tr. ▫ (mot critiqué) Résoudre (un problème).

solvable adj. ▫ Qui a les moyens de payer. ▶ **solvabilité** n. f.

solvant n. m. ▫ Substance qui peut dissoudre d'autres substances.

somatique adj. **1.** Qui concerne le corps. **2.** Qui provient de causes physiques.

somatiser v. tr. ▫ Rendre somatique, physiologique (un trouble psychique). ▶ **somatisation** n. f.

sombre adj. **I. 1.** Peu éclairé, qui reçoit peu de lumière. **2.** Foncé. **II.** fig. Morose, triste.

sombrer v. intr. **1.** (bateau) Cesser de flotter, s'enfoncer dans l'eau. **2.** fig. Disparaître, s'anéantir.

sombrero n. m. ▫ Chapeau à larges bords (Amérique latine).

sommaire adj. **I. 1.** Qui est fait promptement, sans formalité. **2.** Réduit à sa forme la plus simple. ▶ **sommairement** adv. **II.** n. m. Bref résumé des chapitres (livre), des articles (revue).

sommation n. f. ▫ Mise en demeure (de se rendre, de se disperser, etc.).

① **somme** n. f. **1.** math. Résultat d'une addition. **2.** fig. Masse, quantité. ▪ *EN SOMME* loc. adv. : tout bien considéré. – *SOMME TOUTE*, finalement. **3.** *Somme (d'argent)* : quantité déterminée d'argent. **4.** didact. Synthèse de connaissances (œuvre).

② **somme** n. f. ▫ *BÊTE DE SOMME* : bête qui porte les fardeaux.

③ **somme** n. m. ▫ Court sommeil.

sommeil n. m. **1.** État (d'une personne, d'un animal) qui dort. ▪ Envie de dormir. **2.** Hibernation. **3.** fig. Inactivité.

sommeiller v. intr. ▫ Dormir d'un sommeil léger et bref.

sommelier, ière n. ▫ Personne chargée des vins, dans un restaurant.

sommer v. tr. ▫ dr. Mettre (qqn) en demeure (de faire qqch.) dans les formes ; avertir par une sommation.

sommet n. m. **1.** Point ou endroit le plus élevé. **2.** fig. Degré le plus élevé. ▪ *Conférence au sommet*, ou ellipt *sommet*, entre des dirigeants. **3.** Intersection de deux côtés (d'un angle, d'un polygone).

sommier n. m. **I.** Partie d'un lit qui supporte le matelas. **II.** admin. Gros registre.

sommité n. f. **I.** didact. Extrémité (d'une tige, d'une plante). **II.** Personnage éminent.

somnambule adj. et n. ▫ Qui marche, agit pendant son sommeil. ▶ **somnambulique** adj. ▶ **somnambulisme** n. m.

somnifère adj. et n. m. ▫ Qui provoque le sommeil.

somnolence n. f. ▫ Demi-sommeil. ▶ **somnolent, ente** adj. ▶ **somnoler** v. intr.

somptuaire adj. ▫ *Dépenses somptuaires*, de luxe.

somptueux, euse adj. ▫ D'une beauté coûteuse, d'un luxe visible. ▶ **somptueusement** adv. ▶ **somptuosité** n. f.

① **son, sa, ses** adj. poss. (3e pers. du sing.) ▫ Relatif à la personne ou la chose dont il est question.

② **son** n. m. ▫ Sensation auditive créée par une vibration dans l'air.

③ **son** n. m. **1.** Résidu de la mouture provenant de l'enveloppe des grains. **2.** Sciure servant à bourrer. **3.** *TACHE DE SON* : tache de rousseur.

sonar n. m. ▫ Appareil de détection sous-marine par réflexion des ondes sonores.

sonate n. f. ▫ Composition musicale pour un ou deux instruments.

sonatine n. f. ▫ Petite sonate.

sondage n. m. **1.** Exploration à la sonde (1). **2.** Introduction d'une sonde (2) dans l'organisme. **3.** *Sondage (d'opinion)* : enquête auprès d'un échantillon de population.

sonde n. f. **1.** Instrument qui sert à déterminer la profondeur de l'eau et la nature du fond. – Appareil de mesure des altitudes. **2.** Instrument pour explorer les canaux de l'organisme ; pour l'alimentation artificielle. **3.** Appareil servant aux forages et aux sondages du sol. **4.** *Sonde spatiale* : engin non habité.

sonder v. tr. **1.** Reconnaître au moyen d'une sonde. **2.** fig. Chercher à entrer dans le secret de (la conscience, le cœur...). ▪ *Sonder l'opinion* (→ **sondage** (3)). ▶ **sondeur, euse** n.

songe n. m. ▫ littér. Rêve.

songer v. tr. ind. ▫ SONGER À : penser à ; réfléchir à ; envisager de.

songeur, euse adj. ▫ Pensif et un peu inquiet ou troublé.

sonnaille n. f. ▫ Cloche, clochette attachée au cou d'un animal domestique.

sonnant, ante adj. **1.** (heure) Qui est en train de sonner. *À cinq heures sonnantes.* **2.** *Espèces sonnantes (et trébuchantes)* : pièces de monnaie.

sonné, ée adj. **1.** Annoncé par une sonnerie. **2.** Assommé par un coup. **3.** fam. Fou.

sonner v. **I.** v. intr. **1.** Retentir sous un choc. **2.** Produire une sonnerie. **3.** *Sonner bien, mal,* être harmonieux ou non (mot, phrase...). **4.** Faire fonctionner une sonnerie. **II.** v. tr. **1.** Faire résonner. **2.** Faire entendre (une sonnerie). **3.** Appeler (qqn) par une sonnerie. **4.** Assommer, étourdir d'un coup de poing.

sonnerie n. f. **1.** Son de ce qui sonne. **2.** Appareil, mécanisme avertisseur.

sonnet n. m. ▫ Petit poème à forme fixe (deux quatrains, deux tercets).

sonnette n. f. ▫ Timbre ; sonnerie ; objet qui sert à déclencher une sonnerie.

sonneur, euse n. ▫ Personne qui sonne les cloches.

sonore adj. **1.** Qui résonne fort. **2.** (lieu) Qui renvoie ou propage le son. **3.** Relatif au son.

sonorisation n. f. **1.** Action de sonoriser. **2.** Matériel d'amplification. – abrév. **sono.**

sonoriser v. tr. **1.** Adjoindre du son à (un film, un spectacle). **2.** Munir (une salle) d'une sonorisation (2).

sonorité n. f. **1.** Qualité d'un son (d'une voix). **2.** Qualité acoustique (d'un local).

sophisme n. m. ▫ Argument, raisonnement faux malgré une apparence de vérité.

sophiste 1. n. m. Antiq. grecque Maître de rhétorique et de philosophie. **2.** n. Personne qui fait des sophismes.

sophistication n. f. ▫ anglic. **1.** Caractère sophistiqué. **2.** Complexité technique.

sophistiqué, ée adj. **1.** Alambiqué, affecté. **2.** anglic. Complexe, perfectionné.

sophrologie n. f. ▫ didact. Maîtrise de la douleur, de l'angoisse.

soporifique adj. **1.** adj. et n. m. Qui provoque le sommeil. **2.** fig., fam. Endormant, ennuyeux.

sopraniste n. m. ▫ mus. Chanteur adulte qui a une voix de soprano.

soprano 1. n. m. La plus élevée des voix (enfants, femmes). **2.** n. Personne qui a cette voix.

sorbe n. f. ▫ Fruit du sorbier, baie orangée.

sorbet n. m. ▫ Glace légère, sans crème.

sorbetière n. f. ▫ Appareil pour préparer les glaces et les sorbets.

sorbier n. m. ▫ Arbre produisant des baies comestibles.

sorbonnard, arde n. ▫ péj. Étudiant ou professeur de la Sorbonne.

sorcellerie n. f. ▫ Pratique des sorciers.

sorcier, ière I. n. Personne qui pratique une magie secrète, illicite ou dangereuse. ▪ *CHASSE AUX SORCIÈRES* : persécution organisée. II. (adj. m.) fam. *Ce n'est pas sorcier* : ce n'est pas difficile.

sordide adj. 1. Sale et misérable. 2. fig. Intéressé et mesquin. ▶ **sordidement** adv. ▶ **sordidité** n. f.

sorgho n. m. ▫ Graminée des pays chauds.

sornette n. f. ▫ surtout au plur. Baliverne.

sororal, ale, aux adj. ▫ didact. D'une sœur, de sœurs.

sort n. m. 1. Ce qui arrive (à qqn) du fait du hasard ou du destin. 2. Puissance fixant le cours des choses. – *Le MAUVAIS SORT* : la malchance. 3. Désignation par le hasard. – *Le sort en est jeté.* 4. Effet magique néfaste.

sortable adj. ▫ Présentable.

sortant, ante adj. 1. Qui sort (I, 5). 2. Qui cesse de faire partie d'une assemblée.

sorte n. f. 1. Ensemble (de gens ou d'objets caractérisés). 2. *UNE SORTE DE* : ce qui se rapproche de. 3. Manière. *EN QUELQUE SORTE* : pour ainsi dire. *DE SORTE À* (+ inf.). *DE TELLE SORTE QUE. DE SORTE QUE* : si bien que. – *FAIRE EN SORTE QUE* (+ subj.), *DE* (+ inf.) : s'arranger pour (que).

sortie n. f. I. 1. Action de quitter un lieu ; moment où (qqn) sort. 2. Action militaire pour sortir d'un lieu. ▪ fig. Attaque verbale. 3. Fait de sortir (I, 2). 4. (capitaux...) Fait de sortir d'un pays. 5. Fait d'être produit, livré au public. 6. Somme dépensée. 7. inform. Émission vers l'extérieur (par oppos. à *entrée*). II. Endroit par où les personnes, les choses sortent. III. *SORTIE DE BAIN* : peignoir que l'on porte après le bain.

sortilège n. m. ▫ Influence magique.

① **sortir** v. I. v. intr. (avec l'auxiliaire *être*) 1. Aller hors (d'un lieu). – absolt Quitter une maison, une pièce. 2. Aller hors de chez soi pour se distraire. ▪ *Sortir avec qqn, ensemble* (relations amoureuses). 3. (objet en mouvement, fluide) Aller hors (de). *La voiture est sortie de la route.* 4. Apparaître à l'extérieur. *Les bourgeons sortent.* ▪ (film, livre...) Paraître. 5. Se produire (au jeu, au tirage au sort). II. (personnes) 1. Quitter (le lieu d'une occupation). – absolt *Les élèves sortent à cinq heures.* 2. Quitter (une occupation). 3. Quitter (un état), faire ou voir cesser (une situation). 4. Ne pas se tenir (à une chose fixée). ▪ Être en dehors (de). III. Avoir son origine (dans). ▪ Avoir été formé (quelque part). *Sortir d'une grande école.* IV. v. tr. (avec l'auxiliaire *avoir*) 1. Mener dehors (un animal). 2. Placer dehors (qqch.). 3. fam. Expulser, jeter dehors (qqn). – Éliminer (un concurrent...). 4. Tirer (d'un état, d'une situation). ▪ pronom. *S'EN SORTIR* : se dégager d'une mauvaise situation. 5. Produire pour le public, mettre en vente. 6. fam. Dire, débiter.

② **sortir** n. m. ▫ littér. *AU SORTIR DE* : en sortant de.

S. O. S. n. m. ▫ Appel au secours.

sosie n. m. ▫ Personne qui a une ressemblance parfaite avec une autre.

sot, sotte adj. ▫ littér. 1. adj. et n. Sans intelligence ni jugement. 2. Qui dénote un manque d'intelligence et de jugement. ▶ **sottement** adv.

sotie n. f. ▫ hist. littér. Farce satirique et allégorique du Moyen Âge.

sot-l'y-laisse n. m. invar. ▫ Morceau délicat et caché d'une volaille.

sottise n. f. 1. littér. Manque d'intelligence et de jugement. 2. Parole ou action sotte. 3. Maladresse, acte de désobéissance (d'enfant).

sottisier n. m. ◻ Recueil de sottises (2) ou de platitudes de personnes connues.

sou n. m. **1.** anciennt Le vingtième du franc, cinq centimes. ▪ mod. Pièce de monnaie. *Machine à sous.* **2.** Petite somme. *Être* SANS LE SOU, sans argent. **3.** au plur. Argent. *Des sous !* – *Une question de gros sous,* d'intérêt.

soubassement n. m. ◻ Partie inférieure (d'une construction...).

soubresaut n. m. **1.** Secousse imprévue. **2.** Mouvement convulsif.

soubrette n. f. ◻ littér. Servante.

souche n. f. **1.** Base du tronc et racines (d'un arbre coupé). **2.** fig. Origine. **3.** Partie d'un document qui reste, quand on en a détaché l'autre partie.

① **souci** n. m. **1.** Préoccupation inquiète (à propos de qqn ou de qqch.). **2.** Objet de cette préoccupation. **3.** Intérêt soutenu.

② **souci** n. m. ◻ Petite plante de jardin, à fleurs jaunes ou orangées. – Sa fleur.

se **soucier** v. pron. ◻ (surtout négatif) Se préoccuper de.

soucieux, euse adj. **1.** Absorbé par le souci. **2.** *SOUCIEUX DE* : qui se soucie de.

soucoupe n. f. **1.** Petite assiette qui se place sous une tasse. **2.** *SOUCOUPE VOLANTE* : objet volant d'origine inconnue.

soudage n. m. ◻ Action de souder (1).

soudain, aine **I.** adj. Qui se produit en très peu de temps, sans avoir été prévu. **II.** adv. Dans l'instant même. ▶ **soudainement** adv. ▶ **soudaineté** n. f.

soudard n. m. ◻ littér. Soldat brutal.

soude n. f. **1.** Carbonate de sodium. **2.** *Soude caustique* : hydroxyde de sodium. **3.** pharm. *Bicarbonate de soude,* de sodium.

souder v. tr. **1.** Joindre (des pièces métalliques) par fusion. – absolt *Lampe à souder.* **2.** Unir étroitement. – au p. p. *Une équipe très soudée.*

soudeur, euse **1.** n. Spécialiste de la soudure. **2.** n. f. Machine à souder.

soudoyer v. tr. ◻ Acheter de manière immorale le concours de (qqn).

soudure n. f. **1.** Alliage fusible servant à souder les métaux. **2.** Ce qui est soudé. – Soudage. **3.** fig. *Faire la soudure* : assurer la continuité.

soufflage n. m. ◻ Opération par laquelle on façonne un verre en le soufflant.

soufflant, ante adj. ◻ Qui sert à souffler.

souffle n. m. **I. 1.** Mouvement de l'air produit en soufflant. **2.** Expiration. ▪ La respiration. *Couper le souffle à qqn* (fig., stupéfier). – *À bout de souffle,* épuisé. **3.** *Le souffle* : la capacité à ne pas s'essouffler. **II. 1.** Mouvement de l'air dans l'atmosphère. **2.** Air déplacé (par une différence de pression). *Le souffle d'un réacteur.* **3.** Bruit anormal (cœur, poumons). **4.** Bruit de fond (radio).

soufflé, ée **I.** adj. **1.** Gonflé. *Beignet soufflé.* **2.** Bouffi, boursouflé. **3.** fam. Stupéfait. **II.** n. m. Préparation de pâte légère qui se gonfle à la cuisson.

souffler v. **I.** v. intr. **1.** Expulser de l'air par la bouche ou par le nez. **2.** Respirer avec peine. ▪ Reprendre haleine. **3.** (vent) Produire un mouvement de l'air. **II.** v. tr. **1.** Éteindre en soufflant. **2.** fam. *SOUFFLER qqch. à qqn,* le lui enlever. **3.** Détruire par un souffle violent. **4.** Envoyer de l'air, du gaz dans (qqch.). *Souffler le verre* (pour le façonner). **5.** Faire sortir en soufflant. *Souffler la fumée par le nez.* **6.** *Ne pas souffler mot* : ne rien dire. ▪ Dire discrètement (qqch.) pour aider qqn. *Souffler une réplique à un acteur.* **7.** fam. Stupéfier.

soufflerie n. f. ▫ Machine qui souffle de l'air.

soufflet n. m. **I. 1.** Instrument qui sert à souffler de l'air. **2.** Partie pliante ou souple entre deux parties rigides. **II.** littér. Gifle (▶ **souffleter** v. tr.).

souffleur, euse n. **1.** Personne qui façonne le verre par soufflage. **2.** (au théâtre) Personne qui souffle leur rôle aux acteurs.

soufflure n. f. ▫ techn. Bulle de gaz.

souffrance n. f. **1.** Fait de souffrir ; douleur. **2.** *EN SOUFFRANCE* : (marchandises) en attente ; en suspens.

souffrant, ante adj. ▫ Légèrement malade.

souffre-douleur n. m. invar. ▫ Personne qui est en butte aux mauvais traitements.

souffreteux, euse adj. ▫ De santé fragile.

souffrir v. **I.** v. tr. littér. **1.** Supporter (qqch. de pénible). **2.** Permettre, tolérer. **3.** Éprouver avec souffrance. *Souffrir le martyre* : souffrir beaucoup. **II.** v. intr. **1.** Éprouver des douleurs physiques ou morales ; avoir mal. *Où souffrez-vous ? – Souffrir du froid ; de la solitude.* **2.** (sujet chose) Éprouver un dommage.

soufisme n. m. ▫ Courant mystique de l'islam, qui vise au pur amour de Dieu. ▶ **soufi, ie** adj. et n.

soufre n. m. ▫ Corps simple (symb. S), solide, jaune citron. ▪ *Sentir le soufre,* paraître diabolique.

soufrer v. tr. **1.** Imprégner, enduire de soufre. **2.** Traiter (la vigne) à l'anhydride sulfureux.

soufrière n. f. ▫ Lieu d'où l'on extrait le soufre.

souhait n. m. **1.** Désir d'obtenir qqch., de voir un événement se produire. **2.** *À SOUHAIT* loc. adv. : autant, aussi bien qu'on le souhaite.

souhaiter v. tr. ▫ Désirer (qqch.) pour soi ou pour autrui. ▶ **souhaitable** adj.

souille n. f. ▫ Bourbier où le sanglier aime se vautrer.

souiller v. tr. ▫ littér. Salir. ▶ **souillure** n. f.

souillon n. f. ▫ littér. Femme malpropre.

souk n. m. **1.** Marché couvert des pays arabes. **2.** fam. Lieu de désordre.

soul n. f. ▫ anglic. Musique vocale des États-Unis issue du rhythm and blues.

soûl, soûle n. m. **I.** *TOUT MON (TON, SON...) SOÛL* loc. adv. : à satiété. **II.** fam. Ivre. – var. **saoul, saoule.**

soulagement n. m. **1.** Action ou manière de soulager ; ce qui soulage. **2.** État d'une personne soulagée.

soulager v. tr. **1.** Débarrasser (qqn, un animal, qqch.) de (une partie d'un fardeau), dispenser de. ▪ *SE SOULAGER* v. pron. fam. Satisfaire un besoin naturel. **2.** Débarrasser partiellement (qqn) de ce qui pèse sur lui (douleur, inquiétude, etc.). **3.** Rendre (un mal) moins pénible à supporter.

soûlard, arde adj. ▫ fam. Ivrogne.

soûler v. tr. **1.** Enivrer. – pronom. *Se soûler au whisky.* **2.** fig. Griser. **3.** fam. Ennuyer, fatiguer (▶ adj. **soûlant, ante**).

soûlerie n. f. ▫ fam. Fait de se soûler.

soulèvement n. m. **1.** Fait de soulever, d'être soulevé. **2.** fig. Révolte massive.

soulever v. tr. **1.** Lever à une faible hauteur ; relever. **2.** Faire s'élever. **3.** fig. Transporter, exalter (qqn). **4.** Entraîner à la révolte. **5.** Exciter puissamment (une réaction...). **6.** Faire que se pose (une question, un problème). **7.** fam. Enlever, prendre.

soulier n. m. ▫ Chaussure. – *Être dans ses petits souliers,* mal à l'aise.

souligner v. tr. **1.** Tirer une ligne, un trait sous (des mots qu'on veut signaler). **2.** fig. Accentuer ; mettre en valeur. ▶ **soulignage** ou **soulignement** n. m.

soûlographie n. f. ▫ fam. → **soûlerie.**

soulte n. f. ▫ dr. Somme d'argent qui compense une inégalité.

soumettre v. tr. **1.** Mettre dans un état de dépendance ; ramener à l'obéissance. **2.** Mettre dans l'obligation d'obéir, de faire. – au p. p. *Revenus soumis à l'impôt.* **3.** Présenter, proposer. ▷ v. pron. se **soumettre** ▷ adj. **soumis, ise** Docile, obéissant.

soumission n. f. **1.** Fait de se soumettre ; attitude soumise. **2.** dr. Devis établi en réponse à un appel d'offres.

soumissionner v. tr. ▫ dr. Proposer par une soumission (2).

soupape n. f. ▫ Pièce mobile qui s'ouvre et se ferme.

soupçon n. m. **1.** Fait d'attribuer à qqn des actes, des intentions blâmables. **2.** Fait de soupçonner (qqch.). **3.** Très petite quantité.

soupçonner v. tr. **1.** Faire peser des soupçons sur (qqn). **2.** Pressentir (qqch.). ▶ **soupçonnable** adj.

soupçonneux, euse adj. ▫ Enclin aux soupçons.

soupe n. f. **I.** *Être trempé comme une soupe,* complètement trempé (par la pluie). **II. 1.** Potage ou bouillon épaissi. ▪ *Être* SOUPE AU LAIT, irascible. **2.** *Soupe populaire,* repas gratuit servi aux défavorisés.

soupente n. f. ▫ Réduit aménagé dans la hauteur d'une pièce ou sous un escalier.

① **souper** v. intr. ▫ vx ou région. Prendre le repas du soir.

② **souper** n. m. **1.** vx ou région. Dîner. **2.** Repas que l'on prend tard dans la nuit.

soupeser v. tr. **1.** Soulever et soutenir un moment. **2.** fig. Évaluer.

soupière n. f. ▫ Récipient où l'on sert la soupe ou le potage ; son contenu.

soupir n. m. **1.** Inspiration ou respiration bruyante, exprimant l'émotion. **2.** mus. Silence correspondant à une noire.

soupirail, aux n. m. ▫ Ouverture donnant de l'air, du jour à un sous-sol.

soupirant n. m. ▫ plais. Celui qui fait la cour à une femme.

soupirer v. **1.** v. intr. Pousser des soupirs. **2.** v. tr. Dire en soupirant.

souple adj. **1.** Que l'on peut plier et replier facilement, sans casser. ▪ (corps, personnes) Qui se plie avec aisance. **2.** fig. Capable de s'adapter ; accommodant. ▶ **souplesse** n. f.

sourate n. f. ▫ Chapitre du Coran. – var. **surate** n. f.

source n. f. **1.** Eau qui sort de terre ; son emplacement. **2.** fig. Origine, principe. **3.** Origine (d'une information). *Savoir de source sûre.* **4.** Point d'où rayonne (une énergie).

sourcier, ière n. ▫ Personne censée pouvoir découvrir les sources.

sourcil n. m. ▫ (êtres humains) Arc garni de poils qui surplombe les yeux. ▶ **sourcilier, ière** adj. *Arcade sourcilière.*

sourciller v. intr. ▫ (négatif) Manifester son trouble, son mécontentement.

sourcilleux, euse adj. ▫ littér. Sévère.

sourd, sourde **I.** adj. et n. **1.** Qui entend mal ou n'entend pas. – *Crier ; cogner comme un sourd,* de toutes ses forces. – DIALOGUE DE SOURDS, où les interlocuteurs ne se comprennent pas. **2.** fig., littér. SOURD À (qqch.) : insensible à. **II.** adj. (choses) **1.** Peu sonore. **2.** Qui se manifeste peu.

sourdement adv. **1.** Avec un bruit sourd. **2.** D'une manière cachée.

sourdine n. f. ▫ Dispositif pour amortir le son (cordes, cuivres...).

sourdingue adj. ▫ fam. et péj. Sourd.

sourd-muet, sourde-muette n. ▫ Que sa surdité a rendu muet(te).

sourdre v. intr. ▫ littér. Naître, surgir.

souriant, ante adj. **1.** Qui sourit. **2.** Plaisant, agréable.

souriceau n. m. ▫ Jeune souris.

souricière n. f. **1.** Piège à souris. **2.** fig. Piège tendu par la police.

① **sourire** v. intr. **1.** Prendre une expression rieuse ou ironique. **2.** (sujet chose) Être agréable ; favorable.

② **sourire** n. m. ▫ Expression d'un visage qui sourit.

souris n. f. **1.** Petit mammifère rongeur. **2.** Muscle à l'extrémité du gigot. **3.** Boîtier au moyen duquel on transmet des instructions à un ordinateur.

sournois, oise adj. **1.** Qui dissimule dans une intention malveillante. **2.** Qui ne se déclare pas franchement. ▶ **sournoisement** adv.

sournoiserie n. f. ▫ Caractère sournois. ▪ Action sournoise.

sous prép. **I. 1.** Marque la position en bas, ou en dedans. **2.** En étant exposé à. **II.** fig. **1.** (subordination ou dépendance) *Sous condition. – Malade sous perfusion.* **2.** (temporel) Pendant le règne de. – *Sous peu* : bientôt. **3.** (causal) Par l'effet de. **4.** En considérant (par un aspect).

sous-alimenté, ée adj. ▫ Victime d'insuffisance alimentaire (*sous-alimentation* n. f.).

sous-bois n. m. ▫ Végétation qui pousse sous les arbres (forêt).

sous-chef n. m. ▫ Personne qui vient immédiatement après un chef.

sous-commission n. f. ▫ Commission secondaire.

sous-consommation n. f. ▫ Consommation inférieure à la normale.

sous-continent n. m. ▫ Partie importante et différenciée d'un continent.

souscrire v. **1.** v. tr. S'engager à payer. **2.** v. tr. ind. SOUSCRIRE À : s'engager à fournir une somme pour. ▶ **souscription** n. f. ▶ **souscripteur, trice** n.

sous-cutané, ée adj. ▫ Qui est situé ou se fait sous la peau.

sous-développé, ée adj. ▫ Dont le développement économique est insuffisant. ▶ **sous-développement** n. m.

sous-directeur, trice n. ▫ Directeur, directrice en second.

sous-emploi n. m. ▫ Emploi insuffisant des travailleurs disponibles.

sous-employer v. tr. ▫ Utiliser insuffisamment les capacités de (qqn, qqch.). ▷ p. p. **sous-employé, ée**

sous-ensemble n. m. ▫ math. Ensemble inclus dans un autre.

sous-entendre v. tr. ▫ Avoir dans l'esprit sans dire expressément. – impers. *Il est sous-entendu que...*

sous-entendu n. m. **1.** Action de sous-entendre. **2.** Allusion.

sous-estimer v. tr. ▫ Estimer au-dessous de sa valeur. – syn. **sous-évaluer.** ▶ **sous-estimation** n. f.

sous-exposer v. tr. ▫ Exposer insuffisamment (une pellicule, un film) à la lumière. ▷ p. p. **sous-exposé, ée** ▶ **sous-exposition** n. f.

sous-fifre n. m. ▫ fam. Subalterne.

sous-jacent, ente adj. **1.** Qui s'étend au-dessous. **2.** fig. Caché, implicite.

sous-lieutenant n. m. ▫ Officier du premier grade des officiers.

sous-louer v. tr. **1.** Donner à loyer (ce dont on est locataire principal). **2.** Prendre à loyer du locataire principal. ▶ **sous-locataire** n. ▶ **sous-location** n. f.

① en **sous-main** loc. adv. ▫ littér. En secret.

② **sous-main** n. m. invar. ▫ Support sur lequel on place le papier pour écrire.

sous-marin, ine **I.** adj. Qui est dans, sous la mer. **II.** n. m. Navire capable de naviguer en plongée.

sous-marque n. f. ▫ Marque secondaire d'un fabricant.

sous-multiple n. m. ▫ Grandeur contenue un nombre entier de fois dans une autre.

sous-munition n. f. ▫ Chacune des armes renfermées dans un conteneur destiné à s'ouvrir et à les éjecter.

sous-officier n. m. ▫ Militaire auxiliaire de l'officier. – abrév. fam. **sous-off.**

sous-ordre n. m. ▫ biol. Division d'un ordre.

sous-payer v. tr. ▫ Payer insuffisamment.

sous-pied n. m. ▫ Bande qui passe sous le pied pour maintenir tendu un pantalon.

sous-préfecture n. f. ▫ (en France) Ville où réside le sous-préfet.

sous-préfet n. m. ▫ (en France) Fonctionnaire représentant le pouvoir central dans un arrondissement.

sous-production n. f. ▫ Production insuffisante.

sous-produit n. m. **1.** Produit secondaire. **2.** Mauvaise imitation.

sous-prolétariat n. m. ▫ Classe sociale la plus misérable.

sous-pull n. m. ▫ Pull à col haut, à mailles très fines, qui se porte sous un autre vêtement.

soussigné, ée adj. et n. ▫ dr. Qui a signé plus bas.

sous-sol n. m. **1.** Terrain au-dessous du sol. **2.** Construction au-dessous du rez-de-chaussée.

sous-tasse n. f. ▫ région. Soucoupe.

sous-tendre v. tr. **1.** Constituer ou joindre les extrémités de (un arc ; une voûte). **2.** fig. Servir de base à.

sous-titre n. m. **1.** Titre secondaire. **2.** Traduction du dialogue d'un film, en bas de l'image. ▶ **sous-titrer** v. tr.

soustraction n. f. ▫ Opération par laquelle on retranche.

soustraire v. tr. **1.** Enlever (qqch.), par ruse, fraude. **2.** Faire échapper (à qqch. à quoi on est exposé). **3.** Retrancher par soustraction (un nombre d'un autre).

sous-traitant n. m. ▫ Personne chargée d'un travail pour le compte d'un entrepreneur principal. ▶ **sous-traitance** n. f. ▶ **sous-traiter** v. tr.

sous-verre n. m. invar. ▫ Image, photo placée entre une plaque de verre et un fond rigide.

sous-vêtement n. m. ▫ Vêtement de dessous.

soutache n. f. ▫ Galon cousu servant d'ornement.

soutane n. f. ▫ Longue robe d'ecclésiastique.

soute n. f. ▫ Magasin, dans la cale (navire ; avion).

soutènement n. m. ▫ *Mur de soutènement*, qui soutient (une pression).

souteneur n. m. ▫ Proxénète.

soutenir v. tr. **I. 1.** Tenir (qqch.) en place, en servant de support ou d'appui. **2.** Maintenir debout (qqn). **3.** Apporter secours, réconfort à. **4.** Appuyer en défendant (qqn, qqch.). **5.** Affirmer, faire valoir (▶ adj. **soutenable**). – spécialt Présenter et défendre devant un jury (une thèse). ▶ **soutenance** n. f. **II.** Subir sans fléchir (une force, une action qui s'exerce). – *Soutenir le regard de qqn*, le regarder sans baisser les yeux.

soutenu, ue adj. **1.** Constant, régulier. **2.** Accentué, prononcé. **3.** (style) Qui évite la familiarité.

souterrain, aine **I.** adj. Qui est ou se fait sous terre. **II.** n. m. Passage souterrain.

soutien n. m. **1.** Action ou moyen de soutenir. **2.** Personne qui soutient (une cause, un parti...).

soutien-gorge n. m. ▫ Sous-vêtement féminin destiné à soutenir les seins. ▶ n. m. fam. **soutif**

soutier n. m. ▫ Matelot chargé du service de la soute à charbon.

soutirer v. tr. ▫ *Soutirer (qqch.) à qqn,* obtenir de lui par ruse, malgré lui.

souvenance n. f. ▫ littér. Souvenir.

① **souvenir** v. **I.** v. pron. *SE SOUVENIR (DE) :* avoir de nouveau présent à l'esprit (le passé). **II.** v. intr. impers. littér. Revenir à la mémoire.

② **souvenir** n. m. **I. 1.** Fait de se souvenir. **2.** Ce qui revient du passé à l'esprit. **II.** (objets concrets) Objet (qui fait qu'on pense à qqn).

souvent adv. ▫ Plusieurs fois, à plusieurs reprises.

souventes fois adv. ▫ région. Souvent.

① **souverain, aine I.** adj. **1.** Suprême. **2.** Dont le pouvoir n'est pas limité. ▪ Qui possède la souveraineté (2). **3.** Qui exprime un sentiment de supériorité. **II.** n. Chef d'État monarchique.

② **souverain** n. m. ▫ Ancienne monnaie d'or anglaise.

souverainement adv. **1.** littér. Supérieurement. **2.** En souverain.

souveraineté n. f. **1.** Autorité suprême (d'un souverain, d'une nation...). **2.** Indépendance (pour un État).

souverainiste adj. et n. ▫ polit. **1.** (au Canada) Partisan de la souveraineté du Québec. **2.** (en Europe) Partisan d'un respect absolu de la souveraineté des États. ▶ **souverainisme** n. m.

soviet n. m. ▫ hist. (Russie...) Conseil de délégués ouvriers et soldats (1917). – *SOVIET SUPRÊME :* parlement de l'U. R. S. S.

soviétique adj. et n. ▫ hist. Relatif à l'État fédéral socialiste (1917-1991) dit *Union soviétique* (U. R. S. S.). – n. *Les Soviétiques.*

soyeux, euse 1. adj. Doux et brillant. **2.** n. m. Industriel de la soierie.

spa n. m. ▫ Centre de beauté, de remise en forme.

spacieux, euse adj. ▫ Où l'on a beaucoup d'espace.

spadassin n. m. ▫ anciennt Assassin à gages.

spaghetti n. m. pl. ▫ Pâtes alimentaires fines et longues.

spahi n. m. ▫ anciennt Cavalier maghrébin de l'armée française.

spam n. m. ▫ anglic. Message électronique non désiré envoyé en grand nombre.

sparadrap n. m. ▫ Bande adhésive utilisée pour protéger les plaies.

sparterie n. f. ▫ Fabrication en fibres végétales vannées ou tissées.

spartiate I. 1. n. Habitant de l'ancienne Sparte. **2.** adj. Qui évoque l'austérité de Sparte. **II.** n. f. Sandale en lanières croisées.

spasme n. m. ▫ Contraction brusque et involontaire d'un ou de plusieurs muscles. ▶ **spasmodique** adj.

spasmophilie n. f. ▫ méd. Tendance aux spasmes musculaires et viscéraux. ▶ **spasmophile** adj. et n.

spath n. m. ▫ minér., vx Cristal lamellaire.

spatial, ale, aux adj. ▫ Qui se rapporte à l'espace.

spationaute n. ▫ Membre d'équipage d'un engin spatial.

spatiotemporel, elle adj. ▫ didact. Qui appartient à l'espace et au temps.

spatule n. f. **1.** Instrument à lame plate et large. **2.** Extrémité d'un ski.

speaker n. m. ▫ anglic., vieilli Présentateur (de radio...). – fém. **speakerine.**

spécial, ale, aux adj. 1. Qui concerne une espèce de choses. 2. Particulier. ▪ Employé dans des circonstances extraordinaires. 3. fam. Qui n'est pas ordinaire.

spécialement adv. 1. Notamment. 2. D'une manière caractéristique.

spécialiser v. tr. ▫ Employer dans une spécialité. ▷ v. pron. se **spécialiser** ▶ **spécialisation** n. f.

spécialiste n. ▫ Personne qui a des connaissances approfondies dans un domaine déterminé. – spécialt Médecin qui s'est spécialisé.

spécialité n. f. 1. didact. Caractère de ce qui est spécial. 2. Ensemble de connaissances sur un objet d'étude limité. 3. Activité déterminée.

spécieux, euse adj. ▫ littér. Qui n'a qu'une belle apparence.

spécifier v. tr. ▫ Caractériser ou mentionner de façon précise. ▶ **spécification** n. f.

spécifique adj. ▫ Propre à une espèce, à une chose. ▶ **spécifiquement** adv. ▶ **spécificité** n. f.

spécimen n. m. 1. Individu, unité qui donne une idée de l'espèce. 2. Exemplaire publicitaire.

spectacle n. m. 1. Ensemble de choses, de faits qui s'offre au regard. 2. Représentation (théâtre, cinéma...). ▪ Activités de théâtre, cinéma, music-hall, télévision, etc.

spectaculaire adj. ▫ Qui frappe l'imagination.

spectateur, trice n. ▫ Personne qui regarde un spectacle.

spectral, ale, aux adj. I. De spectre (I). II. sc. Relatif aux spectres (II).

spectre n. m. I. 1. Apparition effrayante d'un mort. 2. fig., littér. Perspective menaçante. II. sc. Image analytique résultant de la décomposition d'un phénomène vibratoire (rayonnement, son...).

spectroscope n. m. ▫ sc. Instrument pour produire ou examiner des spectres (II). ▶ **spectroscopie** n. f.

spéculaire adj. ▫ didact. Produit par un miroir.

spéculateur, trice n. ▫ Personne qui fait des spéculations (II).

spéculation n. f. I. didact. Théorie, recherche abstraite. II. Opération financière fondée sur les fluctuations du marché. ▶ **spéculatif, ive** adj.

spéculer v. intr. I. didact. Se livrer à la spéculation (I). II. Faire des spéculations (II).

spéculoos n. m. ▫ Biscuit belge au sucre candi. – var. **spéculos.**

spéculum n. m. ▫ méd. Instrument pour explorer des cavités de l'organisme.

speech n. m. ▫ Petite allocution de circonstance. *Des speechs* ou *des speeches.*

spéléologie n. f. ▫ Exploration et étude des cavités du sous-sol. – abrév. fam. **spéléo.** ▶ **spéléologique** adj. ▶ **spéléologue** n.

spermatophyte n. m. ▫ bot. Plante à graines (embranchement).

spermatozoïde n. m. ▫ Cellule reproductrice mâle des animaux sexués.

sperme n. m. ▫ Liquide séminal.

sphère n. f. 1. Surface fermée dont tous les points sont à égale distance (rayon) du centre ; solide limité par cette surface. ▶ **sphérique** adj. 2. fig. Domaine, milieu. *Les hautes sphères de la politique.*

sphincter n. m. ▫ Muscle annulaire autour d'un orifice naturel qu'il ferme en se contractant.

sphinx n. m. **I.** Lion ailé à tête et buste de femme, qui tuait les voyageurs incapables de résoudre une énigme. **II.** Grand papillon du crépuscule, au vol puissant.

spin n. m. ▫ sc. Moment cinétique (d'une particule).

spinal, ale, aux adj. ▫ anat. De la colonne vertébrale, ou de la moelle épinière.

spinnaker n. m. ▫ anglic. Grande voile triangulaire. – abrév. fam. **spi.**

spirale n. f. **1.** géom. Courbe plane qui décrit des révolutions autour d'un point en s'en écartant. **2.** cour. (abusif en sc.) Hélice.

spire n. f. ▫ didact. Tour complet (d'une spirale ; d'une hélice).

spirite n. ▫ Personne qui évoque les esprits, qui s'occupe de spiritisme.

spiritisme n. m. ▫ Science occulte fondée sur les manifestations des esprits.

spiritual n. m. → **negro-spiritual**

spiritualisme n. m. ▫ Philosophie de l'esprit. ▶ **spiritualiste** adj. et n.

spiritualité n. f. **1.** philos. Caractère de ce qui est spirituel, indépendant de la matière. **2.** relig. Croyances et pratiques de la vie spirituelle. **3.** Aspiration morale.

spirituel, elle adj. **I. 1.** philos. Qui est de l'ordre de l'esprit. **2.** relig. De l'âme, émanation d'un principe supérieur. **II.** Qui est plein d'esprit, de drôlerie fine.

spirituellement adv. ▫ Avec esprit, de manière spirituelle (II).

spiritueux, euse adj. et n. m. ▫ Se dit d'une boisson qui contient une forte proportion d'alcool.

spiromètre n. m. ▫ méd. Instrument mesurant la capacité pulmonaire.

spleen n. m. ▫ littér. Mélancolie, dégoût de toute chose.

splendeur n. f. **1.** Beauté pleine de magnificence. **2.** Chose splendide.

splendide adj. **1.** Plein d'éclat. **2.** Riche et beau. **3.** D'une beauté éclatante. ▶ **splendidement** adv.

spolier v. tr. ▫ Dépouiller (qqn) par violence, fraude ou abus de pouvoir. ▶ **spoliation** n. f. ▶ **spoliateur, trice** adj. et n.

spondée n. m. ▫ didact. Pied de deux syllabes longues (grec, latin).

spongieux, euse adj. ▫ Qui rappelle l'éponge, par sa structure et sa consistance.

spongiforme adj. ▫ (maladie) Qui donne aux tissus une apparence d'éponge.

sponsor n. m. ▫ anglic. Personne, entreprise qui finance une initiative sportive, culturelle. ▶ **sponsoriser** v. tr.

spontané, ée adj. **1.** Que l'on fait de soi-même, sans être incité ni contraint. **2.** Non provoqué ; direct, instinctif. ▶ **spontanément** adv. ▶ **spontanéité** n. f.

sporadique adj. ▫ Qui se produit çà et là et d'une manière irrégulière. ▶ **sporadiquement** adv.

sporange n. m. ▫ bot. Organe qui renferme ou produit les spores.

spore n. f. ▫ biol. Corpuscule reproducteur de végétaux et protistes.

sport n. m. **1.** Activité physique de jeu et d'effort, dans le respect de règles. **2.** Forme particulière de cette activité.

sportif, ive adj. **1.** De sport. **2.** adj. et n. Qui pratique, qui aime le sport. **3.** Qui atteste la pratique du sport. **4.** Qui respecte l'esprit du sport. ▶ **sportivement** adv. ▶ **sportivité** n. f.

sportswear n. m. ▫ anglic. Habillement de sport.

spot n. m. ▫ anglic. **1.** Petit projecteur. **2.** Bref message publicitaire.

sprat n. m. ▫ Petit poisson, voisin du hareng.

spray n. m. ▫ anglic. Liquide pulvérisé.

springbok n. m. □ Antilope du sud de l'Afrique.

sprint n. m. □ Allure de course la plus rapide en fin de parcours. – Course de vitesse sur petite distance. ▶ **sprinter** v. intr. ▶ **sprinteur, euse** n.

squale n. m. □ Requin.

squame n. f. **1.** didact. Écaille (de poisson, de serpent...). **2.** Lamelle qui se détache de l'épiderme. ▶ **squameux, euse** adj.

square n. m. □ Petit jardin public.

squash n. m. □ anglic. Sport où deux joueurs se renvoient une balle en la frappant à la raquette contre un mur.

squat n. m. □ anglic. **1.** Occupation illégale d'un local vacant. **2.** Local ainsi occupé. ▶ **squatter** v. tr. ▶ **squatteur, euse** n.

squaw n. f. □ Femme amérindienne.

squelette n. m. **I.** Charpente osseuse (des vertébrés). **II. 1.** Structure, charpente (d'un immeuble...). **2.** Grandes lignes (d'un ensemble).

squelettique adj. **1.** Qui évoque un squelette (par sa maigreur). ▪ fig. Très réduit. **2.** anat. Du squelette (I).

S. R. A. S. n. m. □ « Syndrome respiratoire aigu sévère », pneumopathie épidémique, d'origine virale.

S. S. n. m. □ hist. Membre de la police militarisée nazie.

stabilisateur, trice **1.** adj. Propre à stabiliser. **2.** n. m. Dispositif destiné à stabiliser.

stabiliser v. tr. □ Rendre stable. ▶ **stabilisation** n. f.

stabilité n. f. **1.** Caractère de ce qui tend à demeurer stable. **2.** Équilibre permanent.

stable adj. **1.** Qui n'est pas sujet à changer, à disparaître ; qui demeure dans le même état. **2.** Qui ne bouge pas.

stabulation n. f. □ agric. Élevage en étable.

staccato adv. □ mus. En jouant les notes détachées.

stade n. m. **I.** Terrain aménagé pour la pratique des sports. **II.** Chacune des étapes, des formes successives (d'une évolution).

① **staff** n. m. □ Matériau fait de plâtre et de fibres végétales.

② **staff** n. m. □ anglic. Groupe de travail.

stage n. m. **1.** Période d'études pratiques. **2.** Période de formation professionnelle.

stagiaire adj. et n. □ Qui fait un stage.

stagner v. intr. **1.** (fluides) Rester immobile sans couler, sans se renouveler. **2.** fig. Être inerte, ne pas évoluer. ▶ **stagnant, ante** adj. ▶ **stagnation** n. f.

stakhanovisme n. m. □ hist. Encouragement à la production, en U. R. S. S.

stalactite n. f. □ Concrétion calcaire qui descend.

stalag n. m. □ Camp allemand de prisonniers de guerre non officiers (1940-1945).

stalagmite n. f. □ Concrétion calcaire qui monte.

stalinisme n. m. □ Doctrine et politique totalitaire de Staline. ▶ **stalinien, ienne** adj. et n.

stalle n. f. **1.** Chacun des sièges de bois à dossier élevé (dans le chœur d'une église). **2.** Compartiment cloisonné réservé à un animal (étable, écurie).

stance n. f. □ au plur. Poème, suite de strophes lyriques d'inspiration grave.

stand n. m. **1.** Emplacement réservé, dans une exposition, une foire. **2.** Emplacement pour le ravitaillement, les réparations (courses automobiles...).

① **standard** □ anglic. **I.** n. m. Type, norme de fabrication. **II.** adj. invar. Conforme à un type, à une norme.

②**standard** n. m. ◻ Dispositif de connexion dans un réseau téléphonique.

standardiser v. tr. ◻ anglic. Rendre conforme à un standard. ▶ **standardisation** n. f.

standardiste n. ◻ Personne chargée du service d'un standard téléphonique.

standing n. m. ◻ anglic. **1.** Niveau de vie et rang social. **2.** (choses) Grand confort.

stand-up n. m. invar. ◻ anglic. Spectacle solo d'un humoriste.

stannifère adj. ◻ minér. Qui contient de l'étain.

staphylocoque n. m. ◻ Bactérie, agent d'infections.

star n. f. ◻ anglic. Vedette du spectacle.

starlette n. f. ◻ Jeune actrice qui rêve d'une carrière de star.

starter n. m. ◻ anglic. **I.** sports Personne qui donne le départ d'une course. **II.** cour. Dispositif de démarrage à froid d'un moteur à explosion.

starting-block n. m. ◻ anglic. Dispositif sur lequel les coureurs prennent appui au départ. *Des starting-blocks.*

start-up n. f. invar. ◻ anglic., écon. Jeune entreprise, dans les techniques de l'informatique, du multimédia.

station n. f. **I.** Fait de s'arrêter. **II. 1.** Endroit où l'on effectue des observations, où l'on fait un certain travail. ▪ *Station* (d'émission) *de radio, de télévision.* **2.** Endroit aménagé pour l'arrêt momentané de véhicules. **3.** Lieu de séjour. **III.** Fait de se tenir (de telle façon).

stationnaire adj. ◻ Qui s'arrête ; qui n'évolue pas.

stationnement n. m. ◻ Fait de stationner, pour un véhicule.

stationner v. intr. ◻ Faire une station (I). – (véhicule) Être rangé sur la voie publique ; être garé.

station-service n. f. ◻ Poste de distribution d'essence et d'entretien des véhicules. *Des stations-service.*

statique I. n. f. Étude des corps en équilibre (s'oppose à *dynamique*). **II.** adj. Qui est fixé, n'évolue pas.

statisticien, ienne n. ◻ Spécialiste de la statistique.

statistique I. n. f. Interprétation mathématique de données complexes et nombreuses. – Ensemble de données numériques ainsi traitées. **II.** adj. De la statistique. ▶ **statistiquement** adv.

stator n. m. ◻ techn. Partie fixe d'un moteur électrique.

statuaire n. f. ◻ Art de représenter en sculpture la figure humaine ou animale.

statue n. f. ◻ Sculpture représentant en entier un être vivant. ▶ **statuette** n. f.

statuer v. intr. ◻ *Statuer sur qqch.*, prendre une décision à propos de.

statufier v. tr. ◻ plais. Représenter (qqn) par une statue.

statu quo n. m. invar. ◻ État actuel des choses.

stature n. f. **1.** Taille, importance (du corps humain debout). **2.** fig. Importance (de qqn).

statut n. m. **1.** Textes qui règlent la situation (d'une personne, d'un groupe). **2.** Situation dans la société. **3.** au plur. Articles définissant une association, une société, et réglant son fonctionnement.

statutaire adj. ◻ Conforme aux statuts. ▶ **statutairement** adv.

steak n. m. ◻ Tranche de bœuf grillée.

stéarine n. f. ◻ Corps obtenu à partir des graisses naturelles.

steeple n. m. ◻ anglic. Course à pied avec obstacles.

steeple-chase n. m. ◻ anglic. Course d'obstacles pour les chevaux.

stèle n. f. ▫ Pierre portant une inscription, des ornements sculptés.

stellaire adj. ▫ Des étoiles.

stencil n. m. ▫ anglic. Papier paraffiné servant à la polycopie.

sténodactylographie ou (abrév.) **sténodactylo** n. f. ▫ Emploi combiné de la sténographie et de la dactylographie. ▶ **sténodactylo(graphe)** n.

sténographie ou (abrév.) **sténo** n. f. ▫ Écriture abrégée et simplifiée. ▶ **sténo(graphe)** n. ▶ **sténographique** adj. ▶ **sténographier** v. tr.

sténose n. f. ▫ pathol. Rétrécissement d'un vaisseau, d'un orifice. ▶ **sténosé, ée** adj.

sténotypie n. f. ▫ Sténographie mécanique. ▶ **sténotypiste** n.

stent n. m. ▫ anglic., chir. Petite prothèse interne en forme de tube, destinée à maintenir ouvert un vaisseau sténosé.

stentor n. m. ▫ *Voix de stentor* : voix forte, retentissante.

steppe n. f. ▫ Grande plaine inculte, couverte d'herbe rase. ▶ **steppique** adj.

stercoraire I. n. m. Oiseau palmipède des mers arctiques. **II.** adj. didact. Relatif aux excréments.

stère n. m. ▫ Volume (de bois) de 1 m^3.

stéréophonie ou (abrév.) **stéréo** n. f. ▫ Son reproduit par plusieurs sources dans l'espace. ▶ **stéréo(phonique)** adj.

stéréoscopie n. f. ▫ didact. Reproduction avec impression de relief.

stéréotype n. m. ▫ Opinion toute faite réduisant les particularités. ▶ **stéréotypé, ée** adj.

stérile adj. **I. 1.** (êtres vivants) Inapte à la reproduction. **2.** (sol) Qui ne produit pas de végétaux utiles. **3.** Exempt de germe microbien. **II.** fig. Qui ne donne aucun résultat positif. ▶ **stérilité** n. f.

stérilet n. m. ▫ Dispositif anticonceptionnel placé dans l'utérus.

stérilisation n. f. **1.** Suppression de la capacité de procréer. **2.** Opération qui consiste à détruire les germes microbiens (avec un *stérilisateur* n. m.).

stériliser v. tr. **1.** Rendre stérile. **2.** Opérer la stérilisation (2) de (qqch.). – au p. p. *Lait stérilisé.*

sterling adj. invar. ▫ *LIVRE STERLING.* → ② **livre.**

sterne n. f. ▫ Petit oiseau marin aussi appelé *hirondelle de mer.*

sternum n. m. ▫ Os du thorax (qui reçoit les côtes).

sternutation n. f. ▫ didact. Fait d'éternuer.

sternutatoire adj. ▫ didact. Qui provoque des éternuements.

stéroïde n. m. ▫ Hormone d'une famille comprenant le cholestérol, les hormones sexuelles, etc.

stéthoscope n. m. ▫ Instrument destiné à l'auscultation.

stetson n. m. ▫ anglic. Chapeau à larges bords relevés.

stévia n. m. ou f. ▫ Plante dont les feuilles ont un fort pouvoir sucrant. – Produit extrait de cette plante, utilisé comme édulcorant.

steward n. m. ▫ anglic. **1.** Maître d'hôtel, sur un paquebot. **2.** Membre (homme) du personnel de cabine d'un avion.

stick n. m. ▫ anglic. **1.** Cravache. **2.** Produit en bâtonnet.

stigmate n. m. **1.** au plur. relig. Marques miraculeuses disposées sur le corps comme les blessures du Christ (▶ adj. **stigmatisé, ée**). **2.** Cicatrice, marque.

stigmatiser v. tr. ▫ littér. Dénoncer comme infâme.

stimulant, ante adj. **1.** Qui augmente l'activité physique ou psychique. – n. m. Fortifiant. **2.** Qui stimule.

stimulateur n. m. □ *Stimulateur cardiaque :* appareil implanté dans l'organisme, pour assurer le rythme cardiaque.

stimuler v. tr. **1.** Augmenter l'énergie, l'activité de (qqn). **2.** Augmenter l'activité de (une fonction organique). ▶ **stimulation** n. f.

stimulus n. m. □ didact. Cause capable de provoquer la réaction d'un organisme vivant. *Les stimuli* (ou *les stimulus*) *sensoriels.*

stipe n. m. □ bot. Tige ligneuse.

stipendier v. tr. □ littér. Corrompre, payer pour une basse besogne.

stipuler v. tr. □ Faire savoir expressément. ▶ **stipulation** n. f.

stochastique adj. □ didact. Qui se produit par l'effet du hasard.

stock n. m. □ Quantité (de marchandises en réserve). ▶ **stocker** v. tr. ▶ **stockage** n. m.

stock-car n. m. □ anglic. Course où de vieilles voitures font des carambolages.

stock-option n. f. □ anglic., écon. Option sur l'achat d'actions, au sein d'une entreprise ; titre ainsi attribué.

stoïcisme n. m. **1.** philos. Doctrine des philosophes antiques (appelés *stoïciens*), selon laquelle le bonheur est dans la vertu, la fermeté d'âme. **2.** Courage pour supporter la douleur, le malheur. ▶ **stoïque** adj. ▶ **stoïquement** adv.

stolon n. m. □ bot. Tige rampante qui s'enracine en produisant de nouveaux pieds.

stomacal, ale, aux adj. □ méd. De l'estomac.

stomatologie n. f. □ didact. Médecine de la bouche et des dents. ▶ **stomatologiste** ou **stomatologue** n.

stop I. interj. Commandement ou cri d'arrêt. **II.** n. m. **1.** Feu arrière d'un véhicule, qui s'allume quand on freine. **2.** Panneau routier imposant l'arrêt complet. **3.** fam. Auto-stop.

① **stopper** v. **I.** v. tr. Arrêter. **II.** v. intr. (véhicule...) S'arrêter.

② **stopper** v. tr. □ Réparer (une déchirure ; un vêtement déchiré). ▶ **stoppage** n. m.

store n. m. □ Rideau ou assemblage souple qui s'enroule ou se replie vers le haut.

stoupa n. m. → **stûpa**

stout n. f. □ Bière brune, amère.

strabisme n. m. □ didact. Défaut de parallélisme des deux axes visuels.

stradivarius n. m. □ Violon, alto ou violoncelle fabriqué par Stradivarius.

strangulation n. f. □ didact. Fait d'étrangler (qqn).

strapontin n. m. □ Siège d'appoint fixe à abattant.

strass n. m. □ Verre coloré ornemental.

stratagème n. m. □ Ruse habile.

strate n. f. □ Couche constitutive, niveau.

stratège n. □ Spécialiste en stratégie.

stratégie n. f. **1.** Conduite générale de la guerre. **2.** fig. *La stratégie d'un parti politique.*

stratégique adj. **1.** De la stratégie. **2.** Qui présente un intérêt militaire. **3.** fig. Qui donne un avantage (contre un adversaire).

stratifié, ée 1. adj. Disposé en strates. **2.** adj. et n. m. (matériau) Constitué de couches (lamelles, fibre...). ▶ **stratification** n. f.

stratigraphie n. f. □ géol. Étude de la stratification des roches sédimentaires et de l'âge des terrains.

stratocumulus n. m. □ didact. Couche de nuages minces.

stratosphère n. f. □ Couche de l'atmosphère entre 12 et 50 km d'altitude. ▶ **stratosphérique** adj.

stratus n. m. ▫ didact. Nuage bas formant un voile continu.

streaming n. m. ▫ anglic. Diffusion en ligne et en continu de données multimédias.

streptocoque n. m. ▫ Bactérie en chaînette, cause d'infections.

streptomycine n. f. ▫ Antibiotique utilisé contre la tuberculose.

stress n. m. ▫ anglic. **1.** didact. Réaction de l'organisme à une agression (syn. *réaction d'alarme*). **2.** cour. Situation de tension.

stresser v. tr. ▫ anglic. Causer un stress, une tension à (qqn). ▶ **stressant, ante** adj. anglic. ▷ p. p. adj. **stressé, ée**

stretch n. m. (n. déposé) ▫ anglic. Tissu rendu élastique dans sa largeur.

stretching n. m. ▫ anglic. Gymnastique douce basée sur des étirements musculaires.

strict, stricte adj. **1.** Qui laisse très peu de liberté d'action ou d'interprétation. **2.** (personnes) Qui ne tolère aucun relâchement. **3.** Qui constitue un minimum. ▪ *Au sens strict du mot.* **4.** (choses) Très correct et sans ornements. ▶ **strictement** adv.

stricto sensu adv. ▫ didact. Au sens le plus précis, strict.

strident, ente adj. ▫ (bruit, son) Qui est à la fois aigu et intense. ▶ **stridence** n. f.

stridulation n. f. ▫ Bruit modulé de certains insectes.

strie n. f. ▫ Petit sillon, rayure ou ligne (parmi plusieurs parallèles).

strier v. tr. ▫ Marquer de stries. ▶ **strié, ée** adj. ▶ **striure** n. f.

string n. m. ▫ anglic. Cache-sexe tenu par des liens.

strip-tease n. m. ▫ anglic. Spectacle au cours duquel une personne se déshabille de manière suggestive. ▶ **strip-teaseur, euse** n.

stroboscope n. m. ▫ didact. Instrument faisant apparaître immobile ou lent ce qui est animé d'un mouvement périodique rapide.

strontium n. m. ▫ chim. Élément (symb. Sr), métal parfois radioactif.

strophe n. f. ▫ Ensemble structuré de plusieurs vers.

structural, ale, aux adj. ▫ didact. **1.** De la structure. **2.** Qui étudie les structures.

structuralisme n. m. ▫ didact. Théorie qui privilégie la structure sur les éléments. ▶ **structuraliste** adj. et n.

structure n. f. **1.** Disposition visible des parties (d'un bâtiment ; d'une œuvre). **2.** Agencement des parties (d'un ensemble). **3.** sc. Système complexe formé de phénomènes solidaires. ▶ **structurel, elle** adj.

structurer v. tr. ▫ Donner une structure à. ▷ v. pron. se **structurer** ▷ adj. **structuré, ée**

strychnine n. f. ▫ Poison violent.

stuc n. m. ▫ Matériau qui imite le marbre.

studieux, euse adj. **1.** Qui aime l'étude. **2.** (choses) Favorable ou consacré à l'étude.

studio n. m. **I. 1.** Atelier de photographe. **2.** Locaux de prises de vues, de son. **II.** Appartement d'une seule pièce principale.

stûpa n. m. ▫ Monument bouddhique. – var. **stoupa.**

stupéfaction n. f. ▫ État d'une personne stupéfaite.

stupéfait, aite adj. ▫ Frappé de stupeur.

stupéfiant, ante I. adj. Qui frappe de stupeur. **II.** n. m. Substance toxique.

stupéfier v. tr. ▫ Frapper de stupéfaction.

stupeur n. f. ▫ Étonnement profond.

stupide adj. 1. Dénué d'intelligence. 2. Absurde. ▶ **stupidement** adv. ▶ **stupidité** n. f.

stupre n. m. ▫ littér. Débauche.

① **style** n. m. **I.** 1. Part de l'expression qui n'est pas imposée par la grammaire, la logique ni la norme de la langue. – *Style familier, soutenu.* → **registre.** 2. Manière esthétique d'écrire. **II.** Manière de traiter la matière et les formes dans une œuvre d'art. ▪ *DE STYLE* loc. adj. : qui appartient à un style ancien défini. **III.** Manière personnelle d'agir, de se comporter, etc.

② **style** n. m. ▫ didact. 1. Antiq. Poinçon pour écrire. 2. Tige d'un cadran solaire.

stylé, ée adj. ▫ Qui accomplit son service dans les formes.

stylet n. m. ▫ Poignard effilé.

styliser v. tr. ▫ Représenter (un objet) en simplifiant les formes. ▶ **stylisation** n. f.

styliste n. ▫ Spécialiste de la création de modèles.

stylistique ▫ didact. **I.** n. f. Étude du style (I), de ses procédés. **II.** adj. Relatif au style.

stylo n. m. ▫ Porte-plume à réservoir d'encre. – *Stylo à bille* (ou *stylo-bille*).

styrène n. m. ▫ chim. Hydrocarbure benzénique.

su, sue ▫ Participe passé du verbe *savoir.*

au **su** de loc. prép. ▫ littér. La chose étant connue de.

suaire n. m. ▫ littér. Linceul.

suant, ante adj. 1. Qui transpire. 2. fam. Qui fait suer (I, 3).

suave adj. ▫ littér. D'une douceur délicieuse. ▶ **suavité** n. f.

subalterne adj. et n. ▫ Qui occupe un rang inférieur.

subconscient, ente n. m. ▫ Conscience vague.

subdiviser v. tr. ▫ Diviser (un tout déjà divisé ; une partie d'un tout divisé). ▷ v. pron. se **subdiviser** ▷ p. p. **subdivisé, ée** ▶ **subdivision** n. f.

subir v. tr. 1. Être l'objet sur lequel s'exerce (une action, un pouvoir). 2. Se soumettre volontairement à (un traitement, un examen). 3. Supporter.

subit, ite adj. ▫ Qui arrive, se produit de façon soudaine. ▶ **subitement** adv.

subito adv. ▫ fam. Subitement.

subjectif, ive adj. 1. Propre à une personne en particulier. 2. Partial. ▶ **subjectivement** adv.

subjectivisme n. m. ▫ Attitude subjective d'une personne qui tient compte de ses sentiments personnels plus que de la réalité objective.

subjectivité n. f. ▫ Attitude subjective.

subjonctif n. m. ▫ Mode personnel du verbe, exprimant un écart par rapport au réel et caractérisant des subordonnées.

subjuguer v. tr. ▫ Séduire fortement.

sublimation n. f. **I.** chim. Passage direct de l'état solide à l'état gazeux. **II.** psych. Fait de sublimer (II).

sublime ▫ littér. **I.** adj. 1. Qui est très haut, moralement, esthétiquement. 2. (personnes) D'un génie ou d'une vertu exceptionnels. **II.** n. m. Ce qu'il y a de plus élevé, dans l'ordre moral, esthétique... ▶ **sublimement** adv.

sublimé n. m. ▫ chim. Produit d'une sublimation (I).

sublimer v. tr. **I.** chim. Opérer la sublimation (I) de (une substance). **II.** psych. Transposer (des pulsions) sur un plan supérieur de réalisation (art, action...).

subliminal, ale, aux adj. ▫ psych. Inférieur au seuil de la conscience.

sublingual, ale, aux adj. ▫ Sous la langue.

submerger v. tr. **1.** (liquide...) Recouvrir complètement. **2.** fig. Envahir complètement. – *Être submergé de travail.* ▶ **submersion** n. f.

submersible **1.** adj. Qui peut être recouvert d'eau. **2.** n. m. Sous-marin.

subodorer v. tr. ▫ Deviner, pressentir.

subordination n. f. **1.** Fait de subordonner, d'être subordonné. **2.** Construction des propositions subordonnées.

subordonné, ée adj. **1.** adj. et n. Soumis à une autorité. **2.** *Proposition subordonnée* et n. f. *subordonnée* : proposition qui est dans une relation de dépendance par rapport à la principale.

subordonner v. tr. **1.** Placer (une personne, un groupe) sous l'autorité de qqn, dans une hiérarchie. **2.** Soumettre à une condition.

suborner v. tr. **1.** vieilli Détourner du droit chemin. **2.** dr. Corrompre (un témoin). ▶ **subornation** n. f. ▶ **suborneur, euse** n.

subreptice adj. ▫ Fait par surprise, à l'insu de qqn. ▶ **subrepticement** adv.

subroger v. tr. ▫ dr. Substituer une personne ou une chose à une autre. ▶ **subrogé, ée** adj. ▶ **subrogation** n. f.

subsaharien, ienne adj. ▫ Relatif aux régions situées au sud du Sahara. *L'Afrique subsaharienne.*

subséquemment adv. ▫ didact. ou plais. En conséquence de quoi.

subséquent, ente adj. ▫ didact. Qui vient immédiatement après.

subside n. m. ▫ Somme versée à titre d'aide, de subvention, etc.

subsidiaire adj. ▫ Secondaire, accessoire. – *Question subsidiaire*, destinée à départager les gagnants d'un concours. ▶ **subsidiairement** adv. ▶ **subsidiarité** n. f.

subsistance n. f. ▫ Fait de subsister ; ce qui sert à pourvoir aux besoins matériels essentiels.

subsister v. intr. **1.** Continuer d'exister (malgré les difficultés). **2.** Pourvoir à ses besoins essentiels.

subsonique adj. ▫ Moins rapide que le son.

substance n. f. **1.** Ce qu'il y a d'essentiel (dans une pensée, un écrit...). – *EN SUBSTANCE* : pour l'essentiel. **2.** Matière caractérisée par ses propriétés.

substantiel, elle adj. **1.** Important ; considérable. **2.** Nourrissant.

substantif, ive **1.** n. m. Mot qui peut être le sujet d'un verbe. **2.** adj. gramm. Du nom. ▶ **substantivement** adv.

substantifique adj. ▫ *La SUBSTANTIFIQUE MOELLE* : la valeur profonde, l'intérêt essentiel (d'une œuvre ; de qqch.).

substantiver v. tr. ▫ Transformer en substantif.

substituer v. tr. ▫ Remplacer par (qqch. du même genre, qqn). – pronom. *Se substituer à qqn.* ▶ **substitution** n. f.

substitut, ute n. **1.** dr. Magistrat du ministère public (qui en remplace un autre). **2.** n. m. didact. Ce qui tient lieu d'autre chose.

substrat n. m. ▫ didact. Ce qui sert de support (à une réalité).

subterfuge n. m. ▫ Moyen habile pour se tirer d'embarras.

subtil, ile adj. **1.** Habile et fin. **2.** Difficile à percevoir, à définir. ▶ **subtilement** adv.

subtiliser v. ▫ v. tr. Dérober avec adresse (qqch.). ▶ **subtilisation** n. f.

subtilité n. f. **1.** Caractère d'une personne, d'une chose subtile. **2.** Pensée, parole, nuance subtile.

subtropical, ale, aux adj. ▫ didact. Situé entre les tropiques.

suburbain, aine adj. ▫ Qui entoure une grande ville.

subvenir v. tr. ind. ▫ *SUBVENIR À*, fournir en nature, en argent, ce qui est nécessaire.

subvention n. f. ▫ Aide financière accordée par l'État. ▶ **subventionner** v. tr.

subversif, ive adj. ▫ Qui renverse ou menace l'ordre établi.

subversion n. f. **1.** Action subversive. **2.** Idéologie subversive.

subvertir v. tr. ▫ didact. Bouleverser, renverser (un ordre...).

suc n. m. **1.** Liquide extrait des tissus animaux ou végétaux. **2.** Liquide de sécrétion. *Le suc gastrique.*

succédané n. m. ▫ Produit qui peut en remplacer un autre.

succéder v. **I.** *SUCCÉDER À* v. tr. ind. **1.** Venir après (qqn) de manière à prendre sa place. **2.** Se produire, venir après. **II.** *SE SUCCÉDER* v. pron. (le p. p. *succédé* reste invar.) Venir l'un après l'autre. ▶ **successeur** n. m. ▶ **successif, ive** adj. ▶ **successivement** adv.

succès n. m. **1.** Fait de parvenir à un résultat souhaité. – Événement heureux. **2.** Fait d'obtenir une audience nombreuse et favorable, d'être connu du public. ■ *UN SUCCÈS* : ce qui a du succès. **3.** Fait de plaire.

succession n. f. **I. 1.** Transmission du patrimoine d'une personne décédée (à des vivants). **2.** Fait de succéder à qqn. **II.** Ensemble de faits, de choses qui se succèdent selon un ordre.

successoral, ale, aux adj. ▫ dr. Relatif aux successions (I).

succinct, incte adj. **1.** Exprimé en peu de mots. **2.** plais. Peu abondant. ▶ **succinctement** adv.

succion n. f. ▫ didact. Action de sucer.

succomber v. intr. **I. 1.** Être vaincu dans une lutte. **2.** Mourir. **II.** *SUCCOMBER À* : ne pas résister à.

succube n. m. ▫ relig. chrét. Démon femelle.

succulent, ente adj. ▫ Qui a une saveur délicieuse. ▶ **succulence** n. f.

succursale n. f. ▫ Établissement qui dépend d'un siège central.

sucer v. tr. **1.** Aspirer, faire fondre (qqch.) avec les lèvres, la langue. **2.** Porter à la bouche et aspirer. **3.** (animaux) Aspirer (un liquide nutritif).

sucette n. f. ▫ Bonbon fixé à un bâtonnet.

suceur, euse adj. ▫ (insectes) Qui aspire sa nourriture avec une trompe.

suçoir n. m. ▫ Trompe d'un insecte suceur.

suçon n. m. ▫ Trace sur la peau sucée.

suçoter v. tr. ▫ Sucer longuement et délicatement. ▶ **suçotement** n. m.

sucrage n. m. ▫ Action de sucrer.

sucrant, ante adj. ▫ (substance) Qui sucre.

sucre n. m. **1.** Substance alimentaire de saveur douce, soluble dans l'eau. – *CASSER DU SUCRE sur le dos de qqn*, en médire. ■ *Un sucre* : un morceau de sucre. **2.** *SUCRE D'ORGE* : bonbon en bâton. **3.** chim. Glucide.

sucré, ée adj. **1.** Qui a le goût du sucre. – Additionné de sucre. *Café trop sucré.* **2.** fig. et péj. Doucereux, mielleux.

sucrer v. tr. **1.** Additionner de sucre (ou d'une matière sucrante). – fam. *Sucrer les fraises* : être agité d'un tremblement. **2.** fam. Supprimer, confisquer. ▷ v. pron. se **sucrer** fam. **1.** Se servir en sucre. **2.** Faire de gros bénéfices.

sucrerie n. f. **1.** Usine où l'on fabrique le sucre. **2.** Friandise à base de sucre.

sucrette n. f. ▫ Pastille édulcorante.

sucrier, ière 1. adj. Qui produit le sucre. 2. n. m. Récipient pour le sucre.

sucrine n. f. ▫ Laitue à feuilles épaisses.

sud n. m. 1. Direction, point cardinal à l'opposé du nord. ▪ adj. invar. *Le pôle Sud.* 2. Régions de l'hémisphère Sud. – Région sud (d'un pays).

sudation n. f. ▫ Transpiration.

sud-est n. m. invar. ▫ Direction, espace entre le sud et l'est.

sudiste n. et adj. ▫ hist. Partisan de l'indépendance des États du Sud et de l'esclavagisme, aux États-Unis.

sudoku n. m. ▫ Jeu de chiffres d'origine japonaise.

sudorifique adj. ▫ méd. Qui provoque la sudation.

sudoripare adj. ▫ anat. Qui sécrète la sueur.

sud-ouest n. m. invar. ▫ Direction, espace entre le sud et l'ouest.

suède n. m. ▫ Peau utilisée avec le côté chair à l'extérieur. ▶ **suédé, ée** adj.

suédois, oise adj. et n. ▫ De Suède. ▪ n. m. Langue germanique nordique parlée en Suède (et en Finlande).

suée n. f. ▫ fam. Transpiration abondante.

suer v. I. v. intr. 1. Produire de la sueur ; dégager de l'humidité. 2. fig. Se donner du mal. 3. *FAIRE SUER.* fam. Fatiguer, embêter (qqn). II. v. tr. *SUER SANG ET EAU* : se donner beaucoup de peine.

sueur n. f. 1. Liquide qui suinte des pores de la peau. 2. Fait de suer. ▪ *SUEUR FROIDE* (avec frissons) ; fig. peur intense (surtout plur.).

suffire v. tr. ind. I. (sujet chose) 1. *SUFFIRE À, POUR* : avoir juste la quantité, la qualité, la force nécessaire à, pour (qqch.). 2. *SUFFIRE À,* être de nature à contenter (qqn). ▪ absolt *ÇA SUFFIT (comme ça) !* : je suis, nous sommes excédé(s). 3. impers. Être suffisant. *Il suffisait d'y penser. Il suffit que tu viennes.* II. (sujet personne) *SUFFIRE À* 1. Être capable de satisfaire à (qqch.). 2. Être pour (qqn) tel qu'il n'ait pas besoin d'un autre. ▷ v. pron. se **suffire** *Se suffire à soi-même.*

suffisance n. f. ▫ littér. Caractère d'une personne suffisante (II).

suffisant, ante adj. I. (choses) Qui suffit. ▶ **suffisamment** adv. II. (personnes) littér. Prétentieux, vaniteux. – *Un air suffisant.*

suffixe n. m. ▫ didact. Élément de formation placé après un radical.

suffixer v. tr. ▫ didact. Pourvoir d'un suffixe. ▶ **suffixation** n. f.

suffocant, ante adj. 1. Qui fait suffoquer (II, 1). 2. fig. Qui indigne.

suffoquer v. I. v. tr. (sujet chose) Empêcher (qqn) de respirer. II. v. intr. 1. Respirer avec difficulté, perdre le souffle. ▶ **suffocation** n. f. 2. fig. *SUFFOQUER DE. Suffoquer d'indignation.*

suffrage n. m. 1. Acte par lequel on déclare sa volonté, dans une délibération. ▪ Voix, dans une élection. 2. littér. Opinion, avis favorable.

suffragette n. f. ▫ hist. Militante du droit de vote féminin.

suggérer v. tr. 1. (sujet personne) Faire penser (qqch.) sans exprimer ni formuler. – *Suggérer à qqn de* (+ inf.). 2. (sujet chose) Faire naître (une idée...) dans l'esprit.

suggestif, ive adj. ▫ Qui peut suggérer (2) des idées, des sentiments ; des idées érotiques.

suggestion n. f. 1. Action de suggérer. ▪ Idée, projet proposé. 2. Fait d'inspirer à qqn une idée, une croyance, etc. sans qu'il en ait conscience (par hypnose...). ▶ **suggestionner** v. tr.

suicidaire adj. 1. Du suicide. 2. adj. et n. Qui a des idées de suicide. 3. fig. Qui mène à l'échec.

suicide n. m. ▫ Fait de se donner volontairement la mort (ou de le tenter). – appos. *Attentat suicide.* ▶ se **suicider** v. pron. ▷ adj. et n. **suicidé, ée**

suie n. f. ▫ Noir de fumée mêlé d'impuretés que produisent les combustibles.

suif n. m. ▫ Graisse animale fondue.

suiffer v. tr. ▫ Enduire de suif. – var. **suifer.**

sui generis loc. adj. invar. ▫ Propre à une espèce, à une chose.

suint n. m. ▫ Graisse que sécrète la peau du mouton, et qui se mêle à la laine.

suinter v. intr. **1.** S'écouler très lentement, sortir goutte à goutte. **2.** Produire un liquide qui s'écoule goutte à goutte. ▶ **suintant, ante** adj. ▶ **suintement** n. m.

suisse adj. et n. ▫ De la Suisse. ■ n. *Un Suisse ; une Suisse* ou *une Suissesse.*

suite n. f. **I. 1.** Situation de ce qui suit. *Prendre la suite de qqn,* lui succéder. ■ *À LA SUITE DE,* derrière, après ; à cause de. – *À LA SUITE.* → **successivement. 2.** Ordre de ce qui se suit en formant un sens. – *Avoir de la suite dans les idées :* être entêté. **3.** *ET AINSI DE SUITE :* en continuant de la même façon. **4.** *TOUT DE SUITE :* sans délai. **II. 1.** Personnes qui se déplacent avec un supérieur. **2.** Ce qui suit qqch. ; ce qui vient après. **3.** Temps qui vient après. – *DANS, PAR LA SUITE.* → **depuis, ensuite. 4.** Ce qui résulte (de qqch.). – au plur. *Les suites d'une maladie.* ■ *DONNER SUITE À :* poursuivre, continuer à s'occuper de. – *PAR SUITE (DE) :* en conséquence (de). **5.** Ensemble de choses, de personnes qui se suivent. **6.** anglic. Appartement dans un hôtel de luxe.

① **suivant, ante** adj. et n. **1.** Qui suit, qui vient immédiatement après. **2.** Qui va être énoncé après.

② **suivant** prép. **1.** Conformément à ; en suivant. **2.** *Suivant que* loc. conj. (+ indic.) : dans la mesure où, selon que.

suivante n. f. ▫ anciennt Dame de compagnie.

suiveur, euse n. **1.** Personne qui suit (qqn, une course). **2.** fig. Personne qui ne fait que suivre (III).

suivi, ie I. adj. **1.** Qui se fait d'une manière continue. **2.** Dont les éléments s'enchaînent. *Un raisonnement suivi.* **II.** n. m. Surveillance continue.

suivre v. tr. **I. 1.** Aller derrière (qqn qui marche, avance). ■ Être transporté après (qqn). *Faire suivre son courrier.* **2.** Aller derrière pour rattraper, surveiller. **3.** Aller avec (qqn qui a l'initiative). **4.** *Suivre des yeux, du regard* (ce qui se déplace). **5.** Être placé ou considéré après, dans un ordre. – impers. *COMME SUIT :* comme il est dit dans ce qui suit. **6.** Venir, se produire après, dans le temps. **II. 1.** Aller dans (une direction, une voie). – *SUIVRE SON COURS :* évoluer normalement. **2.** Aller le long de. **3.** S'occuper régulièrement à (qqch.). **III.** Se conformer à. *Un exemple à suivre.* – absolt *Il ne fait que suivre.* ■ *Suivre la règle, une méthode.* **IV. 1.** Rester attentif à. **2.** Observer dans son cours. ■ Surveiller, diriger. *Médecin qui suit un malade.* **3.** Comprendre dans son déroulement (un raisonnement...). – par ext. *Vous me suivez ?* ▷ v. pron. se **suivre**

① **sujet, ette I.** adj. Exposé à. **II.** n. m. Personne soumise à une autorité souveraine.

② **sujet** n. m. **I. 1.** Ce sur quoi s'exerce (la réflexion) ; ce dont il s'agit. – *AU SUJET DE :* à propos de. **2.** Thème, domaine traité, étudié. **3.** Ce qui est représenté, dans une œuvre plastique. **II.** *SUJET DE :* ce qui fournit matière, occasion à (un sentiment, une action). **III.** gramm. Terme considéré comme le point de départ de l'énoncé, qui régit le verbe. *Sujet, verbe et complément.* **IV. 1.** Personne. – *MAUVAIS SUJET :* personne qui se conduit mal. **2.** Être vivant soumis à l'observation.

sujétion n. f. **1.** Situation de sujet (①, II) d'un souverain. **2.** littér. Contrainte.

sulfamide n. m. ▫ pharm. Produit de synthèse, médicament des maladies infectieuses.

sulfate n. m. ▫ Sel de l'acide sulfurique.

sulfater v. tr. ▫ Traiter (un végétal) par le sulfate de cuivre ou de fer. ▶ **sulfatage** n. m.

sulfateuse n. f. ▫ Appareil servant à sulfater.

sulfite n. m. ▫ chim. Sel de l'acide sulfureux.

sulfone n. m. ▫ chim. Composé renfermant le groupement SO_2.

sulfure n. m. ▫ Composé du soufre avec un élément.

sulfuré, ée adj. ▫ Combiné avec le soufre.

sulfurer v. tr. ▫ Traiter (un végétal) au sulfure de carbone. ▶ **sulfurage** n. m.

sulfureux, euse adj. **1.** Qui contient du soufre. **2.** fig., littér. Qui évoque le démon, l'enfer.

sulfurique adj. ▫ *ACIDE SULFURIQUE* : acide dérivé du soufre.

sulfurisé, ée adj. ▫ Traité à l'acide sulfurique.

sulky n. m. ▫ anglic. Voiture légère à deux roues, sans caisse. *Des sulkys* ou *sulkies*.

sultan n. m. ▫ Souverain de l'Empire ottoman, de pays musulmans. ▶ **sultanat** n. m.

sultane n. f. ▫ Épouse d'un sultan.

sumac n. m. ▫ bot. Arbre apparenté au pistachier, riche en tanin.

summum n. m. ▫ Le plus haut point, le plus haut degré.

sumo n. m. **1.** Lutte japonaise. **2.** Lutteur de sumo (syn. **sumotori** n. m.).

sunlight n. m. ▫ anglic. Projecteur puissant.

sunna n. f. ▫ didact. Tradition orthodoxe de la religion islamique. ▶ **sunnite** adj. et n.

① **super** n. m. ▫ Supercarburant.

② **super** adj. invar. ▫ fam. Supérieur dans son genre.

① **superbe** n. f. ▫ littér. Assurance, attitude orgueilleuse.

② **superbe** adj. ▫ D'une beauté, d'une qualité extrême. ▶ **superbement** adv.

supercarburant n. m. ▫ Carburant de qualité supérieure.

supercherie n. f. ▫ Tromperie par substitution du faux à l'authentique.

supérette n. f. ▫ Petit supermarché.

superfétatoire adj. ▫ littér. Qui s'ajoute inutilement (à une chose utile).

superficie n. f. ▫ Surface.

superficiel, elle adj. **1.** Propre à la surface. **2.** fig. Qui n'est ni profond ni essentiel. ▶ **superficiellement** adv.

superflu, ue adj. **1.** adj. et n. m. Qui n'est pas strictement nécessaire. **2.** Qui est en trop. – *Il est superflu d'insister*. ▶ **superfluité** n. f. littér.

super-huit adj. invar. et n. m. invar. ▫ Format de film d'amateur.

supérieur, eure adj. **I.** Qui est plus haut, en haut. **II. 1.** *Supérieur à* : qui a une valeur plus grande que. ▪ absolt *Qualité supérieure*. **2.** *Supérieur à* : plus grand que. **3.** Plus avancé dans une évolution. **4.** Plus élevé dans une hiérarchie. ▪ n. m. Personne placée au-dessus dans la hiérarchie. ▪ n. Religieux, religieuse qui dirige une communauté. **III.** Qui témoigne d'un sentiment de supériorité.

supérieurement adv. ▫ D'une manière supérieure (II). – fam. Très.

supériorité n. f. **1.** Fait d'être supérieur (II). **2.** Qualité d'une personne supérieure.

superlatif n. m. **1.** Terme qui exprime le degré supérieur d'une qualité. **2.** gramm. *Le superlatif :* l'ensemble des procédés grammaticaux qui expriment la qualité au degré le plus élevé. *Superlatif relatif* (ex. le plus) ; *absolu* (ex. très).

supermarché n. m. ▫ Magasin à grande surface (de 400 à 2 500 m²).

supernova, plur. **supernovæ** n. f. ▫ astron. Explosion très lumineuse d'une étoile ; cette étoile.

superphosphate n. m. ▫ Engrais artificiel à base de phosphate de calcium.

superposer v. tr. ▫ Mettre, poser au-dessus, par-dessus ; disposer l'un au-dessus de l'autre. – au p. p. *Lits superposés.* ▷ v. pron. se **superposer** ▶ **superposable** adj. ▶ **superposition** n. f.

superproduction n. f. ▫ Film, spectacle réalisé à grands frais.

superpuissance n. f. ▫ État qui dépasse en importance les autres puissances mondiales.

supersonique adj. ▫ Dont la vitesse est supérieure à celle du son.

superstition n. f. ▫ Croyance aux présages, aux signes (d'événements bons ou mauvais). ▶ **superstitieux, euse** adj. ▶ **superstitieusement** adv.

superstructure n. f. ▫ Partie (d'une construction) au-dessus du sol.

superviser v. tr. ▫ Contrôler (un travail) sans entrer dans les détails. ▶ **supervision** n. f. ▶ **superviseur, euse** n.

supin n. m. ▫ gramm. Forme du verbe latin (substantif verbal).

supination n. f. ▫ didact. Rotation externe de la main et de l'avant-bras (sous l'action des muscles *supinateurs*).

supion n. m. ▫ région. Petite seiche. *Supions à l'ail.*

supplanter v. tr. **1.** Prendre la place de (qqn) en l'évinçant. **2.** (sujet chose) Éliminer (une chose) en la remplaçant.

suppléant, ante adj. et n. ▫ Qui supplée qqn dans ses fonctions. ▶ **suppléance** n. f.

suppléer v. **I.** v. tr. dir. littér. **1.** Mettre à la place de (ce qui manque). **2.** *Suppléer qqn,* remplir ses fonctions. **II.** v. tr. ind. *SUPPLÉER À.* Remédier à en remplaçant.

supplément n. m. **1.** Ce qui est ajouté à une chose déjà complète. **2.** Somme payée en plus du tarif ordinaire. ▶ **supplémentaire** adj. ▶ **supplémentairement** adv.

supplétif, ive adj. et n. m. ▫ (troupes...) Recruté temporairement.

suppliant, ante adj. et n. ▫ Qui supplie.

supplication n. f. ▫ Prière instante faite avec soumission.

supplice n. m. **1.** Peine corporelle grave. ▪ *Le supplice de Tantale :* situation où l'on est proche de l'objet de ses désirs, sans pouvoir l'atteindre. **2.** Souffrance très vive (physique ou morale). ▶ **supplicier** v. tr.

supplier v. tr. ▫ Prier (qqn) avec insistance et humilité.

supplique n. f. ▫ Humble demande.

support n. m. ▫ Ce sur quoi repose ou s'appuie une chose.

supportable adj. **1.** Que l'on peut supporter. **2.** Que l'on peut admettre, accepter.

supporter v. tr. **I. 1.** Recevoir le poids, la poussée de (qqch.) sur soi. **2.** Subir les effets pénibles de (qqch.) sans faiblir. **3.** Admettre (qqn), tolérer (qqch.). *Il ne supporte pas l'hypocrisie.* **4.** Subir sans dommage (une action physique). *Bien supporter le froid.* **II.** anglic. Encourager, soutenir (un sportif, une équipe).

supporteur, trice n. ▫ anglic. Partisan (d'un sportif, d'une équipe) qui manifeste son appui.

supposer v. tr. **I. 1.** Poser à titre d'hypothèse. **2.** Croire, considérer comme probable. **II.** (sujet chose) Comporter comme condition nécessaire.

supposition n. f. ▫ Action de supposer (I) ; ce que l'on suppose.

suppositoire n. m. ▫ Préparation pharmaceutique de forme conique, que l'on introduit dans l'anus.

suppôt n. m. ▫ littér. Partisan (d'une personne, d'une chose nuisible). – *Suppôt de Satan :* démon.

suppression n. f. ▫ Action de supprimer.

supprimer v. tr. **1.** Faire disparaître, faire cesser d'être en défaisant (qqch. qui gêne). **2.** Faire cesser d'être dans un ensemble. **3.** Faire disparaître (qqn) en tuant. – pronom. Se suicider.

suppurer v. intr. ▫ Laisser écouler du pus. ▶ **suppuration** n. f.

supputer v. tr. ▫ Apprécier (les chances, la probabilité). ▶ **supputation** n. f.

supra adv. ▫ Sert à renvoyer à un passage qui se trouve avant.

suprématie n. f. ▫ Domination, supériorité.

suprématisme n. m. ▫ arts École artistique russe.

suprême I. adj. **1.** Qui est au-dessus de tous, dans son genre. ▪ Le plus élevé en valeur. **2.** Qui est le dernier (avec une idée de solennité ou de tragique). **II.** n. m. Filets (de poisson, de volaille) servis avec un velouté à la crème *(sauce suprême).*

suprêmement adv. ▫ Au suprême degré ; extrêmement.

① **sur** prép. **I.** Marque la position en haut ou en dehors. **1.** (surface, chose qui en porte une autre) *Poser un objet sur une table.* **2.** (surface ou chose atteinte) *Appuyer sur un bouton.* ▪ (en enlevant) *Impôt sur le revenu.* – (proportion) *Un jour sur deux.* **3.** (sans contact) Au-dessus de ; plus haut que. **4.** (direction) *Sur votre droite.* **II. 1.** D'après. *Juger les gens sur la mine.* ▪ Relativement à. **2.** (temporel) Immédiatement après. *Sur le coup.* ▪ *Être sur le départ,* près de partir. **3.** (supériorité) *Prendre l'avantage sur qqn.*

② **sur, sure** adj. ▫ Qui a un goût acide. *Pommes sures.*

sûr, sûre adj. **I.** (personnes) *SÛR DE* **1.** Qui tient pour assuré (un événement), qui a confiance en (qqn). **2.** Qui sait avec certitude. *J'en suis sûr.* **II. 1.** Qui ne présente pas de danger. *En lieu sûr,* à l'abri. **2.** En qui, en quoi l'on peut avoir confiance. **3.** Qui fonctionne, agit avec efficacité et exactitude. **4.** Considéré comme vrai ou inéluctable. **5.** loc. adv. *BIEN SÛR :* c'est évident.

surabondance n. f. ▫ Abondance extrême ou excessive. ▶ **surabondant, ante** adj. ▶ **surabondamment** adv. ▶ **surabonder** v. intr. littér.

suraigu, uë adj. ▫ (son...) Très aigu.

surajouter v. tr. ▫ Ajouter (qqch. à ce qui est déjà complet).

suralimenter v. tr. ▫ Alimenter au-delà de la normale. ▷ p. p. **suralimenté, ée** ▶ **suralimentation** n. f.

suranné, ée adj. ▫ littér. Qui évoque une époque révolue.

surate n. f. → **sourate**

surbooké, ée adj. ▫ anglic., fam. Surchargé (de rendez-vous...).

surbooking n. m. ▫ anglic. techn. → **surréservation.**

surbrillance n. f. ▫ inform. Marque appliquée à une zone de l'écran d'un ordinateur.

surcharge n. f. **I. 1.** Charge ajoutée ou en excès. **2.** Fait de surcharger, d'être surchargé. **II.** Mot, inscription qui en recouvre un(e) autre.

surchargé, ée adj. **1.** Qui est trop chargé. ▪ Trop orné. **2.** Qui a trop d'occupations, de travail. **3.** Qui porte une surcharge (II).

surcharger v. tr. **I. 1.** Charger d'un poids qui excède la charge normale. **2.** Imposer une charge excessive à (qqn). **II.** Marquer d'une surcharge (II).

surchauffe n. f. **1.** Fait de chauffer au-delà de la normale. **2.** écon. Tension excessive dans l'activité économique.

surchauffer v. tr. ▫ Chauffer à l'excès. ▷ adj. **surchauffé, ée** (fig.) Surexcité, exalté.

surclasser v. tr. ▫ Avoir une supériorité sur.

surcomposé, ée adj. ▫ gramm. Temps composé d'un verbe dont l'auxiliaire est à un temps composé.

surcot n. m. ▫ hist. Vêtement porté par-dessus la cotte, au Moyen Âge.

surcouper v. intr. ▫ (aux cartes) Couper avec un atout supérieur (après une coupe).

surcoût n. m. ▫ Coût supplémentaire.

surcroît n. m. ▫ Ce qui vient s'ajouter à ce qu'on a déjà.

surdi-mutité n. f. ▫ État de sourd-muet.

surdité n. f. ▫ Abolition de l'ouïe.

surdose n. f. ▫ Dose excessive.

surdoué, ée adj. et n. ▫ Dont l'intelligence évaluée est très supérieure à la moyenne.

sureau n. m. ▫ Arbrisseau à baies, dont la tige peut s'évider.

sureffectif n. m. ▫ Effectif trop important.

surélever v. tr. ▫ Donner plus de hauteur à. ▶ **surélévation** n. f.

suremballage n. m. ▫ Emballage de protection ou de renfort.

sûrement adv. **1.** En sûreté. **2.** De manière sûre ou très probable.

surenchère n. f. **1.** Enchère supérieure à la précédente. **2.** Fait de surenchérir (2).

surenchérir v. intr. **1.** Faire une surenchère (1). **2.** fig. *Surenchérir sur* : proposer, promettre plus que (qqn).

surendettement n. m. ▫ Endettement excessif (par rapport aux ressources). ▶ **surendetté, ée** adj.

surestimer v. tr. ▫ Estimer au-delà de son prix, de sa valeur. – pronom. *Il se surestime.* ▶ **surestimation** n. f.

suret, ette adj. ▫ Légèrement sur, acide.

sûreté n. f. **I. 1.** Absence de risque, de danger. – *EN SÛRETÉ* : à l'abri du danger. **2.** Garantie de sécurité. **II.** Caractère de ce qui est sûr, sans danger ou sans risque d'erreur. **III.** dr. Garantie.

surévaluer v. tr. ▫ Évaluer au-dessus de sa valeur réelle. ▶ **surévaluation** n. f.

surexciter v. tr. ▫ Exciter à l'extrême. ▷ adj. **surexcité, ée** ▶ **surexcitation** n. f.

surexposer v. tr. ▫ Exposer à la lumière (une pellicule, un film) plus longtemps que la normale. ▶ **surexposition** n. f.

surf n. m. ▫ anglic. Sport qui consiste à se laisser porter, sur une planche, par une vague déferlante ; cette planche. ▪ *Surf des neiges.*

surface n. f. **1.** Partie extérieure (d'un corps). *La surface de l'eau.* – *FAIRE SURFACE.* → **émerger.** fig. *Faire, refaire surface* : se manifester (de nouveau). **2.** Aire, superficie. – *(Magasin à) grande surface* : hypermarché. **3.** Figure géométrique à deux dimensions.

surfait, aite adj. ▫ Inférieur à sa réputation.

surfer v. intr. **1.** Faire du surf. **2.** fig. Passer d'un site web à un autre. ▶ **surfeur, euse** n.

surfiler v. tr. ▫ Passer un fil sur le bord de (un tissu).

surgeler v. tr. □ Congeler rapidement et à très basse température. ▷ adj. et n. m. **surgelé, ée** ▶ **surgélation** n. f.

surgénérateur, trice adj. et n. m. □ techn. Se dit d'un réacteur qui produit plus de matière fissile qu'il n'en consomme.

surgeon n. m. □ arbor. Rejet qui pousse au pied d'un arbre.

surgir v. intr. □ Apparaître brusquement. ▶ **surgissement** n. m.

surhomme n. m. □ Être humain doté de capacités exceptionnelles.

surhumain, aine adj. □ Qui apparaît au-dessus des forces humaines normales.

surimi n. m. □ Préparation alimentaire à base de chair de poisson.

surimpression n. f. □ Impression de plusieurs images sur une surface sensible.

surin n. m. □ argot Couteau, poignard. ▶ **suriner** v. tr. ▶ **surineur** n. m.

surinfection n. f. □ Infection supplémentaire, au cours d'une maladie infectieuse.

surintendant n. m. □ Ministre sous l'Ancien Régime.

surir v. intr. □ Devenir sur, un peu aigre.

surjection n. f. □ math. Application telle que tout élément de l'ensemble d'arrivée soit l'image d'au moins un élément de l'ensemble de départ (syn. *application surjective*).

surjet n. m. □ Point de couture serré servant à assembler bord à bord.

surlendemain n. m. □ Jour qui suit le lendemain.

surligner v. tr. □ Marquer (du texte) à l'encre transparente. ▶ **surlignage** n. m. ▶ **surligneur** n. m.

surlonge n. f. □ Morceau du bœuf, autour des premières vertèbres dorsales.

surmener v. tr. □ Fatiguer à l'excès. ▷ v. pron. se **surmener** ▷ adj. **surmené, ée** ▶ **surmenage** n. m.

surmoi n. m. □ psych. L'une des trois instances de la personnalité (selon Freud).

surmonter v. tr. **1.** Être placé, situé au-dessus de. **2.** Venir à bout de, vaincre. ▶ **surmontable** adj.

surmulet n. m. □ Rouget (poisson).

surmulot n. m. □ Gros rat commun.

surnager v. intr. **1.** Se soutenir, rester à la surface d'un liquide. **2.** fig. Subsister, se maintenir.

surnaturel, elle adj. **1.** relig. D'origine divine. **2.** adj. et n. m. Qui ne s'explique pas par les lois naturelles.

surnom n. m. □ Nom ajouté ou substitué. ▶ **surnommer** v. tr.

surnombre n. m. □ *EN SURNOMBRE* : en plus de la normale.

surnuméraire adj. □ Qui est en surnombre.

suroît n. m. **I.** mar. Vent du sud-ouest. **II.** Chapeau imperméable (de marin).

surpasser v. tr. □ Être supérieur à (qqn) sous certains rapports. ▷ v. pron. se **surpasser**

surpeuplé, ée adj. □ Où la population est trop nombreuse.

surpeuplement n. m. **1.** État d'un lieu surpeuplé. **2.** Surpopulation.

surplis n. m. □ Vêtement liturgique.

surplomb n. m. □ Partie (d'un bâtiment) qui est en saillie.

surplomber v. **1.** v. intr. Dépasser par le sommet la ligne de l'aplomb. **2.** v. tr. Dominer, faire saillie au-dessus de. ▶ **surplombant, ante** adj.

surplus n. m. **1.** Ce qui excède la quantité, la somme voulue. **2.** Stock vendu à bas prix.

surpopulation n. f. □ Population excessive (par rapport aux ressources).

surprenant, ante adj. **1.** Qui surprend, étonne. **2.** Remarquable.

surprendre v. tr. **1.** Prendre sur le fait. **2.** Découvrir (ce que qqn cache). **3.** Se présenter inopinément à (qqn) ; arriver sans être attendu, prévu. **4.** Étonner, déconcerter ; être inattendu. ▷ v. pron. se **surprendre** *Se surprendre à* (+ inf.) : s'apercevoir soudain en train de.

surpression n. f. ▫ techn. Pression supérieure à la normale.

surprise n. f. **1.** Action ou attaque inopinée. **2.** Étonnement dû à ce qui surprend. **3.** Ce qui surprend. **4.** Plaisir ou cadeau qui surprend agréablement.

surprise-partie n. f. ▫ vieilli Soirée ou après-midi dansante. *Des surprises-parties.*

surproduction n. f. ▫ Production excessive.

surréalisme n. m. ▫ Forme d'art utilisant des forces psychiques libérées du contrôle de la raison.

surréaliste adj. **1.** adj. et n. Du surréalisme. **2.** fam. Étrange, extravagant.

surrégénérateur, trice adj. ▫ techn. → **surgénérateur.**

surrégime n. m. ▫ techn. Régime (d'un moteur) supérieur au régime normal.

surrénal, ale, aux adj. ▫ Placé au-dessus du rein.

surréservation n. f. ▫ Réservation de places en surnombre.

sursaut n. m. **1.** Mouvement involontaire qui fait qu'on se dresse brusquement. ▶ **sursauter** v. intr. **2.** *Sursaut de* : regain subit (d'un sentiment).

surseoir v. tr. ind. ▫ *SURSEOIR À* : attendre l'expiration d'un délai pour procéder à (un acte juridique...).

sursis n. m. ▫ Remise à une date postérieure. *Peine de prison avec sursis.*

sursitaire adj. et n. ▫ Qui bénéficie d'un sursis.

surtaxe n. f. ▫ Majoration d'une taxe.

surtout adv. **1.** Avant tout, plus que toute autre chose. **2.** Plus particulièrement.

surveillance n. f. ▫ Fait de surveiller.

surveillant, ante n. ▫ Personne qui surveille.

surveiller v. tr. **1.** Observer avec une attention soutenue, en limitant la liberté. **2.** Suivre avec attention pour contrôler (un processus). **3.** Être attentif à (ce que l'on fait...).

survenir v. intr. ▫ Arriver à l'improviste, brusquement.

surveste n. f. ▫ Veste large et ample, qui se porte sur une autre.

survêtement n. m. ▫ Vêtement de sport.

survie n. f. **1.** Vie après la mort (dans les croyances religieuses). **2.** Fait de survivre.

survitaminé, ée adj. ▫ Auquel on a incorporé une quantité importante de vitamines.

survivance n. f. ▫ Ce qui survit, ce qui subsiste (d'une chose disparue).

survivant, ante adj. **1.** Qui survit à qqn. **2.** Qui survit à une époque, à une société. ▪ (choses) Qui subsiste. **3.** adj. et n. Qui a échappé à la mort (là où d'autres sont morts).

survivre v. tr. ind. ▫ *SURVIVRE À* **1.** Demeurer en vie après la mort de (qqn). **2.** (sujet chose) Durer plus longtemps que. **3.** Échapper à (une mort violente et collective). **4.** sans compl. Continuer à vivre, rester en vie.

survoler v. tr. **1.** Voler au-dessus de. **2.** fig. Examiner rapidement. ▶ **survol** n. m.

survolter v. tr. **1.** Augmenter la tension électrique de (qqch.) au-delà de la valeur normale. **2.** Surexciter. ▷ adj. **survolté, ée**

sus adv. **1.** vx *Courir sus à l'ennemi*, l'attaquer. **2.** *EN SUS (DE)*, en plus (de).

susceptible adj. **I.** SUSCEPTIBLE DE **1.** Qui peut présenter (un caractère), recevoir (une impression), subir (une modification). **2.** (+ inf.) Capable de. **II.** Particulièrement sensible dans son amour-propre. ▶ **susceptibilité** n. f.

susciter v. tr. ▫ Faire naître (un sentiment, une idée...).

suscription n. f. ▫ admin. Adresse d'une lettre.

susdit, dite adj. et n. ▫ didact. Dit, mentionné ci-dessus.

sushi n. m. ▫ Riz assaisonné accompagné de poisson cru.

suspect, ecte adj. **1.** adj. et n. Qui est soupçonné ou éveille les soupçons. **2.** (choses) Qui éveille les soupçons, le doute. ▶ **suspecter** v. tr.

suspendre v. tr. **I. 1.** Interrompre (une action) pour quelque temps. **2.** Mettre un terme aux activités de, aux effets de. **3.** Remettre à plus tard, réserver. **II. 1.** Tenir ou faire tenir de manière à faire pendre. **2.** (passif) *Être suspendu à,* très attentif à. *Suspendu aux lèvres de qqn.* ▷ adj. **suspendu, ue 1.** PONT SUSPENDU, dont le tablier est maintenu par des câbles. **2.** En hauteur. *Jardins suspendus,* en terrasses.

suspens n. m. ▫ EN SUSPENS loc. adv. : dans l'indécision ; sans achèvement. *La question reste en suspens.*

suspense n. m. ▫ anglic. Moment qui fait naître un sentiment d'attente angoissée.

suspension n. f. **I. 1.** Interruption ou remise à plus tard. **2.** Fait de retirer ses fonctions (à un magistrat, etc.). **3.** *Points de suspension :* signe de ponctuation (...) qui marque l'interruption. **II. 1.** Appui élastique (d'un véhicule) sur ses roues. **2.** chim. (surtout dans *en suspension*) État d'un solide en fines particules divisées dans un liquide ou un gaz. **3.** Appareil d'éclairage destiné à être suspendu.

suspicieux, euse adj. ▫ littér. Plein de suspicion.

suspicion n. f. ▫ littér. Fait de considérer comme suspect.

sustentation n. f. ▫ didact. Fait de (se) soutenir en équilibre.

sustenter v. tr. ▫ didact. Soutenir les forces de (qqn) par la nourriture. ▷ v. pron. se **sustenter** plais. Se nourrir.

susurrer v. **1.** v. intr. Murmurer doucement. **2.** v. tr. Dire en susurrant.

suture n. f. ▫ Réunion, à l'aide de fils, de parties de chair coupées.

suzerain, aine n. ▫ hist. Seigneur qui avait concédé un fief à un vassal (système féodal). ▶ **suzeraineté** n. f.

svastika ou **swastika** n. m. ▫ Symbole religieux hindou, croix aux branches coudées.

svelte adj. ▫ Qui produit par sa forme élancée une impression de légèreté. ▶ **sveltesse** n. f.

S. V. P. ▫ Abréviation de *s'il vous plaît.*

swahili n. m. ▫ Langue bantoue.

sweater n. m. ▫ anglic. Gilet en maille, à manches longues.

sweat-shirt n. m. ▫ anglic. Pull-over en tissu moelleux, serré à la taille. *Des sweat-shirts.*

① **swing** n. m. ▫ anglic. **1.** boxe Large coup de poing donné vers l'intérieur. **2.** golf Mouvement du joueur qui frappe la balle.

② **swing** n. m. ▫ anglic. **1.** Qualité rythmique (fluidité, pulsation...) propre au jazz. **2.** Jazz classique (1930-1960). ▶ **swinguer** v. intr. anglic.

sybarite n. ▫ littér. Personne qui recherche les plaisirs de la vie. ▶ **sybaritisme** n. m.

sycomore n. m. **1.** Figuier originaire d'Égypte. **2.** Érable *(faux platane).*

sycophante n. m. ▫ littér. Délateur ; espion.

syllabaire n. m. **1.** Livre élémentaire de lecture. **2.** didact. Signe d'une écriture, correspondant à une syllabe.

syllabe n. f. ▫ Voyelle, consonne ou groupe se prononçant d'une seule émission de voix. ▶ **syllabique** adj.

syllepse n. f. ▫ gramm. Accord des mots selon le sens (ex. « minuit sonnèrent »).

syllogisme n. m. ▫ Raisonnement rigoureux qui lie des prémisses à une conclusion. ▶ **syllogistique** adj.

sylphe n. m. ▫ Génie aérien des mythologies gauloise, celtique et germanique.

sylphide n. f. ▫ littér. Génie aérien féminin plein de grâce.

sylvain n. m. ▫ didact. Divinité latine des forêts.

sylvaner n. m. → **silvaner**

sylvestre adj. ▫ littér. Relatif, propre aux forêts, aux bois.

sylviculture n. f. ▫ Exploitation des arbres forestiers.

symbiose n. f. **1.** sc. Association biologique entre deux organismes. ▶ **symbiotique** adj. **2.** littér. Étroite union.

symbiote adj. et n. m. ▫ sc. (organisme) Qui vit en symbiose.

symbole n. m. **1.** Être, objet ou fait perceptible, qui évoque spontanément quelque chose d'abstrait ou d'absent. *La colombe, symbole de la paix.* **2.** Signe arbitraire. *Symbole algébrique.*

symbolique I. adj. **1.** Qui constitue un symbole, repose sur des symboles. **2.** Qui est le signe d'autre chose. ▶ **symboliquement** adv. **II.** n. f. **1.** Système de symboles. **2.** Étude, théorie des symboles.

symboliser v. tr. **1.** Représenter par un symbole. **2.** Être le symbole de.

symbolisme n. m. **1.** Système de symboles. **2.** Mouvement littéraire et artistique (fin du XIXe s.) qui s'efforça de fonder l'art sur une vision symbolique et spirituelle du monde. ▶ **symboliste** adj. et n.

symétrie n. f. ▫ Distribution régulière de parties, d'objets semblables de part et d'autre d'un axe ou autour d'un centre. ▶ **symétrique** adj. ▶ **symétriquement** adv.

sympa adj. ▫ fam. Sympathique.

sympathie n. f. ▫ Sentiment chaleureux et spontané qu'une personne éprouve (pour une autre).

sympathique I. adj. **1.** Qui inspire la sympathie. **2.** fam. Très agréable. ▶ **sympathiquement** adv. **II.** n. m. physiol. Système nerveux périphérique qui commande les mouvements inconscients.

sympathisant, ante n. ▫ Personne qui, sans appartenir à un parti, à un groupe, approuve son action.

sympathiser v. intr. **1.** S'entendre bien dès la première rencontre. **2.** Être en affinité (avec qqn).

symphonie n. f. ▫ Composition musicale à plusieurs mouvements, exécutée par un orchestre.

symphonique adj. **1.** *POÈME SYMPHONIQUE* : composition musicale pour orchestre, illustrant un thème. **2.** De la symphonie ; de la musique classique pour grand orchestre.

symphyse n. f. ▫ anat. Articulation peu mobile.

symposium n. m. ▫ Congrès scientifique.

symptomatologie n. f. ▫ méd. Étude des symptômes des maladies.

symptôme n. m. **1.** Phénomène, caractère perceptible ou observable lié à un état, une maladie dont il est le signe. **2.** fig. Signe (d'un état, d'une évolution). ▶ **symptomatique** adj.

synagogue n. f. ▫ Temple israélite.

synapse n. f. ▫ didact. Région de contact entre deux neurones.

synchrone adj. ▫ Qui se produit dans le même temps.

synchronie n. f. **1.** ling. Ensemble des faits linguistiques considérés à un moment donné. **2.** Caractère synchrone. ▶ **synchronique** adj.

synchroniser v. tr. **1.** techn. Rendre synchrones (des phénomènes, des mouvements, des mécanismes). **2.** cour. Faire s'accomplir simultanément (des actions). ▷ adj. **synchronisé, ée** ▶ **synchronisation** n. f.

synchronisme n. m. **1.** Caractère de ce qui est synchrone ou synchronisé. **2.** (événements) Coïncidence de dates, identité d'époques.

synchrotron n. m. ▫ phys. Cyclotron dans lequel le champ magnétique varie avec la vitesse des particules.

synclinal n. m. ▫ géol. Pli concave vers le haut.

syncope n. f. **I.** Arrêt ou ralentissement marqué des battements du cœur. **II.** mus. Prolongation sur un temps fort d'un élément accentué d'un temps faible.

syncopé, ée adj. ▫ mus. Caractérisé par des syncopes (II).

syncrétisme n. m. ▫ didact. Combinaison de doctrines. ▶ **syncrétique** adj.

syndic n. m. **1.** Mandataire choisi par les copropriétaires d'un immeuble, et chargé de l'administrer. **2.** dr. Administrateur provisoire d'une entreprise en faillite.

syndical, ale, aux adj. ▫ Relatif à un syndicat (2).

syndicalisme n. m. ▫ Fait social et politique que représentent l'existence et l'action des syndicats de travailleurs salariés. ▶ **syndicaliste** adj. et n.

syndicat n. m. **1.** Association qui a pour objet la défense d'intérêts communs. **2.** Association de défense d'intérêts professionnels.

syndiqué, ée adj. et n. ▫ Qui est membre d'un syndicat.

syndiquer v. tr. ▫ Grouper (des personnes), organiser (une profession) en syndicat. ▷ v. pron. se **syndiquer**

syndrome n. m. ▫ méd. Ensemble de symptômes caractérisant un état pathologique.

synecdoque n. f. ▫ didact. Figure de rhétorique qui consiste à prendre le plus pour le moins, la partie pour le tout, etc., ou inversement.

synergie n. f. ▫ didact. **1.** Action coordonnée d'organes. **2.** Aide réciproque de plusieurs éléments. ▶ **synergique** adj.

synode n. m. ▫ relig. Assemblée d'ecclésiastiques. ▶ **synodique** adj.

synonyme adj. et n. m. ▫ Se dit de mots ou d'expressions qui ont un sens très voisin. ▶ **synonymie** n. f. ▶ **synonymique** adj.

synopsis n. m. ▫ cin. Récit bref qui constitue un schéma de scénario.

synoptique adj. ▫ Qui donne une vue générale. *Tableau synoptique.*

synovie n. f. ▫ Liquide qui lubrifie les articulations mobiles. ▶ **synovial, ale, aux** adj.

syntagme n. m. ▫ ling. Groupe de morphèmes ou de mots formant une unité dans la phrase.

syntaxe n. f. ▫ didact. **1.** Étude des règles grammaticales d'une langue ; ces règles. **2.** Relations entre les unités linguistiques. ▶ **syntaxique** ou **syntactique** adj.

synthèse n. f. **I. 1.** Activité mentale permettant d'aller des notions simples aux notions composées. **2.** Vue d'ensemble.

3. Préparation (d'un composé chimique) à partir d'éléments. – *Images de synthèse,* produites par des moyens informatiques, électroniques... **II.** Notion philosophique qui réalise l'accord de la thèse et de l'antithèse.

synthétique adj. **1.** De synthèse. **2.** Produit par synthèse chimique (artificielle). **3.** (esprit) Apte à la synthèse. ▶ **synthétiquement** adv.

synthétiser v. tr. ▫ Associer, combiner par une synthèse.

synthétiseur n. m. ▫ Instrument de musique électronique à clavier dont le son est produit par une synthèse acoustique.

syntoniseur n. m. ▫ Tuner.

syphilis n. f. ▫ Grave maladie vénérienne. ▶ **syphilitique** adj. et n.

syrah n. m. ou f. ▫ Cépage noir, à petits grains ; vin de ce cépage.

systématique adj. **1.** D'un système intellectuel. **2.** Qui procède, est organisé avec méthode. **3.** Qui pense ou agit selon un système. ▶ **systématiquement** adv.

systématiser v. tr. ▫ Réunir en système. ▶ **systématisation** n. f.

système n. m. **I. 1.** Ensemble abstrait dont les éléments sont coordonnés par une loi, une théorie. **2.** Ensemble de pratiques organisées en fonction d'un but. – fam. Moyen habile. **3.** Ensemble de pratiques et d'institutions. ▪ péj. La société sentie comme contraignante. **II. 1.** Ensemble complexe d'éléments de même nature ou fonction. ▪ fam. *Le système :* les nerfs. *Il me tape sur le système.* **2.** Dispositif ou appareil complexe. *Système d'alarme.*

systémique adj. ▫ didact. Relatif à un système (I, 1 ou II, 1) dans son ensemble.

systole n. f. ▫ physiol. Contraction du cœur.

syzygie n. f. ▫ astron. Position de la Lune, d'une planète en conjonction ou en opposition avec le Soleil.

T

t n. m. invar. **1.** Vingtième lettre, seizième consonne de l'alphabet. **2.** (ajouté entre le verbe et le pronom sujet) *Arrive-t-il, puisse-t-on.* **3.** Forme du T majuscule. *Antenne en T.*

ta → ① **ton**

① **tabac** n. m. **1.** Plante à larges feuilles, qui contient la nicotine. **2.** Feuilles de tabac séchées et préparées. **3.** *Bureau de tabac ; tabac* : magasin pour fumeurs.

② **tabac** n. m. **1.** *PASSER qqn À TABAC*, le tabasser. **2.** fam. *Faire un tabac* : avoir un grand succès.

tabacologie n. f. □ méd. Discipline médicale qui étudie le tabac et les effets du tabagisme.

tabagie n. f. □ Endroit mal aéré où il y a beaucoup de fumée de tabac.

tabagisme n. m. □ méd. Intoxication, troubles provoqués par l'usage du tabac.

tabasco n. m. (marque déposée) □ Condiment liquide à base de piment rouge, de vinaigre et d'épices.

tabasser v. tr. □ fam. Rouer de coups.

tabatière n. f. □ Petite boîte pour le tabac à priser.

tabernacle n. m. □ relig. Petite armoire d'autel qui contient le ciboire.

tabla n. m. □ Instrument indien à percussion, petites timbales.

tablature n. f. □ Figuration graphique des sons musicaux propres à un instrument.

table n. f. **I. 1.** Meuble sur pied(s) à partie supérieure plane. – *SE METTRE À TABLE* : s'installer pour prendre un repas ; fig., fam. avouer. ▪ *Table à dessin.* – *Table à repasser.* **2.** *TABLE RONDE* : réunion pour discuter d'un problème. ▪ *TOUR DE TABLE* : prise de parole successive. **3.** Table à tiroirs, tablettes, etc. *Table de chevet.* **4.** *TABLE D'ORIENTATION* : surface plane sur laquelle sont figurées les directions, la topographie. **II. 1.** *Table (d'harmonie)*, partie d'un instrument de musique, sur laquelle les cordes sont tendues. **2.** Tableau, support d'écriture. – *FAIRE TABLE RASE* : écarter, rejeter ce qui était admis. ▪ *TABLE DES MATIÈRES* : dans un livre, énumération des chapitres. ▪ Recueil d'informations, de données. *Tables de multiplication.*

tableau n. m. **I. 1.** Peinture sur un support rigide autonome. **2.** Image, scène réelle. *Un tableau touchant.* **3.** Description ou évocation imagée, par le langage. **4.** Subdivision d'un acte, au théâtre. **II. 1.** Panneau destiné à recevoir une inscription, une annonce. **2.** *TABLEAU (NOIR)* : panneau sur lequel on écrit à la craie, dans une classe. *Tableau blanc interactif (TBI)*, écran relié à un ordinateur. – *Au tableau* : en interrogation. **3.** *TABLEAU DE BORD* (d'un avion, d'une voiture) : panneau des instruments de bord. **III. 1.** Liste par ordre (de personnes). **2.** Série ordonnée de données, de renseignements.

tableautin n. m. □ Petit tableau (I, 1).

tablée n. f. □ Personnes qui prennent ensemble un repas.

tabler v. intr. □ *Tabler sur* (qqch., qqn) : baser une estimation sur.

tablette n. f. 1. ancienn Petite surface plane à inscriptions. – *Noter qqch. sur ses tablettes,* en prendre note. 2. Petite planche horizontale. 3. Produit alimentaire présenté en petites plaques. 4. Ordinateur sans fil à écran tactile, adapté au livre électronique.

tabletterie n. f. 1. Fabrication, commerce d'objets plats en bois précieux, ivoire, os. 2. Ces objets. ▶ **tabletier, ière** n.

tableur n. m. ▫ Logiciel pour la création de tableaux (III, 2).

tablier n. m. I. 1. Plate-forme horizontale (d'un pont). 2. Plaque de protection. *Le tablier d'une cheminée.* II. Pièce d'étoffe qui protège le devant du corps.

tabloïd n. m. ▫ anglic. Quotidien ou périodique de petit format.

tabou n. m. 1. didact. Interdiction religieuse appliquée à ce qui est considéré comme impur ou interdit (sacré). 2. Ce sur quoi on fait silence, par crainte, pudeur. *Les tabous sexuels.* ▶ **tabou, e** adj. (parfois invar. au plur.) ▶ **tabouer** v. tr.

taboulé n. m. ▫ Plat (libanais) de semoule de blé crue, menthe et persil.

tabouret n. m. ▫ Siège sans bras ni dossier.

tabulaire adj. ▫ didact. En forme de table.

tabulateur n. m. ▫ Dispositif pour aligner des signes en colonnes, en tableaux.

tabulatrice n. f. ▫ Machine à trier des informations, utilisant les cartes perforées.

tabun n. m. ▫ chim. Gaz de combat.

tac n. m. ▫ *Répondre, riposter* DU TAC AU TAC, riposter immédiatement.

tache n. f. I. Petite étendue de couleur, d'aspect différent (d'un fond). II. 1. Surface salie ; la substance qui salit. 2. FAIRE TACHE : rompre une harmonie. 3. fig. Souillure morale.

tâche n. f. ▫ Travail qu'on doit exécuter.

tacher v. tr. ▫ Salir en faisant des taches (II). ▷ v. pron. se **tacher** Se salir. ▷ p. p. **taché, ée**

tâcher v. 1. v. tr. ind. TÂCHER DE (+ inf.) : faire des efforts pour. → s'**efforcer, essayer.** 2. v. tr. dir. TÂCHER QUE (+ subj.) : faire en sorte que.

tâcheron n. m. ▫ Personne qui travaille beaucoup, mais sans initiative.

tacheter v. tr. ▫ Couvrir de petites taches (I). ▷ adj. **tacheté, ée**

tachisme n. m. ▫ Peinture par taches de couleur juxtaposées. ▶ **tachiste** adj. et n.

tachycardie n. f. ▫ Accélération du rythme des battements du cœur.

tacite adj. ▫ Non exprimé. ▶ **tacitement** adv.

taciturne adj. ▫ Qui parle peu, reste silencieux.

tacle n. m. ▫ anglic. (football) Action de prendre le contrôle du ballon, dans les pieds de l'adversaire. ▶ **tacler** v. tr.

taco n. m. ▫ Crêpe de maïs farcie, roulée et frite.

tacot n. m. ▫ fam. Vieille voiture.

tact n. m. 1. physiol. Sens du toucher. 2. fig. Réserve, respect d'autrui dans les relations humaines.

tactile adj. 1. Qui concerne les sensations du tact, du toucher. 2. *Écran tactile,* fonctionnant par contact du doigt.

tactique I. n. f. 1. Art de combiner tous les moyens militaires au combat. 2. Moyens coordonnés. II. adj. Relatif à la tactique. ▶ **tacticien, ienne** n. et adj.

tadelakt n. m. ▫ Enduit coloré imperméable, d'usage traditionnel dans le Sud marocain.

tadorne n. m. ▫ Grand canard sauvage.

taekwondo n. m. □ Sport de combat sans arme.

taffetas n. m. □ Tissu de soie uni.

tag n. m. □ anglic. Graffiti formant une signature. ▶ **taguer** v. tr. ▶ **tagueur, euse** n.

tagine → **tajine**

tagliatelle n. f. □ Pâte alimentaire en forme de mince lanière.

taïaut interj. □ (chasse à courre) Cri pour signaler la bête.

taie n. f. **1.** Enveloppe de tissu (d'un oreiller). **2.** anat. Tache opaque de la cornée.

taïga n. f. □ Forêt de conifères qui borde la toundra.

taïkonaute n. □ Occupant d'un vaisseau spatial chinois.

taillable adj. □ hist. Soumis à l'impôt de la taille. *Taillable et corvéable à merci* (fig. exploitable à volonté).

taillader v. tr. □ Couper en plusieurs endroits.

① **taille** n. f. □ Opération qui consiste à tailler qqch. ; forme qu'on donne à une chose en la taillant. – *PIERRE DE TAILLE.*

② **taille** n. f. □ hist. Redevance payée au seigneur féodal.

③ **taille** n. f. **I. 1.** Hauteur du corps, debout et droit. **2.** *ÊTRE DE TAILLE À* (+ inf.) : avoir les qualités nécessaires pour. **3.** Conformation (du corps) par rapport aux vêtements. **4.** Grosseur ou grandeur. **II.** Partie resserrée du tronc entre les côtes et les hanches. ▪ Partie correspondante du vêtement.

taillé, ée adj. **1.** Fait, bâti (corps humain). **2.** fig. *Être taillé pour* : être fait pour, apte à.

taille-crayon n. m. □ Instrument pour tailler les crayons. *Des taille-crayons.*

taille-douce n. f. □ Gravure sur cuivre. *Des tailles-douces.*

tailler v. **I.** v. tr. **1.** Couper, travailler (une matière, un objet) avec un instrument tranchant, de manière à donner une forme. **2.** Confectionner, obtenir (une chose) en découpant. ▪ fig. *Se tailler un beau succès,* l'obtenir. **II.** *SE TAILLER* v. pron. fam. Partir en hâte, s'enfuir.

tailleur n. m. **I. 1.** Personne qui fait des vêtements sur mesure pour hommes. ▪ *S'asseoir en tailleur,* les jambes repliées et croisées, genoux écartés. **2.** Costume de femme (veste et jupe ou pantalon assortis). **II.** Ouvrier qui taille, qui façonne (qqch.) par la taille. *Tailleur de pierre.*

taillis n. m. □ Partie d'un bois où il n'y a que des arbres de faible dimension.

tain n. m. □ Amalgame métallique appliqué derrière un miroir.

taire v. tr. **I.** Ne pas exprimer (qqch.). **II.** *SE TAIRE* v. pron. Rester sans parler, s'abstenir de s'exprimer. ▪ (ellipse de *se*) *Faire taire l'opposition.*

tajine n. m. □ Ragoût cuit à l'étouffée (cuisine marocaine). – Plat en terre au couvercle conique, pour cuire ce ragoût. – var. **tagine.**

talc n. m. □ Silicate naturel de magnésium. – Poudre de cette substance.

talé, ée adj. □ (fruit) Meurtri.

① **talent** n. m. □ Antiq. Monnaie de compte.

② **talent** n. m. **1.** Aptitude particulière. **2.** Personne qui a du talent. ▶ **talentueux, euse** adj. ▶ **talentueusement** adv.

taliban, ane n. et adj. □ Membre d'un mouvement islamiste armé extrémiste, en Afghanistan.

talion n. m. □ hist. Châtiment qui inflige au coupable le mal qu'il a fait subir. – *La loi du talion.*

talisman n. m. □ Objet portant des signes, et auquel on attribue des pouvoirs magiques. ▶ **talismanique** adj.

talkie-walkie n. m. ▫ anglic. Petit poste émetteur-récepteur de radio, portatif. *Des talkies-walkies.*

talk-show n. m. ▫ anglic. Émission de télévision présentant des conversations entre un animateur et des invités.

Talmud n. m. ▫ Enseignements des grands rabbins. ▶ **talmudique** adj.

taloche n. f. ▫ fam. Gifle. ▶ **talocher** v.

talon n. m. **I. 1.** Partie postérieure du pied humain, qui touche le sol pendant la marche. – *Talon d'Achille*, point vulnérable. **2.** Partie (d'un bas, d'une chaussette, etc.) qui enveloppe le talon. **3.** Pièce qui rehausse l'arrière d'une chaussure. **II. 1.** Reste, dernier morceau (d'un jambon...). **2.** Ce qui reste d'un jeu de cartes après distribution. **3.** Partie non détachable d'un carnet à souches.

talonner v. tr. **1.** Suivre ou poursuivre de très près. **2.** Frapper du talon. **3.** rugby Repousser (le ballon) vers son camp d'un coup de talon. ▶ **talonnage** n. m. ▶ **talonneur** n. m.

talonnette n. f. ▫ Lame de liège placée sous le talon à l'intérieur de la chaussure.

talquer v. tr. ▫ Enduire, saupoudrer de talc. ▷ p. p. **talqué, ée**

talus n. m. ▫ Terrain en pente très inclinée, aménagé par des travaux de terrassement.

talweg n. m. ▫ géogr. Ligne de plus grande pente d'une vallée. – var. **thalweg.**

tamanoir n. m. ▫ Mammifère édenté, appelé aussi *grand fourmilier*, à la langue effilée et visqueuse.

tamarin n. m. ▫ Fruit du tamarinier.

tamarinier n. m. ▫ Grand arbre exotique à fleurs en grappes, qui donne le tamarin.

tamaris ou **tamarix** n. m. ▫ Arbrisseau à petites feuilles, à fleurs roses en épi.

tambouille n. f. ▫ fam. Cuisine (généralement médiocre).

tambour n. m. **I. 1.** Instrument à percussion, formé de deux peaux tendues sur un cadre cylindrique. – Bruit du tambour. ▪ *Sans tambour ni trompette*, sans attirer l'attention. **2.** Personne qui bat le tambour. **II. 1.** Petite entrée à double porte, servant à isoler l'intérieur d'un édifice. **2.** Métier circulaire pour broder. **3.** Cylindre (d'un treuil, d'une machine).

tambourin n. m. ▫ Instrument à percussion à membrane tendue, appelé aussi *tambour de basque*.

tambouriner v. **I.** v. intr. Faire un bruit de roulement, de batterie. **II.** v. tr. Jouer (un rythme) sur un tambour. ▶ **tambourinage** et **tambourinement** n. m.

tambour-major n. m. ▫ Sous-officier qui commande les tambours, la clique, et manie une canne.

tamis n. m. **1.** Instrument qui sert à passer et à séparer les éléments d'un mélange. **2.** Partie cordée d'une raquette de tennis.

tamiser v. tr. **1.** Trier, passer au tamis. **2.** Laisser passer (la lumière) en partie. – au p. p. *Lumière tamisée.* ▶ **tamisage** n. m.

tamoul, e adj. et n. ▫ Des Tamouls (peuple de l'Inde...). – n. m. *Le tamoul* (langue).

tampon n. m. **I. 1.** Petite masse dure ou pressée, pour boucher un trou, empêcher l'écoulement d'un liquide. **2.** Cheville plantée pour y fixer un clou, une vis. **3.** Masse de matière souple, servant à étendre un liquide. **4.** Petite masse de gaze, d'ouate..., pour étancher le sang, nettoyer la peau, etc. **II.** Timbre encré pour oblitérer. ▪ Cachet, oblitération.

III. 1. Ce qui amortit les chocs, empêche les heurts. **2.** appos. inform. *Mémoire tampon* (d'un ordinateur), collectant temporairement les données.

tamponner v. tr. **I. 1.** Enfoncer des chevilles dans (un mur). **2.** Frotter avec un tampon. – fam. *Il s'en tamponne* : il s'en moque. **II.** Timbrer, apposer un tampon (II) sur. **III.** (véhicules) Heurter violemment. ▶ **tamponnement** n. m.

tamponneur, euse adj. ▫ *AUTOS TAMPONNEUSES* : attraction foraine, petites voitures électriques qui se heurtent.

tam-tam n. m. invar. ▫ Tambour en usage en Afrique noire.

tan n. m. ▫ techn. Tanin d'écorce de chêne.

tanagra n. m. ou f. ▫ Figurine grecque antique en terre cuite, simple et gracieuse.

tancer v. tr. ▫ littér. Réprimander.

tanche n. f. ▫ Poisson d'eau douce, à peau sombre et gluante.

tandem n. m. **1.** Bicyclette à deux sièges placés l'un derrière l'autre. **2.** fig., fam. Deux personnes associées.

tandis que loc. conj. **1.** Dans le même moment que. **2.** (opposition) → **alors** que.

tangage n. m. ▫ Mouvement alternatif d'un navire dont l'avant et l'arrière plongent.

tangent, ente adj. **1.** géom. Qui touche en un seul point, sans couper (une ligne, une surface). ▶ **tangence** n. f. **2.** Qui se fait de justesse.

tangente n. f. **1.** *Tangente à une courbe, à une surface*, droite qui la touche en un seul point. – math. Rapport du sinus au cosinus. ▶ **tangentiel, ielle** adj. **2.** fig. *PRENDRE LA TANGENTE* : s'esquiver.

tangible adj. **1.** Que l'on peut connaître en touchant. **2.** Dont la réalité est évidente.

tango n. m. ▫ Musique et danse originaires d'Argentine, sur un rythme à deux temps.

tanguer v. intr. ▫ Remuer par tangage. – fig. Osciller.

tanière n. f. ▫ Retraite (d'une bête sauvage).

tanin ou **tannin** n. m. **1.** Substance végétale rendant les peaux imputrescibles. **2.** Cette substance provenant du raisin (vins rouges).

tank n. m. **I.** Citerne d'un navire pétrolier. ▪ Réservoir de stockage. **II.** vieilli Char d'assaut. ▶ **tankiste** n. m. (soldat).

tanker n. m. ▫ Bateau-citerne transportant du pétrole.

tannant, ante adj. ▫ fam. Qui tanne (II).

tanné, ée adj. **1.** Qui a subi le tannage. **2.** (personnes) Dont la peau est brunie par le soleil, les intempéries.

tannée n. f. ▫ fam. Volée de coups.

tanner v. tr. **I.** Préparer (les peaux) pour les rendre imputrescibles et en faire du cuir. ▶ **tannage** n. m. **II.** fam. Agacer, importuner.

tannerie n. f. ▫ Établissement où l'on tanne les peaux. ▶ **tanneur, euse** n.

tansad n. m. ▫ anglic. Selle pour passager, sur une moto.

tant adv. et nominal **I.** adv. de quantité, d'intensité **1.** *TANT QUE*, l'action étant telle qu'elle devient la cause d'un effet. **2.** *TANT DE... QUE...* : une si grande quantité, un si grand nombre de... que... – (renforcé) *TANT ET SI BIEN que...* **3.** (sans *que*) Tellement. **4.** *TANT DE* : une si grande quantité de. – *TANT SOIT PEU* : si peu que ce soit. – *TANT S'EN FAUT* : il s'en faut de beaucoup. **II.** nominal Une quantité (non exprimée). *Toucher tant*, telle somme. – *TANT ET PLUS* : beaucoup. **III.** (comparaison) **1.** *TANT... QUE Il ne craint pas tant l'isolement que le silence.*

– *TANT QUE*, en phrase affirmative. *Tant qu'il vous plaira.* – *TOUS TANT QUE vous êtes* : sans exception. **2.** *EN TANT QUE*, dans la mesure où. – Considéré comme. *En tant que responsable...* **3.** *TANT... QUE...* : aussi bien... que... – *TANT BIEN QUE MAL* : ni bien ni mal et avec peine. **4.** *TANT QU'À* (+ inf.) : puisqu'il faut. – *TANT QU'À FAIRE*. **5.** *TANT MIEUX, TANT PIS*, exprimant la joie, le dépit. **IV.** *TANT QUE* : aussi longtemps que. – *Tant que vous y êtes* : en continuant de la même façon.

tante n. f. **I. 1.** Sœur ou belle-sœur du père ou de la mère. **2.** fam. *MA TANTE* : le mont-de-piété. **II.** injurieux Homosexuel.

tantième n. m. ▫ Pourcentage (d'un tout).

tantine n. f. ▫ (enfantin) Tante.

tantinet 1. n. m. *Un tantinet de*, un petit peu de. **2.** *UN TANTINET* loc. adv. : un peu.

tantôt adv. **1.** Cet après-midi. **2.** région. Peu de temps avant, après. **3.** *TANTÔT..., TANTÔT...* : à un moment, puis à un autre.

tantrisme n. m. ▫ relig. Hindouisme inspiré des *tantras*, livres sacrés ésotériques.

taoïsme n. m. ▫ Doctrine de Lao Tseu, enseignant la solidarité totale entre la nature et l'homme.

taon n. m. ▫ Insecte piqueur et suceur.

tapage n. m. ▫ Bruit violent, esclandre produit par un groupe.

tapageur, euse adj. **1.** vieilli Qui fait du tapage. **2.** Outrancier.

tapant, ante adj. ▫ À l'instant même où sonne (une heure). *À neuf heures tapantes.*

tapas n. f. pl. ▫ Assortiment de petites entrées variées, à l'espagnole.

tape n. f. ▫ Coup du plat de la main.

tapé, ée adj. ▫ Trop mûr, pourri par endroits. ▪ fig., fam. Marqué par l'âge, la fatigue.

tape-à-l'œil adj. invar. et n. m. invar. ▫ Qui attire l'attention par des couleurs voyantes, un luxe tapageur.

tapecul ou **tape-cul** n. m. **1.** Voiture mal suspendue. **2.** Exercice de trot sans étriers, à cheval.

tapée n. f. ▫ fam. Grande quantité.

tapement n. m. **1.** Action de taper. **2.** Bruit ainsi produit.

taper v. **I.** v. tr. **1.** Frapper du plat de la main. **2.** Produire (un bruit) en tapant. **3.** Écrire (un texte) à la machine à écrire, à l'ordinateur. **4.** fam. Emprunter de l'argent à (qqn). **II.** v. intr. **1.** Donner des coups. *Taper des mains, dans ses mains.* **2.** fig. *Taper sur qqn*, dire du mal de lui. – *Taper dans l'œil*, plaire vivement. **3.** *Le soleil tape, tape dur*, chauffe très fort. **4.** fam. *TAPER DANS*, prendre dans, se servir de. **III.** *SE TAPER* + compl. (faux pronom.) fam. **1.** Manger, boire (qqch.). **2.** Avoir des relations sexuelles avec (qqn). **3.** Faire (une corvée). ▪ Supporter. **4.** *S'EN TAPER* : s'en moquer.

tapette n. f. **I. 1.** Instrument (raquette) pour taper (sur qqch.). **2.** Piège à ressort pour les souris. **II.** injurieux Homosexuel.

tapeur, euse n. ▫ Personne qui emprunte souvent de l'argent.

en **tapinois** loc. adv. ▫ En se cachant, à la dérobée.

tapioca n. m. ▫ Fécule de la racine de manioc.

se **tapir** v. pron. ▫ Se cacher, se dissimuler en se blottissant. ▷ p. p. **tapi, ie**

tapir n. m. ▫ Mammifère ongulé, herbivore, bas sur pattes, à nez en trompe.

tapis n. m. **1.** Ouvrage textile, le plus souvent à étendre sur le sol. **2.** Revêtement souple de sol (tissu, natte, etc.). – *TAPIS-BROSSE* : paillasson. – (boxe) *Envoyer son adversaire AU TAPIS*, au sol. **3.** *TAPIS ROULANT* : surface plane mobile pour le transport des personnes, des marchandises. **4.** Couche, surface. *Un tapis de neige.*

tapisser v. tr. **1.** Couvrir de tapisseries (2), pour orner. **2.** (sujet chose) Recouvrir (un mur, une paroi) en l'ornant.

tapisserie n. f. **1.** Ouvrage d'art tissé à la main. **2.** Papier peint ou tissu tendu sur les murs. **3.** Ouvrage à l'aiguille, sur canevas.

tapissier, ière n. **1.** Personne qui fabrique et vend des tissus d'ameublement, de décoration. **2.** Personne qui tapisse (1).

tapoter v. tr. ▫ Frapper légèrement à petits coups répétés. ▶ **tapotement** n. m.

tapuscrit n. m. ▫ Texte original tapé à la machine.

taquet n. m. **1.** Pièce de bois qui maintient en place qqch. **2.** mar. Pièce servant à enrouler des cordages.

taquiner v. tr. ▫ S'amuser à irriter, à contrarier (qqn) dans de petites choses. ▶ **taquin, ine** adj. et n. ▶ **taquinerie** n. f.

tarabiscoté, ée adj. **1.** Surchargé d'ornements. **2.** Inutilement compliqué.

tarabuster v. tr. **1.** Importuner (qqn) de manière insistante. **2.** (sujet chose) Causer de la contrariété, de l'inquiétude à (qqn).

tarama n. m. ▫ Préparation d'œufs de cabillaud fumés, à la crème et au citron.

tarasque n. f. ▫ Animal fabuleux, dragon.

taratata interj. ▫ Exprime la défiance.

tarauder v. tr. **1.** techn. Percer (une matière dure) pour pratiquer un pas de vis. **2.** fig. Tourmenter.

tard adv. **1.** Après le moment habituel ; après un long temps. – *TÔT OU TARD* : inévitablement. **2.** À la fin d'une période ; à une heure avancée. – adj. *Il est, il se fait tard.* **3.** n. m. *SUR LE TARD* : à un âge avancé.

tarder v. intr. **1.** Être lent à venir. **2.** Rester longtemps avant de commencer à agir. – *Tarder à* (+ inf.). **3.** impers. *IL ME TARDE DE* (+ inf.) ; *QUE* (+ subj.), j'ai hâte de, que...

tardif, ive adj. **1.** Qui apparaît, qui a lieu tard, vers la fin. **2.** Qui a lieu tard dans la journée. **3.** Qui se forme, se développe plus lentement, plus tard que la moyenne. ▶ **tardivement** adv.

tare n. f. **I.** Poids équivalent à l'emballage, au récipient, qu'on ne compte pas dans le poids total. **II.** Anomalie héréditaire.

taré, ée adj. et n. **1.** Affecté d'une tare (II). **2.** fam. Débile, idiot.

tarentelle n. f. ▫ Danse du sud de l'Italie, sur un rythme très rapide.

tarentule n. f. ▫ Grosse araignée venimeuse.

tarer v. tr. ▫ Peser (un emballage, un récipient) pour déterminer la tare (I).

targette n. f. ▫ Petit verrou.

se **targuer** v. pron. ▫ littér. Se prévaloir (de qqch., de faire qqch.) avec ostentation.

targui, ie n. et adj. → **touareg**

tari, ie adj. ▫ Sans eau.

tarière n. f. **1.** Grande vrille à bois. **2.** Prolongement de l'abdomen (d'insectes) capable de creuser des trous.

tarif n. m. **1.** Tableau ou liste de droits à acquitter, de prix ; ces prix. **2.** Prix tarifé ou usuel. ▶ **tarifaire** adj.

tarifer v. tr. ▫ Fixer à un montant déterminé. ▷ p. p. **tarifé, ée** ▶ **tarification** n. f.

tarin n. m. ▫ fam. Nez.

tarir v. **I.** v. intr. **1.** Cesser de couler ; s'épuiser. **2.** fig. (personnes) *NE PAS TARIR sur, de,* ne pas cesser de parler de. **II.** v. tr. Faire cesser de couler ; mettre à sec. ▷ v. pron. se **tarir** ▶ **tarissement** n. m.

tarlatane n. f. ▫ Étoffe de coton très peu serrée et très apprêtée.

tarmac n. m. ▫ Voie de circulation, de stationnement des avions, dans un aéroport.

tarot n. m. ▫ Carte à jouer portant des figures spéciales.

tarse n. m. ▫ anat. Partie postérieure du squelette du pied. ▶ **tarsien, ienne** adj.

① **tartan** n. m. ▫ Étoffe de laine écossaise propre à un clan.

② **tartan** n. m. (n. déposé) ▫ Revêtement de pistes d'athlétisme.

tartare adj. **1.** hist. Des populations d'Asie centrale. **2.** *Sauce tartare,* mayonnaise épicée. ▪ *STEAK TARTARE* et n. m. *un tartare,* viande crue, hachée, assaisonnée.

tarte n. f. **I. 1.** Fond de pâte entouré d'un rebord et garni. **2.** fam. Coup, gifle. **II.** adj. fam. (avec ou sans accord) Laid ; sot et ridicule. – Démodé. – syn. fam. **tartignolle** (sens II).

tartelette n. f. ▫ Petite tarte individuelle.

tartine n. f. **1.** Tranche de pain recouverte d'un produit alimentaire étalé. ▶ **tartiner** v. tr. **2.** fam. Discours interminable.

tartre n. m. ▫ Dépôt calcaire.

tartufe ou **tartuffe** n. m. ▫ Personne hypocrite. ▶ **tartuferie** ou **tartufferie** n. f.

tas n. m. **1.** Amas (de matériaux, de morceaux, d'objets). **2.** fig. Grande quantité, grand nombre (de choses). ▪ fam. *Tirer DANS LE TAS,* sans viser précisément qqn. **3.** *SUR LE TAS. Grève sur le tas,* sur le lieu du travail.

tasse n. f. **1.** Petit récipient à anse ou à oreilles, servant à boire. ▪ Son contenu. **2.** fam. *Boire la tasse,* avaler de l'eau en se baignant. *Ce n'est pas ma tasse de thé :* cela n'est pas dans mes goûts.

tassé, ée adj. **1.** Affaissé. **2.** fam. *BIEN TASSÉ :* qui remplit bien le verre. – *Un café bien tassé,* très fort.

tasseau n. m. ▫ Petit support de tablette.

tasser v. tr. ▫ Comprimer le plus possible. ▷ v. pron. se **tasser 1.** S'affaisser sur soi-même. **2.** (sujet chose) fam. S'arranger (après un incident). ▶ **tassement** n. m.

taste-vin ou **tâte-vin** n. m. invar. ▫ Petite tasse plate pour goûter le vin.

tata n. f. ▫ fam. Tante.

tatami n. m. ▫ Tapis de sol, pour les sports de combat.

tatane n. f. ▫ fam. Chaussure.

tâter v. tr. **1.** Toucher avec la main, pour explorer, éprouver, reconnaître. **2.** fig. Chercher à connaître les dispositions de (qqn). ▪ pronom. *SE TÂTER :* hésiter. **3.** intrans. fig. *TÂTER DE :* essayer.

tatie n. f. ▫ fam., enfantin Tante.

tatillon, onne adj. ▫ Exagérément minutieux.

tatin n. f. ▫ *(Tarte) tatin :* tarte faite de pommes caramélisées et recouvertes d'une pâte mince, servie «renversée».

tâtonner v. intr. **1.** Tâter plusieurs fois le sol, les objets autour de soi, pour se diriger ou trouver qqch. dans l'obscurité. **2.** fig. Faire des essais pour découvrir une solution. ▶ **tâtonnant, ante** adj. ▶ **tâtonnement** n. m. ▶ à **tâtons** loc. adv.

tatou n. m. □ Mammifère édenté d'Amérique du Sud, à carapace.

tatouer v. tr. **1.** Marquer, orner (une partie du corps) de dessins indélébiles par piqûres de matières colorantes sous l'épiderme. **2.** Exécuter (un dessin) de cette manière. ▶ **tatouage** n. m. ▶ **tatoueur, euse** n.

taudis n. m. □ Logement misérable, sans confort ni hygiène.

taule ou **tôle** n. f. □ fam. **1.** Chambre. **2.** Prison. ▶ **taulard, arde** n.

taulier, ière ou **tôlier, ière** n. □ fam. et péj. Propriétaire, gérant d'un hôtel.

① **taupe** n. f. **1.** Petit mammifère insectivore qui vit sous terre en creusant des galeries ; sa fourrure. **2.** fam. Espion infiltré dans un milieu.

② **taupe** n. f. □ argot scol. Classe de mathématiques* spéciales.

taupinière n. f. □ Monticule de terre formé par la taupe.

taureau n. m. **1.** Mâle de la vache, apte à la reproduction. – *Prendre le taureau par les cornes :* affronter les difficultés. **2.** Deuxième signe du zodiaque (21 avril-20 mai).

taurillon n. m. □ Jeune taureau.

taurin, ine adj. □ Relatif au taureau.

taurine n. f. □ biochim. Acide aminé qui intervient dans la fonction musculaire.

tauromachie n. f. □ Art de la corrida. ▶ **tauromachique** adj.

tautologie n. f. **1.** log. Proposition toujours vraie. **2.** péj. Répétition inutile. ▶ **tautologique** adj.

taux n. m. **1.** Montant d'une imposition, d'un prix fixé par l'État, l'usage. **2.** Proportion d'un élément variable. – Pourcentage.

tavelé, ée adj. □ Marqué de petites taches. ▶ **tavelure** n. f.

taverne n. f. **1.** ancienn† Établissement où l'on mangeait et l'on buvait. **2.** Café-restaurant de genre rustique. ▶ **tavernier, ière** n. vx.

taxe n. f. □ Prélèvement fiscal, impôt perçu par l'État.

taxer v. tr. **I. 1.** Soumettre à une imposition, à une taxe. ■ Percevoir une taxe sur. ▶ **taxation** n. f. **2.** fam. Dépouiller (qqn) ; prendre. **II.** fig. *TAXER qqn DE,* accuser, qualifier de.

taxi n. m. □ Automobile conduite, munie d'un compteur, qu'on loue pour un trajet.

taxidermie n. f. □ didact. Art de préparer, d'empailler les animaux morts. ▶ **taxidermique** adj. ▶ **taxidermiste** n.

taximètre n. m. □ Compteur de taxi.

taxinomie n. f. □ didact. Science des classifications. ▶ **taxinomique** adj.

taylorisme n. m. □ Méthode d'organisation rationnelle du travail industriel.

tchador n. m. □ Voile noir porté par les musulmanes chiites.

tchao interj. → **ciao**

tchat ; tchat(t)er → ② **chat ; chatter**

tchatcher v. intr. □ fam. Bavarder, parler beaucoup. ▶ **tchatche** n. f. ▶ **tchatcheur, euse** n.

tchécoslovaque adj. et n. □ hist. Relatif à la Tchécoslovaquie (jusqu'en 1992).

tchèque adj. et n. □ De la République tchèque. ■ n. m. *Le tchèque* (langue slave).

tchernoziom n. m. □ géogr. Sol noir très fertile.

tchin-tchin interj. □ fam. Interjection pour trinquer.

te pron. pers. □ Pronom personnel de la deuxième personne du singulier, complément (s'élide en *t'* devant voyelle ou *h* muet). **1.** (compl. d'objet direct) *Je te quitte.*

2. (compl. indir.) À toi. *Cela te plaît ?* 3. (dans une forme pronom.) *Ne te perds pas.*

té n. m. ◻ Règle plate, en équerre.

teasing n. m. ◻ anglic., publicité Procédé publicitaire consistant à susciter la curiosité.

technicien, ienne **I.** n. Personne qui possède, connaît une technique. **II.** adj. Qui fait prévaloir la technique.

technicité n. f. ◻ Caractère technique, méthodique et professionnel.

technico-commercial, iale, iaux adj. ◻ Qui relève à la fois de la technique et du commerce.

technique **I.** adj. 1. Qui appartient à un domaine spécialisé d'activité ou de connaissance. 2. Des applications de la science dans la production et l'économie. 3. Qui concerne le matériel. **II.** n. f. Procédés et méthodes employés pour produire une œuvre, obtenir un résultat matériel. *Les techniques de pointe* (dites par anglicisme *technologies*). ▶ **techniquement** adv.

techno adj. et n. f. ◻ *(Musique) techno* : musique électronique répétitive au rythme rapide.

technocrate n. m. ◻ Responsable qui fait prévaloir les aspects techniques. ▶ **technocratie** n. f. ▶ **technocratique** adj.

technologie n. f. 1. Étude des techniques, des outils. 2. anglic. Technique (II). ▶ **technologique** adj.

technopole n. f. ◻ Zone regroupant des structures de recherche et d'enseignement techniques, des industries de pointe. – On emploie aussi **technopôle** n. m., pour un site aménagé hors d'un centre urbain.

teck ou **tek** n. m. 1. Arbre des zones tropicales. 2. Son bois imputrescible.

teckel n. m. ◻ Basset à pattes très courtes.

tectonique ◻ géol. 1. n. f. Étude de la structure de l'écorce terrestre. 2. adj. Relatif à la tectonique.

Te Deum n. m. invar. ◻ Chant catholique de louange et d'action de grâces.

tee n. m. ◻ anglic. golf Petit socle sur lequel la balle de golf est frappée.

tee-shirt n. m. ◻ anglic. Maillot de coton à manches, en forme de T.

tégument n. m. 1. anat. Tissu vivant qui recouvre le corps (peau), avec ses appendices. 2. bot. Enveloppe protectrice. ▶ **tégumentaire** adj.

teigne n. f. 1. Petit papillon de couleur terne. 2. cour. Maladie parasitaire du cuir chevelu. ▪ fig. Personne méchante, hargneuse.

teigneux, euse adj. 1. adj. et n. Qui a la teigne. 2. fam. Hargneux, agressif.

teindre v. tr. ◻ Imprégner (qqch.) d'une substance colorante (par teinture). ▷ adj. ① **teint, teinte**

② **teint** n. m. **I.** Teinture. *Tissu grand teint*, dont la teinture résiste. – fig. et plais. BON TEINT : résistant, solide. **II.** Nuance de la couleur du visage.

teinte n. f. 1. Couleur ; nuance. 2. fig. Apparence peu marquée.

teinter v. tr. 1. Colorer légèrement. – pronom. *Le ciel se teintait de rouge.* 2. fig. Nuancer (surtout pronom. et p. p.).

teinture n. f. **I.** Action de teindre (qqch.). **II.** 1. Matière colorante pour teindre. 2. Solution dans l'alcool. *Teinture d'iode.* 3. fig. Connaissance superficielle.

teinturerie n. f. 1. Industrie de la teinture (I). 2. Magasin de teinturier (2).

teinturier, ière n. 1. techn. Personne qui effectue la teinture. 2. cour. Professionnel qui entretient les vêtements.

tel, telle adj. et pron. **I. 1.** Semblable, du même genre. ■ *EN TANT QUE TEL* : par sa seule nature. ■ (redoublé) loc. prov. *Tel père, tel fils.* **2.** *TEL QUE* : comme. **3.** (en tête de phrase) *Tel, telle est,* voilà. **4.** *TEL QUEL* : sans modification. **II.** Si grand, si important. – *RIEN DE TEL* : rien de si efficace. **III.** indéfini Un... particulier. **1.** adj. (sans article) *Tel(le) ou tel(le)...,* un(e) ou un(e) autre. ■ (désignant ce qu'on ne nomme pas) *Tel jour, à telle heure.* **2.** pron. littér. Certain, quelqu'un. **3.** *UN TEL,* tenant lieu d'un nom propre.

télé n. f. (abrév.) **1.** Télévision. **2.** Téléviseur.

téléachat ou **télé-achat** n. m. ▫ Offre à la vente par l'intermédiaire d'un support audiovisuel, de la télévision.

télécabine n. f. ▫ Téléphérique à plusieurs petites cabines. – syn. **télébenne.**

télécarte n. f. ▫ Carte de téléphone.

téléchargement n. m. ▫ inform. Transfert téléinformatique de données. ▶ **télécharger** v. tr.

télécommande n. f. ▫ Commande à distance d'un appareil. ▶ **télécommander** v. tr.

télécommunication n. f. ▫ Procédés de transmission d'informations à distance.

télécopie n. f. ▫ Procédé de reproduction à distance d'un document graphique. ▶ **télécopier** v. tr. ▶ **télécopieur** n. m. → **fax.**

télédéclaration n. f. ▫ Déclaration de revenus effectuée sur Internet.

télédétection n. f. ▫ didact. Science et techniques de la détection à distance.

télédiffuser v. tr. ▫ Diffuser par télévision. ▶ **télédiffusion** n. f.

télédistribution n. f. ▫ techn. Procédé de diffusion de programmes télévisés par câble ou par relais hertziens.

télé-enseignement n. m. ▫ Mode d'enseignement à distance.

téléfilm n. m. ▫ Film réalisé pour la télévision.

télégénique adj. ▫ Dont l'image télévisée est agréable.

télégramme n. m. ▫ Communication transmise par télégraphe ou radiotélégraphie.

télégraphe n. m. ▫ Système de transmission de signaux par une ligne électrique. ▶ **télégraphie** n. f. ▶ **télégraphier** v. tr.

télégraphique adj. **1.** Du télégraphe. **2.** *Style télégraphique,* abrégé. ▶ **télégraphiquement** adv.

télégraphiste n. **1.** Spécialiste de télégraphie. **2.** Personne qui délivre les télégrammes.

téléguider v. tr. **1.** Diriger, guider à distance. **2.** fig. Inspirer, conduire par une influence secrète. ▷ adj. **téléguidé, ée** ▶ **téléguidage** n. m.

téléinformatique 1. n. f. Informatique par transmission à distance. **2.** adj. *Réseau téléinformatique.*

télématique 1. n. f. Techniques combinant l'informatique et les télécommunications. **2.** adj. *Systèmes télématiques.*

télémédecine n. f. ▫ Médecine qui se pratique à distance à l'aide des technologies de l'information et de la communication.

télémètre n. m. ▫ Appareil de mesure des distances par un procédé optique.

téléobjectif n. m. ▫ Objectif photographique à longue distance focale.

téléologie n. f. ▫ didact. Étude philosophique de la finalité*, des moyens et des fins.

télépaiement n. m. ▫ Paiement à distance, par des moyens informatiques.

télépathie n. f. ▫ Communication à distance par la pensée. ▶ **télépathe** n. ▶ **télépathique** adj.

téléphérique n. m. ▫ Dispositif de transport par cabine suspendue à un câble ; la cabine. – var. **téléférique.**

téléphone n. m. **1.** Instrument qui permet de transmettre à distance et recevoir des sons, par circuit électrique. **2.** Appareil constitué d'un combiné microphone-récepteur. ▶ **téléphonique** adj. ▶ **téléphoniquement** adv.

téléphoner v. **1.** v. tr. Communiquer, transmettre par téléphone. **2.** v. tr. ind. *(à)* et intr. Parler au téléphone.

téléphonie n. f. ▫ Ensemble des opérations concernant la transmission des sons à distance. – *La téléphonie mobile.*

téléphoniste n. ▫ Personne chargée d'assurer les liaisons téléphoniques.

téléréalité n. f. ▫ Émission de télévision où des candidats sont placés dans des situations artificielles où on les observe.

télescope n. m. ▫ Instrument d'optique à miroir pour l'observation des objets éloignés, des astres.

télescoper v. tr. ▫ Rentrer dans, enfoncer par un choc violent (un autre véhicule). ▷ v. pron. se **télescoper** fig. Se mêler. ▶ **télescopage** n. m.

télescopique adj. **I.** Qui se fait à l'aide du télescope. **II.** Dont les éléments s'emboîtent et coulissent.

téléscripteur n. m. ▫ Appareil télégraphique qui transmet un texte. – syn. **télétype.**

télésiège n. m. ▫ Série de sièges suspendus à un câble unique (téléphérique).

téléski n. m. ▫ Remonte-pente.

téléspectateur, trice n. ▫ Spectateur et auditeur de la télévision.

téléthon n. m. ▫ Longue émission de télévision, à caractère caritatif.

télétraitement n. m. ▫ inform. Traitement de données par des terminaux éloignés.

télétravail n. m. ▫ Activité professionnelle exercée à distance, grâce aux outils de télécommunication.

télétype n. m. ▫ → **téléscripteur.**

téléviser v. tr. ▫ Transmettre par télévision. ▷ p. p. **télévisé, ée**

téléviseur n. m. ▫ Poste récepteur de télévision.

télévision n. f. **1.** Technique de transmission des images, après analyse et transformation en ondes hertziennes. **2.** Élaboration et diffusion d'informations et de spectacles par cette technique. **3.** Poste récepteur de télévision.

télévisuel, elle adj. ▫ De la télévision, en tant que moyen d'expression.

télex n. m. ▫ Dactylographie à distance par téléscripteur. ▪ Message ainsi transmis. ▶ **télexer** v. tr.

tellement adv. **1.** À un degré si élevé. ▪ *TELLEMENT... QUE...* → **si. 2.** fam. *TELLEMENT DE.* → **tant. 3.** (+ proposition causale) Tant. *On ne le reconnaît plus, tellement il a changé.*

tellurique adj. ▫ De la Terre.

téméraire adj. ▫ Hardi avec imprudence. ▶ **témérité** n. f.

témoignage n. m. **1.** Déclaration de ce que l'on a vu, entendu. **2.** Marque, preuve (de qqch.).

témoigner v. **I.** v. tr. dir. **1.** Certifier qu'on a vu ou entendu. **2.** Exprimer, faire paraître (un sentiment...). **3.** (sujet chose) littér. (avec *que, combien*) Être l'indice, le signe de. **II.** intrans. Faire un témoignage. **III.** v. tr. ind. *TÉMOIGNER DE* **1.** Confirmer la vérité, la valeur de (qqch.). **2.** (sujet chose) Être le signe de.

témoin n. m. **I. 1.** Personne qui peut certifier qqch., en témoigner. **2.** dr. Personne en présence de qui s'est accompli un fait et qui est appelée à l'attester en justice. **3.** Personne qui doit certifier les identités, l'exactitude des déclarations, lors d'un acte officiel. **II. 1.** littér. Ce qui, par son existence, permet de constater, de vérifier. **2.** appos. Élément de comparaison. **3.** sports Bâtonnet que doivent se passer les coureurs de relais.

tempe n. f. ▫ Côté de la tête, entre le coin de l'œil et le haut de l'oreille.

tempérament n. m. **I.** Constitution physiologique ; traits de caractère en résultant. **II.** *Vente À TEMPÉRAMENT*, à crédit échelonné.

tempérance n. f. ▫ littér. Modération dans les plaisirs. ▶ **tempérant, ante** adj.

température n. f. **1.** Degré de chaleur ou de froid de l'atmosphère en un lieu. **2.** Chaleur du corps.

tempéré, ée adj. ▫ *Climat tempéré*, ni très chaud ni très froid.

tempérer v. tr. **1.** Adoucir la température de. **2.** fig., littér. Adoucir et modérer.

tempête n. f. **1.** Violente perturbation atmosphérique ; vent rapide, orage. **2.** fig. *Une tempête de rires*, une explosion subite.

tempêter v. intr. ▫ Manifester à grand bruit sa colère.

tempétueux, euse adj. **1.** littér. Où les tempêtes sont fréquentes. **2.** fig. → **tumultueux.**

temple n. m. **1.** Édifice public consacré au culte d'une divinité. – spécialt Temple protestant. **2.** hist. *Le Temple* : ordre de moines-soldats fondé lors des premières croisades.

templier n. m. ▫ hist. Chevalier de l'ordre du Temple (2).

tempo n. m. **1.** mus. Notation d'un mouvement. *Des tempos* (ou *tempi*). **2.** (jazz) Vitesse d'exécution.

temporaire adj. ▫ Qui ne dure ou ne doit durer qu'un temps limité. ▶ **temporairement** adv.

temporal, ale, aux adj. ▫ Des tempes.

temporel, elle adj. **1.** relig. Des choses matérielles. **2.** gramm. Qui indique le temps, les temps. **3.** didact. Relatif au temps ; situé dans le temps. ▶ **temporalité** n. f.

temporiser v. intr. ▫ Différer d'agir, par calcul. ▶ **temporisation** n. f. ▶ **temporisateur, trice** adj. et n.

temps n. m. **I.** Continuité indéfinie, milieu où se déroulent la succession des événements et des phénomènes, leur représentation dans la conscience. **1.** La durée. **2.** Portion limitée de durée. *Emploi du temps.* – *La plupart du temps* : le plus souvent. *Tout le temps* : continuellement. ▪ *Prendre (tout) son temps*, ne pas se presser. **3.** mus. Chacune des divisions égales de la mesure. **4.** Chacune des phases (d'une manœuvre, d'une opération, d'un cycle). *Moteur à quatre temps.* **II. 1.** Point qu'on peut repérer dans une succession par référence à un « avant » et un « après ». – *Chaque chose EN SON TEMPS*, quand il convient. **2.** Époque (de qqn, qqch.). ▪ *Ces derniers temps*, il y a peu. **3.** Époque, moment de la vie. – *DE MON TEMPS*, quand j'étais jeune. ▪ *Prendre DU BON TEMPS*, s'amuser. **4.** *Le temps de* (+ inf.) : le bon moment pour. **5.** loc. adv. *À TEMPS* : juste assez tôt. – *EN MÊME TEMPS* : simultanément. – *DE TEMPS EN TEMPS, DE TEMPS À AUTRE* : à des intervalles de temps irréguliers. – *DANS LE TEMPS* : autrefois, jadis. ▪ loc. conj. *AU TEMPS, DU TEMPS OÙ.* → **quand. 6.** gramm. Forme verbale particulière à valeur temporelle. *Temps et modes.* - (en français) *Temps simples et temps composés.* **III.** État de l'atmosphère à un moment donné.

tenable adj. ▫ (en emploi négatif) Supportable.

tenace adj. **1.** Dont on se débarrasse difficilement. **2.** Qui tient fermement à ses opinions, ses décisions. ▶ **tenacement** adv. ▶ **ténacité** n. f.

tenaille n. f. ▫ (surtout au plur.) Outil formé de deux pièces articulées, à mâchoires.

tenailler v. tr. ▫ Faire beaucoup souffrir.

tenancier, ière n. ▫ admin. ou péj. Personne qui tient un établissement surveillé.

tenant, ante I. adj. Qui se poursuit. **II.** n. **1.** sports *Le tenant, la tenante du titre.* → **détenteur. 2.** Partisan. *Les tenants d'une doctrine.* **3.** n. m. (choses) *D'UN SEUL TENANT* : d'une seule pièce. ▪ (n. m. pl.) *Les tenants et les aboutissants*.*

tendance I. n. f. **1.** Disposition à être, à agir, à se comporter d'une certaine façon. - *AVOIR TENDANCE À* (+ inf.) : être enclin à. **2.** Évolution (de qqch.) dans un même sens. **II.** adj. fam. (invar.) Conforme aux dernières modes.

tendanciel, ielle adj. ▫ Qui marque une tendance (2).

tendancieux, euse adj. ▫ Qui manifeste des préjugés. ▶ **tendancieusement** adv.

tender n. m. ▫ ancienn Wagon contenant le combustible et l'eau nécessaires à une locomotive à vapeur.

tendeur n. m. ▫ Câble élastique de fixation.

tendineux, euse adj. ▫ Qui contient beaucoup de tendons.

tendinite n. f. ▫ méd. Inflammation d'un tendon.

tendon n. m. ▫ Organe conjonctif, fibreux, d'un blanc nacré, par lequel un muscle s'insère sur un os.

① **tendre** v. **I.** v. tr. dir. **1.** Tirer sur (une chose souple ou élastique), de manière à la rendre droite. - *Tendre ses muscles,* les raidir. ▪ fig. pronom. *Leurs rapports se sont tendus.* **2.** Déployer. - fig. *Tendre un piège, une embuscade.* **3.** Tapisser. **4.** Allonger ou présenter en avançant (une partie du corps). - *TENDRE L'OREILLE* : écouter avec attention. **5.** Présenter (qqch.) à qqn. **II.** v. tr. ind. **1.** *TENDRE À, VERS* : avoir un but, une fin et s'en rapprocher. **2.** (sujet chose) *TENDRE À* (+ inf.) : avoir tendance à, évoluer de façon à.

② **tendre** adj. **1.** (choses) Qui se laisse facilement entamer. ▪ *Viande tendre* (▶ n. f. **tendreté**). **2.** Délicat, fragile. - *L'âge tendre,* le jeune âge. **3.** adj. et n. Porté à la sensibilité, aux affections. ▪ (sentiments) Qui présente un caractère de douceur et de délicatesse. ▪ Qui manifeste l'affection. **4.** (couleurs) Doux, atténué.

tendrement adv. ▫ Avec tendresse.

tendresse n. f. ▫ Sentiment tendre (3).

① **tendron** n. m. ▫ Morceau de viande (veau, bœuf), paroi inférieure du thorax.

② **tendron** n. m. ▫ vx Fille d'âge tendre.

tendu, ue adj. **1.** Rendu droit par traction. **2.** (personnes) Préoccupé, soucieux. **3.** Qui menace de se dégrader. **4.** Que l'on tend (I, 5). - *Politique de la main tendue.*

ténèbres n. f. pl. ▫ Obscurité profonde.

ténébreux, euse adj. **1.** littér. Où règne une obscurité menaçante. **2.** Secret et dangereux. **3.** (personnes) adj. et n. Sombre et mélancolique.

teneur n. f. **1.** Contenu exact (d'un écrit officiel). **2.** Quantité (d'un élément) contenue, en pourcentage.

ténia ou **tænia** n. m. ▫ Long ver parasite de l'intestin.

tenir v. **I.** v. tr. **1.** Avoir, garder avec soi en empêchant de tomber, de s'échapper. **2.** Faire rester (qqch., qqn) en place, dans un état pendant un certain temps. – *Tenir qqn en respect.* **3.** Saisir (un être qui s'échappe), s'emparer de. **4.** Résister à. *Tenir l'alcool.* – *Tenir le coup.* **5.** Avoir en sa possession. ▪ prov. *Mieux vaut tenir que courir,* avoir effectivement qu'espérer. – (*Tu tiens,* substantivé) *Un tiens vaut mieux que deux tu l'auras,* mieux vaut un bien réel que des promesses. ▪ *TIENS !, TENEZ !,* prends, prenez. – *TIENS !* (marque l'étonnement). **6.** *TENIR EN :* avoir en. *Tenir qqn en haute estime.* **7.** *TENIR* (un renseignement...) *DE qqn,* l'avoir par lui. ▪ Avoir par hérédité. **II.** v. tr. **1.** Occuper (un espace). **2.** Occuper (un lieu), sans s'en écarter. *Tenez votre droite !* **3.** Remplir (une activité). *Tenir son rôle.* ▪ Diriger, gérer. ▪ Réunir (une assemblée). **4.** *TENIR... POUR :* considérer comme, croire. **5.** Observer fidèlement (ce qu'on a promis). **III.** v. intr. **1.** Être attaché, fixé ; se maintenir. *Tenir debout.* **2.** Être solide, ne pas céder, ne pas se défaire. ▪ Résister à l'épreuve du temps. **3.** (sujet personne) Résister. – *TENIR BON :* ne pas céder. **4.** Être compris, contenu dans un espace. **IV.** v. tr. ind. **1.** *TENIR À qqn, À qqch.,* y être attaché par un sentiment durable. ▪ Vouloir absolument (qqch.). **2.** (sujet chose) *TENIR À qqch.,* avoir un rapport de dépendance. – impers. *Il ne tient qu'à vous que* (+ subj.), *de* (+ inf.), cela ne dépend que de vous. **3.** *TENIR DE qqn, DE qqch. :* ressembler à. ▪ Participer de la nature de (qqch.). *Cela tient du miracle.* ▷ v. pron. se **tenir** (réfl.) **1.** *SE TENIR À qqch. :* tenir qqch. afin de garder une position. **2.** Être, demeurer (dans une position). *Tiens-toi droit !* **3.** Être et rester (dans un état). – (et adj.) *Se tenir tranquille.* **4.** *S'EN TENIR À* (qqch.), ne vouloir rien de plus. – *Savoir à quoi s'en tenir,* être fixé. **5.** (récipr.) Se tenir l'un l'autre. ▷ **tenu, ue 1.** v. passif *ÊTRE TENU À, DE* (+ inf.), obligé, contraint. **2.** adj. (choses) *BIEN, MAL TENU,* bien, mal arrangé, entretenu.

tennis n. m. **1.** Sport dans lequel deux ou quatre joueurs se renvoient une balle, à l'aide de raquettes, de part et d'autre d'un filet. ▪ *Tennis de table.* → **ping-pong. 2.** Terrain de tennis. **3.** n. m. ou f. Chaussure de sport basse.

tenon n. m. ▫ Partie saillante d'un assemblage, qui s'ajuste à une mortaise.

ténor n. m. **1.** Voix d'homme au-dessus du baryton ; le chanteur. **2.** fig. Personnage très en vue.

tenseur n. m. **1.** Muscle qui produit une tension. **2.** math. Être mathématique, généralisation de la notion de vecteur. ▶ **tensoriel, elle** adj. *Calcul tensoriel.*

tensiomètre n. m. ▫ Appareil servant à mesurer la tension.

tension n. f. **I. 1.** État d'une substance souple ou élastique tendue. **2.** phys. Force qui agit de manière à écarter, à séparer les parties d'un corps. **3.** *Tension (artérielle, veineuse),* pression du sang. **4.** électr. Différence de potentiel. **II. 1.** État de ce qui menace de rompre ; situation tendue. **2.** *Tension nerveuse,* énervement.

tentaculaire adj. ▫ Qui se développe dans toutes les directions.

tentacule n. m. ▫ Organe allongé muni de ventouses.

tentant, ante adj. ▫ Qui tente, éveille l'envie.

tentateur, trice n. et adj. □ Qui cherche à tenter, à séduire.

tentation n. f. □ Ce qui tente (I).

tentative n. f. □ Action par laquelle on s'efforce d'obtenir un résultat.

tente n. f. □ Abri fait d'une matière souple tendue sur des supports.

tenter v. tr. **I.** Éveiller le désir, l'envie de (qqn). **II.** Éprouver (les chances de réussite) ; essayer.

tenture n. f. □ Pièce de tapisserie, de décoration murale.

tenu, ue → **tenir**

ténu, ue adj. □ Très mince, très fin. ▶ **ténuité** n. f.

tenue n. f. **I. 1.** Fait, manière de tenir, gérer (un établissement). **2.** Fait de tenir (une séance, une réunion...). **3.** *TENUE DE ROUTE* : aptitude d'un véhicule à se maintenir dans la direction commandée. **II. 1.** Fait de bien se tenir. **2.** Façon de se tenir (bien ou mal). **3.** Manière dont une personne est habillée. ▪ Habillement particulier. *Tenue de sport.* – fam. *Être en petite tenue*, peu vêtu.

tequila n. f. □ Alcool d'agave.

① **ter** adv. **1.** mus. Indication d'avoir à répéter un passage trois fois. **2.** (après un nombre) Troisième.

② **TER** n. m. □ (en France) « Train express régional ».

tératologie n. f. □ didact. Étude des monstres, des anomalies des êtres vivants.

tercet n. m. □ Strophe de trois vers.

térébenthine n. f. □ Résine végétale.

térébrant, ante adj. □ didact. **1.** *Insecte térébrant*, qui perce des trous. **2.** *Douleur térébrante*, sensation de percement.

tergal n. m. (n. déposé) □ Fibre synthétique de polyester.

tergiverser v. intr. □ littér. Retarder une décision. ▶ **tergiversation** n. f.

① **terme** n. m. **1.** Limite fixée dans le temps. ▪ *À TERME* : avec un terme fixé. – *À court, à long terme*, dans un temps bref, long. **2.** Date de paiement des loyers. ▪ Le loyer. **3.** littér. Dernier élément, dernier stade. *Mener qqch. à (son) terme.* **4.** Accouchement *À TERME*, dans le temps normal.

② **terme** n. m. **I. 1.** Mot, expression. **2.** au plur. Discours ; manière de s'exprimer. **3.** Élément simple, objet d'une relation. ▪ fig. *MOYEN TERME* : solution, situation intermédiaire. **II.** *Être EN BONS, EN MAUVAIS TERMES avec qqn* : entretenir de bonnes, de mauvaises relations avec qqn.

terminaison n. f. **1.** Dernier élément d'un mot. **2.** Extrémité.

① **terminal, ale, aux** adj. □ Qui forme le dernier élément. ▪ n. f. (en France) Dernière classe du lycée.

② **terminal, aux** n. m. □ anglic. **1.** Installations pour le déchargement de navires de transport (pétroliers, etc.). **2.** Périphérique d'utilisation à distance d'un ordinateur. **3.** Point de départ des passagers d'un aéroport.

terminer v. tr. **1.** Faire cesser volontairement (qqch. dans le temps). **2.** Mener à terme (ce qui est en cours). ▪ Passer la dernière partie de (un temps). **3.** (sujet chose) Constituer, former le dernier élément de (qqch.). ▷ v. pron. se **terminer** Prendre fin.

terminologie n. f. **1.** Ensemble organisé de termes appartenant à un domaine spécial. **2.** Étude des systèmes de termes et de notions. ▶ **terminologique** adj. ▶ **terminologue** n.

terminus n. m. □ Dernière station (d'une ligne de transports).

termite n. m. ▫ Insecte social qui ronge le bois par l'intérieur.

termitière n. f. ▫ Nid de termites, butte de terre durcie percée de galeries.

ternaire adj. ▫ Composé de trois éléments.

terne adj. **1.** Qui manque d'éclat, reflète peu la lumière. **2.** Sans intérêt.

ternir v. tr. **1.** Rendre terne (1). **2.** Porter atteinte à.

terrain n. m. **1.** Étendue de terre. **2.** Portion plus ou moins étendue et épaisse de l'écorce terrestre, quant à sa nature, son âge, son origine. *Terrains glaciaires.* **3.** *LE TERRAIN,* la zone des opérations militaires. – fig. *Terrain d'entente.* ▪ *Un homme de terrain,* en contact avec les réalités. **4.** État (d'un organisme, d'un organe...), quant à sa résistance à la maladie.

terrasse n. f. **1.** Levée de terre plane. **2.** Plate-forme en plein air. – Toiture plate, accessible. **3.** Partie d'un café sur un trottoir.

terrassement n. m. **1.** Opération par laquelle on creuse et on déplace la terre. **2.** Les terres déplacées.

terrasser v. tr. ▫ Abattre, renverser (qqn), jeter à terre dans une lutte.

terrassier n. m. ▫ Ouvrier employé aux travaux de terrassement.

terre n. f. **I. 1.** Surface sur laquelle les humains, les animaux se tiennent et marchent. – *À TERRE, PAR TERRE :* sur le sol. – fig. *Avoir les pieds SUR TERRE :* être réaliste. **2.** L'élément où poussent les végétaux. *Cultiver la terre.* **3.** La vie paysanne, l'agriculture. **4.** Étendue de surfaces cultivables, objet de possession. **5.** Vaste étendue de la surface solide du globe. *Les terres australes.* **6.** *LA TERRE, LES TERRES.* → **continent, île.** *La terre ferme.* – *L'armée de terre.* **7.** La croûte terrestre. – *Tremblement* de terre.* **II. 1.** (avec maj.) Planète appartenant au système solaire et où vivent de nombreuses espèces, dont l'humanité. **2.** L'ensemble des lieux de la surface de la planète, en tant que milieu. **III. 1.** Matière pulvérulente servant à fabriquer des objets. *Terre glaise.* **2.** Colorant minéral. *Terre de Sienne.*

terre à terre loc. adj. invar. ▫ Matériel et peu poétique.

terreau n. m. ▫ Engrais naturel, formé de terre végétale et de produits de décomposition.

terre-neuvas n. m. invar. ▫ Navire ou marin qui pêche à Terre-Neuve.

terre-neuve n. m. invar. ▫ Gros chien à tête large, à longs poils.

terre-plein n. m. ▫ Plate-forme, levée de terre soutenue par une maçonnerie.

se **terrer** v. pron. **1.** (animaux) Se cacher dans un terrier. **2.** Se mettre à l'abri dans un lieu couvert ou souterrain.

terrestre adj. **1.** De la planète Terre. **2.** Qui vit sur la surface solide de la Terre.

terreur n. f. **1.** Peur extrême qui bouleverse, paralyse. **2.** Peur collective qu'on fait régner pour briser une résistance. **3.** Être qui inspire une grande peur.

terreux, euse adj. **1.** De la nature ou de la couleur de la terre. **2.** Mêlé de terre.

terrible adj. **1.** Qui inspire de la terreur. **2.** Très pénible, très fort. *Un froid terrible.* **3.** Agressif, turbulent. *Un enfant terrible.* **4.** fam. Extraordinaire ; excellent. ▶ **terriblement** adv.

terrien, ienne I. adj. Qui possède des terres. **II.** n. Habitant de la planète Terre (opposé aux extraterrestres imaginés).

terrier n. m. **I.** Trou, galerie que certains animaux creusent dans la terre. **II.** Chien pour la chasse des animaux à terrier.

terrifier v. tr. ▫ Frapper (qqn) de terreur. ▶ **terrifiant, ante** adj.

terril ou **terri** n. m. ▫ Grand tas de déblais près d'une mine.

terrine n. f. ▫ Récipient de terre où l'on fait cuire et où l'on conserve certains aliments. ▪ Son contenu.

territoire n. m. **1.** Étendue de la surface terrestre sur laquelle vit un groupe humain. **2.** Étendue de pays sur laquelle s'exerce une autorité. ▪ Pays qui ne constitue pas un État souverain. **3.** Zone qu'un animal se réserve. ▶ **territorial, ale, aux** adj.

terroir n. m. **1.** Région rurale. **2.** Terres d'une région fournissant un produit agricole caractéristique.

terroriser v. tr. ▫ Frapper de terreur, faire vivre dans la terreur.

terrorisme n. m. ▫ Emploi de la violence pour atteindre un but politique ; ces actes de violence. ▶ **terroriste** adj. et n.

tertiaire adj. **I.** géol. *Ère tertiaire* ou n. m. *le tertiaire* : ère géologique (environ 70 millions d'années). **II.** écon. *Secteur tertiaire* ou n. m. *le tertiaire* : activités qui ne produisent pas des biens de consommation.

tertio adv. ▫ En troisième lieu.

tertre n. m. ▫ Petite éminence isolée à sommet aplati.

tessiture n. f. ▫ mus. Étendue des sons (d'une voix, d'un instrument).

tesson n. m. ▫ Débris (de verre, poterie).

test n. m. **1.** psych. Épreuve qui permet de déceler les aptitudes, les caractères psychiques d'une personne. **2.** Contrôle biologique ou chimique. **3.** Épreuve ou expérience décisive.

testament n. m. **I.** relig. chrét. Partie de la Bible. **II.** Acte par lequel une personne dispose des biens qu'elle laissera en mourant. ▶ **testamentaire** adj.

① **tester** v. tr. **1.** Soumettre à des tests. **2.** Contrôler, éprouver (qqch.).

② **tester** v. intr. ▫ dr. Disposer de ses biens par testament. ▶ **testateur, trice** n.

testicule n. m. ▫ Glande génitale mâle.

tétanie n. f. ▫ méd. Affection se traduisant par des contractures, des spasmes.

tétaniser v. tr. **1.** méd. Mettre en état de tétanie. **2.** fig. Figer, paralyser. ▶ **tétanisation** n. f.

tétanos n. m. ▫ Grave maladie infectieuse, contraction douloureuse des muscles avec des crises convulsives. ▶ **tétanique** adj.

têtard n. m. ▫ Larve de batracien, à grosse tête prolongée par un corps effilé.

tête n. f. **I. 1.** Extrémité antérieure des animaux, portant la bouche et les principaux organes des sens. **2.** Partie supérieure du corps (d'un être humain) contenant le cerveau. ▪ *Ne savoir où donner de la tête* : avoir trop d'occupations. ▪ *TENIR TÊTE* : résister. **3.** Sommet de la tête où poussent les cheveux. **4.** (En tant que partie vitale) *Risquer sa tête*, sa vie. – *Donner sa tête à couper que* : affirmer avec conviction. **5.** Le visage, l'expression. *FAIRE LA TÊTE.* → **bouder. 6.** *TÊTE DE MORT* : crâne humain. **7.** Hauteur d'une tête humaine. ▪ Longueur d'une tête de cheval, dans une course. **8.** Coup de tête dans la balle, au football. **9.** Partie (d'une chose) où l'on peut poser la tête. **II. 1.** Le siège de la pensée, chez l'être humain. – *Une femme de tête*, énergique, efficace. – *Calculer* DE TÊTE, mentalement. ■ *Je n'ai plus son nom* EN TÊTE, je ne m'en souviens plus. **2.** Le siège des états psychologiques. *N'en faire qu'à sa tête* : agir selon sa fantaisie. – COUP DE TÊTE : décision, action irréfléchie. **3.** Raison. *Avoir toute sa tête.* **III. 1.** *Une forte tête* : une personne qui s'oppose aux autres et fait ce qu'elle veut. **2.** PAR TÊTE : par personne, par individu. **3.** Personne qui conçoit et dirige. **4.** Animal d'un troupeau. **IV. 1.** Extrémité, partie terminale. *La tête d'un clou.* **2.** Partie antérieure (d'une chose qui se déplace). *La tête d'un train.* **3.** Place de ce qui est à l'avant ou au début. *Wagon de tête.* **4.** Place de la personne qui dirige, commande.

tête-à-queue n. m. invar. ▫ Volte-face (d'un cheval, d'un véhicule).

tête-à-tête ou **tête à tête** n. m. invar. ▫ Situation de deux personnes qui se trouvent seules ensemble.

tête-bêche loc. adv. ▫ Parallèlement et en sens inverse, opposé.

tête-de-loup n. f. ▫ Brosse ronde à long manche.

tête-de-nègre 1. adj. invar. et n. m. invar. Marron foncé. **2.** n. f. Pâtisserie faite d'une meringue sphérique enrobée de chocolat. *Des têtes-de-nègre.*

téter v. tr. ▫ Boire (le lait) en suçant le mamelon ou une tétine. ▶ **tétée** n. f.

tétine n. f. **1.** Mamelle de certains mammifères. **2.** Embouchure percée d'un biberon. ■ Embout de caoutchouc qu'on donne à sucer à un bébé.

téton n. m. ▫ fam. Mamelon (I).

tétra n. m. ▫ Nom courant de divers poissons d'aquarium.

tétraèdre n. m. ▫ Polyèdre à quatre faces triangulaires. ▶ **tétraédrique** adj.

tétralogie n. f. ▫ Ensemble de quatre œuvres.

tétraplégie n. f. ▫ méd. Paralysie des quatre membres. ▶ **tétraplégique** adj. et n.

tétrapode n. m. et adj. ▫ Vertébré à quatre membres (apparents ou non).

tétrarque n. m. ▫ Antiq. Gouverneur de l'une des quatre régions d'une province. ▶ **tétrarchie** n. f.

tétras n. m. ▫ Gallinacé sauvage des montagnes.

têtu, ue adj. ▫ Entêté, obstiné.

teuf n. f. ▫ fam. Fête.

teufeur, euse n. ▫ fam. Habitué(e) des fêtes, et spécialt des raves*.

teuf-teuf n. m. invar. ▫ Bruit du moteur à explosion.

teuton, onne adj. et n. **1.** hist. Relatif aux anciens Teutons. **2.** péj. Allemand. ▶ **teutonique** adj.

tex-mex adj. ▫ Se dit de la cuisine mexicaine adaptée aux États-Unis.

texte n. m. **1.** Les termes, les phrases qui constituent un écrit, une œuvre. **2.** La composition, la page imprimée. **3.** Page, fragment d'une œuvre.

textile adj. et n. m. **1.** Susceptible d'être tissé. – n. m. Matière textile. **2.** Qui concerne les tissus. – n. m. L'industrie textile.

textuel, elle adj. **1.** Conforme au texte. **2.** didact. Du texte. ▶ **textuellement** adv.

texture n. f. ▫ Arrangement, disposition (des éléments d'une matière, d'un tout).

T. G. V. n. m. ▫ (en France) Train à grande vitesse.

thaï, thaïe adj. et n. ▫ Se dit de langues de l'Asie du Sud-Est, parlées notamment par les Thaïlandais, et des peuples qui les parlent. ■ n. m. *Le thaï* : ces langues.

thalamus n. m. □ Les deux noyaux de substance grise, à la base du cerveau. ▶ **thalamique** adj.

thalassothérapie n. f. □ Usage thérapeutique de l'eau de mer. – abrév. fam. **thalasso.**

thalle n. m. □ bot. Appareil végétatif des plantes inférieures sans feuilles, tiges ni racines (*thallophytes* n. f. pl.).

thalweg n. m. → **talweg**

thaumaturge adj. et n. m. □ didact. ou littér. Qui fait des miracles.

thé n. m. **1.** Arbre ou arbrisseau d'Asie, cultivé pour ses feuilles. ▪ Feuilles de thé séchées. **2.** Boisson de thé infusé.

théâtral, ale, aux adj. **1.** Qui appartient au théâtre ; de théâtre (II, 1). **2.** fig. et péj. Artificiel, excessif. ▶ **théâtralement** adv. ▶ **théâtralité** n. f.

théâtre n. m. **I. 1.** Lieu destiné aux spectacles. **2.** Entreprise de spectacles dramatiques. **3.** fig. *Le théâtre de :* le cadre de (un événement). **II. 1.** Art visant à représenter devant un public des êtres humains agissant et parlant. – fig. *COUP DE THÉÂTRE :* retournement d'une situation. **2.** Genre littéraire ; œuvres dramatiques*. **3.** Profession de comédien de théâtre (et de metteur en scène, etc.).

théier n. m. □ Arbre à thé.

théière n. f. □ Récipient pour le thé.

théine n. f. □ didact. Caféine des feuilles de thé.

théisme n. m. □ didact. Croyance en un dieu unique. ▶ **théiste** adj. et n.

thématique adj. **I.** Relatif à un thème. **II.** n. f. didact. Ensemble de thèmes.

thème n. m. **1.** Sujet qu'on développe (dans un discours, un ouvrage). **2.** Traduction d'un texte de la langue maternelle dans une langue étrangère. **3.** mus. Dessin mélodique répété ou objet de variations.

théocratie n. f. □ didact. Régime où la religion joue un rôle politique important. ▶ **théocratique** adj.

théodolite n. m. □ sc. Instrument de visée, servant à mesurer les angles.

théogonie n. f. □ Récit de la naissance des dieux.

théologal, ale, aux adj. □ (religion chrétienne) *Vertus théologales,* qui ont Dieu pour objet.

théologie n. f. □ (religions monothéistes) Étude des questions religieuses fondée sur les textes sacrés, les dogmes. ▶ **théologique** adj. ▶ **théologien, ienne** n.

théorbe n. m. □ Luth à sonorité grave.

théorème n. m. □ Proposition démontrable qui résulte d'autres propositions.

théoricien, ienne n. **1.** Personne qui s'occupe de théorie plus que d'applications. **2.** Personne qui élabore, défend une théorie.

① **théorie** n. f. □ Ensemble d'idées, de concepts abstraits dans un domaine. ▪ *EN THÉORIE :* en envisageant la question abstraitement.

② **théorie** n. f. □ littér. Cortège, procession.

théorique adj. **1.** De la théorie ; qui élabore des théories. **2.** souvent péj. Conçu, étudié d'une manière abstraite et souvent irréaliste.

théoriquement adv. **1.** D'une manière théorique. **2.** En principe, normalement.

théosophie n. f. □ Doctrine ésotérique du divin. ▶ **théosophe** n.

thérapeute n. □ didact. Personne qui soigne des malades.

thérapeutique **1.** adj. Qui concerne le traitement des maladies **2.** n. f. didact. Médecine de soins.

thérapie n. f. **1.** didact. Traitement médical. **2.** Psychothérapie.

thermal, ale, aux adj. **1.** (source, eau) De température élevée et à propriétés thérapeutiques. **2.** Où l'on utilise ces eaux. ▶ **thermalisme** n. m.

thermes n. m. pl. ▫ Établissement de bains publics de l'Antiquité.

thermidor n. m. ▫ Onzième mois du calendrier républicain (19 juillet-18 août).

thermie n. f. ▫ Ancienne unité de quantité de chaleur.

thermique 1. adj. Relatif à la chaleur, à la température. ▶ **thermiquement** adv. **2.** n. f. Partie de la physique qui étudie les phénomènes thermiques.

thermocautère n. m. ▫ méd. Instrument pour cautériser par la chaleur.

thermodynamique n. f. ▫ Science des relations entre phénomènes thermiques et mécaniques. ▪ adj. *Potentiel thermodynamique.*

thermoélectricité n. f. ▫ sc. **1.** Étude des relations entre phénomènes thermiques et électriques. **2.** Électricité produite par énergie thermique. ▶ **thermoélectrique** adj.

thermogène adj. ▫ Qui produit de la chaleur.

thermomètre n. m. ▫ Instrument destiné à la mesure des températures.

thermonucléaire adj. ▫ phys. Relatif à la fusion de noyaux d'atomes légers à très haute température.

thermos n. m. ou f. (n. déposé) ▫ Récipient isolant.

thermostat n. m. ▫ Appareil qui maintient une température constante.

thésard, arde n. ▫ fam. Personne qui prépare une thèse.

thésauriser v. ▫ littér. **1.** v. intr. Amasser de l'argent pour le garder. **2.** v. tr. Amasser (de l'argent). ▶ **thésaurisation** n. f. ▶ **thésauriseur, euse** n.

thésaurus ou **thesaurus** n. m ▫ didact. Répertoire structuré de termes.

thèse n. f **1.** Proposition ou théorie qu'on tient pour vraie et qu'on défend. **2.** Ouvrage présenté pour l'obtention du doctorat.

thibaude n. f. ▫ Molleton ou feutre placé entre le sol et les tapis.

thon n. m. ▫ Poisson de grande taille qui vit dans l'Atlantique et la Méditerranée.

thonier n. m. ▫ Navire de pêche au thon.

Thora n. f. → **Torah**

thorax n. m. **1.** chez l'être humain Cavité limitée par le diaphragme, les côtes et le sternum. **2.** vertébrés Partie antérieure du tronc. **3.** Partie du corps de l'insecte portant les organes locomoteurs. ▶ **thoracique** adj.

thorium n. m. ▫ chim. Élément (symb. Th), métal gris à isotope radioactif.

thriller n. m. ▫ anglic. Récit, film provoquant des sensations fortes.

thrombose n. f. ▫ Formation d'un caillot dans un vaisseau sanguin ou dans le cœur.

thune n. f. ▫ argot Argent. – var. **tune.**

thuriféraire n. m. ▫ littér. Flatteur.

thurne n. f. → **turne**

thuya n. m. ▫ Conifère proche du cyprès.

thym n. m. ▫ Plante aromatique des garrigues.

thymus n. m. ▫ Glande située à la partie inférieure du cou.

thyroïde adj. et n. f. ▫ Se dit de la glande endocrine située à la partie antérieure et inférieure du cou. ▶ **thyroïdien, ienne** adj.

thyrse n. m. ▫ mythol. Bâton entouré de feuilles, attribut de Bacchus.

tiare n. f. ▫ Coiffure papale à trois couronnes. – fig. Dignité papale.

tiaré n. m. ▫ Plante de la Polynésie dont les fleurs servent à la préparation du monoï.

tibétain, aine adj. et n. ▫ Du Tibet.

tibia n. m. ▫ Os du devant de la jambe. ▶ **tibial, ale, aux** adj.

tic n. m. **1.** Mouvement convulsif, geste bref automatique. **2.** Geste, attitude répétitive.

ticket n. m. ▫ Rectangle de carton, de papier, donnant droit à un service.

tic-tac ou **tic tac** interj. et n. m. invar. ▫ Bruit sec et uniforme.

tie-break n. m. ▫ anglic. (au tennis) Jeu décisif (pour départager).

tiède adj. ▫ Ni chaud ni froid. ▶ **tiédasse** adj. (péj.) ▶ **tiédeur** n. f.

tiédir v. **I.** v. intr. Devenir tiède. **II.** v. tr. Rendre tiède. ▶ **tiédissement** n. m.

tien, tienne adj. et pron. poss. de la 2e pers. du sing. **I.** adj. littér. De toi. *Un tien parent.* **II.** pron. poss. *Le tien, la tienne, les tiens, les tiennes,* l'objet ou l'être lié à la personne à qui l'on s'adresse par *tu.* **III.** n. **1.** DU TIEN (partitif). *Il faut y mettre du tien.* **2.** LES TIENS, ta famille, tes amis, etc.

tiens ▫ Forme du verbe *tenir.*

tierce n. f. **1.** Intervalle musical de trois degrés. **2.** Trois cartes de même couleur qui se suivent.

tiercé adj. m. et n. m. ▫ *(Pari) tiercé,* pari mutuel où l'on parie sur trois chevaux.

tiers, tierce I. adj. **1.** vx Troisième. **2.** *Une tierce personne :* une personne extérieure. **II.** n. m. **1.** Personne étrangère (à une affaire, un groupe...). **2.** Fraction d'un tout divisé en trois parties égales.

tiers-monde n. m. ▫ Ensemble des pays en voie de développement.

tiers-mondisme n. m. ▫ Solidarité avec le tiers-monde. ▶ **tiers-mondiste** adj. et n.

tif n. m. ▫ fam. (surtout au plur.) Cheveu.

tifosi n. m. pl. ▫ Supporters italiens.

tige n. f. **I.** Partie allongée (d'une plante), qui porte les feuilles. **II.** Pièce mince et allongée.

tignasse n. f. ▫ Chevelure touffue, rebelle.

tigre, tigresse n. ▫ Le plus grand des félins, au pelage jaune roux rayé de bandes noires.

tigré, ée adj. ▫ Marqué de taches ou de bandes foncées.

tilbury n. m. ▫ anciennt Voiture à cheval, cabriolet léger à deux places.

tilde n. m. ▫ Signe en forme de S couché (˜) qui se met parfois au-dessus du *n,* en espagnol.

tillac n. m. ▫ Pont supérieur (d'un navire).

tilleul n. m. **1.** Grand arbre aux fleurs odorantes. ▪ Son bois. **2.** Infusion de fleurs de tilleul.

tilt n. m. ▫ anglic. Signal qui interrompt la partie, au billard électrique. – *Ça a fait tilt :* j'ai soudain compris. ▶ **tilter** v. intr.

timbale n. f. **I.** Grand tambour hémisphérique (instrument du *timbalier* n. m.). **II. 1.** Gobelet cylindrique de métal. **2.** Moule de cuisine circulaire. ▪ Préparation cuite dans ce moule.

timbre n. m. **I. 1.** Calotte de métal, qui, frappée, émet une sonnerie. **2.** mus. Qualité spécifique des sons. **II. 1.** Marque, cachet que doivent porter certains documents officiels ; droit perçu sur ce timbre. **2.** *TIMBRE* ou *TIMBRE-POSTE* : vignette qui, collée sur un objet confié à la poste, a une valeur d'affranchissement. *Des timbres-poste.* **3.** méd. Pastille adhésive imprégnée d'une substance.

timbré, ée adj. **I.** mus. Qui a du timbre (I, 2). **II. 1.** Marqué d'un timbre (II, 1). **2.** Qui porte un timbre-poste. **III.** (personnes) fam. Un peu fou.

timbrer v. tr. ▫ Marquer d'un timbre (II). ▶ **timbrage** n. m.

timide adj. et n. ▫ Qui manque d'audace, d'assurance. ▶ **timidement** adv. ▶ **timidité** n. f.

timon n. m. ▫ Pièce de bois de chaque côté de laquelle on attelle une bête de trait.

timonerie n. f. ▫ mar. **1.** Service de timonier. **2.** Partie du navire qui abrite les appareils de navigation.

timonier n. m. ▫ Personne chargée de la direction du navire.

timoré, ée adj. ▫ Qui craint le risque, les responsabilités.

tinctorial, ale, aux adj. ▫ didact. Relatif à la teinture.

tinette n. f. ▫ Lieux d'aisances rudimentaires.

tintamarre n. m. ▫ Grand bruit discordant.

tintement n. m. ▫ Bruit de ce qui tinte.

tinter v. intr. ▫ Produire des sons clairs et aigus.

tintin n. m. ▫ fam. *Faire tintin* : se priver.

tintinnabuler v. intr. ▫ littér. Tinter de manière irrégulière.

tintouin n. m. ▫ fam. **1.** Bruit fatigant. **2.** Souci, tracas.

T. I. P. ou **TIP** n. m. ▫ Titre interbancaire de paiement.

tique n. f. ▫ Acarien parasite des animaux.

tiquer v. intr. ▫ Manifester par la physionomie, ou par un tic, son mécontentement.

tir n. m. **I. 1.** Fait de tirer (IV). ▪ Lancement (d'un engin). **2.** Direction selon laquelle une arme à feu lance ses projectiles ; leur trajectoire. **3.** Au football, coup pour envoyer le ballon au but. **II.** Emplacement aménagé pour tirer à la cible.

tirade n. f. ▫ Développement récité sans interruption par un personnage de théâtre.

tirage n. m. **I. 1.** techn. Allongement, étirage. **2.** Circulation de l'air facilitant la combustion. **II. 1.** Fait d'imprimer, de reproduire par impression. **2.** Ce qui est imprimé. ▪ Ensemble des exemplaires tirés en une fois. **3.** Impression définitive (d'une gravure). **4.** Opération par laquelle on obtient une image positive d'un cliché photographique. **III. 1.** Fait de tirer le vin. **2.** *TIRAGE AU SORT* : désignation par le sort.

tiraillement n. m. **1.** Fait de tirailler (I, 1). **2.** fig. Fait d'être tiraillé entre des sentiments, des désirs. **3.** Sensation douloureuse, crampe.

tirailler v. **I.** v. tr. **1.** Tirer (I) à plusieurs reprises, en diverses directions. **2.** fig. Solliciter de façon contradictoire et importune. **II.** v. intr. Tirer (IV) souvent, à volonté.

tirailleur n. m. ▫ Soldat détaché pour tirer à volonté sur l'ennemi.

tiramisu n. m. ▫ Entremets à base de mascarpone et de biscuit.

tirant n. m. □ *TIRANT (D'EAU)* : masse d'eau que déplace un navire ; distance verticale entre la ligne de flottaison et la quille.

① **tire** n. f. □ *VOL À LA TIRE*, en tirant de la poche, du sac.

② **tire** n. f. □ argot Voiture.

tiré, ée adj. **I.** Amaigri par la fatigue. **II.** Qui a été imprimé. – n. m. *TIRÉ À PART* : extrait.

tire-au-flanc n. invar. □ Personne qui cherche à échapper aux corvées. – syn. vulg. **tire-au-cul.**

tire-bouchon n. m. **1.** Hélice de métal qu'on enfonce dans le bouchon d'une bouteille pour le retirer. *Des tire-bouchons.* **2.** *En tire-bouchon* : en hélice (▶ **tire(-)bouchonner** v.).

à **tire-d'aile** loc. adv. **1.** Avec des coups d'ailes rapides. **2.** fig. Très vite.

tirée n. f. □ fam. Longue distance pénible à parcourir.

tire-fesses n. m. invar. □ fam. Téléski.

tire-fond n. m. □ Longue vis à tête carrée ou ronde. *Des tire-fond(s).*

tire-jus n. m. invar. □ fam. Mouchoir.

tire-lait n. m. □ Petit appareil permettant d'aspirer le lait du sein. *Des tire-lait(s).*

à **tire-larigot** loc. adv. □ En quantité.

tire-ligne n. m. □ Instrument de métal servant à tracer des lignes égales.

tirelire n. f. □ Récipient percé d'une fente par où on introduit les pièces de monnaie pour les conserver.

tirer v. **I.** v. tr. **1.** Amener vers soi une extrémité, ou éloigner les extrémités de (qqch.). **2.** Faire aller vers soi. ▪ Faire mouvoir latéralement. **3.** Faire avancer en déplaçant. **4.** v. tr. ind. *TIRER SUR* : faire effort sur, pour tendre, amener vers soi. ▪ Exercer une forte aspiration sur. – intrans. *Poêle qui tire bien.* **5.** v. intr. Subir une tension. **II. 1.** v. intr. *TIRER À SA FIN* : approcher de son terme. **2.** *TIRER SUR* : se rapprocher de, évoquer. **3.** v. tr. fam. Passer péniblement (une durée). *Plus qu'une heure à tirer !* **III.** v. tr. **1.** Allonger sur le papier (une figure). **2.** *Se faire TIRER LE PORTRAIT*, portraiturer. **3.** Imprimer. – trans. ind. *Ce journal tire à trente mille (exemplaires).* **4.** photogr. Obtenir (l'image positive). **IV.** v. tr. **1.** Envoyer au loin (un projectile) au moyen d'une arme. – *Tirer sur qqn*, le viser. ▪ intrans. *Tirer à l'arc.* **2.** Faire partir (une arme lourde). *Tirer le canon.* **3.** Chercher à atteindre (qqn, un animal) par un tir. **4.** intrans. Lancer sa boule sans la faire rouler. – au football Effectuer un tir. **5.** très fam. *Tirer son coup* : avoir un rapport sexuel. **V.** v. tr. **1.** Faire sortir (une chose) d'un contenant. – *Tirer qqn du lit.* **2.** Choisir parmi d'autres. *Tirer qqch. au sort.* **3.** Faire cesser d'être retenu dans un lieu, une situation. – *TIRER qqn D'AFFAIRE*, le sauver. **VI.** v. tr. **1.** Obtenir (un produit) en utilisant une matière première, une origine. **2.** Obtenir (qqch.) de qqn, qqch. *Tirer vanité de* : s'enorgueillir de. ▪ Obtenir (des paroles, une action) de qqn. *On ne peut rien en tirer*, il reste muet ou inactif. **3.** Obtenir (de l'argent, un avantage matériel). ▪ fam. Voler. *Se faire tirer (son sac).* **4.** *TIRER AU SORT* : obtenir par le hasard. **5.** Déduire. *Tirer des conclusions hâtives.* **6.** Emprunter (son origine, sa raison d'être) de qqch. ▷ v. pron. se **tirer 1.** fam. Partir, s'en aller ; s'enfuir. **2.** fam. S'écouler lentement (durée) ; se terminer (tâche fastidieuse). **3.** *SE TIRER DE* : échapper de ; venir à bout de. ▪ *S'EN TIRER* : en réchapper, en sortir indemne. – En être quitte pour.

tiret n. m. □ Petit trait horizontal.

tirette n. f. **1.** Tige ou pièce métallique qui se tire. **2.** Petite planche mobile.

tireur, euse n. **1.** Personne qui se sert d'une arme à feu. **2.** n. m. Personne qui tire un chèque. ▪ n. f. *TIREUSE DE CARTES* : cartomancienne.

tiroir n. m. **1.** Compartiment coulissant emboîté (d'un meuble, etc.). **2.** (au théâtre...) *À TIROIRS* : avec des scènes emboîtées dans l'action principale.

tiroir-caisse n. m. ▫ Caisse enregistreuse à tiroir automatique.

tisane n. f. ▫ Boisson contenant une substance végétale.

tisanière n. f. ▫ Tasse à tisane.

tison n. m. ▫ Reste d'un morceau de bois, d'une bûche dont une partie a brûlé.

tisonner v. tr. ▫ Remuer la braise de (un foyer, un feu).

tisonnier n. m. ▫ Longue barre de fer pour attiser le feu.

tissage n. m. ▫ Opérations par lesquelles on entrelace des fils textiles pour produire des tissus.

tisser v. tr. **1.** Fabriquer (un tissu) par tissage. ▪ *L'araignée tisse sa toile.* **2.** fig., littér. Former, élaborer comme par tissage. – au p. p. *TISSÉ, ÉE* ou littér. *TISSU, UE.*

tisserand, ande n. ▫ Ouvrier(ère) qui fabrique des tissus.

tisseur, euse n. ▫ Ouvrier(ère) qui fait du tissage.

tissu n. m. **I. 1.** Surface souple constituée par un assemblage de fils tissés ou à mailles. **2.** fig. Suite ininterrompue (de choses regrettables). **II. 1.** biol. Ensemble de cellules de l'organisme analogues, assurant la même fonction. **2.** fig. *Le tissu urbain.*

tissulaire adj. ▫ biol. Relatif aux tissus (II).

titan n. m. ▫ littér. Géant. ▶ **titanesque** adj.

titane n. m. ▫ Élément (symb. Ti), métal blanc brillant.

titi n. m. ▫ Gamin déluré et malicieux.

titiller v. tr. **1.** Chatouiller agréablement. **2.** fig. Exciter. ▶ **titillation** n. f.

titrage n. m. ▫ Action de titrer (① et ②).

① **titre** n. m. **I. 1.** Désignation honorifique de dignité. *Titres de noblesse.* **2.** Nom de charge, de fonction, de grade. ▪ *EN TITRE* : qui a effectivement le titre d'une fonction. **3.** Qualité de gagnant, de champion. **II. 1.** Document qui constate et prouve un droit. – *Titre de transport.* **2.** *À JUSTE TITRE* : à bon droit. **III. 1.** Proportion d'or, d'argent dans un alliage. **2.** chim. Rapport de la masse ou du volume d'une substance dissoute à la masse ou au volume de solution.

② **titre** n. m. **1.** Nom donné (à une œuvre). **2.** Expression, phrase qui présente un article de journal.

① **titrer** v. tr. **I.** Donner un titre de noblesse à (qqn). – au p. p. *Être titré.* **II.** Déterminer le titre (III) de.

② **titrer** v. tr. ▫ Intituler.

tituber v. intr. ▫ Vaciller, aller de droite et de gauche, en marchant. ▶ **titubant, ante** adj.

titulaire adj. et n. **1.** Qui a une fonction pour laquelle il a été nommé personnellement. **2.** Qui possède (un droit, un diplôme...). ▶ **titulariser** v. tr. ▶ **titularisation** n. f.

① **T. N. T.** n. m. ▫ Trinitrotoluène (explosif).

② **T. N. T.** n. f. ▫ « Télévision numérique terrestre ».

toast n. m. **I.** Discours par quoi l'on propose de boire en l'honneur de qqn ou de qqch. **II.** Tranche de pain de mie grillée.

toboggan n. m. **1.** Longue rampe inclinée sur laquelle on peut glisser. **2.** Glissière de circulation automobile.

① **toc** interj. ▫ Bruit sec, heurt.

② **toc** n. m. **1.** Imitation sans valeur. **2.** adj. invar. fam. Faux et prétentieux.

③ **toc** n. m. ▫ Trouble obsessionnel compulsif. – var. **TOC.**

tocante ou **toquante** n. f. ▫ fam. Montre.

tocard, arde ou **toquard, arde** ▫ fam. **1.** adj. Ridicule, laid. **2.** n. Personne incapable. ▪ n. m. Mauvais cheval.

toccata n. f. ▫ Pièce de musique pour clavier.

tocsin n. m. ▫ Sonnerie de cloche répétée et prolongée, pour donner l'alarme.

tofu n. m. ▫ Pâté de soja.

toge n. f. **1.** Ample pièce d'étoffe sans coutures dans laquelle les Romains se drapaient. **2.** Robe de cérémonie (avocats...).

tohu-bohu n. m. invar. **1.** vieilli Confusion. **2.** Bruit confus.

toi pron. pers. ▫ Pronom personnel de la 2ᵉ personne, qui représente la personne à qui l'on s'adresse. **1.** avec un impératif (sauf devant *en* et *y* → **te**) *Toi, viens ici !* – (verbes pronominaux) *Mets-toi là.* **2.** avec un infinitif *Toi, nous quitter ?* – sujet d'un participe *Toi parti...* **3.** (coordonné) *Paul et toi* (vous) *partirez devant.* ▪ *Il est plus gentil que toi.* **4.** (renforçant *tu*) *Toi, tu vas aller te coucher.* **5.** (attribut) *Si j'étais toi,* à ta place. **6.** (précédé d'une préposition) *Chez toi.* **7.** (renforcé) *TOI-MÊME.*

toile n. f. **I.** Tissu de lin, coton, chanvre. **II. 1.** Pièce de toile sur châssis, servant de support pour une peinture. ▪ Tableau. **2.** *TOILE DE FOND,* ce qui sert d'arrière-plan. **III. 1.** Réseau de fils (d'araignée). **2.** *La Toile* : partie d'Internet regroupant les sites du réseau mondial.

toilette n. f. **I. 1.** Manière dont une femme est vêtue. – *UNE TOILETTE* : les vêtements (d'une femme). **2.** Soins de propreté du corps. *Faire sa toilette.* **II.** au plur. Lieu, pièce aménagé(e) pour y satisfaire les besoins naturels.

toiletter v. tr. **1.** Faire la toilette de (un animal de compagnie). **2.** fig. Retoucher légèrement. ▶ **toilettage** n. m.

toise n. f. ▫ Tige verticale graduée pour mesurer la taille humaine.

toiser v. tr. ▫ Regarder avec mépris.

toison n. f. **1.** Pelage laineux des ovidés. **2.** Chevelure très fournie ; poils abondants.

toit n. m. **1.** Surface supérieure (d'un édifice). ▪ *Crier qqch. sur les toits,* divulguer. **2.** Maison, abri. **3.** Paroi supérieure (d'un véhicule).

toiture n. f. ▫ Couverture d'un édifice avec son armature.

tokay n. m. **1.** Liqueur de Hongrie. **2.** Pinot gris d'Alsace.

tôle n. f. ▫ Feuille de fer ou d'acier obtenue par laminage.

tolérable adj. **1.** Qu'on peut tolérer, excuser. **2.** Supportable.

tolérance n. f. **I.** Fait de respecter les attitudes différentes des siennes, la liberté d'autrui en matière d'opinions. **II. 1.** Aptitude de l'organisme à supporter (un médicament...). **2.** techn. Limite de l'écart admis entre les prévisions et les caractéristiques réelles.

tolérant, ante adj. ▫ Qui manifeste de la tolérance (I).

tolérer v. tr. **I. 1.** Laisser se produire ou subsister (une chose qu'on aurait le droit ou la possibilité d'empêcher). **2.** Supporter avec patience. **II.** (organisme vivant) Supporter sans réaction fâcheuse.

tôlerie n. f. **1.** Fabrication, commerce de la tôle. **2.** (collectif) Ensemble des tôles (d'un objet).

tôlier n. m. □ Celui qui fabrique, travaille ou vend la tôle.

tollé n. m. □ Clameur collective de protestation indignée.

toluène n. m. □ Hydrocarbure benzénique.

T. O. M. → **D. O. M.**

tomahawk n. m. □ Hache de guerre des Indiens d'Amérique du Nord.

tomaison n. f. □ Indication du numéro du tome.

tomate n. f. **1.** Plante potagère annuelle. **2.** Fruit sphérique rouge de cette plante.

tombal, ale, aux adj. □ Qui appartient à une tombe.

tombant, ante adj. **1.** *À la nuit tombante* : au crépuscule. **2.** Qui s'affaisse.

tombe n. f. □ Fosse où l'on ensevelit un mort. ■ *Avoir un pied dans la tombe*, être près de mourir.

tombeau n. m. **1.** Sépulture à monument. **2.** *Rouler à tombeau ouvert*, à une vitesse excessive.

tombée n. f. □ *LA TOMBÉE DE LA NUIT, DU JOUR*, moment où la nuit tombe, crépuscule.

tomber v. intr. **I. 1.** Être entraîné à terre. ■ Être tué. ■ S'écrouler. **2.** fig. Cesser de régner, être renversé. **3.** (abstrait) Être détruit ou disparaître. **4.** Perdre de sa force, décliner. **II. 1.** Être entraîné vers le sol, le bas. *La pluie tombe.* ■ *LAISSER TOMBER* : ne plus s'occuper de (qqch.), ne plus s'intéresser à (qqn). **2.** (lumière, son, paroles, etc.) Arriver du haut. **3.** fig. (personnes) Être en décadence. **4.** (sujet chose) S'abaisser en étant suspendu ou soutenu. *Ses cheveux tombent en boucles.* ■ S'affaisser. **III. 1.** *TOMBER SUR* : s'élancer de toute sa force et par surprise sur. **2.** *TOMBER DANS, EN*, se trouver entraîné dans (un état critique, une situation fâcheuse). – *Tomber en panne.* **3.** suivi d'un attribut Être, devenir (après une évolution rapide). *Tomber malade.* – *Tomber d'accord*, s'accorder. **IV. 1.** Arriver ou se présenter inopinément. – *TOMBER SUR* (qqn, qqch.) : rencontrer par hasard. – *TOMBER SOUS LA MAIN*, à portée de. ■ *TOMBER BIEN, MAL* : arriver à propos ou non. **2.** Arriver, par une coïncidence. *Noël tombe un dimanche.* **V.** v. tr. (auxiliaire *avoir*) **1.** Plaquer (qqn) au sol. **2.** fam. Séduire. **3.** fam. *Tomber la veste*, l'enlever.

tombereau n. m. □ Grosse voiture ou engin muni d'une benne. ■ Son contenu.

tombeur, euse n. □ fam. Séducteur, séductrice aux nombreuses conquêtes

tombola n. f. □ Loterie où chaque gagnant reçoit un lot en nature.

tome n. m. **1.** Division principale (d'un ouvrage). **2.** Volume (d'un ouvrage en plusieurs volumes).

tomette n. f. □ Petite brique de carrelage hexagonale et rouge.

tomme n. f. □ Fromage fermenté, à pâte pressée.

tomographie n. f. □ méd. Image radiographique en coupe.

tom-pouce n. m. invar. □ fam. Homme très petit.

① **ton, ta, tes** adj. poss. □ (2e pers. du sing.) Qui est à toi, t'appartient, est relatif à ta personne. *Ton cahier, ta gomme. Tes amis.*

② **ton** n. m. **I. 1.** Hauteur de la voix. **2.** Qualité de la voix humaine, en hauteur, par ext., en timbre et en intensité, pour exprimer. – *Dire, répéter qqch.* SUR TOUS LES TONS, de toutes les manières. ▪ *Le ton amical d'une lettre.* **3.** DE BON TON : de bon goût. **II. 1.** ling. Accent de hauteur. **2.** mus. Intervalle qui sépare deux notes consécutives de la gamme. **3.** Hauteur des sons émis par la voix ou par un instrument. **III.** Teinte, nuance. – TON SUR TON : dans une même couleur nuancée.

tonal, ale, als adj. ▫ mus. Qui concerne un ton, la tonalité.

tonalité n. f. **I. 1.** Système musical fondé sur la disposition des tons et demi-tons. **2.** Hauteur, timbre (de sons, d'une voix). **3.** Son que l'on entend dans certains téléphones quand on décroche le combiné. **II.** Ton (III) dominant.

tondeuse n. f. ▫ Instrument destiné à tondre.

tondre v. tr. **1.** Couper à ras (les poils, la laine). **2.** Dépouiller (un animal) de ses poils, (une personne) de ses cheveux en les coupant ras. ▪ fig. Voler (qqn). **3.** Couper à ras. *Tondre le gazon.* ▷ adj. **tondu, ue**

toner n. m. ▫ anglic., techn. Poudre pigmentée apte à se déposer sur le papier (copieurs, imprimantes).

tong n. f. ▫ Sandale légère formée d'une semelle et d'une bride en V.

tonifier v. tr. ▫ Avoir un effet tonique sur. ▶ **tonifiant, ante** adj.

① **tonique** adj. **I. 1.** Qui fortifie, reconstitue les forces. **2.** Qui raffermit la peau. **3.** fig. Stimulant. **II. 1.** Qui porte le ton (II). **2.** Qui marque le ton (II, 1). ▶ **tonicité** n. f.

② **tonique** n. f. ▫ mus. Première note de la gamme qui désigne le ton (d'un morceau).

tonitruant, ante adj. ▫ Qui fait un bruit de tonnerre.

tonnage n. m. ▫ Capacité de transport d'un navire de commerce (en tonneaux).

tonnant, ante adj. ▫ didact. Qui tonne.

tonne n. f. **I.** Unité de masse, mesure valant 1000 kilogrammes (symb. t). **II.** techn. Grand tonneau.

① **tonneau** n. m. **I.** Grand récipient cylindrique en bois, renflé au milieu. **II.** Unité internationale de volume (2,83 m^3), pour la capacité des navires.

② **tonneau** n. m. ▫ Tour complet (d'un avion) autour de son axe. ▪ Tour complet (d'une voiture) sur le côté (accident).

tonnelet n. m. ▫ Petit tonneau.

tonnelier n. m. ▫ Artisan, ouvrier qui fabrique et répare les tonneaux.

tonnelle n. f. ▫ Petit abri circulaire à sommet arrondi garni de plantes.

tonner v. intr. **1.** impers. Éclater (tonnerre). **2.** Faire un bruit de tonnerre.

tonnerre n. m. **1.** Bruit de la foudre, accompagnant l'éclair. **2.** Bruit très fort.

tonsure n. f. ▫ Petit cercle rasé au sommet de la tête des ecclésiastiques. ▶ **tonsurer** v. tr. – au p. p. *Clerc tonsuré.*

tonte n. f. ▫ Action de tondre.

tontine n. f. ▫ Association de personnes qui mettent de l'argent en commun.

tonton n. m. ▫ fam. Oncle.

tonus n. m. ▫ Énergie, dynamisme.

① **top** n. m. ▫ Signal sonore qu'on donne pour déterminer un instant.

② **top** ▫ anglic., fam. **1.** adj. Supérieur, excellent. **2.** n. m. Le sommet, ce qu'il y a de mieux.

topaze n. f. ▫ Pierre fine, pâle ou jaune, transparente.

toper v. intr. ▫ Accepter un défi, un enjeu, en tapant dans la main.

topinambour n. m. ▫ Tubercule comestible.

topique adj. ▫ didact. Relatif à un lieu. – méd. *Médicament topique,* ou n. m. *un topique,* agissant sur un point précis du corps.

topo n. m. ▫ fam. Discours, exposé.

topographie n. f. **1.** Technique du levé des cartes et des plans de terrains. **2.** Configuration, relief (d'un lieu...). ▶ **topographe** n. ▶ **topographique** adj.

topologie n. f. ▫ sc. Géométrie de situation, qui étudie les positions indépendamment des formes et des grandeurs. ▶ **topologique** adj.

toponymie n. f. ▫ ling. Étude des noms de lieux (les *toponymes* [n. m.]). ▶ **toponymique** adj.

toquade n. f. ▫ fam. Goût très vif et passager pour qqch. ou qqn.

toque n. f. ▫ Coiffure cylindrique, casquette sans bords.

toqué, ée adj. ▫ fam. **1.** adj. et n. Un peu fou, bizarre. **2.** *Toqué de :* épris de.

① **toquer** v. intr. ▫ fam. Frapper légèrement, discrètement sur (qqch.).

② **se toquer** v. pron. ▫ fam. *Se toquer de,* s'amouracher.

Torah ou **Thora** n. f. ▫ Le Pentateuque, dans la tradition juive.

torche n. f. **1.** Flambeau grossier. **2.** *Torche électrique :* lampe de poche cylindrique.

torche-cul n. m. ▫ fam. Écrit, journal méprisable.

torcher v. tr. **I.** fam. Essuyer pour nettoyer ; spécialt essuyer les excréments de. *Torcher un enfant.* **II.** Faire vite et mal. ▷ adj. **torché, ée**

torchère n. f. ▫ Candélabre monumental.

torchis n. m. ▫ Terre argileuse malaxée avec de la paille hachée.

torchon n. m. **1.** Toile qui sert à essuyer la vaisselle, les meubles. **2.** fam. Écrit sale, mal présenté.

torchonner v. tr. ▫ fam. Bâcler. ▷ adj. **torchonné, ée**

tordant, ante adj. ▫ fam. Très drôle.

tord-boyaux n. m. invar. ▫ fam. Eau-de-vie très forte, de mauvaise qualité.

tordre v. tr. **1.** Déformer par torsion, enrouler en hélice. **2.** Soumettre (un membre, une partie du corps) à une torsion. **3.** Plier brutalement (une articulation) ; déformer. *Se tordre le pied.* ▷ v. pron. **se tordre** Se plier, se courber.

tordu, ue adj. **1.** De travers. **2.** fig. *Avoir l'esprit tordu,* bizarre. ▪ fam. Fou.

tore n. m. **1.** Moulure en demi-cylindre. **2.** Anneau doué de propriétés magnétiques.

toréador n. m. ▫ vx Torero.

toréer v. intr. ▫ Combattre le taureau selon les règles de la tauromachie.

torero n. m. ▫ Homme qui torée.

torgnole n. f. ▫ Gifle.

toril n. m. ▫ Enceinte où sont les taureaux, avant une corrida.

tornade n. f. ▫ Mouvement tournant de l'atmosphère.

toron n. m. ▫ Fils tordus ensemble.

torpeur n. f. ▫ Diminution de la sensibilité, de l'activité, sans perte de conscience.

torpille n. f. **1.** Poisson capable de produire une décharge électrique. **2.** Engin de guerre sous-marin chargé d'explosifs.

torpiller v. tr. **1.** Faire sauter à l'aide de torpilles. **2.** fig. Attaquer sournoisement. ▶ **torpillage** n. m.

torpilleur n. m. ▫ Bateau de guerre léger et rapide.

torque n. m. ▫ archéol. Collier métallique rigide.

torréfacteur n. m. **1.** Appareil pour torréfier. **2.** Commerçant qui vend le café qu'il torréfie.

torréfier v. tr. ▫ Brûler à feu nu, par début de calcination. ▶ **torréfaction** n. f.

torrent n. m. **1.** Cours d'eau à forte pente, à débit rapide et irrégulier. **2.** fig. Grande abondance (de ce qui afflue violemment). ▶ **torrentiel, ielle** adj.

torride adj. **1.** Où la chaleur est extrême. **2.** fam. Très érotique.

tors, torse adj. ▫ *Colonne torse*, à fût contourné en spirale.

torsade n. f. ▫ Motif ornemental en hélice. ▶ **torsader** v. tr. ▶ **torsadé, ée** adj.

torse n. m. ▫ Buste, poitrine.

torsion n. f. **1.** Action de tordre. **2.** État, position de ce qui est tordu.

tort n. m. **I. 1.** *AVOIR TORT* : se tromper. ▪ *DONNER TORT À* : accuser, désapprouver. **2.** *À TORT* : pour de mauvaises raisons. – *À TORT OU À RAISON* : quelle que soit la réalité. – *À TORT ET À TRAVERS* : sans raison ni justesse. **II.** Action, attitude blâmable.

torticolis n. m. ▫ Torsion douloureuse du cou avec inclinaison de la tête.

tortilla n. f. ▫ Galette de maïs.

tortillard n. m. ▫ Train d'intérêt local dont la voie fait de nombreux détours.

tortiller v. **I.** v. tr. Tordre à plusieurs tours. **II.** v. intr. **1.** Se remuer en ondulant. **2.** fam. *IL N'Y A PAS À TORTILLER*, à hésiter. ▷ v. pron. se **tortiller** ▶ **tortillement** n. m.

tortillon n. m. ▫ Chose tortillée.

tortionnaire adj. et n. ▫ Qui fait subir des tortures.

tortue n. f. ▫ Reptile à quatre pattes courtes et à carapace.

tortueux, euse adj. ▫ Qui présente des courbes irrégulières. ▶ **tortueusement** adv.

torture n. f. **1.** Souffrances physiques infligées notamment pour faire avouer. **2.** Souffrance intolérable.

torturer v. tr. **1.** Faire subir des tortures à (qqn). **2.** Faire beaucoup souffrir. **3.** Déformer par force. – au p. p. *Un visage torturé.*

torve adj. ▫ (regard) Oblique et menaçant.

tory n. m. ▫ (en Grande-Bretagne) Conservateur.

tôt adv. **1.** Au bout de peu de temps, avant le moment habituel ou normal. – *Dans une heure AU PLUS TÔT*, pas avant. **2.** Au commencement d'une portion de temps. *Se lever tôt*, de bonne heure.

total, ale, aux 1. adj. Qui affecte toutes les parties, tous les éléments. ▪ Pris dans son entier. ▶ **totalement** adv. **2.** n. m. Quantité totale. **3.** n. f. pop. Hystérectomie. ▪ fig., fam. *C'est LA TOTALE !* : c'est le comble.

totaliser v. tr. **1.** Additionner. **2.** Compter au total. ▶ **totalisation** n. f. ▶ **totalisateur, trice** adj.

totalitaire adj. ▫ *Régime totalitaire* : régime à parti unique, dictatorial, n'admettant aucune opposition organisée. ▶ **totalitarisme** n. m.

totalité n. f. ▫ Réunion totale des parties ou éléments constitutifs (d'un tout).

totem n. m. ▫ Animal considéré comme l'ancêtre et le protecteur d'un clan. – Sa représentation (mât sculpté). ▶ **totémique** adj. ▶ **totémisme** n. m.

touage n. m. ▫ Remorquage.

touareg n. et adj. ▫ Nomade du Sahara. *Touareg* est un pluriel, à l'origine. On emploie aussi au singulier *targui, ie.*

toubib n. m. ▫ fam. Médecin.

toucan n. m. ▫ Oiseau grimpeur au plumage éclatant, à gros bec.

①**touchant** prép. ▫ littér. Au sujet de.

②**touchant, ante** adj. ▫ Qui émeut.

touche n. f. **I.** **1.** Action, manière de poser la couleur sur la toile. – Couleur posée d'un coup de pinceau. ▪ fig. *Mettre une touche de gaieté.* **2.** au rugby, au football Limite latérale du champ de jeu. ▪ *Rester, être mis* SUR LA TOUCHE, hors du jeu. **3.** pêche Action du poisson qui mord à l'hameçon. **4.** Action, fait de toucher (escrime, billard). **5.** fig., fam. *Faire une touche* : rencontrer qqn à qui l'on plaît. **II.** Chacun des petits leviers d'un clavier que l'on frappe des doigts. **III.** fam. Aspect, allure d'ensemble.

touche-à-tout n. m. invar. ▫ Personne qui se disperse en activités multiples.

①**toucher** v. tr. **I.** **1.** Entrer en contact avec (qqn, qqch.) en éprouvant les sensations du toucher. ▪ (choses) Atteindre, prendre contact avec. **2.** Atteindre avec contact ou par projectile. **3.** Joindre (qqn), par un intermédiaire (lettre, téléphone). **4.** Entrer en possession de, percevoir (de l'argent...). **5.** abstrait Émouvoir. **II.** **1.** Se trouver en contact avec ; être tout proche de. **2.** fig. Concerner, avoir un rapport avec. **III.** v. tr. ind. *TOUCHER À.* **1.** Porter la main sur, pour prendre, utiliser. ▪ *Ne pas toucher à* : ne pas utiliser. **2.** abstrait Se mêler, s'occuper de (qqch.). – *Un air de ne pas y toucher*, faussement innocent. **3.** littér. Atteindre, arriver à (un point). – (temps) *TOUCHER À SA FIN.* **4.** fig. Avoir presque le caractère de.

②**toucher** n. m. **1.** Un des cinq sens, sensibilité dans l'exploration des objets par palpation. **2.** méd. Exploration à la main d'une cavité naturelle du corps.

touer v. tr. ▫ Faire avancer en tirant, en remorquant (un navire).

touffe n. f. ▫ Assemblage naturel de plantes, de poils, de brins..., rapprochés par la base.

touffeur n. f. ▫ littér. Atmosphère chaude et étouffante.

touffu, ue adj. **1.** Qui est en touffes. **2.** fig. Trop complexe et dense.

touiller v. tr. ▫ fam. Remuer, agiter.

toujours adv. de temps **1.** Dans la totalité de la vie, du souvenir. ▪ À chaque instant. – *COMME TOUJOURS* : comme dans tous les autres cas. – *PRESQUE TOUJOURS* : très souvent. **2.** Encore maintenant, encore au moment considéré. **3.** Dans toute circonstance.

toundra n. f. ▫ Steppe de la zone arctique.

toupet n. m. **I.** Touffe de cheveux au-dessus du front. **II.** fig., fam. Hardiesse, assurance effrontée.

toupie n. f. ▫ Petit objet pouvant se maintenir en équilibre en tournant sur une pointe.

①**tour** n. f. **1.** Bâtiment (souvent cylindrique) construit en hauteur, dominant un édifice. ▪ Immeuble à nombreux étages. **2.** Construction en hauteur. *La tour Eiffel.* ▪ *TOUR DE CONTRÔLE* : local surélevé pour le contrôle des activités d'un aérodrome. **3.** aux échecs Pièce en forme de tour crénelée, qui avance en ligne.

②**tour** n. m. **I.** **1.** Limite circulaire. **2.** *FAIRE LE TOUR de qqch.* : aller autour. – fig. Passer en revue. **3.** *FAIRE UN TOUR*, une petite sortie. **4.** *TOUR DE...* : parcours, voyage où l'on revient au point de départ. **II.** **1.** Mouvement giratoire. **2.** *À TOUR DE BRAS* : de toute la force du bras ; fig. avec acharnement. **3.** *Tour de main*, habileté. **III.** **1.** Mouvement, exercice difficile à exécuter. – *TOUR DE FORCE* : action difficile, remarquable. **2.** Action qui suppose de l'adresse, de la ruse. *Avoir plus d'un tour dans son sac.* – *JOUER un TOUR à qqn*, agir à son détriment. **IV.** **1.** Aspect. *Le tour que prend la* *situation.* **2.** TOUR D'ESPRIT : manière d'être caractéristique d'un certain esprit. **V. 1.** *À MON (TON...) TOUR,* à moi (toi...) d'agir (jouer, parler, etc.). **2.** *TOUR À TOUR :* l'un, puis l'autre. **3.** *Tour de chant :* série de morceaux interprétés par un chanteur, une chanteuse. **4.** *Tour de scrutin :* vote (d'une élection qui en compte plusieurs).

③ **tour** n. m. ▫ Dispositif, machine-outil qui sert à façonner des pièces par rotation.

① **tourbe** n. f. ▫ Matière combustible végétale spongieuse et légère. ▶ **tourbière** n. f.

② **tourbe** n. f. ▫ péj., vx Foule misérable.

tourbillon n. m. **1.** Masse d'air qui tournoie rapidement. **2.** (fluides, particules) Mouvement tournoyant et rapide. **3.** fig., littér. Ce qui entraîne dans un mouvement rapide.

tourbillonner v. intr. **1.** Former un tourbillon. **2.** fig. Être agité par un mouvement rapide, irrésistible. ▶ **tourbillonnant, ante** adj. ▶ **tourbillonnement** n. m.

tourelle n. f. **1.** Petite tour. **2.** Abri blindé contenant des pièces d'artillerie.

tourisme n. m. **1.** Fait de voyager pour son plaisir. **2.** Activités liées aux déplacements des touristes. ▶ **touriste** n. ▶ **touristique** adj.

tourista → **turista**

tourmaline n. f. ▫ Pierre fine aux tons divers.

tourment n. m. **1.** littér. Très grande souffrance. **2.** Grave souci.

tourmente n. f. **1.** littér. Tempête soudaine et violente. **2.** fig. Troubles sociaux violents et profonds.

tourmenté, ée adj. **1.** En proie aux tourments. **2.** Agité. **3.** De forme très irrégulière. *Un relief tourmenté.*

tourmenter v. tr. **1.** Affliger de tourments ; angoisser. **2.** (sujet chose) Préoccuper en angoissant. ▷ v. pron. se **tourmenter**

tournage n. m. ▫ Action de tourner un film.

① **tournant, ante** adj. **1.** Qui tourne (III). **2.** Qui contourne, prend à revers. **3.** *GRÈVE TOURNANTE,* qui affecte plusieurs secteurs.

② **tournant** n. m. **1.** Endroit où une voie tourne. **2.** fig. Moment où ce qui évolue change de direction.

tourneboulег v. tr. ▫ fam. Mettre l'esprit à l'envers. ▷ p. p. **tourneboulé, ée**

tournebroche n. m. ▫ Mécanisme servant à faire tourner une broche.

tourne-disque n. m. ▫ vieilli Appareil pour écouter des disques. *Des tourne-disques.*

tournedos n. m. ▫ Tranche de filet de bœuf.

tournée n. f. **1.** Voyage professionnel à itinéraire fixé. **2.** Visite d'endroits de même sorte. **3.** fam. Consommations offertes à plusieurs personnes, au café.

en un **tournemain** loc. adv. ▫ En un instant.

tourner v. **I.** v. tr. **1.** Faire mouvoir en cercle, en courbe, autour d'un axe, d'un centre. **2.** Remuer de manière circulaire. **3.** *TOURNER LA TÊTE à, de qqn,* étourdir ; spécialt rendre amoureux. **4.** *Tourner les pages d'un livre,* en lisant, en feuilletant. **5.** Mettre, présenter (qqch.) en sens inverse. **6.** Diriger (par rotation). *Tourner la tête.* – abstrait (au p. p.) *Avoir l'esprit MAL TOURNÉ,* qui interprète de façon scabreuse. **7.** Suivre en changeant de direction. *Tourner le coin de la rue.* **8.** *Tourner un film :* faire un film. – absolt *Silence, on tourne !* **II.** v. tr.

1. Façonner (un objet) au tour (③). **2.** Arranger (les mots) d'une certaine manière. **3.** *TOURNER EN, À*, transformer (qqn ou qqch.). *Tourner qqn en dérision.* **III.** v. intr. **1.** Se mouvoir de manière circulaire ou décrire une ligne courbe (autour de qqch.). **2.** *TOURNER AUTOUR*, évoluer sans s'éloigner. ▪ (conversation, etc.) Avoir pour centre d'intérêt. **3.** Avoir un mouvement circulaire autour d'un axe. – *L'HEURE TOURNE* : le temps passe. **4.** Fonctionner (par rotation). ▪ fig. Fonctionner, marcher. **5.** Changer de direction. – *La chance a tourné*, changé. **6.** *TOURNER À..., EN...* : changer d'aspect, d'état. **7.** Évoluer. – *TOURNER BIEN, MAL.* **8.** Devenir aigre (lait) ; se décomposer (mayonnaise). ▷ v. pron. se **tourner** **1.** Aller, se mettre dans une nouvelle direction. **2.** fig. S'orienter.

tournesol n. m. ▫ Plante à grande fleur jaune, à graines oléagineuses.

tourneur n. m. **I.** Ouvrier qui travaille au tour (③). **II.** appos. *Derviche* tourneur.*

tournevis n. m. ▫ Outil pour tourner les vis.

tourniquer v. intr. ▫ Aller et venir sur place, sans but. – syn. fam. **tournicoter.**

tourniquet n. m. **1.** Appareil tournant, en croix, pouvant livrer passage aux personnes, chacune à son tour. **2.** Arroseur qui tourne sous la force de l'eau.

tournis n. m. **1.** Maladie des bêtes à cornes (qui tournoient). **2.** fam. Vertige.

tournoi n. m. **1.** (au Moyen Âge) Combat courtois entre chevaliers. **2.** sports Concours à plusieurs séries d'épreuves.

tournoyer v. intr. **1.** Décrire des courbes sans s'éloigner. **2.** Tourner sur soi. – Tourner en hélice. ▶ **tournoyant, ante** adj. ▶ **tournoiement** n. m.

tournure n. f. **1.** Forme donnée à l'expression, à la phrase. **2.** Air, apparence (d'une chose) ; aspect général (des événements). **3.** *TOURNURE D'ESPRIT* : manière d'envisager les choses.

tourte n. f. ▫ Pâtisserie ronde garnie de produits salés.

① **tourteau** n. m. ▫ Résidu de graines, de fruits oléagineux, aliment pour le bétail.

② **tourteau** n. m. ▫ Gros crabe à chair estimée (appelé aussi *dormeur*).

tourtereau n. m. **1.** Jeune tourterelle. **2.** fig. *Des tourtereaux* : de jeunes amoureux.

tourterelle n. f. ▫ Oiseau voisin du pigeon, mais plus petit.

tourtière n. f. ▫ Ustensile pour faire des tourtes.

Toussaint n. f. ▫ Fête catholique en l'honneur de tous les saints, le 1er novembre.

tousser v. intr. ▫ Avoir un accès de toux.

toussoter v. intr. ▫ Tousser d'une petite toux peu bruyante. ▶ **toussotement** n. m.

① ; **tout toute ; tous ; toutes** adj., pron. et adv. **I.** *TOUT, TOUTE* (pas de pluriel) adj. qualificatif Complet, entier. **1.** *Tout le jour, toute la nuit.* – *TOUT LE MONDE* : l'ensemble des gens ; chacun d'eux. – *TOUT UN, TOUTE UNE... C'est toute une affaire*, une grave affaire. – *TOUT CE QU'IL Y A DE* (+ nom pluriel) : tous les... **2.** (nom sans article) *Avoir tout intérêt à*, un intérêt évident et grand à. **3.** *TOUT, TOUTE À* : entièrement à. *Elle était toute à son travail.* **II.** adj. indéf. **1.** *TOUS, TOUTES* (toujours plur.) : l'ensemble, la totalité de, sans rien excepter ; le plus grand nombre de. *Tous les hommes.* **2.** *TOUS, TOUTES* (plur. de *chaque*), marque la périodicité, l'intervalle. *Tous les ans.* **3.** *TOUT, TOUTE* (singulier ; + nom sans article) : un quelconque, n'importe lequel. *Avant toute chose.* **III.** pron. **1.** *TOUS, TOUTES* (plur.). *Ils sont tous venus.* – *Tous autant que nous sommes :* nous, sans exception. **2.** *TOUT* (masc. sing.) : l'ensemble des choses dont il est question. *Tout va bien.* – *Ce n'est pas tout de..., que de... :* ce n'est pas assez. – *COMME TOUT :* extrêmement. **IV.** adv. *TOUT* (parfois *TOUTE, TOUTES*) : entièrement, complètement. **1.** Invariable au masc., et devant les adj. fém. commençant par une voyelle ou un *h* muet. *Ils sont tout jeunes. Tout entière.* Variable devant les adj. fém. commençant par une consonne ou par un *h* aspiré. *Elle est toute honteuse.* ▪ *TOUT AUTRE :* complètement différent. ▪ *TOUT...* (+ adj.) *QUE* (+ indic. ou subj.). *Tout malin qu'il soit.* **2.** *TOUT,* invar., devant une préposition, un adverbe. *Elle était tout en larmes.* **3.** *TOUT À FAIT.* → **entièrement, totalement. 4.** *TOUT EN...* (+ p. prés.), en même temps que. *Il chante tout en travaillant.*

② **tout,** plur. **touts** n. m. **I. 1.** *LE TOUT :* l'ensemble. **2.** *LE TOUT :* ce qu'il y a de plus important. *Le tout est d'être attentif.* **II.** loc. adv. **1.** *DU TOUT AU TOUT :* complètement (d'un changement). **2.** *PAS DU TOUT :* absolument pas. *Rien du tout :* absolument rien.

tout-à-l'égout n. m. invar. ▫ Envoi à l'égout des eaux usées.

toutefois adv. ▫ En considérant toutes les circonstances et malgré elles.

toute-puissance n. f ▫ Puissance absolue.

tout-fou adj. m. et n. m. ▫ fam. Très excité.

toutou n. m. ▫ affectif Chien.

tout-petit n. m. ▫ Très jeune enfant.

tout-puissant, toute-puissante adj. ▫ Qui a un très grand pouvoir.

tout-terrain adj. ▫ (véhicule) Capable de rouler hors des routes. – n. *Des tout-terrains.*

à **tout-va** loc. adv. ▫ Sans retenue.

tout-venant n. m. invar. ▫ Tout ce qui se présente (sans tri).

toux n. f. ▫ Expulsion forcée et bruyante d'air à travers la glotte rétrécie.

township n. f. ou m. ▫ anglic., hist. Ghetto noir à la périphérie des grandes villes d'Afrique du Sud pendant l'apartheid.

toxémie n. f. ▫ méd. Présence de toxines dans le sang.

toxicité n. f. ▫ Caractère toxique.

toxicologie n. f. ▫ Étude des poisons. ▶ **toxicologique** adj. ▶ **toxicologue** n.

toxicomanie n. f. ▫ État engendré par la prise répétée de substances toxiques, créant un état de dépendance. ▶ **toxicomane** adj. et n.

toxine n. f. ▫ méd. Substance toxique élaborée par un organisme vivant.

toxique adj. et n. m. ▫ Qui agit comme un poison.

toxoplasmose n. f. ▫ méd. Maladie causée par un protozoaire parasite (le *toxoplasme*).

traboule n. f. ▫ (À Lyon) Passage qui traverse un pâté de maisons.

trac n. m. ▫ Peur ou angoisse (notamment avant d'affronter le public).

traçabilité n. f. ▫ anglic., comm. Capacité (d'un produit) à être suivi, de la production à la distribution. ▶ **traçable** adj.

traçant, ante adj. **1.** bot. *Racine traçante,* horizontale. **2.** *Balle traçante,* qui laisse une trace lumineuse.

tracas n. m. ▫ (souvent au plur.) Souci ou dérangement d'ordre matériel.

tracasser v. tr. ◻ Tourmenter avec insistance. ▷ v. pron. se **tracasser** ▶ **tracasserie** n. f. ▶ **tracassier, ière** adj.

trace n. f. **1.** Empreinte que laisse le passage d'un être ou d'un objet. **2.** Marque. **3.** Très petite quantité perceptible.

tracé n. m. **1.** Lignes d'un plan ; contours graphiques. **2.** Ligne continue, dans la nature.

tracer v. tr. **1.** Indiquer en faisant une trace. **2.** Suivre le parcours de (qqch.). **3.** Former, en faisant des traits.

traceur, euse **1.** n. Personne qui trace (qqch.), établit un tracé. **2.** n. m. sc. Isotope radioactif dont on peut suivre la trace.

trachée n. f. ◻ Portion du conduit respiratoire entre le larynx et les bronches. ▶ **trachéal, ale, aux.** adj.

trachéite n. f. ◻ Inflammation de la trachée.

trachéotomie n. f. ◻ Incision chirurgicale de la trachée.

trachome n. m. ◻ méd. Conjonctivite contagieuse.

tract n. m. ◻ Petite feuille ou brochure gratuite de propagande.

tractation n. f. ◻ péj. (surtout au plur.) Négociation clandestine compliquée.

tracter v. tr. ◻ Tirer au moyen d'un moteur. ▷ adj. **tracté, ée**

tracteur n. m. ◻ Véhicule automobile destiné à la traction.

traction n. f. **1.** Action de tirer en tendant. **2.** Action de traîner, d'entraîner (par la force animale, un moteur, etc.).

tractopelle n. f. ◻ techn. Tracteur muni d'une pelle mécanique.

tradition n. f. ◻ Doctrine, pratique, coutume transmise depuis longtemps.

traditionalisme n. m. ◻ Attachement aux coutumes, aux techniques traditionnelles. ▶ **traditionaliste** adj. et n.

traditionnel, elle adj. **1.** Fondé sur la tradition. **2.** D'un usage ancien, habituel. ▶ **traditionnellement** adv.

traducteur, trice n. ◻ Auteur d'une traduction.

traduction n. f. **1.** Action, manière de traduire (II, 1). **2.** Texte ou ouvrage traduit. **3.** fig. Expression, transposition.

traduire v. tr. **I.** dr. Citer, déférer. *Traduire qqn en justice.* **II. 1.** Faire passer d'une langue dans une autre. – au p. p. *Roman traduit de l'italien.* ▶ **traduisible** adj. **2.** Exprimer. – pronom. *Sa politique s'est traduite par un échec.* → se **solder.**

trafic n. m. **I.** péj. Commerce clandestin, immoral ou illicite. **II.** Mouvement général des trains, des bateaux, des avions. – Circulation routière.

trafiquer v. tr. **1.** Acheter et vendre en réalisant des profits illicites. ▶ **trafiquant, ante** n. péj. **2.** fam. Modifier (un objet, un produit) pour tromper. – au p. p. *Moteur trafiqué.* **3.** fam. Faire (qqch de mystérieux). ▶ **traficoter** v. intr. fam.

tragédie n. f. **1.** Œuvre dramatique (surtout en vers), représentant des personnages illustres aux prises avec des conflits intérieurs et un destin exceptionnel et malheureux. **2.** fig. Drame.

tragédien, ienne n. ◻ Acteur, actrice qui joue les rôles tragiques.

tragicomédie n. f. ◻ Tragédie dont le dénouement est heureux. ▶ **tragicomique** adj.

tragique adj. **1.** De la tragédie (1). ■ n. m. *Le tragique et le comique.* **2.** Qui inspire l'émotion par un caractère effrayant ou funeste. ▶ **tragiquement** adv.

trahir v. tr. **1.** Livrer ou abandonner (qqn à qui l'on doit fidélité). **2.** Lâcher, cesser de seconder. *Ses forces le trahissent.* **3.** Livrer (un secret). ▷ v. pron. **se trahir** Laisser apparaître ce qu'on voulait cacher.

trahison n. f. ▫ Action de trahir (1).

train n. m. **I. 1.** File de choses traînées, tirées. *Un train de péniches.* **2.** Suite ou ensemble de choses semblables qui fonctionnent ensemble. **II.** cour. La locomotive et l'ensemble des voitures (wagons) qu'elle entraîne. ▪ Moyen de transport ferroviaire. *Voyager par le train.* **III. 1.** Partie qui porte le corps d'une voiture et à laquelle sont attachées les roues. – *TRAIN D'ATTERRISSAGE* (d'un avion). **2.** *TRAIN DE DEVANT, DE DERRIÈRE* : partie de devant, de derrière des animaux de trait. **3.** pop. Derrière. *Filer le train à qqn.* **IV.** fig. **1.** *Du train où vont les choses* : si les choses continuent comme cela. ▪ *TRAIN DE VIE* : manière de vivre, relativement aux dépenses courantes. **2.** Allure (du cheval, d'une monture, d'un véhicule, d'une personne). – *Aller bon train. Un train d'enfer,* très rapide. **3.** *EN TRAIN* loc. adv. : en mouvement, en action, ou en humeur d'agir. ▪ *EN TRAIN DE* (+ inf.) loc. prép., marque l'action en cours.

traînailler v. intr. ▫ Traîner, lambiner. – syn. **traînasser.**

traînant, ante adj. **1.** Qui traîne par terre ; qui pend. **2.** (sons) Monotone et lent.

traînard, arde n. ▫ Personne qui traîne (II, 4).

traîne n. f. **1.** Fait de traîner (II). – *À LA TRAÎNE* loc. adv. : en traînant (II, 4). **2.** Bas d'un vêtement qui traîne à terre.

traîneau n. m. ▫ Voiture à patins allant sur la neige.

traînée n. f. **I. 1.** Longue trace laissée sur une surface par une substance répandue. – *Comme une TRAÎNÉE DE POUDRE* : très rapidement. **2.** Ce qui suit un corps en mouvement. **II.** fam. (insulte) Femme de mauvaise vie.

traîner v. **I.** v. tr. **1.** Tirer après soi ; déplacer en tirant sans soulever. ▪ *Traîner la jambe* : avoir de la difficulté à marcher. **2.** Forcer (qqn) à aller (quelque part). **3.** Amener, avoir partout avec soi par nécessité (ce qui encombre, gêne). **II.** v. intr. **1.** Pendre sur le sol. ▪ S'étendre en longueur. **2.** Être posé, laissé sans être rangé. **3.** Durer trop longtemps. **4.** Rester en arrière d'un groupe qui avance. – S'attarder. ▪ Agir trop lentement. **5.** péj. Aller sans but. ▷ v. pron. **se traîner 1.** Avancer, marcher avec peine. **2.** Aller à contrecœur. **3.** Avancer à plat ventre ou à genoux. **4.** (choses) Durer trop longtemps.

training n. m. ▫ anglic. Entraînement (sportif).

train-train n. m. invar. ▫ Marche régulière sans imprévu.

traire v. tr. ▫ Tirer le lait de (la femelle d'animaux domestiques) en pressant le pis.

trait n. m. **I. 1.** Fait de tirer. *Bête, animal DE TRAIT.* **2.** Projectile lancé à la main ou avec un arc. **3.** Fait de boire en une seule fois. ▪ *D'UN TRAIT,* d'un seul coup. **4.** Fait de dessiner une ou des lignes. – *Esquisser à grands traits,* rapidement. ▪ Ligne. *TRAIT POUR TRAIT,* avec une parfaite exactitude. **5.** au plur. Les lignes caractéristiques du visage. **II.** fig. **1.** *TRAIT DE,* fait qui constitue le signe de (une qualité, une capacité). **2.** *AVOIR TRAIT À* : se rapporter à, concerner. **3.** Élément caractéristique qui permet de reconnaître.

traitant, ante adj. ▫ (médecin) Qui traite les malades.

trait d'union n. m. **1.** Petit trait horizontal reliant deux mots. **2.** fig. Intermédiaire.

traite n. f. **I. 1.** anciennt *La traite (des esclaves, des Noirs)* : le commerce des esclaves noirs. **2.** Lettre de change. **II.** *D'UNE (seule) TRAITE* loc. adv. : sans interruption. **III.** Action de traire.

traité n. m. **1.** Exposé didactique d'un sujet. **2.** Acte juridique par lequel des États établissent des décisions communes.

traitement n. m. **1.** Comportement, actes à l'égard de qqn. **2.** Manière de soigner (un malade, une maladie) ; moyens employés pour guérir. **3.** Rémunération. **4.** Manière de traiter (une substance, un sujet). ■ *Traitement de l'information* (par ordinateur). – *TRAITEMENT DE TEXTE,* logiciel pour composer, corriger, éditer des textes.

traiter v. **I.** v. tr. **1.** Agir, se conduire envers (qqn) de telle ou telle manière. **2.** Soumettre à un traitement médical. **3.** *TRAITER DE* : qualifier de. – *Traiter qqn de tous les noms* (injurieux). **II.** v. tr. **1.** Régler (une affaire) en discutant, en négociant. **2.** Soumettre (une substance) à des opérations de manière à la modifier. ■ au p. p. *Citrons non traités.* **3.** Soumettre (un objet) à la pensée pour exposer. **4.** inform. Soumettre (une information) à un programme. **III. 1.** v. tr. ind. *TRAITER DE* : avoir pour objet. **2.** v. intr. Entrer en pourparlers.

traiteur n. m. □ Personne, entreprise qui prépare des repas, des plats à emporter.

traître, traîtresse I. n. Personne qui trahit. **II.** adj. **1.** Qui trahit ou est capable de trahir. **2.** (choses) Qui est nuisible sans le paraître. ■ fam. *Ne pas dire UN TRAÎTRE MOT,* pas un seul mot.

traîtreusement adv. □ littér. Par traîtrise.

traîtrise n. f. □ Caractère, comportement, acte de traître.

trajectoire n. f. □ Courbe décrite par le centre de gravité (d'un mobile).

trajet n. m. □ Fait de parcourir un espace, pour aller d'un lieu à un autre ; le chemin parcouru. – *Le trajet d'un nerf.*

tralala n. m. **1.** fam. Luxe recherché et voyant. – *Et tout le tralala* : et tout ce qui s'ensuit. **2.** interj. Exprime la joie.

tram n. m. □ Tramway.

trame n. f. **1.** Ensemble des fils en largeur qui se croisent avec les fils de chaîne pour constituer un tissu. **2.** fig. *La trame d'un récit.*

tramer v. tr. **1.** techn. Tisser. **2.** fig. Élaborer par des manœuvres cachées. – pronom. (impers.) *Il se trame quelque chose.*

traminot n. m. □ Employé de tramway.

tramontane n. f. □ Vent du nord-ouest (côte méditerranéenne).

trampoline n. m. □ Surface souple sur laquelle on effectue des sauts.

tramway n. m. □ Chemin de fer urbain.

tranchant, ante I. adj. **1.** Dur et effilé. **2.** fig. Qui tranche (II, 2). **II.** n. m. Côté mince, destiné à couper.

tranche n. f. **I. 1.** Morceau (d'une chose comestible) coupé sur toute la largeur. **2.** Partie des feuillets d'un livre qui est rognée. **II. 1.** Série de chiffres. – spécialt *Tranches d'imposition.* **2.** Partie séparée (dans le temps) d'une opération. – *Une tranche de vie* : scène, récit réaliste. ■ *Tranche d'âge* : âge compris entre deux limites.

tranchée n. f. **1.** Excavation en longueur dans le sol. **2.** Fossé allongé, près des lignes ennemies.

tranchefile n. f. □ Bourrelet entouré de fils qui renforce un dos de reliure.

trancher v. **I.** v. tr. **1.** Diviser, séparer d'une manière nette (avec un instrument tranchant). ■ Couper en tranches. **2.** fig. Terminer par une décision, un choix. **II.** v. intr. **1.** Décider d'une manière franche, catégorique. **2.** *TRANCHER SUR, AVEC* : se distinguer avec netteté ; former un contraste. ▷ adj. **tranché, ée 1.** Coupé en tranches. **2.** fig. Qui se distingue nettement. – *Opinion tranchée*, nette.

tranchet n. m. □ techn. Outil tranchant, formé d'une lame plate, sans manche.

tranchoir n. m. **I.** Support sur lequel on tranche (la viande, etc.). **II.** Grande lame pour trancher.

tranquille adj. **I.** Calme et régulier ; en repos. **II.** Qui éprouve un sentiment de sécurité, de paix. – *Avoir la conscience tranquille* : n'avoir rien à se reprocher. ▶ **tranquillement** adv.

tranquillisant, ante 1. adj. Qui tranquillise. **2.** n. m. Médicament qui agit comme calmant.

tranquilliser v. tr. □ Rendre (plus) tranquille.

tranquillité n. f. **1.** État stable. **2.** Stabilité morale.

transaction n. f. □ Opération commerciale, financière.

transactionnel, elle adj. **1.** dr. Qui concerne une transaction. **2.** (anglic.) psych. *Analyse transactionnelle* : thérapie visant les relations entre personnes.

transalpin, ine adj. □ Qui est au-delà des Alpes.

transat 1. n. m. Chaise longue pliante en toile. **2.** n. f. Course transatlantique.

transatlantique adj. et n. m. □ Qui traverse l'Atlantique. – n. m. *Un transatlantique* (paquebot).

transbahuter v. tr. □ fam. Transporter.

transborder v. tr. □ Faire passer d'un navire, d'un train, d'un véhicule à un autre. ▶ **transbordement** n. m.

transbordeur n. m. □ *Transbordeur* ou *pont transbordeur* : pont mobile. ■ *Navire transbordeur* : recomm. off. pour *ferry-boat*.

transcendant, ante adj. **1.** Qui s'élève au-dessus du niveau moyen. **2.** philos. Qui suppose un principe extérieur et supérieur. ▶ **transcendance** n. f.

transcendantal, ale, aux adj. **1.** philos. (chez Kant) Qui constitue une condition a priori de l'expérience. **2.** anglic. *Méditation transcendantale*, par abstraction de la réalité sensible.

transcender v. tr. □ Dépasser en étant supérieur, se situer au-delà de. – pronom. *Se transcender* : se dépasser.

transcodage n. m. □ Traduction d'une information dans un code différent. ▶ **transcoder** v. tr.

transcontinental, ale, aux adj. □ Qui traverse un continent d'un bout à l'autre.

transcription n. f. **1.** Action de transcrire. **2.** biol. *Transcription génétique* : transfert de l'information génétique des chromosomes de la cellule sur l'A. R. N.

transcrire v. tr. **1.** Copier très exactement. **2.** Noter (les mots d'une langue) dans un autre alphabet. **3.** Adapter (une œuvre musicale).

transe n. f. **1.** au plur. littér. Inquiétude ou appréhension extrêmement vive. **2.** État du médium en communication avec les esprits.

transept n. m. □ Nef transversale d'une église en croix latine.

transférentiel, ielle adj. □ psych. Relatif au transfert (3).

transférer v. tr. □ Transporter en observant les formalités prescrites.

transfert n. m. **1.** dr. Déplacement d'une personne à une autre. **2.** Déplacement d'un lieu à un autre. **3.** psych. Extension d'un affect à un autre objet.

transfigurer v. tr. ▫ Transformer par une beauté et un éclat inhabituels. ▶ **transfiguration** n. f.

transformable adj. ▫ Qui peut être transformé.

transformateur, trice **1.** adj. Qui transforme. **2.** n. m. Appareil modifiant la tension, la nature d'un courant électrique.

transformation n. f. ▫ Action de transformer, de se transformer. ▪ au rugby Action de transformer un essai.

transformer v. tr. ▫ Faire passer d'une forme à une autre, donner un autre aspect à. ▪ au rugby *Transformer un essai*, le faire suivre d'un but. ▷ v. pron. se **transformer** Prendre une autre forme, un autre aspect.

transformisme n. m. ▫ sc. Théorie de l'évolution* par transformations successives. ▶ **transformiste** adj. et n.

transfuge **1.** n. m. milit. Déserteur qui passe à l'ennemi. **2.** n. Personne qui trahit une cause.

transfuser v. tr. ▫ Faire passer (le sang d'un organisme [humain]) dans un autre. ▷ adj. **transfusé, ée** *Sang, malade transfusé.*

transfusion n. f. ▫ *Transfusion (sanguine)*, injection thérapeutique de sang humain dans la veine d'un malade, d'un accidenté.

transgénique adj. ▫ (organisme) Dont le génome a été modifié (par *transgenèse* n. f.).

transgenre adj. et n. ▫ Dont l'identité sexuelle psychique ne correspond pas au sexe biologique.

transgresser v. tr. ▫ Passer par-dessus (un ordre, une obligation, une loi). ▶ **transgresseur** n. m. ▶ **transgressif, ive** adj. ▶ **transgression** n. f.

transhumance n. f. ▫ Migration du bétail de la plaine vers la montagne, pendant l'été. ▶ **transhumant, ante** adj.

transiger v. intr. ▫ Faire des concessions réciproques.

transir v. tr. ▫ littér. (froid, sentiment) Pénétrer, transpercer. ▶ **transi, ie** adj.

transistor n. m. **1.** électron. Dispositif électronique pour redresser, moduler ou amplifier les courants électriques. **2.** Poste récepteur portatif de radio.

transistoriser v. tr. ▫ Équiper de transistors (1).

transit n. m. **1.** Situation d'une marchandise, d'un voyageur qui ne fait que traverser un lieu sans y séjourner. **2.** physiol. Passage des aliments à travers les voies digestives. **3.** astron. Passage d'un astre devant un autre.

transitaire **1.** adj. De transit. **2.** n. Mandataire qui s'occupe des transits de marchandises.

transiter v. **1.** v. tr. Faire passer en transit. **2.** v. intr. Voyager en transit.

transitif, ive adj. ▫ Qui peut avoir un complément d'objet. *Verbes transitifs directs, indirects.* ▶ **transitivement** adv.

transition n. f. **1.** Manière de passer de l'expression d'une idée à une autre en les reliant. **2.** Passage graduel d'un état à un autre ; état intermédiaire. – *SANS TRANSITION*, brusquement. ▶ **transitoire** adj.

translation n. f. **1.** Transport, déplacement. **2.** sc. Déplacement, mouvement (d'un corps, d'une figure) pendant lequel les positions d'une même droite restent parallèles.

translittération n. f. ▫ ling. Transcription lettre par lettre. ▶ **translittérer** v. tr.

translucide adj. ▫ Qui laisse passer la lumière, mais n'est pas transparent. ▶ **translucidité** n. f. didact.

transmetteur n. m. et adj. ▫ Appareil qui sert à transmettre les signaux.

transmettre v. tr. **1.** Faire passer d'une personne à une autre (un bien, matériel ou moral). **2.** Faire passer d'une personne à une autre (un écrit, des paroles, etc.) ; faire changer de lieu. **3.** Faire parvenir (un phénomène physique) d'un lieu à un autre. **4.** Faire passer (un germe, une maladie) d'un organisme à un autre.

transmigration n. f. ▫ relig. Passage (d'une âme) d'un corps dans un autre.

transmissible adj. ▫ Qui peut être transmis. ▪ *Maladies sexuellement transmissibles.* → **M. S. T.**

transmission n. f. **I. 1.** Action, fait de transmettre. **2.** Déplacement (d'un phénomène physique) avec intermédiaires. – *Les organes de transmission d'une machine.* ▪ Système qui transmet le mouvement. **II.** *Les* TRANSMISSIONS : moyens destinés à transmettre les informations.

transmuer v. tr. ▫ littér. Transformer (qqch.) en altérant profondément sa nature.

transmutation n. f. **1.** Changement d'une substance en une autre. **2.** fig., littér. Changement de nature.

transparaître v. intr. ▫ Se montrer au travers de qqch.

transparence n. f. ▫ Qualité d'un corps transparent.

transparent, ente adj. **1.** Qui laisse passer la lumière et paraître avec netteté les objets qui se trouvent derrière. **2.** fig. Qui laisse voir clairement la réalité, le sens.

transpercer v. tr. **1.** Percer de part en part. **2.** fig., littér. (sentiment, émotion...) Atteindre en faisant souffrir.

transpiration n. f. **1.** Sécrétion de la sueur. **2.** Sueur.

transpirer v. intr. **1.** Sécréter de la sueur par les pores de la peau. **2.** fig., littér. Finir par être connu. *La nouvelle a transpiré.*

transplant n. m. ▫ Organe, tissu transplanté.

transplantation n. f. **1.** Action de transplanter. **2.** biol. Greffe d'un organe entier. ▪ Implantation d'un embryon dans un utérus.

transplanter v. tr. **1.** Sortir (un végétal) de la terre pour replanter ailleurs. **2.** biol. Greffer (un organe). **3.** fig. Transporter (des populations...).

transport n. m. **1.** Manière de déplacer ou de faire parvenir sur une distance assez longue. – *Moyen de transport,* utilisé pour transporter les marchandises ou les personnes. **2.** au plur. Moyens d'acheminement. – *Transports en commun,* des voyageurs dans des véhicules publics.

transporter v. tr. **I. 1.** Déplacer (qqn, qqch.) d'un lieu à un autre en portant. **2.** Faire passer d'un point à un autre. ▶ **transportable** adj. **II.** (sujet chose) Agiter (qqn) par un sentiment violent.

transporteur n. m. ▫ Entrepreneur de transports.

transposer v. tr. **1.** (compl. plur. ou collectif) Placer en intervertissant l'ordre. **2.** Faire passer dans un autre domaine. *Transposer au XXe siècle l'histoire de Tristan et Iseult.* ▶ **transposition** n. f.

transsaharien, ienne adj. ▫ Qui traverse le Sahara.

transsexuel, elle adj. et n. ◻ Qui a le sentiment d'appartenir au sexe opposé (à son sexe biologique) ; qui a changé de sexe.

transsibérien, ienne adj. ◻ Qui traverse la Sibérie.

transsubstantiation n. f. ◻ relig. cathol. Changement du pain et du vin en la substance du corps de Jésus-Christ.

transsuder v. intr. ◻ didact. Passer en fines gouttelettes. ▶ **transsudation** n. f.

transuranien, ienne adj. ◻ chim. Dont le nombre atomique est supérieur à celui de l'uranium.

transvaser v. tr. ◻ Verser d'un récipient dans un autre. ▶ **transvasement** n. m.

transversal, ale, aux I. adj. Qui traverse, est en travers. ▶ **transversalement** adv. **II.** n. f. Voie transversale.

transverse adj. ◻ anat. Se dit d'un organe qui est en travers.

trapèze n. m. **I.** Quadrilatère dont deux côtés sont parallèles. **II.** Barre horizontale suspendue au moyen de deux cordes.

trapéziste n. ◻ Acrobate du trapèze.

trapézoïdal, ale, aux adj. ◻ didact. En forme de trapèze.

① **trappe** n. f. **1.** Ouverture pratiquée dans un plancher, un plafond et munie d'une fermeture qui se rabat. **2.** Piège, fosse recouverte (de branchages...).

② **trappe** n. f. ◻ Ordre religieux cistercien. ▶ **trappiste** n. m.

trappeur n. m. ◻ Chasseur professionnel qui fait commerce de fourrures.

trapu, ue adj. **1.** (personnes) Qui est court et large, robuste. ▪ (choses) Ramassé, massif. **2.** fam. Fort, savant. ▪ Difficile.

traquenard n. m. ◻ Piège.

traquer v. tr. **1.** Poursuivre (le gibier) en le serrant de plus en plus. **2.** Poursuivre (qqn), le forcer dans sa retraite. – au p. p. *Un homme traqué.* ▶ **traque** n. f.

trash adj. invar. ◻ anglic., fam. Qui est volontairement de mauvais goût.

traumatique adj. ◻ didact. Qui a rapport aux blessures.

traumatiser v. tr. ◻ Provoquer un traumatisme chez (qqn). ▶ **traumatisant, ante** adj.

traumatisme n. m. **1.** Troubles provoqués dans l'organisme par une lésion, une blessure grave. **2.** Choc émotionnel très violent.

traumatologie n. f. ◻ didact. Médecine, chirurgie des traumatismes. ▶ **traumatologique** adj.

travail, aux n. m **I. 1.** Ensemble des activités humaines organisées, coordonnées en vue de produire ce qui est utile ; activité productive. **2.** Action ou façon de travailler une matière ; de manier un instrument. **3.** Manière dont un ouvrage, une chose ont été exécutés. **II.** *LES TRAVAUX.* **1.** Suite d'opérations exigeant une activité physique suivie et l'emploi de moyens techniques. **2.** *TRAVAUX PUBLICS :* travaux de construction, de réparation, ou d'entretien d'utilité générale. **3.** Recherches. *Travaux scientifiques.* **4.** Délibérations (d'une assemblée) devant aboutir à une décision. **III.** Activité laborieuse, rétribuée, dans une profession. **IV.** Période des contractions, dans l'accouchement. **V.** sc. **1.** Action continue, progressive (d'une cause naturelle). **2.** Fait de produire un effet utile. **3.** phys. Produit d'une force par le déplacement de son point d'application.

travailler v. **I.** v. tr. **1.** Modifier par le travail ; rendre plus utile ou utilisable. *Travailler la terre.* ▪ Soumettre à un travail intellectuel, pour améliorer. **2.** Chercher à acquérir ou perfectionner par l'exercice, l'étude ou la pratique. **3.** Soumettre à des influences volontaires. **4.** *TRAVAILLER À... :* faire tous ses efforts pour obtenir (un résultat). **II.** v. intr. **1.** Agir d'une manière suivie, avec effort, pour obtenir un résultat utile. **2.** Exercer une activité professionnelle, un métier. **3.** S'exercer, effectuer un exercice. **4.** (sujet chose : temps, force...) Agir. *Le temps travaille pour nous.* **III.** v. intr. (choses) **1.** Subir une force, une action. *Le bois a travaillé.* **2.** Fermenter, subir une action interne. **IV.** v. tr. Inquiéter, préoccuper. *Ça le travaille.*

travailleur, euse **I.** n. Personne qui travaille ; qui exerce une activité professionnelle. **II.** adj. Qui travaille ; qui aime le travail.

travailliste n. et adj. ◻ Membre du Labour Party britannique (parti du *Travail*).

travailloter v. intr. ◻ Travailler peu.

travée n. f. **1.** techn. Portion (de voûte, de comble, de pont...) comprise entre deux points d'appui. **2.** Rangée de tables, de sièges placés les uns derrière les autres.

travelling n. m. ◻ anglic. Mouvement de la caméra placée sur un chariot, qui glisse sur des rails.

travelo n. m. ◻ fam. et péj. Travesti (I, 2).

travers n. m. **I. 1.** *EN TRAVERS :* dans une position transversale. **2.** *À TRAVERS :* en traversant. ▪ *AU TRAVERS :* en passant d'un bout à l'autre ; de part en part. – *Passer au travers,* échapper. **3.** *DE TRAVERS :* dans une direction, une position oblique ; qui n'est pas droit. – *Regarder qqn de travers,* avec animosité, suspicion. **II.** Léger défaut (de qqn).

traversable adj. ◻ Qui peut être traversé.

traverse n. f. ◻ Pièce placée en travers de la voie pour maintenir l'écartement des rails.

traversée n. f. **1.** Action de traverser la mer, une grande étendue d'eau. **2.** Action de traverser (un espace) d'un bout à l'autre.

traverser v. tr. **I. 1.** Passer à travers (un corps, un milieu). **2.** Se frayer un passage à travers (une foule...). **II. 1.** Parcourir (un espace) en entier. – Couper (une voie de communication), aller d'un bord à l'autre. **2.** Vivre (un espace de temps). *Traverser une période difficile.* **3.** Passer par (l'esprit, l'imagination).

traversier, ière adj. ◻ *Flûte traversière* (horizontale).

traversin n. m. ◻ Long coussin cylindrique, placé en travers, à la tête du lit.

travertin n. m. ◻ Calcaire présentant de petites cavités, utilisé en construction.

travesti, ie **1.** adj. Revêtu d'un déguisement. **2.** n. m. Homme habillé et maquillé en femme.

travestir v. **1.** v. pron. *SE TRAVESTIR :* se déguiser. **2.** v. tr. Transformer en dénaturant. *Travestir la vérité.* ▶ **travestissement** n. m.

de **traviole** loc. adv. ◻ fam. De travers.

trayeuse n. f. ◻ Machine à traire.

trayon n. m. ◻ Tétine du pis (d'une vache).

trébuchant, ante adj. **1.** Qui trébuche. **2.** fig. Qui hésite à chaque difficulté.

trébucher v. intr. **1.** Perdre l'équilibre, faire un faux pas. **2.** fig. Être arrêté par une difficulté.

trébuchet n. m. ◻ Petite balance.

tréfiler v. tr. □ techn. Étirer (un métal) en le faisant passer par une filière. ▶ **tréfilage** n. m. ▶ **tréfilerie** n. f.

trèfle n. m. 1. Herbe des prairies aux feuilles à trois folioles. 2. Motif décoratif évoquant la feuille de trèfle. ▪ aux cartes Ce motif, de couleur noire.

tréfonds n. m. □ littér. Ce qu'il y a de plus profond, de plus secret.

treillage n. m. □ Assemblage de lattes, d'échalas posés parallèlement ou croisés.

treille n. f. □ Tonnelle où grimpe la vigne.

① **treillis** n. m. □ Entrecroisement de lattes, de fils métalliques formant claire-voie.

② **treillis** n. m. □ Tenue militaire d'exercice ou de combat.

treize I. adj. numéral invar. 1. (cardinal) Dix plus trois (13). – *TREIZE À LA DOUZAINE*, treize pour le prix de douze. 2. (ordinal) Treizième. II. n. m. invar. Le nombre, le numéro treize. ▶ **treizième** adj. et n. ▶ **treizièmement** adv.

trekking n. m. □ anglic. Randonnée pédestre en montagne.

tréma n. m. □ Signe formé de deux points juxtaposés sur les voyelles *e, i, u* (la voyelle qui précède est prononcée séparément).

tremblant, ante adj. □ Qui tremble.

tremble n. m. □ Peuplier dont les feuilles frissonnent.

tremblé, ée adj. □ Tracé d'une main tremblante. *Écriture tremblée.*

tremblement n. m. 1. Secousses répétées. – *TREMBLEMENT DE TERRE* : secousses en relation avec la déformation de l'écorce terrestre. 2. Léger mouvement de ce qui tremble. 3. Agitation du corps par petites oscillations involontaires. 4. fam. *Et tout le tremblement* : et tout le reste.

trembler v. intr. 1. Être agité de petits mouvements répétés autour d'une position d'équilibre. ▪ Varier rapidement (en intensité, hauteur). 2. Être agité par une suite de petites contractions involontaires des muscles.

trembleur n. m. □ Vibreur.

tremblote n. f. □ fam. *Avoir la tremblote* : trembler (2).

trembloter v. intr. □ Trembler légèrement. ▶ **tremblotement** n. m.

trémie n. f. □ Entonnoir en forme de pyramide renversée.

trémière adj. f. □ *Rose trémière*, plante décorative à fleurs roses.

trémolo n. m. 1. mus. Répétition très rapide d'un son. 2. Tremblement d'émotion (affecté) de la voix.

se **trémousser** v. pron. □ S'agiter avec de petits mouvements vifs et irréguliers. ▶ **trémoussement** n. m.

trempage n. m. □ Action de tremper.

trempe n. f. I. 1. Immersion dans un bain froid (d'un métal, d'un alliage chauffé). 2. Qualité qu'un métal acquiert par la trempe. ▪ fig. *DE (cette...) TREMPE* : de (cette...) qualité. II. fam. Volée de coups.

tremper v. I. v. tr. 1. (liquide) Mouiller fortement, imbiber. – passif et p. p. *Être trempé.* 2. Plonger (un solide) dans un liquide. 3. techn. Soumettre à la trempe (I, 1). – au p. p. *Acier TREMPÉ.* – fig. et littér. *Caractère bien trempé*, énergique. II. v. intr. 1. Rester plongé dans un liquide. 2. *TREMPER DANS* (une affaire malhonnête), y participer.

trempette n. f. □ *Faire trempette* : prendre un bain hâtif.

tremplin n. m. □ Planche élastique sur laquelle on prend élan pour sauter.

trench-coat n. m. □ anglic. Imperméable à ceinture (abrév. *trench*).

trentaine n. f. ▫ Nombre de trente. ▪ Âge d'environ trente ans.

trente invar. **I.** adj. numéral invar. **1.** (cardinal) Trois fois dix (30). ▪ *TRENTE-SIX* : fam. un grand nombre indéterminé. **2.** (ordinal) Trentième. **II.** n. m. invar. Le nombre, le numéro trente. ▶ **trentième** adj. et n.

trépan n. m. **1.** chir. Instrument pour percer les os du crâne. **2.** Vilebrequin pour forer.

trépaner v. tr. ▫ chir. Percer la boîte crânienne de (qqn) à l'aide d'un trépan. ▶ **trépanation** n. f.

trépas n. m. ▫ vx ou littér. Décès. ▶ **trépasser** v. intr. ▶ **trépassé, ée** n. et adj.

trépidant, ante adj. **1.** Agité de petites secousses. **2.** (rythme) Très rapide et agité.

trépider v. intr. ▫ Être agité de petites secousses fréquentes. ▶ **trépidation** n. f.

trépied n. m. ▫ Support à trois pieds.

trépigner v. intr. ▫ Piétiner, frapper des pieds. ▶ **trépignement** n. m.

tréponème n. m. ▫ Micro-organisme dont une espèce est responsable de la syphilis.

très adv. ▫ À un haut degré.

trésor n. m. **I.** **1.** Choses précieuses amassées. **2.** *LE TRÉSOR (PUBLIC)* : moyens financiers d'un État. **II.** fig. **1.** *Un, des trésor(s) de* : une abondance précieuse de. **2.** Titre d'ouvrages encyclopédiques, de dictionnaires.

trésorerie n. f. **1.** Administration du Trésor public. **2.** État et gestion des fonds, des ressources.

trésorier, ière n. ▫ Personne chargée de l'administration des finances (d'une organisation).

tressage n. m. ▫ Action de tresser.

tressaillement n. m. ▫ Secousses musculaires qui agitent brusquement le corps. ▶ **tressaillir** v. intr.

tressauter v. intr. **1.** Tressaillir. **2.** (sujet chose) Être agité. ▶ **tressautement** n. m.

tresse n. f. **1.** Assemblage de trois mèches de cheveux entrecroisées à plat. **2.** Cordon plat fait de fils entrelacés.

tresser v. tr. **1.** Entrelacer (des brins de paille, de jonc ; des cheveux). **2.** Faire (un objet) en entrelaçant des fils, des brins.

tréteau n. m. ▫ Pièce de bois, support, barre horizontale sur quatre pieds.

treuil n. m. ▫ Appareil de levage, cylindre tournant sur un axe et autour duquel s'enroule un câble. ▶ **treuiller** v. tr. ▶ **treuillage** n. m.

trêve n. f. **1.** Cessation provisoire des combats, par convention. **2.** *SANS TRÊVE* : sans relâche. – exclam. *TRÊVE DE...* : assez de.

trévise n. f. ▫ Chicorée à cœurs pommés rouges veinés de blanc.

tri n. m. ▫ Action de trier.

triade n. f. ▫ didact. Groupe de trois.

triage n. m. ▫ Fait de trier ou de répartir.

trial n. m. ▫ anglic. Course de motos sur terrain accidenté. ▪ Moto pour ce sport.

triangle n. m. **1.** Figure géométrique, polygone à trois côtés. **2.** Instrument de musique à percussion, tige d'acier repliée.

triangulaire adj. **1.** En forme de triangle. **2.** fig. À trois éléments.

triangulation n. f. ▫ Division (d'un terrain) en triangles pour le mesurer.

trias n. m. ▫ géol. Terrain du secondaire ancien. ▶ **triasique** adj.

triathlon n. m. ▫ sport Épreuve d'athlétisme : natation, course cycliste et à pied.

tribo-électricité n. f. ▫ phys. Électricité statique produite par frottement. ▶ **tribo-électrique** adj.

tribord n. m. ▫ Côté droit d'un navire, en regardant vers l'avant.

tribu n. f. ▫ Groupe fondé sur la parenté ethnique. ▶ **tribal, ale, aux** adj.

tribulations n. f. pl. ▫ Aventures plus ou moins désagréables.

tribun n. m. **1.** Antiq. Officier ou magistrat romain. **2.** littér. Défenseur éloquent (d'une idée...).

tribunal, aux n. m. **1.** Lieu où l'on rend la justice. **2.** Magistrats exerçant une juridiction.

tribune n. f. **1.** Emplacement élevé où sont réservées des places. ■ Emplacement en gradins (dans un stade...). **2.** Estrade d'où l'orateur s'adresse à une assemblée. **3.** fig. Rubrique offerte au public par un média.

tribut n. m. ▫ Contribution forcée.

tributaire adj. **1.** Qui paye tribut. **2.** Qui dépend (de qqn, de qqch.).

triceps n. m. ▫ Muscle dont une extrémité s'insère à trois points osseux.

tricératops n. m. ▫ didact. Grand reptile fossile à trois cornes.

triche n. f. ▫ fam. Tricherie.

tricher v. intr. **1.** Enfreindre les règles d'un jeu en vue de gagner. **2.** Enfreindre une règle, un usage. *Tricher à un examen.* **3.** Dissimuler un défaut par un artifice. ▶ **tricherie** n. f. ▶ **tricheur, euse** n.

trichine n. f. ▫ Petit ver parasite.

trichloréthylène n. m. ▫ chim. Dérivé chloré de l'éthylène, solvant des corps gras.

trichromie n. f. ▫ techn. Procédé de reproduction des couleurs basé sur le bleu, le rouge et le jaune.

tricolore adj. **1.** De trois couleurs. **2.** Des couleurs du drapeau français ; français.

tricorne n. m. ▫ Chapeau à trois cornes.

tricot n. m. **1.** Tissu formé d'une matière textile disposée en mailles. **2.** Action de tricoter. **3.** Vêtement tricoté.

tricoter v. tr. ▫ Exécuter au tricot. – sans compl. *Aiguilles à tricoter.* ▶ **tricotage** n. m.

tricoteur, euse **1.** n. Personne qui tricote. **2.** n. f. Machine à tricoter.

trictrac n. m. ▫ Jeu de dés.

tricycle n. m. ▫ Cycle à trois roues.

tridacne n. m. ▫ zool. Grand mollusque des mers chaudes appelé aussi *bénitier*.

trident n. m. ▫ Fourche, harpon à trois pointes.

tridimensionnel, elle adj. ▫ didact. Qui a trois dimensions.

trièdre n. m. ▫ géom. Figure formée par trois plans qui se coupent deux à deux.

triennal, ale, aux adj. ▫ Qui a lieu tous les trois ans ou dure trois ans.

trier v. tr. **1.** Choisir parmi d'autres. **2.** Répartir en groupes. – inform. *Trier des données.* ▶ **trieur, euse** adj. et n.

trière n. f. ▫ Antiq. grecque Bateau à trois rangs de rames.

triforium n. m. ▫ archit. Galerie étroite à ouvertures (églises gothiques).

trifouiller v. intr. ▫ fam. Fouiller (dans).

triglyphe n. m. ▫ archit. Ornement de la frise dorique, à trois ciselures.

trigonométrie n. f. ▫ math. Détermination des éléments des triangles au moyen des fonctions circulaires. ▶ **trigonométrique** adj.

trijumeau adj. et n. m. □ *(Nerf) trijumeau,* cinquième nerf crânien, divisé en trois.

trilingue adj. □ didact. **1.** Qui est en trois langues. **2.** Qui connaît trois langues.

trille n. m. □ mus. Battement rapide et ininterrompu sur deux notes voisines.

trillion n. m. □ Un milliard de milliards (soit 10^{18}).

trilobé, ée adj. □ didact. Qui a trois lobes.

trilogie n. f. □ Groupe de trois œuvres.

trimaran n. m. □ Voilier à trois coques.

trimballer v. tr. □ fam. Mener, porter partout avec soi. ▶ **trimballage** n. m.

trimer v. intr. □ Travailler avec effort.

trimestre n. m. **1.** Durée de trois mois. **2.** Somme payée tous les trois mois. ▶ **trimestriel, ielle** adj. ▶ **trimestriellement** adv.

trimoteur n. m. □ Avion à trois moteurs.

tringle n. f. □ Tige rigide.

trinité n. f. □ Groupe de trois dieux, ou de trois principes.

trinitrotoluène n. m. □ chim. Explosif dérivé du toluène. – abrév. cour. **T. N. T.**

trinôme n. m □ Polynôme à trois termes.

trinquer v. intr. **1.** Choquer son verre contre celui d'un autre et boire à sa santé. **2.** fam. Subir des désagréments.

trinquette n. f. □ mar. Voile d'avant triangulaire, en arrière du foc.

trio n. m. **1.** mus. Morceau pour trois instruments ou trois voix. – Groupe de trois musiciens. **2.** Groupe de trois personnes.

triode n. f. □ phys. Tube à trois électrodes.

triolet n. m. □ mus. Groupe de trois notes de valeur égale valant deux temps.

triomphal, ale, aux adj. □ D'un triomphe. ▶ **triomphalement** adv.

triomphalisme n. m. □ Croyance affichée au succès. ▶ **triomphaliste** adj. et n.

triomphant, ante adj. **1.** Qui a remporté une éclatante victoire. **2.** Qui manifeste une joie éclatante.

triomphateur, trice n. □ Personne qui triomphe (II).

triomphe n. m. **1.** Victoire éclatante. **2.** Antiq. Honneur décerné à un général romain victorieux. **3.** Approbation enthousiaste du public.

triompher v. **I.** v. tr. ind. *TRIOMPHER DE* qqn, le vaincre avec éclat. – *Triompher de qqch.,* en venir à bout. **II.** v. intr. Remporter un triomphe.

triparti, ie ou **tripartite** adj. □ polit. Qui réunit trois parties.

tripatouiller v. tr. **1.** fam. Altérer (un texte original). ▪ Truquer (des comptes...). **2.** (concret) Tripoter. ▶ **tripatouillage** n. m. ▶ **tripatouilleur, euse** n.

tripe n. f. **1.** *Des tripes,* plat fait de boyaux de ruminants préparés. **2.** fig. et fam. *Prendre aux tripes,* bouleverser.

tripette n. f. □ *Ça ne VAUT PAS TRIPETTE :* cela ne vaut rien.

triphasé, ée adj. □ électr. *Courant triphasé,* à trois phases.

tripier, ière n. □ Commerçant qui vend des abats. ▶ **triperie** n. f.

triple adj. **1.** Qui équivaut à trois, se présente comme trois. **2.** Trois fois plus grand. – n. m. *Le triple.*

triplé I. n. m. sports Triple succès. **II.** au plur. *TRIPLÉS, ÉES :* trois enfants nés d'une même grossesse.

tripler v. **1.** v. tr. Rendre triple, multiplier par trois. **2.** v. intr. Devenir triple. ▶ **triplement** n. m.

triplet n. m. □ sc. Association de trois éléments.

triporteur n. m. □ Tricycle muni d'une caisse pour le transport de marchandises.

tripot n. m. □ péj. Maison de jeu.

tripotée n. f. □ fam. Grand nombre.

tripoter v. 1. v. tr. Manier, tâter sans délicatesse. – Toucher de manière répétée, machinalement. 2. v. intr. Se livrer à des combinaisons malhonnêtes. ▶ **tripotage** n. m. ▶ **tripoteur, euse** n.

tripous ou **tripoux** n. m. pl. □ région. Tripes et abats.

triptyque n. m. □ Peinture, sculpture composée d'un panneau central et de deux volets mobiles. ▪ Œuvre littéraire en trois tableaux ou récits.

trique n. f. □ Gros bâton pour frapper.

triréacteur n. m. □ Avion à trois réacteurs.

trirème n. f. □ Antiq. Navire de guerre à trois rangées de rames.

trisaïeul, eule n. □ Père, mère du bisaïeul ou de la bisaïeule.

trisomie n. f. □ méd. Présence anormale d'un chromosome supplémentaire dans une paire. *Trisomie 21* : mongolisme. ▶ **trisomique** adj. et n.

triste adj. I. 1. Qui éprouve un malaise douloureux. 2. Qui exprime la tristesse. II. (choses) 1. Qui fait souffrir. 2. Qui suscite des jugements pénibles. 3. péj. Dont le caractère médiocre ou odieux afflige. ▶ **tristement** adv.

tristesse n. f. 1. État affectif pénible et durable ; douleur morale générale. 2. Caractère de ce qui exprime ou suscite cet état.

trithérapie n. f. □ Traitement associant trois médicaments.

triton n. m. □ Batracien aquatique.

triturer v. tr. □ Manier avec insistance. – fam. *Se triturer les méninges, la cervelle* : se fatiguer l'esprit. ▶ **trituration** n. f.

triumvir n. m. □ Antiq. Magistrat romain. ▶ **triumvirat** n. m.

trivalent, ente adj. □ chim. Qui possède la triple valence.

trivial, ale, aux adj. □ Vulgaire. ▶ **trivialité** n. f.

troc n. m. □ Échange direct d'un bien contre un autre.

troène n. m. □ Arbuste à petites fleurs blanches.

troglodyte n. m. □ Habitant d'une grotte aménagée dans le roc. ▶ **troglodytique** adj.

trogne n. f. □ fam. Visage grotesque.

trognon 1. n. m. Ce qui reste quand on a enlevé la partie comestible (d'un fruit, d'un légume). 2. fam. adj. Mignon.

troïka n. f. 1. Grand traîneau russe. 2. Groupe de trois dirigeants, de trois entreprises.

trois I. adj. numéral 1. (cardinal) Deux plus un (3 ou III). – RÈGLE DE TROIS, par laquelle on cherche le quatrième terme d'une proportion, les trois autres étant connus. 2. (ordinal) Troisième. II. n. m. Le chiffre, le nombre, le numéro trois. ▶ **troisième** adj. et n. ▶ **troisièmement** adv.

trois-huit n. m. pl. □ *Les trois-huit* : système de travail continu par trois équipes travaillant chacune huit heures.

trois-mâts n. m. □ Voilier à trois mâts.

trois-points adj. □ fam. *Les frères trois-points* : les francs-maçons.

trois-quarts n. m. 1. Manteau court. 2. au rugby Joueur placé entre les demis et les arrières.

troll n. m. □ Lutin (scandinave).

trolley n. m. ◻ Dispositif transmettant le courant d'un câble conducteur au moteur d'un véhicule.

trolleybus n. m. ◻ Autobus à trolley.

trombe n. f. **1.** Cyclone tropical. **2.** *Trombe d'eau* : forte pluie. **3.** *EN TROMBE* : avec un mouvement rapide et violent.

trombidion n. m. ◻ zool. → **aoûtat.**

trombine n. f. ◻ fam. Tête, visage.

trombinoscope n. m. ◻ fam. Collection des portraits, des photos des personnes (d'un groupe...).

tromblon n. m. ◻ anciennt Arme à feu au canon évasé.

trombone n. m. **I.** Instrument à vent, cuivre de grande taille, à embouchure. *Trombone à coulisse*, dont le tube s'allonge et se raccourcit. ▪ Joueur de trombone. **II.** Petite agrafe de fil de fer repliée.

trompe n. f. **I.** Instrument à vent, tube évasé en pavillon. **II. 1.** Prolongement de l'appendice nasal de l'éléphant. **2.** Organe buccal (de certains insectes). **3.** anat. *TROMPE DE FALLOPE* : conduit par lequel l'ovule quitte l'ovaire. ▪ *TROMPE D'EUSTACHE* : canal qui relie le tympan au rhinopharynx.

trompe-l'œil n. m. invar. ◻ Peinture décorative visant à créer l'illusion d'objets réels en relief.

tromper v. tr. **1.** Induire (qqn) en erreur. **2.** (dans la vie amoureuse) Être infidèle à... **3.** Échapper à. *Tromper la surveillance de ses gardiens.* ▷ v. pron. **se tromper** Commettre une erreur. ▶ **tromperie** n. f. ▶ **trompeur, euse** n. ▶ **trompeusement** adv.

trompette I. n. f. **1.** Instrument à vent, cuivre à embouchure. **2.** *EN TROMPETTE* : relevé du bout. **3.** Nom de coquillages ; de champignons. **II.** n. m. Militaire joueur de trompette.

trompettiste n. ◻ Musicien qui joue de la trompette.

tronc n. m. **I. 1.** Partie inférieure et dénudée de la tige (d'un arbre). ▪ fig. *TRONC COMMUN* : partie commune. **2.** Boîte percée d'une fente, où l'on dépose des offrandes. **II.** Partie du corps humain où sont fixés la tête et les membres.

troncation n. f. ◻ didact. Procédé d'abrégement d'un mot.

tronche n. f. ◻ fam. Tête.

tronçon n. m. **1.** Partie coupée (d'un objet plus long que large). **2.** Partie (d'une voie...).

tronçonner v. tr. ◻ Couper, diviser en tronçons. ▶ **tronçonnage** n. m.

tronçonneuse n. f. ◻ Scie à chaîne à moteur.

trône n. m. **1.** Siège élevé sur lequel prend place un souverain. ▪ fam. et iron. Siège des cabinets. **2.** fig. Puissance d'un souverain.

trôner v. intr. **1.** Siéger sur un trône. **2.** Occuper la place d'honneur.

tronquer v. tr. **1.** Couper en retranchant. **2.** fig. et péj. Retrancher qqch. de. ▷ adj. **tronqué, ée**

trop I. adv. **1.** D'une manière excessive. **2.** Très suffisamment. ▪ fam. Extrêmement. **3.** adjectivt fam. Excessif, incroyable. **II.** nominal Une quantité excessive. ▪ *DE TROP* ; *EN TROP* : au-delà de ce qu'il fallait.

trope n. m. ◻ didact. Figure de rhétorique par laquelle un mot, une expression sont détournés de leur sens propre.

trophée n. m. ◻ Objet attestant une victoire.

tropical, ale, aux adj. ◻ Qui concerne les tropiques.

tropique n. m. **1.** Chacun des deux parallèles de la sphère terrestre, délimitant la zone où le Soleil passe au zénith, à chacun des solstices. *Tropique du Cancer, du Capricorne.* **2.** *Les tropiques*, la région intertropicale.

tropisme n. m. ▫ biol. Réaction d'orientation ou de locomotion orientée.

troposphère n. f. ▫ sc. Partie de l'atmosphère au-dessous de la stratosphère.

trop-perçu n. m. ▫ Ce qui a été perçu en sus de ce qui était dû. *Des trop-perçus.*

trop-plein n. m. **1.** Ce qui excède la capacité d'un récipient. – fig. Ce qui est en trop. **2.** Réservoir destiné à recevoir un liquide en excès. *Des trop-pleins.*

troquer v. tr. ▫ Donner en troc ; échanger.

troquet n. m. ▫ fam. Café.

trot n. m. **1.** Allure naturelle du cheval et de quelques quadrupèdes, intermédiaire entre le pas et le galop. **2.** fam. *AU TROT* : rapidement.

trotskiste ou **trotskyste** n. et adj. ▫ Partisan de Trotski, de sa doctrine (le *trotskisme* ou *trotskysme*).

trotte n. f. ▫ fam. Chemin assez long à parcourir à pied.

trotte-menu adj. invar. ▫ vx Qui trotte à petits pas.

trotter v. intr. **1.** Aller au trot. **2.** Marcher rapidement à petits pas. **3.** fig. (sujet chose) *Une idée qui trotte par, dans la tête.*

trotteur n. m. ▫ Cheval dressé à trotter.

trotteuse n. f. ▫ Aiguille des secondes.

trottiner v. intr. **1.** Avoir un trot très court. **2.** Marcher à petits pas courts.

trottinette n. f. ▫ Patinette (jouet d'enfant).

trottoir n. m. ▫ Chemin surélevé réservé à la circulation des piétons. ▪ *Faire le trottoir* : se prostituer.

trou n. m. **I. 1.** Abaissement ou enfoncement naturel ou artificiel de la surface extérieure (de qqch.). **2.** Abri naturel ou creusé. – *FAIRE SON TROU* : réussir. **3.** fam. Petit village. **4.** fam. Prison. **II. 1.** Ouverture pratiquée de part en part. **2.** fam. Orifice, cavité anatomique. **III.** astron. *Trou noir* : région de l'espace sans rayonnement.

troubadour n. m. ▫ Au Moyen Âge, Poète lyrique de langue d'oc.

troublant, ante adj. **1.** Qui rend perplexe. **2.** Qui éveille le désir.

① **trouble** adj. **1.** (liquide) Qui n'est pas limpide. ▪ Qui n'est pas net. – adv. *Voir trouble.* **2.** fig. Équivoque, louche.

② **trouble** n. m. **1.** au plur. Ensemble d'événements caractérisés par l'agitation, le désordre social. **2.** Modification pathologique des activités de l'organisme. *Troubles de la vue.* – *Troubles mentaux.*

trouble-fête n. m. ▫ Personne qui trouble une situation agréable, des réjouissances. *Des trouble-fêtes.*

troubler v. tr. **1.** Altérer la clarté, la transparence de. – Rendre moins net. **2.** Modifier, détruire (un état d'équilibre, de paix). **3.** Priver (qqn) de lucidité ; rendre perplexe. ▪ Émouvoir en suscitant le désir. ▷ v. pron. se **troubler** ▷ adj. **troublé, ée**

trouée n. f. **1.** Large ouverture qui permet le passage, ou qui laisse voir. **2.** Ouverture faite dans les rangs d'une armée ennemie.

trouer v. tr. ▫ Faire un trou, des trous, une trouée dans. ▷ adj. **troué, ée**

troufion n. m. ▫ fam. Simple soldat.

trouille n. f. ▫ fam. Peur. ▶ **trouillard, arde** adj. et n.

trouillomètre n. m. ▫ fam. *Avoir le trouillomètre à zéro* : avoir très peur.

troupe n. f. **1.** Groupe d'animaux de même espèce. **2.** Groupe régulier et organisé de soldats. **3.** Groupe de comédiens, d'artistes qui jouent ensemble.

troupeau n. m. ▫ Réunion d'animaux domestiques qu'on élève ensemble. – (bêtes sauvages) *Un troupeau d'éléphants.*

troupier n. m. ▫ vx Simple soldat. ▪ adj. m. *Comique troupier* : genre comique à base d'histoires de soldats (vers 1900).

trousse n. f. **I.** *AUX TROUSSES* (de qqn), à sa poursuite. **II.** Poche, étui à compartiments.

trousseau n. m. **I.** *Trousseau de clés* : ensemble de clés réunies. **II.** vieilli Vêtements, linge, etc. qu'emporte une jeune fille qui se marie, un enfant qui va en pension, en colonie.

trousser v. tr. **1.** *Trousser une volaille*, replier ses membres et les lier au corps. **2.** vieilli ou littér. Faire rapidement et habilement.

trousseur n. m. ▫ fam., vieilli *Un trousseur de jupons* : un coureur.

trouvable adj. ▫ Qu'on peut trouver.

trouvaille n. f. ▫ Fait de trouver avec bonheur ; chose trouvée.

trouver v. tr. **I. 1.** Apercevoir, rencontrer (ce que l'on cherchait ou ce que l'on souhaitait avoir). **2.** Parvenir à rencontrer, à être avec (qqn). **II.** Découvrir, rencontrer (qqch., qqn) sans avoir cherché. **III. 1.** Découvrir par un effort de l'esprit, de l'imagination. **2.** Pouvoir disposer de (temps, occasion, etc.). **3.** *TROUVER* (un sentiment) *DANS, À* : éprouver. **4.** Voir (qqn, qqch.) se présenter d'une certaine manière. **5.** *TROUVER QUE*, juger, estimer que. ▷ v. pron. **se trouver 1.** Découvrir sa véritable personnalité. **2.** Être (en un endroit). ▪ Être (dans un état, une situation). **3.** impers. *IL SE TROUVE* : il existe, il y a. **4.** *SE TROUVER MAL* : s'évanouir. – *SE TROUVER BIEN, MAL DE qqch.*, en tirer un avantage, en éprouver un désagrément. ▪ Se croire. *Se trouver trop gros.*

trouvère n. m. ▫ (au Moyen Âge) Poète et jongleur s'exprimant en langue d'oïl.

truand, ande n. ▫ Malfaiteur.

truander v. tr. ▫ fam. Voler, escroquer.

trublion n. m. ▫ Agitateur.

truc n. m. ▫ fam. **1.** Procédé habile. **2.** Chose quelconque.

trucage ou **truquage** n. m. **1.** Fait de truquer, de falsifier. **2.** cin. Procédé pour produire une illusion.

truchement n. m. ▫ littér. *Par le truchement de qqn*, par son intermédiaire.

trucider v. tr. ▫ fam. Tuer.

truculent, ente adj. ▫ Qui étonne et réjouit par ses excès. ▶ **truculence** n. f.

truelle n. f. ▫ Outil de maçon pour étendre le mortier, l'enduit.

truffe n. f. **1.** Champignon souterrain très recherché. ▪ *Truffe en chocolat* (friandise). **2.** Extrémité du museau (du chien).

truffer v. tr. **1.** Garnir de truffes. **2.** fig. *Truffer de* : remplir de choses disséminées en abondance. ▷ adj. **truffé, ée**

truffier, ière adj. **1.** Où poussent les truffes. *Terrain truffier* (ou *truffière* n. f.). **2.** (animal) Dressé à la recherche des truffes.

truie n. f. ▫ Femelle du porc.

truisme n. m. ▫ littér. Vérité d'évidence.

truite n. f. ▫ Poisson à chair estimée qui vit surtout dans les eaux pures et vives.

trumeau n. m. **1.** Panneau (de menuiserie, de glace) entre deux fenêtres. **2.** Panneau décoré au-dessus d'une cheminée.

truquage → **trucage**

truquer v. tr. □ Changer pour tromper, donner une fausse apparence. – au p. p. *Élections truquées.*

truqueur, euse n. **1.** Tricheur. **2.** Technicien du trucage.

trust n. m. □ anglic. écon. Concentration financière réunissant plusieurs entreprises.

truster v. tr. □ anglic. Accaparer, monopoliser.

trypanosomiase n. f. □ méd. Maladie causée par des protozoaires parasites (les *trypanosomes* n. m.).

tsar n. m. □ hist. Titre porté par les empereurs de Russie, des souverains slaves.

tsarévitch n. m. □ hist. Fils aîné du tsar.

tsarine n. f. □ hist. Femme du tsar. – Impératrice de Russie.

tsarisme n. m. □ hist. Régime autocratique des tsars ; période de l'histoire russe où ont régné les tsars. ▶ **tsariste** adj. et n.

tsé-tsé n. f. invar. □ *(Mouche) tsé-tsé* : mouche d'Afrique qui peut transmettre des trypanosomiases*.

T-shirt → **tee-shirt**

tsigane (didact.) ou **tzigane** (cour.) **1.** n. Personne d'une population venue de l'Inde, qui mène une vie nomade. **2.** adj. *Musique tsigane.*

tsunami n. m. □ Mouvement océanique entraînant d'énormes vagues côtières.

tu pron. □ Pronom personnel sujet de la deuxième personne du singulier et des deux genres. ■ *Être à tu et à toi avec qqn*, être très lié.

tuant, ante adj. **1.** fam. Épuisant, éreintant. **2.** (personnes) Très énervant.

tub n. m. □ Large cuvette de bain.

tuba n. m. **I.** Instrument à vent. **II.** Tube respiratoire pour nager sous l'eau.

tubage n. m. □ méd. Introduction d'un tube dans un organe.

tube n. m. **1.** Conduit à section circulaire, ouvert à une extrémité ou aux deux. ■ *À PLEIN(S) TUBE(S)* : à pleine puissance. **2.** fam. Chanson, disque à succès. **3.** Organe creux et allongé. *TUBE DIGESTIF* : conduits de l'appareil digestif. **4.** Conditionnement cylindrique fermé.

tubercule n. m. **1.** méd. Petite masse solide arrondie. **2.** Excroissance arrondie d'une racine, réserve nutritive.

tuberculeux, euse adj. **1.** Qui s'accompagne de tubercules (1) pathologiques. **2.** Relatif à la tuberculose. ■ adj. et n. Atteint de tuberculose.

tuberculine n. f. □ Extrait d'une culture de bacilles de Koch.

tuberculose n. f. □ Maladie infectieuse causée par le bacille de Koch.

tubéreuse n. f. □ Plante à bulbe, à grappes de fleurs blanches très parfumées.

tubulaire adj. **1.** Qui a la forme d'un tube. **2.** Fait de tubes métalliques.

tubulure n. f. □ Ensemble de tubes, de tuyaux d'une installation.

tudesque adj. et n. □ vx Allemand.

tue-mouche **1.** n. m. Fausse oronge, champignon vénéneux. **2.** adj. *Papier tue-mouche(s)*, imprégné d'une substance empoisonnée (contre les insectes).

tuer v. tr. **1.** Faire mourir volontairement. **2.** (sujet chose) Causer la mort de. **3.** *TUER DANS L'ŒUF*, étouffer avant tout développement. **4.** (sujet chose) Épuiser (qqn) en brisant la résistance. ▷ v. pron. se **tuer 1.** Être cause de sa propre mort. **2.** fig. User ses forces. – *SE TUER À* (+ inf.) : se donner du mal. ▷ adj. **tué, ée**

tuerie n. f. ▫ Action de tuer en masse, sauvagement.

à **tue-tête** loc. adv. ▫ D'une voix très forte.

tueur, euse n. ▫ Personne qui tue.

tuf n. m. ▫ Roche poreuse de faible densité.

tuile n. f. **I. 1.** Plaque de terre cuite servant à couvrir un édifice. **2.** Petit gâteau sec. **II.** fig., fam. Désagrément inattendu.

tuiler v. tr. ▫ techn. *Tuiler des opérations*, commencer chacune avant la fin de la précédente. ▶ **tuilage** n. m.

tuilerie n. f. ▫ Fabrique de tuiles.

tulipe n. f. **1.** Plante à bulbe dont la fleur renflée à la base est évasée à l'extrémité. **2.** Sa fleur.

tulipier n. m. ▫ Arbre (magnolia), dont la fleur ressemble à une tulipe.

tulle n. m. ▫ Tissu léger, réseau de mailles.

tuméfier v. tr. ▫ Causer une augmentation de volume anormale à (une partie du corps). ▷ v. pron. se **tuméfier** ▷ adj. **tuméfié, ée** ▶ **tuméfaction** n. f.

tumescence n. f. ▫ didact. Gonflement des tissus.

tumeur n. f. ▫ Amas de cellules à multiplication anarchique. ▶ **tumoral, ale, aux** adj.

tumulte n. m. ▫ Désordre bruyant ; bruit confus de personnes assemblées.

tumultueux, euse adj. ▫ littér. Agité et bruyant. ▶ **tumultueusement** adv.

tumulus n. m. ▫ archéol. Tertre artificiel élevé au-dessus d'une tombe.

tuner n. m. ▫ anglic. Récepteur de modulation de fréquence (radio). – recomm. off. *syntoniseur* n. m.

tungstène n. m. ▫ Élément (symb. W), métal gris, très dense.

tunique n. f. **I.** Chemisier long. **II.** anat. Membrane qui enveloppe (un organe).

tunnel n. m. ▫ Galerie souterraine d'une voie de communication.

tupi adj. et n. ▫ D'un groupe amérindien. ▪ n. m. *Le tupi* (langue).

turban n. m. ▫ Bande d'étoffe enroulée autour de la tête.

turbin n. m. ▫ fam., vieilli Travail, métier.

turbine n. f. ▫ Dispositif rotatif, transmettant le mouvement au moyen d'un arbre.

turbiner v. intr. ▫ fam., vieilli Travailler dur.

turbo n. m. ▫ Turbocompresseur de suralimentation.

turbocompresseur n. m. ▫ techn. Turbine destinée à augmenter la pression ou le débit d'un gaz.

turbomoteur n. m. ▫ techn. Moteur à turbine à gaz.

turbopropulseur n. m. ▫ techn. Moteur d'avion à turbine entraînant les hélices.

turboréacteur n. m. ▫ techn. Moteur d'avion à turbine alimentant les compresseurs.

turbot n. m. ▫ Poisson de mer plat.

turbotrain n. m. ▫ Train propulsé par des turbines à gaz.

turbulence n. f. **1.** Agitation désordonnée. **2.** phys. Formation de tourbillons, dans un fluide.

turbulent, ente adj. **1.** Qui est souvent dans un état d'excitation bruyante. **2.** phys. *Régime turbulent :* écoulement irrégulier des fluides, entraînant des turbulences (2).

turc, turque 1. adj. et n. De la Turquie. *Café turc,* fort, servi avec le marc. 2. n. m. Langue parlée en Asie centrale, en Turquie et à Chypre.

turf n. m. ▫ Ce qui concerne les courses de chevaux.

turfiste n. ▫ Personne qui fréquente les courses de chevaux, qui parie.

turgescence n. f. ▫ physiol. Augmentation de volume (d'un organe) par rétention de sang veineux. ▶ **turgescent, ente** adj.

turista ou **tourista** n. f. ▫ fam. Diarrhée infectieuse.

turlupiner v. tr. ▫ fam. Tracasser.

turlututu interj. ▫ Exclamation moqueuse.

turne n. f. ▫ fam. Chambre.

turpitude n. f. ▫ littér. ou iron. 1. Caractère de bassesse, d'indignité. 2. Action, parole honteuse.

turquerie n. f. ▫ Objet, œuvre d'inspiration orientale, turque.

turquoise 1. n. f. Pierre fine opaque d'un bleu tirant sur le vert. 2. adj. invar. De couleur turquoise.

tussilage n. m. ▫ Herbe vivace, dont les fleurs jaunes ont des propriétés pectorales.

tutélaire adj. 1. littér. (divinité) Qui assure une protection. 2. dr. De la tutelle.

tutelle n. f. ▫ dr. Institution conférant à un tuteur le pouvoir de prendre soin de la personne et des biens d'un mineur ou d'un incapable.

tuteur, trice I. n. Personne chargée d'une tutelle. II. n. m. Tige fixée dans le sol pour soutenir ou redresser des plantes.

tutoyer v. tr. ▫ S'adresser à (qqn) en employant la deuxième personne du singulier *(tu)*. ▶ **tutoiement** n. m.

tutti quanti loc. nominale ▫ souvent péj. (après des noms de personnes) *Et tutti quanti* : et tous les gens de cette espèce.

tutu n. m. ▫ Jupe de gaze courte portée par les danseuses de ballet classique.

tuyau n. m. I. 1. Conduit à section circulaire destiné à faire passer un liquide, un gaz. 2. Pli ornemental (d'un tissu) en forme de tube. II. fam. Information confidentielle.

tuyauter v. tr. I. Orner de tuyaux (I, 2). II. fam. Donner un, des tuyaux (II) à (qqn).

tuyauterie n. f. ▫ Ensemble des tuyaux (d'une installation).

tuyère n. f. ▫ Large tuyau d'admission ou de refoulement des gaz.

T. V. A. n. f. ▫ Taxe à la valeur ajoutée.

tweed n. m. ▫ anglic. Tissu de laine cardée.

tweet n. m. ▫ anglic. Court message informatif posté sur le web à l'intention de personnes abonnées.

twist n. m. ▫ Danse avec mouvement rapide de rotation du bassin.

tympan n. m. I. Espace compris entre le linteau et les voussures d'un portail. II. Membrane fibreuse qui sépare le conduit auditif externe de l'oreille moyenne.

tympanon n. m. ▫ Instrument de musique à cordes tendues sur une caisse trapézoïdale.

type n. m. I. 1. Ensemble des traits caractéristiques d'une catégorie de personnes ou de choses. 2. sc. Caractères qui permettent de distinguer des catégories d'objets, de faits, d'individus. 3. Personne ou chose qui réunit les principaux éléments d'un type (I, 1 et 2). II. fam. Homme en général, individu.

typé, ée adj. ▫ Qui présente nettement les caractères d'un type.

typer v. tr. □ Donner à (une création) les caractères apparents d'un type.

typhique adj. □ Du typhus ou de la typhoïde. ■ adj. et n. Qui en est atteint.

typhoïde adj. et n. f. □ *(Fièvre) typhoïde :* maladie infectieuse et contagieuse.

typhon n. m. □ Cyclone (Pacifique).

typhus n. m. □ Maladie infectieuse et épidémique.

typicité n. f. □ Caractère typique.

typique adj. □ Qui constitue un type, un exemple caractéristique. ▶ **typiquement** adv.

typographe n. □ Professionnel de la typographie. – abrév. **typo** n.

typographie n. f. 1. Techniques permettant de reproduire des textes par l'impression d'un assemblage de caractères en relief. 2. Manière dont un texte est imprimé. – abrév. **typo** n. f. ▶ **typographique** adj.

typologie n. f. □ didact. 1. Science de l'élaboration des types. 2. Système de types. ▶ **typologique** adj.

tyran n. m. 1. Personne qui exerce le pouvoir absolu de manière oppressive. 2. fig. Personne qui abuse de son pouvoir.

tyranneau n. m. □ littér. Petit tyran.

tyrannie n. f. 1. Gouvernement absolu, oppressif et arbitraire. 2. littér. Abus de pouvoir. ■ Contrainte impérieuse. ▶ **tyrannique** adj.

tyranniser v. tr. □ Traiter (qqn) avec tyrannie.

tyrannosaure n. m. □ Grand reptile fossile carnivore du secondaire.

tyrolien, ienne 1. adj. et n. Du Tyrol. 2. n. f. Chant à trois temps, avec passage rapide de la voix de poitrine à la voix de tête.

tzatziki n. m. □ Préparation à base de concombre et de fromage blanc.

tzigane → **tsigane**

U

u n. m. □ Vingt et unième lettre, cinquième voyelle de l'alphabet.

ubac n. m. □ géogr. Versant d'une montagne exposé au nord (opposé à *adret*).

ubiquité n. f. □ littér. Possibilité d'être présent en plusieurs lieux à la fois.

ubuesque adj. □ Qui rappelle le personnage d'Ubu (d'Alfred Jarry), par un caractère comiquement cruel et couard.

ufologie n. f. □ anglic. Étude des objets volants non identifiés. ▶ **ufologue** n.

U. H. T. n. f. (sigle de *ultra-haute température*) □ Stérilisation par élévation à haute température pendant un temps très court.

ukase → **oukase**

ukrainien, ienne adj. et n. □ De l'Ukraine.

ulcération n. f. □ didact. **1.** Formation d'un ulcère. **2.** Ulcère.

ulcère n. m. □ Perte de substance de la peau, d'une muqueuse sous forme de plaie qui ne cicatrise pas.

ulcérer v. tr. **I.** méd. Produire un ulcère sur. **II.** fig. Blesser (qqn) profondément, en l'irritant. ▷ adj. **ulcéré, ée**

ulcéreux, euse adj. □ méd. **1.** De la nature de l'ulcère. **2.** adj. et n. Atteint d'un ulcère de l'estomac ou du duodénum.

uléma n. m. □ Théologien musulman. – var. **ouléma.**

U. L. M. n. m. (sigle de *ultraléger motorisé*) □ Petit avion monoplace ou biplace.

ulna n. m. □ anat. Cubitus. ▶ **ulnaire** adj.

ultérieur, eure adj. □ Qui sera, arrivera plus tard. ▶ **ultérieurement** adv.

ultimatum n. m. □ Dernières conditions présentées par un État à un autre et comportant une sommation. ■ par ext. Exigence impérative.

ultime adj. □ Dernier, final.

ultra n. □ Réactionnaire extrémiste. *Des ultra(s).*

ultramoderne adj. □ Très moderne.

ultramontain, aine adj. et n. □ Qui soutient la position traditionnelle de l'Église italienne.

ultrasensible adj. □ Très sensible.

ultrason n. m. □ Vibration sonore de fréquence très élevée, non perceptible par l'oreille humaine.

ultraviolet, ette adj. □ (radiations électromagnétiques) Dont la longueur d'onde se situe entre celle de la lumière visible et celle des rayons X. *Rayons ultraviolets ;* n. m. pl. *les ultraviolets* (abrév. **U. V.**).

ululement ; ululer → **hululement ; hululer**

un, une I. numéral Expression de l'unité. **1.** adj. cardinal (invar. en nombre) *Une ou deux fois.* – PAS UN..., PAS UNE... : aucun(e), nul(le). **2.** pron. *Il en reste un.* **3.** n. m. invar. *Un et un (font) deux.* **4.** ordinal Premier. *La page un.* **II.** adj. qualificatif (après le nom ou attribut) Qui n'a pas de parties et ne peut être divisé. *La République une et indivisible.* **III.** art. indéf. (plur. *des*) Désigne un individu, un élément distinct mais indéterminé. *Un homme est venu. J'ai reçu une lettre.* **IV.** pron. indéf. *Une de mes camarades.* – L'UN, L'UNE ; LES UNS, LES UNES. *L'un d'eux est venu.*

unanime adj. **1.** au plur. Qui ont tous le même avis. **2.** Qui exprime un avis commun à plusieurs. **3.** Qui est fait par tous, en même temps. *Un rire unanime.* ▶ **unanimement** adv.

unanimité n. f. ▫ Conformité d'opinion ou d'intention entre tous les membres d'un groupe.

underground adj. invar. et n. m. ▫ anglic. Se dit d'un mouvement artistique indépendant des circuits commerciaux traditionnels.

une n. f. ▫ Première page d'un journal.

uni, unie adj. **I.** **1.** Qui est avec *(uni à, avec)* ou qui sont ensemble *(unis)* de manière à former un tout. **2.** Joint, réuni. **3.** Formé d'éléments liés ; qui constitue une unité. **4.** En bonne entente. **II.** (surface) Sans aspérités. ▪ De couleur, d'aspect uniforme.

uniate adj. ▫ Se dit des Églises chrétiennes orientales liées au catholicisme.

unicellulaire adj. ▫ biol. Formé d'une seule cellule.

unicité n. f. ▫ didact. Caractère unique.

unicorne ▫ adj. Qui n'a qu'une corne.

unième adj. numéral ordinal ▫ (après un numéral) Qui vient en premier, immédiatement après une dizaine (sauf dix, soixante-dix, quatre-vingt-dix), une centaine, un millier. *Vingt et unième.* ▶ **unièmement** adv.

unifier v. tr. **1.** Faire de (plusieurs éléments) une seule et même chose ; faire l'unité de. **2.** Rendre semblables (des éléments rassemblés). **3.** Rendre homogène. ▷ v. pron. **s'unifier** ▶ **unification** n. f. ▶ **unificateur, trice** adj.

uniforme **I.** adj. **1.** Qui présente des éléments tous semblables. **2.** Qui ne varie pas ou peu. **II.** n. m. Costume réglementaire. ▶ **uniformément** adv.

uniformiser v. tr. **1.** Rendre uniforme. **2.** Rendre semblables ou moins différents. ▶ **uniformisation** n. f.

uniformité n. f. **1.** Caractère uniforme. **2.** Absence de changement, de variété.

unijambiste adj. et n. ▫ Qui a été amputé d'une jambe.

unilatéral, ale, aux adj. **1.** Qui ne se fait que d'un côté. **2.** dr. Qui n'engage qu'une seule partie. ▶ **unilatéralement** adv.

unilingue adj. ▫ didact. Qui est en une seule langue. ▪ Qui parle, écrit une seule langue. ▶ **unilinguisme** n. m.

uniment adv. ▫ D'une manière unie.

uninominal, ale, aux adj. ▫ admin. Qui porte sur un seul nom.

union n. f. **I.** **1.** Relation qui existe entre des personnes ou choses considérées comme formant un ensemble. **2.** Relation réciproque entre personnes ; vie en commun. – *Union libre.* → **concubinage.** **3.** État dans lequel se trouvent des personnes, des groupes liés. **4.** Entente (entre personnes, groupes). **II.** Ensemble de personnes unies.

unique adj. **1.** Qui est un seul, n'est pas accompagné par d'autres du même genre. **2.** Qui est le même pour plusieurs choses, plusieurs cas. – *Marché unique,* sans frontières intérieures. **3.** Qui est ou paraît différent des autres.

uniquement adv. ▫ Seulement, sans autre motif.

unir v. tr. **1.** Mettre ensemble (les éléments d'un tout). **2.** Faire exister, vivre ensemble (des personnes). – spécialt → **marier.** **3.** Associer. ▷ v. pron. **s'unir** **1.** récipr. Ne plus former qu'un tout. ▪ Faire cause commune. **2.** passif (sujet chose) Se trouver ensemble, de manière à former un tout. **3.** réfl. *S'unir à, avec qqn* (spécialt par des liens affectifs, le mariage). ▪ (sujet chose) Se trouver avec, s'allier à.

unisexe adj. ▫ Destiné indifféremment aux hommes et aux femmes.

unisson n. m. ▫ Son unique produit par plusieurs voix ou instruments. ▪ *Chanter À L'UNISSON.*

unitaire adj. **1.** Qui forme une unité. **2.** Relatif à l'unité.

unité n. f. **I. 1.** Caractère de ce qui est unique. **2.** Cohérence interne. **II. 1.** Élément ou structure faisant partie d'un ensemble. **2.** Formation militaire spécifique. **3.** Objet fabriqué (identique à d'autres). **4.** Chiffre placé à droite de celui des dizaines. **5.** Grandeur finie servant de base à la mesure des autres grandeurs de même espèce.

univers n. m. **1.** Ensemble des groupes humains sur la Terre. **2.** sc. Ensemble de la matière, dans l'espace et le temps. **3.** fig. Milieu matériel ou moral. *L'univers de l'enfance.*

universaliser v. tr. ◻ Rendre universel. ▶ **universalisation** n. f.

universalité n. f. ◻ Caractère universel.

universel, elle adj. **1.** Qui s'étend, s'applique à la totalité des objets (personnes ou choses) qui existent. **2.** Qui concerne la totalité des humains. *Suffrage universel.* **3.** Qui concerne l'univers entier.

universellement adv. ◻ Par tous les humains.

universitaire adj. ◻ Relatif à l'Université, aux universités – n. Membre de l'Université.

université n. f. **1.** *L'Université :* le corps des maîtres de l'enseignement public des divers degrés. **2.** Établissement public d'enseignement supérieur.

univoque adj. ◻ didact. Qui garde toujours le même sens. ▶ **univocité** n. f.

uppercut n. m. ◻ anglic. (boxe) Coup porté de bas en haut.

uranium n. m. ◻ Métal radioactif (symb. U), présent dans plusieurs minerais.

urbain, aine adj. **I.** Qui est de la ville, des villes. **II.** littér. Qui fait preuve d'urbanité.

urbanisation n. f. ◻ Concentration de la population dans les villes.

urbaniser v. tr. ◻ Donner le caractère urbain à (un lieu).

urbanisme n. m. ◻ Méthodes permettant d'adapter l'habitat urbain aux besoins humains. ▶ **urbaniste** n.

urbanité n. f. ◻ littér. Politesse affable.

urbi et orbi loc. adv. et adj. ◻ relig. Se dit de la bénédiction que le pape donne à Rome et au monde entier.

urée n. f. ◻ Substance que l'on rencontre dans le sang et l'urine des carnivores.

urémie n. f. ◻ méd. Intoxication due à une accumulation d'urée dans le sang.

uretère n. m. ◻ Canal qui conduit l'urine du rein à la vessie.

urètre n. m. ◻ Canal excréteur de l'urine, de la vessie au méat urinaire.

urgence n. f. **1.** Caractère de ce qui est urgent. **2.** Nécessité d'agir vite. – *Service des urgences, dans un hôpital. Médecin spécialiste des urgences* (▶ n. **urgentiste**). **3.** *D'URGENCE* loc. adv. : sans délai.

urgent, ente adj. ◻ Dont on doit s'occuper sans retard.

urger v. intr.. ◻ fam. Être urgent. *Ça urge !*

urinal, aux n. m. ◻ Récipient à col incliné où un homme peut uriner allongé.

urine n. f. ◻ Liquide organique clair et ambré qui se forme dans le rein, séjourne dans la vessie et est évacué par l'urètre. ▶ **urinaire** adj.

uriner v. intr. ◻ Évacuer l'urine.

urinoir n. m. ◻ Petit édifice où les hommes vont uriner.

urique adj. ◻ *Acide urique :* substance azotée à propriétés acides, éliminée par les urines.

URL ou **U. R. L.** n. m. ◻ inform., anglic. Système standardisé d'attribution des adresses, sur Internet. – Adresse d'un site Internet.

urne n. f. **1.** Vase servant à renfermer les cendres d'un mort. **2.** Boîte où l'on dépose des bulletins de vote.

urographie n. f. ▫ méd. Radiographie de l'appareil urinaire.

urologie n. f. ▫ méd. Médecine de l'appareil urinaire. ▶ **urologue** n.

urticaire n. f. ▫ Éruption cutanée, accompagnée de démangeaisons.

urticant, ante adj. ▫ didact. Dont le contact produit une urtication.

urtication n. f. ▫ didact. Inflammation cutanée associée à une sensation de brûlure.

us n. m. pl. ▫ *Les US ET COUTUMES* : les mœurs, les usages traditionnels.

usage n. m. **I. 1.** Action d'user, de se servir (de qqch.). **2.** *FAIRE USAGE DE* : se servir de. ▪ *À L'USAGE* : lorsqu'on s'en sert. ▪ *HORS D'USAGE* : qui ne peut plus servir. **3.** Fait de pouvoir produire un effet particulier et voulu. ▪ *À USAGE (DE)* : destiné à être utilisé (de telle ou telle façon). ▪ *À L'USAGE DE* : destiné à être utilisé par (qqn...). **4.** Fait d'employer les éléments du langage dans le discours, la parole. **II. 1.** au plur. Comportements considérés comme normaux. **2.** *L'USAGE* : l'ensemble des pratiques sociales. – *D'USAGE* : habituel, normal.

usagé, ée adj. ▫ Qui a déjà servi, beaucoup servi.

usager n. m. ▫ Personne qui utilise (qqch. ; un service...).

usant, ante adj. ▫ Qui use la santé.

USB n. m. ▫ anglic., inform. Prise (port) permettant de connecter des périphériques à un ordinateur.

usé, ée adj. **1.** Altéré par un usage prolongé, par des actions physiques. **2.** Diminué, affaibli.

user v. **I.** *USER DE* v. tr. ind. Avoir recours à (qqch.), mettre en œuvre. **II.** v. tr. dir. **1.** Modifier (qqch.) progressivement en enlevant des parties, en altérant l'aspect, par un usage prolongé. **2.** Diminuer, affaiblir par une action progressive. ▷ v. pron. **s'user 1.** Se détériorer à l'usage. **2.** fig. S'affaiblir avec le temps.

usine n. f. ▫ Établissement de la grande industrie destiné à la fabrication d'objets ou de produits, à la transformation de matières premières, à la production d'énergie.

usiner v. tr. **1.** Façonner avec une machine-outil. **2.** Fabriquer dans une usine. ▶ **usinage** n. m.

usité, ée adj. ▫ Qui est employé, en usage.

ustensile n. m. ▫ Objet ou accessoire d'usage domestique.

usuel, elle 1. adj. Qui est utilisé habituellement. ▶ **usuellement** adv. **2.** n. m. Ouvrage de référence, de consultation.

usufruit n. m. ▫ dr. Jouissance légale d'un bien dont on n'a pas la propriété. ▶ **usufruitier, ière** n.

① **usure** n. f. **1.** Détérioration par un usage prolongé. **2.** Diminution ou altération (d'une qualité, de la santé).

② **usure** n. f. ▫ Intérêt de taux excessif ; fait de prendre un tel intérêt. ▶ **usuraire** adj.

usurier, ière n. ▫ Prêteur à usure (②).

usurper v. tr. ▫ S'approprier sans droit, par la violence ou la fraude (un pouvoir, une dignité, un bien...). ▪ Obtenir de façon illégitime. ▶ **usurpation** n. f. ▶ **usurpateur, trice** n.

ut n. m. invar. ▫ Do (note).

utérin, ine adj. **1.** dr. Se dit des frères et sœurs ayant la même mère, mais un père différent. **2.** anat. Relatif à l'utérus.

utérus n. m. ▫ Organe de la gestation chez la femme et les animaux vivipares.

utile adj. 1. Dont l'usage, l'emploi est avantageux, satisfait un besoin. – CHARGE UTILE, que peut transporter un véhicule. ▪ n. m. *Joindre l'utile à l'agréable.* 2. (personnes) Dont l'activité est ou peut être avantageusement mise au service d'autrui. 3. EN TEMPS UTILE : au moment opportun.

utilement adv. ▫ D'une manière utile.

utilisable adj. ▫ Qui peut être utilisé.

utiliser v. tr. 1. Rendre utile, faire servir à une fin précise. 2. Employer. *Utiliser un procédé.* ▶ **utilisation** n. f. ▶ **utilisateur, trice** n.

utilitaire adj. ▫ Qui vise essentiellement à l'utile. – *Véhicules utilitaires :* camions, autocars, etc.

utilité n. f. 1. Caractère de ce qui est utile. 2. Le bien ou l'intérêt (de qqn).

utopie n. f. ▫ Idéal, vue politique ou sociale qui ne tient pas compte de la réalité. ▪ Conception ou projet qui paraît irréalisable. ▶ **utopique** adj. ▶ **utopiste** n.

U. V. n. m. pl. ▫ → **ultraviolet.**

uval, ale, aux adj. ▫ didact. Du raisin.

V

v n. m. □ Vingt-deuxième lettre de l'alphabet, dix-septième consonne. ■ *V :* cinq (en chiffres romains).

va □ Forme du verbe *aller**. ■ fam. *Va pour :* je suis d'accord pour.

vacance n. f. **I.** État d'une charge, d'un poste vacant. **II.** au plur. **1.** Période pendant laquelle les écoles, les universités ne sont pas en activité. **2.** Temps de repos accordé aux salariés. ▶ **vacancier, ière** n.

vacant, ante adj. **1.** Qui n'a pas de titulaire. **2.** Libre.

vacarme n. m. □ Bruit assourdissant.

vacataire adj. et n. □ Qui est affecté à une fonction pour un temps déterminé.

vacation n. f. □ admin. Temps consacré à l'accomplissement d'une fonction. – Travail fait pendant ce temps.

vaccin n. m. □ Substance pathogène qui, inoculée, confère l'immunité contre une maladie.

vaccine n. f. □ vieilli Maladie infectieuse des bovins, inoculée contre la variole.

vacciner v. tr. □ Immuniser par un vaccin. ▷ p. p. **vacciné, ée** ▶ **vaccination** n. f.

vache n. f. **I. 1.** Femelle du taureau (en boucherie, on dit *du bœuf*). **2.** Poils, cuir de vache apprêtés. **II.** fam. **1.** *La vache !*, exclamation d'étonnement, d'admiration ou d'indignation. **2.** adj. Méchant, injuste.

vachement adv. □ fam. Beaucoup ; très.

vacher, ère n. □ Personne qui mène paître les vaches et les soigne.

vacherie n. f. □ fam. **1.** Parole, action méchante. **2.** Caractère vache (II, 2). **3.** Chose ratée.

vacherin n. m. **I.** Fromage de vache. **II.** Meringue à la crème fraîche.

vachette n. f. **1.** Jeune vache. **2.** Cuir de génisse.

vaciller v. intr. **1.** Être animé de mouvements répétés, alternatifs ; être en équilibre instable. **2.** (lumière) Trembler, être sur le point de s'éteindre. **3.** fig. (mémoire...) Devenir faible, incertain. ▶ **vacillant, ante** adj. ▶ **vacillation** n. f. ▶ **vacillement** n. m.

vacuité n. f. **1.** didact. État de ce qui est vide. **2.** Vide moral, intellectuel.

vacuole n. f. □ didact. Petite cavité. ▶ **vacuolaire** adj.

vade-mecum n. m. invar. □ littér. Livre que l'on garde sur soi pour le consulter.

vadrouille n. f. □ fam. Action de vadrouiller.

vadrouiller v. intr. □ fam. Se promener sans but précis.

va-et-vient n. m. invar. **1.** Dispositif électrique permettant d'allumer et d'éteindre de plusieurs endroits. **2.** Mouvement alternatif. **3.** Allées et venues.

vagabond, onde I. adj. littér. Qui mène une vie errante. **II.** n. Personne sans domicile fixe.

vagabonder v. intr. □ Circuler sans but, sans avoir de lieu de repos. ▶ **vagabondage** n. m.

vagin n. m. □ Organe sexuel féminin, conduit qui s'étend de l'utérus à la vulve. ▶ **vaginal, ale, aux** adj.

vagir v. intr. □ Pousser de faibles cris. ▶ **vagissement** n. m.

①**vague** n. f. **1.** Inégalité de la surface d'une étendue liquide agitée ; masse d'eau qui se soulève et s'abaisse. **2.** fig. *Une vague d'enthousiasme.* ■ (idée de déferlement) *Vague de chaleur, de froid.* **3.** Masse (d'hommes, de choses) qui se répand brusquement.

②**vague** adj. ▫ *Terrain vague,* vide de constructions, en ville.

③**vague I.** adj. **1.** Que l'esprit a du mal à saisir, mouvant, mal défini. **2.** *Regard vague,* qui exprime l'indécision. **3.** Qui n'est pas ajusté, serré. **II.** n. m. **1.** Ce qui n'est pas défini, fixé (espace, domaine). **2.** *VAGUE À L'ÂME :* mélancolie.

vaguelette n. f. ▫ Petite vague.

vaguement adv. **1.** En termes imprécis. **2.** D'une manière incertaine.

vaguemestre n. m. ▫ Sous-officier chargé de la poste.

vahiné n. f. ▫ Femme de Tahiti.

vaillant, ante adj. **I.** littér. Courageux (face au danger, face au travail). ▶ **vaillance** n. f. ▶ **vaillamment** adv. **II.** *N'avoir pas un sou vaillant :* être pauvre.

vain, vaine adj. **I.** (choses) **1.** littér. Dépourvu de valeur, de sens. – Qui n'a pas de base sérieuse. **2.** Sans efficacité. **II.** littér. Fier de soi sans avoir de raisons de l'être. **III.** *EN VAIN* loc. adv. : sans résultat. ▶ **vainement** adv.

vaincre v. tr. **1.** L'emporter par les armes sur (un ennemi). **2.** L'emporter sur (un adversaire) dans une compétition. **3.** Faire reculer ou disparaître.

vaincu, ue adj. ▫ Qui a subi une défaite.

vainqueur 1. adj. et n. Qui a gagné une bataille, une guerre. **2.** n. Gagnant.

vair n. m. ▫ Fourrure de petit-gris.

①**vairon** n. m. ▫ Petit poisson des eaux courantes.

②**vairon** adj. m. ▫ *Des yeux vairons,* de couleur différente.

vaisseau n. m. **I. 1.** vieilli Bateau d'une certaine importance. **2.** *Vaisseau spatial :* véhicule des astronautes. **II.** Organe, tube où circulent des liquides organiques, et spécialt le sang.

vaisselier n. m. ▫ Meuble rustique où la vaisselle est exposée.

vaisselle n. f. **1.** Ensemble des récipients qui servent à mettre la nourriture. **2.** Ces récipients qu'il faut laver. – Lavage de la vaisselle.

val, plur. **vaux** ou **vals** n. m. ▫ (dans des noms de lieux) Vallée.

valable adj. **1.** Qui remplit les conditions requises (pour être accepté). **2.** Qui a une valeur reconnue. **3.** (emploi critiqué) Qui a des qualités appréciables. ▶ **valablement** adv.

valdinguer v. intr. ▫ fam. Tomber. – *Envoyer valdinguer.* → **promener.**

valence n. f. ▫ Nombre de liaisons chimiques qu'un atome ou un ion peut avoir avec ceux d'autres substances, en combinaison.

valériane n. f. ▫ Plante à la racine ramifiée.

valet n. m. **I. 1.** Domestique. **2.** Salarié chargé de travaux manuels. **II.** Carte à jouer sur laquelle est représenté un jeune écuyer.

valetaille n. f. ▫ péj. Ensemble de personnes serviles.

valétudinaire adj. et n. ▫ littér. Maladif.

valeur n. f. **I. 1.** Ce qui rend une personne digne d'estime. **2.** littér. Courage. **II. 1.** *METTRE EN VALEUR :* faire valoir ; fig. montrer à son avantage. **2.** Qualité estimée, en économie. → **T. V. A.** **3.** *Valeurs (mobilières) :* titres. **III. 1.** Caractère de ce qui est digne d'estime. **2.** *JUGEMENT DE VALEUR,* par lequel on affirme que qqch. est plus ou moins digne d'estime. **3.** Qualité de ce qui produit l'effet souhaité. → **efficacité.** **4.** *UNE VALEUR* : ce qui est vrai, beau, bien (pour une culture). **IV. 1.** Mesure (d'une grandeur, d'une quantité variable). **2.** Effet, fonction d'un signe, par convention. *La valeur d'une carte à jouer.*

valeureux, euse adj. ▫ littér. Courageux.

valide adj. **1.** Qui est en bonne santé, capable de travail. **2.** (choses) Qui présente les conditions requises pour produire son effet. ▶ **validité** n. f.

valider v. tr. ▫ Rendre ou déclarer valide (2). ▶ **validation** n. f.

valise n. f. ▫ Bagage de forme rectangulaire, pouvant être porté à la main.

vallée n. f. **1.** Espace allongé entre deux zones plus élevées ou situé de part et d'autre du lit d'un cours d'eau. **2.** en montagne Région moins haute.

vallon n. m. ▫ Petite dépression allongée entre deux collines, deux coteaux. ▶ **vallonné, ée** adj. ▶ **vallonnement** n. m.

valoche n. f. ▫ fam. Valise.

valoir v. **I.** v. intr. **1.** Correspondre à (une valeur). *Valoir peu, beaucoup.* **2.** Correspondre, dans le jugement des humains, à (une qualité, une utilité). **3.** sans compl. Avoir de l'utilité ; s'appliquer. – *Vaille que vaille :* tant bien que mal. **4.** *FAIRE VALOIR* : faire apprécier plus. – *Faire valoir ses droits*, les exercer, les défendre. **5.** Être égal en valeur à (qqch. ; qqn d'autre). – pronom. Être équivalent. **6.** *VALOIR MIEUX QUE* (+ nom) : avoir plus de valeur que. ▪ impers. *Il vaut mieux, mieux vaut :* il est préférable de. – *Il vaut mieux que* (+ subj.). **7.** *VALOIR LA PEINE*, fam. *LE COUP* : mériter qu'on prenne la peine (de...) ; être bon, excellent. **II.** v. tr. Faire obtenir, avoir pour conséquence.

valoriser v. tr. ▫ Faire prendre de la valeur à (qqch., un bien), augmenter la valeur attribuée à (qqch.) ou la valeur reconnue de (qqn). ▶ **valorisable** et **valorisant, ante** adj. ▶ **valorisation** n. f.

valse n. f. ▫ Danse à trois temps, où chaque couple tourne sur lui-même. – Musique au rythme de cette danse.

valser v. intr. **1.** Danser la valse, une valse. ▶ **valseur, euse** n. **2.** fam. *Envoyer valser qqn*, le rembarrer.

valseuses n. f. pl. ▫ argot Testicules.

valve n. f. **1.** Chacune des deux parties de la coquille de mollusques et crustacés. **2.** Système de régulation d'un courant de fluide. – Soupape à clapet.

valvule n. f. ▫ anat. Repli qui règle le débit des vaisseaux.

vamp n. f. ▫ anglic. Femme fatale.

vamper v. tr. ▫ fam. Séduire par des allures de vamp.

vampire n. m. **I.** Fantôme censé sortir la nuit de son tombeau pour aller sucer le sang des vivants. **II.** Chauve-souris de l'Amérique du Sud.

① **van** n. m. ▫ Large panier qui sert à vanner les grains.

② **van** n. m. ▫ anglic. Voiture servant au transport des chevaux de course.

vanadium n. m. ▫ chim. Élément (symb. V), métal blanc.

vandale n. ▫ Destructeur brutal, ignorant.

vandalisme n. m. ▫ Destruction ou détérioration des œuvres d'art, des équipements publics. ▶ **vandaliser** v. tr.

vandoise n. f. ▫ Poisson d'eau douce.

vanille n. f. **1.** Gousse du vanillier. **2.** La substance aromatique. ▶ **vanillé, ée** adj.

vanillier n. m. □ Plante tropicale dont le fruit est la vanille.

vanité n. f. **I. 1.** vieilli Caractère de ce qui est vain (I, 1 et 2). **2.** Défaut d'une personne vaine (II). **II.** didact. Image, tableau évoquant la futilité des choses humaines et la mort.

vaniteux, euse adj. et n. □ Plein de vanité (I, 2).

vannage n. m. □ Action de vanner (I).

① **vanne** n. f. □ Panneau vertical mobile réglant le débit dans une canalisation.

② **vanne** n. f. □ fam. Plaisanterie désobligeante.

vanné, ée adj. □ fam. Très fatigué.

vanneau n. m. □ Oiseau échassier.

vanner v. tr. **I.** Secouer dans un van (les grains), pour trier, nettoyer. ▶ **vanneur, euse** n. **II.** fig. Accabler de fatigue.

vannerie n. f. **1.** Fabrication des objets tressés avec des fibres végétales, des tiges. **2.** Objets ainsi fabriqués. ▶ **vannier, ière** n.

vantail, aux n. m. □ Panneau mobile.

vantard, arde adj. et n. □ Qui a l'habitude de se vanter. ▶ **vantardise** n. f.

vanter v. □ v. tr. littér. Parler très favorablement de (qqn ou qqch.). ▷ v. pron. **se vanter 1.** Exagérer ses mérites. **2.** *SE VANTER DE* : tirer vanité de, prétendre avoir fait.

va-nu-pieds n. invar. □ Vagabond misérable.

vape n. f. □ *Être dans les vapes*, somnolent.

vapeur □ n. f. **1.** *Vapeur (d'eau)*, eau à l'état gazeux, au-dessus de son point d'ébullition. – *À VAPEUR*, actionné par la vapeur d'eau. – *Renverser la vapeur* (fig. agir en sens contraire). **2.** sc. Substance à l'état gazeux au-dessous de sa température critique.

vaporeux, euse adj. □ Léger, fin et transparent.

vaporiser v. tr. **1.** Disperser et projeter en fines gouttelettes. **2.** didact. Transformer en vapeur. ■ pronom. *SE VAPORISER.* ▶ **vaporisation** n. f. ▶ **vaporisateur** n. m.

vaquer v. tr. ind. □ *VAQUER À.* S'occuper de.

varan n. m. □ zool. Grand reptile saurien.

varangue n. f. □ mar. Pièce placée sur la quille, perpendiculaire à l'axe du navire.

varappe n. f. □ Ascension d'un couloir rocheux, d'une paroi, en montagne. ▶ **varappeur, euse** n.

varech n. m. □ Algues, goémons qu'on récolte sur le rivage.

vareuse n. f. **1.** Blouse courte en grosse toile. **2.** Veste d'uniforme.

variable adj. **1.** Susceptible de se modifier, de changer souvent. – n. f. sc. Symbole ou terme auquel on peut attribuer plusieurs valeurs numériques différentes. **2.** Qui prend plusieurs aspects, fonctions (selon les circonstances...). ▶ **variabilité** n. f.

variante n. f. **1.** Élément d'un texte qui présente des différences par rapport à la version éditée. **2.** Forme ou solution légèrement différente.

variation n. f. **1.** Suite de changements. **2.** Passage d'un état à un autre. **3.** Modification d'une grandeur. **4.** mus. Composition formée d'un thème et de ses modifications.

varice n. f. □ Dilatation (permanente) d'un vaisseau, d'une veine.

varicelle n. f. □ Maladie infectieuse, contagieuse, à éruptions.

varicosité n. f. ▫ pathol. Dilatation permanente des veinules, parfois avec nécrose.

varier v. **I.** v. tr. **1.** Donner à (une seule chose) plusieurs aspects distincts. **2.** Rendre (plusieurs choses) nettement distinctes. **II.** v. intr. Changer. ▪ (personnes) Ne pas conserver la même attitude, les mêmes opinions. ▷ adj. **varié, ée**

variété n. f. **1.** Caractère d'un ensemble formé d'éléments variés ; différences entre ces éléments. **2.** Subdivision de l'espèce, délimitée par la variation de caractères individuels. **3.** Musique légère et populaire.

variole n. f. ▫ Maladie infectieuse, épidémique et contagieuse. ▶ **varioleux, euse** adj. et n. et **variolique** adj.

variqueux, euse adj. ▫ Accompagné de varices.

varlope n. f. ▫ Grand rabot à poignée.

vasculaire adj. ▫ didact. Qui appartient aux vaisseaux (III), contient des vaisseaux.

vasculariser v. tr. ▫ didact. Pourvoir de vaisseaux (III) (surtout pronom. et p. p.). *Tissus vascularisés.* ▶ **vascularisation** n. f.

① **vase** n. m. **1.** Récipient pour des usages nobles, ou à valeur artistique. **2.** Récipient pour les fleurs coupées. **3.** *EN VASE CLOS :* sans communication avec l'extérieur.

② **vase** n. f. ▫ Dépôt de terre et de particules organiques en décomposition (dans l'eau).

vasectomie n. f. ▫ méd. Section des canaux déférents des testicules.

vaseline n. f. ▫ Substance molle utilisée en pharmacie.

vaseux, euse adj. **I.** Qui contient de la vase. **II.** fam. **1.** Faible, en état de malaise. **2.** (choses abstraites) Trouble.

vasistas n. m. ▫ Petit vantail pouvant s'ouvrir dans une porte ou une fenêtre.

vasoconstricteur, trice adj. ▫ Qui diminue le calibre d'un vaisseau (*vasoconstriction* n. f.).

vasodilatateur, trice adj. ▫ Qui dilate les vaisseaux (*vasodilatation* n. f.).

vasomoteur, trice adj. ▫ Relatif à la dilatation et à la contraction des vaisseaux.

vasouiller v. intr. ▫ fam. Être maladroit (dans une réponse...). ▶ **vasouillard, arde** adj.

vasque n. f. **1.** Bassin ornemental. **2.** Coupe décorative.

vassal, ale, aux n. ▫ hist. Sous le système féodal, Homme lié personnellement à un seigneur, un suzerain. ▶ **vassalité** n. f.

vassaliser v. tr. ▫ hist. ou littér. Asservir, rendre semblable à un vassal. ▶ **vassalisation** n. f.

vaste adj. **1.** (surface) Immense. **2.** Important en quantité. **3.** Étendu dans sa portée.

vaticiner v. intr. ▫ littér. Prophétiser. ▶ **vaticination** n. f.

va-tout n. m. invar. ▫ *Jouer son va-tout :* risquer le tout pour le tout.

vaudeville n. m. ▫ Comédie légère, fertile en rebondissements. ▶ **vaudevillesque** adj.

vaudevilliste n. ▫ Auteur de vaudevilles.

vaudois, oise adj. et n. ▫ Du pays de Vaud (en Suisse romande).

vaudou, e n. m. et adj. ▫ Culte religieux des Antilles, d'Haïti, mélange de sorcellerie et d'éléments chrétiens. – adj. *Cérémonies vaudoues.*

à **vau-l'eau** loc. adv. ▫ *Aller à vau-l'eau :* péricliter par inaction.

vaurien, enne n. ▫ Enfant, adolescent effronté.

vautour n. m. ▫ Oiseau rapace de grande taille.

se **vautrer** v. pron. ▫ Se coucher, s'étendre (sur, dans qqch.), en prenant une position abandonnée. – au p. p. *Rester vautré sur son lit.*

à la **va-vite** loc. adv. ▫ Trop rapidement et sans soin.

veau n. m. **1.** Petit de la vache, mâle ou femelle, pendant sa première année. **2.** Viande de cet animal. **3.** Peau de veau ou de génisse, tannée et apprêtée.

vecteur n. m. **1.** math. Segment de droite orienté, être mathématique sur lequel on peut effectuer des opérations. ▶ **vectoriel, ielle** adj. **2.** Intermédiaire.

vécu, ue adj. et n. m. ▫ Qui appartient à l'expérience de la vie.

véda n. m. ▫ didact. Texte religieux de l'Inde ancienne. ▶ **védique** adj.

vedette n. f. **I. 1.** *Mettre EN VEDETTE :* mettre en évidence, en valeur. **2.** Artiste, personne qui jouit d'une grande renommée. ▶ **vedettariat** n. m. **II.** Petit navire de guerre d'observation. – Canot rapide.

végétal, ale, aux n. m. et adj. **I.** n. m. Être vivant caractérisé par des mouvements et une sensibilité plus faibles que les animaux, une nutrition à partir d'éléments simples. **II.** adj. **1.** Relatif aux plantes. **2.** Qui provient de végétaux.

végétalien, enne adj. et n. ▫ *Régime végétalien,* d'où sont exclus la viande et tous les produits d'origine animale. – n. Personne qui suit ce régime. ▶ **végétalisme** n. m.

végétarien, enne adj. et n. ▫ *Régime végétarien,* d'où est exclue la viande. – n. Personne qui suit ce régime. ▶ **végétarisme** n. m.

végétatif, ive adj. **I.** Des fonctions contrôlées par le système neurovégétatif. **II.** Immobile.

végétation n. f. **I.** Ensemble des végétaux qui poussent en un lieu. **II.** au plur. Hypertrophie des muqueuses, notamment des amygdales.

végéter v. intr. **1.** (plantes) Croître avec difficulté. **2.** Stagner.

véhément, ente adj. ▫ littér. Qui a une grande force expressive. ▶ **véhémence** n. f.

véhiculaire adj. ▫ didact. *Langue véhiculaire,* qui sert entre peuples de langues différentes.

véhicule n. m. **I.** didact. Ce qui sert à transmettre. *Le langage, véhicule de la pensée.* **II.** cour. Engin de transport à roues, à moyen de propulsion.

véhiculer v. tr. **1.** Transporter (qqn) avec un véhicule (II). **2.** Constituer un véhicule (I) pour (qqch.).

veille n. f. **I. 1.** Action de veiller (I, 1) ; moment sans sommeil. **2.** État d'une personne qui ne dort pas. **II.** Jour qui en précède un autre.

veillée n. f. **1.** Temps qui s'écoule entre le repas du soir et le coucher. **2.** Action de veiller un malade, un mort ; temps passé à le veiller.

veiller v. **I.** v. intr. **1.** Rester volontairement éveillé pendant le temps habituel du sommeil. **2.** Être vigilant. **II. 1.** v. tr. dir. Rester la nuit auprès de (un malade ; un mort). **2.** v. tr. ind. *VEILLER À qqch.*, s'en occuper activement. – *VEILLER SUR qqn.*

veilleur, euse n. 1. Soldat de garde. 2. *VEILLEUR, VEILLEUSE DE NUIT* : gardien(ne) (d'un hôtel, d'une entreprise...) qui est de service la nuit.

veilleuse n. f. 1. Petite lampe qu'on laisse allumée pendant la nuit. – Lanterne d'automobile. 2. Petite flamme (d'un réchaud, etc.).

veinard, arde adj. et n. □ fam. Qui a de la veine (II).

veine n. f. I. 1. Vaisseau qui ramène le sang des capillaires au cœur. ▶ **veineux, euse** et **veiné, ée** adj. 2. Les vaisseaux sanguins, symboles de la vie. II. fam. Chance.

veinule n. f. 1. Petit vaisseau (II). 2. bot. Ramification des nervures des feuilles.

velcro n. m. invar. (n. déposé) □ Ensemble de deux rubans qui s'agrippent par contact.

vêler v. intr. □ (vache) Mettre bas. ▶ **vêlage** n. m.

vélin n. m. 1. Cuir de veau. 2. Papier très blanc et de pâte très fine.

véliplanchiste n. □ Personne qui pratique la planche à voile.

velléité n. f. □ Intention qui n'aboutit pas à une décision. ▶ **velléitaire** adj. et n.

vélo n. m. 1. Bicyclette. 2. Fait de rouler à bicyclette.

vélocipède n. m. □ Ancêtre de la bicyclette. ▶ **vélocipédique** adj.

vélocité n. f. □ Agilité, vitesse dans le jeu (d'un instrument de musique). ▶ **véloce** adj.

vélodrome n. m. □ Piste pour les courses cyclistes.

vélomoteur n. m. □ Vélo à moteur de petite cylindrée.

velours n. m. □ Tissu dont l'endroit est formé de poils très serrés et dressés.

velouté, ée adj. et n. m. 1. Qui a la douceur du velours. 2. n. m. Potage onctueux.

velouter v. tr. □ Donner l'apparence, la douceur du velours à.

velu, ue adj. □ Qui a les poils très abondants.

vélum ou **velum** n. m. □ Grande pièce d'étoffe pour protéger de la pluie, du soleil.

venaison n. f. □ Chair de grand gibier.

vénal, ale, aux adj. 1. Qui se laisse corrompre. ▶ **vénalité** n. f. 2. écon. Estimé en argent.

à tout **venant** loc. □ À chacun, à tout le monde.

vendable adj. □ Qui peut être vendu.

vendange n. f. 1. Fait de recueillir les raisins mûrs pour la fabrication du vin ; raisin récolté. 2. au plur. Époque des vendanges. ▶ **vendanger** v. tr. et intr. ▶ **vendangeur, euse** n.

vendetta n. f. □ Coutume corse de vengeance réciproque entre deux familles ennemies.

vendeur, euse I. n. Personne dont la profession est de vendre. II. adj. 1. Disposé à vendre. 2. Qui fait vendre.

vendre v. tr. 1. Céder (qqch.) à qqn en échange d'une somme d'argent. ▪ Faire commerce de (ce que l'on a fabriqué ou acheté). 2. Trahir, dénoncer (qqn). ▷ v. pron. se **vendre** 1. (passif) Être vendu. 2. (réfl.) Se mettre au service de qqn par intérêt matériel.

vendredi n. m. □ Cinquième jour de la semaine.

vendu, ue 1. adj. Cédé pour de l'argent. 2. adj. et n. Qui a trahi pour de l'argent.

venelle n. f. □ Petite rue étroite.

vénéneux, euse adj. □ (végétaux) Qui contient un poison.

vénérer v. tr. **1.** Considérer avec le respect dû aux choses sacrées. **2.** littér. Avoir un grand respect pour (qqn, qqch.). ▶ **vénérable** adj. ▶ **vénération** n. f.

vénerie n. f. ▫ Art de la chasse à courre.

vénérien, enne adj. ▫ *Maladies vénériennes*, transmises par les rapports sexuels.

vénérologie n. f. ▫ méd. Médecine des maladies vénériennes. ▶ **vénérologue** n.

veneur n. m. ▫ Personne qui organise les chasses à courre.

vengeance n. f. ▫ Action de se venger ; dédommagement moral de l'offensé par punition de l'offenseur.

venger v. tr. ▫ Dédommager moralement (qqn) en punissant son offenseur. – (sujet chose) Constituer une vengeance, une compensation. ▷ v. pron. se **venger** *Se venger de qqn, d'un acte.* ▶ **vengeur, vengeresse** adj. et n.

véniel, elle adj. ▫ relig. *Péché véniel* : faute digne de pardon.

venimeux, euse adj. ▫ (animaux) Qui a du venin.

venin n. m. ▫ Substance toxique sécrétée par certains animaux, et qu'ils injectent. – Substance végétale toxique.

venir v. intr. **I.** (sens spatial) Se déplacer de manière à aboutir dans un lieu. **1.** (sans compl. de lieu) *Venez avec moi* : accompagnez-moi. – (avec un compl. marquant le terme du mouvement) *VENIR À, CHEZ, DANS...* **2.** (abstrait) Parvenir (à un but, une étape). ▪ fig. *VENIR À* (un sujet, une question). → **aborder. 3.** *VENIR DE* (avec un compl. marquant le point de départ, l'origine ou la cause). **II.** (+ inf.) **1.** Se déplacer (pour faire). **2.** *VENIR À* (+ inf. ; surtout à la 3e pers.) : se trouver en train de (faire, subir qqch.). **3.** *VENIR DE* (+ inf.) : avoir juste fini de. **III. 1.** (événements) Arriver. *Prendre les choses comme elles viennent.* ▪ loc. adv. *À VENIR. Les générations à venir*, futures. **2.** (idées, créations) *Alors, ça vient ?* : allez-vous répondre ?

vénitien, ienne adj. et n. ▫ De Venise. – *Blond vénitien*, un peu roux.

vent n. m. **I. 1.** Mouvement de l'atmosphère ; déplacement d'air. ▪ *Passer en COUP DE VENT* : rapidement. ▪ *Sous le vent* (dans la direction opposée). **2.** L'atmosphère, l'air (agité de courants). **3.** fig. *Contre vents et marées* : envers et contre tout. *Être dans le vent*, à la mode. – *Quel bon vent vous amène ?* : quelle est la cause de votre venue ? – *Le vent tourne* : les événements vont changer. **4.** *Du vent* : des choses vaines, vides. **II. 1.** *Instrument* (de musique) *à vent*, dans lequel on souffle. **2.** au plur. Gaz intestinaux.

vente n. f. **1.** Échange d'un bien contre de l'argent. **2.** Réunion au cours de laquelle on vend publiquement.

venter v. impers. ▫ *Il vente* : il fait du vent. ▷ adj. **venté, ée**

venteux, euse adj. ▫ Où il y a beaucoup de vent.

ventiler v. tr. **I.** Produire un courant d'air dans, sur. ▶ **ventilateur** n. m. (appareil) **II. 1.** Répartir (une somme totale) entre plusieurs comptes. **2.** Répartir en plusieurs groupes. ▶ **ventilation** n. f.

ventouse n. f. **1.** Petite cloche de verre appliquée sur la peau après qu'on y a raréfié l'air. **2.** Organe qui sert à sucer, aspirer. **3.** Dispositif qui se fixe par vide partiel.

ventral, ale, aux adj. **1.** Du ventre. **2.** Qui se porte sur le ventre.

ventre n. m. **1.** (chez l'être humain) Partie antérieure de la cavité qui contient l'intestin ; paroi antérieure du bassin. **2.** (animaux) Paroi inférieure du corps.

– (cheval) *Courir VENTRE À TERRE*, très vite. **3.** Proéminence que forme la paroi antérieure de l'abdomen. **4.** L'abdomen, siège de la digestion (estomac et intestins). – *Avoir les yeux plus grands que le ventre* : préjuger de son appétit. **5.** L'abdomen féminin, siège de la gestation.

ventrée n. f. ▫ fam. Nourriture copieuse.

ventricule n. m. ▫ anat. **1.** Chacun des deux compartiments inférieurs (du cœur). **2.** Chacune des cavités de l'encéphale. ▶ **ventriculaire** adj.

ventriloque adj. et n. ▫ Qui peut articuler des paroles sans remuer les lèvres.

ventripotent, ente adj. ▫ littér. Qui a un gros ventre.

ventru, ue adj. **1.** Qui a un gros ventre. **2.** (choses) Renflé, bombé.

venu, ue adj. et n. **1.** littér. *Être BIEN, MAL VENU* : arriver à propos (ou non) ; être bien (ou mal) accueilli. – *Être mal venu de* (+ inf.) : n'être pas fondé à. **2.** n. *Le, la PREMIER(ÈRE) VENU(E)* : n'importe qui.

venue n. f. **1.** Action, fait de venir (I). **2.** littér. Action, fait de venir (III), d'arriver.

vénus n. f. (nom mythol.) ▫ zool. Mollusque bivalve.

vêpres n. f. pl. ▫ Office catholique de l'après-midi.

ver n. m. **I.** cour. **1.** Petit animal au corps mou sans pattes. ▪ *VER DE TERRE* : lombric terrestre. – *Ver solitaire* : ténia. **2.** *Tirer les vers du nez de qqn*, le faire parler. **II.** zool. Métazoaire au corps mou.

véracité n. f. ▫ Exactitude, authenticité.

véranda n. f. ▫ Galerie vitrée contre une maison.

verbal, ale, aux adj. **I.** Relatif au verbe. **II. 1.** Qui se fait de vive voix. **2.** Qui s'exprime par la parole. ▶ **verbalement** adv.

verbaliser v. **I.** v. intr. Dresser un procès-verbal (1). **II.** v. tr. psych. Exprimer (qqch.) par le langage. ▶ **verbalisation** n. f.

verbalisme n. m. ▫ péj. Utilisation des mots pour eux-mêmes au détriment de l'idée.

verbatim ▫ didact. **1.** adv. Selon les termes exacts. **2.** n. m Compte rendu écrit précis.

verbe n. m. ▫ Mot qui exprime une action, un état, un devenir, et qui présente un système complexe de formes. *Conjuguer un verbe.*

verbeux, euse adj. ▫ Qui dit les choses en trop de mots. ▶ **verbeusement** adv. ▶ **verbosité** n. f.

verbiage n. m. ▫ Discours verbeux.

verdâtre adj. ▫ D'un vert un peu sale.

verdeur n. f. **1.** Vigueur de la jeunesse (chez qqn qui n'est plus jeune). **2.** Acidité (fruit, vin). **3.** Liberté dans le langage.

verdict n. m. **1.** Réponse faite par le jury, après délibération, aux questions du tribunal. **2.** Jugement (d'une autorité).

verdier n. m. ▫ Passereau à plumage verdâtre.

verdir v. intr. ▫ Devenir vert. – (végétaux) Pousser. ▶ **verdissant, ante** adj.

verdoyer v. intr. ▫ (végétaux, campagne) Donner une sensation dominante de vert. ▶ **verdoiement** n. m. ▶ **verdoyant, ante** adj.

verdure n. f. **1.** Plantes, herbes, feuilles. **2.** Plante potagère que l'on mange crue.

véreux, euse adj. 1. Gâté par des vers. 2. fig. (personnes) Malhonnête. – *Affaire véreuse.*

verge n. f. I. littér. Baguette (pour frapper, battre). II. Organe de la copulation (chez l'homme et les mammifères).

verger n. m. ▫ Terrain planté d'arbres fruitiers.

vergeture n. f. ▫ (surtout au plur.) Petites marques sillonnant la peau à des endroits qui ont été distendus. ▶ **vergeté, ée** adj.

verglas n. m. ▫ Couche de glace très mince qui se forme sur le sol. ▶ **verglacer** v. impers. ▶ **verglaçant, ante** et **verglacé, ée** adj.

vergogne n. f. ▫ loc. adv. et adj. SANS VERGOGNE sans honte, sans scrupule.

vergue n. f. ▫ Pièce de bois disposée sur un mât pour soutenir une voile.

véridique adj. ▫ Conforme à la vérité. ▶ **véridiquement** adv.

vérifier v. tr. 1. Examiner la valeur de (qqch.), par confrontation avec les faits observés ou par un contrôle de la cohérence interne. – *Vérifier si* (+ indic.), *que* (+ indic.), examiner pour constater que. 2. Examiner (une chose) de manière à établir si elle fonctionne correctement. 3. Reconnaître ou faire reconnaître pour vrai. – pronom. *SE VÉRIFIER* : se révéler juste. ▶ **vérifiable** adj. ▶ **vérification** n. f. ▶ **vérificateur, trice** n.

vérin n. m. ▫ Appareil de levage à vis.

vérisme n. m. ▫ didact. Naturalisme italien (fin XIXe s.). ▶ **vériste** adj. et n.

véritable adj. 1. Qui n'est pas imité. 2. Réel. 3. Qui mérite son nom. *C'est une véritable catastrophe.* ▶ **véritablement** adv.

vérité n. f. 1. Ce à quoi l'esprit peut et doit donner son assentiment (rapport de conformité avec l'objet de pensée, cohérence interne de la pensée). 2. Connaissance conforme au réel ; son expression. – *EN VÉRITÉ* loc. adv. : vraiment. – *À LA VÉRITÉ* loc. adv. : pour être exact. – *Minute, heure...* DE *VÉRITÉ* : moment décisif. 3. *Une vérité* : idée, assertion vraie. – *Vérités premières*, évidentes mais indémontrables. – *Dire ses quatre vérités à qqn*, lui dire sur son compte des choses désobligeantes. 4. Expression sincère.

verjus n. m. ▫ Suc acide de raisin vert.

verlan n. m. ▫ Procédé argotique, inversion des syllabes de certains mots.

① **vermeil, eille** adj. ▫ (teint, peau) D'un rouge vif et léger.

② **vermeil** n. m. ▫ Argent recouvert d'une dorure d'un ton chaud.

vermicelle n. m. ▫ Pâtes à potage en forme de fils très minces. *Du vermicelle.*

vermiculaire adj. ▫ Qui a la forme d'un petit ver.

vermiculé, ée adj. ▫ Orné de petites stries sinueuses.

vermifuge adj. et n. m. ▫ Qui détruit les vers intestinaux.

vermillon n. m. ▫ Couleur d'un rouge vif tirant sur l'orangé. – adj. invar. *Des robes vermillon.*

vermine n. f. ▫ (collectif) Insectes parasites.

vermisseau n. m. ▫ Petit ver, petite larve.

vermoulu, ue adj. ▫ Mangé par les vers (objets en bois). ▶ **vermoulure** n. f.

vermout ou **vermouth** n. m. ▫ Apéritif à base de vin aromatisé.

vernaculaire adj. ▫ didact. Propre au pays. *Langue vernaculaire* : dialecte.

vernal, ale, aux adj. □ didact. *Point vernal* : intersection de l'équateur et de l'écliptique à l'équinoxe.

verni, ie adj. **I.** Enduit de vernis. **II.** fam. Qui a de la chance.

vernir v. tr. □ Enduire de vernis.

vernis n. m. □ Solution résineuse qui laisse une pellicule brillante.

vernissage n. m. **1.** Action de vernir, de vernisser. **2.** Jour d'ouverture d'une exposition (de peinture...).

vernisser v. tr. □ Enduire de vernis (une poterie, une faïence...).

vérole n. f. □ fam. Syphilis. ▶ **vérolé, ée** adj. et n.

véronal, als n. m. □ Barbiturique employé comme somnifère.

véronique n. f. □ Plante à fleurs bleues.

verrat n. m. □ Porc* mâle, reproducteur.

verre n. m. **I.** Substance fabriquée, dure, cassante et transparente. **II. 1.** Plaque, lame, morceau, objet de verre. – *Verres optiques.* → **lunette(s).** *Verres de contact.* → **lentille. 2.** Récipient à boire. **3.** Contenu d'un verre. – Boisson alcoolisée (au café).

verrerie n. f. **1.** Usine où l'on travaille le verre ; fabrication du verre. **2.** Commerce du verre. ■ Objets en verre.

verrier, ière n. **1.** Personne qui fabrique des objets en verre. **2.** Artiste qui fait des vitraux ; peintre sur verre.

verrière n. f. **1.** Grande ouverture ornée de vitraux. **2.** Grand vitrage ; toit vitré.

verroterie n. f. □ Verre coloré et travaillé.

verrou n. m. □ Pièce de métal qui coulisse horizontalement (fermeture). – *SOUS LES VERROUS,* en prison.

verrouiller v. tr. **1.** Fermer à l'aide d'un verrou. **2.** Bloquer, fermer. ▶ **verrouillage** n. m.

verrue n. f. □ Petite excroissance cornée de la peau. ▶ **verruqueux, euse** adj.

①**vers** prép. **1.** En direction de. **2.** Du côté de ; aux environs de. **3.** À peu près (à telle époque).

②**vers** n. m. □ Fragment d'énoncé formant une unité rythmique définie par des règles, et appartenant à une œuvre poétique.

versant n. m. □ Chacune des deux pentes (d'une montagne, d'une vallée).

versatile adj. □ Qui change facilement d'opinion. ▶ **versatilité** n. f.

verse n. f. □ *Pleuvoir À VERSE* loc. adv., en abondance.

versé, ée adj. □ littér. *Versé dans,* expérimenté et savant en (une matière).

Verseau n. m. □ Onzième signe du zodiaque (20 janvier-18 février).

versement n. m. □ Action de verser de l'argent. ■ L'argent versé.

verser v. **I.** v. tr. **1.** Faire tomber, faire couler (un liquide) d'un récipient qu'on incline. – Servir (une boisson). **2.** Répandre. **3.** Donner en répandant. **4.** Apporter (de l'argent). ■ Déposer, annexer (des documents). **II.** v. intr. fig. *VERSER DANS...* : tomber dans.

verset n. m. □ Paragraphe (d'un texte sacré).

verseur n. m. □ Appareil servant à verser (I, 1).

versicolore adj. □ didact. Aux couleurs changeantes ou variées.

versification n. f. **1.** Technique du vers régulier. **2.** Technique du vers propre à un poète.

versifier v. tr. □ Mettre en vers. ▶ **versificateur, trice** n.

version n. f. **1.** Traduction (d'un texte en langue étrangère) dans une langue maternelle. **2.** Chacun des états d'un texte modifié. ■ *Film en version originale* (abrév. **V. O.**), avec la bande sonore originale. **3.** Manière de présenter, d'interpréter des faits.

verso n. m. □ Envers d'un feuillet.

versoir n. m. □ Pièce de la charrue qui rabat la terre sur le côté.

verste n. f. □ Ancienne unité de distance en Russie.

vert, verte I. adj. **1.** Intermédiaire entre le bleu et le jaune. – *Feu vert,* indiquant que la voie est libre. – par exagér. *Être vert de peur.* **2.** Qui n'est pas mûr ; qui a encore de la sève. *Légumes verts* (consommés non séchés). **3.** Qui concerne la végétation. ■ Relatif à la nature. – n. m. *Les Verts,* les écologistes. **II.** n. m. **1.** Couleur verte. **2.** Feuilles vertes, verdure ; fourrage frais.

vert-de-gris 1. n. m. invar. Dépôt verdâtre sur le cuivre, le bronze. ▶ **vert-de-grisé, ée** adj. **2.** adj. invar. D'un vert grisâtre.

vertèbre n. f. □ Chacun des os qui forment la colonne vertébrale. ▶ **vertébral, ale, aux** adj.

vertébré, ée 1. adj. Qui a des vertèbres. **2.** n. m. pl. *LES VERTÉBRÉS* : embranchement du règne animal formé des animaux à colonne vertébrale.

vertement adv. □ Avec vivacité, rudesse.

vertical, ale, aux adj. et n. **1.** adj. Qui suit la direction de la pesanteur ; perpendiculaire à l'horizontale. **2.** n. f. Ligne, position verticale. ▶ **verticalement** adv. ▶ **verticalité** n. f.

vertige n. m. **1.** Impression de perte d'équilibre (alors qu'on est immobile). **2.** Peur pathologique de tomber dans le vide.

vertigineux, euse adj. **1.** Du vertige (1 et 2). **2.** cour. Très haut, très profond ; qui donnerait le vertige (2). ▶ **vertigineusement** adv.

vertu n. f. **I. 1.** vieilli Conduite, vie conforme à la morale. **2.** vx Chasteté ; fidélité conjugale (d'une femme). **3.** Disposition à accomplir des actes moraux par un effort de volonté. ▶ **vertueux, euse** adj. ▶ **vertueusement** adv. **II. 1.** littér. Principe actif. **2.** *EN VERTU DE* loc. prép. : par le pouvoir de.

verve n. f. □ Imagination et fantaisie dans la parole.

verveine n. f. **1.** Plante dont une espèce a des vertus calmantes. **2.** Infusion de verveine.

verveux n. m. □ techn. Filet de pêche monté sur des cercles.

vesce n. f. □ Plante herbacée à vrilles fleuries.

vésical, ale, aux adj. □ anat. De la vessie.

vésicant, ante adj. □ méd. Qui détermine des ampoules sur la peau.

vésicatoire n. m. □ méd. Remède pour provoquer une révulsion de l'épiderme.

vésicule n. f. □ Cavité, petit sac membraneux. – *Vésicule (biliaire),* qui emmagasine la bile du foie.

vespasienne n. f. □ vieilli Urinoir public.

vespéral, ale, aux adj. □ littér. Du soir.

vesse n. f. □ Pet silencieux.

vesse-de-loup n. f. □ Champignon à spores grisâtres.

vessie n. f. 1. Organe creux dans lequel s'accumule l'urine. 2. *Prendre des vessies pour des lanternes*, se tromper grossièrement.

vestale n. f. ▫ (Antiq. romaine) Prêtresse de Vesta.

veste n. f. 1. Vêtement de dessus court, avec manches, ouvert devant. 2. *Retourner sa veste*, changer de parti.

vestiaire n. m. 1. Lieu où l'on dépose les vêtements d'extérieur, dans un établissement public. 2. Lieu où l'on revêt une tenue (sportive, professionnelle).

vestibule n. m. ▫ Pièce d'entrée.

vestige n. m. ▫ surtout plur. Ce qui demeure (d'une chose disparue, d'un groupe, d'une culture).

vestimentaire adj. ▫ Des vêtements.

veston n. m. ▫ Veste d'un complet d'homme.

vêtement n. m. ▫ Pièce de l'habillement (spécialt de dessus).

vétéran n. m. 1. Ancien combattant. 2. Personne pleine d'expérience.

vétérinaire 1. adj. Qui a rapport au soin des bêtes. 2. n. Médecin vétérinaire. – abrév. fam. **véto.**

vétille n. f. ▫ Chose insignifiante. ▶ **vétilleux, euse** adj. littér.

vêtir v. tr. ▫ littér. Couvrir (qqn) de vêtements ; mettre un vêtement à (qqn). ▷ v. pron. se **vêtir** littér. ▷ adj. **vêtu, ue** Qui porte un vêtement.

vétiver n. m. 1. Plante tropicale utilisée en parfumerie. 2. Son parfum.

veto n. m. invar. ▫ Opposition à une décision.

vêture n. f. ▫ relig. Cérémonie de prise d'habit ou de voile.

vétuste adj. ▫ (choses) Qui est vieux, dégradé. ▶ **vétusté** n. f.

veuf, veuve adj. et n. ▫ Dont le conjoint est mort.

veule adj. ▫ Qui n'a aucune énergie, aucune volonté. ▶ **veulerie** n. f.

veuvage n. m. ▫ Situation, état d'une personne veuve et non remariée.

vexation n. f. 1. vx Brimade, persécution. 2. Blessure d'amour-propre. ▶ **vexatoire** adj.

vexer v. tr. ▫ Blesser (qqn) dans son amour-propre. ▷ v. pron. se **vexer** → se **froisser.** ▷ adj. **vexé, ée** ▶ **vexant, ante** adj.

via prép. ▫ En passant par.

viabiliser v. tr. ▫ Rendre apte à la construction en effectuant des travaux de viabilité. ▷ p. p. **viabilisé, ée**

① **viabilité** n. f. 1. État d'une voie où l'on peut circuler. 2. admin. Travaux d'aménagement à exécuter avant de construire sur un terrain.

② **viabilité** n. f. 1. État d'un organisme viable (1). 2. Caractère viable (2).

viable adj. 1. (fœtus...) Apte à vivre. 2. Qui présente les conditions nécessaires pour se développer.

viaduc n. m. ▫ Pont de grande longueur servant au passage d'une voie.

viager, ère ▫ adj. Qui se termine avec la vie d'une personne. – n. m. *Vendre une maison* EN VIAGER, moyennant une rente viagère.

viande n. f. ▫ Chair des mammifères et des oiseaux en tant que nourriture.

viatique n. m. ▫ littér. Secours, soutien indispensable.

vibrant, ante adj. 1. Qui est en vibration. 2. Qui exprime une forte émotion.

vibraphone n. m. ▫ Instrument de musique formé de plaques métalliques frappées. ▶ **vibraphoniste** n.

vibratile adj. ▫ biol. Animé de mouvements rapides de flexion et d'extension.

vibration n. f. 1. Mouvement, état de ce qui vibre ; ses effets. 2. phys. Oscillation de fréquence élevée. ▶ **vibratoire** adj.

vibrato n. m. ▫ mus. Tremblement rapide d'un son.

vibrer v. intr. 1. Se mouvoir rapidement autour de sa position d'équilibre avec une très faible amplitude. 2. fig. Être ému, exalté.

vibreur n. m. ▫ Élément qui produit une vibration.

vibrion n. m. ▫ sc. Bactérie de forme incurvée.

vibrisse n. f. ▫ sc. Poil tactile.

vibromasseur n. m. ▫ Appareil électrique qui produit des massages par vibration.

vicaire n. m. ▫ Celui qui exerce en second des fonctions ecclésiastiques. – Prêtre qui aide le curé. ▶ **vicariat** n. m.

vice n. m. I. 1. *LE VICE* : disposition habituelle au mal ; conduite qui en résulte. 2. *UN VICE* : défaut grave que réprouve la morale sociale. ▪ spécialt Perversion sexuelle. II. Imperfection grave. – dr. *Vice de forme* : absence d'une formalité obligatoire qui rend nul un acte juridique.

vicelard, arde adj. et n. ▫ fam. Un peu vicieux.

vice-président, ente n. ▫ Personne qui seconde ou supplée un(e) président(e). ▶ **vice-présidence** n. f. ▶ **vice-présidentiel, ielle** adj.

vice-roi n. m. ▫ hist. Celui à qui un roi, un empereur a délégué son autorité pour gouverner un royaume, une province.

vice versa loc. adv. ▫ Inversement. – var. **vice-versa.**

vichy n. m. ▫ Toile de coton à carreaux.

vicier v. tr. 1. dr. Rendre défectueux. 2. littér. Corrompre. ▷ adj. **vicié, ée** Impur, pollué.

vicieux, euse adj. I. 1. littér. Qui a des vices (1). 2. adj. et n. Qui a des mœurs sexuelles que la société réprouve. 3. adj. fam. Rusé et malhonnête (personnes, procédés). II. (choses) Défectueux. ▶ **vicieusement** adv.

vicinal, ale, aux adj. ▫ *Chemin vicinal*, voie qui relie des villages.

vicissitudes n. f. pl. ▫ littér. Événements, surtout malheureux, de la vie.

vicomte n. m. ▫ Noble dont le titre est au-dessous de celui du comte. ▶ **vicomté** n. m. ▶ **vicomtesse** n. f.

victime n. f. 1. Personne qui subit des injustices, qui souffre. 2. Personne tuée ou blessée.

victimiser v. tr. ▫ anglic. Transformer en victime. ▶ **victimisation** n. f.

victoire n. f. 1. Succès dans un combat, une bataille, une guerre. 2. Heureuse issue d'une lutte, d'une compétition, pour qui a eu l'avantage.

victoria n. f. ▫ anciennt Voiture à cheval découverte.

victorieux, euse adj. 1. Qui a remporté une victoire. 2. Qui exprime, évoque une victoire. ▶ **victorieusement** adv.

victuailles n. f. pl. ▫ Provisions de bouche.

vidage n. m. ▫ Action de vider (II, 2).

vidange n. f. 1. Action de vider de matières sales. 2. Ce qui est vidé. 3. Mécanisme qui sert à vider l'eau. ▶ **vidanger** v. tr. ▶ **vidangeur, euse** n.

vide I. adj. 1. Qui ne contient rien de perceptible. 2. Dépourvu de son contenu normal. ▪ (local, lieu) Inoccupé. 3. (durée) Qui n'est pas employé ; sans occupation. **4.** Qui manque d'intérêt ; vain. **II.** n. m. **1.** Espace qui n'est pas occupé par de la matière ; par des choses ou des personnes. **2.** Espace où il n'y a aucun corps solide susceptible de servir d'appui. **3.** *UN VIDE* : espace vide ; fente, ouverture. – fig. Ce qui est ressenti comme un manque. **4.** Absence d'intérêt, de contenu. **5.** *PASSAGE À VIDE* : moment où un mécanisme tourne à vide ; fig. moment d'inactivité.

vidéaste n. ▫ Personne qui réalise des films vidéo.

vidéo **I.** adj. invar. Qui concerne l'enregistrement et la retransmission des images et des sons sur un écran de télévision. **II.** n. f. Ensemble des techniques vidéo. ▪ Œuvre vidéo (film...).

vidéoclip → ② **clip**

vidéocommunication n. f. ▫ techn. Ensemble des techniques permettant de transmettre des informations sous forme d'images fixes ou animées.

vidéoconférence → **visioconférence**

vide-ordures n. m. invar. ▫ Conduit vertical pour jeter les ordures (dans un immeuble).

vidéosurveillance n. f. ▫ Surveillance par caméras vidéo.

vidéothèque n. f. ▫ Collection de documents vidéo. – Lieu où on les entrepose.

vide-poches n. m. invar. ▫ Petit meuble ou récipient où l'on peut déposer de petits objets.

vider v. tr. **I.** **1.** Rendre vide (un contenant). – *VIDER... DANS, SUR* : répandre le contenu de... quelque part. **2.** Ôter les entrailles de (un poisson, une volaille) pour le faire cuire. **3.** *Vider les lieux*, partir. **4.** fam. Épuiser les forces de (qqn). **II.** **1.** Enlever (qqch.) de son contenant. **2.** fam. Faire sortir brutalement (qqn) d'un lieu, d'un emploi. ▷ adj. **vidé, ée** (personnes) **1.** Épuisé, sans forces. **2.** Sans ressources morales.

videur, euse n. ▫ Personne qui est chargée de vider (spécialt (II, 2) les indésirables).

viduité n. f. **I.** dr. État de veuf, de veuve. **II.** littér. Abandon, solitude.

vie n. f. **1.** Fait de vivre ; état des êtres organisés qui évoluent de la naissance à la mort. ▪ Vigueur, vivacité. **2.** *LA VIE* : l'ensemble des phénomènes (croissance, métabolisme, reproduction) que présente la matière organisée (organismes animaux ou végétaux), de la naissance à la mort. – La matière vivante. *La vie animale, végétale.* **3.** Temps compris entre la naissance et la mort. ▪ Temps qui reste à vivre à un individu. – *À VIE* : jusqu'à la mort. **4.** Activités, événements qui remplissent la vie (3), pour chaque être. **5.** Manière de vivre (d'un individu, d'un groupe). **6.** Moyens matériels d'assurer la subsistance d'un être vivant. *Niveau de vie.* **7.** absolt Le cours des choses humaines.

vieil, vieille → **vieux**

vieillard n. m. ▫ Homme d'un grand âge.

vieillerie n. f. ▫ Objet vieux, démodé, usé.

vieillesse n. f. **1.** Dernière période de la vie humaine. **2.** Fait d'être vieux.

vieillir v. **I.** v. intr. **1.** Prendre de l'âge. **2.** Acquérir les caractères de la vieillesse. **3.** (sujet chose) Perdre de son intérêt avec le temps. ▪ Être en voie de disparition. – au p. p. *Mot vieilli.* **4.** (produits) Acquérir certaines qualités avec le temps. **II.** v. tr. **1.** (sujet chose) Faire paraître plus vieux. **2.** Attribuer à (qqn) un âge supérieur à son âge réel. ▶ **vieillissant, ante** adj.

vieillissement n. m. **1.** Fait de devenir vieux, ou de s'affaiblir par l'effet de l'âge. **2.** Fait de vieillir (vins, fromages...).

vieillot, otte adj. ▫ Qui a un caractère vieilli, démodé.

vielle n. f. ▫ Instrument de musique à cordes frottées par une roue à manivelle.

viennois, oise adj. et n. **1.** De Vienne, en Autriche. **2.** *Café, chocolat viennois,* avec de la crème Chantilly.

viennoiserie n. f. ▫ Boulangerie fine.

vierge n. f. et adj. **I.** n. f. **1.** Fille qui n'a jamais eu de rapports sexuels. **2.** *La (Sainte) Vierge,* Marie, mère de Jésus. **3.** Sixième signe du zodiaque (23 août-22 septembre). **II.** adj. **1.** Qui n'a jamais eu de relations sexuelles. **2.** Qui n'a jamais été touché, sali ou utilisé. – *Casier judiciaire vierge.* **3.** Inculte, inexploité.

vietnamien, ienne adj. ▫ Du Viêtnam. – n. *Les Vietnamiens.* ▪ n. m. Langue parlée au Viêtnam.

vieux ou **vieil** (plur. **vieux**), **vieille** ▫ *vieil* devant voyelle ou *h* muet **I.** adj. (êtres vivants) opposé à *jeune* **1.** Qui a vécu longtemps ; qui est dans la vieillesse. **2.** Qui a les caractères physiques ou moraux d'une personne âgée. **3.** Qui est depuis longtemps dans l'état indiqué. **4.** (avec *assez, trop, plus, moins*) Âgé. **II.** adj. (choses) opposé à *neuf, nouveau* **1.** Qui existe depuis longtemps. ▪ (vins, alcools) Amélioré par le temps. **2.** Hors d'usage. **3.** Dont l'origine, le début est ancien. – VIEUX JEU adj. invar. : démodé. **4.** Qui a existé autrefois, il y a longtemps. **III.** n. **1.** Personne âgée. **2.** fam. (avec le poss.) Père, mère ; parents. **IV.** n. f. Labre (poisson).

vif, vive adj. **I.** vx ou dans des loc. Vivant, vivante. *Jeanne d'Arc a été brûlée vive.* **II. 1.** Dont la vitalité se manifeste par la rapidité, la vivacité* des mouvements. **2.** Qui s'emporte facilement. **3.** Rapide. **III.** (choses) **1.** *Vive arête,* nette, aiguë. **2.** *Eau vive,* eau pure qui coule. – *Air vif,* frais et pur. **3.** Intense. **IV.** n. m. **1.** *SUR LE VIF* : d'après nature. **2.** fig. *Entrer DANS LE VIF du sujet,* toucher à l'essentiel. ▪ *À VIF* : avec la chair vive à nu. ▪ *Être piqué AU VIF,* au point le plus sensible.

vif-argent n. m. ▫ vx Mercure (métal).

vigie n. f. **1.** Matelot en observation. **2.** Son poste d'observation.

vigilant, ante adj. ▫ Qui surveille avec une attention soutenue. ▶ **vigilance** n. f.

① **vigile** n. f. ▫ cathol. Veille d'une fête importante.

② **vigile** n. m. ▫ Membre d'une police privée, d'un organisme de défense.

vigne n. f. **1.** Arbrisseau cultivé pour la production du vin. **2.** Plantation de vignes. **3.** VIGNE VIERGE : plante décorative grimpante.

vigneron, onne n. ▫ Personne qui cultive la vigne, fait le vin.

vignette n. f. **1.** Motif ornemental dans un livre. **2.** Petit carré de papier, étiquette ou timbre.

vignoble n. m. ▫ Plantation de vignes. – Ensemble de vignes (d'une région).

vigogne n. f. **1.** Animal du genre lama. **2.** Laine de vigogne.

vigoureux, euse adj. **1.** Qui a de la vigueur. **2.** Qui agit avec efficacité. ▶ **vigoureusement** adv.

vigueur n. f. **1.** Force, énergie (d'un être en pleine santé et dans la plénitude de son développement). **2.** Activité intellectuelle libre et efficace. **3.** EN VIGUEUR : en usage.

V. I. H. n. m. (sigle de *virus de l'immunodéficience humaine*) ▫ Virus responsable du sida. – syn. (anglic.) **H. I. V.**

viking n. m. et adj. ▫ hist. Marin scandinave (VIIIe-XIe s.).

vil, vile adj. **1.** littér. Qui inspire le mépris ; sans dignité. **2.** *À VIL PRIX* : à très bas prix.

vilain, aine adj. **1.** Se dit d'un enfant qui ne se conduit pas bien. **2.** Désagréable à voir. **3.** (temps) Mauvais. **4.** Dont l'apparence est inquiétante. ▶ **vilainement** adv.

vilebrequin n. m. **1.** Outil pour percer. **2.** techn. Arbre articulé avec des bielles, qui transforme un mouvement rectiligne en rotation.

vilenie n. f. ▫ littér. Action vile et basse.

vilipender v. tr. ▫ littér. Dénoncer comme vil.

villa n. f. **1.** Maison de plaisance avec un jardin. **2.** Voie calme, impasse.

village n. m. **1.** Agglomération rurale autonome. **2.** Les habitants d'un village. ▶ **villageois, oise** adj. et n.

ville n. f. **1.** Réunion importante de constructions constituant un milieu social autonome, et une entité économique. **2.** L'administration, la personne morale de la ville. **3.** La vie, les habitudes sociales dans une grande ville. **4.** Les habitants de la ville.

villégiature n. f. ▫ Séjour de repos, à la campagne ou dans un lieu de plaisance. ▪ Lieu de ce séjour. ▶ **villégiaturer** v. intr.

villosité n. f. ▫ anat. Saillie qui donne un aspect velu à une surface.

vin n. m. ▫ Boisson alcoolisée provenant de la fermentation du raisin. *Vin rouge, rosé, blanc.*

vinaigre n. m. ▫ Vin ou solution alcoolisée après fermentation acétique (assaisonnement, condiment). – fig. *Tourner au vinaigre*, tourner mal, empirer. ▶ **vinaigrer** v. tr.

vinaigrette n. f. ▫ Sauce faite d'huile et de vinaigre, assaisonnement.

vinaigrier, ière n. **1.** Personne qui fait, vend du vinaigre. **2.** n. m. Flacon pour le vinaigre.

vinasse n. f. ▫ fam. Mauvais vin rouge.

vindicatif, ive adj. ▫ Porté à la vengeance.

vindicte n. f. ▫ dr. *Vindicte publique* : punition des crimes au nom de la société.

vineux, euse adj. ▫ Qui a la couleur ou l'odeur du vin.

vingt adj. numéral **1.** (cardinal) Deux fois dix (20). **2.** (ordinal) Vingtième. **3.** n. m. Le nombre, le numéro vingt. ▶ **vingtaine** n. f. ▶ **vingtième** adj. et n. ▶ **vingtièmement** adv.

vinicole adj. ▫ Relatif à la production du vin.

vinifier v. tr. ▫ Traiter (les moûts) pour faire le vin. ▶ **vinification** n. f.

vintage ▫ anglic. **I.** n. m. Porto millésimé. **II.** adj. **1.** Se dit de modèles anciens d'automobiles. **2.** Se dit d'objets anciens et conservés depuis leur création.

vinyle n. m. **1.** Matière plastique imitant le cuir. **2.** Disque microsillon.

vioc ou **vioque** adj. et n. ▫ fam. péj. Vieux.

viol n. m. ▫ Acte par lequel une personne en force une autre à avoir des relations sexuelles avec elle (crime).

violacé, ée adj. ▫ Qui tire sur le violet.

violation n. f. ▫ Action de violer (un engagement, un droit). ▶ **violateur, trice** n.

viole n. f. ▫ Instrument de musique à cordes et à archet. ▪ *VIOLE DE GAMBE* : grande viole à six cordes.

violemment adv. ▫ Avec violence.

violence n. f. **1.** Force brutale pour soumettre qqn. ▪ *Se faire violence* : se forcer. **2.** Acte violent. **3.** Force brutale ; intensité (d'un sentiment...).

violent, ente adj. **1.** adj. et n. Qui agit ou s'exprime avec violence. **2.** Qui a un intense pouvoir d'action. ▪ Qui a un effet intense sur les sens. **3.** Qui exige de la force, de l'énergie.

violenter v. tr. ▫ Violer (II).

violer v. tr. **I.** (compl. chose) **1.** Porter atteinte à (ce qu'on doit respecter). **2.** Pénétrer dans (un lieu sacré ou protégé). **II.** Posséder sexuellement (une personne) contre sa volonté. ▶ **violeur, euse** n.

violet, ette **1.** adj. Mêlé de bleu et de rouge. **2.** n. m. Couleur violette.

violette n. f. ▫ Petite plante à fleurs souvent violettes ; sa fleur. ▪ Parfum de violette.

violine adj. ▫ Violet foncé.

violiste n. ▫ Musicien(ne) qui joue de la viole de gambe.

violon n. m. ▫ Instrument de musique à quatre cordes et à archet. – *Accordez vos violons !,* mettez-vous d'accord. – *VIOLON D'INGRES* : activité favorite. ▶ **violoniste** n.

violoncelle n. m. ▫ Instrument à cordes, plus grand que le violon. ▶ **violoncelliste** n.

violoneux n. m. ▫ anciennt Violoniste de village.

vioque n. → **vioc**

viorne n. f. **1.** Arbrisseau à fleurs blanches. **2.** Clématite.

vipère n. f. ▫ Serpent venimeux à tête triangulaire. ▶ **vipérin, ine** adj.

virage n. m. **1.** Mouvement d'un véhicule qui tourne. **2.** Forte courbure du tracé (d'une voie).

virago n. f. ▫ péj. Femme rude et autoritaire.

viral, ale, aux adj. **1.** Provoqué par un virus. **2.** Relatif aux virus informatiques. **3.** Qui se propage rapidement sur Internet.

virée n. f. ▫ fam. Promenade, voyage rapide.

virelai n. m. ▫ didact. Poème du Moyen Âge, petite pièce sur deux rimes avec refrain.

virer v. **I.** **1.** v. intr. Tourner sur soi, en rond. **2.** v. intr. mar. Changer de direction. **II.** v. tr. **1.** Transporter (une somme) d'un compte à un autre. ▶ **virement** n. m. **2.** fam. *Virer qqn,* le renvoyer. **III.** v. intr. **1.** Changer d'aspect, de couleur. **2.** *VIRER À* : devenir.

virevolter v. intr. **1.** Tourner rapidement sur soi. **2.** fig. Aller en tous sens, changer continuellement. ▶ **virevoltant, ante** adj. ▶ **virevolte** n. f.

virginal, ale, aux adj. ▫ D'une vierge.

virginité n. f. ▫ État d'une personne vierge.

virgule n. f. **1.** Signe de ponctuation (,) marquant une pause à l'intérieur de la phrase. – *POINT-VIRGULE* (;) : séparant des phrases (ou membres de phrases) sans les isoler. **2.** Signe (,) qui précède la décimale dans un nombre décimal.

viril, ile adj. **1.** De l'homme adulte. **2.** Qui a l'appétit sexuel d'un homme normal. **3.** Qui a les caractères correspondant à une image biologique et sociale de l'homme. ▶ **virilement** adv. ▶ **virilité** n. f.

virole n. f. ▫ Bague de métal pour assujettir qqch. à l'extrémité d'un manche.

virologie n. f. ▫ sc. Étude des virus. ▶ **virologiste** ou **virologue** n.

virtuel, elle adj. ▫ Qui est à l'état de simple possibilité ; qui a en soi les conditions de sa réalisation. ▶ **virtuellement** adv. ▶ **virtualité** n. f.

virtuose n. 1. Chanteur(euse), instrumentiste ayant une technique brillante. 2. Personne extrêmement habile. ▶ **virtuosité** n. f.

virulence n. f. ▫ Violence agressive. ▶ **virulent, ente** adj. ▶ **virulemment** adv.

virus n. m. 1. Germe pathogène. – Micro-organisme capable de former sa propre substance par synthèse. 2. fig. Goût excessif. *Le virus du jeu.* 3. inform. Instruction qui perturbe le fonctionnement d'un système informatique.

vis n. f. ▫ Tige présentant une partie saillant en hélice, que l'on fait agir en la faisant tourner sur elle-même. – *Serrer la vis à qqn*, le traiter avec sévérité.

visa n. m. 1. Formule apposée sur un acte pour le valider. 2. Formule exigée pour entrer dans certains pays.

visage n. m. 1. Partie antérieure de la tête humaine. 2. Expression du visage. 3. La personne.

visagiste n. ▫ Esthéticien(ne), coiffeur(euse) spécialisé(e) dans la mise en valeur du visage.

vis-à-vis I. *VIS-À-VIS DE* loc. prép. 1. En face de. 2. fig. En présence de. – En comparaison de. 3. Envers (qqn). II. n. m. Position de deux personnes, de deux choses qui se font face.

viscéral, ale, aux adj. 1. Relatif aux viscères. 2. (sentiment) Profond et irraisonné. ▶ **viscéralement** adv.

viscère n. m. ▫ anat. Organe contenu dans une cavité du corps (cerveau, cœur, estomac, etc.). ■ cour. *Les viscères.* → **boyau(x).**

viscose n. f. ▫ techn. Solution de cellulose et de soude.

viscosité n. f. 1. État de ce qui est visqueux (1). 2. Caractère visqueux (2).

visée n. f. 1. Action de diriger la vue, une arme vers un objectif. 2. fig. surtout plur. Direction de l'esprit vers un but.

① **viser** v. I. v. intr. 1. Diriger attentivement vers la cible à atteindre. 2. fig. *Viser haut*, avoir de grandes ambitions. II. v. tr. ind. *VISER À*. Avoir en vue (une fin). – (+ inf.) Tendre à. III. v. tr. dir. 1. Regarder attentivement (un but, une cible) afin de l'atteindre. 2. fig. S'efforcer d'atteindre (un résultat). 3. (sujet chose) S'appliquer à. – passif et p. p. *Être, se sentir visé*, être l'objet d'une critique.

② **viser** v. tr. ▫ Revêtir (un acte) d'un visa*.

viseur n. m. ▫ Dispositif optique servant à effectuer une visée (1), à délimiter le champ.

visibilité n. f. 1. Caractère de ce qui est perceptible par la vue. 2. Qualité de l'atmosphère, permettant de voir (plus ou moins loin). 3. Possibilité de voir les abords.

visible adj. 1. Qui peut être vu. *Visible à l'œil nu.* 2. impers. *Il est visible que* (+ indic.), clair, évident. 3. (personnes) En état d'être vu (habillé, apprêté).

visiblement adv. 1. En se manifestant à la vue. 2. D'une manière évidente.

visière n. f. ▫ Partie d'une casquette, d'un képi qui abrite les yeux.

visioconférence n. f. ▫ techn. Système de télécommunication permettant de réunir des personnes éloignées dans des conditions proches de celles d'une réunion ordinaire.

vision n. f. **I. 1.** Perception du monde extérieur par la vue. **2.** fig. Action de se représenter en esprit. **II.** *(Une, des visions)* **1.** Chose surnaturelle qui apparaît. **2.** Représentation imaginaire.

visionnaire 1. n. Personne qui a des visions (II, 1). **2.** adj. Capable d'anticiper. *Un art visionnaire.*

visionner v. tr. **1.** Examiner techniquement (un film). **2.** Faire apparaître sur un écran de visualisation. ▶ **visionneuse** n. f.

visiophone n. m. ▫ Téléphone où chaque correspondant a une image de l'autre.

Visitation n. f. ▫ relig. cathol. Fête commémorant la visite de la Sainte Vierge à sainte Élisabeth, alors enceinte de Jean-Baptiste.

visite n. f. **I. 1.** Fait d'aller voir (qqn) et de rester avec lui un certain temps ; fait de recevoir un visiteur. **2.** La personne qui se rend chez une autre. **3.** Fait de se rendre auprès d'un malade, pour un médecin. **II.** Fait de se rendre (dans un lieu) pour visiter.

visiter v. tr. **I. 1.** rare Faire une visite à (qqn). **2.** Se rendre auprès de (qqn) pour l'assister. **II.** Aller voir (qqch.), parcourir (un lieu). ▶ **visiteur, euse** n.

vison n. m. **1.** Mammifère élevé pour sa fourrure très estimée. **2.** Sa fourrure.

visqueux, euse adj. **1.** (liquide) Qui est épais et s'écoule avec difficulté. **2.** péj. Dont la surface est couverte d'une couche gluante.

visser v. tr. **1.** Fixer avec une vis, des vis. **2.** Serrer en tournant sur un pas de vis. ▶ **vissage** n. m.

visualiser v. tr. **1.** Rendre visible (ce qui ne l'est pas). **2.** inform. Faire apparaître sur un écran (les résultats d'un traitement). ▶ **visualisation** n. f.

visuel, elle adj. ▫ Relatif à la vue. ▶ **visuellement** adv.

vit n. m. ▫ vx Sexe de l'homme.

vital, ale, aux adj. **1.** Qui concerne la vie. **2.** Essentiel à la vie.

vitalisme n. m. ▫ didact. Doctrine d'après laquelle les phénomènes vitaux sont irréductibles. ▶ **vitaliste** adj. et n.

vitalité n. f. ▫ Caractère de ce qui manifeste une santé remarquable.

vitamine n. f. ▫ Substance organique indispensable à l'organisme. ▶ **vitaminé, ée** adj.

vite ▫ adv. **1.** En parcourant un grand espace en peu de temps. **2.** En peu de temps. – (avec un impér.) Immédiatement. **3.** Au bout d'une courte durée.

vitellus n. m. ▫ biol. Substance qui constitue les réserves de l'œuf, de l'embryon. ▶ **vitellin, ine** adj.

vitelotte n. f. ▫ Pomme de terre à la peau et à la chair violacées.

vitesse n. f. **I. 1.** Fait ou pouvoir de parcourir un grand espace en peu de temps. **2.** Fait d'accomplir une action en peu de temps. **II. 1.** Fait d'aller plus ou moins vite. **2.** Rapport entre la vitesse de rotation de l'arbre moteur et celle des roues. – fam. *En quatrième vitesse,* très vite. **3.** sc. Quantité exprimée par le rapport d'une distance au temps mis à la parcourir.

viticole adj. ▫ Relatif à la culture de la vigne et à la production du vin.

viticulture n. f. ▫ Culture de la vigne. ▶ **viticulteur, trice** n.

vitrage n. m. ▫ Châssis garni de vitres.

vitrail, aux n. m. ▫ Panneau décoratif constitué de morceaux de verre colorés.

vitre n. f. ▫ Panneau de verre garnissant une ouverture (fenêtre, porte, etc.) ou les portières d'un véhicule.

vitré, ée adj. 1. anat. *Corps vitré* ou n. m. *le vitré :* masse transparente entre la rétine et le cristallin. 2. Garni de vitres.

vitrer v. tr. ▫ Garnir de vitres.

vitrerie n. f. ▫ Industrie des vitres et glaces.

vitreux, euse adj. 1. Qui ressemble au verre fondu. 2. Dont l'éclat est terni.

vitrier, ière n. ▫ Personne qui vend, coupe et pose les vitres, les pièces de verre.

vitrifier v. tr. 1. Transformer en verre par fusion. – pronom. *Se vitrifier.* 2. Recouvrir d'une matière plastique transparente. – au p. p. *Parquet vitrifié.* ▶ **vitrification** n. f.

vitrine n. f. 1. Devanture vitrée d'un local commercial ; espace où l'on expose des objets à vendre ; son contenu. 2. Petite armoire vitrée.

vitriol n. m. 1. Acide sulfurique concentré. 2. fig. *Portrait au vitriol.*

vitrioler v. tr. ▫ Lancer du vitriol sur (qqn) pour le défigurer. ▶ **vitriolage** n. m.

vitupérer v. 1. v. tr. littér. Blâmer vivement. 2. v. intr. *Vitupérer contre qqn, qqch.*, protester violemment. ▶ **vitupération** n. f.

vivable adj. 1. Où l'on peut vivre. 2. (personnes) Supportable.

vivace adj. 1. Résistant (plantes, animaux inférieurs). 2. bot. *Plante vivace,* qui vit plus de deux années. 3. Qui se maintient sans défaillance.

vivacité n. f. 1. Caractère de ce qui a de la vie, est vif. 2. Caractère de ce qui a de l'intensité. 3. Caractère vif (II, 2).

vivant, ante adj. 1. Qui vit, est en vie. 2. Plein de vie. – (œuvres, personnages...) Qui a l'expression de ce qui vit réellement. 3. (lieu) Plein de vie, d'animation. 4. (choses) Actif, actuel. *Langues vivantes.*

vivarium n. m. ▫ didact. Espace aménagé pour de petits animaux vivants.

vivat n. m. ▫ Acclamation.

① **vive** n. f. ▫ Poisson aux nageoires épineuses.

② **vive** exclam. ▫ Acclamation envers qqn, qqch. à qui l'on souhaite de durer. *Vive la République ! Vive les vacances !*

vivement adv. 1. Avec vivacité, ardeur. 2. exclam. Exprime un souhait d'accomplissement rapide. – *Vivement que* (+ subj.). 3. Avec force, intensité.

vivier n. m. ▫ Bassin où l'on garde du poisson, des crustacés.

vivifier v. tr. ▫ Donner de la vitalité à (qqn). ▶ **vivifiant, ante** adj.

vivipare adj. ▫ Se dit d'un animal dont l'œuf se développe complètement à l'intérieur de l'utérus maternel.

vivisection n. f. ▫ Opération pratiquée à titre d'expérience sur les animaux vivants. ▶ **vivisecteur, trice** n.

vivoter v. intr. ▫ Subsister ; avoir une activité faible.

vivre v. I. v. intr. 1. Être en vie. 2. (avec un compl. de durée) Avoir une vie de. 3. Passer une partie de sa vie en résidant habituellement (dans un lieu). 4. Mener une certaine vie. *Vivre seul ; avec qqn.* ▪ *Art de vivre,* de se conduire. 5. Subsister par des moyens matériels. 6. *Avoir beaucoup vécu,* avoir eu une vie riche d'expériences. 7. (sujet chose)

Exister ; subsister. **II.** v. tr. (sujet personne) **1.** Avoir, mener (telle ou telle vie). **2.** Éprouver par l'expérience de la vie.

vivres n. m. pl. ▫ *Couper les vivres à qqn*, le priver de moyens de subsistance.

vizir n. m. ▫ Ministre, sous l'empire ottoman.

vlan interj. ▫ Onomatopée, bruit fort et sec.

V. O. n. f. ▫ Version originale. *Film en V. O.*

vocable n. m. ▫ Mot d'une langue.

vocabulaire n. m. **1.** Dictionnaire succinct ou spécialisé. **2.** Ensemble de mots (d'un texte, d'une science, etc.).

vocal, ale, aux adj. **1.** Qui produit la voix. **2.** De la voix ; du chant.

vocalique adj. ▫ ling. Qui a rapport aux voyelles.

vocaliser v. intr. ▫ Chanter, en parcourant une échelle de sons et sur une seule syllabe. ▶ **vocalise** n. f.

vocatif n. m. ▫ gramm. Cas employé pour s'adresser directement à qqn, à qqch.

vocation n. f. **1.** Mouvement intérieur par lequel qqn se sent appelé par Dieu. **2.** Inclination (pour une profession, un état).

vociférer v. intr. ▫ Parler en criant et avec colère. – trans. *Vociférer des injures.* ▶ **vocifération** n. f.

vodka n. f. ▫ Eau-de-vie de grain.

vœu n. m. **1.** Promesse faite à Dieu ; engagement religieux. **2.** Engagement (envers soi-même). **3.** Souhait que s'accomplisse qqch. – au plur. Souhaits. **4.** Demande.

vogue n. f. ▫ *EN VOGUE* : à la mode.

voguer v. intr. ▫ littér. **1.** Avancer avec des rames. **2.** Naviguer.

voici prép. **1.** Désigne une chose ou une personne relativement proche. **2.** Désigne ce qui arrive ; ce dont il va être question.

voie n. f. **I. 1.** Espace à parcourir pour aller quelque part. **2.** Cet espace tracé et aménagé. – (collectif) *La voie publique* (faisant partie du domaine public). **3.** Partie d'une route de la largeur d'un véhicule. **4.** *VOIE (FERRÉE)* : ensemble des rails mis bout à bout. **5.** (collectif) *La voie maritime, aérienne* : les transports par mer, air. **II.** par ext. **1.** *Mettre qqn sur la voie*, l'aider à trouver. **2.** Passage. ▪ Conduit anatomique. *Les voies digestives.* **III.** fig. **1.** Conduite, suite d'actes orientés vers une fin. **2.** Conduite suivie ou à suivre. **3.** Intermédiaire. *Réclamer par la voie hiérarchique.*

voilà prép. **1.** Désigne une personne ou une chose relativement éloignée. ▪ loc. adv. *EN VEUX-TU EN VOILÀ* : tant qu'on en veut. ▪ *Voilà !*, interjection qui répond à une demande. **2.** Désignant les choses dont il vient d'être question. **3.** Il y a (telle durée).

voilage n. m. ▫ Grand rideau de voile.

① **voile** n. m. **I. 1.** Étoffe qui cache une ouverture, un monument, une plaque. **2.** Morceau d'étoffe destiné à cacher (en partie) le visage. **3.** Tissu léger et fin. **II.** fig. **1.** *Lever le voile* : révéler. **2.** Ce qui rend moins net.

② **voile** n. f. **1.** Pièce de forte toile (attachée à un mât), destinée à recevoir l'action du vent. ▪ fam. *Mettre les voiles* : s'en aller. **2.** Navigation (de plaisance) à voile. – Sport nautique sur voilier.

① **voiler** v. tr. **1.** Cacher d'un voile. – *SE VOILER LA FACE* : refuser de voir (ce qui choque). **2.** fig., littér. Dissimuler. **3.** Rendre moins net. – pronom. *Le ciel se voile*, se couvre. ▷ adj. **voilé, ée 1.** Couvert d'un voile. **2.** fig. Rendu moins perceptible. **3.** Qui a peu d'éclat, de netteté.

② se **voiler** v. pron. □ Se déformer. – au p. p. *Roue voilée.*

voilette n. f. □ Petit voile transparent sur un chapeau de femme.

voilier n. m. □ Bateau à voiles (spécialt bateau de sport ou de plaisance).

voilure n. f. **1.** Ensemble des voiles (d'un navire). **2.** Ensemble des surfaces portantes d'un avion. ▪ Toile d'un parachute.

voir v. **I.** v. intr. Percevoir les images des objets par la vue. – fig. *Voir loin :* prévoir. **II.** v. tr. dir. **1.** Percevoir (qqch.) par les yeux. ▪ *Voir le jour :* naître ; (choses) paraître. – *Voir venir,* attendre. **2.** Être spectateur, témoin de (qqch.). **3.** Être, se trouver en présence de (qqn). *Aller voir qqn,* lui rendre visite. **4.** Regarder attentivement, avec intérêt. **5.** fig. Se faire une opinion sur (qqch.). – absolt *Nous allons voir,* réfléchir. *On verra :* on avisera. ▪ *VOYONS !,* rappel à la raison. **6.** Se représenter par la pensée. ▪ *Voir grand :* avoir de grands projets. **7.** *AVOIR qqch. À VOIR (avec, dans) :* avoir une relation, un rapport avec (seulement avec *pas, rien, peu*). ▷ v. pron. se **voir** **1.** (réfl.) Voir sa propre image. ▪ S'imaginer. **2.** (récipr.) Se rencontrer, se trouver ensemble. **3.** (passif) Être, pouvoir être vu. – Se trouver.

voire adv. □ Et (peut-être) même.

voirie n. f. □ admin. Aménagement et entretien des voies ; administration publique qui s'en occupe.

voisin, ine **I.** adj. **1.** Qui est à une faible distance. – Qui est à côté. **2.** Qui présente une ressemblance. **II.** n. Personne qui habite le plus près. – Personne qui occupe la place la plus proche.

voisinage n. m. **1.** Ensemble des voisins. **2.** Relations entre voisins. **3.** Proximité.

voisiner v. intr. □ *Voisiner avec :* être placé près de.

voiture n. f. **1.** Véhicule monté sur roues, tiré ou poussé par un animal, un humain. ▪ *Voiture d'enfant.* → **poussette.** **2.** Automobile. **3.** chemins de fer Grand véhicule sur rails, destiné aux voyageurs. ▪ *Voiture-bar.*

voiturer v. tr. □ Transporter en voiture.

voiturier, ière n. □ Personne chargée de garer les voitures des clients.

voix n. f. **I.** **1.** Ensemble des sons produits par les vibrations des cordes vocales. ▪ *LA VOIX,* organe de la parole. *De vive voix :* oralement. **2.** Parole. **II.** fig. **1.** Ce que l'être humain ressent en lui-même, qui l'avertit. **2.** Expression de l'opinion. *La voix du peuple.* ▪ Suffrage. **III.** gramm. Aspect de l'action verbale accomplie par le sujet *(voix active),* ou subie par lui *(voix passive).*

① **vol** n. m. **1.** Ensemble des mouvements coordonnés faits par les animaux capables de se déplacer en l'air. – *AU VOL :* au passage. **2.** Fait de se soutenir et de se déplacer dans l'air (aérostats, avions...). ▪ Déplacement aérien. **3.** Quantité (d'oiseaux, d'insectes) qui se déplacent ensemble dans l'air.

② **vol** n. m. **1.** Fait de s'emparer du bien d'autrui, par la force ou à son insu. **2.** Fait de voler (II, 2).

volage adj. □ Qui change facilement de sentiments (spécialt en amour).

volaille n. f. **1.** Ensemble des oiseaux qu'on élève. ▪ Viande de volaille. **2.** Oiseau de basse-cour.

volailler, ère n. □ Marchand(e) de volailles.

①**volant, ante** adj. 1. Capable de s'élever dans les airs. ▪ Qui se déplace en avion. 2. milit. Qui intervient en fonction des besoins.

②**volant** n. m. I. Garniture de tissu, libre à un bord. II. Dispositif circulaire pour orienter les roues directrices d'une automobile.

volatil, ile adj. ▫ Qui passe facilement à l'état de vapeur. ▶ **volatilité** n. f.

volatile n. m. ▫ Oiseau domestique, de basse-cour.

volatiliser v. tr. ▫ Faire passer à l'état gazeux. ▷ v. pron. se **volatiliser** (fig.) Disparaître. ▶ **volatilisation** n. f.

vol-au-vent n. m. invar. ▫ Croûte de pâte feuilletée garnie d'une préparation en sauce.

volcan n. m. ▫ Montagne qui émet ou a émis des matières en fusion. ▶ **volcanique** adj.

volcanisme n. m. ▫ didact. Ensemble des manifestations volcaniques.

volcanologie n. f. ▫ didact. Science qui étudie les phénomènes volcaniques. – var. vieilli **vulcanologie** ▶ **volcanologue** n.

volée n. f. I. 1. Groupe d'oiseaux qui volent ensemble. 2. *DE HAUTE VOLÉE* : de grande envergure. II. 1. Mouvement de ce qui a été lancé et n'a pas encore touché le sol. – (tennis...) Renvoi d'une balle avant qu'elle n'ait touché le sol. 2. Série de coups.

①**voler** v. intr. 1. Se soutenir et se déplacer dans l'air au moyen d'ailes. ▪ (ballons, engins) Se soutenir et se déplacer au-dessus du sol. ▪ (personnes) Être dans un appareil en vol. 2. *VOLER EN ÉCLATS* : éclater. ▪ Flotter.

②**voler** v. tr. I. 1. Prendre (ce qui appartient à qqn) contre son gré ou à son insu. 2. S'approprier, prendre (ce à quoi on n'a pas droit). II. 1. Dépouiller (qqn) de son bien, par force ou par ruse. 2. Ne pas donner ce que l'on doit ou prendre plus qu'il n'est dû à (qqn). ▷ adj. **volé, ée**

volet n. m. 1. Panneau ou battant qui protège une baie. 2. Vantail, aile, partie (d'un objet qui se replie).

voleter v. intr. ▫ Voler à petits coups d'aile.

voleur, euse I. n. 1. Personne qui vole (②) ou a volé le bien d'autrui ; personne qui tire ses ressources de délits de vol. 2. Personne qui détourne à son profit l'argent d'autrui. II. adj. Qui a l'habitude de voler (②).

volière n. f. ▫ Enclos grillagé où les oiseaux peuvent voler.

volige n. f. ▫ Latte sur laquelle sont fixées les ardoises, les tuiles d'un toit.

volition n. f. ▫ didact. Acte de volonté. ▶ **volitif, ive** adj.

volley-ball n. m. ▫ anglic. Sport collectif où l'on renvoie un ballon à la main par-dessus un filet. – abrév. **volley.** ▶ ①**volleyeur, euse** n.

volleyer v. intr. ▫ anglic. Pratiquer le jeu de volée, au tennis. ▶ ②**volleyeur, euse** n.

volontaire adj. 1. Qui résulte d'un acte de volonté. ▪ Qui n'est pas obligatoire. ▶ **volontairement** adv. 2. Qui manifeste de la décision. 3. Qui agit librement. ▪ n. Personne bénévole qui offre ses services. ▶ **volontariat** n. m.

volontariste adj. et n. ▫ Qui croit pouvoir soumettre le réel à sa volonté. ▶ **volontarisme** n. m.

volonté n. f. **I. 1.** Décision conforme à une intention ; sa manifestation. – *À VOLONTÉ* : autant qu'on veut. **2.** *BONNE VOLONTÉ* : disposition à bien faire. ■ *MAUVAISE VOLONTÉ* : disposition à faire de mauvaise grâce. **II.** Faculté de se déterminer librement à agir. – *Une volonté de fer.*

volontiers adv. **1.** Avec plaisir. – (en réponse) → **oui. 2.** Par une tendance naturelle.

volt n. m. ◻ Unité de force électromotrice et de différence de potentiel (symb. V).

voltage n. m. ◻ Différence de potentiel (mesurée en volts). – Nombre de volts pour lequel un appareil électrique fonctionne normalement.

voltaire n. m. ◻ Fauteuil à siège bas, à dossier élevé.

volte n. f. ◻ (cheval) Tour sur soi-même.

volte-face n. f. invar. **1.** Action de se retourner pour faire face. *Faire volte-face.* **2.** fig. Changement brusque d'opinion.

voltige n. f. **1.** Exercice d'acrobatie au trapèze volant. ▶ **voltigeur, euse** n. **2.** Exercices acrobatiques à cheval. – Acrobatie aérienne.

voltiger v. intr. **1.** Faire de la voltige. **2.** (insectes, petits oiseaux) Voleter. **3.** (choses légères) Flotter çà et là. ▶ **voltigement** n. m.

voltmètre n. m. ◻ techn. Appareil mesurant les différences de potentiel.

volubile adj. ◻ Qui parle avec abondance. ▶ **volubilité** n. f.

volubilis n. m. ◻ Plante grimpante.

volume n. m. **I. 1.** Cahiers brochés ou reliés ensemble. **2.** Chacune des parties, brochées ou reliées à part, d'un ouvrage. **II. 1.** Partie de l'espace qu'occupe un corps ; quantité qui la mesure. **2.** géom. Figure à trois dimensions, limitée par des surfaces. **3.** Quantité globale, masse. **4.** *Volume sonore*, intensité des sons.

volumétrique adj. ◻ phys. De la détermination des volumes (ou *volumétrie* n. f.).

volumineux, euse adj. ◻ Qui a un grand volume, occupe une grande place.

volumique adj. ◻ phys. Relatif à l'unité de volume. *Masse volumique.*

volupté n. f. ◻ littér. **1.** Vif plaisir des sens (surtout plaisir sexuel) ; jouissance. ▶ **voluptueux, euse** adj. ▶ **voluptueusement** adv. **2.** Plaisir moral ou esthétique très vif.

volute n. f. **1.** archit. Ornement en spirale. **2.** Forme enroulée en hélice.

volve n. f. ◻ bot. Membrane qui enveloppe le pied et le chapeau de certains champignons.

vomer n. m. ◻ anat. Os du nez.

vomi n. m. ◻ fam. Vomissure.

vomique adj. ◻ *Noix vomique* : fruit aux propriétés vomitives.

vomir v. tr. ◻ Rejeter par la bouche de manière spasmodique. ■ sans compl. *Avoir envie de vomir* : avoir des nausées. ▶ **vomissement** n. m. ▶ **vomitif, ive** adj.

vomissure n. f. ◻ Matière vomie.

vorace adj. ◻ Qui mange avec avidité. ▶ **voracement** adv. ▶ **voracité** n. f.

vortex n. m. ◻ didact. Tourbillon.

votant, ante n. ◻ Personne qui participe à un vote.

vote n. m. **1.** Opinion exprimée, dans une assemblée délibérante, un corps politique. – Suffrage, dans une élection. ■ Mode de scrutin. **2.** Fait de voter pour.

voter v. 1. v. intr. Exprimer son opinion par son suffrage. *Voter pour tel candidat.* 2. v. tr. Décider par un vote.

votif, ive adj. □ Qui commémore l'accomplissement d'un vœu.

votre, plur. **vos** □ Adjectif possessif de la deuxième personne du pluriel. I. 1. Désigne un groupe dont le locuteur est exclu. 2. Désigne une seule personne à laquelle on s'adresse au pluriel de politesse, au lieu de *ton.* II. De vous, de votre personne.

vôtre, plur. **vôtres** I. pron. poss. (avec l'article) *LE VÔTRE, LA VÔTRE, LES VÔTRES,* ce qui a rapport à un groupe de personnes auquel le locuteur n'appartient pas ; à une personne à laquelle on s'adresse au pluriel de politesse. ■ *À la vôtre :* à votre santé. II. n. *LES VÔTRES :* vos parents, vos amis...

vouer v. tr. 1. relig. Consacrer à Dieu, à un saint, par un vœu. 2. littér. Promettre d'avoir, de garder. 3. Consacrer. 4. (sujet chose) Destiner irrévocablement à. ▷ adj. **voué, ée** *Quartier voué à la démolition.*

① **vouloir** v. tr. I. 1. Avoir la volonté, le désir de. ■ (+ inf.) *Je veux y aller.* 2. *VOULOIR QUE* (+ subj.). *Il veut que je lui fasse la lecture.* 3. (avec un nom, un pronom compl.) Prétendre obtenir, ou souhaiter que se produise... ■ *Vouloir qqch. à qqn,* souhaiter que qqch. arrive à qqn. – *Vouloir qqch. de qqn,* vouloir obtenir de lui. 4. *EN VOULOIR À :* s'en prendre à. – Garder rancune à (qqn). – pronom. Se reprocher de. 5. *VOULOIR DE qqch., DE qqn :* être disposé à accepter. II. (sujet chose) Donner pour vrai. *La légende veut que* (+ subj.). III. Consentir, accepter. – (prière polie) *Veuillez avoir l'obligeance de...*

② **vouloir** n. m. □ *BON, MAUVAIS VOULOIR :* bonne, mauvaise volonté.

voulu, ue adj. 1. Exigé, requis. 2. Délibéré.

vous pron. □ Pronom personnel de la deuxième personne du pluriel. 1. pluriel *Vous pouvez venir tous les trois.* 2. singulier (remplaçant *tu, toi*). *Que voulez-vous ?* 3. (renforcé) *Voyez vous-même.*

voussure n. f. □ Courbure (d'un arc...).

voûte n. f. 1. Ouvrage de maçonnerie cintré, fait de pierres spécialement taillées. 2. Paroi, région supérieure courbe. ■ *Voûte plantaire :* courbure inférieure du pied.

voûter v. tr. 1. Fermer (le haut d'une construction) par une voûte. 2. Courber (qqn). ▷ adj. **voûté, ée** 1. *Cave voûtée.* 2. Dont le dos est courbé et ne peut plus se redresser.

vouvoyer v. tr. □ S'adresser à (qqn) en employant la deuxième personne du pluriel, *vous.* ▶ **vouvoiement** n. m.

vox populi n. f. invar. □ littér. La « voie du peuple », l'opinion du plus grand nombre.

voyage n. m. 1. Déplacement d'une personne qui se rend en un lieu assez éloigné. *Voyage en avion.* 2. Course que fait un chauffeur, un porteur pour transporter qqn, qqch.

voyager v. intr. 1. Faire un voyage. *Voyager en train.* – Aller en différents lieux pour voir du pays. 2. (sujet chose) Être transporté.

voyageur, euse n. 1. Personne qui est en voyage. – Usager d'un transport public. 2. Personne qui voyage, pour faire du tourisme. 3. *Voyageur (de commerce) :* représentant de commerce. → **V. R. P.**

voyagiste n. □ Personne, organisme qui commercialise des voyages.

①**voyant, ante** **I.** n. **1.** Personne qui prétend pouvoir prédire l'avenir (▶ n. f. **voyance**). **2.** Personne qui voit. *Voyants et non-voyants.* **II.** n. m. Signal lumineux.

②**voyant, ante** adj. □ Qui attire la vue, qui se voit de loin.

voyelle n. f. □ Phonème caractérisé par une résonance de la cavité buccale plus ou moins ouverte. ▪ Lettre qui le note.

voyeur, euse n. □ Personne qui assiste pour son plaisir à une scène érotique. ▶ **voyeurisme** n. m.

voyou n. m. **1.** Personne ayant des activités délictueuses. **2.** Mauvais sujet. **3.** adj. *Un air voyou.*

en **vrac** loc. adv. **1.** (marchandises) Pêle-mêle et sans emballage. **2.** En désordre. **3.** Au poids.

vrai, vraie **I.** adj. **1.** Qui présente un caractère de vérité ; à quoi on peut et doit donner son assentiment. **2.** Réel, effectif. **3.** (avant le nom) Conforme à son apparence ou à sa désignation. – (intensif) → **véritable.** **4.** Qui donne un sentiment de réalité, en art ; sincère, naturel. **5.** littér. (personnes) Sincère, véridique. **II.** n. m. *LE VRAI* **1.** La vérité. ▪ La réalité. **2.** *À dire vrai ; à vrai dire,* introduit une restriction. **III.** adv. Conformément à notre sentiment de la réalité. *Faire vrai.*

vraiment adv. **1.** D'une façon indiscutable. **2.** S'emploie pour souligner une affirmation. ▪ *Vraiment ?*, est-ce vrai ? **3.** *PAS VRAIMENT* : pas complètement, un peu.

vraisemblable adj. **1.** Qui semble vrai ; plausible. **2.** (événements futurs) Possible, probable. ▶ **vraisemblablement** adv. ▶ **vraisemblance** n. f.

vrille n. f. **1.** Organe de fixation de plantes grimpantes. **2.** Outil formé d'une tige que termine une vis. **3.** *En vrille* : en hélice.

vriller v. **1.** v. intr. S'enrouler sur soi-même. **2.** v. tr. Percer avec une vrille.

vrombir v. intr. □ Produire un son vibré par un mouvement périodique rapide. ▶ **vrombissant, ante** adj. ▶ **vrombissement** n. m.

vroum interj. □ Onomatopée imitant un bruit de moteur.

V. R. P. n. m. □ Voyageur représentant placier.

V. T. T. n. m. □ Vélo tout-terrain.

vu, vue **I.** adj. **1.** Perçu par le regard. ▪ n. m. *Au vu et au su de tout le monde,* ouvertement. **2.** Compris. *C'est bien vu ?* – ellipt *Vu ?* **3.** *Être bien, mal vu,* considéré. **II.** *VU* prép. **1.** En considérant. **2.** *VU QUE* loc. conj. Étant donné que.

vue n. f. **I. 1.** Sens par lequel les stimulations lumineuses donnent naissance à des sensations (lumière, couleur, forme), produisant une représentation de l'espace. *L'œil, organe de la vue.* **2.** Manière de percevoir les sensations visuelles. *Avoir une bonne vue.* **3.** Les yeux. – fam. *En mettre plein la vue à qqn,* l'épater. **II. 1.** Étendue de ce qu'on peut voir d'un lieu. **2.** Aspect sous lequel se présente (un objet). **3.** *La vue de...* → **spectacle, vision.** **4.** Ce qui représente (un lieu) ; image, photo. *Une vue de Madrid.* **5.** Orientation permettant de voir. *Chambre avec vue sur la mer.* **III.** fig. **1.** Faculté de former des images mentales ; son exercice. **2.** Image, idée. **3.** *EN VUE. Avoir qqch. en vue,* y songer, l'envisager. ▪ *EN VUE DE* loc. prép. : → **pour.** **4.** au plur. Dessein, projet. – *Avoir des vues sur qqn,* penser à lui pour un projet (spécialt séduction).

vulcain n. m. □ Papillon rouge et noir.

vulcaniser v. tr. □ Traiter (le caoutchouc) par le soufre pour augmenter sa résistance. ▶ **vulcanisation** n. f.

vulcanologie → **volcanologie**

vulgaire adj. **1.** vx Très répandu. ▪ didact. Connu de tous (langue). **2.** (avant le nom) Quelconque, ordinaire. **3.** péj. Qui manque d'élévation ou de distinction. ▪ spécialt Qui choque la bienséance.

vulgairement adv. **1.** didact. *Appelé vulgairement*, dans le langage courant. **2.** péj. Avec vulgarité.

vulgariser v. tr. □ Répandre (des connaissances) en mettant à la portée du grand public. ▶ **vulgarisation** n. f. ▶ **vulgarisateur, trice** n.

vulgarité n. f. **1.** Caractère vulgaire (I, 3). **2.** Manière vulgaire.

vulgate n. f. □ didact. Traduction latine de la Bible.

vulgum pecus n. m. sing. □ fam. Les ignorants.

vulnérable adj. **1.** Qui peut être blessé physiquement. **2.** fig. Qui peut être facilement atteint. ▶ **vulnérabilité** n. f.

vulnéraire n. f. □ Plante utilisée en médecine populaire.

vulve n. f. □ Ensemble des organes génitaux externes de la femme (et des femelles de mammifères). – spécialt Orifice extérieur du vagin. ▶ **vulvaire** adj.

vuvuzela n. f. □ Instrument à vent élémentaire produisant un seul son.

W

W n. m. ◻ Vingt-troisième lettre, dix-huitième consonne de l'alphabet.

wagon n. m. ◻ Véhicule sur rails, tiré par une locomotive.

wagon-citerne n. m. ◻ Wagon aménagé pour le transport des liquides. *Des wagons-citernes.*

wagon-lit n. m. ◻ Voiture d'un train formée de compartiments équipés de lits. - syn. **voiture-lit.** *Des wagons-lits.*

wagonnet n. m. ◻ Petit chariot sur rails, destiné au transport de matériaux dans les mines.

wagon-restaurant n. m. ◻ Voiture d'un train aménagée en restaurant. *Des wagons-restaurants.*

walkman n. m. (n. déposé) ◻ anglic. → **baladeur.**

walkyrie n. f. ◻ Déesse guerrière des mythologies germaniques.

wallon, onne adj. et n. ◻ De la Wallonie.

wapiti n. m. ◻ Grand cerf d'Amérique du Nord.

wasabi n. m. ◻ Condiment japonais en pâte, voisin du raifort.

wassingue n. f. ◻ région. (Belgique, nord de la France) Serpillière.

water-polo n. m. ◻ anglic. Jeu de ballon qui se pratique dans l'eau, et où s'opposent deux équipes de sept nageurs.

waterproof adj. invar. ◻ anglic. À l'épreuve de l'eau.

waters n. m. pl. ◻ faux anglic. Toilettes.

watt n. m. ◻ Unité de mesure de puissance (symb. W) équivalant à un travail de un joule par seconde.

W.-C. n. m. pl. ◻ Toilettes

web n. m. ◻ anglic. Ensemble des données reliées par des liens hypertextes* sur Internet.

webcam n. f. ◻ anglic. Caméra numérique permettant de diffuser des images vidéo sur Internet.

webzine n. m. ◻ Magazine sur Internet.

week-end n. m. ◻ anglic. Congé de fin de semaine, comprenant le samedi et le dimanche. *Des week-ends.*

western n. m. ◻ anglic. Film sur la conquête de l'ouest des États-Unis.

whisky n. m. ◻ Eau-de-vie de grain fabriquée principalement dans les îles Britanniques et en Amérique du Nord. *Des whiskies* ou *des whiskys.*

whist n. m. ◻ anglic. Jeu de cartes, ancêtre du bridge.

white spirit n. m. ◻ anglic. Produit de la distillation du pétrole utilisé comme solvant. - var. **white-spirit.**

widget n. m. ◻ anglic. inform. Petite application utilitaire.

wi-fi ou **wifi** n. m. invar. ◻ anglic. Technique qui permet la communication sans fil entre divers appareils (ordinateur, téléviseur...).

winch n. m. ◻ anglic. Petit treuil à main (navires de plaisance).

wok n. m. ◻ Sauteuse à hauts bords et à fond arrondi (cuisine asiatique).

wolfram n. m. ◻ Principal minerai de tungstène.

wolof ou **ouolof** n. m. ◻ Langue nigéro-congolaise, la plus parlée au Sénégal.

X

X n. m. **I. 1.** Vingt-quatrième lettre, dix-neuvième consonne de l'alphabet. **2.** en algèbre Symbole désignant une inconnue. – Chose, personne inconnue. **3.** Classé comme pornographique. *Film X.* **II.** X : dix (en chiffres romains).

xénon n. m. □ Élément (symb. Xe), le plus lourd des gaz rares de l'air.

xénophobe adj. et n. □ Hostile aux étrangers. ▶ **xénophobie** n. f.

xérès n. m. □ Vin blanc de la région de Jerez (Andalousie). – var. **jerez.**

xylène n. m. □ chim. Hydrocarbure liquide extrait du benzol.

xylographie n. f. □ didact. Gravure sur bois. ▶ **xylographique** adj.

xylophage adj. □ zool. Qui ronge le bois.

xylophone n. m. □ Instrument à percussion formé de lames de bois sur lesquelles on frappe avec deux petits maillets. ▶ **xylophoniste** n.

Y

①**y** n. m. **1.** Vingt-cinquième lettre, sixième voyelle de l'alphabet. **2.** math. Lettre désignant une seconde inconnue (après *x*).

②**y** pron. et adv. **1.** Dans ce lieu, dans cela. *J'y vais.* **2.** (représentant un compl. précédé de *à*) *J'y renonce.* – (représentant un compl. précédé d'une autre prép.) *N'y comptez pas.*

③**y** □ S'emploie pour transcrire *il* ou *lui* dans la prononciation négligée. *Y en a pas* (il n'y en a pas).

***yacht** n. m. □ Grand navire de plaisance, à voiles ou à moteur.

***yachting** n. m. □ Pratique de la navigation de plaisance.

***yack** ou **yak** n. m. □ Ruminant du Tibet, à longue toison soyeuse.

yakuza n. m. □ Membre de la maffia japonaise. *Des yakuzas.*

***yang** → **yin.**

***yankee** n. **1.** hist. Habitant du nord-est des États-Unis. **2.** Habitant des États-Unis. – adj. *Les capitaux yankees.*

***yaourt** n. m. □ Lait caillé et fermenté. – var. **yoghourt.**

***yaourtière** n. f. □ Appareil servant à confectionner des yaourts.

***yard** n. m. □ Mesure de longueur anglo-saxonne valant 0,914 mètre.

***yatagan** n. m. □ Sabre turc, à lame recourbée vers la pointe.

***yearling** n. m. □ anglic. Cheval pur-sang âgé d'un an.

***yen** n. m. □ Unité monétaire du Japon.

***yéti** n. m. □ Monstre de légende, humanoïde de l'Himalaya (syn. *l'abominable homme des neiges*).

yeuse n. f. □ Chêne vert. *L'yeuse.*

yeux → **œil**

***yéyé** n. et adj. invar. □ Qui concerne la musique, la mode des jeunes des années 1960.

***yiddish** n. m. et adj. invar. □ Parlers allemands des communautés juives d'Europe orientale.

***yin** n. m. □ Principe de la philosophie chinoise, formant couple avec le *yang*, et correspondant (le *yang*) à l'activité et (le *yin*) à la neutralité.

ylang-ylang → **ilang-ilang**

***yoga** n. m. □ Doctrine et exercices traditionnels hindous, cherchant à libérer l'esprit des contraintes du corps.

***yoghourt** → **yaourt**

***yogi** n. m. □ Ascète hindou qui pratique le yoga.

***yole** n. f. □ Bateau, étroit et allongé, propulsé à l'aviron.

***youpi** interj. □ Cri d'enthousiasme.

***yourte** n. f. □ Tente de peau des nomades de l'Asie centrale.

***youyou** n. m. □ Petit canot, utilisé pour les transports d'un navire à la terre.

***yo-yo** n. m. invar. (n. déposé) □ Jeu fait de deux disques reliés par un axe, qu'on fait descendre et monter le long d'un fil.

ypérite n. f. □ Gaz asphyxiant (utilisé comme gaz de combat).

***yuan** n. m. □ Unité monétaire de la Chine.

***yucca** n. m. □ Plante originaire d'Amérique, arborescente.

***yuppie** n. □ anglic. Jeune cadre ambitieux et sans scrupules.

Z

z n. m. ▫ Vingt-sixième et dernière lettre, vingtième consonne de l'alphabet.

zakouski n. m. pl. ▫ Hors-d'œuvre russes.

zapper v. intr. ▫ Passer fréquemment d'un programme de télévision à un autre. ▶ **zappage** n. m. ▶ **zappeur, euse** n.

zappette n. f. ▫ fam. Télécommande (d'un téléviseur).

zazou n. ▫ (1941-1950) Jeune qui se signalait par sa passion pour le jazz et son élégance tapageuse.

zébras n. m. pl. ▫ anglic. Zone de zébrures parallèles peintes sur une chaussée.

zèbre n. m. ▫ Équidé d'Afrique, voisin de l'âne, à la robe rayée de bandes sombres.

zébrer v. tr. ▫ Marquer de raies qui évoquent la robe du zèbre. ▷ adj. **zébré, ée**

zébrure n. f. **1.** Rayure du pelage d'un animal. **2.** Marque de forme allongée.

zébu n. m. ▫ Grand bœuf domestique, à bosse graisseuse sur le garrot.

zélateur, trice n. ▫ littér. Partisan ou défenseur zélé.

zèle n. m. ▫ Ardeur à servir une personne ou une cause à laquelle on est dévoué. **–** *Faire du zèle :* montrer un zèle inhabituel ou hypocrite.

zélé, ée adj. ▫ Plein de zèle.

zélote n. m. ▫ littér. Personne animée d'un zèle fanatique.

zen I. n. m. École bouddhique du Japon où la méditation prend la première place. **II.** adj. invar. **1.** Du zen japonais. **2.** fig. Empreint de calme, de détachement.

zénith n. m. **1.** Point du ciel situé à la verticale de l'observateur. **2.** fig. Point culminant. ▶ **zénithal, ale, aux** adj.

zéphyr n. m. ▫ poét. Vent doux et agréable.

zeppelin n. m. ▫ anciennt Grand dirigeable rigide.

zéro n. m. **1.** Chiffre arabe (0) notant les ordres d'unités absentes. **2.** Nombre qui représente un ensemble vide. **3.** fam. Néant, rien. **4.** (en fonction d'adj.) Aucun. *Zéro faute.* **5.** Point de départ d'une mesure. *Zéro degré.* **6.** Note la plus basse.

zeste n. m. **1.** Petit morceau d'écorce fraîche (de citron...). **2.** fig. Petite quantité.

zézayer v. intr. ▫ Prononcer *z* à la place de *j* ou *s* à la place de *ch.* ▶ **zézaiement** n. m.

zibeline n. f. ▫ Martre de Sibérie et du Japon. ▪ Fourrure de cet animal.

zieuter ou **zyeuter** v. tr. ▫ fam. Jeter un coup d'œil pour regarder (qqch., qqn).

zig ou **zigue** n. m. ▫ fam. Individu, type.

zigoto n. m. ▫ fam. → **zig.** **–** *Faire le zigoto,* le malin, l'intéressant.

zigouigoui n. m. ▫ fam. Objet, dessin, forme que l'on ne nomme pas.

zigouiller v. tr. ▫ fam. Tuer.

zigounette n. f. ▫ fam., plais. Sexe masculin.

zigzag n. m. ▫ Ligne brisée.

zigzaguer v. intr. ▫ Faire des zigzags.

zinc n. m. **1.** Élément (symb. Zn), métal dur d'un blanc bleuâtre. **2.** fam. Comptoir (d'un bar).

zingueur n. m. ▫ Ouvrier spécialisé dans les revêtements en zinc.

zinnia n. m. ▫ Plante ornementale d'origine exotique.

zinzin adj. invar. ▫ fam. Un peu fou.

zinzolin n. m. ▫ Violet rougeâtre.

zircon n. m. ▫ Pierre semi-précieuse utilisée en bijouterie.

zizanie n. f. ▫ Discorde.

zizi n. m. ▫ fam. Sexe masculin.

zloty n. m. ▫ Unité monétaire de la Pologne.

zob n. m. ▫ fam. et vulg. Membre viril.

zodiaque n. m. **1.** Zone circulaire du ciel à l'horizon, dans laquelle le Soleil et les constellations se lèvent au cours de l'année. **2.** *Signes du zodiaque*, les douze figures qu'évoque la configuration des étoiles dans cette zone, et qui président, selon l'astrologie, à la destinée de chacun. ▶ **zodiacal, ale, aux** adj.

zombie n. m. **1.** Esprit d'un mort qu'un sorcier met à son service (croyances vaudou). **2.** Personne qui paraît vidée de sa substance, sans volonté. – var. **zombi.**

zona n. m. ▫ méd. Maladie virale caractérisée par une éruption de vésicules.

zonard, arde n. ▫ fam. Personne qui vit dans une banlieue défavorisée.

zone n. f. **1.** Partie d'une surface sphérique comprise entre deux plans parallèles. **2.** Partie importante (d'une surface). **3.** Portion (de territoire). ▪ absolt Banlieue défavorisée. **4.** *De seconde zone*, mineur, médiocre.

zoner v. intr. **1.** fam. Mener une existence précaire. **2.** Flâner, traîner sans but.

zoo n. m. ▫ Jardin zoologique.

zoologie n. f. ▫ Partie des sciences naturelles qui étudie les animaux. ▶ **zoologiste** n.

zoologique adj. ▫ Relatif à la zoologie. – *Jardin zoologique*, parc où des animaux sont présentés dans des conditions rappelant leur vie en liberté.

zoom n. m. ▫ anglic. Objectif à focale variable. ▪ Effet obtenu en faisant varier cette focale. ▶ **zoomer** v. intr.

zoomorphe adj. ▫ arts Qui représente des animaux.

zoomorphisme n. m. ▫ didact. Métamorphose en animal.

zoophilie n. f. ▫ didact. Perversion sexuelle, relations avec des animaux. ▶ **zoophile** adj. et n.

zoroastrisme n. m. ▫ Religion manichéenne fondée par Zarathoustra.

zou interj. ▫ fam. Allons !, vite !

zouave n. m. **1.** hist. Soldat algérien d'un corps d'infanterie coloniale créé en 1830. **2.** *Faire le zouave*, faire le malin, le pitre.

zouk n. m. ▫ Musique de danse, originaire de la Guadeloupe et de la Martinique.

zoulou, e adj. et n. ▫ Relatif à un peuple noir d'Afrique du Sud.

zozo n. m. ▫ Naïf, niais.

zozoter v. intr. ▫ fam. Zézayer. ▶ **zozotement** n. m.

Z. U. P. ▫ Sigle de *zone à urbaniser en priorité*.

zut interj. ▫ fam. Exclamation de dépit.

zyeuter → **zieuter**

zygomatique adj. ▫ anat. De la joue.

zzz... interj. ▫ Onomatopée, bruit de sifflement léger et continu.

Imprimé en Italie par La Tipografica Varese Srl, Varese
en avril 2018
Dépôt légal : Mai 2017
N° d'éditeur : 10244821/10244822